智慧教师读本②
我们如何学习

我们如何学习：

全视角学习理论

[丹] 克努兹·伊列雷斯 著
孙玫璐 译

教育科学出版社
·北 京·

序

学习是人类发展的核心任务，对学习问题的探讨历来是科学研究的关键领域。进入21世纪，科学技术发展日新月异，综合国力竞争日趋激烈，关于学习问题的研究已远远超越学术研究的范畴，成为世界各国提高综合国力和创新能力的重要举措和手段。2004年，美国国家科学基金会（NSF）投入大量资金，陆续成立了六个学习科学研究中心。日本文部科学省于2003年启动了庞大的“脑科学与教育”研究项目，大力支持与学习相关的基础研究与应用工作。

我国是世界第一人口大国，但高素质人才的匮乏已经成为制约我国社会发展的瓶颈。如何将人口大国变成人力资源强国，已经成为我国的一项重大战略任务。围绕学习开展多角度研究，通过揭示学习的本质、认知和脑机制基础，探讨如何提高人的学习效率，培养出高素质创新型人才，对于推进我国人才强国战略、建立学习型社会都具有重大意义。

但是，值得注意的是，我国长期对“如何教”非常关注，而对“如何学”则重视不够，导致对有关“学习”的最新前沿成果了解不多，有关学习的研究开展也较少。为帮助我国相关学科研究者了解学习研究最新成果，促进我国对学习问题的研究，翻译介绍国外学习科学方面的理论著作是必要的。由丹麦学习实验室（Learning Lab Denmark）的克努兹·伊列雷斯教授著，华东师范大学孙玫璐博士翻译的《我们如何学习：全视角学习理论》，就是一本值得学习科学研究者们认真一读的重要著作。

《我们如何学习：全视角学习理论》一书吸收了当今学习研究领域的最新成果，紧紧围绕学习的理论基础、结构与性质、过程与维度，以及学习障碍、影响学习的因素、实践领域的学习等主题系统展开。通读全书，可以发现该著作具有如下特色：第一，内容既覆盖传统经典学习理论，又包含大量当今学习领域的最新研究成果。本书作者基于自己开阔的眼界和深厚的理论功底，在对大家都熟悉的杜威、皮亚杰、班杜拉等的学习理论进行详细诠释的同时，又用相当大的篇幅对基于脑科学、分子遗传学等最新研究成果提出的学习理论进行了透彻的描述，让读者可以对学习理论发展的全貌有清晰的认识。第二，把有关学习的多角度理论研究有机整合在了同一个理论体系中。学习是一个非常广阔也十分复杂的领域，心理学、哲学、人类学、认知神经科学、分子遗传学、教育学等多个学科围绕学习都开展了大量的研究，但是，以往的学术著作通常是对学习的某种理论或者具体某些方面进行描述，而本书作者基于自己对学习的独特思考，以自己的理论体系为骨架，实现了对多个理论和研究的有机整合。第三，对当前个人学习和教育实践中的热点问题给与了积极关注。对于“在工作生活中的学习”、“基于网络的学习”、“横跨学习与交替教育”等当前热点问题，作者从自己独特的视角进行了精彩的阐述，使本书具有很强的时代性。

总之，这是一部值得认真研读的著作，相信它能让更多人了解到学习研究的最新成果，促使更多人关注学习研究，并有益于我国学习研究的进一步深入。

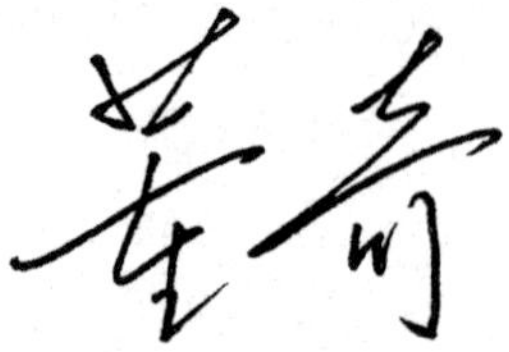

2010 年 4 月

北京师范大学

目　录

Contents

中 文 版 序

本书译为中文在中国出版，对我来说是一次非常重要的经历，给予我荣誉和自豪的温暖感觉。2007 年 11 月我访问了中国，在北京师范大学和华东师范大学分别进行了学术演讲和研讨，也在中国教育部的教育发展研究中心停留了一天时间。所有这些，让我对中国教育的巨大发展有了深刻的印象，我也诚挚地希望，本书能够对这一重要发展起到一些积极的贡献。

在这里，我想向以下朋友表达自己深深的感谢之情——承担了本书出版工作的教育科学出版社，完成了繁重翻译工作的华东师范大学孙玫璐博士。

克努兹·伊列雷斯

2008 年 8 月

Foreword to the Chinese Edition

The translation of this book into Chinese and the publication of it in China have been great experiences for me, giving me warm feelings of honour and pride. In November 2007 I visited China and gave lectures and seminars at The Beijing Normal University and The East China Normal University in Shanghai. I also spent a day at The National Centre for Education Development Research at the Chinese Ministry of Education in Beijing. All this gave me a very impressive experience of the enormous development of the Chinese educational system, and it is my sincere hope that this book can contribute positively to this important development.

I therefore want to express my deep gratitude to The Educational Science Publishing House for undertaking to make this translation and publication, to Dr. Meilu Sun of East China Normal University for doing the extensive work of the translation.

Knud Illeris
August, 2008

英文版序

xi 本书的写作既是一项艰辛的工作，也是一种巨大的快乐。在学习与教育领域中，如果我希望作为一个研究者、理论工作者、写作者和探讨者，与40年左右的研究工作精华相对话，同时又要努力能够创造出一种富有吸引力和挑战性的、能够用于实际的作品的话，首先需要满足很多特殊的条件。我雄心勃勃地想写这样一本书——能够尽可能广地覆盖当今有关学习的课题领域，能够展示该领域中的最新进展，而且，还要能够让我的读者们——从各个层次的学生们、未来的教师们，到心理学、教育学以及各类教育培训项目的专业人员——能够很好地阅读和使用。

显然，本书可以视作是我对于拙著《学习的三个维度》（*The Three Dimension of Learning*，丹麦语版出版于1999年，英语版出版于2002年）的再创作。不过与此同时，本书还涵盖了一系列新课题，并在结构上是全新和独特的。从我个人角度来说，“旧”著是一个发现的历程，其间我试图在一个庞大而复杂的领域中寻找意义。当我启动自己的行程时，我还并不知道自己将会发现什么。而本书的成书，则是基于更加深入的研究以及与多个国家的多位学者的探讨之上的，它的成书过程更体现了这样一种努力——试图用一种结构化的、清晰的、综合的以及实用的形式，传递我在该领域中所发现的精华。

由此，一方面，本书是一本教科书，探究了所有有效要素的构成元素，从而理解学习是什么、学习和非学习为什么和如何发生；另一方面，它又是一本学术著作，因为它不仅吸取了本领域中已有文献的精华，而且还加入了一些新的材料、理解和观点。不过，首要的是，它呈现了一个基于某种全面理解的主题，创造了一种整体性的理论，这种理论在此之前还从未有过表述，比起之前版本的草图来，显然视角更为宽广、更为综合性，更为多样化。本书约有四分之一的内容是对“旧”著较为彻底的修订，四分之一的内容呈现了本书某些课题的新研究，还有大约半数内容探讨的是全新课题和成 xii 果，我相信涵盖这些课题和成果，对于我们进行充分的理解是非常重要的。

非常感谢所有学生、老师、研究者及其他一些人，我们通过会议、研讨、讲座，也通过电子邮件、信笺和电话等方式，就有关学习的所有可能主题进行着探讨。理所当然地，我还要感谢罗斯基勒大学（Roskilde University）、丹麦学习实验室（Learning Lab Denmark，LLD）以及丹麦教育大学（Danish University of Education）的同事们。另外，还有一些人，我必须要表达自己对他们的特别感谢。

首先是丹麦学习实验室主任 H. S. 延森（Hans Siggaard Jensen），他保证了我的工作条件，使我有可能在2005及2006年初著述本书，与此相关的还有丹麦学习实验室的 H. 尼奇克（Henrik Nitschke）和罗斯基勒大学出版社的 T. 贝斯特（Thomas Bestle），他们热忱地投入到了本书的成书出版之中。

接下来要向这三位老师致以特别的谢意：萨勒（Zahle）教育学院的 S. 汉森（Sanne Hansen），布拉佳德（Blaagaard）教师培训学院的 G. 格林（Gunnar Green），以及哥本哈根教师培训学院的 P. 本特森（Palle Bendsen），他们都阅读了本书的初稿并给予了重要的建议。同样还有我的同事 S. 赫如普（Steen Høyrup）和 B. 埃尔金叶（Bente Elkjær），他们与我在丹麦学习实验室合作期间，给予我富有价值的批评。丹麦学习实验室的 M. 海尔斯金德（Mia Herskind）和 C. 格尔莱奇（Christian Gerlach）分别对本书中身体与脑研究部分给了我极大的支持。还有丹麦教育大学的 P. 菲白克（Per Fibæk）对本书的智能部分提供给了一些信息。我还从哥本哈根商学院的 M. 赫尔曼森（Mads Hermansen）和哥本哈根大学的 J. 伯塞尔森（Jens Berthelsen）那儿得到了重要的启示。

我与国际上一些研究者和理论家们就学习课题多年来一直进行着讨论，他们由此成为我非常重要的支持与灵感来源。其间最为重要的有：Peter Allheit（Göttingen），Ari Antikainen（Joensuu），Chris Argyris（Harvard），Stephen Billett（Brisbane），David Boud（Sydney），Ralph Brockett（Tennessee），Stephen Brookfield（Minneapolis），Per-Erik Ellström（Linköping），Yrjö Engeström（Helsinki），Phil Hodkinson（Leeds），Peter Jarvis（Surrey），Michael Law（Hamilton, HZ), Thomas Leithäuser (Bremen), Victoria Marsick (New York), Sheran Merriam (Georgia), Jack Mezirow (New York), Wim Nijhof (Twente), Kjell Rubenson (Vancouver), Joyce Stalker (Hamilton, NZ), Robin Usher (Melbourne), Ruud van der Veen (New York), Susan Weil (Bristol), Etienne Wenger (California), Danny Wildemeersch (Leuven) and Lyle Yorks (New York)。他们中的大多数人都出现在本书的参考文献部分。

最后，还要向我的爱人比吉特·西蒙森（Birgitte Simonsen）教授致以非 xiii 常特别的感谢，我与她已经合作了将近30年，和她一起我几乎能够探讨所有可能的学术课题，当然，她也阅读了本书并给予了非常重要的评论。

结束以前，还有一点儿实用信息。作为一本学术著作的参考文献，本书列入了我认为适合出现在英文版本中的一些材料，除此之外还有很多未能收录，特别是丹麦语的参考文献。全部的文献列表可以在罗斯基勒大学出版社的网页上查询到：www. ruforlag. dk/laering。

如果我所提到的学者已经过世的话，我会尽可能在首次提到他的时候标注其出卒年份。

希望读者们能够享受本书的阅读之旅，并在结束时感到有所获益。

克努兹·伊列雷斯

2007年1月

第一章

导　　论

本章为一个简短的导论，将讨论学习的性质，通过简述一个案例提出本 1
书中所指的学习概念的定义；其后，对本书的结构进行了概述。

1.1　学习是什么？

人们对于“学习”一词的第一反应通常与“上学”有关。一般来说，学校是社会创办的机构，用以保证社会所有成员都能掌握自身生存与延续所必需的学习。一位青年人或成人，通常其一生中的10000小时是在学校中度过的，有些人花费的时间还更长（Rutter *et al.*，1979），这理所当然地对我们的成长发生了决定性和根本性的影响。

大多数人记忆中的典型学习环境是课堂教学。在此略举一例。

让我们来看一所学校中的数学课程，孩子们正在学习除法。教师立于黑板前，解释如何进行除法。她在黑板上写下一个除法算术例题，一步一步演示如何来解题。又或教学形式可能会分小组进行。在这种情况下，孩子们分组坐好，相互帮助如何来解这道算术题，在他们需要的时候会寻求老师的帮助。

这两种情况下孩子们都参与了预期中的活动。他们理解了教学的全部内容，记住了方法。他们也许是马上就理解了，也许还需要给他们演算多遍才能够真正掌握。

不过仍然有些小学生对此有点儿问题，有些会觉得难以集中注意力。他们可能会觉得这些不得不学习的东西很抽象、很枯燥，或是他们很难感到自己可以用它来做什么。他们的思想开了小差，想着那些更有意思的内容或对他们更有意义的东西。他们也可能会觉得，即使自己努力跟上课堂教学步

 伐，也很难理解教学内容。他们可能还没有学会正确的乘法，所以不能理解除法。又或他们在算术方面有更大的问题，需要教师的特殊对待。

毕竟，这是学校中一种司空见惯的现象：不是所有人都学习了预期中的内容，而且有些学生遗忘得非常快。即使大多数儿童在学校里学到了很多，每个人都学到了点儿什么，但在教与学之间也没有一种自动的联结。例如，当班级继续进行百分数的教学时，更多的学生觉得这很难，而当他们接触到微积分数学时，就会觉得更难了。

事实是这样的：在校成绩较好的学生们建立起了自信，并且常常有更大的热情去学习更多的内容，而另外一些觉得很难的学生们则感到自己不擅长于学校学习。对于相当数量的儿童来说，他们在学校中所学到的一个重要部分是：自己在算术和数学方面很糟糕。

另一方面，人们同样在校外学到了很多。儿童在入学以前就已经学到了一大堆基础性的东西，例如，学会说一种或多种语言，而对于身处其中的社会环境，他们也懂得了很多。当他们到了学龄期，他们也还仍然在校外生活中，通过玩耍和其他活动学到了很多。我们都从自己的全部生活中学到了些什么。不过，我们所学到的有一部分是错误的，或者是变成了某种障碍或阻力，或者是如何去逃避失败和不愉快的情况。

仅仅这一个简单的例子和反思就已经可以充分地说明：学习可以有多种的而且是非常不同的过程。学习在性质上可以表现为积极或消极的，不过对个体来说，学习总是有着某种目的，或者说必然与应对生活及其挑战有关。由此可见，这是一个非常广阔也十分复杂的领域，我尝试能够在本书中去追踪、分析、描述它，并进行系统化的工作；与此同时，我也努力保持这个领域的复杂性，而不是试图去削弱它，不要像以前很多研究学习的学者们，曾把削弱这种复杂性作为目标之一——努力寻找一种所谓基础性的学习形式或学习过程（例如，Medsen，1966，pp. 64，75，95）。

1.2　学习的定义

“学习”这一名词的使用极为广泛，而且它在使用中也常有不同含义。

通常来说，我们可以区别出四种主要含义，除去某些特定的情境，这些含义在我们的日常生活中出现得最为频繁。

1. 首先，学习这一名词可以用来指发生在个体身上的**学习过程的结果**。在此，学习的含义是学到了些什么，或者是发生了什么样的变化。

2. 其二，学习这一名词可以用来指发生在个体身上的**心智过程**，这些过程可以导向含义 1 中所指的变化或结果。这种含义也常常被界定为学习过程，这也通常是学习心理学所关注的。

3. 其三，学习这一名词可以用来指个体与学习材料以及社会环境之间的所有**互动过程**，这些过程直接或间接地成为含义 2 所指的内在学习过程（导向含义 1 所指的学习含义）的前提条件。

4. 最后，学习这一名词不仅仅在我们的日常生活中被频繁使用，而且在官方和专业背景中，它也或多或少地被**等同于教学这一名词**。这表明了有一种对“教”与“学”混淆的普遍倾向。

含义 4 显然是不太适当的，前 3 种含义都有其合理性和重要意义。不过，要想看出具体所指的是哪种含义常常是困难的，而且，它们只有在进行仔细分析之后才能加以区分，在日常实践中则不会被区别使用。为了克服这些不确定性，我在此将以广义的视角，把学习界定为：**发生于生命有机体中的任何导向持久性能力改变的过程，而且，这些过程的发生并不是单纯由于生理性成熟或衰老机制的原因。**

我特意将学习定义得非常广义和开放，采用了诸如“任何过程”、“生命有机体”和“持久性能力改变”之类的表述来避免一些不必要的限制。关键是学习意味着一种改变，在某种程度上是持久性的改变，比如说在被新的学习覆盖以前，或因为生命有机体不再使用而逐渐遗忘以前，它就是“持久性的”。同样关键的是，这种变化不是由于生命有机体中预先已有潜能的自然成熟，甚至尽管这种成熟可能对于学习发生来说是一种很好的先决条件。

采用术语“有机体”是因为并不只有人类才能够学习，有一些动物研究对于理解学习来说也具有重要意义。然而，本书探讨的中心内容是人的学习，有关其他有机体学习的内容只有在涉及对人类学习的理解时才会被提到。

同样重要的是，采用此种定义意味着许多被命名为诸如社会化、素质提升、能力发展、治疗等的过程，成为此学习概念所包涵的内容，并被视为学习过程的特定种类或审视学习的特定视角。术语“发展”被理解为学习与成熟的“涵盖性术语”，由此，我认为心理学的“经典”冲突是关于“学习在发展以前就发生了，还是与此相反”（Vygotsky，1986［1934］，pp. 260ff.）等的种种误认。学习是发展的一部分。

我认为基于这种对学习的广义、开放的理解来进行研究是极为重要的，主要是因为，对于学习是什么，以及诸如社会化或治疗之类的名词指的是什么，我们不可能严格区分出这两者之间的界限。而且，实际上我们只有把所有因素都纳入其中，才有可能洞悉它们之间的重要联系和互动模式。

最后，还需指出的是，这个定义也意味着限制和扭曲，反过来这又意味着所学知识中的一些数量或质量上的限定也被视作个体所学到的某种内容，例如，学习选项的数量或性质变得难以把控或有威胁性。

1.3　本书的结构

本书中所论述的用以理解学习的理论或框架，可以分为以下四个部分。

第一部分包括导论性质的本章及下一章，内容涵盖了理解学习的一些理论基础，这些基础综合了包括来自心理学、生物学、脑生理学和社会科学许多不同理论的学术贡献。

接下来是本书的第二部分，也是全书中心部分，论述的是学习的结构和性质。第三章构建了一个模型，用以表示学习的两种过程和三个维度：内容维度、动机维度和互动维度。第四章对学习进行了分类，详细论述了四种基本类型的学习。第五、六、七章则基于全部三种维度，对一些有关学习的内容进行了更为深入的探讨。在第八章中，对于学习作为一个整体的最重要的因素进行了综述。

第三部分仅包括第九章，内容有关当下最重要的学习障碍类型，即如果期望中的学习未能出现，或是学习过程与期望中的相距甚远时，到底是发生了什么情况？这些情况在学习理论的成果中仅有极少量的涉及，但在本书的视角中，与那些通常被认为在某种程度上更为成功的学习相比，它们的重要性是同等的。

第四部分的中心内容探讨了影响学习性质、过程以及结果的某些最重要的条件。第十章探讨的是学习者不同前提条件的类型，包括性向、能力和智力、学习风格、性别以及社会背景。第十一章探讨的是贯穿于一生的学习以及在不同年龄段的学习。第十二章中，我联系最重要的实践领域或学习空间来审视学习：日常学习、学校学习、工作生活中的学习、基于网络的学习以及在学习者感兴趣的活动中的学习。第十三章的主题是学习与不同类型教育组织及政治条件的联系。最后，第十四章对所构建框架的主要观点进行了总结，并列举了一些在我的学习模型中讨论到的成果与理论创立者。

1.4 小结

在这一导论性质的章节中，最重要的内容可以总结为下述观点：学习是非常复杂和具有多面性的，它包括“发生于生命有机体中的任何有导向持久性能力改变的过程，而且，这些过程的发生并不是单纯由于生理性成熟或衰老机制的原因。”这一定义意味着诸如社会化、素质提升、能力发展以及治疗等过程都被视作学习过程的某些特殊类型，或用以审视学习的某些特殊视角。该定义还暗示了那些可能约束所学之物的种种局限及其他事物，也将同样被看作是个体学习到的内容。“发展”的概念被理解为学习与生理成熟的涵盖性术语。

此外，本章介绍了书中对学习这一课题进行探讨的结构，全书分为四个主要部分：首先，是对学习基础的理解；其二，是对学习结构的理解，包括学习的三个维度以及四种基本学习类型；其三，对于可能导致所期望的学习未能发生的各种障碍的理解；其四，学习受一些个体的、人际的以及社会性质等不同条件的影响。

第二章

理解学习的基础

6 在第二章论述了理解学习的多种基础性内容，包括学习基本的心理、生理、脑与社会性的条件。特别需要强调的是，所有这些领域以及它们之间的交互都必须纳入到对学习的综合性理解之中。

2.1 理解学习的多种资源

第一章中概述的学习定义以及对学习的广义理解意味着，如果要理解人类学习的整体复杂性，就需要将多种资源纳入到我们的视野之中。

学习在传统上被首要地理解为一种心理事物，学习心理学是心理学最为经典的分支学科之一。不过我们也同样必须要考虑其他心理学分支学科，如发展心理学、认知心理学、人格心理学和社会心理学。

不过，比起传统上将学习视为一种心理学领域，近年来我们对学习的理解已经有了很大的超越，并扩展到了更为宽广的视野。这种情况的产生，一方面是基于脑与身体的生理研究发展；另一方面，也是基于社会科学的发展，首要的是社会学与社会心理学之间“灰色地带”的研究拓展，另外同样重要的是，学习研究还较以前更为广泛和直接地被纳入到国家经济体系的战略之中。例如，基于经济增长和竞争力培养的目标，学习研究被用于测量和加强成人学习和终身学习。

另外，心理学和上述其他各领域对于学习基础的认识都存在着不同的基本观点或“学派”。多年来，从20世纪初叶直至20世纪80年代，行为主义
7 心理学在学习研究中占据着主导地位，在美国尤其如此。但特别是在欧洲，也涌现了其他一些与之争鸣的基本观点，如格式塔心理学、建构主义心理

学和文化历史心理学等。在美国的20世纪50年代和60年代，人本主义心理学异军突起，成为一支新的力量，另外还有弗洛伊德主义或精神分析学派，也对学习的理解作出了特殊贡献。在所谓的批判理论或“法兰克福学派”中，后一种精神分析方法和基于马克思主义的社会认知相互结合了起来。

本书中我们还会多次回到这样的话题。在此我的重点是想指出，本书的一个基本观点是：要获得一个令人满意的对学习的整体性理解，所有这些学术领域和学派都会有自己重要的贡献。从科学理论的观点来看，像这样横切式的路径（crosscutting approach）常常被视作是极端负面和可疑的，至少在心理学这样一个有着多个相互争鸣的学派的学科中。它被贬损地贴上了“折中主义”的标签，即不连贯的或没有一个清晰和完善的界定基础。

然而对我来说，始终持有这样一个基本出发点：对于学习这样一个广泛而复杂的领域来说，如果我们不能将如此之多的学术方法联系起来，那么要想获得充分的理解是不可能的。心理学界中有太多的精力浪费在不同学派间的争斗之中，而不是相互合作以找到彼此之间的联系点。

不过，要在现在这样的基础之上进行工作的先决条件是：能够设定一个框架作为起点，来联系那些可能加以考察吸纳的多种成果，从而使得一个连贯和完善界定的基础能够被建立起来。我尝试在第三章中构建这样一个框架，在此基础之上，吸收、评价和加工了众多成果。实际上，建立在本书写作之上的研究工作，在很大程度上具有这样一种性质：考察关于学习的大量不同理解，将它们汇集在一起，放置在一个理解学习的共同框架之中，这种理解是基于多个不同研究成果而得以澄清和精炼的（Illeris，2002）。

不过，勾画这一框架之前，在本章接下来的部分中，我还将分别概述心理学、生理学、脑心理学和社会学方法视角中对于学习的一些理解基础。

2.2　学习与心理学

从最广泛的意义上来说，心理学是传统上最早的和主要的人类行为科学。行为主义学派原则上限定于研究能够直接记录的行为，不过，如前所述，学习心理学成为了行为主义心理学中一个重要分支，尽管学习过程并不是直接可观察的。能够观察到的仅是学习过程的一部分结果，例如，一个儿童能够做出某个除法算术题了。

然而，我们是否能够同样得出结论——这名儿童大体而言也理解了除法是什么，理解了一个人与除法有关的那些情境？在这种关联中儿童拥有怎样的情绪状况？如果算术题做对了，儿童可能会表现出快乐或满意。但我们又如何来衡量这种快乐和满意？这样的情绪是如何影响学习的？我们又如何得知，这些情绪是否仅仅只因做对算术题而产生，还是其他因素也同样在发生作用？所学到的东西有着什么样的主观价值和应用价值？这名儿童将会记住他所学到的东西，并将其运用到校外生活之中吗？

令人欣喜的是，比起研究那些直接可观察的行为来，其他一些心理学派进行的研究更为深入，一般来说，心理学也许最好被定位为一种经验科学，它涉及描述、系统化以及解释我们的经验。这些经验是人们做了什么，说了什么，想了什么，等等。它们发生在所有可能的情况和背景之中，既包括日常生活，也包括一些特殊场景，而且，心理学还涉及观察动物在多种情况下的经验。由此，数据资料是无限的，因为对于人们能够尝试学习的东西来说，似乎是没有限制的。

然而，当我们研究学习或其他心理学课题时，仍需联系某些基本事实。首先，人类是一种有着某些特殊潜能与局限的生物体。人类尽管存在很多的个体多样性，但仍拥有着大量的共性，并且有一些是完全超出我们的能力范围之外的。例如，我们不能学得像黑豹那样飞快地奔跑，我们不能听见某些声波，等等。换言之，由于我们身体和脑的局限，我们的学习是有限度的。

第二个基本事实是，我们生活在一个自然与社会的环境之中。我们必须进入到与这个环境的互动之中，我们能够发挥一定的作用影响和改变它，但我们不能将自己置身其外。即使有人试图完全地孤立自己，他也将受到自己所做事情的影响。

由于上述原因，心理学也必然是这样的一门科学：在所有的维度中人类是如何关联的、如何能够在有机体与环境设定的潜能与局限前提下发生关联的。理解学习就自然必须与这些存在的条件相关联。

2.3　学习、生理和身体

当我们把学习作为一种心理现象来研究时，就会很容易把身体当作一种载体，只有当所学之物在性质上全部或部分是身体技能时，身体才会被加以考虑，譬如当我们学习走路、游泳或骑车的时候。学习主要被理解为一种与心智相关的概念，仅在一些特定情况下才会考虑到身体方面。

不过，实际的情况差不多恰恰相反。与其他心智过程一样，学习是建立于身体的基础之上的，而且，我们称之为“心智”的东西是与人类的发展一起出现的，它们的进化历经了数百万年。初等生物也能够学习，不过我们并不认为它们有什么心理或心智的生命特征。

对于人类，学习主要是通过脑与中枢神经系统这些身体的特定部分发生的，如果希望理解我们的学习潜能发展到怎样的程度和功能，就必须要超越身体与心理之分，但几个世纪以来这种二分法又一直处于西方世界理解学习的中心地位。

法国哲学家勒内·笛卡尔（René Descartes，1596－1660）早在17世纪就提出了著名的观点“我思故我在”（Cogito，ergo sum）（Descartes，1967［1637］），这常常被当作西方理论的经典之句。该句的精确含义在后来就成为很多讨论的主题，例如，著名的挪威哲学历史学家阿尔内·纳斯（Arne Næss）认为这句话从拉丁语翻译过来的意思并非是“我思”，而是“我经历了”或“我有所知道”（Næss，1963［1962］，p. 143）。不过这一连接关系中最为关键的是，笛卡尔将心智作为人类经验的中心，将其置于生理和情绪之上，在西方世界中确乎是由这样一种基本理解占据着统治地位。

查尔斯·达尔文（Charles Darwin，1809－1892）的理论认为，人类的起源可以追溯到“物种起源”（Darwin，1958［1859］），这种理论构成了另一种视角方法的基础。在19世纪末，威廉·詹姆斯（William James，1842－1910）和西格蒙德·弗洛伊德（Sigmund Freud，1856－1939）这两位伟大的科学心理学先锋人物，最终将他们的起点定位于心理现象的生理根源（James，1890；Freud，1895）。

后来，沿袭了这一路线的不仅仅有俄罗斯被称为文化历史心理学（5.3节）的研究，特别是在20世纪30年代，阿列克谢·列昂节夫（Aleksei Leontiev，1903－1979）通过这种路径的研究认为，人的心智能力是基于它所遭遇的挑战而逐渐显现的。这一研究仅于1959年在其文集中得以发表（Leontjev，1981［1959］）。根据文化历史学派的观点，工具的使用是一种尤为重要的功能。比起极少数物种也能利用相似工具的情况来说，这些工具在人类的使用中具有非常不同的特性。人类可以自己开发和完善他们的工具，这导致了技术的发展，技术的发展又相当惊人地让我们有可能掌控自然，不过同时也正是由此，人们也通过这种方式破坏着人类整体赖以生存的自然基础。另外，文化历史学派的理论也将语言、文化形式等视作我们所利用的与学习有关的工具。

从那以后，一些其他研究者们也继续这种研究路径，到现在已经形成了一个完整的心理学分支学科，自称为“演化心理学”（evolutionary psychology），主要从事这一领域的研究工作（例如 Buss，1999；Gaulin and McBurney，2001）。

还有一些研究者的工作重心更直接地指向身体与心智功能之间的连接。例如，一些放松治疗师和身体治疗师们研究如何理解和缓解身体紧张以及运动的不恰当模式，并发展了恰当的生理平衡与身体功能，这些都建立在这样的理解基础之上——身体与精神是一个整体情境中的部分。这种研究有两个较为典型的基础：一是现象学（经验导向）的基础，回到了法国哲学家、心理学家莫里斯·梅洛－庞蒂（Maurice Merleau-Ponty，1908－1961）的研究起点——身体经验与身体能力（Merleau-Ponty，1962［1945］）；二是精神分析的基础，其直接思想根源来自于弗洛伊德本人及其追随者们的研究，至少有奥地利学者威廉·赖希（Wilhelm Reich，1897－1957）和后来的美国学者亚历山大·洛温（Alexander Lowen），他们聚焦于克服“性格盔甲”（character armour），这种盔甲可能对诸如很多学习机会等起到阻碍或防御作用（例如，Lowen，1967；Reich，1969a［1933］；Lowen and Lowen，1977）。同样应该提及的是法裔智利生理学家弗朗西斯科·瓦瑞拉（Francisco Varela，1946－2001），他参考庞蒂和弗洛伊德的学说，著述了心智作为一种身体功能的观点（‘The embodied mind’，Varela *et al.*，1991）。

基于这样一些路径，我们需要又一次指出，西方世界中的学习研究倾向于忽略学习中的生理因素。学习不仅是理性的，而且是建立在身体功能的基础之上的，可以“在身体中加以完善”，并且能够通过诸如身体姿势、运动模式、手势、呼吸等表达出来。

从某种特定身体技能的目标学习，到较为不确定的“情感”或多多少少有些“自动化”的身体功能学习，身体性的学习有很多方面。重要的是，这些身体面是基础，不管后面有多少发展和遮掩，它都出现于我们的经验、行为和学习之中，比起西方世界通常所认为的，它发挥的作用实际上更为重要。

在我们的社会中，有一种由来已久的错误倾向，即完全颠倒了实际情况，认为在人类发展历史和个体自身发展上，身体方面的学习是对所谓心智或理性等“真正的”学习的补充，而不是这种学习的一种先决条件和基础。英国的马克·索尔姆斯（Mark Solms）和奥利弗·特恩布（Oliver Turnbull）指出：“根据神经生理学的观点，所有‘生命事务’最终是通过‘身体事务’的调节（提示和转化）而实现的。”（Solms and Turnbull，2002，p. 233）这也代表了其他现代脑科学研究者们的普遍观点。

很自然地，学习中身体的作用在生命的早期阶段最为清晰地表现出来，这使得著名瑞士生理学家、心理学家和认识论专家让·皮亚杰（Jean Piaget，1896－1980）将儿童最早阶段的智能发展称之为运动智能（psychomotoric），即运动智能阶段（psychic-movement）（例如，Piaget，1967［1964］）。

让我们回到导论中所介绍的那个学校情境——学习除法，它从表面上看似乎是一种“纯粹的”心智功能。这个案例是有关于熟练运用数字的，这些数字仅用单词或其他符号呈现。然而，身体功能在这种情境中仍然通过多种方式发挥着作用。

首先，儿童在这种学习中发挥功能的脑的各部分必须是正常发育的。如果不是这样的话，所谓计算力缺失的症状，或“数字盲”的情况就会出现，使得学习非常困难，甚至根本不可能。另外，还会出现一些与集中注意力或交流能力相关的生理问题。

其次，身体必须处于充分平衡的状态，这样才能有足够的精力来投入学习，而不是去应对和克服不平衡的问题。例如，如果一个人处于饥饿、疲惫或病痛状态，就会使得学校学习更为困难，这种困难程度甚至会达到很高的程度，或者还会出现情绪不佳、悲伤、焦虑、紧张及其他心智不平衡的情况，表现为身体上的紧张不安。而且，在学校情境中通常的确会出现这种身体紧张不安的状况，因为这些孩子们不得不长时间地安静坐着，集中注意力于课程当中，而他们仅仅需要活动一下自己的身体。

再次，年幼的儿童会特别感受到某种“身体性”（physicalise）学习欲望，在算术课中会表现得更为直接，典型表现就是用手指数数或用其他方式来使学习内容具体化，例如，通过把一些球、苹果或其他物体分成不同的堆，使得数量能够被直接感受到，从而来进行除法学习。

最后，处理情境中的问题、因正确计算而获得的满意，也将通过身体上的某种不适或良好状态表现出来，反过来又会影响学习的态度。

所有这些自然还是非常初等的。然而，不仅是在一个生命状态不可避免地表现为更多学习的社会之中，也是在一个必须学会学习的社会之中，即必须学习如何管理学习和提升学习效率的社会之中，它们也是非常重要的。与此同时，这些生理过程对于激发持续互动是不可或缺的，这种持续互动的动

机也是学习的一部分，建立在身体的基础之上，当一个人有高水平的动机去把握学习时，不同的身体介入会推动学习的效果，而当动机处于低水平时，这种身体介入就会变得很紧急。

在后面，当我试图深入探究学习相关的大量不同课题时，自然而然地，我将不能时时涉及这些基本身体因素。不过重要的是我们必须清楚这样的事实：这些身体因素很关键，在某些身体因素有着特殊重要作用的情境中，我会直接对它进行探讨。学习与脑功能之间的关系也很大，这同样是学习身体性的一部分。

2.4 学习和脑功能

脑与中枢神经系统当然是身体的一部分，但我为何要将它单列开来作为一节呢？原因是身体的这一部分相当特殊，有着与学习相关的非常广泛的功

能。就是在身体的这些部位，个体的学习过程得以发生，无论它们是有意识或是无意识的。

脑研究在近年来有了喷发式的进展，由于有了先进的新技术，可以帮助我们理解某些诸如学习、思维以及记忆工作的途径和方式。我本人只是这些进展的一个旁观者，下文我着重引用了脑科学研究者的一些最著名成果，特别是美国的安东尼奥·达马西奥（Antonio Damasio，1994，1999）、叶尔霍能·戈德伯格（Elkhonon Goldberg，2001，2005）、约瑟夫·勒杜（Joseph Ledoux，2002），英国的西蒙·巴伦－科恩（Simon Baron-Cohen，2003）、马克·索尔姆斯（Mark Solms）和奥利弗·特恩布尔（Oliver Turnbull，2002），以及德国的海宁·谢克（Henning Scheich）等人（Scheich，2002；Elger *et al.*，2004）。

不过，尽管当今的脑科学研究取得了巨大的进步，在此仍应指出的是，距离能够彻底解释更为高级的包括学习在内的脑功能，征途仍然遥远。它的重要贡献主要体现在一般水平和某个非常特定的领域之中。在一般水平领域中，研究呈现了一些成果，有关于脑的组成部分和中枢在不同情境中的活跃状况、不同中枢发挥了怎样的作用，以及冲动在不同中枢间的传递等。在特定领域，研究可以相当精确地辨别出，在个体脑活动的电化学回路中，脑细胞之间在传递冲动时，到底发生了些什么——与所谓的“神经递质”（neurotransmitters）相关，即在不同情境下加强和抑制脑细胞间传递的某种化学物质。

然而人类的脑包含着100亿到1000亿个脑细胞（具体数字在文献中有着相当大的差异），它们中有一些是高度分化的，而且每个细胞直接通过数十亿计的所谓神经键或神经细胞连接与其他多达10000个细胞相连接（Scheich，2002）。这给不同的网络与回路路径提供了几乎无限的可能性，即便是从未能够实现所有这些可能性，我们脑的复杂性仍然远居最为先进的计算机所能达到的程度之上。而且，在上面提及的两个领域之间仍然存在着巨大的“中间地带”。这首先是与构成我们思维、情绪、经验、理解、意识等神经生理基础的大量不同回路相关的，即使我们有朝一日能够掌握所需技术，也似乎完全不可能去将它勾画出来（Elger *et al.*，2004）。

尽管如此，近年来的脑科学研究也已经贡献了一些成果，在一些重要方面能够补充和纠正学习以及其他领域中现有的心理学理论。其中最有关键性重大意义的研究发现恐怕是——在一个正常和健康的脑中，我们通常称之为“理智”的过程，不能离开我们称之为“情绪”的东西独立发挥功能——由此，西方经典的“纯理性”科学理想实际上是一种幻想［如德国哲学家伊曼努尔·康德（Immanuel Kant，1724－1804）曾在200多年以前在他的《纯粹理性批判》中对此有过暗示，尽管他是基于某种不同的基础（Kant，2002［1781］）］。

在少量案例中，脑损伤切断了“理智”与“情绪”的最重要脑中枢之间的连接，我们看到这些个体仍能保留他们的理智或智能，但只能以非常不恰当的方式来运用，因为它们不能与情绪实现的规则联系起来。这导致了一些重大问题，特别是与决策和社会互动相关的重大问题——在决策和社会互动这两个领域中，情绪因素对“理智”的修正作用是有决定性意义的。这一发现使得著名的葡萄牙裔美国脑科学家安东尼奥·达马西奥将自己的一本先锋性著作命名为《笛卡尔的错误》（*Descartes' Error*，Damasio，1994）——因为，如前所述，笛卡尔是个代表性人物，代表了对理智这一构成我们何以为人类的核心事物的经典诠释。

脑研究提供了对包括学习在内的心智功能的基础性理解，学习被看作为一种身体与环境之间的连接，这种连接使得有机体能够对变化着的环境作出适当的反应。人类的这种连接通过诸多功能的发展得以决定性地完善，这些功能诸如语言、思维、意识、自我以及所有列昂节夫（1981［1959］）称之为“高等心智功能”的范畴，它们只作为初始阶段存在于大多数发达的灵长类动物身上，而在其他动物身上都不存在。

至于学习，每一个学习过程都有自己特定的过程，以不同部分和中枢的数以千计脑细胞之间某种电化学回路的形式发生。（这种回路被称为是电化学的，因为它们是在个体细胞中以电为媒介的，同时某些被称之为递质的特殊化学物质成为引起细胞间传递的媒介。）

这里，我将非常简略地阐述在一个普通的学习过程中，人脑中可能涉及的一些过程，目的是为了让读者加深对一些我认为是在复杂模式中的重要事物的印象。不过，我进行阐述的时候有一个清晰的保留——它们只是一种极大程度上简化的描述，绝不能应用于所有的学习过程，这表达的是我自己从许多不同科学发现和假说来源中进行的甄选。

学习过程一般是由个体所经历的某些源自对环境的感觉而产生的冲动开始的。在不同的感觉形式中常常会有同时发生的多个冲动，例如，看见某个事件的发生，同时也听见在说些什么。基于这些冲动，每种感觉形成了一系列“意象”（意象的概念不仅是用来指代一种视觉画面或印象，而且也指其他感觉印象，如“声音意象”）。这些画面或意象被引导成为“工作记忆”或“短时记忆”（位于脑高于眼睛的额叶部位，人类该部位比其他所有动物，甚至是最高级的灵长类动物都要发达）。这一中枢有两个名称的原因是，它的功能既是一种非常短时的记忆，也是一个绝对关键的协调中枢，戈德伯格（Goldberg，2001）称之为“执行性脑”（The executive brain），其控制了我们的思维、决策过程以及其他所有构成我们视作是自己“常识”的东西。

从感觉到工作记忆的中介引导过程同时通过两个管道发生——一部分通过脑的中枢部分，这部分还有着最重要的情绪中枢；一部分从这些中枢的旁路迂回（Damasio，1994），由此工作记忆接收到两种冲动——一部分冲动复制了“纯”感官印象，还有一部分冲动复制了由事件所激发的情绪混合在一起的感官印象。情绪冲动比其他冲动先到达一些，在瞬时就会发生即时的情绪反应：一个人会在他“有机会思考”之前产生攻击性的反应，或者会被吓得发“僵”。

重要的是，这些不同冲动在被工作记忆接收时，也同时被“过滤”了，这是通过与“长时记忆”的连接通路发生的，由此这个接收过程就受到了“记忆”的影响，这种“记忆”其实是脑即时和主观地在“寻找相关性”。还有，前面提到的所谓“长时记忆”在性质上不是一种庞大的存储档案或类似的东西，而是包含了来自于先前回路的“痕迹”（traces）或“记忆痕迹”（engrams）。我们还不太了解脑如何在我们每个人都掌握的数以百万计的记忆中“发现”需要激活的某些痕迹，以及如何找到它们的。有时候痕迹也可能或多或少被抹去了，即我们不能或仅仅只是能够很模糊地“回忆”起我们需要什么，又或是我们只能部分地或错误地“记住”它。不过在大多数情况

15 下，我们能够立即激活我们所知道的以及主观重要的感觉来解码和应用我们接收到的冲动。

不同新冲动之间的连接或“考虑”，在不到一秒钟的时间里发生在了工作记忆中，这些新冲动与相关再激活的早期经验、记忆、情绪、知识等之类的印象进行了互动，使得个体能够在此基础之上作出反应。反应可以以活动的形式表现为外显的，也可以是内显的，体现为身体里的变化形式以及带有相关情绪的事物印象和反应在长时记忆中进行自我修正，然后构成对学习的冲动，在以后碰到相关新事物和新情况时可供回忆和激活。

在这一简化的描述中，特别需加以强调的是，我们接收到的冲动都伴随着我们的情绪（这些情绪反映了我们当下的心智、身体情境、情绪状态和相关情绪性“记忆”，例如有关参与该事件的人的、有关内容领域的）；伴随着相关先前学习或经验的成果，这些学习或经验成果是我们反应（包括称为“决策”的判断过程）和从该情境中学到的教训的基础。

重要的是，所指的长时记忆具有一种电化学回路的“痕迹”的性质。我们必须想象这些痕迹是以某种途径或其他方式围绕主题组织起来的（这里可作参考的是心理学的图式概念，在4.2节中我将会回到这个话题），由此，在它们被激活的时候有一种序列或系统化的形式。至少情况是这样的：某种痕迹越频繁地被激活，它被再次激活的可能性就越大，即一个人“回忆”的是这种痕迹所代表的经验、知识或理解。另一方面，某种痕迹距离最后一次被激活的时间越长，它弱化、模糊或完全消失的危险性就越大，即被“遗忘”了。

我们还必须想象这些痕迹是连接的一部分，这些连接使得某些冲动启动了某些联系，即我们自动地将冲动与记忆连接起来，是与我们主观地在给定情境中“找到相关性”的记忆连接起来。

更进一步应该提到的是，此处概述的过程是特定的人类学习过程。不同动物的学习根据它们的脑发达程度部分地符合这一过程。人类的特殊发展历史反映在了脑的特殊结构当中，因此一般说来，人脑按照进化顺序先后依次被分为三个部分。

发展历史最遥远、也是最古老的部分是脑干（脊柱的一种延展）和后脑。这些地方接收来自环境的感觉冲动以及复制身体状态的冲动，并且进行着连接，从而身体功能得以顺应环境并加以调节规范，这些身体功能包括一些最基本的功能，诸如呼吸、心跳等，维持体液的化学平衡。脑的这一部分也被称为“爬虫类脑”（reptilian brain），因为它在很大程度上与爬虫类动物拥有的脑组织相同。

脑的中间部分所包含的首要来说是一系列处理与情绪本质相关的中枢。在这里，情绪必须被理解为面对威胁性情境（如恐惧和侵略性的）和实现生命生存功能（如饥饿和性）的重要安全调节机制。比起爬虫类脑的反射，情绪在一种更高的水平上调节规范着行为，例如，中脑赋予哺乳动物比爬虫类动物更为多样的一些功能潜能。另外，长时记忆的操作中枢就位于脑的这一部分——尽管上面提及的代表了记忆内容的早期回路“痕迹”扩散到了更大的区域。

最后，我们的视线转入到了前脑，这部分只有人类得到了充分的发展，在其中就包含了我前面称之为工作记忆的地方。这一部分使得我们通常称之为理智和意识的东西成为可能，在此理智和意识被理解为更加精细微妙的规范调节机制，使人类能够对环境作出比其他生物高级得多的反应，而且，在某种程度上能够知晓和管理自己做了什么。

脑的这三个部分紧密联系着。在已有功能延伸的发展过程中出现了新的功能，而已有功能也被保留下来作为新功能的必需和“支撑”。这就是为什么如果新生功能被破坏，旧有功能还能够延续，但没有了旧有功能，新生功能就无法进行的原因。额叶的损伤会极大地削弱一个人的能力，不过，脑干的损伤则会是致命的。

从学习的观点来看，这意味着我们能够在不同水平上学习，从基于某种程度上机械式思维与行动模式的十分无意识的反射，到十分有意识和目标控制的学习过程。

最后还要提及的是，脑有着相当大的可塑性，例如，如果脑的一些部分受到损伤，另一些部分能够全部或部分地承担它们的功能。不同人的脑有着不同的模式。举例来说，如果一个人在某种活动上花费大量时间和精力，这将占据脑的很大一块区域。脑不断地经历着变化与发展，这些变化与发展依赖于它被用来做什么。不过，我们越是年轻，脑的可塑性一般来说就越强。

2.5　无意识学习与默会知识

17 学习与学习相关的意识之间有怎样的关系，这一课题是有关身体和脑功能重要意义问题的延续。一个直觉上的理念是——学习研究一直很大程度上聚焦于这一点——理所当然地，我们对于自己的学习是有意识的，当一个人学习某个内容的时候，他不仅仅懂得或理解了这个内容，而且他还知道自己知道了哪些内容。

与语言一样，意识也是人类与动物之间最为关键的区别之一（尽管高等灵长类动物可能有着某些我们称之为意识之物的初级阶段）。我的猫很是知道，当我从冰箱中取出某个碗时，自己的吃饭时间马上到了——但是，它并不知道自己知道这些。我并不准备在此就意识的话题进行详细论述，在最新的脑科学研究中有一些参考信息，其中包括安东尼奥·达马西奥的大作《感受发生的一切》（*The Feeling of What Happens*，Damasio，1999）。

不过，在本书的背景中，很重要的一点是对该事实的确认——在没有意识到的情况下，我们能够学到某些东西，我们所有人差不多每天都在这样做。最著名的例子莫过于电影或电视中的广告，它们是那么的短小以至于并未被真正地注意到，然而却对人们施加着影响。这在我们持续受到影响和提示的大量事件与经验中，不过仅仅是个特定的案例而已。

我们都知道弗洛伊德是第一个深入和科学地研究无意识的学者，不过他对于学习仅有一点儿间接的兴趣。另一方面，传统的学习心理学虽然直接定位于研究学习，但却并未定向于无意识，即使巴甫洛夫那条著名的狗“学会了”将铃响与唾液分泌联系在一起，这种无意识的状态与人类在食物端上桌时分泌唾液的情况其实是完全一样的。

学习无意识的一面似乎仅在匈牙利裔英国哲学家米歇尔·波兰尼（Michael Polanyi，1891－1976）研究“默会维度”并提出其“默会知识”概念时，才得以真正和多少间接地浮出水面，他的默会知识概念指的是即使在某种知识没有或被表达为语言形式时，人也可以获取这类知识。我们还可以区分出“事实默会知识”（actual tacit knowledge）和“原理默会知识”（tacit knowledge in principle），前者通常是可以用语言加以清晰阐述的，而后者则超出了精确语言表达的限度（某种程度上与弗洛伊德的“前意识”和“无意识”概念相类似）。

后来出现的另一个总结此类事物的方式是与“情商”的概念有关的 18
（Goleman，1995，本书 6.4 节），而丹麦心理学者欧莱·凡德菲尔特（Ole Vedfelt）则更为直接的表达了“无意识智能”（unconscious intelligence）的概念，例如，他有如下的论述：

“我们可以无意识地在记忆中长时间储存有关知识与情绪的经验，并且，这种无意识的信息导入要比有意识的信息导入迅速和广泛得多。这对于我们的常识来说是很令人震惊的，因为它表明，我们的自我和意识就像一只小船，漂浮在广阔的无意识信息海洋之上。”

（Vedfelt，2002，pp. 28f. ）

然而，只有现代脑科学研究才在今天真正成功地建立起对该事实的一般理解：实际上多年来“明智的人们”一直未能接受无意识过程（也包括学习领域中的无意识过程）的广大领域和重要意义，这是非常不恰当和不科学的。例如，安东尼奥·达马西奥写道：

无意识一词在狭义上被我们的文化所销蚀，它仅仅只是非意识的大量过程与内容中的一部分……实际上，“未知”的列表是令人吃惊的。来看一下它包含了哪些东西：

1. 所有那些我们未曾留意的完全成形的意象；

2. 所有那些没有成为意象的神经模式；

3. 所有那些通过经验掌握了的性向，它们一直潜伏着的、可能永远不会成为一种清晰的神经模式；

4. 所有那些对上述性向悄悄进行的改造和网络重组，它们可能永远不会被清晰地知道；

5. 所有那些隐藏着的智慧和诀窍（know-how），它们很自然地嵌入在先天的、稳定平衡的性向之中。

实际上，我们知道了的东西少得可怜，这是多么令人惊讶啊。

（Damasio，1999，p. 228）

因此达马西奥回到了澄清所有这些问题的课题。对于动物来说，所有东西都是无意识的，而人类在进化史上最大的一次跨越性跳跃，就是我们称之为意识之物的形成。现在的脑科学还仅仅只能够猜测意识的功能模式。我们该如何想象我们作为一个物种，将整个无意识生物功能模式的世界，通过亿万年的时光，奠定了这一伟大的新构型？我们能够发展这样的意识已经是非
19 常地奇妙了。毫不夸张地说，要想象它会覆盖和主宰我们所有的功能领域似乎是非常不现实的。

由于目前这部分研究极为有限，后面我将仅在极少的地方涉及无意识学习。在很多情况下，它与意识学习构成了一个不可分的网络，而且也许并不存在什么不同于完全意义上意识水平的显著差别。不过，特别的是，精神分析研究确认无意识学习对于我们的理解、身份认同以及行为也有着深远的重要意义。学习的这一方面，与身体和脑相关的学习一样，将仅在后面的某些特定地方加以讨论。

2.6 学习与社会

然而，学习并非仅在单个的个体身上发生。相反，学习总是嵌入在一个社会性的情境之中的，这个情境提供冲动，设定能够以及如何学习什么的框架。例如，发生在学校之中的学习、发生在工作生活之中的学习，以及发生在学校与工作之外的日常生活中的学习，它们在性质上是不同的——因为这些情境赋予了学习在基础性条件上的本质差异（第十二章）。

学习理论在过去几乎都局限于学习的个体水平，不过在最近 15 到 20 年间，对于学习的社会性情境有了越来越多的强调。在这之中出现了诸如“社会学习”和“情境学习”之类的概念（我将在第七章中予以探讨），在心理

学派中最为引人瞩目的是自称为“社会建构主义”的学派（如 Gergen，1994；Burr，1995），与传统学习心理学只关注个体学习这一面相对比，社会建构主义宣称学习是发生于人们之间的，因此具有社会性。

不过，本书中的一个基本理解是——学习具有个体和社会的双重性（这在第三章中将会进行深入论述）。这意味着必须将传统学习心理学的个体导向与现代社会导向整合起来，它们中的任何一面都不能单独阐明问题的答案，提供一种完全和“正确”的理解，因为它们中的任何一面都是根基上有缺陷的观点。

然而，学习的社会性在不同情况下并不相同，因此，学习发生的情境在近年来获得了更多的关注。学习发生在一个多重并行和整合一体的情境中，这种情境对于学习发挥着迅速增长的社会性重大意义，尤其对于学习来说的一个事实是，它发生在某种特定的、主要是制度性和因此而“非自然的”脉络之中。

如果我们回溯过去数百年的岁月，或审视现在仍然存在的所谓“灵长 20
类”社会，几乎所有的学习都是作为日常生活中不可分割的一部分在发生着，在劳动与业余时间之间并没有泾渭之分。例如，通过儿童的玩耍、通过各种家务和日常工作技能的指导或培训，学习很典型地发生于家庭的日常生活之中。

不过，随着工业革命的发生，资本主义的突进，以及 18 世纪开始一直贯穿整个 19 世纪启蒙运动的兴起，越来越多的社会性劳动被转变成为工薪劳动，这在时间、地点上将其与生活的其他部分割裂开来，并且要求一些特殊的资质，既有关于知识、技能方面的要求，还要求能够将自己推销给雇主，雇主们有权决定在工作时间中做什么、为什么做和什么时间做。

这就要求有新的学习形式，在西方世界中，社会确立了义务学校教育制度并逐渐加以推广。越来越多和越来越宽广的领域中青年教育计划和高等教育计划随之出现，多样化和复杂的教育体系发展了起来。

这一趋势在“终身学习”的理念下表现得更为鲜明，该理念被作为一种国际性的国家、政府以及人民的需求而被坚实地树立起来（例如，OECD，1996；EU Commission，2000；Illeris，2004）。在当今这一时代，学校已经不仅仅是必须要提高功效，尤其要无愧于国际比较。对于工作生活中的学习也有着越来越多的强调，父母们急欲促进孩子们在日常生活中学习，幼儿园也有了课程，对闲暇时间和生活也进行了基于学习视角相关的分析。学习被作为一种非常关键的因素纳入到国家和国际性沟通之中。

学习与经济之间的关系性质——举例来说，如果实施变革要求很多人必须能够承担某种任务，将会使社会付出多大的成本——这可能还很不确定。但毫无疑问的是，学习成为一种关键性的社会事务，服从于管理国家的经济理性（Illeris，2004）。很自然地，这高度影响了学习的发生。因此，除了个
21 体水平，学习的基础在社会性水平上还越来越扩展到一个更广的范围，完全从个体学习的性质延伸到综合性改革和社会的相关学习需求、服务的构建。我将在第十三章中回到这个话题。

2.7 小结

本书中对于学习的理解是建立于一种一般框架、成果和理论之上的，它的发展来源于多个方法、理论阐述和学术分支的视角，我试图努力将这些不同的成果联系成为一个广泛的、综合性的整体。

由此，学习被理解为一种宽广领域和复杂的范畴。为了能够充分地理解和描述，学习研究必须联系基于经验性研究的心理学的各个分支学科，基于身体特别是有关脑功能理论的生理学研究，以及社会科学中关于学习如何形成了现有结构、如何既在日常实践之中，也在组织化学习的一般建构中发挥社会功能的各种途径的分析。

第三章 学习的过程与维度

本章阐述的是一些与学习结构相关的最为基础性的课题，并且用一个模型图示出来，以进行基本的概括。本章仅是一个概述，在后面的章节中还将会有更为详细深入的描述。 22

3.1 互动与获得的过程

关于学习如何发生的问题，最基本的理解我认为是这样的：所有的学习都包含两个非常不同的过程，这两个过程必须都是活跃的，我们才能够学习点儿什么。大多数情况下它们还会是同时发生的，因此不会让人体验为两种独立的过程；不过它们也可以完全或部分地在不同时间里发生（5.5 节）。一个是个体与其所处环境**的互动**过程，这发生在我们所有的清醒时间，我们能够多多少少地察觉这个过程——通过这一点，知觉（awareness）或导向（directedness）成为学习的一个重要因素。另一个是心理的**获得**过程，发生在个体互动所蕴涵的冲动和影响之中。获得通常来说突出表现为这样的特征：将新的冲动、影响与相关的早期学习成果连接起来——通过这一点，学习成果获得了它的个人印记。

直至 20 世纪 80 年代，学习研究的关注点通常还只局限于获得过程。不过从 1990 年前后，开始出现一些重要的理论成果，指出学习也是一个社会的和互动的概念，而且正如第一章中所提及的那样，有些学者甚至走得更远，认为学习只有被作为一种社会过程才能得到理解。不过，在我看来，对于学习的理解来说，非常关键的是这两个过程及其双向互动都必须能够被顾及到。

今天，一些学习研究者们，如英国的彼得·贾维斯（Peter Jarvis，1987，

23 1992）和美国的埃蒂安·温格（Etienne Wenger，1998），在他们的研究中一定程度上比较明确了学习中包含有个体和社会两种水平，不过他们的出发点并不在此。与他们不同的是，我在此将讨论这一点，因为它对于充分理解学习来说是非常基础性的，也因为它提供了一种支撑的可能性——作为一种基础——学习是通过两组极为不同的条件来规范协调的。

决定互动过程的基本上来说具有人际交往以及社会属性，而且依赖于环境的社会和物质特征，从而依赖于时间和空间。许多发生于今天工业社会中的学习在千百年前是不可能的。现在学习的可能性在不同的国家、不同的地域以及不同的亚文化中也是大为迥异的。

而另一方面，决定获得过程的基本上来说还具有生理属性。它们历经数百万年而造就人类这一物种的发展过程，特别是中枢神经系统和以前额叶为特征的脑的出现，脑以一种关键性的方式，赋予我们某些非常特殊的其他物种所没有的学习潜能。

这就是两组潜能与条件的二元组合，每一组都有着巨大的多重性，它们从基础上构成了几乎是无限的和没有终点的人类学习框架，这一框架就是我将试图在本书中更为详细地加以揭示的。第一步是呈现这两个过程及其互动的图示。

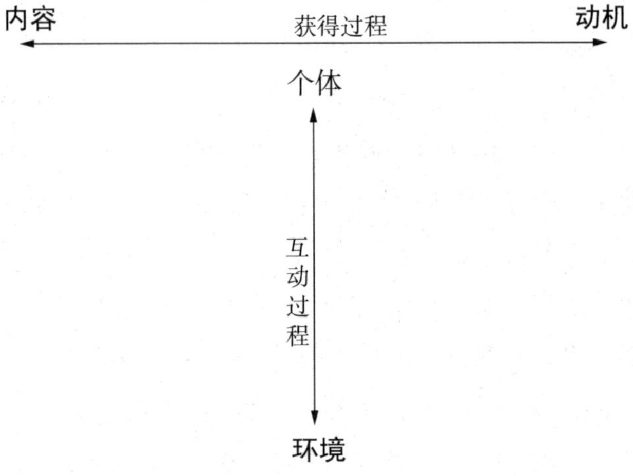

图 3.1　学习的基本过程

在图3.1中，学习的互动过程用一条延伸于双箭头之间的竖线表示，箭头分别表示个体和环境。由于环境—外部世界是整体所依赖的基础，我将其置于整个模型的底部，而学习个体是特定“个案”，所以我将其放在顶部。通过这种方式我同时也建立了两种水平：环境水平和个体水平，它们是学习过程的一部分。

接着，我用另一条双箭头线表示获得过程。由于这个过程完全发生于个体的水平，我将其横向置于代表互动过程的双箭头线的“顶部”。获得过程的两端表示在这个过程中始终包含着**内容**和**动机**两个要素。

内容要素是有关所学之物的，如果没有学习内容，没有所学之物，那么谈论学习也就不可能有什么意义。它在性质上可以是知识、技能、观点、理解、见识、意义、态度、资质以及/或者能力，还有其他一些名词也可用在此处。我会在第五章中回到所有这些话题。此处有决定性意义的是，学习既是客体又是主体：总是**某个人**在学习**某些东西**，正是对这“某些东西”的获得，构成了学习的内容要素。

不过获得过程还有一个动机要素，在相当基础性的意义上，指的是实现一个学习过程所需的心智能量——实际上，人类能量消耗的一个相当可观部分，平均来说20%是投入在了心智过程上（Andreasen，2005，p. 60）。要激活获得过程并进行下去，无论如何某种东西是必要的：这一定就是动机。这就是我们在日常用语中称之为诸如动力、情绪、意志等物，近十年来学习与脑研究取得的最重要成果之一就是学习的动机基础——即受到诸如欲望和兴趣，或者受必须性和外力强迫而激发的程度——一直既是学习过程，也是学习结果的一部分（例如，Damasio，1994；LeDoux，1996）。正是这些运作和活力构成了学习的动机要素。

这里我将心智领域进行了划分，使获得过程与两大主要分类联系起来——内容与动机。由此，我超越了对该领域更为传统三分法——认知、情绪和意志（例如，Hilgard，1980）。促使我进行超越的是我发现这种三分法在很多方面是有问题的。一方面，这种划分延续了将身体与生理活动隔离在外的传统，这是我在第一章中已经加以批评了的。另一方面，它将情绪与意志分离开来，而且完全忽视了动机因素。我认为在我们的日常语言中，这种不同动机及驱动力之间的区别可以是很恰当的，但却很难用清晰的类别和界

定来支撑它们作为一些专业术语。我还发现，把内容、认知、生理活动以及
25 理性作为一方，把动机、情绪以及意志等作为另一方，这样的两分法，能够在更大程度上符合现代脑科学的研究（例如，Damasio，1994，1900）。

如纵向的双箭头线条所示，个体与环境这两个要素总是在各自的形成过程中，以一种整合性的方式发生着互动；如横向的双箭头线条所示，在获得过程中，内容与动机之间总是进行着互动。不过箭头本身并不表示任何有关两个要素本质或程度的东西，而只是说，它们总是用一种整合性的方式发生着作用。我将在本书后面一些章节中回到这个话题。

3.2　学习的三个维度

如图 3.1 所表现出来的那样，两条双箭头线条勾画出了一个三角形的领域。如果对这个三角形略加补充，就出现了三个“角”或“极”，表示我所称之为的学习的三个维度，即内容、动机和互动维度，前两者是与个体的获得过程相关的，后者与个体和环境间的互动过程相关。（我在第七章中会更为详细地描述这一事实：与学习相关的环境在本质上具有绝对的社会性。）

本书的基本论点是所有学习都包含这三个维度，如果要做到充分理解和分析一个学习情境，这三个维度必须始终被顾及到。

这可以用图 3.2 的学习三角来表示。

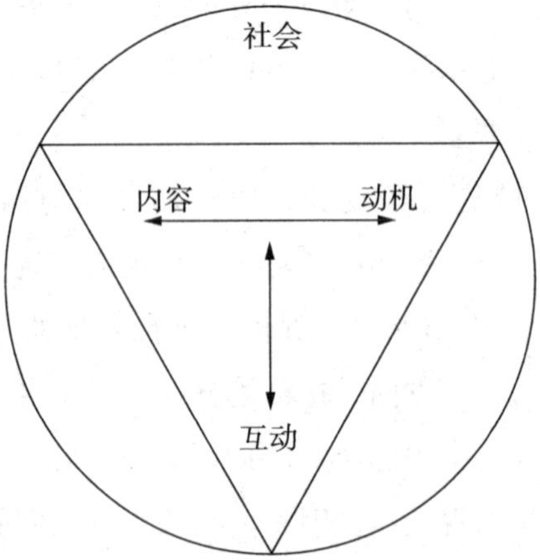

图 3.2　学习的三个维度

更进一步地，我们可以看到一个圆周构架了学习三角。这表示学习总是发生在一个外部的社会性情境之中，这个情境在一般情况下，对于学习可能是有决定性意义的。

我将更加细致地考察与这三个维度相关的某些一般性课题，也就是说，当我们学习一些事物的时候，我们有意识或无意识地通常把目标定位于三种维度中的什么方面？它的总体结果是什么？

如前所述，内容维度是关于我们学习什么的。我将使用**知识**、**理解**和**技能**作为符号性词汇，这是基于充分知晓这些单词只是学习内容中一些最重要的元素来说的，而不是一种彻底的无遗漏的描述。这是我对于“认知主义”抑或甚至更为狭窄的“知识导向”的回应，很多学习研究都以此为特征，这对于捕捉学习的多样性来说是太过局限了。

学习者的能力、见识和理解是通过内容维度——学习者可以做的、知晓和理解的事情——得以发展的，通过它我们试图发展**意义**，即一种对存在的不同事物的一致性理解（例如，Bruner，1990；Mezirow，1990，1991； 26
Wenger，1998），而且也发展**能力**，以使我们能够应对生活中的现实挑战。在我们这方面的努力成果范围内，我们发展了自己作为一个整体的**机能性**，即我们在所处多种情境中恰当发挥功能的能力。这种恰当性是直接连接于当前情境中我们的位置与利益的，与我们的资质和未来观相关，这也是很普遍的，正如作为一个整体的学习与个体和物种的延续生存可能性具有相关性一样。

如前所述，内容维度是传统学习研究中主要的关注部分，而且这一维度也是我们日常谈论学习时的直接关注点。不过学习三角同样也指出了其他一些在学习关系中非常关键的事物。

获得过程还有一个动机维度，它涵盖了**动力**、**情绪**和**意志**——这是我在这一维度中使用的三个符号性词汇。前面已经提到过，它涉及学习所需心智能量的运用，我们彻底地将自己投入到这一运用之中，以能够持续地维持我们**心智与身体的平衡**。可能是不确定、好奇心或是未被满足的需要，使得我们追求新知识或新技能，从而能够重建平衡，并且通过这样做，通过这一维 27
度我们同时发展了自己关于自身和环境的**敏感性**。

内容与动机维度通常是同时地、而且通过源自个体与环境之间互动过程的冲动，以一种整合性的方式被激活（见 5.5 节中有关反思的部分）。由此，学习到的内容如前所述，总是带有本质上心智投入的痕迹或困扰，这种心智投入运用了学习过程发生所必需的心智能量，无论它是诸如愉快的抑或是苦恼的等，都必须投入。另一方面，动机的基线还总是受到学习所关注的内容的影响。例如，一种新的理解或提高了的技能会改变我们的情绪和动机模式，还可能改变我们的意志模式。

传统上的学习心理学研究的内容获得过程是相对独立于动机之外的——不过也有一些学习研究者非常重视它们之间的联系，如列夫·维果茨基（Lev Vygotsky，1896－1934）和汉斯·符尔特（Hans Furth，1922－1999），这在后来得到了诸如安东尼奥·达马西奥（Damasio，1994）等所作脑研究的最终支持（Vygotsky，1986，［1934］；Furth，1987）。我将在后面，特别是第六章中回到所有这些话题。

最后，学习还有互动维度，它关系的是个体与其所处社会性及物质性环境之间的互动，这种互动是在两种水平上的：一种是周边的、人际交往的水平，如在教室或工作小组这种互动环境所发挥的水平；另一种则是一般社会性的水平，其设定了互动过程的前提（关于这部分更为详细的论述见 7.1 节）。

我在这个维度上选择的符号性词汇是**活动**、**对话**和**合作**，它们在我们与所处环境的交流和联系中是非常重要的因素，而且与此相关的是，它们提升了个体在相应社会情境与共同体中的**整合**。通过这种途径，互动维度对学习者**社会性**的发展作出了贡献，社会性是一种逐渐恰当地卷入和参与进入到人们多种社会互动形式的能力。不过，社会性的发展本身是通过获得过程的两个维度而产生的，并会打上互动过程、我们与其关系的特点的烙印。

在图 3.3 中，学习三角的每个角上都标注了我们所讨论维度的符号性词汇。相应地，角外则标注了每个维度中的关键词，它们总结了所讨论维度的学习目标（正体字），以及一般来说我们在这一方面所发展的内容（斜体字）。

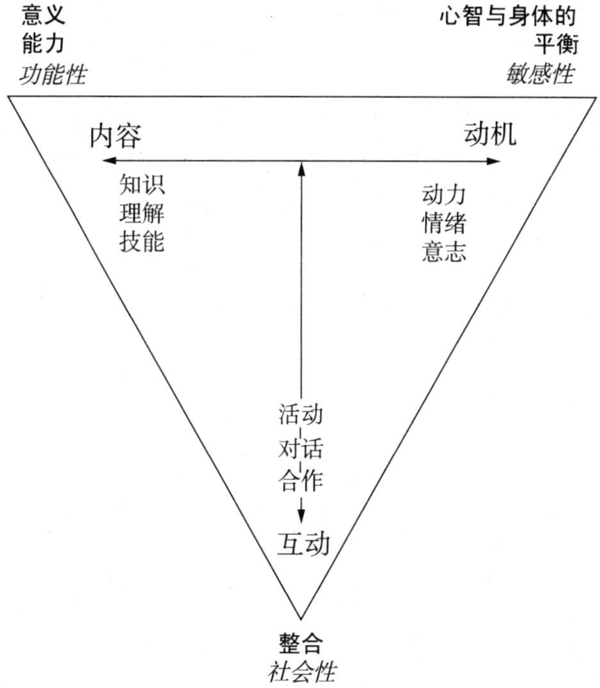

图 3.3　作为能力发展的学习

由此，这个学习三角图示了我们学习的广泛度和多样性，这种具有广泛 28
度和多样性特征的学习满足了它在现代社会作为能力发展的需求。我将在 8.4 节中回到这个话题。

3.3　小结

在本章中首先指出了所有学习都包含两个过程：个体与环境之间的互动过程，以及内部心智获得与加工的过程，这个过程是通过源自互动的冲动被整合进入先前学习的结果之中而得以进行的。互动的前提条件在本质上是有历史性与社会性的，获得过程发生的基础是人类历经百万年演进的生物发展进程。

接着本章指出了获得过程总是包含着内容与动机，由此产生了学习的三 29
个维度：内容、动机与互动。

内容维度通常关注的是知识、理解和技能。通过这一过程，我们一般来说寻求的是构建意义和掌握知识技能等，从而强化我们的功能性，即我们在自己所处环境中恰当地发挥功能的能力。

动机维度包含动力、情绪和意志。通过这一过程，我们一般来说寻求的是维持心智与身体的平衡，与此同时发展我们的敏感性。

互动维度包含活动、对话和合作。通过这一过程，我们一般来说寻求的是实现我们认为可以接受的人际交往与社会的整合，与此同时发展我们的社会性。

第四章 学习的不同类型

本章的聚焦点是：学习可以通过不同的方式发生。学习的分类理论发展 30
到现在，涵盖了四种学习类型，它们从本质上来说是不同的，在不同的环境下被激活，导向不同的学习结果和至关重要的多种应用可能。在结论部分，我讨论了不同类型学习之间的联系，以及理解在新情境中运用学习的所谓潜能迁移问题的重要意义。

4.1 学习分类理论

前面一章中我们阐述了学习的不同过程与维度，这是一个非常基础性的工作，把学习理解拓展到了迄今为止的研究从未能够达到的最为宽广的领域。另一方面，许多研究针对下列问题展开了很多工作：是否存在不同类型的学习，以及如何、在哪些方面它们可被区分为这些类型，由此这发展成为一种比较充分的分类理论（即一系列不同的学习类型，将它们放在一起便能够覆盖所有的学习）。这些就是本章的主题所在。

第一个明确区分了两种不同学习类型的学习研究，或许是区分了以下两个方面：**信号学习**及**经典条件作用**；**尝试错误学习**和**操作性条件作用**。早在1900年代起直到1970年代，这种区分一直主宰着学习心理学，特别是美国的行为主义学习心理学。

信号学习或经典条件作用最早是由俄国心理学家伊凡·巴甫洛夫（Ivan Pavlov，1849－1936）在20世纪初通过一系列对狗进行的实验而发现的。其最简化的形式是对狗得到食物时发生的唾液分泌现象进行观察。如果给食的同时响铃，很快这只狗就会在响铃时分泌唾液，即使这时并没有给任何食

31 物。换言之，狗在铃响的时候习得了分泌唾液（Pavlov，1927）。

后来，行为主义的实际创始人，美国的约翰·B. 华生（John B. Watson，1878－1958）进行了一系列实验，实验以 11 个月大的阿尔伯特为被试，阿尔伯特对一种很吓人的噪声表现出惊骇的反应，并在出现一只白鼠时条件性地产生了同样的反应，而这只白鼠其实是他的小宠物（Watson and Raynor，1920）。这被称之为情绪性条件作用，在本书的情境之中这可能是最为有趣的，因为它体现了早在那时就有可能去思考，情绪也对学习具有某种重要性。

与此相反的是，那个时代另一位最重要的、被公认为教育心理学创始人的美国心理学家爱德华·李·桑代克（Edward Lee Thorndike，1874－1949），宣称学习的基本形式是通过尝试错误发生的，即一个人尝试某事，如果其运作良好，则他就学会了这个事情。换言之，会对所学之物发生选择，桑代克基于一些实验提出了所谓的效果律（law of effect），指出人学习了感到满意的东西，这个满意的过程重复越多，学习越被强化。如果某个事物似乎不太令人满意，学习就不会发生或被削弱（Thorndike，1931）。

后来对这一研究路径的继承和发展，首屈一指的当数著名美国行为主义者伯勒斯·F. 斯金纳（Burrhus F. Skinner，1904－1990），他提出了工具性或操作性条件作用的概念。扼要地说，就是学习者是为了得到某种奖赏而被“条件作用”去做某件事情。取代那种“自然的”尝试错误学习，影响和奖赏提供了一种控制，从而学习者被驱使练习某种期望中的知识或行为，这些知识或行为是有奖赏的。斯金纳认为，通过良好组织起来的一系列操作性条件作用，可以找到通向所有学习目标的最直接路线，而且通过这种方式，该途径就具有了相当基础的教育上的重大意义。斯金纳觉得这个途径还可以用于训练一些诸如独立性、创造性等特质，它的高效率和目标性可以成为通向一个更好社会的关键所在——然而他的批评者们指出，这等同于同质性和去权力化（Skinner，1948，1968，1971）。

在此我不再就这个话题进行深入讨论。在培训技术和项目学习中应用的大量工作已经非常清楚地表明，这些方法仅在参与者已有高度的学习动机和学习内容在技术实践性方面非常清晰的情况下，才能够发挥作用。这些工作也同时表明，操作性条件作用的要素在某些情境下是有用的，至少在一些治疗性教学（remedial teaching）的相关情境中。

当今时代背景下重要的是，经典条件作用和操作性条件作用是否是两种不同的学习类型，如果是的话，这种分类就是充分和适当的。举例来说，丹 32
麦心理学家和学习研究者麦兹·赫尔曼森（Mads Hermansen）最近指出，所有的学习最终都可以依据受直接奖励还是间接奖励进行分类。间接奖励是一个人不得不去做某件自己并不直接感兴趣的东西来获取真正想要的东西，例如，学习大量驾驶课程从而拿到驾驶证书，这可以视为经典分类理论的一种一般化版本。还有一种分类理论从基础上说与学习的动力层面相关联，也由此与动机维度相关。这与促使学习发生的东西相关。

不过，半个世纪以来美国学习心理学特别关注的是以上所概述的视角，而与此同时，特别是在欧洲，也存在其他一些视角。首先最为重要的是来自德国的格式塔心理学，与行为主义相对照，它的最基本理论基础是一个人必须与整体相关联——一种不可分的**格式塔**。在这种观点看来，人类学习的关键是发展**洞察力**（与3.2节中学习三角中的**意义**概念相比较），而这一发展首先是通过问题解决得以发生的。这一理论先后受到了格式塔心理学创始人之一的沃尔夫冈·苛勒（Wolfgang Köhler，1887－1967）所开展的一系列黑猩猩实验以及其后一些对人所进行的实验成果的支持，特别是卡尔·邓克尔（Karl Duncker）的实验成果。这一视角方法逐渐也在美国获得了承认（Köhler，1925［1917］；Duncker，1945［1935］）。

1965年，美国心理学家罗伯特·加涅（Robert Gagné，1916－2002）提出了一种综合分类理论，对所有这些成果进行了总结。这种分类理论试图将这里概述的视角方法总结为8个不同层次组织起来的学习类型：信号学习、刺激—反应学习（包括尝试错误学习和操作性条件作用学习）、连锁学习（刺激—反应序列）、言语联想学习、辨别学习、概念学习、规则学习和问题解决学习。这种分类理论的基础是：层次越高的学习类型包含和建立在那些层次较低的学习类型之上，不过类型3与4，即连锁学习与言语联想学习是两种并列的不同可能性的类型。问题解决学习包含和建立在规则学习的基础之上，而规则学习又包含和建立在概念学习基础之上，等等，直至刺激—反应学习，其包含了尝试错误学习和操作性条件作用（Gagné，1970［1965］，

p. 66）。

由此，加涅的分类理论表现为与学习获得过程的整体相关，不过如果我们再进一步地考察就会清楚地发现，它的聚焦点是在获得的内容方面，在加涅的著作中，单独考察了动机方面，而情绪方面实际上则是空缺。尽管如此，问题解决被纳入到其模型之中，成为最高级的学习类型，显然在加涅的理论设定与格式塔心理学家的整体主义理解之间有着很长的距离。

33 不过，20 世纪 20 年代欧洲还出现了另外两种视角，从长远来看构成了对学习心理学行为主义最重要的替代。它们是认知与建构主义的方法，其最初由我们早已提到过的瑞士生物学家和认识论学者皮亚杰以及俄罗斯的文化历史或活动理论视角方法发展起来的，维果茨基、列昂节夫和亚历山大·鲁利亚（Aleksander Luria，1902－1977）是其中最重要的代表。

我将在下一章中回到这些视角方法。这里我仅仅对其中占首要地位的皮亚杰进行阐释。作为他的理论中的基础部分，其建构是基于两种生理概念——**同化与顺应**——的学习，这是两种有着重要差别的学习类型，由此对与获得过程本身功能相关的分类理论产生了重要影响。

俄罗斯的文化历史视角并未像上面那样对学习分类有比较明显的贡献，而是对于“最近发展区”的概念有着重要影响（这个概念我将在下一章中提及）。但维果茨基还是触及了学习的分类讨论，他认为在最近发展区中的学习与已发展领域中的学习相比，有着不同的特征（Vygotsky，1978）——这一区分在某种程度上，与皮亚杰的概念是相同的。

这种视角后来被芬兰学习理论家恩格斯特伦（YrjöEngeström，1987）加以深入发展，该视角基于文化历史观并与一种学习分类理论进行比较，这种学习分类理论具有系统理论性，由英国出生、拥有动物学家、民族志学者、控制论专家、哲学家等头衔的格里高利·贝特森（Gregory Bateson，1904－1980）总结提出。它把学习分为五个类型：

- **学习 0** 是非常机械的——没有任何修正，冲动就被接收下来。
- **学习 I** 中，冲动可在一系列选项中被修正。
- **学习 II** 中，在来自最终选择的一系列选项中，可能会发生修正性改变。

- **学习Ⅲ**中，在可能是非常紧张甚至是致病性的一系列选项系统中，将会发生修正性改变。
- **学习Ⅳ**是一种想象中的未来学习形式，超越了学习Ⅲ中的可能性。

（来源：Bateson，1972，p. 293）

我们可以看到，贝特森的分类理论在本质上具有相当大的臆测性。水平0和Ⅰ非常简单，以至于它们仅仅与人类学习的非常早期阶段以及极为特殊的情况相关——麦兹·赫尔曼森（Mads Hermansen）将这种情况描绘成为一种“变形虫阶段”——而水平Ⅳ则是不存在的。另一方面，几乎所有的人类 34
学习都在水平Ⅱ上发生，为了使这一分类更为有用，恩格斯特伦又将其再分为水平Ⅱa和Ⅱb，它们分别对应于皮亚杰的同化和顺应。水平Ⅲ是作为一种高级水平保留下来的，在这一水平上，人类能够在特殊条件下实现这种学习。恩格斯特伦对其命名为**扩展学习**，我也将在本章的稍后部分回到这个话题。

这里首要来说，我应该强调的是，皮亚杰基于同化与顺应学习的概念，构建了一种学习分类理论的基础，这一基础在我看来由于是基于获得过程最基础的差异之上，因而具有较为清晰的优势，所以，我将在后面部分中对它作进一步的深入讨论。同样应该注意到的是维果茨基、贝特森和恩格斯特伦理论中包含着的一些要素，可以视作与皮亚杰的基本区分相同。在工作领域的学习研究领域中，还有两位重要的理论家用他们不同的方式，对一种双向对应的分类理论作出了贡献：美国的克里斯·阿吉里斯（Chris Argyris）区分了单回路学习和双回路学习（Argyris，1991；Argyris and Schön，1996）；瑞典的佩-艾瑞克·艾尔斯托姆（Per-Erik Ellström）启用了适应导向与发展导向的术语（Ellström，2001）。最后，还应提及的是早在1979年的国际报告《学无止境》（“No limits to learning”）中，与艾尔斯托姆的理论非常一致地，区分了**维持性学习**（maintenance learning）和**创新性学习**（innovative learning）（Botkin *et al.*，1979；Jarvis，2005b，p. 117）。我将在后面讨论所有这些内容，不过首先我想给出的是两个更为深入的评论。

首先，我在本章中加以发展的学习分类理论仅只聚焦于学习的获得过程。在第三章已经提到，学习的获得过程与互动过程在本质上是有显著差异的，因此不能被同一个分类理论所囊括。在第七章中，我将提供更多的有关互动过程分类以及两种分类理论可能发生相互影响的方式的详细内容。

其次，在有关终身学习的国际性文献（如：the EU Commission，2000）中使用的正规、非正规和非正式学习这种划分，首先来说是非常有问题的（见 Colley *et al.*，2003），而且，其并没有关注学习本身，而只是聚焦于学习所发生的情境。出于上述缘由，我不把这种划分作为一种学习分类理论。

4.2 皮亚杰的学习理论

在对学习分类理论的深入研究工作中，我选择皮亚杰的分类作为出发点，这并不是因为我认为他的理论比其他学习理论更为“正确”［我自己曾写过一篇部分对皮亚杰理论进行批评的文章（Illeris，1996）］。如前所述，
35 关于学习有许多视角方法，所有这些视角方法都作出了自己的贡献，在不同情境下可能有着不同的重要意义。我在这里把皮亚杰置于优先位置的基本理由是，他的视角方法是一种合适的选择，在前面的章节中也曾经提到过，是因为他的两种基本学习类型——同化与顺应——与获得过程本身的性质有关，也因此与所学内容的性质相关。

皮亚杰实际上几乎完全专注于学习的认知层面［尽管在他故去后，美国出版的一本文集是研究学习中的情绪作用的，里面的文章是他于 1953－1954 年在巴黎大学所完成的（Piaget，1981）］。他基本上希望做的事情是揭示人的智力是如何发展的，并且他也非常彻底地做到了这些［其中对皮亚杰理论最为切近的解释可参见弗拉维尔（Flavell）在 1963 年和符尔特（Furth）在 1981 年的著作］，因此，今天他被公认为心理学的先驱之一——正如英国社会学家安东尼·吉登斯（Anthony Giddens）这样写道：“皮亚杰的成就影响决不在弗洛伊德之下”（Giddens，1993，p. 72）。

在我看来，在当下的背景中，皮亚杰视角中许多基本因素及其理论的一些中心特点，使得选择这一特定理论作为出发点非常合适——尽管我也认为

存在许多问题和局限，我将在后面再进行讨论。

我认为皮亚杰的一个重大优势在于：他最初所接受的是成为一名生物学者的教育，因而他在一种遗传—生理的基础之上构建了自己的理论，这也就是说他把人类学习的能力视作一种特征，是通过不同物种间生存奋斗的历史演化发展而来的，符合种属特异性（species-specific）特征。这种观点是皮亚杰与其他一些人共有的，包括先前提到的俄罗斯学习理论家维果茨基，以及其他一些文化历史学派、现代脑科学研究的代表人物。

特别是在1980年皮亚杰去世后，另一个逐渐引人注意的重大趋势是建构主义的视角，认为一个人通过学习与认识建构他自己关于周围世界的理解——这就拒斥了任何作为某种填塞过程的学习形式，例如，一位教师传递知识和技能给诸如学生等其他人［这种视角同样也被许多其他学习理论家所排斥，最为著名的也许是巴西学者保罗·弗莱雷（Paulo Freire，1922－1997），强烈反对他称之为“银行储存式教育”的所有学习（Freire，1970，pp. 58ff.）］。

除了这两个非常重要的基本因素之外，我认为在该理论的构建当中还有一些具有重大意义的方面。

首先，皮亚杰区分了学习的动态面和结构面——有些类似于本书中对动
机和内容维度的描述。动态面关注的是学习的驱动，也就是动机来源和“为 36
什么”学习，皮亚杰还特别强调他并不研究学习的这一方面。结构面关注的
是学习的内容和性质，“如何”进行学习。这一学习的方面才是皮亚杰理论
主要的关注点，他投入了自己的全部精力进行这方面的深入研究。

在这里需要加述一下皮亚杰对于发展阶段的观点与分析。皮亚杰的阶段理论被视为他研究工作中最为中心的部分，也总是最受争议的部分。这种观点认为，人类从出生到青春期的认知发展经历了一些发展阶段，皮亚杰认为这些阶段是极为重要和不可避免的，并且它们随着年龄的增长依照特定的顺序依次出现。具体年龄可能稍有差别，但这种差别并不显著。

对于该阶段理论最广泛的批评，部分是针对它的定义和对个体阶段的年龄限定，不过也有一种更具一般水平的批评指出，比起皮亚杰所描述的发展过程，实际过程并没有如此轮廓鲜明，而且，同一个体的发展阶段在不同领

域可以定位在不同的时段，依其影响和兴趣而定（Donaldson，1986）。然而，我认为皮亚杰所建构的四个主要阶段——在生命头两年左右的感觉运动期（sensory-motor）、直至学龄期的前运算期（preoperational）、直至青春期的具体运算期（concrete operational），以及此后的形式运算期（formal operational）——在这样的批评面前，很大程度上却并未受到挑战。在任何情况下，阶段理论对于学习理论的结构面来说并不那么重要。

我认为更具基础性意义的批评是关于以下方面的：皮亚杰的关注重心压倒性地置于发展的智力或认知层面。这方面最具说服力的观点是由美国发展心理学者丹尼尔·斯特恩（Daniel Stern）基于其对婴儿早期发展的研究提出来的（Stern，1985）。尽管皮亚杰仅仅比较表面地考察了情感 、社会和人格发展，也发现了问题，很清楚的是他不能够回避这些问题。这种单面性导向了对关键点的理解不够充分，同样在认知领域也是如此，因为这些不同的领域不能够彼此相互独立地完全加以理解。因此，在吸收皮亚杰观点的时候，牢记他的这一局限总是非常重要的。

不过，这一问题并不会直接引发这样的观点：皮亚杰事实上的学习理论，是以学习作为一种平衡过程的概念为中心的。个体努力争取在他与周围
37 世界的互动中，通过持续的适应来维持一种稳定的平衡状态。例如，个体通过让自己适应于他的环境以及试图改变环境以适应他自己的需要而展开一种积极的调适过程。这种适应是在一个持续进行的互动中发生的，精确地说，互动介于同化与顺应的过程之间，它们倾向于时时平衡彼此。

同化涉及把某些东西接纳到一个已经存在的结构之中。例如，我们说将移民同化到另一种社会中；在生理学中，生物有机体能够通过将多种营养物质进行化学改变来同化它们，从而使其可以被消化系统所吸收和利用。在学习领域中，这一概念指的是把新的影响合并进入到一个已有的运动、潜在活动、知识结构模式或理解模式之中。

顺应是指接收有机体改变自己本身，从而能够将来自环境的影响接纳进来，例如，眼睛调整瞳孔大小以顺应光线强度。在学习中，这一概念指的是根据新的冲动来突破和重构已有的运动、潜在活动、知识结构模式或理解模式。

皮亚杰认为这两种过程对维持认知性组织或结构作出了贡献，不过这一观点可以扩展应用到作为整体的心智组织或结构上。与现代脑科学研究者们相一致，皮亚杰强调，一个人掌握的所有内容不可能以一种未被组织过的方式储存于脑中。这些内容在与个体有关时，它们可以被“找回”或“想起”的程度令人惊讶，因此必然存在一种结构使这一切成为可能。

在 2.4 节，我尝试勾画脑科学研究是怎样设想这种结构的——它们以神经“痕迹”的形式存在于巨大而复杂的双向连接电回路的网络之中。皮亚杰则使用了一个心理学概念“图式”来代替，它包含了在一个主观限定的领域中相互一致的记忆、知识、理解和激活了的潜能。

在这里重要的并不是我们把它称为痕迹或是图式，这些都是有关结构的某种基础理念的术语，结构必定是存在的，以使我们在最广义上的“记忆”能够发挥功能。它们不是我们应该在字面上加以理解的单词，因为如果我们联系到它们所指的脑中几乎是不可理解的复杂网络结构时，两个词并无差别，而且非常僵化。脑自然并不是装满了像图式这样未加工过的东西，而对于通过无数突触细胞的连接卷入而形成的亿万回路来说，痕迹一词也是不够的。不过还是有必要使用这样的比喻，为的是能够联系到任何一种分析路径，分析在学习、思维和记忆方面，脑中发生和进行了什么的问题。

因此，只有在这样辅助性的解释情境中我们才能够开始切实地进入下述问题：学习的获得过程如何存在于当前冲动和已构建结构之间的链接当中，38
即这两者的链接——一个新的冲动或经验；源于由痕迹或图式所代表的早先冲动和经验的结果，这种结果经常是可变的。

学习意味着将某些新东西与早已存在的东西相链接，根据皮亚杰的理论，这既能够以同化的方式作为一种增加而发生，也能够以顺应的方式作为一种重构而发生。深受皮亚杰影响的美国学习研究者戴维·奥苏贝尔（David Ausubel）将此表达为以下规律：“影响学习最重要的单个因素是，学习者已经知道了些什么。”（Ausubel，1968，p. vi）

丹尼尔·斯特恩关于“当下时刻”（the present moment）的心理学视角也部分蕴涵这一类似的观点（Stern，2004），2.4 节中概述的脑科学研究也同样如此。

以下的解释也具有同样的意涵：即使一些人受到了同样的刺激冲击——例如，教同样的学校课程——他们中的每一个人学到的东西也都是有所不同的，因为业已存在于每个人脑中的痕迹或图式是不同的。只有在非常特定的环境下，他们所学的东西才或多或少是同样的（第七章）。

下面我将要逐一检视四种学习的基本类型：我称之为累积学习（cumulation）、同化学习（assimilation）、顺应学习（accommodation）和转换学习（transformation）。以上对于基本结构性理解的回溯是极为重要的。我从皮亚杰的同化学习过程中分离出我称之为“累积”过程的特殊部分，又相应地从顺应过程中分离出“转换”的部分，由此，产生了下述四种类型的学习。

4.3 累积学习

很自然地，许多研究者致力于深入阐述或应用皮亚杰的理论，无论是其主要部分，还是枝节部分。首先，我将考察丹麦心理学家托马斯·尼森（Thomas Nissen）在一本题为《学习与教育学》（*Learning and Pedagogy*，Nissen，1970）的小册子中所进行的一些深入阐述，这本小册子即使在丹麦也不太为人所知，难觅其踪。在这本书中，他从同化学习中分离出了一种特殊的学习类型，称之为累积学习，此外，他还研究了三种类型学习（累积、同化和顺应学习）发生的环境，以及每种学习发生环境的特点。这是非常有趣的，因为它的直接目的是使学习心理学在教学和其他直接导向学习的活动形式中更为有用。

累积学习发生于这样的环境中：学习者并未拥有任何已发展的心智图式，可供来自环境的印象加以关联，即学习者要建立一个新图式中的第一个元素。尼森推测性地认为将这种情况单独进行考虑是非常必要的，因为他很
39 关注学习的基本形式，诸如那些大量发生于动物实验中的学习，它们是美国传统行为主义学习心理学主要关心的内容。

人类身上的累积过程，从它们真正的本质上来说，对于生命的最早阶段具有特别重要的意义，这时大量的心智图式得以建立，不过在以后又总会发生一些情况，在这些情况下必须要学习一些东西，它们是无法联系到过去任

何已有知识的。一个很好的例子是关于背熟电话号码的任务。开头几个数字可能是指地区，这使得它们比较容易被记住——因为它们可以联系到某些事物上。但最后的几位数字通常是随机的，并没有和什么事物有系统性的联系，它们必须被强记下来，或是有人会“发明”一种与他所知事物的联系，类似于某种记忆术。如果你将它们强记下来，这就是累积学习——这也可被称之为**机械学习**。如果你使用了某种记忆术，事实上就是你将它们链接到了你已知的一些东西，链接到了业已建立了的某个图式，那么这就成为一种同化。

在教育情境中，累积过程通常与一些旧式学习相联系，如死记硬背赞美诗、国王年表以及单词表等，不过累积同样发生在一些运动技巧的最初掌握过程中，如骑自行车、滑雪等。总而言之可以说，累积学习是以刻板性为其首要特征的。

累积学习成果的特别之处在于：它只可能在一些主观上经验到的相对应的学习环境中被“记起”或回忆出来。这使得学习在一个多变的世界中不是那么有用，但也正是累积学习，它作为一个开端，对于人类准备发展更多东西是最为重要的。绝大多数动物的情况是相当不同的，它们没有潜能在单独的累积学习过程基础上再进一步，对于更高发展水平的动物来说，它们通过累积也只能实现一些有限的一致性图式。累积训练有着复杂的程序特征，某种冲动或刺激激发了某种反应。

因此，这种形式学习的知识也将有助于解释为什么动物试验对于理解人类学习的意义是很有限的，这是一条规律。很简单，动物没有或仅只有非常有限的可能程度去实现更为复杂的学习形式，而这些形式的学习是绝大多数人类学习的基础。

4.4　同化学习

来自环境的感官印象通过同化学习被接收、合并，作为增加物进入到业已建立的心智图式之中，并发展这些图式。由此，我们可以谈及与同化相联 40
系的**附加学习**（additional learning），而且我们应该立即加以注意的是，它是我们所有人在日常生活的很多情境中实践着的学习的普遍形式。

本书开篇所描述的一个数学课程场景可以用作一个典型案例。这一场景预设学生们早已掌握了计数与算法的某些知识，即某种心智图式已经得到了发展，从而掌握和结构化那些已获得的数学知识。它所假设的工作方式是，教师解释一种以前从未在课堂上进行过的新的运算方法，这时学生们通过他们数学图式的一种同化性扩展的方式来掌握这些新知识。

在同化学习中，学习者将来自于其所处周边环境的印象加以改造适应、合并吸收，成为早期学习所构建的心智图式的一种扩展和差异化。学习成果通常是知识、技能以及经验性机遇，它们可在一系列范围较广、具有某些同样特定特征的情境中被激活，从而这些学习成果能够在某种程度上进行改造，以适应变化了的新的学习情境，只要它们在主观上是与同一图式相联系的。

同化学习在其“纯粹”形式上的特征表现为一种持续稳定的累进发展，在发展过程中学习成果被构建、整合及稳固下来。这一类型的学习可以涵盖我们教育体系中传统的知识与技能学习的主要部分，在多个科目中投入了系统性的努力以全面地拓展已有知识技能的范围。

与此同时，这也可以说是一个缺陷：学习被链接到了某个科目，链接到了学校，而在其他情境中的链接则不是那么通畅——即使它是相关的，人们可能也不会记起它。例如，物理老师常常抱怨在物理课上学生们不能主动运用他们的数学知识，又或文学老师说，学生们不会把作者与他们所学历史知识中的相关年代联系起来。

因此，同化性的学习成果在特征上表现为它们是受限于某种心智图式的，这在现代世界中可能成为一种局限，因为这个世界中的变化是极为迅速且不可预测的。原则上我们可以设想所有的学习都是同化性地增进的——这实际上是隐藏在传统课程背后的假设，传统课程中所有的教学以科目的方式来组织，每门课由某位教师担当，有特定的课程大纲。如果我们生活在一个稳定不变的世界中，我们可以通过这种方式学到我们所需的所有东西。然而我们现在生活的世界并非如此，因此，事实是我们有着其他更为灵活的潜能，它正是人类相比于其他物种（也许要排除很少一部分高度发展的灵长类动物）的一种神奇力量。这就是接下来一节所要阐述的内容。

4.5　顺应学习

前面已经提及，顺应关系着对业已建立的心智图式的整体或部分重构。在我们身处以下情境时：一些来自环境的刺激因某种不一致或其他不匹配的原因而不能立即链接到现有的图式时，就激活了这种形式的学习。为了创造必须的情境，我们可以实现对相关图式的整体或部分突破，而且通过实现变化或重构，创造一种基础，允许这些刺激能够以一致的方式进入。

由此，顺应意味着对已有准备状态的一种质的超越，它的特征表现为一种**超越学习**(transcendent learning)，当有了必要的前提条件，顺应过程可以是快速和突然的——学习者立即理解了事物是如何运作的。不过它也可能是一个比较漫长的过程，学习者挣扎于某个问题或某种困难的关系，逐渐地，一步一步地发展出一种新的理解或解决方案。

还应该提到的是，尽管绝大多数的顺应是有关于通过创建新情境来攻克一个问题情境的，因此可被描述为一种“进攻性顺应”（offensive accommodations)，但在一些特殊情况下，也存在着“防御性顺应”（defensive accommodations)，这时候，问题是通过一种超越性退缩（transcending withdrawal）得以解决的，这意味着建立了一种对抗该问题领域现实经验和处理方式的防御机制。我将在 9. 3 节中回到这个问题。

在所有的环境中，首要的是通过顺应学习和重构过程，学习的特征决定性地发生了改变。顺应性重构的特征在很大程度上是通过个体的理解和理解的特定形式表现出来的，而且甚至与诸如数学、形式逻辑领域中的最清晰结构相关，对于科目知识的认知存在着个体化的方式。皮亚杰宣称个体性——使我们即使在相同的外部环境下也能发展成为个别和独特个体的差异——存在于顺应的多样性之中：

结构中有着高度的多样性——顺应引起了无限的差异化——一个数对于每个人来说是同样的，全部数字的系列对于每个人来说也都是同样的，但这一事实并不能阻止一个又一个的数学家成为独一无二的个体。存在着如此多样化的结构……

（Piaget，1980b，转引自 Furth，1987，p. 4）

42 不过，顺应的个体化也导向了同化过程的个体化。因为当图式通过顺应被个体化时，它们也必然被打上了个体的印记，而当个体化的图式发生了同化过程时，尽管对于某些个体来说影响可能是同样的，但同化过程将极有可能是有个体差异的。因此，即使在最富学识的逻辑学家或数学家的知识图式当中，也总是存在着差异：即使他们显然“知道”同样的事物，他们也是通过不同的方式知道的，这可能会在这些知识何时被记起、它们有可能在什么领域被超越方面，存在一些差异。

因此，对于一位教师来说，不仅要关注希望学生们学习什么，同样重要的还要关注他们知道什么。与此同时，这一方式清楚地表明为什么学生们学到的东西常常是不相同的，即使他们接受的是同样的教学：每位学生都有着唯一的和个体化发展起来的心智图式，当某种影响与这些不同的图式相遇时，产生的学习结果在根本上将是不同的。

关于同化与顺应过程之间的关系，皮亚杰与尼森之间在理论上存在着有意思的分歧。皮亚杰的立场在约翰·弗拉维尔（John Flavell）的下述总结中或许得到了最为充分的表达：

尽管也许有必要将同化与顺应进行分别和继续深入地描述，它们仍应被认为是在一个鲜活的认知过程中同时发生、不可分离的。适应是一个整体事件，同化与顺应只是从这个整体实体中抽象出来的。一些认知活动表现出的同化因素占据了相对的优势地位，另一些活动则似乎在顺应的分量上更重一些。不过，“纯粹的”顺应和“纯粹的”同化在认知生活中是无处可寻的；智力活动总是在某种程度上预示着这两种活动的存在。

（Flavell，1963，pp. 48－49）

不过，应该注意的是，尽管皮亚杰持有这些基本观点，但他的著作中仍有很大的篇幅是在分别对待这两种过程。

尼森的著作则几乎是反其道而行之。与我在这里所做的工作相同，他的出发点是将同化与顺应作为两种本质上不同的学习形式分别处理，但与此同时他又保留了一个**综合观点**：

> 下面，我们假定有三种学习形式：累积、同化和顺应的学习。它们出现
> 的时候并不会那么“纯粹”，但是对它们的考察可以……作为一种尝试，以 43
> 构建可能指出有关学习的重要观点的探究模型。
>
> （Nissen，1970，p. 43）

接下来如尼森一样，我也保留了同样的观点。同化与顺应或多或少地结合在一起，它们都是某种程度上相互依赖的过程，这在原则上毫无疑问是正确的。不过从教育学的观点来看，分别来审视和分析它们将会获得更多的成果。通过这一途径，我们能够比较容易地看到它们不同的基本条件，以及它们所带来的学习的不同品质。

首要地，认识到顺应一般来说比同化过程要求更多条件是很重要的。比起进行顺应学习所意味的必要的破坏、重组和重构，附加一些东西到业已存在的图式上要简单得多。特别是突破或放弃一种早已掌握的识见或理解，将很可能是令人紧张的。我们并不只是放弃我们努力获取到的位置，放弃我们某种程度上习以为常的构建基础。这要求动员相当大的心智能量，还要求有去做这些事情的主观性的充分理由，或如尼森自己所描述的：“真正的顺应学习过程对于个体来说是一种紧张状态，表现的特征有焦虑、慌张和困惑，要求某种程度的力量”（Nissen，1970，p. 68）。

一般来说，顺应学习需要比同化学习更多的能量，因此，如果我们对于所学的课题没有特殊兴趣的话，往往会倾向于避免这种类型的学习（在第九章中我将会对此作深入阐述）。不过，作为一种回报，我们通过顺应过程获得的学习成果通常在性质上更为持久，更有适应力。通过突破与重组，一种从已有图式中的解放同时发生了，这可以导向更为一致的理解，人们可以更为容易地记住，这也成为一种更容易运用的基础。

例如，当一个人面临一个问题，或长期被某个他不能理解的东西所困扰，此后他通过顺应过程找到了解决办法，那么与此同时，他也就建立起来一种更具持久性的理解，可以运用到一系列的心智图式中。更简而言之，学习者“明白了”（主观上）正确的脉络，并且这是一种创造印象和坚持的经验。与托马斯·尼森有着亲密合作的丹麦心理学者延斯·比耶格（Jens
44 Bjerg），有着如下表述：“顺应过程提供给个体以行动机会，在多种情境中加以运用，无论背景如何。这里我们所涉及的是开放度、敏感性、创造力、灵活性之类的基础”（Bjerg，1972，p. 19）。

我们可以更为概括地指出顺应学习必须有以下先决条件：首先，相关可被重构的图式早已构建到位（例如，相关主题、态度或社会关系这些条件的存在）；其次，个体需要或者愿意动员这种类型学习的重构所需的能量；最后，在该情境下的个体感知到充分的许可与安全，从而“敢于”放开业已构建起来的知识。顺应学习的这三种前提条件在本质上并没有截然分开、相互独立，它们发生在一种互惠的互动关系之中，例如，强烈的推进动机可以降低对前提条件和安全度的需求，反之亦然。

更为通俗地来说，顺应学习可以与一些诸如反思和批判性思维等概念（我将在第五章中回到这个话题）相关联，并且很显然它是一种对于当今的能力概念来说具有重大意义的学习形式（我将在 8.4 节中对此进行讨论）。在很大程度上，通过顺应过程，我们的学习获得了在不同的、不可预测的情境中的普遍可运用性，而这正是能力概念的核心所在。

4.6 转换学习

不过，在过去的 10—20 年间，特别是与终身学习、成人教育项目发展相关的要求相联系，出现了一种迫切的需求，我们发现还有这样一种类型的学习存在——它在性质上比皮亚杰所定义的顺应学习更加影响深远。我们可以先看看前述学习类型的心智图式基础、发展及重组方面的特征，这一类型关注的是发生在大量的图式被同时加以重组，以及涉及学习所有三个维度的学习。

从历史上看，这一类型的学习在精神治疗领域早已广为人知，但人们并不知晓其与学习的关联，也没将其与学校教育教学相关联。指代这一类型学习的最古老术语可能是**宣泄**（catharsis）的概念，弗洛伊德早在19世纪末就发展了这一概念，将其作为一种成功的精神治疗方法，能够激发心智突破（Freud and Breuer，1956［1895］）。

首先将这种突破与学习理论联系起来的人，似乎应是美国的精神治疗学家卡尔·罗杰斯（Karl Rogers，1902－1987），他被视为人本主义心理学的代表人物之一。在他涉猎广泛的研究工作过程中，通过将精神治疗学与学习相联系，发展了一种他称之为“患者中心疗法”和“学生中心教学”的程序（Rogers，1951，1959，1961，1969）。在此背景下罗杰斯发展了“有意义学习”（significant learning）的概念，它包含了“一种在自我的组织中的变化”（Rogers，1951，p. 390），以及“完整的人，包括他的情感和认知，都被卷入到了学习之中”（Rogers，1969，p. 5），后来他在下列阐述中对其进行了更为精确的定义：

> 使用“有意义学习”这一名词，我的意思在于指出该种学习不仅仅是事实的累积。这是造就差异化的学习——在个体的行为之中，在他未来进行选择的活动过程之中，在他的态度之中，以及在他的人格之中。这是一种深入渗透性的学习，不仅仅是一种知识的增长，而且是与其个体存在的每一部分相互渗透和影响着的。
>
> （Rogers，1961，p. 280）

很显然罗杰斯关于“自我的组织”、“完整的人”以及“个体存在的每一部分”的表述，超越了前面所描绘的顺应学习。不过，与尼森对于顺应学习中所包含的紧张状态的描述有相同之处的是——罗杰斯一次又一次地指出：

> 任何有意义学习都包含了某种程度的痛苦，既有与学习本身相联系的痛苦，也有放弃某种过去学习的失落……包含了在自我的组织中、在自我的认知中的变化的学习是具有威胁性的，人们常倾向于抵制它……所有的有意义

学习在某种程度上都是痛苦的，包含着个体之中和系统之中的动荡。

（Rogers，1969，pp. 157－158，159，339）

只有当一个人面对的情境或挑战超越了他在自己已有的个人基础上所能处理的情况，而且他还不能回避，必须要克服困境或赢得挑战从而向前迈进（即常常在性质上是有关个体存在的危机状况）的时候，他才会投入到有意义学习中去。

不过，在罗杰斯表述其有关有意义学习的概念之后，社会的发展使得更多的人们感受到了存在性的危机，而与此同时社会又对教育体系、特别是成人教育应对这种危机抱有更高的期待。社会发展带来极为迅速的变化，全球化突破了国家边界与文化，还有对诸如宗教、意识形态、阶级和传统性等很多传统诠释模式的破坏，都将越来越多的人们抛入到动荡不安的境遇之中，突如其来的被迫失业、离婚以及其他亲密关系的丧失，使得个人危机愈发加
46 深。与此同时，在这些危机之中还有一种日渐增长的经济条件下的社会利益要被迅速解决，以便当事人能够重新回到劳动力市场。

当人们开始关注成人教育项目进行过程中实际发生了些什么的时候——这些成人教育项目是提供给那些没有特定教育资质的普通人的——很显然这在很大程度上是一种危机，促使人们需要进行“有意义学习”，但这并不能够自然而然地、通过那种冗长且费用不菲的个体精神治疗过程，而得以解决。这就是为什么当事人在完成了不同类型的成人教育时，作为参与者还需要“复原”、“保持”或“个人发展”（Illeris，2003b，2004）。非常惊人的是，贯穿于同一时期，发展出来了彼此相互独立的（至少）三种不同学习概念，它们在非常不同的方法基础上，将这些课题在一个学习理论的脉络中归结到各自的主题之中。

首先是芬兰学者 Y. 恩格斯特伦的**扩展学习**（Learning by expanding）概念，在前面我对它已经有所讨论（4. 1 节 Engeström，1987）。如前所述，它是通过将文化历史学派的学习视角、最近发展区的概念和贝特森关于学习分类的理论体系结合形成的，主要观点是：在学习者超越了个人“一般”的同化与顺应学习的基础性条件时，这种特殊学习类型就会出现。

其次是德国社会学家和自传研究者彼得·阿列特（Peter Alheit）提出的**过渡学习**(transitory learning)（Alheit，1994，1995）。根据这一概念，学习被视为与学习者的生命周期或自传相关，正是通过社会决定的事件而面临一些超越过去生活基础的要求，学习从一个生活阶段过渡到另一个阶段。

最后是美国成人教育家杰克·梅齐洛（Jack Mezirow）提出的**转换学习**(transformative learning)，它现在已经被深入地加以讨论。梅齐洛的最新界定如下：

> 转换学习指的是这样一种过程：通过改变我们认为理所当然的参照框架（意义视角、智力习惯、心智背景），使得他们更具包容性、有鉴别力、开放、情绪上能够应对变化以及能够进行反思，从而他们可以产生信念和想法，这些信念和想法将被证明可以更为真实或公正地引导行动。
>
> （Mezirow，2000，pp. 7－8）

在此必须特别指出的是，尽管比起其他本书所提到的界定，梅齐洛的定义乍一看似乎更为认知导向，但在这里和其他情境下，他也一直谈及情绪和行动。

由此，作为整体来说，我将有意义学习、扩展学习、过渡学习和转换学 47
习视为基于不同视角下的不同表达，它们基本上覆盖的是同一类型的学习。以下我只选择梅齐洛的转换学习概念，因为它的使用最为广泛，在所有这些术语中最广为人知，而且也因为从语言学上来说，它与已经讨论过的累积、同化和顺应学习是相一致的。

不过与此同时，我也要强调，学习——如罗杰斯所描述的那样——意味着自我组织的一种重构，因此也意味着大量心智图式的一种连贯的重构和组合，它导向了个体人格中的变化。当我们在这里将转换学习的概念纳入到学习的分类理论当中时，坚持保留上述观点是非常重要的，因为无论是罗杰斯、恩格斯特伦、阿列特还是梅齐洛，都没有给出清晰的标准来确定不同类型学习间的边界到底在哪里。特别是梅齐洛，将一些学习的例子归入到转换学习的名称之下，尽管它们很可能在这里所阐述的分类理论中被理解为是顺应性的学习。

很显然转换学习的要求条件是极高的，并且是一种极为紧张的状态，它只在学习者处于没有其他能够维持现状的路可走的时候才会发生。尤其是像恩格斯特伦所指出的那样，在某些情况下这样的学习可以作为一种突然间的突破而发生，但是更通常的情况是需要一个漫长的过程，在此过程中社会关系发挥了重要的作用。所有结果都类似于我们更为熟知的危机解决情境，人们通常会经历一种心智上的放松，常常也伴随生理上的放松。个体会感到自己获得了重生，比如说，成为了一个新人，成为了一个更好的人，这也是我本人经常在关于丹麦成人教育项目研究工作中所经历的。

也很清楚的是，成人教育项目及其工作人员们所具备的教育背景中，极少能够满足涉及这种性质的学习的需要，因此，当成人教育项目启动这样一个学习过程时，在很大程度上是由学习者自身的努力和坚韧来驱动的，并且十有八九是，在给定的条件下不能发生这种类型的学习。

4.7 联系与迁移的可能

至此我已经考察了四种不同的学习类型，每一种的特征基本上都是通过其与我们心智图式的关系表现出来的。我考察它们的先后次序显然并非是随机的，而是依照复杂程度进行的，而且，后两种学习类型的情况都在某种程度上需要经历紧张状态，消耗心智能量。

48 不过，我们并不应该由此得出结论认为，发展程度更高级的学习类型比起较为低级的类型来说“更好”。所谓“好”或者合适的情形是：一个人能够在各种类型的学习之间进行灵活转换，能够在给定的情景下激活相关类型的学习。有理由认为，当前对普通的同化学习运用有加倍的趋势，这一部分是由于传统教学，因为我们对于学习是什么的最初理解通常设定在同化过程的舞台；另一部分则是由于顺应过程，要求的条件更高，当今人们常常处于心智过度紧张的状态，倾向于避免顺应——更不要说是转换学习了，转换学习只有在很充分的原因下——如果这是对一个紧急问题或危机的仅有出路的话，我们才会愿意进行。如前所述，我将在第九章心智防御和抗阻中对此单独进行讨论。

不过，最后在这一章关于学习类型的论述中，我将简短地聚焦于学习心理学中最为经典的领域之一，也就是说，学习从一种情境向另一种迁移的问题，因为依据这里所概述的学习分类理论，这个课题将呈现出另一种特征。

在实践中，迁移问题特别出现于这样一种广为人知的情景：当一个人面对其他情境时，应用或唤起他在学校或某种教育情境中所学到的东西可能是很困难的，而且，更为普遍的是，为了能够利用它，很多学习要求的情境在某种程度上是一种具有回忆提示性的学习情境。出于这种原因，差不多从学习心理学开始存在的那一天起，就必须要去发现是什么使得学习能够在学习情境之外也具有使用价值。

对此问题的经典回答是前面提到的美国心理学家爱德华·李·桑代克及其同事罗伯特·伍德沃思（Robert Woodworth，1869－1962）的理论：为了使迁移能够发生，在学习和应用的情境中必须要有“相同要素”（identical elements，Thorndike and Woodworth，1901）。不过，几年以后，另一位美国心理学家查尔斯·贾德（Charles Judd，1873－1946）提出了另一种更为开放和乐观的理论：形成迁移基础的一般原则、规律和理论（Judd，1908）。

从那时到现在，这两种基本立场似乎针锋相对，与此同时，其他的解释试图寻求学习内容、学习者特征，或是所学成果如何被利用之间的关联（Illeris，*et al.*，2004）。

然而，上述四种类型的学习定义中所固有的是，不同学习意味着不同的迁移可能性，在这种连接中比较有意思的是英国教育研究者迈克尔·埃劳特（Michael Eraut），他对于迁移研究也做了大量的研究工作。他没有提及任何形式的学习类型，但提出了一种类似的关于四种不同知识的理解，他将这四种知识命名为重复（repetition）、应用（application）、诠释（interpretation）和联系（association）（Eraut，1994）。 49

通过这种方式产生了四种类型的有关学习、知识、迁移和应用可能的理解：

- 通过累积学习，限定性的、重复导向的知识得以发展，它们以明确无误的方式，可被运用在与学习情境相同的情境之中。

- 通过同化学习，某一主题（或图式）导向的知识得以发展，它们可被应用在能够将所面临的主题带到以前主题的情境之中（相同要素理论）。
- 通过顺应学习，理解导向或诠释导向的知识得以发展，它们可被灵活运用在一个较广的相关情境范围之中（一般原则理论）。
- 通过转换学习，人格整合的知识得以发展，基于此，人们可以在所有主观性相关的情境中自由地建立联系。

需要注意的是，在所有这些表述中保留了“知识”这一名词，尽管其他诸如意义、理解等术语也许能够更恰当地吻合分类表述中的复杂性。阐明这些事实的重点是，在学习发生的性质、获得的学习成果以及具备的应用可能性之间，存在着非常关键性的联系。

4.8 小结

本章中总结了一种涵盖了四种学习类型——累积、同化、顺应和转换——的学习分类理论，这四种类型的学习与学习的获得过程相联系，它们的特征与组织我们知识、理解、思维和记忆的心智图式相联系。四种类型的学习在不同的情境下得以实现，导向不同类型的学习成果，并且拥有不同的应用与迁移可能。

坚持这一点非常重要：更为复杂和发达的（因此也同时是条件要求更为苛刻和令人紧张的）学习类型不能被理解为比普通类型的学习“更好”。对于个体来说，在某种相关情境下适合的和发展性的学习，其自身条件能够运用的学习类型，才是“更好的”。在日常生活中同化与顺应学习之间的交替转换通常会促进进一步的学习，而累积和转换学习则会在更为不平常的情境下发生。

第五章

学习的内容维度

本章以此作为开篇：相比知识、技能以及态度的一般教育学理念，我们 51
必须在一个更广的范围内理解学习内容。基于这样一种广泛的学习内容概念，本章考察了一些更为前沿的、不同学习研究者们的研究和学习理论，它们以不同的方法视角涉及了一个广泛的学习课题。本章用两个部分阐述结论：第一部分中分别阐述反思与元学习这两个迄今为止学习内容维度理解中的关键概念，后一部分中则阐述的是在学习的日益紧迫层面——将学习者的自我和自我理解作为学习内容——之中，自反性和自传性这两个关键概念。

5.1 学习内容的不同类型

以下观点在 3.1 节的阐述中占有相当基础性的地位：所有的学习都有其内容——否则学习就无从谈起——而且郑重加以说明的是，学习内容可以具有诸如知识、技能、意见、理解、洞见、意义、态度、资质和/或能力等的特征。不过它也可以用一种更为广泛的视角来考察，有着更为普遍的文化获得的特征，或者它也可以与工作方法有关，具有“学会学习”的特征，正如它在更大众的名词理解中被称为的那样。而且，一些重要的个性素质，诸如独立、自信、责任心、合作能力以及灵活性等，也在很大程度上能够通过学习加以发展和强化。这也是一些能够纳入到另两个学习维度中的内容，因此我将在第八章中回过来考察它们。

某种程度上比较明确的是，学习的内容维度比教育领域中盛行的传统观
点走得更远，教育领域中从内容角度出发的学习目标，常常是种种知识、技 52
能，也许还有态度。例如，直至 1987 年，彼得·贾维斯这样的当代学习研

究者，还将学习定义为“将经验转化为知识、技能和态度”（Javis，1987，p. 8），他在后来对这个定义进行了相当大的扩展（Jarvis，2006，p. 13）。

很自然地，我们可以把许多不同以及重合的术语限定归结到一些重要并且充分的种类中去。不过值得注意的是，在工业社会中产生并发展了一种反思，反思那些被局限了的教育理解，这也涉及上一章中已经提到过的对同化学习的单边导向的反思——例如，在教育学的三个经典方面中，都没有理解、洞见、意见、一般观点或其他类似的名词——更不要说更具文化性、社会性或个性的资质了。这当然并不意味着根本没有尝试给予学生们有关理解和个性发展的努力，而且，有人也宣称知识通过这样那样的方式，包含了理解和个性发展。但是，所有这些都并未被视作学习的中心，并作为有着独立价值的东西而加以保持。

关于“资质”的概念，在使用它的大多数时候是与职业教育联系在一起的，是一种语言学上的用法，特指“硬”资质，即知识与技能，但更为现代的形式也涵盖了“软的”或“个性的”资质（例如，Andersen *et al.*，1994），这样就使这一名词与“能力”的新概念相一致了。在第八章中我将再来谈这个问题。

在学习研究和学习理论中，传统上也有这样一种倾向：将学习中的内容维度非常狭窄地视作知识和技能。在本书的导言中曾经提及，人们的主要兴趣在于发现学习或学习过程的基本形式，因此主要重心放在了最简单形式的知识与技能的获得上。德国学习研究者赫尔曼·艾宾浩斯（Hermann Ebbinghaus，1850 - 1909）甚至达到了这种程度——聚焦于对诸如 nug，mok，ket，rop 等无意义音节的学习上，以避免任何意义可能对学习产生的扭曲影响（Ebbinghaus，1964 [1885]）。

当然其他一些研究者超越了这一局限，一些最重要的学习研究者们都具有这样的特征：在他们的研究工作中，理解和意义的掌握至少也是处于中心地位的。不过更为个性的、动力的、社会的和人际交往的方面，常常只是作为能够影响“学习本身”的因素而被纳入研究，这里的学习被理解为知识和技能的获得。接下来我将特别聚焦于这样一些学习研究者和相关理念，是他
53 们的努力使得内容维度超越了知识和技能的狭窄边界——当然，不该认为：

我不把知识与技能的获得视为学习非常重要和占据相当比例的部分。

还应指出的是，前面章节中有关皮亚杰最基本观点的评述，已经为我们分析内容维度打下了非常重要的基础，他的那些观点是与这一维度最为相关的。在本章中我将进一步考察其他一些研究者们的大量最新研究，他们在一些重要领域中，对学习内容相关问题的研究超越了皮亚杰的理解。

5.2　库伯的学习圈

美国心理学家戴维·库伯（David Kolb）是一位著名的学习研究者，他选择了皮亚杰的成果作为自己的出发点。1975 年他与罗杰·弗莱（Roger Fry）合作完成了一篇论文（Kolb and Fry，1975），概述了一个学习模型，这个模型后来他在其著作《经验学习》（*Experiential Learning*，Kolb，1984）中进一步加以发展。可以说，库伯在这本书中所提出的学习模型似乎在很多地方是存在问题的，由于它的基础并未能够得到清晰的开发，所以存在一些相当不确定的结论。不过，在其中还是有一些关于皮亚杰理论概念的重要深入阐述，并超越了皮亚杰仅限于形式逻辑领域内学习的研究兴趣的局限性——在形式逻辑领域内，对和错是一目了然的。

然而，从形式逻辑的确定性到其他领域中存在着的大量构建可能性之间，存在一个巨大的鸿沟，比如，在现代社会的日常生活中要识别大量混乱不堪的情况与印象。皮亚杰聚焦于逻辑结构，试图能够抓住他所认为的知识核心，并由此能够解释一些知识性质中的基本特性。尽管与此同时，其他一些日常生活中更具重要意义的性质被排挤到了外围，甚至干脆被驱逐到了视野之外。库伯的研究对此进行了一定的弥补，所以这里我将自己的关注点放在了库伯的理论上，并聚焦于我所发现的有重要意义之处，从而能够继续他对学习的模糊性与清晰性问题的处理。

库伯从评述皮亚杰和美国哲学家、教育理论家约翰·杜威（John Dewey，1859－1952）（8.2 节）、德裔美国格式塔心理学家库尔特·勒温（Kurt Lewin，1890－1947）开始。库伯将这三种视角的精华转化成为三个简化的模型，借此他发现他们都把学习理解为一个有着四个阶段或适应性学习模式的过程，可用一个学习圈来描述（图 5.1）：从具体经验，通过反思观察和抽象概念化，到主动实验，然后再回到一种新的具体经验（Kolb，1984，pp. 30，32 –33）。

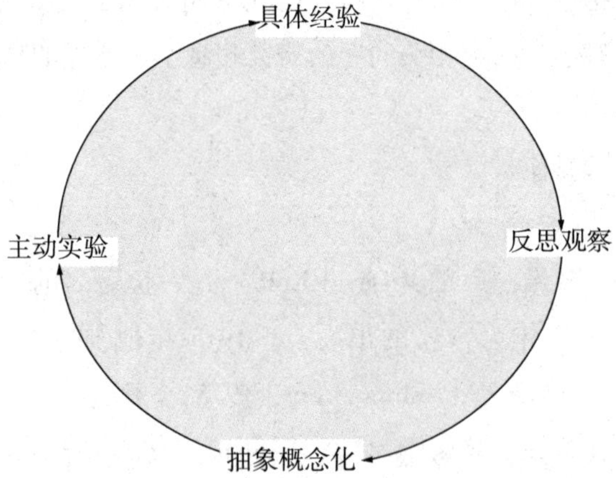

图 5.1　库伯的学习圈（Kolb，1984，p. 33）

54 库伯基于三种学习理论建构中各不相同的要素，在同一模型中将它们整合表述，被贾维斯等人认为“也许是……所有有关学习的示意图中最为著名的一个”（Javis *et al.*，1998，p. 48）。库伯根据勒温的活动研究和实验室训练的模型探讨实践过程（Kolb，1984，p. 21）。从杜威那里，他发展出了一种关于“学习如何将具体经验的冲动、感觉以及期望转化成为更高级的目标行动”的一般水平上的描述（p. 22）。而从皮亚杰那里，他吸取了前面提到过的发展阶段理论中从新生儿到成人四个主要阶段的学习模式顺序（pp. 24 –25）——因此，这根本就不是简单的学习过程。

从单纯一个观点出发并不能明显地看到，这三种理论中的三种非常不同的要素能够用以表达三种学习概念的中心主题，而库伯对此根本没有加以讨论。不过，这也可以视作是库伯研究工作中的一种重大革新：因三位理论家视角方法的巨大差异而导致他们的理论第一眼看上去并没有多少重叠之处，而他却能够发现它们的相同点。

至少，库伯的学习圈模型对学习过程进行了体系化的工作，在很多情境下它可以作为一种有效的分析蓝图，不过也包含了一种对现实多样性的强行理论化。由此它促使人们考虑不同的科学方法模型，用以发展研究过程的系统解释。但是，在这种逻辑体系化的理论下，无论是学习还是研究都不是在现实世界中所发生的那样。在学习或研究的案例中，更多情况下是这样的：一个人从自己知道的、或认为是重要的抑或惊奇的东西开始，无论这些东西是一种经验、观察、知识、理解、推测，还是困难的问题，由此他试图在一个获得与澄清的连接过程中取得进步。对此进行文献阐述的学者中，尤为著名的是另一位美国心理学家和学习理论家唐纳德·舍恩（Donald Schön，1931－1997），后面我还将经常提到他。舍恩研究了“反映性实践者”（reflective practitioners）是如何通过抽取、并行连接他们的安排中已有的相关要素来应对不同的情境（Schön，1983），梅齐洛（Mezirow，1991，p. 103）曾对库伯理论中该要素有一个简短批评。

这里我想阐述的库伯理论发展中的第二步是：在经历了有关学习性质的冗长讨论后，库伯得出这样的结论——在所有的学习中都存在着两个维度，一个是掌握（grasping），或者用库伯自己的术语来说是理解（prehension），另一个是转换（transformation），那些已经掌握的内容作为学习者心理结构性元素深植其中。很清楚的是，这种区分与我对两种学习的整合性亚过程的理解（见3.1节）之间有着重合之处，但也存在着很明显的差异。库伯的转换维度更类似于我所称之为的内部获得过程，但他的理解维度也仍然是个体性的，而我则重点关注的是与环境之间的互动过程。因此，根据库伯的理论，学习作为一个整体来说就完全成为了一种内部现象，而在我的理解中，学习既是一种内部的、也是一种互动性的过程。因此，正如皮亚杰理论，在库伯对学习的理解当中，很大程度上缺失了社会维度。

所以在我看来，库伯研究工作中最具创新性的方面，并不在于他所提出的上述学习维度，而在于他对这些维度的深入分析，因为他发现每个维度都在辩证对立的适应性方向的两极之间展开，伸展的方向与学习圈的四个阶段是一一对应的。理解维度在学习圈的纵轴上伸展，一极代表一种真实具体的感知，指向具体经验，一极代表一种适应性的或反思性的领悟，指向抽象概念化。相应地，转换维度在学习圈的横向轴上伸展，一极代表内在反思（intension），指向反思性观察，一极代表外在行动（Extension），指向主动实验。根据库伯的理论，学习过程的结构基础存在于这四种导向之间的互动（Kolb，1984，p. 41）。由此，库伯发展了一个学习模型，富有启发性地展现了一幅图景，描绘有关学习的掌握过程（图 5. 2）。

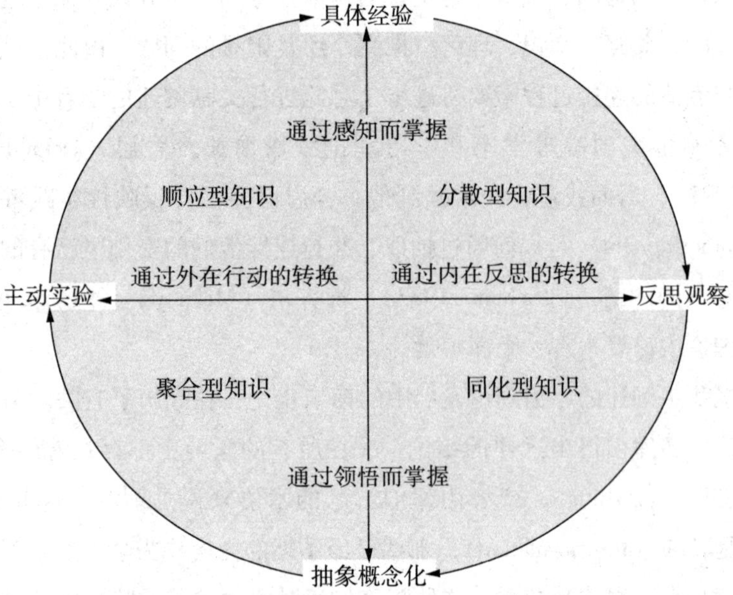

图 5. 2　库伯的学习模型（Kolb，1984，p. 42）

两个互动维度在学习周期中划分出了四个空间，分别代表四种适应性的方向或知识的四种基本形式。库伯在进一步的研究中放弃了对学习圈存在问题的研究，而集中关注这些知识的形式，这正是我认为他超越了皮亚杰的地方。

56

同化、聚合、顺应和分散型这四种知识的命名显然从以下而来——同化和顺应的概念很清楚是来自皮亚杰的理论，聚合和分散的概念则源自乔伊 · p. 吉尔福特（Joy p. Guilford，1897 – 1987），他主要致力于智慧和创造力的研究。聚合型（清晰）知识指的是从一种既定输入中关注某个特定的输出结果，即我们通常所说的推论或演绎，而分散型（模糊）知识意味着从同一输入中得到多种潜在的可能输出，即我们通常所理解的创造性和多样性（见 Guilford，1967，pp. 213f. ）。

另外，该模型揭示了每种知识形式的典型条件为：

- 同化型知识通常从领悟和内在反思中得到发展；
- 聚合型知识通常从领悟和外在行动中得到发展；
- 顺应型知识通常从感知和外在行动中得到发展；
- 分散型知识通常从感知和内在反思中得到发展。

与皮亚杰相比较，似乎在这个模型中四种知识形式处于同等的地位是有问题的，乍一看与皮亚杰的平衡理论并不一致。不过我们仍然有可能考虑把同化与顺应作为两种基本的过程类型，然后基于库伯的研究，做重要的增补：同化和顺应这两种过程在某种程度上都具有聚合或分散的性质。由此，其与皮亚杰概念的重要区别在于：一些生活中的关系不能够被诠释为必然的，有着可以清晰判定的对与错的标准。而且库伯的模型在某种程度上——尽管只是比尼森的论述处在一个更高理论化的水平上——揭示了哪些情境将会促进多种知识的发展。

5.3 从活动理论到文化心理学

在4.1节中我们曾经提及，心理学中的文化历史传统和源自于此的活动理论视角，其根基是在战时期的苏联，著名人物有维果茨基（Vygotsky）、列昂节夫（Leontjev）和鲁利亚（Luria）。这一传统于战后在其他地区——斯堪的那维亚半岛、德国以及美国——得到了广泛的传播（例如，Holzkamp，1983，1995；Engeström，1987，1996；Cole，1996；Engeström *et al.*，1999；Chaiklin *et al.*，1999；Chaiklin，2001）。

文化历史理论指的是这样一种基本观点：人类的系统发展以及人之所以区别于动物，核心在于人类文化的发展，而且，人类基本的心理结构是在与文化发展的互动之中得到发展的。其中列昂节夫（Leontjev，1981［1959］）对此作出了最重要的贡献，他透彻地论述了这一观点；另外，鲁利亚通过对乌兹别克斯坦农民的知识过程变迁的考察，验证和肯定了这一视角，那些农民在20世纪30年代早期，经历了从落后的封建领地农耕社会到现在共产主义农业集体社会的突然转变（Luria，1976［1974］）。

文化历史传统的中心点是，心理因素只能在一个历史的视角中、基于与文化环境的互动中才能得到理解。这种互动具有列昂节夫所称为的客体反思（object reflection）的性质：

> 58 有机体的适应总是……一种对它们周围环境性质的反思……它在它们的客观联结和关系中……获得了……环境的情感性质的反思形式。这也是一种精神的、客体反思的特殊反思形式。
>
> （Leontjev，1981［1959］，p. 45）

这一客体反思的概念在某种程度上来说，与皮亚杰的建构主义视角是一致的，两个概念都包含了一种积极的心理结构的发展，这种心理结构建立在个体与其环境之间的互动之上。不过，在文化历史视角中，心理结构是从一个相互反映的过程中得到发展的，而皮亚杰的建构在很大程度上，可以包含从环境条件而来的诠释和背离。

在文化历史视角中，人类与环境的互动是通过活动这一关键概念表现其特征的。通过活动，个体获得了他作为其中一部分的文化条件，与此同时，他也影响着社会中的文化发展：

> 人的个体意识与其社会存在之间心理特征的具体联系是什么？——从基本的心理事实出发，对此问题的回答是，人的意识结构是通过一种常规方式与他的活动相连接的。——所以，人的活动的结构只能是被造就自己的特定社会条件以及人际交往关系所创造。
>
> （Leontjev，1981［1959］，p. 231）

必须加以强调的是，活动的定义是**目标导向的**（goal-directed）努力。只有当个体通过努力追逐明确的目标时，才能被视作活动。活动被看作是由不同的行为构成，可以被再次分解为不同的操作，并且在他的活动中是特有的，人能够利用各种工具，这些工具不只是简单的物质用具和设备，而且也包括语言、社会习俗、理论等。

活动有很多种类，但是最为重要的种类——活动理论家们常常要关注的——是“游戏、学习和工作”，这些分别是学前期、学龄期和成人期占主要地位的活动形式。然而，丹麦学习理论家麦兹·赫尔曼森发现，在这种联系中，学习更突出地表现为活动的结果，在学龄期岁月中的主要活动形式也许应该被称作学校活动（Hermansen，1996，pp. 63f. ）。

由此，我们进入到了文化历史传统中更为专业的学习视角的领域，这是维果茨基加以发展的，特别是在他有关研究思维与语言的主要工作中（vygotsky，1986［1934］）——在我看来，客体反思与活动是一般的理解，而维果茨基将学习处理为发生在学校和其他“教育”情境中的更为特定之物。我想这与维果茨基将学习与游戏、工作看作一个水平上的特定活动形式是不一致的，因为这个概念关系到这样一个事实的情境：某人要学习在该情境中至关重要的东西，其潜在的思维模式似乎包含了一个更有能力的人与其他（一个或更多的）不太有能力的人之间的互动——那个人代表了进化了的文化，其他人则是需要去获得这种先进文化的人。

如果我们试图将维果茨基的学习概念置入教育学理论、指导或实践当中，即最近发展区的概念（Vygotsky，1978，pp. 84ff. ，1986［1934］，pp. 187ff. ）和科学概念当中（Vygotsky，1986［1934］，pp. 146ff. ），把这两个中心概念放在一起考虑时，情况就更是如此。维果茨基界定最近发展区为“独立问题解决能力的实际发展水平，与在成人指导下或与其他更有能力伙伴的合作下进行问题解决的潜能发展水平之间的距离”（Vygotsky，1978，p. 86）。科学概念就是真实的与真正的概念，即它们必须是精确的，是在一个系统性的情境中加以界定的。

我总是对文化历史传统中的这两个关键概念抱有一定的怀疑态度，因为很清楚的是，成人及其他权力人物能够决定对于儿童和教育参与者的特定最近发展区是什么，以及什么样的概念可以称之为是科学的。因此，应用维果茨基的学习概念，教学就很容易成为一种同质性的教师导向型方式，这样，就容易获得最接近所谓最近发展区的结果，而这个最近发展区的概念只是在学术体系的视角中构想的，例如，教科书中的“下一章”就是这样的最近发展区［由此逻辑和心理安排变得困惑，这是杜威加以强烈警告的。（Dewey，1902）］。因而，科学概念将成为与那些有权力人的概念相同的东西。

尽管这不太会是维果茨基的本意——表现为他的学习理论和论述很容易导向到一种目标导向的活动形式上去，在这种形式中，教师和成人在很大范围内控制了这个过程。20 世纪 70 年代末和 20 世纪 80 年代初在丹麦，当受维果茨基启发的所谓“结构性学习”（教学法上极为控制性的）在学前机构中成为广泛传播的理念时（Brostrøm，1977），我们目睹了这会在实践中导向
60 什么。但是在丹麦也有其他一些实验，同样是基于维果茨基的学习概念，没有上述那种教师的独断控制，它更强调学生们自己对于发展概念的贡献（Hedegaard and Hansen，1992）。

我认为，文化历史传统首要地来说，是运用了历史发生方法构建起一个重要基础，从而实现对生物性的、历史性的和社会锚定（Social anchoring）的心理过程的理解。它进入到了学习的内容与互动之间的张力区域，尽管维果茨基已经足够清晰地表述了情绪的重要意义（Vygotsky，1986［1934］），但在一般水平上来说，情绪在活动理论的图景中作用并不十分显著。也许是因为该传统是在没有冲突的共产主义社会理念中发展起来的，在其基石中缺失了对社会性冲突及其基本结构性重要意义的理解——而且延伸来说，很有可能出现这样一种观念：某个特定个体的文化与社会事务的改变过程可以没有多少摩擦地发生。这将意味着对学习概念理解的简单化，在实践中将会导致有关权威的一系列问题发生。

不过，近年来一些对学习理解的文化历史视角方面的传承，似乎已经超越了这一问题。我在这里特别指出的是先前已经提到过的芬兰学习研究者 Y. 恩格斯特伦，他扩展了学习理论（见 4.6 节），我认为他向前迈出了具有决定性意义的一步。例如，当恩格斯特伦采用了文化历史传统中维果茨基的最近发展区概念时，他并没有毫无批判地接受它。相反，他对其进行了类似于我在此提出的批评——在对它的长篇讨论之后，他认可了下述对维果茨基的最近发展区的重新诠释，这是由美国的佩格·格里芬（Peg Griffin）和迈克尔·科尔（Michael Cole）提出的：

> 成人的智慧不能够为儿童的发展提供目的论。社会组织和领导行为令儿童发展创新性造成了一条鸿沟……——Zo-ped（作者注：最近发展区）是儿童与其未来之间的一种对话；它不是儿童与成人的过去之间的对话。
>
> （Griffin and Cole，1984，p. 62）

但恩格斯特伦没有止步于这一重新阐述。这样一种对概念定义的激进改造必须有更深层次的结果。在儿童与其未来之间以新的分析形式进行对话显示出需要创造性的过程，因此，这一重新诠释包含了将最近发展区作为一种创造力空间的理解。这显然是对维果茨基理解的扩展，并且恩格斯特伦认为这是必要的：我们必须停止高谈对早已发展了的东西的掌握，要去理解什么是重要的、创造性的过程（Engeström，1987，pp. 169ff.）。

不过，要具备这样过程的先决条件是，个体必须面临一个紧迫的问题或利益冲突，它们不能在现有的选项中得到解决。这种本质的打破通常来说发生在处于问题情境中的学习者这样问自己的时候："这个问题意味着什么？有什么意义？我为什么一定要努力去解决它？它是如何出现的？谁设计了它？为了什么样的目的？为了谁的利益？"（Engeström，1987，p. 151）。

问题解决、社会与人际交往的情境成为中心，通过这一途径，恩格斯特伦还间接地使自己站在了学习的建构主义理解的联盟阵线中。

与此关联，我们很自然地要提到美国心理学家杰罗姆·布鲁纳（Jerome Bruner）。回溯到20世纪40年代，他着手于个性心理学和认知心理学的多种研究，这些研究逐渐挑战和超越了传统的行为主义，并且在认知科学的发展中占据了一席之地（Bruner *et al.*，1956，1966）。正是基于此，他在1957年当选为专家组主席，主持"卫星震惊"（其时苏联人发射了世界上第一颗人造卫星进入太空）后的美国教育体系改革，"卫星震惊"动摇了美国人在技术与科学上处于最高水平的信心。这中间最为重要的成果体现在《教育过程：迈向一种教学理论与教育的适用性》（*The Process of Education*，*Toward a Theory of Instruction and The Relevance of Education*，Bruner，1960，1966，1971）一书中，成为所谓"科学中心课程"（science-centred curriculum）的传播中心，科学中心课程是一种教育学理念，即教育过程应该被组织为一种渐进的理解，在很大程度上，学习者自己揭示了事物结构化的途径并且创造意义（例如，Taba，1962）。

但是布鲁纳在其研究的视角和方法上逐渐变得更为人文主义和文化导向，如他的著作《真实的心灵、可能的世界》（*Actual Minds*，*Possible Worlds*）、《意义行为》（*Acts of Meaning*）以及《教育文化》（*The Culture of Education*）（Bruner，1986，1990，1996），最后一本是他在82岁高龄出版、很可能被视为他最主要的著作，他转移到了一个文化心理学的立场之上，在此学习是有关积极地、与他人一起获得、发展文化表达的过程。

通过这一途径，布鲁纳在其漫长生涯中，完全从一个较为狭窄的认知与个人导向的起点，走向了一种较为宽广的人文和社会导向的视点。他常常表示说，他能够有这样的跨越历程，是由于站在了皮亚杰和维果茨基的肩膀之
62 上，而这两个人与他都有私交。而且，最终他特别靠近了文化历史学派，并以高龄之身参加了一些与此学派相关的研讨交流会。

不过，与此同时，他还吸收了叙事理论，根据叙事理论，人们的生活故事，也就是一个人有关他自己的故事，是不断发展和重新诠释的故事，是穿行于生活、自我理解和学习之间的红线。最近在2002年布鲁纳出版了《故事的形成：法律、文学、生活》（*Making Stories*：*Law*，*Literature*，*Life*，Bruner，2002）——并且，在2005年，他90岁之际，在哥本哈根的“文化、叙事与心智”（Culture，Narrative and Mind）大会上作为主发言人进行了主题演讲。

5.4 成人学习、转换与批判性思维

另一个研究学习内容维度的重要视角，是在美国和加拿大的成人教育相关领域中发展起来的。这一视角并没有清晰一致的理论基础，但它仍有着某种共同的灵感来源，这可以回溯到杜威（Dewey，1916，1965［1938］），特别还有他在纽约哥伦比亚大学教育学院的同事爱德华·林德曼（Eduard Lindeman，1885 - 1953），20世纪上半叶的马尔科姆·诺尔斯（Malcolm

Knowles，1913－1997)，以及20世纪60及70年代的加拿大人艾伦·塔夫(Allen Tough)(Lindeman，1926；Tough，1967，1971；Knowles，1970，1973)。这里我将梅齐洛和斯蒂芬·布鲁克菲尔德(Stephen Brookfield)作为该视角中的两位最近也是最重要的学习理论家，讨论他们的研究。

梅齐洛于20世纪70年代末回到美国，开始自己理论层面的研究工作，而在此之前，他有着多年在多个不同发展中国家作为成人教育咨询师的实践经验。除了前面提及的更为一般水平的北美成人教育传统，还有三个其他的重要思想来源影响了梅齐洛。首先是巴西的保罗·弗莱雷(见7.7节)，他影响了发展中国家贫苦文盲的解放教育学(Freire，1970)。其次，德国哲学家和社会学家尤尔根·哈贝马斯(Jürgen Habermas)，其背景为德国的批判理论(尤见Habermas，1984－1987［1981］，也参见7.4节)。最后，是来自美国妇女运动的经验，在20世纪70年代有许多成人妇女开展行动，希望回归教育体系(Mezirow，1978)。

转换学习的概念在梅齐洛的理论中占据了中心地位；在4.6节中我早已经指出过这一点，该处还同时引用了梅齐洛关于这个概念的定义。根据梅齐洛的理论，我们组织起那些通过学习构建起来的理解，一部分是在一系列**意义图式**(meaning schemes)中，不同的内容领域粗略对应皮亚杰的理论；一部分则更经常的是在某种**意义视角**(meaning perspectives)之中的，它构成了我们意义创建的主要参考框架。我们在童年和青少年时期发展起来自己意义视角的绝大部分，然后它们既是有意识地，在很大程度上又是无意识地发挥着作用，控制着我们的态度和理解模式(Mezirow，1990，1991，2000)。 63

转换学习是对于个体意义视角以及随后的心智习惯的意识、思考和评论。这通常发生在这样的时候：一个人发现一种或其他联系，用过去的意义视角并不适用他所经历的或所做的事情。然后矛盾或进退维谷的局面出现了，他感到自己必须解决这个问题，而且这首要地来说是通过反思而发生的，导向了意义视角的修正或转换，即通过转换学习。

梅齐洛再三强调转换学习在很大程度上包含了情感方面：

> 认知有着强烈的情感和意欲维度；一个人所有的敏感性和反应性都参与到了意义的创造、发现、诠释和转换之中。转换学习，特别是在它包含了主观性重构时，常常是一种非常紧张的威胁性的情感体验，在其中我们不得不逐渐认识到支撑我们理念的那些假设以及那些支持我们对变化的需求作出情感反应的东西。
>
> （Mezirow，2000，pp. 6 – 7）

然而，非常显著地，已被很多人指出来的是，梅齐洛关于转换过程的描述在很大程度上还是落脚于认知和内容上的。这与意义及理解模式的转换有关，而且，当情感被提及的时候，它们通常作为一种伴生现象出现，而不是作为被转换的一部分。社会与人际的维度似乎也不是一个直接部分，尽管梅齐洛的思考很清楚是与教育学思考、强烈的社会与民主义务联系在一起的（Illeris，2004）。

与上一章中我加以界定和使用的转换学习概念相比，出现了这样一种倾向：梅齐洛自己关于该概念的理解并不强调学习的三个维度具有同样重要的意义。根据本书的观点，他有时候使用转换学习一词所指的学习，应该被视为顺应学习，他甚至还提到，在某些情况下转换可以通过顺应发生（Mezirow，1998，p. 191）。然而，我并不认为梅齐洛和我在使用这个概念的意图上有什么关键性的区别，区别只是在于我们赖以构建的学术基础不同。

64 布鲁克菲尔德出生、成长于英格兰，并在那里接受教育，但 20 世纪 80 年代开始他在美国定居和工作，他也是梅齐洛在纽约哥伦比亚大学教师学院的同事。

布鲁克菲尔德的视角方法与梅齐洛非常类似，他们非常小心地坚持自己的一套概念和特殊视角。对于梅齐洛来说是转换学习，而对于布鲁克菲尔德来说，则是**批判性思维**（critical thinking）和**批判性反思**（critical reflection），他对此进行了清晰的解释：

> 根据梅齐洛的转换理论，很清楚的是，没有批判性思维在所有阶段的涉入，转换学习就不能发生。考虑到这一点，从梅齐洛的解释中似乎比较符合

逻辑的推断是：这两种过程相互之间是等价和同义的。然而这将会是一个错误，梅齐洛很小心地避免了这一点。批判性反思当然是转换学习的必要条件，所以后者的存在依赖于前者的出现。不过，这并不是一个充分条件，换言之，仅仅因为批判性反思发生了，并不意味着转换学习不可避免地也会跟着发生。在实践中发生了一段批判性反思的小插曲，并不会自动导向转换。如梅齐洛所承认的那样，一个人在他经过批判性反思后所持有的假设可以和他以前所持有的完全一样。

（Brookfield，2000a，p. 142）

由此，布鲁克菲尔德的观点中批判性思维或反思是非常有价值的，对自我提升来说非常重要，即使它并不一定导向条件很高和任务繁重的转换学习。在布鲁克菲尔德看来，能够进行批判性思维，习惯于进行批判性反思，这才是中心，而转换学习是偶尔在某种环境下才会伴随批判性思维出现。

根据布鲁克菲尔德的理论，批判性反思不同于单纯的一般反思，也不仅仅是单纯的一般反思。它有关于：

- 识别并界定受到挑战的假设。
- 挑战意义及其情境。
- 试图运用个体的想象，并且探究其他可能。
- 上述理念和探究导向了反思性怀疑。

（Brookfield，1987，pp. 7ff. ）

（布鲁克菲尔德使用“假设”和“一系列假设”这样的表达，或多或少类似于梅齐洛使用“意义图式”和“意义视角”。）

布鲁克菲尔德把批判性反思和思维视作一个民主社会的基本，体现于日常生活和工作，乃至政治，以及成人教育项目中。类似地，在其最新著作 65
（Brookfield，2005）中，他在一个更广和更普遍水平的理解上，而不是仅指所谓的法兰克福学派上，研究了**批判理论**的概念（我将在 7.4 节回到这一课题）。

布鲁克菲尔德还认为成人教育教师的关键任务是鼓励参与者实践批判性反思，而且他指出，他们自己必须掌握和实践这样一种方式（例如，Brookfield，1990a，1995）。更进一步地，他对于实践中如何能够以不同方式做到这一点非常感兴趣，例如，通过参与者批判性地分析他们自己所经历的环境（Brookfield，1990b）。

对布鲁克菲尔德来说，始终非常关键的是，一个人能不断提出自己的问题和推理，质疑他人的假设和推理，质疑设定背景舞台的脉络和与之关联的事务。

同梅齐洛一样，他明确地强调："批判性思维既是感性的，也是理性的"（Brookfield，1987，p. 7）——但是，也和梅齐洛一样，在布鲁克菲尔德的描述中，还是内容和认知走在了前面。他的主要关注点放在了思维和反思上，而不是经验、感觉以及互动。但是如前一章所述，梅齐洛首要地是研究了所谓的转换性的学习过程，尽管他没有明确地将其与顺应过程界定开来，而布鲁克菲尔德则几乎是完全相反的情况。他绝大部分的研究聚焦于批判性思维和反思所隐含的顺应过程，而转换学习则被视为在特定情况下的某种延伸物。

5.5 反思与元学习

关于学习的内容维度，我将在这里最后讨论一些非常主题性的概念，它们扩展了通过获得过程产生的普通即时学习，这些概念有**反思**（reflection），在这一节中我将它与**元学习**（meta-learning）放在一起；还有**自反性**（reflexivity），我将在下一节中与**自传性**（biographicity）一起加以讨论。

不管是在日常用语还是在学术研究中，"反思"一词都包含两种不同的主要含义。一种指的是"事后再考虑"（afterthought）：某人对某事在事后进行重新考虑或更深思考，这件事也许是个事件，也许是个问题。另一种含义最贴切的特征是"镜式反映"（mirroring）——与该词原始的光学含义相一致：一种将某事反映在学习者自我之中的经验或理解，即自我的重要意义是处于中心地位的，经验被以个人身份的准绳加以评价——这是为什么自我反思（self-reflection）也在这个意义上被运用。它特别是指一种能力或倾向，能够进行这种形式的反思，在今天常被界定为**自反性**，尽管必须说明的是它在该领域中并不总有非常精确词汇加以使用。

不过暂时我将关注集中在“事后再考虑”的认知含义上的反思。近年来 66
这日益成为有关学习的政治性与学术性争论的一部分，甚至到了这样的程度：其已被看作是教育和社会化的重要的基本目标，因此也被作为现代理念的中心要素。

这种反思的特征是：从与环境的互动中产生的新冲动并不能直接发生——“事后再考虑”和“反思”这样的用词就包含了这种时间滞后的元素。当然，这一过程是通过与环境的互动引发的，而且很有可能的是，从这种互动中已经发生了一些即时的学习。然而，事情仍未完结，冲动没有结束，还存在一种认知不调（cognitive dissonance）的成分（Festinger，1957），当一种适当的情境出现时，也许是一个安静的片刻，事后再考虑就发生了。如梅齐洛曾指出的那样，当先前所学被运用于后来的情境时，或检验、修正已获得的理解时，反思会在这些情况下发生（Mezirow，1990，1991）。

我前面提到过的德国心理学家卡尔·登克尔（1945［1935］），是第一个考察这种情境的学者，他是最先系统研究问题解决心理学的学者之一，而一般来说，事后再考虑在某种形式上，具有问题解决的性质。最初的互动遗留下一些不确定和未解决的问题，它们必须在以后通过详尽解释的途径被吸收。作为一个学习过程，反思由此表现出顺应学习的特征，它并不出现在激发冲动的那一刻，而是出现在一段时间以后，这意味着一种对冲动的更精心的加工。

因此反思基本上来说与其他顺应学习过程具有同样的性质，但是它还包括了一种更深层的思考。由此，反思也需要更多的心理能量，同时还需进行比即时的顺应来说更为深入的加工。

在当今有关教育与学习理论的争论中，反思已经成为一个关键词。这是因为近年来人们愈益强烈地感到，在学校和教育项目中所学的东西，必须要能够被运用于实践当中，特别是在工作生活中，越来越清楚的是，反思在这种情境下发挥了决定性作用。极为常见的是，仅仅通过反思和加工这种转化

的顺应过程就可以发生（见 4.7 节）。因此，教育结构必须保证这种反思能
67 够在个体和共同体之中发生，而且，通过这种方式所学的知识能够链接到相关的实践情境当中。

反思成为很多现代学习理论（如已提及的梅齐洛和布鲁克菲尔德的有关批判性反思概念等）中的关键要素，这是非常重要的理论背景。前述的美国组织心理学家唐纳德·舍恩曾提出教育项目中的“反映回观”（“the reflective turn”，Schön，1991），但这里需要注意的是，他自己的“行动中反映”（reflection-in-action）概念（Schön，1983），并不属于后来一段时间出现的如上所描述的反思的概念范畴。

在舍恩那里，行动中反映是一个过程，人在这个过程中通过找寻新的可能解决方案、利用与当前问题领域相类似的共通元素等，对某个问题或情境作出即时反应——如果没有什么探测元素或新的思考，那么这就是一个关于我在前面一章中所阐述的“普通”顺应过程的典型案例，即一种对与周围世界互动中的刺激的直接学习反应（见 Mezirow，1990，pp. 112ff.）。

不过，舍恩的表述显示出，与此同时要支持这种区分是比较困难的，因为根据舍恩的概念，行动中反映也包括这种情境：一个人在某个行动中停下来，思考，并且找到如何继续的方法，再继续进行。这实际上是一个及时的短暂转变，但仍然是处在某个过程之中的——这也许更为精确地来说是，像澳大利亚的戴维·保德（David Boud）等人所说：反映性实践（reflective practice）是一个行动、经验和反映多多少少交织在一起进行的过程（Boud *et al.*，1985；Boud and Walker，1990）。

关于元学习的概念，也有着两种不同的理解或视角。其中之一是有关通俗地称为“学会学习”的，即在今天，学习是极为重要的，一个人必须要学习如何最好地处理它。其二是让自己习惯于对自己学习的批判性和分析性思维，即把自己的学习放置于一种个人和社会的一般性视角之中。

流行语“学会学习”是一种现代政治标语，当我们从学术视角来审视它时，可以回溯到学习心理学中的一些观察——如果个体持续让自己在一个给定领域中学习，将通常会出现一种学习速度的逐渐提升［大概是因为一个人逐渐在自己的处理中拥有了越来越多的相关预设，编织起更为接近的结构

网，或者他会更喜欢这样做（Bateson，1972，pp. 166ff.）]。不过，这一原始含义似乎已经丧失了，“学会学习”的现代标语似乎更为神秘化，就好像一个人不得不接受训练从而才能够学习某个东西。

由此，如先前指出的那样，我们必须坚持的是，学习能力是人类的天赋技能之一——而且，在下一章中我们会进一步看到，这也从基本上来说包括 68
了学习的欲望：学习一般来说是一种求生本能。当这个政治性标语在辩论中反复出现时，无论怎样自然必须对它有所回应——这种回应的一部分必然是基于这样的事实的：学校和机构中的制度化学习会很容易破坏学习的愿望，至少在某种情境和某种形式下。

很自然，这并不意味着这种政治标语在某些时候不会敏感于获得有关学习不同形式的适当习惯和程序，包括诸如反思、检验和应用，或非常外部的事务，如安排合适和组织良好的学习环境，发展有助益的和具有共情作用的合作气氛等。不过把它称作“学会学习”实在是相当地夸大其词。它付出了一种相当大的努力，阻碍了人们去学习——尽管他们可能并不总是学习其他人认为他们所应该学习的东西。

相对比较广义一些的术语（例如 Engeström，1987，p. 128），元学习或是**元认知**（meta-cognition）的概念则更为复杂，它被理解为一种普遍性的学习类别，将其他学习过程囊括在一个集合性的全面视角之中。我们也许可以通过前述贝特森学习理论中的“学习Ⅲ”这一类别实现最接近的理解，它包括通过理解普通同化学习所需的基本条件，以及顺应学习和某个领域中的实践训练，掌握一些本质上全新的东西。

不过，这正是恩格斯特伦所走过的道路，由此他开发了有关扩展学习的概念，这一概念我将它放在了转换学习的水平上（见 4.6 节）。类似地，如果我们审视梅齐洛的转换学习定义，同样可以看到：潜在的意义图式和意义视角必须被重构，从而实现更加全面的理解。

结论是这样的：如果顺应学习是在一个比较限定性的领域中而言的话，在这种方式中理解的元学习是与顺应学习相同的；如果转换学习是在一个比较大的领域中而言，也包括更多的个人要素的话，是与转换学习（或扩展学习）相同的。差别似乎仅仅只是在于：当我们说元学习的时候，我们通常是从内容和学术的视角来谈的，由此，也许会追求一种学术性的结论或方法；而其他概念的界定则是基于学习者的视角，并因此会预示一个更大程度的基于学习者情境的解决方案或方法。

不过，坚持这一点还是值得的：元学习能够在任何有重大利益冲突出现的时候，在具备了卓越适应性的潜能的时候发生。学习过程会采用成功渡过危机的形式，学习者经过了长时间的努力奋斗来面对具有紧迫主观重要性的问题——这既是反思，也是元学习。但是元学习的发生也可能是一个更短和
69 更为紧张的过程，甚至在最为极端的案例中表现出类似一种爆炸的状态。

在现代创造力理论中，严格说来，这种充满冲突和没有秩序的情境可被视作是一种典型的创造性超越的情境（例如，Joas，1996［1992］），瑞典人费维尔·库普费尔贝格（Feiwel Kupferberg）曾指出项目工作会形成一种包含这种类型潜能的教育性框架（Kupferberg，1996）。更为一般的教育观察报告则显示，如果这种类型的学习要发生的话，必须存在一些挑战，使得学习者感到被迫去应对它，而且还必须有应对这些挑战的潜能和投入。

5.6 自反性与自传性：作为学习内容的自我

近年来镜式反映含义的自反性成为许多当代社会学、文化理论以及社会化理论方法的中心概念，例如，从英国的理论家诸如安东尼·吉登斯到德国的理论家诸如乌尔里希·贝克（Ulrich Beck）、尼可拉斯·卢曼（Niklas Luhmann，1927－1998）和托马斯·齐厄（Thomas Ziehe）。这与从工业社会到服务与知识社会的转变有关——或者从一种文化和意识视角来看，与到“晚期现代”或“后现代”的转变有关。

关于学习和个体发展，德国青年与文化理论家托马斯·齐厄称之为的文化解放（Ziehe and Stubenrauch，1982，pp. 17ff.）已成为发展的中心。我们——而且特别是青年人——已从过去控制我们生活的旧观念和旧传统中解放出来，不论好坏与否，在一个大得多的程度上去选择和塑造我们自己的生活。这意味着个体性在一种全新的方式上成为焦点，这包含着一个人持续不断地处理关于自我的认识，即一个人对自我的理解，以及一个人所面对的影

响对其自我具有怎样的意义。齐厄非常简要地定义了自反性是“一个联系自我的机会”（Ziehe，1985，p. 200），并在另一个情境中进行了如下描述：

> 设想我们不断地用一个摄像机拍摄我们的自我，观察我们自己并作评论。现代社会的成员基本上都是那种结构的一个部分，但最为显著地体现在青年人中间。……成为“现代的”人在今天意味着能够为自己确定和正式提出明确目标，这些目标让一个人能够具有战略性，能够在他的自我反思中加以运用。
>
> （Ziehe，1997，p. 29）

齐厄后来给这些发展及它们的社会背景提出了一个术语——“第二次现代化”，并且他指出，20 世纪 70 年代以来发生的教育变革与青年人的情境和 70
意识形式不在一个水平上（Ziehe，1998）。

英国社会学家吉登斯也对此非常感兴趣，并以有些不太一样的视角来看待它们：

> 人们常说现代性是以对新生事物的渴求为标志的，但这恐怕并不完全准确。现代性的表现特征不是因新生事物本身的缘故而对它展开的一种拥抱，而是大规模自反性的假设——这当然包括对反思本身性质的反思……现代性是通过和构建于反思性的应用知识，但是确定性知识的平衡却被发现是误解了的。我们在一个彻底通过反思性应用知识构建的世界中感到发慌，但是与此同时我们又从未能够如此确定，那些知识的任何给定元素都将被修正。
>
> （Giddens，1990，p. 39）

齐厄和吉登斯都强调了自反性不仅仅只是一种智能现象，而在很大程度上是经验性和情感性的，一般来说是自我理解和身份认同的塑造。吉登斯走得更远：他还使用“身体的自反性”（reflexivity of the body）一词，表示身体意识的现代性提升；他界定了“制度的自反性”（institutional reflexivity），即今天的社会部件和机构也必须反思性地发挥功能，持续不断地讨论和合法化它们的存在与功能——并且在一般水平上谈论作为时代特征的“现代性的自反性”（reflexivity of modernity）（Giddens，1990，1991）。

在同样水平上，德国社会学家乌尔里希·贝克界定了作为“自反性现代化”（reflexive modernisation）的新纪元，因为自反性已经成为个体和社会之必需，而且考虑到对宏大叙事的突破、市场机制和全球化的统治等，他还讨论了“危机社会”（risk society），因为个体必须在没有任何确定性可以引导的情况下，选择自己的生活历程（Beck，1992［1986］）。

最后，我想提一下德国社会学家尼可拉斯·卢曼的有关成果，他的视角方法可被称之为系统论的——系统的概念被运用于个体、群体、组织以及诸如市场这样的功能体系等——并且这些系统表现出来的特征有：自我参照（self-referential）、自我再生（self-reproductive）、对不构成系统部分但对其存在来说是一种条件的周围世界的封闭等。卢曼把当今世界看作是通过某种浮现出来的秩序来表现其特征的，即这种秩序不能被理解成为源自任何普遍性的原则，而是每个范畴和每个系统有着它们自己的基础。作为一种自我参照的系统，晚期现代社会中的人们在一个不断变化的世界中，必须控制他们自己的存在和功能，这就要求具有自反性——在此情境下这似乎表现为当今人们生存的一个中心条件（例如，Luhmann，1995［1984］）。

71 乍看起来，这些现代观察者们在有关个体与他们自我的关系的聚焦点与人本主义心理学的许多经典性导向之间，表现出一种联系，例如，高尔顿·奥尔波特（Gordon Allport，1897－1967）的“成熟个性”（the mature personality）理想（Allport，1967），卡尔·罗杰斯的“完全功能人”（fully functioning person）（Rogers，1961），或亚伯拉罕·马斯洛（Abraham Maslow，1908－1970）的作为存在终极目标的“自我实现”理念（Maslow，1954；见6.5节）。但是当这样一些导向受到诸如个体主义和在社会中没有根基的广泛批评后，这里提及的这些概念将社会条件作为一种理解个体中典型发展的出发点。这些发展的中心是自反性或自我反思，它们既是心理学上的范畴，描述晚期现代性中人类的功能模式特征；同时也是社会学上的范畴，关注社会的运作模式以及个体与社会之间的关系。

由此，自反性的晚期现代概念并不主要关注学习和思维，而是包含了有关学习性质的大量结果。它可以广泛地链接于个性发展和多种更为特殊的个体素质发展，但是关系到学习，自反性首要地聚焦于自我和自我功能的发展上。

自我是一个哲学和心理学概念，多少有着些争论不休的历史，它可以被诠释为对在不同时期个体与社会之间关系中发展的一种反映。其中心点是自我具有一种关系的性质，即与个性概念形成对比，这一关系或知觉是个体所拥有的与他自己之间的，而个性的中心点在于个体拥有或可以归结为其属性的素质。但是在精神分析的传统中，对自我的定义、自我的心理学，以及自我与本我之间的关系，也有着漫长的和更为琐细的讨论（例如，Kohut，1977；Goldberg，1978）。

不过在当下的情境中，我想把自我的概念认定为早先提到过的美国心理治疗学家卡尔·罗杰斯所发展起来的概念，因为他直接将自我组织中的变化链接到了“有意义学习”的概念之中，有意义学习的概念我已经在前面讨论过。罗杰斯基本上是把自我视作一种行为的天赋倾向，它通过与环境的互动，发展进入“组织化的、一致的概念格式塔（完形）中，这一完形由‘我’相对于他人、相对于生活多种侧面特征的认识，以及依附于这些认识的价值观组成”（Rogers，1959，p. 200）。

如果我们坚持认为“有意义学习”和转换学习是重叠的（见 4.6 节），就能够导向这样的观点：自我中的变化通过转换而发生，这种转换是组织起来的、一致性的概念化的整体，这个整体构造起个体对他自己、他人以及生活多个侧面的认识。因此，这是一种特殊种类的转换学习，其特征是自我经 72
验和自我联系的卷入，即个体联系到他自己——这一点是在反思和镜式反映的概念中所隐含了的。

一些之前所提及的在这一领域中的分析还强调，这样的自反性不是必然仅限于内部性的过程，其也可能通过人际对话过程发生。在人际对话过程中，一个人把其他人当作一种争执对象，通过观察他人的反映、倾听他们的评价，来帮助自己获取有关自己的自我理解的洞察，积极地、外部性地进行着反映。

今天，自反性必须首要地被理解为是与一般社会条件相联系的，这意味着个体持续不断地选择他们的方式，不仅仅是外在地，在所有提供的选项中选择；而且也是内在地，在生命历程、生活方式和身份意义上进行选择。因此，自反性同样对一些诸如独立、自信、社交力、敏感性、灵活性等个性特征显示出重要意义，这些个性特征在今天的劳动力市场上受到了高度评价。但也应该提到的是，这些过程不能总是被直接理解为有远见的或积极的。个性发展和自反性也包含一些抵抗、防御、扭曲和阻滞性发展，它们在多种方式上对当事人来说是刚性和限制性的。我将在第九章中回到这个课题。

自传性是另一个重要概念，也可以说是涵盖了自反性与个性发展的、与它们有着相近联系的概念。该概念是由德国传记研究者彼得·阿列特提出的，我曾在4.6节中有关“过渡学习”的内容中提到过他。他将自传性描述为现代人所拥有的能够在很大程度上塑造他们自己生活的经验：

> 自传性意味着我们能够反复地重新设计，在我们（不得不）消磨于其中的特定情境中，为我们的生活打草稿、画轮廓，我们体验了这些“可成形的”或“可设计的”情境。在我们的传记中，我们不支配所有可能的机会，但是在我们被结构性地限定的限度框架内，我们仍然有着相当的开放活动余地。主要的问题是解释我们传记知识中的“剩余意义”（surplus meaning），这反过来意味着察觉我们未曾生活过的生命潜在可能。
>
> （Alheit，1995，p. 65）

这种自传性在近年来得到了相当大的传播，与“正规传记”（normal bi-
73 ography）构建规则的突破同步，即不一定要在家庭背景、教育、工作和身份认同之间有某种自然的连续性，但要有这样一种认识：它们是一个人能够、而且必须去承担和继续进行的。

重要的是要意识到：自传性有关于我们如何认识和解释我们的生活，这样的生活是与我们拥有的机会和我们所作的决定相关的。因为在其中还存在这样的事实：自传性可被理解为一种通过自反性学习的全面框架，它在突破了外在传统理念导向的框架之后，将个体的自我理解和身份认同结合在了一起。

最后，这里还应提到的是，自反性和自传性的概念关注的是涉及自我和自我理解的学习，它们正是通过这种方式进入到学习内容维度的一个特定方面。但是，自我和自我理解包括整个个体，因而包括学习的所有三个维度，所以这种学习同时指向其他两个维度，由此落脚在所有三个维度的学习整体的边缘，对此我将在第八章中进行探讨。

另外，今天在“社会建构主义”和“后现代”（见 7.8 节）的多种当代视角中，对自我的传统观点的有效性存在着强烈的拒斥。例如，美国的肯尼斯·格根（Kenneth Gergen）描述了“饱和的”（saturated）自我（Gergen，1991；见 7.8 节），英裔澳大利亚人罗宾·厄舍（Robin Usher）指出当下典型的自我特征为脆弱和不连贯（Usher *et al.*，1997；Usher，2000；见 7.8 节），而澳大利亚心理学家马克·坦南特（Mark Tennant）批评了这些观点，认为它们在解构自我上走得太过极端，认为正是通过学习，例如在一些成人学习项目中，其观念是创造“某种程度的轮廓和连续性，而不是碎片和非连续性”，这一工作才可以在重构参与者的自我上得以进行（Tennant，1998，p. 165）。

不过，在当今背景下，为了维持在学习情境中与自我共处的可能性，我愿意回到前面提及的美国学者卡尔·罗杰斯所发展的定义上来。

5.7　小结

学习的内容维度是有关学习“什么”的。传统上这种内容被视为知识、技能，在某些情境下也包含态度，这些自然是非常重要的内容层面或部分。但是在现代社会中，学习的内容还必须在一些更为深远的种类中加以理解。

首先也是非常中心地，我们必须坚持：学习——以及特定程度上的顺应学习和转换学习——也关注我们用诸如理解、洞见、意义、连贯性和概括等 74
词汇描述的所有课题。这在人类的脑能力中是与生俱来的，因此，我们会很自然地，试图对我们所学的知识创造意义，也正是学习的这个方面不断在增长，与社会日益复杂的步调相一致。无论有多少指尖知识（fingertip knowl-

edge)[①] 的电视竞赛节目，获得未被理解的知识在我们生活的现实中日益显得不足。

接下来很重要的是：学习内容还包含一种更为普遍的文化获得，包括对我们作为其中一部分的社会情境的掌握。在传统教育学语言和目标表述中，这就是被称之为“塑造”（formation）的东西，但早先人们还试图界定这样的塑造“自上而下”覆盖了什么，但在今天如此的文化多样性和不间断的变革情况下，要在一种固定的内容描述表达中保持它，已经很难说有多少意义。在更高的程度上，它是获得一种对理解、追随和批判性地联系我们周边世界的准备性。在这种联系中，反思被理解为事后再考虑和对学习日益增长的重要性的新评价。

最后，学习中一个日益显露紧迫性的内容领域是，学习关于我们自身、认识自己、理解自己的反应、倾向、偏好、优势和弱势，等等，作为一种作出有意义决定的先决条件，而且由此在某种程度上，参与到管理自己的生活历程中去。自反性和自传性逐渐成为这一点上具有关键意义的对学习的挑战。

---

① 指尖知识：指能够脱口而出的一些知识，但实际上它们对于个体来说并无什么重要意义。例如，某位大人物在1772年出生，从A地到B地的距离为174公里，等等。这些知识常常在电视娱乐节目中被作为竞赛的内容。——译者注

第六章

学习的动机维度

学习的动机维度关注的是我们通常以情感、动机、意志等名词来表达的那些内容。在这些概念的基础之上，我们动员起学习所必需的动力能量。它们也会成为我们学习过程的一部分，影响着学习发生的质量，例如持久性和有用性。内容与动机维度之间的联系是在皮亚杰与弗洛伊德理论的基本比较基础上产生的。此后，两种更为现代的视角方法出现了，即关注情商的理论以及一种学习导向的现象学个性理论。在本章的最后一节中，关注焦点放在动机心理学、混乱和冲突引发的动机以及当今社会中的动机问题上。 75

6.1 被分裂的整体

如第三章所述，学习的获得过程既有内容维度，也有动机维度。过去，学习研究几乎是排他性地只关注内容维度，而动机的相关问题通常是在个性心理学、发展心理学、动机心理学以及临床心理学中才得到研究。

也正如我已经陈述过的那样，认知与情感/情绪之间的经典区分不仅只作为一种学术规律存在于心理学中，而且在我们的文化和语言中也是一个普遍特征，这可以追溯到遥远的希腊时代对逻辑（logos）与心智（Psyche）的区分。关于学习，用更简单的名词来说，这种区分的结果是：一方面是我们如何学习，另一方面则是我们如何成为我们现在的样子。我可以列举前面提到过的美国学习研究者罗伯特·M. 加涅（Robert M. Gagné）作为一个典型案例，在其代表作《学习的条件》（*The Conditions of learning*）中的导言写道：

> “学习”一词在最为综合的意义上来看，动机和态度当然必须被认为是要学习的。但目前的工作除了在一些稍有关联的附加意义之外，并不试图去研究这样的学习。它的范围限制在可以被称之为智力或主体事务的内容上，它们导向了人类行为的提升，在个体的职业或专业追求中起着根本性的作用。
>
> （Gangé，1970［1965］，p. 25）

与此相反的是个性与发展心理学，它们通常广泛关注人类的心理发展，但却从来不曾在具体知识、技能或资质的获得上有什么兴趣，由此把相当部分的最具教育性的过程排斥于它们的视野之外。

类似的倾向也会含蓄地出现在很多当前的进步教育思想中。人们对作为一个整体的人类发展感兴趣，社会和主观条件都被包含在内，学习被设想为带有预想的活动个体（该预想既是个人的，也是社会所造就的）与充斥着经济结构、权力结构、媒介和意识形态结构的外部世界这两者之间的互动。但是，人们却对这样一种事实鲜有兴趣：绝大多数教育也包含着主体性的内容，它的获得对于个体以及对社会来说都是极为重要的。只要看看我们是多么在意我们的公交车司机、技工、社会工作者、医生等必须都具有适当的资质就知道了。

因此，一个充分的学习理论必须超越这种经典的区分，将自己的关注点涵盖到作为整体的人，既包括理性的，也包括主体性的内容，以及动机和情绪的方面，并且，尤其还要关注它们之间的互动。

6.2　弗洛伊德的驱力论

我在前面以皮亚杰的学习论作为出发点，是因为我把他看作是在学习的内容维度上最具经典和先锋意义的研究者，与此类似，在这一章中我将从西格蒙德·弗洛伊德开始，将他作为动机视角中最具经典和先锋意义的人物。而且也正如对于皮亚杰的描述，我陈述了他的基本学习论而绕过了他更为知名的阶段理论，我将直接切入弗洛伊德的驱力论，这是动机维度的基础，而把他更著名的有关性心理发展阶段（口唇期、肛门期、生殖器期）和心理水平的个性理论（本我、自我和超我）暂且搁置一边。

根本上值得我们注意的是：皮亚杰和弗洛伊德理论中都有这样一个自发因素存在——尽管他们都没有直接用这种方式表达过——学习过程的出现源自动机和情绪领域。这个领域是动机产生的源泉和能量聚集之地。在这里他们与现代脑科学的研究者们是相一致的，认为情绪（感受的一般稳定状态）和感受是一种调节机制，它们接收来自身体和环境的冲动，激发对这些冲动的无意识和有意识反应，这些反应的形式有活动、思想，还有学习（例如，Damasio，1999，pp. 35ff.）。

弗洛伊德将这整个领域看作是被我们的驱力调制的，但时常又会改变他对于这些冲动结构的基本条件的理解。毫无疑问的是他最为著名的关于这两者之间的区分：基本生命或性驱力，牵涉到欲望、性、营养以及其他生命支持性的功能；死亡或求死驱力，与厌世、攻击、爱好以及对死亡的终极追求等有关。不过这一理论还是他在 1920 年前后形成的，后来受到了多方面的激烈批评。例如，这样一种死亡驱力如何能够与其他基础性的达尔文主义的物种适者生存概念相提并论？难道这种想法不只是弗洛伊德在其临床工作中所一直面对的消极行为形式的结果之一吗？

因此，回到驱力理论的早期版本会比较有意义，在该版本中弗洛伊德区分了这两种驱力：本我驱力（例如，营养等），其是服务于维持生命的；性驱力，其是服务于物种延续的（例如，Freud，1940［1915］）——这两种驱力后来被合并进入生命驱力的种类。这更符合弗洛伊德的基本观点，符合后来发展起来的动机心理学，更符合现代脑科学的研究成果。不过，关于死亡驱力、关于厌世、侵犯以及无法说明的自我毁灭的行为形式又是怎样的呢？我认为弗洛伊德自己已经通过他有关防御机制的概念，给了我们部分回答这一难题的钥匙。其他部分的回答与我们抵抗的潜能有关。我将在第九章中回到这两个课题。

弗洛伊德的驱力理论在其他领域可能是有问题的，其中如他有关总体心理能量守恒的观念——正如在物理学中的能量守恒，特别关涉到这样一种观点：当某种需求被压制，与之相联系的能量就使其转移到其他领域——“神经紧张系统的能量在弗洛伊德看来就像蒸汽机中的蒸汽。它推挤着、压迫着想要跑出去，通过这样做，使得车轮滚动起来”（Olsen and Køppe，1981，p. 329）。

当然这作为一种一般观念来说有些天真。人类有可能以多种方式动员和
78 储存能量。但这并没有排除被链接到的能量，例如，维持一种心理防御，以及如果这种防御被克服的话，就感到一种轻松状态。

但是，为什么我们从根本上要把自己的注意力放在弗洛伊德的驱力论上？首先是因为：弗洛伊德是第一个对心智能量运用于学习最为基础性的前提条件进行了系统思考和关注的人。其次，通过运用本我驱力、性驱力和生命驱力的概念，弗洛伊德指出了什么是基本的，也就是，人类学习的惊人潜能嵌入在生命实现的紧迫要求中，这一要求的发展过程既是生物性的也是遗传性的，它首要地是一种延续生存的潜能，并且由此在其实现过程中，它基本上是与其他生命支持行为相一致的性驱力。这一观点值得我们将其作为在这个世界中的出发点来坚持，在这个世界中社会不断施加压力，我们要通过整个生命去学习很多东西，而这些东西我们并不总是会找到什么特别的兴趣或关联。

奥裔美国心理学家、皮亚杰研究专家汉斯·符尔特（Hans Furth，1987）著有一本书，题为《作为欲望的知识》（*Knowledge as Desire*），在书中他试图将皮亚杰和弗洛伊德的学习理论结合起来。我会在下一节中回到这个话题（我已经全面地对此作过分析，见 Illeris，2002，pp. 64ff.）。这里它足以支撑的观点是：皮亚杰和弗洛伊德对获得过程两个维度的建构主义视角已经创建了一个基础，这使得人们有可能将学习作为基本生命延续、发展、资质提升和性驱力的过程来进行分析，而且由此也能够思考，在今天的现实世界中并不总是这种情况的时候，什么是至关重要的。

6.3 内容结构与动机模式

在我继续对动机维度进行深入之前，我必须要先回到本章开篇谈及的被分裂的整体，更贴近地考察内容与动机之间的联系。在这一工作中我将延续对前面提到的汉斯·符尔特（Furth，1987）著作的讨论，因为他集中关注

了皮亚杰和弗洛伊德这两位理论家的联系，这两位人物也是我开展本研究的起点。

在他的引言中，符尔特强调皮亚杰和弗洛伊德不仅分别发展了认知和人格领域最为知名和最为全面的理论，而且他们还——尽管在他们的理论中有着极为显著的不同——共同拥有某些重要的基本特征：他们都曾接受过生物学的培训，他们都将自己的理论扎根在儿童的生理发展上，他们曾对儿童的生理发展作过详细的经验研究。

然而，弗洛伊德并未直接研究学习概念，而且尽管他的一些思考涉及属
于本书中的学习概念，比起我在这里考察的一些有关学习的思考来说，他关 79
于认知和动机之间关系的贡献是在一个完全不同的水平上。

不过到了皮亚杰那里，情况则有所不同，因为尽管他没有就情绪进行过很多研究，我们仍可以在他多年的研究中找到一些与众不同的论述。例如下面的引文：

所有图式，不管它是什么，都同时是情感的和认知的。

（Piaget，1946，p. 222，引自 Furth，1987，p. 127）

情感生活，就像智力生活一样，是一种持续不断的适应，这两者不仅仅只是平行的，而且是相互依赖的，因为情绪表达了行动的兴趣和价值，这是由智力提供了结构的。因为情感生活是适应，所以它也意味着早先拥有的情感生活在当下情境中的不断同化——同化催生了情感图式或情绪或反应的相对稳定模式——以及在当下情境中对这些图式的不断顺应。

（Piaget，1951［1945］，pp. 205 – 206）

显然智力要发挥功能，它必须由一种情感的力量来驱动。如果一个问题不能让他感兴趣，那么这个人将永远不能解决问题。所有事务的推动力在于兴趣，在于情感动机……如果面前的问题是对结构的重新构建，情感作用作为动机来说当然是十分关键的，但是它并不解释结构。

（Piaget，1980b，引自 Furth，1987，pp. 3 – 4）

这三段引文是在大约35年跨度的时间段中阐述的，因此，我们不必惊讶它们乍看起来并不是那么前后一致。第一段引文关注的是与同一时刻的动机和内容都相关的图式。第二段引文谈论的则是动机图式，不过这种动机图式可被描述为“情绪或反应的相对稳定模式”，即它们与皮亚杰常常描述为结构的内容图式不是同样的性质。在第三段的引文中，刺激存在于在结构之外，但作为动机又是必需的。应如何解释和说明这些不同呢？

在对这一问题的探索中，我将首先触及德国“批判心理学”（见7.5节）中发展起来的一种视角方法，其中乌特·霍尔茨坎普－奥斯特坎普（Ute Holzkamp-Osterkamp）特别关注同样的问题：

> 我们通过一种对来自生活过程的情绪性分化条件的彻底功能历史分析，
> 80 已经能够表明……情绪包含对环境条件的评价，这些条件是以它们的主观性意义和个体的行动潜能作为标准来认知性地感受到的。因此情绪对有关认知性感知的环境和事件来说，是一个非常重要的界定因素。
>
> （Holzkamp-Osterkamp，1978，p. 15）

在霍尔茨坎普－奥斯特坎普这里，内容和动机很显然被认为是两个不同的领域，以一种特定方式在密切互动中发挥着功能。这一观点与皮亚杰的最后一段引文显得很相似，它关注的是通过情绪力量动员起来的认知结构。但霍尔茨坎普－奥斯特坎普接着写道：

> 涉及个体行为调整评价的反应反映了个体生物体在环境条件的所有水平上都不是孤立的，而是作为一个“复合品”，即一个复合的情绪状态，自动地综合所有单个评价进入到一个复合的行动方向，只有这才使得目标导向的行动成为可能。
>
> （Holzkamp-Osterkamp，1978，p. 15）

由此，动机对内容的影响被看作是一种全面的功能，其特征表现在它把来自周边环境的不同影响转变成为一种总体印象。尽管这种总结毋宁说是由霍尔茨坎普－奥斯特坎普加以直接描述的——毕竟，一个人很容易在某个给定情境中经历既不同又对立的情感——这仍然与皮亚杰的视角有着某种重叠：它关注“情绪或反应的相对稳定模式”。在两个案例中，都有一种对情绪可能多样性的调节形式，但不像在认知领域那样有着固定的结构。或者我们可以用其他方式来看：在认知领域中作为一种规律来说，一个人知道什么、不知道什么、理解什么、如何理解它是很清楚的，而在情绪水平上，这更是一种渐进的转变过程，对于一个个体至少来说，他遵循某种会随着时间流逝而发生改变的模式——而且根据皮亚杰在上面第二段引文中的视角方法，这些变化是通过同化和顺应，以与内容结构相同的方式而发生的。个体在内容领域中构建结构与图式的所在，在情绪领域中它将成为发展动机模式的一种情况。

不过，霍尔茨坎普－奥斯特坎普继续阐述了其他一些有关的观察结果：

> 通常情况下这样的情绪评价只在有对习惯性和“自动化”活动结果有“干扰”的时候，以及对行为能力有切实威胁的时候，或在一个“新的”情境要求提升“注意”的时候，才会主动出现。因此它们以有机体“重新定位”与周围世界的联系中的状态为特征。
>
> （Holzkamp-Osterkamp，1978，pp. 15－16）

81

如果把这些论述用这里所采用的皮亚杰和弗洛伊德的术语体系来解释，就可以看到霍尔茨坎普－奥斯特坎普认为情绪在同化过程中或多或少是无意识的，而在顺应中它们更多的是走在了最前线，并且变成了有意识的。例如，如果你确实是在努力掌握社会立法的原则和历史，你通常不会特别意识到在讨论的东西上你所附加的情感，但如果在这一工作中，你开始抓住一些对你实际认识的人们很有意义的事物，这种情况下情感就会成为有意识的，并且很是坚持不懈。以皮亚杰的一些零星论断为基础，并且以霍尔茨坎普－奥斯特坎普的视角为过滤器，我就能够对六岁左右所发生的相对分裂的内容和动机之间的结构性关系总结如下。

在学习中，一个人可以区分出两个方面：一是认知或认识论方面，其关注的是学习内容；二是动机方面，其关注的是学习的动力。通过认知过程，内容结构和图式得以发展，而情绪经验发展了一种具有相对稳定性质的动机模式。内容结构和动机模式两者都是通过同化（增加、巩固）和顺应（超越、重构）过程的互动发生变化和得以发展的。在同化中动机通常在大部分情况下是无意识地发挥作用的，而在顺应中它则通常会变得更有意识一些。

不过，内容和动机是从一个共同的整体中发展起来的，并且总是在密切的互动中发挥作用。那么下一个问题就必然是：这种互动是怎样的？它的功能是什么？这里，我将回到另一个符尔特对皮亚杰的引用：

> 举两个男孩子和他们的算术课程作为例子。一个男孩喜欢它们并且扎实地取得进步，另一个男孩……感到自卑，有着所有不善于数学的人们所具有的典型综合特征。第一个男孩将学得更快，第二个则慢一些。但是对两人来说，二加二都是四。情绪丝毫不会改变获得的结构。
>
> （Piaget，1980b，引自 Furth，1987，pp. 3－4）

这个例子显然很有说服力，毫无疑问是正确的——然而它并没有告诉我们全部的故事，这受制于前面提及过的皮亚杰视角中的一个薄弱点：它仅仅关注这样一种学习情境，即聚合型知识，其中的对与错，可以被清晰地区分出来。

82 但是如果它关注分散型知识的话，在学习情境是模棱两可的，可以出现很多同样“正确的”学习结果的时候，情况是怎样的呢？在那种情况下，情绪仍然对所学的东西没有什么重要意义吗？而且尽管从内容来看，两个男孩都学了同样的东西，情绪或动机对于学习结果的本质没有重要意义吗？例如，在多大的程度上记住了学习结果，一个人有多少可能会去在新情境中运用学习结果（迁移潜能）；或者，这种学习结果作为一种与新学习相联系的元素，在一个人的处理方法中占有怎样的地位？

如果我们对皮亚杰这个极为简单直接的例子稍作超越，就很容易看到动机将对学习结果具有重要意义，甚至尽管所学的东西显然还是同样的。实际中存在这样一种规律：很好地动员起来的男孩将会更好地记住他所学的算术，尽管没怎么被动员起来的男孩也付出了辛苦的努力，最后学习了同样的东西。动机强的男孩将更乐意在所有相关的情境中运用他的算术技能，而动机弱的男孩则比较倾向于躲开这样的情境，或避免从一种数学的视角去看待它——这反过来也将会使他更容易遗忘以前的算术学习结果。

更为普遍的是，学习的动机总是会影响学习结果，尽管它不影响认识论的内容本身。运用弗洛伊德术语体系中的一种表达方式，我们可以说，认知学习总是受情绪“困扰”：要发展的知识总是附加有情绪的气氛和印记。并且一般来说将会出现这样的情况：在学习情境中出现的动机越强烈，情绪困扰也会越强——你只需要想想弗洛伊德所描绘的恋母情结中极为强烈的紧张状态，以及其如何影响个体以后的人生的。

不过，互动在两个方向上都发挥着作用。情绪也同样被知识所影响。但是由于这些模式在本质上与内容结构是不同的，更少一些明晰的性质，所以互动也就有所不同。我们不能说，某种特定的情绪特征是被某种特定的理解所“困扰”。动机模式具有这样的本质：如皮亚杰曾描述过，是“情绪和反应的相对稳定方式”，而且准确地说，这种“相对稳定”意味着这些模式通常是通过同化性质的过程逐渐转变的，而这些同化过程是在来自个体与环境之间持续互动（包括新知识的构建）刺激的影响之下发生的。

然而，强烈的内容顺应过程也可以伴随着强烈的动机模式的顺应性重构。如果一个突发事件或者某种认知过程（如早先曾讨论过的反思或元学习），引起了个体对一系列条件与情境理解的根本性重构，那么在情绪模式中也将会有相应的根本性转变，不像是“困扰”，而更像我们可以描绘为“调和”的作用：情绪模式特定部分的性质逐渐在方向和强度上发生了转变。例如，基于多种经验和影响，如果一个人终于消除了自己对异性或其他种族的偏见，这将可能会带来对这些群体情感上的普遍性转变。 83

6.4 情绪智商

1990 年以前，有关学习的动机维度几乎只在动机心理学中得到研究，但在 20 世纪 90 年代，依靠现代脑科学研究的背景，许多更宽路径的重要学术成果出现了。在本节及下一节中我将探讨我所认为的该领域中两种重要的视角，它们在一种创新性和启发性的意义上，将情绪生活作为一个整体，与学习和教学联系起来。本节关注的是美国的丹尼尔·戈尔曼（Naniel Goleman）在情绪智商上的研究（尤见 Gleman，1995），下一节则探讨的是英国心理学家约翰·赫伦（John Heron）的人格的现象学理论（Heron，1992）。

关于戈尔曼，应该加以注意的是，他不是一位传统学术意义上的研究者，而是一名科学记者。不过，他获得了心理学博士学位，他的学术背景是无可厚非的，他以现代脑科学研究作为自己的起点，开展了高质量的研究工作，在情绪对于我们日常生活的意义以及我们处理它的能力方面，进行了探索和交流。

尤其令戈尔曼的研究闻名世界的是他使用的“情绪智商”概念。智商概念一般来说涉及常识、思维以及天分，即在认知领域中的内容（这涉及的是本书中所指的内容维度）。但是，美国心理学家霍华德·加德纳（Howard Gardner）提出了多元智能的概念，将其拓宽到了更广的视野（Gardner，1983，1993；见 10.2 节）。戈尔曼自己说他是从彼得·沙洛维（Peter Salovey）和约翰·梅耶（John Mayer）（Salovey and Mayer，1990）的一本书中接受了“情绪智商”的概念。

尽管戈尔曼没有提供对这个概念的任何实际定义，他还是在其著作中的一些场合，在不同的上下文中，选择稍有不同的语词，对情绪智商作了描述。例如，他的描述包括这样的文字：

> 诸如自我觉察、自控、共情、倾听艺术、冲突解决以及合作等的能
> 84 力……能够激发自己并在面对挫折时坚持不懈，控制冲动和延迟满足，调节
> 个体心态并且阻止思维能力陷入到不良心态之中，同情和希望……一种元能

力，决定了我们能够在怎样的水平上运用我们所拥有的其他技能，包括原始智商（raw intellect）。

（Goleman，1995，pp. xiv，34，36）

在导言中他引用了亚里士多德（Aristotle，384 - 322 BC）如下的话：“每个人都会生气——这很容易。但是对正确的人生气，以正确的程度生气，在正确的时间生气，为了正确的目标生气，以及用正确的方式生气——这并不容易”（Aristotle，转引自 Goleman，1995，p. ix）。

戈尔曼基本上发现人有两种心灵，理性的和感性的，而且它们持续不断地相互作用。感性的心灵是原始的，如同在该书封面上雄辩的描述那样，它“能够比智商更重要”：

从源头上说，在感性与理性心灵之间存在着一种平衡，情感充实并告知理性心灵的运作，理性心灵提炼、有时也禁止情感的输入。而且，感性和理性心灵是不完全独立的能力，每一种……反映大脑中独特但又相互联系的神经通路的运作……正如较新的大脑生长出来的根一样，情绪领域是通过无数相互联结、通往新大脑皮层（包括工作记忆）的回路相互盘绕起来的。这赋予了情绪中心极为广大的力量去影响脑的其他部分的功能发挥——包括它的思维中心。

（Goleman，1995，pp. 9，12）

一方面，戈尔曼赞同加德纳认为智能范围比智力能力宽广得多的观点，但是另一方面他又批评加德纳没有充分承认情绪的重要程度。他列举了很多例子，在这些例子中情绪对于恰当发挥能力是完全具有决定性的，尤其是对于理性思考和决策的推理具有关键意义。

戈尔曼还强调，高智商对于保证一个人能够很好地生活来说是远远不够的，能够以合适方式运用和控制自己情绪的能力至少是同样重要的。他强烈建议学校作出下述改变：我们的孩子能够认识他们自己的情绪以及如何恰当地联系它们。后来，他也对工作生活中情商在一般意义上以及生涯发展方面

的重要性进行了研究（Goleman，1998），另外，他还与两位合作者一起，对
85 情商管理的相关问题作了一些研究工作（Goleman *et al.*，2002）。

戈尔曼高度强调情绪与理性拥有同样地位的重要性和必要性，强调两者之间的相互作用，由此他的理论与对学习动机维度重要性的理解是相一致的，而且他也是这种重要性的强有力的宣传者，而这些理解正是本书的中心主题之一。

6.5 赫伦的情绪与人格理论

英国心理学家约翰·赫伦的学术贡献是一个建立在宽泛基础之上的人的理论，他选择了这一理论的应用可能性来阐明有关学习的课题。赫伦的理论基础是“一个宽域的人类经验现象学……，以及人类关系与人的哲学”，其涉及“自我实现的心理学”（马斯洛，罗杰斯）、“精神哲学与心理学”［福西特（Fawcett），海德（Hyde）］、“超越个人的心理学”［格罗夫（Grof），威尔伯（Wilber）］（Heron，1992，p. 1），而且还暗含着一些东亚哲学与系统理论。在赫伦看来这是不言自明的：一个人既不能将理智从生理中分割出来，也不能将理智从情绪中分割出来。在其著作《情绪与人格：另一种基调中的心理学》（*Feeling and Personhood*：*Psychology in Another Key*）中，他提出了一个综合性的和相当复杂的人的模型（Heron，1992；Yorks and Kasl，2002）。这里我将仅展现这个模型的主要特征，它们对于理解学习至关重要（图 6.1）。

首先，赫伦界定了四种不同的基本“精神模式”或“功能发挥的主要模式”，这些模式的一部分被他置于一个相当复杂的人的模型当中，该模型很容易令人回想起库伯的学习圈（见 5.2 节）；一部分出于他所称之为的一种“上层级”，它“并非较高地控制和主导较低的层级”，而是“从较低的层级分支、开花、结果”（Heron，1992，p. 20）。

上层级中的最低模式是感情的，在情绪（emotion）和感受（feeling）之间延伸出来。接下来是想象（imaginal mode）的模式，在直觉（intuition）和意象（imagery）之间延伸出来，第三水平是概念的，在反思（reflection）和辨别（discrimination）之间延伸出来。在顶端的是实践的模式，在意图

(intention) 和行动 (action) 之间延伸出来：

“上层级的隐喻指出了在所有时间里精神层面发生了些什么，尽管也许因为阻碍和变形，它是以一种默会的、扭曲的和未被认识到的形式进行的。在其未受阻止的形式中，它描绘了一个完整人持续的功能发挥的动态程序。”

(Heron, 1992, p. 21)

86

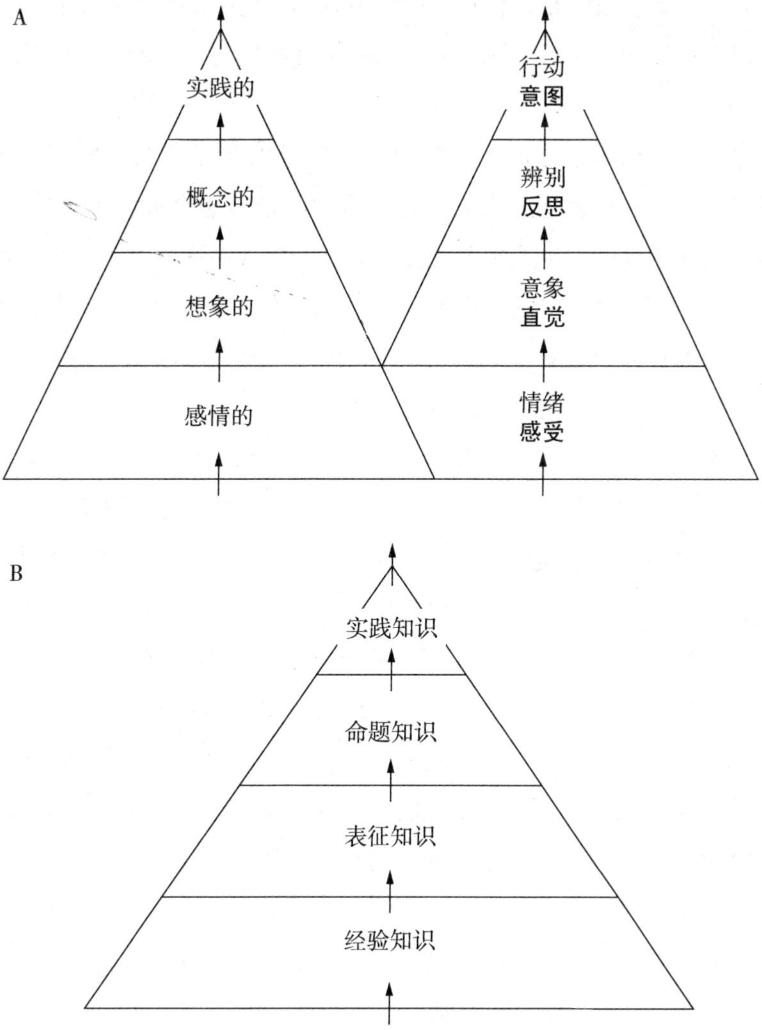

图 6.1　赫伦的心智导向与模式 (A) 以及知识形式 (B)

(来源：Heron, 1992, pp. 20, 174)

87 另一个上层级与这四种心智导向相对应，并包含有四种知识形式。这里最低的模式是经验知识（Experiential Knowledge），在感受和意象之间延伸而来。接下来是表征知识（Presentational Knowledge），在观念和概念之间延伸而来。再上面是命题知识（Propositional Knowledge），在概念和实践之间延伸而来。最后出现的是实践知识（Practical Knowledge），在实践与感受之间延伸而来。引人注目的是，在知识形式中有一个清晰的回路运动：从感受到观念、概念和实践，然后又回到感受——这很显然与库伯的学习圈是有相同之处的。

不过，赫伦指出，当涉及学校、教育项目以及相类似情境中的正规学习，或是一个人有意识地努力去学习什么的时候，这个过程是有所不同的，因为两个中间的模式发生了位置改变：概念的出现在观念之前，命题的出现在表征之前。当一个人决定去学习某个特定事物，或当他去组织其他人的学习过程时，他首先设定某个框架或概念，然后就努力去填满它，但是在日常学习中，先出现内容，接着才是概念和情境。

我认为，和库伯一样，赫伦也会因此而受到诟病：这是一个垂直的体系，它太过于极端地列举了有关不同心智过程与水平的清晰序列规则。学习在实践当中并不会如此运作。人的大脑相对于这个模型中的运作模式来说要远远灵活得多，而且它能够持续地使用它发现是相关的那个恰当过程——正如赫伦在一般水平上所阐述的正规学习与偶然学习之间的不同那样。不过，这个一般系统能够提供一个总体看法，给很多读者以启示。我们只是必须注意不要将其理解为应用于所有实践和所有场合的固定不变的系统，而且赫伦似乎比库伯更愿意对他自己的系统模型坚持一种灵活的态度。对他来说重要的是，人和学习都被视作是整体的、动态的，而且在经验、情绪、理智和社会实践之间有着持续不断的互动，它们创造了学习和个体发展中的平衡。出于这一原因，学习视角也必须给这种互动提供空间、灵感和信息，而且在这里参与者之间的关联发挥了决定性的作用。

赫伦的理论被很多人加以运用和进一步阐述，例如，美国的莱尔·约克斯（Lyle Yorks），他与伊丽莎白·卡斯尔（Elisabeth Kasl）合作，开发了一个有关种族身份认同的课程，它是在赫伦的启发下组织和实现的（Yorks and

Kasl, 2002)。他还与朱迪·奥耐尔（Judy O'Neil）和维克多·马西克（Victoria Marsick）一起，基于类似的理论基础，出版了题为《行动学习》（*Action Learning*）的著作，提供了一种最新型的员工教育的重要内容（York *et al.*，1999；Illeris *et al.*，2004）。

6.6　情绪、动机、意志和态度

如标题所示，本章内容是有关我所称之为学习的动机维度的，但是在前 88
面的探讨中，我常常只是谈到了情绪、情感，并且将它们与认知、与学习内容相对比。但下面这点还是很重要的：坚持一般广义的动机概念，尽管涉及的还只是日常用语和一些学术情境中的情绪——在这个领域中有很多语义上的模糊之处，很容易引起困惑。

一般说来存在着一个心智状态的长的系列，我们可以直接理解为情绪，例如，快乐、愤怒、悲伤、恐惧和憎恨，它们常被作为五种“基本情绪”（例如，Campos *et al.*，1983，p. 814）。但是在日常语言和专业性的心理学中，还存在着大量其他情绪，举例来说，即使可以证明存在着与不同情绪相联系的脑的某种状态和某种其他一定程度上自动化的反应，它们通常也不能被精确地定义，不能被截然分开，而且一个人仍然可以同时经历某些情绪。而且，在脑科学研究和心理学中常常会作出这样一个区分：即时经验的情绪，它的出现和消失与个体和环境的互动保持步调的一致；潜在的更为一般水平的情绪，它常常具有持久的性质并给我们的“心情”打上印记，由此也给我们单纯的更为特定的情绪体验打上印记，给这些情绪的反应打上印记（例如，Damasio，1999）。

不过动机维度还囊括了动机、意志和态度，它们正规地说并不在情绪的概念之下——即使这里的边界也不是很清楚——但它们在很大程度上构成了情绪的一部分，至少是与学习有关的。例如，当涉及学校和教育项目中的学习时，提及参与者动机的地方要比提及他们情绪的地方多得多。

这里，我们又一次进入了一个没有明确定义和清晰边界的领域。例如，如果一个人有意愿去学习某个特定事物，这很明确是一种动机形式和某种态度，它们在与某种学习方法相联系时也会被激发起来或被打消掉。在日常用语中，作为一种规律，我们毫无困难地处理这些我们自己、其他人所指的概念和理解，因为每个概念都有其自身的特定含义以及应用范围，我们对此十分熟悉。但是如果涉及更为专业性的理论定义，很多问题就会出现，有很多人尝试要界定和理顺这个术语，但并没有一个是被明确和普遍承认的。

关于学习，最重要的是坚持把动机维度视作一个整体，视作所有学习中
89 一个重要的、不可或缺的要素。如果我们希望能够更加深入，也许最为恰当的是将情绪与动机区分开来：情绪更为直接地与学习环境相链接；而动机——也包括意志与态度——则更为普遍地关系到内容和情境，这有一部分是学习塑造的。

在本章的第一部分探讨了动机维度的特征，将其置于学习的整体当中，其中情绪占据了最大的篇幅，因为传统上，无论是专业还是日常语言中，它们是有关动机的观点的中心所在。这一节中我将更加近距离地审视动机中的动力性要素。对于所有以这样那样的方式来处理学习课题的人来说，相当清楚的是，动机在其中发挥了关键性作用。动机心理学在传统上还是一门更多探讨学习而不是探讨情绪相关的学科，与此同时，它通常出现在所有类型的教师培训中。

人们常常提起的第一个动机理论，是由美国人威廉·麦独孤（William McDougall，1871－1938）从20世纪初开始提出的人的12种本能论（McDougall，1963［1908］）。极富特征性的是：很多的、特别是美国的动机心理学致力于列举和讨论多种动机——因此扩展到了一个比情绪心理学更广泛的程度，最终进入到一个死胡同，动机分类成为了中心，而不是把动机的意义与功能、互动与对立的动机复杂模式作为中心，这里至少还应该将动机——作为其中一部分和被其形塑的情境——成为研究的中心。

如果要说流传最广最受欢迎的动机理论，那么十有八九是由美国心理学家亚伯拉罕·马斯洛在1954年提出，并在以后逐渐完善的著名的需要或动机层次论（Maslow，1954）。马斯洛与罗杰斯一样，是美国在那个时代人本心理学的重要人物，在当时的背景下造就了这一理论，这特别表现在他将自我实现的动机置于层次论的最顶端。层次论的观点还有：所有不同的需要或

动机是以一个恰当的分组排列的，这些分组是有层次的，其中最低也是最为基本的动机必须在一个合理的水平上得到满足，然后下一组的动机才能够出现。

在层级底部的是基本生理需要（饿、渴、性等），接下来是安全需要（稳定、安全、保护等），之后是社会需要，它首先是一种共同体需要（归属、爱等），然后是尊严需要（自尊、成就、威望等）。最后处于顶端的首先是认知需要（知识、理解、洞见等），然后是审美需要（美丽、和谐等），最后是前面提到过的自我实现需要（实现自己和自己的潜能），这中间后来 90
马斯洛又分解出来一种特殊的“超越需要”，是找寻生命意义和对生命的一种整体性理解的需要（Maslow，1971）。

除了这些分组，层次论中还包含一些让人产生质疑的假设，即假设这些分组之间存在某种顺序。这令人回想起对脑的三个主要区域层次的诠释（见 2.4 节），它传播得更早，但到今天才被一种精致得多的理解所代替——后面的区域从早先的区域发展而来，以确保形成一种工作联结、合作和分化的庞大网络的方式。相应地，我们可以得出马斯洛的某种论点。但在现实世界中事情要远远复杂得多，人们的需要和动机构成了一种复杂的模式，它在个体中间、在不同的人类群体中间得到发展，并且基于他们的经验基础、他们目前的情境以及他们的未来前景，而得到不同的运用。

至少在日常生活中找到与马斯洛层次论不相符合的例子并不困难，例如，人们忍受饥饿、挑战安全和社会关系来实现某种对他们来说更为重要的目标。问题的关键是，这些需要种类是作为一种脱离了他们存在情境的普遍的人类实体而提出的。人们一旦认识到了这一点，就会很容易发现，这个意义美好的层次论是作为美国 20 世纪 50 年代中产阶级崛起的理想画面出现的。另一方面，作为一种极端的例子，基于马斯洛的需要层次论来解释当代自杀袭击者的行为是很困难的。

差不多同时期中，另一个非常著名和广为传播的有关动机的美国观点是戴维·麦克利兰（David McClelland，1917－1998）等人关于成就动机的扩展研究（McClelland *et al.*，1953；McClelland，1961）。这一动机与最广泛意义上的经济意义有着密切的相关。麦克利兰引用了马克斯·韦伯（Max Weber，

1864－1920）（Weber，1904）的以下观点——举例来说，在发展中国家，人们的意识形态会受到影响，所以他们就教育自己的孩子培养更强的成就动机，这就会加速经济增长。他试图用实证研究来证明这个过程中单个步骤之间的联系（McClelland and Winter，1969）。

麦克利兰的研究遭受了很多批评，因为他的所有研究对象都是白人男性大学生，这些人勾画了局限于描绘男人画面的故事。委婉地说，在此基础上把所有人类动机的相关课题进行普遍化并非毫无问题的（见 Horner，1974）。另外，他有关美国白人中产阶级养育儿童信念的观点似乎也是站不住脚的。

我把这两个动机心理学的中心案例提出来以说明以下重要观点，也就是
91 说，即使所有人都同意动机对于学习来说是至关重要的，这个学科仍然没有对理解和组织实践中的学习作出很大的贡献。这主要是与将研究聚焦于确定多种动机种类有关，而没有集中精力研究不同群体的学习者，研究是什么激发和打击了他们？在个体和社会的水平上，是什么隐藏在这些东西的后面？以及能够从相应结果中得出的有关学习结构与条件的结论。

不过，也有许许多多的教师和其他人，包括学习者们自己，沿着这个思路在思考并达到了很高水准，这些思考将在本章和本书中的其他部分中以各种方式出现，尽管并不总是直接引用动机的概念。

6.7 混乱和冲突引发的动机

不同种类的混乱和冲突引发的动机是体现学习实践中意识到动机意义的一个重要方面。正是联系到学习动机维度的重要意义，人们才常常会意识到学习是不同于、是更甚于仅仅作为某个主体课题的，其很少是作为一个平坦前进的过程来推进的；与此同时，促进个体发展的学习可能性常常是以一个人形成或打破现有的个体或社会平衡之时作为起点的。这也许会是一个简单的“认知不协调”问题（Festinger，1957），即一个人经历的事物是与他的观念相冲突的，或者与他的社会关系及社会理解存在着一定程度上的矛盾。英国学习研究者彼得·贾维斯（见 8.6 节）通常情况下用“分裂”（disjuncture）一词来表达，他认为对于所有不仅仅在性质上有所增加的学习来说，

它是某种形式的出发点（例如，Jarvis，1987，1992，2004，2005a，2005b，2006）。

在该领域的经典心理学成就，当数加拿大人丹尼尔·伯莱因（Daniel Berlyne，1924－1976）将好奇心作为学习动机的理论（Berlyne，1960）。其核心是，冲突意味着一种对当下情境的理解和早已存在的知识或期望之间，有着矛盾和差距，如果这种经验是挑战性的，并未能够被战胜，那么就会导向一种伯莱因称之为“觉醒”（arousal）的动机形式，一种产生于“觉醒潜能”的心智对抗手段，这种潜能可以理解为人类准备状态的一个方面，我将在后面将其作为“抗阻潜能”（resistance potential）进行讨论（见9.5节）。在行动水平上，根据伯莱因的观点，其结果是好奇心或者是知觉性的，并导向探索性的行为；或者是概念性的，导向寻求回应或认识性的行为。在伯莱因理论中具有教育学意义的核心是，学习是通过适当的挑战得到促进的，挑战必须既不能太小（否则人们就不会去学），也不能太大（否则人们就在环境面前退缩或绕开）。这是一种很多教师都从内心接受的基本理解。 92

智利生物学家、系统理论家乌韦尔托·马图拉纳（Huberto Maturana）和弗朗西斯科·瓦瑞拉，后来继续把这个主题与他们的“自创性”（autopoiesis）［即自我支持体系（self-maintaining system），Maturana and Varela，1980］理论联系起来，在一种更为一般水平的形式上进行研究，而其他一些人则在学习领域的以下方面继续深入研究：探讨学习冲突大小的重要意义。在著名德裔美国发展心理学家艾瑞克·H. 埃里克森（Erik H. Erikson，1902－1994）的研究成果中，冲突和危机创造了不同生命发展阶段之间的转换点。例如，进入青年时所出现的从儿童期环境释放出来的危机，必须用一种可持续的方式加以解决，从而能够形成适当的自我同一性（Erikson，1968），这可以被理解为一种具有深远影响的转换学习过程（见第八章和第十一章）。

在丹麦，心理学家延斯·贝特尔森（Jens Berthelsen）研究了在心理学习项目中有意利用困境来促进个性发展和自我觉知的观点（Berthelsen，2001）。困境意味着在两种错误中进行选择，人们可能会对引进这样的选择情境作为教育项目的一部分非常谨慎。然而，正是当它出现在对心理学工作者的培训时（这一培训是由另外一批更有经验的心理学工作者主导的），贝特尔松发现，它既是有意义的又是实用的，是一种富有成果和负责任的方式。这个例子表明了我们以矛盾为起点能够走出去多远。

从学习的视角看，所有最轻微的挑战到戏剧化的个人冲突，都是提供冲动，使得顺应与转换学习过程更加深入，并由此将教学提升到一种常规的复制水平，这样个体可以用同化过程管理教学。无论是教师个体，还是更普通的教育概念的建构（如项目工作或其他问题导向的概念）都可以做到。

相当清楚的是，正是这样产生于困境中的矛盾、问题上的小混乱的挑战，一般说来，是适合于把学习决定性地推向深入的。但是，在记住伯莱因理论的同时，同样重要的是要理解，不管一个人处于什么样的水平，在原则上如果有太大风险，挑战对参与者来说就不再是“适合”的了。对个体学习者来说，学习总是在一个或多或少的程度上，通过与环境之间的相互作用，以同化过程为标志平稳、渐近地发生，而且环境一般来说可被描述为“学习飞跃”，在此之中顺应或者可能的转换学习占主导地位，一个人可以在自己的发展中决定性地深入发展（见比耶格的学习模式，8.7 节）。

93 即使他们自己的挑战能够很容易地维持在一个内容和认知的水平上，但在这样的情境中，学习的动机维度仍然很快会具有关键意义，因为混乱、挑战和冲突会像作用于洞见和理解那样，同样作用于情绪和动机。

6.8 现代性中的动机问题

今天我们生活在一个经常被称之为全球化的知识社会之中，对社会成员能力水平的国际竞争有着越来越热切的关注，因此，他们的学习构成了竞争的一个关键性参数。在不同国家中，这一背景使得人们日益认识到需要更多的学习和个人发展，并感受到日益增长的压力，这是普遍现象，尤其体现在商业相关的领域中。在政治舞台上，这种压力以竞选活动、立法以及行政的形式遍布于各个方面：从小学中引入的众多测验，到成人教育项目中的终身学习行动。

这是一个直接与经济增长、教育改革和教育管理相关的环境背景。但是它也同样高度影响社会和教育大气候中的教育机构，今天这种压力对大多数教育项目和个别的教学环境也有很大的影响。而且，它还作为一种潜流影响了教育中的教师与参与者，这意味着人们常常感到处于压力之下，直接体现在财政上对于诸如班级限额、咨询便利条件、教学资料等框架的紧缩，而且也表现在学习上。在一般意义上和个体水平上，都存在着更多的压力，不仅仅是要学更多的东西，而且还要学习正确的东西，以正确的方式去学，从而能够平稳地和建设性地进入社会和工作场所。

因此，在教育体系的几乎所有部分中，我们都发现自己或多或少地持续处于这样的情境之中：参与者的动机处于压力之下。当然在内容和互动维度中也有很多压力存在，但这种在动机领域内的压力是最为紧张的，它以动机问题和矛盾心理的形式出现。在第十三章中，我将在更为一般的水平上回到这个话题，不过这里我想比较直接地谈谈动机问题，它们正以日益增长的强度出现在大部分的教育体系之中。

在具体的情境中它通常是一种动机上的双重压力。一部分来自个体，表现形式是不确定性，一个人应该优先努力学习什么和怎样学是不确定的，对自己是否足够胜任学习也是不确定的。与此同时，压力也来源于外部，表现形式是要求或期望更严格的纪律和更多的控制。也许有些人喜欢这样的情 94
境：压力让他们更努力地工作，当他们能够应对它时、能够有所进步的时候是有积极强化作用的。但我从教育体系的许多不同部分中得到的经验是，特别对于那些在起步阶段最为薄弱的人们，应对这样的情境是有困难的。他们感到更加没有安全感，他们的动机变得非常矛盾：在某一时间点上，他们想要提升自己的素质，因为毕竟这是必需的，但他们又强烈希望能够逃避，因为这是一种过度紧张的状态，他们害怕反而会给自己的已有经验增加更多的打击。

今天，在动机问题开始出现并影响工作氛围以及学习之前，没有必要更深入地探讨小学阶段中的此类问题。这种情况仅仅会在青年教育项目中变得更糟糕，至少，在其中动机问题成为过高辍学率的一种重要背景因素（见Illeris，2003a）。在广泛的非学术性教育项目中，矛盾性动机多年前在一个广泛参与者导向的项目中就被证明是一个关键问题（Illeris，2003b，2004），而在工作生活中的学习领域，同样的情况也特别会出现在低技能者当中。

为什么这些问题存在于如此大的范围之中？其原因当然是因为它们是一些关键因素的扩展，这些关键因素出现在一般社会中，特别是教育部门，也就是说，我们把知识社会理念中的所有东西加起来，造成了学习的压力。因此，这并不是什么我们可以通过某种恰当的教育改革去除掉的东西。当然可以将框架条件做得更好，以处理这种情况，例如，通过更好的经济条件以及更好的教师培训，但重要的是要理解这些条件特别影响到了动机，而且对于大多数人们来说是把事情弄得互相矛盾，即在同一时间上既是积极的又是消极的。只有这样，然后才有可能在学校的日常生活中，在教育机构中，在咨询中和工作生活中，通过系统性地寻求依赖其积极因素、顺应参与者、为符合他们条件和兴趣的行为打基础，倾听他们的关注点、给予他们自我决定和适应挑战的最大可能程度，从而这些矛盾动机才能够如参与者和教育项目观点中那样是恰当的；与此同时，还必须同样努力致力于系统性，避免支持消极面，如轻视参与者，无礼地对待他们，在他们感到不安全的时候继续下去，以及其他方面“偶尔”在日常生活中做一些让他们敏感和很容易体验为侮辱的某些小事情。

简要地说，就是要平等对待参与者，有意识地、注意细节和持久地对待，无论他们是成人、青年还是儿童。这听起来非常简单，但在实践中却并
95 非如此。另一方面，实践也表明，某种程度上的成功，确实可能有助于在很大程度上减少动机问题。

6.9 小结

学习的动机维度涵盖了有关心智能量的范畴和特性，这种心智能量是学习的驱动力，即通常来说的动机、情绪、态度和意志，个体将其投入到学习情境或学习过程之中。

在学习的获得过程中，内容和动机维度之间存在着紧密的相互作用，因此所学的内容受到了心智能量的性质和强度上的影响；与此同时，动机、情绪、态度和意志也受到学习内容的影响。当具有相对明确特征的心智图式和

结构在内容方面发展起来的时候，在动机维度，相对稳定的动机、情绪和意志模式也发展了起来。在同化学习中，动机维度在很大程度上是无意识地发挥作用的，而在顺应和转换学习的情况下，学习在性质上则更多的是有意识的。

坚持以下观点是很重要的：动机维度是学习中的一种重要和不可或缺的要素，它以动机、情绪、态度和意志模式出现，至少与学习的内容和结果同等重要，因为这是个体恰当地、在社会中有目的地发挥功能的能力。正是这些被称之为“情绪智力”。

学习动机维度的中心点是，与学习有关的挑战要与学习者的兴趣和资质相一致，或至少与它们在本质上并不冲突；与此同时，它们是相互平衡的，既不能太小，以至于不能对学习产生任何重要意义；也不能太大，以至于它们被人感到是不可忍受的，并因此而导向逃避策略。在当今社会中，几乎所有的水平上都存在着学习的压力，存在一种倾向，即这些挑战，特别对于在内容和动机资质上比较薄弱的参与者来说，常常是不恰当地过于沉重，被体验为一种学习是艰难的或失败的印记。

第七章 学习的互动维度

96 本章对学习的互动维度进行了详尽的阐述和分析。首先，所有的学习都是“情境性的”，即它是在一定的情境中发生的。一定的学习空间，既决定了学习的可能，也给所发生的学习过程与性质打上了印记。另外，学习的情境性可被理解为是在不同水平上的，这里首先要对直接的人际交往情境与潜藏的社会框架条件之间区分。学习者与环境之间的互动本身也会在性质上有所不同，而且，本章列出了六种互动的典型形态。接下来我探讨了社会与人际交往条件影响所发生学习的方式，以及一个人与其如何关联。最后，还对社会学习与合作学习、集体学习概念之间的关系进行了讨论。

7.1 情境学习

本章探讨的是学习中有关学习者与环境之间互动的维度。这一从个体水平和内部获得过程出发的旅程，转为聚焦在个体与社会及人际交往水平之间的联系上。与此同时，基础也从人类的生物属性构造和它在这种联系中的个体与人际发展，转变到社会的历史性发展结构以及个体塑造了其中一部分的习俗上。在内部心理的维度上，个体是框架，行动通过个体与环境的遭遇（meeting）而发生。在互动维度上，环境才是框架，行动是个体与该环境相联系的事务。

97 从学习的观点来看，如第三章中早已指出过的，将环境作为一种学习中的要素纳入进来的必要性，是扎根于这样一个事实——所有学习都是“情境性的”，即学习情境不仅仅影响学习，而且也是学习的一部分。这是一种非常基本的情况，我们对此都心知肚明，都有直觉的经验，但这仅仅在最近几十年中才被真正纳入到学习研究之中，而且情境性这一概念直到1991年才被美国人让·莱夫（Jean Lave）和埃蒂安·温格在其所著的《情境学习》（*Situated Learning*）一书中加以介绍（Lave and Wenger，1991）。

不过，莱夫和温格没有认识到，这种情境性总是有着双重性质，而且这会成为为什么这种基本特征并未被纳入到很多扩展文献中的原因之一，尽管这些文献是受到了他们视角方法的启发，例如，在温格自己有关实践共同体的书中，以及两位意大利人主编的有关组织中知识形式的书中（Wenger，1998；Wenger *et al.*，2002；Nicolini *et al.*，2003；Gherardi，2006）。

这种双重性质存在于这一事实之中：学习情境总是在同一时间内，既被视为是一个或多个学习者发现自己所在的直接情境，例如，在学校中，在工作场所中或在休闲活动中（见第十二章），也被视为是一种社会性情境，它更普遍地受到在最广泛可能含义上的当前社会规范与结构的影响。因此，我们能够建立一种互动情境的三角模型，它是第三章中所发展的学习三角的倒转。在这一模型中基线是在即时人际交往情境和潜在的一般社会情境之间伸展出来的，互动针对的是作为整体的个体获得过程。加上两个角，由此诞生了更加复杂一些的学习模型，见图7.1。

对于这一学习模型，需要附加很多重要的诠释。

首先，人们也许会提出疑问，为什么我不在第三章中构建这个模型。答案是，我发现示例一个基本模型是非常重要的：这个模型能够展示学习对学习者来说是如何直接推进的，而且在这个视角中可以最为清晰地同样描绘环境及学习者与之互动的对应关系。因此这个复杂的模型只有在这个时候——需要把环境在更为详尽的水平上进行说明的时候——出现才是恰当的。

其次，非常重要的是，个体水平上的学习只能在内容和动机维度上加以适度的详细说明，因为它对应于我们脑发展和功能的途径，而情境则可以根据一个人所希望强调的方面，用不同的方式进行详细说明。因此我的选择是指出直接的、周边的情境，与潜在的社会条件之间的区别，将其作为一般学 98
习视角的最重要的环境特性。这与我在题为《工作生活中的学习》（*Learning in Working Life*）一书（Illeris *et al.*，2004，pp. 44ff.，pp. 67ff.）中所强调的

重点形成了对照，在那里我选择的重点是：作为学习环境的工作场所的技术组织性和社会文化方面之间的特殊性，与我的同事克里斯蒂安·海尔姆斯·约根森（Christian Helms Jørgensen）和尼尔斯·沃林（Niels Warring）发展的“工作场所学习”（workplace learning）模型相一致（Jørgensen and Warring，2003），而且更为一般地来说，其对应于德国社会学家和哲学家哈贝马斯在“批判理论”中提出的“系统世界”（system world）与“生活世界”（life world）之间分化的理论（Habermas，1984－1987［1981］）。

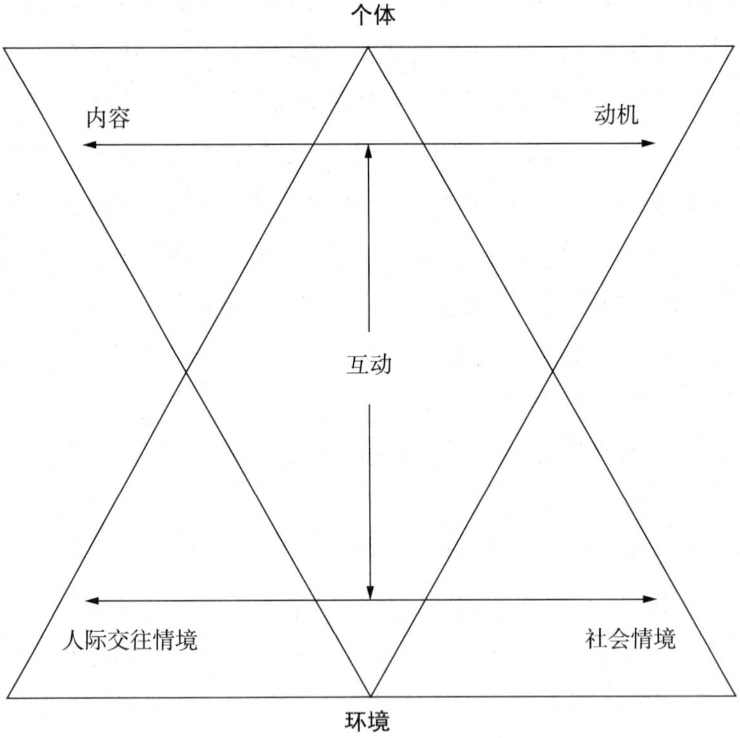

图 7.1　复杂学习模型

再次，必须指出的是，上面提到的目前在这种背景下研究情境学习的绝大部分文献，都是有关我所称之为直接和周边的学习情境的。关于学习的潜
99 在社会情境的重要意义，我们可以更多地在 20 世纪 70 年代的批判社会化与教育文献（例如，Bernstein，1971；Bourdieu and Passéron，1977［1970］；Willis，1977），以及在该领域 20 世纪 90 年代以后的更为社会学导向的文献

中找到根基（例如，Giddens，1990，1991；Beck，1992［1986］；Jarvis，1992；Castells，1996；Usher *et al.*，1997；Sennett，1998；Bauman，1998；Beck and Beck-Gernsheim，2002）。社会建构主义对此也有所贡献，我将在本章稍后回到这个问题（例如，Gergen，1991；1994；Burr，1995）。

最后，也许让人感到惊讶的是，即使学习的互动情境关注的是个体与环境在最广泛含义上的互动，但我还是要将这种环境在一个直接的人际交往的，以及更为普遍的社会性水平上加以定义。与物质环境之间、与环绕学习情境的位置之间、与人们利用的工具和设备之间，以及与大多数学习发生的地点机构之间的互动，究竟发生了什么呢？

当然个体无时无刻不卷入到与物质环境之间的互动当中，但这种互动的性质总是社会性地和人际交往性地加以传递的。今天的社会中，这种传递是十分突出且非常显眼的——物质世界中的人类烙印在今天是如此的普遍，使得找到某种“未被触及的自然”元素变得极端困难。以学习相关的观点来看，环境的物质面是服从于更为控制性的社会面的。这基本上意味着人类的心智状况是一种社会性的存在，他的心理功能只可能在一个社会空间中得到发展——因为我们谈论的是特定社会性维度中的人类。

而且，尽管找到某种未被触及的自然也许是可能的，但我们对这种自然的认识必然是受社会影响的——我们知道，它被称作“海”，或是它们被称作“星星”，人们以特定的方式联系这些现象：海是一种你可以在其中游泳、航行甚至沉溺的东西，星星构成了多种星座，它们距离我们是难以想象的遥远，等等。因此，要在心理学的、要在学习的情境中，将与物质环境之间的互动和与社会环境间的互动分离开来是不可能的，它们构成了一个整体，总是社会性地加以传递。

另外，今天社会中的一个重要因素是，这种传递既会发生在一个直接的社会互动中，也会间接地通过大量不同媒介来进行，这些媒介已经从书面和艺术表达形式延伸到了极为广泛的电子设备领域。当然，这对于学习机会来说是具有重大实用意义的，但是，当它关系到学习的时候，传递形式一定不能基于媒体的视角来对待，而是要基于心理学的视角，从个体作为学习者如何面对他的环境的视角，无论它们是被直接传递的还是通过媒介传递的。

7.2 互动的形式

100 一般说来，学习者与环境之间可能发生的互动形式似乎有无限多样性。既不可能限定互动的形式种类，也不可能限定体验这些互动的方式数量，因此要像我们给内部获得过程进行分类的方式那样，也去发展一个有说服力的有关互动形式的分类理论，是不可能的。不过，我们可以尝试实现某种一般性观察，对最重要和最广泛的互动形式提出一些看法。我在下面将努力做到这一点，同时保留的观点是，这在本质上并不是一种分类理论，而仅仅是一种获得一般观察结果的努力，力求尽可能地做到恰当和充分。

从心理学的观点来看，可以说互动开始于可称之为**感知**(perception) 的这种最简单的形式，周围世界是作为一个完整的、没有任何中介的感觉印象，进入到个体当中的。个体是被动的，但是这种印象逐步侵入并保存下来。这可以用气味感觉来进行最简单的示例：人们几乎不会去主动地找寻它，但是处在某种气味的环境时，人们都会感觉到它们。

当我们谈到**传递**(transmission) 的时候，情况就有所不同。这一互动通常卷入了某个外部的人，他有兴趣在某种程度上传递某个东西给其他人，或影响某些人，或泛泛地或面向特定的他人，传递某种感觉印象或信息。接收者会多少对这种传递感兴趣，由此也就会对它多少比较主动积极。

关于互动，我们谈论的最为普遍的是**经验**(experience)。在一般的语言使用中，感知和传递都可以被囊括到“经验”这个术语当中，不过我们也可以限定这个词的用法，这样经验就预示的是一种特定的活动，即学习者不仅仅只是接收，而且也行动着，从而能够从互动中获益（在第八章中，我将回到“经验”的概念并尝试建立一个更好的定义）。

学习中还有一种特殊形式的互动，吸引了人们相当大的兴趣——学习者主动地按照学习机会去做，这就是**模仿**(imitation)，学习者在模仿中努力要用其他人作为指导者所示范的那种方式或在一个更为目标导向的形式中，去行为。模仿在学前时期具有形式各异的互动形式，既有直接的模仿复制，也有角色扮演，等等，孩子们在感知他人的同时会更为普遍地去模仿他人。但是模仿也在教学和类似的情境中发挥了很大的作用——例如，美国的德赖弗斯（Dreyfus）兄弟指出，计算机将永远不能取代教学和社会学习的原因之一是，它们没有可供模仿的能力（Dreyfus and Dreyfus，1986）。

接下来，我想指出的一个广泛存在的互动形式是**活动**（activity），之前我已经解释过（见5.3节），活动意味着学习者积极地寻求能够用于他所感兴趣的特定情境中的影响。

最后我想提到的最广泛存在的，也是最为一般水平的互动形式是**参与**（participation）。它的特征表现为：学习者处于一种有着共同目标导向的活动当中，处于一个温格所称的实践共同体（Wenger，1998）之中，在其中，相关联的人拥有被承认的地位，并因此也拥有一定的影响。

正像已经出现的情况那样，这种互动形式多种类型的延伸，是基于学习者在互动中的卷入状况而建构的，可以很容易地想到基于其他参数的其他分类方式。但从学习来说，选择卷入程度这一维度作为建构要素，就将学习发生的可能性、学习的注意程度和“方向”（与机会相对）纳入在内，即一个人越是积极，他就越能够投入，学习有意义的东西的机会就越大，而且，他以一种能够记住和运用于相关情境中的方式去学习。

还需注意的是，这里所列举的学习形式——感知、传递、经验、模仿、活动和参与——与第四章中所阐述的获得形式的相关分类理论相比较，存在着某种对应。越简单的获得形式，累积和同化容易更为经常地与较少积极和投入的互动形式相联系，而顺应则更可能会与积极和投入更多互动形式相联系。对于转换，这种获得形式极少出现在一个简单的情境之中，而最有可能通过那些包括活动和/或参与，以及教育和治疗课程的过程而引发。

最后，在本节中应该再一次指出的是，这种对互动形式的分类仅仅只是提供某种有关互动如何运作的结构性思路，并强调积极卷入的重要意义；我并不想以这些互动形式作为下面章节的起点，因为它们并未被清晰定义和证实，而且在实践中它们也常常是重叠的。但当谈到我认为对理解学习中互动过程重要意义的多种方式和理论时，它们可以提供一种参考框架。

7.3 学习的社会嵌入

紧密的人际互动过程对学习具有直接的重大意义，但在学习心理学中，
102 传统上这并未得到很好的研究，在社会和群体心理学情境中，而且仅仅在扩展的或有限的学习相关情境中，才得到一些关注。对此的综述我们可以在诸如20世纪60年代和70年代早期的编著中看到（如Krech *et al.*，1962）。

社会学习（socia learning）的概念首先是由美国人阿尔伯特·班杜拉（Albert Bandura）在研究学习的紧密社会联系的重要意义这一时期创立的。他主要关注榜样学习和通过模仿的学习——以前也常常会对此进行研究，至少在皮亚杰那里（Piaget，1951［1945］）——班杜拉和他的研究也涉及传统行为主义模式的研究。他们得出的一个结论是，学习不仅受榜样行为的影响，而且也受到学习者所观察到的、榜样接收了他自身行为后作出的肯定或否定反应的影响。

从这里，他们发展了**替代学习**（vicarious learning）理论，认为学习的强化性影响不仅仅直接针对学习者——这又一次预示了某种心智调节过程的发生，它不能被测量或登记，因此也就超越了传统行为主义范式的理解范畴（Bandura and Walters，1963；Bandura，1977）。因而，班杜拉的研究与这里所称的模仿这一互动过程类型联系起来，并有所超越，因为它揭示了行为主义路径在对学习进行解释的局限性。

与此同时班杜拉开辟了一条深入阐述社会学习主要概念的道路，维果茨基的学习概念，特别是皮亚杰开始对美国的心理学产生了重要的影响。我们可以从当时教育心理学最重要人物的研究工作中找到它的影响，如杰罗姆·布鲁纳（Jerone Bruner，1960）和戴维·奥苏贝尔（David Ausubel，1968）。差不多同时代的巴西人弗莱雷出版了《被压迫者的教育学》（*Pedagogy of the Oppressed*），在相当大的程度上，以他具有说服力的有关南美农民社会状况的阐释，颠覆了对学习的部分理解（Freire，1970；见7.7节）。此外，在欧洲，前面已有提及的新马克思主义和社会语言导向的社会化理论，开始将发展心理学和社会心理学一起放置于一个全新的视角中。由此，传统的美国群

体与社会心理学学科，以及社会学习的新概念在压力下产生，人们开始越来越关注社会条件的重要意义。

当前，这一情况出现了一幅不甚明朗的图景。传统的群体与社会领域的心理学已经在某种程度上得到回归，但是以一种新的和更为复杂的形式，混合了一些源自20世纪70年代的推动力，它们现在大多数以一种更为中立的形式出现。“社会学习”一词突然出现在许多情境中，但尽管这样，还是未能达到一种独立的研究领域的地位——例如，这个词不会被当前该领域中最为卓越的人物所使用，早先提到的英国学习研究者贾维斯就更喜欢谈论“在社会情境中的学习”和一些类似的表达方式。我会在这里简单概述一下贾维斯的概念，因为我把他看作是今天社会学习概念的典型代表人物，至少在英语国家中。

贾维斯强调学习发生在一个介于个体和社会之间的张力领域中：

学习过程产生于人们的生物环境与他们所处社会文化环境之间的接触之中，因为在这里经验得以发生……当儿童出生时，他们生于一个社会之中，这个社会的文化先于他们出现，并在他们生命结束之后依然延续。因此，文化看似是客观的和外在的。但是儿童没有或只有极少的遗传本能，能够帮助他们生活在这个社会中，遵守它的文化，因此他们不得不去掌握这种文化。那么首先对于个体来说，学习是一种客观事物的内化和转换……然而，这样的时刻会到来：他们开始为自己思考，问问题，并且经常要去实验……儿童逐渐变得更为独立；他们常常发展出自己的思想，然后加工外在的文化刺激，并对它们以多种方式作出反应……个体开始对塑造他们的社会和世界反过来发生作用。

(Jarvis，1992，pp. 17，22 – 23)

毫无疑问的是，贾维斯承认了如本书中所称的内部获得过程和互动过程。他的起点是社会学的和哲学的，但是他逐渐也涵括了心理学的课题，并强调了学习者所起的积极作用。通过这种方式，他代表了一种趋势，即将内部过程整合进入社会过程的视角，这里的社会过程包括更为一般的社会化、更为目标导向的教学以及影响过程，还有学习者自身的自我导向性活动（这被我称为传递、经验和活动），而模仿则多多少少滑出了视野之外。

不过，近年来贾维斯出版了一系列有关成人学习和教育的著作（例如，Jarvis，1997，1999，2001a，2001b，2006，Jarvis *et al.*，1998；Holford *et al.*，1998；Jarvis and Parker，2005），他的兴趣至少是转向了谈论终身学习的口号，他十分热衷于此，同时对于这个口号进入实践的途径有了更多的批判（例如，Jarvis，2002）。在此过程中贾维斯也逐渐从一个压倒性的社会学视角转向了一个更为存在主义的视角，我将会在8.6节中回到这个话题。

7.4 批判理论与社会化

104 社会化意味着通过个体获得当前社会规范与结构，由此成为这个社会一部分的过程。根据本书中的学习概念，这个过程既包括个体的方面，也包括社会—人际的方面。如果要把社会化表示为学习过程的一个特定部分或学习的一种特别形式，那么毋宁将社会化看作是一种特定的有关学习和发展的观点，也就是说，是一种社会性的观点。在这里潜藏了一种理念：学习的重要意义被认为是建立在个体和社会之间所发展的关系基础之上的，而且它会直接通过教学和其他目标导向性的传递而发生，在很大程度上也会间接地通过个体获得事情如何运作以及人们行为会如何不同的经验而发生。

因此，在学习、发展、个性和社会心理学中，总是存在着相当多的社会化理论，但更为直接和目标性的社会化理论方法，首先正式地是由法兰克福学派在其有关思维科学学派称之为**批判理论**（对该概念的广义理解，见Brookfield，2005）的扩展工作中发展起来的。

这一研究视角是在第二次世界大战期间法兰克福的社会研究所（Institut für Sozialforschung）、欧洲，以及尤其是1933年希特勒掌握政权后的美国其他一些地方，直至20世纪50年代早期再一次在法兰克福发展起来的。第一代法兰克福学派的中心人物主要有马克斯·霍克海默（Max Horkheimer，1895－1973）、西奥多·阿多诺（Theodor Adorno，1903－1969）和后来的赫伯特·马尔库塞（Herbert Marcuse，1898－1979）。其主要的学术观点落脚于哲学、社会学和精神分析之间的交叉领域中，而且，以很多种方式，问题都聚焦于个体和社会之间的关系上，并常常在一个当代历史视角中加以审视。这种视角结合了马克思主义的社会概念与精神分析学的个体概念——但对这两者都是批判性的诠释，同时也为其他一些视角保留了空间，而某些马克思主义和精神分析学的诠释则被拒斥了（至少是马克思主义在苏联占有统治地位的辩证唯物主义概念）——以及应用于当前社会政治问题的理论。

在早期阶段的主要著作是霍克海默和阿多诺的《启蒙辩证法》（*Dialectic of Enlightenment*），它采用提纲和对话的形式，不过仍旧描绘了法兰克福学派的批判性启蒙目标（Horkheimer and Adono，1944）。在阿多诺那里，审美和艺术的维度也占据了中心地位。在当时的背景中更多的直接兴趣是对独裁人格结构的广泛探索，这种人格结构被认为是纳粹主义得胜的基础（Adorno *et al.*，1950）——我在本章的稍后部分会回到这个课题。最后，还必须提到的是马尔库塞获得了某种程度上作为学生运动哲学家的地位，尤其是他的著作《爱欲与文明》（*Eros and Civilization*，Marcuse，1955）和《单向度的人》（*One Dimensional Man*，Marcuse，1964），它们以不同方式研究了战后新的分裂形式。 105

法兰克福学派第二代最知名的代表人物是哲学家尤尔根·哈贝马斯，他在1965年开始成为研究所的掌门人。哈贝马斯的研究覆盖了广泛的课题领域，包括理论与实践的关系（Harbermas，1988［1963］），阐明对知识的各种兴趣（Harbermas，1989a［1968］），还有一些研究语言、交往的著作。简要地概括起来，哈贝马斯试图用交往理性、话语、理想化的言语情境和生活世界，来反对正日益成为现代社会特征的现代性的技术或工具理性，他认为这些方法能够维持一种人类的解放实践和知识建构兴趣。

哈贝马斯还在一本小册子中阐述了社会化的理论（Habermas，1971），不过这是法兰克福学派的分支，有时被称为汉诺威学派（Hanover School），他们最先在研究兴趣上关注社会化的理论方法。

汉诺威学派对社会化概念研究的主要著作是由阿弗莱德·洛伦佐（Alfred Lorenzer，1922－2002）在20世纪70年代伊始所作的一个唯物主义理论草稿，他试图把马克思与弗洛伊德的视角结合起来：

> 这种探究追问的问题是：儿童的发展如何能够被视作是在同一时刻中发生的一种自然过程和一种社会发展过程？……这里所暗指的不是那种没有害处的老生常谈——自然性向与文化影响的交织。而是说，这种探究完全是关于两种理论间的对质，它们似乎是相互排斥的：精神分析与历史唯物主义……如果精神分析解释的是人类的经验结构——行动、思维、情绪、认知——是由冲动所决定的，历史唯物主义就一定要支持以下观点：这些结构必须被视作是依赖于历史的，存在于人与外部自然的相遇之中，因为它在这里，在当下……
>
> （Lorenzer，1972，p. 7）

在此基础上洛伦佐将自己的重点放在了儿童早期互动过程中的一般社会化上，这个过程至少是嵌入在无意识当中的社会化或个性形成中的一部分。因此他主要关注的是儿童与其主要关系对象间的最早期的互动——他将这一
106 关系客体称为**母子二分体**（mother-child-dyad）。这里儿童通过和谐的亲密互动或交流关系形成了它最为基础的主体性结构。洛伦佐指出：即使在这里，挫折的存在也是必要的。母亲不能够完全满足儿童的需要，挫折对儿童发展成为一个社会个体来说也是必需的。

此后，互动领域进一步拓宽，儿童的结构得到了发展，出现了个体差异，在无意识的、感觉上自发的互动形式之外，两种更深层次的互动形式逐渐补充进来：内化进入意识层的语言符号互动形式和导向**原符号**（protosymbols）创造的感觉符号互动形式，原符号的特点是更为广阔和开放的符号形式，这些符号传递涉及社会规定实践的意识与无意识层之间的张力，形成了身份认同和想象的基础。

不过，在任何发展过程阶段中，也会出现洛伦佐所谓的**系统性断裂实践**（systematically broken practice），即重复出现的不协调、对儿童来说不可理解的东西，它们会导向有问题的互动形式，这种问题互动超出了语言表达之外，成为一种无意识的习惯，“使主体得以享有现存秩序的功效范围之中，（并且）阻碍了对属于问题行为的行为常模的潜在探讨”（Lorenzer，1972，

p. 143）。

因此，社会化是一个既孕育发展又包含限制或损伤的过程，而且，永远不能毫无摩擦地将社会性条件转移到个体身上，这在很多的发展心理中是一种潜在的基础。

今天，洛伦佐的社会化理论本身的重要性也许相当有局限。但其思考的批判性模式还是毫无疑问地启发了他的很多同事，产生了一整套对现代资本主义社会中多种有关社会化的、也是学习互动维度的重要课题的理论，它们的学术贡献具有重要意义。

首先要提及的是社会心理学家彼得·布吕克内（Peter Brückner，1922－1982），他出版了高度批判性的著作《资本主义社会心理学》（*The Scocial Psychology of Capitalism*），将人们的注意吸引到了社会化的众多压制面上（Brückner，1972）；以及意识社会学家奥斯卡·耐格特（Oskar Negt），他的研究是关于经验形成的，还有其他更多的研究我会在8.2节中提到。我在后面还要回到社会心理学家托马斯·莱特霍伊泽（Tomas Leithäuser）那里，他们不仅草创了“日常意识”（everyday consciousness）理论，并对工作生活中的生活世界怀有极大的兴趣，这将在9.3节中有所阐述。

另一个重要人物是阿弗莱德·克罗沃扎（Alfred Krovoza），他对性压抑特别感兴趣，并对人的阻抗潜能给予了特别关注（Krovoza，1976），他的这些成果成为本书9.5节中所描述的阻抗概念的灵感来源；还有雷吉娜·贝 107
克－施米茨（Regina Becker-Schmidt），她主要针对低技能妇女的社会化和矛盾状况进行了研究，详见9.4节。最后还要提到的人物是托马斯·齐厄，他有关文化解放的理论以及他对当前青年与教育问题的研究兴趣，我在前面已有所介绍，并且还将会多次回到他的研究，特别是在11.3节中。

因此，毫无疑问的是，批判理论在本书很多地方的阐述上具有非常重要的意义，至少通过它证明了这一事实：互动维度是学习的一部分，它常常是充满矛盾和冲突的，特别是如果它们在主观上过于成为有意识认知的一种负担的话，很多影响会在无意识中积累。这是一个非常简略的概要，不过如前所述，在其他很多相应的章节中还会继续讨论这些多种多样的学术成果。

7.5 文化历史传统的遗赠

现在我要回到俄国的文化历史学派，它一直强调从社会性的视角来审视学习，因此原则上，将其内部学习过程和互动过程紧密联系在一起来看待。维果茨基特别雄心勃勃地希望将这两个方面结合在一起：

> 维果茨基所追求的是一种综合性的视角，它使人们有可能用自然科学可接受的术语来解释和描述更高级的心理功能。在维果茨基看来，解释意味着很多。它包括对暗含着一种特殊功能的脑机制的识别；包括构建对同一行为所表现出来的简单和复杂形式之间所建立关系的发展历史的详细解释；而且，很重要的是，它包括对行为发展所处的社会情境的详细说明。维果茨基的目标是极富雄心的，也许这样做并非理智之举。他没有实现这些目标（他自己也很明白这一点）。但他确实也在这一方面取得了成功：提供给我们一种敏锐和有预见的现代心理学分析。
>
> （Cole and Scribner in Vygotsky，1978，pp. 5 –6）

维果茨基在语言、思维、学习和发展上的深度研究是扎根于一个唯物主义的社会理解框架之中的，这种框架如果联系到学习的互动维度，就使得他的理论比起其他两次世界大战之间发展起来的学习理论（诸如皮亚杰的理论，以及后来在美国具有统治地位的行为主义理论）来，更具决定性的性质。不过，在当今的背景下，它却是作为俄国理论的一种缺陷出现，
108 特别是当它们出现在一种教育视角中时，它们的社会性联结是如此明显地链接在了那个时代苏联马克思主义的社会概念上。尽管它们包含有很多重要和积极的理解，特别是工作与社会共同体的重要意义等方面，但不论好坏，从那里到今天的晚期现代资本主义市场社会之间仍有极为遥远的距离。

不过，文化历史学派的视角方法一直得到了传承，即使是在俄国之外的综合研究，也将列昂节夫的人类行为概念特别作为一种主导性观点

（Leontjev，1981［1959］；见 5.3 节）。我特别要将 Y. 恩格斯特伦的研究看作是当代文化历史传统的一次重要发展，而与此同时又把它看作是从苏联马克思主义某些禁锢中的一种解放。尽管在第五章中我介绍了一些恩格斯特伦的研究，特别是他的内部学习过程的超越概念，这一概念是在一个充分准备的框架中发展起来的，在此框架中个体处于一个共同体或社会之中，这个共同体或社会发展了约束规范、可使用的工具，既有物质的也有符号的，以及一种社会性的劳动分工（Engeström，1987，pp. 73ff.；1996，pp. 131ff.）。恩格斯特伦的另一个重要特征是，他将文化历史传统与贝特森的**双重约束**（double-bind）（Bateson，1972）概念连接在了一起，这为其理论画面带来了一种强烈的冲突概念，与理想化的共产主义和谐观相矛盾。

另一个对文化历史传统的综合性发展可以在德国所谓的“批判心理学”或“柏林学派”中找到踪影，它们在心理学家克劳斯·霍尔茨坎普（Klaus Holzkamp，1930－1995）的领导下发展成为一种独立的心理学方向或地位（Holzkamp，1972，1983）。我在前面（在 6.3 节中）曾经引用过乌特·霍尔茨坎普－奥斯特坎普关于动机心理学的综合研究，其对于知识和情绪之间的关系有着重要和明确的观点。克劳斯·霍尔茨坎普自己最为重要的贡献是关于学习的一本综合性著作，在书中，他从根本上把学习看作是一种主观性活动的特殊形式，因此从学习者的主观性视角来开展研究——这与外部决定的、在学校与教育中学习的统治性视角存在着强烈的对立（Holzkamp，1995）。

与文化历史传统以及与本书中提到的霍尔茨坎普自己的早期研究相矛盾，在这本书中主观性的概念占据了中心位置。不过这与诸如洛伦佐、耐格特、莱特霍伊泽和贝克－施米茨等德国研究者的法兰克福学派主导下发展起来的主观性概念完全不同。法兰克福学派的主观性概念构建于精神分析学中，特征表现为内部的紧张与冲突，霍尔茨坎普的主观性概念是理性的和目标导向的。霍尔茨坎普自己相当简要地处理了这种矛盾，并将精神分析看作是一种： 109

在心理学历史中的早期主体科学的思想潮流。……弗洛伊德的理论（并且其中存在着它潜在的澄清性质）——在使这一矛盾和裂缝得以理解并且（在其可能的框架之内）努力实现上，是太过简单了——不可挽回地赋予人类的感觉作为一个最重要的生命价值。

（Holzkamp，1995，pp. 29 – 30）

霍尔茨坎普然后引用了弗洛伊德的话：

智力的声音是柔软的，但是它在获得倾听之前并不会停歇……从长远来看，没有什么能够抵挡得住理智和经验。

（Freud，1962［1927］，pp. 49 – 50）

引文正确无误，但它是从弗洛伊德有关宗教的研究文献中摘录出来的。这恐怕是某种相当程度上的误传，用其来试图把弗洛伊德置于霍尔茨坎普的理性概念之中——正如那种将弗洛伊德当作非理性概念的标准搬运工的观点一样错误。弗洛伊德和他后面的批判理论（这与批判心理学有很大的不同），主要的导向是冲突和矛盾，而且霍尔茨坎普这种与批判理论的主观性概念之间的对立不可能得到解释。在外人看来，两个德国“学派”之间的对立关系似乎是非常徒然的——但是除了这，霍尔茨坎普的最后一部著作给我指出了在主观重要性的理解方向上的重要一步。

最后，文化历史视角的延续还应该提到的是，从20世纪60年末开始出现在美国，以迈克尔·科尔、芭芭拉·罗戈夫（Barbara Rogoff）、西尔维亚·斯克里布纳（Sylvia Scribner，1923 – 1991）、詹姆斯·韦尔茨（James Wertsch）等作为领军人物，特别是与恩格斯特伦合作的一些研究。一方面，他们做了一些工作，尤其是使维果茨基的研究在英语世界中得到了更好的认识，另一方面，他们延续和应用了文化历史学派的视角，而不仅仅局限于对“最近发展区”的特别兴趣（例如，Scribner and Cole，1974；Cole and Scribner，1978；Wertsch，1981，1985，1998；Rogoff and Lave，1984；Rogoff and Wertsch，1984；Cole and Cole，1989；Cole，1996；Cole and Wertsch，1996；Rogoff，

2003)。如5.3节中所述，布鲁纳也与这个团队有着某种联系。

7.6　实践共同体

不过，在文化历史传统的拓展中，最为重要的突破是前面提到过的让·莱夫和埃蒂安·温格对于“情境学习”，以及温格对于“实践共同体”的研究（Lave and Wenger，1991），通过结合莱夫的社会人类学和温格的广义心理学和心理技术背景，他们将文化历史传统拓展到了一个相当大的范围。 110

在学习的互动维度脉络中，莱夫和温格的著作具有决定性的重要意义，因为从1990年开始，人们极大地接受了对这一学习维度关键性地位的理解——即使在理论上他们对“情境学习”概念的定义还是很模糊的，因为与此同时，它被认为是作为促进与传统学校教学相对照的学徒制学习的中心观点来发挥作用的。从表面上看，这个概念处理的是发生在特定情境中的所有学习，这个情境对学习过程的本质和学习结果具有重要的意义。由此，莱夫和温格如下表述这一概念：

以一种一般理论的视角来看，这些观点的基础涉及以下方面：知识的相关特征、关于意义的协商特征的学习、人们学习活动的有关（投入的、矛盾驱动的）性质。这种视角意味着没有什么活动不是情境性的。

(Lave and Wenger，1991，p. 33)

在这一背景下莱夫和温格提出了另一个很有意思的观点，更加深入地揭示了情境对于学习的普遍重要意义，他们认为：

即使那些所谓的一般知识，也只是在一个特定的环境中才是有效力的。“一般性”常常是与抽象的表征联系在一起的，被“去情境化”了。但是抽象表征是毫无意义的，除非它们可以和眼前的情境特别对应起来。而且，一个抽象原则的形成或掌握，其本身是一种在特定环境中的特定事件。知晓一个一般规则本身，完全不能够保证它在与其相关的某个特定环境中能够拥有任何的一般性。

(Lave and Wenger，1991，pp. 33 –34)

因此，根据莱夫和温格的观点，具体情境不单单是影响了学习的发生，
111 而且这个情境对已有学习结果的激活也有着重要意义。当学习发生在现有结构和新冲动之间的互动之中时（见 4.2 节），环境和学习情境影响的不仅是学习者对新刺激的感知，还影响了内部加工过程中所卷入的现存结构。

在我看来，如果莱夫和温格坚持这些立场，他们的情境学习概念将会成为理解学习的一种清晰而富有成果的贡献。然而，他们似乎并不是非常愿意承认这些一般观点，并对其详加阐述，因为他们走的是另外一条不同的道路。他们最终给出的信息是，并非所有的学习都受其所发生的情境影响，但是有一种特定类型的情境具有某种特定的学习特性，即可被普遍称之为"合法的边缘参与"（legitimate peripheral participation）的那些情境，通常它的出现与"学徒制"有关。我将在 12.4 节中回到这个主题。

不过，合法的边缘参与这个相当费解的概念现在似乎是逐渐沉寂于背景之中了，莱夫和温格自己的研究也是如此，温格首要地是继续以"实践共同体"的概念作为学习的关键框架条件，这部分体现在他的同名著作中（Wenger，1998），部分体现在他后来许多的论文和著作当中（尤见 Wenger and Snyder，2001；Wenger *et al.*，2002）。

在《实践共同体》一书中，温格提出了他称之为"学习的社会理论"（Wenger，1998，s. 4）——或者在本书中可以称之为学习互动维度的整体性理论。他相当明确地宣称他所聚焦的正是学习的这个维度：

我们有很多不同种类的学习理论。每种理论强调的都是学习的不同侧面，因此它们对于不同的目标来说都是有用的。在某种程度上，这些不同的着力点反映了研究者们有意地聚焦于学习多维问题的某一部分，而且在某种程度上它们反映了研究者们在这些方面相关观点的基础性差异：知识、认识和知者的本质，以及相应地，学习中什么是重要的。

(Wenger，1998，pp. 3 –4)

温格有关学习包含多种方面或维度的概念似乎与本书的基本观点相一致，不过我还是要试图分析和讨论其中相关联的维度，温格把我称之为互动的维度置于优先位置，而且即使他也纳入了我称之为内部获得的概念，但还是被放置于社会视角之下的，所以真正来说，他时不时地似乎遗忘了他的导言性陈述，即其他视角也是存在的。

由此，在温格总结自己一般理论和方法的模型中，他将“学习”（不是“社会学习”）的概念置于中心地位（图 7.2）：

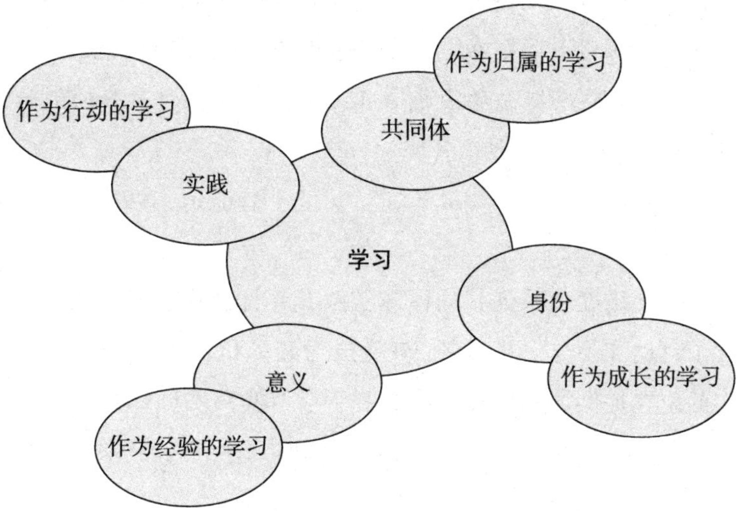

图 7.2　学习的社会理论的构成要素（Wenger，1998，p. 5）

温格对这个模型作出了下述解释：

学习的社会理论必须……整合必要的构成要素，从而把社会参与作为一个学习和认识过程来加以描述。这些构成要素……包括以下方面：

（1）意义：通过这种方式，探讨我们——个体地和集体地——从而有意义地体验我们的生活和世界的能力（变化着的）。

（2）实践：通过这种方式，探讨共同拥有的历史和社会资源、框架以及能够支持行动的相互承诺的视角。

（3）共同体：通过这种方式，探讨社会结构，在其中我们的事业被定义为值得追求的，我们的参与作为一种能力被承认。

（4）身份：通过这种方式，探讨在我们共同体的情境下，学习如何改变了我们、如何创造了个人成长历史。

显然，这些要素在深度上是相互联系和相互界定的。实际上，看看（图
113 7.2），你能够调换学习四种边缘要素中的任何一种，将其作为主要的焦点而置于中心位置，这张图也仍旧可以说明问题。

因此，当我用“实践共同体”作为本书的标题时，我实际上是将其作为一个切入点，进入到一个更为广阔的理论框架之中，在这个框架中它是其中的一个构成要素。这个概念的分析力正是在于：在探讨熟知的经验的同时，它整合了（该图的）所有要素。

（Wenger，1998，pp. 4－6）

学习的社会维度关系到共同体与实践，并且创造了意义和身份，由此，学习包含了行动和参与，并将它们转变成为经验和发展。这些关键词和它们在模型中的位置提供了一种有价值的关于学习实践共同体重要意义的解读，这些重要意义是通过温格的深入描述得以阐明，并最终转变成为组织发展和教育的重要成果。

该理论最为重要的特点在于它对社会水平的综合性和一致性的理解——而心理和人际的水平则仅仅作为扩展或范例加以介绍。这也许就是为什么内部心理和人际冲突都没有在这个理论中占据多少位置的部分原因。作为一种学习理论，它扩展了社会学习的概念，但是联系到个体发展，却缺失了冲突的视角，而且尽管也有经验的概念，但作为一种从批判理论的社会化视角发展起来的经验概念，其却不是在一个同样的辩证模式之中（因此也不是在一种发展性的和冲突导向的模式之中的）。我将在下一章中对此进行深入探讨。

尽管提到了这些批评的观点和局限，毫无疑问的是，莱夫和温格的研究工作代表了一种巨大的推动力，推动了对学习的社会情境所固有重要意义的理解。因此，我认为，一般说来，继承了文化历史传统的研究者们，现在已

经把自己的研究工作推进得比先前的苏俄立场更为深入，对理解学习的互动维度作出了重要贡献。

7.7　政治导向的视角

学习互动维度的另一种视角是更为直接的政治导向的，它们关注现有的社会条件，聚焦于学习对解决急迫的社会问题能够作出贡献的方式。

这种视角的经典代表，而且也许是最为极端的代表，是前面提到过的巴西教育理论家与实践家保罗·弗莱雷的工作，特别是其著作《被压迫者的教育学》和《为了自由的文化行动》（*Cultural Action for Freedom*）（Freire，1970，1971）。前者在全世界发行了70万册，使其成为也许是有史以来教育学中最为广泛传阅的一本书。 114

弗莱雷教育研究的主要方向是对巴西的贫穷农村劳动力的阅读技能的教学和同步的解放，后来，研究对象又扩展到了第三世界中的受压迫民众，他的理论关注教学理论更甚于学习。不过，仍然包含了一些学习理论的观点。其最为基本的观点是通过研究所谓的“生成性主题”（generative themes），将初级阅读教学直接关联到对政治压迫的讨论上：

> 组织教育项目或政治行动的出发点必须是当前的、现有的、具体的情境，反映了人们的愿望。利用某种基本的矛盾时，我们必须把这种现有的、具体的、当前的情境作为一个问题向人民提出来，而且这个问题对他们是挑战，并需要他们对此作出回应——不仅仅是在智力这一层面，而且是在行动这一层面上……在调节人，而且是教育者和人们对这种现实的认知在调节人，所以我们必须去找到教育项目的内容。我把人们的“生成性主题”的复合体定义为他们的“主题世界”（thematic universe），对“主题世界”的探索开辟了作为自由实践的教育对话。
>
> （Freire，1970，pp. 85－86）

这一途径由此就指向了积极的、问题导向的和行动导向的学习，这种学习围绕着直接反映或展示参与者社会压迫的矛盾经验的主题，与此形成对照的是传统的“填鸭式”教学形式，弗莱雷称之为“银行存储式教育”（见4.2节）。

弗莱雷的部分研究后来是在美国，特别是通过亨利·吉鲁（Henry Giroux）和斯坦雷·阿罗诺维茨（Stanley Aronowitz）得以开展和继续的，他们出版了一系列对美国学校系统的批判性著作，特别是有关贫穷和受压迫群体的问题。这些著作包括《意识形态、文化和学校教育过程》（*Ideology, Culture, and the Process of Schooling*, Giroux, 1981）、《围攻下的教育》（*Education under Siege*, Aronowitz and Giroux, 1985）、《学校教育和为了公共生活的斗争》（*Schooling and the Struggle for Public Life*, Giroux, 1988）、《后现代教育》（*Postmodern Education*, Aronowitz and Giroux, 1991）和《教育学与希望政治学》（*Pedagogy and the Politics of Hope*, Giroux, 1997）。

不过，一本题为《教育学中的理论与阻抗——迈向一种压迫的教育学》（*Theory and Resistance in Education—Towards a Pedagogy for the Opposition*）的著作对当下情境有着特殊的兴趣（Giroux, 1983），它尤为关注**通过**学习和教育对边缘化和压迫进行阻抗——这是与个体对学习的阻抗完全不同的，我将在9.5节中对此进行探讨。

115 弗莱雷的视角，与前面提及的德国意识社会学家奥斯卡·耐格特（Negt, 1971［1968］）关于资本主义产业工人的“范例学习”（exemplary learning，即基于代表性榜样的学习）概念有着很多重叠之处——其中一个共同的要素是：经验对于学习的核心重要性，我将在下一章再作讨论。

不过在这里，我还要再介绍另一个学习互动维度政治导向视角的欧洲代表，佛兰德人丹尼·维尔德米尔思科（Danny Wildemeersch）的研究，他从社会视角出发来研究青年和成人教育，并尤其对草根活动、社会工作等的学习视角感兴趣。维尔德米尔思科将社会学习定义为发生在参与系统中（如群体、社会网络、运动和集体）的学习和问题解决活动的一种结合，其在“真实生活”情境中运作，并引发了社会责任的问题（Wildemeersch, 1999, p. 39）。

因而，社会学习发生在参与体系（participatory systems）中，它是在一个介于创造性、权力和责任之间的张力领域中运行的，学习围绕着行动、反思、交流和协商这四个轴发生。维尔德米尔思科试图涵盖外部社会条件和内部心理条件，这在当前背景下是非常有意义的。

由此，维尔德米尔思科将社会学习与专注于问题解决时所发生的过程联系了起来。这也包含了一个**社会责任**的概念，维尔德米尔思科在很多情况下将其作为研究的目标（Wildemeersch，1991，1992；Jansen *et al.*，1998）。这一概念未曾被精确地加以定义，不过很清楚，它比“对个人自己的学习负责”的概念更具深远含义——它即涵盖了外部社会责任（无论是本土或是全球性的众多情境，这些责任在今天被看作是绝对至关重要的），也包括一个参与者在目标导向小组项目中需要负起的责任，以及对我们自己行动和我们自己生活所担负的个人责任。

从学习的角度，社会责任形成了一种与自反性的重要关系（Wildemeersch，1991，pp. 156ff.；见 5.6 节）。如果自反性不终结于个人主义的自私，缺乏任何社会视角，它就必须与社会义务的意义联结起来。维尔德米尔思科也使用了诸如“批判的自反性”（critical reflectivity）和“审美的自反性”（aesthetic reflectivity）等表达方式，它们意味着一种批判性的距离和一种社会联系（Wildemeersch，1998，pp. 98－99）。

由此，社会学习和社会责任在维尔德米尔思科这里就是一种行为的方式，它们作为社会化的一部分社会性地发展——或者不发展，并且可以用晚期现代发展延伸中的一种新观点加以看待，这在一方面，将自反性纳入了行动计划，另一方面，将越来越多的社会性功能移交给了市场机制，移交给了 116
个体。

如果人们坚持要在显然是无穷的可能中作出一个选择，甚至是选择他自己的生命历程和身份，那么自反性是不可避免的，自反性将所有一切与自我联系起来。通过这种方式，借助自反性的学习成为一种必须，无论它所要求的条件有多么地苛刻，而且自反性对于这种学习变得至关重要（Wildemeersch，2000）。

维尔德米尔思科还与其他一些人，特别是荷兰人特奥·杨森（Theo Jansen）及瑞士人马蒂亚斯·芬格（Matthias Finger）合作研究了这些课题

（见 Wildemeersch *et al.*，1998；Jansen *et al.*，1998），另外在芬格自己的著作中还特别将有关社会责任的要求与环境政策、环境运动联系起来（Finger，1995；Finger and Asún，2001）。在另外一些研究弱势青年的重要项目中，维尔德米尔思科与其他一些研究者，诸如特奥·杨森和英国人苏珊·威尔（Susan Weil），以同样的视角进行了研究（Weil *et al.*，2004）。

这是一个关于学习的有着深远影响的探讨，因为如果没有与社会发展相匹配的自反性的发展，这种发展中逐渐形成的机制将会导向世界资源空前严重的贫乏，既是物质上的，也是人性上的。自反性和责任性兼有的平衡性学习，其基本的性质是，学习内容应该被认知为对自身是有意义的。这一基本性质在制度化教育中远远未能得到实现，但在草根活动及类似活动中是普遍存在的。

因此，维尔德米尔思科是活跃于批判性和教育性规范之间的边界上的。社会学习是社会决定性的，而且这一特性必须要具备。从学习的角度，这关涉到经验、传播和活动。

7.8 社会建构主义与后现代主义

另一种关于学习互动维度的观点或学派是“社会建构主义”，它是以美国心理学家肯尼斯·格根（1994）为代表提出的（前面曾多次提及）。社会建构主义概念的基础是“将人类行动的解释阵地转移至关系领域……社会建构主义从关系中追踪人类行动的来源，以及从公共交流理解‘个体功能运作’”（Gergen，1994，pp. 68－69）。

较之潜藏在社会学习概念之下的观点，社会建构主义迈出了更为深入的决定性一步：

例如，社会学习理论家讨论行为的“情境特殊性”。他们认为我们的行
117 为不仅依赖于个性特征，而且依赖于我们发现自己所处环境的性质。因此行为是相对于一个特定情境而具备“特殊性”的……那么，说个性是社会建构的又意味着什么呢？一种方式是认为个性……不是存在于人们内部而是存在

于人们之间的……用某些我们用于描述人的个性类型的词汇来说：例如，友好的、关切的、害羞的、自觉的、有魅力的、坏脾气的、欠考虑的……如果所描述的人生活在一个荒岛上，这些词汇将完全丧失它们的含义……问题的要点是，我们使用这些词汇的时候似乎它们指的是人内部存在的一种实体，但一旦这个人被移出与他人的联系之外，这些词就会变得毫无意义。

（Burr，1995，pp. 25 – 27）

社会建构主义者并不会去否定学习过程是个体内部性地发生的。但是他们发现这并不有趣，因为这些过程的性质和它们的内容总是决定于社会领域中的关系。他们同意皮亚杰和其他建构主义者的观点，认为这个世界和社会并不是客观的元素，可以通过学习过程来获得。他们都认为周围世界是被积极地建构起来的。在建构主义的视角中，这种建构发生在个体之中，通过与周围世界的相遇以及与其的互动而发生。在社会建构主义的视角中，这一建构是作为共同体中的发展而社会性地发生的。

然而，在我的理解中，这两种视角并不必相互对立。如我在第二章中早已指出过的，我认为，社会建构发生于共同体之中，并持续不断地与发生在内部学习过程中的个体建构进行互动。社会建构主义者正确地指出了社会领域的重要意义，但这会很容易地导向对个体内部心理过程重要意义的忽视或低估。友好这一特性是社会性地发展起来的，而且只有在一个社会情境中才具有意义，然而也正是个体才会去掌握和实践友好。

因此，我不能够接受以下的“纯粹”社会建构主义的观点：学习和其他心智过程仅仅是社会性的，不是个体产生的。我认为把它看作是一个“非此/即彼”的问题是一个错误，相反，这是一个“既是/也是”的问题。但也应该提到的是，有关这些问题有大量某种程度上有些绝对化的立场，其中也包括形形色色的“社会建构主义”，其中一些倾向于比纯粹的社会建构主义更能够接受个体元素。

不过，还有另一个理论学派在有关互动维度重要性方面看法相当极端，即所谓的“后现代主义”，它尤其是建立在20世纪70年代以来很多法国哲学家的研究工作基础之上，这些学者包括诸如让—弗朗索瓦・利奥塔（Jean- 118

François Lyotard，1924 – 1998）和米歇尔·福柯（Michel Foucault），以及语言学家雅克·德里达（Jacques Derrida，1930 – 2004）、精神分析学家雅克·拉康（Jacques Lacan，1901 – 1981）。虽然我们很难对后现代主义达成一种明确的、一致的理解，但其主要的特征是，没有永远的真理存在，拒斥“宏大叙事”，世界是在不停地变化着的，所有一切都必须在其时其地中加以理解（例如，Lyotard，1984［1979］）。

我并不打算在这一点上更深一步地阐明后现代文化和意识形态，而只想以英裔奥籍的后现代主义教育研究者罗宾·厄舍（例如，Usher，1998，1998，2000；Usher *et al.*，1997）为起点概括一些有关学习条件重要意义的观点。

厄舍的中心思想是，当今的人们没有一致的、可信的和理性的自我，而这种自我能够以理性的方式、自主地并且独立于情感和社会束缚地从经验中学习。今天的情况毋宁说是，自我是非理性的、情感的，和它所有的需求一起嵌入在身体之中，并且打上了社会的和人际的烙印。

自主和理性的自我理念是一种理想状态的建构，与现代的个体主义社会一同演化而来，并服务于权威的利益，尤其是在实施着情感、身体和社会方面体系化压抑的学校/教育体系中，其被作为学科的一种目标概念。

我所理解的厄舍，他将在心理学中用到的自我看作是一种个性塑造的理想化的虚假图景，尽管几乎没有什么是在现实中能够做到的，但也有很多人在努力实践。因为在平静的外表之下，总是有很多不同的冲动在奔涌。而且在厄舍所认为的我们所处的后现代时期，这种毫无希望的理念既不能够、也不应该被维持下去了，因为它联系着的是一个一致性世界秩序的理念，这是一个不能够也从来没被证明的理念。

与此相反，世界是分裂的，没有联系的和持续变化着的，相应地，自我是支离破碎的、不稳定的和探寻着的，总是处于动态之中，从未平静下来，被充斥于后现代生活中的影响洪流和对于选择的表面机会打上了印记。

很突出的是，厄舍的文本通常局限于一种解构和批评，这当然是比上面所提及的要精细和综合得多（例如，他对哈贝马斯的有关理想言语情境概念的严厉解构，Usher，2000）。但厄舍也投入了大量精力在成人教育和经验学习中，并且人们常常可以在他的文本中找到对消解趋向的积极对抗的雏形。

例如，他指出不同社会运动以及它们作为一种政治抗议的重要性，并对现代社会统治可能的纠正，特别是通过一种替代方式影响生产的可能性，例如，消费的“绿色”模式，针对某些公司和商品的联合抵制行动，生态观光事业和从穿破旧衣物，直到厌食这样的自我戕害等许多其他形式的抗议行为（Usher and Johnston，1996）。

最后，我将介绍厄舍与英国人伊恩·布赖恩特（Ian Bryant）和伦尼·约翰斯通（Rennie Johnston）合作发展的教育导向模型（图 7. 3）。它构建于一个围绕着两轴的后现代社会图景之中：一个轴的两端是自主和适应，另一个轴的两端是表达和应用。这样划分的结果是四个空间，分别导向了四种教育和学习方法，即职业的（介于适应和应用之间）；自白的（confessional）（介于适应和表达之间）；生活方式的（介于自主和表达之间）；以及批判的（介于自主和应用之间）。

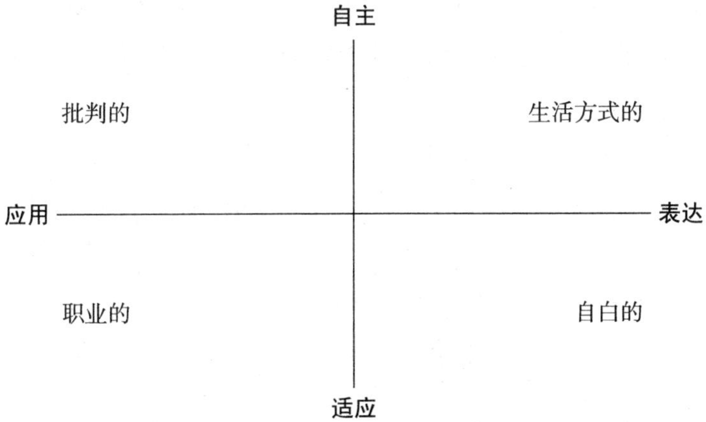

图 7. 3　厄舍等的后现代社会实践中的经验学习“地图”
（Usher *et al.*，1997，p. 106）

这一图景令我们回想起库伯的学习模型（5. 2 节），重要的是，该模型力图表明存在着很多不同的“既能够发挥赋权又能有控制功能”的经验学习、解放和适应的形式（Usher *et al.*，1997，s. 118）。只有从脉络中才能决定什么是有意义的，并且学习者和教师都能够认识到正在发生着什么，这才是合理的。

7.9　集体学习、合作学习与大众心理学

到现在为止，我所考察的是我认为在有关学习互动维度中所有重中之重
120 的观点。居于中心位置的是“社会学习”的概念，至少是在国际文献中，在大多数的学术成就中，我将它或多或少地视同于我这里所定义的学习的互动维度或学习的社会与人际交往维度，即有关社会互动的个体学习部分。

不过有时候，也会出现“集体学习”的概念，尤其出现在劳工运动和工作生活里的学习领域中（同样还有“组织学习”、“学习型组织”的概念，我将在第十二章中回到这些主题）。

对于集体的理解总是在经典劳工运动中占据了一个相当关键的位置。由此，丹麦心理学家维赫尔姆·博格（Vihelm Borg）1971 年在一系列针对工人意识的研究总结中，多次谈到了“工人阶级的集体意识”及其类似的表达——例如，在以下对一个挪威案例研究（Lysgaard，1967）的总结中：

> 工人集体的发展通过一个问题诠释的过程和组织过程得以发生……当工人们在一起聊天和交流观点、经验时，他们就诠释着特定的共同情境。集体意识发展了起来……这种集体意识既不是一种个体工人观点或思想的“平均”，也不是展示大多数工人的思想……工人集体最为重要的功能之一是保持和发挥这种集体意识，它开始作为工人集体组织过程的一种指南而发挥作用。这个组织过程促进了集体意识其他方面的发展。
>
> （Borg，1971，p. 69）

关于工作生活中的学习，彼得·圣吉（Peter Senge）在 20 年后发表了关于“学习型组织”最为重要的著作，“学习型组织培育新的和广阔的思维模式，在这里，集体灵感被释放，人们持续不断地学习如何共同学习”（Senge，1990，p. 3）。

不过问题在于，在这个有关集体的概念中，真正内在的东西是什么？而

且，它在什么时候、如何具备了比“一些人一起做些事情”更多的其他一些意义？由于不同于“社会学习”这种较不精确的概念，如果把集体学习的概念作为某种特殊的概念来对待是有意义的，那么这种意义一定就在于特定环境中同一群体的人们能够学习同样的东西——这与我在4.2节中所做的基本假设相矛盾，在4.2节中，我的基本假设是，所有学习发生在新刺激和先前已构建的心理结构之间的相遇中，这个过程是个体性的，有差异的，这意味着学习结果将同样是个体性的，是有差异的。

似乎有这样一种情况：在特定环境下某种现象可能会以某种与其自身不同的特殊方式而出现。如果这有着什么意义的话，那么以我所能辨别的范围，必须满足这样三个条件： 121

- 首先，当前的集体必须处于一个共同的情境之中；
- 其次，在学习相关范畴中的参与者必须拥有广泛的共同预设；
- 第三，情境必须进行有关具有一种共同的情绪性困扰的性质，存在着一种清晰的基础，并作为一种规律，使得所有人都可以动员要进行该情境的共同性质的意义和顺应学习所必需的心理能量。

这些条件并没有被系统加以研究过，但博格宣称，根据德国政治科学家米夏埃尔·韦斯特（Michael Vester）的研究，超越性集体学习是由长期罢工及其类似活动促成的（Borg，1971，p. 99；Vester，1969）。我不想否认这样的可能性会出现在日常的工作生活中，但是仅仅因为一个公司努力想成为一个“学习型组织”的话，它们几乎不太可能会发生（见12.4节）。

我认为，我们需要有一个概念来界定人们一起或在一个共同体中学习这一主题，但并不需要更长远的对于这一概念内在条件的探讨。我想提出一个“合作学习”的概念（即协作学习），我们时常会观察到这种学习的应用，特别是联系到计算机辅助学习方法的时候（见12.5节），在那种情况下“计算机辅助合作学习”（CSCL，computer-supported collaborative learning）这一概念似乎已经被很好地构建起来（例如，Dillenbourg，1999；Dirckinck-Hollmfeld，2000）。早在1990年，洛内·迪尔金克－霍尔姆费尔德（Lone

Dirckinck-Holmfeld）就说明了计算机辅助的学习过程与依赖于合作的学习过程之间的巨大差别，并且引入了“真实合作”（genuine collaboration）的概念，它指的是这样一种合作：一个人真正地进入到一个共同体中，共同学习和发展某些事物（Dirckinck-Hollmfeld，1990）。由此，我提出了这样一个解释：

- “社会学习”适用于有关个体学习中的互动维度领域；
- “合作学习”适用于一个群体中的人们共同努力学习和发展某些事物这一路径；
- “集体学习”适用于以这种特定情境：在某个领域有着广泛范围中统一背景的一个群体中的人们，他们进入到这样一个学习情境，在其中的社会情境促使他们学习同样的东西。

122 应该加以说明的是，这样的集体学习并不排斥工作生活和劳工运动，而是同样地可以与一种右翼独裁的集体性相联系，发生在问题没有被作为集体学习（积极含义上）而是作为大众心理学（消极含义上）加以学术性研究的场合。这最先是被奥地利精神分析学家威廉·赖希在其著作《法西斯主义的大众心理学》（*The Mass Psychology of Fascism*，Reich，1969b［1933］）中加以思考，在这本书中，养育的独裁方式和伴之而生的自我软弱（ego-weakness）被认为是纳粹主义获得集体支持的心理学基础。

后来阿多诺等人在他们有关“独裁人格”的研究中深入思考过这个问题（Adorno *et al.*，1950；见 7.4 节），在后来的一篇论文中，直接参考了弗洛伊德的《群体心理学和对自我的分析》（*Group Psychology and the Analysis of the Ego*）一书，阿多诺聚焦于作为纳粹的权威性心理基础的集体自恋形式（Adorno，1972［1951］；Freud，1959［1921］）。在这些背景中，上面提及的三种情况似乎很大程度上出现了——托马斯·莱特霍伊泽也强调必须将独裁主义作为一种社会现象，而不是一种个体现象（Leithäuser，1998）。

由此，集体学习出现在工人阶级的集体奋斗之时，并不是一种毫无疑问的积极现象。它可能既意味着一种共同意识，也意味着个人责任的共同免除。当今，这一概念也许是与宗教情景、或是大的音乐或体育活动有着最强的关联，在这些场合中，个人日常生活中被压抑的共同体感受到了一个合法的机会得以短暂蓬发。今天的个体主义社会不会为集体学习提供机会，但正是出于上述原因，仍存在某些在特定场合要推动和释放的隐蔽需要。

7.10　小结

所有的学习都是情境性的，即它在某个具有社会和人际交往特性的情境中发生，通过与学习者（们）的互动，成为学习不可或缺的一部分。通过这种方式，学习反映了可能性的社会和人际条件，并且通过常常是相冲突的过程，促进参与者达成与现有社会条件有关的社会化。

在实践中，对学习者来说，学习的互动维度可能常常呈现出不同的形式，例如通常所说的感知、传递、经验、模仿、活动或参与，其中重要的是，如果学习者在互动中投入更多的活动和责任，学习的可能性就会越大，至少会发生顺应学习，并可能达成转换学习。

因此，以下因素对于学习非常重要：更为直接的互动形式以及更具一般 123
性的实践和学习环境的共同体框架，积极参与和共同决定的可能性，与问题有关的主体性卷入、批判性反思和自反性，以及社会责任。

第八章

作为整体的学习

124 本章考察的是三个学习维度的相互作用和整体。通过对经验概念，特别是通过对约翰·杜威和奥斯卡·耐格特所指的经验概念的讨论，我们对学习的本质进行了探讨。对于从学习中所引申的其他方面，首先关注的是个性概念，其次是现代的能力概念，最后，是身份认同的概念。接下来我们讨论了不同的学习理论，我们这些理论都试图涵盖其所定义和研究的学习的整个广阔领域。结论部分探讨的是不同的学习模型。

8.1 跨越维度

在前面三章中，对学习的三个维度都分别进行了详尽的考察。但是，理所当然地，坚持学习是一个整体的观点是非常重要的。因此，在本章中，我试图将贯穿前面那些章节背景下的维度线索整合起来。

首先，也是非常基本的，根据第三章的模型，我们必须指出的是，对学习的整体性看待必须涵盖学习的三个维度，并且根据第四章的分类理论，这是很重要的：一般来说，四种不同学习类型是在关涉到每种类型的时候被激活的，尤其是在同化和顺应之间，在特定情况下，与转换学习之间有适当互动的时候，学习过程成为可能。

另外，有关第五章中学习的内容维度方面，需要强调的是，对内容作一种广义上的理解是重要的，内容不仅仅是知识和技能，而且还包括诸如理解、意义、总体看法、文化和社会人际导向以及自我觉察等范畴。关于动机维度，在第六章中特别加以强调的是，学习者的动机、情绪和意志对于学习
125 来说具有关键作用。关于互动维度，第七章聚焦于参与者的活动、承诺和共

同决定的机会、与问题有关的主体性卷入、批判性反思、自反性和社会责任。

大多数读者可能会发现所有这些都是言之成理的。不过，这些多样性必定构建于相关的具体学习情境、或者对学习过程的规划或分析之中，因此，在这一点上重要的结论是，对于这个广泛而复杂领域的整体性还需要作一些详尽细致的研究。

8.2　学习与经验

“你会从经验中学习”，这是一句古老的丹麦民间俗语，毫无疑问，不管是在丹麦语还是在英语的日常用语中，人们认为经验是比“普通学习”更好和更为丰富、具有个体意义和包含个体承诺的另一个维度。但是经验在学习理论中也是一个中心概念，我将从以下方面开始探讨：这个概念如何和以什么样的标准，能够被用作一个理解学习的共同框架。这以一种重要的方式，同时覆盖和集合了我在前面章节中所讨论的三个维度。

我必须即时加以强调——如在5.2节中那样——我是在一个比日常英语用语含义更为严苛和条件更多的意义上使用“经验”一词，甚至比库伯在其著作《经验学习》中所使用的含义，比很多该领域中其他研究者、讨论者所使用的含义更为严格。我对“经验”和“经验学习”概念的使用超越了瞬间认知和精细理解之间的区分；它还意味着这个过程不仅仅是有关认知学习的（譬如说，在库伯研究工作中的案例），而且涵盖了学习的所有三个维度。

本书的论点是，所有学习都在某种程度上包含了这些维度，尽管在某些情境中其比例可能会相当的不均衡。当我提出经验是作为和普通学习不一样、比普通学习更丰富的事物来加以直接理解时，我其实意指其中有着质的差别。另一方面，要在“什么是经验”和“什么是‘普通’学习”之间作出截然区分，是不可能的，也是与学习的本质不一致的。

因此，我这里首先论及的经验概念，并不单单是所有三个维度都卷入在内的理念，因为它们在原则上总是卷入在内的，但是所有这三个维度也必定对于该情境中的学习者具有主观意义的。经验具有内容和知识的重要因素，即我们获得或理解某些我们认为对自己来说重要的东西。经验也拥有一种相当的动机因素，即我们需要在动机和情感上确保学习得以发生。最后，经验拥有重要的社会和人际交往因素，即我们所学习的不仅仅对我们个人来说有重要意义，而且也是有关我们自己与所生活的世界之间的联系的。因此，经验是作为以下学习理论观点的中心概念提出的：经验的特征是通过以一种重要方式合并横跨这里所阐明的学习概念中的三种维度来体现的。

不过，深入界定经验的概念是很重要的，我将在下面通过讨论两种最为重要的视角来达成，这两种视角构成了丹麦教育学中认识经验概念的基础：首先是1900年代发展于美国的进步主义视角，前面提到的哲学家和教育学家约翰·杜威对它作出了特殊的贡献。其次，是德国社会学家奥斯卡·耐格特的视角，在前面我们也曾提及过他，他的研究工作是对法兰克福学派批判理论的扩展，并且其作为丹麦经验教育学发展的一种理论参考，发挥了巨大作用（Webb and Nielsen，1996）。

杜威的大多数教育实践与理论发展起来于20世纪的最初10年，他后来在一本基于一系列文献摘要、题为《经验与教育》（*Experience and Education*，Dewey，1965［1938］）的著作中，研究了经验的概念。杜威对经验概念持有一种广泛性的定义，与经验的日常含义相一致。我们无时无刻经验着事物，但是在教育术语中重要的是——正如我之前曾经指出过的——经验的性质：

> 区别有教育价值的和没有教育价值的经验……尊重个体自由的原则和行为准则以及人类关系友善的原则不是在最后回到了这样的信条之中吗？即这些东西是从属于一种更高级的经验资质，而不是从属于压制、强迫或暴力的方法……经验唤起了好奇心；强化了行动，并且激发了渴望和目标，它们有足够的强度来把一个人从死地带往未来……（而且不会）这样运作以将一个人停滞在低发展水平上，放置于限制成长能力的途径中。
>
> （Dewey，1965［1938］，pp. 33，34，38 and 37－38）

由此可见，在杜威看来，构成经验的标准是基于一般意义上的人本主义，以及某种程度上不甚清晰的成长概念之上的，并且，由此也建立在一个更为一般水平上的，尽管也许但与我有关三个学习维度差别不是太大的基础之上的。然而更为具体地来说，杜威还强调两个综合性的原则或维度，即连续性与互动的原则作为养育的核心。

> 经验的连续性原则意味着，任何的经验都是那些过去所发生的继续，同时也以某种方式修正后来之物……互动意味着在个体和与此同时构成他所处环境中的事物之间发生的一切。
>
> （Dewey，1965［1938］，pp. 35，43）

不过，尽管提及了互动，杜威的经验概念还是常常受到诟病，认为它是个体主义的，缺乏一种社会性的维度。而且也正是在社会领域，耐格特的经验概念以一种决定性的方式超越了杜威。

耐格特的经验概念主要是在其著作《公共领域与经验》（*Public Sphere and Experience*，Negt and Kluge，1993［1972］）中加以探讨的，书中这个概念出现在一个广泛的文明批判性（civilisation-critical）的背景之中，围绕工人阶级体验他们自己情境的机会问题以及我们当今社会中的机会问题而展开。经验概念由此仅仅直接地通过一种常被引用和相当费解的德国哲学家黑格尔（Hegel，1770－1831）的一段论述来进行定义："意识作用于它本身的辩证过程——作用于它的知识和作用于它的对象——在这种意义上，在它之外新的和真的对象出现了，正是被称之为经验之物"（Hegel，1967［1807］，p. 142）。

以此为参考，耐格特吸收了以康德为先驱，到黑格尔，再到法兰克福学派这样一个长期的哲学传统。但尽管视角非常不同，在我看来，它在有关经验本身的相关概念上，与杜威的距离并不是那么遥远。黑格尔称之的辩证过程，所谓意识作用于其本身，与杜威一直尝试通过对连续性的阐述来试图捕捉的东西是同样的。还有，黑格尔称之为作用于其知识及其对象的辩证过程，也出现在了杜威对互动的阐述之中。

这也可以被视作是在本书中所分别研究的学习的内部心理和外部社会及人际交往部分的过程——这意味着黑格尔论述中的中心点是，这些过程都在本质上是辩证的，即它们呈现相互影响或紧张的形式，会导向一种综合，一种相互重叠的一致性。在内部心理过程中，辩证关系存在于早先发展起来的心理结构与来自环境的影响之间（见皮亚杰和奥苏贝尔的视角，4.2 节）。在外部互动过程中，辩证关系存在于个体与环境的互动之间。

然而，耐格特对于经验的观点，在丹麦教育研究者海宁·萨尔林·奥尔森（Henning Salling Olesen）的著作中能够找到更好理解和更为完善的一般性定义：

> 经验是一个过程，我们作为人类通过这个过程，以个别和集体的方式有意识地掌握现实，掌握对这个现实的不断生活化的理解，掌握我们与它的联
> 128 系。经验是一种复数的存在，如它在日常语言中那样，但它们应该作为这个过程的部分结果来加以理解。由此，当从个人经验的观点来看待经验时，它是一个主观性的过程。它也是一个集体性的过程，因为当我们作为个人获得经验的时候，我们也在通过一个社会建构起来的意识来获得经验。最后，它是一个积极的、批判性的和创造性的过程，在此过程中，我们既有观察也有适应……经验的这个概念是从德国社会学家奥斯卡·耐格特那里继承而来的。
>
> （Olesen，1989［1985］，p. 8）

有趣的是，我们注意到尽管明确了对耐格特的参考，这个定义也完全有可能由杜威逐字逐句地写下来，因为它间接地表明了，杜威和耐格特经验理论间的不同并非存在于经验本身的实际本质上，而是存在于当下的社会结构实际上如何影响经验形成的问题上。

这里要再次引用萨尔林·奥尔森的观点：在耐格特的理论中，所有的一切都是有关于“现实不是一目了然的”这一事实的（Olesen，1981，p. 21），即中心地位的社会要素是不能够直接被经验的，诸如，使用价值和交换价值之间的关系，或劳动力从一种一般人类潜能到成为一种能够在市场上买卖项目的转变。尽管资本主义的中心结构是人造的，而且由此也可能被改变，但它们作为自然之物被经验，如同某种“第二本质”，由此整个经验的基础被

置换了。

一般来说最为重要的是，要坚持与学习有关的经验概念的整体性。这个概念原则上包括学习的所有方面，包括内部心理获得过程和社会互动过程、内容相关的方面和动机方面，以及所有形式的学习和所有形式的互动。但是要把学习描述为这里我们所建立的方式下的经验过程的概念，就必须满足多种特定的标准。

首先，学习在内容、动机和互动的学习维度方面，必须具备相当的主观性意义。

其次，学习必须是一个连贯过程的一部分——如杜威所指出的那样，必须有一种连续性。即使我们仅仅聚焦于单个经验，也只有当这单个事件能够在早期经验和未来经验的情境下加以理解时，使用经验学习的表达才会有意义，因为只有通过这样，单个的经验才获得了它的重要意义。任何形式的未能将此纳入思考的“构建阻碍思维”（building block thinking），都可以说是误解了经验概念的基本内容。（由此，我们也遭遇到了一种有关学习概念的 129
差异性，如在某些情况下，将学习作为一种更为孤立的现象加以讨论是有可能的和有意义的。）

其三，个体与周围环境之间的互动过程必须具有这样的性质：个体可以说是处于环境中的一个主体，即他在现场并且是自我觉知的。在实践中，这个人是否在特定环境中如此行动显然很难确定。但是原则上，在那种学习者仅仅只是扮演一个消极角色，并且没有主动承担任何义务的情境下，划出这样一道界限还是很重要的。在这样的情境中，是不可能学到某些东西的——在日常学校教学中有大量这样的例子；但是这种类型的学习不能被称之为经验学习，因为如果你没有作为一个主体卷入进来，那么实际上将不会出现任何双向的互动过程，取代而来的通常是所谓的填塞过程——或保罗·弗莱雷所称的“银行存储式教育”。

其四，很重要的是，经验的形成总是以社会为中介的。它不会发生在孤立的个体当中，而是必须要求一个社会情境。自然地，这应该被理解为下述含义：不存在人们单独获得经验的情况，而出于同样的原因，这是一个连续的过程，孤立仅仅是刹那间的，它得以发生的情境将总是被打上社会的烙印。

其五，也是最后，在耐格特的理论中，在某种程度上，与互动有关的来自环境的影响必须是反映或例证了相关的社会、物质和/或人际交往结构。在耐格特的“榜样性原则”或“榜样学习”理论中包含了这一观念（Negt，1971［1968］；Christiansen，1999，pp. 60f.）。这里，在实践中，很可能也自然地会出现一个限制的问题——在此我不想对这个课题作更加详细的探讨，而会以项目工作的形式进行更为充分的研究（Illeris，1999）。

在丹麦，自从大约1980年以后“经验教育学”得以明确以来，经验这一概念已经开始在教育思维中作为一种在很多教育尝试和工作模式中的共同术语，发挥了一种中心作用。这些教育尝试和工作模式都强调参与者的经验形成，经验被理解为一种总体上的学习，建立在参与者的要求、问题和兴趣基础之上（Webb and Nielsen，1996）。

整个20世纪70年代弥漫着令人兴奋的乐观主义和信心，人们坚信新的教育创造将不仅给参与者带来乐趣，而且还会帮助他们发展，给予他们更加合拍于时代要求的更好资质，还会有助于社会朝着更加解放和民主的方向上进行变革。很多活动拥有这样一种共同的口号：我们应该“以参与者的经验为起点”，这一观点常常被理解为经验教育学的座右铭。另一个更为开放的
130 论点是“联系参与者的经验”，在某些情况下，口号还会是“为参与者经验的形成作出贡献/作好准备”。

然而在实践中，这个课题被证明是更为复杂的——对1980年前后三个分别在小学、高中以及基础职业教育中进行的雄心勃勃的经验教育项目进行分析，可以相当清楚地得出下述结论：

> 理想的经验教育过程必须是有关学生们的重要的、主体性感知下的问题领域的，它们必须在一个连续的经验过程中得到详细描述，这个经验过程是建立在他们现有的经验模式之上，而且受前进方向的行动视角所控制。
>
> （Illeris，1984，p. 32）

这里，“问题领域”和“行动视角”这两个词恐怕具有重要意义。重要

的是，对于学生们来说，回顾过去的经验比起朝前去看新的挑战和经验，是较为无趣的。因此，在实践中，经验教育学的实现不得不建立在问题导向、参与者导向、榜样性以及团结的基本原则之上——而且当我们要让它在制度化教育的框架之下运行的时候，它常常可能会通过教育研究模式的应用来完成，这种教育研究模式是在所谓的“项目研究工作”下发展起来的（Illeris，1999）。

从国际上来看，自20世纪70年代起，经验这一概念就已经在英语国家以“经验学习”这一术语形式发展起来了，尤其是库伯那本我们经常提及的著作《经验学习》在1984年出版之后，带动了人们广泛的兴趣，至少是在“经验学习国际联合会”（ICEL，The International Consortium for Experiential Learning）这个网络之中。该联合会创建于1987年，从一开始就召集了盛大的国际会议，参会的一些代表性人物如澳大利亚的戴维·保德、英国的苏珊·威尔和前面提到过的丹尼·维尔德米尔思科（7.7节）以及罗宾·厄舍（7.8节），之后每两三年都会召开大会。

在首届大会之后，出版了《经验学习意义》（*Making Sense of Experiential Learning*，Weil and McGill，1989a）一书，它很快就作为该网络的基础研究成果发挥了作用。在导言中，编者把这个网络描绘成为四个“村落”的框架：

> 村落一特别关注评估和确认来自生活及工作经验的学习，把这种学习作为一种基础，能够创造接受高等教育、获得就业和培训机会以及进入专业团体的新途径。
>
> 村落二聚焦于经验学习，将其作为一种基础，能够带来学校后教育 131
> （Post-school education）在结构、目标和课程上的变革。
>
> 村落三强调把经验学习作为一种基础，能够带来团体意识培养、共同体行动和社会变革。
>
> 村落四关注的是个体成长和发展以及经验学习的方法，以此来提升自我觉知和团体效能。
>
> （Weil and McGill，1989b，p. 3）

通过这一框架描述和村落概念的方式，威尔和麦吉尔（Weil and McGill）成功地创造了一种理论模式，能够为多样化的网络构筑一个可以容纳巨大差异的共同平台，而且与此同时，所有人都可以在其中找到他们自己。另外，从不同实践领域这一出发点，这部著作清晰地强调了该网络的社会嵌入性质。

在书中的另一篇文章中，戴维·保德指出，三个维度不同程度地代表着经验学习有关的所有活动。它们分别是"学习者控制"维度、学习者的"自我卷入"维度以及"学习环境与真实环境的对应"维度（Boud，1989，p. 39）。

另外，保德进一步指出了四种成人教育的方法，经验学习特别被作为一种从传统束缚中解放出来的学习方式呈现在整个图景中：首先它是与教学技术合理化相关的，特别是在职业教育中，认为其避免了过剩的活动——"从困惑中解放出来的自由"（freedom from distraction）；其次，它与美国人马尔科姆·诺尔斯的"成人教育学"（andragogy）概念（Knowles，1970，1973）相关，与自我导向型学习过程相关——"作为学习者的自由"（freedom as learners）；其三，它与卡尔·罗杰斯启发下人本主义传统（Rogers，1969；见5.6节）中的学生中心相关——"学习的自由"（freedom to learn）；其四，也是最后，与批判教育学和社会行动相关（这个领域中，在英语国家里，保罗·弗莱雷是巨大的灵感来源）（Freire，1970；见7.7节）——"通过学习获得的自由"（freedom through learning）（Boud，1989，pp. 40ff.）。

最后，在同一篇文章中保德指出了经验学习中的三种教学方法，即"个体中心方法"、"小组中心方法"和"项目中心方法"（Boud，1989，pp. 44ff.）。

由此，保德把经验学习的概念置于其学术背景之中，并且论证了它广阔的应用领域。但是，与威尔和麦吉尔的观点一样，被置于一个社会性和教育
132 性背景当中的，是经验学习的概念与活动，而什么是经验的理解本身，即在"经验"概念背后隐藏的是什么，并没有得到详细阐述。

丹尼·维尔德米尔思科提出了一个更为批判性的视角，他对理解概念时所隐含的个体主义倾向提出了警告，并强调了为学习获得社会视角的会话与

交流的重要意义（Wildemeersch，1989）。英国的阿夫塔尔·布拉赫（Avtar Brah）和简·霍伊（Jane Hoy）也采用了社会性视角，并对下述事实给予了特别关注：对于那些以牺牲弱势群体为代价从而已拥有更多优先权的人们来说，经验学习很容易对他们有利。

后来又出版了其他一些重要文集（Wildemeersch and Jansen，1992；Boud *et al.*，1993），而且这个网络逐渐朝着特别针对第三世界学习条件这一研究方向发展，经验学习的概念就已经从某种特定的课题，在很大程度上转变为在国际教育和学习导向的文献中一种一般水平的和被普遍接受的概念。

8.3　个体发展

整体性学习的另一个广义概念是“个体发展”或“个性发展”。与经验不同的是，这不是与个别的课题或一个简短的过程相关的，而是与贯穿某个时间段、在某种情境中整个学习的效果相关的。

关于“个性”，有很多的定义，诸如“作为一个整体的个人，拥有不同的技能、性向、情感和动机”（Hansen *et al.*，1997，p. 295），这里很典型的是，它是关于特性或者我们称之为性格特征的一种整体性的视角，跨越了诸如学习维度这样的不同分野。譬如说，如果我们说一个人是“宽容的”，这通常来说意味着这种宽容是在多数或者全部的领域中适用的，尽管也许在强度上会有所不同。因此，它也是很难详细说明和测量的，但另一方面它在生活中发挥了主要的作用。

在学习方面存在着很多个性和个人素质的特殊面，它们在某种程度上扎根于某种个体的遗传素质——诸如我们曾经通过气质所理解的东西。不过，这些素质通过生活的影响发展和形成，所以也就发生了某些学习，但是如前所述，通常是以更为普遍、很长时间内持续的形式，而且作为一种规则，也是要求很高的过程，意味着需要相当大的个人努力，因此也就包含了一个动机的显著水平。用日常语言来说，你只有在认识到这么做是有着坚实基础的时候，你才会改变你的个性或个性的实质部分。

在学习中——以及特别是在教育体系和工作生活中的制度化学习中——

总体上来说，从20世纪60年代起，个体发展和个体素质特定类型的发展已经日益成为充满兴趣和坚实研究的领域。

在工作场所对其工作成员的要求内容方面，已经有了非常清晰的发展，在工作领域对专业素质的要求逐渐得到补充，并且被视作个人特性的“一般”素质的要求部分遮蔽了。今天从各种出版物中的职场广告来看，这已经是极为显著的了，而且也被人事经理们的主导态度所证实。

在一个对一般素质的研究项目中，我较为深入参与了对这些课题的分析（Andersen *et al.*，1994，1996），并且在这一工作过程中，总结了如下几类当前对个人素质的要求：

- 智力素质，通常涵盖了诸如理性、系统性和分析性思维，社会想象力，问题解决，在诊断、评估、规划等当中观点和技能的改变等领域，中心点在于个体的理性行为能力。
- 感知素质，有关精确的感官感知、通常包括在观察和解释上的精确性，中心点在于那些在学术名词中作为“敏感性”来定义的能力。
- 自我控制素质，涵盖了诸如责任感、可靠性、可持续性、准确性、集中精力的能力、素质和服务导向等领域，中心点在于个体根据一般指令进行活动的倾向和能力。
- 个性素质，通常涵盖了诸如独立、自信和创造性等领域，中心点在于个体单独活动的能力，尤其是在一个无法预期的情境中。
- 社会素质，涵盖了诸如合作和交流能力、友善性格以及善于人际交往等领域，中心点在于个体与他人互动的能力。
- 动机素质，涵盖了诸如主动、活力、冲动、开放、热心学习、适应性等领域，中心点在于个体跟上和促进“发展”的潜能（经常使用的类型“灵活性”一词，常常被用作该领域的一种群描述，但它也部分包含了社会素质）。

（Illeris，1995，pp. 60－61）

能够表现所有这些分类特征的是，它们覆盖了所有三个学习维度，但是

比重有所不同。例如，在动机素质中，动机维度是非常重要的，自我控制和 134
个性素质方面也很重要，尽管是在一个更弱的程度上。在智力和感知素质上主要重心位于内容维度。社会素质很显然特别与互动维度相关。

至于能够深化这些个人素质发展的教学和学习，该项目得出的结论是，我们可以把在实际教育组织中的学术和一般或个性元素理解和处理为同一事物的两个方面：

> 简而言之，以一种目标导向的方式强化一般素质的教育，必然不会是纯粹的指导、技能学习或机械学习，也不是纯粹的个体发展或治疗。相反地，其必须是以下述方式组织起来的：它运用拓展参与者发展理解、个性和身份认同动机的机会，将具体的、典型的职业或学术资质结合起来。
>
> （Illeris *et al.*，1995，p. 188）

总而言之，社会中的素质要求开发可以被视作是鼓励人们投入教育努力，以尝试通过结合专业性和个性导向方法的教学组织，来发展一个非常广阔的个人素质范围。在实践中，这通常通过问题导向和某种程度上的参与者导向的项目而展开，这些项目有着具体的专业内容，而且也纳入、提取以及联系到相应的个体功能领域（Illeris *et al.*，1995；Andersen *et al.*，1996）。

8.4 能力

当问题到了作为整体的学习将会产生什么成果的时候，在德国和斯堪的纳维亚国家中经典的概念是“性格形成”，这已经在5.1节提到过。但是，部分是由于对这个概念真正意味着什么还争论不休，部分是由于它经常带有一种精英话语色彩，在20世纪70年代和20世纪80年代，渐渐地人们谈论更为普遍的是“素质”和“资格”。“资格”概念显然比性格形成的概念更为精确，但它也更为技术论倾向，而且首要地来说，在人们通常理解的出发点和方式中，是更为职业导向的。因此，如果我们要纳入一个更为广阔的目标的话，就有必要“发明”并使用“一般资格”的概念（Andersen *et* al.，1994，1996）。

近年来“能力”概念已经占据了一个中心地位——而且，这不是一种简
135 单的偶然和无关紧要的语言变化。恰恰相反，可以说这一语言变化承载着前面概述的在素质这一概念中分化的全部结果。下面是我所认为的最为全面充分的定义：

> 能力概念指的是……一个人在更为广泛意义上的素质拥有状态。不单单是一个人掌握了某个专业领域，而是这个人能够应用这些专业知识——而且更进一步地，将它相关内在要求应用到一个可能还有很多不确定和不能预知的情境当中去。因此，能力也包含了这个人的评估能力和态度，以及利用他/她更多个人素质的能力。
>
> （Jørgensen，1999，p. 4）

因此，能力是一个一体化的概念，整合了所有需要调用的东西，从而在一个给定情境下进行发挥。具体的素质被组合进入到植根于个性的能力之中，我们一般也可以说组织能力、国家能力这样的词语。

素质的概念历史性地以特定知识和技能的要求作为自己的出发点，而且愈益指向在个性中有着根本联系和根源的该种知识和技能，在这种情况下，在能力概念中的理解可以说是被完全颠倒了。在这个概念中，出发点是与某种情境相关的个体水平，而且，更为特定的素质是可被用来接近和促进能力实现的。当素质概念从个体因素、个体资质中出发，并且朝着更为统一的认识时，能力概念更从整体出发，例如，用以解决一个任务或完成一项工作的人或组织的类型，而且在此基础之上，指出任何可能的不同重要素质。

由此，很突出的是，能力概念不像素质概念那样扎根于产业社会学中，而是扎根于组织心理学和现代管理思想之中。因此它具有了一种“聪明”的维度，这使得它更容易在政治上“推销”，而且使得它有朝向一种表面性的倾向，在这种背景下，似乎表现了管理导向的大部分特征（见 Argyris，2000）；由此，这被称之为一种“娼妓式”概念，其根源于丹麦哲学家延斯·艾瑞克·克瑞斯坦森（Jens Erik Kristensen）的经济学视角（Kristensen，

2001）。

然而与此同时，我们很难否认它抓住了学习和素质在当代境况中的核心。它从根本上关注的是一个人、一个组织或一个国家如何能够应对相关的但常常是无从预知的问题情境，因为我们确知晚期现代发展不断地带来新的 136 和未知的问题，对新问题情境开放地和以恰当方式进行应对的能力是非常关键的，决定了谁将成为这个全球化市场社会的主宰。

不过，有关能力概念的定义和应用也出现了巨大的问题。这主要是因为很多国家和超国家的实体接受了这个概念，并寻求将其作为一种管理工具加以使用。他们启动了众多大范围的研究工作，来定义多种教育项目作为目标的大量能力，并且使得这些能力可以测度，从而判断这些努力是否奏效（见Illeris，2004）。我在此将不会继续深入我对这些事物的批评。当前，陷于这样的“能力技术化”（technocratisation of competence）的问题似乎已经非常严重，以至于这种项目被搁置了起来，至少在丹麦是如此。

但我确实发现非常重要的是：能力这一概念也包含某些极为积极因素，它们有助于形成一种一般水平或整体性导向的影响深远的视角和要求的理论，植根在有关学习的当下讨论中。这在3.2节有关模型的发展中早已指出过，涉及学习维度的能力概念，作为一种功能性、敏感性和社会性的结合，在一般水平上得以呈现。

与上面所引用的能力界定（Jørgensen，1999）一起，我发现很重要的是坚持这种宽广的、整体的能力理解，这种理解既是在一般水平上，也涉及到行动的某些领域。与理解学习相对应的，我将其视作一个重要的理论点，因为它使得将学习作为一个过程、能力作为这一过程的目标的总体思维和研究成为可能。这对于能力概念来说尤为重要，因为能力正在迅速变成一匹奔马，拖着一驾狭隘经济导向支配利益的马车。这一概念剥夺了解放的潜能，这种解放源自于能力作为恰当的调节器，调节着社会挑战和管理它们的自我途径之间的关系。

从对能力的概念出发，我们可以对今天的学习产生更细微的理解，从一种理论立基和实践检验的视角去了解如何发展最新的能力以满足体制内外的不同人们的需要和可能性。这样一种视角在我看来，对于促进个体水平和社

会水平上真正的能力发展，比上面提到的测量和比较的方法要好得多，可能
137 性大得多。然而，这也在一个高得多的水平上，是以实践层面上的实验和主动性行动为导向的，而不是测量模型中自上而下的控制方法。

非常具体地来说，这是有关能力发展可以在这样的环境中得以提高的事实：学习的发生关系着一种（回忆性的）相关经验和情境的现实化，这（与此同时）在相关活动和对这些活动在一种理论性概念框架以及一种（预期的）反思和观点中的诠释之间发生相互作用，即有关参与者生活或历程的普遍观点，与有意义的、概念导向的反思和在共同体框架之中的个体、社会水平之间的稳定交替相链接（见 Illeris，2004）。

8.5　学习与身份认同

然而，如果我们想要考察学习的总体结果，那么仅仅考虑能力发展是不够的。因为在本书中我们坚持将学习作为一种跨越广泛维度的整体来看待，所以我们也必须聚焦于相互之间的联系与结合，以及由此而来的理论与应用价值，即对于学习者来说，学到的东西有什么意义。我们可以从一些不同视角的概念开始我们的讨论。

我已经多次谈到了“自我”概念，在 4.6 节以及特别是在 5.6 节，那里关注的是作为学习内容对象的自我。我在这里还要提到，尽管对于这个概念众说纷纭，但是在所有的背景下，它有着一种心智的特征，关系到个体自己的经验，即一个人从内部“思考”或经验他自己。

该领域中另一个概念是“个性”（personality），比起其他一些概念来，还特别赋予了一个心理学学科的名称——“个性心理学”。不过这里的特征是，个体从外部被“观看”或描绘，例如，个体的不同特点，它们最终可以通过不同（个性）测验的手段加以表征。

另外，还有一个更新的概念——“惯习”（habitus），由法国社会学家皮埃尔·布尔迪厄（Pierre Bourdieu，1930 - 2002）提出。这个概念暗示了个体面对的文化与社会条件作为稳定的内部倾向而沉淀下来，它在很大程度上影响了个体的思维、情感和行动模式，从而成为社会背景烙印的聚焦点（见

Bourdieu and Passéron，1977［1970］；Bourdieu，1998［1994］）。

作为整体的学习在个性发展上取得的成果方面，所有这三个概念甚至都是有用的，而且在近年来，至少惯习的概念已经在大量教育学导向的文献中出现（例如，Hodkinson *et al.*，2004）。不过，我这里将要用有些陈旧了的 138
概念“身份认同”（心理学中也叫做自我同一性）作为出发点，因为我认为它是一个最为整体性的概念，清楚地覆盖了个体和社会的水平。

身份认同这一概念在今天是被看作一种经典理论，主要由德裔美国心理学家艾瑞克·H. 埃里克森发展起来的，特别是在他题为《同一性：青少年与危机》（*Identity*，*Youth and Crisis*，Erikson，1968）的著作中。埃里克森属于战后的“新弗洛伊德主义者”，他们将自己与那些他们所认为的弗洛伊德理论中的决定性特征拉开距离，更加以社会条件为导向，而且也认为比起驱力来，自我有着更为重要的意义，即比起弗洛伊德的理解，个体有着控制自己生活的可能性。

身份认同一词本身，指的是拉丁文的 idem，意味着“同样的”，而且与在变化的环境中保持同样或者既被自己也被他人所认可的这种经验有关。这还指出了身份认同中的二元性，也就是说，从埃里克森这个概念的中心点来看，一个人是个体的创造，一种生物学上的生活，与此同时又是一种社会和人际生物，在后者的分析中没有任何个体可能性存在。因此，身份认同总是一种个体生活历程的认同，一种内在一致个性和内在一致生活历程的经验，与此同时又作为一种社会的和人际交往的身份存在，一种在社会共同体中占有某种地位的经验。

在这一视角中，埃里克森的身份认同概念与本书中概述的学习概念之间有着非常显著的重叠。在这两种情况下，都有两个相互连接的特征总是共同存在和共同发挥着作用。对应于埃里克森身份认同的个体以及他理论中内在一致的个体经验，是学习中的个体获得过程，它发生在一个结构框架中，归根结底，这个结构框架是通过大量复杂的人脑与中枢神经系统的生物发展途径而成为可能。对应于埃里克森身份认同的社会，以及一个人如何被他人体验的经验，是学习的社会互动过程，它发生在一个社会性发展起来的周围世界的结构框架之中。由此，从学习的观点来看，身份认同发展可以被理解为整个学习的个体性要素，即意义、功能性、敏感性和社会性的内在一致发展，还有在学习中它的核心领域可以被定位于两个同时发生的学习过程的相会点，如图 8.1 中所示的两个双箭头线交汇之处。

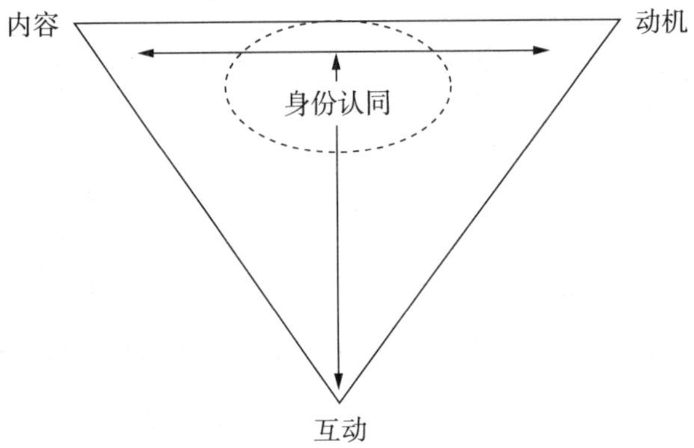

图 8.1　身份认同在学习结构中的位置

与此同时，埃里克森的青年阶段以及同一性发展的概念，是作为一系列生命阶段的人类生活历程总体概念的一部分，在这个总体概念中，每个阶段在顶点时期进入危机，危机的解决是下一阶段生活成功的先决条件。埃里克
139 森概述了八个阶段，其中第五个阶段是青春期，这个阶段的中心是围绕同一性的发展而展开的，这种发展最终会形成一定程度上稳定的和内在一致的身份认同，或者片面发展，最终导致身份认同混乱，在成年生活中造成巨大问题。

埃里克森认为他的阶段理论特征是“外成的”（epigenic），即这些阶段是通过人类系统性发生的历史而发展起来的。因此，它们是我们遗传物质的一部分，每个个体阶段的中心问题是更高发展的潜能。因此，身份认同的形成不仅仅是某种发生在青年阶段的东西。它需要远远回溯到儿童早期，并且能够继续贯穿于整个生命，但它最为关键的环节是在青年时期的同一性危机。

还应该提到的是埃里克森的身份认同理论已经受到了强烈的批判，因为它成为了一个仅仅是精细的调适理论，因为成功的身份认同形成是个体依照群体以及社会规范调适的结果，而不仅仅是暂时出现的、对规范的抗拒就被贴上了身份认同混乱的标记。

如果我们回到我们现处的后现代社会中的青年阶段，很清楚的是这种身份认同类型依旧存在：青年人，以各种方式努力去发现他们是谁、希望成为谁，这既是在个体水平上的、也是在社会水平上的。但是，无论是作为这个过程目标的一定程度固定的身份认同概念，还是作为令人生畏的反面图景的身份认同混乱，在今天都必须加以相对化。当社会对其成员最为中心和直接的要求之一是，我们必须保持对变化的灵活性并对此作好准备，那么一种固定的、稳定的身份认同就变得有问题。另外，社会的老一辈成员常常遭到劳动力市场的批评和拒绝，因为他们不够灵活和不够情愿，这正是与下述事实 140
有关：多年来他们已经构建了稳定的身份认同和自我理解，这是他们不能也不愿意改变的。

灵活性与身份认同混乱自然是不一样的，但另一方面，在埃里克森或其他经典个性心理学的理论看来，这样的身份认同概念是在诸如“成熟个性”的理想状态中表达出来的（Allport，1967）——今天，这会差不多被经验为一种家长式的、白人的、良好教养的、自得的父亲形象的怀旧图景，这个形象在晚期现代性摇摆不定的易变性中，在灵活度上存在严重问题。

因此，很清楚的是，埃里克森的身份认同理论和整个的经典身份认同发展概念，在今天仅仅只能提供一个出发点。我们愈加清晰地看到，这些概念预设了一个有着某种稳定程度、普遍规范和共同意识形式的社会，而这样的社会不再存在。

早在 20 世纪 60 年代，美国的心理学家们就记录下了这种发展的最初重要信号。更为详细的描述首先是由海恩兹·科胡特（Heinz Kohut，1913 – 1981）和奥托·肯伯格（Otto Kernberg，1975）完成的，他们将其分别描述为“自恋的个性骚动”（narcissistic personality disturbances）和“病态的自恋”（pathological narcissism），在欧洲，德国心理学家和青年问题研究者托马斯·齐厄在其著作《青春期与自恋》（*Puberty and Narcissism*，Ziehe，1975）中也有所描述。

所有这些的开始，是由于在精神分析实践领域中出现了一种心理问题的新类型，这种类型成为了主要的临床问题。与经典的焦虑神经衰弱症相比，这些症状更为弥散，并且常常是，比方说，缺乏自尊、空虚感、没有现实存在的感觉、缺乏工作和主动行动、日益增多的日常事务性行为的愉快感。与更为经典的神经衰弱症和精神病的情况相比，它的突出特征是，大体上病人坚持着一个内在一致的自我。他们不受自我分解、衰退或极端的心智分裂的威胁，而主要是受到缺乏自我稳定性的威胁，这是一种反思他们自己的需要并且通过他人获得自尊，还有一种心理上对失去与他们自己的联系的恐惧。由此，他们的存在就被一种迫切要求所控制——要求能够避免陷入不稳定的自我会受到威胁的情境当中。

在理论方面人们努力去捕捉这些症状，通过对弗洛伊德自恋概念进行修订，将这些症状作为一种儿童早期阶段自我中心的不充分的逐渐停止，表现为与他人的愉快联系的一种障碍。与此相反的是，新的自恋者寻求和利用他人作为自我目标。他们需要他人是为了构建自己；他们不是寻求自己作为独立客体的品质，而是因为一种内在空虚的经验和对现实的不充分感觉，他们要卷入进去，补充心理结构的缺失。

141 对这些描述最为明确的反应是文化上悲观的、道德堕落的思维和指责定罪，在美国人克里斯多夫·拉斯奇（Christopher Lasch，1923－1994）的著作《自恋文化》（*The Culture of Narcissism*，1978）中得到了最为强烈的表达。与此相反，托马斯·齐厄试图描述一种环境，它是对社会中大量新潮流的合情合理的反应，这个社会的发展方向是不断突破核心家庭、工作激烈化以及补偿性消费和补偿性满足的大爆发。基于这个理念，齐厄指出了在社会和文化发展中很多解放的潜能，以及在作为一种前进道路的发展和教育形式中的一些变化（Ziehe，1975；Ziehe and Stubenrauch，1982）。

不过，对身份认同的传统认知来说，最为切实和极端的挑战是在20世纪90年代，在作为社会建构主义的自我认定（self-designated）心理模式中发展起来的，这在7.8节中已经作过讨论。这一认知模式基本上是基于这样的前提：心智过程和现象是在社会互动中发展起来的。在这一观点中，一个人所谓的任何固定的身份认同或可靠的自我都变得可疑，因为当社会情境和背景发生了变化，身份认同和自我就也必须发生变化。身份认同呈现出一种不一致的、情境决定的形式，具有很多不同社会角色的特征，这些不同的社会角色是个体假定或倾向于成为的，作为一个工人、父母、道路使用者等，而且这些角色并不必须要有什么内在一致。晚期现代社会中的人们，正如他们所生活于其中的世界那样支离破碎。

格根在他最为广泛传阅的著作中使用了“饱和了的自我”（the saturated self）一词（Gergen，1991）。这是一种自我或身份认同，它持续地暴露于各种各样的大量影响之中，以至于自我或身份认同不能够包容它们，在某种程度上不能维持任何的一致性或整体性的理解。

不过，问题在于这样极端的身份认同消解是不是一种合情合理的表现。在某种程度上，感知情境的其他现有途径也已经找到，它们知晓这些消解趋势的同时，也注意到在个体中仍然存在着、也必须存在一种内在的心智一致类型。

这些理解之一聚焦于生活故事或个体传记，因为这将个体在精神上把握在了一起，由此就可以说是形成了一种身份认同（例如，Alheit，1994；Antikainen *et al.*，1996；Dominicé，2000；见5.6节）。这里的中心点是，晚期现代人们的自我理解是由他对生活故事的理解或叙事把握在一起的。叙事既不是一种精确的也不是一种真实的对实际生活历程的记录，而恰恰是当事人发展起来的生活过程的历史，是一个人对事件和情境赋予的稳定诠释和意义归因，这些事件和情境又是他主观性地发现在生活过程中和对当前环境来说非常重要的——同样地就像身份认同是在一定程度上具有一致性的实体一 142
样，这个一致性实体也在不断地发展并被重新加以诠释。

英国社会学家安东尼·吉登斯（尤见Giddens，1991）持有某种程度上不同的观点。尽管吉登斯也把生活故事看作是自我理解中的一种重要元素，但他把主要重心放在他所谓的“自我认同”（self-identity）上，他把这个术语界定为“一种自反性地组织起来的努力”（Giddens，1991，p.5），包括坚持和修订一个内在一致的生活故事以及自反性地结构化的生活规划和生活方式，它们是“依据有关生活可能方式的社会和心理信息的”（Giddens，1991，p.14）。由此，吉登斯观点中最为重要的是，身份认同是持续自反性过程的结果，在此过程中一个人根据源自他周围世界的刺激，构建和重构他的自我理解。与早先时代更为固定的身份认同相对照，正是这种自反性和可变性才是现代自我身份认同的典型表现。

与社会建构主义形成对比的是，生活故事和自反性导向的理解表现出来的特征是：朝向个体身份认同消解化和碎片化的晚期现代潮流，是被不同手段反抗着的，这些手段能够创造某种内部一致性和持续性。这暗示了在某些“内部深处”的地方一定存在着一种心智状况，一种自我或一种核心的身份认同，由此能够产生那种抗拒或反对行为。美国儿童心理学家丹尼尔·斯腾（Daniel Stern，1995）认为在生命的头几年，儿童通常早已发展了一种“核心自我”（core self），它对于更进一步的个性发展有着关键性的重要意义。其他上面提及的理论家们没有一个人直接研究这样的一个概念，但是吉登斯的“本体安全”（ontological security）概念暗示了一种基础性的个人信心，它是很早就获得的，作为最后的自我身份认同的预设基础，并在此之上得到构建（Giddens，1991，pp. 35ff）。

从学习的观点来看，如果要采用吉登斯的术语体系的话，就有全部的理由去注意这样一个核心身份认同的必要性——或者坚持这个本体安全的概念。这首先是因为整个身份认同分裂或情境身份认同不可能出现，而且这种晚期现代消解趋势的后果被夸大了。这暗示着一种朝向没有任何真正个性的老式心智结构的回归，但这差不多与现在情况相反，也就是说，晚期现代的个体深陷于这样的挣扎之中——面临着持续的、不可预测的外部压力情况下坚持他们的个体性。其次，这是因为它暗示着必须被学习和坚持的东西，正是一种核心身份认同和极端灵活的二元体，它绝不可能具有身份认同混乱的性质，而更具备不断重构的性质。

核心身份认同的理解是被一层更为灵活的结构包围着的，这种理解与本书中所描述的学习概念也是协调一致的，这部分是因为它承认心智过程的社
143 会和个体两方面，部分是因为它为通过影响与学习在认知上、情感上和社会性上的稳定模式和结构、持续不断的变化留出了空间。

我不认为在核心身份认同的理解和自传视角之间有任何的冲突，不过只有一个观点上的不同，核心身份认同通常包括生活故事的精华，并且与此同时也包含个体有关未来的理念的精华。然而，从教育的观点来看，重要的是，生活故事的方法会很容易去强调回顾性的观点，因为生活故事必然是回

顾性的。当这种情况发生时，聚焦点单方面地放在了进一步发展的背景上，而能够为发展提供力量和方向的动态的、进步的要素存在于现有问题和未来远景之中。彼得·阿列特在他的自传性概念中，也竭力试图通过注解生活故事与现有挑战之间的互动，来跨越这一障碍。主动性（initiative）不是隐含在有关“我是谁”和“我从哪里来”的问题中的，而是在诸如“什么对我来说可能会更好”和“我想到哪里去”这样的问题之中。

另一方面，想象整体分裂或一个稳定身份认同的缺失似乎是不太现实的。有关个体活动的方式和在不同情境的广泛领域中如何被看待的问题，个体从整个儿童和青年期获得的所有经验都留下了有关“一个人是谁”和“他被其他人如何看待”的普遍化的痕迹。即使他感到不确定和不稳定，这些也会成为一种身份认同的要素。整体空虚或确定性的缺失也卷入了总体的无能力，而且最终精神崩溃。（更进一步来说，还须值得注意的是，对身份认同消解的最为极端的理解是在美国发展起来的，在这里现代性发展是最为深入的，而所有更为温和的理解是在欧洲得到发展的。）

8.6　整体性学习理论

上面考察了围绕着经验、能力和身份认同概念的多种有关学习的整体性理解，在此之后，我们可以提出这样的问题：是否存在横跨这样一个总体的学习理论。

我已经考察和提到了大量不同的理论和学习理论家，并试图一路指出其长处和弱点。例如，从有关整体性视角的观点来看，很清楚的是，皮亚杰通过特别专注于认知与内容，有意识地回避了这一视角，而弗洛伊德和其他精神分析导向的视角则相应地聚焦于动机维度。我也已经指出，文化历史学派及其继承者跨越了内容和互动维度，他们只是极少将动机维度纳入考虑之中，而且类似地，那些基于批判理论的研究者们专注于动机和互动维度，但 144
只是偶尔考虑到内容维度（见 14.2 节）。

不过，在所有回顾评论过的文献中，有两位理论家在某种程度上似乎在三个维度方面更能保持一种平衡，他们是美国的埃蒂安·温格和英国人彼得·贾维斯，还要加上一个由美国人罗伯特·凯根（Robert Kegan）提出的理论，这是我尚未在前面考察过的。本节中我将在整体性的观点中简短地讨论这三种视角，并在结论中对系统理论的视角作出解释，这一视角如其名称那样，目标在于整体性。

温格的学习模型在7.6节中已经引用过了（Wenger，1998，p.5）。在该模型中，学习嵌入在四种条件之间：意义、实践、共同体和身份认同。意义与内容维度有关，其联系的方式正如我在8.3节中对这个概念的应用那样。相当清楚的是实践和共同体关注的是互动维度，在此它分别指的是一种实践的和意识的水平。如我在8.4节中所阐述的那样，身份认同与所有三个维度都相关，由此在它之下动机维度也是如此。

温格自己将这个模型作为一个起点，来分析作为学习框架的实践共同体，并且通过这种途径他纳入了所有的三个学习维度。他还在其著作的第一章中，联系大范围的其他学习理论，作了一个很长的注解。但很清楚的是，温格的导向是特别朝向实践共同体中的学习的，由此他将互动维度置于优先地位，并且他自己称其理论为“一种学习的社会理论”。

因此，温格的理论本来可以作为一种平衡地纳入了所有三个学习维度的一般学习理论得到发展。但他选择的是专注于互动维度，然后将另两个维度在此基础上纳入。这种导向在他后期的文本中变得更加明显，正是在这些文本中，他所继续深入研究的是实践共同体的设计和运作（例如，Wenger and Snyder，2001；Wenger *et al.*，2002）。

贾维斯的出发点一开始是社会学的，并且特别关注成人教育。然而，从20世纪80年代以后，在他两本最新的著作《人类学习——一种整体性视角》（*Human Learning—An Holistic Approach*，Jarvis and Parker，2005）和《迈向人类学习的综合理论》（*Towards a Comprehensive Theory of Human Learning*，Jarvis，2006）中，在他涉猎广泛的研究成果中，引入的是越来越多的哲学和心理学的导向。而且，本书出版之时，贾维斯的新著《全球化、终身学习和学习型社会》（*Globalisation*，*Lifelong Learning and the Learning Society*，Jarvis，2007）也将面世，就当代全球发展和它们对于学习、教育条件的影响之间的联系，又重新梳理了他的观点。

因此，毫无疑问的是，贾维斯是从公开宣称的社会学导向和教育导向（Jarvis，1987），转向一个更为一般水平和整体性的导向，他称之为“存在主义”（existentialist），即他的出发点是在人的存在或“生存”上，他很快 145
就拓展了“在世界中存在”（being-in-the-world）的概念，深入发展为“在世界中与他人一起存在”（being-in-the-world-with-others）。通过这样做，他发展了人与环境之间的辩证关系，与我在本书中所进行研究的基础相对应（Jarvis，2006，pp. 13 – 16）。

纵观贾维斯的广泛研究成果，他对互动维度的关注，特别是对社会水平上的关注，占据了一个压倒性的地位，并且将他最大的研究兴趣引导到了作为一个概念和一种政治性议程的终身学习上（尽管他变得越来越对这个议程中日益取得控制地位的经济导向抱有怀疑态度，见 Jarvis，2002）。

但与此同时，贾维斯通过他在 1987 年提出并在后来很多场合中加以修改的一个学习模型，走近了获得过程。这个模型的出发点是基于这样一种感受：库伯的模型（5.2 节）也许很重要很有趣，但它实在太简单了。贾维斯因此让很多课程参与者来描述他们是如何经验自己的内在学习过程的。接下来他就分析了这些描述并加以总结，得出了一个有着很多选项和出口的复杂模型。我在此复制了该模型的原始版本（图 8.2），因为后来的版本变得更为流线型，而我认为有曲线的最初版本最好地反映了学习课题中凌乱和复杂的多样性。

关于这个模型，非常值得注意的是，首先，与许多其他的、特别是库伯 146
的学习模型相比，它表明学习过程可以有很多不同的和相互缠绕起来的路径，即使当它们以一种简化的形式被复制的时候。其次，它表明学习过程也可以有很多不同的结果，这在贾维斯的描述中被总结为三种主要类型：非学习、非反思性学习和反思性学习（Jarvis，1987，pp. 133ff.）。

在其最近的一部著作中，贾维斯也吸收了学习的三个维度的思想（Jarvis，2006，p. 24），不过是与我所使用的术语相联系的。他提出，我目前称之为的“互动维度”应该更改为“行动维度”（action dimension）。我们发展的方向是一致的，仅有的区别似乎是：贾维斯是从学习者的立场来提出观点的，是这个学习的人采取了行动，而我通过使用互动这一术语，试图将自己导向学习者和环境之间的关系上。

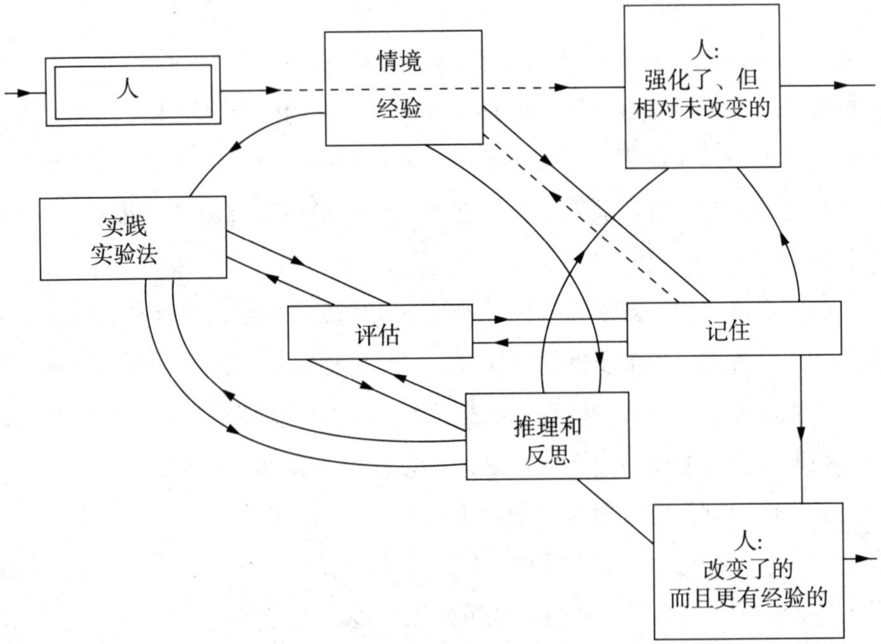

图 8.2　彼得 · 贾维斯的学习模型（Jarvis，1987，p. 25）

在一个更为一般的水平上，当理论同时指向学习和非学习的时候，很清楚的是，贾维斯指向的是哲学上的探讨与来源，我则是在心理学方面更为深入。不过，对我来说，毫无疑问的是，贾维斯是学习研究者中朝着整体性视角走得最近的一位，这种整体性视角也是我在本书中竭力希望企及的。

我要提到的第三位学习研究者是哈佛大学教授罗伯特 · 凯根，他对于学习的视角特征最好是用意识理论的视角来描述，更为明确地，他自己称之为“建构—发展”的视角。

在他的两部主要著作《进化中的自我》（*Evolving Self*，Kegan，1982）和《在我们脑中》（*In Over Our Heads*，Kegan，1994）里，凯根广泛研究了个体发展。他构建了很多人们可以检验的认知水平或意识秩序，并描述了它们之间作为转换的过渡（这里使用的这个转换概念有些不同，比梅齐洛的概念更具一般性，而且他把“转换学习”作为一种终身的现象或过程来讨论——与此相对照，梅齐洛的“转换学习”概念指的是有关某种转换的特定过程）。

因此，这是一种持续的贯穿于整个生命历程的一系列转换，在凯根看来，当一个人认识到早先的过程和自己所导向的未来选择时，他们就能够更好地理解和鼓励这样的转换发生。根据凯根的观点，这些转换的特征表现为：过去是认知主体的东西，在转换中成为了客体——即一个人过去被加以控制的东西，现在变成了他控制自己的东西。在此基础上凯根起草了一个五步图解（图8.3）。

147

		主体	客体	潜在结构
		知觉 幻想 社会知觉/ 冲动	运动 感觉	单点/即时/元素
		具象 现状 数据，因果 观点 角色概念 简单互惠（针锋相对） 持久性向 需要，偏好 自我概念	知觉 社会知觉 冲动	持久的种类 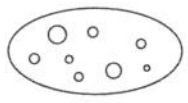
社会化的心灵	传统化	抽象 理想 推论、概括 **相互关系/人际关系化** **角色意识** **双向互惠** 内部状态 主体性，自我意识	具象 观点 持久性向 需要，偏好	跨种类的 越种类的 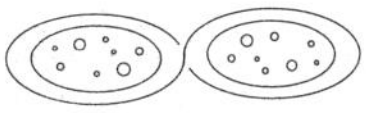

续表

		主体	客体	潜在结构
自我创造着的心灵	现代化	抽象体系 意识形态 公式，授权 抽象事物间的关系 **制度** **关系规范形式** **多角色意识** 自我创造 自我规范，自我塑造 身份认同，自觉，个性	 抽象 相互关系 人际关系化 内部状态 主体性 自我意识	体系/复合体 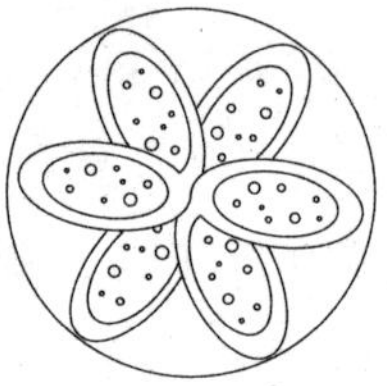
自我转换着的心灵	后现代化	辩证的 跨意识形态的/后意识形态的 试验性的公式，悖论 **交互制度** **形式之间的关系** **自我与他人的相互渗透** 自我转换 自我间的相互渗透 交互个性	 抽象体系 意识形态 制度 关系规范形式 自我创造 自我规范 自我塑造	跨体系 跨复合体 

发展线	
关键	认知的 **人际关系的** 交互个体的

图 8.3　凯根的五步图解（Kegan，1994，pp. 314－315 and Kegan，2000，pp. 62－63）

148　在步骤一中，幼小的儿童在发展自己的运动和感觉时，被独有的知觉和冲动所控制。

在步骤二中，从大约两岁起，转换已经出现，儿童形成了更大和更为多样的覆盖了更多要素的种类，例如，他区别出什么是属于他人的，什么是属于自己的，区别出他想让自己做什么，以及别人想让自己做什么（Kegan，1994，p. 22）。在此基础上，当他被可适用的事件、角色概念和性向控制的同时，他能够控制自己的知觉和冲动。

在步骤三中，到了六岁，儿童开始能够超越单一的种类。他现在能够控制事件、观点和偏好，以及被更为抽象的概括、价值观、与他人的联系、角色意识和自我觉察所控制。在社会水平上，凯根把这个步骤称作“传统化”。这曾经是十八、十九世纪西欧国家在启蒙运动、资本主义和工业化的现代性突破之前通常达到的最高阶段（Kegan，1994，p. 10）。

在步骤四中，到了十几岁的时候，一个人就有可能理解和掌握更多广泛和复杂的体系。由此他能够自己控制更为抽象的事物，诸如概括、价值观、与他人的联系、角色意识和自我觉察，并且在这中间受抽象体系的控制，诸如意识形态、制度和身份认同。在社会水平上凯根把这个步骤称作是“现代化”。

最后在步骤五，出现了超越体系的潜能，将一个人自己从固定的意识形态、制度和身份认同中解放出来，并实现一种全面的、辩证的意识秩序，这里基于他对环境的诠释，他能够就有关公式、悖论、矛盾冲突和与其他人、与他自己的关系等作出决定。凯根将这种秩序作为“后现代化”来理解，并因此认为这样一种水平仅仅是在20世纪70年代以来，个体从大量制度束缚中获得后现代性的解放之后，才成为普遍可达到的水平。

由此，凯根已经提出了一个极为综合性的建构。在源头，它是建立在皮亚杰和弗洛伊德两人的灵感基础之上的（Kegan，1994，p. 9），但与他们不同的是，他并未就现代性所期待的成人身份的可能转变（自我创造的心灵——步骤四）得出结论：一方面，存在进一步深入的可能（到步骤五），而另一方面，很多人甚至最远达到步骤四都有问题。

从学习的观点来看，重要的是凯根很清楚地吸纳了所有三个学习维度（他自己所用的术语分别是：逻辑—认知领域、社会—认知领域和交互个人—情感领域，Kegan，1994，pp. 30－31）。但在另一方面，在对梅齐洛和布鲁克菲尔德的延续中，他的立场也可以被视作是内容导向视角的完整化，越 149

来越清楚的是，内容不能够抛开动机和互动维度而得到充分的理解。

关于学习类型，凯根也涵盖了整体性，而且即使他稍稍改变了阐述，仍然很清楚的是，转换过程出现在这些水平之间的转换过渡中，包括在所有三个学习维度上的重构过程。

由此可见，有一些学习研究者，用不同方法和从完全不同的角度出发，实现了与我在本书中提到过的人们相似的整体性理解。这证实了：在我所企及的东西中必然存在某种意义，这也可以被看作是一种愉快的机会，有可能去继续发展更为充分和多样化的理解。

我认为，如果想通过把学习联系到包括人类及其学习的不同体系如何能够发挥功能的某些一般方针，从而寻求把学习提升到一个全面的、抽象的系统理论视角的话，情况是有所不同的。如在4.1节中所指出的那样，格里高利·贝特森的学习分类理论是一种在系统理论本质上相当简单的理论（Bateson，1972），而更为普遍和更加复杂的系统理论的视角可以在尼可拉斯·卢曼的研究中找到。这在5.6节中简要地提到过（Luhmann，1995［1984］）。

我绝不是在暗示，这样一些视角和理论是错误的，我常常发现它们有着巨大的解释性价值。不过，我将不再继续深入到这些视角中去，因为我发现，它们与处于争论中的日常生活的学习离得太过遥远。我发现很难识别出有着自身努力和问题的活生生的人们，认识到他们的情感以及在这些抽象种类与反思中的关系。出于这一原因，我只能够告诉感兴趣的读者这些作者而已，如果他们希望获得这些理论更多的信息的话。

8.7 学习模型与学习历程

还有另外一种学习整体的视角，是去考察一些从不同观点发展出来的学习模型，其中很多模型我们已经在不同脉络中加以讨论。有三种类型的模型：程序模型（sequence models）、阶段模型（stage models）和结构模型（structure models）。

一个非常简单的程序模型是直接与皮亚杰的学习理论相联系的，它由丹麦的延斯·比耶格（包括托马斯·尼森）等人开发，是一种波状或交换模型，表示在一个理想状态中的同化和顺应学习过程之间的互动（图 8.4）。

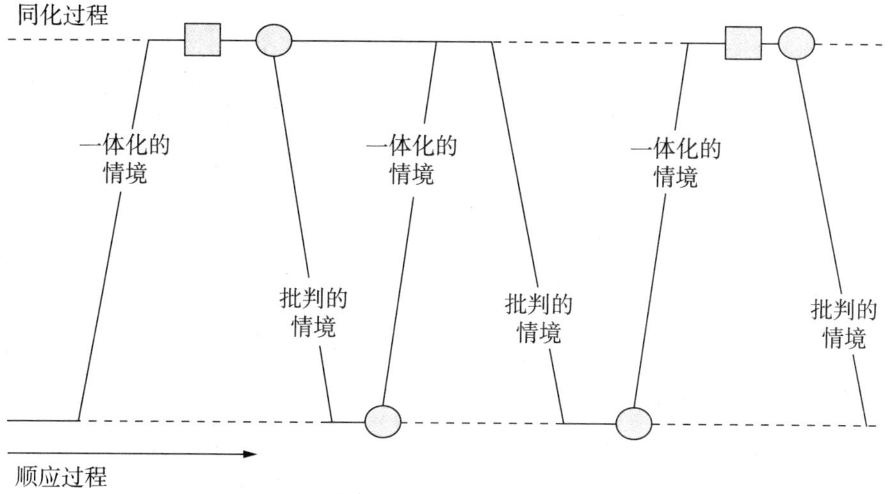

□ 识别特定能力的恰当时机(获得水平的观察)
○ 观察状态变化基础的恰当时机，包括情绪和心理社会条件的教育评价

图 8.4　同化与顺应学习之间的互动（Bjerg，1976，p. 45）

这个模型表明了一个学习程序如何从（主要是）同化的过程，经由一种批判的情境转向到了（主要是）顺应的过程，经由一个一体化的情境回到（主要是）同化的过程，如此等等——它还揭示了在这种程序中，哪些时间点分别对于活动水平的教育观察和状态改变的观察是比较理想的。这个模型当然是非常简化的——作为一个模型来说总是不得不这样——但它也是对本书中普通日常学习程序的一个很好的图示。

一个更为知名的模型大体上展示了同样的思想，这就是美国社会与组织心理学家克瑞斯·阿吉里斯在组织和管理发展中开发的“单回路”与“双回路”学习模型（图 8.5）（Argyris，1992）。

阿吉里斯关注的是组织中的学习（见 12.4 节）。组织的存在是为了实现 151
某种特定目标，它们通过行动来实现目标。这些行动能够导向到所希望的结果，因此一种“匹配”就获得了，或者导向到了一个与期待不一致的结果，成为“不匹配”。在不匹配的情况下，也许有可能去接着尝试在同样参考框架下的另一种解决方案，由此形成一个学习方面的单回路，或者另一种替代

途径是，可以尝试超越这个框架、这些“控制变量”，形成一个双回路。（图 8.5）（Argyris，1992）

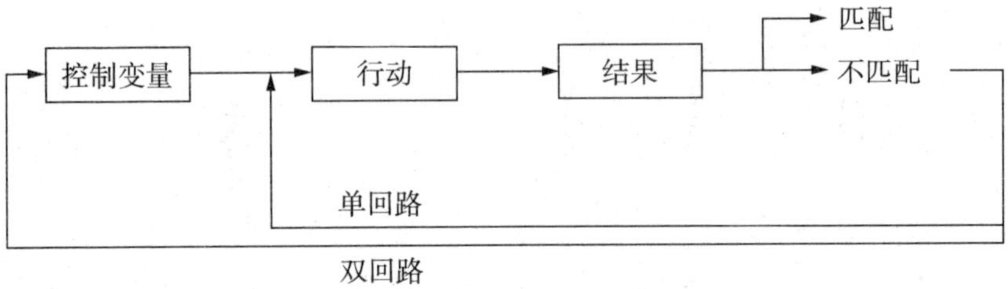

图 8.5　单回路和双回路学习（Argyris，1992，p. 8）

一方面，阿吉里斯的模型是特殊的，因为它与组织链接得如此紧密；例如，行动可以被归为个体或组织本身，有利益的学习是那些导向组织中转变实践的学习。另一方面，这个模型和皮亚杰、贝特森与梅齐洛的基本概念之间显然有重叠之处，相当清楚地区分了这两者之间的区别：构建于现存预设基础之上的学习和包含了对这些预设的改变或超越的学习。而且阿吉里斯的模型有着显著的长处：很容易理解，并联系到了一个特定的实践情境。然而，必须要说的是，阿吉里斯的模型缺乏一个更为清晰的理论根基，尽管很明确他（正如戴维・库伯和唐纳德・舍恩那样）吸收了主要与库尔特・勒温和格式塔心理学有关的一个概念作为基础。

库伯的学习周期（5.2 节）和其他的周期模型也可以被理解为一种程序模型，当周期模型在日益提高的水平上重复自己时，它们就成为了螺旋式模型，库伯也曾经在他探讨杜威的学习理论时这样表示过（Kolb，1984，p. 23）。在美国人杰罗姆・布鲁纳的“螺旋式课程”提议（Bruner，1960，pp. 13，33，52ff.）中可以找到这种模型的典型案例。这个模型是基于他那富于挑战性的课题——“任何学科都可以用某种智力形式有效地教给处于任何发展阶段的任何儿童”（Bruner，1960，p. 33）——之上的。

挑战“恰恰”是要找到能够对应于儿童发展阶段的呈现和范例形式——所以它就成为一种螺旋式的学习过程，在此过程中，跟随儿童的发展，以新的方式回到同样的知识点。

所有这些周期性和螺旋式模型都有这样的不足：它们表示的是一种“顺

利的”、甚至是不断进步的程序——与此相对照的是，现实并非如此均衡发展，学习中有本质上为顺应性的跳跃性发展，如比耶格和阿吉里斯模型中所展示的那样。它们还会出现不太幸运的趋势，在全部时间中都是在重复自己那个同样类型的程序。

不过，还有另一位英国成人教育研究者汤姆·舒尔（Tom Schuller）所提出的螺旋式模型，展示了贯穿于生命历程的三重螺旋式发展（Schuller，1998）。这个模型受到了 DNA 生化结构的启发，在一个简化的模型中，舒尔 152
展示了如何将生理的、心理的和社会的发展看作三个相互独立但又交织在一起的程序，与此同时反映了个体的生命历程（图 8.6A）。不过，在现实中，发展并不会像这个理想模型所示的那样，以如此简单和协调的方式发生，在每一重发展中都有着多种多样的起伏和速度，对生活中生命的图解会像图 8.6B 中所示的那样。

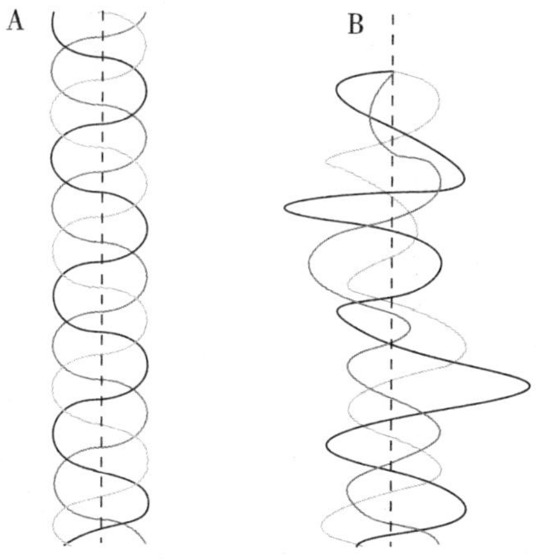

图 8.6　汤姆·舒尔的三重螺旋。理想模型（A）和“现实”模型（B）。生命历程中生理的、心理的和社会的发展（Schuller，1998，pp. 32 – 33）

基于本书的视角，把这个模型转变成为四重的螺旋曲线会更为恰当，从大约六岁开始，将心理发展分为内容线和动机线。

不过，最为精致的程序模型毫无疑问是贾维斯的模型，在前面一节中我们已经详加探讨过，通过这个模型，对学习在现实中如何发生的，给出了一个极好的和更少理想化或标准化的表达。

学习程序可能会包含某种重要性质的跳跃，基于这种理解，我们就距离提出表示学习和发展程序不同类型的多种阶段、步骤或状态形式的模型为期不远了。

关于阶段模型，显然它们首先指的是皮亚杰和弗洛伊德著名的儿童期认知发展和性心理发展的阶段理论，即使这两者都并未被转化为图式的模型。同样情况的还有，例如，德赖弗斯兄弟的“人类直觉与专长”发展的五步模
153 型（Dreyfus and Dreyfus，1986）。它试图描述人类智商是如何在某些关键点上高于任何计算机的，描述了我们是如何经过诸如新手和高级初学者的阶段，然后进入到能力和专业阶段，到达专长阶段的。这与计算机的程序并不一致，与计算机快速和逻辑性地检索、分析极为大量的信息不同，而是意味着我们发现自己处在一个领域中的综合经验中，使得我们能够在一个问题情境中直觉地找到适当的可能解决方案——这一理论也适合描述唐纳德·舍恩通过经验研究得出的专家的功能含义，在前面我们曾经提到过。

不过，德赖弗斯兄弟的模型没有清晰地详细说明多个阶段间转变的标准是什么，因此这个模型就没有满足一个心理阶段模型的要求，参考了皮亚杰的理论，丹麦生命阶段研究者约翰·菲约德·延森（Johan Fjord Jensen，1928－2005）进一步提出了五个总体原则：阶段应该是有先后顺序的，即它们必须在一个特定的顺序上发展进行，一个阶段是另一阶段的基础，因此没有哪个阶段是可以被跳过的；它们必须是有普遍性的，即它们必须适用于所有人，无论时间和地点；它们必须是复杂的，后面的阶段包含了前面的，是一种日益提高的复杂顺序；它们必须每个都包含一个结构化平衡的时期，从而它们包含了在一个共同结构中的所有适当要素，一直持续到下个阶段的转变；最后，它们必须是在性质上有所不同的（Jensen，1993，p. 91）。

有两种伟大的心理阶段理论在很大程度上满足了这些要求，它们是皮亚杰的理论和弗洛伊德的理论，还有一些研究整个生命历程的现代生命阶段心理学的理论，至少包括我们在 8.4 节中曾经提到过的艾瑞克·H. 埃里克森的阶段模型。这里我将展示的是菲约德·延森的阶段模型，是用一个双生命虹来表示的（图 8.7）。

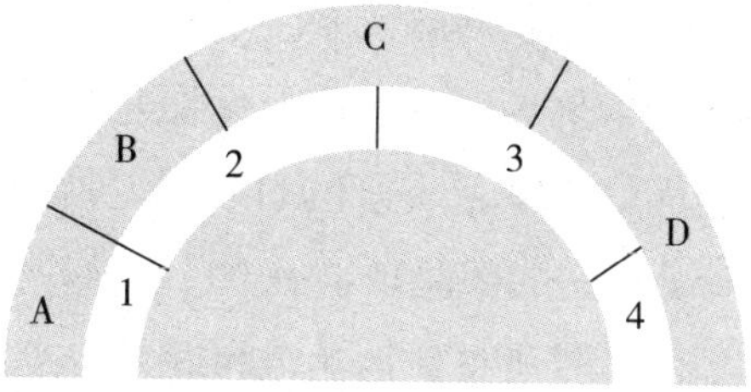

图 8.7　双生命虹。社会生活年龄：（A）儿童期；（B）青年期；（C）成人期；（D）老年期。解释生命年龄：（1）儿童期；（2）成人一期；（3）成人二期；（4）老年期（Jensen，1993，p. 182）

这个模型的要点是在成人生命中有两种阶段类型：社会生命年龄和解释 154
生命年龄，两者经常会出现移位。

> 通过生命和意识的一部分，人归属于社会，但是通过另外一部分他归属于自己。从一种观点来看，他处在这样一个生命历程中：受那个年龄的文化结构的控制，有着它自己的社会生理的里程碑和年龄相关的典礼仪式。通过归属于它，人以自己的生命年龄成为社会年龄文化的一部分。从另外一种观点来看，其处在这样一个生命历程中：他以自己的解释来管控他自己。如此，他就是被发展和表达的个人需求所驱动的。
>
> （Jensen，1993，p. 182）

联系汤姆·舒尔的三重螺旋来看，我们就能够看到出现了一个在单个阶段节拍中交织在一起的生理与社会发展的形象，而心理的发展——也许可以被分成认知和动机两条线——跟在第二个阶段节拍之后。

另一个关于生命历程的非常不同的视角是戴维·库伯的，他认为生命历程有着三个主要阶段，其特点是通过与四种学习模式（见 5.2 节）不断紧密的联系，成为一个一体化的整体（图 8.8）。

第一个阶段覆盖了从儿童期到青春期，特征是“获得”（*acquisition*），自我仍然处于未分化状态，嵌入在环境之中——这个阶段还可以根据皮亚杰的理论分成若干子阶段。第二个阶段一直到菲约德·延森称之为的生命转折点，它可以出现在多个年龄段（见 11.5 节），特征是“专门化”（*specialisa-*

tion）（基于库伯的描述，我比较倾向于称它为素质——与生涯、家庭和社会有关）——自我是内容或事例导向的，并被吸收进与周围世界的互动之中。最后是第三阶段，根据库伯的理论，这个阶段不是所有人都会达到的，特征是“整合”（*integration*）——自我呈现出一个过程的特性；人与自己的生命历程相联系，与它在周围世界所扮演的角色相联系（见凯根的步骤五，8.5节）。

155

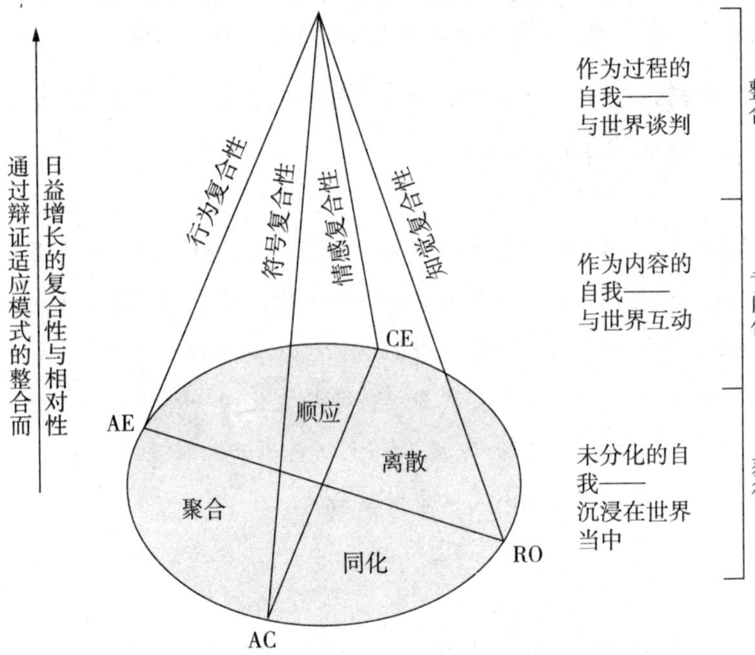

图 8.8　库伯的终身成长与发展模型（Kolb，1984，p. 141）

最后一种类型是结构模型。这里很自然首先要提到的是在第三章中所提出的三角模型，它在 7.1 和 8.3 节中都在不同方式上分别有所发展。但是在 7.6 节中引用的温格的模型，也是一种结构模型，6.5 节中赫伦的模型也是如此。另外，我还在 4.1 节中提到过加涅的学习类型模型，在 6.6 节中提到过马斯洛著名的需要或动机层次模型，这两者都具备结构模型的特征。

这样的模型复制出了很多在该领域中的事物和种类，这个领域中处理的是这些事物和种类之间的联系，但是它们缺乏一个时间的维度，因此必须被理解为一种对某个领域某种观点的图解，提供给读者一个概览。因此，这种类型的模型提出来的时候，就是一种“自由选择”，但我们必须知道，这些图示对于很多读者来说，比文本有着更强的效果，我们必须在比例关系上很小心，选择精确的或软性的形式，而且模型必须在文本中进行清晰的阐释。

整体而言，我们有理由对这些模型保持一种警觉，例如，仔细考虑它们的目标是否是图解“总是这样一种情况”或“它通常会是这样的”，特别是它们是否包含某种顺序或优先排列。本书中的三角模型实际上包含了一个观点：两个过程和三个维度是每个学习过程的组成部分，但它并未说明这组成部分的强度。这意味着个体在某个过程中的学习组成部分的比重程度是多样的。与此相对照的是，我已经指出过很多次，库伯的学习模型以及部分赫伦 156
的模型，暗示了在学习中不同元素的一种顺序，这与脑功能的灵活性模式相冲突，因此最好被看作是对一种典型程序的图解。同样地，马斯洛的需要层次也不能声称列举了典型之外的情况——要找到多种需要优先顺序不同的例子是非常简单的。

模型可以是非常有用的论证方式，但它们总是会简化现实的多样性，而且在很多情况下它们也是很诱人的，这恰恰是由于它们减化了这种多样性。

8.8　小结

我们对学习的三个维度和四种学习类型在学习的整体性中进行了总结。这个工作可以基于不同视角和概念来实现，我这里选择了聚焦于经验概念，将其作为一个重要的关于学习过程的整体性术语，还分别选择了个体发展、能力和身份认同的概念，作为关于学习到或发展了什么的相应术语。

大多数学习理论在极大程度上是与学习的某种方面或要素相联系的，但是也有一些理论在相当程度上包含了整体。也有很多的学习模型侧重的是学习上的某种观点，它们可以分成程序模型、阶段模型和结构模型。然而，对于所有模型来说有一点是确定的：我们必须很小心，只能把它们当作一种图解来看待，在很多情况下，这种图解简化了现实的多样性。

第九章

学习障碍

157 适当的学习理论不仅仅是关于一个人学习时发生了什么。同样重要的是，它要对下述课题也感兴趣：所期待的学习没有出现时发生了什么，或者是人们没有学习期待中的内容而是学习了别的时发生了什么。学习障碍可以出现在所有三个学习维度之中，而且常常会同时与两个或全部三个维度有关。关于内容维度，主要关注的是这样的课程：学习者缺少专注，没有充分解释、误导等，这里将它们在错误学习这一概念下进行了总结。在动机维度，很大程度上是对学习的各种不同心理防御。有一种防御的特殊形式是以矛盾心理为特征的，即在同一时间内一个人既想学习又不想学习某一或其他事物。最后，关于动机维度特别的是，对学习的阻抗可能在学习体验到压力的时候产生，这时候人们发现对自己个人来说无法承受这些压力。对学习的阻抗同时会成为推动另一种学习的强大冲动。

9.1 期待中的学习并未发生时

几乎理所当然的是，学习心理学主要一直是关注某人学习时发生了些什么。然而在很多背景下，对下列问题感兴趣也很重要：某人在能够发生重要学习的环境中不学习时，或者是某人学习的不是他们或其他人所希望学习的内容而是其他内容时，发生了什么？然而，实际情况远远并不总是如此：个体在与环境的互动中遭遇的刺激和影响，被转变成为一种内部的心理获得过
158 程——尤其是在教育和其他情境下，这形成了一种特殊学习类型的基础，当这种学习没有发生，或者也许只是部分地发生，或者以一种扭曲的方式发生时，很清楚的是出现问题了。

我早已多次提及的彼得·贾维斯（特别是在7.3节和8.6节中）是极少数深入思考了这个课题的理论家之一。贾维斯将“非学习”（non-learning）分为三种类型：**假定**(presumption）是指一个人已经思考过对某物的理解，因此，就不再会去抓住新的学习机会。**不考虑**(non-consideration）是指一个人也许抓住了新的学习机会，但是并未真正发生联系，也许是由于太忙碌或对这些机会可能导向的东西感到太过紧张。**拒绝**(rejection）意味着在一个更高的意识水平上，一个人不想去学习在一个特定情境中的新东西（Jarvis，1987，s. 133ff.，以及其他一些文本）。

由此，贾维斯的类型涵盖了非学习的三种意识水平程度，并且引进了一个重要的视角。不过，这些水平还只是通过简短一般的描述来加以定义，没有明确的标准。因此我在这里只把它们作为灵感的来源，而另外使用一种某种程度上与三个学习维度相联系的方法。这里关注的有我通常称之为的**错误学习**(mislearning)，与内容维度有着非常大范围的联系，有我通常称之为的**学习防御**(defence against learning)，主要与动机维度相关；以及我称之为的**对学习的阻抗**(resistance to learning)，主要与互动维度相关。

不过，应该立即加以强调的是，在实践中常常很难去直接区分这三种不同的形式，特别是与防卫和阻抗有关的情况下，它们会很自然地同时出现，并多多少少整合在一起。但是，如我后面将会阐述的那样，这三种主要形式之间在原则上有着相当大的不同，因此在它们将会导向怎样的结果，以及我们怎样将它们与教育和教法方面的观点相联系上，也有很大不同。

9.2　错误学习

错误学习是这样一种学习：它在学习内容上与所希望学习或交流的并不对应。在很多情况下会出现单纯的错误学习，即不知怎么回事，出现我们平常所说的“错误理解”的状况，或者也许是未能集中注意力，使得个体没有充分理解或掌握正在进行的，或者在一个教育情境中，没有充分理解或掌握要求学习的东西。

错误学习很容易与这样的场合相联系：可以清晰地确定什么是正确的，

什么是错误的。我在研究项目学习的美国心理学家罗伯特·梅格（Robert Mager）的工作中找到了一个非常常见的例子。他承担了一个开发小学电子
159 学课程的任务，罗伯特·梅格通过对学生的预备测试发现，尽管他们都声称对电子学一无所知，但其实他们都对这门课程内容已经有了相当的知识和理解，其中某些部分是错误的知识和错误的理解（Mager，1961）。他们在没有正式学习电子学的情况下，都曾学习了有关电子学的一些知识——其中一些是错误的。

然而，这个例子还只是关注了最为切实和容易被强化的错误学习，它们相对来说比较容易去纠正——也就是说，如果我们察觉了这些错误学习的话。它们当然有可能是比较严重的，因为如果一个人在错误基础上积累了更多信息，就会自然而然地错误理解下去。举个例子来说，在诸如数学这样的一个学科中，我们很容易看到一个简单的错误学习是如何导向了另一个错误学习，因此大面积和错综复杂的正确与错误理解的矛盾结构就建立起来，这会强烈地促使学生最终放弃学习，他所学到的主要就是“我就是没法理解数学”。

不过如果我们去看看其他学科或领域，情况很快就变得更为复杂，例如，在对一个文本的解释有多种不同可能性的情况下，什么是错误学习呢？并且在个人层面，有着无穷多的发展可能性，都对个体来说有着影响深远的结果。没有什么可能性能够被断言是正确的，但有一些可能性，如果后来导致了当事人的严重困难的话，可以被理解为错误的或有问题的。

在教育中，理所当然地必须要尽可能地避免错误学习，但这只局限于那些有可能作出清晰正误区分的情境之中。举例来说，如果学生们总是被告知什么是正确的，什么是错误的，他们可以做什么，不可以做什么，如此等等，他们就不能够发展判断力，不能发展独立性和责任感——这其实不能被称之为错误学习，但是从学生们不得不发生联系的环境来看，这种学习很明显是放错了地方。

在错误表现得明白无误的情况下，一个人当然能够努力去避免它们，并且在已经发生了错误的情况下努力去纠正它们。但同样重要的是，我们要记住，所学到的总是有所不同的，因为如前所强调过的，学习总是新的东西结

合到早已存在的东西上的——这种早已存在的东西在人与人之间是千差万别的。在大多数情况下需要共情、对话和宽容。对于个体和更为一般性的对象来说，通过正常方式以外的不同方式下获得了对某个事物的理解时，进步都可以发生。

9.3　学习防御

错误学习主要是与学习的内容维度相关，而对学习的心理上防御则主要 160
是与动机维度相关，它们可能会以下述方式发生：学习被阻止或被大量无意识心理机制所扭曲，这些心理机制是用以保护个体免于学习的，这些学习出于某种原因可能是威胁性的、限制性的，或以其他一些方式对维持心理平衡添加了紧张压力。在某些情况下防御可以是生理性地嵌入在“身体盔甲”或“性格盔甲”的形式之中，这两个术语是奥地利精神分析学者威廉·赖希界定的（Reich，1969a［1933］；见 2.3 节）。

心理防御机制的概念是与弗洛伊德紧密联系在一起的，并且很早就在精神分析理论的发展中作为一个关键概念出现（Freud，1940［1984］）。经典案例是对于那些不能接受的冲动刺激、心理冲突和对创伤经验的承认而产生的防御的**压抑**（repression），不过实际上弗洛伊德还指出了很多其他的防御机制，诸如**退回**（regression）、**投射**（projection）和**疏离**（isolation），而且在有关这一主题的经典著作中，他的女儿安娜·弗洛伊德（Anna Freud，1895 - 1982）列举了一系列不同种类的防御机制（Freud，1942［1936］，pp. 45ff.）。

后来，前面提到过的、与日常意识理论的发展相联系的德国社会心理学家托马斯·莱特霍伊泽（我在本节稍后还会回到这个理论）界定了其他一些防御机制的种类，它们通常发生在当下的学习情境中，如**缩减**（reduction）（“我当然知道这些”——对某些新东西和实际上不知道的东西）；**调和**（harmonisation）（在冲突情况下强调不重要的一般特性）；**拉平**（levelling）（“这真的不是问题”）；或**拟人化**（personification）和**替罪羊机制**（scapegoat mechanisms）（Leithäuser and Volmerg，1977，这是从 Andersen *et al.*，1993，p. 24

转引而来的)。

在学习方面，防御机制首先伴随着**拒绝**(rejection)，即一个人很简单地不把当前的刺激纳入到意识当中去；出于这样那样的原因，他不愿意接受它们，或和它们一起卷入进去，并且忽视它们，所以很自然地也就没有学习会发生。对主观上很重要以及也许不得不多次重复拒绝的场合，就会呈现出一种**阻塞**(blocking) 的性质，即它的出现是自动的和沉重的，并且也许会呈现出诸如**恐怖症**(phobia) 这样的神经质特征，常常伴随着强烈的焦虑反应。

但是，比**阻塞**和**恐怖症**更为普遍的是这样一种反应，它在某种程度上更为精心加工了，可称之为**扭曲**(distortion)，即不能接受的刺激不被感知为它本身的意义，而是扭曲为某种可以接受的东西。与此有关，我们应该提及一种皮亚杰称之为**扭曲性同化**(distorted assimilation) 的特殊现象，这个概念指的是儿童同化到他们的希望和幻想之中，而不是到现实当中（见 Furth, 1987, p. 38)。

161 这种扭曲性同化在大部分情况下将在后来得到纠正，没有什么大问题，但是另一种扭曲性同化的形式在成人与儿童中间都会广泛发生，发生在一个人偶然碰到与现有认知结构不相匹配的情境或刺激的时候。在这种情境下，根据皮亚杰的理论，他应该进行一种顺应，从而能够将认知结构与现实达成一致。但是相反，经常出现的情况是，个体会拒绝或扭曲这种刺激以使它们适合现存结构，从而以同化过程的手段“管理”它们——如前面曾经指出过的（4.5 节）——比起顺应来，这种同化过程要求比较少的能量，也比较少麻烦。

这种扭曲性同化，通常它的出现是与我们称之为偏见的东西联系在一起的。偏见伴随的是一种对某个特定主题建立起来的错误理解，个体要放弃它的话会耗费巨大的代价。因此，个体系统性地扭曲那些与此相矛盾的刺激。

在教育情境中，这样一种防御机制可能会强烈地促使一些参与者拒绝教学。一般来说，防御也许是一种最能促使学习不发生或变成不同东西的心理机制，而且，作为一种规律来说，需要有高度的安全感、许可和动机来克服这种防御，因为在某种程度上需要它来维持自我价值和身份认同。但是与此同时，克服防御也常常是实现的最为决定性的因素，这种学习进步既可以是学业上的，也可以是个人的。

所有这些都与下述事实有关：自从20世纪初弗洛伊德在他的临床工作中发现了防御机制以来，在整个领域中发生了一些决定性的变革。在那个时代，该领域是一个个体发展的个案，涉及繁重的和不能忍受的个体条件和经验，现代社会创造了一些更为普遍的防御机制，面对这个对于个体来说在心理上无法抵抗的世界，我们都不得不为了维持我们的心理平衡而发展这些机制。

这些一般防御机制的特点通常会在三种主要的压力和紧张形式中表现出来。首先，在大量我们直接面对的新影响和新刺激时，我们通过发展托马斯·莱特霍伊泽所称的“日常意识”来处理它们。其次，现代社会在所有可能的领域中持续变化着，这些变化其中一部分被日常意识捕捉，但是在某些情况下也会带来一种更为广泛的“身份防御”。最后，是用于应对个体在掌控“危机社会”中自身存在感时，维持这种存在感有困难（Beck，1992［1986］，见5.6节）。我们可以努力通过一些防御性顺应的手段来应对这些 162
（见4.5节），或者，更为普遍的是，发展一种更为强大的身份认同和情境理解，从而能够让我们更好地理解、掌握并在一些情况下还能够处理我们所面对的问题情境。下面我将更为紧密地联系学习，来更多地考察这三种心理防御。

针对我们持续直接面对的大量影响和刺激的防御，如我早已提到过的那样，我们发展了一种特殊类型的心理防御，它是莱特霍伊泽所称的我们“日常意识”的一部分（Leithäuser，1976；见7.4节）。

莱特霍伊泽的观点是基于他有关日常生活的理念的——日常生活即在工作生活范围之外的一切事务——日常生活已经变得孤立、支离破碎和穷困无力，因为生产性领域是控制性的，所有生活的其他方面最终必须要与它的经济理性保持一致。

今天，日常生活的特征表现为单个情境的漫长序列，显然所有这些单个情境都是有它们自己的意义的，但是又被感知为没有联系的，因为潜在的公分母的关系，即所有一切都服从于资本主义经济理性，而这并不是表面直接可见的。对于各式各样的不同情境来说，我们必须接受多样的角色，作为工薪族，作为投票者，等等。而且正是由于这些情境是不相关联的，所以在这些多样的角色之间完全不需要任何互惠的联系。

在所有这些多样化的碎片当中，共同点是时间结构。我们的生命越来越被钟表所规制。当然这里重要的是工薪劳动力对工作时间和“闲暇”时间的区分。在工薪劳动力中，时间在多种不同程度上被工间休息、会议等之类结构化了——在教育体系中是被时间表结构化了；这也使得儿童习惯于接受一种外部强加的时间结构，与被结构化的活动内容之间没有任何联系。我们的闲暇时间相应地变得越来越屈从于时间结构——只要想想电视节目现在对于我们家庭生活的内部结构来说具有什么样的重要意义，就可以明白这一点。

现代人利用很多常规来处理这种不关联的多样性，这意味着需求被压抑、延迟，并使它与时间结构保持一致。需求压抑和延迟很自然地发生于所有的社会中，这是一个社会形成的一种基本前提条件。但是在这种现代社会发展起来的无所不包的时间结构下，这样的情境已经到达了这样一个程度：对于社会的每一单个成员来说，需要他们发展起高度的内部约束，从而使得这个社会能够运转。

常规也使我们从让自己在日常生活中碰到每一个情境时必须保持开放和
163 直白之中解放出来。这是简单的实用性和心理压倒性的——而且我们能够让自己与所有每天出现在我们电视屏幕上的残暴行为保持距离，或是与攫取我们有限钱财的超市所发起的难以抗拒的促销保持距离。

另一方面，现代大众通讯提供了潜在解释和可能意义的洪流，这些也同时间结构一样是不相关联的，但它们很可能在混乱的日常实践和压抑的幻梦与想法，以及所有作为压抑后果的焦虑和混乱之间，形成强烈的情感联系。

为了对应实际中的常规，我们也就必须合理化我们的意识，这通常是通过发展一种日常意识来发生的，这种日常意识接受了早先的拥有内在一致性的宗教或其他结构化我们日常生活多样性的意识形态的地位。不过正如日常生活已经支离破碎为情境的不断接续那样，日常意识不是像意识形态那样拥有内在一致性的概念，而更是以碎片化、刻板印象和未经调停的矛盾冲突为其特征的（见 8.4 节中与社会建构主义的身份认同理解相关的相同与不同之处）。

涉及到学习，特别有趣的是日常意识在个体中作为一种心理结构是如何演化而来的。莱特霍伊泽通过主题领域图式（theme-horizon-schemes）的概念方式描述了这一点。所谓主题领域图式是一些心智图式或结构，它们在某个限于日常情境中的特定领域里维持一种特定主题。通过这些图式，我们能够对很多日常生活中碰到的分散情境进行常规解释，不需要真正对它们进行反思，或形成一种有关它们的独立意见。这是一种“过滤”形式，我们可以用一种半自动化的方式来实际操作它，即很大程度上是无意识的，但在方式上还是可以脱离自动状态并且作出更为有意识的选择的。

在当前的背景下，值得注意的是莱特霍伊泽所命名的主题领域图式的两种功能模式，在很大程度上对应于我早先进行过详细阐述的皮亚杰理论：会引起干扰的事件或是被拒绝，即刺激被界定出去并且没有纳入心理结构；或刺激在意识领域中被剥夺资格，通过将其扭曲而成为一种非观察或非感知，由此使它适应早先在相关主题领域图式中建立的结构。

通过这种途径我们避免与新刺激的洪流发生联系，这些新刺激是我们在今天的社会中所经常遭遇的。我们需要这样做，是为了能够不被压倒制服，但是与此同时超越性学习也因而被阻断。这可能只有通过一种所谓的主题化（thematisation）才会发生，即一种超越了日常意识的顺应过程。因此这样的主题化基本上是极为本质性的，因为社会是如此地复杂，重要的财政与权力结构是如此地难以渗透，以至于个人在表面上没有可能去形成一种有关事情 164
是如何起作用的一致性理解。

但是，主题化要求心理能量。在皮亚杰的理论概念中，它关注的是进攻性的顺应过程，这种过程将现存主题领域图式作为一种较少约束性质的图式而重新构建。在弗洛伊德的理论概念中，日常意识的性质和其他防御机制一样是一种普遍化的防御机制，它既有积极也有消极的一面，并具有防御性和进攻性的特征。

积极方面主要体现在：如果没有这样一种防御，我们将会完全不能够处理我们的生活；我们将会被压倒不能够站起，很快在一个精神病院中了结余生（不管怎样，我们中的相当一部分人确实是这样做了）。消极方面体现在：我们一部分的生活满足被限制在了常规、穷困、虚假和偏见之中。防御性是这样一种理念：当周围世界变得对我们来说太过分的时候，我们需要运用扭曲的方式。进攻性是一种把防御转变为反击的能力；在挑战变得没完没了，以及在我们能够动员某种能量储备的情况下，我们就可以应对这些挑战，对环境做点什么，内部地为我们自己的利益做点什么，或者外部地通过个体或集体行动做点什么。我在 9.5 节有关阻抗的论述中会回到这个话题。

与此同时，当现代社会施加给我们泛滥成灾、极具压制性的影响时，我们不得不发展一种半自动的防御来过滤掉很大一部分，社会也会在所有可能的领域中给我们施加持续的变化，在频度上远远超过了我们能够应对的能力范围。因此，我们发展的日常意识也包括对变化的防御，它部分地将我们解放出来，我们半自动地将那些变化定义为我们兴趣范围之外的东西，并且部分地扭曲其他一些变化，使它们能够适应于我们早先的理解框架。

但是自始至终，还是有一些变化影响到我们和我们的环境，也就是说，影响程度如此之大以至于我们无法回避。在我们的工作生活中，在我们的私人生活中，以及在我们的兴趣范围之内，今天我们持续地面对着变化的轰炸，它们对于我们如何过自己的生活、我们的潜能和我们的理解模式有着重要意义——因为社会结构持续发生变化从而能够跟上“发展”，这种发展包含了所有这些变化。

一方面，所有这些催生了大量的学习，能够促进我们的发展和充实，但是同时也会构成一种强有力的紧张，要求我们总是不得不跟上变化，根据这些变化来转变我们的存在和我们自己。在很多情况下这变得令人难以承受；日常意识的防御机制不能继续，我们不得不动员一种更强的防御来维持一种宽松的心理平衡。

165 在这样的情况下，我们需要利用一种称之为“身份防御”的东西，因为这是一种与身份认同一起潜在发展起来并对其进行保护的防御类型。作为一种普遍的心理现象，个体身份认同的发展是与个体化过程结合在一起的，个体化过程伴随着十八、十九世纪从旧的封建领主社会到现代工业化和资本主义社会的转变而来。它包括一个人自己作为一个独一无二的个体的经验，包括一个人如何被他人所体验的经验。

在 8.4 节中我们曾经更为详细地探讨过，在晚期现代性中相对稳定的身份认同“经典”形式不断地被一个更为灵活的身份认同形式所取代，它是被一层更具可变性的亚身份认同所补充的相对局限的“核心身份认同”。不过，在我们的社会中，绝大多数成人所表现出来的特征是，他们的“成人期”在心理上是与一个相对坚实和稳定的身份认同相联系的，这种身份认同通常嵌入在教育和工作岗位、家庭关系之中，也许还嵌入在诸如政治或宗教信条之中。

这样一种身份认同是在漫长岁月的历程中发展起来的，与此同时身份防御以一种心理障碍的形式建立了起来，它能够抓住那些可能会威胁已建立的身份认同的影响。在成人中，这样的身份防御通常在那些旨在重新调整、保留或个性发展的学习和教育情境中找到释放机会。

例如，如果一个人多年来一直承担某种工作，并且已经积累了自己的经验，能够在这种情境中良好地发挥功能和具备优良资格，然后他突然失业了，不是因为他不够好，而是因为公司削减规模、生产过程转移到其他国家、工作程序自动化等原因，他发现自己处在一个违背自己意志的情境当中，他不得不既要推翻现存的身份认同，还要构建一个新的身份认同，即他面对着一种与转换学习过程相联系的要求。有一些类似的情况也是如此，例如，离婚、关系亲密的人去世或其他一些在生活基本面上的突然变化。

今天很多参与成人教育的人们以很多不同的形式有着这类背景，在这种情境还没有被当事人完全认识和接受时，就会有身份防御的出现，这经常——特别是在那些年纪稍大的参与者当中——会成为一种有目的的学习过程的巨大障碍。

尽管形式上不是那么巨大，这种身份防御的情况在很多其他的青年与成人参与者们中间也是存在的，他们没有完全接受自己正在参加的教育对他们来说是合适的或必要的。实际上，他们或多或少地把它作为一种“被安置到那里”的经验，比如说被公共就业服务或社会当局安置到那里。因此，身份防御一般来说可以被描述为对学习的最复杂和通常也是最为强烈的防御机 166
制，这些被防御的学习从一般规律上来说是别人所期待的，而不是或者仅仅只是部分地被当事人所接受的。

还有另一类对学习的防御，它可以在一般的或某种特别的情境中发生，当一个人感到无助，或是没有什么条件会使得一个学习过程成为必要的时候，他情愿不要进入这个学习过程。

在这方面，重要的是，非理性的**经验**才是问题的中心，与其他人可能会想些什么基本上是没有关系的。在被称之为“传统导向”的社会中，符合或适应现有传统和规范从来不会被经验为非理性的，即使它可能会被外部的人们看作既是非理性的也是不合适的。但是在这个定义自己为民主的现代社会中，大多数人——至少是年轻人——希望能够为自己作出决定，什么是他们将要学习和不要学习的东西，以及什么时候不被体验为一种不公正的情况。

正是在转变为现代知识社会这一背景下，这个问题似乎呈现出了新的和更为巨大的维度。在一个全球化的世界中，人口质量水平被认为是经济增长和国家竞争力的一个关键参数。这带来了一种需求，一部分要求尽可能多的人们尽最大可能地接受教育，与此同时还要选择那些在相关方面被看作是最为合适的教育项目。所有这些都很巧妙地表达在“终身学习”这一短语之中，这个信息说的是所有人都应该拥有自己想要的学习最大可能性，但是这在现在正发展成为一种对社会成员的要求，而不是所提供的条件（例如，Field，2002；Jarvis，2002；Coffield，2003；Illeris，2003b）。

不过，这个要求正迅速显示出其与教育期望和需求之间的冲突，不管是青年人的还是年龄较大的成人的。因此规则成为必需，因为即使这些当事人自己全部或部分地承担费用，社会也自然不能够提供给所有人所有的东西。例如，对电视主持人、演员和设计师的数量需求上有很多限制，而且与此同时，我们需要有足够的劳动力从事大量服务性行业和必要的生产工作。

然而，边界到底划在哪里？以及谁来为所有这些界定游戏规则？这完全是一个政治问题。即使付出了所有可能的努力去获得“客观的”分析和诊断，标准的应用还是有一个很大的范围，并且对于个体来说这很快会成为这样的经验——某种对自己作决定的民主权利的非理性破坏。

167 在这种情况下，即时的防御反应将极为经常地具有那种我在之前称之为的防御性顺应的本质（4.5 节）——即个体以一种容易超越（transgressive）的方式学习，他所面对的权威当局是非理性的、感觉迟钝的、独裁的、不民主的，或诸如此类，这个人极少能够在这当中受益。最终的分析表明，这当然是一种清楚的利益冲突。但是在很多具体的案例中，如果双方都对此有所准备的话，可能可以找到一种比较容易的解决方案。

权威一方可以作出更多的努力，在提供诚实的解释的同时，限制对什么是绝对需要之物的控制。但首要的是，需要有时间来进行程度高得多的共情性咨询。在我的研究经验中，这将会很大程度上降低冲突和防御（例如，Illeris，2003b）。

当事个体需要采取更为现实和灵活的态度，即拥有更多洞察力，洞察他们相关于这个社会现实的自身素质和利益，以及拥有更多有意识的路径，从而能够在此基础上更为灵活和目标导向性地航行人生。不过这样的态度不会从沮丧忧郁中产生，因此，这个问题很容易以一种需求的形式反弹到社会，需要从儿童直到青年时期都能有更好的刺激以发展这些态度。

经验性无助感令个体感到虚弱，如果对很多人如此，对社会也是如此。心理防御既是自然的也是必要的，但它是一种紧张性的情境，在一个富裕和民主的社会中，很不幸地，所出现的心理防御比我们所认为的要多得多。

9.4　矛盾心理

作为对上述我所考察的三种防御典型类型的继续，现在我将深入到更为复杂的一种心理反应当中，它被称之为矛盾心理，它与学习相联系，关注的是这样的事实：在同一时刻，个体既想要又不想投入到一个学习过程当中去。在个体卷入学习的压力方面（很多人在现代社会所经验到的），这种方式似乎越来越经常地出现。

涉及学习的矛盾心理首先在女性研究中开始研究，至少是在德国人雷吉娜·贝克－施米茨的研究中，她的出发点是批判理论（见7.4节），特别关注工业领域。她从影响众多女性生存的反面因素开始论述："学习内容，也就是我们认为社会学习应当涉及的内容，是与女性的现实、女性生活中的冲突相联系的，这种冲突是性别关系的社会组织必然带来的结果"（Becker-Schmidt，1987，p. 9）。

基本上来说，这个研究关注的是工薪工作与私人领域的再生产，包括为 168

人母时的矛盾冲突。但即使是在所有这些领域中，女性的情境都是充满着矛盾冲突的，因为与社会相联系的女性角色充满了模糊不清：女性主义同时既是被理想化的也是被贬低的；正是女性才需要处理日常生活中的大多数现实和社会问题，但是她们并未在社会上得到充分重视，无论是在薪酬还是地位方面，而且她们在社会上还不得不忍受轻蔑和羞辱。

心理上这些基本冲突状况被转化成为矛盾心理。在学习的情境下，它一般来说关注的是人们如何学习去忍受现实的矛盾与冲突，以及发展处理内部和外部冲突的能力，对模糊不清保持一种开放的心灵。在这种情境下的两个关键概念是矛盾防御和矛盾宽容。人们不得不学习忍受矛盾心理，去承认它并且发展一种针对它的心理阻抗：

> 因此，矛盾心理对内部和外部的分裂产生反应。我们的心理现实正是被冲突着的欲望所控制的，如同社会现实是被矛盾所充斥着。在这两种情况下，“混合感觉”表达出了主观上和客观上的冲突……当我们质疑我们自己，面对并且忍受冲突的时候，就是“矛盾宽容”；当我们在它们面前退缩的时候，就是“矛盾防御”。
>
> （Becker-Schmidt，1987，p. 8）

因此，学习在这些情境中意味着承认矛盾心理及其成因。这可以通过现实测试来发生，即在时空中的情境里进行实验，进行情感上的“感受”和逻辑上的“思考”（见5.6节和5.5节）。我们可以尝试通过接近未知、给冲突和矛盾心理命名（这些发展了矛盾宽容），来超越习惯性的模式，接受不喜欢的东西。它要求意志力、能量和动机，能够促成这些努力，它们也许隐含了这样一种理念：它可能会更好，而不是理解为这些冲突将会得到解决。如果你承认它们的话，它们就可能被处理得更好，而且也因此获得了机会去理解和接受矛盾心理（Becker-Schmidt，1987，pp. 62ff.）。

尽管在20世纪80年代的德国和今天很多国家的情况有着相当大的不同，但是一般说来，贝克-施米茨有关矛盾的思想和概念并没有变得丧失时代性。本质上的性别不平等依然存在，而且社会冲突以及由此而来的矛盾心理，也已经在很多其他重要领域中变得更为紧迫。与学习相联系，这尤其适用于青年人、低技能工作者和失业人员的情况，而且也许所有这些人中大部分具有不同的种族背景。

对于青年人，首要来说，学习和教育的稳定增长要求已经伴随着一种个性化的过程，一方面这种个性化显然开启了个体在大量学习机会中进行选择的可能性，另一方面，使得青年人自己要承担起责任，选择那些绝对是正确的东西并成功实现它。这被证明对于很多青年人来说是一种条件要求非常之高的情境。它勾勒出青年期并且意味着无限的疑惑、不安全感和挫折（例如，Ziehe，1989，2004；Beck and Beck-Gernsheim，2002；Illeris，2003a；Weil *et al.*，2004）。

在劳动力市场，主要问题存在于那些最为弱势、低技能和失业人群中间，他们对大量素质要求以及这个不确定的、残忍的劳动力市场感到矛盾重重。压力让他们投入到“终身学习”之中，不断平衡着“落伍”的危险，平衡着作为结果而发生的社会与经济的边缘化，以及到底一个人是否能够应付这些困惑，是否这种边缘化会导致一切失败。参与成人教育的人口中，这些人的比例不断增长——他们自尊水平低、素质不足或落伍，并感到他们是被“安置”到了这里。他们常常发现很难看到自己将能如何去“让他们自己齐心协力”（例如，Illeris，2003b）。

最后，对于很多移民、难民及其后代来说，这种情境甚至常常更为对立，需要在规范和传统之间努力保持平衡，这些传统是他们随身携带过来的，需要在紧张的社会和经济条件下重新调节。而且，很多人既是青年人，又没有接受很多的学校教育，并且还有可能是女性，与此同时还有着不同种族的背景。

所有这些情况为涉及学习的复杂矛盾心理提供了肥沃的土壤，这种矛盾心理显然是一种必然，但是对于青年人来说，同时还会与影响深远的不情愿和不确定状态相联系。用贝克－施米茨恰如其分的术语来说，这变成了一种坚实的“矛盾防御”，我们不能回避，而只能学习去用相应的“矛盾宽容”的手段应对它。

9.5 对学习的阻抗

即使一个人不是必须要在很早很早以前就进入到制度化的教育项目中学习，他也会看到很多参与者阻抗期待的学习，这似乎也并未被教育和学习研究当作一个问题在任何程度上开始研究。与此相反的是，一个人可能会得到这样的印象，在学校和教育人员中有一种集体形式的压制，拒绝面对这一现实。

170 阻抗出现在文献中，仅仅是作为一种心理学概念，关注的是临床病人对于和治疗师合作的阻抗（见 Olsen and Køppe，1981，pp. 254ff.），或者另外作为一种教育，一种作为抵抗奋斗的一部分，或如保罗·弗莱雷及其美国继承者亨利·吉鲁（见 Giroux，1983）所说的为自由而奋斗的一部分。从更为一般的水平上说，我们可以在某些马克思主义导向的理论家和思想历史学家中找到有关社会和政治抵抗的讨论，但这与学习和教育并无关联。不过，我已经在我自己的经验和理论研究中发现了大量对学习和教育阻抗的案例（见 Illeris，1981，pp. 63ff.，2002，pp. 80ff.）。

在具体情境中，常常很难去区分对学习的阻抗和防御，而且它们可以是并存的，但是它们之间有着很深的和基础性的不同，不同在于：防御在它释放的情境之前就已经被构建起来，是一种准备好了的状态，等待人们的布置安排，而阻抗则是在某种情境中被激发起来的，在这种情境下个体面对着他既不能也不愿意接受的东西。

为了充分理解阻抗的性质，让我们回到 6.2 节中有关弗洛伊德驱力理论的讨论。弗洛伊德认为心理能量起源于不同的生命驱力，这基本上是支持一个人生命和发展其潜能并保证种族延续的驱力。他后来也引入了死亡本能的概念，认为它能够解释进攻性和破坏性的倾向，这些倾向是弗洛伊德在他的病人中经常碰到的。不过，我对此持反对意见，特别是将有关这些倾向作为防御和阻抗来理解的说法。弗洛伊德在非常广泛的领域中关注并研究防御机制，但他并未察觉在弗洛伊德式的术语体系中可以称之为基础防御驱力的东西，我在这里称其为人类的**阻抗潜能**（resistance potential）。

在每个人的生命历程和发展中，总会存在不能克服和适应的障碍和阻抗，但是在另一面，它们又作为一种发展和实现生命突破的重要因素。用认知上的术语来说，它们可以成为似乎是不可理解和非理性的条件；用情感上的术语来说，它们可以呈现出如同弗洛伊德所描述的俄狄浦斯情境中猛烈情感过程那样戏剧化的维度。

由此，生命实现的限制是一种存在性的条件（existential condition），没有人能够躲避它。在儿童早期，这些限制通常是由父母和/或其他亲密看护人施加的，但是后来逐渐成为社会组织化的规范，通过制度和结构来限定或直接压制当前社会所不能接受的生命实现机会。

在学习和发展方面，当幼小的儿童碰到一个不能逾越的障碍，限制了他 171
的生命实现时，这时所发生的事情是，他用一种心理阻抗的形式来作出反应，表现为发怒、狂暴或攻击性行为。生命实现的潜能还总是包含着抵抗的潜能，阻抗那些生命实现的限制条件——并且在整个学前阶段，这两种潜能逐渐地发生了分离。

弗洛伊德的俄狄浦斯情结可以看作是这种过程的一个特殊变体，其特征为，生命实现的限制在弗洛伊德时代的中产阶级社会强烈地集中于性的层面，因此在这个过程中占据了中心地位。但是俄狄浦斯情结还可以作为一个例子，用来说明阻抗潜能如何会在周围世界的现实中遭遇失败，以及如何会带来屈服、压抑等，它们将会导致心理问题和疾病。

一般说来，阻抗潜能归根结底是生理性地嵌入在个体之中，是为个体生存奋斗的人体装备的一部分，学习过程从阻抗潜能中获得它们的能量，这个过程通常具有一种压倒性的顺应本质，同时也强烈地受制于情感。这与攻克生命实现的多个障碍有关，并且它通常会包含认知结构和情绪模式两方面的重组。

在心理结构的水平上，情况是这样的：外部阻抗被一种内部心理反应反击着，这种内部心理反应能够启动一个顺应学习过程，也许通向性质上全新的知识，或是通向具有进攻或防御特性的个体发展。如果你不能够得到你所爱的人，你要么不得不接受现实——也许通过这样做：你并不具备必不可少的条件——要么你就发展某种防御性的理由来对它进行解释。

在实践中，当然不可能清晰地区分生命实现的潜能和阻挡生命实现之路条件的阻抗潜能。它更像是对应于两极的一种生存潜能的两个方面，这分化了的两极又一次可以在弗洛伊德的理论中找到，是快乐原则和现实原则之间的冲突，或是性冲动与攻击性行为之间的冲突。

学习的能量基础存在于这双重潜能当中，而不仅仅只在生命实现的渴望当中。所有的学习要求有心理能量，而且这种能量可以来自以下任何一个：生命实现的渴望、阻抗的渴望或两者的结合，而且，两种潜能都能够最终追溯到管理为生存而进行的生理性奋斗的基础当中。

在学习相关的实践中，阻抗潜能是在如前所述的下面这样的环境中得到释放的：一个人所面对的是他出于这样那样的原因，认为是如此地不可接
172 受，他既不能也不愿意去忍受它。更为普遍的是，如果一个人发现他自己在所处的情境中体验到自己正在冲突当中，那么阻抗潜能也会发生，例如，或多或少不想去的学校或培训课程、某个专业学科、某位特定老师或课堂、团队的社会情境。

阻抗潜能的激活并没有对学习产生一种普遍的阻塞影响，但是这极少会是原本希望发生的学习。与此相反，常常会出现防御性的顺应过程——例如，学生们结束学习，仅仅是由于不能理解数学，把教师或其他学生看成是敌人，把所有类型的负面素质归结于他们，或更为广泛地来说，学校和教育讨厌透顶，或者至少是相关的人不能从中得到任何有益的东西。在成人教育中我们常常碰到对教育抱有这种消极态度的参与者，这种态度是在他们的学校岁月中发展起来的，如果想要有一个有意义的教育过程，这种态度就必须要被克服。在特殊情况和个别情境下，这是一种特别的刺激物，阻抗也会采用一定程度的失控的攻击行为的形式，而且也会在防御和阻抗之间有互动，这会使得情况更为复杂，至少对学习者他们自己来说。

然而，阻抗也会导致更具攻击性质、有着深远影响结果的同化过程，部分是因为阻抗潜能可以是一种在建构过程中非常强烈的动机，能够与生命实现潜能联合起来，努力发现和发展对于被感知为不可接受的条件的另一些选择。这常常会在一个人“准备好前进”的情境中发生，即一个人投身其中并在心理上很关注，由此，心理阻抗也会在很大程度上鼓励学习，甚至成为一

个影响非常深远和容易超越的学习过程中的动机力量。

在制度化教育中，参与者的阻抗几乎总是被教师和其他机构代表们看作是其字面含义上的一种负面的东西。它最为麻烦，但是也能够很容易地破坏计划好的活动，并且导致它们变质，从一个广泛的视角来看，它也会导致框架、环境以及机构的自我理解中的类似问题。

不过，常常与阻抗相联系的或者至少与阻抗的元素相联系的是，最为重要的超越性学习发生了。特别是个体发展，常常通过一个表现为阻抗的过程而发生。这在当下是符合教育中的重要意义的。而且，不应该被忘记的是，阻抗是一个民主社会中的中心要素，因为民主功能的发挥途径是：公共阻抗应该能够抑制或纠正那些当权的人和事。在一个作为整体的社会中，在教育中，在工作以及其他日常生活的领域中，阻抗可以导向与新环境和新要求步调一致的条件改变与发展。

从学习的视角来看，阻抗包含了巨大的潜能，但它在制度化教育中可能会很难处理。从教育学上来看，一方面需要创造学习的空间和环境，能够给参与者的阻抗留下允许的空间；另一方面，要承认阻抗是一种表达的合法形式，既给它提供挑战，这是它自然的前提条件，又给它提供支持以能够促成重要的学习。 173

这也许听起来非常具备正面意义，但是在一般的教育当中，会对参与者的阻抗要求相当高的条件，而且制度性的框架会施以限制，使得实现一种阻抗过程的建构极为困难——例如，阻抗会极大地导向那些非常制度性的、有很多限制性条件的框架，这很难与教育环境相关联，即使阻抗被认为是完全合理的。

仍然不应忘记的是，在很多情况下教育形成了唯一的情境，在其中参与者有着现实机会，允许他们表露阻抗并且以一种建构性和进步性的方式适应它，由此这可以成为学习最为影响深远的潜能的来源。另一方面，失败的阻抗通常会被转化成为防御和阻碍，会对进一步的学习构成干扰。

关于社会分类过程的全部讨论，持续地在学校和教育体系中进行，它与特定的阻抗类型有着很大的关系，这些类型在体制中被认为是可接受的和合法的，而其他一些类型则不被这样认为，这种差别通常会伴随着某种社会区分——对于早已取得特权地位的社会成员，学校通常是有组织的并且发挥着功能。在这一点上没有什么新的东西，这个难题不能够仅仅在教育的水平上得到解决，但是总有这样一些情境存在，学生们的阻抗能够或多或少以建构性的方式得到处理。

学习的积极阻抗通常早在儿童早期就得以建立，在这样的环境中，一个人必须、必然地学习限制和控制他的行为和活动，但这很可能也表现在大多数个体的青年阶段，通常会在身份认同发展中发挥着非常重要的作用，而身份认同发展在这个时期具有中心地位。例如，通过阻抗手段，个体自身的意见、潜能和限制的决定性发展和确认将会发生。

积极阻抗在成人教育中不是那么经常出现，但另一方面，它通常是在性质上更少经验性的，而且更为清晰，有些时候是很固执的。成人也许正是通过挑战青年岁月中的学习过程，可以着陆于某些立场、信条和反应模式，它们形成了一个更为一致的身份认同中的元素。通过这一途径，阻抗与防御的
174 边界能够变得更为精确，但是一般说来，阻抗的出发点是更为有意识的和经过深思熟虑的，而在很大程度上，防御是自动地发挥功能的。因此，原则上来说，新学习也可以是阻抗的一个直接部分，而要发生有意义的新学习，防御则必须被突破或超越。

另一方面，在成人教育项目中传播范围更广泛的，是一种阻抗的更消极形式，它以很多不同的方式释放出来，或许是在一个教学情境中极端令人愤怒和不适当的方式。丹麦心理学者彼得·贝利纳（Peter Berliner）和延斯·贝特尔森把这一现象命名为“消极攻击”（passive aggressive），并且指出它包含了“一种抗议和一种想要其他什么的能量”（Berliner and Berthelsen, 1989）。这又是与防御有所不同的，防御恰恰是不想要其他什么东西。但是积极阻抗是被牵制的；人们发现环境并不是那么足够重要，可以保证公开的抗议，或者一个人也许提前感到无力，然后阻抗找到了多种间接的表达模式。持续着的反应自然是中止和离开教育项目。但是在很多情况下，这会导致某些完全不可接受和不能管理的结果，一个人会简单地在心理上“放弃”而且表现得漠不关心。不过，一个人常常忍不住要发出愤怒的和令人愤怒的评论意见，多多少少公然表露情绪，造成不和。

在这种情境下，重要的是坚持认为消极阻抗实际上也包含了重要的学习潜能，如果阻抗能够得到公开发展的话，它能够帮助舒缓环境并且促成重要的学习过程。另一方面，这常常预示了教师和其他参与者能够看穿并辨明作为一种消极阻抗形式的情境，并且有勇气和能量去面对一个可能的冲击。

9.6　小结

学习障碍可以导向可能的学习被拒绝，或导向学习某种与学习者或他人期望的学习有所不同。我们可以区分三种不同类型的障碍，在本书中它们分别是：错误学习、学习防御和对学习的阻抗。防御的一种特殊形式可能具备矛盾心理的性质，即在同一时间，学习者既想要又不想要学习某些东西。

错误学习源自不充分的先前素质、缺乏集中注意、大范围发生的错误理解或不恰当的交流的结构，但是在大多数情况下它的意义相对来说不是那么重要，因为如果必须的话通常可以被纠正。我们都陷入在很多作为错误学习结果的错误知识和错误理解当中。

学习防御在我们现代知识社会中是必不可少的，部分是因为学习可能性 175
远远超过了个体能够应对的程度。我们可以区分出三种主要的学习防御类型。日常意识的概念包含了一种针对我们在日常生活中碰到的大量学习刺激的半自动的、选择性的防御。日常意识还暗示了一种针对我们所面对的持续变化洪流的心理防御，但在这种更为严重的情况下，这些变化意味着个体生命情境中所不想要的重要变化，一种更广更深的身份防御将被激发起来。最后，可能会发生针对无力感经验的防御。它针对那些被体验为非理性的拥有权力的权威一方，会采取防御顺应的形式，或是采取发展更为一致的理解和关联模式的形式，作出更为建构性的反应。

与学习有关的矛盾心理特别会发生于某些人群中间，他们处于学习过程之中，这种学习是被社会所要求的，并且对于当事人来说也是重要的，然而他们却宁愿自己能够去躲避它。今天这通常与青年人有关，他们发现很难使自己适应形势并且调整自己适应教育项目；与低技能和失业人群有关，他们需要提升素质；与少数民族群体有关，他们或多或少被迫进入到学习过程当中。

对学习的阻抗是在环境被体验为不可接受的时候被激发起来的。所有人都发展了阻抗潜能，它能够在面对不可接受的情境时被激活，而且比起其他种类，它也可以成为学习的一种重要动机力量。比起一般认可和希望的途径，它通常采取的是其他方式，但将会成为个体与社会发展的一个重要部分。

第十章 学习、性向与前提

本章探讨了很多最为重要的内部与外部前提条件，它们对个体学习的可能性具有重要意义。它们是智力与能力领域、学习风格、性别，以及所谓的“社会遗传”，即个体成长背后的社会经济条件的结果。在所有这些领域中，对于它们所具有的学习效果，以及它们具有怎样的重要性，有着很多不同观点。只要进入任何一个这样的课题，都会在一般水平上对这些问题加以讨论。 176

10.1 遗传、环境与性向

到现在为止，本书已经探讨了围绕学习和非学习如何发生的不同课题。我现在将转到讨论多种条件上，这些条件对于学习来说可能具有重要意义。首先是学习者中一般前提或性向的不同类型，我以此作为本章的开始。接下来两章将探讨学习与生命历程，以及不同种类的学习情境。

首先我要讨论的问题是遗传与环境的经典课题，或者说是先天与教养的课题。这个课题传统上与学习相联系的研究是有关下述问题的：我们学习可能性中有多大一部分是由于我们的遗传或基因因素而预先确定下来的，我们整个生命中所遭遇的情境和影响，即最广义概念上的环境影响，在学习可能性上有多大范围的影响。

广为人知的是，在不同的特征上，遗传与环境条件的重要意义是有所不同的。我们眼睛的颜色绝对是依赖于我们从父母那里遗传而来的基因，我们的身高和体格也大部分决定于遗传，但是在某种程度上也依赖于诸如营养和我们如何运用自己的身体等要素。另一方面，不同的行为方式在很大程度上 177
基于我们的环境或文化。因此，在遗传与环境的重要意义方面，在不同领域中存在着巨大的差别，而且，在很多情况下，还存在着特别是儿童期这样的关键时期，对于环境影响尤其敏感。例如在八个月到两岁这个时期，我们对于发展自己对语言的运用的条件会尤其开放。

要确定遗传与环境条件在不同领域中的重要意义，最为常用的方法是对同卵孪生子的研究，他们有着相同的基因，但是又有可能在或多或少不同的环境条件下长大。

不过，现代脑科学研究已经令人信服地表明，个体当中这些条件的发展，要比孪生子研究所揭示的要更为复杂和多样。早至胚胎阶段开始，存在于基因之中的遗传性向，与单个个体中的内部环境和来自外部环境的影响之间，就有大量的精细互动。英国脑科学研究者马克·索尔姆斯和奥利弗·特恩布尔写道：

> 排山倒海般大量的对大脑的先天—教养影响的课题具有一种潜能，能够把所有神经系统科学所知的一切发展结果包含在内……遗传与环境对行为的影响**绝对是无法解开的**，因此遗传影响绝不是永恒不变的。实际上，基因可能会是一种糟糕的阻碍，如果它们不能够接近环境影响的话……先天和教养从发展的最初一刻开始，就处在一种动态的相互作用之中。
>
> （Soms and Turnbull，2002，pp. 217 – 218）

这种互动嵌入的复杂程度也同样如此，它们一直嵌入到大脑控制我们行为和思想的单个电化学回路当中。著名的美国大脑研究学者约瑟夫·勒杜专注于研究在所谓的神经键（synapses）中的这些回路和功能，神经键调节着回路在不同脑细胞之间的大量转换，他写道：

> 神经突触连接最终决定了一个回路将要做什么以及怎样来做，这些连接是外成性的，也就是说，是通过基因和环境（包括内部和外部两种环境）之间的互动连接起来的……从心理特征是由脑中的神经键所调整这一意义来说，心理水平和神经突触水平是密切相关的。
>
> （LeDoux，2002，p. 82）

索尔姆斯和特恩布尔在其著作《大脑与内部世界》（*The Brain and the Inner World*）中，通过性发展的案例证明了这种复杂的互动（Solms and Turnbull，2002，pp. 223ff.）。一个人的性别自然是由遗传决定的，决定于性染色体是XX型（女性）还是XY型（男性）。但是，在最初三个月中，这两种性别的胎儿发展是完全相同的。在这之后的某一时间点，在男性胎儿的染色体Y中的一系列基因分泌出一种物质，对未发育的性器官产生影响，所以胎儿的睾丸发育起来，否则那个地方将会发育出卵巢。这是性别差异的遗传基础，但这实际上是有可能人工去改变它的（即通过外部影响的手段），通过给女性胎儿加入这种物质或者阻碍男性胎儿这种物质的分泌等。 178

就在男性胎儿开始产生男性荷尔蒙睾丸激素后不久，通过发展一种特殊的所谓5－alfa－还原酶的酶类物质，就可以把睾丸激素转变成为二氢睾酮，它会影响很多机体器官，从而使得它与女性胎儿的发育有所不同。如果出于这样那样的原因，这种物质产生得不够，胎儿就只能在一个有限的男性方向上发展，如果这种物质产生极少的话，它将会朝着女性的方向去发展，即使它有睾丸，并且每个细胞都包含着Y染色体——这种现象我们尤其会在很多运动员身上看到，她们在性别上是女性，但是在体格和力量方面是朝着一种男性化的方向发展的。

在这个男性胎儿接下来的发展阶段中，一种新的被称之为芳香化酶（aromatase）的物质产生出来。这种酶把睾丸激素转变为女性荷尔蒙雌激素，它对于脑发育成为一个男性脑是必需的（我在10.4节会回到有关这一现象所暗示的含义来），而且由此促成个体作为一个男孩以及在后来作为一个男人，在行为和心理上发挥功能并体验自己。然而，如果这个过程出于这样那样的原因没有能够完成的话，结果就是——一个男性的身体，有着某种程度上的女性心理和性特征。

由于上述所有过程都易受环境影响，所以性发展是一个极端的精确平衡的例子，这种平衡可存在于遗传和环境要素之间，决定了实际的发展，并且，如果平衡即使是有一点偏离遗传所规定的样子，它就会出现很多或重或轻的性偏差的后果。例如，如果母亲在上面提及过程中的重大关键性时期遭受了压抑，就会导致性发展上的很多问题。有研究显示，第二次世界大战中间或刚刚结束后出生的德国男性中，同性恋的比例高于一般平均水平，这可能与他们的母亲遭受了高于一般水平之上的压力有关（Solms and Turnbull,
179 2002，p. 233）。但这并未得到证明，而且，对在这些非常复杂的领域中所作出的影响深远的结论，我们应该保持非常谨慎的态度。

不过，这个与性发展相关的一些关键细节的例子，同样适用于学习可能性方面，可以用作一种对遗传和环境因素之间紧密而又复杂互动关系的例证或暗示。今天在脑科学研究中更为普遍的主流理解是，一个人在某个特定给定时间上所拥有的可供支配的心理前提，有着**性向**（*dispositions*）的特征——例如，与不同领域中的学习和学习的维度相关。这些性向在遗传与环境因素之间紧密和不可分割的互动中产生，并且它们还会通过这样的持续互动发生改变和进一步的发展。在某个领域中，这两种因素的比重在一定程度上通常取决于孪生子研究的总体概率，但是在单个个体上作出这样一种区分，既是不可能的也是错误的。在决定发展的遗传和环境方面，两者并不是一种竞争关系，而恰恰是一种交互作用。因此，原则上来说，总是存在着新发展的可能性，而不仅仅是单个的一种类型的发展。

由此，我们可以得出两个有关学习的一般结论：首先，人类作为一个物种，在所有没有决定性错误发展发生的情况下，遗传而来的巨大和极为复杂的学习可能性，远超过所有其他生物所能支配的可能性。其次，对个体来说，具体的学习可能性包括在不同领域中的大量性向，它们在遗传和环境因素的紧密互动中得到不断的发展。

10.2 智力、能力与聪明

几乎不会对此有什么疑问——我们称之为的智力，和我们用以学习、思维以及理解和解决问题的一般能力，这个领域在 20 世纪一直是关于学习可能性的遗传和环境问题争论的中心。

然而，什么才是智力的更贴切定义，仍旧是一个巨大的难题。因为这样的定义要么是很一般水平的和很不严密的，尤其是在多种且不太能够清晰辨明的领域中的一般可能性上；要么这样的定义就变得很操作性，即一些测量公式或其他什么，归根结底导向了这样一种循环论证：智力是我们通过智商测验测量出来的东西。

对此我们只能说，智商测验实际上已被证明在预测一个人怎样应对学校和其他正规教育类型方面做得相当出色，而且这正是它们被开发出来的主要
目标。不过与此同时，它们也在很大程度上被理解为一种才能、精明或机能 180
性的目标——不管这些名词意味着什么——即使它们并未被证实能够很好地表明个体在学校系统以外的情境中如何应对的任何情况。这当然与下述事实相关：不同智商测验所包含的是不同的任务，反映了多种常识和理解，这些常识和理解在传统上是居于教育计划的核心地位的，例如，在诸如处理数字、逻辑思维、语言技能和空间方向的领域当中。

第一个智商测验是在 1905 年由法国人阿弗莱德·比纳（Alfred Binet, 1857 - 1911）和西奥多·西蒙（Théodore Simon, 1873 - 1961）应巴黎学校当局的要求开发的，当局需要一个工具来鉴别需要额外教学的学生们。它包含很多上面提及的领域中的任务，在不同的年龄水平用量表来解释结果，得出智商值。这个测验后来被翻译、标准化和进一步开发，并由此在极大范围传播开来。

比纳—西蒙测验首先来说，是针对一个实际问题的解决方案，而有关其理论方面则发展了两种主要的视角。一种主要在欧洲的 G 因素观点，特别是由英国人查尔斯·斯皮尔曼（Charles Spearman, 1863 - 1945）主导的，并得到很多研究的支持，这些研究显示，当儿童在一个智商（经典）领域中得到高分的时候，他们在其他领域中也得高分的可能性是增大的（Spearman, 1923）。另一种主要在美国的观点，所谓“因素分析的”视角，依据的是智商包含很多独立领域或因素。这种观点最为精准的表达是一个三维智能模型，一共有 120 个因素，是在 1967 年由美国的智力与创造力研究者乔伊·P. 吉尔福特（1967）提出的，我们在探讨有关库伯学习圈的时候已经提到过他（5.2 节）。

不过，有关智力的理论和争论，后来由于多元智能理论的提出，而从基础上被转变了，该理论首先是由美国心理学家霍华德·加德纳在 1983 年提

出的，他后来不断继续加以发展和多样化（Gardner，1983，1991，1993）。

非常简要地来说，在加德纳的理论中，人拥有数量有限的相互依存的智能。他最初猜想的是下列七种类型的智能：

- 语言智能
- 音乐智能
- 逻辑—数学智能
- 空间智能
- 181 身体—运动智能
- 人际智能（理解并与他人联系）
- 内省智能（理解并与自己联系）

（Gardner，1983）

后来他又增加了另外两种智能：

- 自然观察者智能（理解并与自然联系）
- 存在智能（加德纳将此看作是与其他智能有部分不同的）

（Gardner，1991）

加德纳对智能的最初定义是“解决问题或创造产品的能力，这些产品是在一个人内部或更为文化的框架中被看作是有价值的”（Gardner，1993），但是后来他把定义改成“处理信息的生物心理潜能，这些信息可以在一个文化框架中被激活，以解决问题或创造在一种文化中被视作是有价值的产品”（Gardner，1999，pp. 33 – 34）。在这一变化中重要的是从“能力”一词到“潜能”一词的转变，因为这很清楚地显示出，智能不是能够被测量的东西。由此，加德纳明白无误地让自己与任何类型的智商测验保持了距离。

如果有人要提出一种独立智能的话，加德纳对此还提出了很多必须满足的要求，但这些要求并不精确，而且也不是必须要全部满足的，这就意味着这里也有一个相当程度上的估计。尽管加德纳对论证个体智能投入了巨大的关注，但他理解智能概念的方式下选择出来的九种智能，以及他实现的教育学方面的成果，并不像他的理论那样，达到了极为重要的高度上的突破。

也许最为决定性和革命性之处在于，加德纳把智能概念复数化了。他提出了多种智能，而不是作为一种智能的子元素的因素。通过这样做，他突破了一维的、标签式的和常常也是精英主义导向的思维，那种思维拘泥于智能概念以及对智商分数的计算。根据加德纳的理论，我们都在某种程度上拥有某些智能，并且在其他智能方面稍差一些。教育的任务是找到个体在哪些方面比较强，或者哪些方面比较弱，并且能够利用这些结果。学校应该成为这样的一个场所：有足够的空间来培育每个儿童所擅长的智能，并且提供支持，让他们在其他领域中能够合理地应对。

与此同时加德纳提出了一些有限的、清晰的和相对容易理解的智能，它 182
们对应于一些直接的、大众化的理解——而且无论如何是与吉尔福特极为复杂的 120 种智能因素远远不同的。通过这一途径，加德纳帮助解开了这个概念的迷惑，这毫无疑问也对其理论的影响起到了推波助澜的作用。

最后，加德纳非常清楚地超越了认知导向的边界，从比纳开始，认知导向一直构成了理解智能的基础。在加德纳看来，智能不仅仅是一种“更聪明”的事情（与学校的要求有关——而且这正是比纳的任务），而更多是关涉能够广泛地管理，传统的认知智能对此是不够的。它还与对自己及他人的共情有关，与审美和身体功能有关。因此，加德纳的智能概念与现代能力概念（见 8.4 节）中所包含的在当代社会中所有有关智能的理解并不遥远。通过人际和内省智能，这个概念还涵盖了从本书的学习三角中出发的全部学习领域。

但是加德纳的理论也会受到批评，甚至是来自不同的角度的批评。例如，提出“情绪智能”概念的丹尼尔·戈尔曼，其完全承认加德纳是自己的一个主要灵感来源，他写道：

> 在加德纳对个人智能的描述中有着充分的空间，来洞察情绪的活动和掌握对它们的管理，然而加德纳和他的工作伙伴们并没有在这些智能中的情绪作用上进行更为详细的探究，没有更集中地聚焦于**有关**感受的认知。这个聚焦点，也许是无意地，没有被加以探索，没有探索使得内部生命和关系如此

复杂、如此引人瞩目、如此经常令人困惑……的情绪的浩瀚海洋。加德纳的重点放在了个体智能的认知因素上，这反映了心理学的时代思潮塑造了他的观点。

（Goleman，1995，p. 40）

我倾向于同意戈尔曼的观点。即使加德纳已经非常成功地将自己从单维的认知培养中费力地解放出来，即使他已经极为成功地超越了传统智力概念中的压倒性元素，但是，在他的研究工作中有一个清晰的倾向是，认知比身体、情绪和互动领域更为重要。

183 有很多试图达到更为平衡的努力，暗含了一种令人震惊的观点转变，丹麦心理学家莫根斯·汉森（Mogens Hansen）和俄裔美国脑科学研究者叶尔霍能·戈德伯格用两种非常不同但是又有重叠的方式指出了这种观点的转变。莫根斯·汉森写道：

然而，有很好的理由，把注意或集中的能力纳入在（智力，KI）群之中。意愿导向的注意是学习的一种必需基础。没有有目标注意，即没有意愿导向的、聚焦的和持久的注意，一个人学不到任何东西……有意的注意是脑和意识的导向性功能的一部分，被称之为执行功能，在有意性（意图、意愿）、规划和决定……的基础上用于对行动的自我规范。由此，理所当然地说它是头号智能。那些没有学到任何东西的人与那些从没有学会控制自己注意的人是一样的。

（Hansen，2005，pp. 28 – 29）

应该注意的是，莫根斯·汉森总结的注意的功能，是与我在 7.1 节中所讨论的在动机与学习间的注意调节功能相重叠的。通过一定强度的注意，我们投身于一个情境或元素当中，在这个情境中我们最为直接地将学习动机转化为具体的学习。

叶尔霍能·戈德伯格的角度有所不同，不过他的结论是在同一方向上的。他对一些人被其他人评价为“聪明”而另外一些人被评价为“愚笨”

表示惊讶。那些被看作是聪明的人可能在很多事情上很糟糕，与此相反，愚笨的人可能有很多非常强的方面：

特别地，某种程度的独立存在于人类心灵的整体维度与更为狭窄的特质之间……决定了这些普遍特质的大脑结构的个体多样性是什么？……不考虑一般智能的认知构造如何被界定的，我没有察觉任何差别的存在，单个脑的特征，说明了一种 G 因素的存在……但是 S 因素又是怎样呢（S 是“聪明”）？我相信，不像 G 因素，S 因素确实存在……在“多元智能”的事物范式中，是执行智能让我们直觉地认识到“聪明”，S 因素——“执行才能”——塑造了我们对一个人作为一个角色的认识，而不仅仅是某种认知特点的载体。

（Goldberg，2001，pp. 104 – 106）

这种“执行智能”戈德伯格专门阐述为大脑额叶（frontal lobe）（见 2.4 节）中的工作记忆，并且在他的书中研究了莫根斯·汉森描述为“一种执行功能，在有意性（意图、意愿）、规划和决定的基础上用于对行动的自我规范”的头号智能——注意。 184

是的，然而，是否汉森和戈德伯格不过是再次介绍了 G 因素，仅仅是以不同的途径？答案是：既是也不是。戈德伯格的 S 因素不是一种和加德纳的智能理论中一样的能力或潜能，而是一种一般功能，协调和控制不同的能力与潜能，整合内容与动机，并且包括来自于长期记忆的相关子因素，这种功能不能被测量，但是可以通过使用它来加以发展。这就是说，S 因素是像 G 因素那样具有横跨性的，但它有着功能性的特征。

更明显的是，人们在不同的领域中有着不同的性向，而且这些性向持续地在一种不可分割的遗传与环境因素间的互动中得到发展。如果我们能够坚持并且发展加德纳的多元智能或能力理论，结合对于工作记忆的灵活性与执行功能的理解，我认为比起传统的智能理论所能做到的，我们将更加接近真实的情境，而且我们还将获得一个基础，发现人们在其多样性上的差异之处，不需要像在传统智能研究中那样，奔走于划分等级、培育精英和相互贴标签。我们都有自己多种多样的强项和弱项，有一些人也在一般意义上比其他人“更聪明”或“更愚笨”，但是一维的智能理解是一种太过生硬的工具，通过我们的活动，是有可能发展我们所从事领域中的能力的。

10.3 学习风格

另一种发现有关人们学习间差异的路径是“学习风格”的概念。这个概念在20世纪70年代出现于美国，当时人们试图在根据智能或能力来讨论个体学习差异之外，努力寻找到另一种解释（例如，Cronbach and Snow，1977）。这一理念指的是人们能够以多种方式学习，但是对单个的学习者来说，存在某些特定的个体条件能够促进学习。我们每个人都有自己的学习风格。

然而，对此并没有达成能够普遍接受的概念定义，更不要说这个领域中能够普遍被接受的理论了（例如，Merriam and Caffarella，1999，p. 209），而且还出现了很多严厉的批评（例如，Coffield *et al.*，2004）。一个更深层次的复杂情况是，它与认知风格（例如，Hiemstra and Sisco，1990）和思维风格（例如，Sternberg）的概念之间存在着相当大的重叠。下面我将概括地探讨在该领域中最受关注的探讨，并进行非常简要的一般评论。

185 学习风格概念的最著名的观点之一是由戴维·库伯提出的，与他的学习圈和学习模型理论紧密相关，这些在5.2节中有更为详细的讨论（见Kolb，1984，Chapter 4）。基本上来说，库伯的理论是，不同的人们在不同程度上，自己的学习会朝向学习圈四种模式中的一个——具体经验、反思观察、抽象概念化和主动实验。通过专门测验进行测量，个体的学习风格剖面就可浮出水面，并可以画在学习圈的图中，如图10.1中所示。

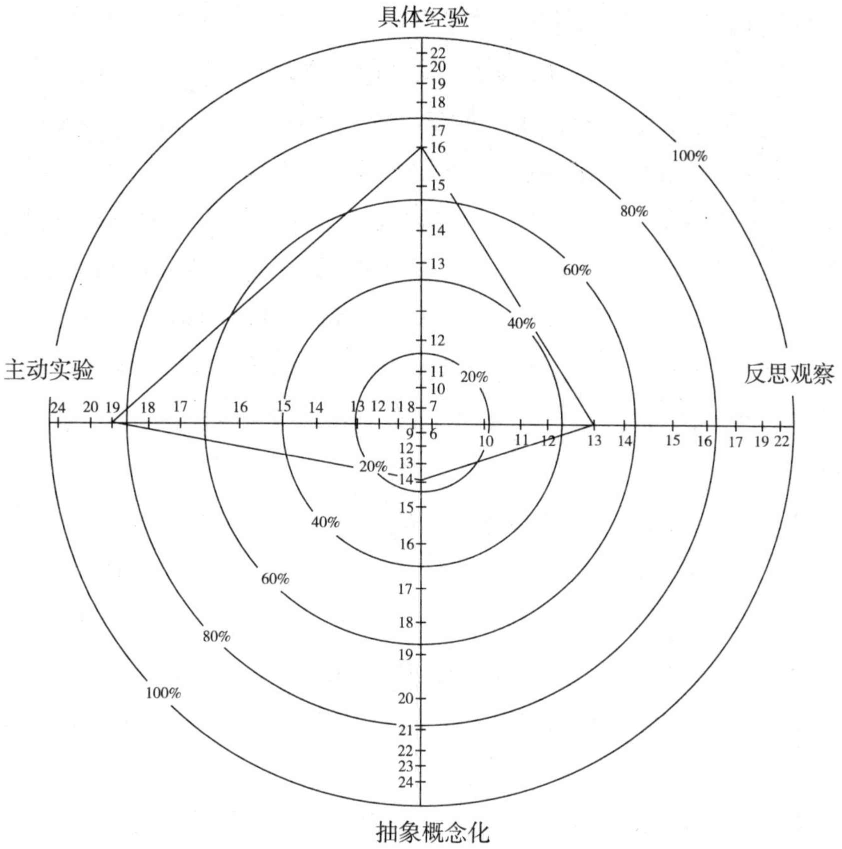

图 10.1　学习风格剖面示例——女性社会工作者（Kolb，1984，p. 70）

这个示例表现了一位女性社会工作者的学习风格，它有一个清晰的重点在学习周期的左上区域，即在顺应性知识的空间中（见 5.2 节，图 5），而 186
且她被归类为一位顺应学习者或一位“顺应者”（accommodator）：她通常是有创新性的，她的学习是直觉性的。相应地，基于其学习风格，其他的人能够被归类为集中的、同化的或发散的学习者，或者他们可能会比较接近两种类型的边界。发散的学习者通常来说有着很好的想象能力，而且擅长从很多视角来看同一个情况。同化的学习者通常来说擅长概念和理论，而集中的学习者通常擅长演绎思维和问题解决。学习风格剖面由此能够提供一幅图画，表示个体在哪些方面是他的长处，而且一个人可以据此选择他的领域，并且在此基础上适当地组织他的教学。

但是库伯在这些实用结果上又进而迈出了一步。如果我们画出在不同教育计划和工作岗位上人们的学习风格剖面图，就会显现他们在不同地方出现学习聚焦点的平均趋势。例如，在心理学、政治科学和历史学领域中的学生，平均来说，很大程度上是同化的学习风格，工程和护理专业的学习大部分是集中的学习风格，商科的学生很大程度上是顺应的学习风格，而数学、化学和物理学领域的学生平均来说，其学习风格比较靠近同化和集中的边界（Kolb，1984，p. 86）。根据库伯的观点，这样的测量可以用于学生咨询和学习组织的相关事宜——但这也可以看作是另一个例子，用以说明库伯将其体系中的元素都各居其位，然后由此极为严格地限制和体系化了人类的多样性。

“迈尔斯－布里格斯类型指标”（Myers-Briggs Type Indicator）测验采用的是学习风格的一个相当不同的视角，聚焦于人格差异上。测量的维度是外向/内向，感觉/直觉，思维/情感，判断/知觉（Myers，1980，p. 9）——在此基础上，一个有着四种人格特点的剖面就出现了，例如，外向、感觉、思维和判断型。它也强调学习者必须知晓自己的剖面并且在此基础上组织他的学习。

然而，对学习风格概念最为广义的理解，毫无疑问是由美国人丽塔·邓恩（Rita Dunn）和肯尼斯·邓恩（Kenneth Dunn）通过一种实践导向的视角实现的。它很简单地纳入了所有学习的适当课题，在此基础上，通过不同的观察、测量和分析，提出了一共 21 种不同因素，它们对一个人下述类型的学习风格有着重要意义：环境的（声音、光线、温度、设计），情绪的（动机、坚持、责任、组织），社会的（自我、结对、伙伴、团队、成人、各种人等），生理性的（知觉、入口、时间、机动性），以及最后一种心理方面的因素（全脑的/分析的，半脑的，冲动的/反思的）（Dunn and Dunn，
187 1978；Dunn，1996）。它没有真正的理论基础，而且，就像我们能够看到的那样，从这里导向一个非常复杂的方向。但是基于这 21 个类型，已经开展了很多实验，而且也有了很多涉及儿童、青年和成人教学的指南（Dunn and Dunn，1992，1993；Dunn and Griggs，2003）。

最后，还应该提及学习风格的视角，它聚焦于这样的事实：在感官印象

方面人们之间存在着差异，而感官印象对人们的学习提出了最多的诉求。最初研究者只是作了这样的区分：在言语表达基础上学得最好的人，他们是在听觉方面通过聆听或在视觉方面通过阅读脱颖而出的；数字导向的人，数字位于中心地位（也是要么在听觉方面，要么在视觉方面）；以及听力—视觉—动觉导向的人，他们通过经验并且在触摸和操作事物中学习得最好。这种视角方法后来被瑞典人莱纳·博斯特伦（Lena Boström）进一步加以发挥，他更为清晰的区分了视听觉型、触觉型和运动型学习风格。

在更为一般的意义上，可以说，有关学习风格的概念如果从智能概念的相关视角来看，首要地是聚焦于这样的事实：人是有差别的，人们以不同的方式学习。这避免了分级排序，而分级排序在智能导向当中有着如此强势的地位——因为基本上这种主张是认为没有一种学习风格比其他的更好，但是在每一个个案中有必要找到最为适合学习的方式。在这种方式上，这一视角与加德纳的智能理解是相当一致的。而且，学习风格的概念似乎比起智能概念来，在一个甚至更高的程度上导向了这样一种学习情境，它必须适应学习者的某些固定特征，并且由此而忽略了，在学习者遭遇或面对挑战的基础上，他们是可以改变和发展的。

另外，学习风格中的思想有一种趋势，更进一步地导向有关学习技术的运用和指导上。如果一个人以这种或那种方式学习，他就必须简单地承认这些并必须那样做或这样做。这开启了一个广阔的领域，包括最为细节的指导有关如何做、应该使用的照明类型、应该多久休息、如何记笔记，等等；以及可以被称之为晚期现代学习的形式，通过面向年幼儿童的所谓“说教玩具”（即目标在于学习的玩具）、面向较大儿童、青年和成人的使用或不使用计算机的令人兴奋的游戏，甚至通过角色扮演，让参与者能够运用他们自己和他人的身份认同来作实验，从而进行学习（例如，Montola and Stenros，2004）。

10.4　学习与性别

与学习有关的性别差异可以在三个不同水平上进行论述。首先是在身体或生理性的水平上，在这一层面上，至少在结构和大脑功能上的性别差异发 188

挥了主要作用。其次是在心理水平上，聚焦于两性以何种途径相联系和获得经验，以及不同方式的学习形式。其三，在社会水平上，聚焦于每种性别中存在的学习的社会潜能与需要。

在生理水平上，很显然女孩/女人们平均来说成熟得更快，而且男孩/男人们平均来说长得更高大更强壮。这意味着女孩子能够比男孩子更早地学习很多东西，而且也意味着男人能够在要求生理强度的领域比女人表现得更好。这些当然是重要的差异，但同时也是某种我们倾向于完全地视作理所当然的东西，因此也就不会大张旗鼓地去讨论了。

然而，当视线转移到脑的生理性别差异时，事情变得更为复杂。首先，平均来说，男人的脑比女人更大，而且有更多的细胞，这也与身体重量相关——但并不清楚的是，这是否对学习产生了什么后果。在脑中还有很多与性别差异与性别功能有关，但是也许与学习并没有任何关系（Solms and Turnbull，2002，pp. 223ff.）。

但是还存在其他和更为特别的差异，而且如果不是这样的话或许也会让人觉得很奇怪，因为当两种性别——就像很多动物种类那样——在大量领域有着不同的功能时，相应的、不同的性向就自然成为大家的期待了。这些性向通过数百万年的选择过程发展起来，更偏爱那些善于管理其功能、并由此得以最好地延续生命和繁衍后代的人们（Baron-Cohen，2003，pp. 117ff.）。

对于两性之间是否存在着涉及大脑两个半球的某种差异，一直有争议。主要的差异是，左半脑要执行更多的语言功能，它在女性当中有更好的发展；而右半脑要执行更多逻辑和空间功能，它在男人当中有更好的发展。然而最近的研究显示，事情并非如此简单，这尤其是因为语言功能的不同部分是可以不同地发展起来并定位的。情况还不如说是这样：女孩/女人们中的语言功能在很大程度上都存在于大脑的两个半球，而在男孩/男人中的位于大脑右半球、得到更多发展的空间认知“抑制”了更多的通向左半脑的语言功能。此外，这种语言功能特别是与语言理解和共情作用有关系，而不是语言的语法方面，这正是女孩/女人们所擅长的（Baron-Cohen，2003，pp. 105ff.）。

在该领域中另一个可能很重要的事情是，女性大脑两半球之间的连接比男人的更为广泛，这些连接促成了两个半脑之间功能的更多整合。相应地，男人的大脑在每个半球之间的前后区之间有着更好的连接，因此在这个维度上也就有更好的功能整合，这些可能涵盖了工作记忆与那些提供认知和情绪输入的中心之间的连接。叶尔霍能·戈德伯格认为，也许就是这一在整合潜能上的差异，是两性间关于功能模式方面的最为决定性的典型差异。不过，必须再一次加以强调的是，这些是“典型的”或“平均水平的”结论，它们并不必然适用于单个的个体（Goldberg，2001，pp. 96ff.）。

戈德伯格由此导向了这样的假设：两性间的一般心理差异可以被理解为在他称之为的“认知风格”（这个概念在某种程度上与上面所讨论的学习风格相似，但是界定的含义更为广泛，包括了认知功能模式等）中的一种差异，所以女性更为倾向于在一般印象的基础上作出“情境中立的”决定，而男人则更愿意联系特定情境作出“情境依赖的”决定。戈德伯格强调，首先，这仅仅只是一种基于很多不同实验和思考的假设；其次，这仅仅只是一种倾向。两种性别的人们会作出两种类型的决定，个体不需要与性别的典型表现保持一致。另外，他认为“最理想的决策策略”也许是要通过这两种决定类型之间的动态平衡来实现（Goldberg，2001，pp. 88ff.）。

然而，英国脑科学研究者西蒙·巴伦－科恩在他的著作《本质差异》（*The Essential Difference*）中，迈出了更为可观的一步，他提出了这样一个论点：“女性大脑是压倒性地在共情作用方面极为兴奋的。男性大脑是压倒性地在理解和构建系统方面极为兴奋的”（Baron-Cohen，2003，p. 1）。

这就不仅仅是一个认知风格的事情了，而是一种一般导向，它发挥了大脑功能的起点作用。共情涵盖了所有与他人联系有关的事务，包括相互理解、交流、互动和语言。而系统导向涵盖了在所有可能和想象情境中的系统性特征的事务。

巴伦－科恩的背景帮助他发展了这一论点，多年来他一直专注于孤独症的问题，这些人通常有下列特征：在一个相对狭窄的数学或技术领域中（在这些领域里几乎或完全没有社会联系的兴趣）拥有片面的、并且常常是高度发展的洞察力。他把这看作是一种得到极端发展的男性大脑，对应的事实是，90%的孤独症患者是男孩和男人。巴伦－科恩此后讨论了女性大脑相应的差异可能是——一个“系统盲”和“超级同情心”的人——但对此并没有能够达成任何清晰的结论（Baron-Cohen，2003，pp. 170ff.）。

190 自然地，巴伦－科恩会强调，这是一种倾向或一种一般结论，并不适用于单个个体。与此相反的是，一名女性可以拥有一个非常男性化的脑，反之亦然。但是在统计水平上，这将会是一种分布，他通过图形展示了这一分布，如图10.2中的系统化方面的性别分布（我们也可以画一个关于共情作用分布的相似但是颠倒过来的图形）。

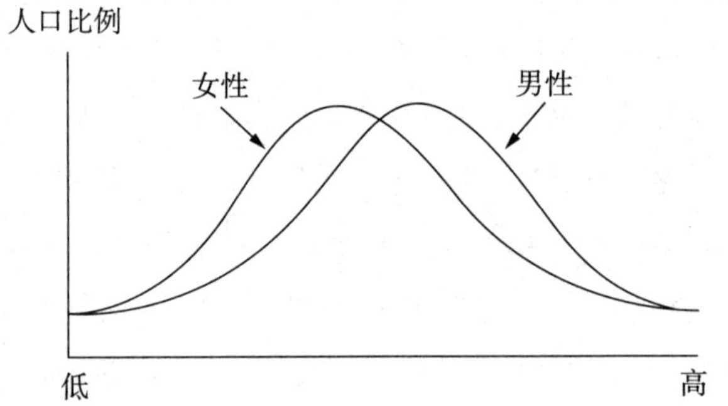

图10.2　男性和女性在系统化上的得分（Baron-Cohen，2003，p. 85）

从学习的观点来看，我认为戈德伯格和巴伦－科恩两个人都触及了某些非常重要的东西，他们指出了大脑性别差异中一些特征性的一般倾向。我认为这是很有说服力的：关于学习的性别差异存在着某些倾向，并且它们特别朝着所指出的方向移动。但正是运用他们所谓的特征性的男性系统化的脑，我发现戈德伯格等两人，特别是巴伦－科恩走得太远了，想要给那么极度多样和复杂的事务指向一个单纯的特征——以一个符号性词汇或标签的方式。他们很多的保留也预示了在某种方式上，他们知道自己如履薄冰。

与此同时，在一般水平上，有关巴伦－科恩自己所专注领域的分布，以及有关很多其他我们所说的心理学领域中群体间差异的分布，我发现巴伦－科恩的例证相当有说服力。几乎总是在不同方向上存在少数群体的极端案例，在中间会有一个大量重叠的多数群体，这里一些特征在某种双向互动的形式中出现。

有了这些阐述，与戈德伯格和巴伦-科恩一起，我也从大脑的生理水平转移到了心理水平的研究，探讨一个人如何联系和体验不同类型学习的性别差异。

在这一背景中具有特殊意义的学习领域是儿童期和青年期的性别社会 191
化。很多理论已经提出了在特定生理因素和当前社会因素之间的互动中，这种发展是如何发生的。这里我将非常简要地重述一个理论的主要观点，该理论是由美国精神分析导向的社会学家南希·霍多罗欧（Nancy Chodorow）（1978）提出，并由两位北欧女性研究者哈丽雅特·比耶伦·尼尔森（Harriet Bjerrum Nielsen）和莫尼卡·鲁德贝里（Monica Rudberg）进一步加以发展的，部分是通过与一个20世纪60年代在美国进行的大型经验研究项目的比较。该大型经验研究项目的带头人是心理学家玛格丽特·马勒（Margaret Mahler，1897－1983）（Mahler *et al.*，1975；Nielsen and Rudberg，1994［1991］）。

这一概念的基础是，分离与个体化的第一个过程几乎总是在儿童和其母亲或其他妇女之间上演并结束的。这意味着男孩的身份认同基本上是建立在一种差异的经验之上，女孩则是建立在相同性的基础之上。在生命的第二个历程岁月中，当男孩子开始体验与母亲的分离时，由于性别差异，他们也对这种分离有了更好的准备：作为一个大男孩就意味着要与母亲分开。然而母亲与女孩子的关系，其中心是同质性的，这使得这个分离过程表现得更为不情愿和矛盾。

当男孩后来发现性别之间的差异时，他会回到他的母亲那里，并且体验与某位异性的亲密关系形式。另一方面，女孩对于保密性和隐私性有更早的倾向性；当她发现与父亲有关的性别差异时，她经由一种基于差异的亲密关系领会到一种自主的新方式。

这一基本差异对儿童有着巨大的影响，一直贯穿他们余下的儿童期。两种性别都试图实践性别角色。这在同性玩伴中最多地发生，所以在这个时期，儿童们通常被按性别分隔开来。性特征并未缺席，但是被错误表达的。男孩们不得不炫耀，因为他们相信通向亲密关系的方式是自主。女孩们变得被他们的外表和友情所吸引，因为她们相信通往自主的方式是亲密关系。因此，两种性别在他们的儿童期发展中采用了显著不同的方式，而且对于两性来说，这些因素的某些是通过晚期现代社会无限和压倒性的间接媒介影响，在认知和情感两方面不断增强的。

不过，这种精神分析导向的性别社会化描述，其特征是把自然赋予的性别和现有社会发展的性别角色两者都作为出发点。与此相对立的是，在今天有一种社会建构主义的导向，并不认为诸如行为、意识和学习等方面的性别
192 差异可以这样简单地来理解，而是认为性别行为和性别意识是某种作为在文化互动中建构或合成而发展起来的，并且，不是以在两种性别之间两极化的办法导向程度很高的差异化，而是以复杂和重叠的形式出现在晚期现代社会的这个领域当中（例如，Butler，1993，2004）。

一般来说，肯定很清楚的是，性别相关的事宜是在性向与影响之间紧密的整合互动中发展起来的，它们对于学习至关重要。无论一个人是在自然赋予的性别中找到起点，还是在文化传播的构造中找到起点，同样清楚的是，在我们的社会中存在着在该领域中行为和意识形式的极为多样化和复杂的模式，在学习的形式中也是如此。我还在这里发现巴伦－科恩的模型能够作为一个有用的结论，在两种性别和一些更为性别特定的边界这些广泛重叠的很大的共同领域发挥作用——但这自然与下述的普遍观点相距甚远：具体表达的多样性是这个复杂领域的一部分。

在学习这一特殊领域中，有很多有关性别差异的清理和讨论，例如，最为典型的是与差别化教育计划应用有关的探讨。但是，另一方面，在这个领域中并没有太多理论导向的成果。不过，在美国女性主义的传统中，有两本很重要的著作，作者是女性研究者玛丽·贝兰基（Mary Belenky）、布莱思·克林奇（Blythe Clinchy）、南希·戈德伯格（Nancy Goldberger）和吉尔·特鲁莱（Jill Tarule），一本书是《女性认识之路》（*Women's Ways of Knowing*）（Belenky *et al.*，1986），其是基于广泛的访谈研究的；还有一本是《知识、差异和权力》（*Knowledge*，*Difference*，*and Power*，Goldberger *et al.*，1996），书中探讨了对前一本书的众多反应。

在这些著作的一开篇就列出了五种对于知识的女性视角：

- 沉默——女性所处的一种位置，她们经验自身为：没有思想的、没有声音的人、并且服从于外部权威的反复无常。（她们是被动的、感到无能的，并是由他人来定义的。）
- 接受的知识——一种女性对自己持有的视角，认为自己从全知的外部权威那里是能够接受、甚至再生产知识的，但是自己没有能力去创造知识（她们倾听他人的声音；她们的世界是字面上的或具体的，是好的或坏的）。
- 主观性知识——一种视角，真理和知识被认为是个体的、私人的和主观性地加以认识或由直觉到的。（真理的所在点转向了自我；直觉被赋予比逻辑和抽象更高的价值；这里女性开始获得一种声音。研究中的半数女性处于这一类型。）
- 程序性知识——女性所处的一种位置，她们投入于学习之中并且应用客观程序来获取和交流知识（这一位置有两种形式：分离认识——自我是与话语对象分离的，这使得质疑和推理成为可能；关联认识——自我与话语对象之间有着亲密和等同关系，这建立在共情理解的基础之上）。 193
- 建构的知识——女性所处的一种位置，她们认为所有知识都是情境性的，将自己经验为知识的创造者，并且认为主观性和客观性的认识策略都是有价值的。（这一阶段的特征表现为一种真实声音的发展。）

（引自 Merriam 和 Caffarella 的总结，1999，pp. 146－147）

这是一个很重要的综述，既因为它基于经验研究基础，对女性不同的知知形式有所见解，也是因为它作为一个整体，揭示了知识的掌握可以采取很多不同的方式。因此，从性别和普遍的观点来看，它与这样一种对知识的理解拉开了距离——知识在某种意义上是，或者应该是客观的、逻辑的和连贯性的。但是我们也可以问道，是否这个综述所突出的从依赖到独立的维度恰恰不能被用来描述男性的学习形式呢？

不过，该领域中现有的资料甚至更为有限，但作为对贝兰基等人文章的一种平衡，我们可以在美国认知研究者约翰·R. 安德森（John R. Anderson）的文章中找到一些参考，他研究了在美国的欧洲裔美国男性的认知风格，其导向为情境独立的、分析的和非情感的，而另一面，譬如说，美国的非洲裔男性或本土美国人以及一些欧洲裔美国女性，则实践的是一种更为情境依赖的、关联的、整体的和情感的风格（Anderson，1988）。

这个结论必须沿着这条主线来看：在欧美主流文化中，至少有一种很明显的朝着性别一般差异的倾向，学习以此方式得以实践，但是这种相当大的差异也存在于两种性别各自内部，我们在谈论男性和女性的学习形式时，必须给予重大保留。

在社会水平上，大家都知道的是，在学校和教育计划中，有关两性所偏好的教育科目方面，以及它所反映出来的学习偏好，存在着巨大的差异。另外，在今天的丹麦，情况是这样的：一般说来，比起男性来，更多的女性在
194 教育系统中接受教育，与此同时，相关声音也传递出来，认为小学和初中学校开始变得“女性化”——女性教师比男性教师更多，教学更为呼应女孩子而不是男孩子的需求，还有，比起女孩子，更多的男孩子“放弃”或被要求接受补充教学。而且，在很大一部分教育系统中，项目研究之类的现代教学形式，似乎更为迎合女性学生而不是男性学生的需求。

因此，有迹象表明，现今对学习和教育的视角更适于女性而不是男性，它在很多地方已经达到了这样的程度：男孩子和男人们，一般说来，在学校和教育系统中有更多的困难，而且一般来说，妇女正在达到比男人更好的教育水平。不过，对比我们可以说，男性在教育系统之外保持了他们的特权地位，特别是有关地位、薪资和影响力的情境当中。不管对社会中教育的重要性有过多少论述，性别在大量关键领域中似乎意味着远比教育更多的含义。

总体说来，对于性别和学习的研究表现为对以下事实的反思：在学习领域中存在着与性别相关的差异性的倾向，这些差异与其他在意识和行为水平上的性别差异是一致的。另一方面，在社会水平上有很多其他的差异，它们是社会在一般水平上有差别地联系两种性别的途径的一部分。因此，在性别差异方面，学习与更广的模式没有什么差别，性别差异是这个模式中的一部分——并且，如果要对此作出任何改变的话，似乎只有通过联系到学习，而且必须成为

与更为普遍性的性别环境相关的某些发展的一部分，才能够完成。

10.5 社会背景与种族

在20世纪最后几十年中，“社会遗传”的概念在丹麦逐渐地被广泛接受，作为一个术语来描述这种古老的现象：个体的社会背景——而不是诸如智商之类的某种形式——在统计学上是对个体所能达到的社会等级中的地位来说，最为强有力的重要因素，这一现象在很多其他国家也是非常广为人知的（例如，Coleman *et al.*，1966；Jencks *et al.*，1972；Bowles and Gintis，1976）。

在北欧，这个概念本身来自于一本出版于1969年的著作，作者是瑞典精神病学专家加斯塔夫·约翰松（Gustav Jonsson，1907－1994），他专门研究青年罪犯（Jonsson，1969）。当福利社会真正开始在北欧得到发展的时候，对这些课题的学术兴趣开始成为国际的关注焦点，某种程度上与此同时发生的是，很多更有质量的成果得以出版，这些成果是有关社会遗传以怎样的方式在实践中显现出来的理论。英国社会语言学家巴塞尔·伯恩斯坦（Basil Bernstein，1924－2000）发现，在工人阶级与中产阶级的语言编码之间在语言上有着显著和复杂的差异（“限制性的”和“精加工的”语言编码，Bernstein，1971），而在英国的“伯明翰学派”揭示了多种与青年中亚文化和意识相关课题的重要意义，特别是在保罗·威利斯（Paul Willis）的重要著作《工作》（*Jobs*，Willis，1977）中，有着对阶级分类工作的社会化（class-specific work socialisation）的极为详细的记录。最后，还应提到的是法国社会学家皮埃尔·布尔迪厄和克洛德·帕斯隆（Claude Passéron）在社会再生产方面更为全面的著作（Bourdieu and Passéron，1977［1970］）。 195

在很多欧洲国家中，所有这样的觉醒走向了若干政治性的行动，它们的目标包括消除社会不平衡，降低青年人不能完成小学和初中后任何教育的比例。但是，一般说来，未被证明有可能、而且甚至距离遥远的是实现这样一种有野心的目标：通过政治力量所运用的教育政策手段来创造一个“通过教育的公平”。早在1970年代伊始，丹麦的教育研究者和社会学家艾瑞克·约根·汉森（Erik Jørgen Hansen）就强有力地争论说，获得“机会平等”并不足够。富裕阶层的儿童将总是能够比那些较为弱势的儿童更好地利用平等的机会，而且只有通过公开地支持弱势群体，这种目标才能够被实现（Hansen，1972）。

此外，在最近10到15年间，两个有关社会教育和学习机会的大范围的、有问题的挑战开始出现在这个舞台上。

一个挑战是有关国际上通过“终身学习”口号而开展的成人教育项目的整体议题的——这里我们又一次在大范围上遭遇了所谓的“马太效应”，即“凡有的，还要加给他，叫他有余”（Matthew 13：12）。也就是说，那些已经受到了最好教育的人们参与到成人教育项目中的程度，比那些只有较少学校教育经历的人要大得多（Illeris，2004）。

第二个挑战是所有关系到移民和难民的整合的教育问题，包括语言教学、普通教育和职业导向的教育和培训。这个问题的复杂程度远远超越了教育的范畴，但特别的教育努力能够满足这些群体很多的和不同的需求，而其必定是一些创造更好整合的努力中的一个关键要素。

我将不再更加深入地探讨这些对本书主旨来说是比较外围的广泛课题。但坚持这一点自然是极为重要的：参与到制度化教育中的可能性和兴趣的问
196 题是非常综合性的和多样化的，并且该领域中社会的、文化的和种族的因素，至少是与个体的能力、性别及其他个人课题等具有同样的重要性。

10.6 小结

个人的学习能力是具有一般生物性、社会文化性的，并且具有种族性以及个体性。它的突出特征还有，很多涉及的不同因素是以一种无限的、未明的模式交织在一起的。

在个体水平，“经典”的论题与智力和技能相关，存在着多种相互竞争的理论，时不时还有充满热情的讨论。一方面，很清楚的是，不同的人们在遗传与环境的复杂互动中发展起来不同学习类型的不同性向，但是另一方面，也必须要坚持的是，这些性向总是能够被转变和发展的。而且，再一次

在统计水平上，似乎存在某些性别相关的学习差异。最后，人们作出了很多努力，试图辨明一些在学习风格上的一般差异，尽管在此领域中它的图景并不是很清晰。

在一般水平上，首要来说，所谓的“社会遗传”得到了非常有说服力的展示，尽管设计了很多政治性手段来中和它，它仍然还是发挥了强有力的影响，使得那些在教育上、社会上、经济上和文化上拥有最好先决条件的群体可以借此也能够在质和量两方面，获得或参与到最多的教育中去，并且在教育系统中达到更高的水平。当前尚未表现出有这样的可能性：通过现在为止所有的政治力量所采取的教育政策手段，就能够打破或决定性地降低这种关联。但也要强调的是，即使这些条件在统计学上表现得非常清楚，它们也不会自动地适用于个体。

第十一章 学习与生命历程

197 正如不同的人们有着不同的学习可能性，在学习如何管理和进行方面，也存在着相当大的年龄差异。认知成熟、社会和人际环境以及某些非常不同的动机结构，对发生在生命历程中学习相关的变化有着重要影响。本章描述了学习在四个主要生命阶段中的特征：儿童期、青年期、成人期和熟年成人期。最后，对这些发展作为一个整体的特征进行了探讨。

11.1 生命心理学

上一章聚焦在不同人和不同群体中的人们在可能的学习重要性上的不同特征——技能、学习风格、性别、社会背景和种族，而本章将要关注的是在生命历程中的不同阶段，学习具有什么样的特征。在此很重要的是坚持学习所有三个维度之间的联系，因为即使在内容的学习能力方面有某种程度的成熟过程，至少在同样的程度上，情感的、动机的、社会的和人际的情况也会随着年龄的增长而改变，并且创造出不同的学习可能性和条件。

下面我将从一个特殊研究领域开始我们的探讨，这个领域被命名为生命心理学（例如，Baltes and Schaie，1973；Sugarman，2001），因为比生理研究（见5.6节）更为清楚的是，它涉及了生命历程发展中的年龄方面。

在生命心理学中，聚焦点不是放在个体的人身上的，而主要是放在多个生命年龄段及其特征的辨识和划分上的——并且由此变得非常清楚的是，处于不同生命年龄段中的人们，一般来说有着本质不同的动机结构和看待学习、教育的不同视角。

198 生命心理学真正开始于20世纪30年代，当时是作为一种从儿童和发展心理学到有关成人生命课题的一种拓展（Bühler，1933，1968）。早在当时就有很多对于生命历程不同阶段划分的思考，后来，又有很多人尝试把整个生命根据多种多样的标准划分为很多年龄阶段，包括埃里克森的八阶段阶梯模型、库伯的三阶段圆锥模型以及非约德·延森的四阶段双生命虹模型，所有这些在前面都曾经有过详细的讨论（见 8.4 和 8.6 节）。

在生命心理学中有一个广泛传播的理论概念：多个生命年龄段通常伴随有多种方向或“任务”，它们部分地决定了学习动机；同样地，生命阶段被主要或次要的危机时期分割开来，在这些时期要完成主要的任务并且被一个新的任务所替代。

这里我并不想进入到有关这多种具体阶段或时期划分的细节讨论。对我来说似乎很明确的是，尽管在决定这些转折点和其他阶段特征方面可能存在着不同意见，但是在四种有关学习的主要兴趣阶段，即儿童期（childhood）、青年期（youth）、成人期（adulthood）和熟年成人期（mature adulthood）的划分上达成了广泛一致。[我在此使用了吉登斯的术语“熟年成人期”（Giddens，1993）代替“老年期”，因为后者容易让人想到心智思维的弱化。在很多情况下，实际上还有一个在熟年成人期之后的第五个阶段，在那个阶段中出现了认知功能和由此而来的学习能力的削弱。很自然地，研究这个课题也许很重要而且很有意思——这种弱化的本质是什么？什么东西丧失了，什么被保留了下来？对此人们是如何去做的？等等。——但是这已经超出了本书的视角。]

我认为，这四个与学习相关的阶段，在今天可以作如下描述：

儿童期，从出生到 11—13 岁左右的青春期开始（过去它出现的时间点更晚一些）。在学习方面，儿童期的中心是在儿童发展和捕捉他的世界上。

青年期，从青春期一直到作为一个多多少少稳定的成人期的先决条件建立起来的时候，通常是通过相对永久的与生活伙伴和工作之间关系的建立，或者也许是一种不愿意进入这种关系的意识的建立。在今天的社会中这成为一种特征：青年期比以前的时代更长，而且到成人期的转折是非常不确定的；在20岁到35岁之间的任何时候完成这个阶段，是相当正常的。它的结束常常会是不完全的，与青年阶段一定程度的关联会被带入成人期——尽管社会建构主义者和后现代主义者声称这在我们现有的社会中是不可能的（见7.8节）。

199 **成人期**，从青年期结束一直到“生命转折点”——这个概念已经在丹麦由菲约德·延森（1993）得到了充分的讨论，它暗示着生命结束已经被认为是处在遥远的视野中，而且这个人正在开始去接受它并且与它发生联系。生命转折点的确切时间，以及由此而来的从成人期开始阶段到熟年成人期的转折是极端不确定的，大约延伸在45岁到65岁之间的时期。在两性之间这种转折的性质上也有相当大的差异。在学习方面，成人期主要的方向是广泛地朝着对生命历程及其挑战的管理，通常中心放在家庭和工作上，而且更为广泛地来说，放在兴趣、生活方式和态度上。

熟年成人期，一直延续到死亡，或者从学习术语来说，一直到心智削弱到一个相当大的程度，如上所提及的。在学习方面，熟年成人期——如果能量和其他环境因素允许的话——通常导向在生命中带来意义和和谐，以及用一种“生命智慧”的个人方式来获得满足，作为对生存和生命历程的一种总结性理解。

下面的四节中，我将利用一些来自生命心理学的材料和更为直接地关注个体生命年龄的资源和经验，更为紧密地考察在着四个生命年龄段中的学习动机和学习机会。在结论中，我将尝试指出贯穿生命年龄段的某些趋势，并将它们在一定程度上关联起来。

11.2 儿童想要捕捉他们的世界

儿童学习的总体特征是，与他们的发展相一致，他们努力捕捉这个世界，看到自己被这个世界所包围着，是这个世界的其中一部分。在儿童心理学中有对这种捕捉过程的许多不同方面和阶段的综合描述，包括弗洛伊德的阶段划分、埃里克森的发展年龄阶段和皮亚杰的阶段理论。这里我将仅仅指出某些最重要的因素，它们决定了这个过程的某些一般条件。

在学习方面，理所当然很重要的是，认知学习能力在整个儿童期中得到了逐渐发展——这是皮亚杰理论所阐述的。当布鲁纳断言任何学科都可以用某种智力上合适的形式教给处于任何发展阶段的任何儿童时（Bruner，1960；见 8. 6 节），这并不意味着任何年龄的儿童都可以学习任何东西——而是与此相反：教学必须对于儿童的年龄和预备条件来说是适当的。

另外，这是一个很重要的因素：基本上来说，儿童期待他们的父母或其 200
他成人能够指导他们应该学习什么和怎样学习。作为婴儿，他们与周围世界的唯一联系是通过母亲和其他成人，而且第一次的“捕捉”包括实现他们自己和周围世界之间的分离。儿童从一开始服从于成人的控制，并且只能够逐渐地将自己从中解放出来——我认为，阿弗莱德·洛伦佐和丹尼尔·斯腾对这个过程专门进行了非常重要的描述（Lorenzer，1972；见 7. 5 节；Stern，1985；见 4. 7 节和 8. 4 节）。

在儿童保育机构和学校的早期岁月中，儿童仍然被迫在一个成人所设定的框架中成长和发展。他们必须，也是必要地将此作为一种基本条件来接受，即使自然而然地，当他们感觉自己是受到束缚或他们不能理解发生了什么的时候，他们会阻抗——这种阻抗在发展和学习中也是一个具有高度重要意义的因素（见我在 9. 5 节中对阻抗概念的阐述）。不过，儿童通常是乐于接受解释的，告诉他们学习某些东西会对他们以后有好处或很重要，即使他们不能马上掌握它们。

然而，我们晚期现代社会的发展已经带来了某些趋势，影响了儿童期学习的基本因素。托马斯·齐厄已经清楚地辨识了这些趋势（Ziehe and Stubenrauch，1982），不过这些趋势的阐述也在其他一些场合出现。

一般来说，文化解放给予了儿童很多机会接触到过去他们所不能及的活动、关系和刺激，而与此同时，传统与规范的未整合状态削弱或动摇了很多固定的观点和结构，从这些固定的观点中儿童在之前建立了他们的防御。和青年人及成人一样，今天的儿童从很小的年纪开始，就感知到很多潜在的选择——其中有一些是真实的，其他一些还只是表面上的——而在过去，确定性的程度要高得多，不管是好是坏。

大众媒体在这里发挥了一种特殊作用。比起父母或其他成人，它们给予儿童更多的机会去体验——或者经常几乎是强迫他们去体验——大量的刺激，包括诸如大灾难、暴力和性；体验他们过去不会接近的东西，这会对他们产生强烈的情感影响，并且在个人经验形成之前就引入了这些东西，这对于他们后来在这些领域中获得自己的经验来说，使得情况更为复杂。

另一种重要因素是，某些社会领域中的发展可能发生得如此迅速，令成人很难跟得上，而儿童能够，可以说是，直接跳跃进入到他现阶段中的发展，这使得他们在某些领域能够超过成人。这通常来说发生在信息技术的领域，教师和父母们常常发现一些儿童比他们自己知道得更多。

201 从学习的视角来看，一般来说重要的是记住儿童期作为一个生命年龄段，基本上是受这样一个重大获得过程影响的：整合并与复杂的物质、人际和社会环境整体进行关联。这要求一个延长了的构建过程的宽广频谱，儿童被安排执行、信任成人并且得到他们的支持。儿童期通常是一个主要为温和、渐进和稳定的同化学习过程的时期，即使这些过程倾向于变得更为复杂和矛盾。这些过程如运动与语言发展、符号管理的掌握（包括阅读、写作和算术），以及对周围世界及其规律、结构和功能意义的认识。

皮亚杰对上述过程中的一些进行了极为详细的研究，他得出了同化过程作为学习中心的认识，这不足为奇，因为在儿童期以及在认知的领域里，同化学习实际上是极为广泛的。这些因素也是学校传统上所基于的基础，是学校为什么以那种方式组织起来的部分原因。

与这些同化过程相关联的是，很多的顺应也发生了，它们通常来说具有皮亚杰所注意到的限制和修正的性质——当误入迷途时引导该获得过程回到轨道的方向。不过，在其他的领域里，在儿童期的学习中有着大量和决定性的顺应——尤其在有关身份认同发展的领域中，包括性别角色的发展（对应于皮亚杰的这一概念：顺应在个体化过程中具有决定性作用，见 4.2 节）。这些因素在下一个生命年龄段，即青年期中得到了进一步发展和加强。

11.3　青年想要建构他们的身份

青年期并非一直被认为是作为一种生命年龄段而存在的。历史上，青年期的概念是与资本主义和工业化一同发展起来的："青少年是与蒸汽机在同一时间发明出来的。后者的实际发明人是瓦特，在 1765 年；前者是卢梭，在 1762 年。"（Musgrove，1965，p. 33）

瑞士裔法国哲学家让 - 雅克 · 卢梭（Jean-Jacques Rousseau，1712 - 1778）在 1762 年出版了他的名作《爱弥尔》（*Emile*），将儿童中心的教育学提上了日程。那时候在资产阶级中，越来越需要一种扩展的学校教育或养育，通过这些教育或养育，下一代可以掌握他们将会需要的知识以及合适的行为——与此同时，卢梭鼓吹儿童直到那个成长点之前，作为一个儿童的权力。

在开始，青年期的概念被限定在几年之间，但是逐渐地它变成了一个更 202
长的时期，而且青年期的理念超越了中产阶级的范围得到了越来越广泛的传播：

> 青少年的定义暗示了一种朝向成熟的发展速度的理论。这种速度是被延迟的（或者被允许去找到它假定的"自然"水平），为的是在儿童期和成人期之间插入一个不连续的和有特色的人类成长与发展阶段。
>
> （Musgrove，1965）

由此，青年期从一开始，就与对社会的必要学习和个体发展的一种特殊需求联系在一起。在德奥裔美国人夏洛特 · 布勒（Charlotte Bühler，1893 - 1974）首部出版于 1933 年的生命心理学著作中，她把青年期放在一个从大约 15 岁到 25 岁左右的年龄段中，作为个体成长阶段的后半部分（Bühler，1933）。在艾瑞克 · 埃里克森那本我们前面曾经提起过的著作《同一性：青少年与危机》中，青年的概念采用了今天看来非常典型的解释方向：青年主要是这样一个阶段，由或多或少的危机所决定的个体身份认同或自我理解的发展（Erikson，1968）。

在历史上，青年概念的发展是与这样的强调联系在一起的：18世纪以来，在中产阶级中，强调的中心放在独立个体上。然而，随着晚期现代社会的发展，最近几十年我们看到青年期在进一步地延长，所以现在它常常要持续20年。另外，青年开始变得非常地理想化——以及商业化——因为这是一个自由的时代、没有责任的时代和快乐至上的时代，而与此同时，青年中的个人与社会问题似乎又在不断地增长。

这种发展的本质是，特别是从学习的视角来看，对身份构建的要求随着文化解放经历了一种爆发性的增长——这种现象绝不是偶然的：在丹麦我们常常谈论“身份认同工作”，这是青年人在应付完他们的教育、与一个伙伴形成稳定关系和找到他在社会中的位置外，还不得不做的工作。

过去我们有家庭联系，有性别角色，有阶级归属，并且常常还归属于一个特定的专业，以及大量给定的价值观和规范，它们都是我们期待青年人去接纳的，也许要通过一个有些叛逆的过程；现在所有这些都在分崩离析，或是变得多余，青年人必须通过他们自己的选择找到自己的方式。这不仅仅是教育、职业生涯、伴侣和家庭的事情；也是有关生活方式和个人身份认同的，并且需要选择的事情要多得多。在这些领域的发展是压倒性的，青年人
203 和社会现在不得不努力奋斗于新的、未经尝试过的过程，以及几乎是一天接一天的变化——新的教育机会、新的消费机会、新的通信系统和新的生活方式提议，这些让青年人感到处于一种几乎是混乱无序的困扰之中，所有事情似乎都是有可能的，而青年人感受到了无数的限制，因为很多机会对于广大的多数人来说是完全不可企及的——只有非常少的一部分能够成为演员、电视主持人、设计师或运动明星，尽管有很多人私下里希望实现这些，并且在实现梦想的渴望中做了他们所能做的事情。

至少根据皮亚杰的理论，人类从青春期开始在认知上有了全面的发展，即他们进入了形式运算阶段，并且能够进行逻辑和推理性的思考。但是最近一些教育研究者指出，一方面，青年人远远达不到所有成人都掌握的这种形式思维的程度（见 Shayer and Adey，1981），而且，另一方面，在整个青年期中，有可能发展新的潜能：辩证思维、实践逻辑的运用、发现我们怎样才

能认识事物、我们知道了些什么（元认知）以及掌握批判性反思方式（Brookfield，2000b）。现代脑科学研究的最新成果表明，工作记忆——支持这些高级认知功能的大脑中枢，是只有在十几岁的最后几年才得以全面发展的（Gogtay *et al.*，2004）。因此，只有在青年期和所有其他在这个阶段中发生的变化一起，我们才获得了全面的认知能力。

在学习方面，青年期的前半部分仍然是服从于义务教育的，后来——在某种程度上根据这个社会的目标——他应该要完成某些青年教育，并且作为规律来说，还要完成某些更高的更具职业性质的教育。然而，尽管这会以一种有着特定科目内容的教育面貌出现，但是所有从十二三岁左右开始的青年期的教育，其导向是高度朝向身份认同的形成，并且只能够据此来加以理解的。

这种矛盾关系导致了很多的问题，因为学校和教育系统主要是开发用来处理学科学习，而在最广泛含义上的身份认同才是青年人所关注的东西。因此，青年人多多少少不太情愿地对学业科目的要求作出反应，其中大多数的人是被迫去关注这些科目要求，而且这些科目要求他们又常常发现是过时了的，与此同时这个系统的代表又在努力使学生们的注意力集中在学业工作，他们自己是如此培训过的，现在要求学生们承担并且作为一个义务去支持。

高中学校（学术性中学）可以被视作这种冲突的典型战场。越来越多的青年人进入高中学习，因为如果你希望自己能够出人头地的话，学术性教育越来越成为一种必要条件。然而，高中学校的科目及其内容，以及很多教师的素质和思维方式，深深地植根于一个不再存在的时代。学生们升入高中是 204
因为这是他们唯一的选择，而且因为在这里他们能够遇到其他青年人，有着同样的需求和问题，而学科、教学和分数对于很多人来说，是一种必须的不幸，这似乎对任何人来说都没有多少用处。教师试图在他们自己和他人中间坚持这样一种理解：不管怎样，发生了什么都是既有意义也很重要的，教师对于学生有着一种炽热的希望——学生们将“对自己的学习负起责任来”。然而，谁会愿意对某种他们并不感到有任何重大影响的东西负起责任来呢？

这些因素最令人震惊的后果是与很多国家中技术和科学课程注册率有关的相当多问题。即使这些课程带来了社会上地位较高、较多优先权和较好薪水的就业机会，但是大多数青年人还是走上了其他方向，通常是人文、社会、教育和人际交往的学科，因为这些学科提供了好得多的机会，来构建一种在学术内容和身份认同形成之间的互动。

对于大多数今天的青年人来说，身份认同过程的重要性远远超出了表面上直接能够感受到的，而且比职业生涯的方向要紧迫得多，某种程度上身份认同过程也是职业生涯选择的一个前提条件。所以从青年人的视角来看，有很好的理由来进行许多的探索活动和转变，这些都被教育系统视为青年教育中的昂贵延误。

今天，青年人学习中最为重要的是要能够为他们自己找方向，能够作出负责任的选择，跟上所有一切，而不是在错误的东西上浪费他们的生命，能够拒绝进入很多不得不作出一个选择的环境。社会和雇主也要求成熟、独立、责任心等品质——而且至于学术素质，如果你确实在做着你所感兴趣的事情，就总是从中可以得到某些东西。不过，没有人能够说，哪一种学术素质将是在这五年或十年的岁月中最为合适的，所以每个人都必须准备好在大多数的生命过程中继续接受更高的教育。对于未来最好的保证是，不要学习那些被视为传统前提的学科，而是准备好迎接变化并把握住在很多不同情境中适当的东西。不确定是不能通过一成不变来加以克服的，而必须只有通过保持开放、灵活和持续导向于学习才能面对（Simonsen，2002）。

青年期也是学习如何处理性别和性关系的一个时期。对于两性来说这都是与个体身份认同过程紧密相联系的——而且正如在教育中那样，这里最经常出现的是，身份认同的形成是居于优先地位的，今天的青年人常常更为专注于在他们的伴侣中，而不是在伙伴中反思自己。通常来说，事情开始于理想伴侣关系的美好梦想，但现实是一条坎坷的道路，有着剧烈的大起大落或
205 阻碍、弱点以及在多年中不能稳定下来的关系的痛苦。

在青年期有着如此之多的东西要学习：学业上的、情感上的、社会上的、人际交往上的——而且，最为重要的是身份认同方面的任务。儿童期是一个建构性同化学习的时期，而青年期是一个主要进行顺应和转换的时期，在其中一个接一个复杂的变化和重构被构建进入到认知结构和情绪模式之中，这些认知结构和情绪模式是有关广义上的身份认同以及教育和社会关系

等方面的。自反性在晚期现代性中是如此地突出（见5.6节），使得在这个社会中个体与他自己之间的关系总是学习的聚焦点，其作为一种最为关键但又极为费力的身份认同过程的工具，在青年期毫无疑义地最为戏剧化地展开。

11.4　成人追逐他们的生活目标

成人期的开端也许通常是由外部事件来标记的，比如说组建了一个家庭或完成了教育等。这一时期没有决定性的新的认知机会；在学习和意识方面所发生的是，这个人全面承担起了对他自己生命的管理和责任，这通常来说是在贯穿整个青年期直到进入成人期的一个长期过程中逐渐出现的。所有生命心理学中的模型都包含了称之为成人期的阶段，也许还有着第一阶段和第二阶段之间的明确区分。这个阶段通常来说的特征如下：

- 个体从他的儿童期走出来，并且对他自己的生命负起责任来；
- 完成了基本教育，其中也许还获得了一种特殊的专业能力；
- 个体处于一个家庭环境之中，或者类似的有一个伴侣的环境中，而且很常见的是有了孩子；
- 个体把目标锁定在，而且在很多情况下获得了在劳动力市场中某种程度上永久性的位置；
- 在家庭和/或工作环境中可能有一些变化。

很自然地，不是每个人都实现了或者希望去实现所有这些事情，但是在很大程度上它们包含了一种普遍的社会性规范。调查显示，这也是绝大多数青年人对于自己所想象的东西，尽管他们在尝试完很多选择之前，并未准备好走得那么远（例如，Simonsen，1994）——而且他们也许在到达之前，在这些领域中的某些点上停顿下来，或者在所有点上停顿下来。

一般说来，成人期传统上是被一种野心所标记的，这种野心暗示着一个 206
努力奋斗以实现某种比较清晰的有关家庭、生涯、兴趣或其他什么的人生目标——但是在晚期现代社会中这种表达也正在被持续的社会变革、未来的不可预知、市场机制的作用和没完没了的表面选择所覆盖。

在更早的年代，很多因素无论好坏，已经对个体来说是注定了的，而现在它们成为需要一次又一次来决策的课题。不再有可能在年轻的时候一次性作出生命历程的决定，然后期待着用你的余生去完成它。然而，一旦很多因素是给定了的，例如，基于性别或阶级联系，现在所表现出来的所有那些就是多余的。事实是，只有在统计数字中才可以看出来，大多数人们，现在也正像以前那样，以他们的性别和社会背景为他们所准备好的方式过着他们的生活——这就是所谓的“社会遗传”（见 10.5 节）。然而，这并不影响以下认识：现在的人们会自己作出选择，并需要为之负责，以及如果最后不令人满意的话，也只会抱怨他们自己。

仅仅在一代人以前，还仍然有着相对严格的学习和意识模式，被用来作为在养育过程中既定的基于性别、阶级和城市化程度的东西。作为普遍概念的一种典型基础，存在着权威、家长、中产阶级男人、社会支柱和理想化规范——这可以并且仍然能够间接地在很多法律、历史、社会学和心理学中看到。他的妻子，发挥着热切的、谦卑的和矛盾的家庭主妇的功能。工人阶级，基于在被迫从事社会苦工的被压迫着的经验，有着组织严密的工人文化和意识；妇女们，承担着家庭与工作的双重负担，并且这两者的参与都是矛盾着的；以及那些勤勉且常常是短见的、独立的低层中产阶级以及乡村居民。社会地位、学习、教育和意识形式的合并，是限制性的并常常是压抑性的，但是它也创造了一种个体能够跟随的模式（Simonsen and Illeris，1989）。

就在 20 多年以前，丹麦的生活模式研究者托马斯·霍伊拉普（Thomas Højrup）和洛内·拉赫贝克·克里斯滕森（Lone Rahbek Christensen）还能够根据性别标记并区别出三种主要的生活模式——创业型生活模式、工薪族生活模式以及成功导向的生活模式——作为组织生活与意识的指南，能够适用于大多数的人（Højrup，1983；Christensen，1987）。然而，一个在 20 世纪 90 年代进行的工会会员调查表明，传统的工人阶级现在已经有着四种非常不
207 同的态度类型（Jørgensen *et al.*，1992），晚期现代社会学家们将很早以前的阶级传统概念相对化了（例如，Giddens，1993），社会建构主义者和后现代

主义者们质疑身份认同这个概念（见 7.8 节）。

随着这些发展，成人期中的学习呈现出了一个全新的视角。在早先的、严格的结构中，个体能够利用他的青年岁月去发展一种身份认同，或者至少是某种粗略的身份认同，这会在管理未来的学习中有所帮助。在职业生涯方面，学校和教育本应该提供一种基础，它被视为对这个人接下来的生活是切实可行的，从而不管后来需要什么，一般都能够通过工作中的实践学习，或者也许是一些额外的课程来获得。在生活中，也很有必要跟上任何发展，但这并不会对人们在前进过程中设法获得的必备学习来说过于快速。因此，对于绝大多数的人们来说，成人期的学习在相当程度上是可以管理的，并且在性质上大多数是同化的，它最为突出的特征方面也许是防御机制体系的发展，这可以过滤掉任何过于持久的新刺激，从而保证了稳定性和自尊。

在我们的社会中，成为一个成人通常意味着一定年龄的到来，并且要为自己的生活和行动担负起责任。法律规定（在丹麦）是在 18 岁的生日那天，但从心理学的视角来看，这实际上是一个过程，正如在书中前面所提到过的，它的特征表现为，这个过程已经在变得越来越长，并达到了这样一种程度：今天它最通常地是在一个人的二十几岁时完成，或者也许永远未能完成。晚期现代社会的青年期上移使得它很难就此罢休。

在教育领域中，这个过程的延长部分是与花费在教育中平均时间的持续延长相伴而来的。并非很久以前，丹麦大多数的人口仅仅接受 7 年的学校教育，现在已经是 9 年的义务教育，并且国家的清晰目标要让每个人都应至少拥有 12 年的教育；而且大多数人在完成教育的初等阶段以后，都要继续一个或长或短的进阶教育课程。另外，成人教育项目已经有了巨大的发展，并且与职业相关联，尽管在近年中还有着很高的拒绝参与率，但也许只是暂时的。青年人今天的期望是回流教育或终身教育，他们发现很难想象自己终其一生“能够固定”在同一个工作上。

然而，基本上很突出的是，成人学习他们想要学的东西，并且几乎不会愿意去掌握什么他们不想要的东西，即他们认为对自己的生活目标没有意义的一些东西，他们对此的知晓程度是非常不同的。以下这些规律可以用于理解成人学习：

- 成人学习他们想要学的东西，以及对他们学习来说有意义的东西；
- 成人在学习中利用他们早已拥有的资源；
- 成人在自己希望的程度上对他们的学习负责任（如果他们被允许这样做的话）；
- 成人不是非常愿意投入到那些他们不能看到意义或不感兴趣的学习当中去（Illeris，2004）。

由此得出的一个推论是，成人并非拥有多种一定程度上不相联系的动机作为他们教育和学习活动的基础，而是有着与目标相关的更为连贯的策略，这些目标通常是非常清楚和被个体所熟知的（Ahrenkiel and Illeris，2000）。

在上一节中我考察了系统和参与者各自兴趣之间的冲突是如何控制了今天的青年教育，带来了重大问题。在成人教育中，这些问题传统上是不同的，因为成人教育在原则上几乎总是自愿参加的。然而，今天成人教育中非常多的参与者是间接地被迫参加到教育项目中去的，而且甚至有人感到自己是被各个不同的咨询机构“安置”过去的。当一个人感到他是一个成人，并且愿意去管理自己的生活时，这种经验是尤为冲突性的。因此，成人教育项目在今天是一种奇怪的混合体，既有旧的有关公共启蒙的思想理念，又有现代的职业和经济导向（见 Ahrenkiel and Illeris，2000；Illeris，2004）。

随着晚期现代性变化的脚步和重新组织的需求，终身学习这一措辞主要意味着需要持续地为重新组织作好准备（Jarvis，2002；Coffield，2003）。这对青年人来说可能是非常艰巨的，但是对那些作为成人第一次需要赶上这种发展的人们来说，重新组织的挑战更为艰巨。在一些年以前，稳定、自信和专业荣誉是关键性的素质，而现在它们似乎是令人难以承担的累赘。以前具有稳定性的地方，现在不得不具备灵活性，而且，如果希望在工作市场上能够有任何生存的希望，稳定性的防御机制必须很快被服务思想和对变化的准备状态所取代——无论这种防御是否已经在中产阶级的价值观形式中或一个限制性的工薪族意识中构建起来。

社会要求成人必须在一个广泛得多的范畴中学习，并且用一种与过去完全不同的方式学习，这些要求在任何水平上都是无法逃避的。它主要是一种心智重组和个体发展的要求，但是也有技术或学术上的要求，例如，通常与信息技术发展相关。换言之，这些是对复杂的顺应过程的要求，具有一种自反性的性质——这是很多成人不愿意自发接受的。

不过与此同时，在成人教育中仍然有很多参与者是从自己的自由意志出发参与进来的，因为他们希望或是需要去学习某些特定的东西——而且在某些情况下也是出于更多的社会原因。在此基础上，我们将会期待这些成人自己能够对所提供的课程学习负起责任。然而，通常的教育概念和经验常会妨碍这一点。即使机构、教师和参与者可能会说、会相信另外一套，但每个在教育机构中的人都顽固地希望责任落在教师一方。毕竟，教师才知道什么是将要被学习的。 209

这种情况是荒谬的，因为当这些成人参与者倾向于像小学生们那样地行动时，他们就很难接受权威的缺乏，权威是传统的学生角色所必备的条件。他们感到厌倦并且在某种意识水平程度上变得抗拒——但是，他们将不会自己承担起责任，因为这实际上是要求极高的。只有有意识地打破学校中老师和学生的习惯角色，这种冲突才能够得到解决。而且作为一种规律来说，是教师必须首先去采取行动并坚持这样做下去。通常来说，只有当参与者发现他们真正能够负起责任，并且把教师作为一种对他们自己学习的支持来运用的时候，图景才会发生转变，而且此后道路是很清晰的：学习变得越来越目标导向、有效、超越性和出于本能，正如个体实际所选择的学习过程的特征一样（Illeris，1998）。

然而，有很多迹象表明这里所描述的条件妨碍了完全的变革。在近年来将青年教育搅得一团混乱的晚期现代社会的“新青年”，正在很好地用自己的方式打开他们作为“新成人”通向成人教育的入口。在1998年，比吉特·西蒙森（Birgitte Simonsen）对这种发展作了如下评论：

在几年的时间中，这些青年人将真正地进入成人教育中，然后，我们需要所有我们能够抓住的灵活性。在成人教育领域中，丹麦有着极好的包容多样性的已有传统，这使我们充满希望。另一方面，目前在很多非弹性系统中朝向同一性的趋势占据了上风，这将会产生重大问题。

（Simonsen，1998，p. 213）

今天，这一预言正在相当大程度上得到证实，但与此同时也混杂着一种压力和强制的趋势，它们实际上已经在这些年中积聚了力量；而且，虽然全民终身教育被宣称为一种信条，但缺乏政治力量去为全民终身教育买单，这就存在着一种保留的可能性。

11.5 熟年成人探索意义及和谐

210 “成熟年龄期”“第三年龄期”或“第二成人期”都是指代这一大多数人在现代社会中所处的一个生命阶段，这个阶段处于所谓的生命转折点与真正的老年期之间，持续时间可以长达 20 年或更多。

生命转折点是一个心理学现象，其关注的是这样一种感知和承认：你生命中的剩余时间并非是无限的。然而，最通常是一些外部事件，它们带来并且标记了这个生命转折点——典型的例子有，孩子们离开了家庭、失业、提前退休或者被迫减少了上班时间；也有可能是一次离婚或者一位亲近人物的去世，对于妇女来说，绝经期可能会在这种情境中扮演一部分角色（Jensen，1993）。

与成人期的第一个年龄段形成对比的是，熟年成人期突出地表现为，它是由不同形式的目的性主导的——所要达到的目标不具备同样的存在性质，如建立一个家庭、养育孩子或工作和生涯等。只要他们能够——对于今天的很多熟年期成人来说，这是一个有着某种个性和经济能力的时期——他们把时间花费在自己认为是高质量活动的事情上，如文化或社会活动，帮助他人、他们的生活伴侣、他们的孩子、孙辈，或他们接触到的弱势群体。

在这样的背景下，常常出现很重要的学习元素，既有正规教育，也有发展和变化的非正规过程，它们突出的特征是：绝对是当事人自己的选择，因为这是他们想做的事情，他们认为对自己或其他人很重要的事情。它也可能是当事人需要去证明自己或向他人证明自己能够很好地做到的事情，以前仅仅是没有得到机会去做而已。

熟年成人期的学习特征表现为一种个体本能的动机，没有必须或外部刺激的味道，而这些外部刺激常常构成了早期成人阶段的学习基础。他愿意去学习，愿意去理解，或者愿意去体验，愿意在某个特定情境中学习和运用。

然而，我们必须记住的是，这仅仅适用于拥有相对比较优势地位的熟年成人。很多人在经济上和实践上有太多的事情要做，既没有机会也没有储备去期待自我实现或学习，这些活动往往更多的是拥有优势地位的人们越来越多地参与进来。熟年成人学习与教育的新浪潮，在当前主要还是中产阶级的现象。

熟年成人在认知上似乎有这样一种趋势：如果它是有关当事人没有怎么接触过的新领域的话，学习开始变得更为缓慢，但这通常来说并不适用于以下情境：如果它与当事人感兴趣的东西有关、并且他对其有着良好的预先准备和经验。通常大众认为老年人不善于学习事物，这样看来，这种观念只能是与这种事实相关：他们在学习某些新东西的时候可能会更慢一些——而这些东西常常是他们并不特别感兴趣要去掌握的。他们满足于他们自己的兴趣和经验，如果新事物并不与此相关，就会使得动员心理能量变得比较困难。 211

当然，如果是痴呆或其他疾病的案例，就是另外一回事了——这并不在本书的范畴之内——但是它仍然值得我们注意，即使当这样的状况发生时，似乎也有一种倾向是，它并不直接影响这个人拥有特殊能力、他一直坚持的，以及大脑由此而“保持良好状态”的方面（Goldberg，2005）。

更具普遍性的是，可以说熟年成人期的学习超越了这里和现在通常关注的创建一个生活经验与情境的全面图景或整体理解。很多研究者和作家使用“智慧”的概念来表示（Merriam and Caffarella，1999，pp. 161ff.；Stuart-Hamilton，2000）——其中特别有一些学习理论家指的就是上述这样一个概念，例如戴维·库伯、艾瑞克·埃里克森和彼得·贾维斯（Kolb，1984；Erikson *et al.*，1986；Jarvis，2001a）。

不过，似乎很难界定智慧实际上到底是什么。有很多非常不同的定义，很多美国研究者如先前一样试图将智慧分解为各种要素或维度，从而能够呈现它随年龄而变化的特定智力形式。

在我看来，智慧主要是一种大众概念——很多其他人也陈述过的东西。在神话和日常用语中所理解的智慧，基本上突出表现为某些很强主观与个人色彩的东西。这是一个整体，是一个人所能够创造的他的整个经验与理解，而且如果它分量很重、意义很重要，就可以被其他人视作是实践性的常识，比我们不断在现代世界中面对的专家知识更具有直接可用的性质。并不是所有人都能够达到他人承认的智慧的地步，但它是对熟年成人期很多人所努力的学习类型的一种很好表达。

11.6 贯穿人生各年龄阶段的学习

在前面章节中我已经考察了最近一些对多个生命年龄阶段中学习的一般背景观点。强调这一点很重要：这些是最新的观点，因为生命年龄阶段仅仅
212 是在某种程度上扎根于生物学之中的。多个生命年龄阶段的细节在很大程度上是由历史和社会决定的，而且会发生迅速的转变。例如，越来越清楚的是，晚期现代社会是如何影响了今天的学习，特别是在儿童期和青年期，而且也对成人期的学习发生着越来越大的影响。

芬兰的一个大范围针对生命和学习过程的研究，将这些观点深化成为人生信条（Antikainen *et al.*，1996；Antikainen，1998；Antikainen and Kauppila，2000）。研究发现三代人之间对教育和学习的观点有明显的不同：年龄最长的一代人，其生活历史呈现出一种生存记录的形式，其中教育的形象是作为一种有限的利益出现的，它提供了学习机会，对他们的生活奋斗有着积极作用。在中生代，特别是男性的生活历史，呈现出职业生涯记录的形式，教育和学习是作为一种生涯发展的手段发挥作用的。在青年一代中，生活历史突出表现为自反性和个性化，教育被认为是一种消费项目，当对它有需要或者发生兴趣的时候来利用它。很显然，这些对教育的迥异视角暗示着相对应的所发生的学习在性质上的巨大差异。

因此，社会与意识的迥异参照框架决定了多个生命年龄阶段中的学习情况，而且这些参照框架随着社会和意识中的发展，发生着迅速的变化。然而，也有很多重要的一般联系贯穿着生命年龄阶段，它们更为普遍并且在某

种程度上横跨了变化着的环境。从前面的描述当中，我们可以指出三种类型的紧密联系着的长线。

首先，在个体的学习外部决定方面，一种渐进的**解放**贯穿在整个生命各年龄段中出现。儿童期的学习是在生理成熟和外部影响之间的互动框架中发生，而在青年期中它突出表现为：很大程度上青年人努力获取在事情中的发言权，并且部分地借此来构建自己的身份认同。在成人期的第一阶段，人们转向学习他们自己认为是重要的东西，但是在很大程度上这还是被他们的外部条件所决定的。只有在熟年成人期，外部决定因素转变成为背景，那些拥有机会和资源的人们才能够解放自己。

在与这种从外部束缚中逐渐发生的学习解放紧密的互动过程中，通常也会发生一种**个体化**，即学习越来越导向到一个个体的发展，并且决定于个体的需求和兴趣。又一次地，这是一种发展，它首先在青年期中完全地得以起飞，但只在熟年成人期中发挥了全部的影响。

最后，与前两种发展紧密相连并且由此伴随其后，以同样的模式，还出 213
现了一种**责任感**的逐渐发展。

在我们的社会中，似乎非常清楚的是，对社会来说，努力将自己沿着这些发展组织起来并且支持这些发展，应当既是一种条件，也是一种目标。然而，在前面对社会学习的讨论（第七章），还提醒我们：学习不仅是一种个体的过程，而且教育也能够有其他的视角，教育不仅仅只是支持个体发展和为个体提供相关素质。这些是晚期现代的个体主义倾向非常清楚地置于中心地位的。社会想从我们中得到一些东西，个体化与寻求控制我们学习的同样强有力的测量方法携手而来。

11.7　小结

在不同的生命年龄阶段——儿童期、青年期、成人期和熟年成人期——中的学习在性质上是不同的，不仅仅是因为大脑的学习能力在整个儿童期和青年期中逐渐成熟，而且也因为我们的生活环境在本质上是不同的，而且这都在学习动机上烙下了深深的印记。

在儿童期，学习通常是毫无保留并且充满信任的：儿童寻求获得尽可能多的东西，并且必须信任成人们提供给了他们需要知道的东西。不过，从青春期开始，在共同决定什么需要学习的方面，出现了日益增长的兴趣。青年期中身份认同的发展特别关注能够为这些选择创建某些目标和框架，并且由此身份认同过程对于学习来说，在这个阶段里是处于非常中心的地位的。在成人期，学习基本上是选择性的——不可能去学习所有东西——存在着特别多样化的生活项目和生活方向，例如有关工作、家庭和兴趣的不同方向，它们控制着学习。在熟年成人期，有一种趋势是寻求创建一种对自己的价值观和经验的一致性理解，以及超出个人需要的学习动机。

在所有的生命年龄阶段中，存在着一种持续的朝向成为更加自我导向和选择性的发展，一个人借此逐渐地把自己从外部束缚中解放出来。尽管有着巨大的个体生命过程的差异，贯穿于生命年龄段中的学习方向中的差异，似乎突出地表现为一种从社会束缚中的逐步解放、在学习兴趣中的个体化以及学习的日益增长的个人责任感。

第十二章 在不同学习空间中的学习

本章探讨的是与一些最重要的学习空间情境相关的学习，学习在这些情境中发生。首先是日常学习，即学习的发生更为普遍地是作为一个有着某种规范、实践形式、思维模式等的社会功能的一部分。接下来依次是在学校和教育项目中的学习，以及在工作生活中的学习。在工作学习中，既有更为目标性的培训，也有因此而更为非系统化地在从事工作过程中的学习。近年来，一种新的基于网络的或“虚拟”学习空间的学习也加入了这个领域，本章最后将转向兴趣驱动的学习以及横跨各种学习空间的学习，特别是横跨了教育和工作的学习。 214

12.1 学习空间

本书中很早就坚定地构建了这样一个理念：所有的学习都是“情境的”，即学习发生在某个外部情境之中，这个情境是学习的一部分，而且既影响了学习过程也影响了学习结果（见 7.1 节）。这自然适用于个体的特殊情境，但是我们也可以考察不同种类或范畴的情境，它们有着某些对于学习来说有重要意义的共同特征。

社会卷入的类型是最为一般和基础的要素。譬如说，很清楚的是，在晚期现代市场和知识社会中的学习机会，与石器时代或中世纪社会中的学习机会，有着很大的不同，而且，在各种当代社会中，也存在着种种不同。不过，我将不会进入这个一般水平的讨论，而代之以考察诸如丹麦及其类似国家这样的现代社会中，一般学习情境或学习空间的最重要类型，考察它们赋予的学习情境的一般框架，以及这些一般社会条件是以怎样的方式来标记这些空间的。

215 我将要着手探究的第一种学习空间类型是日常学习，它发生于很多日常情境之中，我们从来没有将其导向到学习，然而我们其实学到了很多。然后，我将继续探究在学校和教育情境以及工作生活中发生的学习，它们是现代社会中两种最为重要的组织化学习空间。在此之后需要补充的是新出现的“虚拟”空间，其中发生了所谓的“电子学习”（e-learning）或基于网络的学习。最后，我将讨论的是“兴趣驱动的学习空间”中的自愿活动。本章的结尾部分，我将讨论横跨这些不同类型学习空间的可能性，特别是横跨同时包括了教育机构和工作场所的学习途径的可能性。

12.2 日常学习

今天，谈到学习可能性，似乎自然而然地就是要探讨多种多样的学习空间类型。这是因为下述事实的存在：现代社会中的生活被分割为很多不同的空间或范畴，它们分别被不同的基本原理所左右，并且这些原理之间并没有任何表面上很明显的联系——正如我们前面已在9.3节中就日常意识所进行过的探讨那样。

作为日常意识的相似之物，“日常学习”的概念可以被解释为：偶然地、非正规地和明晰地发生在日常生活中的学习，这是一个人在自己的生活空间中活动，并没有有意识地想要去学习任何东西，但又不停歇地专注于让所有一切发挥功能，并或多或少地理解这些事情。

在日常学习中，一个人与刺激和印象的洪流不期而遇，并且需要一些方式去联系它们、去驾驭它们，并且在所有这些刺激中作出一种选择，从而他就能够在某种程度上顺利地管理自己的生活。很自然地，在所有这种混乱中存在一个表象，人们有意识地联系它。作为一种规律，人们对自己大体上想在什么上面花费时间，作出了一定程度上有意识的决定，但这只是一个表象，在其下面有一个庞大的影响着我们的刺激群，学习的形式也是如此，没有发生任何有意识的过程（见2.5节）。

在该领域中的另一个概念是“非正式学习”（informal learning），它最初是与日常学习中更为目标导向的形式有关的，它发生在非工业化社会中，学习还没有获得它自己的制度化空间。在情境学习的概念得到发展之前，让·莱夫用非正式学习来指代她在人类学研究中的这种类型，她和帕特里夏·格林菲尔德（Patricia Greenfield）指出了下列八点特征：

1. 嵌入在日常生活活动中。
2. 学习者对获得知识和技能负责任。
3. 个人的；亲属是合适的教师。 216
4. 几乎或完全没有明晰的教学法或课程。
5. 持续坚持，而且重视传统。
6. 通过观察和模仿学习。
7. 通过示范教学。
8. 由初学者的社会贡献和他们在成人领域中的参与所激发。

（Greenfield and Lave，1982，p. 183）

很自然地，在一个前工业社会中的这种非正式学习，与在一个现代社会中的学习机会之间，存在着实质性的区别，前者在性质上或多或少是静态的。在目前国际水平上开展的教育争论中，“非正式学习”现在被用来指代那些未在各种教育或学校中加以计划的学习，而且有人努力尝试将“非正规学习”（non-formal learning）一词引入进来，指代那些未被计划但还是发生在一个诸如工作场所或与类似场所相关的组织化情境当中的学习（例如，EU Commission，2000，p. 8）。然而，英国的海伦·科利（Helen Colley）等已经表明，这些名词——在专业上来说是站不住脚的，应用起来非常困难，而且所描述的区别很难在实践中得到坚持（Colley *et al.*，2003；见 4. 1 节）。

因此，我更愿意使用日常学习一词。一方面，这个名词在本质上更为定性，准确地强调了在这种学习中的非意愿性、但又无所不在的要素。另一方面，它直接指出这一事实：它关注的是学习所发生的情境。

12.3 学校学习与教育学习

不过，在我们的现代社会中，学习已经成为了一种关键的社会功能，不能任由日常学习机会在任何程度上发生。因此，不可避免的是，很多的学习必须由社会组织起来，并且这几乎都是在学校和其他教育机构中发生的。

从历史上看，这关系到这样一个事实：当社会在资本化的形式下组织起来时，一方面，在社会的社会化中出现了一种普遍利益，要求接受这种社会形式的结果；另一方面，获得一定素质的劳动力成为一种公共事务，它和其他事情一样，并不关注个体事业（诸如公正体系、健康体系，军队，等等）。私人部门仅仅承担了教育活动，它们是直接与企业的特殊需求相联系的——
217 尽管在这个领域中什么是公共的、什么是私人的，它们之间的边界在各个国家之间可以是非常多样的。

丹麦的学校和教育系统如何在紧密联系我们工业化资本主义社会的发展及其素质需求中发展起来的？对于这个问题有很多的阐述（例如，Simonsen，1975），挪威社会学家尼尔斯·克里斯蒂（Nils Christie）以一种更多例证的方式描述了在19世纪的一个法国乡村中，有怎样的必要性使得学校与社会的现代化进程一起发展了起来（Christie，1971）。学校的基本功能是怎样的，也很清楚地得到了展示，而且主要来说，学校的基本功能仍然是训练成长的一代在工薪工作的背景下发挥功能，并且也要能够接受和延续现存的社会（例如，Knudsen，1980）。

社会筛选功能以及由此而来的社会不平等的再生产，也在丹麦和其他一些国家中得到了审慎的记录（见10.5节有关“社会遗传”的内容），而且在一个更为一般的水平上，法国社会学家皮埃尔·布尔迪厄热忱地投入研究学校的本质和筛选功能是如何紧密联系合法化功能的，对于这个社会的主流意识形态和所发生的筛选来说，这种合法化功能够证明其合法性并且将其延续下去，从而社会差异和社会等级化在一代又一代间得以传递（Bourdieu and Passéron，1977［1970］）。由此布尔迪厄发展了一种综合性的理论，认为学校的一种极为突出的功能是作为社会的，即国家的最为重要的合法化机构，将现有结构和意识形态条件合法化，并且将儿童社会化："国家最主要的权力之一是生产和施加（特别是通过学校系统）种种思想，让我们自发地将它们运用到世界上的所有事物——包括这个国家本身。"（Bourdieu，1998［1994］）。

布尔迪厄的阐述很显然是受法国环境的影响的，在法国的背景下，学校系统并不像丹麦那样包容了同样程度的自由，并且国家主义也呈现出一些稍稍不同的性质。不过，学校和教育的基本功能是同样的，而且布尔迪厄所描述的突出特征不仅仅是作为"为工薪工作的训练"（Knudsen，1980），而且还作为"符号暴力"，也就是说，它保证了社会的控制和权力结构被个体所接受和内化。

然而，必须注意的是，布尔迪厄这种非常激进的论点，在某种程度上是与现在非常强烈的社会个体化和全球化趋势相矛盾的，或者在某种程度上是被这种趋势所修正的。今天在个体和社会结构两个层面上，都有着一些影响非常深远的期待，期待通过一个人的很多个人选择，能够在共同社会化过程上打上个体的印记，并且由此对自己的人生轨迹负起更高的责任——和随之而来的成功或失败一起。随着全球化进程，与国家之间的联系到如今也被双 218
重添加了市场与沟通超越国界性质的意识。例如，英国社会学家安东尼·吉登斯对此作了如下的总结："现代性的突出特征之一，实际上是在外延性（extensionality）和内展性（intentionality）两个'极端'之间的不断增强的相互联系：一方面是全球化的影响，另一方面是个体特性的影响。"（Giddens，1991，p. 1）

然而，无论这些重要的发展趋势，为了理解发生于学校、并在教育系统的其他部分中进一步展开的学习的本质，仍很关键的是要发现上学的行为基本上是一种社会义务。这种义务可以在某种程度上是直接的；它可以是一种学校义务，如在大多数国家一样，或者是一种教学义务，如在丹麦一样——但是在所有的背景环境下它都是一种强制性义务。

在学习方面，很关键的是，从一个人非常直接地卷入进去的那一天开始，教师、父母和学生们就从内心深处认识到，上学或者接受其他教育形式，是你不得不做的某件事情。没有什么可以回避它——宪法规定了它——

而且这一认识和也和意识一样基本上是合法的。它弥漫在所有发生了的学习中，正是因为它是如此地根本，所以它没有必要被谈论。而且它在义务教育结束之后在工作中继续开展，特别是在青年培训中得到了最强的体现，在我们的现代社会中，青年培训对于个体的社会机会来说是如此关键，它也几乎成为了一种间接的义务。它还非常经常地在成人教育中继续深入开展，因为参与者们或多或少自动地继续持有他们已经习惯了的师生角色观念。

学习实际发挥功能的某些影响途径在“隐性课程”概念中得到了坚持，隐性课程包含了很多日常的学校常规，它们并未被放在课程或其他什么地方，但又在社会化中通过它们每天、每年和一年又一年的重复发挥着强大的作用。美国的菲利普·杰克逊（Philip Jackson）指出，学生们由此变得习惯于等待、拒绝、打断和社会隔离（Jackson，1990［1968］）——英国的彼得·莫蒂莫尔（Peter Mortimore）是在这个问题上继续深入研究的学者之一，他强调有极为大量的时间浪费在学校中，尽管他一直更为关注效率，而不是对参与者在社会化方面意味着什么（Rutter *et al.*，1979；Mortimore *et al.*，1988）。在有关丹麦的一次社会调查研究中，鲍尔（Bauer）和博格（Borg）总结了如下这些隐性课程对于学生的要求：

> 学生的角色涉及必须要有运动和言语的控制。这意味着学生们必须能够在一个合理的长时间内保持坐着不动，保持安静，并且只有在教师鼓励的时
> 219 候才适当地讲话……学生必须自律，能够在一段时间内独立做项目，尽管同班同学和各种干扰近在身边……必须能够适应在短时间内变化着的权威形式和教学策略。与此同时，学生们必须能够忍受高度的服从性……必须能够在与其他学生的竞争中给出良好的表现……要专心，而且这种专心必须指向教师和学科活动，而这些在很大程度上对于学生自己的生活情境来说完全是异质的……准备好忽略他自己的需要，忽略从家庭和闲暇时间得来的经验。
>
> （Bauer and Borg，1986［1976］，p. 29）

即使近年来我们看到在这些模式上有了某种松动，但基本上来说仍是这

种情况：学校使儿童社会化，使他们接受根据上课铃声外部化地决定活动的开展。这也正是对工薪劳动力来说的基础性的社会化，而且，从整体上来说，接受了资本主义的社会结构，将其作为某种“第二本质”，即作为一个人能够生活的类型的框架条件。

在这方面也很重要的是认识到学校对学生评估的重要影响，考虑到它的重要意义，这种评估关系到每个个体后来的学习与工作机会。在丹麦，正规评估现在被推迟到了普通学校的最后一学年，但是非正规评估从儿童入学生涯的第一天就开始了。在丹麦，斯坦纳·克沃勤（Steinar Kvale）通过研究“分级行为”的社会调查方式极为详尽地记录了这个过程，调查显示了高中学校学生对于分等级打分的观点如何弥漫在他们所有的行为当中，以及教师如何倾向于采取一种对一些因素的集体压制行为，这些因素是与他们的自我认知和专业身份认同相冲突的。克沃勤作出了如下结论：

> 作为官方对学生们教育结果所期望的行为，与在学校中基于分级选择所促成的行为之间，有着巨大的鸿沟。分级并非只是促进了培养，它付出合作的代价来促进了竞争，它改变了学习出自本能的态度，以此为代价促进了孤独的倾向，并且相对于一种学习的创造性形式，它促进了一种适应性学习的表面形式。
>
> （Kvale，1980，p. 189）

从学习的观点来看，所有这些为人熟知的课题中，重要的是发生着的学习获得它作为“学校学习”的特殊印记。这也许很难去看到，尤其是因为整个事情是如此地理所当然，但是即使是莱夫和温格也喜欢把情境学习的概念 220
与工作实践联系起来（Lave and Wenger，1991），学校学习恰恰同样是情境的，也就是说，是一种发生在学校情境中的学习类型。例如，丹麦心理学者基尔斯滕·格兰伯克·汉森（Kirsten Grønbæk Hansen）在一个职业培训学校的数学教学研究中有如下记录：

> 学校与其他实践一样是一种情境，参与者发展的技能是附着于学校之中

的，并且不能迁移到其他实践共同体当中……学校被看作是一种特定的实践共同体，在这里，一个人提升自己素质的活动是从未有过的集中性参与活动，我可以理解为什么我的大多数学生认为数学是一种极佳的具体学科，没有任何需要去考虑它的适当性——但也有极少数的学生在他们以后的职业生涯中使用到当前水平上的数学。数学不需要通过未来工作或任何其他学校以外的东西来获得它的重要意义；数学作为学校的实践共同体的一部分，在学校中和通过学校获得了它的重要意义……学校作为一个实践共同体已经被赋予了一种散漫的解释【作者注：一种普遍持有的未明说的理解】，如果这些强有力的话语在分析中没有被考虑在内，那么这种类型的想法就只能被视作是被共同体所生产出来的。

(Hansen，1998，pp. 10 – 11 and 12)

“不是为了学校，而是为了生活!”曾经是在很多学校建筑的入口都能找到的格言，或是用丹麦语，或是用拉丁语写成。这一经典阐释可以仍旧作为一种咒语，其极为精确地表达了这样的含义：学校非常愿意成为在其自己理解中的那个样子，但是又“不能”成为，因为它存在的目的或理由就是它被制度化为一种不同的情境世界，远离生活的其他部分。因此，学生当然也就把学校学习看作是明确的“为了学校的学习”，这也是为什么所有的迁移问题存在的原因（这在4. 7 节中有更详细的讨论）——而且，由此作为一种规律来说的是，当一个人出去在实践中利用自己的教育成果时，会有一种“实践震惊”。

学校学习被困扰着，并以这样一种方式被结构化了：在绝大多数情况下，在它能够被应用于制度化情境之外以前，一定会有一种要求极高的重新结构化过程，既是情感上的也是在内容方面的。但是在现代社会中，这整个的情境正在很大程度上变得如此地不合时宜，以至于它不再被整个社会所接受。

这就是诸如实践学习和能力等概念在目前吸引了人们巨大兴趣的部分背景。教育计划中的制度化性质与现代社会能力要求之间的隔阂正在变得如此
221 巨大，并且重新调整过程和能力需求之前的转向时间变得如此要求苛刻和持

续太久，以至于不断需要在教育计划中实现繁重的变化与改革，连续不断地努力尝试去实现平衡。社会既不能没有教育计划，也不能控制它们让它们跟着自己的发展。一般说来，社会的发展，必然会导致教育计划与它们应该为之而教育的世界之间越来越丧失同步性——导致一种延迟，这也将为无法预期和超越性的事件产生一个空间，比较矛盾的是，社会对这两者缺一不可（Illeris，1981，pp. 53ff.）。

12.4　在工作生活中的学习

在过去10—15年间，对于学习会发生在工作场所中或与工作场所有直接联系这一课题，出现了一种爆发式的兴趣。这一部分的背景可以在制度化教育计划中学习的普遍问题中找到，我们对这个问题在上面已经进行了探讨。不过，我们也可以辨明其他一些非常重要的一般情况。

首先，下面这些观念发生了转变——教育和素质在本质上是属于儿童和青年的，是在某种职业能力被掌握的时候就可以中止的，是可以把一个人今后四五十年的职业生涯和偶然的补充培训建立在其之上的基础。这曾是一种与学校和教育系统非常匹配的观念，这些学校和教育系统曾经能够提供这样的职业能力，而且曾经能够随着发展的脚步而发展并适应个别差异。但是很显然，现在不再是这种情况了。每个人必须接受这样的事实：他们的工作功能在整个工作生活中持续和迅速地发生着变化，似乎最为恰当的就是通过与工作的直接联系来持续发展这样的能力。

其次，“不得不学的东西”已经改变了特征（见5.1节）。学习目标以前是分成诸如知识、技能和素质的种类来描述的，但正如我们已经提到过的那样，能力的概念走到了前线（见8.4节）——制度化教育计划在多大程度上、以怎样的方式能够“生产”一种在未知的新问题情境中恰当发挥功能的偶然系统，是一个尚未解决的问题。似乎更有可能的是，这样的能力可以在工作场所这个曾被利用过的地方，紧随发展的需要而得到发展。

再次，很多成人，至少是那些低技能人群，出于某些原因不愿意“回到学校”，即回归到那个处于下级状态和类似儿童的小学生角色，如果不有意识地做一些工作来以不同方式组织学习环境的话，这些很容易带有制度化学习的印记。

222 最后，还应提到的是，通过把很大一部分的必要学习挪位到工作场所，公共系统将能够实现在教育成本上的一些节约，而教育成本似乎正在不停地增长（这种期望似乎很天真，但是——我将在12.7节中回到这个话题）。

不过，有关在工作生活中的学习，还有很多基础性问题现在尚未被很好地注意到。首要来说，工作场所的总体目标是生产商品和服务，并不是生产学习。即使在很多情况下，它有着很好的经济上的意义——投资于提升雇员的素质，但还是有一种明显的趋势是，当压力情境出现时——这在晚期现代市场社会中似乎经常会出现这种情况——学习手段将常常会被降低优先级，让位于当前的短期需要。

这就是为什么会有那么多的焦点集中于这样的学习上：它在某种程度上是“偶然”发生的，直接与工作的绩效相关联，并且由此在原则上它既没有花费任何成本也一定不是处于优先地位的——这种学习用某种话语方式来说，是“自己”出现的（Marsick and Watkins，1990；Garrick，1998）。不过问题在于，正是这种类型的学习在更大程度上比在工作生活中组织和计划好的学习，在理论中倾向于狭窄和不足。当它在与工作发生直接联系时，一个人可以很容易地聚焦于这里以及当前什么能够产生进步，而更广的发展趋势和更宽广的情境就被忽略了，而且，随之一起被忽略的是，在新情境中的更广泛应用价值的可能性，与更为普遍的理解和总体看法相联系的可能性，这些对于我们称之为能力的东西来说，是具有决定性的（关于这一课题的更广泛讨论见Billett，2001；Beckett and Hager，2002；Illeris *et al.*，2004）。

当前对于工作生活中学习的最大兴趣，至少是在国际组织对各国政府的建议中培养起来的（例如，EU Commission，2000；OECD，2000，2001）——尽管也有一种趋势是追求一种独立利益政策——由此它不像它常常声称的那样毫不含糊。但是，另一方面，很清楚的是现在也有一些事务正在把画面拉向这个方向，并且有很好的理由去期待工作生活中的学习在未来教育舞台上发挥更大的作用。

那么，是什么形成了工作生活作为一种学习空间的特征？在丹麦，克里斯蒂安·海尔姆斯·约根森和耐尔斯·沃林专注于作为学习空间的生活的研究分析（Jørgensen and Warring，2003；Illeris *et al.*，2004）。和本书一样，他们从学习的三个维度来进行研究，但是特别关注工作生活：

> 1. 技术组织型的学习环境，素质要求是工作场所作为一种技术和组织化的体系对雇员所持有的一种要求，而且包含了一些课题，诸如工作内容和劳 223
> 动力分工、自律和利用素质的机会、社会互动的可能性、以及对于雇员来说是一种过度紧张的工作范围。
>
> 2. 社会文化学习环境，它关注的是工作场所中的社会分组和过程，以及一些诸如传统、规范和价值观之类的事务，并且涵盖了工作共同体、文化共同体和政治共同体。
>
> 3. 雇员的学习过程，关注的是雇员的意识和社会化背景、情境和未来前景，并涵盖了工作经验、教育和社会背景。

在这本题为《工作生活中的学习》（*Learning in Working Life*，Illeris *et al.*，2004）的著作中，这些维度是结合在本书第三章中已给出了详细说明的学习三角之中的，形成一个所谓的“关于工作生活中的学习的双重视角”以及如图 12.1 所示的“整体模型”。

应该注意的是，与本书 7.1 节中图 7.1 的“复杂学习模型”相比，这个模型并不关注一般水平上的学习，而只是关注工作生活中的学习。在图 7.1 的底部，“环境”位于即时社会人际交往情境和潜在一般社会性情境之间， 224
而在工作生活的模型中，它是在技术组织型学习环境和社会文化的学习环境之间延伸的，两者都关注的是工作场所中的社会人际交往情境。

另外，这个模型显示，在工作生活中重要的一般学习，发生在工作实践与学习者工作身份认同之间的互动之中，但是也存在更多有限学习过程的空间，这些学习过程某种程度上是在核心领域外围的，比如说，掌握某种技术技能会在一个更为有限的互动中发生，这些互动扎根在工作场所的技术组织型学习环境和学习者的认知之间，但是很自然地也会与该模型的其他因素在某种更大或更小的程度上发生联系。

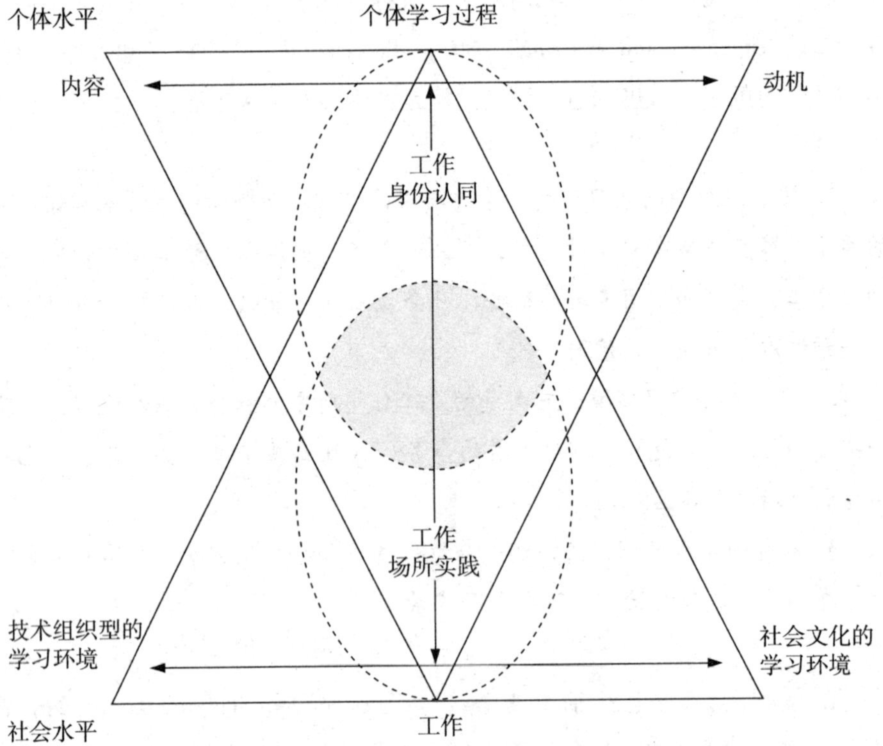

图 12.1　工作生活中的学习（引自 Illeris *et al.*，2004，p. 69）

在更为具体的水平上，与发生于工作场所中的学习理解有关，对于什么是中心有很多的视角。与一种经典的学习理解相一致，这些视角大多把主要重心放在个体的获得过程上，对应于图 12.1 中模型顶部的水平双箭头。这首先应用于所谓的工业社会方法中，这种方法特别对工作所要求的雇员素质需求以及这些素质是如何发展起来的这一方面感兴趣，现在还在很大程度上包括了那些被称为“过程独立”的东西，或者更近一些的所谓“一般素质”的东西（例如，Braverman，1974；Andersen *et al.*，1994，1996）。接下来，它也适用作为管理锚（management-anchored）方法的参照点，称为“组织学习”。美国的克里斯·阿吉里斯和唐纳德·舍恩是这一代人的重要代表，他们在众多课题中特别强调，雇员的学习对于企业的发展是非常关键的，而且在单回路学习和双回路学习之间必须有所区分，前者停留在现有的理解框架之内，后者则超越了这个框架（见 Argyris and Schön，1978，1996；Argyris，1992；Elkjær，1999；见 8.6 节）。最后，它也可以指代扎根于普通成人教育中的方法，大多数是对个体学习而言的，它通常是基于一个人本主义的基础，对雇员在学习中的经验和兴趣感兴趣（例如，Weil and McGill，1989a；Marsick and Watkins，1990；Boud and Garrick，1999；Billett，2001；Ellström，2001；Evans *et al.*，2002；Rainbird *et al.*，2004）。

形成对比的是这样一种方法：其极大程度上聚焦于作为学习环境的工作场所，以及工作场所的发展或“学习”，即聚焦于图 12.1 中底部水平的双箭头上。这样的视角主要是基于名为“学习型组织”的理念的。这实际上是对学习的组织理论的一种拓展，但是也有决定性的不同：这里的聚焦点是在被理解为组织“学习”的东西，其是某种独立的不同事物，要大于所有雇员学习的总和。这方面的一个重要成果是美国人彼得·圣吉有关《第五项修炼》一书（Senge，1990）。不过，必须要澄清的是，根据我在这里发展的学习概念，我们不能说组织可以学习——而且我认为在“学习型组织”术语下加以售卖的很多东西，与管理有更多的相关，并且有时候相比与学习的关系，它们更是一种聪明的表达方式。 225

不过，这种方法通过我们前面多次提到过的莱夫和温格研究“情境学习”的著作（Lave and Wenger，1991）得到了发展，后来又在温格的《实践共同体》（Wenger，1998）一书中得到继续，还必须加以说明的是，它主要是定向到作为学习中心点的工作场所。尽管在很大程度上它确实是扎根于俄罗斯的文化历史传统和维果茨基的学习理论，这两者都非常经典地以个体获得过程为导向。在莱夫和温格看来，情况大致如此：当个体初次进入实践共同体中时，通过学习过程的方式，他将自动地从“合法化边缘参与”转移到一个更为中心和有胜任能力的位置。不过，我们可以在芬兰人 Y. 恩格斯特伦那里找到一种对维果茨基方法的更为个体导向的阐释，尽管这位研究者可能是在组织视角下来研究学习的，但他并不那么高度聚焦在雇员身上（例如，Engeström，1993，1994，1996）。

接下来我将进入第三种有关工作生活中的学习的主要方法，这种方法主要聚焦于社会和个体水平之间的互动，即聚焦在图 12.1 模型中间的垂直双箭头上。这里，我们有理由去注意一种扎根于“批判性理论”的方法（见7.4节）。早先这一方法曾是在社会条件与这些社会条件对个体意识形成的重要意义和集体组织之间的互动，这些集体组织处于中心地位，特别是在奥斯卡·耐格特有关“社会想象与范例学习”（Negt，1971［1968］；见8.2节）的研究工作中。但是我们也可以在乌特·沃尔默格（Ute Volmerg）的研究中找到一些重要的学术成果，他研究的是这样三个决定性中心点的重要性——雇员组织他们自己工作机会、在工作中与他人的交流以及应用他们已经获得的素质作为在工作生活中学习的可能性（Volmerg，1976）。最后，还应该提到的是比吉特·沃尔默格（Birgit Volmerg）等的“私人企业的生活世界”（“*Betriebliches Lebenswelt*”）研究，即雇员通过什么途径寻求和利用工作场所的可能性，使其成为一个能够安排他们自己日程表的自由空间（Volmerg *et al.*，1986；Leithäuser，2000）。

另外，丹麦人本特·艾尔克耶（Bente Elkjær）采用了一种方法，其出
226 发点是约翰·杜威的实用主义理论（见8.2节），清晰地阐明了工作场所与雇员之间的关系，将其作为工作生活中学习的关键焦点，但他并未联系工作生活之外的社会学习（Elkjær，2002，2005）。

最后应该注意的是，基于第三章中提出的学习模型，本书寻求的是建构一种方法，能够结合个体与环境之间的联系或互动的聚焦点——在工作生活中，在雇员和工作场所之间的联系或互动——但与此同时，还涵括了很大程度上的个体获得过程。

如果我们要努力跨越所有这些方法，一般来说可以析取很多特别突出表现了发生于工作生活中学习的潜能和问题。很基础的是，大量的学习发生在与工作履行的直接联系之中，而且雇员们通常体验到，这种学习比起在制度化教育中的学习，对他们来说有着更为重要的意义（CEDEFOP，2003）。然而从外部来看，必须坚持的是，基本上这种学习在本质上是偶发性的，而且通常是比较狭窄和没有理论基础的。

但是，通过系统性地构建一个学习导向的环境，这种学习可以在相当程度上被强化——这就是被称为“组织学习”和“学习型组织”方法背后的主要思想，尽管这两者在个体与组织之间联系方面观点并不一致。不过，危

险依旧存在，学习获得的是某种偶然性的好处以及一个不充分的框架和系统组织。而且，对于雇员来说有一种趋势是，早已拥有最好素质的那些人，在这个过程中获益会更大——但这也许最终被面向全体雇员的自我导向小组、项目或行动学习计划的引入所抵消（见 Illeris *et al.*，2004，第八章）。

另一种可能性——它可以很好地结合于组织学习之中——是旨在紧密联系于工作的目标学习方法上的。这可以通过对个体雇员的个人支持手段来发生，这些支持手段形式有教学、指导学习、伙伴指导、导师安排或训练，通过所谓“授权大使”、“超级用户”或“园丁”（这些人在 ICT 领域特别有广泛的使用）等在广泛基础上的支持，或者通过便捷的咨询帮助等，它可以在紧密联系于工作的教学活动中发生。所有这些都可以通过常规的职员发展访谈等之类的手段得到支持（Illeris *et al.*，2004，第六章和第七章）。

最后，还可以强调一下更为一般水平的方法，例如内部或外部的网络和经验小组，或工作交流和轮岗计划，这些也有可能让所有雇员有组织地卷入进来（Illeris *et al.*，2004，第六章和第八章）。

在所有环境下，都在某种程度上存在着三个重要课题。首先是工作生活 227
中的学习比起制度化教育手段来，更容易有这样一种倾向：尤其使那些早已拥有最好教育的人能够获得收益（所谓的“马太效应”，见 10.5 节）。其次，必要的工作将总是比学习导向的方式获得更高的优先权。最后，学习方式对于工作场所的目标工作来说，会有一种干扰性的影响。

这些课题可以在某种程度上通过下面的途径加以应对：将工作生活中的学习结合课程与教育计划，例如，那些发生于学徒培训和专业领域中所谓的交替教育计划中的课程和教育项目，在这些项目中，学校和工作的体验交替进行。我将在 12.7 节中回到这个课题。

12.5　基于网络的学习

在 20 世纪 60 年代程序学习（programmed learning）开始出现不久，一些地区对通过 ICT（信息与通信技术，例如，Dirckinck-Holmfeld and Fibiger，2002）中介的大量学习活动发生了浓厚的兴趣并抱有很高的期望。

当这些可能显现出来时，学习曾经仍旧主要在传统意义上被认为是传递某个给定科目的事实与信息，而且人们相信通过计算机程序这样做，将会部分地节省大量在指导者与学校方面的开支，并让这个系统能够保证很高和统一的质量。

然而，它并没有达成一些人所期待的重大转变。即使软件程序最终得到开发和精制，它们仍旧从属于非个人的单向交流条件，而与此同时，这种程序的发展和更新显现出来它是一个相当庞大的任务，从经济角度来看也是如此。实际上，它的影响是相当有限的，但是对于具体信息、教学等来说，至少在这些新媒体中有着一些明显的潜能，甚至今天在丹麦有更多部分的计算机媒介学习活动是运用这种形式的（Elkjær，2002）。

不过，随着计算机发展新要求的出现，很显然，这样一种学习方法将只能够解决非常有限的任务；个体技能的发展不能通过非个人的指导而发生。与此同时，技术上有了相当大的发展，今天很多的开发工作集中在所谓的计算机支持合作学习范式上（CSCL，computer-supported collaborative learning，
228 见7.9 节），即小组项目工作，其中计算机会议被用于参与者和教师之间、以及参与者他们自己之间的学术合作，在多种程度上与小组会议相结合，在这些小组会议中参与者们相互熟悉起来，接收学术输入并且能够全面规划和对小组工作进行协调。

有一种特别的未来视角，它触及了更深入的严格意义上的“虚拟学习环境”（特别参考前面提到的温格的实践共同体概念，Wenger，1998），在其中也使用了音像媒体，即使在远程学习中，也有可能开展对话交流并看见对话交流的人。

这些提升了虚拟学习的开放性潜能，虚拟学习在个人交流方面可能在计算机中介过程中有所阻碍，但是在另一方面又比传统制度化教育计划来说有某些明显的长处。

首先，时空的独立性带来了巨大的灵活性，这至少对很多成人来说，是极为重要的；参与者能够参加到学习中来，无论他们身处何地，不需要离开家，而且在任何最为方便的时候参加进来。通过这种方式，很多时间上的浪费和交通花费就可以避免，与此同时，教育活动可以适应日常生活的需要，

在其中也一定有工作和家庭的空间。

其次，有可能远距离地参加到教育中去。这对边远的、人烟稀少的地区，以及对员工分布在世界很多地方的企业和组织来说，是极具重要意义的。

再次，通信能够被及时记录和交互进行的事实，暗示了显著的学习优势。一方面，通过个人的贡献，个体参与者变得对于教师和其他参与者来说更加“可见”，与此同时，技能比起普通教学来很大程度上在表达上更加强化了简要和连贯，在今天这是一种非常有价值的素质。另一方面，书面交流的要求比直接对话在更高程度上导向了学术和对能力发展有重要意义的部分个人反思。

最后，还应提到的是，即使参与者不在一起，社会人际交往和互动素质也可以通过书面交流得到很大程度的发展。

不过，必须同时指出的是，虚拟交流要求相当程度的参与动机和决心，这种程度远高于日常学习。对于动机不那么强烈的参与者来说很显然的是，找到一个学校并参加到直接对话中，比不得不孤独地独自在家中自主地去对付计算机来说要容易得多。

一般来说，一方面，基于网络的学习提供了某些特殊机会，至少它比起 229
传统教学来说是相当弹性的。但另一方面，在交流和社会面上还存在着一些局限，首要来说是要求参与者有强烈的动机。

由此非常重要的是，基于网络的活动能够有尽可能多的直接会面的支持，参与者们可以相互认识，认识作为一个整体的人，而不仅仅只是名字、书面表达和图像。这并不能够总做到，但是一般说来，很多经验都指向了基于网络和直接互动的结合，将其作为学习的一种形式，它对具有良好动机的参与者发挥了令人满意和高效的功能，但如果参与者态度暧昧不定或对它挣扎抵抗，并且/或者社会化要素对期待中的学习来说是处于中心位置的话，它就不是那么合适了。

还应该提到的是，基于网络的学习活动并不仅仅是存在于制度化教育计划中的一种潜能，而是在很大程度上同样存在于工作生活中的，并与兴趣驱动的学习需求相关（Dirckinck-Holmfeld *et al.*，2002；Illeris *et al.*，2004）。

12.6　休闲兴趣与草根活动

现代社会中有一个重要的学习空间，它早已超越了教育研究的范围，包括所有基于兴趣的活动形式，人们自愿参加，常常是有着巨大的个人投入和时间支出。它的形式可能是本地性或全球性的慈善工作，在政党、组织、草根运动地方分支机构中的政治导向性工作等，精神与宗教运动，在某个活动领域中的联合工作，从运动到音乐，从艺术到历史或地方兴趣，或者是户外生活与旅行（例如，Wildemeersch *et al.*，2005）。

可能性几乎是无限的，而且这种学习首要来说是受到下述事实的影响的：这些活动是基于强烈的个人兴趣和动机的——这正是在那些更强调即时效果的学习导向课程中所越来越缺乏的东西，很多人参与那些课程是因为社会压力和个人必需，而不是出于渴望和投入。

公共启蒙、学习圈和民众高中关照到了这些运动，而今天很突出的是，这些教育潜能处于越来越大的政治压力之下，要求它们变成更能提升素质、更为职业导向的活动，这样才会受到公共支持，而兴趣决定的活动独自单干，因此就越来越依赖于那些能够聚集必要资源的人们。

另外，社会及其成员都不能离开这些活动。我们不能忍受所有一切都被
230 弄得从属于统治性的经济理性，而且投入与创造力的广泛发展——由此学习也——能够在所有这些领域中观察到，它们是同样重要的富饶土地，是教育部门、工作生活以及社会民主功能的补充基础。由此，它也同样是被承认为与近年来“为了公民的教育”（例如，Jansen *et al.*，1998；Lockyer *et al.*，2003；van der Veen，2003）的热烈国际兴趣相关的，作为能力社会目标的重要元素，也与先前学习的评估与承认相关（例如，Zucker *et al.*，1999；Harris，2000）。

因此，自愿活动的广阔、开放和兴趣驱动的领域同时也是一个学习空间，它对于社会来说非常重要，但却相比教育部门和工作生活来说是被边缘化了。从学习的观点出发，它的突出特征是高度的参与动机和由此而来的学习强度与效率，这些似乎在制度化教育计划中越来越成为问题。

12.7　横跨学习与交替教育

上面我已经考察了五种社会最重要的一般学习空间。在实践中，它们每一种通常都会分为很多的亚空间，诸如日常生活中不同的分离情境、教育计划的科目以及学科、工作生活的不同岗位和工作功能、计算机的程序，以及所有自愿活动中那些多种多样的协会与论坛。

现代生活类似地分割为大量不同的活动，每一个都有其自己的舞台和视角。学习自然也有一种类似的倾向，被分割为很多的主题（这是与日常意识概念相关联时所使用的术语，见 9.3 节），或是一系列杂乱的、同化性建构起来的图式（该术语应用于关注所学知识的心理组织时，见 4.2 节）。

不过，从学习的观点来看，至少在能力发展发生的时候，那些图式要通过顺应过程联结在一起，即我们理解并能够获得一个我们所发展的全部不同种类经验和理解之间联系的全面观点，这是具有决定性的重要意义的。因此，也很重要的是，能够在一个更为实践性的水平上创建多种学习空间之间的联系。

这当然是我们都在用各种方式努力实现的目标，我们仅仅只是不能逃避而已。但今天的生活是如此地复杂，如此地四分五裂，并且有如此多的结构性事物在个体所能触及的范围之外，使得我们的总体观点和情境理解很容易变成某种程度上一种模式的偶然片段——一个丢失了很多拼块的拼版谜团， 231
我们已经错误地把很多拼块凑在了一起，而另外一些拼块则被丢置一边或是不甚清楚。这就是为什么目标学习努力实现创建不同学习空间和亚空间之间的坚实联系是如此重要的原因。

学校和教育计划总是在这方面有很多困难。在学校，有很多不同老师教授的不同科目，使用不同的教学材料，而且有的时候，还是在不同的教室里，总之，学校将所有这些放在一个学校日程表中，形成所要发生的一切事情的结构。而且，很多教育计划还以其他的方式分裂开来，例如，在教学和工作实践之间的分裂。一个人很自然地不能在同一时间投入到所有的事情上去，但是在这种结构中所固有的是，如果需要创造情境，就不得不去付出一种特殊的努力，作为一种规律来说，这仅仅只能在一个非常适度的水平上发生。

大多数时候，似乎很重要的是在两种学习空间——社会决定的学习和相关的教育，尤其是教育系统和工作生活——之间创造更好的一致连贯性。因此，我将在此探讨这个领域，将其作为一个关键案例，展示一个人试图创建学习空间之间的联系时所遭遇的困难。

正是在这一领域，尤其是丹麦和很多其他北欧国家，在交替教育计划上有着坚实的传统。这些教育计划以不同的方式，作为学校学习和工作经验之间的互动而得以结构化——正如我们所知的那样，今天这适用于职业导向的青年教育计划和媒体循环继续教育专业计划。

但是，没有必要让一个人投入到这样的教育计划中去，因为很早以前就逐渐清楚的是：对于学生们来说，将他们在学校所学的与他们在工作经验中所学的联系在一起，是一个非常大的问题。我们不断地重复听到这种抱怨，教育规划者、教育机构和教师们反复地尝试对此做点什么，却没有获得任何大的成功。

与此同时，这些教育计划还存在着这样的问题：工作经验要想获得足够的空间是很困难的，在很多情况下是不可能的。而且还有这样一种趋势：学生们在工作经验方面被用为廉价的劳动力，并且相关咨询非常不充分。这一问题也被反复提起，但是没有找到任何令人满意的一般性解决方案。

因此很自然地不断出现这样的状况，因为存在一种潜在的原因，对于所做的事情有一种抗拒或是不具备能力——要辨别起来并不是那么困难。为受训者在工作场所中施加相当大的实践上与经济上的压力，是一件简单的事情。如在12.3节中所指出的那样，工作场所并不是为了创造学习，而是为
232 了创造有竞争力的商品和服务而存在的——它们或它们的代言人的基本兴趣，必然是在劳动力市场上拥有充分良好素质的未来雇员身上的，这些人能够履行工作职责，而且不需要或者只需要最少的在职培训。

另外，足够清晰的是——至少基于本书中的学习理论——最好的学习和能力发展正是在这些能力需要被运用的地方发生，即发生在工作场所之中。没有人会真正否定这一点，过去十年间我们看到在这些课题上，一部分国际

组织诸如 OECD、EU 也在教育研究和探讨中，投入了相当大的兴趣。从学习的观点来看，特别是随着莱夫和温格在“情境学习”和“实践共同体”（本书中已有多处提及，特别是在 7.6 节和 12.3 节中）研究背景的展开，对“学徒体系的恢复”有了新的观点——学徒体系的恢复对社会和学习两方面来说都是有价值的，也就是说，如果有足够的训练地点，双方都足够好，工作经验和学校学习之间的互动也就会是足够的。

但情况并非如此，而且只要做不到下列某一点，情况就会改变：对工作场所、公共以及私人部门来说要有充分的吸引力，能够让受训者得到安置并投入到高质量的培训中去，与此同时资金要到位，能够让学校以及受训企业的适当成员可以投入到建立一种非常良好和紧密的合作中去，使得这种情境对于参与者来说是连贯一致的。

这并不是说现存的工作经验计划在多个领域中是没有价值的，而是说，在所谓负责任的政治家们同时部分也是雇主们不断谈论对教育计划做点什么是如何重要，但又未曾做出切实努力来找到对此关键问题的解决方案时，它仅仅只是一种宣传而已。

在我们四分五裂的现代社会中，让学习和学习空间连贯一致并不容易，即使这对于学习来说是具有决定性重要意义的。但正是在与交替教育计划的联系之中，实际上有可能去做点什么从而启动这种结合，而且也很清楚的是我们必须要做些什么。不过，我们所谓的“学习型社会”要让这一切能够发生，显然还不够成熟。

12.8　小结

在实践中，我们的学习发生在很多不同的情境或学习空间中。上面我们考察了五种重要的或普遍的学习空间：日常生活、学校与教育系统、工作生活、基于网络的学习空间、自愿的和兴趣驱动的学习空间。每一种学习空间 233
包含了很多不同的亚空间。

每一种学习空间还拥有某些特殊的可供利用的学习机会，并且与此同时也在影响着所发生的学习。日常生活中的学习是基础性的，但是在我们现代的复杂社会中，它比较容易缺乏连贯的内聚力。学校和教育系统提供了系统的、目标性的学习可能性，但这必然地使得“学校学习”不能总是立即能够应用于学校和教育系统之外的情境。而工作生活中的学习则更具直接应用性，但它倾向于比较狭窄和缺失理论，没有包含更为广泛的情境。基于网络的学习或电子学习在很多情境下能够建构一种恰当的补充，但是它首先要求有恰当的多方面程序，并且——比起其他学习来要在一个更大程度上——要求参与者要有很强烈的动机。自愿的和兴趣驱动的学习，通常正是由于参与者们的投入和动机而具备了高水平的强度和质量，但是它有自己的发展路线，并且由此而可能不能够满足社会本身的需求。

在现代社会中，创建横跨这些学习空间的学习情境是极为重要的，但这并不能与社会功能的结构和模式之间立即达成一致，并且跨越不同学习空间的种种努力还创生了大量的组织与学习问题。

第十三章

学习、教育与社会

本章中，我将在一般水平上探讨前面各章中关于学习的思考如何能够在 234
教育计划及其社会功能相关的问题上加以应用。首先，我将辨明四种典型的有关学习的误解，它们常常出现在教育学和教育的情境当中。然后我将更为细致地考察一些有关教育计划结构的关键主题，特别是内容与方向的选择。最后，我给出了一些建议，从学习的视角出发，它们在社会水平上以及在一般水平上，也许是适当的和必要的途径。

13.1 关于学习与教育的四种误解

本章所探讨的是学习与实践教育学之间的关系，并从学习的视角作出有关当今教育政策的思考与结论。不过，我在一开始先要指出一些流传甚广的对学习的误解或简单化，这些误解是我们所有人或多或少在社会上加以传播的，并且在和学生、家长、教师、管理者、政治家们讨论有关学习、教育学、教学和教育政策的话题中多次遇见的，而且不幸的是，我们如果不是非常有意识和很小心地去躲避它们的话，这也是我们自己所认为的。

它们是一些流行的理论，传播范围如此之广以至于我们所有人都在其中占有一份，因为我们从入学的第一天甚至更早开始就接触它们了。在某种程度上，大多数教师和教育者知道这些是误解，但是他们又常常会加以包容，也许因为要让自己在日常生活中抵制它们是太过复杂了。对于政治家、规划者、管理者和其他那些对教育计划作出重要决策但又不每天运作于其中的人
们来说，这些误解常常形成了这样一种毫无问题的要素，使得它们呈现出一 135
种常识的特征。

然而情况是这样的：当一个人在专业情境中用更为系统性的形式继续持有这些误解时，他会遭遇一种典型的双重反应，一方面是“我们已经知道了”，而另一方面，会将它公开从而我们能够更好地与之关联，从而得到释放。

首先，是我称之为的“意识形态性误解”（the ideological misunderstanding）。本质上就是一个人直接认为在教育计划的目标设定和这些计划的设计之间是一致的。首先这是很自然地，是因为目标与一般组织的规定从规律上来说是由同一实体制订的。但是这种联系并不总是存在的。例如，当对基础学校法案进行辩论时，政治家们会置身于目标宣言的逐字逐句讨论之中。但这是一种意识形态的斗争，并且它与有关学校实践框架的协商距离甚远，而这些实践框架通常是有关诸如科目、分级、测验以及分流或不分流到班级等课题的。几乎没有任何一个系统性的尝试找到了如何基于所采用的目标设计一个学校或一种教育计划的最好方式——例如，是否一所教学被分成若干科目，并且是课程导向的学校，才最为可以满足所采用的目标呢。

在成人教育的情境中，所有各方都支持以诸如独立、责任感、灵活性和创造性的个性能力为中心的广泛能力发展。但与此同时，要突破现有的教育传统恐怕是极端困难的，这些传统限制了成人参与者们实践这样一些个性特征的可能性。因为教育计划通常来说是在某些框架中运行的，首要来说，是要满足学校和行政管理需要的传统，如果参与者们作出的共同决定也要影响到自身的框架的话，将是非常复杂和困难的。

公共教育计划一直是培养资格和纪律训练的结合，但是在目标设定中，纪律训练方面是被忽略了的，或者是用暧昧不清的语词来表达的，例如，有关加强儿童们的性格或现有的有关与劳动力市场保持一致的阐述。但是还存在一些某种程度上隐藏在其背后的思考，它们可能发生着作用，有时候决策者自身也并没有意识到。

意识形态性误解存在于这样一个混合体中：有着受意识形态影响的印记和实际上基于教育计划的设计和功能的目标。由此，在目标性教育规划的道
236 路上有一种掩饰，它产生了应用于教育计划日常实践的框架的不确定性。

其次，是我称之为的“技术性误解”（the technological misunderstanding)。这是关于将教育看作是一种生产过程的误解，这种误解在有关职业教育的计划中有着最为广泛的传播，因为这种计划最接近于生产。但是技术性思维在教育系统的其他部分中也有着相当大的影响。

简要地来说，这种思维就是一些素质或能力应该被生产出来，而且这个过程通过创建某些精确的目标，以及在此基础之上选择最为有效和理性的教学活动，就能够得到最好的实现。这种思维的通常结果就是制订一些课程大纲，在一定程度的细节上规定该发生些什么，以及何时发生——由此也同样设定某些对参与者的共同决定的限制。在大多数极端的情况下，在同一时间，对全国的所有参与者，理想状况事实上确如规定的那样发生了，这是专家们认为是最合适的和最有效的。因此任何对它的偏离，从定义上来说，都一定是负面的。

技术性视角忽略了这一事实：教育是有关活生生的人的，他们是带着某些能力而来的，并不仅限于知识和技能。他们还有着个性倾向、好的和坏的经验、某种理解模式、兴趣、动机、偏好、阻抗、阻塞、厌恶的人和事，以及其他很多很多。

这就是为什么同样的影响对不同的参与者会发生相当不同的作用。很多领域中也有同样的发现，多年以来差别化一直是很多谈论与协作的话题。但是有一种倾向是徘徊在技术性思维之中，特别是联系到行政管理决策这一方面。这也许是因为进入到经济和效率的领域中时，非理性的人类特征是如此地不切实际和不可把握。但是活生生的人在这个意义上并非是理性的，坦率地说，应用这样一种理性的方法根本就不是理性的。实际上，保证给予非理性的人类多样性的发展以空间和余地，才远远是更为理性的。

总而言之，技术性误解存在于这样的观念中：将人视作物，将学习视作能力的外部配置。但是人是活生生的，他们自己发展着他们的能力，而且教育应是联系当前有着各种能力的参与者们，给这种发展创造尽可能最好的条件和材料。

再次，是我称之为的“心理性误解”（the psychological misunderstanding)。这毫无疑问是传播最为广泛的误解，而且荒谬的是，与此同时我们都在其中或多或少占有一份，我们也都非常熟知这是一种误解。但我们还是徘徊在其中，因为它是如此地方便。

237 这种误解是我们假装在所教与所学之间有一种对应，即使我们从最早的学校经验中就已经知道情况并非如此。仅仅只有某些所教的东西被学习了，每个个体所学的是不一样的，这里有很多的错误学习，而且我们也学习某些所教授的以外的东西。

在日复一日的教学中，这种误解常常容易通过下述途径来发挥作用的：教师能够得到满足，并且当他教授了指定的内容时就能够掩盖批评，无论参与者们是如何以及能够从中得到什么。而且在形式上也很难去要求更多，但这种方法本身是错误的。一名教师的工作从本质上来说应该不是被理解为教学，而是一个帮助和支持参与者们的学习过程。

另一个与学习相关的课题是伴随着学习内容的获得过程而发生的，它与教育计划的目标很不符合。一个经典的案例是，很多学生学习到的是他们不擅长数学或外语或物理练习。但它还可能是其他很多——例如，如果一个人有什么不理解的话，那么最好是闭嘴而不是问问题。

上述问题与教育计划也有一种筛选的功能这一事实紧密相关。也许在对目标的声称中没有有关这方面的任何书面表述，但是在一个有着大范围劳动分工的社会中，在某个或其他什么阶段中，选择就必须发生了。这种功能在今天主要是落脚于教育系统之中，正如我们经常看到的那样，教育系统很大程度上，让人感到它是对参与者的社会背景的一种反映，由此这比起教什么和如何教，似乎对学习发挥了一个更为决定性的作用（见 10.5 节）。几年前进行的一个有关丹麦小学的研究中，出现了一个令人震惊的结果——即使是非常不同的在教育学方法上的差异，也丝毫不能影响这一筛选过程，但是另一方面教育学能够在很大程度上影响学生们的学习和观点的形成（Illeris，1992）。

总体来说，心理性误解存在于下述情况中：聚焦于教学而不是学习，结果是大量的资源被用于不合适的、没有效果或在某些情况下与愿望直接相对立的活动上。

最后，是我所称之为的“乌托邦式误解”（the utopian misunderstanding）。它不像其他的误解那样地可作切实定义，但是多年以前我听到一位商务经理非常精确地表达了它的含义。在一次讨论中他说，“我们所需要的是一些独立的年轻人，他们能按照所告诉的方式去做。”

更为一般地说来，它是有关这样的事实的：一个人有时在谈话和行动时，似乎认为教育能够解决所有的问题，而与此同时那些观点内容是自相矛盾的，或是面临着其他的和更强的我们所不想干预的社会力量的。但是教育 238
不能魔术般地既生产依赖性，又生产独立性，正如它不能够消除社会遗传一样。

总而言之重要的是，在教育政策和规划中存在着一些朝着基础性误解的强烈倾向，这些误解既是人们熟知的和被普遍接受了的，而且大多数人也知道是错误的，但同时我们又容易去坚持它们，因为它们是如此地便捷。

至少当我们以能力发展的形式谈及学习的时候，教育系统的某些传统必须要被颠覆过来。误解的基本功能正是去掩饰这种适用于旧工业社会的适应、训练和选择。但是如果教育要把目标放在发展独立性、责任感、创造性、灵活性和所有其他“软素质”，并在其中发挥作用的话，我们就必须认真考虑，这要求有能够在其中实践这些特征并与一个人正在从事的学业内容相联系的教育计划——而且如果参与者在某种程度上是被迫参加的话，或这些计划的设计并没有包括活动和反思，没有让该个体参与者能够在所发生的事情中看到自己的兴趣时，情况将会是糟糕的。

基于前面章节中所描述的学习理论，下面我将更为贴近地审视在一般水平上什么将是比较适宜的，我们从很多重要的一般教育问题或问题领域开始这一讨论。

13.2 参与组织学习

如我在本书前言中所声称的那样，学习能够发生于所有可能的不同情境之中，并且是以很多不同的、某种程度上建构性或防御性的形式出现的。现代社会具有这样一种重要的特征：很多学习必须在一个社会性的基础上被组织起来，因为复杂的社会结构使得社会成员拥有某种能力和在很多领域中某种程度的共同方向成为必需。这样，社会性管理的学习手段主要发生在教育系统和工作生活之中。

但是这种制度化学习也容易在部分参与者中陷入对立和防御之中，因为基本上来说，它是基于社会的需求而发生的，这些社会需求并不总是与社会个体成员所认为的他们自己的需求相统一。很多基本问题出现了——实际上它的出现先于我们通常通过教育所理解的——这些问题关于谁能以一种在社会方面恰当的和在个人方面可以接受的方式，参加到制度化学习中去，以及在他陷入与潜在参与者的对立当中时，社会如何作出反应。

239 随着向晚期现代知识社会的转变，学习越来越发挥着关键性作用，并被界定为一个从基本国家经济视角出发的社会课题，这个问题似乎呈现出了新的维度。至少在丹麦，特别在成人和青年教育中，早至青春期前五年开始，我们就会在学校和教育中看到相当数量的参与者，他们来参与或多或少是因为必需，而并非他们自己的自由意志，因此他们也并未从参与中获得很多的益处——或者甚至从社会的视角来看，得到的是负面收益——与此同时，他们给教师和机构带来了很大的问题，并且给其他参与者创造了不太舒服的学习环境（Illeris，2002）。这是一种巨大的社会与个人资源浪费，这些资源本可以更好地投入在其他一些事情上。

从学习的观点来看，有关参与者的学习动机或驱动力，以及学习障碍的问题，已经成为中心问题，并且优先于有关教学内容和结构的更为传统的教育学问题。对于这些人来说，这并不主要是有关某种学习内容或工作模式的动机问题，而是单纯的参与和投入到所提供的教育手段的动机问题。

在学校教育还处在义务教育的年龄情况下，参与是强制性的，这个问题就只能作为一个如何去做的问题提出来——当然我们也可以对义务教育应当何时开始，以及它应该持续多久这一问题进行讨论。

如在 11.2 节中所指出的那样，情况往往是：最多 11—13 岁的儿童会基本上接受成人对他们学习的控制和组织条件，尽管在现代社会中他们也遭遇一些影响，使得这变得有问题起来。但是在义务教育的最后几年，就会有更为基础性的有关参与本身的问题出现——这些必须要被解决，而不应放弃参与的要求，因此这里将不再深入讨论下去。

但在青年教育计划中，即对于大约 16—20 岁的青年来说，问题是不同的。一方面，教育不再是义务的，而且参与者们也都到了这个阶段主体的年龄。另一方面，社会有广泛制定的政策，得到了大范围的支持，应该有尽可能多的人们完成提高素质的青年教育计划，在丹麦的目标是要达到青年群体的95%（见11.3节）。

但青年人中很大一部分发现完成这些教育计划很困难，既包括高中也包括职业导向的教育计划，这种现象可以从这些计划本身以及高辍学率两方面观察到。这是社会的中心问题，没有迹象表明它能够在没有新的基本政治方向的情况下得到解决。从学习的观点来看，青年人应对的是他们的身份认同问题——解决如何创造他们自己，他们想成为谁，以及他们能够成为什么人——而教育计划和扩展的咨询关注的是引导他们并且提供给他们有关社会与工作生活需要的适合能力。 240

投入的缺乏、某种程度上良好表达出来的抗议以及高辍学率清楚地表明了某些很不同的事情必须要发生，以取代现在给大量青年人提供的东西，如果大量社会资源现在投入在他们身上要导向冲突和挫折以外的东西的话。他们已经有了至少九年的不是特别擅长于此的经验，这不是他们发展一个可持续身份认同的方式——即使提供给他们工作经验、生产学校和各种令人兴奋的项目也不行。生产学校是为18—25岁青年人提供的非居民学校，会花费大量的时间用于实用的、创造性和艺术产品的生产。在部分初中课程中也会教授。

这些年轻人需要什么？首要来说，是通向真正工作生活的通道。只有这才是有价值的，因为这是通向一个他们能够接受的成人身份认同的路径，而且更为直接地教育导向的手段必须在这中间找到出发点。但是，不幸的是，工作生活并不特别愿意接纳他们。尽管有很多的运动，但真正的受训场所仍然极少，因为今天对于工作场所的受训者来说，一般意味着在某种程度上的困难和干扰，这清楚地超出了能够开发受训者廉价劳动力的好处。

因此，问题只有在一种社会性的可持续性方式中得到解决，如果包括公共和私人两部分的工作场所都在一种形式上或被强制，或承诺去接纳这些青年人的话。这对于保证这些“薄弱青年群体”获得有竞争力的教育水平将是必要的和具有决定性的贡献。而且这将带来大范围的节约，既有教育方面的，也有社会部门方面的。这将会被用于给工作场所发放补贴，可以平衡他们对社会作出必要贡献的成本。

在青年领域中这样的一种改革也非常有助于解决成年领域中的一些类似问题，因为很多成人对教育学习不太具有动机，感到自己是被迫“再次去学校”的人们正是那些低技能的人群，他们从来不曾改善过自己有关学校学习的负面关联（Illeris *et al.*，2004；Illeris，2006）。

另外，这里也会发现一些同样的问题，我们正在谈论的那些成人——他
241 们以与青年一代不同的方式，在“系统”（无论是由就业服务、地方当局、雇主还是其他人作为代表的）用经济和社会边缘化的威胁来强迫他们接受教育手段时，感到羞辱和受到像孩子一样的对待。在该领域中也存在着巨大的经济浪费和人力贬值。

但是对比青年人来说，这些是早已拥有了身份认同的成人，但这些身份认同可能又是四分五裂、疲惫不堪的，因此问题就有所不同了。通常这里有一种清晰的矛盾心理，比起青年人的情况来要切实得多，正如在9.4节中所讨论的那样。这意味着绝大多数不喜欢被迫教育自己的成人们，深深知道如果他们希望维持一种合理的生存的话，他们将不得不那样做。因此，在成人的案例中，一个人能够通过借助他们矛盾心理的积极一面、并对消极一面保持开放和坦然来实现很多东西。

但这里也要指出的是，朝向工作生活的通道是一个关键点。如果一个人能够体验到学习活动不仅仅关系到获得一种能力，而且也在某种合理程度的确定性上关系到一个可接受的工作的话，学习显然会发生得更快更好。

大体上，有关参与组织学习的结论是，对儿童来说，他们的参与是强制性的，所以这是一个提供他们能够体验到适当和投入的学习机会的问题；对青年人和成人来说，可持续的学习要求可持续的动机作为先决条件，而且必须找到方法去满足那些适用的动机先决条件。

13.3　学习和课程

关注教育计划结构的更为经典的教育学问题，传统上是在所谓的课程理

论的教育学分支学科中进行研究的。在一种比较经典的狭窄意义上，这是与教学内容和教学形式的选择有关的，但是今天它的使用范围更加广泛，包括：从教学的基础和合法性、它的社会功能、目标、规划、管理和评价，以及参加者的素质与兴趣，到它的实际执行和不同的教学方法（例如，Doll，1993；Pinar *et al.*，1995）。另外，必须把学科本位的课程理论与总体或一般的课程理论加以区分，前者与个别学科的教学相联系并由此预设了教学是以学科划分的，后者跨越了学科分类并且研究的是更为一般水平的课题。

从前面有关学习和非学习的理论中我们可以推论出四种一般课程的纲要。

首先，所有学习包括内容、动机和互动维度的理解（见第三、五、六和七章），必然在基础上暗示了所有的教育规划和分析也要包含这三个维度。242
在某种程度上这是课程理论领域中通常观点的一种拓展，在课程理论领域中，材料或内容的选择对应的是学习的内容维度，教学方式或工作模式的选择对应的是互动维度，但是动机维度没有同样作为一个独立和重要的领域来对待。有关教学的规划和组织方面，学习的动机维度尤其关注的是那些参与者的动机、他们参加进来的背景（除了他们的已有学术素质外）以及由此可以得出结论的主题。继续下去，可能还需要对教学如何才能有助于加深和强化动机中的积极因素作出反思。

其次，是学习类型的问题（见第四章），这是一个对于适当的和最新的学习的需求问题，意味着一般来说，教育规划必须为同化和顺应过程之间的互动铺平道路。仅仅在一些特殊情况下才把目标定在诸如背诵记忆之类的积累过程上，将会是比较合适的。关于转换过程方面，这是一个在青年期岁月中，以及在成人教育计划中当参加者处于复杂的重新组织过程中时，日渐增多的发生过程，与身份认同的发展相关。但是因为这些过程非常具有个体条件性，所以作为一种规律来说，只有在方法上对于个性发展有着非常明确和开放的强调时，才能直接规划转换学习的可能性。

再次，非常重要但也相当不平常的是，教育规划把目标兴趣放在学习防御的类型上，这些类型可能发生在与该教育计划主题相关的参与者身上（见9.3、9.4节）。在青年人以及特别是在成年参加者中，将总是存在着某种程度上的日常意识，即这些参与者带着一种对超越了他们所掌握的过去理解的学习的半自动防御心理。如果这是一种参与者自愿地基于自身需要和兴趣而加入的课程学习，他一般来说会依靠这些愿望来克服当前问题领域中的日常意识。但是在所有这样的情况下——参加学习或多或少是被迫的，或与当事人的愿望相冲突的——通常日常意识对新理解的防御心理就会完全崭露出来。如果学习的规划要求参加者一方很高条件的重新调整，例如以转换过程的形式，那么身份认同防御就也会发挥作用，即当事人想要学习并且也作好准备去接受这些重新调整是必要的。

243 最后，可能会出现对学习的阻抗（见9.5节）。当我们规划教育手段时，有时候这样做将会是很恰当的：考虑一下是否在规划中的课程里有一些东西会引起参与者一方严重的阻抗，考虑一下我们如何去应对它。如我早先曾指出的那样，阻抗对重要学习来说是一种极好的出发点，由此，事先将其考虑在内也会是一个好主意。在很多情况下我们甚至能够将它纳入在规划当中，从而强化和提升学习水平。

13.4　学习内容与活动形式

上面我已经从学习理论中找到出发点，并在此基础上辨明了教育活动规划与组织在一般水平上的一些重要事宜。下面我将在相反的方向上继续我们的讨论，在某些课程理论的重要领域和课题中找到出发点，从学习的视角考察一个人如何能够应对这些课题。

作为开始，我将考察课程理论中绝对被作为经典关键领域的教育内容——希望参与者去学习的东西。自然我不会进入到不同教育计划里大量特定的学科领域中。但是，另一方面，有一些非常重要的一般课题是与教学内容的性质相关的，我将在此紧密联系第五章中我已经阐述过的学习的内容维度来探讨。

知识和技能曾经是被作为一个关键点来加以强调的，但是今天，要学习的东西已经不仅仅是与它们有关的了，同样也与态度、理解、洞察力、一般文化导向、方法论掌握和诸如独立、责任感、合作和灵活性等个性特征相关，在能力的现代概念之下集中了所有这一切。

很自然地，这些都能够通过很多不同途径来获得，而且很多不同方式的活动根据学习的主题、根据一个人被安排进入教育系统的场所来说将会是很合适的。不过，存在一个交叉性的重要问题：教学或传播在什么样的程度上以及在哪里应该是学科导向的（包括在哪里跨学科是比较合适的）、是问题导向的或者也许是经验或实践导向的，因为这样的区别对于所学内容的特征有着至关的重要性。

学科导向的程序主要适合于传播以及旨在导向有关知识、技能、理解以及含义、一般文化和/或方法论方向和理解的学习结果。

通过学科导向的方式，就意味着活动是围绕某个教材作为中心的，教材内容是在某个学科或学科领域的框架之中的。但是也有一些“学科导向的”教材领域并不清晰地与一个特定学科相联系，因为这些学科和教材领域是处于持续发展之中的。另外，还有一些教材包含两个或更多不同的学科领域， 244
这些领域中的视角通常是不同的。最后，也有跨学科的情况，指的是横跨了两个或更多的学科或学科领域。

问题导向的程序主要适合传播和旨在导向覆盖了上面所提到的种类，以及个性特征发展的学习结果。

通过问题导向的方式，就意味着活动以一个问题或课题为起点，这个问题或课题在问题说明中得到了精确的详细阐述。教材或学术内容由此而在这样一个基础上被选择出来：对于例证这个或多个问题来说，什么是恰当的？教材在很多情境中是和解决方案的建议一起出现的，如果这个方案可用的话。这种方式的长处是，教材在情境中的出现提供了某种适当方案、视角和对一个人要用该教材做点什么的要求，由此使得他成为与教材相关的一个游戏者。问题导向常常、但不必须是与作为组织形式的项目工作相联系的（例如，Illeris，1999，2004）。

经验导向的程序主要适合传统和旨在导向那些在性质上是个性特征发展的学习成果。

通过经验导向的方式，就意味着活动本身以及参与者对它的个体态度是处于中心地位的。尽管活动的教材或学术内容也极为重要，但活动是围绕经验和个体关系建构起来的。这可以是很多不同形式下的玩耍和游戏，例如，通常有角色扮演、电脑游戏、模仿、演戏、竞赛或交易分析，或者它可以转向到更为个体导向的方向上，诸如个性发展、生存旅行，或最为极端形式上的会心团体（encounter groups）、敏感度培训等。

实践导向的程序，像问题导向的程序一样，广泛适用于传播性的学习结果，在性质上既有更为传统的也有更为个性发展的，尽管它们并不直接导向一种总体和基于理论的理解。首要地来说，这些活动是不同种类的受训项目，见 12.4 节和 12.7 节。

上述定义当然并不精确，这从“主要地”和“广泛地”这样的用词中就可以看出来——因为常常在不同种类之间存在着流畅的转换。但是这种分类方式有助于指向某些重要的教育学课题，它们与从更为传统的教学和能力发展方向上的传播中而来的发展相关。在大多数教育形式中，这主要是与传
245 统学科导向和有着更广泛基础的问题导向之间的关系有关，而大多数基于经验的形式在很大程度上是与这种情况相关的：当它以一种互动和领导的观点直接与个性发展相关时。而实践导向的形式，如上所述，首先是与受训项目相关的。

13.5　学习、导向与参与

从学习的观点来看，另一个与组织教育计划相关的非常重要的错误是参与者在指引要发生什么过程中的共同决定问题。传统上很不幸地，这不是一个在课程理论中很有分量的领域，也许是因为课程理论在传统上是特别以小学为主导的。而问题也有可能与小学课堂有关，它成为了大约 12—13 岁后非常紧迫的课题，而且在青年和成人教育计划中，它对于所学内容的性质来说是一个很有决定性重要意义的领域。

如果青年与成人自己能够在决定学习什么以及采取什么样的活动形式上发挥一定作用的话，那么事实就是他们会在高得多的水平上准备好了动员顺应与转换学习过程所必要的心智能量。在这里同样很自然的是，他们的态度将通常会少一些防御，新刺激被日常意识打断的机会也将更少。还很重要的

是，与学习相关的动机和情感课题，在很大程度上，影响了学习在态度、持久性以及应用潜能方面的本质（见第六章），而且这些课题通常在参与者对正在发生的一切能够发挥影响的时候，会变得更为积极。

在教育活动的方向上有两种主要水平。一般水平关注的是业已在政治和行政管理上建构起来的框架。这里有着关键性重要意义的是框架提供的程度或“密度”。这可以是非常多样化的，从高程度的开放——可以用民众高中和日间高中（与民众高中类似，但是不寄宿）的传统作为例子，到详尽分解阐明的管理——这特别可以在有关教育教学技术方法的职业导向的教育计划中看到（例如，Skinner，1968；Tyler，1950）。但是这种方法现在在很多地方已经被摒弃了，特别是因为它容易对教师和学生两方面都产生一种负面影响，而且由此导向了贫乏的学习成果。

很显然，如果参与者们将在决定教育计划和指引教学方向方面发挥一定作用的话，框架的状态就一定会在本质上相对开放。框架条件也会直接开启这样的共同决定之路。

关于教学指引方向和参与者共同决定的第二种水平，关注的是日常实 246
践。我们可以区分出三种形式的方向。

教师导向是传统的形式，是由教师在某种程度上独断地决定要发生什么和如何发生。在小学的最初几年必须是也有必要是这种情况，在总体方针上能够与父母们合作的话就更好。但是当儿童年龄稍长，以及在青年和成人教育计划中，就不需要继续这种方式，即使教师和学生们都倾向于延续他们所经历过的东西，将其作为指引活动方向的一个表面上很理所当然的方式。

参与导向意味着所有的参与者——教师、学生和任何其他可能卷入进来的人们——共同指引方向并由此使得方向成为一种重要课题，这对动机和学习的本质来说意味着很多。通常在各方之间会有一种角色分工，基本上是教师负责与框架条件保持一致，而学生们负责所发生的事情要被体验为重要的、适当的和有益的。即使很少被具体地表达出来，但实际还隐藏着一个非常重要的前提：如果不能够协商一致的话，学生们必须去承担起最后决策的责任，因为是他们的学习处在关键的时刻（Illeris，1999）。

自我导向是成人教育中的一个关键概念，特别是在美国，以及其他一些英语国家。“自我导向型学习”是指成人学生自己组织自己的学习并为之负起责任（例如，Tough，1967，1971；Knowles，1970，1973，1975；Brockett and Hiemstra，1991；Camdy，1991；Tennant，1997；Merriam and Caffarella，1999）。但在实践中，它与参与导向之间并无清晰边界，这一部分是因为在参与导向中，如前所述，是学习者要负最后责任；一部分也因为在实践中，自我导向极为经常地意味着教师、导师以及其他人卷入到这个导向过程中。区别也许不如说是在文化水平上，北欧国家在公共启蒙领域有着非常坚实的参与导向的传统，而英语国家则没有这一传统，但另一方面在传统上更为个体主义。

大体上，在这一情境中，重要的是认识到有三种水平的导向可以很好地同时去实践，或者在互动过程中去实践，而且在实践中很经常地也是如此。
247 例如，在参与导向的课程中有这样一种不同寻常的可能性：同意包含一些由教师来指引方向和负起责任的环节。然而，导向问题是重要的和处于中心地位的，因为对谁最终有责任和负起责任的认识，对于参与者的态度和责任感来说具有重大意义。

一般说来，并且与其他民主社会中的导向课题相同，对学校和教育来说最为合理和恰当的是，在大约 14 岁以前采用全部或主要的教师导向方式，此后一直到大约 20 岁的年龄段中有意识和系统性地设定目标，让学生们逐渐能够负起越来越多导向的责任，接下来在原则上应该采用教育计划框架内的参与导向，以及对作为一个整体来说的个体教育的一般自我导向。

后者也适用于有关成人教育的政治与管理实体的立场。我们可以为成人作规划，或鼓励他们参与到教育和终身学习中来，可以创造多种方式的刺激，但最终决定还是要由成人自己来做出；并且从经济、民主或学习的观点出发，利用财务压力作为这方面的刺激是很不合适的（Illeris，2004）。

13.6　知识的内容、导向、形式与工作模式

基于前面两节的内容，现在已经有可能引入一个全面的模型（图 13.1）了，它是我早先开发的，作为对库伯学习模型（Kolb，1984；见 5.2 节；

Illeris，1995，2004）的一种延续。

该模型围绕着两个轴构建而成，两轴分别指代有关教育计划组织的两种情况，它们是我在前面已经辨明了对于学习来说是处于中心位置的，即对活动内容和导向的选择。

导向为竖轴，其延伸的两极分别为**教师导向**和**参与导向**，自我导向或是位于教育计划之外，或是呈现与参与导向相同的特征。相应地，内容选择为横轴，其延伸的两极分别为**学科导向**与**问题导向**，经验导向与实践导向仅仅在特殊情况下才进入到教育活动中来。

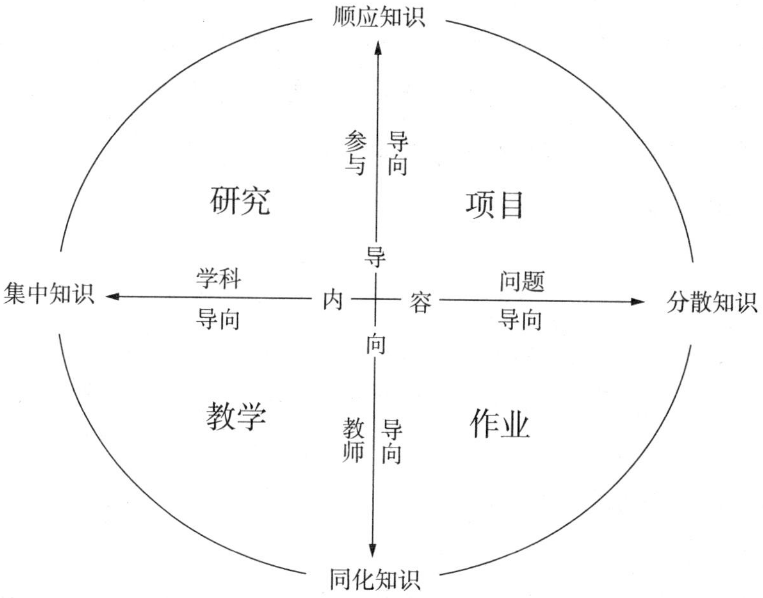

图 13.1　启发性模型（引自 Illeris，1995，p. 131）

从学习的观点来看，两个轴的四极分别指出了学习或知识的形式，它们通常在这四个极的权重的延伸中得到深入，指代了库伯模型（5.2 节）中的四种知识形式。通过教师导向的途径，特别得到促进的是**同化知识**，学科导向特别促进了**集中知识**，参与导向有益于**顺应知识**，而通过问题导向的途径，**分散知识**特别得到了促进。 248

模型的两轴划分出来的四个空间显示了在这个基础上的四种典型教育工

作模式，它们通过对导向形式与内容的选择、以及对某种知识形式的促进（但并非决定）而被标注出来。

1. 教师导向与学科导向的结合，产生出来的工作模式我们一般称之为“教学”，特别促进同化与集中知识的发展。

2. 教师导向与问题导向结合的结果，是由教师或其他实体布置的“作业”，它的范围可以从简单的数学题到大范围的、复杂的任务。这特别促进了同化和分散知识的发展。

3. 参与导向与学科导向结合的结果，是“研究”，即学生们自己致力于掌握一种给定的材料，由此促进了顺应和集中知识的发展。

4. 最后，参与导向和问题导向结合的结果，是“项目”，这是参与者自
249 己的问题，是探究、证明和解决方案建议的起点。这特别促进了同化与分散知识的发展。

从一般意义上来说，这个模型的要点不是强调某种教育工作模式，而是要指出本质上不同的教育程序，在影响所获得的知识性质和发生的学习上有着某种特征。由此教学组织必须要基于对当前教育课程目标的思考来进行平衡。这将/应该作为一个规律——也许除了那些非常简短的课程——结合更多或所有的工作模式，但是在一个很谨慎的深思熟虑的平衡中，与课程的总体目标相呼应。

例如，如果首要目标关注的是掌握某种学科内容，通常来说比较合适的是教学和作业占有相当的权重，同时也有一些空间能够进行一个朝向课程结论的小项目。但是如果目标要求更高程度的能力发展，那么比较好的是让项目工作发挥更为中心的作用。

当我们面对一个在事先设定好的框架条件下既定教育课程的实际组织时，关系着内容形式与活动导向选择的不同工作模式的权重问题，是我们最关键的启发性关注点。但是在很多情况下，这种权重将从整体上或部分地形成框架条件的一部分，而且不幸的是，常常是用一种与既定目标不和谐的方式。在这种情况下，向那些创建框架的人以及要去实现这些框架的人指出这

种矛盾，将是比较适当的。

13.7　学习与当今教育政策

这是一本有关学习的著作。我现在逐渐从与学习直接有关的课题转向教育计划参与、学习导向以及教育体系中框架条件的基础问题。

今天，每一个国家都公开地承认，非常需要越来越多的社会成员获得更多和更好的教育。这首要是为了保证可持续经济增长和国际竞争力的需要，但也是出于社会凝聚和社会成员福祉的原因，在我们一部分的世界中，这三个目标总是以这样的顺序来阐明的，因此也就间接地提示了它们的优先顺序（例如，OECD，1996；EU Commission，2000）。

然而，几乎所有这些国家都在经历着越来越多的教育计划问题。从新千
年一开始，在丹麦我们尤其经历了越来越多的青年群体不能完成有质量的教 250
育以及参与成人教育的巨大滑坡。尽管如果我们从本书中所发展起来的学习
视角来看这个问题，当它关注的是更多更好的学习时，出现下面的这种场景
是非常理所当然的。

出发点主要是学习的内容维度，即在社会对最新素质和能力的需要中，由于日渐激烈的国际竞争，既有职业性的，也有更为一般意义的，让人们能够在这个日益复杂和变幻不定的社会中管理他们的生活。另外，还有一些更新的朝着国家文化重整的趋势，这些重整有助于强化社会的内部凝聚力。

接下来的一步是要思考互动维度，即教育计划用什么样的方式来组织。在部分教育系统中，对于项目工作和类似形式的工作有着越来越浓厚的兴趣，这些形式可能对于现代能力要求来说是比较合适的——但是传统的分学科教学仍然处于统治地位。也有一种趋势是给予个别机构更多的自由，去组织他们自己的活动，与此同时又投入到更多的市场导向，例如，在学校自由选择的形式下，对学校的分级、更多的考试、评估和报告以及日益增长的费用等。

学习的第三个维度，动机维度，尤其是通过发展咨询选项来达到的，即使对于那些最需要的人们来说，也从来没有令人满意地发挥作用。另外，人

们越来越多地利用消极的经济刺激，即对那些处在社会判定其必须参与、自己又不愿意参加教育活动的人们以经济惩罚。

总体来说，足够清晰的是教育政策的导向基本上是以经济为前提的。我们可以提到一个非常令人震惊的例子是，丹麦与成人教育相关的整体政策，从进入 21 世纪开始，成为一个很大程度上由财政部管理的事务。

所有这些的最终结果已经清楚地显现出来，就是不断增长着的问题和更少更糟糕的学习趋势。这自然有很多原因，很大一部分是因为它是社会发展的趋势所固有的，这种趋势并不特别与教育和学习有关，但还是在很大程度上对这个领域造成了影响。但问题是，这些基于新自由主义的经济主导性思维而发动的手段方式，在怎样的程度上才是解决这些问题的正确途径。

当然有很多财务上的考虑，而且不能够排除说，如果这种愿望的存在能
251 够给这个领域贡献更多的资源的话，结果也许会更好。但这甚至并不一定是必要的。我们也可以选择尝试在一个学习的基础上去解决从本质上说与学习相关的课题。

那么我们将必须要把学习的三个维度放在一个平等的地位上作为出发点，因为每个维度在所有形式的学习中都有它的重要意义。但在现有情境下，这也许会是比较聪明的做法：通过采用与现在实践着的以及前面概述过的相反顺序来探讨各个维度，从而努力把该领域的整个方法颠倒过来。

从学习的动机维度中找到出发点，我们就必须从创建那些好的学习开始——包括理解与总结、激活乐观态度、灵活与创造性的感受，以及在一个广大的已知和未知环境下可持续和可应用的东西——基本上要求有积极动机和个体投入的先决条件。

这意味着我们必须要更多地去聆听是什么让那些潜在参与者们有动机投入到学习中去——并且要回避这样的误解：动机并不必然和欲求是同样的。在很大程度上它还可以是一种对什么是恰当和必要的一种洞察。在第十一章中，我简短地勾画了在不同生命年龄段中学习最重要的冲动是什么——在儿童期、青年期、成人期和熟年成人期——我们可以认真地尝试将此作为一个出发点，来替代经济考量。

接下来可以发现，直到青春期，儿童实际上有着很高的动机去学习那些

他们所信任的成人提供的东西的。因此，这正是进行大量基本学习的时机，应该很自然地用适合这个年龄以及儿童发展状况的相对固定的框架来组织，而且其内容可能应该联系现有社会条件来加以调整，例如，计算机和其他电子媒体、外语等，从而身体与健康以及有关社会的一般导向能够更为突出。其他领域必须相应地加以省略，或者至少是削减一部分。但是如果这得到了广泛理解的话，儿童的需求得到满足和支持，在目标活动和自由游戏之间有一种交替，并且有很多具有充分资格的成人照管着它的话，几乎没有什么原因可以让学习不能被提升。

在青年人的情况下，我们必须理解，在某种过去不曾被认识到的方式上，今天的身份认同构建在青年人的意识和行为中处于非常中心的位置，并且引领着他们的动机和投入。这绝不是与学习背道而驰的——相反，身份认同构建是一个有着深度和广度的学习过程，它的进行比“掌握课程提纲的学习”要深入得多。但是它意味着一个人必须在积累青年时代经验的时候更多地导向于这些问题，和所有这中间的固有差异一起，而且它还必然意味着——正如 13.4 节已指出的那样——必须完成某种非常激烈的过程来保证 252
这些青年人导向真正工作生活的可接受的通路。

在成人方面，最为重要的是他们的需要自己被当作成年人对待，而不仅仅是作为潜在的劳动力。在这一关系中，也是对成人自己来说，可能有某些基本问题，必须通过有意识和有目的的转变来解决，向成人参与者们自己为学习负起越来越多的责任方面转变。这里的观点是，经济思维和当局一方的需求决定了过多的细节，阻碍了巨大的社会经济潜能中所固有的符合成人自身标准的优质成人教育计划的提供。在这个领域中，特别对低技能者来说，迈向工作生活是非常重要的问题，而且出于经济和教育两方面的原因，必须让事情更为简单化。

最后，在熟年成人的情况下，我们必须知晓，兴趣本位的成人教育在很大程度上发挥着作用让他们继续下去，从而能够从这个生命阶段中获得更多的东西，并且还会倾向于留在劳动力市场中更长时间。

这是以学习的动机维度作为出发点的一些思考，我已在此作了概述，如果要建设性地解决政治家们和教育政策所追求目标之间的现有冲突的话，需要把它放在显要地位。自然，如上所述，肯定还有与此相联系的基于学习的互动和内容维度的思考，但绝对处于中心地位是，以人们所关注的为出发点，寻求涵盖社会的学习需求。

这是一个大范围的、雄心勃勃的工程，但是另一方面，它以一种从学习和经济两方面的观点来看都是进步的和有益的方式，有助于解决很多现有的社会问题。

13.8 小结

教育手段方式当然不能单纯以学习课题作为出发点来规划。但是当前有很多类型的有关学习的误解，它们在教育计划的组织中传播甚广，而且很大程度上，当框架建立的时候，就会以经济的考量为出发点。

因此，在规划教育的时候，有很好的理由纳入更多的学习考量，并且这些考量要围绕不同群体参与者的需求展开，与此同时，要强调教育计划的内容与导向的特征，从而在教育计划及其日常实践目标之间能够达成更好的一致。

第十四章

总　　结

本章在一开始总结了前面各章中发展起来的学习理论。其后，我将考察 253
以怎样的方式在学习三角所展示出来的学习张力领域中，定位很多我曾引用过其成果的学习理论家们及其他一些人。我以一些对本书立场和信息的个人观点的简要反思和视角作为最后的总结。

14.1　已有学习理论的总结

关于本书中所发展起来的学习理论中的主要要素，我将在下面努力提供一个简要的总结。这个总结我将不会沿着之前阐述的推进顺序。而是以一种集中的方式，试图保留所得结论中最为重要的方面。

学习概念基本上是在这样的理解基础上呈现的：人类学习的能力是人类生活和生存潜能中不可或缺的一部分，同样地，从一开始在性质上就是一种本能欲望。然而，在学前岁月中，一种阻抗潜能被分裂出来作为一个单独的潜能，它可以在生活潜能遭遇严重障碍时被激活。

至于学习过程，我将它看作是一个实体，联合了个体与其所处的物质和社会环境之间直接或通过中介传播的互动过程以及内部的心理获得过程。因为这种获得过程包括内容和动机两种要素，所以一共有三个维度构成了所有学习的部分：内容、动机和互动。这也意味着学习总是同时在一个个体、人际交往以及社会性的水平上完成的，学习结果有着一种个体现象的特征，但它总是打上了人际交往和社会性的印记。

处理“原始材料”或学习过程的输入的互动过程，其主要种类可以表现 254
为：感知、传递、经验、模仿、活动或参与。然而，这些种类不应被看作是分离的，而更应是能够在单个的学习事件中结合起来的，它们中的每一种都或多或少地在一个唯一对应于某个特殊情境的模式中出现或突出表现出来。

互动开始于婴儿与其主要看护人之间的“母子二分体”。早在这一互动中，母亲或其他主要看护人就是当下的社会印记和结构的携带人，并且与此同时，这种互动总是发生在一个社会性的结构空间中。后来，互动将逐渐呈现一种直接的或通过中介与社会整体发生联系的形式。

通过内部的心理获得过程，知识、理解和能力的认知结构以及情绪、动机和意志的动态模式，以一种整合性的方式得到了发展。这种整合意味着内容结构总是受情绪因素干扰，而且动机模式包含了内容特征。内容和动机一起对于个性发展是有作用的。

内部心理过程可以主要呈现出累积的（机械的）、同化的（添加的）、顺应的（超越的）或转换的（个性改变的）特征。通过累积过程，新的结构和模式得以构建，而通过同化过程，新的要素被添加到业已存在的结构和模式中去。通过顺应过程，业已存在的结构和模式被分离和重构，从而新的同化构建能够发生。通过转换过程，同时发生了很多贯穿学习维度的结构和模式的重构。

在个体遭遇的刺激或情境不能在已有结构和模式基础上得到处理时，顺应和转换过程就被激活了。作为累积和同化过程的学习结果——记忆和适用性——在某种程度上预示了一种与原始学习情境的主观联系，而原则上来说，顺应和转换过程的结果是能够自由达到的。更进一步地说，这种学习结果可能主要是集中性的（明确的）或分散性的（模糊的），顺应和转换性的重构可能在一定程度上是攻击性的或防御性的。

顺应的一种特殊形式是反思，它通常从不同结构来理解材料，并且在没有任何来自于环境的新刺激的直接输入的情况下发生。反思的基础是某种程度上一种主观上的重要挑战或矛盾的有意识经验。自我反思或自反性是一种特殊类型的反思，它能够导向增长的自我意识，并且由此成为一种重要的个
255 性要素。在晚期现代社会中自传性是作为自反性与个性之间的一种连接点而发展起来的。

学习过程可以非常多样，从一个特定学习领域中的有限事件到广泛而复

杂的包括整个个性和身份认同的发展。它们可以主要呈现出内容、动机或互动的特征，但总是在某种程度上包含着所有这些维度，而且它们也有可能通过生理条件下的成熟或年龄增长过程而得到整合。学习通常发生在相当平坦、主要是同化性发展的“高原”，与主要是顺应性的步骤和“跳跃”之间的变化阶段。

一些学习过程包含积极的抵抗或防御性的抗拒、阻塞或扭曲。通常来说刺激对于已有结构和模式来说是很不一致的，而且由此潜在地会刺激顺应过程，会被加以扭曲，从而这些差异矛盾被压制起来，而且这些扭曲了的刺激相应地可以通过同化得到处理。在现代社会对于个体来说，发展这样的防御机制是很必要的，这种防御机制是一种更为一般水平的日常意识的一部分，日常意识寻求的是通过回避与不同结构之间的联系，并由此倾向于把意识分裂为一系列某种程度上有所不同的空间，来顺应压倒性的大量影响。另外，也许还存在着更为影响深远的身份认同防御，寻求的是在面对那些导向或使身份认同的改变成为必须要求和挑战时，保护个体的身份认同。

总体上来说，这些互动过程和内部获得及发挥过程的总体，构成了一个经验的终身过程。学习呈现出了这样的特征：它与一个主观性相适应的社会情境相联系，在这个社会情境中学习者积极地卷入并且将刺激联系到已有的经验和未来的观点之中。这种类型的学习将通常关注这样一些问题：它们具有主观上的重要性，应对的是在已有经验模式基础之上指向未来行动的可能性。

人们通常在多个生命年龄段中拥有不同的生活情境和生活视角，而且这些条件普遍影响着学习的特征。在童年期以及一直到青春期，儿童将主要寻求掌握尽可能多的它所遭遇的影响，这个过程充满了信任，没有任何过滤。在青年期的岁月中，以及一直到某种程度上比较稳定的个人身份认同建构起来为止——在我们的社会中这个过程很容易会持续到 20 或 30 多岁，并且常常是或多或少在本质上尚未完成的——学习基本上恰恰是被这个身份认同过程所影响的，而且所有的学习刺激都通常通过类似这样一个问题来加以过滤：这对于我和我的身份认同来说意味着什么？在成人期，学习通常在本质上是选择性的和怀疑性的。学习所有一切是不可能的，一个人因此必须作出

256 选择；在日常生活中这种选择机制有必要在某种程度上是自动发生的。大范围的学习选择，通常是基于有关个体生活环境和生活计划的标准而更为有意识地作出的。在熟年成人期，个体发现他的生命时光是有限的，学习变得甚至更加具有选择性。

学习情境的一般特征——例如，日常生活、学校或教育、工作生活、休闲兴趣或基于网络的活动——和它的特定内容与情感诉求，这两者总是给发生着的学习打上了印记。相应地，学习者的状况，诸如年龄、性别和社会背景等一般特征，和更为特别地兴趣、背景和情境中的先决条件，也都将为学习打上印记。

从教育的观点来看很重要的是，所有学习相关的课题——包括所有三个学习维度、所有四种学习类型和学习障碍的重要类型，以及参与者的年龄、性别、背景和生活情境——都成为教育课程的规划、组织和实施中的强调重点。在我们当今的社会中，有一种趋势是，基于经济的考量影响学习导向的课题到了如此程度：它导致了资源在个体和社会性方面相当大的浪费。

14.2 学习张力领域中的立场

在图 3.2 中，我展示了一个三角形的学习领域，它从三个学习维度延伸开来。我的基本假设是：这些维度总是在学习过程中被表现出来，因而，一个综合性的学习理论必须包含所有三个维度，以及三者间的关联。

在中间一些章节中，我根据需要介绍了很多学习理论或与学习相关的理论。现在我将尝试通过简略地将他们定位在学习三角中的方式（图 14.1），对这些理论立场进行一般性检视。这也同时可以促进学习领域特征的具体化。

该学习领域的顶线连接的是内容和动机两极，沿着这条线，大多数我们通常认为的“发展心理学”就定位于此，因为它通常包含个体发展的内容和动机维度两方面，而互动维度在此常常仅被简略地加以考虑。

在内容的极点上，我放置的是皮亚杰，作为内容视角的一位重要和典型的代表人物，他非常强调的是认知。靠近这个极点我还放置了库伯，他的理

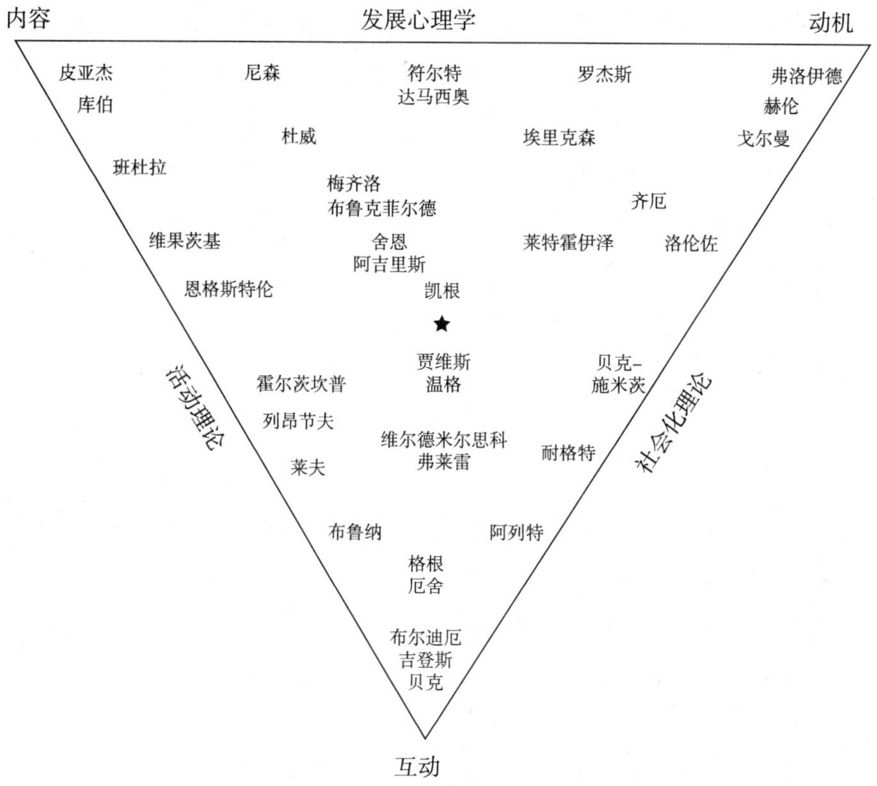

图 14.1　学习张力领域中的立场

论和模型也主要与学习的内容维度相关。我还将尼森也放置在这里，尽管他主要思考的是有关顺应过程的心理能量的特殊要求，这让他朝着动机一极迈出了一步。 257

我将弗洛伊德作为最重要和最为典型的代表人物，放置在动机的极点上，尽管他仅仅只是间接地探讨了学习。赫伦和戈尔曼也必须紧挨着弗洛伊德来放置。他们都特别研究了学习的情绪或动机方面，尽管他们也还对其他维度有一些洞见。靠近弗洛伊德的地方我还放置了罗杰斯，他的兴趣在于这种情境下自我的发展与学习。不过，必须认识到的是，罗杰斯认为自我是同时拥有内容和动机结构的，而且由此他的立场并不是那么靠近动机的极点，而是朝着内容极点的方向迈进了一步。

在这两极的正中间是符尔特的立场，他竭尽全力尝试在皮亚杰和弗洛伊德之间找到一种对等的平衡。我把达马西奥也放在同样的立场上，作为这样一种脑科学研究的代表人物：情绪与理性之间不可分割的互动是其强调的重点所在。

另外，还有一些主要与发展心理学理论相联系的作出贡献的立场，尽管它们没有被放置在这个领域的上线上，因为在某种程度上他们纳入了社会性的条件。在内容一极的方向上我放置了杜威，稍稍朝向动机一极的位置上我放置了有着精神分析取向的埃里克森。在这些立场上还可以加上两位成人教育专家，梅齐洛和布鲁克菲尔德，他们广泛的研究方向可以被定位于杜威和该图形中心之间的立场。

学习三角的左线是从内容一极朝下延伸到互动一极的。沿着这条线我主要放置的是俄罗斯文化历史学派的“活动理论”视角，它突出表现为力图将认知学习与其社会性条件联系在一起。

因此在这条线上，我首先放置的是维果茨基和列昂节夫，前者稍微靠近内容方向，后者稍微靠近互动一极的方向——两者之间我放置了恩格斯特伦，作为他们在芬兰的当代继承人。

接下来，沿着这条线放置了其他三位作出了很大贡献的人物。首先是班杜拉，我认为他的“社会学习”理论是非常认知导向的，尽管事实上是他提出了这个概念，我将他放在靠近内容一极的位置。其次是莱夫，她的出发点是人类学的，必须被放置在朝向互动一极的位置。最后是布鲁纳，他的学术生涯始于内容一角，但是经过几十年来的卓越发展，已经沿着这条线逐渐转向，我现在认为将他放在靠近互动一极的位置上是正确的。

霍尔茨坎普（还有霍尔茨坎普－奥斯特坎普）紧紧追随文化历史学派的传统，在其晚年竭力试图进入到动机领域，因此其必须被放置在靠近该领域中心一步的位置。也在这个区域位置的是阿吉里斯和舍恩，他们有一点难以定位。他们提出了单回路和双回路模型，显然是持有一种个体心理的视角，由此应该将他们放置在这个领域的上面部分，但是，另一方面，他们又专注于组织学习的领域，这是一个人际互动的领域。而且，他们主要研究的是学习的内容方面，但又没有回避情绪方面。因此，他们必须被放置到更靠近该领域中心的位置，但是稍稍偏向认知一极的方向。

学习三角的右线是从动机一极向下延伸到互动一极的。沿着这条线，主要贡献是法兰克福学派的批判理论和它在多种视角上的拓展，它们或多或少与“社会化理论”相关。

在最靠近动机一极的立场，我放置的是洛伦佐，而最靠近互动一极的则必然是耐格特，两者之间是贝克－施米茨，其聚焦于矛盾心理。另外，还有两位我在很大篇幅上加以介绍的作出了更大贡献的人，一位是齐厄——他的立场必须被放置在稍微向上朝着发展心理学区域的位置，另一位是莱特霍伊泽，至少在他早期的有关日常意识的研究中，包含了触及内容一极的要素。最后，我还将把另一位德国人放置在这里，即阿列特，他的主要兴趣在于传记学，我将他放在相当靠下的位置，接近于互动一极。

在三角形的底端，在两条边线中间，有很多立场是很明显的或非常压倒性的人际交往或社会性导向，而且只在一般方法上与学习的心理维度相联系。

靠近互动一极我放置的是社会学家贝克、吉登斯和布尔迪厄的立场，他们的贡献在于晚期现代社会的学习条件研究，稍稍向上一点的位置是格根，作为社会建构主义视角的代表人物，这种视角在本质上具有心理学的性质，但是非常倾向于社会互动过程，还有一位是厄舍，他的后现代取向也属于这个区域。

再向领域的中心跨进一步，还是在两条边线的中间，我放置的是维尔德米尔思科，他的特别兴趣在于社会运动，还有弗莱雷，他的取向是发展中国家被压迫的人们的初等以及同时也是政治性的学习。

最后，是三位我特别在第八章中加以探讨的理论家，他们研究的是整体性的学习，因此必然要被放置在靠近图形中心的位置。这些人有凯根，我将他放在中心的偏个体取向一面，因为他大部分持有的是心理学的视角；有贾维斯，他寻求在广泛领域和一个平衡的方式上进行研究，但因为他的社会学出发点，我必须将其置于中心的正下方；还有温格，他的主要概念关注的是实践共同体，朝着互动一极又向下迈进了一步。

关于这个图形，在结论中我将会提出，本书对于学习的视角认为在任何理论或实践对学习的研究中，必须把整个的学习领域考虑在内，由此寻求将自己置身于一个接近图形中心的聚焦点，这是至关重要的。

还想提到的是，我发现几乎所有我讨论过的理论家都是男性，这一点非常引人注目，也非常让人烦扰。在这个图形中只有三位女性被提及：让·莱夫、霍尔茨坎普－奥斯特坎普和雷吉娜·贝克－施米茨。与此形成对比的
260 是，在西方文化圈，在实践中、在学校和各种教育机构中以及在其他情境中，同样多的男性和女性投入到学习和教学之中。

由此，我在这里探讨的理论发展类型，在某种程度上很大地迎合男性而不是女性，这可以和巴伦－科恩的理论联系起来看，他的理论有关于男性更强的系统导向与女性更强的共情导向（见 10.4 节）。我们也许可以希望，有一天会出现一本有关学习的著作，用共情的视角，比贝兰基等人的研究成果《女性认识之路》（Belenky *et al.*，1986；见 10.4 节）更具普遍性。

14.3 结论与观点

上面我已经尝试去展示我所呈现的对学习的理解是如何从很多不同的角度中发展而来的，这些不同的角度在一起，涵盖了在内容、动机和互动之间的整个学习领域。然而，这并不意味着该理论仅仅是很多有着多种科学和理论基础及态度的不同学术成果的并列集合。

与此相反，该理论是从本质为建构主义的立场上构建起来的，这一立场是由皮亚杰所发展的——通常他被认为是建构主义的创始人之一。我认为与弗洛伊德理论世界的链接在这种关系中是相对没有问题的。它与符尔特所指出的弗洛伊德与皮亚杰理论建构之间的基本相似点建立了紧密的联系，这使得我们有可能用一种建构主义的视角来看弗洛伊德的理论。从这种观点出发，弗洛伊德的人类驱动理论变成了与皮亚杰有关同化与顺应过程间平衡功能理论的重合点——一种在生物和遗传意义上发展起来的、人类种群基本组织与人类个体作为一个主体，即作为社会个体的自我构建之间的一个联结。

而且，当学习被认为是一种皮亚杰和弗洛伊德所研究的内部心理过程和个体与其环境之间社会互动过程的一种整合时，也就有可能在这种理论框架中纳入社会性因素作为一种建构力量，比如说那些在社会建构主义中所考虑

的因素，由此建构主义和社会建构主义之间的矛盾，这也是格根花费了很大注意力在上面的东西，我认为其呈现了两种建构类型之间的一种综合互动的特点，这两种建构过程类型都对学习来说是本质的和必要的。

与内部心理过程及人类种群的生理与遗传基础之间的紧密联系相平行的是，人际交往过程与社会性发展起来的环境之间有着一种基本联系。在人际交往过程中，社会性发展起来的个体卷入到了现有社会结构所设计的环境之中。在我们的现代社会里——并且日益在这个世界所遍布的社会中——这意味着全球化、市场导向、拥有其统治性的多国资本的晚期资本主义社会形态、高科技、经济思维和权力政策、贫富国家与人口群体之间的巨大张力，以及对地球资源不能持久的过度消费。

因此，基本上学习是一个在作为生理上和遗传上发展起来的物种的人与其所发展的社会性结构之间的中介过程。学习发展了知识、能力、理解、情感、态度和社会性，这些是社会的条件和初始原料的重要因素。但是社会性环境也发展进入了独立的结构之中，这种结构有着既定框架的特征，它设定了知识、能力、理解、情感、态度和社会性所能够显示的条件。

在这种视角中，学习在大多数主题中是一种重要的中介性连接，这些主题包括人的素质是否能够符合和应对当前的社会结构，正是同样的人的能力已成为发展的刺激——或者是否社会发展已经接管了源自人的基础的最后一点力量，其创造了它，而且也正要毁灭它自己的存在。

在这个方面，学习不仅仅是一个中立的过程。学习既可以加强人类力量，又会更加遮蔽社会的发展——并且教育和其他场所的社会性制度化学习的努力，也不仅仅是价值中立的技术或经济课题。由此，学习性质的研究和对其功能模式及重要意义的理解，不仅仅是一个学术性和极具复杂性的课题，它也对社会发展有所意义，对在世界上维持一种重要和特别的人类视角作出贡献。在这个世界中，经济和技术路线的视角似乎正使得人类成为它自己奇异创造的对象。

参考文献

Adorno, Theodor W. (1972 [1951]): Freudian Theory and the Pattern of Fascist Propaganda. In Theodor W. Adorno: *Soziologische Schriften I*, *Gesammelte Schriften*, *Band* 8. Frankfurt a. M.: Suhrkamp.

——, Frenkel-Brunswik, Else, Levinson, Daniel J. and Sanford, R. Nevitt (1950): *The Authoritarian Personality*. New York: Harper & Brothers.

Ahrenkiel, Annegrethe and Illeris, Knud (2000): *Adult Education between Emancipation and Control*. Paper. The Adult Education Research Project, Roskilde University.

Alheit, Peter (1994): The Biographical Question as a Challenge to Adult Education. *International Review of Education*, 40.

——, (1995): Biographical Learning. In Peter Alheit *et al.* (eds): *The Biographical Approach in European Adult Education*. Vienna: ESREA/Verband Wiener Volksbildung.

Allport, Gordon W. (1967): *Pattern and Growth in Personality*. New York: Holt, Rineholt and Winston.

Andersen, Anders Siig, Olesen, Henning Salling, Sommer, Finn M. and Weber, Kirsten (1993): *En oplevelse for livet*. Roskilde: The Adult Education Research Group, Roskilde University. [An experience for life].

Andersen, Vibeke, Illeris, Knud, Kjærsgaard, Christian, Larsen, Kirsten, Olesen, Henning Salling and Ulriksen, Lars (1994): *Qualifications and Living People*. Roskilde: The Adult Education Research Group, Roskilde University.

——, ——, ——, ——, ——, ——, and —— (1996): *General Qualification*. Roskilde: The Adult Education Research Group, Roskilde University.

Anderson, John R. (1988): Cognitive Style and Multicultural Populations. *Journal of Teacher Education*, 1 (39), pp. 2-9.

Andreasen, Nancy C. (2005): *The Creating Brain: The Neuroscience of Genius.* New York: Dana Press.

Antikainen, Ari (1998): In Search of Meaning and Practice of Life-long Learning. In Knud Illeris (ed.): *Adult Education in a Transforming Society.* Copenhagen: Roskilde University Press.

—— and Kauppila, Juha (2000): The Story of a Learner: Educational Generations and the Future of Liberal Adult Education (Folksbildning) in Finland. In Knud Illeris (ed.): *Adult Education in the Perspective of the Learners.* Copenhagen: Roskilde University Press.

——, Houtsonen, Jarmo, Kauppila, Juha and Turunen, A. (1996): *Living in a Learning Society: Life-Histories, Identities and Education.* London: Falmer.

Argyris, Chris (1992): *On Organizational Learning.* Cambridge, MA: Blackwell.

—— (2000): *The Next Challenge in Organizational Learning: Leadership and Change.* Paper presented at the Learning Lab Denmark Opening Conference. Copenhagen, November 6.

—— and Schön, Donald (1978): *Organizational Learning: A Theory of Action Perspective.* Reading, MA: Addison-Wesley.

——and—— (1996): *Organizational Learning* Ⅱ—*Theory, Method, Practice.* Reading, MA: Addison-Wesley.

Aronowitz, Stanley and Giroux, Henry A. (1985): *Education under Siege: The Conservative, Liberal and Radical Debate over Schooling.* South Hadley, MA: Bergin and Garvey.

——and—— (1991): *Postmodern Education: Politics, Culture, and Social Criticism.* Minneapolis, MN: University of Minnesota Press.

Ausubel, David P. (1968): *Educational Psychology: A Cognitive View.* New York: Holt, Rinehart and Winston.

Baltes, Paul B. and Schaie, K. Warner (eds) (1973): *Life-Span Developmental Psychology: Personality and Socialization.* New York: Academic Press.

Bandura, Albert (1977): *Social Learning Theory.* Englewood Cliffs, NJ: Prentice-Hall.

——and Walters, Richard H. (1963): *Social Learning and Personality Development.* New York: Holt, Rinehart and Winston.

Baron-Cohen, Simon (2003): *The Essential Difference.* London: Penguin.

Bateson, Gregory (1972): *Steps to an Ecology of Mind.* San Francisco, CA: Chandler.

Bauer, Mette and Borg, Karin (1986 [1976]): *Den skjulte læreplan.* Copenhagen: Unge

Pædagoger. [The hidden curriculuml].

Bauman, Zygmunt (1998): *Globalization: The Human Consequences.* Cambridge, UK: Polity Press.

Beck, Ulrich (1992 [1986]): *Risk Society: Towards a New Modernity.* London: Sage.

——and Beck-Gernsheim, Elizabeth (2002): *Individualization: Institutionalized Individualism and its Social and Political Consequences.* London: Sage.

Becker-Schmidt, Regina (1987): Dynamik sozialen Lernens: Geschlechterdifferenz und Konflikte aus der Perspektive von Frauen. In Regina Becker-schmidt and Gudrun-Axeli Knapp: *Geschlechtertrennung—Geschlechterdifferenz—Suchbewe-gungen sozialen Lernens.* Bonn. J. H. W. Dietz Nachf: [The dynamics of social learning: gender difference and conflicts as viewed from a female perspective].

Beckett, David and Hager, Paul (2002): *Life, Work and Learning: Practice in Postmodernity.* London: Routledge.

Belenky, Mary Field, Clinchy, Blythe McVicker, Goldberger, Nancy Rule and Tarule, Jill Mattuck (1986): *Women's Ways of Knowing: The Development of Self, Voice and Mind.* New York: Basic Books.

Berliner, Peter and Berthelsen, Jens (1989): Passiv aggression. *Nordisk psyKologi*, 4. pp. 301 – 315. [Passive aggression].

Berlyne, Daniel E. (1960): *Conflict, Arousal, and Curiosity.* New York: McGrawHill.

Bernstein, Basil (1971): *Class, Codes and Control.* London: Routledge&Kegan Paul.

Berthelsen, Jens (2001): *Dilemmaet som lærer—om undervisning med læring gennem dilemmaer.* Copenhagen: Samfundslitteratur. [The dilemma as teacher: about teaching by learning from dilemmas].

Billett, Stephen (2001): *Learning in the Workplace: Strategies for Effective Practice.* Crows Nest, NSW: Allen&Unwin.

Bjerg, Jens (1972): *Pædagogisk udviklingsarbejde i folkeskolen.* Roskilde: Roskilde University. [Educational developmental work in primary and lower secondary school].

—— (ed.) (1976): *Pædagogisk udviklingsarbejde—principper og vilkår belyst ved Brovst-projektet* 1970 – 74. Copenhagen: Munksgaard. [Education developmental work: principles and conditions illustrated by the Brovst-project 1970 – 74].

Borg, Vilhelm (1971): *Industriarbejde og arbejderbevidsthed.* Copenhagen: Røde Hane. [Industrial work and worker consciousness].

Botkin, Jams W., Elmandjra, Mahdi and Malitza, Mircea (1979): *No Limits to Learning—Bridging the Human Gap: A Report to the Club of Rome.* Oxford: Pergamon.

Boud, David (1989): Some Competing Traditions in Experiential Learning. In Susan Warner Weil and Ian McGill (eds): *Making Sense of Experiential Learning: Diversity in Theory and Practice.* Buckingham: Open University Press.

——and Garrick, John (eds) (1999): *Understanding Learning at Work.* London: Routledge.

——and Walker, David (1990): Making the Most of Experience. *Studies in Continuing Education*, 2, pp. 61 – 80.

——, Cohen, Ruth and Walker, David (eds) (1993): *Using Experience for Learning.* Buckingham: Open University Press.

——, Keogh, Rosemary and Walker, David (1985) (eds): *Reflection: Turning Experience into Learning.* London: Kogan Page.

Bourdieu, Pierre (1998 [1994]): *Practical Reason: On the Theory of Action.* Cambridge, UK: Polity Press.

—— and Passéron, Jean-Claude (1977 [1970]): *Reproduction in Education, Society and Culture.* London: Sage.

Bowles, Samuel and Gintis, Herbert (1976): *Schooling in Capitalist America.* New York: Basic Books.

Brah, Avtar and Hoy, Jane (1989): Experiential Learning: A New Orthodoxy. In Susan Warner Weil and Ian McGill (eds): *Making Sense of Experiential Learning: Diversity in Theory and Practice.* Buckingham: Open University Press.

Braverman, Harry (1974): *Labor and Monopoly Capital.* New York: Monthly Review Press.

Brockett, Ralph D. and Hiemstra, Roger (1991): *Self-Direction in Adult Learning. Perspectives on Theory, Research, and Practice.* New York: Routledge.

Brookfield, Stephen D. (1987): *Developing Critical Thinkers—Challenging Adults to Explore Alternative Ways of Thinking and Acting.* Milton Keynes: Open University Press.

—— (1990a): *The Skillful Teacher: On Technique, Trust, and Responsiveness in the Classroom.* San Francisco, CA: Jossey-Bass.

—— (1990b): Using Critical Incidents to Explore Learners' Assumptions. In Jack Mezirow and Associates (eds): *Fostering Critical Reflection in Adulthood.* San Francisco, CA: Jossey-

Bass.
—— (1995): *Becoming a Critically Reflective Teacher.* San Francisco, CA: JosseyBass.
—— (2000a): Transformative Learning as Ideology Critique. In Jack Mezirow and Associates (eds): *Learning as Transformation: Critical Perspectives on a Theory in Progress.* San Francisco, CA: Jossey-Bass.
—— (2000b): Adult Cognition as a Dimension of Lifelong Learning. In John Field and Mal Leicester (eds): *Lifelong Learning: Education Across the Lifespan.* London: Routledge-Falmer.
—— (2005): *The Power of Critical Theory: Liberating Adult Learning and Teaching.* San Francisco, CA: Jossey-Bass.
Brostrøm, Stig (1977): *Struktureret pœdagogik.* Copenhagen: Pædagogisk Landsforbund. [Structured pedagogy].
Bruner, Jerome S. (1960): *The Process of Education.* Cambridge, MA: Harvard University Press.
—— (1966): *Toward a Theory of Instruction.* Cambridge, MA: Harvard University Press.
—— (1971): *The Relevance of Education.* New York: Norton.
—— (1986): *Actual Minds, Possible Worlds.* Cambridge, MA: Harvard University Press.
—— (1990): *Acts of Meaning.* Cambridge, MA: Harvard University Press.
—— (1996): *The Culture of Education.* Cambridge, MA: Harvard University Press.
—— (2002): *Making Stories: Law, Literature, Life.* Cambridge, MA: Harvard University Press.
——, Goodnow, Jacqueline J. and Austin, George A. (1956): *A Study of Thinking.* New York: Wiley.
——, Olver, Rose, R., Greenfield, Patricia M. and Hornsby, Joan Rigley (1966): *Studies in Cognitive Growth.* New York: Wiley.
Brückner, Peter (1972): *Zur Sozialpsychologie des Kapitalismus.* Frankfurt a. M.: Europäsche Verlagsanstalt. [The social psychology of capitalism].
Bühler, Charlotte (1933): *Der menschliche Lebenslauf als psychologisches Problem.* Leipzig: Hirzel. [The human life course as a psychological problem].
—— (1968): The General Structure of the Human Life Cycle. In Charlotte Bühler and Fred Massarik (eds): *The Course of Human Life.* New York: Springer.

Burr, Vivian (1995): *An Introduction to Social Constructionism.* London: Routledge.

Buss, David M. (1999): *Evolutionary Psychology: The New Science of the Mind.* Boston, MA: Allyn and Bacon.

Butler, Judith (1993): *Bodies that Matter: On the Discursive Limits of 'Sex'.* New York: Routledge.

—— (2004): *Undoing Gender.* New York: Routledge.

Campos, Joseph J., Barrett, Karen Caplovitz, Lamb, Michael E., Goldsmith, H. Hill and Stenberg, Craig (1983): Socioemotional Development. In Paul H. Mussen (ed.): *Handbook of Child Psychology.* New York: Wiley, 4th edition.

Candy, Philip C. (1991): *Self-Direction for Lifelong Learning: A Comprehensive Guide to Theory and Practice.* San Francisco, CA: Jossey-Bass.

Castells, Manuel (1996): *The Rise of the Network Society.* Cambridge, MA: Blackwell.

CEDEFOP (European Centre for the Development of Vocational Training) (2003): *Lifelong Learning: Citizens' Views.* Luxembourg: Office for Official Publications of the EU.

Chaiklin, Seth (ed.) (2001): *The Theory and Practice of Cultural-Historical Psychology.* Århus: Aarhus University Press.

——, Hedegaard, Mariane and Jensen, Uffe Juul (eds) (1999): *Activity Theory and Social Practice: Cultural-Historical Approaches.* Århus: Aarhus University Press.

Chodorow, Nancy (1978): *The Reproduction of Mothering: Psychoanalysis and the Psychology of Gender.* Berkeley, CA: University of California Press.

Christensen, Lone Rahbek (1987): *Hver vore veje.* Copenhagen: Emologisk Forum. [Each our ways].

Christiansen, Frederik Voetmann (1999): Exemplarity and Educational Planning. In Henning Sailling Olesen and Jens Højgaard Jensen (eds): *Project Studies.* Copenhagen: Roskilde University Press.

Christie, Nils (1971): *Hvis skolen ikke fantes.* Oslo/Copenhagen: Christian Ejlers. [If school did not exist].

Coffield, Frank (2003): The Hole in the Heart of Current Policies of Lifelong Learning. In CEDEFOP (European Centre for the Development of Vocational Training) (ed.): *Policy, Practice and Partnership: Getting to Work on Lifelong Learning.* Thessaloniki: CEDEFOP.

——, Moseley, David, Hall, Elaine and Ecclestone, Kathryn (2004): *Learning Styles and*

Pedagogy in post-16 Learning: A Systematic and Critical Review. London: Learning and Skill Research Centre.

Cole, Michael (1996): *Cultural Psychology: A Once and Future Discipline*. Cambridge, MA: Harvard University Press.

Cole, Michael and Cole, Sheila R. (1989): *The Development of Children*. New York: Scientific American.

—— and Scribner, Sylvia (1978): Introduction. In Lev S. Vygotsky: *Mind in Society: The Development of Higher Psychological Processes*. Cambridge, MA: Harvard University Press.

—— and Wertsch, James V. (1996): *Contemporary Implications of Vygotsky and Luria*. Worcester, MA: Clark University Press.

Coleman, James S., Campbell, Ernest Q., Hobson, Carol J, McPartland, James, Mood, Alexander M. Weinfeld, Frederic D. and York, Robert L. (1966): *Equality of Educational Opportunity*. Washington, DC: National Center for Educational Statistics.

Colley, Helen, Hodkinson, Phil and Malcolm, Janice (2003): *Informality and Formality in Learning*. London: Learning and Skills Research Centre.

Cronbach, Lee J. and Snow, R. (1977): *Aptitudes and Instructional Methods*. New York: Irvington.

Damasio, Antonio R. (1994): *Descartes' Error: Emotion, Reason and the Human Brain*. New York: Grosset/Putnam.

—— (1999): *The Feeling of What Happens: Body, Emotion and the Making of Consciousness*. London: Vintage.

Darwin, Charles (1958 [1859]): *The Origin of Species by Means of Natural Selection or the Preservation of Favoured Races in the Struggle for Life*. London: Oxford University Press.

Descartes, René (1967 [1637]): *The Philosophical Works of Descartes*. Cambridge, UK: Cambridge University Press, 3rd reprint.

Dewey, John (1902): *The Child and the Curriculum*. Chicago, IL: Chicago University Press.

—— (1916): *Democracy and Education*. New York: Macmillan.

—— (1965 [1938]): *Experience and Education*. New York: Collier Books.

Dillenbourg, Pierre (1999): What do you Mean by Collaborative Learning? In Pierre Dillenbourg (ed.): *Collaborative Learning—Cognitive and Computational Approaches*. Oxford: Elsevier Science.

Dirckinck-Holmfeld, Lone (1990): *Kommunikation på trods og på tværs. Pro-jektpædagogik og datamatkonferencer i fjernundervisning.* Ålborg: PICNIC-nytnr. 9, Aalborg Universitet. [Communication in Defiance and Across Borders: Project Education and Computer Conferences in Distant Education].

—— (2000): Virtuelle læringsmiljøer på et projektPœdagogisk grundlag. In Simon Hejlesen (ed.): *At undervise med IKT.* Copenhagen: Samfundslitteratur. [Virtual learning environments based on project education].

—— and Fibiger, Bo (eds) (2002): *Learning in Virtual Environments.* Copenhagen: Samfundslitteratur.

——, Tolsby, Håkon and Nyvang, Tom (2002): E-læring systemer i arbejdsrelateret projektpædagogik. In Knud Illeris (ed.): *Udspil om læring i arbejdslivet.* Copenhagen: Roskilde University Press. [E-learning systems in work related project education].

Doll, Willam E. (1993): *A Post-Modern Perspective on Curriculum.* New York: Teachers College Press.

Dominicé, Pierre (2000): *Learning from Our Lives.* San Francisco, CA: Jossey-Bass.

Donaldson, Margaret (1986): *Children's Minds.* London: Fontana, 2nd edition.

Dreyfus, Hubert and Dreyfus, Stuart (1986): *Mind over Machine.* New York: Free Press.

Duncker, Karl (1945 [1935]): *On Problem-Solving.* The American Psychological Association, Psychological Monographs, 5.

Dunn, Rita (1996): *How to Implement and Supervise a Learning Style Program.* Alexandria, VA: Association for Supervision and Curriculum Development.

——and Dunn, Kenneth (1978): *Teaching Students Through their Individual Learning Styles: A Practical Approach.* Reston, VA: Prentice-Hall.

——and—— (1992): *Teaching Elementary Students Through their Individual Learning Styles: Practical Approaches for Grades* 3 – 6. Boston, MA: Allyn &Bacon.

—— and —— (1993): *Teaching Secondary Students Through their Individual Learning Styles: Practical Approaches for Grades* 7 – 12. Boston, MA: Allyn &Bacon.

—— and Griggs, Shirley (eds) (2003): *Synthesis of the Dunn and Dunn Learning-Style Model Research.* New York: St John's University.

Ebbinghaus, Hermann (1964 [1885]): *Memory: A Contribution to Experimental Psychology.* New York: Dover.

Elger, Christian E., Friederici, Angela, Koch, Christof, Luhmann, Heiko, von der Malsburg, Christoph, Menzel, Randolf, Monyer, Hannah, Rösler, Frank, Roth, Gerhard, Scheich, Henning and Singer, Wolf (2004): Das Manifest—Elf führende Neurowissenschaftler übrr gegenwart and Zukunft der Himforschung. *Gehirn & Geist*, 6. [The manifest—eleven neuroscientists on the present situation and the future of brain research].

Elkjær, Bente (1999): In Search of a Social Learning Theory. In Mark Easterby-Smith, John Borgoyne and Luis Araujo (eds): *Organizational Learning and the Learning Organization.* London: Sage.

—— (2002): E-læring på arbejdspladsen. In Knud Illeris (ed.): *Udspil om læring i arbejdslivet.* Copenhagen: Roskilde University Press. [E-learning at the work-place].

—— (2005): *Når læring går på arbejde: et pragmatisk blik på læring i arbejdslivet.* Copenhagen: Samfundslitteratur. [When learning goes to work: a pragmatic view on learning in working life].

Ellström, Per-Erik (2001): Integrating Learning and Work: Conceptual Issues and Critical Conditions. *Human Resource Development Quarterly*, 4, pp. 421-436.

Engeström, Yrjö (1987): *Learning by Expanding: An Activity-Theoretical Approach to Developmental Research.* Helsinki: Orienta-Kunsultit.

—— (1993): Developmental Studies of Work as a Testbench of Activity Theory: The Case of Primary Care and Medical Practice. In Seth Chaiklin and Jean Lave (eds): *Understanding Practice: Perspectives on Activity and Context.* New York: Cambridge University Press.

—— (1994): *Training for Change: New Approach to Instruction and Learning in Working Life.* Geneva: ILO.

—— (1996): Developmental Work Research as Educational Research. *Nordisk Pedagogik*, 3, pp. 131-143.

——, Miettinen, Reijo and Punamäki, Raija-Leena (eds) (1999): *Perspectives on Activity Theory.* Cambridge, MA: Cambridge University Press.

Eraut, Michael (1994): *Developing Professional Knowledge and Competence.* London: Falmer.

Erikson, Erik H. (1968): *Identity, Youth and Crisis.* New York: Norton.

——, Erikson, Joan M. and Kivnick, H. O. (1986): *Vital Involvement in Old Age.* New York: Norton.

EU Commission (2000): *Memorandum on Lifelong Learning.* Brussels: EU.

Evans, Karen, Hodkinson, Phil and Unwin, Lona (eds) (2002): *Working to Learn—Transforming Learning in the Workplace.* London: Kogan Page.

Festinger, Leon (1957): *A Theory of Cognitive Dissonance.* Stanford, CA: Stanford University Press.

Field, John (2002): *Lifelong Learning and the New Educational Order.* Stoke-on-Trent: Trentham Books, 2nd edition.

Finger, Matthias (1995): Adult Education and Society Today. *International Journal of Lifelong Education*, 2 (14), pp. 110 - 119.

—— and Asún, José Manuel (2001), *Adult Education at the Crossroads: Learning Our Way Out.* London: Zed.

Flavell, John H. (1963): *The Developmental Psychology of Jean Piaget.* New York: Van Nostrand.

Freire, Paulo (1970): *Pedagogy of the Oppressed.* New York: Seabury.

—— (1971): *Cultural Action for Freedom.* Cambridge, MA: Harvard Educational Review.

Freud, Anna (1942 [1936]): *The Ego and the Mechanisms of Defence.* London: Hogarth Press.

Freud, Sigmund (1940 [1915]): Triebe und Triebschicksale. In Sigmund Freud: *Gesammelte Werke I.* London: Imago.

—— (1940 [1894]): Die Abwehr-Neuropsychosen. In Sigmund Freud: *Gesammelte Werke I.* London: Imago.

—— (1959 [1921]): *Group Psychology and the Analysis of the Ego.* London: Pelican Freud Library.

—— (1962 [1927]): *The Future of an Illusion.* London: Hogarth Press.

—— and Breuer, Joseph (1956 [1895]): *Studies on Hysteria.* London: Pelican Freud Library.

Furth, Hans G. (1981 [1969]): *Piaget and Knowledge: Theoretical Foundations.* Chicago, IL: Chicago University Press, 2nd edition.

—— (1987): *Knowledge As Desire.* New York: Columbia University Press.

Gagné, Robert M. (1970 [1965]): *The Conditions of Learning.* New York: Holt, Rinehart and Winston, 2nd edition.

Gardner, Howard (1983): *Frames of Mind: The Theory of Multiple Intelligences.* New York: Basic Books.

—— (1991): *The Unschooled Mind: How Children Think and How Schools Should Teach.* New York: Basic Books.

—— (1993): *Multiple Intelligences: The Theory in Practice.* New York: Basic Books.

—— (1999): *Intelligence Reframed. Multiple Intelligences for the 21st Century.* New York: Basic Books.

Garrick, John (1998): *Informal Learning in the Workplace: Unmasking Human Resource Development.* London: Routledge.

Gaulin, Steven J. C. and McBurney, Donald H. (2001): *Psychology: An Evolutionary Approach.* Englewood Cliffs, NJ: Prentice Hall.

Gergen, Kenneth J. (1991): *The Saturated Self: Dilemmas of Identity in Contemporary Life.* New York: Basic Books.

—— (1994): *Realities and Relationships.* Cambridge, MA: Harvard University Press.

Gherardi, Silvia (2006): *Organizational Knowledge: The Texture of Workplace Learning.* Oxford: Blackwell.

Giddens, Anthony (1990): *The Consequences of Modernity.* Stanford, CA: Stanford University Press.

—— (1991): *Modernity and Self-Identity.* Cambridge, UK: Polity Press.

—— (1993): *Sociology.* Cambridge, UK: Polity Press.

Giroux, Henry A. (1981): *Ideology, Culture, and the Process of Schooling.* Phila-delphia, PA: Temple University Press.

—— (1983): *Theory and Resistance in Education: Towards a Pedagogy for the Opposition.* London: Heinemann.

—— (1988): *Schooling and the Struggle for Public Life: Critical Pedagogy in the Modern Age.* Minneapolis, MN: University of Minnesota Press.

—— (ed.) (1997): *Pedagogy and the Politics of Hope: Theory, Culture and Schooling—A Critical Reader.* Boulder, CO: Westview Press.

Gogtay, Nitin -*et al.* (2004): Dynamic Mapping of Human Cortical Development during Childhood through Early Adulthood. *Proceedings of the National Academy of Sciences of the USA*, 101 (21), pp. 8174 – 8179.

Goldberg, Arnold (ed.) (1978): *The Psychology of the Self.* New York: International Universities Press.

Goldberg, Elkhonon (2001): *The Executive Brain: Frontal Lobes and the Civilized Mind.* New York: Oxford University Press.

—— (2005): *The Wisdom Paradox: How Your Mind can Grow Stronger as Your Brain gets Older.* New York: Gotham Books.

Goldberger, Nancy Rule, Tarule, Jill Mattuck, Clinchy, Blythe McVicker and Belenky, Mary Field (eds) (1996): *Knowledge, Difference, and Power: Essays Inspired by Women's Ways of Knowing.* New York: Basic Books.

Goleman, Daniel (1995): *Emotional Intelligence: Why it can Matter More than IQ.* London: Bloomsbury.

—— (1998): *Working with Emotional Intelligence.* London: Bloomsbury.

——, Boyatzis, Richard and McKee, Annie (2002): *Primal Leadership.* Boston, MA: Harvard Business School Press.

Greenfield, Patricia and Lave, Jean (1982): Cognitive Aspects of Informal Education. In Daniel A. Wagner and Harold W. Stevenson (eds): *Cultural Perspectives on Child Development.* San Francisco, CA: Freeman and Company.

Griffin, Peg and Cole, Michael (1984): Current Activity for the Future: The Zo-Ped. In Barbara Rogoff and James V. Wertsch (eds): *Children's Learning in the 'Zone of Proximal Development'.* San Francisco, CA: Jossey-Bass.

Guilford, Joy P. (1967): *The Nature of Human Intelligence.* New York: McGraw-Hill.

Habermas, Jürgen (1971): *Thesen zur Theorie der Sozialisation.* Frankfurt a. M.: Limit-Druck. [Theses on the theory of socialisation].

—— (1984 – 87 [1981]): *The Theory of Cummunicative Action.* Cambridge, UK: Polity Press.

—— (1988 [1963]): *Theory and Practice.* Cambridge, UK: Polity Press.

—— (1989a [1968]): *Knowledge and Human Interest.* Cambridge, UK: Polity Press.

—— (1989b [1962]): *The Structural Transformation of the Public Sphere.* Cambridge, UK: Polity Press.

Hansen, Erik Jørgen (1972): *Lighed gennem uddannelse.* Copenhagen: Socialforsk-ningsinstituttet. [Equality through education].

Hansen, Kirsten Grønbæk (1998): Er læring mere end situeret praksis? *Dansk Pædagogisk tidsskrift*, 2, pp. 6 – 16. [Is learning more than situated practice?].

Hansen, Mogens (2005): De mange intelligenser—mangfoldighedens pædagogik. In Mogens Hansen, Per Fibæk Laursen and Anne Maj Nielsen: *Perspektiver på de mange intelligenser.* Copenhagen: Roskilde University Press. [Multiple intelligences—a pedagogy of multitude].

——, Thomsen, Poul and Varming, Ole (1997): *Psykologisk-Pædagogisk ordbog.* Copenhagen: Gyldendal, 11th edition. [Psychological-pedagogical dictionary].

Harris, Judy (2000): *The Recognition of Prior Learning: Power, Pedagogy, and Possibility—Conceptual and Implementation Guides.* Pretoria: Human Sciences Research Council.

Hedegaard, Mariane and Hansen, Vagn Rabøl (1992): *En virksom pædagogik: kritik og alternativ praksis.* Århus: Århus Universitetsforlag. [Activity pedagogy: critique and alternative practice].

Hegel, Georg Wilhelm Friedrich (1967 [1807]): *The Phenomenology of Mind.* New York: Harper.

Hermansen, Mads (1996): *Læringens univers.* Århus: Klim. [The universe of learning].

Heron, John (1992): *Feeling and Personhood: Psychology in Another Key.* London: Sage.

Hiemstra, Roger and Sisco, Burton (1990): *Individualizing Instruction: Making Learning Personal, Empowering, and Successful.* San Francisco, CA: Jossey-Bass

Hilgard, Ernest R. (1980): The Trilogy of Mind: Cognition, Conation and Emotion. *Journal of the History of the Behavioral Sciences*, 16, pp. 107 – 117.

Hodkinson, Phil, Hodkinson, Heather, Evans, Karen, Kersh, Natasha, Fuller, Alison Unwin, Lorna and Senker, Peter (2004): The Significance of Individual Biography in Workplace Learning. *Studies in the Education of Adults*, 1 (36), pp. 6 – 24.

Højrup, Thomas (1983): *The Concept of Life-Mode.* Lund: Ethnologia Scandinavica.

Holford, John, Jarvis, Peter and Griffin, Colin (eds) (1998): *International Perspectives on Lifelong Learning.* London: Kogan Page.

Holzkamp, Klaus (1972): *Kritische Psychologie—Vorbereitende Arbeiten.* Frankfurt a. M.: Fischer. [Critical psychology: preliminary drafts].

—— (1983): *Grundlegung der Psychologie.* Frankfurt a. M.: Campus. [Foundations of psychology].

—— (1995): *Lernen—Subjektwissenschaftliche Grundlegung.* Frankfurt a. M.: Campus. [Learning: the foundation of a science of the subject].

Holzkamp-Osterkamp, Ute (1978): Erkenntnis, Emotionalität, Handlungsfahigkeit. *Forum*

Kritische Psychologie, 3. Argument Sonderband AS 28. Berlin: Argument-Verlag. [Recognition, emotionalism, action ability].

Horkheimer, Max and Adorno, Theodor W. (1944): *Dialectic of Enlightenment.* New York: Social Studies Association.

Homer, Matina S. (1974): The Measurement and Behavioral Implications of Fear and Success in Women. In John W. Atkinson and Joel O. Raynor (eds): *Motivation and Achievement.* New York: Wiley.

Illeris, Knud (1981): *Modkvalificeringens pædagogik.* Copenhagen: Unge Pædagoger. [The pedagogy of counter qualification].

—— (1984): Erfaringer med erfaringspædagogikken. *Unge Pœdagoger*, 2, pp. 22 – 33. [Experiences of experiential pedagogy].

—— (1992): The Significance of Educational Strategies. *British Educational Research Journal*, 1, pp. 17 – 23.

—— (1995): *Lœring, udvikling og kvalifcering.* Roskilde: The Adult Education Research Group, Roskilde University. [Learning, development and qualification].

—— (1996): *Piaget and Education.* Paper for the Fifth International Conference on Experiential Learning, Cape Town. Roskilde University.

—— (1998): Adult Learning and Responsibility. In Knud Illeris (ed.): *Adult Education in a Transforming Society.* Copenhagen: Roskilde University Press.

—— (1999): Project Work in University Studies: Background and Current Issues. In Henning Salling Olesen and Jens Højgaard Jensen (eds): *Project Studies.* Copenhagen: Roskilde University Press.

—— (2002): *The Three Dimensions of Learning.* Copenhagen: Roskilde University Press/Leicester, UK: NIACE. (American issue 2004: Malabar, FL: Krieger Publishing).

—— (2003a): Learning, Identity and Self Orientation in Youth. *Young—Nordic Journal of Youth Research*, 4 (11), pp. 357 – 376.

—— (2003b): Adult Education as Experienced by the Learners. *International Journal of Lifelong Education*, 1 (22), pp. 13 – 23.

—— (2004): *Adult Education and Adult Learning.* Copenhagen: Roskilde University Press/Malabar, FL: Krieger Publishing.

—— (2006): Lifelong Learning and the Low-Skilled. *International Journal of Lifelong Educa-*

tion, 1 (25), pp. 15 – 28.

——, Andersen, Vibeke, Kjxrsgaard, Christian, Larsen, Kirsten, Olesen, Henning Salling and Ulriksen, Lars (1995): *Almenkvalificering*. Copenhagen: Roskilde University Press. [Generic Qualification].

—— *et al.* (2004): *Learning in Working Life.* Copenhagen: Roskilde University Press. Jackson, Philip W. (1990 [1968]): *Life in Classrooms.* New York: Teachers College, Columbia University.

James, William (1890): *The Principles of Psychology* Ⅰ—Ⅱ. New York: Holt, Rinehart and Winston.

Jansen, Theo, Finger, Matthias and Wildemeersch, Danny (1998): Lifelong Learning for Responsibility: Exploring the Significance of Aesthetic Rationality for Adult Education. In John Holford, Peter Jarvis and Colin Griffin (eds): *International Perspectives on Lifelong Learning.* London: Kogan Page.

Jarvis, Peter (1987): *Adult Learning in the Social Context.* New York: Croom Helm.

—— (1992): *Paradoxes of Learning: On Becoming an Individual in Society.* San Francisco, CA: Jossey-Bass.

—— (1997): *Ethics and Education for Adults in a Late Modern Society.* Leicester, UK: NIACE.

—— (1999): *International Dictionary of Adult and Continuing Education.* London: Kogan Page, 2nd edition.

—— (2001a): *Learning in Later Life.* London: Kogan Page.

—— (2001b): *The Age of Learning: Education and the Knowledge Society.* London: Kogan Page.

—— (2002): *The Implications of Life-Wide Learning for Lifelong Learning.* Paper presented at the Danish EU Presidency Conference, Elsinore, 9 October.

—— (2004): *Adult Education and Lifelong Learning: Theory and Practice.* London: Routledge-Falmer, 3rd edition.

—— (2005a): Towards a Philosophy of Human Learning: An Existentialist Perspective. In Peter Jarvis and Stella Parker (eds): *Human Learning: An Holistic Approach.* London: Routledge.

—— (2005b): Human Learning: The Interrelationship of the Individual and the Social Structures. In Peter Jarvis and Stella Parker (eds): *Human Learning: An Holistic Approach.* London: Routledge.

—— (2006): *Towards a Comprehensive Understanding of Human Learning.* London: Routledge.

—— (2007): *Globalisation, Lifelong Learning and the Learning Society: Sociological Perspectives.* London: Routledge.

——and Parker, Stella (eds) (2005): *Human Learning: An Holistic Approach.* London: Routledge.

——, Holford, John and Griffin, Colin (1998): *The Theory and Practice of Learning.* London: Kogan Page.

Jencks, Christopher, Smith, Marshall, Acland, Henry, Bane, Mary Jo, Cohen, David, Gintis, Herbert, Heyns, Barbara and Michelson, Stephan (1972): *Inequality: A Re-assessment of the Effect of Family and Schooling in America.* New York: Basic Books.

Jensen, Johan Fjord (1993): *Livsbuen—voksenpsykologi og livsaldre.* Copenhagen: Gyldendal. [The Life Arch].

Joas, Hans (1996 [1992]): *The Creativity of Action.* Cambridge, UK: Polity Press.

Jonsson, Gustav (1969): *Det sociale arvet.* Stockholm: Folksam. [Social heredity].

Jørgensen, Christian Helms and Warring, Niels (2003): Learning in the Workplace: The Interplay between Learning Environments and Biographical Learning Trajectories. In Christian Helms Jørgensen and Niels Warring (eds): *Adult Education and the Labour Market* Ⅶ *B.* Copenhagen: Roskilde University Press.

Jørgensen, Henning, Lassen, Morten, Lind, Jens and Madsen, Morten (1992): *Medlemmer og meninger.* Aalborg: CARMA, Aalborg University. [Members and meanings].

Jørgensen, Per Schultz (1999): Hvad er kompetence? *Uddannelse*, 9, pp. 4 – 13. [What is competence?].

Judd, Charles H. (1908): The Relation of Special Training to General Intelligence. *Educational Review*, 36, pp. 28 – 42.

Kant, Immanuel (2002 [1781]): *The Critique of Pure Reason.* Cambridge, UK: Cambridge University Press.

Kegan, Robert (1982): *The Evolving Self.* Cambridge, MA: Harvard University Press.

—— (1994): *In Over Our Heads: The Mental Demands of Modern Life.* Cambridge, MA:

Harvard University Press.

—— (2000): What Form Transforms? A Constructive-Developmental Approach to Transformative Learning. In Jack Mezirow *et al.*: *Learning as Transformation: Critical Perspectives on a Theory in Progress.* San Francisco, CA: Jossey-Bass.

Kernberg, Otto (1975): *Borderline Conditions and Pathological Narcissism.* New York: Jason Aronson.

Knowles, Malcolm S. (1970): *The Modern Practice of Adult Education: Andragogy versus Pedagogy.* New York: Associated Press.

—— (1973): *The Adult Learner: A Neglected Species.* Houston, TX: Gulf Publishing.

—— (1975): *Self-Directed Learning.* New York: Association Press.

Knudsen, Herman (1980): *Disciplinering til lønarbejde.* Ålborg: Aalborg Uni-versitetsforlag. [Disciplining for wage labour].

Köhler, Wolfgang (1925 [1917]): *The Mentality of Apes.* Harmondsworth: Penguin.

Kohut, Heinz (1971): *The Analysis of the Self: A Systematic Approach to the Psychoanalytic Treatment of Narcissistic Personality Disorders.* New York: International Universities Press.

—— (1977): *The Restoration of the Self.* New York: International Universities Press.

Kolb, David A. (1984): *Experiential Learning: Experience as the Source of Learning and Development.* Englewood Cliffs, NJ: Prentice-Hall.

—— and Fry, Roger (1975): Toward an Applied Theory of Experiential Learning. In Cary L. Cooper (eds): *Theories of Group Processes.* London: Wiley.

Krech, David, Crutchfield, Richard S. and Bellachey, Egerton L. (1962): *Individual in Society.* New York: McGraw-Hill.

Kristensen, Jens Erik (2001): Citation from an interview by John Villy Olsen: Et begreb kom snigende. *Folkeskolen*, 15, pp. 6 – 8. [A concept came sneaking].

Krovoza, Alfred (1976): *Produktion und Sozialisation.* Frankfurt a. M.: Europäische Verlagsanstalt. [Production and socialisation].

Kupferberg, Feiwel (1996): *Kreativt kaos i projektarbejdet.* Ålborg: Aalborg Universitetsforlag. [Creative chaos in project studies].

Kvale, Steinar (1980): *Spillet om karakterer i gymnasiet.* Copenhagen: Munksgaard. [The grading game in upper secondary school].

Lasch, Christopher (1978): *The Culture of Narcissism: American Life in an Age of Diminishing*

Expectations. New York: Norton.

Lave, Jean and Wenger, Etienne (1991): *Situated Learning: Legitimate Peripheral Participation.* New York: Cambridge University Press.

LeDoux, Joseph (1996): *The Emotional Brain: The Mysterious Underpinning of Emotional Life.* New York: Simon and Schuster.

—— (2002): *Synaptic Self: How Our Brains Become Who We Are.* New York: Penguin.

Leithäuser, Thomas (1976): *Formen des Alltagsbewusstseins.* Frankfurt a. M.: Campus. [The forms of everyday consciousness].

—— (1998): The Problem of Authoritarianism: Approaches to a Further Development of a Traditional Concept. In Knud Illeris (ed.): *Adult Education in a Transforming Society.* Copenhagen: Roskilde University Press.

—— (2000): Subjectivity, Lifeworld and Work Organization. In Knud Illeris (ed.): *Adult Education in the Perspective of the Learners.* Copenhagen: Roskilde University Press.

——and Volmerg, Birgit (1977): Die Entwicklung einer empirischen Vorschungs-perspektive aus der Theorie des Alltagsbewusstseins. In Thomas Leithäuser *et al.* (eds): *Entwurfzu einer Empirie des Alltagsbewusstseins.* Frankfurt a. M.: Suhrkamp. [The development of an empirical research perspective from the theory of everyday consciousness].

Leontjev, Aleksei N. (1981 [1959]): *Problems of the Development of the Mind.* Moscow: Progress. [Collected manuscripts from the 1930s].

Lindeman, Eduard C. (1926): *The Meaning of Adult Education.* Montreal: Harvest House.

Lockyer, Andrew, Crick, Bernard and Annette, John (eds) (2003): *Education for Democratic Citizenship: Issues of Theory and Practice.* Aldershot: Ashgate.

Lorenzer, Alfred (1972): *Zur Begründung einer materialistischen Sozialisationstheorie.* Frankfurt a. M.: Suhrkamp. [Foundations of a materialistic theory of socialisation].

Lowen, Alexander (1967): *The Betrayal of the Body.* New York: Collier Books.

——and Lowen, Lesley (1977): *The Way to Vibrant Health.* London: Harper&Row.

Luhmann, Niklas (1995 [1984]): *Social Systems.* Stanford, CA: Stanford University Press.

Luria, Aleksander R. (1976 [1974]): *Cognitive Development.* Cambridge, MA: Harvard University Press. [Based on empirical research in the 1930s].

Lyotard, Jean-François (1984 [1979]): *The Postmodern Condition: A Report on Knowledge.* Manchester: Manchester University Press.

Lysgaard, Sverre (1967): *Arbeiderkollektivet.* Oslo: Universitetsforlaget. [The workers' community].

Madsen, K. B. (1966): *Almen Psykologi I.* Copenhagen: Gyldendal. [General psychology].

Mager, Robert F. (1961): On the Sequencing of Instructional Content. *Psychological Reports*, 9, pp. 405 - 413.

Mahler, Margaret S., Pine, Fred and Bergman, Anni (1975): *The Psychological Birth of the Human Infant.* New York: Basic Books.

Marcuse, Herbert (1955): *Eros and Civilization.* Boston, MA: Beacon.

—— (1964): *One Dimensional Man.* London: Routledge & Kegan Paul.

Marsick, Victoria J. and Watkins, Karen E. (1990): *Informal and Incidental Learning in the Workplace.* London: Routledge.

Maslow, Abraham (1954): *Motivation and Personality.* New York: Harper & Row.

—— (1971): *The Farther Reaches of Human Nature.* New York: Viking Press.

Maturana, Humberto R. and Varela, Francisco J. (1980): *Autopoiesis and Cognition: The Realization of the Living.* Dordrecht: Reidel.

McClelland, David C. (1961): *The Achieving Society.* Princeton, NJ: Van Nostrand.

——and Winter, David G. (1969): *Motivating Economic Achievement.* New York: The Free Press.

——, Atkinson, John W., Clark, Russell A. and Lowell, Edgar L. (1953): *The Achievement Motive.* New York: Appleton-Century-Croft.

McDougall, William (1963 [1908]): *An Introduction to Social Psychology.* London: Methuen.

Merleau-Ponty, Maurice (1962 [1945]): *The Phenomenology of Perception.* London: Routledge & Kegan Paul.

Merriam, Sharan B. and Caffarella, Rosemary S. (1999): *Learning in Adulthood: A Comprehensive Guide.* San Francisco, CA: Jossey-Bass, 2nd edition.

Mezirow, Jack (1978): *Education for Perspective Transformation: Women's Re-entry Programs in Community Colleges.* New York: Teachers College, Columbia University.

—— (1990): How Critical Reflection Triggers Transformative Learning. In Jack

Mezirow *et al.*: *Fostering Critical Reflection in Adulthood.* San Francisco, CA: Jossey-Bass.

—— (1991): *Transformative Dimensions of Adult Learning.* San Francisco, CA: Jossey-Bass.

—— (1998): On Critical Reflection. *Adult Education Quarterly*, 3, pp. 185 – 198.

—— (2000): Learning to Think Like an Adult: Core Conceptions of Transformation Theory. In Jack Mezirow and Associates (eds): *Learning as Transformation: Critical Perspectives on a Theory in Progress.* San Francisco, CA: Jossey-Bass.

Montola, Markus and Stenros, Jaakko (2004): *Beyond Role and Play: Tools, Toys and Theory for Harnessing the Imagination.* Helsinki: Ropecon.

Mortimore, Peter, Sammons, Pamela, Stoll, Louise, Lewis, David and Ecob, Russell (1988): *School Matters: The Junior Years.* Wells: Open Books.

Musgrove, Frank (1965): *Youth and the Social Order.* Bloomington, IN: Indiana University Press.

Myers, Isabel Briggs (1980): *Gifts Differing: Understanding Personality Type.* Palo Alto, CA: Davies-Black Publishing.

Negt, Oskar (1971 [1968]): *Soziologisches Phantasie und exemplarisches Lernen.* Frankfurt a. M.: Europäische Verlagsanstalt. [Sociological imagination and exemplary learning].

—— and Kluge, Alexander (1993 [1972]): *Public Sphere and Experience.* Minneapolis, MN: University of Minnesota Press.

Nicolini, Davide, Gherardi, Silvia and Yanow, Dvora (eds) (2003): *Knowing in Organizations.* New York: M. E. Sharpe.

Nielsen, Harriet Bjerrum and Rudberg, Monica (1994 [1991]): *Psychological Gender and Modernity.* Oslo: Scandinavian University Press.

Nissen, Thomas (1970): *Indlæring og pædagogik.* Copenhagen: Munksgaard. [Learning and pedagogy].

Næss, Arne (1963 [1962]): *Filosofiens Historie* II —*fra middelalder till nyere tid.* Copenhagen: Vintens Forlag. [The history of philosophy].

OECD (1996): *Lifelong Learning for All.* Paris: OECD.

—— (2000): *Knowledge Management in the Learning Society.* Paris: OECD. Centre for Educational Research and Innovation.

—— (2001): *Cities and Regions in the New Learning Economy.* Paris: OECD. Centre for Educational research and Innovation.

—— (2002): *Understanding the Brain: Towards a New Learning Science.* Paris: OECD Publications Service.

Olesen, Henning Salling (1981): *Eksemplariske læreprocesser og arbejderuddannelse.* Unge Pædagoger, 2, pp. 13 –26. [Exemplary learning processes and the education of workers].

—— (1989 [1985]): *Adult Education and Everyday Life.* Roskilde: The Adult Education Research Group, Roskilde University.

Olsen Ole Andkjær and Køppe, Simo (1981): *Freuds psykoanalyse.* Copenhagen: Gyldendal. [Freud's psychoanalysis].

Pavlov, Ivan P. (1927): *Conditioned Reflexes.* New York: Oxford University Press.

Piaget, Jean (1946): *La formation du symbole chez l'enfant.* Neuchâtel: Delachaux et Nestlé. [Children's formation of symbols].

—— (1951 [1945]): *Plays, Dreams and Imitation in Childhood.* New York: Norton.

—— (1952 [1936]): *The Origin oflntelligence in Children.* New York: International Universities Press.

—— (1959 [1926]): *The Psychology of Intelligence.* London: Routledge & Kegan Paul.

—— (1967 [1964]): *Six Psychological Studies.* New York: Random House.

—— (1980a [1974]): *Adaptation and Intelligence: Organic Selection and Phenocopy.* Chicago, IL: University of Chicago Press.

—— (1980b): *Recent Studies in Genetic Epistemology.* Cahiers de la foundation des archives Jean Piaget, 1.

—— (1981): *Intelligence and Affectivity: Their Relationship During Child Develop-ment.* Palo Alto, CA: Annual Reviews Inc.

Pinar, William F., Reynolds, William M., Slattery, Patrick and Taubman, Peter M. (1995): *Understanding Curriculum.* New York: Peter Lang.

Polanyi, Michael (1966): *The Tacit Dimension.* New York: Doubleday.

Rainbird, Helen, Fuller, Alison and Munro, Anne (eds) (2004): *Workplace Learning in Context.* London: Routledge.

Reich, Wilhelm (1969a [1933]): *Character Analysis.* London: Vision.

—— (1969b [1933]): *The Mass Psychology of Fascism.* New York: Farrer, Strauss & Giroux.

Rogers, Carl R. (1951): *Client-Centered Therapy.* Boston, MA: Houghton-Mifflin.

—— (1959): A Theory of Therapy, Personality, and Interpersonal Relationships, as Developed in the Client-Centered Framework. In Sigmund Koch (ed.): Psychology: *A Study of a Science*, *Vol.* Ⅲ. New York: McGraw-Hill.

—— (1961): *On Becoming a Person.* Boston, MA: Houghton-Mifflin.

—— (1969): *Freedom to Learn.* Columbus, OH: Charles E. Merrill.

Rogoff, Barbara (2003): *The Cultural Nature of Human Development.* Oxford: Oxford University Press.

——and Lave, Jean (eds) (1984): *Everyday Cognition: Its Development in Social Context.* Cambridge, MA: Harvard University Press.

——and Wertsch, James W. (eds) (1984): *Children's Learning in the 'Zone of Proximate Development'.* San Francisco, CA: Jossey Bass.

Rutter, Michael, Maughan, Barbara, Mortimor, Peter and Ouston, Janet (1979): *Fifteen Thousand Hours.* London: Open Books.

Salovey, Peter and Mayer, John D. (1990): Emotional Intelligence. *Imagination, Cognition and Personality*, 3 (9), pp. 185–211.

Scheich, Henning (2002): *Lern-und Gedächtnisforschung.* http://leb.bildung-rp.de/info/veranstaltungen/bericht/2002-11-20_ggt_scheich.pdf [Research on learning and memory].

Schön, Donald A. (1983): *The Reflective Practitioner: How Professionals Think in Action.* New York: Basic Books.

—— (1987): *Educating the Reflective Practitioner.* San Francisco, CA: Jossey-Bass.

—— (1991): *The Reflective Turn: Case Studies in and on Educational Practice.* New York: Teachers College Press.

Schuller, Tom (1998): Age and Generation in Life Course Modelling. In Kirsten Weber (ed.): *Life History, Gender and Experience.* Roskilde: The Adult Education Research Group, Roskilde University.

Scribner, Sylvia and Cole, Michael (1974): *Culture and Thought: A Psychological Introduction.* New York: Wiley.

Senge, Peter (1990): *The Fifth Discipline: The Art and Practice of the Learning Organization.* New York: Doubleday.

Sennett, Richard (1998): *The Corrosion of Character.* New York: Norton.

Shayer, Michael and Adey, Philip (1981): *Towards a Science of Science Teaching.* London:

Heinemann Educational.

Simonsen, Birgitte (1976): *Dansk uddannelsespolitik og planlægning.* Roskilde: RUC-forlag. [Danish educational politics and planning].

—— (1994): *Unges forhold til familieliv og kønsroller.* Roskilde: The Adult Education Research Group, Roskilde University. [Young people's relations to family life and sex roles].

—— (1998): Individualisering og demokrati i ungdomsuddannelser—teser om 'De nye unge—de nye voksne'. In Knud Illeris, Birgitte Simonsen and Annegrethe Ahrenkiel: *Udspil om læring og didaktik.* Copenhagen: Roskilde University Press. [Individualisation and democracy in youth education: thesis on 'the new young—the new adults'].

—— (2000): New Young People, New Forms of Consciousness, New Educational Methods. In Knud Illeris (ed.): *Adult Education in the Perspective of the Learners.* Copenhagen: Roskilde University Press.

——and Illeris, Knud (1989): *De skæve køn*, 1 *and* 2. Copenhagen: Unge Pædagoger. [The unequal genders].

Skinner, Burrhus F. (1948): *Walden Two.* London: Macmillan.

—— (1968): *The Technology of Teaching.* New York: Appleton-Century-Crofts.

—— (1971). *Beyond Freedom and Dignity.* New York: Knopf.

Solms, Mark and Turnbull, Oliver (2002): *The Brain and the Inner World: An Introduction to the Neuroscience of Subjective Experience.* London: Karnac.

Spearman, Charles (1923): *The Nature of 'Intelligence' and the Principles of Cognition.* London: Macmillan.

Stern, Daniel N. (1985): *The Interpersonal World of the Infant: A View from Psychoanalysis and Developmental Psychology.* New York: Basic Books.

—— (1995): *The Motherhood Constellation: A Unified View of Parent-Infant Psychotherapy.* New York: Basic Books.

—— (2004): *The Present Moment in Psychotherapy and Everyday Life.* New York: Norton.

Sternberg, Robert J. (1996): Styles of Thinking. In Paul B. Baltes and Ursula M. Staudinger (eds): *Interactive Minds: Life-Span Perspectives on the Social Foundation of Cognition.* Cambridge, MA: Cambridge University Press.

Stuart-Hamilton, Ian (2000): *The Psychology of Aging: An Introduction.* London: Jessica Kingsley.

Sugarman, Leonie (2001): *Lifespan Development: Frameworks, Accounts, and Strategies.* Hove, UK: Psychology Press, 2nd edition.

Taba, Hilda (1962): *Curriculum Development: Theory and Practice.* New York: Harcourt, Brace and World.

Tennant, Mark (1997): *Psychology and Adult Learning.* London: Routledge, 2nd edition.

—— (1998): Adult Education as a Technology of the Self. *International Journal of Lifelong Education*, 4 (13), pp. 364 – 376.

Thomdike, Edward Lee (1931): *Human* Learning. New York: Appleton-Century-Crofts.

——and Woodworth, Robert S. (1901): The Influence of Improvement in One Mental Function upon the Efficiency of Other Functions. *Psychological Review*, 3, pp. 247 – 261.

Tough, Allan M. (1967): *Learning without a Teacher: A Study of Tasks and Assistance during Adult Self-Teaching Projects.* Toronto: Ontario Institute for Studies in Education.

—— (1971): *The Adult's Learning Projects: A Fresh Approach to Theory and Practice in Adult Learning.* Toronto: Ontario Institute for Studies in Education.

Tyler, Ralph W. (1950): *Basic Principles of Curriculum and Instruction.* Chicago, IL: University of Chicago Press.

Usher, Robin (1993): Experiential Learning or Learning from Experience: Does it Make a Difference? In David Boud, Ruth Cohen and David Walker (eds): *Using Experience for Learning.* Buckingham: Open University.

—— (1998): Adult Education and Lifelong Learning in Postmodemity. In Knud Illeris (ed.): *Adult Education in a Transforming Society.* Copenhagen: Roskilde University Press.

—— (2000): Impossible Identities, Unstable Boundaries: Managing Experience Differently. In Knud Illeris (ed.): *Adult Education in the Perspective of the Learners.* Copenhagen: Roskilde University Press.

——and Johnston, Rennie (1996): *Adult Learning and Critical Practices: Toward a Re-theorisation of Experience.* Paper presented at the 5th ICEL Conference, Cape Town. University of Southampton.

——, Bryant, Ian and Johnston, Rennie (1997): *Adult Education and the Postmodern Challenge: Learning Beyond the Limits.* London: Routledge.

Varela, Francisco J., Thompson, Evan and Rosch, Eleanor (1991): *The Embodied Mind: Cognitive Science and Human Experience.* Cambridge, MA: MIT Press.

Vedfelt, Ole (2002): *Ubevidst intelligens: Du ved mere end du tror.* Copenhagen: Gyldendal, 2nd edition. [Unconscious Intelligence: You know more than you believe].

Veen, Ruud van der (2003): Community Development as Citizen Education. *Inter-national Journal of Lifelong Education*, 6 (22), pp. 580 – 596.

Vester, Michael (1969): Solidarisierung als historische Möglichkeit. *Heidelberger Blätter*, 14 – 16. [Solidarity as a historical possibility].

Volmerg, Birgit, Senghaas-Knobloch, Eva and Leithäuser, Thomas (1986): *Betriebliche Lebenswelt: Einer Sozialpsychologie industrieller Arbeitsverhältnisse.* Opladen: Westdeutscher Verlag. [Life world at work: A social psychology of work conditions in industry].

Volmerg, Ute (1976): Zur Verhältnis von Produktion und Sozialisation am Beispiel industrieller Lohnarbeit. In Thomas Leithäuser and Walter Heinz (eds): *Produktion, Arbeit, Sozialisation.* Frankfurt a. M.: Suhrkamp. [Conditions of production and socialisation in industrial wage labour].

Vygotsky, Lev S. (1978): *Mind in Society: The Development of Higher Psychological Processes.* Cambridge, MA: Harvard University Press.

—— (1986 [1934]): *Thought and Language.* Cambridge, MA: MIT Press.

Watson, John B. and Raynor, R. (1920): Conditioned Emotional Reactions. *Journal of Experimental Psychology*, 3, pp. 1 – 14.

Webb, Thomas W. and Nielsen, Jørgen Lerche (1996): Experiential Pedagogy. In Henning Salling Olesen and Palle Rasmussen (eds): *Theoretical Issues in Adult Education.* Copenhagen: Roskilde University Press.

Weil, Susan Warner and McGill, Ian (eds) (1989a): *Making Sense of Experiential Learning: Diversity in Theory and Practice.* Buckingham: Open University Press.

——and—— (1989b): A Framework for Making Sense of Experiential Learning. In Susan Warner Weil and Ian McGill (eds): *Making Sense of Experiential Learning: Diversity in Theory and Practice.* Buckingham: Open University Press.

——, Jansen, Theo and Wildemeersch, Danny (2004): *Unemployed Youth and Social Exclusion in Europe: Learning for Inclusion?* Aldershot: Ashgate.

Wenger, Etienne (1998): *Communities of Practice: Learning, Meaning and Identity.* Cambridge, MA: Cambridge University Press.

——and Snyder, William (2001): *Harvard Business Review on Organizational Learning.* Boston, MA: Harvard Business School Press.

——, McDermott, Richard and Snyder, William M. (2002): *Cultivating Communities of Practice.* Boston, MA: Harvard Business School Press.

Wertsch, James V. (1981): *The Concept of Activity in Soviet Psychology.* Armont, NY: Sharpe.

—— (1985): *Culture, Communication, and Cognition: Vygotskian Perspectives.* Cambridge, MA: Cambridge University Press.

—— (1998): *Mind as Action.* Oxford: Oxford University Press.

Wildemeersch, Danny (1989): The Principal Meaning of Dialogue for the Construction and Transformation of Reality. In Susan Warner Weil and Ian McGill (eds): *Making Sense of Experiential Learning: Diversity in Theory and Practice.* Buckingham: Open University Press.

—— (1991): Learning from Regularity, Irregularity and Responsibility. *International Journal of Lifelong Education*, 2, pp. 151 – 158.

—— (1992): Ambiguities of Experiential Learning and Critical Pedagogy. In Danny Wildemeersch and Theo Jansen (eds): *Adult Education, Experiential Learning and Social Change: The Postmodern Challenge.* Haag: VUGA.

—— (1998): Social Learning as Social Change—Social Change as Social Learning. In Knud Illeris (ed.): *Adult Education in a Transforming Society.* Copenhagen: Roskilde University Press.

—— (1999): Paradoxes of Social Learning. In Henning Salling Olesen and Jens Højgaard Jensen (eds): *Project Studies.* Copenhagen: Roskilde University Press.

—— (2000): Lifelong Learning and the Significance of the Interpretive Professional. In Knud Illeris (ed.): *Adult Education in the Perspective of the Learners.* Copenhagen: Roskilde Universitv Press.

——and Jansen, Theo (eds) (1992): *Adult Education, Experiential Learning and Social Change: The Postmodern Challenge.* Haag: VUGA.

——, Finger, Matthias and Jansen, Theo (1998): *Adult Education for Social Respon-sibility: Reconciling the Irreconcilable?* Frankfint a. M.: Peter Lang.

——, Strobants, Veerle and Bron, Michal (eds) (2005): *Active Citizenship and Multiple Identities in Europe: A Learning Outlook.* Frankfurt a. M.: Peter Lang.

Willis, Paul E. (1977): *Learning to Labour: How Working Class Kids get Working Class Jobs.*

Farnborough: Saxon House.

Wolf, Alison (2004): Education and economic performance: Simplistic theories and their policy consequences. *Oxford Review of Economic Policy*, 2 (20), pp. 315 – 333.

Yorks, Lyle and Kasl, Elisabeth (2002): Toward a Theory and Practice for Whole-Person Learning: Reconceptualizing Experience and the Role of Affect. *Adult Education Quarterly*, 3 (52), pp. 176 – 192.

——, O'Neil, Judy and Marsick, Victoria J. (1999): *Action Learning: Successful Strategies for Individual, Team, and Organizational Development.* Baton Rouge, LA: Academy of Human Resource Development.

Ziehe, Thomas (1975): *Pubertät and Narzissmus.* Frankfurt a. M.: Europäische Verlagsanstalt. [Puberty and narcissism].

—— (1985): Vorwärts in die 50er Jahre? In Dieter Baacke and Wilhelm Heitmeyer (eds): *Neue Widersprüche: Jugendliche in den 80er Jahren.* Munich: Juventa. [Forward into the 1950s?].

—— (1989): *Ambivalenser og mangfoldighed.* Copenhagen: Politisk revy. [Ambiv-alences and multitude].

—— (1997): Om prisen på selv-relationel viden: Afmystificeringseffekter for pædagogik, skole og identitetsdannelse. In Jens Christian Jacobsen (ed.): *Refeksive læreprocesser. Copenhagen*: Politisk revy. [On the price of self-relational know-ledge: De-mystification effects in education, school and identity formation].

—— (1998): Adieu til halvfjerdserne! In Jens Bjerg (eds): *Pædagogik—en grundbog til et fag.* Copenhagen: Reitzel. [Goodbye to the 1970s].

—— (2004): Øer af intensitet i et hav af rutine: Nye tekster om ungdom, skole og kultur. Copenhagen: Politisk revy. [Islands of intensity in sea of routine: New texts on youth, school and culture].

—— and Stubenrauch, Herbert (1982): *Plädoyer für ungewöhnlisches Lernen.* Reinbek: Rowohlt. [Pleading for unusual learning].

Zucker, Brian J., Johnson, Chantell C. and Flint, Thomas A. (1999): *Prior Learning Assessment: A Guidebook to American Institutional Practices.* Chicago, IL: Council for Adult and Experiential Learning.

索　　引*

Index

* 本索引的每个条目后所附数码为原文页码，即中文版边码。

出 版 人　所广一
责任编辑　周益群
版式设计　杨玲玲
责任校对　张　珍
责任印制　曲凤玲

图书在版编目(CIP)数据

我们如何学习:全视角学习理论/(丹)伊列雷斯著;孙玫璐译.—北京:教育科学出版社,2010.6(2013.3重印)

书名原文:How We Learn

ISBN 978-7-5041-4614-4

Ⅰ.我…　Ⅱ.①伊…②孙…　Ⅲ.学习过程—研究　Ⅳ.G442

中国版本图书馆CIP数据核字(2009)第023488号

北京市版权局著作权合同登记 图字:01-2008-2112号

我们如何学习:全视角学习理论
WOMEN RUHE XUEXI:QUAN SHIJIAO XUEXI LILUN

出版发行	教育科学出版社		
社　　址	北京·朝阳区安慧北里安园甲9号	**市场部电话**	010-64989009
邮　　编	100101	**编辑部电话**	010-64989421
传　　真	010-64891796	**网　　址**	http://www.esph.com.cn

经　　销	各地新华书店		
制　　作	北京金奥都图文制作中心		
印　　刷	保定市中画美凯印刷有限公司		
开　　本	169毫米×239毫米　16开		
印　　张	22	**版　　次**	2010年6月第1版
字　　数	306千	**印　　次**	2013年3月第4次印刷

Original English Title:

How we learn: Learning and non-learning in school and beyond

by Knud Illeris

智慧教师读本②
我们如何学习

理解脑：

新的学习科学的诞生

经济合作与发展组织　编
北京师范大学认知神经科学与学习
国家重点实验室脑科学与教育应用研究中心　组织翻译
周加仙　等　译

教育科学出版社
·北京·

经济合作与发展组织

经济合作与发展组织是一个独特的论坛，30 个国家共同努力来解决全球化的经济、社会与环境挑战。经济合作与发展组织也处于前沿，努力理解与帮助各国政府对新的发展和关注点作出反应，如合作管理、信息经济以及人口老龄化的挑战。该组织提供情境，使政府可以比较政策经验、努力回答共同的问题、确定良好的实践、并协调国内与国际政策。

经济合作与发展组织的成员国有：澳大利亚、奥地利、比利时、加拿大、捷克共和国、丹麦、芬兰、法国、德国、希腊、匈牙利、冰岛、爱尔兰、意大利、日本、朝鲜、卢森堡公国、墨西哥、荷兰、新西兰、挪威、波兰、葡萄牙、斯洛伐克共和国、西班牙、瑞典、瑞士、土耳其、英国、美国。欧洲共同体委员会参与经济合作与发展组织的工作。

经济合作与发展组织广泛传播该组织有关经济、社会、环境问题的统计结果与研究，并召集会议、颁布其成员国同意的指导纲要和标准。

译丛总序

人脑是世界上最复杂的物质系统，它所具有的学习功能是其他一切生物无法比拟的。在人类学习的研究中，由于研究方法与手段的局限性，无论是古代东西方对学习的思辨，还是近现代流派纷呈的学习理论，都回避了对学习的器官——脑的探索，使学习的研究停留在外显的行为以及对内部心理机制的推测上。

随着脑科学的迅猛发展以及研究方法与工具的进步，人们日益重视脑、认知与学习之间的关系。学习科学研究者将真实情境中的学习作为研究对象，运用科学的研究方法，来理解人类学习过程中的认知活动及其神经机制，探讨学习、认知与发展的过程与本质。学习作为人类极其复杂的现象，只有整合不同学科的视野才能对其有完整、科学的认识，因此学习科学是多学科、跨学科的研究领域。

最先用科学的方法来研究脑与学习关系的是诞生于20世纪50年代中期的认知科学。认知科学是研究人、动物和机器的智能本质和规律的科学，研究内容包括知觉、学习、记忆、推理、语言理解、知识获得、注意、情感等统称为意识的高级心理现象。认知科学从诞生之日起，就从多学科的视角来研究学习。到20世纪70年代，认知科学家开始研究人类是怎样解决问题的，关注数学、科学、阅读和写作等学校教育教学中涉及的重要问题。他们发现专家与新手采用不同的方式来解决各种学习领域中的问题，认为专家与新手的区别是理解学习的第一步，“学习就是新手变为专家的过程”①，追踪这一过程中的思维变化可以研究学习的产生。20世纪90年代以后，认知科学转变了脱离学习情

① Bruer, J. B. (1993) Schools for Thought: A Science of Learning in the Classroom. Cambridge, Massachusetts: The MIT Press, p. 2.

境、关注静态知识的实验室研究方式，转而重视学习者的思维与求知过程。认知科学对表征、专家知识、问题解决和思维等的研究，成为学习科学的核心概念。经过20余年的发展，《学习科学杂志》于1991年创刊。2002年“国际学习科学协会”（The International Society of the Learning Sciences）成立。目前美国的西北大学、斯坦福大学等许多著名大学都设立了学习科学专业，从认知科学的角度来探究学生的学习。

在认知科学发展的同时，与此相关的另一门新兴学科也在形成之中。美国心理学家George Miller于20世纪70年代提出了“认知神经科学”一词，率先将脑科学和认知科学结合起来。在90年代“脑的十年”里，随着脑成像技术的发展以及Michael S. Gazzaniga、George Miller、Michael I. Posner等一批认知神经科学家卓有成效的研究，认知神经科学迅速发展起来。认知神经科学的研究任务在于阐明自我意识、思维想象和语言等人类认知活动的神经机制，研究脑是如何调用各层次上的组件，包括分子、细胞、脑组织区和全脑去实现自己的认知活动的。① 教育与认知神经科学结合起来的研究已成为当前国际上备受关注的新兴研究领域。1999年经济合作与发展组织启动了“学习科学与脑科学研究”项目，目的是在教育研究人员、教育决策专家和脑科学研究人员之间建立起密切的合作关系，通过跨学科的合作研究来探明与学习有关的脑活动，从而更深入地理解个体生命历程中的学习过程。2003年11月，“国际心智、脑与教育协会”成立，标志着科学界与教育界更加紧密地合作起来，共同研究人类学习与学习科学。

目前，许多国家的政府都采取了一系列重要措施，大力支持脑与学习科学的研究与应用工作，并将它作为国家科技与教育发展的重要议程。新世纪伊始，美国国家科学基金会就积极酝酿筹办学习科学研究中心以及学习科学孵化中心。从2003年起，美国国家科学基金将投入约1亿美元，正式建立6个学习科学中心以及若干个学习科学孵化中心。这些学习科学中心分别从生物、认知、计算机、数学、物理、社会科学、工程以及教育等多种学科交叉的角度来研究学习，甚至还涉及机器学习、学习技术以及所有有关学习的数学分析与模型的研究。日本政府也非常重视脑科学与教育的研究，日本文部科学省于2003年元旦启动了庞大的“脑科学与教育”研究项目。2004年，欧洲启动了由8个不同国家的实验室共同合作的研究项目“计算技能与脑发育”项目，研究计算能力的脑机制，并将研究成果运用于数学教育。这些研究组织与机构的创

① Gazzaniga，M. S.：《认知神经科学》，沈政等译，上海教育出版社，1998年。

立表明，无论在北美洲、欧洲，还是在亚洲，全方位、多层面的学习科学研究已经蓬勃地开展起来。

我国对学习的研究已有悠久的历史。在古代，人们把“学习”看作是包含“学”与“习”两个独立环节的过程。“学”是指人获得直接与间接经验的认识活动，兼有思的含义；“习”是指巩固知识、技能等实践活动，兼有行的意思。① 最早将“学”与“习”联系起来强调“学”与“习”之间内在联系的是孔子，他说：“学而时习之，不亦说（悦）乎!”（《论语·学而》）又说：“学而不思则罔，思而不学则殆。”（《论语·为政》）说明“学”是“习”的基础与前提，“习”是“学”的巩固与深化，在学习的过程中可以感受到愉悦的情绪体验，揭示了学习、练习、情绪、思维之间的关系。由此可见，我国古代把学习看作是学、思、习、行、情的总称，对学习的这种探讨已经触及了一个重要的科学研究问题：学习过程中认知、情绪、行为三者之间的统一关系。

20 世纪初期与中期，我国有一些学者出版了有关学习的论著，如杨贤江撰写的《学习法概论》(1923)、周冰原撰写的《学习观点与学习方法》(1950) 等。经过多年的发展，20 世纪 70 年代末到 80 年代初，开始形成了学习学的理论与实践研究，并出版了大量专著，学习学的研究在全国展开。1987 年 6 月，在南京召开的“全国第一届学习科学讨论暨讲习班”成为学习学研究历史上的一次重要会议。此后，全国学习学专业机构纷纷成立，并多次举办了全国性的学习学会议。学习学的理论与实践研究也有了新的进展。但是，目前学习学的研究仍然停留于行为研究与思辨层面，关注较多的是学生的学习心理研究、学习规律的观察与总结、学习经验的交流、学习方法的指导等方面，而对脑与学习的关系则探讨较少。

20 世纪 90 年代中后期，在当时国务院科技领导小组、国家科技部、教育部、自然科学基金委的支持下，我国开始重视脑科学与教育的研究，并多次举行专题研讨会。以脑科学研究为基础的学习科学才逐渐受到关注，并成立了专门的研究机构。2000 年，教育部在北京师范大学建立了认知科学与学习教育部重点实验室；2002 年，韦钰院士在东南大学发起成立了学习科学研究中心；2005 年，国家科技部在北京师范大学成立了“认知神经科学与学习”国家重点实验室；关注脑的学习功能与生理机制的学习科学研究受到了重视。

① 桑新民：《学习究竟是什么？——多学科视野中的学习研究论纲》，《开放教育研究》第 11 卷第 1 期，2005 年 2 月，第 8－9 页。

北京师范大学“认知神经科学与学习”国家重点实验室的主要目标是研究人类学习的脑机制，并将研究成果运用于学校的教育教学与学生的心理健康发展。我们从认知科学、认知神经科学的角度，围绕“学习与脑可塑性”这一核心问题，研究学习的一般机制和特殊规律，已经在认知能力的发展与促进，社会认知、行为的心理与神经机制，认知障碍，英语、汉语以及汉英双语表征的神经机制与学习方面取得了许多研究进展和突破。我本人也主持了国家攀登项目、国家杰出青年基金项目、科技部国际合作重点项目、教育部人文社科重大项目等重要课题，组织北京师范大学和国内外有关专家从多学科角度进行联合攻关，在脑与学习科学的研究方面取得了许多有价值的成果。

近年来，在各国的重视下，脑科学已经开始运用于教育，其取得的初步成果和出现的问题，对我国开展该方面的工作均有重要参考、借鉴意义。为此，我们决定组织“脑与学习科学新视野”译丛，根据我国学习科学研究与学校教育的需要，选择国际学习科学研究中最权威、最重要的研究成果介绍给教育科学工作者、决策者与实践者，尤其是有志于从事脑与学习科学研究的工作者。译丛中的书籍分别从认知科学和认知神经科学的角度来阐明学习科学。有些书籍是不同国际组织召集国际上资深科学家研讨而成；有些书籍勾勒出脑与学习科学的具体研究框架；有些书籍让大家了解脑与学习科学的最新研究进展。因此，本译丛最大的一个特点在于，其作者均为脑与学习科学研究领域的国际著名专家或者相关国际研究组织，这些书籍也都由国际知名出版社出版发行。原书作者的许多见解有助于我们更好地把握国际脑与学习科学发展的趋势与存在的争论，有助于促进我国脑与学习科学的研究工作。

值此译丛出版之际，我要对译丛中各著作的原作者和出版社表示谢意；我还要感谢教育科学出版社的同志细致、耐心的工作；感谢参与本译丛翻译的老师和研究生们所付出的辛勤劳动。同时，我还要借此机会感谢国务院科技领导小组、国家科技部、教育部、自然科学基金委长期以来对脑与认知神经科学方面基础研究和应用研究的大力支持。

我希望本套译丛将对我国脑与学习科学的研究以及学习科学研究人员的培养有积极的启示与帮助；我也希望本套译丛将对我国的教育决策、教育研究范式的改革、课程与教学设计带来有益的启示。

董　奇
2009 年 10 月 26 日
于北京师范大学

前　言

“学习科学和脑科学研究”是由经济合作与发展组织教育研究与创新中心(CERI)于1999年发起的一个研究项目。这一新项目的目的一方面在于鼓励学习科学和脑科学研究之间的合作，另一方面也让研究者和政策制定者携起手来。教育研究与创新中心管理委员会认识到这是一个困难且具有挑战性的课题，但是却能够带来很高的潜在收益。这个项目对于进一步理解人类生命周期中的学习过程具有长远的意义，并且将在这个研究框架中解决许多重要的伦理道德问题。总之，这个项目所拥有的潜力和所受到的关注突显出在不同利益群体之间展开对话的必要性。

脑科学研究的发展虽然缓慢，但确实在学习领域的应用中占据了一席之地。本项目第二阶段成功地使不同研究领域之间以及不同研究者之间相互促进，也得到了世界范围内的广泛认可。同时在经济合作与发展组织成员国中发起了国家性的项目，让脑科学的新知识能够应用于教育领域。然而，到目前为止，教育领域已经探讨的脑科学研究发现的数量相对来说并不多，部分原因是人们对将脑科学的研究成果运用于教育政策制定的潜在应用还没有达成一致。但是这些研究在促进脑科学和学习中心的建立方面起着重要的作用，同时也搭建了两个研究领域之间交流的桥梁。研究证实，在个体的生命周期中，大脑再学习的能力具有可塑性，无创性脑扫描和脑成像技术也为科学的进一步发展提供了新的途径。通过这两个研究领域之间的进一步紧密合作，必将创造出更多有价值的发现。

本书是经济合作与发展组织2002年出版的研究报告《理解脑：走向新的学习科学》（已译成七种文字出版，大部分观点都反映在目前这本书中）的续集。本书的目的是让读者更好地理解脑，理解脑的学习过程，理解如何通过养育、训练与适应教学过程与实践来使学习最优化。本书避免使用过于高深的语言，希望能够让更多非专业人士理解和学习。本书内容来源于2002年设立的三个超学科网络，这些训练网络关注读写能力、计算能力和终身学习的研究，同时在2004年起提出了第四个侧重点——情绪与学习，平行于前三个研究网络。本项目的网站发挥了创新性、交互性资源平台的作用，希望教育实践者和公民社会为这项工作提供反馈与大量的资源。

以下机构为本项目的研究提供了资金与实质性的支持：

- 美国国家科学基金会（The National Science Foundation）（研究、评价和交流部/教育学分部）
- 日本文部科学省（MEXT）（the Japanese Ministry of Education，Culture，Sport，Science and Technology）
- 英国教育和技术部（DfES）（the Department for Education and Skills）
- 芬兰教育部（the Finnish Ministry of Education）
- 西班牙教育部（the Spanish Ministry of Education）
- 英国终身学习基金会（the Lifelong Learning Foundation）

以下机构为本书提供了重要的科学、经费和组织上的支持：日本理化研究所脑科学研究所（the RIKEN Brain Science Institute）；美国萨克勒协会（the Sackler Institute）；丹麦学习实验室（the Learning Lab）；德国乌尔姆大学神经科学与学习转化中心；（the ZNL within Ulm University）；法国国家卫生研究院（the INSERM）；英国剑桥大学（the Cambridge University）；法国科学院（the Academie des Sciences）；西班牙格拉纳达大学（the University of Granada）；英国皇家研究院（the Royal Institute）。

经济合作与发展组织的“学习科学和脑科学研究”项目主要由Bruno della Chiesa以及Cassandra Davis，Koji Miyamoto和Keiko Momii等人负责，同时Christina Hinton，Eamonn Kelly，Ulrike Rimmele和Ronit Strobel-Dahan作为顾问也对该项目作出了很大的贡献。本书主报告（第一部分）的英文版和法文版分别由David Istance和Bruno della Chiesa负责编辑。此外，Jarl Bengtsson，Delphine Grandrieux，David Istance，Chiristina Hinton，Atsushi Iriki，Masao Ito，Jellemer Jolles，Hideaki Koizumi，Michael Posner，Ulrike Rimmele，Adriana Ruiz Esparza，Ronit Strobel-Dahan和教育研究与创新中心的“脑科学组”也对本书

进行了部分或全部审阅。

在秘书处，Jarl Bengtsson 首先启动了本项目，同时为本项目提供了策略性和关键性的支持；Tom Schuller 在第二阶段继续为本项目提供支持。Vanessa Christoph，Emily Groves 和 Carrie Tyler 为本项目提供了后勤支持（按参与的顺序）。Cassanadra Davis 是项目网站的管理者。

Barbara Ischinger

教育理事会理事长

致谢

Bruno della Chiesa 代表秘书长对大家表示感谢：

● 首先要感谢 Jarl Bengtsson 对本书的贡献，他是“学习科学和脑科学研究”项目的重要人物。

● 对 Eric Hamilton，Masao Ito，Eamonn Kelly，Hideaki Koizumi，Michael Posner 和 Emile Servan-Schreiber 为项目作出的杰出贡献表示衷心的感谢。

● 同时还要感谢为本项目提供重要支持的合作者们（他们提供了资金和物质上的支持）：Richard Bartholomew 及其团队，Christopher Brookes，Eamonn Kelly，Juan Gallo 及其团队，Eric Hamilton 及其团队，Masayuki Inoue 及其团队，Søren Kjær Jensen 及其团队，Reijo Laukkanen 及其团队，Pierre Léna 及其团队，Francisco Lopez Ruperez，José Moratalla 及其团队，Teiichi Sato，Sylvia Schmelkes del Valle，Hans Siggaard Jensen 及其团队，Finbarr Sloane。

● 对在本项目过程中投入了大量精力的科学家们表示感谢：Brian Butterworth，Stanislas Dehaene，Christina Hinton，Jellemer Jolles，Heikki Lyytinen，Bruce McCandliss，Ulrike Rimmele，Nuria Sebastian，Manfred Spitzer。

● 感谢本项目的骨干：Hilary Barth，Antonio Battro，Daniel Berch，Leo Bloment，Elisa Bonilla，John Bruer，Tom Carr，Marie Cheour，Guy Claxton，Frank Coffield，Stanley Colcombe，Margarete Delazar，Guinevere Eden，Linnea Ehri，Michel Fayol，Uta Frith，Michael Fritz，Ram Frost，Peter Gärdenfors，Christian Gerlach，Usha Goswami，Sharon Griffin，Peter Hannon，Takao Hensch，Katrin Hille，Shu Hua，Petra Hurks，Walo Hutmacher，Atsushi Iriki，Layne Kalbfleisch，Ryuta Kawashima，Arthur Kramer，Morten Kringelbach，Stephen Kosslyn，Jan de Lange，Cindy Leaney，Geoff Masters，Michael Meaney，Michael Miller，Fred Morrison，Risto Näätänen，Kevin Ochsner，David Papo，Raja Parasuraman, Eraldo Paulesu, Ken Pugh, Denis Ralph, Ricardo Rosas, Wolfgang Schinagl, Mark Seidenberg, David Servan-Schreiber, Bennett Shaywitz, Sally Shaywitz, Elizabeth Spelke, Pio Tudela, Harry Uylings, Janet Werker, Daniel Wolpert 和 Johannes Ziegler。

• 感谢以下组织或机构为本项目的超学科会议提供了设施与热情的接待（按照接待时间的顺序）：美国萨克勒研究所，西班牙格拉纳达大学，日本理化研究所脑科学研究所，芬兰国家教育委员会（the National Board of Education），英国皇家学院（the Royal Institute），法国国家卫生研究院，德国乌尔姆大学精神科医院神经科学与学习转化中心，丹麦学习实验室，西班牙教育部，法国科学院，日本科学技术协会（JST）科学技术研究所（RISTEX）（the Research Institute for Science and Technology for Society of the Japan Science and Technology Agency），英国剑桥大学教育神经科学中心（the Centre for Neuroscience in Education）。

• 感谢本书的撰稿者：Christopher Ball，Bharti，Frank Coffield，Mélanie Daubrosse，Gavin Doyle，Karen Evans，Kurt Fisher，Ram Frost，Christian Gerlach，Usha Goswami，Rob Harriman，Liet Hellwig，Katrin Hille，Christina Hinton，David Istance，Marc Jamous，Jellemer Jolles，Eamonn Kelly，Sandrine Kelner，Hideaki Koizumi，Morten Kringelbach，Raja Parasuraman，Odile Pavot，Michael Posner，Ulrike Rimmele，Adriana Ruiz Esparza，Nuria Sebastian，Emile Servan-Schreiber，Ronit Strobel-Dahan，Collette Tayler，Rudolf Tippelt，Johannes Ziegler。

• 感谢在本项目中担任翻译工作的翻译员：Jean-Daniel Brèque，Isabelle Hellyar，Duane Peres，Amber Robinson，Marie Surgers。

• 感谢人力资源部的同事们，他们在经济合作与发展组织总部举行的两次"脑意识"活动中的筹备和实施过程中作出了很大的贡献，同时也要感谢经济合作与发展组织公共事务和交流部的同事对项目的理解和支持。

• 感谢教育研究与创新中心成员对项目的大力支持，他们是：Francisco Benavides，Tracey Burns，Emma Forbes，Stephen Girasuolo，Jennifer Gouby，Delphine Grandrieux，David Istance，Kurt Larsen，Sue Lindsay，Cindy Luggery-Babic 和 Tom Schuller。

• 最后感谢致力于本项目的"脑研究小组"：Jarl Bengtsson，Vanessa Christoph，Cassandra Davis，Emily Groves，Koji Miyamoto，Keiko Momii 和 Carrie Tyler。没有他们的努力，本项目难以完成。

目　录

第二部分　合作撰写的文章

概　论

教育是一把双刃剑，如果处理不当则会变成危险。

——伍廷芳

在经过 20 多年脑科学的前沿研究之后，教育界开始认识到“理解脑”有助于开创改进教育研究、决策与实践的新道路。本报告综合了脑科学关于学习的研究进展，并运用这些研究来解决教育界的重要问题。它不是速成的方法，也不认为基于脑的学习是一种万能药，但是它确实对当前认知神经科学与学习的交叉研究现状作了客观评价，描绘今后十年的研究前景与决策意义。

第一部分“学习脑”是主报告，综合了过去七年来经济合作组织教育研究与创新中心“学习科学与脑科学研究”项目的所有分析与研讨的精华。第二部分“合作论文”的三篇论文主要讨论了包括早期儿童、青少年和成人三个阶段的“学习脑”。这三篇论文分别由三位专家所写，这些专家综合了他们在神经科学与教育方面的不同知识与经验。附录 A 主要为读者提供了脑成像技术的最新发展，这对本报告中的讨论具有非常重要的促进作用。

第一章主要概述了本报告内容中的一些新观点，并按照字母的顺序，列出与讨论了一些关键词。这有助于简要说明一些复杂的概念，引导读者阅读相关的章节，以获得更深的内容。第二章的前半部分简要概述了脑的结构与功能。

人的一生中大脑是如何学习的

大脑具有对环境要求作出应变的高度发达的能力，这一应变过程被称为

“可塑性”。对于这一观点，神经科学研究者已经达成共识。可塑性包括建立与强化某些神经连接，削弱或者消除其他一些连接。改变的程度取决于所发生的学习类型，长期的学习会导致更深刻的变化；同时也取决于学习的阶段，婴儿新突触的生长非常迅速。但是在人的一生中，可塑性是大脑的核心特征，这一观点具有重要的意义。

大脑发展中存在着最佳期或者“敏感期”。在该阶段，特定类型的学习最有效，但是人类终身具有可塑性。对于感觉刺激（如语音），某种类型的情绪和认知经验（如接触语言）具有相对严格且较早开始的敏感期。但是其他技能（如词汇的习得）并没有严格的敏感期，在人一生中的任何时间里都可以同等地得到很好的掌握。当前，青少年的脑成像研究表明，青少年的大脑远未成熟，在青春期之后的很长一段时间里，会发生大范围的结构性变化。在情感的发展方面，青少年阶段尤其重要，部分是因为大脑中荷尔蒙的大量分泌；青少年的前额叶仍然在发展，这也许可以解释他们不稳定的行为。我们可以用一个短语来描述这种情绪不稳定而认知能力高度发展的状况：“高马力，低控制”（high horsepower，poor steering）。

在老年期，与任务有关的流畅性或者经验可以降低大脑活动的水平——从某种程度上来说，大脑的加工更加有效。但是由于不使用或者随着年龄的增大，大脑的活力降低。研究表明，学习可能是一种有效对抗大脑功能降低的方法：老年人继续学习的机会越多（无论是通过成人教育还是工作或者社会活动），延缓神经组织退化的发病时间或者退化速度的几率越高。

环境的重要性

脑科学的研究成果表明，培养对于学习过程非常重要，脑科学的研究已开始为适当的学习环境提供启示。促进脑功能提高的许多环境因素都是一些日常事务——社会环境的质量与交互作用、营养、体育锻炼、睡眠——这些因素对于教育的影响过于平常，因此非常容易受到忽视。通过正确地锻炼心智与身体，有可能利用脑的可塑性潜能来促进学习的过程。这就需要整体论方法，这一方法认为，良好的身体与智力状态之间是相互依赖的，情绪与认知之间也是相互影响的。

在脑的中心是人们所熟知的边缘系统，过去人们将它称为“情绪脑”。目前研究证据不断增多，表明我们的情绪确实在重新塑造神经组织。在过分紧张或者恐惧的情况下，社会判断与认知成绩由于受到情绪调节的神经过程的影响而降低。有些紧张对于迎接挑战非常重要，可以形成更好的认知与学习，但是超过一定的水平就会产生负面影响。对于正性情绪，激发人们学习动机的最有力因素来自对新概念的掌握——大脑会对此作出积极的反应。早期教育的主要目标应该确保儿童尽早拥有这种“启蒙”经验，意识到学习是多么愉快的事情。

管理情绪是有效学习者的一个重要技能；自我调节是儿童与老年人在社会环境中所需要的最重要的行为与情绪技能。情绪可以引导（或者中断）心理过程，如集中注意力、解决问题和维持关系的能力。神经科学利用认知心理学和儿童发展研究的相关成果，开始确定其活动和发展与自我控制直接相关的关键脑区。

语言、读写能力与脑

脑从生命的一开始就具有学习语言的能力，语言获得的过程需要经验的促进作用。在语言学习的许多方面，年龄与学习效果之间成反比。一般而言，接触语言的年龄越小，学习越成功。神经科学开始确定幼儿与更成熟的人相比，脑是如何以不同的方式来加工语言的。这种理解与教育政策是相关的，尤其是外语教学，常常到青少年期才开始。青少年和成年人当然也可以学会一种新的语言，但是更加困难。

大脑中语音加工和语义的直接加工两者的重要性可以为阅读教学中发展特定语音技能（有时称为“音节教学”）与“整体语言”的文本浸入式教学两者间的经典争论提供依据。理解这两种加工如何发挥作用，可以为阅读教学中的平衡教学法提供依据，这种教学方法可以根据所涉及语言的形态（morphology）来确定采用更偏重语音还是更偏重整体语言的教学方式。

参与阅读的大多数神经回路在不同语言间是共同的，但是也有一些差异。语言的特定方面需要确定的功能，如不同的解码或者词汇识别策略。正如本报告所讨论的，在拼音语言中主要的差异在于语言正字法的“深度”：深正字法语言（这种语言中语音和字母之间的对应关系非常复杂）如英语或者法语，浅正字法语言（语言中语音与字母之间的对应关系一致）如芬兰语或者土耳其语。在这些例子中，支持阅读的某些方面的特定大脑结构由于语言的不同而不同。

阅读障碍非常普遍，发生于不同的文化与社会经济状况中。在大脑左侧半球靠后部的脑区，非典型性皮层特征一般与阅读障碍有关，引起语言语音要素加工的障碍。这些障碍造成的语言后果相对较小（如混淆读音相似的词），但是对于阅读却造成了很严重的影响，因为将语音与正字法符号对应起来对于拼音语言的阅读非常重要。神经科学为鉴别与干预提供了新的途径。

计算能力与大脑

计算能力与读写能力一样，在大脑中是通过生物与经验的共同作用而形成的。正如某种大脑结构是通过语言的进化而形成的，对于数量的感知也有类似的结构。和语言一样，遗传所确定的大脑结构不能单独支持数学，因为它们需要与其他的神经回路进行协调，这些回路并不是专门为这种任务而设计的，而是受经验影响。教育的重要作用也同样如此——无论是在学校，还是在家中，或者在玩耍中。因此，神经科学在应对这种教育挑战中发挥重要的作用。

尽管神经科学对计算能力的研究仍然处于初期阶段，但在过去十年中，该领域已经取得了重要的进展。这表明，即使非常简单的运算也分布在大脑的不同部分，要求不同的结构相互协调。仅仅是数量表征就包括了复杂的回路，这些回路将数感、视觉、词汇表征整合起来。计算还需要其他复杂的分布性网络，它们根据运算的不同而不同：减法主要依赖于顶下回路，而加法与乘法包括其他回路。关于高级数学的研究目前仍然很少，但是似乎至少激活了部分特定的回路。

从脑的角度来理解数学发展通路的机制有助于教学策略的设计。不同的教学方法可以建构不同的神经通路，这些通路的有效性是不同的。例如，与策略学习相比，机械操练式学习形成的神经回路效果更差。支持教学策略的神经科学研究成果正在增加，包括了丰富而详细的学习而不仅局限于正误判断。这大体上与形成性评价一致。

虽然计算障碍的神经机制仍然处于研究的过程中，与特定数学损伤有关的生物特征的发现表明，数学远非纯粹是由文化建构的，它需要整合特定的大脑结构并充分发挥功能。计算障碍的神经回路缺陷很可能可以通过目标干预来解决，因为参与数学运算的神经回路具有“可塑性”、灵活性。

澄清“神经神话”

在过去几年，大量有关大脑的错误观念流传——“神经神话”。它们与教育相关，因为许多神经神话与我们如何学习的观念或者方法有关。这些错误观念常常起源于一些严谨的科学研究中的某些要素，这使得鉴别与驳斥这些错误观念的难度增大。由于这些观念不完整，对研究证据进行了过度的推测，或者完全是错误的，因此需要澄清才能阻止教育陷入一系列的僵局中。我们根据每一种“神话”或者一系列神话是如何出现并成为广泛流传的观念，以及它们为什么没有得到神经科学证据的支持来进行讨论。归纳到一起，有这样一些神话：

“在3岁时大脑中一切重要的东西都已经确定了，所以时不我待。”

“大脑存在着关键期，在这个时间段必须传授某些内容。”

“我在什么地方读到过，我们仅仅运用了大脑的10%。”

“我是‘左脑’人，她是‘右脑’人。”

“让我们来面对吧——男性脑与女性脑的不同。”

“幼儿的大脑一次只能学习一种语言。”

“提高你的记忆！”

“边睡觉边学习！”

教育神经科学的伦理与组织

这个新领域的重要性与前景并不能掩盖现在已经出现的基本伦理问题。

为了什么目的？为了谁？重新思考脑成像运用以及可能的滥用这一问题已经非常重要。例如，如何保证它所提供的医学信息的保密性，如何保证这些医学信息不提供给商业组织或者教育机构？脑成像所确定的个体过去“隐藏”的特定信息越精确，就越需要思考在教育中如何运用这些信息。

运用影响大脑的产品。医学与非医学的边界并不总是明确的，尤其是有关健康个体使用影响脑的药物问题。例如，家长是否有权利让孩子使用药物来刺激他们的学业成绩，这种做法具有内在风险，与运动中使用兴奋剂一样。

脑与机器：在将生物器官与技术联系起来这一方面正不断取得进展。这种发展对于具有残疾的人来说好处是显而易见的，这样他们就能从远处来控制机器。同样的技术也可以用来控制个体的行为，这显然也引起了人们的极大关注。

对于教育来说是过分科学的方法？神经科学可以为教育提供重要的信息，但是如果“好”教师需要通过证实他们对学生的脑的影响来确定，那么就会是一种完全不同的情形了。这有可能会陷入到创造一种过分强调科学以及墨守成规的教育系统的危险之中。

虽然教育神经科学仍然处于发展的早期，如果这是一门超学科，同时服务于科学与教育界，而且是国际化的，那么它就会得到战略性的发展。创造一种共同的话语是关键的一步，另外一步是建立共同的方法。在有关学习的教育实践与教育研究之间应该建立互惠关系，这就像在医学与生物学之间建立的关系一样，共同创造与保持一种持续的、双向的关系来支持脑科学指导的教育实践。

一些组织机构、网络和措施已经建立起来，以探索教育神经科学的发展前景。本报告描述了一些范例，包括日本科学技术协会的科学技术研究所、德国乌尔姆大学的神经科学与学习转化中心、丹麦的学习实验室、英国剑桥大学的教育神经科学中心、美国哈佛教育研究生院的“心智、大脑与教育”专业。

未来的关键信息与主题

教育神经科学正在产生有价值的新知识以指导教育政策与实践。在许多问题中，神经科学建立在已有知识结论和日常观察的基础上，但是其重要贡献在于使相关研究转向因果研究——理解常见模式背后的机制——帮助确定有效地解决问题的方式。在其他问题上，神经科学正在产生新的知识，并因此开辟了新的道路。

脑科学研究提供了重要的神经科学证据来支持终身学习的广泛目的。神经科学并不支持教育是年轻人的领域这种歧视老年人的观念，虽然年轻人的学习能力很强，神经科学已经证实，学习是一种终身的活动，持续的时间越长越有效。

神经科学加强了对教育的广泛利益的支持，尤其是老化人口。神经科学另外还提供了强有力的有关“教育的广泛利益”的观点（超越了在决策中举足轻重的纯粹的经济观），它把学习干预作为解决社会中无数高成本的老年痴呆问题的一种重要策略。

在身体、心智、情绪和认知的基础之上需要一种整体论方法。这不是关注脑，过分强化认知成绩的偏见，而是表明需要一种整体论的方法，认识到身体、智力健康之间密切的相互依赖关系，情绪与认知、分析与创造性艺术之间的密切交互作用。

理解青少年——高马力、低控制。有关青少年的观点尤为重要，因为这个阶段在个体教育生涯中发生了许多事情，具有长期的效果。在这个时候，青年人认知能力充分发展（高马力），但是情绪还不成熟（低控制）。这并不表明重要的选择应该推迟到成年期，而是表明这些选择不应该是终结性的。

运用神经科学的研究更好地指导课程，确定教育阶段，提高教育水平。这个信息是很微妙的：不存在学习必须发生的“关键期”，而是存在着“敏感期”。敏感期是指个体从事特定学习活动的特别理想的阶段（将详细讨论语言学习）。该报告有关尽早为终身学习奠定坚实基础的结论强化了早期儿童教育和基础教育的重要作用。

保证神经科学为重要的学习挑战作出贡献，包括“3Ds”，即阅读障碍、计算障碍、老年痴呆。例如，阅读障碍的原因直到最近才弄清楚。现在人们明白，主要是听觉皮层的非典型性特征（可能在有些例子中是视觉皮层）造成了阅读障碍，可能可以在儿童很小的时候鉴别这些特征。早干预常常比晚干预更成功，但是两者都是可能的。

运用更个性化的评价来提高学习，而不是选拔和甄别：脑成像还可以提供有力的机制来确定个体的学习特征和基本个性特征；但是同时，也可能形成比现有的工具更强大的选择和甄别工具。

本报告还确定了教育神经科学进一步研究的重点，这些重点并没有包罗万象，而仅限于本报告所确定的议程。这个进一步研究的议程，涵盖了最好的科学知识，如不同类型学习的理想时机、情绪发展和调节、具体的材料和环境是如何影响学习的，持续地分析脑的语言和数学机制，如果实现则可以诞生一门超学科的学习科学。

这是本报告所总结出来的追求目标，也因此为本报告起了这样一个标题。本报告还强烈希望有可能利用有关学习的发展性知识来创造一种教育体系，这种教育体系对个体而言是个性化的，同时又与所有的人普遍相关。

第一部分

学 习 脑

导 言

大脑并不思考，而是我们思考大脑。

——尼采

神经科学①真的能够改进教育吗？本报告提出一种复杂而确定性的答案："可以，但是……"放眼四周，目前教育神经科学已经在全球范围内出现。神经科学领域最近的进展显著地增加了它对教育的相关性。脑成像技术使得观察运行中的大脑成为可能，为知觉、认知、情绪功能对教育的影响提供了新的观点。伴随着神经科学更多地运用于教育的这种趋势，社会的接纳性也在不断增加。本报告总结了神经科学与学习交界处的研究状态，重点突出今后十年研究与政策的关注点。科学研究成果有助于参与教育的所有利益相关者——包括学习者、家长、教师以及决策者——更好地理解学习的过程以及构建良好的学习环境。这种理解可以帮助教育系统走向循证教育决策，引导家长为孩子创造理想的学习环境，帮助学习者形成自己的能力。

我们绝不是说，神经科学是万能药——它将开启教育中的革命，尤其不是马上开启这种革命。项目的领导者一次又一次地告诫，"神经科学并不能够独立地解决任何教育问题"。许多教育问题的答案还有待于发现，答案可能是在教育本身，也可能在于其他社会科学学科，或者在于哲学。然而，确实有些问题是神经科学特别适于解决的，而且神经科学已经作出了重要的教

① 本报告广泛地运用神经科学这个术语（有时以复数的形式出现，"neurosciences"）来包括所有交叉的领域，包括神经生物学、认知神经科学、行为神经科学、认知心理学等。

育贡献：对长期难以解决的挑战提供新的视角，提出新的问题，证实或者消除多年累积的陈腐观点，或者强化已有的实践。本报告表明，真正的超学科需要利用许多学科中的观点来应对我们的社会所面临的、复杂性不断增加的问题。①

神经科学开始详细地阐明人类——或者他们的大脑——是**如何**对不同的学习经验和课堂环境作出反应的，**为什么**他们作出这样的反应。这种理解对于教育非常重要，因为许多教育政策与实践仅仅是根据有限的信息而作出的。质性研究与量化研究可以检验多种学习实践、学习环境与结果，从而为某些教育政策与实践提供信息。当我们拥有了与成功和失败有关的学习模式的坚实知识基础时，我们很可能缺乏对这些结果的详细解释，有关学习过程机制的许多问题仍然是黑匣子。

例如，当家长、教师与决策者试图确定教儿童学习外语的合适时机时，“信息充分的决策”很可能是在比较了不同年龄学生开始学习外语时的经验与成绩的基础上作出的。这可能会得出结论：从某个年龄开始教外语可以产生最好的结果。虽然这种信息本身是有用的，但是它并没有证实真正导致成功结果的外语教学“**时机**”，也没有表明在一定年龄**怎样**学习外语才最有效。

读者将在这份报告中发现，有些结论是尝试性的（根据有限的证据），有些是对传统的原则进行重新阐述［如，根据几十年或者甚至几个世纪的教育实践与研究而获得的“智慧”（wisdom）②］，甚至有些在科学界仍然没有达成一致（但是我们将不进入纯粹的科学争论，因为这超越了本研究的范围）。但是尝试性的结论诚实地反映了这个领域目前的研究状况，可用来确定未来的研究方向。利用已经知道的科学证据是有效的，它强化了对以往缺乏理性基础的实践的支持。神经科学也可以根据大脑的学习方式来解释某种已有的实践是不合理的。教育界有些长期的争论现在可能已经过时了。但神经科学所带来的新要素将不断丰富实践。基于所有这些理由，科学证据的出现毫无疑问将加强教育政策与实践。

---

① 经济合作与发展组织秘书长希望在本报告中明确地将其自身与有如下倾向的所有解释划清界限：根据大脑中个体差异的观点以及不同学习方式的观点，试图将某种基因与智商联系起来，因而可能对人类共同体中的任何团体或者多种团体产生种族主义的意义。这种解释应该受到谴责。

② 读者可能会注意到这个报告并没有对神经科学研究成果与不同学习理论之间进行全面的百科全书式的阐述与比较。已有的知识还不允许系统地将这两者之间联系起来，虽然不久的将来是可能的。在已经可以形成这种联系的地方，我们提及这些联系但是并不作详细地阐述。

本书设计与写作的目的是允许读者根据其兴趣仅仅关注其中的一、两章。因此，我们希望每章都可以独立地进行阅读。当然，这种灵活性的代价是有些内容在不同的地方会有重复。没有完美的东西。感谢您的理解。

第一章

脑的“ABC”

唯有知善，唯无知恶。

——苏格拉底

无知可耻，无求知心更甚。

——非洲谚语

第一章介绍了本报告的一些基础知识。本章按照英文首字母顺序，依次列出各章所包含的关键词和概念。从**“知识习得”**、**“脑”**开始，一直到**“可变性”**、**“工作”**和“XYZ”。读者可根据兴趣选择特定主题。后面的相关章节会提供相应介绍，并进行更为深入的阐述。本章的阅读对象为所有对“学习科学和脑科学研究”感兴趣的人，包括学生、家长、教师、研究者和政策制定者。

知识的习得（Acquisition of knowledge）

采用神经科学的方法对学习进行研究，能为教学实践提供坚实的科学理论基础。这个快速出现的研究领域将渐渐构建起“学习科学”的基础，这一点是毫无疑问的。

每个生物体都由多种器官组成，因而对人类特定功能的定义可能会由于所涉及器官的不同而不同。对学习过程的定义就是这样，对它的界定也是因人而异的，取决于界定者的观点。

细胞层面的定义和行为层面的定义是不同的，这反映了神经科学与教育学之间的差异。神经科学家将学习看作脑加工的过程，是脑对刺激产生的反应。它包括脑对信息的感知、处理和整合。教育学家则认为学习是主动获取知识的过程，导致行为出现持续的、可测量的、特异性的改变。

脑（Brain）

虽然脑的作用非常重要，但它终究是整体组织结构的一个器官。一个人不能只依赖这一个器官，因为它总是不断地与人体其他部分发生着交互作用。

脑是思维之所。它发挥着多种重要功能，影响人体的心率、体温、呼吸，并执行所谓的“高级”功能，如语言、推理及意识。

脑包括两个半球（左半球和右半球），可进一步分为不同的脑区（枕叶、顶叶、颞叶和额叶）——这些内容将在第二章进行说明。

脑组织的主要成分为神经胶质细胞和神经细胞（神经元）。神经细胞被认为是脑的基本功能单位，因为它们之间的联结非常丰富，且彼此之间存在信息交流。神经元以功能网络的形式组织在一起，分布于脑的特定区域。

认知功能（Cognitive functions）

对认知功能的研究角度非常多，对它的认识也因为多学科研究的共同努力而不断深入。神经科学、认知神经科学和认知心理学相辅相成，共同促进对认知功能的理解。

认知是指使信息处理和知识发展得以进行的一系列过程。这些过程称为“认知功能”。在这些功能中，高级认知功能反映出人类大脑最精密的加工过程。它们是大脑最新进化的产物，主要集中于皮层区域，该区域是人类高度发展的结构（参见第二章）。

认知功能包括许多方面，不仅包括感知觉、记忆和学习等功能，而且还包括语言、推理、计划和决策等。

发展（Development）

人的一生之中，脑都在不断变化——即发展。这个过程同时受生物因素和经验因素的调控（见第二章）。在任何时刻，脑的结构和功能都是由遗传倾向与个人经验相互作用而决定的。这种持续的交互作用使得每个人的脑都是独一无二的。

虽然脑的发展具有很大的个体差异，但脑也具有与年龄相关的特征，这些特征会对学习产生重要影响。科学家们已开始描绘这些发展成熟的过程，并理解生物因素和经验因素是如何交互作用来影响大脑发展的。

从科学的角度理解发展会对教育实践产生强有力的影响。随着科学研究者对脑如何随着年龄发生变化的理解逐步深入，教育工作者就能利用这些信息设计出更适合年龄特征的、更有效的教学方法。

情绪（Emotions）

长期以来，在学校教育过程中情绪总是被人忽视。近年来，神经科学研究者揭示了学习的情绪成分，这将有助于扭转这一不足之处（见第三章）。

情绪和“情感”是不同的，情感是对情绪的一种有意识的解释；而情绪是皮层加工的结果，是实现人类行为适应与调节的必要功能。

情绪是一种复杂的反应形式。说到情绪时，通常会涉及三种成分：某种心理状态、生理变化与反应冲动。因此，当感觉所处环境存在危险时，人们作出反应的同时会激活与恐惧有关的特异性皮层回路，引发与恐惧有关的身体反应（如，脉搏加快、脸色变白、出汗）及“攻击或逃避”反应（fight-or-flight reaction）。

每种情绪都对应着一个独立的功能系统，具有自己的皮层回路。这些回路既包括一些我们称为“边缘系统”（也称为“情绪脑区”）的结构，也包括一些皮层结构，主要为前额叶皮层。前额叶皮层对情绪的调控起着重要作用。另外，前额叶是人类成熟最晚的器官，在人 30 岁时才发展成熟。这意味着，脑

“青春期”的持续时间比以前认为的更长。这一点有利于我们解释某些行为特点：前额叶皮层完全成熟，从而对情绪进行调节，对边缘系统发挥潜在的补偿作用，出现在个人发展的相对较晚的阶段。

特定行为的生理、情绪和认知成分相互持续地交流，缺一不可。它们之间的联系非常紧密，这也就是为什么情绪会影响学习的原因。如果学习引起正性情绪，会有助于学习成功；而如果引起负性情绪，则将导致学习失败。

功能——学习的神经基础（Functionality，neural base of learning）

从神经科学的角度来界定学习，把学习过程与内在生理基础或外在生理反应联系起来。根据这种观点，学习是对所有感知和处理的信息进行整合的结果，信息整合会带来脑内结构的改变。而在信息加工过程中，这些微观的改变的确会留下物理“痕迹”。

如今，教育学家和普通人都应当关心教育，理解学习过程的科学基础。这是有用而且必要的。

遗传学（Genetics）

有一种惯常的看法，认为遗传和行为之间存在着简单的因果关系。细想一下，认为遗传因素与行为之间存在直接关系的观点离彻底的决定论其实仅有一步之遥。基因不会激活行为，而会引起一系列 DNA 反应，而 DNA 蕴涵着有关蛋白质合成的信息。基因的表达受多种因素的影响，尤其是环境因素。一旦某种蛋白质在细胞内合成，就会在特定的位置上发挥特定的细胞功能。从这个意义上看，如果基因能够影响细胞功能，的确也能影响行为。然而，各种器官之间的彼此影响非常复杂，不是一种线性关系。

研究的进展虽然缓慢，但总会向前推进，先验观和经验观的认识壁垒也将逐渐消失，对大脑发展进程中基因和环境因素相互作用的理解也将逐渐深入。

想要预测行为，仅仅考虑遗传学基础是不够的：任何只考虑遗传学影响的方法不仅不具备科学基础，而且还存在伦理和政治上的风险。

“动手做”与整体论——做中学（“Hands on” and Holistic-learning by doing）

不闻不若闻之，闻之不若见之，
见之不若知之，知之不若行之。
——荀况

这句话被教育学家遗忘了许多年，直到20世纪随着建构主义的出现才重新受到重视。与注重教育者传授知识的理论不同，这种思潮提出了一种新的学习观：知识的建构观。学习被看成是一种以学习者为中心的，依赖先前知识基础的，基于个人经验、意愿和需求的过程。

因此，这种理论变革促进了所谓的主动的、注重经验实践的“做中学”理论的出现。这种理论的目的在于让学习者主动与身边的人文物理环境进行交互作用。因为该理论认为，与知觉学习相比，这种方法更能促进信息的深入整合。行动必然意味着操作——即对观念的执行。学习者不仅需要学习知识，了解如何习得知识，还要知道在现实情况中如何应用知识。因此，如果学习者变得“主动”，就意味着更好的学习。

并不是所有神经科学的发现都会促进教学法的革新。然而，它们却能为在实践中证明具有良好效果的方法提供坚实的理论基础。这些科学见解继而对业已积累起来的经验和直觉知识提供支持，并可以解释为什么有些实践方法取得成功而有些导致失败。

智力（Intelligence）

智力的概念一直是个争论不休的话题。单一概念能够解释个人的所有智力功能吗？这些功能可以区分并独立测量吗？它们表示和预测哪些皮层的功能和社会行为？

智力概念会让人想起各种“技能”，是语言技能、空间技能、问题解决技能，还是熟练地解决复杂问题的能力？然而，这些技能都忽视了“潜在”的概念。有关学习和认知功能的神经生物学研究清楚地表明，这些功能都经历了持续的进化，并受多种因素的影响，尤其是环境因素和情绪因素。这意味着，一个充满各种刺激的环境会给个体提供自我提升、发展技能的机会。

根据这种看法，许多评价智力水平的测验（如 IQ 测验等）都太过刻板，需要参考标准化分数，并依赖存在文化差异（有时甚至是意识形态上的差异）的技能。

智力测验建立在先验论的假设基础之上，存在一定的局限性，是有问题的。智力测验依赖于“智力分数”，并将每个人划分到不同智力水平中去，这种做法是有争议的。这样的测验对生活实践有什么作用？又能为职业选择提供什么指导？

学习的乐趣（Joy of learning）

告诉我，我会忘记，
教给我，我会记住，
让我参与，我会学会。
——本杰明·富兰克林

这句格言重申了参与的作用，它是高效学习的必要条件。参与可概括为个体某一行为的投入程度。从这个意义上说，参与程度可直接取决于激励过程。激励可使人们作出特定行为或争取特定目标，它既可由内部因素引起，也可由外部因素引起。这也就是为什么我们常说内部动机和外部动机的原因。内部动机仅仅依赖于学习者自身的需求和意愿，而外部动机则会考虑外部因素对个体的影响。动机很大程度上由自信、自尊以及特定行为或目标给个体带来的好处共同决定。

动机和自尊相结合，能对成功学习起到关键作用。为了突出二者在学习结构中的合理作用，人们开发了教学辅助系统。它向学习者提供个性化支持，更加符合个人的需求。一个更加人性化的学习氛围有利于激发学习者的内在动机，但同时也不能忽视社会交往这一关键成分，这在所有学习类型中都一样。个性化并不意味着对学习者自身的孤立。

动机对于成功学习起着至关重要的作用，特别是内在动机。当一个人为了自己而学习、内心渴望理解知识时，学习就会变得更加轻松。

虽然目前想要超越“胡萝卜加大棒”的方法、建构能够激发内在动机的教育手段还存在不少困难，但这种方法的益处如此广泛，非常值得围绕这个领域努力研究。

卡夫卡（Kafka）

Franz Kafka 在《城堡》中，描述了主人公付出许多努力想达到某个目标，但都徒劳无功的故事（“目标就在那里，但却无法达到”：“Es gibt zwar ein Ziel，aber keinen Weg zum Ziel”），Franz Kafka 将这种绝望的感觉比喻为就像面对一个又聋又瞎的官僚机构的感受一样。为了纪念这本著作，Dino Buzzati 写了一个有关“K”的故事。该故事叙述了一段因为误解而产生的悲剧。在这个故事中，真相大白之时已经太晚了，一切都因此变得非常悲惨、非常危险……

将神经科学的发现应用于教育政策和教学实践存在许多阻力。面对这些阻力，即便是最激进的改革家也会望而却步。原因是多方面的，有简单的不理解，有心理的固守，有对“事实”绝对的不予理睬，以及相关机构为保护自己地位、保护顽固不化的官僚作风而产生的自然反应。由于各方面障碍非常多，因而任何试图创建一个全新领域的超学科努力都将十分困难。即便是采用更加温和的做法，将这些成果应用于指导某些教学问题，也同样困难重重。这就导致了一个非常棘手的问题，即“知识管理”问题。虽然某些建设性的怀疑论观点没有什么坏处，但每个创新工程在试图到达“城堡”的过程中，或早或晚都会面对“K”的问题。虽然存在这些困难，但方法总会有的。就像老子说的：旅途即终点。

另外，神经科学在无意之间制造了大量的“神经神话”（neuromyths）。这是由于对研究的错误理解、错误解释甚至扭曲事实而引起的。神经神话由于媒体的宣传，被大众接受以后，就会变得根深蒂固，需要我们不断识别并逐渐摒弃。同时他们也会引发许多伦理问题。在民主社会，这些问题需要通过政治辩论才能解决。

我们要问的是（至少在中途），在考虑各种教育问题之时，能够对已经了解的有关“大脑学习”的各种知识置之不理吗？对一个能为教育提供最新认识和深入理解的相关创新研究领域视而不见，又符合伦理准则吗？

语言（Language）

语言是一种特定的人类认知功能，也是信息交流的主要方式。语言需要应用符号系统。一定数量的语言符号和一些语义模块按照语法规则组织起来，就有可能产生一定数量的语句。语言就是这些规则构成的系统。各种语言都是利用音素、字形、手势和其他符号表示物体、概念、情绪、观点和思想。

一个真实的语言表达过程连接着至少一个说话者和一个听众，这样两者之间才能进行交流。这意味着语言可以分解为方向（感知或产生）和表达模式（口语或书面语）。口语是儿童时期在口语环境中自然习得的，而书面语需要专门的教育才能获得（见第四章）。

语言是最早发现的具有一定皮层基础的脑功能之一。19 世纪的两位科学家［布洛卡（Broca）和威尔尼克（Wernicke）］对失语症的研究发现，特定的脑区参与语言加工过程。之后大量研究进一步确定，这些区域属于语言加工皮层通路的一部分（见第四章）。

由于神经科学家的主要兴趣集中于语言功能，因此积累大量有关语言的神经科学知识并不困难。对语言内在机制和习得方法的理解已经对教育政策产生了重要影响。

记忆（Memory）

在学习过程中，对感知的信息进行加工和整合时会留下一些痕迹，记忆就是这样形成的。记忆是保证过去经验被记住的认知过程，包括获得新信息（记忆痕迹的形成阶段）和记住信息（记忆痕迹的提取阶段）的两个过程。记忆痕迹的激活程度越强，“可识别”的记忆就越多，换句话说，记忆信息就越稳固、越不容易被遗忘。

记忆建立在学习基础之上，而学习依赖记忆才能形成。这两个过程有着非常密切的关系，影响学习的因素也同样影响记忆。这就是为什么对某件事或某些信息的记忆会受强烈的情绪、特殊情境、强烈动机和集中注意的影响而增强的原因。

经常学习同一内容，能达到背诵的程度。通常情况下，训练和测验是依赖于信息回忆的，因而也依赖于记忆信息。通常这并不利于技能的掌握和知识的理解。在学习过程中如此强调记忆能力是否合适呢？在教育学领域，这是一个非常关键的问题，已引起不少神经科学家的关注。

神经元（Neuron）

神经元之间相互连接，组成广泛的网络系统。神经元具有电属性和化学属性，能够传递神经冲动（见第二章，详见图 2.1）。电位在神经细胞中进行传递，而细胞与细胞间的信息传递则通过一定的化学过程实现。因此，神经细胞的功能就是专门负责信息交流。

神经细胞中的电传递是单向的。神经元的树突和细胞体接收电位，电信号传入后，神经元产生动作电位，动作电位的频率受传入电位的影响。动作电位通过轴突进行传递。

两个神经元之间的联结区域称为**突触**。突触包括三个部分：轴突末端、突触间隙和突触后神经元的树突。动作电位到达突触时，会释放一种叫作神经递质的化学物质，它能穿过突触间隙。这个化学活动受神经递质类型和数量的调控，也受有关受体数量的影响。释放神经递质的数量和受体的数目受经验的影响，这就是大脑可塑性的细胞基础（见后面内容）。神经递质对突触后神经元既有兴奋作用，也有抑制作用。

因此，神经元的电活动和化学活动一起，共同实现神经网络中信息的传递和调控。

为了进一步理解皮层活动，人们采用各种功能成像技术（fMRI、MEG、PET、OT 等）观察和研究神经活动所引起的血流改变情况。

对局部皮层网络的研究开辟了一条理解学习内在机制的重要途径。这些技术的时空分辨率越高，定位就越准确，对皮层功能的认识也就越清晰。

学习的机遇期（Opportunity windows for learning）

个人发展的特定时期非常适合特定技能的学习。在这些关键时期内，脑需要特定类型的刺激，以实现并保持相关脑结构的长期发展。这些时期内，个人经验显得异常重要，关系到许多重要改变的发生。

这些时期称为“敏感期”或机遇期，是个人学习某些特定技能的最好时机。虽然它们是自然发展的一部分，但想要产生有效的变化（学习），经验也很重要。这种学习可称为“经验期待型”学习，如口语学习（见第四章）。而“经验依赖型”学习与它不同，如书面语学习，它可以发生在一生的任何时期。

如果机遇期内学习没有发生，并不意味着不能学习。人的一生之中学习在不断进行，机遇期外也同样发生，只是需要更多时间和认知资源，效率也较低。

进一步理解敏感期及发生在敏感期的学习过程，是未来研究的重要课题。

不断完善的蓝图将使我们在教育实践中更好地将教育方法与适当的敏感期统一起来，促进学习效率的提高。

可塑性（Plasticity）

脑能够学习是因为其具有可塑性（见第二章）。脑能根据环境刺激产生改变。这种适应环境的能力是脑与生俱来的——即可塑性。

突触连接水平的可塑性机制有多种方式（图 2.1）。在脑加工和整合信息的过程中，可能产生一部分突触（突触发生）、消除部分突触（修剪）、改变突触的连接效力。

学习和记忆过程中形成的“记忆痕迹”正是这些塑造作用的结果。因此，可塑性是学习的必要条件，也是脑的固有属性。它在人一生当中始终存在。

可塑性及其相关概念是脑最重要的特点。为什么人一生之中都可以学习？脑可塑性可为“终身学习”提供有力的神经科学论据。教育学家、决策者和所有学习者都将受益于对这个问题的理解。是否应该在小学阶段就开始教育学生，他们为什么能够学习、应当怎样学习呢？

品质生活和健康人生（Quality existence and healty living）

与人体其他器官一样，脑只有在身体健康的状态下才能保持最佳工作状态。最近有研究考察了营养状态和身体活动对皮层功能尤其是学习的影响。结果发现，均衡的饮食可促进脑发育和功能发展，同时也能避免出现不少行为和学习问题（见第三章）。同样，有规律的体育运动对脑认知功能具有促进作用，它能改变脑特定区域的活动。

睡眠也是脑发育和功能发展的决定因素（见第三章和第六章）。大家都知道，缺乏睡眠时最先受影响的就是认知功能。睡眠中会发生一些与可塑性和知识巩固相关的过程，它们对记忆和学习起着关键作用。

环境因素（噪音、空气流通等）和生理因素（饮食、锻炼、睡眠等）都会影响学习。在不久的将来，这个领域的发展将会促进这些因素在学校教学和教育实践中的实际应用。

表征（Representations）

每个人都在不断感知、加工和整合信息，不断地学习。每个人都有自己的表征方式，都根据自己的经验构建表征。表征系统是个有组织的系统，它将外部世界纳入到个人观念中来，每个人的表征系统都在监控着他/她的各种思维过程。

从柏拉图提出洞穴理论（Plato's Cave）开始，哲学家们就一直在思考表征问题。显然，本书的目的不是为了回答这些关于人性的永恒问题。但是，也许有一天，关于脑功能的知识会为人们理解这个争论不休的哲学问题提供新的见解，这也是不无可能的事情。

技能（Skills）

探讨行为和学习问题时，“技能”这个词经常出现在讨论中。任何一种行为都可分解为各种技能，这些技能都可理解成行为的“自然元件”。

例如，根据传出、接收和交流方式，可将语言分解为四种“元技能”。这些元技能包括言语理解技能、言语表达技能、阅读技能和书写技能。每种元技能又能进一步分解为更多各不相同的技能。举例来说，口语理解能力包括大约十种技能，例如对系列声音的短时记忆能力、对语言不同声音成分的辨别能力、对字词的辨别能力和对语法规则的识别能力，等等。

每种技能对应一类活动。这就引发了一系列问题：如何评价个人进步？如何区分技能和知识？我们对孩子们的期望是什么？技能还是知识？我们对孩子们进行测验时，到底想要“测”什么？

团队和社会交往（Team and social interactions）

社会交往可以促进学习。没有社会交往，一个人就无法学习，也无法得到好的发展。处于社会情境中时，人的学习会得到发展，这与社会情境复杂多样的性质有关。

探索能促进知识运用和技能形成。在与他人交往的过程中，个人能够发展策略，锻炼推理能力。这就是为什么皮层结构的早期发育和认知功能的正常发展都离不开社会交往这个重要条件（见第三章）。

学校为学生们的社会交往提供了什么样的条件呢？教育领域中新技术的出现对学习情境中的社会交互性产生了深远的影响。这些变化对学习本身会产生哪些影响呢？

迅速崛起的社会神经科学正试图回答这些问题。这个学科主要对社会加工和行为问题进行探讨。

普遍性（Universality）

许多特征是人类特有的，脑的发育就是其中之一。脑的发育是根据每个人遗传基因中记录的程序进行的。这个过程既受各种基因的调控，也受经验因素的不断影响，整个过程就像“芭蕾舞”一样精巧。

可塑性是脑的一种固有属性（见第二章）。脑不断感知、加工和整合个人经验所产生的信息，促使神经网络不断产生物理联结。这个持续发展的过程是脑基本功能的结果，反映了脑持续学习的能力。这意味着，发展是皮层活动一个持续、普遍的特征，人的一生都是可以学习的。

“每个人都享有受教育的权利”［《世界人权宣言》（*Universal Declaration of Human Rights*），联合国，1948－12－10，26 号文］。教育影响人的学习，让每个人都享有学习阅读、写作和数学这些基本能力的机会（见第四章和第五章）。

目前，正在开展一项国际性的评估活动，旨在考察各种教育系统的公平性和持久力。虽然在跨越各种文化障碍、对习得知识进行“测量”等方面存在诸多困难，但这些评估活动却能增强人们的意识，使人们认识到不断改善教育质量是很有必要的。

多样性（Variability）

经验对个人发展和塑造起着关键作用，但它仍具有个性化和主观性的特点。人的表征方式源于经验，因而每个人都是不同的。经验对于塑造具有优势的认知风格也有重要作用，它能够使学习者根据情境采用特定的学习策略。

某些学习活动能够引起改变——即从一种状态变成另一种状态。然而，由于个人经验和表征方式的不同，每个人的初始条件都是有差异的。另外，学习引起的变化会受学习动机、社会交往和学习策略的影响。这就是为什么教育对人的影响是因人而异的，也是我们常提到个体差异的原因。

在同一个班级里的学生，学习的课程相同，但学到的东西并不相同，是因为他们对于相同概念的表征方式差异很大。他们的背景知识并不相同，学习方式也各有差异，因此每个学生所形成的表征系统也不尽相同。他们的学习经历都会在记忆中留下痕迹，但这些痕迹各不相同，各有各的特点。

我们应当重视学习经历中的个体差异，设置多样性的课程来适应他们的需要，这个教育目标已经变得越来越重要了。

男性和女性的皮层差异也是一个备受关注的问题。然而，神经科学数据既没有证实也没有证伪这个假设。

工作（Work）

近些年来，人们做了许多工作，在发展教育神经科学方面取得了重要进展。这促进了一个更大的、超学科——学习科学的诞生（见第七章）。然而，与追随我们进入这一领域的那些人将取得的成就相比，目前的成绩就微不足道了。让我们期待他们遇到的障碍更少一些，特别是因为他们需要应对更为广泛的知识基础。如果真的这样……

…XYZ

……故事还远没有结束，教育研究与创新中心的计划只是这次冒险旅途的开始，如今该是其他人接手指挥棒的时候了。许多人已经加入到这个阵营中来了（见第七章）。写入我们脑中的代码将远远不止这三个字母。有关脑的知识就像脑本身一样：处于不断进化之中……

第二章

一生之中脑如何学习

脑？我第二个最喜欢的器官。

——伍迪·艾伦（Woody Allen）

本章通俗易懂地介绍脑的结构。本章描述了脑在一生中的学习规律，并介绍了三个关键时期：幼儿与儿童期、青春期和成年期（包括老年期）。本章还探讨了如何通过学习解决和延缓老化进程中出现的认知功能下降和认知功能失调问题。对于没有脑神经科学知识背景的读者来说，本章十分有用，因为本章的基本原理和相关分析都是针对非专业人士而写的，并且有很多图表辅助说明。

学习是一个异常复杂的过程，其定义也因具体情况和个人观点的不同而不同。神经科学学和教育研究者对学习的定义差异很大，这给他们的交流造成了一定的困难。例如，科学家 Koizumi（2003）将学习定义为：“大脑对刺激作出反应、建立神经联结，以形成信息加工网络和信息存储装置的过程”。相反，来自教育研究领域的 Coffield（2005）则将学习定义为：“个人、群体、组织或社会在能力、理解力、态度或价值观方面的显著变化”；他明确地将“不会引起变化的信息获得”排除在学习范畴之外。

本章并不想给学习下一个通用的定义，也不想对各种定义进行综述。本章的目的并不是为了让大家重新认识“学习的含义因情境的不同而不同”，而是为了介绍脑的基本结构，描述不同人生阶段信息加工时脑所发生的变化。本章还探讨了由于老化或疾病造成功能退化或损伤时，可以采用的一些脑保健方法。

新兴脑成像技术（见附录 A）的发展促进了认知神经科学的出现①。神经科学家正不断学习应用科学新发现，并不断形成新的研究问题。某些神经科学的发现与课程设计、教学实践和语言、数学学习都非常相关。认知神经科学还有助于人们认识到，理解成人的学习机制有助于解决老化问题（如记忆缺失）和严重的慢性疾病（如老年痴呆症）②。有关终身学习的神经科学发现越来越多，这些发现贯穿于本章所述内容之中。

脑结构的基本原则

脑由大量神经元和神经胶质细胞组成③，它们构成了脑的基本功能单位。胎儿期是脑发育最快的时候，也就是受精后 10 到 26 周之间，脑每分钟产生大约 250 000 个神经元。到婴儿出生的时候，脑已经包含了一生之中的大部分神经细胞，有 150 亿～320 亿个。之所以会有这样大的范围，是因为对细胞总数的估计并不精确，而且人与人之间的差异也相当明显。出生以后，神经网络会不断修饰：神经元之间时而建立连接并得到加强，时而连接变弱并最终消失。

---

① 认知神经科学是研究认知功能内在神经机制的科学。认知神经科学是神经科学和认知心理学的交叉科学，其中神经科学研究广泛的大脑功能，而认知心理学研究心理过程和行为表现的神经机制。

② 痴呆是一种智能退化的疾病，如记忆、注意和判断等方面，它是由器官病变和大脑障碍引起的（见下文）。

③ 神经胶质细胞是中枢神经系统的神经组织，与传递信号的神经元是有区别的；它们分布在神经元之间，起着支持和隔离的作用。

因此，脑的学习能力不仅受神经元的数量影响，也受神经联结的强度影响。由于每个神经元通常与几千个神经元相连，因而每个神经元都有巨大的变化空间。在很长一段时间里，人们认为这种改变主要发生在儿童期，因为6岁时脑容量就已达到成人的90%。但目前的研究指出这个观点需要修正，因为越来越多的科学证据表明，在人一生当中脑都在发生巨大的变化。

学习和记忆过程是以相互联结的神经网络为基础的。每个神经元都有三个独立的部分：树突、胞体和轴突（见图2.1）。树突的分支非常丰富，可接收来自其他细胞的化学信号，继而将电位信号传递给胞体。树突从其他神经元处接收刺激，而轴突则向其他神经元传递刺激。胞体中含有细胞核（内含DNA），是合成蛋白质的主要场所。轴突是一条从胞体延伸出去的长轴，表面包裹着一层髓磷脂，电信号就是沿着长轴进行传递的。轴突分支的末梢称为轴突终末（axon terminals），化学信号从这里释放出去，到达其他神经细胞的树突。传出信号的神经元称为突触前神经元，而接收信号的神经元称为突触后神经元。在突触前神经元的轴突和突触后神经元的树突之间，有一处很小的空间——即突触间隙。实际上，每个突触后神经元树突上汇集了大量突触前神经元轴突。因此，众多突触前神经元的活动就会组合起来，共同决定对突触后神经元的影响。每个突触连接的相对活动水平决定了突触的增强、减弱，甚至最终的消亡。总的来看，人们认为这种现象决定了脑内学习和记忆的结构编码过程。

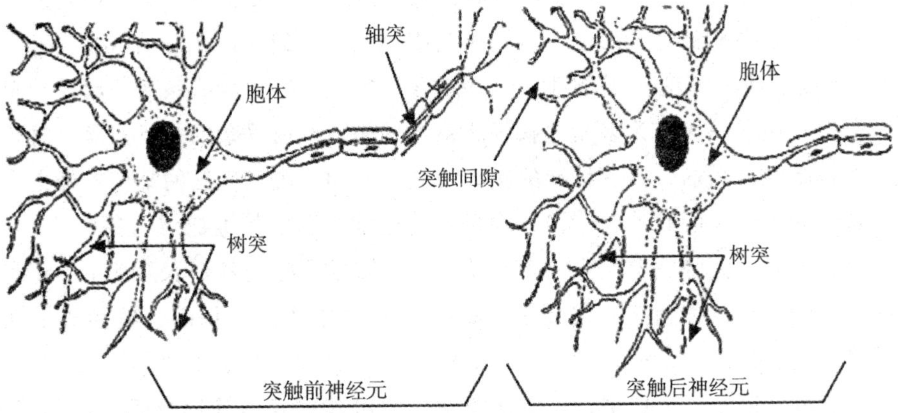

来源：Christina Hinton for OECD.

图2.1　两个神经元之间的突触联结

神经元之间的信息交流受多种因素的调控。神经联结数量增加的过程称为“突触发生”（synaptogenesis），而突触数量减少的过程称为“修剪”（pruning）。神经元之间的信息交流除了受突触增加和减少的影响外，还有可能受轴突终末释放大量神经递质的综合效应、突触间隙清除神经递质的快慢以及接收神经元表面受体数量的影响。这些变化决定了现有突触连接的增强或减弱。通过这种机制，外界经验就能促使神经网络建构起来——即脑对环境的适应。

除了突触变化之外，神经元的发育还包括其他过程，即髓鞘化，也就是在轴突外围形成一层名为髓磷脂的物质。要理解这个过程，需要了解神经元信息交流时所发生的事情。信息交流时，神经元轴突会释放神经递质，但之前必须接收一个信号，才能释放神经递质。这个信号以电冲动的形式从神经元胞体发出，沿着轴突传递出去①。轴突就像一根电线，如果外层包裹有绝缘材料，传输电流（也就是电冲动）就会更快。虽然大部分轴突刚刚形成之时，并没有外层绝缘材料，但髓鞘会渐渐生长出来，起到绝缘作用。一旦轴突外层绝缘化——髓鞘化——以后，电冲动就能在轴突表面的脂鞘之间不断“跳跃”传递，髓鞘化轴突比非髓鞘化轴突的传输速度快100倍。

功能结构

脑是一个高度分化的结构，不同脑区承载不同的信息加工任务——这就是功能定位的原理——所有脑都具有相同的结构。脑每个部分负责不同功能，由大量相互联系的神经元组成。负责相同或相似功能的神经元总是联系在一起形成集合，这是一条普遍的规律。一些集合与另外一些集合联系在一起，一个脑区也就直接或间接与许多其他脑区联系在一起，形成复杂的神经回路。每个脑区都是高度分化的，负责特定的次级功能。例如，视觉皮层的某些神经集合负责颜色的编码，而其他一些神经集合负责运动和形状的编码。当我们“看见”一个物体时，大脑就会产生一个知觉对象，知觉对象的各个方面都是由特定脑区产生的。当某种脑功能需要多个脑区相互协作才能实现时，就形成了**认知网络**。

有些功能是与生俱来的。举例来说，大脑能将言语片段分解成许多单词，

---

① 这个过程以如下方式进行。神经元A释放神经递质到神经元A和B的突触间隙之中。其中一部分神经递质穿过突触间隙，与神经元B上的受体结合。神经元B细胞膜上的离子泵打开，某些离子进入细胞，也有某些离子流出细胞。如果神经元B受到的影响足够强烈——即打开的离子泵足够多——则细胞电位就会发生变化，并沿轴突产生系列反应，引起电位冲动从胞体向轴突扩散开来。

这种能力就是天生的（Simons and Molfese，1997）[①]。一项对法国新生儿的研究发现，他们在出生后5天之内就能对法语语调和韵律（韵律学指标）作出反应（见第四章）。因此，学习在出生以前就已经开始了（Pena et al.，2003）。但其他功能与生俱来的可能性就会小一些，例如阅读能力需要的神经网络非常复杂，涉及的脑区非常多，这种神经网络就不是与生俱来的，需要多个特定脑区的不断联结和协调才能形成（见第四章、第五章）。

没有两个大脑是完全一样的。虽然每个人的基本脑结构都是相同的，但脑结构的大小却各不相同，细胞联结的组织方式和联结强度也互不相同。首先，基因的不同使得每个人的脑组织方式略有不同，这是个体差异的基础。其次，环境事件能对基本脑结构产生影响，导致脑组织发生结构改变，因而虽然每个人的认知过程是相同的，但经验不同导致神经网络也是不同的。

脑结构

人体有一条从头到脚的对称线（如，右眼和左眼，右手和左手，右腿和左腿，等等）。同样，脑也可分为两个主要部分：**左半球和右半球**。右半球主要控制左侧身体的活动，左半球则刚好相反。因此，如果左半球中风会影响右侧身体。

研究显示，脑右半球在空间活动和面孔识别任务中发挥着关键作用，而左半球中的主要神经网络与语言、数学和逻辑能力有关。大脑两半球通过**胼胝体**进行交流，它由2.5亿束神经纤维组成。因此，虽然表面上某些活动具有一侧化优势，但脑整体活动需要两半球共同参与。每个脑半球都非常复杂，需要多个子系统把它们联系起来。因此，把一个人称为“左脑学习者”或“右脑学习者”都是把问题简单化了［见第六章有关神经神话（neuromyths）的讨论］。

脑的表面是**脑皮层**，厚度为2—4毫米，由多层细胞组成，总面积达2 000平方厘米。脑皮层由灰质和白质组成[②]。为了适应颅骨的大小，皮层形成了许多褶皱（脑回）和沟壑（脑沟）。脑皮层中含有绝大部分神经元，主要负责高级功能。

---

① 然而，区分单词可能是一件非常困难的事情，因为每个单词的发音之间并没有间隙。

② 灰质主要由神经细胞的胞体和树突构成；白质主要由轴突构成，轴突联结着脑的各个区域。

脑叶

每个脑半球可进一步分为一些脑叶（如图 2.2）。所有复杂技能都需要不同脑叶中的神经网络相互协作才能完成。大体而言，每个脑叶都负责特定功能（这是当前了解的知识，但随着研究的发展，也许需要进行修正）。**额叶**参与计划和动作功能；**颞叶**对听觉、记忆和物体识别起关键作用；**顶叶**参与感觉和空间加工；**枕叶**对视觉功能非常重要。每个脑叶又进一步划分为相互联系的不同神经网络，负责特定信息的处理①。

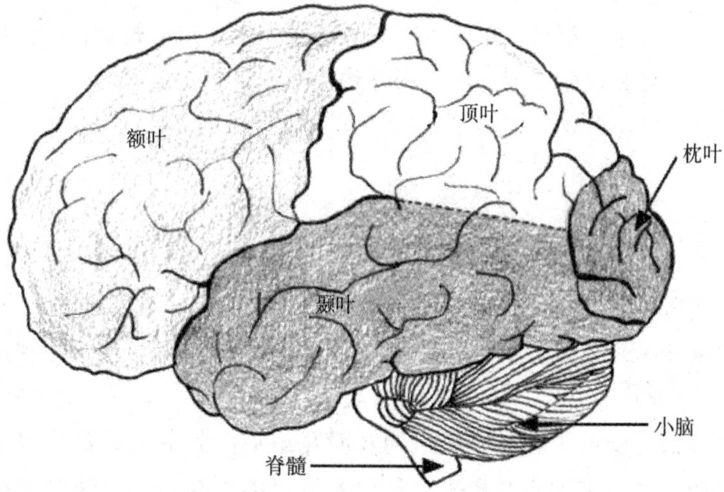

来源：Odile Pavort for the OECD.

图 2.2　脑皮层的主要组成部分

额叶包括**初级运动皮层、额上回、额中回和额下回**（见图 2.3）。初级运动皮层与躯体运动的自主控制有关，额上回与行为的计划和执行有关，额中回与高级执行功能和决策功能有关。**布洛卡区**（Broca's area）位于额下回，与语言的产生、言语加工和言语理解有关。布洛卡区与**威尔尼克区**（Werinicke's area）相连，该区域位于左半球颞叶和顶叶的交汇处，与言语识别功能有关②。

额叶与许多高级认知功能有关，包括计划、判断、记忆、问题解决和行为功能。通常情况下，额叶皮层负责执行功能，能够控制和调节行为（包括社

① 这些神经网络受到任何损伤都会破坏其负责的功能，每种结构异常都对应着特定的功能障碍。

② 布洛卡区受损会导致布洛卡失语症，复杂句子的产生和理解能力严重受损。威尔尼克区受损也会严重破坏语言加工能力（见第四章）。

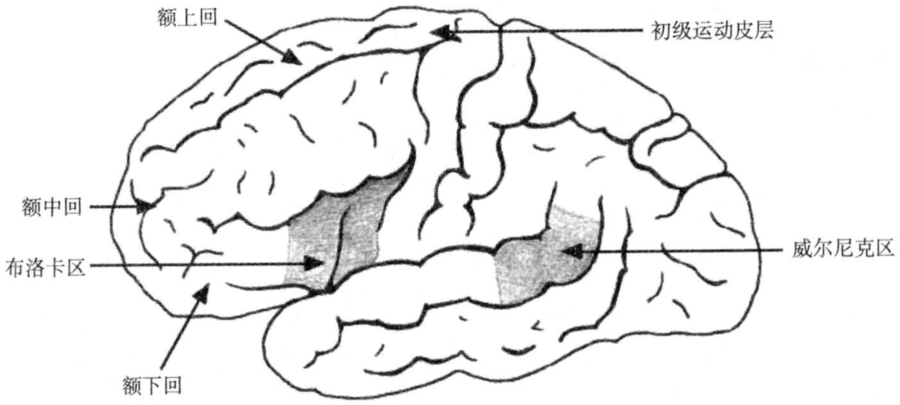

来源：Odile Pavot for the OECD.

图 2.3　额叶

会上不受欢迎的行为①）。人脑发展到成年期时，会出现从后向前的髓鞘化过程。由于髓鞘化轴突传递冲动的速度比非髓鞘化轴突更快，因而成熟的脑就能提升执行功能，而去髓鞘化（髓磷脂的丢失）则意味着某些疾病的发生，如多发性硬化等②。

顶叶可分为顶上小叶和顶下小叶，由顶内沟分开。楔前叶、中央后回、缘上回、角回都位于顶叶区域。某些顶叶区域与数学学习能力有关（见第五章），顶叶还能整合感觉信息和视觉空间信息。角回与语言和认知功能有关，并加工比喻和其他抽象概念。

颞叶与听觉加工和听力有关，也具有一定的言语功能，尤其是左侧颞叶区域。这个区域与命名、理解和其他语言功能有关。左侧梭状回作为颞叶的一部分，与字词识别、数字识别、面孔识别和颜色加工有关。

枕叶位于大脑后侧、小脑上部。枕叶内部区域是初级视皮层。枕叶与视觉加工、颜色辨别和运动辨别有关。

---

① 额叶受损或发育不成熟会导致行为冲动、对复杂系列动作的控制能力下降、不断重复某些行为，而不会随机应变。David Servan-Schreiber 在纽约论坛（由教育研究与创新中心和萨克勒研究所联合组织）的“脑机制和早期学习”（2000）论坛中，介绍了 Antonio Damasio 对一个额叶损伤病人的研究案例。这个病人是爱荷华州的一个会计师，额叶受损之前事业成功，智力超群（传统智力测验 IQ 为 130）。由于机能损伤，这个会计师的部分脑区被迫切除。手术完成以后，临床观察发现，他的 IQ 仍然比一般人高，而且维持了好几年。但是，他的社会判断能力遭到破坏，不仅丢掉了工作，而且找不到新的工作，多次陷入经济危机，并最终抛弃了携手 17 年的妻子，娶了一个年纪很大的女人。

② 多发性硬化是一种发生于中枢神经系统的慢性自身免疫性疾病。脑或脊髓（或二者同时发生）的髓磷脂渐渐发生分解，影响神经通路的正常功能，导致肌肉力量下降、协调能力缺损以及言语和视觉障碍。

脑终身学习的方式

真正的学生永远不会停止学习。

——乔治·艾尔斯（George Iles）

最新研究发现，某些脑区，包括对学习和记忆起着关键作用的海马区，一生都能产生新的神经元。神经元的产生（神经发生）和消亡使脑的结构在一生中都能发生变化。通过突触形成（突触发生）、突触消失（修剪）、突触增强和突触减弱的方式，神经元之间的突触联结能够不断得到修饰。在人的一生中，神经元和神经联结不断产生。在脑加工环境信息之时，最活跃的神经联结不断增强，最不活跃的神经联结不断减弱。随着时间推移，不活跃的联结越来越弱；当整个神经元的所有联结都不活动时，细胞就会消亡。与此同时，活跃的联结则会越来越强。通过这种机制，脑就能不断适应环境。这样，脑的效率增强了，结合经验的作用，脑就能发展出最佳的结构（Sebastian，2004；Goswami，2004；Koizumi，2005）。结构的改变是学习发展的基础。

可塑性和敏感期

神经科学家已经知道，脑一生都能根据学习经验发生显著变化。脑适应环境要求的能力称为可塑性。脑物理结构的改变是通过强化、减弱和消除原有神经联结，产生新的神经联结实现的。结构改变的程度取决于学习的类型：学习时间越长，结构改变越显著。

脑具有维持适应性、警觉性、反应性和问题导向性的能力，这与它的终身可塑性有关。最初人们以为只有婴儿的脑才具有可塑性，这是因为习得新技能的时候，会产生大量新突触。**然而，过去20年的研究数据表明，脑的可塑性可以持续终生。由于可塑性是学习的基础，因而一生之中都能学习，不过不同阶段的学习方式可能不同（Koizumi，2003；OECD，2002）。**

可塑性可分为两种：经验期待型（experience-expectant）和经验依赖型（experience-dependent）。经验期待型可塑性指的是遗传倾向所引起的脑结构改变，发生于较早时期；经验依赖型可塑性是指面对复杂环境时发生的脑结构改变，它在一生之中都能发生①。许多研究者相信，经验期待型可塑性反映了种系发展的特点：它是健康脑的自然属性，是我们活到老、学到老的有力保证。

与可塑性相同，学习也可以分为经验期待型学习和经验依赖型学习。经验期待型学习是脑遇到相关经历时发生的一种学习，最佳的学习时期被称作“敏感期”。敏感期是指某个特定生理活动发生的最佳时期②。科学家已经提出了某些特定感觉刺激的学习敏感期，如视觉敏感期、语音敏感期以及一些特定情绪经验和认知经验敏感期，如语言学习敏感期。然而，也有一些心理能力，如词汇习得能力、颜色知觉能力，似乎没有明显的敏感期。这些能力可看作经验依赖型学习，在一生之中都能发生。

在不同人生阶段，不同类型的可塑性起着不同的作用。下面我们将介绍人生三个不同阶段，即儿童早期、青春期和成年期（包括老年人）。在这三个阶段，学习过程的特点显著不同。本书第二部分也将讨论这几个重要阶段。

儿童期（3—10岁）

教育之初决定未来之路。

——柏拉图

过去十多年来，儿童早期教育与保育引起了人们的广泛关注。在一定程度上，这是因为研究表明，早期经历的好坏对儿童短时认知能力、社会情绪发展以及在学校和以后人生中能否取得长远成功具有重要影响。接受良好的学前教育与保育，是所有儿童一生学习的基础，也符合每个家庭广泛的教育和社会需求。在多数经济合作与发展组织成员国，所有儿童在接受义务教育之前，政府都会努力为他们提供最少两年的免费公共教育；因此，政府也在不断改善职员培训和工作条件，并试图开发适宜幼儿发展的教学体系（OECD，2001）。虽然神经科学无法解决儿童早期教育与保育过程中碰到的所有问题，但我们相信，神经科学的研究发现能为这个领域的决策提供不少有益的见解。

---

① 髓鞘化也可看成是一种经验依赖型可塑性过程（Stevens and Fields，2000）。

② 需要强调的是，敏感期应当理解为“机遇期”，而不应当认为错过了敏感期，学习的能力就会完全丧失。

儿童很小的时候就具备了熟练理解周围现象的能力——他们是“积极的学习者”（US National Research Council, 1999）。刚出生的时候，儿童的脑并不是一块白板（tobula rasa）。在很小的时候，儿童就已经发展出许多有关这个世界的理论，并根据自身经历不断对这些理论进行修正。早期学习的内容包括语言学、心理学、生理学和物理学等方面的知识，也包括语言、人类、动物、植物和物体的运作方式。早期教育既要考虑年幼儿童思维的明显特点，也要考虑概念发展的个体差异，这样才能设计出更加有效的学习方法，如在游戏中学习①。

婴儿具备了很好的数字能力。有研究证实，1 个月大的婴儿就能注意到周围物体的数量（McCrink and Wynn, 2004）。另有证据发现，婴儿能够进行数字运算（Dehaene, 1997）。在原始数感（number sense）的基础上，通过与环境的不断作用，儿童就能发展自己的数学能力（见第五章的进一步探讨）。因此，教育的问题是，如何在儿童已经具有的能力基础上更好地促进发展？学习的最佳时机是什么？有没有更好的学习方式？

一直以来，在非专业人士中存在着一种普遍观念，认为从出生到 3 岁之间，是儿童最理想的学习阶段（Bruer, 1999）②。根据这种观点，如果儿童在这个阶段没有充分接触各种知识和材料，就无法在后期得到补偿。然而，即便是需要在敏感期发展的能力，在敏感期之后，这种学习能力也不会消失。没有科学证据可以证明，对正常儿童给予过量刺激会获得什么好处，却有证据证明这其实是浪费时间（Sebastian, 2004）。这些观点背后的证据都是基于最基础的功能，如视觉能力；将其直接推广到学习和认知能力上去也许并不合适。但如果想要深入理解儿童早期经验如何影响后期发展，则需要大量队列研究

---

① 根据 Alison Gopnik 的观点，婴儿天生就有语言学习的能力。他们还能学会理解旁人的思维和感受，以及它们与自身思维和感受的联系。儿童学习日常心理学知识、日常物理学（物体是如何运动、如何相互作用的）和日常生物学（生物、植物和动物是如何工作的）知识。在接受正式的学校教育之前，他们就已经掌握了许多复杂的相关知识。能不能将学校教学直接建立在儿童在早期环境中已经获得的知识基础之上呢？这是一个非常有意思的问题。例如，可以教授他们日常心理学知识。对于物理学和生物学来说，学校对儿童的教育可以从他们对现实的自然观念（或错误概念）出发，使儿童更加深入地理解各种描述现实的科学概念。学校应当更加注重游戏、自发探索、预测和反馈之类的方法，这些方法能够非常有效地促进课外自发学习。学校应当创造各种条件，让最小的孩子也有成为科学家的机会，而不应当仅仅让他们了解科学。

② 人们对 3 岁以前的发展总是存在一种误解，他们错误地解释与突触发生有关的科学数据，引发了一些普遍的误解，我们将在第六章进行详细阐述。这些有关儿童早期发展的神经神话影响很大，其中之一就是快速发展的“基于脑”的学习产业，如“激发婴儿大脑的 CD”。这是一个生动的例子，说明对于科学教育来说，正确认识科学证据是多么重要。

(cohort study) 的介入①。

然而，某些学习方面确实存在敏感期，如语言习得（见第四章）。但这并不是说，超过一定年龄后，就无法学会一门外语。研究发现，学习效率与语言本身的一些属性有关。Neville（OECD，2000）曾指出，第二语言学习所涉及的理解和表达成分，都需要掌握各种加工过程。其中两个加工过程——语法加工和语义加工——依赖于脑内不同的神经系统。语法加工更多地依赖左侧额叶区域，而语义加工（如词汇学习）则会激活双侧后部区域。语法学习的时间越晚，学习时大脑的激活程度就越强②。学习语法较晚的人加工语法信息时，双侧半球同时加工，而不仅仅只有左侧半球。这说明，语言学习的延迟会使大脑在加工语法时采用不同的策略。验证性研究进一步表明，脑双侧加工的人在使用语法时存在着明显的困难——双侧激活意味着学习困难更大。因此，儿童接触外语语法的时间越早，就越能简单快速地掌握语法。但是，语义学习一生都可以进行，并无时间限制。

另外一个有关敏感期的例子是语音习得。研究表明，婴幼儿在出生几个月内就能辨别相似辅音和相似元音之间的细小区别，无论母语还是外语都是如此。新生儿能够学会分辨很难的语音差别，而且只需要几个小时就能掌握，即使在睡梦中也能学会。而一般的观点则认为，睡觉的时候一动不动，注意和学习等能力都会明显下降，甚至消失（Cheour et al.，2002a；另见第三章）。但是，当婴儿1岁的时候，对非母语的语音能力会下降，而对母语声音的感受能力将不断提升。非母语能力在1岁之内不断下降，下降最快的时期是婴儿8—10个月（Werker，2002；Kuhl，1979）。这种变化是对自然环境的适应，有利于提高脑功能的效率。需要指出的是，想要提高婴儿对外语语音的敏感性，只是给婴儿播放外语材料的CD是不够的③。

当然，过了敏感期习得非母语语音也是可能的。Cheour等人（2002b）发现，在母语环境中，即便没有任何特殊训练，3—6岁大的儿童也能在两个月

① Kozorovitsky等人（2005）提出，儿童早期经验能够影响成年后脑的结构和生化变化。2004年，日本社会科学和技术研究所（Research Institute of Science and Technology for Society，RISTEX）与日本科学技术中心（Japan Science and Technology Agency，JST）启动了一项“基于脑的队列研究”（brain-based cohort studies），目标之一就是研究这个问题（见第七章，表7.8）。

② 脑激活程度越强，说明脑加工这种任务的困难越大：例如，专家读者与初级读者相比，字词识别测验时脑激活程度更弱。

③ 父母可能想知道，到底有什么方法，既可以促进孩子母语能力的充分发展，也能促进外语能力的充分发展。目前来看，还没有足够证据能够给出确切答案，这个问题需要进一步的研究探索，这也是经济合作与发展组织教育研究与创新中心下一步的工作内容。

内学会辨别非母语语音。McCandliss（2002）指出，只需经过短期训练，母语为日语的成年人就能学会辨别语音 *r* 和 *l*（McCandliss，2000）①。但是，语言学习最重要的方面是与人交流，而不需要精确的语音辨别能力。有没有必要花那么多时间去训练人们的外语语音辨别能力，训练人们记住不同情境中准确的语音，这仍是一个需要商榷的问题。

青春期（10—20 岁）

年轻人的教育是每个国家的基础。

——第欧根尼·拉尔修（Diogenes Laertius）

脑成像技术问世以前，许多科学家，包括心理学家都广泛认为，人在 12 岁之后脑就不再发育了。其中一个原因是，儿童期之后脑的实际大小增长很少。儿童 6 岁时，脑已长到成年人 90%—95% 大小。除了大小之外，青少年脑可理解为是“边用边发展”的。脑成像技术发现，从青春期到成年早期（即 20—30 岁之间），脑体积持续增长，髓鞘化进程不断发展。美国国家精神卫生研究所 Jay Giedd 对青少年的脑进行脑成像研究发现，青少年的脑不仅远没有发育成熟，而且在青春期刚刚结束时，灰质和白质都会发生显著变化（Giedd et al.，1999；Giedd，2004）。Giedd 的研究发现，儿童晚期会出现第二次神经增殖和修剪高潮，这次高潮最重要的部分发生在少年晚期，它会对许多高级心理功能产生影响。神经的密集或稀疏会影响神经元之间突触的数量（Wallis et al.，2004；Giedd et al.，1999；Giedd，2004）。

青春期内许多脑区都会发生变化（如图 2.4）。第一，调节奖赏行为的右脑腹侧纹状体（right ventral striatum）会发生一些改变②。这种变化可能促使青少年更倾向于高奖励、高危险的行为③。第二，在青春期前和青春期内，胼胝体也会不断发育。第三，松果体也会发生变化。松果体能够分泌褪黑激素，这种激素对人体的正常睡眠非常重要。松果体调节褪黑激素的分泌，在青春期

① 许多人都知道，日语母语者辨别英语语音 *r* 和 *l* 存在一定困难（如，辨别“load”和“road”等单词）。

② 美国国家酗酒与酒精中毒研究会（National Institute on Alcohol Abuse and Alcoholism）的 Jame M. Bjork 开展的一项研究表明，在基于奖赏行为的赌博游戏中，青少年与成年人相比，这个脑区的活动更少、错误更多（Bjork et al.，2004）。

③ 右脑腹侧纹状体发育不良并不是青少年“高危险、高奖励”行为的唯一原因，一些环境因素，如贫困、家庭结构和邻里关系，也会影响这种行为。

内每天的分泌时间比儿童期和成年期明显推迟。第四，小脑也会继续发育直到青春期晚期。小脑负责姿势、运动和平衡功能。小脑还会影响部分负责运动功能的脑区，且与认知功能有关，如语言功能①。第五，前额叶皮层也会发生变化，它也是最后一个发生“修剪”的区域，负责许多重要的执行功能，包括高级认知功能。前额叶皮层在 10 岁之前不断发展，青春期时由于修剪作用而使神经联结的数量出现下降。最近有研究指出，青春期前额叶皮层的发育情况可能影响情绪调控能力。

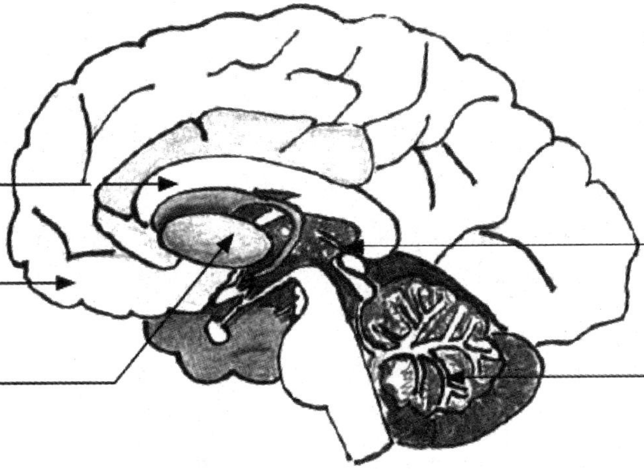

来源：Odile Pavot for the OECD.

图 2.4　青春期的脑

在言语发展和语言功能脑单侧化②方面，有研究考察了青春期认知发展的性别差异（Blanton et al.，2004）。结果发现，11 岁男孩和女孩左侧额下回③白质和灰质都出现了与年龄相关的增长，但总体上男孩增长比女孩更多。同时男孩和女孩都出现了发展不对称现象，右侧的发展比左侧更快，但所在的前额

---

① 这个结论已被过去 20 年的神经科学所证实。小脑通过大脑—小脑连接回路（cerbrocerebellar communication loop）与大脑皮层联结起来。小脑具有精细计算能力，能够促进脑的各项能力，无论是运动能力还是心理能力（如思维能力）。孤独症和精神分裂症的某些症状，如错觉和幻觉等，一定程度上是由小脑功能异常引起的。哈佛大学的 Catherine Limperopoulos 证实，大脑和小脑的发育是相互关联的。如果一侧大脑受损，对侧小脑就无法长到正常大小。如果一侧小脑受损，对侧大脑也将小于正常大小。Limperopoulos 及其同事指出，除了运动障碍之外，小脑先天缺损的儿童也会出现高级认知障碍，如言语交流、社会行为和视觉能力等。这些结果表明，大脑—小脑联结对脑发育非常重要，如果出现问题，就有可能引起言语交流、社会行为和学习等心理功能的障碍（Masao Ito，2005，应经济合作与发展组织秘书处的要求）。

② 将功能定位在脑右侧半球或左侧半球。

③ 额下回在语言加工、言语发展和高级认知功能中发挥重要作用。

叶区域略有不同。

青春期时心理变化非常显著，影响人的情绪结构——即社会知觉、性格以及心理疾病的发展倾向等。在这个时期，个体的学习和社会性得到充分的发展，同时也会出现反社会行为①。青春期是情绪发展的关键时期，此时脑激素的分泌异常丰富。性激素在青少年的强烈情绪中起着重要作用。最近的研究发现，脑情绪中枢（如边缘系统，见图 3.1）存在性激素活动，这些激素能够直接影响 5－羟色胺和其他调节情绪的神经化学物质，使得青少年喜欢寻求冒险的行为。[一项研究利用赛车游戏对青少年和成年人的冒险性进行测量，结果发现在团队中与同伴一起游戏时，青少年表现出更多冒险行为；而单独游戏的时候，两组人都会选择较为安全的行为（Steinberg，2004）。] 根据心理学家 Laurence Temple 的说法，“青春期时，负责感觉寻求（sensation seeking）的脑区已经得到了充分发展，但在整个青春期内，负责判断的脑区仍处在不断发育的进程中。这就像发动了一辆汽车，负责驾驶的司机却非常不熟练”（Wallis et al.，2004）。由于青少年的前额叶尚未完全发育成熟，因而青春期比较容易出现不稳定行为②。

最近的研究结果表明，青少年的脑决策功能并未发展成熟，这些结果可以为这个年龄群体提供政策制定的依据。例如，“分类”在中学低年级经常发生（分组、分班甚至选举），但青少年脑发育不成熟的特点可能并不适合于这种分类③。制定法律设置最低开车年龄的时候，也应当考虑这些结果。根据美国高速公路安全保险协会（United States Insurance Institute for Highway Safety）的数据，青少年发生撞车事故的次数是年长司机的 4 倍，且死亡率是后者的 3 倍。根据这个结果，一些州正在考虑修订议案，提高青少年驾驶员驾驶培训的要求，限制乘客数量和手机的使用④。

青春期也是一个心理疾病多发的时期，如抑郁症、精神分裂症⑤和双相情感障碍等，这些疾病可能是导致青少年自杀率居高不下的原因。Kashani 和

---

① 有数据表明，十几岁的时候，反社会行为的发生率会提高 10 倍（Moffitt，1993）。

② 青少年前额叶皮层发育不良迫使他们充分利用另外一个替代性的脑区，即杏仁核区域（见第三章详细的阐述）。一项采用 fMRI 的研究让儿童和成人识别面孔图片的情绪信息，结果发现青少年更加依赖杏仁核的功能，但成年人更加依赖额叶功能，而对杏仁核的依赖较少。

③ 另外，经济合作与发展组织的 PISA 研究结果指出，早期课堂的分类方法也是不合适的。通过对青少年的情绪脑与各种课堂环境相互影响的研究，神经科学能够促进人们对这个结论的认识。

④ 然而，由于年长驾驶员的驾驶经验比年轻驾驶员更多，也会导致交通事故发生率的不同。

⑤ MRI 研究表明，青少年皮层灰质平均损失 15% 左右，而精神分裂症个体的损失率达到 25%（Lipton，2001）。

Sherman（1998）在美国开展的一项流行病学研究发现，学龄前儿童抑郁症的发病率①为0.9%；学龄儿童的发病率为1.9%；青少年的发病率为4.7%。在青少年中，女孩抑郁症发病率更高，与男孩发病率的比率为2∶1。原因可能是，女孩子的社会倾向比男孩子更强，更加看重积极的社会关系，一旦丧失某种社会关系，也更容易受到伤害（Allgood-Merten，Lewinsohn and Hops，1990）。人际关系压力在青少年之中是普遍存在的，但女孩子更有可能受到伤害。另有证据表明，女孩应对压力的方式中拒绝的成分可能较少，而专注的成分过多，并且会反复回想压力事件（Nolen-Hoeksema and Girgus，1994）。因此，女孩的抑郁症发生率更高，可能是由于她们更容易受到伤害，且采用与男孩不同的压力处理机制引起的。

我们需要更多有关青春期个体差异的脑科学研究，特别是那些与性别差异有关的研究。它们可以帮助我们理解不同的脑发育轨迹，以及每个人处理环境刺激的不同方式。这种研究还可以解释为什么青春期中期自杀倾向最高，且少年期自杀死亡率稳步上升，已然成为这个年龄段中排名第三的死亡原因（Hoyert，Kochanek and Murphy，1999）。由于学业上的失败和自杀现象在重度抑郁青少年中普遍存在，有关青少年的脑科学研究将有利于促进人们对心理疾病的理解，帮助人们采取有效的早期监测和预防措施。

表2.1总结了上述儿童期和青春期的脑学习方法。这个表的归纳并不完整，许多问题还未揭示出来。由于认知神经科学还无法充分揭示成年期和老年人的学习过程，因而这部分内容没有包括进来。由于这方面的研究对解决老龄化社会的许多问题具有重要的潜在价值，因此这个领域的不断进步显得尤其重要。

表2.1　脑是如何学习的

	儿童期（3—10岁）	青春期早期（10—13岁）	青春期（13—20岁）
成熟脑结构[1]	左半球额部	右半球腹侧纹状体	前额叶皮层
		小脑	小脑
		胼胝体	
		松果体	
联合功能[2]	语言（语法）	激励功能	执行功能

① 这种症状的范围包括一般的悲伤到严重抑郁或者双相情感障碍，影响它的危险因素包括家庭病史和不良学校表现。

续表

	儿童期（3—10岁）	青春期早期（10—13岁）	青春期（13—20岁）
		姿势和运动	姿势和运动
		语言	
		睡眠	
最佳学习期[3]	语言（语法、语音）[4] 音乐[5]	未涉及	未涉及

注：[1] 成熟脑结构一栏并没有列出所有发育成熟的脑区。

[2] 联合功能一栏并没有列出所列脑区的所有功能。

[3] 也许该表中还没有列出其他的发展敏感期。

[4] 虽然儿童期学习语言的某些方面具有较好的学习效果，但语言本身是可以终身学习的。并且，表中列出的学习语言的最佳年龄是一个平均值，不同个体的情况并不相同。

[5] 虽然儿童期学习音乐的某些方面具有较好的学习效果，但是音乐是可以终身学习的。而且，表中列出的学习音乐的最佳年龄是一个平均值，不同个体的情况并不相同。

成年期和老年期

教育是防老的最佳途径。

——亚里士多德

过去十几年以来，成年人的学习问题已变得越来越重要，社会也变得越来越依赖知识。缺乏技术的人失业率居高不下，人力资源对经济和社会发展越来越发挥着举足轻重的作用，这些都提高了成年人对学习机会的需求。然而，成年人对学习的参与率并不高，并且大约50岁时会出现相当大的下降。如何采用适当的教学方法，让学习变得更加符合成年人的兴趣，是我们面临的一项重大挑战（OECD，2005）。

曾经有一种流行的说法，说脑每天会损失100 000个神经元（如果吸烟或喝酒的话就会更多）。但采用新技术的研究表明，如果计算脑皮层每个区域的神经元数量，就会发现它与年龄并无相关（Terry，DeTeresa and Hansen，1987）。皮层中与年龄有关的神经元只是那些较“大”的神经元。这些较大神经元的数量会不断下降，但小神经元的数量却会不断增加，因而总体数量是保持不变的。但是，神经元变少之后，神经回路就会减少，突触数量也会下降。神经联结的减少说明可塑性的下降，但并不会导致认知能力的下降。相反，技能学习需要修剪一些联结，同时强化另一些联结。因此，人的一生都可以持续不断地学习。

老年人的学习方式与年轻人相同吗？有证据表明，完成某些认知任务时，老年人脑学习的特异性程度和分化能力更低（Park et al.，2001）。最近，一项日本研究比较了年轻人和老年人的语言熟练程度（Tatsumi，2001）。该研究要求被试在30秒内尽可能多地大声说出一定语音和语义范畴中的相关词汇。结果发现，老年被试提取词汇的数量大约为年轻人的75%，表现出更低的词汇熟悉性。同样，老年被试提取名人名字也更困难，平均成绩只有年轻被试的55%。一项采用正电子发射断层扫描技术（Positron Emission Tomography，PET）的研究考察了词汇的熟悉性，结果发现，年轻被试在提取固有名字时左侧颞叶前部和额叶区域出现激活；而在提取生动的名字、单调的名字以及音节流畅的词汇时，左侧颞叶后部下方及左侧额下回（即布洛卡区，见图2.3）出现激活。然而，老年被试的激活区域普遍更小，有些区域甚至根本不激活。当然，也有一些区域在老年被试中出现激活，而在年轻被试中却并不激活（Tatsumi，2001）。

目前，对这些发现下结论还为时尚早，仍需进一步的研究证实。这种激活模式的一种解释方法是，老年被试需要征用脑的其他区域，以补偿不熟练的词汇提取功能。此外，为了提高老年人脑的活力，可以不断重复某种任务，达到非常熟悉的程度，这样就能降低脑的激活水平，提高加工效率，并且，这种任务也能提高其他脑区的加工效率。

学习以延缓由于老化而导致的认知能力下降

当我们不再使用某些脑认知过程时，它们就会出现功能下降，这进一步证明了终身学习概念广泛而重要的促进作用。有一句谚语，叫“上了年纪的人学不了新玩意”，这句话背后的意义其实是“用进废退”的问题，它给我们提出了进一步的问题，即如何才能学得最好。这是一个很重要的问题，因为脑的使用方式会影响它的老化进程。在本节中，我们将介绍老化进程中脑功能下降的情况，并介绍一些可以通过学习来对抗功能下降的方法。

对抗认知功能老化

虽然我们的脑有很好的可塑性，甚至可以保持终身学习，但大部分认知功能在20—80岁之间都会出现普遍下降。日常生活中的一般印象是，认知功能开始下降的时间明显晚于20岁，但这只不过是因为老年期的功能下降比之前更加明显。中年时期执行功能和长时记忆的受损也不容易觉察出来，因为它们被专长和技能掩盖了（Park et al.，2001）。然而，在人的一生之中，知识增长与执行和记忆功能下降之间有什么关系？关于这一点，还有许多未解之谜，仍需要未来研究的不断深入。各种认知功能下降的规律是不一样的。目前了解得最清楚的是在字母比较、图案比较、字母旋转、计算广度、阅读广度、线索回忆、自由回忆等任务中表现出来的下降现象。相反，也有报道指出，70岁时某些认知功能仍然能够得到提高（到80岁时略有下降）。例如，词汇量就会随着经验和常识的增长而增加，这可以弥补其他认知能力的下降（Park et al.，2001；Tisserand et al.，2001，2002）。

与年龄相关的功能下降是由于各种认知机制出现问题而引起的，并不仅仅是由单一因素引起的。所有执行功能及其执行速度都有可能随着年龄增加而发生下降，从而引起各种高级认知功能问题，如推理能力和记忆能力的下降（Park et al.，2001）。有研究考察了神经认知功能随着年龄增加而发生下降的情况，结果发现40岁时信息处理速度就开始出现下降，尤其表现在那些与前额叶区域和回路有关的认知过程中。因此，这些所谓的“执行功能”是随着年龄增长而最先退化的，并表现出对新异信息的处理效率的下降、遗忘的增加、注意力和集中能力不足、学习潜力下降等。前额叶皮层各个区域受年龄的影响也不尽相同，其中背外侧和内侧区域受年龄的影响较大，眶额叶区域受年龄影响较小。这种差异可能导致前额叶皮层完整性的破坏，引起与年龄有关的认知下降（Tisserand et al.，2001；2002）。

高级认知功能出现与年龄相关的下降并不一定影响人的创造性。有证据表明，创造性与其他认知功能很大程度上是相互独立的①。一项对25—83岁日本成年人的研究考察了年龄对创造性的影响，结果发现，在语言流畅性、思维独创性、生产能力和创造性应用能力方面，并没有出现年龄差异。研究还发现了语言流畅性和生产能力的性别差异：女性优于男性。这些结果表明，某些创造能力是能够在成年期保存良好的②。

除了经验以外，“身体健康”是另一个影响认知功能的因素（见第三章）。

---

① Jellemer Jolles，CERI终身学习网络第二届会议（2nd meeting of the CERI's Lifelong Learning Network），东京，2003.

② Hideali Koizumi，CERI终身学习网络第三届会议（3nd meeting of the CERI's Lifelong Learning Network），东京，2004.

生理和心理健康让人联想起一个古老的概念，用 Juvenal 的拉丁文诗歌来说就是“mens sana in corpore sano”（即“健康身体里的健康心灵”）。动物研究综述让我们有理由相信，身体健康能够增强人的认知功能（Anderson et al.，2000）。此外，最近一项对已有纵向研究数据的元分析发现，良好的健康与较好的人类认知功能，尤其是执行功能（如，心理过程的管理和控制能力）有很强的正相关。越来越多的数据表明，与执行和记忆功能有关的脑区，如额叶和海马区域，会明显地随着年龄的增长而下降，且涉及的区域比其他区域更大。这种下降也许能够通过良好的健康水平得以延缓。需要特别指出的是，有研究表明，任务成绩的提高与心血管功能的增强有正相关。研究也发现，某些特殊训练能够提高空间定向能力、归纳推理能力和复杂切换任务（如驾驶）的成绩。总体而言，越来越多的证据表明，某些行为干预技术，如增进健康和增强学习，能够改善认知功能，其效果甚至能够保持到老年期。未来的一个重要问题是，如何将这些研究结果应用于实验室之外去。

对抗脑功能损伤

脑可塑性的另外一个表现是，脑严重损伤后是如何进行功能重组的？有一个新生儿的案例，其脑皮层没有完全发育成熟。由于皮层结构负责所有的意识体验，包括知觉、情绪、思维和计划等，因而这个婴儿基本上处于植物人状态。通常情况下，对该婴儿的诊断是，他没有视觉和听觉，而且没有治疗的可能。但婴儿的父母却认为，孩子可以看见一些东西。因此，在 14 个月大的时候，婴儿接受了光学成像扫描，结果发现枕叶的初级视觉皮层出现了激活。这个例子说明，年幼的脑可塑性非常强，它能够促进个体对环境的适应，并对失去的脑功能产生代偿（Koizumi，2004）。如果对这种代偿机制进行深入研究，就有可能开发出针对早期脑损伤的有效干预和康复方法。例如，最近英国启动了一项为期三年的研究，对象为 60 名 10—16 岁的儿童，旨在考察脑损伤对言语和学习能力的影响，并考察脑如何通过重组机制对损伤进行代偿（Action Medical Research，2005）。

另外，有证据表明，成年人脑损伤后也会表现出一定的可塑性。优势半球的语言功能在中风受损之后，会在对侧半球上重新出现。有些案例中，脑损伤 1 年后，语言特异性激活就能在优势半球中得以恢复。有些研究甚至发现，一些老年人在中风之后的两个月内就发生了重组现象，促使其从偏瘫中恢复过来（Kato et al.，2002；Koizumi，2004）。

神经退行性疾病

预期寿命为80岁以上的老龄化社会，面临着阿尔茨海默症等各种与年龄有关的疾病的严重挑战。神经退行性疾病会让人明显感觉到认知功能随着年龄的增加而发生的退化。这种疾病不仅剥夺个体对自我的感受，而且众多社会专家对它都束手无策。随着老年群体的不断增加，这个问题将变得越来越严重。

老化进程的研究不断取得进步，积累了大量有关脑老化的病理模型。这些研究的内在动力在于神经退行性疾病会给社会造成极大的损失。这是一个日趋严重的问题。据估计，2001年全世界患阿尔茨海默症病人的数量有1 800万左右，到2025年时，此数字将翻倍达到3 400万。阿尔茨海默症是一种慢性神经退行性疾病，照料这些病人的花费是巨大的（World Health Organisation, 2001）①。然而，还是很有希望对老年人尽早作出诊断和恰当处理的，这样就能推迟神经退行性疾病的发病时间，延缓病程发展。利用终身学习的方法，可以开发出一套有效的策略，以对抗衰老和疾病，如阿尔茨海默症等。此外，有关老化的研究也有利于促进我们对正常脑功能的认识。

阿尔茨海默症会造成一些无法恢复的脑损伤。这种疾病的最初症状开始于成年期晚期，表现为认知功能、记忆功能、语言能力和知觉能力的明显下降。阿尔茨海默症的病理症状为脑内形成蛋白沉积，这些病理改变在海马区域最为明显。海马是“边缘系统”的一部分，参与短时记忆的功能（并向脑皮层传递新的信息，以形成长时记忆）。由于阿尔茨海默症目前还没有可靠的检测方法，其早期症状可以通过行为证据或基因检测来识别。我们还不是很了解正常老化会引起哪些认知改变：正常老龄化的认知功能下降与阿尔茨海默症的潜伏期症状十分相似，有的甚至完全一样，因此早期行为诊断比较困难。

有些人相信，想要对阿尔茨海默症作出早期诊断，可以将更多研究资源投向注意功能，这是很有道理的，原因有两个：首先，症状最轻的病人也会出现注意功能受损，说明注意功能受损可能具有一定的预测作用；其次，阿尔茨海默症的一个主要症状是记忆受损，而记忆功能经常通过对注意的研究来考察（见表3.2）。相对来说，有关注意功能神经调节系统的研究比较多，对它的了解也相对清楚。在阿尔茨海默症的早期，空间选择注意的两个方面——注意切换和空间度量——会出现明显受损。因此，评估这种功能的任务将有利于作出

① 据估计，美国2000年花费的直接和总体的（包括直接和间接的）联邦资金分别达到约5 360亿美元和17 500亿美元。而其他国家并没有类似详细的资金数据（World Health Organisation, 2001）。

早期诊断。许多采用事件相关电位技术（ERP）、正电子放射横断扫描技术（PET）和功能性磁共振成像技术（fMRI）的研究表明，注意任务确实是早期功能障碍的敏感行为指标。

有些中年人虽然没有明显的症状，但却存在危险基因，鉴别这类人群也是阿尔茨海默症早期诊断的一种方法。最近的研究指出，载脂蛋白 E（APOE）基因可能会引起阿尔茨海默症①。与那些没有 e4 等位基因的人相比，e4 携带者的空间注意功能较差。与阿尔茨海默症临床病人症状十分相似，此类型缺损包括注意涣散、空间度量能力下降等。当然，对于没有阿尔茨海默症病征的健康人来说，50 岁之后也会出现这些功能缺损。

行为和基因指标都有助于开发和测试各种新的指标，预测老年人认知能力下降的严重程度。有了良好的诊断证据，就能开发出各种药理学、行为学的治疗方法和干预方案，有效提高成年人的认知功能。有研究表明，警觉性训练（注意线索）能够降低注意缺损、提高学习能力，从而减轻阿尔茨海默症的症状，对健康的成年人和阿尔茨海默症病人都有效。这些干预方法之所以有效，是因为脑内突触联结的细微结构并不是由基因直接控制的，而是由生活经验不断塑造的。

阿尔茨海默症还能导致抑郁②。抑郁包括许多症状，如缺少活力、注意涣散、兴趣减低、失眠、食欲下降、无法体验快乐（快感缺乏）等。与年轻人相比，识别老年人抑郁的原因更加复杂，因而对老年人抑郁症的治疗也比较困难。同其他与年龄有关的疾病相比，老年抑郁症会产生很大的健康和社会负担。从目前来看，老年人抑郁症是仅次于老年痴呆的第二大心理疾病。从不同年龄群体的角度来看，老年人的抑郁症与其他年龄段的主要不同之处在于其基因因素的影响较小。除了以上提到的器质性原因外，有些老年抑郁症可能是由于丧失某些重要社会因素引起的，如重要人物、亲近人物的去世以及经济、身体和心理能力的下降等。

最近在日本，对抗神经退行性疾病的方法取得了令人鼓舞的突破。人们开发了一种学习疗法（见框 2.1），并在福冈市进行了实验。这种方法可能成为对抗脑功能下降的有效方法。

虽然很多认知功能都随年龄增长出现下降，但我们应当认识到，并不是所

① APOE 基因有三种等位基因，e2、e3 和 e4，每个人都遗传了其中一种形态。e4 等位基因与较高的阿尔茨海默症患病几率有关。

② 其他一些疾病，如帕金森症和中风等，也能引起抑郁。

有功能都会下降。老年人学习和使用知识的机会越多，采取方法推迟神经退行性疾病发病时间或延缓病程的效果就越好。因此，鼓励成年人学习是十分重要的。不然到了老年时期，他们就会停止学习。社会也应当努力，让老人不会突然失去自己的社会角色、工作和自我价值。例如，可采取一些办法，鼓励老年人做一些工作以发挥余热。鼓励老年人给年轻人提供指导，实现双赢，也是一条解决老年人抑郁问题的有效方法（表 2.2 总结了这个部分的主要问题）。

框 2.1　学习疗法（日本）

人们开展了大量研究以便于更好地理解和对抗神经退行性疾病，其中对老年痴呆最成功的干预方法是日本的学习疗法。这种干预方法是以脑科学知识为基础的，包括前额叶功能、功能脑成像及前额叶皮层特点等方面。它的目标是“通过学习者与教育者的深入交流，使用与有声阅读和计算有关的材料进行学习，进而改善学习者的心理功能——前额叶认知功能、交流功能、个体独立性的需要等”（Kawashima et al.，2005）。这种方法指出，如果提供合适的材料和环境，患上老年痴呆症的老年人仍然可以继续学习。

在所有前额叶皮层的功能之中，治疗老年痴呆时涉及最多的是信息交流、独立性和短时记忆功能。学习疗法的基本原理是，通过改善这些前额叶皮层功能，使那些患有痴呆的老年人重新参与到社会活动中去，而不受疾病的影响。这种方法重点不在于治愈老年痴呆，而是帮助这些病人重新参与到社会活动中去。

脑成像技术使研究者可以观察老年痴呆病人在完成各种任务时大脑的活动方式。经过多年的研究，人们发现，一些简单的任务，如有声朗读和数学计算等，可以激活大片脑区，包括左半球和右半球的前额叶皮层区域。学习疗法的主要原则就在于，选择一种简单的任务，每天不停地重复，不断刺激脑。这种任务必须非常简单，以便开始患上阿尔茨海默症的病人都可以完成。通常情况下，随着学习的进行，脑的活动量会发生下降。而学习疗法的关键就在于简单任务的选择，保证在重复学习该任务的过程中，脑活动不会下降。学习疗法采用了两种满足这个要求的任务，即有声朗读和简单计算。

对老年痴呆病人的研究发现，病人在接受学习疗法后，会收到良好的效果。研究比较了两组老年痴呆症病人，一组连续 18 个月每天接受 20 分钟的学习疗法训练，另一组则没有。接受学习疗法的病人前额叶皮层功能不断得到提高，而另一组病人的功能则不断下降。18 个月后，接受训练和没有接受训练的病人相比，差别非常明显。同时，接受学习疗法的被试组处理日常事务的能力也得以维持，而对照组则出现下降。

为了保证学习的发生，除了任务选择之外，合适的条件也是必要的。在很多情况下，环境条件并不理想，因而人们往往认为老年人没有能力学习。学习疗法之所以成功，其中关键就在于，它创造了适宜的学习材料和学习环境。有的时候，为了不孤立各种脑功能，需要对外周感觉问题进行处理，否则脑功能就会退化（OECD/CERI “Lifelong Learning Network Meeting”，Tokyo，2005）。学习过程中的交流是非常重要的，因为即时交流可以让学习者看到自己的成绩，而这也是学习疗法的重要一环。

表 2.2　脑功能的下降或损伤及可能的结果

	成年人	老年人
功能退化的脑区	前额叶皮层	前额叶皮层
	海马	海马（形成衰老斑）
认知功能的退化	高级认知功能	认知功能
	● 处理新异信息效率下降	● 记忆
	● 遗忘增加	● 语言
	● 注意力下降	● 知觉能力
	● 学习潜力下降	● 交流能力
疾病障碍	抑郁	老年痴呆（包括阿尔茨海默症）抑郁症
如何恢复、预防及减缓下降速度	身体健康	早期诊断阿尔茨海默症病人的注意任务（警觉性任务）
	学习	针对痴呆的学习（包括“学习疗法”）

结论

神经科学家已经充分证实，脑有着高度发达的、充分发展的能力，可以根据环境的需要而发生改变，产生并强化某些神经联结，减弱并剪除另一些神经联结，这就是可塑性。人的一生之中，可塑性是脑的核心特征。脑除了终生存在的可塑性外，还存在最佳学习时间，或称为“敏感期”。在这个时期内特定学习类型的效果是最好的。某些学习的敏感期相对比较早，也比较短，如对某些感觉刺激（如语音刺激）和情绪认知经验（如语言环境）的学习。而其他的一些能力，如词汇习得，则没有敏感期，它们在一生之中任何阶段的学习效果都是一样的。

青少年的脑成像研究结果告诉我们，青少年的脑远没有发育成熟，青春期结束后仍会发生巨大的结构变化。青春期是人生非常重要的阶段，脑会释放大量激素，促进情绪发展。青少年的前额叶发育还不完善，也许这就是青少年行为不稳定的原因。对于老年人来说，对一种任务越熟练、经验越丰富，脑活动水平就越低。从某种意义上看，这是效率提高的表现。但是，随着年龄增长，使用脑的机会就会越来越少，脑功能就会发生退化。研究表明，学习是一种对抗脑功能退化的有效方法。老年人继续学习的机会越多，延缓神经退行性疾病的发病时间和病程发展的机会就越大。

脑是如何学习和成熟的？对这个问题的理解能帮助我们为儿童和成人设计出更加有效的且适合年龄特征的教育和学习方法。对脑老化进程的理解有助于维持个体终生的认知功能。一种以科学知识为基础的重要学习观正在形成之中。

参考文献

Action Medical Research（2005），“Speech and Language in Children Born Preterm”, *www. action. org. uk/research_projects/grant/261/.*

Allgood-Merten, B., P. M. Lewinsohn and H. Hops（1990），“Sex Differences in Adolescent Depression”, *Journal of Abnormal Psychology*, Vol. 99, No. 1, pp. 55 – 63.

Anderson, B. J., D. N. Rapp, D. H. Baek, D. P. McCloskey, P. S. Coburn-Litvak and J. K. Robinson（2000），“Exercise Influences Spatial Learning in the Radial Arm Maze”, Physiol Behav, Vol. 70, No. 5, pp. 425 – 429.

Baird, A. A., S. A. Gruber, D. A. Fein, L. C. Maas, R. J. Steingard, P. F. Renshaw, B. M. Cohen and D. A. Yurgelun-Todd（1999），“Functional Magnetic Resonance Imaging of Facial Affect

Recognition in Children and Adolescents", *Journal of the American Academy of Child and Adolescent Psychiatry*, Vol. 38, No. 2, pp. 195 – 199.

BBC News (2005), "Meditation 'Brain Training' Clues", 13 June, *http://news.bbc.co.uk/2/hi/health/4613759.stm.*

Bjork, J. M., B. Knutson, G. W. Fong, D. M. Caggiano, S. M. Bennett and D. W. Hommer (2004), "Incentive-Elicited Brain Activation in Adolescents: Similarities and Differences from Young Adults", *Journal of Neuroscience*, Vol. 24, No. 8, pp. 1793 – 1802.

Blanton, R. E., J. G. Levitt, J. R. Peterson, D. Fadale, M. L. Sporty, M. Lee, D. To, E. C. Mormino, P. M. Thompson, J. T. McCracken and A. W. Toga (2004), "Gender Differences in the Left Inferior Frontal Gyrus in Normal Children", *Neuroimage*, Vol. 22, No. 2, pp. 626 – 636.

Bruer, J. T. (1999), *The Myth of the First Three Years*, Free Press, New York.

Cheour, M., O. Martynova, R. Näätänen, R. Erkkola, M. Sillanpää, P. Kero, A. Raz, M. L. Kaipio, J. Hiltunen, O. Aaltonen, J. Savela and H. Hämäläinen (2002a) "Speech Sounds Learned by Sleeping Newborns", *Nature*, Vol. 415, No. 6872, pp. 599 – 600.

Cheour, M., A. Shestakova, P. Alku, R. Ceponiene and R. Naatanen (2002b), "Mismatch Negativity Shows that 3-6-year-old Children Can Learn to Discriminate Non-native Speech Sounds within Two Months", *Neuroscience Letters*, Vol. 325, No. 3, pp. 187 – 190.

Coffield (2005), "It takes two to tango", paper written upon request of CERI in preparation of the 4th meeting of the CERI's Lifelong Learning Network, Wako-shi, 2004.

Dehaene, S. (1997), *The Number Sense: How the Mind Creates Mathematics*, Oxford University Press, New York.

Giedd, J. N. (2004), "Structural Magnetic Resonance Imaging of the Adolescent Brain", *Annals of the New York Academy of Sciences*, Vol. 1021, pp. 77 – 85.

Giedd, J. N., J. Blumenthal, N. O. Jeffries, F. X. Castellanos, H. Liu, A. Zijdenbos, T. Paus, A. C. Evans and J. L. Rapoport (1999), "Brain Development during Childhood and Adolescence: A Longitudinal MRI Study", *Nature Neuroscience*, Vol. 2, pp. 861 – 863.

Gopnik, A. (2000), "Cognitive Development and Learning Sciences: State of the Art", presentation at the 1st CERI forum on "Brain Mechanisms and Early Learning", Sackler Institute, New York City, 17 June.

Goswami, U. (2004), "Neuroscience, Education and Special Education", *British Journal of Special Education*, Vol. 31, No. 4, pp. 175 – 183.

Greenwood, P. M., T. Sunderland, J. Friz and R. Parasuraman (2000), "Genetics and Visual Attention: Selective Deficits in Healthy Adult Carriers of the e4 Allele of the Apolipoprotein E gene", *Proceedings of the National Academy of Sciences*, Vol. 97, pp. 11661 – 11666.

Hoyert, D. L., K. D. Kochanek and S. L. Murphy (1999), *National Vital Statistics Report*,

Vol. 47, *No.* 19, *Deaths*: *Final Data for* 1997, Centers for Disease Control and Prevention, National Center for Health Statistics, National Vital Statistics System, Hyattsville, MD.

Johnson, M. H. (1997), *Developmental Cognitive Neuroscience*: *An Introduction*, Blackwell, Oxford.

Kandel, E. R., J. H. Schwartz and T. M. Jessell (1991), *Principles of Neural Science*, Appleton and Lance, Norwalk, Connecticut, third edition.

Kashani, J. H. and D. D. Sherman (1988), "Childhood Depression: Epidemiology, Etiological Models, and Treatment Implications", *Integrated Psychiatry*, Vol. 6, pp. 1 – 8.

Kato, H., M. Izumiyama, H. Koizumi, A. Takahashi and Y. Itoyama (2002), "Near-infrared Spectroscopic Topography as a Tool to Monitor Motor Reorganisation after Hemiparetic Stroke: A Comparison with Functional MRI", *Stroke*, Vol. 33, No. 8, pp. 2032 – 2036.

Kawashima, R., K. Okita, R. Tamazaki, N. Tajima, H. Yoshida, M. Taira, K. Iwata, T. Sasaki, K. Maeyama, N. Usui and K. Sugimoto (2005), "Reading Aloud and Arithmetic Calculation Improve Frontal Function of People with Dementia", *The Journals of Gerontology Series A*: *Biological Sciences and Medical Sciences*, Vol. 60, pp. 380 – 384.

Koizumi, H. (2002), "The Scope of the Symposium 8th International Conference on Functional Mapping of the Human Brain", June 2 – 6, Sendai, Japan.

Koizumi, H. (2003), "Science of Learning and Education: An Approach with Brain-function Imaging", *No to Hattatsu*, Vol. 35, No. 2, pp. 126 – 129.

Koizumi, H. (2004), "The Concept of 'Developing the Brain': A New Natural Science for Learning and Education", Brain and Development, Vol. 26, No. 7, pp. 434 – 441.

Kozorovitsky, Y., C. G. Gross, C. Kopil, L. Battaglia, M. McBreen, A. M. Stranahan and E. Gould (2005), "Experience Induces Structural and Biochemical Changes in the Adult Primate Brain", *Proceedings of the National Academy of Sciences*, Vol. 102, No. 48, pp. 17478 – 17482.

Kuhl, P. K. (1979), "Speech Perception in Early Infancy: Perceptual Constancy for Spectrally Dissimilar Vowel Categories", *Journal of the Acoustical Society of America*, Vol. 66, pp. 1668 – 1679.

Lipton, L. (2001), "Schizophrenia: A 'Wave' of Cortical Changes", *Neuropsychiatry Reviews*, Vol. 2, No. 8, October.

Maguire, E. A., D. G. Gadian, I. S. Johnsrude, C. D. Good, J. Ashburner, R. S. Frackowiak and C. D. Frith (2000), "Navigation-related Structural Change in the Hippocampi of Taxi Drivers", *Proceedings of the National Academy of Sciences*, Vol. 97, No. 8, pp. 4398 – 4403.

McCandliss (2000), "Cortical Circuitry of Word Reading", presentation at the 1st CERI forum on "Brain Mechanisms and Early Learning", Sackler Institute, New York City, 17 June.

McCrink, K. and K. Wynn (2004), "Large-number Addition and Subtraction by 9-month-old in Infants", *Psychological Science*, Vol. 15, pp. 776 – 781.

Moffitt, T. E. (1993), "Adolescence-Limited and Life-Course-persistent Antisocial Behaviour: A Developmental Taxonomy", *Psychological Review*, Vol. 100, No. 4, pp. 674 – 701.

Neville, H. (2000), "Brain Mechanisms of First and Second Language Acquisition", Presentation at the 1st CERI forum on "Brain Mechanisms and Early Learning", Sackler Institute, New York City, 17 June.

New York Times (2003), "Is Buddhism Good for Your Health?", S. S. Hall, 14 September.

Nolen-Hoeksema, S. and J. S. Girgus (1994), "The Emergence of Gender Differences in Depression during Adolescence", *Psychological Bulletin*, Vol. 115, No. 3, pp. 424 – 443.

OECD (2000), Report on the First High Level Forum held on "Brain Mechanisms and Early Learning" at Sackler Institute, New York City, USA, 16 – 17 June.

OECD (2001), Report on the 2nd High Level Forum held on "Brain Mechanisms and Youth Learning" at University of Granada, Granada, Spain, 1 – 3 February.

OECD (2002), "Learning Sciences and Brain Research: Report of the Launching Meeting of Phase II", Royal Institution, London, 29 – 30 April, pp. 7 – 8, *www. oecd. org/dataoecd/40/36/15304667. pdf.*

OECD (2005), Report on the Third Lifelong Learning Network Meeting, 20 – 22 January 2005, Wako-shi, Japan.

Park, D. C., T. Polk, J. Mikels, S. F. Taylor and C. Marshuetz (2001), "Cerebral Aging: Integration of Brain and Behavioral Models of Cognitive Function", *Dialogues in Clinical Neuroscience*, Vol. 3, pp. 151 – 165.

Pena, M., A. Maki, D. Kovacic, G. Dehaene-Lambertz, H. Koizumi, F. Bouquet and J. Mehler (2003), "Sounds and Silence: An Optical Topography Study of Language Recognition at Birth", *Proceedings of the National Academy of Sciences*, Vol. 100, No. 20, pp. 11702 – 11705.

Polk, T. A. and M. Farah (1995), "Late Experience Alters Vision", *Nature*, Vol. 376, No. 6542, pp. 648 – 649.

Sebastián Gallé Núria (2004), "A Primer on Learning: A Brief Introduction from the Neurosciences", from her paper delivered at the Social Brain Conference held in Barcelona, 17 – 20 July 2004, *www. ub. es/pbasic/sppb/.*

Servan-Schreiber, D. (2000), at the New York Forum on Brain Mechanisms and Early Learning at Sackler Institute, New York City, USA, 16 June 2000.

Simos, P. G. and D. L. Molfese (1997), "Electrophysiological Responses from a Temporal Order Continuum in the Newborn Infant", *Neuropsychologia*, Vol. 35, pp. 89 – 98.

Steinberg, L. (2004), "Risk Taking in Adolescence: What Changes, and Why?", *Annals of the New York Academy of Sciences*, Vol. 1021, pp. 51 – 58.

Stevens, B. and R. D. Fields (2000), "Response of Schwann Cells to Action Potentials in Development", *Science*, Vol. 287, No. 5461, pp. 2267 – 2271.

Tatsumi, I. (2001), "A PET Activation Study on Retrieval of Proper and Common Nouns in Young and Elderly People", Third High Level Forum, Tokyo, Japan, 26/27 April.

Terry, R. D., R. DeTeresa and L. A. Hansen (1987), "Neocortical Cell Counts in Normal Human Adult Ageing" *Annuals of Neurology*, Vol. 21, No. 6, pp. 530 – 539.

Tisserand, D. J., H. Bosma, M. P. van Boxtel and J. Jolles (2001), "Head Size and Cognitive Ability in Nondemented Older Adults are Related", *Neurology*, Vol. 56, No. 7, pp. 969 – 971.

Tisserand, D. J., J. C. Pruessner, E. J. Sanz Arigita, M. P. van Boxtel, A. C. Evans, J. Jolles and H. B. Uylings (2002), "Regional Frontal Cortical Volumes Decrease Differentially in Aging: An MRI Study to Compare Volumetric Approaches and Voxel-based Morphometry", *Neuroimage*, Vol. 17, No. 2, pp. 657 – 669.

US National Research Council (1999), *How People Learn: Brain, Mind, Experience, and School*, J. D. Bransford, A. L. Brown and R. R. Cocking (eds.), National Academy Press, Washington DC.

Wallis, C., K. Dell and A. Park (2004), "What Makes Teens Tick; A Flood of Hormones, Sure", *Time Magazine*, 10 May.

Werker, J. F. and R. C. Tees (2002), "Cross-language Speech Perception: Evidence for Perceptual Re-organisation during the First Year of Life", *Infant Behavior and Development*, Vol. 25, pp. 121 – 133.

World Health Organization (2001), *World Health Report: Mental Health, New Understanding, New Hope*, WHO, Geneva.

第三章

环境对脑学习的影响

人之为人，贵在成长。

——伊拉斯姆斯（Erasmus）

本章我们主要讨论来自脑科学研究的证据，以理解学习过程是如何受各种环境因素影响的，如社会环境和交往、营养条件、身体锻炼、睡眠等。我们还将探讨有关情绪和动机的重要领域，并把神经科学知识和教育问题联系起来。对于家长和教师来说，这些知识显得尤为重要，因为他们在儿童的学习环境中起着主导作用。对于政策制定者而言，这些知识也同样重要，因为他们也能促进良好学习环境的营造和维持。

在这一章里，我们将提出多种有利于人整个一生中脑发育、提高学习能力的环境条件。脑科学研究的证据表明，学习过程中教养的作用是非常重要的。这些研究也开始为政策制定者和执行者提供新的信息，让他们了解不同类型的学习有不同的最佳学习时间。许多促进学习的方法都与日常生活息息相关，如保持良好的心理状态和身体条件等，但它们却不容易引起教育政策制定者的重视。如果能够正确调节身心状态，我们就能充分发挥潜在的脑可塑性，促进学习的发展。随着这个领域脑科学研究的不断发展，我们就能建设性地看待课程设置和教师培训中存在的问题。

虽然本章提出了促进学习的一般条件，但对于不同的人来说，有利于脑发育的最佳条件并不是完全一致的。脑是一个活跃的、富有可塑性的器官，在整个一生之中有很强的环境适应能力。由于每个人携带的基因条件和所处的环境条件不同，脑塑造的过程也各不相同。个体经验和脑结构之间是一种相互影响的关系：经验能够引起脑结构的改变，脑结构反过来也会影响经验对脑的作用方式。因此，脑在一生之中都不断发生与经验有关的重构现象。

由于基因因素和环境条件之间存在持续的、累积性的相互作用，因此学习过程会产生个体差异。在人的一生之中，环境都能影响与学习有关的基因表达过程，进而影响脑的结构变化情况。这种变化又会进一步影响由经验引起的基因表达过程。这样，个体的脑就会不断积累独特的结构特征，调节人们的学习过程。这就意味着我们不可能为每个人创造出一模一样的最佳学习环境——虽然促进脑发育的条件会让每个人都受益，但每个人的受益程度也是不同的①。学习环境的作用是一个非常复杂的问题，个体差异很大，不但受个人经验的影响，也受某些教育和训练经历的影响。未来的研究应当思考哪些学习类型会对脑和行为产生最有利的影响。我们应当认识到学习中的个体差异，并且思考不同人生阶段脑如何发展才是最佳的。

近年来，神经科学的发展向笛卡尔的身心二元论传统（Damasio，1994）提出了挑战。身体健康的确会直接影响人的心理能力，反过来也一样。因此，在教育实践中，我们应当把这种联系考虑进来，同时还应当重视那些能够直接影响身心能力的环境因素。

---

① 例如，Maastricht 市开展的一项针对荷兰人的跟踪研究表明，许多记忆功能退化现象存在很大的个体差异，教育水平低下所造成的影响要比年龄因素大得多。

框 3.1　营养的作用

营养对于人类身心健康毫无疑问是非常重要的。它直接影响人的身体健康，并对脑功能产生重要影响。我们可以通过改善饮食来提高学习能力。例如，研究发现，不吃早餐会妨碍正常的认知和学习功能。但是，许多学生早上上学前吃得很少，有的甚至根本不吃早餐。

在美国，研究者曾开展过一项具有里程碑意义的研究，该研究考察了学校早餐对学业成绩的影响，研究对象是 1 023 名三至五年级的低收入家庭学生。结果发现，参加本研究的孩子们（即吃早餐——译者注）所有标准测验的成绩都显著提高，数学、阅读和词汇成绩都有进步。此外，旷课和迟到的比率下降（Meyers et al.，1998）。在明尼苏达州的几所小学里，一项为时三年、名为“普通学校早餐计划”的试点研究发现，实施该计划后，学生数学和阅读的综合成绩都有普遍提高，课堂行为普遍改善，早上看医生的次数减少，出勤率上升，测验成绩也有所提高（Minnesota Department of Children，Families and Learning，1998）。在另一项研究中，给 29 名在校学生连续四天每天提供不同的早餐（谷类、葡萄糖饮料或者不提供早餐），并在早餐前和早餐后 30 分钟、90 分钟、150 分钟、210 分钟几种条件下，让被试分别完成一系列计算机测验，包括注意测验、工作记忆测验和情景记忆测验。结果发现，在吃葡萄糖饮料早餐和不吃早餐的控制条件下，学生注意和记忆的能力会出现下降，但如果下一顿早餐换成谷物的话，注意和记忆功能下降的情况就会得到明显改善。这项研究表明，一顿富含碳水化合物的普通谷物早餐可以维持整个上午的心理成绩（Wesnes et al.，2003）。

因此，我们需要了解人体每天的营养需求，并依此对每天的营养摄入情况进行合理安排。不仅如此，由于人体有 39 种生命所需的营养成分无法由自身合成，因此必须从饮食来源中获取（OECD，2003b）。

最近的一项研究证实，过去儿童每天都会吃的一种食物——鱼肝油——其实是很有益处的。因为这种食品与其他鱼油一样，富含不饱和脂肪酸（highly unsaturated fatty acids，HUFA），也就是现在通常所说的 Ω－3 脂肪酸。这种物质对内分泌平衡和免疫系统功能非常重要，而这两个系统对大脑健康至关重要。在许多现代饮食结构中，脂肪酸的含量相对来说比较少，但它们对脑的正常发育和功能是很有必要的。但我们也应当注意，在没有大量翔实的脑科学研究证明这种观点之前，我们不能被Ω-3脂肪酸的一时流行冲昏了头脑。有人开展了一项随机控制研究，对象是117名5—12岁患有发展性动作障碍（Developmental Dyspraxia）——也就是所谓的发展性动作协调障碍（Developmental Co-ordination Disorder，DCD）的儿童，在其饮食中加入Ω-3脂肪酸、Ω-6脂肪酸或安慰剂。结果发现，虽然实验治疗对运动技能没有作用，但在另一对照组中，被试在经过3个月的实验治疗后，阅读、拼写和行为能力都有了明显改善。研究结果表明，针对DCD儿童身上的教育和行为问题，摄入脂肪酸可能是一种安全而有效的治疗方法（Richardson & Montgomery，2005）。

在英国，研究者们在监狱中开展了另一项研究，目的在于考察摄入维生素、矿物质和重要脂肪酸会不会减少反社会性行为（包括暴力行为）。研究证实了这种效应，尤其表现在那些饮食不良的群体身上（Gesch et al.，2002）。

虽然有科学证据表明，富含基本脂肪酸的饮食结构和良好的早餐有利于身体健康和学习进步。但时至今日，科学研究所传达的明确信息却仍未得到政策的广泛采纳，其实际应用也无法得以推行。因此，我们应当扩大研究应用的范围，将研究结果应用到教育领域中去。提高学生的行为健康水平应当成为学校的一项基本任务：给青年人传授知识和技能，让他们成为一个健康的、有创造力的人。只有这样，学生的学习能力才能得到提高，旷课率也会减少，身体健康与心理机能才能得到改善。学校管理者、委员会、教师、社会工作者和家长都应当积极学习这些知识和信息，了解营养对于儿童健康和学业成绩的重要性。

社会交往

社会因素能够影响人的脑，直接影响其最佳的学习能力。积极的社会因素对人的生理和行为具有重要的影响，人们对这一观点已经达成共识。

在过去20年里，越来越多的人认识到，婴儿是探索者、社会交往者和信息交流者。虽然许多早期学习活动可能是一种自发现象，但也需要有一个充满刺激的丰富的自然环境，而其中社会交往是必不可少的（Blakemore，Winstion & Frith，2004）。一项对罗马尼亚孤儿的研究发现，情绪关怀的匮乏会导致依恋障碍（O'Conner，Bredenkamp & Rutter，1999）。另一项研究发现，在极端环境中长大、缺乏正常抚养经历的儿童，其正常关系的剥夺会导致脑的化学物质产生相对持久的改变，正常的激素分泌也会遭到破坏，如荷尔蒙①的分泌等，而这些激素对保持良好的人际关系和交往非常重要。这些研究结果都表明，对于负责人类社会行为的脑系统的发展来说，早期社会经验起着非常关键的作用（Fries et al.，2005）。

在社会认知神经科学中，近期出现了一个相对新的研究领域。该领域探讨社会环境中的脑，并考察社会认知功能的内在神经机制。将两个人一前一后放在一起进行扫描，其中一个人除了观察另一个人完成任务外，不做任何其他任务，这种方法是神经科学研究和认知功能研究的一个新窗口。一项脑成像的研究结果表明，观察别人的时候，观察者特定肌肉中的外周运动系统会产生反应，而这些肌肉正是被观察者的动作所用到的肌肉（Fadiga et al.，1995）。利用这种所谓的“镜像系统”（mirror system），研究者就能对这种能够理解自己和别人动作意义的能力进行研究，确认其内在的神经生理活动。这种机制可能是许多高级社会功能的基础，因为要理解别人动作的意义，就必须想象如果直接作用于自己身上的感受。这也是我们能够理解他人和自己意图的原因，也是我们能够模仿和教育别人的原因（Blakemore，Winstion and Frith，2004）。另外，这个领域还有一项十分类似的研究，该研究在严格控制条件下对夫妻进行扫描，以观察他们产生共情时的脑模式。实验对其中一个人进行电刺激，同时对另一个人进行脑扫描，观察他想象伴侣遭受痛苦时的脑反应。结果发现，爱人遭受痛苦时激活的脑区与自己遭受痛苦时激活的脑区是相互重叠的（Singer et al.，2004）。

旨在理解和观察别人动作的研究应当有助于学习，并对教育发展产生一定的影响。但是，这类研究目前还处在发展的萌芽期，还有许多问题需要进一步深入研究，如什么类型的学习需要与他人交往？哪种情绪状态下的脑激活最强？文化差异的作用是什么？社会神经科学还应当阐明教师的作用，指出对学习影响最强的方法有哪些，并研究媒体信息对学习的影响方式如何。神经生理学研究发现，学生的智力水平会受身体健康水平的影响。因此，对于家长、教育者、社会工作者和决策者来说，认识到学生的整体健康状况对学业成绩存在重要影响是非常重要的。那些能够改变学习的情绪状况的社会因素，必须得到充分重视。

---

① 在处理社会情境和调节情绪行为时，荷尔蒙起着重要作用。动物研究表明，舒适的感觉刺激会引起荷尔蒙水平的升高，如轻轻抚摸、好闻的气味等。随着激素水平的提高，动物之间会建立各种社会关系和依属关系，并深深刻入记忆之中。

情绪调控

脑中央的结构是大家熟知的边缘系统（如图 3.1），杏仁核和海马就是其中非常重要的部分①。在历史上，这个系统被称为“情绪脑”，它与额叶皮层相连。人在处于巨大压力或强烈恐惧中时，社会判断能力和认知功能都会发生下降，而这就是情绪调控引起的，同时对奖赏和危机的反应也会受影响。

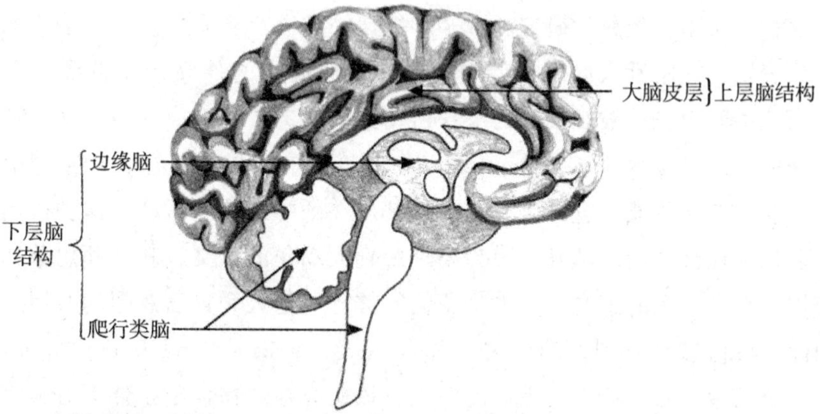

资料来源：Odile Pavot for the OECD.

图 3.1　人脑内部结构（包括边缘系统）

两千多年以前，柏拉图提出“所有学习都有情绪基础”，但直到最近，才有越来越多的证据证明，我们的情绪的确会影响神经组织的结构。如今，神经生理学和教育学领域的专家都认为，学习是在认知、情绪和生理层面进行多层次信息交流的过程。在理论分析的时候，对这三个层面作出明确区分是非常有用的，但在实际情况中，无论是脑功能还是学习经验，这三个层面往往都是复杂地缠绕在一起的②。

---

① 杏仁核是一个神经核团，因其大小和形状与杏仁相似而得名。海马也是一个神经核团，其形状与海马差不多，也因此取了这个名字。

② 这里举一个例子，说明认知和情绪是如何相互影响的。老师把打好分的试卷正面朝下放在中等生 Ethan 桌上。Ethan 把卷子翻过来，看到所得的分数是 F。在这种情况下，脑中的认知区域和情绪区域马上就会发生像探戈一样的相互作用。Ethan 调动皮层区域，评价当前情境：这个分数恐怕要毁掉自己追求好成绩的目标了；本来还想让妈妈送一块最新的滑雪板给自己当生日礼物，这回也要泡汤了。与此同时，边缘系统（即杏仁核）和边缘旁回区域（即脑岛皮层）也会产生情绪反应，Ethan 顿时感觉很不安。但是，Ethan 马上又会开始进行认知调节：他会超越个体本身的角度来进行调节，告诉自己这张卷子对每个人来说都很难，而且这次考试对自己的期末成绩影响很小。这种调节策略反映在脑活动上，就会出现认知控制区域活动增强，负性情绪脑区（即杏仁核）活动减弱。这样，Ethan 就会接受这种认知评价，认为事态并没有失控。这种皮层评价策略与后续经历结合起来，就能让情绪反应平静下来。

情绪的作用很大，是生活和学习中必不可少的部分。对于一个高效的学习者来说，情绪调节能力是一项必修的技能。情绪调节不仅能够影响简单的情绪表达，还会影响许多复杂的因素；情绪还能促进（或干扰）人的心理功能，如注意集中能力、问题解决能力、关系维持能力等（Cole，Martin and Dennis，2004）。根据 David Servan-Schreiber 的观点，“情绪能力或情绪智力是指一个人的自我监控能力，既包括限制冲动和本能的能力，也包括共情的能力和相互合作的能力”（OECD，2002b）。

“情绪调节”并没有一个普遍认同的定义：

- Thompson（1994）提出，情绪调节可定义为：“为了达到某种目标……负责监控、评价和矫正情绪反应的外在和内在加工过程……”
- Gros（2003）将其定义为一种过程，通过这种过程，个体影响自己拥有哪些情绪、何时习得这些情绪以及如何体验和表达这些情绪的能力。在这个定义中，情绪调节包括：编码、心境调节、心境恢复、自我防御和情感调节几个部分。
- Cole，Martin 和 Dennis（2004）将情绪的自我调节能力定义为行为的、心理生理的、注意和情感系统之间多层次的动态交互作用，它是个人有效参与社会的必要条件。这个定义指出，情绪调节和情绪激活是完全不同的两种过程。

如果情绪调节的测量不受情绪本身的影响，脑对此也应当有所体现。神经科学家已开始研究这个问题，并试图分离情绪加工中前额叶的作用（Ochsner et al.，2004；Eippert et al.，2006）。脑成像研究表明，前额叶皮层的激活与杏仁核的活动有关（Lewis and Stieben，2004）。这些研究能够促进人们对情绪调节的理解，如它的个体差异和发展变化等。以前，这个领域的研究主要依赖家长和教师对儿童的情绪和行为的报告。如今，脑科学研究的介入让我们可以采用新的方法对情绪进行测量和调控。

框 3.2　从神经科学的视角把注意看作一个器官系统

注意一直都是心理学和教育学的重要课题，因为它与主观体验和自主控制的内在机制有关。自从神经成像技术出现以后，人们才可以把注意看成是一个拥有自身解剖结构的器官系统。脑成像研究已经表明，注意的各种功能，如维持觉醒、感觉定向以及面对竞争性想法和感觉时的冲突解决等能力，都是由互不相同的神经网络实现的。那么，神经网络指的是什么呢？脑成像研究发现，实验任务需要不同脑区共同协作才能完成，即便是最简单的任务也是如此。每个脑区负责的功能运算也许不同，但它们相互结合就能执行任务。我们将任务执行过程中激活的脑区以及它们之间的联系称为神经网络。

注意的神经网络非常特别，因为它们的主要目的是为了影响其他脑网络功能的执行。虽然注意网络所影响的区域包括大部分脑区，如初级感觉区域、边缘系统和运动皮层等，但其源头却是有限的。

注意网络中研究得最透彻的是感觉定向。大脑中多个脑区共同作用来放大感官信号的能力非常强。研究者普遍认为，额视区（frontal eye fields）、上顶叶和下顶叶区域是注意定向网络的关键节点。另外，也有研究指出，一些皮层下结构，包括丘脑枕部（pulvinar of the thalamus）和下丘也参与注意定向功能。多数针对注意定向网络的研究都采用视觉刺激，但注意对其他刺激的影响方式应当也是一样的。当然，对不同感觉信息进行注意放大时所涉及的脑区是不同的。

迄今为止，研究证据表明，实验任务中觉醒状态的维持和危险信号引起的局部变化，都会涉及蓝斑这个皮层下结构。它是脑内去甲肾上腺素的主要分泌器官。大量证据表明，右侧大脑皮质必须完整才能维持大脑紧张状态。右侧半球如果出现损伤，个体面对突然出现的目标时，很难作出恰当的反应。脑成像研究认为，危险信号对左半球皮层的影响可能更为强烈。

在某些任务中，不同刺激会引起冲突，对反应输出的控制进行竞争，此时通常会引起前扣带回和外侧前额叶区域的激活。研究者相信，刺激引起的冲突是冲突情境的一种表现。在冲突情境中，不同神经网络相互竞争，争夺对意识资源和反应输出的控制。因此，人们将此命名为“执行注意网络”。在思维和情绪任务中，注意网络会调控其他神经网络的活动。儿童期时，这个神经网络得到巨大发展，而它成熟以后的功能就是发展心理学中所谓的自我管理。因此，在学校能否取得成功，这个神经网络起着特别重要的作用。

在所有与注意有关的认知任务中，都存在个体差异。因此，研究者开发了注意网络测验，用于测量这三个网络（即维持觉醒、感觉定向和冲突解决——译者注）的效率。迄今为止，研究发现每种网络都有其截然不同的解剖结构、主要化学神经调质和发展进程。近来，一些研究考察了特定基因的不同等位基因型对网络效率的影响，也有几项研究设计了一些针对这些网络的训练方法。

注意是一个器官系统，有了这个观点，我们就能更好地理解各种脑损伤和疾病中出现的注意障碍问题。

资料来源：Michael Posner，University of Oregon.

恐惧和压力引发的情绪可直接影响学习和记忆。脑科学研究已经阐明了负性情绪阻碍学习的方式；且负性情绪（如恐惧和压力）对学习和记忆的影响程度主要是由杏仁核、海马和应激激素（糖皮质激素、肾上腺素和去甲肾上腺素）调节的。与负性情绪同时发生的一些身体反应，如心率增加、出汗、肾上腺水平上升等（Damasio，1994；LeDoux，2000），也会影响脑皮层的活动。但是一定的压力水平是必要的，它是快速适应环境困难的必要条件，也能促进人的认知和学习能力。但只要超过这个最低水平，就会对生理与心理起破坏作用。

压力是由运动系统或认知系统的过高要求引起的，并在情绪体验上表现出来。例如，某人在大街上遇见一个持枪的蒙面人。通常，这是一个危险的压力情境。这个时候，大脑会快速识别危险信号，动员认知系统和运动系统，以求自保。对持枪人（压力源）的一系列反应组成了人的应激反应：警惕性增强、注意力集中、身体做好抵抗或逃跑的准备、心率和血压上升。与此同时，消化、生长和生殖活动都慢了下来。因为这些功能对于生存的危机来说并不十分必要，它们的下降并不会对机体造成损伤。应激反应受激素、肾上腺素和去甲肾上腺素调节，它们能在几微秒内分泌出来。而皮质醇会在几秒钟后开始分泌。这些激素对大脑产生作用，影响人的认知功能，特别是学习和记忆功能①。幸好课堂上不会出现持枪蒙面人！但其他极端压力源也有同样的影响——例如，凶狠的老师、欺凌弱小的同学以及读不懂的学习资料等。这些材料既可以是书本资料，也可以是电脑资料。如果学生所处的环境会引起恐惧或压力，学生的认知功能就会受到影响。

为了阐明压力影响学习和记忆功能的内在神经机制，了解减少和调节这种影响的各种因素，还需要心理学、神经药理学和神经成像科学的不断深入研

① 从对压力激素皮质醇水平的研究来看，我们可以提出这样一种假设——与动物研究的结论一致——皮质醇在较低和中等水平时能够促进学习和记忆能力，而在较高水平时则会削弱学习和记忆能力（McEwen & Sapolsky，1995）。这个假设还得到了进一步证实：在一些疾病中，皮质醇的水平非常高；在长期压力情境下，皮质醇处于慢性高水平状态，这样都会导致认知和记忆功能的损伤。动物研究和人类研究中都发现了这一点（McEwen & Sapolsky，1995）。

究。为了寻求有害压力的有效预防手段，就必须理解人们处理压力源、保持甚至改进认知功能的方法。锻炼身体就是众所周知的一种预防方法（见框 3.3）。最近一项研究发现，杰出运动员面对心理社会压力源的心理反应水平较低（较少出现焦虑，也更冷静）、生理反应水平也比较低（皮质醇水平）①（Rimmele et al.，2007b）。应激激素和杏仁核调节记忆的生理机制是怎样的？它们对生理和认知系统的影响如何？我们需要更多这方面的知识，因为它们与教育的关系十分密切。事实的确如此，特别是在如今这样一个社会，想获得成功需要经受很大的压力，来自媒体信息等方面的负面影响也能引起严重的学习问题，而且会影响儿童的情绪稳定性（且不说成人！）。

框 3.3　身体锻炼

最近研究表明，有氧运动不仅可以增强心血管健康，还能改善大脑健康。Arthur Kramer 开展的一项脑研究提供了确切证据，该研究考察了有氧运动对老年人认知功能的影响。他让老年被试参与一项连续三个月的运动计划，即每天散步一段时间，并逐渐增加时间长度。结果发现，这些老年被试（年龄55岁以上）关键脑区的功能得到了提升（Colcombe and Kramer，2004）。六个月后，被试接受扫描和心理测试，结果发现测验分数提高了11%，额叶中部和顶叶上部脑区功能发生了变化。这些区域能够将大脑资源集中在特定任务上，并负责空间注意的分配。这项研究提示了锻炼促进老年人大脑健康的生理学基础。当然，这项研究中的老年人脑功能明显相对较高，且没有明确的临床病症，但针对老年人的元分析表明，良好的有氧运动对病人与正常人的认知功能都具有促进作用。

这个领域的后续研究可能会告诉我们，应不应该在学校课程里增加有氧运动的比重。目前，这个领域的研究正由丹麦游戏和学习协会下设的学习实验室承担。他们一直在对身体、心理、认知和学习之间的关系进行探讨，以便开发一套综合方案，将身体锻炼纳入到其他课程的课堂教学中来，而不仅仅把它当作体育课的一部分。

有证据表明，身体锻炼能够促进运动的协调控制能力（如平衡能力、运动的综合协调能力、特定运动技能和身体自觉能力），并能对学习困难和注意障碍的解决提供一定的启示（Rudel，1985；Nicolson，Fawcett and

① 优秀运动员的这种效应能不能在非专业运动员中有所体现呢？这个问题值得进一步探究。

Dean，1995；Roth and Winter，1994）。多项研究也表明，在许多方面，运动能力和语言发展之间有明确的关系（Ruoho，1990；Rintala et al.，1998；Moser，2001）。Moser提出，身体锻炼能够促进认知功能的提高，深入来看，它意味着我们需要进一步探知身体锻炼对各种教育课程、休闲活动和日常生活所产生的影响（Moser，2004）。在学校里，身体锻炼一般都被局限在体育课范围内，而没有与其他课程整合起来。

如果理解了锻炼影响脑功能的主要机制，我们就能深入理解人的认知健康，理解在教育课程中如何安排锻炼计划才能促进学习。而且，即便是空气通风这样的简单因素也能产生积极影响：时不时打开窗户，放下手头的学习，疏松一下筋骨，呼吸一下新鲜空气，也会促进学生成绩的提高。

结合认知心理学和儿童发展研究，脑科学确定了一个非常关键的脑区，它的活动和发展与自我控制能力的水平和发展有关①。自我监控也是最重要的行为与情绪技能之一，是儿童在社会环境中不可或缺的一种技能。个人控制自我冲动、延迟满足的能力也是情绪管理的重要内容。在教学情境中，存在各种社会情境因素，需要自我监控能力的参与，而这种能力也是儿童发展的重要基础，是成为一个负责任的、成功的人的重要基础②。

越来越多的研究证据表明，情绪调控也许是情绪智力中最重要的成分，而情绪智力是压力情境下与人进行有效交流的必要条件。儿童怎样才能学会处理紧张的、负面的人际关系？这不仅需要学会处理自己的痛苦和愤怒情绪，也需要学会处理他人的负面情绪。这种能力对社会关系的发展和维持是非常重要的

---

① 例如，“Stroop任务”就是一种经典的认知控制任务。在这个任务中，给被试呈现一些表示颜色的词，但字体的颜色可能与词本身相同（如词语“红”，字体颜色是红色），也可能不同（如词语“红”，字体为蓝色）。任务要求被试大声说出字体的颜色，如果字体颜色与词本身不同时，会比颜色相同时困难得多。Stroop任务一般会激活一个叫作前扣带回的特定脑区，该区域位于额中线（frontal midline）部位，紧邻眶额叶后部。前扣带回是某个神经网络的关键结构，该神经网络负责错误监测功能，以及对认知过程（如Stroop任务）和情绪过程的调节功能，这样就能实现对行为有意识的自主控制。

② 神经成像研究表明，在视觉表象和知觉过程中，至少2/3的激活脑区是相同的。物体和事件的心理表象与相应的知觉活动所涉及的许多加工过程是相同的。厌恶刺激的视觉表象（如烧焦的身体、被打烂的面孔）会引起皮肤电和心率的变化。因此，心理表象能够影响人的身体。某些脑区受厌恶刺激表象的激活程度比中性刺激（如山羊、椅子的照片）更强。其中一个被激活的脑区是前脑岛，该脑区与身体自主活动的状态记录有关。这些研究发现说明，人们可以通过构建特定心理表象的方法来改变情绪状态。一些研究者声称，这种方法可以影响许多身体功能，包括与内分泌系统和免疫系统有关的功能。这类神经成像研究还可以进一步深入，验证各种心理表象技术，用于克服焦虑、营造积极的学习环境、促进学习等，并对教育情境中的实际应用提供启示。

(Eisenberg and Fabes，1992)。迄今为止，大部分有关自我情绪调控能力的发展研究都是以婴儿和幼儿为对象的，究其原因可能主要是因为这个年龄认知功能的发展速度最快（Calkins，2004)。在儿童早期时，学会处理家庭以外的社会关系和与同伴的关系，是至关重要的。儿童的社会能力非常重要，它可以预测社会关系和学业成绩（如入学准备成绩）的好坏（Carlton and Winsler，1999)。一项对学前儿童社会能力的研究显示，情绪调控有助于儿童在同伴中建立并维持良好的关系（Denham and Button，2003)。

Michael Posner（OECD，2002b）提出了“努力控制”（effortful control）的概念，表示在学校或家里，儿童对自己行为的自我管理能力①。努力控制的测量方法是：向父母询问孩子的专心程度（注意集中程度）、自我克制力（抑制控制)、对低强度刺激的爱好以及对周围环境细微变化的觉察能力，并对这些问题的答案进行综合分析。

情绪和生理之间的联系十分密切，各个不同部分都联系在一起，共同组成人的心理和身体。因此，为了提高对情绪十分敏感的那些脑学习功能，可以从生理因素着手。但是，由于二者的内部联系异常复杂，因此我们可以预期它们之间不可能是一种简单的因果关系。举例来说，通过心跳节律训练，使心跳变得更加有规律，会同时在生理层面和心理层面提高情绪调节功能②。

理解神经功能的内在机制和加工过程，可以设计出适宜的教育方案，促进情绪智力的发展和脑学习能力的提高。理解了脑成熟和情绪之间的规律，可以制定适合年龄的情绪管理策略。为了让孩子能够理解和表达自己的情绪，家长应当为孩子创建一个安定的情绪环境。另外，我们之所以要研究儿童情绪管理的脑加工过程，其中一个原因是，可以帮助我们识别各种情绪障碍，并对它们

---

① 一项追踪研究表明，延迟满足和教育成就有关。实验任务是这样的，4岁大的儿童独自待在一间屋子里（屋子是空的），面前放着一颗果浆软糖。孩子如果能够忍住不吃，等主试回来后，就能得到两颗果浆软糖。如果儿童能够抵抗诱惑、忍住想吃第一颗果浆软糖的冲动，那么他们就更有可能在以后的学业上取得更大的成绩。这种能力是通过对应对失败的能力、应对压力的能力、坚持能力和专心能力的测量获得的（OECD，2002a)。

② 一项在英国南安普顿开展的有关情绪的初步计划就采用了这种方法，该计划向人们传授节律呼吸法，以调节心跳的节律；该计划还开展了一系列的干预方法，稳定个体的生理状态，帮助人们达到和谐的情绪状态（OECD，2003b)。此外，有些计划更为公开地采用这种方法来解决暴力问题——在如今的校园里，暴力问题正日益加重。例如，Rosenberg（1998）开发的非暴力交流方法在许多国家都非常盛行，并已建立了多所基于这种教学方法的学校。Rosenberg的方法主要就是让学生了解自己的需求，并帮助他们提高交流技能，把这种需要表达出来，因为缺乏交流往往是发生暴力行为的主要原因。在中国，成千上万的青少年都存在各种学习和行为问题，而这可能与情绪发展不良有关；中国政府正在寻求提高情绪智力的方法，以改善心理平衡，提高生活质量，培养积极的社会交往能力（OECD，2002c)。

进行预测和预防。

框 3.4　音乐

演奏音乐不仅需要运动技能，还需要对听力输入和运动控制的协调技能，以及脑对躯体触觉的理解能力。多数音乐家同时运用双手的能力的确比普通人强。也许人们会想到，两半球运动区域的协调能力提高了，会引起解剖结构的一定变化。的确，音乐家的前扣带回比非音乐家更大，而前扣带回中就含有联系两半球运动区的纤维束（Weinberger，2004）。

音乐还能影响脑的各种学习能力，以及扩大听觉皮层和运动皮层的范围。因为当脑储存的信息非常重要时，有一个办法就是调用更多的脑细胞来对它进行加工。对音乐家的研究表明，他们还具有一些其他的特征，特别是在一些高度发展的特定脑区，但我们还不清楚这些特征会不会促进其他技能的学习。学习能够塑造大脑，增强神经细胞的反应能力，增加对重要声音产生强烈反应的神经细胞数量（Weinberger，2004）。德国一项采用脑磁图技术（MEG）的研究发现，音乐家听到钢琴音调时，听觉皮层激活的范围比非音乐家更大；并且，接受音乐训练的时间越早，激活范围就会越大（Pantev et al.，1998）。研究还发现，小提琴手的左手手指对应的运动皮层电反应更强（Pantev，2003）。音乐家的运动区域和听觉区域范围比一般人更大，也说明了长时间训练能够改变神经系统的结构（Schalaug，2003）。

研究音乐可以告诉我们很有价值的信息，让我们了解脑工作的原理。越来越多的研究发现，知觉、加工和演奏音乐等活动是由不同的脑区负责的。在实际情况中，演奏音乐、聆听音乐和创作音乐都需要这几种认知功能的参与。研究告诉我们，积极的情绪可以影响学习，因而音乐也可能会促进学习。这是未来研究的另一课题，包括音乐学习的迁移作用。

动机

无用的知识能给人许多快乐。

——罗素

对成功学习来说，动机是很重要的一部分，因为它与理解和情绪有关。动机可以看成是所有情绪成分的综合效应，它反映了机体的一种准备状态，是一种身体和心理高度集中的状态。因此，动机与情绪的关系是十分密切的，而情绪决定了脑是否对事件作出反应——高兴时主动反应，不高兴时回避反应。因此，我们可以得出这样的假设，动机是由情绪系统产生的。

外部动机（与外在因素有关）和内部动机（与内在因素有关）是完全不同的两种动机。外部动机从外部影响行为——如奖励或惩罚，包括具体性的和象征性的（McGraw，1978）——而内部动机反映的是个人实现内部需求和心愿的倾向。传统教育看重人的外部动机，一般采用惩罚和奖励的手段；目前的神经科学研究也比较重视外部动机在学习中的作用，因为内部动机的机制还没有完全理解清楚，很难用神经成像技术来研究这个问题。但是，许多学习过程都依靠内在动机，而不是外在因素，因而神经科学也必须对内部动机系统进行深入研究。

框 3.5　游戏

游戏对动机有着很大的影响。在教学情境中，采用讲故事的方式，或采用激发想象力的活动，对动机的影响是不同的。有研究者就曾利用游戏来激励儿童，让他们完成由大量题目构成的标准化测验，而这种测验对一般人来说都是非常枯燥的。儿童比较喜欢传统游戏道具，如木偶等，也很容易受它们激励。利用游戏，教师能够营造出一个积极的学习环境，克服一般的学习障碍——如反抗行为、消极情绪、对立态度。

一项采用近红外光学成像技术（near-infrared Optical Topography）对“游戏中的脑”进行的研究发现，与采用常规方法完成某种活动相比，采用木偶游戏的方法会使血流量显著增加（Peyton et al.，2005）。Nussbaum等人（1999）的一项研究让300名学校儿童玩多种Gameboy游戏，结果发现儿童的动机明显提高。无论对于熟悉这种游戏的儿童，还是除了在学校平时接触不到这些游戏的儿童，情况都是一样。McFarlane，Sparrowhawk和Heald（2002）研究了老师对电子游戏优缺点的看法，结果发现，老师们对冒险游戏的态度是正面的。多数老师承认，游戏有利于促进各种策略的发展，而这些策略对学习有着举足轻重的作用（Gros，2003）。

MIT媒体实验室设计了一个名叫Sam的人物角色，这个角色善于交谈，是为了促进儿童语言发展设计的。Sam让孩子们用真实物体进行讲故事的游戏，同时会有一个虚拟玩伴参与进来，他也使用相同的物体。这个程序让孩子们通过与电脑的互动来提高讲故事的能力。与自己一个人玩相比，采用这种方法，孩子们讲的故事更富有想象力，叙述方式也更复杂（Cassell et al.，2000）。

因此，游戏不仅可以增强动机，还能帮助提高学生的想象力；游戏还能对人的技能、能力和策略产生积极影响。但是，许多学校却不断占用和减少休息时间，增加测验的强度，留给娱乐、游戏的时间少之又少。另外，家长也应当负部分责任。因为他们总是让孩子参加各种课外学习活动，为的是提高学业成绩，但这样孩子玩的时间就更少了，有的甚至根本没有玩的时间。在现在这个社会，学习任务那么繁重，需要投入的时间越来越多，想要在课堂上加入游戏的内容，几乎是难以实现的。

小的时候，大部分人都应当体验过高效学习背后的内部动机。很多人一直都保持这种能力，Csikszentmihalyi（1990）称之为"舒畅感"（flow）① ——个体努力追求自己真正快乐的状态，而它并不需要明确的外部奖励。许多因素都能激发人的学习动机，如渴望赞扬和认同等，但其中最有力的一种（如果不是唯一一种）是理解时的喜悦感。脑对这种感觉有着明确的反应。例如，在人们突然有一种"我明白了！"（eurêka）的感觉时，脑会突然产生一些神经联结，并觉察到所有信息之间的内部联系②。这是一种最快乐的脑体验，至少在学习情境中如此，真可谓是一种"心智的极度快感"（intellectual orgasm）（B. della Chiesa）。人一旦有过这种体验，就会再想拥有。早期教育的主要目标之一就应当让儿童尽早获得这种体验。这样，孩子们就会知道，学习是一件多么美妙的事情！

框 3.6　电子游戏

为什么玩电子游戏会影响儿童的健康状态、认知能力、社会能力和行

① Csikszentmihalyi（1990）把"舒畅感"描述为一个人发自内心想要学习的状态，表现出精神高度集中、百分之百参与和尽善尽美。

② 来自隆德大学（瑞典）的 Peter Gärdenfors 在参加 2004 年 11 月由教育研究与创新中心和丹麦学习实验室在哥本哈根联合举办的一次会议上，提出将"Eurêka"作为得到理解的特定"识别模式"。为了说明这个问题，可以举一个小孩玩游戏的例子。游戏是让孩子们将看似散乱的小点用笔一个一个连接起来。孩子们从第 1 个点开始连线，随着连线的越来越多，孩子们会发现表面上看起来杂乱无章的小点，竟然连成了一个认识的物体。换一个说法，即"理解是将信息转变成知识的过程"（B. della Chiesa）。

为技能？其影响的方式如何？奇怪的是，这些问题我们知之甚少；虽然电子技术的更新日新月异，但研究并未跟上这个节奏。

在德国乌尔姆市的神经科学与学习转化中心（Transfer Centre for Neuroscience and Learning）（见框7.7），研究者们已经开始调查媒体消费对儿童心理和生理健康的影响。与此类似，罗彻斯特大学的研究发现，投入大量时间玩快节奏的电子游戏的年轻人比不玩这种游戏的人视觉能力更好，而且注意复杂视觉环境的能力也明显更强。他们“能够同时注意到的物体也更多，而且能更有效地加工快速变化的视觉信息”（Green & Bavelier, 2003）。最新一代电脑游戏很看重画面的三维和动态效果，不仅需要玩家将注意力同时分配在画面的不同部分，还需要提高视觉和注意技能。

但是，大多数流行电脑游戏都充满了暴力，这一点是不容忽视的。一些研究表明，画面的情绪成分过多，可能会增加玩家的反社会行为（Anderson, 2004）。电子游戏会引起多种情绪反应——危险、暴力和对抗——它们都说明游戏可以唤起太多的情绪成分。游戏有害吗？它会不会增强孩子的攻击性？或者还会引起其他更为严重的后果？一些反对游戏的人指出，新近研究显示，暴力游戏和攻击行为之间存在直接关系；一些研究者还指出，电子游戏激发的脑暴力反应模式与真实攻击行为的模式是相同的。例如，德国亚琛大学的一项研究让男性被试玩一种游戏，要求他们杀死歹徒，营救人质。在这个游戏中，许多处理情绪的脑区，如杏仁核、前扣带回都发生了激活（Weber et al., 2006）。研究者在扫描大脑想象攻击行为时，也发现了相同的激活模式。德国蒂宾根（Tübingen）大学的Birbaumer提出，人们玩电子游戏的时候，这些神经回路通常都会得到强化，因此当人们面对类似的真实情境时，攻击性就会被启动（Motluk, 2005）。

虽然目前研究告诉我们的信息还不够明晰，我们还不知道玩电子游戏对儿童是好还是坏。但是，玩游戏至少可以使儿童增加电脑知识，因为在如今这个社会，电脑知识是非常重要的。为了揭示媒体对儿童认知和情绪发展的影响，还有待进行更多研究。在下面这几个方面，需要引入现代技术：利用虚拟技术模拟真实情境；独立完成任务，避免因为当众出错而引发不安情绪；增加游戏和动机要素。对于学校政策制定者和执行者来说，对这个领域的深入理解都是很有好处的——不仅仅是理解众所周知的、早期教育的重要性，而且还有利于把游戏确立成一种“自然学习资源”，以改善当今教育所面临的许多系统性的问题。

虽然神经科学已经取得了一些成绩，理解了某些促进学习进步的动机过程，但是为了把它与教育体系联系起来，我们还有很多工作要做。大多数人都认为，学校里并不总是充满欢乐；有些人甚至会说，学校总是约束学生，打击学习的积极性。研究这个问题的同时，人们也会更好地理解各种外部因素和内部因素是如何相互作用而对脑产生激励作用的。但最大的困难是，我们怎样才能制订合理的学习目的，如何才能鼓励学生产生学习的内部动机。这个领域如果能够汇集神经科学的研究，就可能会对教育事业产生直接的、重要的促进作用。

睡眠和学习

睡眠的作用一直是一个令科学家十分着迷的话题，至今它仍是一个生物之谜。关于睡眠，许多基本问题都还不清楚。从神经生理学的角度来看，它是脑警觉的一种特殊形态①。无需脑科学研究我们也知道，充足的睡眠是人保持警觉和清醒的必要条件。很显然，对于生命来说睡眠是至关重要的②。研究者们一致认为，许多身体功能都能在清醒状态下得到恢复，但脑皮层功能只有通过睡眠才能恢复（Horne，2000）。睡眠质量与人的健康密切相关，睡眠不佳会对心情（Poelstra，1984）和行为（Dahl and Puig-Antich，1990）产生负面影响。在某些案例中，潜伏性睡眠障碍会引起多种心理病症（Reite，1998）。成人嗜睡症会导致工作失败、社会生活变差、疾病增多以及危险增加，如机动车车祸等（Ohayon et al.，1997）。

从行为层面到分子层面的研究都表明，睡眠有利于人类和其他哺乳动物记忆的形成（Maquet，2001）。动物研究最早发现，睡眠与学习和神经可塑性有关，其中快速眼动睡眠（REM）的时间与学习任务的成绩存在相关（Smith，1996）③。最近的人类研究也发现，慢波睡眠和相应的 EEG 慢波对记忆巩固及其神经可塑性有非常关键的作用（Huber et al.，2004；Marshall et al.，2006）。许多采用人类功能成像技术（记录较大神经网络的活动）、基因技术和神经药理学技术的脑科学研究都表明，在某些睡眠阶段（慢波睡眠和 REM 睡眠），

---

① 1953 年，杰出科学家 Nathaniel Kleitman 颠覆了人们的一贯看法，指出睡眠时并非所有脑活动都会停止。

② 睡眠缺失之后会导致睡眠反弹，长期剥夺老鼠的睡眠（两到三个星期）最终会导致其死亡（Miyamoto and Hensch，2003）。

③ REM 睡眠阶段时人会做梦，其大脑活动模式与清醒时非常相似。REM 睡眠的功能到底是什么，迄今为止还没有统一意见。科学家们对 REM 睡眠与程序性学习之间的关系进行了研究和探讨，但并未得出 REM 睡眠时间和学习时间之间的确定关系（Nelson，2004）。

记忆痕迹会发生重加工，记忆内容会得到巩固，这在不同种属和不同学习任务中都是如此（Stickgold，2003）。REM 睡眠可能对技能记忆的巩固效果最好，而慢波睡眠对依赖海马的外显陈述性记忆的巩固作用最强。大量睡眠剥夺研究也证明，睡眠能够巩固习得的记忆内容。对动物和人类的实验证据表明，人在睡眠之中能对最近的经验重新进行“离线”加工，这也是记忆巩固的内在原因（Ji & Wilson，2007；Rasch et al.，2007）。并且，人们在对丘脑皮层系统进行分析后，发现了一种互惠的现象：即睡眠本身也具有可塑性，它受到清醒时经验的影响（Miyamoto and Hensch，2003）。另一种假设认为，睡眠对神经可塑性起着非常关键的作用。也就是说，睡眠有利于维持神经元间的有效联结，强化突触间的主要神经联结，剪除次要神经联结。有研究者提出，睡眠中大脑皮层都会经历神经可塑性的过程，因为它会不断“更新”现实经验，特别是前一天发生的事情（Kavanau，1997）。

研究显示，儿童睡眠障碍与许多运动障碍、神经疾病和情绪行为障碍有关，如活动过度，学习困难等（Ferber and Kryger，1995）。在儿童中，睡眠障碍的发生率很高，而且非常稳定，这是一个非常普遍的问题。流行病学研究表明，约有 1/3 的儿童存在睡眠障碍（Simonds & Parraga，1984；Kahn et al.，1989；Blader et al.，1997；Rona，Gulliford and Chinn，1998）。对儿科医生的一项调查发现，睡眠障碍是父母担心的第五大问题（仅次于疾病、饮食、行为问题和身体畸形）（Mindell et al.，1994）。

虽然每个年龄段都存在普遍的睡眠障碍（Wiggs and Stores，2001），但随着青春期的变化，也会出现一些年龄特异性模式。一项对 25 000 名 10—90 岁被访者的睡眠习惯进行问卷调查的研究发现，儿童一般起得比较早，但进入青春期后，睡觉时间就会越来越晚（见第二部分，文章 B）；在大约 20 岁的时候，睡得最晚，之后睡眠时间又会逐渐提早（Abbott，2005）。一般来说，青春期时白天睡觉的时间总会增多，无论总体睡眠时间有没有增加，都表明了青春期对睡眠的生理需求并不会下降（Carskadon et al.，1980）。

最近的一些研究指出，睡眠剥夺和睡眠困难与学业成绩不良有关：睡得越少，成绩越差（Wolfson and Carskadon，1998）。许多儿童长期处在慢性睡眠剥夺状态，这对于正在发育的大脑来说，确实会产生潜在的危害。由于存在伦理问题，对儿童进行睡眠剥夺实验是比较少的，仅有的几项研究考察了睡眠剥夺给认知功能所带来的后果。早期的一项研究发现，完全剥夺一个晚上的睡眠后，11—14 岁的儿童所受的影响与之前得出的有关成人研究的结果相同（Carskadon，Harvey and Dement，1981）。研究发现，部分限制睡眠也会损伤人的认知功能。但是，人的一般行为能力并不会受到影响，就算一个晚上完全不睡也一样（Randazzo et al.，1998）。研究还指出，睡眠时间过短会导致短时记忆任务的成绩下降（Steenari et al.，2003）。

近些年来，越来越多的研究指出，儿童睡眠障碍和各种心理症状有关，如抑郁症、行为障碍等（Morrison，McGee and Stanton，1992；Chervin et al.，1997；Dagan et al.，1997；Corkum，Tannock & Moldofsky，1998；Dahl，1998；Marcotte et al.，1998；Aronen et al.，2000；Smedje，Broman and Hetta，2001）。注意力缺陷多动障碍（ADHD）是一种神经心理障碍，患有此障碍的儿童会经常出现睡眠障碍。多篇研究报道也指出，ADHD 儿童出现睡眠问题的比率比一般儿童高（Chervin et al.，1997；Marcotte et al.，1998；Stein，1999；Owens et al.，1998）。与控制组儿童相比，父母报告的 ADHD 儿童不愿睡觉、入睡困难、睡眠焦虑、白日嗜睡、异样睡眠障碍（parasomnias）和睡眠时间短等问题也明显更多（Owens et al.，2000b）。另外，研究还发现，睡眠障碍也与某些环境因素有关。例如，电视看得太多，特别是在应该睡觉的时候，也会对睡眠产生负面影响（Owens et al.，2000a）。此外，也有研究发现，入睡困难还与不愿睡觉（Blader et al.，1997；Smedje，Broman and Hetta，1998）和与父母同床有一定关系（Lozoff，Wolf and Davis，1984；Madansky and Edelbrock，1990；Latz，Wolf and Lozoff，1999）。

框 3.7 声压强度

在课堂上，听觉是非常重要的：信息源源不断地通过这条通道输入。声压强度会影响孩子们的学业成绩。伦敦南岸大学的一项研究测量了伦敦 142 所小学上课时学校周围的噪声水平，并将这些学校学生的国家标准考试成绩与其他已经发布的 7—11 岁学生的成绩进行比较。结果发现，环境噪声越大，学生成绩就越差，即便控制了导致成绩较差的其他可能因素后，如社会经济地位水平等，结果还是一样（Shield and Dockrell，2004）。

根据世界卫生组织（WHO）的《社区噪声指南》（Guidelines for Community Noise）可以得知，学校噪声会产生很多重要的影响，包括干扰言语、阻碍理解、破坏信息交流、令人烦躁等。《指南》对教室噪声水平的规定是这样的，为了保证课堂上学生能够听清并理解所讲的内容，教学时背景噪声不应该超过 35 分贝。对于听力缺损的儿童来说，则需要更低的噪音标准：在室外操场上，外界噪声水平不应当超过 55 分贝，这与居民区白天室外的标准相同。

只要谈到睡眠剥夺或睡眠减少问题，人们就会问："睡多长时间才算够？"其实每个人需要的睡眠量相差很大，因此没有一个人人适用的简单标准①。有研究发现，睡眠不足、白日嗜睡及学业成绩较差与上学时间太早有关系（Carskadon et al.，1998）。与上学时间较晚的学生相比，这类学生普遍抱怨从早到晚都很累，很难集中注意和专心学习（Epstein，Chillag and Lavie，1998）。目前的上学时间是不是太早了？这仍是一个存在争议的问题。在作出明确结论以前，仍需要开展更多的研究，考察可能带来的影响；同时结合实验研究，深入理解睡眠和学习（如记忆巩固）之间的关系。另外，有证据表明，学习一项任务后睡一小会儿可以改善学习效果。因此，人们常说的"Let's sleep on it（让我考虑一下）"并不是一句谚语式的神经神话（neuromyth）（见第六章）。Robert Stickgold（2003）的一项研究以哈佛大学的一群学生为对象，让他们完成一项需要注意力高度集中的复杂任务。结果发现，睡了30—60分钟后，被试的任务成绩就能恢复到实验初期水平。

睡眠不足在儿童当中是一种十分普遍的现象，需要更多研究来调查睡眠障碍的现状，同时也需要更多实验研究的介入，以帮助我们理解睡眠不足与心理疾病和认知下降之间的关系。另外，纵向研究还能帮助我们理解不同生命阶段睡眠的变化规律，让我们知道每个阶段需要多少睡眠才能保持脑健康和情绪稳定。我们还应当对睡眠的内在机制和演化进程进行深入研究，它能告诉我们睡觉时脑需要什么，哪种学习过程得到了最多的促进，以及必要的睡眠量是多少。对于各种学校课程、技能培训和专题会议来说，在制订计划安排时，如果能够参考有关睡眠的科学结论，就能起到事半功倍的效果。例如，老师可以把青少年的上课时间安排得更晚一些，并且建议学生早上醒来温习功课，因为这样效率会更高。家长也能起到非常重要的作用，只要保证孩子们的充足睡眠，别让他们睡觉之前用脑过度（如打电脑游戏），就能促进孩子脑的健康成长。

结论

有关脑科学的研究表明，营养对学习过程起着非常关键的作用；这些研究还让我们了解到良好学习环境的特点。许多有益于脑功能发展的环境因素其实

---

① 已有证据表明，长期服用安眠药，"帮助"自己增加睡眠时间，并不一定会促进身体健康，实际上还可能会缩短人的寿命（Siegel，2003；另见第七章）。

都是一些日常事件——社会环境与交流的质量、营养条件、身体锻炼以及睡眠等。这些因素看起来太过平常，因而人们很容易忽视它们对教育的影响。对它们的研究需要采用整体分析法，重视身体和心理健康之间密切的相互依赖关系，以及情绪和认知功能之间的相互影响关系。

如今，越来越多的证据表明，情绪能够重塑脑组织。处于巨大压力或极端恐惧的情境中，人的社会判断能力和认知能力都会受到影响，这是由情绪调节的神经机制引起的。为了应对困难，一定的压力是必要的。但超过一定水平时，就会产生相反的效果。在众多积极情绪中，学习活动最强大的奖励因素是掌握新概念时所产生的愉快感——脑对这种体验有明显的反应。早期教育的一个主要目标就是，尽早让儿童体验到这种“启蒙”，让他们体验到学习的乐趣有多奇妙。情绪管理是成为成功学习者的重要条件；在社会环境中，无论儿童还是成人，自我监控都是最重要的一种技能。

参考文献

Abbott, A. (2005), “Physiology: An End to Adolescence”, *Nature*, Vol. 433, No. 7021, p. 27.

Anderson, C. (2004), “Violence in the Media: Its Effects on Children”, An edited transcript of a seminar presented in Melbourne, Australia, Young Media Australia, Glenelg, South Australia and the Victorian Parenting Centre, Melbourne, Victoria, 11 September.

Aronen, E. T., E. J. Paavonen, M. Fjällberg, M. Soininen and J. Törrönen (2000), “Sleep and Psychiatric Symptoms in School-age Children”, *Journal of the American Academy of Child and Adolescent Psychiatry*, Vol. 39, pp. 502 – 508.

Blader, J. C., H. S. Koplewicz, H. Abikoff and C. Foley (1997), “Sleep Problems of Elementary School Children: A Community Survey”, *Archives of Pediatrics and Adolescent Medicine*, Vol. 151, pp. 473 – 480.

Blakemore, S. J., J. Winston and U. Frith (2004), “Social Neuroscience: Where Are We Heading?”, *TRENDS in Cognitive Sciences*, Vol. 8, No. 5, pp. 216 – 222.

Calkins, S. D. (2004), “Temperament and Emotional Regulation: Multiple Models of Early Development”, in Mario Beauregard (ed.), *Consciousness, Emotional Self-Regulation and the Brain. Advances in Consciousness Research* 54, John Benjamins Publishing Company, Amsterdam, pp. 35 – 39.

Carlton, M. P. and A. Winsler (1999), “School Readiness: The Need for a Paradigm Shift”, *School Psychology Review*, Vol. 28, No. 3, pp. 338 – 352.

Carskadon, M. A. and C. Acebo (2002), “Regulation of Sleepiness in Adolescence: Update, Insights, and Speculation”, *Sleep*, Vol. 25, pp. 606 – 614.

Carskadon, M. A., K. Harvey and W. C. Dement (1981), “Sleep Loss in Young Adolescents”,

Sleep, Vol. 4, pp. 299 – 312.

Carskadon, M. A., K. Harvey, P. Duke, T. F. Anders, I. F. Litt and W. C. Dement (1980), "Pubertal Changes in Daytime Sleepiness", *Sleep*, Vol. 2, pp. 453 – 460.

Carskadon, M. A., A. R. Wolfson, C. Acebo, O. Tzischinsky and R. Seifer (1998), "Adolescent Sleep Patterns, Circadian Timing, and Sleepiness at a Transition to Early School Days", *Sleep*, Vol. 21, pp. 871 – 881.

Cassell, J., M. Ananny, A. Basu, T. Bickmore, P. Chong, D. Mellis, K. Ryokai, J. Smith, H. Vilhjálmsson and H. Yan (2000), "Shared Reality: Physical Collaboration with a Virtual Peer?", in *Proceedings of the ACM SIGCHI Conference on Human Factors in Computing Systems (CHI)*, Amsterdam, 4 – 9 April, pp. 259 – 260.

Chervin, R. D., J. E. Dillon, C. Bassetti, D. A. Ganoczy and K. J. Pituch (1997), "Symptoms of Sleep Disorders, Inattention, and Hyperactivity in Children", *Sleep*, Vol. 20, pp. 1185 – 1192.

Colcombe, S. J., K. I. Erickson, N. Raz, A. G. Webb, N. J. Cohen, E. McAuley and A. F. Kramer (2003), "Aerobic Fitness Reduces Brain Tissue Loss in Aging Humans", *Journal of Gerontology*, Vol. 58A, No. 2, pp. 176 – 180.

Colcombe, S. J. and A. F. Kramer (2004), "Fitness Effects on the Cognitive Function of Older Adults: A Meta-analytic Study", *Psychological Science*, Vol. 14, No. 2, pp. 125 – 130.

Colcombe, S. J., A. F. Kramer, K. I. Erickson, P. Scalf, E. McAuley, N. J. Cohen, A. G. Webb, G. J. Jerome, D. X. Marquez and S. Elavsky (2004), "Cardiovascular Fitness, Cortical Plasticity, and Aging", *Proceedings of the National Academy of Sciences*, Vol. 101, No. 9, pp. 3316 – 3321.

Cole, P. M., S. E. Martin and T. A. Dennis (2004), "Emotion Regulation as s Scientific Construct: Methodological Challenges and Directions for Child Development Research", *Child Development*, Vol. 75, No. 2, pp. 317 – 333.

Corkum, P., R. Tannock and H. Moldofsky (1998), "Sleep Disturbances in Children with Attention-Deficit/Hyperactivity Disorder", *Journal of the American Academy of Child and Adolescent Psychiatry*, Vol. 37, pp. 637 – 646.

Csikszentmihalyi, M. (1990), *Flow: The Psychology of Optimal Experience*, Harper and Row, New York.

Dagan, Y., S. Zeevi-Luria, Y. Sever, D. Hallis, I. Yovel, A. Sadeh and E. Dolev (1997), "Sleep Quality in Children with Attention Deficit Hyperactivity Disorder: An Actigraphic Study", *Psychiatry and Clinical Neurosciences*, Vol. 51, pp. 383 – 386.

Dahl, R. E. (1998), "The Development and Disorders of Sleep", *Advances in Pediatrics*, Vol. 45, pp. 73 – 90.

Dahl, R. E. and J. Puig-Antich (1990), "Sleep Disturbances in Child and Adolescent Psychiatric Disorders", *Pediatrician*, Vol. 17, pp. 32 – 37.

Damasio, A. R. (1994), *Descartes' Error: Emotion, Reason, and the Human Brain*, G. P. Putnam, New York.

Denham, S. A. and R. Burton (2003), *Social and Emotional Prevention and Intervention Programming for Preschoolers*, Kluwer-Plenum, New York.

Eippert, F., R. Veit, N. Weiskopf, M. Erb, N. Birbaumer and S. Anders (2006), "Regulation of Emotional Responses Elicited by Threat-related Stimuli", *Hum Brain Mapp*, 28 November.

Eisenberg, N. and R. A. Fabes (eds.) (1992), *Emotion and Its Regulation in Early Development: New Directions for Child and Adolescent Development*, Jossey-Bass/Pfeiffer, San Francisco, CA.

Epstein, R., N. Chillag and P. Lavie (1998), "Starting Times of School: Effects on Daytime Functioning of Fifth-grade Children in Israel", *Sleep*, Vol. 21, pp. 250 - 256.

Fadiga, L., L. Fogassi, G. Pavesi and G. Rizzolatti (1995), "Motor Facilitation during Action Observation: A Magnetic Stimulation Study", *Journal of Neurophysiology*, Vol. 73, No. 6, pp. 2608 - 2611.

Ferber, R. and M. Kryger (eds.) (1995), *Principles and Practice of Sleep Medicine in the Child*, W. B. Saunders Company, Philadelphia.

Fries, A. B., T. E. Ziegler, J. R. Kurian, S. Jacoris and S. D. Pollak (2005), "Early Experience in Humans is Associated with Changes in Neuropeptides Critical for Regulating Social Behaviour", *Proceedings of the National Academy of Sciences*, Vol. 102, No. 47, pp. 17237 - 17240.

Gesch, C. B., S. M. Hammond, S. E. Hampson, A. Eves and M. J. Crowder (2002), "Influence of Supplementary Vitamins, Minerals and Essential Fatty Acids on the Antisocial Behaviour of Young Adult Prisoners: Randomised, Placebo-Controlled Trial", *British Journal of Psychiatry*, Vol. 181, No. 1, pp. 22 - 28.

Green, C. and D. Bavelier (2003), "Action Video Game Modifies Visual Selective Attention", *Nature*, Vol. 423, pp. 534 - 537.

Gros, B. (2003), "The Impact of Digital Games in Education", *First Monday—Peer-reviewed Journal*.

Gross, J. J. and O. P. John (2003), "Individual Differences in Two Emotion Regulation Processes: Implications for Affect, Relationships, and Well-being", *Journal of Personality and Social Psychology*, Vol. 85, pp. 348 - 362.

Horne, J. A. (2000), "REM Sleep—By Default?", *Neuroscience and Biobehavioral Reviews*, Vol. 24, No. 8, pp. 777 - 797.

Huber, R., M. F. Ghilardi, M. Massimini and G. Tononi (2004), "Local Sleep and Learning", *Nature*, Vol. 430, No. 6695, pp. 78 - 81.

Ji, D. and M. A. Wilson (2007), "Co-ordinated Memory Replay in the Visual Cortex and Hippocampus during Sleep", *Nature Neuroscience*, Vol. 10, No. 1, pp. 100 - 107.

Johnson, S. (2004), "Thinking Faster: Are the Brain's Emotional Circuits Hardwired for Speed?", *Discover*, Vol. 25, No. 5, May.

Kahn, A., C. Van de Merckt, E. Rebuffat, M. J. Mozin, M. Sottiaux, D. Blum and P. Hennart (1989), "Sleep Problems in Healthy Preadolescents", *Pediatrics*, Vol. 84, pp. 542 – 546.

Kavanau, J. L. (1997), "Memory, Sleep and the Evolution of Mechanisms of Synaptic Efficacy Maintenance", *Neuroscience*, Vol. 79, No. 1, pp. 7 – 44.

Latz, S., A. W. Wolf and B. Lozoff (1999), "Cosleeping in Context: Sleep Practices and Problems in Young Children in Japan and the United States", *Archives of Pediatrics and Adolescent Medicine*, Vol. 153, pp. 339 – 346.

LeDoux, J. E. (2000), "Emotion Circuits in the Brain", *Annual Review of Neuroscience*, Vol. 23, pp. 155 – 184.

Lewis, M. D. and J. Stieben (2004), "Emotion Regulation in the Brain: Conceptual Issues and Directions for Developmental Research", *Child Development*, Vol. 75, No. 2, March, pp. 371 – 376.

Lozoff, B., A. W. Wolf and N. S. Davis (1984), "Cosleeping in Urban Families with Young Children in the United States", *Pediatrics*, Vol. 74, pp. 171 – 182.

Madansky, D. and C. Edelbrock (1990), "Cosleeping in a Community Sample of 2-and 3-year-old Children", *Pediatrics*, Vol. 86, pp. 197 – 203.

Maquet, P. (2001), "The Role of Sleep in Learning and Memory", *Science*, Vol. 294, No. 5544, pp. 1048 – 1052.

Marcotte, A. C., P. V. Thacher, M. Butters, J. Bortz, C. Acebo and M. A. Carskadon (1998), "Parental Report of Sleep Problems in Children with Attentional and Learning Disorders", *Journal of Developmental and Behavioral Pediatrics*, Vol. 19, pp. 178 – 186.

Marshall, L., H. Helgadottir, M. Molle and J. Born (2006), "Boosting Slow Oscillations during Sleep Potentiates Memory", Vol. 444, No. 7119, pp. 610 – 613.

McEwen, B. S. and R. M. Sapolsky (1995), "Stress and Cognitive Function", *Curr Opin Neurobiol*, Vol. 5, pp. 205 – 216.

McFarlane, A., A. Sparrowhawk and Y. Heald (2002), *Report on the Educational Use of Games*, TEEM, Cambridge, *www.teem.org.uk/publications/teem—gamesined—full.pdf*.

McGraw, K. O. (1978), "The Detrimental Effects of Reward on Performance: A Literature Review and a Prediction Model", in M. R. Lepper and D. Greene (eds.), *The Hidden Costs of Reward: New Perspectives on the Psychology of Human Motivation*, Lawrence Erlbaum, Hillsdale, NJ, pp. 33 – 60.

Meyers, A. F., A. E. Sampson, M. Weitzman, M. L. Rogers and H. Kayne (1989), "School Breakfast Program and School Performance", *American Journal of Diseases of Children*, Vol. 143, No. 10, pp. 1234 – 1239.

Mindell, J. A., M. L. Moline, S. M. Zendell, L. W. Brown and J. M. Fry (1994), "Pediatricians and Sleep Disorders: Training and Practice", *Pediatrics*, Vol. 94, pp. 194 – 200.

Minnesota Department of Children, Families and Learning (1998), *School Breakfast Programs Energizing the Classroom*, Minnesota Department of Children, Families and Learning, Roseville, MN.

Miyamoto, H. and T. K. Hensch (2003), "Reciprocal Interaction of Sleep and Synaptic Plasticity", *Molecular Interventions*, Vol. 3, No. 7, pp. 404 – 407.

Molteni, R., A. Wu, S. Vaynman, Z. Ying, R. J. Barnard and F. Gomez-Pinilla (2004), "Exercise Reverses the Harmful Effects of Consumption of a High-fat Diet on Synaptic and Behavioral Plasticity Associated to the Action of Brain-derived Neurotrophic Factor", *Neuroscience*, Vol. 123, No. 2, pp. 429 – 440.

Morrison, D. N., R. McGee and W. R. Stanton (1992), "Sleep Problems in Adolescence", *Journal of the American Academy of Child and Adolescent Psychiatry*, Vol. 31, pp. 94 – 99.

Moser, T. (2001), "Sprechen ist Silber, Bewegen ist Gold? Zum Zusammenhang zwischen Sprache und Bewegung aus psychomotorischer und handlungstheoretischer Sicht", in J. R. Nitsch and H. Allmer (eds.), *Denken-Sprechen-Bewegen. Bericht über die* 32. *Tagung der Arbeitsgemeinschaft für Sportpsychologie vom* 1. 3. *Juni* 2000 *in Köln*, Köln, pp. 168 – 174.

Moser, T. (2004), "The Significance of Physical Activity for the Psychosocial Domain: A Crash between Myths and Empirical Reality?", in P. Jørgensen and N. Vogensen (eds.), *What's Going on in the Gym? Learning, Teaching and Research in Physical Education*, University of Southern Denmark, Odense, pp. 50 – 71.

Motluk, A. (2005), "Do Games Prime Brain (Sic) for Violence?", *New Scientist*, Vol. 186, No. 2505, 25 June, p. 10.

Mourão-Miranda, J., E. Volchan, J. Moll, R. de Oliveira-Souza, L. Oliveira, I. Bramati, R. Gattass and L. Pessoa (2003), "Contributions of Stimulus Valence and Arousal to Visual Activation during Emotional Perception", *Neuroimage*, Vol. 20, No. 4, pp. 1955 – 1963.

Nelson, L. (2004), "While You Were Sleeping", *Nature*, Vol. 430, No. 7003, pp. 962 – 964.

Nicolson, R. I., A. J. Fawcett and P. Dean (1995), "Time Estimation Deficits in Developmental Dyslexia: Evidence of Cerebellar Involvement", *Proceedings. Biological sciences*, Vol. 259, No. 1354, pp. 43 – 47.

Nussbaum, M. C. (2001), *Upheavals of Thought: the Intelligence of Emotions*, Cambridge University Press, Cambridge, p. 751.

Nussbaum, M., R. Rosas, P. Rodríguez, Y. Sun and V. Valdivia (1999), "Diseño, desarrollo y evaluaciòn de video juegos portàtiles educativos y autorregulados", *Ciencia al Día Internacional*, Vol. 2, No. 3, pp. 1 – 20.

Ochsner, K. N., R. D. Ray, J. C. Cooper, E. R. Robertson, S. Chopra, J. D. Gabrieli and

J. J. Gross (2004), "For Better or for Worse: Neural Systems Supporting the Cognitive down- and up-regulation of Negative Emotion", *Neuroimage*, Vol. 23 (2), pp. 483 – 499.

O'Connor, T. G., D. Bredenkamp and M. Rutter (1999), "Attachment Disturbances and Disorders in Children Exposed to Early Severe Deprivation", *Infant Mental Health Journal*, Vol. 20, No. 10, pp. 10 – 29.

OECD (2002a), First High Level Forum on Brain Mechanisms and Early Learning, New York, *www. oecd. org/dataoecd/40/18/15300896. pdf.*

OECD (2002b), *Understanding the Brain: Towards a New Learning Science*, OECD, Paris.

OECD (2002c), "Learning Sciences and Brain Research: Report of the Launching Meeting of Phase II", Royal Institution, London, 29 – 30 April, pp. 7 – 8, *www. oecd. org/dataoecd/40/36/15304667. pdf.*

OECD (2003a), "A Report of the Brain Research and Learning Sciences Mini-symposium on the Design of Rehabilitation Software for Dyscalculia", INSERM Cognitive Neuroimagery Unit, Orsay, France, 20 September, *www. oecd. org/dataoecd/50/39/18268884. pdf.*

OECD (2003b), "A Report of the Brain Research and Learning Sciences Emotions and Learning Planning Symposium", Psychiatric Hospital, University of Ulm, Germany, 3 December, *www. oecd. org/dataoecd/57/49/23452767. pdf.*

Ohayon, M. M., M. Caulet, P. Philip, C. Guilleminault and R. G. Priest (1997), "How Sleep and Mental Disorders are Related to Complaints of Daytime Sleepiness", *Archives of Internal Medicine*, Vol. 157, pp. 2645 – 2652.

Owens, J. A., R. Maxim, C. Nobile, M. McGuinn and M. Msall (2000a), "Parental and Self-report of Sleep in Children with Attention Deficit/Hyperactivity Disorder", *Archives of Pediatrics and Adolescent Medicine*, Vol. 154, pp. 549 – 555.

Owens, J. A., A. Spirito and M. McGuinn (2000b), "The Children's Sleep Habits Questionnaire (CSHQ): Psychometric Properties of a Survey Instrument for School-aged Children", *Sleep*, Vol. 23, pp. 1043 – 1051.

Pantev, C. (2003), "Representational Cortex in Musicians", in I. Peretz and R. J. Zatorre (eds.), *The Cognitive Neuroscience of Music*, Oxford University Press, New York, pp. 382 – 395.

Pantev, C., R. Oostenveld, A. Engelien, B. Ross, L. E. Roberts and M. Hoke (1998), "Increased Auditory Cortical Representation in Musicians", *Nature*, Vol. 392, No. 6678, pp. 811 – 813.

Peyton, J. L., W. T. Bass, B. L. Burke and L. M. Frank (2005), "Novel Motor and Somatosensory Activity is Associated with Increased Cerebral Cortical Blood Volume Measured by Near-infrared Optical Topography", *Journal of Child Neurology*, Vol. 10, pp. 817 – 821.

Poelstra, P. A. (1984), "Relationship between Physical, Psychological, Social, and Environmental Variables and Subjective Sleep Quality", *Sleep*, Vol. 7, pp. 255 – 260.

Randazzo, A. C., M. J. Muehlbach, P. K. Schweitzer and J. K. Walsh (1998), "Cognitive Function Following Acute Sleep Restriction in Children Ages 10 - 14", *Sleep*, Vol. 21, pp. 861 - 868.

Rasch, B., C. Büchel, S. Gais and J. Born (2007), "Odor Cues During Slow-Wave Sleep Prompt Declarative Memory Consolidation", *Science*.

Reite, M. (1998), "Sleep Disorders Presenting as Psychiatric Disorders", *Psychiatric Clinics of North America*, Vol. 21, pp. 591 - 607.

Richardson, A. J. and P. Montgomery (2005), "The Oxford-Durham Study: A Randomized Controlled Trial of Dietary Supplementation with Fatty Acids in Children with Developmental Co-ordination Disorder", *Pediatrics*, Vol. 115, No. 5, pp. 1360 - 1366.

Rimmele, U., B. Costa Zellweger, B. Marti, R. Seiler, C. Mohiyedinni, U. Ehlert and M. Heinrichs (2007a), "Elite Sportsmen Show Lower Cortisol, Heart Rate and Psychological Responses to a Psychosocial Stressor Compared with Untrained Men", *Psychoneuroendocrinology*.

Rimmele, U. *et al.* (2007b), "Blunted Stress Reactivity of Elite Sportsmen to Mental Stress".

Rintala, P., K. Pienimäki, T. Ahonen, M. Cantell and L. Kooistra (1998), "The Effects of Psychomotor Training Programme on Motor Skill Development in Children with Developmental Language Disorders", *Human Movement Science*, Vol. 17, No. 4 - 5, pp. 721 - 737.

Rona, R. J., L. Li, M. C. Gulliford and S. Chinn (1998), "Disturbed Sleep: Effects of Sociocultural Factors and Illness", *Archives of Disease in Childhood*, Vol. 78, pp. 20 - 25.

Rosenberg, M. (1999), "Non-Violent Communication: A Language of Compassion", Puddle-Dancer Press, Encinitas, California.

Roth, K. and R. Winter (1994), "Entwicklung Koordinativer Fähigkeiten", in J. Baur, K. Bös and R. Singer (eds.), *Motorische Entwicklung—Ein Handbuch*, Verlag Karl Hofmann, Schorndorf, pp. 191 - 216.

Rudel, R. G. (1985), "The Definition of Dyslexia: Language and Motor Deficits", in Frank H. Duffy (ed.), *Dyslexia: A Neuroscientific Approach to Clinical Evaluation*, Little Brown, Boston, Massachussetts, pp. 33 - 53.

Ruoho, K. (1990), *Zum Stellenwert der Verbosensomotorik im Konzept prophylaktischer Diagnostik der Lernfähigkeit bei finnischen Vorschulkindern im Alter von sechs Jahren*, University of Joensuu, Joensuu.

Schlaug, G. (2003), "The Brain of Musicians", in I. Peretz and R. J. Zatorre (eds.), *The Cognitive Neuroscience of Music*, Oxford University Press, Oxford, pp. 366 - 381.

Shield, B. M. and J. E. Dockrell (2004), "External and Internal Noise Surveys of London Primary Schools", *Journal of the Acoustical Society of America*, Vol. 115, pp. 730 - 738.

Siegel, J. (2003), "Why We Sleep", *Scientific American*, November.

Simonds, J. F and H. Parraga (1984), "Sleep Behaviors and Disorders in Children and Adolescents Evaluated at Psychiatric Clinics", *Journal of Developmental and Behavioral Pediatrics*, Vol. 5, pp. 6 – 10.

Singer, T., B. Seymour, J. O'Doherty, H. Kaube, R. J. Dolan and C. D. Frith (2004), "Empathy for Pain Involves the Affective but Not Sensory Components of Pain", *Science*, Vol. 303, No. 5661, pp. 1157 – 1162.

Smedje, H., J. E. Broman and J. Hetta (1998), "Sleep Disturbances in Swedish Pre-school Children and their Parents", *Nordic Journal of Psychiatry*, Vol. 52, pp. 59 – 67.

Smedje, H., J. E. Broman and J. Hetta (2001), "Associations between Disturbed Sleep and Behavioural Difficulties in 635 Children Aged Six to Eight Years: A Study Based on Parents' Perceptions", *European Child and Adolescent Psychiatry*, Vol. 10, pp. 1 – 9.

Smith, C. (1996), "Sleep States, Memory Processes and Synaptic Plasticity", *Behavioural Brain Research*, Vol. 78, No. 1, pp. 49 – 56.

Steenari, M. R., V. Vuontela, E. J. Paavonen, S. Carlson, M. Fjällberg and E. Aronen (2003), "Working Memory and Sleep in 6-to 13-year-old Schoolchildren", *Journal of the American Academy of Child and Adolescent Psychiatry*, Vol. 42, pp. 85 – 92.

Stein, M. A. (1999), "Unravelling Sleep Problems in Treated and Untreated Children with ADHD", *Journal of Child and Adolescent Psychopharmacology*, Vol. 9, pp. 157 – 168.

Stickgold, R. (2003), "Human Studies of Sleep and Off-Line Memory Reprocessing", in P. Maquet, C. Smith and R. Stickgold (eds.), *Sleep and Brain Plasticity*, Oxford University Press, New York, pp. 42 – 63.

Thompson, R. A. (1994), "Emotional Regulation: A Theme in Search of a Definition", in N. A. Fox (ed.), *The Development of Emotion Regulation: Biological and Behavioural Considerations. Monographs of the Society for Research in Child Development*, Serial No. 240, Vol. 59, No. 2 – 3, University of Chicago Press, Chicago, Illinois, pp. 25 – 52.

Weber, R., U. Ritterfeld and K. Mathiak (2006), "Does Playing Violent Video Games Induce Aggression? Empirical Evidence of a Functional Magnetic Resonance Imaging Study", *Media Psychology*, Vol. 8, No. 1, pp. 39 – 60.

Weinberger, N. M. (2004), "Music and the Brain", *Scientific American*, November, pp. 67 – 73.

Wesnes, K. A., C. Pincock, D. Richardson, G. Helm and S. Hails (2003), "Breakfast Reduces Declines in Attention and Memory Over the Morning in Schoolchildren", *Appetite*, Vol. 41, No. 3, pp. 329 – 331.

Wiggs, L. and G. Stores (2001), "Sleeplessness", in G. Stores and L. Wiggs (eds.), *Sleep Disturbance in Children and Adolescents with Disorders of Development: its Significance and Management. Clinics in Developmental Medicine*, Cambridge University Press, Vol. 155, pp. 24 – 29.

Winter, R. and K. Roth (1994), "Entwicklung motorischer Fertigkeiten", in J. Baur, K. Bös and R. Singer (eds.), *Motorische Entwicklung—Ein Handbuch*, Verlag Karl Hofmann, Schorndorf, pp. 217 – 237.

Wolfson, A. R. and M. A. Carskadon (1998), "Sleep Schedules and Daytime Functioning in Adolescents", *Child Development*, Vol. 69, No. 4, pp. 875 – 887.

Wright, E. (2004), *Generation Kill*, Bantam Press, London.

第四章

读写能力与脑

我们中的一些人能读会写，
也会一些数学，但是这并不意味
着我们能征服宇宙。
——库尔特·冯内古特（Kurt Vonnegut）

这一章将介绍一些与语言和阅读相关的脑功能知识。本章将帮助我们解决如下一些问题：读写能力在什么时候以什么样的方式习得是最好的，获得读写能力的理想环境是什么？这些信息对于那些负责提高语言和阅读教育质量的政策制定者很有帮助，对于那些正在思考怎样更好地与孩子一起阅读的家长们也非常有帮助。本章还特别关注了“深”正字法语言（例如英语）和“浅”正字法语言（例如芬兰语）之间的区别。本章还特别讨论了阅读障碍，并考察了支持潜在的矫正策略的依据。

当你快速浏览这页文字和图形时，你在不知不觉中就与巴黎的某个人在过去的一个寒冷的下午所产生的思想建立了联系。这种非凡的文字力量可以超越时空的限制，促进文化的不断进步。当你阅读本页文字时，你不仅同某个人在巴黎某天所产生的思想建立起联系，而且还间接地与这些思想背后的文化历史中所积淀的集体智慧进行了交流（Tomasello，1999）。如果没有文字这种跨越时空传递信息的机制，人类思想依靠自身而发展的能力就会受到极大的限制——文字对于人类的进步来说至关重要。

学会阅读需要掌握一系列的复杂技能。首先，形态学知识——字母表里的字母、音节符号或者表意符号等形式——是必须掌握的。其次，必须理解正字法符号，它们是语言的标签——拼写可以与语音对应起来。如果没有正字法符号，本页上的字母符号就成了一些无意义的形状。此外，对语音的了解——将文字和声音对应起来——也十分重要，但对于文字编码来说，仅仅了解语音却是不够的。在有些拼音语言中，正字法规则十分复杂，比如英语或法语①，字符和音素的组合变化多样。英语的表征方式被认为是拼音文字中最“不规则的”——至少有上千种可能的字母组合来表现该语言中的 42 种发音。对于阅读，特别是在复杂正字法的语言中，除了根据语音规则将符号编码成语音，还需要运用一些辅助策略。这些策略包括利用上下文线索，识别整字，注意部件类比，如“late”和“gate”中都有 ate。此外，文字得到编码之后，还需要掌握其他技能，才能理解文章的意义。文字有其意义，即语义知识。不仅如此，语言的句法规则控制着文字的排列方式，显示出文字之间的彼此关系，这对理解文字的意义也很重要：“Orsino Loves Olivia”所指的意思与“Olivia Loves Orsino”并不相同。还有一点，每个词都必须与它前面的词整合起来，这需要不同功能的协作，还需要工作记忆系统的参与。

读写能力需要许多技能，而其内在的神经通路受到脑和经验的交互作用和协同作用的影响，因此，可以运用动态发展系统（例如，技能理论）来理解读写能力（Fischer，Immordino-Yang & Waber，2007）。技能理论指出，阅读能力可通过多种发展途径得以提高。从这一观点来看，神经科学的研究可以设计出更有效、更全面的阅读教学。

---

① 正字法“复杂”的语言其发音和字母之间的匹配方式变化多端。在这些语言中，如果脱离了整体文字的上下文信息，想要分辨“字母—发音”的联系通常是很困难的。试想一下，例如，英语中以下字母的组合：ghoti。如果其中的 gh 按照 laugh 中 gh 来发音，o 按照 women 中的 o 来发音，ti 按照 nation 中的 ti 来发音，那么这个词读起来就像 fish 一样。相比之下，在那些正字法“浅显”的语言里，字母和发音之间的联系近乎一一对应。例如，芬兰语有 23 种匹配方式，与 23 个字母正好一致。

语言与发展敏感期

脑在生理上为语言的获得做好了准备。Chomsky（1959）提出，脑装备了一套方法，可以将声音序列编码为意义表征符号，就像脑中将视觉信息转译成物体表征系统一样。也就是说，经过进化，脑变得能够根据通用的语言规则对特定刺激进行处理。脑中确实有专门负责语言功能的结构：研究已确定了左侧额下回以及左侧颞中回后部的功能（分别为布洛卡区和威尔尼克区，见图2.3）。一直以来，人们都认为布洛卡区与语言产出功能有关，如今人们认为它与更多的语言功能有关（Bookheimer，2002）。威尔尼克区跟语义功能相关（Bookheimer et al.，1998；Thompson-Schill et al.，1999）。重要的是，由于这些结构负责的是高级加工功能，所以它们不仅局限于对简单听觉刺激——即听觉——的加工。语言功能同样能够处理视觉信息，比如手语。

虽然脑的某些结构在生理上为语言做好了准备，但是语言习得需要经验的催化。在个体发展的特定阶段，语言发展存在着敏感期（即第一章讲到的发展机遇期），敏感期内语言功能回路最容易发生经验依赖性的变化。婴儿天生就有一种能力，能够识别连续音域中细微的语音变化，但最初10个月的特定语言经验会使大脑对与该种语言有关的语音很敏感（Gopnik，Meltzoff & Kuhl，1999）。例如，辅音/r/和/l/位于同一连续音阶上，所有新生儿都是这样感知这两个音的。然而，对于生长在英语环境中的婴儿来说，其脑会渐渐发生变化，将这个连续的音阶识别为两个不同类别，/r/和/l/。每个音位发展出独特的原型表征，外界的声音与这些表征进行匹配，就能识别为/r/或者/l/。相比而言，由于日语中不存在/r/和/l/的区别，生长在日语环境中的婴儿就不会形成这些原型，而会形成与日语有关的原型。实际上到10个月大的时候就失去了区分/r/和/l/这种语音对的能力。这种现象是由于不同语言之间不同的发音类型导致的（Gopnik，Meltzoff & Kuhl，1999）。因此，从出生到10个月，脑最容易获得所处语言环境中的语音原型。①

语法学习同样存在着发展敏感期：语言学习越早，脑就能越有效地掌握这门语言的语法（Neville and Bruer，2001）。如果在1—3岁的时候将小孩放在

---

① 这并不意味着成年人就不能学会区别语音。McClelland，Fiez和McCandliss（2002）已经发现，在突出语音对比的环境下，日本成年人也能够学会区分英语中/r/和/l/这种语音对，尽管这种语音对在日语中是没有的。

外语环境中，脑就会运用左半球加工语法信息，就像母语者一样；但只要将时间往后推到4—6岁学习外语，就意味着脑要通过两个半球来加工语法信息。当孩子在11岁、12岁或13岁的时候才第一次接触外语时，也就是说在上中学的时候开始接触外语，脑成像研究发现其激活模式已经发生异常。因此，延迟接触语言会导致脑使用不同的策略来加工语法信息。这与行为实验结果是一致的。行为实验结果显示，较晚接触第二语言会导致语法加工能力的严重缺陷（Fledge & Fletcher，1992）。如此看来，语法学习模式表现为，早期接触语法可以形成高效的语法加工策略，而晚期接触语法则形成效率较差的加工策略。

另外，口音的获得也有敏感期（Neville and Bruer，2001）。这种语音加工知识在12岁前学习更有效。虽然每种语言功能都有发展的敏感期，但有些语音能力的某些方面却似乎没有。

总的来说，语言学习的许多方面都存在效率和年龄相反的关系——一般而言，越早接触语言，就能学得更好。这与大多数国家外语教学在青少年时才开始的教育政策是不一致的。要形成语言学习各个方面发展敏感期的完整图景，我们还需要开展进一步的研究，但我们也很清楚现阶段研究结果对我们的启示：

外语教学开展得越早，学习的效率和效果就越好。

但是，早期教育如果想获得好的效果，就必须适合年龄特征。如果将根据大龄学生的学习规律而制定的方法生搬硬套地应用到幼儿教学中，势必得不到良好的效果。也就是说，早期外语教学设计必须适合年幼的儿童。

虽然早期语言学习效率最高、效果最好，但是需要指出的是，人的一生都有学习语言的能力：尽管青少年和成年人学习外语的困难较大，但是也可以学会。他们如果沉浸于一个全新的语言环境，也能把这门语言学得“很好”，虽然某些方面比如口音①将永远无法学得像早学习者那样好。个人之间也存在着差异，如发展敏感期的强度和持续时间对于每个人来说都是不同的。一些人即便到了成年也能熟练掌握外语。

脑的读写能力

和语言不同，脑没有为获得读写能力而进化出特定结构。经验并不能像在

---

① 对于外语学习者来说，获得“母语使用者口音”的好处还不是很清楚。只要能让别人听懂自己在说什么，用“外地口音”又有什么错呢？即使从发音角度来说，教育系统仍然认为外语学习者的最终目标是（或应该是）“达到母语使用者的水平”。（那么，到底哪一个是母语使用者呢？）

学习语言时那样引发一系列的生理导向机制来帮助人们获得读写能力。相反，经验是通过日积月累的神经元的变化逐渐在脑中创造读写能力的，就像 Pinker（1995）说的，“儿童的脑是为声音而连接的，但印刷品也是必要的一部分，必须非常刻苦才能学会”。学习印刷文字的经验会逐渐在大脑中建立起支持阅读的通路。

在建立能够支持阅读的神经通路这一过程中，经验起着至关重要的作用，因此我们必须注意到，早期家庭环境为早期阅读能力的发展所奠定的基础非常重要。例如，Hart 和 Risley（2003）报告指出，贫穷社会经济背景的美国儿童在 3 岁之前接触到的词汇总数比非贫穷社会经济背景儿童所接触的词汇总数少3 000万。接触词汇如此有限，可能会导致脑早期读写能力发展滞后，从而长期影响后期阅读技能的形成。这些儿童也许能够通过以后的学习追赶上来，但事实上他们通常做不到（Wolf，2007）。因此，从这篇文章可以引出如下相关政策：

应当努力保证所有儿童在儿童早期拥有充足的机会来发展他们的早期阅读能力。

虽然脑在生物机制上并没有为阅读能力的获得做好准备，但是脑在生物机制上为经验的适应做好了准备。比如，脑中先天具有的语言通路能够加工视觉输入。脑的可塑性使得来自外界的经验刺激能够利用语言结构来建构支持阅读能力的神经通路。这就是通常所说的阅读是建立在语言“之上”的。用维果茨基的经典比喻来说，语言结构为阅读能力在脑中的构建提供了脚手架（Vygotsdy，1978）。

既然读写能力在一定程度上是以语言通路为基础建立起来的，那么今后的研究就应该关注语言学习某些方面的发展敏感期是否会影响阅读能力中不同方面技能的获得。如果证明确实存在这种影响，那么将给教育政策和教学实践带来一定的启示，为不同的阅读技能制订教学时间表，并突显在儿童早期发展早期阅读能力的重要性。

现在，越来越多的研究试图找出负责阅读的脑皮层区。到目前为止，理解最透彻、受到最广泛认同的阅读模型是“双通道”理论（Jobard，Crivello and Tzourio-Mazoyer，2003）。双通道理论的基本框架是在词汇水平上描述脑的阅读能力。当你看到这页上的词汇时，该刺激首先得到初级视觉皮层的处理。接着，在左侧颞枕结合部进行词汇预处理。双通道理论认为，接下来的处理要经过两条补充通道之一。其中，聚合通道（assembled pathway）有一个形音转换的中间步骤——即，将字母或单词转换成声音——这发生于左侧颞叶和额叶区域，包括布洛卡区。而提取通道（addressed pathway）中的信息是直接从前词汇加工到语义（语义通达）的直接转换。这两条通路的终点可能位于左侧颞底区（left basal temporal area）、左侧额下回（left interior frontal gyrus）、左侧中央后回（left posterior middle gyrus）或威尔尼克区。受直接通达语义通路的启发，人们提出了“视觉字形区”（visual word form area，VWFA），位于枕叶和颞叶联结区的腹侧。人们最早提出这个区域时，认为其中包含一个视觉词典（或称词汇集合），它的功能是当我们看到词汇的时候，就能立即辨认出来。最近的研究提出了一个修正的结论，认为这个区实际上包含大量毗邻的区域，它们对字符串的许多方面都十分敏感，如词汇长度、词汇顺序等。从视觉加工（看见）到语义提取（理解）的整个过程非常迅速，大概不到600毫秒。

理解脑的读写能力有利于指导阅读教育。一种观点认为，脑的语音加工是双重的，另一种观点则认为，语义（或意思）加工是直接通达的，这就引发了“自上而下”还是“自下而上”的经典争论——应该是“整体语言”学习呢，还是先培养语音技能？脑内同时存在这两种加工过程告诉我们：

要同时注重语音技能的培养和“整体语言”的学习，二者平衡发展才是最有效的方法。阅读能力需要有一个在语音教学和“整体语言”之间平衡的方法来发展，这样效果最好。①

为了支持这一观点，美国国家阅读研究小组（United States' National Reading Panel）（2000）和国家研究委员会（National Research Council）（Snow, Burns and Griffin，1998）发表的报告肯定了这种平衡的阅读教学法对教育的益处。阅读的相关研究越多，基于意识形态、个人信仰或统计数据的围绕阅读指导（读写能力习得的教学/学习模型）的争论就会越来越少，讨论的内容就会越来越多地以科学证据为依据。

目前，神经科学家对整句水平的阅读研究才刚刚开始。初步研究结果显示，分析句子结构的加工过程、这些过程如何通达句子的意思以及支持这些过程的工作记忆系统都包含听觉和视觉在内的神经通路（Caplan，2004）。这表

---

① 这个结论要在一定条件下才成立，因为支持双通道理论的研究主要是由英语母语者参加的，而且这些人学习阅读的过程都是遵循正常发展轨迹的。因此，对于学习其他语言或者遵循非典型发展轨迹的儿童来说，这个结论可能不太适用。特别要强调的是，不同语言之间正字法复杂程度不一，而且有的是拼音语言，有的是非拼音语言，研究结果是否具有可迁移性是值得怀疑的。有趣的是，大多数盎格鲁－撒克逊（Anglo-Saxon）语言的研究都非常极端，好像都没有考虑这个重要的方面。直到现在一些研究者才开始意识到这个问题。

明，句子的阅读需要利用这些负责语言功能的脑结构。

以语言为媒介的阅读能力的发展

虽然不同语言阅读能力的内在神经回路都是相同的，但还是有一些重要的差别。其中关于脑和阅读的中心话题是通过利用脑结构建立读写能力的方式，这些脑区包括语言功能区和负责其他功能的结构。语义、句法以及工作记忆等说话和写字的共同操作过程会征用负责语言功能的脑区，以及一些跨语言的生物学结构。读写能力所需的其他语言功能是由哪些脑区负责的呢？它取决于生物学限制的影响。因此，不同语言的许多阅读功能回路都是共同的。虽然如此，不同语言的读写能力有时候也需要不同的功能，如编码或字词识别的策略等。在这种情况下，通常需要调用完全不同的脑结构来负责阅读能力中语言特异性的功能。

因此，由于双通道理论主要是基于英语母语者的研究提出来的，对于那些拼音规则和正字法特征不复杂的语言来说，其阅读模型可能需要作一些修改，而且这个理论只能部分适用于非字母语言。相对于有着复杂正字法的语言比如英语，在正字法较简单的语言如意大利语中，不借助语音而通达语义的直接提取通路就显得不那么重要了。有关脑的研究也支持这一假设，即认为加工通路会因为正字法结构复杂程度的不同而不同。英语母语者可以使用“视觉字形区”（枕部—颞叶，VWFA）分析英语的非语音特征，从而识别出单词的意思，但对于意大利母语者来说，就不太可能这样（Paulesu et al.，2001a）。事实上，初步研究结果表明，与英语母语者相比，意大利语母语者在阅读文章时脑会使用更有效的策略。令人惊奇的是，意大利语母语者即使在阅读英文文章时也会使用这种策略。这说明意大利语母语者阅读功能的内在脑回路与英语母语者的发展方式是不同的。

最近，心理语言学的“粒度”（grain-sized）理论指出，阅读策略会因为语言正字法复杂程度的不同而不同①。该理论认为，从对小粒度的单个语音（音素）的简单解码，到对包含更大粒度的单元——包括词语的前缀、韵脚、音节，一直到整字和音位——所进行的混合解码，所有这些策略是一个连续体。该理论认为，一门语言的正字法复杂程度决定了脑内形成的阅读策略。因

① Usha Goswami and Johannes Ziegler（2005），“Learning to Read Workshop”，co-organized by CERI and Cambridge University，29 – 30 September 2005，Cambridge，UK.

而语言越是浅显，用于编码的平均粒度就越小——例如，粒度为字母声音而非整个单词。这个理论与行为数据是相符的，行为实验的结果显示，获得阅读能力的时间与语言正字法的复杂程度大致上是成比例的。这说明，特定教学方法的效果会因为语言正字法结构的不同而不同，也就是说：

对于不同的语言，语音技能培养和“整体语言”学习两种教学策略之间效果最好的平衡方式是不同的。

研究发现，语言的字形也会影响脑内读写能力的发展。脑成像研究发现，与英语母语者相比，汉语母语者阅读时需要征用更多的脑区，而且汉语母语者读英语的时候这些区域也会激活（Tan et al.，2003）。特别需要指出的是，汉语母语者会用到左侧额中回和后顶叶区域，而这些区域通常与空间信息的处理和认知资源的协调有关。这些脑区之所以发挥作用，可能是因为汉语字形独特的空间表征方式（表意文字），并与音节水平的语音表征存在联系。虽然拼音语言和非拼音语言阅读功能的内在神经通路大部分都是相同的，但也有一些独立的结构，它们会对语言加工过程更加依赖聚合通道还是提取通道产生反应——这两条通路即是前面讲过的双通道理论（Yiping and Iverson，2002）。结合正字法复杂度（复杂与浅显）和阅读策略的研究结果，我们发现，根据语言字形的不同，读写能力的某些方面在脑中建立起来的方式也截然不同。

以上所有这些都在强调从发展的角度来看待阅读的重要性。在儿童学习阅读的过程中，阅读的内在神经通路也在发生着变化。例如，Pugh① 证实，随着英文阅读者的发展，早期阅读能力内在神经结构的功能也会发生变化，从最初颞叶、额叶以及右半脑的多处激活逐渐发展到左侧颞—枕结合部更加稳定的反应模式。

人们对脑模式的发展进行了多变量分析，测查了年龄和阅读技能等因素，结果发现阅读技能水平是最重要的预测因素，这说明读写能力的发展是由经验决定的，而不仅仅取决于脑的成熟水平。既然脑读写能力的形成是一个逐步发展的过程，如果能够引入发展性评价的方法，将会对教学过程和学习过程带来巨大的好处，这也符合阅读的发展观。这对教学法有一定的启示：

阅读最适合用形成性评价来评估。

形成性评估，即利用发展性评价的方法来确定学生的学习需求，并对其进

① First joint meeting of the CERI “Literacy” and “Numeracy” Networks meeting, 30 – 31 January 2003, Brockton, MA, United States.

行反馈，这种方法能够有效地提升学生的成绩，提高学生学习的公平性，并提高学生学习的能力（OECD，2005）。

越来越多的研究发现，特定经验及其结果与脑内阅读通路的形成之间存在联系，这对教育的贡献也越来越大。例如，如果儿童早期接触简单正字法语言确实能够帮助儿童形成更有效的阅读策略，那么对于那些母语正字法很难的儿童，也许可以找出某种方法，帮助他们建立更加高效的阅读通路。比如，刚开始的时候教孩子们读一些对词语作了专门挑选的书籍，这些词汇的“字母—语音”匹配方式都一致。另外一种更激进的方法是，对正字法复杂的语言进行彻底的改革，使其字母和语音的组合更为一致。①

发展性阅读障碍

虽然经验在脑读写能力的发展过程中发挥着重要的作用，但是我们也不能忽视脑本身生物学结构的重要性。想象一下，读写能力是建立在语言功能的生物结构基础上的，生物结构的不同会对阅读能力产生多大的影响？许多儿童虽然有充足的阅读教学资源，但想要学会阅读仍然十分困难，这是由脑皮层生物学结构的异常造成的。这些儿童所患的就是所谓的发展性阅读障碍。发展性阅读障碍是一种语言功能的神经生物性损伤，这种损伤并不是由于智力缺陷或长期动机不强造成的。② 发展性阅读障碍的正式定义为：

① 近来，有关正字法的改革有的不是非常成功（德语），有的完全没有成功（法语），但是这并不意味着正字法改革是不可能的。西班牙语和土耳其语的改革就证明了这一点。

② 发现学习障碍是由“脑问题”引起的，这种发现的最初动力是人们认为它无法单纯地依靠教育手段来矫正。然而，我们可以反过来看，想一想当我们能够充分理解一项技能分解成哪些独立的信息处理步骤和功能模块时，借助认知神经科学的手段，我们就能设计出有效的矫正方法。这些正是 Bruce McCandliss 和 Isablle Beck 为阅读障碍所做的工作。他们根据阅读障碍儿童阅读能力的完整成分，提出了一种教单词发音的新方法。当然，深刻理解如何将一种技能分解成独立的认知步骤有助于人们设计更好的方法来对健康儿童进行教学。通过“词汇建构法”，McCandliss 和 Beck 证明了阅读障碍儿童是能够学会阅读的。帮助孩子们总结以往的阅读经验，可以让他们将以前学到的特定单词的知识迁移到新词汇中来。这些技能包含拼音解码和词汇构建，它们能够帮助阅读障碍儿童慢慢学会越来越多的词汇发音。这种方法教育他们，用很少的字母就能够组建大量的词汇。很多学龄儿童有阅读上的困难，我们应当积极关注这个问题，让其中很大一部分儿童都能加入到最基本的语言交流中来，从而减少他们社会边缘化的可能性。其他研究者，最著名的如 Paula Tallal 博士和 Michael Merzenich，也报道了类似的结果，但所用的技术不同。虽然这些结论还存在不少争议，但他们的方法至少对有些儿童是有帮助的。然而，重要的不是哪种方法的效果更好，而是我们意识到确实存在许多理论和方法能够解决问题，并且还在不断改进。许多人——如 Emile Servan-Schreiber——预言，在不久的将来，阅读障碍的研究和治疗将会成为认知神经科学中最主要的“成就”之一。

> 阅读障碍是一种特殊的学习障碍，源于神经生物学特征的异常。其特征包括：字词识别不准确、不流利，拼写及编码能力差。这些困难通常是由于语言中语音成分缺失造成的，而这种缺陷与其他认知功能和有效的课堂教学的关系十分复杂，很难把握（Lyon，Shaywitz and Shaywitz，2003，p. 2）。

阅读障碍非常普遍。① 它是学习障碍中最普遍的一种亚类型。在不同文化、社会经济背景和语言环境中都会发生。在各种拼音语言中，语音功能缺陷是阅读障碍的共同特征；但是，这种缺陷的表现程度、对阅读的影响，则可能会因为这种语言的正字法规则不同而不同（Paulesu et al.，2001）。此外，由于非拼音语言的阅读功能所用到的神经通路和拼音语言的神经通路不同，因而非拼音语言的阅读障碍可能会是一种完全不同的表现。因此，拼音语言阅读障碍的研究启示不能类推到非拼音语言中。

阅读障碍包括多个方面，有很多不同的表现。在拼音语言母语者的左侧颞顶结合部后侧和左侧颞枕结合部后侧，我们经常可以发现一些与这些表现有关的异常皮层特征（Shaywitz and Shaywitz，2005；Shaywitz et al.，2001）。这些结构异常会造成语音处理功能的缺陷。患有发展性阅读障碍的儿童无法准确记录语音，音位提取和操作也非常困难。这些困难造成的语言学后果相对来说是次要的，主要包括发音困难、韵律不敏感、混淆发音相近的单字。但这些困难所引起的读写能力障碍非常明显，因为语音与正字法符号的转换是拼音文字阅读中最关键的环节。

近期研究发现，某些皮层结构特征异常会直接导致声音处理的缺陷，这一发现促进了针对性干预的发展。干预研究已经发现，这些神经通路具有非常好的适应性（可塑性）。针对性治疗能够让年轻人在左半球大脑后侧建立起完整的神经通路，让他们能够准确流畅地阅读（Shaywitz et al.，2004）。对有阅读障碍的人来说，也有可能在其大脑右半球建立代偿通路，让他们能够准确但缓慢地阅读（Shaywitz，2003）。对左侧颞顶结合处后部和颞枕回存在异常的儿童来说，他们的语音能力似乎存在着发展的敏感期，因此早期干预的效果是最

---

① 要考察不同国家阅读障碍的相对发生率是很困难的，因为不同国家对它的定义（大多数是基于经济因素而不是其他因素）也会不一样。如在2004年的会议（2004年4月3—4日在西班牙的El Escorial召开的教育研究与创新中心的第二次有关“读写能力”与“计算能力”网络的会议）上提出来、并在2005年由Kayoko Ishii的研究证实的对学习障碍（如阅读障碍和计算障碍）的科学定义能够帮助研究者（及政策制定者）确定国际认可的定义，便于国际间的比较。

好的（Lyytinen et al.，2005；Shaywitz，2003；Torgesen，1998）。这些结果表明：

针对语音能力发展的干预对于有阅读障碍的儿童学习阅读通常是有帮助的。①

阅读障碍的早期诊断非常重要，因为早期干预比晚期干预的效果更好。

除了特殊干预以外，神经科学还可以彻底地改变阅读障碍这个概念的内涵。如今，研究者已经开始确定阅读障碍的神经生物学基础，并不断进行验证。教育家们因此能够设计有效的、针对性的阅读干预方案，从而将阅读障碍从严重阻碍学习的障碍转变成另外一条达到相同目标的发展道路——让脑拥有读写能力。在课堂上，阅读障碍这层含义会产生许多正面效果，包括维护儿童自主阅读的能力，这种能力是与成功紧密相连的（Bandura，1993）。

更准确地说，应当把阅读障碍看作是另一条发展道路，而不是一种无法克服的学习障碍。

神经科学研究的价值在于有助于设计出治疗儿童语音障碍的有针对性的干预方案，这表明我们需要做更多的研究，以解决异常皮层特征所导致的其他缺陷问题。神经科学有助于教育工作者分辨学习问题的各种不同原因，虽然它们的结果看起来是很相似的。因此，神经科学也可用来测查阅读障碍令人困惑的神经表现形式，比如与命名速度相关的缺陷（Wolf，2007）。由于干预治疗的效果会随着年龄和阅读经验的不同而变化，因而我们需要继续研究，以便更好地从神经生物学的角度来了解阅读障碍的发展轨迹。未来的研究还需要考察各种语言间阅读障碍发展轨迹的差异，因为正字法结构的复杂程度以及单词或字母的表征方式都会影响阅读障碍的表现形式。②

结论

神经生物学研究从两个重要的方面改变了读写能力的含义。首先，神经科学让人们对读写能力有了更准确的理解。神经科学有助于人们更清晰地了解不

---

① 但不是系统性的。到目前为止，在有关阅读障碍的早期诊断和矫正研究中，最令人吃惊的可能要数于韦斯屈莱大学（芬兰）Heikki Lyytinen 等人所得出的成果。但是 Lyytinen 和他的同事研究的是一种极其简单的语言。这些研究结果是否具有迁移性还有待于测量。

② 虽然阅读障碍的主要类型都是基于语音的，但有些类型可能有其他一些复杂的原因。

同的阅读加工过程的内在神经回路。例如，语音加工和语义加工的双重重要性告诉我们，同时对这两个过程进行教学才是最有效的，至少对于那些运用正字法结构非常复杂的拼音语言并且沿着常规阅读学习的发展轨迹的儿童来说是这样。读写能力有着各种不同的含义，这使得人们能够在阅读能力的神经亚成分层面上来考察阅读困难的不同原因，从而增加有针对性的干预取得效果的可能性。

其次，神经科学作出的一个重要贡献是丰富了读写能力发展的概念。读写能力的内在神经回路包括许多具有可塑性的神经网络，这些神经网络是能够改变并发展的，并且需要一段时间才能建立。脑读写能力的形成并不局限于一条道路。跨语言研究和阅读障碍研究表明，实现脑读写能力的目标有许多可能的发展途径。由于环境或者生物学因素的限制，某些特定途径对某些儿童可能更加有效。一旦神经科学发现了特定干预方法和神经生物发展之间的关系，教育工作者就可以针对各种可能的发展道路设计出不同的教学方法。因此，神经科学可以推动那些适应个别差异的教学方法容纳更多类型的个体差异，营造一个更加文明的社会，这种社会是全纳性的而不是选择性的，富有潜力。美国最高法院著名的布朗诉教育委员会（Brown vs. Board of Education）案告诉我们，“荒废智力是一件非常可怕的事情”，更大的包容性可以为我们提供更多的原始素材，来促进文化的不断进步，并最终推动人类的进步。

参考文献

Bandura, A. (1993), "Perceived Self-efficacy in Cognitive Development and Functioning", *Educational Psychologist*, Vol. 28, pp. 117 – 148.

Bookheimer, S. (2002), "Functional MRI of Language: New Approaches to Understanding the Cortical Organization of Semantic Processing", *Annu. Rev. Neurosci.*, Vol. 25, pp. 151 – 188.

Bookheimer, S. Y., T. A. Zeffiro, T. Blaxton, W. D. Gaillard, B. Malow and W. H. Theodore (1998), "Regional Cerebral Blood Flow during Auditory Responsive Naming: Evidence for Cross-Modality Neural Activation", *NeuroReport*, Vol. 9, pp. 2409 – 2413.

Caplan, D. (2004), "Functional Neuroimaging Studies of Written Sentence Comprehension", *Scientific Studies of Reading*, Vol. 8, No. 3, pp. 225 – 240.

Chomsky, N. A. (1959), "Review of B. F. Skinner's Verbal Behavior", *Language*, Vol. 38, No. 1, pp. 26 – 59.

Fischer, K. W., M. H. Immordino-Yang and D. Waber (2007), "Toward a Grounded Synthesis of Mind, Brain, and Education for Reading Disorders: An Introduction to the Field and this Book", in K. W. Fischer, J. H. Bernstein and M. H. Immordino-Yang (eds.), *Mind, Brain, and Education in Learning Disorders*, Cambridge University Press, MA, pp. 1 – 20.

Fledge, J. and K. Fletcher (1992), "Talker and Listener Effects on Degree of Perceived Foreign Accent", *Journal of the Acoustical Society of America*, Vol. 91, pp. 370 – 389.

Gopnik, A., A. N. Meltzoff and P. K. Kuhl (1999), *The Scientist in the Crib: What Early Learning Tells Us About the Mind*, HarperCollins Publishers Inc., NY.

Hart, B. and T. R. Risley (2003), "The Early Catastrophe: The 30 Million Word Gap", *American Educator*, Vol. 27, No. 1, pp. 4 – 9.

Ishii, K. (2005), "Strategies for Reading and Writing Learning Difficulties (Dyslexia)", in Science and Technology Trends, Quarterly Review No. 15, April 2005 (original in Japanese 2004).

Jobard, G., F. Crivello and N. Tzourio-Mazoyer (2003), "Evaluation of the Dual Route Theory of Reading: A Metanalysis of 35 Neuroimaging Studies", *NeuroImage*, Vol. 20, pp. 693 – 712.

Lyon, G. R., S. E. Shaywitz and B. A. Shaywitz (2003), "A Definition of Dyslexia", *Ann Dyslexia*, Vol. 53, pp. 1 – 14.

Lyytinen, H., T. K. Guttorm, T. Huttunen, J. H. Paavo, H. T. Leppänen and M. Vesterinen (2005), "Psychophysiology of Developmental Dyslexia: A Review of Findings Including Studies of Children at Risk for Dyslexia", *Journal of Neurolinguistics*, Vol. 18, No. 2, pp. 167 – 195.

McClelland, J. L., J. A. Fiez and B. D. McCandliss (2002), "Teaching the/r/-/l/Discrimination to Japanese Adults: Behavioral and Neural Aspects", *Physiology and Behavior*, Vol. 77, pp. 657 – 662.

National Reading Panel (2000), "Teaching Children to Read: An Evidence-based Assessment of the Scientific Research Literature on Reading and its Implications for Reading Instruction", National Institute of Child Health and Human Development, Washington DC.

Neville, H. J. and J. T. Bruer (2001), "Language Processing: How Experience Affects Brain Organization", in D. B. Bailey, Jr., J. T. Bruer, F. J. Symons and J. W. Lichtman (eds.), *Critical Thinking about Critical Periods*, Paul H. Brookes Publishing, Baltimore, MD, pp. 151 – 172.

OECD (2005), *Formative Assessment: Improving Learning in Secondary Classrooms*, OECD, Paris.

Paulesu, E., J. Démonet, F. Fazio, E. McCrory, V. Chanoine, N. Brunswick, S. F. Cappa, G. Cossu, M. Habib, C. D. Frith and U. Frith (2001), "Dyslexia: Cultural Diversity and Biological Unity", *Science*, Vol. 291, No. 5511, pp. 2165 – 2167.

Pinker, S. (1995), "The Language Instinct. How the Mind Creates Language", Harper Collins, New York.

Shaywitz, S. E. (2003), *Overcoming Dyslexia*, Random House Inc., NY.

Shaywitz, S. E. and B. A. Shaywitz (2005), "Dyslexia", *Biological Psychiatry*, Vol. 57, No. 11, pp. 1301 – 1309.

Shaywitz, B. A., S. E. Shaywitz, B. A. Blachman, K. R. Pugh, R. K. Fulbright, P. Skudlarski, W. E. Mencl, R. T. Constable, J. M. Holahan, K. E. Marchione, J. M. Fletcher, G. R. Lyon and J. C. Gore (2004), "Development of Left Occipito-temporal Systems for Skilled Reading in Children after a Phonologically-based Intervention", *Biol. Psychiatry*, Vol. 55, pp. 926 – 933.

Shaywitz, B. A., S. E. Shaywitz, K. R. Pugh, R. K. Fulbright, W. E. Mencl, R. T. Constable, P. Skudlarski, J. M. Fletcher, G. Reid and J. C. Gore (2001), "The Neurobiology of Dyslexia", *Clinical Neuroscience Research*, Vol. 1, No. 4, pp. 291 – 299.

Snow, G. E., M. S. Burns and P. Griffin (eds.) (1998), "Preventing Reading Difficulties in Young Children", Committee on the Prevention of Reading Difficulties in Young Children, Washington DC.

Tan, L. H., J. A. Spinks, C. M. Feng, W. T. Siok, C. A. Perfetti, J. Xiong *et al.* (2003), "Neural Systems of Second Language Reading are Shaped by Native Language", *Human Brain Mapping*, Vol. 18, pp. 158 – 166.

Thompson-Schill, S. L., G. Aguirre, M. D'Esposito and M. J. Farah (1999), "A Neural Basis for Category and Modality Specifics of Semantic Knowledge", *Neuropsychologia*, Vol. 37, pp. 671 – 676.

Tomasello, M. (1999), "The Cultural Origins of Human Cognition", Harvard University Press, MA.

Torgesen, J. K. (1998), "Catch them before they Fall: Identification and Assessment to Prevent Reading Failure in Young Children", *American Educator*, Vol. 22, pp. 32 – 39.

Vygotsky, L. S. (1978), "Mind and Society: The Development of Higher Mental Processes", Cambridge, MA: Havard University Press.

Wolf, M. (2007), "A Triptych of the Reading Brain: Evolution, Development, Pathology and its Interventions", in K. W. Fischer, J. H. Bernstein and M. H. Immordino-Yang (eds.), *Mind, Brain, and Education in Learning Disorders*, Cambridge University Press, MA, pp. 1 – 20.

Yiping, C., F. Shimin and D. Iversen (2002), "Testing for Dual Brain Processing Routes in Reading: A Direct Contrast of Chinese Character and Pinyin Reading Using fMRI", *Journal of Cognitive Neuroscience*, Vol. 14, pp. 1088 – 1098.

第五章

数学素养和脑

……就开平方根和立方根而言，计算科学也是不可或缺的。就二次方程式和对数的使用而言，代数在日常生活中常常有着重要的价值；但这些范围之外的数学知识都只是奢侈品；确实是美好的奢侈品；迫于生计的人是不会沉迷其中的。

——托马斯·杰斐逊（Thomas Jefferson）

本章描述了人们发展数学素养时脑的复杂机制，数学素养包括理解数的概念、简单算式运算和代数的初步知识。这可以对数学教学提供有益的启示。本章也描述了数学学习障碍，这种障碍有神经基础（也称为计算障碍）。本章对理解数学素养和数学教育感兴趣的家长、教师和政策制定者有一定的启示。

神经科学可以回答与数学教育有关的问题。例如，它可以解决诸如此类的问题：学习高等数学是否会对脑产生某种影响，而这种影响是否支持对大多数人进行非实用性数学的教学这一观点。目前，并没有很强的证据支持或反对教所有学生高等数学，例如微积分或三角函数。尽管这样，经济合作与发展组织成员国及其他国家都把在标准课程中包括高等数学看作是正常现象。现代社会积累了大量的知识，而且有限的在校时间又牢牢束缚了课程，高等数学是否应该在标准课程中占如此多的时间成了一个很重要的问题。① 将来的神经科学研究能有助于回答这个问题。

当前，大多数的神经科学研究都集中在基础数学上。这些工作给数学教学提供了重要的启示。与高等数学不同，基础数学对所有学生都至关重要，这是毫无疑问的，因为只有掌握了基础数学才能在现代社会生存，才能认识时间、烹饪和管理钱财等。

培养数学素养

就像读写能力一样，数学素养是通过生物学基础和经验的协同作用在脑中创造出来的。就如在进化过程中有些脑结构为语言而设计，也有类似的结构为数量意识而设计。但是，就像读写能力一样，脑中遗传决定的数量意识结构并不能完成数学加工。这些结构的活动要同辅助神经回路相协调。辅助神经回路并不专门用于数学素养，而是受到经验的塑造来适应这一功能。这些遗传上不是专门用于数学素养的神经回路被逐渐地塑造以适应数量加工的功能，Dehaene（1997）将这一过程称为“神经元的再利用”（neuronal recycling）。虽然经验在形成这些辅助回路上发挥了至关重要的作用，但这一过程也受生物学基础的限制。辅助回路不可能来自脑的任意区域：一定的神经结构可以被用于数学，是因为它们具有足够的可塑性，并且具有有利于加工数量的属性。因此，数学加工需要由遗传决定的数量加工结构与在经验的作用下形成的相应的生物学结构组成的神经网络协同作用。

由于支持数学的神经回路由生物和环境因素共同塑造，神经科学至少可以从两个主要方面为数学教学的建构提供支持：首先，理解生物学因素的影响有助于设计与生物学因素和先天倾向作用相一致的数学教学法。其次，研究者可

① 需要特别指出的是，这里提到的问题不是是否要教高等数学的问题，而是是教所有学生还是少数数学专业及相关专业学生的问题。

以追踪各种教学的神经生物学效应，描绘出数学知识的内在学习通路。一旦这样的通路被描绘出来，教育者就可以有策略地提高教学，发展别的适应个体差异的教学方法。因此，神经科学可以使我们设计出更有效、更全面的数学教学。

婴儿计算

婴儿有着柔软的面颊和摇摆的脑袋，似乎是好写好画的白板。确实，长期以来，人们认为婴儿出生时并没有数量能力，通过笨拙的感官探索来了解世界。许多有影响的理论都低估了幼儿对数量的理解，包括皮亚杰（Piaget，1952）的认知发展理论。

近期的研究已经发现，婴儿的脑具有数量意识（Ferigenson，Dehaene and Spelke，2004；Wynn，1998）。婴儿拥有两种核心数量系统使他们能够处理数量（Xu，2003）。其中一个系统支持“一”、“二”和“三”的概念。婴儿能精确地把这些数量相互区分开来，也能把这些数量同大数量区分开来。而且，他们可能掌握了这些数量的抽象概念，这种抽象概念不受形态的影响，因为他们似乎把“二”与两个声音和两个物体等同起来（Starkey，Spelke and Gelman，1990）。另一个核心数量系统是近似值。它使婴儿能把比率足够高的大数量区分开来。例如，婴儿能区分 8 和 16，但不能区分 8 和 9。

有证据表明婴儿能用这些数量进行数学运算。两个物体先后放在屏风后面，当屏风移开时，婴儿期望看到两个物体，表明他们知道一加一等于二（Wynn，1992）。他们也能进行估算。例如，计算五加五大约等于十（McCrink and Wynn，2004）。

与认为婴儿是笨拙的白板这个幼稚的观念不同，这些研究表明婴儿在对世界进行有目的的数量建构。婴儿似乎在进化中获得了数感，用作知觉工具去数量化地解释这个世界。也就是说，婴儿生而带有用数量去理解世界的直觉倾向，并且在童年早期中都在这种理解的基础上成长。

所以，幼儿在正规教育之前就有了理解数量的坚实基础。目前许多数学教学法都是基于低估幼儿能力的过时理论。不顾幼儿具有数量理解基础的教学会忽视大量的支架。这些早期知识基础可用于促进理解正式的数学概念。而且，在符号数学同真实世界的理解之间建立对应关系有助于形成程序性知识和概念性知识之间的联结，这种联结对于在数学上取得成功非常重要（Siegler，2003）。总之，这些研究非常强烈地表明，数学教育应该建立在儿童非正式的和直觉的数量理解基础之上。

脑的数学素养

研究已开始揭示数学素养的基本神经回路。婴儿遗传带来的数量意识很可能位于顶叶。数学建立在遗传决定的数量结构之上，其方式类似于阅读素养建立在语言结构之上的方式。虽然数学能力随着教育变得成熟很多，但是基本的内在数量加工机制保持不变，因为在人的一生中，数量认知基本上都是相似的。例如，婴儿、儿童和成人三者都表现出相同的根据比率来区分数字信号的方式（Cantlon et al.，2006）。此外，最近的一项 fMRI 研究显示，成人和还没开始接受正式教育的儿童的非符号数量加工的神经基础都在顶内沟（Cantlon et al.，2006）。因此，虽然随着正规教育而获得的文化、语言和符号的数量训练改变了数学素养所涉及的神经网络，顶内沟可能还是成熟的数学神经网络的核心。

顶叶确实在各种各样的数学运算中发挥了根本性的作用。这个区域的损坏会对数学能力造成巨大的破坏。例如，顶叶损伤的病人不能回答简单到 3 和 5 之间是什么数的问题。但是，他们回答其他领域的类似问题没有困难，例如指出介于六月和八月之间的月份，或者哪个音符介于哆和咪之间。① 而且，对于某些问题，他们能解答这些问题的具体形式，但不能解答它们的抽象形式。如他们知道上午 9 点到上午 11 点之间有两个小时，但他们不能在符号算式中完成 11 减 9 的运算。

这些结果模式说明了脑中关于数学的两个原则。首先，数学和其他认知领域是分离的。其次，数学领域包含的能力之间也能互相分离。第一条原则支持了多元智力的观点。它至少指出个别领域的缺陷或天赋并不一定意味着其他领域的缺陷或天赋。例如，一个儿童可能在阅读方面有困难，但其数学能力却非常优秀。因此，对于教师来说，提供获取数学知识的多种途径很重要，如呈现和评价方式、方法的多样化。如果没有这种灵活性，其他领域的困难可能会毫无必要地干扰数学学习。例如，有阅读障碍的儿童学习数学。这些儿童从印刷的教材上获取数学知识会有困难，在纸笔测验中也很难显示出他们的知识。这些阻碍学习、掩盖数学能力的问题是可以避免的。如果给予学生其他呈现和评价的方式，诸如带有文本转语音软件的电子文本，有阅读障碍的儿童就不会在

① 哆和咪分别相当于 C 和 E。

数学上落后，同时他们的阅读技能也得到发展。这些例子说明了为学生提供多种途径来获取数学知识的重要性。从更宽泛的角度来说，这表明：

数学教师应该提供多种呈现方式和评价方式。

而且，数学领域内的能力也可以相互分离：教师不能假定某个数学领域的困难或天赋意味着整个数学能力也如此。某一方面的数学能力不一定能预测另一方面的数学能力，这提出了把儿童分为不同能力组的标准是否有效的问题。因为课程的顺序并没依据脑中哪些能力是独特的这种知识来制定，某个儿童可能在某项定为高级的技能上很优秀，但在较低级的技能上有困难。结果，这个儿童可能被错误地分到低能力组，因而埋没了潜能。将来的神经科学研究可能会建构出脑中数学能力的区分图。但是，在这到来之前：

数学上用于分组的标准是否有效值得怀疑。

由于数学能力分布在脑的不同部位，非常简单的数量运算都需要多个脑区的共同协作。仅就数量表征而言，也涉及复杂的神经回路。三重编码模型描述了三个层面的数量加工：数量、视觉和文字（Dehaene and Cohen，1995）。例如“threeness”（3）的抽象数量表征依赖下顶叶回路，而视觉表征涉及下枕—颞叶皮层。“3”的数字表征需要下枕—颞叶的双侧表征，而“three”（3）的语言表征则只依赖于左半球的下枕—颞叶。言语表征需要左半球的外侧裂区域。因此，简单的数量表征涉及许多不同的脑区，包括数学素养的核心区域——下顶叶。

计算也需调用分布式网络（Dehaene，1997）。减法主要依赖下顶叶回路，而加法和乘法涉及另外的网络，包括左半球含有基底核的皮层和皮层下回路。目前关于高级数学的研究还很少，但似乎更高水平的运算所用回路至少有部分不同。研究结果表明，保存代数知识的神经回路与心算的回路很大程度上是相互独立的（Hittmair-Delazer，Sailer and Benke，1995）。此外，数学知识的组织还涉及别的神经网络，包括前额叶和前扣带回。图 5.1 为已知与数量加工有关的脑区示意图。

虽然揭示数学所依赖的神经回路还处于初始阶段，但数学涉及高度离散的脑结构网络，这一点已经很明确了。即使是简单到两个数字相乘的运算也需要分布在许多脑区上的几百万个神经元的协作。由于数量知识依赖于如此广泛分布的脑回路，学生必须学会协调执行各式各样运算和概念的不同脑区活动，这意味着：

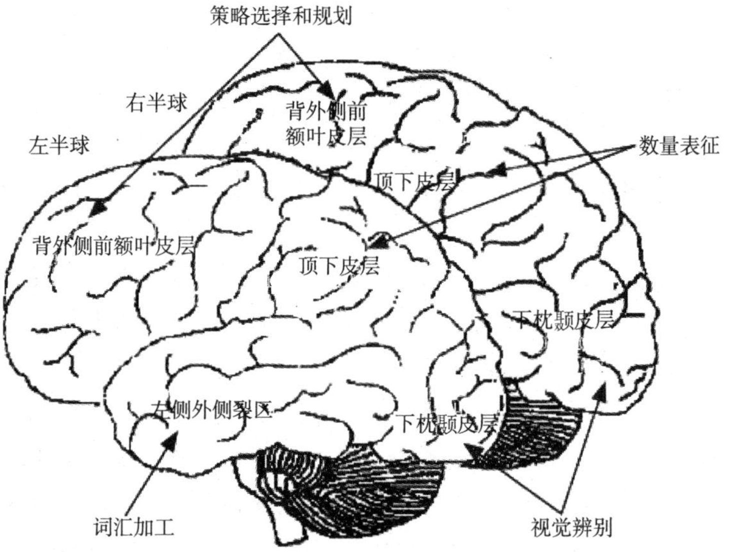

来源：Dehaene，S. and L. Cohen（1995），Mathematical Cognition，Vol. 1.

图 5.1　大脑区域

正规数学教育的一个任务是为数学知识带来一致性和熟练性。

这对于教育来说非常合适，因为数学具有不同的特性：它通过经验把分布式的、部分可分离的、不同的网络协调起来。

数量和空间

数学素养特别依赖的顶叶回路也参与空间表征，且这两个功能互相作用、互相影响（Dehaene，1997）。例如，许多有计算障碍的病人也有空间能力的困难，诸如区分左右（Mayer et al.，1999）。幼儿在正式学习数轴之前对数量的概念普遍具有空间方向性。实际上，把数量和空间联系起来很可能有生物学倾向。因此，基于数字与空间隐喻的教学方法是对直觉概念的正式表征，并给抽象概念提供了具体模型。因此，诸如数轴和具体空间操作（也就是积木块、杆、桌面游戏、测量工具等）的教学工具可以强化和巩固儿童的直观数学理解。脑中数量和空间功能密切相关意味着：

把数量和空间联系起来的教学方法是有效的教学工具。

教育研究确认了这种技术的价值。由 Griffin，Case and Siegler（1994）实施的重点关注数量和空间之间关系的干预项目取得了明显的成功。这个项目使用数轴和各种将数量和空间联系起来的具体运算。结果令人震惊：40 次每段 20 分钟的干预使落后学生成为班上的优秀学生。

教学的作用

正如 Griffin，Case and Siegler（1994）的干预项目所证明的，教学对数学成就有显著的影响。这些成就的获得很可能反映了神经机制的改变，因为最近的研究表明，学习新的数学知识能显著地改变脑的活动模式（Delazer et al.，2003，2004）。这些改变的发生似乎是教学方法和教学内容共同作用的结果。

学习不同的数学运算会引起脑激活方式的明显变化。Ischebeck 等（2006）研究了由乘法或减法训练导致的激活变化。在两种条件下，训练均导致下额叶区域激活的降低，这表明对诸如工作记忆和执行功能等一般功能需求程度的降低。然而，在乘法而不是减法中，训练也导致从下顶内沟的激活转换到左角回的激活，这表明基于数量的加工被更自动化的提取所替代。因此，减法的训练加快了速度和准确性，而乘法的训练导致新的策略。由于两者的训练方式是相同的，因此，这些结果表明，数学学习的神经生物学效应部分依赖于学习内容。

数学学习的神经生物学效应也受到教学方法的调节。Delazer 等（2005）发现，通过死记硬背的方法来学习，也就是背诵两个数字运算结果的方法，与通过策略来学习的方法不同，背诵的方法以不同的神经机制来进行编码，而策略学习的方法包括一系列数学运算的应用。死记硬背学习后的提取更强地激活了中顶叶区域，并扩展到左角回，而策略学习后的提取与楔前叶的激活相联系。这些结果证明，不同的教学方法能为相同的数学知识创造不同的神经通路。例如，两个儿童都回答 10 加 10 等于 20，但如果一个儿童是记住这个事实而另一个儿童是用两位数相加的策略，则他们运用了不同的神经回路。

这些结果对学生的评价有很重要的启示。因为知识编码的过程影响它的神经基础或回路，运用非对即错的评价方式来对学生的知识理解程度进行评估是不适当的，因为这种方式不能区分诸如被编码为事实的知识和通过策略来编码的知识。评估学生对知识的理解，必须有更敏感的评价方法。Stevenson 和 Stigler（1992）已经发现了更有效地评估内在过程的数学评价方法。这种亚洲的数学老师常常使用的方法涉及过程性评价，这种评价可以详细地描述学习的过程。这种评价方法强调描绘学习的过程而不只是鉴别答案的正确或错误。事实上，错误可用来发现学习的漏洞和提高理解的机会。这种类型的评价区分了被编码为事实的知识和通过策略来编码的知识，这说明：

关注过程的评价能提供比正误反应的两分法更为准确的知识表征。

此外，Delazer 等（2005）发现策略学习导致比死记硬背学习更高的准确率和迁移性。这些结果表明，死记硬背学习的神经通路比策略学习的神经通路效率更低。虽然需要通过各种类型的问题进一步研究去检验这个结论，但是这个结果已经可以说明：

与死记硬背的教学方式相比，策略教学可以对数学知识产生更牢固的神经编码。

这些发现表明，不同的教学方法能产生不同效率的神经通路，这强调了教学的重要作用。还需要进一步的研究来证明不同类型的教学所产生的神经生物学影响。还需要评估不同的教学技术对不同人群的影响，因为个体差异常常具有重要的中介作用。

性别和数学

性别是数学方面个体差异的来源之一。这种性别差异同特定空间任务上的性别差异是一致的。例如，男性一般在心理旋转能力上好于女性。这很可能是受生物学条件的限制而产生的效应，因为这种差异很大（d = 0.6 - 1.0），而且在幼儿的测验中就体现出来，也不随时间的推移而降低（Newcombe, Mathason and Terlecki, 2002）。然而，成绩受到生物学因素影响的现象并不能排除经验因素也是影响成绩的原因之一。事实上，训练能显著提高男性和女性的心理旋转能力，并有可能最终消除性别差异（Newcombe, Mathason and Terlecki, 2002）。所有有关空间任务方面性别差异的文献似乎都随着训练而改变（Newcombe, Mathason and Terlecki, 2002）。因此，从关注与性别有关的能力排名转向关注寻找能使所有学生的空间能力都得到提高的教学方式是有用的。

认为男性在总体数学能力上高于女性是常见的误解。事实上，结果与情景有关：虽然在标准化测验中，男性平均成绩高于女性，但是女性在学校的数学测验中成绩好于男性（Newcombe, Mathason and Terlecki, 2002）。此结果模式很可能是由于运用不同的策略模式而导致的。女生倾向于坚持老师所教的算法，而男生更倾向于突破老师所教的算法，尝试新的方法（De Lisi and McGillicuddy-De Lisi，2002）。因此，男生在标准化测验中表现优秀，因为该测验包括了很多需要非算术的方法来解决的问题；而女生在课堂测验中表现更好，因为课堂测验常常需要依赖老师所教的计算方法。这些性别间的策略差异强调了数学知识发展中不同途径的重要性，以适应个体差异。

数学学习障碍

有些儿童即使接受了足够的教学但是在数学上仍然有困难，这是因为他们有计算障碍，与阅读中的阅读障碍类似。计算障碍最可能是由数感——对用数字表示的量及其关系的早期理解——的损伤而导致的（Landerl，Bevan and Butterworth，2004）。科学家才刚开始研究计算障碍的神经基础。近来的神经成像研究已经揭示了计算障碍儿童顶内沟的特殊结构和功能特征。例如，Isaacs 等（2001）比较了两组青少年的灰质密度，两组人早产的程度相同，差别在于有无计算障碍。在全脑水平上，有计算障碍的青少年在左侧顶内沟区域上的灰质较少，这个区域正是做算术时激活的区域。虽然需要进一步的研究来阐明计算障碍的神经基础，与选择性数学损伤有关的解剖结构特征的发现支持数学并不完全来自文化建构过程的观点：它需要特定脑结构的充分运行与整合，来为学习提供概念基础。

计算障碍的神经回路缺陷有望被阐释清楚并通过目标干预得到矫正，因为数学回路似乎具有可塑性。学习新的数量事实或策略能改变脑的活动（Delazer et al.，2003；Delazer et al.，2004）；数学有缺陷的脑损伤病人能康复；许多病人在对缺陷方面进行集中的专门训练后能重新获得相当的数学能力（Girelli et al.，1996）。这些结果表明计算障碍个体能被很好地治疗并得以康复。需要进一步的研究来确定计算障碍的神经基础以设计出更有效的目标干预方式。这种干预方式同已经开发出来的阅读障碍的干预方式类似。

数学困难也涉及情绪。与数学有关的恐惧是相对普遍的体验，这种情况称为数学焦虑（Ashcraft，2002）。这种情绪状态能干扰认知策略和工作记忆（Ashcraft and Kirk，2001）。这是数学教育中需要进一步研究来找出合适解决方法的问题之一。①

① 正如 Butterworth 所说，计算障碍除这些之外还有多米诺骨牌效应。教师、其他学生、家长，甚至有计算障碍的个体本身，仅仅因为数学上的学习困难而给这个儿童贴上“愚蠢的”的标签。这样的标签将会导致个体在所有科目上学习成绩不良，因为它对自尊具有毁灭性的影响。

结论

虽然数学神经科学还处于婴儿期，但是这个领域已经在过去的十年中迈出了很大一步。科学家已经开始揭示相关的生物学模式，例如数量和空间的联系，并且把它同迅速发展的遗传学领域联系起来。研究者刚开始研究数学教学对脑的作用，这需要动态的、发展的观点，以便描绘出多种内在通路。就像读写能力，从生物学的角度来理解数学神经机制的发展通路能使我们设计出适用于高度多样化的学习者的不同教学模型。

当前，大部分神经科学研究关注基础数学，为数学教学提供了重要的启示。不同于高等数学，基础数学对所有学生都至关重要，这是毫无疑问的，因为掌握基础数学才能在现代社会生存，才会进行认识时间、烹饪和管理钱财等实用活动。

随着数学对脑的影响得到更好的理解，它将为应该给所有的学生传授多少数学知识这个关键问题提供解决思路。例如，如果发现学习高等数学使得脑能够支持有用的思考方式，这将为在标准课程中包括高等数学提供支持的理由。另一方面，如果学习高等数学的影响局限于获得更高水平的数学技能，那么就需要考虑这种水平的数学是否只需要传授给那些将进一步学习数学的人才有用。这样，神经科学研究就可以为小学中该如何教数学提供有价值的观点，并对中学数学课程和教学产生巨大影响。

参考文献

Ashcraft, M. H. (2002), "Math Anxiety: Personal, Educational, and Cognitive Consequences", *Current Directions in Psychological Science*, Vol. 11, pp. 181 – 185.

Ashcraft, M. H. and E. P. Kirk (2001), "The Relationships among Working Memory, Math Anxiety, and Performance", *J Exp Psychol Gen*, Vol. 11, pp. 224 – 237.

Cantlon, J., E. Brannon, E. Carter and K. Pelphrey (2006), "Functional Imaging of Numerical Processing in Adults and 4-y-old Children", *PLoS Biology*, Vol. 4, No. 5, pp. 844 – 845.

Dehaene, S. (1997), *The Number Sense*, Oxford University Press, NY.

Dehaene, S. and L. Cohen (1995), *Mathematical Cognition*, Vol. 1, pp. 83 – 120.

Delazer, M., F. Domahs, L. Bartha, C. Brennis, A. Lochy and T. Trieb *et al.* (2003), "Learning Complex Arithmetic—An fMRI Study", *Brain Res Cogn Brain Res*, Vol. 18, No. 1, pp. 76 – 88.

Delazer, M., F. Domahs, L. Bartha, C. Brennis, A. Lochy and T. Trieb *et al.* (2004), "The

Acquisition of Arithmetric Knowledge—An fMRI Study", *Cortex*, Vol. 40, No. 1, pp. 166 - 167.

Delazer, M., A. Ischebeck, F. Domahs, L. Zamarian, F. Koppelstaetter, C. M. Siedentopf, L. Kaufmann, T. Benke and S. Felber (2005), "Learning by Strategies and Learning by Drill-Evidence from an fMRI Study", *Neuroimage*, Vol. 25, pp. 838 - 849.

Ferigenson, L., S. Dehaene and E. Spelke (2004), "Core Systems of Number", *Trends in Cognitive Neuroscience*, Vol. 8, No. 7, pp. 1 - 8.

Girelli, L., M. Delazer, C. Semenza and G. Denes (1996), "The Representation of Arithmetical Facts: Evidence from Two Rehabilitation Studies", *Cortex*, Vol. 32, No. 1, pp. 49 - 66.

Griffin, S. A., R. Case and R. S. Siegler (1994), "Rightstart: Providing the Central Conceptual Prerequisites for First Formal Learning of Arithmetic to Students at Risk for School Failure", in K. McGilly (ed.), *Classroom Lessons: Integrating Cognitive Theory and Classroom Practice*, MIT Press, Cambridge.

Hittmair-Delazer, M., U. Sailer and T. Benke (1995), "Impaired Arithmetic Facts but Intact Conceptual Knowledge—A Single Case Study of Dyscalculia", *Cortex*, Vol. 31, pp. 139 - 147.

Isaacs, E. B., C. J. Edmonds, A. Lucas and D. G. Gadian (2001), "Calculation Difficulties in Children of Very Low Birthweight: A Neural Correlate", *Brain*, Vol. 124, pp. 1701 - 1707.

Ischebeck, A., L. Zamarian, C. Siedentopf, F. Koppelsätter, T. Benke, S. Felber and M. Delzer (2006), "How Specifically do we Learn? Imaging the Learning of Multiplication and Subtraction", *NeuroImage*, Vol. 30, pp. 1365 - 1375.

Landerl, K., A. Bevan and B. Butterworth (2004), *Developmental Dyscalculia and Basic Numerical Capacities: A Study of* 8-9-*Year-Old Students. Cognition*, Vol. 93, No. 2, pp. 99 - 125.

De Lisi, R. and A. McGillicuddy-De Lisi (2002), "Sex Differences in Mathematical Abilities and Achievement", in A. McGillicuddy-De Lisi and R. De Lisi (eds.), *Biology, Society, and Behavior: The Development of Sex Differences in Cognition*, Alex Publishing, London, pp. 155 - 181.

Mayer, E., M. Martory, A. Pegna, T. Landis, J. Delavelle and J. Annoni (1999), "A Pure Case of Gestmann Syndrome with a Subangular Lesion", *Brain*, Vol. 122, pp. 1170 - 1120.

McCrink, K. and K. Wynn (2004), "Large-number Addition and Subtraction by 9-Month-Old Infants", *Psychol. Sci*, Vol. 15, No. 11, pp. 776 - 781.

Newcombe, N., L. Mathason and M. Terlecki (2002), "Sex Differences in Mathematical Abilities and Achievement", in A. McGillicuddy-De Lisi and R. De Lisi (eds.), *Biology, Society, and Behavior: The Development of Sex Differences in Cognition*, Alex Publishing, London, pp. 155 - 181.

Piaget, J. (1952), *The Child's Conception of Number*, Norton, NY.

Siegler, R. S. (2003), "Implications of Cognitive Science Research for Mathematics Education", in J. Kilpatrick, W. B. Martin and D. E. Schifter (eds.), *A Research Companion to Principles and Standards for School Mathematics*, National Council of Teachers of Mathematics, Reston,

VA, pp. 219 – 233.

Starkey, P., E. S. Spelke and R. Gelman (1990), "Numerical Abstraction by Human Infant", *Cognition*, Vol. 36, pp. 97 – 127.

Stevenson, H. W. and J. W. Stigler (1992), *The Learning Gap: Why our Schools are Failing and What We can Learn from Japanese and Chinese Education*, Summit Books, New York.

Wynn, K. (1992), "Addition and Subtraction by Human Infants", *Nature*, Vol. 358, pp. 749 – 750.

Wynn, K. (1998), "Numerical Competence in Infants", in C. Donlan (ed.), *The Development of Mathematical Skills*, Psychology Press, East Sussex, UK, pp. 1 – 25.

Xu, F. (2003), "Numerosity Discrimination in Infants: Evidence for Two Systems of Representations", *Cognition*, Vol. 89, No. 1, pp. 15 – 25.

第六章

消除“神经神话”

在面对真理的时候，有三种人：
渴望者人数最少；
不在乎者最快乐；
已经拥有者最危险。

——佚名

本章论述了在神经科学与教育之间进行错误的或者毫无根据的连接时出现的危险，并概述与驳斥了一些“神经神话”（Neuromyths），包括与左右脑思维、婴儿发展决定论、性别差异以及多语言学习有关的一些没有根据的观点。本章对关注学习尤其是致力于消除没有科学根据的流行趋势的那些人具有重要的意义。

什么是“神经神话”

科学是在试误过程中不断取得进步的。科学研究者在观察的基础上构建理论，而其他现象或者证实、或者改变、或者驳斥这些观察结果：新理论在补充或者批判前一个理论的基础上建立起来。这一过程周而复始，持续不断。科学的这种曲折进步是不可避免的，但是也有其缺陷。其中之一是，已经证明无效的假设却留下踪迹，如果这些假设切合了比较广泛的想象力，那么“神话”因此而生。这些观念可以通过科学而铲除，但是它们却根深蒂固，通过各种媒体传入大众的脑海中。

神经科学不可避免地陷入这种现象中。在英语中，有些表达证明了这一点：例如，由德国解剖学家和生理学家 Franz Joseph Gall（1758—1828）的研究而得到的“数感”一词。Gall 通过观察活的罪犯的头颅以及解剖死囚的脑，建立了颅像学理论：某种能力过分生长会使颅骨隆起变形。Gall 通过扪摸头颅，宣称他能够将罪犯与诚实的人区别开来，将擅长“数学”的人与擅长“文学的人”区别开来。虽然颅相学早已臭名昭著，并已经被取代，但是脑的某些区域更擅长于某些功能的观点已经成为不争的事实。与 Gall 所确定的脑区不同的是，这些脑区是功能性的，如想象的形成、词汇的产生、触觉的灵敏性等，而不是如仁慈、好战等具有道德特征的脑区。①

这些神话的产生并不只是科学本身而造成的。要理解一个研究结果的所有细微之处常常非常困难，而尤为困难的是其研究方案与方法的细微之处。然而，满足于简单快捷而明确的解释常常是人类的本性。② 这不可避免地会导致错误的解释、武断的推论，进而造成错误观点的产生。③

本章按照顺序来考察人们对脑科学的一些错误理解，特别关注与学习方法最相关的那些神经神话。本章从历史的角度来解释每一个神经神话是如何扎根下来的，然后概述当前有关这一主题的科学研究。略有讽刺意味的是，有些神话实际上对教育产生了一些有益的影响，因为它们说明了教育多样化的“合理性”。但是，大多数神经神话带来的是不良后果，因此必须清除。

---

① Gall 也推测存在着语言与数学的脑区。

② 大众媒体对舆论具有重要的影响，这些媒体尤为崇尚简化的处理方法（关于这一点，参见 Bourdieu，*On Television*，New Press，1998）。

③ 但是科学家是绝对不能受到这种趋势影响的。虽然人们期望科学家在各自的领域中严谨求实，但是在面对非专业的听众演讲时，他们也显示出人类的本性，难免受到主观感觉与情绪的影响。

“时不我待，因为在 3 岁时脑的重要方面就已经决定好了”

如果您在电脑的搜索引擎中输入“0—3 岁”这个关键词，您就会搜到大量的网站。这些网站主要解释孩子“0—3 岁”这段时间对于他未来的发展至关重要，这段时间决定了他的一切。您还会找到适用于“0—3 岁”这个重要阶段的、激发孩子智力的无数商业产品。

脑发育中的一些生理现象确实使人们认为“0—3 岁”是个重要的学习阶段。但是这很容易被夸大与曲解。某些决策者、教育者、玩具商以及家长过分强调这些现象，让新生儿做体操，在婴儿床上播放刺激性的音乐磁带和 CD，这些过度的做法形成了神经神话。研究所揭示的与这些观念有关的生理现象有哪些呢？

脑中信息加工的基本要素是神经细胞或者神经元。人脑包括 1 000 亿个神经元，每一个神经元都可以与几千个其他神经元联结起来，使神经信息同时向多个方向集中传递。通过神经元（突触）之间的联系，神经脉冲从一个神经元传递到另一个神经元，促进技能与学习能力的形成。学习就是新突触的形成，或者已有突触的增强与削减。与成人相比，新生儿的突触数量很少。出生后 2 个月，脑的突触密度呈几何级数的速度增加，超过成人的突触密度（在 10 个月时达到顶峰），接着开始稳步下降，这个过程一直持续到 10 岁，达到“成人的突触水平”，然后保持相对稳定的状态。突触大量产生的过程称为突触发生（synaptogenesis）。突触下降的过程称为修剪（pruning）。这是生长与发育所必需的自然机制。

很长时间以来，科学界认为，神经元数量在出生时最多。但是，与其他细胞不一样的是，人们认为神经元是不可再生的，每个人一生中有规律地失去神经元。同样，脑损伤后，损坏的神经细胞不会再生。过去 20 年来，科学研究所揭示的现象无可辩驳地改变了这个观点：人的一生中都可以产生新的神经元，至少在人的一生中，神经元的数量不是波动的。

突触发生集中在人类生命的早期。如果学习是由新突触的产生而形成的（这种观点在直觉上是正确的），那么人们就容易得出这样的结论：儿童早期的学习能力最强。另外一种观点是，婴幼儿必须在 2—3 岁时不断得到刺激，以强化他们的学习能力，促进以后的发展，这种观点目前在欧洲非常普遍。事实上，这些观点是毫无科学证据的。

20 年前所做的一个实验可能造成了这个神经神话的流传。用大鼠所做的实验研究表明，在丰富环境中生长的大鼠其突触的密度会增加。在这个案例中，丰富环境是指笼子里有其他大鼠以及一些探究的玩具。这些大鼠在后来的迷宫学习测验中，比在控制组以及在“贫乏”或者“孤独”环境中生活的大鼠表现更好，速度更快（Diamond，2001）。其结论是，由于生活在“丰富”环境中的大鼠的突触密度增加了，因此在学习任务中的表现更好。

这样，产生神经神话的要素就有了：一个可靠的实验，虽然很难操作，但是很容易理解，研究结果证实了预期的结果。但是实验室中的这个实验是在人为的环境中进行的①，研究的对象是大鼠。非专业人士曲解了大鼠的实验数据（这些数据毫无疑问是科学严谨的），并将它与人类发展的观点联系起来，得出结论说，教育干预要有效应该与突触发生的时间协调一致。另外，他们还建议说，“丰富”环境可以避免婴儿期的突触修剪，甚至能够形成新的突触，因此，可以提高智力与学习能力。这个例子运用有效研究所证实的事实来推断结论，而这些结论与原始研究相距甚远。

该例子的局限性以及教训是显而易见的。预测生命早期突触密度与学习能力提高之间关系的人类神经科学数据几乎没有。同样，也没有预测儿童与成人的突触密度之间关系的数据。无论是对动物还是人类，还没有直接的神经科学证据将成人的突触密度与更高的学习能力联系起来。所有这一切并不表明大脑的可塑性尤其是突触的发生，与学习没有关系，但是根据已有的证据，认为0—3 岁在发展中起决定性作用的假设不成立。

读者要进一步了解，可以参考 John Bruer 的著作《0 到 3 岁的神话》(2000)。他是第一个系统地驳斥这个神话的人，他认为这个神话“植根于我们关于儿童与儿童期的文化观念、我们对心智—脑研究的热爱以及我们多年来寻找疑难问题的确定答案的需求”。Bruer 回溯到 18 世纪来寻找其源头：那时就已经认为，母亲的教育是描绘孩子未来生活，决定孩子命运的最强大力量，成功的孩子是那些善于与家庭互动的孩子。他根据人们对早期突触发生的错误解释一个一个地消除这些神话。

---

① 在野外，大鼠生活在刺激丰富的环境中（如码头、管道等），具有生存所需要的突触数量；而在人为的贫乏环境中，它们脑的突触密度适合于这个环境。简而言之，它们只需要生活于实验室笼子中的聪明程度即可。这一推理同样可以类推到人类，但是还需要事实来证明。在这一案例中，许多人的脑都对适度丰富的环境进行调整。研究已经表明，即使生活于所谓的刺激贫乏环境（例如犹太人区）中的孩子，在一段时间以后也会逐渐在学校表现优秀，并继续接受高等教育。在界定适合大多数学生的“丰富”环境时有太多因素需要考虑，因此很难预测智力。因此，目前像这样的研究结果对于教育而言是没有应用价值的。

“必须传授与学习某些事物的关键期是存在的”

生命早期突触密度快速增长对成年脑的影响还不知道，但是已经知道的是成人学习某些事物的能力不强。例如，任何晚学外语的人很可能带有“外国口音”；晚学乐器的人艺术鉴赏能力可能永远都无法达到从5岁开始练习同样乐器的孩子的水平。这是否意味着生命的某些时刻再也无法学习某些任务？或者某些任务在不同的时间段会学得更慢，或者以不同的方式来学习？

长期以来，人们认为，随着年龄的增长，脑的神经元会逐渐减少，但是由于新技术的发明而开始的测量对这一观点的确定性提出了挑战。Terry及其同事表明，在脑皮层的每一个区域，总的神经元数量并不受年龄影响，只有“大”的神经元的数量受年龄影响。神经细胞的萎缩，导致小的神经元数量增加，但是神经元的总数是一致的。最近的研究发现，脑的某些部位，如海马，在人的一生中都可以产生新的神经元。海马有多种功能，其中之一是参与空间记忆与导航过程（Burgess and O'Keefe，1996）。有研究比较了伦敦出租车司机与随机抽取的其他市民，结果表明，一方面，海马的相对大小与激活之间具有很强的关系，另一方面，海马具有很好的导航能力。听觉皮层的扩大与音乐能力的发展之间呈正相关。随着手指运动的高强度训练，脑运动皮层增大。在后一个案例中，与学习有关的神经元网络结构的改变在训练的第5天，即在非常短的学习时间之后就可以运用脑成像的方法检测到。

塑造脑的过程——神经元的发生、修剪、发展与修饰——都属于同一个术语“脑可塑性”。无数研究表明，从神经元与突触方面来说，脑终身具有可塑性。技能的获得不仅是训练与某些联结加强的结果，而且也是对某些联结的修剪而导致的。需要区别两种类型的突触发生：其一是在生命早期自然形成的；其二是由于一生中处于丰富环境而形成的。研究者将前者称为“经验期待型学习”，将后者称为“经验依赖型学习”。语法学习在大约16岁前都可以又快又容易地学习，而词汇学习终身都可以提高（Neville，2000）。语法学习是敏感期的一个例子，是一种经验期待学习：要让学习不过于困难，理想的情况是必须在一定时间段（敏感期）内进行学习。因此，经验期待学习在生命的某个阶段学习最理想。不依赖于敏感期的学习如词汇的获得是“经验依赖学习”：学习的发生不受年龄或者时间的限制，这种类型的学习甚至可以随着年龄的增加而提高（参见第二章）。

是否存在着“关键期”这样的独特阶段，在这一阶段某种类型的学习一定能成功地发生？某种技能或者知识是否只能在相对较短的“机遇期”获得，然后“机遇期”将在脑发展的一个确定阶段永远地关上了？“关键期”的概念可以回溯到20世纪70年代习性学家Konrad Lorenz所做的一系列实验，相对而言，普通大众对这些实验比较熟悉。他观察到刚孵出的小鸡、小鹅等对环境中明显移动的物体产生永久的依恋。一般而言，这个移动的物体是它们的母亲，Lorenz将它称为“印刻”。Lorenz通过取代它们的母亲的方式，让小鸡、小鹅等对他产生依恋。他走到哪里，小鸡、小鹅就跟到哪里。这种依恋产生的时间非常短暂（就在孵出以后）。这种依恋产生后，就不可能改变依恋的物体，小鸡、小鹅等永久地跟随这个替代物而不是其母亲。“关键期”的术语适合于这种情况，在具体的某个阶段一个事件的存在或者缺失，会产生不可逆的影响。①

目前还没有发现人类学习的关键期（尽管也许存在这种关键期）。将某种学习更容易发生的这种阶段称为“敏感期”更合适。科学界承认存在着敏感期，尤其是在语言学习中，并且确定了一些语言学习的敏感期（有些敏感期在成年阶段）。一个重要的研究问题是，教育系统的课程方案是否与敏感期阶段相匹配，脑成像研究可以为这些阶段的生物过程提供新的解释。

语言学习提供了非常好的“敏感期”的例子。在出生时，孩子可以区别语言中的所有语音，甚至那些与他们父母的母语很不一样的语言。例如，日本成人区别r和l很困难，他们将这两个音看作是一样的，而日本的婴儿却能够区别它们。婴儿在出生后的前12个月，他们的语音知觉能力很快受到语音环境的影响，以后他们就不能识别出环境中没有的语音。在6—12个月这段时间内辨别外语语音能力逐渐下降，这期间脑也产生了变化，孩子也能非常流利地说出母语。由于儿童感知过全部的母语语音时不需要识别新的语音，这样也就“失去”了学习没有感知过的、没有发过的语音的能力，因此我们可以假设，这个过程是由于对突触连续的修剪而完成的。为什么人们喜欢将人类学习的这个方面称为“敏感期”而不是“关键期”，一个重要原因在于敏感期是指信息的丧失而不是增加。不管如何描述，毫无疑问，在语言能力中，发出语音的能

① 在任何情况下，都必须十分谨慎地对待动物研究（需要顺便指出的是，Lorenz和其他人有时似乎忘记了）。从大鼠的实验研究中推出这样一种观念，为学生提供刺激丰富的环境，将会增加他们脑中的联结，从而培养出更好的学生，因此，教师（与家长）应该提供丰富多彩的、有趣的、有意义的环境，来保证培养出聪明的孩子。从大鼠需要“丰富环境”的数据而推论出儿童教育的观点是不合理的（如听莫扎特音乐，看彩色的移动物体），尤其是考虑到还没有开展类似的有关复杂或者贫乏环境对人脑影响的神经科学研究。

力，如语音和口音，以及有效整合语法的能力在儿童期是最理想的，只有获得词汇的能力在整个一生中都同样好。

20世纪后半叶的发展过程中，皮亚杰的研究对学校体系的组织产生了重要的影响。皮亚杰的基本发展观是，儿童经历特定的认知发展阶段，因此，他们在某个相对固定的年龄阶段之前不能学习某些技能。这个观点可以运用到阅读与计算中，运用到经济合作与发展组织成员国的学校体系中，这些国家没有正式对6—7岁之前的儿童传授阅读、写作与数学。皮亚杰和同事提出，儿童来到这个世界时没有关于数字的先验概念。但是最近关于脑运行的研究表明，儿童天生就有数感（Dehaene，1997）。这里并不是对皮亚杰的所有研究都持怀疑的态度，他正确地确定了敏感期的重要性。但是孩子出生时比研究者长期以来所认为的更“聪明”（Gopnik，Meltzoff and Kuhl，2005）。这就是为什么皮亚杰那具有影响力的理论必须用这种研究来进行证实。

“我在什么地方读到过，说我们只用了脑的10%”

人们常说人类只用了脑的10%（有时是20%）。这个错误观点从何而来？有人说它来自爱因斯坦，他在一次回答记者的问题时说，他只用了脑的10%。早期对脑的研究可能支持了这个错误。在20世纪30年代，Karl Lashley运用电击的方法来研究脑。由于脑的许多脑区对这种电击没有反应，他认为这些脑区没有功能。“静息皮层”这一术语就是这样流传起来的。现在人们认为这一理论是不正确的。对脑功能的不确定性解释也促进了这一错误的流传。

今天由于脑成像技术的发展可以精确地描述脑的功能区。每一种感觉与一种或者几种主要功能区相对应：初级视觉区通过眼睛来接受信息，初级听觉区通过耳朵来接受信息等。一些区域与语言的产生与理解有关。生理学家有时分别描述这些脑区，而记住这些局部性描述的大众可能会产生这样的印象，脑功能是一个区域一个区域地发挥作用的。在任何时候，这都与人们的想象是一致的：脑只有一小部分是活跃的，但是实际情况并不是这样。次级区域围绕着初级区域，因此，通过眼睛获得的图像传递到初级视觉皮层，然后在次级视觉区加工，形成被感知物体的三维结构。来自物体记忆的信息在脑中传递，脑就能够识别物体；来自语言区的语义信息发挥作用，人就能够快速地命名所见到的物体。同时在全身的神经信号的作用下，脑处理身体姿势与运动的脑区开始激活，可以让人们知道自己是坐着还是站着，头是朝向左边还是右边。因此，对脑区的局部与片面性描述会导致对脑运行方式的错误解释。

这个错误的另外一个起源可能在于脑中每个神经元都有 10 个以上的胶质细胞组成的这一事实。胶质细胞具有营养作用，支持神经细胞，但是它们并不传递信息。只有神经细胞才能够传递神经冲动（这类细胞占脑的 10%），因此，这提供了另一个对 10% 论断误解的来源。但是这种细胞功能的观点非常简单：胶质细胞发挥的作用不同于神经细胞，但是对于整个脑的功能发挥着同样重要的作用。

神经科学的发现表明，100% 的脑都发挥着作用。在神经外科手术中，有可能在病人麻醉的情况下观察到脑的功能。电刺激显示，即使在没有运动、感觉或者情绪的状况下，整个脑也活跃着。即使在睡眠状态，也不存在不活动的脑区；如果有不活动的脑区，则可能表明有严重的功能障碍。同样，损失少量的脑组织会导致严重的后果，因为脑区的损伤会导致身体或者精神障碍。脑中弹或者同样的伤害后仍然能够存活多年的原因并不表明脑中有“无用的区域”。如果可以从这种伤害中完全恢复，则表明脑具有非凡的可塑性：神经元（或者神经网络）可以取代那些受伤的区域，在这种情况下脑进行重组来克服这种缺陷。

从生理的角度来说，这个观点也是不符合事实的。人脑的进化不允许浪费的存在。脑是通过自然选择而塑造的，与其他器官相比可能有过之而无不及。它占据了人类身体重量的 2%，却消耗了 20% 的能量。在进化进程中不可能允许消耗如此高能量而 90% 都无用的器官得到发展。

“我是左脑人，她是右脑人”

脑是由神经网络构成的，其功能区之间相互作用。脑由左右半球构成，每个半球都更擅长于某些独特的功能。这些事实是否证明了日常生活中经常听到的观点“我是左脑人”、“女性更倾向于右脑”？真的有左脑人与右脑人吗？这里需要快速地回顾一下这一观点的来源，以确定它们是对事实的回应，还是又一次对科学数据进行了毫无根据的推测。但是在考察之前，需要强调的是，这两个半球不是分开来发挥作用的，也不是分开的两个实体（anatomic entities）：神经结构将它们连接起来（胼胝体），一个半球的许多神经细胞伸展到另一个半球中。就这一点也会引起人们的许多遐想。

据说，“左脑”是理性思维、智慧思维、分析与语言之所。它也通过逻辑推理的方式来加工数字信息，通过分析、辨别，将信息分解开来，通过线性地安排数据将整体的各部分组织起来。左半球最适合处理与语言（阅读与写作）、代数、数学问题解决、逻辑运算有关的任务。因此，可以认为那些理性的、智慧的、逻辑的、擅长分析的人“更喜欢运用他们的‘左脑’，往往会成为数学家、工程师与研究者”。

“右脑”被认为是直觉的、情绪的、非语言思维的综合思维之所，可以表征空间、创造性与情绪。右脑往往可以综合与再创造三维形式，注意相同点而忽略不同点，理解复杂的结构。它识别面孔、感知空间。从这些观点中滋生出这样一种神话，即倾向于直觉的、情绪的、富于想象的、容易找到路的人“喜欢运用‘右脑’，从事的往往是艺术与创造类的职业”。

“左脑与右脑”这种对立的观点最早来源于神经生理学研究。智力能力常常被分为两类：其一是批判性与分析性的倾向，其二是创造性与综合性的倾向。19 世纪神经生理学的一个主要教条是将每一个阶层与脑半球联系起来。1844 年，Arthur Ladbroke Wigan 发表《精神错乱的新观点：思维的双元性》（*A New View of Insanity*：*Duality of the Mind*）。他把大脑两个半球描述为独立的、具有独立意志与思维方式的半球：这两个半球常常共同运作，在一些疾病中相互对立。这个观点与 Robert Louis Stevenson 1866 年出版的著名的《代身博士》（*The Strange Case of Jekyll and Mister Hyde*）一书中的观点一致。该书阐述了这样的观点：要培养大脑左半球，因为，左半球与直觉的、情绪的右半球不同，右半球容易失去所有的控制。法国生理学家 Paul Broca 与人们所认为的不同，他对左右半球的不同作用进行定位。1860 年，他检查了 20 个语言区受到损坏的病人死后的脑。他观察到，在所有被检查的脑中都是左半球前额叶受到损伤而右半球完好无损。他因此而得出结论：口语的产生定位于左半球的前额叶。几年以后，德国生理学家 Wernicke 也对患有语言发展障碍的病人进行尸检，提出理解语言的能力位于左半球的颞叶。因此 Broca 和 Wernicke 都将脑的左半球与语言加工中的两个重要因素——语言的理解与口语的产出联系起来。

20 世纪 60 年代以前，观察大脑左半球在语言运用与加工中的主要作用的方法（语言一侧化）都是基于脑损伤病人尸体的研究。有些神经生理学家认为，语言可能不完全是左脑的功能，因为不可能得出这样的结论：语言受到损坏的人，右脑没有损伤却不能发挥作用。损伤仅在左侧可能是随机的。这个直觉性的观点得到了“裂脑人”研究的证实。为了阻止癫痫从一侧脑扩散到另一侧脑，医生把这些病人的胼胝体切断。虽然这个手术的主要目的是减少癫痫病的发作，但是研究人员同时也能够研究这些病人每一侧脑的作用。第一例研究是在 20 世纪 60—70 年代做的，加利福尼亚技术研究所的诺贝尔医学奖获得者 Roger Sperry 及其团队发挥了重要的作用。他们让“裂脑人”分别用不同的手而不用眼睛来辨别物体，从而成功地获得了这些病人脑一侧半球的信息。这个实验方法是建立在这样的事实基础上的：基本感觉与运动功能在脑的两个半球是对称分布的，左侧脑接受与控制身体右侧的感觉与运动信息，而右侧脑则接受与控制身体左侧的感觉与运动信息。左侧脑接受来自右手的感觉信息，右侧脑接受左手的信息。当病人用右手摸到一个物体时，他们可以非常容易地命名物体，但是用左手摸的时候则不能。这证明左侧脑主要发挥语言功能。

语言功能的不均衡分布形成了左半球为语言半球、右半球为非语言半球的观点。由于语言常常被看作是人类最高级的功能，因此人们认为左半球“占主导地位”。

其他类似病人的实验有助于澄清右半球的功能。Sperry 与 Gazzaniga 关于裂脑人 W. J. 的录像令人惊奇地展示了右半球是空间视觉的优势半球。他们给病人一些骰子，每个骰子有两个红色的面，两个白色的面，另外两个面是红白相间的斜条纹。病人的任务是根据卡片上呈现的模式来排列这些骰子。录像的开始显示，W. J. 用左手很快就按照要求的模式搭好了骰子（由右脑控制与记忆）。但是用右手则很难完成该任务——他缓慢而优柔寡断地移动这些骰子。但是左手干预后，他又快又准确。研究人员阻止左手的行动时他又变得优柔寡断。Sperry（1969）等人的其他研究证实了右脑在空间视觉的主导作用。该作用后来又得到了临床病例研究的支持。有的病人右脑损伤后不能识别熟悉的面孔；有的病人则会遇到空间定位困难。

有些右脑损伤的病人表现为在判断词的情绪语调、识别情绪性面部表情方面有困难。行为研究支持了该病例的研究：左耳接受语音时脑能够很好地感知语言的韵律，这样该信息传入右半球，而左视野看到的图像则引起更强烈的情绪反应。从这个研究中人们得出结论：右半球也参与与情绪有关的加工过程。

这一系列的研究结果足以形成神经神话。1970 年 Robert Ornstein 在《意识心理学》一书中假设“西方人”主要用左脑，由于他们关注语言与逻辑思维，因此他们的左半球发达。但是他们忽视了右半球，因而也忽视了情绪与直觉思维。Ornstein 将脑的左半球与“西方人”的逻辑性和分析性思维联系起来，将右半球与“东方人”的情绪性和直觉性思维联系起来。传统的智力与直觉的二元分析法由此有了生理学依据：这是由于大脑两个半球之间的差异而造成的。Ornstein 的观点除了存在种族主义的问题，还存在对已有科学研究成果的错误理解与歪曲。

另外一个没有科学基础但是却广泛流传的观念认为，左半球倾向于加工快速变化的刺激，分析刺激的细节与特征；而右半球加工同时发生的一般特征的刺激。这个观点完全是杜撰的。从语言半球（左脑）与非语言半球（右脑）之间的差异开始，越来越多的有关思维功能与两个半球的抽象概念及两者之间的关系的观点涌现出来，演绎出一个又一个神经神话，也越来越偏离科学研究成果。

神经神话逐渐增多。这些神经神话认为，大脑两个半球不仅与两种思维方式有关，而且还显示出两种类型的个性特征。“左脑思维”与“右脑思维”以及优势半球的概念共同形成了这样的观点：即每一个人都依赖不同的优势半球，认知风格迥然不同。他们把具有理性与分析特征的人称为“左脑人”，把具有直觉与情绪特征的人称为“右脑人”。这些认知风格通过媒体如杂志、自我认知类书籍、会议而流行起来，并出现了有关它们在教育中的运用等问题。根据学习者脑半球的这种假设特征来想象适合某个半球的教学方法是否必要？学校课程是采用运用整个脑的教学方法，还是重点关注数学与语言的教学，学校课程是否过分集中于“左脑”？

西方社会仅仅关注脑半球思维能力（“我们的左脑思维”）而忽视另一半球思维能力（“我们的右脑思维”）的观点广为流传，有些教育家与教育系统甚至建议学校根据脑的左右半球概念来改变教学方法。如 M. Hunter 和E. P. Torrance 等教育家声称教育计划主要是为“左脑”设计的，崇尚的是依赖于左脑的活动，如总是让学生坐在课堂里或者学习代数，而不喜欢让学生进行活动、学习几何等这类右脑活动，因此设计出让学生运用两个半球或者强调与右脑有关的活动的教学方法。这种例子是“展示与讲述”型的，而不仅仅是让学生阅读文本（左脑活动），教师也呈现图像与表格（右脑活动）。其他方法如运用音乐、比喻、角色扮演、沉思或者绘画等，这一切都是为了促进大脑两半球的协同活动，其目的在于通过方法的多样化来提高教育。虽然它们借用了脑科学的理论，但这些理论建立在对脑科学的错误理解的基础之上，因为脑的两个半球不可能如此明确地分离开来。

事实上，并没有科学证据表明创造性水平与右半球的活动之间存在着相关性。最近对 65 个脑成像与情绪加工的分析表明，这种加工并不是右半球的独特功能。同样，没有科学证明分析性与逻辑性思维依赖于左脑，或者左脑是专门负责数学与阅读的。Dehaene（1997）发现，在识别阿拉伯数字时，脑的两半球都激活（如1、2、5）。其他研究表明，在分析阅读过程的要素时（如阅读文本等高级加工中，对书面文字的解码或者识别语音等），脑的两个半球的子系统都激活。有证据证明，即使主要与右脑有关的能力——空间关系解码的能力——也是两个半球的能力，但是不同的情况有不同的方式。脑左半球更擅长于对空间“分类”关系进行解码（即高/低或左/右），而脑右半球更擅长于对空间距离关系进行解码（即连续的距离）。脑成像研究表明，即使在这两种特例中，脑的两个半球都激活，共同活动。也许更令人惊奇的发现是，语言优势半球并不像以往所认为的那样一定与右利手有关。一个广泛流传的观点是，右利手的人语言区在脑的左半球，而左利手的人语言区在脑的右半球，但是5%的右利手人脑的语言区在右半球，近1/3的左利手人脑的语言区在左半球。

根据最近的研究结果，**科学家们认为，虽然脑的两个半球的功能存在着不对称性，但是并不是分开来运行的，而是共同完成所有的认知任务。**作为一个高度整合的系统，大脑单独的脑区很少独立工作。有些任务，如面孔识别与语言的产生主要由特定的脑半球负责，但是大部分认知任务需要两个半球的系统工作。这证明了“左脑”与“右脑”概念是错误的。即使“左脑”、“右脑”这类概念由于支持丰富多样的教育方法而带来了一些益处，但是根据脑优势半球来给学生分类，或者对文化进行分类的做法在科学上是值得怀疑的，在社会上是有害的，在伦理上是令人质疑的。因此，这是一个需要避免的严重错误。

“让我们来面对它——男性脑与女性脑的不同”

2003年的PISA研究是唯一一个解释与性别有关的学习与教育成绩差异的研究。最令人质疑的是最近几年出现的一些研究声称，科学研究已经明确地表明，由于脑的发育不同，男性和女性的思维方式是不同的。如《为什么男性不会倾听，女性不会阅读地图》等图书成为热门读物。它到底有多少科学的依据？有无“男性脑”与“女性脑”？教学方式应该根据性别来改变吗？

男性脑与女性脑之间存在着功能与形态的差异。例如，男性脑更大，脑的语言区比女性激活的程度更强。但是确定这些差异的意义却非常困难。**迄今为之，还没有研究表明，性别特异性的加工过程参与了建立学习神经网络的过程；**这是另外一个需要进一步研究的问题。

“女性脑”与“男性脑”这两个术语指的是用认知术语来描述的“存在方式”，而不是指任何生物性的现实。Baron-Cohen 运用这些术语来描述孤独症以及相关的障碍（2003），认为男性更倾向于“方法”（理解机制系统的能力），女性更擅长交流（交流的能力与理解他人的能力）。他认为，孤独症可以理解为“男性脑”的极端形式。但是他并没有提出男性与女性脑的根本不同，也没有表明女性孤独症患者拥有男性脑。他运用“男性脑”与“女性脑”来指特定的认知侧面，不幸的是，这只不过是一种术语的选择，如果这种术语的选择对脑运行概念的这种曲解发挥了作用的话。

即使平均来说，女孩的脑使她学习数学的能力较差的这个观点是确定的，那么能否以此为基础来提出建议，要求教育关注这些差异？如果教育的目标是培养非常专业的人，那么问题至少可以值得考虑，但是只要教育最重要的作用仍然是培养具有基本文化知识的公民，那么这个问题就失去了与教育政策的相关性。如果有差异，则平均来说这些差异也很小。因此，更重要的个别差异研究是，排除了解女孩（随机来说）在学习某一特定科目上的能力是否不如男孩（随机来说）强的这种可能性。

“幼儿的脑一次只能学习一种语言”

今天，世界一半的人口至少会说两种语言，人们一般将会说多种语言的能力看作是一种优势。然而在很长时间里，许多人认为学习一种新的语言对于母语来说是有问题的。这种观点常常根据错误的脑语言表征观，这种脑语言表征观现在已经完全消失了。一种错误的观点是，新语言学习得越深入，就越有可能失去另一种语言。另外一种设想是，两种语言分别占领不同脑区，没有连接的点，因此用一种语言所获得的知识不能够迁移到另一种语言中。从这些观点来看，假设在婴儿时期同时学习两种语言，将使脑中的这两种语言混合起来，减缓儿童的发展速度。这种推论的错误是，必须“正确地”学习母语，才能开始学习另外一种语言。

错误来自多种因素的交互作用。语言无论是从文化上还是从政治上来说都很重要，这使许多观点带有偏见，来支持“官方”语言而诋毁另一种语言，包括脑科学研究成果。某种医学观察也发挥了作用：在中风之后，双语或者多语病人完全忘记一种语言，而另一种语言却一点也没有受到影响。这种观察有助于形成这样一种观点，即不同的语言在脑中占据不同的脑区。20 世纪初有关双语个体“智力”低下①的研究在方法上是有缺陷的，这些研究主要针对移民的孩子。这些孩子常常营养不良，文化背景不同、社会条件不同。这种研究应该考虑到，他们中的许多人在五六岁时才开始学习移民国家的语言，语言的掌握程度不好，学习其他科目有困难。简而言之，我们不能将来自富裕家庭的单语儿童与主要来自处境不利的环境、家庭并对移民国语言知识了解有限的多语儿童进行有意义的比较。

最近的研究揭示，熟练掌握一种以上语言的人脑语言区重叠②。这个观点可能会由于脑只有“有限的空间”来储存与语言有关的信息这一错误认识而被曲解。有关双语的其他研究还表明，两种语言分别激活不同的脑区，两者之间相差几毫米。该研究让被试用母语来描述当天做了些什么，再用后来学习的语言来进行描述（Kim，1997）。多语言个体的“语言区”问题还没有得到解决。由于这一问题还没有得到解决，因此，认为母语的熟练掌握程度会由于学习第二语言而受到削弱的观点是错误的。大量多语言专家的例子提供了活生生的证据来表明事实并非如此。在学校学习外语的学生并没有削弱母语，而是两者都得到了提高。③

“一门语言中获得的知识无法运用于另外一种语言或者迁移到另外一种语言中”是另一个神经神话，一个与直觉相反的神话。学习一门语言中难理解的概念的任何人——例如进化的概念——都可以在另外一种语言中得到理解。如果无法用第二语言来解释这个概念，则是由于缺乏词汇而造成的，而不是由于知识的不足而造成的。实验发现，用不同语言获得的知识越多，就越需要存储在远离语言的脑区：不仅用词的形式来存储，而且还以图像的形式来存储。多语言个体可能不再记得他们是用哪种语言获得知识的——如果他们阅读了特定的文章或者看了一部特定的电影，一段时间以后他们可能会忘记这篇文章或者电影是运用的哪种语言，是用法语、德语还是英语？

当前的研究否定了人必须先熟练地掌握母语，然后才能学习第二语言的错误认识。该研究表明，掌握两种语言的儿童能够理解每一种语言的结构，并有意识地运用这些结构特征。因此，多语言的学习有助于培养与语言有关的其他

---

① 人们在运用“智力”一词时需谨慎，该词还没有真正科学的定义。

② 创造这种重叠的条件还没有得到解决。一种理论提出，儿童在幼年学习语言时脑的语言区重叠，但是晚学习第二语言或者其他语言，不同语言激活的脑区就不重叠。另一种理论提出，两种语言都掌握了，则脑的语言区才重叠。

③ 1990 年对在联邦德国接受了正规的教育的土耳其移民孩子进行的研究发现，他们在土耳其语和德语这两种语言中所犯的错误都减少了。

能力。第二语言学得早，这些积极影响就更明显。多语言教育并没有导致语言发展的延缓，有时，幼儿可能会混淆语言，但是除非获得语言的能力方面有缺陷（如语音辨别能力差），否则这种现象以后会消失。

关于双语和多语的理论主要基于认知理论。未来学校的语言学习方案应该依靠成功的教学实践范例。目前或者未来，可以借鉴脑科学有关最佳学习年龄（敏感期）的研究成果。

“提高你的记忆”

记忆是学习中的重要功能，也是各种想象与曲解的对象。“提高你的记忆”、“增加你的记忆能力”、“如何快速地获得超常的记忆”等都是市场上推销书籍和药品的口号。在考试时期这些口号更是得到坚决的推进。目前我们掌握了足够的知识来理解记忆的过程、来想象创造产品或者提高记忆的方法了吗？今天我们是否需要与 50 或者 100 年以前技能与专业都完全不同的那个世界所要求的相同的记忆形式？我们能否谈论不同的记忆——如视觉、词汇或者情绪记忆？当前的学习方法是否以 50 年前一样的方式来运用记忆的？这些都是这个情境中相关的问题。

最近一些年来，对记忆的理解有了发展。我们已经知道记忆不仅仅对现象的类型作出反应，也不仅仅局限于脑的某个部分。但是与大众的观念所不同的是，记忆并不是无限的，这是因为信息是储存在神经网络中的，而神经网络的数量（虽然数量很多）是有限的。没有人能够记住《大英百科全书》的全部内容。研究也发现，遗忘是良好记忆中所必需的。关于这一点，神经心理学家 Alexander Luri 的一个病例非常有启发：病人的记忆能力似乎无限，但是没有遗忘的能力。除了诸如“记忆冠军”这类工作，他无法找到稳定的工作。或许儿童的遗忘率是建立有效记忆的理想比率（Anderson，1990）。

那些拥有如同照相机般的视觉记忆力的人，那些特别擅长记忆一长串随机数字的人，或者那些能够蒙住眼睛同时下几盘棋的人，他们的记忆力如何？研究者将这些能力归于特殊的思维方式，而不是特殊类型的视觉记忆。DeGroot（1965）对著名的棋师很感兴趣，让他们合作参与实验，实验中快速呈现棋局，然后让这些优秀的棋手重新摆出这些棋局。他们出色地完成了这种富有挑战性的任务，除非所呈现的棋局在真正的下棋比赛中不可能出现。DeGroot 得出的结论是，这些优秀棋手重新摆出棋局的能力不是由于视觉记忆能力，而是由于他们在心理上组织比赛中的棋局信息的能力。根据这种观点，由于情境知识的深度不同，人们对相同的刺激的感知与理解程度是不同的。

虽然这项研究的结论是这样，但是有些人确实拥有超常的视觉记忆力，能够非常完整地保持图像。这是一种“逼真记忆”。例如，有些人用很短的时间看一遍就可以拼出整页不认识的语言。逼真图像不是像图像那样在大脑中形成的——不是复制的而是建构的。这种能力的形成需要时间，拥有这种类型记忆的人看着图像至少3—5秒钟才能够看清楚每一个点。在脑中形成这个图像之后，被试能够描述他们所看到的，就像他们是看着图像来描述的一样。相比而言，没有逼真记忆的正常被试在描述时常常举棋不定。有趣的是（可能不确定），孩子拥有逼真记忆的比率大于成人，似乎是学习或者年龄弱化了这种能力（Haber and Haber，1988）。这些研究者也表明2%—15%的小学生有逼真记忆。Leask和同事（1969）发现，在观察图像的时候，词语化过程干扰了对图像的逼真记忆，因此提出了随着年龄的增加逼真记忆消失的一种可能解释。Kosslyn（1980）也力图来解释这种视觉记忆与年龄之间的负相关。他根据研究得出的解释是：成人可以运用词语来进行编码，而儿童没有充分发展词语能力。目前仍然缺乏科学证据来证实或者驳斥这些解释。因此需要对这个问题进行脑成像研究。

有大量可以提高记忆的技术，但是这些技术往往针对特定类型的记忆，或者通过遗忘，或者对相同刺激不断重复，或者创建概念图（为了更容易记忆，给事物赋予原本没有的意义）等。Joseph Novak在概念图方面做了大量的研究（参见Novak，2003），他注意到，学习高中物理的学生通过运用这些概念图而显著提高了能力。这些研究仍然缺乏脑成像研究来确定不同加工过程中脑的激活区。但是，有人观察到不同的脑区激活取决于被试是否是相关学科的新手。① 因此，仍然需要神经科学的研究来理解记忆是如何运行的。在记忆方面存在着相当多的个体差异。在人的一生中，由于年龄不同，同一个体将以不同的方式来运用记忆。如第三章所述，科学证实了锻炼身体、主动运用脑、平衡的饮食（包括脂肪酸）在形成记忆、预防退行性疾病方面的作用。

经济合作与发展组织国家的教育系统中，将可能根据新的神经科学的发现来重新思考在目前的教学方法中运用记忆的有关问题，尤其是记忆在学生评价和认证方面的重要作用。许多这样的方案更多地依赖记忆而不是理解。“学会学习不是更好吗？”这样的问题虽然不可能通过神经科学来回答，但是这类问题是高度相关的。

① 这证实了有关专家知识及其反映在脑结构中的方式的一些发现。

“边睡觉边学习”

边睡觉边学习——多么迷人的概念！快速、毫不费力地学习是我们许多人的梦想。但是，即使是最热情的倡导者仍然认识到，如果可以边睡觉边获得知识，那么就没有学会如何运用这些知识。那么，“边睡觉边学习”完全是神话，还是其中有一些科学的基础？

在标榜这种学习的方法中，通过磁带或者 CD 播放机持续反复地向正在睡觉的人播放文本的信息。商业产品保证可以取得非凡功效，声称边睡觉边学习不仅可能，甚至比清醒时的学习更有效。这种观念在第二次世界大战以后流行起来，当时人们认为间谍可以用这种方法很快地学会派往国家的方言、口音、习惯、风俗等。这种学习观来自科幻小说。第一次提出是在 Hugo Gernsback 1911 年出版的《拉尔夫 124 C41 +：2660 年浪漫史》。几乎在 20 年以后，Aldous Huxley 在《美丽新世界》一书中描述了孩子边睡觉边学习的故事。这些边睡觉边学习的乌托邦似的故事开始在真实世界流行开来。人们提出了“不同的理论”来解释这种学习方式是如何发挥作用的，但是这些理论常常模糊不清，而且相互矛盾。有人提出，学习行为总是开始于无意识的过程，因此睡着时的学习比清醒时的学习更有效。但是迄今为止，没有严谨的科学研究来证实这个观点的合理性。

但是，苏联以及东欧的一些研究试图阐释边睡觉边学习的成功例子，这些研究值得进一步考虑。Kulikov（1968）向正常睡着的孩子读托尔斯泰的小说，12 个被试中有一个醒来时记住了文本的内容。第二组，Kulikov 先通过播放句子如“您在安稳的睡觉，不要醒来”，与睡着的实验对象建立联系。播放完这些句子后，开始播放故事，然后播放要求他们记住课文继续安稳地睡觉的指导语。这些指导语似乎对被试回忆文本的能力产生了真正的影响。睡着时播放文本的被试与清醒时播放文本的被试记忆的内容相等。苏联和东欧所实施的其他更长时间的研究总是在睡着之前给予指导语（参见 Hoskovec，1966，Rubin，1968 综述）。在这些研究的基础上，20 世纪 50 年代和 60 年代，边睡觉边学习的做法在苏联等国家得到了广泛的实施。他们认为语言可以边睡觉边学习，因此，不仅在个体中实施，而且还通过夜间广播在整个村庄实施（Bootzin，Kihlstrom and Schacter，1990）。

但是这些研究有许多缺陷，由此人们对边睡觉边学习的真正效果提出了质疑。研究者常常提示，这种学习在“敏感”的被试身上可以发挥作用，但是他们并没有清楚地界定什么是“敏感”，敏感的意义范围很宽，从“对催眠敏感”的被试，到“被边睡觉边学习而说服的被试”。另外的缺陷是，这些实验对睡眠的状态控制很差——是否有些被试醒着？一般而言，这些试验中，需要保持的信息不是在深睡眠状态下阅读的，而且也没有像西方的一些研究那样，根据脑电图（EEG）来控制睡眠状态。这些实验是在被试刚刚睡着后就开始进行的，或者是在 EEG 记录到阿尔法波后进行的（Aarons，1976）。如果是这样，阅读时，被试不可能在深睡眠状态，而是在“浅睡眠”阶段，即有意识的状态下。这种因素有助于解释许多东欧早期研究所得出的那些积极结果，但是这并没有增强这些观点的可信度。

西方研究者发现，没有证据支持边睡觉边学习获得成功的观点，但是他们可以确定麻醉状态下的效果（Schacter，1996）。传统上，人们将麻醉状态下的病人看作是睡着了，不能感知任何东西。20 世纪 60 年代所做的实验中，病人在麻醉状态下做急诊手术。病人醒来后，询问他们关于手术的情况时，有些人表现得非常痛苦。这个实验的结论是，病人一定是记住了他们睡着时所进行的手术（Levinson，1965）。其他研究中，如果病人在一般麻醉状态下被告知他们将很快恢复，则病人从手术中恢复得更好。

但是，这些研究也有缺陷。一方面，麻醉状态不是睡眠状态，因此不能直接进行比较。一旦醒来，病人不能明确地记住他们在手术期间所进行的或者听到的内容。痛苦与恢复不是评价记忆的敏感标准。麻醉的性质与效果在记忆过程中可能导致差异（Schacter，1996）。最后，后续的研究并没有成功地重复出相同的结果。这似乎表明，不管病人有意识还是无意识都不可能记住手术中的事件。**总之，在西方国家中，在运用 EEG 对睡眠状态进行严格控制的前提下所开展的边睡觉边学习的研究，没有一项能够得出有学习发生的证据**（Bootzin，Kihlstrom and Schacter，1990；Wood，1992）。

因此，我们应该可以得出结论，许多有关边睡觉边学习的陈述是不真实的。虽然睡眠的精确作用仍然是一个谜，但是最近的研究发现，睡眠在脑的发育及其功能中发挥着不同的作用。它有助于加强运动学习等技能，例如，一段时间的睡眠之后，可以提高记住特定的手指敲击顺序的成绩（Kuriyama，Stickgold and Walker，2004；Walker et al.，2002）。前半夜的睡眠支持事实性的记忆，而后半夜的睡眠支持技能性的记忆（Gais and Born，2004）。

迄今为止，许多研究已发现，睡眠可以提高睡觉前所记忆的内容（Gais and Born，2004）。很长时间以来，人们发现，对于事实的学习，短故事和无意义音节在睡前记忆的效果最好（Jenkins and Dallenbach，1924；van Ormer，

1933）。条件反射——即两种刺激之间的联系：条件刺激（CS）（比如铃声）与无条件刺激同时呈现，或者在无条件刺激（UCS）（比如对手指进行电击）之前呈现——也可以在睡觉的过程中学会。无条件刺激一般会引起很强的反应，如电击之后手指的退缩等。在几次实验后，被试学会了将这两种刺激联系起来，即使在只有条件刺激的情况下也能够作出反应，这样被试在听到铃声后会马上抽回手指，而不管是否有电击。研究表明，条件反应可以在睡着时学会，在醒来后仍然保持（Ikeda and Morotomi，1996，Behand Barratt，1965）。其他研究发现，醒着时学会的条件反应也可以在被试睡着后保持（McDonald et al.，1975）。

总之，没有科学证据支持边睡觉边学习的观点。不管是否睡着，人们不能依赖简单的重复来学习。学习外语、自然科学、物理等都需要有意识的努力。有人试图在睡觉时播放 CD 来提高学习、戒烟、减肥等，但都没有得到科学证据的支持。也许并不是 CD 使人戒烟或者减肥，而是动机使然。边睡觉边学习仍然是一个神话，我们也不可能有那么一天会看到学校或者大学的课程来推荐这种方法。

结论

脑科学非常时髦。媒体用不同的方式不断地利用这个“黑匣子”之谜。这个话题之所以广受欢迎，部分是因为这个话题对大多数人来说具有内在的兴趣（“你谈论我的脑就是在谈论我”），部分是因为神经科学的新发现非常丰富，使得其本身成为媒体报道的对象。这种大众化的诉求会带来危险。过去几年来，关于脑的错误概念不断增多，广泛流传，被人们称为“神经神话”。虽然这些神经神话各有区别，但是它们有着共同的特征。

大多数神经神话，包括本章所描述的主要神经神话，都有共同的起源。它们几乎都是以一些严谨的科学研究为依据，这使得区分与驳斥它们变得更加困难。神经神话赖以存在的研究结果，或者是由于错误理解，或者是由于研究本身的不完整性，或者对研究进行了过分夸大，或者对证据作出了过度的推断，或者同时包括了所有这些方面。这种困难是科学发展过程中所固有的，在将科学转化为日常语言的简化过程中，这一切都太容易产生（由于媒体的性质而产生了更为严重的后果）。神经神话的出现可能是有意的或者是无意的。有些神经神话是偶然出现的，服务于不同的利益，但是大多数神经神话的产生可能都并非出于偶然，而常常受到商业利益的驱动。

每个人都有可能受到神经神话的影响，但是有些目标群体尤为重要。首先，所有的教育者——无论是家长、教师或者其他人——都是教育的直接消费者，因此这些观念可能会直接“推销”给他们。在充满不确定性的教育界，新的观念总是广受欢迎，尤其是，它们看起来如同万能药，实则却只能提供一种初步的解决方法。如果教育对其本身更有信心，那么半真半假的论断、屡试不爽的解决方案、疗效有限的万能药以及各种神话等滋生的机会就会大大减少。但是站在21世纪的门槛，教育理论与实践仍然太容易受到这种狂热的感染，所以神经神话可能仍然将持续到可以预见的将来。

这些年来，消除或者驳斥神经神话是经济合作与发展组织教育研究与创新中心的一项任务，但是这些任务充满了挑战。首先，揭露神经神话也将有效的脑科学研究成果置于被怀疑的境地，使人可以运用它来挑战任何运用于教育的神经科学研究。这也同样将反对神经神话而谨慎地运用神经科学研究证据的人置于受攻击的位置而遭到那些继续相信神经神话的人的攻击。这也可能使有些对神经科学的前景坚信不疑的教育者失望。

神经科学与教育之间的桥梁仍然还太少。本章对有关大脑运行规律的神话所作的分析清楚地表明，需要在两个领域之间建立更进一步的合作。任何真正服务于学生的教育改革都应该考虑到神经科学的研究，同时保持健康的客观性。同样，脑科学研究者也不应该使自己置身于教育界之外，同时也应当考虑其研究的更广泛的意义。他们必须尽可能以人们可以理解的话语来解释他们的研究成果。通过不同学科和不同群体（研究者、教师、领导者）之间的交流，有可能利用不断涌现的有关学习的知识来创造一种教育体系。这种教育体系既是个性化的，又与所有的人普遍相关。

参考文献

Aarons, L. (1976), “Sleep-assisted Instruction”, *Psychological Bulletin*, Vol. 83, pp. 1 – 40.

Anderson, J. (1990), *The Adaptive Character of Thought*, Erlbaum, Hillsdale, NJ.

Baron-Cohen, S. (2003), *The Essential Difference: Men, Women and the Extreme Male Brain*, Allen-Lane, London.

Beh, H. C. and P. E. H. Barratt (1965), “Discrimination and Conditioning During Sleep as Indicated by the Electroencephalogram”, *Science*, 19 March, Vol. 147, pp. 1470 – 1471.

Bootzin, R. R., J. F. Kihlstrom and D. L. Schacter (eds.) (1990), *Sleep and Cognition*, American Psychological Association, Washington.

Bruer, J. T. (2000), *The Myth of the First Three Years, a New Understanding of Early Brain Development and Lifelong Learning*, The Free Press, New York.

DeGroot, A. (1965), "Thought and Choices in Chess", Mouton Publishers, The Hague.

Dehaene, S. (1997), *The Number Sense: How the Mind Creates Mathematics*, *Allen Lane*, The Penguin Press, London.

Diamond, M. C. (2001), "Successful Ageing of the Healthy Brain", article presented at the Conference of the American Society on Aging and the National Council on the Aging, 10 March, New Orleans, LA.

Gabrieli, J. (2003), "Round Table Interview", *www. brainalicious. com.*

Gais, S. and J. Born (2004), "Declarative Memory Consolidation: Mechanisms Acting During Human Sleep", *Learning and Memory*, Nov-Dec, Vol. 11, No. 6, pp. 679 – 685.

Gernsback, H. (2000), *Ralph* 124*C* 41 + : *A Romance of the Year* 2660, Bison Books, University of Nebraska Press, Lincoln, NE.

Gopnik, A., A. Meltzoff and P. Kuhl (2005), *Comment pensent les bébés?*, Le Pommier (traduction de Sarah Gurcel).

Guillot, A. (2005), "La bionique", *Graines de Sciences*, Vol. 7 (ouvrage collectif), Le Pommier, pp. 93 – 118.

Haber, R. N. and L. R. Haber (1988), "The Characteristics of Eidetic Imagery", in D. Fein and L. K. Obler (eds.), *The Exceptional Brain*, The Guilford Press, New York, pp. 218 – 241.

Hoskovec, J. (1966), "Hypnopaedia in the Soviet Union: A Critical Review of Recent Major Experiments", *International Journal of Clinical and Experimental Hypnosis*, Vol. 14, No. 4, pp. 308 – 315.

Huxley, A. (1998), *Brave New World* (Reprint edition), Perennial Classics, HarperCollins, New York.

Ikeda, K. and T. Morotomi (1996), "Classical Conditioning during Human NREM Sleep and Response Transfer to Wakefulness", *Sleep*, Vol. 19, No. 1, pp. 72 – 74.

Jenkins, J. G. and K. M. Dallenbach (1924), "Obliviscence during Sleep and Waking", *American Journal of Psychology*, Vol. 35, pp. 605 – 612.

Kim, K. H. *et al.* (1997), "Distinct Cortical Areas Associated with Native and Second Languages", *Nature*, Vol. 388, No. 6638, pp. 171 – 174.

Kosslyn, S. M. (1980), *Mental Imagery*, Harvard University Press, Cambridge, MA.

Kulikov, V. N. (1968), "The Question of Hypnopaedia", in F. Rubin (ed.), *Current Research in Hypnopaedia*, Elsevier, New York, pp. 132 – 144.

Kuriyama, K., R. Stickgold and M. P. Walker (2004), "Sleep-Dependent Learning and Motor-Skill Complexity", *Learning and Memory*, Vol. 11, No. 6, pp. 705 – 713.

Leask, J., R. N. Haber and R. B. Haber (1969), "Eidetic Imagery in Children: Longitudinal and Experimental Results", *Psychonomic Monograph Supplements*, Vol. 3, No. 3, pp. 25 – 48.

Levinson, B. W. (1965), "States of Awareness during General Anaesthesia: Preliminary Communication", *British Journal of Anaesthesia*, Vol. 37, No. 7, pp. 544 – 546.

Lorenz, K. (1970), *Studies in Animal and Human Behaviour*, Harvard University Press, Cambridge MA.

McDonald, D. G. *et al.* (1975), "Studies of Information Processing in Sleep", *Psychophysiology*, Vol. 12, No. 6, pp. 624 – 629.

Neville, H. J. (2000), "Brain Mechanisms of First and Second Language Acquisition", presentation at the Brain Mechanisms and Early Learning First High Level Forum, 17 June, Sackler Institute, New York City, USA.

Neville, H. J. and J. T. Bruer (2001), "Language Processing: How Experience Affects Brain Organisation", in D. B. Bailey *et al.* (eds.), *Critical Thinking About Critical Periods*, Paul H. Brookes Publishing Co., Baltimore, pp. 151 – 172.

Novak, J. D. (2003), "The Promise of New Ideas and New Technology for Improving Teaching and Learning", *Cell Biology Education*, Vol. 2, Summer, American Society for Cell Biology, Bethesda, MD, pp. 122 – 132.

OECD (2002), "Learning Seen from a Neuroscientific Approach", *Understanding the Brain: Towards a New Learning Science*, OECD, Paris, pp. 69 – 77.

OECD (2004), *Learning for Tomorrow's World—First Results from PISA* 2003, OECD, Paris, pp. 95 – 99, *www. pisa. oecd. org.*

van Ormer, E. B. (1933), "Sleep and Retention," *Psychological Bulletin*, Vol. 30, pp. 415 – 439.

Ornstein, R. (1972), *The Psychology of Consciousness*, Viking, New York.

Rubin, R. (1998), *Current Research in Hypnopaedia*, MacDonald, London.

Schacter, D. L. (1996), *Searching for Memory: The Brain, the Mind and the Past*, Basic Books, New York.

Scientific American (2004), "Do We Really Only Use 10 Per Cent of Our Brains?", *Scientific American*, June.

Sperry, R. W., M. S. Gazzaniga and J. E. Bogen (1969), "Interhemispheric Relationships: The Neocortical Commissures; Syndromes of Hemisphere Disconnection", in. P. J. Vincken and G. W. Bruyn (eds.), *Handbook of Clinical Neurology*, North-Holland Publishing Company, Amsterdam.

Walker, M. P. *et al.* (2002), "Practice with Sleep Makes Perfect: Sleep-Dependent Motor Skill Learning". *Neuron*, Vol. 35, No. 1, pp. 205 – 211.

Wood, J. *et al.* (1992), "Implicit and Explicit Memory for Verbal Information Presented during Sleep", *Psychological Science*, Vol. 3, pp. 236 – 239.

第七章

伦理与教育神经科学组织

没有良心的科学只是灵魂的沦丧。

——弗朗索瓦·拉伯雷（François Rabelais）

人类的历史越来越成为教育与灾难之间的竞赛。

——赫伯特·乔治·威尔斯（Herbert George Wells）

本章旨在解决教育神经科学领域本身的一些问题。本章描述了经济合作与发展组织教育研究与创新中心“学习科学与脑科学研究”项目是如何为这一多学科领域的出现作出贡献的。本章主要强调了大量已经建立的示范性超学科项目与机构，以及它们为构建这一新兴领域所发挥的积极作用。这一领域所涉及的研究及其应用也充满了伦理道德的挑战：本章毫无保留地呈现了这些挑战，并澄清了一些关键的选择。

要使教育神经科学成为一个对教育政策和教育实践具有重要意义的持久领域，我们必须解决该领域本身的发展问题，把它作为一种相关人员与利益群体创造与应用知识的人类活动。本章主要从两个方面来讨论这个问题：第一，讨论这个新领域的研究中出现的伦理问题，这些问题对当前与将来在教育中运用该领域的研究成果具有重要而深远的作用。第二，本章将讨论研究组织与方法的方向与进展。虽然教育神经科学的方法刚刚开始形成，但是在研究策略框架中已经出现了三个重要的方面：教育神经科学应该是跨学科的、双向的、国际性的。

教育神经科学所面临的伦理挑战

我们科学的力量已经超越了精神的力量。
我们成功制造了导弹，却误导了人。
——马丁·路德·金（Martin Luther King Jr.）

最近几十年，在脑成像研究中已经取得了巨大进展，使人们能够直观地观察脑的功能。这提出了一些基本的伦理问题：人脑可以无限制地研究吗？做这种研究的目的是什么？哪些人（哪些机构）应该拥有这种研究的权利？

从传统上来说，与人类生物医学研究有关的伦理规则是根据 1949 年的《纽伦堡公约》和 1964 年的《赫尔辛基宣言》制定的。它们的主要观点是：

- 人类被试绝对必须是自愿的，必须签署知情同意书；
- 对人类被试健康的考虑应该优先于科学与社会的利益；
- 在实验过程中，人类被试有权在任何时候终止实验；
- 在实验过程中，科研人员必须做好任何时候终止实验的准备。

现在，由于神经科学方面的科学研究进展，出现了一些新的伦理问题与进展，如：

- 如脑成像等新兴技术手段可以高分辨率地研究人脑及其功能；
- 物质可以选择性地改变人脑的功能，导致心理上的变化；
- 治疗研究表明，行为上的改变可以导致脑功能的改变。

这些发展需要重新思考伦理规则，这些规则不仅要考虑到各科研机构，而且还必须考虑到整个社会以及每一个个体。首先，我们来考察脑成像研究的进展，然后考察产品的开发对脑的影响，分析医学产品与刺激产品之间的不同。由于脑功能的研究可以让我们更好地理解学习过程，我们也需要思考有关神经科学与教育之间的联系。

目的与对象

脑成像技术已经可以研究脑区活动、完成任务过程中的神经网络或者在实验条件下的情绪感受，但是如何思考与分解病人的心理状态因素？思考脑成像工具的使用条件已经成为非常重要的问题。这些研究结果应该局限于研究或者治疗吗？在后一种情况下，如何保证像在其他医学情境中那样对医学信息进行保密。例如，这些信息不能提供给可能对这些信息非常感兴趣的银行、保险公司、雇主等。

脑成像提出了另一个问题：如果无意识地发现了病理现象或者疾病的危险该怎么办？美国斯坦福生物医学伦理中心（Standford Center for Biomedical Ethics）的研究发现，18%的健康志愿者实际上脑是不正常的（Talan，2005）。有人可能会有脑囊肿，但不会产生任何问题：志愿者应该知情吗，也许让他们担心是不必要的，或者应该治疗吗？

法国国家卫生研究院（Institut National de la Santé et de la Recherche Médicale，France）在2005年发布了一个合作研究报告，建议对36个月的儿童进行系统的医学筛选，鉴别“儿童与青少年的行为障碍”。根据国际评估数据，该障碍大约影响5%—9%的15岁少年（INSERM，2005），建议“确定儿童保育中心和婴儿学校中儿童的行为障碍”，他们为儿童提出建议，要求单个治疗或者“作为第二种手段”，甚至运用具有“抗暴力效果”的医疗方法。尽管这种例子不是针对脑成像的，但是它与筛选和预防的建议有直接关系。因此，它提出了同样的问题：被试是否应该进行预防性的治疗？应该为谁提供这些结果（即学校、教育机构、教育者等）？2005年法国国家卫生研究院报告的发表遭到了无数来自物理学家、生理学家、精神病学家的反对，他们提出了一些迫在眉睫的问题：这些不同的技术在为早期儿童贴标签以及对这些儿童的社会拒绝方面可能产生的影响。无论这种医学发现是否可能终止青年人或者其他人中通过脑成像技术所揭示的那些特征。想象一下对这种“医学发现”可能存在的政治上的运用，情形不容乐观。

预测科学的进展总是很困难的。也许某一天脑成像技术可以明确地确定人的心理状态，例如不管他们是处于撒谎、恐慌还是自信等心理状态。如果所有这一切能够运用于教育情境，则将具有深远的意义。因此，重要的是定期根据技术的发展状况来修正规则与程序，决策不应该导致无可挽回的长期后果。科学界的监督以及大众的知情权必须是持续性的。

一个普遍性的问题是，脑成像是一种昂贵的技术，其运用与利益往往仅局限于世界上最富裕的国家和人口。我们是否应该想办法让世界上尽可能多的人能够享受到这些研究成果所带来的益处？谁能够作出这种全球性的决策来平等地分布这些资源，贫困国家的人如何参与其中？

运用影响脑的产品时所产生的伦理问题

影响脑的产品可以是药物或者刺激物以及一些非治疗性的镇静药。这两者的界限并不总是很清楚，这就形成了一些重要问题。医学的目的是医治人，提高人的健康水平。刺激物以及镇静药并不是预防与医治疾病的，但是它们可以提高健康被试的一种或者多种功能。但是区别“正常”与病理状况并不总是很容易——对于一个人来说是健康的，但是对于其他人来说可能就不是正常的，这在医学和其他产品之间形成了这样一条界线。这种差异可以在确定一个孩子是否有多动症（ADHD：注意缺失多动症）的决策中得到说明。家长的意见、治疗医生、儿科大夫、教师等的意见往往各不相同。安眠药的运用也同样如此。

心理药理学（psychopharmacology）是一门制造影响脑的药物的学科。早在20世纪，一些用植物进行的传统治疗方法被用于进行心理治疗——鸦片、大麻、酒精（Calvino，2003）。大约在20世纪50年代，提高心理状态的心理药理学产品开始出现，其中最主要的有镇静剂和抗抑郁药。到20世纪后半叶，心理药理学研究如雨后春笋，产生了大量的药物。Peter Kramer在《神奇百忧解》（*Listening to Prozac*，1997）一书中第一个提出把抗抑郁药作为支持性治疗的问题：许多即使非常健康的人以及只有抑郁趋势的人都在服这种药。① 对于脑与学习而言，这尤其相关，因为某些药物也被用来刺激脑增强记忆。无论它们的效果是否被证实，让健康个体服用这类药物是存在局限性的，这方面的伦理问题不断增加。运用任何对脑有影响的药物都需要规范的管理。这意味着必须确定不同层面所拥有的责任，州、医生、家长，需要知道商业药物的信息，如它们出现的形式，由谁生产，为谁而生产？这是一个触及了私人决策和责任界限的领域。在药物的危险性和有效性还没有明确界定清楚的时候，家长有权给孩子服药来刺激他们的学业成绩（记忆与注意）吗？这与体育运动中

① 相对于抑郁症而言，抑郁趋势是一种沮丧和悲伤的感情，而不是一种病理状态。

的服药有哪些类似的地方？随着人们对脑功能的理解日益增多，这些问题越来越相关。

为了避免不适当地运用这些产品，有必要让大众了解这些知识，同时也需要科学界的努力。如果某些药物是有益而安全的，那么应该如何获得？如何定价才能保证公平地获得？至于脑成像技术，科学与政治的监督和争论是必要的。在缺乏足够知识的时候，应该避免不可挽回的长期决策所造成的影响。

脑与机器——人之为人的意义是什么

目前研究人员试图将生物器官与技术结合起来，因此创造了“仿生学”(Guillot，2005)。在仿生学中，人工仪器（电子或者机械假体）或者与生物器官整合起来，或者生物器官与人工制品整合起来。这种研究也关注神经元件，因此也关注神经科学的研究。例如，感觉器官，如视网膜或者耳蜗损伤而神经回路不损坏，在这种情况下，有可能移植人工感觉器官来识别环境中的亮度、机械或者化学信息，将其转化为电子信号，让神经系统来理解。这种研究的主要目的是帮助残疾的个体，但是除了其他问题以外他们也会引起痛苦。例如，用计算机程序通过移植到脑的电极来遥控大鼠的实验，这些实验与发展也需要科学家和整个社会的严谨监控。

在一些研究中，脑可以遥控机器人的部件：这样，大鼠可以指挥机器手给它们递水；猴子可以不用身体接触就能够在屏幕上将光标移向某个目标；甚至患有闭锁综合征的瘫痪病人经过训练后仅仅依靠他们脑的活动就能够运用光标在计算机屏幕上写字。要得到这些结果，必须首先记录下脑的活动；然后连接到操作手的计算机可以按照脑“想要的运动”作出反应来执行该运动。对于残疾个体（如四肢瘫痪的人），该研究开发所带来的益处显然是让他们可以远距离地控制机器。该技术可以运用于不同的环境与不同的目的，但是显然这种类型的技术开发仍然需要密切的监控。

教育中过度科学的方法存在的危险

神经科学有关脑与学习的研究和教与学的过程高度相关，但是否存在着可能走向“过度科学”的学习方法的危险？神经科学当然可以指导教育，因为它们提供了对学习中脑加工过程的更深入的理解。例如，如果我们理解了为什么某些学生在学习数学时有困难而有的学生则没有，那么我们就能够通过改变数学的学习方法来适应他们。用这种方法，我们可以确定适合每一个学科中每一位学生的教学方法。由于 Howard Gardner 关于多元智力（1983）的研究，适应性教学的观念已经形成，即使 Gardner 本人现在也改变对其价值的看法（Gardner，2000）。可以让教师了解这些观念。也许某一天，我们可以借助神经科学，尤其是脑成像技术来分析学生的脑，从而证明学生是否很好地理解了教师所教的课程，进而确定“好”老师是什么样的。这会不会存在着根据当时的标准来选择某一种类型的教师的危险，或者制造出一种高度科学、高度一致的教育体系的危险？

这些构想提出了有关教育目标的一般问题：是培养有特殊才能的个体，还是创造与保持一种拥有共同文化的公民社会？神经科学可以在寻求更高质量的教育、让尽可能多的人享有这种益处等方面作出积极的贡献，但是它们也可能遭到滥用。第一个倡导基于脑的教育（Brain-based education）的人——Bruer——成为最猛烈地批判这个概念的人（Bruer，1993）。

我们已经看到最近脑科学的发展确实提出了大量的问题，这些问题中的大多数都不针对神经科学：在脑成像研究中保护个体与医学秘密是类似的；对影响脑的分子进行控制与任何新合成或者发现的分子一样；有关人机界面的研究也提出了同样的问题，这归于一般科学研究的规则。但是神经科学对脑感兴趣，这一最高贵的器官是决策与自由之源，某种应用会导致不良反应或者甚至导致相反的结果（机器控制生物脑就是一个很好的例子）。在面对这些可以理解的恐惧之时，人们已经建立了不同的监控群体，其研究议程与本部分所列出的问题一致。

创造一种新的超学科方法来理解学习

过去，沟通与融合不同领域概念的超学科研究是
少数天才们的专利，但是在21世纪，
这些工具必须更广泛地得到运用。
……培养超学科人才，促进未来超学科研究，
造福子孙后代，成为当务之急。
——小泉英明（Hideaki Koizumi）

超学科

在古希腊，知识不是清晰地包含在界限分明的学科中的。著名的学者在不同的领域中自由穿行。始于亚里士多德的还原主义影响一直持续到现在，创造出界限分明的学科（如框 7.1a 所示）。随着这些学科的发展，每一个领域都形成了一套独立的专业化分析工具。社会越来越需要这种专业化学科，同时专业化学科也愈显出其自身所存在的不足。需要提高学科方法的精确性才能取得显著的进步，只有这种组织形式才可能管理海量的知识。随着学科的成熟，学科之间的知识壁垒逐渐变得更高更厚实，但是它们之间的分割也许变得更缺乏逻辑性——这种静态的学科方法在变得不能适应新知识的产生时，是无法提供跨越学科边界的途径的。

目前，神经科学与教育之间的状态就是说明学科分离的缺陷的一个很好的例证。最近神经科学关于学习的研究已经产生了具有说服力的研究成果，同时教育研究也已经积累了大量的知识。神经科学关于学习的研究为教育中的学习研究增加了一个新的重要维度，教育知识有助于引导神经科学的研究关注更相关的领域。然而，由于两个领域都发展得相当成熟，两者也都拥有根深蒂固的学科文化，有着独特的研究方法与话语，这使得一个领域的专家在运用另一个领域的知识时极其困难。

随着学科的成熟，需要一种动态的元结构来促进学科的融合与新的分化。在这种元结构之下，不同的学科推动着知识的发展，但是在推动力积累到一定的程度产生适应性时，学科就适应了其自身的发展。在神经科学与教育的例子中，对学习的更全面的理解是一种强大的驱动力，因为更加宽泛的目标如可持续的经济增长、社会和谐以及个人发展都非常重要。

将神经科学、教育以及其他相关学科融合起来，创造出一个新型的超学科研究领域，必须跨越不同学科中有关学习研究的知识壁垒（图 7.1a）（关于“超学科”、“多学科”以及“跨学科”这三个术语的讨论以及它们在这里的用途，参见 Koizumi，1999）。由于两个已经确立的学科之间的跨学科合作（这里是神经科学与教育）不足以促进学科的融合，因此，需要多种学科来推动超学科研究领域的出现。随着相关学科之间桥梁的建立，将会逐渐出现一门具有独特方法与组织的子学科。一旦这一新的学科形成以后，就可以进入动态的元结构的发展过程，作为一门已经确立的学科来对超学科的进一步发展发挥作用（图 7.1b 和图 7.1c）。而且，它还可以提供反馈来影响母学科。另外，这整个过程同时并存于许多学科中，创造出一种动态的知识发展方式（图7.1e）。

A

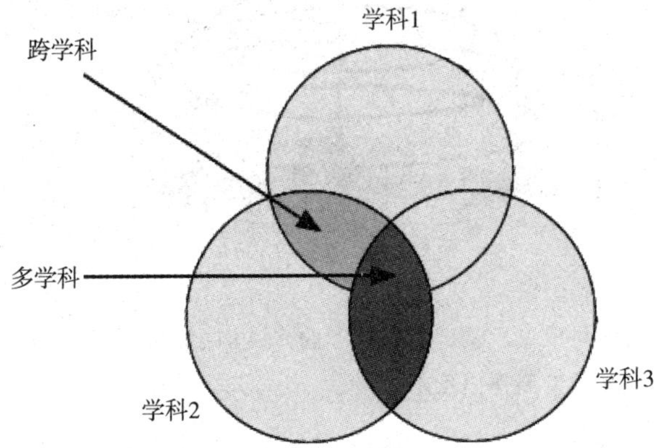

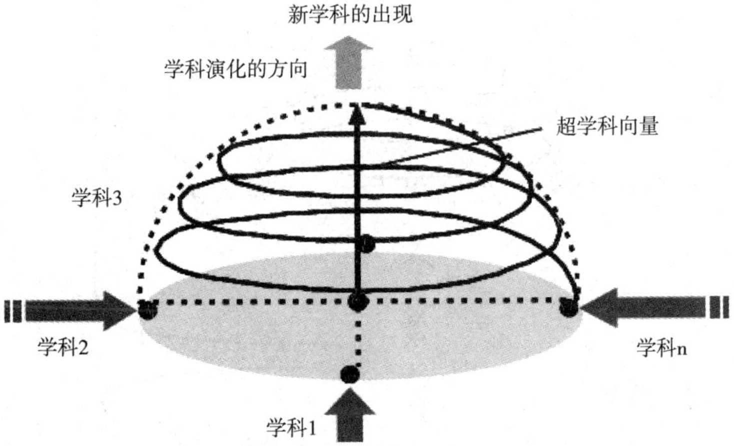

注：这一模型对比了跨学科、多学科与超学科的研究工作。跨学科和多学科交叉包括两门（跨学科）或者多门（多学科）成熟的学科，而超学科融合了许多学科的知识与技能，产生了一种新的子学科。教育神经科学最终一定会成为一个超学科的领域。

来源：Adapted from Hideaki Koizumi（1999），“A Practical Approach towards Trans-disciplinary Studies for the 21st Century”，*J. Seizon and Life Sci.*，Vol. 9，pp. 5－24.

B

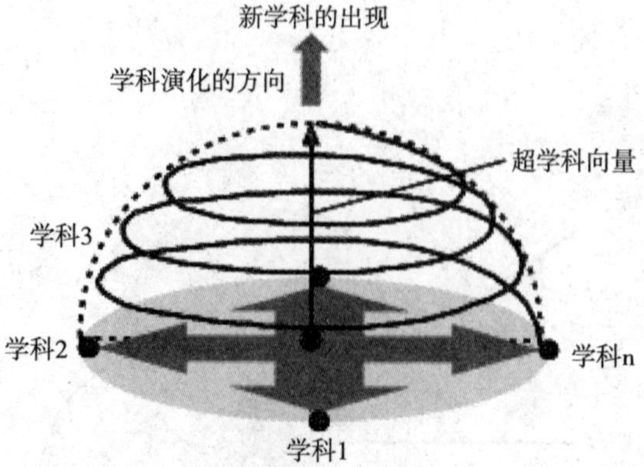

注：超学科成熟后就进入到动态的元结构中，成为一个确定的学科，能够对未来学科交叉的发展作出贡献。

C

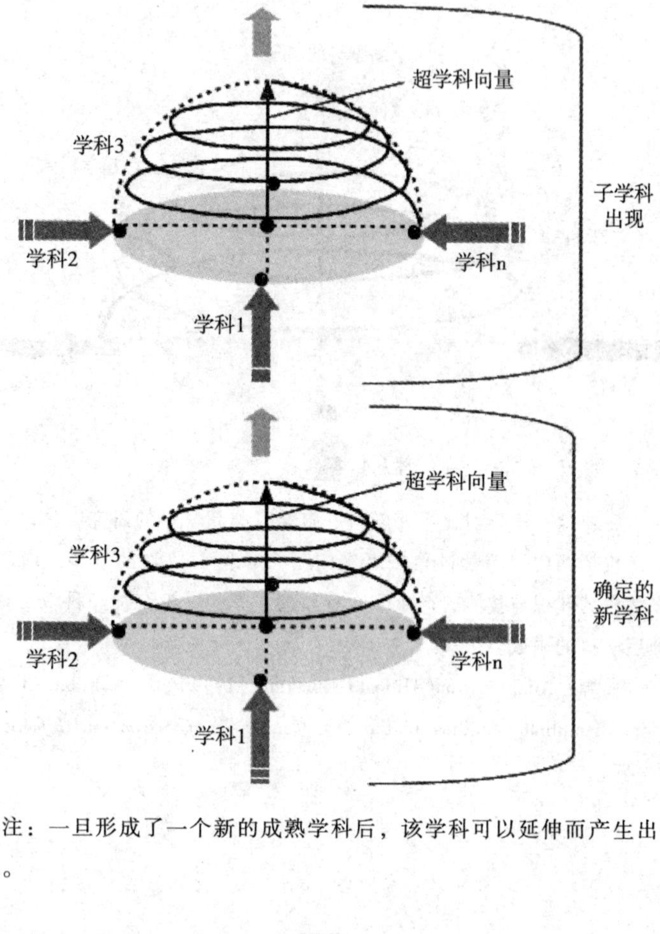

注：一旦形成了一个新的成熟学科后，该学科可以延伸而产生出一门新的子学科。

D

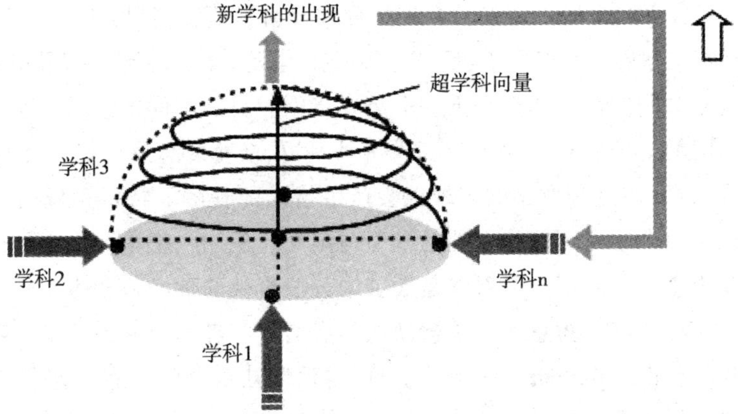

注：除了对学科交叉的发展继续作出贡献，新建立的超学科领域也可以反过来对母学科产生影响。

E

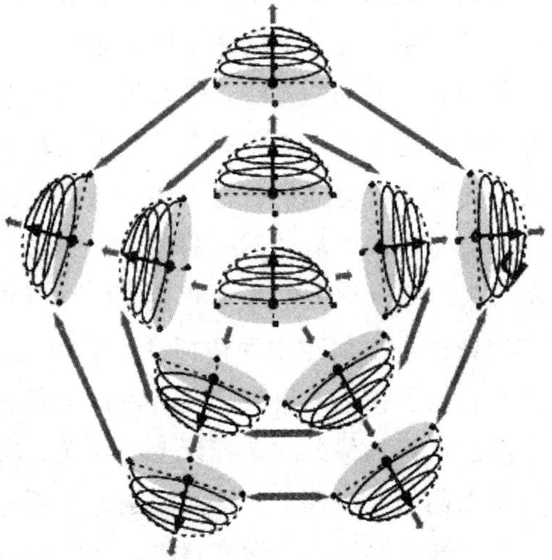

注：母学科可以同时产生几个子学科。这些子学科也可以产生新的子学科，以此类推。

图 7.1　超学科的发展

将教育神经科学建成一门强大的学科，是一个渐进过程，而且这个过程已经启动了（参见框 7.1）。目前正在形成跨学科网络来从事超学科的研究。例如，剑桥大学的教育神经科学中心、丹麦教育大学的丹麦学习实验室都在研究超学科的问题（参见框 7.2 和框 7.3）。许多机构制定了培养超学科的教育神经科学专业人员的培养方案，如哈佛大学（参见框 7.4）、剑桥大学、达特茅斯学院等。在起始阶段，主要是多学科的合作，多学科的专家有助于在不同的学科之间建立不同的途径。随着更多专业人员成长起来，这个领域可以朝真正的超学科研究方向发展。许多教育人员和神经科学研究者已经为这一新型的专业发展奠定了基础，并建立了超学科实验室、学院、期刊、学会以及电子论坛。

建立共同的话语体系是下一个重要步骤。目前不同的领域所运用的关键术语是不同的，即使对“学习”这类基本术语的意义都缺乏统一性（参见第一章、第二章）。这种意义的多样性会产生错误的理解。特定领域的定义可以相互补充，结合起来创造综合性的术语与定义。例如，把学习作为一种社会行为的教育概念可以与把学习看作是大脑中分子事件的神经科学概念联系起来。建构主义学习理论认为意义不是被动地传递给学习者的，而是由学习者主动建构的。参与理论（participatory theories）则强调知识是如何在特定的社会文化环境中建构的。在这种教育理论框架中，学习是一种主动的、以社会文化为中介的过程。从神经科学的角度来看，学习是作为结构变化而产生的对后续学习非常重要的分子事件。如果将这两种观点融合起来，那么就可以把学习看作是一系列以社会文化为中介的脑结构与功能的适应性变化。

另一个重要的步骤是建立共同的方法。教育研究采用多种方法，既包括量化的相关分析，也包括人种志研究。由于教育中的方法是以问题为驱动的，教育神经科学中也可能会出现多种多样的研究方法。随着该领域的发展，重要的是使这些方法确定下来。将不同领域的不同测量方法与研究工具匹配起来也非常有益。例如，将昂贵的脑科学研究与成本效益高的心理测量匹配起来可以使研究者收集更大样本的数据。必须建立评估标准，来回答这样一些问题：如，可以用什么样的标准来判断所提出的研究问题是值得研究的？什么指标可以表明干预已经取得了成功？应该如何分配在统计上有意义的实验室研究结果与课堂中可以观察到的结果之间的相对权重？这类问题可以通过研究与实践领域的神经科学工作者与教育工作者之间的对话来解决。

框 7.1　心理、脑与教育（MBE）

在这个生物学的时代，社会转向神经科学、遗传学、认知科学来了解与改进教育。由于社会需要以及学生不断增长的兴趣，哈佛大学教育学院的一些教师开设了“心理、脑与教育”课程（参见下面所描述的心理、脑与教育课程）。要为教育建立有用的基于研究的知识，需要在实践界与研究界创建一种互惠的关系，这种关系类似于医学与生物学之间的关系。研究指导实践，同时实践也指导研究。“心理、脑与教育”课程旨在培养建立这种连接的人。

令人愉快的是，许多才华横溢的年轻学者聚集到“心理、脑与教育”课程中来攻读硕士学位和博士学位。这些课程有助于他们在“心理、脑与教育”领域中建立研究与实践之间的连接作出贡献。在世界的许多地方，试图将生物学、认知科学以及教育科学连接起来的努力如鲜花般四处绽放：经济合作与发展组织教育研究与创新中心开始了神经科学与教育的项目；日本启动了神经科学与教育项目；为教育者和科学家举办的学习与脑的会议在波士顿每年举行两次，并周期性地在世界其他地方举办。梵蒂冈科学院启动了国际“心理、脑与教育”国际会议来庆祝其400周年庆典（2003年11月）。剑桥大学、达特茅斯学院以及其他大学都开始了“心理、脑与教育”的姊妹课程。许多资深的科学家和教育者共同合作为教育奠定研究基础。

所有这些兴趣表明，需要有一个组织来带领人们共同将生物学、认知科学与教育连接起来，提升研究和实践的质量。2004年“国际心理、脑与教育协会”成立，该协会已经组织了几次会议和工作坊来促进这个新兴的领域。为了建立研究与对话的论坛，“国际心理、脑与教育协会”创建了新的杂志《心理、脑与教育》。该杂志于2007年开始在布莱克韦尔出版社出版发行。著名的研究者以及实践专家开始向该杂志投稿，提交研究报告和理论文章，分析实践范例。

“心理、脑与教育”课程，经济合作与发展组织、“国际心理、脑与教育协会”、新的杂志《心理、脑与教育》，所有这一切努力以及更多的努力都在力图为教育实践与研究创建坚实的基础。来自科学家、教育者以及学生的浓厚兴趣预示了该领域的美好未来，但是最重要的是需要创建基层组织来连接教育研究与实践。在医学领域，促进研究与实践相连接的是教学医院。在教学医院，研究者与实践者在社区医院共同工作，进行与实践相关的研究，在医学实践中训练年轻的研究者与实践者。教育也需要同样的机构，这种机构有助于将研究带入学校，将实践带入实验室。“心理、脑与教育”课程以及“国际心理、脑与教育协会”与罗斯研究所合作，提出教育需要研究型学校来发挥与教学医院一样的作用，建立基于研究的教育。在研究型学校，大学和学校将投入到充满活力的学校共同体中进行研究与实践，为奠定教育的基础、提升教育质量而创建基层组织。

来源：Kurt W. Fischer, *Mind*, *Brain*, *and Education*, Harvard Graduate School of Education.

框 7.2　英国剑桥大学教育神经科学中心

剑桥大学是国际基础与临床神经科学领域的领军者，有世界级的专家以及艾登布鲁克斯医院。2005 年建立的教育神经科学中心为这些发展又添上了浓重的一笔，在世界舞台上一枝独秀。该中心是世界上第一个在教育研究者中拥有脑成像设备的中心。

中心的目的是在这个相对新的领域中发展专业研究知识，通过培训研究者运用神经科学的技术来解决教育问题，形成研究能力，为教师与教育者提供有关神经科学的信息，将这种多学科的研究结果传播到更加广泛的领域，产生积极的影响。将中心建在剑桥大学的教育研究者中，不仅有助于促进研究者将信息直接传递给教育研究者、培训教师和教育用户，而且更重要的是，可以使教师和使用者的输入信息直接影响未来的科学研究问题。该中心代表经济合作与发展组织的教育研究与创新中心的学习科学与脑科学项目（参见第四章）主办了有关复杂/浅显正字法中阅读学习的研究工作坊（2005）。

目前该中心吸引了 160 万英镑的研究资金［从欧洲经济和社会研究委员会（两项资助）、医学研究委员会欧盟框架计划 VI（两项奖励）以及保健信托基金获得］。目前的项目包括：有关阅读障碍脑机制的大规模的纵向研究；儿童典型的数字发展和计算障碍的横向研究；幼儿的元认知和执行控制的研究；联觉儿童的研究，例如这些儿童用混合性的感觉系统来感知数字与字母。该中心已经吸引了高水平的研究人员和学生，自开办以来，有 1 位欧洲经济和社会研究委员会研究员、1 位欧盟框架计划 VI 研究员、1 位西班牙政府福布莱特研究员、1 位欧洲经济和社会研究委员、1 位美国自然科学基金访问学生、1 位盖茨学者、1 位智利政府研究学者和 1 位中国台湾学生参与中心的研究。目前有 16 位学生和研究员在该中心工作。

关注神经科学与教育影响的决策者和研究使用者已经向该中心的研究者进行了广泛的咨询。英国政策制定者包括教育标准办公室、科学与创新办公室、地方政府、皇家教育督导（苏格兰）以及英国的一些机构如罗斯早期读写教学评论、学校大臣召集的政府学习工作组、足球协会青年培训项目。研究的使用者包括志愿者与公共服务（如剑桥小学班主任，剑桥中学班主任，剑桥儿童青少年心理健康服务中心，苏格兰阅读障碍中心，国家学习困难儿童教师协会，国家教育心理学家协会，特殊学校代表年会，学与教的心理学期刊，杜伦大学课程、评价和管理中心）。

来源：Centre for Neuroscience in Education，University of Cambridge，UK.

框 7.3　丹麦学习实验室

丹麦学习实验室是丹麦教育大学的一部分。学习实验室的主要目标是进行有关正规环境与非正规环境中学习过程的跨学科和实践取向的研究，这有助于教与学方法的发展。学习实验室的一个重点是神经科学与学习。该领域的研究由神经科学、身体与学习研究组的成员共同实施。该组特别重视理解脑、身体与认知之间的关系，关注可以整合进化生物学、神经科学与认知科学的学习理论。目前的主要研究项目包括：

缄默知识与内隐知识：从神经科学的角度来理解学习的机制变得越来越广泛。神经科学研究认为，我们可以区别两种学习模式：内隐学习与外显学习，两者服务于不同的进化目的。以公立学校为例，传统的教育系统几乎完全关注外显学习，因为外显学习产生可以言传的知识。这一研究项目试图调查内隐学习的潜能，如果可能，利用这一学习资源形成教育指南。

视觉词形区：词的阅读是否基于脑中的一个精细系统，其他刺激类型（如普通物体、面孔）不能激活这个系统，即所谓的视觉词形区，对于这一问题一直存在着争议。有些人认为，激活视觉词形区是特异于字母和字母串的，而其他人则认为该区平等地——甚至更多地——对其他类型的物体作出反应。目前，我们通过正常被试进行词与图像（这些任务需要不同层次的结构加工）加工的脑功能成像研究来探索这个问题。

脑成熟的个体差异：随着最近无创性脑成像技术的发展，人类第一次有可能研究学龄儿童脑成熟的动态过程。尽管这种技术中有待学习的内容还有很多，但早期研究却清楚地说明了脑的持续性发展。研究也提供了一些相同年龄儿童脑成熟过程中存在差异的证据，表明个体儿童的这种差异可以预测认知发展过程的状态。对这种脑成像研究成果的一种合理解释是，个体儿童展示了独特的脑成熟模式；儿童心理技能与能力的发展至少在某种程度上受到这种模式的限制。所提出的研究方案将关注脑成熟发展轨迹的特定个体差异，关注脑发展的个体差异与学业技能之间的关系。

在教育界，为了加强有关脑功能与学习的知识，我们也出版了一些科普书籍。这些书籍侧重解决如何将神经科学和生物科学的研究成果转化为行动的问题。目前我们正在准备有关神经科学和教育的文集以及有关“森林学校”的书籍。

来源：Learning Lab Denmark.

框 7.4　哈佛大学教育研究生院

有关学习的研究属于生物学与教育学的交叉领域。最近，如脑成像等科学技术的发展，使得对学习进行生物学研究成为可能。但是，许多这类研究工作都与教育中的学习研究并驾齐驱，因为一个领域中的专家很难运用另一个领域中的知识。在这些领域之间建立桥梁，需要培养能够连接不同学科的专业人员。

培养这种超学科的专家正是哈佛大学“心理、脑与教育”课程的目标。目前，“心理、脑与教育”课程已经开设了 5 年，培养学生将相关领域中有关学习的研究整合起来。该课程利用不同学科的知识，包括神经科学、遗传学、认知心理学和教育学。所有学生都修读核心课程，该课程的目的是促进这种整合。这一核心课程称为“认知发展、教育与脑”，由相关领域的专业小组授课。这些专家鼓励学生通过整合的视角来看待学习，运用不同学科的观点来分析教育问题。研究生对教育研究和实践作出了有意义的贡献，正如课程负责人 Kurt Fischer 教授所强调的，研究与实践的互惠整合具有非常重要的意义。哈佛大学的“心理、脑与教育”课程为其他致力于发展超学科课程的机构提供了宝贵的模式。

来源：Christina Hinton, *Mind*, *Brain and Education* graduate, Harvard Graduate School of Education.

互惠的合作关系——双向发展

仅仅神经科学一门学科不能为设计有效的教育方法提供必要的知识，所以教育神经科学不会将脑科学的研究技术带进课堂。必须在教育实践与学习研究者之间建立双向互惠的关系，这种关系就像医学与生物学之间的关系一样（图 7.2）。这种互惠的关系必须保持持续的、双向的信息流动，以支持基于脑科学研究知识的、有实证依据的教育实践。然后，研究者和实践者才能共同确定与教育有关的研究目标，讨论研究结果可能具有的启示。在采用了具有脑科学依据的方法后，实践者应该系统地验证这些方法的有效性，并提供课堂学习的结果，作为反馈来调整与改进未来的研究方向。

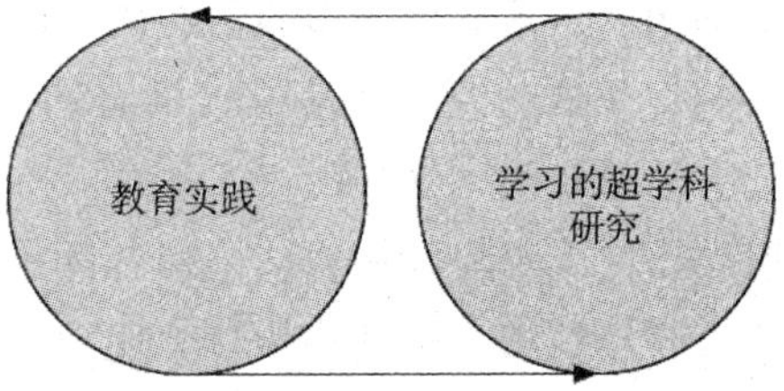

注：学习和教育实践中超学科研究的双向信息流动。研究成果影响教育实践，实践结果反过来修正与调整研究目标。

图 7.2　研究与实践的双向互惠交流

实践者需要具有一些脑科学的知识，这样才能解释神经科学的研究成果，才能向神经科学研究者传递课堂学习的结果（参见框 7.5）。因此需要将实践者组织起来进行脑科学的培训。这类培训不仅包括教师教育和专业发展计划，还包括向公民社会广泛传递脑科学知识的措施。哈佛大学、剑桥大学、达特茅斯学院的神经科学与教育跨学科培养计划提供了教师教育计划的一个例证，其目的是培养超学科的专业人员，将脑的知识与传统的新教师培养和短期的专业发展计划结合起来。一个可能的组织策略是沿着超学科的课程序列——从分子到细胞到脑系统到个体系统到社会系统（这种序列强调脑与社会之间的联系，明确社会影响脑结构，进而影响人的行为，而人的行为又反过来影响社会这样一种循环往复的过程）。措施中最好还包括产生动机、建立积极态度的要素，目的是确保与实践和方案相结合的知识有助于实践者根据脑科学的研究为学生设计课程，促进学习过程中元认知意识的发展。

由于神经科学领域的发展非常迅速，任何根据神经科学的研究而设计的教育方案都应该包括培训，以便在该方案结束后，教师还能持续地学习脑科学的知识。这种培训应该阐明可以在哪里获得准确的脑科学知识，也可以包括告诫实践者相关的神经神话，教会他们如何从批判性的视角来解释媒体中的神经科学报道。可以利用互联网与公民社会进行广泛交流（参见框 7.6）。经济合作与发展组织教育研究与创新中心已经开发了基于网络的教育神经科学工具，包括有用知识的数据库以及追踪性的讨论论坛（www. ceri-forums. org/forums）。

随着根据神经科学知识而建立的理论框架的发展，以及基于那些模型的教育实践的实施，实践者需要追踪这些实践的进展。因为课堂中学生学习的结果提供了宝贵的数据，这些数据可以用来调整模型。例如，如果某种干预在一种情境下有效而在另一种情境下无效，这种结果就为了解干预与问题之间的互动的性质提供了非常重要的洞见。这有助于形成新的研究问题，如：这种成功干预的重要因素是什么？如何使这种模式适应其他没有这些要素的问题？比如，干预仅仅有助于某些患有注意缺陷多动症的（ADHD）孩子提高注意。确定该干预成功的条件可以引导研究者更深入而具体地理解注意缺陷多动症。实践者可以用许多不同的方法来收集数据，包括运用日志这种非正式的方法来记录观察，参与同事间的半正规讨论，分析课堂实践，发表论文来反思实践。

实践者很难不断地更新自己有关实验室的脑科学研究知识；同样，对于研究者而言，在传统的组织结构的限制中，了解课堂也很难。而超学科会议、杂志、协会等提供了这两个领域之间的桥梁，也许最理想的方法是尽可能地整合实验室与学校。德国乌尔姆大学的神经科学与学习转化中心是最先将神经科学研究与教育实践结合起来的机构之一（参见框 7.7）。建立研究学校，使教育实践与脑科学研究紧密结合起来，这是稳固超学科研究的希望之路。

框 7.5　教育者关于神经科学在教育中的作用的观点

在形成基于脑科学的教学中，实践者发挥着重要的作用，因为他们处于一种独特的位置来评价其在教学环境中的成功。理解教育者的期望、前概念、需求和态度对于成功的跨学科合作非常重要。英国布里斯托尔大学的 Susan J. Pickering 和 Paul Howard-Jones 所做的一项先行研究为了解教育者如何看待将神经科学与教育连接起来这一问题提供了重要的启示。

英国及其他国家的 198 位参与者完成了有关神经科学与教育之间关系的想法、信念与知识的问卷。另外，一小部分人还参与了半结构性的访谈。该访谈以问卷为基础，但是允许参与者根据他们的兴趣继续讨论。参与者来自 2005 年在英国曼彻斯特召开的欧洲学习与脑会议、2005 年在英国剑桥召开的教育与脑科学研究会议以及经济合作与发展组织教育研究与创新中心的脑与学习专题网页。

问卷运用简答题、自由回答题、李克特量表问题等来收集如下一些信息：

- 教育者对于理解儿童和成人在不同教育活动中脑运行状态的重要性的观点。
- 教育者获取关于神经科学与教育信息的来源。
- 教育者所理解的与脑有关的教育观点。
- 参与者所在机构是否运用了基于脑的观点而设计的活动，这些观点是否有用。

- 在将神经科学运用到教育中时所面临的一些重要问题，如感兴趣团体之间的交流、相关性、信息的获得、伦理道德。

问卷所收集的数据表达了实践者有关神经科学与教育的丰富观点。其中，包括了一些重要的发现：

- 教育者认为有关脑的信息与许多教育活动相关，如：为有学习问题和无学习问题的儿童和成年人设计与实施的方案，理解营养在学业成绩中的作用等。
- 教育者依赖各种有关脑的信息，包括学术期刊、会议、专业杂志、书籍、在职培训。对信息来源的不同偏爱可能会反映出信息获得、先前的经验、有关神经科学在教育中作用的先前概念等问题。
- 有关脑与教育的许多观点在教育界流传着。教育机构所运用的观点既有基于科学的方法（如多元智力理论），也有神经神话（如左脑/右脑学习方式）等。但是，被调查者对他们所理解的大部分观点是否有用这一问题一般持积极的态度。
- 与还不能运用到实践的理论相比，实践者对与课堂实践直接有关的结果更感兴趣。但是，实践者并不满足于“被告知哪些是有用的”的状态，而是力图理解为什么有些脑科学指导的实践是有用的，它们是如何发挥作用的。
- 实践者报告他们缺乏时间，学术杂志等资源的获取途径受限，容易受到声称是基于脑的实践专家的影响。他们提出下列解决方法：培养能促进跨学科交流的混合型专业人员，在新教师培训中包括神经科学，启动一系列活动来帮助教师发展批判性技能以便对新的基于脑的实践提出质疑。

这项研究表明，教育者充满了热情，愿意理解脑是如何学习的，并运用这种知识来提升他们的实践。

来源：Paul Howard-Jones and Susan J. Pickering，University of Bristol.

框 7.6　技术与全球教育观

最近，由于有关注意、计算能力、读写能力的脑机制研究成果，使得一些研究者在经济合作与发展组织教育研究与创新中心的领导下，开发了一个网站：www. teach-the-brain. org。这个网站的目的是开发基于脑科学研究的教育经验，并借助网站进行传播。

迄今为止，已经开发了两个方案，并已上传到网站进行传播。一个是有关注意训练的，一个是有关读写能力的。这些方案目前只能下载。使用者需要连接到网站，然后将方案下载到自己的计算机来使用。其目的是实施完全交互性的方案，这些方案可以在提供服务的同时收集有关其使用的数据。这样，这些方案可以提升研究，进而使研究能促进更新与提高。

虽然有研究表明，运用这些方案的个体可以得到提高，可以改变脑功能的某些方面，但是没有理由假设这个方案就是理想的。相反，我们希望运用这个网站让不同的读者了解研究的性质，以及研究与已经开发的方案之间的联系。另外，还有许多同样性质的商业方案在向大众销售。我们的目的是，在可能的情况下，在这些方案已经得到许多支持的时候，让大家可以连接到这些方案。进一步的目的是促进对这些没有经过验证的或者没有达到他们所声称的商业期望的方案进行讨论。

脑科学研究的许多成果主要面向儿童早期教育（或者在正规教育开始之前，或者在入学后的前几年），还有一些研究可能与以后的技能发展有关。例如，有些研究试图追踪4—10岁之间视觉词形系统的发展。这些研究发现表明，这一系统的发展开始得相当晚，是从一个主要处理熟悉词的系统演变而来的，该系统主要处理英语正字法规则。这种类型的研究与在阅读技能中可以最好地获得真正的专业知识的方法相关。其他技能，如对视觉物体的知觉，似乎也表明这些技能是通过通达那些早先运用于其他刺激的系统而得到发展的。进一步的研究可能有助于形成复杂概念等这类高层次的专业知识。脑成像可能有助于让我们确定某些实践是如何影响支持该技能的特定的脑网络的。

基于网络系统的合理目标是综合阅读、注意和计算练习，形成对科学文献的更深入的理解，包括证据的权重、图表的理解、数学公式以及对科学交流的理解。这种知识在形成适应21世纪全球化的劳动力队伍中是非常重要的，这一点已经得到了广泛的认同。帮助所有国家的儿童以尽可能最有效的方式来获得这种知识将是课程的一个很有价值的目标。

来源：Michael I. Posner，University of Oregon，USA.

框 7.7　德国乌尔姆神经科学与学习转化中心

在很大程度上，神经科学研究的是学习。我们对脑的学习规律了解得越多，就越应该能够运用这种知识来提高社会情境中的学习，包括学前教育、中小学教育、职业学习、大学和终身继续教育。神经科学对于教育的重要性已经得到了广泛的认识，但是基础研究的成果不能现成地运用于课堂，而需要中间的步骤。2004 年成立的“神经科学与学习转化中心”的目的是实施这些步骤，开展神经科学知识与教学方式相结合的研究。

在这个转化中心，由心理学、教育科学、医学、生物化学、语言学的专家构成多学科的研究团队，将神经科学的知识传递给实践者。由于还没有建成“转化科学”的领域，我们从许多层面来解决这个问题，很多方面都与教和学有关。转化研究的主题包括：

阅读障碍：患有阅读障碍的儿童和成人与正常人的区别在哪些方面？有无早期的标志？最有效的方法是什么？我们开发了计算机辅助语言评价与治疗方案，这是一种辨别处于危机中的学前儿童的网络平台，让他们通过玩计算机游戏来减轻症状。

体育锻炼与学习：体育锻炼有益于脑的功能。什么类型的干预（体育锻炼）对注意与学习具有最大的影响？在小学阶段还是职业学校？我们对致力于增加学生体育锻炼的教育方案进行评估。

情绪与学习：我们过去的研究工作重视情绪对学习的重要作用。我们继续这项工作，并运用 fMRI 来研究情绪调节。另外，我们对学校儿童的情绪性心率进行动态评价，以理解他们在情绪上投入的时间与地点。

学习与记忆：许多教师将多通道的教与学看作是他们的黄金标准。运用神经心理技术，我们调查多通道学习的科学基础来理解其工作机制。另外，我们还评估课堂中多通道教学的影响。

记忆巩固：记忆巩固是与学校学习高度相关的题目。我们运用 fMRI 调查其神经生理学基础。在学校情境中不同活动对记忆巩固的影响如何？

营养与学习：脑作为学习与思维的“硬件”受到营养的影响。实验数据表明，许多学校的学生不吃早餐，饮食不健康。我们调查早餐的效果以及 Ω－3 脂肪酸对记忆与学习的影响。

来源：Zentrum für Neurowissenschaft und Lernen（ZNL），Ulm，German.

跨越国家界限，开展国际合作

到目前为止，所展示的超学科例子与措施主要是国家范围内的，这是教育神经科学发展中的重要一步。由于这些措施非常重要，因此必须考虑超越国家界限，形成国际网络。国际网络的形成有三方面的好处：（1）国际网络可以使各国在学习其他国家做法的基础上促进本国的研究，而且尤为重要的是，每一个研究都由不同学科的研究者组成，在不同的环境中，常常有着不同的侧重点。如果这种多样化的经验得到了系统的共享，将会为不同的研究者提供丰富的信息基础。（2）国际网络还可以使个体研究者超越“学习他人”的阶段，提供相互促进的机会，由此促进新的观念与模型的产生。（3）这种网络有助于激发对伦理问题的争论。这些问题最终必须在国家层面上解决，但是对这些问题的思考将得益于多种观点的交汇。

教育神经科学的研究不能产生普遍的、规定性的教学方法，但是可以为不同文化情境中教育方法的建构提供信息。研究的重点可能由于不同国家的不同教育目标而不同，研究结果可以通过不同文化视野而进行不同的解释，但是，并不是所有的研究都能够在不同的文化中迁移。例如，由于每一种语言的正字法结构不同，阅读障碍的表现形式也不同（参见第四章）。在不同的国家进行研究是评估结果的迁移性所必需的，而且检验跨文化的差异可以为基因—环境交互作用提供有力依据。跨国追踪研究和队列研究提供了宝贵的研究方法，因此应该鼓励国际合作研究。

随着教育神经科学这一超学科领域的出现，国际合作协调员的设立非常重要。经济合作与发展组织教育研究与创新中心迄今为止一直发挥着这种功能，但是其他实体也应该承担起这一责任。成员国的政府可以在各自国家的合作研究中发挥主动作用，如日本和荷兰政府所做的（分别参见框 7.8、框 7.9）。在不同的学科之间建立具有凝聚力的研究网络可以促进跨国合作。国际协会，如最近成立的“国际心理、脑与教育协会”可以协调不同国家的研究（参见框 7.1）。

框 7.8　日本科学与技术协会科学技术研究所

建立在对脑科学整合研究成果基础上的日本科学与技术协会科学技术研究所，对于理解脑的发展与老化机制非常重要。该所将 2001 年启动的脑科学研究项目拓展开来，纳入了2004年以来的队列研究。下面简单地描述7个持续性的队列研究：

（1）东京双胞胎项目：该项目的主要目的是揭示遗传与环境对发展的影响，研究涉及人类早期发展阶段的气质、运动技能、认知语言技能以及其他行为特征等方面。该项目对1 000对在婴儿到儿童期的双胞胎进行为期5年的研究，期望阐明遗传与环境因素之间的交互作用与相对贡献。

（2）孤独症谱系障碍（autism spectrum disorders，ASD）研究：该队列研究的目的是探讨儿童中典型与非典型发展的社会原因。根据行为发展与相应的神经网络层面的数据来研究该病的发病机理与外显变化。该项目可望早期诊断与干预患有孤独症谱系障碍的孩子，有助于理解社会发展的变化，为解决目前学校环境中的问题提供解决办法。

（3）正常老年人以及学习困难儿童高级脑功能的队列研究。广义的目标是解决在低出生率的、老龄化社会所出现的一个困难。通过分析包括抗老化的方法来保持和提高老年人的脑功能，开发出促进学习困难儿童脑健康发展的干预方法。

（4）语言习得、脑特异化和语言教育的队列研究。该研究的目的有三个。第一，调查与脑特异化和脑功能可塑性有关的第一语言习得和第二语言习得问题；第二，确定第二语言学习中的敏感期；第三，为第二语言学习和教育（尤其是英语学习）提供认知神经科学依据，包括理想的年龄与条件。为了达到这个目的，进行了为期4年的队列研究。该研究主要针对三类特定的人群：（a）学习日语的英语母语者；（b）在日本学习一门外语的日语母语者；（c）2—5岁的日语母语者。

（5）为学生开发新的有关心理健康的生物医学工具。该研究形成一种新的生物医学工具来客观、便捷地评价应急反应。它是通过对基因表达作高通量分析来进行的，这种方法具有研究复杂应急反应的潜在优势。

（6）运用功能性神经影像学对学习动机与学习效率进行队例研究。该队列研究探讨与儿童和成人学习动机有关的脑机制，通过运用功能性磁共振技术分析动机的脑机制，同时测量被试在完成学习任务时的疲倦程度。该研究也调查基因与环境对学习困难儿童的作用，评价他们所存在的问题是否在于动机的机制。该研究的主要目的是形成或提出通过在学习过程中保持高水平动机并降低疲倦来达到高效率学习的方法。

（7）日本儿童研究。该研究阐述“社会性”或者“社会能力”发展的内在机制，确定培养环境是否适合婴儿与儿童的因素。队列研究将验证前述实验室有关该人群社会性发展的研究成果。该研究将同时启动几种类型的初步研究：例如，婴幼儿的队列研究从4月龄开始，学前队列研究从5月龄开始。该研究将对500位儿童进行数年的纵向研究，从这种初步的队列研究中所获得的研究结果将为以后大规模的队列研究带来宝贵的信息。

这些队列研究是建立在“脑科学与教育”的概念基础之上的，可能有三个主要的启示：

- 获得与呈现决策尤其是教育决策的科学证据。
- 评价新技术对婴儿、儿童和青少年的潜在影响。
- 对从动物和遗传案例研究中得出的假设对于人类的适用性进行评价。

最后，与20世纪80年代出现的环境评价的概念类似，社会意识到需要对科学与技术的环境影响进行评估。我们社会的巨大变化也可能会导致人类产生社会学和心理学问题。从形而上的方面来说，如果我们要从可持续性的社会迈向未来的一代，可能环境评价是非常重要的。

来源：*Hideaki Koizumi*，JST-RISTEX。

框7.9　荷兰的教育神经科学举措

2002年年底，荷兰科学委员和荷兰教育、文化与科学部协商建立脑科学与学习委员会。该委员会将启动一些活动来激励脑科学、认知科学、教育科学以及教育实践领域的工作者之间进行主动积极的交流。这些行动促成了两项非常有影响的重要活动。

第一个活动是所谓的“脑与学习周”。该活动在2004年2月进行，题目是“学习了解脑”。核心活动是邀请了45位提建议的专家来参加会议。也有国际科学专题报道以及为教育实践者和普通大众举行的专题报道。邀请会的目的是确定在根据神经科学与认知科学而进行的教育改革中所面临的困难、障碍以及具体的目标。参与者来自科学、教育以及一些社会机构，他们在研讨会中进行了广泛的研讨。他们对前进的道路以及“未来的研究议程”达成了共识。大家一致认为：“促进各学科与领域进行主动交流的时机已经成熟。”

第二个活动是出版了“学习了解脑”（May，2005）一书。该书描述了邀请会上关于“个体差异”、“青少年的学习”、“数学”、“动机过程”、“学习过程”、“成人学习”等方面达成的一致。另外，以20条建议的形式提出了研究主题的建议（这些建议可以从 www. jellejolles. nl 下载）。

这些书籍与会议都产生了重要的影响。在2006年秋天，在三个层面有了具体的进展。在科学家和科学机构方面，启动了科学领域中脑与认知科学的多学科、多维度的“国家项目”。其目的是成为所谓的“国家研究活动”，总预算达2.9亿欧元。在脑、学习与教育领域，“心智的学习”是国家研究活动的三个核心主题之一，另外两个主题是“心智的健康”和“心智的运作”。

在教育部与教育研究机构层面上，教育部在2006年6月组织了有关脑与学习的工作会议。在会议达成共识的基础上，不同的教育组织与机构都主动积极地把“教育发展与创新”作为自己的职责，努力寻求最佳的道路。

在基层学校组织与实践者层面上，为不同的教师组织和学校举办各种活动，包括研讨会、讲座、代表大会等。大学与中小学校开始合作，在学校情境中开始了基于证据的干预研究。

小结：荷兰的“脑、学习与教育”被认为是一个非常重要的主题。大家对获得所需要的资金、在沟通科学与教育领域之间搭建“桥梁”方面乐观而积极。人们都认为，不同领域中的代表学会倾听其他领域的话语非常重要。荷兰所取得的进步与经济合作与发展组织教育研究与创新中心的“学习科学与脑科学研究”的活动有关。

来源：Jellemer Jolles，University of Maastricht，Netherlands.

谨慎与局限性

虽然神经科学可以提供有关学习的宝贵知识，但是重要的是认识到其局限性。在将严格控制的实验室环境中的研究成果运用于课堂的复杂环境时，教育者应该谨慎。随着教育神经科学的发展，神经科学研究者可以改变研究任务，使这些任务能够更好地代表复杂的教育情景。另外，基于研究的政策应该在教育实验中取得积极的成果后才能付诸实施。在这种实验中，可以系统地研究这些政策的有效性。这种研究与实践相互整合的方式可以保证基于研究的实践的有效性。

神经科学研究成果的教育启示对每一个学习共同体的价值与目标而言都是

有条件的。例如，虽然神经科学表明，在小学阶段学习外语可能比中学更有效（参见第二章、第四章），但是这并不一定表明所有的学校都必须在小学开始教外语。如果在某些学习共同体，外语学习的价值相对低于其他与年龄有关的技能，那么后者则更重要。在制订教育计划和教学方案时，适应脑功能只是必须考虑的诸多因素之一。神经科学是一种既具有优势又具有劣势的工具，对于解决某些问题特别有用，而对于其他一些问题则相对来说不那么有效。例如，神经科学可以解决何时学习外语最容易的问题，但是，对于应该教哪一种外语的问题则不那么有用。

在形成教育政策设计的超学科方法中，重要的是要明确积累神经科学知识的目的。它虽然不能产生普遍的、处方性的教学方法，但是它可以在建构适合每一种情境的教育与教学计划时提供信息。不能简单地把根据神经生物学知识而建构的教育政策强加给学校——不同方向的研究必须与教育共同体交互作用才能具有教育意义，这样才能形成适合不同文化的教育政策。因此，必须让制定教育政策的人了解神经科学知识，这样他们才能运用这些知识来制定适合特定学校文化的政策。政策付诸实施后，他们需要系统地研究这种政策的有效性。

参考文献

Bruer, J.（1993）, "Schools for Thought: A Science of Learning in the Classroom", MIT Press.

Calvino, B.（2003）, "Les médicaments du cerveau", *Graines de Sciences*, Vol. 5（ouvrage collectif）, Le Pommier, pp. 111 – 134.

Gardner, H.（1983）, *Frames of Mind: Theory of multiple intelligences*, Basic Books.

Gardner, H.（2000）, *Intelligence Reframed: Multiple Intelligences for the 21st Century*, Basic Books.

Guillot, A.（2005）, "La bionique", *Graines de Sciences*, Vol. 7（ouvrage collectif）, Le Pommier, pp. 93 – 118.

INSERM expertise collective（2005）, "Troubles de conduites chez l'enfant et l'adolescent", Éditions INSERM.

Koizumi, H.（1999）, "A Practical Approach to Transdisciplinary Studies for the 21st Century—The Centennial of the Discovery of the Radium by the Curies", J. Seizon and Life Sci., Vol. 9, pp. 19 – 20.

Kramer, P. D.（1997）, *Listening to Prozac: The Landmark Book about Antidepressants and the Remaking of the Self*, Penguin Books, New York.

OECD（2002）, "Learning Seen from a Neuroscientific Approach", *Understanding the Brain:*

Towards a New Learning Science, OECD, Paris, pp. 69 - 77.

OECD (2004), *Learning for Tomorrow's World—First Results from PISA* 2003, OECD, Paris, pp. 95 - 99, *www. pisa. oecd. org.*

Talan, J. (2005), "Rethinking What May Look Like a Normal Brain", *www. newsday. com*, 1 February.

结论与未来展望

想要阻止知识的进步是毫无益处的。

无知永远不可能会比博学好。

——恩里科·费米（Enrico Fermi）

本章对该报告的第一部分作出总结，阐明关键的信息与可能的政策启示，以表明神经科学研究是如何对教育和学习的政策与实践作出贡献的。这些主题的讨论包括：对终身学习、老龄化、教育的整体方法、青少年的性质、适合特定类型的学习与课程的年龄、解决“3D”问题（阅读障碍、计算障碍、老年痴呆）、神经科学可能会逐渐介入的一些评价和选择问题。本章也指出了本报告不同章节中出现的需要教育神经科学进一步研究的领域。

学习科学经过了7年多的开创性研究，一方面，很可能会夸大所得出的结论，另一方面，也很容易隐藏需要进一步研究才能得出任何结论的要求。至于后者，当然还需要更多的研究，下文指出了一些需要进一步研究的方向。对于前者来说，本章一般不提出具体的建议。这个领域还太年轻，神经科学与教育之间的连接太复杂，对其还难以作出明确解释。不管神经科学研究成果的知识内涵是多么丰富，对未来是多么有前途，都还很难分门别类地用于证明其对政策或者实践所提出的具体建议的合理性。实际上，2002年出版的《理解脑：走向新的学习科学》报告中就已经提到过，我们应该意识到：简单化或者还原的方法可以抓住新闻的提要或者提供有利的机会，但是却扭曲了知识的基础。

本章从前文叙述中提炼主要的主题和结论。本章可能会提出一些宽泛的建议或者挑战，这些建议与挑战可促成对未来我们教育系统的特征展开观点鲜明的争论。如果我们见证了学习科学的诞生，那么新的观点与证据将很快涌现，改变目前的状况。我们不必等待研究的结果，教育研究与创新中心的一个使命是帮助经济合作与发展组织的成员国来思考他们未来的议程。这些结论高度概括化，主要目的是给予必要的刺激，以促进对前面这些章节所勾勒的这个广泛领域进行讨论。

关键信息与结论

> 最重要的科学革命都包括一个唯一共同的特征，
> 就是将人类从一个个无知的塔座上解放出来，
> 不再像过去那样，认为我们处于宇宙的中心。
> ——斯蒂芬·杰·古尔德（Stephen Jay Gould）

教育神经科学正在产生有价值的新知识来指导教育政策与实践

本书所涵盖的内容，从婴幼儿的早期学习到老年人的学习，从具体学习领域的知识到与情绪和动机有关的知识，从治疗到对学习的一般理解，这一切都表明，神经科学可以对教育决策与实践作出广泛的贡献。这已经表明神经科学对教育的贡献是多种形式的。

在许多问题上，神经科学是建立在其他领域中已有知识结论的基础上的，如心理学研究，课堂观察或者学业成绩的测量。本书所讨论的例子，如饮食提高教育成绩的作用，青春期的骚动，或者信心与动机对教育成功的重要性，这些都不是新的观点。但是即使这些结果已经为人所知，神经科学的贡献仍然非常重要，因为：

- 神经科学提供的是“因果”关系的知识而不仅是“相关”关系的知识；神经科学把直觉或者意识形态领域的重要问题推向了需要科学证据支持的问题。
- 神经科学可揭示产生效果的内在机制，从而有助于确定有效的干预和解决方法。

在其他问题上，神经科学正在产生新的知识，开辟新的道路。例如，不理解脑就不可能知道专家与新手的脑活动模式是不同的（作为一种洞悉理解与掌握的途径），或者学习是如何随着年龄的变化而变化的，为什么某些学生有明显的学习困难，而在完成其他教育任务时却表现良好。

在这两个贡献之外还可以增加第三个贡献——消除神经神话。在第六章中讨论的这种曲解，存在着用流行的、现买现卖的方法来扭曲严肃的教育实践的危险。

神经科学对教育的另外一些重要贡献是：

- **深入研究学习是由什么构成的**这一问题所积累的知识是人类和社会生活的一个重要方面，研究的方式跨越了不同的制度性安排，即“教育”。
- 神经科学正在形成不同的方法**来揭示个体所隐藏的特征**，这些特征可以用于治疗的目的——例如，克服阅读困难问题或者计算障碍等。最终，它们可以运用于选择、提高成绩或者甄别，并提出如第七章所讨论的大量棘手的伦理问题。
- 与其他学科一样，教育神经科学可以**为如何最好地设计与安排不同的教育实践提供信息**，尤其是以下两方面的研究发现：一方面是最佳学习是如何发生的，另一方面，何时以何种方式来组织教育。目前这种知识能否得到应有的应用，则是另外一个问题了。

脑科学研究提供重要的神经科学证据来支持终身学习的广泛目标，证实学习的更多益处，尤其是对于老年人而言

学习研究中最重要的发现与脑惊人的“可塑性”特征有关——与经历到的需要和练习相关的适应与生长，对不需要的部分进行修剪——这一过程持续终身，这比过去所认为的持续年龄更长。对个体及对个体学习的要求是可塑性

的关键——学得越多，学习的能力更强。神经科学的研究并不支持教育最好关注年轻人的这种年龄歧视观点（尽管年轻人的学习能力非常强），而是认为**学习是一项终身的活动，学习活动越深入，学习越有效**。

随着循证教育政策与实践需求的发展，除了主宰政策成本效益分析的经济标准，深入理解教育的“更加广泛的用途”变得尤为重要。例如，越来越多的证据表明，教育参与对于健康或者公民参与具有重要的作用（参见教育研究与创新中心关于“学习的社会结果”的研究）。该报告支持有关学习益处的这样一种观点：在人口不断老龄化的社会，老年痴呆造成的巨大损失与问题可以通过学习干预来解决，这种干预是以神经科学的研究为依据的。

随着诊断水平、锻炼机会、正确而有效的医学治疗等多方面水平的提高，高质量的教育干预对于提高人类的主观幸福感以及预防疾病的恶化作出了巨大的贡献。

我们需要整合的方法，该方法建立在身体、心理、情绪与认知等多种相互依赖的要素的基础之上

国家层面与国际层面都高度重视认知成绩，其危险在于会形成一种狭隘的教育目的观。对于脑的强调不是一种过分强化认知、成绩至上的偏见，而是建议需要一种整合的方法，这种整合方法认识到健康的身体与智力之间的相互依存关系，以及情绪与认知、分析与创造性艺术的密切作用。

健康的饮食、锻炼以及睡眠对学习的影响方式得到了更加深入的理解。对于老年人，认知参与（如下棋或者填字谜等）、定期锻炼、主动积极的社会生活都可以促进学习，延缓老化脑的退化（参见第二章）

本报告的分析不仅表明，情绪在脑功能中发挥着重要作用，而且也表明，情绪影响所有的加工过程。对于教育目的尤为重要的是分析恐惧和焦虑等情绪，如展示他们是如何降低分析能力的，反之，积极的情绪是如何开启脑的智慧之门的。

这对于成年学生也是相关的。这些学生对于重新接受教育感觉不舒服，就像年轻人面临中等教育或者高等教育中不熟悉的要求一样。因为在处境不利群体中，失败的恐惧、缺乏信心以及“数学焦虑”等诸如此类的问题（参见第三章和第五章）可能会显著高于一般群体，因此就会存在公平性的问题。

我们需要更好地理解青少年（高动力，低控制）

本报告根据青少年期脑的发展阶段，特别揭示了有关青少年的基本特征，尤其是在情绪成熟方面。

神经科学对青少年以及在 13—19 岁期间所发生的变化的研究尤为重要，因为在个体教育生涯中这个阶段的变化很大。该阶段正处于传统的中等教育阶段，个性、教育与职业生涯等方面具有长期影响的重要决策都是在这个阶段作出的。13—19 岁这个阶段正处于青少年期的中期，年轻人的认知能力已经发展得相当成熟（高动力），但是在情绪方面仍然不成熟（低控制）。

显然，这并不表明应该等到成年阶段再来作出重要的选择，而是表明随着更多具有说服力的神经科学证据的积累，所作出的选择不应该采用确定的无法更改的形式。这就需要继续学习机会（正规与非正规）的进一步分化，以及更好地认识到青少年成熟的轨迹。

神经科学也发展了“情绪调节”这个关键概念。情绪管理是有效学习者的关键技能之一。情绪调节影响许多复杂的因素，如集中注意、解决问题、支持关系等方面的能力。由于该阶段的青少年“控制力不够”，以及促进处于这个关键阶段的年轻人的情绪逐步成熟具有较高价值，因此，思考如何在课程中引入这些观点并开发方案来做到这一点，或许是富有成效的。

在处理课程问题时，我们需要考虑时机与周期

长期以来，心理学家如皮亚杰的著作影响了我们对与个体发展有关的学习的理解。教育神经科学肯定了皮亚杰模式的可靠性（包括展示幼儿已有的能力），同时通过对“敏感期”的研究，拓宽了人们对学习时机与最优学习的理解。

本报告所得到的信息非常微妙：在学习必须发生的时候并没有“关键期”，实际上，神经科学有关终身“可塑性”的观点表明，人一直有学习新知的能力。另一方面，本报告使“敏感期”（当个体最适于从事特定学习活动的年龄）的概念更精确了。

本报告中以语言学习为重要例子，在不断全球化的世界，语言学习是非常重要的科目。一般而言，早期外语教学开始得越早越有效。这种学习表明，与学龄儿童和成年人相比，婴儿脑活动的模式是特定的：年龄越大，脑激活的区

域越多，则学习就更加无效。即使这样，成年人也能够学习新的语言。

本报告澄清了有关多语言学习干扰母语能力的错误观念。实际上，儿童学习另外一种语言可以提高母语的能力。

这些对于教育而言都是非常重要的问题。这些发现根据证据而非传统深化了以下问题的基础，即在生命过程中何时最适于从事某种类型的学习。它们支持为终身学习奠定坚实基础的重要性，因此进一步强调早期教育以及基础教育的重要作用，不是把它们作为终点，而是可能作为一种最好的开端。

同时，本报告（第六章）还告诫人们，不要过分强调 0—3 岁对未来学习的极端重要性。

神经科学可以对主要的学习挑战作出重要的贡献

神经科学在诊断和确定有效的干预中，即“3D”（阅读障碍、计算障碍和老年痴呆）方面的贡献是最明确的。

阅读障碍：迄今为止，阅读障碍的原因仍然不清楚，但是现在人们认为阅读障碍主要源于听觉皮层的非典型性特征（有时可能是视觉皮层）。直到最近才有可能在儿童年龄很小的时候确定这些特征。早干预常常比晚干预更成功，但是两者都是可能的。

现在人们理解了**计算障碍**具有与阅读障碍相似的原因，但是早期鉴别以及干预发展的程度要低很多。

老年痴呆：上文提到了有关学习与老年痴呆的重要发现，并把教育作为一种有效的、必要的预防措施来推迟阿尔茨海默病症状的出现，来降低它们的严重性。

在对阅读素养的一般理解方面（第四章），在英语阅读中，脑语音加工和语义直接加工的双重重要性表明，平衡阅读教学法对于复杂正字法语言可能是最有效的。而对于简单正字法语言，神经科学似乎证明，阅读学习中“音节方法”是最合适的，对拼音文字与非拼音文字的阅读习得进行比较研究是非常有趣的。

关于计算能力（第五章），由于人类生来就具有以数字的方式来理解世界的生物取向，正规的数学教学应该建立对在已有的非正式数字的理解基础上。由于脑中数字脑区与空间脑区紧密相连，将数字与空间连接起来的教学方法是非常有效的。

更个性化的评价，不是为了甄别与选拔，而是为了提高学习

脑成像的研究可以对教育产生深远的影响，同时也提出了重要的伦理问题。关于脑如何发挥功能的知识以及关于能力与掌握程度是如何在脑的结构与加工过程中反映出来的知识可以运用于系统层面，审视传统的教育安排与实践，看看我们能否对它们进行组织以用于最优学习。在许多传统的评价形式中，可以通过填鸭式教学来取得成功，这些形式由于理解程度低而变成“对脑不友好”。

但是，除了这些一般的发现，神经科学的研究成果也可以最终运用于**个体学习者**来发现他们是否真的理解了某种材料，或者他们的动机或者焦虑水平等诸如此类的问题。如果正确地运用，这些个性化的关系可以为形成性评价过程（OECD，2005）以及个性化学习增加强有力的诊断工具。

这与一些国家追求更加“个性化”的课程与教育实践（OECD，2006）有关。脑成像技术还可以有力地探索个性化机制。同时，脑科学研究表明，个性特征并不是固定的，在遗传功能、经验与可塑性之间存在着不断的交互作用，因此，我们应该谨慎地对待个体能力构成等概念。

但是，另一方面，脑成像研究的个性化运用也可以成为更有效的选择和甄别工具。个体的生物性发展历程尽管对大学或者雇主等用户具有很强的吸引力，但可能会带来很大的风险。如果负面地运用脑成像工具来拒绝没有显示出足够的学习能力或者发展潜力的学生或者候选人（尤其是当脑的可塑性能够表明发展的开放性是如何成为学习能力的），那么脑成像等宝贵工具也可能会被滥用。正如第七章所描述的，过分“科学”的教育概念，如果用作选择教师与学生等的基础，那么对许多人来说，这种“科学”的教育概念将成为咒语。

未来教育神经科学研究的主要领域

如果我们重视对知识的追求，

我们必须能自由地探索，无论它将我们引向何方。

——小阿德莱·尤因·史蒂文森（Adlai E. Stevenson Jr.）

下面的研究领域并没有穷尽教育神经科学探究的所有兴趣领域，而是作为

本报告重点分析的领域。有些领域目前我们的理解还很肤浅，还需要进一步探究。

本报告也确定了神经科学的教育研究议程以及医学研究议程。迄今为止，医学研究议程是该领域的主流。对于教育目的而言，在神经科学全面运用于教育时，即运用于从超常儿童到学习障碍儿童，从幼儿到老年人的所有人，而不仅仅局限于需要治疗与矫治的人群，神经科学界应该认识到，神经科学对于更好地理解人类的重要学习活动是多么有价值。

- 更好地适用于不同形式的学习的最优时机，尤其是与青少年和老年人有关的最优学习时机。研究综述表明，有关青少年和老年人的最优学习时机方面的知识基础还没有形成（第二章）。这包括了学习能力最强的阶段——“敏感期”，尤其是语言学习等特定领域。
- 理解不断增长的知识与不断下降的执行功能与记忆。老化过程的更多研究不仅局限于老人，而且也关注中年人，对两者的研究都侧重于学习能力以及学习对于延缓老化的作用。
- 对脑的情绪研究还有待于进一步深化。需要借助心理学和脑成像技术进一步研究紧张对学习与记忆的影响以及可以降低或者调解紧张的因素。进一步探索的具体问题是青少年的情绪脑如何与不同类型的课堂环境交互作用。
- 更好地理解实验室条件如何对研究结果产生影响，理解在产生这些成果的环境之外如何运用与迁移研究成果。需要对适当的学习材料与具体环境的重要作用进行分析，而不仅仅局限于对环境有无影响的初步探索。
- 大量确定性的研究表明，充足的营养可以对脑的发育产生积极的影响，更多的研究直接与教育领域有关。同样，这些研究也运用于身体锻炼、睡眠、音乐和创造性表达。
- 什么类型的学习需要与他人交互，文化差异具有什么作用，诸如此类的问题都还需要进一步的研究。这需要根据学生人口（尤其是性别方面）和社会文化差异来作进一步的分解，但是这也容易产生错误的解释。神经科学当然不能服务于种族主义或者性别刻板印象。
- 研究有助于更好地理解能力形成的多种途径，例如阅读。需要将注意力扩展到与真实世界的教育情境及运用有关的研究，如对整句的研究，而不仅仅局限于单个词或者字的研究。
- 进一步确立不同的数学脑区的图谱是非常有用的。该图谱建立在已有观点的基础之上。这种观点认为，一方面技能与脑功能的组合显然是矛盾的，另一方面两者又是交互作用的。确定克服“数学焦虑”的方法将非常有用。

• 理解“专家”、普通学习者以及有问题的人的不同脑区活动——神经网络、认知功能的作用和记忆等。这将有助于鉴别出成功的学习以及有效的目标教学法。

一门学习科学的诞生

神经科学的最近发展已经产生了许多重要的观点，同时教育研究也积累了大量的知识。神经科学的观点为研究教育中的学习增加了一个崭新的重要维度，教育知识有助于将神经科学的知识导向更相关的领域。两个领域都已经得到了充分的发展，但是它们也各自形成了根深蒂固的学科文化，有着特定的方法和话语，使得一个领域中的专家很难利用另一个领域的知识。这就需要一种新型的超学科将不同的研究共同体和观点连接起来。这需要建立一种互惠的关系，类似于医学与生物学之间的关系一样，保持持续的、双向的信息流动以支持基于脑的、实证的教育实践。研究者与实践者可以共同合作来确定与教育有关的研究目标，讨论研究结果对教育可能具有的意义。一旦基于脑的教育实践实施以后，实践者应该系统地验证它们的有效性，提供课堂研究结果作为反馈来修正研究方向。建立研究型学校，使教育实践与脑科学研究密切联系起来，是稳定超学科研究的一种具有光明前途的方法。

教育神经科学有助于创造一种真正的学习科学，甚至可以作为一种超学科模式为其他领域树立榜样。我们希望本报告的出版将有助于这种真正的学习科学的诞生，促进持续性的超学科融合模式的形成。

参考文献

OECD（2002），Understanding the Brain-Towards a New Learning Science，OECD，Paris.

OECD（2005），Formative Assessment-Improving Learning in Secondary Classrooms，OECD，Paris.

OECD（2006），Personalising Education，OECD，Paris.

第二部分

合作撰写的文章

A篇

儿童早期的脑、发展和学习

Collette Tayler，澳大利亚昆士兰州理工大学幼儿学校
Nuria Sebastian-Galles，西班牙巴塞罗那大学心理学系
Bharti，印度国家教育研究和培训委员会

A.1 导言

新近出现的无创性脑成像和脑扫描技术带来了脑科学领域空前的发展，尤其在发展神经生物学领域。数十年来，我们对脑发展和发育的认识来自基因中包含的信息。最近一段时期，我们才开始关注从细胞水平上来观察和理解脑，理解脑在外部环境的刺激下如何影响和控制基因信息的表达。直到最近，脑才成为教育科学研究和意识形态领域的研究热点，尤其在儿童早期的发育和学习中得到了广泛的认可和应用。数十年来，针对幼儿的教育研究为理解早期教育提供了多样化的视角。有一些神经科学研究结果在当时看来似乎对教育没有明显的贡献，但是随着技术的发展和研究的深入，这些研究结果的确是对教育理念的补充和促进（Ansari，2005；Slavin，2002；Bruer，1997）。

本文总结了神经科学的出现如何揭示了生命早期脑建构和功能的发育，讨论了这种新知识在推动和支持儿童早期学习和发展方面的相关性。同时我们概述了有关儿童早期学习（出生至 96 个月）的重要性方面的主要观点和发现，以及儿童早期学习环境的构建。我们总结了有关儿童早期发育和学习领域的未来研究趋向方面的一些观点，希望这些观点能够整合神经科学家、教育者以及教育科学研究机构的关注点、兴趣点和研究技能。

A.2 我们对新生儿、婴儿和儿童的脑发育了解多少

A.2.1 脑发育的启动和过程

从受精开始，遗传信息在胎儿成长过程中控制着细胞的形成和再生，而脑的发育则是数以亿计的神经元（大脑细胞的构成单位）、数以兆计的负责接收和传递电化学信号的突触连接共同作用的结果（Shore，1997）。对于人类胎儿而言，神经元在怀孕的头两个季度开始大量生长，并在怀孕的第七个月达到生长的峰值。随着神经元细胞的生长，脑在容量和重量上都不断发展，使得在怀孕的头两个季度神经元过量产生，然后在新生儿期间开始通过细胞水平上的自然选择过程而进行“修剪”。通过这种选择性的修剪可以使人脑的结构和功能都更加完善。在婴儿出生时存在的大量神经细胞确保了神经元网络的功能，并在随后促进学习和适应能力的发展。尽管在婴儿出生之后神经细胞数目仍然保

持稳定，而此时突触连接的数量则显著增加（Goswami，2004）。

位于海马的神经回路在婴儿出生后迅速形成，以便让婴儿开始参与和存储感觉信息。当婴儿长到两三个月的时候，神经回路开始在顶叶、枕叶和颞叶迅速增长。但是脑的这些部分并不从外界直接接收感觉信息，它们的主要功能是从初级皮层和运动皮层区整合感觉信息，不断促进婴儿在和外界环境的交流过程中进行复杂和有规律的运动。而当婴儿长到6个月之后，前额叶才开始形成永久的神经回路，负责最复杂的信息加工，此时婴儿开始出现有计划和目标明确的行为。脑容量的发育绝大部分发生在生命的早期。

人类正常脑的发育都遵循类似统一的步骤。婴儿出生时，在母体子宫内已经发育的神经回路会在出生后继续发育，并且伴随着脑干、丘脑、初级感觉皮层、运动皮层以及部分小脑的髓鞘的形成。这些发育提供了新生儿最基本的生存能力，例如呼吸、哭、觉醒、睡眠、识别母亲气味和声音、吮吸、吞咽、排泄、四肢和手的最基本运动等。随后婴儿和儿童早期神经网络的发育过程又进一步确保了这些基本功能的完善和学习，同时又使得儿童学会注意、反应、联系、自由运动、说话、用不同的抽象符号表达思想等能力（见框A.1）。

框A.1　情绪和记忆（学习）

当我们感到生气和悲痛的时候，我们的学习能力会下降。成人有时可以更好地控制自己的情绪，儿童却很难控制。这是为什么呢？

脑的重要结构之一杏仁核主管情绪调节。它的名字来源于拉丁文“almold”，因为它是位于脑中间的一个小小的杏仁状的结构。杏仁核和下丘脑一起成为脑中最重要的“激素释放”中心。它从不同的知觉通道和脑次级中枢接受感觉信息的输入，直接调节生理指标，使得心率加快、血压增加。杏仁核和下丘脑一起调控多种激素的分泌。

激素对于人体至关重要，不仅仅是因为其决定了性别的特征，或是加速或延缓生长，而且，激素还可以针对信息在神经系统里的传递作出反应性的调整。有些特殊的激素分泌可以增加我们传导信息的能力，使学习加快。相反，某种激素的分泌则降低这种能力。所以，当一个人处于愤怒或是悲痛的状态时，就很难进行学习。激素分泌尤其对儿童有着重要的影响，因为他们控制情绪的能力还不成熟。

在杏仁核—下丘脑系统中，另一个导致成人和儿童情绪反应存在差异的因素是与前额叶相关的。前额叶也是我们脑中发育相对比较晚的部分，也是最晚成熟的部分，负责我们的“理性”认知能力，例如计划、推理等，同时也调节杏仁核—下丘脑系统的功能。因此，我们通常认为即便在不愉快的环境中，成年人也应该学会控制自己的情绪和理智（见第三章中有关情绪控制的论述）。

脑发育存在着个体差异。我们可以将婴儿的脑看作信息加工单位，可将脑的神经网络看作是组成无数种连接可能性的神经回路。这个电路系统的输出在不同的婴儿身上是不同的，是基因和环境双重作用的结果。在婴儿出生时，每个神经元细胞大约含有 2 500 个突触连接。到了儿童 3 岁左右，每个神经元的突触连接数目将会达到 15 000 个，大约为成人的一半左右（Gopnik，Meltzoff and Kuhl，1999）。在出生后几年的幼儿期里，脑体积从 400 克到1 000克，增加到 2.5 倍（Reid and Belsky，2002）。这段时期内脑的快速增长主要归因于其“支持系统”的生长，例如髓鞘的生长。可以肯定的是，从婴儿期、幼年期一直到三四岁的时候，大脑发育都非常显著。

Nelson（2000）通过记录视觉、语言和高级认知功能的发展，确定了在出生 2—3 年内婴儿发育的速度。在此期间，只有持续使用的突触连接才能稳定或者巩固下来（Changeux and Dehaene，1989）。对突触连接的选择性筛选是基因和环境的交互作用所驱动的（Reid and Belsky，2002）。Rutter 根据这种类似随机的过程而建立了脑发育的生物学理论，他将这种交互作用的发育过程归纳为：

“……基因编码的信息中包含着一般的发育图式和过程，但是环境的影响和脑细胞间的相互作用会对发育过程带来极大的矫正机会。”（Rutter，2002，p. 11）

个体重复的经历使神经元形成髓鞘。于是经过加固的突触联结开始负责记录和编码婴幼儿的生活经历和学习经验。

A.2.2 经验的重要作用

当感觉神经元开始被激活的时候，经验就形成了，并且伴随着对细胞的交替激活，使神经系统深处的细胞联结起来。Clark（2005）对这个过程有如下的解释：“举个例子来说，吃苹果的时候激活了一部分特定的细胞，随后又会进一步激活位于更高一层的细胞，该层细胞由于学会了辨别苹果的味道而形成了‘稳定的联结’。遗传上并没有规定第二层神经细胞是用来辨别苹果或是柠檬的味道的，而是由于经验作用的结果（p. 681）。”因此任何感官经验都是通过脑中众多的神经联结而引起的复杂图式和分布式加工的结果。

儿童的神经生长与发育过程在出生之前就受到来自基因和环境的双重影响。正因为如此，母体怀孕期间的良好状况（包括足够的营养、运动和休息）对于胎儿脑的健康发育是非常重要的。婴儿出生后，营养、健康、干净的环境和积极的社会心理环境是脑健康发育的重要因素。

A. 2. 3　脑发育的重要因素——时间和序列

突触的生长和髓鞘的形成是婴幼儿期脑最主要的活动。脑不同部位发育的时间也各不相同。这个过程是认知、生物运动、语言、社会、文化和情绪发展的基础。根据儿童发育期间年龄和发育水平的差异，通过触摸、品尝、声音、光线和气味等获得的感觉信息可以刺激脑的神经元和突触，增加神经通路的复杂性，用来传递、加工、整合和存储现在和将来的相关信息。对于这个目的来说，婴幼儿从外界所获取的大量感觉信息对于脑的发育非常重要。不断重复的经验加强了神经网络的功能，在经验的作用下，脑的功能产生了变化。

遗传和感官环境的交互作用过程在婴儿出生前就已经开始发挥某种作用了。婴儿还在母亲的子宫里时就能感受到感觉信息，例如，在怀孕 9 个月的时候播放音乐会影响胎儿的活动和行为（Kisilsky et al.，2004）。根据 Thompson 和 Nelson（2001）的报告，目前还不清楚基因和环境交互作用来决定突触生成的时间和发展进程中所采用的机制。随着新技术不断应用于脑发育的研究，对脑的理解越来越深入。但是神经细胞和突触的过度生长和选择性修剪过程是如何发生的，是以什么样的序列，在哪一个生长阶段？这些问题还有待于进一步理解。由于研究方法的局限性，目前还不能阐明环境中同时发生的复杂多样的刺激对脑内动态的复杂活动的影响。

在动物和人类的发展研究中，为了保护被试而采用的伦理措施，对方法和技术的运用都产生了限制。最初的基础研究一般采用动物作为实验对象，尤其是大鼠，而将研究结果运用到人类的后续研究，则需要经过严格的限制和长期而深入的研究。人类尸体标本为科学家们提供了“用少数特定年龄段的样本来估计不同年龄个体的突触密度”的研究（Thonpson，Nelson，2001，p. 9）。但是这样的结果只能估计静态突触联结的数量，而不能指出遗传程序或者经验是如何作用于突触的。

A. 2. 4　婴儿脑的关键特征——可塑性

婴儿出生时，脑的神经回路在加工和存储信息上具有高度的可塑性，即神经回路很容易形成、消失，其功能很容易被削弱或增强。这表明，婴幼儿期是脑发育的关键期，对于生理、认知、语言、社会和情绪能力的发展都至关重要。可塑性并不意味着儿童脑的任何一部分都能学习。Gazzaniga（1998）指出，脑对于不同形式的外界刺激和经验都会作出不同的反应，并且每个人都有着独特的脑网络系统，因此并不能简单地认为可塑性就是脑的“自我重新联结”。Click（1994，p. 10）概括了这个观点：“**据我们所知，在出生时，脑并不是一块白板，而是许多部分都已经就绪的精细结构，然后经验调整这个粗糙而准备就绪的器官，直到它能够胜任更精细的工作为止**。”

以动物为研究对象进行的针对脑生长和发育的实验和病理性研究以及在神经元水平上对人类脑活动所作的观察表明，神经回路的可塑性在某个年龄或者生活阶段受到基因的调控作用（Dyckman，McDowell，2005；Kollb，Wishaw，1998）。婴儿出生后，脑的可塑性会以独特的方式支持神经回路的**形成**和**发育**，这种调控基于个体的遗传和外界环境刺激。同时神经回路的生长和发育容易受到特定的“表观遗传”过程的影响（即，基因的表达会受到外界环境刺激的影响）。这些过程也会受到年龄、生活阶段的影响，也可以解释人们所熟悉的脑发育的“关键期”和“敏感期”。

A. 2. 5　神经发育存在关键期吗

教育学领域的研究已经证实早期经验和环境对儿童学习能力和发育有着重要的影响作用（Sylva et al.，2004；Thorpe et al.，2004）。神经科学领域针对关键期和早期感觉剥夺的研究证明，在一些物种中，在脑某些方面结构和功能发育需要特定时期的经验。例如，鸟鸣声的学习严格限定于一定的时间段和特定的条件，并且不同的物种也存在着差异（Brainard and Doupe，2002）。如果在建立某些功能的脑神经回路时遭遇失败，例如视觉皮层发育的关键期出现问题，可能会在脑皮层里引起不可逆转的视觉功能的损失（Fagiolini and Hensch，2000）。不同物种的关键期由于寿命的长短不同而有所差异。

但是，人类神经系统发育的关键期概念已经不再受到支持，因为学习显然是“活到老，学到老”的过程（Blakemore and Frith，2005）。人类的关键期更加类似于“敏感期”，而且时间会延续数年（例如儿童发育的早期）。“目前神经科学研究中的一个主流观念认为，关键期可以提高脑的可塑性，那么关键期内的特定感觉经历就可能导致神经系统出现永久性的大范围改变”（Ito，2004，p. 431）。同时人们注意到，在人类发展中这些被定义更加广泛的“敏感期”方面，所有的人都有着类似的发展阶段，因此鉴别儿童期内出现的感觉障碍，例如视觉和听觉的损坏是非常重要的，这样可以避免可能出现的长久的负面影响。

“研究发现，早期的感觉剥夺会带来长久的影响，这种影响可能会潜移默化地渗透在我们日常的生活中，不易被察觉。但研究同时指出，在感觉剥夺之后亦会出现恢复和学习过程。但是这种后来的学习过程与关键期中自然发生的学习过程有一定的区别”（Blakemore and Ftith，2005，p. 461）。

婴儿出生的头两年是脑神经通路发育高度敏感的时期，涉及注意、知觉、记忆、运动控制、情绪调节和人际交往以及语言等功能（Davies，2002）。大量的研究表明，语言习得与儿童发展的特定阶段有关，一般认为，这种语言习得功能会在儿童发育的中期下降。例如，婴儿发育敏感期的特定环境会影响到婴儿以后识别语音的能力。青春期过后人类学习新语言和词汇的能力会有所下降，这可能源于敏感期过后脑神经回路的限制。

在人的一生中，特别是发育的敏感期，对神经回路的重复刺激、形成、再造都可以让神经细胞和突触日益增多，并且在信息加工、整合和存储中各司其职。髓鞘可以保护神经通路的功能，同时加速信息传导的速度和效率。一旦髓鞘形成，这个神经联结或是突触就被固定了下来，除非脑受到创伤或是细胞退化。在神经通路被髓鞘固定下来之后，没有被用到的突触会退化或是被剪除，以确保神经传导过程中的最大效率。随着年龄的增加，突触形成新的永久神经联结的能力会不断降低。这个现象可以用来解释学习和发展，同时也支持儿童发育早期学习的重要性以及关键期之外儿童也能够进行学习的观点。但是必要的努力程度，或者这种学习的成功是否具有局限性，目前还没有定论。

框 A. 2　最初的语言发展

儿童开始学习说话的时候，已经掌握了相当复杂的语言知识。在刚出生的时候，婴儿已经能够注意到各种语言之间的差异（例如日语和荷兰语），这种能力在其他哺乳动物中也有所发现，例如绢毛猴和大鼠。许多脑成像技术发现，刚出生不久的婴儿（3个月以下）在聆听正常的谈话时，脑左半球比成年人的激活状态更强，但是如果倒放谈话的录音时，左半球没有更明显的激活（成年人在倒放谈话录音的时候也没有出现明显的左半球激活，但是倒放的时候，婴儿和成年人的激活模式是不同的）。婴儿同样能够知觉出外界语言中音素的差异，尽管他们的父母不一定能够表达或是感知到这种差异（例如日本的婴儿可以感知出英语中/r/和/l/发音的差异，但是他们的父母则无法分辨）。因此，在出生时，婴儿可以根据语言信号作出不同的估计和计算，并且这些计算对所有语言都是共通的，因此我们可以理解为什么新生儿具有学习任何语言的能力。在出生后的几个月里，婴儿开始启动他们的语言过程以适应外界环境的语言特点。事实上，出生6—12个月期间，婴儿开始逐渐失去感知外语差异的能力（例如日本婴儿不能再感知英语/r/和/l/的差异），但与此同时他们开始重新定义自己语言中的音素分类。这个时候可以认为婴儿已经开始成为熟练的母语听众了（不再能够分辨不同语言的语音）。有证据显示，这种针对母语音素系统特征的适应能力是与以后成功的语言获得相关的，也就是说婴儿感知外语的能力越早和越快地退化，他们学习母语的能力也就越快。

婴儿同时获得的还有语音系统。婴儿能够从语言信号中提取信息，并且最终学会母语的词语，建立句法结构和形态特征。其中一个学习机制是婴儿能够追踪信号中反复出现的规则。例如，一般来说，词中两个音素之间连接的平均概率会比词间这两个音素之间的平均概率更高。不同的研究表明，8个月大的婴儿已经学会使用这种类型的线索来分隔语音信号。重要的是，与书面语不同，口语中没有明显的标志来划分词语的界限。婴儿早期发育中的内在机制明确地表明了婴儿脑的复杂性（曾经有人利用工程技术的手段来模拟12个月大的婴儿的这种能力，试图制造可以区分和识别词语的机器，但是没有成功）。

A.2.6 敏感期和脑可塑性

敏感期和脑可塑性这两个基本概念似乎是发展过程中不同甚至相反的概念（Hannon，2003）。一方面来说，脑可塑性表明，学习和发展可以发生于任何年龄段，任何时候进行干预和学习都不晚；但另一方面，大脑发育的敏感期意味着时机、早期干预和学习的重要作用。除了语言的发展，证明敏感期存在的证据主要来自动物实验（Mitchell，1989）。迄今为止，研究结果同时支持敏感期和可塑性，但是还需要进一步的研究来揭示某些特定的条件，在这种条件下，敏感期可以促进学习，而且，由于脑具有可塑性，可以在不同时期进行学习。

A.2.7　儿童早期以及其后的学习

婴幼儿内隐地学习语言，并变得很灵活。基因和环境对语言的学习有着双重的影响，但是目前注意、内隐学习和外显学习之间的关系并不明确。看起来脑能够注意到我们意识不到的事物，正如 Goswami（2005）所指出的，“儿童整天都待在教室里，他们的脑就不会自动学习如何阅读或如何计算，这些能力只能通过直接的学习来获得”（p.468）。尽管 Blakemore 和 Frith（2005）证明了人工语法的无意识学习，但目前对内隐学习或者是非注意学习的了解主要还是来自于对运动系统的研究。发育机制对儿童早期或是之后的学习起到了怎样的作用呢？内隐信息的获得怎样影响功能性技能的发展，例如价值观、态度和信念、社会认知和情绪调解的发展等？内隐学习和外显学习之间互惠的关系模式对教育学有着重要的推动作用。多学科研究，尤其是针对童年期的多学科研究也成为促进现阶段理解的必经之路。

一些实验证据表明，儿童期过后的学习会通过不同的方式来调节。Rutter（2002）指出，目前还不能确定儿童期之后脑的可塑性程度，以及脑不同部分或系统的可塑性程度。例如，在婴儿期之后开始学习第二门语言的时候，会需要脑中许多不参与母语学习的脑区的共同作用（Kim et al.，1997），人们一生中不断学习到的新的或是不寻常的个人经历都会持续地引起神经系统的变化。“学习并不等同于发展过程，但是学习经验会对脑造成影响。但是还没有研究能够发现这种结构—功能上的联结”（Rutter，2002，p.13）。

A.3　早期发展和学习的重要性

此阶段的学习和发展对外显行为而言尤为重要，因此要求重视儿童发展的敏感期对发育和学习的影响的呼声也越来越高，尤其是针对早期儿童教育者和儿科医生。众所周知，儿童早期生活的客观条件会影响到脑里数十亿个神经细胞的分化和功能，同时早期的经历会在脑的不同部分（分区）建立联结通路。如果缺乏适当的环境刺激，儿童的脑发育和功能的发展可能会出现改变、推迟甚至无法完成，随之而来的是儿童学习和发展上的负面影响。从根本上来说，儿童的发育中需要涉及喂养、亲子交流、早期教育和保育的内容，因此许多国家都把儿童早期教育当作一项基本国策来发展。Starting Strong Ⅱ（OECD，2006）报告说，有20个经济合作与发展组织成员国颁布了儿童早期教育和保育政策。经济学家通过案例分析证明，对儿童早期生活的投资可以在未来为社会带来最大化的收益，测量主要集中在人力资本和社会资本等方面（Lynch，2004；Heckman and Lochner，1999）。Cunha 等人发现，一个生活阶段的本领和动机会影响下一个阶段的本领和动机，因此基础阶段的投资会增加产出。如果早期缺乏适当的条件和投资，随后阶段的收益就会下降。综上所述，鉴于幼儿期的快速成长和发育，对幼儿的教养也非常重要。这一知识也成为重视早期教育和普遍的高质量儿童教育与家庭支持服务的重要理论支撑之一。

框 A.3 镜像神经元

儿童很容易学习和模仿他们所看到和听到的事物，因而当面对一些消极榜样时，父母和教育家们就会担心孩子的安全。很多家长对媒体中出现的极端暴力场面表示非常大的担忧。而政府也试图采取一些手段来限制儿童登录某些网站。同时学校教育不仅仅是让孩子们学习知识，更重要的是树立好的榜样。榜样的力量为什么会这么大呢？

人类是模仿他人行为的天才。看到他人遭遇不幸时，我们会感到悲伤甚至哭泣；听到别人的欢声笑语时，我们也会微笑（尽管我们可能听到的是公共汽车上身边的陌生人在大笑……有时候笑声是具有传染性的）。这些行为的先兆在婴儿出生的时候都已经表现出来，如果我们对着新生儿吐舌头，他/她也会对你吐舌头。

模仿的具体神经机制一直是个谜，最近人们才开始揭开这个谜团。1996年意大利的神经科学家对此作出的突出贡献，使得我们开始理解模仿的基本神经机制。意大利巴尔马大学的 Giacomo Rizzolatti 和他的同事发现猴子脑中存在的“镜像神经元”。Rizzolatti 发现的这种特殊的神经细胞会在猴子用手完成精细任务的时候被激活，例如，剥花生并把它放进嘴里。有趣的是，当猴子看到另外一只猴子做同样任务的时候，它的镜像神经元同样也会激活。这种神经细胞的特异性非常高，例如，如果猴子看到实验者做同样的行为，但是手里却没有花生，那么镜像神经元则不会被激活。

镜像神经元的发现引起了研究界的重视，并且进行了一系列的研究

（这种神经细胞位于靠近大脑布洛卡区的位置，而布洛卡区则主要用于语言加工）。目前神经科学家们提出了一个假设：认为我们能理解别人的行为（可能还包括情感）是因为我们看到了他们的行为（感觉到了特殊的情感），会引起镜像神经元的激活，从而引发和我们作出该行为（怀有该情感）类似的体验。镜像神经元的异常功能是否是人格病理学的神经基础呢？这是目前研究的热点领域。

A.3.1　早期干预和教育方案举例

发育神经科学的研究结果强调了婴幼儿期发育时机和弱点的独特性。对于这一点，早期教育干预和教育方案的教育家们从中得到了启示，并且采取了行动。但是也有些人将动物实验结果过度扩展，毫无依据地运用于人类，从而引起了很多的争议。Hannon（2003）总结了目前存在的大量干预方式，具体如下：

- 出生前的发育——例如婴儿出生前干预的案例。当母亲处于不利的环境时，会导致胎儿出生后不能正常生长发育。而使之最小化甚至消除环境中可能存在的负面因素的干预，例如营养的缺乏、神经毒素和传染性疾病，比如风疹，会为婴儿带来益处（Shonkoff and Phillips，2000）。
- 突触生成和退化——很多人推测，如果在0—3岁期间给予高水平的外界刺激和足够的营养，就能够保留更多的突触连接，从而提高儿童的整体能力。市场上存在着大量的产品（电子的、机械的、营养的）和方案声称可以提高婴儿和儿童的智力水平。但是目前没有证据来支持上述推论（Bruer，1999a，b；Goswami，2004，2005）。从另一方面来说，如果婴幼儿期缺乏足够的社会交往和物质环境，例如严重的虐待和忽视，的确会造成脑发育的迟滞（Rutter and O'Connor，2004）。
- 社会认知和情绪调节——儿童常常在适当选择的基础上扩大他们的信任范围，因此我们常常低估了学龄前儿童监控信息真实程度的能力（Koenig and Harris，2005）。随着研究的深入，人们发现幼儿可以准确地报告他们的经验和感受。尽管我们刚刚开始研究社会认知和社会交互作用的复杂性（Davis，2004），但是通过研究幼儿信任的范围和原因，可以帮助我们更好地理解和开展早期干预。
- 敏感期——Weisel 和 Hubel 关于小猫的视觉剥夺实验的发现并没有为儿

童早期干预提供直接的支持，但是儿童早期特定的发育的确是在一定的时间段内完成的，尽管之后通过改变环境也可能进行弥补。虽然心理学通过实验已经证实了发展过程中存在语言获得的敏感期，但目前人类发展中敏感期的神经科学证据还不够充分。

- 环境的复杂性——Greehouth 等人（1972，1987）的实验表明，环境的复杂性对大鼠的脑有着显著的影响，在复杂环境条件下饲养的大鼠在迷宫任务中有着更好的学习能力。虽然鼓励早期干预的方案常常要求有“丰富”的环境，但是目前还没有直接的证据来表明两者的相关性。因此，善意的婴儿保育员或是教育者通过给孩子们多样化的、颜色鲜艳的和较为复杂的物体、玩具和小玩意，希望能够增强儿童的学习能力，这种做法是否正确值得怀疑。虽然极度缺乏刺激和感觉信息的环境的确会损害儿童的发育，但是过于丰富的环境对儿童脑发育并不一定能够起到促进的作用（Blakemore and Frith，2005）。

- 神经元的可塑性——该领域的相关研究表明：早期发育和干预方案并不一定能够保证儿童期学习的内容能够长久维持，也不一定能决定未来的学习状态。脑持续地发生改变，没有得到发展的功能或者认为丢失的能力可能会在儿童期过后得到一定程度的恢复和更新。

A. 3. 2 儿童的学习在早期教育中占有重要地位

早期的学习在人类整个生命过程中所占的重要作用是无须多言的。教育家们不断积累实证研究证据来证明关键期的存在和干预在发育和学习中的重要作用，同时神经科学的研究又为此进一步提供了证据。Blakemore 和 Frith（2005）提出脑的发育是“教育和被教育”的过程（p. 459）。过去成年人想当然地认为的一些事情目前已经成为一个新的需要探索和了解的课题，尤其是有关婴幼儿期的发展和学习过程。

突触发育的研究结果显示：早期社会和情绪的体验像是“人类智力的种子”（Hancock and Wingert，1997，p. 36）。但是婴幼儿和儿童从外部世界中寻找新的知识，就像在现实世界中“googling”一样。这样的驱动力需要实证研究的证据来巩固和支持，以证明其对发展和学习能力有着有效和稳定的影响作用。

针对儿童早期学习能力的研究基于发展和学习领域中大量相互补充与比较的理论。虽然各个理论的指向性不同，任务难度和儿童年龄之间也有很多不确定性，但是从基因角度对儿童学习能力的研究大体上还是取得了以下四个方面的发现：第一个发现，**学习上的变化是一个渐进的过程**，尤其会采用既定的方式。例如儿童常常使用掰手指的方式来算加法，这种方式虽然耗时，但是对儿童来说却是简单和有效的。第二个发现是，**不管成功或是失败，对学习本身都是一种促进**。儿童通过尝试新奇的策略来解决问题，这种表现在缺乏外部压力的时候尤为突出。最具有代表性的例子是自由玩耍的时期。第三个发现是，**早期的变化性对后期的学习具有一定的影响**。第四个发现是，**概念的理解会限制创新和发现**。后两个发现对儿童早期教育都有一定的启示。经验带来的变化会让儿童感到他们掌握的策略是相对可靠的，尽管不同的策略或思维模式在一段时期也是并存的。随着时间的推移，儿童学习的特征表现为出现新的思维模式、更频繁地使用有效的思维模式以及在选择中有效行为出现的次数增加。在这段时期内，有经验的儿童教育者会帮助孩子们增强对概念的理解。婴幼儿期脑神经系统的良好发育与长时记忆的提取能力早在描述过去经验的语言能力发展之前就出现了（Bauer，2002），这些都可以证明儿童和幼儿期家庭教养及其他早期教育环境对儿童有重要的交互影响。

A. 3. 3　不利的学习环境

鉴于儿童早期在学习中所起到的重要作用，早期经历的缺乏会削弱学习能力，因此需要改变不利的环境。Rutter（2002，p. 9）提出了影响儿童发育的精神病理学上的风险因素，包括：

- 长期混乱的环境和冲突，尤其是将儿童当作替罪羊或是其他形式的发泄工具；
- 长期缺乏培养其独立个性的养育方式（例如由慈善机构等公共单位抚养长大）；
- 缺乏和外界的相互交流和沟通；
- 处于任何形式的不良社会风气或社会团体中，会导致适应不良行为。

上述例子说明，人际关系中的矛盾的确会给儿童的发育带来不良的影响，同时缺乏人际关系或是人际关系不良还对儿童以后的生活有负面的作用。Davies报告了一项针对罗马尼亚孤儿的研究，这些孤儿在成长过程中都出现了严重的社会和情感方面的问题："几乎所有的孤儿在情感方面都出现了明显的古怪行为"（Davies，2002，p. 425）。但相反的证据来自 Rutter 和 O'Connor（2004）的研究，他们的研究结果表明，由于缺乏交流引起的神经系统的损坏和对早期生物编码过程的影响并不起决定性的作用。婴儿监护人和婴儿之间的关系模式如何调节儿童所处的早期物质环境带来的影响？根据最新研究成果，儿童早期的环境，包括家庭、父母、其他监护人、服务人员、早期教育者、教育社团成员等，的确在儿童早期发育中占有重要的地位，并且通过建立互相交流的关系模式可以增进儿童发展的潜力。

A.3.4 儿童早期教育和保育——重要却非灵丹妙药

可以肯定的是，脑的发育并不会因为儿童期的结束而中止，同时脑的可塑性也不会消失。在很大程度上，人们对儿童早期经验以及早期经验对行为的影响持绝对的认同和维护态度。但是迄今为止，针对犯罪、反社会行为以及其他社会性问题是否在儿童早期可以通过“预防”方案等来消除，此领域的研究并不是目前实证调查的重点。以美国被试为研究对象的少数纵向研究得出结论认为，儿童早期高质量的教育方案的培养可以带来一系列的好处（Lynch，2004）。但也有研究证明，学龄前的简单干预并不能达到改变儿童一生的效果，也不能造福孩子的一生（Karoly et al.，1998，2001）。同时，儿童早期和孩子的交流确实能在该阶段带来发展的连贯性。大量证据表明，许多孩子对认知或者其他功能的早期干预方案，尤其是基于保育中心的培养方案，都保持了更长的时间（Barnett，1995；Brooks-Gunn，1995；Karoly et al.，1998）。儿童早期培养的效果会一直持续到小学阶段，尽管这种影响的保持需要小学教学环境的进一步支持。儿童的早期生活对于其后来社会性、学习和身体的发育等都是至关重要的。

A.4 我们对促进儿童早期发展的学习环境了解多少

A.4.1 早期学习和游戏的细微区别

正因为婴儿和幼儿常常进行一些非常浅显易懂的游戏，他们脑的发育和认知能力的形成通常被掩盖起来。发展心理学的研究表明，在儿童发育的前三年中，已经具备了关于外界的复杂且交互联系的知识基础（NSCDC，2005，2004a，2004b），而这样的知识基础一般是通过日常生活的途径获得的。Rushton和 Larkin（2001）指出，儿童所处的环境是影响学习方式的关键，例如有研究发现，当儿童处于集中学习的环境时，他们表现出更好的语言学习能力（Dunn，Slomkowski and Beardsall，1994），同时也对他们的认知能力表现出更多的自信。早期教育的相关研究大力支持针对儿童的寓教于乐的培养方式，尽管这样的培养方式在应用上有很大的弹性，同时针对游戏在学习中的作用也存在很多假设。

对游戏环境的观察可以增强儿童直觉思维和与人交流的能力。儿童源于自身的策略（例如游戏）和成人引导的经验之间的相对平衡也会影响儿童的学习结果。一般来说，儿童早期教育者更倾向于选择儿童自发的学习事件，在自然出现的教学时刻给予适当的策略。以下五个原则强调了在动物和人类幼年期游戏对脑发育和学习的重要性（Frost，1998）：

- 所有健康的幼年哺乳动物都有游戏行为——在成年动物的影响下，动物的幼儿会作出游戏行为或一些愉快的行为；而人类婴儿由于出生之后运动机能需要更长时间才能成熟，则过多地依靠父母或是其他监护人提供组织和指导来进行游戏，这是儿童发展的脚手架。
- 随着神经系统的发育，游戏的种类和复杂程度迅速增加。
- 早期游戏或是无意义的行为对动物（例如逃跑、围捕、突袭）和人类（例如运动、语言、协商）来说都会增强其未来所需要的技能。
- 游戏之所以在发展中发挥了重要的作用是因为其可以促进语言、情绪、运动、社会化和认知功能之间的相互联系。“游戏性活动，而非直接的指导、置之不理、感觉剥夺或是虐待等行为，对脑发育和人类功能的发展有着良好的促进作用。”（Frost，1998，p. 8）。
- 缺乏游戏可能带来异常的行为表现。但是 Smith 和 Pellegrini（2004）质疑了游戏决定一切的说法，尤其是社会角色扮演的游戏对于人类学习的作用。他们指出，在现代西方社会中，“游戏风气”对儿童早期发展过程的影响并没有得到完全的证明。他们指出：

“……成人（通常是父母）对待儿童游戏的态度相当重要。当孩子们进行游戏的时候，尤其是角色扮演的游戏，常常依赖于文化环境和成人对游戏的态度。成人的态度有：不鼓励这种游戏（强加给非常小的幼儿一些作业和教育要求），暂时容忍（在教育中减少儿童的此类需求）和鼓励提倡（作为一种发展认知功能和社会技能的方式——一种‘家长投资’的形式）”（p. 296）。

众所周知，环境条件对脑神经回路和学习能力的建立有一定的影响作用，因而在儿童发展过程中需要注重环境的模式和多样性（Eming-Young，2002，2000）。关于儿童早期教育的许多文献总结如下：在儿童学龄前，良好的、基于游戏的早期教育方式对智力水平发展、社会功能、自尊和学习任务的适应性具有重要的促进作用，其中与环境高质量的交互作用又是重中之重（Katz，2003）。

A.4.2 课程、教学重点与儿童发展

早期教育者教育理念的不同会带来儿童早期教育和保育课程与教学过程的不同，从而对儿童产生不同的影响。从事幼儿教育工作的成人可以将儿童们看作：生活中独一无二的个体；具有权利和义务的公民，可以选择参加社会性活动；未来要面对潜在挑战的个体；同时由于年龄的关系，儿童也是一个没有足够能力胜任工作、需要特殊指导的个体；或者容易被成年人所忽略。家长和教育者对儿童的推测，他们对儿童的了解，以及在某个年龄阶段（婴儿期、学步期、幼儿园之前以及幼儿园期）应该具有的行为，这些共同形成了儿童在家庭和幼儿园中所面临的学习环境。可以肯定的是，非正规学习是婴幼儿和学龄前儿童生活中的主要内容。早期儿童教育者的培养方案提供了各种游戏和社会交流的机会，使孩子们在语言丰富的环境中成长，同时能够提供足够的支持来满足孩子们的需求，这些在早期教育中被认为是非常重要的部分。

研究表明，婴儿脑前额叶的发育依赖于他们与主要照顾者之间关爱、愉悦的关系模式；持续的压力会带来皮质醇的高水平释放；脑较高的新陈代谢率以及突触联结较强的功能水平（NSCDC，2005，2004a，2004b）。以上这些表明了一个健康的早期发展环境所具备的重要因素——安全的关系模式和细心的照顾，各式各样的感觉经验，以及抚养者对婴儿需求的灵敏反应。当儿童最基本的需求得到满足时（健康和安全，足够的营养，教育和保育），会给儿童健康个性的发展、自信、关键技能、问题解决和合作等能力的发展创造良好的条件（Ramey and Ramey，2000）。

从教育者的角度来看，儿童注意的能力在学龄前有了显著的飞跃，这种改变来源于学前教育的课程与教学的重点，并伴随着儿童不断成长，直到他们进入小学。从蹒跚学步到幼儿园阶段，一般情况下儿童开始能够保持一定的注意，尽管此时对并不醒目的刺激保持注意还是一件困难的事情。这个发现让我们能够意识到在儿童发展的不同阶段儿童如何能更加有效地学习。那些基于儿童兴趣并利用自发教学时刻的方案经常出现在以游戏为基础的情境中，并逐渐变得越来越正式，因而也适合儿童的发展。

A.4.3　支持语言发展的学习环境

儿童早期阶段是语言习得和发展的重要阶段。随着儿童的成长以及在当代社会里的学习和交流，多种多样的交流沟通和多元化的环境对阅读素养发展的熟练水平提出了更高的要求。学习了解文化和环境的细微差异，培养运用多种符号系统进行交流的能力（言语、书面、戏剧化、艺术……），是幼儿正常学习和发展的重要组成部分。Burchinal 等人（2000，2002）列举证据证明对婴儿较好的照顾以及对保育中心职员的培训与婴儿的认知、语言能力的发展有着高度的相关。儿童在不同交流环境中的经验，例如与同伴或是成人的交流，可以帮助他们提高语言和交流的能力，即相对平衡的外界刺激、一致性和鼓励对于儿童成就的获得非常重要。儿童的好奇心（或是他们提出的问题）是我们了解儿童理解和思考的关键。同时在多种非正规的早期学习环境中，我们也能显而易见地观察到儿童的行动过程、表达以及与环境的交互过程。

“成长—促进的关系模式是在儿童与其同伴之间的给予——索取的持续性行为（作用与反作用）的基础上形成的，而这个同伴提供了世界上的其他一切所不能提供的——适应儿童独特个性的个别化经验。这些经验基于儿童自身的兴趣、能力和主动性，可以塑造儿童的自我意识，并且刺激其心智和思想的发展”（NSCDC，2004a，p. 1）。

儿童发展中对环境的敏感性应当会使早期教育者意识到不能使用预设的“格式化方案”来培养幼儿，这些方案往往是针对某个特定年龄段的“典型”儿童，或者是在不同地区和环境下最为广泛应用的方案。由于没有考虑到当地儿童和环境的状况，这类方案对环境缺乏敏感性，常常质量不高。环境的敏感性也使早期教育者认识到并且使用多种方式来培养孩子的学习、观察、创新和表达观点的能力。

A.4.4　教育者使用的、支持早期儿童学习的策略

当代早期儿童教育者的策略主要发展于 20 世纪，在发展的过程中受到了多方面的影响，包括儿童发展的研究、教育学和心理学的理论与研究、政府有关儿童服务的政策兴趣与导向以及各种仪式和日常生活的影响。目前还没有基于坚实的科学研究或是通过对其他理论进行认真评价而开发出来的方案和实践。早期教育者在早期教育和保育中心学习环境中所使用的典型策略包括：

- **倾听儿童**——倾听儿童是最基本的策略，倾听可以了解儿童解决问题或者参与活动所采用的策略，了解他们所拥有的能力，以及那些拥有更多知识的人可以在哪些方面为他们提供帮助。

- **倾听家长和其他家庭成员并与他们合作**——确定儿童的能力和兴趣，了解他们的性格倾向，并发现儿童的发展与学习如何受到家庭的影响。

- **确立共同的知识**——了解儿童在团队活动中的情况，例如幼儿园，提供共同的经验和场地，用以拓展儿童的思维能力。鼓励孩子在处理当前任务时回忆过去的经验，这样可以让儿童建立学习的连贯性，同时掌握新的概念和知识。

- **运用榜样的示范作用**——教育者示范控制任务完成的元认知策略（例如，我的问题是什么？我的计划是什么？我怎样执行下一步？什么会起作用？我是如何知道的?），这对儿童的学习行为具有积极的影响。让儿童去预测和建立理论来解释他们感兴趣的问题，这样可以让儿童保持兴趣和主动性（你想到了什么？你为什么这么想?）。

- **“再认知”**（Re-cognising）（Meade and Cubey，1995）。将儿童的行为用言语表达出来有助于澄清他们的想法和做事的过程。在儿童早期学习环境中，教育者在支持儿童“做中学”经验方面发挥着重要的调节作用。

- **提供特定的教学**对于某些技能而言非常重要。例如，对学龄前稍微大一些孩子的初级阅读研究表明，儿童需要增加语音意识和声音符号的知识来阅读书籍。游戏（例如押韵、卡片分类、找不同点等）可以用作练习并且重复使用。教一些能保证个人安全和卫生的习惯，是非常重要的。

- **增加观察时间**——根据学习发生情况的不同，教育者可以在一旁观察，或是亲身参与儿童的任务。通常情况下，支持性环境对于儿童控制自己的学习非常重要。

- **重视多样性**——教育者可以认可并拓展儿童关于多样化的语言和方言的知识。由于儿童学习方式的多样性以及能够运用不同的符号媒体来表达他们的理解，因此可以通过多种方式来发展不同的学习主题（音乐、故事、游戏、发现、图片、艺术、逻辑推理）以丰富儿童的知识。

- **从回忆和重述中寻找焦点**——早期教育者的疑问、解释和多种实践的联结可以帮助儿童聚焦并且促进他们的理解。

- **保证儿童体验不同的交谈和倾听环境**会拓展孩子们与人交流的经验。有些早期儿童教育者认为，成人与儿童的交流非常重要。

当前有关脑发育的知识使人们理解了脑的生理水平与环境即学习条件之间

的密切联系。早期教育者将儿童看作主动的学习者，并且考虑儿童的家庭和社区在每一个儿童的早期发展和个性特征中的重要作用（Gilkerson，2001）。

A.5　神经科学研究和早期教育研究相结合时所面临的挑战

神经科学研究和教育研究中有不同的目标和关注点。神经科学家刚刚开始研究哪些经验以何种方式将脑联结起来。从动物研究可能会对人类相关研究具有应用价值这一点来说，这类研究是深入思考人脑和幼儿学习机制的起点。新的技术可以观察到人脑的激活过程和认知功能，但是将神经科学研究中得出的启示用于教育和儿童发展，这还没有成为一门真正的科学（Frost，1998，p. 12）。

对幼儿和脑研究中的问题和方法进行超学科设计，为了解人类发展和学习的关键因素与机制提供了重要的机遇。但是在将教育和神经科学联系在一起时仍然存在一些问题。首先，脑发育“敏感期”的概念虽然已经得到了广泛的认可，但是这个概念被大众媒体和政策倡导者改变后用来作为支持早期儿童教育的理由却有一些不妥。Bruer（1999a，1999b）把这个作为一个例子来说明，神经科学家推测研究成果对教育的启示，而教育者却毫无批判地运用这些推测。其次，神经科学和教育学中的不同理论相互竞争，这就需要认真设计研究来科学地解决这个问题，以推动这个领域向前发展。第三，很多以人为被试的实验研究了经验对脑发育的影响作用，主要研究的是对儿童的虐待和忽视。然而目前仍然没有针对正常儿童的实证研究证据来证明经验对脑发育的影响作用。对正常发育儿童的研究有助于阐明脑发育的过程，这个问题本身就很有趣，同时还具有促进健康和福利的潜力（Reid and Belksy，2002，p. 584）。

有些人认为，将认知神经科学的研究成果直接应用于教学领域尚为时过早。Bruer（1999a，1999b）提出，在早期儿童教育中应用认知教学实践要比神经科学的研究结果更为有效。另外，人们认为神经科学家没有足够的信息来证明神经功能和教学实践之间的关系可以帮助教育者（Winters，2001，p. 4）。因此不可否认的是，将神经科学的研究结果应用于教育领域的确需要谨慎。

随着早期儿童教育者采取全面的发展观，即将脑科学知识与儿童发展结合起来，应当增进对发展与儿童的理解（Gilkerson and Kopel，2004）。目前本篇论文中提到的在早期儿童培养中所使用的方式（例如多感觉通道的经验和游戏、支持性的思维、儿童自发的活动、社会关系等），指明了建基于传统、特异性经验及教育研究等之上的发展方向。所提倡的许多培养方式并不与当前神经科学研究有冲突。因此，目前进一步的教育实践研究的关键是对学习理论和神经科学研究的整合，这种整合可以为儿童的培养提供有效而丰富的培养方案。

参考文献

Ansari, D. (2005), "Commentaries. Paving the Way towards Meaningful Interactions between Neuroscience and Education", Blackwell Publishing, pp. 466 - 467, *www. dartmouth. edu/ ~ numcog/pdf/Blakemore% 20and% 20Frith% 20Commentary. pdf? sid* = 587019.

Barnett, W. S. (1995), "Long-term Outcomes of Early Childhood Programs", *Future of Children*, Vol. 5 (3), pp. 25 - 50.

Bauer, P. J. (2002), "Long-term Recall Memory: Behavioral and Neuro-developmental Changes in the First Two Years of Life", *Current Directions in Psychological Science*, Vol. 11 (4), pp. 137 - 141.

Blakemore, S. J. and U. Frith (2005), "The Learning Brain. Lessons for Education: A précis", *Developmental Science*, Vol. 8 (6), pp. 459 - 471.

Brainard, M. S. and A. J. Doupe (2002), "What Songbirds Teach us about Learning", *Nature*, Vol. 417, 16 May, pp. 351 - 358.

Brandt, R. (1999), "Educators Need to Know about the Human Brain", *Phi Delta Kappan*, November, pp. 235 - 238.

Brooks-Gunn, J. (1995), "Strategies for Altering the Outcomes of Poor Children and their Families", in P. L. Chase-Lansdale and J. Brooks-Gunn (eds.), *Escape from Poverty: What Makes the Difference for Children?* Cambridge University Press, New York, pp. 87 - 117.

Brooks-Gunn, J. (2003), "Do You Believe in Magic? What We Can Expect from Early Childhood Intervention Programs", *Social Policy Report*, Vol. 17 (1), pp. 3 - 14.

Bruer, J. T. (1997), "Education and the Brain: A Bridge too Far", *Educational Researcher*, Vol. 26 (8), pp. 4 - 16.

Bruer, J. T. (1999a), "In Search of Brain-Based Education", *Phi Delta Kappan*, May, pp. 649 - 657.

Bruer, J. T. (1999b), *The Myth of the First Three Years*, Free Press, New York.

Burchinal, M. R., J. E. Roberts, R. Jr. Riggins, S. A. Zeisel, E. Neebe and D. Bryant (2000), "Relating Quality of Center-based Child Care to Early Cognitive and Language Development Longitudinally", *Child Development*, Vol. 7 (2), pp. 339 - 357.

Burchinal, M. R., D. Cryer, R. M. Clifford and C. Howes (2002), "Caregiver Training and Classroom Quality in Child Care Centers", *Applied Developmental Science*, Vol. 6 (1), pp. 2 - 11.

Changeux, J. P. and S. Dehaene (1989), *Cognition*, Vol. 33, pp. 63 – 109.

Clark, J. (2005), "Explaining Learning: From Analysis to Paralysis to Hippocampus", *Educational Philosophy and Theory*, Vol. 37 (5), pp. 667 – 687.

Crick, F. (1994), *The Astonishing Hypothesis: The Scientific Search for the Soul*, Scribner, New York.

Cunha, F., J. Heckman, L. Lochner and D. V. Masterov (2005), "Interpreting the Evidence of Life-Cycle Skill Formation", IZA Discussion Paper Series, No. 1575, Institute for the Study of Labour, Bonn, Germany, July.

Davies, M. (2002), "A Few Thoughts about the Mind, the Brain, and a Child in Early Deprivation", *Journal of Analytical Psychology*, Vol. 47, pp. 421 – 435.

Davis, A. (2004), "The Credentials of Brain-based Learning", *Journal of Philosophy of Education*, Vol. 38 (1), pp. 21 – 35.

Dunn, J., C. Slomkowski and L. Beardsall (1994), "Sibling Relationships from the Preschool Period through Middle Childhood and Early Adolescence", *Developmental Psychology*, Vol. 30, pp. 315 – 324.

Dyckman, K. A. and J. E. McDowell (2005), "Behavioral Plasticity of Antesaccade Performance Following Daily Practice", *Experimental Brain Research*, Vol. 162, pp. 63 – 69.

Eming-Young, M. (2000), *From Early Child Development to Human Development*, World Bank, Washington DC.

Eming-Young, M. (2002), *Early Childhood Development: A Stepping-stone to Success in School and Life-long Learning*, Human Development Network Education Group.

Fagiolini, M. and T. K. Hensch (2000), "Inhibitory Threshold for Cortical-period Activation in Primary Visual Cortex", *Nature*, Vol. 404, pp. 183 – 186, March.

Frost, J. L. (1998), "Neuroscience, Play and Child Development", Paper presented by the IPA/USA Triennial National Conference, ERIC Document 427 845, PS 027 328.

Gazzaniga, M. (1998), *The Mind's Past*, University of California Press, Berkeley.

Gilkerson, L. (2001), "Integrating and Understanding of Brain Development into Early Childhood Education", *Infant Mental Health Journal*, Vol. 22 (1 – 2), pp. 174 – 187.

Gilkerson, L. and C. C. Kopel (2004), "Relationship-based Systems Change: Illinois' Model for Promoting the Social-emotional Development in Part C Early Intervention", Occasional Paper No. 5, Erikson Institute, Herr Research Centre.

Gopnik, A., A. Meltzoff and P. Kuhl (1999), *The Scientist in the Crib. What Early Learning Tells us about the Mind*, Harper Collins, New York.

Goswami, U. (2004), "Neuroscience and Education", *British Journal of Educational Psychology*, Vol. 74, pp. 1 – 14.

Goswami, U. (2005), "The Brain in the Classroom? The State of the Art. Commentaries",

Blackwell Publishing, pp. 467 – 469, *www. blackwell-synergy. com/doi/pdf/*10. 1111/*j*. 1467 – 7687. 2005. 00436. *x*.

Greenhough, W. T., J. E. Black and C. S. Wallace (1987), "Experience and Brain Development", *Child Development*, Vol. 58 (3), pp. 539 – 559.

Greenhough, W. T., T. C. Maddon and T. B. Fleischmann (1972), "Effects of Isolation, Daily Handling and Enriched Rearing on Maze-learning", *Psychenomic Science*, Vol. 27, pp. 279 – 280.

Hancock, L. and P. Wingert (1997), "The New Preschool" (Special Issue), *Newsweek*, 129, 3637, Spring-Summer.

Hannon, P. (2003), "Developmental Neuroscience: Implications for Early Childhood Intervention and Education", *Current Paediatrics*, Vol. 13, pp. 58 – 63.

Heckman, J. J. and L. Lochner (1999), "Rethinking Education and Training Policy: Understanding the Sources of Skill Formation in a Modern Economy", Mimeograph, October.

Ito, M. (2004), "'Nurturing the Brain' as an Emerging Research Field Involving Child Neurology", *Brain and Development*, Vol. 26, pp. 429 – 433.

Karoly, L. A., P. W. Greenwood, S. S. Everingham, J. Hoube, M. R. Kilburn, M. Rydell, M. Saunders and J. Chieas (1998), *Investing in our Children: What we Know and Don't Know about the Costs and Benefits of Early Childhood Interventions*, RAND, New York.

Karoly, L., R. Kilburn, J. Bigelow, J. Caulkins and J. Cannon (2001), *Assessing the Costs and Benefits of Early Childhood Intervention Programs: Overview and Application to the Starting Early Starting Smart Program*, RAND Publication MR1336, New York.

Katz, L. (2003), "State of the Art in Early Childhood Education 2003", ERIC Document, No. 475 599.

Kim, K. H. S., N. R. Relkin, K. M. Lee and J. Hirsch (1997), "Distinct Cortical Areas Associated with Native and Second Languages", *Nature*, Vol. 388, pp. 171 – 174.

Kisilisky, B. S., S. M. J. Hains, A. Y. Jacquet, C. Granier-Deferre and J. P. Lecanuet (2004), "Maturation of Fetal Responses to Music", *Developmental Science*, Vol. 7 (5), pp. 550 – 559.

Koenig, M. A. and P. Harris (2005), "The Role of Social Cognition in Early Trust", *Trends in Cognitive Sciences*, Vol. 9 (10), pp. 457 – 459.

Kolb, B. and I. Q. Wishaw (1998), "Brain Plasticity and Behaviour", *Annual Review of Psychology*, Vol. 49, pp. 43 – 64.

Kuhl, P. K. (2004), "Early Language Acquisition: Cracking the Speech Code", *Nature Reviews Neuroscience*, Vol. 5, pp. 831 – 843.

Lally, J. R. (1998), "Brain Research, Infant Learning and Child Care Curriculum", *Child Care Information Exchange*, Vol. 5, pp. 46 – 48.

LeDoux, J. (2003), *Synaptic Self: How our Brains Become Who We Are*, Viking Penguin, New

York.

Lindsay, G. (1998), "Brain Research and Implications for Early Childhood Education", *Childhood Education*, Vol. 75 (2), pp. 97 – 101.

Lynch, R. (2004), "Exceptional Returns. Economic, Fiscal, and Social Benefits of Investment in Early Childhood Development", Economic Policy Institute, Washington DC.

Meade, A. and P. Cubey (1995), *Thinking Children: Learning about Schemas*, NZCER, W. C. E. and Victoria University, Wellington.

Mitchell, D. E. (1989), "Normal and Abnormal Visual Development in Kittens: Insights into the Mechanisms that Underlie Visual Perceptual Development in Humans", *Canadian Journal of Psychology*, Vol. 43 (2), pp. 141 – 164.

Nelson, C. A. *et al.* (2000), "The Neurobiological Bases of Early Intervention", in J. P. Shonkoff and S. J. Meisels (eds.), *Handbook of Early Childhood Intervention*, second edition, Cambridge University Press, Cambridge, Mass.

NSCDC (National Scientific Council on the Developing Child) (2004a), "Young Children Develop in an Environment of Relationships", Working Paper 1, Summer, NSCDC, *www. developingchild. net.*

NSCDC (National Scientific Council on the Developing Child) (2004b), "Children's Emotional Development is Built into the Architecture of their Brains", Working Paper 2, NSCDC, *www. developingchild. net.*

NSCDC (National Scientific Council on the Developing Child) (2005), "Excessive Stress Disrupts the Architecture of the Brain", Working Paper 3, Summer, NSCDC, *www. developingchild. net.*

OECD (2006), *Starting Strong II: Early Childhood Education and Care*, OECD, Paris.

Posner, M. J (2004), "Neural Systems and Individual Differences", *Teachers College Record*, Vol. 106 (1), pp. 24 – 30.

Ramey, S. L. and C. T. Ramey (2000), "Early Childhood Experiences and Developmental Competence", in J. Wolfagel and S. Danzigner (eds), *Securing the Future. Investing in Children from Birth to College*, Russell Sage Foundation, New York, pp. 122 – 150.

Reid, V. and J. Belsky (2002), "Neuroscience: Environmental Influence on Child Development", *Current Paediatrics*, Vol. 12, pp. 581 – 585.

Rushton, S. and E. Larkin (2001), "Shaping the Learning Environment. Connecting Developmentally Appropriate Practice to Brain Research", *Early Childhood Education Journal*, Vol. 29 (1), pp. 25 – 33.

Rutter, M. (2002), "Nature, Nurture and Development: From Evangelism through Science towards Policy and Practice", *Child Development*, Vol. 73 (1), pp. 1 – 21.

Rutter, M., T. O'Connor and the English Romanian Adoptees Study Team (2004), "Are there

Biological Programming Effects for Psychological Development? Findings from a Study of Romanian Adoptees", *Developmental Psychology*, Vol. 40 (1), pp. 81 – 94.

Shonkoff, J. P. and D. A. Phillips (2000), *From Neurons to Neighbourhoods: The Science of Early Child Development*, National Academy Press, Washington DC.

Shore, R. (1997), *Rethinking the Brain. New Insights into Early Development*, Families and Work Institute, New York.

Siegler, R. S. (2000), "The Re-birth of Children's Learning", *Child Development*, Vol. 71 (1), pp. 26 – 35.

Slavin, R. E. (2002), "Evidence-based Education Policies: Transforming Educational Practices and Research", *Educational Researcher*, Vol. 31 (7), pp. 15 – 21.

Smith, P. K. and A. D. Pellegrini (2004), "Play in Great Apes and Humans", in A. D. Pellegrini and P. K. Smith (eds.), *The Nature of Play: Great Apes and Humans*, pp. 285 – 298.

Sylva, K., E. Melhuish, P. Sammons, I. Siraj-Blatchford and B. Taggart (2004), "The Effective Provision of Preschool Education (EPPE) Project. Final Report", Department for Education and Skills, London, December.

Thompson, R. A. and C. A. Nelson (2001), "Developmental Science and the Media. Early Brain Development", *American Psychologist*, Vol. 56 (1), pp. 5 – 15.

Thorpe, K., C. Tayler, R. Bridgstock, S. Grieshaber, P. Skoien, S. Danby and A. Petriwskyj (2004), "Preparing for School. Report of the Queensland School Trials 2003/4", Department of Education and the Arts, Queensland Government, Australia.

Werker, J. and H. H. Yeung (2005), "Infant Speech Perception Bootstraps Word Learning", *Trends in Cognitive Sciences*, Vol. 9, pp. 520 – 527.

Winters, C. A. (2001), "Brain-based Teaching: Fad or Promising Teaching Method", ERIC Document 455 218, SP 040 143.

B篇

青少年的脑发育和学习

Karen Evans，英国伦敦大学终身学习与国际发展学院
Christian Gerlach，丹麦学习实验室
Sandrine Kelner，法国南锡高中教师

B.1 简介

脑包含的大量细胞或神经元，是脑的基本运作单位。脑在出生前的最快发育时期内（怀孕后 10—26 周），每分钟大约能形成 250 000 个神经元细胞。婴儿出生的时候，神经元的数目达到最多，在 150 亿—320 亿之间。这个数字范围不仅反映出对神经元数量统计的不准确性，而且还反映出神经元的数量是因人而异的。婴儿出生后，新的神经元产生的数量非常有限，而脑中大部分显著的变化发生于神经元之间的联结，即新的神经联结的形成与旧的神经联结的加强或是淘汰。由于任何特定的神经元常常和其他数以千计的神经元相联结，因此，存在着很大的变化空间。长久以来，科学界认为，这种变化主要发生在儿童期，因为脑在 6 岁的时候已经达到成人脑体积的 90%，但是目前这种观点已被推翻。研究证实，脑终生都会经历显著的变化。在本报告中，我们主要针对青少年期的神经变化，即 12—18 岁的年龄阶段。本篇主要考察在青少年期内，脑神经变化所带来的相关行为上的变化，以及随之而来的情绪调节、危险行为、决策能力和独立性发展等方面所产生的变化。其最终目的是思考神经发育上的变化对学习、教学和教育方面的启示。在我们开始应用之前，需要了解脑发育的基本知识，包括微观（神经元）和宏观（大脑系统）两个层面。

B.2 理解脑发育——我们所关注的问题是什么

B.2.1 微观层面的脑发育

在了解脑如何随着时间而发生变化之前，我们首先需要了解脑的结构。脑最小的功能单位是神经元。神经元由三个主要部分构成：**细胞体**。其中细胞体包含了维持细胞运转的机制以及从细胞体延伸出来的一条**轴突**和若干条**树突**。树突的功能是从其他神经元那里接收信息；而轴突的功能是向其他神经元传递信息。神经元之间的联系是通过一个神经细胞的轴突释放化学物质（**神经递质**）进行的，轴突的末端有若干个突起（**终末**）。神经递质通过轴突上的小缝隙，随后附着在邻近神经元树突表面的受体上。使神经细胞的轴突和树突分离的小缝隙称为**突触，这个缝隙**使得神经递质可以顺利通过。

神经元之间的交流受若干因素的调控。其中最重要的因素是神经元会增加其突触的数量（**突触发生**），同时神经元数量也可能会减少，即所谓的“**修剪**”。从更微观的水平来看，两个神经细胞之间交流的“力量”主要受以下因素的调控，如轴突终末释放的神经递质的数量、神经递质通过突触间隙移动的速度、接收神经元表面受体的数量等。人们一般将后两者称为对已有突触联结的**加强**或**削弱**。

神经元的变化受到个体经验的影响。显然，神经元以达尔文进化论的模式（适者生存）变化，即没有被用到的突触联结会消失或是减弱，而经常用到的突触联结会得到加强，从而带来更有效和直接的交流。因此，学习的结果既可以是新突触的形成，也可以是已有突触联结的加强或削弱（甚至消失）。这两种机制都得到了有力证据的支持，前者以儿童或青少年为主，而后者则以成年人为主。例如，脑就像一尊雕塑，受到经验的雕刻。

除了突触的变化外，神经细胞还会经历另一种变化。在理解这些变化之前我们必须了解神经元之间在进行交流时发生了什么事情。前文曾经提到过，细胞间的交流是通过神经元轴突释放的神经递质而实现的，但是在轴突释放神经递质之前需要得到信号的启动，这就需要电刺激从神经细胞体传递到轴突。即神经元之间的交流遵循以下的原则：神经元 A 在神经元 A 和神经元 B 的突触间隙释放神经递质，一些神经递质通过突触间隙附着在神经元 B 表面的受体上。此时神经元 B 的细胞膜受到刺激而打开，使得细胞外的化学物质泵入细胞，同时另外一些化学物质可以渗出细胞。如果神经元 B 受到的影响足够大，即细胞上足够多的泵被激活，细胞的电压发生改变，随后在轴突上产生一系列的反应，电流从细胞体传递到轴突。而轴突的反应更像是电线一样传导电流。如果绝缘的话，轴突传导的速度会增加。在出生的时候，大部分轴突没有绝缘，但是随后很快就会收到绝缘的保护，即一层脂肪壳包围起轴突，这个发展过程被称为**髓鞘化**（髓鞘是一层脂肪类的物质，以达到绝缘的目的）。当轴突髓鞘化后，电刺激就可以在轴突上“跳跃”传导。髓鞘上每隔一段便有一个间隔，电刺激在髓鞘间隔中传导要比起最初缓慢地传导要容易得多。这就意味着髓鞘化后轴突的传导速度比髓鞘化之前快 100 倍。与突触变化（突触生成/修剪/加强/削弱）相一致的是，髓鞘化的过程也依赖于经验（Stevens and Fields，2000）。

B.2.2　宏观水平的脑发育

脑中神经元之间的连接并不是随机的。一个普遍的原则是，神经元如果具有相同或相近的功能会聚集在相近的位置并彼此联结。这样的群集又会和其他群集相联结，这样某一特定大脑区域就会直接和间接地同其他许多区域相联结，形成复杂的神经网络。但是这并不代表所有的群集都具有同样的功能。相反，许多脑区具有高度的特异性，承担着特定的功能。例如，视觉皮层的某个区域负责对颜色的知觉，而其他的区域则分别负责编码运动和形状等。我们之所以能够看见一个物体是由于许多高度特异化的脑区共同作用的结果，每个区域负责某一方面的知觉，从而形成对客体的知觉。许多脑区共同作用提供特定的功能，我们称之为**认知网络**。有些功能在婴儿出生的时候已经就绪，将言语分割为词语的能力可能就是一项有力的证据（Simos and Molfese，1997）（通常个体的言语表达中没有停顿，因此能够辨别词语的开始或结束的确是一项有些难度的任务）。而其他的一些功能则需要“构建”，阅读能力就需要复杂的网络参与，其中涉及脑的许多不同区域。这样的网络在婴儿出生的时候还没有形成，需要许多特异化的脑区共同协调作用，相互联结而形成。这部分是由于阅读能力的形成需要大量的指导，但是理解口头语言则不需要正式的教学，而是自发形成的。

B.2.3 多水平地考察儿童的脑发育

微观水平的脑发育知识来自动物的实验研究。由于人脑和动物脑神经元之间的差别并不大，因此来自动物脑研究的这种知识也可以应用于人类。但是在微观水平下来研究我们所感兴趣的认知功能和神经变化之间的关系，所得的意义并不大。因为不管神经元是位于大脑的前部还是后部，神经元的行为方式都是一致的。尽管它们表现出来的功能各不相同，但是它们的发育都受到相同原则的调控。如果我们想要了解具体的认知功能，则需要同时观察较大的脑区，甚至有可能是全脑。进一步讲，如果我们想要了解人类的发育，自然需要研究人脑而不是猴子的脑（尽管两者非常相似）。大约20年前，有关人脑发育的研究只能局限于尸体的解剖和检查。尽管通过脑组织切片，我们可以了解到很多相关的知识，但是这种方法得到的结果仅仅限于病人或是老人的脑。这也使得对正常人脑发育的研究变得复杂起来。尽管受到研究方法的限制，但必须承认的是，早在1901年，科学家已经运用这种方法绘制了人脑许多部位的发育情况。这项工作于18世纪末期由Paul Flechsig发起。他通过对不同年龄段、不同脑区髓鞘化程度的检查，绘制了不同区域逐步成熟的过程。从这个过程图中，我们可以了解到有关脑发育的大量有用信息。例如，促进存储和巩固长时记忆知识的脑区（颞叶中部）的成熟要早于用于协调工作记忆的前额叶（短期记忆的存储部分，可以有效调节信息）。尽管Flechsig的研究在近期的研究中也得到了证实，其所绘制的图谱还需要很多的补充。首先，需要进一步了解以下内容：在个体发生（个体发育的历史）过程中，各个部分成熟的特定时间与发育完成的时间。同时由于不同的发育水平，我们也希望了解儿童和成人在解决问题时所运用的脑区是否不同。在最近的20年里，由于脑成像技术的发展（脑扫描），上述诸多问题已经得到了进一步的了解，脑成像技术的发展可以在个体健康（活体）状态下研究脑的发育水平。此类技术之间的不同也可以揭示脑发育中的不同方面，后文将进一步解释。

B.2.4　脑成像技术

脑成像技术可以分为两种，一种是功能性成像，另外一种是结构性成像。结构性成像技术可以通过测量脑的灰质（细胞体）和白质（轴突）的分布情况绘制出脑的结构。目前结构性扫描成像技术主要运用核磁共振成像技术（MRI）（具体方法详见框B.1）。

框B.1　核磁共振成像技术的原理

人类身体内含有大量的水分，但是不同的组织中所含水分的比例是不一样的。脑中有两种不同的组织，即灰质和白质。灰质主要包含了神经细胞的胞体，而白质则主要由轴突组成（白质之所以是白色的，是因为轴突外面被脂肪类的髓鞘所包围）。核磁共振成像技术的原理稍显复杂，但是大体上可以归纳如下：水中存在着大量的氢原子，而氢原子内则包含有质子。质子是带有磁性的，它们像是罗盘上的指针一样，但是一般情况下它们的运动指向各个方向。如果将它们置于强磁场中，例如核磁共振扫描设备中，质子在强磁场的作用下会重新排列，指向同一个方向。尽管质子的位置没有发生改变，但是质子仍然围绕着自身的轴心以一定的频率旋转。如果外界的无线电波以相同的频率（质子自旋频率）给予干扰，质子会发生轻微的倾斜，吸收来自电波中的能量。当无线电波停止后，质子自身会重新改变方向，同时发放无线电波，发放的频率和当初影响它们的无线电波的频率是一致的，而且这种无线电波可以被仪器系统中的天线所探测到。因为无线电波信号的强度取决于质子分布的比例，而脑中白质和灰质中质子分布的比例有所不同，因此可以根据信号强度的不同重构出显示脑灰质区域和白质区域的影像。

同结构性成像技术相比，功能性成像技术提供了一定时间内脑活动的图像。通过功能性成像技术，我们可以测量一定条件下哪些区域有着更强的活动，从而指出哪些脑区支持某种特定的功能（详见框 B.2）。

框 B.2　正电子断层扫描技术（PET）和功能性核磁共振成像技术（fMRI）的原理

神经细胞的工作需要大量的能量。这些能量由糖类的供给，而糖类物质则由血液运输给神经细胞。测量新陈代谢率或者脑的血流量，可以作为间接测量脑活动水平的指标。通过正电子断层扫描技术可以进行这样的测量，但是需要注射放射性物质，使其附着在糖类物质上或者扩散到血液中。脑中活动强度最大的脑区往往伴随着最高的新陈代谢率和较高的脑血流量，因此，也是放射性物质浓度最高的部位。通过测量放射性物质的衰减量，可以再现出脑活动的图像，我们可以据此得到特定时间内脑不同区域活动的图像。但是正电子断层扫描技术有一个主要的缺点，就是需要注射放射性物质（虽然剂量很小），这是人们所不希望的。幸运的是，现在已经可以通过核磁共振成像技术来测量脑的血流量。正是因为含氧和缺氧的血液在磁场中有不同的角度，一旦血液受到无线电波的影响作用，两者会释放出不同的信号。神经细胞在转化糖类释放能量的过程中要利用氧气作为条件，这就意味着特定区域内信号的释放取决于含氧或是缺氧的水平。通过测量血液中含氧或者缺氧的水平，可以作为特定脑区活动水平的指标。使用核磁共振成像技术来测量脑活动水平的方式称为功能性核磁共振成像 fMRI（功能性 MRI）。

B.2.5　先天和后天对发育的影响孰轻孰重的问题难以预测

成像技术的发明是我们理解脑发育的关键一步，因为它可以使我们对健康的正常人的脑发育进行研究。目前我们主要研究的领域是了解脑不同区域何时成熟，以及儿童使用的脑区是否和成人有所区别？在我们应用这些技术来获得研究成果之前，有必要事先了解一些在解释成果时所遇到的问题。

迄今为止，我们在谈论脑的时候，就好像脑是一种过程，而实际上脑发育是由多种因素共同作用的。一方面，脑发育中的某些方面的确是由基因决定的，不会受到个体经验的直接影响。例如，视觉皮层都位于脑的相同位置，并且所有个体的脑联结方式是相同的①。此类型的发育是基因导向的生物**成熟**过程。另一方面，脑建构过程中会受到经验的影响，这就导致个体差异的出现。例如，甚至同卵双胞胎的脑也不相同（White，Adnreasen and Nopoulos，2002）。脑发育过程显然是成熟（先天）和经验（后天）双重作用的结果。因此我们很难下结论说脑的哪些变化肯定是由于先天的因素导致的或哪些肯定不是。

另一个问题涉及发育和年龄之间的关系。如果我们仅仅将脑的发育作为不同年龄段的功能来测量，那么这种测量就不准确。这是由于个体差异而导致了脑发育的不同。换句话说，即使在所有个体的发育中，x 区的成熟要早于 y 区，但是 x 区的确切成熟时间也会随着个体而有所差异。有的人可能在 6 岁的时候成熟，而有的人却可能在 8 岁。如果我们仅仅根据特定年龄阶段如 12 岁所观察到的平均发育水平，那么我们的估计会因为个体差异的不同而掩盖了真实存在的差异。此问题正是目前称为**横向研究**的缺点，即对不同的年龄组进行研究，并将结果进行比较。避免此问题的唯一方法是研究同一个群体中不同年龄段的发育状态。此种测量方式可以避免在特定年龄段不同个体间由于发育的不同而产生的变化，这种研究称为**纵向研究**。由于脑成像技术在最近 10—15 年才开始用于研究，上述类型的研究得到的结论更多是个案而不是规律。

尽管纵向研究比横向研究的测量更为详尽，但是此类研究仍然不能解决先天驱动和后天驱动之间关系的基本问题。同时此类方式也很难确定对 6—8 岁的儿童所观察到的变化是由于成熟还是经验造成的（或者两者都有）。毕竟在两年时间内会有相当多的学习经验，比如学校里的经验。

由于我们头脑中所具有的这些解释问题，我们将看看个体脑发育中所了解的情况。

B. 3　经验对脑的塑造

B. 3. 1　不断发展的脑活动

大量有关脑发育的信息来自于运用 PET 技术测量脑新陈代谢（Chugani and Phelps，1986；Chugani，Phelps and Mazziotta，1987；Chugani，1998）。此

① 例如，尽管我们都接收到外界不同的视觉刺激，但是视觉皮层仍然会正常发育。仅仅在极少数的例子中，这种基因决定的发育会受到影响，例如由于眼疾引起的全盲。

类研究可以得到脑突触活动的图像。这类研究表明，新生儿（1个月内）脑干、部分的小脑和丘脑的新陈代谢率是最高的，此外还包括初级感觉皮层和运动皮层。从功能的角度来看，这就意味着新生儿能够调节基本的脑功能，包括呼吸、觉醒等（脑干）；记录触觉，视觉印象等（丘脑和初级感觉皮层）；以及作出基本的行为（初级运动皮层和小脑）。除此以外，有一些用于记忆和注意功能的脑区也保持着相对较高的新陈代谢率，例如海马、扣带回以及基底神经节。新生儿出生后的第二个月到第三个月期间，脑顶叶、颞叶和枕叶的次级和三级皮层的新陈代谢率逐渐增加，这些脑区并没有直接接收到感觉信息的输入，而是进一步加工来自初级皮层区域的信息。从行为的角度来看，儿童从不同感觉通道整合信息的能力和协调运动的能力逐渐增加。然而脑新陈代谢的增加并不是在所有的次级和三级皮层中都存在。特别值得一提的是，脑前额叶新陈代谢速率的增加是从婴儿6个月的时候开始的。脑的前额叶负责复杂信息的加工和整合，并且通常情况下与执行功能相联系，即制订计划与执行复杂的目标导向的行为的能力。

虽然上述的发育方式从发育的时间上给出了更好的定义，但是这种发育方式和Flechsig在1901年提出的方式并没有什么显著的区别。Flechsig的实验和PET的相关实验都证明了个体发育的过程反映了种系发育的过程。然而PET的研究同时也解释了令人惊讶的发育模式。尽管新生儿新陈代谢的速度比成年人低30%，但是它会直线上升并一直持续到4岁。这样迅速的增长导致儿童4岁时其新陈代谢率会达到成人的两倍。从4岁开始直到9、10岁，新陈代谢的速率一直都是稳定的，此后开始逐渐降低直至成年，这个过程持续到16—18岁左右。由于新陈代谢的速率实际上反映了突触的活动，因此这样的发育模式表明，实际上在4岁的时候脑拥有了更多的突触且超过了脑实际上所需要的数量，随着时间的变化这部分多余的突触逐渐消失。脑的发育过程中自然会出现去除神经元之间多余的突触联结的步骤。只有经常使用的突触会被保留下来，这取决于个体的经验（Rauschecker and Marler，1987）。从遗传的角度来考虑，这样的安排非常简洁。遗传并没有规定所有的联结，而是从一开始就给予了最重要的联结，其余的就是环境影响的问题了。这样，可以肯定的是，大脑的功能是根据有机体的需要而发展的。

B.3.2 不断发展的脑结构

上述谈到的有关脑活动的研究主要是基于PET实验的。尽管新陈代谢率和突触的数目之间有着紧密的关系，但是 PET 仍然只能间接测量脑的结构是怎样发生变化的。为了直接获得脑结构上的信息，就需要借助 MRI 技术来直接测量脑灰质和白质上的变化。目前已有一些此类研究（参见 Durston et al.，2001；Paus et al.，2001；Casey et al.，2005；Paus，2005 综述）。

大体来说，MRI 实验和 PET 实验之间有很紧密的联系。一项研究范围很广的实验基于对 161 个被试的追踪研究（Giedd et al，1999；Giedd，2004）发现：脑灰质的总量（GMV）呈现出典型的倒 U 形发展模式，即脑灰质的总量在儿童期迅速增加，在青少年期达到峰值，随后开始逐渐减少。此外，这样的发育在脑的不同区域是有所区别的。在脑的顶叶中，脑灰质的总量在 11 岁左右的时候达到峰值（女孩平均 10.2 岁，男孩平均 11.8 岁）；在脑的前额叶中，脑灰质的总量在 12 岁半左右达到峰值（女孩平均 11 岁，男孩平均 12.1 岁）；在颞叶，脑灰质的总量大约在 16 岁半时达到峰值（女孩平均 16.7 岁，男孩 16.5 岁）。（令人奇怪的是，用于执行视觉功能的脑枕叶没有显著的灰质总量的下降。）值得我们注意的是，从脑的不同区域（前额叶、颞叶和顶叶）发育的差别中看出，脑灰质总量的峰值在初级感觉皮层的发育要早于次级和三级皮层。例如，脑前额叶的背外侧同执行功能相关，是相对较晚成熟的一个区域；另一个成熟较晚的区域位于颞叶（具体来说是大脑左半球颞叶侧部）（Sowell et al.，2003），这个区域在语义记忆的存储中发挥着重要的作用。所谓语义记忆像词典一样包括了我们所了解的事情以及它们是如何起作用的。研究表明，这个区域的灰质总量在相对较晚的时候才能达到峰值，事实上大约是在 30 岁的时候。这与我们的现实情况是一致的，即我们终生都会获得语义记忆，尤其是儿童期、青少年期和成年早期。

通常情况下脑灰质总量在青少年期至成年早期开始降低，但是白质总量（WMV）何时发生变化的研究仍然在继续。白质是神经元的轴突部分，负责联结脑的各个部分并且传递信息。白质总量似乎直到 40 岁的时候才开始增加（Sowell et al.，2003），而且脑的各个区域之间白质总量并没有显著的变化（Giedd，2004）。

如果我们综合考虑观察到的灰质总量和白质总量的变化情况，并且将变化的情况同其功能联结起来，可以总结如下：我们在逐渐失去脑的可塑性或学习潜力（灰质总量降低），但同时功能逐渐增强（多余的突触消失，并且交流的通路开始优化——轴突的髓鞘化增加了白质的总量）。

B. 3. 3　脑和行为之间的关系常常是间接的

尽管核磁共振让我们能够更好地了解脑的发育，但很多研究仍然具有特定的局限。此类研究通常的规律是在研究脑发育的过程中并不研究认知功能的发展，这就意味着我们不得不根据生理上的变化来猜测行为上的变化。虽然这种方式的确可以获得一些有关脑与行为之间关系的知识，但是这种关系仍然是间接的。我们只有同时对同样的被试进行脑与行为发展方面进行研究，才有可能揭示两者的直接关系。这类研究虽然可行（Tyler，Marslen-Wilson and Stamatakis，2005），但是仍然很少。

B. 3. 4　儿童和成人脑运行的方式不同

上述的实验旨在了解脑在不同年龄阶段中结构的变化。此外还有其他方式来研究认知功能、脑和年龄之间的关系，即功能性成像技术（PET 和 fMRI）的**激活研究**范式。此类研究能够揭示与特定任务（如阅读、识别物体等）相联系的脑活动（不同于结构性变化）。此类研究的优点在于所观察到的不同群体之间的差异（例如青少年和成人）直接与被试所完成的任务相关。但是如果发现个体脑某个区域的发育可能对应着某种认知功能，两者之间未必就有直接的对应关系。例如，我们发现脑区域 A 和某种认知功能 B 之间有相关关系，可能是因为存在着某种认知功能 C，因为认知功能 B 与 C 之间是协同发展的。在激活研究中，研究者可以通过控制任务的选择来确定直接对认知功能的影响。

目前针对年龄差异的激活研究实验数量已经远远超过了相应的结构研究。本文也不能完全涵盖所有此类研究的综述。大体而言可以总结如下：此类研究发现儿童或青少年比成人激活了更多脑区，并且这种激活更具有广泛性（Casey et al.，2005）。这与如下研究结论相一致：(1) 儿童或青少年过多的突触会随着时间逐渐消失；(2) 脑的白质不断发展，使得各区域的联结更为有效。由于年龄的作用，这两方面应该产生更集中的激活。

B. 3. 5　青少年的脑及其行为变化

如上所述，在青少年期整个脑都在不断地发展。然而，在这个阶段内，脑的某些区域相对于其他阶段来说表现出了更快速的发育和发展。一个典型的例子就是前额叶皮层的背外侧区域。一般来说，脑的这部分与认知功能紧密联系，诸如工作记忆（处理实时信息）、注意分配、反应抑制，此外颞叶的结构与新异的或是复杂的目标行为相联系（Fuster，2002）。（值得注意的是，这些功能与日常行为紧密联系。）事实上，人们早已得知与日常功能相联系的能力在青少年期会不断发展（Keating and Bobbitt，1978）。目前的研究则进一步确定了这些发展上的变化同生理变化有着显著的相关（包括结构性和功能性）（Casey，Giedd and Thomas，2000）。现在我们所讨论的发展变化是基于将儿童或青少年与成人区别开来的四个重要特征，即所谓的能力：（1）假设推理；（2）思考如何思考（元认知）；（3）事先计划；（4）不按惯例的思维（Cole and Cole，2001）。结果显示，在青少年发展的中期，青少年作决定的能力已经可以达到成人的标准。有趣的是，这并不意味着青少年在作决定的时候和成年人使用同样的方式。事实上，同成人相比，青少年倾向于采用更为冒险的行为，这同寻找新鲜感和刺激的行为有一定的相关（Spear，2000）。虽然这些行为上的差异很可能受到生理因素的影响，但是目前来说还不能确定它们如何与脑发育相关，因为在其他物种中也有类似的发现。冒险行为常常同脑中调节情绪的结构相联系（腹正中前额叶皮层和杏仁核）（Bechara et al.，1997，1997；Krawczyk，2002），但是青少年期脑发育上的变化并不和这些脑区相关，这可能至少是由两种原因造成的：第一，同发展研究中常常用到的决策实验研究相比，真实生活中的决策问题没有明显的结构性情境，也没有明显的规律可循，因此也就没有很多潜在的解决方式。因此，在发展实验中所观察到的青少年中期的决策能力可能是一种过高的估计，而在青少年后期观察到的能力可能达到了成年人的水平（换句话说，实验所观察到的决策能力和冒险行为之间的矛盾比实际生活中更加显著）。如果这种观点成立的话，那么就取得了与脑发育研究相一致的结果，即之前发现脑背外侧前额叶的发育一直持续到青少年晚期。第二，存在这样的可能性，即冒险行为的减少（还包括追求感觉和新异性的行为）和脑腹正中前额叶皮层的成熟化之间有着相关关系，而这样的成熟化过程很可能因为该结构不容易被 fMRI 所识别而被忽略掉（Devlin et al.，2000）。不管冒险行为、追求刺激和新鲜感等行为背后的生理学原因是什么，总的来说，这样的行为会促进青少年离开他们生活的群体，促使他们离开家来探索新鲜和更广阔的世界（Spear，2000）。

B.3.6 总结和一般性启示

不管到底是生物原因（成熟）或是经验原因决定了脑的发育，脑的发育遵循一定的模式。其中脑发育中最吸引人的部分可能就是其持续发展甚至包括成年之后，即发育是一个动态过程。从这个意义上来说，把发育的某些过程看作是生理上严格调控的过程是有意义的，例如从出生到青少年期过多生成的突触。但是换个角度来看，经验在发育中同样发挥了重要的作用，经验决定哪些突触得以保留，哪些会退化，以及什么样的交流通路（轴突）会变得更有效。类似的“调节”过程在成年之后依然会起作用。这表明我们在30岁之后可以继续学习，突触联结可以被加强或是削弱，新的突触也会生成，尽管数目很小（Draganski et al.，2004）。成年仅仅意味着我们脑的可塑性，即通过过多突触连接所形成的学习潜能会消失。我们的学习速度和灵活性都会下降。另一方面，值得庆幸的是，虽然过了20多岁的年纪，我们学习的潜力会下降，但是我们在已经学会的方面会做得更好。

脑的快速发育会一直持续到成人阶段，这一研究结果表明，经验和教育决定我们最终可以拥有的能力的时间是相当长的。但是这并不意味着我们生来就是一块有待书写的白板。我们天生更快也更容易地学习某些事情，也会更好地掌握某些知识。① 由此引发的一个问题就是，我们的发育是否在很早的时候就已经定型了？如果是这样的话，那么为什么在成年期仍然会出现生理上的变化？同时我们也需要重新审视**关键期**的观点，即如果我们想要学习特定的事物，我们必须在特定的时间段内学习吗？目前来说并没有很多神经科学上的证据来支持关键期的观点。② 如果人们要谈论阶段的话，那么常常谈论的是敏感期，即很容易学习某些事物的阶段，但是这种阶段也可能会无声无息地度过。敏感期的一个常见例子就是，早期学习语言要比后来容易得多，但是这是否就真实地反映了敏感期，一个由脑发育和语言获得机制所导致的特定状态？一些研究结果表明，学习第二语言的困难，仅仅是因为我们已经掌握了母语。换句话说，我们学习母语的过程已经塑造了脑的这些区域——例如通过去除某些突触联结——而这些突触联结往往是学习第二语言所必需的（Johnson and Munakata，2005）。从这个角度来看，脑可塑性的消失可能是学习的结果，而不存在某个特定的适合学习的时期。但是如果上述理论成立的话，那就是说，我们不可能在某个时间段都轻松自如地学习所有的事物。正如前文所述，脑不同区域的成熟过程是不一样的，同样，个体在脑成熟的过程中千差万别，因此

① 这个话题已经超出了本书所讨论的范围，感兴趣的读者可以参见 Pinker（2002）、Premack 和 Premack（2003）的文献。

② 至少如果不包括一些特殊情况。例如，一个人在出生的时候就蒙上眼睛，在此后的四年中没有学会正确地视物，然后突然打开蒙住的眼睛。但是一般而言，关键期所指的并不是这种情况。

我们需要让教育去适应脑的发育，而不是在脑还没有做好准备的时候，简单地让个体去掌握某些事情。

B.4　青少年学习的理论和生命进程

在讨论这个话题之前，我们先回顾一下我们对脑的了解有多少，对青少年行为的了解会给予我们怎样的启示？一个相反的方式是去总结、观察和理解青少年的学习，同时考虑“脑研究”对此有怎样的贡献。前面的章节已经讨论了神经科学研究中的局限性，现在我们需要综合考虑脑科学研究、认知科学、社会研究和进化心理学等相关话题，这会对我们将来的研究很有帮助。

人们一直以来都认为青少年是社会建构的，青少年这个词用来表明青春期的变化成为越来越长的转变的起点，以便更好地适应社会角色和符合成人的预期。随着许多西方国家中向成人角色和责任的过渡延伸到25岁左右，人们提出了“青少年后期”或“成年前期”这些生命阶段。青少年时期被看作是一种社会建构的“心理—社会延缓期”，这个时期是应对未来不断复杂化的社会所必需的阶段，负责“为长大成人做准备和预演”（Cockram and Beloff，1978）。由于社会的原因，这个阶段被不断拓展，而不仅仅是指生理成熟。本书前面的章节提到了新兴研究的最主要贡献在于，指出了漫长的“转变”阶段的生理基础与社会基础，同时伴随着脑以独特的方式持续地发展与变化，以便更好地适应30岁以及30岁以后的生活。

20世纪以来，生命阶段的理论在对青少年发展的理解中占据了统治地位，生命阶段理论主要强调贯穿青少年期的“大动荡”这一自然发展阶段。生命阶段理论同时关注与年龄相关的标准化任务，即如果青少年能够非常圆满地完成个人和社会意义上的“成长任务”，那么这些标准化任务就会带来稳定性并确定解决问题的方式。这些关键的成长任务包括，个人的社会性、性、生理、哲学思维、职业等方面自我的建立（类似Havighurst和Kohlberg的道德发展理论）。Erikson认为，在“人的七个发展阶段”中，青少年发展的关键特征可以归纳为自我认同的形成或自我认同的混乱，这个观点目前仍然有很大的影响力。同辈群体在青少年期越来越重要，因为对自我认同以及对他人的意义的探求等方面开始发展起来（Coleman，1961；Bandura，1997）。

社会和文化理论为分析青少年的经验提供了多种不同的维度，主要焦点在于社会结构及其与社会有关的权利之间的关系，影响生活机会的社会过程（包括家庭和学校教育）以及年轻人在这方面相对的不足和无能为力。20世纪八九十年代普遍流行的青少年发展“轨迹论”，通常与强调纵向发展对青少年影响的理论有关，这些理论主要集中在社会和文化角色的产生与生活机会等方面。同时，这些理论及其相关的文化理论常常强调产生于学校、家庭和社会大环境中的青少年的反抗和疏远行为。

青少年发展的“领航论”（navigation）是21世纪初提出的（Evans and Furlong，1998）。此理论的形成是与以下因素相关的，即对生命发展过程的复杂性有了更深入的认识，以及年轻人在成长过程中越来越多地接触“次级刺激”的影响，包括儿童在家庭、学校和邻里等直接环境以外的刺激。从儿童期——儿童所处环境受到他人的控制——向成人期——成人所在环境更多是由其主观意愿控制——转变的过程由于现代化的媒体和交流方式等而变得愈加复杂起来。Coleman（1970）提出了“焦点理论”来反驳简单的“阶段理论”，他认为，如果存在“大动荡”的青少年阶段，那么也不是一个概括化的动荡，而是指该时期内的不同时期青少年需要面对不同的问题和挑战。不同的任务和问题可能的确存在敏感期，但是这是因人而异的个性化过程，并且如果在“敏感”期内不能很好地发展，也不会带来不可弥补的损失。一个生活问题还没有完全解决，青少年就又开始关注下一个生活问题。当前的问题会带来一定的压力，而先前的问题残留的压力也会让青少年不断回头去处理。与“领航论”相关的理论也强调了青少年怎样去面对并且处理机会和风险，怎样为将来的生活提供稳定或不稳定的来源，以及个性化和个人经历的建立（Baethge，1989；Evans and Heinz，1994）。自我效能（Self efficacy）（Bandura，1997）和个人动力（Personal agency）（Evans，2002）是青少年和成人学习历程的重要维度。

这些理论看似与学习过程之间没有直接的关系，尽管它们的确包括了很多学习方面的假设和应用。学习理论本身遵循特定的规律，并且指出了学习中特定的方面。心理学传统观点将学习看作是个体的、理性的、抽象的、独立于知觉与行为的，并受一般原理的支配，而这种观点目前被社会—文化理论以及“情境认知”等理论所质疑。这两个理论指出，认知具有社会性、具体性和情境性，依赖于情境并且具有环境特异性。从心理动力学的角度来审视学习中的情绪，已得到了广泛的认可，同时认知科学开始对个体学习和人类行为中的“多元智力”的观点提出了质疑（Gardner，1984；Bruer，1993）。

脑研究不可能证实或是推翻这些理论，但是我们可以确定前面章节所述的研究与这些理论是一致的还是不同的，这些理论多是基于社会科学的方法所作出的理论假设。在一些情况下，对脑研究结果的深入探讨可以帮助我们了解哪些理论是值得进一步深入追踪的。

从整合理论的角度，将青少年发展的理论同青少年的学习问题联系起来可以得出如下结论：

1. 学习是人类的自然过程。

2. 学习不仅仅是知识获得或者认知能力发展的过程。

学习可以被定义为个人能力的发展。学习总是包括认知过程和情绪过程的交互作用，学习总是经由学习者和所处环境之间的交互作用而发生在社会情境中。

最近，一项社会科学研究综述表明，人们在特定时间段内学习到的知识能否长期保留取决于人们获得这些知识的投入程度和知识本身的重要性。“我们是否会注意到环境中的特定刺激，这依赖于脑对它们重要性的判断。人们潜意识里选择需要注意什么和需要学习什么的焦点是自我，自我的习得与发展是通过我们和他人的交互作用而实现的”（Hallam，2005）。

从青少年的行为变化中，我们可以看到学习带来的能力变化，具体来说是如下能力相互影响的结果，包括性格倾向和定位、心理功能的成熟、自我认同的发展、自我信念、动机、目标策略的自主控制等。所有的能力同样都受到环境的影响。

一些社会科学理论强调性格倾向在学习中的作用，这些理论认为人们在社会生活中表现出来的一般性格倾向或定位塑造了他们的学习，甚至一些心理上的倾向性从婴儿出生就开始建立（Pinker，2002；Premack and Premack，2003），并且在随后的经验中不断发展和塑造。从社会学的角度来看，Hodkinson 和 Bloomer（2002）提出的社会结构倾向的概念在青少年的学习过程中发挥了重要的作用，反映出文化的内化，青少年在性别、性和种族方面认同的发展，以及随之发展的个人兴趣、愿望和理想。例如，该研究已经表明了青少年发展后期的学习倾向和事业理想的变化情况，据此可以了解其与经验之间的交互关系，以及早期认同形成之后其潜在的连续性。性格倾向似乎是塑造青少年“学习生涯”的一个非常重要的因素，包括了是否投入或放弃按部就班的学习，而人们在中学阶段的教学中往往忽略了文化和认同的问题。

社会科学同时指出存在大量潜意识的学习，这种内隐的技能和知识在日常教育或生活环境中通过人们的行为、反应和表现表达出来。有意识学习和内隐学习两者相辅相成。如果想要控制和有目的地运用内隐维度上的学习，需要学习者对其有充分认识（Evans et al.，2004；Illeris，2004）。这种能力可能会随着年龄的增加而增加，类似于青少年时期出现并且持续发展至成年的元认知能力（思考如何思考）。在青少年后期发展的元认知能力以及先前学习的重要作用得到了神经科学领域研究的支持，这类研究涉及脑不同区域发育的时间序列和特性，以及前文所述的脑“雕刻”的全部过程。

Piaget（1967）和他的同事很早就发现了学习中的成熟过程。后来的研究又进一步指出青少年的高级心理功能逐渐分化，逻辑思维和演绎推理能力逐渐成熟，更强的认知能力也得到发展。虽然脑发育中髓鞘化程度的提高和不断增加的经验影响使青少年在行为上表现得越来越成熟，但是脑中情绪过程和认知过程是紧密相关的（Damasia，1994）。这里再一次强调，脑发育的先天和后天很难分离出来。此外，研究还发现，青少年脑白质总量和灰质总量增加或减少的模式同其不断发展的高级认知功能也是一致的。

我们已经了解到，个体脑发育的过程反映了其学习经验和参与的活动，变化的程度取决于花在学习上的时间，脑功能上显著、持久和明确的变化是依靠大量的学习时间以及对特定技能和做事方式的反复练习达成的。例如Altenmuller等人（1997）比较了经过音乐训练的13—15岁的学习者和其他年龄相同的被试的脑活动水平，结果发现，无论我们学习什么，通过怎样的方式学习，脑的基本加工过程都反映了每一个体的“学习历程”，不仅是学习内容，还有学习方式。

虽然学习历程是高度个人化和独特的，但是仍然会遵循一些发展模式。心理学家提出的心理“图式”概念在儿童期较为灵活多变，在成人期逐渐得以巩固（Illeris，2004）。这样的概念类似于早期提出的儿童期的“流体”智力和成人期的“晶体”智力，即基于经验性的学习和能力的发展可以促进判断和决策，这是区分青少年和成人的一个关键因素（Davies，1971）。在青少年期，图式的灵活性开始下降，对自我的防护开始变得越来越多，这样的变化限制了学习的发展，就像成年期的表现一样。“流体”智力和“晶体”智力的概念和神经科学中对灰质总量的研究发现是一致的，即脑区激活的数量，以及不同年龄阶段它们相对的扩散和集中。

学习作为能力的发展，可以通过有关专业知识的文献进一步考察。从对环境的适应，到胜任任务，直到可以熟练掌握的过程（Alexander，2003），都需要个人动机水平的不断增加，同时，如果达到更高的水平，则需要从表面学习转向深入学习（Entwhistle，1984；Hallam，2005）。

学习不断进步直到“精通”的过程还有另外一种解释。Csikzentmihalyi（1996）观察到青少年在特定活动中的积极参与，将其归纳为学习过程中的经验“流”。一旦我们选择并且实施了某种类型的活动，这种“流动状态”会带来智力和情绪上的兴奋，同时伴随着身体内化学物质的调整和适应，让个体达到“心理加速”的状态，使其进一步去追求掌握和精通。Csikzentmihalyi 据此推测，这种对掌握和精通的追求是一种进化的适应性。其他的相关研究也得到了一致的结论（参见 Bandura，1989），即当人们努力去应对某项挑战或者是他们感兴趣的任务时，学习的效果是最好的，这再一次反映了认知中的情绪和能力发展之间的交互作用。

兴趣随着时间不断内化，并且成为自我认同的一部分而持续下去。青少年期是认同形成的关键阶段，因此对特定学习领域的“认同”阶段也更可能出现在青少年期（Hallam，2005）。以上讨论可以归结为青少年学习控制的部分驱动力，学习控制的能力是唯一最能区分儿童期和成年期学习的因素。青少年发展理论指出，青少年努力学会掌控自己和周围的环境，这与自我认同的形成是一致的，也符合青年人希望了解自我以及别人眼中的自己的特点。

Erikson（1968）认为，青少年期是自我认同形成的最关键阶段，同时这个时期内青少年还需要与认同的混乱作斗争，希望能够了解“自己是谁”。这些行为对学习有着很大的帮助，认同的发展带来了学习和动机的重要驱动力，而自我防御则常常伴随着学习抵制或退缩的行为。鉴于儿童期和成年期学习模式最基本的差异来源于学习者对情境的控制程度，以及先前学习和能力上的差异，因此青少年自主控制的驱动力在学习中起着至关重要的作用，也影响着青少年与社会环境交互来共同建构学习的途径。青少年后期的发展过程中会聚焦于问题解决能力和决策能力，这与上述发展过程也是一致的。问题解决能力和决策能力的持续发展直到成人阶段，与脑相关区域研究中前额叶较晚发育和成熟的证据是吻合的。

在自我认同形成的过程中，个体对自主和独立性的驱动力也常常包括了探索与冒险，这些活动本身能够扩展自身能力并构成有意义的学习。青少年正是处于此类学习的“敏感期”，从而倾向于“打破”家长的束缚，并且逐渐发展出成熟的人格倾向。从先前的讨论中可以发现，并没有脑科学研究证据可以支持这种观点，而这种想要离开原有群体的驱动力可以通过进化心理学的理论来更好地进行解释。尽管在某些特定学习领域，青少年期的确是一个敏感阶段，但如果此阶段内不能很好地完成发展任务，并不会导致将来无法换回的不可逆转的问题，这表明脑的可塑性持续到成人期甚至终生。

B.4.1 对青少年期教与学的启示

从儿童期经青少年期向成人期过渡的阶段内，能力上的变化尤为重要，并且受到广泛的社会环境的交互影响。来自社会科学和神经科学的证据都支持如下的观点，即大脑独一无二的塑造过程不仅仅依赖于我们学到的知识，而且还依赖于我们的学习方式。此外，青少年期是否是自主性和控制能力发展的关键期，是否能够促使青少年能够个性独立，不依赖于家庭，也是值得我们考虑的问题。

以英国21世纪学习行动小组为代表的部分组织指出，这些研究结论为社会组织青少年的教与学指明了重要的方向，同时他们进一步指出，学校教育的组织如果要有效必须切合“脑的运行规律”。

换一种比喻的方式来讲，Sylvester（1995）引用了Edelman的模型，将脑比作一个丰富的、多层次的、杂乱无章的丛林生态系统，类似于丛林的脑可能会更好地适应类似于丛林的课堂，包括“与我们生存的现实环境相联系的多种感觉、文化和不同层次的问题和刺激——这样的环境可以最有效地刺激我们的神经网络，使之符合遗传规律”。

动机和学习之间的基本关系模式是值得我们考虑的重要问题。在大多数发达国家或经济发展较好的区域，中学阶段的教学往往有一套规范的方式，这样的教学模式受到了很多质疑和挑战。目前的研究表明，学习的动机和个人自我认同以及个人的自我目标紧密相连，在特定时期内学习特定知识的价值取决于他们与自我认同和个人目标的相关性。如果课程是预设的，并且课程所提供的内容与青少年的个人目标相冲突，这样的学习就会出现一定的问题。教师、学习者和教育系统三者之间的目标越一致，学习的效率也就越高（Hallam，2005）。进一步来说，学习的模式越接近于现实社会环境的多样化刺激，就越能激发学习者学习的兴趣和投入。

基于上述研究，如果在青少年期根据“脑的运行”方式来组织教学，我们应该作出哪些改变和尝试呢？

1. 把学习重新看作人类终身发展的一种能力，在这些能力的发展中，青少年及其后期脑的变化对于学习和潜能的发展来说与儿童早期发展阶段同等重要。目前，根据特定年龄阶段的“能力”进行选择的教育体系，似乎并不符合目前关于人类能力发展方式的研究结论，因此需要一种终身教育体系。

2. 掌握学习法是必要的，因为学习者的目的是增强自身或者其所在团队的工作表现，而没有参照其他个体学习者的相对进步。与此相关的一个事实是，在脑成熟的过程中，根据年龄而组织的班级或者群体中，个体之间存在着相当大的差异。可以更充分地采纳认知学徒制的原则，学习者通过教师的帮助和支持搭建知识结构，更上一层楼，而教师所起的作用是提供必要的支持和鼓励。

3. 年轻人对脑和能力的观念应当引起注意。很多青少年相信智力和能力是固定不变的。Dweck 和 Leggett（1988）发现，如果青少年对智力持“实体”观，那么他们更倾向于通过与他人进行正面的比较而确立成绩目标；如果青少年对智力持“增量”观，那么他们倾向于根据自己掌握的学习内容或任务的进度来确立学习目标。用“实体”观来理解智力的青少年认为智力和能力相对固定，他们倾向于减少他们花在学业上的时间，认为能力是天生的，避免参与他们可能失败的活动，在弱势方面上不作努力，同时也将“自身肯定有所擅长”作为借口，认为自身不需要努力（Hallam，2005）。

4. 将学习者区分为不同的类型，或者认为不同的学习者有其特定的学习风格，这对于学习有害而无益。Coffield（2004）针对学习风格的研究指出，目前使用的很多模型在基础方面存在着显著的缺点，缺乏证据，如果不假思索地应用会带来危险，需要慎重考虑。

5. 学习应该是一个循序渐进的过程，先前的知识不断积累，促进能力的发展和任务的精通。而目前教育系统中学校教学模式的安排往往没有能够做到这一点，相反在青少年阶段间断地灌输知识，往往会阻碍学习的过程。

6. 青少年需要从经验和多种方式的学习中不断地开阔视野，以促进自身问题解决能力和决策能力的发展。这样的发展会一直持续到青少年后期和成年早期。广度需要与深入集中的活动机会并驾齐驱，深入集中的活动可以促进并鼓励经验“流”。对于这种类型的学习的支持应该拓展到 30 岁以后所有青年人，不仅包括进入高校深造的年轻人，而且也包括走上工作岗位的年轻人。

7. 应该大力提倡课外活动。学习中的很多经验“流”和愉悦感来源于非正式的学习，而不是正式学习。在学校中遭遇挫折的年轻人常常通过新异的活动来形成个人的自我认同，以得到同伴的赞许，这些活动可以为他们提供学习的经验和快乐。教师如何评价和提倡课外活动对青少年而言有着重要的意义。所有的学习者都具有这样的发展潜能，而不仅仅是那些有父母支持的学习者。通过自由选择的活动而获得的学习经验和知识会得到老师和学生的认可，那么基于此的进一步学习会得到加强，同时能够适应其他学习环境，建立牢固和广泛的知识网络。

8. 在青少年期，学生应该有权利选择学习内容和学习方式，以及选择可能的学习场所，以便符合他们对经验和视野范围的需求。

此外，Hallam 结合神经科学的研究结果和有关“专业知识”的文献，指出下列的教学方式可能会增强学生学习的动机，促进教学效果：

- 避免过重的课程负担。
- 设定有一定挑战性又不会太难的目标。
- 提供不同层次的先前知识和经验。
- 避免把问题归因于“能力”。
- 鼓励学生对自己的学业负责，同时认识到这本身是有待于学习的，而不是儿童所要求的内容。

B.5 未来发展的方向和挑战：新的综合观点

最后一节旨在：

1. 总结目前知识体系中的缺陷和不完整的地方：哪些是已经知道的？哪些是还不知道的？哪些对将来的研究具有重要的意义？

2. 在脑科学、认知科学、社会科学和进化心理学等多学科之间总结归纳，以进一步了解在青少年这个重要时期学习的哪些方面是关键因素。

尽管我们在解开成熟和经验如何影响脑发育的谜团时遇到了一些困难，但是我们仍然可以归纳出一个概括化的模式：

- 脑的发育一直持续到成人阶段，是一个动态的过程。
- 经验是脑发育的一个关键因素，主要“雕刻”和“协调”脑的活动，这是贯穿至成人期的过程，尽管随着年龄的增加，可塑性会有所下降。
- 脑的可塑性会随着年龄的增加而下降，但是我们已经掌握的“专业技能”却会不断增加。
- 每个人都有内在的倾向性，但是研究证据对我们的发育很早就确定下来的观点提出了质疑。
- 在青少年发展的后期，脑已经为自我控制和目标确定等行为的发展做好了准备，脑的这些区域（前额叶的背外侧）成熟较晚。
- 脑关键期的概念并没有得到很多证据的支持。
- 脑敏感期对特定能力的发展起着促进的作用，而不是决定性的作用。
- 脑成熟的方面存在着显著的个体差异。

上述的概括化模式尽管得到了证据的支持，但是目前只有少数纵向研究可以追踪同一群体在青少年向成人期过渡的数年间脑的变化情况，因此需要更多的纵向研究实验来更详尽地证明这些概括化的模式。同时我们了解的脑发育和行为之间的关系常常建立在事后分析的基础上，即我们观察到脑的变化，随后再将这些变化与我们已经知道的行为建立联系。进一步的实验需要同时测量和观察脑和行为上的变化，以发掘更直接的证据。

通过“社会科学为导向”的方法，我们总结了对青少年学习情况的了解、观察和理解，同时思考脑研究如何为该领域作出贡献。我们以前提到过，脑研究并不能证明或是推翻学习理论，但是我们可以进一步了解神经科学的研究发现和基于社会科学方法的理论两者是否是一致的，从而可以得出结论，确定哪些理论是可以继续深入研究的。

神经科学的证据和整合学习法的观点有一致的地方，都认为人类能力的发展具有显著的个体差异。在从儿童期到青少年期，直到成年期的过程中，这些能力通过塑造或协同作用与环境进行交互。在青少年期，高级认知功能的发展、自我控制和目标确定行为以及自我认同等在长期学习的过程中尤为显著。

神经科学能让我们更好地了解脑的运作，认知科学也试图建立信息加工过程和学习的多重过程模型，社会科学的其他分支也关注学习和人类能力发展的社会化过程。同时，人类能力发展的方式和原因也得到了人类学家和进化心理学家的广泛关注。上述后两个学科之间的综合分析可以弥补我们目前知识的不足。例如，我们已经讨论过进化意义上的适应机制可以用来解释青少年追求冒险和挑战的行为，其他学科很难对此作出很好的解释。显然，在进一步推动单学科发展的同时，还需要新的跨学科的综合观点。

目前的研究证据表明，教育与教学组织需要更紧密地同人类能力的自然发展与成熟方式相一致。许多先前有关“能力”的假设受到了质疑。在青少年阶段，如果他们已经准备好，这意味着需要更多地关注先前的学习和经验、承认个体差异、鼓励掌握和挑战、促进自我控制和责任感，同时认可这些新能力在青少年发展阶段之后仍然可以得到良好的发展。采用多学科的综合观点来看待这些问题是未来最大的挑战。

参考文献

Alexander, P. A. (2003), “The Development of Expertise: The Journey from Acclimation to Proficiency”, *Educational Researcher*, Vol. 32 (8), pp. 10 – 14.

Altenmuller, E. O., W. Gruhn and D. Parlitz *et al.* (1997), “Music Learning Produces Changes in Brain Activation Patterns: A Longitudinal DC-EEG-study Unit”, *International Journal of Arts Medicine*, Vol. 5, pp. 28 – 34.

Baethge, M. (1989), “Individualization as Hope and Disaster”, in K. Hurrelmann and U. Engel (eds.), *The Social World of Adolescents*, de Gruyter, Berlin.

Bandura, A. (1977), “Self-efficacy: Toward a Unifying Theory of Behavioural Change”, *Psychological Review*, Vol. 84, pp. 191 – 215.

Bandura, A. (1989), "Regulation of Cognitive Processes through Perceived Self-efficacy", *Developmental Psychology*, Vol. 25, pp. 729 - 735.

Bandura, A. (1997), *Self-efficacy: The Exercise of Control*, Free Press, New York.

Bechara, A., H. Damasio, D. Tranel and A. R. Damasio (1997), "Deciding Advantageously before Knowing the Advantageous Strategy", *Science*, Vol. 275, pp. 1293 - 1295.

Blakemore, S. J. and U. Frith (2000), *The Implications of Recent Developments in Neuroscience for Research on Teaching and Learning*, Institute of Cognitive Neuroscience, London.

Bruer, J. (1993), *School for Thought*, MIT Press.

Casey, B. J., J. N. Giedd and K. M. Thomas (2000), "Structural and Functional Brain Development and its Relation to Cognitive Development", *Biological Psychology*, Vol. 54, pp. 241 - 257.

Casey, B. J., N. Tottenham, C. Liston and S. Durston (2005), "Imaging the Developing Brain: What Have we Learned about Cognitive Development", *Trends in Cognitive Sciences*, Vol. 9, pp. 104 - 110.

Chugani, H. T. (1998), "A Critical Period of Brain Development: Studies of Cerebral Glucose Utilization with PET", *Preventive Medicine*, Vol. 27, pp. 184 - 188.

Chugani, H. T. and M. E. Phelps (1986), "Maturational Changes in Cerebral Function in Infants Determined by 18FDG Positron Emission Tomography", *Science*, Vol. 231, pp. 840 - 843.

Chugani, H. T., M. E. Phelps and J. C. Mazziotta (1987), "Positron Emission Tomography Study of Human Brain Functional Development", *Annals of Neurology*, Vol. 22, pp. 487 - 497.

Cockram, L. and H. Beloff (1978), "Rehearsing to Be Adult: Personal Development and Needs of Adolescents", National Youth Agency.

Coffield, F. (2004), *Learning Styles and Pedagogy in Post-16 Education*, Learning and Skills Development Agency, London.

Cole, M. and S. R. Cole (2001), *The Development of Children* (4th edition), Worth Publishers, New York.

Coleman, J. C. (1970), "The Study of Adolescent Development Using a Sentence Completion Method", *British Journal of Educational Psychology*, Vol. 40, pp. 27 - 34.

Coleman, J. S. (1961), *The Adolescent Society*, Free Press, New York.

Csikszentmihalyi, M. (1996), *Creativity: Flow and the Psychology of Discovery and Invention*, Harper Collins, New York.

Damasio, A. R. (1994), *Descartes' Error: Emotion, Reason, and the Human Brain*, G. P. Putnam, New York.

Davies, I. K. (1971), *The Management of Learning*, McGraw-Hill, London.

Devlin, J. T., R. P. Russell, M. H. Davis, C. J. Price, J. Wilson, H. E. Moss, P. M. Matthews and L. K. Tyler (2000), "Susceptibility-induced Loss of Signal: Comparing PET and fMRI on a Semantic Task", *NeuroImage*, Vol. 11, pp. 589 – 600.

Draganski, B., C. Gaser, V. Busch, G. Schuierer, U. Bogdahn and A. May (2004), "Changes in Grey Matter Induced by Training: Newly Honed Juggling Skills Show up as a Transient Feature on a Brain-imaging Scan", *Nature*, Vol. 472, pp. 111 – 112.

Durston, S., H. E. Pol, B. J. Casey, J. N. Giedd, J. K. Buitelaar and H. van Engeland (2001), "Anatomical MRI of the Developing Human Brain: What Have We Learned?", *Journal of the American Academy of Child and Adolescent Psychiatry*, Vol. 40, pp. 1012 – 1020.

Dweck, C. S. and E. L. Leggett (1988), "A Social Cognitive Approach to Motivation and Personality", *Psychological Review*, Vol. 95 (2), pp. 256 – 373.

Elliott, E. S. and C. S. Dweck (1988), "Goals: An Approach to Motivation and Achievement", *Journal of Personality and Social Psychology*, Vol. 54, pp. 5 – 12.

Entwistle, N. (1984), "Contrasting Perspectives on Learning", in F. Marton, D. Hounsell and N. Entwistle (eds.), *The Experience of Learning*, Scottish Academic Press, Edinburgh, pp. 1 – 18.

Erikson, E. H. (1968), *Identity, Youth and Crisis*, Norton, New York.

Evans, K. and A. Furlong (1998), "Metaphors of Youth Transitions: Niches, Pathways, Trajectories or Navigations", in J. Bynner, L. Chisholm and A. Furlong (eds), *Youth, Citizenship and Social Change in a European Context*, Avebury, Aldershot.

Evans, K., N. Kersh and S. Kontiainen (2004), "Recognition of Tacit Skills: Sustaining Learning Outcomes in Adult Learning and Work Re-entry", *International Journal of Training and Development*, Vol. 8, No. 1, pp. 54 – 72.

Evans, K. and W. Heinz (1994), *Becoming Adults in England and Germany*, Anglo-German Foundation for the Study of Industrial Society, London.

Flechsig, P. (1901), "Developmental (myelogenetic) Localisation of the Cerebral Cortex in the Human Subject", Lancet, Oct. 19, pp. 1027 – 1029.

Fuster, J. M. (2002), "Frontal Lobe and Cognitive Development", *Journal of Neurocytology*, Vol. 31, pp. 373 – 385.

Gardner, H. (1984), *Multiple Intelligences*, Basic Books, New York.

Giedd, J. N. (2004), "Structural Magnetic Resonance Imaging of the Adolecent Brain", *Annals of the New York Academy of Sciences*, Vol. 1021, pp. 77 – 85.

Giedd, J. N., J. Blumenthal, N. O. Jeffries, F. X. Castellanos, H. Liu and A. Zijdenbos *et al.* (1999), "Brain Development during Childhood and Adolescence: A Longitudinal MRI Study", *Nature Neuroscience*, Vol. 2, pp. 861 – 863.

Hallam, S. (2005), *Learning, Motivation and the Lifespan*, Bedford Way Publications, Institute of Education, London.

Havighurst, R. J. (1953), *Human Development and Education*, Longman's, New York.

Hodkinson, P. and M. Bloomer (2002), "Learning Careers: Conceptualising Lifelong Work-based Learning", in K. Evans, P. Hodkinson and L. Unwin (eds.), *Working to Learn: Transforming Learning in the Workplace*, Routledge, London.

Illeris, K. (2004), *Adult Education and Adult Learning*, Roskilde University Press, Roskilde.

Johnson, M. H. and Y. Munakata (2005), "Processes of Change in Brain and Cognitive Development", *Trends in Cognitive Sciences*, Vol. 9, pp. 152 – 158.

Keating, D. P. and B. L. Bobbitt (1978), "Individual and Developmental Differences in Cognitive Processing Components of Mental Ability", *Child Development*, Vol. 49, pp. 155 – 167.

Kohlberg, L. and C. Gilligan (1971), *The Adolescent as Philosopher*, Daedalus, Vol. 100, pp. 1051 – 1086.

Krawczyk, D. C. (2002), "Contributions of the Prefrontal Cortex to the Neural Basis Human Decision Making", *Neuroscience and Biobehavioral Reviews*, Vol. 26, pp. 631 – 664.

Mueller, C. M. and C. S. Dweck (1998), "Intelligence Praise can Undermine Motivation and Performance", *Journal of Personality and Social Psychology*, Vol. 75, pp. 33 – 52.

Paus, T. (2005), "Mapping Brain Maturation and Cognitive Development during Adolescence", *Trends in Cognitive Sciences*, Vol. 9, pp. 60 – 68.

Paus, T., D. L. Collins, A. C. Evans, G. Leonard, B. Pike and A. Zijdenbos (2001), "Maturation of White Matter in the Human Brain: A Review of Magnetic Resonance Studies", *Brain Research Bulletin*, Vol. 54, pp. 255 – 266.

Piaget, J. (1967), *Six Psychological Studies*, University of London Press, London.

Pinker, S. (2002), *The Blank Slate: The Modern Denial of Human Nature*, Viking, New York.

Premack, D. and A. Premack (2003), *Original Intelligence: Unlocking the Mystery of Who We Are*, McGraw-Hill. New York.

Rauschecker, J. P. and. P. Marler (1987), "What Signals are Responsible for Synaptic Changes in Visual Cortical Plasticity?", in J. P. Rauschecker and P. Marler (eds.), *Imprinting and Cortical Plasticity*, Wiley, New York, pp. 193 – 200.

Resnick, L. B. (1987), "Learning in School and Out", *Educational Researcher*, Vol. 16, pp. 13 – 20.

Simos, P. G. and D. L. Molfese (1997), "Electrophysiological Responses from a Temporal Order Continuum in the Newborn Infant", *Neuropsychologia*, Vol. 35, pp. 89 – 98.

Sowell, E. R., B. S. Peterson, P. M. Thompson, S. E. Welcome, A. L. Henkenius and A. W. Toga (2003), "Mapping Cortical Change across the Human Life Span", *Nature Neuroscience*, Vol. 6, pp. 309 – 315.

Spear, L. P. (2000), "The Adolescent Brain and Age-related Behavioral Manifestations", *Neu-*

roscience and Biobehavioral Reviews, Vol. 24, pp. 417 – 463.

Stevens, B. and R. D. Fields (2000), "Response of Schwann Cells to Action Potentials in Development", *Science*, Vol. 287, pp. 2267 – 2271.

Sylvester, R. (1995), *A Celebration of Neurons: An Educators' Guide to the Human Brain*, Association for Supervision and Curriculum Development (ASCD), Alexandria.

Twenty-first Century Learning Initiative (2005 draft), "Adolescence: A Critical Evolutionary Adaptation, 21st Century Learning Initiative", Bath.

Tyler, L. K., W. Marslen-Wilson and E. A. Stamatakis (2005), "Dissociating Neuro-cognitive Component Processes: Voxel-based Correlational Methodology", *Neuropsychologia*, Vol. 43, pp. 771 – 778.

Wall, W. D. (1968), *Adolescents in School and Society*, National Foundation for Education Research, Slough.

White, T., N. C. Andreasen and P. Nopoulos (2002), "Brain Volumes and Surface Morphology in Monozygotic Twins", *Cerebral Cortex*, Vol. 12, pp. 486 – 493.

C 篇

成年时期的脑、认知和学习

Raja Parasuraman，美国弗吉尼亚州费尔福克斯市乔治梅森大学

Rudolf Tippelt，德国慕尼黑市慕尼黑大学

Liet Hellwig，加拿大温哥华 TEFL 教师以及教师培训师

C.1　介绍

事实上，在所有发达国家以及越来越多的发展中国家，老年人和妇女的人口数量都在空前增长，特别是女性人口数量（Keyfitz，1900；OECD，2005）。社会的快速变化对老年人提出了更多要求，要求他们学习并使用各种复杂的新兴技术知识，这不仅表现在工作环境中，也表现在家庭生活的方方面面。对于老年人来说，这无疑是个不小的挑战，因为随着年龄的增长，他们的感觉、知觉以及认知能力都在逐渐衰退。因此，我们有必要从心理学、教育学以及认知与学习的脑机制角度去了解老化对成人学习的影响。

学习和老化与生物发生学、医学、心理学、社会学和教育学问题之间联系密切。因此，了解成人阶段的脑、认知和学习需要跨学科的方法（Bransford，Brown and Cocking，2004）。一方面，由于脑研究试图去了解认知、情感和社会行为的内在规律和功能，因而脑研究和神经科学就能使我们对脑学习能力的发展和局限产生深刻理解。另一方面，教育和老化研究注意到，现代社会在文化、经济和政治上所取得的成就都依赖于公民一生的问题解决能力。这些能力需要在不同的教育系统中获得，也可以在自己组织的、正式和非正式的学习过程中获得。

C.1.1　什么是学习

要给“学习”下一个统一的定义是非常困难的，因为这个词在不同的学科中有不同的用法。从心理学角度来说，学习可以看作是基本认知过程的效率或用途的改变，包括有意识的和无意识的，这些改变能够提高日常工作能力和问题解决效率。从这个角度来看，学习和思维之间的联系是这样的：认知是学习能力的必要而非充分条件。而从教育学角度来看，“学习”也是跟外界活动联系在一起的。因此，学习不仅仅涉及知识的增加，也包括行为方式的改变。

另外，我们还需要区分正规学习（formal learning）、非正规学习（non-formal learning）以及非正式学习（informal learning），特别是在成人时期。正规学习是在教育机构中进行的，而非正规学习可以在俱乐部、协会或者工作场所有组织地进行。然而，非正式学习没有预设学习条件，通常都是无意识的学习过程（Tippelt，2004）。最后，学习可以被看成是一个贯穿一生的过程。然而，由于主要生命阶段和学习过程的复杂性，有关儿童、青年和成人老化的实验研究仍然作为相互独立的学科共同存在，很少有研究者将它们合并成“生命周期研究”的统一观点（Weinert and Mandl，1997）。

C.1.2 成年期脑

鉴于心理学和教育学的观点都将学习看作是不同认知过程的发展和表现（至少部分如此），因而我们不禁要问：这些过程的内在神经机制是什么？神经生物学观点认为，学习可以看作是认知过程中神经联结的强度和效率的改变（Spitzer，2002）。虽然人类在刚出生时脑包含了所有主要结构，但在其出生后神经元数目、神经元间的联结、功能效率仍然在不断地改变，而且一直贯穿于婴儿时期，这一观点已被广泛接受。另外，在儿童时期和青少年时期脑在不断变得成熟，脑结构在不断发展，直到成年早期即25岁左右才发展得非常成熟。

如果把20—80岁这个阶段看作成年时期，我们也能在这个年龄阶段观察到脑结构和功能的持续变化，虽然这些变化不是那么明显甚至很微小。但也有例外的情况，例如痴呆类的老年精神障碍，在这种情况下我们能够观察到脑结构和功能的巨大变化。许多年来，人们都认为人脑在6岁时就达到了成年时期约90%的大小，而且在成年后没有发生进一步的变化。然而，现在我们了解到，脑在整个生命过程中一直在发生着重大变化。现代神经影像技术可以精确地测量这些变化。此外，这些变化不仅反映了遗传决定的机制，也呈现了脑对周围环境和生活方式等因素的反应。

另一个最近被修正的神经学“信条”是，成年时期不会产生新的神经元。然而，新神经元的生长——即神经发生——如今已证实会在海马区域发生（Eriksson et al.，1998），而其他脑区也同样有可能产生新的神经元。这一发现的重要性已经被许多研究进一步证实，这些研究发现成人海马区的神经发生现象与形成新的记忆有关（Shors et al.，2001）。因此，在一定程度上，成年时期的学习是受脑结构变化调节的，如新神经元的形成等。挑战在于理解这些变化与成年时期认知与学习的老化现象之间的精确作用机制是什么？

C.1.3 论文概要

这篇文章中，我们关注成年时期的神经变化。这里所说的成年时期大体从20—80岁这一年龄段。脑研究和教育研究都是经验科学，试图为实践者和政策制定者的决策提供可靠的实证数据。现在，作出重要决定时仅仅依赖各种见解和观念是不够的。我们能够提供有实证依据的、有关学习和教育的实证性知识吗？此外，神经科学家和教育学研究者们能不能提供一些建议而又不陷入幼稚的“神经学逻辑（neurologising）”中——根据脑的片断信息与普遍流传的表述提出对教育实践的启示？我们认为可以。为了阐述这个问题，本文将综合神经科学和教育学研究两个方面的观点，这也符合跨学科、合作性的研究思路，有利于更好地理解学习的机制（OECD，2002）。

在这篇文章中，我们还将讨论成年时期发生的脑变化是怎样与重要的行为和认知变化联系在一起的。文章的最终目的在于揭示这些与年龄相关的变化对老年人的学习、教学、教育以及脑功能优化的启示。

C.2　成人认知和学习中与年龄相关的变化

C.2.1　认知老化

在认知老化领域，研究者们已经开展了大量研究，考察认知和学习与年龄有关的变化（Baltes，2003；Salthouse，1996）。其中大部分研究使用了横断设计比较年轻人组和老年人组的不同。然而，一些研究使用了更为有力的纵向研究方法，即在一组个体的成长过程中对其追踪一段时间，并对各种认知任务进行测量。横向研究和纵向研究都得出如下结论：随着年龄的增长，一些知觉和认知功能的效率降低，而其他一些功能则会保持稳定，或者变得更加发达且高效（Baltes，1993；Park and Schwarz，1999）。与年龄相关的变化模式可以综合概括成以下几方面。虽然一般来讲，老年人比年轻人记忆力要差一些，也记得缓慢些，但是他们大都能表现出更优秀的概括能力、语言能力、创造性的问题解决能力，以及所谓的“智慧”（Baltes and Staudinger，2000；Sternberg，1990）。在与年龄有关的损失方面，相比于年轻人，老年人反应比较慢（Salthouse，2000；Schaie 2005），工作记忆的容量也相对减小了（Dobbs and Rule，1989）。同时，一些有力的证据表明，负责视觉和听觉的外周感觉功能（如视网膜敏锐度，retinal acuity）和中央感觉功能（如移动敏感度，motion sensitivity）都会随着年龄的增长发生线性递减（Lindenberger，Scherer and Baltes，2001）。

我们可以用另一种方式来描述与年龄相关的认知方面的变化，即从区分流体智力和晶体智力的角度来描述（Gattell，1963）。流体智力大概从40岁左右开始持续下滑。而另一方面，晶体智力则保持不变或者得到改进。与年轻人相比，老年人较高的语言能力和较多的世界知识可以补偿加工速度和工作记忆方面的缺陷（Kruse and Rudinger，1997）。

有一项综合性的研究测查了知觉和认知的多个方面，阐述了在认知老化研究中常见的各种与年龄相关的变化。Park 等（2002）的这项研究以约300个年龄从20—90岁不等的成人为样本，开展了多项任务——包括节拍速度、工作记忆、长期记忆和词汇量等任务。使用相对大的样本有助于在此年龄段内计算每10年期的标准化表现得分（Z分数）。Park 等（2002）发现，在不同年龄段，加工速度、工作记忆和长时记忆（包括自由回忆和线索回忆）的表现大致呈线性下滑，而词汇（WAIS 和 Shipley 测试）在中年时期保持不变，而在60—80岁之间持续增长。

Baltes 和 Lindenberger（1997）在对一组25—103岁的群体开展的“柏林老化研究”中也发现了类似结果，加工速度、工作记忆和长时记忆都表现出随着年龄增长而发生线性衰减的现象。这项研究的一个显著特点是他们发现了与年龄相关的功能衰退不会受教育水平、社会地位或收入的影响。另一方面，基本感觉能力的衰退——视觉和听觉敏锐度——能够显著影响感知和认知功能的下降程度。他们认为，感觉功能可以当作神经完整性的基本指标，它不受环境因素和社会因素的干扰，是一个与年龄相关的认知衰退的基本生物调节因素。

成人老化可能还会影响认知任务中任务策略或加工优先级的选择。当老年人面临一个陌生的环境，或者要求他们学习新知识时，尤其会出现这种现象。老年人表现出与年轻人不同的加工优先级，这可能是由于他们需要重新配置已衰退的加工资源，比如工作记忆容量。这一点甚至会表现在那些显然已经学好或“自动”的技能上，比如步行。例如，Li 等（2001）考察了某种双重任务范式中的年龄效应，在这种范式中个体受试者分别单独接受记忆任务训练和步行任务训练，并随后对两种任务进行测试。他们发现在双重任务中，老年人的步行任务成绩较好，记忆任务的成绩则不如单独记忆时好。这些结果表明，老年人把做好步行任务放在较高的优先级上，而牺牲了记忆任务，年轻人则不需要明显地采用某种策略就能够把两个任务都完成得很好。与年轻人相比，老年人在完成复杂的注意任务时，在条件允许的情况下更倾向于依靠“自上而下”的信息。例如，在一个混乱的场景下从干扰因素中寻找目标的任务中，既需要考虑“自下至上”的信息因素——目标特征及其与干扰刺激的相似点——也需要考虑“自上而下”的因素，如目标物的位置或形态。Greenwood 和 Parasuraman（1994，1999）让年轻被试和老年被试在一系列视觉图像中寻找出一个特定目标，这个目标有特定形状和颜色。在呈现材料之前，被试可从提示线索中事先得到有关目标所在位置的信息，这些信息的指导精确性是变化的。这些线索对于老年人迅速找到目标物的影响要远远大于年轻人。在老年人加工容量衰退而知识水平上升的情况下，采用不同加工优先级可以理解为一种保护性策略（Park et al.，2002）。例如，Hedden，Lautenschager 和 Park（2005）的报告指出，老年人在配对记忆任务中对（高级）词汇知识的依赖程度要高于年轻人，而年轻人则更多地依赖于加工速度和工作记忆容量。

总体来说，有充分证据表明，感知功能、加工速度、工作记忆和长时记忆会随着年龄的增长而衰退。同时，词汇、语义、世界知识以及智慧则会随着年龄的增长而提高。这些都是重要的认知功能，能对成功学习起到独立的和共同的影响作用。此外，老化的过程还伴随着任务优先级和策略的变化，老年人变得更加依赖自上而下的因素。当不存在自上而下的因素时，他们就会处于不利地位。对老年人来说，这些认知功能的每一个变化都会对新的学习产生负面影响。然而，另一方面，老年人也许可以用更多的词汇量和世界知识来弥补基本认知功能的衰退，从而帮助他们解决问题。利用老年人的收获来克服衰退，也许是一种可行的教育和培训策略，可以增进老年人的学习能力。

C.2.2 终身学习：来自成人教育的观点

终身发展观是对前面章节所讲的认知老化理论框架的一个补充。这个观点的出现离不开 Erik Erikson（1966）的重要贡献，他提出个体发展是终身的过程。在人的发展进程中，特定年龄阶段并不占据统治地位，学习是一个持续积累的过程。并且，在人的整个生命过程中，会间歇性地发生许多令人惊奇的学习现象。Erikson 最关心的是个体如何处理生活中的危机，而关心学习、发展和教育的现代教育研究则更强调个体发育变化的各个方面。例如，近期有研究证明了独立性和依赖性之间存在互相作用。正因为如此，人在老年时期也能观察到成长、保持以及损失调节之间的动态过程（Baltes，1993；Lehr，1991）。因此，学习和发展并不总是意味着能力的提高或效率的增加。在生命的初始阶段，学习的主要目标是要达到较高的自主性和移情能力。随着年龄的增长，如何处理身体自主性的缺失，以及如何创造性地、有效地管理社会支持网络，变得越来越重要。

防止依赖性是成人后期最重要的学习目标之一，因为能力的维持可以保证人在成长的过程中行为能力得以保持（Alterskommission，2005）。人的发展进程对社会背景和个体生活环境的依赖性很强。而社会学家则强调历史学习背景的重要性，也就是说，终身学习不仅局限于生物学和认知上的先决条件，也受到特定历史时期的社会文化背景的影响。从这个观点来看，与年龄相关的发展与经济危机或财富、文化价值观和一般政治经历等一系列经历联系在一起。例如，在现代社会中，相对于年轻人，成人的平均受教育水平更高，也更熟悉受教育的机会。延长寿命和技术创新也面临着知识体系是容易过时的风险。仅仅关注生命初期的教育过程是不够的；而且，从个体和社会的观点来看，人的工作也必须与终身学习联系起来。一方面，终身学习关注社会的需求，强调提高人的经济竞争能力，促进人的职业能力，强调在多元化、个性化的现代社会中，加强社会的凝聚力。另一方面，终身学习，特别是个人方面的，目的在于人格的发掘以及成人时期独立性的维持。当我们在考虑成人时期脑学习的关系问题时，必须把这些观点牢记在心。

在有关学习、教育以及老年医学的研究中，人们把老化分成常态老化、最优态老化以及病理老化几种形式（Thomae，1970；Kruse，1997；Lehr，1991）。一般来说，每个人的老化过程都是不同的。因此，学习策略和研究方法也应有所差异，并考虑个体因素。在文章后面部分，我们将从认知、基因和神经的角度来探讨个体差异问题。

成人的一般老化过程及最优的学习方式通常需要重视教育学、医学、心理学和社会环境等基本条件的改进以及服务水平的提高。这些方法都认为，早期学习环境如家庭或学校，对一个人的后续发展以及成人时期的主动学习都有着积极的推动作用（Feinstein et al.，2003）。这些方法在分析老化进程时，纳入了乐观的能力模型，而不像那些狭隘的、有缺陷的模型，只是简单地认为老化就意味着认知、心理和社会方面的功能衰退（Kruse and Rudinger，1997）。

第二种研究方法也与那些有缺陷的模型不同，它会分析老化过程中所伴随发生的病理状况。这些病理状况包括在成年后期经常出现的各种痴呆症以及其他各种各样的并发症。如果能从青年时期或成年早期就开始进行预防，就有可能延长年寿，而且身体健康，并维持较强的独立性和责任感。人们一直希望，如果能减少疾病和精神障碍——从而提高平均寿命——直到生命的最后几年（Baltes，2003），那么更长的老年生活就会变得积极乐观、丰富多彩。关于这个问题，有很多涉及脑研究的重要问题：从老年人脑成像研究中我们了解到什么？个体间差异会不会影响脑的功能，并在皮层的信息处理中表现出来？脑中不同形式的认知和情感加工是如何表征的？最后，我们如何才能从不断增加的老化认知神经科学研究中挖掘信息，实现成人的最优老化进程，并增加学习的机会？我们将会在下面几个章节中探讨这些问题。

C.3　老化和脑功能：脑结构成像

脑老化会表现出神经组织多层面的许多结构变化，从细胞内，到神经细胞，到皮层间。在整体水平上看，尸体解剖研究发现，在老化过程中，每 10 年脑重量和容积就会减少近 2%（Kemper，1994）。计算机断层扫描（CT）以及磁共振成像（MRI）研究已经证实，全脑的体积是在不断减少的，与年龄增长成负相关（Raz et al.，2005）。这两项技术中，MRI 的灵敏度较高，对于区分灰质（神经元）和白质（轴突）特别有效。在高分辨率的 MRI 下，我们不仅能够区分灰质和白质体积的变化，还能够对大脑特定皮层和皮层下结构的体积变化进行量化，并能测出脑室的体积变化情况。

MRI 的数据表明，老化过程伴随着灰质体积的减小（Resnick et al.，2003；Sowell et al.，2003）。其实，早在三十几岁的时候，体积的减小就能被观察出来（Courchesne et al.，2000），但通常在年纪较大的成年人比如 50 岁或者更大的人中，这种变化才会比较明显。最近有一项研究对 15—50 岁这样跨度较大的年龄段作了测查（Walhoved et al.，2005），结果发现，在整个生命过程中皮层灰质都在不断损失，但中年之后这种损失更为明显。然而，我们应该注意，与年龄相关的灰质减少并不意味着神经元数量的减少。（因此，以前说人年纪大了就会损失脑细胞不一定是对的。）虽然有研究报道了神经元的耗损现象（Kemper，1994），但这仍然是一个存在争议的问题，其他研究者指出，灰质体积的减少反映的也许是神经元的萎缩，而不是减少。

除了灰质的变化外，老化时白质也会发生变化，不过现在有关变化程度的证据还比较混乱。有研究报导，白质总量不会随着年龄的增加而减少（Good et al.，2001），另有研究则发现，白质总量会随着年龄的增加而减少（Guttman et al.，1998；Jernigan et al.，2001）。Walhoved 等（2005）的研究确实观察到了白质的总体减少，但减少的模式不是一致的。另外，白质异常——“密度过高”可能意味着轴突或血管的退化——也已经在老年人身上发现了（Guttmann et al.，1998）。

C.4 老化和脑功能：脑功能成像

除了结构的变化外，多项针对年轻人和老年人的正电子发射断层成像技术（PET）和功能磁共振成像（MRI）研究表明，在知觉和视觉认知任务中大脑局部区域的激活方式呈现出与年龄相关的差异。在一篇正电子发射断层成像技术研究中，Gray 等人（1994）发现，在一个脸部匹配的任务中老年人枕部皮层的激活程度比年轻人要低。一般来说，我们发现老年人在进行初级知觉加工时通道特异性皮层区域的激活程度降低了，比如在视觉探测任务和再认任务中的枕叶和颞叶皮层就是如此。

与此同时，老化时知觉特异性皮层加工区域的激活程度有所降低，还有一些脑区在年轻人中没有激活，但在老年人中却出现激活。特别是多项研究表明，在词汇判断任务（Madden et al.，1996）、视觉搜索任务（Madden et al.，2004）和问题解决任务（Rypma and D'Esposito，2000）中，老年人的前额叶（PFC）激活有所增强，而且双侧都出现了激活。

对于这些与年龄有关的激活模式变化，研究者已经给出了几种解释方案。其中一个理论认为，老年人皮层激活增强，特别是前额叶区域，也许是对神经系统加工容量减少的一种补偿（Park et al.，2002；Rosen et al.，2002）。例如，Gutchess 等人（2005）就发现在记忆任务中编码图像时老年人的内侧前额叶区域激活强度比年轻人更高，而年轻人海马区域的激活强度要高一些。这说明老年人通过从前额叶区域调用额外的资源来补偿海马区域加工的不足，这个神经理论与前面所讨论的认知观点很相似，即老年人会利用不同的加工策略——包括他们的高级语言知识——来补偿他们下降的加工能力。

另一个观点认为，这些研究发现反映出老年人脑单侧化减弱的现象，具体表现为实验任务中老年人的加工为双侧化，而年轻人为左侧化（例如，描述性编码）或右侧化（例如，视觉注意）（Cabeza，2002）。经颅磁刺激（transcranial magnetic stimulation，TMS）的研究也得出了一致的结果，证明一些任务中老年人需要双侧化加工才能顺利完成，而年轻人只需要单侧加工就能完成。对于年轻人来说，只需对右侧背外侧前额叶使用经颅磁刺激就能阻碍记忆的提取，而老年人双侧半球使用经颅磁刺激都会干扰记忆的提取（Rossi et al.，2004）。

这些神经成像研究表明，为了补偿衰退的加工能力，老年人可能需要调用不同的或者额外的神经功能区域，特别是前额叶区域。如果这个观点是正确的，就说明可塑性不仅是大龄成年人的大脑特征，而且会一直延续到成年晚期。然而，有关老年人调用其他皮层区域的“补偿”机制，并不是所有脑成像研究结果都完全支持这种假设。例如，虽然在许多任务中，老年人海马区域的激活程度比年轻人低，但在情景记忆提取任务中，环海马区域的激活程度就更强（Grady，McIntosh and Graik，2003）。另外，Colcombe 等人（2005）最近指出，虽然一些老年人在抑制控制（侧抑制）任务中前额叶区域确实表现出额外的激活，但这种模式只会在任务得分后 50% 的人中出现。那些得分较高的被试则表现出与年轻组相同的前额叶激活模式。

总的来说，功能脑成像研究已经发现，在知觉和认知任务过程中会出现与年龄相关的局部脑区激活差异。这种差异在前额叶区域中尤为明显，而前额叶对于脑高级执行功能来说非常重要，对老化非常敏感。然而，与年龄有关的脑区激活变化是否达到理论上的显著水平？目前还未形成统一认识。最近 Colcombe（2005）等人的一项研究发现，老年人的“异常”激活模式可能与较差任务表现有关，而任务成绩好的个体激活模式是“正常”的。既然老年人的任务表现能够通过训练和其他干预手段来改进，那么脑激活模式的“正常化”程度就可以当作一项指标，用来衡量训练干预对于老年人的效果。

C.5 年龄相关的脑与认知变化的个体差异

在前面章节中，我们综述了已有的文献研究，从整体上来说，老年人的不同认知功能都表现出了各种变化。老化过程中，总体和局部的灰质和白质都会发生变化。这些变化之间很有可能是有内在联系的，因此脑结构的变化就能与年龄相关的认知变化联系起来。然而，这种联系必须将现已观察到的与年龄变化相关的个体差异考虑进来。每个人出现的与年龄相关的认知衰退是各不相同的。有些人认知功能的衰退非常快速，有些人只出现轻微的衰退，而有些人在整个生命过程中都保持在一个基本恒定的水平。此外，对于那些测出具有较高认知能力的人来说，其中相当一部分老年个体随着年龄增长只表现出轻微的损失或者保持不变（Wilson et al.，2002）。

相对于年轻人，老年人在加工速度、工作记忆以及执行功能方面表现出一定缺陷，而且随着年龄的增长，成年人的脑结构会发生变化，认知任务中脑局部激活模式也会发生变化，了解这些后，我们不禁要问，这些认知变化和脑变化是否具有内在联系。确实有证据表明，随年龄变化而发生的认知变化与其可能的神经调节因素二者的模式十分相似（Cabeza，Nyberg and Park，2005）。

灰质和白质体积也会随着年龄的增长而发生萎缩（Bartzokis et al., 2003; Resnick et al., 2003）。然而，虽然认知功能会发生衰退，但个体之间的差异还是很大的（Raz et al., 2005）。

导致老化进程中脑和认知功能完整性出现个体差异的内在因素是什么呢？看起来一般认知变化和与年龄相关的认知变化都是由脑体积的变化引起的。已有多项研究证明，前额叶体积的萎缩与掌管“执行”和抑制功能的认知功能的降低有关（Raz et al., 2005）。随着新的神经成像技术如离散张量成像应用于鉴定活体人脑中的轴突整体，有些研究已发现了认知功能的变化与白质体积的变化之间的联系（Bartzokis et al., 2003）。这些发现非常重要，因为一般研究都指出，高级执行功能对年龄相关的变化非常敏感，而高级执行功能对于学习能力和流体智力都有至关重要的作用（Cabeza, Nyberg and Park, 2005）。然而，皮层或者白质的体积变化和与年龄相关的认知变化之间的联系并不是一直都很强。例如，最近一项元分析发现，中年人和老年人海马的体积和记忆功能之间的联系非常微弱（Van Petten, 2004）。

不同老年人之间脑容量/认知功能的联系存在差异，这说明我们需要对其他调节变量进行研究。环境因素包括新的学习、社会交往、培训、练习、精神刺激等机会。其中一些因素对脑和认知老化的影响已被研究所证实（Raz et al., 2005）。

除了环境因素以外，基因也起着重要的作用。双胞胎研究表明，一般认知能力（即 g 因素）的普遍变异主要是由基因因素引起的（Plomin, DeFries, McClearn and McGuffin, 2001）。g 因素的遗传率随着年龄增长不断增加，在 80 岁以上人群中达到 0.62（McClean et al., 1997）。生命早期较高的 g 因素智力（Schmand et al., 1997; Whalley et al., 2000）和高级认知功能可以保护个体在晚期不患阿尔茨海默病（Alzheimer Disease, AD）。g 因素的高遗传性使人坚信，与年龄相关的认知变化的个体差异背后，基因因素肯定有一定作用。

C.6 遗传学和认知个体差异

大部分有关认知遗传学的知识都来自于双胞胎的研究，这些研究将同卵双胞胎和异卵双胞胎进行比较，从而对某种特质的遗传性进行评估。这种研究范式被广泛应用于行为遗传学研究已经有超过 100 年的时间。例如，人们曾经采用这种方法发现普通智力（或者 g）具有很高的遗传性（Plomin and Crabbe, 2000）。然而，这种方法不能确定与智力或 g 因素中认知成分有关的特定基因。近来随着分子基因学的发展，我们有了一种不同的方法，对行为遗传学进行补充即等位基因的关联研究。这个方法近来已经被应用于研究健康个体的认知差异。所得结果表明，认知任务的表现受到特定基因的调控（Fan，Fossella，Sommer，Wu and Posner，2003；Greenwood et al.，2000；Parasuraman，Greenwood and Sunderland，2002；Greenwood and Parasuraman，2003）。

在基因关联研究中，人们首先确定候选基因的普遍变异——由于每种变异对脑内蛋白的合成有着不同作用，因而会对特定认知功能产生影响——并研究它们与认知功能的可能联系。人与人之间99%以上的DNA序列都是相同的，因此测查普通认知功能个体差异的基因基础也是有限的。然而，DNA碱基序列中有很少的部分存在不同形态，即不同等位基因。等位基因变异是指组成基因的核苷酸链发生的微小变化——通常是单个核苷酸的替换——即单核苷酸多态现象（SNP）。因此，由基因决定的蛋白质也就会发生改变（Parasuraman and Greenwood，2003）。

如果我们知道了某一特定认知功能的脑网络中神经递质的作用机制，那么理论上讲，我们就能将影响神经递质功能的单核苷酸多态现象与认知功能联系起来。例如，对于注意和工作记忆来说，越来越多的脑损伤研究、电生理学研究、神经成像研究、药理学研究都指出，空间注意中起重要作用的大脑后侧网络受乙酰胆碱的调节，而在工作记忆和执行控制功能中，多巴胺丰富的前额叶区域也起着重要的作用（Everitt and Robbins，1997）。由于多巴胺系统对工作记忆和执行控制功能起着重要的作用，因此多巴胺受体基因很有可能对这些功能具有遗传效应。

其中一个可能与工作记忆个体差异有关的候选基因是多巴胺β羟化酶（DBH）基因，这个基因能将多巴胺转换成神经元肾上腺素囊泡中的去甲肾上腺素。多巴胺β羟化酶基因上有一个多态性，位于染色体9q34位置，是2号外显子444号位（G444A）上G对A的碱基替换。有研究发现此多态性与注意力缺陷障碍的家族遗传有关。这个单核苷酸多态现象有三种基因型：AA、AG和GG。Parasuraman等人（2005）考察了一组18—68岁的健康群体中多巴胺β羟化酶对注意和工作记忆的作用。其使用的工作记忆任务是要求被试注视最多三个空间位置（黑点），注视时间为3秒。然后，屏幕上出现一个红点，其位置可能处于目标位置（匹配），也可能位于不同位置（不匹配）。被试须在2秒之内判断测试点的位置是否与其中一个目标点相匹配。结果发现，工作记忆中保存位置数量越多，匹配的准确率就越小，说明此任务对记忆负荷非常敏感。在记忆负荷最小的条件下，多巴胺β羟化酶基因的三种基因型群体的准确率是相等的；基因型中G等位基因数量越多，准确率也越高，特别是在最高记忆负荷（3 个目标位置）的条件下。在最高记忆负荷的条件中，GG 等位基因（G 的数量为 2）的个体记忆准确率显著高于 AG 等位基因（G 的数量为 1）和 AA 等位基因（G 的数量为 0）的个体，其效应量为 0.25，在 Cohen（1988）标准中处于“中等”强度。Parasuraman 等（2005）还使用了一种几乎没有任何空间记忆成分的视觉空间注意任务，并对相同被试进行了测查。在这个任务中，被试成绩的个体差异与多巴胺 β 羟化酶基因变异的关联并不显著。并且，在最高记忆负荷条件中，空间记忆的准确率与该注意任务的成绩并无相关。总的来说，这些发现说明，多巴胺 β 羟化酶基因和空间记忆之间确实存在明显联系。

Parasuraman 等（2005）发现，多巴胺 β 羟化酶上 G 等位基因数量越多，其空间记忆表现也越好。当需要记忆的目标位置最多时，这种效应最为明显。因此，多巴胺 β 羟化酶基因和工作记忆之间的联系在工作记忆系统负荷最大时尤为显著。这些结果与其他研究结果（Parasuraman and Greenwood，2003）都说明，采用分子遗传学分析方法，可以确认认知功能个体差异中基因因素的贡献。此外，这些发现还推动了研究扩展到中年和老年群体，发现了神经递质基因如多巴胺 β 羟化酶与神经元修复基因如载脂蛋白 E（APOE）之间的交互效应（Greenwood et al.，2005；Espeseth et al.，2007）。工作记忆个体差异与多巴胺 β 羟化酶基因之间存在着联系，这是一个很有意思的发现，因为工作记忆能力跟学习效率、政策制定、问题解决以及其他许多认知功能有关，它们都需要大脑执行功能的参与。有关工作记忆容量的个体差异方面的文献资料有很多（Conway and Engle，1996），是一种非常可靠的现象（Klein and Fiss，1999）。在 Stroop 任务中，较高的工作记忆容量能够更好排除干扰（Kane and Engle，2003）。因此，老年人工作记忆容量越大，对新学习环境的适应能力也可能越好，并且较少依赖任务导向的自上而下的控制功能，来补偿前面讨论过的与年龄有关的加工速度的衰退。此外，在下面章节中会讨论，某些老年人可通过认知训练方法，提高工作记忆能力。

C.7　训练和老化

C.7.1　认知训练

有证据表明，“认知刺激”无论是自己创造的，还是家人给予的，都有可能起到维持老年人认知功能的作用，不然老年人就会因年龄的增长而出现认知功能的下滑（Karp et al.，2004）。Wilson 等人（2002）让老年人参与一系列需要认知功能的活动，如听收音机、阅读、玩游戏、看演出等，要求他们给自己的参与水平进行评分。在一组认识测验中，那些自我报告活动参与程度高的个体与参与程度低的个体相比，测验成绩更好。重要的是，纵向研究表明，此类认知刺激也能降低阿尔茨海默病的患病风险。

如果选择特定生活方式维持老年人的认知功能，那么特殊的认知训练能不能也带来同样的效果呢？随着年龄的增长，老年人的许多基本认知功能如加工速度、工作记忆以及长期记忆会有所衰退，这已是众所周知的结论。通过认知训练项目来提高这些功能，一直是研究者颇感兴趣的领域。通常，当老年人出现与年龄相关的认知衰退时，他们会接受特定的认知训练，然后研究者又会设法对相关训练任务进行改进。

C. 7. 2　训练——发展的观点

训练的发展观指出，每个人的生活——从学校走向工作，找一个伴侣，成为父母，不同的职业阶段，处理危机，以及退休等——能够被分成连续的“发展任务”（Lehr，1986；Kruse，1999）。这样看来，每个年龄段都有特定的发展任务，且都包括多种相互作用：（1）生理—心理的成熟；（2）社会期望和该年龄段的需求；（3）个人兴趣和学习机会。此外，生命早期的经历和现在的生活状态会共同影响发展潜力的实现（Tippelt，2002）。

近期，一项以 1958 名 30—49 岁的人为研究对象的大样本纵向研究数据表明，任何形式的教育都会产生广泛的益处（Schuller et al.，2004）。成人的阅读能力和数学能力会对健康行为（吸烟、喝酒、锻炼水平、体质指数）、幸福感（生活满意度、沮丧、一般健康状况）及政治参与度（政治兴趣、选举、公民）产生积极影响。研究已经发现，接受教育能够培养种族宽容度，至少对男性来说是这样（Bynner，Schuller and Feinstein，2003）。较高的受教育水平与老年加入志愿组织有明显关系。所以与其他人相比，大学生在晚年时期更有可能加入到当地机构中来。接受教育，如积极参加成人教育课程，对行为健康、社会容忍度和积极的公民态度都有促进作用。另一方面，参加休闲性的课程并不能对预防抑郁产生普遍影响。这项纵向研究的结论非常清晰：教育并不只是一个政府措施，它更是提升个人身心健康、营造和谐社会的必要条件（Feinstein et al.，2003）。

这些在成人身上得到的研究结论也可以扩展到老年人中。继续教育的经验表明，对于老年人来说，教育以及先前知识对于多种类型的继续学习非常重要（Becker，Veelken and Wallraven，2000）。在某种程度上（并不完全），现在流行的“健康老化”观点已经突破了前几十年的“缺陷”模型。这个观点认为，人的能力能够维持到成年后期。虽然学习过程会随着年龄增长而发生变化，但学习能力却能保持不变（Schaie，2005；Baltes and Staudinger，2000）。因此，尽管基本感知能力、认知加工过程（如 C.2 部分所述）及相关脑结构的功能（如 C.3 和 C.4 中所述）会随着年龄的增长而衰退，但生命早期习得的知识还是能够很好地被提取出来，运用到新的学习中去。在生命初期获得的知识，不管是在正式的（教育）还是非正式情境下（家庭、学校、工作和社会环境）获得的，都能够为成年时期建立有效的学习策略提供有用的基础知识。这些早期学习的效果还能在成年后期继续产生作用（Kruse，1999）。

此外，自我意识和自我认同也是成人发展的重要组成部分，特别是记忆中的经历和情感内容（与自己相关的记忆）。这些记忆促进了综合发展观的形成，包括生命跨度、脑发育、学习和社会环境以及基因基础等方面。奇怪的是，教育研究者对记忆的情绪性研究非常少（Welzer and Markowitsch，2001，p.212）。

人的发展需要不仅包括儿童时期和青年时期，还会扩展到整个生命过程。然而，成人会更加关心自己的投入程度，以及学习的内容和形式（Tippelt，2000）。在有关动机的心理学研究中，当一个人轻松地参与到富有挑战性的工作中时，会体验到“舒畅感”（Csikszentmihalyi，1982）和一种“忘我”的喜悦，这种感觉充分体现了学习的兴趣。这个概念也有不同的叫法，White（1995）称之为“高效的感觉”，deCharms（1997）称之为“自我效能感”和“自我决断”，Hechhausen（1989）称之为“行动和目标的统一”。此外，对于所有学习者来说，坚信自我效能和“内部归因”，能对认知能力产生有效的促进作用（Jennings and Darwin，2003）。

有一种特别的方法，即智慧的概念，它是人类发展的终极梦想，而高级智慧知识是很少的。青少年后期和成年早期是智慧知识产生的主要年龄阶段。智慧的本质是面对个人利益和公共利益时思想和德行的完美结合。对智慧最有力的预测因素并不是诸如智力等认知因素（参看 Sternberg，1990）。特殊生活体验（如经常处理复杂生活问题）以及各种个人因素，如开放性、创造性、对信息比较、评价和判断的偏好性等，能够更好地预测智慧水平（Baltes，Gluck and Kunzmann，2002；Baltes and Staudinger，2000）。

从发展的观点来看，老年人的能力包括许多能力、技巧和兴趣，而不只是独立性的保持。一个人在充满鼓励、支持的环境中，能够保持和重建一种独立的、任务相关的、有意义的生活，使得他们在面对任务和压力时能够积极主动、保持清醒，借助“能力”这个概念，我们就能理解这一点（Kruse，1999，p. 584）。因此，能力的提升通常会与积极的社会和组织环境特征联系在一起。能力丧失也是有可能会发生的，他们需要一种不受限制的、充满支持的环境，并能得到他人和机构的帮助。

能力还与人力资本有联系，它与经济体中的其他资源相似。例如，50岁以上的人的能力其实是工作中的一笔人力资源财富，他们有丰富的服务经验和专业知识，但却未被社会充分利用。人们往往认为，年长雇员不够灵活，由于健康问题也不够稳定，但公司负责人事的人员不仅越来越重视他们宝贵的工作经验、精神毅力、忠诚度和可信赖度，而且非常看重他们良好的决策能力、社交能力和沟通能力（Lahn，2003；Karmel and Woods，2004；Williamson，1997；Wrenn and Maurer，2004）。可以证明，年长雇员的健康问题并不十分普遍，但是如果没有了良好的工作环境，没有了学习机会，能力得不到发挥，那时他们的健康状况才会不断变坏（Baethge and Baethge-Kinsky，2004；Feinstein et al.，2003）。年长雇员教育项目有预防疾病的功效，有助于维持认知能力和身心健康（Lehr，1991；Alterskommission，2005）。但是，为了更好地评价不同培训方法的实证效果，我们需要以更多的纵向研究结果（既包括短期效应，也包括长期结果）为基础。

这种教育方法有一个比较好的案例，它就是“回到45岁”的项目。这个项目对女性非常有吸引力，而且在许多50岁以上的人就业率很低的国家，效果也非常好（Eurostat，2003）。在欧盟国家中，瑞士50岁以上成年人的就业率是最高的，达到75%；比利时是最低的，只有42%。假设在雇用单位中，小部分50岁以上的男性和女性雇员与一般年长雇员的工作潜力不同，那么下面这些要素对于再就业就非常有意义——如果公司能够充分利用年长雇员的工作潜力，并包容他们的弱点（Kruse，2005）：

- 社会交流技巧：在小组中以对话的形式练习交谈，合作与团队工作，实践训练，谈判训练。
- 认知训练：学习和记忆训练、相似认知策略的应用、新问题解决能力的培养、综合思维与概念思维的培养、拟订计划的训练。
- 信息与通信技术的相关知识：主动寻找相关信息，交流和储存知识。
- 增加实践经验和实习经历：知识的转换、动机的增强、自信的提升。

- 有关劳动力市场和新工作角色的一般知识：再就业策略、后半生的工作展望以及家庭和工作中的双重角色。

这些相关课程还会产生各种认知和社会效应，例如，人的专注能力、处理事情的速度以及交谈的能力都会得到提高。在神经官能症患者身上，还能观察到提升健康的效应，即恐惧、易怒、抑郁情绪、脆弱等症状都会显著降低；由于精神力量得到提高，病人也能更好地处理各种日常的冲突、危机和紧张。因此，对这些方法的评价当然是肯定的，但只有在良好的社会环境中，它的效果才最好。

总的来说，我们能观察到——有代表性的成人教育研究也证明了（Barz and Tippelt，2004）——在终身学习中，特别是专业发展方面，由于教育程度、工作相关的资格、工作状态、性别、国籍、年龄、生活方式等因素都会产生显著的影响，因而存在显著的不平等现象，因此，创建以目标群体为导向的特定环境是很有必要的。在实验研究中，人们常常说到学习和教育的障碍问题，但很少说到与老年人的基本学习能力有什么关系，相反，他们热烈地探讨继续教育的“供给和机会的结构”问题。随着年龄的增长，继续教育特别是与工作相关的继续教育，参与程度会大幅减少。从学习理论的角度来看，继续教育这种与年龄相关的参与度减少并不成立——一个例外就是许多年长的学者一直维持甚至增加他们的进修参与度。现在，许多公司依然不会通过继续教育的做法帮助老年人融入到集体中来，这是一个普遍存在的现实，但与发展和学习研究的观点是矛盾的。

C.8　为成人创造积极的学习环境

学习环境的条件和具体教学设置需要考虑学习理论、成人教学法以及老年医学的观点。这对成人的学习意味着什么呢？这里涉及三个重要的现代学习概念：能力本位的学习、建构主义学习和情境学习。

C.8.1　能力本位的学习：问题解决的准备

“胜任力”（competence）这个词是从继续教育中有关职业培训的重要资质的争论中提出来的（Achatz and Tippelt，2001），但是从那以后便受到学校教育和继续教育的采纳。特别是在国际教育比较（OECD，2004；OECD PISA survey）和国际教育标准的制订中，人们引进了这个词，并用它来界定教育目标。Weinert（2001）的定义有助于大家的理解，他把胜任力理解为“**能够解决某一问题的认知能力和技巧，并且能够在变化的环境中充分利用动机、意志、社会意愿和社会能力成功地解决问题**”（ibid，p. 27f）。因此，胜任力已被当作成功学习的标尺，反过来教育也把培养胜任力当作目标。要实现这个目标，首先需要教师和学习者重新审视自己的角色定位，学习者应当参与更多的活动，增强自主性，并对自己负责，教师们则应当发挥更多的协助作用，如陪伴、支持和反馈等（Achatz and Tippelt 2001，p. 124f）。为了提高胜任力，建议在课堂中引入各种不同的学习内容，引入有意义的活动和实际问题，把学习内容和现实情境联系起来。除此之外，还应当重视学习者个人的独立性和学习者之间的合作，而且需要关注方法上的多样性。从这个角度看，基于项目的学习，如公司运作教育模型，是特别有效的。

C. 8. 2 建构主义学习：利用主观经验

查阅过去几十年人们对学习过程的各种理论探讨后，我们会发现其中两个神经生物学家被看作是建构主义学习哲学的奠基人：Maturana 和 Varela（Siebert，1998）。他们的主要思想是建构主义学习理论的基石，这些理论也在现代脑科学研究中得到了证实（例如，Spitzer，2002；Siebert and Roth，2003）。

总的来说，从建构主义观点来看，学习永远是个人事件，并以经验为基础。新的知识总是从已有的知识中衍生出来，并会导致已有知识的转换和变化。知识的扩展来源于新的经验，也源于与人交往过程中自我认知结构的重要转变。学习机会的构建可从以下几点做起（Tippelt and Schmidt，2005）：

- 知识的建构不能只由教师发起，学习者也有责任。教师只是负责提供学习资源，并营造刺激学习的环境（讲解式教学也很重要，但不是主导性的）。
- 社会交流可以促进学习，因此需要加强。
- 同样，问题导向的学习也很好，可以产生应用型知识。
- 新的学习内容应当源于个体原有的知识。例如，可根据建构主义原则组织班级，鼓励学习者事先理清自己的经验、观点和看法。

在过去几年里，越来越多的神经科学研究结果开始关注教育学领域的观点，并对这些观点进行了补充和发展——这并不只是一种时髦（Stern，2004；Pauen，2004）。神经生物学研究表明，脑的构建过程主要发生在儿童时期和青少年时期。但是，脑的结构和功能变化会一直持续到成年时期，甚至贯穿整个生命时期，虽然程度不如生命早期（患上老年痴呆症的情况除外）。随着年龄的增长，加工效率会发生与年龄相关的变化，学习新材料的时间也会越来越长；同时，已有的知识也会变得越来越分化，越来越精确（Spitzer，2002；本文C.4 and C.5）。脑科学研究者指出，注意、动机和情感在成功学习中起着重要作用，这也验证了教育学研究的结论（Singer，2002）。

一般来说，学习的发生与意义的建构有关。学习是通过对感官印象的解释而发生的。通过这种方式，意义被建构起来，也使得神经元之间建立起新的突触，进而产生了学习（Roth，2004）。神经生物学研究的结果补充和支持了建构主义学习研究的主要观点，并同时将注意力吸引到组织合适的学习环境上来。这也是教师的主要工作。提供促进学习的条件和充足的小组学习氛围，并辅以积极的、恰当的教师讲解，会比板书的形式和技术更加重要。

C.8.3 情境学习：学习环境的组织

有了建构主义学习理论，许多针对学习和知识建构而发展起来的学习方法都变得更加精确了。这里我们来探讨其中的一种，它强调学习发生情境的意义。这种方法有良好的学习理论基础，且已被多次转化成实际的学习概念。

知识总是在特定背景中获得的，不能脱离学习时所处的情境，情境学习法就是建立在这个观点之上的。学习情境和应用情境越相似，知识就越能成功地转化为行为。但是，成人——不像儿童和青少年——其主要学习环境并不在学校，而是在公司或机构。这里他们需要将所学的内容付诸实践。这是成人学习的一个优点，也符合情境学习的建议。建立知识与应用情境的联系，这一点十分重要。它能促进多种学习策略的形成，从产生对问题的多角度审视（认知多样性），一步一步地形成独立的问题解决方法（认知学徒），并最终能够应对各种复杂的问题（抛锚式教学）。下面我们将对后两种策略依次展开讨论（Tippelt and Schmidt，2005）。

认知学徒方法与传统的商业培训有很强的联系，它引导学习者从顺着教学顺序一步一步发展到独立解决问题的能力。这些学习者一开始就要面对各种复杂问题，如何解决这些问题？专家们会先给他们示范。第二步的时候，学习者才会自行解决问题，同时会有专家或教师在一旁指导。随着学习过程的推进，专家的指导逐步减少。到学习的最后阶段，专家就只是一个观察者了。这种方法的行为过程并不完全以学习者的问题解决策略为导向，它鼓励学习者对自己的行为过程进行评价，在学习过程中形成实践问题的解决策略。

抛锚式教学策略也是一种有效的策略。这个方法会将学习内容融入到真实的复杂问题中去，以便提高学习者独立分析问题的能力，这是一种探索性的学习方法。日常生活和经历中的问题都是真实的、复杂的，不仅局限于与解决方法有关的信息，还包括如何从所有信息中过滤出属于这个任务的准确信息。在这个过程中，你会明显感觉到这不是以教师为中心的课程，它需要一种自我驱动的学习方式。无论是成年人，还是年轻人，都会如此。与此同时，教师起着调节和支持的作用，有时候也会给予清晰的指导（Tippelt and Schmidt，2005）。经过重复实践之后，学习者就能对各种不同任务和解决方案进行分类，形成一般的问题解决策略，并最终发展出完整的问题解决模式。

总的来说，成人教育有很多学习策略。但是我们必须注意，老化过程中任务优先级和学习策略都有可能发生变化。为了补偿基本认知功能下降的不足，老年人会利用更丰富的语言和经历这类世界知识来帮助他们解决问题。认知改变和学习过程有着很大的个体差异——最重要的是，对于成年人学习来说，脑仍然具有可塑性，而且会一直保持到成年晚期。

C.9 展望未来

了解了社会科学和神经科学有关学习的知识之间的区别之后，我们可以得出一些明显的结论：认知功能存在年龄差异；智力水平是逐步发展的，具有先天的可塑性；一种有效的、有意义的学习策略需要脑科学研究和教育科学两方面的知识。然而，神经科学、教育科学及其他更为广泛的社会科学都有它们自己的研究范围、不同观点和语言，将来需要从更深层、更有意义的角度来理解能力本位的学习——同时把这两方面的观点都考虑进来。

对于老年社会中特定学习群体的各种局限和学习问题，尤其需要多学科的合作。对于学习研究来说，老年学习者身体、心理的健康和良好的社会关系是一个巨大的挑战。脑科学研究能够告诉我们，早期的学习能够改善晚年的学习效率，这是教育科学和心理学所不能解释的。通过分析脑的能力和局限，脑科学研究和教育科学能更好地解释为什么某些学习环境能够提高成年人的学习效率，而有些却不行。

从有关社会和个人的积极观点来看，有一个问题：用什么方法才能充分利用老龄化和年龄的潜力从而造福下一代？老年社会潜力的提升和利用是建立在代际之间的交流之上的，因为只有在代际之间团结互助的社会中，学习才有意义（Tippelt，2000）。例如，在公司中，工作和学习团队的人员结构必须平衡，包含所有年龄群体，这样做是有好处的，但需要通过研究让其更为明晰。人们需要付出更多的努力，使从工作到退休的转换更加灵活，因为老年人的认知和动机潜力具有很大个体差异。当然，我们还必须重视对差异学习的研究，它有利于提高人的能力，并对整个生命过程进行考虑，这个问题将是脑科学研究和教育科学所面临的持续性挑战。

参考文献

Achatz, M. and R. Tippelt (2001), "Wandel von Erwerbsarbeit und Begründungen kompetenzorientierten Lernens im internationalen Kontext", in A. Bolder, W. Heinz and G. Kutscha (eds.), *Deregulierung der Arbeit—Pluralisierung der Bildung*? Leske and Budrich, Opladen, pp. 111 - 127.

Achtenhagen, F. and W. Lempert (eds.)(2000), *Lebenslanges Lernen im Beruf—Seine Grundlegung im Kindesund Jugendalter*, Bd. 1 - 5, Leske and Budrich, Opladen.

Alterskommission (2005), "Zusammenfassung wesentlicher Thesen des Fünften Altersberichts", Berlin.

Baethge, M. and V. Baethge-Kinsky (2004), *Der ungleiche Kampf um das lebenslange Lernen*, Waxmann, Münster/New York/München and Berlin.

Ball, K., D. B. Berch, K. Helmers, J. Jobe, M. Leveck, M. Marsiske, J. Morris, G. W. Rebok, D. M. Smith, S. L. Tennstedt, F. Unverzagt and S. Willis (2002), "Effects of Cognitive Training Interventions with Older Adults. A Randomized Controlled Trial", *JAMA* 288, pp. 2271 - 2281.

Baltes, P. B. (1993), "The Aging Mind: Potential and Limits", *The Gerontologist*, Vol. 33/5, pp. 580 - 594.

Baltes, P. B. (2003), "Das hohe Alter—mehr Bürde als Würde?", MaxPlanckForschung, Vol. 2, pp. 15 - 19.

Baltes, P. B., J. Glück and U. Kunzmann (2002), "Wisdom: Its Structure and Function in Successful Lifespan Development", C. R. Snyder and S. J. Lopez (eds.), *Handbook of Positive Psychology*, Oxford University Press, New York, pp. 327 - 350.

Baltes, P. B. and U. Lindenberger (1997), "Emergence of a Powerful Connection between Sensory and Cognitive Functions across the Adult Life Span: A New Window to the Study of Cognitive Aging?", *Psychology and Aging*, Vol. 12 (1), pp. 12 - 21.

Baltes, P. B. and U. M. Staudinger (2000), "Wisdom: A Metaheuristic (pragmatic) to Orchestrate Mind and Virtue toward Excellence", *American Psychologist*, Vol. 55, pp. 122 - 136.

Bartzokis, G., J. L. Gummings, D. Sultzer, V. W. Henderson, K. H. Nuechterlein and J. Mintz (2003), "White Matter Structural Integrity in Healthy Aging Adults and Patients with Alzheimer Disease: A Magnetic Resonance Imaging Study", *Archives of Neurology*, Vol. 60 (3),

pp. 393 – 398.

Barz, H. and R. Tippelt (eds.) (2004), *Weiterbildung und soziale Milieus in Deutschland*, Bd. 1 u. 2, Bertelsmann, Bielefeld.

Becker, S., L. Veelken and K. P. Wallraven (eds.) (2000), *Handbuch Altenbildung. Theorien und Konzepte für Gegenwart und Zukunft*, Leske and Budrich, Opladen.

Bransford, J. D., A. L. Brown and R. R. Cocking (2004), *How People Learn: Brain, Mind, Experience, and School*, Expanded Edition, National Academy Press, Washington DC.

Bruer, J. T. (1997), "Education and the Brain: A Bridge too Far", *Educational Researcher*, Vol. 26 (8), pp. 4 – 16.

Bynner, J., T. Schuller and L. Feinstein (2003), "Wider Benefits of Education: Skills, Higher Education and Civic Engagement", *Z. f. Päd.*, 49. Jg., Vol. 3, pp. 341 – 361.

Cabeza, R. (2002), "Hemispheric Asymmetry Reduction in Older Adults: The HAROLD Model", *Psychology and Aging*, Vol. 17 (1), pp. 85 – 100.

Cabeza, R., L. Nyberg and D. C. Park (2005), *Cognitive Neuroscience of Aging*, Oxford University Press, New York.

Cattell, R. B. (1963), "Theory of Fluid and Crystallized Intelligence: A Critical Experiment", *Journal of Educational Psychology*, Vol. 54, pp. 1 – 22.

Cohen, J. (1988), *Statistical Power Analysis for the Behavioral Sciences* (2nd ed.), Lawrence Erlbaum Associates, Hillsdale, New Jersey.

Colcombe, S. J. and A. Kramer (2002), "Fitness Effects on the Cognitive Function of Older Adults: A Meta Analytic Study", *Psychological Science*, Vol. 14, pp. 125 – 130.

Colcombe, S. J., A. Kramer, K. I. Erickson and P. Scalf (2005), "The Implications of Cortical Recruitment and Brain Morphology for Individual Differences in Inhibitory Function in Aging Humans", *Psychology and Aging*, Vol. 20, pp. 363 – 375.

Courchesne, E., H. J. Chisum, J. Townsend, A. Cowles, J. Covington, B. Egaas *et al.* (2000), "Normal Brain Development and Aging: Quantitative Analysis at In Vivo MR Imaging in Healthy Volunteers", *Radiology*, Vol. 216, pp. 672 – 681.

Csikszentmihalyi, M. (1982), "Towards a Psychology of Optimal Experience", R. Gross (ed.), *Invitation to Life-long Learning*, Fowlett, New York, pp. 167 – 187.

DeCharms, R. (1976), *Enhancing Motivation: Change in the Classroom*, Irvington, New York.

Deci, E. L. and R. M. Ryan (1985), *Intrinsic Motivation and Self-determination in Human Behavior*, Plenum Press, New York.

Dobbs, A. R. and B. G. Rule (1989), "Adult Age Differences in Working Memory", *Psychology and Aging*, Vol. 4 (4), pp. 500 – 503.

Erikson, E. (1966), *Identität und Lebenszyklus*, Frankfurt.

Eriksson, P. S., E. Perfilieva, T. Björk-Eriksson, A. M. Alborn, C. Nordborg, D. A. Peterson and F. H. Gage (1998), "Neurogenesis in the Adult Human Hippocampus", *Nature Medicine*, Vol. 4, pp. 1313 – 1317.

Espeseth, T., P. M. Greenwood, I. Reinvang, A. M. Fjell, K. B. Walhovd, L. T. Westlye, E. Wehling, A. Astri Lundervold, H. Rootwelt and R. Parasuraman (2007), "Interactive Effects of APOE and CHRNA4 on Attention and White Matter Volume in Healthy Middle-aged and Older Adults", *Cognitive, Behavioral, and Affective Neuroscience.*

Feinstein, L., C. Hammond, L. Woods, J. Preston and J. Bynner (2003), "The Contribution of Adult Learning to Health and Social Capital. Wider Benefits of Learning Research", Report 8, Center of Research on the Wider Benefits of Learning, London.

Good, C. D., I. S. Johnsrude, J. Ashburner, R. N. A. Henson, K. J. Friston and R. S. J. Frackowiak (2001), "A Voxel-based Morphometric Study of Aging in 465 Normal Adult Human Brains", *Neuroimage*, Vol. 14, pp. 21 – 36.

Grady, C. L., J. M. Maisog, B. Horwitz, L. G. Ungerleider, M. J. Mentis and J. A. Salerna (1994), "Age-related Changes in Cortical Blood Flow Activation during Visual Processing of Faces and Location", *Journal of Neuroscience*, Vol. 14, pp. 1450 – 1462.

Grady, C. L., A. R. McIntosh and F. I. Craik (2003), "Age-related Differences in the Functional Connectivity of the Hippocampus during Memory Encoding", *Hippocampus*, Vol. 13 (5), pp. 572 – 586.

Greenwood, P. M. and R. Parasuraman (1994), "Attentional Disengagement Deficit in Nondemented Elderly over 75 Years of Age", *Aging and Cognition*, Vol. 1 (3), pp. 188 – 202.

Greenwood, P. M. and R. Parasuraman (1999), "Scale of Attentional Focus in Visual Search", *Perception and Psychophysics*, Vol. 61, pp. 837 – 859.

Greenwood, P. and R. Parasuraman (2003), "Normal Genetic Variation, Cognition, and Aging", *Behavioral and Cognitive Neuroscience Reviews*, Vol. 2, pp. 278 – 306.

Greenwood, P. M., C. Lampert, T. Sunderland and R. Parasuraman (2005), "Effects of Apolipoprotein E. Genotype on Spatial Attention, Working Memory, and their Interaction in Healthy, Middle-aged Adults: Results from the National Institute of Mental Health's BIOCARD Study", *Neuropsychology*, Vol. 19 (2), pp. 199 – 211.

Greenwood, P. M., T. Sunderland, J. Friz and R. Parasuraman (2000), "Genetics and Visual Attention: Selective Deficits in Healthy Adult Carriers of the 4 Allele of the Apolipoprotein E. Gene", *Proceedings of the National Academy of Science*, Vol. 97, pp. 1661 – 1666.

Gropengießer, H. (2003), "Lernen und Lehren: Thesen und Empfehlungen zu einem professionellen Verständnis", Report 3/2003, Literatur und Forschungsreport Weiterbildung, Gehirn und Lernen, pp. 29 – 39.

Guttmann, C. R., F. A. Jolesz, R. Kikinis, R. J. Killiany, M. B. Moss and T. Sandor (1998),

"White Matter Changes with Normal Aging", *Neurology*, Vol. 50, pp. 972 – 981.

de Haan, M. and M. Johnson (eds.) (2003), "The Cognitive Neuroscience of Development", *Psychology Press*, Hove.

Heckhausen, H. (1989), *Motivation und Handeln*, Springer, Heidelberg.

Hedden, T., G. J. Lautenschlager and D. C. Park (2005), "Contributions of Processing Ability and Knowledge to Verbal Memory Tasks across the Adult Lifespan", *Quarterly Journal of Experimental Psychology.*

Jennings, J. M. and A. L. Darwin (2003), "Efficiacy Beliefs. Everyday Behavior, and Memory Performance among Elderly Adults", *Educational Gerontology*, Vol. 29, pp. 34 – 42.

Jernigan, T. L., S. L. Archibald, C. Fennema-Notestine, A. C. Gamst, J. C. Stout and J. Bonner (2001), "Effects of Age on Tissues and Regions of the Cerebrum and Cerebellum", *Neurobiology of Aging*, Vol. 22, pp. 581 – 594.

Johnson, M., Y. Munakata and R. O. Gilmore (eds.) (2002), *Brain Development and Cognition—A Reader*, Blackwell, Oxford.

Karmel, T. and D. Woods (2004), "Lifelong Learning and Older Workers", NCVER, Adelaide.

Kemper, T. (1994), "Neuroanatomical and Neuropathological Changes in Normal Aging and in Dementia", in M. L. Albert (ed.), *Clinical Neurology of Aging* (2nd edition), Oxford University Press, New York.

Keyfitz, N. (1990), *World Population Growth and Aging: Demographic Trends in the Late Twentieth Century*, University of Chicago Press, Chicago, IL.

Kruse, A. (1997), "Bildung und Bildungsmotivation im Erwachsenenalter", in F. E. Weinert and H. Mandl (eds.), *Psychologie der Erwachsenenbildung*, Hogrefe, Göttingen, pp. 115 – 178.

Kruse, A. (1999), "Bildung im höheren Lebensalter. Ein aufgaben-, kompetenz- und motivationstheoretischer Ansatz", in R. Tippelt (ed.), *Handbuch der Erwachsenenbildung/Weiterbildung*, Leske and Budrich, Opladen, pp. 581 – 588.

Kruse, A. (2005), "Qualifizierungsmaβnahmen für Wiedereinsteigerungen in den Beruf", Heidelberg (unveröffentl. Manuskript).

Kruse, A. and G. Rudinger (1997), "Lernen und Leistung im Erwachsenenalter", in F. E. Weinert and H. Mandl (eds.), *Psychologie der Erwachsenenbildung*, Hogrefe, Göttingen, pp. 46 – 85.

Lahn, L. C. (2003), "Competence and Learning in Late Career", *European Educational Research Journal*, Vol. 2/1, pp. 126 – 140.

Lehr, U. (1986), "Aging as Fate and Challenge", in H. Häfner, G. Moschel and N. Sartorius (eds.), *Mental Health in the Elderly*, Heidelberg, pp. 57 – 77.

Lehr, U. (1991), *Psychologie des Alterns* (7th edition), Heidelberg.

Leibniz-Gemeinschaft (2005), "Wie wir altern: Megathema Alternsforschung", *Journal der LeibnizGemeinschaft*, pp. 6 – 13.

Lerner, R. M. (2002), "Concepts and Theories of Human Development", Lawrence Erlbaum, Malwah, NJ.

Li, K. Z., U. Lindenberger, A. M. Freund and P. B. Baltes (2001), "Walking while Memorizing: Age-related Differences in Compensatory Behavior", *Psychological Science*, Vol. 12 (3), pp. 230 – 237.

Lindenberger, U., H. Scherer and P. B. Baltes (2001), "The Strong Connection between Sensory and Cognitive Performance in Old Age: Not Due to Sensory Acuity Reductions Operating during Cognitive Assessment", *Psychology and Aging*, Vol. 16 (2), pp. 196 – 205.

Madden, D. J., T. G. Turkington, R. E. Coleman, J. M. Provenzale, T. R. DeGrado and J. M. Hoffman (1996), "Adult Age Differences in Regional Cerebral Blood Flow during Visual Work Identification: Evidence from H2 15O PET", *Neuroimage*, Vol. 3, pp. 127 – 142.

Madden, D. J., W. L. Whiting, J. M. Provenzale and S. A. Huettel (2004), "Age-related Changes in Neural Activity during Visual Target Detection Measured by fMRI", *Cerebral Cortex*, Vol. 14 (2), pp. 143 – 155.

Nelson, C. A. and M. Luciana (eds.) (2001), *Handbook of Developmental Cognitive Neuroscience*, MIT Press, Cambridge, MA.

OECD (2002), *Understanding the Brain: Towards a New Learning Science*, OECD, Paris.

OECD (2004), *Education at a Glance: OECD Indicators*, OECD, Paris.

OECD (2005), *Aging and Employment Policies: United States*, OECD, Paris.

Parasuraman, R., P. M. Greenwood, R. Kumar and J. Fossella (2005), "Beyond Heritability: Neurotransmitter Genes differentially Modulate Visuospatial Attention and Working Memory", *Psychological Science*, Vol. 16 (3), pp. 200 – 207.

Parasuraman, R., P. M. Greenwood and T. Sunderland (2002), "The Apolipoprotein E Gene, Attention, and Brain Function", *Neuropsychology*, Vol. 16, pp. 254 – 274.

Park, D. C., G. Lautenschlager, T. Hedden, N. Davidson, A. D. Smith and P. Smith (2002), "Models of Visuospatial and Verbal Memory across the Adult Life Span", *Psychology and Aging*, Vol. 17 (2), pp. 299 – 320.

Park, D. and N. Schwarz (1999), *Cognitive Aging: A Primer*, Psychology Press, Hove.

Pate, G., J. Du and B. Havard (2004), "Instructional Design-Considering the Cognitive Learning Needs of Older Learners", *International Journal of Instructional Technology and Distance Learning*, Vol. 1/5, pp. 3 – 8.

Pauen, S. (2004), "Zeitfenster der Gehirn-und Verhaltensforschung: Modethema oder Klassiker?", *Z. f. Päd.*, 50*Jg.*, Vol. 4, pp. 521 – 530.

Pillay, H., G. Boulton-Lewis, L. Wilss and C. Lankshear (2003), "Conceptions of Work and Learning at Work: Impressions from Older Workers", *Studies in Continuing Education*, Vol. 25/1, pp. 95 – 111.

Raz, N., U. Lindenberger, K. M. Rodriue, K. M. Kennedy, D. Head and A. Williamson (2005), "Regional Brain Changes in Aging Healthy Adults: General Trends, Individual Differences and Modifiers", *Cerebral Cortex*, Vol. 15 (11), pp. 1676 - 1689.

Resnick, S. M., D. L. Pham, M. A. Kraut, A. B. Zonderman and C. Davatzikos (2003), "Longitudinal Magnetic Resonance Imaging Studies of Older Adults: A Shrinking Brain", *Journal of Neuroscience*, Vol. 23 (8), pp. 3295 - 3301.

Rosen, A. C., M. W. Prull, R. O'Hara, E. A. Race, J. E. Desmond, G. H. Glover, J. A. Yesavage and J. D. E. Gabrieli (2002), "Variable Effects of Aging on Frontal Lobe Contributions to Memory", *Neuroreport*, Vol. 13, pp. 2425 - 2428.

Rossi, S., C. Miniussi, P. Pasqualetti, C. Babiloni, P. M. Rossini and S. F. Cappa (2004), "Age-related Functional Changes of Prefrontal Cortex in Long-term Memory: A Repetitive Transcranial Magnetic Stimulation Study", *Journal of Neuroscience*, Vol. 24 (36), pp. 7939 - 7944.

Roth, G. (2004), "Warum sind Lehren und Lernen so schwierig?", *Z. f. Päd.*, 50. *Jg.*, Vol. 4, pp. 496 - 506.

Rypma, B. and M. D'Esposito (2000), "Isolating the Neural Mechanisms of Age-related Changes in Human Working Memory", *Nature Neuroscience*, Vol. 3 (5), pp. 509 - 515.

Saczynski, J. S., S. L. Willis and K. W. Schaie (2002), "Strategy Use in Reasoning Training with Older Adults", *Aging Neuropsychology and Cognition*, Vol. 9/1, pp. 48 - 60.

Salthouse, T. A. (1996), "The Processing-speed Theory of Adult Age Differences in Cognition", *Psychological Review*, Vol. 103, pp. 403 - 428.

Schaie, K. W. (2005), "Developmental Influences on Adult Intelligence. The Seattle Longitudinal Study", University Press, Oxford.

Schuller, T., J. Preston, C. Hammond, A. Brassett-Grundy and J. Bynner (eds.) (2004), *The Benefits of Learning. The Impact of Education on Health, Family Life and Social Capital*, Routledge Farmer, London.

Shors, T. J., G. Miesegaes, A. Beylin, M. Zhao, T. Rydel and E. Gould (2001), "Neurogenesis in the Adult is Involved in the Formation of Trace Memories", *Nature*, Vol. 410, pp. 372 - 376.

Siebert, H. (1998), *Konstruktivismus: Konsequenzen für Bildungsmanagement und Seminargestaltung*, Schneider, Frankfurt a. M.

Siebert, H. and G. Roth (2003), "Gespräch über Forschungskonzepte und Forschungsergebnisse der Gehirnforschung und Anregungen für die Bildungsarbeit", *Report* 3, *Literatur-und Forschungsreport Weiterbildung*, Gehirn und Lernen, pp. 14 - 19.

Singer, W. (2002), *Der Beobachter im Gehirn*, Suhrkamp, Frankfurt a. M.

Snowdon, D. A., S. J. Kemper, J. A. Mortimer, L. H. Greiner, D. R. Wekstein and W. R. Markesbery (1996), "Linguistic Ability in Early Life and Cognitive Function and Alzheimer's Disease in Late

Life. Findings from the Nun Study", *Journal of the American Medical Association*, Vol. 275, pp. 528 – 532.

Sowell, E. R., B. S. Peterson, P. M. Thompson, S. E. Welcome, A. L. Henkenius and A. W. Toga (2003), "Mapping Cortical Change across the Human Life Span", *Nature Neuroscience*, Vol. 6 (3), pp. 309 – 315.

Spitzer, M. (2000), "Geist, Gehirn and Nervenheilkunde. Grenzgänge zwischen Neurobiologie", *Psychopathologie und Gesellschaft*, Schattauer, New York.

Spitzer, M. (2002), *Lernen. Gehirnforschung und die Schule des Lebens*, Spektrum Akademischer Verlag, Heidelberg.

Spitzer, M. (2004), *Selbstbestimmen. Gehirnforschung und die Frage: Was sollen wir tun?*, Spektrum Akademischer Verlag, Heidelberg.

Stern, E. (2004), "Wie viel Hirn braucht die Schule? Chancen und Grenzen einer neuropsychologischen Lehr-Lern-Forschung", *Z. f. Päd*, 50. *Jg.*, Vol. 4, pp. 531 – 538.

Stern, E., R. Grabner, R. Schumacher, C. Neuper and H. Saalbach (2005), "Lehr-Lern-Forschung und Neurowissenschaften: Erwartungen, Befunde und Forschungsperspektiven", Bildungsreform Bd. 13, BMBF, Berlin.

Sternberg, R. J. (1990), *Wisdom: Its Nature, Origin, and Development*, Cambridge University Press, New York.

Thomae, H. (1970), "Theory of Aging and Cognitive Theory of Personality", *Human Development* 13, pp. 1 – 16.

Tippelt, R. (1999) (ed.), *Handbuch Erwachsenenbildung/Weiterbildung*, Leske and Budrich, Opladen.

Tippelt, R. (2000), "Bildungsprozesse und Lernen im Erwachsenenalter. Soziale Integration und Partizipation durch lebenslanges Lernen", D. Benner and H. -E. Tenorth (eds.), *Bildungsprozesse und Erziehungsverhältnisse im 20. Jahrhundert*, *Z. f. Päd.*, Vol. 42, Beiheft, Beltz, Weinheim, pp. 69 – 90.

Tippelt, R. (2002) (ed.), *Handbuch Bildungsforschung*, Verlag für Sozialwissenschaften, Wiesbaden.

Tippelt, R. (2004), "Lernen ist für Pädagogen keine Blackbox: Basiselemente einer pädagogisch konzipierten Lerntheorie", *Grundlagen der Weiterbildung*, Vol. 3/15, pp. 108 – 110.

Tippelt, R. and B. Schmidt (2005), "Was wissen wir über Lernen im Unterricht?", *Pädagogik*, Vol. 3, pp. 6 – 11.

Walhovd, K. B., A. M. Fjell, I. Reinvang, A. Lundervold, A. M. Dale and D. E. Eilertsen (2005), "Effects of Age on Volumes of Cortex, White Matter and Subcortical Structures", *Neurobiology of Aging*, Vol. 26 (9), pp. 1261 – 1270.

Wechsler, D. (1939), *The Measurement and Appraisal of Adult Intelligence*, Williams and Wilkens, Baltimore.

Weinert, F. E. (2001), "Vergleichende Leistungsmessung in Schulen-eine umstrittene Selbstverständlichkeit", *Leistungsmessungen in Schulen*, Beltz, Weinheim, pp. 17 - 31.

Weinert, F. E. and H. Mandl (1997) (ed.), *Psychologie der Erwachsenenbildung*, Hogrefe, Göttingen.

Welzer, H. and H. J. Markowitsch (2001), "Umrisse einer interdisziplinären Gedächtnisforschung", *Psychologische Rundschau*, Vol. 52 (4), pp. 205 - 214.

White, R. W. (1959), "Motivation Reconsidered: The Concept of Competence", *Psychological Review*, Vol. 66, pp. 297 - 333.

WHO (2003), *Gender, Health, and Aging*, World Health Organization, Geneva, Switzerland.

Williamson, A. (1997), "You Are Never too Old to Learn! Third-Age Perspectives on Lifelong Learning", *International Journal of Lifelong Education*, Vol. 16/3, pp. 173 - 184.

Wilson, R. S., C. F. Mendes De Leon, L. L. Barnes, J. A. Schneider, J. L. Bienias, D. A. Evans *et al.* (2002), "Participation in Cognitively Stimulating Activities and Risk of Incident Alzheimer Disease", *JAMA*, Vol. 287 (6), pp. 742 - 748.

Wrenn, K. A. and T. J. Maurer (2004), "Beliefs about older Workers Learning and Development Behaviour in Relation to Beliefs about Malleability of Skills, Age-Related Decline, and Control", *Journal of Applied Social Psychology*, Vol. 34/2, pp. 223 - 242.

附　录

脑成像技术

神经科学研究技术多种多样，包括一些损伤性处理手段，比如采用神经外科手术的方法。然而，现在最著名的、应用最广泛的是无创性脑成像技术。脑成像工具大体可以分成两类：一类提供高空间分辨率的大脑活动信息；一类提供高时间分辨率的大脑活动信息。在提供高空间分辨率脑活动信息的工具中，最有名的是正电子发射断层成像技术（PET）和功能磁共振成像技术(fMRI)。正电子发射断层成像技术使用放射性同位素，通过监测氧气、葡萄糖使用情况的变化和脑血流变化来检测脑的活动。功能磁共振成像技术利用无线电频率和磁场来分辨血红蛋白浓度的变化（见框 A)。这两种技术都需要被试保持静止，从而获得精确的图像。

需要注意的一点是测量到的信号，即氧的变化，是由身体自然产生的，而不需要注射药物。这表明这是一种无创处理，不像其他形式的脑成像，如正电子发射断层成像技术就需要注射放射性材料。这意味着功能磁共振成像技术在扫描儿童的脑时非常安全，而且能够在同一个人身上重复好几次——这表明如今我们能够观察到训练、干预等的影响了。第二点需要注意的是，测量到的信号是对脑活动的一种间接测量，尽管我们推断它可以代表脑的神经活动。这是这种方法的一个重要局限，因为目前直接测量神经活动的主要方法仍然仅限于动物研究。

因为正电子发射断层成像技术和功能磁共振成像技术可以提供毫米级的空间分辨率，但是时间分辨率只有秒级，这些技术非常适合测量相对长时间的认知任务中脑活动的变化。另一项技术，经颅磁刺激（TMS）用来暂时阻断脑功能（几秒钟），从而在有限的脑区找出脑活动的相对应位置。虽然如此，数学计算或者阅读的加工处理会涉及多个加工过程，这些过程都发生在几毫秒之内。因为这个原因，正电子发射断层成像技术和功能磁共振成像技术都能够定位阅读或数学活动发生的区域，但是不能阐明这些活动中心理过程的动态交互作用。

其他一些理论提供了精确到毫秒的时间分辨率，但是它们的空间分辨率却是粗糙的，只能提供厘米级的数据。这些技术适用于在心理活动期间测量脑皮层的电场或磁场。在这些工具中有脑电图（EEG）、事件相关电位（ERP）以及脑磁图（MEG）。脑电图、事件相关电位将电极安放在头皮表面特定区域。由于使用简便，这两种技术经常能够成功地应用在儿童身上。脑磁图在液氦的温度下利用超导量子发射装置（SQUIDs）。在这些工具的帮助下，我们能够在认知活动期间精确测量脑活动从而获得毫秒级的数据。

框 A　什么是功能磁共振成像技术？

功能磁共振成像技术是标准的核磁共振成像技术的变体，可以让我们了解脑的功能。比如，标准的核磁共振成像技术，可以让我们用来观察膝盖、后背和脑以及身体的其他软组织。这跟 X 射线是相反的，例如，X 射线让我们看到骨头和钙化物。因此，核磁共振成像技术能让我们看到韧带和肌腱以及身体内的其他软组织，包括脑这个完完全全的软组织。既然功能磁共振成像技术是核磁共振成像技术的变体，那么它就具有与核磁共振成像技术相同的优点和缺点。有些缺点跟所有核磁共振成像技术一样：（1）你必须尽可能地保持静止；（2）如果你患有幽闭恐惧症，将很难忍受这么小的管道；（3）很吵。任何体验过标准核磁共振成像技术的人都体验过这些特点，功能磁共振成像技术也是这样。标准的磁共振成像技术的工作原理是由于我们身体中的不同组织在磁场特征方面有细微的差别，核磁共振成像技术中的磁场能够让这些组织产生不同的反应，然后借助计算机技术可以将这些不同的磁刺激反应形成图片。借助功能磁共振成像技术，我们可以利用如下事实：氧气和它的载体血红蛋白具有磁性，可以对磁场作出反应。这给我们提供了测量脑功能的方法，因为神经元在使用更多氧气时会更活跃，从而发出与其他不够活跃的地方不同的磁信号。

简单总结这项技术

当人们在思考或在想事情或是在做一些认知或感知任务时，脑某个或某些特定区域的神经活动会增强，这种神经活动的增强是集中性的。这又会导致这些区域的血流量大大增加，以提高该区域的供氧水平（或者更准确地说，是去氧血红蛋白和含氧血红蛋白的比例发生了变化）。正是由于氧含量的变化才让我们能够通过功能磁共振成像技术看到信号（见图 A）。

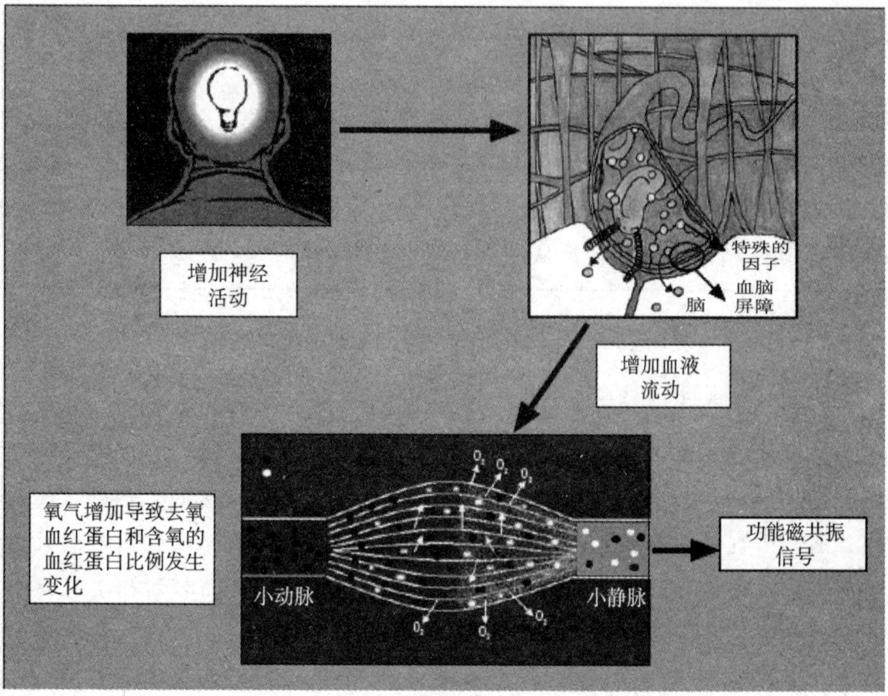

图 A　功能磁共振成像

光学成像技术（OT）是一种新的无创性脑成像方法，这是由近红外光谱学（NIRS）（框 B）发展而来的。与传统方法不同，它能够应用于行为研究，因为光学纤维很灵活，能允许被试移动，因而建立起来的系统也十分轻巧。这种方法既可以应用于婴儿，也可以应用于成人。如果能够每月一次对早期发育过程进行观察，我们就能了解脑内神经加工系统的布局。光学成像可能会给学习和教育带来重要的启示。①

① Koizumi, H. et al. (1999), "Higher-order Brain Analysis by Transcranial Dynamic Nearinfrared Spectroscopy Imaging", Journal Biomed, Opt, Vol. 4.

框 B 学习科学和脑研究中的近红外光学成像技术

近红外光学成像技术（NIR-OT）是一种能对高级脑功能进行分析的新型无创技术，它可以在自然条件下捕捉多个被试的局部脑区活动情况，如在家学习或在教室里学习。这种新的方法可以帮助我们在横向研究和纵向研究中评估个体和整体的脑活动。

其他脑扫描方法，比如功能磁共振成像和脑磁图最早从 20 世纪 90 年代早期就开始使用了。然而，这些方法显现出多种多样的局限性，因为被试需要在整个测量过程中一动不动地待在机器里。虽然这一点在传统神经病学中不是那么重要，因为传统神经病学中的被试大多是病人，但是人们对于在自然条件下进行的高级脑功能成像越来越有兴趣。当然，近红外光学成像方法能够不受任何限制地提供多个被试的脑成像，这一点在分析学生和教师之间的互动作用时非常重要。

近红外光学成像技术以光纤传递的近红外光为基础，这种光照射到头皮表面，有的能够达到约 30 mm 的深度。脑皮层会产生反射，光线通过头皮反射回去。随后这些反射光和弥散光会由另外一根距离发射点 30 mm 的光纤来监测。近红外光完全没有损伤，等同于冬天多云天气时太阳发射的能量。近红外光学成像技术分析设备是一个能移动的半导体装置，也许在不久的将来会做成一只手就能拿下的集成电路，这样就能适用于更多环境的测量条件。

近些年来，许多学习科学与脑科学研究有关的初步研究已经开始采用近红外光学成像技术。其中包括对健康婴儿的发展研究，有关语言工作记忆的研究等。近红外光学成像技术也在其他一些研究领域得到应用，如烹饪和驾驶过程中脑功能的变化。

Hideaki Koizumi，Fellow，Hitachi，Ltd.

有效的认知神经科学研究需要将这些技术结合起来，这样就能同时得到与学习有关的脑活动空间定位信息和时间变化信息。为了将这些信息与学习过程联系起来，神经科学家必须具备缜密的基本认知技能和分析方法，这样才能充分发挥脑成像技术的作用。在那些跟学习有关的学科中，多数情况下只有认知科学或认知心理学的研究具有良好的系统和分析过程，而且时至今日，这些研究也主要集中在视觉加工、记忆、语言、阅读、数学和问题解决等方面。

神经科学家还有一些其他的研究可以选择，包括通过尸体解剖来研究脑

（例如，测量突触密度），以及少数情况下对病人进行研究，如那些患有癫痫的病人（从由于疾病和外伤而引起的脑损伤病人身上了解脑加工过程）。一些神经科学家对患有胎儿酒精综合征和脆性 X 综合征的儿童进行研究，还有研究者对阿尔茨海默病患者及老年抑郁病人常见的认知退化现象进行研究。甚至还有一些研究者对哺乳动物和其他动物的脑进行研究，如大鼠等，以便更好地理解人脑的功能。过去，由于没有脑成像技术，想要在健康的普通人身上直接收集有关学习的神经科学证据是非常困难的。

另外一个局限在于，缺乏一种充分理解的、发展性的学习任务，以便对普通人一生的学习过程进行研究。人们对儿童早期的学习过程研究很多，但对青少年的学习研究比较少，而对成人学习的研究就更少了。脱离普通认知发展的基础，要了解学习中的任何病理变化都会是很困难的。

想要理解认知神经科学如何引领教育事业最终走向“基于脑”的课程设置，首先就要理解脑成像技术的功用和局限性，并认识到进行严谨的认知研究的必要性。最新的研究已开始表明，教育事业最终将会是认知神经科学、认知心理学以及完善而严密的教学分析相互结合的产物。在未来，教育将是跨学科的，多个领域相互交叉，将会产生新一代研究者和教育专家，他们善于提出各种合理的具有教育意义的问题。

当前认知神经领域的研究方法限制了所能解决问题的类型。例如，“个体怎样学会认字”这样的问题相对来说比较容易解决，“个体怎样对不同故事的主题进行比较”这样的问题就比较困难了。这是因为在对第一个问题的研究中，刺激和反应可以轻易地得到控制，并且可以和其他任务进行比较。正因为如此，参照已知的认知模型，这个问题就能得到解释。而第二个问题涉及的因素就太多了，实验中根本无法将它们有效区分开来。正因为如此，社会所倡导的教育任务就更复杂了，也许并不适合认知神经科学来研究。

有研究者还强调指出，对学习的测量方法也十分重要，不仅要重视教育干预后的即时测量（现在实践中大多是这样），也应当注重每隔一段时间进行测量，特别是在作与年龄相关的比较时。这些追踪研究将研究工作从实验室转移到现实生活中，这也会对何时可以对研究结果进行解释及何时可以将研究结果用于教育产生限制。

当我们试图去了解和分析科学数据时，一定要坚持一些关键标准，依此判断认知神经科学的结论及其教育意义。需要考虑以下几点：

- 原始研究及其主要目的；
- 该研究是单一研究还是系列研究；

- 该研究是否包含与学习有关的结果；
- 研究所用的被试①。

为了科学的发展，有必要成立一个具有广博智慧的重要共同体（随着时间推移，为某些科学假设提供广泛认同的实证基础和推论基础），近来这一点再一次得到强调②。

在学习科学诞生的过程中，这种共同体（包括教师、认知心理学家、认知神经科学家以及决策者等）的作用非常重要。为了让这个共同体更好地发展，有必要对“基于脑”的学与教的主张作出合理的判断。在此基础上，教育决策者就能更成功地推行基于脑的课程，但需要认识到以下几点：

（a）神经科学论断的数量多少并不意味着是否有效；

（b）认知神经科学的方法和技术还在发展之中；

（c）学习不完全受意识或意志的控制；

（d）脑在整个生命过程中都在自然地发展变化；

（e）为了了解和解决与脑相关的症状和疾病，已经开展了许多认知神经科学的研究；

（f）完善的学习科学不仅要考虑认知因素，还需要考虑到情绪和社会因素；

（g）虽然学习科学和基于脑的教育才刚刚开始，但已取得重大的成就。

心理学方面有大量的数据（主要是从设计得很好的认知心理学研究中获得的），这些数据可以为学习和教学提供启示。来自认知神经科学的数据可以提炼假设、消除定义的歧义，并为研究指明方向。也就是说，认知神经科学对学习科学这门刚出现学科的一个重要贡献可能就是对那些关于如何提高教与学质量的散漫言论和未经科学证实的观点提出了科学的质疑。

我们可以质疑当前有关学习的神经科学基础的观点，但不应该滋生嘲笑挖苦的态度，诋毁认知神经科学对教育的潜在价值。的确，不断涌现的有关脑可塑性的数据就十分令人振奋。然而，各种学习观点的证据不可能仅仅从神经科学研究中获得。将来，经过改进的脑成像技术以及更缜密的学习研究将能帮助我们进一步阐述这个问题。

---

① 无论研究采用的是人类还是灵长类动物，都应当质疑样本的代表性，并思考研究结论所能应用的群体，这些都是极其重要的。

② 在美国国家研究委员会的《教育的科学探究》报告中。

术语表

Acalculia. 计算力缺失。见计算障碍。

Accumbens area. 伏隔核区域。见伏隔核。

Action potential. 动作电位。神经元被激活后，膜电位会暂时逆转，膜内电位从负电位变为正电位。电荷沿着轴突传递，到达轴突末端，引发轴突末端释放兴奋性或抑制性神经递质。

Activation study. 脑激活研究。采用成像技术的研究（另见 PET 和 fMRI）。

ADHD（Attention Deficit Hyperactivity Disorder）. 注意缺陷多动障碍。一种学习和行为问题的综合病症，其特点是维持注意困难、行为冲动（如说话冲动）以及活动过度。

Alzheimer's disease. 阿尔茨海默病。老化进程中出现的一种发展性退化疾病，其特点是脑内弥漫性萎缩，并出现明显的脑损伤——即衰老斑以及纤维结块现象——即神经纤维缠结。记忆和注意等认知功能也会受到损伤（另见神经退行性疾病）。

Amygdala. 杏仁核。负责情绪和记忆的脑结构。左右半球各有一个杏仁核（“形状像杏仁”）。杏仁核位于脑的深处，与颞叶内表面邻近。

Angular gyrus. 角回。顶叶皮层的一块区域，其功能与语音结构分析和阅读加工有关。

Anhedonia. 失乐症。被认为是抑郁情绪障碍的主要症状。具有失乐症的病人无法从通常高兴的事件中体验到快乐，如吃东西、锻炼身体、社会交往或者异性交往等。

Anterior cingulated cortex. 前扣带回。扣带皮层前面的部分。它在很多自主功能中发挥作用，如调节心率和血压；它对认知功能也很重要，如奖赏预期、决策、共情和情绪等。

Aphasia. 失语症。语言理解或产生存在障碍。

Apolipoprotein E（or “apoE”）. 阿朴脂蛋白 E（或 “apoE”）。多年以来研究者研究了它对心血管疾病的影响。但直到最近，人们才发现它的一种等位基因（基因因素）aopE（E4）是阿尔茨海默病的致病因子。

Artificial intelligence（AI）. 人工智能。计算机科学的一个领域，试图开发具有“智能”的机器。

Attention. 注意。注意是一种认知过程，它选择性地专注一项任务，而忽略其他任务。

脑成像研究发现，不同注意功能如维持觉醒、知觉定向、冲突解决（各种想法或感受发生竞争）等具有不同的神经网络基础。

Auditory cortex. 听觉皮层。负责处理听觉（声音）信息的脑区。

Auditory nerve. 听觉神经。从耳蜗延伸至脑的神经束，它有两个分支：蜗神经传递声音信息，前庭神经传递与平衡感有关的信息。

Autism/autistic spectrum disorders. 孤独症谱系障碍。一类神经发展性障碍，表现为很难形成正常的社会关系、交流技巧、重复行为和学习能力。

Axon. 轴突。从神经元伸出的纤维状分枝，神经元通过它向靶细胞传递信息。

Basal ganglia. 基底神经节。多个神经核团，包括尾状核、壳核、苍白球、黑质，它们位于脑的深处，对运动功能起着重要作用。黑质细胞死亡会导致帕金森病的症状。

Bipolar disorder. 双相障碍。也称躁狂抑郁症。双相障碍表现为情绪从躁狂（情绪高涨的表现）到深度抑郁之间快速转变。这种病症的原因很复杂，但有力证据表明，双相障碍与脑内各种负责情绪的神经递质所发生的化学变化有关，但其发生的具体方式还不清楚。双相障碍的可能诱因包括：生活压力、情绪紧张、创伤性事件等；在个别案例中，身体创伤如脑损伤也可能引起双相障碍。

Brainstem. 脑干。前脑与脊髓和外周神经互传信息的主要通道。脑干的功能有很多，如负责呼吸和心率调节功能。

Broca's area. 布洛卡区。位于左半球额叶的一块区域，负责语言的产生。

Caudate or caudale nucleus. 尾状核。端脑的一个核状组织，位于脑的基底神经节。尾状核是学习和记忆系统的重要脑功能区域。

Cerebellum. 小脑。位于大脑后部、大脑左右半球的下部，负责运动调节功能。

Cerebral hemispheres. 大脑半球。大脑分为两个特异性半球。左半球主要负责言语、写作、语言和计算功能；右半球主要负责空间能力、面孔识别（视觉）、部分音乐知觉和音乐产出功能。

Cerebrospinal fluid. 脑脊液。大脑脑室和脊髓中央管中的液体。

Cerebrum. 大脑。更加学术化的称谓是端脑，涉及两个大脑半球和其他脑内更小的结构，包括的下属区域有：边缘系统、脑皮层、基底神经结和嗅球。

Circadian clock/rhythm. 生物钟/生物节律。周期为24小时的行为变化规律或生理变化规律。

Classical conditioning. 经典条件反射。给予一个刺激，引起一种自然反应（非条件性刺激）；重复学习这种模式，并加入一个中性刺激（条件刺激）。这样，条件刺激就能引起和非条件刺激相似的反应。

Cochlea. 耳蜗。一个形状像蜗牛的内耳器官，内部充满液体。它负责将机械振动转变为神经冲动，进而产生听觉。

Cognition. 认知。一系列心理操作功能，包括知觉、思维、学习和记忆等各种功能。

Cognitive maps. 认知地图。物体和地点所在的环境位置在心理上的表征结果。

Cognitive networks. 认知网络。脑内部处理记忆、注意、知觉、动作、问题解决和心理意象的神经网络。在人工智能领域，该术语也被称为人工网络。

Cognitive neuroscience. 认知神经科学。心理发展与脑的研究，旨在研究认知功能的心理学基础、计算机科学基础和神经科学基础。

Cognitive science. 认知科学。研究心理的学科。这是一门多学科组成的学科，涉及的领域包括神经科学、心理学、哲学、计算机科学、人工智能学和语言学等。认知科学的目标在于建立各种解释人类认知功能的模型——如感知觉、思维和学习。

Cognitive training. 矫治认知缺陷的教学方法与培训。

Cohort study. 队列研究。医学和社会学领域常用到的一种纵向研究方法，它将具有某一共同特征或经历的群体与另一群体进行比较。

Competences. 胜任力。指学生的某种能力。完成特定任务的心理能力。

Constructivism. 建构主义。一种学习理论。该理论认为，知识是个体从经验中主动建构起来的。

Corpus callosum. 胼胝体。联结左右半球的巨大神经纤维束。

(cerebral) Cortex. （大脑）皮层。大脑的外层。

Cortisol. 皮质醇。肾上腺皮质合成的一种激素。人类皮质醇分泌高潮是在黎明前时分，它让身体做好准备，应对白天的各种活动。

Critical period. 关键期。指某些特定时期，该期间内脑对外界经验的调节能力比其他时间明显更强。对人类而言，关键期仅在出生以前存在。而大家知道，敏感期则出现在儿童期（见敏感期）。

Cross-sectional study. 横断研究。对某一特定时间、某一特定群体的频率和特征进行测量的一种描述性研究。

CT（Computed Tomography）. 计算机断层显影。早期称作电脑断层扫描显影（CAT或CT扫描）和X射线断层显影。它是一种采用X射线的医学显影技术，根据大量沿着同一旋转轴摄取的系列二维X射线图像，采用数字几何加工方法合成物体内部的三维图像。

Decoding. 编码。学习拼音文字系统（如英语、西班牙语、德语、意大利语）的初级加工过程，它将不熟悉的单词根据单词字母的语音规则进行解析。

(senile) Dementia. （老年）痴呆。一种心理退化症状，其主要表现为智力水平的明显下降，并通常伴随情感淡漠现象。阿尔茨海默症是痴呆的一种。

Dendrite. 树突。神经元胞体周围类似树枝状的突出，能够接受来自其他神经元的信息。

Depression. 抑郁。机体功能活力下降的一种表现：机体身心活力低于正常水平。老年抑郁指的是老年时期以焦虑和忧郁为主要症状的抑郁状态。老年抑郁和早期抑郁是否相同，目前尚不清楚。

Development. 发展。随着年龄增长而发生的各种变化。生理倾向和外界经验相互作用，共同决定人一生的发展。

DNA（Deoxyribonucleic acid）. DNA（脱氧核糖核酸）。DNA 由一长条核苷酸聚合链（多核苷酸链）组成，根据基因密码编码蛋白质的氨基酸序列。

Dopamine. 多巴胺。它是一种儿茶酚胺类神经递质，具有多种功能，取决于它起作用的位置。大量多巴胺神经元位于脑干黑质区域，投射至尾状核区域。帕金森病病人的多巴胺神经元会遭到破坏。研究者认为，多巴胺可以调节情绪反应，并与精神分裂症和可卡因滥用有关。

DTI（Diffusion Tensor Imaging）. DTI（弥散张量成像），一种磁共振成像（MRI）技术，可测量组织内部水分子的有限弥散程度。这种方法可以观察体内组织的分子弥散程度，进而了解组织的分子构造。

Dyscalculia. 计算障碍。个体所接受的教育、智力水平和社会文化交往机会正常，但是简单的算术运算能力低下。

Dyslexia. 个体所接受的教育、智力水平和社会文化交往机会正常，但是阅读学习方面表现出能力缺失。

Dyspraxia. 运动障碍。复杂连续动作出现运动协调困难。

ECG（Electrocardiogram）. ECG［心电图（Electrocardiogram）］。对心脏电位的记录，是一种连续性的电波图案。

EEG（Electroencephalogram）. 脑电图 Electroencephalogram。利用电极记录脑电活动。EEG 的测量方法是，将多个电极放置在头皮的各个位置，以收集电位信息，它们对脑特定区域神经元的总体活动非常敏感。

Electrochemical signals. 电化学信号。它是神经元信息交流的工具。

Emotional intelligence. 情绪智力。有时人们称之为情商（“EQ”）。情绪智力良好的人具有同情和同感的能力，具有良好的社交能力，还能够利用情绪意识指导自己的动作和行为。这个概念提出于 1990 年。

Emotional regulation. 情绪调控。调节和控制情绪的能力。

Emotions. 情绪。没有一个普遍接受的定义。从神经生理学角度来看，情绪是一种愉快或不愉快的心理状态，主要受哺乳动物脑中的边缘系统调控。

Endocrine organ. 内分泌器官。此器官可分泌各种激素。这些激素随着血流进入其他器官，调节它们的细胞活动。

Endorphins. 内啡呔。脑内合成的一种神经递质，能产生与吗啡类似的细胞反应和行为效应。

Epigenetic. 表观遗传。基因功能的改变现象，通常由环境因素引起。

Epilepsy. 癫痫病。一种慢性神经障碍。患病的人会出现时强时弱的抽搐反应，同时伴有意识模糊现象。癫痫病会引发意识状态和动作的改变，可能是由肿瘤、外伤、中毒或腺体功能障碍等引发的先天脑缺损所引起。

ERP（Event-related potentials）. 事件相关电位。获得这种电信号首先要记录 EEG 电位。然后固定刺激呈现的时间，多次重复呈现，同时记录其电位信号，以便对脑活动进行观察。这样，脑的电位活动（或事件相关电位）就能与刺激事件联系起来。

Evoked potentials. 诱发电位。测量感官刺激引起的脑电位活动。电位收集方法为，将电极放置于头皮表面，多次呈现刺激，而后利用计算机来计算这些结果的平均值。

Excitation. 兴奋作用。神经元的一种电位改变状态，表现为动作电位的发生概率增加。

Excitatory synapses. 兴奋性突触。这种突触释放的神经递质能够降低神经元细胞膜内外的电位差异。

Experience-dependent. 经验依赖性。神经系统功能的一种属性，即经验能够引起功能变化。这种属性可持续终生。

Experience-expectant. 经验期待性。神经系统经长期进化形成的、对某些特定的环境刺激最为敏感的属性，而这种属性在同一种群所有成员身上大致都是相同的（如，新生儿眼优势柱的发展所需要的双眼刺激就属于这种情况）。人们相信，这种属性在生命早期表现出来。

Explicit memory. 外显记忆。能够被有意提取的记忆，就像回忆一样，而且可以用言语表述出来，这一点与内隐记忆或程序记忆不同，它们往往无法用言语传达。

Fatty acids. 脂肪酸。构成脑所需的全部脂肪酸中，大多数能由人体自身合成，但有两种（亚油酸和α-亚麻酸）。另外，由于这两种脂肪酸无法由身体其他成分合成，因此必须从食物（也就是植物油和鱼油）中获取。这些脂肪酸就被称为必需脂肪酸（essential fatty acids）。（另见 Omega and HUFA）。

Fear/fear conditioning. 厌恶性条件反射。厌恶性条件反射是经典条件反射的一种（联结学习的一种，最早以动物作为研究对象，由 1920 年巴普洛夫提出），它将一种无害刺激（如灯光），也就是条件，与一种有害刺激（如轻度电击）成对出现——前者称为条件刺激，后者称为非条件刺激——多次重复以后，动物不但会对电击产生恐惧反应，而且对日光也会产生恐惧反应，我们把这种现象称为条件反射。研究者认为，厌恶性条件反射由杏仁核负责。阻断杏仁核的功能可以阻止恐惧的产生。

fMRI（Functional Magnetic Resonance Imaging）. 功能磁共振成像。利用核磁共振扫描仪测量血液的化学变化（如氧含量的变化），间接观察神经活动的情况，同时考察在各种刺激和心理任务中，哪些脑区的活动增强（见 MRI）。

Forebrain. 前脑。脑最大的一个部分，包括脑皮层和基底神经节。前脑负责高级认知功能。

Frontal lobe. 前额叶。大脑两半球皮层四个分区之一（另外三个为顶叶、颞叶和枕叶），负责运动控制功能，并与其他皮层区域的功能有关。研究者认为，额叶与计划功能和高级思维能力有关。

Functional imaging. 功能成像。代表一系列测量技术，旨在揭示生理机能的定量信息。

Fusiform gyrus. 梭状回。沿颞枕结合部腹侧（底侧）表面分布的皮层区域，与视觉加工有关。功能活动显示，这个区域专门负责视觉面孔和词形的加工。

Gene. 基因。基因是生物体内的基本遗传单位。基因能够影响机体的生理发展和行为表现。另见遗传学。

Genetics. 遗传学。有关有机体基因、遗传和变异的科学。**经典遗传学**包括各种遗传学技术和方法，出现在分子生物学之前。**分子遗传学**建立在经典遗传学的基础之上，但主要是从分子水平对基因的结构和功能进行研究。**行为遗传学**研究各种遗传因素对动物行为的影响以及遗传因素对人类疾病的影响及其原因。

Glia/glial cells. 神经胶质细胞。专门为神经元提供营养和支持的细胞。

Graphemes. 字形。书面语言的最小单位，包括字母、汉字、数字、标点符号等。

Grey matter/gray matter. 灰质。灰质由神经元的胞体和树突构成。

Gyrus/gyri. 脑回。皮质卷积起来形成一定区域，冠以不同名字：额中回、额上回、额下回、左侧额下叶、中央后回、中央前回、缘上回、角回、左侧角回、左侧梭状回、扣带回等。

Hard-wired. 固定连接。意思是“无法改变的”连接。它与可塑性恰好相反，可塑性认为脑是能够改变的。

(cerebral) Hemisphere. (大脑) 半球。大脑分为两个半球，即“左半球”和“右半球”。

Hippocampus. 海马。位于脑内部的海马状结构，是边缘系统的重要组成部分，与学习、记忆和情绪功能有关。

Hormones. 激素（荷尔蒙）。由肾上腺分泌的化学递质，可调控靶细胞的活动。激素在性发育、钙代谢、骨骼生长、身体发育和其他许多活动中发挥重要作用。

HUFA (Highly unsaturated fatty acids). 高不饱和脂肪酸

Hypothalamus. 下丘脑。一个复杂的脑结构，由许多具有不同功能的核团组成。这些核团能够调节各个内脏器官的活动，监控自主神经系统的传入信息，调节脑垂体的功能。

Immune system. 免疫系统。由各种细胞、器官和组织所组成的、保护身体不受疾病感染的功能系统。

Implicit memory/learning. 内隐记忆/学习。无法被有意提取的记忆，它们是技能和动作的必要组成部分。内隐记忆反映了一种无法用言语表达的、不依赖主观意识的学习模式（内隐记忆使得我们做一件事时，第二次总比第一次做得更好，如系鞋带）。

Information-processing. 信息加工。把人类认知功能分解为一系列步骤，对抽象信息进行加工的过程。

Inhibition. 抑制作用。神经元的一种功能，即释放一种突触信息，抑制靶细胞的放电活动。

Insomnia. 失眠症。相当长一段时间内无法入睡。

Intelligence. 智力。一种心理特征，但仍缺乏科学定义。智力可分为流体智力和晶体智力（另见多元智力，智商）。

Interference theory. 干扰理论。遗忘理论的一种，认为其他记忆信息会干扰目标记忆，进而导致遗忘。

Ions. 离子。带电的原子。

IQ. 智商。一种表示个体相对智力水平的分数。最早的计算方法为，将智力分数除以实际年龄，再乘以100。

Left-brained thinking. 左脑思维。对高级思维过程的误解而产生的错误概念，认为高级思维加工可以严格地分为不同的作用，独立地产生于不同大脑半球之中。这种观点夸大了对左半球功能特异性研究的特定成果，如控制语言的神经系统。

Limbic system. 边缘系统。也称为"情绪脑"。它与丘脑和下丘脑毗邻，包括多种内部结构，如杏仁核、海马、隔膜和基底神经节。边缘系统能够调节情绪、管理记忆，并控制某些运动能力。

Lobe. 脑叶。脑按功能划分的大致区域（另见枕叶、颞叶、顶叶和额叶）。

Long-term memory. 长时记忆。记忆的最后一个阶段，保持的时间长达几个小时甚至终生不忘。

Longitudinal study. 纵向研究。在较长的一段时间里追踪个体发展轨迹的研究。

Long-term potentiation（LTP）. 长时程增强效应。过去的刺激引起神经元反应强度增加的效应。

MEG（Magnetoencephalography）. 脑磁图。一种无创性脑功能成像技术，对脑活动的快速变化十分敏感。只要将记录设备（超导量子干涉仪，SQUIDs）置于头部附近，就能敏锐地探测到由皮层神经活动引起的微弱磁场变化。这种敏感的设备记录事件的时间分辨率可达毫秒级，同时也具有很好的空间分辨率。

Melatonin. 褪黑激素。褪黑激素由5-羟色胺合成，经由松果体释放至血液之中。褪黑激素能够影响与时间规律和日夜周期有关的生理变化。

Memory. Working memory/or short-term memory. 记忆。工作记忆/短时记忆指的是负责短时存储和信息加工的认知结构和过程。长时记忆根据意义来存储信息。短时记忆通过不断复述和有意联想，可变成长时记忆。

Memory consolidation. 记忆巩固。脑组织、重构信息以形成记忆时所发生的生理和心理变化。

Memory span. 记忆广度。即时记忆测验所得出的准确回忆的信息量。

Mental imagery. 心象。也称为想象（visualization）。心象由脑记忆、想象或者二者共同作用产生。有假设认为，心象也会激活知觉的脑区功能。

Mental images. 心理映像。视觉信息和空间信息的内部表征。

Metabolism. 新陈代谢。有机体内所有生理和化学变化，以及生物细胞中所发生的所有能量转化过程。

Meta-cognition. 元认知。对自己认知过程和学习过程的主观意识。简而言之，即"对认知的认知"。

Micro-array. 基因芯片。一种基因表达的分析工具，它以一种玻璃芯片或其他固体材料作载体，按一定顺序在固定位置上植入各种基因。利用这种 DNA 样本矩阵，科学家在一次实验中就能确定细胞中成百上千种基因的表达水平。

Micro-genetics. 显微遗传学。追踪发展中变化的一种方法。显微遗传学的方法强调发展是持续性的，除了产生主要的阶段变化，还在不同的点产生变化。追踪这些持续性的变化有助于研究者理解儿童是如何学习的。

Mind. 心理。心理是脑功能的结果，包括智力和意识。

Mirror neurons. 镜像神经元。人们执行某动作或观察别人执行该动作时都会激活的一种神经元。因此，镜像神经元能够“反映”人的行为，好像观察者自己在执行这个动作一样。

Mnemonic technique. 记忆术。提高记忆力的一种技术。

Morphology. 词形学。在语言学中，研究词语结构的科学。

Motivation. 动机。动机可定义为引起行为的原因。动机反映了机体准备执行某种行为时的身体和心理准备状态，是一种唤起水平的状态。因此，动机与情绪的关系十分密切，因为情绪决定了事情该不该做的评价方式。**内部动机**是指人们出于自身考虑，没有明显外部激励因素的动机类型；而**外部动机**则是靠外部奖赏驱动的动机类型。

Motor cortex. 运动皮层。负责计划、控制和执行自主运动功能的皮层区域。

Motor neuron. 运动神经元。负责将信息从中央神经系统传递给肌肉的一类神经元。

MRI（Magnetic Resonance Imaging）. 磁共振成像技术。一种利用强磁场和射频脉冲绘制人类脑结构图的无创性技术。

Multiple intelligences. 多元智力。一种智力理论，认为每个人都有多种各不相同的智力，包括语言智力、逻辑数学智力、空间智力、身体运动智力、音乐智力、人际智力和自我认知智力。

Multiple sclerosis/MS. 多发性硬化。一种影响中央神经系统的慢性炎症。

Multi-tasking. 多任务。同时执行两项或两项以上的任务。

Myelin/myelination. 髓磷脂/髓鞘化。髓磷脂是一种包裹在某些神经元外围、起到绝缘作用的质密脂肪材料。髓鞘化是神经元表面形成脂肪物质保护层的过程。神经纤维周围的髓鞘（髓磷脂）就像电力系统的导线一样，能够增加信息传递的速度。

Myth of three. 0—3 岁的神话。也称为“婴幼儿的神话”。这种假设认为，3 岁以前脑活动的变化情况最为重要，过了这段时间，脑对变化的反应就不再敏感了。这种极端的“关键期”看法是不正确的。事实上，脑一生之中对变化的反应都十分敏感。

Neurobiology. 神经生物学。研究神经系统中各种细胞和系统的科学。

Neurodegenerative diseases. 神经退行性疾病。一种脑和神经系统疾病，它会导致脑功能的紊乱和退化，包括阿尔茨海默病、帕金森病及其他老化进程中频发的神经退行性疾病。

Neurogenesis. 神经发生。产生新的神经元。

Neuromyth. 神经神话。脑科学研究在教育和其他领域的应用中，对确定性的科学研究结果（脑科学研究）的错误理解、错误阅读和错误引用而产生的一些错误观点。

Neuron. 神经元。即神经细胞，主要负责信息传递功能。神经元延伸出的较长的纤维称为轴突，较短的树枝状纤维称为树突。神经元是神经系统的基本结构单位，专门负责信息的整合和传递。

Neurotransmitter. 神经递质。神经元突触部位释放的一种化学物质，它实现了通过受体传递信息的过程。

NIRS（Near Infrared Spectroscopy）. 近红外光谱仪。一种无创性成像技术，可以根据近红外光吸收率（近红外光波的波长为700 nm到900 nm之间，可部分穿透人体组织）的不同，测量脑内脱氧血红蛋白的浓度差异。

Nucleus accumbens. 伏隔核。伏隔核［有时写作 accumbens nucleus，也可称为阿肯伯氏核（nucleus accumbens septi）］是一组分布在尾状核前端和壳核前部连接区域的神经核团，其侧面与透明隔（septum pellucidum）相邻。伏隔核、嗅结节（olfactory tubercle）、尾状核腹部和壳核腹部一起，构成腹侧纹状体。人们认为，伏隔核在奖励、快乐和成瘾等行为中发挥重要作用。

Nurture. 培养。在孩子成长过程中对其照顾和教育的活动。

Occipital lobe. 枕叶。负责接收视觉信息的后侧脑皮质。

Occipito-temporal cortex. 颞枕皮层。也称为布洛卡区，它是人脑颞叶皮层的一部分。

Omega fatty acids. Ω脂肪酸。一种人体自身无法合成的多不饱和脂肪酸。

Ontogenesis. 个体发生。个体的发展史。

Orthography. 正字法。一系列规范正确书写语言的规则。

OT（Optical Topography）. 光学成像。一种用于研究脑高级功能的无创性经颅成像技术。这种方法以近红外光谱仪为基础，有很好的动作容忍度，因而能够在自然条件下对被试进行测量。

Oxytocin. 催产素。也称为“爱情激素”。催产素与社会认知和社会关系有关，也可能与人际信任的形成有关。

Pallidum/globus pallidus. 苍白球。一种脑皮下结构。

Parasympathetic nervous system. 副交感神经系统。自主神经系统的一部分，负责放松状态时身体能量和资源的维持。

Parietal lobe. 顶叶。脑皮层四大分区之一，负责感觉加工、注意和语言功能，还参与空间信息加工、身体意象（body image）、方位定向等功能。顶叶可划分为顶上小叶和顶下小叶，包括楔前叶、中央后回、缘上回和角回。

Parkinson's disease. 帕金森病。一种中枢神经系统的退变性疾病，它会影响肌肉控制功能，因此可能影响运动、言语和姿势（另见神经退行性疾病）。

Peripheral nervous system. 外周神经系统。神经系统的一种，由脑和脊髓以外的所有神经组成。

Perisylvian areas. 旁西尔维亚区。与西尔维区域相邻的脑区——沿颞叶外侧分布的主要裂缝。

PET（Positron Emission Tomography）．正电子放射断层成像技术。一种利用正电子放射核能量的原理产生脑活动图像的技术；这种图像通常反映血流量或新陈代谢活动的变化。PET 能够得到彩色三维图像，反映脑内化学物质的功能。

Phonemes．音素。组成单词的基本言语单位。

Phylogenic development．种系发展。即进化的过程——如果两种性别所遗传的行为特质都非常有利于种属的发展，则这个物种就更容易存活下来。

Pineal gland．松果体。脑内一种内分泌器官。对于某些物种来说，松果体似乎会受光线影响，充当生物钟的角色。

Pituitary gland．脑垂体。与下丘脑紧密相连的一个内分泌器官。人类的脑垂体由两部分组成，能够释放多种调节身体活动和其他内分泌器官功能的激素。

Plasticity．可塑性。就是"脑可塑性"，指的是脑受经验影响而产生改变和学习的现象。另见经验期待性可塑性与经验依赖性可塑性。

Precuneus．楔前叶。位于顶叶区域、楔叶（cuneus）上部的脑内结构。

Prefrontal cortex．前额叶皮层。额叶皮层前部区域，负责计划和其他高级认知功能。

Primary motor cortex．初级运动皮层。与前运动皮层一起，负责动作的计划和执行。

Primary visual cortex．初级视皮层。位于枕叶区域，大部分视觉信息最先传入这里。

Pruning/synaptic pruning．修剪/突触修剪。剪除脆弱突触连接的自然现象。

Putamen．壳核。属于边缘系统的一部分，负责熟练运动的能力。

Qualia．感受性。一个与主观感觉有关的术语。在《寻找脑中幻影》（*Phantoms In The Brain*）一书中，Ramachandran 教授这样阐述感受性的含义：脑中的神经元就像小果冻一样，它里面的离子流和电流怎么会产生我们形形色色的主观世界呢？红色、温暖、寒冷、疼痛……是什么样的神奇变化产生了这么多看不见、摸不着的感受？

Reasoning．推理。在一定条件中推出因果关系的方法。为了得出结论，最普通的推理方法有两种，演绎推理和归纳推理。演绎推理是根据已知事件推导出结论；而归纳推理中的论据并不一定导致结论，而只是支持结论。

REM（Rapid eye movement sleep）．快速眼动睡眠。睡眠的一个阶段，表现出快速眼动的特点，其神经元的活动模式与觉醒状态下的情形非常相似。

"Reptilian" brain（so-called）．（所谓的）"爬行"脑。指的是脑干部分，它是人脑进化中最为古老的脑区。

Right-brained thinking．右脑思维。对高级思维过程的误解而产生的一个错误概念，认为高级思维加工可以严格地分为不同的作用，独立地产生于不同大脑半球之中。在某些方面，这种观点夸大了大脑右半球功能特异性研究的特定成果。

Schizophrenia．精神分裂症。一种心理障碍，表现出感知觉受损、表达事实的能力下降，还可能出现社会能力和职业能力的显著下降。

Science of learning．学习科学。这个词用来指代将认知神经科学以及其他相关学科的研究与教育研究和实践结合起来的一类研究。

Second messengers. 第二信使。近年来发现的一种物质，它能引起神经元不同部位的交流。有人认为，这些化学物质与神经递质的合成与释放、细胞内运动、糖类代谢作用有关，甚至还可能与人的生长发育有关。它们能够对细胞内的遗传物质产生直接作用，导致行为（如记忆）的长期改变。

Sensitive period. 敏感期。特定生物事件的最佳发生时期。科学家们已经发现了多种感觉刺激（如视觉刺激、语音刺激）、情绪事件和认知经验（如依恋和语言输入）的敏感期。但许多心理能力，如阅读能力、词汇量、颜色知觉能力等，其发展过程中并没有明确的敏感期。

Serotonin. 5-羟色胺。一种单胺类神经递质，在许多行为中发挥作用，包括体温调节、感官知觉和睡眠等。在脑内部和脏器之中都发现了以5-羟色胺作为神经递质的神经元。许多抗抑郁药物的药理目标就是脑内的5-羟色胺系统。

Short-term memory. 短时记忆。记忆的一个阶段，一定量的信息可以保持几秒至几分钟。

SPECT. 单光子发射计算机断层成像技术。一种利用单光子发射计算机断层扫描技术为基础的功能成像方法。

Stimulus. 刺激。能够被感觉受体探测到的环境事件。

Stress. 应激。真实的或想象的经验以及生活中的变化所引起的生理和心理反应。持续的、过度的应激反应可能会引起抑郁（退缩）的行为。

Striatum. 纹状体。端脑皮下结构，主要在运动的执行和控制通路中起作用，也在其他许多认知过程中发挥作用，如执行功能等。

Stroop task. Stroop 任务。一种用于测量心理应变性和适应性的心理测验。例如，一个单词打印或显示的颜色与其真实颜色不同；举个例子，如果用蓝色笔写“绿”这个单词时，对单词颜色的加工就会发生延迟，导致反应时和错误率增加。

Sulcus/sulci. 脑沟。大脑表面卷积起来形成的褶皱。在皮层表面，脑回部分向上凸出，脑沟部分向下凹陷，脑回之间形成各种各样的沟壑。

Sympathetic nervous system. 交感神经系统。自主神经系统的一种，负责在应激和觉醒状态下调配身体的能量和资源。

Synapse. 突触。两个神经元之间的间隙，其功能是将信息从一个神经元传递到另外一个神经元（称为“靶细胞”、“突触后神经元”）。

Synaptic density. 突触密度。指神经元联结的突触数目。人们认为，神经元联结的突触越多，其表征和适应的能力就强。

Synaptic pruning. 突触剪除。脑发育过程中，无用突触（神经元之间的连接）被剪除的现象。突触被剪除还是被保留是由经验决定的。

Synaptogenesis. 突触发生。突触的形成。

Temporal lobe. 颞叶。每个脑半球皮层的四个分区之一，负责听觉、言语知觉和复杂视知觉等功能。

Terminal/Axon terminal. 轴突终末。轴突末端的特殊结构，它可以释放神经化学递质，与目标神经元产生信息交流。

Thalamus. 丘脑。该结构由两个蛋形神经核团组成，每个核团的大小与胡桃相近，分布在脑的深处。丘脑是感觉信息传入脑的关键枢纽，它能从大量信息中将重要的信息筛选出来，输送到脑中。

TMS（Transcranial magnetic stimulation）. 经颅磁刺激。利用磁场脉冲干扰脑电活动的技术。近年来，TMS 已被用于研究某些皮层加工的过程，如感觉功能和认知功能等。

Trans-disciplinarity. 超学科。这个词是指将几种完全不同的学科融合在一起，形成一个具有自身概念结构的学科；形成新学科的过程中，原来学科的范围和规律将得到扩展。

Ventricles. 脑室。脑室是一些相对较大的空间，内部充满脑脊液。大脑共有四个脑室，其中三个分布在大脑，另一个分布在脑干。侧脑室是最大的两个脑室，对称地分布在脑干的上方，左右半脑各有一个。

Visual cortex. 视觉皮层。位于枕叶区域；与视觉刺激的知觉有关。

Wernicke's area. 威尔尼克区。该区域与语言理解和言语产生的功能有关。

White matter. 白质。白质由联系各个脑区灰质的髓鞘化轴突组成。

译后记：教育神经科学的诞生

随着人们迈入知识经济时代，社会对教育提出了更高的要求。与此同时，生物科学、认知科学、发展科学的飞速发展，各种研究技术与方法的不断完善，对人脑的运行规律与学生学习机制的研究有了突飞猛进的发展。在这种情况下，整合心理、脑与教育的一门新兴学科——教育神经科学应运而生。教育神经科学将神经科学、认知心理学的研究纳入到教育研究领域，拓宽了传统的教育研究范畴。它不仅关注课堂中学生学习行为的改变、学生学习愿望的激发等宏观层面的研究，也关注脑在外部环境的刺激下形成神经联结或者改变大脑功能区以及功能联结等微观层面的研究。教育神经科学关注整体人的研究与培养。

1999 年经济合作与发展组织教育研究与创新中心（CERI）启动的“学习科学与脑科学研究”项目对于创建教育神经科学这一新兴的学科发挥了巨大的作用。该项目的目的是鼓励教育研究者、教育决策者和脑科学研究者之间密切合作，汇集跨学科专家的智慧，提出新的观念与方法，使人们理解与教育有关的脑活动与学习过程。同时，澄清人们对脑科学与教育教学关系的误解。该项目完成了两个阶段的研究，本书是第二阶段的研究成果。第二阶段的研究从 2002 年到 2005 年，该项目联合美洲、欧洲和亚洲的科学研究力量，建立了三个研究网络，重点研究与教育决策密切相关而且具有应用价值的研究领域。(1) 美国的脑发育与读写能力网络。运用脑成像技术与神经科学研究结果来理解阅读、拼写和书写困难儿童的学习能力缺失问题，帮助教育人员深入理解这些问题的实质，提出解决问题的方法。(2) 欧洲的脑发育与计算能力网络。关注数学学习困难儿童以及计算障碍问题，研究儿童数感的形成、符号的获得以及早期计算技能的形成等。(3) 亚洲的脑发育与终身学习网络。研究正常脑老化与疾病引起的衰退，将实验室的研究运用于成人的学习与教育活动中。

本报告展示了这三个领域的研究成果。

本书的翻译是集体合作的结果。具体分工如下：前言，许晓婧；致谢，许晓婧；概论，周加仙；第一章，吴少勤；第二章，吴少勤；第三章，吴少勤；第四章，沈芳；第五章，曹中宇；第六章，周加仙；第七章，周加仙；A 篇，许晓婧；B 篇，许晓婧；C 篇，沈芳；附录，沈芳；术语表，吴少勤。校对者分别为：前言，沈芳；致谢，沈芳；第一章，许晓婧；第二章，许晓婧；第三章，许晓婧；第四章，吴少勤；第五章，沈芳；第六章，周加仙；第七章，周加仙；A 篇，沈芳；B 篇，沈芳；C 篇，吴少勤；附录，吴少勤；术语表，许晓婧。全书由周加仙老师统稿，最后由董奇教授审定全文。

尽管我们的翻译团队对本书的翻译倾注了全力，但是由于时间紧迫，水平有限，书中一定还存在着许多不足之处，希望各位读者批评指正。

周加仙
华东师范大学心理与认知科学学院
2010 年 6 月

出版人　所广一
责任编辑　刘明堂
版式设计　贾艳凤
责任校对　曲凤玲
责任印制　曲凤玲

图书在版编目（CIP）数据

理解脑：新的学习科学的诞生/经济合作与发展组织编；周加仙等译.—北京：教育科学出版社，2010.10（2013.3 重印）

书名原文：Understanding the Brain：The Birth of a Learning Science

ISBN 978－7－5041－5109－4

Ⅰ.①理…　Ⅱ.①经…　②周…　Ⅲ.①脑科学—研究②学习理论（心理学）—研究　Ⅳ.①R338.2②G442

中国版本图书馆 CIP 数据核字（2010）第 117327 号

北京市版权局著作权合同登记 图字：01－2007－5887 号

理解脑：新的学习科学的诞生

LIJIE NAO：XIN DE XUEXI KEXUE DE DANSHENG

出版发行　教育科学出版社
社　　址　北京·朝阳区安慧北里安园甲 9 号　**市场部电话**　010－64989009
邮　　编　100101　**编辑部电话**　010－64989419
传　　真　010－64891796　**网　　址**　http://www.esph.com.cn

经　　销　各地新华书店
制　　作　北京鑫华印前科技有限公司
印　　刷　保定市中画美凯印刷有限公司
开　　本　169 毫米×239 毫米　16 开
印　　张　18　**版　　次**　2010 年 10 月第 1 版
字　　数　297 千　**印　　次**　2013 年 3 月第 3 次印刷

智慧教师读本②
我们如何学习

理解脑：
走向新的学习科学

经济合作与发展组织 编
北京师范大学“认知神经科学与学习”
国家重点实验室脑科学与教育应用研究中心 组织翻译

教育科学出版社
·北京·

经济合作与发展组织

根据1960年12月14日在巴黎签署、1961年9月30日生效的《经济合作与发展组织公约》第1条，经济合作与发展组织应该促进这样一些政策，这些政策旨在：

——达到最佳的可持续性经济发展与最高的就业率，提高成员国的生活水平，同时保持财政稳定，从而对世界经济发展作出贡献；

——促进成员国与非成员国在经济发展过程中的良性经济扩展；

——根据国际组织的义务与职责，促进多边的、非歧视性的世界贸易扩张。

第一批加入经济合作与发展组织的成员国包括：奥地利、比利时、加拿大、丹麦、法国、德国、希腊、冰岛、爱尔兰、意大利、卢森堡大公国、荷兰、挪威、葡萄牙、西班牙、瑞典、土耳其、英国、美国。下列国家在不同的时间陆续成为成员国：日本（1964年4月28日）、芬兰（1969年1月28日）、澳大利亚（1971年6月7日）、新西兰（1973年5月29日）、墨西哥（1994年5月18日）、捷克共和国（1995年12月21日）、匈牙利（1996年5月7日）、波兰（1996年11月22日）、韩国（1996年12月12日）以及斯洛伐克共和国（2000年12月14日）。根据经济合作与发展组织协议第13条，欧洲共同体委员会参与经济合作与发展组织的工作。

译丛总序

人脑是世界上最复杂的物质系统，它所具有的学习功能是其他一切生物无法比拟的。在人类学习的研究中，由于研究方法与手段的局限性，无论是古代东西方对学习的思辨，还是近现代流派纷呈的学习理论，都回避了对学习的器官——脑的探索，使学习的研究停留在外显的行为以及对内部心理机制的推测上。

随着脑科学的迅猛发展以及研究方法与工具的进步，人们日益重视脑、认知与学习之间的关系。学习科学研究者将真实情境中的学习作为研究对象，运用科学的研究方法，来理解人类学习过程中的认知活动及其神经机制，探讨学习、认知与发展的过程与本质。学习作为人类极其复杂的现象，只有整合不同学科的视野才能对其有完整、科学的认识，因此学习科学是多学科、跨学科的研究领域。

最先用科学的方法来研究脑与学习关系的是诞生于20世纪50年代中期的认知科学。认知科学是研究人、动物和机器的智能本质和规律的科学，研究内容包括知觉、学习、记忆、推理、语言理解、知识获得、注意、情感等统称为意识的高级心理现象。认知科学从诞生之日起，就从多学科的视角来研究学习。到20世纪70年代，认知科学家开始研究人类是怎样解决问题的，关注数学、科学、阅读和写作等学校教育教学中涉及到的重要问题。他们发现专家与新手采用不同的方式来解决各种学习领域中的问题，认为专家与新手的区别是理解学习的第一步，“学习就是新手变为专家的过程”[①]，追踪这一过程中的思维变化可以研究学习的产生。20世纪90年代以后，认知科学转变了脱离学习情境、关注静态知识的实验室研究方式，转而重视学习者的思维与求知过程。认知科学对表征、专家知识、问题解决和思维等的研究，成为学习科学的核心概念。经过20余年的发展，《学习科学杂志》于1991年创刊。2002年“国际学习科学协会”（The International Society of the Learning Sciences）成立。目前美国的西北大学、斯坦福大学等许多著名大学都设立了学习科学专业，从认知科学的角度来探究学生的学习。

在认知科学发展的同时，与此相关的另一门新兴学科也在形成之中。美国心理学家George Miller于20世纪70年代提出了“认知神经科学”一词，率先将脑科学和认知科学结合起来。在70年代“脑的十年”里，随着脑成像技术的发展以及Michael S. Gazzaniga、George Miller、Michael I. Posner等一批认知神经科学家卓有成效的研究，认知神经科学迅速发展起来。认知神经科学的研究任务在于阐明自我意识、思维想像和语言等人类认知活动的神经机制，研究脑是如何调用各层次上的组件，包括分子、细胞、脑组织区和全脑去实现自己的认知活动的。[②] 教育与认知神经科学结合起来的研究已成为当前国际上备受关注的新兴研究领域。1999年经济合作与发展组织启动了“学习科学与脑研究”项目，目的是在教育研究人员、教育决策专家和脑科学研究人员之间建立起密切的合作关系，通过跨学科的合作研究来探明与学习有关的脑活动，从而更深入地理解个体生命历程中的学习过程。2003年11月，“国际心智、脑与教育协会”成立，标志着科学界与教育界更加紧密地合作起来，共同研究人类学习与学习科学。

目前，许多国家的政府都采取了一系列重要措施，大力支持脑与学习科学的研究与应用工作，并将它提到了国家科技与教育发展的重要议程。新世纪伊始，美国国家科学基金会就积极酝酿筹办学习科学研究中心以及学习科学孵化中心。从2004年起，美国国家科学基金将投入9000万美

---

① Bruer, J.B. (1993) Schools for Thought: A Science of Learning in the Classroom. Cambridge, Massachusetts: The MIT Press. p.2.

② Gazzaniga, M.S.：《认知神经科学》，沈政等译，上海教育出版社，1998年。

元，正式建立四个学习科学中心。除此之外，还建立了若干个学习科学孵化中心。这些学习科学中心分别从生物、认知、计算机、数学、物理、社会科学、工程以及教育等多种学科交叉的角度来研究学习，甚至还涉及到机器学习、学习技术以及所有有关学习的数学分析与模型的研究。日本政府也非常重视脑科学与教育的研究，日本文部科学省于2003年元旦启动了庞大的“脑科学与教育”研究项目。2004年，欧洲启动了由8个不同国家的实验室共同合作的研究项目“计算技能与脑发展”项目，研究计算能力的脑机制，并将研究成果运用于数学教育。这些研究组织与机构的创立表明，无论在北美洲、欧洲，还是在亚洲，全方位、多层面的学习科学研究已经蓬勃地开展起来。

我国对学习的研究已有悠久的历史。在古代，人们把“学习”看作是包含“学”与“习”两个独立环节的过程。“学”是指人获得直接与间接经验的认识活动，兼有思的含义；“习”是指巩固知识、技能等实践活动，兼有行的意思。[①] 最早将“学”与“习”联系起来强调“学”与“习”之间内在联系的是孔子，他说：“学而时习之，不亦说（悦）乎！”（《论语·学而》），又说：“学而不思则罔，思而不学则殆”（《论语·为政》），说明“学”是“习”的基础与前提，“习”是“学”的巩固与深化，在学习的过程中可以感受到愉悦的情绪体验，揭示了学习、练习、情绪、思维之间的关系。由此可见，我国古代把学习看作是学、思、习、行、情的总称，对学习的这种探讨已经触及了一个重要的科学研究问题：学习过程中认知、情绪、行为三者之间的统一关系。

20世纪初期与中期，我国有一些学者出版了有关学习的论著，如杨贤江撰写的《学习法概论》（1923）、周冰原撰写的《学习观点与学习方法》（1950）等。经过多年的发展，20世纪70年代末到80年代初，开始形成了学习学的理论与实践研究，并出版了大量专著，学习学的研究在全国展开。1987年6月，在南京召开的“全国第一届学习科学讨论暨讲习

① 桑新民：《学习究竟是什么？——多学科视野中的学习研究论纲》，《开放教育研究》第11卷第1期，2005年2月，第8－9页。

班”成为学习学研究历史上的一次重要会议。此后，全国学习学专业机构纷纷成立，并多次举办了全国性的学习学会议。学习学的理论与实践研究也有了新的进展。但是，目前学习学的研究仍然停留于行为研究与思辨层面，关注较多的是学生的学习心理研究、学习规律的观察与总结、学习经验的交流、学习方法的指导等方面，而对脑与学习的关系则探讨较少。

20世纪90年代中后期，在当时国务院科技领导小组、国家科技部、教育部、自然科学基金委的支持下，我国开始重视脑科学与教育的研究，并多次举行专题研讨会。以脑科学研究为基础的学习科学才逐渐受到关注，并成立了专门的研究机构。2000年，教育部在北京师范大学建立了认知科学与学习教育部重点实验室；2002年，韦钰院士在东南大学发起成立了学习科学研究中心；2005年，国家科技部在北京师范大学成立了“认知神经科学与学习”国家重点实验室；脑的学习功能与生理机制的学习科学研究受到了重视。

北京师范大学“认知神经科学与学习”国家重点实验室的主要目标是研究人类学习的脑机制，并将研究成果运用于学校的教育教学与学生的心理健康发展。我们从认知科学、认知神经科学的角度，围绕“学习与脑可塑性”这一核心问题，研究学习的一般机制和特殊规律，已经在认知能力的发展与促进，社会认知、行为的心理与神经机制，认知障碍，英语、汉语以及汉英双语表征的神经机制与学习方面取得了许多研究进展和突破。我本人也主持了国家攀登项目、国家杰出青年基金项目、科技部重点国际合作项目、教育部人文社科重大项目等重要课题，组织北京师范大学和国内外有关专家从多学科角度进行联合攻关，在脑与学习科学的研究方面取得了许多有价值的成果。

近年来，在各国的重视下，脑科学已经开始运用于教育，其取得的初步成果和出现的问题，对我国开展该方面的工作均有重要参考、借鉴意义。为此，我们决定组织“脑与学习科学新视野”译丛，根据我国学习科学研究与学校教育的需要，选择国际学习科学研究中最权威、最重要的研究成果介绍给教育科学工作者、决策者与实践者，尤其是有志于从事脑与学习科学研究的工作者。译丛中的书籍分别从认知科学和认知神经科学的角度来阐明学习科学。有些书籍是不同国际组织召集国际上资深科学家研讨而成；有些书籍勾勒出脑与学习科学的具体研究框架；有些书籍让大家了解脑与学习科学的最新研究进展。因此，本译丛最大的一个特点在于，其作者均为脑与学习科学研究领域的国际著名专家或者相关国际研究组织，这些书籍也都由国际知名出版社出版发行。原书作者的许多见解有助于我们更好地把握国际脑与学习科学发展的趋势与存在的争论，有助于促进我国脑与学习科学的研究工作。

值此译丛出版之际，我要对译丛中各著作的原作者和出版社表示谢意；我还要感谢教育科学出版社的同志细致、耐心的工作；感谢参与本译丛翻译的老师和研究生们所付出的辛勤劳动。同时，我还要借此机会感谢国务院科技领导小组、国家科技部、教育部、自然科学基金委长期以来对脑与认知神经科学方面基础研究和应用研究的大力支持。

我希望本套译丛将对我国脑与学习科学的研究以及学习科学研究人员的培养有积极的启示与帮助；我也希望本套译丛将对我国的教育决策、教育研究范式的改革、课程与教学设计带来有益的启示。

董 奇

2006 年 6 月 26 日

于北京师范大学

前　言

1999年，经济合作与发展组织（OECD）教育研究与革新中心（CERI）启动了“学习科学与脑研究”项目。这个新项目的目的，一方面是鼓励学习科学与脑科学研究之间的合作，另一方面是鼓励研究者与决策者之间的合作。教育研究与革新中心管理委员会认识到，这是一项既充满挑战而又回报丰厚的艰巨任务。该项目极有可能有助于更好地理解整个生命过程中的学习，同时还必须解决一些重要的伦理问题，对于这两点，人们尤为认同。总之，这些可能性与研究所关涉的问题都强调必须在不同的利益相关者之间进行对话。

尽管在过去的10年间，基础研究方面已经取得了巨大的进步，但是脑科学的研究成果才刚刚开始应用于学习领域。也许由于历史上脑科学研究者与学习科学研究者之间缺乏直接的联系，学习科学已经利用的脑科学研究成果数量仍然很少。在脑科学研究成果如何应用于学习科学方面还没有达成一致，但是在这两个研究领域之间架起沟通桥梁的理由已经非常充分。如，对脑可塑性与学习在个体生命周期中不断变化的研究已经取得了新的研究成果，新兴的非侵入性脑成像技术衍生出全新的研究方法。脑科学与学习科学研究者以缩短这两个研究领域之间的距离为己任，可以取得出更有价值的成果。

本书的目的就是概要地介绍目前已知的、短期内即将揭示的以及最终可以了解的脑科学研究成果。为了易于非专业人士理解，本书力求避免使用高深的专业术语。本书的内容来自经济合作与发展组织2000年6月在纽约（“脑机制与早期学习”）、2001年2月在格兰纳达（“脑机制与青少年学习”）、2001年4月在东京（“脑机制与老年学习”）举行的三个论坛；本书还提出了该项目下一步的行动计划。

项目启动伊始就得到了下列组织与机构在资金以及其他方面的大力支持：美国国家科学基金会（研究、评价与交流学部/教育处）；英国终身学习基金会；西班牙格兰纳达市；日本文部科学省。美国萨克勒研究所(Sackler Institute)、西班牙格兰纳达大学、日本理化学研究所脑科学研究所提供了科学、资金与组织上的支持。

本书的第一和第三部分由Christopher Ball爵士撰写，第二部分在经济合作与发展组织秘书处的协助下由Anthony E.Kelly撰写。Christopher Brookes、Stanislas Dehaene、Hideaki Koizumi、Stephen Kosslyn、Bruce McCandliss、Michael Posner和Emile Servan-Schreiber分别审校了全书或部分章节。秘书处的Jarl Bengtsson参与了该项目的启动工作，并一直支持该项目的研究；Vanessa Christoph提供了后勤上的支持；Bruno della Chiesa是该项目的协调人；经济合作与发展组织秘书长负责本书的出版工作。

致　谢

经济合作与发展组织秘书处衷心感谢所有参与论坛的人员，他们的努力使这些论坛的举办成为可能而且取得了成功；感谢那些帮助经济合作与发展组织秘书处撰写本书的人；感谢那些既参与论坛又帮助本书撰写的人，他们是：英国德比大学校长 Christopher Ball 爵士；英国教育和技术部的 Richard Bartholomew；法国翻译 Jean-Daniel Brèque；英国终身学习基金会会长 Christopher Brookes；美国麦克唐奈基金会会长 John Bruer；法国国家健康与医学研究院 Stanislas Dehaene；西班牙安达卢西亚区政府顾问 Juan Gallo 及其团队；美国国家科学基金会研究、评价、交流学部/教育处处长 Eric Hamilton 及其团队；日本理化学研究所脑科学研究所所长 Masao Ito 及其团队；美国乔治梅森大学教育学院教授 Anthony E. Kelly；日本日立股份有限公司高级研究实验室首席科学家 Hideaki Koizumi；美国哈佛大学心理系教授 Stephen Kosslyn；美国康奈尔大学威尔医学院萨克勒研究所心理学副教授 Bruce McCandliss；西班牙格兰纳达市市长 José Moratalla Molina 及其团队；美国康奈尔大学威尔医学院萨克勒研究所所长、精神分析心理学教授 Michael Posner；日本文部科学省顾问及科学促进协会会长 Teiichi Sato；法国国际顾问 Emile Servan-Schreiber；西班牙格兰纳达心理学教授 Pio Tudela；美国国家科学基金会项目负责人 Kenneth Whang。

另外，秘书处对美国国家科学基金会发展与学习科学项目的已故主任 Rodney Cocking 表达衷心的感谢，我们将永远缅怀他。

目　　录

第三部分 结 论

导　言

二三十年前，本书不值得写；而二三十年后，本书又不值得回顾。但是今天，本书的写作不仅及时而且意义重大。生活于当代的人是幸运的，因为他们看到了脑科学的迅猛发展，看到了对人类学习的理解日益深入。本书是一门（更确切地说，是几门）迅速发展的学科的“进展性报告”。经济合作与发展组织教育研究与革新中心率先将几个学科的研究人员召集在一起，来了解彼此之间怎样才能互通有无、相互促进，以跨学科的合作方式来阐述“学习与脑”之间的关系。

本书的目的有三个：

- 报道认知神经科学、心理学、教育、保健、政策等不同学科之间所进行的创造性对话，并进一步促进这种对话关系的形成；
- 研究认知神经科学与教育及教育决策之间可以各自为对方提供哪些有价值的观点；
- 在理解人类学习方面，教育领域有哪些问题需要借助其他学科的帮助。

教育学不是一门独立的学科。同医学或者建筑学一样，教育学依赖其他学科作为其理论基础，但是与医学和建筑学不同的是，教育学仍然处于发展的初级阶段，只是一门艺术，还不是科学。

请看下列叙述：

"'今天，医学教育的显著特征是将理论和科学知识与人类护理实践经验所传递的信息完全融合起来……' 教师培训也能这样吗？青少年或者成年人的教学实践经验揭示，动机、自信和成功范例是非常重要的。有了这些，学习一般都能达到成功，而缺乏这些，学习几乎不可能成功。从教学实践经验中直接观察到的这些要素还没有得到可靠的科学理论知识的支持。学习科学，作为人类心理学的一个分支，仍然处于婴儿期。学习理论既缺乏预测性又缺乏说服力，因此还处于前科学阶段。我们还没有充分地理解孩子与成人是怎样学习的，因而还不敢提供教育或者培训的承诺。教育学尚处于初始阶段，它利用一系列成功学习的范例，对有效教学实践进行澄清与分类；但是它还在等待着教育界的达尔文来提出具有说服力的学习理论。"①

今天，教育学还是一门前科学，依赖于心理学（哲学、社会学等）作为其理论基础。本书主要探讨的是，在不久的将来，认知神经科学可能为理解学习与教学实践提供更加坚实的基础。有人认为目前这座桥梁还过于宽阔。② 过去当然如此，但是未来怎样？我们将拭目以待。无论如何，即使错了也比置若罔闻好。

人们普遍认为，理解人脑是科学中的最后一个堡垒。毫无疑问，随着人类知识的积累，科学总是会有新的探究点。然而揭示脑的复杂性是这一征程中迈出的一大步。理解脑的科学研究已经取得实质性的进展。本书的写作目的是概述目前已知的、不久的将来可能揭示的以及最终可能掌握的知识。但是目前可以做的最佳方法，就是从变动不居的电影中截取一幅静态的画面。

---

① Ball, C. (1991), *Learning Pays*, RSA, London.

② 如 John Bruer 博士具有说服力的观点，见第四章。

的确，教与学的科学可能尚处于婴儿期，但是它的发展也是非常迅速的。一些迹象表明，现状也许是不稳定的：这包括 19 世纪末以及整个 20 世纪那个伟大的教育项目的失败（相对而言），新学习技术的影响迫在眉睫，当然还有认知神经科学的进展。一个多世纪以来，1/6 的青少年①（以及成年人在回忆他们孩提时代时）说他们“讨厌学校”；同样比例的人由于没有很好地掌握读写能力与计算能力而失业；同样比例的人逃学、旷课或者开小差。许多国家的历任政府千方百计地改变这种状况。但是，这或许是一个无法解决的难题？或许我们所谓的传统教育必定要排斥其中 1/6 的学生？或许学习的课堂模式是“不适于脑的”？

诸如此类的问题，以及计算机的出现，对国家控制的社会服务设施的效率与日俱增的怀疑，认知科学的新发现，所有这一切都对传统教育的一些基本要素——学校、教室、教师（这就是我们今天所理解的这个专业），甚至课程以及如智力或能力这类概念提出了挑战。

虽然大多数人对这些问题比 20 年前更没有把握，但是毫无疑问，那些践行教育艺术的人可能会洞悉人类学习的奥秘，而这将为科学家提供有待验证的假设。认知神经科学（包括心理学）与教育之间的道路不会也不应该是单向的。教育者凭感觉与经验常常可以鉴别出需要科学研究与解释的问题，例如，早期学习、自尊与动机等都非常重要。

以下文本面向普通读者。为了让非专业人员能够理解，文中尽量避免高深的专业术语、专业论争以及专业领域辩护。但是，必须告诫读者，对我们拥有共同的话语和概念体系的这种假设应持谨慎态度，如“可塑性”（plasticity）这一术语在脑科学中是核心词，但在教育中却很少听说；而教育中的核心词“智力”（intelligence）在脑科学中却很少涉及，这说明不同的研究方法会得出不同的观点。但是这无关紧要。描绘新领域的人总是运用多种观点进行三角互证。更危险的术语是“刺激”（stimulation）一词，在脑科学与教育这两个学科中都普遍运用，却不一定指同一件事情。

① 这一数据来自英国，但是根据最近经济与发展组织所做的 PISA 研究的第一个结果，在发展中国家，情况更糟［见：*www.pisa.oecd.org*；and OECD（2001），*Knowledge and Skills for Life—First Results from PISA* 2000，Tables 4.1 and 4.2，pp.265－266］。

因此必须谨慎行事，仔细思考，了解目前学习与脑的合作研究报告可以写得多深。

下面列出10个有关人类学习的问题，这些问题都非常重要，有待于诸如本书这样的一类报告来阐明。每一个问题都与促进学习的问题有关，不管这种学习的成功是根据学术成就还是职业成就、社会责任还是工作责任或者是个人的满足感来测量的。

1. 在促进成功学习方面，先天与后天之间处于怎样的平衡状态?

基因决定了我们的终身吗? 例如，我们可以学会更快速地学习吗? 在极端的基因决定论与“假如孩子拥有良好的家庭和学校环境，一切都是可能的”这种想像之间的平衡点在哪里?

2. 生命的最初几年对于成功的终身学习有多重要?

有人认为，我们的早期经验在培养积极态度、形成重要技能，为初等、中等与成人教育奠定坚实的基础方面发挥了非常重要的作用。这些观点有时受到批判，被归为“早期学习的谬误”（the myth of early learning)。婴幼儿脑有哪些发展阶段? 我们怎样才能促进婴幼儿的健康成长?

3. 区别“自然发展”和“文化教育”有什么意义?

孩子天生就能学会走路、说话。除非严重残疾或者惨遭虐待，他们都会走路与说话，而且发展的速度几乎一样。而学习三角学或探戈则不同：这些技能都不是天生的。不存在掌握这些技能的“标准年龄”，也并不是每一个人都能学会。虽然模仿是自然发展与文化教育的一个重要策略，但是它们的过程似乎不同，这个观点正确吗? 脑是以某种特定的方式来执行自然发展程序，还是对“文化教育”类的学习经验具有普遍的接受能力?

4. 如果这种区别很重要，那么我们怎样才能最好地促进这两种类型的学习——“自然发展”与“文化教育”?

如果说“生命早期的谬误”[1]是存在的，那么它源于没有考虑到这一区别的意义。“自然发展”似乎只需要一般的条件，如“好的”家长、舒适的家居条件、充足的饮食。爱、刺激、营养、练习、交谈以及良好的环境可能满足了婴儿健康“自然发展”所需要的一切。而“文化教育”则不同：如果你想学习阅读、舞蹈或者开车，那么从一开始你就需要教师。对生命的早期而言，多少“文化教育”是合适的，我们怎样才能提供这种最佳的文化教育?

5. 具体态度、技能与知识的学习在多大程度上是依赖于年龄的?

发展性学习（“成熟”）显然与年龄相关。例如，伴随着青春期的是对异性的意识、兴趣以及与异性相处的能力不断提高。那么构成正规“文化教育”课程的态度、技能和知识是否也与年龄相关呢? 例如，果断性、小组合作能力以及辨色能力是在幼儿园里学会的，那么阅读、第二（或者第三）语言学习、养育子女的能力、领导能力、包容性、冲浪运动能力、钢琴、下棋、微积分、急救、烹调、问题解决、自我意识、舞蹈等又是在何时学会的呢? 在某个年龄段，人脑对其中一些特别容易接受吗? 如果这样，是何原因，又是以何种方式进行的呢?

6. 为什么矫正教育如此困难?

这一问题也许与上一个问题是相对应的。由于伤害或者虐待，错过发展阶段的孩子很难在以后赶上。如果 10 岁还不会走路或者说话，也许将永远遭受折磨。脑对于其他类型的学习尤其是“文化教育”课程的接受能力是逐渐下降的吗?

---

① Bruer, J.T. (1999), *The Myth of the First Three Years: A New Understanding of Early Brain Development* and Lifelong Learning, Free Press, New York.

7. 对不同的“学习方式”有哪些研究成果？

如果人们有不同的学习方式，那么关键问题似乎在于，这些学习方式是与生俱来的还是在成长的过程中形成与学会的？人们常常说有人擅长通过眼睛学习，有人喜欢通过耳朵学习，还有些人喜欢通过触觉和感觉学习，虽然事实更可能是我们都喜欢多种学习方式的不同组合。① 也有些“学习方式”的研究将学习者分为渐进型学习者（渐进型学习者相信学习需要毅力，只有通过坚持不懈的努力才能达到理解，知识的掌握是渐进的——译注）、“目的明确型”学习者、反思型与实验型学习者、擅长一两种能力的学习者（如语言、数字、音乐）、社交型或者孤独型学习者，等等。然而，目前还没有形成统一的学习方式理论②，脑科学对这一问题能提出哪些研究成果？

8. 什么是智力？

智商理论主宰教育界一个多世纪。它以一种极端的、简单的、大众化的形式表明，我们的智力是单一的存在，是生而固定的，这成为制约学习潜能有效发挥的一种玻璃天花板。这肯定是对人类智力的一种不正确、不准确的阐释。但是有些人似乎确实比其他人学得更快——或许他们学习“某些东西”比其他人更快？我们轻率地标之为“笨的”与“聪明的”孩子在脑方面有什么差异？我们拥有的是“多元智力”还是单一智力？

9. 什么是情绪智力？

如果说大脑的边缘系统是情绪之所，大脑的皮层是理智之源，那么我

① 另外，常识表明，学习方式可能不仅依赖于主体（学习者），而且还依赖于客体（内容），依赖于主体处理客体的方式。

② 经济合作与发展组织秘书处希望在这本根据脑的个体差异与不同学习方式的观点而写的书中明确地表明，它不同意这样一种解释：即试图将某种基因与智商联系起来，因而可能会对人类共同体中某些群体含有种族主义者的意味。这种解释应该受到谴责，作者希望坚决不研究这种观点。在这个项目中不研究，在脑科学研究和学习科学领域将要从事的项目中也不进行这类研究。

们谈论“情绪智力”的意义何在？“情绪智力”是指情绪的自然成熟，还是情绪的教育与训练问题？我们如何解释这一矛盾：智商理论似乎不可信，却显然可以测量；而“情绪智力”虽然合乎人意，却不能测量。

10．动机是如何发挥作用的？

好恶的科学依据是什么？为什么人们感兴趣的、兴奋的、厌倦的或者抵触的东西是不同的？脑中“想要”某物与“渴求”某物之间的差异是由什么造成的？当人们的动机改变时，或者当他人鼓舞我们为一个新的目标而奋斗时，脑内发生了什么？

虽然这些问题非常重要，但是可能过于概括。像本书这样的报告也许可以揭示一些有价值的观点。我们不能指望它们提供一幅完整的学习“新图景”，但是期望它们能够扭转现状。我们对人脑，尤其是生命早期的脑了解越多，对传统课堂教学模式以及正规教育的强制性课程就越感觉不舒服。在力图评价母亲的养护与幼儿保育机构、儿童的在家教育（home schooling）与正规教育、青少年的自然兴趣与严格的国家课程之间的相对优劣时，这种感觉愈加强烈。目前青少年的教育安排是否设计得最能够促进想像力与创造性、自信与自尊的提升①，似乎还存在着疑问。对所有年龄段的人，尤其是青少年来说，都需要重新考虑游戏的重要性、（挑战与威胁所造成的）应激的作用以及人类多样性的意义。这方面还可以列出很多。

① 在东京论坛上，Akito Arima博士［综述了第三次国际数学和科学调查（TIMSS）的数据］注意到，需要从生命早期就开始培养学生的创造性思维（见 the Tokyo report on the OECD website：www.oecd.org/pdf/M00022000/M00022657.pdf）。

第一部分

前　提

第一章　教育形势

我有六个诚实的仆人
（他们教会我所知道的一切）；
他们名字是“什么”、“为什么”、
“何时”、“怎样”、“哪里”和“谁”。
——拉迪亚德·吉卜林（Rudyard Kipling）

“教育是废墟，但是你可以在废墟中找到珍宝。”大约10年前，一位男生作出了这样的评论。这个评论清晰地勾勒出现代教育中的矛盾：良莠并存。19世纪，为人民建立普遍、强迫、免费初等教育的那些发达国家的崇高理想还没有完全实现，却有这么多人告诉我们，他们讨厌学校；[①] 他们由于没有学会基本的读写技能和计算技能而失业；他们逃课、逃学或者“开小差”。

然而受益于良好教育的人不会怀疑教育的价值。

① 见：*www.pisa.oecd.org* and OECD (2001), *Knowledge and Skills for Life—First Results from PISA* 2000, Tables 4.1 and 4.2, pp.265–266.

学习是健康、财富和快乐之源。教育是通向美好生活的途径。学习给人以回报，让人获得能力。从出生一直持续到老年的有效学习，可以给予每个个体提升生命质量的最佳希望。“为了每一个人的终身学习”这一短语概括了研究学习的最重要的新议题。这一短语表明，最近几年，学习观念和教育态度发生了很大的变化，而且这一切仍然在变化之中，至少在社会所赋予的重要性方面发生了变化。20 世纪后半叶，人类学习从政府与选民不甚关注的对象上升为世界范围内的主要问题，现在成为许多国家重中之重的课题。

人们随处都可以找到这种变化的证据。媒体热衷于学习论题的报道。学习的服务市场迅速发展，政府疲于应付推广幼儿教育、提高学校质量、提高高等教育入学率等多种挑战。各种组织与商业部门正努力向“学习型组织”转型。个人制定自己的学习计划，将“终身学习”的理念变为现实。今天，几乎没有人会认为迪斯累里（Disraeli）在 1874 年所说的话是错误的：“一个国家的命运取决于这个国家的人民的教育”。然而这个矛盾仍然有待于解决，什么样的改革才能有助于我们不再向学生提供“废墟中的珍宝”？我们是否应该酝酿一场革命？

1.1 为何学，何人学

社会的发展往往经过三个阶段：贵族社会、精英社会与民主社会。贵族社会敬重特权，精英社会重视功绩，民主社会注重人文。今天，过去的特权社会已经难见踪迹，特权不再流行。没有人会认真地争辩说最优秀的人来自“最优秀”的家庭，或者这些人应该享受最好的教育，得到最好的工作。在精英社会，似乎仍然存在着这种现象，这是因为它也同样崇尚特权。[①] 但是在精英社会或者民主社会，阶级、种族、宗教、性别、年龄等因素以各自不同的方式造成教育歧视。

① 见：OECD (2001), *Knowledge and Skills for Life—First Results from PISA* 2000, Tables 6.1 (a, b, c), 6.2 and 6.3, pp.283－287, Table 6.7, p.291, Table 8.2, p.309.

精英社会的原则是给予那些展示了最佳才能的人以权力和影响，而在民主社会，教育的一个主要功能是根据“能力与性向”来筛选人。贵族社会“知道”谁是最优秀的人，并因此而奖励他们。精英社会“寻找”最优秀的人，并慷慨地给予奖励。在这两种情况中，初等以上的教育与学习机会都是定量配给的，只给予最优秀的人。①

当然，贵族社会与精英社会还参照其他三种相关因素来使他们的选择性教育体系合理化——就业需求、智力范畴以及将能力高的人与能力低的人分开从而使他们可以学得最好的这一假设。19 世纪的经济需要大量的海员、工人以及佣人，而对管理人员、咨询人员或者教授的需求则相对较少。今天则相反，就我们的目力所及，21 世纪需要更多的脑力劳动者，而对体力劳动者的需求减少。在发达国家，几乎不存在不要求能够阅读报纸这种最基本读写能力的工作，不需要思维能力的工作正逐步消失。工作场所对教育体系以及每个个体终身学习的要求逐渐增加。

对于教育者来说，“智力”是——或者应该是一个非常尴尬的词语。虽然并不是每个人都认为“智力”与“智商”是等同的，但是我们谈论它就好像我们已经理解了它；我们评定它就好像智商是可以测量的。我们肯定地给学生分类，然而，实际上我们对人的智力并没有了解多少。流行的简化的智商理论告诉我们，智力是单一的存在，是终身不变的，这种观点为大多数人设置了一种玻璃天花板，阻止他们进一步学习。所有这三种观点都可能是错误的，加德纳（Howard Gardner）的著作② 让人们相信多元智力的理论，戈尔曼（Daniel Goleman）③ 提出情绪智力（EI）的新概念，使得智力的画面更加复杂。无论智力是什么，毫无疑问它都会是非常复杂的。

许多个体用自己的生活与学习经历来说明智力是固定的、不可改变的。如果不是愚蠢至极，人们就会质疑这一观点。许多在学校毫不起眼的人后

① 例如，英国 11⁺考试和选择性的文法学校过去是、现在仍然部分是精英社会的工具，义务教育后教育机构或者高等教育的选择与严格的入学是服务于相同目的的。

② Gardner，H.（1983），*Frames of Mind*，London.

③ Goleman，D.（1995），*Emotional Intelligence*，New York.

来在函授教育机构获得文凭，在工作岗位上表现得非常出色。同样，有些人在学校里表现优秀，却在成年生活中苦苦挣扎。确实，大体来说，有些人学习的速度比其他人更快，但是我们的学习速度（这可能是智力概念的核心要素）深受诸如自信心、动机和学习环境的适宜性等因素的影响。

人类智力受到严格限制或者缺乏智力的观念在今天看起来很奇怪。40年前，经济合作与发展组织的成员国中只有很少人上大学，而今天，30%以上的人都可以上大学。事实证明，1963年英国发布的《罗宾斯报告》是正确的："如果要谈论能力，那么这些能力一定胜过《旧约》中的寡妇之坛①（意指取之不尽的资源——译注）。某一代人中接受高等教育的人越多，下一代中接受高等教育的人就会更多。"随着越来越多的人修读高等教育课程并取得成功，对人的智力的局限性（就教育成就测量而言），唯一可以肯定的是，它们是未知的，而且一直在我们的预料之外。

这种观点并没有否定下列可能性：遗传在某种程度上会限制我们的学习潜能，或者儿童脑的早期发展对后续学习的影响很大，或者成功往往会带来更多的成功（失败会带来更多的失败）。它所主张的是，人人都可以深造。

常识似乎表明，能力高的人如果与能力低的人分开会学得最好，虽然这还不肯定，但是无论如何，如果能力低的人与能力高的人分开则会学得更差。②半个多世纪来，看到大众教育的社会价值的人与看到精英教育的教育价值或者社会价值（对于有能力者而言）的人之间产生了争论。从某种意义上来说，双方都是对的，尽管双方都认为很难证明对方观点的合理性，也许原因在于双方的目标和价值观都不同。

在有关学习的研究议题中，隔离是一个非常重要的问题，因为，我们从精英社会迈向民主社会的进程中，精英教育存在的理由就消失了。民主社会寻求其所有成员的自我实现，而不仅仅是那些被选拔出的最有能力的人。它提供的就业模式要求所有的人都要终身学习并对他们进行奖励。因

① 见1 Kings 17，10－16.

② 见OECD（2001），*Knowledge and Skills for Life—First Results from PISA 2000*，Table 2.4，p.257 and Figure 8.4，p.199.

此，它相信每个人的智力与学习潜能，并对每个人的智力与学习潜能都抱有很高的期望；它反对隔离与选拔，尽管（有些人）感受到选拔体系（常常对于他们而言）的好处。

不管这场争论的结果如何，人类群体往往遵从共同理解的规范。被选拔出来的群体比其他群体更遵从这种规范。我们可以比较学校与家庭环境中孩子的行为，或者工作场所与家庭中的成年人。不管是在学校或者是工作场所，同伴群体在场，都可能引发遵从行为。在多样化的环境中，我们的行为似乎更加自由，我们不受同伴的限制，更能够成为自己，实现自己的潜能。

有人断言，取得杰出成就的人往往在幼年经历了三个重要条件：与"热心的、高要求的成年人"大量交往①，一套让学习者拥有许多空间做实验、进行创新的探究性学习课程，限制他们与对学习有负面影响的同伴群体交往。当然，同伴群体实际上也可以是支持性的，为学习者提供积极的挑战。但是负面影响如果不比正面影响更大，也至少是同样大的。

鼓励所有民众终身学习的民主社会，面临着从先前精英社会继承下来的教育体系的巨大挑战。这一体系的目的在于选拔与奖赏大多数有能力的人，能否对它进行改革，以帮助每一个人实现其（多种）潜能？或者，如果改革是不可能的，那么能否在对学习的研究中掀起一场教育的革命？

民主社会中，在鼓励每个人参与终身学习、并为每个人提供终身学习这一目标上，人们或许可以达成一致，但是对于其目的可能会有许多不同的意见。有些人看到经济论的优势，认为"世界级的劳动力"可以促进国家的繁荣，提高在全球经济中的竞争力②。有些人更赞同公平论，他们希

① 见 OECD (2001), *Knowledge and Skills for Life—First Results from PISA 2000*, Tables 6.5 and 6.6, pp.289－290.

② 同时，有研究表明［见 OECD (2001), *Cities and Regions in the New Learning Economy*, Chapter 4, p.37］，一定人口中，获得中等教育的人数对经济绩效有最大的影响。而且这种教育成就在很大程度上与学校体系所提供的"容量"有关［see OECD (2001), *Knowledge and Skills for Life—First Results from PISA 2000*］。换句话说，教育中的公平，在认真而又自愿地执行时，似乎不仅与经济绩效相匹配，而且也是竞争的重要要素。

望民主的学习型社会更有助于消除先前贵族社会和精英社会所遗留下来的不公平。还有些人意在扩大人的自我实现潜能，他们理解并接受投资个体终身学习后可能会产生各种不同的结果。这三种相互对照的观点隐含着第四种观点：那些有意识与无意识地认为精英观念是有价值的人，力图保留某些选拔形式。

同时达到所有这些要求是不可能的，我们必须作出选择。经济论和人的自我实现论是相辅相成的，并且具有说服力。为每个人提供终身学习的机会可以显著地降低贵族社会和精英社会的不平等，但是新的不平等又可能取代它们。真正的民主主义者反对精英主义——同时又冷漠地认识到，他们常常是这种体系的受益者。但是，如果你不知道“为什么”学习很重要、“谁”应该喜欢学习，你就很难找到与终身学习有关的许多问题的统一答案，这一点仍然是不争的事实。

1.2 学什么，何时学

与前述“为何学，何人学”的问题一样，我们应该学习什么、何时学习的问题也是相互关联的。如果学习模式仍然居于“基础教育”的核心地位（学习模式也许对于“继续教育”的作用不大），那么大中小学的课程就会尽可能地包含有价值的内容，以免学习者可能失去最佳的受益机会。但是如果我们在谈论终身学习时言为所言，那么就有可能减轻青少年的课程负担，将需要的课程安排在整个生命历程中。[①] 例如，三角学、日语、拉丁美洲的历史地理都是有趣的科目，但是它们对欧洲人的基础课程来说都不那么重要。那么该学习些什么呢?

现有的国家课程模式似乎都试图包含所有必要的知识。与此不同，我们也许可以考虑一种“最低限度的、完整的核心课程”。那么它可以由哪

① 将来，获得认知功能的“敏感期”可能是设计这种“必要课程”的有用工具。见第4.5.3以下，Hideaki Koizumi 博士关于“reorganisation of educational systems based on neuronal plasticity”的讲话。

些科目构成呢？母语的读写能力（阅读、书写、听说）以及至少一项其他[①]知识，计算能力、文化素养（包括历史、地理、科学、技术等核心课程以及形成音乐、艺术、戏剧和运动技能的机会）、个人与社会技能、价值与伦理、学习方法（当然包括认知神经科学的要素：人脑的性质、脑的学习方式等），……还有什么？这种“核心知识课程”将为学得快的学习者提供大量的空间与时间来探究其他学科和广泛领域，而学得慢的学习者至少拥有良好的机会来学习我们都必须知道的、必须理解的知识或者能够做的事情，在生活与工作中发挥积极的作用。

传统上，课程由三个要素构成：知识、技能和态度（KSA）。传统教育课程往往重视知识甚于技能、重视技能甚于态度。而在生活和工作经验中则重点不同：态度甚于技能、技能甚于知识（ASK）。积极的态度（如责任感、希望、信心和信任）对于美好生活或有价值的职业都是很关键的。技能（如交流、合作、组织以及问题解决）也非常重要。在世界上如此之多的知识储备很容易从书本或者互联网上获得的时代，能够从人脑中来提取它就不那么重要了。[②] 挑战在于，为21世纪创建一个学习型社会（而不是“知识社会”[③]）；学习型社会需要ASK课程。

---

① 这里要提出两个问题：首先，一个人只学习一门外语（这可能是不够的）可能就应该学习英语，因为它被认为是今天的“世界语”[是当代的“共同语”]；但是，如果人们认为（至少）掌握第二门外语对于个人的竞争力越来越重要，那么这种“核心课程”还应该将英语作为母语不是英语的人必须首选的第一外语吗？第二，英语为母语的人应该免学外语吗，因为他们的母语就是“世界语”？对于这些问题很可能做出肯定的或者至少是自然的回答。但还不能肯定的是，课程中不包括外语对个体或者群体有无负面影响。尽管这是另外一回事，但是将来必须解决这个问题，尤其是外语习得（特别是早期习得）对脑定位（brain-mapping）（更不要说开放性文化思维了）具有积极的影响，这将为个体提供一种相对的优势（不仅仅是技术性的）；那样，没有学习任何外语的人可能会处于相对劣势的状况。

② 这就提出了另一个问题，这个问题与要获得的知识内容与结构有关：就是“事实知识”（信息或者“关于事实的知识”）与“原理知识”（“关于自然、人类思维以及社会运动的原则和法则的知识”）之间的重要区别。这是非常复杂的争论，因为没有最基本的“事实知识”，就不可能“学会学习”，获得“原理知识”。如果“从头脑中获取信息不那么重要”，那么在“最低限度的、完整的核心课程”中应该整合哪些基本信息的问题仍然是开放的。[要了解“事实知识”、“原理知识”的精确定义，深入了解这场争论，见OECD（2000），*Knowledge Management in the Learning Society*, especially pp.14ff.]

③ 每一个人类社会都是知识社会，这似乎是很有道理的，但是并不是每一个人类社会都是学习型社会。

在许多科目上，青少年的脑比老年人的脑学习得更快，但是成年人学习的动机常常比孩子强。总体而言，对于学习的成功与否，动机比年龄更重要，当然两者的结合则是无与伦比的。掌握核心课程后，我们也许应该将上述必修的“核心知识课程”与“信任见多识广的学习者的要求”这一大胆的自由主义原则（TILD）联系起来进行思考。遵循这种原则的国家当然会对“核心课程”是由哪些要素构成的这一问题长期争论不休，而且在教育导向上会非常谨慎。

的确，“过去的美好”并不能保证“将来的美好”。在一个很少或者没有变化的社会，年长者的智慧与过去的阅历为年轻人提供了良好的指导。但是在快速与加速变化的时代，情况已不同于往昔。青年人可能比年长者更善于判断什么是他们必须学习的知识，什么只是他们想要学习的知识。在这两种极端的观点之间，可能迫切需要一种代际对话。

在成人生活中，TILD 原则应该成为我们的导向。在家里、在休闲活动中、在自我创业中或者在退休后，只要我们能够控制自己的学习，就存在着这个原则。我们学习自己选择的知识。工作场所则不同，一些短视的雇主仍然没有认识到为工作而学习的价值。其他一些人可能看到了职业培训和相关技能的价值，但是时至今日，却仍然怀疑在无偿地投资于整个劳动者队伍的学习方面是否存在非常确定的商机。还有些人则已经认识到“学习具有回报”的事实，有目的地向创建真正的学习型组织迈进。他们在与雇员合作的同时，遵循 TILD 原则，促进并鼓励自由的学习方式。

1.3　怎样学，何处学

人们怎样才能学得最好？最喜欢在哪里学习？有些人喜欢在家里学习，有些人喜欢在工作中学习，还有些人喜欢在大学里学习。“在家学习者”取得的优良成绩具有革命性的意义。学习方式多种多样，如根据媒介(眼、耳或手)、智力类型、性别、对理论或实践的偏爱、渐进型或“目的明确型”的学习等来分类。目前，对于学习方式无论在理论上还是在实践中都远未达成一致。我们所了解的是，如果学习者具有：①高度的自信心与良好的自尊心，②强烈的学习动机，③在“高挑战”与“低威胁”的环境中学习的能力，那么就可能在学习上取得成功。

当下面四个学习障碍中的一两个阻碍学习的成功时，学习就会失败。这些学习障碍是：①缺乏信心和自尊心；②动机不高；③实际存在（或者感觉到）的不切实际的可能性（“太难了”或者“我不会做”）；④缺乏学习的机会。大多数教育争论聚焦于后两者，或者与“能力的范畴”、智商、性向等这类问题有关，或者与入学、平等的机会、设施的改善有关。尽管这些问题很重要，但是在今天的发达国家，它们不一定是学习的主要障碍。关注后两者而忽视前两者已经成为 20 世纪的一种偏离现象，因为对于学习者而言，主要问题在于信心与动机：教育者中普遍持有的这种观点本身成为科学研究沃土。

信心与自尊是动机（真正想学）的必要条件而不是充分条件。任何一个快乐的婴儿或者自我肯定的成人都表明了这个事实。所以未来学习的研究议题所面临的挑战非常简单：培育（或者恢复）婴儿天生的信心与自尊心。而“高挑战”与“低威胁”相结合的环境就可以做到这一点。威胁引起失败的恐惧；挑战培育成功的热望。

如果说“高挑战”与“低威胁”的结合是理想的，反之，“低挑战”与“高威胁”的结合则当然是有害的。下表显示了每种可能的组合及其对人类学习者（孩子或者成人）的可能影响。

	高挑战	低挑战
高威胁	“焦急的”	“愚蠢的”
低威胁	“聪明的”	“宠坏的”或“冷漠的”

良好的教育、有效的培训以及成功的学习发生于这张表的左下方。它们培育的是聪明（机灵、信心、自我肯定、高动机与快乐）的孩子与成人，使之成为“掌握型学习者”。学习者经历了其他三栏里的生活与学习

后，成为“依赖型学习者”，总是依靠他人为他们提供标准、动机以及自尊。①

今天，我们已经开始更深入地理解人类如何最好地学习以及如何为学习者提供最佳帮助的问题。信心和自尊（就像是牛奶与橙汁一样）是成功学习者的重要营养。这些品质对于有效的动机非常重要，但是就其本身而言还不够。动机高的学习者形成了追求成功的热情：他们理解学习的益处，祛除了个人的无能感和不适感，他们自己寻找良好的学习机会，他们最优先考虑的是学习的成功。毫无疑问，21 世纪学习的研究议题中，人类动机的地位一定很高。

吉卜林的“六个诚实的仆人”提供了一种便捷的途径来概括未来关于学习的研究议题。其核心问题是，我们是否能够通过渐进改革的常规过程来创造一个真实的学习型社会，以使我们现有的模式和制度满足新世纪的需要，或者我们是否必须思考以完全不同的模式与制度来取而代之。间断性变革是很难想象的，只有它发生了才能进行仔细的思考。回顾僧侣制度的解体，空中飞行的发展，避孕药的发明，都可以看作是具有革命意义的间断性变革的例子。也许今天的教育正在发生着同样的事情。

造成这种状况的原因有多种，有些原因上面已经阐述。其中有三个原因尤为重要：新兴“脑科学”对于我们理解人类学习的影响，计算机——信息与通讯技术（ICT）的潜力②，“资助学习者”（而不是教学）的观点。“资助学习者”是为了提高社会学习设施的市场影响力而提出的，其目的是提高质量，改变适切性与便捷性，降低成本。通过为受益者提供“学习券”而不是向教育机构拨款来资助教育的观点，似乎是值得考虑的。

但是无论政府是否采用“资助学习者”的观点，这场不可避免的学习革命正在酝酿之中。信息与通讯技术已经显示出其本身引发学习革命的力

---

① 掌握型学习者也可能依赖于他人来发现同样的东西（特别是动机）。但是这种相对的依赖性可能更积极：在这里可以找到“奖赏”或者“赞誉”。将这种“奖赏”问题作为上述表格中除了“挑战”和“威胁”以外的第三个要素，在一段时间里可能是有用的。

② 见：OECD (2000), *Learning to Bridge the Digital Divide*; OECD (2001), *Learning to Change: ICT in Schools*; OECD (2001), E-Learning—The Partnership Challenge.

量。学习的市场已经启动。[①] 我们可以期待，在未来的几十年里将开始揭示脑的复杂性，最终理解记忆和智力的性质，并了解学习的机制。在此基础上，我们才能重新将教育实践奠基于坚实的学习理论之上，其结果很可能是一种间断性的变革，而不是当今制度的逐步适应。是革命而不是改良。

① 经济合作与发展组织教育研究与革新中心（OECD-CERI）在 2002—2004 年的工作项目中有“教育服务贸易”的课题。

第二章　认知神经科学为教育决策与教育实践提供信息的方式

2.1　认知神经科学可以告诉我们什么?

我的脑？它是我第二个最爱的器官。

——Woody Allen

人是如何学习的？在我们获取知识（如姓名、日期、公式）、技能（阅读、舞蹈、绘画）、态度（自信、责任、乐观）时脑内发生了什么？几个世纪以来，人类对这类问题一直很感兴趣。今天，科学家开始理解孩子的脑是怎样发展的，成人的脑是怎样学习的。好几门学科都促进了这类知识的进步，认知神经科学也许就是最近形成的、最为重要的学科。

科学中的大部分进步，其关键在于新技术的发展。功能成像技术［包括功能磁共振成像（FMRI）与正电子发射断层扫描（PET）］、经颅磁刺激（TMS）、近红外光谱成像（NIRS）等技术[①] 使科学家能够更清晰地理解脑的运行和心智的性质，尤其能够使人类学习的一些古老问题逐渐清晰明了，并开始为教育制度与教学实践更好地服务于青少年和成年学习者指明方向。

承诺或者期望过高、过快都是错误的。虽然已经有一些有价值的发现与研究结果，但是这些新的科学发现可能要花费数年的时间才能安全可靠地应用于教育。而如果包括“学习科学”在内的各种学科间相互交流合作，这个学科将得到最顺利的发展。神经科学研究者与教育者之间进行交流，构建共同语言，挑战彼此之间的假设与推论是有益的，这一点已经非常明了。如果扩大争论的范围，将心理学与医学纳入其中，则受益更大。认知心理学在神经科学家与教育实践者、决策者之间发挥着尤其重要的协调作用。[②] 但是，毫无疑问，在“新的学习科学”即将诞生之时，它将继续利用更加广泛的学科，包括发展与进化心理学、人类学和社会学。

在神经科学研究人员和教育人员之间会存在交流的问题。一般而言，这两个研究领域之间缺乏共同的专业话语，应用的是不同的方法与逻辑体系，探究的是不同的问题，追求的是不同的目标。它们在决策领域处于不同的地位。神经科学研究人员科学地研究学习的器官——脑。他们具有权威性，带着科学的神秘光环。他们在数量上相对较少，却运用着昂贵的技术与设备。而相比较而言，培养青少年的教师在复杂的社会情境中工作，学生可能与他们的目标不一致，他们的工具一般为粉笔、讲授与课本。因此，必须意识到这两个专业领域之间的文化差异，努力降低错误理解与错

① 这些不同技术的狭义定义，见下面的 4.2 及术语表。

② 而且，20 世纪 90 年代，经济合作与发展组织的三个论坛上所发表的许多报告证实了脑科学研究的一个最重要的革命。这就是，从“外部”研究脑与从“内部”观察脑实际上是互补的，前者为认知心理学的目的，后者是神经科学的目的。认知心理学研究和发现思维与学习行为，有助于提出阐明这些机制的假设；而认知神经科学直接研究和确定（或者证实）这些机制是什么。

误表达，提高理解力。决策者可以通过促进专业资源共享，尤其是通过在各自不同的分析层面（如课堂学习与脑功能）上获得的见解来促进两者之间的沟通，这样，这一即将诞生的领域的研究成果可以促进我们深入理解作为机器的脑以及运行中的脑（人类学习）。要面临的一个困难是，在包括“学习科学”在内的不同学科之间需要共同的语言与词汇。像可塑性、智力和刺激（在导言部分就明确指出是有问题的）就是这个问题的例证。对于这个问题，还可以列出更长的清单，如能力、态度、控制、发展、情绪、模仿、技能、学习、记忆、心智、先天与后天……最后两个术语应该提醒我们，公众把“先天 ”与“后天”看作是两个独立的领域，而科学界认为“先天与后天”与“自然脑”的“经验依赖发展”的概念之间是相互影响的，因此，他们对这两者之间的理解是不同的。从基因到行为的征程仍然漫长而艰辛：在路途的中央是脑，它既是基因物质的表达，又是人类行为的源泉。①

人们期望的是，随着认知神经科学继续推动科学与学习之间的对话，它将有助于说明与解决一些难以解决的二元分立的命题，如“先天”与“后天”等。而“可塑性”与“阶段性”是需要避免选择性理解的另外一对概念。常识与脑科学研究证实，我们的脑具有可塑性——继续发展、学习、改变，直到年迈或者死亡。终身学习的观念是有意义的，活到老，学到老——只要学习者拥有信心、自尊以及动机。然而，敏感期如“机会窗”［“机会窗”一词于 1979 年由贝特森（Patrick Bateson）提出，指在某个时间段，要使学习和发展正常进行下去，应该向儿童提供某种经历。它与敏感期的含义相近，更强调机会窗打开后可以持续很长一段时间。——译注］现象似乎是存在的，这段时期内，发展着的脑对某些刺激特别敏感，易于学习。一个明显的例子是，幼儿习得第一语言的速度非常快。世界上所有的孩子，除了严重残疾的孩子，学习第一语言的速度与时间基本相同，不管他们后来在受教育的过程中，是慢还是快，是高智力还是低智

① 见 the Granada report on the OECD website：www.oecd.org/pdf/M00017000/M00017849.pdf.

力，是成功的学习者还是失败的学习者。在“第二语言学习”、在社会技能如团队合作技能的习得、甚至在“掌握型”与“依赖型”学习的重要选择中，也可能存在着敏感期。但是，脑的可塑性也是持续性的。

认知神经科学也有助于我们理解人脑的共同之处与个体差异之间的区别。例如，男性与女性的脑似乎不同，但是这种差异的意义还不清楚。儿童、青少年、成年人的脑之间有着成熟方面的差异，然而，认知神经科学还不能告诉我们个体的差异。而且，在这门科学的萌芽阶段，实践者发现在许多方面研究功能损伤的脑（和超常脑）比研究“正常脑”更容易，这是可以理解的。如果它有助于我们理解与更好地支持孤独症或者艾斯伯格症等这一类患者，那么也没有什么可后悔的。实际上，研究功能损伤（或者超常者）的脑是了解“正常脑”运行机制的最可靠办法之一。

科学家非常谨慎，这是可以理解的，尤其是报道像人脑这样一个既敏感又令人兴奋的研究领域的研究结论。如果在区分以下几个问题中能够达成普遍一致，则是有益的：①什么是确定的（可塑性）；②什么是可能的（敏感期）；③什么是明智的推论（性别的意义），什么是流行的误解或者过分简化的报道（“左脑与右脑”的作用）。无论如何，在不久的将来，认知神经科学可能会在可靠地回答有关人类学习的重要问题方面发挥重要的作用，例如：

- 对于幼儿来说，什么样的学习环境和学习方案是适合的？尤其在培养计算能力和读写能力方面，提供强化性的早期教育计划是否明智？
- 脑发育过程中有哪些主要敏感期？这些敏感期对与年龄阶段有关的学习课程有什么启示？
- 为什么有些人很难获得读写能力与计算能力？在预防或者矫正诵读困难（dyslexia）和计算困难（dyscalculia）方面可以采取什么措施？
- 人脑的局限性有哪些？在适当环境中采用适当的教学，可以期待任何人都获得莱布尼茨（Leibniz）、莫扎特（Mozart）、密勒（J.S.Mill）等人的成就吗？

- 为什么忘却如此困难？如何有效地改变不良习惯与技能，纠正错误的认识？
- 情绪在学习中发挥什么作用？在面临学习挑战之时，我们如何促进边缘系统（情绪）和大脑皮层（认知）之间的合作？

2.2　……教育政策

“政治是可能性的艺术”

——俾斯麦（Bismarck）

“政治不是可能性的艺术，

而是在灾难与不愉快之间进行选择。”

——加尔布瑞什（J.K.Galbraith）

家长是孩子的第一位启蒙老师。在世界的许多地方，教育系统过去与现在都在发挥着宗教的功能。在全世界，无论是发达国家还是发展中国家，国家都承担起责任，为孩子提供尽可能多的免费与强迫的学校教育，让年轻人与成年人都享受更高层次的学习。决策者面临的首要挑战是平衡和协调家长、宗教和国家之间的关系。

第二个挑战是，作为这三位一体中的控制者与统治者，确保学校、学院、大学和其他教育培训机构以可以接受的代价，满足学习者、雇佣者以及更广泛社区的需要。正规教育与培训的成本效应也许是政策的核心问题。然而，人们非常容易认为，资金与标准是唯一真实的问题。

我们了解到，在给予人民所需所想方面，受民主管理的法律框架支配的自由市场比起中央计划体系更为有效。在住房、食品、衣物等商品的分配方面，或者在娱乐、银行或者美容美发等服务部门，这都是不争的事实。教育以及世界某些地方的保健行业仍然被看作是特殊的服务，不能安全地托付给市场。在保健方面，这个问题是激烈争论的主题。

虽然考虑其他的可能性也许是有用的，但是，目前与世界其他国家一样，完全由国家提供可能将继续在经济合作与发展组织的成员国中盛行。大多数国家调整与资助普及义务教育，满足学校、学院和大学的需要。许多国家经受了成本效益问题的折磨，即如何以最低的成本达到最佳的结果。教育论争中反复出现的许多细节性政策问题可以追溯到这个基本问题，如班级规模、(强迫）受教育权利时间的延长、接受义务教育后教育人数的增加、师资队伍的供应、终身学习的权利、资格与标准、督导等。科学地研究脑和学习不仅可能对政策的细节问题，而且对教育中成本效益的基本挑战作出重要的贡献。

最近，人们对为所有孩子提供良好的保育教育、重新修订课程、为学校课堂配备计算机等特别感兴趣，这里只列出当前关注的这三个核心问题。在每一种情况下，所隐含的期望是有更大的功效（更好的成本效应比)，期望标准的提高比成本增加的幅度更大。教育成就的标准很难测量，国家之间的比较或者历史比较的可靠性也很难把握。同类事物的比较不容易得出确定的结论。然而，毫无疑问，成本的增加与标准的提高都是存在的，但是还不知道它们之间是否相辅相成。已明确的是，教育界缺乏有效的市场竞争形式，这不可避免地会降低其在成本效益方面的获益能力。

决策者也受到教育目的问题的困扰。一种传统的观点认为，社会期望教育系统做三件事：为青少年与成人学生提供必要的技能，使之社会化，根据能力与性向进行筛选。这三种功能是相互制约的。例如，如果强调筛选，那么技能学习慢的学生就会遭遇挫折。如果要由学校来负责现代复杂社会所需要的 21 世纪的全部技能与社会化，那么课程负担就可能过重。筛选与社会化也同样是同床异梦。人们对学校的期望过高了吗?

最后，注意学习者的需要与决策者所关心的问题之间存在的差距也是有益的。陷入成本效益的困扰会很容易分散决策者对学习的复杂性、学习者和人脑多样性与敏感性的适度关心与理解。

第二部分

认知神经科学与教育的结合

第三章　三个论坛

经济合作与发展组织教育研究与革新中心(OECD-CERI)启动“学习科学与脑研究”项目的目的，一方面是鼓励学习科学与脑研究之间的合作，另一方面是鼓励研究人员与决策者之间的合作。“基于脑的教育”[1] 在将来形成的可能性以及对它的关注，都必须强调在不同利益人士之间进行对话的需要。这一项目的基本概念确立后，经过一年的规划，一些主要研究机构开始启动讨论，共安排了三次论坛，主要议题为“早期学习”、“青少年学习”、“成人学习”（主要关注“老年人的学习”)。这三次论坛的详细报告在经济合作与发展组织的网站上可以得到。[2]

这一章是三个论坛的概要，目的是导入第四章，

---

① 在这一前沿，Jan van Ravens 博士在格兰纳达论坛上比较了医学和教育：“朝‘循证医学’的努力是明显的：在日常实践中全面应用医学知识，彻底消除直觉与流行观点。教育已经可以采用这种方法：课程不再基于传统，也不再是政治妥协的产物，而将根据学习科学提供的证据，尽可能地以脑科学的研究成果为基础。”

② www.oecd.org/oecd/pages/home/displaygeneral/0,3380,EN-document-603-5-no-27-26268-0,FF.html.

并使其更易于理解。因此，这些论坛的科学结果将在下文作简要描述，并在后面的章节中详细叙述。

3.1 脑机制与早期教育：纽约论坛

从新生儿到 5 岁的距离是一条鸿沟；
而从 5 岁到成人之我仅一步之遥。
——托尔斯泰（Tolstoy）

第一次论坛于 2000 年 6 月 16—17 日在美国纽约的萨克勒研究所举行，该论坛的中心问题是脑的可塑性和阶段性概念之间的矛盾，即脑终身具有可塑性与某一年龄阶段学习特定事物具有敏感期这两种观点之间的矛盾。该论坛收到了与早期学习有关的重要问题的报告：语言的习得、早期认知、阅读机制、数学思维和情绪能力。

第二语言学习的研究表明，语法的获得部分受到时间的限制，“越早学习，越容易、越快速”。这一发现表明，在小学教育中进行第二语言学习可能比中学更有效。但是，脑终身都能够接受新的语义信息。

当脑在适当时机即敏感期遇到相关经验时，就产生了经验期待学习。经验期待学习有时受年龄的限制，因为敏感期只在某个发展阶段出现。而且，敏感期的学习可能要求适当的环境。脑对复杂环境的反应似乎比缺乏刺激或者兴趣的环境反应更好，这一点毫不意外。

孩子在很早的时候就形成了关于世界的理论，并根据经验进行修正。早期学习领域包括语言学、心理学、生物学和物理学——关于语言、人、动物、植物和物体的知识。甚至在出生的时候，孩子的脑也不是“白板”，早期教育需要更好地考虑幼儿独特的思维方式与个别化概念，以及他们喜欢的学习模式，如通过游戏而学习。①

目前脑科学为教育者能够提供最多研究结果的可能是在读写领域。视觉损伤、听力障碍或者不正确的策略（认知失调）等原因均可能导致阅读困难。孩子的这些状况并非无法改善。如果教师和科学家共同努力，我们就能够拥有真正的希望提供早期诊断与适当的干预，帮助那些面临各种诵读困难威胁的孩子。

计算能力与读写能力一样是一种基本技能，是认知神经科学家可以为教育提供帮助的领域。数学智力似乎非常复杂，包括脑的好几个区域，这些区域受到前额叶皮层(frontal cortex)调控机制的组织而协同运行。这种模式表明，计算困难的产生可能有多种不同的原因(源于不同脑区的加工)。

脑是情绪之所，推理之居。对于成就与成功而言，我们的“情商”(EQ）似乎比“智商”（IQ）更重要。“掌握学习”与“依赖学习”（dependency learning)② 之间的重要区别与其说是智力问题，不如说是态度（情绪）问题。成功的学习者似乎在早年就形成了一种自我控制的形式——“有意控制”③。原则上，这种重要技能虽然具有明显的遗传性，却是可以培养的。

这次论坛的主要科学结论将在第四章详细论述。论坛得出了五个一般结论：超学科（trans-disciplinary)④ 讨论的价值与可能性；新概念与科学

---

① 根据 Alison Gopnik 博士在纽约论坛的报告，婴儿天生就有学习语言的能力。但是他们也了解周围的人思维、感觉的方式，以及这一切是如何与他们的思维和情感联系起来的。孩子每天学习心理学、物理学（了解物体的运动方式及其相互影响）、生物学（简单的生命物质、植物和动物是如何运作的）。他们在正规学校教育开始之前就掌握了这些复杂的领域。

专家希望看到学校的实践是以儿童在早期环境中所获得的知识为基础的。例如，在低年级开设日常心理学是有意义的，或者，就物理、生物而言，学校可以从现实中的自然概念（或者错误概念）入手来教孩子，以使孩子真正理解描述现实的科学概念。学校可以更多地利用游戏、自然探究、预言与反馈，这些方式在自然的家庭学习中似乎非常有效。学校甚至应该为最小的孩子提供成为科学家的机会，而不仅仅是告诉他们关于科学的知识（见 the New York report on the OECD website，www.oecd.org/pdf/M*00019000* /M*00019809*. pdf)。

② 见上述 1.3。

③ 见下文 4.4.3。

④ 这些论坛在该项目以及项目所组织的对话决定采纳 Hideaki Koizumi 的“超学科”（trans-disciplinarity）概念（见第五章）之前举办，与“跨学科性”（interdisciplinarity）与“跨学科”（interdisciplinary）这两个词相比，本书更倾向于采用“超学科性”（trans-disciplinarity”）与“超学科”（trans-disciplinary）这两个词。

证实的旧观点之间的区别；可塑性和阶段性的基本性质；生命早期对人类学习的相对重要性；新的“学习科学”出现的可能性。[①]

3.2 脑机制与青少年教育：格林纳达论坛

“我希望十岁和二十三岁之间并没有别的年龄，
否则这整段时间里就让青春在睡梦中度过吧；
因为在这中间所发生的事，不过是叫姑娘们养起孩子来，
对长辈任意侮辱，偷东西，打架……
除了十九岁和二十二岁之间的那种火辣辣的年轻人，
谁还会在这种天气出来打猎。”

——莎士比亚（Shakespeare）

第二个论坛于2001年2月1—3日在西班牙的格林纳达举行，该论坛主要讨论两个议题：将认知神经科学中不断涌现的研究成果以教育界能够接受的方式进行转化的问题，以及“发展中”的青少年脑的观念。

在认知神经科学发展的这个早期阶段，很容易期待过高。可能会轻率地从动物研究得出的实验结果中进行概括，提出关于人脑和学习的确定结论，这必须谨慎对待。如果神经科学家和认知心理学家合作，就可能取得良好的结果。教育者和决策者将从科学包括医学研究的广泛合作中获益最多，也能够为之作出最大的贡献。学习科学必须是一门超学科。

我们可以将青少年的脑看作是“发育中”的脑。[②] 脑成像揭示，脑的

---

① 见第五章。

② 在格林纳达论坛上，José-Manuel Rodriguez-Ferrer 博士提出了一个假设。他提出另外一种方式来解释青少年和年轻人所面临的一些困难，将心理成熟与前额叶皮层（prefrontal cortex）的成熟程度联系起来，而不是将青少年典型的社会、行为和心理特征归因于某些激素。他的观点是根据脑成像数据提出的，表明前额叶皮层成熟的速度很慢，甚至20—30岁年龄段的人也这样（见 Granada report，OECD website，前引文献）。

体积和髓鞘的形成（神经连接的成熟过程）在青少年和青年期（20—30岁）继续发育。

该论坛还收到了关于注意缺陷多动症（ADHD）、某些药物对学习的影响、脑损伤和数学技能、外显学习与内隐学习、思维想像力与思维刺激、读写能力的获得以及其他论题的报告。[①]这一论坛的主要科学结论也将在第四章中详细论述。

还有一些更一般的结论。第一个结论是教育人员和决策者对科学新发现的渴求与科学家告诫不要对人类学习作出不成熟的假设这两者之间的矛盾。第二个结论来自于一个有趣的争论：在笔试中戴眼镜是否构成舞弊，显然没有。但是，如果教育的一个主要功能是根据能力和性向来选拔人，那么，离正确地运用这些新的科学研究成果来帮助学习速度慢的学生或者计算能力差的学生还有多大的差距？传授技能远比选拔重要，没有人会驳斥这一观点。第三个结论，该论坛上的主要观点是青少年的脑是不成熟的器官。这种观点与学习本身是可以学习的这一无可辩驳的主张是一致的。

这一论坛的结论是，一些重要的问题，尤其是性别、文化[②]、自尊和同伴的影响等还没有合理地解决。就像在纽约论坛上，与会者讨论了新的学习科学的诞生，并证实至少应该包括五个学科：认知神经科学、心理学、保健、教育和决策。这些不同学科之间的合作模式与其说是单行道，不如说更像是一种交汇或者是上升的螺旋[③]。这次是从交流走向了合作。例如，教育者对课堂环境中的问题有许多经验，这些问题不仅可以成为科学家的研究课题，而且在“教育现场”成功解决的问题可以成为“实验室

① “怎样向公众传递对这些数据的解释？人们应该怎样思考基因和环境因素的相对作用？无论决策者的背景如何，都应该让他们了解可以克服学习困难的认知策略与技术手段。例如，如果有了与注意缺陷多动症相关的研究成果，他们对心理药理学干预就会有明显的政策启示。”(Dr.Jim Swanson during the Granada forum.See the Granada report on the OECD website，前引文献)。

② 这两个问题后来在东京论坛上进行了讨论。(see below and the Tokyo report on the OECD website，前引文献)

③ 见第五章 Koizumi 的超学科模式。

里”正式验证的合理假设。

最后，该论坛向科学家和教育者提出了一些挑战。为了帮助大众理解脑和学习的复杂性，我们迫切需要一种更新、更好的模式来帮助我们把握先天与后天[①]之间的交互作用、可塑性与阶段性、潜能与能力等。也存在着这样一种要求，即从“课程引导”的教育体系转向“教学论引导”的教育体系。学习方式支配学习内容。

与会者想知道，学校将“技能”与“选拔”联系起来是否仍然还有意义。也许创造两种不同服务和专业的时机已经到来。有些人想知道，从19世纪工业生产时代承袭下来的过时的工厂模式——学校与课堂教育模式——是否仍然是培养21世纪社会年轻人的主要策略。

3.3 脑机制与老年人的学习：东京论坛

“如果年轻人已经知识渊博，
如果老年人身体依然强健……”
——亨利·埃斯蒂安（**Henri Estienne**）

第三个论坛于2001年4月26—27日在日本东京举行。虽然本次论坛的目的是讨论与全体成年人的脑机制有关的问题，但是其核心问题变为老

① Antonio Marin博士在格林纳达论坛上（见经济合作与发展组织网站的格林纳达报告，前引文献）讨论了先天与后天的论争及其与智力遗传的关系。他提到了Francis Galton博士的早期著作。该著作研究了杰出人士亲属中成名者的比例，也提及优生运动对智力遗传问题的负面影响。他不仅提到了遗传的作用，而且也提到了环境因素：智力成绩是多年训练的结果，包括家长、教师和其他人的影响（特别是受同伴影响的学习）。“无法查明决定可测量特征的基因，不可能对它们的数量、遗传模式或者行为模式作出具体的推论。”但是他认为，我们可以期望，将来影响学习能力与其他人类行为的生物因素的遗传变化可能会与影响人类健康的遗传变化那样广泛。这方面的影响已经在动物的实验分析中可以看出来。另一方面，人类基因组计划发现了许多遗传变异。Marin博士结束发言时告诫人们，不要陷入天真的生物决定论，认为个体是受基因限制的。

年脑的性质以及老年认知功能的扩展与强化。到目前为止，很少研究直接针对“正常衰老”的成人的学习需要：如怎样对教师[①]或者一般成人进行再培训，以使他们能够运用新技术[②]。当人们考虑到新科学研究数据的有效期（5年后一般不再引用这些研究[③]）限制时，成人尤其是专业人员显然需要继续教育。将来，成人将不仅需要学习更多的知识，而且他们也必须忘却更多的知识。[④]由于该领域的研究仍然处于婴儿期，关于衰老的正常过程也还了解得不够，似乎确有希望进行早期诊断和适当干预，以延缓或者减缓老年人神经退化疾病的发生。终身学习似乎为抗击衰老和阿尔茨海默病这类情况提供了特别有效的策略。[⑤]

该论坛收到有关老化疾病的一些报告，如阻止患者快速退化与增强能力的策略、脑终身具有可塑性的证据、身体健康和心理健康之间的关系、记忆与注意问题、与研究和保健有关的方法、文化[⑥]、性别[⑦]、政策等。与其他论坛一样，这一论坛的主要科学结论将在第四章详细概述。

尽管争论的范围非常广泛（“从基因到技能”），但是人们仍然可以感觉到，对于情意问题——态度与价值观的形成、人类经验与学习的情绪要素还关心得不够。参与者从对话走向合作的愿望非常强烈，并促成了一个

① Eric Hamilton 博士东京论坛的发言（见 the Tokyo report on the OECD website，前引文献）。

② Mag. Wolfgang Schinagl 东京论坛的发言（见 the Tokyo report on the OECDwebsite，前引文献）。

③ Kenneth Whang 博士东京论坛的发言（见 the Tokyo report on the OECD website，前引文献）。

④ 东京论坛上，Bruce McCandliss 和 Andrea Volfova 博士发表的报告表明，可塑性有利也有弊，在有些情况下会干扰新的学习（见 the Tokyo report on the OECD website，前引文献）。

⑤ 但是正如 Akihiko Takashima and Raja Parasuraman 两位博士在东京论坛上所报道的，我们仍然缺乏可靠的方法来检查潜伏期阶段的阿尔茨海默病（见 Tokyo report，OECD website，前引文献）。

⑥ 文化的影响可以从宏观与微观两个层面来看待。宏观层面上，文化问题可以有助于确定研究议题的方向，查明认知神经科学是否应该研究普遍性的过程，或者脑与学习的研究是否完全是文化性的，因而情境性更强（Shinobu Kitayama 博士东京论坛的报告，见 Tokyo report，OECD website，前引文献）。微观层面上，文化问题可以表明，不同语言的正字法会影响阅读困难，尤其是诵读困难的症状，从而对诵读困难这类现象应该如何进行研究与解释产生重要的影响。

⑦ 与性别有关的研究结果还不确定，但是支持“男性”和“女性”脑（对学习具有启示）概念的研究数据正在形成之中，正如 Yasumasa Arai 博士在东京论坛上所表明的那样（见 Tokyo report，OECD website，前引文献）。

新的超学科研究计划的形成。研究者反复告诫，不要期望过多、过早，但同时，对较长时期内取得大量的研究成果充满了希望。

人们认识到，新的学习科学的诞生已经为科学的进步、教育改革与保健的发展提出了政策问题，但是这些问题不能够孤立地思考，而需要整体的方法——这并不是那么容易达到的。

该论坛对更有效诊断、延缓与治疗衰老问题充满希望，同时确定了未来超学科研究的五个机会：阅读、数学、性别、能力测量以及新的教学专业队伍的形成。所有这一切的根本在于认识到，情绪可能是理解如何养育孩子、照顾21世纪老年人的关键。

第四章　从神经科学的视角来看学习

认知神经科学中激动人心的发现以及认知心理学的持续发展开始提供有趣的方法来思考脑的学习方式。从历史上来看，理论与方法将这些学科分离开来，然而，随着新的脑成像技术的发展，一门新的综合性学科——认知神经科学诞生了。认知神经科学工作者日益关注教育，将它看作是运用认知神经科学知识的领域以及重要研究问题的源泉。

这一章将概述经济合作与发展组织举办的三次国际性论坛上发表的认知神经科学研究成果。尽管讨论了许多论题，这里报道的是具有应用潜力且同时在课程设计、教学实践以及学习方式方面能够提供有意义信息的主要论题。这些论题包括：读写能力和计算能力，情绪在学习与终身学习中的作用。但是在讨论这些论题之前，似乎有必要简单地叙述脑结构的一些基本原则，研究工具（技术）以及当前运用认知神经科学的方法。在本章的最后，将批判普遍存在的对脑科学的错误理解而产生的“神经科学的谬误”(neuromythologies)。

4.1 脑组织原则与神经信息加工

4.1.1 神经元、心理状态、知识与学习

脑中信息加工的基本要素是神经元，一种能够聚积和传递电活动的细胞。在人脑中，大约有一千亿个神经细胞，每个神经细胞可以与几千个神经细胞相连接，使信息信号大量流动，迅速扩散到许多方向。

任何时候，同时激活大量神经细胞的这样一种所谓“激活模式”都是对特定心理状态所作出的反应。电流通过神经元之间的连接（称为突触）时，激活另外一些神经元，脑就转向不同的心理状态。神经元的激活水平与计算机位码（computer bits）不同，不是有或无的不连续变量，而是连续的变量，在心理状态下，产生令人难以置信的微妙变化与差异（见图1）。

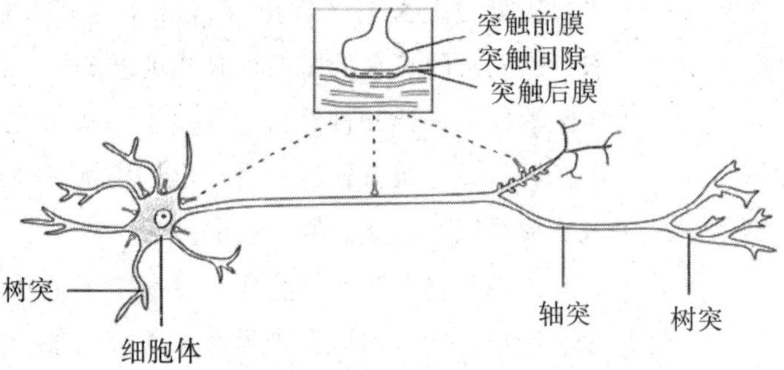

注意：突触包括突触前膜、突触后膜和突触间隙三个部分

资料来源：Jean-Pierre Souteyrand for the OECD.

图1 神经元上的不同突触

如果说心理状态是由神经活动模式产生的，那么“知识”就可以界定为驱动认知从一种心理状态流向另外一种心理状态的力量，它必须以神经连接的方式来编码。这表明，学习或者是通过形成新突触的方式来实现

的，或者是通过巩固或削弱已有突触的连接方式来实现的。事实上，这两种机制都有许多证据，青少年脑前者占有特别的优势，而成人脑则后者占优势。也许值得注意的是，脑内长期储存任何新的知识都必须修饰其解剖结构。

4.1.2　功能组织

脑的不同部分执行不同的信息加工任务，功能定位的原则几乎在脑组织的任何层次上都是正确的。脑是脊髓顶端的一系列结构，低层次的结构主要负责协调身体的基本功能（如呼吸、消化、自主运动），表达基本冲动（如饥饿、性唤醒），加工主要情绪（如恐惧）。高层次的结构处于低层次结构之上，进化的时间要晚一些。人类的高级结构比其他动物的发展程度更高。最后发展的部分——新皮层，是一层薄薄的神经细胞，覆盖在凹凸不平的脑表面。这是思维产生的地方，集中了人脑 3/4 的神经细胞。

新皮层分为两个半球：左半球和右半球。两个半球之间由粗大的神经纤维连接，称为胼胝体，是两个半球之间交换信息的桥梁。每一个半球再分为不同的叶，专管不同的任务：额叶（frontal lobe）主要负责规划与行为；颞叶（temporal lobe）负责听觉、记忆以及物体的识别；顶叶（parietal lobe）主要负责感觉与空间处理；枕叶（occipital lobe）主要负责视觉信息（见图 2）。当然，这些都是粗略的特征，因为每一个叶又可以进一步细分为相互连接的神经元网络，专门用于非常具体的信息加工。任何复杂的技能，如加法或者词汇识别等，都取决于脑内不同部位中一些特定神经网络的协调行动，这些网络之一或者它们之间的联系受到任何损伤都将破坏其所支持的技能，每一种损伤，都可能导致某种功能的缺失。

最后，应该注意的是，任何脑都是不同的。个体在脑的总体大小，尤其是用于执行特殊功能的神经元数量，甚至在功能模块的组织与定位方面都存在着显著差异。大多数神经元在功能上是可以相互转变的，同一个神经元可以在完成一项任务后，接着完成另一项任务。这表明，先天、后天

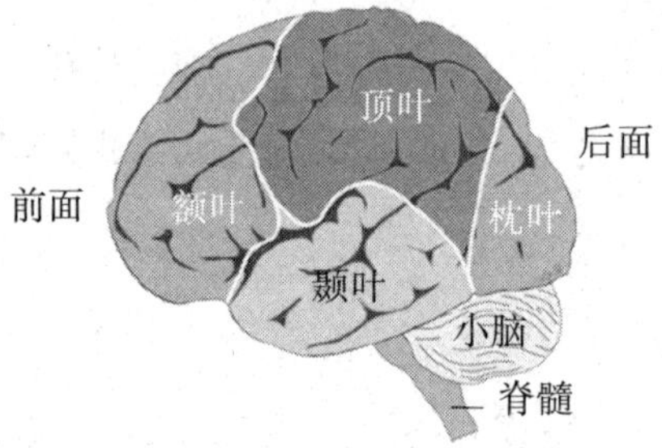

资料来源：Jean-Pierre Souteyrand for the OECD.

图 2　脑皮层的主要分区

与学习使每一个脑都具有其独特性，而且这种独特性在整个生命历程中不断扩大。

4.2　研究工具、方法及教育启示：脑成像的影响

神经科学研究技术有多种，可以包括侵入性途径，如神经外科。但是，现在最普遍、最有用的工具是无创性脑成像技术。脑成像工具可以分为两种类别：提供高分辨率空间信息的工具与提供高分辨率时间信息的工具。在提供高分辨率空间信息的工具中，人们最熟悉的是正电子发射断层扫描技术（PET）和功能磁共振成像技术（fMRI）。正电子发射断层扫描技术运用放射性同位素，通过监控氧和葡萄糖的消耗以及皮层血流的变化情况来检测脑的活动。功能磁共振成像技术，利用射频和磁场来确定去氧血红蛋白的浓度变化，这两种技术都要求被试保持静止状态以获得精确的图像。

由于正电子发射断层扫描技术和功能磁共振成像技术提供的空间分辨率以毫米来计算，时间分辨率以秒来计算，所以这些技术对于测量相对较长时间的脑认知活动变化是非常有用的。另一种技术是经颅磁刺激技术（TMS），通过形成暂时性的脑功能中断（几秒钟）来确定特定脑区的活动。但是，数学计算或者阅读等包括许多加工过程，这些加工过程在几百

毫秒的时间内发生。因此，正电子发射断层扫描技术和功能磁共振成像技术能够确定参与阅读或者数学活动的脑区，但是不能说明这些活动过程中思维的动态交互作用。

另外一组工具记录时间的分辨率可以达到毫秒，但是它们的空间分辨率并不高，提供的数据以厘米为单位。这些技术测量思维活动中头皮表面的电场或者磁场。这些工具有脑电图（EEG）、事件相关电位（ERP）、脑磁图（MEG）。脑电图和事件相关电位将电极放在头皮的某一位置。由于这些技术易于使用，所以常常成功地运用于孩子。脑磁图在液态氦的温度下，运用超导量子干涉仪（SQUIDs）。这些工具以毫秒的分辨率来测量认知任务中脑活动的变化。

无创性脑功能成像的一个新方法是光学成像技术（OT）。它是在运用近红外线光谱分析技术（NIRS）的基础上形成的。与传统方法不同的是，它可以运用于行为研究，因为灵活柔韧的光纤可以建造一种轻便的系统，让被试走动。这种方法既可以运用于成人，也可以运用于婴儿。以月龄为时间单位来观察早期发展，可以提供脑内神经加工系统的结构信息。因此，光学成像可能会对学习与教育带来重要的启示。①

要进行有效的认知神经科学研究，必须将这些技术结合起来，以提供学习活动中脑的空间位置变化与时间变化。要与学习过程相连接，重要的是，神经科学家要进行细致的认知加工要素分析，有效地运用脑成像工具。在与学习相关的那些学科中，认知科学或者认知心理学的研究，尤其是目前视觉加工、记忆、语言、阅读、数学和问题解决的研究中要进行这种细致的研究与分析。

神经科学工作者研究脑的其他方法还包括尸体解剖（如测量突触的密度）。在一些特例中，还可以与某些病人合作来进行研究，如研究癫痫病患者的脑（将患有脑疾病和脑损伤的人作为被试来研究脑的加工过

① Koizumi, H., *et al*. (1999), "Higher-order brain function analysis by trans-cranial dynamic nearinfrared spectroscopy imaging", *Journal Biomed. Opt.*, Vol.4, front cover and pp.403－413.

程[①]）；有些认知神经科学工作者研究从胎儿期就患有酒精综合症或者脆性X染色体综合症（Fragile X syndrome）的孩子；有些人研究阿尔茨海默病或者老年抑郁症患者患病期间普遍存在的认知衰退现象；还有些人研究灵长类动物或者其他动物如大鼠或者小鼠等，以更好地理解人类等哺乳类动物的脑功能。过去，由于没有脑成像技术，因此很难直接收集到普通健康人群学习的神经科学证据。

还有一个局限性在于：还没有人们普遍接受的、用于研究正常人群的成套的发展性学习任务。虽然在早期儿童学习方面已经做了大量的研究工作，但是青少年的学习研究得很少，成年人的学习则研究得更少。没有正常的认知发展标准，很难理解学习中发生的任何病理现象。

在试图理解认知神经科学如何引导教育并最终形成基于脑的课程方面，首先，既要理解脑成像技术的优势与局限性，又要理解实施严格的认知实验方案的必要性。最近的研究成果已经开始表明，教育终将出现于认知神经科学、认知心理学以及对这些研究成果进行专业的、确切的教育学分析的交汇处。将来，随着不同领域的交叉，将产生出一代新型的研究者与教育专家，善于提出对教育有意义的、适切性的问题，那时教育就将成为一门超学科。

现有的认知神经科学研究方法必须限制所要研究的问题类型，例如，“个体如何学会认识书面单词?”比“个体如何比较不同故事的主题?”这

① Luis Fuentes博士在格兰纳达论坛上提到（见Granada report，OECD website，前引文献）将神经心理理论与脑的认知功能、学习的研究方法联系起来的问题。学习的研究方法重视任务的分解，倡导简单认知任务的研究。人们认为这些简单的认知任务涉及到脑内基本操作系统的整合。过去40多年来，人们将这些方法用于研究人是怎样阅读、写字、看、识别物体的……损伤病人的研究已经支持了这样一个观点：脑的不同部位执行不同的运算功能。例如，视觉失认症病人认识整张脸有困难，而其他视觉能力却没有受到破坏。一些病人能够识别某些语义范畴的例子而不认识其他范畴的例子。Fuentes博士认为，这种不断增多的证据要求将复杂的认知系统分解为基本操作要素：“先对灵长类动物的研究，然后对顶叶皮层（parietal cortex）损伤病人的研究都表明，意识取决于注意转移中所包括的三种不同操作系统的协调：分心、运动、集中注意，这三种系统分别在顶叶后部（posterior parietal lobe）、上丘（superior colliculus）以及丘脑枕核（pulvinar nucleus of Thalamus）。当病人脑中这些部位的任何一点损伤后，他们就不能对损伤部位对侧出现的刺激进行反应。换句话说，他们意识不到呈现给那部分视觉空间的信息，虽然（事实是）他们没有其他任何视觉问题。”

样的问题更容易研究。这是因为，第一个问题可以设计为容易控制刺激与反应的研究任务，并与其他任务进行比较。这样，可以参照已知的认知模式来理解这个问题。第二个问题包括的因素太多，在实验时无法分解。由于这种原因，社会所认同的教育任务类型仍然过于复杂，不适于认知神经科学的研究。①

研究者不仅强调，教育干预之后（目前在实践中很普遍）立即对学习进行研究的方法的必要性，而且也强调，教育干预一段时间以后再对学习进行研究的方法的必要性，尤其是在有关年龄的案例比较研究中。② 这些跟踪研究将研究项目从实验室转移到真实生活情境中，而真实生活情境对何时解释结果、何时将结果运用于教育是有限制的。

在试图理解与分析科学数据时，在判断有关认知神经科学及其对教育的启示时，重要的是要坚持以下几条关键的标准：

- 原始研究及其主要目的；
- 该研究是单一研究还是系列研究；
- 研究是否包括了学习结果；
- 抽样的总体。③

最近反复强调，形成学识渊博的批判性共同体对科学进步（科学的进步是经过一段时间后，对科学论断的依据与推论基础达成一致）的重要性。④ 新兴学习科学研究中形成这样一个共同体（由教育者、认知心理学研究者、认知神经科学研究者、决策者等构成）是极其关键的。为了形成这样的共同体，对“基于脑”的教学主张进行正确的判断是很有必要的。教育决策者融入这个共同体以后，如果能够就以下几点达成共识，则将会更加成功地走进正确的基于脑的课程：

---

① Barry McGaw 博士，东京论坛（见 Tokyo report on the OECD website，前引文献）。

② Raja Parasuraman 和 Art Kramer 博士东京论坛报告（见 Tokyo report on the OECD website，前引文献）。

③ 是运用人还是灵长类动物，质疑样本的代表性，提出研究论断适用于哪些群体的问题等是最为重要的。

④ 见美国国家研究委员会（US National Research Council）关于教育科学研究的报告（www.nap.edu）。

（1）流行的神经科学论断并不一定表明其有效性；

（2）认知神经科学的方法和技术仍在发展中；

（3）学习并不完全受意识或意志的控制；

（4）脑在生命历程中自然地生长变化；

（5）认知神经科学的许多研究主要是理解或治疗与脑有关的疾病；

（6）完整的学习科学除了考虑认知因素外，还要考虑情绪因素与社会因素；

（7）尽管学习科学与基于脑的教育才刚刚起步，但是已经取得了重要进展。

心理学领域有大量的数据（主要是从精心设计的认知心理学研究中得到的数据），从这些数据中可以得出学与教的启示。[①] 而来自认知神经科学的数据有助于精练假设、消除论断中的歧义、表明研究的方向。[②] 换句话说，认知神经科学对新兴学习科学的主要贡献，可能是在该学科中渗透科学的怀疑精神，质疑信口开河的论断与未经验证的提高教学质量的观点。

但是目前，对学习的神经科学论断所持的怀疑态度，不应该滋长对认知科学可能给教育带来的益处进行冷嘲热讽的风气。事实上，有关脑可塑性的研究数据不断增多，令人鼓舞。但是，学习的证据不可能仅仅来自于神经科学的研究。将来，随着脑成像技术的改进，学习的实验研究方案将会更加复杂、精致，我们可以进一步来阐述这个问题。

---

① 正如Bruer博士在格兰纳达论坛上所提出的（见 the Granada report on the OECD website，前引文献）。

② 格兰纳达论坛上，Pio Tudela博士在谈到关于内隐学习与外显学习是否存在、其特征以及它们与教学的关系的争论（见Granada report，OECD website，前引文献）时，举例说明了怎样运用认知神经科学的研究，来澄清与阐明认知心理学研究者有关分离的人类学习体系是否存在及其特征的争论。人们了解环境知识而不打算做环境研究时，是以其最终知识很难表达的方式来了解这种知识的，人们常常将这种过程称为“内隐学习”。相比较而言，有意学习关注的是知识编码，有意学习的提取更有意识，人们将这种过程称为“外显学习”。Tudela博士表明，运用脑成像技术的神经心理学研究（对遗忘病人、帕金森病人、亨廷顿病人的研究）与实验表明，支持外显学习与内隐学习的神经回路是不同的。

4.3 读写能力与计算能力

4.3.1 语言学习

在纽约论坛上，读写能力包括语言学习和阅读学习。因为在这些领域，认知神经科学既可以提出观点，又可以治疗一些障碍，如第二语言学习和阅读障碍等问题。Helen Neville 博士提出，第二语言学习包括语言的理解与产生，因此，掌握不同的过程是必要的。其中，有两种过程[①]依赖于脑内不同的神经系统，其一为语法加工，其二为语义加工。语法加工主要在左半脑的前额叶，而语义加工（如词汇学习）激活的是左脑和右脑的后部外侧区域（posterior lateral regions）。一般而言，语言不是由单一脑区加工的，而是由整个脑中的不同神经系统来执行的。这对教育运用而言非常有趣：确定加工语言的脑区有助于解释第二语言学习起步晚对这些亚系统的影响。[②]

研究表明，语法学习开始越晚，脑变得越活跃（这一般表明某一任务难度更大。例如，在词汇识别任务中，专家型读者比新手型读者的脑激活更少）。语言学习起步晚的学习者不是只在左半脑中加工语法信息，而是用大脑两个半球来加工相同的信息。大脑的这种不同激活方式表明，语言学习开始晚，大脑就运用不同的语法加工策略。研究进一步表明，大脑两半球都激活的被试，在语法的正确运用方面存在更大的困难。换句话说，在这种情况下，大脑两半球的激活可能表明学习更困难（常识证明了这一观点）。

就第二语言学习而言，孩子越早学习语言，掌握语法就更快更容易。但是，语义学习可以也确实持续终身，而不受时间的限制。语法学习的研究是学习敏感期以及经验期待型学习的一个例子。对晚学习者而言，并不一定丧失了学习的效率与掌握水平，而是由于在生物限定的时间段内，没

① 这里提及两个主要加工过程；但是，Neville 博士提到，语言包括其他一些加工过程，如理解情境与意图、韵律与语音等过程（见 the New York report on the OECD website，前引文献）。

② 在一些极端的案例中也有第一语言学习晚的例子，如没有与孩子直接交谈或者他们的语言输出受到了忽视。

有接受相关经验，学习会更加困难。

该领域的研究对教育政策的一个明确启示是：13 岁以后学习第二语言（第二语言的语法不同于母语——例如，母语为法语的人学习英语）很可能导致该语言的语法掌握程度不高。许多国家的教育实践中，13 岁左右才开始学习第二语言，这种状况与该研究结果存在着冲突。这一研究结果对教育政策的另一个明确启示是，如果能确定脑的哪一个系统受敏感期的限制，哪一个系统不受敏感期的限制，开发与实施合理的教育与康复计划就可以成为教育决策者的一个目标。就世界范围而言，了解语言学习起步晚常常导致学习更加困难是一回事，而确认这一研究结果并以此为依据来制定公共教育政策则是另一回事。与第二语言学习有关的任何公共政策与干预措施（例如，提高语言学习起步晚的人学习语言的能力）都必须考虑大脑是如何加工语言的，以保证其有效性。

正如科学中常常遇到的，提出假设有时具有挑战性，成人第二语言学习的研究就是这样。人们知道，母语为日语的人区别英语/r/和/l/（例如单词“load”和“road”中）相当困难。这些困难甚至在英语国家生活多年后仍然存在，这一事实为语音辨别能力的习得中存在着“敏感期”提供了依据。[①] Bruce McCandliss 博士认为，这种观点的问题在于，它可能使人们产生错误的推论：学习障碍在敏感期以后就变成永久性的了。研究者做了大量的研究来说明这不是事实，成人在这方面也能够进行新的学习。研究中大量输入/r/和/l/语音，使母语为日语的人能够明确地区别这两个语音。被试受到短期训练以后，在听没有训练过的语音时，能够迁移这种能力。一些经典的脑成像结果初步证明，这种训练影响了负责母语语言感知的大脑皮层。

4.3.2 阅读技能

孩子 4—7 岁到学校上学时，他们已经能够熟练地识别所看到的物体，

① 正如 Neville 博士在纽约论坛上论证语音“敏感期”（或者语音的感知、产生以及综合）时所提到的：“你听到有人用外地口音来说你的母语的时候，你可以肯定他（或者她）是在 12 岁以后学习这门语言的。”（见 the New York report on the OECD website，前引文献）。

自如地将声音输入转换为语言表征。他们已形成了专门负责这些技能的神经连接，这些连接是受遗传控制的。他们还完全掌握了句法，理解了句子和复杂的句子情境。从牙牙学语到认识字词，再到学会阅读，激活的是不同的脑机制。

就教育而言，这是重要的观点，因为这对字词识别困难的成人和青少年进行干预具有重要的启示。一般来说，学校里的孩子阅读有障碍，人们称他们患有阅读障碍。在鉴别阅读障碍的孩子时，至少有一个脑区是非常重要的，这个区就是左侧颞上回（superior temporal gyrus），用于注意词汇的声音结构。研究者发现，在与阅读和语音技能有关的任务中，患有阅读障碍的10岁儿童不能正常地激活这个脑区，这些读者额叶的活动比正常人更活跃，这可能反映出这些脑区试图补偿他们的缺陷。随着阅读障碍的研究深入，神经科学研究者和教育者开始明白，为什么有些智力正常的孩子不会阅读，或者至少在学习阅读的时候会遇到严重的困难。

发现学习困难是由于“脑的问题”造成的，人们会情不自禁地认为，单纯靠教育手段很难矫治。但是人们也可以否定这一观点，当人们能够借助认知神经科学工具，充分理解将技能分解为一个个信息加工步骤和功能模块之时，就是设计有效的矫正项目之时。这就是Bruce McCandliss博士和Isabelle Beck博士在阅读障碍研究中所做的事情，根据阅读障碍儿童没有受到损害的阅读技能要素，提出教授词语发音的新方法。当然，深入理解将技能分解为一个个认知过程的方法，也可能有助于为正常孩子设计更好的教学方法。

Bruce McCandliss博士和Isabelle Beck博士运用“单词建构法”（Word Building Method）来表明阅读障碍的孩子是能够学会阅读的。他们帮助孩子从阅读经验中进行概括，使之能够将从某些单词中学会的知识迁移到新词汇中。这些技能包括字母解码和词汇建构，可以使阅读困难的孩子逐步掌握越来越多词汇的发音，这种方法让他们知道用很少的字母可以构成大量的单词。由于很多学龄儿童在阅读方面有困难，注意这些问题可以使部分学习者参与到最基本的语言交流中，同时可以减少他们社会边缘化的危险。其他一些人，其中最著名的是 Paula Tallal 和 Michael Merzenich 博士，报道了采用不同技术得出的同样研究成果。尽管这些研究成果有时自相矛盾，但是他们的方法至少可以帮助一些孩子。虽然关键问题并不在于某种方法是否比其他方法更有效，但是我们已经注意到，解决这些问题的理论机制与方法机制是存在的，而且发展很迅速。像 Emile Servan-Schreiber 博士一样，许多人预言，阅读障碍的研究与治疗将在不久的将来成为认知神经科学的一个重要的“成功故事”。

4.3.3 数学技能

数学思维，包括人们对数字的思考与运用，这对刚进校门的孩子来说总是困难的。但是根据 Stanislas Dehaene 博士的观点，婴儿天生具有数字感，这构成了初步的数字理论。负责这种能力的脑区——脑顶内沟（intraparietal sulcus）专门用于表征数量，使婴儿能够理解“许多”和“一些”之间的差异。学校里的数学学习要鼓励孩子超越其天生的估算能力，区别不同大小的数字，进行数学运算与操作。

最近有关数学学习与认知神经科学的研究表明，在数学中，脑运用不同的区域来完成不同的任务。① 三重编码模型（The Triple Code Model）② 提出，三种基本数字操作要运用三种不同的脑区。在看到阿拉伯数字如“3”时，梭状回（fusiform gyrus）激活；在听到或读到言语数字如“three”时，外侧裂区（perisylvian area）激活；在比较数量的大小时，如

① Diego Alonso 博士在格兰纳达论坛上报道，行为与脑成像研究表明，精确的算术运算运用左前额叶（在词汇记忆任务中，这个脑区常常激活）。另一方面，数学估算包括左右顶叶下部（这些区域与视觉和空间任务相联）。额叶前部皮层和前扣带脑皮层通过控制非自动化的策略而在复杂计算中发挥重要作用。但是，应该注意的是，除了上面提到的脑区，其他脑区也参与数学加工。Alonso 博士提到 George Lakoff 和 Rafael Nuñez 博士的研究工作，他推测，认知神经科学下一步可以进行的研究是：人们是在何种程度上运用图像图式（即空间关系，如容量、密度、中心与边缘等）与概念隐喻（不同集合间的对应关系，保留了推理的结构）来构建与理解数学的？（见 Granada report，OECD website，前引文献）

② Dehaene 博士的脑模型描述了儿童在学习或者进行数学运算时的一种脑区激活系统。要了解更多的信息，见 Dehaene，S.，Spelke，E.，Pinel，P.，Stanescu，R.，and Tsivlin，S.（1999），“Sources of mathematical thinking: Behavioural and brain imaging evidence”，*Science*，Vol.284，No.5416，pp.970－974.

“3 比 1 大”，运用的是顶间叶（interparietal lobes）。这一研究让科学家和教育家都认识到脑半球是协同运行的，而不是单独运行。[①] 但是，导致脑网络损坏的脑损伤或者其他任何形式的伤害都会产生障碍，即人们所称的计算能力缺失或者计算障碍（缺乏计算能力）。患这种障碍的儿童和成人，不能正常地运用上述脑区，因此不能理解数量的意义，如，他们不会运算“3 减 1”，不能理解 2 与 4 之间有哪些数字；换句话说，他们丧失了空间数量的概念。

研究人员提出，除了脑损伤或者脑障碍，至少还有两种不同的原因造成了数学困难。一种原因可能是，有些网络，如与数量有关的网络可能受到损害或者解体，使个体很难理解数字中所包含的信息；另一种原因可能更普遍，是儿童还没有学会把数量表征与词语符号及视觉符号联系起来。对于儿童来说，这可能很难达到，因为符号思维或者符号转换来自教育经验和文化经验。

正如前面阅读障碍的例子所表明的，Dehaene 博士的认知神经科学模型提供了数学技能任务的分解方法，这种任务分解法可以用于设计或者验证教学方法。尤其是脑内数量表征和词语系统的分离证明了不用语言来进行思维的可能性，这表明，强调数字的空间物体或者具体物体隐喻的教学材料，如数列或者亚洲的算盘可能特别适于培养数字意识。“适时开端项目”（the Right Start programme）[②] 传授数学的基本技能如数数，将数字、数量与数列概念对应起来，利用数量表征系统来说明数学教学的有效性。该计划运用物体如“蛇与梯子”[③] 的游戏来教孩子数字的空间类比概念。这种类型的训练成功地矫正了儿童的数学障碍，在每隔 20 分钟通过 40 局后，有些孩子开始在数学课堂中赶上正常发展的孩子。

---

① 见 4.6.2 的“大脑半球侧化”。

② “适时开端计划”——见 Dehaene，S.（1997），*The Number Sense*，Oxford University Press，Getty Center for Education and the Arts。

③ 这最初是亚洲棋盘游戏，叫作 Parcheesi，一种道德游戏（梯子通向善的高层，但是有许多蛇阻止人们到高层）。在东方和西方，该游戏还在流行，但是已经演变为一种运用数学技能来获得最多点数的游戏。

4.4 情绪与学习

4.4.1 情绪脑

过去，关于教育目的的讨论大多集中于怎样通过阅读、写作和数学技能来掌握认知技能。但是现在，科学家通过实验开始意识到教育者在学校中所见到的现象：情绪部分地影响孩子与成人的总体认知掌握水平，因此需要更充分地研究。儿童的教育和培养与他们脑的发展以及自然知识的形成之间产生相互作用。在情绪能力或者灵活性发挥重要作用的那些教育方面尤其重要，这也是David Servan-Schreiber博士所提到的成熟的、有责任心的公民的重要性。有些研究者质疑教育系统能否适于情绪能力的培育，因为目前学校体系或者教育政策并没有把这些个性方面的问题作为要关注的教育变量来加以解决。认知神经科学发现人格变化的神经基础后，才能促使它们变得更明确、更容易理解，才能使教育体系逐渐关注情绪与自我调节能力的教学。这对教育政策的一个重要作用在于：对儿童的这类自我调节是怎样形成的以及它的形成与基本神经系统的成熟有怎样的关系这两个问题的理解更准确、深入。①

当代认知神经科学为具体任务的加工过程进行细致的成分分析提供了工具。这种分析一般关注学习的认知方面，情绪或者情感领域的同样分析则受到忽视，因为人们还没有认识到这些情绪成分在有效认知功能中的作用。正因为如此，这一领域的信息不仅少，而且很不完整。测量工具的缺乏与理论基础的薄弱限制了教育实践中情绪调节研究的发展。

虽然情绪调节缺乏神经心理学研究，但是科学家已经确定了情绪表达的生理结构。在人脑的中央，有一些人们称之为边缘系统的结构（见图3）。这一系统的主要结构是杏仁核和海马。人们也将脑的这个区域称为“情绪脑”，它与额叶皮层（frontal cortex）相连。如果这些连接由于应激

① 见 the New York report on the OECD website，前引文献。

或者恐惧而受到损伤①，社会判断与认知表现就会受到影响，因为学习的这些情绪因素，包括对奖励和危险的反应，是折中的。这里有一个在脑情绪区域与认知区域之间进行相互作用的部位受到损伤的例子：根据Antonio Damasio博士的研究，美国爱荷华州一个过去智商很高（根据传统标准：智商为130）、很成功的会计，由于病变而切除了部分脑，切断了脑认知与情绪之间的交流。手术后几年，他一直接受医疗观察，他的智商仍然远远高于平均之上，但是他的社会判断能力遭到破坏，结果失去了工作，而且其他工作也不能持久。他卷入一些商业冒险的阴影中，后来与结婚17年的妻子离婚，重新娶了一个比他大很多的有钱妇女，他把她描述为"老社会名流"。这个例子描述了丧失社会判断力的一个极端个案。对于教育过程而言，更为重要的是，他在手术后智商仍然远远高于平均值。②

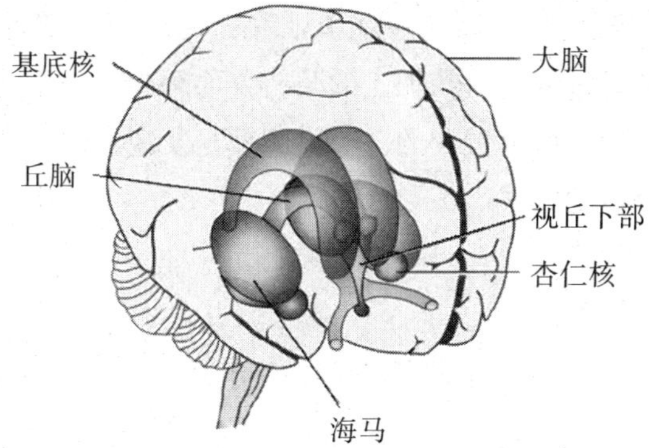

资料来源：Adapted by Jean-Pierre Souteyrand from Thompson，R.F.（1993），*The Brain：A Neuroscience Primer*，W.H.Freeman and Co.，New York.

图3 人脑的内部结构，包括边缘系统

① Joseph LeDoux博士在纽约论坛上发表了有关杏仁核这一情绪前沿的最新研究成果。杏仁核在处理恐惧情绪方面发挥了重要的作用。他的研究确定了脑产生恐惧情绪的特定网络结构。其他情绪可能是由脑中不同网络结构产生的，可能与恐惧系统没有关系。辨别危险并立即作出反应的能力在杏仁核（至少部分在杏仁核，因为，杏仁核也有其他情绪作用）。杏仁核中断行为或思维活动，迅速引发身体的生存反应。不管这种例子与教育情境的距离有多远，关于恐惧的神经科学研究已经确定了几个事实，这对理解情绪在教育中的作用非常重要。在学校情境中，中断的功能可以解释注意力分散的一些现象。课堂中的应激与恐惧通过降低对学习任务的注意力而影响学习的能力，因为恐惧系统牵涉到身体与情绪的需要。

② David Servan-Schreiber博士的讲述，见the New York report on the OECD website，前引文献。

所有社会环境，尤其是学校与工作环境，要求孩子拥有情绪能力来发挥正常的作用。情绪能力包括但是并不限于：自我意识能力、自我控制能力、具有同情心、解决冲突的能力以及与他人合作的能力。正如 Masao Ito 博士所指出的，人类有了情绪脑，就能够思考所接收的信息的价值，这是人区别于其他哺乳类动物之处。①

从心理学上说，人们知道，情绪加工是迅速的、自动的、未受到注意过滤的，与人们所描述的冲动相对应。实际上，情绪加工的这个方面构成了个体的气质或个性，这些常常在正常的认知教学之外，但是在面临新的教育情境时就变得非常重要。有些孩子在新的情境中表现出恐惧、沮丧，而有些却显得很兴奋。关于杏仁核与情绪加工的研究使研究者明白获得情绪能力的复杂性，因为，它与脑的情绪与认知部位之间进行交流有关。随着研究的进展，神经科学家能够逐步证明：情绪加工或者有助于教育过程，或者阻碍教育过程。情绪加工的某些方面至少是天生的，不容易受到环境的改变。因此，教育过程的一个目的就是发现能够有效地与不同情绪类型的学生打交道的方式。

4.4.2 情绪调节与想像

Stephen Kosslyn 博士等研究者正在进行的研究表明，情绪脑是与脑的感知区域相连接的。脑枕叶（Occipital Lobe）是感知区域的一部分，不仅参与感知，而且还参与心理想像。脑成像研究反复证明，在感知时，想像行为激活与感知相同的许多区域。

目前，与想像中性刺激（如台灯或者椅子）相比，被试想像负性刺激（如打肿的脸或者烧焦的躯体）的脑成像研究表明，某一脑区更为活跃。这些脑区包括前脑岛（anterior insula）（在边缘系统中），主要负责记录身体自主变化的区域。正如 Kosslyn 博士所指出的，研究已经开始证明，负

① 根据 Ito 博士（见 the New York report on the OECD website，前引文献）的报道，从教育的观点来看，一个重要的功能是“情绪价”（emotional valence）或者情绪能力使人类从孩提时代起就能够判断一定的情境。情绪脑使我们“不仅仅是加工信息的计算机，因为它让我们判断与思考这种信息的价值，让我们拥有感情，并能感受到美。”

性想像事件不仅在脑中记录下来，而且影响身体。

这些研究表明，学习者可以通过形成具体的心理想像来改变他们的情绪状态。想像可能在教育中发挥这样一些用途：把想像作为记忆的辅助，通过想像与之相关的物体来更好地记住词语；把想像作为心理辅助，来克服考试焦虑症和恐惧症。Kosslyn 博士还指出，将想像作为一种激素调节物，可以间接地影响认知能力，例如，人们知道荷尔蒙睾丸激素水平影响空间能力。比赛的胜利会提高血液中这种激素的水平，比赛失败则降低这种激素水平，因此，有可能仅仅想像这种情景也能够影响这种激素，从而影响空间能力，这方面的研究正在进行当中。①

4.4.3 随意控制：一种教育变量

（利用认知心理学和儿童发展研究的）脑科学研究已经可以确定这样一个关键脑区，它的活动和发展直接与自我控制的表现和形成相关。例如，一项测量认知控制的经典实验是“色词命名”②（Stroop task）。在这项任务中，给被试命名颜色的单词，这些单词或者与命名的颜色相同（如，用红色来印“红”这个词语）或者不同（如，用蓝色来印“红”这个词语），要求被试大声地说出印刷词语的颜色，词语与所命名的颜色不一致比一致的难度要大得多。这类色词命名任务中的行为往往激活位于前中部的一个特定脑区，这个脑区在眶额皮层（orbito-frontal cortex）的后面，称为前扣带回（anterior cingulate）。前扣带回在负责识别错误的网络中似乎发挥着重要的作用，不仅负责调节认知过程（如上述色词命名任务），而且还负责调节情绪，从而获得人们所称的有意行为或者自动控制行为。③

自我调节是儿童在社会环境中所需要的一种最重要的行为和情绪技能。这种控制自己的冲动而延迟满足的能力是“随意控制”情绪技能的一

① 见 the New York report on the OECD website，前引文献。

② 在纽约论坛上 Michael Posner 博士报告（见 the New York report on the OECD website，前引文献）。

③ 想了解有关扣带回在思维与情绪活动调节中的作用的各种理论综述，见 Bush，G.，Luu，P.，Posner，M.I.（2000），“Cognitive and emotional influences in anterior cingulated cortex”，*Trends in Cognitive Neuroscience*，Vol.4，No.6［39］，pp.209－249.

个方面。[①] 从教育视角来看，注意与行为的自主控制可以迈向学习的成功。根据David Servan-Schreiber博士的观点，情绪在教育中的作用可以促进这种“成功”，人们可以为这种成功制定一系列松散而有意义的标准（这些标准包括但是不限于：生活的满意度、建立亲密的关系、没有自己挑起的生活创伤），从而形成积极的、有益的关系与职业前景。换句话说，它有助于形成负责任的公民。

一项追踪研究[②] 证明了推迟满足感对教育的重要性。在该项研究中，给4岁孩子的任务是，当他们独自在房间的时候，若不吃摆放在他们面前的软糖，在实验者回来后就可以得到两颗软糖的奖励。孩子抵制吃软糖的诱惑时间与以后取得的学业成功之间有显著的相关性。学业成功依据的是处理沮丧与压力、完成任务的毅力以及专注性的能力标准。另外，推迟享受时间更长的这组学前儿童在后来的SAT考试（学校的性向考试，综合考察数学和阅读技能等各种要素的青少年考试，是高等教育的入学选拔考试）中成绩高于那些不能推迟享受的儿童，在推迟享受时间与SAT分数之间确实存在着显著的相关性。[③]

4.5 终身学习脑

贯穿这一节的是老年人的脑可塑性和认知活力的概念，它们是保证终身学习的关键。对于成年人脑的研究一直关注退行性疾病和认知的总体衰退，原因在于试图帮助那些患有阿尔茨海默病、老年抑郁症等疾病的人，同时有资金做实验。另外，研究者发现，关注退行性疾病常常能够对正常功能提供重要的发现。本节讨论衰老及其矫治和重建的策略。

---

① Posner博士在纽约论坛上提到，这种概念与儿童在学校和家里的自我调节行为有关。随意控制可以通过分析家长对孩子专心活动的倾向（集中注意）、克制力的训练（抑制控制）、享受低强度的刺激（低强度的快乐）、并显示出对环境中细微变化的意识（知觉敏感性）等问题的回答来判断（见the New York report on the OECD website，前引文献）。

② From Dr. Walter Mischer and Colleagues。

③ 由David Servan-Schreiber博士引用（见the New York report on the OECD website，前引文献）。

数据[①] 表明，大多数认知能力的普遍衰退从 20 岁到 80 岁。[②] 在字母比较、范式比较、心理旋转、计算范围、阅读范围、线索回忆、自由回忆等方面都表现出衰退的现象。相比较而言，与生命早期的脑科学研究成果相一致，在 70 年的生命历程中，有些认知能力有显著增加，而有些则到 80 岁才开始衰退。[③] 在东京论坛上[④]，Ito 博士指出，在脑随年龄而衰退方面有一些广泛流行的看法：人们普遍认为，脑每天损失100 000个神经元，而抽烟喝酒加快了这种损失的速度。但是，有人运用新的技术来检验这种看法，如 Terry 博士和同事[⑤] 的研究就表明，如果计算脑皮层每一个区域总的神经元数目就会发现它与年龄没有关系，而在计算脑皮层大的神经元数目时年龄才是一个因素。这些大的神经元由于小的神经元数目的增加而减少，所以总的数量是相同的。但是，随着神经元变小，神经回路会有一定程度的增加，因而可以推测突触数量会减少。而且，连接数量的减少可能意味着可塑性降低，但是这并不意味着认知能力的下降。相反，神经网络模型向研究者揭示，技能的获得是由于修饰了一些连接，同时强化了另一些连接。

一段时间以来，神经科学家已经知道，在生命的历程中，由于学习经验的影响，脑会发生显著的改变。这种脑对环境的要求作出反应的可塑性[⑥] 或者灵活性的研究是令人鼓舞的，并开始使研究者更深入地理解成年人脑中突触形成（在脑细胞之间形成新的连接）的作用。而且，长期的学习，由于需要在神经元之间形成新的连接，实际上修饰了脑的生理形态。例如，如果读者从现在起到 6 个月后仍然记得本书的内容，那是因为他的

---

① 来自密歇根大学。

② 同时见 agingmind.isr.umich.edu/。

③ 任务包括：许氏词汇（Shipley Vocabulary）、反义词、同义词。

④ 见 Tokyo report on the OECD website，前引文献。

⑤ 见 Terry，R.D.，DeTeresa，R.，Hansen，L.A (1987)，“Neocortical cell counts in normal human adult ageing”，*Annuals of Neurology*，Vol.21，No.6，pp.530－539.

⑥ 正如 Posner 博士在纽约论坛结束其讲话时所说，“我认为，我们确实抛弃了 0 到 3 岁的谬误，取而代之的是可塑性与阶段性的重要性。换句话说，脑是可塑的，然而在我们生命的某个阶段发生某些事情对早期学习和终身学习都非常重要”（见 the New York report on the OECD website，前引文献）。

脑在阅读的时候（以及后来在回忆某个部分的时候）作了自动的修饰。

认知神经科学所了解的是：我们必须区别生命早期自然发生的突触形成以及生命历程中由于复杂环境的影响而产生的突触形成。要说明掌握语法在年轻的时候效果好、但是词汇学习持续终身这个观点，研究者可以参照先前提到的经验期待可塑性与经验依赖可塑性。[①]

许多研究者认为，经验期待可塑性是种属发展的特征，经验依赖可塑性是健康脑的自然条件，这种特征使我们在一生中都能学习，有助于说明学习的个体差异。

4.5.1 年龄与疾病：阿尔茨海默病和老年抑郁症

成人和老年脑的研究资金主要集中于疾病方面，全社会范围对神经退行性疾病的大量而不断增长的投资就说明了这一点。[②] 单就美国而言，阿尔茨海默病影响了大约 400 万成年人，每年造成经济损失达1 000亿美元。

神经退行性疾病的影响在老年认知功能方面尤其显著，它不仅剥夺了个体的自我意识，而且也销蚀了社会已经积累起来的专业知识与智慧。随着世界老龄人口的增加，这个问题更加突出。

Raja Parasuraman 博士解释了阿尔茨海默病造成脑不可逆转的损伤方式。这种疾病的症状常常始于成年后期，认知功能、记忆、语言以及感知能力的丧失非常明显。阿尔茨海默病的病理是形成老年斑。[③] 这些变化在

---

① 从学习发生的难易程度上来说，依赖敏感期的学习过程，如语法学习，期待在一定的时间段（敏感期）发生相关的经验，这就是经验期待现象。人们认为经验期待学习发生于生命的早期。人们把不依赖于敏感期的学习过程如词汇学习称为经验依赖现象，学习经验发生的时间段不受年龄或时间的限制，这类学习是终身的（见下面的 4.5.3）。

② 正如 Raja Parasuraman 和 Jarl Bengtsson 两位博士在东京论坛上所说（见 Tokyo report on the OECD website，前引文献），根据 Shinobu Kitayama 博士的观点，必须把认知老化当作与老化及诸如理性、主观幸福感等概念有关的文化与社会信仰体系的一种变化来研究。最重要的文化心理学项目是提出与许多心理过程的普适性假设效度有关的问题，是表明存在着其他的可能性，是运用适当的分析方法来拓宽人类与行为科学的实验数据。在特定的文化环境中必然会发生生物性的老化，由于环境的具体性，其结果也就多种多样。衰老对认知的影响不仅必须从更整体、更综合、更侧重关系以及更基于智慧的认知方面来研究，而且还应该与强调分析、强调对象、侧重个体的认知结合起来进行研究（见 Tokyo report，OECD website，前引文献）。

③ 这些斑块是不正常的细胞侵蚀周围的蛋白质而聚集起来的，神经细胞内部的神经纤维（neurofilaments）纠缠在一起，神经元树突萎缩，神经细胞丧失。

海马区特别明显，海马区即“情绪脑”的一部分，是短期记忆的关键部位，该部位接收有待储存于长期记忆中的新信息。

由于没有可靠的方法来探测阿尔茨海默病，这种疾病的早期阶段可以通过行为检测或者基因检测较好地诊断出来。在早期阶段，很难从行为上来诊断，因为人们对与正常衰老有关的认知变化尚知之甚少。认知功能的衰退随着年龄的增长[①]而加剧，这与阿尔茨海默病的潜伏症状相似。根据一些研究者的研究，将研究资源导向注意功能[②]的研究以发现阿尔茨海默病的早期症状可能是有利的。其原因有二：首先，发现注意功能受到损伤，即使对个体产生了轻微的影响，也可以提供非常有价值的预告；其次，阿尔茨海默病所产生的主要功能失调区域是记忆功能区[③]，常常能够通过研究注意功能来解决。

神经系统的注意调节功能[④]是许多研究的目标，相对理解得比较透彻。空间选择注意的两个方面（注意转移、空间范围）在阿尔茨海默病的早期阶段就受到明显的损害。因此，评价这些功能的任务可以作为早期诊断的有益选择。事件相关脑电位（ERP）、正电子发射断层扫描（PET）、功能磁共振成像（fMRI）[⑤]等研究表明，注意任务确实提供了早期注意功能失调的敏感性行为实验。

早期诊断阿尔茨海默病的另一种方法是，开始鉴定出在基因方面容易患阿尔茨海默病的正常年龄的成年人。最近的研究揭示出阿朴脂蛋白 E 基因在形成阿尔茨海默病中的遗传性。[⑥]与那些没有 E4 等位基因的人相比，E4 等位基因携带者显示出空间注意的缺失，性质上与临床诊断出阿

① 见 agingmind.isr.umich.edu/。
② Parasuraman 博士在东京论坛上的报告(见 Tokyo report on the OECD website,前引文献)。
③ 尤其在类胆碱功能系统中。
④ 这些功能包括选择性注意、警惕性和注意控制。
⑤ 关于脑成像技术的论述，见上面的 4.2 节和术语表。
⑥ 阿朴脂蛋白 E（APOE）基因是作为三个等位基因 E2、E3、E4 来遗传的。E4 等位基因非常容易患阿尔茨海默病，见 Greenwood，P.M.，Sunderland，T.，Friz，J.，and Parasuraman，R.（2000），“Genetics and visual attention：Selective deficits in healthy adult carriers of the e4 allele of the apolipoprotein E gene”，Proceedings of the National Academy of Sciences，United States，Vol.97，pp.11661－11666。

尔茨海默病的患者相似：一是注意力涣散增加；二是空间注意的能力降低。这些注意缺失的症状可以在没有症状的50多岁的健康成人身上出现。

行为与遗传指标都可以用来开发与验证预测严重的老年认知衰退的新标准。运用改进了的诊断证据，可以开发与拓展提高老年认知功能的药理学与行为学的治疗或干预策略。最近的一系列研究[①]表明，注意提示(警觉和警惕性训练)的益处在于，通过降低健康成人和阿尔茨海默病患者的注意缺失、加强学习而减轻阿尔茨海默病的症状。这样一类干预可能有用，因为脑中突触连接的细微结构不受基因的直接控制，而受生命过程中经验的影响。

抑郁症有许多症状，如精力不集中、缺乏兴趣等，还包括失眠、没有胃口、缺乏快感等症状。老年抑郁症与年轻人的抑郁症不同，病因更加复杂，因而也更难治愈。[②]与其他年龄相关的疾病一样，老年抑郁症已经成为保健与社会的主要负担，目前，老年抑郁症的发病率仅次于痴呆。[③]

抑郁症可能是由于脑的一般退化所引起的（如阿尔茨海默病、帕金森病和中风）。老年人与年轻人之间抑郁症的主要差异在于，老年人的这种疾病受遗传因素的影响比较少。除上述器官方面的原因，老年抑郁症可以在一些病例中找到踪迹，如突然失去了社会角色、失去了重要的亲人，在经济、身体和心理等能力方面下降。

根据Shigenobu Kanba博士的观点,社会认识到以下两个改善老年抑郁症的重要方面并采取措施是非常重要的。第一个主要是心理方面的,与“目标的丧失”有关。例如,社会应该努力使老年人不突然失去他们的社会角色、工作或者自我的价值。这样做的方法之一是提供多种途径,可以鼓励并利用[④]老年人

① 见Parasuraman and Kramer博士东京论坛的发言（见Tokyo report onthe OECD website，前引文献）。

② Shigenobu Kanba博士在东京论坛上提到，老年人由于生理衰退，如深部脑区心血管阻塞，或者也被称为基底核（basal ganglia）轻微梗塞等，抑郁症的病例非常复杂（见Tokyo report on the OECD website，前引文献）。

③ Kanba博士在东京论坛上的报告（见Tokyo report on the OECD website，前引文献）。

④ 贡献包括但不限于知识、专业技能的运用与成熟性。

对社会的贡献。[①]

老年人不仅在解决实际问题、人格的开放性方面对社会作出贡献，而且人们现在也认识到了他们在创造性与创造财富方面的积极作用。实际上，很久以来，就有证据表明，创造性大体上是与智力相分离的（人们需要的只是具有创造性的某种智力“阈限”，但是高于这个阈限，这两种能力之间就没有关系）。因此，与年龄有关的任何高层次的认知功能衰退，并不一定影响创造性。Yoshiko Shimonaka 博士做了一项研究来验证年龄对 25—83 岁的日本成年人创造性的影响。[②] 在思维能力的流畅性、创新性方面，在创造能力的产生与应用方面都没有发现年龄的差异。[③] 但是，在流畅性与创造性能力的产生方面存在着性别差异，女性得分高于男性。这些结果表明，成年阶段保持了各种创造力。老年人为年轻人提供指导的过程可能是互惠的，鼓励老年人为年轻人提供指导可以减轻心理性老年抑郁症。

4.5.2　健康与认知活力

自古以来就有身体健康与心理健康相互联系的观点，Juvenal 曾用拉丁诗文《健康身体中的健康思维》[④] 来表达这个观点。一份动物研究的文献综述[⑤] 表明了提高认知功能的乐观理由。[⑥]

---

① 在这方面，Denis Ralph 博士在东京论坛上描述了澳大利亚自然形成的学习共同体。他举例说明专门的共同体是如何帮助老年人的。在这些共同体中，老年人借助计算机来重新发现学习（*Australian National Training Authority*，*National Marketing Strategy for Skills and Lifelong Learning*；report presented to Ministerial Committee，November 1999，URL：www.anta.gov.au. 这份报告讨论了澳大利亚共同体内学习的态度与价值，参与学习的动机，可能影响学习参与的因素）。

② 测量创造性的量表由 J.P.Guilford 编制。量表由思维能力（流畅性、灵活性、创新性与详尽性）和创造能力（生产力、想像力和应用性）组成。

③ 在东京论坛上，Tudela 报告说（见 Tokyo report，OECD website，前引文献），在正常年龄的技能学习文献中，有许多任务是直接比较年轻人和老年人的。在这类任务中，有些例子是年轻人比老年人表现好，而有时两者表现同样好。但是不幸的是，由于缺乏对知觉、运动与认知技能的性质进行成分分析的方法，阻碍了对正常老年人技能获得的研究。因此，需要对组成要素进行适当的成分分析，如果可能，还要进行神经机制分析。换句话说，这种形式的研究必须自觉地运用认知神经科学的分析方法来设计任务。

④ 拉丁文为“mens sana in corpore sano”。

⑤ 是由 Kramer 博士做的。

⑥ 这些研究关注突触形成（synaptogenesis）与神经形成（neurogenesis），关注与脑获得神经营养素（BDNF）、多巴胺接受器的密度和维生素 B 复合体 choline 的吸收等有关的正性生物化学变化。

据 Itaru Tatsumi 博士报道，日本最近一项研究① 比较了日本年轻人与老年人的语言熟练程度（老年人常常抱怨正确提取熟人与名人的名字有困难）。实验要求年轻被试和老年被试分别在 30 秒内大声说出给定类别中尽可能多的单词（语义和声音范畴）。老年人能够提取的单词数大约是年轻人的 75%，他们表现出单词流利性降低，提取名人名字难（他们的平均成绩是年轻被试的 55%）。Tatsumi 博士的实验并不局限于心理物理学的研究，他还报道了用正电子发射断层扫描仪对老年被试和年轻被试在单词流畅性任务中所观察到的激活研究，年轻被试在提取适当名字时左半球的前颞叶（anterior temporal lobe）和前额叶（frontal lobe）激活。在提取有生命和无生命的名字及音节流畅性方面，左半球的后下侧颞叶（infero-posterior temporal lobe）和左下前额叶（left inferior frontal lobe，布罗卡区）激活。而在老年被试中，激活的区域一般比年轻人小，有时没有激活。而且，有些区域年轻被试没有激活，老年被试却激活了。这些研究结论需要进一步研究，因为人们可以解释，老年被试的激活反映了他们努力补偿单词提取方面的缺陷。另一个结论与老年人脑的活力有关，任务的流畅性和经验需要降低脑的活动水平。可能是为了提高加工的效率，运用脑的机制，这些任务还可以分散到脑的不同区域来加工。

最近，对已有的跟踪研究数据运用元分析技术进行再分析② 后表明，健康状况的改善和认知活力之间存在着更积极有力的关系，尤其是在执行过程中（管理或控制心理过程）。不断增多的数据表明，与执行过程有关的脑区（如前额皮层和海马③）显示出与年龄不成比例的大衰退。这些衰退可能会由于良好的身体健康状况而减缓，尤其是有研究表明，任务水平

① 由 Sakuma 等研究（见 see Tokyo report，OECD website，前引文献）。

② 这样做是为了减少在人的研究中所运用的横向研究、流行病学研究以及追踪研究这三种方法在方法论方面存在的局限性。横向研究显示健康老人更具有认知优势，但是这些研究也包含有横向研究的典型缺陷（如自我选择的偏见）。流行病学研究罗列出与认知活力有关的一系列因素，如艰苦的训练等，很难将认知活力与个体因素的作用分开来。跟踪研究的发现还不明确，六项研究发现，认知优势与身体健康状况的改善有关，四项表明没有关系，两项结果模棱两可。

③ Raz，N.，Williamson，A.，Gunning-Dixon，F.，Head，D. and Acher，J.D.（2000），"Neuroanatomical and cognitive correlates of adult age differences in acquisition of a perceptualmotor skill"，*Microsc Res Tech*，Oct.1，Vol.51，No.1，pp.85－93。

的提高与心血管功能呈正相关。[①] 某些训练研究也表明，空间定向、归纳推理、复杂任务切换活动如驾驶等都具有积极的结果。一般而言，不断增加的实验证据表明，行为干预，包括改善健康与学习状况的行为干预（响应“锻炼你的脑”的口号），而不是药物治疗，甚至可以改善老年人的表现。未来研究的重点是广泛应用这些研究成果。

4.5.3　可塑性与终身学习

脑因为终身具有可塑性，所以能够保持敏捷性、警觉性以及解决问题的能力。神经科学家曾经认为只有婴儿的脑具有可塑性。因为新突触的迅速增长（突触形成）与新技能的获得是并行的。但是在过去20年里，灵长类动物和类人猿的研究数据证实，脑在整个生命历程中都具有可塑性。[②] 而且，最近发现，脑的一些区域，包括海马在内的所有重要部分，

① Kramer博士在东京论坛上强调，这一研究所针对的成人都是正常锻炼的成人，在一段时间里定期锻炼（见Tokyo report on the OECD website，前引文献）。

② 集中注意特定脑区和具体学习技能可能有助于研究环境对学习的影响，同时加深对脑可塑性的理解。例如，人们已经知道海马参与空间记忆和空间导航任务。（见Burgess，N.and O'Keefe，J.（1996），“Neural computation underlying the firing of place cells and their role in navigation”，*Hippocampus*，Vol.6，No.6，pp.749－762）。比较伦敦出租车司机与非出租车司机的有趣实验表明，海马的相对大小和激活程度与导航能力之间具有显著相关，这种关系可能有明确的时间性。［见*i*）Maguire，E.A.，Frackowiak，R.S.and Frith，C.D.（1996），“Learning to find your way around：A role for the human hippocampal formation”，Proceedings for the Royal Society of London（B），*Biological Sciences*，Vol.263，pp.1745－1750；*ii*）Maguire，E.A.，Frackowiak，R.S.and Frith，C.D.（1997），“Recalling routes around London：Activation of the right hippocampus in taxi drivers”，*Journal of Neuroscience*，Vol.17，No.18，pp.7103－7110；*iii*）Maguire，E.A.，Gadian，D.S.，Johnsrude，I.S.，Good，C.D.，Ashburner，J.，Frackowiak，R.S.and Frith，C.D.（2000），“Navigation related structural changes in the hippocampi of taxi drivers”，Proceedings of the National Academy of Sciences，United States，Vol.97，No.8，pp.4398－4403］。同样，听觉皮层和音乐技能的发展之间也有正相关［见Pantev，C.，Osstendveld，R.，Engelien，A.，Ross，L.E.，Roberts，L.E.，and Hoke，M.（1998），“Increased auditory cortical representation in musicians”，*Nature*，Vol.392，pp.811－814］，运动区与手指运动之间也有正相关，甚至成人只练习5天就会产生正相关［see Pascual-Leone，A.，Nguyet，D.，Cohen，L.G.，Brasil-Neto，J.P.，Cammarota，A.and Hallett，M.（1995），“Modulation of muscle responses evoked by transcranial magnetic stimulation during the acquisition of new fine motor skills”，*Journal of Neurophysiology*，Vol.74，No.3，pp.1037－1045］。另一方面，帕金森病人（该病主要是基底核功能异常）学不会一些新技能［见Gabrieli，J.D.，Brewer，J.B.，and Poldrack，R.A.（1998），“Images of medial temporal lobe functions in human learning and memory”，*Neurobiology of Learning and Memory*，Vol.20，No.1－2，pp.275－283］。

在一生中都能够产生新的神经元。

McCandliss 博士等人的研究表明，老年脑可以克服语言加工和阅读方面存在的障碍。这些新发现可以：

- 更好地理解脑加工语言的不同方式；
- 更明确儿童和成人能够自然地克服语言加工障碍的方式（尤其是阅读障碍）；
- 洞悉怎样的策略可以运用不同的神经网络，帮助阅读困难和言语困难的人；
- 帮助第二语言学习者（成人与儿童）提高理解语音的方式。

许多老化研究是受疾病和病理模式推动的。在这种情形下，重要的是将医疗保健的责任与教育的责任分开来，尤其是阿尔茨海默病和老年抑郁症。[①] 从这两个社会部门中所得到的将不再是以病理学为核心的研究议题：现有的老化研究议题不是由于关注学习而启动的。关注学习的老化研究议题可以采取一些措施，来保证脑功能的可塑性与认知功能的活性一直延续到老年。随着年龄的增长，一些认知能力确实会下降，尤其是患病之后，但是，借助不断改进的脑成像技术和更加灵活设计的研究方案，矫治策略（包括学习任务）与拓展认知功能的研究可以用于增加老年人的满意度，增加他们可能作出的贡献。

4.6 神经科学谬误（Neuromythologies）

4.6.1 将科学与猜测分离开来

随着脑功能成像技术的发展，认知神经科学对认知行为的神经基础研究有了突破性的进展。科学家、研究者、教育专家和决策者对已有的研究成果进行了大量的评论与推测。由于这些研究所具有的优势，许多人都想了解，如何运用这些研究成果来提高或者丰富教育实践。[②] 由于人们迫切

① Ito 博士在东京论坛上的报告（见 Tokyo report on the OECD website，前引文献）。

② 不仅正规的教育实践，而且日常的家庭教育都可能从这些研究中受益。事实上，家长是“神经科学谬误”的重要“市场”。

要求改变整个教育实践的强烈愿望以及对基于脑的教育的兴趣与热衷，在科学领域之外，在脑和心智科学方面出现了许多错误的理解和概念。教师和教育专家急切地将他们在大众媒体[①] 中了解到的信息付诸实践；决策者想要运用基于研究的信息来颁布有效的教育政策；甚至商业界也看到了基于脑的学习工具的利润而投入其中。由于对脑科学研究在教育实践中的运用价值的期望，错误观念迅速流传开来，从突触形成的益处到半脑优势，再到学习关键期以及丰富性等，这里仅举这几个最流行的错误观念。杂志上讨论与批判这类错误概念之时，教育者和决策者处于辨别事实与推测的窘境。虽然某些错误概念中也包含了一些事实，但是仔细阅读这些错误论断来源的原始研究，人们发现这些研究或者被曲解了（简单化），或者只是基于动物的实验，对人类的意义不大。[②]

过去，大多数科学家声称，人类在出生时，脑拥有了所有的神经细胞，但是随着新技术的发展，这一事实受到质疑。一些机制，如控制人类生存本能的机制在出生时就已经具备了，但是新生儿的大多数心理连接取决于经验，这些连接如何形成以及何时形成仍然存在着争论。有些科学家认为，这些连接在 3 岁完成，有些科学家认为在青少年期完成，最近的研究表明，突触连接的形成是终身的过程，这一点似乎正在形成共识。这一

① “……在电视上、报纸上、杂志上都有这种脑的信息：这对学校的教师意味着什么?”(Mark Fletcher，during the Granada forum)“（教师）对他们的学科，数学或者生物学等了解很多，但是对神经科学与心理学习理论确实了解不多。我认为，我们应该研究这个问题，思考教师们可以从认知神经科学中学到些什么。”(Dr.Heinz Schirp during the Granada forum.)。教师当然不是神经科学家，但是他们为了提高教学质量而研究神经科学工作者的研究，这既是可以理解的，也是需要的。由于那些向教师宣传基于脑的教育的人没有同时传递这样一种信息：即支持他们观点的脑科学研究还相对较少，这可能诱使教师过快地采用了所谓“基于脑”的教学策略，这些策略实际上根本没有科学证据作为其基础。科学家应该敏锐地发现这些问题，因此，挑战在于，要求教师：①在他们中间分享知识；②与神经科学界分享知识，来加强与巩固教育学知识和策略。这样，神经科学界能够将好教师的真实经验作为一些问题的研究基础。因此，有必要向公众传递认知神经科学研究所积累的知识，同时也必须关注有关基本过程的“简单”问题。当然，为了将基本过程与教师所面临的复杂情境整合起来，还有许多工作要做。而且，教育者在帮助神经科学研究者确定易于研究的问题方面可以发挥重要的作用。（见 the Granada report on the OECD website，前引文献）。

② 在理解人类发展的某些方面，动物研究不仅是重要的，而且是必需的，但是将动物实验数据应用于人类学习与认知必须非常谨慎。一般而言，历史已经表明，在动物与人的行为之间这种不谨慎的类比不仅可能会误导，而且还可能很危险。

不断得到认同的观点对教育体系的组织方式可能会产生深远的影响。

本节的目的是解释公众中最流行的一些错误观念，强调它们为什么对教育实践有害或者无效，并讨论如何最好地解释科学数据。

美国宣布1990—2000年为“脑的十年”。同时，世界范围内对脑认知和情绪功能的研究也在兴起[①]。虽然这些研究具有很高的质量，但是对其中一些结果在学习方面的意义作出了过度的解释。后面将举几个这样的例子。

本质上，我们必须把脑科学研究结果看作是初步的，原因有如下几条：

- 它们的统计结果可能没有高度的相关性（用减法和平均法[②]）。
- 被试相同，结果可能会由于不同的理论思考与不同的方法而不同。
- 实验室环境由于其非自然性与人为性，可能不适于测量某种技能。
- 个别研究不能证明某种课堂教学策略的合理性。
- 大众媒体为了吸引最多数量的读者或观众，常常过于简单地报道脑科学的研究成果，这几乎是所有错误概念和理解的源头。

虽然对以神经科学为基础的有关学习的论断必须保持一定的怀疑态度，已有的以及不断涌现的技术产生了有趣而充满希望的结果，但是如果消除前述关于脑科学的错误概念和错误理解，这些结果与教育的联系会更加紧密，对教育也更为有用。

对脑科学的错误观念一般始于错误的理解，有时为了与教育关联起来，或者为了其他目的而故意歪曲科学事实。这一章讨论三个普遍性的错

---

① 这只是政界鼓励科学研究的一个范例，而且，已经通过拨款的方式开始影响教育变革。

② 这些方法是有缺陷的，因为，比较两个有共同要素的不同结果不能阐明这两个结果之间的不同。例如，在脑成像数据中，条件A是一个任务，条件B是另外一个不同的任务，要通过发现这两个任务之间的不同来确定哪一个条件激活了某一个脑区，常常采用减法。先计算出图像中条件A激活的点，然后计算出另一图像中条件B激活的点，如果这两个条件完全不同，人们就推测，两图相减，剩下的脑区是与某一条件相关的。这一方法的问题在于，从一个条件到另一个条件，大脑并不会因为一个条件结束了，就不再激活该脑区了（有时会有持续的激活），有时两种条件都激活相同的脑区，因此确定脑的哪个区是由某一条件激活的并不都确切。同样，平均的方法也运用条件A和B，得到相同条件下不同被试的数据，将结果平均起来。该方法的问题在于，如果个体的结果差异很大（常常这样），运用平均的方法就会降低他们之间的差异性，由此得出的结果就可能会有问题，提出的结论也就不确切。

误：半球优势或者特化、突触形成和学习、“关键”期和丰富性（包括0到3岁的谬误）。

4.6.2　脑半球优势或特化

错误理解脑科学和学习的一个例子是“右脑与左脑学习”。脑半球特化及其与学习关系的论断是基于脑的学习运动中的一个主要错误，这个论断一般由一些非专业人士提出。他们认为脑的左半球主管逻辑与语言信息代码，而右半球具有创造性，主管视觉信息代码。这些观点流传了很长一段时间，它们将脑的特征看作是一侧化的，然后将这些特征当作人的特征，例如，艺术家是“右脑型的”，而数学家则是“左脑型的”。

Dehaene博士已经完成的一项分析① 表明，虽然加工数字单词（如英文中的“one”、“two”）是由脑的左半球负责的，但是他也指出，在辨别阿拉伯数字时（如“1”、“2”时），脑的左右两半球都被激活。同样，最近还有其他数据表明，当阅读过程分解为小步骤时，大脑两侧的亚系统都被激活（如，阅读文本这类高层次加工中，对书面文字的解码或者辨别言语的声音）。甚至纯粹的“右半脑能力”，如空间关系编码也是由两个半球来完成的，但是两个半球的活动方式不同。大脑左半球擅长对“分类”空间关系进行编码（如，上/下或者左/右），而右半球更擅长于对距离的空间关系进行编码（如持续性的距离）。而且，脑成像研究表明，即使在这两种情况下，大脑两半球的区域都激活，这些区域是共同工作的。因此，脑是高度综合的系统，单独区域几乎不独立运行。

虽然像面部识别以及言语发声这样一些任务是以某一半球为优势的，但是大多数任务都要求脑的两个半球并行工作。这个例子说明，某些局限性的研究成果是如何转变为众所周知的“神经科学谬误”（neuromyths）的。

在将发表的研究结果运用于教育实践前，有必要提出几个问题。要思考的一般问题包括：

- 这是特例还是有其他研究证明该论断？

① 运用词汇掩蔽和无意识启动。

• 这些研究是在描述事件还是在验证假设?

• 学习任务适合实验人群吗? 换句话说, 这一任务适合于学龄儿童的教学吗?

4.6.3 突触形成、“丰富”环境与“关键”期

神经元或脑细胞是人脑的基础。这些细胞通过突触与其他细胞连接, 神经冲动从一个细胞传递到另一个细胞, 以支持技能的形成、学习能力与智力的发展。婴儿出生时, 突触的数量比成人少; 两个月后, 大脑组织中的突触密度以几何级数生长, 在 10 个月时达到高峰, 超过成人, 然后开始下降, 在 10 岁时稳定在成人的水平。

在正常的生长阶段, 突触大量生长的过程称为突触形成 (synatogenesis)。在生命周期中, 伴随着经验, 不同的脑区有不同的生长期。突触生长速度降低的过程称为“修剪”, 它是生长与发展过程中正常而必要的过程。一般而言, 在人的一生中, 突触的密度遵循倾斜的高斯曲线, 在婴儿阶段迅速增加, 在成人期则处于平稳状态, 在老年期缓慢降低。

纽约的 William Greenough 博士在老鼠的实验研究中发现, 增加环境的复杂性, 突触的密度就会增加。在这种情况下, 复杂环境是指与其他老鼠在一个笼子里, 有各种探究的玩具。这些老鼠在后来走迷宫学习的测验中显示, 与“贫乏或孤独”环境中的控制组相比, 在迷宫学习任务中表现更好, 学得更快①, 其结论是, “丰富”环境中的老鼠突触密度增加了, 因此, 可以更好地完成学习任务。

这是另一个神经科学谬误的开端。即使突触生长和突触修剪可能对老鼠的学习有重要意义, 但并不表明人类也同样如此。非专业人士将老鼠的这种严格的科学实验数据与人类的基本生长结合起来, 并断言最有效的教育干预在时间上应该与突触的形成相一致。这一神经科学谬误的逻辑是, 突触越多, 神经活动和交流的潜力越大, 因而学习的效果更好。与此相关

---

① Diamond, M. *et al*. (1987), “Rat cortical morphology following crowded-enriched living conditions”, *Experimental Neurology*, Vol.96, No.2, pp.241－247.

的观点是，运用“丰富环境”的早期教育干预可以保住突触免遭修剪，或者形成新的突触，因而可以提高智力或者学习能力。另一问题是引用相关的研究事实，然后为这些研究事实添加意义，这些意义远远超出了原始研究论文中所呈现的证据。

除了上述对突触活动与密度的描述性数据，预测早期生活中突触密度与学习能力的提高这两者之间关系的人类神经科学证据还不多。正如John Bruer博士反复重申的①，这类研究还不能为提高正规的教育方式奠定原则性的基础。但是这并不意味着，一般而言的脑的可塑性，特别是突触形成与学习不相关，只是还需要进一步研究。

可以预计，根据对突触形成或突触修剪的错误理解进行不正确的归纳与推论而得出的观点存在着局限性。第一，目前仍然很难获得直接的、一致性的证据将突触密度与学习联系起来。到目前为止，这些数据是从人类或动物的尸体中收集到的。第二，预测早期生活中突触密度与以后生活中突触密度之间关系的人类神经科学证据还不多。第三，没有直接的动物或人类神经科学证据将成人的突触密度与较强的学习能力联系起来②。这一批判不是谴责早期教育干预，而是对早期教育干预的价值是建立在公认的神经科学研究基础上或者脑发展必要性的基础上这一论断的质疑。

在思考“突触形成与学习”这一普遍流行的错误论断时，提出下列一些问题是明智的：这一研究得到有效的科学研究的支持吗？为了达成一致，这一研究有无重复？研究真的包括了学习结果吗？对学习的启示是推测出来的吗？大体而言，这一研究是严格地验证明确的假设，还是描述性的？从神经科学数据到学习启示的推理链合理吗？样本代表的是哪类人群，得出的论断又运用于哪类人群？

如果从老鼠的实验中得出结论：复杂环境引起突触密度的增加，突触

① Bruer, J.T. (1998), “Brain science, brain fiction”, *Educational Leadership*, Vol.56, No.3, pp.14 - 18; Bruer, J.T. (1999), “Education and the brain: A bridge too far”, *Educational Researcher*, Vol.26, No.8, pp.4 - 16; Bruer, J.T. (1999), “In search of brain-based education”, *Phi Delta Kappan*, Vol.80, No.9, pp.648 - 657.

② Bruer, J.T. (1999), “In search of brain-based education”, 前引文献。

密度大的大鼠[①]比贫乏环境中的大鼠（可能突触密度小）更聪明，那么通过类比就得出这样的观点：给学生提供丰富的环境将增加他们脑的连接，因而能够培养出更好的学生，由此提出这样一些建议：教师（和家长）应该提供丰富多彩的、有趣的、感觉有意义的环境以保证培养出聪明的孩子。[②]

30 多年来，神经科学家一直在收集生物发展中有关敏感期的数据。如前所述，敏感期[③] 是指特定的生物事件可能出现的最佳时间段。大多数研究关注的是视觉系统，主要是猫和后来的猴子实验[④]。过去的研究表明，在生命的最初 3 个月，如果小猫缺乏视觉刺激，就会导致失明。认为

---

① 复杂（更自然的）环境中饲养的老鼠比起简单环境中饲养的老鼠，它们的上视觉皮层（upper visual cortex）每个神经元的突触多 20%—25%（这里测量的是突触密度与神经细胞密度之间的比率）。每个神经元突触数量的增加伴随着血管数量（血管负责将血中的营养运送到神经细胞）以及星形胶质细胞数量的改变（星形胶质细胞对于神经元的新陈代谢以及它们之间新突触的生长发挥一定的作用）。换句话说，神经组织和非神经组织都受到经验的修饰。

② 从老鼠需要“丰富环境”的数据来推论儿童是不合理的（如听莫扎特音乐，看彩色的移动物），尤其要考虑到关于复杂环境或简单环境影响人脑发展的神经科学研究尚处于空白状态。另一方面，老鼠的研究表明，在环境刺激上有个关键的阈限，在阈限之下才会影响脑的发展。最近对罗马尼亚孤儿的研究表明，严重的环境限制会有不良的影响，但是，即使在这种案例中，也是可以恢复的［见 O’ Connor，T.G.，Bredenkamp，D.and Rutter，M.（1999），“Attachment disturbances and disorders in children exposed to early severe deprivation”，*Infant Mental Health Journal*，Vol.20，No.10，pp. 10－29］。草率地将这种研究运用于教育的目的，还存在下列一些问题：

——在野外，老鼠自然地生活于刺激性的环境中（如排水管、水边等），因此，可能拥有了生存所需要的突触数量，将它们放入刺激贫乏的环境没有意义，因为这是人为的环境，是不真实的。所以，如果将老鼠放在人为的、缺乏刺激的环境中，它们的脑就会产生与那一环境相应的突触密度。换句话说，他们只需适应生活于实验室笼子的“智力”即可。如果将这一推理扩大到人（这是可能的，但是还需要证明），由于大多数人是在正常刺激的环境中生长的，他们的脑就会对具体的环境作出独特的调整。

——界定适用于大多数学生的“丰富”环境时，要考虑许多因素。

——还没有实验表明突触的密度影响教育技能的掌握。

——大多数儿童在刺激丰富的环境中自然生长。研究已经表明，甚至生长在人们所认为的贫乏环境（如犹太人区）中的儿童，经过一段时间的努力，仍然会在学校中表现优秀，并能获得大学的文凭。

③ 敏感期有时也称为“关键期”，这两个术语常常交换着使用，但是两者之间存在着细微的区别。“关键期”是指在一个时间段里没有出现重要的生物事件就会丧失机会。而“敏感期”则指在特定时间段，某种生物事件是重要的，但不是获得某种技能所必需的，以后仍然可以掌握这一技能，但是更困难。由于“关键期”可能是属于广泛流传的有关神经科学的错误概念，本书中，我们用“敏感期”来指代这一现象，除非特指这一错误概念。

④ Hubel，D.H.，Wiesel T.N.and LeVay，S.（1977），“Plasticity of ocular dominance columns in onkey striate cortex”，*Philosophical Transactions of the Royal Society of London*（*B*），Vol.278，pp.307－409.

孩子从出生到3岁是最善于学习的时期，这是突触形成的科学数据被错误运用的又一例子。由于错误的理解，许多非专业人士认为，如果孩子没有“充分而又完全地”接受各种刺激，这在将来的生活中无法“弥补”，这种能力就会在幼年“丧失”。接受丰富多样的刺激是人们普遍认为的“丰富”环境，但是，考察原始文献，应该注意的是，关于猫的视觉敏感期的数据并不是简单的，也并不总是一致的。有数据表明，一定程度的视力恢复是可能的，这取决于视觉刺激剥夺的时间长度，以及视觉刺激剥夺的环境。换句话说，重要的是刺激的平衡与相对的刺激时间，而不是在敏感期内提高环境的“丰富性”就能获得良好的视力①。这一错误观念运用了前述有关突触形成以及所谓“关键期”的流行观点，认为要让学习充分发生，早期接受丰富多彩的刺激是最佳的；事实上，早期接受刺激可能会有好处，但是这一论断尚缺乏认知神经科学的基础。

生命早期自然发生的突触形成与生命过程中接受复杂环境的刺激而产生的突触形成之间有着明显的区别。例如，数据似乎表明，语法学习大约在年少的时候（16岁左右之前）学习效果最好（即更快更容易），但是，词汇学习的提高是终身的过程。依赖于敏感期的学习过程，如语法学习，是“经验期待”现象，从这种意义上来说，要学习得更容易，在确定的时间段（敏感期内）就期望有相关的经验。经验期待型学习在生命的某个阶段发生效果最好。那些不取决于敏感期的学习过程，如词汇学习，被称为“经验决定型”学习，是指学习经验的发生不受年龄或时间的限制，这种类型的学习可以也确实在整个生命过程中得到提高。

Hideaki Koizumi博士指出，敏感期确实存在，并且可能会对教育和学习实践发挥作用。他说，在敏感期确定后，“根据脑的敏感期来重新组织教育系统”将是合理的。“教育最重要的目标似乎是根据获得认知功能的敏感期，运用适合每个个体的方法，发展其学习能力。在脑拥有高度可塑性的时候，应该进行基础教育，也就是说，早期教育是重要的。在很久以前，人们就知道音乐和语言教育要尽早进行，但是认知神经科学的进展

① Bruer, J.T.（1998），前引文献，p.16.

引导我们进行更深入的研究。在各种功能区基础上形成的人脑功能是由许多模块和结构组成的。[①] 由于神经网络的可塑性，每一种功能模块或结构都可能有不同的敏感期。……尽管早期教育非常重要，但不是指一个人的大部分教育必须集中于生命早期。根据敏感期来合理安排教育项目可能更加有效。那些敏感期在生命历程中晚些时间段发生的教育项目应该晚些安排。”因此，根据最新神经科学研究成果，必须修正大多数学习的敏感期都在生命早期的这种神经科学谬误，某些类型的学习在终身都能够提高。Koizumi 博士总结道：“不久的将来，要应用发展性认知神经科学的最新研究成果来重新组织教育体系。”[②]

① 见 Foder，J.A.（1983），*The Modularity of Mind*，MIT Press，Cambridge；and also Koizumi，H.（1997），“Mind-morphology：an approach with non-invasive higher-order brain function analysis”，*Chemistry and Chemical Industry*，Vol.50，No.11，pp.1649－1652.

② Koizumi，H.（1999），“A Practical Approach to Trans-Disciplinary Studies for the 21st Century-The Centennial of the Discovery of Radium by the Curies”，*J. Seizon and Life Sci.*，Vol.9，No.B 1999.1，pp.19－20.

第三部分

结　论

第五章　展　　望

5.1　走向基于超学科方法的新兴学习科学?

结束即开始，
我们从结束之处开始。
——T.S.Eliot

过去，沟通与融合完全不同领域
超学科概念的都是一些天才的特权，
但是在21世纪，这些概念必须
为更多的人所熟知。

为了满足未来一代代人的利益，
迫切需要开展超学科教育，
使得未来超学科研究成为可能。①
——**H. Koizumi**

基于脑的学习并不是教育中包治百病的万能药，但是从这个视角来研究学习确实为需要更多有关教与学知识和信息的教育专家、决策者以及实践者提供了方向。这种研究为学习困难的学生和成年人提供了更好的选择。

由于经济合作与发展组织教育研究与革新中心开展的“学习科学与脑研究”（1999—2001）的第一期项目取得了成功，该组织决定启动这个项目的第二阶段（正是由于这一决定，人们将 2000—2001 年举办的三个论坛称为持续性项目的第一阶段）。第二阶段从 2002 年到 2005 年为期 3 年，将关注三个与政策（课程设计、教学实践以及确定个体学习方式）及应用前景密切相关的研究领域，其目的不仅在于证实过去的研究成果，更为重要的是进一步扩展目前的研究成果。人们期待，来自精心选择的研究机构和资深科学家的研究不仅将提出进一步的假设，进行更深入的实验，而且还可以提供一种新的教育儿童、青少年以及成人的方式。第二阶段确立的三个研究领域是“脑的发展与读写能力”、“脑的发展与计算能力”、“脑的发展与终身学习”。

这项活动正在进行之中，目前在脑如何运行、人怎样学习才能达到最佳效果、怎样的教育有助于人们学习等方面得出确定的结论还为时过早，但是认为这一重要而有意义的问题不可能在不久的将来得到充分论述与部分回答的观点也是错误的。毫无疑问，“学习与脑”现在必须在经济合作与发展组织

① Koizumi，H.（1999），“A Practical Approach to Trans-Disciplinary Studies for the 21st Century—The Centennial of the Discovery of Radium by the Curies”，*J. Seizon and Life Sci.*，Vol.9，No.B 1999.1，p.7.

国家的议事日程上、在未来的岁月里占据重要的地位，[①] 这意味着：

（1）促进超学科的联系；

（2）投资于超学科的研究；

（3）认识到新的学习科学正在形成，必须建立“学习科学研究所”以促进（1）和（2）。

这种相互关联的观念不仅为深入理解脑不同区域的协作方式提供了一种图景，而且对那些力图促进与发展这种理解的人来说也是一种挑战。科学似乎是在交替地追求两种相互矛盾的策略——区别与联系中得到发展的。一方面，自亚里士多德时代起，学习的发展至少取决于独立探究领域、学术研究人员和学科科目的划分与专业化：艺术与科学，物理学、生物学和社会学，物理学、化学、生物学、植物学和动物学等。[②] 另一方面，通过不同学科的观点碰撞或者甚至模糊学科界限而创建出新学科的研究，取得了令人瞩目的进步。

---

① 这里的一个危险在于：可能会形成一种“神经科学鸿沟”（neuro-divide），正如“数字鸿沟”（目前指处境不利群体接触信息与通讯技术的机会受到限制）中，处境有利群体可以首先获得并运用学习科学的研究成果。因此，主要挑战在于，不仅要在专业期刊中不断地公布与认知神经科学有关的最好的教育研究，而且要帮助普通公众理解这一新兴研究的决策意义与知识意义，在这一方面，应该运用新型的信息传播手段（如电视纪录片、多媒体网站）。而且，几乎在所有学科中，科学研究都提出了越来越多的伦理道德问题，有待于政治（至少民主政治）领域的研究。正如 Alain Michel 博士在格兰纳达所指出的：“……我们都知道科学成果可能会被滥用，例如我们都在思考滥用优生学的危险。如果要在教育领域中运用神经科学的研究成果，我们需要一套伦理道德准则，以避免一些极端的现象。记住，正如 16 世纪的拉伯雷（Rabelais）所说：‘泯灭良知的科学无非是灵魂的毁灭。’”必须鼓励对本研究中提出的所有伦理问题进行国际讨论。美国国家科学基金会的 Rodney Cocking 博士在格兰纳达论坛上说：“为什么是经济合作与发展组织？因为我认为我们真的需要国际的关注。”（见 The Granada report on the OECD website：*www.oecd.org/pdf/M00017000/M00017849.pdf*）

② 自西方科学诞生之日起，基础科学学科如物理、化学、生物就非常成功地追求一种还原主义的方法。我们对周围世界的大多数理解以及对自身身体功能的认识就是基于这种方法的。这种还原主义的方法能帮助我们了解脑的复杂性吗？许多科学家认为脑是宇宙中最复杂的系统（见“Beyond Reductionism”，in *Science*，Vol.284，April 1999）。例如，计算机系统中软件与硬件是很容易区分的，然而如果把这种类比运用于脑，则脑的“软件与硬件”是完全交织在一起的，形成了一个非常复杂的系统。正如 Christof Koch 和 Gilles Laurant 所指出的（见“Complexity and the nervous system”，in *Science*，Vol.284，April 1999），从复杂系统的观点来看，显然脑科学研究中持续不断的还原主义和原子化本身可能也许不能使人们从根本上理解脑的复杂性。如，神经系统的复杂性与意识和主观体验之间可能存在着怎样的关系？因此，为了更好地理解脑，还原主义的科学传统要与其他试图理解“复杂系统”的科学研究相互补充（甚至可能包括诸如量子理论等未预期到的影响）。

Koizumi 博士① 最近的一篇论文讨论了这一问题，他提出超学科研究的概念，将根据自身的概念结构创立的那些新科学与由既有学科相互接近、重叠交叉而产生的相互影响区分开来：

“过去两个多世纪以来，人类文化已经分化为两种类型，科学技术与人文艺术。而且科学技术已经细化为特定的学科。因此，由于学科间的知识壁垒，在专业层面上很难理解其他学科。但是，科学和技术的成熟又使得仅仅在本专业领域内获得新发现与突破日益困难。常常只有跨越完全不同的学科才能获得新的发现与技术突破。例如，牛顿的古典动力系统是融合了天体运动和落体运动（俗称苹果落到地上）的概念而创立的；达尔文的自然选择论则是从亚当·斯密的自由市场竞争的观点类推而来的。……虽然许多科学家和学者都认识到超学科方法的重要性，但是在实践中仍然很难超越学科的界限。这种概念一般是由现在所认为的天才人士提出的。目前跨学科或者多学科的研究组织还不够强大，还无法克服学科间的壁垒；跨学科或者多学科的研究组织通常也还没有像人们所预期的那样发挥功能，因为它们是建立在一小部分密切相关或关系不那么密切的学科基础之上的。……克服这种困难需要动态的而不是静态的概念……”

图 4a 和图 4b 表明跨学科、多科学与超学科之间的区别。

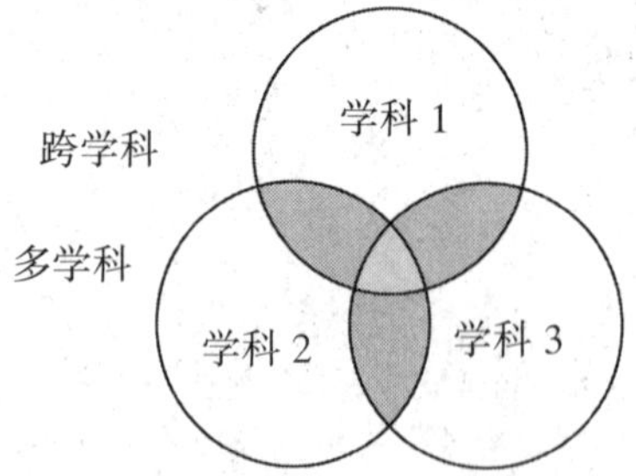

图 4a　跨学科与多科学

① 根据他的超学科理论，他评论 Pierre 和 Marie Curie 道：“（他们）的思想受益于超学科的研究。……超学科的产生不仅聚合了多种学科，而且融合与沟通了完全不同的学科。”（Koizumi, H.，前引文献，pp.9 and 19）

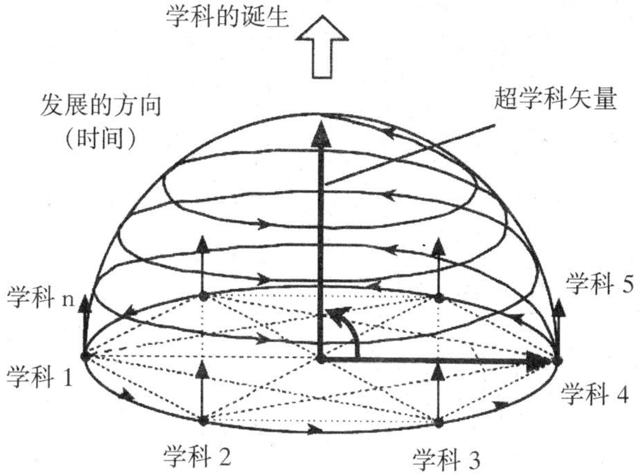

资料来源：Hideaki Koizumi (1999), "A practical approach towards trans-disiciplinary studies for the 21st century", *J. Seizon and Life Sci.*, Vol.9, pp.5－24.

图 4b　超学科

“不能把新的综合领域如心智—脑科学、环境科学以及教育科学看作仅仅是许多相关学科的集合或者是简单的综合。这些领域运用许多相关学科中的知识精华和哲学来形成自己的概念结构，这种结构可能超越自然科学、社会科学甚至人文科学之间的界限。跨学科或者多学科的概念处于二维层面上，但是超学科的概念占据的是三维空间（如图 4b 所示）。超学科概念存在于更高层面，它是由低级层面的不同学科间相互联系而产生的。超学科包括沟通与融合完全不同学科的概念。”①

Koizumi 博士论证的这种超学科不可能轻而易举或者偶然地发展起来。②世界需要卢克莱修、达尔文、Terada③、Teilhard de Chardin 这类著

---

① Koizumi, H., 前引文献, pp.6－8。

② “从传统的方法论与研究组织来说，每一门学科本身是发展的，但是，需要一些动力来沟通与融合不同的学科……一些新的综合学科需要新的方法论和新的研究组织。”(Koizumi, H., 前引文献, p.8) 正如美国科学基金会项目主任 Eric Hamilton 博士在东京论坛上所强调的：“……(在) 我们的‘学习与教育研究’(ROLE) 项目上，建立跨学科组织的真正意图在于探究各学科前沿以及学科界限，在于探究这样一些问题，即问题来自一个领域，而答案却在另一个领域。……这与 Koizumi 博士所提出的研究路线：超学科向量 (the trans-disciplinary vector)：非常一致。”

③ Tarahiko Terada 是日本物理学家和小品作家 (1878—1935)。作为东京 Teikoku 大学物理专业的教授，他一生中撰写了 300 篇物理学论文，但是他主要以文学小品而闻名。其中，他将十七音诗的精神与物理学的观点融合起来。

名的学者来沟通与融合既有学科。在现代社会，重新审视大学的组织结构、研究组织、尤其是学校的课程，以孕育与鼓励超学科的发展，平衡自然科学中不可避免的原子性，是很重要的。

“学习和脑”这个研究领域的超学科关系的价值是毋庸置疑的。① 本书前面的章节列举了三个论坛中超学科实验所获得的富有成效的许多例子。② 超学科并不是简单的或者随意选择的，而必须得到促进与奖励。经济合作与发展组织教育研究与革新中心项目第二阶段的研究提供了一个可以借鉴的促进超学科研究的模式。但是，即使是这种大胆的创新也只是一个短期的措施，需要经济合作与发展组织成员国对形成“学习与脑”研究领域的超学科关系付诸坚定不移与持之以恒的努力。

本书的出版既是对一门新兴学科诞生的承认，也是一门新兴学科出现的标志。从总体而言，包括了认知神经科学、认知科学、医学和教育学的学习科学，正从跨学科的研究走向超学科的研究，从而逐步转变为一门新的学习科学。这个过程仍然处于早期阶段。但是这种转变既是众望所归，又是不可避免的，这一点已经明确了。即使在这一阶段，已经可以考虑在现有的大学和研究中心建立学习科学研究所，或者成立独立的学习科学研究中心，招聘学习科学研究人员，这样做绝不为时过早。大脑是怎样运行的？人们怎样才能学得最好？什么样的教育机构可以最好地帮助他们？这些都是21世纪要解决的重要问题。只有学习科学才能够对这些问题提供可靠的、正确的答案。我们有充分的理由相信，在不久的将来学习科学就可以做到这一点。

---

① 心智—大脑科学研究前沿的一些研究者们已经开始认识到超学科方法的价值。如，这些原来的研究领域可能是数学、物理、化学、生理学或者医学的研究者现在正在学习哲学、心理学、语言学。他们中有些人现在已经可以运用超学科的方法来科学地研究“意识”的问题(Koizumi，H.，前引文献，p.19)。

② “为什么是经济合作与发展组织？……为了有助于我们沿着科学的发展道路前进，为了将我们的科学领域综合起来。经济合作与发展组织现在已经可以帮助我们将学习科学变成一门循证科学。(为了）走向循证的学习科学，我们需要研究所有这些领域中收集到的证据，因此，综合不同视角、不同方法、不同技术的超学科方法是非常重要的”(Dr. Rodney Cocking at the Granada forum)。

5.2 下一步：研究网络

"研究总是不完美的"。

——**Mark Pattison**

5.2.1 研究类型与方法

有四种研究类型 其中至少有三种与取得"学习科学与脑研究"项目第二阶段的成果有关。第一种类型是收集、综合与已有研究有关的不同来源的（大学、研究所等）数据；第二种研究类型包括正在进行中的研究（目前正在进行当中的项目与计划）；第三种类型是拓展研究，指最近完成的研究需要相关的拓展，以进一步验证和提炼假设；第四种类型是新的研究，包括有关假设、新理论的提出以及验证等项目。"学习科学与脑研究"项目的第二阶段主要包括前面的三种研究类型，但是在某种程度上，也需要包括第四种类型。

5.2.2 三个研究领域

领域 1：脑的发展与读写能力

在世界范围内，相当多的儿童与成年人在学习阅读、拼写、书写单词方面仍然表现出困难，有些甚至患有不同形式的阅读障碍。借助脑成像技术的研究，在理解脑读写能力的发展方面已经取得了相当大的进展。另外，重要的神经科学研究成果不断涌现，表明不同的缺陷是如何影响脑的，理解这些研究成果可以更好地帮助教育者正确地对待这些缺陷。

研究目标包括：

• 理解脑在阅读时是如何工作的，包括视觉过程，侧重于不同脑区是如何协同工作的；

• 诵读困难症的视觉和注意研究，包括干预与矫正策略；

• 儿童和成年人的语言学习和脑可塑性的影响，侧重于与脑成像有关的干预。

领域 2：脑的发展与计算能力

数学能力的缺乏一直使许多孩子在学校中陷于困难的境地，继而影响到成年以后的生活（包括计算困难）。新兴脑科学研究的一个重要作用是帮助教育者理解生命早期孩子的数字感是如何形成的。这一领域也重视符号思维以及如何将计算机运用于诊断与矫治数学学习困难的研究。已有研究表明，可以通过适当的信息与通讯技术干预措施和康复工具来提高早期干预的效果。

研究目标包括：

• 计算能力的发展轨迹，包括早期数学学习的心理模式（如确定掌握数学技能的时间表以及性别差异的研究）；

• 计算困难的分类，包括与阅读障碍、诊断性测量、生物或社会因素的关系，学习工具与矫治策略；

• 评价与设计诊断和干预策略，包括学校的策略、成年人的培训研究；

• 数学学习中运用信息与通讯技术工具，获得信息与通讯技术素养。

领域 3：脑的发展与终身学习

该项目第一阶段所取得的一个最重要观点是，科学界一致认为，脑终身都具有可塑性。研究表明，可塑性，即终身学习能力、遗忘能力以及再学习的能力，比以往所认识到的都要大。同时，脑的“敏感期”需要进一步关注，该领域的研究不仅可以解决个体学习方式的问题，而且对终身学习的教育政策以及老年人的脑保健都具有非常重要的作用。人们正在探索延缓由年龄引起的正常衰老以及由疾病引起的退化的方法。怎样将这类研究从实验室转化为成人的正规与非正规学习活动对教育政策和实践都非常重要。

研究目标包括：

• 随年龄而增长的与认知和感觉有关的能力，包括干预和策略问题；

• 婴儿期与儿童期的能力，侧重于婴儿的敏感期、应激、母亲的影响以及言语学习等问题；

• 儿童、青少年学习的认知机制，侧重于情绪的认知控制、感觉运动功能的形成、艺术与音乐学习以及自我的形成；

• 成人和老年人学习的认知机制，包括老年人脑损伤后的功能重组、信息化老年社会中的学习方式和延缓衰老过程中所产生的学习衰退；

• 学习的认知机制，包括与年龄、与外显学习和内隐学习有关的个体差异。

5.2.3 三个研究网络：组织与预期的结果

上述三个研究领域将在3年内通过国际性的、超学科的研究网络来完成。这些研究网络主要由神经科学研究人员和教育者组成，每一个研究领域由一个协调员和一个网络顾问来领导。这六个人组成“指导委员会”，主要任务是提供协调，保证这些网络间相互促进。亚洲将合作成立“终身学习”（LLL）网络，[①] 美国合作成立“读写能力与阅读技能”（LRS）网络，[②] 欧洲合作成立“计算能力与数学技能”（NMS）网络。

此外，由外部专家组成“科学咨询组”，每个网络各派一位代表参加网络活动，提供实质性的、操作性的指导与建议。经济合作与发展组织教育研究与革新中心指派专业人员为“指导委员会”和“科学咨询组”提供帮助。

每个网络除了整理与评论已有的研究成果、协调与促进正在进行的研究、适时鼓励新研究之外，还负责编写常规性的进展报告，为经济合作与发展组织的出版物提供建设性的意见或者撰写部分章节，内容包括“科学研究的现状”、最新研究成果、政策与实践建议以及下一阶段研究议程的建议等报告。

对终身学习研究的重视与需要源自社会的压力与生理需求。由于人口的老龄化，社会负担日益加重，因此，人们希望神经科学研究可以为确定适合老年段的学习内容与学习时间提供科学的依据。另外，随着全球化趋势的迅速发展，人脑必须适应时代的变化。因此，为了实现终身学习网络的研究目标，首先要将每一个研究目标所涉及到的具体知识进行系统化(包括关键概念的界定，如早期儿童学习中的敏感期与确定的阶段)；其次，开放交流媒体，以更好地宣传教育者和决策者想要了解与必须了解的

① 协调员：Masao Ito 教授（日本东京理化学研究所脑科学研究所）；网络顾问：Takao Hensch 博士（同前）。

② 协调员：Michael Posner 教授（美国纽约市萨克勒研究所）；网络顾问：Bruce McCandliss 博士（同前）。

内容（例如，通过网络问答的形式）。研究终身学习需要解决的问题包括：营养、睡眠、药物、压力控制、身体健康以及情绪协调等有关脑功能研究的问题。该网络努力寻找基础科学研究与决策建议的结合点，并为决策者、教育者、保健人员以及家长提供指导。

“读写能力与阅读技能”网络的综合目标是推广与创造性地运用研究成果。推广与应用的对象是教育决策者以及教育者、家长和儿童等应用者。确定该网络的研究重点一般遵循这样一些指导原则：①研究必须以脑机制为基础；②必须收集与利用信息。这种国际研究环境应该是每一个研究领域所共有的。正因为如此，这一网络提出重视信息与通讯技术要素，运用网络创建一个框架，使国际读者关注脑科学文献中有关读写能力的一致性观点，让这些读者能够链接到世界上的科学家能够提出证据来支持与反对某一问题的讨论上，包括对“神经科学谬误”的讨论。交互性的网络内容还包括干预工具与核心内容的说明。

“计算能力与数学技能”网络研究领域的总目标包括：①确定主要的脑结构及它们之间的联系；②确定数学技能与空间能力的交互作用；③理解文化差异的影响与交互作用。每个研究领域都提供综合性的科学知识，列出实验性的教育结果以及开放性的科学与教育问题，包括新的研究建议。另外，这一网络建议与终身学习网络进行横向联系，以更完整地研究数学学习与其他领域的学习之间是怎样联系的；与“读写能力与阅读技能”网络进行横向联系以研究阅读障碍与计算障碍之间的联系。这一研究网络在互联网上向儿童与成年人免费推广新的诊断与干预游戏软件，因此，非常强调信息与通讯技术要素。

虽然一些科学研究所正在对读写能力、数学思维以及终身学习进行神经科学研究，但是大多数研究过于分散，无法缩短实验室的研究与学习体系之间的距离。这支由跨学科科学家组成的国际队伍将对上述研究领域进行协作研究，其主要目标是收集与出版直接影响教育实践的应用性研究。第二个目标是通过印刷品和多媒体，向教育实践者和决策者等宣传这些信息，其观念包括沟通与融合语言学、数学、心理学，当然还有认知神经科学与哲学等不同学科的知识。

附　录　三个论坛的议程

脑机制与早期学习

高层论坛，2000 年 6 月 16—17 日

美国纽约市萨克勒研究所

开幕式

美国萨克勒研究所所长 Michael Posner

经济合作与发展组织教育研究与革新中心主任 Jarl Bengtsson

专题讨论 1：脑科学研究与学习科学相结合

美国萨克勒研究所所长 Michael Posner

“将脑的发展与教育连接起来”

荷兰阿姆斯特丹自由大学 Andries Sanders
“脑科学研究与学前儿童的学习过程、教育课程之间连接的可能性”

美国伊利诺斯大学 William Greenough
“学习与记忆的脑机制”

专题讨论 2：认知与情绪
美国纽约大学的 Joseph LeDoux
“跨越人格与脑的鸿沟”

日本理化学研究所脑科学研究所 Masao Ito
“认知与情绪的脑机制”

美国匹兹堡大学 David Servan-Schreiber
“学习的情绪环境”

美国哈佛大学 Stephen Kosslyn
“运用心理想像来调节情绪”

专题讨论 3：计算能力、读写能力和语言习得
法国国家健康和医学研究院（INSERM）Stanislas Dehaene
“计算能力的脑机制”

美国俄勒冈大学 Helen Neville
“第一、第二语言习得的脑机制”

美国萨克勒研究所 Bruce McCandliss
“词汇阅读的脑回路”

专题讨论 4：学习与脑——跨学科方法的适切性

美国国家科学基金 Rodney Cocking
“学习科学的新进展：运用科学研究来帮助学生学习”

美国加利福尼亚大学伯克利分校 Alison Gopnik
“认知发展与学习科学：现状”

闭幕式

美国萨克勒研究所 Michael Posner
“对本次论坛结果的科学思考”

美国国家科学基金 Eric Hamilton
“对本次论坛结果的政策思考”

英国德比大学 Sir Christopher Ball
“本次论坛的总结”

脑机制与青少年学习

第二次高层次论坛，2001 年 2 月 1—3 日

西班牙格兰纳达大学

开幕式

格兰纳达市长 José Moratalla Molina，
格兰纳达大学校长 David Aguilar Peña，
经济合作与发展组织教育研究与革新中心主任 Jarl Bengtsson

专题讨论 1：上一次论坛的综合分析与概要

经济合作与发展组织教育研究与革新中心 Bruno della Chiesa
“第一次论坛的总结”

美国迈克道尔基金会主席 John Bruer
“脑科学、心智科学与终身学习”

西班牙安大路西亚区 Pilar Ballarin

“中学阶段的重要决策问题”

专题讨论 2：连接神经科学与基因问题

西班牙 Almería 大学 Luis Fuentes

“架起神经科学与基因组研究的桥梁”

西班牙 Seville 大学 Antonio Marín

“遗传学与智力表现”

法国国家健康与医学研究院 Stanislas Dehaene

“早期脑损伤对儿童数学能力习得的影响（胎儿酒精中毒综合症、特纳综合症以及其他遗传性疾病）”

美国加利福尼亚大学欧文分校 Jim Swanson

“遗传因素与多动症（ADHD）的关系”

西班牙巴塞罗那 Pompeu Fabra 大学 Rafael Maldonado

“吸毒对学习的影响”

法国教育部 Alain Michel

“与遗传学和神经科学有关的伦理问题：教育的观点”

专题讨论 3：青少年的学习环境与学习方式

西班牙格兰纳达大学 Pio Tudela

“外显学习与内隐学习：认知神经科学的观点”

西班牙格兰纳达大学 José Manuel Rodriguez-Ferrer

“青春期后期的特异性：激素的作用?”

美国哈佛大学 Stephen Kosslyn
“心理刺激在思维中的作用”

德国学校与继续教育研究所 Heinz Schirp
“青少年学习：教育决策的观点”

专题讨论 4：计算能力、读写能力与创造性
西班牙 Almería 大学 Diego Alonso
“青少年获得数学技能的脑机制”

美国萨克勒研究所 Bruce McCandliss
“阅读技能的脑机制：从新手到专家”

英国布里斯托尔大学 Guy Claxton
“脑是如何进行创造的，学校加强或削弱青年学生创造权的方式”

“英国经验”（English Experience）Mark Fletcher
“课堂对神经科学（与教育）的挑战：基于脑的革命——现实还是神经科学空谈?”

美国国家科学基金 Rodney Cocking
“对专题讨论四的思考”

闭幕式

西班牙安大路西亚 Pilar Ballarin
“对本次论坛讨论结果的政策思考”

日本理化学研究所脑科学研究所 Masao Ito
“对本次论坛讨论结果的科学思考以及东京论坛的安排”

法国“科学人文”杂志（“Sciences Humaines”）Jean-Claude Ruano-Borbalan

“对本次论坛的思考：科学杂志的观点”

英国德贝大学 Christopher Ball 爵士

“本次论坛的总结”

闭幕词

格兰纳达市长 José Moratalla Molina

西班牙教育部高等教育司司长 Julio Iglesias de Ussell

西班牙安大路西亚区教育科学局局长 Candida Martinez

经济合作与发展组织教育研究与革新中心主任 Jarl Bengtsson

经济合作与发展组织教育研究与革新中心负责人 Bruno della Chiesa

脑机制与老年学习

第三次高层论坛，2001 年 4 月 26—27 日

日本东京理化学研究所脑科学研究所

开幕式

日本学术振兴会（JSPS）会长 Teiichi Sato，

日本理化学研究所脑科学研究所所长 Masao Ito 教授

经济合作与发展组织教育研究与革新中心主任 Jarl Bengtsson

专题讨论 1：介绍与一般的科学观点

美国费尔法克斯乔治梅森大学 Eamonn Kelly

“前两个论坛的总结”

美国华盛顿特区美国天主教大学 Raja Parasuraman

“注意、年龄与痴呆：成人认知功能的扩展与强化”

专题讨论 2：与老年学习有关的跨学科问题

经济合作与发展组织教育研究与革新中心（CERI／OECD）主任 Jarl Bengtsson

“老年人口：决策的新挑战”

日本京都大学 Shinobu Kitayama

“认知中的文化变量：老化研究的启示”

日本东京顺天堂大学 Yasumasa Arai

“性别问题：有性别脑吗？”

美国国家科学基金会 Rodney Cocking

“对老化的认知神经科学的跨学科研究”

日本日立集团股份有限公司高级研究实验室

“对专题讨论 1 和 2 的思考”

专题讨论 3：生命周期中脑的可塑性，记忆与终身学习

美国哈佛大学 Andrea Volfova

经济合作与发展组织教育研究与革新中心负责人 Bruno della Chiesa

“脑可塑性对终身学习的启示”

日本东京大学 Yasushi Miyashita

“记忆：编码与提取”

日本东京市老年医学研究所 Itaru Tatsumi

“青年与老年人正确提取普通名词的 PET 激活研究”

美国哥伦比亚大学 Lynn Cooper

“独立记忆系统动态特征的年龄效应”

专题讨论 4：老年生活中的技能获得

日本理化学研究所脑科学研究所 Masao Ito
“小脑在技能获得及其对年龄依赖的作用”

西班牙格兰纳达大学 Pio Tudela
“老年认知技能的获得：注意与自动化”

奥地利史丹马克州 THK Wolfgang Schinagl
“信息与知识社会中新型的成人学习”

美国纽约萨克勒研究所 Bruce McCandliss
“影响成人学习的脑机制：外语语音学习中持久性困难的案例研究”

美国国家科学基金会 Kenneth Whang
“对专题讨论 3 和 4 的思考”

专题讨论 5：疾病、学习以及老年脑的能力

日本山梨医科学校 Shigenobu Kanba
“老年抑郁症的特征：预防与治疗的重要性”

日本理化学研究所脑科学研究所 Akihiko Takashima
“从阿尔茨海默病的研究来理解老化脑”

美国伊利诺斯大学 Art Kramer
“提高老年人认知活力：健康与认知训练的作用”

日本广岛文教女子大学 Yoshiko Shimonaka

“创造性与老化：成人阶段的创造性会降低吗?”

专题讨论 6：学习与教育：研究政策的视角

日本前教育科学部部长 Akito Arima

“日本的教育与研究”

南澳大利亚终身学习和发展中心 Denis Ralph

“生命历程中的学习——将研究、政策与实践联结起来：澳大利亚的观点”

美国国家科学基金会 Eric Hamilton

“美国国家科学基金会关于脑科学研究与学习科学的政策与项目”

经济合作与发展组织教育、就业、劳动与社会事物部 Barry McGaw

“对专题讨论 5 和 6 的思考”

闭幕式

日本理化学研究所脑科学研究所 Masao Ito

“本次论坛的科学思考”

英国德比大学 Christopher Ball 爵士

“对第一阶段工作与一般结论的政策思考”

经济合作与发展组织教育研究与革新中心 Bruno della Chiesa

“下一步：走向第二阶段”

参考文献

I. 书籍

A. 介绍性文本

Bruer, J.T. (1999),

The Myth of the First Three Years: A New Understanding of Early Brain Development and Lifelong Learning, *Free Press*, New York.

Carter, R. (2000),

Mapping the Mind, University of California Press, Berkeley, CA.

Dehaene, S. (1997),

The Number Sense: How the Mind Creates Mathematics, Oxford University Press, New York.

Goleman, D. (1995),

Emotional Intelligence, Bantam Books, New York.

Gopnik, A., Meltzolf, A. and Kuhn, P. (1999),

The Scientist in the Crib, William Morrow and Co., New York.

Ito, M. (1997),

Brain and Mind, Elsevier Science, UK.

Kosslyn, S.M. (1996),

Image and Brain, MIT Press, Cambridge, MA.

National Research Council (1999),

How People Learn: Brain, Mind, Experience and School, National Academy Press,

Washington DC.

Parasuraman, R. (1998),

The Attentive Brain, MIT Press, Cambridge, MA.

Pinker, S. (2000),

The Language Instinct: How the Mind Creates Language, Harper Perenniel, San Francisco, CA.

Posner, M.I. and Raichle, M. (1994),

Images of Mind, Scientific American Books.

Spitzer, M. (1999),

The Mind Within the Net: Models of Learning, Thinking, and Acting, MIT Press, Cambridge, MA.

B. 深入研究资料

Ball, C. (1989),

Higher Education into the 1990's: New Dimensions, Open University Press, UK.

Ball, C. (1991),

Learning Pays, RSA, London.

Byrnes, J.P. (2001),

Minds, Brains and Learning: Understanding the Psychological and Educational Relevance of Neuroscientific Research, The Guilford Press, New York.

Claxton, G. (1999),

Wise-Up: The Challenge of Lifelong Learning, Bloomsbury Publishing, UK.

Damasio, A.R. (1994),

Descartes' Error: Emotion, Reason and the Human Brain, Putnam, New York.

Damasio, A.R. (1999),

The Scientific American Book of Brain, The Lyons Press, New York.

Foder, J.A. (1983),

The Modularity of Mind, MIT Press, Cambridge, MA.

Gardner, H. (1983),

Frames of Mind, London.

Gazzaniga, M.S. (1996),

Conversations in the Cognitive Neurosciences, MIT Press, Cambridge, MA.

Hebb, D.O. (1949),

The Organization of Behavior: *A Neuropsychological Thoery*, Wiley Publishing, New York.

Ito, M. (1967),

The Cerebellum as a Neuronal Machine, Springer-Verlag, UK.

Ito, M. (1984),

The Cerebellum and Neural Control, Raven Press, UK.

Kotulak, R. (1997),

Inside the Brain: *Revolutionary Discoveries of How the Mind Works*, Andrews McMeel Publishing, Kansas City, KS.

OECD (2000),

Knowledge Management in the Learning Society, Paris.

OECD (2000),

Learning to Bridge the Digital Divide, Paris.

OECD (2001),

Cities and Regions in the New Learning Economy, Paris.

OECD (2001),

E-Learning—The Partnership Challenge, Paris.

OECD (2001),

Knowledge and Skills for Life—First Results from PISA 2000, Paris.

OECD (2001),

Learning to Change: *ICT in Schools*, Paris.

OECD (2001),

New York report: *www.oecd.org/pdf/M 00019000/M00019809 .pdf*

OECD (2001),

Granada report: *www.oecd.org/pdf/M 00017000/M00017849 .pdf*

OECD (2001),

Tokyo report: *www.oecd.org/pdf/M 00022000/M00022657 .pdf*

OECD (2001),

Reports of the three fora: *www.oecd.org/oecd/pages/home/displaygeneral/0,*

3380, EN-document-603-5-no-27-26268-0 , FF.html

Spitzer, M. (2000),

Geist, Gehirn and Nervenheilkunde: Grenzgänge zwischen Neurobiologie, Psychopathologie und Gesellschaft, F.K.Schattauer Verlagsgesellschaft mbH, Stuttgart.

Spitzer, M. (2001),

Ketchup und das kollektive Unbewusste: Geschichten aus der Nervenheilkunde, F.K.Schattauer Verlagsgesellschaft mbH, Stuttgart.

Thompson, W.L.and Kosslyn, S.M. (in press),

"Neuronal systems activated during visual mental imagery: A review and meta-analyses", in J.Mazziotta and A.Toga (eds.), *Brain Mapping II: The Systems*, Academic Press, New York.

US National Research Council,

Report on Scientific Inquiry in Education.

II. 论文

A. 本书或三个论坛的报告中提到的论文

Albert, M.S., Jones, K., Savage, C.R., Berkman, L., Seeman, T., Blazer, D.and Rowe, J.W. (1995),

"Predictors of cognitive change in older persons: MacAuthur studies of successful ageing", *Psychological Ageing*, Vol.10, No.4, pp.578－589.

Alexopoulos, G.S., Meyers, B.S., Young, R.C., Kakuma, T., Silbersweig, D.and Charlson, M. (1997),

"Clinically defined vascular depression", *American Journal of Psychiatry*, Vol.154, pp.562－565.

Block, J. (1995),

"On the relation between IQ, impulsivity and delinquency", *Journal of Abnormal Psychology*, Vol.104, pp.395－398.

Braak, H.and Braak, E. (1991),

"Neuropathological stageing of Alzheimer-related changes", *Acta Neuropathologica*, Vol.82, pp.239－259.

Bruer, J.T. (1998),

"Brain science, brain fiction", *Educational Leadership*, Vol.56, No.3, pp.14 – 18.

Bruer, J.T. (1999),
"Education and the brain: A bridge too far", *Educational Researcher*, Vol.26, No.8, pp.4 – 16.

Bruer, J.T. (1999),
"In search of brain-based education", *Phi Delta Kappan*, Vol.80, No.9, pp.648 – 657.

Burgess, N. and O'Keefe, J. (1996),
"Neural computation underlying the firing of place cells and their role in navigation", *Hippocampus*, Vol.6, No.6, pp.749 – 762.

Bush, G., Luu, P. and Posner, M.I. (2000),
"Cognitive and emotional influences in anterior cingulate cortex", *Trends in Cognitive Neuroscience*, Vol.4, No.6, pp.215 – 222.

Dehaene, S., Spelke, E., Pinel, P., Stanescu, R. and Tsivlin, S. (1999),
"Sources of mathematical hinking: Behavioural and brain imaging evidence", *Science*, Vol.284, No.5416, pp.970 – 974.

Diamond, M.C., Greer, E.R., York, A., Lewis, D., Barton, T. and Lin, J. (1987),
"Rat cortical morphology following crowded-enriched living conditions", *Experimental Neurology*, Vol.96, No.2, pp.241 – 247.

Dustman, R.E., Shearer, D.E. and Emmerson, R.Y. (1993),
"EEG and event-related potentials in normal ageing", *Progressive Neurobiology*, Vol.41, No.3, pp.369 – 401.

Ernst, R.L. and Hays, J.W. (1994),
"The US economic and scocial costs of Alzheimer's disease revisited", *American Journal of Public Health*, Vol.84, pp.1261 – 1264.

Eslinger, P.J. and Damasio, A.R. (1985),
"Severe disturbance of higher cognition after bilateral frontal lobe ablation: Patient EVR", *Neurology*, Vol.35, pp.1731 – 1741.

Felsman, J.K. and Vaillant, G.E. (1987),
"Resilient children as adults: A 40-year study", in E.J. Anderson and B.J. Cohler (eds.), *The Invulnerable Child*, Guilford Press, New York.

Gabrieli, J.D., Brewer, J.B. and Poldrack, R.A. (1998),

"Images of medial temporal lobe functions in human learning and memory", *Neurobiology of Learning and Memory*, Vol.20, No.1-2, pp.275-283.

Goldsmith, H.H. and Bihun, J.T. (1997),

"Conceptualizing genetic influences on early behavioral development", *Acta Paediatric*, July, Vol.422, pp.54-59.

Greenwood, P.M., Sunderland, T., Friz, J. and Parasuraman, R. (2000),

"Genetics and visual attention: Selective deficits in healthy adult carriers of the e4 allele of the apolipoprotein E gene", Proceedings of the National Academy of Sciences, Unites States, Vol.97, pp.11661-11666.

Hubel, D.H., Wiesel, T.N. and LeVay, S. (1977),

"Plasticity of ocular dominance columns in monkey striate cortex", *Philosophical Transactions of the Royal Society of London* (B), Vol.278, pp.307-409.

Koizumi, H. (1997),

"Mind-morphology: an approach with non-invasive higher-order brain function analysis", *Chemistry and Chemical Industry*, Vol.50, No.11, pp.1649-1652.

Koizumi, H. (1999),

"A practical approach to trans-disciplinary studies for the 21st century—The centennial of the discovery of radium by the Curies", *J. Seizon and Life Sci.*, Vol.9, No.B 1999.1, pp.19-20.

Koizumi, H. et al. (1999),

"Higher-order brain function analysis by trans-cranial dynamic near-infrared spectroscopy imaging", *Journal Biomed. Opt.*, Vol.4, front cover and pp.403-413.

Maguire, E.A., Frackowiak, R.S. and Frith, C.D. (1996),

"Learning to find your way around: A role for the human hippocampal formation", *Proceedings for the Royal Society of London (B): Biological Sciences*, Vol.263, pp.1745-1750.

Maguire, E.A., Frackowiak, R.S. and Frith, C.D. (1997),

"Recalling routes around London: Activation of the right hippocampus in taxi drivers", *Journal of Neuroscience*, Vol.17, No.18, pp.7103-7110.

Maguire, E.A., Gadian, D.S., Johnsrude, I.S., Good, C.D., Ashburner, J., Frack-

owiak, R.S. and Frith, C.D. (2000),
"Navigation related structural changes in the hippocampi of taxi drivers", Proceedings of the National Academy of Sciences, United States, Vol.97, No.8, pp.4398-4403.

McCandliss, B.D., Beck, I., Sandak, R. and Perfetti, C. (in press),
"Focusing attention in decoding for children with poor reading skills: A study of the Word Building intervention".

Meltzoff, A.N. and Moore, M.K. (1977),
"Imitation of facial and manual gestures by human neonates", *Science*, Vol.198, pp.4312, pp.75-78.

O'Connor, T.G., Bredenkamp, D. and Rutter, M. (1999),
"Attachment disturbances and disorders in children exposed to early severe deprivation", *Infant Mental Health Journal*, Vol.20, No.10, pp.10-29.

Pantev, C., Osstendveld, R., Engelien, A., Ross, L.E., Roberts, L.E. and Hoke, M. (1998),
"Increased auditory cortical representation in musicians", *Nature*, Vol.392, pp.811-814.

Parasuraman, R. and Greenwood, P.M. (1998),
"Selective attention in aging and dementia", in R. Parasuraman (ed.), *The Attentive Brain*, pp.461-488, MIT Press, Cambridge, MA.

Parasuraman, R. and Martin, A. (1994),
"Cognition in Alzheimer's disease: Disorders of attention and semantic knowledge", *Current Opinion in Neurobiology*, Vol.4, pp.237-244.

Park, D.C. (2001),
The Ageing Mind. See website: *www.rcgd.isr.umich.edu/*

Pascual-Leone, A., Nguyet, D., Cohen, L.G., Brasil-Neto, J.P., Cammarota, A. and Hallett, M. (1995),
"Modulation of muscle responses evoked by transcranial magnetic stimulation during the acquisition of new fine motor skills", *Journal of Neurophysiology*, Vol.74, No.3, pp.1037-1045.

Raz, N., Williamson, A., Gunning-Dixon, F., Head, D. and Acher, J.D. (2000),
"Neuroanatomical and cognitive correlates of adult age differences in acquisition of a perceptual-motor skill", *Microscience Research Technology*, Vol.51, No.1, pp.85-93.

Rothbart, M.K.and Jones, L.B. (1998),

"Temperament, self-regulation and education", *School Psychology Review*, Vol.27, No.4, 479 - 491.

Schinagl, W. (2001),

"New learning of adults in the information and knowledge society", *Journal of Universal Computer Science*, Vol.7, No.7, pp.623 - 628.

Shaywitz, S.E., Shaywitz, B.A., Pugh, K.R., Fulbright, R.K., Constable, R.T., Mencl, W.E., Shankweiker, D.P., Liberman, A.M., Skudlarski, P., Fletcher, J.M., Katz, L., Marchione, K.E., Lacadie, C., Gatenby, C.and Gore, J.C. (1998),

"Functional disruption in the organisation of the brain for reading in dyslexia", Proceedings of the National Academy of Sciences, United States, Vol.95, No.5, pp.2636 - 2641.

Shoda, Y., Mischel, W.and Peake, P.K. (1990),

"Predicting adolescent cognitive development and self-regulatory competencies from preschool delay of gratification: Identifying diagnostic conditions", *Developmental Psychology*, Vol.26, pp.978 - 986.

Terry, R.D., DeTeresa, R.and Hansen, L.A. (1987),

"Neocortical cell counts in normal human adult ageing", *Annuals of Neurology*, Vol.21, No.6, pp.530 - 539.

B. 深入研究资料

Hickok, G.and Poeppel, D. (2000),

"Towards a functional neuroanatomy of speech perception", *Trends in Cognitive Science*, Vol.4, No.4, pp.131 - 138.

Huttenlocker, P.R.and Dabholkar, A.S. (1997),

"Regional differences in synaptogenesis in human cerebral cortex", *Journal of Computational Neurology*, Vol.387, No.2, pp.167 - 178.

Kuhl, P.K. (1998),

"The development of speech and language", in T.J.Carew, R.Menzel and C.J.Shatz (eds.), *Mechanistic Relationships Between Development and Learning*, pp.53 - 73,

Wiley, New York.

Posner, M.I. and Abdullaev, Y. (1996),
"What to image? Anatomy, plasticity and circuitry of human brain function", in A.W.Toga and J.C.Mazziotta (eds.), *Brain Mapping: The Methods*, pp.407 – 421, Academic Press, New York.

Posner, M.I., Abdullaev, Y.G., McCandliss, B.D. and Sereno, S.C. (1999),
"Neuroanatomy, circuitry and plasticity of word reading", *Neuroreport*, Vol.10, pp.R12 – 23.

Stanescu-Cosson R., Pinel, P., van De Moortele, P.F., Le Bihan, D., Cohen, L. and Dehaene, S. (2000),
"Understanding dissociation's in dyscalculia: A brain imaging study of the impact of number size on the cerebral networks for exact and approximative calculation", *Brain*, Vol.123, pt 11, pp.2240 – 2255.

Temple, E., Poldrack, R.A., Salidis, J., Deutsch, G.K., Tallal, P., Mersenich, M.M. and Gabrieli, J.D. (2001),
Disrupted neural responses to phonological and orthographic processing in dyslexic children: An fMRI study", *Neuroreport*, Vol.12 (2), pp.299 – 307.

术 语 表

计算障碍（Acalculia）

见 dyscaculia。

注意缺陷多动症（ADHD）

注意缺陷多动症（Attention Deficit Hyperactivity Disorder）。一种学习和行为问题综合症。其特征是保持注意有困难，行为冲动（例如喜欢插话），常常伴随着多动，也有人称之为轻微脑功能失调。

阿尔茨海默病（Alzheimer's disease）

与年龄有关的逐渐衰退的脑部疾病，其特征是整个脑弥散性萎缩，有明显的损伤（称为老年斑）和小纤维团（称为神经元纤维缠绕）。记忆和注意的认知过程受到影响。

杏仁核（Amygdala）

参与情绪、情绪学习和记忆的脑区。每一个半球都包含一个杏仁核，形状像杏仁，在脑的深部，靠近两侧颞叶的内表面。

角回（Angular gyrus）

顶叶皮层的一个区域，与语言的声音结构加工和阅读有关。

阿朴脂蛋白 E（Apolipoprotein E）

（或者称为"apoE"）。多年来一直研究它在心血管疾病中作用。只是在最近才发现，阿朴脂蛋白 E 基因中的一个等位基因（E4）是患阿尔茨海默病的一个危险因素。

小脑（Cerebellum）

在大脑两个半球的后下部脑区，参与运动调节。

胆碱（Choline）

合成乙酰胆碱的一种化学物质，是储存记忆和控制肌肉所需的一种神经递质。

乙酰胆碱系统（Cholinergic systems）

也称为 acetylcholine systems。产生神经递质乙酰胆碱的系统，出现于运动神经元和脑之间神经肌肉的接头处。乙酰胆碱神经元的减少，可能是患阿尔茨海默病的一个因素。

认知（Cognition）

思维的活动，包括感知、思维、学习和记忆等所有方面。

认知神经科学（Cognitive neuroscience）

研究与探索心智与脑的科学，目的是研究认知的心理学、计算机科学与神经科学基础。

认知科学（Cognitive science）

研究心理的科学。利用神经科学、心理学、哲学、计算机科学、人工智能和语言学等许多领域研究成果的跨学科科学。认知科学的目的是提出有助于解释人类认知——感知、思维和学习的不同模型。

认知活力（Cognitive vitality）

指整个生命历程中的活力或心理力量。

大脑皮层（cerebral Cortex）

脑的外部一层。

译码（Decoding）

学习阅读拼音文字体系（如英语、西班牙语、德语或者意大利语）时的一个基本过程。在这一过程中，不熟悉的单词根据单词中的字母与对应的语音之间的关系来解码。

老年痴呆（Senile Dementia）

智力退化的一种状态，其特征是个体先前的智力水平明显衰退，并常常伴随情绪冷漠。阿尔茨海默病是痴呆的一种形式。

抑郁症（Depression）

活力或者功能性活动降低：身体活力或者精神活力状态低于正常标准。

计算障碍（Dyscalculia）

虽然接受了常规教学，拥有适当的智力和社会—文化机会，但是，简单的数学计算的能力受到破坏。

阅读障碍（Dyslexia）

虽然接受了常规教学，拥有适当的智力和社会—文化机会，但是，在阅读学习中的困难仍然很明显。

脑电图（EEG）

是“Electroencephalogram”的缩写。通过电极测量脑电活动，脑电图是从置于头皮不同部位的传感器中获得的，这些传感器对脑特定区域所有神经元的总体活动很敏感。

情绪智力（Emotional Intelligence）

有时称为情商（“EQ”）。有情绪智力的个体能够对他人有同情心与移情作用，社会技能发展良好，运用这种情绪意识来引导他们的行动与行为。这个术语是在1990年提出的。

癫痫（Epilepsy）

人的慢性神经疾病，产生程度不同的抽搐、神志不清；由于先天缺陷、肿瘤、损伤、有毒物质或者腺体紊乱造成的脑损伤，从而产生意识状态和运动状态的改变。

事件相关电位（ERP）

全称为“Event-related potentials”。先用脑电图描记器记录电信号，由于被试反复接受刺激，用这种技术得到的数据在时间上具有锁定的特性，以研究脑的活动。其结果是脑活动（或者事件相关电位）可以与刺激事件联系起来。

经验依赖（Experience-dependent）

功能性神经系统的特征。经验的改变导致功能的改变，这种特征可能持续终身。

经验期待（Experience-expectant）

功能性神经系统的特征。系统的发展主要依赖于稳定的环境输入，这些输入对于种属中所有成员大体是相同的（如眼优势柱形成期间新生命的双眼刺激），人们认为这种特征在生命的早期形成。

外显记忆（Explicit memory）

记忆可以有意识地提取，如回忆；也可以是描述性的，不同于描述性不那么明显的内隐记忆或者程序性记忆。

胎儿酒精综合症（Fetal alcohol syndrome）

母亲在怀孕期间饮酒对胎儿造成的损害。

功能磁共振成像（fMRI）

全称为“Functional Magnetic Resonance Imaging”。运用核磁共振扫描仪观察血液中化学物质的变化（如氧气的浓度）来间接研究神经活动，研究脑区内与各种形式的刺激和心理任务有关的活动量增加（参见核磁共振成像技术）。

脆性 X 染色体综合征（Fragile X syndrome）

人类最常见的一种遗传性智力障碍和神经精神疾病。

前额叶（Frontal lobe）

大脑皮层的前部区域。人们认为它是参与规划和高层次思维的脑区。

功能成像（Functional imaging）

提取生理功能定量信息的一些测量技术的总称。

梭状回（Fusiform gyrus）

与视觉过程有关的枕颞叶腹侧皮层区域。功能活动表明，这是专门用于面部视觉加工和视觉词形的脑区。

脑回（Gyrus）

脑回是大脑皮层的弯曲性突起，每一部分脑回都有确定的名称。

大脑半球（cerebral Hemisphere）

大脑有两个半球，分别为“左半球”与“右半球”。

海马（Hippocampus）

边缘系统的结构，参与空间构图和记忆。脑的这个区域在加工与储存长时记忆非常重要。

内隐记忆（Implicit memory）

不能有意识提取的记忆，在某种技能或行动中激活，反映了一种程序学习的模式。这种模式可能很难明确地描述或者有意识地思考（即，让你第二次参与某种过程时会更快的一种记忆，如系鞋带）。

智商（IQ）

表示一个人相对智力的数值：智力年龄÷生理年龄×100 。

左脑思维（Left-brained thinking）

根据错误概念而得出的非专业术语，认为高层次的思维过程严格地分为不同的任务，独立地在脑的不同半球处理。这种观点夸大了左半球特化的某些研究成果，如控制语言的神经系统等。

边缘系统（Limbic system）

也称为“情绪脑”。与丘脑和下丘脑相连，由脑的许多深层结构组成。

叶（Lobe）

根据功能粗略划分的脑区（枕叶、颞叶、顶叶、额叶）。

脑磁图（MEG）

脑磁图（Magnetoencephalography）。非侵入性功能脑成像技术，对脑活动的快速变化比较敏感。放在头附近的记录仪器（超导量子干涉仪，

SQUID）对皮层中神经活动所产生的微弱磁场的波动很敏感，可以以毫秒的时间分辨率来追踪对事件的反应，对该仪器敏感的那些发生源具有良好的空间分辨率。

心理想像（Mental imagery）

也称作visualisation。心理想像是脑根据记忆、想像或者两者相结合而创造的。有人假设，在心理想像时，负责感知的脑区也参与。

磁共振成像（MRI）

磁共振成像（Magnetic Resonance Imaging）。将强磁场与射频脉冲结合起来形成活体人脑结构图像的非侵入性技术。

多元智力（Multiple intelligences）

用于更详细地解释处理环境信息的不同却又同等重要的方式的术语。

髓鞘形成（Myelination）

神经被一层保护性的脂肪物质覆盖起来的过程。覆盖神经纤维的鞘（髓磷脂）和电系统中的导管一样，起导电作用，保证神经纤维传递的信号不在途中受到损失。

0—3岁的谬误（Myth of three）

也被称为“早期教育谬误”。这个观点认为，生命的前三年在改变脑活动方面非常重要，过了这三年，脑对改变不敏感。可以将它看作是“关键期”的极端观点。

神经退行性疾病（Neurodegenerative diseases）

脑与神经系统的失调引起脑功能的失调与变性，包括阿尔茨海默病、帕金森病以及其他老年人常患的神经变性疾病。

神经形成（Neurogenesis）

脑中新细胞的生长，包括神经元。

神经科学谬误（Neuromyth）

由于对脑科学研究事实的理解错误、解释错误以及引用错误而产生的错误概念，作为脑科学研究运用于教育和其他情境。

神经元（Neuron）

神经系统的基本构筑单位；整合与传递信息的特化细胞。

近红外线光谱分析仪（NIRS）

近红外线光谱分析仪（Near Infrared Spectroscopy）。非侵入性成像方法，运用近红外线吸收的方式测量脑内脱氧血红蛋白的浓度（这里原文表述不准确。近红外线光谱分析仪可以直接测量脱氧血红蛋白、氧合血红蛋白以及总的血红蛋白的浓度。参见：Boas，D.A.，*et al*.（2003）“Can the cerebral metabolic rate of oxygen be estimated with near-infrared spectroscopy?”，*Physics in Medicine and Biology*.48，2406。——译注）（近红外光的波长在700—900nm之间，可以部分地穿透人体组织。）

枕叶（Occipital lobe）

脑皮层后部接受视觉信息的部位。

光学成像（OT）

光学成像（Optical Topography），研究脑高级功能的非侵入性经颅成像方法。这种方法在运用近红外线光谱分析仪的基础上形成，可以运用于运动状态，因此可以在自然状态下对被试进行实验。

顶叶（Parietal lobe）

皮层的上中部区域，参与许多功能，如空间信息、身体图像、定位等的加工过程。

外侧裂区（Perisylvian areas）

与“西尔维裂沟”（ sylvian fissure）相近的皮层。“西尔维裂沟”是沿着颞叶区延伸的脑后部表面上的一条主要裂沟。对于某些类型的学习而言，阶段性与敏感期具有相关性。

正电子发射断层成像（PET）

正电子发射断层成像（Positron Emission Tomography）。运用正电子发射放射性核素形成脑活动图像的技术，常常是血流或者代谢活动。正电子发射断层成像仪产生脑内化学成分或者化学物质反应的三维彩色图像。

可塑性（Plasticity）

也称为“脑可塑性”。脑如何产生变化和学习的现象。

右脑思维（Right-brained thinking）

根据错误概念而得出的非专业术语，认为高层次的思维过程严格地分为不同的任务，独立地在脑的不同半球处理，这种观点夸大了某些领域右半球特化的具体研究成果。

学习科学（Science of learning）

试图描述认知神经科学研究与教育研究和实践可能结合起来的这样一类研究的术语。

老年斑（Senile plaques）

与阿尔茨海默病有关的明显的脑病变，这些斑块是变性细胞在侵蚀周围的大量蛋白。

敏感期（Sensitive period）

某类生物事件可能发生的最佳时间段。科学家已经研究了感觉刺激类型（如视觉和言语声音）、情绪与认知经验（如依恋、语言接触）的敏感期，但是，如阅读、词汇量、颜色识别能力等许多心理技能在发展中似乎并不经过严格的敏感期。

突触（Synapse）

专门用于一个神经元与其他神经元（称为“目标细胞”）交换信息的连接。

突触密度（Synaptic density）

指与神经元相连接的突触数量。人们认为，神经细胞的突触越多，表征能力与适应能力越强。

突触修剪（Synaptic pruning）

脑发展的过程中，没有使用的突触（脑细胞之间的连接）脱落。在修剪期间，经验和环境决定哪些突触消失，哪些保留下来。

突触形成（Synaptogenesis）

突触的形成。

颞叶（Temporal lobe）

脑皮层后部接受听觉信息的区域。

经颅磁刺激（TMS）

经颅磁刺激（Transcranial magnetic stimulation）。在这一刺激过程中，脑电活动受到脉冲作用的磁场的影响。最近，经颅磁刺激已经被运用于研究皮层加工，如感觉与认知功能方面。

超学科（Trans-disciplinarity）

用于解释沟通与融合完全不同学科从而产生具有自身概念结构的新学科的术语。超学科在形成中拓展了原始科学与学科的边界。

译 后 记

在脑科学迅速发展的时代，探究学习的脑机制成为学习研究中的一个重大转折。学习研究从此不再停留于思辨与推测，而走向了科学。《理解脑：走向新的学习科学》迈出了创建学习科学征程中的重要一步，本书的出版标志着学习科学的诞生。

本书是经济合作与发展组织启动的“学习科学与脑研究”项目的阶段性研究成果。目前，该项目已经完成了两个阶段的研究，开始进入第三阶段。第一阶段从1999到2002年，在美国、西班牙、日本分别举行了三次高层论坛。第二阶段从2002年到2005年，建立了三个研究网络：亚洲的“终身学习”网络（LLL）、美国的“文化素养与阅读技能”网络（LRS）、欧洲的“计算素养与数学技能”网络（NMS）。这三个领域的研究成果将对课程设计、教学实践以及学生个体的学习风格等重要的教育问题提供决策参考，并将在实践中发挥重要的作用。《理解脑：走向新的学习科学》一书是该项目第一阶段的研究成果。在这本书中，学习科学是指将研究方法与理论体系完全不同的神经科学、认知神经科学、认知科学、医学和教育学等学科进行融合沟通与深度整合，而形成的一个具有独特话语体系的新兴研究领域。学习的研究之所以成为科学，还在于它运用了科学的研究方法与研究手段，其中脑成像技术成为最重要的研究工具。借助这类研究工具对视觉加工、记忆、语言、阅读、数学、社会认知以及问题解决等进行科学的研究，将对教育决策、课程教学设计等产生积极的影响。本书号召各国政府、大学和研究组织积极创设学习科学研究中心，培养学习科学研究人员，促进跨学科的研究。

为了更好地促进学习科学的发展，有必要澄清脑科学中哪些研究成果已经取得确定性的进展，可以运用于教育；哪些研究已经取得很大进展，将对教育产生重要影响，但是还需要进一步研究；哪些有益于教育的脑科学假设迫切需要科学家的深入研究；还有哪些研究成果像“左右脑分工”、“关键期”等研究成果被教育界误解。对于学习科学的发展而言，形成批判性研究共同体，有助于澄清错误，正确地判断基于脑科学的教学观点，制定基于脑科学的教育政策。

学习科学的发展非常迅速，本书从学习科学变动不居的发展过程中截取了一个画面。作为这个新兴领域的开山之作，它指明了学习科学的发展方向，对学习科学的研究将发挥重要的作用。

本书由周加仙博士翻译、修改与统稿。臧玉峰研究员和乔文达博士校读了译稿的部分章节，最后由董奇教授审定全文并最后定稿。感谢刘明堂编辑为本书的出版所付出的辛勤劳动，他认真地校阅译稿，负责地完成了本书的编辑任务；感谢“认知神经科学与学习”国家重点实验室的领导与研究人员，这个来自心理学、教育学、认知神经科学和医学等领域的跨学科研究集体，为解决本书翻译过程中所遇到的跨学科问题提供了非常好的研讨平台。

本书涉及到许多学科的专业知识，而且作为一个新兴的研究领域，其话语体系正在形成之中。限于译者的水平，书中一定存在着不足之处，希望各位同仁批评指正。

2006 年 6 月 6 日

出 版 人　所广一
责任编辑　刘明堂
版式设计　贾艳凤
责任校对　张　珍
责任印制　曲凤玲

图书在版编目（CIP）数据

理解脑：走向新的学习科学/经济合作与发展组织编；北京师范大学“认知神经科学与学习”国家重点实验室脑科学与教育应用研究中心组织翻译. —北京：教育科学出版社，2006.11（2013.3 重印）

书名原文：Understanding the Brain：Towards A New Learning Science

ISBN 7-5041-3648-4

Ⅰ.理…　Ⅱ.①经…　②北…　Ⅲ.①脑科学—研究 ②学习理论（心理学）—研究　Ⅳ.①R338.2　②G442

中国版本图书馆 CIP 数据核字（2006）第 088197 号

理解脑：走向新的学习科学
LIJIE NAO：ZOUXIANG XIN DE XUEXI KEXUE

出版发行	教育科学出版社		
社　址	北京·朝阳区安慧北里安园甲 9 号	市场部电话	010-64989009
邮　编	100101	编辑部电话	010-64989419
传　真	010-64891796	网　址	http：//www.esph.com.cn
经　销	各地新华书店		
印　刷	保定市中画美凯印刷有限公司		
开　本	169 毫米×239 毫米　16 开		
印　张	8.25	版　次	2006 年 11 月第 1 版
字　数	108 千	印　次	2013 年 3 月第 2 次印刷

智慧教师读本 ②
我们如何学习

受教育的脑：

神经教育学的诞生

[阿根廷] 安东尼奥 · M. 巴特罗 [美] 库尔特 · W. 费希尔
[法] 皮埃尔 · J. 莱纳 主编

北京师范大学认知神经科学与学习
国家重点实验室脑科学与教育应用研究中心 组织翻译

周加仙 等 译

教育科学出版社
· 北 京 ·

译丛总序

人脑是世界上最复杂的物质系统，它所具有的学习功能是其他一切生物无法比拟的。在人类学习的研究中，由于研究方法与手段的局限性，无论是古代东西方对学习的思辨，还是近现代流派纷呈的学习理论，都回避了对学习的器官——脑的探索，使学习的研究停留在外显的行为以及对内部心理机制的推测上。

随着脑科学的迅猛发展以及研究方法与工具的进步，人们日益重视脑、认知与学习之间的关系。学习科学研究者将真实情境中的学习作为研究对象，运用科学的研究方法，来理解人类学习过程中的认知活动及其神经机制，探讨学习、认知与发展的过程与本质。学习作为人类极其复杂的现象，只有整合不同学科的视野才能对其有完整、科学的认识，因此学习科学是多学科、跨学科的研究领域。

最先用科学的方法来研究脑与学习关系的是诞生于20世纪50年代中期的认知科学。认知科学是研究人、动物和机器的智能本质和规律的科学，研究内容包括知觉、学习、记忆、推理、语言理解、知识获得、注意、情感等统称为意识的高级心理现象。认知科学从诞生之日起，就从多学科的视角来研究学习。到20世纪70年代，认知科学家开始研究人类是怎样解决问题的，关注数学、科学、阅读和写作等学校教育教学中涉及的重要问题。他们发现专家与新手采用不同的方式来解决各种学习领域中的问题，认为专家与新手的区别是理解学习的第一步，“学习就是新手变为专家的过程”①，追踪这一过程中的思维变化可以研究学习的产生。20世纪90年代以后，认知科学转变了脱离学习情

---

① Bruer, J. B. Schools for Thought: A Science of Learning in the Classroom. Cambridge, Massachusetts: The MIT Press, 1993, p. 2.

境、关注静态知识的实验室研究方式，转而重视学习者的思维与求知过程。认知科学对表征、专家知识、问题解决和思维等的研究，成为学习科学的核心概念。经过20余年的发展，《学习科学杂志》于1991年创刊。2002年“国际学习科学协会”（The International Society of the Learning Sciences）成立。目前美国的西北大学、斯坦福大学等许多著名大学都设立了学习科学专业，从认知科学的角度来探究学生的学习。

在认知科学发展的同时，与此相关的另一门新兴学科也在形成之中。美国心理学家George Miller于20世纪70年代提出了“认知神经科学”一词，率先将脑科学和认知科学结合起来。在90年代“脑的十年”里，随着脑成像技术的发展以及Michael S. Gazzaniga、George Miller、Michael I. Posner等一批认知神经科学家卓有成效的研究，认知神经科学迅速发展起来。认知神经科学的研究任务在于阐明自我意识、思维想象和语言等人类认知活动的神经机制，研究脑是如何调用各层次上的组件，包括分子、细胞、脑组织区和全脑去实现自己的认知活动的。① 教育与认知神经科学结合起来的研究已成为当前国际上备受关注的新兴研究领域。1999年经济合作与发展组织启动了“学习科学与脑科学研究”项目，目的是在教育研究人员、教育决策专家和脑科学研究人员之间建立起密切的合作关系，通过跨学科的合作研究来探明与学习有关的脑活动，从而更深入地理解个体生命历程中的学习过程。2003年11月，“国际心智、脑与教育协会”成立，标志着科学界与教育界更加紧密地合作起来，共同研究人类学习与学习科学。

目前，许多国家的政府都采取了一系列重要措施，大力支持脑与学习科学的研究与应用工作，并将它作为国家科技与教育发展的重要议程。新世纪伊始，美国国家科学基金会就积极酝酿筹办学习科学研究中心以及学习科学孵化中心。从2003年起，美国国家科学基金将投入约1亿美元，正式建立6个学习科学中心以及若干个学习科学孵化中心。这些学习科学中心分别从生物、认知、计算机、数学、物理、社会科学、工程以及教育等多种学科交叉的角度来研究学习，甚至还涉及机器学习、学习技术以及所有有关学习的数学分析与模型的研究。日本政府也非常重视脑科学与教育的研究，日本文部科学省于2003年元旦启动了庞大的“脑科学与教育”研究项目。2004年，欧洲启动了由8个不同国家的实验室共同合作的研究项目“计算技能与脑发育”项目，研究计算能力的脑机制，并将研究成果运用于数学教育。这些研究组织与机构的创

---

① Gazzaniga, M. S.：《认知神经科学》，沈政等译，上海教育出版社，1998年。

立表明，无论在北美洲、欧洲，还是在亚洲，全方位、多层面的学习科学研究已经蓬勃地开展起来。

我国对学习的研究已有悠久的历史。在古代，人们把“学习”看作是包含“学”与“习”两个独立环节的过程。“学”是指人获得直接与间接经验的认识活动，兼有思的含义；“习”是指巩固知识、技能等实践活动，兼有行的意思。① 最早将“学”与“习”联系起来强调“学”与“习”之间内在联系的是孔子，他说：“学而时习之，不亦说（悦）乎！”（《论语·学而》）又说：“学而不思则罔，思而不学则殆。”（《论语·为政》）说明“学”是“习”的基础与前提，“习”是“学”的巩固与深化，在学习的过程中可以感受到愉悦的情绪体验，揭示了学习、练习、情绪、思维之间的关系。由此可见，我国古代把学习看作是学、思、习、行、情的总称，对学习的这种探讨已经触及了一个重要的科学研究问题：学习过程中认知、情绪、行为三者之间的统一关系。

20 世纪初期与中期，我国有一些学者出版了有关学习的论著，如杨贤江撰写的《学习法概论》（1923）、周冰原撰写的《学习观点与学习方法》（1950）等。经过多年的发展，20 世纪 70 年代末 80 年代初，开始形成了学习学的理论与实践研究，并出版了大量专著，学习学的研究在全国展开。1987 年 6 月，在南京召开的“全国第一届学习科学讨论暨讲习班”成为学习学研究历史上的一次重要会议。此后，全国学习学专业机构纷纷成立，并多次举办了全国性的学习学会议。学习学的理论与实践研究也有了新的进展。但是，目前学习学的研究仍然停留于行为研究与思辨层面，关注较多的是学生的学习心理研究、学习规律的观察与总结、学习经验的交流、学习方法的指导等方面，而对脑与学习的关系则探讨较少。

20 世纪 90 年代中后期，在当时国务院科技领导小组、国家科技部、教育部、自然科学基金委的支持下，我国开始重视脑科学与教育的研究，并多次举行专题研讨会。以脑科学研究为基础的学习科学才逐渐受到关注，并成立了专门的研究机构。2000 年，教育部在北京师范大学建立了认知科学与学习教育部重点实验室；2002 年，韦钰院士在东南大学发起成立了学习科学研究中心；2005 年，国家科技部在北京师范大学成立了“认知神经科学与学习”国家重点实验室；关注脑的学习功能与生理机制的学习科学研究受到了重视。

---

① 桑新民：《学习究竟是什么？——多学科视野中的学习研究论纲》，《开放教育研究》第 11 卷第 1 期，2005 年 2 月，第 8–9 页。

北京师范大学“认知神经科学与学习”国家重点实验室的主要目标是研究人类学习的脑机制，并将研究成果运用于学校的教育教学与学生的心理健康发展。我们从认知科学、认知神经科学的角度，围绕“学习与脑可塑性”这一核心问题，研究学习的一般机制和特殊规律，已经在认知能力的发展与促进，社会认知、行为的心理与神经机制，认知障碍，英语、汉语以及汉英双语表征的神经机制与学习方面取得了许多研究进展和突破。我本人也主持了国家攀登项目、国家杰出青年基金项目、科技部国际合作重点项目、教育部人文社科重大项目等重要课题，组织北京师范大学和国内外有关专家从多学科角度进行联合攻关，在脑与学习科学的研究方面取得了许多有价值的成果。

近年来，在各国的重视下，脑科学已经开始运用于教育，其取得的初步成果和出现的问题，对我国开展该方面的工作均有重要参考、借鉴意义。为此，我们决定组织“脑与学习科学新视野”译丛，根据我国学习科学研究与学校教育的需要，选择国际学习科学研究中最权威、最重要的研究成果介绍给教育科学工作者、决策者与实践者，尤其是有志于从事脑与学习科学研究的工作者。译丛中的书籍分别从认知科学和认知神经科学的角度来阐明学习科学。有些书籍是不同国际组织召集国际上资深科学家研讨而成；有些书籍勾勒出脑与学习科学的具体研究框架；有些书籍让大家了解脑与学习科学的最新研究进展。因此，本译丛最大的一个特点在于，其作者均为脑与学习科学研究领域的国际著名专家或者相关国际研究组织，这些书籍也都由国际知名出版社出版发行。原书作者的许多见解有助于我们更好地把握国际脑与学习科学发展的趋势与存在的争论，有助于促进我国脑与学习科学的研究工作。

值此译丛出版之际，我要对译丛中各著作的原作者和出版社表示谢意；我还要感谢教育科学出版社的同志细致、耐心的工作；感谢参与本译丛翻译的老师和研究生们所付出的辛勤劳动。同时，我还要借此机会感谢国务院科技领导小组、国家科技部、教育部、自然科学基金委长期以来对脑与认知神经科学方面基础研究和应用研究的大力支持。

我希望本套译丛将对我国脑与学习科学的研究以及学习科学研究人员的培养有积极的启示与帮助；我也希望本套译丛将对我国的教育决策、教育研究范式的改革、课程与教学设计带来有益的启示。

董　奇
2009 年 10 月 26 日
于北京师范大学

序　言

2003年11月10日，梵蒂冈教皇科学院（Pontifical Academy of Science）的院士们在罗马会聚一堂，庆祝林琴科学院（教皇科学院前身）400周年诞辰。教皇约翰·保罗二世在这一天向与会成员致辞。在谈及“心理、脑与教育”为议题的研讨会（这是本书的内容来源）时，教皇在其致辞中说道：

> 科学家们在对人类心智的研究中感受到了精神维度的奥秘，它超越了脑的生理并且似乎在引导着我们作为自由与自主的人类的所有活动，使我们有能力承担责任，并且富有爱心与尊严。这体现在诸位决定将你们的研究扩展到学习和教育这类人类所独有的活动中。

我们将永远铭记教皇对这项研究工作的支持，在这项极富挑战的工作中，认知神经科学研究者辛勤地耕耘在最为人道和博爱的教育领域中。

2003年11月7—8日，在梵蒂冈隆重召开的以“心理、脑与教育”为议题的研讨会上，许多杰出的学者受邀参与学术讨论。本书的编者为能将众学者的智慧结晶呈现给广大读者而感到荣幸之至。我们将与会学者所展示的学术文献汇总编撰并整理成册，而本书所面向的读者并不仅仅是专业人员，更包括广大的教育者和教师群体。我们诚挚地感谢所有作者为此书所作出的努力，因为他们在科学会议的严谨进程之外还要完成额外的工作。我们能有机会以此书来分享教皇科学院周年庆典盛会的成果的确是极大的荣誉。因为在此次盛会上，共有两个研讨主题，另一个研讨议题是“干细胞技术及其他创新疗法”。这一议题与我们的“心理、脑与教育”相契合，均代表新世纪的科学前沿。

我们此次研讨会的与会成员包括多个国家的科学院主席、世界各地的贵宾以及教皇科学院的所有成员，大家相聚在梵蒂冈美丽花园中的文艺复兴之瑰宝——庇护四世别墅中，展开了热烈的学术讨论。我们感谢所有的参会者，特别感谢教皇科学院主席 Nicola Cabibbo 教授、秘书长 Marcelo Sanchez Sorond 主教以及会议的名誉主席 Rita Levi-Montalcini 教授，他们慷慨而持续性的支持铸就了我们的成果。

与会者在研讨会中享有绝对的自由，因此他们所陈述的仅为个人观点。教皇科学院签署了以下的总结声明：

> 神经科学的蓬勃发展、心理学和教育学研究的繁荣以及这些研究领域之间的跨学科合作交流将使我们更好地理解学习、认知、情感和意识。尽管这一学科还处在发展的早期阶段，但其发展是不容忽视的，尤其是我们目前在儿童教育中往往还采用传统的教学方法（在某种程度上成人教育的情况也是如此)。教育是一门艺术，它需要整合有关脑和心理的知识，正像它需要整合有关社会、政治和伦理等相关知识一样；因为教育所追求的目标是高度复杂的：要将儿童培养成有责任心的、知识渊博的全面发展的成人。如今，全球化为社会带来了深刻的变革，信息技术也对人们的生活产生了深远的影响，在这种情况下，教育上的适当改变必然能够惠及亿万人的生活。此次以“心理、脑与教育”为主题的研讨会探讨了教育所面临的巨大挑战，这些挑战涉及诸多方面，包括脑发育、神经可塑性、发展心理学、语言学习、阅读以及学习与发展的动态模型。会上的讨论最终达成了以下几条结论：
>
> 1. 神经科学和认知科学能够帮助我们更好地理解学习的内在基础，该领域的研究发展迅速、前景喜人。此外，教育工作者应当参与到这项跨学科的研究中来，并且将研究成果应用到教育实践中。
>
> 2. 由于该领域研究的复杂性，我们必须严谨慎重，避免仅根据某些新发现作出肤浅的推论，以致在教育上妄下定论，比如作出诸如“基于脑的学校”的断言。
>
> 3. 尽管有错误存在，但在很多研究领域已有充分的理论知识能证明某些事件会影响学习，如睡眠的需要、算术、阅读能力和双语学习，这些研究应得到足够的重视。同时，我们应充分尊重脑、心理、意识与自我之间的联系，将研究建立在伦理道德的基础之上，以捍卫人的尊严并且促进平等。这样做可以为人们提供丰富的机会，使他们能更好地展现自我、展现个人发展状态及其成就潜力。

我们向为此书作出杰出贡献的许多同事和朋友表示诚挚的谢意：感谢 Sarah Caro 的远见和慷慨，她曾负责多本致力于心理、脑与教育这一新兴领域的书籍的编撰工作，这些书均由出版本书的剑桥大学出版社出版。同样向她的继任者 Andrew Peart 及其团队表示感谢，他们接替了 Sarah 的艰巨任务。此外，我们也向两位合作伙伴致以由衷的谢意，他们是来自马萨诸塞州剑桥市的Mary Kiesling 和来自阿根廷首府布宜诺斯艾利斯的 Percival J. Denham，他们的工作使大量的电子邮件往来和文件的交流更加便利，而且他们以精湛的计算机技术完善了本书的编排。同时，我们也感谢哈佛大学教育学院发起的“心理、脑与教育”研究行动，感谢参与学习“大脑的教育”课程（由 Battro 与 Fischer 两位教授于 2002 年至 2003 年开设的课程）的哈佛学子们，是他们为本书命名并且协助我们筹备教皇科学院周年庆典上的此次研讨会。我们将最诚挚的感谢献给本次会议的资金支持者：梵蒂冈教皇科学院与哈佛大学教育学院。

最后，我们将衷心的谢意献给在本次梵蒂冈教皇科学院会议上成立的“国际心理、脑与教育协会”（IMBES）。同时也感谢位于西西里岛艾利斯镇的 Ettore 埃托里·马约拉纳科学文化中心和该中心的主席 Antonino Zichichi，在这个中心的会议（2005 年 7 月）上我们有幸邀请到本书的多位作者开设了一门课程，课程的名称同样是“大脑的教育”。与会的年轻学者们意气风发，正预示着一个新学科的光明未来，这个新学科从生物科学、认知科学和教育科学的连接中应运而生，也必将带来更丰富的知识并提升教育实践水平。

安东尼奥·M. 巴特罗
库尔特·W. 费希尔
皮埃尔·J. 莱纳

目 录

前 言

走向新的教育教学方法

Rita Levi-Montalcini

过去的几个世纪，尤其是从文艺复兴时期至今，科学的迅猛发展并没有给教育体系带来本质上的改变，教育体系亟待与时俱进。过去的几百年中，我们对脑结构和功能的认识过于贫乏，而脑的结构和功能又潜移默化地影响着人在出生后的认知能力，因此这种缺失阻碍了我们建立更好的教育实践体系。然而在 20 世纪，发生了两件对全社会乃至全人类都有极重要意义的大事：首先，我们对脑这个器官活动的了解，尽管还不完善，但在逐渐发展；其次，最近计算机系统的迅猛发展，已经彻底改变了当代社会中的个体生活方式。

新千年伊始，全球范围内，生活方式的改变急需教育教学系统的相应变革。这项变革势在必行，并且要贯穿于受教育者的幼年期、青春期和青少年时期，以使学生充分地利用计算机科学。今天儿童所形成的态度决定了明天的社会成员。

当前的教育体系仍然深受维多利亚时期观点的影响，即儿童与小狗一样只是惩罚或奖励的接受者。那么从脑的角度考虑，儿童与小狗之间存在怎样的差异？儿童和小狗的脑都发育出古脑皮层结构即边缘系统，在这方面二者没有本质的区别。边缘系统是人类行为过程具备情绪性、情感性及侵略性功能的基础。亿万年来从哺乳动物进化到现代人，身体形态上发生了巨大的变化，而这一系统却几乎没有改变。

儿童的脑与其他哺乳动物的幼崽相比，发育相对缓慢。因此人类在成熟期更加依赖于父母或教育者，这个成熟期时间跨度很大，从出生到青春期甚至更加年长的阶段。人类的脑是如此精密复杂，其长时间的发育在某种程度上是必然的。尽管脑官能的缓慢成熟有利于现代人脑的发育完善，但是人类对父母或抚养者长时间的依赖会给神经结构留下永久性的印迹，而这会影响一个人在从不谙世事的儿童成长为社会的一分子这一过程中的很多行为。

在儿童成长的最初几年，向他们传递一些信息至关重要，因为某些信息会对其塑造世界观产生深刻的影响。正是在这个阶段，成人以其自身所处的部落或社会群体的宗教或政治价值体系从根本上影响着儿童。无论人们对“差异”如何定义，在幼年时被灌输的对“差异”的厌恶会导致某些悲惨的后果，例如种族残杀和战争，而这些斗争在今天仍然血洗着全球。人类在幼年时期接受的关于宗教或政治的信仰教育会深深影响他们未来人格和行为的发展。然而儿童的认知发展则完全不同，它起源于脑的新皮质。与古皮质或边缘系统不同，新皮质由于皮层的沟回折叠能达到极其精巧复杂的程度，因此使神经网络的增长和重组成为可能。

在小学阶段，儿童们学习社会关系的初级规则，在短短几个月中他们要经历人类祖先在千百年来所走过的历程。远古的先辈发明了强大的符号交流工具，在漫长的时间长河中逐渐演化成现在的口头及书面语言。正因为有了这个伟大的发明，人类个体之间信息交流的可能性成百倍地增长，这种交流存在于个体之间、个体与群体之间，甚至是过去的人与当代的人之间，以及当代的人和未来的人之间。

最近的研究发现，在儿童脑中认知能力已经开始起作用了，而且其作用比我们过去所认识到的要强烈得多。这样说有什么依据吗？首先，新一代的儿童显示出一种让人意想不到并且是浑然天成的倾向，他们善于使用信息系统，如计算机；而在过去，儿童使用的是形式逻辑的方法。

信息技术的变革展现出现代儿童及青少年的令人难以置信的卓越才能，这种才能不仅体现为他们对信息的接收能力（在过去，人们普遍认为只有成熟的脑才具备这种能力），还体现为他们能够迅速利用信息，在这方面甚至超越了成人。儿童使用计算机时表现出令人惊叹的技能和极大的热情，而且儿童首次接触这些科技的平均年龄越来越小。

今天教育教学系统中的必要任务并不是通过传统的教科书向儿童或青少年灌输知识，而是要让他们意识到自己的才能并帮助他们驾驭这些才能，以实现将被动的信息记忆过程转化为直接体验的主动学习状态。主动学习状态来源于人类从出生开始就迅速发育的皮层回路，而且受到外部环境的信息刺激。

新型教育教学理论的著名支持者 Seymour Papert 主张，儿童应该以“主动创造者”而不是“被动消费者”的身份得到认同（Papert，1992）。然而，如何做才能发起这样一种彻底改变教育教学系统的变革呢？

我认为人类在个体发育的初期阶段使用电脑能刺激创造性才能的发挥。提到创造性才能，不得不提数学学习。在低年级时，数学是一门不太受欢迎的学科。以我的个人观点来看，以传统方法教授数学不仅很难使学生学好，而且几乎毫无用处，因为儿童们不能在他们的实际生活中运用所学的数学知识。

在与儿童共同参与制作的诸如视频游戏或计算机控制程序等电脑程序的过程中，Papert 先生研制出了一款名为 LOGO 的程序，这个程序能够让儿童用电脑在音乐、艺术、游戏等领域开展创造性活动（Papert，1980）。事实证明孩子们在这种实践之中比在传统的学校教学方法下学得更快更好。

从位于意大利 Reggio Emilia 的戴安娜（Diana）小学得到的研究结果很好地证实了学习早成现象。这项研究不仅在欧洲得到广泛认同，而且在《让学习可视化》一文中被描述为哈佛大学“零点计划”（Project Zero）的模型项目。该文论述了学习中的方法论和相关技术，以及最终达成的在教师的关爱下进行的儿童自主学习（Project Zero，2001）。教师背负着神圣的职责，他们支持孩子，并帮助他们成长为独立的人；他们引导学生，而在这个过程中共同学习新的知识。

很多学者撰文指出，正是由于计算机和新型教学法的优越性，我们才有了新的学习体验。通过阅读课本进行学习的方法正在逐渐衰落，因为由此获取的知识很容易被遗忘而又缺乏及时的巩固。而相比之下，通过使用电脑和主动学习所获得的知识能被更牢固地记住。

正如 CreaNET（见 Laboratory for Educational Research，Florence University）的主席 Paolo Manzeli 所倡导的：新的教学体系不应该以“教师、课本、学生”三者为基础，而要以专业能力为基础，发展创新型的学习模式，将学习建立在那些在开放环境之中发展起来的教育项目之上。

我们应该设想一种新型的学校，一种完全不同的学校。我们所要做的不仅仅是替换现有的学习项目，而且要改变教学方法。在美国，这种教学方法的改革已经开展起来，并且取得了相应的成果。这种新的教育教学系统与学校、研究中心及社会的联合形成了一种“互动”的局势，这对我们达到欧洲社会所要求的共同体目标有重要的意义。

这场文化上的革命必定会迎来支持，也会遭到反对，让我们拭目以待。如今，我们已经能够看到数学家、教育家 Papert 先生曾指出的一个有趣现象：相对于在很多以守旧倾向为特点的发达国家中，信息技术在所谓的发展中国家中更容易被采纳及应用，这些新技术在教育等不同领域的舞台上展现其价值。而且，新技术的发展过程是不可逆的，而教育教学系统的改革也势在必行。我们的目标是使新的一代成为世界生活大舞台上的演员而不是观众。

参考文献

Papert, S. (1979). *Mindstorms: Children, Computers and Powerful Ideas.* New York: Basic Books.

(1992). *The Childern's Machine: Rethinking School in the Age of the Computer.* New York: Basic Books.

(1996). *The Connected Family: Bridging the Digital Generation Gap.* New York: Basic Books. www. ConnectedFamily. com/.

Project Zero and Reggio Children (2001). *Making Learning Visible: Children as Individual and Group Learners.* Contributors: Claudia Giudici; Carla Rinaldi; Mara Krechevsky; Paola Barchi; Howard Gardner; Tiziana Filippini; Paola Strozzi; Laura Rubizzi; Amelia Gambetti; Paola Cagliari; Vea vecchi; Giovanni Piazza; Angela Barozzi; Ben Mardell; Steve Seidel. Cambridge, MA: Reggio Emilia, Italy: Reggio Children, International Center for the Defense and Promotion of the Rights and Potential of all Children www. pz. harvard. edu/Research/MLV. htm.

creaNet *Laboratory for Educational Research. Florence University EGO-CreaNet Association, Telematic Network.* www. thinkquest. it/egocreanet/stating. html.

第一部分

脑、心理与教育三位一体

第一章

引论：理论和实践中的心理、脑和教育

Antonio M. Battro，Kurt W. Fischer，Pierre F. Léna

当昆虫学家追逐色彩鲜艳的蝴蝶时，我沉心于大脑灰质的花园之中。在这所花园中，那些结构精致的细胞就是人类灵魂幻化出的神秘蝴蝶，它们扇动着灵巧的翅膀翩翩起舞，定会在某一天揭开人类精神世界的奥秘。

Santiago Ramón y Cajal（Recuerdos de mi vida，1981）

许多科学家和教育家都认为我们正在逐步推进一条整合心理、脑与教育（MBE）的新途径。这种信心逐渐高涨起来，在某种程度上是由于认知科学、神经生物学和教育学的相关学科在过去的20年中取得了长足进步，而这些不同学科领域的学者们也开始相互寻求合作（Fisher，Bernstein，& Immordino-Yang，2006）。此外，由于全球化社会中信息交流程度的增强，这些学科的整合性也被大大提升了。正如Rita Levi-Montalcini女士在本书序言中所述，全球的“数字化环境”是承前启后的新现象（Battro，2004）。在我们所处的这个时代中，教育改革能够迅速惠及亿万人的生活，我们应该为此感到庆幸。这个机遇为我们展开了一幅全新的画卷——在脑、心理与教育这一新兴的跨学科领域中，我们能够促进不同国籍、不同种族及不同宗教信仰的科学家、教师及学生们的共同合作（Léna，2002，& Koizumi，本书）。

这项跨学科领域的名称就是神经教育学（Bruer，本书）。这一名字强调了以教育为核心的跨学科整合。另外一个名称是教育神经科学，它的核心是整合了教育的神经科学。而我们使用“心理、脑和教育”这一名称，把这两个核心以及其他可以整合认知科学、生物学和教育学的学科统统包括进来。一方面，这一新兴的领域触及了现代神经科学的各个层次：从分子到基因，从突触到人工神经网络，从反射到行为，从动物研究到人类脑成像研究（Dawson & Fischer，1994）。另一方面，“教育”这一术语已经和人类文化本身一样博大。
4 因为在全球化的进程下，如此多不同的文化、语言和信仰交织起来，使得心理、脑和教育这一领域变得愈加复杂和多样化。

毫无疑问，教育绝非仅仅涉及神经科学，还涉及脑科学和生物学，这两门科学都能给教育过程和方法带来不少启示。比如，新的脑成像和 DNA 分析技术已使背后隐藏着的脑和基因加工渐渐显露。在一些新的案例中，科学家和教育家似乎也能够观察到教育干预对脑加工和基因表达所产生的作用。这些重要的进展已经激发了来自全社会的极大热情和日益期盼，甚至由于生物学在最近数十年里的诸多突破性进展，全社会对生物学已经达到了痴迷的程度。这种极大的期盼尽管有些不切实际，但这反映出我们迫切需要促进教育发展来应对 21 世纪复杂多变的新环境。在这个新环境中，信息与人口呈几何级数增长，全球化与交流使世界日益变小。

教育领域需要重大变革的需求十分迫切。早在 2001 年 11 月，罗马教皇科学院主持召开的以“科学的挑战——21 世纪的教育”为主题的学术讨论会中，就已提出基础教育中的科学议题：如今，无论经济发展处于何种阶段的国家，几乎都存在科技水平和民众科学素养之间差距日益增大的问题。那么，世界应该如何应对这一问题？20 世纪科技革命的巨大成功再次向教育提出了重要的新问题。而这一早期的学术研讨会及其提出的问题，为 2003 年 11 月召开的“心理、脑和教育”研讨会铺设了平台，由此而产生了这本书。

科学教育和知识差距这一议题对民主和公平十分重要，因此亟待在教育实践方面进行改革。但要在这样的探险中取得成功，并没有任何神奇的秘诀可寻。而且，许多国家正在开展持续性的成功实验，从美国到巴西，从智利、阿根廷到法国，而这些实验常常是由各国科学院发起的。所有这些实验都试图将提问的权利归还给孩子，并试图通过积极的态度、语言对话和以观察探究的方式直接与大自然接触来激发孩子的好奇心。这些实验还要进一步借鉴脑发育、刺激和动机的作用以及学习和记忆的关系等方面的知识。特别有趣的是 2—6 岁的童年早期，认知心理学的最新研究发现，学龄童在这么小的年龄就能像
5 “科学家”一样对这个世界进行探索和实验了（参见 Léna，2002）。

“心理、脑和教育”的发展需要研究者和实践者的精诚合作，需要他们共同为调查和研究作出贡献。其实，研究证据能启发教育实践，而教育观察也能为研究提出有价值的实际问题。我们的第一本书，由剑桥大学出版的《阅读

障碍的心理、脑和教育整合研究》（*Mind, Brain, and Education in Reading Disorders*），其核心问题就是要整合那些有关学习困难儿童的研究和实践。而不久前的第二本书则主要强调了最好的科学研究就是那些能整合生物学、认知科学和教育学的研究。我们现阶段正在筹备的第三本书《心理、脑和教育整合的有用知识》（*Usable Knowledge in Mind, Brain, and Education*），意在促进科学家和教育者之间的有效对话，以期生成可以直接启发教育实践的知识。这将是这一新兴领域面临的一项长期挑战。

我们所预想的既不是一个包罗万象的新范式，也不是对毫不相关的研究成果进行简单的拼接。而是我们将会看到许多不同的科学动向不断显露出来，最终形成一个新的知识网络。在这个过程中，一个部分并不会吞并另一部分。相反，按照我们的预计，将会出现一个不断增长的良性的知识有机体，它将伴随着系统内外各子成分之间的各种链接及其功能的日渐繁盛。这将是有着明确目标、可行性计划、强烈冒险意识和道德责任的众多团队协同努力的结果。本书正是试图描述这种日渐增长的国际性跨学科趋势。

本书的计划

本书由三部分构成。第一部分将为心理、脑和教育这一新兴的跨学科领域提供历史的、认识论和方法论的框架。第二部分的核心是神经科学与学习及教育的整合研究，包括基于生物学的脑与认知发展的动态研究方法（尤其是脑成像技术）对研究与实践的影响。第三部分将回顾脑加工语言和数学方面的研究，这些领域已取得大量的科学成果。我们希望在不远的将来，能将这些成果与教育实践结合起来。

我们很荣幸地邀请到了 Rita Levi-Montalcini 女士为本书作序。Rita Levi- 6
Montalcini 女士是教皇科学院“心理、脑和教育”大会的名誉主席，因发现“神经生长因子”（Nerve Growth Factor）而获诺贝尔奖，是当今神经科学领域的领军人物。她强调，人脑的缓慢成熟和人类新皮质的急剧发展，与儿童对父母和老师的长期依赖有关。这一缓慢、长久的发展与学习期，给孩子正在发育着的神经结构打下了永恒的烙印。而且研究者还发现，婴儿脑中已发挥作用的认知能力，比我们过去想象的还要大。这些发现使早期教育的重要性愈加明显。目前，幼儿能够接触到信息技术，他们开始积极有效地利用这些技术，并能轻松地应对。可见，人类神奇的认知能力和新信息的繁荣发展都急需一场教育上的革命。正如 Levi-Montalcini 所说，毫无疑问，在这一全球性的生活舞台上，我们需要下一代以演员而非观众的身份登场。

第一部分　脑、心理和教育三位一体

在本部分中，作者分析了在形成一门融汇心理、脑和教育的超学科领域的过程中所存在的重大议题、优势和障碍。这涉及探究人类本质的历史性框架，对人脑和行为的相关知识所进行的认识论分析，以及在研究和实践中促进“心理、脑和行为”这一学科发展的方法论途径。

在“对脑和自我的历史性思考”一章中，柏林马普研究所（Max Planck Institute）的一位杰出心理史学家 Fernando Vidal 描述了从将脑当作“灵魂所在地”到当作“自我的器官”所经历的历史性转变。为了说明“自我的器官”这一概念，他创造了一个术语“脑格”（brainhood）。这一意义重大的概念转变始于 18 世纪，那时人类已经开始将脑当作是自我的唯一一个重要的器官。的确，生物和医学，尤其是神经科学近年来的发展愈加强化了“脑主体”（cerebral subject）（即基于脑的人）这一概念。当今，很多和这一概念相关的经典之谜（思维实验，或哲学性的脑科幻小说，比如脑移植、额外备份有机体等）仍用于对人类身份的讨论，而且这一概念还具有广泛的实践意义和道德内涵，如医学实践中的“脑死亡”（brain-death）。Vidal 创造出新术语“脑格”，正是为了确定“脑存在的条件”，即“人和脑共存亡”（human being as brain），而这一术语同时也为我们展现了一个广阔的人类学和社会学图景，它定会以某种我们今天
7 尚不可预知的方式影响未来的教育。同时，“脑格”这一概念也激发了一些艺术家的创作灵感，正如本章标志性的图画 Helen Chadwick 的自画像——两只手小心翼翼地托着脑。最为重要的是，这一概念对教育伦理的影响十分重大，因此要求我们认真考虑那些可能存在争议的观察、实验，甚至对学生所作的“无创性”脑干预和测评。同时，像日本神经伦理委员会这样的组织将会帮助人类社会阐明人性（humanity）这一概念的内涵（参见 Koizumi）。

哲学家、麦克唐纳基金会主席 John Bruer，是美国乃至全世界有关认知神经科学和教育学早期研究领域举足轻重的一个人物。在“搭建神经教育学的桥梁”这章中，他尖锐地批评了在教育实践和政策中运用认知神经科学的研究成果的方式。其中一个典型的误用与教育工作者中广为流传的一种观点有关，即视觉系统的关键期是解释认知发展和终身学习的最佳模型，Bruer 证明这一论断从根本上是错误的。除此之外，我们所认为的需要通过加快脑新陈代谢和提高突触密度来学习新的概念和技能这一常识，也和设置了控制组的实验

结果不一致。正如 Bruer 所说，“过分依赖于发展性神经生物学，将会对教与学产生误导。”我们应该采用更宽广的方法来看待学习，这种观点强调某一特定领域的早期经验更重要，而不是所谓的生理上的“机会窗”（window of opportunity）或关键期。

Bruer 的分析所得出的观点是，神经生物学可以通过阐明有关学与教的认知科学研究来与教育建立联系。他论证说，神经生物学研究并不直接带来对教育的更好理解。他以数学为例作了说明，数学中诸如“正确的起点”（RightStart）等方案在数学教学中已产生了极好的效果，尤其对风险儿童更是如此（Griffin，Case，& Siegler，1994），这些认知结果和概念反过来促进了 Stanislas Dehaene 及其同事们（Dehaene，本书）对数字概念（数字词，阿拉伯数字，和近似值）的多种皮层表征进行神经科学研究。神经科学研究和认知研究共同阐明了数学技能的教育途径，但他认为，单独的神经科学研究并不会与教育建立联系。同样，在研究语言和阅读技能的习得时，似乎再次证实了从神经科学到认知科学再到教育的联系（Dehaene，Goswami，Petitto，& Wolf，本书）。因此， 8
Bruer 得出结论，我们需要精进神经教育学的研究策略，以将神经科学和认知科学联系起来，他还呼吁在认知神经科学的基础研究和教育实践之间建立起越来越多的循环互动交流。

自我意识和脑是当代哲学、神经科学和教育学共同关注的核心。康斯坦茨大学哲学和科学理论中心主任兼哲学系教授、心理/脑问题知名专家 Jurgen Mittelstrass 批判性地分析了一元论和二元论的不同概念架构。他在“哲学中压倒一切的二元论研究项目”和“自然科学（包括科学导向的心理学）中压倒一切的一元论研究项目”之间，提出了一个建构性的媒介。他在所谓的“心身问题”（career of mind-body problem）中引进了“实用主义二元论”（pragmatical dualism）这一模型。他还为有解释价值的独立的心理学（认知）概念辩护，驳斥了神经还原主义（neuro-reductionism）的狭隘观点。也许，这个实用主义模型有助于我们将现代认知神经科学中最前沿的理论术语引入到教育实践中，而不用对这些术语的含义作出本体论式的陈述。同时，我们还需要哲学批判主义的帮助，以建立一个诸如“心理、脑和教育”这样的新领域。经过严格、缜密的哲学性分析和综合，可以避免很多错误和简单化。但是，神经科学、认知科学和教育学中介绍的很多概念，在哲学史上仍是崭新的，仍有待进一步的谨慎验证。

新概念和新技术预示着新研究方法论的使用。心理、脑和教育整合成一个密切联系的新领域后，也就需要对很多思维习惯和传统标准进行深入改变，以求在这个生物学时代拓宽心理学和教育学的研究视野。脑本身是非常复杂的器官，不能只用常规的智力工具进行研究。第一，仅传统的线性分析（此技术主导着行为研究和认知研究）无法获知脑的复杂性，因为整体比部分之和要大得多。脑中联结的数量是庞大的，而在不同的时间标尺中各部分之间联结的数量更是无比庞大。在科学工具箱的所有工具中，只有动态系统理论（dynamic systems theory）才有可能获知这些部分是怎样构成这一不寻常的器官的。第二，心智/脑、身体和世界都是十分复杂的系统，并处于永久的交互作用中。

9 在本书中，格罗宁根大学心理学教授 Paul van Geert 和他的同事 Henderien Steenbeek 概述了神经心理学的复杂性、动态系统法以及如何用神经心理学的发展来分析教育过程。他们定义了复杂系统的四种特征：（1）非线性和自组织，（2）重叠，（3）物质与进程，（4）因果关系的多层次性和多尺度性。第一个特征描述了发展中顺序与结构的增长，包括新组织的出现。第二个特征是指一种现象可以同时存在两种不协调的属性，比如学习中的基因和环境因素。系统动力常包括矛盾的或不协调的进程。第三个特征是指同一现象的不同分析水平是怎样和其表面性质（如一个稳定的物质或一个可变的进程）联系起来的。比如，像踢球这样的个人技能，在其长期稳定的维度上可以被当作物质，但它同时也涉及了进程，因为在短期内，它会随着练习、疲劳、球的性质、构建的环境等因素的变化而发生内在变化。第四个特征，人类从个体到种族的各层次均以不同的层级组织起来，如人、团体、社会和文化。这种层次也发生在时间层面上，如微观发展、个体发育（宏观发展的）、历史和进化等层面。正如作者所说，它们均以“交互式的因果关系”相互作用。

将复杂系统概念化的现实意义是，随着系统的与时俱进，测量需能相应地捕捉到系统的内在丰富性。不充分的测量会错误地表征系统，使其好像是静止的。比如，即使我们能辨认出某一特定的心理活动（如阅读）所激发的脑区，但仍不能说我们知道阅读是什么了。用作者的话来说，“脑科学知识为解决复杂难题增砖添瓦，因此有益于解决难题，（但）它终究不能代替难题的真实状况。”

Van Geert 和 Steenbeek 对不同领导阶层的儿童互动方式的研究，则很好地证明了这些模型的预测力。同时还有很多其他例证，也都可以用复杂的分析预测多样化的现象，包括量的守恒（在皮亚杰理论中）、稳定阶段、波动的技能、学习或发展的倒 U 形曲线以及回归等新概念的突然涌现。这些方法论上的思考对教育学来说十分重要，也应该得到 21 世纪的教育者的重视。

第二部分　脑发育、认知与教育 10

科学中的重大挑战之一，就是在基础研究和日常生活之间建立联系。现代社会的成功和这种事业密不可分，教育的成功也同样如此。通过电脑和通信技术，重大的变化已深入到学习和教学的方方面面，同时这种变化也理所当然会将脑包含进去（Battro，2002）。我们期待，教育的下一个前沿领域将来源于认知科学和脑科学方面的技术。

与技术带来的社会变化相伴随的是对知识加工脑机制的了解所带来的认识论上的变化。Wolf Singer 以一个脑科学家的视角陈述了这一观点："搜寻知识的来源，等同于搜寻脑功能建构的修饰和完善过程。"用神经生物学和遗传学来解释学习和思维，这项科学研究已带来了概念上的根本变化，而在几十年前，只有少数教育者才能想象出这种变化。现在的科学家正在利用神经生物学中一些有效的工具来追踪知识的来源，同时也在分析遗传学和发育遗传学之间的关系、种系发育和个体发育之间的关系以及在整个人生中不同的学习和记忆水平之间的关系。

这正是世界上成千上万的天才科学家正在进行的基础研究，目前它和教育领域的关系还不甚明了。比如，新的认知神经科学领域中最重要的一本手册（Gazzaniga，2003）甚至在索引中都未提到"教育"这一术语，但却多次引用"学习"这一术语。这一遗漏也许尚不能说明那些优秀的作者本身缺乏对教育的兴趣，但它至少告诉我们，存在一个有待填补的科学鸿沟、一块有待探索的新领域。而要填补这一鸿沟，则要在实验室及其严格、传统的学习模式之外进行。对神经科学家来说，这种新的"学习场所"便是教室！在学校丰富的学习和教学环境中，认知神经科学才能渐渐成长，才能提出更深、更有用、更有意义的问题。

在本部分的第一章，法兰克福马普脑科学研究所主任 Wolf Singer 提出了两个具体的议题，理论者和实践者可以通过这些议题来填补基础认知科学和教育实践之间的空白。这两个议题是：视觉关键期与婴儿日托中心的睡眠时间。[后者也和本书中 Daniel Cardinali 所撰写的"时间教育学"（chronoeducation）
一章有关]。通过对动物和婴儿研究的探讨，他为我们呈现了睡眠和觉醒的复 11
杂顺序及它们在发展中的重要作用：记忆巩固和促进学习。谈到关键期，Singer 依据大量动物模式得到的经验，特别是在视觉系统上得到的经验，分析出一个准则，即"共同活动的神经元，就是紧密相连的神经元"。在这种神经同步模式中，神经回路经受了功能性的考验，在这种考验中，这些联结在此后的生命中或者被巩固，或者被移除。当发展窗关闭后，神经元似乎不再产生新的突触，现有的联结也不再被移除。一个极端的例子是视觉输入的“感觉剥夺”：早期发展中因眼睛遭受感染而未在皮层水平发展起相应视觉回路的婴儿，即使后来视网膜功能正常，也仍会保持功能性失明。

同时，正如 Bruer 在自己那一章以及其他地方所说，脑并不像表面上看起来那样不可更改，它通常具有足够的可塑性（Neville & Bruer，2001）。Singer 提到的一个有研究前景的现象是，就连成人的脑都能在海马和嗅球处产生新的神经元和联结，也许在皮层的其他部分也能产生（Gage，2003）。当然，这些事实不能直接转化为教育方案，但是随着从事教育基础研究的科学家日益增多，也许就会发现这些事实和教育的关系。我们仍需要教师和认知科学家的齐心协力，以把握实验室还未探索到的那些重要的教育特征。我们希望下一代在认知科学与教育学及教育学与认知科学之间建立动态的循环联系，这一举措将会显著地影响到与教育相关的观点和发现。

现在已有一个议题形成了这种良性循环，即时间教育学。布宜诺斯艾利斯大学医学院生理学系主任 Daniel Cardinali 便是这一领域的世界领先者，他在自己那一章中解释了生物钟是怎样影响学习过程和教育过程的。首先，他描述了身体所有细胞 24 小时的昼夜节律，这种昼夜节律对定时器（基因—蛋白质—基因反馈环路中所描写的生物钟）所产生的信号进行反应。对哺乳动物来说，主要的生理节律振荡器位于丘脑下部的视交叉上核（SCN），它像计时器一样工作。其中归化因子（授时因子）能重新设置或调整（调快或调慢）内部生物钟的时间。比如，在夜间前半部分暴露在光下能延缓时间进度，而在后半部分却会加快时间进度。相反，“夜间内生的密码”褪黑色素（松果体产生的一
12 种荷尔蒙）在夜间前半部分会使时间提前，在后半部分则会使时间延后。而最显而易见的生理循环就是睡眠—觉醒节律。这种节律从童年到成人发生了巨大的变化，从婴儿每天 14—16 个小时的睡眠时间减少到青少年每天 8 小时的睡眠时间。

对生命至关重要的睡眠被分为两种状态：快速眼动睡眠（REM）和非快速眼动睡眠（NREM），并以 90—100 分钟的周期循环轮替。一个 75 岁的人其实已花了 19 年的时间在非快速眼动睡眠上，花了 6 年的时间在快速眼动睡眠上。其中非快速眼动睡眠状态能保护细胞，促进细胞的合成，并能显著降低脑的新陈代谢。相反，快速眼动睡眠状态却不是内稳态的，比如不能调节体温，但它甚至比清醒时更能激活脑，而且在这一状态中会产生栩栩如生的梦境。

从教育的观点来看，吸收相关的研究成果，以在内部生物钟与警觉状态、动机、情绪、学习风格和学习能力之间建立起最佳的对应关系，是十分重要的。当今社会已变成了一个24小时的社会，连高中阶段的青少年也常会调整作息时间，他们睡得很晚，但必须早起上课，这时他们被剥夺了睡眠。这种调整以多种形式显著地影响了他们在学习上的表现。因此，Cardinali 建议，为适应青少年的生理周期，学生应该一直听课直到认知功能达到顶峰的晚间。其实，从生物钟的视角来看，还能引发对教育重要性的其他一些思考。

认知神经科学的重大挑战是要应对时间和空间上的多种不同尺度，从分子开始，进而转向行为以及认知和情绪。很多分析水平本身就需要被分析，以在脑科学和教育之间建立起真正的整合。有个很大的谜团是，神经网络是怎样形成的，又是怎样随着学习和认知的发展而重构的。形成读写之类的技能可能需要数年，但打开或关闭一个感受器却只需几微秒。神经元生长发育出突触，以主要在抑制和兴奋的基础上建立神经网络。神经网络的这种成长和变化是未来几年所要揭示的几大谜团之一。

皮层神经网络的生长及其与学习、教育的联系是 Kurt W. Fischer 那一章的议题，Kurt W. Fischer 是哈佛大学教育学院“心理、脑和教育”专业的发起者和责任人。他开创了第一个对生物学、认知科学和教育学系统进行广泛整合的学术性培养方案。他和 Antonio M. Battro，Juliana Pare-Blagoev 及其他同事一起，在教皇科学院的工作会议上发起了“国际心理、脑和教育协会”（International 13
Mind，Brain and Education Society，IMBES），并任主席。在心理、脑和教育之间建立起新的联系，急需对这三个领域都熟悉的研究者和实践者，只有这样才能在积极合作中将研究和教育实践整合起来。

一个既有可能性又有制约性的例子是，研究发现，认知发展模式和脑发育模式之间有明显的对应关系（Fischer & Rose，1994）。从出生到二十五六岁，每隔一个特定的年龄段，儿童和青少年的最佳认知表现总会有一个明显的突增，量表测得的参数特征会以相似的节点显示出攀升和间断。而相应年龄的皮层活动，则在多种参数特征（包括 EEG 中的能量和整合性）上也出现了激增和其他形式的非连续性，甚至皮层解剖特征也表现出相应的变化。这些趋于一致的证据共同汇成了一个发展性量表，可以用它在一个共同的尺度下评估学生的学习、课堂材料和教师教学（Dawson & Stein，出版中）。

不幸的是，脑生长可能突然加快这一发现有时会由于过分简化和没有证据支持的概念性跳跃而导致对教育实践的虚假建议。比如，当脑还未表现出激增（这种激增丝毫未被学习方面的证据支持）时，学生们便不能学会任何新知识，这一观点已引发争论。要想在心理、脑和教育领域中建构有用的知识，关键并不是简单地使用神经科学的证据，而是积极地研究脑同学习和行为之间的关系。在未直接研究儿童在学校和日常生活中的学习方式（包括学习怎样与脑功能相联系）的情况下，人们不应该从脑的研究发现直接跳跃到新的教育模式。

俄勒冈大学教授 Michael I. Posner 与 Mary K. Rothbart 和 M. Rosario Rueda 合写的一章，则为我们提供了一个了解神经网络的途径：我们现在能用脑成像工具来观察脑的活动，“在人们思考时观察人脑的内部”。Posner 是神经成像和认知领域的开拓者之一，他和同事们曾对基因和经验在学龄前儿童注意网络的发展中的作用提出了重要论证。这一神经网络在前扣带回有一个重要的节点，此神经网络还对校内外生活中新认知、情感和社会技能的获得至关重要。广泛的研究已能辨认出这一注意网络的三种功能：警觉、定向和执行控制。

14 当然，既然学生在任务中必须维持注意，那么注意对学校学习来说无疑是十分重要的；但是集中注意的能力对不同的人和不同的任务来说差异很大。问题是，注意在多大程度上是可以遗传的，这一问题可以通过同卵双生子和异卵双生子研究中专门的注意测试得到解答。数据结果支持了基因在执行注意网络中的重要作用。而在另一个实验中，与多巴胺有关的两个等位基因则在前扣带回产生了不同程度的激活。还有一个问题是，人类能在多大程度上增强脑中注意网络的功能。教师们十分清楚，能在教室里（甚至在人生中）长时间地集中注意力、应对冲突或不确定性以及克制寻求即时报酬的欲望，是十分可贵的。发展出这种能力往往需要数年，但是 Posner 和同事们对只有 4 岁的儿童进行特殊注意训练后，却发现了鼓舞人心的结果，而皮层活动和在学校的表现都可以证明这一结果。在注意缺陷和自闭症儿童身上也可以得到类似的结果。作者希望这一注意训练技术能对学龄前儿童发挥作用，能为其提供一种掌握课程知识的“脑支持”。这种可靠的科学证据对构建有效的实践来促进教育神经科学的发展至关重要。

脑成像技术是这一过程的主要辅助手段，但从教育的视角来看，若想在教育情境下解决大多数关于学习的问题，这些最佳技术则是不切实际的、复杂的、且昂贵的。因为它们不仅需要先进而又复杂的工具，还需要一个专家团队及策划好的情境（典型的情境是儿童必须一动不动地坐着或躺着）。这些脑成像工具的局限性意味着大多数脑成像并不能在学校里进行，而只能在实验室或医院中进行。可是，恰恰是这种在自然情境下的课堂研究，才更能影响教育。因此，我们急需一些能在学校中运用并可以在教师的帮助下进行分析的新技术。

日本文部科学省脑科学与教育项目组负责人、日立公司的首席科学家小泉英明（Hideaki Koizumi）为我们描述了一项很有前景的新技术所取得的令人瞩目的研究成果。他和他的团队发明了光学成像技术（Optical Topography，OT），也叫近红外光谱法（near infrared spectroscopy，NIRS），即用近红外线测量各种活动中皮层的血液变化。光学成像仪精巧便携，只需在头皮上戴上一个还算舒适的光纤帽，然后坐在一个允许较大移动空间（和广泛使用的 fMRI、MEG 或 EEG 技术相比）的椅子上即可。移动和位置上的相对自由，使此方法在研究说话或运动时的脑加工与研究儿童方面具有很大的优势，而且，与其他工具相比，光学成像仪还具有无创性、低成本、低维护、较易操作的特点。也许在不久以后，光学成像仪就能被引进学校的研究中。小泉英明还列举了学生做阅读、计算、思考和想象的一些任务，这些例子都是光学成像仪能够研究的有关脑的问题。目前，光学成像仪已在脑损伤和痴呆的神经康复方面发挥了独特的作用，而小泉英明更预见到了其对学习和教育科学的应用价值，这正是他那一章的关注点。他还建议对滥用脑成像技术可能会引起的道德伦理问题进行讨论，因为脑成像技术也许“因其有可能泄露个人的心理活动而使人丧失隐私”。他强烈建议创立神经伦理委员会来解决这些问题，日本已经这样做了。

第三部分 脑、语言和数学 15

塔夫茨大学（Tufts University）阅读与语言研究中心主任、阅读障碍领域的专家 Maryanne Wolf 指出：“目前，人类在发育过程中智力改变的实质，并不是脑产生了新的结构，而是脑有一种非同寻常的潜力，即对已存在的神经回路进行重组的潜力。”阅读就是这种典型的心理重组能力，对脑的阅读加工进程了解得越多，教师和学生就能越好地应对阅读障碍（即当代一种常见的“文化病理”）一类的阅读缺陷。当然，在书面文本凸显于人类文明（这一进程大约用了几千年）之前，阅读障碍还不是个问题。Wolf 分析了楔形文字和象形文字这两种第一代文字系统及其教学法所取得的不寻常的认知成就。值得注意的是，一种先进的阅读障碍干预（Wolf 的 RAVE-O 课程）技术让我们想起了古苏美尔语中单词的多维度性质。当字母表第一次被构想出来时，像乌加里特语言一样，它只有元音。之后很久，希腊人才添加了辅音，重组了腓尼基语的脚本，因而才能以一种不寻常的方式描述出这种语言的所有音素。但古时候的阅读并非这么简单，因为单词不但没有被空格或点分开，而且单词的书写方向从一行到另一行也会有变化。

现代字母脚本的阅读比苏美尔语要简单，但阅读中仍然隐含着相当多的认
知成就。首先，儿童必须学会字形—音素这一对应规则。语音层面上的任何缺
16 陷都会导致一种特殊形式的阅读障碍，最近几年我们已能科学地了解这种形式
的阅读障碍，对大多数这类阅读障碍学生的治疗都取得了成功。但是其他形式的阅读障碍却不能单纯由语音来解释。比如，阅读需要对命名速度有影响的、独立于语音系统的快速自动加工过程。这种加工上的缺陷则需要不同的治疗方法。Wolf 的双缺陷假设（Double Deficit Hypothesis）就分辨出三种类型的阅读障碍：语音损伤的孩子、快速自动加工有缺陷的孩子及同时具有上述两种缺陷的孩子。第三组孩子在阅读流畅性和理解上都有深度缺陷，需要全面的干预来加以弥补。

其实，Wolf 和同事们开发的 RAVE-O 项目（Retrieval, Automaticity, Vocabulary, Engagement with Language, and Orthography）就是根据阅读速度的重要性而开发的，它很好地预测出流畅性上有缺陷的儿童将会产生阅读障碍。因为阅读流畅性要求在语言正字法、语音、语义、句法两两成分之间有充分的相互作用。这一项目的最终目标“不是儿童能读多快，而是他们能更好地理解和欣赏所读的内容”。这种干预对读写素养这一重要的话题来说，是很好的范例，可以说明阅读的认知机制和脑机制方面的知识是如何促进教学的提高的。

剑桥大学教育学院的 Usha Goswami 教授，是世界上建立心理、脑和教育连接的几所大学中的一位领军者。作为语言习得方面的专家，她比较了不同语言中的阅读，并介绍了自己的原创性研究。在如此多样的文化和语言情境中，人类用心理或脑加工特定的语言。Goswami 提到，成人文盲意识不到单词中的音素，但是儿童早在学习怎样阅读时就通过字母学会了音素。音素意识是字母类语言中的主要阅读成分，可以被当作语言的一种共性来研究。首先，在学习阅读之前，儿童就已对单词中的音节及所谓的“首音”和“韵脚”产生敏感性。如，在单词“seat”、“sweet”和“street”中，“首音”对应于前面的辅音音节（s，sw 和 str），“韵脚”对应于接下来的元音及之后的语音（s-eat，sw-eet，str-eet）。但是，“首音”和“韵脚”是语音中较大的特征，而字母却是语音流中表征“音素”的较小的抽象单位。在 Goswami 看来，对这些小的语音单位或音素的意识是阅读和书写学习的结果。这就是为什么在所有研究过的语言中，不会阅读的人在音素意识上都表现不佳，但相比较而言却较易辨别音节的原因。

一个重要的发现是，音素意识的学习进度和技能水平都依赖所学语言的正 17
字法。在读和写中，儿童需要将语音系统与正字法对应起来，但不同语言的对应类型却十分不同。对儿童来说，阅读西班牙语这类正字法一致的语言要容易得多。在这类语言中，一个字母永远对应着一个独特的音素，且首音—韵脚的分割直接对应于音素的分割。而正字法复杂、不一致的语言，比如英语，则会减慢和阻碍音素意识的习得。这种差异似乎能解释为什么西班牙语学校比英语学校中患阅读障碍的儿童少。

Gswami 证实，阅读障碍者难以表征母语单词的发音形式，是由于其在音律计时上存在缺陷。Gswami 比较了阅读障碍儿童和相应无阅读障碍儿童，对他们在限定性语音节律中的节拍进行探测，并检测他们的语言技能和诱发的皮层电位，结果表明，“阅读障碍儿童的听觉系统不够成熟，而不是异常”。

多伦多大学心理学院的教授 Laura-Ann Petitto 是教育神经科学（与教育问题相关的神经科学研究）这一新兴领域的先驱。她向我们展示了用近红外光谱法（NIRS）或光学绘图法（OT）等新技术在幼童身上的发现，小泉英明在本书中介绍过这些技术。她还展示了婴儿（会说话前）在知觉语音刺激时是怎样激活神经语言组织的，从而证实了婴儿从很小的年龄起，即在能理解和表达语音之前，就开始使用脑中特异性的语言区了。理解这些皮层区在语言获得中的作用，能加深我们对语言发展的理解，也能对阅读障碍一类的语言困难进行早期预测。将 NIRS 之类的脑成像工具与行为、认知研究相结合，为教育者深入了解在学习上取得的成功及在语言等重要技能上的缺陷，提供了宝贵的机会。

我们很多次被问起“为什么脑科学研究应该与教育相关?”本书的最后一章，法国奥赛的认知神经成像课题组组长 Stanislas Dehaene，对这个问题给出了一个详尽的具有说服力的答案。他在生物学的基础上阐述了对语言和算术的理解，为解释阅读素养和数学这两种文化工具及它们在教育中的应用带来了新的启发。作为一名接受了专业培养的数学家、实验心理学家及神经成像领域的
专家，Dehaene 探讨了在算术和阅读习得方面的研究成果，并最终将教育定义 18
为一种神经元的再利用过程。他在普遍接受的观点（脑是一个通用的学习机器，思维是一块白板，能通过学习数字和单词之类的文化客体来填充）之外，又提出了另外一种观点。在改进了“书写单词和数字是近代文化的产物，无法在自然中找到”这一观点后，他论证说，这些文化客体与人脑进化、发展的历史相结合，有助于解释为什么人类能够学会阅读和算术。

人类基于人脑特有的能力，构建了阅读和数学文化系统。研究发现，灵长

类动物和人脑中有预先装配好的一个小的皮层区，用于探测数量特征及其他与书写符号形状有关的特征。很多物种也表现出数感，甚至人类婴儿也能表现出对数量的原型认识，这都与顶叶的基本加工（左右顶内沟）有关。对人类来说这种功能定位是稳定的，它会因此区域的损伤而形成失算症（不会做算术）。对猴子来说，特定的神经元群被用以负责 1 到 5 个视觉客体的数感（与数字 1 到 5 相联系），这些神经元群也位于顶叶的类似部位。

阅读字母和单词，会激活左腹侧视觉区的一个非常稳定的区域（枕颞沟）。对已研究过的所有语言来说，不管这些语言的阅读者是否使用拼音文字的阅读系统，这一激活形式都会发生。因此，这一区域的损伤会造成失读症（不能读）。而且，即使在最细微的形状特征上像某个字母，也会激活猴子特定的枕颞神经元。从这些趋于一致的证据上，Dehaene 推论出“只有当新文化符合脑结构（此结构限定了可习得客体的空间）的已有限制时，人类才有可能习得它。”

将生物学、认知科学与教育学结合起来，将会以同样的方式改变人类对自身、工具及文化的理解。这种新的理解不仅在心理、脑和教育方面为我们提供了更深、更精确的知识，也为我们带来了更好的学习和教学工具。本书中科学家和教育者的齐心协力，预示着世界上即将有一个庞大的科学家和教育者网络来进行广泛的研究，也见证了一个探索知识（由生物学、认知科学和教育学整合而成的新领域中的知识）的新时代即将到来。我们预计，这一新兴的领域将有助于 21 世纪学习和教学方式的深刻变革。

参考文献

Battro, A. (2002). The computer: a tool for the brain. In *The Challenges of Science: Education for the 21st Century*. Pontifical Academy of Sciences. Scripta varia. Vatican.

(2004). Digital skills, globalization and education. In M. Suárez-Orozco and D. Baolian Qin-Hilliard (eds.), *Education, Culture, and Globalization in the New Millennium*. Berkeley, CA: University of California Press.

Dawson, G. and Fischer, K. W. (1994) (eds.) *Human Behavior and the Developing Brain*. New York, NY: Guilford Press.

Dawson-Tunik, T. L. and Stein, Z. (In press). Cycles of research and application in science education. In K. W. Fischer and T. Katzir (eds.), *Building Usable Knowledge in Mind, Brain, and Education*. Cambridge, UK: Cambridge University Press.

Fischer, K. W., Bernstein, J. H., and Immordino, M. H. (2006). *Mind, Brain, and Education in Reading Disorders*. Cambridge, UK: Cambridge University Press.

Fischer, K. W. and Rose, S. P. (1994). Dynamic development of coordination of components in brain and behavior: A framework for theory and research. In G. Dawson and K. W. Fischer (eds.), *Human Behavior and the Developing Brain* (pp. 3–66). New York: Guilford Press.

Gage, F. H. (2003). Brain, repair yourself. *Scientific American*, 289 (3), 47–53.

Gazzaniga, M. S. (ed.) (2003). *The New Cognitive Neurosciences*. Cambridge, MA: MIT Press.

Griffin, S. A., Case, R., and Siegler, R. S. (1994). Rightstart: Providing the central conceptual prerequisites for first formal learning of arithmetic to students at risk for school failure. In K. McGilly (ed.). *Classroom Lessons*, (pp. 25–50). Cambridge, MA: MIT Press.

Léna, P. J. (2002). Science education in France: La main à la pâte. *In The Challenges of Science: Education for the 21st Century*. Pontifical Academy of Sciences. Scripta varia, Vatican.

Neville, H. J. and Bruer, J. T. (2001). Language processing: How experience affects brain organization. In D. B. bailey, Jr., J. T. Bruer, F. J. Symons, and J. W. Lichtman (eds.), *Critical Thinking about Critical Periods* (pp. 151–172). Baltimore, MD: Paul H. Brookes Publishing.

Ramón y Cajal, S. (1981). *Recuerdos de mi vida: Historia de mi labor cièntifica*. Madrid: Alianza Editorial; (1937) *Recollections of My Life*. Philadelphia: American Philosophical Society.

20

第二章

对脑与自我的历史性思考

Fernando Vidal

概述

本章将就有关脑与自我关系思想的历史发展脉络进行探讨，并认为，正是在过去这些进步的基础上，我们今天才有了许多将神经科学和传统的人文科学领域进行整合的计划，本书就源于这样的一个计划。事实上，正是由于这些进步提供了历史性和知识性的条件，这一整合才成为可能。这一整合既可以从还原论的角度来理解（相关的学科，例如教育与精神分析，将会经历由神经科学知识带来的彻底的革命性变化，并将依赖于神经科学的进步），也可以从合作的角度来理解（各种人类科学保留其认识论与方法论的独立，但将被神经科学知识丰富或部分地修正）。为什么神经科学看起来这么重要？除了它与每个领域的相关应用或合作关系以外，其终极原因在于神经科学向世人展示了脑这一器官乃是人之为人的根本。不过，作者认为，神经科学之所以如此重要，至少部分是由于人们这样的一种信念，即脑是唯一一个使“我”之为“我”的器官。显然，这种观点得到了神经科学的支持，但神经科学却并非其源头；恰恰相反，这种信念早在现代科学产生之前就存在了。这看起来不符合我们的直觉判断，但假如事实确实如此，那么探索其历史将有助于我们找到根源，使我们理解为何当今社会如此热衷于讨论神经科学对其他学科的影响，以及其背后隐含的各种价值与信念。

——编者

脑主体与神经科学

为了从历史的角度来阐述脑与自我的关系，我觉得有必要造两个新词：“脑格”（brainhood）与“脑主体”（cerebral subject）。“脑格”一词仿“人格”（personhood）而来。因为人格一词指的是作为一个人类个体存在的一种状态或质性，我们可以用脑格来指代作为脑而存在的一种状态或质性。笔者认为，大约始于20世纪后半叶，脑格就成为定义人类属性的主流。人类于是变 21
成了一种我们可以叫作“脑主体”的东西。从小说、电影中的科幻情节，到神经哲学、特别护理和器官移植，所有这些都使我们渐渐觉得，与其说人拥有脑，倒不如说人就是脑。当然，人类还有许多其他的属性，但是人们发现对于人类自我的存在以及个体的界定来说，脑是唯一一个不可缺少的器官，这一事实至少部分地成立。实际上，与其他任何一种器官移植与身体修补不同的是，假如A的脑被移植到了B的身体里面，我们不认为是B得到了一个新的脑（像身体中其他任何器官那样），而是认为A得到了一个新的身体。

从20世纪后半叶开始，至少在工业化的西方国家，脑主体就已经成为一个影响力巨大的人类学概念，它已经并将继续在各种个人决策与公共政策中产生极其深远的影响（例如Blank，1999）。脑主体有一个前提，脑科学史学家Michael Hagner将其称为“大脑人”（homo cerebralis）（Hagner，1999；另见Breidbach，1997a）。这一词语表现了19世纪脑所经历的变化：从灵魂之源变成了产生自我的器官。脑主体这一说法也与Jean-Pierre Changeux的“神经人”（neuronal man）说法有某些异曲同工之处，Changeux用这一说法来阐述个人身份产生的物质基础（Changeux，1983/1997）。然而脑主体这一概念是由脑格的本体属性所定义的，因此它涵盖的范围比“大脑人”或“神经人”更广。它使用了哲学、心理学和神经科学领域内外的多种多样的社会印记、具象与结晶来标示出一个人类学概念——人就是脑。就这点而言，要融合神经科学与其他人类科学，并利用关于脑科学的知识对后者进行改革，这个概念是必要的条件之一。新的这类研究计划正在不断涌现。

事实上，神经类学科的不断涌现成为当前一道亮丽的文化风景。虽然“神经”这一前缀早在17世纪就开始使用，然而我们所讨论的问题是，20世纪60年代初率先提出的“神经科学”。其他的学科也纷纷随之涌现，今天我们不但有（只举几个例子）神经儿科学、神经老人病学、神经老人学，还有神经美学、神经经济学、神经经神分析、神经伦理学、神经神学，当然，还有

22 神经教育学。不论它们将发展为独立的学科还是保持学科间交叉，这些名字本身就很有意义。虽然神经并非只存在于脑之中，但是“神经”类的新词汇倾向于单指脑。当然，神经这一前缀比“脑”和“大脑”作前缀要好听得多，而它也同时将最新的这些“神经”学科与完备、权威的神经科学联系在一起。因此它更有一种宣传效应。但宣传并不是全部：“神经”一词宣告了神经科学的发展给相关学科带来的严峻挑战与诱人机会。

与神经相关的各领域研究的是物质基础，例如神经儿科学与神经老年病学研究脑的早期与晚期发展。神经神学则研究灵性与神秘体验的神经逻辑基础（例如：Newberg，D'Aquili，& Rouse，2001）。相似地，根据其某个定义，神经美学“着力建立美学体验的生物学与神经生物学基础”；这个领域已经在伦敦学院大学拥有一个研究所，并在伯克利举办年会。（见 www. neuroesthetics. org)(而与之稍有不同的“神经元”美学，则更像是试图建立一种自然主义的美学；见 Breidbach，1997，以及 Kleeberg，2004，在§Ⅲ对此的分析）至于神经精神分析学，它主要研究精神分析理论所描述的神经过程背后的神经学基础（参见 Kaplan-Solms & Solms，2000，以及《神经精神分析》杂志）。神经经济学恐怕是这些新领域中发展最完善的一个了（而且是唯一一个进入认知科学百科全书的领域），它是“关于实体化的脑与外界环境的交互作用如何产生经济行为的研究”，其重点是个体决策过程（McCabe，2003；Glimcher，2003；Camerer，Loewenstein，& Prelec，2003）；克莱蒙研究大学中设有一个神经经济学研究中心（http://fac. cgu. edu/ ~ zakp/CNS/）。

对神经科学的未来具有重要作用的神经伦理学则稍有不同。当然，它探求道德行为的神经基础，但它更多地致力于研究神经科学知识及其应用的伦理、社会和法律效应（Marcus，2004；与法律相关的内容见 Garland，2004）。所有这些领域并不强调还原主义，而是强调对话、学科交叉及神经科学与其他领域的双向交互作用。虽然它们并不统一且颇有争议，但它们都显示了一种以脑为
23 中心的倾向，并对神经成像技术的贡献寄予极大希望——虽然有不少人（例如本书编者们）警告大家不可期望过高。

神经教育学也不例外。用本书编者们的话来说，尽管教育不止于其神经层面，但神经 科学“可以对它的很多需求有所启发”（Battro，Fischer，& Lena，本书）。寻求可以改进教育艺术的方法与知识实体的努力至少在文艺复兴时期就已见端倪，这种努力在 20 世纪早期卓有成效的教育运动中占有重要地位。神经教育学计划也不例外。像它的先辈们一样，它将科学进步作为其成功的首要条件；它认为认知神经科学的进步将最终为教育带来更稳固的实证基础，并

引发适当的教育改革。

值得注意的是，对于这样一种信念背后的有关科学的本质与科学史的观点，我们表述的方式与科学史学家所普遍认同的并不一致。根据他们的观点，客观性、证据和事实本身是历史性地构建的，根植于特定的环境，是智慧与制度间的协商。John T. Bruer 就给那些神经教育学的热情支持者们泼了冷水，他批评那些妄图利用简单化和毫无根据的偏侧化与关键期来连接神经科学与教育的尝试过于急功近利。这从他所写的这段话中就可见一斑：“我们对脑工作方式的了解还远远不够，所以无法从突触形态的变化上来得出对教育的启示”，他的结论是：“神经科学发现了很多关于神经与突触的知识，但还不足以引导教育实践”（Bruer，1997，10 and 15；另见 Bruer，1999）。

由于这个问题的复杂性，从数量的角度思考、将科学想象为连续累积性的过程是不合适的。首先，与数量本身相比，什么样的知识和技术与这个问题相关是更加重要的：就教育来说，发展神经生物学与脑成像技术的出现，为神经与神经认知的教育干预开辟了道路。与其他“神经”科学领域一样，神经教育学也拥有这样一个强烈的信念，即科学的进步会为我们提供各种问题的解决方案（或者提供找出这些解决方案的必要条件）。而神经教育学相比其他神经学科可能更加注重双向关系：神经科学家必须进入课堂中，教师也应该把他们的问题带进实验室。这是第一步，而我们将通过提出教育的目标、研究与干预 24
的伦理、其政治与政策层面以及其对未来改革的影响等核心问题来平衡其科学话语。最终，与其他神经领域一样，神经教育学家们必须思考他们的人类学假设，思考在他们的观点中人类和社会是什么以及应该是什么。

神经学化趋势

各种神经科学的兴起所表现出来的这种神经学化趋势建立在对“为人”与“有脑”的关系的诸多假设上。也就是说，我们相信，要使我们是我们自己，脑（或脑的功能等价体）是唯一真正不可或缺的身体部件。在 Roald Dahl 的一部非常著名的小说中，一个叫威廉姆的人情愿使用脑剥离的方式来逃避身体的死亡。在手术之前，他请求医生保留他的视神经，并把一只眼睛留在“他”身上，以便他还可以读报纸。这是他最喜欢的事情之一。于是威廉姆以漂浮在液体中的脑的方式继续活了下去，脑上还连了一只眼球。然而，不论对威廉姆来说还是对医生来说，眼球都不是威廉姆以手术前（姑且称之为脑存活手术）完全相同的人的身份存活下去的必要条件（Dahl，1960/1979）。这个幻想故事与一些人的真实渴望不谋而合：在利用人体冷冻术追求永生的努力中，可能由于其价格低廉，时下流行的方式是“神经保存”，也就是只保存脑而舍弃身体的其他部分（见 Alcor Life Extension Foundation，www. alcor. org? FAQs/faq02. html#neuroperservation）。

不要说那些提倡人类科学神经学化的学者们，很可能连神经保存的一些客户也不会以一种脑本体论的方式来看待自己，他们也会反对人可以被缩减为仅仅一个脑的这种想法。然而从历史的角度来说，我们所说的这一趋势产生的前提中，一个关键因素就是脑主体作为一个人类学概念的出现。据 Hagner 和 Borck 的说法（2001，507–508），神经科学与其他生命科学分支不同，原因在于它的成功“并不来源于某一技术或概念突破，也没有被源源不断的技术发展所追随、伴随或强化。”反过来说，人格的脑化（或更精确地说：皮层化）并不是神经科学进步的必然结果（Zimmer，2004，其文章明白易懂，只是在这一点上说错了）。相反，它是现代神经科学在历史上偶然出现的一个假设。
25 在 18 世纪的发展中，脑不但变成了个人身份的居所，而且突然变成了对自我来说唯一不可或缺的身体部件——是我们成为自己的唯一必须拥有的且必须内在于自我的器官。19 世纪和 20 世纪神经学与神经科学的发展强化了这种早期观点。然后到了 20 世纪 60 年代，继承英美分析主义传统的哲学家们通过以脑为客体的思维实验讨论了个人身份，把脑手术的幻想故事变成了思考个人身份的一种不可缺少的概念工具（Ferret，1993；Noonan，1991；Perry，1975）。

这种有哲学意味的脑幻想小说的兴起在时间上与脑研究的象征性、体制性与经济性权重的不断增长相一致。在学术领域的相对发展速度上、资金的分配上以及公众眼中什么学科对人类未来影响最大这一点上，脑科学研究都越来越令人瞩目。国际脑科学研究组织（International Brain Research Organization）是被联合国教科文组织所承认的非政府组织，成立于 1960 年，其目标是推动神经科学的发展，帮助科学家进行培训与交流。1973 年它成为国际科学联盟理事会（International Council of Scientific Unions）的非正式会员，1993 年成为正式会员，自 1999 年以来每年组织神经科学学校的学习（见 www. ibro. org）。伴随着这些脑科学国际化发展的早期迹象，20 世纪晚期又出现了充满活力的学科扩展与慈善性尝试：美国政府宣布 20 世纪 90 年代为脑的十年（lcweb. loc. gov/loc/brain/），美国有两个主要的基金会已经将脑科学研究和脑研究的公众教育列为它们的工作重点。1992 年，查尔斯 · 达纳基金会建立了一个脑研究倡导联盟，后来又开展了每年一次的脑知识周，其目标是在公众中宣传脑科学研究的进展、前景与益处（www. dana. org）。从 2000 年开始，约翰 · 麦克唐奈基金会下的 21 世纪科学行动就把“连接脑、心理与行为”作为其三个项目领域之一。Jean-Pierre Chageux（2000）宣称 21 世纪将是脑的世纪；而对诺贝尔奖得主、记忆专家 Dric R. Kandel 来说，“认知神经科学，以其对知觉、行动、记忆、语言与选择性注意的关注，将越来越能代表所有神经科学的研究焦点”（摘自 www. cogneurosociety. org/content/welcome）。

这只是一些表面上看得到的标志，它们说明了神经科学在当代科学研究的广阔天地中所占有的位置，至少在西方工业化国家是如此。他们不但涉及了从20 世纪中叶以来科学与医学的历史与社会学，也涉及人格的核心。DNA 结构 26
的发现者之一、人类基因组计划的第一主管华生（James D. Watson）宣称，“过去我们认为自己的命运写在群星上。现在我们知道，我们的命运大半是写在我们的基因中”（转引自 Jaroff，1989，p. 67）。如果一切正如所预言的那样，在 21 世纪，我们将仍然是基因的存在，然而同时也将变成脑的存在。即将到来的神经世界将不可避免地带来伦理和心理考验，而脑格的历史性观点将有可能帮助我们预测与面对它们。

脑、身体与自我

脑格的问题与灵魂和肉体的关系问题有所不同。简单地说，我们可以认为启蒙运动前西方基督教关于灵魂与肉体的关系的思考分两个历史阶段，并且有一个基本的传统。两个阶段是亚里士多德阶段与后亚里士多德阶段；一个传统是指盖伦式的医学与生理学（Galen，古罗马医生与哲学家——译者注）。在 16 世纪晚期前一直统治学术思想的基督教的亚里士多德框架中，灵魂的定义是——用亚里士多德的话来说——“形”或“一个有拥有生命潜在可能的自然体的第一实在”（De Anima，412a20）。这不仅意味着灵魂是生命的原则，或者说给一种特定的物质赋予生命的东西，同时也意味着灵魂不可能真正地与身体分离。关于这一点，亚里士多德的比喻很有说服力：“如果眼睛是一个动物”，他写道，“那么视觉就是它的灵魂，……也就是说，如果视觉离开了它，它就不再是眼睛……而只能像石刻笔画的眼睛一样”（De Anima，412a-413a）。

从这种角度来理解，灵魂负责生物的一切本质性功能。这些功能指的是机能或者能力，有营养性的或植物性的，知觉性的或感觉性的，食欲或愿望的，运动或移动的，以及理性或智力的（见 Kessler，1990；Michael，2000；Park，1990）。这些不同的机能有些时候被描述为不同的灵魂，但关于这一点的讨论与我们无关。重要的是人类的灵魂拥有全部的机能；而其他生物被认为缺少理性灵魂；植物的特性就是只有植物性灵魂。所有这些有机体都被看作生命体或有灵体；这就是为什么直到 17 世纪末，心理学这个词（1590 年前就有使用）或它的同义说法“灵魂的科学”（scientia de anima）指的是一种涉及所有生命体的一般科学，包括植物、动物和人（Vidal，2006）。智力或理性灵魂向我们提出了特殊的问题。亚里士多德提到一种“主动理智”（active intellect），并
27 认为它是独立的、不灭的、永恒的。这种“非亚里士多德”的观点带来了长达几个世纪的争论；然而在 13 世纪，灵魂是统一实体的观点，以及理性灵魂“本身就是，且本质上是”（per se et essentialier）身体的“形”（按亚里士多德的说法）的观点成为基督教的正式教义。

随着亚里士多德框架的瓦解，灵魂不再掌管营养性、植物性与感觉性功能，而变得等同于心智或理性灵魂了，正如在笛卡尔的哲学中那样。这是灵魂这一概念的一个剧烈转变，使得我们有必要重新思考灵魂与肉体统一性这一问题。在 17 世纪和 18 世纪，人们从三种视角出发，对灵魂—肉体统一性问题进行了探讨。从物理影响系统的角度来说，两种存在以物质的方式相互作用。在马勒伯朗士的机会论中，上帝是两者统一性的因果力。例如，灵魂希望移动身体，上帝就使身体移动。最终，Gottfreid Wilhelm Leibniz 认为灵魂与肉体之间的关系被一种先在的和谐所协调，就像两座完全同步的钟一样。灵魂—肉体统一性的假设与将灵魂—肉体作为实证研究的证题是不同的。它们的统一性被作为一个既成事实而接受，由信仰、理性与内在感觉所支持，然而其本身是神秘的；而两者间的互动（commercium）则可以通过考察人类的那些似乎体现了两者的互相依赖关系的行为现象来解释。随着它在 18 世纪的发展，这种互动构成了“实证心理学”领域的主要研究焦点（Vidal，2000；Vidal，2006）。

尽管亚里士多德时期与后亚里士多德时期有着重大的分歧，但是人们看待灵魂与肉体的方式却在数个世纪基本保持不变，都是建立在 2 世纪希腊哲学家与医生盖伦的生理理论之上的（Temkin，1973）。在被认为源自希腊医生希波克拉底（约生于公元前 460 年）的较早理论基础上，盖伦提出，可以把健康看作四种主要的液体或“体液”的平衡。这些体液——血液、黄胆汁、黑胆汁和黏液——是由四种元素（火、气、水、土）混合产生的，并与它们有相同的基本属性（热、冷、湿、干）。为了生活健康而开出的治疗、食疗与卫生保健处方应该建立在以维持体液平衡为目标的基础之上。在每一个人体内，这四种体液以不同的比例与混合方式存在，它们决定了所谓的“气质”。而气质则被认为决定了我们今天所说的人格或能力——这一点在盖伦影响深远的论文的题目（Quod animi mores corporis temperamenta sequantur，意为灵魂的能力

服从于身体的混合方式）中就有所体现。对我们现在所要讨论的问题来说，28
关键的一点是人被定义为由肉体与灵魂这两种物质所构成的，肉体与灵魂紧密联系并且不断地彼此互动。

盖伦用一种纯粹生理学的方式来解释这种互动。按照盖伦的观点，身体包括三个系统：脑与神经、心脏与动脉、肝脏与静脉。血由肝脏产生，由静脉传送到身体的其他部分，被各种器官所消耗，并转化为“灵”或越来越稀薄的液体。它最先形成“自然灵”，负责营养与生长。在肺中，血液与空气结合；然后它进入心脏，其中的一部分变为“生命灵”，掌管运动与生命功能。血液的最后一次转换发生在脑中，在那里它变为“动物灵”，以产生感觉与智力功能。这些灵的质性，例如它们的气质或浓度，与体液的气质或浓度密切相关。例如，如果一个人的血液过冷，其动物灵也会变冷，依赖于它的思维活动就会变得虚弱和缓慢。他认为动物灵存在于“脑室”中并在其中移动（参见图2.1，从前向后）。这些脑室的功能是“一般感觉”（common sense）的处所，它们收集感觉信息、想象与幻想、判断与智能以及记忆（Clarke & Dewhurst，1973；Harvey，1975；Kemp，1990）。

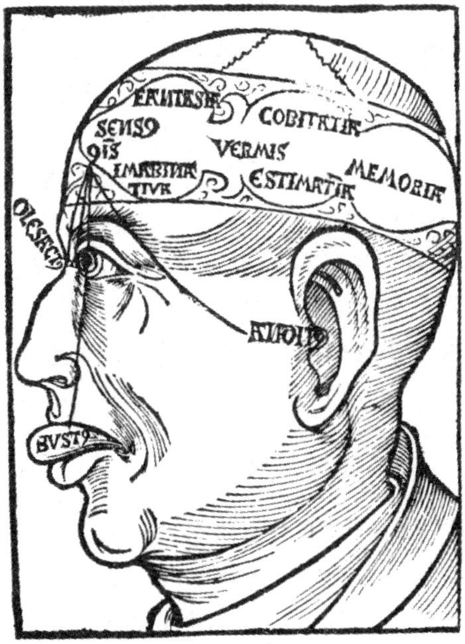

图 2.1　本图描绘了心理功能的“幽室理论”。舌头、鼻子和耳朵都连接到位于前脑室的“一般感觉”上，而前脑室还包括了想象与幻想。摘自 Hieronymus Brunschwig，The Noble Experyence of the Vertuous Handy Warke of Surgeri（London，1525），最早于1497年出版于德国。

在这里，脑的功能是产生动物灵的工厂，然而决定一个人的个性与能力的却是这些灵本身与其他体液。例如，西班牙医生 Juan Huarte de San Juan 在他的 1575 年出版的著作 Examen de ingenios para las ciencias（后来，17 世纪晚期的一位翻译家把此书命名为《智之尝试：探索智慧的差别以及什么样的学习方法适合不同的天才》）中继承了盖伦的“论灵魂的疾病”（Quod animi mores）中的观点，阐述了湿与记忆、干与理解、热与想象的关系。因此这些不同能力间的个体差异依赖于脑的物理属性，也就是说它的气质以及“湿”、“干”的程度。

17 世纪与 18 世纪，体液理论在与机械论和固体论的论战中略有失利，但影响力仍然十分巨大。在有关灵魂与肉体互相作用的问题特别是认知功能问题上，神经学说获得了新的地位。当时人们将神经看作是固体的或有弹性的纤维，或
29 者是中空的管子。不管是哪一种，它都构成了肉体与灵魂之间的媒介；一些作者（例如日内瓦的自然主义者与哲学家 Charles Bonnet）强调它们的作用，他们把灵魂的位置放在脑中所有神经的交汇点上。相对于赋予体液与气质重要作用的盖伦式框架来说，这种理论更进了一步，把脑变成了产生自我的器官，并认为脑对于正在蓬勃发展的实证心理科学有重要的意义。启蒙时期最重要的两位心理学思想家，David Hartley 在他的《对人的观察：其结构，其义务及其期望》（*Observations on Man, His Duty, and His Expectations*，1749）中，Bonnet 在他的《论心理学》（*Essai de psychologie*）和《灵魂功能之辨析》（*Essai analytique sur les facultiés de l'âme*，1760）中，都详尽地对神经与脑的心理学进行了说明，强调神经与脑在习惯形成、联想机制以及从感觉印象中形成概念的作用。

30 然而，由于技术上的原因，几个世纪以来，脑一直是身体上最难以用科学方法进行研究的器官（Brazier，1988；Clarke & O'Malley，1968；Clarke & Jacyna，1987；Corsi，1990；Finger，1994；Neuburger，1897/1981）。因此，心理学的脑科学化或者说神经科学化并不是真的依赖于脑结构与功能的知识进步，我们不能说这些理论算是真正的进步。关键的一个因素正是我想借脑格一词来捕捉的人类学革命。而我们现在也必须转而讨论这场革命。

脑格革命

虽然脑在盖伦的生理学与后来启蒙时期的神经生理学中占有重要的地位，脑格本体论的出现也依赖于其他科学和哲学的因素。为了理解这些因素，我们必须先来想一想基督教作为一种宗教传统所拥有的一个核心观念：道成肉身（Incarnation），也就是说，基督是上帝进入肉身。当然，早期出现过一些争论，涉及基督肉身的本质以及基督的人性与神性究竟是什么关系的问题。然而最终成为正式定论的说法是基督有一个完全的人类身体，他既是神也是人。从这里演化出了基督教人类学，即人只能以肉体的形式存在。

过去人们常说基督教将个人视为一种二重体，不灭的、将受到审判和救赎的灵魂与可灭的、将受折磨和蔑视的肉体被撕裂开来。不管怎么说，从人类学的角度来看，它与笛卡尔在其《第一哲学沉思集》（*Meditations on First Philosophy*）中所提出的无肉体的自我这一观点背道而驰。对基督教传统来说，“人类意味着实体化的心灵”这一观点（Porter，1991，212）是不准确的。常见的“实体化的自我”这一说法隐含了（潜在的）“非实体化的自我”这一概念。然而，基督教认为除非肉体与灵魂合一，否则人就无法存在。用神学家 Antoine Vergote 的话来说，所谓的人“不是说他有肉体，而是说他的存在是肉体性的；”“肉体就是人的全部”（Vergote，1979，96/97；另见 Bynum，1995；Keenan，1994）。

这种人类学观念产生了严重的后果，其中最为神秘的要数肉体复活的教义了。在这一点上，基督教在出现的最初几个世纪中又出现了争议，而最后的正式观点为：不论是肉体身份还是心理身份，复活的个体都与其未死时一样。于 31
是身份（identity）（拉丁词反身代词 ipse）使得“一样”（sameness）（拉丁语中的 idem）成为必然（在两个谓语指向同一主语或在比较“……与……一样”中使用）。这个观点包含了一些复杂的问题。其中一些在基督教出现之初就已提出，并在 18 世纪之前一直困扰着思想家们（Vidal，2002）。它们包括类似这样的问题：如果在复活的时候必须恢复所有的血肉，那么在我们一生中不断损失又不断补充的那些东西又会怎么样呢？或者我们可以把问题变得更为戏剧化：如果你被一个食人族吃了，你的血肉被他吸收为自己的血肉了，那么复活的时候那些血肉会到哪里去呢，回到食人族的身上，还是回到你身上？

这类问题表达了本体论困境。复活教义认为复活后的身体将是“属灵的”，并将拥有某些特殊的性质。同时，它又断言复活后的身体将“在数字上”与我们在世上生活时的身体一样，换言之，它们不但在质性上是相同的，甚至组成的物质也一样。在基督教徒中，问题从来不在于复活会不会发生或者复活之后的我们还是不是我们。概念上的难题是如何想象身体的自我相同性以及它与我之为我的关系。复活后的身体会与相应的生前的身体在数字上相同吗？如果会，怎样实现？如果不会，那么质性上的相同将以何为据？因此，复活的难题强调了基督教人类学的原则，即肉体就是人的全部，人类不能以一种非实体的状态存在，而且为了使我们每个人成为自己，我们需要身体——不是随便找一个身体就可以的，而必须是我们自己的身体。然而，在 17 世纪晚期，人们对这种观点进行了反思，并对其提出了挑战。

就我们讨论的问题来说，在科学革命的背景之下，有三个相互牵连的进程初露端倪：一是人格开始相对地离开肉体；二是人的身份心理学化；三是对身体与脑研究的日益兴起。当时被称作“新哲学”的两种观点组成了一种新的脑格形式：物质的粒子理论与约翰·洛克的个人身份理论。粒子哲学（例如牛顿就赞同这种理论）用运动、数字、静止与可互换的物质粒子的位置来解释自然界的现象。肉体的不同并不来源于组成肉体的成分不同，而是源于其组
32 合机制的不同。这对复活教义产生了立竿见影的影响，也就是说，复活后的身体不再需要用与生前的肉体完全相同的物质来构建了。物质的连续性失去了它在个人身份构建中的重要性；而这一点，正如哲学家约翰·洛克不久后指出的那样，不但适用于复活后的人，并且广泛适用于人格。

洛克在《人类理解论》（*Essay concerning Human Understanding*，1694/1988，第二卷，第 27 章）一书中提出把物质实体与个人身份相分离。他的理论从区分人（man）与个人（person）出发。洛克写道，人的身份是“同一个连续的生命不断地与同一个身体组织进行生命性联系”；因此，如果希利伽巴拉斯（古代罗马皇帝——译者）的灵魂被转移到一头猪身上，没有人会说“这头猪是一个人，或这头猪是希利伽巴拉斯”（§6）。与之相对地，洛克把个人（person）定义为“一种会思考的存在，拥有理性与反思，可以在不同的时间与不同的地点把自己看作自己，看作同一个思考的存在。”（§9）。于是个人身份就存在于记忆与意识的连续性中，洛克称其为“理性存在的同一性：且（他补充道）这一意识可以回溯到过去多远的行为与想法，那么这一个人身份就可以回溯多远”（§9）。他解释道，个人身份完全依赖于“使一个人成为他自己的相同的意识”——且不论这一意识被“附加”在什么样的物质之上。（§10）。由此得出：自我（就是洛克用“个人”所指代的概念）也依赖于意识而非物质。因此，这位哲人认为，如果他的小手指被切掉了，而意识恰好存在于小手指中，那么“这证明了小手指就是这个个人，相同的个人；而且自我与身体的其他部分都没有关系”（§17）。在这种占有式的个人观看来，我们不说我们“是”肉体，而说我们“有”肉体；对我们来说肉体被客体化，并远离了“自我”，成了我们拥有的一样东西，而不再是我们本身（Taylor，1989）。于是个人身份变成一个心理学概念，离开了我们的肉体身份。

与早先强调自我的本质是肉体性的观点相反，他的观点暗示了一种肉体的缺失。但这种区分并不是绝对的。在他的理论中，维持身份所必需的记忆与意识仍然依赖于一根小手指。在启蒙时期的实证心理学中，它们则存在于脑。于是，一个与身体分离的、非实体的灵魂仍然无法独自成为他所谓的人。问题在于身体的哪一部分是我们成为自己所必需的？答案是，要成为一个人，我们唯
33 一需要的就是我们的脑——那个包含了我们的记忆与意识的东西。身体的其他部分是可有可无的，而且在它们存在的时候，它们也没有必要是这个人自己的。毫不意外的是，脑科学并没有直接涉及这类问题。自从 18 世纪末以来，它们争论的中心围绕着三个主题。第一个是心灵—脑、一元论—二元论的争论。这里的议题是，一般的认知与行为以及作为它们物质基础的脑，是否可以从某种程度上被看作是两个分离体，或者说是否心灵与其功能可以还原为脑本

身。第二个争论的双方是定位论与整体论，这里的议题是脑不同区域的神经元是否有特化的功能，或者说脑是否以一个整合的整体方式工作。第三个涉及意识的本质，以及它如何由脑产生。在这一点上，“灵魂”一词在当代神经科学与神经哲学中的反复出现可能并非一种修辞手法或反讽（见 Crick，1994），而是代表了一个有待解决的问题。

19 世纪中涌现出一些脑主体的萌芽。颅相学是我们最熟悉的一个例子（Clarke & Jacyna，1987；Renneville，2000；http://pages.britishlibrary.net/phrenology）。在维也纳医生高尔（Franz Joseph Gall，1758–1828）的理论基础上建立起来的颅相学既是一种官能心理学、一种脑理论，也是一种测量人的个性与能力的方法。它基于几个假设之上：脑是掌管心灵的器官；心灵由内在的官能构成；每种官能在脑中有其自己的位置或“器官”；每个器官的大小与其对应官能的强弱成比例；脑的形状由这些不同器官的生长情况所塑造；最后，因为颅骨的形状取决于其下脑的形状，它的形状或“凸起”就表现了一个人的心理能力与倾向性。

尽管最终人们发现这些所谓的脑器官是虚构的，颅相学仍然是第一个将心理能力与行为归属于脑皮层不同区域的理论体系，而且它的一些假设也被 19 世纪后半叶的研究所证实了。这一时期人们取得了根本性的进展，特别是脑定位以及细胞结构学（或者说是脑的细胞结构，包括神经元的发现）方面。这些发现脑是产生自我的器官这一信念的启发（而且显然也被证实）。这一信念体现在对天才的脑、罪犯的脑和心理疾患的脑的研究中，研究者认为他们这些超常的正性或负性的特性印刻在他们的脑中（例如 Hagner，2004）。从那时开始，脑与心理状态间存在某种关系这一神经哲学的基本假设就从来没有丧失它的吸引力——其吸引力反而不断增加。这要感谢神经成像技术的推广，它们所 34
产生的图像具有动态的美感以及显而易见的即时性，具有可读性与直观性的魅力，这一切使得这些成像技术成为了解我们是谁的一扇窗户（Dumit，2003，2004）。

脑格本体论

上文中所勾勒出来的这些历史上的进展共同带来了大脑人和神经人的概念，也带来了“人之为人，唯脑必需”这一观点。而脑格本体论则直到 20 世纪 60 年代才真正成形。它出现在一些关于个人身份的哲学讨论之中。这些讨论的特点是使用洛克在他的《人类理解论》中使用过的那种想象实验，只不过现在这些实验涉及了脑。据笔者所知，最早的一例可以在《自我知识与自我身份》（*Self-knowledge and Self-identity*）中找到，该书是由康奈尔大学的哲学家西德尼·舒梅克（Sidney Shoemaker）于 1963 年出版的。

在讨论个人身份的肉体与心理标准时，舒梅克引证了洛克的一段论证，他称之为“换体论证”。洛克曾指出，如果一个“带着他生前意识的”王子的灵魂被转移到皮匠的身体里，而皮匠的身体则抛弃了原先的灵魂的话，那么显然，虽然此人看起来仍然是皮匠，但是他“将与王子是同一个人，并将执行王子的行为”（Locke，1694/1988，2. 27. 15）。舒梅克（1963，22）注意到，洛克的想法是：“一个人可以不再拥有他过去拥有的肉体，而拥有一个新的肉体。”

这位哲学家接着假设，假如有一天医学发展出一种“脑提取”的技术，可以完整地从一个人的颅腔中移出脑，以便检查或手术，然后再放回头盖骨中。这一天，一个外科医生发现他的助手在将从布朗先生和鲁宾孙先生中提取出的脑放回原处时搞混了。其中一个人马上死了，而另一个人则活了下来。活下来的人拥有鲁宾孙的身体和布朗的脑——于是，我们姑且叫他布朗孙（按舒梅克的说法）。当布朗孙恢复意识并查看自己的身体时，他被自己的外貌惊呆了，并声称他的身体是躺在一旁的鲁宾孙先生的尸体。当被问到名字时，他回答“布朗”，他认识布朗的妻子与家人，并可以描述布朗生活中的事件。事实上，他的人格特质与心理学特征是布朗的特点。

35 舒梅克正确地指出，我们中的很多人会强烈地倾向于“认为布朗孙虽然有鲁宾孙的身体却实际上是布朗。”然而，他对此的评论却是“把脑身份作为个人身份的标准是荒谬的”。实际上，“如果布朗孙在清醒之后言谈举止与鲁宾孙过去所做的一样，那么肯定没有人会认为这个有着鲁宾孙的长相、鲁宾孙的行为、鲁宾孙的语言的人，这个一直以来都属于鲁宾孙的身体，实际上应该是布朗而非鲁宾孙，仅仅因为他有一个布朗的脑。”因此，舒梅克的结论是脑的状态与一个人的心理特征的关系是“因果的与偶然的”，而非“逻辑上必要的”。布朗孙拥有过去属于布朗的脑这一事实“使得此人与布朗的密切关系从逻辑上说得通……然而我们并不能以此为基础来说明……布朗孙是布朗。”如果我们这样说，那就等于是让个人身份的心理标准“凌驾于肉体的无身份的事实之上”了（所有引文来自 Shoemaker，1963，24-25）。批评者认为，舒梅克所说的“肉体无身份”以及称此论证为“换体论证”，实际上是简单地把身体等同于提取了脑的身体——完全忽视了脑也是身体一部分这一事实（Ferret，1993，77）。然而，在这一领域中几乎没有什么比脑—体二分法更普遍的思想了——例如我们有“是脑而不是身体使运动员感觉疲倦”这类说法（Randerson，2004）。

紧随舒梅克之后，人们不可避免地在讨论个人身份的时候借助于脑外科的想象。脑开始成为自我的肉体极限，如此，若脑被摘除那么我（自我）就不再是我了。这种心理与肉体标准可以用下面的公式来概括：当且仅当 A 与 B 拥有一个功能上相同的脑时（Ferret，1993，79），个人 A 与个人 B 是相同的。

这一定义将相关的肉体缩减到脑，我们可以将其看作脑格理论中的公理。

通过这样一种方式来理解，脑格在哲学和人类与生命科学以外产生了数不清的文化具象：体现在医学伦理中（医学伦理涉及例如脑死亡、脑干预技术以及神经嫁接等议题）；体现在神学与宗教中（不仅包括“神经神学”，或者说对灵魂与宗教体验的神经基础的探寻，也包括例如是否复活的肉体应当被重新理解为复活的脑这一类问题）；最后，也体现在不断扩展的神经信念与神经实践的灿烂星空中，从学习如何用单侧脑画画或感觉，到各种形式的神经健康 36
学和神经神秘学。科学社会人类学家 Joseph Dumit 的作品向人们展示了神经成像技术如何带给我们一种“个人分类的数字图像”，并通过他所谓的“客观的自我塑造”改变人们的生活与自我知觉（Dumit，1997，2004）。最后，一些来自整形行为的研究表明，虽然脑以外的身体被看作个人身份之所在，被作为承载自我的工具，但是这一类行为同时暗示了一种态度，即身体是我们拥有的东西，而不是我们本身（Andrieu，2002；Featherstone，2000；Le Breton，2000）。即使心—脑关系问题可以被某种同一性概念所解决或搁置［例如“心理脑”（Mindbrain）］，脑格很可能仍然是一个潜在假设。举个浅显的例子，在针对怀疑论的反驳中，哈佛大学哲学家 Hilary Putnam 想象了以下这个情境：当你睡觉的时候，一个科学家把你的脑取出，放在一个大桶里，再连上一台电脑。电脑向你的神经末梢传递你的脑通常所接收到的那些信息。当你醒来时，一切看起来与往常无异，只不过你现在只剩下装在桶中的一个脑而已。先不说 Putnam 是如何从这个思维实验中得出反怀疑论的结论的（他声称如果你是一只桶中的脑的话，你不会认为自己是桶中的脑），这里重要的地方是，对这个思维实验而言，我们不假思索地选择了脑，就好像研究自我知识问题将自然地且必然地隐含脑格假设一样。

到目前为止，有几种方法反对脑格。必须看到的是，这些方法中没有一种需要反对脑显而易见的基础性地位。其中一种方法在 Kathleen Wilkes 的《真正的人》（*Real People*，1988）一书中有所体现。虽然对各种思维实验颇有微词，但她还是用了很多页的篇幅来谈脑，强调不可将科学信息过分简化，不可将皮层看作脑的全部。另一种方法是 Paul Ricoeur 提出的。在他看来，各种关于脑的幻想使得身体中性化了，并将其束缚在脑上，而失去了自我所具有的肉体性（soi comme chair）。他认为，脑与身体其他部分不同的地方在于它缺乏“现象学状态”。我们与自己身体的其他器官之间存在着“生命的联系”，不管这种关联是在运动上（手）、知觉上（眼）、情绪上（心脏）还是表达上（声音），我们与脑之间的关联却没有相同的体验（Ricoeur，1990，159，378）。第三种方法来自已故的神经科学家 Francisco Varela。他从对脑—体等式和消除性神经还原论（根据这一观点，不存在心理状态，只存在神经状态）的批评出发，提出了一套“神经现象学”，其目标在于将具身化（embodiment）与第

37 一人称经验重新整合到神经科学中去（Varela，1996；Varela，Thompson，& Rosch，1991；Petitot et al.，2000）。

我相信这些对于脑格的反应在方向上是正确的。然而，脑格的研究才刚刚开始，而脑主体的整个历史与影响还有待发掘。这一工作并不简单，因为我们不能没有脑（每个人都至少需要拥有一部分脑）；也因为脑格是我们每个人都拥有的存在条件；脑格已经被用来指定我们的死亡时间——虽然这其中还有点问题（Schlich & Wiesemann，2001）——而且还会进一步改变我们的生活进程，既带来好处也带来风险。同时，说到脑格构成的人类观，它是一种毫无内在必然性的人类创造，只不过是古已有之的将道德权威归于自然冲动的另一种体现罢了（Daston & Vidal，2004）。对脑格本体论的理解与妥协，是未来的一项长期工作。这里我所能做的不过是间接地表达一下我的偏好，并象征性地提出几个我认为我们必将面对的挑战。

已故的Helen Chadwick在1991年创造了一件惊人的艺术品（参见图2.2）。

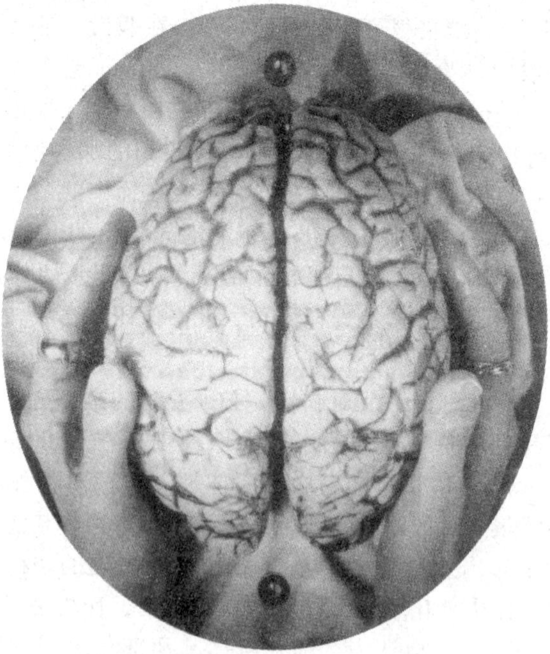

图2.2 Helen Chadwick，“自画像”（1991）。©Helen Chadwick。Courtesy Zelda Cheatle 美术馆。

这是一件印在玻璃上的照片，并从玻璃后面进行照明。它有一个令人不安的标题——“自画像”。带着“欣喜的反面想象”［Warner，1996，（1）］，Chadwick用脑代替了普通自画像中的面孔；因此她似乎在说：“我就是我的脑。”然而，画中的脑不可能是这位艺术家自己的脑；相反，作为自画像中另一个传统元素的双手倒确实是她本人的，带着独特的形状，有着独特的印记与饰物。在这一幅自画像中，这双手以一种小心的姿势托举着脑，表现出一种类似奉献或布施的样子，几乎像是双手被脑驱使着，将脑的重要性神圣化，并彰显了它的脆弱。然而，这双手的存在本身，以及那扭曲的、肉色的、脑一样的背景组织使我们看到了艺术家的整个身躯，她的技巧、她的个性、她的历史、她的环境以及个人关系。Helen Chadwick 宣称，“我希望这身体成为像脑一样的胜利之所在”（转引自 Warner，1989，58）。这样看来，她的自画像显然并不是在说“我就是我的脑”。相反，它表现了脑确实处在这一艺术作品的中心——但同时，这一艺术品的创造不能完全等同于她的脑。

这与本书探讨神经教育学时所持有的精神是吻合的。然而，这里呈现给大家的关于脑与自我的简要历史表明，这种观点并不是唯一的，并且其本身是历史发展与对神经科学的挑战进行反思的结果。这样的一种思考勾勒出了神经教育学的发展所处的环境，并有可能帮助这些发展的推动者们保持其对神经教育 38
学的人类学背景与维度的敏感。教育的实践者们可能感觉教育中的“艺术”成分永远会大于“科学”成分。然而，问题可能在于如何将两者进行和谐统一，以及如何以脑结构与功能的数据积累之外的眼光来看待神经科学对教育的贡献。因为正如脑格与脑主体的历史发展所表明的那样，神经科学影响教育学的方式将更少地依赖于技术信息，而更多地依赖于关于何为人类，以及人类社会应该如何组织这类问题的知性的也希望是英明的、道德的、哲学的与政治的决策。

参考文献

Andrieu, B. (2002). *La nouvelle philosophie du corps* (The New Philosophy of the Body). Ramonville: Éditions érès.

Blank, R. H. (1999). Brain Policy: *How the New Neuroscience Will Change Our Lives and Our Politics.* Washington, DC: Georgetown University Press.

Brazier, M: A. B. (1988). *A History of Neurophysiology in the Nineteenth Century.* New York: Raven Press.

Breidbach, O. (1997a). *Die Materialisierung des Ichs. Zur Geschichte der Hirnforschung im 19. und 20. Jahrhundert* (The Materialization of the Self. On the History of Brain Research in the Nineteenth and Twentieth Century). Frankfurt, Subrkamp.

(1997b). Einleitung: Neuronale Ästhetik-Skizze eines Programms (Introduction: Neuronal Esthetics. Sketch of A Program). In O. Breidbach (ed.), Natur des Ästhetik-Ästhetik der

Natur (Nature of Esthetics-Esthetics of Nature) (Vienna/New York, Springer).

Bruer, J. T. (1997). Education and the brain: a bridge too far. *Educational Researcher*, 26, 4–16.

(1999). In search of…brain-based education. *Phi Delta Kappan*, www. pdkintl. org/kappan/kbru9905. htm.

Bynum, C. W. (1995). Why all the fuss about the body? A Medievalist's perspective. *Critical Inquiry*, 22, 1–33.

Camerer, C., Loewenstein, G., and Prelec, D. (2003). Neuroeconomics: How neuroscience can inform economics, http://sds. hss. cmu. edu/faculty/Loewenstein/downloads/neurojep. pdf.

Changeux, J. P. (1983/1997). *Neuronal Man. The Biology of Mind*, trans Laurence Garey. Princeton: Princeton University Press, 1997.

Changeux, J. –P. (2000). La révolution des neurosciences (The Neurosciences Revolution) [an interview]. *Label France*, n° 38, www. france. diplomatie. fr/label france/FRANCE/DOSSIER/2000/09neuro. html.

Clarke, E. and Dewhurst, K. (1972). *An Illustrated History of Brain Function*. Berkeley, CA: University of Califomia Press.

Clarke, E. and O'Malley C. D. (1968). *The Human Brain and Spinal Cord*. Berkeley, CA: University of California Press.

Clarke, E. and Jacyna, L. S. (1987). *Nineteenth-Century Origins of Neuroscientific Concepts*. Berkeley, CA: University of Califomia Press.

Corsi, P. (ed.) (1990). *La fabrique de la pensee. La découverte du cerveau de l'art de lamémoire aux neurosciences* (The Fabric of Thought. The Discovery of the Brain from the Art of Memory to the Neurosciences). Milan, Electa.

Crick, F. (1994). *The Astonishing Hypothesis. The Scientific Search for the Soul*. New York: Scribner.

Dahl, R. (1960/1979). William and Mary. In Roald Dahl, *Tales of the Unexpected*. Harmondsworth, Penguin Books.

Daston, L. and Vidal, F. (eds.) (2004). *The Moral Authority of Nature*. Chicago: University of Chicago Press.

Dumit, J. (1997). A digital image of the category of the person. PET scanning and objective self-fashioning. In G. L. Downey and J. Dumit (eds.), *Cyborgs Citadels. Anthropological Interventions in Emerging Sciences and Technologies*. Santa Fe, New Mexico: School of American Research Press.

(2003). Is It Me or My Brain? Depression and Neuroscientific Facts. *fournal of Medical Humanities*, 24 (1/2), 35–47.

(2004). *Picturing Personhood. Brain Scans and Biomedical I dentity*. Princeton: Princeton

University Press.

Eickmeier, J. (1004). Make your brain feel younger, www. prevention. com/article/0, 5778, s1-5-91-276-2889-1, 00. html.

Featherstone, M. (ed.) (2000). *Body Modification*. London: Sage.

Ferret, S. (1993). *Le philosophe et son scalpel. Le problème de l'identité personnelle* (The Philosopher and His Scalpel. The Problem of Personal Identity). Paris: Editions de Minuit.

Finger, S, (1994). *Origins of Neuroscience. A History of Explorations into Brain Function*. New York: Oxford University Press.

Garland, B., (ed.) (2004). *Neuroscience and the Law. Brain, Mind, and the Scales of Fustice*, New York: Dana Press.

Glimcher, P. (2003). *Decisions, Uncertainty, and the Brain. The Science of Neuroecono-mics*. Cambridge, MA: MIT Press.

Hagner, M. (1997). *Homo cerebralis. Der Wandel vom Seelenorgan zum Gehirn* (Homo Cerebralis. The Transformation of the Organ of the Soul into the Brain), Berlin: Berlin Verlag.

Hagner, M, and Borck, C. (2001). Mindful practices: on the neurosciences in the twentieth centuy. *Science in Context*, 14 (4), 507-510.

Hagner, M, (2004). *Geniale Gehirne. Zur Geschichte der Elitenhirnforschung*. Berlin: Wallstein.

Harvey, R. (1975). *The Inward Wits. Psychological Theory in the Middle Ages and the Renaissance*. London: Warburg Institute.

Jaroff, L. (1989). The gene hunt. *Time Magazine*, 20 March, 62-67.

Kaplan-Solms, K. and Solms, M. (2002). *Clinical Studies in Neuro-Psychoanalysis: Introduction to a Depth Neuropsychology*. New York: Karnac Books (2nd edn.).

Kemp, S. (1990). *Medieval Psychology*. New York: Greenwood Press.

Keenan, J. F. (1994). Christian perspectives on the human body. *Theological Studies*, 55, 330-346.

Kessler, E. (1990). The intellective soul. In Schmitt et al. (1990).

Kleeberg, B. (2004). Vor der Sprache. Naturalistischer Konzepte objektiver Wahrnehmung (Before Speech. Naturalistic Concepts of Objective Perception). In F. Crivellari, K. Kirchmann, M. Sandl, and R. Schlogl (eds.), *Die Medien der Geschichte. Historizität und Medialität in interdisziplinärer Perspektive* (The Media of History. Historicity and Mediality interdisciplinary Perspectives). Konstanz: UVK Verlagsgesellschaft.

Le Breton, D. (2002). *Signes d'identité. Tatouages, piercings et autres marquescorporelles* (Signs of Identity. Tatoos, Piercings, and Other Body Markings). Paris: Métaiilié.

Locke, J. (1694/1988). *An Essay Concerning Human Understanding*, ed. Peter H. Nidditch. Oxford: Clarendon Press.

Marcus, S. J. (ed.) (2004). *Neuroethics. Mapping the Field*. New York: Dana Press. Historical considerations.

McCabe, K. (2003). Neuroeconomics. In L. Nadel, ed., *Encyclopedia of Cognitive Science*. London: Nature Publishing Group, vol. 3.

Michael, E. (2000). Renaissance theories of body, soul, and mind. InJ. P. Wright and P. Potter (eds.), *Psyche and Soma. Physicians and Metaphysicians on the Mind-Body Problem from Antiquity to Enlightenment*. Oxford: Clarendon Press.

Neuburger, M. (1897/1981). *The Historical Development of Experimental Brain and Spinal Cord Physiology Before Flourens*, annotated and translated by Edwin Clarke. Baltimore: Johns Hopkins University Press.

Newberg, A., D'Aquili, E., and Rause, V. (2001). *Why God Won't Go Away. Brain Science and the Biology of Belief*. New York: Ballantine Books.

Noonan, H. (1991). *Personal Identity*. London: Routledge.

Park, K. (1990). The organic soul. In Schmitt et al. (1990).

Perry, J. (ed.) (1975). *Personal Identity*. Berkeley, CA: University of California Press.

Porter, R. (1991). History of the body. In Peter Burke (ed.), *New Perspectives on Historical Writing*. Pennsylvania: Pennsylvania State University Press.

Petitot, J., Varela, F., Pachoud, B., and Roy, J. M. (eds.). (2000). *Naturalizing Phenomenology. Issues in Contemporary Phenomenology and Cognitive Science*. Stanford: Stanford University Press.

Putnam, H. (1981). *Reason, Truth, and History*. New York: Cambridge University Press.

Randerson, J. (2004) Brain not body makes athletes feel tired. *New Scientist*, 29 July. www.newscientist.com/article.ns? id=dn6208.

Renneville, M. (2000). *Le langage des crânes. Une histoire de la phrénologie* (The Language of Skulls. A History of Phrenology). Paris: Les Empêcheurs de tourner en rond.

Ricoeur, P. (1990). *Soi-même comme un autre* (Oneself as Another). Paris: Seuil.

Schlich, T. and Wiesemann, C. (eds.) (2001). *Hirntod. Zur Kulturgeschichte der Todesfeststellung* (Brain Death. On the Cultural History of the Definition of Death). Frankfurt: Suhrkamp.

Schmitt, C. B., Quentin, Kessler, E., and Kraye, J. (eds.). (1990). *The Cambridge History of Renaissance Philosophy*. New York: Cambridge University Press.

Shoemaker, S. (1963). *Self-Knowledge and Self-ldentity*. Ithaca: Cornell University Press.

Taylor, C. (1989). *Sources of the Self. The Making of the Modern Identity*. Cambridge, MA: Harvard University Press.

Temkin, O. (1973). *Galenism. Rise and Decline of a Medical Philosophy*. Ithaca: Cornell University Press.

Varela, F. (1996). Neurophenomenology: a methodological remedy to the hard problem. *fournal of Consciousness Studies* 3, 330–350.

Varela, F. , Thompson, E. , and Rosch, E. (1991). *The Embodied Mind. Cognitive Science and Human Experience. Cambridge*, MA: MIT Press.

Vergote, A. (1979). The body as understood in contemporary thought and biblical categories. *Philosophy Today*, 35, 93-105.

Vidal, F. (2000). The eighteenth century as "century of psychology". *Annual Review of Law and Ethics*, 8, 407-434.

(2002). Brains, bodies, selves, and science. Anthropologies of identity and the resurrection of the body. *Critical Inquiry*, 28 (4), 930-974.

(2003). Soul. In Kors, A. C. (ed.). *Encyclopedia of the Enlightenment*. New York: Oxford University Press.

(2006). *Les sciences de l'âme, XVIe-XVIIIe siècle* (The Sciences of the Soul, 16th-18th Century). Paris: Champion.

Warner, M. (1989). In the garden of delights. In H. Chadwick, Enfleshings. New York: Aperture.

(1996). In extremis: Helen Chadwick & the wound of difference. In H. Chadwick, *Stilled Lives*. Edinburgh: Portfolio Gallery/Odense: Kunsthallen Brandts Kl edefabrik.

Wilkes, K. V. (1988). *Real People. Personal Identity Without Thought Experiments*. Oxford: Clarendon Press.

Zimmer, C. (2004). A distant mirror for the brain. *Science*, 303, n° 5654 (2 January), 43-44.

43 # 第三章

搭建神经教育学的桥梁

John T. Bruer

概述

“心理、脑和教育”行动计划应该在教育研究者和行为研究者之间、教育研究者和认知科学研究者之间、教育研究者和神经生物学研究者之间搭建桥梁。但是，其中有一些桥梁非常坚固，而另一些却问题重重。认知发展和教育之间的联系直截了当并十分有用。比如，在正常习得计算技能和概念方面，低社会经济地位的儿童表现出典型的延迟。若这些孩子有机会接受“正确的起点”（Right Start）这样的方案强化训练，他们便能克服障碍，提高成绩。但其他桥梁的搭建却并没有那么好。特别是由于过度强调与脑成熟有关的学习敏感期而产生的一个限制性的概念——学习的“机会窗”，学习方面的研究并不支持这一概念。事实上，研究也没有证明人们普遍认为的一种观点，即学习需要较高的突触密度。因此，神经科学和教育之间的联系需要包括目标行为的评估，如算术和阅读的学习，且并不假定其以明显的方式与脑的研究成果相联系。本书其他章节则突出强调了将脑科学研究成果和相关教育行为相联系的领域已经硕果累累，并且具有一定的科学严谨性，尤其是语言和算术领域。

——编者

在《教育和脑：一座跨度太大的桥梁》（*Education and the Brain*：*A Bridge Too Far*；Bruer，1997）一文中，我对发展神经科学对教与学的所谓启示提出了自己的看法。我也积极认为了目前相对于发展神经科学而言，认知心理学是教育研究的更坚实的基础来源。我曾断言，认知神经科学将是未来奠定学习科学基础的最佳学科，而且它也依赖于认知心理学的研究方法。因此，教育者的最好策略，是将认知心理学纳入到研究中去，然后在认知心理学和教育实践之间搭建“应用性”的桥梁，而在认知科学和系统神经科学之间搭建基础性的桥梁。

1997 年的那篇文章主要是关于教育和政策的共同体，而不是关于认知和 44
神经科学研究的共同体。它提出了“到哪里去寻找能推进教育实践的科学基础”这一问题。但却没有提出下述研究项目所存在的价值和问题，即试图将脑科学和心智科学与教育实践相联系的神经教育学研究项目，也即本书的焦点。本文将试图阐述这样一些价值和问题。

我将要：(1) 质疑“视神经科学对研究学习的神经基础的主导性作用”；(2) 说明“为教育研究和实践构建认知模型的重要性”；(3) 解决“认知神经科学如何才能帮助我们提炼出与教育相关的认知模式”。

学习和视神经科学

从 20 世纪 70 年代晚期开始，神经科学家就已经知道，猴子和人类在出生后都有一个早期发展阶段。在这一阶段，突触的生成率超过删除率，比如，有一个发展性的突触发生期（参见 Lund et al.，1977，Huttenlocher et al.，1979，Rakic et al.，1985）。人类行为学家和动物行为学家也观察到，动物和人类发展都存在着关键期（Bailey et al.，2001）。虽然“关键期”的定义由于不同的作者而不同，但其核心思想都是，在生物的发展中存在一个有限的时期。在这一时期内，机体对特定类型的经验是易感的、准备着的或开放的。如果这个期间内经验未发生，将永远偏离正常的发展轨道。我们了解到的以关键期为基础的神经机制，很多都是源于以下研究：视觉剥夺怎样影响视觉皮层中视觉优势柱的形成或者维持（Singer，本书）。曾经有一个时期，研究者还研究过复杂环境对（模拟的野外或自然环境）大鼠视觉皮层突触结构的影响（参见 Greenough，1987）。

一些教育者和神经科学家试着在这些研究的基础上，提出这些研究对教育的深刻启示。他们断言：发展性的突触发生期是在生命的头 10—12 年。这是突触密度和脑新陈代谢的提高期，是脑发育的关键期。此期间的儿童比人生中任何时期都要学得更快，更有效率。

这一论断演变出众多版本，其中有一些非常极端，却在教育界和政策界保 45

持着相当高的可信度。这只是因为，一些神经科学家明确主张、暗示或者假定他们的研究可以得出这样的启示（Bruer，2002）。

比如，Kandell 和 Schwartz（1991）对生成或维持视觉优势柱的关键期进行了探讨，并说明了这些关键期可能是脑发育的普遍特征。这也许可以解释“为什么要想发展某些能力，比如语言、音乐或数学能力，必须在青春期之前使其得到充分发展”……（p. 957）在论证下述假设，即高突触密度期是学习特有的一个时期时，Peter Huttenlocher 写道：“数据显示，突触修剪的年龄和脑可塑性的下降之间有良好的相关，尤其是在较简单的系统，如视觉皮层中”（Huttenlocher，2003）。美国心理健康研究所（National Institute of Mental Health）的一篇新闻稿提到，Giedd 等人（1999）的脑成像研究可以显示出青少年脑发育时的白质变化，这篇新闻稿暗示着这种变化同样可能是学习的关键期：“虽然科学家仍不知道如何解释这种观察到的变化，但这些变化却十分类似于生命早期发生的修剪过程，这一过程似乎遵循着‘用进废退’（use-it-or-lose-it）的原则：得到练习的那些神经联结或突触会保留下来，而得不到练习的那些联结或突触就会退化掉。至少，这可以从动物视觉系统发育的研究中看出。”（美国心理健康研究所出版物）Max Cynader 曾说：“视觉皮层为我们了解早期脑感觉刺激物对一生脑神经回路和脑功能的影响提供了一个最佳的模型系统”（Cynader，2000）。

这一融合性的“心理—脑—教育”研究项目首先要提出的问题是：视觉系统真的是这种最佳模型吗？这一项目是否能对毕生学习有所启示？答案很简短，“不。”

Harry Chugani 对 Chugani 等人的解释（1987）是对下列事实的最著名例证，即过分依赖发展性神经生物学，会得到对教与学的错误启示。Chugani 相信，发展期的突触密度和新陈代谢率的提高“是生理性的‘机会窗’，此时的学习效率高且易于保持……”（Chugani，1998）

1988 年 Chugani 等人的研究使用 PET 测量了静息状态下不同脑区葡萄糖代谢量的变化，被试的年龄从婴儿期到成年早期不等。图 3. 1 中的实线表明了在前额叶发育的过程中所观察到的葡萄糖摄入量的变化，而前额叶是最后一个完成发展性突触生成和修剪的脑区。

46 这一脑区在 2—11 岁之间产生葡萄糖摄入量的增长。作者断言，之所以会产生葡萄糖摄入量的增长，是为了在发展性突触生成期维持突触密度的升高。那么，这应该是对与前额叶皮层有关的任务进行学习的关键期或生理性的机会窗。因此，在这一时期，儿童在习得这些任务时应该能表现出某种优势。

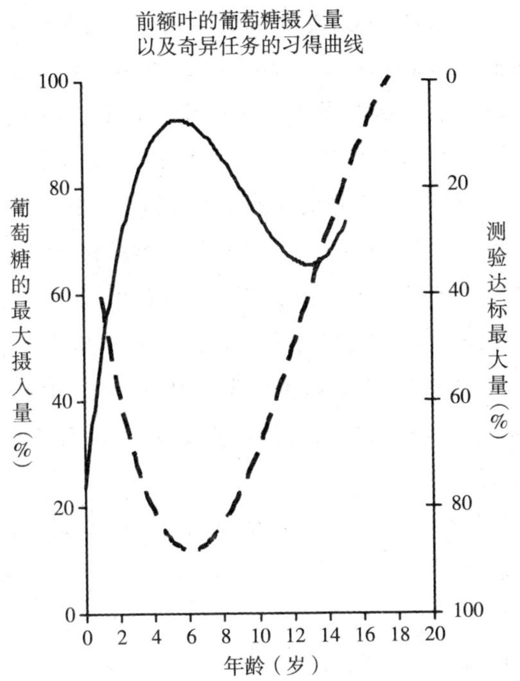

图 3.1　实线表示 Chugani（1987）所说的，在整个生命过程中，葡萄糖最大摄入量的百分比。虚线表示 Overman（1996b）所说的，在习得一组奇异任务时，测验达标的最大概率。转引自 Journal of Experimental Child Psychology，62（2），Overman，W. H.，Bachevalier，J.，Miller，M.，和 Moore，K. “Children's performance on ‘animal tests’ of oddity：Implications for cognitive processes required for tests of oddity and delayed nonmatch to sample，” 233–242，版权（1996）得到许可。

但已有的行为证据并不支持这一论断。比如，Overman 等人（1996b）对 15 个月到 20 周岁的被试进行了一组奇异任务的训练——通常假设这一任务是建立在前额叶皮层基础上的。他每周有 5 天对被试进行测验，每天 15 次，直到被试的正确率在连续两个测验日均达到 13/15 这一习得标准（最多接受 1 500次训练实验）。

不同年龄的被试在习得这一任务时的快慢和成效怎样？图表 3. 1 的虚线回答了这一问题。虚线显示了被试训练达标的任务数量随年龄变化的情况。需要的试验次数越多，学习就越难，效果就越差。图 3. 1 的右边，学习曲线在 Y 轴上被反转了。随着学习曲线的下降，学习也下降；随着其上升，学习也上升。对奇异任务来说，学习的容易度和前额叶的葡萄糖摄入量呈负相关。随着大脑新陈代谢率的上升，学习下降。随着大脑新陈代谢率的下降，学习上升。而且，在前额叶葡萄糖摄入量稳定在成熟水平后，学习仍会持续上升。 47

这个结果并不是孤立的。成年猴子和成年人在习得延时不匹配抽样任务时，比不成熟的被试要快（Bachevalier & Mishkin，1984；Overman，1990）。成人在学习空间导航任务时，也比幼童要快（Overman et al.，1996c）。成年人和成年猴子在学习辨别任务时，同样比不成熟的被试要快（Overman，Bachevalier，Schumann，& Ryan，1996a）。在视觉系统发展性神经生物学的基础上对其进行简单的推论，与通过行为研究发现的生命全程的学习难易和效率，显然是不一致的。

这种简单化的推论与认知心理学家在过去40年间对学习和记忆的研究成果也不一致。认知心理学的研究已证实，被试的先前知识是学习快慢和效率的最强有力的决定因素（参见 Pressley & McCormick，1995，Ch. 4，pp. 84－109）。学习的难易和效率建立在先前经验的基础上，而非年龄或（在限定范围内）脑成熟的基础上。

Means 和 Voss（1985）研究了先前的学习和经验如何影响人们对故事的理解。研究中使用的故事是电影《星球大战》（*Star Wars*）三部曲。在他们的研究中，新手被定义为看过该电影至少一次，但不超过三次的被试。专家则是看过该电影四次以上的被试。被试的年龄横跨7岁（小学二年级）到19岁（大学）。因此，本研究的被试同时涵盖了所谓学习的生物窗（考虑到这个神经生物学故事的性质，其生物窗大约在十一二岁）内外的个体。Means 和 Voss 的研究结果显示在图3.2中。

48

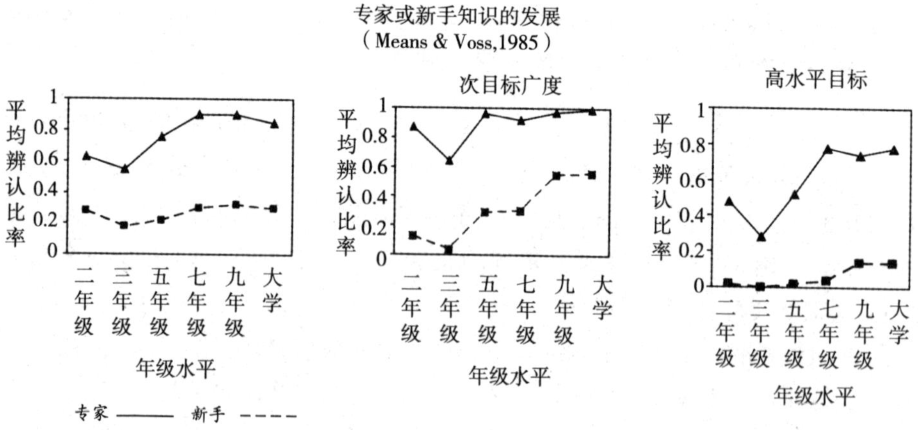

图 3.2　Means 和 Voss（1985）运用对故事理解的三种不同的测量方法说明，各年龄段的专家都比新手要学得多，且对专家和新手来说，学习和理解均随年龄的增长而增长。转载自 Journal of Memory and Language，24，Means，M. and Voss，J.，"Star Wars：A developmental study of expert and novice knowledge，" 746–757，版权（1985）得到西文期刊数据库（Elsevier）的许可。

在本研究使用的三种学习任务中，任何年龄的专家都要比新手学习得多。更切题地说，专家和新手的学习都会随着年龄的增长而增长。在4—10岁之间，学习的容易度和效率并未达到顶峰。事实上，被试似乎在十一二岁时才达到成熟的学习水平，并在成年期保持或者超越这一学习水平，即在“生物学上的机会窗”关闭之后。

心理学研究已经证实任何年龄的经验都至关重要。任何在大脑成熟时间表及学习难易和效率之间建立起来的简单联系，都与我们已知的各年龄段先前经验影响学习的方式不一致。也许发展性神经生物学最终是要协助解释心理科学中已发现的终身学习问题（参见Koizumi，本书）。无论如何，如果脑科学现在还不能解释心理学的这些基础性研究结果，那么神经科学研究者的论断以及他们的研究对教育的启示至少应该与现有的行为科学的研究结果相一致。

任何“心理—脑—教育”方面的研究都应该用批判性的、跨学科的眼光 49
来看待发展性神经科学的论断——视觉系统及其关键期是解释终身学习的最佳模型。也许问题仅仅是，神经科学家并未看到认知和教育心理学已经取得的成果。综合性研究项目的一个优势是，可以鼓励认知科学研究者与脑科学研究者之间的对话，从而使他们的研究、假设和推断可以与学与教方面的基础研究成果相调和、相制约或相一致。

认知模型和教育

教育研究者和课堂教师都乐于解决阅读、数学、科学教学和社会研究中出现的教育问题。对此类问题，认知心理学已提供了答案（Bruer，1994）。认知心理学试图理解学习领域中专业知识与技能背后的心理表征和加工过程。专家表现出的认知模型使心理学家能解释该领域的专业知识与技能，也使教育家能辨别出某学科的学习困难学生到底缺乏哪些知识和加工过程。辨别出特定的缺陷，有助于设计课程和教学材料来弥补这些缺陷。

学习初等算术这个例子，可以很好地说明认知模型是怎样促进学习的。为什么一些小学儿童无法掌握初等算术？

从20世纪60年代中叶开始，认知心理学家就发现，儿童运用先前对计数和比较大小的理解，形成了解决简单算术题的策略，如4+2。（请参见Bruer的综述，1994，Ch. 4，pp. 81–126）对4+2来说，五六岁大的孩子基本上都能确定4比2大，因而从4开始往后数2个数字就可以得到答案：“4，…，5，

6。”心理数轴（Mental Number Line，MNL，图 3.3）提供了一种知识和加工的认知模型，这种模型可以促进该策略的产生。

50

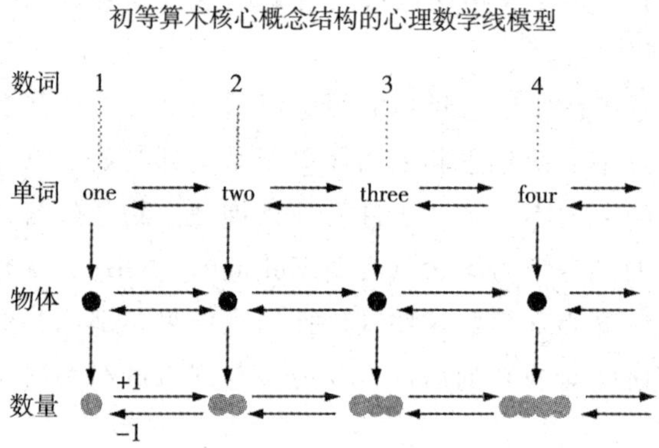

图 3.3　心理数轴为学习初等算术的概念知识提供了一个认知模型。儿童必须认识数词，并知道怎样用数词去标记物体和正确计数，知道数词可以为从左到右依次增长的数量命名，以及阿拉伯数字是指代数量的书写符号。

要想形成这种策略，儿童必须知道，计数需要将被数物体和序数名称一一对应起来，随着人们按顺序计数，每一个数字名称都是比前一个数字名称多一个数量。随着人们在心理数轴上从左数到右，数量会越来越大。而且，阿拉伯数字也能指代数量。

Case，Siegler 和 Griffin 在这种认知模型的基础上，开发了一种数字知识测验（Number Knowledge test），以评估儿童在特定年龄都能习得哪种算术加工和数字知识。（Griffin，Case，& Siegler，1994）。为使测验标准化，他们在美国和加拿大对众多学生团体进行了测验。他们出乎意料地发现，习得这些基本的数字技能，不仅依赖发展的时间进程，而且还依赖社会文化因素。来自低社会经济地位家庭的孩子在获得这些能力时，往往比中等家庭的孩子更慢。比如，在数字知识入学测验中，低社会经济地位的 6 岁儿童与中等家庭的 4 岁儿童的表现相似。在比较数量大小及解决简单的心算问题，如 4+2 时，能力上的区别最显著。比如，中等家庭的儿童在进入幼儿园时，解决这种简单问题的正确率就能达到 72%，而相比之下，低社会经济地位的儿童只能达到 14% 的正确率。

但好消息是，“正确起点”课程方案就是以这种盛行的认知模型为基础的，它包括对计数、比较以及与心理数轴有关的概念结构的直接教学，并能解决这些学习问题。在一年“正确起点”课程方案的教学后，那些曾被数字知识测验甄别为初等算术有不及格风险的孩子，达到了中等水平控制组孩子的算术成绩水平。这只是一个例子，但可以说明教育者为什么最好将认知心理学看作是应用性学习科学的基础科学。其实，我们在所有年级的课程中都可以找到一些例子（Bruer，1994）。

认知神经科学和认知模型

过去，认知模型以认知心理学家和发展心理学家的行为研究为基础。但是最近 10 年来，鉴于心理—脑交叉研究的影响，其他基于脑的证据资料也给认知模型带来了启发。Dehaene（1992，本书第十四章）详尽地回顾了这些新的证据资料如何与行为证据进行整合，从而促进我们对数量认知的了解。对于以专家—新手的研究和发展性研究为基础的认知心理学研究来说，Dehaene 又为其增添了一些新的证据。这些证据有的来自对动物数量感的研究，有的来自对大脑表征和加工定位有所启发的神经损伤研究，还有的来自为基本认知加工寻找神经机制的脑成像研究。心理—脑—教育这一整合性研究项目的目的应该是探索这些证据资料如何才能形成更加完善的认知模型，进而可以在这种模型的基础上更好地构建教学。

Dehaene 关于数量认知的认知神经科学研究可以很好地证明这种研究项目所能作出的贡献。心理数轴模型（参见图 3. 3）提出了一个内隐的假设。它假设人脑中存在着一个单一的抽象数量表征，以及指代这些数量表征的数词和阿拉伯数字。认知心理学家们曾经争论是否真的存在这样一个共同的抽象数量表征？有没有可能数词和阿拉伯数字分别与不同的内在数量表征相联系？

Dehaene 和他的同事们在 ERP 和 fMRI（Pinel et al.，2001）研究中，使用数量比较任务回答了这一问题（Dehaene，1996；Pinel et al.，2001）。他们先给被试呈现一个数词（EIGHT）或阿拉伯数字（8），然后让被试判断输入符号所指代的数量比 5 大还是比 5 小。他们发现，在数字比较任务中，特定的脑区被激活，而且对数词和阿拉伯数字来说，激活的脑区是一样的。脑成像记录的数据也一致表明，正如心理数轴模型的假设所表述的，存在一个共同的抽象数量表征。除了行为证据，成像研究还为下列问题提供了趋于一致的证据，即一个完整的数量认知模型应当包含何种表征和加工。

类似的证据汇集在一起，共同支持了 Dehaene 的数字认知三重编码模型（参见图 3. 4）。

52 三重编码模型和学习问题

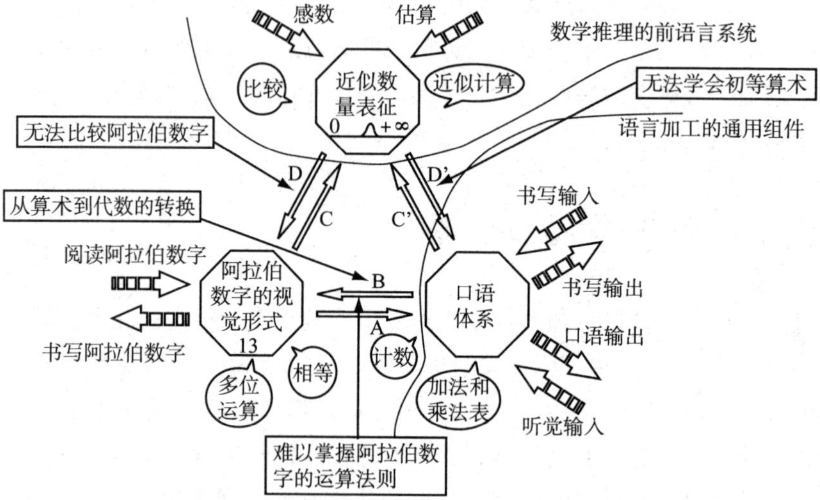

图 3.4 Deheane（1992）的数字认知三重编码模型向我们展示了，为何把特定的数学学习障碍看作整合数字表征的困难或失败。转载自 Cognition，44（1–2），Dehaene，S.，"Varieties of numerical abilities，" 1–42，版权（1992）得到西文期刊数据库的许可。

这一模型假设，我们有三种不同的数字表征：字形表征（数词）、视觉数字形式表征（阿拉伯数字）以及前语言的近似数量表征。这一模型认为，我们能对这些心理编码进行两两相互转换，而且特定的数字运算或加工总与这种或那种数字表征相联系。多位运算和相等判断引起阿拉伯表征。计数和回想加减事实引起数词表征。比较和近似计算引起数量表征。

53 这种层次的认知模型提供了一个统一的结构，有助于解释在习得数量技能时那些看似"孤立"的学习问题或看似"一般"的学习失败。它有助于我们认识到先前在数字领域中对学习的认知研究是如何与这三种基本数字表征联系起来的。Case 和 Griffin 的研究显示，儿童在将数词与数量建立联系时存在困难。Resnick（1982）的研究发现，在阿拉伯数字的书写运算规则与数词的计数程序之间建立联系时，儿童常常觉得很困难。Nathan 等人（2000）揭示了教学上与直觉相反的结果，即儿童先前对口头数字表征的理解促进了符号表征的习得。学生先前对口头表征问题的理解有助于其转向符号表征的运用。而从计算问题的解决到代数问题的解决，恰恰需要这种转换。适宜的数字认知模型有助于将教学困难看作儿童无法在学前就有的数字表征与教学所要形成的表征之间建立联结。

另外一个例子是，认知神经科学有助于在熟练阅读方面形成更加完善的认知模型。阅读的基本技能是将单词的印刷表征（正字法）加工为它们的口语表征（语音系统）的这种能力。认知心理学提出了两种不同的基本认知模型来解释这一技能（参见图 3.5）。

54

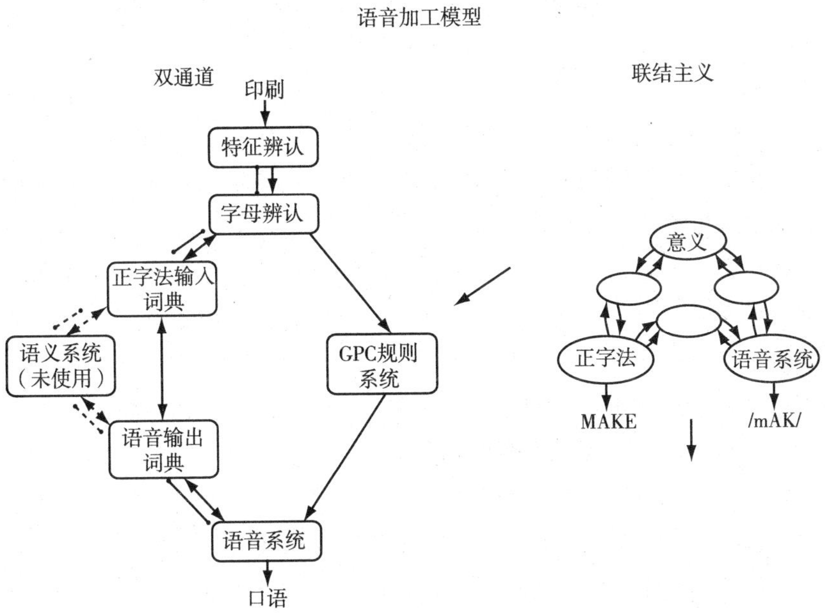

图 3.5　熟练阅读的两种具有竞争力的语音加工认知模型。图中箭头是指，那些 Fiez 等人（1999）提到的与左额叶激活有关的模型成分。转载自 Neuron，25，Fiez，J. A.，Balota，D. A.，Raichle，M. E.，和 Petersen，S. E. “Effects of lexicality，frequency，and spelling-to-sound consistency on the functional anatomy of reading，” 205–218，版权（1999）得到西文期刊数据库的许可。

双通道模型（The Dual Route model）提出，至少可以用两种方式将印刷词认出来。第一种，对熟悉的单词来说，读者可以将印刷字符串转换为视觉编码，然后可以将这种视觉编码映射入包含读者熟悉的单词的心理词典。或者，第二种，对不熟悉的印刷词来说，读者可以用语音对字符串进行再编码（“将它读出来”），并将这一编码匹配于那些和他们心理词典中出现的语音类似的已知单词。联结主义模型（Connectionist model）则不存在词典，而是当读者在看某个字符串时，联结主义网络单元被激活，然后这种激活蔓延到表征语音和语义信息的其他单元，最终使读者能辨认出该单词。

为了研究这种技能并测量他们的认知模型，心理学家比较了被试在认出不同的印刷词在词汇性（词 vs 非词）、频率（常用词 vs 不常用词）及拼写—读音一致性（如，lint vs pint）等方面的不同反应时。研究发现，被试认出词比非词快，认出常用词比非常用词快。另外，当要求被试大声读单词时，认出一致的单词要比不一致的单词快。在频度和一致性两因素间还有交互作用。被试读低频不一致单词（如，pint）要比读高频不一致单词（如，have）及高频一致单词（如，gave）慢得多。双通道模型和联结主义模型都与这种坚实的行为结果相一致（还可以参见本书 Goswami，Petitto，& Wolf）。

认知神经科学家正在寻找认知加工的神经机制。在一项脑成像研究中，Fiez 等人（1999）确定了大脑左内侧额叶区，该部分的激活与行为上的数据相一致。比如，由于词频和一致性之间有交互作用，当被试读低频不一致的单词时，该部分就会出现高度的激活。

55 这一结果是否又为我们提供了一个支持这两种认知模型之一的证据？不是的。这两种模型，以及左内侧额叶的激活，都与行为上的数据相一致。对双通道模型来说，左额叶区的活动与我们用字母和读音知识“读出”可发音的非词时使用的加工通道所涉及的脑区相一致。而对联结主义模型（无词典）来说，该脑区的激活与该模型所例示的将正字法转换为语音的隐蔽层相一致（参见图 3.4 中的箭头）。

尽管如此，当将其他一些类似的脑成像和神经心理学数据也带入我们的讨论中时，就更加有趣了。这些数据显示，在不要求正字法转换为语音的语音任务中，左额叶区被激活了（如，保持言语工作记忆中的项目）。而其他基于脑的数据则显示，在确实需要语音加工的语音任务中，如被试读高频词时，左额叶区却并未活动。因此，左额叶内侧区有比双通道模型和联结主义模型所认为的“专司阅读”的更普遍的功能；但在另一方面，它也有比语音加工更加专门化的功能。因而，Fiez 等人（1999）得出结论，当充分考虑行为、神经心理学以及脑成像的数据时，任何一个模型都不足以解释数据。由此，认知神经科学研究者建议，我们必须完善我们的认知模型。

我们怎样才能做到最好？Franck Ramus（2001）论证说，最好的模型修改策略，可能是让认知心理学家和认知神经科学家严肃地对待语音学——一门已经确立的成熟的行为科学。语音学在词汇和亚词汇水平上提出了表征和加工等级理论，而这些水平可以用于解释我们怎样使用语音模式去传递意义。到现在为止，对于“语音学如何修正单词识别的模型”的问题，认知心理学家和神经科学家都仅仅触及了这一问题的表面。

根据 Ramus 的建议，一般的神经教育学研究策略最好是尝试通过行为、神经心理学以及认知神经科学研究之间的循环互动来完善我们的认知模型（参见 Fischer，van Geert & Steenbeek，本书）。这样一个项目最终将对教育产生启发。比如，我们认为，语音缺陷会导致失读症。但是，到底哪种特异性的语音缺陷是原因呢？

结论

我已尽力为这一整合的心理—脑—教育研究项目提供了一些准则或原则。55
另外，我在该话题的首篇文章中，采用了搭建桥梁的隐喻。那个隐喻在这里也同样适用。我们必须在发展性神经生物学与学习科学之间搭建一座更好的桥梁。这将要求我们对下述问题进行讨论，即在整个生命历程中，视觉系统在何种程度上为学习及其神经可塑性提供参照。我们应该意识到，认知心理学和教育之间，目前已经存在着一座缺少沟通的桥梁。最后，我们应该了解，认知神经科学怎样才能帮助我们在心理和脑科学之间搭建桥梁，怎样才能帮助我们完善认知模型。在行为科学家、认知科学家和神经生物科学家之间，必须有一种互动的、循环的交互作用。记住，我们是在搭建桥梁，而不是在寻找基础。

参考文献

Bachevalier, J. and Mishkin, M. (1984). An early and a late developing system for learning and retention in infant monkeys. *Behavioral Neuroscience*, 98 (5), 770–778.

Bailey, D. B., Bruer, J. T., Symons, F. J., and Lichtman, J. W. (2001). *Critical Thinking about Critical Periods.* Baltimore: Paul H. Brookes Publishing Co.

Bruer, J. T. (1994). *Schools for Thought: A Science of Learning in the Classroom.* Cambridge, MA: MIT Press.

(1997). Education and the Brain: A Bridge Too Far. *Educational Researcher*, 26 (8), 1–13.

(1999). *The Myth of the First Three Years: A New Understanding of Early Brain Development and Life Long Learning.* New York: The Free Press.

(2002). Avoiding the pediatrician's error: how neuroscientists can help educators (and themselves). *Nature Neuroscience*, Nov. 5, Suppl., 1031–1033.

Chugani, H. T., Phelps, M. E., and Mazziota, J. C. (1987). Positron emission tomography study of human brain function development. *Annals of Neurology*, 22, 487–497.

Chugani, H. (1998). A critical period of brain development: studies of cerebral glucose utilization with PET. *Preventive Medicine*27, 184–188.

Cynader, M. (2000). Perspectives: neuroscience. Strengthening visual connections. *Science*, 287 (5460), 1943–1944.

Dehaene, S. (1992). Varieties of numerical abilities. *Cognition*, 44 (1–2), 1–42.

(1996). The organization of brain activations in number comparison: event related potentials and the additive-factors method. *Fournal of Cognitive Neuroscience*, 8, 47–68.

Fiez, J. A., Balota, D. A., Raichle, M. E., and Petersen, S. E. (1999). Effects of lexicality, frequency, and spelling-to-consistency on the functional anatomy of reading. *Neuron*, 25, 205–218.

Giedd, J. N., Blumenthal, J., Jeffries, N. O., Castellanos, F. X., Liu, H., Zijdenbos, A., Paus, T., Evans, A. C., and Rapoport, J. L. (1999). Brain development during childhood and adolescence: a longitudinal MRI study. *Nature Neuroscience*, 2 (10), 861–863.

Greenough, W., Black, J. and Wallace, C. (1987). Experience and brain development. *Child Development*, 58 (3), 539–559.

Griffin, S. A., Case, R., and Siegler, R. S. (1994). Rightstart: Providing the central conceptual prerequisites for first formal learning of arithmetic to students at risk for school failure, In K. McGilly (ed.). *Classroom Lessons*, (pp. 25–50). Cambridge, MA: MIT Press.

Huttenlocher, P. R. (1979). Synaptic density in human frontal cortex-developmental changes of ageing. *Brain Research*, 163, 195–209.

(2003). Basic neuroscience research has important implications for child developmen. *Nature Neuroscience*, 6 (6), 541.

Kandell, E. and Schwartz, J. (1991). *Principles of Neural Science.* New York: Elsevier.

Lund, J. S., Boothe, R. G., and Lund, R. D. (1977). Development of neurons in the visual cortex (area 17) of the monkey (Macaca nemestrina): A Golgi study from fetal day 127 to postnatal maturity. *Fournal of Comparative Neurology*, 176, 149–188.

Means, M. and Voss, J. (1985). Star Wars: A developmental study of expert and novice knowledge structure. *Fournal of Memory and Language*, 24, 746–757.

Nathan, M. J. and Koedinger, K. R. (2000). Teachers' and researchers' beliefs about the development of algebraic reasoning. *Fournal of Research on Mathematics Education*, 31 (2), 168–190.

NIH Publication No. 01–4929 NIMH Press release Child and adolescent mental health information at www. nimh. nih. gov/publicat/childmenu. cfm.

Overman, W. H., Bachevalier J., Schuhmann, E., and Ryan, P. (1996a). Cognitive gender differences in very young children parallel biologically based cognitive differences in monkeys. *Behavioral Neuroscience*, 110 (4), 673–684.

Overman, W. H., Bachevalier, J., Miller, M., and Moore, K. (1996b). Children's preformance on "animal tests" of oddity: Implications for cognitive processes required for tests of oddity and delayed nonmatch to sample. *Fournal of Experimental Child Psychology*, 62 (2), 223–242.

Overman, W. H., Pate, B. J., Moore, K., and Peuster, A. (1996c). Ontogeny of place learning in children measured in the radial arm maze, Morris search task, and open field task. *Behavioral Neuroscience*, 110 (6), 1205–1228.

Overman, W. H. (1990). Performance on traditional matching to sample, nonmatching to sample, and object discrimination tasks by 12–to 32-month-old children. A developmental progression. *Annals of the New York Academy of Science*, 608, 365–385.

Pinel, P., Dehaene, S., Riviere, D., and LeBihan, D. (2001). Modulations of parietal activation by semantic distance in a number comparison task. Neuroimage, 14 (5), 1013–1026.

Pressley, M. and McCormick, C. B. (1995). *Advanced Educational Psychology for Educators, Researchers, and Policymakers.* New York: Harper Collins College Publishers.

Rakic, P., Bourgeois, J. P., Eckenhoff, M. F., Zecevic, N., and Goldman-Rakic, P. S. (1986). Concurrent overproduction of synapses in diverse regions of the primate cerebral cortex. *Science*, 232 (4747), 232–235.

Ramus, F. (2001). Outstanding questions about phonological processing in dyslexia. *Dyslexia*, 7 (4), 197–216.

Resnick, L. B. (1982). Syntax and semantics in learning to subtract. In T. P. Carpenter, J. M. Moser, and T. A. Romberg (eds.). *Addition and Subtraction: A Cognitive Perspective.* Hillsdale, NJ: Erlbaum.

第四章

心灵、脑与意识

Fürgen Mittelstrass

概述

哲学家们十分关心的一个问题是，如何将哲学思想与科学理论研究相联系。哲学与心理学有着共同的历史根基，对意识这类的一些重要问题，两个学科都从不同的视角进行了研究。在这个领域中，生物学特别是神经科学也在以一种不同的视角另辟蹊径。Mittelstrass认为，心理学中许多还原主义的解释方法都失败了，行为主义就是一个例子。认知神经科学会遇到同样的障碍吗？不管怎么说，当代哲学家们大多支持以二元论的方法去研究心灵—脑关系，然而科学家们却普遍青睐一元论的观点。当然，这些选择有他们本身的理由，但是脑成像技术的广泛使用经常给人们带来这样一个假设，即心灵的状态不过是可以用脑局部代谢水平来描绘的神经生理活动而已。Vidal在第二章中所说的“脑格”是一种较为极端的观点，他认为个人可以完全定义为其脑。另一个富有成效的观点可能是一种实用主义的二元论，在重视科学理论概念的同时维持二元论的视角。

——编者

60 心灵与肉体、脑与意识的关系问题如今不仅是科学研究的焦点，也是哲学研究的焦点。它们也曾经一度陷入我们所谓的笛卡尔二元论的“遗留问题”之中，那是在现代思想刚刚发端的时候。其形式是心灵与肉体的关系问题——

如果引用笛卡尔的命名法，即是思想之物（res cogitans）与广延之物（res extensa）的关系问题。从某种意义上来说，这可以看作是一种新的思想出现时的分娩阵痛。今天，我们回望这个起点并试图将其理解为哲学的一种崭新的取向。而我们也前瞻未来，我们将看到这些问题以一种比早期现代思想中更鲜明的方式来决定科学与哲学的共同未来。其中心灵与脑的关系问题尤其如此。现代脑科学的未来大半取决于此，同时，未来哲学思想中的一个重要成分看起来也取决于此。

在下文中，我将以稍精确的方式来描述这个共同未来。我的讨论将以我与Martin Carrier共同提出的一些思想作为引领，我们将其称为“实用主义二元论”（Carrier & Mittelstrass，1991；另见 Mittelstrass，1998）。这个概念试图以一种建设性的方式来协调在哲学研究中占统治地位的二元论与在科学研究中（也包括科学取向的心理学中）占统治地位的一元论。这一尝试包括四个部分，我将从简要回顾心灵—肉体关系问题的发展史开始谈起。它起源于希腊哲学思想，也就是我们所说的灵魂—肉体关系问题。

心灵—肉体关系问题的发展历程

在将物质属性归于灵魂之后，遵循万物有灵论的传统——即灵魂是生命的呼吸，死亡时即离开身体——柏拉图区分了灵魂的三个部分，强调了其非物质性、先在性与不朽性。这三个部分是：思想灵魂或称理性灵魂、激情灵魂或称勇敢灵魂，以及欲望灵魂。这种三分法受到市民的三个等级（统治者、守护者、劳动者）的启发，这些等级应该从它们与灵魂三个部分的一一对应中获得生物学上的确证。柏拉图进一步划分了作为自我运动原则的灵魂（或生命）与（有些情况下）由此原则所策动的“赋予灵魂”的事物。亚里士多德的观点则有些不同。他将灵魂分为植物灵魂、动物灵魂与理性灵魂，植物灵魂即是物质吸收与生殖的能力；与之相比，动物灵魂则拥有感觉—知觉、欲望与运动的能力；理性灵魂则是理论和实践理性的“承载者”，它又可以划分为主动与被动两部分。根据亚里士多德的说法，灵魂是“器官性肉体的第一实体或实在”，灵魂使得肉体活动，并随肉体的死亡而消亡。

奥古斯丁的哲学传统强调的是灵魂不同部分间的真正区分，而托马斯·阿奎那（Thomas Aquinas）与托马斯（Thomistic）哲学传统则坚持认为灵魂是一个统一体，因此，中世纪哲学摆脱了柏拉图与亚里士多德对灵魂特征的描绘。虽然这次是在基督教的环境之中，但是灵魂的不朽性又一次起了决定性的作用。一方面，人们引入了超个人的、不朽的灵魂的观念，这种观念不同于个人的、可死的灵魂；另一方面，这种主张认为，这种灵魂等同于个人的灵魂，因为后者是物质肉体的一种实现方式，它也终将随着肉体而死去。现代思想的萌芽导致了灵魂的构想，使得所谓的理性心理学成为哲学的一部分。

61 心灵—肉体问题在现代的发展历程起始于17世纪笛卡尔的二元论。在这一理论中，起自亚里士多德并由中世纪思想所继承的肉体灵魂统一性问题在物质与思想的平行世界解决了："我们称一些行为为肉体的，如大小、形状、运动……它们所属的实体我们用肉体来指代。……另一些我们称其为思想的行为，如理解、意愿、想象、感知觉等：它们都属于日常概念中的感觉或知觉或意识，我们把它们所属的实体叫作**'思物'**（thinking thing）或**'心灵'**（mind）"（Descartes，1964-1974，VII，p. 176）。这一思想成为后来所有关于心灵与肉体关系的理论基础，尤其是意识（consciousness）的基础。为了忠于我自己的哲学研究，我将集中讨论这一观点，以免越俎代庖，偏离到医学或生物学上去。当哲学家说到心灵—肉体关系问题的时候，他们所说的一般是柏拉图理论中负责思考的那一部分灵魂，换句话说，他们所说的就是意识。

正如我在前面提到的，在哲学中，心灵—肉体关系问题常常被说成是"遗留问题"，因为它来自笛卡尔的双实体形而上学。这种二元论形而上学使得心灵与身体、物质与意识如何互动这一问题变成了一个巨大的谜团——这也就不可避免地吸引了哲学家的注意。最初哲学上对该问题的一些"解决方法"在本质上都是二元论的，笛卡尔考虑了当时人们所提出的大量批评而提出的一个解决方法就是其中之一。也就是说，他们对存在两个明确区分而又相互独立的领域这一假设进行争论，换句话说，就是心灵与肉体、物质与意识的二元性假设（从严格的系统性观点出发，我们必须在当时的历史背景中区分灵魂—肉体问题、心灵—肉体关系问题，或称意识—肉体关系问题与物质—生命关系问题）。笛卡尔本人就十分犹豫不决。一方面，他宣扬交互主义理论，认为两个实体可以通过松果体进行器官上的交流（Descartes，1964-1974，XI，p. 180）；然而，鉴于这一假设存在着体系的不洽性，他又满足于日常经验的解释（笛卡尔学派在笛卡尔主义的理论框架中为心灵—肉体关系问题提供一个解决方法的尝试与后来在这个方向上的努力，还包括莱布尼茨与康德的努力，参见 Carrier & Mittelstrass，1991）。

62 在笛卡尔学派的哲学传统之中，这种不确定性体现在两种不同的"解决方法"上：一种是所谓的"流入理论"（influx-theories），它假设两个实体间存在某种物理互动；另一种是所谓的"偶因论"（occasionalism），它通过祈求

“偶然的”神的干预，或者（为了减少上帝的麻烦）通过寻求上帝引发的两种实体间的连续作用，来解释为何物理与非物理世界间会存在物理联系这一问题。第二种解决方法与莱布尼茨的心灵与肉体间的预设和谐（pre-established harmony）（顺便提一句，这个理论使得哲学中的灵魂免于落入过于简单的解答中），以及斯宾诺沙关于两种实体是同一个神体的不同属性的解释方式相联系。同时，这些尝试是后来身心平行论（psychophysical parallelism）这一思想的基础。例如 Sustav Fechner，Max Wundt 和 Ernst Mach 等人就曾用这种方法来解决客观—物理刺激与主观—心理感觉之间的经验性对应关系问题。

毫不奇怪，这类“解决方法”导致了一元论概念的出现。在一元论中我们可以举出经典的与现代的理想主义还原论［例如，英国理想主义者乔治·伯克利（George Berkeley）所提出的非物质论］和物理与唯物主义还原论。这类物理主义与唯物主义还原论的例子分别有行为主义和所谓的“同一论”（identity-theory）。行为主义眼中所有的思维现象都体现在行为中，而同一论则宣称思维事件与生理事件是彼此等同的。从这个观点来看，任何企图将思维事件看作是“外部”控制的，也就是说与神经学实体相脱离的观点都是向哲学朴素性的后退。对于所谓的副现象论（epiphenomenalism）来说，这一点也成立，至少它将心理状态与过程看作是物理或生理状态与过程的“副作用”，而物理和生理状态自身形成一个闭合系统，不受心理过程与状态的干预。

与二元论对立的这些一元论有时候会从新的信息理论取向中得到补充。信 63
息理论将心理与思维过程看作复杂的数据交换过程，而心灵与肉体、物质与意识则被看作是不同的数据结构。脑被看作电脑。但这里，与刚才提到的一元论一样，我们清楚地看到，通过物理和心理状态与过程的经验联结，最初完全是哲学问题的心灵—肉体问题与神经生理学和心理学相互联系了起来。在心灵—肉体关系问题上，换句话说，在对哲学直觉的科学分析中，哲学的未来也似乎与科学的未来紧密地联系起来。但是这个理论还有争议，现代版本的二元论向我们表明了这一点。

自我与自我的脑

形形色色的还原论思想，包括科学思想，都有良莠并除之虞。在这里，问题在于当我们消除二元论矛盾时，我们可能在放弃了反思式与非臆测式的心灵—肉体关系问题同时，把意识这一概念也一同抛弃了。为了避免这一结果的出现，一种尝试是 Popper 和 Eccles（1977）提出的反还原论的交互作用二元论，其核心内容是反还原论命题与现实主义命题（详见 Carrier & Mittelstrass，1991，pp. 144–125）。

反还原论命题主张现实世界中的不同领域，例如物理学、化学、生态学/社会学不能够彼此还原，这一主张应该从科学史的类比中得到支持性论证，并可以求助于一个演化式的“创造性论证”——从历史上讲，还原从未实现，而那些看起来像是还原的东西，本质上只是修正。而“创造性论证”则是指高级组织结构所带来的形态无法从低级的加工过程中进行还原。但若是仔细审视，这些理解并非无懈可击。而现实主义命题也是一样，它宣称存在三个世界：物理肉体的“第一”世界、心理状态的“第二”世界与“客观思维”的“第三”世界［这个世界已经在逻辑学家与数学家的作品中粉墨登场了（Gottlob Frege，1996）］。并且更进一步，这三个世界中的每一个就其本身来说都是真实的。这种把三个世界都描述成“真实”的理论主张它们可以同一种方式互相影响。而这对第三世界（即理论世界）和第二世界（即思想世界）的关系也必须成立，因为根据这个概念，从理论到思维的“还原”将不可能发生。

这种哲学困境使得 Popper 与 Eccles 不但主张心理与物理状态、事件与过程的二元独立性，反对一元论观点，也提出自我的自主性与自我的身份（或意识）与其表征相对立——“自我与自我的脑”这一说法即是这一思想的尖
64 锐表达。而且，根据这一观点，脑从属于自我，而不是自我从属于脑。如果脑是“计算机”，那么自我就是程序员——自我是驾驭者而不是被驾驭者。Eccles 认为有自我意识的“我”、有自我意识的思维固着于第二世界，他把这一观点用神经生物学的语言表达了出来。根据他的假说，自我控制着并诠释着神经过程；它主动寻找它所关心的脑活动，并将它们整合成一个统一的、有意识的体验。它不断地扫描数量庞大的神经元之间的整体互动（“皮层模块”），而这些互动则对与第二世界（“联络脑”，liason brain）互动开放。在 Eccles 的中心命题中，有意识体验的统一性由有自我意识的心智来调节，而不是由神经的运转来调节。

但是从细节上来看，我们究竟怎样理解这个理论呢？也就是说，所谓的有自我意识的我或者有自我意识的心智与它的脑之间的互动究竟是怎么发生的？这个问题还是悬而未决，就像笛卡尔的理论一样。作为一个研究课题，这种二元论几乎没有走出经典理论发展的框框，尽管它被用一种神经生物学的语言表达了出来。与它的还原主义反对者们相比，这个课题可能更能引起人的共鸣；

然而在它自己的领域中，也就是在对神经生物学过程与状态的解释中，还未能证明它比还原论的各种理论更优秀。

同一论与实用主义二元论

与二元论（例如 Popper 与 Eccles 的理论）相对的是一元论。它认为神经生理学的状态和过程与心理状态和过程是完全等同的。但是这个观点也不能令人满意，因为它无法被物理法则所支持。这一理论并没有完成一元论式的还原，因为我们已经发现，处在问题一方的心理状态和过程与另一方的神经生理学状态和过程间并不存在一一对应的关系。而一元论式的各种理论恰恰倾向于建立在这样一种关系的基础之上，例如同一论，它认为从根本上分析，心理状态和过程与物理状态和过程是完全等同的。有人提出，当且仅当物理状态或过程 a' 可以被观察到时，心理状态或过程 a 才能存在。于是人们将一些感觉与脑某一区域的代谢活动（用磁共振成像观察）关联起来。但是，人们没有提出什么论证来证明两者是等同的。这很像是我们在使用精确校准的测量工具时所遇到的情形。在这两种情境下，我们都能找到测量工具与测量工具外部的某个状态之间的相关性。因此我们能说 MRI 仪器指示了质子的存在，但不能说仪器就是质子。类似地，云室中的轨迹显示了粒子的运动，但轨迹并不等同于运动。只有知识的匮乏才会导致我们（错误地）将每一对现象中的一个与另一个等同起来。简单地把一个理论中的术语转换成另一个理论中的术语并不足以保证等同性，因为还缺少相应规律之间的转换。因此，那些认为心理状态与 65
过程已经被还原为神经生理学状态与过程的观点还言之尚早。

现在，同一论与一元论的支持者，可能会认可上面所说的所有问题，同时却仍能通过从事还原论课题来维持一元论。从科学的视角来说，这一课题有一个优势，就是它可以在没有哲学参与的情况下完成。但是，首先这可能并不是一个优势，其次我们也不确定什么可以给这个有前途的还原论课题设置严格的标准。引述其他领域中还原论的成功先例并不能给我们更多帮助。借维特根斯坦的话来说，它很像是哲学中的情形："哲学痼疾的一个主要病灶是偏食：人们总是用同一类例子来滋养他们的思想。"（Wittgenstein，1953，§593）。也就是说，人们总是引述物理学中还原论的成功，而忽略心理学中还原论的失败。行为主义式的还原研究应该让我们勒一下马。我们没有什么理由认为与之类似的神经生理学式的还原可以更成功。

说到这里，对各种知识概念进行诠释可能会有所帮助，即我们在用非还原论的方式谈论人类行为时作为理论概念所使用的那些概念。理论概念即是指无法翻译为一种与理论无关的观察性语言的概念，换句话说，是指那些依赖于理论整体和实证充分性的概念。这并不意味着在具体情境下人们缺乏使用这些概念的合适标准。因此在心理学中也一样，人们必须根据某些行为指标来决定在给定情境中如何使用特定的理论概念，但这并不是说这些概念的全部就只是这些行为指标的加和。通过在我们的讨论中引出理论概念这一概念，我希望读者注意这样一个事实，即有效的科学概念的特点之一就是它们含有“言外之意”，换句话说，它们的意义可以延伸到其操作性内涵以外。它们是开放式的概念，其应用标准可以随着科学的发展而变化。而与之相反，看起来同一论者所追求的一元论式的还原把心理学概念限制在神经生理学指标上。而这一点，从科学哲学的角度来看，是20世纪20年代盛行的方式。为什么生物哲学要重蹈物理哲学的覆辙呢？

66 当然，这种论证源于科学哲学，它并非一个生物学或神经科学论证。关于意识或思维与神经生理学状态和过程的统一性这一本体论问题被转化成了一个科学理论的问题，即独立的心理学概念从原则上讲是否有效，或者我们是否应该回避它们。我和 Martin Carrier 认为它们是有效的，因此我们提出一种实用主义二元论。虽然我们提出了这个理论，但并没有进一步地支持实质性区分物理与心理状态和过程，只不过我们认为最好不要从一开始就否认这样一种区分的存在。用肯定的方式来说就是：独立的心理学（认知）概念可以从其**解释性价值**的角度得到辩护。在科学哲学中，涉及理论术语时，这些概念是否拥有本体论指向是一个基本问题，这个问题至今还在争论之中。但这就意味着我们不能在神经生物学这一个领域中假装它已经得到解决了。

从这个观点出发，还原论者认为，在二元论中，心灵作为 deus ex machina① 的角色十分让人难以信服，这种批评从方法论上来说是不成熟的。尤其是考虑到二元论与一元论双方都宣称我们对世界的描绘是一种建构时（Pöppel，1985，p. 66f.）。因为既然我们的这个描绘是如此，我们关于意识过程的生物学知识就理应也是如此。用其他的方式来表达就是：如果我们通常所知的每一件事都至少部分地来自脑的建构，那么生物学有关脑的知识如果不触及这种建构则不可能存在。

---

① 拉丁语。字面义为：来自机器的神，通常指突然出现的解围的人或事件，在戏剧中指冲突无法解决时硬生生出现的新人物、新事件，用以讽刺情节草率。用在此处是还原论对二元论的讽刺。——译者注

实际上很多神经生理学研究者们都持有这种观点，虽然他们自己在追寻一种本质上还原论式的研究，即试图用（还原论式的）规律公式与脑不同成分间的交互动因来解释感觉、意图性行为和意识这样的高级脑功能。因此神经生物学家 Otto Creutzfeld（1981）谈到了人脑的符号表征能力，从而强调符号既非神经系统的产物，也非神经系统本身，更不是世界本身。Creutzfeld 自己得出了一个二元论式的结论，在他的这句话中表达得很明确：“即站在自身反面的二元论是意识的本质”（Creutzfeld，1981，p. 42）。这明显不是一个神经生理学论断，相反，这是一个哲学论断。从我们所说到的有关实用主义二元论的观点来看，这个论断并非无意义或肤浅的。下面这个陈述也是成立的，虽然需 67
要一些限制条件：符号，即“脑对现实世界的符号表征，不仅指向世界，而且独立地形成了自己的世界；而我们的脑则持续地指向这个世界：思维的世界”（Creutzfeld，1981，p. 42）。或者说：“没有哪一种还原主义理论公平地对待这种意识的精髓。它们都只抓住了一个方面，即脑机制，而没有抓住另一个方面，即符号世界。而正是因为有了符号世界，脑机能以及透过此机能的脑才得以面对自己。符号世界与现实世界一样真实”（Creutzfeld，1981，p. 43）。

“思维世界”、“意识的统一性”，这些表达方式渗透着经典哲学精神的气息，而不染现代科学哲学的相对冷静。然而，考虑到对**建构性**取向的强调，包括科学取向以及反对将脑机制与意识等同起来的还原论命题，它们与我在这里提倡的二元论是相容的。这一切中真正关键的部分不是思维再次凌驾于生物学之上，而是从方法论的角度澄清，从理论研究课题的角度来看待生物学实践。至于“意识的统一性”或 Creutzfeld 所断言的符号世界的“真实性”是否包含其中，则是一个次要问题。

意识与自我理解

到目前为止，我的讨论可能让你觉得只有当这类科学—理论问题被澄清之时，涉及意识与心灵—肉体关系的哲学任务才算完成。这样一来，Popper、Eccles 和 Creutzfeld 等人的说法就是对这些界限的不合理逾越。而这个说法对 Popper 与 Eccles 的交互作用二元论来说也可能会成立。但是这并不意味着哲学家的工作仅限于科学哲学这一领域。从哲学的观点来看，意识不仅仅是一个科学概念，事实上从历史角度出发很少有人会这样想。因此哲学并不限于分析科学所希望解释的那种“意识”。用 Creutzfeld 的话来说，没有人可以“否认我们的经验与反应是建立在这样的基础之上的，即神经系统有能力感受特定物理刺激、把它们编码为一系列动作电位，再把它们转换成合适的肌肉运动系统序列。这给了还原论者们一个充分的解释”（Creutzfeld，1981，p. 33）。但从哲学的视角出发，这并不是意识最初的意义。

68 哲学家们不应奢望解决科学可以解决得更好的那些问题——也就是说那些被定义为科学的问题而非哲学的问题。他们的任务是在我们的自我理解、我们对环境的理解包括科学理解的所有领域中提供明晰性。在进行科学哲学研究时，他们就是在从事后者。这里，哲学特别的地方在于它通过**思考**来完成这样一项工作，而不是通过**研究**。当然这不是说研究不涉及思考，而是说哲学思考——从理论与实证方法来说——并不是科学所包含的那种研究。“意识”、“自我意识”、“自我”（ego），也包括“自我理解”都是在思考中与通过思考的具体哲学研究方法所关注的论题。而这一取向并非理性社会在日常生活与科学知识建立之余产生的一种文化奢侈品；而且它也不可能由科学本身产生。仅仅通过积累关于脑的科学知识，并不能回答苏格拉底关于人对自身与环境的正确理解的尖锐问题，甚至回答这个问题也不会变得更容易。这仍然只意味着我们（从科学上）相信，如果我们从神经生理学角度理解了自己，我们就能理解所有的事情。从这个意义上来说，我们所提倡的这种二元论不仅有**理论**意图，还有**实践**意图。

当然，这并不是在邀请所有哲学家像神经生理学和科学心理学从未存在那样继续大谈心灵、意识等问题。科学知识可以避免人们天真地将哲学观点看作科学研究的这种倾向。同样重要的是，我们要在涉及关于心灵—肉体问题的哲学语言上提醒自己，例如维特根斯坦就曾经批评哲学将使用精神概念的陈述与涉及精神世界实在性的陈述相混淆。

不幸的是，这种宣扬心灵—肉体问题是一个伪问题的观点（例如维特根斯坦的观点）并不是无懈可击的。这一观点是确信无疑的，那么我们就只能在胡思乱想与严格的科学之间作出选择。但科学描述了一个生活世界，在这个世界中主体很难认识自己：“世界通过感官向大脑展现自己”。它的统一性在这里就已经被打破成为多种现象形式，就每一个感官来说，它们只能感受有限的能量波谱：眼睛能感受称为“可见”光的有限的波长区域，触觉只能感受
69 长波热辐射与低频率机械震动，而嗅觉与味觉只能感受到很窄的有限区域中特定分子的浓度。于是，呈现给我们的世界便被限制在一个很小的物理与化学现象的区域内。这就是我们的生活世界（Creutzfeld，1981，p. 34）。

我们的生活世界真的是这样的吗？我在前文中所提到的关于实用主义二元论与现实的建构性的观点并不这样认为。而且，我们作为一种生物并不只是建

构我们所生活的世界，也建构着我们自己，因为我们拥有自我理解并活在其中。建构关于自我的科学知识，与建构一个人的自我理解是两码事。而后者是我们所说的意识含义中的一部分。在这种程度上我们可以同意 Popper 的说法："我们如何换取关于我们自己的知识？并不是靠自我观察……而是靠成为一个'我'，靠发展关于自我的理论"（Popper & Eccles，1977，p. 45）。如果我们从一个实际的、生活世界的角度来看，而不从一个科学—理论的角度出发，甚至"我"不属于脑，而是脑属于"我"这一陈述才是合理的。我们只要想象一下，一个人走到他的桌子前，告诉自己开始思考（例如他必须作一个关于心灵—肉体问题或意识问题的演讲）。科学知识有没有改变这一情境的复杂性？显然没有。当我们把自己描述为身体的主人，而脑属于身体的时候，我们很清楚我们说的什么意思。在这里，"科学"的解释，例如二元论与一元论所寻求的解释，反而显得肤浅了。

当然，这不应该导致哲学文化与科学文化之间老死不相往来，特别是当我们思考的是两者都试图解答的问题时。我们在这里多次引用了 Creutzfeld 的观点，以这样的说法作为他的结论："神经生理学的答案是哲学疑问的开始"（Creutzfeld，1981，p. 43）。这当然是对的，至少在这里是对的——因为很多哲学家假装他们了解那些他们实际上并不知道的科学知识。但是我们也可以说哲学家对问题的解答应该从科学中得到启发。否则，人们常常批评哲学的话（很不幸，这种批评是对的）就会成真，即：哲学总想在沉思中逃避现实，而不会在思考中把握现实。

参考文献

Carrier，M. and Mittelstrass，J.（1991）. *Mind*，*Brain*，*Behavior*：*The Mind-Body Problem and the Philosophy of Psychology*，Berlin and New York：de Gruyter.

Creutzfeld，O.（1981）. Bewusstsein und Selbstbewusstsein als neurophysiolo-gisches Problem der Philosophie，in：*Reproduktion des Menschen*：*Beiträge zu einer interdisziplinären Anthropologie*，Frankfurt and Berlin and Vienna（*Schriften der Carl-Friedrich-von-Siemens-Stiftung 5*），pp. 29–54.

Descartes，R.（1964—1974）. *Oeuvres*，I-XII，ed. C. Adam and P. Tannery，Paris：Vrin，1897—1910，new edn，，I-XI，1964—1974.

Frege，G.（1966）. Der Gedanke：Eine logische Untersuchung（1918/1919），in：G. Frege，*Logische Untersuchungen*，ed. G. Patzig，Göttingen：Vandenhoeck & Ruprecht，pp. 30–53.

Mittelstrass，J.（1998）. Das philosophische Kreuz mit dem Bewusstsein，in：M. Stamm（ed.），*Philosophie in synthetischer Absicht-Synthesis in Mind*，Stuttgart：Klett-Cotta，pp. 21–35.

Pöppel, E. (1985), *Grenzen des Bewusstseins: Uber Wirklichkeit und Welterfahrung*, Stuttgart: Deutsche Verlagsanstalt.

Popper, K. R. and Eccles, J. C. (1977). *The Self and Its Brain: An Argument for Interactionism*, Heidelberg: Springer Verlag.

Wittgenstein, L. (1953). *Philosophical Investigations*, New York: Macmillan.

第五章

将思维、脑与教育理解为复杂的动态发展系统：测量、建模与研究

Paul van Geert & Henderien Steenbeek

概述

一个涉及动态系统过程的、对行为与脑变化进行分析的框架可以使人类发展的研究大大获益。动态系统的研究者们以个人成长模型为出发点，以学习与教学中的变化过程为焦点，建立具体的模型。他们在数学模型中包含了多层次、多尺度的偶然性互动。这些模型将研究与测量的焦点转移到个体行为、时间波动以及成绩与脑模式的渐变和突变的结合上。动态系统模型可以解释与预测教与学中的重要属性，例如非线性变化与自组织（有序性与信息的自发增长）。它们可以将表面上对立的过程在同一个理论和模型中进行统一，例如基因与环境或个体与情境/文化，这种性质称为叠加性。测量方式应该包括学校与教师每天在课堂中进行的类型——对个体行为的重复测量。然后这些模型可以提供分析常见教育现象的方法，例如分析成绩的变异性、行为的模糊性以及情境的特殊性。这一动态的方法很有希望为理解教育与儿童发展过程中复杂的个体变化提供有用的工具。

——编者

人类的发展构成了一个复杂的系统。Rocha（1999）将复杂系统定义为“……任何一个拥有众多互相影响的成分（主体、过程等）的系统……它们的 72

集合行为是非线性的（无法从每一个体成分活动的加和中得出）……并一般表现出……自组织……”在这个定义中，复杂性不仅与数量层面相关（众多成分），同时也与特定的质性层面相关（非线性与自组织）。我们试图通过科学努力来理解这个复杂体，而这不可避免地涉及如何将这个复杂体简化到人类思维可以理解的程度的问题。如果不将复杂性考虑进去，我们就无法理解复杂系统。这就意味着无论我们怎样简化，复杂系统的核心性质特征都必须保留。这些性质特征对我们理解复杂系统非常重要。

简化发展与成长现象的复杂性的一般方法是将其线性化。标准的研究方法是取一个足够短的时间跨度，以产生单向和线性的因果关系。例如，我们可以进行一项干预，并马上测量其效果，在某个感兴趣的变量上看它的变化。另一种方法是在独立的被试上测量独立的变量，例如横断研究。我们认为被试代表了其背后的类别群体，如“5 岁”类或“ADHD 儿童”类。在这种设计中，与我们的独立变量不发生共变的所有变量都必须被看作是噪音。

通过这种线性化手段在发展现象中的应用，我们可以简化其复杂性，并对这个复杂系统中存在的很多关系有更好的理解。

然而，关键的问题是，**这种类型的简化是否保留了这个复杂动态发展系统的核心特征呢？**如果没有，那么我们怎样找到一种简化与研究这一现象的方法，使得我们的方法可以忠实地反映这些核心特征？为了回答这些问题，我们将首先给大家呈现一个简短的描述，来指出我们认为什么是复杂系统的特征或核心特征。我们将首先讨论这些复杂性系统的核心特性或特征如何影响发展心理学中变量测量的一般方面；然后讨论它们如何影响理论建构、模型建立以及假设的实证性检验。在后文中分块讨论只是出于方便考虑，实际上它们是紧密结合在一起的。关键问题的答案应该是，一般来说，标准的发展研究方法无法保存复杂系统的核心特征。但是，我们想要告诉大家的是，将我们熟悉的研究发展的方法与那些与其动态性与复杂性相关的特征协调起来是可能的，我们还会告诉大家应该怎样协调。

复杂系统的特征或核心特征

非线性与自组织

73 非线性指的是变量或作用力的效果不能用因果变量的功能之和来表示。自组织意味着在复杂系统中，微观秩序（结构、信息……）会自发增生，这是低层次能量消耗的结果。自组织与非线性是紧密相关的，因为自组织本身就是多种潜在因果关系的非线性效果（例如，它可以突然出现，而其潜在的因果因素则没有明显的改变）。

自组织与传递相反。例如，如果我们把教学看作一种知识传递的形式，那么就意味着一个地点（教师）的某种结构（知识）被带到了另一个地点（学生）。传递不可避免地产生信息的自然损失（即熵的增加，热力学第二定律）。传递系统中产生的秩序或信息的自发损失要求被传递的信息必须是超定的（over-determined）（例如重复多次）。通过这样的超定或重复，由于传递而造成的信息损失就可以得到补偿。如果超定传递不可能实现（在乔姆斯基的语言习得模型中就是如此），那么秩序、结构或信息必须提前置入系统之中。例如，以固有模块的方式。

然而自组织却意味着某些系统，也就是那些已经高度秩序化与结构化的系统（例如一个由学生与教师组成的系统，或一个正常环境中的语言学习者），会表现出秩序、结构或信息的自发增长。因此，在一个自组织系统中，信息的传递（例如教学过程中）会产生比被传递的信息本身更复杂与更完整的系统的构建（例如一些学生的学习效果会超过教师所讲授的内容）。目前，自组织已在众多的发展现象中得到了阐释（例如 Roubertoux & Carlier，2002；Gottlieb，Wahlsten & Lickliter，1998；Ford & Lerner，1992）。

有一个重要的问题与自组织的实证指标有关。自组织的第一个指标是，秩 74
序与结构的增长超过“输入”信息中的秩序与结构。秩序与结构的增加是发展的标志，但要表明这种秩序超过了“输入”（教学与学习环境）的秩序则并非易事。我们注意到在乔姆斯基式的语言发展研究方法中，“刺激贫乏”论证有可能为语言习得是一个自我组织过程的观点提供有力的潜在支持。可惜的是，由于在乔姆斯基的方法中，自组织并非一个可行的选择，所以用“刺激贫乏”论证来说明语言结构是天生的。最后，自组织的其他实证指标还有发展的不连续性、平台期、短暂的退步、倒 U 形成长方式等。

叠加性

叠加性是复杂性的第二个特征，它意味着同时有两个（表面上）不相容的属性共同描绘现象的特征。人们用正式定义的形式将叠加这一概念应用于量子物理中，表示一种特定的不确定性，例如粒子的位置与能量的不确定性。在复杂的心理—脑—教育系统中存在着一种非正式定义的叠加。它通常在以下这些问题的情境中被提出来，例如“脑是否可以解释心智”，“发展应该由基因、环境还是部分地由两者共同解释”，“知识是一个实体（大脑中的一个物理结构）还是一个过程”，“人应当以类别（如精神病诊断手册）还是以（临床上的）维度来进行区分”，等等。

我们可以通过将其线性化而（相对）简单地得到这些问题的答案，例如，研究一个大的独立被试样本中基因与行为的关联性。然而，这些解答往往导致（表面上的）矛盾。例如，如果我们比较几代人在平均智力上的差距的话（如1900年出生的组群与1950年出生的组群），得到的差异中大部分可以由（历史性）环境变化来解释（例如弗林现象，平均智商测试结果随世代而增加）。然而，如果我们比较同一代人中的个体智力差异，并且假定生活环境给每个人都提供丰富的机会，那么得到的差异则绝大部分可以用基因来解释。因此，可能对1950年出生的一个特定的人来说，智力既可能（几乎）完全取决于环境，也可能（几乎）完全取决于基因。而一旦我们意识到基因与环境是交织在一个跨越时间阶段的复杂链条之中，并且我们不能把它们看作可以独立地对发展起作用的变量，这一结论的矛盾就立即减弱了。

同样，叠加性的实证指标是间接的。例如，如果某些问题——诸如基因与环境的问题——经过多年的科学讨论仍未解决，而且人们的观点摇摆不定，那么很有可能这个问题包含着一个叠加性，而它的解决方法中所用的简化方式并未能捕获这一叠加性。如果在一个特别小的研究尺度下，不论他们本身的素质有多高，行为观察者们在他们所应作出的分类上始终难以达成一致的话，那么这个分类可能本身就是模糊的，也就是说它拥有一些两个类别共有的属性使得观察者无法达成一致（见 van Geert & van Dijk，2003 中的讨论）。

75 叠加性的一个直接实证指标是个体内变异的峰值，特别是在发展的情境中。人类的行为与表现固有其变异性与波动性，但有一些时候这些波动会出现峰值。这种峰值通常表明从一种发展状态、水平或阶段到另一种发展状态、水平或阶段的转换，并有可能是由两种状态、水平或阶段的暂时性叠加引起的。这一叠加表明，在某一时刻，孩子处于一种状态或水平，而在另一时刻，则处在另一种状态或水平。图5.1给出了儿童语言发展的数据例证（Bassano & van Geert，2007）。根据人们提出的三个语言产生的功能，语言的产生被划分为三个组：产生1个词的句子（Hologphrastic generator，单词句产生者），产生2—3个单词的句子（combinatorial generator，组合词句产生者），产生4个以上单词的句子（syntactic generator，句法产生者），或者产生1—3个单词的句子。这种发展模式表现为重叠的曲线，分别代表三种发音形式的频率。对变异模式的分析显示了两个峰，它们很可能分别对应了产生2—3个单词句子的阶段取代产生1个单词的句子阶段，产生4个以上单词句子的阶段取代了产生2—3个单词句子的阶段。

实体与过程

复杂动态系统的第三个特征或特性是，它们建立在实体与过程的综合上。“实体”指的是物理客体与结构看得见摸得着的、物理的与恒定的存在。过程指的是实体中互有因果联系的变化在时间上的连续。考虑到我们的人类认知结构，理解一个实体要比理解一个过程更容易，这也就是为什么相比那些转瞬即逝的过程模型来说，我们更喜欢实体性的解释。现在，科学界对于脑作为一个物理实体以某种实体形式包含了行为的原因这一观点产生了极大的兴趣。这一实体层次表现为，人们为一些特定形式的认知活动寻找特定的局域化的脑区或脑的特定部位，例如阅读或数字的使用。不管脑区定位的研究多么有趣，我们应该注意到它们并不能为阅读过程与数字思维过程提供解释（至少在主流新闻中，“负责这项工作的脑区”这一发现常被描述得好像是找到了这一过程的 76
最终解释一样）。而且，脑区的定位只在一定程度上是“真实”的，因为它们是大量不同被试与不同时间的数据的平均，此外，它们只是指出了哪些脑区有活动的增加，而并不是说我们所考虑的问题就在这唯一的一个脑区加工而不需要其他激活程度相对低的脑区的参与（参见 Mazoyer & Tzouriou-Mayoyer, 2002；Beaulieu，2000，Uttal，2001）。

Thelen 与 Smith 的动态系统理论（Thelen & Smith，1994）对知识的实体化解释提出了强有力的质疑。他们强烈地反对将知识与概念解释为脑中某些固定的“机器”，可以产生与这些知识与概念相关的行为。在他们看来，知识、概念与技能等都是过程。他们认为这些东西是软结合的，也就是说它们是一些局域与暂时的事物，无法在其过程之外存在。然而人类认知复杂性的一个特点就是，知识与概念同时既是实体也是过程，它们既是短暂的和“软结合”的，同时也是思维的因果性与条件性实体。注意，这一事实与我们上一段所讲的叠加性有着紧密的关联。这个关系体现了一种更一般的论点，即复杂系统的所有属性间都是彼此相联系的。

那么有什么指标可以表明这个实体与过程的叠加呢？一个重要的指标就是个体内变异本身（注意，我们在叠加那一节中强调的是把个体内变异的**峰值**作为一个主要的实证指标）。如果心理现象——例如知识或技能——同时既是（在大脑中）“固定”的，也是必然牵涉环境与情境的过程的产物，那么对每一个特定的人来说，它们必然以某种特别的方式波动或变化。变异性的大小决定了一个现象是归为实体（如果变异小）还是归为过程（如果变异大）更为稳妥。

因果关系的多层次性与多尺度性

复杂动态系统的第四个特征或特性是，它包含了很多层次与时间尺度，例如个体层次、群体层次、社会层次、文化层次、物种层次，以及微发生尺度（microgenetic）、个体发生尺度、历史尺度、演化尺度。显然很多涉及发展研究的问题都可以通过分离某个特定的层次或尺度来实现，但也有另外一些问题必须明确地考虑到不同层次与尺度之间的互相作用。例如，大约 80 年前形成
77 的维果茨基研究的基石之一，就是对社会历史的发展与个体发生学之间的相互关系进行研究（Vygotsky，1978）。这些不同的组织层次之间，以及相应的时间尺度之间的关系原本就是一种相互影响的关系。

因果关系的相互性或交互性原则在动态增长模型中得到了明确的说明（van Geert，1991，1994，1998；Fischer & Bidel，2006，Fischer，本书）。它们把发展看作一个拥有支持、竞争与条件关系的不同成分交互作用的网。这些关系是交互的，但并不一定是对称的。例如，较早的一个语言策略有可能与较晚的、更复杂的语言策略形成一种支持性关系。然而，较晚的策略与其前辈之间却是一种竞争的关系（参见 Bassano & van Geert，2007）。通过对这样的交互行为网进行建模，我们可以理解阶段的产生、暂时性退步以及倒 U 形发展等现象。

发展中因果关系的多层次性也表现在如下事实中，即复杂系统的属性（通常）分布在多个成分之中。像“概念”、“知识”这类东西显然是人的属性。如果加以思考，我们只能将其看作内部属性。然而，这些属性所服务的任务的复杂性远远地超出了内部知识基础表征的能力范围，例如在一个真实世界中移动或解决一个数学问题。因此，我们的知识与概念极大地依赖于外部世界的属性，而从这个意义上来说，我们的知识是具有所谓的分布式与情境化的属性（Clark，1997）。它的情境化不止于物质世界，也在乎社会情境（例如电脑与人类合作者）。我们为了改善认知与行为所创造出来的那些外部工具，并不仅仅是简单的外部附加物，它们也会影响内部过程。从长远角度来考虑，在发展过程与历史过程中，只有长期效应才是重要的，因为它们会改变内部过程本身，例如，对那些可以促进外部工具使用的内部技能的选择。举例来说，在书写的历史上，文字标记最初只被用来当作外部的记忆辅助工具，后来，从进化

的角度来说，它们演化成了一种全新的认知技能，即读写技能。这些技能被脑中可以掌控它们的脑区所“接受”（参见 Dehaene，本书，和 Wolf，本书）。78 然而，读写本身的演化也很可能受到接受了这些技能的脑功能属性的影响。

有哪些实证指标可以体现发展研究的多层次与多尺度性呢？一个直接的指标即是找到一个过程的短期演化机制与长期演化机制之间的区别。另一个指标是找到通过分析儿童发展过程中群体内的个体间差异而得出来的结构（例如，人格与智力的因素结构）与通过分析个体内差异所得出来的结构（例如，对单个个体进行重复测量所得到的动态因素分析结果，参见 Molenaar，2004）之间的差别。问题在于这种针对个人发展轨迹的研究少之又少，以至于这种差别存在的证据稀缺［Masher-Eizenman 等人（2002）所作的有关知觉控制与学业成绩的研究是这方面少有的例证之一］。

到目前为止，我们已经回顾了复杂动态系统的四个核心特性或特征，即非线性与自组织，叠加，实体与过程，以及因果关系的多层次性与多尺度性。我们向大家建议了几种实证指标，即那些可以表明一个过程或现象中存在这些特征的属性。现在，我们将把这些特征或特性应用于发展研究中的一个重要方面，即发展的测量上。

发展测量中的复杂性方面

模糊性、含糊性与不确定性

我们所感兴趣的现象中，如孩子的认知水平、阅读能力、社会认知等，其本身的大部分就是复杂变量，也就是说这些变量继承了它们所表征的复杂系统中的全部或很多属性。我们已经提到过一些关于复杂性系统的实证指标，它们主要与叠加的特性相关，即含糊性与表面上的矛盾性。这些特征与发展测量的问题直接相关。

举例来说，如果我们对一段儿童之间的互动中的情绪表达进行评分，我们经常会面对这些情绪的模糊性甚至含糊性，而我们却通过将简化的假设强加于其上来解决，例如把它们简化到一个从负性到正性的一维变化上去（例见 Steenbeek & van Geert，2002）。另一个例子是解释早期儿童语言的分类，例如 79 前置词与动词。通常来说，前置词和非前置词之间并不存在明晰的分界（例如 van Dijk & van Geert，2005；van Geert & van Dijk，2002，2003）。在这个例子中，事实上有些词是介于动词与前置词之间的，这就是模糊性的一个例子：一个似乎涉及互斥性的分类（一个词要么是前置词，要么不是前置词）却涉及了渐变（从非前置词到前置词之间存在一个渐变）。这一渐变可以量化，也就是说，我们可以用一种正式的方法来讨论模糊性（van Geert & van Dijk, 2003）。不同类别之间的渐变产生了含糊性，也就是说，如果一个词代表了一种介于动词与前置词之间的某种东西，那么它既是前置词也是动词，同时它既不是前置词也不是动词。因此，从词义分类的角度来说，这个词是含糊的。

变量的模糊性与含糊性通常被解释为信息的缺乏。从这个观点来看，现象是确定的，它非此即彼，但观察者仍缺乏区分它究竟属于哪一类的信息（或技巧）。换句话说，模糊性与含糊性只不过是我们的不确定性。显然，很多时候，多个观察者意见不一致时所产生的模糊性与含糊性确实是由信息不足或观察者能力不同而引起的，并可以通过获取更多信息或对观察者加以训练来解决。然而，如果模糊性与含糊性乃是我们所研究的现象本身的属性，我们就必须区分哪些时候模糊性是真实的，哪些时候模糊性产生于信息的不足。在模糊性是真实的这种情况下，我们必须通过尝试着将其量化而使其客观化（就像我们用一个置信区间来表示不确定性一样）。例如，我们可以不使用评分者不一致性作为测量误差的度量（不一致性越高，误差越大），而使用那些判断准确的、训练有素的、标准与评分技能一致的评分者之间的不一致性，来作为他们评分的分类本身的内生含糊性与模糊性的量化信息（参见 van Geert & van Dijk, 2003，在语言发展中的应用）。

在临床测量中，不确定性（实际上我们应该叫它真实的模糊性）常常存在争议，例如一个儿童“有”还是“没有”ADHD 的不确定性。如果行为指标可以与客观指标相连，比如“真正”的 ADHD 儿童的特定脑区会更加活跃，那么这种不确定性（当然，其实是模糊性）就真的能得到解决了吗？在我们
80 对复杂性系统的第三个特征（实体与过程的叠加）的讨论中，我们已经论证了，仅仅是发现一个实体的属性，例如找到一个特定的脑区，并不能解决（例如）ADHD 究竟是什么，它是怎样发展的，它在不同的人身上有何不同，以及它在人的一生中如何变化等问题。有关脑的知识为这一复杂的谜题提供了新的证据并因此有助于谜题的解决；但它本身并没有真正地解决谜题。

心理学变量的动态层面

在我们对复杂动态系统的第四个特征（即这些系统的多层次性与多尺度

性）的讨论中，我们已经看到，不论我们测量什么变量，例如儿童在一个认知推理任务中的发展水平，我们得到的实际上是个人能力与情境预设之间互相作用的结果（参见 Thelen & Smith，1994；Fischer et al.，1993；van Geert，2002；Clark，1999，Fischer，本书）。虽然从统计上来说，我们可以分离环境的方面与人的方面，但是这种分离需要人与环境是独立的这一假设成立。在一个较短的时间尺度上，环境预设与个人能力是两种实时相互作用的结果，因此它们对彼此有着固有的依赖。在一个较长的时间尺度上，个人倾向于主动选择与操纵他们所处的情境，而情境又反过来塑造个人的特征与能力。在给定一个人的核心内部特征并同时给定此人所处的典型环境范围的情况下（例如，这对于儿童与成人是不同的），此人在我们所感兴趣的变量上的得分将会呈现出典型的动态性。而心理学测量的目标恰恰应该是这种典型的动态性。为了捕捉到这种动态性的特征，测量方法必须符合以下几个要求。

第一，测量的重复频率（测量之间的间隔）可以观察到个人的典型变化。所谓典型变化，就是指此人得分的典型变化范围。这个范围是此人的典型情境变化的产物，但也是内在条件的固有变化的产物（例如，De Weerth，van Geert & Hoitink，1999；de Weerth & van Geert，2002a，2002b；Li et al.，2001，2004；Granic et al.，2003；Eizenman et al.，2004；Schmity & Skinner，1993；Kernis et al.，1993；Butler et al.，1994；Rabbit et al.，2001；Alibali，1999；Bassano & van Geert，2007）。针对发展不连续性的研究，例如，一个像 81
守恒这样的新的认知原则的出现，也非常强调将变化的增加作为发生不连续性的前兆的意义（van der Maas & Molenaar，1992；van der Maas，1993；Hosenfeld，van der Maas & van den Boom，1997；Jansen & van der Maas，2002；Wimmers，1996）。

第二，被测量的变量是分布在个人与个人所处的典型环境之中的（我们在复杂系统的多层次性那一部分讨论过这个问题）。这种分布性常常与个人的典型模式行为同时出现。因此，测量意味着要以不同（典型）环境中的多重测量的形式来探索不同的典型行为特征模式。例如 Fischer 测验所产生的功能模式与最优模式，包括有无支持或合作，以及将能力更强的人作为认知操作的典型环境之一，特别是在发展与教育情境下（Fischer et al.，1993；Fischer，本书）。另外一些例子与不连续变化的临近状态相关，例如在不同类型的语言产生之间（Bassano & van Geert，2007），或在皮亚杰的从无守恒到理解守恒之间（van der Maas & Molenaar，1992），或者通过不同的操作模式使得不连续阶段得以重复（例如语言模式与非语言模式，见 Goldin-Meadow et al.，1993）。

同时（最终是暂时性地）以这两种不同的模式运作的人脑，即显示出了一种叠加性，例如这个脑既有发展水平 A 的特征，也有发展水平 B 的特征。这种叠加不会产生逻辑矛盾。它之所以可能存在，是因为脑在复杂系统之中运作，并且脑本身也是一个复杂系统。

发展理论建设与假设检验中的复杂性层面：个案研究

对于我们所进行的有关发展过程的研究来说，复杂性系统的这些特点将产生什么影响？我们如何捕获其非线性与自组织、叠加性与因果多层次性及多尺度性？假如我们不实际地进行实时追踪，我们能够理解一个过程的发生发展吗？要将复杂性与动态性系统的方法引入进来，我们还需要找到一个全新的发展学方法论。这是否意味着我们现有的方法不适合我们对发展的动态性与复杂
82 性理解？在这一节中，我们认为，只要我们愿意用一种稍微不同的方法来看一下我们的数据，发展心理学中的标准方法与标准设计可以至少捕捉到一部分复杂性与动态性。我们举一个我们自己研究中的例子来说明这一点是如何实现的。

互动属性与社会关系地位间的关系

儿童早在六七岁的时候就已经表现出对其同班同学的偏好性了。通过应用社会测量学的技术，我们可以把同一个学校班级中的学生划分到不同的社会关系地位中去，例如受欢迎的、平均水平的与被讨厌的。较早的研究显示，在与同辈间进行社会性互动的时候，受欢迎的孩子相对于被讨厌的孩子表现出更多的正性情绪表达，并且面对同辈时有更高的指向性（Black & Logan，1995；Rubin et al.，1998）。在荷兰乌德勒支大学所进行的一项纵向研究中，研究者将一个平均水平的孩子与受欢迎和被讨厌的孩子置于一处，让他们使用各种玩具进行一个持续十分钟的假装游戏并进行录像。其结果并没能支持早先关于社会关系地位与正性情绪表达之间的线性关联（de Koeijer，2001）。然而问题在于，在一个样本或总体中找到一个变量之间的联系，而最终又无法重复这种发现，这没有告诉我们任何关于这一因果过程的信息。我们还是不知道孩子的社会关系地位同孩子在与其他孩子进行互动的时候所真正表达出来的正性情绪之间有什么关系。

一个情绪表达与互动的动态模型

模型的一般属性

在我们自己的研究中，我们从一个社会互动中情绪表达与指向性的动态模型出发（指向性是指所有指向他人的活动，如果它得到了他人的回应，我们就称其为一致性；Steenbeek & van Geert，2005；Steenbeek & van Geert，2007a，b）。这一社会互动模型的基础是一个一般化的、高度简化的人类行为模型，并受到情绪的功能理论［例如 Freijda（1986）与 Campos et al.，（1994）等都提出过这样的理论］的重大启发。我们推测，行动或者更一般的行为，是建立在两种成分的基础之上的。第一种成分是一个人的目标（concerns），例如他所想要实现的“利益”。另一种成分我们称为互惠性（reciprocity），指的是社会交换的内在适应性，也就是说人倾向于对彼此的行为作出回应。应用到两个儿童的游戏情境中时，目标被缩减为两个基本目标。第一个是参与的兴趣（参与指的是共同游戏的一类活动，包括为了使他人参与到互动中来而指 83
向他人的所有行动）。另一个是自主性的兴趣（自主性指的是独自游戏的一类活动，与他人间没有交流）。情绪则是目标实现程度的评价，例如满意度。举例来说，对于儿童自身与其同伴而言，一个传递给同伴的正性情绪表达表示当前的情境使该儿童的参与性目标得到了满足（模型的图示参见图 5.2）。

游戏过程与其他任何形式的社会互动一样，是一种行动的循环结构。也就是说，一个行动（例如一个将自己指向对方的语言）得到对方某种方式的回应，而对方的回应又随之得到回应，如此往复（见图 5.2 下部）。这种循环性或递归性是模型的确定组成部分。它的含义也包括参与互动的人组成了彼此的互动情境。而且，这个情境一部分是由该儿童自己创造的，一部分是由它的玩伴创造的。从这种意义上来说，情境不是一个附加的、静态的框架，我们不能将其看作一个在不同个体间自由变化的“独立”的变量。一个特定情境中的行动与反应是由目标性与互惠性共同定义的。

我们以如下的方式将社会关系地位整合到这个模型中。首先，我们假设，如果儿童的玩伴有较高的社会地位，那么该儿童的参与性目标会更强。第二，文献指出，受欢迎的孩子与其不受欢迎的同伴相比，其社交影响力更高：他们对其同伴的行为有更高的影响，并且他们更善于区分行为有效的情境与行为无效的情境（有效性由其目标实现功能来定义）。

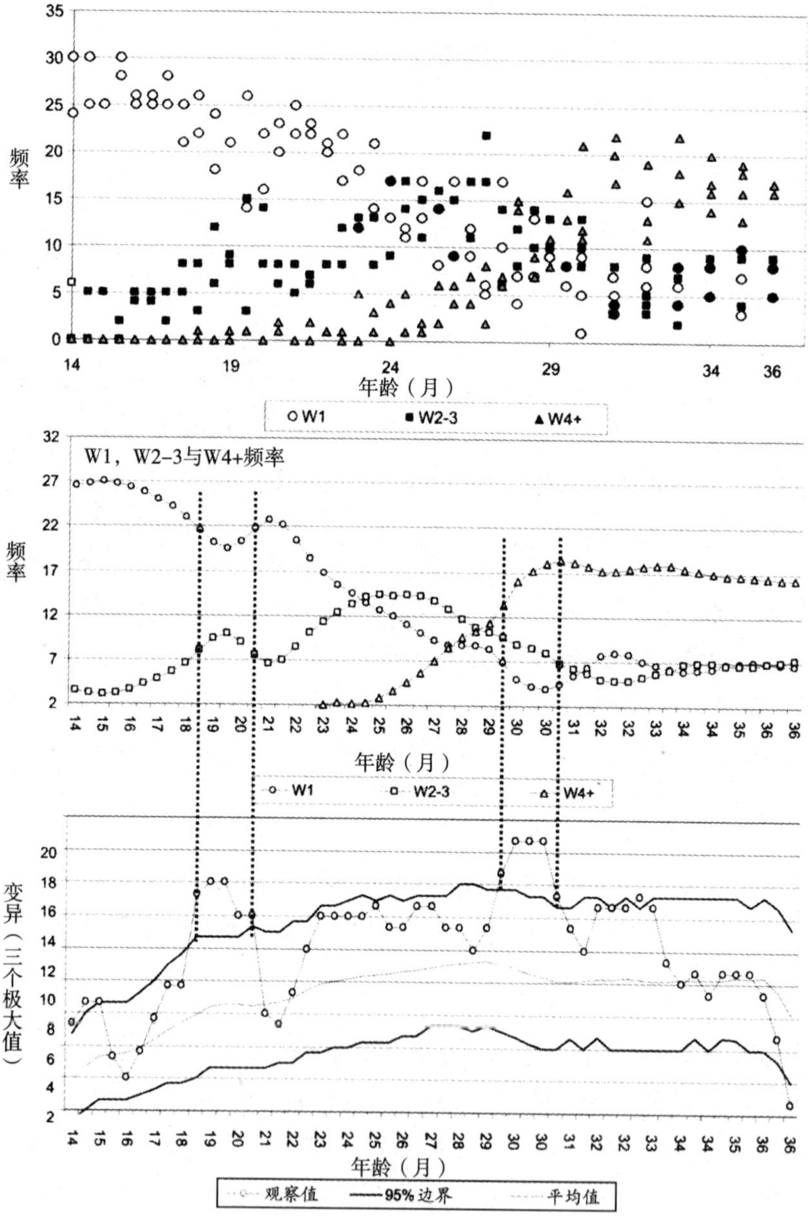

图 5.1　说法语的女婴在 14—36 个月期间 1 个单词、2—3 个单词和 4 个单词以上多词语言发音频率变化。发音分组对应我们所假定的不同语言产生者：单字句产生者、组合词句产生者、句法产生者。

顶部：原始数据，基于 30 次发音的亚过程。一个完整的观察过程包含 60 次（小于 22 个月）或 120 次发音（大于 22 个月），并为了研究过程内的变异而划分为几个包含 30 次发音的亚过程。

中部：利用局部加权回归散点平滑法作出的平滑频率曲线，用来估计三种发音方式的（变化的）中间值，并追踪局部逆行与其他与主趋势的偏离。

底部：过程内变异，其定义是5次连续比较中的三个过程内变异性最大值的平均。变异性的峰值出现在大约19个月时，与单个词发音的暂时性减退及2—3个词语句的短暂峰值同时出现。第二个峰值出现在约30个月时，这是4个以上词发音巩固时期。很可能30个月以后的单个词发音与2—3个词发音将越来越多地由新产生的句法产生者产生。我们把观察到的变异峰值与一个由多项式模型（multinominal model）得出的变异范围进行了比较：既然我们可以将三种发音形式的平滑频率曲线看作是多项概率方程，那么其统计期望值可以通过计算得知，例如以95%边界的方式。变异的峰值与统计期望峰值有显著的不同（$p<0.01$）。

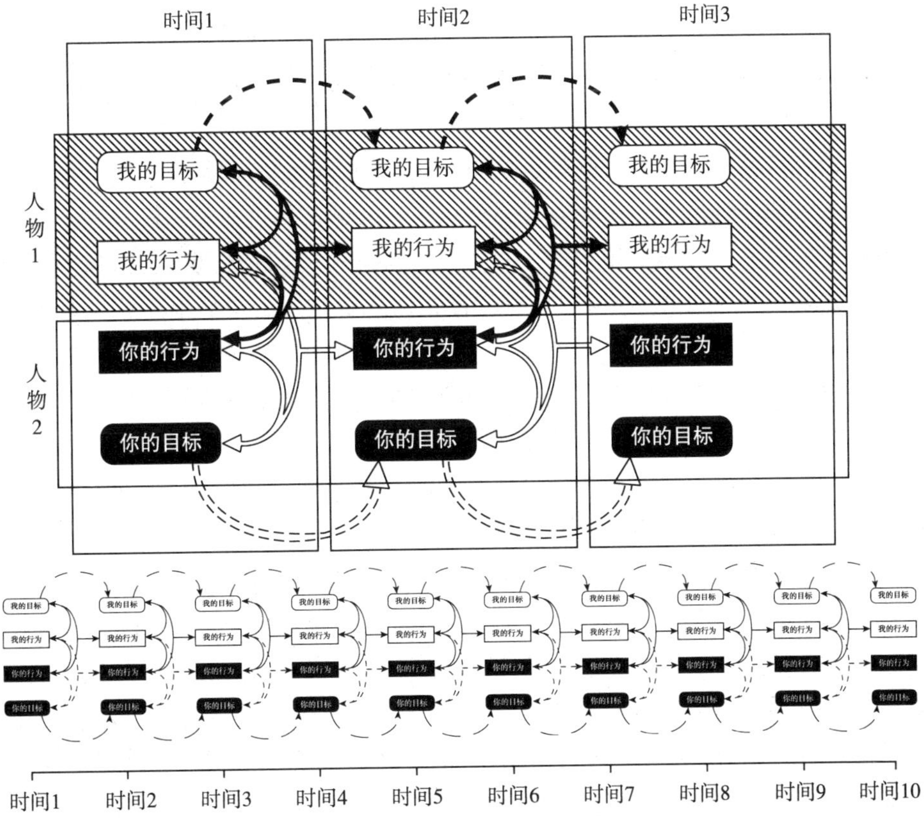

图5.2 社会互动情境中短期行为改变的一个基本模型。两个人（如两个儿童）都关心一起做的事情，或者单独做的事情（一起玩耍或单独玩耍）。从数学的角度来讲，两人对共同玩耍的比率偏好要高于单独玩耍。一个人的行为的下一个阶段（例如时间2）是建立在对自身行为（一起玩或单独玩）以及另一人的行为与目标的差异进行评价的基础之上的。此模型对两个人来说都是对称的。在这一简化模型中，目标在短期内没有产生适应性变化（虚线表示目标在时间上保持不变）。顶部的图示只显示了三个时间阶段，而底部的图式可以更好地体现这一过程的循环性。

这一基本的概念模型被转化为两种动态模型。第一种是所谓的主体模型，它用一种更细节化的方式来模拟互动过程（参见 Steenbeek & van Geert，2005，2007a，b）。第二种是对上面提到的互动原则的高度简化的数学表达，表现为几个配对微分方程的形式。我们用这一模型来预测受欢迎和被讨厌的儿童与平均地位的儿童游戏时的指向性以及情绪表达。这些预测并不涉及互动过程的实际进程，而只关心全局性指标，例如，整个互动过程中情绪表达的平均时间与强度。在讨论这些预测和它们的实证检验之前，我们首先要讨论一下为什么这样一个从动态模型出发的研究过程与本章中所讨论的复杂性系统方法是相一致的。

简单动态交互作用模型中的复杂性方面

我们没有使用不同独立被试间变量的线性联系模型，而是使用了一个动态模型，令互动属性成为一个实时过程的结果。我们使用这个动态模型来作出互动过程中的全局平均属性的预测，并且它可以在独立案例的基础上用标准的横断研究设计来检验（被试对）。该模型还指定了自组织的最简单形式：对于每个参数值集合，它会稳定于一个固定值。因此，儿童的正性情绪值与针对彼此
86 的指向性并没有被看作是产生于一个内在的并且相对静态的对正性情绪的偏向性。在这个模型中，它是一个动态互动过程的结果，因此它既考虑了主体的因素也考虑了情境的因素。从这个意义上来说，情绪与指向性水平是分布式过程的产物，也就是说，它们产生于一个分布于互动参与者之间的过程。

87 复杂系统所特有的叠加性显然决定了情境与主体的概念该如何界定。从互动过程的循环性角度来看，情境，也就是说游戏伙伴的行动与属性同时既是儿童行为的产品也是这些行为的诱因。相似地，该儿童的属性也在很大程度上是由情境（例如该儿童的目标）决定的。因此，虽然我们随时可以将情境与主体分离，但主体是情境的创造者，情境也是主体的创造者。这种形式的叠加并不是含糊其辞或者比喻式的：它完全是由模型所指定的方程来定义的。

而实体与过程在模型中则体现为在模型中被认为是“固定”内部属性的部分（例如儿童的社交有效性）与模型所描述的过程所产生的部分（如目标、情绪等）之间的一种显性选择。选择“实体”或固定的方面（例如人的属性）并不意味着我们可以将固定部分的“固定性”加以一般化。在一个试图解释这个方面的模型中，例如社交有效性，固定的方面也有可能会以过程的形式出现。

然而，目前这个模型在复杂动态系统的最后一个特点也就是过程的多层次性与多尺度性上仍有不足，该模型指定了社会互动的短期动因，例如对应于十分钟的玩耍时间。它可以解释模型中所区分出来的参数在发展过程中如何变化以及为什么变化，其中一部分是社会互动本身的结果（参见 Stehenbeek & van Geert，2007b）。

在标准样本设计中检验动态系统假设

被试、流程及预期

平均年龄为 6.5 岁的小学一年级学生参加了本研究，年龄上限 8.8 岁，下限 5.8 岁。在 83 个儿童（47 个男孩、36 个女孩）中，我们根据评分测验（Ssrat，Maassen，Akkermans & van der Linden，1996）所得的社会关系地位，选出了 24 个被试对。为每个被试对录像三次，时间间隔为大约一个半月。互动包含十分钟的游戏过程。每个被录像的儿童的表达性与反应性的变化以1/10 88
秒为单位进行编码（事件采样）。

通过按照假设的目标与有效性所作出的被讨厌与受欢迎儿童的预测，使用其对应的参数空间计算出所有可能的输出结果，作为模型的预期。结果模型所作出的预期如下：在其自己所在的被试对中，相比于被讨厌的孩子，受欢迎的孩子将表现出较低水平的指向性以及较低水平的情绪表达。在受欢迎的孩子身上，正性情绪的分布更为高效化；受欢迎的孩子也会比被讨厌的孩子表现出更多的负性情绪。如果不考虑被试对之间的差异，我们预期儿童与其玩伴的相似性将高于机遇水平。模型预期，受欢迎孩子的同伴参与程度与被讨厌的孩子的同伴参与程度没有差异。被讨厌的儿童的玩伴将会表现出比受欢迎儿童的玩伴更多的负性情绪表达。最后，模型预期，受欢迎—平均水平的被试对的共同参与程度将低于讨厌—平均水平的被试对。受欢迎被试对与被讨厌被试对在共同负性情绪表达上不会产生差异。注意，这些基于实时互动的动态模型的预期，与基于早先的研究结果所作出的预期（发现了受欢迎度、正性情绪与指向性之间的正相关）显著不同。

而鉴于受欢迎与被讨厌的儿童数量较少，并且由于评分过程极为繁琐，被讨厌—平均水平、平均水平—平均水平以及受欢迎—平均水平的被试对都使用了小样本（分别为 13 对、14 对、14 对）。出于这个原因，加上我们无法预期总体中的变量分布情况，我们对每一个操作变量使用了一种非参数的随机排列检验（参见 Manly，1997；Good，1999；Toddman & Dugard，2001）。这种统计方法的一个主要好处是，几乎所有的预期都可以得到检验，只要我们可以清楚地定义虚无假设，并用统计模拟的方式来进行测验。

最后，一个群组的特点（例如不受欢迎）未必适用于组内所有成员，甚至不能说适用于组内大多数成员。因此，有可能组间的差异出现在极值上而非均值上，或均值上的差异有可能是极值所造成的。出于这一原因，我们不仅在组平均值上进行了检验，还检验了极值的特点（这里实际上是指组内最高与最低的 20%）。

89 结果与讨论

概括地说，我们的数据几乎证实了所有的预期。特别是被讨厌的儿童倾向于表现出一种正性情绪的**溢出**，他们表现出了很多正性情绪但没有从玩伴的反应中得到回应。可能这种溢出产生于我们所假设的特别是在与较高地位的玩伴游戏时他们对参与的高度关注。而溢出也是他们缺乏社交有效性的表现，即他们的努力没有产生共鸣。

正如我们预期的那样，受欢迎的儿童表现出正性情绪的频率比被讨厌的儿童低，但却更可能得到引发玩伴的正性情绪表达。这意味着受欢迎的儿童比被讨厌的儿童在建立一个主体间框架上更为高效。此外，受欢迎的儿童在他们的互动中更为有效，表现为他们投入的努力更少，却可以保证玩伴付出更多的努力。这种效果表现为玩伴有更多语言与非语言的主动行为。不论是与受欢迎的还是不受欢迎的玩伴游戏，平均水平的玩伴之间的差异都不显著（这种没有差异的情况正好符合我们的预期）。只有一处例外，即如果被讨厌的孩子的玩伴表达负性情绪，则这种负性情绪会更加强烈。

此外，除了测量不同地位组之间的差异以外，我们也分别测量了每一个被试对中的儿童与其玩伴。每一种类型的被试对中，都出现了一种调节过程，即儿童与玩伴间会发展出一种典型的协调水平。这种协调水平的一种表现是，被讨厌被试对中的玩伴在指向性与正性情绪表达方面都表现得更积极。

通过对数据的观察，我们发现对大部分变量来说，地位组分布中的低值部分较为相似，而差异出现在分布的高值部分，包括极端值。

我们在某些变量中只找到了极端值的差异而没有找到平均值的差异。

复杂性的层面

我们的数据显示，不能把行为看作人的一种固定属性，而应看作情境中的一种适应性行为的产物，而情境又是此人行为本身的产物。数据还证明了非线 90
性的存在，因为被试属性与社会关系地位的关联在社会地位组或样本之间不是线性分布的。地位或群体的认定是基于一个代表其“典型”模式的典型性亚群体，而差异常常产生于这个亚群体，却未必可以代表群体中的大多数。另外，我们在被讨厌与受欢迎被试对中所找到的典型性模式显示了一种（看似）矛盾的属性的叠加：被讨厌的儿童反而表现出更强的互动性和与玩伴间共同的正性情绪表达。因此，在群体中被欢迎或被讨厌这一现象的复杂体与儿童间多种多样的互动方式以及行为的功能性相关，如行为趋向于实现目标等。

最后，我们的发现如此有力地证实了我们的预期，这也为得出这些预期的动态系统模型提供了更高的可信度。

结论：简化发展现实的同时必须保存其复杂性

在本章中，我们讨论了复杂动态系统的四个核心特性，它们直接适用于人类发展。如果不将这些特性纳入考量，就不可能正确地理解人类发展。不幸的是，在对研究客体进行必要的还原与简化的时候，当今大多数方法抛弃了这些性质，从而创造出一种人类发展中基本特性不充分的图景。在我们对心理测量的讨论中，我们已经试图说明，为什么含糊性、模糊性、变异性与情境特异性等特性必须置于测量过程的核心，而不是将它们作为简单的测量误差而抛弃。在这个社会地位间关系的研究中，我们试图说明，在对标准研究设计作出相对较少的变动的情况下，就可以洞察年幼儿童行为的复杂性与动态性。

参考文献

Alibali, M. (1999). How children change their minds: strategy change can be gradual or abrupt. *Developmental Psychology*, 35 (1), 127-145.

Bassano, D. and van Geert, P. (2007). Modeling continuity and discontinuity in utterance length: a quantitative approach to changes, transitions and intraindividual variability in early grammatical development. *Developmental Science*, 10 (5), 588-612.

Beaulieu, A. (2000). *The space inside the skull: digital representations, brain mapping and cog-*

nitive neuroscience in the decade of the brain. Groningen: Doctoral Dissertation.

Black, B. and Logan, A. (1995). Links between communication of mother-child, father-child, and child-child peer interactions and children's social status. *Child Development*, 66, 255-271.

Butler, A., Hokanson, J., and Flynn, H. A. (2004). A comparison of self-esteem lability and low trait self-esteem as vulnerability factors for depression. *Journal of Personality and Social Psychology*, 66, 166-177.

Campos, J. J., Mumme, D. L., Kermoian, R., and Campos, R. G. (1994). A functionalist perspective on the nature of emotion. *Monographs of the Society for the Study of Child Development*, 59 (2-3), 284-303.

Clark, A. (1997). *Being There: Putting Brain, Body and World Together Again*. Cambridge, MA: MIT Press.

De Koeijer, I. (2001). *Peer Acceptance, Parent-child Fantasy Play Interactions, and Subjective Experience of the Self-in-relation; A Study of 4-to 5-year-old Children*. Veenendaal: Universal Press.

De Weerth, C. and van Geert, -P. (2002). Changing patterns of infant behavior and mother-infant interaction: Intra-and interindividual variability. *Infant Behavior and Development*. 24 (4), 347-371.

De Weerth, C. and van Geert, P. L. C. (2002). A longitudinal study of basal cortisol in infants: intra-individual variability, circadian rhythm and developmental trends. *Infant Behavior and Development*, 25, 340-374.

De Weerth, C., van Geert, P., and Hoijtink, H. (1999). Intraindividual variability in infant behavior. *Developmental Psychology*, 35 (4), 1102-1112.

Eizenman, D. R., Nesselroade, J. R., Featherman, D. L., and Rowe, J. W. (2004). Intra-individual variability in perceived control in an older sample: the macArthur Successful Aging Studies. *Psychology and Aging*, 12, 489-502.

Fischer, K. W. and Thomas R. Bidell (2006). Dynamic development of action, thought and emotion. In R. M. Lerner and W. Damon W. (eds.), *Handbook of Child Psychology*. Vol 1: *Theoretical Models of Human Development* (6 edn pp. 313-399). New York: Wiley.

Fischer, K. W., Bullock, D. H., Rotenberg, E. J., and Raya, P. (1993). The dynamics of competence: how context contributes directly to skill. In R. H. Wozniak and K. W. Fischer (eds.), *Development in Context: Acting and Thinking in Specific Environments*. Hillsdale, NJ: Erlbaum, pp. 93-117.

Ford, D. and Lerner, R. (1992). *Developmental Systems Theory: An Integrative Approach*. London: Sage.

Frijda, N. H. (1986). *The Emotions: Studies in Emotion and Social Interaction*. Cambridge:

Cambridge University Press.

Goldin-Meadow, S., Alibali, M. W., and Breckinridge Church, R. (1993). Transitions in concept acquisition: Using the hand to read the mind. *Psychological Review*, 100 (2), 279-297.

Good, P. I. (1999). *Resampling Methods: A Practical Guide to Data Analysis*. Boston: Birkhauser.

Gottlieb, G., Wahlsten, D., and Lickliter, R. (1998). The significance of biology for human development: a developmental psychobiological systems view. In W. Damon & R. Lerner (eds.), *Handbook of Child Psychology* (pp. 233-273). New York: Wiley.

Granic, I., Hollenstein, T., Dishion, Th. J., and Patterson, G. R. (2003). Longitudinal analysis of flexibility and reorganization in early adolescence: A dynamic systems study of family interactions. *Developmental Psychology*. 39 (3):, 606-617.

Hosenfeld, B., Maas, H. L. J. van der Boom, D. C. (1997). Indicators of discontinuous change in the development of analogical reasoning. *Journal of Experimental Child Psychology*, 64, 367-395.

Jansen, B. R. J. and van der Maas, H. L. J. (2002). The development of children's rule use on the balance scale task. *Journal of Experimental Child Psychology*, 81, 383-416.

Kernis, M. H., Cornell, D., Sun, C. -R., Berry, A., and Harlow, T. (1993). There's more to self-esteem than whether it is high or low: the importance of stability of self-esteem. *Journal of Personality and Social Psychology*, 65, 1190-1204.

Li, S. -C., Lindernberger, U., Hommel, B., Aschersleben, G., Prinz, W., and Baltes, P. (2004). Lifespan transformations in the couplings among intellectual abilities and constituent cognitive processes. *Psychological Science*, 15 (3), 155-163.

Li, S. -C., Aggen, S. H., Nesselroade, J. R., and Baltes, P. B. (2001). Short-term fluctuations in elderly people's sensori-motor functioning predict text and spatial memory performance: the MacArthur successful aging studies. *Journal of Gerontology*, 47, 100-116.

Manly, B. F. (1997). *Randomization, Bootstrap and Monte Carlo Methods in Biology (2nd edition)*. Boca Raton: Chapman and Hall.

Maassen, G. H., Akkermans, W. and van der Linden, J. L. (1996). Two-dimensional sociometric status determination with rating scales. *Small Group Research*, 27 (1), 56-78.

Mazoyer, B. and Tzouriou-Mazoyer, N. (2002). Variabilité anatomique et fonc-tionelle des aires du langage. In J. Lautrey, B. Mazoyer, and P. van Geert (eds.), *Invariants et variabilités dans les sciences cognitives* (pp. 55 - 68). Paris: Editions de la Maison des Sciences de l'Homme.

Molenaar, P. C. M. (2004). A manifesto on psychology as idiographic science: bringing the person back into scientific psychology-this time forever. *Measurement*, 2 (4), 201-219.

Musher-Eizenman, D. R., Nesselroade, J. R., and Schmitz, B. (2002). Perceived control and academic performance: a comparison of high- and low-performing children on within-person change-patterns. *International Journal of Behavioral Development*, 26, 540–547.

Rabbitt, P., Osman, P., and Moore, B. (2001). There are stable individual differences in performance variability, both from moment to moment and from day to day. *The Quarterly Journal of Experimental Psychology*, 54A, 981–1003.

Rocha L. M. (1997). *Evidence Sets and Contextual Genetic Algorithms: Exploring Uncertainty, Context, and Embodiment in Cognitive and Biological Systems.* New York: Binghampton University Doctoral dissertation.

Roubertoux P. L. and Carlier, M. Invariants et variants génetiques: les apport de la génomique dans l'étude des processus cognitifs. In J. Lautey, B. Mazoyer, and P. van Geert (eds.), *Invariants et variabilités dans les sciences cognitives.* (pp. 25–40). Paris: Editions de la Maison des Sciences de l'Homme.

Rubin, K. H., Bukowski, W. M., and Parker, J. G. (1998). Peer interactions, relationships, and groups. In W. Damon (Series ed.) and N. Eisenberg (Vol. ed.), *Handbook of Child Psychology: Vol. 3. Social, Emotional, and Personality Development* (5th edn., pp. 619–700). New York: Wiley.

Schmitz, B. and Skinner, E. (1993). Perceived control, effort and academic performance: interindividual, intraindividual en multivariate time-series analyses. *Journal of Personality and Social Psychology*, 64, 1010–1028.

Steenbeek, H. and van Geert, P. (2002). Variations on dynamic variations. *Human-Development.* May-Jun; Vol. 45 (3), 167–173.

Steenbeek, H. and van Geert, P. (2005). A dynamic systems model of dyadic interaction during play of two children. *European Journal of Developmental Psychology*, 2 (2), 105–145.

Steenbeek, H. and van Geert, P. (2007a). A dynamic systems approach to dyadic interaction in children's emotional expression, action, dyadic play, and sociometric status. *Developmental Review*, 27 (1), 1–40.

Steenbeek, H. and van Geert, P. (2007b). The empirical validation of a dynamic systems model of interaction: do children of different sociometric status differ in their dyadic play interactions? *Developmental Science* (in press).

Thelen, E. and Smith L. B. (1994). *A Dynamic Systems Approach to the Development of Cognition and Action*, Cambridge, MA: MIT Press.

Todman, J. B. and Dugard, P. (2001). *Single-case and Small-n Experimental Designs: A Practical Guide to Randomization Tests.* Mahwah, NJ: Erlbaum.

Uttal, W. M. (2004). *The New Phrenology: The Limits of Localizing Cognitive Processes in the Brain.* Cambridge, MA: Cambridge University Press.

Van der Maas, H. (1993). *Catastrophe analysis of stagewise cognitive development, model method and applications*. Dissertation, University of Amsterdam.

van der Maas, H. and Molenaar, P. (1992). A catastrophe-theoretical approach to cognitive development. *Psychological Review*, 99, 395-417.

van Dijk, M. and van Geert, P. (2005). Disentangling behavior in early child development: Interpretability of early child language and its effect on utterance length measures. *Infant Behavior and Development*, 28, 99-117.

Van Geert, P. and van Diik, M. (2002). Focus on variabitity: New tools to study intra-individual variability in developmental data. *Infant Behavior and Development*, 25, 1-35.

(2003). Ambiguity in child language. The problem of inter-observer reliability in ambiguous observation data. *First Language*, 23 (3), 259-284.

Van Geert, P. (1991). A dynamic systems model of cognitive and language growth. *Psychological Review*, 98, 3-53.

(1994). *Dynamic Systems of Development*. New York and London: Harvester Wheatsheaf.

(1998). A dynamic systems model of basic developmental mechanisms: Piaget, Vygotsky and beyond. *Psychological Review*, 105, 5, (4), 634-677.

(2002). Developmental dynamics, intentional action and fuzzy sets. In N. Granott and J. Parziale (eds.), *Microdevelopmental Clues: Transition Processes in Development and Learning*, (pp. 319-343), Cambridge: Cambridge University Press.

Vygotsky, L. S. (1978). *Mind in Society*. Londen: Harvard University Press.

Wimmers, R. H. (1996). *Grasping Developmental Change: Theory, Methodology and Data*. Doctoral Dissertation: Free University of Amsterdam.

第二部分

脑发育、认知与教育

第六章 97

教育中的后天经验与脑可塑性

Wolf Singer

概述

神经生物学中的许多研究结果已经有力地为我们描述了人类知识的神经表征方式。人类脑功能结构不仅取决于基因，还依赖于后天的机制（发展过程），该机制以负责特定任务的神经元之间连接的巩固为基础。“共同活动的神经元，就是紧密相连的神经元”，这条基本规则不仅适用于胚胎期，即使到了出生之后也同样有效。本书的其他相关章节（例如 Dehaene 和 Petitto 编写的章节等）已经表明，婴儿的脑天生就被赋予了一个庞大得让人难以置信的信息宝库。教育不是始于一块“白板”，而是建立在婴儿对内部以及外部环境的先天知识的基础之上。视觉皮层区的相关研究很好地证明了在发展的早期会出现机会窗，而此时的感觉剥夺将使视觉皮层回路无法得到及时巩固，视觉功能就会永久丧失。正如 Bruer 在前文中所述，青春期之后，任何学习都将受制于那些已经稳固下来的神经结构，由于神经系统连接的功能性改变，学习仍然持续进行。对学习过程中新神经回路的发展规律的认识必将促进教育事业的发展。

——编者

为了进一步优化教育策略，人们必须对脑的发育规律以及学习的生理机制 98
等问题有更深入的认识。在过去几十年里，神经生物学研究已经在该领域取得了大量的成果。相关研究涉及诸多层面，成果不计其数，这里不作全面阐述。

我们重点关注的是知识的习得及其表征等方面。在本文中，以下几个问题尤为重要：第一，知识在人脑中是如何表征的；第二，人脑是天生就拥有关于周围世界的知识呢，还是一块可以自由规划的白板；第三，后天经验和教育是否会影响脑发育，是如何影响的；第四，发展中的脑能在多大程度上控制自身发展和知识学习的协调过程；第五，发展中的脑与成熟的脑相比，其学习过程是否有差异，如果有，差异是什么？

知识的神经表征

人脑不同于电脑，电脑由固定的硬件组成，硬件执行固定的操作，这些操作的顺序可由适当的软件自由编程，而人脑则没有硬件和软件的划分。人脑的运作方式完全是由神经元的整体属性以及它们之间的连接方式决定的。正是脑的功能结构（决定神经元之间的连接方式及各自权重）决定了人脑如何接受信息、作出决策并付诸行动。因此，脑加工信息的方式及其中储存的所有知识，都离不开其功能结构。这是因为，脑的连接模式包含了各种信息，而任何学习过程，例如修改计算程序、更新已有知识等，都必须通过脑功能结构的持续性变化才能实现。以下各种途径：神经元整体属性的改变、脑结构连接方式的变化以及兴奋性和（或）抑制性神经连接效能的调节等，都可以导致这种变化的产生。由此可见，探究知识本源就是要对脑功能结构的专门化及不断修饰的过程进行深入的研究。

脑的发育变化主要分为三种过程：进化、个体发育和学习。尽管这三者在时间进程和生理机制上都有明显的差别，但它们都引起了人脑功能结构的专门化。因此，我们认为这三者就是知识习得的生理机制，换句话说，进化、个体发育和学习就是认知过程。

认知过程的进化论

与机体的其他组成部分一样，脑的结构也经历了同样的“优胜劣汰、适者生存”的进化过程。大自然赋予机体的脑结构实现的是那些能够增加机体适应生存的功能，同时表达这种结构的基因保留下来。通过这个自然选择过程，关于计算操作的有用信息镌刻在脑结构中，并储存到基因里。在机体的每
99 一次发展过程中，这些信息都将通过一个复杂的发展过程由基因传递到特定的脑结构中，然后再由脑结构将这些知识转化为精确的适应性行为。

由于进化过程的保守性，神经系统功能结构的基本特征一旦被证明是有效的，则会被保存下来。因此，神经元的总体特征以及信息加工的基本规律自无脊椎动物的简单神经系统形成之日起就没有改变过。这就意味着，连接暂时的偶然性信号（temporally contingent signals）的学习机制等计算策略在进化过程中保持不变。时至今日，我们仍在沿用原始的机体就获得了的可以有效地评价感觉信号并作出正确反应的那些计算法则。在进化过程中，神经系统发生的唯一重要改变是在复杂性上有了显著提高。这种复杂性是由于神经元数量以及神经元之间的连接数量的巨大增长造成的。人脑包含大约 10^{11} 个神经元以及 10^{14} 个神经元连接。每立方毫米脑皮层就含有大约 60 000 个神经元。每一个神经元都与其他 10 000—20 000 个神经元建立联系，并接受来自相当数量的神经元的信息。大部分受这些连接所调节的相互作用发生在相邻的神经元之间，但脑中仍存在大量的长程细胞连接，用以连接脑中相距甚远的神经元。大多数长程连接是高度选择性的，其连接轨道由基因决定。

可见，高度进化的脑功能结构中储存着大量的信息，这些信息的来源之一是进化选择。需要强调的一点是，绝大部分由基因决定的脑结构特征自出生之日起就已经形成。这意味着，新生儿的脑结构中就已经存储了大量的关于信息加工策略的有用知识。感觉器官的功能特异性决定了环境中哪些信号将会被机体接受并进一步加工，而神经系统的功能结构则决定了如何对这些信号进行加工、重组、储存，并最终转化为行为模式。先天知识决定了我们如何察觉和解释感觉信号，评价和引申出规则，在信号间建立连接，确定因果关系，为感觉信号赋予情感色彩，以及我们如何进行推理。新生儿天生具有大量的关于周围世界的知识，这些知识存在于基因决定的脑功能结构中（见 Koizumi，Dehaene 100
and Singer，本书）。因此，他们的脑绝不是一个可以自由塑造的白板。

显而易见，对于这种知识的获得我们没有有意识的记忆。它是先天的，决定了人脑的基本操作，包括通过学习而进一步获得知识的过程。它是内隐的，规定了我们感知世界、对现象进行区别和归类的方式。我们既不能通过理性反思质疑这种知识，也不能通过理性反思弃绝脑的先天结构所提供的这些演算结果。即使我们知道，用物理术语讲，频率在 18 Hz 之下和 18 Hz 之上的波只有量的区别，我们的感知系统仍然主观地把这个连续体划分成了振动和声音两个独立的部分。像这样根据神经系统结构预先的推论定式进行主观分类的例子不胜枚举。这些先天观念也可能是非常精细的，不像上面所举的例子那么容易识别。它们往往作为关于周围世界的毋庸置疑的信念出现。当前关于灵长类动物及婴儿的研究旨在揭示这种先天知识的基础。先天知识为后续学习提供了框架，因此任何改善早期教育的努力都应该考虑到这一点。

经验决定的发展过程

尽管基因对脑结构有决定性的影响，新生儿的脑却是非常不成熟的，直到青春期结束之前，其结构都处在不断的发展中。在出生时，所有的神经元都已经具备，基本的神经连接尤其是长程连接已经形成。然而，脑皮层中的大部分神经元都还没有充分建立连接。只有在出生之后经过几年的发展，脑才最终形成复杂的功能结构。持续不断的神经连接的形成是这一发展过程的典型特征。神经元不断拓展这个从其他细胞（它们的树突）接受信号并把自身的活动信息传递给别的细胞（轴突）从而建立联系的过程。这些连接一旦形成，就将接受功能测试，此后或者不断得到强化，或者被不可逆转地删除。这个确认过程由神经元活动所控制。有些神经元活动在时间上是高度相关的，这些神经元之间的连接更容易得到强化；而有些神经元以相关方式被激活的概率很低，这
101 些神经元之间的连接则很可能会被删除。“共同活动的神经元，就是紧密相连的神经元”。出生之后，神经元网络的活动自然在很大程度上受到当前所接受的感觉信号的影响。这意味着，感觉经验与大脑功能结构的专门化发展过程密切相关。通过这一过程，经验能够塑造神经元连接（关于经验发展的综述见Singer，1990，1995）。

这一过程的不可逆性使得它在我们探讨教育策略问题时异常重要。如前文所述，青春期结束之前，依据功能标准形成并选择神经回路的过程一直存在——但是该过程仅在精确的时间窗内才会发生，且不同脑结构的时间窗也有差异。对于实现感觉信号低水平加工的脑皮层区域，如初级感觉区，神经回路中经验决定的成熟过程自出生后很短的时间就已经开始，而且在最初两年内就基本结束。对于负责语言加工的脑区，发展窗打开的时间相对较晚，且会持续更长时间。起始时间更晚的，则是那些负责陈述性记忆、自我表征以及社会角色分配等功能的中央区。

发展窗一旦关闭，神经元将不再形成新的连接，现有的连接也不再被删除。这就是把极易受经验影响的脑发育时期称为“关键期”的原因（有关关键期的讨论，见本书 Bruer 的文章）。只有在关键期内，脑结构才能依据相应的功能标准得到修饰和优化。一旦关键期结束，新皮层相关脑区的回路将不再改变。失去的连接无法恢复，不适当的连接也无法删除。能够导致这些固化了的结构发生改变的唯一途径就是改变现有神经连接的效能。这种功能性的改变

被认为是成人学习的基础，在青春期之后，这种改变会受到稳固的脑解剖结构的制约。

经验在个体出生之后的成长过程中发挥着重要作用，这一点在感觉剥夺实验的严重后果中得以体现。在预防性使用抗生素的区域，婴儿的眼睛常因围产期的感染而导致角膜或晶状体混浊。因此，这些婴儿失去了轮廓视觉。他们无法从轮廓边缘获得对比强烈的信号，只能获得模糊的亮度变化。由于需要依据对比强烈的边界才能够进行具体的反应，脑皮层的神经元不能对这种亮度上的总体性变化作出很好的反应，因此，从眼睛到皮层神经元这条信息传递渠道上 102
相互连接的神经元活动的相关性很弱。由于相关性的缺失，最初形成的这些神经连接开始断裂，而那些不具备有效功能的连接则恰巧被保留下来，并很有可能形成不恰当的连接。由于缺乏正常的轮廓视觉，视觉皮层中的回路无法正常发展，神经回路无法依据功能标准进行选择，发展进程便停滞在不成熟的非功能化水平。一旦错过发展关键期（猫的关键期只有三个月，婴儿的关键期也只有一年），这种神经连接上的缺陷将无法修复。即使通过外科手术为眼睛植入光学介质也无济于事，因为脑已经无法再对眼睛传递的信号进行适当的加工。动物实验已经表明，剥夺了早期视觉经验，视网膜仍然具有正常的功能，但视觉皮层中的神经网络无法再对输入的活动模式进行适当的加工。晚期恢复视力的儿童，在视觉功能上仍然是个盲人，发展的最好程度也只是具有对光线变化的基本知觉能力。

显然，没有人对语言学习、社会整合等高级认知功能的剥夺进行系统研究，尽管如此，我们仍可以作出下面的合理推断：高级认知功能的获得同样具有关键的机会窗，剥夺高级认知经验同样有害。

尽管人们意识到高级认知功能获得的发展机会窗可能很重要，但是我们对它们的起始时间以及持续时间仍然一无所知。由于掌握这些时间进程对于教育课程的设计非常有价值，发展心理学的研究必将在教育学相关领域发挥越来越重要的作用。

表观遗传回路选择的适应性价值

感觉剥夺实验对脑结构发展带来的显著效应引发了如下问题：自然界为什么会形成把成熟中的脑暴露在感觉经验危害中的这种发展机制？原因可能在于，这种向经验影响开放的发展过程使得人们有机会获得仅仅依靠遗传基因无法获得的功能，还可以弥补信息剥夺可能造成的危害。对视觉功能发展过程的考察支持了这一观点。

103 包括人类在内，眼睛在正面的动物都具有把两个视网膜上的图像融合成单一感知对象的能力。

这至少能带来两大优势：首先，通过两个相互独立的感觉通道的对比，大大提高了感知过程的信噪比；其次，形成立体视觉，通过两个视网膜上图像差异的对比，可以获得精确的深度信息，从而形成空间视觉。为了实现这种无疑能够提高生物适应性的功能，双眼和视觉皮层之间必须通过精确的方式形成具体的连接。必须保证对视野中同一个点进行编码的神经节细胞——由于动物都是通过双眼来注视——精确地汇聚到同一个皮层的神经元。用专业术语来说，就是必须保证来自视网膜相应位点的输入传递到相同的皮层细胞。有争论认为，仅仅通过遗传基因不可能形成这么精确的连接模式。在成熟的视觉系统中，视网膜上哪个位置能被激活取决于很多因素，比如眼间距、眼球的具体大小以及眼球在眼窝中的具体位置等。这些因素又取决于许多后天因素，比如在子宫中依赖于营养的生长过程以及其他环境因素的干扰。因此，不能依据基因决定的发展过程对它们进行精确的预测。然而，有一种精妙的策略可以确定神经联结传递的信号究竟来自哪一个视网膜区域，那就是考察它们之间的相关活动。每次清晰的注视（definition），源自视网膜相应区域的输入就会被视野中相同的轮廓激活。因此，当动物用双眼注视同一个形状时，这些输入传递高度相关的激活模式。从众多不同的输入中选择出那些能够传递最相关活动的信息，这一机能保证了从视网膜相应位点输入的信息进行选择的稳定性。这正是发展过程中对从眼睛到皮层细胞之间的输入进行选择的机制。这个特殊的案例说明，经验也是影响神经回路发展的一个因素。

相关研究表明，在神经系统的其他发展过程中，神经回路的选择同样依赖于经验的作用。通过对能反映经常发生相关活动的一组神经元之间的神经连接的选择性强化，外部世界中的联系就能够被转化为神经连接结构。这样，神经系统可以学习到环境中的偶然事件（contingency），并把这些知识储存到加工结构中去。这些知识还可以进一步被用来建构关于外在世界的各种具体性质的
104 种种假说。通过对脑功能结构的表观遗传塑造，机体能够使自身的神经结构更加适应它们的生存环境，这大大节约了为了应对来自各种环境的特定挑战而必须投入的计算资源（参见 Dehaene，本书）。

语言学习为认知过程的这种经验决定的适应性提供了有力的证明。母语环境致使语言解码和产生所需的加工结构发生不可逆转的改变。儿童因此形成了关于母语韵律和典型音素的特定图式。这使得他们能对说话者连续的语音流进

行快速、自动化的分割。对于较晚习得的第二、第三语言，情况就不同了。在这种情形下，分割不能自动进行，而需要注意控制，这就是为什么人们要听懂晚期习得的外语环境中多人会谈内容时需要付出更多努力的原因。加工结构的形成是不可逆的，一个特别典型的例子是亚洲人难以分辨辅音“R”和“L”。他们几乎无法听出这两个辅音的区别，因为在亚洲语言里它们被划分为同一个音位类别（参见 Goswami，本书）。有证据表明，一旦过了母语习得的关键期，通过学习掌握这些音位的区别也是非常困难的——即使存在可能性。

认为脑功能结构会产生后天的经验决定的改变这一观点，与单纯依赖基因限定的发展过程相比，有两个主要的优势。首先，通过环境信号的影响，可以使得神经系统的功能有效性以及连接的优化达到仅仅依靠基因无法达到的水平。否则有些功能将无法实现。其次，发展过程中包含了环境的影响，便于加工结构更好地适应来自生存环境的真实需求。这些选择显然过度补偿了与脑结构的后天改变相关的各种风险。

内部选通系统对经验决定的发展过程的控制

正如大家所期待的那样，发展中的脑具有保护自身免受不适当经验对其结构带来不良影响的机制。显然，它无法避免自身受到信息剥夺的危害，因为信息缺乏是无法补偿的。然而，自然赋予脑的强大机能使得它能够排除那些被认 105
为是不适当或相互冲突的环境信号对其结构的影响。发展中的神经回路由于活动而进行改变（强化或消退）的过程中，分子间相互作用形成的复杂信息流都需要由神经元活动的触发。这些高度复杂的分子加工链反过来受到各种来源的信号控制，这些信号决定了神经元活动是否能够转化为解剖结构的持久性改变。这些选通信号来自始于其他加工区域的反馈体系以及控制整个脑状态的调节系统，调节脑活动的因素主要有注意、刺激奖赏值（reward value）以及行为的相关性等。这些控制系统确保环境中只有那些满足发展中的脑的预期和需求的信号才能够导致神经回路的改变。

对视网膜的相应输入进行经验决定的选择过程也是一个很好的例子。该选择过程只有在幼儿还处于不转动眼睛而用双眼盯着目标的阶段内才能实现。只有在这个阶段内，视网膜相应区域的活动才是真正相关的。因此，需要确保神经环路的选择过程也发生在幼儿对眼睛进行适当调整的阶段。为了保证这一点，有多种平行的控制机制在发挥作用。在基因引导的基础上，双眼的输入早在经验决定的精细调节的关键期之前就已经建立起粗略的信息连接。结果，与双眼没有建立正确的连接相比，如果呈现在双眼上的图像能够进行初步的信息交流，那么神经网络的活动就能够更协调一致。由于强烈的、能够协调的神经活动比微弱的、不协调的活动能够更有效地引起神经回路的变化，当双眼接近最佳状态时，神经回路更容易发生改变。此外，无论眼睛休息还是转动，眼周肌肉中的视觉延伸接收器都会有信号输入。这些信号同样在对输入联结进行应用性（use-dependent）选择的过程中发挥重要的作用。最后，还需要多个调节系统的活动，这些活动具有唤醒和维持注意的功能。这些调节系统的活动保证了只有那些被个体注意到的或反映典型行为的信号才能导致神经回路的持续性变化（参见 Ponsner et al.，本书）。因此，由基因决定的脑结构中存在的先验知识被用来选择环境信息，这些环境信息适于经验塑造的脑结构。发展中的脑
106 知道哪些信号的性质可以用来优化自身的回路。因此，为了促进自身发展，脑也参与到寻找所需信号的活动中。所需信号的性质随着各种发展机会窗的时间进程而改变。相应地，只有那些满足当前发展进程所需要的信号才能引起神经回路的改变。由此可见，发展中的脑在整个经验决定的发展过程中都掌握着主动权。在每一个特定的发展阶段，它都会设定特定的问题，有选择地注意特定的输入模式，为回路的最优化而接收那些符合预期的信号（相关文献综述请见 Singer，1990）。

这些观念对于教育课程的设计具有深远的意义。显然，信息剥夺在任何一个发展阶段都会带来灾难性的影响。但是，同样显而易见的是，这并非主张在尽可能长的时间里给予尽可能多的刺激。发展中的脑将只利用它真正需要的那些信号，提供过多的、过于多样化的信号有可能带来下面的风险：产生干扰效应，使得脑难以集中于它所需要的信号上。一种更加有效的策略可能就是去仔细观察孩子们的自发行为，发现他们在不同的发展阶段需要什么，兴趣在哪里，进而提供尽可能易于理解的、清晰的答案。孩子们成功发展所真正需要的东西很容易从他们的情感取向上揭示出来。他们不仅自发地寻找需要的信号，还会对有用的刺激作出积极的情绪反应。各种发展机会窗的时间进程可能存在较大的个体差异，因此重要的是要找出每个具体的孩子在何时需要怎样的信息以更好地促进脑发育。这些信息可以通过仔细地观察哪些活动能够吸引孩子的注意并激起他的兴趣而获得。

休息和睡眠在经验决定的脑发育中的重要作用

人们早已发现，睡眠有益于巩固记忆。在过去的几十年里，这个观念已经

得到了严格控制的实验研究的强力支持。睡眠是一个高度结构化的活动过程，积聚了一天的记忆痕迹可以通过睡眠得到重组和巩固。神经生理学研究表明， 107
学习过程中的活动模式在特定的睡眠阶段得到了重复，研究人员认为，这种重复促进了记忆痕迹的巩固（Louie & Wilson，2001；Hoffman & McNaughton，2002）。有趣的是，不仅陈述性记忆（比如有意存储的记忆）的巩固需要睡眠，通过程序化学习（例如通过练习）而习得的能力也需要睡眠来巩固。知觉学习就是一个很好的例子。如果被试练习某种特定视觉特征（比如轮廓的定位）的识别，经过一段时间，他们在这一特定知觉任务上的成绩会得到提高。这种能力的提高依赖于视觉皮层神经元反应属性的改变，这也需要通过睡眠来巩固。如果训练后剥夺了被试的睡眠，他们的成绩就不会改善（Ahissar & Hochstein，1997）。

更让人惊奇的是，越来越多的证据表明，在脑发育过程中经验决定的神经元结构的改变同样需要通过睡眠来表现和强化。证据同样来自视觉剥夺实验。早期的实验发现，小猫只短暂暴露在视觉环境中一段时间，接着允许它在黑暗中休息，视觉经验对小猫皮层神经元的反应属性会产生深刻的影响，但如果小猫持续地暴露于同样的视觉环境中，经过了同样的时间，其皮层神经元所受的影响则相对较弱（Mioche & Singer，1989）。另外一项研究发现，即使暴露在通常能够引起神经回路巨大改变的视觉条件下，如果实验动物在暴露之后被麻醉从而阻止它的正常睡眠，那么神经回路将不会发生改变（Rauschecker & Hahn，1987）。近期的一项研究提供了直接的证据，通过干扰快速眼动睡眠这个特定睡眠阶段，就足以打断经验决定的神经回路的选择过程。可见，经验决定的脑发育过程和一般的学习记忆过程一样离不开睡眠（参见 Cardinali，本卷）。

这个来自动物实验的证据应该可以影响到托儿所工作计划的编排组织。可以预期的是，孩子们需要间断性的休息，并且在经历了特别强烈的活动后可能需要睡眠。因此，可以考虑这样组织托儿所活动，即允许孩子们依据自身的需要休息或者小睡。据我所知，关于孩子的睡眠模式、学习以及脑发育的相互关系等问题目前还没有系统的研究，但是来自动物实验的数据有力地说明，即使在发展过程中，休息和睡眠都具有重要的作用。

成人学习的脑机制 108

上文已经提到，一般认为，成人的学习依赖于兴奋性和（或）抑制性神经连接效能的改变。学习造成神经元之间连接强度改变的调节机制非常类似于经验决定的发展过程中基于活动的神经回路改变。如果神经元以相关联的方式放电，神经元之间的兴奋性连接会得到增强；反之，如果这些细胞活动是不相关的，兴奋性连接就会减弱。负责评估神经元激活模式的时间相关性并把这些信息转化为连接强度持续性改变的分子活动过程大体上类似于脑发育中促进基于活动的神经回路选择的过程（参见综述 Singer，1995）。主要的区别在于，对于成人，神经连接的弱化不再伴随着连接的消退，而且不会形成新的连接。然而，也有一些例外情况。在过去的几年里，有证据表明，在一些独特的脑区，包括海马的部分区域以及嗅球，神经元的产生持续终生，这些神经元不断形成新的连接，并融入现有的回路中（ Kempermann，1997）。因此，在这些独特的脑区，发展过程持续终生。至今仍不清楚的是，为什么这种情况只出现在这些特殊的区域，而不是脑皮层——大部分与学习相关的神经联结改变所发生的地方。

成人学习类似于经验决定的脑发育过程的地方还表现在对注意机制、奖赏系统以及睡眠的依赖上。因此，所有为提高成人学习过程而形成的策略对于促进儿童经验决定的脑发育过程同样是有帮助的。目前需要做的是把神经生物学实验中积累起来的有关经验决定的脑发育过程的知识运用到教育规划中去。这需要加强发展心理学研究以及无损伤技术在儿童脑活动评估中的应用。像 EEG、MEG 以及 fMRI 等技术已经有效地用于儿童实验研究（其他技术如
109 NIRS、OT，见 Koizumi & Petitto，本卷）。这些方法将有助于更清晰地界定各特定脑功能发展的敏感期，并为优化经验决定的脑发育过程设定适应性策略。

参考文献

Ahissar，M. and Hochstein，S.（1997）. Task difficulty and the specificity of perceptual learning. *Nature*，387，401–406.

Hoffman，K. L. and McNaughton，B. L.（2002）. Coordinated reactivation of distributed memory traces in primate neocortex. *Science*，297，2070–2073.

Kempermann，G.，Kuhn，H. G. and Gage，F. H.（1997）. More hippocampal neurons in adult mice living in an enriched environment. *Nature*，386，493–495.

Louie，K. and Wilson，M. A.（2001）. Temporally structured replay of awake hippocampal ensemble activity during rapid eye movement sleep. *Neuron*，29，145–156.

Mioche，L. and Singer，W.（1989）. Chronic recordings from single sites of kitten striate cortex during experience-dependent modifications of receptive fieldproperties. *J. Neurophysiol.*，62，185–197.

Rauschecker，J. P. and Hahn，S.（1987）. Ketamine-xylazine anaesthesia blocks consolidation of ocular dominance changes in kitten visual cortex. *Nature*, 326, 183–185.

Singer, W. (1990). The formation of cooperative cell assemblies in the visual cortex. *J. Exp. Biol.*, 153, 177–197.

(1995). Development and plasticity of cortical processing architectures. *Science*, 270, 758–764.

第七章

时间节律教育：生物钟如何影响学习过程

Daniel P. Cardinali

概述

神经科学研究对于提高儿童和青少年学业成绩有很大帮助。例如，我们都知道感觉剥夺会严重损害记忆以及很多技能的学习，同时，也会使个体的情绪和认知能力严重受损。多数城市环境都会给许多人造成睡眠剥夺，现代社会24小时连续工作将会威胁人类的健康行为。尤其对于青少年，由于在学校期间睡眠（由于工作或娱乐）较晚而上课较早，这使得他们的睡眠越来越少。目前这种作息模式不符合人体内部生物钟和生物节律，这是哺乳动物经过几百万年的生物适应所形成的。比如，当人体温度达到最低时，人类显然还没有准备好醒来。另外，人类这种睡眠和醒来的循环模式会随着年龄的变化而变化。青少年作息行为变得越来越像猫头鹰，他们一天中最佳的时间通常在晚上。这就是为什么他们早上犯困，快下课的时候，他们又会变得非常清醒。通过关注这些时间节律教育的事实，学校可以把学生每天的节律和学校的时间表更好地联系起来从而改善学生的学习。

——编者

人类很多生理机能以每天、每月或每年的周期盈亏循环着的。这种周期性的循环并不是对外部环境变化的被动反应，而是反映了机体的生物节律性。它是机体追踪时间变化并相应改变机体功能的能力。

周期性循环的生物钟是最不可缺少的生物功能之一 111

生物钟是动物在大约每隔24小时不断重复的生物节律（也称周期节律，源于拉丁文cira，dies与日相关）的基点，同时，也是动物每年随着季节变化而产生的节律性变化的原因。所以，当动物在其日夜行为以及不同季节间行为进行变换时，它们不仅仅是被动地对外界的光照条件进行反应。它们这种行为的周期变化是对基因中“生理节律定时器”发出的信号所产生的反应。这是与地球的旋转周期同步的，它支配着动物日夜行为的变换，同时它也支配动物行为状态和生理机制进行适当的变化。这样，这种“生理节律定时器”创造了一种反映外部世界日夜周期变化的内在机制。

过去10年中，研究者在确定生物钟的分子成分方面取得了重大的进展。研究发现，生物钟功能的分子机制在细胞中是普遍存在的，它由基因—蛋白质—基因反馈环路组成，在这一环路中，蛋白质自上而下地调节自身的复制，同时刺激其他生物钟蛋白的复制（Hastings，Reddy，& Maywood，2003）。

虽然动物的生理节律是由基因控制的，但是这些节律与外部环境同步或者与外部环境的周期性有一定的关系，例如，动物的睡眠与日夜变化紧密相连。当然，当外部时间线索被抑制或被除去后，比如在一个完全与世隔绝的环境中或者持续明亮或黑暗的环境中时，这种生理节律会以不同于24小时周期的形式继续进行。

关于动物和人类的研究表明，只有很少的环境线索，比如日夜循环，对他们的生理节律性震荡授时因子是有效的归化因子（entraining agent）。每一种归化因子实际上可以重新设定内部生物钟或变换生物钟的周期性。有机体的生理节律可以被提前、推迟或是不发生变化，这取决于有机体何时遇到这种归化因子。所以，在周期震荡作为一个重新设定的影响因素的条件下，动物将每天的行为模式调整到最佳时机也是周期性变化的（Murphy & Campbell，1996；Cardinali，1998；Asayama et al.，2003）。

对于哺乳动物而言，这种层级性的周期性震荡主要由下丘脑的视交叉神经控制。它的生物节律如一个多功能时间调节器，根据24小时的周期循环，调节着机体的平衡系统，包括睡眠、觉醒、荷尔蒙的分泌以及其他各种身体功能（Rusak & Zucher，1979；Murphy et al.，1996；Cardinali，1998；Hastings et al.，2003）。

112 周期性机制在现代人身上依然存在

早在150万年前，人类的祖先（直立猿人）就以山洞作为庇护所，并可能已经开始使用火。约在45 000年前，智人开始建造人工居所，这些人工居所可以帮助他们抵御日光的照射；早在28 000年前，他们开始使用灯具，这样他们就可以在夜间照明，从而过着如白天的生活。在过去的200多年里，人类已经发展出越来越有效的照明灯具，并找到了更为廉价的照明能源。同时，他们的活动也越来越多地从郊外移到城市内，从室外移到室内，他们可以在日光照不到的地方进行活动。这样，人类日益摆脱了由于在这个具有几十亿年历史的星球上生活所产生的日夜自然周期变化而塑造的身体内部周期变化的影响。

但是，如果能恰当地利用光照，则可以对人类的生物钟产生深远的影响。在实验研究中，上半夜强烈的光照可以推迟正常志愿者的生物周期；而在黑夜快结束时进行光照则会使这种生物节律提前；在其他白天时间进行光照时则不会对这种节律变化产生影响（Rusak et al.，1979；Murphy et al.，1996；Cardinali，1998；Hastings et al.，2003）。

退黑素是松果腺分泌的一种荷尔蒙激素，它是机体对夜晚的内部化学代码，它对光线表现出相反的相位反应曲线，这就使得上半夜的相位会提前，而在下半夜则会推迟（Cardinali，1998）。实际上，退黑素是能够重置被称为"时间生物学"（chronobiotics）的生物钟的一种化合物的内在原型。退黑素已经被应用于病理学中来打破生物周期性，比如盲人与老年痴呆症，这已经得到了法律的批准（Cardinali，Brusco，Liberczuk，& Furio，2002）。

对于健康人而言，在无数影响生理节律的周期性变化中，它们的峰值都会出现在白天的特征序列上（相位图）。这种序列以及间隔反映了机体各种加工过程交互影响中因果关系的时间和顺序，同时它也是机体健康的指标。（Cardinali，Jorda Catala，& Sanchez Barcelo，1994）。当人类迅速迁移到一个新的地理位置，或者进行换班工作，或者突然由白天工作变为夜间工作时（这在青少年中经常发生），人类需要被迫进行相位调整，那么他们的相位图可能就要被短暂地打乱。

这种条件下，构成机体24小时周期相位图的各种成分不会重新设定相位来适应新环境的时间变化，而只是稍微调整了彼此之间的关系。它们只有在当
113 地的时间变化环境下适应几天后，才能根据当地时间来重新设置相位。那些经

常长途跋涉越过好几个时区旅游的人对这种现象应该非常熟悉。这种由于长途旅行而造成的生活节奏混乱并需要经过数天逐渐调整适应的现象被称作“时差反应”（jet-lag）（Hastings et al.，2003）。

睡眠和清醒是人类最显著的周期性节律变化

睡眠是维持生命不可缺少的过程。从行为状态上它被定义为：（1）身体的完全放松；（2）感觉阈限提高；（3）会产生一些特殊的脑电信号（图7.1）。

关于睡眠的作用，主要有两种理论比较重要，它们互不排斥：（1）认为睡眠是脑新陈代谢的休整和恢复；（2）认为睡眠有助于增强记忆和学习。

理解睡眠的难点在于，它不是一个单一的状态，而是两种亚状态的复合体：一种状态下会有快速眼动（快速眼动睡眠）；另一种状态下没有快速眼动，被称为非快速眼动睡眠或慢波睡眠（图7.1和图7.2）。任何一个睡眠阶段都是这两种状态交替变换的：对成人而言，非快速眼动睡眠的时间大约在90—100分钟（图7.2和图7.3）（Hobson & Pace-Schott，2002；Pace-Schott & Hobson，2002）。

根据脑电波变化情况，我们可以将非快速眼动睡眠分为四个阶段。第一个阶段是浅睡眠阶段，这一阶段脑电波幅较小，频率较高；第二个阶段会出现睡眠锭（sleep spindles），这个阶段比第三个和第四个阶段更浅，脑电主要是慢波活动（图7.1）；人类快速眼动睡眠阶段类似于非快速眼动睡眠的第一个阶段，脑电波幅较小，频率较高。在这一状态下，所有自发性肌肉的活动状态都处于最低，但是，自主神经系统和眼部肌肉有较高的活动性，这就使人在快速眼动睡眠时如同清醒时一般。因此，人们把快速眼动睡眠称为“似非而是的睡眠”（paradoxical sleep）。对所有哺乳动物而言，睡眠都是以非快速眼动睡眠阶段开始的，中间会有规则地发生快速眼动睡眠。对于成熟的人类个体来说，他们每晚的睡眠都是由四到五个这种循环周期构成的。就人类而言，当他们保持清醒的时间被延长时，那么在他们睡眠的第一个循环周期中，脑电主要表现为高压、慢波活动（也就是说，非快速眼动睡眠状态得到增强），而最后一个周期表现为低压、快波活动（也就是快速眼动睡眠状态得到增强）（图7.2和图7.3）（Hobson et al.，2002；Pace-Schott et al.，2002）。

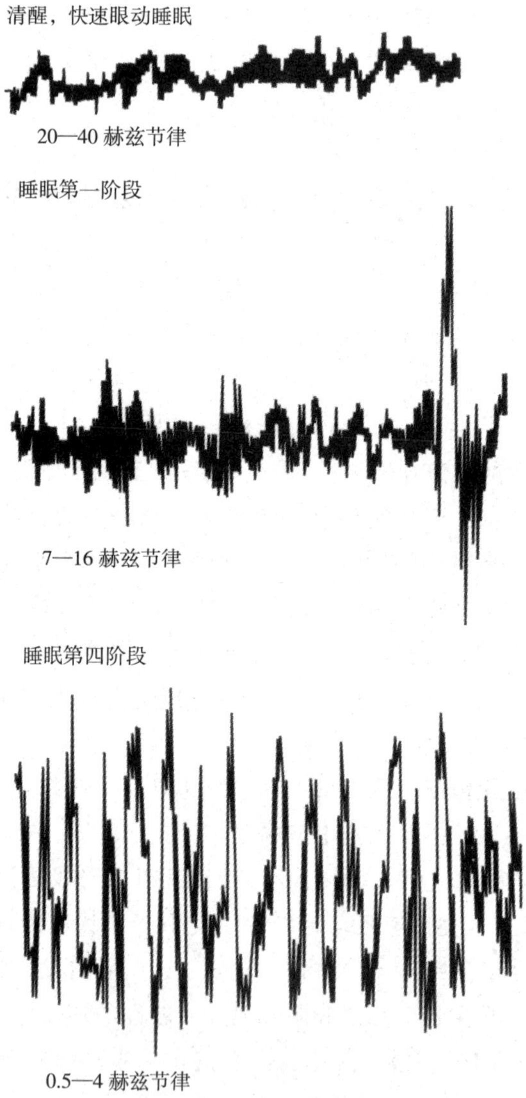

图 7.1　清醒和睡眠各阶段典型的电生理记录

在非快速眼动睡眠和快速眼动睡眠周而复始的循环过程中，也伴随着有机体所有生理系统的变化。事实上，也可以说我们生存在三种连续的不同状态下：清醒状态，非快速眼动睡眠状态和快速眼动睡眠状态。对于一个活到 75 岁的人来说，他大概有 50 年时间处于清醒状态，19 年时间处于非快速眼动睡眠状态，6 年时间处于快速眼动睡眠状态。对于这三种状态间的显著生理差异我们也进行了研究。在非快速眼动睡眠阶段，机体血压、心率、呼吸频率都会减少；而合成代谢荷尔蒙（如生长激素）的脉冲释放则伴随着免疫力的普遍提高。这些事实的存在使我们有理由相信非快速眼动睡眠阶段与机体的合成代谢及细胞保护（cytoprotective）功能有关。大脑的耗氧量降低 20%—30% 时，自身的活动就会减退，类似于轻度麻醉状态下看到的那样。在非快速眼动睡眠状态下，合成各种神经营养因子（neurotrophic）。（Mazzoni et al.，1999；Peigneux，Laureys，Delbeuck，& Maquet，2001）。

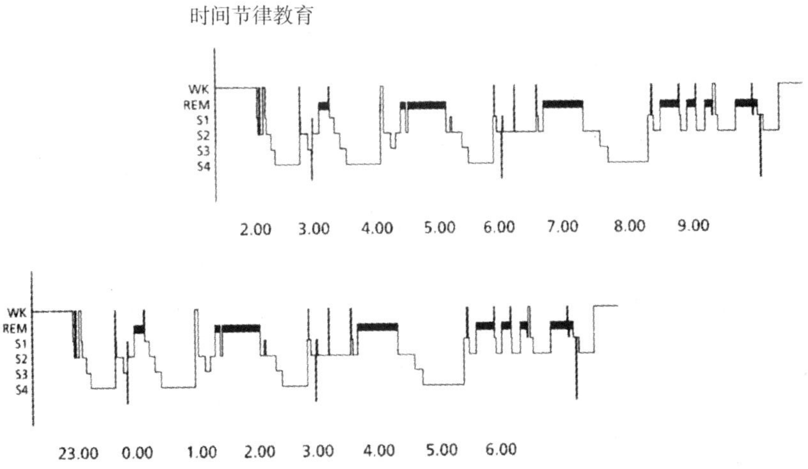

图 7.2　包含多个阶段的睡眠结构图。与成年人相比（上一栏），青少年（上一栏）睡眠整体特征相位推迟了。WK：清醒。REM：快速眼动睡眠（黑色线条），S1-S4：非快速眼动睡眠第一阶段到第四阶段。

相比之下，快速眼动睡眠是与机体非平衡状态相关的。控制心脏血管、呼吸和体温调节的调节机制的能力下降。心率和血压增加，呼吸频率变得不规则。在这一阶段，伴随着脑与自主神经系统的激活以及躯体运动肌肉受到抑制，男性和女性的生殖器也会兴奋。即使对于较少或者从未自发回忆起梦境的个体来说，当从活动性睡眠或者快速眼动睡眠中醒来时，他们也会非常清晰地报告梦境。这就表明，在睡眠的这一阶段脑非常活跃，同时进行着非常复杂的心理加工过程。另外，这也有力地反驳了脑的多数区域在快速睡眠阶段进行休息的观点。事实上，此时脑的很多区域（比如边缘系统）都比个体在清醒时激活更强（Hobson et al.，2002；Pace-Schott et al. 2002）。

伴随快速眼动睡眠的一个显著的生理特征是温度调节的消失。如果周围和中心温度开始下降，那么睡眠将被打断。但在快速眼动睡眠阶段，躯体温度调节过程不能发挥作用。所以人类是恒温动物的观点并非永久真理。因而，至少在生命的某个阶段，我们与蛇类似。如果躯体和自主神经系统分离的逻辑存在，那么，睡眠的这个阶段是不利于个体生存的。

116

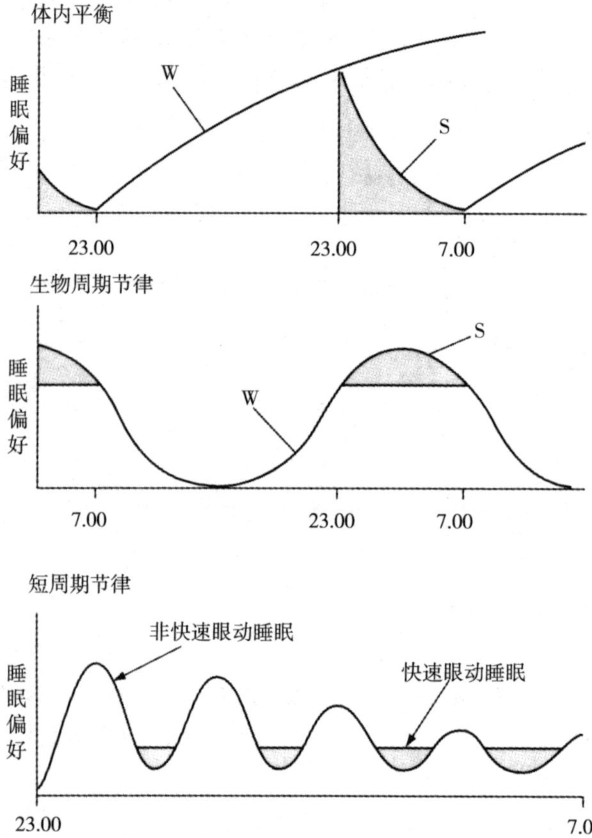

图 7.3　影响睡眠次数、持续时间、深度或强度的三个交互影响的过程：体内平衡影响睡眠的持续时间和睡眠强度，生物周期节律决定睡眠的次数，短周期节律主要是由非快速眼动睡眠和快速眼动睡眠序列引起的。

117 睡眠有几个方面是机体恢复所必需的，包括连续性、时间的选择以及睡眠各阶段的模式。例如，如果临时要求被试的睡眠由 8 小时增加到 10 小时，但是，每隔 15 分钟让他们清醒一会儿，那么，第二天他们会感到非常疲劳，同时情绪也会发生变化，就像睡眠不足一样。同样，如果一个被试有充足睡眠，但是剥夺他们睡眠的某一阶段，如快速眼动睡眠阶段或慢波睡眠阶段，第二天他们也会报告有注意缺失（Hobson et al.，2002；Pace-Schott et al.，2002）。

有三个相互作用的过程调节着睡眠时间的选择、持续时间以及深度或是强度，它们分别是：将睡眠的持续时间和强度维持在一定范围内的体内平衡过程，决定睡眠时间的昼夜节律，以及由快速眼动睡眠和非快速眼动睡眠的转换带来的短周期节律（图 7.3）。机体的平衡过程也依赖于及时的记录：包括与上个睡眠阶段的时间间隔以及上个睡眠阶段的强度。这就使人进入睡眠的状态随着上次睡眠结束后持续时间的增加而呈指数增加。一旦睡眠开始后，它又会指数性下降。这也就证明了睡眠和清醒的循环性本质，同时把睡眠和其他生理需求如饿和渴放到了同等重要的地位。因此，平衡机体的睡眠需要控制非快速眼动睡眠而不是快速眼动睡眠。

相反，生理节律的相位和幅度则与先前的睡眠记录无关，它主要是由交叉神经控制的（SCN）。人类睡眠倾向性的周期节律与体温节律大致相反：当睡眠的倾向性和睡眠的连续性最高时，人的体温接近最低温度。

当我们考虑睡眠调节时，也应当考虑各种适应性因素，包括那些不受清醒时间以及生物节律影响但又影响我们睡眠的各种机制。这些适应性因素根据外部环境变化调节着人类睡眠和清醒的循环过程，这对个体非常重要。这些因素包括行为因素，如动机、注意、对环境的其他心理反应（如床的舒适性、社会活动）、噪声、环境温度、体育运动和食物摄入量等（Hobson et al.，2002；Pace-Schott et al.，2002）。

人类的生理节律系统对教育过程的影响

与学习相关的生理节律系统的一个非常重要的原则是，它要逐渐应用到学 118
校作息时间的改变上。因此，对于那些经常在上学、周末和假期之间快速变换作息时间的青少年，他们经常面临生理节律问题（Sadeh，Gruber & Raviv，2003；Shin，Kim，Lee，Ahn，& Joo，2003；Carskadon，Acebo，& Henni，2004）。与教育相关的生理节律系统的另一个一般原则是，我们更容易推迟作息时间而不是提前。这就是为什么我们在周末容易熬夜到很晚，并起得很晚；这也是为什么跨越两三个时区到西部要比到东部更容易（Cardinali et al.，1994；Hastings et al.，2003）。

这些原则与青少年睡眠模式间的关系很容易理解。很多青少年在学校时要起得很早，很晚才入睡，但在周末或假期他们要突然打破学校的作息习惯。例如，一个典型的阿根廷少年周末经常在凌晨 3 点上床，一直睡到中午。几天之内这就会推迟他们的生理节律，使他们在假期时能保持清醒到凌晨 3 点。假期结束后，他们要较早起床去上学，他们需要适应数天才能完全调整好体温和激素分泌节律。

因此，对于很多青少年，特别是那些经常睡懒觉或每周偶尔迟到旷课的学生，他们往往会出现时差反应的症状，比如感到疲劳，晚上入睡困难，早上很难醒来。最严重的情况被称为睡眠周期延迟综合征（sleep phase syndrome）。这时青少年及其家人会与上学时睡得晚、起不来而斗争数月（图 7.2）。事实上，青少年也尽力在他们体温最低时醒来，虽然这时他们的身体还没有做好准备。一个值得我们考虑的重要原则是，睡眠/清醒转换频率的缓慢、稳定和一致性的变化使得机体生理节律系统能调节到一个更为合适的状态。

睡眠强烈地影响教育

当我们在教育背景中来考虑睡眠时，很多相关方面就显现出来。首先是睡眠与学习之间的关系。许多研究发现，在人类完成学习任务之后，睡眠的时间或结构会增加（Carskadon et al.，2004）。例如睡眠中非快速眼动睡眠出现的数量与实验中记忆词汇的数量成正比（Mazzoni et al.，1999）。迷宫学习实验表明，这会增加第二阶段的睡眠以及随后睡眠中脑电慢波的活动（Peigneux et
119 al.，2001）。同样，完成词汇记忆任务后被试睡眠中睡眠锭的数量也会增加，并且记忆成绩与睡眠锭的数量成正相关（Gais，Plihal，Wagner，& Born，2000）。一个非常有趣的现象是非快速眼动睡眠的第二阶段主要是慢波脑电，研究发现它与人类很多技能的学习成正相关。

另一个与人类很多方面的发展相关的重要睡眠原则是，睡眠与对威胁/安全的感知关系密切。睡眠从行为层面来看，它主要表现为意识的丧失以及对外部环境反应的停止。人在睡眠过程中，从丘脑水平上对外部环境刺激的反应就停止了，这样机体也就难以知觉外部环境的潜在危险，从而也就不能作出相应的行为反应。结果，很多物种便进化出一种保护机制，这种机制会使它们在一种安全而不受捕食者威胁的小环境中睡眠。当它们感觉到危险信号时，它们的唤醒水平就会提高，从而不会再入睡，这对它们也非常有意义。睡眠与安全的这种关系在临床上与睡眠障碍也有一定关系。

在人类祖先的生存环境中，紧密相连的社会群体能保护他们免受捕食者的危害。这种环境下，个体意识到群体归属对于个体安全非常重要，这样也就使得人脑不断进化。现代社会，人类的自然趋向也反映出了这种现象。比如，当人面临社会压力时，人就会有强烈的危险感觉，而且睡眠紊乱。但是，当人感受到社会关爱时，这种社会的联结就会使他们有安全感，并且也会改善睡眠状态。因此，在人的发展中，探讨人对安全与危险信号的感知及其中断睡眠变化的能力就很重要。个体警惕性或对危险信号的知觉和反应系统在青春期会有显著提高，这可能是因为随着对危险评估能力要求的提高，青少年已经为扮演成人角色做好生理上的准备。

另一个需要我们考虑的方面是，在现代“24 小时的社会”（24-hour society），我们的睡眠时间日益减少。在现代社会，人类使用人工照明可以在夜晚进行活动而不用睡觉，他们生命的大部分时间都坚持这种夜晚较短睡眠时间的作息方式。这种情况下，他们躺下后会很快入睡，然后不被打扰地睡到早上醒来。我们往往认为这种睡眠对现代人来说是唯一正常的睡眠方式，它被高度压缩且比较高效。这种睡眠有效利用了我们在床上的几乎所有时间。但现代人的睡眠时间比他们应该分配的时间少。在人工长夜环境下，当人体处于一种比较稳定的状态时，他们睡眠时间平均每晚 8. 25 小时，而这比现代大部分人的实际睡眠时间要长。这一发现也揭示了一个事实，那就是现代人处于一种睡眠剥夺状态，他们在白天的清醒程度较低（Hobson et al. ，2002；Pace-Schott et al. ，2002）。

120

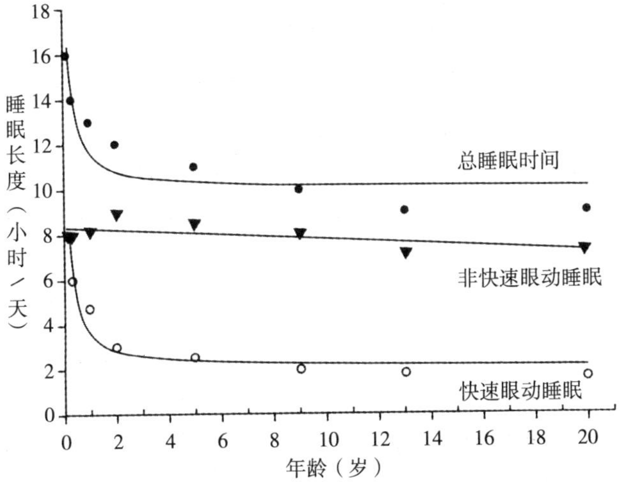

图 7.4　从出生到青少年晚期总睡眠时间、非快速眼动睡眠和快速眼动睡眠持续时间

很多其他动物的睡眠和人类是有差别的。它们的睡眠是多相的，也就是说它们每天要睡好几次。实际上，大多数人将多相交替的睡眠（中间会有几段时间清醒）现象看作是不正常，也不希望这么做的。但是，对长夜中正常被试的研究表明，人类的睡眠也可以是多相的。在长夜中，当人们从快速眼动睡眠阶段（伴随有梦，个体比较紧张）醒来后通常进入休息和冥想的阶段。据此我们可以推测，在史前时代，这种现象为人类梦境与现实的交流提供了一个渠道，但是现代社会中，人类日益压缩他们的睡眠，这一交流渠道就逐渐被关闭了。如果是这样，那么这也许就是当代人为什么不再有喷涌的神话故事和奇思妙想的生理原因。

年龄相关的（发展）过程对睡眠的调节也有深远的影响

121 新生儿每天的睡眠时间在14—16小时，到18岁时他们每晚的睡眠时间会减少到约8小时（图7.4）。1岁儿童每晚的睡眠时间为11—12小时，并且在白天会有两次小睡共计2.5小时。3岁儿童每晚的睡眠时间平均为10.5小时，并且白天会小睡1.5小时。在阿根廷，儿童一般到了四五岁时白天不再小睡。正如文化会影响个体的睡眠及小睡行为一样，例如，拉美文化中的成年人都会继续保持白天小睡的习惯。

青少年时期睡眠方面最重要的变化是什么？研究发现，变化主要包括以下几方面：（1）非快速眼动（第三和第四阶段）睡眠和快速眼动睡眠的持续时间和深度会减少；（2）快速眼动睡眠更接近成人的模式；（3）白天睡眠的时间会增加；（4）作息时间更趋向于猫头鹰，即晚睡晚起（图7.2）。从婴儿期到青少年，唤醒阈限也会降低（Fukuda & Ishihara，2001；Quine，2001；Paavonen，Fjalberg，Steenari，&Aronen，2002；Sadeh，Gruber，& Raviv，2002）。随着青少年的逐渐成熟，他们从开始入睡到第一次快速眼动的间隔会缩短（快速眼动潜伏期缩短），并且快速眼动的强度（快速眼动时眼睛跳动的频率）也会降低。

青少年通常睡眠时间较少（至少在学校时如此）。但是我们有足够的理由相信这种睡眠时间的减少与生理无关。有人研究了自然环境下青少年的睡眠。这种条件下，青少年的睡眠比实验室环境下少，我们会看到他们白天的嗜睡水平显著提高。很多情况下高中学生的嗜睡水平与患有嗜睡症、睡眠呼吸暂停症等睡眠障碍者接近。多变的教育实践和不规则的作息方式会造成睡眠时间的缩短及注意能力的降低（Billon-Descrpentries，1997）。因此，父母教育方式不当会使得学生昼夜作息时间紊乱，睡眠不足慢慢也会造成儿童学业成绩下降。

学校的作息时间也会影响青少年的睡眠模式。例如，我们经常看到，学校的上课时间变得越来越早，学生就要起得越来越早（Carskadon et al.，2004）。具有讽刺意味的是，随着学生年级的升高，学校开始上课的时间也会变得越来越早。虽然学校开始上课时间变得越来越早，但是学生无法相应调整他们的就寝时间，这就造成了对学生的睡眠剥夺（Dexter，Bijwadia，Schilling，& Applebaugh，2003；Sadeh et al.，2003）。从而使学生早上昏昏欲睡，而到下午快放学的时候他们却变得更为清醒（Andrade，Benedito-Silva，& Menna-Barreto，1992；Andrade，Benedito-Silva，Domenice，Arnhold，& Menna-barreto，1993）。个体生理节律的变化也会影响学业成绩，它主要是通过学生白天的偏好时间与上课时间的不同步性而产生影响的。根据这种同步性效应，青年人和 122
老年人在一天中的最佳时间完成一些认知任务时，他们完成的效果比其他时间要好（而这两组的最佳时间是不同的）。当机体处于最佳偏好时间时，青年和老年人都更不容易受外界干扰，他们对新学习信息的再认效果更好，他们对强烈而不适宜反应的控制能力也更好（Heuer，Spijkers，Kiesswetter，& Schmidtke，1998；Roberts & Kyllonen，1999；Alapin et al.，2000；Eliasson，Eliasson，King，Gould，& Eliasson，2002）。另外，对青年和老年人的研究表明，在最佳时间和其他时间，被试记忆成绩也存在差异，这一研究成果与课堂学习也非常相关。

既然随着年龄增长儿童的偏爱时间不断向夜晚接近，那么他们的认知功能达到峰值的时间也不断向夜晚推迟。所以像语文、数学这些重要的基础课程如果在早上开始，那么年龄比较大的儿童学习效果就比较差，因为此时不是他们偏爱的时间或最佳时间，而在生理节律与课程安排时间同步性较好的情况下，学生的学习效果就比较好（Roberts，Roberts，& Chen，2002）。最近有项研究比较有趣，Drake 等研究了初中学生的睡眠习惯和学业成绩的关系，研究发现，相对于学校相关测验得分较高的学生，那些报告学业成绩低、旷课次数多、对学校偏爱程度低、睡眠时间少和经常生病的学生白天的嗜睡水平也更高（Drake et al.，2003）。Giannotti 等人研究了生理节律偏好、睡眠模式的调节、睡眠障碍、日间嗜睡以及白天行为之间的关系（Giannotti，Cortesi，Sebastiani，& Ottaviano，2002）。“夜猫子”型的人晚睡晚起，尤其是周末。平时他们的睡眠比较少，而在周末他们会有更长的睡眠时间，他们的作息时间很不规律，自我感觉睡眠也比较差。另外，“夜猫子”型的学生与其他学生相比，上课时打盹的次数更多，抱怨日间嗜睡，存在更多的注意问题，学业成绩更差，更容易受伤，情绪上也更烦躁（Giannotti et al.，2002）。

除了睡眠不足，另一个独立但又相关的因素就是疲劳。疲劳可以定义为劳累的感觉，这时人不能启动某些行为，尤其是那些有长期目标或产生负面结果的行为。对于青少年，即使他们处于清醒状态，疲劳和劳累的症状在他们身上也非常明显，这些症状可能会对他们造成长期的不良后果。另外，兼职也会对 123
青少年的睡眠模式产生很大影响，对于那些睡得比较晚的、每周工作在 20 小时以上的人来说，他们更容易嗜睡，他们喝的咖啡和酒也更多（Dexter et al.，

2003；Shin et al.，2003）。

睡眠剥夺效应的另外一个研究领域与情绪相关（Carskadon et al.，2004）。睡眠剥夺可能会同时损害个体完成认知和情绪任务的能力。虽然这看似一种非常微妙的效应，但是社会能力基础（它是青少年努力发展的主要方面）要求他们能较流畅地完成这些任务。尤其对于现在的青年人，在调节情绪应对社会环境的同时还要集中于一个长期目标的能力是他们每天都在努力获得的。如果睡眠剥夺会造成这方面的损伤，那么后果将非常严重。

结论

意识被英国哲学家洛克（John Locke）定义为“对自身思想活动的觉知”。意识依赖于清醒水平，因此，人的意识也是周期性波动的。在生理节律不断循环的过程中，人们完成某些任务的最佳时间可能会发生变化，这主要取决于知觉的参与、记忆的使用以及逻辑推理的运用。那些涉及手的灵巧度、简单辨别及反应时间的任务，其完成效果与人体温度的周期循环密切相关。在下午，当人体温度达到最高时，这些任务的完成效果也最好。言语推理能力在生理节律变化的早期达到峰值，与其他能力相比，当时差变化或工作换班而导致紊乱时，这种能力更容易快速适应。此外，要求被试在一天当中有规律地报告其唤醒度、疲劳感、快乐度以及其他情绪感觉时，也会呈现出一致的周期性变化模式。

人类活动的很多方面在晚上达到最低水平，这不仅反应了生理节律的影响，同时也反映了对睡眠的需要。剥夺睡眠即使一个晚上，对人类心理和生理功能的损害也是比较大的。生物钟也会使人类很多活动在晚上达到低谷。所以，睡眠剥夺和生理节律的共同影响大大减少了夜间活动。在现代“24 小时社会”中，教育系统在严重失当的作息安排下还越来越要求学生保持清醒，而学生却无法维持白天恒定的唤醒水平；这种情况下，这些因素对任何教育系统都有重要的启示。

124 伴随着儿童青春期的延迟，学校开始上课的时间却变得越来越早，这严重影响了青少年的睡眠质量、作息时间以及白天的行为。睡眠周期提前、深夜的各种活动或工作以及一大早还需要去学校上课等综合原因，使得青少年的睡眠时间严重压缩。有研究考察了在社区和学校中青少年常见的睡眠障碍问题，研究表明，青少年群体中失眠和嗜睡现象非常普遍。的确，从非临床数据来看，大概有 20%—30% 的儿童和青少年有睡眠困难，我们认为这已经比较严重了。

参考文献

Alapin, I., Fichten, C. S., Libman, E., Creti, L., Bailes, S., and Wright, J. (2000). How is good and poor sleep in older adults and college students related to daytime sleepiness, fatigue, and ability to concentrate? *J. Psychosom. Res.*, 49, 381-390.

Andrade, M. M., Benedito-Silva, A. A., Domenice, S., Armhold, I. J., and Menna-Barreto, L. (1993). Sleep characteristics of adolescents: a longitudinal study. *J Adolesc. Heath*, 14, 401-406.

Andrade, M. M., Benedito-Silva, A. A., and Menna-Barreto, L. (1992). Correlations between morningness-eveningness character, sleep habits and temperature rhythm in adolescents. *Braz. J. Med. Biol. Res.*, 25, 835-839.

Asayama, K., Yamadera, H., Ito, T., Suzuki, H., Kudo, Y., and Endo, S. (2003). Double blind study of melatonin effects on the sleep-wake rhythm, cognitive and non-cognitive functions in Alzheimer type dementia. *J. Nippon Med. Sch*, 70, 334-341.

Billon-Descarpentries, J. (1997). [Influence of parental educational practices on the sleep and attentional performances in children]. *Arch. Pediatr.* 4, 181-185.

Cardinali, D. P. (1998). The human body circadian: How the biologic clock influences sleep and emotion. *Ciencia e Cultura*, 50, 172-177.

Cardinali, D. P., Brusco, L. I., Liberczuk, C., and Furio, A. M. (2002). The use of melatonin in Alzheimer's disease. *Neuroendocrinol. Lett.*, 23 Suppl 1, 20-23.

Cardinali, D. P., Jorda Catala, J., and Sanchez Barcelo, E. J. (1994). *Introducción a la Cronobiología. Fisiología de los Ritmos Biológicos.* [Introduction to Chronoeducation, Physiology of Circadian Rhythms]. Caja Cantabria, Santander: Editorial Universidad de Cantabria.

Carskadon, M. A., Acebo, C., and Jenni, O. G. (2004). Regulation of adolescent sleep: implications for behavior. *Ann. N. Y. Acad. Sci*, 1021, 276-291.

Dexter, D., Bijwadia, J., Schilling, D., and Applebaugh, G. (2003). Sleep, sleep-iness and school start times: a preliminary study. *WMJ*, 102, 44-46.

Drake, C., Nickel, C., Burduvali, E., Roth, T., Jefferson, C., and Pietro, B. (2003). The pediatric daytime sleepiness scale (PDSS): sleep habits and school outcomes in middle-school children. *Sleep*, 26, 455-458.

Eliasson, A., Eliasson, A., King, J., Gould, B., and Eliasson, A. (2002). Association of sleep and academic performance. *Sleep Breath*, 6, 45-48.

Fukuda, K. and Ishihara, K. (2001). Age-related changes of sleeping pattern during adolescence. *Psychiatry Clin. Neurosci.*, 55, 231-232.

Gais, S., Plihal, W., Wagner, U., and Born, J. (2000). Early sleep triggers memory for early visual discrimination skills. *Nat. neurosci*, 3, 1335-1339.

Giannotti, F., Cortesi, F., Sebastiani, T., and Ottaviano, S. (2002). Circadian preference, sleep and daytime behaviour in adolescence. *J. sleep Res.*, 11, 191-199.

Hastings, M., Reddy, A. B., and Maywood, E. S. (2003). A clockwork web: circadian timing in brain and periphery, in health and disease. *Nat Rev Neurosci*, 4, 649-661.

Heuer, H., Spijkers, W., Kiesswetter, E., and Schmidtke, V. (1998). Effects of sleep loss, time of day, and extended mental work on implicit and explicit learning of sequences. *J. Exp. Psychol. Appl.*, 4, 139-162.

Hobson, J. A. and Pace-Schott, E. F. (2002). The cognitive neuroscience of sleep: neuronal systems, consciousness and learning. *Nat. Rev Neurosci*, 3, 679-693.

Mazzoni, G., Gori, S., Formicola, G., Gnefi, C., Massetani, R., Murri, L. et al. (1999). Word recall correlates with sleep cycles in elderly subjects. *J. Sleep Res.*, 8, 185-188.

Murphy, P. J. and Campbell, S. S. (1996). Physiology of the circadian system in animals and humans. *J. Clin Neurophysiol*, 13, 2-16.

Paavonen, E. J., Fjallberg, M., Steenari, M. R., and Aronen, E. T. (2002). Actigraph placement and sleep estimation in children. *Sleep*, 25, 235-237.

Pace-Schott, E. F. and Hobson, J. A. (2002). The neurobiology of sleep: genetics, cellular physiology and subcortical networks. *Nat. Rev Neurosci*, 3, 591-605.

Peigneux, P., Laureys, S., Delbeuck, X., and Maquet, P. (2001). Sleeping brain, learning brain. The role of sleep for memory systems. *Neuroreport*, 12, A111. A124.

Quine, L. (2001). Sleep problems in primary school children: comparison between mainstream and special school children. *Child Care Health Dev.*, 27, 201-221.

Roberts, R. D. and Kyllonen, P. C. (1999). Morningness-eveningness and intel-ligence: early to bed, early to rise will likely make you anything but wise! *Pers. Individ. Dif.*, 27, 1123-1133.

Roberts, R. E., Roberts, C. R., and Chen, I. G. (2002). Impact of insomnia on future functioning of adolescents. *J. Psychosom. Res.*, 53, 561-569.

Rusak, B. and Zucker, I. (1979). Neural regulation of circadian rhythms. *Physiol Rev*, 59, 449-526.

Sadeh, A., Gruber, R., and Raviv, A. (2002). Sleep, neurobehavioral functioning and behavior problems in school-age children. *Child Dev.*, 73, 405-417.

(2003). The effects of sleep restriction and extension on school-age children: what a difierence an hour makes. *Child Dev.*, 74, 444-455.

Shin, C., Kim, J., Lee, S., Ahn, Y., and Joo, S. (2003). Sleep habits, excessive daytime sleepiness and school performance in high school students. *Psychiatry Clin. Neurosci.*, 57, 451-453.

Skene, D. J. (2003). Optimization of light and melatonin to phase-shift human circadian rhythms. *J. Neuroendocrinol.*, 15, 438-441.

第八章

认知和脑发育的动态周期：测量心理、脑和教育的发展

Kurt W. Fischer

概述

自从皮亚杰对教育学和生物学之间的关系作了开创性研究，研究者就开始了解人类发展所展示的基本认知神经加工过程。特别是，最新的动态生长模型阐明了脑发育、认知发展和学习所发生的复杂而又相互联系的变化。我们不仅应该将认知神经的发展看作一个具有很多连续阶段的阶梯，还应该将其看作一个复杂的网络。这个网络相互作用、相互吸引；发展的轨迹或聚或散，层层循环；有时稳定，有时不稳定，迂回曲折地向前；有时中断，有时又表现得很稳定。而且，皮层发展的周期和认知表现的周期似乎也是相关的。特别是当认知系统发挥最佳功能时，比如一个好老师或一本好书对学生的学习有帮助时，这种相关表现得最为明显。最佳认知发展中的一系列间断界定出一个10个阶段的发展量表，这一发展量表具有许多教育意义。更笼统地说，认知和脑的系统性生长周期对教育都有很多启发，但这些启发有时并不是直截了当的。教师参与认知神经科学方面的研究，同时神经科学家迎接学校教育中的重大理论和实践挑战，这些对教育的未来都非常重要。

——编者

大多数科学家和教师都发现一个很明显的事实：认知发展和脑发育是同步

的，将心理、脑和教育整合在一起的动力正是来源于这一假设，这一点在本书多数章节中都已明确提出。对脑发育的认识正经历着突飞猛进的发展（Coch, Fischer, & Dawson，出版中；Dawson & Fischer，1994），对认知发展和学习的认识也在朝着纵深方向发展（如，Case，1998；Fischer & Bidlell，1998；Fischer & Bidell，2006；Piaget，1983；Siegler，1997）。但我们对认知和脑发育之间的关
128 系仍然知之甚少。脑的许多特征，如神经元和突触的数量、脑的重量、髓鞘生成、脑活动等，都随着儿童的成长系统地发生变化。同时，儿童的动作、语言、概念、问题解决、社会技能、动机和情绪也会随之而发展。在整个大脑范围内，这些多种多样的变化都是密切相关的，但是这种相关给我们提供的信息并不十分充足，因为所有的变化都是平行的。那些希望了解脑—行为关系的科学家以及想用认知神经科学来促进教育的教育者，都需要超越固有的观念，即某一特征随年龄上升或下降，进而发现和分析脑和行为变化之间有意义的连接方式。尽管科学知识是有限的，但是公众对脑科学和教育实践相结合的期盼已大大超过了现有的科学知识（Bruer，Fischer，Immordino-Yang，& Waber，那一章，2006）。

但是，目前已经出现了一些能将脑和心理发展结合起来的有意义的方法。在这个前景大好的舞台上，动态系统分析这一新工具已将认知和脑发育的周期联系起来，这为克服分析心理—脑之间联系的困难奠定了基础。动态系统理论可以分析个体的复杂变化，相比之下，传统的工具仅仅关注对群体平均变化的分析，这掩盖了个体变化中饶有趣味的复杂性（Van Geert & Steenbeck 那一章）。研究发现，个体以复杂的形式生长，表现出的不是线性变化，而是上升和下降的循环周期（Dawson，Tunik，Comments，Wilson，& Fischer，2005；Fischer & Bidell，2006；Molenaar，2004）。这种间断性和复杂性的形式为分析脑和行为的发展提供了有价值的工具，因为科学家能检测出这些形式之间的关系。关于脑发育、认知发展和学习的周期性循环的证据不断增长。且这三种循环似乎都涉及了一个普遍的生长模式，其中一点是，发现发展和学习中的普遍规则将对教学评估和教学实践都十分有用。

生长周期与脑和行为规则

所有有机体的生长都呈周期性。在神经元的周期性生长与迁移过程中，共生长出 6 层脑皮层（Rakic，1971，1988），因此，一个生长过程产生 6 个层次，虽然这 6 个层次是同一过程中产生的，但不同层次的细胞具有完全不同的

功能。随着胚胎的脑室区（ventricular zone）生长出大量的新细胞，脑皮层的 129
生长也就开始了，胶质细胞将神经细胞迁移到目的地。第一批细胞迁移到皮层的第 1 层，但按自上而下的顺序却要被称为第 6 层。然后第二批、第三批细胞……开始迁移，直到形成 6 层皮层，皮层的每一层都具有不同的特征与功能。在皮层柱（cortical column）内，6 个层面之间相互联系，低层次，即 5、6 层，执行感觉运动的输入与输出等基本功能；高层次，即 1、2 层，联系、整合或者区别低级皮层传入的信号。

目前脑活动的发展模式以及认知发展的研究表明，脑与认知的发展都呈现出这种发展的周期性。周期模式最简单的指标之一是，发展是不连续的，如快速发展或者发展速度下降，比如 2 岁时语言的快速发展（Reznick & Goldfield，1992）。同时 Ruhland 和 van Geert（1998）等在研究荷兰儿童的自然语言产生后发现，大多数儿童在 24 个月左右表现出特定词汇类别的飞速发展，如 Tomas 发现了人称代词使用能力的快速发展，如图 8.1 所示。

从婴儿到 20 多岁，人在生长周期中，要经历一系列认知与行为的快速发展阶段，24 个月时的飞速发展只是其中的一个部分（Fischer & Bidell，2006），如图 8.2 所示。婴儿、儿童、青少年和青年人都会经历技能快速发展的阶段，理想的支持条件更能促进技能的发展（图 8.2 上一条线）。而没有达到能力极限的普通发展则呈线性或者不系统的变化（图 8.2 下一条线）。该图表明了青少年与青年期高级抽象技能的发展轨迹（Fischer，Yan，& Stewart，2003）。

130

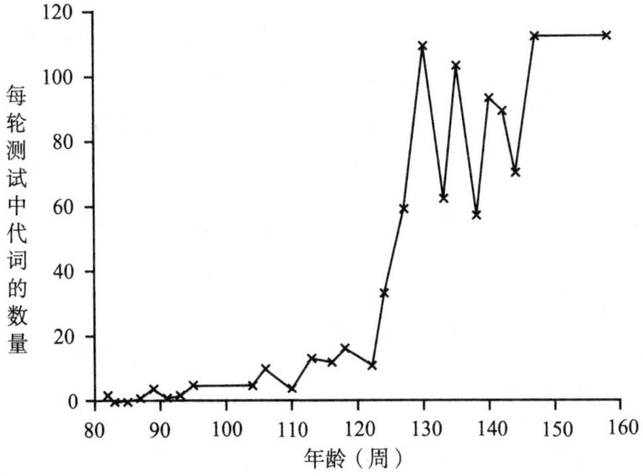

图 8.1　荷兰男孩 Tomas 运用人称代词能力的飞速发展

数据来源：Ruhland & van Geert，1998

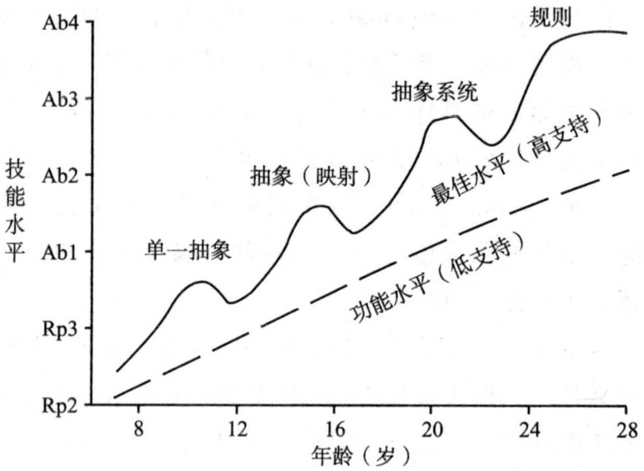

图 8.2　最佳条件下认知发展的周期性突增

这些复杂的发展轨迹与动态系统理论结合，形成了一个有用的工具，可以
131 用它来对脑发育和教育进行研究，它们虽是不同的领域，但用的却是同一套量表。根据这一共同的量表，不同领域的技能发展呈现出非延续性的特征(Dawson-Tunik et al.，2005；Fischer & Bidell，2006)。在认知与学习发展方面，这些结果尤其显著。研究已经表明，用不同内容、不同方法可以测量出变化的模式，可以显示出技能的复杂性这个共同的维度。无论哪个领域的认知发展都沿着这个维度发展，就像不管温度的测量对象是生病的孩子、冰河、开水、火山或者太阳的表面，温度测量都遵循同一个维度一样。复杂性这个维度为教育测量提供了一个有用的规则，适用于不同的领域，适用于学习者和教师，适用于测验与课程（Bidell & Fischer，1992；Dawson-Tunik & Stein，出版中)，甚至可以用来追踪具体任务的学习过程，人们一般将它称为微发展（microdevelopment）(Granott，Fischer，& Parziale，2002)。

理解这一维度的生长模式必须消除有关发展的错误观念。大多数人不自觉地认为发展包括从一个阶段到另一个阶段的阶梯状进程，但是孩子和成人一样，不是阶梯状的发展，而是许多线交织而成的网络状的发展。不同领域间共同的复杂性并不表明发展是阶梯状的。图 8.3 显示的是青少年和青年人在数学、关系中的自我以及反省判断三个领域中的发展网络（Fischer et al.，2003)。个体建构每一个领域中不同的技能，每一个领域又包括几种不同的类别，所有的类别都同样沿着复杂性这一维度发展，但是不同类别的技能又是相互独立的。有时，不同类别会分化为新的不同类别，有时它们又会综合起来形成一种新的类别。为了某些目的，可以把不同领域的技能如反省判断、自我概念等当作是独立的，但是随着发展进程，人们常常将不同领域不同类型的技能综合起来，如学生常常将他们怎么知道事物的真实性这一概念（知识的基础——反省判断）与自我概念联系起来。不管是什么情形，每一类技能的发展都具有相同的维度，即复杂性，即使这些类别包括了不同的技能。测量复杂性需遵循相同的规则，但是这些共同的规则并不表明所有的技能都是相同的，就像温度相同、热量相同的人体体温与夏天气温实则并不相同。

132

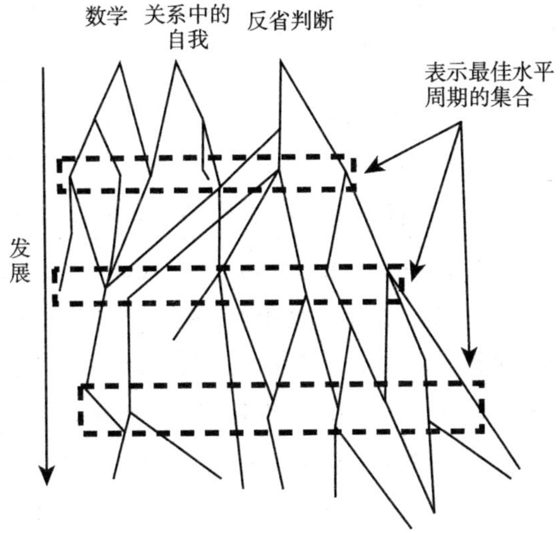

图 8.3　由三种技能水平中许多类别的间断集合所组成的发展网络

技能建构的发展周期在网中就像是一些不连续的角、连线、线段的集合，图中的方块表明三个新的最佳水平的出现，这些集合抓住了最佳水平的变化，而普通的非最佳水平的技能则出现在不同类别的低端。也就是说，相同的人在相同的领域或者类别中表现出不同的发展水平，这取决于个体是处于最佳水平还是功能性水平（参见图 8.2）。人的行为并不总是处于一个水平，甚至在像自我概念这样熟悉的领域也是如此。他们的技能在复杂性上每时每刻的变化，取决于环境的支持、动机、疲劳以及其他因素。

认知发展的周期

从 4 个月到青年阶段，认知发展经过了 10 个阶段。表 8.1 总结了从儿童期到成年期与教育密切相关的这些阶段。行为的快速发展与下降以及在特定年龄阶段出现最佳水平是最具说服力的证据。对算术、自我概念、反省判断、道德推理、分类、守恒以及其他许多任务的研究均表明，这些快速发展与下降标志着各水平技能开始形成。

133 **表 8.1　学龄期的发展水平：最佳水平与功能水平**

水　平	最佳水平	功能水平
Rp1 单一表征	2 岁	2—5 岁
Rp2 表征映射	4 岁	4—8 岁
Rp3 表征系统	6 岁	7—12 岁
Ab1 单一抽象	10 岁	13—20 岁
Ab2 抽象映射	15 岁	17—30 岁
Ab3 抽象系统	20 岁	23—40 岁，或很多领域永远不行
Ab4 单一规则	25 岁	30—45 岁，或很多领域永远不行

* 根据 Dawson，Fischer，Kitchener，King，Kohlberg，Rest，以及其他人的研究，功能水平的年龄变化很大，并且是粗略的估计。发展水平和教育高度相关（Dawson）。

在算术运算概念的研究中发现，青少年在最佳条件下的快速发展有 3 个层次：单一抽象（single abstractions）、抽象映射（abstract mappings）以及抽象系统（abstract systems）（Fischer，Kenny，& Pipp，1990）。研究对象是美国中西部城市不同学校和大学中 9—20 岁的学生，实验要求他们演算 7+7+7=21，3×7=21，5+9=14，以及 14-9=5 等算式，然后要求他们解释加、减、乘、除运算及加与乘或者加与减等两两运算之间的关系。什么是乘法，怎样的运算问题要用乘法？乘法与加法之间是怎样的关系，运算问题是如何包含这种关系的？学生先在低支持条件下运算，然后用自己的话给出解释。接着向学生提供回答该问题的良好范例（高支持）。实验结束时，告诉他们要在两周后返回再做题目，因此他们应该在这两周内继续思考这些问题。他们回来后，再做这些题目，仍要先回答低支持条件下的问题，然后再回答高支持条件下的问题。

研究表明，在特定的年龄阶段，最佳条件下的学生成绩显著提高，图 8.4 表明了算术和运算之间的映射关系。在第一次实验两周后的第二轮实验中，在学生不仅有高支持而且有时间练习与思考这些问题的条件下，学生技能的快速
134 增长速度尤为明显。实验要求学生解释加和减、加和乘、乘和除、减和除之间的关系（每道题两种形式，因此共 8 个任务）。在只向他们提问而没有支持或者练习的条件下（第一轮没有支持的实验），成绩很低。在 16 岁之前接近零，在 20 岁左右也仅有 32% 的正确率。但是若给予支持（第一轮有支持的实验），在 15—17 岁之间，他们的成绩就会有显著提高。若有两周的思考问

题的机会，则会引起更快的增长，从15岁的6%增加到16岁的88%（第二轮有支持的实验）。该研究在没有先前证据的情况下第一次验证了动态技能理论所提出的快速增长预期，图8.4表明该研究的结果很有说服力而且非常明确。

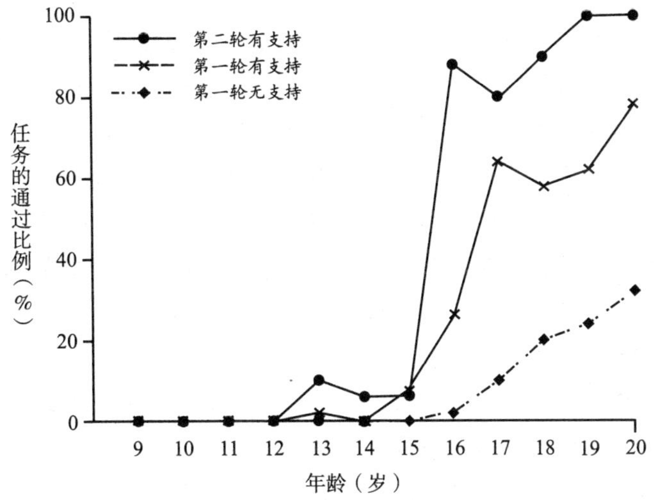

图8.4 算术运算的映射突增

除了映射关系的快速发展，图8.4还表明了与教育密切相关的另外一种发展现象——后阶段的巩固（later-level consolidation）：如算术运算关系或者确定真实性的概念，这种新的技能可能出现在某个阶段，但却在几年后的另一阶段被巩固，进而产生了一致性行为，这时各种要素可以协调并相互联系起来。在算术研究中，这两条曲线表明，在16岁后的几年里有一次快速发展，然后在大约20岁的时候再一次产生更好的成绩。第二个快速发展期一般出现在认知发展中，并预示了下一个阶段的出现。在本例中是抽象系统（Ab3）。在新 135
的阶段出现时，成绩也会出现飞跃，但是与最佳成绩相比，一般提高得要少。例如，在反省判断（对复杂的两难问题提供解释的知识基础）中，学生在某一水平第一次出现时，成绩（正确率）仅提高了50%（Kitchener，Lynch，Fischer，& Wood，1993）。但在5年后第二个水平出现时，成绩却提高了100%。

认知发展的一系列不连续性最终确定了10水平的发展量表：3个水平的感觉运动加上表8.1的七个水平。另外，不同的方法体系都独立地证实了表8.1中这一七水平的量表。Theo Dawson（Dawson & Wilson，2004；Dawson-Tunik et al.，2005）开辟了这一研究领域，他通过访谈、标准化测验、论文和其他书面材料等途径收集到了广泛的数据，然后使用罗殊分析（Rasch analysis）算出了项目的难度。通过这些数据的集合，罗殊量表也精确地计算出了这一七水平的量表，它可以图示出项目集合两两之间沿着复杂性维度的水平和间隔。这一集合甚至对成人也适用，因为年龄并不是影响项目顺序的一个因素。

表 8.1 所示的连续性阶段表明了一种生长周期：伴随着每一种新认知水平的出现，成绩的快速增长现象也会反复出现。与脑皮层通过神经元的产生与迁移而连续生长出皮层的生长周期类似，在一般生长过程的基础上长期形成的认知水平，在每一个水平上都生长出了本质上全新的技能结构。

在这些水平内，也会出现第二种生长周期——不断重复的要素协调类的模式，这种模式将这些水平聚合为所谓的“层”（tiers）。在编码器（coders）出现一般的混合性错误时，这种周期在研究中就表现得很明显。比如，一个 5 岁孩子间具体角色的简单关系与 15 岁孩子间更抽象的关系（Fischer & Elmendorf, 1986）。5 岁孩子在讲述有关母亲和孩子之间特定标准关系的故事时，将母亲与孩子的角色或者医生与病人的角色联系起来。15 岁的孩子则将母亲与孩子或者医生与病人更宽泛、更抽象的角色联系起来。例如，他们描述母亲与孩子在社会中的角色，而不仅仅局限于具体的、原型的母亲与孩子的交互作用。这种相同与不同的结合反映了反复出现的技能水平周期，即“层”。

一般而言，在从婴儿早期到成人的发展过程中，至少要经历三种反复出现的周期。在每一层（或者周期）中，孩子或者成人首先控制行为的一个单
136 位——分别是单一动作，表征，或者感觉运动、表征和抽象层次的抽象（Fischer, 1980; Fischer & Bidell, 2006）。然后，他至少将两种这样的单位联系起来形成动作、表征或者抽象的映射。接着，他将两种映射关系组合起来形成一个系统。最后，在某一层的第四个水平上，他至少将两种系统整合起来形成一个包含有多种系统的系统，该系统产生一种新的单位：动作系统形成单独的表征；表征系统形成单独的抽象；抽象系统形成单独的规则。（迄今为止，没有证据表明有超越单独规则之上的新水平出现。）图 8.5 用方块来形象地说明表征与抽象层的周期，简单的表征方块最终能创造出一种新的更复杂的方块，以形成抽象思维的能力。我认为，这种周期性的增长在认知与脑的发展中是非常普遍的，通过假设脑发育与认知发展周期有相关，我将提出脑发育的几个周期。

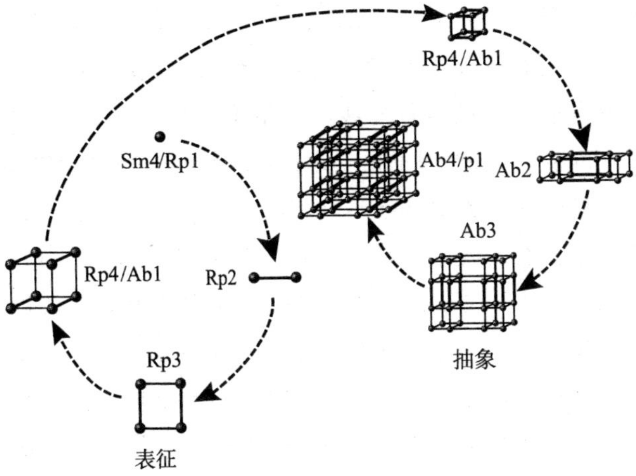

图 8.5 表征和抽象层的发展周期

脑皮层发育的周期

对脑结构与发展的研究主要集中在局部的、微观的结构与生理层面上，如单个神经元与突触的功能。在与教育的连接方面，脑运作的方式及脑随发展而变化的方式是高度相关的。虽然对脑系统的研究相对较少，但是研究发展得很快，已经有足够的研究成果来确立有关脑发展的一些主要事实，并能初步建立起一种脑的周期性生长模型（Fischer & Rose，1994）。 137

在脑发育方面第一个已经确立的事实是（很多科学家和教育家对此仍一无所知），脑及其组成部分是以突进的形式来生长的，这与身体的其他部分一样（Blinkov & Glezer，1968；Fischer & Rose，1994；Lample，Veldhuis，& Johnson，1992；Noonan，Farnum，Lerferman，Lample，Markel，&Wilsman，2004；Thatcher，1994）。儿童生长的光滑的曲线图只是许多孩子的平均值，个体儿童的生长是间断性的。

在对脑结构与活动的很多测量中，这种间断性都十分明显，如皮层的厚度、突触的密度、皮层的电活动、皮层的连接性。这种快速增长与下降模式的一个最简单的表示方法是脑电图（EEG）中显示的能量，该能量通过计算某一脑区所产生的电活动的曲线来测量。在一项经典的研究中，Matousek 和 Petersén（1973）测量了瑞典 1—21 岁人群的脑电，相对能量（某个皮层区某个频率段的能量除以那个区所有频率段的能量）显示了高度系统化的增长曲线，图 8.6 表明顶枕区测量到的 α 波段。生长的方向朝上，但是不断出现快速发展（如图 8.6 中黑点所示）、高原期、轻微的下降，这与算术、反省判断以及其他认知技能的发展曲线类似（图 8.1、图 8.2、图 8.4）。[注意，有些频率段（特别是 θ 和 δ 波）的生长曲线不断下降，以一种断断续续的方式发展。生长曲线的形式因皮层区的不同而有所不同；例如，在青少年期，前额叶的发展就比枕部快（Hudspeth & Pribram，1992）。]

脑电能量快速发展的年龄与认知快速发展的年龄有着密切的关系，这在图 8.6 和表 8.1 的比较中非常明显。这种对应关系非常密切，表明这两种动态的发展过程存在着联系。该研究首次提出了简单形式的脑生长假设（brain growth hypothesis）：皮层的快速生长反映了新技能水平的出现。但这种密切的对应关系也表明，在脑或认知发展快速增长的研究中，多数只是测量了一个，或者脑，或者认知，而没有同时测量两者，因此，表明个体脑与认知发展是否的确相关的数据仍然很少。但是已有的少量研究确实测量了脑与认知的发展，并支持了脑生长假设（Bell & Fox，1994；Bell & Fox，1996；Stauder，1999；van der Molen & Molenaar，1994），但是还需要更多的研究来完整地验证两者之间的对应关系。

138

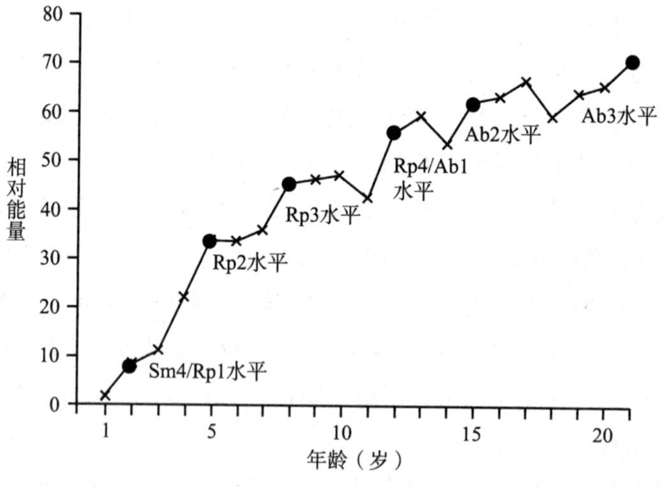

图 8.6　枕顶区脑电 α 波相对能量的发展

这些现象提出了一个简单的皮层活动与认知能力持续相关、快速发展的生长模型，但它们同时也提出了下列的问题：脑随每次快速增长而重组的性质以及在图 8.5 表示的生长周期中与认知重组的关系。我和同事们根据现有研究，尤其是 Thatcher（Hanlon，Thatcher，& Cline，1999，1992，1994），Matousek 和 Petersén（1973），Hudspeth 和 Pribram（1990，1992），以及 Somsen（Somsen， van't Klooster, van der Molen, van Leeuwen, & Licht, 1997）的研究成果，提出了一个皮层网络生长的模型——网络生长假设（network-growth hypothesis），这些研究成果除了脑电能量，其他的测量则主要包括 EEG 的一致性、两个脑区电波模式的相关性。相关性的脑电模型表明两个脑区的联系非常活跃，而没有关系的脑电波模式则表明两者的联系不活跃。

对神经网络模型的解释需要用脑电图和其他脑成像技术来描述皮层区域的 139
一般结构。图 8.7 是脑的俯视图，鼻子表示头的前部（即面部——译者注），灰色部分是前额叶，在皮层网络中具有十分重要的作用。图上列出了皮层区的标准名称：左右半球、每半球的前额叶（F）、中央沟（C）、颞叶（T）、顶叶（P）、和枕叶（O）。神经纤维（轴突）连接皮层的不同部分，如前额叶到枕叶之间的长距离连接（长箭头标注）、前额叶到颞叶之间的短距离连接（短箭头标注）、前额叶到前额叶之间的同一皮层区内部的连接（图中未显示）。这些连接在神经网络中都发挥着重要作用。有证据表明，大部分激活的网络连接都是在同一个半球，如箭头所示。

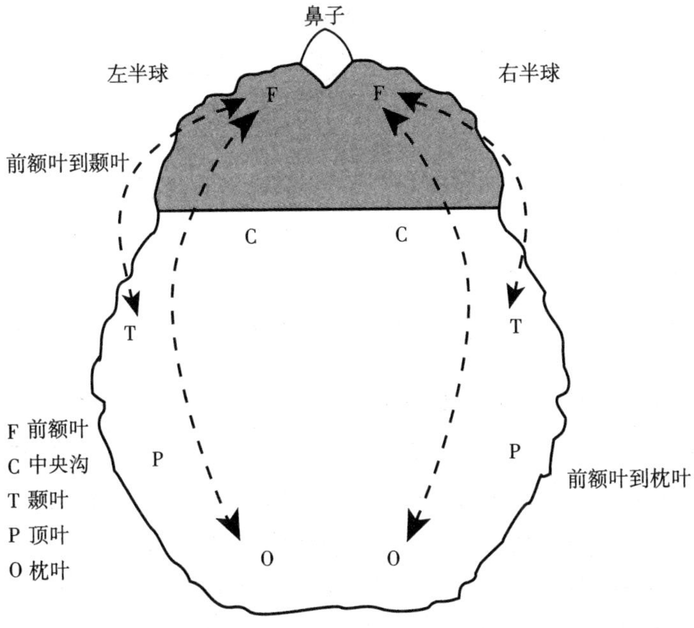

图 8.7　皮层网络连接的俯视图

根据网络生长假设，图 8.6 所表明的能量变化是脑中神经网络发展变化的结果，这些发展通过网络的重新连接与再调整的循环过程而产生。这种随皮层系统生长的过程与 Thatcher（Hanlon et al.，1999，1994）提出的形式是一致的，如图 8.8 所示，大约在 6 岁和 10 岁出现表征 3 和抽象 1 的认知水平。前额叶最先发展，因为实验证据表明，大多数伴随年龄而产生的系统变化包括了前额叶与其他脑区的连接。Thatcher 的实验数据表明，在某个特定的时期，生长以某个特定皮层区为主，但是毫无疑问，其他脑区也会有一定的生长，只是不太显著。图 8.8 代表了假设的标准模式，但是不同的人可能表现出不同模式的生长周期。例如，研究清楚地表明，男性与女性是不同的（Hanlon et al.，1999）。

140

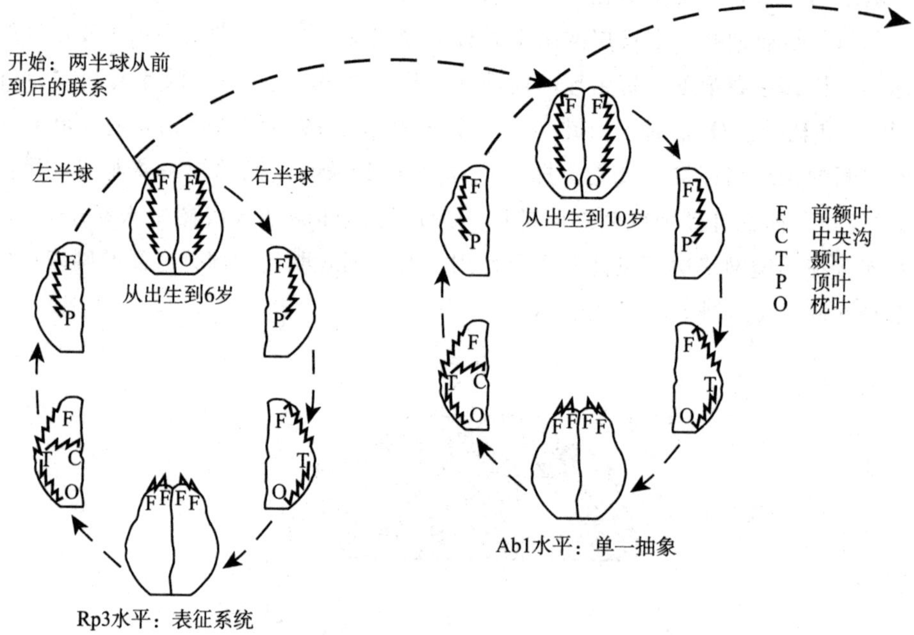

图 8.8　两个连续认知阶段的皮层网络周期

在图的顶端，随着表征系统 Rp3 水平的形成，前后（前额叶—枕叶）连接比其他连接更强。在几年间，这种连接沿着皮层逐渐发展，从右半球开始，越来越局部化，对短的连接进行调整。该周期走到一半时，在图的底部，局部连接的发展占据了主导地位，生长的优势转移到前额叶皮层。然后转移到左半球，开始更局部、更长的连接，直到形成最长的前额叶—枕叶连接。随着单一抽象 Ab1 开始发展，再重复这一过程。最终在周期性的重复中，重新建立单一抽象能力的网络，直到最终完成，又开始下一个水平——抽象映射 Ab2。

141 根据该假设，网络周期与出现特定类型的学习和发展变化具有对应关系，如主要技能的快速发展。Martha Ann Bell 在两个研究中确切地证明了这种关系——与婴儿主要技能的发展有关的特定皮层区，其快速发展与下降是一致的

（Bell，1998；Bell & Fox，1996）。研究发现，初学爬行的婴儿显示出额叶、枕叶、顶叶连接的高度一致性，尤其是在右半球。随着婴儿爬行技能的提高，一致性水平下降。同样，一例个案研究发现，婴儿在发出许多类似音节的声音时，显示出前额叶与颞叶的高度一致性，尤其是在左半球。多数大孩子与成人的左半球颞叶区都在语言中发挥了重要的作用。

当然，对于右半球是语言优势半球的少数人来说，这种一致性的生长模式应该是不同的。同样，一般而言，根据网络生长假设，能力与学习模式随着年龄增长而出现的个体差异应该与周期的差异相对应。比如，婴儿爬行晚，则前额叶—枕叶和前额叶—顶叶一致性的快速发展出现得也晚。抽象思维发展晚（Ab1 以上）或者学习阅读晚或者突然开始努力学习某项运动的孩子在特定的脑区应该也会出现类似的一致的生长变化。

对于认知的发展来说，产生认知阶段的周期，嵌套在更宽泛的层的周期之内（参见图 8.5）。同样，按照假设，图 8.8 所示的网络生长周期嵌入在能量、一致性以及其他与层有关的大脑特征的更大的生长周期中——嵌入式网络假设（the nested network hypothesis）。例如，由 Hudspeth 和 Pribram（1990，1992）对脑电能量的分析可知，在新层出现的时候，前额叶似乎非常活跃。根据迄今为止的研究证据，能量的快速发展沿着脑皮层系统地移动。另外，特定皮层连接的一致性模式的动态变化由于新皮层网络的周期性运动也产生相应的变化（Thatcher，1994）。据推测，随发展高峰的转移，网络连接的非特异性变化以及其他脑部特征也相应地出现。

142

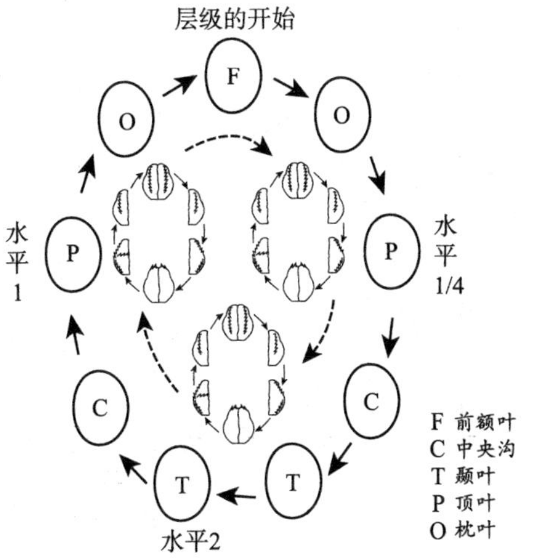

图 8.9 嵌入式网络周期中，层的高峰能量周期

根据嵌入式网络的假设，特定皮层区域的最高能量随着皮层网络周期在不同水平“层”（tier）中的变化而发生系统的变化，如图 8.9 所示，皮层网络周期嵌套于最高能量的周期中。最高能量从前额叶皮层开始，然后在较长的年龄段里，随着儿童生长出新的水平而沿着皮层逐渐运动。图 8.9 的模型和一些可用的研究成果很少一致：最高能量逐渐沿着前额叶到枕叶、顶叶、中央沟、颞叶，然后又回到中央沟、顶叶、枕叶和前额叶。合理的假设是第一批峰值（图 8.9 中的右侧）集中在右半球，后来的一批则集中在左半球。但是发表的大多数研究并没有对这种观点进行过验证。这种嵌入式的周期与图 8.8 中的网络发展周期一样，可能与特定的行为模式相对应，如集中在一些技能领域或者社会情绪问题上。

学习的周期：向后的发展与微发展

技能的水平以及与之相伴随的动态发展模式，为心理、脑与教育的研究创造了一些途径。这些研究不仅可以将认知变化与脑发育联系起来，而且也提供了测量学习、教学、课程以及其他认知行为与产品的量表——这种量表在教育评价与实践中具有广泛的用途（Dawson-Tunik & Stein，待发表；Schwartz & Fischer，2005）。为了说明这种广泛的用途，我将把课堂学习作为微发展来分析——在学校时间段内的技能发展，如学生学习的分钟、小时、日、星期等。

143

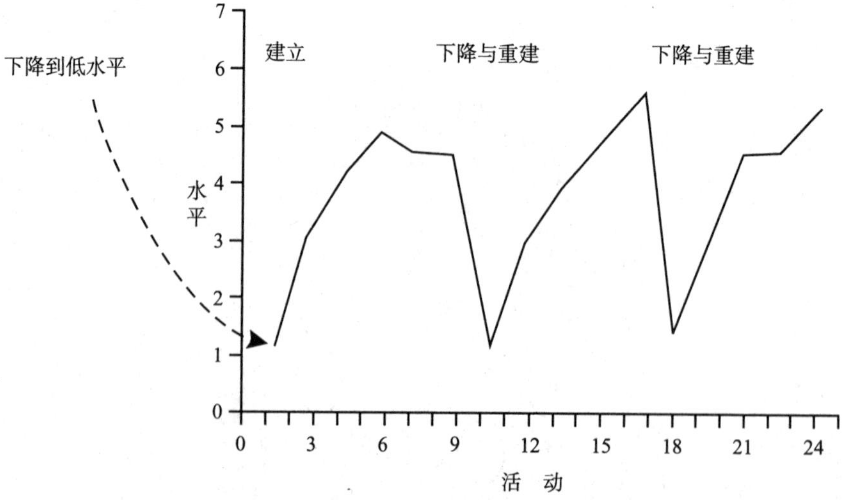

图 8.10　通过反复的重建或波动，建立起新的技能（水平 1 到 3 是指动作水平，水平 7 及其上是指抽象水平）。

在对已经形成的技能水平进行分析时，学生的行为表现出多次上升与下降的动态变化。这些变化模式反映了技能建构的周期性过程，在这一过程中，任务的特征与学生在该领域的专长相互作用。该模式也表明一般知识的建构（与学习具体的事实相反）是缓慢而艰难的。许多研究表明，很多高中与大学课程中所教的知识，例如内战的原因、物理中的能量概念、进化证据的分析、写一篇具有说服力的文章等，往往需要半学期或者一年以上的时间才能够掌握（Fischer et al., 2003；Salomon & Perkins, 1989）。

技能量表提供了一种方法来测量所有这些任务以及其他领域的行为与学习，因此可以根据统一的维度来评价任何一种行为，并根据这个维度对不同领域和任务中的行为进行比较。在一项为期数月的对学生学习的研究（中学理科生学习磁力现象，研究生学习如何运用计算机来做统计分析等）中，我们发现，学习是以一种反反复复的波动形式出现的（Granott, 2002；Schwartz & Fischer, 2005；Yan & Fischer, 2002）。学生开始时对任务或行为是低水平的理解，如运用计算机进行统计分析，逐渐建立一种情景中的技能，从动作到表征或者从表征到抽象，如图 8.10 所示。但是，由于情景的变化或者其他原因，又造成了理解水平的下降。然后学生又重新形成理解，并保持一段时间，但是会再一次下降。在学生学习新技能或者获得新理解时，这种过程本身会重复很多次，产生学习中所谓的波动模式（scalloping pattern）。 144

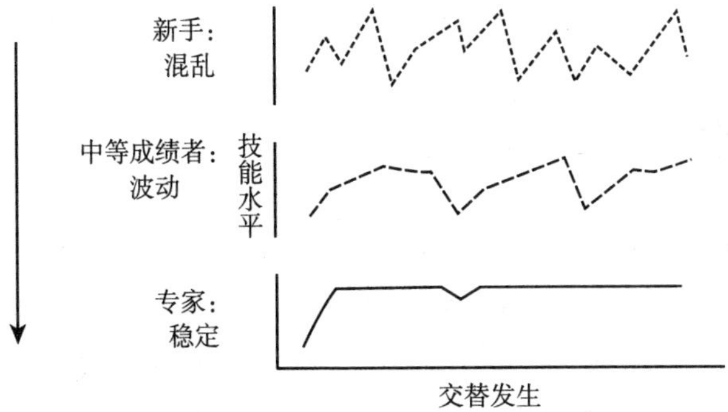

图 8.11　学习某项任务的增长曲线：新手、中等成绩者和专家

这种下降并不表明存在着困难，它是正常且必需的，反映了建立与重建一种技能需要不断地反复，才能在面临情景与状态的变化时最终保持这种技能。一般而言，掌握一种任务必须降低到最初的表征水平甚至动作水平（与婴儿相似），如图 8.10 所示，这样才可以描述任务或者情景的行为特征。人的能力降低到这种初始水平，为智力的适应提供了巨大的灵活性，因为人们可以学习新的感觉运动模式，从而在不同类型的任务中取得成功。对于一个新的任务来说，认知水平的下降是智力的一个重要组成部分。

但是这种波动模型有时只在学习情景中出现，它反映了学习过程的中点，如图 8.11 所示。当学生还是新手时，对他们必须做的任务还不熟悉，他们的成绩比图 8.10 中的变化还要大（Yan & Fischer, 2002）。高水平的技能不是在几个活动之后就能形成的，任何很快形成的相对复杂的技能总是会降下来。他们的成绩无规律地上下波动，如图 8.11 中上面那条增长曲线所示。随着他们对任务认识的增加，他们从这种混乱的模式逐渐转变为中间的这种波动模型（如图 8.11 中间那条曲线和图 8.10 的曲线所示），在这种模型下高水平的技能
145 可以保持较长一段时间，但是仍然会遭遇突然变化、定期下降。在掌握任务一段时间后（一般是数月甚至数年），他们才能成为一个可以保持稳定、高水平成绩的专家，如图 8.11 下面那条曲线所示。专家常常在初始阶段探索任务，理解其特征（“搞清楚”），达到稳定阶段，进而逐步提高水平。他们偶尔也会遇到一些导致复杂性降低的事件，但一般是短暂的。

这样的学习不是朝高水平理解的简单直线式发展，而是一种扩大的周期性过程，在该过程中，学生反复建构与重构行为，从技能水平的无秩序变化到反复、逐步地重建技能（波动），最终达到相对稳定的专业水平。这说明，技能的复杂性量表可以启发学习与其他教育活动。在学习进步的过程中也可以分析脑的活动，研究脑活动的变化与专业技能的水平是如何相关的。在微发展中，随着学习的进步，前面所述的脑的生长周期也可能会明显起来。

从发展周期到对教育的启示

将认知发展周期与教育评价量表联系起来的研究，是认知科学研究对教育研究与实践的一项直接贡献。但是，对脑发展周期与教育之间联系的研究还远未成熟。将脑的生长周期与学习模式直接联系起来的研究最终将会说明学习的过程，尤其是个体与情境之间的差异。例如，根据假设，在特定的领域，如空间推理、数学、读写能力领域等，皮层网络周期之间的差异与儿童学习动机和学习有效性之间的差异有关。

但是目前，将脑发展的研究与教育连接起来的努力由于过度和不严谨的“应用”而得到了人们的严肃关注（本书 Bruer 一章；Fischer et al., 2007）。新闻记者、教育人员甚至一些脑科学家都过快地从脑科学的研究成果跳跃到了所谓的教育“启示”，而这些其实只是不合理的推测。一个可以说明过度应用及其危害的典型案例发生在 20 世纪七八十年代，一些科学家在首次提出头围的
146 快速生长期（Epstein, 1974）之后，又提出了脑活动的快速生长期（Fischer &

Rose，1994；John，1977）。在短短的几年里，一些科学家和教育人员根据这些数据得出了许多完全未被证实的结论，如学生在脑快速生长的高原期不能学习任何新的东西，他们对很多学区提出课程改革的建议：在正常的年龄阶段，即脑发展的高原期，不要教新的概念，因为他们断定在此期间不会形成新的知识（Epstein，1978；Fischer & Lazerson，1984）。认知科学的研究证据，包括学校成绩与学习方面的数据从来没有支持过这种推测，但北美的一些学校严格地采纳着这些建议，因为支持者认为这些建议来自脑科学研究。我们中的一些人为之付出多年的努力，才终于清除这些不正确的观点。

另一种普遍性的错误是对脑发育的关键期进行过度推测（即在特定的时间段内具体经验影响脑的功能），得出了人们何时会说话、阅读、计算的结论（Bailey，Bruer，Symons，& Lichtman，2001；Snow & Hoefnagel-Hohle，1978）。这些论断也没有得到严格的实验证据支持，因而也是不合理的。

心理、脑、与教育领域的研究者与教育者必须谨慎地得出教育实践的结论，不能从脑的研究成果过度推测出其教育启示，除非有直接的证据来评价学习与成绩，并能将脑与行为以及行为与实践联系起来。例如，脑和认知发展的周期启发了学习与教育实践，并为分析学习模式和学生差异提供了有用的新工具，使教育干预能够更加理想。在评价与比较不同领域与个体的学习模式并将其与教学和课程相联系方面，认知发展周期的相关研究已经结出硕果。但是目前的认识状态仍然不允许从脑的生长周期直接推论到教育实践。要在心理、脑与教育之间建立联系，就必须在认知科学、生物科学和教育学之间，在研究者与实践者之间建立起互惠的联系。随着这些联系的发展，来自教育实践的问题与洞见将丰富脑与认知科学的研究，就像科学发现将丰富教育实践一样。

参考文献

Bailey，D. B.，Jr.，Bruer，J. T.，Symons，F. J.，and Lichtman，J. W.（eds.）（2001）. *Critical Thinking About Critical Periods.* Baltimore. MD：Paul H. Brookes Publishing.

Bell，M. A.（1998）. The ontogeny of the EEG during infancy and childhood：Implications for cognitive development. In B. Garreau（ed.）*Neuroimaging in Child Psychiatric Disorders*（pp. 97–111）. Berlin：Springer-Verlag.

Bell，M. A. and Fox，N. A.（1994）. Brain development over the first year of life：Relations between electroencephalographic frequency and coherence and cognitive and affective behaviors. In G. Dawson & K. W. Fischer（eds.），*Human Behavior and the Developing Brain*（pp. 314–345）. New York：Guilford Press.

（1996）. Crawling experience is related to changes in cortical organization during infancy：Evidence from EEG coherence. *Developmental Psychobiology*, 29, 551–561.

Bidell, T. R. and Fischer, K. W. (1992). Cognitive development in educational contexts: Implications of skill theory. In A. Demetriou, M. Shayer, & A. Efldides (eds.), *Neo-Piagetian Theories of Cognitive Development: Implications and Applications for Education* (pp. 9 – 30). London: Routledge & Kegan Paul.

Blinkov, S. M. and Glezer, I. I. (1968). *The human Brain in Figures and Tables.* New York: Plenum Press.

Case, R. (1998). The development of conceptual structures. In D. Kuhn and R. S. Siegler (eds.), and W. Damon (Series ed.), *Handbook of Child Psychology*: Vol. Ⅱ. *Cognition, Perception, and Language.* New York: Wiley.

Coch, D., Fischer, K. W., and Dawson, G. (eds.) (2007). *Human Behavior, Learning and the Developing Brain: Normal Development* (2nd edn.). New York: Guilford.

Dawson, G. and Fischer, K. W. (eds.) (1994). *Human Behavior and the Developing Brain.* New York: Guilford Press.

Dawson, T. and Wilson, M. (2004). The LAAS: A computerizable scoring system for small- and large-scale developmental assessments. *Educational Assessment*, 9, 153–191.

Dawson-Tunik, T. L., Commons, M., Wilson, M., and Fischer, K. W. (2005). The shape of development. *European Journal of Developmental Psychology*, 2, 163–195.

Dawson-Tunik, T. L. and Stein, Z. (in press). Cycles of research and application in science education. In K. W. Fischer & T. Katzir (eds.), *Building Usable Knowledge in Mind, Brain, and Education.* Cambridge: Cambridge University Press.

Epstein, H. T. (1 974). Phrenoblysis: Special brain and mind growth periods. *Developmental Psychobiology*, 7, 207–224.

(1978). Growth spurts during brain development: Implications for educational policy and practice. In J. S. Chall and A. F. Mirsky (eds.), *Education and the Brain* (*Yearbook of the NSSE*). Chicago: University of Chicago Press.

Fischer, K. W. (1 980). A theory of cognitive development: The control and construction of hierarchies of skills. *Psychological Review*, 87, 477–531.

Fischer, K. W. and Bidell, T. R. (1998). Dynamic development of psychological structures in action and thought. In R. M. Lerner (ed.) and W. Damon (Series ed.), *handbook of Child Psychology: Vol. I Theoretical Models of Human Development* (5th edn., pp. 467 – 561). New York: Wiley.

(2006). Dynamic development of action, thought, and emotion. In R. M. Lerner (ed.) and W. Damon (Series ed.), *Handbook of Child Psychology: Vol. I. Theoretical Models of Human Development* (6th edn., pp. 313–399). New York: Wiley.

Fischer, K. W. and Elmendorf, D. (1986). Becoming a different person: Transformations in personality and social behavior. In M. Perlrnutter (ed.), *Cognitive Perspectives on Children's Social Development. Minnesota Symposium on Child Psychology*, 18, 137–178. Hillsdale, NJ: Erlbaum.

Fischer, K. W., Immordino-Yang, M. H., and Waber, D. P. (2007). Toward a grounded synthesis of mind, brain, and education for reading disorders: An introduction to the field and this book. In K. W. Fischer. J. H. Bernstein, & M. H. Immordino-Yang (eds.), *Mind, Brain, and Education in Reading Disorders* (pp. 3–15). Cambridge, UK: Cambridge University Press.

Fischer, K. W., Kenny, S. L., and Pipp, S. L. (1990). How cognitive processes and environmental conditions organize discontinuities in the development of abstractions. In C. N. Alexander and E. J. Langer (eds.), *Higher Stages of Human Development: Perspectives on Adult Growth* (pp. 162–187). New York: Oxford University Press.

Fischer, K. W, and Lazerson, A. (1984). Research: Brain spurts and Piagetian periods. *Educational Leadership*, 41 (5), 70.

Fischer, K. W. and Rose, S. P. (1994). Dynamic development of coordination of components in brain and behavior: A framework for theory and research. In G. Dawson and K. W. Fischer (eds,), *Human Behavior and the Developing Brain* (pp. 3–66). New York: Guilford Press.

Fischer, K. W., Yan, Z., and Stewart, J. (2003). Adult cognitive development: Dynamics in the developmental web. In J. Valsiner and K. Connolly (eds.), *Handbook of Developmental Psychology* (pp. 491–516). Thousand Oaks, CA: Sage.

Granott, N. (2002). How microdevelopment creates macrodevelopment: Reiterated sequences, backward transitions, and the zone of current development. In N. Granott and J. Parziale (eds.), *Microdevelopment: transition Processes in Development and Learning* (pp. 213–242). Cambridge: Cambridge University Press.

Granott, N., Fischer, K. W., and Parziale, J. (2002). Bridging to the unknown: A transition mechanism in learning and problem-solving. In N. Granott and J. Parziale (eds.), *Microdevelopment: Transition Processes in Development and Learning* (pp. 131–156). Cambridge: Cambridge University Press.

Hanlon, H. W., Thatcher, R. W. and Cline, M. J. (1999). Gender differences in the development of EEG coherence in normal children. *Developmental Neuropsychology*, 16, 479–506.

Hudspeth, W. J. and Pribram, K. H. (1990). Stages of brain and cognitive maturation. *Journal of Educational Psychology*, 82, 881–884.

Hudspeth, W. J. and Pribram, K. H. (1992). Psychophysiological indices of cerebral maturation. *International Journal of Psychophysiology*, 12, 19–29.

John, E. R. (1977). *Functional Neuroscience.* Vol. Ⅱ: *Neurometrics*. Hillsdale, NJ Erlbaum.

Kitchener, K. S., Lynch, C. L., Fischer, K. W., and Wood, P. K. (1993). Developmental range of reflective judgment: The effect of contextual support and practice on developmental stage. *Developmental Psychology*, 29, 893–906.

Lampl, M., Veldhuis, J. D., and Johnson, M. L. (1992). Saltation and stasis: A model of human growth. *Science*, 258, 801–803.

Matousek, M. and Petersén, I. (1973). Frequency analysis of the EEG in normal children and adolescents. In P. Kellaway and I. Petersén (eds.), *Automation of Clinical Electroencephalography* (pp. 75–102). New York: Raven Press.

Molenaar, P. C. M. (2004). A manifesto on psychology as idiographic science: Bringing the person back into scientific psychology, this time forever. *Measurement*, 2, 201–218.

Noonan, K. J., Farnum, C. E., Leiferman, E. M., Lampl, M., Markel, M. D., and Wilsman, N. J. (2004). Growing pains: Are they due to increased growth during recumbency as documented in a lamb model? *Journal of Pediatric Orthopedics*, 24, 726–731.

Piaget, J. (1983). Piaget's theory. In W. Kessen (ed.) and P. H. Mussen (Series ed.), *Handbook of Child Psychology*: Vol. I. *History, theory, and methods* (pp. 103–126). New York: Wiley.

Rakic, P. (1971). Guidance of neurons migrating to the fetal monkey neocortex. *Brain Research*, 33, 471–476.

(1988). Specification of cerebral cortical areas. *Science*, 241, 170–176.

Reznick, J. S. and Goldfield, B. A. (1992). Rapid change in lexical development in comprehension and production. *Developmental Psychology*, 28, 406–413.

Ruhland, R. and van Geert, P. (1998). Jumping into syntax: Transitions in the development of closed class words. *British Journal of Developmental Psychology*, 16 (Pt 1), 65–95.

Salomon, G. and Perkins, D. N. (1989). Rocky roads to transfer: Rethinking mechanisms of a neglected phenomenon. *Educational Psychologist*, 24, 185–221.

Schwartz, M. S. and Fischer, K. W. (2005). Building general knowledge and skill: Cognition and microdevelopment in science learning. In A. Demetriou and A. Raftopoulos (eds.), *Cognitive Developmental Change: Theories, Models, and Measurement.* Cambridge, UK: Cambridge University Press.

Siegler, R. S. (1997). *Children's Thinking* (3rd edn.). Englewood Cliffs, NJ: Prentice-Hall.

Snow, C. E. and Hoefnagel-Hohle, M. (1978). The critical period for language acquisition: Evidence from second language learning. *Child Development*, 49, 1114–1128.

Somsen, R. J. M., van't Klooster, B. J., van der Molen, M. W., van Leeuwen, H. M. P., and Licht, R. (1 997). Growth spurts in brain maturation during middle childhood as indexed by EEG power spectra. *Biological Psychology*, 44, 187–209.

Stauder, J. E. A. M., Peter, C. M., and van der Molen, M. W. (1999). Brain activity and cognitive transition during childhood: A longitudinal eventrelated brain potential study. *Child Neuropsychology*, 5, 41–59.

Thatcher, R. W. (1992). Cyclic cortical reorganization during early childhood. Special Issue: The role of frontal lobe maturation in cognitive and social development. *Brain & Cognition*, 20 (1), 24–50.

(1994). Cyclic cortical reorganization: Origins of human cognitive development. In G. Dawson and K. W. Fischer (eds.), *Human Behavior and the Developing Brain* (pp. 232–266). New York: Guilford Press.

van der Molen, M. W. and Molenaar, P. C. M. (1994). Cognitive Psychophysiology: A window to cognitive development and brain maturation. In G. Dawson and K. W. Fischer (eds.), *Human Behavior and the Developing Brain* (pp. 456–490). New york: Guilford.

Yan, Z. and Fischer, K. W. (2002). Always under construction: Dynamic variations in adult cognitive development. *Human Development*, 45, 141–160.

151

第九章

脑机制与高水平技能的学习

Michael I. Posner, Mary K. Rothbart, and M. Rosario Rueda

概述

脑成像和基因序列这两个非常重大的科学发现对于科学家和教育学者理解认知和情绪技能学习中的个体差异具有很大帮助。对儿童及成人注意脑机制的研究表明，在冲突解决过程中有三个独立的神经网络控制警觉系统、定向系统和执行控制系统。作者使用注意系统测验分别对三个子系统的效能进行了评估，结果发现了显著的个体差异，这主要与儿童行为调控能力的评价有关。影响自我行为控制能力的主要是两种与多巴胺神经递质分泌相关的基因，它与前扣带回注意网络的一个节点的激活及其效能有关。从儿童早期开始，注意的控制不仅在他们的学习中有重要作用，同时也对儿童社会化以及共情的发展有重要影响。显然，理解注意控制与学习的关系能为教师和家长提供很多有用信息。

——编者

人类一直试图探讨人脑共有的神经网络与个体差异的关系，但没取得进展，近来有两项发展改变了对这一问题探讨的发展前景。第一项是脑成像技术的发展，利用这种技术我们就可以探测脑在思维时的变化情况（Posner & Raichle, 1994）。通过颅外记录电信号或磁信号我们就有可能实时观测人在完成某种任务时各个运算方面所涉及的神经回路。虽然这种技术的某些方面很久之前已经产生，但只是在过去 15 年间它才实现了人脑功能结构的局部成像。

20 世纪初，Santiago Ramony cajal（1937）第一次观察到人类的神经细胞。 152
目前我们之所以能观测到人脑的活动，正是由于这些细胞的活动。这些细胞活动时会改变自身局部的血液供应。这样我们就能通过测量血液供应的变化来研究人类进行认知加工时哪些脑区被激活。

第二个方面的发展是 20 世纪末人类完整基因组序列的发现（Venter, Adams, Myers, Li et al., 2001）。现在我们不仅可以研究神经网络的神经机制，同时也可以研究基因的差异如何影响人类利用这些网络进行各种技能学习和操作的能力。但是从基因天赋到现实表现并不是简单的关系，同时它也离不开我们对神经网络的理解。总之，这些发展为我们探讨自我调控（思维、情绪以及良好学业成就所需的行为）的神经机制提供了可能。

注意网络

功能成像技术使我们能研究人类完成各种认知任务时所激活的脑区，注意的研究就经常使用该技术（Corbett & Shulman, 2002; Driver, Eimer, & Macaluso, 2004; Posner & Raichle, 1994）。脑成像数据表明，有三个神经网络与注意的不同方面相关。这些网络主要负责警觉、定向和执行控制功能（Posner & Raichle, 1994）。表 9.1 总结了这三个神经网络对应的脑结构和神经递质。警觉被定义为对输入刺激达到并维持较高的敏感性；定向是对输入感觉信息的选择；执行控制是对思维、情感和行为反应的监控及三者冲突的解决。警觉系统主要与丘脑以及额叶和顶叶的一些皮层区域有关。改变警觉水平的一种非常有效的方法是在目标刺激出现之前给予警告信号。有研究者认为预警信号影响唤醒水平是因为肾上腺素调节了相关的神经活动（Marrocco & Davidson, 1998）。

表 9.1　与三个注意网络分别相关的神经结构和神经递质

功　能	结　构	递　质
定向	顶上小叶 颞顶联合区 额眼区 上丘脑	乙酰胆碱

续表

功　能	结　构	递　质
警觉	蓝斑 右侧额叶和顶叶皮层	去甲肾上腺素
执行注意	前部扣带回 腹外侧前额叶 基底神经节	多巴胺

定向性主要是使注意与外部感觉信号源保持一致。当眼部运动与注意运动保持一致时，这会比较明显，但没有眼部运动时，这种现象则不明显。视觉信
153 息的定向系统主要与后部脑区有关，包括顶上小叶、颞顶联合区以及额叶眼动区（frontal eye fields）（corbetta & Shulman，2002）。如果预先呈现一个提示目标刺激可能出现位置的线索，那么被试就会将注意指向这个线索化的位置，这样就可以操控被试的指向性。（Posner，1980）。事件相关的功能磁共振成像（fMRI）研究表明，顶上小叶与线索呈现后的注意定向有关（Corbetta & Shulman，2002）。人类的顶上小叶与猴子的外侧顶内沟比较相近，而外侧顶内沟主要负责猴子的眼部运动（Andersen，1989）。当目标刺激出现在非线索化的位置时，人们就要停止对当前位置的注意，并将注意转向新的位置，这时颞顶联合区会被激活（Corbetta & Shulman，2002）。顶下小叶和颞叶上部的损伤都与注意定向困难有关（Karnath，Ferber，& Himelbach，2001）。

注意的执行控制成分主要利用冲突任务如各种类型的 Stroop 任务进行研究。在 Stroop 任务中，被试需要对墨水的颜色（如红色）作出反应，同时忽视颜色词的名称（如蓝色）（Bush，Luu，& Posner，2000）。解决 Stroop 任务中的冲突主要激活了额叶中线区域（前扣带回）和外侧前额叶（Botvinick，Braver，Barch，Carter，& Cohen，2001；Fan，Flombaum，McCandliss，Thomas，& Posner，2003）。另外有证据表明在中央刺激和周围刺激（与中央刺激可能一致也可能不一致）的冲突任务中这一网络也会被激活（Botvinick，et al.，
154 2001；Fan，et al.，2003）。实验任务同样也为分离各脑区在执行注意网络中的不同作用提供了方法（McDonald，Cohen，Stenger，& Carter，2000）。近来，神经影像研究表明，执行控制网络参与了正性和负性影响的自我调节（Beauregard，Levesque，& Bourgouin，2001；Ochsner Kosslyn，Cosgrove，Cassem et al.，2001），另外它还参与了与智力相关的各种认知任务（Duncan，Seitz，Kolodny，Bor et al.，2000）。

个体差异性

绝大多数注意方面的研究都探讨一般能力问题或者研究脑损伤的影响以及注意的病理学问题。但是，个体对外部感觉事件的注意能力显然存在差异，当要求被试长期集中注意进行一系列的思考活动时，这种差异变得更为明显。为研究这种个体差异，我们开发出一种注意网络测验（ANT，参见图 9.1），这一测验可以测量我们上面描述的三个注意子系统的效能（Fan，McCandliss，Sommer，Raz，& Posner，2002）。

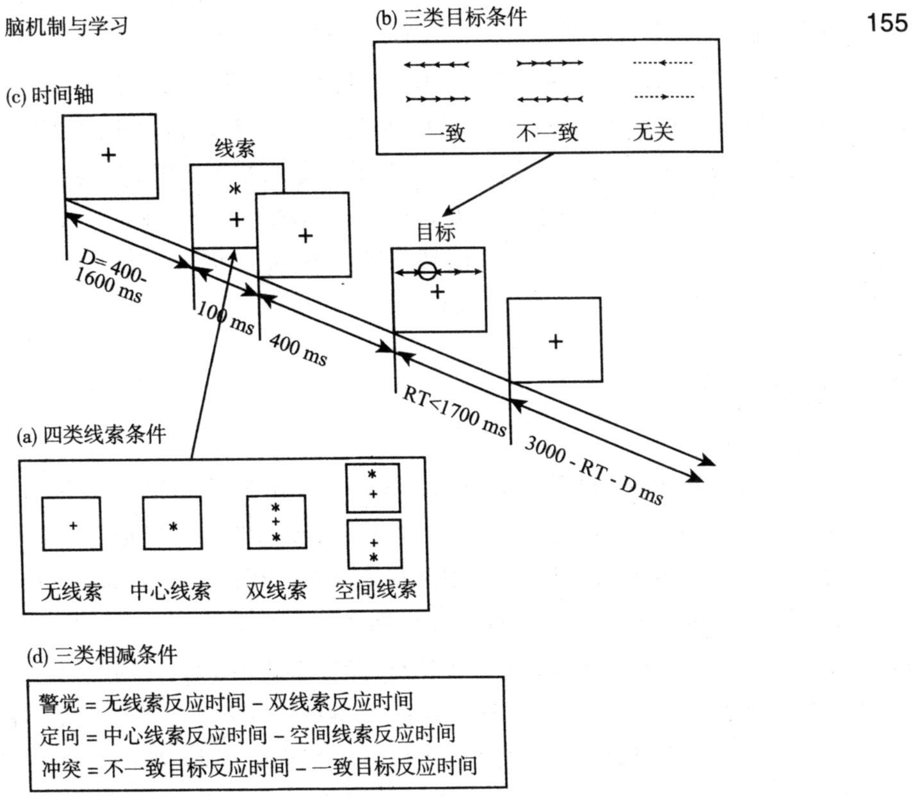

图 9.1　Fan 等人（2002）提出的研究个体在三个注意网络上差异的注意网络测验的图示：（a）四个线索条件；（b）三类目标刺激；（c）事件序列；（d）通过相减来说明每个网络的效能。

测量结果会提供三个数字，这三个数字分别表示了个体在警觉、定向和执行控制三个方面的能力水平。在 40 个样本的数据中，我们发现在多次重复测量时，这三个指标是相对稳定的；另外，这三方面的得分之间没有相关性。

测量成人注意能力差异时会遇到一个问题，那就是注意在多大程度上是遗传的。为了解决这一问题，我们利用注意网络测验分别研究了 26 对同卵和异卵同性别双胞胎（Fan，et al.，2001），结果发现同卵双胞胎在执行控制测验方面有显著相关。根据这一结果，我们估计执行网络的遗传程度为 0.89。由于样本容量较小，如果按照 95% 的置信区间，那么对遗传的估计范围在 0.3 到 0.9 之间。但这一数据仍然证明基因能够影响执行控制网络的活动效能。

为了研究哪些基因与这些网络的执行效能有关，我们将执行控制效能与神经调质多巴胺（DA）联系起来（Fossella，Sommer，Fan，Wu et al.，2002）。研究中，我们对 200 人进行了注意网络测验，同时也测定了他们的基因类型，以便确定与其各自神经调质相关的基因中常见的多态性。结果发现有两类与多巴胺相关的基因（DRD4 基因和 MAOA 基因）与注意效能有显著相关性。接着，我们进行了脑成像实验，实验主要比较了具有这两类基因中不同等位基因的被试，实验中对他们进行注意网络测验。结果发现，这些等位基因在前部扣带回（注意网络的一个主要结点）产生了不同的激活（Fan，et al.，2003）。之后，研究还发现其他一些多巴胺及 5-羟色胺基因也与执行控制注意有关（Posner，Rothbart，& Sheese，2007）。

儿童早期

注意网络在视觉物体定向方面的发展最早始于婴儿期（Haith，Hazan，& Goodman，1988；Clohessy，Posner，& Rothbart，2001）。但是当对象模糊不清时，婴儿的表现较差，因为这会引起反应冲突（Clohessy，Posner，& Rothbart，2001）。冲突解决能力是执行控制注意网络的一个重要功能，儿童直到两岁时
156 才能获得。利用冲突任务我们发现执行控制注意网络对认知的控制性在 3 岁儿童身上有了很大发展（Gerardi-Caulton，2000）。由于该年龄段儿童不能阅读，所以我们不是用词汇语义和墨水颜色作为冲突维度，而是把位置和一致性作为冲突的维度（空间冲突任务）。实验中儿童坐在两个反应键前面，一个在他左边，另一个在他右边。每按一次键都会呈现一个图片，在每一次实验中，这张图片与成对呈现的图片中的一张相同，它被呈现在屏幕左边或右边。如果儿童能根据刺激的一致性进行反应而不管图片与反应键的位置是否一致，他们就会受到奖励（Gerardi-Caulton，2000）。与空间位置一致时相比，当空间位置不一致时，反应的准确性和反应时都会下降，这表明他们要抵制优势性反应方式并

且解决两个竞争维度间的冲突。成年人在完成这些任务时也会产生冲突效应，这时主要激活前部扣带回（Fan，Flombaum et al.，2003）。24个月大的婴儿往往只固定在单个反应上，36个月的儿童完成这些任务时，准确性会提高，但是同成年人一样，在空间位置不一致的条件下，他们的反应时也会比较慢，同时反应的准确性也会降低。

能够研究执行控制注意的出现，十分重要，原因在于实验室中对冲突解决的认知测量与现实中儿童自我控制的很多方面都是相关的。对于那些较少受空间冲突影响的儿童，父母评价他们自我控制能力较高，在实验室中抑制控制得分也较高（Gerardi-Caulton，2000）。

问卷研究表明，努力控制性因素（测量注意集中性、抑制控制、低水平快乐度以及知觉敏感性的量表）与多变的负性情绪相反。这种关系也印证了已有观点：注意能力有助于降低负性情感，也有助于抑制冲动倾向性。

共情也与努力控制有强相关，如努力控制能力高的儿童共情能力也较强（Rothbart et al.，1994）。要对别人表示共情，就需要对别人的痛苦或快乐的信号进行解释。正常被试的脑成像研究表明，悲伤的面孔会激活杏仁核。随着悲伤程度的增加，注意网络中的前部扣带回也会被激活（Blair，Morris，Frith，Perrett，& Dolan，1999）。似乎扣带回的激活是我们注意他人悲伤情绪的基础。

这些研究表明，成功的社会化需要通过两条途径进行。对于更容易感到害怕的儿童，其杏仁核有很强的反应，这会产生痛苦的信号，从而使其更易对他人产生共情。这些儿童更容易社会化。如果个体没有这种努力控制，那么扣带回的发展就会使他们适当地注意杏仁核活动所产生的信号。这种努力控制不仅影响共情的发展，同时在意识的发展中也有重要作用。对于胆怯的学龄儿童，特别是他们的母亲使用温和的管教方式时，这些孩子的道德观念的内化会得到促进（Koenig，1995）。另外，对于努力自我控制水平较高的儿童，他们内化的控制也会得到促进（Kochanska，Murray，Jacques，Koenig，& Vandegeest，1996）。有两个分离的控制系统，一个是反应（害怕）控制系统，另一个是自我控制（努力的控制）系统，它们共同调节个体意识的发展。Ellis、Rothbart和Posner（2004）研究发现，对于青少年，努力控制以及由注意网络测验测量的控制冲突能力都能独立预测儿童的反社会行为，这也支持了努力控制和社会行为的关系。

努力控制的个体差异性同样与元认知知识的某些方面有关，比如心理理论（是指知道别人的行为是由某些信念、欲望以及其他心理状态驱动的）（Carlson & Moses，2001）。此外，即使我们排除年龄、智力以及工作记忆等其他因素，那些需要抑制优势反应的任务与测量心理理论的任务也是相关的(Carlson & Moses，2001)。抑制控制和心理理论发展的时间进程是类似的，在2—5岁这个年龄段都是提高的。

学前儿童

利用儿童版注意网络测验我们已经将执行控制发展的研究追踪到学龄前(Rueda，Fan，Halparin，Gruber，Pappert，& Posner，2004)（参见表9.2)。从很多方面看，这些研究结果与成人被试得到的结果非常相似（参见图9.1)。儿童的反应时较长，但是他们三个网络的测量结果也是相对独立的。儿童在警觉和冲突方面得分比较高，表明当没有提醒他们新目标刺激出现时，他们在保持警觉状态以及解决冲突方面有困难。令人吃惊的是，根据注意网络测验结果，在侧抑制任务中（flanker task）个体解决冲突的能力从7岁到成年基本保持不变（参见表9.2)。

表9.2 注意网络效能的发展。研究1使用了儿童版注意网络测验，发现儿童从6岁到10岁注意网络效能是不断发展的；研究2分别用儿童和成人版注意网络测验比较了10岁儿童和成人注意网络的差异性。

158

研究	年龄	警觉	定向	冲突	错误冲突	总体反应时间	总体错误率
儿童版注意网络测验							
		注意网络相减					
1	6	79（75）	58（76）	115（80）	15.6	931（42）	15.8
	7	100（75）	62（67）	63（83）	0.7	833（125）	5.7
	8	73（67）	63（66）	71（77）	-0.3	806（102）	4.9
	9	79（47）	42（48）	67（38）	1.6	734（68）	2.7
2	10	41（47）	46（44）	69（44）	2.1	640（71）	2.2
	成人	30（32）	32（30）	61（26）	1.6	483（36）	1.2
成人版注意网络测验		←←→←←					
2	10	78（61）	60（56）	156（76）	3.9	710（90）	2.8
	成人	40（34）	52（35）	131（62）	4.7	532（54）	2

大量证据表明，执行控制注意对于学校内学习内容（如读写能力的学习）(McCandliss，Sandak，Beck，& Perfetti，2003）以及其他各种使用一般智力的

学习内容的习得有着非常重要的作用（Ducan et al.，2000）。心理学家普遍认为训练通常涉及特殊领域，那些更一般的心理训练（如使用像数学、拉丁语这种规范性的课程进行训练）难以推广到所训练的特殊领域之外（Thorndike，1899；Simon，1969）。但注意则是例外。正如我们看到的，它是一个涉及特殊脑机制的领域，但是谁的功能影响着其他脑区的运作，似乎又说不明白（Posner & Petersen，1990；Posner & Raichle，1994）。从神经层面上看，冲突解决的神经网络同一般智力相关的脑区是重合的（Duncan et al.，2000）。对学生的注意进行外显或内隐的训练也是学校课程的一部分（Mills & Mills，2000），但是很少有研究能确切说明如何以及何时训练注意才能达到最佳效果。

执行控制注意网络的核心就是冲突解决能力。根据这一特征，同时在借鉴 159
训练猴子走到外面的程序基础上我们也设计了一系列训练程序（Rumbaugh & Washburn，1995）。这些程序能训练猴子在类 Stroop 任务中的冲突解决能力（Washburn，1994）。

我们开始训练儿童用控制杆控制小猫的运动，预测物体朝哪运动，并给出最初的运动轨迹（参见图 9.2）。其他训练任务主要强调使用工作记忆保持信息以便与样本任务匹配及解决冲突（参见图 9.3）。

我们已经通过对一组 4 岁儿童进行 5 天简短的注意训练来检查它的有效性。这些儿童大概要用 7 天时间到实验室进行多次训练，持续 40 分钟。这些训练在两到三周的时间内完成。最初和最后几天用来评估训练效果，主要用注意网络测验和一般的智力测验（the K-BIT，Kaufman，& Kaufman，1990）以及情绪量表（儿童行为问卷或 CBQ）进行评估。在成人研究中，进行注意网络测验的同时，我们用 128 导脑电记录被试脑电变化情况，从而可以观察与执行控制注意相关的脑电波幅及脑激活的时间进程（Rueda，Fan，& Posner，2003）。

在第一个实验中，我们比较了 12 个接受训练的儿童以及随机挑选的没有接受训练但接受过两次测验的儿童。在第二个实验中，我们还是以 4 岁儿童为被试，但控制组儿童要做 7 次，他们只是观看视频，中间要他们偶尔作一下反应，以便能继续观看。所有儿童都非常喜欢这次经历（参见图 9.4），他们的监护人也都非常支持我们的工作。

现在我们详细说明一下我们的训练程序（图 9.2 至图 9.4），并简单地总结一下初步结果。当然，要影响已经发展多年的神经网络，5 天的训练时间的确太短。但是根据 K-BIT 测验结果，我们还是发现了对于训练组儿童，他们的智力有整体性的提高。这可能是由于实验组儿童在智力测验的非言语测验部分有改善的原因。同时也发现这一年龄段的儿童，用注意网络测验测得的反应时非常不稳定，可信性比较低。所以，尽管整体的反应时有提高，但是我们在各种神经网络的测验上并未发现显著改进。我们确实发现，与控制组相比，训练组儿童在冲突解决上得分比较低（执行控制注意能力强）。在整个训练过程中我们没有发现他们情绪上的变化。对脑电数据的初步分析表明，4 岁儿童在训练后可以发现先前研究中得到的与扣带回相关的脑电成分。

160

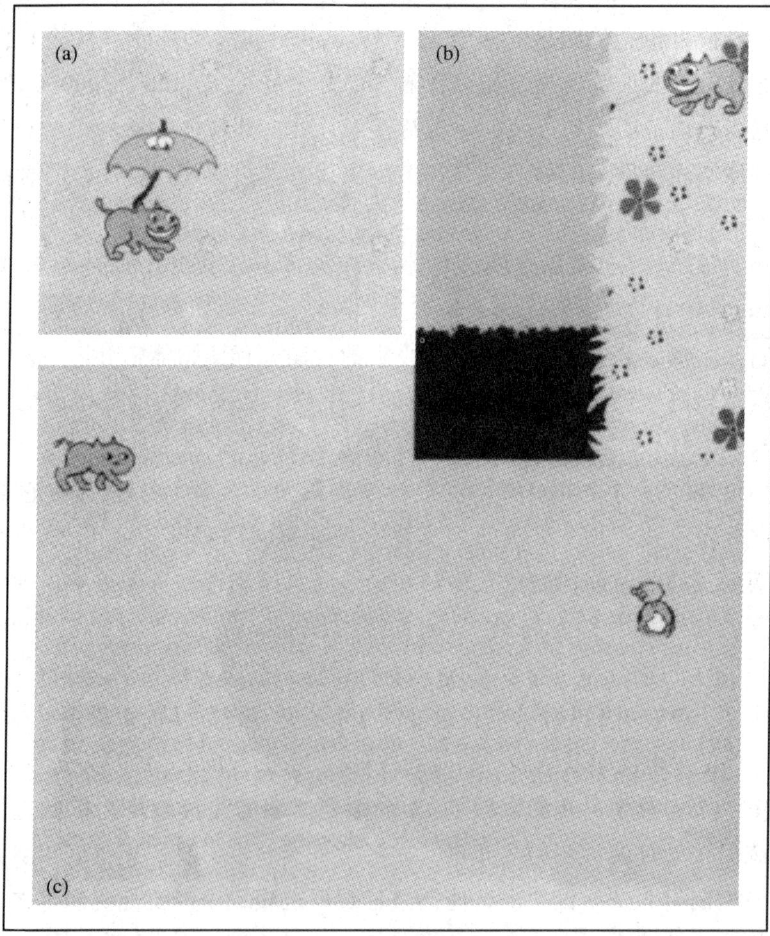

图 9.2 追踪练习。(**a**) 儿童的任务是在雨伞出现后，移动小猫到移动的雨伞下以防止被雨淋，当雨伞在周围继续移动时，移动小猫使之保持在雨伞下。(**b**) 儿童移动小猫到草坪上同时避开泥巴。经过多次实验后，草的数量会减少，泥巴的数量会增加，直到儿童需要高度集中注意才能将小猫移到草坪上。(**c**) 当鸭子游出池塘时，儿童要用小猫阻止鸭子。因为鸭子总是走直线，所以，在这个训练中儿童可以学会预测鸭子会在哪里游出池塘。

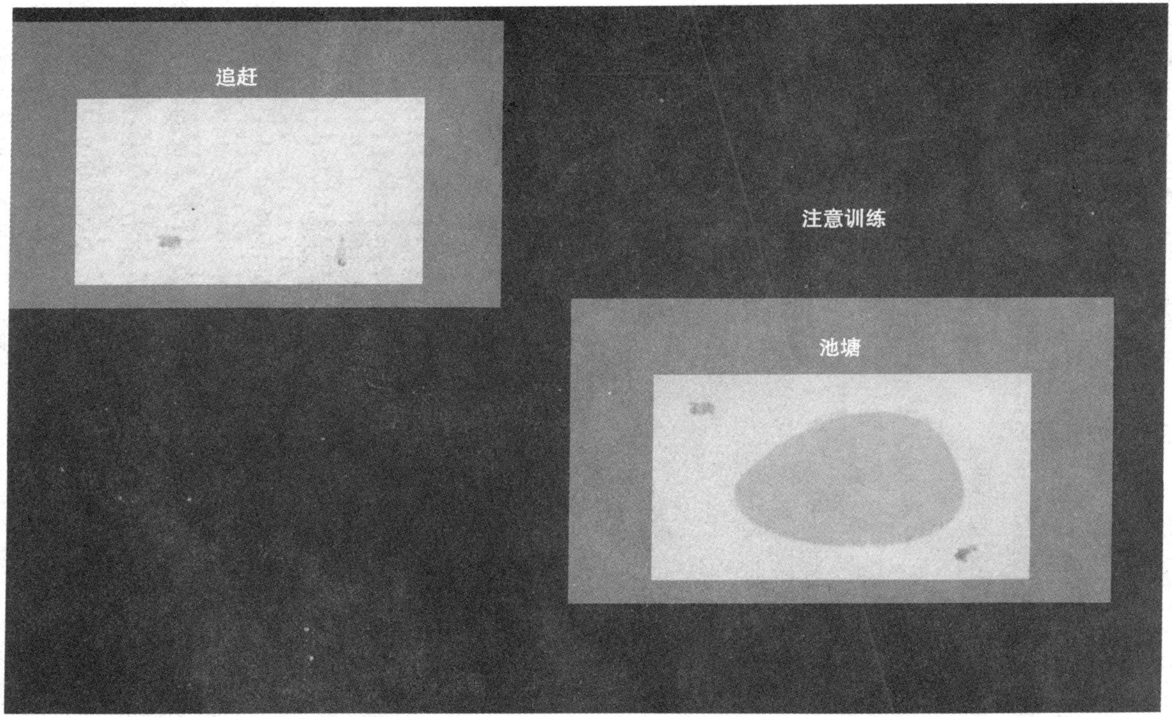

图 9.3　视觉注意和冲突解决训练。（a）样本匹配训练。儿童需要选择褐色板上与板子上方左侧的样本图片一样的图片。经过多次练习，通过使竞争图片更加相似来增加匹配任务的难度。达到较高水平时，会将板子上的样本图片拿掉，这样儿童必须记住这些图片才能选择正确的匹配图片。（b）冲突解决训练。儿童需要选择哪一个组里数字最多。在一致性条件下，含数字较多的组是由较大数值的数字组成的；不一致条件下，含数字较多的组是由较小数值的数字组成的。（c）一系列相同难度训练完成情况的视觉反馈图示。

161

162 由于反应时数据变化较大，我们又重新对 6 岁儿童进行了研究。研究结果证实了训练程序可以改善执行控制注意网络的能力（Rueda，Rothbart，McCandliss，Saccamanno，& Posner，2005；Posner & Rothbart，2007）。

随着接受训练的儿童人数的增加，我们能够对他们的情绪以及基因类型进行测量，从而有助于了解注意训练可以改进哪些方面。目前我们正在对所有儿童的基因类型进行测量，以确定哪些已知的基因与执行控制注意效能有关（Rueda et al.，2005）。同时我们也开始测量幼儿执行注意的早期形式，以便确定是否存在着训练效果最好的敏感期。

图 9.4　注意训练中一个 4 岁儿童注意高度集中的图示

已公开发表的研究证据表明，对有多动症（ADHD）这类注意障碍的年龄较大的儿童进行注意训练可以改善他们集中注意的能力以及一般性智力（Kerns，Esso，& Thompson，2000；Klingberg，Forssberg，2002；Shalev，Tsal，& Mevorach，2002）。因此，我们正同其他研究者合作，对有多动症、自闭症等学习相关障碍的儿童进行训练。这些项目可以检测我们的训练程序是否对那些特殊障碍儿童有效，而注意障碍只是他们障碍的一部分。我们也希望学前学校能把我们的训练程序作为他们学前课程的一个特定部分。这样就能使我们的训练具有长期性，并且也可以检测在社会群体中进行的其他类型的训练（Mills &

Mills，2000；另见本书 van Geert & Steenbeek）。

虽然我们不知道这一训练程序是否最佳，但是我们相信，从儿童早期特定神经网络发展中得到的证据，已经为不断探索是否能够提高儿童注意能力提供了有力的理论依据。另外，也可以确定这种方法能否推广到儿童在学校里必须掌握的各种技能的学习过程中去。

参考文献

Andersen，R. A.（1989）. Visual eye movement functions of the posterior parietal cortex. *Annual Review of Neuroscience*，12，377–403.

Beauregard，M.，Levesque，J.，and Bourgouin，P.（2001）. Neural correlates of conscious self-regulation of emotion. *Journal of Neuroscience*，21，RC 165.

Blair，R. J. R.，Morris，J. S.，Frith，C. D.，Perrett，D. I.，and Dolan，R. J.（1999）. Dissociable neural responses to facial expression of sadness and anger. *Brain*，1222，883–893.

Botvinick，M. M.，Braver，T. S.，Batch，D. M.，Carter，C. S.，and Cohen，J. D.（2001）. Conflict monitoring and cognitive control. *Psychological Review*，108，624–652.

Bush，G.，Luu，P.，and Posner，M. I.（2000）. Cognitive and emotional influences in the anterior cingulate cortex. *Trends in Cognitive Science*，4/6，215–222.

Carlson，S. T. and Moses，L. J.（2001）. Individual differences in inhibitory con-trol in children's theory of mind. *Child Development*，72，1032–1053.

Clohessy，A. B.，Posner，M. I.，and Rothbart，M. K.（2001）. Development of the functional visual field. *Acta Psychologica*，106，51–68，

Corbetta，M. and Shulman，G. L.（2002）. Control of goal-directed and stimulus-driven attention in the brain. *Nature Neuroscience Reviews*，3，201–215.

Driver，J.，Eimer，M.，and Macaluso，E.（2004）. Neurobiology of human spatial attention：Modulation，generation，and integration. In N. Kanwisher and J. Duncan（eds.），*Attention and Performance XX：Functional Brain Imaging of Visual Cognition*（pp. 267–300）. Oxford：Oxford University Press.

Duncan，J.，Seitz，R. J.，Kolodny，J.，Bor，D.，Herzog，H.，Ahmed，A.，Newell，F. N.，and Emslie，H.（2000）. A neural basis for general intelligence. *Science*，289，457–460.

Ellis，L. K.，Rothbart，M. K.，and Posner，M. I.（2004）. Individual differences in executive attention predict self-regulation and adolescent psychosocial behaviors. *Ann. NY Acad. Sci.* 1–21，331–340.

Fan，J.，Flombaum，J. I.，McCandliss，B. D.，Thomas，K. M.，and Posner，M. I.（2003）. Cognitive and brain mechanisms of conflict. *Neuroimage*，18，42–57.

Fan，J.，Fossella，J. A.，Summer T.，and Posner，M. I.（2003）. Mapping the genetic variation of executive attention onto brain activity. *Proceedings of the National Academy of Sciences*，USA，100，7406–7411.

Fan, J., McCandliss, B. D., Sommer, T., Raz, M., and Posner, M. I. (2002). Testing the efficiency and independence of attentional networks. *Journal of Cognitive Neuroscience*, 14 (3), 340–347.

Fan, J., Wu, Y., Fossella, J., and Posner, M. I. (2001). Assessing the heritability of attentional networks. *BioMed Central Neuroscience*, 2, 14.

Fossella, J., Sommer, T., Fan, J., Wu, Y., Swanson, J. M., Pfaff, D. W., and Posner, M. I. (2002). Assessing the molecular genetics of attention networks. *BMC Neuroscience*, 3, 14.

Gerardi-Caulton, G. (2000). Sensitivity to spatial conflict and the development of self-regulation in children 24–36 months of age. *Developmental Science*, 3/4, 397–404.

Haith, M. M., Hazan, C., and Goodman, G. S. (1988). Expectation and anticipation of dynamic visual events by 3. 5 month-old babies. *Child Development*, 59, 467–479.

Karnath, H-O., Ferber, S., and Himmelbach, M. (2001). Spatial awareness is a function of the temporal not the posterior parietal lobe. *Nature*, 411, 95–953.

Kaufman, A. S. and Kaufman, N, L. (1990). *Kaufman Brief Intelligence Test – Manual Circle Pines*, MN: American Guidance Service.

Kerns, K. A., Esso, K., and Thompson, J. (1999). Investigation of a direct intervention for improving attention in young children with ADHD. *Developmental Neuropsychology*, 16, 273–295.

Klingberg, T., Forssberg, H., and Westerberg, H. (2002). Training of working memory in children with ADHD. *Journal of Clinical and Experimental Neuropsychology*, 24, 781–791.

Kochanska, G. (1995). Children's temperament, mothers' discipline, and security of attachment: Multiple pathways to emerging internalization. *Child Development*, 66, 597–615.

Kochanska, G., Murray, K., Jacques, T. Y., Koenig, A. L., and Vandegeest, K. A. (1996). Inhibitory control in young children and its role in emerging internationalization. *Child Development*, 67, 490–507.

MacDonald, A. W., Cohen, J. D., Stenger, V. A., and Carter, C. S. (2000). Dissociating the role of the dorsolateral prefrontal and anterior cingulate cortex in cognitive control. *Science*, 288, 1835–1838.

Marrocco, R. T. and Davidson, M. C. (1998). Neurochemistry of attention. In R. Parasuraman (ed.), *The Attention Brain* (pp. 35–50). Cambridge, MA: MIT Press.

Mills, D. and Mills, C. (2000). *Hungarian Kindergarten Curriculum Translation*. London Mills Production Limited.

Ochsner, K. N., Kossyln, S. M., Cosgrove, G. R., Cassem, E. H., Price, B. H., Nierenberg, A. A., and Rauch, S. L. (2001). Deficits in visual cognition and attention following bilateral anterior cingulotomy. *Neuropsychologia*, 39, 219–230.

Posner, M. I. (1980). Orienting of attention. The 7th Sir F. C. Bartlett Lecture. *Quarterly Journal of Experimental Psychology*, 32, 3–25.

Posner, M. I. and Petersen, S. E. (1990). The attention system of the human brain. *Annual Review of Neuroscience*, 13, 25–42.

Posner, M. I. and Raichle, M. E. (1994). *Images of Mind*. Scientific American Books.

Posner, M. I. and Rothbart, M. K. (2007). *Educating the Human Brain*. Washington DC: APA.

Posner, M. I., Rothbart, M. K. and Sheese, B. E. (2007). Attention genes. *Developmental Science*, 10, 24–29.

Ramóny Cajal, S. (1937). *Recollection of My Life*. Philadelphia: American Philosophical Society.

Rothbart, M. K., Ahadi, S. A., and Hershey, K. (1994). Temperament and social behavior in children. *Merrill-Palmer Quarterly*, 40, 21–39.

Rueda, M. R., Fan, J., McCandliss, B., Halparin, J. D., Gruber, D. B., Pappert, L., and Posner, M. I. (2004). Development of attentional networks in childhood. *Neuropsychologia*, 42, 1028–1040.

Rueda, M. R., Fan, J., and Posner, M. I. (2003). Development of the time course for resolving conflict. Poster presented at the *Cognitive Neuroscience Society*.

Rueda, M. R., Rothbart, M. K., McCandliss, B., Saccamanno, L. and Posner, M. I. (2005). Training, maturation and genetic influences on the development of executive attention. *Proc. U. S. National Acad. of Sciences*, 102, 14931–14936.

Rumbaugh, D. M. and Washburn, D. A. (1995). Attention and memory in relation to learning: A comparative adaptation perspective. In G. R. Lyon, and Krasengor, N. A. (eds.), *Attention, Memory and Executive Function* (pp. 199 – 219). Baltimore, MD: Brookes Publishing Co.

Semrud-Clikeman, M., Nielsen, K. H., and Clinton, A. (1999). An intervention approach for children with teacher and parent-identified attentional difficulties. *Journal of Learning Disabilities*, 32, 581–589.

Shalev, L., Tsal, Y., and Mevorach, C. (2003). Progressive attentional training program: Effective direct intervention for children with ADHD. *Proceedings of the Cognitive Neuroscience Society*, New York, pp. 55–56.

Simon, H. A. (1969). *The Sciences of the Artificial*. Cambridge, MA: MIT Press.

Thorndike, E. L. (1903). *Educational Psychology*. New York: Teachers College.

van Veen, V. and Carter, C. S. (2002). The timing of action-monitoring processes in the anterior cingulate cortex. *Journal of Cognitive Neuroscience*, 14, 593–602.

Venter, J. C., Adams, M. D., Myers, E. W., Li, P. W., Mural, R. J., et al., (2001). The sequence of the human genome. *Science*, 291, 1304–1335.

Washburn, D. A. (1994). Stroop-like effects for monkeys and humans: Processing speed or strength of association? *Journal of Psychological Science*, 5 (6), 375–379.

166

第十章

开发脑：学习与教育科学的功能成像方法

Hideaki Koizumi

概述

单纯的学习与真正的教育之间有着巨大的不同。单纯的学习涉及对环境的简单适应，这在鸟类的印刻机制上可找到原型。而教育却只发生在人类身上，通过遗传与表观遗传（epigenetic，又译“后成”，指亲代与子代间不依赖 DNA 的遗传——译者注）过程的互动来添加和控制新的刺激与信息。Koizumi 寻求通过脑成像技术来建立脑功能的知识，以真正提高教育，促进对人类重要问题的理解，例如不但包括物理学与生物学的教育，还包括恨与爱的教育。Koizumi 开发了一项新技术——光学成像技术（optical topography）。这是一种无创性的脑成像技术，使用近红外技术来观察婴儿、儿童、成人、老年人与脑损伤者的脑活动。该技术解释的一个问题是婴儿脑的可塑性，包括区分语言与其他声音，以及区母语与其他语言。这一技术在教育学中有着光明的前景，因为它不需要儿童在成像过程中保持一动不动，并且可以运用于相对自然的情境中，这是其他脑成像技术所做不到的。

——编者

在 20 世纪，由笛卡尔在 17 世纪最先倡导的还原主义方法论带来了举世瞩目的成就，特别是在科学与技术领域。然而，我认为，在 21 世纪，综合长期以来在还原主义统治下产生的、差异不大的各种学科将变得十分重要。20 世纪后半期已经出现了向这个方向前进的趋势，多学科融合的呼声开始将来自不同领域的人们聚集到一起。然而经验告诉我们，仅仅这样还不足以架设学科间的桥梁（Bruer，本书），不足以产生学科融合以至整合（Rothschild，1996；Koizumi，1999a）。整合需要一个动态的过程。我把这种动态的概念与操作过程称为“超学科”（trans-disciplinarity，TD）（Koizumi，1995，1996a，1999a，2000a，2001）。这个概念可以简称为 TD。在 TD 这一语境中，整合是这样一 167
种过程：它能够动态地融合与连接不同学科，给多学科合作带来新的维度。图 10. 1 概括和描述了这一概念。

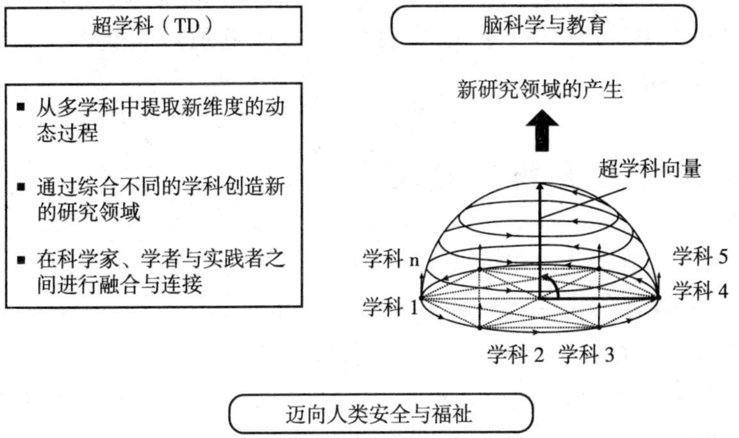

图 10. 1　超学科：综合重于还原

这一概念描绘基于与量子力学中角动量自旋状态配对的类比。日本的“开发脑”与“脑科学与教育”计划构成了一个具有代表性的超学科领域雏形。这一全新的学术领域在一系列始于 2000 年的国家项目中为各种相关学科之间的结合提供了条件（Koizumi，1995，1996b，2000b，2000c，2003b，2004b）。

学习与教育的基础

宇宙与生命

当我们思考地球的生物圈时，我们可以将其看作由太阳与广阔宇宙所构成的巨大热力学引擎所驱动的。生物圈沐浴在相对高能低熵的太阳光子中，然而却向宇宙辐射相对低能高熵的光子。先不说其他的功能，这个巨大的热力学引擎驱动了全球水循环与生物圈中的生命循环。我们把生命定义为一种使用能量产生负熵的自我复制系统，在这样一种语境中特别恰如其分。

168 人们认为大爆炸发生在大约135亿年以前。我们无法知道它之前所发生的任何事情；这是科学的一个根本局限。通过对陨石进行同位素鉴定，我们认为太阳系生成于约46亿年前。从化石分析来看，科学家认为生命出现在约38亿年以前。从那时开始，基因就已经在一代一代地积累使生命与环境相适应的信息了。中枢神经系统出现于大约3亿年以前，并且经历了显著的进化（Sagan，1977；Britten et al.，1969）。从适应性信息加工的角度来说，中枢神经系统的演化特性就是，学习以及由此而形成的适应过程在一代以内就可以发生。遗传与表观遗传过程之间的关系是我们找到一种更加科学的教育观的关键（Koizumi，1996b）。

学习与教育的生物学定义

从心理学角度来说，印刻（imprinting）是学习的一个原型例证。在这一现象中，一个刚刚孵化出来的雏鸟通常将它看到的第一个运动的物体视作它的“妈妈”。印刻必须在孵化后最长24小时的关键期内发生（Hess，1959）。

对于包括大雁在内的其他物种来说，进一步的学习行为还包括迁徙，小鸟通过跟随其父母学习这项技能。然而，人工孵化的雏鸟通常无法正常地学习如何迁徙。在Lishman的著名研究中，他成功地使用一架轻型飞机使人工孵化的小雁形成了印刻现象，并引导它们从加拿大北部飞到了美国（Lishman，1997）。一旦教会了鸟儿，它们在第二年就可以独立地进行迁徙了。迁徙是后天习得行为的这一发现，对于我们理解学习与教育具有重要的意义。

虽然人类与黑猩猩的DNA碱基排列的差异大约只有1%，研究者们对灵长类动物进行研究后发现，黑猩猩虽会通过模仿学习，但不会彼此教育（Goodall，2001；Matsuzawa，2003）。

数年前，我注意到伟大的哲学家Immanuel Kant在其死后发表的《论教育学》[*Lecture Note on Pedagogy*（Kant，1803）] 中提到过一个有意思的实验。他把一只麻雀的蛋与金丝雀巢中的金丝雀蛋放在一起。Kant发现他养出了一只会唱歌的麻雀，并且他注意到金丝雀爸爸似乎在主动地指导它的后代。这个实验与始于20世纪60年代鸟类学中的“寄养实验”（farm-out experiments）很
169 相似。在更晚一些时候，鸟类学家证实，鸟爸爸的确扮演了孩子们的歌唱教师角色。

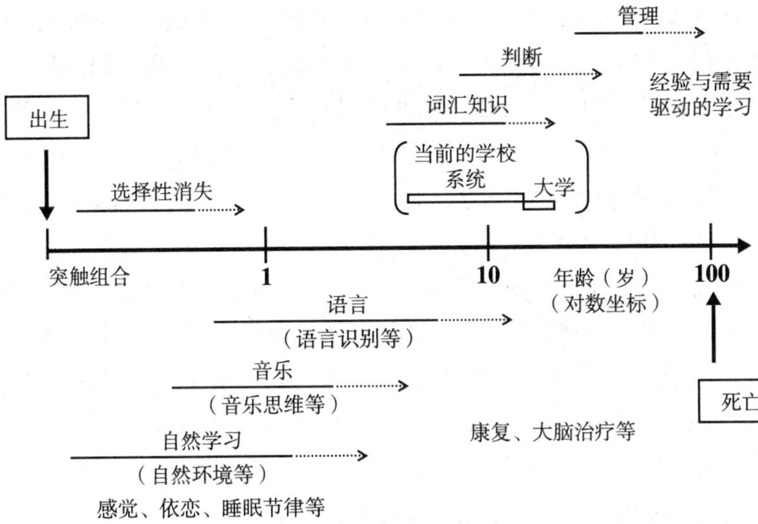

资料来源：Koizumi H., *Seizon and Life Sci.* (1998)

图 10.2　终身学习与教育。根据发展阶段而设计课程的启示。

生物学的视角使得我们可以对学习与教育重新进行定义（见 Fischer，本书）；学习是根据外部环境刺激建立神经联结的过程，而教育则是控制或添加刺激，或激发学习意向的过程。这些概念是综合性的，并包含了人类整个生命过程（Koizumi，2000c，2004b）。

突触的发生与消除

诺贝尔奖获得者 Hubel 与 Wiesel 进行了初级视觉皮层柱状结构的开创性研究。作为这一开创性研究的延伸，20 世纪 70 年代的很多研究者研究了这些结构形成的关键期（Stryker et al.，1978）。如果幼猫的生长环境中唯一的视觉刺激来源就是竖直条纹的话，它将看不见水平线，这种缺陷将保持一生。如果环境中的刺激不包含水平线，那么负责水平线的感受柱将消失。

因此，即使是脑中视觉系统的形成也被归为一种学习过程，这一学习过程 170
具有关键期（Singer，本书）。

人类视觉皮层中眼优势柱的情形也与之类似。有关优势柱发展知识的一个重要临床意义在于，我们知道如果在婴儿期有一只眼被眼罩遮蔽，那么此眼的视力将变差。如今，眼科医生会强烈建议婴儿在 18 个月以前绝对不能佩戴眼罩。

信息从许多树突进入神经元的细胞体，而输出信息则通过轴突离开。在胎儿期，遗传信息为我们提供了大量过剩的神经元，然后再将它们消除。新生儿阶段中产生大量的突触，然后在儿童期的很长一段时间内逐渐消除。就人类视觉皮层区来说，突触数在大约出生后 8 个月时达到峰值（Huttenlocher，1990）。个体的这种神经元选择过程会形成对环境的适应，这也就是为什么在只有竖直条纹的环境中养大的猫会变得看不到水平线。

髓鞘形成是指髓磷脂包裹轴突的过程，它是我们需要考虑的另一个因素。这一过程使得信号传输速度提高了大约 100 倍。髓鞘形成的顺序是由基因编排的。Flechsig 在大约 100 年前就发现了一这点，并画出了一个显示这个顺序的脑图（Flechsig，1898）。有一些区域的髓鞘在胎儿期就已经形成。髓鞘形成继续在其他脑区进行，一直到 20 岁左右达到前额叶联络皮层。这种功能区域的发展顺序可应用于课程安排的优化（Koizumi，1999）。

无创性脑功能测量的重要性

要将“脑科学与教育”这一概念应用到实际问题上去，完全无创性的脑功能成像方法是非常重要的。目前我们有三种可以无创性地完成高级脑功能成像的方法：功能性磁共振成像（functional Magnetic Resonance Imaging，fMRI）（Ogawa et al.，1992；Yamamoto，E. et al.，1992），脑磁图（magneto-encephalography，MEG）（Brenner et al.，1978）和光学成像（optical topography，OT）（Maki et al.，1995；Yamashita et al.，1996；Koizumi et al.，1999）。因为每一种方法都有其优点与局限，我们有时会互补地运用这三种方法。

光学成像的基本原理

在光学成像技术中，我们使用红外线对高级脑功能进行成像。我们在
171 1995 年发表了世界上第一篇关于光学成像技术的论文，并从那以后一直在不断将其发展与完善（Maki et al.，1995；Koizumi et al.，1999b，2003a；Kennan et al.，2002；Taga et al.，2003）。我们将一束直径为 1 毫米的可弯曲的光纤置于头皮上发根之间。进入脑的近红外光将受到神经元活动所引起的携氧、脱氧血红蛋白浓度以及血红蛋白总浓度的影响。接着，光子探测器所接收到的信号被用来对这些变化进行成像。这一方法（近红外波谱学，Near-Infrared Spectroscopy，NIRS）的魅力在于，它可以用于在自然情境下对被试进

行测验。

在进行脑功能分析时，安全性十分重要，因为我们希望这一测验可以应用于所有的人类被试，特别是婴儿与儿童。构成人类组织中分子的化学能有几个电子伏的量级，因此，如果我们使用的光子能量小于一个电子伏，那么原则上讲，它就是安全的，只会产生一些热效应。我们认为光学成像技术是安全的，因为其光子能量在此范围之内，且它所产生的热效应可以忽略不计（Ito et al.，2000）。功能磁共振也是安全的，至少从光子能量角度来说是如此。然而对于磁共振，我们应该对迅速变化的梯度磁场以及静磁场的强度多加小心。

新生儿与婴儿的脑功能成像

光学成像可以为我们绘出特定行为过程中的脑活动图。例如在书写活动中，我们在布洛卡区与韦尼克区都可以看到激活（参见图 10.3）。（Yamamoto et al.，1999）位于左侧额叶的布洛卡区负责词汇的产生，而左侧颞叶的韦尼克区则负责词汇理解。

我们也找到了一些例子，可以表明婴儿脑惊人的可塑性。也许这其中最值得注意的是一个 1 岁大的婴儿，由于胎儿期的一场事故，相对于其年龄应具有的完整皮层而言，她只剩下一小部分皮层。数家大型医院只根据 MRI 数据就将她诊断为失明失聪，没有再作进一步的检查。然而她的父母认为，她在一定程度上可以看见物体。在他们的要求下，我们在医生的帮助下使用了光学成像技术来对她进行检测。结果表明，她残余的脑皮层真的被视觉刺激所激活了（Kogure et al.，1997）。

我们曾经使用光学成像来研究早期婴儿脑的功能性恢复，也发现了脑不可思议的可塑性。例如在内囊完全缺损的情况下发现了运动反应，在严重左半球损伤的情况下发现了语言反应，在几乎完全没有小脑的情况下出现了运动反应。通过这些例子与其他对婴儿脑可塑性的观察，我们最终提出了“开发脑”这样一个概念。

这一工作使得我们看到，开发脑的过程与康复（rehabilitation）是不同的，康复涉及的是对丧失功能的恢复（Koizumi，2000c）。

光学成像技术可以被用来安全地观察新生儿的脑活动。当然，这一点对 fMRI 和 MEG 来说是十分困难的，因为婴儿不喜欢在测量的时候保持一动不动。在法国，我们在事先得到了法国国家伦理委员会的认可后，与 Jacques Mehler 的小组合作研究了 5 天以内的新生儿。当然，在这些案例中，母语是法

172

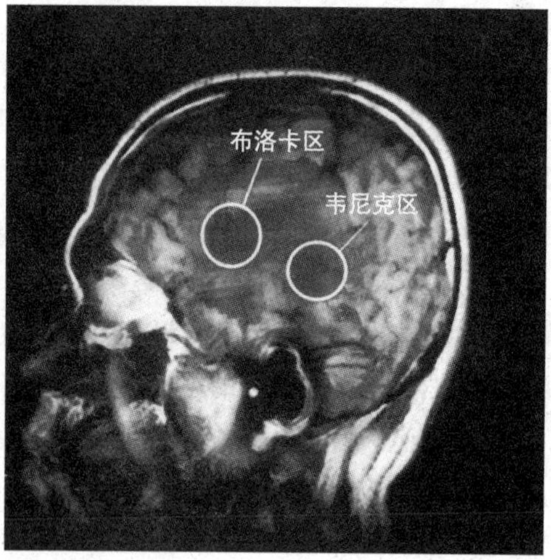

合作者：Iwata, M., et al., Tokyo Women's Medical University

图 10.3　语言区域的激活

语。新生儿接触到由一位新闻播报员朗读的法语。我们发现听觉皮层的活动在听到法语时比听到其他声音时要强。

这次研究中的很多工作人员也在意大利参与了一个新的研究小组，进行了更加精确的测量。研究的结果在近期刚刚发表（Pena et al.，2003）。被试仍然是 5 天以内的新生儿，只不过这次的母语变成了意大利语（参见图 10.4）。听到意大利语的讲话相对于听到倒放的讲话或无声时引起了更强的激活。倒放的磁带无疑包含了相同的声音成分，例如频率与能谱，但却不包含任何可辨认的单词或语言。我们还发现，即使是新生儿，在对语言的反应中就已经显示出了左半球的偏侧化（另见 Petitto，本书）。

173

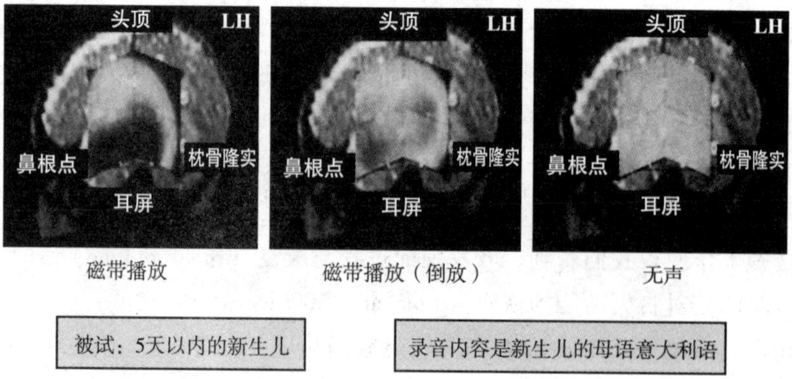

合作者：J. Mehler's group, International School for Advanced Studies (Italy), *Proc. Natl. Acad. Sci. USA* (2003)

图 10.4　新生儿听母语时对脑活动的影响

新生儿可能对母语的语调与节奏有所反应。另外，有两个假说都可以解释这些结果。一个是新生儿在胎儿期就已经学会了辨认母语。动态三维超声造影技术的实验已经证明，婴儿可以对穿过母体的声音作出反应。另一个假设是，新生儿可能拥有一种对自然语言产生特定反应的先天能力。我们计划继续此类实验，下一步的计划是对比母语与外语。这应该可以告诉我们哪一个假设是正确的。

情绪与智力

“脑科学与教育”这一概念除了可以应用于医学以及为发展与学习的问题提供答案以外，在解决社会问题上也有重要作用，从学习障碍到犯罪、儿童虐待等，甚至有可能为世界和平作出贡献。

人脑如何承载演化的历史

脑随着新的组织层次在脑干周围形成而演化。脑干维持着生命，边缘系统为我们提供生命的驱动力，而新脑皮层则给了我们控制生活、改善生活的能力。理性与知识与新脑皮层相关，而基础情绪则与边缘系统相联系。我们的生 174
活与我们的社会是建立在边缘系统与新皮层之间微妙的平衡之上的。

爬行动物的后代在演化上分为两个分支。一个分支产生了人类，其过程历经兽孔目爬行动物（爬行—哺乳动物）、更晚近的猴子以及最终的类似原型黑猩猩的猿类。另一分支经由恐龙产生了鸟类。人类的边缘系统与新皮层相比兽孔目爬行动物来说有了长足的进化。然而，即使是与黑猩猩相比，虽然人类与黑猩猩的 DNA 碱基排列只有 1% 的差异，人类的前额叶皮层也要大一倍。前额叶皮层可以产生较深层次的情绪，例如爱与恨。

如何斩断仇恨的锁链

当今世界被仇恨的锁链所束缚着。如何斩断这些锁链是最严峻的问题之一。在这一点上，我想引用法然上人（日本净土宗创始人——译者注）的父亲漆间时国的话。漆间时国于 1141 年在一次敌人的夜袭中，当着自己 9 岁儿子的面被杀。在他临死之前，他对儿子说了下面的话：“我伤入肺腑，却仍拼命苟延残喘。而又有谁愿意轻易撒手人寰？稍加思考，你就知道你不应恨你的敌人。你杀了敌人，他们的家人就会想杀你。这仇恨的链条永远不会消失。立即离开家，在你自己身上去寻找终极的答案吧。”多年以后，法然上人才得以释怀。对他来说，答案是继续称念慈悲之菩萨阿弥陀佛。

法然上人的父亲深刻地考虑到了他人的观点。这与“心理理论”紧密相关。从这个意义上来说，例如，物理理论是通过神经加工过程来预测一个飞行小球轨迹的能力；而“心理理论”则是指理解他人思想、预测他人想法与反应的能力。这种能力是在儿童3—4岁时通过充分交流而得到培养。既然“心理理论”的缺失使人无法理解他人观点，那么可以说这种缺失是多种社会问题的根源。

纵向研究与人类前额叶皮层发育

在“脑科学与教育”这一较为广泛的领域中，我们选择测量3—5岁儿童的前额叶来研究“心理理论”的发展。图10.5展示了一个例子，它测试了工作记忆的发展。即使孩子很小，光学成像仪也能轻易地提供工作记忆激活的图像。

175

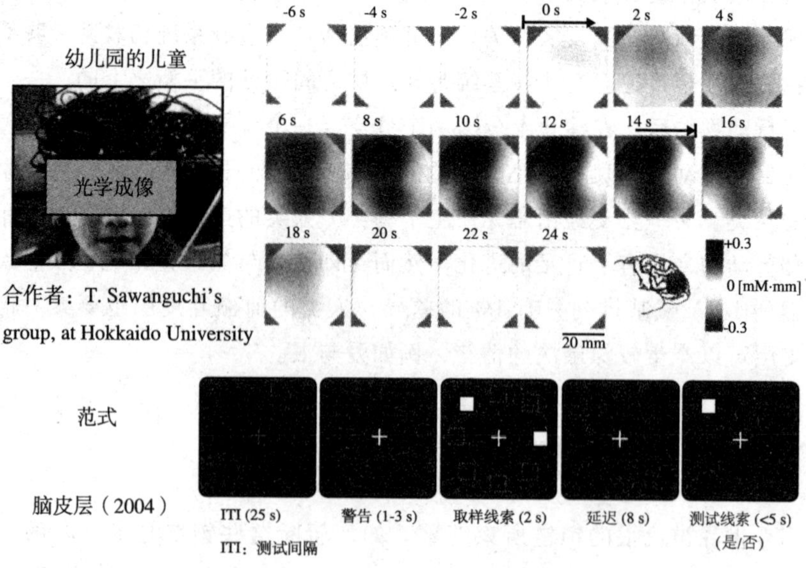

图 10.5　儿童的工作记忆激活

新的脑科学研究技术所带来的伦理问题

基于脑的直接交流

光学成像技术为我们提供了直接观察脑活动的一种全新的交流形式。我们测试了一个锁死状态的肌萎缩侧索硬化（amyotrophic lateral sclerosis，ALS）患者。她的家人已经有两年多的时间没有办法与她沟通了。他们以为病人可能已经没有意识了，因为她已经在植物人状态下过了这么久。我们检测了各种脑活动，例如运动想象、听语言、词汇产生（想象中的）、听音乐以及工作记忆测验。每一种测验中光学成像技术都显示了脑的激活。我们由此证明病人显然具有意识。于是我们要求她在想说“是”的时候想象握右手，在想说“否”时什么也不想象。我们在她的答案是“是”的时候观察到对侧（左半球）运动区的激活（Heida et al.，2000）。

神经伦理学 176

上面的结果在伦理学上有着深远的影响。首先，我们至少找到了这样一个病人，在身体处于植物人状态时还被证明具有意识。甚至连很多医生都认为 ASL 患者在经历较长时间的锁死状态后会由于脑的荒废而丧失脑活动。这一新的发现反驳了无意识理论，迫使我们面对这样一个问题，即这类病人是否拥有人权？如果他们拥有，怎样保证这些权利。另外，它也提出了一些新的问题，例如应不应该以及如何给予病人通过脑活动所测出来的意志以法律效力。

神经伦理学将在不久的将来成为一个重要的研究领域（见 Vidal，本书）。因其可以用来窥视个人的思想，无创性脑功能成像技术将有可能被用于侵犯人们的隐私。例如，个人的好恶可以通过用 fMRI 测量杏仁核的活动来检测。因此，我们需要一种新型的神经伦理学，我们也将需要许多神经伦理委员会对其进行管理。我现在正努力在全国水平上建立一个神经伦理研究与监管系统。

21 世纪的脑科学与教育

支持脑功能的健康服务

在这里，我们考虑一下未来的信息技术将如何影响我们的生活。在诸如汽车与电梯这样的便利设施把我们的肌肉宠坏的同时，信息技术也有可能宠坏我们的脑。如图 10.6 所示，我们的工作记忆位于前额叶皮层（46 区），它在我们作心算的时候有强烈的激活，但在我们使用计算器计算时则没有激活。最近，神经科学已经告诉人们，这个工作记忆在人们回忆记忆中的事物时起着重要的作用。宠坏了的工作记忆可以导致一系列形式的健忘，甚至在青年人中也会出现（20—30 岁）。在信息技术为我们提供了越来越多可能性的今天，我们需要找到一些让我们的脑保持健康的方法。接受这样一个观点对于预防与治疗老年性痴呆也有重要意义。

日本的“脑科学与教育计划”

2000 年的时候，我组织了一个为期 4 天的跨学科论坛，题目是“开发脑：学习与教育的科学”，这一论坛是由日本科学技术振兴事业团（Japan Science and Technology Corporation）与日本科学技术振兴机构（Science and Technology Agency of Japan）联合赞助的。这一论坛举办于世纪交迭之前，既是作为几年来这方面工作的总结与积累，也是为了对在 21 世纪之初宣传科技发展及其效益这一事业作出贡献。论坛的结果是，“脑科学与教育”计划在 2001 年被列为全国性的计划。这是新一届日本文部科学省（MEXT）最早的旗舰式运动之一。自从这个计划开始以来我一直担任总管。目前我们在运行的一共有 12 个项目，这些项目的选择是根据对一项公开声明的反响来决定的。到目前为止，其成果非常有趣。

最后，我希望论述脑科学与教育在 21 世纪的重要性的最基本的原因。正如居里夫妇在其诺贝尔奖获奖感言中所说的那样：“科学与技术是中性的，因此它们被用于善途还是恶业完全取决于人性。”我相信教育应当比科技先行一步。在由“开发脑”和“脑科学与教育”所定义的领域中，基于实证的研究工作至少会为我们提供一些在 21 世纪中更能保障人类安全与繁荣的关键线索。

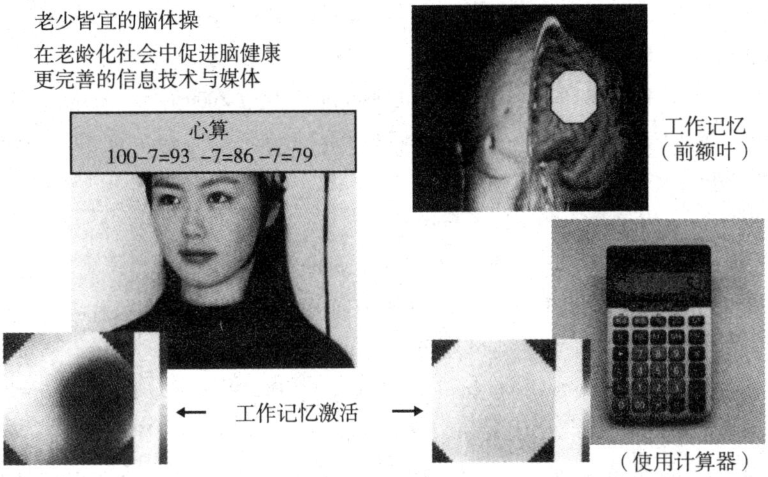

图 10.6　心算过程中前额叶皮层的激活

致谢

在此笔者对梵蒂冈教皇科学院以及本论文集的组织者们，特别是 Antonio M. Battro 教授、Kurt W. Fischer 教授和 Pierre Lena 教授致以诚挚的谢意，感谢他们给我这个难得的机会。

参考文献

Brenner, D., Lipton, J., and Williamson, S. J. (1978). Somatically evoked magnetic fields, of the human brain. *Science*, 199, 81-83.

Britten, R. J. and Davidson, E. H. (1969). Gene regulation for higher cells: A theory. *Science*, 165, 349-357.

Flechsig, P. (1898). Neue Untresuchungen uber die Markbildung in den menschlichen Grosshimlappen. *Neurol.* Centribit, 17, 977-996 ("A new understanding of myelination in the human cerebral cortex").

Goodall, J. (2001). Private communication.

Haida, M., Shinohara, Y., Ito, Y., Yamamoto, T., Kawaguchi, F., and Koizumi, H. (2000). Brain function of an ALS patient in complete locked-in state by using optical topography. *Search for Foundation of Science & Technology in the 21st Century: The Trans-disciplinary Symposium on the Frontier of Mind-Brain Science and Its Practical Applications* (Koizumi, H., ed.), 95-97, Hitachi Ltd., Tokyo.

Hess, E. H. (1959). Imprinting: An effect of early experience, imprinting determines later social behavior in animals. *Science*, 130, 133-141.

Huttenlocher, P. R. (1990). Morphometric study of human cerebral cortex development. *Neuropsychologia*, 28, 517-527.

Ito, Y., Kennan, R., Watanabe, E., and Koizumi, H. (2000). Assessment of heating effects in skin during continuous wave near-infrared spectroscopy. *Journal of Biomedical Optics*, 5, 383-390.

Kant, I. (1803). *Uber Pädagogik*, Herausgegeben von D. Friedrich Theodor Rink (Immanuel Kants Werke, Herausgegeben von Ernst Cassirer, *Band VIII* (1992)).

Kennan, R. P., Horovitz, S. G., Maki, A., Yamashita, Y., Koizumi, H., and Gore, J. C. (2002). Simultaneous recording of event-related auditory oddball response using transcranial near-infrared optical topography and surface EEG. *Neuroimage*, 16, 587-592.

Kogure, K., Yamashita, Y., Maki, A., Itagaki, H., Izumiyama, M., and Koizumi, H. (1997). Functional near-infrared spectrography (fNIR) in the neurology ward. *Journal of Cerebral Blood Flow and Metabolism*, 17 (S1) S555.

Koizumi, H. ed. (1995). *Search for a Foundation of Science & Technology in the 21st Century: The Trans-disciplinary Symposium on the Frontier of Mind-Brain Science and Its practical Applications*, Hitachi Ltd., Tokyo.

Koizumi, H. (1996a). A trans-disciplinary approach through analytical science towards global sustainability and human well-being, *The Trans-disciplinary Forum on Science and Technology for the Global Environment: Environmental Measurement and Analysis* (Koizumi, H., ed.), 3-10, Japan Science and Technology Co., Tokyo.

(1996b). The importance of considering the brain in environmental science, *The Trans-disciplinary Forum on Science and Technology for the Global Environment: Environmental Measurement and Analysis* (Koizumi, H., ed.), 128-132, Japan Science and Technology Co., Tokyo.

(1999a). A practical approach to trans-disciplinary studies for the 21st century. *Journal of Seizon and Life Science*, 9B, 5-24.

Koizumi, H., Yamashita, Y., Maki, A., Yamamoto, T., Ito, Y., Itagaki H., and Kennan, R. (1999b). Higher-order brain function analysis by trans-cranial dynamic NIRS imaging. *Journal of Biomedical Optics*, 4, front cover & 403-413.

Koizumi, H. (2000a). Trans-disciplinarity, *Search for Foundation of Science & Technology in the 21st Century: The Trans-disciplinary Symposium on the Frontier of Mind-Brain Science and Its Practical Applications, Part II* (Koizumi, H., ed.), 220-222, Hitachi Ltd., Tokyo.

(2000b). The concept of "Developing the Brain": A natural science for learning and education" *The Trans-disciplinary, Symposium on the Frontier of Mind Brain Science and Its Practical Applications, Part II* (H. Koizumi, ed.). 217-219, Hitachi Ltd., Tokyo.

(2000c). Developing the brain: a natural science for learning and education: *The Trans-*

disciplinary Forum on "Developing the Brain": The Science of Learning and Education (Koizumi, H., ed.), Japan Science and Technology Co., Tokyo.

(2001). Trans-disciplinarity, *Neuro-endocrinology Letters*, 22, 219–221.

Koizumi, H., Yamamoto, T., Maki, A., Yamashita, Y., Sato, H., Kawaguchi, H., and Ichikawa, N. (2003a). Optical topography: Novel applications and practical problems. *Applied Optics*, 42, 3054–3062.

Koizumi, H. (2003b). The concept of developing the brain, a natural science for learning and education, *Learning Therapy* (Kawashima, R. and Koizumi, H., eds.), 1 – 14, Tohoku University Press, Sendai.

(2004a). Searching for a new science of humanity. *Trends in Science* (*Gakujyutsu-no-doko: The Journal of the Science Council of Japan*), 2, 32 – 45, Japan Science Support Foundation, Tokyo. (in Japanese).

(2004b). The concept of "Developing the Brain": A new natural science for learning and education, *Brain & Development*, 26, 434–441.

Lishman, W. A., Teets, T. L., Duff, J., Sladen, W. J. L., Shire, G. G., Goolsby, K., Bezner Kerr, W. A., and Urbanek, R. P. (1997). A reintroduction technique for migratory birds: Leading Canada geese and isolation-reared sandhill cranes with ultralight aircraft. *Proc. North Am. Crane Workshop*, 7, 114–122.

Maki, A., Yamashita, Y., Ito, Y., Watanabe, E., Mayanagi, Y., and Koizumi, H. (1995). Spatial and temporal analysis of human motor activity using noninvasive NIR topography. *Medical Physics*, 22, 1997–2005.

Matsuzawa, T. (2003). Private communication.

Ogawa, S., Tank, D. W., Menon, R., Ellermann, J. M., Kim, S. G., Merkle, H., and Ugurbil, K. (1992). Intrinsic signal changes accompanying sensory stimulation: Functional brain mapping with magnetic resonance imaging, *Proceedings of the National Academy of Sciences of the United States of America*, 89, 5951–5955.

Pena, M., Maki, A., Kovacic, D., Dehaene-Lambertz, G., Koizumi, H., Bouquet, F., and Mehler, J. (2003). Sounds and silence: An optical topography study of language recognition at birth. *Proceedings of the National Academy of Sciences of the United States of America*, 100, 11702–11705.

Rothschild, E. (1996). Environmental measurement, *The Trans-disciplinary Forum on Science and Technology for the Global Environment*: *Environmental Measurement and Analysis* (Koizumi, H., ed.). 11–21, Japan Science and Tecnnology Co., Tokyo.

Sagan, C. (1977). *The dragons of eden*: *speculation on the evolution of human intelligence*, Random House: New York.

Striker, M. P., Sherk, H., Lenventhal. A. G. and Hirsch, H. V. B. (1978). Physiological consequences for the cat's visual cortex of effectively restricting early visual experience with oriented contours. *Journal of Neurophysiology*, 41, 896–909.

Taga, G., Asakawa, K., Maki, A., Konishi, Y., and Koizumi, H. (2003). Brain imaging in awake infants by near-infrared optical topography. *Proceedings of the National Academy of Sciences of the United State of America*, 100, 10722–10727.

Tsujimoto, S., Yamamoto, T., Kawaguchi, H., Koizumi, H., and Sawaguchi, T. (2004). Prefrontal cortical activation associated with visuospatial working memory in adults and preschool children: An event-related optical topography study. *Cerebral Cortex*, 14, 703–712.

Yamamoto, T., Yamashita, Y., Yoshizawa, H., Maki, A., I wata, M., Watanabe, E., and Koizumi, H. (1999). Non-invasive measurement of language function by using optical topography. *SPIE* (*Journal of the International Society for Optical Engineering*), 3597, 230–237.

Yamamoto, E., Takahashi, T., Takiguchi, K., Onodera, Y., Itagaki, H., and Koizumi, H. (1992). Noninvasive brain functional analysis by using ultrafast magnetic resonance imaging. *Imaging and Information Technology*, 24, front cover and 1466–1467.

Yamashita, Y., Maki, A., and Koizumi, H. (1996). Near-infrared topographic measurement system: Imaging of absorbers localized in a scattering medium. *Review of Scientific Instruments*, 67, 730–732.

第三部分

脑、语言与数学

第十一章

阅读与脑之三位一体观：进化、发展、病理研究及干预

Maryanne Wolf

概述

人脑最卓越的特性是能够通过已有神经元结构的重组来建立新的神经联结，形成新的神经网络。正如 Dehaene 在第十四章中所述，为了创造和掌握新的认知技能，如书写和阅读，人类需要依赖生物进化所产生的皮层、亚皮层及小脑等脑结构。人类这一物种花费了数千年的时间才掌握了一般的书写能力；如今一个儿童却只需要不到 10 年的训练时间就能够流畅阅读。神经系统这一卓越的成就需要知觉、注意、运动、言语及认知成分迅速地协同合作。这些复杂的成分内部或彼此之间出现任何问题都会导致阅读习得过程受损或迟滞，如发展性阅读障碍。Wolf 与同事成功地研发了一套干预方案，该方案包括多个部分［RAVE-O：提取（Retrieval）、自动化（Automaticity）、词汇（Vocabulary）、语言交流（Engagement with language）、正字法（Orthography）］，用以提高阅读的流畅性。该方案包含的训练成分都是基于对精细而复杂的阅读过程所作的研究。

——编者

在近代人类进化历程中，智力演变的关键并非产生新的脑结构，而是人脑中已有的神经通路能够进行重组的惊人潜能。人类能够掌握所学的每一种新技

能，是由于人脑结构虽然最初被用来完成其他的一些事情，但是这些脑结构之间能够进行重组并建立全新的联结与回路，例如，看到某一视觉模式，提取某一掠食者的名称，推断某一脚印预示着危险。人脑本身能够建立新的联结，这一杰出的能力是人类多数认知飞跃与发明创造的神经基础（参见 Dehaene & Singer，本书）。

184 最好的证据莫过于书面语的发展历史及儿童书面语的发展过程。阅读或书面语代表了人类认知进化的主要突破之一。阅读的生理基础及其发展过程都反映并再次证实了脑内在固有的能力——重组的能力以及学会使用遗传天赋并加以超越的能力。关于阅读发展及阅读异常原因的研究为认知神经科学家提供了最好的例证，使其能够了解脑如何通过较古老的神经结构的重组来学习进化晚期才出现的认知技能。

本章还会介绍一个研究课题。该课题的证据来自阅读的进化、发展及病理学的研究，目的是对阅读及发展性阅读障碍的阅读受损方面的概念进行拓展。阅读过程的三位一体观最重要的启示之一，是它为阅读障碍儿童的矫治提供了一种新的更为综合的方法。本章的最终目标是要展示关于阅读的进化、发展和病理学方面的认识如何为矫治提供信息，以及它能对我们了解脑学习过程作出怎样的贡献。

关于阅读的独特观点

没有人生来就会阅读。人类天生就能完成许多活动，包括学会说话，以及通过一系列高度复杂的操作使该物种得以生存和繁衍。但是学习阅读并非我们与生俱来的能力。相反，阅读是人脑通过自身重组学习新事物的奇迹。实质上，阅读是以负责注意、知觉、言语、认知及运动操作功能的皮层、亚皮层组织及小脑等脑区中已有神经元通路的重组为基础的。上述所有这些加工过程最初并不负责阅读功能。但是人脑却能够在这些加工过程之间建立新的联结，这种能力正是阅读的生理基础。

因此，正如 Dehaene 所说，阅读的脑结构基础是“神经元的再利用”（neuronal recycling）的出色例证（参见 Dehaene 本书中的章节）。当人类第一次用抽象的视觉符号来代表一个物体时，比如画壁画时，他们实质上就是在负责视觉和概念加工过程的已有神经回路或通路之间建立起新的联结。随着符号象征能力的提高（Dehaene，2001），人类还学会了将这些区域与负责言语加工过程的区域相连接。在这一系列连接的基础上，一种新的能力出现了：阅读以及传播书面形式的语言，以使其世代相传。

185

文字进化史的启示

第一批符号系统（First logographic system）

文字进化的早期历史始于异域国家如苏美尔（Sumeria），瓦迪耶尔霍尔（Wadi el Hol）（埃及开罗附近的地方，在这里发现了最早的字母，即1998年发现的著名的Kahun木刻——译者注）及克利特岛（Crete）。这个充满空白和神秘的故事可以有很多讲法。这一小节简要介绍“认知历史”，我们将探讨从刻在坚硬泥板上的微小符号开始，每一种早期文字形式对我们的脑都有不同的要求。

早期的符号是刻在黏土块上的微小记号，它们全部都在近东地区发现，大约在公元前8000年至公元前4000年间使用。我们的祖先将其当作一种计算系统。有一些研究者，比如Schmandt-Besserat（1996）认为这些符号就是最早的文字，或者至少是文字的前身。然而它们是概念化的，这些记号连同壁画代表了已知的对符号的最早使用。这些符号为我们的祖先写下了永久的记录，这样，他们就可以记录买卖货物的数量。更重要的是，这些符号的发明反映出人类已经具有了一种新的认知功能：符号表征的能力（参见Deacon的重要著作，2001）。

符号象征行为是早期文字系统中阅读发展的三个标志中最早的一个。第二个标志是，符号系统能够跨越时间和距离进行交流，并且能够将某个人的思想或某种文化保存下来。从楔形文字与象形文字开始，早期的文字系统都反映了这两个属性。第三个标志是，语言上出现了最抽象和复杂的概念，而且各文字系统之间并不统一。我们口语中的每一个词都是由单个声音的有限组合所构成的［语言学家称其为音素（phonemes）］，而它们又对应着单个字母的有限组合［称为形素（graphemes）］。世界上拼音文字系统都是基于这一原则，一般称作拼音文字的规则（**alphabetic principle**）。从最早知道的楔形文字和象形文字系统转变到最早被广泛接受的类拼音文字（alphabetic-like）系统大约花了2 000年的时间，这种类拼音文字由乌加里特人在公元前2000年的后半叶创造。

苏美尔楔形文字被认为是最早出现的能被理解的文字系统，大约创造于公 186

元前 3100 年。然而，这一假说却受到埃及古物学者（egyptologist）的挑战。他们最近发现的证据证明埃及的象形文字要比楔形文字早几个世纪。无论哪一种文字在技术上首先出现，这两种早期文字系统都对阅读的初学者及熟练者提出了很高的要求，尤其是每一种文化都随时间发展出了庞大的符号体系。从认知的观点看，这些系统具有三个主要特征：第一，使用表征性的符号来传达大量已知的概念和词语；第二，就像猜字画谜的原则，用一个旧有符号的最初读音来描述一个新词的读音（比如一个名称）；第三，右行—左行交互式书写（boustrephon）［或耕地（plowing）］方向的格式。因此读者在浏览正文时首先由左至右，然后到下一行又从右到左。按照这种结构模式，埃及或苏美尔阅读者在阅读专栏时需要不断地向上看、向下看。换言之，这些早期的文字系统都需要很多种认知策略和浏览方式，同时还需要读者有很高的灵活性。早期的阅读令人望而生畏。

诚然，苏美尔教育系统通常要花费 10 年的时间才能让一个阅读的初学者变得训练有素。根据亚述专家（Assyriologist）Cohen（2003）的现代学术观点，苏美尔教育系统对语言有着非凡的见解。例如，苏美尔人通过列出单词的演化过程来教授儿童，这种方式是根据任何语言学标准都能作出的合理分类。有的单词具有共同的语义或基于意义的特征；其他一些单词具有相同的语音特征；还有一些单词共享同样的词根（对应于我们的词形和正字法规则）。后来又增加了双语列表。结果是在语言分类思想尚未出现之前，苏美尔人在教授阅读时就已经能够教授书面单词中存在的各种语言要素，并能清楚地告诉学生那些通过特定方式可以被分到同一类别中的单词之间所共有的联系了。这足以让 20 世纪和 21 世纪的教育者感到惭愧，他们通常拘泥于一维的阅读教学方法（例如，基于语音的读音教学法或是基于语义的整体语言教学法）。而在 4000 年前，苏美尔人祖先就已经使用各种各样的分类列表向他们的学生展示单词的多维特性。同样，在苏美尔文化消失之后，广泛传播的阿卡得语文字系统保留了苏美尔语言体系的许多有见地之处。在本章末尾，将会介绍一种非常新颖的、富有创新性的阅读教学方法，该方法使用多维途径来教授单词，这与苏美尔人的许多真知灼见都十分相似。

187 拼音文字的出现

埃及象形文字系统的历史充满了神秘的色彩，但是有一点对于理解人类阅读发展的第三个标志以及拼音文字的诞生尤为重要。正如苏美尔语那样，学会阅读象形文字也是一项认知成就。但是与苏美尔语不同的是，随着时间的推移，象形文字内部的语义不断深入，该文字系统也变得更加庞大且负荷更重。

不知道何时或者为什么，又出现了一个较小的符号子集，它被用来传达口语中非常有限的语音，或许最初是为了减轻象形文字的负担。有一个假说认为，在埃及境内外工作的闪语族抄写员使用这些符号以实现在不允许学习象形文字的工人之间传达指令。不论这种“下层工人速记”（proletariat shorthand）假设是否被证实，许多语言学家都相信这很小的一部分基于语音的符号也许就是第一批原始闪语族的类拼音手迹的基础。最近在埃及荒无人烟的瓦迪耶尔霍尔地区发现了这些早期的手迹，它们在公元前 2000 年开始被使用（公元前 1800 年左右），并且通常认为它们影响了后来漂亮的乌加里特语文字（公元前 1400 年）的发展。我们后面所说的这种闪语族文字形式被认为是一种母音附标文字（abugida）［自带元音的辅音式字母，辅音字母预设带着/a/母音，如〈m〉可以同时表示/ma/或/m/］，这一类拼音体系包含辅音以外的所有发音。这种语言被应用于各个领域之中，从优雅的信件与诗歌到正式文件中都使用。事实上，有些人认为圣经最早就是用乌加里特语写成的。

然而，关于这些早期的原始闪语族语系统是否能被认为是最早的拼音文字方面，语言学家、亚述研究者以及古典学者存在着尖锐的分歧。毋庸置疑，在公元前 1000 年晚期的时候，希腊人“重新整理”（rearranged）了他们所知道的邻国腓尼基文字体系，并创造了一种几近完美的拼音文字，它能够代表希腊语中所有的音素（辅音和元音）。这是一项非凡的成就。希腊人分析了腓尼基语和希腊口语中所有的音素，以建立一种拼音文字来表达他们语言中的每一个读音。因此，即使不是最早的，他们也是世界上最优秀的语言学家。

从进化到儿童阅读的发展

现代教育者通常无法意识到的是，希腊人的巨大功绩背后的基本认知观念也恰恰是儿童在学会阅读前所必须领会的。起码他们要学会三个类似的概念：首先是符号表征；其次是认识到一系列符号能够代表单词；最后（这也是最困难和抽象的认识），单词由分离的语音构成，而且字母在书写中与这些语音相对应。儿童只需 6—7 年的时间就能发现、理解并证明他们在掌握人类花费了数千年的时间才获得的认识能力！

多数人都没有意识到，这些关于阅读的观念绝不仅仅发生在儿童时期。实 188
际上，儿童阅读技能的获得和发展代表了他们能够全面掌握几百个单词、数千个概念以及数以十万计的感知片段，所有这一切都促进了语言的发展，这一认知过程对人脑的要求甚高。其中任何一点都不是理所当然地发生的。在 Teale 和 Sulzby（1986）的一项著名研究中，他们对比了儿童进幼儿园时所具有的“阅读背景”，发现有些家境较差的儿童在最初的 5 年里只接触了大约 60 小时的“阅读”材料。相比之下，多数中产阶级家庭的儿童则接受了相当于数千小时的读写训练。Hart 与 Risley（2003）年的研究同样表明，来自不同社会经济背景的儿童，当他们 3 岁时，他们在家庭中所接触的单词数量的差距就已经出现了“3000 万单词的缺口”。根据本文所支持的阅读观点，阅读的这些先决条件不仅会影响阅读的习得，还会影响它的整个发展过程。当儿童习得了阅读的基本解码规则之后，为什么它们还会对后面的发展有影响呢？

让我们来想象一下儿童要阅读简单的单词“猫”（cat）（详情参见 Wolf 等，2001 的文章）以及“大灾难”（catastrophe）都需要什么条件。阅读过程需要包括注意、记忆、视觉、正字法规则识别、听觉、语音、语义、提取以及理解等加工过程的参与。这一系列加工过程都必须于数毫秒之内完成整合以实现对单个单词的阅读，其中每一个加工过程都必须准确而迅速地进行。在这里有几个差别很大但密切相关的要点需要说明。第一点，关于认知和语言加工过程的观点表明多个语言加工过程的重要性，包括语义、句法及理解过程，同时还包括与解码相关的过程。儿童要发展成为流畅的、有理解能力的文本分析者，他们就必须在更深入和更复杂的水平上掌握单词，同时还要发展解码技能。儿童最初几年认知和语言发展为他们后来的发展奠定了基础。早期发展不足的儿童后天并非完全无法弥补，但真正能够迎头赶上的也不多见。那无形的“3000 万单词的缺口”以及它所隐含的差距的长期作用，阻碍了儿童原本能够获得的阅读能力的发展。

189 第二点，让我们再回到阅读与脑的关系上。注意、知觉、认知及言语，所有这些过程都依赖于发展中的脑各个脑区的复杂重组。这些重组过程无法单纯依靠基因程序来实现。这一过程能否实现，取决于社会（即教育者）和个人学习两个方面。语言学家 Steven Pinker 说得好：“儿童生来就能发音，但是书写是一种必须付出艰辛的努力才能获得的选择性附属品。”

事实上，阅读的发展正是包含了他所说的这种艰难的获取与整合过程。许多学习者由于早期有良好的阅读经验，“似乎”不用花费多大力气就能学会阅读。而另一些学习者，有的由于环境原因，有的由于负责阅读的脑区生理上的异常，导致他们在阅读习得中遇到很大的困难。对于这一庞大的群体，我们需要对其阅读的各种加工过程进行系统、明确地指导。

关于阅读的这种独特的观点给我们一个重要启示：阅读所包括的多种成分可能会导致多种来源的损伤。如果情况如此，那么导致儿童阅读困难的不同原因就会存在各种亚类型，这一结论将与过去30年来对阅读障碍的一贯看法背道而驰。传统观点根据心理语言学家20世纪70年代的开创性研究，认为阅读障碍的主要原因是儿童学习和应用形音对应规则（grapheme-phoneme correspondence rules）的能力有缺陷。根据这种一维的观点，语音加工过程的缺陷阻碍了儿童发展语音意识的能力，这又阻碍了学习形音对应规则的能力，进一步又阻碍了儿童学习解码和理解的能力。我们认为，这种语音缺陷的解释是必要的，但同时又是不充分的。

随着神经科学关于失读症、失语症及阅读障碍者的单词提取和命名速度方面研究的开展，出现了另外一种观点，认为阅读障碍者可能还具有其他方面的缺陷，尤其是快速自动加工过程存在缺陷，这种缺陷独立于语音加工过程而且不能用语音缺陷来解释。

亚类型分类：双重缺陷假设 190

双重缺陷假设（The double-deficit hypothesis）最早由Browns与Wolf（1993）提出，研究者试图解释阅读障碍者存在的异质性。双重缺陷假设强调阅读障碍儿童至少存在三种主要的亚类型，这三种亚类型以是否具有语音缺陷和命名速度缺陷这两种核心缺陷或者两种缺陷的结合为特征。目前，有相当多的证据（Lovett，Steinback，& Frijters，2000a；Manis，Doi，& Bhadha，2000；Badian，1996；Ho，Chan，Tsang，& Lee，2002）表明：（a）有些阅读困难者虽然有语音缺陷，但是命名速度方面没有问题；（b）有些阅读者语音和词义理解技能正常，但是他们的早期命名速度有缺陷，后来阅读流畅性及理解方面也有缺陷（注：多数诊断标准都无法将这些儿童筛查出来，因为他们的解码技能完好）；（c）两方面都有缺陷或“双重缺陷”的儿童，他们具有两方面的核心缺陷，因此代表了最严重的损伤亚类型，因为能起补偿作用的脑区不多，尤其是在阅读流畅性和理解力方面。

Wolf与Bowers（1999，2000）将双重缺陷假设这一提法作为一种公认的过渡性中介，以此强调打破过分注重语音缺陷体系的必要性。与语音缺陷不同，命名速度缺陷可能由各种原因导致。这是由于快速命名就像本文所支持的多成分阅读观点一样，被认为是知觉、认知、运动及言语等一系列过程内部和相互之间迅速地连续发生、实现整合。这些过程被认为是快速阅读中所需要的成分的一个子集。这种观点揭示了命名速度在预测阅读困难和区分命名缺陷儿童方面有很强的能力。目前，德语、荷兰语、芬兰语及希伯来语中都有广泛的证据验证这些亚类型的存在；在汉语及日语中也已经发现了初步的证据。

因此，双重缺陷假设反映出研究者试图揭示阅读障碍的主要原因。但是这并不意味着只有这几种缺陷模式。我们和其他研究者的分析表明，有一小部分儿童并不属于这两种缺陷中的任何一种，但是他们仍然有严重的阅读障碍（参见 Lovett，Steinbach，& Frijters，2000）。双重缺陷假设强调，在我们的样本及班级中，这些主要的缺陷类型彼此之间是多么独立；这告诉我们，应该扩展目前干预方案的关注点。该假设最重要的启示是，多数有命名速度缺陷的儿童其阅读流畅性都有问题。目前大多数干预方案在很大程度上都集中在语音技能方面，这虽然有必要，但同时又是不够的。阅读障碍儿童需要额外进行以自动化和流畅性为重点的早期日常训练。

双重缺陷假设最重要的一点是，它强调我们一方面需要认识到加工速度和流畅性在阅读发展中的作用，另一方面还需要设计能够解决该问题的干预方
191 案。直到现在，只有那些有单一语音缺陷的儿童被给予了恰当的干预训练，目前的干预方案都强调语音意识和解码技能。然而，另外两种亚类型在命名速度和阅读流畅性方面明显有问题，但是却从未得到充分的治疗矫正。本章最后一部分介绍了一种阅读成分干预方案（componential reading intervention program），该方案将语音训练与“流畅性和理解力”的新观点相整合。

基于成分的（component-based）阅读干预流畅性观点

流畅性观点的发展包含了 Hebb（1949）、Geschwind（1965）、Denckla 与 Rudel（1976），Laberge 与 Samuels（1974），Doehring（1976），以及 Perfetti（1985）以往研究中的关键要素，并且由 Wolf 与 Katzir-Cohen（2001）进行了详细的论述。第一，根据这一观点，流畅性需要正字法（orthographic）、语音（phonological）、语义（semantic）、句法（syntactic）等表征系统得到高质量的发展。第二，它需要这些系统之间能进行快速的连接。第三，它需要通过学习和练习来确保能从每个系统中迅速提取信息。最近关于流畅性的观点与过去的研究关联很小，关于流畅性的定义多数是将其看作准确解码的结果。最近两篇关于流畅性的出色的文献综述中，Meyer 与 Fleton（1999）以及 Meyer（2002）总结了关于流畅性的较为一致的观点——“能够进行迅速、流利、毫不费力及自动化的阅读，并且几乎不需要有意识地去注意阅读的机制，如解码等”。

这种关于流畅性的观点几乎没有反映出它丰富的次级加工过程。

我们认为根据流畅性的组成成分和各种水平的阅读次级技能来为其下定义是很有必要的：也就是，从字母、字母组合及单词水平到句子和段落水平。与Kame'enui、Simmons、Good及Harn（2001）一致，我们建议对流畅性的定义作彻底的转变。具体来说，就是除了将其看作一种结果，也将其定义为一种发展过程。Kame'enui和同事用一种更具发展性的方式来定义流畅性，他们将其定义为低水平的阅读技能（如语素意识）不断熟练的发展过程，也将其定义为高水平的加工过程和阅读技能（如理解准确性）不断熟练的结果。

Berninger及同事（Berninger，Abbot，Billingsley，& Nagy，2001）用一种 192
更宽泛、更系统的方法来研究流畅性，他们认为单词的词形知识在促进正字法规则和整体流畅性的发展方面有特殊的重要作用。

为了整合以往和现在关于流畅性的研究，Wolf与Katzir-Cohen（2001）提出了以下发展性的定义：

> 最初，阅读流畅性是亚词典加工、词典加工以及它们在单词阅读和文本阅读中整合起来的准确性的最初发展和自动化的后续发展的产物。这些过程既包括在字母、字母组合及单词水平上进行的知觉、语音、正字法和词形的加工；也包括在单词水平和文本水平进行的语义和句法加工。在充分发展之后，阅读流畅性是指准确性和速度的水平，此时解码毫不费力；朗读过程流利、准确，而且有正确的韵律；能够为理解过程分配注意。（p. 219）

我们认为，关于阅读流畅性的这种发展性的、更为全面的观点对预防、干预及评估都有深远的意义。因为，根据这种发展性的观点，要想研究流畅性就必须从阅读习得过程的开端开始，而不是在阅读已经习得之后。

在流畅性方面的问题发生之前进行预防性的工作是很重要的，这是Lyon与Moats（1997）的一个隐含的主题，他们指出了目前阅读干预研究的一些主要的关注点：

> 解码和单词阅读准确性方面的提高要比阅读流畅性和自动化方面的提高容易得多。这一发现表明，阅读技能成分的发展以及这些技能如何调节阅读速度和阅读理解方面，我们还需要了解很多的东西。（p. 570）

在本节中，Lyon与Moats（1997）不仅一针见血地指出了该领域中改善流畅性问题的困难所在，还指出了可能的解决办法，那就是，将流畅性发展中涉及的亚成分具体化。

正如前面简短的总结中所述，我们认为，过去有一些研究（从Hebb到

Perfetti 的研究）在得到当前研究的补充之后（如命名速度模型），就能为初步阐明流畅性所涉及的多种加工过程和成分提供合理的基础。这包括如下一些与流畅性有关的加工过程：字母感知；正字法表征；语音表征；语义表征；词汇
193 通达与提取；解码和单词识别技能；词法、句法及韵律方面的知识；最后，还有推理和理解技能。换言之，以往及现在关于自动化和流畅性的研究表明，困难在于，阅读流畅性要求对阅读所涉及的所有主要的加工过程和亚技能（subskills）都进行明确的干预指导。这表明对于流畅性有问题的儿童，我们不能停留在理论定义和标准的表面之上，必须将我们关于阅读流畅性结构的认识应用到教学内容中。

基于流畅性的干预方案：RAVE-O

在国家儿童健康和人类发展研究所的资助下，我们设计并检验了一套实验性多成分的基于流畅性的教学干预方案。该方案是 Morris、Lovett 及 Wolf 等人合作研究的结果，他们用一种多维的观点研究阅读障碍，并且评估了基于不同理论的干预方案对特定阅读障碍儿童的干预效果。

RAVE-O 训练程序（Retreval，Automaticity，Vocabulary，Engagement with Language and Orthography）在别处有详细介绍（Wolf，Miller，& Donnelly，2000；Wolf，O'Brien，& Adams，2003），该程序为每个儿童设定了三大目标：第一，发展其在字母组合及单词水平上的准确性和自动化；第二，提高猜词（word attack）、单词识别和理解的速度；第三，实现对待单词和语言的态度的转变。为了达到这些目标，该程序既考虑到语音、正字法、语义、句法及词形系统的自动化的需要，同时也考虑到教会学生在这些语言系统间建立确切连接（explicit connectivity）的重要性。后一点部分地以强调在正字法、语义及语音加工过程之间建立确切连接的那些研究为基础（Adams，1990；Foorman，1994；Seidenberg & McClelland，1989）。此外，Berninger 等（2001），Adams（1990），及 Moats（2000）还强调词形句法知识和其他加工过程间的关系。

RAVE-O 训练程序必须与系统的语音分析与组合的训练程序相结合（参见 Lovett et al.，2000）。儿童每周都会被教授一组核心词汇（core words），这些词汇能够反映关键的语音、正字法及语义规则。最初的训练开始之后，将会逐渐加入句法和词形规则。所选的每一个核心词汇都是基于：（a）与语音训练程序有相同的音素；（b）顺序的正字法规则（orthographic pattern）；（c）语义丰富性（如，每一个核心词汇至少有三种不同的意思）。第一，核心词汇的多

种词义通过各种语境来介绍。第二，儿童要学会将核心词汇的音素与 RAVE-O 程序中训练的正字法规则联系起来。例如，在语音训练程序中教会儿童单个音 194
素（像“a”，“t”，和“m”），在 RAVE-O 训练程序中教会相同音素的拼写组块（orthographic chunks）（如，“at”和“am”连同其单词家族；参见 Goswami 1999 的著作，及 Goswami 在本书中的论述）。

该程序强调将英语中最常用的拼写组合的练习和快速识别作为日常训练的重点。研究者设计的计算机化的游戏（参见 Speed Wizards，Wolf，& Goodman，1996）以及一系列新的操作化材料（如字母骰子、语音滑块、卡片等）能够使儿童以一种参与的方式得到最大程度的练习，并能够提高正字法规则的识别速度。

词汇发展的早期研究表明，人们对最熟悉的单词提取最快（参见 Beck，Perfetti，& McKeown，1982；German，1992；Kame'enui，Dixon，& Carnine，1987；Wolf & Segal，1999），基于这些研究，该程序同时强调词汇量和提取。词汇量的增长被认为是快速提取（不论是在口语中还是在书面语中）和理解力提高的核心，它是干预方案的最终目标。提取技能可通过各种方法加以训练，包括一套元认知策略。

一系列理解性故事（如 *Minute Mysteries* 及 *Minute Adventures*）伴随着每周的 RAVE-O 训练以多种方式直接着眼于流畅性与理解力问题。限时与不限时故事中的受控词汇包括每周特定的正字法与词形规则，还强调每周核心词汇的多个词义和句法的使用。这些故事提供了一个极好的载体用以重复进行阅读练习，而这反过来又促进了阅读流畅性的发展。因此，微型故事（minute stories）是多目标的载体，它们既可以增强语音、正字法、句法及语义系统的流畅性，同时这也形成了理解力技能。据我们所知，流畅性是通往理解力的最佳桥梁。因此，RAVE-O 训练程序的最终目标不是要儿童能以多快的速度阅读，而是使他们可以理解以及享受阅读过程。

与 RAVE-O 训练程序中每一节日常训练的这一最终目标相联系的还有另外一个系统，它是许多研究者几乎没有探讨的——那就是情绪—动机系统。该训练程序的秘诀是，它的活动方案充满了游戏般的奇趣。我们希望儿童喜欢上阅读以及用口语和书面语进行游戏。我们力图为经常在语言方面受挫的儿童增添自信。

这种干预方法要求教师以一种特殊的方式参与其中。因此，在整个干预程序中，我们力求用尽可能多的方法，不仅让学习者参与，同时也吸引教师并倾注其对语言的热爱。我们的最终目标是建立一个教师和学生都能交互参与其中的学习团体。

195 本研究通过多种方式有力地证明了 RAVE-O 训练程序在提高儿童的字母、单词及文本水平的阅读能力方面所具有的潜力。增长曲线分析的结果表明，RAVE-O 程序训练的儿童经过 70 次每次 1 小时的训练后，在许多方面都有显著的提高：包括所有的猜词、单词识别变量上，在词汇水平上，单词和句子水平的流畅性上，在文本水平关于流畅性和理解力的综合测量上也都有改进［Gray 诵读测验（the Gray Oral Reading Quotient measure）］。

总结

本章的主旨是脑具有通过自身重组学习新的认知功能的能力这一有力的进化论观点。我们通过两种途径来论述这一观点。第一，我们介绍了阅读与脑这一概念。在过去 5 000 年中人脑学会利用一系列最初被用来完成其他事情的脑区：对微小的视觉特征的感知；听觉和口语中最小的语音单元的分割；符号的理解；单词及其意义的提取；以及这些脑区之间以闪电般的、几乎自动化的速度实现整合。第二，我们将重组的概念运用到干预方案的设计中，并且展示了新的和旧的“最好的教育实践”的重构如何能够调动阅读所涉及的各种加工过程。RAVE-O 训练程序的最终目标是能够将这些加工过程快速地整合以实现准确解码和流畅的理解。第三，在结尾时我们要说，RAVE-O 训练程序的明确地描绘了单词的多维属性，而这正是 5 000 年前苏美尔人最早提出的那些原则的一次新的回归。

参考文献

Adams, M. j. (1990). *Beginning to Read: Thinking and Learning about Print.* Cambridge, MA: MIT Press.

Badian, N. (1996). *Dyslexia: does it exist? Dyslexia, garden-variety poor reading, and the Double-Deficit Hypothesis.* Paper presented at the Orton Dyslexia Society, Boston, MA.

Beck, I. L., Perfetti, C. A., and McKeown, M. G. (1982). Effects of long-term vocabulary instructions on lexical access and reading comprehension. *Journal of Educational Psychology*, 74, 506-521.

Berninger, V. W., Abbott, R. D., Billingsley, F., and Nagy, W. (2001). Processes underlying timing and fluency of reading: Efficiency, automaticity, coordination, and morphological awareness. In M. Wolf(ed.), *Time, Fluency, and Dyslexia.* Timonium, MD: York Press.

Bowers, P. G. and Wolf, M. (1993). Theoretical links among naming speed, precise timing mechanisms and orthographic skill in dyslexia. *Reading and Writing*, 5, 69–85.

Cohen, U. (2003). Personal correspondence.

Dehaene, S. (2003). *Pre-emption of human cortical circuits by numbers and language: The "neuronal" recycling hypothesis.* Paper presented at Pontifical Academy of Sinces meeting. Vatican City.

Deacon, T. (1997). *The Symbolic Species: The Co-evolution of Language and the Human Brain.* New York: W. W. Norton & Company.

Denckla, M. B. and Rudel, R. G. (1976). Naming of objects by dyslexic and other learning-disabled children. *Brain and Language*, 3, 1–15.

Doehring, D. G. (1976). *Acquisition of rapid reading responses.* Monograph of the Society for Research in Child Development. Vols. 165(2).

Foorman, B. R. (1994). Phonological and orthographic processing: Separate but equal? In V. W. Berninger(ed.), *The Varieties of Orthographic Knowledge I: Theoretical and Developmental Issues*(pp. 319–355). Dordrecht, The Netherlands: Kluwer.

German, D. J. (1992). Word finding intervention for children and adolescents. *Topics in Learning Disorders*, 13, 33–50.

Geschwind, N. (1965). Disconnection syndrome in animals and man(Parts I, II). *Brain*, 88, 237–294, 585–644.

Goswami, U. (1999). Causal connections in beginning reading: the importance of rhyme. *Journal of Research in Reading*, 22, 217–240.

Hart, B. and Risley, T. R. (2003). The early catastrophe: The "30 million word ga" p. *American Educator*, 27(1), 4–9.

Hebb, D. O. (1949). *The Organization of Behaviour.* New York: John Wiley.

Ho Chan, D., Tsang, S. –M., and Lee, S. –H. (2002). The cognitive profile and multiple-deficit hypothesis in Chinese developmental psychology. *Developmental Psychology*, 38, 543–553.

Kame'enui, E. J., Simmons, D. C., Good, R. H., and Harn, B. A. (2001). The use of fluency-based measures in early identification and evaluation of intervention efficacy in schools. In M. Wolf(ed.), *Time, Fluency, and Dyslexia.* Timonium, MD: York Press.

Kame'enui, E. J., Dixon, R. C., and Carnine, D. W. (1987). Issues in the design of vocabulary instruction. In M. G. McKeown and M. E. Curtis(eds.), *The Nature of Vocabulary Acquisition*(pp. 129–145). Hillsdale, NJ: Erlbaum.

LaBerge, D. and Samuels, S. J. (1974). Toward a theory of automatic information processing in reading. *Cognitive Psychology*, 6, 293–323.

Lovett, M. W., Steinbach, K. A., and Frijters, J. C. (2000). Remediating the core deficits of developmental reading disability: A double-deficit perspective. *Journal of Learning Disabilities*,

33(4), 334-358.

Lyon, G. R. and Moats, L. C. (1997). Critical conceptual and methodological considerations in reading intervention research. *Journal of Learning Disabilities*, 30, 578-588.

Manis, F. R., Doi, L. M., and Bhadha, B. (2000). Naming speed, phonological awareness, and orthographic knowledge in second graders. *Journal of Learning Disabilities*, 33, 325-333.

Meyer, M. S. and Felton, R. H. (1999). Repeated reading to enhance fluency: Old approaches and new directions. *Annals of Dyslexia*, 49, 283-306.

Moats, L. (2000). *Speech to Print: Language Essentials for Teachers.* Baltimore: Paul H. Brookes Publishing Company.

Morris, R., Lovett, M., and Wolf, M. (1996). *Treatment of developmental reading disabilities.* NICHD grant proposal.

Perfetti, C. A. (1985). *Reading Ability.* New York: Oxford Press.

Schmandt-Besserat, D. (1992). *Before Writing: From Counting to Cuneiform.* College Station, TX: Texas University Press.

Seidenberg, M. and McCelland, J. (1989). A distributed developmental model of word recognition and naming. *Psychological Review*, 96, 35-49.

Teale, W. and Sulzby, E. (eds.). (1986). *Emergent Literacy: Writing and Reading.* Norwood, NJ: Ablex, Co.

Wolf, M., O'Brien, B., Adams, K., Joffe, T., Jeffrey, J., Lovett, M., and Morris, R. (2003). Working for time: Reflections on naming speed, reading fluency, and intervention. In B. Foorman (ed.). *Preventin and Remediating Reading Difficulties: Bringing Science to Scale.* Timonium, MD: York Press.

Wolf, M. and Katzir-Cohen, T. (2001). Reading fluency and its intervention. Scientific Studies of Reading(*Special Issue on Fluency.* Editors: E. Kame'enui and D. Simmons), 5, 211-238.

Wolf, M., Miller, L., and Donnelly, K. (2000). Retrieval, Automaticity, Vocabulary Elaboration, Orthography (RAVE-O): A comprehensive fluency-based reading intervention program. *Journal of Learning Disabilities*, 33(4), 375-386.

Wolf, M. and Bowers, P. (2000). The question of naming-speed deficits in developmental reading disabilities: An introduction to the Double-Deficit Hypothesis. *Journal of Learning Disabilities*, 33, 322-324.

(1999). The "Double-Deficit Hypothesis" for the developmental dyslexias. *Journal of Educational Psychology*, 91(3), 1-24.

Wolf, M. and Segal, D. (1999). Retrieval-rate, accuracy and vocabulary elaboration (RAVE) in reading-impaired children: A pilot intervention program. *Dyslexia*, 5, 1-27.

Wolf, M. and Goodman, G. (1996). Speed Wizards: Computerized games for the teaching of reading fluency. Tufts University and Rochester Institute of Technology.

第十二章

阅读与脑：跨语言研究 198

Usha Goswami

概述

阅读技能的学习与语言本身的某些属性密切相关。浅层或一致性拼音文字，如西班牙语，由于字母到音素的对应是一对一的，因此由拼写到读音的映射最简单。不一致性正字法语言，比如英语，拼写与读音之间则表现出较大的不匹配性。前阅读阶段的儿童能够在其口语词汇的音节中侦查出较小的单元，这些单元由首音和韵脚（onset and rime）组成。将语音分析成这些成分是语音意识的关键，即将语音分析为语音成分的能力。拼音文字中的阅读需要将字母与语音单元相连，这些单元比首音和韵脚更小，称为音素（phonemes）。Goswami 认为，儿童通过掌握其语言的正字法规则（字母组合）来学习音素。对于不一致性正字法语言，即使没有阅读障碍，儿童要掌握将单词的书面形式编码为口头读音也需要花费更多的时间。所有语言的阅读障碍儿童在学习形音对应关系时都会遇到更大的困难，这通常是由于他们语音表征能力差而造成的，对于这部分儿童可以从行为与脑成像两方面进行研究。由语音和其他刺激所诱发的皮层活动电位表明，与正常儿童相比，阅读障碍儿童的听觉系统似乎更不成熟。不久的将来，这种将行为与脑活动相结合从而对阅读加以分析的研究将最有可能成为为学校教育产生重要知识的领域之一。

——编者

199 认知发展心理学中大量跨语言研究表明，儿童单词发音的意识——“语音意识”（phonological awareness）——与阅读及拼写发展之间存在因果关系（参见 Goswami，2003a，概述及本卷中 Wolf 的文章）。研究还表明，语音意识的发展遵循一种语言普遍性（language-universal）的顺序。儿童似乎最早发展出对音节的意识（“pop-si-cle”，“wig-wam”，“soap”）。然后发展出对首音和韵脚的音节内单元的意识（首音对应任意音节中开始的辅音，韵脚对应元音及随后的任何读音，如在“s-eat”，“sw-eet”，“str-eet”中）。对于前阅读者，可以测量他们在音节及首音—韵脚水平的语音敏感性，这是读写技能的一个重要的预测指标（例如，Bradley & Bryant，1983；Hoien，Lundberg，Stanovich，& Bjaalid，1995；Siok & Fletcher，2001）。

语音意识及跨语言的阅读学习

早期语音意识集中在像音节和韵脚这样“较大”的单元。音节意识通常在 3 岁左右出现，首音—韵脚意识大约在 4—5 岁时出现。目前已经研究过的语言中，音节、首音及韵脚的意识在阅读教学之前就出现了。字母代表了单词中更小的语音单元，被称为音素。音素是语音流（speech stream）中的抽象单元，它根据单词意义的改变来定义。单词“cot”与“cat”中间的音素不同，单词“cot”与“hot”起始的音素不同。读写的学习带来音素意识的发展。实际上，文盲没有音素意识。字母的学习似乎引起了心理词典中基于音素（phoneme-based）的重组（参见 Goswami，2002）。这意味着阅读的学习不能被认为是将某人词汇中的单词口头分割为音素，进而将字母与音素匹配的过程。相反，儿童通过字母来学习音素。

200 许多研究发现前阅读者的音素意识较差。例如，敲击任务可以用来对比儿童的音节和音素意识。儿童必须敲击出单词中语音的数量，这些单词有一个音节或音素（“dog”，“I”），两个音节或音素（“dinner”，“my”），或者三个音节或音素（“president”，“book”）。Liberman、Shankweiler、Fischer 与 Carter（1974）发现 46% 的美国 4 岁儿童可以将单词分割为音节，而该年龄组中没有儿童能够操作音素。5 岁儿童中得分的正确率分别为 48% 和 17%。只有 6 岁儿童，由于进行了一年的阅读学习，他们能够成功地完成音素任务。一项关于意大利儿童的研究也发现了相似的发展模式（Cossu，Shankweiler，Liberman，Katz，& Tola，1998）。Cossu 等对比研究了意大利学前儿童（4—5 岁）与学龄儿童（7—8 岁）。他们达到音节水平标准的比例分别是：4 岁儿童 67%，5 岁儿童80%，学龄儿童100%。达到音素任务标准的比例分别是：4岁儿童13%，5岁儿童27%，学龄儿童97%。美国和意大利儿童所表现出来的发展模式是非常类似的。儿童在进入学校之前就表现出较好的音节意识，但在阅读教学开始前，他们的音素意识较差。

其他语言也表现出相似的模式，参见表12.1。基于目前已有的研究，关于欧洲语言及日语和汉语的研究发现，语音意识的发展顺序似乎具有语言普遍性。音节、首音及韵脚在能够读写之前就可以得到表征。音素表征只有在字母学习和读写教学开始后才能实现。儿童所学正字法的属性可能会促进或阻碍音素的学习过程。学习阅读浅层正字法（transparent orthographies）语言的儿童，由于字母与音素间存在一一对应关系，因此通常可以迅速实现音素表征。而学习阅读非浅层正字法语言的儿童，由于字母和音素间缺乏一一对应关系，因此无法迅速实现音素表征。由于音素发展取决于读写能力，因此儿童音素意识发展的速度就因他们所学正字法的不同而表现出一种系统差异。

表12.1　来自五个研究的数据（正确率）对比了几种欧洲 201
语言的阅读初学者的音节和音素意识情况

语　言	音　节	音　素
希腊语[1]	98	50
土耳其语[2]	94	67
挪威语[3]	83	56
德语[4]	81	51
法语[5]	73	32

注：

1 = Haris & Giannoulis, 1999;

2 = Durgunoglu & Oney, 1999;

3 = Hoien et al., 1995;

4 = Wimmer et al., 1991;

5 = Demont & Gombert, 1996。

正字法对语音表征及阅读策略的影响

语音表征与正字法一致性的依存关系曾经以映射问题（mapping problem）加以描述（Brown & Ellis, 1994; Goswami, Ziegler, Dalton, & Schneider, 2003）。儿童需要理解字母如何编码语音。前阅读儿童可以意识到的语音是

“较大”的单元，像音节、首音及韵脚。而书写的单元是单个字母。单个字母通常对应音素，因此语音水平和正字法水平之间会出现不匹配，而有效阅读需要在这两者之间建立映射。

对于具有开放（辅音—元音或称 CV）音节结构的一致性正字法，儿童学习阅读时遇到的映射问题难度最小。对于这样的语言来说（比如意大利语和西班牙语），许多单词（如“casa”，“mama”）的首音—韵脚分割（onset-rime segmentation）（读写之前获得）与音素分割（phonemic segmentation）（理论上通过读写获得）是等价的。正常发展的儿童由于能够按照首音及韵脚的音节内单元来组织口语词汇，因此易于获得读写能力。他所学习的正字法中每个字母总是映射到同一个音素。这些音素中有许多都已经在口语词汇中被表征，由于它们本身就是首音与韵脚（例如，单词“casa”，首音—韵脚是/k//a//z//a/，该单词的音素也是这些）。意大利和西班牙儿童通常能非常迅速地习得阅读，参见表 12.2。

202 **表 12.2　来自 14 种欧洲语言中单音节形音编码技能的 COST A8 研究的数据（正确率）（Seymour，Aro & Erskine，2003）**

语　言	熟悉的真词	非　词
希腊语	98	97
芬兰语	98	98
德语	98	98
奥地利德语	97	97
意大利语	95	92
西班牙语	95	93
瑞典语	95	91
荷兰语	95	90
冰岛语	94	91
挪威语	92	93
法语	79	88
葡萄牙语	73	76
丹麦语	71	63
苏格兰英语	34	41

对于音节结构更复杂的一致性拼音文字正字法来说（如德语），儿童学习阅读时会遇到更难的映射问题。在这些语言中，多数单词的首音—韵脚分割（读写之前获得）通常不等于音素分割（理论上通过读写获得）。这是由于多

数单词或者是在元音之后有尾音（辅音音素）（如 Hand），或者是有复杂的（辅音串）首音（如 Pflaum ［plum］）。然而，像德语这样的语言中一个字母与一个音素依然有一致的映射。因此字母是音素固定的线索。德语儿童学习阅读时依然具有优势，参见表 12.2。

对于音节结构复杂的不一致性正字法，儿童最初学习阅读时会遇到最复杂的映射问题。最好的例子是英语。对于英语，首音—韵脚分割很少与音素分割相同。此外，阅读中一个字母并非固定地与一个音素映射。相应地，儿童音素意识的发展相当缓慢，他们利用形音编码策略阅读单词的能力也发展缓慢。母语为英语的儿童必须掌握拼写系统中较大的规则，例如利用韵脚的"相似性"（analogies）建立阅读的词汇量（"light" - "fight"，"beak" - "weak"），他们还必须通过整体的形式来学习某些单词（"the"，"choir"，"people"）。母语为英语的儿童只有发展起多种策略才能成功地进行阅读，这也许就是他们出现在表 12.2 底部的原因。

对阅读障碍的启示

由于某些未知的原因，阅读障碍儿童（词汇量和 IQ 正常却无法轻易地学会阅读）难以在心理上以一种详细而具体的方式表征单词的语音模式。他们所掌握的单词"语音表征"（phonological representations）不够具体，或者说有些模糊，这使他们难以意识到不同单词的内部语音结构（Snowling，2000）。反过来这又使他们难以习得字母—语音关系。这不是由于他们不能掌握字母， 203
而是由于字母所对应的发音在他们脑中表征的具体性相对较差。阅读障碍儿童无法确定单词是否押韵，无法计算单词的音节数，无法删除单词的首音（"star" 变成 "tar"），也无法完成"首音互换"（Chuck Berry 变成 Buck Cherry）。他们还难以解码无意义的单词，如 "dem" 和 "fip"（Goswami，2003b 对此有一个概述）。

所有语言的阅读障碍其主要缺陷似乎都涉及语音表征问题（这就是所谓的"语音表征"假设，参见 Goswami，2000a，2000b；Snowling，2000）。许多研究都很好地支持了该假设，包括发展心理学，遗传学以及脑成像方面的研究，此处不再赘述。然而，这种"语音缺陷"（phonological deficit）对阅读的影响似乎依赖于正字法。不一致性正字法（如英语）与一致性正字法（如意大利语、德语、希腊语）相比，前者的阅读障碍儿童会遇到更严重的读写问题。根据本章前几部分中阐述的认知假设，这不难理解。

英语阅读障碍儿童是缓慢且不准确的阅读者，且从未发展出完整的音素意识。相反，德语和希腊语的阅读障碍儿童的阅读则很准确，但是极为缓慢。例如，Porpodas（1999）发现读写有困难的希腊一年级儿童与实龄匹配（chronological-age-matched，CA）的控制组儿童之间在音素意识上差异显著。“风险”儿童在音素分割任务中的正确率为88%，CA控制组正确率则为100%。他们在音素删除任务中的正确率为78%，而CA控制组则为98%。他们能正确解码93%的2到3音节非词，而CA控制组则为97%（差异显著）。Wimmer（1996）报告了相似的研究，他以德国一年级“风险”儿童为被试，在他们还未被确诊为阅读障碍之前研究了他们在音素反转任务（phoneme reversal task）上的表现。“风险”儿童在该任务中的正确率为22%，控制组儿童正确率则为69%。42%的阅读障碍儿童根本做不了这种任务。Wimmer还发现后来成为阅读障碍者的德国儿童中有7/12能正确阅读不足60%的简单非词，如“Mana”和“Aufo”，而后来没有阅读障碍的儿童，他们的正确率平均为96%。随着阅读的习得，这种非词阅读中准确率的缺陷也将逐渐消失。
204 当同一批儿童10岁时，Wimmer（1993）让做他们限时的非词阅读任务，该任务基于具有开放音节的“意大利语”类型的非词（“ketu”，“heleki”，“tarulo”）。阅读障碍儿童得分的正确率为92%，而CA控制组儿童正确率为96%。

当与英语阅读障碍儿童相比时，我们就会发现他们的成绩很令人惊讶。例如，Bruck（1992）让8—15岁的阅读障碍儿童完成非词的音素删除任务，儿童需要删除非词（像“snup”，“lusk”）中开头或结尾的音。阅读障碍儿童的正确率为47%，而CA匹配组儿童的正确率则为77%。Rack、Snowling与Olson（1992）综述了英语发展性阅读障碍中的非词阅读。阅读障碍儿童的错误率较高，通常在40%—60%。回想Wimmer（1993）的研究，德国阅读障碍儿童的错误率只有8%。这种跨语言的差异证实，对于不一致性正字法，儿童的确需要花费更长的时间才能发展出形音编码技能，尤其是阅读障碍儿童。

阅读障碍中的基本听觉加工缺陷：P中心假设

在为发展性阅读障碍的语音表征缺陷寻找原因的过程中，出现了一种被人们广为接受的理论，该理论认为语音缺陷是由低水平的基本听觉加工缺陷所致（参见McArthur & Bishop，2001）。言语是一种非常复杂的信号，因此阅读障碍者也许在加工听觉信息方面有困难，从而使信息无法正确表征，这种观点似乎符合逻辑。言语信号需要基于频谱、时间和频率的分析。有些阅读障碍研究特别关注信号加工的时间方面（例如，Tallal，1980；Wright，Bowen，& Zecker，2000）。然而，大多数时间加工方面的研究都关注快速短暂的信息，这些信息对于识别语音信号中的音素十分重要。可是，从发展的观点来看，音素意识缺陷是由早期音节及首音—韵脚的语音表征困难引起的。或许在音素水平上无法找到基本的听觉加工缺陷。相反，在早期发展的语音水平上去探究语音信息表征可能存在的缺陷也许很重要。

韵律时序（rhythmic timing）的感知缺陷可能是阅读障碍中语音表征困难
的感知觉方面的原因（Goswami et al.，2002）。言语韵律是婴儿识别音节最早
的线索之一。韵律时序部分依赖于“P 中心”（P-centre）加工过程。P 中心或 205
“感知中心”是决定言语韵律的音节内部事件。当音节如“ba”及“la”等时
距交替呈现时，成人会认为交替出现的音节在时序上是无节奏的。这是由于韵
律时序取决于 P 中心的等时性，而非音节的开始时间。P 中心［有时称为重音
节拍（stress beats）］原则上是由信号的声音结构以相对较慢的速度进行的振
幅调整。音节首音以较慢的速度进行的振幅改变（振幅上升时间）尤为重要。
音节首音振幅调整的结构很大程度上取决于元音的上升时间。例如，在“ba”
中，首音为爆破音意味着元音将出现在音节中相对靠前的位置。在“la”中，
首音为响辅音意味着元音在音节中出现的相对较晚。因此，要以规则的节奏交
替产生“la”和“ba”，发音者发“la”音要比发“ba”音更早一些。

由于 P 中心取决于元音的上升时间，因此这将是音节中表征首音—韵脚分割的重要线索。它们因此也将与语音意识的发展及读写能力有重要联系。Goswami 等（2002）考察了阅读障碍儿童与匹配的控制组儿童以及阅读早慧儿童与控制组儿童在振幅上升时间侦查方面的心理测量函数（psychometric functions）。上升时间侦查通过“节拍”（beat）侦查任务来测量，基于一种改变振幅调整速度的侦查程序。该任务基于正弦曲线，并且振幅最低调整至50%。其中，振幅改变速度随着上升时间调制的改变而改变，而总体的调整速度保持在 0.7 Hz（参见图 12.1）。极为缓慢的上升时间（>250 ms）会产生响度改变的连续声音的感觉。然而，当上升时间充分缩短之后（如缩短到 120 ms），感觉就变成连续声音，伴随着与调整同频率的、较响的“拍子”（Bregman，1993；这个节拍对应于节奏序列的 P 中心），儿童需要确定在不同的上升时间条件下，他们是否能听到节拍。

206

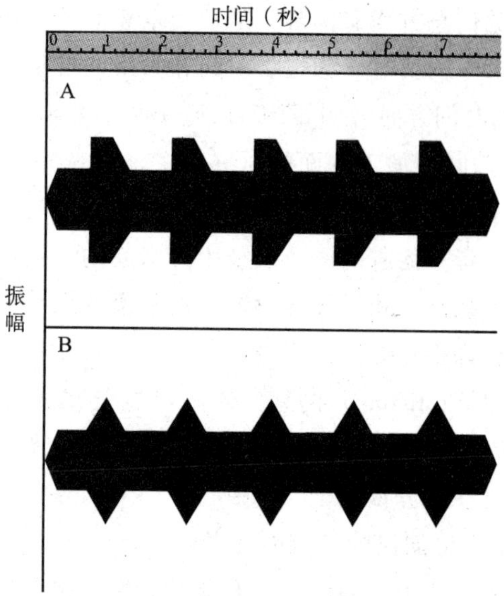

图 12.1　图为上升时间改变的刺激。A 部分上升时间为 15 ms，B 部分上升时间为 300 ms。15 ms 上升时间能产生与第二个声音边缘有重叠的清晰节拍的感觉，300 ms 上升时间能产生单个声音响度强弱变化的感觉。

当上升时间改变时，阅读障碍儿童对节拍感知的调幅经验的确不敏感。阅读障碍儿童的心理测量函数相对于 IQ 匹配的 CA 控制组表现出更平缓的斜率（阅读障碍儿童平均斜率 = −0.03 [s. d. = 0.04]，控制组为 −0.12 [s. d. = 0.08]，$p<0.000$），参见图 12.2。更年幼的阅读年龄匹配组的斜率居中（平均斜率 = −0.06，s. d. = 0.05，阅读障碍组相对于阅读水平匹配组，$p<0.06$）。阅读障碍儿童在振幅调整的信号中侦查节拍的能力比同龄人更差，并随阅读水平而改变。阅读超常儿童及 IQ 匹配的控制组也要完成振幅改变速度任务。超常读者在节拍侦查任务中的表现明显更好，他们有更陡的心理测量函数（年幼的早期读者，平均斜率 = −0.14 [s. d. 0.06]，匹配的控制组 = −0.10 [s. d. 0.04]，$p<0.04$）。节拍侦查也是阅读障碍者及其控制组阅读和拼写技能的一项较强的预测指标。在控制了年龄、非言语智力和词汇量（p's<0.000 1）之后能够解释这两项技能中 25% 的变异。如上所述，在听觉信号中，AM 序列中节拍的侦查（例如我们的文献中所使用的那些）理论上对应于“感知中心”或 P 中心，这对节奏加工十分重要。这与 Petitto 及同事的研究（本书）存在有趣的联系。
207 通过探究聋人儿童手语的牙牙学语，他们提出人类语言能力的核心是对以音节速度呈现的特定节奏模式的敏感性。节拍侦查任务实质上是测量儿童的听觉通道对这种节奏模式的敏感性。

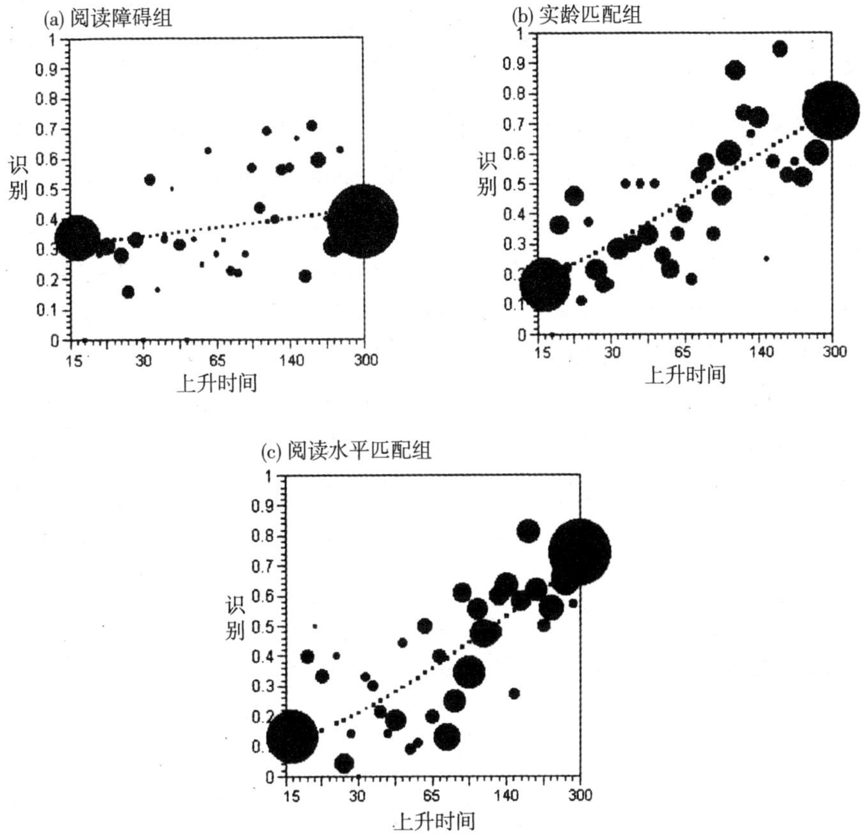

图 12.2　(a) 阅读障碍组；(b) 实龄匹配组；(c) 阅读水平匹配组在节拍侦查任务中将刺激识别为一个声音（部分）的心理测量函数。圆点的大小代表反应的次数。阅读障碍儿童的函数曲线明显更平坦，说明他们对振幅上升时间调节的敏感性降低。

上升时间的神经表征

最近，研究者开始探究阅读障碍儿童与正常儿童上升时间加工的神经特征（Thomson，Baldeweg，& Goswami，2004）。参加过 2002 年研究的阅读障碍儿童和控制组儿童又重新参与基于诱发反应电位（evoked response potentials，ERPs）技术的上升时间加工的神经影像学研究。ERPs 技术可以精确记录神经活动的时间进程。该技术将敏感的电极置于儿童的头皮之上，可以记录脑的活动情况。电活动的系统性改变将先于、伴随或者跟随实验者确定的事件而发生。最常测量的内容包括（i）电位的潜伏期，（ii）神经反应的各种正负变化的幅度，(iii) 电活动的分布。不同的电位（无数 ERP 研究中都有描述）被称作 N100、P200、N400 等，表示负的峰值出现在 100 ms，正的峰值出现在 200 ms，等等。

我们的研究尤其关注不同上升时间引起的 N100 反应。我们还关心上升时间改变可能引起的失匹配负波（mis-match negativity，MMN）。N100 是一种早期听觉成分，它表示对听觉事件的觉察。MMN 是对自动觉察听觉刺激改变的一种前注意的测量。一般认为 MMN 是基于脑对输入事件与先前事件的回声痕迹所作的对比。儿童在观看一段无声视频的同时会通过耳机听到 15 ms 或 90 ms的上升时间。90% 的情况下，儿童将听到 15 ms 的上升时间，5% 的情况下会听到 90ms 的上升时间（反之亦然，这被称为 "oddball" 范式。5% 的情况下听到的刺激就是 oddball)。另外 5% 的情况下，刺激的音高会发生改变。已有研究发现阅读障碍儿童对音高改变会表现出 MMN 反应（参见 Baldeweg et al.，1999)。音高 oddball 作为控制条件，用以检验样本中是否出现 MMN 反应。

208 根据阅读障碍者 P 中心加工受损假设，我们关注儿童在两个上升时间上的 N100 反应，以及他们对上升时间 oddball 的 MMN 反应。到写作之时，只测
209 试了 14 名儿童（4 名阅读障碍儿童，6 名年龄更小的阅读水平或 RL 控制组，4 名 CA 控制组；使用了鼻子参照，但是已经发现了十分清晰的 N100 反应模式。已有研究强调青春期前的儿童在颞叶有更一致的 N100 的偏转（参见 Bruneauet et al.，1997)。对于 15 ms 上升时间的刺激，所有实验组都在颞叶的电极表现出清晰的 N100。但相对于 CA 控制组（与阅读障碍儿童年龄匹配，反应大约在-1.5 微伏)，年幼的正常儿童（与阅读障碍儿童阅读水平匹配，RL 控制组，-3.5 微伏）这一 N100 反应的波幅更大。阅读障碍儿童 N100 的波幅与年龄更小的 RL 控制组儿童几乎一致。90 ms 上升时间的刺激也发现了相似的模式，尽管这里所有的波幅都减小了。然而，RL 儿童的 N100 反应要比年龄更大的 CA 组儿童大两倍。而阅读障碍儿童的 N100 波幅与年龄更小的 RL 控制组一致。

这些发现表明，阅读障碍儿童的听觉系统只是不成熟而并非不正常。阅读障碍儿童的脑对上升时间波幅的反应方式与年龄更小、发展正常的儿童一致。阅读障碍儿童的神经反应与他们的阅读水平相适应，而非与其年龄相适应。在我们的研究数据中，正如预期的那样，N100 的波幅还与上升时间辨别任务上的行为成绩显著相关。（例如，$r=0.60$，颞叶电极 T5；$r=0.69$，颞叶电极 LM，p's<0.01；颞叶区专门负责语言加工）。这些模式至少表明阅读障碍儿童

的阅读水平就其听觉加工能力（及其相应的语音系统的发展）来看还算是合理的。然而，这些数据只是纯粹的相关，阅读发展本身也能提高儿童上升时间加工能力。因此，还需要纵向研究数据来进一步区分这两种可能性。

结论

语音意识和读写习得有因果联系。有的儿童在心理词典中能够对单词进行高度精确的语音表征，他们将成为优秀的阅读者。能够进行高度精确的语音表征，一个重要的因素是对语音流中超音节成分（如语音节奏）的感知。例如，从理论上讲，与首音—韵脚分割相关的音节感知中心的信息是很重要的。阅读障碍儿童感知上升时间波幅的能力有缺陷，从而干扰了 P 中心的侦查，这或 210
许源于神经缺陷。这种缺陷理论上会在读写习得之前干扰音节、首音及韵脚水平上语音意识的发展，而且也可能会在读写学习时干扰音素信息的表征。

重要的是，正字法的一致性能促进正常儿童及阅读障碍儿童音素意识的发展。对于学习一致性正字法的阅读障碍儿童，字母—读音的一致性能够帮助他们在首音—韵脚及音素水平上表征语音。通过使用字母知识，他们能在某种程度上补偿语音表征的神经缺陷。而学习不一致性正字法（如英语）的阅读障碍儿童就没有这种步步为营的过程。英语阅读障碍儿童在音素水平上会表现出持续的缺陷，这将一致延续到成年期。这种持续的缺陷似乎部分来源于他们所学正字法的不一致性。

根据这种跨语言的分析，音素意识缺陷并非阅读障碍儿童阅读困难的真实原因。更确切地说，阅读困难源自一个预先存在的语音表征问题，它阻碍了字母及音素的学习。一致性正字法可以在某种程度上改善这一问题。未来的挑战是通过跨语言的方法检验神经系统对听觉线索（如上升时间）的反应，以更加详细地描述韵律加工、语音表征及读写技能之间的关系。

参考文献

Baldeweg, T., Richardson, A., Watkins, S., Foale, C., and Gruzelier, J. (1999). *Ann. Neurology*, 45(4), 495-503.

Bradley, L. and Bryant, P. E. (1983). Categorising sounds and learning to read: A causal connection. *Nature*, 310, 419-421.

Bregman, A. S. (1993). Auditory scene analysis: hearing in complex environments. In McAdams, S. and Bigand, E. (eds.), *Thinking in Sound: The Cognitive Psychology of Human*

Audition, (pp. 10–36). Oxford: Oxford University Press.

Brown, G. D. A. and Ellis, N. C. (1994). Issues in spelling research. In G. D. A. Brown and N. C. Ellis (eds.), *Handbook of Spelling: Theory, Process and Intervention* (pp. 3–25). Chichester: Wiley.

Bruck, M. (1992). Persistence of dyslexics'phonological awareness deficits. *Developmental Psychology*, 28, 874–886.

Bruneau, N., Roux, S., Guérin, P., Barthélémy, C., and Lelord, G. (1997). Temporal prominence of auditory evoked potentials (NI wave) in 4–8–year-old children. *Psychophysiology*, 34, 32–38.

Cossu, G., Shankweiler, D., Liberman, I. Y., Katz, L., and Tola, G. (1988). Awareness of phonological segments and reading ability in Italian children. *Applied Psycholinguistics*, 9, 1–16.

Goswami, U. (2000a). Phonological representations, reading development and dys-lexia: Towards a cross-linguistic theoretical framework. *Dyslexia*, 6, 133–151.

(2000b). The potential of a neuro-constructivist framework for developmental dyslexia: The abnormal development of phonological representations? *Developmental Science*, 3, 27–29.

(2002). In the beginning was the rhyme? A reflection on Hulme, Hatcher, Nation, Brown, Adams & Stuart, 2002. *Journal of Experimental Child Psychology*, 82, 47–57.

(2003a). Phonology, learning to read and dyslexia: A cross-linguistic analysis. In V. Csepe (ed.), *Dyslexia: Different Brain, Different Behaviour*, (pp. 1–40). NL: Kluwer Academic.

(2003b). Why theories about developmental dyslexia require developmental designs. *Trends in Cognitive Sciences*, 7, 534–540.

Goswami, U., Thomson, J., Richardson, U., Stainthorp, R., Hughes, D., Rosen, S., and Scott, S. K. (2002). Amplitude envelope onsets and developmental dyslexia: A new hypothesis. *Proceedings of the National Academy of Sciences*, 99(16), 10911–10916.

Goswami, U., Ziegler, J., Dalton, L., and Schneider, W. (2003). Nonword reading across orthographies: How flexible is the choice of reading units? *Applied Psycholinguistics*, 24, 235–247.

Hoien, T., Lundberg, L., Stanovich, K. E., and Bjaalid, I. K. (1995). Components of phonological awareness. *Reading & Writing*, 7, 171–188.

Liberman, I. Y., Shankweiler, D., Fischer, F. W., and Carter, B. (1974). Explicit syllable and phoneme segmentation in the young child. *Journal of Experimental Child Psychology*, 18, 201–212.

McArthur, G. M. and Bishop, D. V. M. (2001). Auditory perceptual processing in people with reading and oral language impairments: Current issues and recommendations. *Dyslexia*, 7, 150–170.

Porpodas, C. D. (1999). Patterns of phonological and memory processing in beginning readers and spellers of Greek. *Journal of Learning Disabilities*, 32, 406–416.

Rack, J. P., Snowling, M. J., and Olson, R. (1992). The nonword reading deficit in developmental dyslexia: A review. *Reading Research Quarterly*, 27, 29–53.

Siok, W. T. and Fletcher, P. (2001). The role of phonological awareness and visual-orthographic skills in Chinese reading acquisition. *Developmental Psychology*, 37, 886–899.

Snowling, M. J. (2000). *Dyslexia*. 2nd edition. Oxford: Blackwells.

Tallal, P. (1980). Auditory temporal perception, phonics and reading disabilities in children. *Brain & Language*, 9, 182–198.

Thomson, J., Baldeweg, T., and Goswami, U. (2004). *Amplitude envelope onsets and dyslexia: a behavioural and electrophysiological study*. Poster presented at the Annual Conference of the Society for the Scientific Study of Reading, Amsterdam, June 2004.

Wimmer, H. (1993). Characteristics of developmental dyslexia in a regular writing system. *Applied Psycholinguistics*, 14, 1–33.

(1996). The early manifestation of developmental dyslexia: Evidence from German children. *Reading & Writing*, 8, 171–188.

Wright, B. A., Bowen, R. W., and Zecker, S. G. (2000). Nonlinguistic perceptual deficits associated with reading and language disorders. *Current Opinions in Neurobiology*, 10, 482–486.

第十三章

早期语言及语音发展的皮层成像——近红外光谱技术

Laura-Ann Petitto

概述

教育神经科学（educational neuroscience）为研究者和教育者提供了有力的工具和新知识，使他们在认知神经科学的基础上为风险儿童的教育及矫治打开了新的视野。近红外光谱技术（Near-Infrared Spectroscopy，NIRS）是一项前景广阔的新技术，可以用来探索年龄很小的儿童的认知功能与行为。近红外光谱技术有力地证明婴儿在学会说话之前，脑中就已经存在语言特异性的神经网络。对于语言刺激，该神经网络包括左侧颞上回与布洛卡区，而这些脑区与年龄较大的儿童及成人的语言密切相关。脑成像研究能够为语言习得模型提供新的验证方法，这些语言习得模型是以早期赋予的特定语言区为基础的。同样，教育神经科学的研究也会致力于解决许多其他与教育有关的问题。

——编者

革命也许会在意想不到的地方开始。大约 20 年前，医院地下室的研究者开始使用新的脑成像技术来研究志愿者在完成各种认知任务时脑内部的情况。这种激动人心的成像技术可以检测哪些脑区由于完成特定认知任务而比其他脑区消耗更多的氧气。使用该技术可以发现脑是如何组织的，以及哪一些神经系统使人类惊人的心理功能成为可能。伴随着这些关于成人的认知神经科学研究，认知科学、认知心理学、社会心理学及其他学科的研究者在感知觉、认知和社会领域取得了根本性的进展。

通过精巧的行为实验，儿童发展及儿童语言领域的研究者开始对儿童进行细致的研究。他们研究了婴儿在许多方面所具有的先天及后天学习的能力，包
括他们听声音、牙牙学语、理解、语言产生、发现数字的概念及数学、感知面 214
孔以及周围世界的物体、学习和成长，以及这些能力在成长过程中如何与环境交互作用。随后，研究者很快就使用全新的脑成像技术来研究儿童，以确定儿童获得这些能力所需要的神经通路，研究的核心就变成探索儿童发展和掌握这些能力的时间进程及顺序。这些研究成果为在发展过程中的特定年龄段开展教学，激发动机及学习特定内容提供了最佳引入点。此外，来自科学家、医学及临床从业者、教育者的研究证实了儿童成长的社会背景是至关重要的：家庭、社区及学校有可能通过系统、适宜的干预来积极促进儿童的发展。

不久，来自各个领域的研究者在许多方面都有了非凡的发现，包括儿童成长、语言习得、思维、推理、技能与知识学习（包括阅读、数学及科学）以及他们如何形成社会、情感、道德世界的概念。至此，教育学的革命诞生了！

研究者和教育者都开始聚焦于有重要教育意义的基本学习机制，这些不同领域的学习之间存在动态的交互作用，并随时间而改变。这些有关儿童脑及环境的杰出发现的确在教育学内部引起了一场变革。在 20 世纪也曾出现过一场变革，那时皮亚杰的儿童发展阶段论风靡全球并被奉为制订学校教育方案所依据的金科玉律（Holy Grail）。近来，这种研究者、教育者及实践者之间令人兴奋的合作被称为教育神经科学（如 Petitto & Dunbar，出版中）。教育神经科学将不同学科背景的人聚集到一起，包括脑认知科学家、学习科学家、医学及临床实践者，以及教育政策制定者与教学工作者。他们相互合作，致力于解决儿童发展过程中出现的主要问题，认识人类的学习能力在生命全程中的发展变化（既包括脑层面，也包括行为层面），既使用行为的研究方法，也使用诸如脑成像技术等许多现代技术的研究方法，将教育变革建立在原则性地应用这些研究的基础上（如 Petitto & Dunbar）。

最大的危险是要在制定教育政策之前避免还原论的观点（Mittelstrass，本书），即精神生活的每一方面都能够并且必须被还原为特定的神经活动，我们
必须意识到儿童的脑发育直接受到他们的生活场所及环境的影响；生物学因素 215
与环境因素必须协同作用（Singer，本书）。然而，当重视了这些因素之后，教育神经科学这一独特的跨学科领域就能极大地促进我们在许多领域对于儿童教育最佳方式的认识（包括语言及双语教学、阅读、数学、科学），而且它已

经为特定发展性障碍提供了重要的启示。例如，对于患有注意缺陷多动症、阿斯伯格（Asperger）综合征及孤独症的儿童，已经出现了更合理的评价工具和治疗以及教育干预措施。这其中也包括语言发展异常的儿童，如阅读障碍及特定的语言损伤。

发展中的“敏感期”的确告诉人们学习核心内容的最佳时机在什么时候（批判性观点参见 Bruner，本书）。例如，何时在课程中引入外语教学，语音阅读教学法与整词阅读教学法相比哪个更好，以及语音意识教学如何提高优秀与异常阅读者（阅读障碍者，Shaywitz et al.，1998）的水平，数学与科学学习的发展阶段等，在这些方面都有了新发现并且已经开始影响教育课程的设置。（Byrnes & Fox，1998；Greake，2003，2004；Greake & Cooper，2003；Goswami，2004；O'Boyle & Gill，1998）

下面介绍一个教育神经科学的研究新发现。之所以称其为“教育神经科学”发现，是由于它集合了（i）认知神经科学关于脑的神经影像发现，（ii）建立了行为研究方法与内容（这里是来自儿童语言），（iii）作为原则应用于确定国家教育重点（这里指有语言障碍风险的儿童的早期鉴别与矫治）。尤为重要的是，目前教育神经科学的发现既能推进上述领域（儿童语言）的发展，也能推进更广泛的教育领域的发展，**这是从前只使用行为学或观察方法无法做到的。**

我们的问题是，婴儿如何从周围环境的持续变化的语音及感知流中，发现构成整个语言基础的有限的语音单元？传统上主要使用行为研究方法来解决该
216 问题，去推断这一能力是由语言特异性还是感知一般性机制所控制的。现在，我们将展示脑成像这项新技术如何为儿童语言研究中这个几十年来的老问题提供新的启示，同时在儿童说出第一批单词之前，为有语言障碍风险的儿童的早期鉴别与教育提供帮助。

大约 10 个月大的婴儿可以从混乱的视听世界中发现构成整个母语基础的有限的语音单元。40 年来，研究者围绕婴儿如何掌握这一非凡的能力展开了激烈的争论。一些人认为该能力反映了人类神经系统能够优先加工自然语言的特定属性，而另一些人则认为，该能力建立在一般感知觉机制的基础上。

20 世纪 60 年代以来，婴儿如何从周围持续改变的视听信息流中发现语言的语音单元，一直是儿童早期语言习得研究中无法解决的问题。数十年的研究表明，婴儿（6 个月以下）能够分辨世界上所有语言的语音对比（phonetic contrasts），包括母语和非母语（外语）的口语语音对比，即使从没有听过这些语音。但是，10—12 个月时，婴儿的表现就与成人类似了，而且只能区分

自己母语的语音对比，似乎他们最初开放性的能力在发展过程中已经固定为（或减少或神经上的调整）出现在他们环境中的特定语言对比（Jusczyk，1997；Eimas，1975；Eimas，Siqueland，Jusczyk，& Vigorito，1971；Kuhl，1979；Polka & Werker，1994；Stager & Werker，1997；Werker，Cohen，Lloyd，Casasola，& Stager，1998；Werker & Lalonde，1998；Werker & Stager，1998；Werker & Lalonde，1998；Werker & Stager，2000；Werker & Tees，1983，1999）。因此，过去，人们认为，婴儿天生就具有分割及加工语音单元的专门语言机制。

然而，婴儿具有专门化语言机制的观点受到了许多研究的挑战。研究表明某些非人类动物也能明确地分辨人类语言的语音（Kluender，Diehl，& Killeen，1987；Kuhl，1981；Kuhl & Miller，1975，1978；Kuhl & Padden，1982，1983；Morse & Snowdon，1975；Waters & Wilson，1976），婴儿也能够明确地区分某些非语言的声音（Jusczyk et al.，1977）。当句子按顺序播放而不是倒着播放时，婴儿与棉冠狨猴（cotton-top tamarin）都能够区别来自陌生 217
语言（如荷兰语和日语）的句子（Ramus，Hauser，Miller，Morris，& Mehler，2000）。此外，婴儿与棉冠狨猴都能区分输入的语音流中仅在出现频率上有差异的音节（Hauser，Newport，& Aslin，2001；Saffran，Aslin，& Newport，1996）。基于这些发现，许多研究者都不接受婴儿具有语言/语音加工的特异性机制的观点。相反，他们认为婴儿对于语音/语言的感知可以用其他物种中也存在的一般听觉（感知）机制给予最佳解释（Aslin，1987；Jusczyk，1985）。

这场争论一直存在的原因是，这一经验性问题，不论从前还是现在都无法回答。尤其是目前所有的研究都是用语音与声音来检验语音与声音是否是该分类能力的关键。结果，负责语言感知的特定（语音/语言）加工过程相对于一般（听觉/感知）的加工过程在实验中一直无法分离，致使当代科学无法确定语音表征假设与一般听觉（一般感知）表征假设哪一个是正确的。最近，Baker、Sootsman、Golinkoff 与 Petitto（2003），Baker、Idsardi、Golinkoff 与 Petitto（2005），Baker、Golinkoff 与 Petitto（发表中），以及 Baker、Groh、Cohen 与 Petitto（已提交）的研究为这一争论提供了新的行为证据，证明这些早期的语音加工能力由语言特异性机制而非一般听觉/感知机制负责。此外，他们还发现这种能力是人类特有的，其他灵长类（如 Petitto 和同事用于与婴儿对比的猴子）并不具备（Baker，Groh，Cohen，& Petitto，已提交）。通过 Petitto 的婴儿习惯化研究实验，Petitto 与同事发现，听力正常、接触了语言的 4 个月大的婴儿能够通过范畴成员分辨美国手语（American Sign Language，

ASL）中的语音手势。即他们将其看作是真正的语言/语音单元，就像接触英语的婴儿能够区分北印度语中的语音单元（即使从未接触过；Stager & Werker，1997；Werker et al.，1998；Werker & Stager，2000；其他经典研究见 Jusczyk，1997）。重要的是，这些婴儿 14 个月大时就不能区分手势了，正如语音感知的结果一样。猴子永远都不能区分语音的手势单元，其表现类似于不能
218 进行语音分类的 14 个月大的婴儿。因此，基于这些行为研究，早期语音加工及语音分类能力的发展也许是“语言特异性”的，而非一般感知觉加工的结果。

NIRS 神经影像技术的新发现

语音辨别的行为研究为婴儿到底是如何分析输入的语音流这个问题提供了诱人的线索，以往这个难题中有一个重要的缺失：幼儿究竟是通过经典语言区和语言神经网络来实现语音辨别，还是通过与刺激的一般感知觉加工（视觉或听觉）相关的其他脑区来实现？如果是前者，这些负责语言加工的神经网络发展的时间进程又是怎样的？了解这一重要信息就能得到这一难题中的关键性“缺失部分”，这也将从根本上真正推进我们对人类发展中这一关键问题的认识，这是从前不可能实现的。

为回答这一问题，研究者在以往行为实验的基础上通过最新的光学神经影像技术——近红外光谱技术（Near-Infrared Spectroscopy，NIRS），设计了一系列新的相关实验来探究婴儿发展语音加工能力的神经关联性。与 fMRI 一样，NIRS 也是一种无创性光学技术，能够测量脑部血液动力学活动，因此可以使人们“看到”儿童与成人加工特定任务时脑内部的活动情况。与 fMRI 不同的是，NIRS 便携度较高，儿童也适用，能够允许比 fMRI 更大的头动，可以用来研究较活跃的（正在发声/说话的）被试。

目前只有三项研究使用了 NIRS 技术来研究婴儿的认知，具体地说有客体永久性的研究（Baird et al.，2002）及情绪的研究（Sakatani，Chen，Lichty，Zuo，& Wang，1999；Zaramella et al.，2001），这些研究都取得了很大的成功。此外，还有一项研究考察了婴儿的语言加工（Peña et al.，2003），尽管他们只粗略地对比了激活出现在右脑还是左脑。除了目前这项研究，还没有研究考察儿童语言发展的集中激活情况，并分析婴儿半球内的激活差异。

我们用 NIRS 技术研究了婴儿语言及感知刺激的神经加工。研究使用标准化的行为任务（包括一般视觉感知与语言加工），被试是习惯化研究实验室的婴儿［运用经典的婴儿注视/辨别范式（looking/discrimination paradigm）］。同

时，还要使用 NIRS 记录婴儿的脑活动情况，用以检验核心神经组织（及神经组织网络）的半球内神经解剖学假设，即比较一般感知假设与语言的加工功
能假设。硅探测装置（或探测支架）含有光学纤维，该装置通过柔软的毛线 219
头带固定在被试头部（见照片 13A）。目前仅对婴儿和成人进行了一些初步研究，这里只介绍一部分关于婴儿的研究（Petitto，Baker，Baird，Kovelman，& Norton 2004；Petitto，Baker，Kovelman，& Shalinsky，准备中）。

(a)

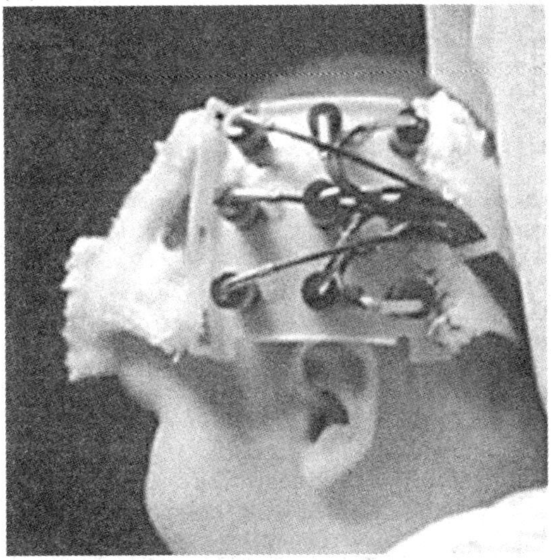

照片 13A 典型的颞叶定位图示（婴儿）

研究通过目前普遍使用的标准脑成像系统日立 ETG-100 NIRS 装置进行 NIRS 记录，它可以同时记录来自皮层的 24 导数据。这些数据可以记录和测量头皮下 2—3 厘米的皮层上血管的改变。EGT-100 通过光纤发出 780 nm 与 830 nm两个波长的红外线（光探头间距为 2 厘米）。使用两个不同波长的原因是氧基血红素［oxyhemoglobin（HbO）］与脱氧血红素［deoxyhemoglobin（Hb）］的吸收模式的特征不同（Villringer & Chance，1997）。不能吸收的光线每 100 毫秒取一次样。从特定侦察器进入的信号由两种源波长构成，并被以两种源信
号为参照的同时性（锁定）侦查所分离。这两种成分被 20 Hz 的低通滤波过滤 220
（low pass filtered），以消除自主信号（如心跳与呼吸），并通过计算机实现数字化。计算机将每种波长的氧吸收的变化转变为脑中两种发色团 HbO 与 Hb 的相对浓度的变化。而 HbO 与 Hb 改变之和，就能计算出全部血色素对任务、控制及基线条件作出反应时的总体改变情况。

NIRS 探测器被安放到两个位置：颞叶与枕叶。为确保探测装置准确地安放在神经解剖位置上，在头皮上放置时使用了以下系统化方法。第一个位置，颞叶，使用了两个探测装置，每一个都包含 9 条直径为 1 mm 的光纤。一个被安放在左半球，另一个被安放在右半球。探测器被安放到最有可能监测到额叶与颞叶的区域，特别是布洛卡区与颞上回。每个探测装置的 9 条光纤中，有 5 条是发射器，4 条是侦察器。光纤之间间隔为 2 cm，因此每个半球都能记录 12 个区域（导数=24）。每导都对应相邻的发射器—侦察器光纤对的光线通路的中心区。与已发表的 NIRS 婴儿研究一样（Peña et al.，2003），我们使用 ERP 技术中常用的头皮标记系统，称为 10-20 系统（参见照片 13A-B）来安放探测装置：最高点被确定为从鼻根到枕骨隆突这条线与从左耳廓到右耳廓这条线的交点。第二个位置，探测器被安放到枕叶，每个探测器包含 15 条直径为 1 mm 的光纤（每行 5 个探测器，共 3 行，见照片 13B）。探测器被安放到最有可能监测到视觉区的区域。15 条光纤中 8 条是发射器，7 条是侦察器（参见图 13.1）。光纤间隔 2 cm，能提供 22 导数据。与 10-20 系统一样，探测器最下面一行被安放到枕骨隆突处。

(b)

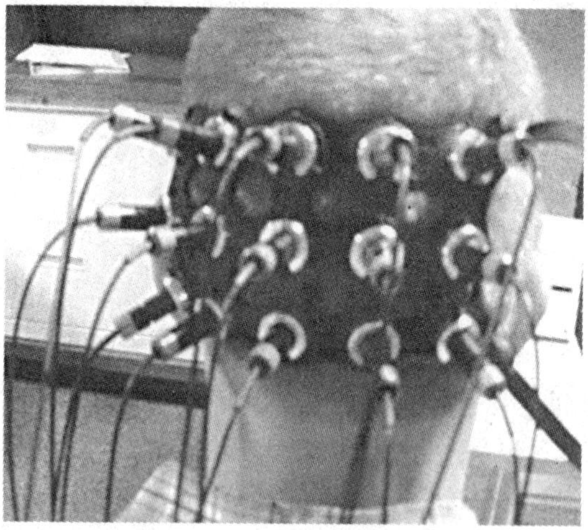

照片 13B　典型的枕叶定位图示（成人）

6 个足月的健康英语单语婴儿（平均年龄 3 个月 29 天）要完成三个任务，包括接触（i）非母语语音单元（如未出现在儿童母语中的真实的语音单元），（ii）英语中的“儿化语”（即语法正确但是简单而夸张的唱歌似的句子，成
221 人通常用其与婴儿及儿童交流，例见 Fernald et al.，1989），及（iii）视觉呈现的棋盘（即闪烁的黑白棋盘影像；Petitto，Baker，Baird，Kovelman，&

Norton 2004；Petitto，Baker，Kovelman，& Shalinsky，准备中）。

222

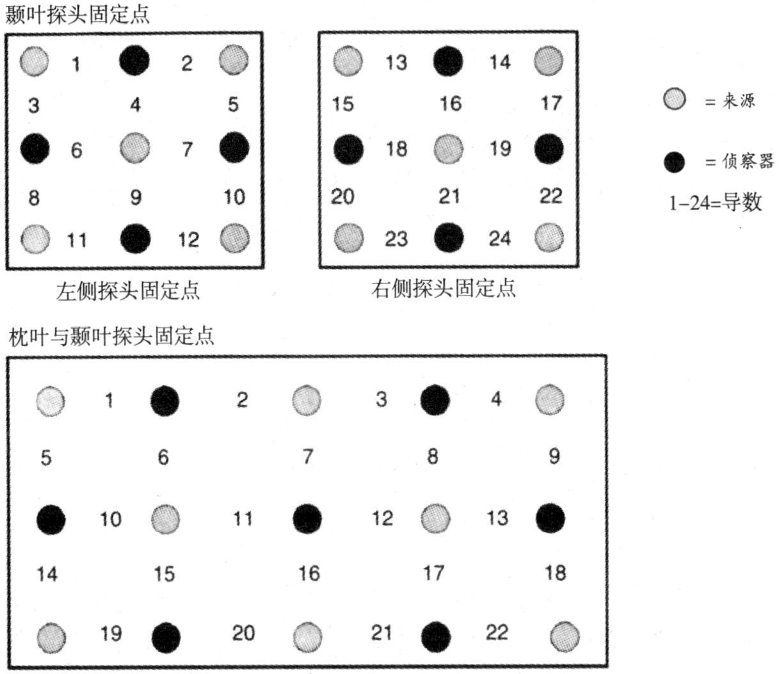

图 13.1　探头位置示意图。放置在被试头皮上的探头固定点中，信息源—侦察器对应的地形图，同时描述了分析中使用的相应导数。上面两个方框表示颞叶探头固定点（左侧探头固定在被试的左半球颞叶处；右侧探头固定在被试右半球颞叶处）。下面一个方框表示枕叶/额叶探头固定点的位置，或者被放置于被试额叶处，或者被安放于枕叶处。

对于任务（i）和（ii），由于材料是语言刺激，因此我们在经典语言区发现了激活（布洛卡区及颞上回-STG），但是在任务（iii）中，由于材料是（非言语的）视觉刺激，因此未在经典语言区发现激活。这三个方面的数据（参见图 13.2 至图 13.4）表明，依据刺激的特定属性，婴儿脑中语言加工与一般视觉加工的区域已经出现了分化。

这一发现令人兴奋，一方面是由于婴儿的年龄非常小，另一方面是由于婴儿语言加工的激活区与经典的成人研究结果一致。此外，婴儿在左侧 STG 与左侧布洛卡区的激活与右半球相应脑区相比明显更大。因此，婴儿研究的结果表明（尽管是初步研究），婴儿的确像成人那样使用经典语言区来加工语言信息。研究还表明，语言加工区在生命早期就已经存在并发挥作用了，这些脑区可能就是语言加工的天赋的神经基础；当然，后面一点还只是初步假设，仍需要大量研究来进一步检验。需要清楚的一点是，对于言语刺激，我们只发现了语言组织的激活，并未发现与一般感知加工相关的组织的激活。

223

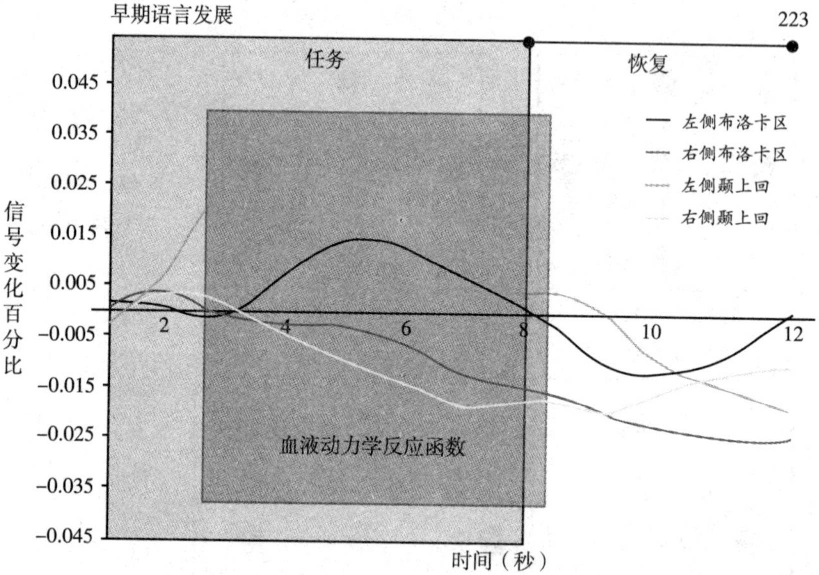

图 13.2　非母语的语音单元：该图说明当给婴儿呈现言语的/语音刺激时，他们左半球的经典语言区布洛卡区和颞上回被激活。但是，布洛卡区和颞上回的右半球对应脑区则没有被激活；可以发现，右侧布洛卡区和右侧颞上回对应的曲线都在水平线之下（左侧布洛卡区和左侧颞上回中都发现了相对于基线的信号增强，分别为 r=0.25，r=0.38）。

意义：数十年来，科学家与教育家一直着迷于婴儿如何从周围稳定的视听信息流中发现语言的组成要素——语音表（inventory）。的确，婴儿切分语音流的能力（发现微小的无意义的语音单元并将其分类）对于他们发现“单词”（及它们的边界），学习单词的意义，并发现短语、从句、句子中单词串的排列规则十分重要。实质上，婴儿发现语音单元并将其分类的能力是人类语言习得过程的核心成分，语音加工是儿童学习单词、语言并最终成为成功的阅读者必备的核心能力！因此，也就不奇怪为什么许多年来研究者都热衷于探究这一问题：婴儿能发现语音单元并将其分类，这一非凡能力的机制到底是什么？

尽管许多行为研究（来自我们实验室及其他研究者）都支持特定语言机制负责婴儿语音及语言习得的假设（Holowka，Brosseau-Lapré，& Petitto，2000，2005；Petitto & Holowka，2002；Petitto & Marentette，1991；Petitto，Holowka，Sergio，Levy，& Ostry，2004；Petitto，Holowka，Sergio，& Ostry，2001；Petitto，Katerelos，Levy，Gauna，Tétrault，& Ferraro，2001），但却缺乏关于婴儿脑的关键性证据。

224

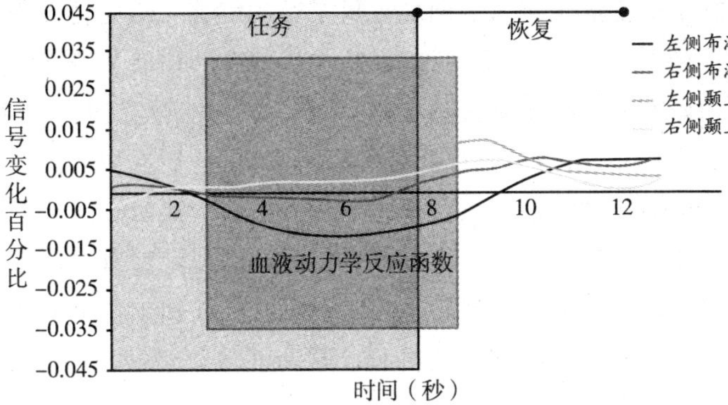

图 13.3　儿化语：该图说明当给婴儿呈现儿化语（唱歌似的句子）时，他们左半球的经典语言区颞上回被显著激活了，而且左侧颞上回的激活要比右侧颞上回的激活更强。此外，正如对该语言任务的预期一样，左侧布洛卡区和右侧布洛卡区都没有被激活；这两个脑区对应的曲线都低于水平线。有趣的是，左侧颞上回的激活要比右侧颞上回的激活更强，这说明婴儿在加工这些言语信息时是将其当作语言刺激而非一般（听觉）感知刺激。如果婴儿使用的是一般听觉感知加工，那么我们应该看到更强的或者更相似的双侧颞上回激活，但实际情况并非如此。(左侧颞上回发现了相对于基线的信号增强，r=0.16)。

225

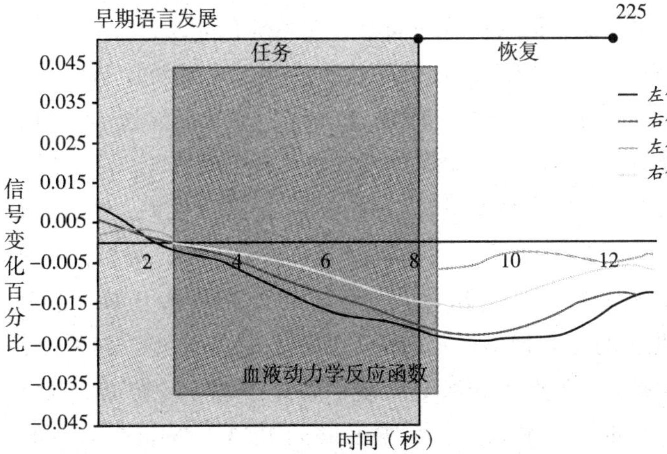

图 13.4　视觉棋盘任务：该图说明当婴儿加工闪烁的黑白棋盘影像时，两侧半球的经典语言加工区都没有被显著激活。可以发现，四条线（左侧布洛卡区，右侧布洛卡区，左侧颞上回，右侧颞上回）都在水平线以下。尤其是左侧语言区布洛卡区（或相应的右侧布洛卡区）在该视知觉任务中没有显著的激活变化。此外，左侧语言区颞上回（或者相应的右侧颞上回，该区在一般听知觉信息加工中会被激活）在该任务中也没有表现出显著的激活改变。总之，左、右半球的脑区激活没有显著差异。考虑到这些探头是安置在左、右半球颞叶上的，因此这些发现也是可以预期的（因为这些刺激都是感知觉性质的），同时这些鼓舞人心的结果也证明了使用 NIRS 技术研究婴儿的有效性。研究表明婴儿并不是用经典语言区来加工视觉刺激。重要的是这些结果有力地证明了我们的脑对不同的输入刺激会作出不同的反应。

当前的研究给一个老生常谈的问题提供了新的解答。历史告诉我们，关于婴儿是通过语言还是一般感知觉的方法来加工言语（语音）刺激这一问题，不能仅通过行为研究的方法来解决。

通过外部观察，婴儿的行为表现无法使我们确定他们在加工任务时的心理过程。本研究首次表明，我们可以获得3个月大的、清醒的、活动着的婴儿加
226 工高度特异性任务时脑内部的激活情况。当然，还需要大量研究来确定这一结论的普遍性。但是，这一初步发现已经表明，婴儿脑在加工特定语音信息时使用的是特定语言机制而非一般感知觉机制。这为儿童语言研究中争论了40年的问题提供了一个解决方法。

教育神经科学：从实验室到教育

本研究使用了最新的NIRS技术，使我们第一次能够检验参与语言加工的脑组织高度特异性的神经解剖学假设，这是到目前为止的行为研究无法做到的。关于早期语言学习的启动者与调控者，一直存在语言特异性与感知一般性机制的争论，本研究能帮助解决这一问题。这类研究可以为以下科学问题提供重要的解答：(a) 成为早期语言习得基础的多种因素以及控制加工过程的特定脑组织；(b) 语言加工组织的发展轨迹；(c) 在早期发展中，相对于另外一些输入，语言加工组织对特定语言输入的敏感性最高。

脑成像研究除了能极大地促进对早期脑加工的科学认识，还具有重要的教育应用价值。随着更多的验证性实验以及对NIRS与婴儿的标准化研究的开展，我们将试图通过以下方式建立并提供在诊断、矫治及教学领域中使用NIRS技术研究儿童的专业指南：我们的早期研究已经发现，颞上回，尤其是颞平面，专门负责加工处于语音核心位置的特定节奏变化模式（如Penhune, Cismaru, Dorsaint-Pierre, Petitto, & Zatorre, 2003; Petitto et al., 1998, 2000）。我们已经有证据表明，婴儿从4—5个月时就具有这种能力了(Holowka & Petitto, 2002; Norton, Baker, & Petitto, 2003)。目前我们正在考察年龄更小的儿童情况是否也是如此（从2天起）。确定负责语音切分、分类及加工的神经组织及其发挥作用的年龄，最终能为识别并预测有语言及语音时序障碍（如阅读障碍）风险的儿童提供工具，这在儿童牙牙学语或说出第一批单词之前就能完成。由此，也可以为分辨儿童语音加工中的异常(deviance) 与迟滞（delay）提供新的手段。如果只通过行为研究，这是不可能实现的。因为儿童语言与阅读问题要经过很多年才会在行为上表现出来。

因此，这些关于语音能力的研究将会为成功的语言学习与阅读的核心——单词的切分提供有科学实证的重要信息（Goswami，本书）。这方面的研究将会影响美国教育政策的制定，它将会为阅读核心成分（语音加工）提供早期鉴别工具，进而使教育部门能够提供更恰当的语言矫治方案及课堂教学方法。例如，我们实验室以及其他实验室的认知神经科学研究已经在许多方面为教育政策制定及实践提供了新的启示，包括何时在课程中引入外语教学，语音教学法与整词阅读教学法哪个更好，语音意识的教学如何提高优秀与异常阅读者（如阅读障碍者）的水平，以及语言学习的发展阶段（Goswami & Wolf，本书）。所有这些研究已经开始影响美国教育课程的设置。可以肯定的是，在即将到来的教育神经科学研究的世纪将在全球范围内继续推进教育实践与政策的改革。

致谢

能够在梵蒂冈教皇科学院（Pontifical Academy of Sciences）成立400周年纪念之际被邀请到意大利梵蒂冈发表演说是我莫大的荣耀，我深感荣幸（2003年11月7—11日），同时我也有幸见到了约翰·保罗二世。我非常感激Kurt Fischer及Antonio Battro教授给我这个难得的机会。感谢参与到本研究中的婴儿的父母（当然还有那些婴儿）。感谢Elizabeth Norton及Rachael Degenshein在材料准备方面的杰出工作，还要感谢Elizabeth Norton以及本研究的其他合作者Abigail Baird、Stephanie Baker及Ioulia Kovelman对这项挑战性新技术NIRS的开创性使用。最后，我还要感谢对该研究给予资助的机构：斯宾塞基金会以及达特茅斯大学、达纳艺术基金会，尤其要感谢国家健康研究所的慷慨支持（Grant Nos. R01-HD045822-03，R21-HD050558-02）。复印及更多信息请登录Petitto的研究网站：www. utsc. utoronto. ca/~ petitto/。

联系人：Laura-Ann；联系方式：Petitti@ utsc. utoronto. ca。

参考文献

Aslin，R. N.（1987）. Visual and auditory development in infancy. In J. D. Osofsky（ed.），*Handbook of Infant Development*（2nd edn.，pp. 5-97）. Oxford，UK：John Wiley.

Baird，A. A.，Kagan，J.，Gaudette，T.，Walz，K.，Hershlag，N.，and Boas，D（2002）. Frontal lobe activation during object permanence：Data from near infrared spectroscopy. *NeuroImage*，16，1120-1126.

Baker, S. A., Golinkoff, R., and Petitto, L. A. (in press). New insights into old puzzles from infants' categorical discrimination of soundless phonetic units." *Learning Languages and Development.*

Baker, S. A., Groh, J. M., Cohen, Y. E., and Petitto, L. A. (submitted). The perception of soundless phonetic units in rhesus macaques. Manuscript submitted for publication.

Baker, S. A., Idsardi, W. J., Golinkoff, R., and Petitto, L. A. (2005). The perception of handshapes in American Sign Language. *Memory & Cognition*, 33 (5), 887-904.

Baker, S., Sootsman, J., Golinkoff, R., and Petitto, L. A. (2003, April). *Hearing four-month-olds' perception of handshapes in American Sign Language: No experience required.* Proceedings of the Society for Research in Child Development 2003 Biennial Meeting, Tampa, FL.

Byrnes, J. P. and Fox, N. A. (1998). The educational relevance of research in cognitive neuroscience. *Educational Psychology Review*, 10 (3), 297-342.

Eimas, P. D. (1975). Auditory and phonetic coding of the cues for speech: Discrimination of the (r-l) distinction by young infants. *Perception & Psychophysics*, 18 (5), 341-347.

Eimas, P. D., Siqueland, E. R., Jusczyk, P., and Vigorito, J. (1971). Speech perception in infants. *Science*, 171, 303-306.

Fernald, A., Taeschner, T., Dunn, J., Papousek, M., Boysson-Bardies, B., and Fukui, I. (1989). A cross-language study of prosodic modifications in mothers' and fathers' speech to preverbal infants. *Journal of Child Language*, 16, 477-501.

Geake, J. G. (2003). Adapting middle level educational practices to current research on brain functioning. *Journal of the New England League of Middle Schools*, 15, 6-12.

(2004). Cognitive neuroscience and education: two-way traffic or one-way street? *Westminster Studies in Education*, 27 (1), 87-98.

Geake, J. G. and Cooper, P. W. (2003). Implications of cognitive neuroscience for education. *Westminster Studies in Education*, 26 (10), 7-20.

Goswami, U. (2004). Neuroscience and education. *British Journal of Educational Psychology*, 74 (1), 1-14.

Hauser, M. D., Newport, E. L., and Aslin, R. N. (2001). Segmentation of the speech stream in a nonhuman primate: Statistical learning in cotton top tamarins. *Cognition*, 78, B53-B64.

Holowka, S., Brosseau-Lapré, F., and Petitto, L. A. (2002). Semantic and conceptual knowledge underlying bilingual babies' first signs and words. *Language Learning*, 52 (2), 205-262.

Holowka, S. and Petitto, L. A. (2002). Left hemisphere cerebral specialization for babies while babbling. *Science*, 297, 1515.

Jusczyk, P. W. (1985). On characterizing the development of speech perception. In J. Mehler and R. Fox (eds.), *Neonate Cognition: Beyond the Blooming, Buzzing Confusion* (pp. 199-

229). Hillsdale, NJ: Erlbaum.

(1997). *The Discovery of Spoken Language.* Cambridge, MA: MIT Press.

Jusczyk, P. W., Rosner, B. S., Cutting, J. E., Foard, C. F., and Smith, L. B. (1977). Categorical perception of non-speech sounds by 2-month-old infants. *Perceptual Psychophysics*, 21, 50-54.

Kluender, K. R., Diehl, R. L., and Kileen, P. R. (1987). Japanese-quail can learn phonetic categories. *Science*, 237, 1195-1197.

Kuhl, P. K. (1979). Speech perception in early infancy: Perceptual constancy for spectrally dissimilar vowel categories. *Journal of the Acoustical Society of America*, 66, 1669-1679.

(1981). Discrimination of speech by nonhuman animals: Basic auditory sensitivities conductive to the perception of speech-sound categories. *Journal of the Acoustical Society of America*, 70, 340-349.

Kuhl, P. K. and Miller, J. D. (1975). Speech perception by the chinchilla: Voiced-voiceless distinction in alveolar plosive consonants. *Science*, 190, 69-72.

(1978). Speech-perception by chinchilla: Identification functions for synthetic VOT stimuli. *Journal of the Acoustical Society of America*, 63, 905-917.

Kuhl, P. K. and Padden, D. M. (1982). Enhanced discriminability at the phonetic boundaries for the voicing feature in macaques. *Perceptual Psychophysics*, 32, 542-550.

Kuhl, P. K. and Padden, D. M. (1983). Enhanced discriminability at the phonetic boundaries for the place feature in macaques. *Journal of the Acoustical Society of America*, 73, 1003-1010.

Morse, P. A. and Snowdon, C. T. (1975). An investigation of categorical speech discrimination by rhesus monkeys. *Perception & Psychophysics*, 17 (1), 9-16.

Norton, E. S., Baker, S. and Petitto, L. A (2003, June). *Bilingual infants' categorical perception of phonetic handshapes in American Sign Language.* Poster presented at the University of Pennsylvania Institute for Research in Cognitive Science Summer Workshop, Philadelphia.

O'Boyle, M. W. and Gill, H. S. (1998). On the relevance of research findings in cognitive neuroscience to educational practice. *Educational Psychology Review*, 10, 397-400.

Peña, M., Madi, A., Kovacic, D., Dehaene-Lambertz, G., Koizumi, H., Bouquet, F., and Mehler, J. (2003). Sounds and silence: An optical topography study of language recognition at birth. *Proceedings of the National Academy of Sciences*, 100 (20), 11702-11705.

Penhune, V., Cismaru, R., Dorsaint-Pierre, R., Petitto, L. A., and Zatorre, R. (2003). The morphometry of auditory cortex in the congenitally deaf measured using MRI. *NeuroImage*, 20, 1215-1225.

Petitto, L. A. (2005). How the brain begets language: On the neural tissue underlying human language acquisition. Chapter in J. McGilvray (ed.), *The Cambridge Companion to Chomsky.*

(pp. 84–101). Cambridge: Cambridge University Press.

(2000). On the biological foundations of human language. In H. Lane and K. Emmorey (eds.). *The Signs of Language Revisited* (pp. 447–471). Mahwah, NJ: Erlbaum.

Petitto, L. A., Baker, S., Baird, A., Kovelman, I., and Norton, E. (2004, February). Near-infrared spectroscopy studies of children and adults during language processing. Presentation at the International Workshop on NearInfrared Spectroscopy, Cambridge, MA.

Petitto, L. A., Baker, S., Kovelman, I., and Shalinsky, M. (in preparation). NearInfrared Spectroscopy studies of children and adults during language processing. Manuscript in preparation.

Petitto, L. A. and Dunbar, K. (in press). New findings from Educational Neuroscience on bilingual brains, scientific brains, and the educated mind In K. Fischer and T. Katzir (eds.). *Building Usable Knowledge in Mind, Brain, & Education.*

Petitto, L. A. and Holowka, S. (2002). Evaluating attributions of delay and confusion in young bilinguals, *Sign Language Studies*, 3 (1), 4–33.

Petitto, L. A., Holowka, S., Sergio, L., and Ostry, D. (2001). Language rhythms in babies' hand movements. *Nature*, 413, 35–36.

Petitto, L. A., Holowka, S., Sergio, L., Levy, B., and Ostry, D. (2004). Baby hands that move to the rhythm of language: Hearing babies acquiring sign languages babble silently on the hands. *Cognition*, 9, 43–73.

Petitto, L. A., Katerelos, M., Levy, B., Gauna, K., Tetrault, K., and Ferraro, V. (2001). Bilingual signed and spoken language acquisition from birth: Implications for mechanisms underlying bilingual language acquisition. *Journal of Child Language*, 28 (2), 1–44.

Petitto, L. A. and Marentette, P. (1991). Babbling in the manual mode: Evidence for the ontogeny of language. *Science*, 251, 1493–1496.

Petitto, L. A., Zatorre, R., Gauna, K., Nikelski, E. J., Dostie, D., and Evans, A. (2000). Speech-like cerebral activity in profoundly deaf people while processing signed languages: Implications for the neural basis of human language. *Proceedings of the National Academy of Sciences*, 97 (25), 13961–13966.

Petitto, L. A., Zatorre, R. J., Nikelski, E. J., Gauna, K., Dostie, D., and Evans, A. C. (1998). By hand or by tongue: Common cerebral blood flow activation during language processing in signed and spoken languages. *NeuroImage*, 7 (4), 193.

Polka, L. and Werker, J. F. (1994). Developmental changes in perception of nonnative vowel contrasts. *Journal of Experimental Psychology: Human Perception and Performance*, 20, 421–435.

Ramus, F., Hauser, M. D., Miller, C., Morris, D., and Mehler, J. (2000). Language discrimination by human newborns and cotton-top tamarin monkeys. *Science*, 288, 349–351.

Saffran, J. R., Aslin, R. N., and Newport, E. L. (1996). Statistical learning by 8-month-old infants. *Science*, 274, 1926-1928.

Sakatani, K., Chen, S., Lichty, W., Zuo, H., and Wang, Y. P. (1999). Cerebral blood oxygenation changes induced by auditory stimulation in newborn infants measured by near infrared spectroscopy. *Early Human Development*, 55 (3), 229-236.

Shaywitz, S., Shaywitz, B., Pugh, K., Fulbright, R., Constable, R., Mencl, W., Shankweiler, D., et al. (1998). Functional disruption in the organization of the brain for reading in dyslexia. *Proceedings of the National Academy of Sciences*, 95, 2636-2641.

Stager, C. L. and Werker, J. F. (1997). Infants listen for more phonetic detail in speech perception than in word learning tasks. *Nature*, 388, 381-382.

Villringer, A. and Chance, B. (1997). Non-invasive optical spectroscopy and imaging of human brain function. *Trends in Neuroscience*, 20 (10), 435-442.

Waters, R. S. and Wilson, J. R. (1976). Speech perception by rhesus monkeys: The voicing distinction in synthesized labial and velar stop consonants. *Perception and Psychophysics*, 19 (4), 285-289.

Werker, J. F., Cohen, L. B., Lloyd, V. L., Casasola, M., and Stager, C. L. (1998). Acquisition of word-object associations by 14-month-old infants. *Developmental Psychology*, 34, 1289-1309.

Werker, J. F. and Lalonde, C. E. (1988). Cross-language speech perception: Initial capabilities and developmental change. *Developmental Psychology*, 24 (4) 672-683.

Werker, J. F. and Stager, C. L. (2000). Developmental changes in infant speech perception and early word learning: Is there a link? In J. Pierrehumbert and M. Broe (eds.), *Papers in Laboratory Phonology* 5, (pp. 181-193). Cambridge: Cambridge University Press.

Werker, J. F. and Tees, R. C. (1983). Developmental changes across childhood in the perception of non-native speech sounds. *Canadian Journal of Psychology*, 37 (2) 278-286.

(1999). Experiential influences on infant speech processing: Toward a new synthesis. In J. T. Spence (ed.), *Annual Review of Psychology*, Vol. 50 (pp. 509-535). Palo Alto, CA: Annual Reviews.

Zaramella, P., Freato, F., Amigoni, A., Salvadori, S., Marangoni, P., Suppjei, A., et al. (2001). Brain auditory activation measured by near-infrared spectroscopy (NIRS) in neonates. *Pediatric Research*, 49 (2), 213-219.

第十四章

阅读与算术的神经限制：教育是“神经元再利用”的过程

Stanislas Dehaene

概述

认知神经科学在行为的生物学基础及文化、经验基础的争论之外指明了道路。Dehaene 的观点很有说服力，他认为阅读与算术这类文化工具直接建立在婴儿与其他哺乳动物都有的脑基本加工过程的基础之上。关于学习与教育争论中的普遍观点如今似乎已经过时，比如认为心理/脑在出生时是一块白板，具有天生、固定的心理器官，脑是一台学习机器，它几乎能学习任何东西。关于算术中的基本数字以及字母表中的字母形式，证据都很清楚。灵长类动物及婴儿顶叶的一些特定皮层区能够自动侦查数量，即使它并未接触过阿拉伯数字。的确，甚至有特定的神经元对应 1—5 的不同数量。这些区域受损会导致失算症（acalculia，一种数字缺陷）。对于阅读，有些特定视觉区负责物体再认并记录空间外观的细节，这不随大小、位置或对称性而改变。这些神经网络似乎是构建字母形状的基础，进而建构起儿童字母学习的能力。这些脑区受损会导致失读症（alexia）或阅读障碍（dyslexia）。对于数学和读写能力，文化客体（数字和字母）都利用了脑中已有的结构。从这个意义上，教育可以被理解为一种基于皮层结构的“神经元再利用的过程”。

——编者

脑的研究与教育有什么关系？许多父母及教育者并不明白。当然，没有人否认，归根结底，儿童学习与记忆的生物基础是脑。然而，这一生物基础似乎与学校中的日常事件相距甚远。人们通常认为就算生物因素会对教育产生制约，这种制约也是微乎其微的。

在此观点的背后，我经常看到教育者对于脑有一种内隐的模型，即**白板论** 233
（tabula rasa）或“白板”（blank slate）（Pinker，2002），认为人脑能通过教育及课堂实践来填充。鉴于此，在动物界中，只有人脑具有接受教育的能力，这种能力的基础是人类独有的皮层可塑性。人脑通过学习几乎能具有无限的新功能。根据这种观点，关于脑的知识似乎对教育政策的制定没有帮助。

尽管这种观点在此处是以某种讽刺的形式出现，但它与现代联结主义或新构造主义的一些观点相差不大（如 Quartz & Sejnowski，1997）。它也得到了一些表面看来无懈可击的逻辑推理的支持。按照这种推理，目前多数课堂教学内容包括了近代的文化发明，如在书写或数学中使用的符号。这些文化工具出现得太晚，所以不能对脑的进化产生任何影响。例如，阅读在 5 400 年前才出现，符号性运算的出现则更晚：阿拉伯数字及其多数运算法则直到 1 000 年前还没有出现（参见 Wolf，本书）。因此，从逻辑上讲，不可能有哪个专门的脑机制是为阅读或符号运算进化而来。这些技能需要学习，就像地理、历史、语法、哲学等中无数其他的事实和技能。儿童能够学习这些材料表明脑就是一台强大的万能学习机器。

尽管这种基于学习的理论或许能解释人类的许多文化能力，该理论同时指出人脑执行这些能力时的个体差异是很大的。根据个体的学习历史，同一个脑区可能会负责多种功能。在学习中，随机对称性的打破或许最终导致了不同的能力由各自专门的脑区来负责，但是对于不同的个体，这种专门化可能是随机确定的。因此，不可能找到通过繁衍（reproducible）而传递的近代文化活动（如阅读与算术）的脑机制。

然而，这种预测就是一种悖论。正如我在本章后面要讲到的，最近，大量的神经影像及神经心理学发现使我们对人脑学习新文化内容（如阅读与算术）的能力有了新的认识。这些证据不支持无偏性白板说。心理学、认知心理学及
脑成像证据都表明，成人脑具有负责阅读与算术的专门机制。不同个体中占有 234
某种固定位置的较小的皮层区会参与到这些任务中。这些脑区会自动实现其功能，通常不需要意识的参与。此外，这些脑区受损会导致特定的阅读或计算能力受损。简言之，这些证据似乎表明阅读与算术具有不同的、固定的及特异性的脑基础（Wolf，Petitto，& Goswami，本书）。

严格检验这些脑区在进化中的功能为解决这一悖论提供了可能。这些脑区并非习得了完全不同的、具有文化任意性的新功能。确切地说，对于其他哺乳动物，这些脑区似乎就已经具有了与这些新功能密切相关的早期功能。此外，使这些脑区可以高效加工人类文化工具的许多功能特征早已存在。这些脑区只需要作相当小的改变就足以适应新的文化领域。因此，根据人类文化学习能力依赖于大脑已有神经环路的先占式（pre-empting）或再利用过程，我在结论部分尝试提出“神经元再利用”假设。我认为，该观点意味着理解儿童大脑的组织方式对教育至关重要。

计算的神经基础

在世界各地，许多神经影像研究都考察了成人加工简单算术任务时的大脑活动。目前，功能磁共振成像技术（fMRI）可以使我们得到关于血氧的一系列全脑影像，血氧与神经元活动紧密相连，该技术的时间分辨率可以达到几秒钟。它足以考察相对于控制条件（如被试只简单地命名数字而不计算）被试进行简单的减法运算（如 7 减 2）时哪些脑区被激活。这些研究的成果是发现了心理上进行算术运算的高度固定的脑基础（Dehaene，Piazza，Pinel，& Cohen，2003）。一系列固定的脑区在算术过程中会有系统性的激活，其中左、右顶内沟及左、右前中沟激活最显著（参见图 14.1）。现在只需要几分钟的测验就能分离每个被测个体的这一神经网络，在标准脑坐标中该变异仅有几厘米。

235

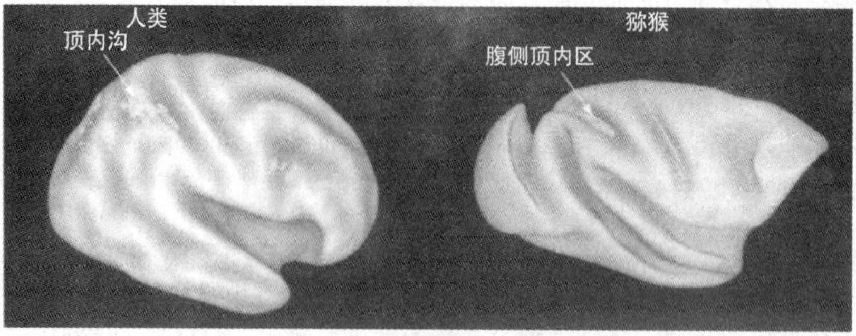

图 14.1　图中左边表示人类在完成各种算术任务时被激活的脑区（根据 Dehaene et al.，2003 重新绘制），右边表示猕猴负责编码数字的神经元的位置（根据 Nieder & Miller 重新绘制，待发表）。可以发现，这两个物种参与数字加工的顶叶区似乎是相同的。

许多实验室都发现顶—前中神经网络负责算术运算，被试来自不同的国家，有着迥然不同的语言和教育体系（例如，中国、日本、法国及美国）。该网络中的顶叶区似乎在所有的算术任务中都有激活。在计算（如减法、加法、乘法）或估算（如 21+15 更接近 40 还是 90?）任务中该区的激活最强（Dehaene，Spelke，Pinel，Stanescu，& Tsivkin，1999）。然而，当被试仅需要在视觉或听觉信息流中识别数字的情况下，顶叶区与数字有关的激活也可以由一种完全自动化的方式引发（Eger，Sterzer，Russ，Giraud，& Kleinschmidt，2003）。事实上，仅以非常短暂的持续时间阈下呈现阿拉伯数字就足以引起该区的激活（Naccache & Dehaene，2001）。这些结果提出了一个深层悖论：为什么同一个脑区能够以高度自动化的方式系统地参与到阿拉伯数字的加工中，而对于字母，同样是一种任意性的文化结构，却无法引起该区的激活？

有研究者提出了一个简单却富有成效的假设，或许可以初步解决这一悖论（Dehaene，1992，1997；Gallistel & Gelman，1992）。它假定，尽管阿拉伯数字与口头数字都具有文化任意性，并且是人类特有的，但是对数量的意识是不变的。这种“数感”（number sense）在很小的婴儿及动物身上都存在。我们学会给符号赋予意义并通过将它们与已有的数量表征相连来进行计算。

许多实验支持这一观点，动物及婴儿对数字都有一种初步的、非言语的意识。鸽子、老鼠、海豚、猴子及类人猿都能感知一系列视觉或听觉对象的
“数量”（numerosity），最高甚至可达 40 或 50。同样，6 个月大的婴儿就能感 236
知，比如计算机屏幕上 8 个和 16 个圆点的差别（Lipton & Spelke，2003）。当然，他们的这种能力不如成人精确，因此不能进行复杂的数字计算。动物及婴儿都不能分辨两个相邻的数字，如 36 和 37，他们对数量只有一种近似的感觉，而且当数字增大时，这种感觉将逐渐变得粗略（韦伯定律）。

这种近似表征在成人身上依然存在，不仅感知物体时如此，即使加工符号数字时也是这样。我们依赖这种“数感”的标志是数字对比中的距离效应。在判断两个阿拉伯数字中哪个更大时，相对于距离较近的数字（如 8 和 9，或 51 和 65），我们对距离较远的数字（如 1 和 9，或 31 和 65）判断更快。这种差异在计算机上进行的数字对比算法中就不存在。这表明，即使当脑接受符号输入时，也能迅速将数字转换成内部近似的数量编码，在这样一种内部的“数轴”中，相近数量通过相似分布的激活进行编码。

在过去几年中，关于数量编码在神经水平上如何进行，我们开展了许多研究。Andreas Nieder 与 Earl Miller（Nieder，Freedman，& Miller，2002；Nieder & Miller，2003，出版中）进行了清醒猴子训练完成视觉数字匹配（match-to-sample）任务时的单细胞记录。许多神经元都对特定数字有偏好：有一些神经元对数量为 1 的物体优先反应，另一些则对数量为 2 的物体优先反应，最高的

还有对数量为 5 的物体优先反应。这种反应是粗略的，而且当数量增加时会变得越来越不精确。神经编码的这种特性正好符合了神经网络模型的预期，人们用这些模型来解释成人及婴儿数字加工的距离效应以及其他特性（Dehaene & Changeux，1993）。更重要的是，这些数字神经元的位置在哪里。最初，研究者在背外侧前额叶皮层发现了较大的比例，但是最近在顶叶发现了另外一些有更短潜伏期的神经元（Nieder & Miller，2005；Sawamura，Shima，& Tanji，2002）。这些神经元位于 VIP 区，在顶内沟深处，该区似乎在许多数字任务中被激活。

有人也许会因此提出人类算术习得的一种简单推测。进化为灵长类的顶叶赐予了粗略数字表征的能力，这也许在许多情境下都很有用，如在一定时间内
237 必须对一组物体或同类物体进行追踪。人类也存在这种原始的数字表征能力。这种能力在婴儿时期就出现了，尽管最初准确性还相当一般，但它会在第一年中持续发展（Lipton & Spelke，2003）。它为儿童进行算术运算提供了最低的基础：追踪少量物体的能力，以及监控数量的增加或减少。第一年，这种知识完全是非言语的，但是大概经过三年，它们就会与符号建立联系，首先是口语数词（以代替手指），然后是书面阿拉伯符号。

因此，也就不奇怪为什么阿拉伯数字及其计算最终都与有限的脑区相联系，而且所有个体都是如此。的确，该脑区并非是通过算术“训练”而出现的。确切地说，它从一开始就存在，并且随着与其他脑区的符号系统建立联系而逐渐被修饰，从而赋予数字以意义。

这种推测不仅可以描述一般数字发展，而且还可以预测特定算术障碍的存在。对于成人，一些脑区受损会导致失算症（acalculia），这是一种选择性的算术障碍（Dehaene，Dehaene-Lambertz，& Cohen，1998）。尤其是顶内沟受损，会引起严重的加法和减法运算缺陷，而且基本的数字理解如近似、数量估计和比较能力也会受损（Lemer，Dehaene，Spelke，& Cohen，2003）。重要的是，儿童中也有人患有类似症状，被称作发展性计算障碍（developmental dyscalculia）（Shalev，Auerbach，Manor，& Gross-Tsur，2000）。有些儿童从出生起在算术学习中就遇到了严重的困难。然而，他们或许智力正常，社会背景正常，而且不一定有阅读或注意的联合缺陷。他们中有一些人的缺陷甚至会影响非常基本的任务。他们不能判断一个系列是由 2 个还是 3 个物体构成，或者 5 和 6 哪个数字更大（Butterworth，1999）。因此我们自然会假设：数量表征会受到基因疾病或早期脑损伤的影响。

最近，关于计算障碍的两个认知神经科学研究证实了该假设。其中一个研

究中（Isaacs，Edmonds，Lucas，& Gadian，2001），出生时为早产儿的青少年被分为两组，即在儿童期经历过计算障碍与没有经历过计算障碍两组。通过磁共振成像技术来评估皮层的灰质密度。发现计算障碍者左侧顶内沟灰质密度选择性降低，而正常成人进行心理算术任务时恰恰是在该区出现激活。第二项研 238
究（Molko et al.，2003）对比了患有特纳氏综合征（Turner's syndrome）这种基因疾病的年轻女性与控制组在解剖和功能磁共振方面的差异。发现患者右侧顶内沟的皮层结构异常，而且在较大的数字加法计算中，该区的激活也不正常。

目前仍然不清楚为什么计算障碍有时会影响左侧或右侧顶叶，也不知道计算障碍儿童中哪一部分确定有脑损伤。然而，的确存在这样一类儿童，他们的智力和教育环境正常，但是却有不相称的算术缺陷，这否认了算术教育是以领域一般的学习机制为基础的观点。确切地说，应该存在一个关于数量的范围更窄的、专门的预表征（pre-representation），它有特定的脑结构，是算术学习的先决条件。所有人都可能形成数学这一能力，前提是数学能力发展的脑机制没有问题。

阅读的脑基础

数字是周围环境的基本参数，因此或许并不奇怪我们的脑在进化中已经为数字表征做好了准备。但奇怪的是，在阅读领域也有类似发现。阅读大约在5 400年前出现，直到近代，它在人类文明中的比重并不大。因此，人类没有时间或压力为阅读进化出神经回路。的确，阅读的原则是各种技巧的混合体，不同文化之间变化很大。它们运用各种视觉形状将文字的图形与描述语音元素的各种可能性（从整词到音节、韵脚或音素）结合起来。尽管智人已经进化出了确定的语言加工的皮层机制，这是人类的独特特征，但是在视觉方面，他们的脑似乎不可能为阅读系统的任意性做好准备。

尽管这些观点表面看来是符合逻辑的，但是脑成像研究已经找到了一个惊人的稳定的神经系统，它负责阅读的视觉加工阶段，被称作“视觉词形”系统。只要优秀的阅读者看到一个书面单词，就会在左半球腹侧视觉区出现激活，该区位于枕颞沟（Cohen & Dehaene，2004）。这一激活在不同个体间的差异只有几毫米（参见图 14.2）。此外，所有文化背景下的阅读者都会出现该区的激活，包括希伯来语从右到左的文字，也包括非拼音文字如汉语和日语阅读系统（Paulesu et al.，2001）。

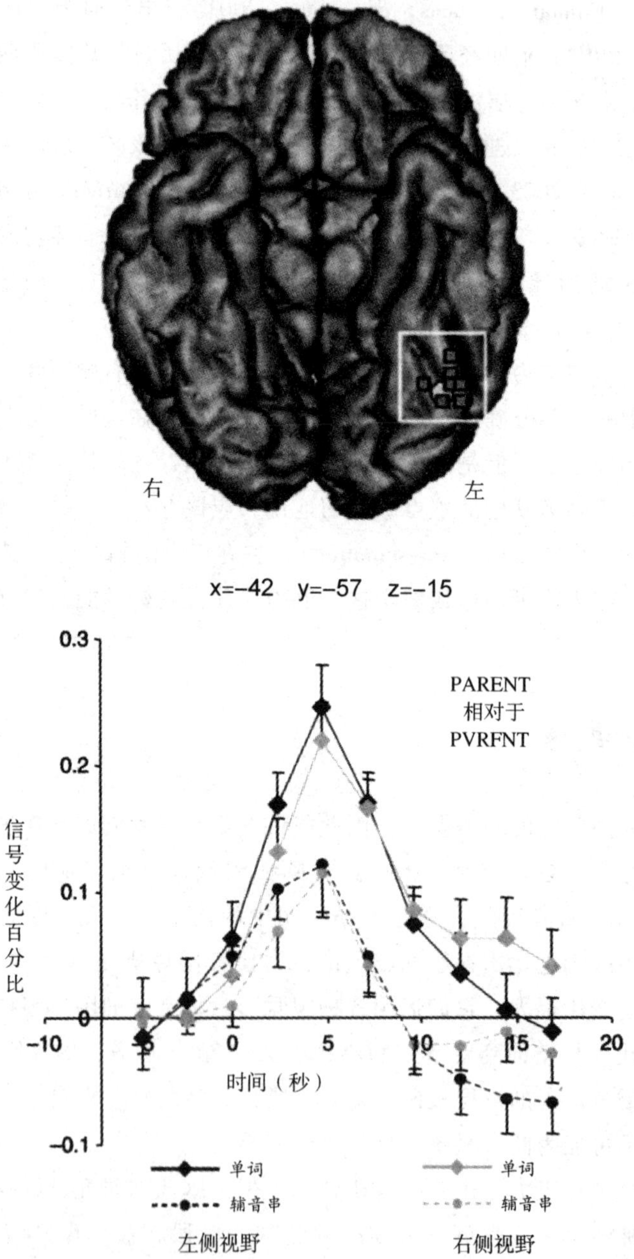

图 14.2　人类“视觉词形区”的位置与属性（改编自 Cohen et al.，2002）。上面的图表示视觉呈现的单词在左侧枕颞沟引起的激活位置（每一个点代表不同被试的激活位置）。下面的图表示该区的 fMRI 激活情况。该区对单词的反应比对辅音串的反应更强，表明该区由于文化的限制只能识别被试能够阅读的文字。单词呈现在左、右视野时引起的反应是一样的，说明该区已经实现了空间上的恒定性。

该区对阅读也表现出特异性。例如，它与观看面孔时更靠近内侧的激活是截然不同的。它对真字母串的反应要比对形状类似的假字母串的反应更大；或 240
者对真词的反应要比对不能组成可发音单词的辅音串的反应更大（Cohen et al.，2002；参见图 14.2）。在那些罕见的可以进行颅内记录的病例中，也出现了支持视觉皮层存在微小区域对单词有偏好性或专门性反应的证据（Allison，Puce，Spencer，& McCarthy，1999）。

同时，也存在功能特异性证据。阅读提出的几个计算问题似乎通过枕颞皮层精巧的适应机制得以解决。问题之一是位置不变性：不论单词在视网膜上的位置如何，都能被识别。视觉词形区通过恰当的皮层内和胼胝体纤维在数十毫秒内收集左右半球的激活从而实现位置不变性（Molko et al.，2002；参见图 14.2）。另一个问题是字体和大小写的变异。同一个单词的大小写会有截然不同的视觉形式，例如 RAGE 和 rage。大小写之间的映射是一个文化习俗问题，且必须经过后天习得。然而，脑成像研究表明，大小写—恒常性表征在阅读早期通过一系列专门的字母—侦察神经元而建立起来（Dehaene et al.，2004）。字母—侦察神经元位于视网膜中央凹的不同位置，并且平行工作。视觉单词的识别十分有效，以至于视觉词形区能在单词呈现 29 毫秒时以阈下方式被激活（Dehaene et al.，2001）。

最后，就像算术一样，对于阅读而言，也有证据表明脑损伤会选择性地损伤阅读的视觉加工阶段。Déjerine（1892）报告了第一个“纯失读症”（pure alexia）案例，这是一种选择性阅读损伤，其言语产出、言语理解，甚至书写
都没有问题。此后研究者又发现了许多案例。纯失读症由左半球腹侧枕颞区受 241
损引起，这影响了视觉皮层区，而正常被试阅读时会在该区产生激活（Cohen et al.，2003）。除了阅读，其视觉加工依然完好，包括面孔与物体识别。尽管病人仍然能识别单个字母，每次一个，但是他们不能同时加工字母从而立即识别整词。此外，他们不能再恢复流畅阅读，即使在损伤之后许多年也不行。对比他们依然保留的视觉物体识别能力以及受损的阅读能力可以发现，有一个专门化的系统丧失了——一个负责视觉单词识别的迅速、专门、固定的“心理器官”，即使这个系统逻辑上似乎不可能存在。

就像计算能力一样，解决这一悖论需要考虑灵长类动物的视觉词形系统最初的功能。灵长类动物已经具备恒定单词识别系统的许多属性——只不过是用来识别物体与面孔，而非单词。灵长类的整个枕颞通路与视觉再认有关。它已经进化为“是什么”（what）系统，能够恒定地识别面孔与物体，与此相对，背侧“位置”（where）系统则负责物体定位及在运动行为中运用定位信息。

对于猕猴腹侧视觉通路的神经元组织人们已经有许多了解，该通路存在一个抽象性与恒定性逐渐增加的神经元层级。有些神经元只对物体的一部分有反应，其感受野相对较窄——例如它们或许对呈现于视网膜特定位置的眼睛的形状敏感。而另一些则对更大的轮廓有反应，例如面孔或灭火器的外形。最后，还有一些神经元对特定的人有反应，不管是以面孔还是轮廓的形式出现。这些估算以轻松、无意识的方式进行，甚至会出现在麻醉的猴子身上。

Tanaka 与同事（Tanaka，1996）研究了能使猴子枕颞神经元放电的最少的物体特征。为实现该目的，他们使用了逐渐简能化程序。第一，呈现许多物体，直到发现一个物体确实能引起特定神经元放电。然后，简化物体的形状，同时尽量保证最优的神经元反应。当保证神经元能够放电而形状不能被进一步简化时，就认为发现了神经元可以作出反应的最简单特征。奇特的是，这些形状中有许多都与字母类似：有些神经元对形状如 T 的两条线有反应，另一些
242 则对一个圆或者构成数字 8 形状的两个叠加的圆有反应，等等。显然，猴子并没有把这些形状当作字母来学习。确切地说，它们在个体发生（ontogeny）和/或种系发生（phylogeny）的过程中出现，作为一种简单的形状库（repertoire）用来代表各种自然形式和物体形状。

颞下神经元的另外一个核心特征是它们具有可塑性。使用任意图形如分形（具有某种相似性结构的集合——译者注）（Miyashita，1988）或随机折叠的回形针（Logothetis，Pauls，& Poggio，1995）进行的训练研究表明，所有的神经元最终都对这些图形有很高的反应性，然后将这些图形的位置、大小及视角的恒常性等属性迁移到这些图形中。在某些情况下，细胞能够对训练中任意两个成对的图像作出反应。这种配对能力是学习将 A 与 a 识别为同一个字母或确定/house/的读音与 HOUSE 单词指代同一个单词的潜在基础。

最后，负责视觉再认的面积较大的皮层区中为什么会有一个特定的视觉词形区？最近，Hasson、Malach 及合作者的神经成像研究（Hasson，Levy，Behrmann，Hendler，& Malach，2002；Malach，Levy，& Hasson，2002）开始解释这一惊人的发现。该小组描述了横穿整个视觉区的大尺度的梯度性或偏向性（biases），而且这或许通过扩散成形素（图灵机模型）在发展的早期就被确定好了。其中一个倾向就是视网膜偏心性：有些皮层区对中央凹有偏好性反应，有些则对视网膜边缘有偏好性反应。很明显，就像面孔识别区，视觉词形区也系统地占据这一倾向性梯度的中央凹敏感峰值。由于单词与面孔识别会利用中央凹刺激的精细的细节（特征），这一点能够说得通。另一方面，地点与房屋的识别需要在视野更大范围中整合信息，并激活梯度的外围峰值。因此，似乎每种物体

都能通过预先有偏向的神经元来习得——这种偏向可以解释视觉词形系统严格而可再现的位置，而不用假设存在先天阅读的“心理器官”。

总之，与算术相似，阅读也不只依赖于领域一般性的学习机制。确切地说，我们之所以能学习阅读或许是由于视觉系统已经具有某种专门化的机制，它负责形状恒常性的识别，以及在这些识别的形状与物体的听觉表征及抽象语义表征之间建立恰当的联结。学习或许还是由于进化已使该系统具有高度可塑性。尽管我们不是生来就有字母侦察器，但是字母与颞下区中易于习得的并与读音形成映射关系的标准形状十分类似。在我们学习阅读时，会占用该系统的 243
一部分，而非重新创造一个“阅读区”。

实际上，尽管人脑没有专门为阅读而进化，但也许出现了相反的事：文字系统的文化进化至少部分地被脑学习该系统的便易性与速度所塑造。因此，几个世纪以来，我们最终选择的字母形状能够很好地与视觉系统对物体编码时自发使用的形状相匹配。

结论：把教育看作“神经元再利用”的过程

本章所关注的算术与阅读领域表现出明显的共性，但同时也有重要的差异。在这两个领域中，人类都学会赋予常用形状（阿拉伯数字或字母）以意义，且最终以一种高效甚至是阈下的方式进行。此外，与这些文化活动相关的脑激活是非常容易再现的。最后，有关脑区在灵长类动物的进化中已经被证明具有了显著相关的功能。然而，算术与阅读之间还是有重要的差异。一方面，灵长类动物的进化中，负责算术的脑区有一个真实存在的前身。灵长类动物的顶内皮层似乎已经参与数字表征，且数字符号与该表征之间的文化映射只是显著增强，但没有从根本上改变其计算能力。另一方面，视觉词形区的前身最初则与阅读无关。该区最初负责物体再认，该功能明显不同于书面语言和语音、语义之间的映射关系。

通过概括这两个例子，我试探性地提出人类习得新文化客体的能力依赖于神经元的“再转化”（reconversion）或“再利用”（recycling）过程，这些新客体借此占据了一些最初负责相似或相近功能的皮层区。根据这一观点，我们的进化过程以及我们的遗传组织共同确定了一个皮层结构。它既是限制性的，又具有部分可塑性，从而限定了可学习客体的范围。新的文化习得只有当它们能够适应脑结构中已有的限制时才成为可能。

有必要将“神经元再利用”模型与其对立观点——有点滑稽的脑“白板”

模型作一对比。后者将教育比作填充一个空白的脑空间，它可以吸收任何教育
244 类型。但是教育者知道课堂里的情况并非如此（参见 Bruer，本书）。现实中的儿童要比白板模型预期的更有天赋，偶尔还对变化有更强的抵抗性。根据“神经元再利用”模型，儿童的直觉和偶尔的固执都可以理解为已有脑结构的作用。在许多情况下，我们从灵长类进化中继承的脑表征都可以促进学校学习。尤其是数学教育会利用这种早期的直觉，这可能会扩展到数量维度之外的科学和数学的许多其他领域，包括空间、时间、力，等等。

然而，在另一些情况下，教育则必须克服儿童对某个领域的直觉理解，甚至还要与脑中已有的偏向积极作斗争。例如，在算术中，脑似乎对数量的自然表征最初不可能表征零、负数或分数。因此儿童的直觉必须扩展到这些情况中，这是一件困难的事，也是数学史上的一个主要障碍——但是或许可以通过教授恰当的比喻来解决，比如将负数看作数轴向左侧的延伸。

阅读中也存在类似的情况。对儿童来讲一个可能的困难来自于他们不得不忘却视觉系统自发获得的一种恒定性：左右对称的恒定性。有证据表明，初级视觉系统一旦学会识别一个形状，就会自动推广到相应的对称性形状（Baylis & Dreiver，2001；Noble，1968；Rollenhagen & Olson，2000）。然而，要知道 p 和 q 以及 b 和 d 是无关字母时，这种能力实际上是起反作用的。与神经元再利用模型一致，即使不是全部儿童，也会有许多儿童似乎都要经过一个阶段，他们会无意识地犯左右颠倒的错误，而且慢慢才能明白这种概括化在阅读中是不恰当的（McMonnies，1992）。

另外，阅读中更核心的限制可能是拼音文字系统要将字母的字形与语音、音素建立映射，而听觉系统最初并不具备这种能力。要理解音素是什么，并将音素表征与抽象的字母形状相连，似乎是许多儿童的主要困难。（参见 Usha Goswami，本书中的章节）。的确，这可能是发展性阅读障碍儿童阅读困难的最重要的一个原因。

245 这些例子告诉我们，理解儿童的最初表征以及这些表征在学习过程中如何被修饰，将成为促进语言和数学基础教育的核心。我选择了两个特定的领域——算术与阅读，但是在第二语言学习以及数学的许多其他方面也可以得出类似的观点。不管什么情况下，通过理解脑变化的最初状态、发展轨迹及最终状态，教育者都可以获益颇多。最后，教师也必须意识到有一小部分儿童的确存在脑损伤，虽然这不影响一般智力，但会限制他们学习特定领域的知识。同样，在该领域中，理解这些病症的脑基础也能增强我们克服病症的能力。

参考文献

Allison, T., Puce, A., Spencer, D. D., and McCarthy, G. (1999). Electrophysiological studies of human face perception. I: Potentials generated in occipitotemporal cortex by face and non-face stimuli. *Cerebral Cortex*, 9 (5), 415–430.

Baylis, G. C. and Driver, J. (2001). Shape-coding in IT cells generalizes over contrast and mirror reversal, but not figure-ground reversal. *Nat Neurosci*, 4 (9), 937–942.

Butterworth, B. (1999). *The Mathematical Brain.* London: Macmillan.

Cohen, L. and Dehaene, S. (2004). Specialization within the ventral stream: The case for the Visual Word Form Area. *NeuroImage*, in press.

Cohen, L., Lehericy, S., Chochon, F., Lemer, C., Rivaud, S., and Dehaene, S. (2002). Language-specific tuning of visual cortex? Functional properties of the Visual Word Form Area. *Brain*, 125 (Pt 5), 1054–1069.

Cohen, L., Martinaud, O., Lemer, C., Lehéricy, S., Samson, Y., Obadia, M., et al. (2003). Visual word recognition in the left and right hemispheres: Anatomical and functional correlates of peripheral alexias. *Cerebral Cortex*, 13, 1313–1333.

Dehaene, S. (1992). Varieties of numerical abilities. *Cognition*, 44, 1–42. (1997). *The Number Sense.* New York: Oxford University Press.

Dehaene, S. and Changeux, J. P. (1993). Development of elementary numerical abilities: A neuronal model. *Journal of Cognitive Neuroscience*, 5, 390–407.

Dehaene, S., Dehaene-Lambertz, G., and Cohen, L. (1998). Abstract representations of numbers in the animal and human brain. *Trends in Neuroscience*, 21, 355–361.

Dehaene, S., Jobert, A., Naccache, L., Ciuciu, P., Poline, J. B., Le Bihan, D., et al. (2004). Letter binding and invariant recognition of masked words: Behavioral and neuroimaging evidence. *Psychological Science*, in press.

Dehaene, S., Naccache, L., Cohen, L., Bihan, D. L., Mangin, J. F., Poline, J. B., et al. (2001). Cerebral mechanisms of word masking and unconscious repetition priming. *Nat Neurosci*, 4 (7), 752–758.

Dehaene, S., Piazza, M., Pinel, P., and Cohen, L. (2003). Three parietal circuits for number processing. *Cognitive Neuropsychology*, 20, 487–506.

Dehaene, S., Spelke, E., Pinel, P., Stanescu, R., and Tsivkin, S. (1999). Sources of mathematical thinking: behavioral and brain-imaging evidence. *Science*, 284 (5416), 970–974.

Déjerine, J. (1892). Contribution à l'étude anatomo-pathologique et clinique des différentes variétés de cécité verbale. *Mémoires de la Société de Biologie*, 4, 61–90.

Eger, E., Sterzer, P., Russ, M. O., Giraud, A. L., and Kleinschmidt, A. (2003). A supramodal number representation in human intraparietal cortex. *Neuron*, 37 (4), 719–725.

Gallistel, C. R. and Gelman, R. (1992). Preverbal and verbal counting and computation. *Cognition*, 44, 43–74.

Hasson, U., Levy, I., Behrmann, M., Hendler, T., and Malach, R. (2002). Eccentricity bias as an organizing principle for human high-order object areas. *Neuron*, 34 (3), 479–490.

Isaacs, E. B., Edmonds, C. J., Lucas, A., and Gadian, D. G. (2001). Calculation difficulties in children of very low birthweight: A neural correlate. *Brain*, 124 (Pt 9), 1701–1707.

Lemer, C., Dehaene, S., Spelke, E., and Cohen, L. (2003). Approximate quantities and exact number words: Dissociable systems. *Neuropsychologia*, 41, 1942–1958.

Lipton, J. and Spelke, E. (2003). Origins of number sense: Large number discrimination in human infants. *Psychological Science*, 14, 396–401.

Logothetis, N. K., Pauls, J., and Poggio, T. (1995). Shape representation in the inferior temporal cortex of monkeys. *Curr. Biol.*, 5 (5), 552–563.

Malach, R., Levy, I., and Hasson, U. (2002). The topography of high-order human object areas. Trends *Cogn. Sci.*, 6 (4), 176–184.

McMonnies, C. W. (1992). Visuo-spatial discrimination and mirror image letter reversals in reading. *J. Am Optom Assoc.*, 63 (10), 698–704.

Miyashita, Y. (1988). Neuronal correlate of visual associative long-term memory in the primate temporal cortex. *Nature*, 335 (6193), 817–820.

Molko, N., Cachia, A., Riviere, D., Mangin, J. F., Bruandet, M., Le Bihan, D., et al. (2003). Functional and structural alterations of the intraparietal sulcus in a developmental dyscalculia of genetic origin. *Neuron*, 40 (4), 847–858.

Molko, N., Cohen, L., Mangin, J. F., Chochon, F., Lehéricy, S., Le Bihan, D., et al. (2002). Visualizing the neural bases of a disconnection syndrome with diffusion tensor imaging. *Journal of Cognitive Neuroscience*, 14, 629–636.

Naccache, L. and Dehaene, S. (2001). The priming method: imaging unconscious repetition priming reveals and abstract representation of number in the parietal lobes. *Cerebral Cortex*, 11 (10), 966–974.

Nieder, A., Freedman, D. J., and Miller, E. K. (2002). Representation, of the quantity of visual items in the primate prefrontal cortex. *Science*, 297 (5587), 1708–1711.

Nieder, A. and Miller, E. K. (2003). Coding of cognitive magnitude. Compressed scaling of numerical information in the primate prefrontal cortex. *Neuron*, 37 (1), 149–157.

Nieder, A. and Miller, E. K. (2005). Neural correlates of numerical cognition in the neocortex of non-human primates. In S. Dehaene, J. R. Duhamel, M. Hauser and G. Rizzolatti (eds.),

From Monkey Brain to Human Brain. Cambridge: MIT Press.

Noble, J. (1968). Paradoxical interocular transfer of mirror-image discriminations in the optic chiasm sectioned monkey. *Brain Res*, 10 (2), 127–151.

Paulesu, E., Demonet, J. F., Fazio, F., McCrory, E., Chanoine, V., Brunswich, N., et al. (2001). Dyslexia: cultural diversity and biological unity. *Science*, 291 (5511), 2165–2167.

Pinker, S. (2002). *The Blank Slate: The Modern Denial of Human Nature*. London: Penguin Books.

Quartz, S. R. and Sejnowski, T. J. (1997). The neural basis of cognitive development: a constructivist manifesto. *Behav. Brain Sci.* 20 (4), 537–556; discussion 556–596.

Rollenhagen, J. E. and Olson, C. R. (2000). Mirror-image confusion in single neurons of the macaque inferotemporal cortex. *Science*, 287 (5457), 1506–1508.

Sawamura, H., Shima, K., and Tanji, J. (2002). Numerical representation for action in the parietal cortex of the monkey. *Nature*, 415 (6874), 918–922.

Shalev, R. S., Auerbach, J., Manor, O., and Gross-Tsur, V. (2000). Developmental dyscalculia: prevalence and prognosis. *Eur. Child Adolesc.* Psychiatry, 9 (Suppl 2), II, 58–64.

Tanaka, K. (1996). Inferotemporal cortex and object vision. *Annual Review of Neuroscience*, 19, 109–139.

译后记

最近几十年来，认知科学、神经科学和教育学等相关学科的长足进步以及全球化社会中频繁的信息交流，大大促进了不同学科之间的沟通与融合。在这种形势下，整合心理、脑与教育（MBE）的研究已经成为国际教育研究界的一道亮丽的学术风景线。在心理、脑与教育的整合中，有两个不同的名称："神经教育学"强调以教育学为核心的跨学科整合，而"教育神经科学"的核心是整合教育学的神经科学。本书运用"神经教育学"一词来指代这个新兴的领域。本书的出版标志着神经教育学的诞生！

神经教育学这一新兴的研究领域不仅纳入了与人类文化一样博大精深的教育学，而且还包括了现代神经科学的各个层面的研究：从分子到基因，从突触到人工神经网络，从反射到行为，从动物研究到人类脑成像研究。但是神经教育学这一新兴领域的研究并不是一个包罗万象的新范式，也不是对这些领域中毫不相关的研究成果进行简单的拼接，而是在完全不同的学科之间进行整合，最终将形成一个全新的知识网络系统。这个知识网络系统内外的各有机成分之间相互链接，其功能日渐强大，最终将出现一个良性循环的知识生产有机体。这个知识生产有机体将随着脑科学、认知科学与教育等各个独立学科以及由于整合而产生的新兴学科的发展而不断成长壮大。目前，神经教育学的新发现与新进展激发了全社会的热情与期待。虽然有时这种极大的热情与期待往往有些不切实际，却反映了教育的发展亟待科学的指导，来应对21世纪复杂多变的新形式与新环境。在全球化的进程下，不同的文化、语言和观点的不断交织与融合，不仅使得神经教育学这一研究领域显得更加复杂多样，而且也呈现出一派生机勃发、欣欣向荣的景象。

本书的主要内容侧重这样几个方面。

1. 神经教育学的新观点为教育理论研究奠定坚实的科学基础

神经教育学除了关注脑与认知科学的实证研究技术与证据，同时也关注对人脑的哲学思考。在历史上，对脑的哲学思考经历了从将脑当作“灵魂的所在地”到“自我的器官”的历史性转变。本书运用“脑格”（brainhood）这一词说明“脑存在的条件”以及“人与脑共存亡”（human being as brain）的事实，强调脑是自我的唯一重要器官。尽管在历史上，哲学家对脑与心智的关系进行了深入的思考，但是直到最近几十年来，才有为数不多的教育者、脑与认知科学研究者运用神经生物学和遗传学的知识来解释学生的学习和思维问题。现在，大批的脑与认知科学研究者利用神经生物学中的研究工具来追踪知识的产生，同时分析种系发展和个体发育之间以及学习和记忆在整个人生中的变化情况。人类脑结构功能的发展与变化不仅取决于基因，还依赖于后天的影响。研究从不同的角度证明，婴儿的脑天生就被赋予了一个异常庞大的信息库。因此，教育不是始于一块“白板”，而是建立在婴儿对自身内部以及外部环境的先天知识的基础之上。神经生物学研究中的这些研究成果为我们描述了人类知识的神经表征方式。对知识加工的脑机制所进行的不断深入的探索也带来了认识论上的变化：“搜寻知识的来源，等同于搜寻脑功能建构的修饰和完善过程。”

从神经科学的角度来理解，教育是一种神经元再利用的过程。根据著名认知神经科学家 Stanislas Dehaene 的观点，在算术和阅读习得方面的研究中，书写单词和数字是近代文化发展的产物。基于人脑特有的能力，人类构建了阅读和数学文化系统。研究发现，灵长类动物和人脑中有特定的皮层区，用于探测数量特征及与书写符号的有关特征。很多物种，包括人类婴儿，天生就具有对数量的意识，数量意识与大脑顶叶（左右顶内沟）的加工有关。在猴子的试验中也发现，顶叶附近的特定神经元群负责 1 到 5 个客体数量的识别（与数字 1 到 5 相联系）。对人类来说，脑的这种功能定位是稳定的，该区域的损伤会形成失算症（不会做算术）。而阅读字母和单词则会激活大脑左腹侧视觉区的一个非常稳定的区域（枕颞沟）。不管阅读者是使用拼音文字还是表意文字，都会在该区域激活。而这一区域的损伤会造成失读症（不能读）。对猴子的研究也表明，具有某个字母特征的形状也会激活猴子特定的枕颞神经元。根据这些证据，Dehaene 提出：“只有当新文化客体适合脑的结构的已有限制时，人类才有可能习得它。”人类之所以能够获得阅读与计算能力，是因为人脑具有对已有的神经通路进行重组的非凡能力。人脑在发育过程中智力发生变化的实质并不是脑中产生了新的结构，而是因为具有这种非凡的重组能力。

阅读是神经教育学研究中积淀最深的一个领域。人们对拼音文字的阅读规律进行了大量的研究。在拼音文字中，儿童必须学会字形—音素这一对应规则才能学会阅读。音素是发音的最小单位，是获得拼音文字阅读能力的重要成分。儿童学习阅读时可以通过字母来学会音素。在学习阅读之前，儿童就对单词中的音节及“首音”和“韵脚”非常敏感。如，在单词“seat”、“sweet”和“street”中，“首音”对应于前面的辅音音节，如s，sw和str；“韵脚”对应于后面的元音与辅音组合，如s-eat，sw-eet，str-eet。但是，“首音”和“韵脚”是语音流中较大的单位，而字母则是语音流中表征“音素”的较小的单位。对这些小的语音单位或音素的意识一般在学习阅读和书写后才能形成。因此，没有学会阅读的人在音素意识上都表现不佳，但是相对而言，却较容易辨别音节。研究还表明，音素意识的习得比率和技能水平取决于所学语言的正字法。在读和写中，儿童必须将语音系统与正字法对应起来，但不同的语言中语音系统与正字法的对应类型却迥然不同。对儿童来说，正字法一致的语言，如西班牙语的阅读要容易得多。在这类语言中，一个字母固定对应一个独特的音素，且“首音—韵脚”的分割直接对应于音素的分割。而正字法复杂、不一致的语言，比如英语，则会减慢和阻碍音素意识的习得。正字法难度上的差异似乎能解释为什么西班牙语学校比英语学校中患阅读障碍的儿童少。

2. 神经教育学的新发现为教育政策与实践提供科学的依据

科学中的重大挑战之一，就是在基础研究和人类的社会与文化生活之间建立联系。整合认知科学与神经科学的神经教育学也同样面临着这种挑战。本书剖析了国际上教育实践和政策的制定中出现的、错误运用认知神经科学研究成果的方式，这为我国发展神经教育学提供了前车之鉴。例如，视觉皮层区的大量研究证明：在发展的早期会出现机会窗，此时的视觉剥夺将使视觉皮层回路无法得到及时的巩固，视觉功能就会永久丧失。20世纪90年代，美国的许多政策制定者和教育研究者运用这类视觉系统的关键期研究来解释认知发展和终身学习，认为加快脑的新陈代谢、提高突触密度可以促进新概念和技能的习得等。本书对这种观点进行了深入的批判。

感觉剥夺会严重损害记忆以及很多技能的学习。同时，个体的情绪和认知能力也会严重受损。同样，许多城市的喧闹环境剥夺了很多人的睡眠，现代社会24小时连续工作的生活方式也严重地威胁了人类的健康行为。这种作息模式不符合人体内部几百万年的生物适应所形成的生物钟和生物节律。尤其对于青少年而言，由于在学校期间睡眠（由于工作或娱乐）较晚而上课较早，造成了他们的睡眠严重不足，同时也改变了青少年的作息习惯，致使他们一天中的最佳的时间通常在晚上。这就是为什么他们早上感觉困觉，快放学时又变得非常清醒的原因。有关生物钟和生物节律的研究，为学校的决策提供了科学的依据。学校可以根据这些研究制定科学的学校作息时间表，从而提高学生学习的效率。因此，神经科学的研究有助于提高儿童和青少年的学业成绩。

另外，神经教育学的研究对于学习困难儿童的矫治具有重要的理论价值与实践意义。例如在阅读困难的研究中发现，语音层面上的任何缺陷都会导致特殊形式的阅读障碍。研究发现，阅读障碍者难以表征母语单词的发音形式，是由于其在音律计时上存在缺陷。而这是由于阅读障碍儿童的听觉系统不够成熟造成的，而不是听觉系统的异常引起的。根据语音层面阅读障碍的这些科学研究成果来对这类阅读障碍学生进行矫治中取得了成功。但是有些形式的阅读障碍却不能单纯用语音缺陷来解释。比如，阅读需要对命名速度有影响的、独立于语音系统的快速自动加工。这种加工上的缺陷就需要采用不同的矫治方法。Maryanne Wolf 的双缺陷假设（Double Deficit Hypothesis）将阅读障碍分为三种类型：语音损伤的孩子、快速自动加工有缺陷的孩子及同时具有上述两种缺陷的孩子。第三组孩子在阅读流畅性和理解上都有深度缺陷，需要进行全面的干预。语言的正字法、语音、语义、句法等成分之间相互作用会影响阅读的流畅性水平。根据这一认识，Wolf 和同事们开发的 RAVE-O 项目［这个缩写取自这些单词：Retrieval（提取）、Automaticity（自动性）、Vocabulary（词汇量）、Engagement with Language（语言的运用和）Orthography（正字法）］对矫治流畅性上有缺陷的儿童产生了较好的效果。这一项目的最终目标“不是儿童能读得多快，而是他们能多好地理解和欣赏所读的内容。”这种干预的成功说明，有关阅读的认知机制和脑机制方面的科学知识可以促进阅读教学效益的提高。

3. 神经教育学的研究实现了研究方法与技术的创新

神经教育学的诞生对传统的教育思维方式以及研究技术与手段进行了彻底的变革，大大拓宽脑科学、认知科学和教育学的研究视野。在神经教育学的研究中，对课堂中学生学习的行为实验研究与实验室中严格控制的研究同等重要。在神经教育学研究领域正在涌现的形形色色的研究方法中，动态系统研究与光学成像研究分别成为课堂与实验室研究中的两大热点。众所周知，脑是世界上最复杂的器官，传统的线性分析方法无法捕捉脑发育中的复杂性。而动态系统理论可以描绘出脑中认知技能发展的动态变化，因此成为神经教育学中备受推崇的一种研究方法。在研究的技术手段中，功能磁共振（fMRI）、事件相关电位（ERP）、正电子发射断层成像（PET）等各种脑成像技术对于揭示儿童学习的脑机制具有重要的作用，但是这些技术只能在实验室或医院严格控制的情境中进行，而无法在学校中进行现场的研究。对于教育的运用而言，自然情境下的课堂研究才更有教育的应用价值。光学成像技术运用近红外线来测量脑中各种活动时皮层的血液变化。与其他脑成像技术相比，这种成像仪精巧便携，并允许被试有较大的移动空间。而且，与其他工具相比，光学成像仪还具有无创性、低成本、易于维护、易于操作等特点。因此，光学成像仪在真实的课堂情境中研究儿童学习活动的脑机制方面具有巨大的优势。这项技术已经运用于儿童的阅读、计算、思考、想象以及脑损伤和痴呆的神经康复等方面的研究，在神经教育学的研究中显示出其巨大的发展潜力。在本书中，著名神经教育家 Laura-Ann Petitto 教授运用该技术揭示出，还不会说话的婴儿在知觉语音刺激时就已经开始使用脑中特异性的语言区。理解语言皮层区在语言获得中的作用，能加深我们对语言发展的理解，也能对阅读障碍一类的语言学习困难进行早期预测。

4. 神经教育学的发展呼唤新型的研究共同体与跨学科的研究人才

神经生物学的研究并不直接导致对教育学的更好的理解，但是神经生物学可以通过阐明有关学与教的认知机制来与教育学建立联系，在两者之间需要建立双向互惠的关系。在认知神经科学的基础研究和教育实践之间建立起更多的互动交流才能促进神经教育学的发展。而有效的互动交流有赖于不同领域的研究者和实践者之间形成一个新型的研究共同体，共同体成员之间竭诚合作，运用实验室的研究证据来启发教育实践，同时根据课堂中的教育观察来为科学研究提出有实践价值的问题。这种新型的研究共同体的形成可以避免错误认识的形成。同时，在这种研究共同体的研究与交流过程中，会逐渐产生出一批对心理、脑和教育这三个领域都熟悉的研究者和实践者，这样才能更好地将神经科学的研究与教育实践结合起来。拥有这样的知识体系，才能发现认知发展模式和脑发育模式之间发现相互关系。例如，技能理论表明，从出生到二十五六岁，每隔一个特定的年龄段，儿童和青少年的最佳认知表现总会有一个明显的突增，表现出发展的非连续性，与认知发展相对应的大脑皮层活动也在多种参数上出现激增和其他形式的非连续性，甚至皮层解剖特征也表现出相应的变化。这些趋于一致的证据形成了一个发展性的量表，研究者可以用它在同一个尺度下评估教师的教学、学生的学习以及教学材料的设计。

综上所述，生物学、认知科学与教育学的结合不仅为我们提供了更深广、更精确的有关人类自身与人类文化的知识，而且也为我们带来了更科学、更有效的学习和教学工具。随着“心理、脑与教育”这一全球性运动的蓬勃展开，一个庞大的科学家和教育者相互合作的研究网络正在形成；一个探索由生物学、认知科学和教育学整合而形成的新兴知识体系的新时代已经到来；一场改革教育研究的革命正在酝酿之中！我们期待着这一新兴的研究领域对21世纪学校的学习和教学方式带来深刻的变革！

本书的翻译是跨学科团队集体合作的成果。各章的翻译者与校译者分别为：序，周加仙；前言，周加仙；第一章，柳恒爽、周加仙；第二章，李奇、周加仙；第三章，柳恒爽、周加仙；第四章，李奇、周加仙；第五章，李奇、周加仙；第六章，欧帮飞、魏娜；第七章，欧帮飞、魏娜；第八章，周加仙、柳恒爽；第九章，欧帮飞、魏娜；第十章，李奇、周加仙；第十一章，魏娜、李奇；第十二章，魏娜、李奇；第十三章，魏娜、李奇；第十四章，魏娜、李奇；索引，周加仙。最后，由周加仙老师对全书进行反复修改、统稿，董奇老师审订全文。虽然在翻译、校译与统稿的各个过程中，我们倾注了全力，但是由于神经教育学是一个全新的领域，涉及的面非常广泛，错误之处，请各位读者批评指正。

华东师范大学心理与认知科学学院
周加仙
2010年10月

出 版 人　所广一
责任编辑　刘明堂
版式设计　贾艳凤
责任校对　曲凤玲
责任印制　曲凤玲

图书在版编目(CIP)数据

受教育的脑:神经教育学的诞生/(阿根廷)巴特罗,(美)费希尔,(法)莱纳主编;周加仙等译.—北京:教育科学出版社,2011.1(2013.3重印)

书名原文:The Educated Brain:Essays in Neuroeducation

ISBN 978-7-5041-5346-3

Ⅰ.①受… Ⅱ.①巴… ②费… ③莱… ④周… Ⅲ.①脑科学—研究②教育心理学—研究 Ⅳ.①R338.2 ②G44

中国版本图书馆 CIP 数据核字(2010)第216231号

北京市版权局著作权合同登记 图字:01-2008-6171号

受教育的脑:神经教育学的诞生

SHOU JIAOYU DE NAO:SHENJING JIAOYUXUE DE DANSHENG

出版发行	教育科学出版社		
社　址	北京·朝阳区安慧北里安园甲9号	**市场部电话**	010-64989009
邮　编	100101	**编辑部电话**	010-64989419
传　真	010-64891796	**网　址**	http://www.esph.com.cn
经　销	各地新华书店		
制　作	北京鑫华印前科技有限公司		
印　刷	保定市中画美凯印刷有限公司		
开　本	169毫米×239毫米　16开		
印　张	15.25	**版　次**	2011年1月第1版
字　数	259千	**印　次**	2013年3月第3次印刷

Original English Title:
The Educated Brain
By Antonio M. Battro, Kurt W. Fischer, Pierre J. Lena

智慧教师读本 ②

我们如何学习

人脑的教育

[美] 迈克尔·I. 波斯纳　玛丽·K. 罗特巴特　著

北京师范大学认知神经科学与学习

国家重点实验室脑科学与教育应用研究中心　组织翻译

周加仙　等　译

教育科学出版社

·北　京·

译丛总序

人脑是世界上最复杂的物质系统，它所具有的学习功能是其他一切生物无法比拟的。在人类学习的研究中，由于研究方法与手段的局限性，无论是古代东西方对学习的思辨，还是近现代流派纷呈的学习理论，都回避了对学习的器官——脑的探索，使学习的研究停留在外显的行为以及对内部心理机制的推测上。

随着脑科学的迅猛发展以及研究方法与工具的进步，人们日益重视脑、认知与学习之间的关系。学习科学研究者将真实情境中的学习作为研究对象，运用科学的研究方法，来理解人类学习过程中的认知活动及其神经机制，探讨学习、认知与发展的过程与本质。学习作为人类极其复杂的现象，只有整合不同学科的视野才能对其有完整、科学的认识，因此学习科学是多学科、跨学科的研究领域。

最先用科学的方法来研究脑与学习关系的是诞生于20世纪50年代中期的认知科学。认知科学是研究人、动物和机器的智能本质和规律的科学，研究内容包括知觉、学习、记忆、推理、语言理解、知识获得、注意、情感等统称为意识的高级心理现象。认知科学从诞生之日起，就从多学科的视角来研究学习。到20世纪70年代，认知科学家开始研究人类是怎样解决问题的，关注数学、科学、阅读和写作等学校教育教学中涉及的重要问题。他们发现专家与新手采用不同的方式来解决各种学习领域中的问题，认为专家与新手的区别是理解学习的第一步，“学习就是新手变为专家的过程”①，追踪这一过程中的思维变化可以研究学习的产生。20世纪90年代以后，认知科学转变了脱离学习情

① Bruer, J. B. 1993, Schools for Thought: A Science of Learning in the Classroom. Cambridge, Massachusetts: The MIT Press, p. 2.

境、关注静态知识的实验室研究方式，转而重视学习者的思维与求知过程。认知科学对表征、专家知识、问题解决和思维等的研究，成为学习科学的核心概念。经过20余年的发展，《学习科学杂志》于1991年创刊。2002年“国际学习科学协会”（The International Society of the Learning Sciences）成立。目前美国的西北大学、斯坦福大学等许多著名大学都设立了学习科学专业，从认知科学的角度来探究学生的学习。

在认知科学发展的同时，与此相关的另一门新兴学科也在形成之中。美国心理学家George Miller于20世纪70年代提出了“认知神经科学”一词，率先将脑科学和认知科学结合起来。在90年代“脑的十年”里，随着脑成像技术的发展以及Michael S. Gazzaniga、George Miller、Michael I. Posner等一批认知神经科学家卓有成效的研究，认知神经科学迅速发展起来。认知神经科学的研究任务在于阐明自我意识、思维想象和语言等人类认知活动的神经机制，研究脑是如何调用各层次上的组件，包括分子、细胞、脑组织区和全脑去实现自己的认知活动的。① 教育与认知神经科学结合起来的研究已成为当前国际上备受关注的新兴研究领域。1999年经济合作与发展组织启动了“学习科学与脑科学研究”项目，目的是在教育研究人员、教育决策专家和脑科学研究人员之间建立起密切的合作关系，通过跨学科的合作研究来探明与学习有关的脑活动，从而更深入地理解个体生命历程中的学习过程。2003年11月，“国际心智、脑与教育协会”成立，标志着科学界与教育界更加紧密地合作起来，共同研究人类学习与学习科学。

目前，许多国家的政府都采取了一系列重要措施，大力支持脑与学习科学的研究与应用工作，并将它作为国家科技与教育发展的重要议程。新世纪伊始，美国国家科学基金会就积极酝酿筹办学习科学研究中心以及学习科学孵化中心。从2003年起，美国国家科学基金将投入约1亿美元，正式建立6个学习科学中心以及若干个学习科学孵化中心。这些学习科学中心分别从生物、认知、计算机、数学、物理、社会科学、工程以及教育等多种学科交叉的角度来研究学习，甚至还涉及机器学习、学习技术以及所有有关学习的数学分析与模型的研究。日本政府也非常重视脑科学与教育的研究，日本文部科学省于2003年元旦启动了庞大的“脑科学与教育”研究项目。2004年，欧洲启动了由8个不同国家的实验室共同合作的研究项目“计算技能与脑发育”项目，研究计算能力的脑机制，并将研究成果运用于数学教育。这些研究组织与机构的创

① Gazzaniga，M. S.：《认知神经科学》，沈政等译，上海教育出版社，1998年。

立表明，无论在北美洲、欧洲，还是在亚洲，全方位、多层面的学习科学研究已经蓬勃地开展起来。

我国对学习的研究已有悠久的历史。在古代，人们把“学习”看作是包含“学”与“习”两个独立环节的过程。“学”是指人获得直接与间接经验的认识活动，兼有思的含义；“习”是指巩固知识、技能等实践活动，兼有行的意思。① 最早将“学”与“习”联系起来强调“学”与“习”之间内在联系的是孔子，他说：“学而时习之，不亦说（悦）乎!”（《论语·学而》）又说：“学而不思则罔，思而不学则殆。”（《论语·为政》）说明“学”是“习”的基础与前提，“习”是“学”的巩固与深化，在学习的过程中可以感受到愉悦的情绪体验，揭示了学习、练习、情绪、思维之间的关系。由此可见，我国古代把学习看作是学、思、习、行、情的总称，对学习的这种探讨已经触及了一个重要的科学研究问题：学习过程中认知、情绪、行为三者之间的统一关系。

20 世纪初期与中期，我国有一些学者出版了有关学习的论著，如杨贤江撰写的《学习法概论》(1923)、周冰原撰写的《学习观点与学习方法》(1950) 等。经过多年的发展，20 世纪 70 年代末到 80 年代初，开始形成了学习学的理论与实践研究，并出版了大量专著，学习学的研究在全国展开。1987 年 6 月，在南京召开的“全国第一届学习科学讨论暨讲习班”成为学习学研究历史上的一次重要会议。此后，全国学习学专业机构纷纷成立，并多次举办了全国性的学习学会议。学习学的理论与实践研究也有了新的进展。但是，目前学习学的研究仍然停留于行为研究与思辨层面，关注较多的是学生的学习心理研究、学习规律的观察与总结、学习经验的交流、学习方法的指导等方面，而对脑与学习的关系则探讨较少。

20 世纪 90 年代中后期，在当时国务院科技领导小组、国家科技部、教育部、自然科学基金委的支持下，我国开始重视脑科学与教育的研究，并多次举行专题研讨会。以脑科学研究为基础的学习科学才逐渐受到关注，并成立了专门的研究机构。2000 年，教育部在北京师范大学建立了认知科学与学习教育部重点实验室；2002 年，韦钰院士在东南大学发起成立了学习科学研究中心；2005 年，国家科技部在北京师范大学成立了“认知神经科学与学习”国家重点实验室；关注脑的学习功能与生理机制的学习科学研究受到了重视。

---

① 桑新民：《学习究竟是什么？——多学科视野中的学习研究论纲》，《开放教育研究》第 11 卷第 1 期，2005 年 2 月，第 8–9 页。

北京师范大学“认知神经科学与学习”国家重点实验室的主要目标是研究人类学习的脑机制，并将研究成果运用于学校的教育教学与学生的心理健康发展。我们从认知科学、认知神经科学的角度，围绕“学习与脑可塑性”这一核心问题，研究学习的一般机制和特殊规律，已经在认知能力的发展与促进，社会认知、行为的心理与神经机制，认知障碍，英语、汉语以及汉英双语表征的神经机制与学习方面取得了许多研究进展和突破。我本人也主持了国家攀登项目、国家杰出青年基金项目、科技部国际合作重点项目、教育部人文社科重大项目等重要课题，组织北京师范大学和国内外有关专家从多学科角度进行联合攻关，在脑与学习科学的研究方面取得了许多有价值的成果。

近年来，在各国的重视下，脑科学已经开始运用于教育，其取得的初步成果和出现的问题，对我国开展该方面的工作均有重要参考、借鉴意义。为此，我们决定组织“脑与学习科学新视野”译丛，根据我国学习科学研究与学校教育的需要，选择国际学习科学研究中最权威、最重要的研究成果介绍给教育科学工作者、决策者与实践者，尤其是有志于从事脑与学习科学研究的工作者。译丛中的书籍分别从认知科学和认知神经科学的角度来阐明学习科学。有些书籍是不同国际组织召集国际上资深科学家研讨而成；有些书籍勾勒出脑与学习科学的具体研究框架；有些书籍让大家了解脑与学习科学的最新研究进展。因此，本译丛最大的一个特点在于，其作者均为脑与学习科学研究领域的国际著名专家或者相关国际研究组织，这些书籍也都由国际知名出版社出版发行。原书作者的许多见解有助于我们更好地把握国际脑与学习科学发展的趋势与存在的争论，有助于促进我国脑与学习科学的研究工作。

值此译丛出版之际，我要对译丛中各著作的原作者和出版社表示谢意；我还要感谢教育科学出版社的同志细致、耐心的工作；感谢参与本译丛翻译的老师和研究生们所付出的辛勤劳动。同时，我还要借此机会感谢国务院科技领导小组、国家科技部、教育部、自然科学基金委长期以来对脑与认知神经科学方面基础研究和应用研究的大力支持。

我希望本套译丛将对我国脑与学习科学的研究以及学习科学研究人员的培养有积极的启示与帮助；我也希望本套译丛将对我国的教育决策、教育研究范式的改革、课程与教学设计带来有益的启示。

董　奇

2009年10月26日

于北京师范大学

前　言

几个世纪以来，家长、哲学家、心理学家和教育家始终在探寻关于儿童学习的问题。以往探讨有关学习的诸多问题时，研究者求诸于人之为人的一般观念，以及人脑是如何限制儿童的学习能力的观点。然而直到前些年，我们对于脑的认识都还极为有限，使得任何人为了更好地得出自己的结论而给脑添加了诸多属性。如今随着我们对于脑更深层次的认识，这样的情况已经不复存在了。现在我们已经可以描绘出一个思考中的正常的脑（Posner & Raichle，1994；Toga & Mazziotta，1997）。

在过去的10年中，我们在俄勒冈大学成立了一个研究注意和性格的联合实验室。我们的工作主要建立在对成人认知和情绪加工过程的脑成像研究所形成的典型任务的结果之上。我们最初的研究是关于婴儿注意神经网络的发展。研究是通过检测婴儿的眼动情况与对实验物体的预期位置是否一致来进行的。婴儿能够把注意转移到预期位置，但是当预测下一个事件发生地点的线索互相冲突时，婴儿便会产生注意的问题。儿童要到2—3岁的时候才具备解决冲突的能力。在我们所作的成人研究中，这种能力与高级注意神经网络的激活相关，这个神经网络起着调节认知的作用。这个神经网络的发展在儿童调控其行为能力中起了至关重要的作用。另外，我们的研究还发现，无论是成人还是婴儿，个体解决冲突的能力都存在着巨大的差异。这些个体差异与性格以及调节注意神经网络的多巴胺和其他化学成分的各种基因形式都相关。这一发现使得我们思考，我们是否可以在这一神经系统的发育过程中进行训练，进而达到影响执行注意的目的呢？

XII 在这项研究进行的同时，我们和经济合作与发展组织（OECD）进行了合作。这个组织包括了22个第二次世界大战后在美国马歇尔计划（U. S. Marshall Plan）下崛起的发达国家。经济合作与发展组织希望召开会议，邀请教育学工作者、科学工作者和政策制定者等一起讨论关于人脑研究对于世界儿童教育的意义。我们参与了其中的会议，并且在经济合作与发展组织的帮助下，建立了儿童早期读写能力与计算能力的研究网络。进而我们建立了一个网站（http://www.teach-the-brain.org），为对脑科学研究感兴趣的教育工作者学习和交流提供了一个平台。目前，这个网站吸引了许多教师的加入。

我们相信我们所作的努力会对教育工作者以及对儿童早期教育感兴趣的人产生积极的影响。儿童控制注意的能力对于适应学校教育以及在学校学习多种重要技能都起着重要的作用。在这本书中，我们把当前研究者对脑发育的认识同多个学科的教育与学习联系起来。本书强调说明注意神经网络发展的研究方法，对于教育工作者、研究者、对注意的神经系统发展感兴趣的学生以及护理工作者有着重要的意义。在本书中，我们建议把我们的研究结果适当地应用于教育，同时也认识到教育设计是一门复杂而精致的艺术。我们为那些对教育设计感兴趣的人提供我们对脑科学研究的知识，期望未来会在此基础之上，形成一个科学家、教育学家和家长之间交流的平台。

开始之前我们要提醒几个容易走入的误区。首先，对于各种技能的教学没有一套固定的规律。有些技能需要在幼儿早期教授，而有些技能则需要在发展到更高阶段后才能获得。另外，研究极少会全盘肯定或否定某个简单的教育理念，而是让我们更清楚地认识到个案是如何与一般规律相联系的。

XIII 其次，本书所基于的研究并不全面，也没有试图给予全面的研究。所以本书并没有提供任何终极的结论，而是为新的发现指明方向。再次，我们研究了一些关于儿童在家中和在学校环境下的不同反应，家长和教师需要认识到个体之间存在着极大差异。每个人的脑都不同，我们才刚刚认识到这种差异是如何与家庭行为和课堂行为相联系的，是如何与认知和情绪能力的发展相联系的。最后，即便是一个基于最新的脑成像的研究方法所得到的详细结论，可能也无法回答家长和教育工作者最关心的问题。也就是说，即便我们完全了解了在阅读时我们的认知神经系统是如何工作的，这也许只能为阅读教学提供非常有限的帮助，但至少学者和实践者可以根据本书提供的研究信息同家长以及教师交流，家长和教师也许能够避免采用过于简单直接的方法来解决他们的问题。当儿童发展和学习中遇到问题时，家长和教师还可以往正确的方向上查找证据，引导他们找到解决问题的方法。

我们对参与研究的学生以及本书所涉及的研究者表示衷心的感谢。我们的共同努力也得到了美国国家精神卫生研究所（National Institute of Mental Health）的支持，美国麦克唐纳基金会（James S. McDonnell Foundation）的“21世纪奖”的支持，以及戴纳基金艺术联盟（Dana Foundation Consortium on the Arts）的支持。我们还诚挚地感谢来自康奈尔大学医学院萨克勒研究所（Sackler Institute）的支持，由于 Mortimer Sackler 及其家庭的捐助使得我们的研究成为可能。我们还感谢 Vonda Evans，Penny Moore 以及 Jesse Springer 对于本书图表以及文字叙述的加工。美国心理学会图书部门的 Lansing Hays、Susan Herman 以及他们的同事也给予我们很多帮助。另外还感谢本书涉及的病人所提供的帮助。

目　录

总　论 3

本书从认知和情绪神经科学的角度追述了人脑从婴儿到儿童中期的发展过程。我们从神经元网络的角度来观察人脑，观察成人在转移注意力、解决思维或者情感冲突时所激活的神经网络。我们想知道这些神经网络是如何发展的，它们对于发展过程中的幼儿以及与他们交往的成人有何意义。由于正规的学校教育在这一发展中起了至关重要的作用，我们特别关注加工语言书写以及数学计算过程的神经网络。

我们知道，仅仅依靠人们对脑科学的认识是无法为如何进行教育构画蓝图的。脑发育的信息只能对教育设计发挥辅助的作用。这种设计的创新性绝不亚于设计一座桥梁或者一座工厂。工程师和建筑师要根据建筑材料的限制与该建筑与其所处位置之间的关系来设计这个建筑。同样，家长以及教育研究者、课程设计者都要基于人类思维的本性以及儿童本身的个性来设计教育方法。

本书的第一部分（第 1、第 2 章）介绍了关于脑与教育的原有理论和教育理论的新进展，提供了背景知识。在第一章中，我们首先描述了神经科学新的研究方法是如何同早期注意的发展以及儿童入学准备和学校的学科学习联系起来的。另外，我们在第 1 章还讨论了正规学科的历史，考察了注意网络是如何成为一门新兴的正规学科的。第 2 章简要地介绍了可以用于研究注意网络的方法。虽然脑成像研究主要针对成年人，但是它们提供了考察注意神经网络的基础，包括注意网络是如何发展的以及注意网络效能的个体差异。

本书的第二部分主要论述了婴幼儿期注意神经网络的发展。第 3 章介绍了 4
婴幼儿期感觉定位能力的发展。我们回顾了 3—4 个月龄的婴儿是如何发展这种注意定向能力的，继而研究了支持这种能力的神经网络及其早期研究中不完善的地方。我们讨论了这种能力在减缓婴儿焦虑中所起的作用。第 4 章主要讨论了在儿童发展后期所形成的调节思维及情绪的网络研究。虽然所有的儿童都拥有这样的机制，但在注意能力以及个性的其他方面，儿童之间都存在着巨大的个体差异。在第5章我们概述了如何在基因差异的基础上进行专门的训练，来影响自我调节的神经网络。同时我们还介绍了训练4—6岁儿童注意力的方法，这种干预确实能够影响儿童神经网络的发展。自我调节能力上的差异对于适应学校的环境非常重要，我们将在第6章阐述儿童个性差异的研究。我们认为，这种训练的成功，很大程度上要取决于儿童自身的个性以及环境的影响。

本书的第三部分主要讲述在儿童学习不同学科的过程中脑发育所产生的变化。第7章主要论述了热点论题，如阅读。参与阅读的神经网络由于阅读方法以及儿童阅读时所学到的技能的不同而不同。要研究不同方法分别影响哪些脑区的激活，最理想的方法就是应用脑成像技术。第8章主要阐述数字加工，人类理解小数字（数轴）类比表征的能力很早就得到了发展，而且这种能力已经被证明对于儿童小学算术能力非常重要。第9章阐述儿童的注意和记忆能力在学校学科学习中的作用，学科学习主要依赖于获得和运用概念知识的能力。另外我们还大致介绍了支持复杂知识学习的神经网络的性质，并且还将其应用在教学中。最后，在第10章中，我们讨论了注意和学习脑机制研究的新成果是如何指导我们设计学前教育活动的。

5 我们认为，本书所讨论的研究，为学生掌握学校的学科知识内容提供了一个新的视角。语言和数字的学习能力依赖于这些学科所涉及的特定神经网络以及注意神经网络，这些网络在儿童上学之前已经得到了初步的发展。虽然近些年来，家长和教师已经意识到婴幼儿早期培养的重要性，但是他们可能还没有真正意识到这个时期对于语言、数字和注意力进行专门训练的重要程度。心理学和脑科学的结合为我们了解婴幼儿阶段打开了一扇窗户。

我们提倡教育应该从婴儿抓起，同时要把家庭教育和学校教育长期结合起来，在学校的学科学习中促进神经网络的发展。关于儿童脑究竟是如何发展的知识，至少为那些关注学校教育成绩的家长们提供了一个新的参与平台。

第一章 7

教育、心理和脑

人类观察事物的能力一直对科学产生着极大的影响。比如说显微镜，它能让人们看到肉眼观察不到的微观世界。20 世纪初期，Santiago Ramon y Cajal 在放大镜下面看到了单个神经细胞，而到了 20 世纪的最后 20 年，脑成像技术让科学家可以观察到运作中的人脑。人们第一次可以观察思考过程中的脑活动（Posner & Raichle，1994）。20 世纪的另一个重大成果源自于 DNA 作为基因的基本单位这一划时代的伟大发现（Crick & Watson，1954）。到 20 世纪末为止，我们已经描绘出人类基因组的完整图谱（Venter et al.，2001）。

尽管脑成像技术的各个方面已经发展了相当长的一段时间，但是直到 20 世纪 80 年代后期，直接观察人脑活动的新时代才真正地到来。观察脑的能力有赖于最初被 Cajal 观察到的神经细胞的活动。当神经元处于活跃状态时，它们就会改变自身的局部供血，这样我们就可以通过检测脑供血区域的变化来追踪认知过程中脑的哪个区域被激活了。

如今我们可以观察脑思维时的内部状态了。我们可以拍摄很多奇妙的照 8
片，来记录脑的活动过程。例如，图 1.1 所显示的提取词对的练习所涉及的脑区。在短时间的练习中，参与活动过程的神经网络发生了重要的变化。观察活动中的脑有助于了解神经网络如何适应学习。图 1.2 是多个研究的结果，标明了在阅读、注意和知觉研究中被激活的特定脑区。这些研究为脑如何应对一般性事件和任务提供了一个全新的视角。

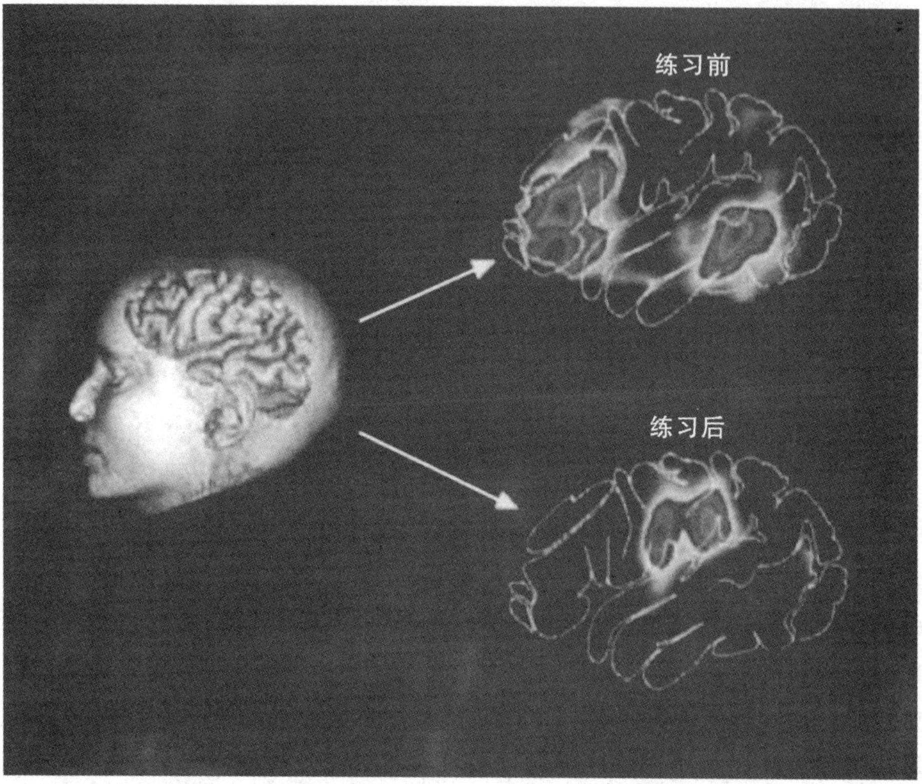

图 1.1　练习前后的脑成像。在被试练习产生出词汇用途的任务时，如“锤子”（用途：捶），扫描脑。在他第一次完成词列时，他的反应慢而且需要努力，这一活动的神经网络包括前额叶和顶叶区域激活。几分钟的练习以后，任务不需要努力，先前激活的区域不激活了，新的、更自动的输出通路被激活。图片来自“Practice-related changes in the human brain: Functional anatomy during nonmotor learning.” by M. E. Raichle, J. A. Fiez, T. O. Videen, A. M. K. McCleod, J. V. Pardo, P. T. Fox, and S. E. Petersen, 1994, Cerebral Cortex, 4, p. 14. Copyright 1994 by Oxford University Press. 经允许改编。

心理活动脑成像方法的发现已经过去十多年之久。在这一期间，研究者对人类许多与技能对应的解剖区域有了深入的了解，包括语言、面孔知觉、注意控制、阅读和算术能力。

这些研究通常以成人为被试，但同样地，科学家也试图去研究婴幼儿学习中所需要的关键能力；我们在本书中会讨论到这些观察结果的重要性。这些新的研究发现使家长和教师在一定程度上了解到以往任何年代都没能获得的关于人类发展的知识。要最大程度地运用这些新的知识，教育工作者和家长就要了解这些方法的利弊，同时研究者也要了解这些方法以确定新的研究方案。

9

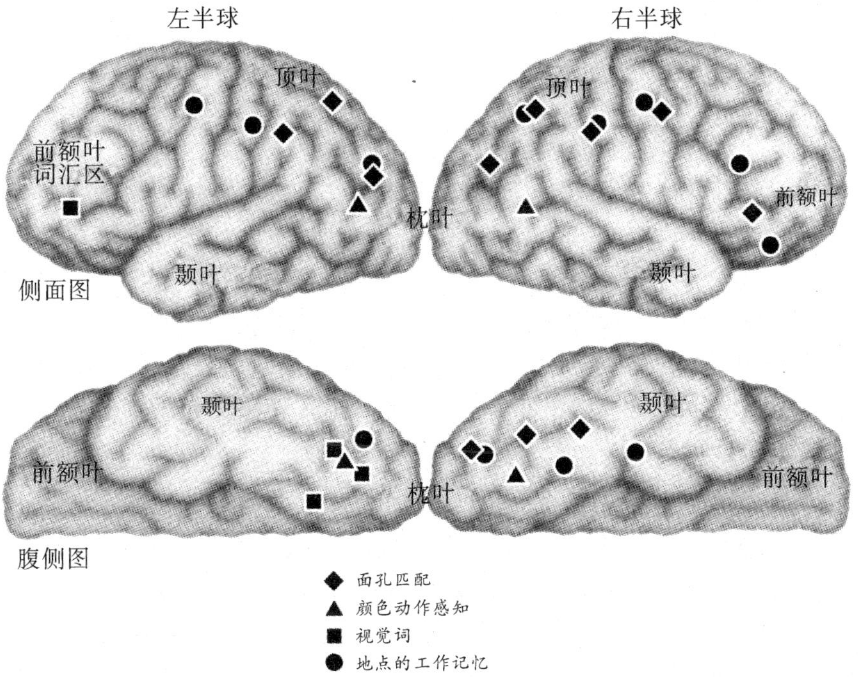

图 1.2　脑成像研究所揭示的脑网络。一些共同的任务所激活脑区的侧面图和腹侧图，包括对颜色和动作的被动感知（三角）、视觉字形区（方块）、对地点的工作记忆（圆圈）、面孔匹配（菱形）。在所有这些脑区中，包括了一些相距甚远的脑区。根据“Functional brain imaging studies of cortical mechanisms for memory” by L. G. Ungerleider，1995，Science，27，P. 771. In the public domain.

在脑成像研究中，对注意的研究一直是其中很重要的一个部分（Posner，2004）。在被试关注感觉信息、进入警觉状态以及调控相冲突的潜在行为反应时，我们可以对相关的脑部网络进行脑成像扫描。

由于注意神经网络是婴幼儿调节情绪和行为能力的核心部分，本章将主要 10
讨论注意的神经网络。

如前所述，20 世纪后期的第二个重大发展是人类基因组图谱的绘制（Venter et al.，2001）。现在可以认为，神经网络效能上的某些差异可能源于儿童天生的基因形式的差异。基因决定了脑的基本结构，决定了神经细胞的存活时间，同时决定了个体差异。基因和个人的生活经验在很大程度上塑造了神经网络结构，而神经网络结构对于注意和记忆至关重要。尽管对所有人类个体而言，影响脑结构的基因编码结构大致相似，但是个体差异仍然存在。这些差异叫作“多态性”（polymorphism），它们可以解释人与人之间气质和注意的差异，也可以解释儿童在特定学习环境中的不同反应。

一、学习和教育

从人类出现开始，家长就始终通过言传身教对孩子进行教育。另外，专业的教育和研究也逐渐为儿童教育提供更多正式的指导。传统的教育工作者和研究者主要关注可以教孩子什么，为什么要教他们。然而在不了解经验如何影响孩子脑系统的情况下，对于教育和脑的关系就有很多推测和猜想。

现代的观点也有很多，有人认为教育只能有选择地影响已经存在于脑中的神经网络（选择主义），还有人认为任何人都能通过练习学习任何技能（建构主义）。在 Michael Gazzaniga（1994）的《自然的心灵》（*Nature's Mind*）一书中，他对心理发展提出了一个选择主义者的观点。这个观点认为，教育的作用主要是要找到特定技能，而培养这一技能所需的能力必须是脑自身已经具备的。这个观点认为遗传决定性至关重要，它决定了一个人的学习能力，若要这个人发展他天生倾向之外的能力，简直是无稽之谈。而 Herbert Simon（Chase & Simon，1973）则持完全相反的观点，他认为只要有足够的时间和努力，任何人都能成为任何领域的专家。在 Simon 看来，任何人花上 50 000 个小时的努力去学习一门高难度的技术，都能成为专家。Simon 也认可在这种学习过程中脑的参与作用，但他认为脑并不会以任何重要的方式对学习形成限制。当这两个研究心理功能的杰出学者对于教育的观点针锋相对时，很清楚的一点就是，我们必须对这个问题进行更深入的研究，看看在脑和教育的关系上有没有可能达成共识。

11

（一）认知发展

在教育问题上出现的争执早已不鲜见了，而心理学往往在这些争论中起着重要的作用。心理学家 Edward Thorndike 提出了一个基于概念联结的路径（Thorndike & Woodworth，1901）。Thorndike 认为，外界刺激（例如，老师提出的问题）与反应（例如，学生的正确回答）之间的联结是学习的中心目标。在不同领域的学习中，特定的联结是不同的，而且一个联结会根据相似程度来激活其他的联结。Thorndike 认为从一个学科到另一个学科的迁移都要基于学习对象所共同具备的元素。根据他的分析，学习者在英语和拉丁文或者希腊语之间比较容易迁移，并非由于他们学习了古典语言的语法之后一般能力得到提升，而是因为这些语言具有很多相同元素。

1. 联结

Thorndike 的联结主义观点在 20 世纪早期到中期得到了行为主义学派的进一步发展。20 世纪初期俄国心理学家 I. P. Pavlov 进行了研究，他为联结的观点提供了生理依据。Pavlov 发现，当把一个新的刺激和一个会产生反射的刺激进行配对的时候，这个新的刺激也会产生反射反应。在经典的例子中，铃铛和食物进行配对之后就可以诱发出唾液分泌反射。所以说，人的经验会让人获得新的联系。这个实验被称作“经典条件反射”（classical conditioning），为联结的观点提供了生理基础。

B. F. Skinner（1986）进一步发展了 Pavlov 的反射学说，他提出若在反应之后给予奖励，两者间的联结同样可以被强化（“工具性条件反射”，instrumental conditioning）。反应与奖励之间的反复配对，会增加受奖励行为发生的概率。Skinner 认为个人经验和进化过程很相似：经验会选择那些能得到奖励的反应方式，就像在进化过程中会留下那些能够使人生存的基因。在教育情境中，学生作出反应，而他们的奖励通常来自于老师。Skinner 教育的目标就是要分析各个学科需要掌握的要点，将之分解为小步，学生可以很容易地在每个步骤作出正确反应进而得到积极反馈，这样就增加了联结的强度。由于每个新的正确反应都是在恰当的问题下作出的，这些为学习更高级的问题打下了坚实的基础，进而必然能够很好地掌握这门学科。

继 Skinner 的分析而发展起来的教学机器和程序教学假定，如果创造一个没有错误的学习环境，学生的学习效果则可以达到最好（Terrace，1963）。

持续的积极强化可以逐步塑造正确的反应。从某种意义上来说，Skinner 12
的观点是非常乐观的。同 Simon 一样，他也认为人类的学习能力是没有什么限制的。在 Skinner 的观点中，每个人的学习能力都是与生俱来的；是否能够掌握一个领域取决于教师在学生学习特定联结时所提供的教学结构和奖励。

联结观点的原理得到进一步发展，与脑联系起来。这一观点认为，一个想法导致另外一个想法是基于：（a）这两者的共同点，或者（b）之前它们在某种情境下被同时激活过。加拿大神经心理学家 D. O. Hebb（1949）将联结说运用于建立脑功能模型。他后来提出，经验会使神经细胞重组。他认为当神经元在同一时间被激活的时候，这些神经元会有物理上的改变，这种改变增加了它们相互激活的能力。人们在学习一种能力的时候，神经元通过提高一个细胞能够激活其他细胞的可能性来提高它们的交流能力。随着技能的发展，这些神经元群就会作为一个整体共同行动。（Hebb，1949）。

2. 认知

在20世纪中期的近40年时间里，Jean Piaget关于心理发展的论述一直占据主导地位（Flavell，1963）。Piaget建立了一个详细复杂的系统来描述人类婴儿是如何从最初的遗传形态经过一系列的发展阶段达到成人的思维模式的。Piaget较少强调教育在改变或加速这些发展中的作用，他的观点被用于支持以下的这个观点：只有当儿童的心理发展到一定阶段的时候，才能教给他们适于其年龄的学科。

Jerome Bruner（1960）则持不同观点。他认为，从认知的角度来讲，如果加以恰当分析，任何学科都可以用合理的形式教授给任何年龄的儿童。他和Piaget一样，在婴儿智能研究中有着卓越的成就。Bruner并不认为在学习中存在着关键期，也就是在某个时期内必须学习某个方面的内容，否则之后再也弥补不了。相反，他认为一个人心理潜力的获得可能是基于幼年时所获得的恰当经验之上的。最基本的问题是新的学习是否会影响正在发育的脑。我们在本书的第3、第4和第9章中从注意方面研究了这个问题，而且为Bruner的观点提供了证据。

13 Skinner、Bruner和Simon等主张运用心理学来指导教育，但他们的学说没有建立任何关于脑的模型。事实上，之前提到的心理学家，在理论上把脑活动看作学习基础的同时，认为我们不需要通过了解脑活动便可以了解人类学习所需要的心理规律。尽管Skinner是美国行为主义学派的代表人物，Herbert Simon则是认知科学的创始人，但他们对于学习和技能发展的见解是相似的：通过了解学生的学习环境，以及机体学习的相对简单的原则，便可以指导教育发展了。Skinner的原则主要是激发动机，合理运用奖励。在实际操作过程中，这就意味着要花大量的时间来了解这个复杂的知识，把学习分成很多细小的步骤，并在掌握的过程中不犯任何错误。学生会在每个步骤中都得到鼓励。

Simmon也强调必须了解其学习环境，因为正是环境使人的行为多样化。不同的环境需要不同的知识与技能。根据情况的变化，一个人可能更擅长某个领域的知识而在其他领域略逊，例如，如果国际象棋手缺乏大师级象棋比赛的情境，他的记忆力可能也只是和平常人一样罢了。Simmon把人们共有的内在机制看得很简单而且大致相同，但人们的语义记忆内容因为所生活的环境不同而不同。尽管 Piaget 关于认知发展的理论要相对复杂得多，认为人在发展的每个阶段都为学习某种特定的能力作好一定的准备，但他和 Simmon 一样，都没有尝试着说明脑的发育成熟对各个阶段的支持作用。

（二）训练的迁移与专长

在 20 世纪之交，学校里比较盛行的是正规学科的教育观念。最基本的观点是，脑的一般能力可以像肌肉一样来锻炼，而负责某些学习（如学习逻辑、数学、拉丁文和希腊语）的脑区比起其他区域可以提供更好的脑训练。因此，学校要求学生必须学习这些学科，希望学生可以把从中所获得的心理能力和源于动机的自律性应用于他们所需学习的其他任何领域。

随着学校的扩招，受教育的人群越来越多，其目的在于为孩子日后的工作作好准备，这样一来问题就出来了，这些正规学科对学生找工作是否真正有用呢？Thorndike 关于联结的观点（Thorndike & Woodworth，1901）被用来证明这些正规学科训练可以迁移到其他各个领域的想法是错误的。

美国的 Diane Ravitch（2000）在评论美国教育史的文章中是这么阐述 14
Thorndike 所提出的质疑的：

> 关于训练之间的迁移关系在学校课程设置的可行性评价中越来越重要了，究竟在学校教育中如何运用这一特点又显得很模糊。有些教育心理学家引用 Thorndike 和 Woodworth 的理论，坚持认为从一种环境中学到的东西是完全不能应用于其他任何领域的。（p. 65）

中小学老师很快意识到 Thorndike 的理论动摇了传统课程设置的基本原理，他们应该来建立一种新的教育体系，可以教授学生真正可用于工作的技能。

（三）认知科学和训练的迁移

认知科学应用于技能学习之后，为训练的专业化提供了新的理论支持。随着计算机的发展，在心理学和认知科学领域，科学家开始以计算机程序的形式来建立心理过程模型。早期的例子有“一般问题解决者”（General Problem Solver，Newell，Shaw & Simon，1958）。这个程序可以给出数学基本定理的证明过程，在当时它对心理学产生了巨大的影响。它清楚地说明，纯电子系统可以解决很复杂的问题，这让人们想到，即使是人类思维的最高级模式，也可能是建立在可以用电子计算机细化和模仿的计算基础上的。这个程序说明，用少量的基本原则就可以制作一个可用以证明大量数学定理的程序。

许多研究者继续往这方面努力，他们认为，这个效仿人类思考的“一般问题解决者”的出现，说明了人类只需要学习少量的基本原则，就可以解决大量的复杂问题。这一观点比起 Thorndike 和 Woodworth（1901）的研究而言，更有利于解释高级概念之间的相互迁移。之后，研究者致力于开发计算机，让它们做当时看来只有人类才能思考或者解决的任务。然而，这种对人工智能的研究背离了最初的观点：复杂问题的解决只需要少量基本原则就足够了。相反，若要解决某一特定应用领域的问题，就需要该领域的大量信息。Duda 和 Shortliffe（1983）是这么总结的：

> 早期我们希望少量有效的普遍机制就足以让逐步减少的智能行为产生。但当我们真正去面对困难问题的时候，往往发现仅仅依靠这些跟问题本身无关的探索方法根本无法解决复杂的问题。

15 当把这一观点应用于人类身上时可以得出，专长是基于大量的领域特殊性学习，通过练习才能获得的，并且储存于语义记忆之中（Chi，Glaser & Farr，1988）。Herbert Simon（1969）根据对人类国际象棋冠军的研究发现，他们的技能完全建立在他们对象棋的知识之上，而非其他任何先天或后天的普遍能力。象棋大师在看过大师级棋赛的棋盘后可以记住多达 30 个棋子的精确位置，而一般的象棋手只能记住 7 个。象棋大师不需要关于该局棋赛的任何相关细节就可以做到这一点。但是当棋子是无序排列或是用其他的记忆测验进行测试的时候，他们的水平和一般象棋手就完全一样。看来象棋大师并不拥有很大的普遍记忆容量，但对于按照一定规则摆放的棋盘有着超高的记忆力。在对于这些象棋大师的研究中，Simon 总结说，要达到他们对棋盘的记忆力，要做 50 000 个小时的专项训练。

也许对于训练可以造就专家这样的论断最有力的证据是：几名学生通过训练，数字记忆的广度可达 100 个（Ericsson & Chase，1982）。一般情况下，当人们听到 1 秒为间隔的无序数字列的时候，最多只能记住 7 个数字。若经过数月的训练，让学生学习一套编码代码，把每 3 个连续数字与各个田径赛事的跑步计时对应联系起来，学生可以准确无误地回溯出这 100 个数字来。但是经过数字训练后，如果重新以字母为记忆材料，他们的记忆成绩仍然和常人相同

(Ericsson & Chase，1982)。

心理学对一个领域的知识究竟能够在何种程度上迁移到其他领域的观点，很大程度上影响着社会如何评价学校对青少年认识世界的教育过程。现在大学只对学习古典和哲学专业的学生教授拉丁文和逻辑学知识，而其他大部分专业技能课程对大学生都是开放的。

16

（四）注意力：新的正规学科？

在脑科学研究中涉及的一个问题是，人类学习究竟是要通过培养综合能力来完成，还是仅仅通过领域特殊性的专门训练就可以。在认知神经科学的所有领域，每种行为表现背后都有一个专有的神经网络。但是，有些神经网络具有调节其他神经网络的活动特质。比如说，本书主要论述的认知和认知神经科学的发现都是从注意这个课题研究中展开的。从心理学的角度讲，注意包括从睡眠状态到高度警觉状态的转变，包括从专注于某个物体转化到忽略周围事物，包括从对外部事件的反应到某个特定目标所驱动的反应。

正如本书将阐述的，注意的神经网络是从婴儿（第 3 章）开始发展至幼儿时期的（第 4 章）。但是，注意的发展也受其他神经网络活动的限制，这就预示了我们能够获取无限量技能的可能性。注意力和其他脑系统共同决定了知觉和行动的优先级。注意调控脑的功能，使之与学习的其他所有方面都有联系。从第 3—5 章我们会详细论述注意神经网络如何从婴幼儿时期发展到儿童晚期。我们还认为注意网络能力的发展会影响很多学校科目的学习进程（第 7、第 8 和第 9 章）。从这个角度上来讲，注意可以被看作是一门不同类型的正规学科，它可以影响许多认知和情绪网络的运作效率。

二、个体差异

学校教育和心理学之间结合的另一个突出贡献体现在对心理能力以及儿童根据课堂环境要求来调节情绪、活动水平和注意能力的个体差异。关于个体心理能力的研究一般从属于智力这个主题之下，而情绪、活动和注意的个人差异一般属于儿童气质的研究范围。在这两个大的方面，科学家都努力把认知、情绪和性格方面的差异归结于神经系统的不同。

17

（一）智力

1. 学校学业成绩的预测

关于智力的研究主要侧重于可以预测学生在学校各科目成绩的认知能力差异上。20 世纪之初，欧美开始推行的义务教育极大地促进了 Alfred Binet 智力测验的发展。就像 Leona Tyler（1976）所说的，“显而易见，（‘义务教育’）这一立法也许是人类历史上第一次把所有不同智力水平的人集合到同一个地方，这就使得教育者必须去克服其多样化”（p. 14）。

Binet 对此的独特贡献是缩短了智力的定义和测试方法中所涉及的哲学和智力问题之间的距离。Binet 采用了在智力测验史上惯用的两个原则作为他测验的基础。第一个原则是选择与测验所要预测的技能相关的测验项目，例如在他的测试中包含了记忆、想象、注意、机械理解和语言理解以及审美，这些都是在学校环境中较有用的专门技能。第二个原则是在测量智力时将年龄等值考虑在内。一个儿童的智力能力的高低是根据相同年龄儿童应有的表现来进行衡量的。智商分数是儿童在智力测验中的成绩与同一年龄段儿童的平均成绩的比率再乘 100。随着年龄增长，儿童的成绩越来越好，Binet 所测验的功能得分会随着年龄增长而增长，但他为每个年龄阶段建立了常模标准。Binet 基于对随着年龄增长而成绩提高的能力测试，避开了对智力的定义问题。经过多年的修改完善，这些测验越来越精确，统计方法的强大以及大规模的施测也提供了准确的常模。

Binet 的方法成功地为测试智力提供了技术支持。尽管如此，他的成功仍然没有回答最基本的问题：智力的本质究竟是什么？智力后来演变为智力测验的结果。在 19 世纪 60 年代，人们开始思考有没有测试人们日常生活能力的智力测验。对于个体差异进行的智力测验与这些差异可能存在的机制研究分离开来。要确定智力的个体差异是如何产生的，我们必须把智力与认知理论联系起来。

2. 一般因素“g”

把智力同认知理论联系起来是有历史根源的。甚至在 Binet（Tyler，1976）之前，Francis Galton（1907）就已经开始研究智力的个体差异了。他检测的是他所认为的人类基本能力，比如说感觉的敏锐度和反应速度。但是，Galton 并未找到这些因素同人的成就之间的关系，亦未发现人类思考过程中所需要的基本心理操作。

Galton 和 Binet 为智力问题研究所作的努力代表了两种不同的思路。Galton 18
寻找的是可能由于脑机制的原因而产生的人和人之间的最根本的差异，而 Binet 使用的是更具实际意义的操作能力，这些能力和学校教育中所用到的技能很相似。尽管 Binet 的方法被广泛用来预测学业成功，但它事实上并未能够从最根本的神经学角度来说明个体差异的产生，也不能说明学习究竟能从多大程度上改变这些差异。在整个智力测验的历史上始终都关注的另一个问题是，不同领域内智力的关系到底如何。智力中是存在着一般因素还是领域特殊性因素？这个问题和我们前面讨论过的领域一般性与领域特殊性对学习行为和认知分析的影响相似。

Spearman（1904）依据简单心理任务成绩之间的相关，总结认为确实存在一个普遍的智力能力，他用“g”来表示（代表一般智力，general intelligence），另外还有很多较小的特殊能力。但并不是所有的心理测量家都和 Spearman 一样认为“g”有那么重要。例如 Thurstone（1924）就把“g”进一步划分为一系列初级的心理能力（视觉空间能力、知觉能力、言语理解、数学能力、记忆、语言流利程度以及推理能力）。由于涌现出越来越多的初级心理能力，人们希望能够建立一个框架来支持这些对于个体智力差异的分析。其中一种理论框架是由 Vernon（1961）建立的，他把所有的因素都从高到低排列在不同层面上。最底层的是不同测试题目所检测的各个特殊因素，最高层是总体智力因素“g”。这个模型虽然松散，但是确实有助于将大量不同的因素组织起来，同时还保留了智力概念的普遍的共同核心。

Guilford（1967）建立了一个三维结构的智力模型来解释智力因素之间的关系。他测试的三个主要维度和下面这三个方面一一对应：心理表征的内容（例如，视觉想象、单词）、结果（例如，分类）以及期间的心理操作（例如，信息整合、对比）。其中内容对应于表征，同时过程和结果大致地对应于不同类型的心理操作，这些操作被视为思维过程的基础。

19

3. 多元智力

神经心理学使得智力研究朝着更为复杂的方向发展，而且近年来证明它对教育起着重要的作用。Howard Gardner 的著作《心智的结构》（*Frames of Mind*，1983）首次开创了这个理论的先河。Gardner 的多元智力理论不是建立于智力测验分数的基础上的。相反，他试着把智力同脑系统的普遍特征联系起来，他所谓的这些脑特征是从正常人在这些能力上表现出来的个体差异以及病人研究中获得的。他认为至少存在 7 种智力：语言、数学、音乐、空间、运动知觉、人际交往能力及自我觉知能力。教育学家根据他的理论来设计特定的学校教育课程，使这几种能力都能得到专门的训练。Gardner 的观点使智力测验跟本书的神经系统理论更趋于一致。他的理论从脑科学的角度来思考课程，在一些公立和私立学校中颇有影响。我们认为本书第 2 章所讨论的新的脑成像方法为解释脑究竟是如何完成认知任务的这个问题提供了更深入而新颖的思路，并能为智力的个体差异作出更本质的概念解释（Posner，2003）。

（二）气质

尽管教育通常强调的是认知能力上的个体差异，学习还取决于儿童的目标、价值观、动机以及他们和其他人相处的能力，以及调控自己正负性情绪的能力大小。要有效地进行教学，就一定要考虑儿童的情绪以及注意因素，这些因素都属于气质的研究范畴。我们把“气质”定义为个体儿童情绪、动作反应和注意中所表现出来的反应性和自我调控能力方面存在的先天固有的差异（Rothbart & Derryberry，1981）。我们所说的**反应性**是指个体对环境刺激变化的响应特征。对于**自我调控**，我们指的是调节这一反应性的过程，包括行为、回避、抑制和注意的自我调控。我们认为，个体的气质差异构成了早期表现出来的人格差异，也进一步影响人格后期的发展。

20 在婴儿早期，多数儿童依靠监护人来调节控制，但儿童自我调节系统会在 3 岁之前发生质的发展（本书第 4 章）。为了更清楚地了解教育发展的过程，我们现在看一看气质的发展过程以及气质对人生不同阶段的影响。

1. 气质的研究历史

与研究个体智力差异不同，人类对气质的研究有很长的历史。许多世纪以来，科学家一直努力把人的不同性格特征同生理结构联系起来。对于人体气质的四种划分：多血质（乐观外向）、胆汁质（易怒的）、抑郁质（悲伤和害怕的）和黏液质（情绪强度较低），可以追溯到古希腊罗马内科学，而且这一划分还贯穿了整个中世纪及文艺复兴时期。更现代一点的观点是，气质方面的个体差异是和脑发育相关的，这源于 Pavlov 的研究。例如，Pavlov 认为，人类有机体的神经系统强弱不同而导致他们对各种情境的理解和反应程度不同。近来的研究已经可以将基因同不同人的性格特征联系起来（本书第 5 章）。随着人们对基因和环境经验究竟是如何影响神经网络发展的认识更加深入，心理学家能够更深入地研究教育环境对气质的影响。

早期英国对于气质的传统研究强调自陈测评以及从气质和人格量表条目中抽取因素，而与脑科学的研究无关。然而从 20 世纪 50 年代开始，Hans Eysenck 开始把从个体自陈报告量表中得到的气质维度（特别是外向—内向和神经质维度）同俄国的传统反射理论联系起来。Eysenck 的工作得到了认可，并被 Gray 修正为行为趋近系统和行为抑制系统。这两个系统为人们考虑行为的个体差异提供了基础。

把气质领域应用于儿童的研究则是相对新近开始的（综述见 Rothbart & Bates，2006）。在 20 世纪二三十年代的大型标准化研究中，Gesell（1928）和 Shirley（1933）提出了 Shirley 称为人格的早期概念的核心思想。Shirley 认为，尽管儿童的情感反应随着发展而变化（例如随着年龄增长，儿童越来越少地表达他们的消极情绪），但是儿童本身的个性是可以从他们这些反应中的倾向中观察到的，例如羞怯感、正性情感和易激惹性等。

Gesell（1928）发现，根据儿童的社会经验，无论怎么定义不同种类的气 21
质特点，其发展都有无数种可能性。他用了 C. D. 的例子来解释这个理论：

> 一个人从她 9 个月大的时候就开始用一种乐观的态度看世界：她现在 5 岁大了，尽管她在家庭以及学校机构中有很多不同的经历，她的这种气质都没有改变。这些是她内在的一部分……我们基本上可以预测，到青少年以及成人时期她的这种气质也不会有改变。但是我们并不能依此来预测她的人格。但至于她会不会转变为反社会性人格，或者她有没有成为反社会性人格的可能性，要取决于她后来接受的教育、环境和引导。她当然也可能会成为一个乐于助人的有创造性的工作者。（Gesell，1928，pp. 372-373）

这些气质领域的理论为思考个体差异和教育结果之间的关系奠定了基础。在 Gesell（1928）的例子中，由于儿童生活经历的不同，同一类情绪反应可能产生两种完全不同的结果［Cicchette 把它称为同途异归性（Cicchetti & Rogosch，1996）］。另外，不同的情绪反应可能通过不同的方式而产生相同的结果（殊途同归性）。Kochanska（1995）研究的易恐惧和外向型儿童良心的建立过程为这些理论提供了证据。他发现易恐惧儿童的良心与儿童监护人较轻的处罚的关系更大，而外向儿童的良心与监护人分享的积极情绪的关系更大。更广义地说，这些理论为我们了解神经系统是如何影响儿童的发展提供了帮助。

2. 气质的维度

在众多儿童气质的研究者中，最有影响的是 Stella Chess 和 Alexander Thomas 及其同事在纽约所作的纵向研究（NYLS；Thomas & Chess，1977；Thomas，Chess，Birch，Hertzig & Korn，1963）。这些研究者分析了婴儿出生后六个月的行为报告，提出气质有 9 种不同类型。这 9 种不同气质类型后来被应用于不同年龄阶段的儿童，包括儿童的活动水平、反应阈限、饮食节律、睡觉和排便习惯、反应强度、对新环境的趋近和回避模式、总体情绪、对变化的适应能力、注意的分散性以及注意广度和持久性。但是，最近的研究表明，需要对这种气质类型的划分进行修订（Rothbart & Bates，2006）。我们会在第 6 章详细讨论这些修订。

22 随着气质研究的发展，这种气质分类需要修订，因为在纽约所作的这个纵向研究分析的是婴儿早期的不同气质类型。因此这些气质类型只说明了儿童早期的性格类型，并未考虑后来的发展。虽然研究者最初认为，气质系统在人类出生早期就已经定型，并且不会随着时间的改变而变化（例如，Buss & Plomin，1984），但现在我们知道，气质系统的发展遵循一定的发展轨迹（Rothbartm 1989b；Rothbaet & Bates，2006）。在儿童早期就可以看出，儿童对消极和积极情绪的表达以及他们对环境事件的反应。但是儿童的自我调节能力从学步期发展到学前期，并一直持续到上学的前几年。

儿童早期发展的主要能力之一是“努力控制”（effortful control，Rothbart & Rueda，2005）。我们的主要研究将气质的不同类型同执行注意的神经网络系统（第 4 章）联系起来。婴儿早期出现的注意力转移现象是自然发生的。但是决定自我的行为以及情绪调节的执行注意控制能力发展得相对较晚，是在 1 岁后期开始一直持续到在上学期间（Posner & Rothbart，1998）。

直到最近，研究者才开始考虑如何把对气质类型的研究应用到学校教育中去（Keogh，1989，2003；Martin，1989；Rothbart & Jone，1999）。由于儿童的情感反应的速度和强度不同，他们对相同的刺激物产生的反应也有所不同。儿童之间的不同表现在，对能够激发他们产生各种情绪的强度要求不一样：比如说有些人比较容易产生害怕，沮丧或者兴奋情绪，而有些人比较难，另外这些儿童的注意集中程度以及自我调节能力也不同。由于注意控制包含情绪调节，有些学校的儿童就缺少其年龄阶段所应该具备的情绪和行为控制力。到入学的年龄，气质会影响儿童对学校要求的适应能力和挑战能力。反过来，成功和失败的经历也会影响儿童对自己、学校、老师以及同龄人的认识和价值观。

对情绪和气质的脑科学研究是通过对动物情绪尤其是恐惧的神经回路研究来进行的（LeDoux，1987；Panksepp，1998）。这样的研究方法还应用于对脑损伤病人的情绪反应研究（Damasio，1994），同时进行的还有脑成像研究（R. J. Davidson，2000）。另外对于气质的自我调节能力的脑机制也有研究。本章我们要讨论婴儿监护人所给予的情绪调节机制（第 3 章）以及儿童自身发展所形成的自我情绪调节机制（第 4 章）。自我调节机制在儿童适应学校的能力中发挥了重要的作用。

23

（三）气质的其他方面

1. 社会学习和认知方法

20 世纪行为主义者和社会学习理论家强调个体差异发展中的社会性因素。他们并未考虑气质因素，相反，他们强调儿童的社会学习。他们相信学校学习可以通过鼓励的方式来激励（社会鼓励、奖励、奖品、高分），或者适时的外部惩罚（低分）来进行控制。儿童对奖励和惩罚的不同反应是在之后的气质发展中形成的（Rothbart，Ahadi & Hershey，1994；Rothbart & Jones，1998）。

社会学习理论随后被很多认知、社会和行为理论家，诸如 Bandura（1989）、Dweck（1991）和 Eccles（1983）进行了修正。这些理论取向从儿童的目标、想法和信仰角度来强调认知的重要性。就是说，儿童的动机是建立在和学校相关的自我概念（他们对自己的能力、技能以及自我价值的认识）、对于成功和失败的期望以及从预期的或者是经历过的成功和失败中所产生的情绪之上的。气质理论中有关奖惩敏感性的观点很快就完善了这些理论，尤其是 Harter（1998）的理论。但是一般而言，它们都不能相互替代。

2. 动机

理论家近来强调内部动机的重要性，即人们对事物内在的兴趣以及注意产生的心理过程。这个研究途径也强调儿童学习目标的发展（Clifford，1984；Nicholls，1984）以及儿童对于自己所做事情的意义的认识。Connell 和 Wellborn（1991）还强调了儿童参与决定自己想要学什么的重要性，让他们有自我控制的感觉。而且，我们在回顾这些理论家的观点时，儿童与奖惩有关的气质特征的个体差异以及感受控制需求的个体差异也非常重要。

24

三、小结

本章我们讨论了有关学习基础和教育过程的不同的心理观点之间的关系。有时候，在反对正规训练的情况下，用智力测验、程序性学习这些方法对于教学方法以及教学内容都有长期而深远的影响。这些联系基本上并未建立在脑是如何工作的研究基础上。我们认为这是一个把脑机制的研究同教育研究结合起来以改进研究脑的方法以及更深入地了解个体差异的新机遇。这些机遇在于我们对不同气质类型的儿童自我认知和情绪调节的深入理解。努力控制与注意具有相关性，而且两者的结合能够把教学和神经网络联系起来。在历史上，人们常常试图将教育建立在心理学概念的基础之上，我们应该借鉴这些历史经验，谨慎地运用这些把脑和教育连接起来的新颖而详尽的方法。

第二章 25

脑与心理之间的关系

研究脑活动的新的研究方法使研究者能够更深入地了解人脑的发展，并将他们的研究应用于儿童的教育中。本章的目的是提供丰富的信息，让读者了解这些研究方法以及用以评估气质的方法，以使读者能够了解当前的研究发现以及不久的将来会得到的研究成果。

本章的第一部分主要阐述我们是如何获得人类在思维活动时特定脑区激活的脑成像方法（以及最新的关于心理行为过程的脑区定位发现）。之后我们大致介绍在心理过程发生的同时记录脑区激活的方法，检测信息是如何在节点间传递的（追踪神经元回路）。最后，我们将讨论获取个体认知和性格差异的信息的方法以及如何将先天基因和后天环境对神经网络的影响区分开来。总之，本章将让读者了解本书中读者所需要了解的早期儿童注意神经网络的发展（第3—5章）以及在学习学校科目时脑的变化（第7—9章）。

26

一、心理活动的脑区定位

从古到今，科学家一直把对复杂学习的研究（比如说学校科目的学习）同脑机制的研究分离开来。原因很简单：可以研究人类学习过程中脑变化的方法太少了。脑科学研究中所思考的一个主要问题是：是否每个脑区都有相对应的心理功能？

（一）脑区功能定位的历史

心理学家一直对脑科学研究持有怀疑态度的原因，可能是由于早期颅相学作为脑科学理论的兴起和逐步衰败。颅相学应用学家认为，脑的某个部位的隆起可以推测那个部位脑组织的大小和重要性。因此，隆起可用作为推测认知能力和人格的基础。

显而易见，这种将头骨的生理解剖结构同任何功能联系起来的做法并没有根据。颅相学的失败在它不仅无法成功地预测脑区功能，并且一些颅相学家为商业利益的动机所驱动，这使得人们对这一理论普遍持否定态度。从某种程度上讲，颅相学的失败也导致了人们进一步反对人脑的高级功能可以定位的观点。直到现在，颅相学的失败仍然被用作证据来反对人们将过多的精力放在诸如图 1.2 所示（Uttal，2001）的脑成像功能定位研究上的主要原因。尽管如此，确实有理论把脑区激活同脑机制联系起来。而且，我们之后会提到，脑成像的作用不仅仅在于脑功能区的定位。它还可以为研究与各种思维和情绪相关的特定神经网络的发展提供新的途径。

此后对脑功能定位研究的一个较沉重的打击来自于 Karl Lashley（1929）的研究。Lashley 研究了有计划地损伤老鼠的不同脑区之后，老鼠学习走迷宫的能力。他发现，相对于脑的特定区域而言，大脑皮层组织被切除的数量更能预测老鼠学习走迷宫的能力降低的程度，而与切除的特定脑区无关。他由此得出结论，老鼠学习走迷宫的记忆痕迹不是储存于任何一个特定的脑区，而是取决于老鼠所拥有的大脑皮层组织的大小。现代脑成像技术研究对脑功能定位持有完全不同的观点，这种观点也能解释为什么走迷宫的记忆可能并不储存于脑的任何一个特定区域。

Broca（1861）以及其他神经学家的研究表明，语言等过程中涉及的特定认知功能可能存在于脑的特定区域。这些研究为脑功能定位的理论提供了一些支持。在 20 世纪，对脑损伤病人的研究在神经心理学的研究中占据着非常重要的地位。

27

（二）分裂脑

为了防止无法控制的癫痫发作，Roger Sperry 将癫痫病人大脑半球之间的联结切断，形成了“裂脑人”，为此他获得了诺贝尔医学奖。他的研究揭示，相互分离的大脑半球具有复杂而多样的认知功能。左半球似乎在语言上具有优势，右半球则与注意和空间定位能力以及情感特征相关。

虽然在裂脑人的研究中，脑功能定位仅限于所涉及的大脑半球，但是这仍然使脑功能定位的研究再次引起人们的兴趣。裂脑人的研究还对研究正常人左右脑不同功能的一代心理学家产生了非同小可的影响（Hugdahl & Davidson，2002）。正如颅相学一样，大众对这一研究非常感兴趣，可能是过分强调了两个大脑半球对正常功能所发挥的作用，由此而掀起了一股对左脑、右脑半球训练的风潮，在日常语言中也出现了诸如“左脑人”、“右脑人”的划分。对于两个半球的研究几乎成为了神经心理学的代名词。

毋庸置疑，裂脑人的研究唤醒了神经科学对于高级心理过程的研究兴趣，也为我们了解脑执行认知和情绪的过程带来了很大的希望。但是，正常人的两个半球一直有很强的交互作用，而作为研究对象的裂脑人只有极少部分在儿童期就患有顽固性的癫痫，这样就很难对正常的脑功能得出确定的结论。我们也很难确定研究方案来驳斥大众对大脑半球功能过于简单化的理解。

20 世纪中期进入这一领域的心理学研究者意识到，当时是不可能对高级心理功能进行定位的。常引用的证据有两个：第一个是对老鼠走迷宫的研究发现，学习能力的缺陷与所切除的脑组织的大小相关，而与切除的脑组织部位无关（Lashley，1929）。第二个证据来自额叶损伤的病人。有研究者认为额叶损伤并不影响智力，这说明额叶组织并非与特定的心理过程相关。

这些结论是在还不了解心理任务的认知研究的情况下得出的。要更好地利 28
用脑成像的研究，我们必须要把心理过程看作是由心理活动构成的，有时候我们称为计算或子程序。心理活动似乎是局部性的，但即使是简单任务也会有大面积的神经网络参与，这些研究方法能够把功能性脑区定位同全脑激活的观点整合起来。

二、心理活动的速度

当今，由于有了高速运转的计算机，大家都认为人类的思想和行动都相对迟缓很多。但是历史上并不是一直这么认为的。在 1850 年之前，人们一直认为，人的神经传导速度至少和光速一样。19 世纪中期，德国的著名心理学家 Johannes Mueller 提出，神经传导的速度是无法测量的。他说，虽然科学家有很多方法来测量光速，但是生理学家只有动物这样尺寸有限的实验对象来测量神经传导速度。然而有趣的是，事隔一些年后，他的学生 Hermann von

Helmholtz 测量了人类的神经传导速度，并证明了神经元的从脚传输到头部的时间是可以测量的（大约为 20 毫秒，或者说 0.02 秒），速度大约是每秒 100 米。这仅仅比百米赛跑选手的速度快一个数量级。

（一）相减法

Helmholtz 测量了神经传导这样一个具体的物理现象。我们可能会认为测量思维的速度更加棘手，但是令人惊讶的是，测量它的方法不久就真的出现了。继 Helmholtz 的发现后不久，荷兰生理学家 F. C. Donders 提出了一个普遍性的测量内部思维过程的方法，这个方法被称为心理测时法（mental chronometry，Donders，1868；Posner，1978）。他用了一个非常简单的减法逻辑。假设让你在看到灯亮的时候尽可能快地按键。这个任务包含了一个指示反射。一旦接到指示，灯亮激活按键动作的方式和一个手被烫到马上抽离或者在突如其来的气流下眨眼是相同的。

29 下面，假设给你呈现两个灯，要求你对灯一作反应，而不要对灯二作任何反应。在这项任务中，你必须要在作反应之前分辨出亮起来的究竟是哪个灯。若把这个新任务的反应时跟前一个只要求对一个灯作出反应的反应时长相减，那么得出的时间就是分辨这两个灯所需的时间。Donder 从他的实验中得出结论，人们分辨所需要的时间大概在 50 毫秒左右。现在我们假设不仅有两个灯，同时还有两个按键。当灯一亮的时候按“1”键，灯二亮的时候按“2”键。在你作反应之前不仅需要辨别是哪个灯，还需要选择正确的按键。若从完成这项任务的反应时中再减去之前那个辨别任务的反应时长，那么剩下的就是选择反应这一心理活动所需要的时长了。

Donder 这一方法的成功在早期起了很重要的作用，它说明人的心理过程是可以分离出来并进行测量的。它为大家打开了一个思路，发现人的心理过程是可以从非常精确的角度来定义的。这样就促使科学家开始去寻求一种科学的方法，把复杂的思想过程同脑的神经活动联系起来。

另外，减法已经成功地用在脑成像技术上，成为对心理活动的脑区进行定位的重要方法之一。Donders 的方法当然也受到其他人的质疑。没有人能保证相减出来的就一定是某个心理过程的时间。可能从指示反射到分辨的过程中存在不止一个心理过程。更重要的是，当新的因素加进来的时候，人们完成任务的方法可能会完全发生改变。

（二）加因素法

Sternberg（1969）提出了加因素法（additive factors）来反驳这些批评，这为心理过程的分离提供了新的视角。一个认知任务可以被视为一系列累加的阶段，而这些阶段的总和就是总的反应时长。如果这项任务的认知过程确实是一项接着一项完成的话，这种线性的观点看起来确实成立。在序列发生的阶段中，如果两个变量影响的阶段是各自分离的，那么这两个变量就是可加的。比如说，如果增加刺激的强度和增加反应难度影响的是不同的阶段，那么不管反应的难度如何，刺激强度大小对于整体反应时长的影响应该是一样的。如果无论反应难度如何，刺激强度都会产生相同的影响，或者反之，那么这两个因素就是可加因素，他们所影响的是不同的阶段。如果刺激强度对反应时长的影响随着反应难度大小的不同而不同，而这两个因素之间存在交互作用，则必然影响同一个阶段。

30

（三）独立控制

加因素法的分析把任务分解为详尽的、互不相关的心理过程。如果几个心理活动是同时发生的，那么我们仍然可以检测到在何种程度上它们是独立的（Posner，1978；Sterberg，2004）。如果可以找到方法来控制一种心理活动而不影响其他心理活动，那么这两者在某种程度上是相互独立的。以字母名称的匹配任务为例：要求被试判断两个字母是否相同，如果一个字母是红的而另一个是蓝的，即使他们的名称一样（例如，AA），被试的反应时也会增加；但是当两个字母的大小写形式不同的时候（例如，Aa），颜色就对被试的反应时没有任何影响。若字母名称不同的时候会受到其他因素的影响，但是这个因素对于相同字母的匹配没有任何影响。这些证据说明，相同字母的配对包含视觉加工过程，而不同字母的配对加工过程不但涉及了字母名称，而且还通过语音编码来完成（Posner，1978）。

以上提到的相减法、加因素法以及独立控制法都为研究心理活动提供了方法，也有助于各种心理过程的脑区定位研究，它们可以并且已经运用于脑成像的研究中（Posner & Raichle，1994；Prce，Moore & riston，1997；Sternberg，2004）。用这些方法对阅读任务、心理表象、注意转移以及数字加工任务进行详细的分析。很多情况下，如果能够确定心理活动，就能够对获得性阅读障碍、失算症以及注意障碍等脑损伤的性质进行清楚的预测。而脑成像手段的出现则使研究者可以进一步探明，认知心理学中这些分离心理活动的方法是否有助于我们了解正常成年人的脑区加工。

三、人脑功能成像

我们所说的脑成像研究是泛指从颅骨外部感知人类大量神经元活动的各种方法（Posner & Raichle，1994；Toga & Mazziota，1997）。要了解心理过程所涉及的特定脑区活动，我们用正电子发射计算机断层扫描（PET）和功能磁共振（fMRI）技术来研究脑的血流变化情况。在功能磁共振研究中，我们通过使用高强度的电记录方式探明特定脑区激活的时程，来研究参与任务过程的神经通路（Posner & Raichle，1994；Toga & Mazziota，1997）。

当神经元被激活的时候，他们就会改变他们自身的局部血流量。我们不知道这个过程究竟是如何或者为什么发生的，但是我们可以从脑外部来感知这些
31 变化。所运用的最主要的两个方法是 PET 和 fMRI（图 2.1）。

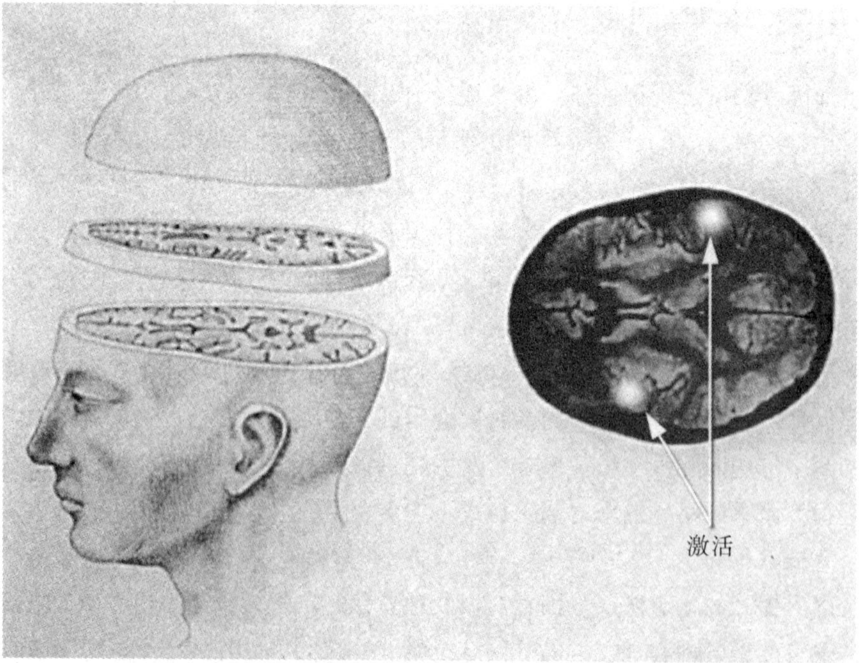

图 2.1　脑成像研究脑激活的区域。左图说明计算机如何在任务执行过程中记录脑激活的区域。右图展示的是磁共振图像，说明在两个脑半球中的两个激活区域。引自 Images of Mind（p. 19）by M. I. Posner and M. E. Raichle，1994，New York：Scientific American Books. Copyright 1994 by W. H. Freeman & Co. 经允许重印。

（一）正电子发射计算机断层扫描

正电子发射计算机断层扫描是通过对注入血液的放射性核素和放射出来的正电子颗粒进行的。在移动一小段距离的时候，这些电子就会消失，并且以光子的形式从头颅中散发出来。这些光子与排列在头颅周围的探测器发生碰撞，这些放射性事件会同步发生，这表明它们来自脑的内部，而且不依赖于任何外力。由于这些放射性元素是从血液中出现的，放射性元素的活动多少可以和这个脑区的血流活动强度相关。

最常见的运用正电子发射计算机断层扫描来研究知觉和认知过程的方法是通过氧的同位素 O15 来检测血流变化。这个同位素存在的时间非常短，即使存在的时长不到一分钟，我们也可以对其进行成像。其他正电子发射计算机断层扫描方法还包括运用同位素来检测葡萄糖的利用率（如多巴胺）或者绑定的各种受体。因此正电子发射计算机断层扫描可以解决与神经递质定位有关的所有问题。

（二）功能磁共振成像

功能磁共振成像研究将被试置于一个大的磁场中。在神经活动水平增强而改变局部供血的时候，血流的氧含量也会发生改变。因为携带氧的血红蛋白是顺磁性的，所以我们可以观察到氧的水平变化，并把它呈现为脑区激活变化的图像。大多数功能磁共振成像研究都运用这种方法。

核磁共振是医疗仪器，通过它不仅可以看到脑的生理结构，而且还可以 32
看到完成任务过程中的脑区激活情况。血流的氧变化情况（fMRI）和脑的生理结构图像之间的自然联系（结构 MRI）不仅可以使我们看到特定脑区的生理构造（例如，大小），而且还能够看到执行任务时这个脑区的活动情况。另外，由于核磁共振对人体没有任何损伤，这样研究者就可以从一个被试身上采集大量的数据，以保证所采集的数据真实可靠。因此，功能磁共振技术被广泛地应用于许多脑功能研究中。尽管这样，由于正电子发射计算机断层扫描能够非常容易地扫描全脑的情况，而且运用放射性同位素的方法与各种化学物质进行绑定，使得正电子发射计算机断层扫描在研究中始终占有一席之地。

正电子发射计算机断层扫描和功能磁共振成像技术这两种方法相互补充。

在应用于认知研究的时候，两种方法能够提供不同角度的证据。功能磁共振成像技术的分辨率已经改进到可以把功能性激活精确定位到1立方毫米以内。这两种方法在很多任务研究中都被广泛应用于观察神经元活动（Posner & Raichle，1998）。在大多数情况下，实验所比较的两种条件只在极少的认知活动方面存在差异。比如说，比较一个静止的物体和一个相同的运动物体，与运动有关的脑区被激活，而物体的颜色和形状相同，影响就减掉了。这类脑成像研究一般会发现，在这两种不同条件中，脑皮层及皮下层神经网络的变化，这些研究的目的是要把任务所要求的认知能力同神经生理结构联系起来。

33

（三）脑成像研究的设计

随着人们行为的改变，他们脑部活动也在改变。对于脑成像研究最常用的设计是对相同被试在两个不同的实验条件下的对比，一个是实验条件；另一个是控制条件。可以用实验条件下收集的数据减去控制条件下收集到的数据，这样就可以看到在两种实验条件下脑区激活的不同。我们举个被试被动看文字的例子。如果被动看一致的字符串是从被动看文字中所提取出来的心理过程，我们应该能够看到专门加工文字的特殊区域。而事实上，我们看到脑的左侧后部和前部脑区都有激活，包括负责将字母组合成一个单元（视觉文字形式）的左脑后部区域和一部分额叶区域，这些区域的活动会随着语义任务（如命名单词的用法）的参与而增强。这个设计在对与运动、颜色以及形状相关的视觉系统脑区定位中相当有效（图1.2，以及Posner & Raichle，1994）。另一个完全不同的实验设计用的是相同的刺激物，但是要求被试关注刺激物的不同方面。关注运动的脑区激活和被动看的激活很相似，但是当要求注意刺激物的时候，所激活的脑区要比被动看的时候大一些（Posner & Raichle，1994）。

若要研究更高级的认知过程，实验设计就更为复杂了。当然我们不能指望实验条件和控制条件总是只有一处不同。比如说，希望理解单词联想是如何产生的实验任务（图1.1）。如果实验条件是要求被试说出一个单词的用途（比如，锤子是用来敲的），而控制条件只要求被试大声读出这个单词，相减的话可以消除感知和运动的成分，但是同时保存了任务所要求的注意能力以及语义加工这些因素的心理过程。人们有时候将它称为纯介入问题。这和我们之前所讨论的反应时的数据很相似，确实很难把条件完全控制起来只留下一个心理过程。但在反应时的研究中，减法只能提供一个数据，说明在不同实验条件下的反应时差异。

在脑成像研究中，我们可以监测到整个脑的活动水平差异。比如说，我们可能知道某个特定脑区的激活与任务难度所要求的注意或情绪相关。这样即便复杂任务和简单任务之间存在几个方面的差别，我们也可以很清楚地看到脑区激活之间的差异。另外，减法也可以是双向的。 34

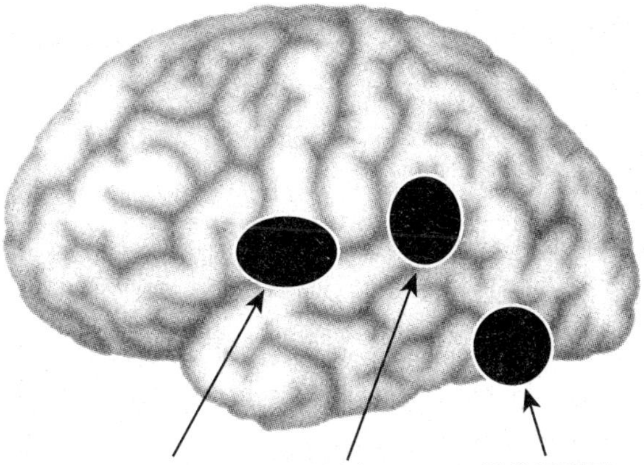

图 2. 2　在阅读文字时候，左半球激活的区域（S. E. Shaywitz，2003）

有时候一个简单条件所激活的区域可能在复杂条件下并未被激活。比如说，如果我们把单词用法的数据从大声朗读单词的数据中去掉，我们发现，朗读熟悉的词汇所激活的脑区在词汇联想时并没有激活（Raichle et al.，1994）。事实上，这个脑区的损伤会导致特定言语的发声障碍（Dronkers，1996）。

（四）其他脑成像设计

之前提到的减法说明我们可以发现被试在执行一项任务中所激活的脑区（图 1. 2 和图 2. 2），但是减法并不是分析脑成像数据的唯一方法。联合设计（例如，Friston，Holmes，Price，Buchel & Worsley，1999）的目的是要从多个任务中去寻找相同的心理过程所激活的相同脑区。例如，我们可以通过比较运动和静止的刺激物，或者通过比较一个运动指令使被试改变状态同被试主动改变状态来观察视觉运动的脑区。有时候用同一变量的不同水平非常有效（Smith，Jonides，Marshuetz & Koeppe，1998）。例如，对于工作记忆的研究使用的是记忆库中的存储信息。为被试呈现一系列文字，其中一些是重复出现的。要求被试如果没有看见过这个字的话就按一个键。如果看见过 N 次（例如，1 或者 3）就按另一个键。随着次数的增加，与记忆存储相关的脑区激活也越来越强烈。

35 在脑成像数据处理中同样也应用到我们之前讨论过的加因素方法（Sternberg，2004）。因此，有关心理活动的脑区定位研究方法有很多。迄今为止，人们用这种方法分析了大量类似的心理加工任务，而且在脑区定位上也达成了一致。最好的例子就是阅读文字、数字比较和注意力转移。

例如，在文字阅读的研究中，很多脑成像研究都指出三个重要的脑区位置（S. E. Shaywitz，2003），见图 2. 2。有一部分是左半球的视觉系统，这部分看起来对把字母组合成一个单元起了重要的作用。另一个区域是左侧颞枕联合区，接近听觉系统。它负责为视觉呈现的字符串命名。第三个区域是前额区域，每当要求被试说出词的意义时，这个区域都会被激活。在第七章中对这些区域有更详细的描述。这些发现说明了功能脑区定位甚至可以在脑成像下通过复杂任务而获得。另外，它们还说明阅读这个过程需要神经网络之间互相协调配合，一般包括前部脑区和后部脑区，单单依靠一个区域的工作是不行的。

如果让被试说出视觉或听觉呈现的词的用途（例如，锤子和敲，铃和响），研究发现神经网络的激活程度比单纯让他们把单词大声读出来要强烈（图 1. 1，练习前）。激活强度增加的这些区域中，左侧颞顶区与寻找相关信息、说出该词用途的有关，额区与对词义的注意有关。

（五）练习对脑活动的影响

我们也可以表明，短期学习对脑区计算活动的影响。如果让被试练习一个任务，比如，说出同一组词汇的相关用途，经过练习之后，前额叶与词汇联想有关的激活就消失了，而在阅读词汇的时候，负责自动输出结果的相关区域激活增加（Raichle et al. ，1994）。说出词的用法所激活的脑区在熟练阅读者简单地阅读一个词或者刚刚练习过与该词相关用途的任务时并没有激活。在学校课堂中，即便只有短短的时间，神经回路就会发生巨大的变化。我们可以研究具体的学习是如何影响脑发育的，这为我们了解特定课程影响脑发育的方式打开了新的窗口。

（六）神经网络的分布

在过去的10年中，我们运用脑成像技术分析了很多认知任务。如图2.1所示，我们发现认知过程一般都是由彼此独立的脑区形成分布式的网络，组成一个神经网络来完成的。在有些情况下，实验可以清楚地告诉我们每个脑区都发生了什么。在一些非常好的动物模型中，研究者通过对脑区的单细胞活动进行记录，对脑区进行更详细的分析。例如，恒河猴和人一样，是通过眼睛转动或者眼睛不动悄悄转移注意力来转向所看到的物体的。无论是在人类或是在猴子中，上顶叶都在这个过程中起着重要的作用。本书第3章中阐述的有关猴子的研究表明，侧顶内沟（lateral intraparietal sulcus）内部的传导细胞都参与觉察和转换的心理过程。一旦这些脑区确定了，我们就可以通过内植电极更深入地研究这部分的脑区活动。其他用功能磁共振技术确定脑区的方法是用脑损伤病人的数据（Posner & Raichle，1994）。同样我们还可以运用经颅磁刺激（TMS），从颅外给予小的磁刺激，暂时中断脑的神经回路。运用经颅磁刺激技术可以检测，干扰特定脑区的活动是否会改变其行为（Ro，Farbem & Chang，2003）。

很多脑成像研究结果都说明，心理活动是局部性的，但是由于很简单的任务都涉及了脑的神经网络，这些研究发现使功能定位的观点与脑整体活动之间的关系越来越趋于一致。

（七）神经网络的同步活动

在脑成像研究中有一个共同的发现：任何一个任务都可以激活神经网络，包括前脑区、后脑区以及皮层下区域。那我们怎么研究这些事件发生的时间进程呢？以血流变化为依据的方法时间分辨率不高，因为神经元需要花上几秒的时间来改变其血流供给。但是，对于同样心理过程的认知研究清楚地表明：期间的心理过程是在十到数百毫秒的时间段产生的。

在研究实时情况下脑神经网络区域究竟是如何被激活的，研究者从头皮上记录了在时间上锁定的刺激事件的脑电活动（事件相关电位法，ERP）。事件相关电位技术在心理学中一直用于精确的计时研究（Posner，1978）。图2.3就是两个戴着事件相关电位帽的人，帽上有大量的电极，可以在很多电极上进行记录。

图 2.3　探测脑电波的电极。将大量电极放置于头上，来检测目标呈现时，一定时间区域内的脑电流活动。事件相关电位的研究结果可以与功能磁共振成像的研究结果结合起来。

37 在刺激呈现后，每个电极都记录脑区的电流变化。如果重复呈现一个单词，对每个电极的电波活动进行平均，我们可以得到这个刺激呈现时整个脑的电波活动的图像（图 2.4）。这样我们就可以以毫秒为单位来观察这个刺激的影响了。图 2.4 中最底部的记录就是这些刺激呈现的事件相关电位的平均值。

（八）脑电图和功能磁共振成像扫描的结合

由于新的事件相关电位技术可以同正电子发射计算机断层扫描和功能磁共振数据结合起来，从置于头皮的电极来确定脑区位置的方法就有了极大的改善。功能磁共振技术的应用提供了脑的激活区的精确信息，这些脑区可能是所记录的脑电活动的来源。由于现在基于正电子发射计算机断层扫描和功能磁共振的研究，我们可以知道特定任务可能激活的脑区在哪儿，这个信息可以用于限定从头皮记录的脑电波来推断脑激活区的任务，因为头皮记录的脑电活动可能会由于电极和电极之间的头皮组织而产生偏离。在把事件相关电位方法应用于脑成像数据的时候，通过功能磁共振所提供的范围来预测特定任务中所激活的头皮表面脑电波的信号位置非常有效。这些预测可以与获得的头皮信号相比较，来检验脑激活区域是否与头皮上的脑电波分布一致。

38

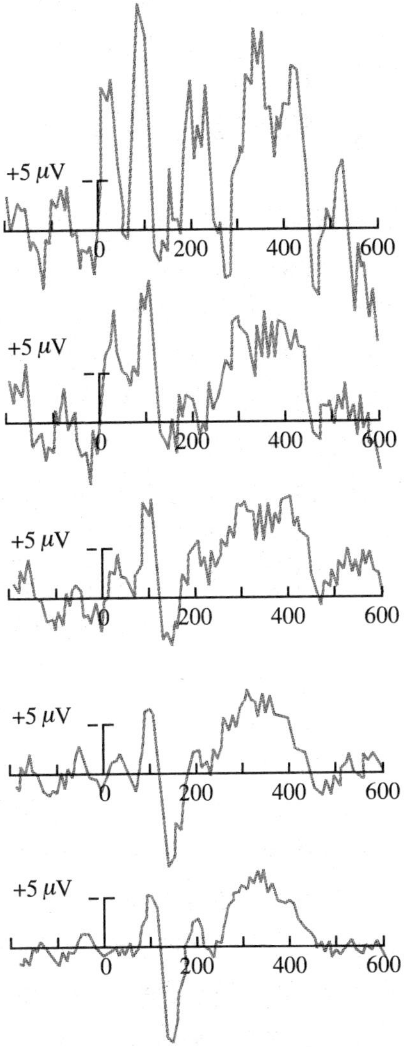

图 2.4　一个电极的事件相关电位的记录结果，1，2，4，8 次或 16 次任务的平均值（从上到下）。正负偏移都被称为事件相关电位的组成部分。

有很多用相似任务比较功能磁共振和事件相关电位技术的研究都很成功。 39
其中一个很有意思的研究是视觉系统成像（Clark & Hillyead，1996）。比如说，视网膜的位置和神经活动的位置关系最初是用来证明正电子发射计算机断层扫描血液流动研究的，现在用来证明头皮电极传导的脑电波分布同样可以符合这样一个模型（Clark & Hillyard，1996）。同样地，刺激物移动时候事件相关电位技术产生的电波信号和之前在正电子发射计算机断层扫描研究中激活的区域位置相同（Ffytche，Guy & Zeki，1995）。在更复杂的认知任务中，包括在对文字（Abdullaev & Posner，1998）和数字（Dehaene，1996）的处理过程中，这些研究方法足以让研究者观察到被试在执行任务中确定某个时段的生理反应。

有一个对视觉注意的研究同时采用了正电子发射计算机断层扫描和事件相关电位的两种方法，并且用的是同样的被试与同样的认知任务（Heinze et al.，1994）。实验中屏幕两边同时出现一系列的刺激物，任务要求被试报告在屏幕的一边出现的刺激物（视觉注视点的左边或是右边）。当被试注意力集中于屏幕的一边时，这就是这边刺激呈现的实验条件，而相应地，关注另一边的情况就是控制条件。正电子发射计算机断层扫描和事件相关电位技术都发现在被试注意力集中时，对侧脑区的梭状回（视觉系统的一部分）激活。但是，两种方法所确定的脑区相差却有 1 厘米。这些差异可能是由于两种方法检测的是神经元活动的不同方面，也可能说明了两种方法的固有偏差。虽然我们不能说明两种方法的精确联系，但是两种方法的结果应该大致一致（例如，误差在 1 厘米以内）。

对于人类技能非常重要的高级任务，正电子发射计算机断层扫描和功能磁共振研究基本上都采用了相同的减法以及任务形式。这些研究在本书第七章中进行了详细地讨论。它们都表明，头皮活动的每个发生源都能够找到证明，并且提出了与之对应的特定时间进程。有时候这些时间进程数据对于分析一个认知过程起着至关重要的作用。例如，在完成词汇联想任务的时候，被试要大声朗诵看到的单词，而他所联想到的词汇要与这个呈现的单词作比较，这时候所需要的额外的注意力会在大约 150—200 毫秒的时候激活额叶负责注意的区域，在 450 毫秒颞顶区域被激活前，储存单词语义信息的区域会被激活。这个研究发现说明，注意力会限制语意搜索能力。我们尤其是在了解像阅读（第 7 章）和数字加工（第 8 章）的时候，对特定时间区域的数据要求非常高。

对心理过程的时间进程研究能够让我们知道这些认知过程的先后顺序，从而帮助我们了解这些内在的神经回路。但是，我们也可以通过对激活脑区之间的相关性研究来进一步了解这些认知过程。尽管某些穿透头皮的容积传导可能会使相邻的电极产生相关性，但是距离比较远的电极之间的相关性可以说明信息是在这两者之间进行传导的。功能磁共振和脑电波的数据都被用来研究这些相关性，来试图发现在什么时候信息传导到了哪些脑区。

40

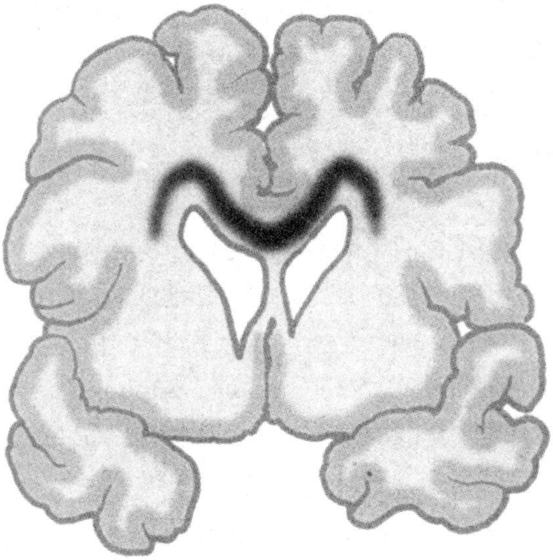

图 2.5 运用扩散张量成像技术来追踪大脑半球之间的联系（黑线）。黑线表示连接脑的两个半球的胼胝体纤维束。引自 "Tracking Neuronal Fiber Pathways in the Living Human Brain." by T. E. Conturo, N. F. Lori, T. S. Cull, E. Akbudak, A. Z. Snyder, J. S. Shimony, et al., 1999, Proceedings of the National Academy of Sciences of the USA, 96, P. 10423. Copyright 1999 by National Academy of Sciences, USA. 经允许重印。

有时候我们也可以直接通过扩散张量成像技术来研究不同脑区间脑白质的关系。这些成像方法采用的是核磁共振成像，但是检测的是水分子的扩散程度，这些水分子一般是跟白质区域一致的，而且可以成像（图 2.5）。在发展研究中，我们可以把扩散张量成像技术同高强度的脑电波活动结合起来，来检测相距较远脑区的脑白质具体是在什么时候形成第一次联系的，它们又是在什么时候参与任务过程的。

41

四、脑的发育

人类早期行为上的变化显而易见。婴幼儿依赖于监护人来获得刺激，但是在 3 岁之前，他们开始独立起来，而且形成自己的性格。这些行为上的变化究竟是什么原因造成的呢？

脑的一系列明显的发育可能是导致这个结果的重要原因。对于早期夭折的婴幼儿研究发现，生命早期脑的变化非常大。人类出生的时候，大脑皮层上方只有少量的细胞，1 岁期间很多细胞进入上层组织，幼儿就会出现很多行为。

这些研究主要集中在眼动和注意的定向方面，我们在本书第3章将进行详细地论述。

（一）突触密度剧增

如果仅凭对两个脑半球的了解不足以为教育我们的脑制订规划的话，那么发展神经生物学的知识也许能为此提供一些帮助。对动物的细胞学研究发现，从出生到3岁期间，冗余的神经元决定了神经细胞（突触）之间的连接（Rakic，Bourgeois，Eckenhoff，Zecevic & Goldman-Rakic，1986）。大约3岁的时候，突触的密集程度突然减少，降至成人的水平。如果因此推断突触越多就意味着它们之间的联系越多，那么出生后的前3年一定是学习的关键时期。从这个观点来讲，从出生到3岁这一个阶段一定要进行学习，否则会错失影响脑网络发展的机会（Bruer，1999）。

但是人们很快发现，突触的删除大多数是在青春期后发生的（Huttenlocher & Dabholkar，1997）。另外，突触的数量多少和学习能力之间并没有很清晰的联系。事实上，越来越多的神经科学证据表明，即使是最初级的感知觉系统的发展也要持续到成年期（Merzenich & Jenkins，1995）。那种认为出生到三岁之间是学习关键期的说法在这些证据面前站不住脚。当然这并不是要否认早期经验的重要性（注意之前讨论过的Bruer的观点），我们想强调的是，如果要把脑同教育联系起来，并非取决于必须把细胞层面上的变化和特定的教育结果广义地结合起来。相反，我们需要一些系统研究的方法，以了解研究者所感兴趣的学习与支持这一学习的相应脑机制之间的关系。

行为改变的一个根源，至少是在青春期后的行为，可能是由于修剪掉不再需要的神经元和突触。比如说，儿童时期不同的感知系统之间有很多联系，而这些联系在成人之后又消失了（Maurer & Maurer，1988）。

42

（二）纵向核磁共振研究

尽管目前还没有在人类活体内追踪细胞活动的好方法，纵向核磁共振研究为儿童时期的大脑皮层提供了很好的数据（见智力与效率一节）。结构性核磁共振研究也显示儿童随着年龄增长脑白质有所增加。我们认为这些增加是由于联结不同脑区的纤维形成了髓鞘，从而提高了这些区域脑电波活动的传导性。

用扩散张量成像的方法可以观察到整个儿童时期脑联结之间的变化，从而了解到它们在婴幼儿及儿童的行为变化中起了什么样的作用。若把扩散张量成像同脑电波记录的方法结合起来，我们可能知道在一项任务中，不同的参与脑区是什么时候联结起来的。这个知识可以构建一个理论，来指导如何最有效地让儿童掌握一项专门的技能。

功能磁共振成像的方法并不经常对年纪非常小的幼儿使用。正电子发射计算机断层扫描有放射性辐射，所以一般 18 岁以下禁用。尽管功能磁共振成像的方法可以安全地应用于婴儿（Dehaene-Lambertz，Dehaene & Hertz-Pannier，2002），但是在任务过程中对他们的动作要有严格的控制，6—7 岁之前的孩子在这方面会有很大的困难。随着技术的提高，儿童使用这些仪器的可能性会有所提高。但是目前情况下，只有通过头皮记录脑电波的方法才能对儿童进行系统的研究。

43

（三）行为和脑电记录研究

研究看到了很多我们从行为上不能直接观察到的脑的系统发展的关键问题。比如说，6 个月大的婴儿虽然还不能使用语言，但是他们会内隐地习得母语中很重要的方面（Kuhl;，Tsao & Liu，2003）。婴儿天生就能辨别任何语言中最基本的音节（音律）。我们从他们的行为变化中就可以看到这一点。如果同样一个音节重复出现，他们会对此适应，表现为他们不再看这个发声源或者不停地吮吸奶嘴。如果这个声音改变了，婴儿会转头或者停止吮吸，表示婴儿注意到了，或者是分辨出了声音的变化。非常小的婴儿甚至可以分辨出本族语言的成人不能分辨的声音变化。脑电波记录的研究表明，相对于其他语言来讲，6 个月大的婴儿分辨本族语言的变化更容易一些。采用婴儿习惯化的研究方法，研究者还发现，婴儿天生就具有有关物体、自身以及数字本质特性的核心知识，而且还在一定程度上了解人的意图（Premack & Premack，2003；Spelke，2004）。尽管我们很难用功能磁共振的方法来研究婴儿的行为，但是对 3 个月大婴儿的语音认知研究发现，他们的神经系统和成人的激活很相似（Dehaene-Lambertz et al. ，2002）。

（四）标记任务

当我们不能直接用脑成像的方法对婴幼儿进行研究的时候，研究者就用标记任务来进行发展性研究。标记任务是简单的行为任务，成人在做这些任务的时候需要一些特定的脑区参与，或者是这些系统中特定部分。对这些任务完成能力的跟踪调查可以让我们知道这些系统或神经网络的发展情况。

44 Adele Diamond 的研究即是一个很好的例子，该研究包含了“非 A 即 B”和伸手够物的任务（reaching task）。这两个标记任务都需要对当前情境所诱发出来的行为加以抑制。在“非 A 即 B”的任务中，实验者首先重复强化婴儿从 A 位置取物的正确性，之后将隐藏物体从 A 位置转移到 B 位置（Diamond, 1991）。在伸手够物的任务中，婴儿看到的玩具摆放位置和之前一直引导他去够物的指示线索是冲突的。把玩具放在纸盒子下面，盒子是打开的（可以从前方或者从后方开），只有当婴儿抑制直接沿着视线从盒子的透明面取物的意向时，他们才能拿到玩具。6—12 个月大的婴儿在这种任务上的表现有很大的变化。对猴子、脑损伤病人以及婴儿的表现进行比较，我们发现这些任务和前额叶相关，这个脑区的成熟度在这种形式的抑制能力的发展中起了关键的作用。这点在本书第 3、第 4 章有详细论述。

（五）脑结构和功能的个体差异

总体心理特征和个体功能性差异一直是心理学范畴中两个不同的方面。但是因为人们生下来就不同，研究神经网络发展的共同特点以及他们之间差异的研究方法就格外重要。我们现在有越来越多的新方法来探测这些人与人之间的不同。

1. 形态

这个方法最初是通过 X 射线来完成的，但是现在是通过对以水的形式存在于身体的氢分子进行磁共振扫描。磁共振图像能够展现出脑的结构图，这样神经学家就可以探索中风、脑瘤以及脑萎缩后的脑变化。科学家也可以通过这些方法来观察个体的脑结构。尽管人脑看起来很相似，但哪怕是双胞胎的脑都各有差异。形态学让我们可以去观察这些细微的不同，把脑的大小，或者结构形状的不同与个体差异联系起来。但令人惊异的是，无论生理结构有多大的差异，每个人的高级心理过程运行的方式是相似的，这样我们就可以总结出大致的规律来。显然在很多任务中，脑的工作方式都很相似。形态学也使我们可以看到，随着年龄的增长脑结构的发展或者特殊经验对脑结构的改变。

2. 智力和效能

个体差异可以表现在个体的相关能力上面。例如，在本书第一章讨论过，智力测验成绩可以推断儿童在学校的学业能力的高低。因此，科学家一直在找个体之间脑方面的差异。核磁共振的应用让我们可以精确地测量不同脑区的大小和形状，之后可以计算整个脑的体积。

在一项对 100 个 5—17 岁正常儿童的研究中发现，脑灰质的总量保持恒 45
定，而在这期间可能是由于髓鞘形成的原因，脑白质的总量有所增加（Giedd et al.，1999）。当把整个脑体积同智商联系起来的时候，会形成一条曲线。脑体积小的时候智商会急剧增长，达到较高的脑的平均水平。如果只考虑额叶部分，其线性相关值是 0.45，能够推测智商变化的 20%。

这些研究结果说明，脑相关区域参与心理加工的程度可能和一个人的行为表现能力相关。对猴子的研究结果表明，让这些猴子持续训练，它们参与特定感知（例如：特定的手指）的脑组织数量会随着对这个手指的训练而有所变化（Merzenich & Jenkins，1995）。从另一方面来讲，由于中风或脑损伤所引起的脑组织缺失会影响那个脑区参与认知任务的能力。生活环境好的动物脑的皮层相对较大。还有研究报告说，经过长时间的联系，比如说弹钢琴，会使脑相关部位的皮层数量增加（Elbert，Pantev，Wienbruch，Rockstroh & Taub，1995）。这些研究在一定程度上表明，在某些情况下，脑区的相对大小很重要。

但是我们还需要更深入地探索在发展过程中特定脑区大小的重要性。也许相对于其他变量，例如脑区之间的联系或者脑结构来讲，脑区的大小只是一个次要因素。

3. 遗传

行为的神经元网络发展取决于基因和后天的影响。基因本身并不能产生行为。行为是我们之前讨论过的神经网络和环境之间的交互作用。但是，基因确实决定神经元网络的基本结构，它们决定了组成神经系统的蛋白质构成。基因决定了染色体的构成，进而形成一个人的基因本质。在一人的一生中，遗传指令并不会改变，但环境可以影响特定神经网络的基因表达形式。

尽管人类的基因组大致相同，但是细微的差别可以影响神经调质的活动 46
数量，如去甲肾上腺素或者多巴胺，从而影响一个人的行为特点。个体的基因组可以通过分子生物学的标准方法，从血液或者组织中提取少量 DNA 来进行检测（Fosella & Posner，2004）。认知基因学才刚刚开始从基因的不同类型的角度来研究个体智力或气质的差异。尽管如此，对动物和人类的研究都表明，人们在适应不同的环境中所表现出的差异都可以用基因的不同来解释。

4. 气质

气质是指个体间反应性和自我调节能力之间的差异表现，我们认为它是有生理结构基础的（Rothbart & Derryberry，1981）。结构是指：

> 器官的相关生理构成始终受遗传、成熟以及经验的影响。反应性是指机体的行为和生理系统的可兴奋性、反应性以及可唤醒程度；自我调节能力是指适应反应条件的神经以及行为过程。（Rothbart & Derryberry，1981，p. 40）

每个新生儿天生都对其环境有特定的反应能力。如家长常常能看到，不同的婴儿早期对不同的事物反应各不相同。有的婴儿很容易出现沮丧情绪，注意力集中时间很短，容易哭闹，而有的婴儿可能在枯燥的游戏中都能发现很兴奋的事情。这些对环境的不同反应以及他们的自我调节机制就构成了婴儿的气质。随着经验的积累，气质就变成了年龄大一些的儿童以及成人的不同人格。简单的气质分类包括恐惧、愤怒—挫折、正性情绪—趋近（外向）、活动水平、知觉敏感性以及注意力集中程度。这些分类以及接受安抚的能力就构成了早期的气质特征。

人的气质本质是由基因决定的，但同时也会和经验环境相互影响。图 2. 6 表示的是儿童时期的三种主要气质类型及其与两种文化的相互关联。一般而言，内外向性和负性情绪在不同文化中都是发展得较早的维度。意志控制则在所有文化中都会出现的、发展得较晚的维度（第 4 章），它对于自我调控的发展至关重要。

但是这种调节是如何发生的可能具有文化差异。在多数西方社会，如美国，外向受到重视，意志控制与较低的负性情绪有关。但是在中国，努力控制似乎更多地与外向倾向的调节有关，也许是与其强调保守的文化传统是一致的。气质研究的一个重要目标是阐明生物水平的过程，这可能会通过社会化的发展而与成年时期的表现产生联系。

47

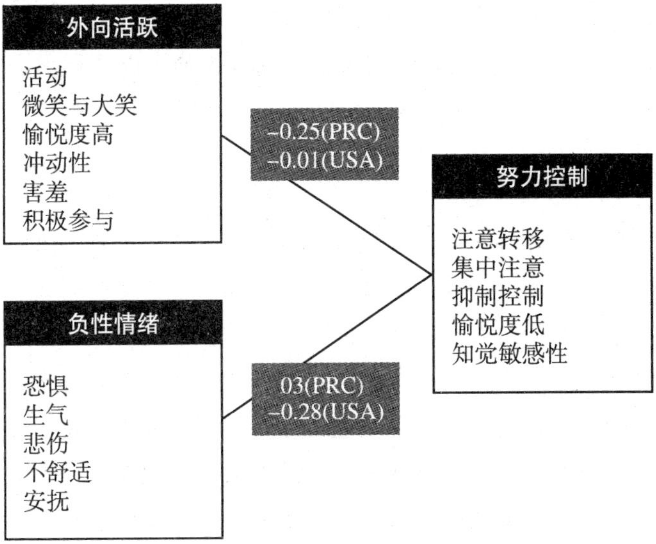

图 2.6　努力控制在两种文化中调节人格的作用。在美国，努力控制用来减少负性情绪的消极影响，但是在中国，努力控制用于减少积极情绪（外向）的影响。该表说明两种文化中对一个机制的使用方式不同（Ahadi Rothbart & Ye，1993）。图中 PRC 代表中国文化，USA 代表美国文化。

气质本身是发展的，也就是说，情绪与情绪的维度在不同年龄段出现（Rothbart & Bates，2006），与运动功能、唤起系统、注意系统一样（Posner & Raichle，1994）。在某种程度上，婴儿主要是反应性的，早期发展包括在这种反应性中增加自我调节的能力（Rothbart & Derryberry，1981）。恐惧系统包括了行为抑制，出现在出生的第一年（第 6 章）。努力控制出现稍晚，在出生的第二年，与执行注意系统同时出现（第 4 章）。努力控制大体上似乎就是自我调节，对于人格的发展具有重要的启示（Kochanska & Knaack，2003）。

气质领域研究中遇到的最大问题是每个研究者对气质变量的命名不同，即 48
使他们研究的内容很相似，叫法却不同。这种情况致使气质研究的主要问题都无法达成一致。有时候名称的不同确实表达了研究之间的差异，但气质研究中有很多特质是相同的（Rothbart & Bates，2006），气质量表和人们观察到的成人人格特质，一般叫做大五人格因素都很相似（外向性、随和性、责任感、神经质和开放性）。

随着越来越多的研究把气质类型的不同方面同脑结构（第 5、第 6 章）以及基因联系起来，气质的研究将变得越来越重要。研究结果一致发现，杏仁核对恐惧反应起了重要作用，研究主要通过对动物的恐惧条件实验，以及在对成人的脑成像研究中发现恐怖脸孔能够激活杏仁核。同样也有很多研究把人格气质同基因联系起来。比如说，多巴胺受体 4（DRD4）基因和感官刺激寻求相关（本书第 5 章）。我们现在开始趋向于从基因、脑区以及行为之间的关系来研究个体差异。

5. 神经网络的效能

我们现在可以研究神经网络效能的个体差异，这些神经网络可能是造成个体间气质差异的关键原因。这一测查包括了采用标记任务，注意也为执行这一测查过程提供了很好的机会。图 2. 7 表示的是，在一项研究中，三种不同的测查注意神经网络的方法，叫作注意网络测验（ANT）。任务要求被试尽可能快地报告屏幕中间所呈现的箭头指向是左还是右。有时候这个目标箭头是单独出现的，没有干扰因素，但其他情况下目标箭头会被其他箭头包围，这些侧面的箭头有时候和目标箭头的指向一致（一致条件），有时候不一致（不一致条件）。在不一致条件下，如果干扰箭头离目标箭头很近，被试就必须解决这种趋向冲突。另外，解决这些冲突所需要的时间长短能够检验与冲突解决有关的注意神经网络的有效性。

即使在这样简单的认知任务中，解决冲突的能力也和儿童时期的自我控制能力相关。尽管实验采用了对婴儿监护人的问卷调查形式，但这些方法并不能用于检查所涉及的神经网络或是基因。这种把问卷调查同简单的标记任务研究联系起来的方式，能够把人们日常的行为同影响他们行为的神经网络联结起来。这些在本书第 4—6 章中有详细论述。

50 注意网络测验还能检测到警觉和定向的效能。在目标物出现之前，会有一个提示出现，提醒被试目标将要出现。这个提示的出现会让被试进入警觉状态。由于被试警觉的时候，其反应时间会相对缩短。如果把有提示出现的反应时和无提示出现的反应时相减，我们就得出被试由警觉而减少的这段反应时间。另外，这个提示符号一般出现在目标物的位置，可以在屏幕的上、下或是屏幕中间。如果把提示符号出现在目标物位置的反应时间同提示符号出现在其他位置的反应时相减，我们就可以得出被试注意力转移到目标物的时间。这个减法就可以得出定向效能的分数。

注意网络测验是测查注意系统有效性的一个实验标记性任务的例子。它也可以和功能磁共振研究结合起来。图 2. 8 表明，测查的三个注意神经系统中所影响到的脑区。研究要求被试在扫描过程中执行这些认知任务。采用我们之前讨论的减法，我们可以勾画出每个神经网络。另外，之前对灵长类动物和啮齿动物的相关任务研究也证实了每个神经网络所涉及的不同脑区。这为把注意网络测试同神经系统联结起来提供了强有力的证据，同时也证实了注意网络测试可以用作标记任务。

49

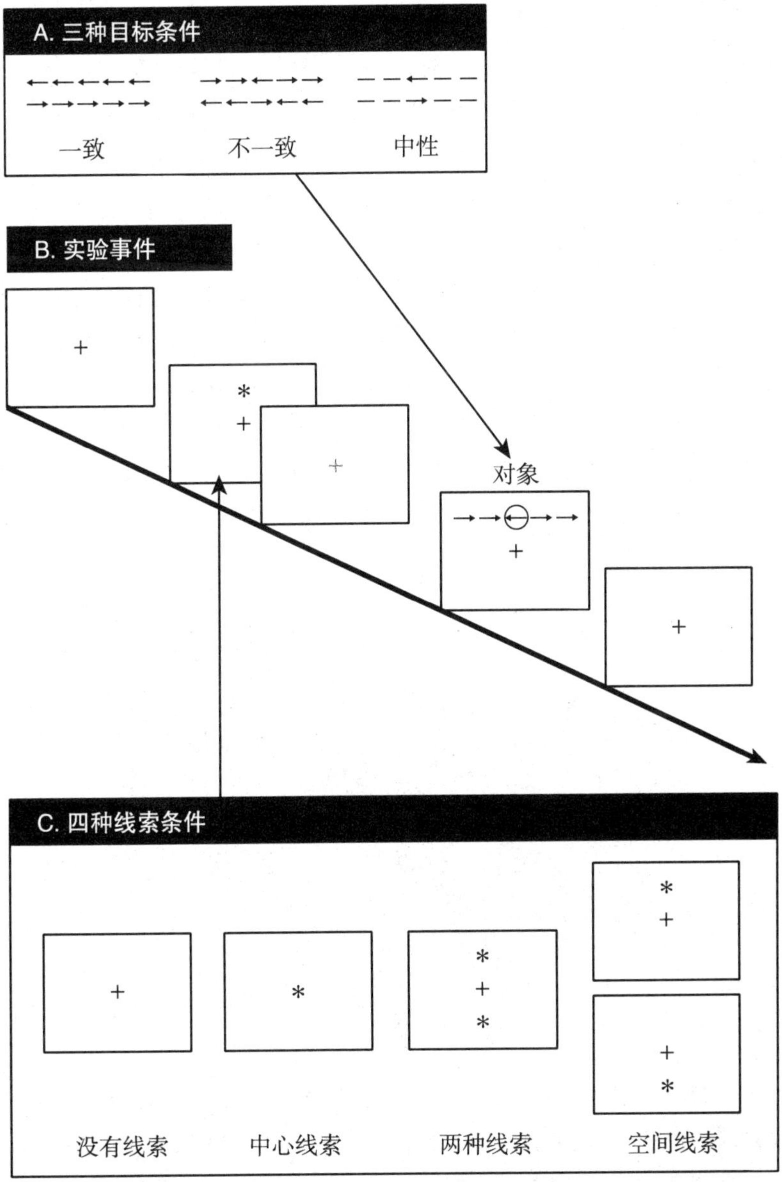

图 2.7　注意神经网络测试图示。任务要求当被试看到中间的箭头指向左边的时候按左键，指向右边的时候按右键。箭头周围有干扰项指向同一方向（一致条件）或相反方向（不一致条件）。在目标呈现之前，会有提出符号出现，提醒被试目标将在何时、在什么位置出现。摘自"Testing the Efficiency and Independence of Attentional Networks" by J. Fan, B. D. McCandliss, T. Sommer, M. Raz, and M. I. Posner, 2002, Journal of Cognitive Neuroscience, 14, p. 341. Copyright 2002 by the Massachusetts Institute of Technology. 经允许改编。

6. 气质和行为遗传学

我们很早就认识到了动物气质的遗传性。事实上，很多动物种属有不同的个体特征，特别是恐惧这一特征（Broadhurst，1975；Brush，Gendron & Isaacson，1999）。但是我们也要注意到，即使某个行为特征是遗传的，也会受环境或经验的影响。

分子遗传学研究发现，单个基因就可能影响复杂的行为（Gerlai，1996；Kieffer，1999；Wahlsten，1999）。Young 和他的同事（Young，Nilsen，Waymire，MacGregor & Insel，1999）报道了相对非社会化的田鼠迁移到群居氛围中的遗传变异。他们对不喜好群居活动的田鼠进行实验，提升了它们脑区的血管加压素受体的数量，改变它们的基因水平，让它们在行为上更像社会活动性非常强的草原鼠类。

51

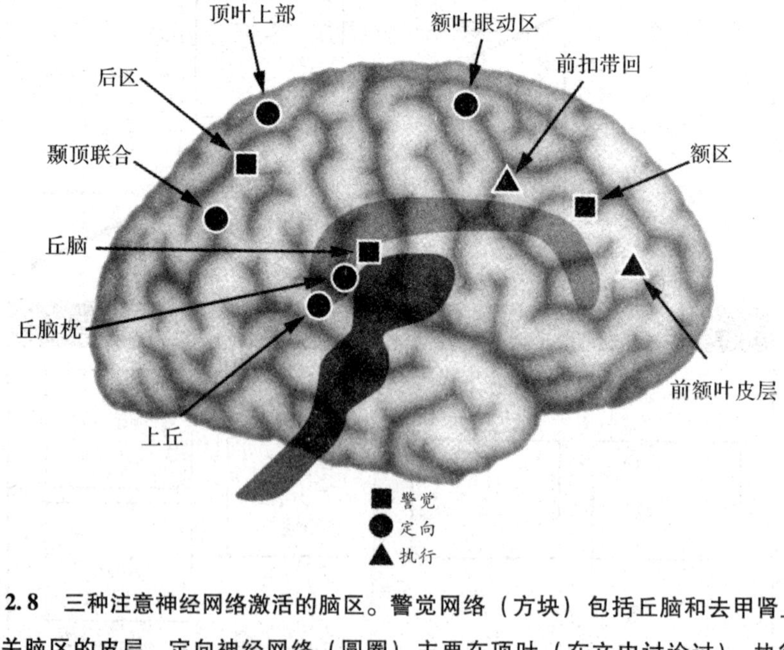

图 2.8　三种注意神经网络激活的脑区。警觉网络（方块）包括丘脑和去甲肾上腺素系统相关脑区的皮层。定向神经网络（圆圈）主要在顶叶（在文中讨论过），执行网络（三角形）包括前扣带回和其他前额叶区。

另外一个研究是从雌鼠中去除一个基因（这个研究去除的是致癌基因 fosB）。这些老鼠生育过后，其抚育能力都有大幅度的降低（Brown，Ye，Bronson，Dikkes & Greenberg，1996）。当从动物基因中去除雌性激素的时候，它们几乎都没有性冲动了（Pfaff，1999）。但是这些动物模型研究所遇到的问题是，出现的这些行为改变可能是因为在发展早期的补偿影响（这些动物终其一生所有细胞里都缺失了被敲除的基因）。但是现在随着科技的发展，根据情况在不同发展时期敲除基因的可能性越来越大，这样就可以避免之前的研究中出现的一些问题。

7. 人类遗传学

人类行为遗传学的研究主要是针对各种障碍人群（例如，发展性阅读障碍、精神分裂、注意缺陷多动症）。一般情况下对每种障碍的定义都包含很多行为表现。尽管如此，所采用的家族研究和双胞胎研究方法已经证明了一些障碍的高度遗传性。在智商、个性特征，例如害羞、积极和恐惧等方面，遗传因素起了很重要的作用。遗传评估对于智力或者害羞、外向和恐惧等气质特点都相当重要。

有时候相同的基因变异可能一方面和障碍相关，另一方面同正常气质相 52
关。比较典型的例子是 DRD4 基因。这个基因具有多态性，它有 48 组碱基对，在其基础上有不同形式的重复。7 次重复基因 DRD4 基因与儿童时期的注意分散以及多动症相关，同时它还和正常的外向气质中的感官刺激寻求相关。要进一步了解基因和变异之间的关系，我们要深入了解正常注意的基因类型。

从注意网络测试中发现的个体差异为我们提供了一个很好的途径。其中的逻辑很简单，与注意神经网络有关的神经调质是多巴胺。因此，影响这个神经调质的基因就与这个神经网络的效能相关。要检验这个观点，我们可以从参加注意网络测试的被试身上抽取 DNA，假如测定注意缺陷多动症中的 DRD4 是否与注意网络测试中测得的冲突分数相关。这个研究测查了好几个候选基因，研究结果在本书第五章中有详细论述。

五、小结

对于教育方法的发展而言，观察脑活动的意义重大。虽然我们不能对每一个孩子都进行脑成像研究，不能看到他们在阅读、写作或是做数学题的时候究竟是哪些脑区在活动，但是我们的抽样研究可以说明在学校学习任务中儿童所用的是共同脑区。我们也可以借此确认无法顺利执行这些任务的人一般缺少了哪些脑区的激活。通过脑成像研究，我们可以看到哪种训练对于提高相应脑区的激活度最有效。这个方法可以让我们发现和整合各种用以改进成绩的训练方法。

本章中，我们总结了有关认知和情绪神经网络研究的新方法。成人的研究主要是通过功能磁共振和正电子发射计算机断层扫描的研究来观察任务过程中的激活脑区。这些研究为心理过程提供了精确的脑区定位。在很多研究中，脑的激活区和人类认知网络的组成部分相连。

通过高精确的脑电记录方法，研究者可以获得这些生理区域激活的时间段，由此可以了解任务过程中的详细通路。这些通路可以通过动物模型来检验，或者通过某一环路受损的病人以及通过磁刺激中断神经回路的方法来进行。在本书的后面章节中，我们会讨论如何通过这些方法来检测婴幼儿的神经网络发展。在本书的第 3、第 4 章，我们主要讨论注意的神经网络；在第 7—9 章，我们讨论与学校课程相关的神经网络。

在心理学中，用于研究与认知和情绪相关的心理过程的实验方法和个体差异的方法总是相互分离的。一个关注的是和认知以及情绪功能相关的一般心理属性，另一个关注的是同样功能的个体差异分析。新的研究方法通过对这些神经网络发展的研究，把这两者结合起来。这个发展过程受基因和经验的影响。基因在人类神经网络之间的共性上起了决定性的作用。我们人类的基因都是一样的。但是基因也同样造成了我们的神经网络操作效能性上的差异。这些基因上的差异或多态性可用于解释个体在脑及其所支持的神经网络上的差异。另外，个体行为也与儿童在社会化过程中的经验相关。在本书第 5 章，我们总结了基因和经验究竟是如何塑造注意神经网络发展的研究数据。

第三章 55

学会注视

日常生活中，很多社会技能都依赖于注视的方向和持久性。注视的方向标志着一个人的兴趣导向，也常常反映了社会统治和社会服从这一模式，并且还暗示着最有可能收集到重要信息的地方。作为人类，当我们从一个令人困扰的情景中移开视线时，我们用“注视”来调节我们的情绪。当我们因思考而从一个可能的分心物上移开视线时，我们用“注视”来调整我们的认知状态。不过即使作为成人，我们也常常意识不到这种影响，但是当不同的规则发挥效用时，我们便可以意识到这种影响，正如我们接触到一种不同的文化时可能发生的那样。这些事实都顺理成章地说明了一个道理：在早期婴儿阶段，训练婴儿和看护人的注视方向，是一件很重要的事。

婴儿来到世上时，只有脑皮层的最深层已发育好。生命的第一年后，细胞迁移到了更加表层的地方，这为形成视觉和其他功能之间连接的新通路设置了舞台。除此之外，视觉、听觉和其他感觉通道两两之间的界限并没有最终稳定地确立（Maurer & Maurer，1988）。在生命的第一年中，视觉系统经历了显著的发育成长，如日益增长的视敏度（Gwaizda，Bauer & Held，1989）、自觉控制“看哪里”和“看多久”的能力以及与吸收感觉信息有关的注意的其他方面等（Johnson，Posner & Rothbart，1991）。婴儿也同时显示出对人脸和其他可视物体的再认。此章中，我们将会讨论在婴儿期定向功能的早期发展。

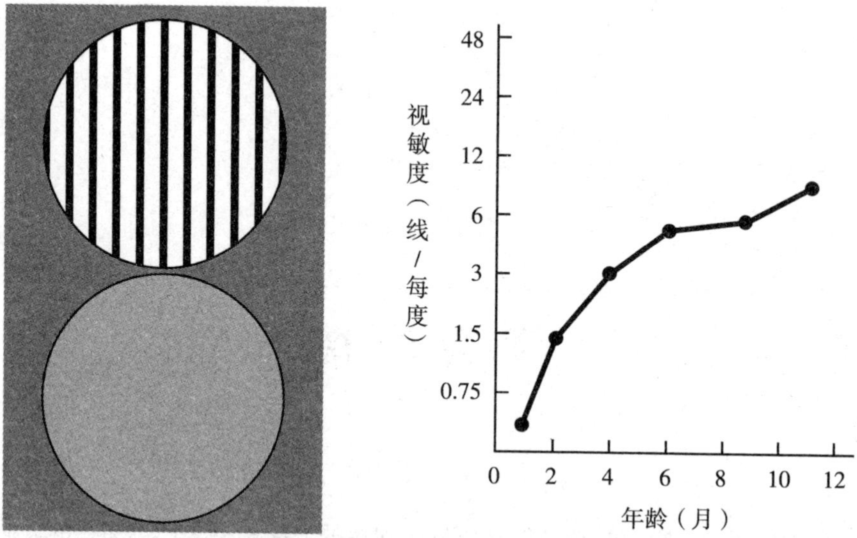

图 3.1　测量婴儿的视敏度。图的左上角显示了一个格栅。随着竖线越来越细（越来越高的空间频率），婴儿将格栅和左下方均匀的灰色图案区分开来的能力逐渐下降。图的右侧显示了格栅视敏度的逐月增长，在婴儿 1 岁的时候接近成人的水平。引自“From Visual Acuity to Hyperacuity：A 10-Year Update” by J. Gwaizda，J. Bauer，and R. Held；Canadian Journal of Psychology；43，p. 112. Copyright by Canadian Psychological Association. 经允许改编。

一、视敏度

图 3. 2 描述了在出生的第一年视敏度（察觉细微差别的能力）逐月提高的情况。有一种形式的视敏度（格栅视敏度）能显示婴儿辨别出黑色细条纹的能力。如果在黑色条纹和纯灰色两种图案中作出选择，婴儿更喜欢看条纹。较高空间频率（单位面积条纹更多）的刺激一般更能吸引婴儿的眼球，而我们可以利用婴儿的这种偏好来研究其视敏度。在此类研究中，使条纹越来越窄。随着条纹变窄，它们渐渐融合，直到婴儿无法从纯灰色中辨别出条纹。此时，婴儿不再显示出对条纹的偏好。而当这种视觉偏好消失时，就可以假定婴儿不再能看到单个的条纹。而我们把这一点叫做婴儿从背景中辨识出细条纹的阈限。图 3. 1 阐述的结果揭示，婴儿的视力测量是多么的细致和精确。

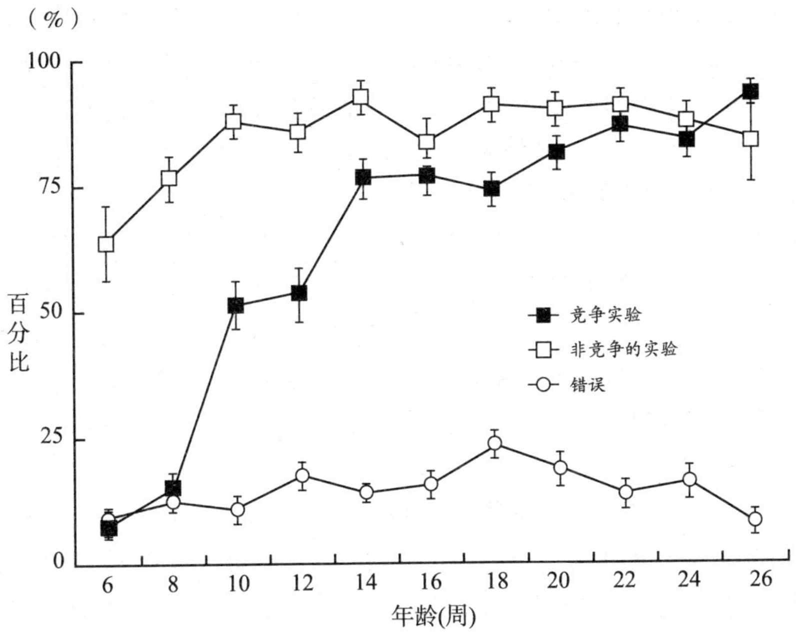

图 3.2　婴儿期定向功能的发展。在人生的最初几个月，当有分心物存在时，转移视线到可视物体的这种能力（百分比）缓慢发展。引自“Infant's Shifts of Gaze from a Central to a Peripheral Stimulus：A Longitudinal Study of Development between 6 and 26 Weeks” by P. R. Butcher，A. F. Kalverboer，and R. H. Geuze；2000，Infant Behavior and Development，23，p11. Copyright 2000 by Elsevier. 经允许改编。

二、儿童期的眼动

当某人观察一个物体时，他的头和眼睛都朝向这个物体的方向。长期以来，这种视觉定向运动是研究注意的关键（Ruff & Rothbart，1996）。一个人往往朝他注意的地方看，虽然众所周知，成年期的注意可能和凝视无关，正如人用眼角看东西时。其实，人甚至在出生前就有眼动，而在出生时，婴儿就已表现出追踪物体运动的能力。但是，正如以前记录的那样，他们的视敏度是有限的，而且他们辨别物体的能力也相当有限。吸引婴儿注意边缘物体的这个过程同样也很难，因为他们的视野范围是有限的。尽管如此，定向注意边缘物体的能力，在 2—4 个月间仍然经历了非常快速的发展，正如图 3.2 所示。

新生婴儿对可视物体并不敏感。虽然婴儿的注意力可能被吸引到一个缓慢移动的物体上，但是婴儿的眼动仍然不够灵活，且有可能跟不上目标物。即使在两个月大时，婴儿能够较长时间地定向一个物体，但可能只是将眼神聚焦在

58 刺激物的边缘或拐角处，而且对注意力也似乎缺乏自主控制的能力。Emde 和他的助手（Emde，Gaensbauer & Harmon，1976）曾经描述了婴儿两至三个月时，由于脑组织变化所引起的行为改变。他们注意到，在婴儿两三个月之前，其很多反应都是自发的或者外部驱动的，而两三个月的婴儿似乎已开始积极地寻找刺激，并常常以微笑作为回应。

然而之前，婴儿与监护者的沟通大多数是通过哭泣或者烦扰以引起监护人的安抚。从婴儿收到积极效果、婴儿看东西的模式甚至其用手挥击周围物体的行为可以看出，两三个月的婴儿已显示出了内部驱动或者自主行为的模式。这时，婴儿和看护者之间的互动已经超越了“烦扰—抚慰—睡眠—烦扰”的循环，而存在于充满兴趣和快乐（这种快乐也包括监护人体验到的快乐）的更长时间的觉醒期。

监护人经常会利用有趣的物体去转移孩子的注意力，或者是抚慰孩子。到4个月大时，婴儿的视线就可以从一处转移到另一处，以探测这个可见的世界。通过观察的方式，他们对这个物质世界有了更多的了解。于是，自制力的漫长发展进程开始了，即使此时，大部分刺激物仍然是别人拿着的。这些从婴儿的行为所看到的事实，反映了脑系统突飞猛进的发展，而脑系统也为婴儿对感觉性物体的定向能力奠定了基础。在本章中，我们将通过描述标记任务的使用方法来追踪婴儿早期，研究在可观察到的自主定向功能变化的背后隐藏着怎样的发展。

三、早期脑的发育

虽然神经系统的很多部分在出生前就已发育，但是对灵长类动物，尤其是人类来说，需要长时间的后天发育才能完成脑的基本建构。因此，某些方面的发展可能持续终生。而关于早期发育中，神经元分布变化和突触形成方面的知识，我们也已了解了很多（Johnson，2002）。

神经元（或突触）之间的新联结数目在出生前就已经开始激增了。出生后的数月中，持续高速增长。在青春期过后，某些脑区存在着一个长时间的突触密度稳定期，接着开始大幅度下降（Huttenlocher & Dabholkar，1997）。尽管如此，在青春期，脑的某些部位仍在持续发展，甚至在成年期，一些脑区的
59 新细胞仍在发展（Hastings，Tanapat & Gould，2001）。很多推论证明，童年期的突触密度也许能解释这一时期快速增长的学习能力。但是突触密度和学习之间的关系还有待建立。

随着神经束被髓鞘所覆盖，脑区之间的长距离沟通变得更加迅速，脑白质也有了一些稳定的变化。髓鞘的形成贯穿于整个童年期（Giedd et al.，1999）。可能脑区之间长距离联结中的很大一部分都需要执行复杂的认知任务（参看本书第4，6，7，8章），而这些复杂的认知任务，恰恰建立在这些联结的基础上。

伴随着脑的一些重要变化，是同样令人印象深刻的行为变化。在生命的最初几年，婴幼儿学会了控制自身的行为和精神状态，因此成为大一点儿的儿童和成人后，他们对自己的情绪、思想和行为，都能够进行一定程度的中枢调节。我们将行使这些调控的脑系统叫做“注意系统”。对“婴儿和看护者之间怎样互动，才能够培养出未来学习所需要的优秀自控力”这个问题来说，“注意的发展”问题很重要，而注意的发展，也正是本书第4—6章的核心议题。

虽然对“细胞迁移”、“突触密度增加”和“髓鞘化”这样的活动，具体与“获得自控能力”的关系有多么复杂，我们还不是完全清楚，但是已经有足够的信息，在“精确的、特异性的注意机制”和“某些潜在的神经活动”之间建立巧妙的联系。随着新研究的进展，这些联系一定会渐渐增多。

四、人脑的注意系统

第2章通过使用“注意网络测验”，提供了分别测量三种注意网络（图2.8）效率的方法。很多人认为所有的注意都是一回事。如果是这样的话，所有网络的活动都应该高度相关，而且应该有一个同样的或者类似的解剖结构。其实，三种网络的活动多半并不相关，而且我们已经识别出不同网络的各自位置。尽管如此，这些网络当然也在相互沟通中执行与注意有关的很多任务。

在成人脑成像的研究中，我们已经广泛探究过注意系统，发现注意系统包括很多确定的神经网络。这些神经网络执行着如下功能：获得警觉状态（警觉网络）、定向感觉性物体（定向网络）以及在可能需要冲突性反应的时候，
维持行为持续和目标之间的协调（执行网络）。表3.1呈现了这三种网络所涉 60
及的脑区。这些脑区是注意作用的源头，而这些注意作用可能影响到整个脑区。

表 3.1　三种注意网络的脑区和化学调质

功　能	脑区位置	调　质
警觉	蓝斑核；额叶和顶叶皮层	去甲肾上腺素
定向	顶上小叶；颞顶联合区；额叶眼动区；上丘；丘脑枕	乙酰胆碱
执行注意	前扣带回；前额叶侧面；基底核	多巴胺

我们都熟悉警觉水平的变化，如从睡眠状态到时刻准备着高效处理信息的警觉状态，而警觉网络就是负责获得和维持这种警觉状态的。每个新异刺激都会影响到大脑皮层的整体协调或觉醒水平（Hebb，1949）。当缺乏外部刺激时，器官可能会放松警觉或陷入睡眠状态。警觉网络位于中脑，能激活额叶和顶叶区。

警觉网络位于中脑的一个叫做“蓝斑核”的区域，此区域是神经调质去甲肾上腺素的发源地。当警觉必须维持较长时间时（强直性警觉），大脑右半球参与程度最高（参看 Posner & Petersen，1990，综述）。将警觉信号放到引起参与者反应的靶子之前，这样就可以对警觉水平进行操控了。警觉信号提高了对靶子反应的速度。

第二个网络是定向网络，主要负责感觉性物体的注意定向，图 3.3 呈现了这个网络的主要皮层部分。新异物体通过以下两种方式之一引起注意定向：（a）调整眼或头的位置，使物体对准眼睛的中央窝，并使两者与感觉加工器在同一条直线上；（b）在适当的感觉系统内，隐蔽地调整空间注意，同样能提高感知能力和激活水平，但眼或头的位置却没有明显的调整。绝大部分对定向系统的研究都只涉及可视物体，但我们却发现，其他感觉性刺激物和涉及多
61 感觉通道物体的定向也有着非常类似的机制。总体上，定向网络涉及顶叶的两个分离的脑区，而这两个脑区与前额、丘脑和中脑的特定区域都有协作关系，且它们中很多都与眼动密切相关。总之，这些区域均负责将注意吸引到感兴趣的感觉性刺激物上。

第三个网络（我们叫它执行网络）为自主行为奠定基础。激活成人此网络的一种典型方法是，在同一物体可能引起的两种反应之间设置冲突。比如，在经典的色词任务中，一个单词用一种颜色的墨水呈现出来，而这种颜色可能和这个单词的名称一致，也可能不一致。被试的任务是避免念出这个单词，而对墨水的颜色作出反应。由于单词阅读对成人来说太过自动化，因此被试往往有强烈的趋势去读单词（如“红”），而不是去识别单词的颜色（如“蓝”）。这个颇难的任务激活了对自主控制来说十分关键的脑区。不过，执行网络是本

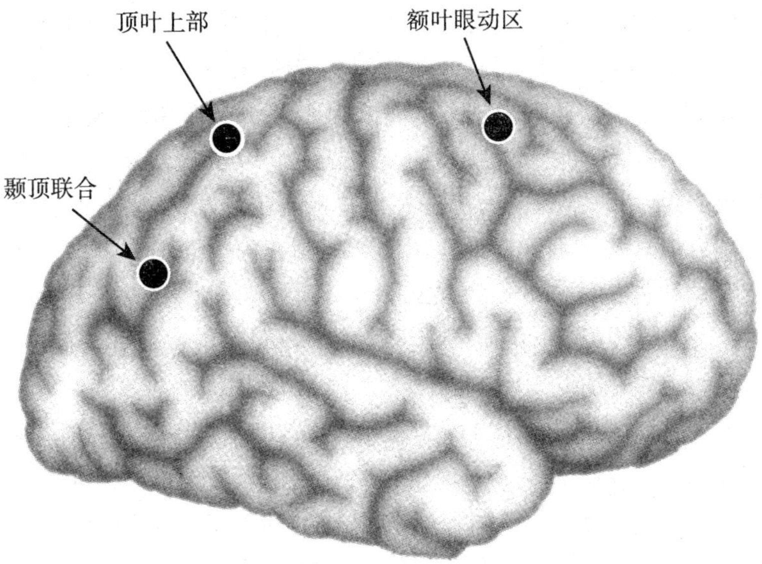

图 3.3　与定向感觉性刺激物有关的皮层网络区。上图阐明受惊的猴子和人类神经成像两者的研究结论是趋于统一的，而这一统一的结论即，顶叶上部、颞顶联合以及额叶眼动区是负责注意定向的主要脑区。（Corbetta & Shulman，2002）

书第 4 章的主要兴趣点，该网络的发展在那里也会有更加详尽的论述。在本章中，婴儿对定向的控制才是我们所要考虑的。 62

五、定向网络

很多对视觉定向的研究都使用了空间定向任务，而此任务正是“注意网络测验”的一部分（图 2.7）。在此任务中，靶子呈现部位的线索会将注意力自动吸引过来，而一个控制性的箭头线索也可以让人自主地转移注意力。通过将线索效应和靶子效应分离开来，我们也能将注意转移的运行过程从靶子识别中分离出来。其实，通过放心地使用标志靶子出现位置的有效线索和可能标志了靶子出现位置、但却不一定是本次实验中靶子出现位置的无效线索，我们可以使本研究更深入。同时，这种空间定向任务也研究了从注意力脱离线索位置到转移至新靶子所需要的时间。而反应时、感觉阈限、电活动和血流方面的指标均显示，与没被注意的部位相比，被注意（有效）部位的信号增强了。

研究涉及神经网络区（图 3.3），我们甚至能将神经细胞和突触机制也识别出来。受惊猴子的微电极记录（Wurtz，Goldberg & Robinson，1980）、对中风病人的研究（Posner & Raichle，1994）和脑成像研究（Corbetta & Shulman，

2002）三者的结果均显示，部分顶叶在协调改变定向方面十分重要，顶叶上部尤为重要［猴子的 LIP 区（顶叶侧部）］。线索出现后，顶叶上部尤其活跃。而当一个无效靶子需要注意力从一个部位转移到另一部位时，倒是顶叶的一个相对孤立的脑区（颞顶联合）表现得异常活跃。颞顶联合似乎充当着定向意外刺激的媒介角色。图 3.3 显示了这些脑区的定位。虽然这两个区域和其他脑区协同作用，但这两个脑区已足以阐明新异物体的主要定向机制。在“注意网络测试”中，神经成像的研究结果表明，影响阶段性警觉的警觉信号，在大脑左半球引起的活动最强烈（Fan，McCandliss，Fossella，Flombaum & Posner，2005）。

由中风、肿瘤、磁刺激或颅内伤造成的顶叶细胞损伤，均会削弱将注意从线索转移到靶子（此靶子位于损伤半球的反侧视野）的能力。尤其是，颞顶联合区的损伤似乎会导致中风病人难以将注意力定向损伤区反侧的刺激物。只有当这些病人的顶叶上部完好无损，且能够预测到靶子出现的位置时，才有可能得到弥补。

在正常的视觉行为中，只有当新异刺激呈现在眼动之前时，才会发生注
63 意的定向。注意定向有助于选出应该聚焦的视野区。当靶子很重要时，常常会引起眼动，且当必须保持注意状态时，警觉网络也会参与进来。一旦所有的注意力从靶子上统统移开，就会出现一种叫作“返回抑制（IOR）”的奇怪现象，此现象有助于注意力从视野中已注意过的位置上移开，进而定向新的位置。

六、定向功能

当人的注意力定向感觉性信息的来源时，脑会发生什么？成人神经成像研究给出了一个临时的答案。当要求被试将注意力定向出现在某视野区的刺激物时，负责加工此物体的视觉系统区的血流量就会增加。在靶子呈现 100 毫秒后，这些脑区的头皮电活动也会增强。当要求被试专门注意刺激物的颜色、形状或运动时，只有加工这些特征的特定脑区才会出现血流量的增加（Corbetta & Shulman，2002）。

在上述成人研究中还发现，若靶子正巧出现在注意力集中的那个位置，反应就会又快又准。相应地，若靶子出现在另外的位置，反应时就会被延长。在 4 个月大的婴儿身上，可以看到同样的行为效应。而出现在某位置，意在引起对刺激物注意的线索，若呈现得太过短暂，就无法引起眼动，但却

能在随后增加对出现在同一位置刺激物的眼动速度。正因为行为线索效应在婴儿和成人身上十分类似，我们可以设想其根源性的脑机制也是十分类似的。正如成人一样，婴儿能够将注意力集中在目标物上，且当他们这样做时，随后的刺激物所引起的反应，就好似此刺激物更加重要或更加优先。因此，通过增强靶子（此靶子出现在已注意过的位置上）的有效信号，定向也就发生了。

七、婴儿期的视觉注意

视觉系统是对感觉系统的最佳了解。而视觉经验对视觉系统的正常成熟则起着决定性的作用。例如，如果将猫的一只眼睛封闭起来，使之在最初的几个月得不到视觉经验，则那只眼睛在初级视觉系统内的皮层代表区就会严重退化（Hubel & Wiesel，1977）。遭受过单眼白内障切除的人类婴儿因早期剥夺表现出视敏度的明显下降，同时也表现出对视觉世界的注意定向程度明显减弱（Maurer & Lewis，2001）。因此，发展视觉系统的基因计划也要包括一个至关重要的任务：将视觉系统暴露于视觉世界。

我们先阐述对早期婴儿视觉系统的能力进行探查的可能性，然后将要阐述 64
注意定向和这些能力的相关程度。最近的研究成果已根本性地改变了“婴儿能力”这个概念。20 世纪 50 年代，人们普遍认为，在生命的最初几个月，婴儿并无实质性的认知能力。虽然在婴儿将知识概念化的方式上至今仍存在着争端，但是通过婴儿注视行为可以看出，婴儿明显地表露出实质性的感知觉能力，而这些能力在先前一度被认为是不可能的。而且，婴儿研究也表明，心理学家从此有了追踪感知觉能力发展的工具。

（一）探测新异事件

最可能引起婴儿注意的是什么？本章，我们将在下述情境中考虑定向参与的三种功能：发现新异事件时、紧张性降低时以及学会适应对还未出现的物体进行预测。所有这三个功能，对随后自主注意机制的发展（本书第 4 章将要论述）都有决定性的作用。其实，3 个月大的婴儿看起来是很无助的。他们不会说话，也不能移动。因此，对“看哪里”和“注意什么”的自主控制力，比该能力起初显示得更为重要。这些能力不仅使婴儿能通过选择环境中自己感兴趣的方面来进行自我教育，还为监护人提供了一种与婴儿互动的方式。甚至从婴儿出生开始，注视婴儿的监护人更易于吸引婴儿的注视。

“注意定向存在着文化差异”这一事实的证据，来源于对复杂情境下美中两国观察者的眼动研究。美国人更倾向于将目光聚焦在对象上，并快速将目光从一个对象转移到另一个对象。而中国观察者则对背景事件作出更多的眼动，在对情境的注意分配上，与美国观察者表现出明显的不同（Chua，Boland & Nisbett，2005）。

注意的基本机制在婴儿3—6个月时已得到发展，而且我们知道，18个月时，婴儿已经会利用监护者的注意进行自我教育，因此能将说话者注意指向的物体与新单词联系起来（Baldwin，1991）。在本章中，我们将要阐述新异物体引起婴儿注意的内部机制。我们将要论述返回抑制（IOR），即对新异位置和新异物体的偏好。

65

（二）返回抑制

婴儿发展的一个规律是，次皮层视觉机制的发展可能在皮层机制的发展之前。对成人来说，将注意力从刚刚被注意过的位置上移开后，再将注意力转回该位置的可能性就降低了。这个被称为“返回抑制”（IOR）的现象，最初是在对正常成人的反应时研究中发现的（Posner & Cohen，1984）。

返回抑制似乎是对新异物体偏爱的一个例证。在视觉上，它偏爱探索和观察新异位置，而不是那些已经探查过的位置。对疾病人群的研究表明，中脑眼动结构和上丘的损伤（而非其他一些皮层结构的损伤）会妨碍对新异位置的偏好。另外，对正常被试的研究表明，当刺激呈现在颞侧视野区，而非鼻侧视野区时，返回抑制更可能发生。由于颞侧区与丘脑联系更紧密，而鼻侧刺激则直接传递到大脑皮层，因此，我们可以推测，返回抑制可能是基于丘脑的。最近，一个单侧丘脑损伤的病例（Sapir，Soroker，Berger & Henik，1999）表现出损伤区反侧视野中返回抑制受限的症状，这更加确认了前述观点：丘脑是返回抑制的基础。

成人的数据也一致显示：返回抑制和上丘有关，而上丘在出生时就已发展得相对较好。通过研究婴儿期的返回抑制，我们开发了一个研究丘脑发育的标记任务（第2章）。显然我们对婴儿无法使用命令，所以我们使用这样一种方法：让婴儿先朝向外周刺激，然后回到中心。接着给婴儿呈现两个靶子，以测定他们是朝向先前有线索的那一边，还是无线索的新的一边。我们希望在最小的孩子身上能观察到返回抑制，但是我们却发现，返回抑制是在4—6个月之间才发展起来的（Clohessy，Posner，Rothbart & Vicera，1991）。Butcher 和他的同事们（1999）证实和扩展了前述发现，参见图 3.4。

我们最初研究使用的是偏离注视点 30°的靶子。我们也观察到，3 个月大（而不是更大）的婴儿，在目光到达靶子之前总会有好几次眼动。婴儿总要用 1 秒多的时间才能到达那个 30°。而成人研究（Rafal，Calabresi，Brennan & Sciolto，1989）证明，在成人身上观察到返回抑制的充分必要条件是，对眼动的控制。我们推论，如果返回抑制要求对眼动进行控制，需要多次扫视的婴儿则可能无法表现出返回抑制，因为他们并未控制眼动直接朝向靶子，而只是去搜索靶子。但大多数 3 个月的婴儿却可以直接将目光转移到 10°的靶子上，以这样的逻辑，他们应该在 10°的地方表现出返回抑制。 66

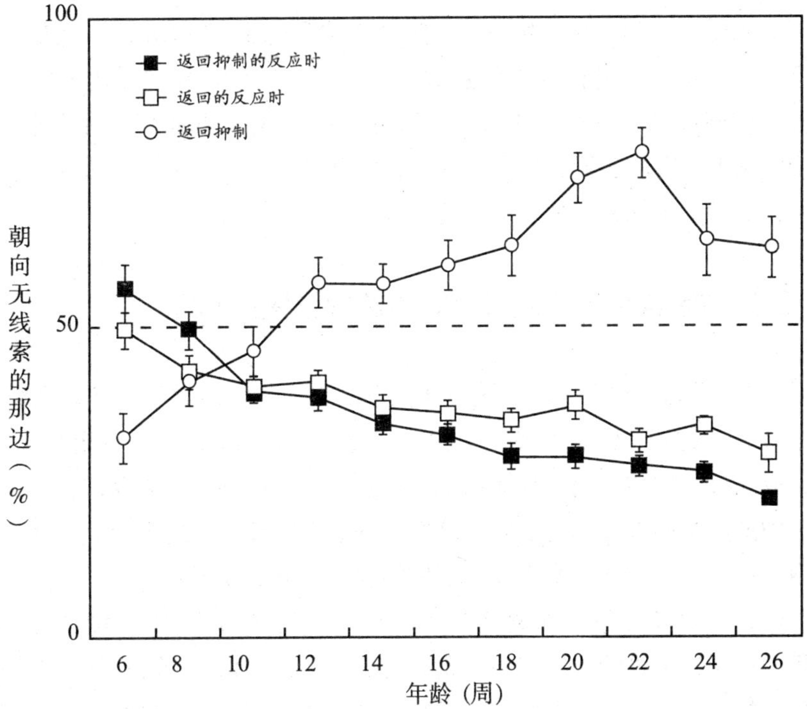

图 3.4　婴儿期返回抑制的发展。返回抑制，即以次皮层结构为基础的对新异物体的偏好，其发展贯穿于婴儿的整个生命早期。引自“Inhibition of Return in Very Young Infants：A Longitudinal Study” by P. R. Butcher，A. F. Kalverboer，and R. H. Geuze；1999，Infant Behavior and Development，22，p. 311. 经允许改编。

Harman，Posner，Rothbart 和 Thomas-Thrapp（1994）研究了 10°处刺激物的返回抑制，发现 3 个月大的婴儿身上已完全存在“返回抑制”现象。

后来的研究显示，返回抑制可能在新生婴儿身上就已存在，据此可以反映出，中脑上丘较早的成熟是如何使其在出生时就已占优势的（Valenza，Simion & Umilta，1994）。当婴儿直接朝向 30°的靶子时，他们明显表现出返回抑制的现象。这些发现和 10°处的研究成果一致说明，返回抑制的基本运行在出生时就已存在。但我们仍不确定是什么因素导致如此多的眼动，而使 3 个月大的婴儿还未达到其本应达到的目标，妨碍了返回抑制在这个年龄本应表现出的更长时间的眼动。不过，这可能和皮层系统的成熟有关（如：顶叶、额叶眼动区），而皮层系统的成熟似乎正是在这个年龄发生的。

67 婴儿期就存在返回抑制现象非常正常。这些机能建立在次皮层系统的基础上，似乎在婴儿两个月左右时消失，在皮层的成熟后又开始出现。比如，真实脸和打散脸（将五官随机安排位置的脸。——译者注）相比，初生婴儿更喜欢前者（Johnson & Morton，1991）。可以认为，在初级中脑机制的基础上，他们才能辨别出两者的不同，但是，这一偏好却在不久后消失了，而在他们 4 个月大时，形成了更多的类似于成人的特征后又重新出现。

（三）对新异物体的偏好 VS 对新异位置的偏好

通过在 10°处呈现靶子的方法，我们可以将“偏好新异位置（返回抑制）”和“偏好新异物体”两者的发展历程进行比较（Harman et al.，1994）。研究发现，成人有分别涉及朝向物体和定向位置的两个机制。正如我们所知，与位置相关的返回抑制进程，是中脑丘脑系统的一个特性，但此系统对物体的辨别无能为力。对可视物体的辨别还是要依靠颞下小叶的皮层系统。

我们将“对新异位置的偏好”和“对新异物体的偏好”两者进行比较。为了研究对新异物体的注意定向，我们将一个单独的物体暴露在注视点处。当这个单独的物体移离注视点后，呈现在注视点或左或右 10°的地方，而新异物体恰在同等距离的相反方向处。

当一个新异的靶子呈现在新异位置上时，3—6 个月的婴儿对新异的偏好表现得十分强烈。但当物体偏好和位置偏好处于竞争状态时，3 个月大的婴儿不再表现出对物体的新异偏好，而表现为定向新异的位置。甚至在 6 个月大时，只有在婴儿对前一个物体的注视超过 3 秒时，我们才会发现其对新异物体的偏好；而当婴儿仅仅朝向前一个物体 1 秒时，我们并不能发现其对新异物体的偏好。在6个月大的人类婴儿身上，对物体呈现出偏好所需的必要暴露时间和幼猴的记录相似（Gunderson & Swartz，1986）。相反地，即使朝向的持续时间再短，对位置的新异偏好也能建立起来。

我们将这些研究进一步延伸，以直接说明：在婴儿6个月大时，两种形式的新异偏好是相互独立的（Posner，Rothbart，Thomas－Thrapp & Gerardi，1998）。我们在同样的实验范式下比较40个相似的6个月婴儿。这些范式要么涉及暴露于某一物体，要么涉及暴露于某一位置，然后在两个物体中选一，或在两个位置中选一。可见，两种形式的新异偏好都被展示了，但是数据显示两者并不相关。返回抑制的新异偏好形式和眼动密切相关，它只有在婴儿可以自主地将目光转移到物体上时，才能表现出来，而且它在婴儿出生时就已经以某种形式存在。而对新异物体的偏好，似乎和视觉通路的重要发展伴随出现，而 68
视觉通路的这一重要发展与婴儿4个月时出现的物体再认能力有关。

新异物体对注意力有三种不同的影响：第一，新异物体可以产生更快更稳定的定向。第二，通过去甲肾上腺系统，新异物体激活警觉系统，从而提高机体警觉性。第三，新异物体会使机体努力形成一个新的物体文件，进而用这个文件来编码新异事件。成人研究表明，即使某个新异物体瞬间闪现，也可能会同时影响到上述三种加工进程。此研究成果同样表明，新异物体的呈现，为注意力的初始定向提供了线索，但是接下来的持续注意则要开始涉及更复杂的执行功能了（Posner，Rothbart & DiGirolamo，1999）。这一发现也许能解释，在“婴儿会更长久地注视熟悉物体还是新异物体”这一问题上，为什么很难找到统一的答案，因为注视偏好绝非仅仅依赖于定向趋势。

八、对注视点控制能力的发展

出生时，婴儿似乎还不能对注视点进行自主控制。但到满月时，一系列大脑通路（从额叶皮层下的基底核到和眼动密切相关的中脑结构上丘）的发展似乎开启了一个新的时期：婴儿能够长时间将注意力维持在注视点的时期（Posner & Raichle，1994）。

1. 强制注视

根据Haith（1980）的著作，此年龄的婴儿，其目光会被有很多条边和高空间频率的刺激（如棋盘）所吸引。喜欢看边对婴儿了解视觉世界很有意义，因为边不仅标志着物体的界线，且能够引起初级视觉皮层细胞的强烈激活。如果1—3个月的婴儿朝向一个棋盘状的物体，他们的目光就会被其所吸引，并能保持长久的注意。棋盘对婴儿的视觉系统有很强的刺激作用，而且，对棋盘的定向还可能会引起婴儿的不安。如果成人朝向图3.1中的条纹，他们也可能会由于此条纹规则的形状而有些轻微的不安。可见，婴儿两三个月时的确会有一个阶段，在这一阶段，婴儿的目光会被此类刺激所吸引。我们可以把这种效应叫做“强制注视”，它似乎出现在下面两个时期之间：即婴儿开始对注视点有一定控制的阶段，从某视觉刺激物上转移注意的阶段是由于脑的顶叶皮层逐步发育成熟后才形成的能力。

69 注意力持久定向阶段对婴儿与监护者的早期感情交流十分重要。在强制注视期，婴儿能够长时间地注视监护者的眼睛，这为两者建立亲密的关系奠定了基础（Bowlby，1969）。而且监护者也可以利用这个机会给婴儿提供愉快的刺激，以使婴儿出现显著不同于棋盘反应的行为反应。虽然如此，对这么大的婴儿来说，初始定向背后的内部机制可能仍是相似的。

2. 从刺激物上转移注意

注意定向的发展可以从标记任务开始，而这种标志性任务是用来测量婴儿从某位置上转移注意能力的。在我们的方法中（Johnson，Posner & Rothbart，1991），婴儿的注意力被一个强大的中央视觉吸引物所吸引，此物体要么在屏幕上隐约出现，要么在屏幕上盘旋升降。然后发现，在婴儿两个月大时，即使再强大的外周刺激物也不足以使注意力从此注视点上转向新的物体。而在2—4个月间，这种状况发生了戏剧性的改变，这时，婴儿从中心物体转移注意的能力开始飞速发展（图3.2）。在大约4个月时，婴儿和监护者之间的社会互动也有了重要的变化。以前，孩子和监护人主要进行面对面的视觉交流；现在，孩子开始有了监护者以外的新的视觉兴趣，且婴儿对注意定向的控制力也使其对这种新兴趣的探索成为可能。而监护人也在适应着这种变化，学会渐渐面对“孩子的注意力从成人面部转向外部世界”这一事实。

3. 习惯化

正如我们所见，婴儿的神经系统被引起感觉世界变化的新异物体所强烈吸引。但是，如果同一刺激呈现时间过长或者反复呈现，就会出现对该物体的持久定向力下降，我们把这种下降叫做“习惯化”。习惯化对追踪婴儿的感觉能力和语言能力十分有效。它已经有效地应用于对婴儿认知加工的研究。在这种研究中，我们先将同一刺激按顺序多次呈现给婴儿，直到婴儿开始对这一刺激仅仅瞥一眼为止。此时的婴儿看起来已十分厌烦该刺激，或者说已习惯注视该刺激了。然后，在下个实验中，要么再次呈现那个旧刺激，要么呈现一个在关键特征上有别于旧刺激的新刺激。如果对新刺激的观察时 70
间延长，我们就可以推论婴儿已经将新旧刺激辨别开来。通过诸如此类的方法，我们知道婴儿有能力辨别出母语和其他语言在发音上的不同；婴儿对即使还未出现的物体也有判断力；当数字很小时，婴儿能够理解数字的概念，甚至可以做一些小数字的加法（有关该研究的综述参见 Spelke，2004）。而婴儿视觉定向的某些方面，如注视的习惯化，其实还可以用来预测童年期的智力分数（Slater，1995）。

当用行为方法（诸如习惯化或偏好注视的时长）来追踪感觉阈限时（图 3.1），我们也许可以了解到一些相关的脑机制，因为我们对感觉敏锐度的神经基础已有了一定的了解。但是，当习惯化和偏好注视被应用于知觉问题时，我们就无法了解与之相关的脑区了。

婴儿延长注视时间意味着什么？此问题已招致大量争议。而此问题的一个较好的例子存在于 Wynn 的研究中（1992）：她先给婴儿呈现一个物体，然后将这个物体从视野中隐藏起来。接下来，让这个婴儿观察位于被隐藏物体旁边的另一物体。而后，被隐藏物体被重新呈现，我们发现，只出现一个物体时的注视时间明显长于两个物体同时出现时的注视时间。Wynn 认为，这说明了婴儿原本期待一个物体加上另一个物体总共等于两个物体，因此当出现的仅仅是一个物体时，婴儿就会很惊奇。脑科学研究成果（Berger，Tzur & Posner，正在出版中）也显示，7 个月大的婴儿在错误情景下激活背侧前扣带回区域，而这和成人错误的探测结果常常相关（本书第 4 章）。错误探测是注意执行系统的部分功能，而此系统对自主控制功能也十分重要。这些发现都表明 7 个月的婴儿就能在某种程度上认出错误，且其脑对错误的反应和成人一样。

4. “对注视点的控制”这一问题的结论

到目前为止，我们已经对大量婴儿研究进行了简略回顾，而这些研究专为检测婴儿朝向新异刺激的这种趋势所设计。我们发现，注意定向的发展和眼动系统的发展非常一致，且注意定向的影响因素在出生时就已存在。而且，注意定向的发展过程似乎反映了生命的第一年中视觉皮层系统的整体成熟状况。因此返回抑制在出生时就已存在，但却可能在婴儿 3 个月大时仍旧观察不到。只有在后来，从注视点上自主转移注意的能力才显示出大的发展。而这种在 2—4

个月间我们所看到的发展可能是顶叶系统成熟的结果。

71 对新异物体的偏好，似乎在4—6个月间得到了充分的发展，而负责物体识别的腹侧纹前皮质（ventral prestriate structures）的成熟可能也起到了加速这一偏好发展的作用。偏好新异物体与偏好新异位置两者的相互独立与来自成人数据的观点非常一致：基于位置和基于物体的注意涉及不同的机制。而由外周和中心线索引发的注意定向似乎也是同时发展的，这就为下述观点补足了证据，即在两种形式的注意定向中都有顶叶的积极参与。而且，我们还发现，4个月大的婴儿就有能力利用中心线索指导预期定向即将出现的靶子，这说明，在这个年龄，内隐学习这一形式已通过眼动系统显露出来。在关于学习的章节中，我们将会进一步探讨这一发展。

九、抚慰

婴儿的早期生活和情绪控制密切相关，例如对不安情绪的控制。生命的第一年，在发展这种控制形式的过程中，注意显得十分重要。关于“怎样利用注意去控制婴儿的情绪”，监护者提供了一些建议。在婴儿不满3个月时，监护者常常报告他们主要用抱或摇的方式来安抚婴儿。然而在婴儿满3个月时，很多监护者，尤其是西方文化的监护者，试图将婴儿的注意力转移到其他刺激物上以使婴儿分心。随着注意力的转移，婴儿渐渐平静下来，不安的情绪似乎也减弱了。

我们曾对3—6个月婴儿的注意力和被抚慰情况进行过一项系统的研究（Harman，Rothbart & Posner，1997）。婴儿先是因声光的过度刺激感到不安，但当有趣的可视及可听物体出现时，他们立即被高度吸引。当被吸引时，他们面部线索和语音线索中的不安成分消失了。但是当新物体被移开，注意力因此也不再定向新物体时，婴儿的不安几乎完全恢复到了新物体呈现前的水平（图3.5）。可见，表面上不安线索的消失并不总伴随着不安情绪的真正消失。相应地，某种叫做“不安保持者”的内部系统似乎总能保持着不安的初始水平，在婴儿不再注意新异物体时，这一初始水平便重新恢复了。在后来的研究中，我们曾通过注意力转移法使婴儿平静大约1分钟，但当注意转移终结后，却发现不安达到的最终水平并未改变。而且，为安抚婴儿重复使用的那个刺激物在婴儿6个月时的效力似乎比三四个月时下降了。结果表明，在注意力转向其他物体时，与不安有关的脑情绪状态仍可能会持续一段时间。

72

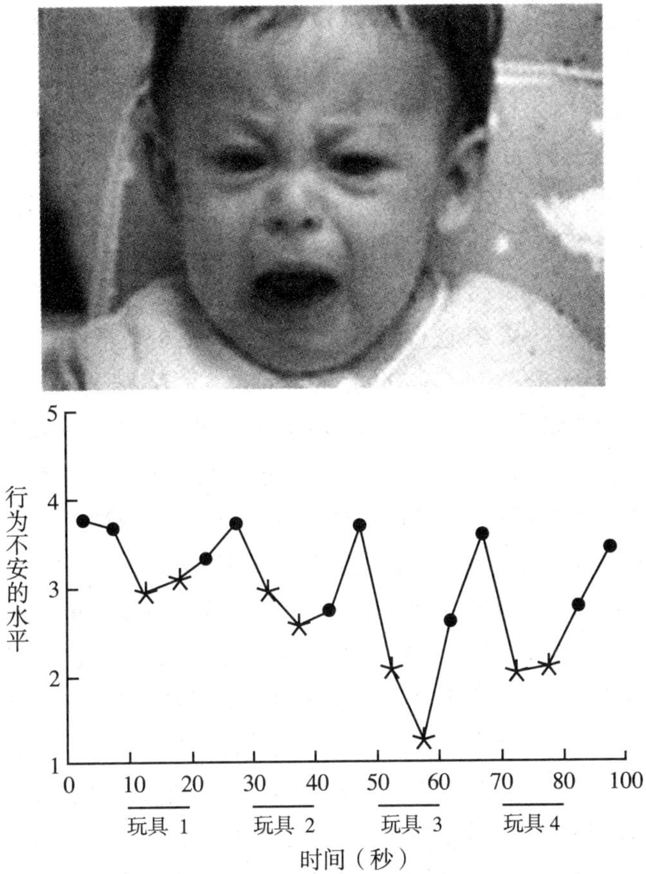

图 3.5 通过注意力转移来安抚婴儿。上图是一个由于过度暴露在声光刺激下而不安的婴儿。下图为一个综合性的统计图，显示了婴儿注意定向的新刺激呈现前后，婴儿不安情绪的得分情况。在注意定向时，不安水平降低了，但当注意定向被打断后，不安水平几乎又恢复到了刺激呈现前的水平。引自“Distress and Attention Interactions in Early Infancy” by C. Harman, M. K. Rothbart and M. I. Posner, 1997, *Motivation and Emotion*, 21, p. 31. Copyright 1997 by Springer Science and Business Media. 经允许重印。

对婴儿注意力的控制部分受制于监护者所呈现的相关信息。但很明显，婴儿也常常恳求成人的注意。在生命的第一年，这种对注意更直接的控制从监护人那里传递给婴儿。因此在婴儿后期和儿童期，用于控制早期自我情绪的机制可能继而会转向对认知的控制问题。对幼婴注意定向的控制，最初大部分受制于监护人所呈现的信息。然而，正如我们所见，4 个月时婴儿已经有相当的控 73
制力，可以控制自己的目光从一个可视位置移开并转向另一位置，婴儿还在实验中表现出更娴熟的注意定向技能，并伴随着父母所报告的较低的负性情绪和较高的可安抚性（Johnson et al，1991）。而“转移视线以控制不良影响”这一相关现象似乎在婴儿阶段就已存在，并持续贯穿整个成人阶段，且此现象也为我们提供了自我控制的一个重要侧面。因此，那些报告自己更有能力控制和转移注意力的成人和青少年，同时也说到他们表现出更少的负性情绪（Derryberry & Rothbart，1988）。的确，现代认知疗法和控制心智的东方疗法，两者的很多观点都建立在“通过控制注意力来降低不良信息的干扰性影响”这一基础上。

在对3—13个月的婴儿进行的纵向研究中，我们观察到婴儿情绪控制方面的很多变化（Rothbart，Ziaie & O'Boyle，1992）。首先，当面具和意外的机械玩具之类的唤醒性刺激物呈现时，年龄大些的婴儿注视妈妈的次数增多了。且当婴儿13个月时，在实验室中将婴儿的注意力从唤醒性刺激物上移开，也只引起了婴儿较低水平的负性情绪。而且，婴儿对下列动作［注意转移、牙牙学语、啃手指（如吮吸大拇指）、接近物体和抽回手去］的应用也在10—13个月之间趋于稳定，说明了婴儿的某些自控策略已渐渐习惯化。同时婴儿在3—13个月期间被动自慰行为也减少了，而更加主动的、攻击性的以及身体的自我刺激增多了。但是，在3个月时表现出强烈不安的婴儿仍趋向于将他们的自控和自慰维持在一个十分早期的形式。情绪控制机制一旦得到发展，它就会由于其自身得到缓解而保持下来，即便更复杂的情绪调节机制现在已经形成，这对于思考解决临床问题的发展性方法是非常重要的。

最近的研究发现，婴儿的自控性注意转移与同时存在的负性情绪的减少之间有直接的联系（Stifter & Braungart，1995），并且还出现了对以下观点的支持，即早期处理消极情绪的机制随后可能转向对认知和行为的控制，这与Posner和Rothbart的发现一致（1998）。比如，研究者发现，婴儿在激怒性情景中对自控的使用与延迟反应这种学前期的能力之间具有相关性（Calkin & Williford，2003）。Mischel和同事们的研究发现（Sethi，Mischel，Aber，Shoda & Rodriguez，2000），蹒跚学步儿童在唤起性情景中对注意转移策略的应用和他们随后在5岁时的延迟满足也有正相关。在下一章中，我们将会回到自控机制这一问题上。但是，首先建立一些婴儿在控制注意定向反应时最早发展出的技能是十分重要的。

74

十、学习

婴儿怎样学会、何时学会将目光投向某处呢？我们认为，这是婴儿最早表现出的技能学习形式之一。这也是永远都可以通过比较成人学习和婴儿学习的对应方面来进行检测的一种学习方式。教会年轻人关注哪里对社会来说十分重要，这种学习成为很多社会约定俗成的一种学习方式。比如，婴儿18个月时，在成人的指导下开始将目光转向某名字所对应的物体（Baldwin，1991），而12—18个月大的婴儿，在说话者说出一个对他来说很新的单词时就会去仔细探究说话者注视的地方。

1. 预测靶子

4个月的婴儿似乎也能够学会通过利用中心线索来重新控制注意定向（Johnson et al.，1991）。当我们将一个吸引注意的物体（如，螺旋）和随后出现在右侧的刺激物联系起来，而将另一吸引注意的物体和出现在左侧的靶子联系起来时，婴儿通过转移目光到线索指示的方向学会了在刺激呈现前预测靶子。这种在主观联系的基础上，将目光导向靶子的能力出现在婴儿4个月而非2个月时。但在4个月时，注意力的转移却可能完全被掩蔽，即没有任何眼动。为了说明这点，我们在一边缘位置上呈现一短暂的亮光以吸引婴儿的注意，但是却发现此亮光并未导致任何眼动。其实，如果和相反一边对称位置上出现的靶子相比，婴儿更有可能且更快速地将目光转向先前线索所表明的位置上出现的靶子，那么注意所隐蔽的眼动就被证实了。和成人一样，这么大的婴儿能使注意力被某线索所影响，但却在事实上没有朝向此线索的任何眼动。眼动控制的发展以及对边缘和中心线索的隐蔽注意，似乎都映射了损伤研究和正电子发射计算机断层研究共同显示的涉及成人注意力转移的顶叶机制。接下来，我们将要测验婴儿对靶子位置的预测能力。

2. 序列学习

我们研究了4个月、10个月、18个月大的婴儿和成人学习预测靶子可能出现的位置（共有3个位置）的能力（Clohessy，Posner & Rothbart，2001）。早期工作使用反应时清楚地展示4个月大的婴儿学习预测可视物体的能力（Haith，Hazan & Goodman，1988）。我们使用了三架连接在计算机上的监视器 75
（图3.6）并告知两种类型的序列。在简单的序列中，靶子绕着三角形的顶点（如1—2—3）从一个位置转移到另一位置。而对复杂的序列来说，靶子按照1—2—1—3这样的顺序移动。某一位置（如复杂序列中的位置1）上的物体毫无异议地跟随2或3处的物体出现。但另两个位置却不可预测，除非我们知道靶子位于序列的何处，或者知道靶子上一次到达那个位置是在什么时候。

根据4个月时的表现，婴儿能在一个新的可视物体输入后1/4秒知道这一

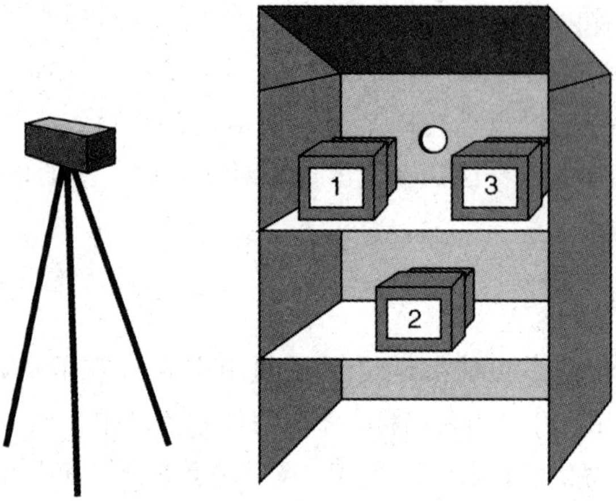

图 3.6　是用于检测婴儿和幼童学习预测刺激物位置的一种仪器。对准两台监控器中间小孔的照相机用于拍摄婴儿的面部，在图左侧呈现的照相机用于拍摄监控器中出现的刺激物，两卷胶片以电子的方式叠加后，用于揭示头部和眼睛向刺激物位置移动的潜伏期及方向。图上显现的数字实际上并没有在屏幕中出现，只是指以 1—2—3 和 1—2—1—3 这两种序列呈现，正如文中所述。

物体的位置。这一能力可以通过以下方法来测量，即检测一个物体呈现后多久，该物体所在的位置才能成为一个可以引起眼动的靶子。通过这种测量，4 个月大的婴儿用 250 毫秒就能获得足够的靶子位置的信息，而他们用超过 80% 的时间把目光直接转移到正确的靶子上（概率为 50%）。同时发现，获知物体位置的速度随发展而产生缓慢的变化（成人大约只快了 100 毫秒），但从婴儿到成人，启动眼动的时间却下降了 50%。

76 4 个月时，婴儿学会在简单序列中预测新靶子的位置，并预测得相当好，大约有 70% 的正确率，表现得很棒。其实，那些学习序列却没有意识到序列存在的成人几乎也有着同样的正确率。但 4 个月大的婴儿却没有能力学会模糊的序列。他们在“2”和“3”后回到“1”的概率高于随机，但是在“1”后他们却随机决定到“2”还是到“3”。在 18 个月时他们似乎获知了模糊的序列，但需要花费相当多的训练才能完成对模糊序列的学习。后来我们发现，直到 24—30 个月时，婴儿才能够在模糊型测验中表现得较好。在此年龄阶段，学习模糊序列的能力以及在冲突性任务中的表现这两者之间也存在着相关（Rothbart，Ellis，Rueda & Posner，2003）。这一发现使我们相信，在大约 30 个月时，婴儿更高水平的注意机制将会有重大的发展。在本书第 4 章，我们将会进一步探讨这一问题。

事实证明，将正确预测率作为标尺是十分有效的，特别是在对婴儿的研究及对不同年龄组的学习进行比较的案例中。预测性眼动测量的一个明显优势是，通过几次测量就能正确地引发出相应的反应，且精确性的显著差异在 18 个测验后就能看出来。只需较少的呈现次数就能展示出眼动的预期，这也使之成为一种对婴儿评估很有价值的工具，因为婴儿常容忍不了太长的测验时间。另外，对正确预测率的测量给出了一种对不同年龄进行比较的统一标准，因为不同年龄的反应时通常差异很大。

回想一下，简单清晰的序列在 4 个月时就已能学得很好，然而模糊的序列直到 30 个月时才能学会。其实，在我们的研究中，4 个月大的婴儿就已表现出 70% 的正确预测率，与学习后几乎仍对序列无意识的成人 69% 的正确率相比，并没有明显的不同。可见，这种对序列无意识的学习（内隐学习）从婴儿到成人是十分相似的。而把序列知识外显地告诉儿童和成人后却发现，他们对序列知识的利用能力有很大的不同。在第 9 章中，我们将要探讨外显的序列知识是怎样极大地促进了成人和 10 岁儿童对序列的学习，但却没有对更小儿童的序列学习有促进作用（第 9 章）。

成人序列学习的脑成像研究（Granfton，Hazeltine & Ivry，1995）发现，对序列无意识条件下的内隐学习，与次皮层结构（基底神经节）和顶叶结构有关。这两个区域在生命早期就已经开始发展了。但是，外显学习似乎建立在额叶结构的基础上，此结构的发展进程则晚得多。

77

十一、小结

婴儿的社会化是建立在其对新异物体进行探测这一自然趋势的基础上。它需要作为文化代表的监护者来教导婴儿该向哪里看，而这些在早期无意识学会的定向系统的反应将持续存在于基于文化的注视形式中，且这种注视形式会以社会互动和对视觉场景的探测为特征。我们的研究结果显示，负责对注意定向何处进行内隐学习的机制，对 4 个月大的婴儿和成人来说十分相似。

注意定向也能即刻起到抚慰婴儿的作用。每当这时候，监护者就应当乘机训练婴儿，以发展婴儿对情绪的自控能力。我们相信，在婴儿学习向何处转移目光以及学习对情绪进行自我调节的过程中，监护人的早期参与无疑是婴儿情绪和认知自控道路上的关键一步。随后该定向系统则会对婴儿认知和情绪自控能力的发展产生重要的作用。我们将会在下一章中转向这个话题。

79 # 第四章

自主思维

4个月大的儿童会将注意朝向给他们呈现的所有刺激，而当一年半之后返回实验室时，他们却有了自己的主意。我们很难使他们专注于所呈现的事物，他们会优先考虑自己的想法。在竭尽全力的尝试之后，我们只能摇头叹息，嘟囔道他们有自己的思想。本章中我们要考虑的是，能够控制自己的情感和行为的思维到底意味着什么。

一、自主控制的神经结构

在婴儿期，儿童的多数行为非常依赖于当前状态和外部事件，这些状态和事件主要是由监护人给予的。即使是婴儿控制不适感的能力，也受到监护人所给予的外部刺激的极大影响（表3.5）。长久以来人们认为，额叶皮层的发展使儿童能够摆脱外界刺激的束缚。前额控制机制使儿童能够表现出对行为的自主控制以及延迟满足。儿童能够抵制当前刺激输入的控制，这让我们感觉到学步期儿童与婴儿不同，他们有自己的思想。

80 出生后的第2年，这一发展期对于儿童入学后的学习能力至关重要。我们认为，监护人早期安抚婴儿的努力有助于训练婴儿调节情绪的能力。此时前额结构的执行控制功能或许就开始发展了。这些活动可以帮助婴儿控制不适感和其他情绪。儿童所形成的脑结构此后可用于在学校学习复杂技能所需要的选择、抑制和控制过程。

脑成像研究表明，在信息脱离感官的输入后，前额叶对于信息的表征就至关重要，而注意的这一方面被William James（1890）称为“意识流”。前额叶区对工作记忆也同样重要，这些系统使记忆中广泛分布存储的信息碎片能够联系起来。学步期儿童在尝试向他人表达想法时也会产生话语；这些话语反过来又影响了思维的内部表征。我们在这一章中将描述的是，不受当前信息输入所约束的行为能力与注意网络发展之间的关系，后者支持情绪和思维的内部调节。

Ruff 和 Rothbart（1996）在《发展早期的注意》（*Attention in Early Development*）中将注意与自我调控联系在一起，将注意视为“更大的自我调控建构中的一部分，自我调控即是根据特定情境下的认知、情感和社会需求来调整行为的能力”（p. 7）。他们进一步提出，自我调控强调抑制控制、问题解决的策略、记忆和自我监控。Ruff 和 Rothbart 除了论证注意是自我调控机制的一部分，还讨论了在成功的自我调控中，注意效率的个体差异如何发挥其作用。我们将在本书的第 5、第 6 两章中展开这一观点。

二、认知和情绪的控制

我们首先阐述成年人的执行注意网络功能。借助脑成像技术来研究成年人，可以探索执行注意的解剖基础和神经回路。成年人研究数据中让人惊奇的一点是，与认知的注意控制相关的脑区也参与情感加工（Bush，Luu & Posner，2000）。我们使用标记任务（第 2 章）追踪这一网络在学步期及幼儿期的发展。到了儿童晚期，就可以使用儿童专用的脑成像技术来检测这一系统的成长和发展。

执行注意对于外显学习这一记忆形式很重要。学校考试中涉及的正是这类记忆，即儿童对过去遇到的材料进行回忆的能力。这一过程需要注意的参与，才能在以后以回忆、复述的形式来形成记忆。

本章要强调的是，执行注意对于情绪和认知的调控都非常重要。当然， 81
所有儿童都在某种程度上调控他们的情绪；但是，不同气质的儿童在时间管理和成功的情绪反应上却存在着很大的差异。在儿童适应学校环境的过程中，情绪控制起着决定性的作用。我们将在本书第 6 章更充分地讨论这一话题。

执行注意对于学校所要求的具体技能的学习也具有同样的重要性。外显学习是获得阅读、计算、抽象化等高级技能所必需的，而不同形式的外显学习又都与执行注意的效率相关。在学习新内容，并将其与已学概念联系起来的过程中，注意起着重要的作用。注意的这一作用是本书第 6—9 章的主题。

三、执行注意的测量

高级执行注意网络这一概念首先出现于认知心理学中；当分离的加工系统争夺行为的控制权时，不可避免地会产生冲突，而高级执行注意网络正是处理这种冲突的一种方法（图 4.1）。Donald Norman 和 Tim Shallice（1986）认为，在解决相互竞争的反应之间的冲突、纠正错误、制订计划或者产生新异反应的过程中，都需要这样的网络来调控。

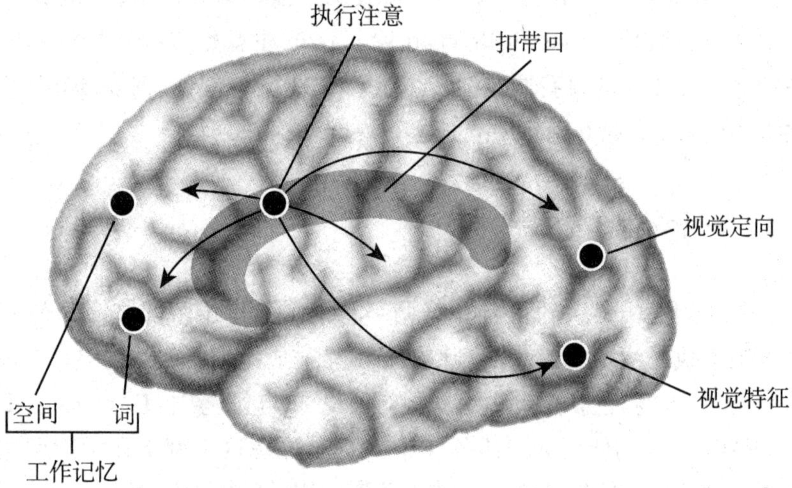

图 4.1　前扣带回与其他控制各种认知领域的脑区之间的交互作用。摘自 *Images of mind*（p. 173），by M. I. Posner and M. E. Raichle，1994，New York：Scientific American Books. Copyright 1994 by W. H. Freeman & Co. 经允许改编。

82

（一）任务

脑成像技术应用之初的研究表明，当我们注意某一感官事件，与处理该刺激相关的脑区激活就会增强（Posner & Raichle，1994）。这一原则似乎可以应用于整个脑的任何区域。当一个人专注于由脑的某个区域所执行的计算时，与该区域相关的活动就会增强，提高了这一脑区所执行的运算的优先性。

成人脑成像研究都相当一致地表明，当执行的任务可能涉及冲突（Bush

et al.，2000）、检测错误（Carter et al.，1998）或产生新异想法（Posner & Raichle，1994）时，额叶中线区域会产生激活。这是 Norman 和 Shallice（1986）所提出的对执行注意很重要的定义。

（二）冲突任务

研究表明冲突任务会激活前额中线区域，而其中最常用的任务即是 Stroop 效应。在这一任务中，实验者要求被试说出字体的颜色，而用这一颜色书写的词与字体颜色是冲突的。这一任务的研究结果显示，前额中线区域正是执行注意所导致的脑区活动变化的网络中的一部分。这是绘制图 4.1 的依据，图中以动画的形式显示了前扣带回作为额叶中线的一部分，与调控不同活动的许多区域之间存在着交互作用（Posner & Raichle，1994）。

如图 4.2 所示，前扣带回被分成腹侧区域（图中黑色区域）和背侧区域（颜色较浅区域），腹侧区域在情绪任务中激活，而背侧区域则在纯认知任务中激活。这些认知任务（如 Stroop 任务）都需要在呈现优势反应的情况下作出非优势反应，它们代表的是涉及认知冲突的任务。其中很多都是语言任务，例如在 Stroop 效应中，对用蓝墨水书写的“黄”字要说“蓝”。另一个语言任务是，说出名词的用途（例如，刺激是锤子，那么回答就是敲），而不是说出实际呈现的词语。

图 4.2 将纯粹的认知任务与包含情绪因素的任务分离开来。尽管这种结构上的分离并不是绝对的，但背侧认知区域与腹侧情绪区域的解剖学结构存在明确的差异。偏腹侧的区域和边缘系统密切相关，而边缘系统包括了对恐惧情绪加工很重要的杏仁核。偏背侧的部分则与额叶外侧和顶叶的其他注意区域有很强的交互联系。

Stroop 任务应用于儿童研究中并不理想。儿童在学会阅读之前并不表现出 Stroop 效应，这是由于当他们不会阅读时，词语和字体颜色之间不发生冲突。而当刺激本身特征与其位置这两个维度不一致时，如图 4.3 所示的空间冲突任务中，儿童就表现出冲突。他们在儿童版的注意网络测验（图 4.3 下图）中也表现出冲突。

一个成人脑成像研究同时使用了颜色命名的 Stroop 任务和两个适用于儿童的冲突任务（Fan，Flombaum，McCandliss，Thomas & Posner，2003）。这三个任务都激活了相同的神经网络，包括前扣带回背侧以及左侧前额皮层的一个区域。

83

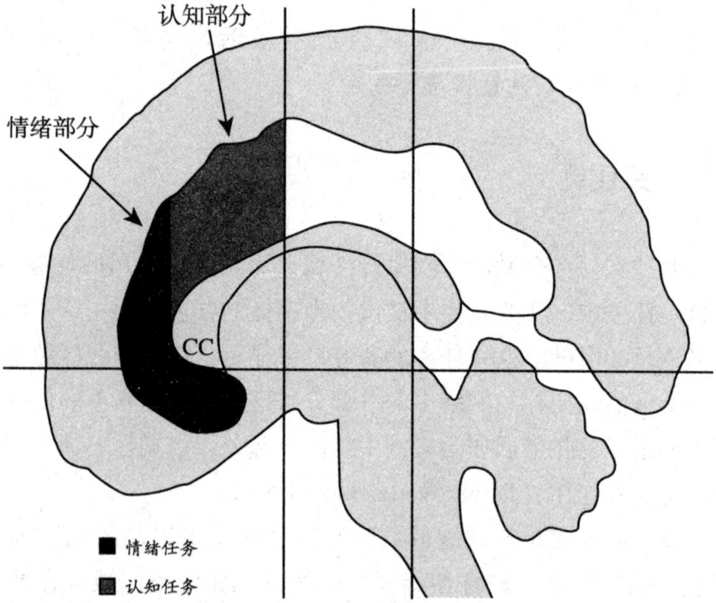

图 4.2　扣带回的认知与情绪分离。该图说明，许多研究的结果都显示前扣带回在认知控制（中灰色）或者情绪任务（黑色）中的激活增加。这里的观点是，扣带回是执行注意网络的一部分，用于调节注意过程中许多脑区的活动（图 4.1）。CC 代表胼胝体。摘自“Cognitive and Emotional influences in anterior Cingulate Cortex” by G. Bush，P. Luu，and M. I. Posner，2000，Trends in Cognitive Sciences，4. p. 217. Copyright 2000 by Elsevier. 经允许重印。

84 每个任务还各自激活了其他区域，但共同激活的只有上述脑区。这一研究鉴别出可以激活执行注意的神经网络任务，对于年幼的儿童，可作为标记任务①。

85 尽管上述三个冲突任务都涉及共同的神经网络，但并没有证据表明在一种任务上表现好的人在另一种任务上同样出色。每种任务都是通过不同方法来实现冲突的。例如，颜色 Stroop 受阅读速度的影响极大，因此年幼儿童甚至根本不会表现出 Stroop 效应；空间冲突任务则利用了视觉位置与刺激特征之间的冲突，这是婴儿脑发展得最早的两个视觉维度。因此，空间冲突任务可应用于年幼儿童身上。

---

① 标记任务是指所涉及行为的神经机制已经非常明确的任务，例如空间提示任务中的注意定向是通过上丘和顶叶的中介来实现的。

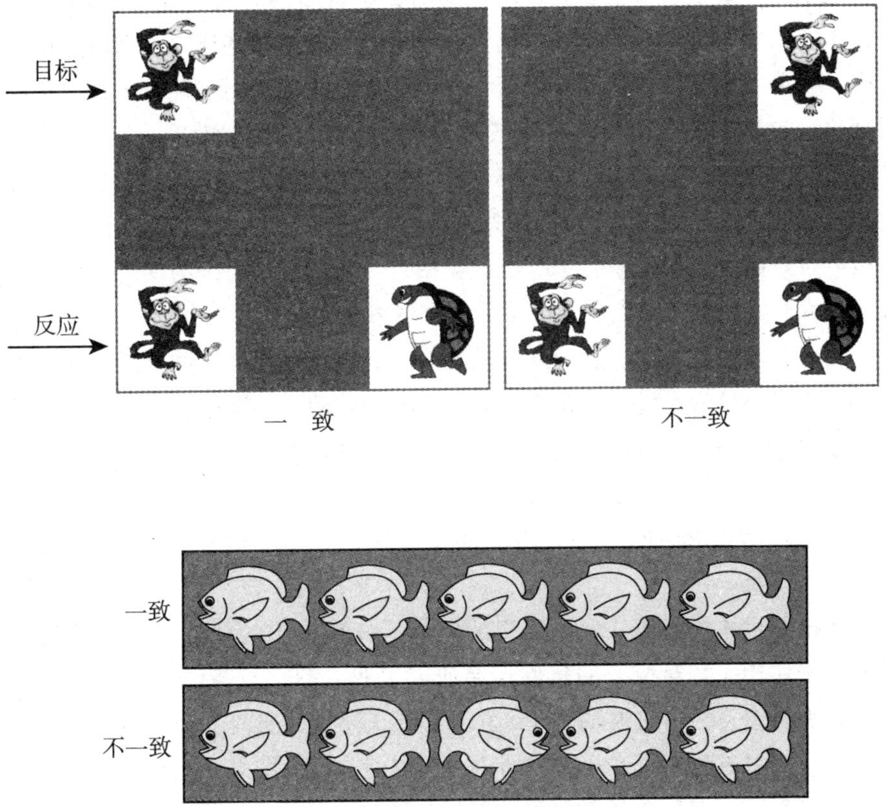

图 4.3　用于儿童的有关冲突的任务。上半部分显示的是适用于儿童的认知冲突任务。被试必须把顶部和底部的图画匹配起来（特性）以作出反应，但相匹配的图画可能位于同侧或异侧（位置）。位置与图画本身特性之间的冲突可用于研究 2—3 岁儿童的冲突解决能力（Gerardi-Caulton，20000）。图的下半部分是注意网络测验（图 2.7）的儿童版。箭头已经被鱼儿所代替，当中间的鱼儿向左游时，儿童必须按左键；向右游时须按右键。任务的其他方面与图 2.7 中相同。摘自"Development of the Time Course for Processing Conflict: An Event-Related Potentials Study With 4 Year Olds and Adults" by M. R. Rueda, M. I. Posner, M. K. Rothbart, and C. P. Davis-Stober, 2004, BMC Neuroscience, 5, p. 39. Copyright 2004 by M. R. Rueda, M. I. Posner, M. K. Rothbart, and C. P. Davis-Stober. 重印得到生物医学中心的书面许可。

（三）对错误的反应

在冲突任务不一致的条件下，我们需要抑制优势反应，以做出非优势反应，这就比一致条件下需要更长的反应时，犯更多的错误，需要更多的努力。在作出一次错误反应之后，被试通常会马上意识到所犯的错误。在快速反应任务中，如果意识到作了错误的反应，头皮记录的电位就会表现出一种非常特定的变化（这种方法的范例请参见图 2.3 和图 2.4）。研究表明，这种变化来自前扣带回（Dehaene，Posner & Tucker，1994）。只有当被试知道他犯了错误时，扣带回才会产生与错误相关的反应。本书第 2 章将讨论到与错误反应类似的负电位。由于人们通常会去纠正此类错误，或者在接下来的反应系列中速度变慢，因此这种效应与行为的自我调控形式相关。

脑成像研究还表明，反应之间的冲突就足以产生扣带回的活动（van Veen & Carter，2002）。不管错误是否发生，在不一致的高冲突条件下，扣带回都会产生激活。

（四）情绪控制

前扣带回的腹侧部分（图 4.2 的黑色部分）与脑的情绪系统（脑的边缘系统）密切相关。对成人的负性情绪研究表明，抑郁与杏仁核这一边缘系统结构的活动相关。当向被试呈现令人恐惧或厌恶的场景时，杏仁核会有很强的激活。当使用威胁性事件相关的词语时也得到了这一结果，无论词语是一般性的（如癌症）还是特殊性的（针对被试个体）。

有些研究证明，扣带回的活动与我们对情绪的觉知相关，而非情绪本身。测量个体对情绪觉知的方法之一是让他们描述对场景的感受，并对他们书面报告中所使用的情绪词和描述词进行编码。

86 有脑成像研究使用正电子放射断层扫描技术，给被试放映三部高情绪强度的电影和三部中性电影（Lane et al.，1998）。情绪性电影和中性电影在前扣带回引起的血流量的差异，与个体的情绪觉知分数高低相关。这一数据表明，被试在悲伤或快乐事件中对自身情绪的觉知与前扣带回的变化相关。这一结果与 Rainville、Duncan、Price、Carrier 和 Bushnell（1997）的研究结果相似，他们发现与引起疼痛的刺激本身的强度相比，扣带回活动与痛觉的相关程度更高。

（五）认知和情绪调控的相互作用

由于认知和情绪加工都会激活前扣带回，因此这些功能之间是否存在相互作用这一问题就显得很重要，其理由阐述如下：首先，认知和情绪的相互作用是心理学研究所关注的焦点之一。其次，难得有机会可以研究在结构上相邻的行为或心理活动之间的交互作用。这两个系统在扣带回内的分离虽然可能表明了两者的功能是独立的，但它们在扣带回结构上的相邻也可能说明两者存在着重要的关系。接下来，我们回顾一下关于这两个区域功能的已有研究结果，并讨论认知和情绪之间相互作用的例子。

前扣带回的认知和情绪部分可能存在相互作用，脑成像研究资料为此提供了重要的观点（Drevets & Raichle，1998）。对负性情绪的正电子发射断层扫描研究表明，强烈的情绪激活会抑制或减少扣带回中认知区域的血流量。在抑郁症等病理性障碍中可能会出现这一现象；当诱发其他健康个体的情绪时也会出现这一抑制现象，例如当正常被试预期会受到电击的时候。在不涉及情绪的警觉任务中，例如被试只是单纯地等待一个事件的发生时，前扣带回的活动也会降低。在执行需要注意参与的认知任务时，背侧扣带回的血流量增加，而偏前部的情绪区域的血流量则趋向于降低（Drevets & Raichle，1998）。

下述这一具体研究对情感控制中注意与自我调控是否存在密切关系进行了考察。研究者向男性成人被试放映色情电影，同时要求他们控制所引发的任何性唤起。功能磁共振成像的结果表明，扣带回的活动与要求被试进行控制的指导语有明确的对应关系（Beauregard，Levesque & Bourgouin，2001）。

另一个研究向被试呈现诱发负性情绪的照片，同时要求被试以避免任何情 87
绪反应的方式对之进行解释。结果发现扣带回的活动程度与负性感情的减弱之间存在相关（Ochsner，Bunge，Gross Gabrieli，2002）。类似地，在一个使用催眠术来控制痛觉的研究中，扣带回活动反映的是对痛的知觉，而非物理刺激的强度（Rainville et al.，1997）。这些结果表明，这一解剖学结构对于涉及情绪的边缘系统的活动具有调控作用，并证明了扣带回是控制感情的神经网络的一个组成部分（Bush et al.，2000）。

这些数据说明，在情绪与认知控制系统之间存在着某种程度的相互抑制。但是，另有行为数据证明，由奖励等所引发的适度正性情绪可以改进此后的认知加工成绩，包括创造性的问题解决（Ashby，Isen & Turken，1999）。关于Stroop效应的一个研究（J. Kuhl & Kazen，1999）证明，以快乐的面孔启动而诱发出的正性情绪可以降低干扰的作用。由于Stroop效应总是与扣带回活动相关，这一活动的减弱说明在情感和注意之间存在着交互作用，并且很可能是在扣带回内部。Ashby等（1999）认为，由正性情绪状态所带来的多巴胺活动增强会促进认知加工。这一机制说明情感状态和认知之间存在着正性的交互作用。需要注意的是，正电子发射计算机断层研究的主要发现与负性情绪相关，并且处理的是诱发情感时的血流量；而这一段落中所描述的数据处理的则是诱发出正性情绪之后的认知加工。

对于情绪和认知调控之间的相互作用，进一步的证据来自探索人格特质对于犯错误后的反应有何影响的研究。与低负性情绪的被试相比较，高负性情绪的被试在犯错误之后更可能慢下来，并显示出更强的错误相关的负电位（Luu，Collins & Tucker，2000）。错误相关负电位是在犯错误之后立刻出现的一个脑电成分，被认为是源于前扣带回。这个结果与负性情绪与认知加工在前扣带回水平上存在交互作用的观点是一致的。但是，这一研究得到的是不同个体的结果模式，而非脑内认知与情绪的交互作用。

看来强烈的负性情绪可能抑制了认知信息的加工，而强烈的正性情绪则有相反的作用，至少就延时测量的结果而言是如此。适度的正性或负性情绪实际上可能与注意共同提高其效率。尽管这些可能性都是假设性的，但它们至少提供了方法，启发我们如何进一步研究前额中线结构中认知和情绪加工如何相互作用以及这一相互作用与学习之间是怎样的关系。

88 脑成像研究开始为探索意志控制所涉及的额叶神经网络提供证据（Dehaene，Kerszberg & Changeux，1998）。这些研究表明，前扣带回和额叶外侧皮层区域在涉及高水平的心理努力的任务中共同发挥作用。Dehaene 等（1998）提出了整体工作空间的概念，他们认为额区内侧和外侧在心理加工中产生共同的影响。但是，关于视觉刺激的注意定向神经成像研究却说明，与注意转移对应的广泛分布的神经网络中，每一个特定区域都有其不同作用（Posner & Raichle，1994）。对于涉及有意注意的内外侧额叶结构，我们期待最终也出现同样的情况。

关于额叶激活可能发挥的作用有不同的看法，但没有一种看法得到当前数据的明确支持。有一种可能是，在领域特殊活动的神经回路运作的同时，还要受到额叶中线神经回路的作用，就会牵涉较多的外侧区域。这种情况与内侧额叶皮层在工作记忆中的作用相一致。比如获取一个名词的用途这一过程（例如，与锤子对应的敲）。在评估备择用途的过程中，词语名称可能必须始终保持在一个系统中。有意注意同时包括了输入表征（外侧额叶）及控制操作（前扣带回），两者共同激活了存储相关概念的语义记忆的区域。

关于外侧和内侧额区如何相互作用，对输出的自动通路和有意通路的研究发现则支持不同的看法（Raichle et al.，1994）。依据这一想法，扣带回是进行意志控制通路的一部分，例如第一次想出某种用途时（图 1.1）。前脑岛则代表了更为自动化的词语产生通路，在出声阅读以及提取新近练习过的联结时就会被激活。

另一个观点则涉及冲突监控和完成控制所需操作之间的分离（Carter, Botvinick & Cohen, 1999）。按照这种看法，扣带回用以检测潜在的串扰或分离的加工模块之间的混淆。皮层外侧区被激活，以提供所需的控制操作，可能增强激活或抑制，以消除模块之间的混淆。

这三个观点都将执行注意分解为不同成分，继续使用一般的途径来解释脑的活动，即各种心理操作都有其相应的特定的神经解剖位置（Posner & Raichle, 1994）。将来的研究必须确定的是，高级注意是否包含了执行特定功能的不同成分，不同成分是否都有其各自的功能或者额叶活动是否遵循脑组织的新原则。

89

四、执行注意的发展

本书第 3 章已提到，在婴儿出生后的前几个月，监护人的主要任务是控制负性情绪（图 3.5）。我们认为监护人（或者婴儿自己）安抚婴儿的努力可能有助于培养婴儿对负性情绪的调节能力，这对于作为负性情绪控制系统的额中区的发展很重要。

这种控制即使在成年人生活中也很重要；有证据表明，负性情绪和控制注意的能力之间存在负相关（Derryberry & Rothbart, 1988）。自我报告能够集中和转移注意力的成年人同时也报告有较少的负性情绪，从母亲对他们儿童期气质的报告中也得到了类似的结果。我们认为这一相关反映了成人与婴儿一样，以注意定向来控制负性情绪。

出生后第 2 年这一发展期对于儿童上学后的能力至关重要。儿童开始发展执行注意过程，将之应用于选择和抑制控制；而若要习得学校里传授的复杂技能，这些都是必要前提。

（一）对儿童执行注意的测验

有证据表明，在婴儿晚期，额叶结构的发展使个体已经不必完全依赖于当前的感觉输入。

1. 伸手取物

例如，婴儿要拿到三面组成的透明箱子里的物体时，到底会顺着视线直接取物，还是从开口面取物？Diamond（1991）发现9—12个月之间的婴儿已经能够解决这两者之间的冲突，因此将这一时期确定为这一发展的关键期。在9个月大时，完全受视线的支配。即使儿童的手通过箱子的开口面触摸到了玩具，但如果玩具并不在其视线之内，则婴儿会撤回手，顺着视线伸手，之后就会受到闭合面的阻挡。3个月后，婴儿虽然透过闭合面看到玩具，但会从箱子的开口处伸手去取玩具。但是，获取偏离视线的目标物这一能力只是解决冲突的一种非常有限的形式。冲突的这一特定形式似乎依赖于额叶背外侧皮层。

90 在本书第3章，我们讨论了4个月大的婴儿在预测事件发生的位置时，会事先转移他们的注视点。我们的研究表明，儿童直到24—30个月之间才能解决模糊序列中正确空间位置的冲突。我们认为这种预期性注视和冲突解决与前扣带回和执行注意系统的发展有关。

2. 言语冲突

Gerstadt，Hong和Diamond（1994）模仿Stroop范式设计了一种言语冲突任务，用于3.5岁的儿童被试。实验准备两张卡片，用于向儿童提示白天和夜晚。一张卡片上描绘的是太阳的线条画，另一张卡片是被星星围绕的月亮。控制条件所使用的卡片没有白天或黑夜的提示。在冲突条件下，要求儿童对月亮卡片回答“白天”，对太阳卡片回答“夜晚”，控制条件下将儿童分为两组，一组对其中一个方格棋盘卡片说“白天”，而对另一个丝带卡片说“夜晚”。不论是哪个年龄段，冲突实验条件的准确分数都显著低于控制实验条件。所有的儿童在每一段的前4个反应系列的反应正确率都在80%或以上，但到了最后4个反应系列，年龄最小的儿童的成绩下降到随机水平。年龄较大的儿童在一段16个系列反应中都能保持高于随机水平的成绩。3.5岁及4岁儿童在冲突条件下的反应时也显著长于控制条件，这说明在面临冲突时，年幼儿童需要更长的时间来规划他们的反应。还有其他研究利用类Stroop任务和威斯康星卡片分类任务，研究31个月大的儿童，但尚未有研究发现3岁以下的儿童能够成功解决冲突。

3. 空间冲突

个体解决同时呈现的刺激事件之间的冲突（如Stroop任务）能力，可以更直接地反映出执行注意的发展情况。由于这个年龄的儿童还不能阅读，若要研究早期的冲突解决，最为合适的方法是使用位置和自身特性这两个基本视觉维度。

空间冲突任务的设计适用于2—3岁儿童。如图4.3（上方）所示，在这 91
一任务中，在儿童正前方的屏幕的一侧呈现一个简单视觉物体，要求儿童按下与呈现刺激相匹配的键作出反应（Gerardi-Caulton，2000）。恰当的反应键可能是在刺激的同侧（一致条件）或者异侧（不一致条件）。无论靶目标是什么，其优势反应都是按下靶目标同侧的按键。但任务要求儿童抑制这一反应，而是基于刺激本身的特性来反应。儿童按键反应的准确率和速度可以作为指标来衡量解决这一冲突的能力。

研究的结果有力地表明，在出生后第3年中执行注意发生了急剧的变化。在这一阶段之初，学步儿童倾向于重复之前的反应。这种重复行为与前额叶的功能失调有关；因此这一发现也说明了，在24个月时执行注意的发展仍然很不成熟。但是，即使在这么幼小的年龄，学步儿童在一致和不一致条件下的正确率已经表现出显著性差异（63%和53%）。在3岁末4岁初，儿童表现出差异显著的反应模式。38个月的3岁儿童在一致和不一致条件下都表现出很高的正确率（分别为92%和85%），同时也确证了不一致条件比一致条件在反应时上较长，与预期相符（反应时延长了30%）。

本书第3章及本章之前所讨论到的眼动任务也提供证据表明，24—30个月的儿童可以解决空间位置之间的冲突，而在成年人，这种学习形式似乎需要获得更高层次的注意以解决冲突。正如预期，3.5岁的儿童在空间冲突任务上解决冲突的成绩与他们在眼动任务中（第3章；Rothbart，Ellis，Rueda & Posner，2003）对两可位置的反应能力呈正相关。因此我们现在可以用眼动的方法来检查婴儿早期到成年期的冲突解决。我们还发现，儿童在冲突任务上的个体表现与他们的延迟满足能力以及父母报告的意志控制能力中的重要方面有关。我们将在第6章详细讨论这些结果。

4. “西蒙说”（Simon Says）

在Stroop任务中，冲突表现于与一个刺激的两个维度之间。我们推断，如果要求儿童执行一个来源的指示，同时抑制另一来源的指示，任务所需解决的冲突的难度更大（L. Jones，Rothbart & Posner，2003）。

这一冲突任务正是“西蒙说”游戏的基础，而此前的研究表明，执行这 92
一任务的能力出现于4岁左右（Reed，Pien & Rothbart，1984）。实验对象是

40—48 个月的儿童；当呈现玩具熊时，要求他们执行反应；当呈现玩具象时，要求他们抑制反应（抑或反之）。40 个月以上的儿童执行抑制指导语的能力仅仅是随机水平，并且就反应速度而言，他们对玩具象的错误反应和对玩具熊的正确反应一样快。尽管儿童可以复述出指导语，但他们似乎并不能利用它来控制自己的行为。众所周知，年幼儿童在抑制自己的行为上有困难。但在我们的研究中，仅过了几个月，他们就表现得很完美。

当儿童开始能够完成这一任务时，他们往往会使用身体控制来抑制自己，使自己不去执行玩具象给出的指示。当玩具象给出指示时，他们会把手压到腿下面，或者把手放在膝盖中间。我们很惊奇地观察到他们是如何努力地以身体来控制自己的行为的。在他们获得一些技巧之后，就不再使用这类身体控制了，但他们在对玩具熊的反应中仍然很慢。他们似乎在仔细地考虑指示的来源，看来，他们是通过延缓对玩具熊的反应来达到对玩具象的控制。

5. 注意网络测验

我们不仅针对成年人，而且已经对 4 岁及以上的儿童使用了注意网络测验（图 4. 3 底部）。儿童在这个任务中必须对中间鱼进行反应，而忽略两侧的刺激。

我们发现儿童在注意网络测验中的反应速度从 4 岁到成年稳步提高（表 4. 1）。但是，注意的成分则表现出不同的时间进程（Rueda，Fan，et al.，2004）。到 4 岁时，定向能力发展得很好，并且此后变化不大。但是，令人惊奇的是，警告信号对儿童的作用要比成年人大得多。正如第 3 章所讨论的，这大部分都发生于出生后第 1 年。即使没有特定的警告，成年人似乎一直都保持一种高度的准备状态，而儿童在靶目标没有预示就出现的情况下似乎会措手不及。

最有趣的是冲突效应。我们发现 4—7 岁有了很大的提高（表 4. 1）。但是，7 岁之后则没有发现冲突解决能力的提高。当我们用儿童和成年人两个版本的注意网络测试来比较 10 岁儿童与成年人的成绩时，我们发现他们解决冲突的能力是一样的。当然，成年人在复杂任务表现的许多方面都有所改善，包括注意；但是我们的数据表明，早在 7 岁时，执行注意背后的神经回路的一个关键成分就已经发展了。表 4. 1（Rothbart，Posner & Kieras，2006）将空间冲突和儿童注意网络测试的数据结合起来，以作为执行注意从学前期到儿童中期发展的指标。

表 4.1　反应时和解决冲突的时间 *

年龄（岁）	任　务	一致性试验		不一致性试验		冲突效应		研究文献
		反应时（毫秒）	正确率（%）	反应时（毫秒）	正确率（%）	反应时（毫秒）	正确率（%）	
2	空间冲突	3 476	69. 1	3 378	53. 9	-98	-15. 2	Rothbart, Ellis, Rueda, and Posner, 2003
2. 5		2 489	80. 8	3 045	57. 8	556	-23. 0	
3		2 465	90. 1	3 072	80. 3	607	-9. 8	
4	Flanker 任务（儿童注意网络测验）	1 490	89. 4	1 913	77. 1	424	-13. 0	Rueda, Posner, Rothbart, and Davis - Stober, 2004
6	Flanker 任务（儿童注意网络测验）	890	92. 0	1 005	76. 4	115	-15. 6	Rueda, Fan, et al. , 2004
7		828	94. 6	891	93. 9	63	-0. 7	
8		791	95. 0	862	95. 3	71	0. 3	
9		724	98. 1	791	96. 5	67	-1. 6	
10		624	98. 7	693	96. 6	69	-2. 1	
成人		473	99. 5	534	97. 9	61	-1. 6	

* 最上面的三行来自空间冲突任务的研究（图 4.3），其余的代表运用儿童注意网络测验的研究。

（二）细胞和神经回路

如果了解事件在脑中的发生位置，我们就可借此检验相关区域的细胞结构。尽管前扣带回是一个古老的结构，但有证据表明灵长类动物有明显的进化。人类和大猿似乎有独特的、有别于其他灵长类动物的细胞类型，主要可见于前扣带回和脑岛的 V 层（Nimchinsky et al. , 1999）。尽管目前还没有探明这一细胞的确切功能，但其体积与脑形成之间的高相关表明，它可能在较高级的皮层功能中发挥作用。灵长类动物的这些细胞群邻近发声部位，这使得 Nimchinsky 及其同事推测，这些细胞可能与负责情绪和动作的脑区相联，最终发出了传递情绪意义的声音。

有证据表明，儿童的脑中已经形成了发展这类细胞的联接。我们还知道扣带回的 V 层细胞具有各种形式的多巴胺受体。对于注意缺陷/多动障碍（注意缺陷多动障碍）的家族遗传研究表明，他们拥有一种多巴胺-4 受体的变体。我们在本书第 5 章考察了它和其他基因对于注意网络发展的影响。

94 尽管目前还没有直接的证据把前扣带回的细胞结构与脑成像研究中检测到的扣带回活动联系起来，但由于这一领域对于情绪和认知加工很重要，因此进行深入的探索是非常重要的。Stroop 任务的动物模型（Washburn，1994）指出了在细胞和基因水平上对这些观点进行探索的途径。

五、努力控制的个体差异

执行注意提供了努力控制的个体差异的神经机制。努力控制是用以测量个体抑制优势反应，作出非优势反应能力的个体差异。

最早将努力控制作为气质的广泛维度之一，是源于对《儿童行为问卷》（*Children's Behavior Questionnaire*）的因素分析（Rothbart，Ahadi，Hershey & Fisher，2001），这是一个用以评估 3—7 岁儿童气质的问卷。这一研究确定了三个主因素，其中包括努力控制的一般因素。努力控制除了知觉和情绪敏感性之外，还包括了注意集中、注意转换和抑制控制等维度。

父母可以观察到儿童控制他们自身行为的能力，并且能够以问卷形式进行系统性的报告。努力控制与任务中的冲突解决能力相关，例如空间冲突和儿童期的注意网络测验成绩（Geradi-Caulton，2000；Rueda，Fan，et al.，2004）。努力控制与冲突解决之间的相关表明，这一时期儿童自我调控能力的显著发展反映了冲突解决的内在机制的成熟，冲突解决则可通过注意网络测验或其他冲突任务来测量。

六、脑的大小

个体解决冲突和努力控制的能力与我们已知的脑发育有什么关系？我们一般的直觉是，脑区越大，意味着执行心理活动的能力越强。这一信念可能源于人们发现艾尔伯特·爱因斯坦的脑下顶叶脑区比控制组脑的相应脑区更大。

95 人们都知道（第 8 章）这一脑区与数字运算有关，因此我们可以合理地推测，这个物理领域中最伟大的思想家也许拥有更大的与数学相关的脑区。想象一下，如果爱因斯坦这一脑区比正常人的脑区要小，那么人们对这一报道的反应会怎样呢？

现在我们可以使用磁共振成像（MRI）技术来直接测量儿童发展过程中脑

区的大小，以确定这一直觉是否正确。尽管有部分研究支持了脑的大小的这种直觉式的想法，但并没有很多数据可以证明，认知上的发展与脑区大小的变化存在相关。美国国家卫生研究院的一项研究以 145 名健康儿童为对象，每隔两年对每个个体的脑进行检查，年龄范围从 4—22 岁（Giedd et al.，1999）。研究发现，这段时期内联结脑的各区域的部分（白质）呈现线性增长。但是，皮层运算所涉及的脑区却先增后减。例如，在 11.7 岁时额叶的大小达到最高值，此后在壮年期就呈下降趋势，因此实际上从 4—22 岁是净减的。这些研究发现与细胞研究的普遍结果一致，即细胞突触的数目和细胞结构的密度在青少年期往往会下降。另一个关于 5—17 岁儿童的脑研究（Reiss，Abrams，Singer，Ross & Denckla，1996）验证了这一发现，研究的结果表明，5 岁后脑的总体容量变化不大，但额区灰质的面积大小与智商测验所测得的智力之间存在相关（0.4—0.5）。

智商测验所测得的智力是总体成绩的一个粗略指标。尽管认知研究常常将智商分数与额叶功能联系起来，但毫无疑问，智商反映的是许多一般性的能力。迄今为止，很少有证据表明对局部脑区的核磁共振测量与智力或人格之间存在着很强的相关。有关气质和人格的理论起源于对儿童和成年人的心理测量和实验研究，这些理论在个体差异的主要维度上相当一致，人们预测这些差异都与局部脑区的面积大小有关。但是到目前为止，极少有形态测量学的研究利用这些理论来检验脑区大小上的差异。

儿童研究证据表明，他们前扣带回面积上存在的个体差异与减少冲突、纠正错误的能力之间存在相关。在关于前扣带回与高水平注意的理论的驱动之下，有研究测量了 5—16 岁儿童的前扣带回大小（Casey，Trainor，Giedd，et al.，1997）。研究发现，右前扣带回的体积大小与儿童执行 Go-no go 任务（对 X 反应，对非 X 不反应）的能力之间存在着显著相关。在这一任务中，儿童必须对 X 刺激尽快作反应，同时要抑制对其他非 X 刺激的反应。在对年龄和其他可能与脑区大小有关因素的数据进行修正后，仍然表现出这种相关。在作为控制条件的反应时任务中，被试对所有刺激作出反应而无须抑制，这一任务与扣带回大小没有表现出相关。

进一步的研究使用了功能磁共振技术和 Go-no go 反应时任务。这一任务 96
与我们前述的取决于集中注意控制的玩具熊—玩具象任务具有相似之处。研究的对象是 7—12 岁的儿童。在 Go-no go 任务与控制任务的对照中，被试对所有刺激作反应，而无须抑制任何反应。无论是儿童或是成人，当要求抑制反应时都表现出前额叶皮层和扣带回的强烈激活。这些激活在儿童身上表现得比成人更加强烈，也稍微大一些（Casey，Trainor，Orendi，et al.，1997）。此外，任务中对非靶刺激的反应数目（虚报）与前扣带回的激活程度有显著相关。这一发现与扣带回在成人错误检测中的作用相吻合。

了解脑大小的个体差异的另一途径是研究发展性病症。一些病理症状，例如注意缺陷障碍或强迫性人格等，可能与儿童的气质差异有关甚至起因于此，例如活动水平、言语重复症、外倾性、冒险性和其他气质特征（Rothbart，Hershey & Posner，1995；Rothbart & Posner，2006）。若要假定这些病理症状只是正常人格极端化的结果，这样做太极端，但功能失调症状（如注意缺陷多动症）与儿童的一般发展趋势是一致的，如持续性言语反应，寻求更高水平的刺激及无法集中注意力等。

有研究以脑形态测量的方法考察了被诊断为注意缺陷多动症儿童的脑，发现了一些共同的特征，一般涉及前额叶皮层及其皮层下的基底节区域。总体而言，注意缺陷多动症儿童的异常更多表现在右额叶皮层和部分基底节，包括苍白球和尾状核（Filipek et al.，1997）。尾状核有早期出血的儿童，其后被诊断出注意缺陷多动症的风险更高，并更有可能显示出认知控制上的困难（Casey，Durston & Fossella，2001）。在注意缺陷多动症儿童脑中有关基底节和额叶缺陷的这些发现，与这些区域在注意中所发挥的作用是吻合的。

97

七、小结

在成人身上，我们发现认知和情感的控制结构主要是脑的额叶中线（前扣带回）。与认知和情感相关的部分在解剖学形态上是相分离的，但有证据表明它们在实际行为中是相互作用的。这些机制与额外侧和基底节密切相关，但是我们仍未探知中线和外侧结构是如何分担执行控制的功能。

在儿童中期，控制结构经历了显著的发展。两岁半的儿童不能按其主观意志来控制他们的认知过程。当面临的任务中具有两种相竞争的反应时，他们就会失败。在7岁时，尽管在总体上慢于成年人，但儿童解决冲突的效率几乎和成年人一样高。儿童在对刺激的反应强度，以及意志控制的能力上都存在着极大的个体差异。如果要使儿童最好地利用他们所学得的知识，学校环境必须能够适应这些差异。本书第6章更详细地论述了儿童在注意、情感方面的气质差异以及这些差异与他们上学准备之间的关系。

第五章 99

基因与环境

我们在本书中探讨的注意的一般脑机制在某种程度上是由存储在人类每一个细胞中的遗传指令决定的。分子遗传学的研究产生了人类基因组图谱（Venter et al.，2001），也使我们更有可能去理解基因在脑发育和行为的个体差异中所起到的作用。分子遗传学研究改变了先天—后天这一传统争论的基础。基因表达依赖于环境，因而，遗传与环境间的相互作用也体现在分子水平上。

对遗传与环境间这一传统争论的解决，意味着思维、情绪和行为都是与生俱来的，同时也受到环境的影响。但是，发生在学校中的这种特殊的教育经验是否能够改变脑发育的进程？这仍然是一个令人困惑的问题。我们已经知道，脑成像研究表明，在教育干预之后，脑会出现新的激活（第7章），但是，我们目前还不清楚这些经验是否只是让我们看到了对训练任务有特殊意义的脑区，或者，它们是否会对脑网络产生更为普遍的影响。

一、注意的遗传基础

遗传表达对环境具有依赖性，这一观点使我们无需否认社会环境的重要作用便可接受遗传因素对行为科学领域的影响。

关于注意的遗传基础的研究才刚刚起步。本章中我们将回顾注意的遗传基 100
础方面的成果，并将它与特定的教育经验联系起来，同时简要说明理解基因与环境的交互作用的可能性。

（一）自然选择论与建构主义观点

尽管很多神经系统在婴儿出生之前便已形成，但是，对于灵长类特别是人类而言，脑的成熟需要长时间的发育过程。脑的神经系统是如何组织起来的呢？有两个基本的生物学观点一直支配着我们对这个问题的理解。一个观点强调遗传的影响，另一个观点则强调学习的影响。主张遗传影响的最强势立场认为，神经元连接在发育期间就被赋予了很高的精确性。基于这一分析，较弱势的立场则认为，经验从先天的全部联结中进行塑造或选择（Gazzaniga，1994）。这种观点强调神经突触在生命早期的过多生长及其在发育过程中的调整。我们有时会发现很小的婴儿在对语言、数字和物体特征的加工方面具有惊人的能力，这就为上述自然选择论观点提供了支持。持自然选择论观点的人会把重点放在孩子与生俱来的个体差异上，这会产生这样一些观点，例如Gazzaniga（1994）认为，教育就是要找到每个人的脑擅长的东西是什么。

D. O. Hebb（1994）提出的学习法则（Learning principle）简要说明了神经元间的共同激活是如何形成更加牢固的神经元联接的。这一原理认为，共同激活的神经细胞更容易联接起来。Hebb的思想更偏向建构主义的观点（如，Quartz & Sejnowski，2000）。这些观点认为，发育过程伴随脑皮质中表征特征的递增。这里，环境使负责视觉、听觉以及刺激的其他方面的知觉系统特异性地组织起来。支持这一观点的证据是，丧失了某种感觉输入的儿童（如，出生时就耳聋）在其他感觉通道的组织上出现了特异性的变化（Neville，1995）。对于耳聋者，负责外部信息的视觉区可能变大，而负责中央凹信息的视觉区则与视力正常者相同。这些发现强调了经验是如何对神经回路进行重组的，但同时也显示了这种重组的局限性。这些发现支持了神经网络的可塑性，但并不支持那些更极端的观点，例如，Herbert Simon及其拥护者们曾指出，仅仅依靠数小时的密集训练来建立丰富的语义记忆，就能形成专门的知识与技能。

101 本书将阐述如何将自然选择论与建构主义两种观点结合起来。现有研究表明，自动调节的神经网络是在特定经验的影响下发育起来的，这些经验是人们从监护人（第3章、第4章）和后来的正规教育（第7章、第8章）中获得的。注意网络对自动调节的发育起着至关重要的作用，因此在本章中，我们通过报告候选基因如何影响注意网络来进一步整合自然选择论和建构主义两种观点，之后考察可能改变这种发展状况的特定教育经验。

（二）分子遗传学研究的发现

我们在第4章（本书）中已经知道，负责执行注意的神经系统对气质和学习起着关键性的作用。个体能够自主分配注意，这使得他们能够控制更活跃的倾向并抑制优势反应，从而使从属反应得以进行。第7—9章中我们回顾了这种注意网络是如何帮助人们学习学校课程的。但是，为了将注意中的个体差异和候选基因联系起来，我们必须首先理解影响注意系统运行的化学系统。

脑的注意系统会受到皮层下区域不同递质系统的影响。前面我们已经讨论过后顶叶是如何参与感觉刺激的注意定向过程的。第3章中，我们介绍了一些关于清醒猴执行线索检测任务的研究，证明了调控系统在注意警觉和定向机制中的作用。

1. 警觉与去甲肾上腺素

对感觉事件进行定向的一个主要作用在于能够维持警觉状态。当一个人从完全警觉状态变为放松状态，再到困倦状态，他对外界事件的反应速度会显著降低，睡眠时则趋于完全没有反应。在需要被试作反应的目标出现之前呈现警告信号，通过这种方式可以对警觉水平进行操纵。警告信号通过改变生物体的警觉水平来提高生物体对目标的反应速度。对于成人来说，这种改变是非常微小的，而对于儿童来说，改变幅度则会大得多（第4章）。

对清醒猴的研究（Marrocco & Davidson，1998）发现，氯压定（clonidine） 102
和氯苯乙胍（guanfacine）等药物能够降低去甲肾上腺素（norepinephrine）递质的有效性，它们似乎能够消除警告信号对反应时间的促进作用。当给猴子服用氯压定时，猴子的反应速度整体降低了；相反，当服用氯苯乙胍时，反应速度增加了；然而，这两种药物对警告信号效应的影响却是相同的（Marrocco & Davidson，1998）。在药物的影响下，当线索能够预示目标即将出现的位置时，猴子的表现并不比没有这种线索提示时更好。使用同一组猴子作被试，在没有药物影响的情况下，出现了明显的警告信号效应。到目前为止，研究者进行的研究都对药物进行了系统的操纵，但一般认为，这些药物作用于蓝斑，从而降低了去甲肾上腺素对后顶叶中细胞的有效性（Marrocco & Davidson，1998）。其他很多研究也证实了去甲肾上腺素对觉醒或警觉功能的影响。

2. 定向与胆碱能系统

东莨菪碱（scopolamine）等药物能对胆碱能系统（cholinergic system）产生影响，它们会影响我们将注意转移到导引位置上的能力，但并不影响警告信号效应。我们知道，外侧顶内沟中包含与注意转移有关的细胞，有一项研究对外侧顶内沟进行了东莨菪碱局部注射（M. C. Davidson & Marrocco，2000）。结果发现，注射后，注意在向注射区域的对侧半球转换时产生困难，但并没有对警告信号效应产生影响。因而，注意的警觉和定向不仅在结构上是分离的，而且，在细胞和突触水平上也以神经递质的形式产生了分离。众所周知，神经递质之间通常在很多水平上都存在相互作用、相互影响。尽管如此，这些研究还是为同一任务中两种神经递质的分离提供了非常清晰的证据，将这两种神经递质与不同的功能联系了起来。

在老年痴呆症发病初期，一些病人的注意定向能力出现异常（Parasuraman & Greenwood，1998）。这些病人还出现了顶叶关键部位血流量减少的现象。老年痴呆症的重要特征之一就是基底额叶中的一个区域出现明显的细胞消亡，这个区域叫做迈内特基底核（nucleus basalis of Meynert），是胆碱能系统一个重要来源。实际上，切除猴子的迈内特基底核，会使它们的注意向线索转移的能力下降（Voytko et al.，1994）。

因此，对老年痴呆症患者进行研究可能有助于我们弄清楚胆碱能系统缺陷是如何影响注意的。一些早期老年痴呆症患者携带载脂蛋白基因（apoliproprotein gene，APOE）的一种特殊类型（等位基因），叫做 e4 等位基因（e4 allele）。这种基因类型的存在与老年痴呆症患者早期的认知能力下降有关系，但是，正常人也携带这种基因的变体。一项实验研究比较了携带 e4 基因变体与不携带该变体的正常人的注意转移能力（Greenwood，Sunderland，Friz & Parasuraman，2000）。研究者观察到，携带该基因变体的正常人在使用视觉线索来引导注意时表现出特定的缺陷。因而，无论是对正常人还是对老年痴呆症患者来说，APOE 基因的 e4 变型可能与注意网络的某种特定功能有关系。

103 注意定向与胆碱能系统的关系促使 Parasuraman 及其同事（Parasuraman，Greenwood，Kumar & Fossella，2005）去研究目前已知的能够影响胆碱能系统的两种候选基因。对于每一种候选基因，他们都对携带该基因中一种类型（等位基因）的人群与携带同一基因的另一种类型的人群进行比较。比较的结果表明，这两个候选基因都能影响视觉定向效率。他们还研究了目前已知能够影响去甲肾上腺素传递的一种基因，发现它对定向效率没有影响。虽然注意控制要涉及很多基因的参与，但是，注意转移这种特定注意功能只是注意活动的一个子成分，决定它的基因可能要少得多。这个工作表明，我们对参与注意定向的特定脑区和递质的认识可能有助于我们对遗传控制进行探究。如同认知神经科学的其他很多领域一样，在某个层面上理解了某种功能，为我们在其他层面上研究该功能的控制机制提供了基础。

3. 多巴胺与执行注意

另外还有两种异常状态也能产生注意方面的缺陷。注意缺陷多动障碍通常是在儿童7岁或8岁上二年级或三年级时诊断出来的，此时儿童需要长时间地集中注意力。另一种完全不同的疾病是精神分裂症，通常发病于青春晚期或成年早期，常表现为注意集中困难、思维障碍和幻觉。一般认为，这两种疾病都能以某种形式影响注意，但表面症状却完全不同。

无论从神经系统层面还是神经化学层面上，我们都可以将这两种疾病联系起来。对精神分裂症进行的研究常常表明，该疾病的一个突出特征就是额中线处异常（Benes，1999；Early，Posner，Reiman & Raichele，1989）。Benes（1999）报告说，尸体解剖研究发现，与正常人的脑相比，精神分裂症患者的大脑前扣带回的控制系统存在明显的缺陷（图5.1）。她在最近的解剖学研究中，将这种缺陷与包括海马、杏仁核以及前扣带回在内的神经回路联系起来。

105

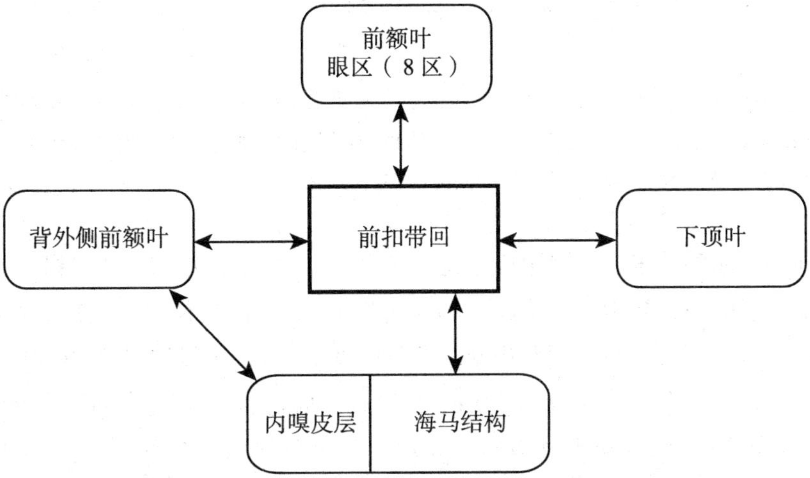

图5.1　以前扣带回为中心的脑区网络，一般认为与精神分裂症有关（Benes，1995）。

104 前扣带回距离腹侧被盖区只有一个神经突触的距离，而腹侧被盖区是多巴胺神经元的一个来源。此外，所有的多巴胺受体都是在扣带回中表达的，我们通常认为，多巴胺与精神分裂症之间是有联系的。一些用来减轻幻觉和思维障碍症状的药物能影响多巴胺的传递。精神分裂症会影响执行注意，有研究者使用注意网络测验（图 2.7）对这一假设进行了更直接的检验（Wang 等，2005）。精神分裂症患者的执行注意网络出现了明显的异常（图 5.2），而在定向方面只出现了很小的缺陷，在警觉方面没有发现明显的缺陷。

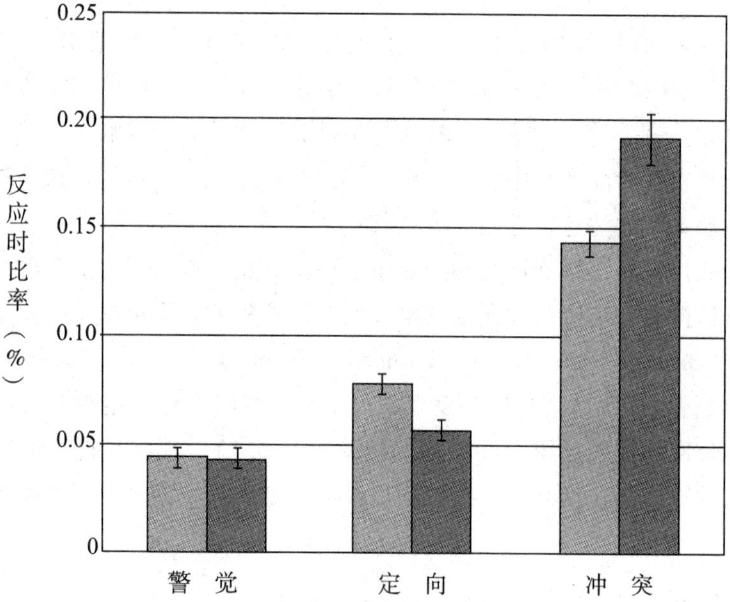

图 5.2　慢性精神分裂症患者（深灰色条）与正常被试（浅灰色条）在注意网络测验中所得结果的对比。精神分裂症患者在冲突方面存在很大的缺陷，而在定向方面只存在很小的缺陷，在警觉方面则没有缺陷（Wang et al.，2005）。

同样，注意缺陷多动障碍通常也与多巴胺有关，这是因为，很明显，用于控制该疾病的一种药物哌醋甲酯（methylphenidate）在某种程度上是通过改变多巴胺递质的有效性而发挥作用的。有研究表明，儿童时期患有注意缺陷多动症的人在成年后会继续表现出该疾病的症状，而且，他们在进行冲突任务——对刺激词的呈现次数作出反应时，表现出显著的异常（Bush et al.，1999）。冲突任务中的词是数字，这些数字有的与被试反应不一致（如单词“二”重复 4 次），有的则与反应一致（如单词“二”重复两次）。患有注意缺陷多动障碍的成人在这种数字任务中的表现只比控制组稍差一点，但与控制组不同的是，控制组的前扣带回得到激活，患者的前扣带回则没有激活，而是激活了一个完全不同的通路。另有研究（如，Swanson et al.，1991）表明，患有注意缺陷多动障碍的儿童可能在警觉方面存在缺陷。

这些发现表明，尽管注意缺陷多动障碍和精神分裂症的症状和发病年龄存在很大差异，而且，所涉及的其他注意网络问题也并不相同，但是，两者在执行注意方面可能都存在同样的异常。

数字 Stroop 任务和注意网络测验任务表明，注意缺陷多动障碍和精神分裂症患者在执行注意方面存在同样的缺陷，这就为研究该疾病的遗传基础提供了一种新的方法。很多相关研究既采用了基于群体的方法也采用了基于家族的方法，结果表明，注意缺陷多动障碍患者的行为表现似乎与一种特定的基因型相关，叫做多巴胺-4 受体基因（Swanson et al.，2001）。该基因的一种类型 7 次重复等位基因中，在基因的一个区域内有一段 48 个碱基对序列重复了 7 次，这对与该基因（编码区）有关的蛋白是有影响的。该基因的其他等位基因中，这种特定的 48 个碱基对序列只重复 2 次或 4 次。因此，就注意缺陷多动障碍来说，有一种候选基因可能与该疾病的症状有关。

有研究者对经诊断确认出现了注意缺陷多动障碍行为症状的儿童（N = 32）和相同年龄的正常儿童（N = 21）进行了基因分型（Swanson et al.，2001）。之后，比较他们在三个与注意网络有关的反应时任务中的成绩。结果发现，患有注意缺陷多动障碍的儿童比正常儿童的反应要慢，成绩的变化也大得多。然而，当 Swanson 等（2000）将患有注意缺陷多动障碍的儿童分为携带 7 次重复基因和不携带 7 次重复基因两组时，他们非常惊奇地发现，在 3 个注意任务中，出现反应速度慢和成绩变化大的儿童全都是不携带 7 次重复等位基因（7-repeat allele）的注意缺陷多动障碍儿童。

已有研究表明，7 次重复等位基因与正常人格特征的某些方面（有时称为 106
感觉寻求或猎奇）相关，但它与外倾性维度也有关系。对于两个月大的婴儿，与不携带 7 次重复等位基因者相比，携带该等位基因的婴儿将脸转离玩具的趋势较强，持续性注意普遍较差（Auerbach et al.，1999）。携带 DRD4 基因长等位基因的婴儿在两个月大时负性情绪较少，对环境限制的不适反应较少。

不携带 DRD4 基因的小鼠在环境探索方面也存在缺陷（Grandy & Kruzich，2004）。这些研究表明，导致注意缺陷多动症的第一种可能是与探索环境的高需求和负性情绪的低需求有关的人格特征变化。在不能充分探索的环境中，注意缺陷多动障碍儿童的注意力可能降低。导致注意缺陷的第二种可能是某种形式的早期脑损伤。在 19 个不携带 7 次重复等位基因的儿童中，有 7 个出现了反应时非常长、成绩变化大的症状，且一般都伴随着各种形式的脑损伤（Swanson et al.，2000）。

4. 执行注意的遗传力研究

为确定是否有足够的证据来证明遗传因素对正常人执行注意网络发展的影响，以寻找候选基因，一个非常重要的问题就是要确定遗传力。遗传力是一种粗略的测量，它测量的是某些基因对所考察的遗传特征的重要程度。遗传力的研究通常是通过比较同卵双生子和异卵双生子来进行的。同卵双生子的基因完全相同，异卵双生子则与普通兄弟姐妹一样，只有一半的基因是相同的。遗传力的计算假定，同卵双生子和异卵双生子在发育过程中受环境的影响不存在系统性差异。由于该假定在某种程度上受到质疑，因而遗传力仍然只是一种推测。尽管如此，一项小规模研究发现，执行网络的遗传力还是很高的，足以证明寻找特定基因是有道理的（Fan，Wu，Fossella & Posner，2001）。

对参与注意网络测验任务的被试进行口腔 DNA 取样，然后，用这些 DNA 来考察与多巴胺有关的候选基因（不同的遗传等位基因或多态性）的差异。迄今为止，对与多巴胺有关的基因研究已证明，有 4 个基因能够影响执行网络的效率。

5. 行为研究

能够影响执行网络效率的一个基因是 DRD4 基因，我们在将注意缺陷多动障碍与感觉寻求这种人格特质联系起来时，曾讨论过这个基因。研究者还发现，COMT 基因（COMT gene）在很多与心理冲突有关的任务中也与执行注意有关（Blasi et al.，2005；Diamond，Briand，Fossella & Gehlbach，2004）。

107 此外，COMT 基因还与精神分裂症有关（Egan et al.，2001）。对于一种严重的儿童期疾病（22q11 缺失综合症，22q11 deletion syndrome），COMT 基因缺失也导致患者在注意网络测验任务测量的执行注意方面存在困难，而且，增加了患精神分裂症的危险（Simon et al.，2005；Sobin et al.，2004）。其他与执行网络有关的基因包括 MAOA 基因（MAOA gene），它不仅参与多巴胺的合成，也参与了去甲肾上腺素的合成，还包括多巴胺转运蛋白基因［Dopamine Transporter（DAT1）gene］（Fossella et al.，2002；Rueda，Rothbart，McCandliss，Saccamanno & Posner，2005）。

我们前面提到过，对于被诊断为注意缺陷多动障碍的儿童，其 DRD4 基因的 7 次重复等位基因的表征是不均衡的。对未患注意缺陷多动障碍的人进行的研究为上述注意缺陷多动障碍的研究结果提供了更为完整的视角。7次重复等位基因虽然与注意缺陷多动障碍有关，但它并不会导致执行网络方面出现困难。而更为普遍的4次重复等位基因才会使执行网络出现困难，它的存在似乎与解决冲突任务时出现的更大困难有关。对于正常被试，携带不同的DRD4等位基因与被试在冲突任务中的表现是有关的，这为我们判断该基因在注意缺陷多动障碍等疾病中所起的作用提供了额外的支持。详细的进化研究表明，7次重复等位基因是积极选择压力的结果（Ding et al.，2002），这表明它有可能传递了一些优势。这种优势可能涉及7次重复等位基因与感觉寻求之间的关系，因为感觉寻求这种人格特质可能传递了人类进化过程中的一种优势（Ding et al.，2002）。上述研究结果都是非常新的发现，还需要进一步确证和探究。尽管如此，当我们要将遗传差异与特定的网络和人格特征联系在一起时，这些发现可能确实是有用的。

6. 神经影像研究

为研究影响神经网络的因素中遗传变异的作用，可以将神经影像作为一种工具。在冲突任务反应时方面存在差异的基因中，有两个基因（DRD4和MAOA）在前扣带回脑激活模式上也存在差异，当然该发现研究的是该基因的不同等位基因（Fan，Fossella，Sommer，Wu & Posner，2003）。这一发现如图5.3所示。

要在脑活动模式上发现显著差异，所需的被试数量远远少于行为研究中所 108
需的被试数量。研究者认为，BDNF基因与长时记忆存储有关，报告该基因的研究所使用的被试数量较少（Egan et al.，2003）。在记忆测验中，要想得到行为上的差异，每个等位基因就需要有几百个被试，而要确定海马激活程度上的差异，每个等位基因组只需要不到10个被试就可以了。这些研究结果表明，脑成像技术在研究遗传因素对神经网络的影响上可能会发挥重要作用。

到目前为止，我们讨论的这些研究结果主要集中于遗传差异如何影响执行网络的正常效率。另一方面，在第3章和第4章中，我们曾阐述了一般注意网络是如何对人的发育过程起到重要作用的。相同的基因在不同的个体间存在差异，研究者可能会证明，正是这些在个体间存在差异的基因将在这些注意网络的一般发育中起到重要作用，而且，未来它们也将为正常发育和疾病提供线索。

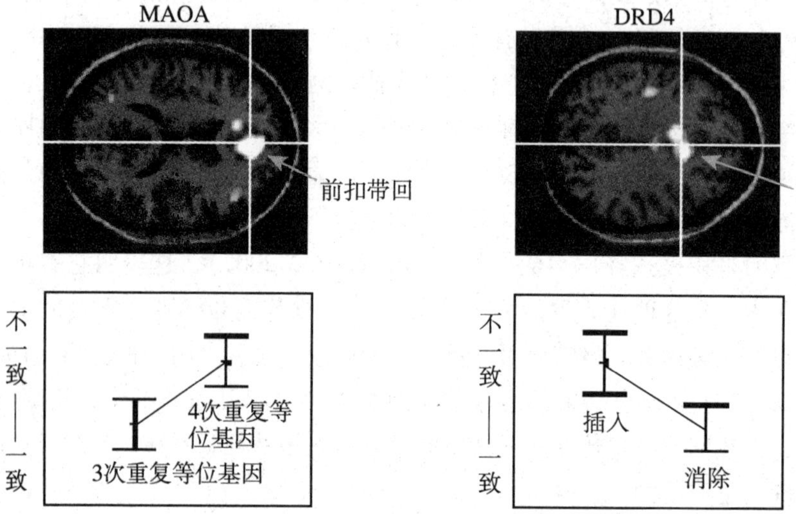

图 5.3　携带不同等位基因型的被试在注意网络测验中的激活脑区图。从错误率结果中可以看到，两个基因（MAOA 和 DRD4）的不同等位基因型在执行注意网络的效率上存在差异（见图的下半部分）。在一项神经影像学研究中，两种基因型的前扣带回激活模式也不相同（见图上半部分中的箭头）。摘自 "Mapping the Genetic Variation of Executive Attention onto Brain Activity," by J. Fan, J. Fossella, T. Sommer, Y. Wu, and M. I. Posner, 2003, *Proceedings of the National Academy of Sciences of the USA*, 100, p. 7409. Copyright 2003 by National Academy of Science, USA. 经允许重印。

二、注意的训练

109　某些特定的经验会改变脑的功能，其中一种就是突然的脑损伤。脑损伤经常会使人丧失集中注意的能力，也会造成注意和短时记忆方面出现其他困难。脑损伤病人一般会出现注意集中困难、注意分散、健忘、很难同时做两件或多件事情，与注意密切相关的记忆方面也存在问题。一个人的注意能力即使只有相对很小的减退也会使他学习新事物的能力显著降低。注意缺陷还存在于执行注意中。病人主诉和实验室研究证明，病人在注意资源的分配、任务间的转换、同时处理两个任务的能力以及在面临非常规情境时克服自动反应等方面存在问题。这些涵盖了执行注意的所有方面。

（一）注意的康复

颅内损伤病人的康复很大程度上要依赖于教育与社会支持、练习和加工训练的共同努力。教育与社会支持向个体提供脑损伤的相关信息，并向他们提供策略来帮助处理脑损伤造成的后果。此外，还向他们提供机会，让他们在一种支持性环境中分享他们对情况变化的感受。

练习指的是对某项任务进行特殊训练以提高病人在该任务中的成绩。练习可能是治疗中需要事先计划的部分，或者说，练习可能是通过对事先设计好用以确定进一步测量的测验进行重复施测来实现的。如果练习的结果能够适用于其他未练习的任务，那么，我们会发现，仅仅通过练习也能更广泛地提高成绩。

注意加工治疗（Attention Process Therapy，APT）旨在利用一个治疗程序来提高病人在一系列注意任务中的成绩，它是预先设计好的（Sohlberg & Mateer，1989）。练习包括仔细聆听声音任务，在计分纸上标记出听到的声音，以及其他很多需要持续注意听觉信息的任务。有几项研究报告了注意加工治疗能够提高记忆、学习以及执行控制某些方面的成绩（Sohlberg & Mateer，1989）。

有一项研究对注意加工治疗训练和教育与支持方法进行了比较（Sohlberg，McLaughlin，Pavese，Herdrich & Posner，2000）。该研究使用 10 个神经心理学测验来评估干预后的变化。研究的是定向、警觉和执行注意网络以及工作记忆。为确定治疗是否使病人在日常生活中的期望有所提高，研究者对病人及其护理者进行了一系列的问卷调查和结构访谈。

该研究的结果为获得性脑损伤病人康复治疗策略的不同效果提供了支持。 110
无论是通过重复评估任务还是通过使用注意加工治疗训练一般性加工，训练都提高了病人的成绩。相比之下，向病人传授有关脑的知识，让他们以系统的方式来看待自己的缺陷，这种方法似乎只改进了病人的态度，却没有提高注意能力。基于这些结果，我们推测，向儿童讲授脑以及随着学习的进行脑是如何发生变化的知识，这种方法本身可能就是一种很好的教育工具。

关于注意加工治疗对执行控制和工作记忆的改进效果，结构访谈中，病人自我报告的效果比神经心理测验检查出来的效果更显著。病人还报告，注意加工治疗后，认知功能的变化更大，而进行脑损伤知识教育后，社会心理功能的变化更大。认知功能变化较大的病人在执行注意任务上也表现出较大的改进。

（二）发展性干预

有证据表明，颅内损伤后，某些方面的执行注意可能是可以恢复的，我们在第 4 章中也讨论过 2—7 岁的儿童出现的重要发展，这些研究结果都增大了这样一种可能性，即执行注意的早期训练可能对各种认知和情绪行为产生有利的影响。

1. 动物研究

数字 Stroop 任务中，恒河猴和黑猩猩在经过了大量的训练之后，便能够执行数字 Stroop 任务。目前研究者已经知道，成人被试在执行该任务时，前扣带回得到激活。动物需要接受多个月的训练才能执行这样的任务。关于训练方法，最开始就是让它们学习如何使用操纵杆来追踪物体（Rumbaugh & Washburn，1995）。在训练的一个阶段，动物要学会注意物体，即使物体不在视野中，也要对物体即将出现的地点进行预测。另一个阶段，训练动物从两个物体中选择一个。刚开始只让动物处理相对简单的问题，比如，选择与它们先前看到的物体相匹配的那个物体。它们要适应在匹配物体之前等待长短不同的时间。此外，还要训练它们去理解数字所表示的数量。呈现一个数字就会给予一定的奖励，奖励的数量与数字所代表的数量相对应。这种训练针对数字 Stroop 任务中的测试，该任务中，要求动物将操纵杆移向两个物体阵列中数量较大的一个。一段时间的训练后，再使用数字让动物判断，数字的数值与物体阵列的数量可能一致也可能不一致。

111 Washburn（1994）在一项研究中发现，猴子在数字 Stroop 任务和其他冲突任务中的反应时长短与人类相似。但是，猴子犯的错误更多，尤其是在不一致条件下。图 5.4 是人类和猴子得分的比较。

另有研究表明，线索有助于使被试将注意转移到靶位置，它对猴子比对人更有效。但是，通过执行注意进行的奖励对人类比对猴子更有效。一般而言，猴子测验的结果与执行注意尚未成熟的年幼儿童更相似，而与成人不同。

Rumbaugh 和 Washburn（1995）的观察发现，动物是喜欢执行这些任务的，它们尤其可能喜欢选择在特定时间里将执行哪个任务。研究者还观察到，训练后，动物的攻击性有变少的趋势，社会性则有增加的趋势。这些观察结果与下面的观点一致，即认为执行注意的训练可能会对认知和情绪任务都产生影响。这种关系与图 4.2 所示的前扣带回对两种任务类型的共同影响相一致。

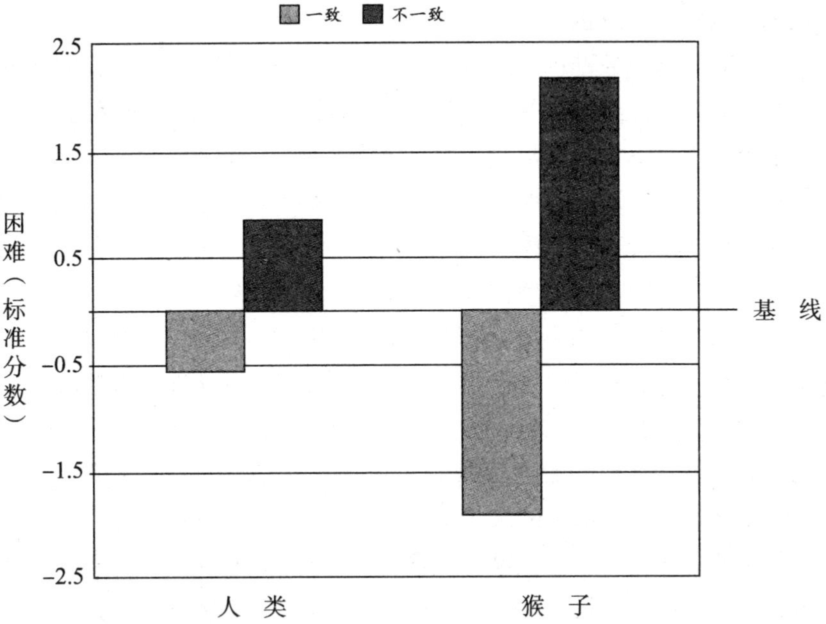

图 5.4　人类与猴子的冲突解决分数比较。图中包含数字 Stroop 任务中人类和猴子的数据。y 轴表示在一致和不一致两种实验条件的相对难度。在一致条件中，数量较多的物体对应的数字也较大；不一致条件中，数量较多的物体对应的数字则较小。猴子比人类成人表现出更大的干扰效应。经 D. A. Washburn 许可重印。

这些动物观察研究衍生出一个问题，那就是，将研究猴子所使用的实验任 112
务用于研究年幼儿童，同样对儿童进行系统的训练，是否有可能也对儿童的认知和情绪控制都产生影响。很明显，对儿童进行的实验室研究中，使用的测试次数不可能与对猴子的研究中相同，但是，进行一些训练以使儿童的执行注意在发育期间得到细小的改进，这可能还是可以实现的。

2. 儿童研究

我们创造了一系列的训练任务，旨在帮助学前儿童发展执行注意能力，这些任务改编自之前以灵长类动物为被试进行的一项研究，训练猴子在太空中工作（Rumbaugh & Washburn，1995）。每个程序都是以儿童喜欢的任务形式进行的，旨在教儿童学习一系列的累积性技能，从而使执行注意的各个元素能够得到训练。我们选择了 4 岁和 6 岁的儿童进行测验，因为我们已经证明，在 2.5—7 岁之间，通过情感冲突任务测量的执行注意正处于发展中（Rueda et al.，2005）。我们认为，4 岁和 6 岁儿童应该正处于这一注意网络的发展过程中，也是改进的最好时机。

图 5. 5 对训练任务进行了说明。上半部分呈现的是一名正在运用操纵杆的被试和实验者。从这个孩子的脸上我们可以看出，她在执行训练任务时投入了高度的注意。下半部分的图片对一些程序作了解释。开始时，研究者教儿童使用操纵杆去控制一只猫的移动。儿童必须将猫移到草地上，但又不能进入泥沼中。几个测试之后，草地面积减少，泥沼面积增加。另外一项任务要求孩子将猫移到伞下，并一直将猫保持在伞下，而伞的位置是随机移动的。操纵杆训练之后，便要求儿童进行预测。一只鸭子跳进池塘中，并沿一条直线游动。儿童必须将猫放在一个位置，使猫能与鸭子会合。起先，鸭子在其游动轨迹中是可见的，但随后的测验中，它潜到水下看不到了。有几项任务涉及工作记忆训练。研究者训练儿童理解数字的数值（大多数儿童已熟悉这些数字），训练后，让儿童将操纵杆移动到两组阵列中较大的一组上。冲突任务测试中，在左边呈现较小的数字，右边呈现较大的数字，而较小的数字个数较多，较大的数字个数较少。因而，与猴子做的任务相同，儿童必须解决阵列中数字的数值和数字的数目之间的冲突。

3. 训练效果

113 因为这是训练任务中最初的测验，所以控制组儿童要么参与前测、后测，要么观看互动性的视频。两组 4 岁儿童和一组 6 岁儿童参与了训练。每个实验组和控制组都由 12 名儿童组成，选自俄勒冈州尤金地区自愿参加的实验者。这些研究只有 5 天的实际训练时间，每天大约 30—40 分钟，此外，还有 1 天的训练前评估和 1 天的训练后评估。

114 在训练前评估和训练后评估这两天里，儿童要戴上 128 导的头皮电极的网罩来进行注意网络测验，通过脑电的方法来测量脑的活动水平。还要对他们进行智商测验，同时让他们的父母填写《儿童气质量表》（*The Child Temperament Scale*）。我们认识到这种训练在数量上仅为最低限度，完全不同于以猴子为被试进行的几十万次测试。其结果也不同于学校环境中一整年都在进行的注意训练。然而，由于被试都是正常的自愿者，我们觉得，我们最多只能要求对孩子及其父母进行 7 次访问。我们希望获得一些线索来判断这些训练是否有用，如果有用，又是如何起作用的。

前测和后测的总体反应时结果、注意网络测验任务中各种网络的分数见表 5. 1。为比较训练效果的相对大小，我们通过呈现 4—6 岁间发生变化的百分比来表示两年的正常发展所带来的变化。两年的发展使总体反应时（负号表示

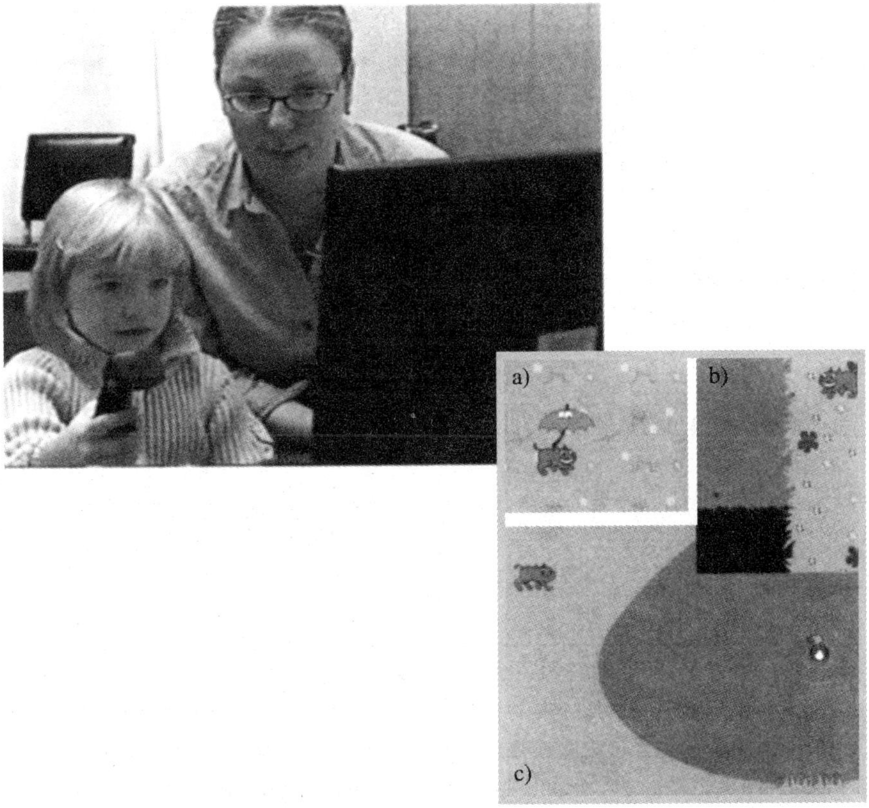

图 5.5　年幼儿童注意训练任务实例。左上角：一名 4 岁被试在研究者的注视下进行注意训练。右下角：举例说明注意训练程序中的几个任务。儿童学习使用操纵杆控制一只猫，使猫不被雨淋（a），将猫移动到草地上（b），当鸭子离开池塘时，让猫抓住鸭子（c）。

年龄大的儿童反应更快）大大提高，冲突任务反应时和错误率也大有改进。与控制组的正常发展所带来的变化相比，训练组在反应时和冲突任务得分上也都有所改进，且改进的方向与控制组相同，而变化的百分比则要小得多。

我们还使用一种智商测验方法来考察训练是否有可能对与训练活动没有关系的其他测验方法也起作用（表 5.1）。我们使用《考夫曼简明智力测验》（*Kaufman Brief Intelligence Test*，K-BIT）（Kaufman & Kaufman，1990）和一个儿童智商测验，儿童智商测验中包含两个独立的分量表，即词汇（vocabulary，VOC）和对视觉信息进行类比推理的矩阵任务（matrix tasks，MATs）。训练前，实验组和控制组在总体智商、词汇和视觉矩阵量表上的得分是非常相近的。我们发现，训练使总体智商和视觉矩阵量表（MAT）得分都提高了。同样，训练导致的智商变化与正常发展两年所带来的变化方向相同，但变化的幅度要小一些。正如我们所预期的，气质方面的得分并没有随训练发生变化，无论实验组还是控制组都是如此。

表 5.1 训练效应与年龄效应的比较

任 务	分 数	训练效应	年龄差异
儿童注意网络测验	总体反应时	-12.6	-43.8
	总体错误率	-18.1	-86.3
	冲突	-32.0	-63.8
考夫曼简明智力测验	词汇	+6.1	+28.0
	矩阵任务	+9.6	+51.1
	智商	+7.3	+36.4
儿童行为问卷	激动性	+0.5	-2.1
	努力控制	-1.5	+5.0
	负性情感	-0.8	-7.1

注：表中数据为训练使注意网络测验、智商和气质发生改变的百分比，即[（训练后分数-训练前分数）/ 训练前分数]× 100，或年龄差异带来的改变的百分比，即［（4 岁时分数-6 岁时分数）/ 4 岁时分数］。值得注意的是，训练使儿童注意网络测验和智商发生的所有改变的方向都与 4—6 岁这一年龄差异带来的改变相同，但改变的幅度要小一些。出自“Training，Maturation and Genetic Influences on the Development of Executive Attention，” by M. R. Rueda，M. K. Rothbart，B. D. McCandliss，L. Saccamanno，and M. I. Posner，2005，Proceedings of the National Academy of Sciences of the USA，102，p. 14934. Copyright 2005 by National Academy of Sciences，USA. 经允许重印。

115

4. 脑电图数据

训练前一天和训练后一天，我们让孩子们参加注意网络测验，并记录 128 导头皮电极的脑电信号。先前对成人的研究结果（Rueda，Posner，Rothbart & Davis-Stober，2004；van Veen & Carter，2002）表明，冲突任务过程中，前扣带回发出一种电信号（N2），它可从头皮上记录到。对于成人来说，不一致测试条件下产生的 N2 要大于一致条件（图 5.6 成人图中的箭头）。对于儿童来说，无论是测验前后的控制组还是训练前的实验组，都没有出现这种 N2 效应（图5.6）。然而，训练之后，接受过训练的儿童出现了与成人一样的 N2 效应。
116 这些结果表明，训练可能会改变参与自我调控的神经网络，从而使儿童在冲突相关任务中的反应更像成人。我们发现，对于 4 岁儿童，训练带来的改进在很靠前部的电极处最大，该部位涉及前扣带回的情绪区，而对于 6 岁儿童，训练

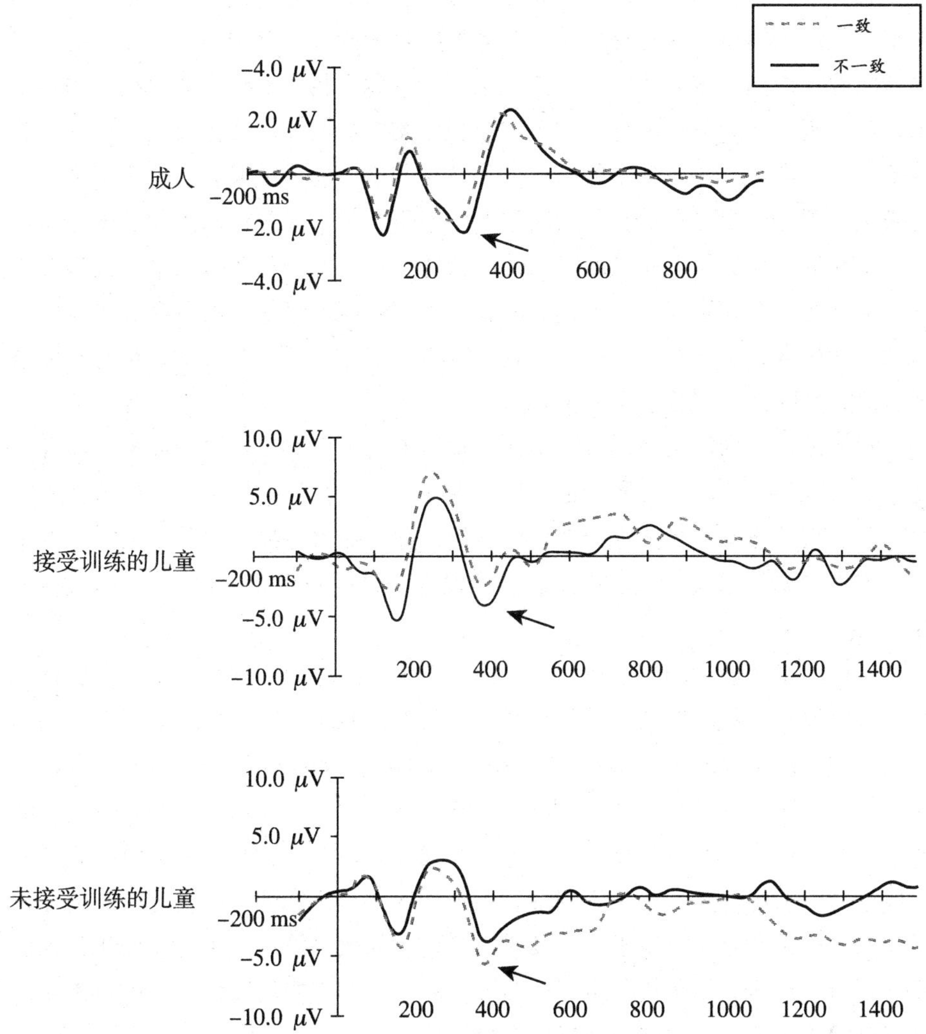

图 5.6. 接受过与未接受注意训练的儿童与成人的头皮电活动比较。要注意，训练后，受过训练的儿童的头皮电活动与成人相似，而未受过训练的儿童则并不相似。箭头处指的是 N2，已有研究表明，该成分与冲突有关，发生源位于前扣带回。出自“Training, Maturation and Genetic Influences on the Development of Executive Attention” by M. R. Rueda, M. K. Rothbart, B. D. McCandliss, L. Saccamanno, and M. I. Posner, 2005, *Proceedings of the National Academy of Sciences of the USA*, 102, p. 14935. Copyright 2005 by National Academy of Sciences, USA. 经允许重印。

带来的改进似乎在更靠近前扣带回背侧部最大，该部位负责认知调控（Rueda et al. , 2005）。

我们对参与训练研究的6岁儿童进行了基因分型。由于样本量很小，我们发现，与成人的执行注意有关的四个多巴胺基因中，只有DAT1的数据足够用来对两种等位基因进行测验。为执行该测验，我们将实验组和对照组中的儿童结合在一起，然后考察两种条件下注意网络测验的成绩。我们发现，这两个等位基因中，携带其中一种基因的被试在冲突网络中的成绩显著差于携带另一种的被试。此外，根据家长在气质问卷中的报告，携带该等位基因的被试努力控制水平较低。根据脑电测量结果，他们的冲突调控能力也较差。这些振奋人心的结果表明，在儿童期，儿童携带的基因不同可能说明他们的自我调控能力也不同。如果真是这样的话，那么，我们就有可能选择更需要注意训练的儿童来详细研究基因型与训练效果的关系。

我们发现，训练任务适合于学前儿童，他们不仅喜欢这样的任务，而且也能够执行这些任务。训练研究也表明，训练后，儿童的执行注意得到了普遍的改进。我们还发现，智商得分在训练前后也存在显著差异，尤其是在矩阵测验中，这里的矩阵测验与成人瑞文矩阵测验（the adult Ravens' Matrices test）相似。

117 考虑到接受训练的样本量较小，而且训练时间很短，这一发现非常值得注意。有研究者对年龄较大些的注意缺陷多动障碍儿童进行了工作记忆训练，也得到了类似的结果（Klingberg，Forssberg & Westerberg，2002）。该研究发现了与工作记忆有关的脑区变化（Olesen，Westerberg & Klingberg，2004）。我们的研究与Klingber等人（2002）的研究都发现，训练提高了与该训练没有关系的一般智力测量的成绩。为确定观察到的这些变化是否真的存在，这些变化随着时间的推移是否会保持下来，以及它们是否会使大脑网络发生重要变化，我们还需要对上述研究结果进行重复性验证，验证工作应采用数量更多的正常儿童和注意缺陷儿童，训练的时间也应该更长些。

这方面的证据一直在积累中，通过使用某种形式的快速电子游戏甚至都可以对成人某些方面的注意进行训练（Green & Bavelier，2003）。这种训练可能主要是在存在很多分心刺激的情况下影响定向网络。这种训练是否也能改变执行网络，这个问题可能是未来研究的重点。

目前，对于训练来说，是否可能存在与神经网络的快速发育期相关的关键期，或者，注意训练是否在任何年龄段都同样有效，我们还不清楚。即使在任何年龄都可以进行训练，在入学前或入学时通过训练来提高注意能力仍然具有巨大的实践意义。可能确实如此，因为在学校教育早期获得成功是非常重要的，而且，如果儿童在小学就要学习的语文和数学等重要领域上准备不足的话，结果是非常糟糕的。

5. 学校中的注意训练

尽管已经证实，基于计算机的矫正方法对儿童早期注意力训练是非常有效的，但这不可能是唯一的方法，甚至不能说是最好的方法。儿童需要在社会环境中获取经验，而社会环境也可以用来帮助儿童训练执行注意。一些学校，特别是在中欧，采用了一些学前教育的方法，旨在降低年幼儿童注意技能上出现的社会经济学变异和遗传变异，从而可以使儿童在进入小学时互相之间差距不大，小学期间就可以对这些孩子一起进行相同的教育。为达到这一目标，他们使用了一些方法，包括对注意、听力和注意能力等技能成分进行训练（Mills & Mills，2000）。

对于年龄最小的群体，Mills 和 Mills（2000）在匈牙利的幼儿园使用了几 118
个简单而有效的注意发展工具进行观测。用得最多的是视线接触训练（例如，儿童围着老师坐成一圈，每个儿童都要在接触到老师的视线之后才允许离开群体）。在一个与此相关的训练中，老师们使用了各种不同的停止—开始游戏。游戏中，要求孩子们做不同的活动，当听到一个特别的信号时就必须停下来，例如，一声鼓响，乃至一个特定的数字或敲击节律。

对于年龄稍大些的儿童，Mills 和 Mills（2000）观测了更为复杂的听力和听觉记忆游戏。虽然这些训练主要以音乐课为主，但它们却是跨学科的。最常见的可能就是区分不同乐器的声音以及将乐器与其声音进行匹配。例如，呈现六种乐器，然后轮流演奏这些乐器；将一个孩子的眼睛蒙起来，让他拾起一个乐器，演奏一下，然后把它放回原位；然后让这个孩子去辨认刚才拿的那个乐器。

随着儿童的注意和听力技能的发育，开始让儿童去从事一些能够提高听觉记忆的游戏和活动。这些游戏能够增强注意和听力技能，而且，随着儿童年龄的增长，游戏对儿童的要求也越来越高。例如，在匈牙利观察到的一个典型游戏中（Mills & Mills，2000），让一组 5 岁大的儿童传递豆袋，当老师喊停时，拿着豆袋的儿童要说出 0—5 之间的一个数字；然后继续循环传递袋子，直到老师再次喊停，另一个儿童再给出一个数字；再次循环传递袋子，当老师第三次喊停时，拿着这个袋子的儿童就要说出前面两个数字的和。

匈牙利教育部的幼儿园手册（Mills & Mills，2000）特别强调音乐课对记忆发展的作用，认为 3—4 岁的儿童应该学习背诵六个短童谣。4—5 岁时，应该在有老师帮助的情况下唱 3—4 首歌。5—6 岁时，应该自己能唱 10 首歌。

事实上，艺术似乎是使儿童产生兴趣的一种好方式，因而也是获得网络训练所必需的高水平注意的一种好方式。

蒙特梭利教育传统也强调通过运用趣味性的材料来训练儿童集中注意力（Lillard，2005）。蒙特梭利以及其他研究者都指出，随着儿童注意集中能力的变化，他们的行为也变得正常化，并且表现出更多的平静、喜悦、友爱和对其他人的尊重（Montessori，1917/1965）。

119 我们相信，本章和第 4 章所阐述的研究支持针对学前儿童的训练，这种训练将使儿童对自己的行为能够进行更多的自我控制。这些训练将适于为低年级儿童学习特定科目准备相应的方法。虽然心理科学已经证明大多数学习是领域特异性的，但是，注意作为所有外显学习领域中一个重要方面，是具有独特性的。这种独特性表明，在上学前的准备阶段进行注意训练是很有用的。我们相信，应该在全国范围内优先考虑采用最好也最合适的方法，来帮助所有的儿童达到自我调控的重要目标。对于这些方向的一些建议见第 10 章。

三、小结

本章分析了基因和经验在塑造脑注意系统的神经网络中的作用，也探讨了与定向注意和执行注意的个体差异相关的特异基因。这些基因可能在这些网络的发育过程中非常重要（本书第 4 章对此进行了讨论）。

尽管基因在神经网络的发育中起了重要的作用，但特定的经验也可以改变神经网络工作的效率，这一点也是很清楚的。脑损伤后，训练能够改进执行注意，此外，训练还能够提高儿童的成绩以及对此起作用的神经网络。训练能够改变行为、改善负责执行注意和自我调控的神经网络，根据猴子研究的训练任务而改编的研究为此提供了一些证据。这些结果支持了进行学前注意训练的作用。第 7—9 章进一步研究了注意在特定学科发展中的作用。

第六章

气质与学习

从出生开始，儿童就表现出不同的活动水平、抑郁倾向、定向和正性情 121
绪。过去30年来，已经对儿童气质上的个体差异进行了集中的研究，这对于儿童的学习具有重要意义。我们将气质定义为个体在情绪、活动和注意领域的活动性和自我调控上的体质性（constitutionally）的个体差异（Rothbart & Bates, 2006; Rothbart & Derryberry, 1981）。气质是具有生物基础，其发展受到基因、环境和经验的影响。气质反应性指的是对内外环境刺激的情绪、运动和定向等各类反应的起始时间、强度和持续时间。反应性描述的是很广泛的行为维度，诸如正负情绪性，或者更为具体的生理反应，例如心率反应。气质还包括了自我调控上的个体差异（在本书第4章论及），自我调控对反应性有调节作用。

气质系统的网络是我们大家所共有的，只是个体在特定的气质倾向的强度上存在着差异。研究者在过去30年间力图确定气质的基本维度，他们经常发现初级情绪上存在着差异，包括恐惧、愤怒—挫折、悲伤以及正性情绪。这些情绪作为动机的一部分，有助于趋向、回避或对抗环境刺激和他人。气质的个体差异也体现于注意上（包括更具反应性的定向）和努力控制之上（包括更自主的注意集中和转移）。

脑成像技术已经用于研究情绪和注意的神经系统，观察注意和情绪之间如 122
何相互影响（图4.2；Rothbart & Sheese，待出版）。在本章中，我们将考虑作为气质基础的一些基本的情绪和注意系统，它们对课堂中行为表现的影响，以及与儿童学习和解决问题的动机之间的关系。首先，我们讨论气质系统及其可能的脑机制，之后我们将把气质与学习、教育联系起来讨论。

一、气质的发展

许多理论者原本认为，气质在发展的早期已经固定，此后也少有变化（例如，Buss & Plomin，1975）。但之后我们已经认识到气质会随着发展而改变（Rothbart，1989b；Rothbart & Bates，2006）。在生命早期就可观察到儿童以恐惧、挫折和正性情绪作出反应的倾向性，以及他们对环境事件的定向反应，但正如本书第 4 章所讨论，自我调控性的执行注意发展得相对较晚，并且在学龄早期还继续发展。由于行为控制和情绪调控中所涉及的执行注意在不同个体身上千差万别，因此一些学龄期儿童可以轻而易举地控制情绪和行动，而另一些儿童却缺乏这方面的能力。

到目前为止，主要的气质理论几乎都强调气质中较具反应性的方面，包括正负情绪、对奖赏与惩罚的敏感性以及对刺激的唤醒等。依据提示奖赏或惩罚的信号，个体的行为似乎还受控于他们对事件或物体的趋避倾向。根据观察，更为外向的个体对奖赏敏感，倾向于迅速接近新奇的刺激或可能有回报的刺激；更为胆怯或内向的个体则对惩罚敏感，表现出兴奋的抑制或撤销（Gray，1982）。但是，最近发现的努力控制系统能使个体能在即时的惩罚提示下趋近，在即时的奖赏提示下回避。除此之外，努力控制的发展对于社会化的内化甚为关键。

有证据表明，早在婴儿时期就存在着广义维度上的外向性、负面情绪和定向调控（Rothbart & Bates，2006）。通过对 3—7 岁《儿童行为问卷》也确定出广义和狭义的维度（Ahadi，Rothbart & Ye，1993；Rothbart，Ahadi，Hershey & Fisher，2001）。

123 第一个广义维度是外向性（外向性），其组成包括正性期望、高强度愉悦（感官刺激寻求）、冲动性、活动水平的量表及害羞情绪的负性压力。第二个广义维度称为负性情绪，其相关维度包括不适、恐惧、愤怒—挫折和悲伤，以及负相关的抚慰下降反应（soothability-falling reactivity）。第三个维度是努力控制，相应维度包括抑制控制、注意专注、低强度愉悦和知觉敏感性。

努力控制是与执行注意的发展相关的气质变量。努力控制代表的是儿童抑制某一优势反应，以执行一个非优势反应，并制订计划和检测错误的能力。若要了解气质对行为的影响与所涉及的内在注意网络之间存在的联系，努力控制非常重要。

（一）气质的情绪方面及神经加工

情绪是广泛的整合系统，可调整情绪、思维和行为（LeDoux，1989）。脑的物体识别系统和空间加工系统所处理的问题是："它是什么?""它在哪里?"而情绪的神经加工网络解答的问题则是："它对我有好处吗?""它对我有坏处吗?"这反过来影响到机体的行为应答，例如"我应该对它做什么?"或更简单的"我应该做什么?"这些神经网络使机体能够处理外部和内部产生的威胁、机会和社会关系，因此在进化过程中保存下来。

在情绪的神经加工过程中，丘脑联结在通过感觉通道发送关于刺激的物体属性的信息时，还同时向边缘系统和杏仁核发送情绪性（评价性）分析信息，而关于刺激的情绪意义的记忆则会进一步影响到情绪加工（LeDoux，1989）。在物体加工的后期，在进一步的感觉信息基础之上还可以更新情绪分析，但同时，从杏仁核返回的投射影响到之后对刺激的感觉加工。例如，如果一个人感觉到害怕，对威胁和逃跑路线的敏感性就会提高。杏仁核的输出通过丘脑影响到有组织的自主神经反应，并通过纹状体影响到运动激活，这正是情绪的动机成分的机制，有助于个体作出所需的反应。

基于脑的观点认为，情绪加工是多种信息加工。因此，注意神经网络就可 124
以作用于情绪信息，类似于它对其他数据加工系统的作用，例如物体识别、语言、动作控制所涉及的系统，这些系统本身都有其相应的内在神经网络（Crottaz-Herbette & Mennon，2006；Posner & Petersen，1990）。脑成像研究证明，情绪加工网络和执行注意系统之间的联结（包括前扣带回）使注意能够影响到情绪信息的选择以进行有意识地加工。联结的结果是，人们可能意识得到自己的情绪评价，也可能意识不到（Bush，Luu & Posner，2000；Posner & Rothbart，1991）。但是，注意对情绪的控制可能是有限的，而且很难确定。儿童为何很难控制情绪? Panksepp（1998）列出了解剖学上的理由：

> 我们可能会问，到底是自上而下的认知控制更强，还是自下而上的情绪控制更强。如果我们从解剖学和神经化学的角度来看待这一问题，那么就有很多强有力的证据。自下而上的控制在数量上更多，并且从电生理学的角度来看作用更为持久；因此我们可能推测它们在紧要关头会占据优势。当然随着人类的发展，皮层功能的影响力增强，再加上社会服从的压力，因此认知力量的作用会随着成熟过程而稳定增长。我们最终无须与他

人分享就可以体验到情绪。我们可以轻而易举地戴上假面具，这使现实生活情境中对面孔的情绪分析变成一个相当棘手的难题。(p. 319)

注意系统可以影响到情绪控制的有意识层面（第3、第4章；Derryberry & Reed，199a，1996；Gray，1982；Lane et al.，1998；Rothbart & Sheese，出版中)。例如，儿童适应学校环境的一个重要方面就涉及儿童与老师和同学的社会互动是否恰当，以及他人对儿童的接纳（Parker & Asher，1987)。关于他人情绪状态的信息对于恰当的社会行为具有重要的促进作用；若无法获得这一信息，就会成为形成功能障碍的一个重要因素（R. J. R. Blair，Jones，Clark & Smith，1997)。当儿童的注意集中于威胁到自我的刺激物时，关于他人的信息就更难获取到，在本章后面我们将讨论学校教育在某些方面是如何威胁儿童的自我价值感的。

（二）气质的神经模型

我们现在简要地考虑一下为了描述气质的神经生理机制而发展出的神经模型，首先从趋近—正性情绪和恐惧—抑制开始。

125

1. 多巴胺，正性情绪和趋近

Panksepp（1982，1986，1998）回顾了关于多巴胺（DA）影响的文献，得出的结论认为“在满足欲望的行为中，多巴胺活动的一般功能有助于表达动机兴奋和事前渴望——一种高涨的对奖励的本能性搜索和期望”（Panksepp，1998；p. 91)。Zuckerman（1984）确定了寻求感官刺激的维度（见 Rothbart，1989a，综述)，Cloninger（1986）也确定了一种寻求新奇感的维度，与多巴胺的功能相关。

控制趋近行为受到杏仁核、基底外侧核到伏核和大鼠脚桥核的投射控制，是运动控制的两个主要中枢。接受来自黑质和腹侧背盖区神经投射的中脑多巴胺系统也可以促进趋近行为的发展。

在功能性磁共振成像研究中，Canli 等（2001）发现，观看正性和负性图片时被试的脑活动并不相同，这取决于被试的气质。高外向性个体对正性刺激的脑反应大于负性刺激，这种激活广泛分布在两侧半球的额叶、颞叶和边缘活动。高神经质（负性情绪）的被试则对负性刺激的反应高于正性刺激，并且表现出更有限的激活（左侧的额颞）以及右额区的负激活。这个研究还证明了外向者具有正性情绪偏向，高神经质者具有负性偏向。

有证据表明，在坚持性研究中激活的是迥然相异的一系列脑区；坚持性是人格的维度之一，与气质中的努力控制能力相关（Gusnard et al.，2003）。坚持性的效应作用于中线及内侧前额区，而不是与正负情绪相关的脑区，这意味着坚持性具有调控作用。现在正被广为接受的一个观点是（Posner & Rothbart，2000；Rothbart & Rueda，2005），努力控制（坚持性）的表征区域在额叶中线区，调节着杏仁核等脑区。这些脑区与负性情绪的反应性有着更为明确的相关。

2. 恐惧和行为抑制

杏仁核已经被确认为情绪信息加工中的关键结构之一（LeDoux，1987，1989）。有证据表明，包含杏仁核在内的情绪网络对于新异刺激的反应强于对熟悉刺激的反应（Nishi jo，Ono & Nishino，1988）。杏仁核的侧核接受条件性的恐惧信号，将之投射到中央核。中央核又将之投射到脑干区域，由这一脑区来调控恐惧活动的各成分，包括调节面孔、声音表情、心率变化、行为抑制和惊吓。

鼠类的杏仁核损伤将会破坏自主神经和皮质醇反应，并且会导致行动呆滞 126
和恐惧的呻吟。在灵长类身上也有类似的发现（Lawrence & Calder，2004）。Calder、Lawrence 和 Young（2001），以及其他人认为，对于人类而言，虽然杏仁核不参与自主产生的恐惧面部表情，但它在获得和表达恐惧中都有作用（Anderson & Phelps，2001）。对人类面孔的恐惧表情识别也涉及杏仁核（Calder et al.，2001）。有证据表明当人类杏仁核受损，其恐惧体验会减少（Adolphs et al.，1999；Sprengelmeyer et al.，1999）。

来自杏仁核的投射执行了恐惧的自主神经和行为反应的成分，包括惊吓、动作抑制、面部表情以及与防御性行为相对应的心血管和呼吸变化（Davis，Hitchcock & Rosen，1987）。这些子系统的结构和功能的个体差异都可能与恐惧行为表现上的差异有关，我们可以预见即将会发现其他的情绪动机系统的多重成分，例如趋近—正性情绪和愤怒—激惹等。

杏仁核还影响到皮层内的信息加工。例如，杏仁核的底外侧核不仅投射到腹侧枕叶和颞叶通路中参与物体信息加工，还投射到参与执行注意系统的额区和扣带回区（Posner & Petersen，1990）。这些联结与有关焦虑个体的研究结果相一致，即焦虑个体对于威胁性的信息源表现出更高水平的注意（如，Derryberry & Reed，1994a）。

3. 挫折和攻击行为

Gray 所建立的模型中，“战斗或逃跑”系统是由杏仁核、下丘脑腹内侧核、中脑的中央灰质区域、低位脑干的躯体运动效应核团联结而成的神经回路所组成。这些回路处理的信息包括无条件的奖惩。当检测到疼痛或挫折的信息输入，脑干效应器就会产生攻击性或防御性行为。这一系统的反应性的个体差异也被认为是艾森克问卷的一般性神经质维度中攻击性的机制。Panksepp（1982）也描述了在愤怒系统中类似的神经回路（Rothbart，Derryberry & Posner，1994）。

最近的研究区分了不同的攻击性和愤怒类别及其内在神经网络之间的重要差异。一方面，作为一种自我防御反应，攻击性似乎是产生恐惧的同一个杏仁核回路产生作用的结果（Blanchard & Takahashi，1988）。

127 另一方面，与资源保护有关的攻击性、竞争性和侵犯性则涉及多巴胺的不同系统（Lawrence & Calder，2004）。多巴胺系统不仅与侵犯性攻击行为的产生有关（Smeets & Gonzalez，2000），而且还与人类面部的愤怒表情识别有关（Lawrence，Calder，McGowan & Grasby，2002）。在 Lawrence 等（2002）的研究中，阻断多巴胺系统损害的是对愤怒的识别，但其他情绪识别和面孔辨认并没有受损。

（三）负性情绪

我们需要确定与负性情绪有关的神经系统，这种需求明显反应在最近的心理学模型中（Rothbart & Derryberry，2002）。婴儿气质问卷的因素分析产生了两个与困扰相关的高信度因素：其中一个是对新异刺激的困扰，另一个则是激惹，包括对受到限制或挫折的困扰（Rothbart & Mauro，1990）。最近在对婴儿行为问卷的修订中发现了一个包括恐惧和挫折的高阶负性情绪（Gartstein & Rothbart，2003）。对新异刺激的困扰即表现出趋近新物体的反应时上的延长（Rothbart，1988）、一种复合的行为抑制（Kagan ，1994）以及对新异刺激的困扰倾向，这似乎与更加广泛的外倾性—内倾性维度中的内倾维度相似。负性情绪是一个一般性的维度，包含诸如恐惧、预期焦虑、悲伤、挫折—愤怒、内疚和不适等情绪。

如前所述，恐惧和挫折具有独立的神经系统。然而，在确定高阶负性情绪反应的过程中还存在几种可能性。其一是恐惧和防御性攻击这两个系统间的联结（Blanchard & Takahashi，1988）。在动物模型中，防御性攻击似乎是基于与恐惧相同的杏仁核回路；人类对威胁到自我结构的愤怒反应也可能与恐惧有关。

负性情绪系统还受到非特异性的神经化学系统的调节，包括来自中脑的多巴胺能和5-羟色胺能的投射，而且还受到体内循环的性腺激素和皮质类固醇激素的调节（Rothbart，Derryberry & Posner，1994；Zuckerman，1995）。因此，神经化学影响可能使机体内的情绪状态保持一致，影响着更为常见的气质因素如负性情绪。例如，来自中脑中缝核的5-羟色胺投射似乎调节了与焦虑和攻击有关的边缘系统回路（Spoont，1992）。因此，低5-羟色胺活动水平可能会增加个体对恐惧和挫折的易感性，从而提高包括抑郁在内的负性情绪的一般性因素。

性腺激活与正性情绪和攻击性都有相关（Zuckerman，1991），可能会影响 128
个体在正性和愤怒情绪状态下的个体差异。因此，神经结构不仅在具体水平上，并且在一般水平上也能说明个体差异。不管怎么说，这一领域还需要更多的研究。

（四）归属

关于归属的神经基础，人类与其他动物拥有相同的归属系统，包括哺乳动物、鸟类和鱼类等，用以支持配对结合和对幼仔的抚育（Insel，2003）。Panksepp（1986）指出，归属及亲社会行为可能部分依赖于高级边缘区域（例如，杏仁核、扣带回皮层）到腹内侧下丘脑的，大脑阿片会促进社会舒适感与亲密性，而阿片消退会促进激惹性和攻击性。由于腹内侧下丘脑受损会极大地增加攻击性，因此Panksepp（1986）认为，这一脑区一般也会抑制由中脑的中央灰质区域控制的攻击行为。下丘脑投射还可以通过抑制攻击倾向，来支持同一物种内成员之间的友好、信任和互助行为。以这种方式，亲社会和攻击行为背后的机制就相互联结起来，与五因素人格模型中的随和性—敌意这个两极维度相一致。在Panksepp（1993）综述的研究中关注的是，母性行为、社会接受感和社会关系以及分离所导致的抑郁降低中涉及的社会关系与下丘脑神经肽荷尔蒙（Hypothalamic europeptide oxytocin）之间的关系（男女性在性活动过程中都会释放荷尔蒙）。

（五）注意的调控功能

本书第 3、第 4 章已经回顾了常见的注意网络的证据，讨论了这些网络的效能怎样因个体而异。作为执行注意网络的一个主要节点，前扣带回与注意的许多具体功能有关。在情绪研究中，扣带回通常被视为是包括额眶部和边缘（杏仁核）结构在内的神经网络的一个组成部分。额区似乎能与边缘系统互动（R. J. Davidson，Putnam & Larson，2000），这一发现与其对自我调控的促进作用非常吻合。

129 正如本书第 4 章所论及，与努力控制相关的神经网络在 2—7 岁之间得到显著的发展，但努力控制在儿童期还会继续发展，直至青少年期。因此使个体基于言语信息、自我的表征和对未来的预测，发展出更为精细复杂的自我调节方式。我们现在讨论一下反应性情绪、自我调节性注意和儿童学习之间的一些关系。

在发展研究中，行为抑制或恐惧出现较早，对气质性趋近行为具有抑制作用。恐惧性抑制在 1 岁末已经发展得很好，如果感到恐惧的倾向很强，在新奇或挑战性情境中的正负性情绪表达和趋避可能都会受到调节。父母的报告表明，1 岁时在实验室中被评估为高恐惧的儿童，在 7 岁时往往具有较低的冲动性、活动性和攻击性，同时较易有内疚感、羞耻感这两种强大的社会性情绪（Rothbart，Ahadi & Hershey，1994；Rothbart，Derryberry & Hershey，2000）。

这些关系表明，恐惧在道德发展中具有重要作用，这一假设也得到了 Kochanska 对于早期道德发展研究的支持（Kochanska，1991，1995）。Kochanska 发现气质性的恐惧是早期行为准则内化的一个来源。更易恐惧的儿童表现出更多内化的道德感，尽管这一效应主要表现在学步儿童和学前期。随着儿童的成长，4—5 岁间，这一直接的联系就逐渐被更为复杂的与母亲的社会化交互作用所替代。如果恐惧儿童的母亲使用温和的教养方式，可能就利用了儿童易感受焦虑状态的这一气质倾向，因此儿童会发展出高度内化的道德感。这些研究表明，有些发展道路会随着年龄而改变，而气质和社会化正是据此而影响了高级社会认知过程的发展。

恐惧在早期发展中具有很强的抑制作用，限制趋近和攻击行为，是阻止外化障碍发展的一个保护性因素，并且促进道德感的发展（Rothbart & Bates，2006，综述）。除了 Kochanska（1991，1995）的发现，与只具有注意缺陷/多动障碍的儿童相比，同时具有注意缺陷/多动障碍和焦虑的儿童表现出更低水平的冲动性（Pliszka，1989），有恐惧倾向的儿童在幼儿园和一年级之间就表现出攻击性减弱（Bates，Pettit & Dodge，1995）。

这些结果看起来出人意料，因为恐惧通常被视为是适应不良的情绪，至少在北美文化中是如此。但是，从进化的角度来看，恐惧抑制保护个体不受具有潜在危险性的物体或环境的伤害。它还可以使儿童遵从教育环境中的规则。然而，抑制控制的恐惧形式是由情境性或内在线索所诱发的，仍然是一个反应性的过程。在发展过程中，这一系统可以导致僵化、过分控制的行为，由此限制了儿童对世界的积极体验（Block & Block，1980；Kremen & Block，1998）。

值得庆幸的是，气质还包含了努力控制，其机制是本书第 4 章所描述的执 130
行注意的发展，它比恐惧这一形式效率和灵活性的更高。无论恐惧行为性抑制或努力控制，都会抑制趋近行为。同时，如果气质中具有较强的趋近性，可能就需要更强的抑制机制对其加以控制（Rothbart & Derryberry，2002）。

（六）奖励与惩罚

我们前面提到的与追求奖励和恐惧有关的趋近—正性情绪系统的可能神经机制，恐惧与可能导致惩罚的行为抑制（伤害回避）有关。这些概念的一个重要方面表明，一些儿童更易被奖励所驱动，而另一些儿童更容易在可能受到惩罚时中止某一种活动（Rothbart，Ahadi & Hershey，1994）。当一种情境同时包含了可能的奖励和惩罚时，例如与一个陌生人交往的情境，在气质和此前经验基础之上如何平衡趋近和恐惧倾向，对于行为结果来说就至关重要了。

对于儿童的社会化和教育，上述关于奖惩敏感性的个体差异模型有直接的应用价值。我们来设想一下，当学步儿童正在做他们所喜欢的动作，如撕书，他们的行为受到趋近或外倾性系统的影响。如果父母此时给出突然的、惩罚性的命令，让儿童停止动作，那么他们的动作是否因此被抑制呢？Patterson（1980）发现，非问题儿童的父母如果采取惩罚措施，那么他们在四次情境中有三次能够有效地阻止孩子令人不悦的举动。但是，当问题儿童的父母使用惩罚措施时，儿童很可能仍然持续受到惩罚的行为（Patterson，1980；J. A. Snyder，1977）。尽管这其中也涉及教养技能的问题，但儿童的气质很可能在惩罚和奖励的效果中起了根本的作用。

二、趋近、抑制和掌握动机

131 在 Piaget（1936/1952）的观点中，婴儿对物体、因果关系和感觉运动智力的早期概念的理解，根植于他们与环境之间的互动性探索和玩耍之中。Hunt（1961）的相关研究描述了内在动机及其对智力发展的贡献。尽管这些作者强调的是探索性玩耍中的认知方面，但情绪和注意在产生、保持和中止探索中也发挥了重要的作用。对婴儿和年幼儿童探索物体的过程进行观察，揭示了各种不同的情绪，包括愉悦、恐惧、厌烦、挫折，甚至愤怒。因此，对儿童发展过程中掌握动机的相关研究试图探索情绪在物体互动和注意互动中的作用。

Morgan，Harmon 和 Mashlin-Cole（1990）将掌握动机定义为“促使个体寻求独立的、以专注而持久的方式来解决一个问题，或者掌握一项对其构成适中挑战的技能或任务的一种心理力量”（p. 319）。对于掌握动机常用的测量方式是儿童在挑战性任务上的坚持性，例如，观察和摆弄有趣的物体、解谜题、恰当地使用因果材料。向婴儿或年幼儿童呈现具有挑战性的玩具或情境，他们努力使物体“运转”起来的行为的坚持性可被视为动机行为的标志。

> Shiner（1998）将掌握动机定义为好奇和兴趣的一种倾向，在掌握环境所给出的问题中得到乐趣，并且相对于简单问题，偏好更具挑战的问题。Shiner 指出，掌握动机可被视为 Tellegen（1985）所提出的正性情绪系统中的动机成分，涉及个体以强烈兴趣或热情趋近情境或任务的倾向。从这一视角来看，成就有别于行为控制和训练（Watson & Clark，1992）……坚持性和掌握动机可能代表了不同但相关的两个人格维度，坚持性主要涉及行为控制，而掌握动机主要涉及正性情感。（Shiner，1998，p. 324）

Shiner 认为外向性和努力控制是气质中与成就相关的不同方面。但是，我们发现外向性对持久注意也有贡献。实际上，在学龄前儿童的努力控制发展之前，外向性可能在兴趣维持的活动中发挥了主要作用。这些发现对学校教育有明确的应用价值，可以培养儿童对任务的积极参与而非出于恐惧或强制的参与，真正的兴趣可能对儿童的学习起促进作用。

132

（一）正性情绪与持久参与

对5—12年级的儿童研究的元分析表明，兴趣或正性情绪的力量影响到能力和成就（Schiefele，Krapp & Winteler，1992）。在对18个国家实施的121个研究的综述中，Schiefele等（1992）发现兴趣可以解释儿童成就变化的10%。在我们对大学生的研究中，我们也发现了自我报告的外向性与人格中的经验开放性维度是正相关的，经验开放性维度又是兴趣广泛的标志（Evans & Rothbarts，2004）。

正性情绪与持久参与相关。Spangler（1989）把其对24个月大的学步儿童的观察与他们的心理和情绪倾向联系起来考察。无论是独处还是和母亲在一起，当儿童表现出正性情绪时，他们会较长时间地持续从事某一项活动。在我们的实验室中，Chu（Rothbart & Hwang，2005）以及之后Hwang（1999）发现笑得较多的13个月大的儿童，在玩具上也表现出更长时间的兴趣；Chu发现，表现出较多抑郁的婴儿对一件玩具的兴趣持续的时间也较短。我们把儿童在连续两次推开或扔掉玩具之前对它的持续注意时间作为指标来测量兴趣。Hwaing（1999）发现，微笑与同时注视和摆弄玩具的持续时间相关，但与注视玩具却不加以操作的时间长度无关。

正性情绪是否与成年人的掌握动机相关？Erez和Isen（2002）诱导出被试的正性和中性情绪。正性情绪条件下的被试成绩更高，表现出更强的持久力，并且报告更高水平的动机。在后续研究中，正性情绪条件下的被试更可能有高水平的成功预期，对奖励也有更高的评价。Erez和Isen总结到，正性情绪提升了对目标及个人能够到达目标的预期。因此，对于更易体验到正性情绪的外向个体（Tellegen，1985），他们更可能体验到较高的评价；一般而言，正性情绪可用以提高成绩。

（二）掌握动机的发展变化

即使当年幼儿童在面临挑战性任务时，我们也可以在表现中观察到他们的内在愉悦感。但是，随着年龄增长，儿童不再从任务掌握中直接获得愉悦感，而是开始关心他们的努力最后会有什么结果以及他人是否会赞同他们的表现（Harter，1981）。情绪对于掌握动机而言仍然至关重要，但至少部分受到儿童对他人如何看待其成绩的看法的调节（Harter，1981）。

133 外倾性与成绩之间的关系似乎会随着发展而变化。Shiner（2000）对3—6年级（8—12岁）的儿童进行了研究，并在15—19岁和17—23岁进行了追踪研究。父母报告孩子的外倾性可以预测儿童早期及之后青春期的社会能力。儿童在童年期的外倾性对其后的学业成就有正向的预测作用，但对智商控制之后，这一相关就消失了。但是，高中和大学的学业成就与早期的外倾性却呈负相关。Shiner认为，外向个体可能更具冲动性，在其后的学校教育中需要加以限制。她的研究结果表明，在外倾性和学业能力之间的关系中，除智商之外，发展变化也是重要的调节因素。

1. 恐惧与掌握动机

与恐惧系统相关的回避或行为抑制发生在新异的、恐怖的惩罚或者具有特殊进化意义的环境中，例如对蛇或黑暗的恐惧（Gray，1971）。由于气质上的个体差异不仅包括趋近或诱因动机，还包括恐惧或抑制行为，因此它们很可能影响到效能和掌握动机的发展。Susan Harter（1978）的模型强调奖励和惩罚的影响，用以解释趋近行为；而趋近的倾向（外向性）和回避（恐惧）也可能与个体的气质差异有关。

气质中的高趋近与低恐惧有关，即使在可能导致惩罚的情境下，趋近可能并不会被抑制。但是，具有很强趋近倾向的恐惧儿童在可能带来负性结果的情境下可能会抑制趋近倾向。正性情绪——趋近和恐惧的倾向往往是相互独立的，除非是在同一情境下进行测量。因此，儿童可以在安全条件下表现趋近倾向，同时在威胁之下又相对抑制。由于恐惧或焦虑会增强对威胁的注意（Derryberry & Reed，1994a，1996；Vasey，Daleiden，Williams & Brown，1995），因此恐惧可能会提高儿童对可能发生的负性事件的敏感性，因而使他们避开问题。但是，极度的恐惧可能会导致一些问题，例如过分控制的僵化行为；正如Block所描述的，过分控制的行为模式可能会限制个体的正性体验（Block & Block，1980；Kremen & Block，1998）。

134

2. 恐惧与能力

Blair（2003）发展出一套由父母报告的行为激活系统（the Behavioral Activation System，与外向性相关）和行为抑制系统（the Behavioral Inhibition System，与恐惧有关）的测量，以此来评估“发展先导教育项目”（Head Start Programs）中4岁儿童的气质。他发现与恐惧相关分数和教师报告的儿童社会能力呈正相关；恐惧相关和活动相关的分数都与较低的坚持性相关。在这例子中，恐惧相关指标与能力和较低的坚持性都存在相关。

在 Victor，Rothbart 和 Baker（2005）对气质和人格的研究中，他们将母亲报告的 2—12 岁儿童的成就与气质联系起来考察。在母亲的报告中，恐惧、愤怒和悲伤倾向的儿童表现出较小的成就，而较为社会化和正性倾向的儿童则相反。高成就儿童也更多被描述为活跃和过分自信的、知觉敏感性更高、更具开放性以及更强的努力控制。

Elliot 和 Harackiewicz（1996）区分了成年人能力获取（趋近）和无能回避（回避）的目标取向。研究者要求被试解决一个谜题，指导语分别强调成功或失败的可能性。回避失败条件下的被试成绩较差，而且对任务的认知参与程度较低。研究者认为，以回避无能为目标的成绩目标取向可能会损害内部动机水平。

3. 挫折与攻击

Depue 和 Iacono（1989）认为，当一个目标受到阻碍时就会诱发出激惹性攻击，它有助于排除障碍。他们的观点中提出了趋近与挫折—愤怒的关系，我们也已发现在父母报告的气质中，活动水平和愤怒总是呈正相关。如果在婴儿期表现活跃，那么儿童 7 岁时在情绪上更为正性，并且具有更高的愤怒—挫折（Rothbart et al.，2001）。结合我们此前报告的关于 7 岁儿童外向性与攻击性之间的结果（Rothbart，Ahadi & Hershey，1994），这个研究结果表明，强趋近倾向可能不仅对正性情绪有作用，而且对负性情绪也有影响（Derryberry & Reed，1994b；Rothbart，Ahadi & Hershey，1994）。如果儿童在 6.5、10 和 13.5 个月时通过快速抓取新异物体表现出强趋近倾向，在 7 岁时就会表现出高水平的正性预期和冲动性，以及高水平的愤怒——挫折和攻击性，这再次显示了强的趋近倾向对于其后的正性以及负性情绪都有影响。

在 6 个月和 10 个月表现出高挫折的儿童在 7 岁时具有更高的愤怒—挫折， 135
但非恐惧（Rothbart et al.，2000）。婴儿期更高的挫折也与 7 岁时更高的活动水平、正性预期、冲动性、攻击性和高强度愉悦感相关。因此，婴儿恐惧是与儿童期相对较弱的趋近行为相联系的，但婴儿期挫折与更强的趋近和此后的情绪控制不足有关。这一发现与 Panksepp（1998）的看法相一致，即不成功的奖励性活动可能会激活愤怒系统的愤怒—挫折功能。强的趋近倾向通常由正性预期所导致，当这些预期无法得到实现时就产生了挫折。

在婴儿期表现出快速趋近的儿童在 7 岁时具有较低的注意控制和抑制控制。这些结果表明，强的趋近倾向可能限制了自我控制的自主发展。如果趋近倾向被视为行动的“加速器”，而抑制倾向是“刹车”，那么更强的加速倾向可能会弱化抑制控制的刹车作用（Rothbart & Derryberry, 2002）。

对这一发现的另一个解释是，早期对动作行为的自我调控反映了持续发展的执行注意系统。我们目前正进行纵向研究，以了解执行注意和努力控制发展的早期迹象。

4. 归属与随和性

关于儿童期随和性的研究在逐渐增长，随和性的一端是亲社会情感、行为和归属倾向，另一端则是攻击性和操纵性（Graziano, 1994; Graziano & Eisenberg, 1997; Graziano & Tobin, 2002）。正如其他具有内在两极性的气质维度一样，亲社会倾向和敌对倾向也被分开来研究（Bohart & Stipek, 2002）。Graziono 和 Eisenberg（1997）认为这两种倾向是可以分离的，即使两者之间存在负相关。例如，Shiner 和 Caspi（2003）指出反社会行为和亲社会行为的病理并不相同（Krueger, Hicks & McGue, 2001）。应该将任何亲社会的气质倾向看做是开放系统，它与个体社会经验中的亲社会行为后果存在相互作用。

在儿童早期和中期的气质与人格研究中，已经确定了外向性的两种形式；一种涉及亲社会行为，另一种则是冲动性、反社会行为和攻击性（Victor, Rothbart & Baker, 2005）。这再次说明社会化可以将趋近倾向发展为亲社会行为或反社会行为，教育环境可以鼓励和支持所有儿童的亲社会行为。

136

（三）努力控制

我们已经讨论过恐惧如何抑制冲动性和趋近行为。对冲动性的另一重限制作用来自努力控制的一个方面，即在注意方面对被禁止的反应进行抑制的能力。这一功能可以分为两个部分：对冲突的监控和抑制控制的执行（Botvinick, Braver, Barch, Carter & Cohen, 2001）。对冲突的监控与前扣带回的功能相关，而内侧前额叶可能与执行抑制操作的关系更紧密。在我们对 7 岁儿童的研究中，通过他们在 11—13 个月时接近玩具的较长潜伏期，以及 13 个月时在实验室的较低活动水平，可以预测此时的抑制控制（Rothbart et al., 2000）。在 7 岁时，抑制控制与注意控制和共情呈正相关，与攻击性呈负相关。抑制控制还与内疚感或羞耻感呈正相关，但与恐惧无关联。

1. 努力控制的发展

正如本书第 4 章所讨论，与努力控制相关的神经系统在 2—4 岁之间表现出快速的发展，其他研究则表明儿童期的执行注意具有某种程度的稳定性。两岁后的努力控制也具有某种程度的稳定性。Kochanska 及其合作者（Kochanska, Murray & Harlan, 2000）发展出一系列基于实验室的努力控制任务，适用于 22 个月—5 岁的儿童。从两岁开始，儿童在不同任务间的成绩具有相当高的一致性，表明这些任务测量的是同一种能力。儿童在他们的系列测验中成绩会提高，但他们的个体成绩在不同时间点上具有相当高的稳定性，对于最年幼的儿童（22—33 个月）相关是 0.44，46 个月的儿童的相关是 0.59，46—66 个月的儿童相关达到 0.65（Kochanska et al., 2000）。

Olson, Bates, Sandy 和 Schilling（2002）发现学步期儿童的亲子互动、气质和认知能力都可以预测其后的自我调控能力。Olson 等使用实验室测验和观察，测量了儿童在自我调控能力上的个体差异。在两个小时的家庭访谈时间里，学步儿童自由“漫步”时间是预测以后低能力的指标。作者认为，没有明确目的而漫步的儿童可能会表现出早期组织和分配注意的困难，而这又是努力控制背后的机制（Olson et al., 2002）。

Michel 及其同事（Michel, Shoda & Peake, 1988; Shoda, Mischel & Peake, 137
1990）的研究也证明了努力控制的结构具有稳定性。研究者测量了这些学前儿童延迟接受奖赏的能力，这些奖赏比立刻可获得的奖赏更具吸引力。延迟满足的时间可以预测青春期时父母所报告的注意、专心、能力、顽皮和智力等能力。表现出较好延迟满足的学前儿童具有更好的自我控制能力，在应对压力、挫折和诱惑上也有更强的能力。即使控制了智力这一因素，学前期延迟的时间仍可以预测其后学术水平测验考试（SAT）分数中所表现的学业成绩。在后续研究中，学前的延迟行为预测了被试在 20 岁时的目标设定和自我调控能力（Ayduk et al., 2000），表明 4 岁以后的自我调控倾向具有连续性。

对 6—7 岁儿童的问卷调查研究表明，通过测量注意专注性、抑制控制、低强度愉悦感和知觉敏感性，可以界定努力控制因素（Rothbart et al., 2001）。努力控制与外向性和负性情绪这两个气质因素都呈负相关。这些负相关支持了下述看法，即注意的技能可能有助于管理负性情绪，同时也限制冲动性的趋近倾向。努力控制与攻击性之间的负相关就是一个有趣的例证。而且，攻击性还与儿童的反应外向性和负情绪性（尤其是愤怒，Rothbart, Ahadi & Hershey, 1994）具有正相关。

努力控制可能会通过控制外向性和负性情绪的反应倾向来间接地调节攻击性。例如，高努力控制的儿童可以将注意从攻击的奖赏作用上转移开来，或者移除对愤怒有关的负性线索的注意。Eisenberg 及其同事发现，4—6 岁的注意控制能力很高的男孩往往使用非敌对的言语方法来应对愤怒，而非外显的攻击方法（Eisenberg, Fabes, Nyman, Bernzweig & Pinulas, 1994）。

我们还可以用要求儿童对其行为进行抑制控制的系列任务来检验冲突解决的实验室测量法之间的关系（图 4.3）（Gerardi-Caulton, 2000）。这些方法包括了延迟满足的标准任务，例如等待接受奖赏。我们发现这些标准测量与我们实验任务之间存在显著相关。更重要的是，实验室任务的要素与努力控制的不同方面具有显著的正相关，与父母对儿童平常行为的报告的负性情绪负相关。看来，冲突解决的认知测量和来自父母报告的婴儿自我控制的各个方面之间确实存在相关。

138

2. 建立心理理论

有研究（Carlson & Moses, 2001）使用了空间冲突任务（图 4.3）、延迟任务以及父母对努力控制的报告，也显示出了这些相关。他们还发现控制与儿童在心理理论任务上的表现存在相关。大量证据表明，儿童在 3—4 岁之间对他人的信念、意图和行为的理解能力在发展，亦即关于人类心理活动的理论。在这个研究中，研究者给 3—4 岁的儿童讲述故事，故事里的两个木偶在一起拍球，之后其中一个木偶把球放在两个箱子中的一个，并离开了房间。在他离开之后，另一个木偶把球从第一个箱子移到另一个看起来差别很大的箱子里。当 3 岁儿童被问到离开的小木偶会认为球在哪里，他们通常会报告说，离开的小木偶知道球被放在第二个小木偶在他离开之后放置球的地方。这被用以证明年幼儿童无法意识到他人的真实想法。到 4 岁大的时候，犯这类错误的儿童就少很多。

儿童认识到离开的木偶不知道球实际上是放在哪里的这种能力与努力控制的能力呈正相关，这种能力可以通过空间 Stroop 冲突任务上的成绩来测量。我们认为空间 Stroop 冲突和心理理论任务都需要对优势反应（即回答球所放的实际位置）进行控制，以便能够作出非优势的反应（识别出欺骗）。我们知道当成人面临冲突任务时，或类似于心理理论任务中所用的故事时，在与执行注意相关的额叶中线区域会有很强的激活（Frith & Frith, 2001）。

3. 共情、道德法则和社会能力的学习

高努力控制的儿童对他人还表现出更高的共情能力。Eisenberg 和 Okun（1996）在对医院里志愿参加实验的老年人所进行的研究发现，注意控制与共情和观点采择正相关，而与个人抑郁呈负相关；同时，负性情绪强度与共情和个人抑郁都呈正相关。努力控制使个体能够注意到他人的思维和情绪，而不是完全沉浸在他们自己的抑郁中，从而使个体具有同情心。同样，6—7 岁儿童的负疚感或羞愧感与努力控制和负性情绪都是正相关（Rothbart，Ahadi & Hershey，1994）。负性情绪使个体体验到很强的与不适感相应的内部线索，从而增加了将这些感觉归因于内因而非外因的可能性，因而使个体感到内疚（Dienstbier，1984）。努力控制使个体具备灵活性，将这些负性感觉与个体自身的特定行为联系起来，或者与对他人的不良后果联系起来，从而使个体体验到更深的内疚感（Derryberry & Reed，1994b，1996）。

Kochanska，Murray，Jacques，Koenig 和 Vandegeest（1996）的研究表明， 139
道德感的发展与个体在努力控制上的气质差异有关。高恐惧的学龄前儿童在道德原则的内化上更容易，尤其是当他们的母亲采用温和的教养方式时（Kochanska，1995）。但除此之外，较高的努力控制也有利于儿童的控制内化（Kochanska et a.，1996）。由此看来，两个分离的控制系统调节着道德的发展，一个具有反应性（恐惧），另一个具有自我调控性（努力控制）。恐惧可能提供了与道德原则有关的反应性抑制和负性情绪，而努力控制则提供了将负性情绪、行为后果和道德原则联系起来所需要的注意灵活性。

这些研究表明，总体气质，尤其是努力控制，对儿童的情绪、认知和社会发展而言非常重要。我们并不低估环境的影响力，但内在气质系统可能在人格的自组织中占据中心地位。如果从注意的功能来看，这一作用尤其明显。注意的功能是选择并调节最为重要的信息，促进这一信息在记忆中的存储，并提供重要的调控作用。儿童的行为除了受到直接环境的影响外，本身的思维能力也很高，可以利用注意来重现他们的正性和负性体验。在不同的发展阶段，我们可以预期这些情绪性和注意性过程会逐渐地将某些与自我或他人相关的信息形式稳定下来，因而可以影响儿童脑中对自我和世界的表征，提供进一步调控他们行为的途径（Derryberry & Reed，1994b，1996；Rothbart，Ahadi & Hershey，1994）。

4. 努力控制和教育

人类主要受情绪或兴奋的驱动，努力控制则可以使人们抵制情绪的即时影响。Bramlett，Scott 和 Rowell（2000）研究了一年级儿童的气质、社会技能、学业能力和阅读数学成绩之间的关系。儿童的气质，尤其是持久力，可以预测学业能力；而教师对儿童行为的评定比父母的评定更能预测儿童的课堂行为和学业状况。

140 内化通过自我调控来抑制或改变行为冲动的方向，Ryan，Connell 和 Grolnick（1992）发展出一套理论，将社会常模的内化与自我调控联系起来。内化对学校适应和社会成就而言很重要，因为这些领域可能涉及本身不直接具备动机性的场景。在自我调控的内化发展过程中，教师和父母扮演着重要的角色，包括支持儿童的自主性、提供支架以及促进积极参与。

Eisenberg 等（1996）调查了幼儿园至三年级的儿童，测量了负情绪，并对注意或努力控制进行了复合测量。Eisenberg 等（1997）还测量了他们的社会行为能力（社会适宜性和亲社会性）。在情绪强度的所有水平上，比起自我努力调控水平较低的儿童，自我努力调控水平高的儿童表现出更高的社会能力水平。但是，这种关系只对那些总体情绪强度较高的儿童才是最强的。除此之外，注意控制与灵活性相关，这对于容易体验负性情绪的儿童而言尤为重要。

尽管努力控制系统能够内化的是与能力相关的目标及成就，但若要了解儿童的适应过程，我们还需要追踪愤怒、悲伤和过度刺激与趋近、恐惧和努力控制之间发展平衡的关系（Rothbart & Sheese，待出版）。这一研究将会用到更多的气质测量。我们还意识到，在短期内有利于儿童的一些适应性在之后的发展阶段中可能并不具有适应性。纵向研究将极大地推动这个领域的发展；对于干预研究的一个重要补充是，可采用气质测量的方法将被试分配到不同的控制条件之下。

三、气质与学校环境

我们现在介绍并重述在学校环境下具有特殊应用价值的有关气质的研究结果。美国的教师非常清楚模范学生所应该具有的品质（Keogh，1989），包括气质特质，如高注意广度、趋近性、低活动性和低的负性反应。在预测教师有关学生能力的信念中，教师所感知到的这些属性比高智商分数或没有学业缺陷的贡献更大（Keogh, 1982）。儿童气质还与教师的行为有关系。Martin（1989）在研究中发现，易分心、低注意（低努力控制）的儿童受到教师更多的批评。Pullis（1985）发现当教师认为儿童有能力但却不进行自我控制时，他们更可能以处罚或强迫的方法来管教学生。

141

（一）学校学科学习的动机

气质系统与儿童对学校科目学习的动机之间是什么关系呢？我们之前讨论的内在兴趣和面对挑战的正性趋近对于学校环境很重要，而且内部兴趣后来可能会被社会或物质奖赏的外部兴趣所补充或取代。我们在本书第 1 章中已指出，B. F. Skinner（1968）强调工具性学习过程中奖赏具有重要性。Skinner 基于动物实验的结果认为，惩罚并不有效，但是后来研究者注意到他是基于对实验室动物施加强电击的效果之上得出这一结论的，而电击有可能破坏了所有已发生的学习成果。事实上，轻微的社会惩罚确实能够抑制儿童的行为。在学校环境中，成绩和来自教师的表扬或批评可作为外在的奖惩。

尽管恐惧可能会抑制儿童对新异任务的反应，恐惧同样也有助于抑制儿童在校的过度活跃性或攻击性，鼓励儿童遵守规则，并促进早期道德感的形成（Rothbart & Bates, 2006）。负性情绪还与检测错误以便纠正错误的能力有关（Luu, Collins & Tucker, 2000）。但是，恐惧或焦虑可能会增加个体对威胁的察觉，从而形成注意偏向，使得注意难以从负性信息上转移开来（Reed & Derryberry, 1995）。

（二）自我的发展与人格

为了解趋近和恐惧系统在儿童对学校的反应中是否起作用，我们不仅要考虑气质，还必须考虑自我发展与人格的各个方面。人格包括儿童和成年人如何看待他们自己和周围世界，并且随着自我感的发展，儿童开始评估自我内容，评定自我价值。图 6.1 描述了儿童的气质何以塑造他们学校经验的机制（Teglasi & Epstein, 1998, p. 536），但重要的是记住，这些过程适用于所有的儿童。同样需要记住的是，在某一情境下有用并能获得奖赏的应对策略，在另一个情境或之后的发展中可能是无效的甚至有害的。

随着儿童强烈的自我感的发展，他们对正性或负性自我价值的感觉也更多地受到奖惩的影响（Harter，1999）。早在学前期，儿童就发展出善恶概念；而在小于两岁的儿童身上就已经能够观察到羞耻感、尴尬感和自豪感。

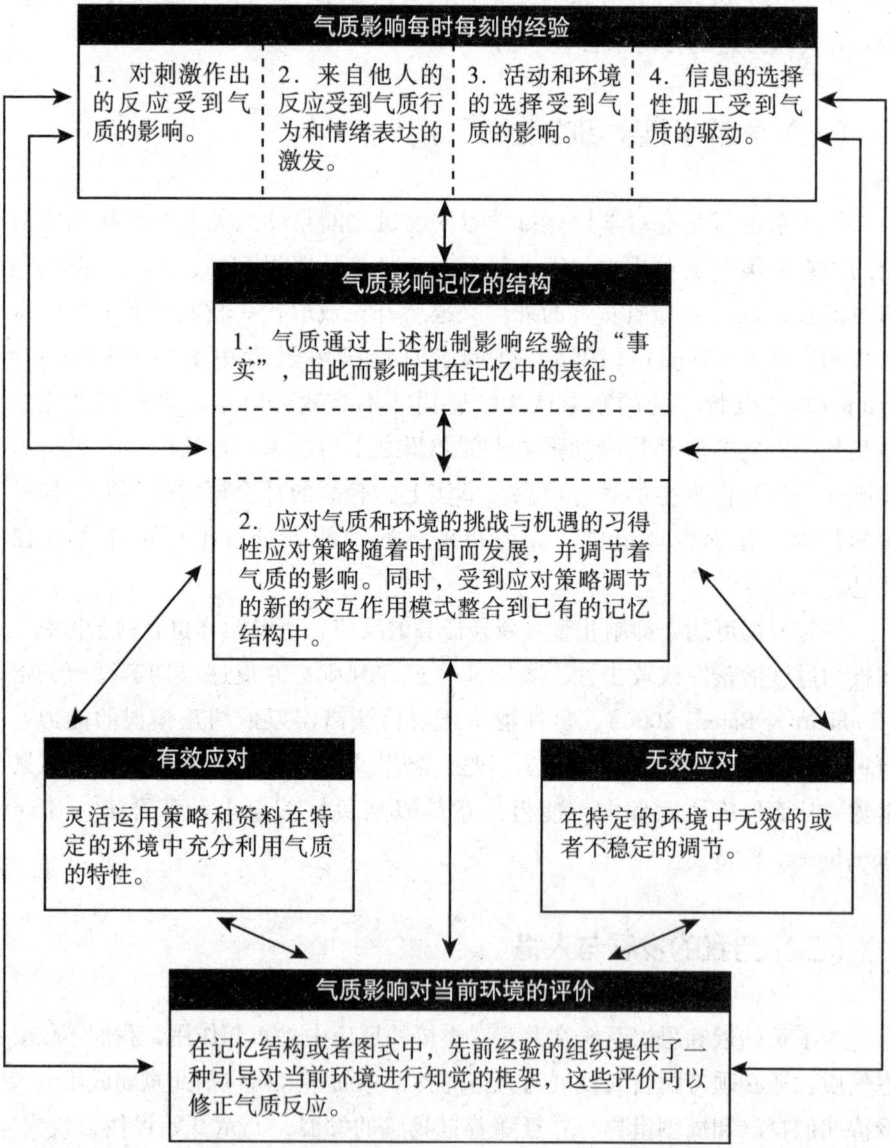

图 6.1　学校情境中气质影响主观经验的机制模型。引自"Temperament and Personality Theory：The Perspective of Cognitive-Experiential Self-Theory" by H. Feglasi and S. Epstein，1998，School Psychology Review，27. P. 536. Copyright 1998 by the National Association of school Psychologiets. 经允许重印。

随着发展，自我概念分化，儿童开始区分他们的社会、运动和学业自我（Harter, 1978）。普遍的羞耻感也可能变得更具体，导致内疚反应（Dweck, 2000）。近年来，研究者不仅发现惩罚的负面效果，还发现了奖赏的许多负面作用。尽管气质上的差异可能使一些儿童对于奖励或惩罚比其他人更为敏感，但这些系统存在于所有儿童身上。因此，若要了解儿童在学习情境中的发展和活动，动机研究就非常重要性。Carol Dweck（2000）是这样来评价自我相关信息的重要性的： 143

> 在我们的所有研究中，使我一再感到吃惊的是受到调节的人（包括儿童和成年人）如何对待与自我有关的信息。我觉得有趣的是，我们的实验是如何在一次训练中就可以使人们获得对自我的“新”认识，并影响到他们的动机和行为（Jones, 1990）。尽管短期经验的影响可能相当短暂而具有局限性，但这些研究展现出人们对此类信息的高度敏感性（p. 143）。

（三）失败的恐惧与自卑感

我们也知道学校教育可能会长期地、重复地施予某些信息，影响到儿童对自我价值的感知。例如，竞争性的学校教育使竞争失败的儿童感到自己是有缺陷的。即使经常能够获得成功的儿童通常也害怕失败，当他们的弱点暴露出来时也可能失去对自我的正性看法。因此，成功通常并不足以保障个体拥有安全的自我概念，在一些高成就的学生身上也可以观察到对失败的恐惧（Dweck, 2000）。即使学生已经有了很多的成就，他们可能害怕自己的不完美在下一个测验或其他评价方法中被“揭露”。当学校教育最主要的动机变成恐惧时，要诱导出学生的内在兴趣或对学科的专注就变得困难起来。在实验研究中，如果任务是复杂且有意义的，引入竞争将会损害而非提升学生的成绩（Covington, 1998）。

因此，这样就会鼓励儿童去寻找失败的理由，包括假装学习，设置永远到达不了的高目标，选择容易的任务以确保成功，设置成功的低标准，作弊，将过错归结到老师或测验上，不重视学业成功（有时在少数学生身上可观察到），甚至归咎于自身的焦虑（Covington, 1992）。

C. R. Snyder和Higgins（1988）回顾了用以自我保护借口的广泛应用。此 144
外，恐惧泛化可使儿童不重视合作的重要性，他们可能害怕自己为一个群体付出很多，但却得不到相应的回报。

气质中的恐惧可能也会加强对评价的焦虑。例如，Harter（1980）报告了当处于他人的观察和评价之下时，恐惧儿童对挑战性任务的兴趣降低，表现出行为退缩。把气质考虑在内，开展逃避类型的纵向发展研究对于理解情绪和教育非常重要。

在美国，人们往往对以下这些特性给予正性评价，包括自主努力取得的成就、性情坦率、公众自我与个人自我的一致性（Harter，1998）。虽然这些价值观很可能在发生变化，但传统上它们是与性别相联系的，例如个人成功对于男孩更为重要，而社会赞同和身体吸引力对于女孩更为重要。随着儿童对自我表征的发展，他们在被评价领域内的易感性和失败恐惧也随之增强（Harter，1998）。

在人格理论中，焦虑是与家庭早期经历相关的。有些儿童的自我价值感主要取决于他们的个体表现；比起那些得到父母无条件接受的儿童，他们对于失败可能性的焦虑更高（Assor，Roth & Deci，2004；Ausubel，1996）。自卑感也可能导致儿童采取傲慢、嫌恶或退缩的防御性姿态（Adler，1946）。恐惧的气质倾向会促进焦虑反应，但是当取胜的压力很大时，即使气质上更正面的、趋近性强的儿童也会产生对可能失败的焦虑。之后，由成绩威胁而产生的自卑感可能以与自卑相反的形式表现出来，例如傲慢。除此之外，与低自我价值感相关，儿童还易表现出受挫折、逃避和抑郁的倾向（Harter，1998）。在这些过程的发展中，气质很可能只是部分原因，我们需要对自我相关的这些人格过程进行纵向的追踪研究。

145

（四）提高动机的学习目标

竞争和评价的氛围会忽视犯错误的有益价值，儿童会尽可能地避免任何失败的迹象。儿童为了他人的评价而努力学习，但即使如此，有些儿童注定表现得较差。那么他们怎么应对这些会使他们低估自我的信息呢？对于更大的儿童来说，一种可能的做法是使用自我区分，至少使自己在一个领域内保持正性的自我观，而忽视其他领域内的自我表现，例如“我的成绩不太好，但是我的棒球技术很棒”。但是，如果一个孩子因此而抹杀掉整个领域的经验，那就令人沮丧了。

研究者在更大的儿童身上确定出两种学业成就目标，其中之一包括内在的掌握动机和任务参与，另一个包括外在动机、成绩评价和自我参与。Pintrich，Marx 和 Boyele（1993）在回顾这两种取向与儿童的认知参与之间的关系时发现，比起专注于自我（自我参与）或成绩（得到更好的成绩，胜过别人）的儿童，专注于掌握动机的儿童将会导向更深的认知加工。成绩和自我目标会导致较表层的加工和不全面的认知参与。掌握动机也受到学校结构的影响：当儿童被导向的目标更有意义、更具挑战性，当儿童自己对于他们努力的方向有所控制，当外界评价并不高度关注外部奖励、竞争或社会比较时，那么他们更会以掌握为取向。

在学校中，如果改变儿童对智商的看法，可以使学习更具有内在奖励性，并减少惩罚性（Dweck，2000）。一些儿童把智商视为一种不可改变的特质：不论一个人是聪明还是笨，总没有办法来改变。此外，如果你必须努力学习才能获得成功，这就说明你并不十分聪明。另一种途径类似于我们在本书第9章提到的技能学习方法的观点：智商是逐渐提升的；一个人可以变得聪明起来。采用这一观点，儿童就会知道，只要通过努力和练习，他们的智商是会得到提高的（Dweck，2000）。我们在第9章描述了这种可能性。有趣的是，按照智商测验被创建起来的方式（第1章），儿童确实会随着年龄增长而变得聪明。只是当与其他同龄儿童相比时，一些人得到较高的智商分数，一些人的分数则较低。

在学校教育中使用奖励会导致其他问题。例如，一旦儿童因为某一任务上的表现而受到奖赏，他们可能需要在有奖励的前提下才会去完成这一任务，而降低了之前对这一任务的内在兴趣（Lepper，Greene & Nisbett，1973）。如果任务是有奖赏的，儿童也可能去选择容易的任务（Harter，1974），遵循以最小的努力获得最大奖赏的普遍方法（Kruglanski，1978）。Covington（1998）提出，如果要解决这些问题，可以将学业成就视为达到基本目标（例如掌握任务、帮助他人或满足好奇心等）时所得到的副产品，而不是将其视为可以获得奖励的、个人成就的标志：

146

> 学习的愿望是否持续是学习的价值和意义的最终之所在—更具体地说，是从深刻理解中获得的满足感——而非为了权力或威望而增长知识。（Covington，1998，pp. 136–137）

知识可用于提出和解决问题，通过强调这种知识，儿童将转变视角，将成败视为对问题解决有所帮助的信息，而非个人价值的标志。

四、小结

气质作为分析和理解的一个层面，可以为儿童教育提供新的视角。脑系统的研究近年来备受关注，这些个体差异为动机和学习经验提供了构建材料。外向性与掌握动机呈正相关；恐惧和悲伤与掌握动机呈负相关。更具知觉敏感性和经验开放性的儿童也更具竞争力。个体的气质差异中最为重要的维度之一是努力控制，它以执行注意的发展为基础，同时与气质所支撑和塑造的动机系统也有关联。动机随着发展而改变，儿童通常都会产生自我焦虑，早期对学习和挑战的浓厚兴趣也可能因此而丧失。对于父母和教师而言，在鼓励技能发展的同时，还要注意激发儿童适当的动机，考虑他们的气质特征，这些都是激动人心的挑战。

第七章

读写能力

在和学习有关的研究中，阅读学习和脑成像研究的关系最为密切。阅读是 147
一项非常复杂的认知任务，阅读过程中最重要的就是对组成词的单元进行解码的能力。其中，解码能力所涉及的认知加工是最为核心的。脑中有专门的脑区负责对字母进行组块加工，对单词进行命名，并解读出它们的含义。迄今为止的许多神经影像研究都在分析成人阅读单个单词的过程。在本书第 2 章中讨论的神经影像的方法已经介绍了人在阅读活动中脑活动的区域。对熟练阅读者进行的脑成像研究显示了流利阅读的状态。

读写教育的重要目标就是要使孩子逐渐掌握这种流利阅读的技能。但是，对成人的研究结果还无法直接推断出如何才能获得这种技能。有研究者对两组不同阅读能力的孩子进行比较，一组儿童的阅读能力处于中等水平，另一组儿童在阅读时有较多的困难（S. E. Shaywitz，2003），研究结果发现阅读困难组的儿童在完成阅读任务时其前额叶脑区激活程度更高。这一结果表明，相对于保证阅读流畅的正常阅读者的某些已经自动化的脑区功能，阅读困难者往往需要更多的努力控制来实现这一功能。

儿童出现这样的反应究竟是因为他们还无法阅读得足够好，还是因为这部 148
分脑区之前已经存在的问题使得他们无法获得正常的技能，目前我们还不得而知。为了帮助大家理解儿童的脑是如何学会阅读的，我们必须先了解成人是如何进行阅读加工的。在这一章中，我们将介绍成人在阅读单个单词时其视觉、语音和语义加工的过程，以及这些心理加工过程所对应的特定脑区。这些知识可以让我们能够更深入地认识读写的习得过程。有意思的是，科学研究发现，语音的习得最早开始于婴儿对母语的语音单元进行分辨。而和流利阅读有密切关系的对字母进行自动组块的功能则开始于阅读发展的晚期。

一、阅读的研究方法

在本章中我们讨论的大多数关于阅读的脑成像研究都是基于个体对视觉单词加工的结果。在很大程度上，单词阅读决定了阅读任务的完成以及各种阅读技能的运用。在阅读过程中，目光停留的时间非常短，会很快地从一个地方扫视到另一个地方。阅读的眼动研究发现了阅读单个单词和阅读连续文本之间的关系。在目光短暂停留的时刻，熟练的阅读者能够有效地看到小部分的文本文字，主要是当前目光聚焦的单词，也会预览这个单词后面的一到两个单词(Rayner & Pollatsek, 1989)。在这个大约40毫秒的时间里，读者不会看到多余的内容，能有效地忽略其他的信息。

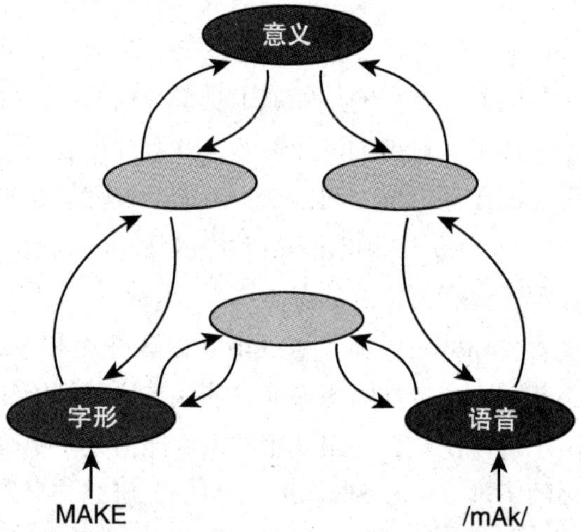

图7.1　阅读过程的加工模型。根据这个单词阅读模型，与字形、语音、语义有关的三个加工过程决定了流畅阅读。摘自"A Distributed, Developmental Model of Word Recognition and Naming" by M. S. Seidenberg and J. L. McClelland, 1989, Psychological Review, 96, p. 526. Copyright 1989 by the American Psychological Association.

脑成像研究发现，在进行单个词加工时，某些脑区和词的再认过程有关。这些过程包括对单词的视觉特征（字形）、单词的声音（语音）、单词的意义（语义）等的分析。我们将先介绍这些研究，随后我们将介绍在人们盯住某个单词的短暂瞬间（一个流畅的阅读者大约需要275毫秒），我们脑的不同区域是如何来组织这些加工模块的。这类研究运用脑电技术记录人的头皮活动，以此来估计每个加工过程所用的时间。通过记录不同脑区的脑电活动，我们可以了解，在信息传递时不同脑区之间的关联情况。在有些研究中，通过扩散张量成像技术（第2章）可以帮助研究者清晰地观察到脑中不同区域间传递信息的纤维束的影像。一旦我们知道脑何时被激活，我们就可以判断脑激活的时间进程与阅读过程中眼动的反应是否一致。如果一个熟练阅读者凝视一个单词的时间是既定的，并且阅读中读到的单词的意思会影响目光的移动，那么脑的语义加工区在凝视之前就应该被激活。这一分析隐含了一个前提假设，即脑加工的速度要和真实阅读情境中所观察到的行为相一致。在本章结束时，我们将回到单词阅读的研究，分别介绍成人和儿童的阅读技能的获得。

149

（一）认知加工

单词阅读过程中到底包含了哪些认知加工呢？（Everatt，1999；Klein & McMullen，1999）根据大多数研究者的观点，这其中包括将单个字母组合成符合正字法规则的单元（视觉的单词构成）的视觉加工。人们将看到的单词成分转换为内部声音（语音输入）或者是外部发音（语音输出）。也有可能人们直接将看到的单词转换为其对应的语义，就好像大家看到一把椅子，即使不知道叫什么名字就知道是用来坐的。这些加工过程之间交互作用的关系在图7.1中列出。除了这些阅读所特有的加工过程外，本书第3章、第4章中讨论的注意的神经网络也会根据阅读者的意图对这些加工过程进行调整。

1. 视觉加工

单词的词形加工开始于大脑皮层的初级视觉皮层。但是，脑成像研究发现，被试看单词和看视觉复杂程度相同的非词符号时，两种任务条件下的差异通常发生在左侧的视觉区域（这一区域的加工发生在初级视觉皮层之后）。

图7.2总结了左半球和单词加工有关的脑区。在左侧角回（angular gyrus）的视觉相关皮层区域（图中用六角形标注），被英文中的字母串（例如WORD）激活的程度显著高于没有意义的单词（例如WRDN），即便这些无意义单词也是由真实的字母组成的。这种激活的特征表明这个脑区对单词在英文范围内的词形组合形式非常敏感。因此，这个区域被称为“视觉词形区”

(visual word form area)。无论呈现正确的英文单词还是不符合正字法规则的无意义字母串时，这个区域都会被激活。

150

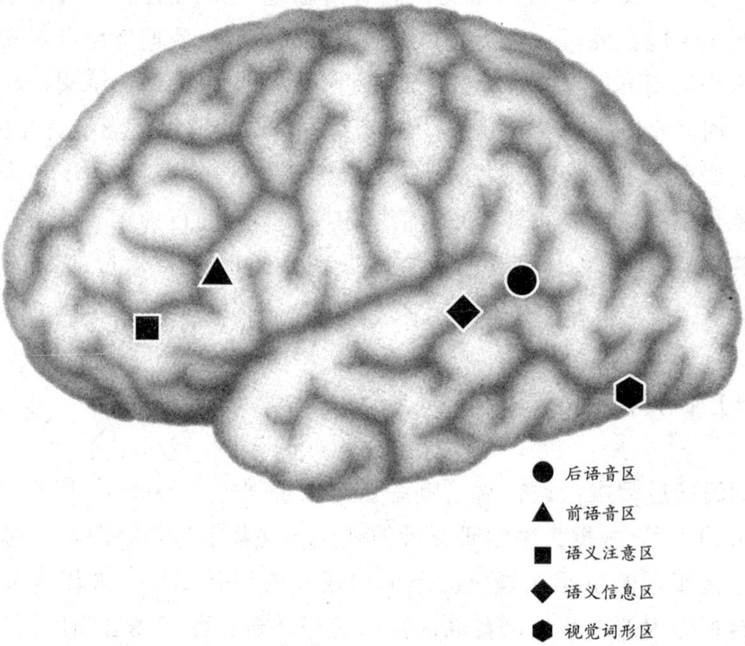

图 7.2　大脑皮层中与流畅阅读的习得相关的重要区域。脑成像研究发现，在阅读过程中，大脑左半球的后部区域［视觉词形区（六边形部分）和语音区（圆形部分）］和前部区域（方块图例）在阅读过程中有重要的作用。

151 对词形区域这一概念目前仍存有争议（McCandliss, Cohen & Dehaene, 2003; Price, Winterburn, Giraud, Moore & Noppeney, 2003）。我们认为，造成这种争议的原因有很多。首先，很可能不是一个单独的脑区，而是对字母串的不同属性非常敏感的一系列临近的脑区。这种属性可以包括字母串的长度，以及字母串按照正字法规则进行正确组合的特征。其次，“词形区”可能并不仅仅参与了单词加工。在不同元素组合成一个整体这样的认知加工过程中，这个区域也可能被激活。例如，当给被试呈现的图片不是以整体的形式出现的时候，梭状回面孔区（the fusiform area，这个区域通常在看到面孔时被激活）会参与将不同的部分整合成一个整体，但同时当专家看到熟悉领域的视觉物体时，例如研究狗的专家看到一只狗，汽车专家看到一辆车（Posner, 2004），梭状回面孔区也会被激活。这些研究说明，表征某些加工功能的脑区通常会优先加工特定类型的刺激，但包含相同认知操作的刺激也会引起相似的激活。再次，当人们学习不同类型的语言或运用不同的策略时，往往激活的脑区也不同。阅读英语时通常会激活左半球枕叶腹侧，而阅读意大利语时激活左半球外侧颞叶，这个区域离听觉词汇加工区很近（Paulesu et. al.，2001）。意大利语是一种更规则的语言，在进行词形加工时需要的信息较少。而在英文中，词形相近的词读音可能相差很远，例如单词“have”和“wave”，单词“pint”和“lint”。

这三种理论观点对阅读的学习有重要的启示作用。它们表明对学习阅读技能的初学者而言，注意的指向性非常重要。熟练的阅读者已经形成了一个脑的神经网络，视觉系统能够根据以往的学习经验来组织各种输入的刺激。这种阅读神经网络非常强大，熟练的阅读者损伤了右侧顶叶后，会忽略左侧无意义字母串，但能够正确地读出单词（Sieroff & Posner，1988）。而左侧颞枕区（词形区域位于此）受伤的病人虽然能够将字母逐个读出来（Cohen et al，2003），但无法读出完整的单词。

在这方面有一项非常有名的研究。当研究者在右侧视野给病人呈现单词时 152
（右侧视野的刺激由左半球加工），他能够读出单词（Cohen et al.，2003）。但当单词呈现在左侧视野时，他只能按字母逐个读出。医学检查发现这个病人的右侧视觉区域和左侧梭状回视觉词形区之间的联接被切断了。因此他无法将字母组成一个完整的单词。在后面，我们将进一步分析视觉词形区的发展对阅读技能获得的影响。

2. 语音加工

许多研究已经发现，儿童的音素加工能力是阅读学习最好的预测指标，它也是口语的基本组成部分（Stanovich，Cunningham & Cramer，1984）。研究者们发现儿童从出生开始就具备了音素辨别的能力。新生儿还可以辨别不熟悉的语言中的音素（P. K. Kuhl，2000）。然而，在6—10个月大时，婴儿逐渐对母语（也就是他们每天能正常接触到的语言）的音素辨别能力大幅提高（P. K. Kuhl，2000；P. K. Kuhl，Tso & Liu，2003；Werker & Yeung，2005）。此时，婴儿无法再区分母语中同一音素范围内的不同声音。我们已经逐步了解到音素如何影响到后来的词形发展（Werker & Yeung，2005）。这个重要的学习开始于婴儿时期，甚至比婴儿开始牙牙学语还要早。虽然语言环境很重要，遗传因素对于语音的发展也有显著的影响（Newbury，Bishop & Monaco，2005）。

此外，我们在记录被试头皮的事件相关电位（ERPs）的条件下，先高频率呈现某一个音素，然后替换为一个低频呈现的音素（Cheour et al.，1997；Guttorm et al.，2005；Molfese，2000）。当脑觉察到新异的音素刺激出现时，脑电就会出现不同的反应。通过记录脑活动的情况，我们就可以知道婴儿是否能分辨不同的音素。这种电活动记录方法可以用于测量脑的分辨能力。通过这样的方式，我们就能测查到儿童学习的母语或者其他语言（例如，父母希望儿童学习的其他语言）的音素结构是否已经形成。同时，我们还可以通过这些测查到的数据预测儿童今后口语和阅读方面的发展是否存在障碍（Guttorm et al.，2005；Molfese，2000）。通过对婴儿脑电记录的最新研究方法，即合并六个电极点所收集的数据，发现这些数据可以有效预测读写能力方面的发展障碍（Kook，Gupta，Molfese & Fadem，2005）。所有这些研究都通过对婴儿的脑电活动信号的探测，使研究者能够确定婴儿早期音素结构的形成过程。正如目前已经可以用脑干事件相关电位（brain stem ERPs）检查婴儿的听觉障碍了。

153 在阅读中，存在两种语音编码的方式（图 7.2）。一种称为输入语音或听觉语音，将视觉呈现的单词转化为听觉形式，这相当于看出单词的读音。这一加工过程发生在图 7.2 中用圆形标注的后部区域。另一种语音编码方式和单词发音有关，发生在左半球的额部区域（图 7.2 中的三角形）。

脑成像研究证实了这两种编码方式的存在。当要求被试判断视觉呈现的两个单词是否押韵时，位于角回前侧的左侧颞上回（图 7.2 中的圆圈）被激活（Petersen，Fox，Posner，Mintun & Raichle，1989）。当通过听觉形式呈现单词时，临近的一个脑区被激活。而这个脑区在完成视觉单词命名或语义分析任务时都没有被激活。这些研究结果证明，对视觉单词进行语音编码不是单词阅读中不可缺少的加工过程，至少对于英文中常见的单词，可以通过直接从词形到语义的联接通路完成对熟悉单词的识别。

许多研究者发现，左侧额部参与了匹配押韵单词的任务，尤其是给无意义材料匹配押韵单词。为无意义单词匹配押韵的单词时，首先需要读出字母串。这就难怪和运动输出有关的额叶皮层也参与了这个加工过程。

通过押韵这类的特殊任务可以激活与语音相关的脑区，这些研究表明，在阅读简单的单词时，脑并不必然选择语音通路通达词义，许多单词在阅读过程中可以通过单词的词形直接通达词义（图 7.1）。不过，近年来这一观点遭到质疑。最新的研究观点认为，即使对于熟练的阅读者，个体的语音加工也会被自动激活。在图 7.1 中，示意图显示语音和词形在加工视觉词汇时有相互作用。在形音对应很规则的语言中（例如意大利语），语音加工的作用会尤其明显。而在英语中，很多特殊单词的认读需要经过阅读学习，例如 pint。图 7.1 中诠释了这一理论观点，即词形和语音处于同等的位置，这表明在阅读单词时，很难说语音加工和词形加工哪一方面更重要。这也导致了“强调语音作用”和“强调词形作用”两种不同观点之间的争论。在本章后面的部分我们还会讨论到，不管阅读者需要提高哪方面的技巧，语音在获得阅读技巧方面都是非常重要的。

154

3. 语义分析

研究者发现，相对于简单的单词读出任务，当要求被试读出某个视觉呈现的名词的用途（例如，“锤子”的用途为“敲”）时，某些脑区会被激活。图 7.2 中已经标示出两个参与单词语义加工的脑区（图中的方形和菱形）。许多研究中，在不同的任务条件下，都发现这两个脑区参与了语义的加工。

这两个区域对大多数人来说都是呈左侧化的。第一个区域在左侧额下回，在布洛卡区前部（图 7.2 中的方块）。这个区域被认为在所有视觉或听觉任务中都参与了复杂的语义加工。因此这个区域的激活并不与某种特定的任务有关，但由于它常常与前扣带回同时被激活，所以可能与在进行语义加工时执行注意控制有关。

另一个左侧化区域位于颞叶和顶叶交界处的后部区域，和威尔尼克区相关（图 7.2 中的菱形）。威尔尼克区损伤后将导致流利性失语症，即患者无法理解和说出有意义的句子。认知研究已经发现了这种损伤造成病人在加工单词方面的局限性。不过，虽然他们的言语在语义一致性方面存在缺陷，但如果在目标词呈现之前先出现一个相关单词，这些患有威尔尼克失语症的病人会出现语义启动效应。这表明即使他们不能正常地进行句子层面的语义加工，至少在某些情况下，威尔尼克失语症病人能自动加工单词的词义（Milberg, Blumstein, Katz, Gershberg & Brown, 1995）。如果语义信息主要由威尔尼克区负责加工，那么左半球额区的作用又是什么呢？目前已有明确的研究证据显示，人们在分析单词的意思时，左半球额区的腹外侧被激活（Petersen et al., 1989），但这个区域的具体功能目前还不清楚。

有一种观点认为，额部皮层的主要作用是使读者的注意力集中于作出正确的反应，而不是存储语义信息。根据这种观点，存储语义信息的是颞叶后部，额部或许可以暂时存储正在加工的特定单词的相关信息，从而寻找正确的答案。支持这种观点的证据表明，额叶在问题解决任务中会被激活（Duncan et al.，2000）。那么在这类任务中包含了哪些心理操作呢？很有可能输入的文字信息暂时存储在额区，而后部区域则参与搜索正确的答案。

155 另一个在语义任务中被激活的部位是在额部中线位置（左和右）的前扣带回。在第4章中我们已经讨论过（图4.2），前扣带回通常和认知任务中执行注意功能有关，尤其是当认知任务中包含抑制时。例如，当我们给被试呈现一个名词，让他只说出该名词的用途，他需要避免把单词本身说出来，而只给出对应的用途。一般认为，由于需要抑制对单词进行命名的自动加工，因此激活了执行注意的脑区。正如前面我们曾提到过的，在加工单个的单词时，扣带回通常和前额叶外侧区（图7.2中的方块）协同作用。

尽管仍然有很多争论和不确定的问题，解剖学研究已经证实了阅读模型（如图7.1中列出的是其中一种模型）中的各种成分可以被定位于脑的不同皮层区域。值得注意的是，视觉系统的某些部分还反映出了在特定语言中阅读经验的作用。要了解脑的区域是如何与真实的单词加工联系起来的，我们必须先要确定这些区域在阅读过程中的激活时间。接下来，我们将讨论，在熟练阅读者凝视阅读材料的275毫秒里，脑区域是如何被激活的。

（二）阅读中脑加工的时间进程

要了解我们的脑是如何对阅读进行加工的，我们需要一种可以将脑的活动情况和时间进程联系起来的方法。在本书的第2章中我们提到过，事件相关电位（ERPs）的研究可以把脑的各个区域的激活情况和时间信息整合起来（Posner & McCandliss，1999）。

1. 视觉激活

解剖学研究已经发现大脑左半球后部区域在词汇加工时被激活（如图7.2所示）。脑电研究发现，给被试呈现单词或是辅音字母串后的150毫秒时间内，左半球顶叶上的脑电波有显著差异（Nobre，Allison & McCarthy，1994）。视觉系统的深度电极探测的结果也显示，癫痫病人看到真词或假词时，大脑左半球在同一个时间点上表现出不同的反应（Nobre，Allison & McCarthy，1994）。最后，从头骨外部的电磁记录结果表明，词汇加工激活了左半球中线的区域（Tarkiainen，Helenius，Cornelissen & Salmelin，1999）。

156 和影像数据一样，ERP数据也表明大脑左半球区域负责将字母串整合成整体的单词，这个过程非常复杂，并且涉及不同的子区域。不过，在时间进程上，即使完成整个任务需要 700—1 000 毫秒来作出反应，这些区域在最初的 200 毫秒里就被激活了。

2. 语义激活

为了研究高级语义加工相关的脑激活的时间进程，研究者让被试大声读出看到的单词，或者是说出这个单词的用途（Abdullaev & Posner, 1998）。在这两种实验条件下，虽然被试呈现的视觉刺激一样，但被试进行的认知加工则不同，前者是单词解码任务，后者是语义分析任务。

研究者通常将两种任务条件下的事件相关电位进行相减操作。在说出单词的用途任务中，研究发现在 170 毫秒左右额区的 ERP 正波相对增加。通过数学运算的方法，可以在头皮表层对产生这一电活动的脑区进行定位分析（Scherg & Berg, 1993）。结果显示，正波增加的脑电极位于额区中线附近，这个区域和负责执行注意的前扣带回区域重合。到 220 毫秒时，在左半球额叶外侧（图 7. 2 中的所示方块部分）的电极区出现显著差异。大约 600—700 毫秒时，在左半球颞顶交界区（图 7. 2 中菱形），也就是和威尔尼克区相近的区域，可以发现这两种实验条件下的脑电波有显著差异。这些结果表明，左半球前额叶大约在 220 毫秒被激活，而威尔尼克区则相对较晚，在刺激出现后大约 600 毫秒才被激活。由于在时间进程方面，威尔尼克区的激活比一些快速语义加工任务的反应时间还要晚，并且威尔尼克区损伤的病人表现出语义启动，但在言语的语义加工方面存在困难，因此，威尔尼克区的功能很有可能负责单词意义的整合，从而获得整个段落或句子的整体意思，这比简单的名词加工更为复杂。

这种假设已经得到了许多研究的支持，单一的词汇语义任务对左半球前额叶的激活强度大于威尔尼克区，而在句子理解任务中，则是威尔尼克区的激活强度大于左半球前额叶（Posner & Pavese, 1998）。也有可能，威尔尼克区参与了语义加工任务和单词解码任务中有着相似或相同功能的早期加工过程，只不过由于减法计算方式，将这种作用减掉了。这样的话，如果单词的语义在威尔尼克区被自动激活，那么不论给被试的任务是读出单词还是对单词进行语义分析，那么经过减法计算后，都无法看到威尔尼克区的激活。

3. 加工顺序

图 7. 3 中列出了在阅读任务下各个加工过程发生的时间顺序。不过，这个图容易形成误导，真实的认知加工并不是简单的一系列内部加工过程的组合，

因为注意功能会随时调节各个加工环节的优先次序。

157

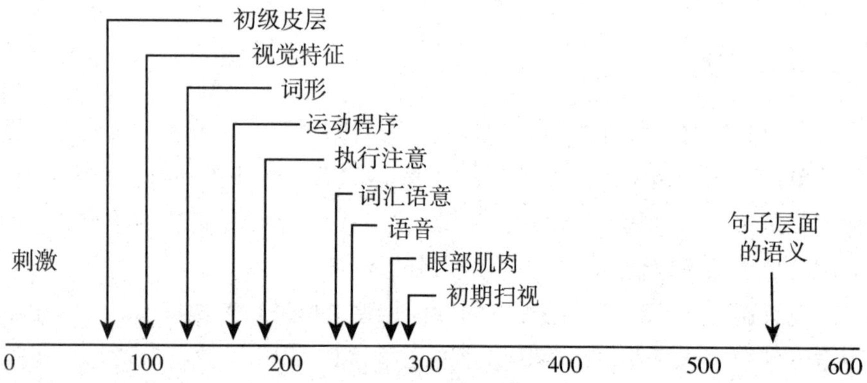

图 7.3 在词汇阅读过程中，不同的认知加工被激活的时间进程。横轴中所标示的时间以毫秒为单位。

在认知加工过程中，注意系统最先被激活，它可以再次激活各个不同的脑区，从而对参与任务的各个认知加工起到调节作用。这些过程反映了从上而下的注意调节作用，而不是依靠自下而上的感觉刺激激活某个特定脑区。目前为止，已有许多研究证据显示外部输入的刺激和注意都能激活后部脑区，包括感觉区域。例如，在视觉表象的研究中，要求被试口头描述一个字母或一个物体的形象，结果在没有感觉输入的情况下，人们的视觉皮层也可以被激活（甚至是初级视觉皮层）（Kosslyn & Thompson，2000 ）。

那么在阅读单个单词时，注意如何调节这些加工过程的呢（Posner & Raichle，1994）？在一项研究中，被试在两种不同的指导语的要求下看同一种刺激。其中一半的单词材料包含字体加粗的字母（例如，**A**），另一半单词以正常字体呈现（例如，A）。另外，一半的单词代表人造制品（例如，Piano），一半的单词代表自然事物（例如，tree）。在一种任务条件下，研究者要求被试根据看到的单词的语义类别进行“是—否”判断。在另一种任务条件下，则是根据单词的外部特征进行判断（是否有粗体字，例如 **A**PPLE）。

158 在一种实验情境中，被试第一轮先根据单词是否有粗字体进行判断，第二轮是对有粗字体，同时属于人工物品的单词按目标键反应。由于第二轮的任务和被试之前的任务经验有关，将会促使被试先对呈现的单词进行视觉特征判断，然后再进行语义分析。在另一种实验情境下，被试第一轮先对单词进行语义判断，第二轮对看到包含粗体字且属于人造制品的单词按目标键作反应。这种情境下，由于被试在第一轮有进行语义判断的经验，他们应该会先对单词进行语义分析，然后再进行物理属性的判断。两种任务情境中给被试呈现的刺激和他们需要作出的反应都是一致的。只是他们进行判断时依据的内容发生调换。

研究者假设，先进行字体判断任务的被试，在他们对有粗体字并且是人造制品的单词作反应时，会先检验单词是否包含粗体字。反应时研究的结果证实被试的确产生了不同的优先处理方式。事件相关电位对额叶语义区电极记录的结果显示，当语义任务被优先时，此处的电活动信号更早地被放大（相对于先进行字体判断任务的实验情境）。后部的视觉区则显示，当粗体字任务被优先时，此处的电活动信号被更早地放大。这些结果表明，被试可以对脑加工活动的顺序进行调整，这也可以帮助我们理解，脑是如何能处理许许多多不同的任务的。通过调整不同的认知操作，我们才能够产生新的思维。

有一些潜在的认知加工过程似乎不受到指导语的影响。例如，在 100 毫秒左右，无论输入的视觉特征是否被判定为任务的一部分，脑都会在右半球后部的视觉区执行加工操作。当任务是要求看粗体字时，同样的脑区会被再度激活，似乎是执行额外的操作以确认字母加粗的程度是否符合目标要求。从 ERP 测量得到的神经电活动情况来看，注意可以在一定程度上提高某些脑区的电活动水平，但并不是激活新的更高级的联合区域，而是通过再度激活前期已经参与过认知加工的区域。

注意系统的调节可以使某些特定的认知操作优先进行，这为研究者分析脑 159
加工回路提供了一种新的思路。通常将大脑回路视为一系列的固定的脑区域之间的解剖学连接，或者是一个区域内的神经元连接。但是，从解剖学的角度来看，脑的各个区域之间都存在着直接或间接的连接通路，这使得各个加工过程之间能够产生许多新的连接通路。因此，注意某个特定类型的信息可以被看作是在高级区域和低级区域之间形成了暂时的连接回路。所以，在上面提到的加粗字体和语义分类任务中就反映出，注意系统可以调控不同认知加工的活动顺序。

如果这个假设是正确的，那么我们就可以在特定的认知任务条件下，探讨不同脑区之间的关联情况。这种方法运用个体自身的注意力调控认知操作的顺序，通过高级功能回路执行任务要求。要验证这种假设，我们需要一些新的实验证据，能证明进行简单操作时对应的脑区被激活。这样当研究者要测量认知重组对神经回路的影响时，被试就可以按要求来组合这些认知元素。

我们也可以通过分析任务完成过程中脑的不同区域之间的关联变化情况。当信息在脑的两个区域之间传递时，它们将同时被激活，并且表现出明显的相关性。目前已经有相当多的神经成像和脑电波研究都在验证这种观点。

例如，对比说出单词用途和读出单词两种条件下的脑电波，发现三种主要的 ERP 成分（Nikolaev, Ivanitsky, Ivanitsky, Abdullaev & Posner, 2001）。第一个大约在 100 毫秒的时候，将额区中线与颞叶和额叶联系起来，表明注意系统也许通过启动语音系统促进这一加工过程。第二个成分似乎和信息从左半球额区（参与词典加工）传递到后部脑区（参与词典意义，见图 7.4）有关。第三个出现相对更晚，可能和运动输出有关。这些关联和时间进程方面的信息非常吻合。这也说明了要深入研究参与某个特殊任务中的神经回路时，最好同时使用两种方法。

160

4. 从单词到句子

在一般的熟练阅读中，目光会停留在既定单词上的时间大约为 275 毫秒（Rayer & Plooatsek, 1989）。在单词再认过程中，这种时间限制有助于在研究中进行时间记录。例如，在呈现单个单词时记录脑的事件相关电位的活动情况。读者通常在看完一个单词后，向右移动 7—8 个字母的距离。大约有 10%—15% 的时间，会向左回视。虽然测量过程中还有很多不可控的变量，但测量结果显示，文章的难易程度、被试的阅读水平有重要的影响作用。例如，当文章难度很大时，注视的时间会更长，扫视时间会更短，并且有更多的回视。眼动监控技术能灵敏地记录到加工过程中遇到的困难。它可以记录总的凝视时间，或者总体的阅读速度，而且可以记录到注视每一个单词时的状况。

161 在阅读过程中注视单个单词的时间反映了加工的难易程度。在图 7.3 中列出了目光移动时进行的加工。图中总结了我们前面讨论到的各个脑区进行认知加工的时间进程。虽然这些都还只是有待确定的，但它们至少将阅读中的眼动与当前的脑活动进行了粗略地匹配。前面提到过，根据已有的眼动研究发现，在阅读中目光大约会停留 275 毫秒。停留的时间和注视的单词的词义有关，这表明被试至少在这个时间内进行了语义加工。这段注视的时间足以让左半球后部区域影响到扫视行为，而左半球的额区则会影响眼动本身。这些研究发现虽然还不完整，但也告诉我们，熟练阅读者在阅读篇章的过程中，其不同脑区活动的时间进程与眼动的情况具有一致性。从这个意义上来讲，对单个词语的分析对于进一步了解大脑在自然状态下的阅读有重要的启示作用。

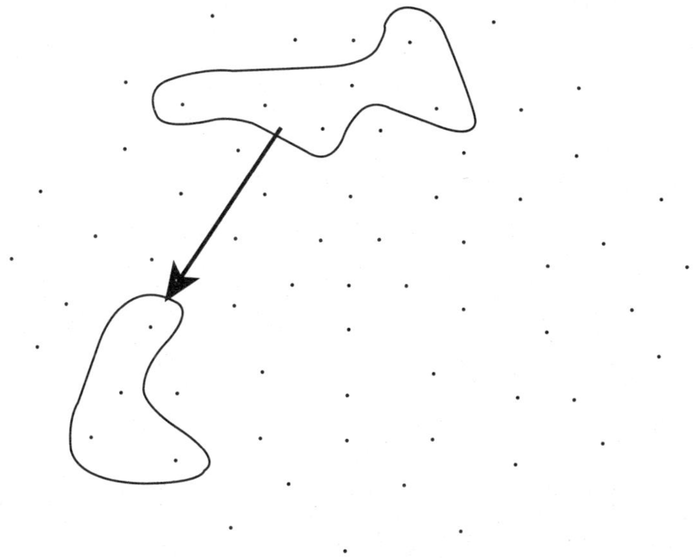

图 7.4　语义分析时脑区之间的信息转换。在说出单词用途的任务中，在 450 毫秒左右，不同头皮电极之间的相关性反映了额叶区和后部区域之间的信息传递。改编自“Short-Term Correlation Between Frontal and Wernicke's Areas in Word Association,” By A. R. Nikolaev, G. A. Ivanitsky, Y. G. Abdullaev & M. I. Posner, 2001。Neuroscience Letters, 298, p. 108。Copyright 2001 by Elsevier. 经允许改编。

二、阅读经验的作用

到目前为止，在我们所讨论的大多数与阅读有关的神经回路的研究中，使用的方法要么是改变任务指导语，要么是改变呈现刺激，然后观察脑皮层激活的变化情况。还有一种重要的方法则是使实验中的任务和刺激条件不变，但改变被试完成任务时的经验。用一个单词作为启动刺激，可以在几秒的时间内迅速改变被试的经验，从而改变他们对视觉呈现的单词的反应；对所给的单词列表进行联想，被试的经验可以在几分钟内就变得和从前不同；学习一种新的语言中单词的意义，可以在几周内改变被试的经验；学习阅读一种新的语言能力，或者是开始掌握阅读的技能，可以在几年后改变被试的阅读经验。因此，我们考察经验所引起的脑活动的改变，可以在不同的时间量表上进行测量。我们分别研究了上述的几种情况，并且探讨了经验改变的程度对单词阅读的神经回路的不同层面的影响。

（一）练习

在 Raichle 等（1994）的研究中，他们重复使用一系列名词，要求被试说出每个名词的相关用途。当单词列表被重复几次以后，被试对练习过的单词的反应速度更快，并且每次说出的名词用途总是一样的，而他们对旧词作出反应相对新词更容易一些。脑扫描的结果显示，训练前后脑的激活情况也有变化。

162

1. 自动输出的通路

在练习之后，大脑左半球额叶外侧、后部语义区（图 7.2 中方块和菱形部分）以及前扣带回的激活显著减少。然而，岛叶皮层的激活程度增加（图 1.1），其激活情况与完成出声朗读时的状况相同。前扣带回似乎与自动产生单词有密切关系（Dronkers，1996）。Raichle 等（1994）认为，岛叶是自动输出通路的一部分。当人们需要寻找正确的输出信息时，这条通路就被抑制了，另一条由皮层的语义区和前扣带回参与的通路则被激活。

2. 提取单词

Abdullaev 和 Posner（1998）通过记录头皮的电活动研究了词汇产生任务中练习的作用。在这之前，Raichle 等（1994）的研究给被试呈现一个包括 40 个单词的列表，并让他们重复 10 遍这些单词的用途，重复任务让被试的表现达到了高度自动化。而在这个 ERP 研究（Abdullaev & Posner，1998）中，研究者用了 100 个名词，并且要求被试在重复完成任务的过程中，每次都根据名词列表说出同样的对应用途。脑电波研究结果显示，额区和威尔尼克区的头皮电活动的强度随练习增加而减少。但练习条件下在右侧额区诱发出正波。右侧前额叶的激活表明任务中对记忆信息的显性回忆过程（Havib，Nyberg & Tulving，2003）。电活动研究的发现说明，在刺激输入 250 毫秒后，右侧额部开始打开先前的记忆，以提取出所存储的词汇的相关信息。

3. 产生新的思想

当被试完成用途任务到第4遍时，研究者要求他们说出和这些名词有关的新的、不常见的用途。这时，第一次操作任务时的状态，即早期额区的正波又出现了。随后，颞顶联合区后部的正波和第一次操作任务时的强度相同，并且在左右半球的对称区域出现了双峰。右半球与威尔尼克区对应的区域似乎也参与了产生新想法的加工活动。这些结果说明，在进行语义关联的加工时，脑不同区域之间会形成暂时的联系，这和认知及脑损伤研究的结果一致，即不常见的关联任务需要来自右半球的额外的加工资源。

163

（二）学习词汇

词汇学习过程中也反映了经验改变了大脑皮层对视觉词汇的激活模式。再认出一个非常熟悉的单词和加工一个完全不熟悉的单词相比，两种情况下脑的激活有很大的不同。同样的视觉单词，刚开始是知觉为没有意义的单词，但通过几周或几个月的学习后，可以迅速地通达我们的心理词典。

1. 提高反应时

在一项词汇学习研究中，研究者让被试学习一些新的词汇，并在几周时间内观察被试神经回路的改变（McCandliss, Posner & Givon, 1997）。新的单词是根据人工正字法规则组成的，也就是根据有限的构词规则将字母组合成的单词。这些“单词”可以发音，但包含一些英语中不常见的元素，并且单词的形式更像意大利语或西班牙语。

一半的单词材料是根据正字法规则构成的缩微的人工语言，称为Keki。另一半只用来作测试（Keki的控制材料）。这些实验材料可以用于比较特定的学习和同等的控制材料。每个Keki单词和英文中的一个高频词的意思对应（例如，GILKI = bird，PENKA = black）。一共68个Keki单词形成了小范围的功能语言，它们可以组合起来表达一些有意义的句子。

一组本科生通过一套视听的电脑程序学习Keki单词，每天学习2小时，每周学习5天，一直持续学习了5周。在每次2小时的训练中，被试通过交互式练习来学习，并且在有意义的篇章中学习Keki单词。这样，对这些由新的正字法系统构成的单词列表，被试得到了大量的视觉和语义训练（5周共50个小时）。

研究者在训练课程中间设定几个行为研究的观察点，以追踪学习的效果。两个视觉单词连续呈现，要求被试判定前后看到的两个单词是否相同。呈现的刺激中包括英语中高频的单词、Keki 单词以及 Keki 的匹配控制材料。被试对英文单词比 Keki 控制材料的反应时更快（一种词语优先效应）。Keki 单词在训练之前没有表现出这种优先效应，而直到训练 5 周后才出现。这一结果支持了研究者的假设，即 Keki 单词在某种程度上和高频英语单词有相同的加工性质。

164

2. 发展词形

一项事件相关电位的研究（Posner & McCandliss，1999）研究了 50 个小时的学习 Keki 单词的过程是如何改变加工视觉词形的大脑后部早期事件相关电位成分以及在通达词义过程中不同脑区的事件相关电位成分的变化。通过在三种不同的指导语条件下呈现刺激，研究者考察了被试的加工目标对脑电活动的影响。被试被要求在语义条件下判断所看到的单词是否代表可以触摸的东西，在视觉搜索条件下判断呈现的视觉刺激中是否有一个加粗的单词，而被动注视条件下只要求被试看呈现的刺激（不作任何反应）。

研究者分别在训练前、训练中和训练结束后通过事件相关电位技术测量被试对 Keki 单词、Keki 控制材料以及英语单词的反应。另外，用辅音字母串作为事件相关电位实验中测量的基线。为了分析 Keki 训练对视觉词形加工的影响，研究中使用了和以前研究中相同的词形区的电极信号点和时间进程。英文真词、辅音字母串、Keki 单词以及 Keki 控制材料作为实验中的刺激材料。

不论训练与否，被试对 Keki 单词和 Keki 控制材料的反应都处于辅音字母串和英文单词之间。词形区对呈现的字母串的内部结构敏感，具体表现为对高度熟悉的英文单词引起的波幅最大，对符合正字法规则的 Keki 单词和 Keki 控制材料的反应次之，而对于辅音字母串反应最弱。这种反应模式在各个训练阶段（训练前、训练中以及训练后）和三种任务条件（被动看、语义判断、视觉特征判断）下都是一致的。

研究者通过比较训练过的 Keki 单词和未经训练的 Keki 控制材料事件相关单位早期后部的成分，考察了单词熟悉性对被试的影响。结果显示，训练没有任何改变作用。事件相关电位的各成分在 50 个小时的训练后并没有明显的改变。在加工最初的 200 毫秒，成人被试的视觉词形系统没有受到单词熟悉性的影响。而无论新异还是熟悉的字母串，视觉词形系统对材料的抽象字形结构都表现出高度敏感。因此，事件相关电位早期后部的成分向我们表明了词形系统的特性，它对正字法规则非常敏感，对视觉单词的熟悉性则不敏感，并且改变起来很慢。

3. 词义

这项研究的另一个目的是为了考察词汇学习对词义系统的影响。在被动看的任务中，当英语单词呈现后大约 300 毫秒，脑电波（相对辅音字母串的脑电波）表现为负走向。这种效应在语义判断任务条件下放大为两倍，而在非语义判断任务条件下（字母特征判断任务），这种效应则被减弱。和早期的正字法效应（只涉及后部脑区）不同，这种效应分布于左半球的不同区域，包括后部和前部区域。在同一个时间窗口（280—360 毫秒）比较 Keki 单词和 Keki 控制材料在语义任务条件下诱发的事件相关电位，发现了 5 周训练过程中语义系统的变化。

在第一阶段，Keki 单词和 Keki 控制材料诱发的电位没有显著差异，但相对英语单词都表现为偏正性。经过一段时间的训练后，Keki 单词和控制材料之间表现出差异，这种差异类似于 Keki 单词和英语单词之间的差别，而 Keki 控制材料和辅音字母串两种刺激条件下的反应相对英语单词更具偏正性。经过 50 个小时的训练后，Keki 单词诱发的事件相关电位和看到英文单词时的反应一致，并且和 Keki 控制材料以及辅音字母串之间的差异达到显著。和英语单词的反应效应一样，Keki 单词和控制材料之间的差异分布在后部和前部的不同脑区。

总之，这些结果证实，心理词典项目的学习过程可以进行追踪研究。不同层面的学习将引起对应的神经回路系统的变化。在最初 200 毫秒的加工过程中，字母串的正字法规则影响脑后部和视觉词形区域有关的加工。而且，这些加工不受任务要求影响，并在 50 个小时的训练后也没有显著变化。这种学习效应也在左半球前额区和后部区域表现出来，这种学习效应在被试参与词义加工时表现最明显。这些发现解释了经验改变神经回路，表明阅读中涉及的一些神经回路相对更容易被经验所改变。相信这个研究中所用到的方法可以帮助我们进一步理解不同形式的学习和神经回路的改变的关系。

即使对成人，通过练习和新的学习也可以改变参与阅读过程的一些神经回路。虽然参与阅读的基本脑区域仍然不变，但注意、练习和学习会改变它们激活的时间进程，并且根据任务要求临时调整一些加工操作的优先顺序。

166

三、读写能力的习得

哪种阅读教学方法最适合儿童，目前在这个问题上已经达成一致。美国阅读委员会（Institute of Child Health and Human Development，2000）强调言语中的一个小的单位——音素——在阅读学习中的重要性。一些游戏通常能表明儿童的音素意识能力，如给口语单词匹配押韵的单词，或使用特殊的听觉语言，比如儿童黑话（Pig Latin，儿童黑话是指把单词的第一个辅音字母移至词尾并附加上另外的一个音节而成的一种行话，如用 igpay atinlay 来代替 pig latin。——译者注）。

（一）音素意识

前面已经介绍过，即使某种语言婴儿从来没有接触过，但它从出生开始就可以分辨这种语言中的音素。研究者发现，当一个新的音素取代一个重复的音素声音时，婴儿的注意力会被吸引。在1岁以前，甚至婴儿还没有开始牙牙学语，婴儿逐渐开始根据他们所听到的语言形成音素表征。这个形成的过程意味着母语中音素的范围逐渐清晰化，但同时也失去了对其他语言中音素的辨别能力（P. K. Kuhl et al.，2003）。有证据表明，如果和一个外国人交流，就能够避免辨别这些音素的能力渐渐消失掉。

通过特殊的语音教学，书面语中的字母符号可以和口语中的音素对应起来。教儿童如何读单词和非词可以有效提高他们的阅读学习能力。阅读困难者却无法知觉出口语单词中所包含的音素，也不能将字母和音素信息对应起来。

我们可以运用儿童如何学习阅读的知识来提高教学吗？已经有不少教学方法将英语中声音结构的特点和阅读技能学习结合起来（McCandliss，Beck，Sandak & Perfetti，2000）。在阅读早期，许多儿童偏向于将书本中的单词不加分解地作为整体认读，这会使他们难以学习到字母和音素之间的“形音对应规则”，而这种对应规则有利于单词学习的迁移。

167 近年来，研究者将解码技能训练的教学实验与影像技术结合起来，以观察由训练引发的脑活动的改变（B. A. Shaywitz et al.，2004；S. E. Shaywitz，2003）。这些研究中所用到的各种教学计划和活动主要训练儿童将注意力集中于单词解码时的分析方式。儿童的注意力能有助于他们重点关注到特定的语音组成的词根上，形成单词解码的自动化。

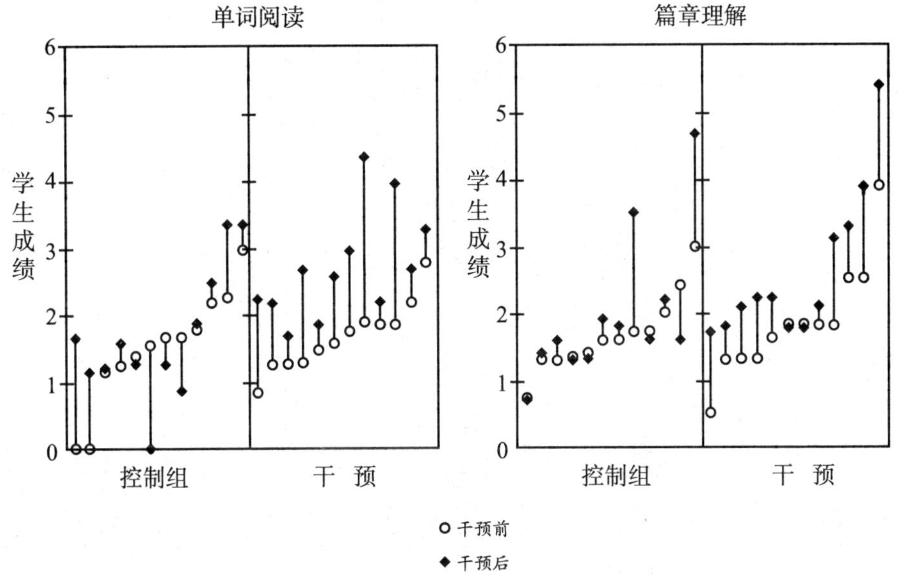

图 7.5　训练提高了阅读成绩。如图所示，低于年级水平的实验组儿童参加了 20 个单元的基于语音的计算机训练课程，控制组儿童则进行正常的课堂学习。结果显示，实验组在单词阅读（左图）和篇章理解（右图）方面的成绩都得到了提高。摘自“Focusing Attention on Decoding for Children with Poor Reading Skill” by B. McCandliss, I. L. Beck, R. Sandak & C. Perfetti, 2000, Scientific Studies of Reading, 7, p. 95. Copytight 2000 by Lawrence Erlbaum Associate. 经允许改编。

这种训练对那些阅读困难程度较重的儿童来说效果非常明显。经过 20 个小时的训练后，他们单词解码的能力提高了 1.4 个年级水平。更重要的是，几乎所有参加训练的儿童的阅读能力都得到了提高（图 7.5）。而从图表中可以看到，没有参加特定语音训练的儿童，其阅读能力没有明显的改善。虽然这些研究主要针对单词解码水平，但在改善解码能力的同时，儿童的句子理解能力也得到了提高。另一项神经影像学研究中，针对被试的音素分析能力进行了为期一年的训练（B. A. Shaywitz et al. , 2004）。在这项研究中，给控制组被试进行普通的、没有专门针对音素的教学训练。训练前的脑扫描发现，实验组被试的视觉词形区和语音加工区在阅读时没有被激活。但是，他们比普通被试的额区激活程度更强，这或许反映了他们有意识的注意。经过一年的音素训练，儿童的阅读能力得以明显提高，同时脑扫描结果显示，他们在阅读时后语音区和视觉词形区的激活程度也增加了（图 7.6）。

168

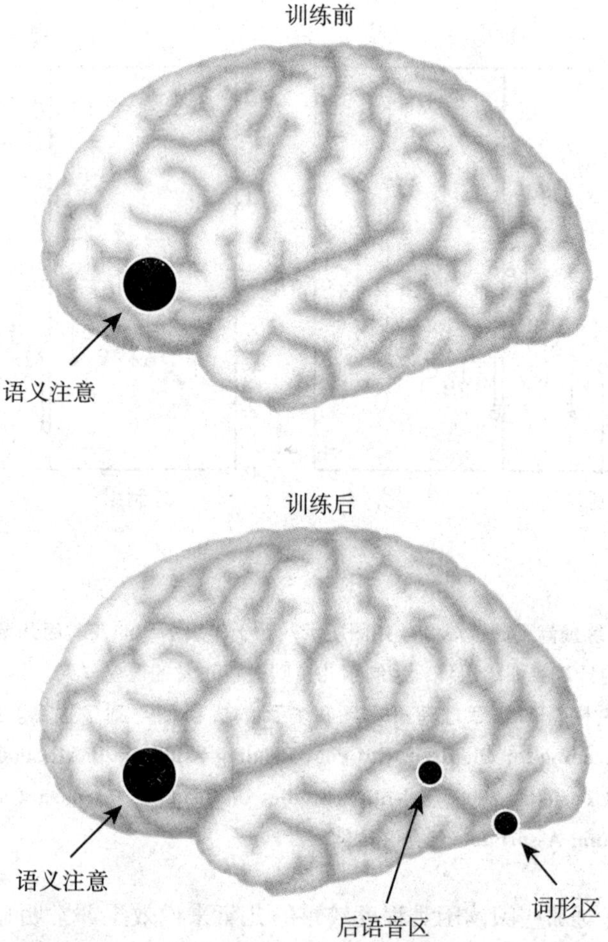

图 7.6 训练前后阅读时脑的活动情况。对有阅读困难的孩子在音素训练前后进行脑扫描。结果发现，在训练后被试左半球颞上回（后语音脑区）以及视觉词形区有明显改善（S. E. Shaywitz, 2003）。

另一项对一组阅读困难的儿童进行训练的研究也得到了积极的效果（Temple et al., 2003）。研究中的干预方法主要针对于听觉音素分析，并用一种名为“快速向前”的商业性教学程序训练儿童理解和分割音素。儿童在经过训练后，其额区的激活程度显著增加，成人的这个区域和音素分析有关（图 7.2 中三角形区域）。

169 这些研究表明，至少对部分儿童来说，加强音素自动分析的干预方法，能有效改善他们的阅读能力。目前来看，我们还无法确定到底是哪种训练对阅读障碍的哪方面起到了作用。但是，从阅读障碍儿童进行音素训练的结果来看，其中存在一个矛盾之处：训练被试的音素意识和语音确实提高了他们的阅读成绩，改善了神经系统的激活程度，但它不是流利阅读的充分条件。很显然对流利阅读来说，单靠单词解码的技能是远远不足的。前面所引用的一项研究（B. A. Shaywitz et al.，2004）却又恰恰证实，通过训练解码技能改善视觉词形区并产生了流利阅读。要想解决这个矛盾，我们还需要进一步了解视觉词形区是如何发展的。

（二）词形系统的发展

Posner 等曾进行了一项专门针对儿童词形系统发展的研究（Posner & McCandliss，1999）。儿童被分为 4 岁、7 岁、10 岁三个组，在他们看屏幕上出现的字母串时记录其脑电信息。研究主要关注儿童在学习阅读之前的状态。研究者要求儿童被动地注视这些字母串，或是主动加工字母串，即判断呈现的字母串中是否有某个字母字体被加粗。

研究结果显示，虽然儿童的脑电波和成人总体上区别很大，但和成人类似，不同年龄组儿童在主动和被动条件下都表现出明显的任务差异，即在对加粗字体进行积极搜索的任务条件下，后部通道波幅的正性增大。和其他一些 ERP 的发展性研究一样，这种效应的潜伏期随年龄增加而减少。

在这些任务中，其中一半的字母串取自一年级中学习的高频词，另一半由辅音字母串构成。以往对成人的研究发现，脑对两种材料加工的差异在最初的 200 毫秒就出现在后部通道（McCandliss et al.，1997）。而且加工 Keki 单词和辅音字母串时，不管是在被动看还是特征搜索的任务条件下，都会出现上述的差异效应。

在我们的研究中，虽然 7 岁儿童已经可以认读实验中呈现给他们的单词，但在 4 岁和 7 岁两组儿童中，单词和辅音字母串两种材料条件下产生的差异很小。而 10 岁儿童情况比较特殊，他们在 200—300 毫秒的时间窗，在后下部脑区出现词汇特定性知识的效应，这和成人研究的结果类似。和成人的 ERP 研 170
究结果所不同的是，10 岁儿童组中没有发现有关正字法解码的效应存在。而是只对他们已经知道的词语，才在早期脑电活动中表现出单词和辅音字母串的差异。

这项研究表明，10 岁儿童将视觉呈现的字母整合为单词的方式不同于成人。10 岁儿童表现出两个不同的阶段。第一阶段主要是定位于词形系统，发生的时间大约比成人晚 30—40 毫秒。在这个阶段，他们对熟悉的单词的反应不同于不熟悉的单词以及辅音字母串，这表明视觉词形系统对熟悉性敏感，而对正字法规则不敏感。与此相反的是，对成人的视觉词形系统而言，不论所呈现的字母串是否是熟悉的单词，都对单词的正字法敏感。

第二个阶段出现在随后的300毫秒，而且有些提前，10岁儿童能够有效区分单词（无论是熟悉还是不熟悉的）和辅音字母串，这表明他们能够基于正字法进行判断。这种区分很有可能是基于读出单词的难易程度，对熟悉的单词最容易读出，其次是不熟悉的单词和辅音字母串。

这些发现告诉我们，词形系统很有可能是从单词的熟悉性演化而来。我们研究中的7岁儿童被试，他们已经可以读一些单词了，在大约300毫秒时脑电活动显示他们可以区分熟悉的单词和不熟悉的单词，但这些单词都是我们之前在实验室中通过语音训练法提前接触过的。10岁的儿童被试，这种基于熟悉性的效应发生的时间更早一些，并且在未经实验室训练的、他们自己学习过的单词中也有表现。

一些单词加工的联结主义模型［例如，图7.1中表示的Harm和Seidenberg（2004）的模型］认为基于正字法的判断其实质是将输入的字母串和头脑中储存的模板进行对照，看哪一个和模板更接近。对10岁儿童研究的结果符合这一理论假说。假如在10岁的时候儿童头脑中已经形成的模板还不多，那么他们对熟悉和不熟悉的单词的反应就会有很大的差异。

在发育过程中，随着学习的深入，形成的模板逐渐增加。对成人来说，他们作出的反应，不是特定的单词的熟悉程度，而是输入的字符信息激活这些相关模板的程度。对成人而言，一个看似规则但不熟悉的字母串将会被当作单词来处理。但儿童处理单词的方式就不是这样了。

171 基于这种观点，通过模板存储形成的熟悉性，是词形系统发展的基本机制。但是由于对成人而言，符合正字法规则的非词和真词非常接近，因此两者没有明显的差异。这种假设和研究的结果相一致，即真词和符合正字法规则的非词之间没有显著差异。不过，如果词形系统的基本机制是存储模板，那么非常令人奇怪的是，Keki单词经过50个小时的训练后，与没有经过训练的Keki控制材料之间没有显示出差异（McCandliss et al.，1997）。也许是因为Keki单词从正字法规则上看非常接近英语单词，因此表现出相似的临近效应，也可能是因为对神经网络的塑造作用，使得新的模板轻易地改变了10岁儿童的系统，但却没有改变成人的系统。

无论这种特定的机制是什么，这些结果表明，儿童和成人在词汇加工时其字母自动整合的方式不一样。对熟悉的单词，儿童可以将字母串整合为视觉词汇形式，而对于不熟悉的单词，他们需要依赖于进一步的有意识的机制。这种研究方法和结果使我们能够更进一步地研究阅读学习的操作系统，有助于今后阅读技能的研究。

四、有关读写研究的启示

不断涌现出的新的研究成果为有针对性的教育干预方案提供了理论基础。现在语音训练被许多学校所广泛使用，这种方法通常能有效地提高阅读困难儿童的阅读成绩。问题在于，语音训练本身并不能产生流利阅读。虽然语音训练在改善脑后部的语音区域方面非常有效，而激励读者以整词训练或其他方式来练习阅读，则可以促进词形区域的发展。但我们需要更明确的研究来确定提高解码技能和流利阅读技能的最佳方案。普通读者可以通过阅读来提高这方面的能力。而阅读困难者可能由于阅读量不足，不能适当地发展他们的词形区域。

神经影像研究可以有助于研究者确定，到底哪项课程对阅读神经网络的哪部分起作用。不过一些基本的行为测验，例如假词阅读，也可以简单地确定一些个别儿童需要的训练形式。神经回路成像的技术，使得研究者能对教育干预的措施进行调整，这样就可以对有阅读困难的儿童进行更有针对性地教育。

前面所介绍的这些研究都表明，学习阅读的过程开始于学龄前。在出生后 172
第一年，婴儿和其抚养者之间的交流就为他们母语中音素原型的形成确立了基础。这个过程对口语发展来说就足够了，但是如果这个交流过程不充分的话，就会影响到阅读中涉及的音素意识的发展。在第 4 章中，我们介绍了自我调节能力的发展。这种发展也开始于儿童接受正式阅读学习之前，而且可能对阅读教学的效果有重要的影响作用。当学校的阅读教学逐渐深入时，儿童学习读出单词就很重要了，因为通过这种方式能帮助他们将看到的字母和听到语言对应起来。同时，流利阅读的过程还需要字母能够被自动地组合成词根。这种能力出现的年龄可能比预期的更晚一些。对许多儿童来说，阅读本身就能帮助他们形成这种能力。但对有特定困难的儿童而言，针对自动组块的练习则需要加强。

五、小结

神经影像学的方法已经被证明非常适合研究成人的高级功能回路。在这一章中，我们介绍了一些使用这种方法的例子。它可以被用于深入研究阅读涉及的大脑结构以及阅读加工中的时间进程。理论上说，各种加工操作的时间进程恰好配合了熟练阅读过程中眼的注视和眼动的需要。

虽然在个体的神经回路中可能出现非常迅速的改变，但有时候也可能需要通过很多年的学习才能完成改变过程。例如对有阅读障碍的儿童进行干预后发现，他们脑中的改变非常缓慢。这些研究证据都显示，特定的干预训练可以改善脑后部与语音相关的脑区以及视觉词形系统。在今后的研究中，研究者还需要深入探讨神经回路的变化，以更好地理解儿童在阅读中遇到的障碍，并促进更有效的阅读教学。

第八章 173

计 算 能 力

在本书第7章中，我们介绍了一些可以应用于学习新技能的重要原则。但是所有技能的学习并非都相同；事实确实如此，儿童期数学能力和阅读能力的发展有着天壤之别。两者研究的共同之处在于，都需要测量被试是否掌握了相关的初步概念这一方法。

理解数字的第一步，是把量的概念分解为适当的层次来理解。这样我们就能看到脑是如何处理这些计算信息，然后把这些信息和其他与数字相关的信息融合在一起。最近的研究通过人类和其他动物理解数字的能力来认识“数量”这个概念，在这些研究中甚至不需要任何言语的数数任务。这个理念就是，正如人们自动地评价物体的位置、形状和情感效价等特征，一堆分散开的物体则给人以数量的概念。

一、理解数量概念

对于数量概念的初步理解出现在动物和人类婴儿身上。如果有奖励，老鼠也能够学会区分大小。比如说，它们可以从八色序列中区分双色序列，即使这两个序列的时间总长度是相同的（Meck & Church，1983）。并且无论时间总长度是否相同，老鼠都能基于序列中出现的颜色数目作出判断。

通过训练，猴子也能够识别阿拉伯数字（Boysen & Berntson，1996）。通 174
过专门的训练，它们可以把数字0—9和奖励的量联系起来。在第5章我们讨论的研究中，科学家训练猴子把数字和奖励的多少联系起来，教它们把操纵杆指向物体数量多的一边（Washburn，1994）。如果物体是数字的话，猴子则会有数字的 stroop 效应产生。就是说，如果当数字呈现次数和其本身数字大小不一致的时候，猴子的反应时间较长（例如，数字 6 呈现两次，而数字 3 呈现 4 次）。众所周知，数字的 Stroop 效应会强烈激活人脑的前扣带回。

这些恒河猴所表现出的数字 Stroop 效应说明，数字训练已经足以促使猴子形成对数字所代表的数量作出自动快速的反应，这样的反应导致了数字 Stroop 效应的发生。科学家认为，和人类的注意执行系统（本书第 4 章有介绍）相似的高级注意系统的工作可能是猴子能够对不一致的 Stroop 实验作出反应的原因。由于猴子在实验过程中犯了大量的错误，所以猴子并不能像成年人类一样运用这种能力。成人和猴子一样，当不能数数的时候，他们可以基于内隐的数量概念进行大致的推断。比如说，如果呈现一系列快速的闪光，快到无法进行外显的数数，那么只要速度不至于太快，成人仍然可以根据内隐计数给出精确的信息（Whalen，Gallistel & Gelman，1999）。如果高速率呈现事件，这样刺激物持续的时间对于呈现次数就是一个明显的提示，那么被试报告的是刺激持续时间内累积了多少次 0.1 秒的时间间隔（Cheatham & White，1954）。这一研究结果说明，可能有一个对刺激物持续时间进行判断的基本单位。如果记录头皮的脑电波，将之分解为周期成分，那么最长周期是每秒 10 个循环（alpha 周期）。Cheatham 和 White（1954）猜测这个周期可能和数字报告的顺序相关。无论如何，数据都清楚地表明，即使在没有言语参与的情况下，机体也可以对持续时间和数量大小进行累加。

175

二、心理数轴

当要求成人比较两个数字的大小时，决定成人反应速度的是这两个数字在心理数轴上的距离间隔大小（图 8.1），这个效应可能是自动化的过程。比如说，如果要求被试比较两个物体的物理尺寸大小，如果物体是数字的话（例如，4 vs. 6），被试便会出现 Stroop 效应（Tzelgov，Meyer & Henik，1992）。如果数字的数量大小和物理大小一致，则被试的反应速度就比两者不一致时的反应速度快。在对猴子进行的实验以及数字 Stroop 任务的实验中（第 4 章），对数量都有自动激活。

脑成像研究也证明数量的自动激活效果。在一项研究中，要求成人被试判断目标数字大于还是小于 5。在目标数字出现之前，会有一个数字呈现，但被试意识不到这个数字的出现，更不能报告这个数字（这个数字呈现的时间非常短暂并且马上被视觉干扰所覆盖，称为“掩蔽”）。但是，这种启动效应既会影响被试的反应速度（如果目标数字出现在 5 的同一侧则反应速度就更快），也会影响与反应过程相关的运动神经系统的激活程度（用功能磁共振进行研究）（Koechlin，Naccache，Block & Dehaene，1999；Pinel，Dehaene，Riviere & LeBihan，2001）。

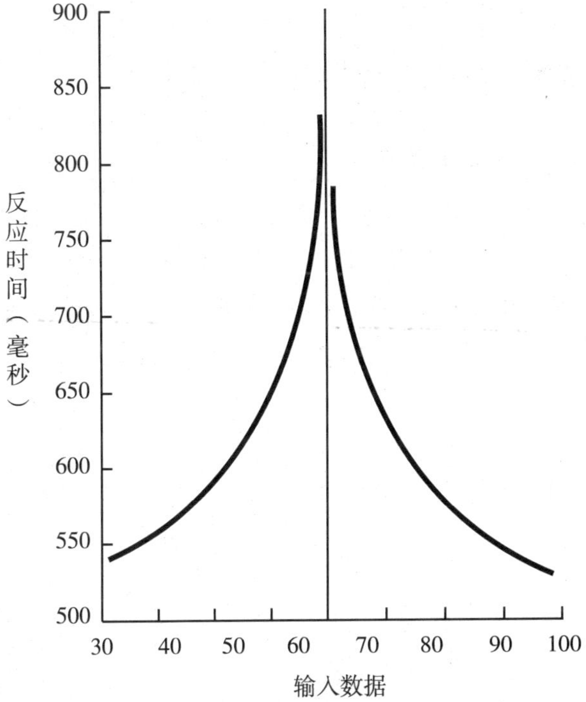

图 8.1　数字处理中的距离效应：此图表现在同数字 65 比较时不同数字所需的反应时长。它揭示了距离效应，判断两个数字不同所需要的时间以及它们的距离作用。摘自“Is Numerical Comparison Digital? Analogical and Symbolic Effects in Two－Digits Number Comparison” by S. Dehaene，E. Dupoux and J. Mehler，1990，Journal of Experimental psychology：Human Perception and Performance，16，p. 627. Copyright 1990 by the American Psychological Association.

数字的大小离 5 的距离越近，无论大于或是小于 5，被试的反应时都会更 176
长。这一发现说明存在着一种表征，其形式类似于一维空间。这种类比的数字表达形式就是心理数轴。一般认为，心理数轴是一种认知表征形式，数量的大小在这一心理数轴上有其对应的距离间隔。心理数轴之于数量概念理解的关系，就如视觉文字形式（单词）之于字母如何组成单词的理解。虽然一个词是由分离的单个字母组成的，但是组成之后的输出却是统一的组块。同样地，心理数轴的输入形式可能是拼写的单词、数字或是点，但其输出却是一个数量。数量是指脑把刺激和其他潜在刺激以某种形式联系起来，以反映这些刺激所代表的不同数量。相比数字 6 来讲，数字 7 从外观上更像 1。但是心理数轴上把 7 放在 6 和 8 之间，为其提供一个数量。这一属性正是我们在图 8.1 中所讲的距离效应的机制。几乎所有的数量任务都取决于对数量的理解，因此了解心理数轴是如何工作和发展的非常重要。

（一）判断数量的脑解剖结构和神经回路

对于健康成人是如何判断阿拉伯数字（例如，2）和文字数字（例如，二）的数量的，其基本的脑解剖结构和神经回路这些问题，我们都已经有了研究结果（Dehaene，1996）。实验任务是让被试判断给出的刺激（例如，4，四）大于还是小于 5。被试的反应时会因为刺激的不同形式（阿拉伯数字或是文字数字）、与 5 的不同距离大小（近或远），以及输出的形式而不同，详细见图 8.2。

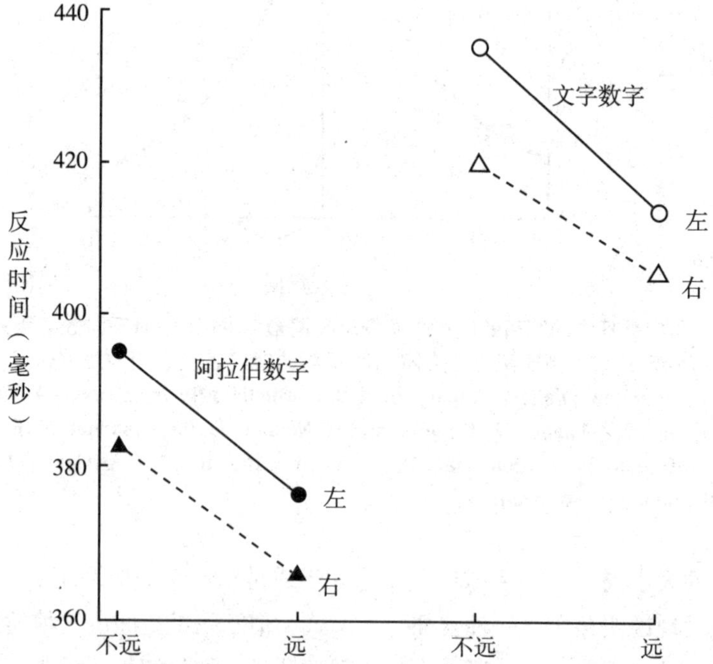

图 8.2　由语义、距离以及不同反应手的作用而产生的反应时。这三个效果是加因素，表明在第 2 章讨论过的序列发展阶段。摘自“The Organization of Brain Activations in Number Comparison: Event-Related Potentials and the Additive-Factors Method” by S. Dehaene，1996，Journal of Cognitive Neuroscience，8，p. 52. Copyright 1996 by the Massachusetts Institute of Technology. 经允许重印。

图 8.2 中显示的结果说明，由于刺激类型而导致的反应时增加的量与到 5 的距离无关。而且，无论是什么形式的刺激（文字数字 vs. 阿拉伯数字），是左利手还是右利手，当与 5 的距离增大时，反应时都减少。这种独立变量之间的增加形式与第 2 章中讲的加因素方法中的序列加工阶段是一致的。

177

（二）脑区的工作

根据本书第 2 章中所讨论的加因素法的逻辑，图 8.2 中所示的反应时增加反映的是序列加工阶段。如果用同样的任务来记录脑部头皮的高密集电流信号，我们就可能发现各个阶段脑区激活的位置和时程。

（三）心理活动的顺序

在行为过程中，事件相关电位所记录的结果表明，在任务的不同阶段会激活不同的脑区，这些脑区与预期在脑功能性解剖结构上产生反应密切相关。在刺激呈现后 150 毫秒，枕叶的脑电记录与编码阶段具有相关性。数字单词在左侧枕叶有更强的激活，这和视觉词形区所产生的反应是一致的。这种效应和阿拉伯数字所引起的双侧脑区激活形成了鲜明对照。

距离效应（与 5 的距离）出现在 200 毫秒之后，而且在右侧顶叶有最强 178
的激活，而在左侧顶叶仅有少量激活。在过去的脑损伤研究中，这一区域被认为是用来储存数字量化信息的，这一发现陆续被后来的功能磁共振研究所证实，这些研究能够进行更精确的定位（Pine et al.，2001）。

被试反应的时候用右手还是左手，也会在与所用手相反的一侧脑区的运动皮层上产生电极信号反应。被试偶尔会犯错误。当他们犯错误后 70 毫秒时，在前额叶区会产生负激活。就如我们之前提到过的，这个激活来自前扣带回，说明侦查错误的时候需要高度注意。图 8.3 显示了任务的不同阶段激活脑区的位置和时间。

这些发现说明如何应用加因素法来检测具有序列加工特点的高级思维的激活，例如将输入的数字与已经存储数量联系起来。我们并不是说所有的任务（即使是心算）都存在序列加工阶段。很清楚，在比较数字 4 和 6 的物理大小的时候，同时也会平行地激活数量的大小。如果数字 6 的物理尺寸较小，这一激活就会对被试说出这一判断的结果造成干扰。脑总是倾向于平行（同时）地寻找多个熟悉节点。但是，如果能够设计出一个大部分由序列加工阶段构成

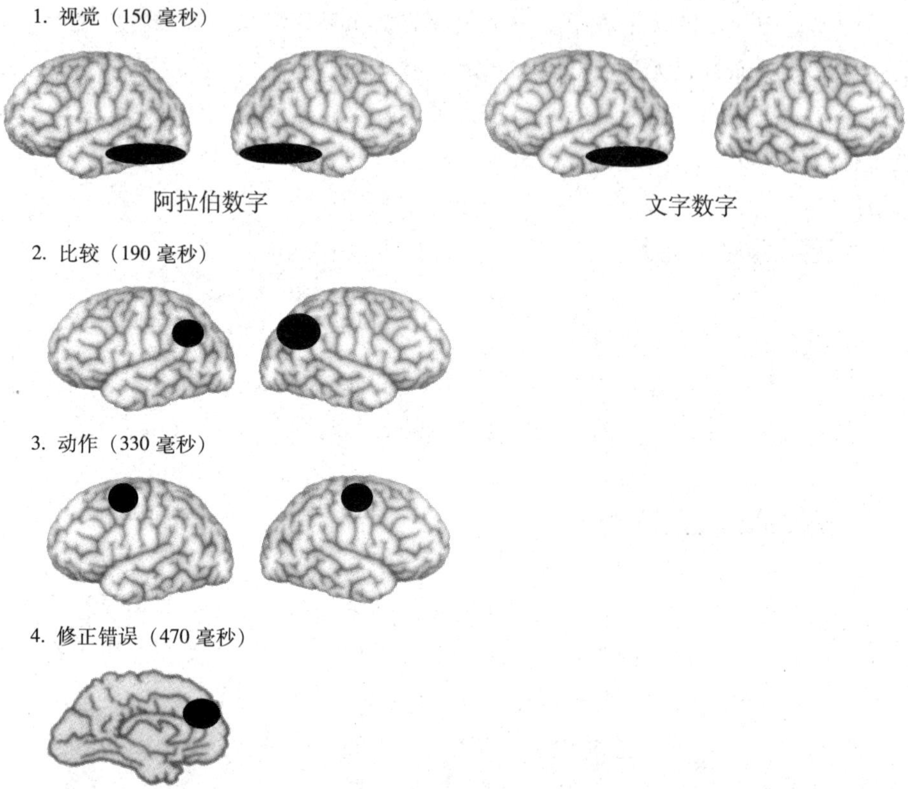

179

图 8.3　在功能磁共振和事件相关电位的研究中发现的数字比较任务所激活的脑区。1 表示不同视觉符号激活的脑区，2 表示比较语义距离效应所激活的脑区，3 表示动作位置所激活的脑区，4 表示修正错误所激活的脑区。摘自 *The Number Sense*（p. 224），by S. Dehaene，1997，New York：Oxford University Press. Copyright 1997 by S. Dehaene. 重印得到牛津大学出版有限公司的允许。

的任务，就像 Dehaene 所设计的任务，那么我们可以用多因素设计来发现任务过程中脑活动的不同方面。

这项研究的结果表明，在第 7 章中我们对阅读的研究结果亦可应用于简单的数学计算。在完成一个任务的过程中，对应于任务中所涉及的心理活动，可能会激活分布很广的几个区域。加因素法被应用于很多简单任务的研究中，这些简单任务的操作步骤都是按部就班的。通常在加因素法实验设计中所确认出来的认知阶段可能对应于与这些操作或运算有关的脑结构上的活动。所以，我们要认识到，如果一个数字任务的刺激输入是一个单词，就有可能激活与单词阅读相关的脑区。

在专业技能的操作过程中，脑不同的结构具有不同的功能。这一陈述的隐含意义是，每当专业技能需要某个特定的认知任务成分时，负责这一运算的脑区便会相应地被激活。这种认知操作的功能定位似乎是专业技能的共同属性。比如说，在读、听以及为图片命名的时候，负责语义的相关脑区会被激活。同样地，言语工作记忆参与了很多工作过程，比如储存书面词语、用语言描述一个位置或者在做运用语言描述策略的任务时。在一个词语储存的工作记忆任务中（Schumacher et al.，1996），无论这些词是以听觉或视觉的方式呈现，负责言语短时记忆的相同区域都被激活（例如，布鲁卡区和后顶叶区域）。这些研究结果很明显地提示我们，无论何时需应用技能学习中的成分操作进行计算，这些成分都依赖于相同的神经区域。

180

三、心理数轴的发展

在研究儿童数字发展的能力时，所用的任务和之前报告的对成人所用的相同：让他们决定目标数字是大于或是小于 5（Temple & Posner，1998）。在比较数字语义大小任务中，5 岁儿童和成人激活的基本脑区是相同的，但是反应时长了三倍（图 8.4）。

181

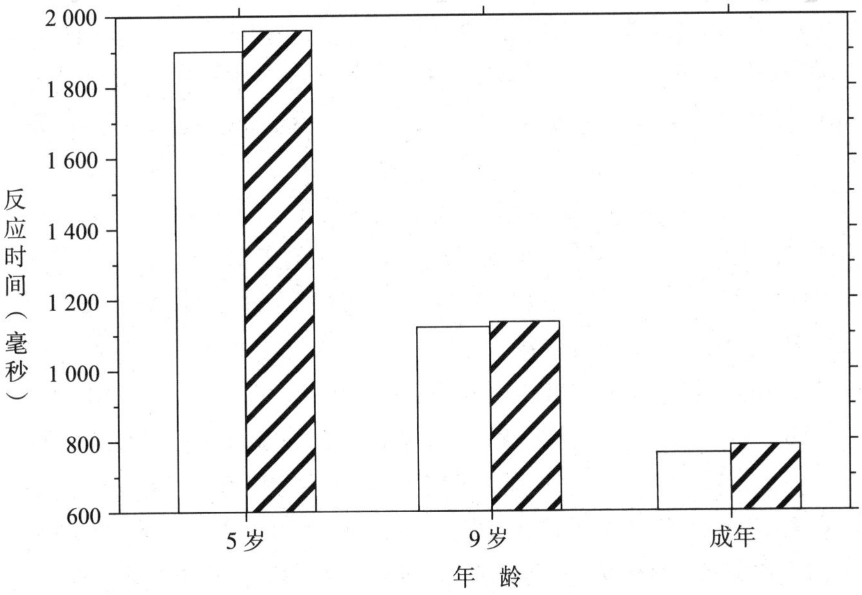

图 8.4 数字比较的发展。此图表现了儿童在不同年龄阶段做点阵（条形柱）或是数字（白色柱）比较任务时候的反应时（Temple & Posner，1998）。

（一）儿童的脑区定位

那么，5 岁儿童是否表现出和成人相同的功能定位？有一项研究用了 128 导的事件相关电位来记录数字比较任务时 5 岁儿童和成人的脑区活动，并同时比较了距离效应所带来的事件相关电位的差异。任务中同时采用了点阵和阿拉伯数字的呈现方式，来检测数量大小的知觉表征（前者）和象征性表征（后者）是否会影响距离效应的定位或时间进程。两组被试在做接近数字 5 的数字时反应时都相对较长（成人平均时长 519，儿童为 1 665），而做离数字 5 的语义距离较远的数字时反应时相对较短（成人平均 480，儿童 1495；见图 8.4；Temple & Posner，1998）。

在研究者选择的 6 对电极中，均出现了显著的距离效应，所选脑区的波形成分也和 Dehaene（1996）之前报告的成人的相似。在不同的年龄组中，和行为上的距离效应相关的脑区是相同的。

Dehaene（1996）用 64 导的事件相关电位记录了大脑头皮的电压，报告了同距离效应相关的阿拉伯数字和语言数字在刺激呈现后 174—230 毫秒时顶—枕—颞区（略靠右侧）的电压差异。Dehaene 由此认为，距离效应说明数学能力中数量比较的特异性。负责这部分数量比较任务的脑区，也相应地参与了对数量大小的抽象表征，或者数字比较任务。对于儿童的这项研究重复证实了 Dehaene 对于在数字比较时电压的差异，以及在目标呈现后距离效应出现的时间差异。

就与距离效应相关的脑区位置和波形成分而言，5 岁儿童和成人的脑活动的总体结构极为相似。尽管儿童的反应时是成人的 3 倍（儿童 1600 毫秒 vs. 成人 500 毫秒），但在用于观察距离效应的波形主成分上，同成人相比，儿童仅有细微的延迟。儿童出现的第一个事件相关电位的正高峰（P1）是在目标呈现后的 124 毫秒，仅仅比成人迟 26 毫秒；第一个电波负高峰（N1）出现在目标出现后的 212 毫秒，比成人迟 42 毫秒。越是靠前部脑区的波形相对越滞后一些。对于两种呈现形式（点阵和数字），距离效应都很相似，5 岁儿童激活的脑区时空分布和成人的非常相似。这些发现说明快速估算所需要的系统在上学之前就已经开始发展了，而且和成人所用的系统是一样的。

182 在做点阵任务的时候，在同一个电极上同一个时间窗口，电极的电压会因为数字距离的大小而不同，与 Dehaene 的成人研究和本研究中的数字处理过程所观察到的一致。但在点阵情况中，电压的差异更大更显著，而且出现的时间更早一些。但是在我们这个研究中只采用了四种易识别的点阵模式，成人和儿童却都应用了与数字比较相同的过程来比较点阵模式。这一发现说明，无论输入模式是什么，对数量的分析是类似的，这进一步支持在顶下区有一个参与抽象数量比较的系统。同之前的 Dehaene（1996）所作的事件相关电位研究结果相反的是，我们（Temple & Posner，1998）的结果表明参与的脑区是双侧的，而不是右侧化的。

成人的功能磁共振成像研究以及猴子的细胞记录研究结果（Piazza，Izard，Pinel，LeBihan & Dehaene，2004）都支持这样的结论：心理数轴激活的脑区是双侧顶叶，而且它和注意力以及空间能力高度相关。最近的功能磁共振成像研究产生了与之不一致的结果。一项研究表明（Ansari，Garcia，Lucas，Hamon & Dhital，2005）儿童在做简单数字任务的时候激活的是额叶而非顶叶，同时另一项研究发现（Cantlon，Brannon，Carter & Pelphrey，2006）4 岁儿童和成人激活的是同样的顶叶区域。尽管存在这样的可能性：心理数轴可能在儿童到成人发展阶段有所变化，但很可能是因为任务的总体难度比较大，所以儿童激活的是额叶区域。无论如何，关于心理数轴的发展问题，尤其是它和其他认知能力的关系还有待于进一步研究。

那么，到底是什么原因使 5 岁儿童的反应时间更长呢？一个很自然的行为原因是，5 岁儿童会花大约 1 秒的时间低头确认按键。相比成人而言，儿童似乎更难把数量运算同按任意键这个行为联系起来。我们由此推断对于把行为同内在的数量运算联结起来可能反映了：这个年龄的孩子在把内心思想用适当的自主行为表现出来这一能力上存在更大的困难，尤其是用脑后部处理信息的行为。这个理论同额叶成熟得较晚是一致的，但还需要进一步研究。

尽管在比较数字的时候，儿童和成人激活的脑区是否相同仍然不甚清楚，但是事件相关电位的研究数据显示，无论输入的形式是点阵、数字或是文字数字比较，脑的激活效应是相似的。这样的结果说明，心理数轴是在 5 岁之前不需要任何数学训练就已经发育成熟了。虽然 Piaget 在 20 世纪 50 年代提出学前儿童对数字缺少最基本的概念，但是如同本章讨论过的一样，确实存在证据表明儿童对于数量已有初级的概念，这些能力在很多动物身上中也有体现。

183

（二）训练

确实有过实证研究，对于社会经济地位较低、小学算术可能不及格的儿童进行数字比较能力的培训（Griffin，Case & Siegler，1995）。有一个此类项目称为 Right start，就提供了很多练习，比如说棋盘游戏里要求儿童去决定要移动几块板块。这个理念是要在各种游戏中训练他们学习数量这个概念。研究表明这些学习确实让这些儿童在小学算术中不逊于那些接受更多父母辅导的高经济社会地位的儿童。

这些训练方法的成功可能是源于它们可以让儿童把信息输入和脑中已经存在的数字比较区联系起来。更广义地说，这些研究为进一步了解脑是如何在学习过程中重新组织以及评估学校教育中教学策略的有效性提供了工具。

由于在阅读中提取词形与数字比较的区域有很大的差别，这就进一步突出深入分析这些任务执行过程中神经回路的重要性。在阅读的研究中发现，视觉词形的发展过程相当长，在儿童 10 岁时，即使他们的阅读能力已经发展得非常好了，但是他们的视觉词形对脑的激活方式仍然不同于成人。尽管如此，Temple 和 Posner（1998）的研究表明，儿童早在 5 岁时，数字比较激活的脑区就同成人相同了。对于阅读和数学的脑活动研究使得观察其他形式的学习过程中脑活动的发展也具有可能性，也同样可以发现哪种教育方式更为有效，这不仅可以运用于数学教学，而且还可以应用于听力、阅读和其他认知能力的学习上。

（三）做算术题

我们在第 7 章（本书）的目标是要超越单个字词的识别过程去研究自然环境下的阅读理解能力，本章同样旨在超越对数量概念的认识去研究算术学习能力。做数学题的时候，人们需要对数据进行运算。虽然婴儿具备对较小数字进行加减的最基本能力，算术运算的正式使用显然还需要其他两种关键能力的发展：第一个是语言的发展，或者说脑的语言相关区域的发展，第二个是习得相关技能，这个通常是通过教学习得的。

1. 语言区的参与

有一个重要的研究把实践相关电位和功能磁共振成像的方法结合起来，发现了复杂数学能力中语言区域的参与（Dehaene，Spelke，Pinel，Stanescu & Tsivkin，1999）。这项研究是要求被试说出呈现的加法结果是完全正确的或是大约正确的。

表 8. 5 中给出了这两种类型的问题的示例。在精确加法运算的条件下，一

个答案选项是完全正确的，另一个答案很相近但是错误的。在估算的情况下，一个答案选项是很相近的，另一个与正确答案差得很远。Dehaen et al.（1999）认为，在作估算的时候，运用心理数轴就足以得出答案了，而精确运算则需要进行仔细的计算，这就可能涉及其他系统。支持这个理论的证据是，估算过程中产生的脑激活主要在双侧顶叶，同时另外还有其他一些和空间视觉化相关的区域被激活，而双侧顶叶在心理数轴中起了重要的作用。当要精确计算的时候，左侧和语言相关的工作区（在第 7 章中提到的）被激活了。这些数据表明，对于成人来讲，如果数学任务难度加大，语言部分就会参与运算过程。一项功能磁共振成像研究进一步为此提供了证据：这项研究中把数量比较任务同乘法任务相比较。脑区域包含与心理数轴相关的顶叶区域，以及同注意力相关的前扣带回都被激活了。比较任务主要激活了右侧半球，而乘法主要激活了同语言能力相关的左侧半球（Chochon，Cohen，van de Moortele & Dehaene，1999）。

185

2. 计数

一般来讲，儿童在两岁左右开始学习基本的计数能力，这大约与他们语言的快速发展发生在同一时期。通常在学前这种能力就已经发展得非常好了。有趣的是，把数字系统建立于逻辑组织上（比如说十进制系统）的语言会加速儿童计数能力的发展。在某种程度上，运用较短的数字命名可以为数字提供更大的工作记忆容量。

人类最早的有关加法和减法的能力出现在婴儿几个月大的时候。如果出现物体的数量多少跟他们期望的不同，他们会对这些物体注视更长时间，表情也更惊讶。比如说，实验中他们看到一个小玩具放在一个屏幕后面，然后让他们看见又放进了一个玩具。当屏幕拿开后，如果结果不正确（出现了 1 个或者是 3 个玩具），与出现两个玩具相比，他们注视的时间会更长，而且表现得更加惊讶（Wynn，1992）。早前研究者将这一结果解释为他们发现了错误，因为婴儿原来是期待出现两个玩具。但是这一观点现在受到其他观点的质疑。正如第三章中报告的，Berger，Tzur 和 Posner（待发表）重复了相同的实验，同时记录了 128 导电极的脑电图。他们发现婴儿的脑同成人一样，当答案是错误的时候，他们在额叶区显示出显著增强的负波。由于婴儿和成人的反应相似，又由于我们已知成人的这一脑区参与自我调控的过程，因此，这个证据说明，同成人相同，婴儿的反应是源于预期的违反。

3. 最小策略

数字运用能力的显著性发展出现的时间要晚很多，通常出现在拥有语言能力之后。就如我们在有关儿童学习控制行为的研究中所提到过的（见本书第四章），在做数学运算的时候，往往会运用身体策略。5 岁儿童往往在正规教育的过程中形成一些策略（Siegler，1996）。如果让他们计算 5+2，儿童可能会伸出手指从 0 开始数到 7。有时候他们把手指都伸出来，不做外显的计数行为就能把相加的和报出来。有时候他们是猜的。但猜测可能更直接地运用了心理数轴，就像图 8.5 所表示的估算情况一样。另一个更常用的策略是把大数作为被加数，把小数加到大数上（小数策略）。在运用这个策略的时候，运算所需要的时间与小数的数量大小之间有很强的相关。但如果儿童是直接提取正确答案，而不是明显的计算的时候，这两者之间的相关性就大大减弱（Siegler，1996）。

184

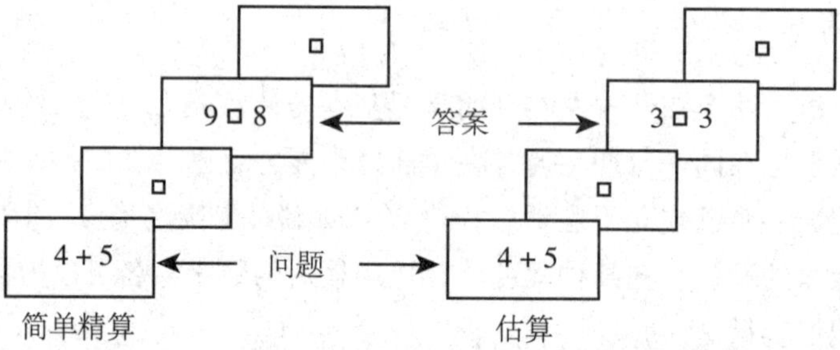

图 8.5　简单精算（左）和估算（右）任务的示例。小方块的功能是目标定位。摘自 "Sources of Mathematical Thinking: Behavioral and Brain – Imaging Evidence" by S. Dehaene，E. Spelke，P. Pinel，R. Stanescu，and S. Tsivkin，1999，Science，284，p. 970. Copyright 1999 by the American Association for the Advancement of Science. 经允许重印。

186 部分成人在简单运算中所运用的是直接提取策略而并不是真正去计算，即使是这部分人，他们在判断 5+4=9 是否正确所需要的反应时也比 5+2=7 要长，尽管大家对这两个算式的熟悉程度是相当的。这就是说，成人在处理这类问题的时候，也存在一个同儿童小数策略类似的系统（Groen & Parkman，1972）。这一高度序列化的结果伴随着平行加工的成分。如果对比 4+3=12 和 4+3=13（Winkelamn & Schmidt，1974），人们作出前者是错误的这个判断所用的时间更长，出现这种现象的原因可能是因为 3×4=12 是正确。尽管这实际上和当前的任务并没有关系，但是脑对熟悉的答案会产生激活。

（四）对提高数字教育的启示

尽管人类的数学能力具有坚实的生理基础，如何创造性地把这些天生的理解能力运用于正规的算术运算仍然是个长期的过程。至少一些学生在上小学之前要反复练习他们对数量的概念理解。Rightstart 学习方案就是通过游戏的形式让儿童把每个数字和对应的数量联系起来。

四、小结

本章中我们讨论了有关数字能力习得的信息。我们的基本方法是运用模型任务让被试比较目标数字是大于还是小于 5。这一模型任务表明，成人在判断过程中会激活与该认知活动有关的神经网络，5 岁儿童的激活模式和成人相似，但是他们完成任务所需要的时间更长。这可能反映了儿童需要更多的时间来让信息从脑的后部传递到脑的前部以作出反应。成人以及经过几千次训练的猴子能够对数量信息进行自动的加工，但是有些儿童却在数量信息的自动加工方面存在困难。

小学数学学习中的成绩取决于对数量概念的理解，就像阅读能力依赖于对 187
口语结构的认识（见第 7 章中的语音意识部分）。就如我们探讨的 Rightstart 学习方案一样，我们必须教会儿童理解数量概念。有些儿童 5 岁就出现了心理数轴这个概念，而有些儿童则没有这个概念，或者不能自动运用心理数轴这个概念。存在数学学习困难风险的儿童和没有接受过数量理解训练的儿童，在各种数学任务中的成绩都没有那些接受过训练的儿童成绩好。对这些在数学学习中可能出现问题的儿童进行专门的数量运用的培训，会提高他们在学校的成功率。

189

第九章

专　　长

阅读和算术只是儿童在学校必须获得的许多技能中的两项而已。研究各领域技能获得的更为普遍的途径就是研究“专长的获得”（Chi, Glaser & Farr, 1988; Ericsson & Smith, 1991）。识字和计算能力这两个领域中拥有众多的专家，而在专长的认知研究中，一个基本原则是，专家与新手的不同，在于他们所感兴趣的领域信息在记忆中的储存方式存在着差异。

专长取决于快速地、自动化地获取存储于记忆中的材料的能力。在一些情形下，例如听外语或阅读技术材料时，这些自动化提取的程序可能失败，这使得人们意识到他们是多么依赖于这些技能。研究者要求专家对他们所做的事情进行解释，或者在运用技能的时候进行口头报告，以此来研究专家的表现（Ericsson & Smith, 1991）。但是专长还包括了专家自己所觉察不到的、因而无法进行报告的内部活动。例如，在句子理解中，歧义词的多重意义可能在意识水平之下被激活，之后被语境所抑制（Gernsbacher & Robertson, 1995）。因此专家阅读者的技能很大程度上取决于他们对当前语境中不适用词义的抑制能力。正如我们在本书第七章所看到的，即使被试没有看到启动刺激，但它仍可能影响到目标的激活，使之产生偏差。

如本书第一章所述，专长领域的早期研究比较了象棋大师与一般棋手间的记忆（Chase & Simon, 1973）。图 9.1 显示的是一场大师级比赛中棋子的布置。如果棋局按照真实棋赛有条理地摆放，象棋大师在迅速看一眼就可以记住棋盘上所有棋子的位置；而一般棋手只能记住 7 枚棋子的位置。造成这一差异的原因是，象棋大师能够从分散的棋子中整理出一个有意义的整体。如果棋子是随机放置的，那么象棋大师的成绩就与一般棋手一样差。Herbert Simon 经计算得出，要达到象棋大师的状态，可能需要 50 000 个小时的练习。

190

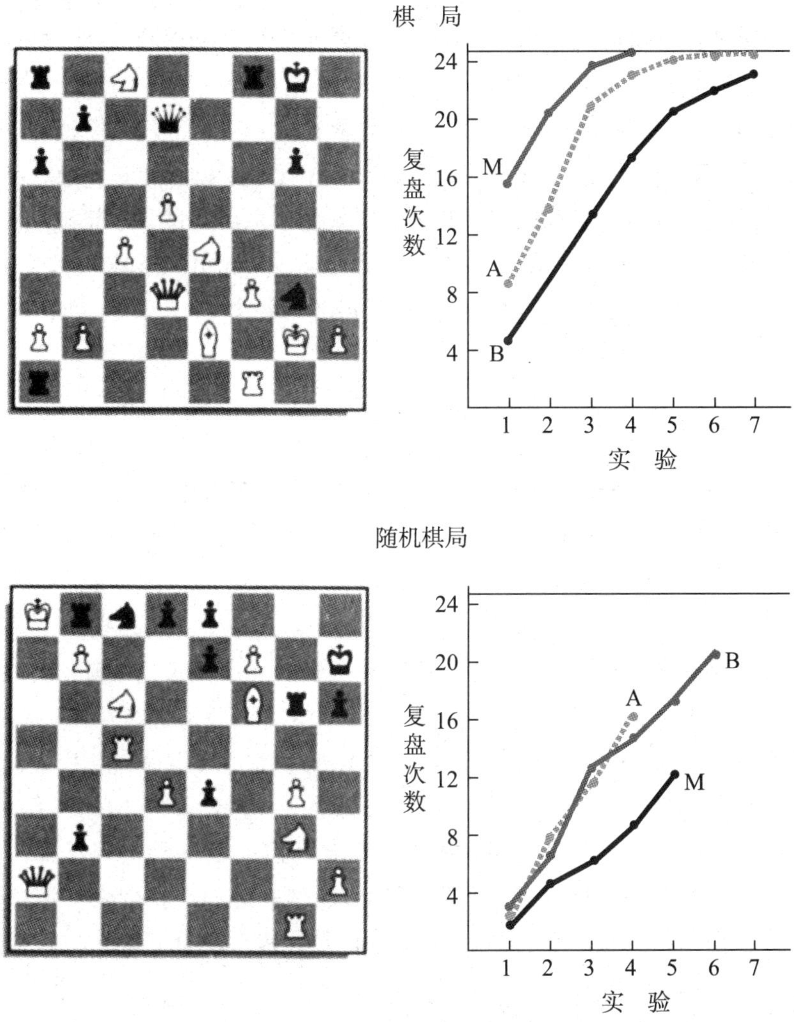

图 9.1　象棋专家与初学者的学习成绩。左上角是一场大师级棋赛，其下方是用同等数量的棋子所摆的随机棋局。右侧显示的是对棋局的复盘结果。大师（M）对真实棋赛的成绩远远优于其他人，但对于随机棋赛的成绩则并不比好棋手（A 和 B）更好。摘自 "Perception of Chess" by W. G. Chase and H. A. Simon，1973，Cognitive Psychology，4，p. 60. Copyright 1973 Elsevier. 经允许重印。

当然，能够成为象棋大师的人并不多，但很多人确实在识字和计算方面获 191
得了高水平的技能。识字的人对母语词语的视觉再认就已经达到了专家的水平；我们能够理解以母语进行的快速谈话也正是专长的表现。言语看似是被分解为单个的词语，但实际上不仅在词语之间，而且在词语之内都存在着许多停顿。不管在说话或阅读中，我们凭借高水平的语言知识对此加以处理，以进行词语的辨别。字母组成词语，比起单独出现的字母，阅读者能够更好地再认词语中的字母。

在前两章，我们回顾了读写能力和计算能力；对于我们这一拥有语言和数字能力的物种，这两个学习科目有其坚实的生物学基础。但是，这些技能仍然需要长时间的教学才能达到成人的水平。人们在学校通过学习新概念和思想可以了解各个知识的领域，如历史学、自然科学或计算机科学等。在本章中，我们将侧重这一学习形式所需的某些记忆和概念系统。

一、记忆在专长中的作用

当我们从语义记忆中提取信息时，由于信息在工作记忆中进行暂时的表征，因此能够被有意识地觉察到。工作记忆被认为是一个缓冲系统，用以暂时性地保存信息，以便于信息与其他材料发生联结。在本章中，我们首先从脑成像研究的结果来考察工作记忆的结构，并考虑工作记忆的不同形式之间是如何协作的。接下来我们将阐述信息的提取过程，并考察儿童是如何学会以外显的形式来表征信息的。记忆系统是以所存储材料的性质来进行组织的；也就是说，我们提取某一领域的事实（如关于动物或数字等）可以暂时地提高激活相关材料的能力。如前所述，相关联想的启动是心理加工的一个重要特征。启动是由语义内容相似的材料之间的牢固联结所导致的。这种语义映射的形式对于我们一生中如何使用记忆有着深刻的影响。我们将了解记忆是如何进行组织的，这种组织形式又是如何促进推理、表象、概念和其他思维过程的。

192 工作记忆和注意的关系非常密切。事实上，执行注意是工作记忆的一个关键组成部分。新近注意到的项目往往会保持在一种激活状态，称之为工作记忆的激活状态。执行注意网络控制着工作记忆中的重组和复述。

（一）输入编码

记忆中最广为人知的事实是，在单次呈现（记忆广度）之后能够保持的记忆项目数限于7个左右。另一个事实是，记忆广度在儿童期一直扩大。虽然这些事实都是正确的，但它们很容易引起误解。正如本书第1章所描述的，有项研究对卡内基·梅隆大学的学生进行了10个月的培训，结果他们的数字广度从通常的7个项目扩展到了近100个项目（Ericsson & Chase，1982）。他们学习特殊的编码规则，这些规则将输入的数字和特殊的田径事件联结起来，因此每三或四个数字都有相应的独特编码。学生对这些分数形成一套层级结构之后，就可以达到这种不同寻常的记忆广度。当学生已经能够报告100位数之后，如果将刺激换成字母，由于字母与他们用以助记的跑步计时无关，他们的数字广度就重新降到7。因此他们所学到的是一种数字组块法，而非扩展记忆的一般化方法。类似地，儿童期记忆的显著发展很大程度是由于儿童对用以测验的字母、数字和其他材料的熟悉性提高所产生的（Chi，1978）。

神经成像研究的数据为我们了解工作记忆的神经基础提供了丰富的资料库。此类研究相当部分采用正电子发射断层扫描法和功能磁共振成像法（fMRI），要求成年人记住言语材料、非言语物体或者空间位置（Smith，Jonides，Marshuetz & Koeppe，1998）。对单独字母和数字的记忆系统的研究受到了广泛的关注。这一重视是恰当的，因为成年人最为普遍发展的记忆策略就是将输入信息重新编码为言语形式。几乎从婴儿出生开始，在交流过程中，父母就会教孩子如何将周围的事件重新以言语形式进行编码。

关于短时言语记忆的研究表明，左半球额叶和顶叶有强烈的脑区激活。如果只要求被试在项目呈现时对之进行复述，但无须记住项目，此时额区仍有激活，但靠后侧区域的活动就减弱了。这一结果说明，对信息的复述会涉及传统的布鲁卡区及其周边的额区（Awh & Jonides，2001）。在本书第7章（图7.2）中，研究表明额区涉及发音编码；而言语和阅读涉及了同一神经机制，这一机制也用于解释工作记忆。有研究发现，发音中所包含的音节数量是工作记忆可以存储多少材料的重要根据之一，上述研究发现与这一结果非常吻合。

在不同的工作记忆形式中，与言语系统对比最强烈的就是对空间位置的记 193
忆。位置对记忆而言非常重要，即使在言语性材料中也是如此。事实上，当需要记住一系列的词语时，一种常用的方法就是将每一个记忆项目与特定的地点联系起来（地点助记法）。地点助记法之所以有助于提高记忆，大概是由于在我们物种进化中，从一个地方找到另一个地方的能力一直很重要。当个体必须准确地记住一个小点的位置，右半球通常会有更强的激活。在言语记忆中，不管额叶还是后侧区域都有激活；但是，对空间位置的复现主要涉及后部顶叶（Awh & Jonides，2001），而存储则主要涉及额区。

（二）工作记忆的成分

言语材料的复述机制位于额叶，而空间位置的再现却涉及顶叶（靠后），这一点看起来有点奇怪。这一现象可能阐述了一条更为普遍的原则，即复述记忆材料的方法自然地建立在已知的输出系统之上。就言语材料而言，布鲁卡区涉及语言的输出及内部语言的复述；就位置记忆而言，对位置的再现和对外部物体的定向都涉及位于顶叶的同一系统。由于语言系统是偏左侧的，而空间注意通常是偏右侧（第3章），这两种工作记忆相反的偏侧化趋向对于维持两者的分离也很重要。

语言和空间工作记忆系统在某种程度上可能有所重合，许多任务同时依赖于两种记忆形式，因此双方的脑区都会被激活。很少有证据来支持视觉物体的工作记忆间存在着精确的分离。这可能是由于我们频繁地将物体重新以语言的形式进行编码，使得视觉系统之外还增加了语言工作记忆系统。

194 早期认知心理学把工作记忆看作是信息加工和信息存储的单独系统，是作为感觉输入和长时记忆之间的通道（Atkinson & Shiffrin，1968）。但这种将工作记忆视为单独系统和通道的观点受到了挑战：不仅工作记忆受损的病人在长时记忆功能上正常（Shallice & Warrington，1970），而且也与双任务实验的结果不符（Baddeley & Hitch，1974）。Baddeley 和 Hitch（1974）最先提出了工作记忆的多成分观点。这一模型是由三个成分组成的：中央执行系统等同于我们所谓的执行注意，在语音环路和视空板这两个子系统之间起协调作用。语音环路保持、控制语言信息，由被动的语音存储结构和发音复述过程所组成；视空板则处理视觉和空间信息。这一观点得到了脑成像研究结果的极大支持。

正如我们前面指出的，有研究证明，工作记忆中处理语言和视觉信息的脑区存在分离；一些认知研究（Sanders & Schroots，1968）也表明，对于字母和位置混合的记忆广度接近于两者相加。这一结论与神经成像研究中发现的语言复述和空间再现之间存在着分离的观点是一致的。

来自神经和认知方面的证据都表明，工作记忆中言语和空间信息存在着分离。这些系统间存在的是功能性分离吗？若要验证这一看法，研究者必须证实材料的存储和提取只在一个区域内（如言语或空间）；或者同时在这两个区域内，但反应的时候并不会相互干扰。在记忆广度研究中，若使用完全报告法，用以提取的运动系统间会产生输出干扰问题。

在我们的实验室中（Heidrich，1990），测试视觉和语言活动功能性分离的方法之一，是要求被试在脑中保留的两个或四个位置或数字中检测某一项目有无出现，测量被试回答所需的时间。在单一组块设计中，实验项属于同一类（或者位置，或者数字）；而混合组块设计中，有两对或四对实验项目，每对项目都由位置和数字共同组成。如果材料的提取和存储是完全独立的，那么，我们就可以预期混合组块中的斜率应当和单一组块的设计完全一样。但如果语言和空间信息是存储在同一个地方，或两者在提取时会有相互作用，我们可以预期斜率会变高。结果显示，混合组块的斜率并没有显著高于单纯组块。无论是位置还是字母，单一和混合组块之间都没有表现出斜率的增加，这说明两类材料的储存是分离的，对测试的刺激适当地进行分类后，就只需测试其中之一即可。

195

（三）编码的个体差异

有些刺激可以就其视觉表征或者字母命名进行编码。有证据表明，对此类刺激的处理上存在着个体差异。每一个体都可以通过努力控制对两类编码形式加以使用。根据特定的指导语或情境，个体可以将一个词语或一张图画以语言的形式进行编码，或者将字母保持在视觉表象水平。脑成像研究说明，注意字母命名所激活的脑区与负责语言信息储存和复述的脑区相关；而注意字母的字形时则激活视觉区。看来合理的做法是让儿童同时拥有两种编码方式，但是美国学校更强调对视觉输入的语言编码（Posner & Raichle，1994）。

人们在执行此类工作记忆任务的能力上存在着巨大的个体差异。工作记忆容量是智力的组成成分，工作记忆测验成绩与一般智力测验分数相关。关于空间工作记忆的研究（Vogel & Machizawa，2004）发现，若记录下空间信息的编码和提取过程中的偏侧化脑电活动，可作为相对纯净的个体差异的测验指标。实验者同时向被试的两侧视野呈现信息，但只要求对来自一侧视野的信息进行储存和报告。对视野中的元素数量进行系统性地变化，脑一侧的脑电活动波幅也会随着元素数量的增加而增高，直至达到个体工作记忆容量的极点（表9.2）。对工作记忆容量进行的电生理学测量，不仅增强了与相关神经网络机制的联系，并且使我们有机会探明造成个体差异的基因。由于空间工作记忆取决于与注意定向网络相关的复述机制，因此和这一神经网络相关的基因（第5章）很可能是原因所在。

（四）内隐记忆

记忆广度为何随着年龄的增长而扩展？一个可能的理由是，对所使用材料

（字母、数字、词语）的熟悉程度开始增加，因此对材料的编码和提取就变得相对容易。我们对习得这类信息的方式印象不深，因为信息是在听和读的过程中内隐地获得的。

记忆研究（Schacter，1987；Squire，1992）确定了学习简单事件时两种完全不同的形式。内隐学习发生于接触某一项目的过程中，并改变此后对相关刺激的编码。我们认为，这种学习形式可用以习得位置序列，而这是婴儿在4个月时就能够习得的（第3章）。动作学习（例如，系自己的鞋带或骑车）似乎有赖于这一学习形式。但是，每一类型的记忆很可能都有内隐的成分。外显学习是通过对项目积极有意的注意而实现的，并且让被试在各种情境下都可以对所存储的信息进行自主提取。

196

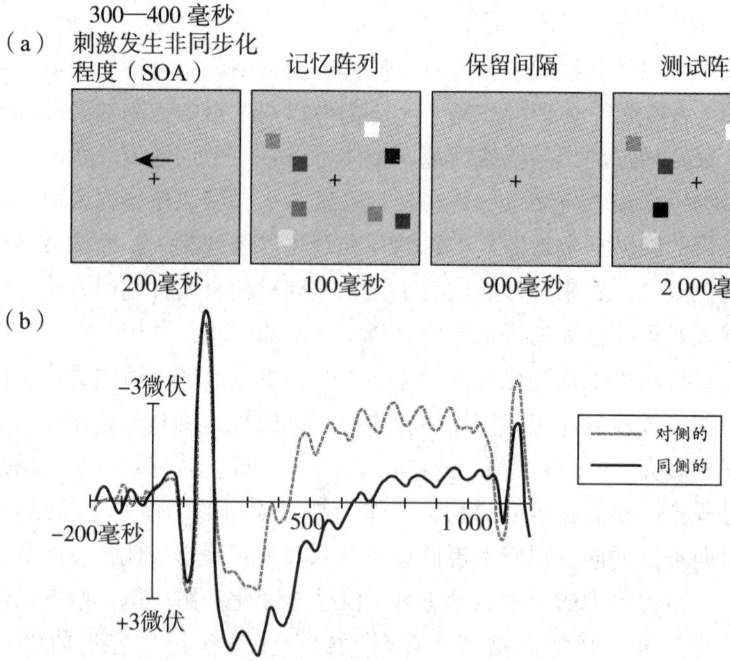

图9.2　工作记忆的个体差异的电位表现。图（a）是一个工作记忆任务的图解说明，人们要尽量多地报告出箭头所指的阵列中的项目。阵列的大小随实验序列而变。图（b）显示了两个半球的事件相关电位。报告阵列的对侧半球表现出更多的活动，而这一个半球活动的数量与个体的工作记忆广度的大小相关。SOA＝刺激发生非同步化程度（一个刺激与下一个刺激出现的时间间隔）。摘自“Neural Activity Predicts Individual Differences in Visul Working Memory Capacity” by E. K. Vogel and M. G. Machizawa，2004，Nature，428，p. 748. Copyright 2004 by Macmilan Publishers Ltd.. 经允许重印。

脑成像研究已经确定出与这些学习形式相关的重要脑结构（Buckner et al.，1995；Squire et al.，1992）。这些研究通常采用线索回忆的形式。首先向被试呈现一系列词语，之后要求他们对三个字母构成的词干进行反应（词干补全，stem completion）。如果指导语要求被试说出进入脑海的第一个以该词干开头的词语，就是以内隐形式进行词干补全；如果要求被试想出之前词表中的词语，则是外显形式。在内隐产生过程中，相对于必须以新词串进行补全的词语而言，在之前出现过的词语补全的条件下，右后侧视觉系统一个脑区的血流量似乎减少。有研究以听觉形式呈现原始词表，发现在听觉系统中，对于之前呈现过的项目血流量也会发生类似的改变。当要求以外显形式补全时，则在额叶和海马区都观察到了激活。

脑成像研究中令人好奇的一个结果是，当词语是视觉呈现时，启动可以减 197
少右后侧视觉区域的激活。这个脑区通常是与视觉信息的内隐存储相联系的。如果这一区域的神经元活动较弱，就可以说明在这一范式中，词干线索以更高的效率激活了所学词语的记忆痕迹：重新激活旧词的视觉编码所需要的神经元活动减少了，因此可以说明效率的提高。但是，由于脑成像研究并没有提供已发生变化的神经元活动的时间进程，因此血流量减少也可能仅仅意味着：如果一个词语是之前见过的，那么只需要较少的注意和努力就可对相应的词干线索作出反应。对于启动词的视觉编码的注意资源分配较少，也会导致比非启动词更少的血流量。换言之，右后侧区域的激活减少，可能是在刺激输入时自动发生的，或者是之后注意资源的不同而造成的。

若要对这些可能性进行研究，方法之一即是头皮脑电记录（Badgaigan & Posner，1997）。Badgaigan 和 Posner（1997）的研究结果表明，在这一范式中，词干线索呈现后 100 毫秒时启动词和非启动词之间就开始出现差异。在反应之前的最后几百毫秒中并没有发现启动词与非启动词存在差异；如果差异是由于被试积极加工输入的词串所带来，其预期就与这一结果不符。这一研究的另一重要结果是，无论指导语是什么，都发现了右脑后侧区域血流量的减少。从这点来看，无论让被试以何种方式作反应，词语对于之后呈现的词干所产生的影响是自动化的。可见新习得信息能对早期视觉系统进行修正，这可能是本书第 7 章所涉及的视觉词形系统的发展基础。

Badgaigan 和 Posner（1997）的其他研究结果表明，与启动指导语相比，若要求被试根据之前词表进行有意回忆，两者的差异主要发生在与语义加工相关的额区，以及与回忆之前习得事件相关的海马（图 9.3）。当被试所接受的是内隐指导语，并且词语是之前呈现过的，那么就不会出现额区或海马的激活。这些脑区看来是与搜索之前词表或者确定相关词语所付出的意志努力相关。

198

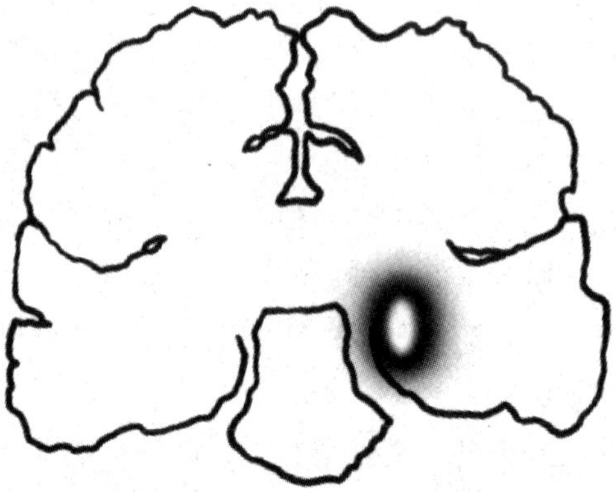

图 9.3　一项记忆任务中海马的激活。当要求外显地报告记忆中的项目时，就会伴随海马的激活，如上图椭圆形所示（Buckner et al.，1995）。

这些实验使用的材料虽然是词语，但有明确的证据表明，任何类型的信息都可以被内隐地习得。内隐记忆没有任何与之对应的特定的神经网络；相反，编码信息的脑区被改变，因此表征可以提供更高效的激活。我们认为，脑的所有部分都有编码信息的能力，并且在经验的基础上改变它们的特性。因此，内隐学习是人类所有经验领域的脑神经网络机制的一种属性。

（五）外显记忆

儿童是如何开始发展可随意提取特定习得事件的记忆类型的？有大量证据证明，成年人无法以外显记忆的形式提取两岁前发生的事件；让成年人努力回忆童年期信息，通常在两岁左右就到达极限。

1. 神经结构

与有意回忆关系最为紧密的神经结构位于颞叶，包括海马内部及其周边区域（这一区域的激活成像见图 9.3）。如果这些脑区受损，就会造成对信息外显回忆的遗忘。即便是多次接触到新信息，例如每天都与同一个人见面，这些病人仍无法回忆起脑损伤之后所习得的信息。中风所导致的遗忘症（经常涉及海马的损伤）下会出现非常令人惊异的现象：病人几乎无法有意地回忆项目，但却表现出对同一材料的内隐记忆。他们虽然否认自己记得，但在之前学习的基础上仍然表现出很好的回忆成绩。这一明显的分离对于学校经验而言很重要。儿童常常习得没有外显知识的技能。所谓的直觉，很可能正是依赖于这
些无意识的技能。当鼓励人们对不记得的内容进行猜测时，人们的回忆成绩可 199
能远远高于随机水平。

研究者表示，当使用模仿法时，即使是婴儿和年幼儿童也能表现出外显记忆（Bauer，Wiebe，Carver，Waters & Nelson，2003）。婴儿从一出生就表现出模仿能力，例如，在实验者吐舌之后，婴儿也会作出同样的动作（Meltzoff & Borton，1979）。利用模仿，我们可以观察到婴儿早在 6 个月时就表现出外显记忆，因为他们似乎能够再现出之前向他们演示过的一系列动作。这一记忆的保持仅限于大约 24 小时之内，并且只能是一个项目。但是，有证据表明 9 个月大的婴儿可以保持多个项目达到一个月以上。到了 20 个月大时，这些项目可以保持一年以上，而这正是成年人能够提取语言记忆的年龄。

2. 与注意的关系

在本书第 3 章，我们已经演示了婴儿的眼球运动如何预测一个视觉刺激将要出现的位置。在 4 个月大时，这一过程确实受到限制，因为注意系统的发展还未成熟到可以解决这种相关背景所产生的冲突。当两岁大时，注意系统又进一步发展，此时背景信息可以发挥其影响了。这种学习形式可能仍然是内隐的，因为人们获得这一技能时无法对学习过程进行报告。他们知道下一个位置将是什么，但他们仍然无法在一般意义上了解他们所学的是什么。

在本书第 4 章，我们追踪了 2—4 岁儿童的较高层执行注意的发展情况，并借此了解了识字和算术的获得过程。我们也可以看到获得外显记忆的能力缓慢增长。研究者以重复序列向被试呈现一系列视觉事件，要求被试做按键反应，并记录反应时（Thomas & Nelson，2001）。实验者要求被试以尽可能快的速度，按下刺激旁边的键来反应。将 4 岁、7 岁、10 岁儿童的反应与成年人进行比较（图 9.4）。在一种条件（内隐）下，只需要接触到序列就可以习得材料。在大部分情况中，儿童极少能对序列进行口头报告，也不能预测下一个事件出现的位置。此外，总体反应时显示，他们极少在刺激出现前作出反应，这就反驳了被试存在预期。所有年龄段的被试似乎都加工了刺激的位置，同时并不对之进行预期。然而，所有年龄组都有清楚的证据表明他们已经习得了序列。

4 岁年龄组的整体反应时比其他组慢得多，同时内隐条件下的成绩也略差；所有儿童犯的错误都比成年人多很多。这一研究同时还考察了外显条件。

在这一条件中，向被试示范一个序列，并明确地告知被试接下来会出现什么样的刺激及其性质。成年人的反应时下降到200毫秒左右，许多反应时说明被试很可能存在预期，也就是说，它们在事件呈现之前就已经被规划好了。但是，很多儿童却无法描述或想出序列。正如从图9.4中可以看出，4岁和7岁大的儿童并没有从外显信息中获益。

200

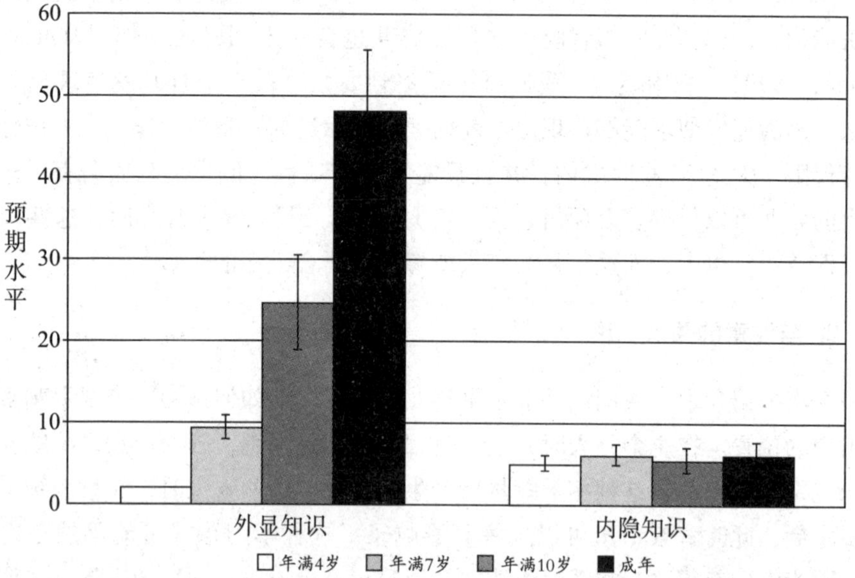

图9.4　序列学习技能的发展。对于规则序列，成年人比儿童产生更多的外显知识（由更高的预期水平而测得）。但是，成年人和儿童在同一序列内隐知识所导致的预期水平上却很相似。

问题也有可能出在儿童对指导语的学习和记忆过程，但我们认为，如果对一个神经系统中呈现概念的同时（本例中即是语言系统），还需将之传送到适当的脑系统加以执行，这对于这个年龄的儿童还是困难的。正如5岁儿童能够以心理数轴形式获得数量的概念，但却很难将信息传到运动系统一样。本研究中的4岁儿童也可能存在同样情况：他们可能从语言上了解序列信息，但却无法加以扩展引申，用以促进他们的反应。采用同样任务的成年人研究的结果表明，外显知识可能会呈现于一个系统中，但同时却不影响内隐系统中的反应。上述研究数据与这一结果是相符的。

201　对于教师而言，了解内隐与外显知识的差异是很重要的。有研究者尝试让患有遗忘症的成年人利用内隐知识来形成有意回忆，但一般都不成功。因此，如果要开发一些课程，让儿童将他们内隐获得的知识外显化，可能会很困难。

如果作练习时让儿童凭着感觉来选择他们认为正确的答案，可能会使儿童基于内隐知识作答。Rightstart 方案（Rightstart 是以凯斯为代表的新皮亚杰理论研究者在对儿童早期数字感知的课题研究过程中所提出的促进幼儿园儿童数字感知能力发展的方案。——译者注）和构词法方面的训练能够广泛地迁移到数字和阅读任务上，这一成功从某种程度上证明，即使是学前期的一些学习形式，也有助于儿童更有效地习得学校科目。

二、专家思维

人们凭借概念进行思考。这些概念可能并不精确，但它们可以让我们快速判断事物是否与我们之前经历过的相近。当要求我们确定某物是否是动物时，如果判断的对象是奶牛，我们会很快地回答“是”；但如果是鲑鱼，我们会过更长的时间才回答“是”。奶牛是典型的动物，因为它具备我们很熟悉的动物的许多特征，但鲑鱼与这些动物的共同特征就少得多。语义类的距离效应与我们在数字类中遇到的距离效应相似，很可能也具有相同的含义。正如数字是存储于心理数轴的比喻中，意义接近的项目在存储时也会更靠近，它们的关系与关联程度相关。当回忆一个类别时，我们并非回忆其所有组成成分，往往回忆的是这一类别的中心趋势或原型。

尽管对我们在学校已学过的“动物”类别下一个正式定义很容易，但记忆系统反映的仍然是更为直觉的组织方式；这一直觉的组织的建立，是基于外形相似性、共同元素以及其他共同的关系。启动实验为我们提供了很好的研究方法，让我们可以观察到当回想类别中的一个组成部分时，与之相关的那些项目被自动激活了。当然，我们也可以利用注意来克服或限制所激活项目的界限。在一个实验中（Neely，1997），研究者教被试在看到动物这一类别的名称时去回忆“身体部位”。在被试这么做之后，他们对诸如“手臂”和“手指”等靶项目的反应快于“狗”和“猫”等动物名词。但是，如果靶项目在启动项目之后马上出现，那么被试对“奶牛”的反应仍然很快，这说明动物类别被启动项自动激活了，但此后由于注意被导向了已经学会的联结，因此又被抑制了。

类别外部也存在着结构。有一些类别是基本类别，例如鸟、椅子或球等， 202
因为它们的组成部分很相似，都由共同的部分组成，往往诱发出相同的反应（Rosch，Mervis，Gray，Johnsen & Boyes-Braem，1976）。上级类别的成员就具有相当不同的形态，例如动物、玩具或家具。除非是某方面的专家，否则次级类别的特征一般并没有被充分表征，如知更鸟（robin）、小猎狗（terrior）等。

对于非专家，基线类别是最易用的；但是狗类专家则会觉得，比起狗这一基线类别，区分不同种类的小猎狗会更容易（Tanaka & Taylor，1991）。

（一）专家与初学者

专家和初学者利用记忆的方式稍有不同。研究者对精通恐龙知识的儿童以及精通物理知识的成年人进行考察（Chi & Koeske，1983），发现他们记忆中概念的凝聚性高于常人。专家在思考过程中往往会利用事物间的联系，而初学者处理得更多的则是每个实例的表面特征。专家会使用“因为”、“如果”等表明关系的术语，而初学者往往罗列出很多特征。在一个以心理学专业学生为被试的研究中，研究者测量了被试提取著名心理学家名字的能力（Loftus & Fathi，1985）。能让更有经验的学生获益的线索，往往是心理学家所从事的研究的性质，或者他们作出贡献的领域（例如行为主义者、认知心理学家），而初学者则从名字首字母这一线索中受益最多。看来，依据学习内容的多寡不同，头脑中组织材料的方式也会不同。

（二）类别的机制

前文已经为我们了解类别的神经机制打下基础。有些类别是自然的，在发展过程的很早就会被加以利用。自然类别的一个例子就是面孔，面孔甚至可以影响刚出生婴儿的行为。研究者认为，在出生后的前几个月，对面孔的知觉主要依赖于皮层下结构，但有证据明确地显示，10 个月大的婴儿处理面孔的方式已经与成年人十分相似（Johnson & Morton，1991）。对于成年人，面孔激活了梭状回的后部，尤其是右侧，这一区域被标识为梭状回面孔识别区。这一脑区很可能在将面孔特征组织为一个整体的过程中起作用，以便可以通过前侧区域的加工来识别面孔。研究还发现了这一区域更为普遍的功能：其他类别的专家在加工他们擅长的材料（如，狗、猫或汽车）时，往往也会表现出这一区域的激活（Gautier，Tarr，Anderson，Skudlarsky & Gore，1999）。这一发现说明，在训练之后，原本与一个类别的识别相关的脑区功能是如何被其他类别所利用的。

203 视觉词形区（第 7 章）也同样如此。视觉词形区位于梭状回（主要在左侧）的一部分，它将看到的字母组织为一个整体。但有证据表明，在快速命名任务中，视觉物体也能激活这个区域。这些研究表明，特定脑区的认知加工迁移到其他类型的信息之上的重要性。这种反应可塑性的惊人例子之一是，视觉系统也被用于布莱叶盲文字母的识别中（Pascual-Leone & Hamilton，2001）。尽管视觉系统具有针对视觉刺激的特异性，但在这种情况下，运用于语言的躯体感觉信息可以利用视觉机制。

一般而言，专长可能涉及脑后部区域的激活，这些区域能以高效的方式对输入的内容执行重要的操作。Tanaka 和 Curran（2001）的研究显示，狗类和鸟类专家在事件相关电位上的一个成分不同，这一电位与婴儿的面孔识别有关。事件相关电位的这个早期成分与狗类或鸟类专家对熟悉动物的识别有关，而初学者则没有这一现象。如果这是一个普遍的神经机制，那么这一原理就意味着可以通过学习发展出后侧脑区的组织，以便于极大地提高加工概念的效率。这一发现对于以专长为目标之一的教育领域具有重要的意义。

脑的加工区域的皮层组织大小可以反映出这类加工的经验。Merzenich 和 Jenkins（1995）研究了触摸手指所引起的感觉信息的皮层表征。他们首先绘出猴子躯体感觉系统中每个手指所对应的脑区；在之后的几个月，训练猴子用一个手指来进行精细辨别。在训练之后，与这一手指对应的皮层面积扩大了，这是以牺牲周围手指的皮层面积为代价的。

同样的结果也适用于钢琴家和小提琴家，他们对擅长乐器的精细活动所具有的感觉运动皮层表征区远远大于其他不太涉及领域的皮层表征区（Elbert，Pantev，Wienbruch，Rockstroh & Taub，1995）。在实验室研究中，只需要对某一特定序列的动作训练几个小时，就足以使这一序列所激活的皮层区扩大（Karni et al.，1998）。这一效果给人以深刻的印象，因为在许多情况下，一些表征实际上通过塑造相应的神经元而减少了血流量。这一启动效应迅速而普遍，在长期坚持不懈的练习后则会产生脑结构上的变化。

204

（三）语义映射

猿类和人类的这些学习结果为何重要？这是因为有证据表明，至少就词语和图片的识别而言，在大脑左半球的语义区域（图 7.2）存在着相关项目的一些映射。在一个功能磁共振成像实验中，在向被试展示工具、动物等图片时，不同的类别在额叶和后侧语义加工区域都有不同的激活（Spitzer et al.，1998）。现在仍不能完全确定不同类别的映射到底有多少，以及不同类别的映射图谱之间相似性有多大；但许多研究结果表明，脑损伤，尤其是颞叶左后侧的损伤会破坏识别特定物体类别的能力，同时其他类别的识别能力却保持完整。

尽管语义启动、脑损伤和神经成像数据都表明，语义区域是以共同特征进行映射的，然而研究者对其基本假设一直存在着疑问。但是，在视觉、听觉和运动系统中经常可以看到各种重要特征的映射，因此即使相关项目是被存储在语义网络的相邻区域内，也不让人感到太意外。但这种形式的存储是如何发生的？哪种形式的组织可以最好地促进高水平专长知识与技能的培养？要了解这些问题，还需要开展许多研究工作。

（四）经验与分类

字母和数字加工的研究或多或少直接给出了自然环境下训练的结果。我们知道对于大部分人来说，字母主要激活大脑左侧后部区域（见本书第 7 章），而阿拉伯数字则似乎有很强的双侧激活（第 8 章）。有研究直接比较了字母和数字，结果证明在左侧脑区中，字母所引起的激活远远高于数字（Polk & Farah，1998）。与美国邮政工作人员或其他群体相比，加拿大邮政工作者要处理大量由字母和数字混合而成的刺激（如 AF7 3UX）。我们也许可以预期，由于拥有处理混合材料的经验，这两个基本类别所形成的脑区的相似性就会高于控制组被试（Polk et al.，2002）。结果显示，加拿大邮政工作人员在字母中找一个数字，或者在数字中找一个字母，比那些不经常处理字母数字混合材料的个体更容易。其中一种解释是，就字母和数字内部表征的混合程度而言，加拿大邮政工作人员要高于其他未接触混合信息的群体。但是，在一个大学生群体中发现了数字和字母间的分离。

205 当教师传授特定领域的知识时需要认识到的重要一点是，他们同时还塑造了脑在将来用以组织信息的方式。专长是以个人擅长领域的记忆系统的组织为基础的。而这一组织又是如何支持和引导我们的思维过程呢？在心理学最早期，心理学家已经认识到思维可以通过当前脑中的事物与记忆中存储的相关材料之间的联系来引导。正如呈现给感官的刺激会启动相关项目一样，头脑中保留的每一个项目都会启动相关的思维。上文介绍的那个研究说明了语义映射中材料的一种组织方式，因此一旦以特定的方式思考某一事物，若要换其他方式对之进行思考就更困难了。

另有一个需要记住的重要研究发现是，即使是感觉系统所占据的皮层空间，也可以通过适当的训练加以扩大。因此可以预期，出现得更晚且始终发展着的语义类别映射更有可能随着使用而扩大或缩小。语义映射扩大的观点可以说明许多现象，例如个体对频繁进入脑的想法或者对模糊刺激的不恰当解释，以及它们与人们有意识从事的活动的关系的密切程度。当我们写这本书的时候，脑成像研究中的观点通常会自发地、无须努力地进入脑；而当我们在休假时，这些想法就不会出现。

装修公寓一个月很可能会使个体对家具的命名更为流畅，而如果在动物园逛一个月则会在解释动物图片上产生同样的效应。与高频材料相对应的皮层组织会扩大。但是，仅仅是皮层组织的扩大并不足够；信息必须同时能捕获注意。而存储知识与注意捕获之间的关系是一个热点研究课题。根据本书第 3 章的材料，我们要问存储在记忆中的知识是如何影响当前兴趣的。

206

三、其他专长形式

人类可以自主利用感觉系统来形成表征，我们可以想象面孔、字母、词语或位置这一点就是明确的证明。心理学的主要成就之一就是设计了根据记忆而形成的感官表征的客观测验（Kosslyn，1980，1996）。例如，让一个被试想象以特定的角度旋转某个大写字母，同时测量被试判断靶字母是正确还是镜像字母所花费的时间（Cooper & Shepard，1973）。这些测验有部分被用作脑成像研究的激活任务，可以借此探测到所涉及的神经系统。有证据（图 9.5 小结）表明，表象利用了感觉系统。例如视觉中涉及纹外皮层，而其他一些情况下则涉及主要的视觉皮层、注意和语言系统（Kosslyn，Ganis & Thompson，2001）。

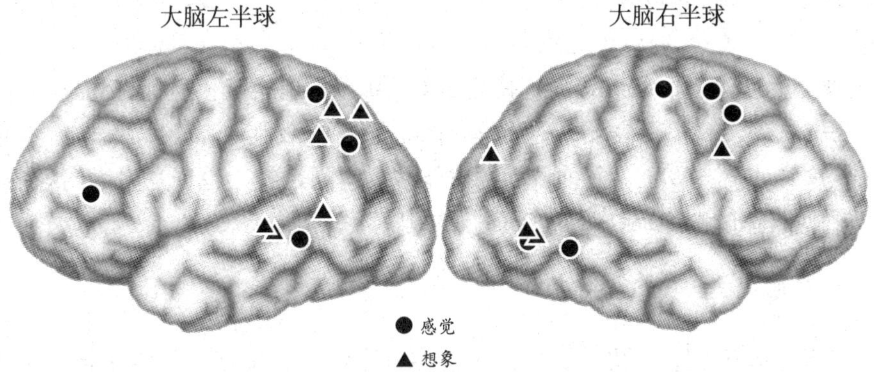

图 9.5　知觉和想象所涉及的脑区比较。对于同一事件，想象的视觉表象（三角形）和真实的视知觉（圆形）会在很多相同的脑区产生激活。摘自 Images of Mind（p. 97）by M. I. Posner and M. E. Raichle，1994，New York：Scientific American Books. Copyright 1994 by W. H. Freeman & Co. 1994。改编得到允许。

1. 表象

表象使人们能够以真实或想象世界的具体表征来进行思考。这一思维形式在儿童身上似乎尤为强大，儿童通常创造想象的同伴，有时甚至整个表象世界，利用这一想象能力来自得其乐。

表象说明具体表征在支持思维过程中的重要性。人类，尤其是儿童，他们的抽象思维往往需要感觉支持。正如人们在感觉系统的敏感性上存在着差异一样，个体对于表象的意识程度也有着极大的个体差异。有些人会发觉表象影响他们对真实世界的感知；而对于其他人而言，可能永远无法有意识地觉察到自己对于当前并未感知到的事物产生视觉表征。表象在帮助信息的长时存储中特别有用。例如在地点助记法中，人们对熟悉道路上特定地点的信息进行视觉表征和存储，从中得到细节，以便于之后对所存储的信息进行提取。

207

2. 推理

学习的首要目标之一就是帮助儿童发展推理技能。正如本书第 1 章所述，心理学通常反对推理的训练可以自动迁移到不同学科的这一观点，但显然形成富有条理的讨论的能力会有助于不同科目的学习。

推理虽然涉及许多不同的技能，但演绎却可作为一个很好的模型。广为研究的一类问题即是三段论法。这一问题的阐述形式可以是具体的也可以是抽象的。括号中的部分即是抽象形式；例如，所有的人都会死（所有的 X 是 Y）；我是一个人（Z 是 X）；因此我会死（因此 Z 是 Y）。人们在具体形式的三段论的表现上远远优于抽象形式，尤其是如果前提条件符合他们所拥有的真实世界的知识。脑成像研究表明，这类具体问题主要激活语言区（Goel，Gold，Kapur & Houle，1998），而抽象问题可能涉及空间系统，也许是因为问题的解决需利用具体的图像（Goel & Dolan，2001）。

3. 隐喻

在隐喻研究中，有更多证据证明人类思维过程所具有的具体性非常重要。我们的很多推理都涉及对概念的比喻用法（Lakoff & Johnson，1980）。我们的直觉概念往往是以原型例子为中心进行组织的；与形式逻辑相比，它们具体得多。当我们想到一只动物时，我们通常会从一个更为具体明确的例子来进行推理，例如狗。隐喻往往将一个语义类别映射到另一个语义类别之上。当我们开始学习新内容时，我们可能将之比作旅程，讨论在学习上从一个概念到另一个概念，一步一个脚印的重要性。我们经常将记忆比作一幅图画，理解了新材料就是“看到”它。或者我们会将学习能力看作资源，正如汽油之于汽车。如果有人学得很好，我们就说他们会走得很远，但如果他们无法表达他们所学的东西，他们就是“才尽词穷”。我们所遇到的理论经常被比喻为大厦的地基，而缺少证据支持的想法则摇晃不稳，会因自身的重量而坍倒。

在 Lakoff 和 Johnson（1980）看来，成年人并不能选择是否以隐喻的形式 208
进行思考。这些作者认为，隐喻映射已经深植于人脑，停留在我们本章所述的不同等级的概念之上。许多隐喻是普遍通用的（例如，生命如同旅程），因为它们依赖于我们共同经验的性质。隐喻很可能来源于脑中关于语言、具体感觉运动区的共同激活。对隐喻式思维的理解，应是学校教育中很重要的一部分，因为它有助于论点的构建和理解。这也教会我们在他人试图控制我们思维的时候有更清醒的认识：他们做的一些隐喻联系可能很吸引人，但有可能会导向不恰当的推理。

四、小结

在本章中我们尝试着在阅读和计算领域之外，概括出人类思维所有形成的一些普遍特性。专长有赖于某一专门领域的特殊训练。我们从有关象棋大师的研究中可以推论，人类复杂的知识系统需要很多年才能获得。这一学习过程大部分都是内隐的，为了解决所选领域内的问题而对相关系统进行训练。若是要这些知识外显化，以便从中进行推理，就需要注意系统的参与。即使当我们进行的是高层的抽象思维，脑的感觉运动区仍有可能赋予我们思维以具体意义。这一概念表征的形式可能正是辩论中常用到的隐喻观的基础。

209

第十章

为上学作准备

在整本书中，我们一直提倡这样一种观点：

在这本书中我们所讨论的研究，为学生在学校的学科学习提供了新的视角。学习阅读和计算的能力看来取决于和这些学科相关的脑机制以及注意机制，而这些脑机制在正式的学校学习之前就已经部分形成了。虽然，近年来家长和教师们已经大致了解了孩子出生最初几年的重要性，但他们可能还没有认识到在这几年中语言、数学和注意学习方面的发展状况。心理学和脑科学的交叉研究为我们开辟了一条新的途径来探索生命早期这方面的知识。

在这本书中我们着重介绍了注意神经网络，因为这一重要的功能在婴儿和儿童早期就已经出现，并且每个人都会有注意力。只不过，个体注意神经网络的效率不同，而且经验可以使注意产生变化。在这一章中，我们将重点综述神经网络的可塑性方面的观点。首先是注意功能的神经网络，其次是语言，再次是数学。最后，我们还提出，网络教育可以让脑科学研究的发现受益于世界上任何地方的人。

210

一、注意的定向

正如在本书第 3 章中所讨论的，婴儿出生后的最初几个月，呈现新异的事物能引起他们对这些东西的关注。在这个阶段，他们看东西的能力（视觉的敏锐程度）以及他们定向注意的能力也逐步提高（图 3.1）。婴儿同时还学会了他们该将目光投向哪里。研究发现，婴儿在固定的位置看到一些物体时，他们学会在物体出现之前就将目光投向这些位置（Clohessy，Posner & Rothbart，2001；Haith，Hazan & Goodman，1988）。在实验室研究中发现的这一技能在婴儿的日常生活中也很重要。每种文化中都有一些关于在沟通中目光应该投向何方的潜在规则。婴儿似乎在早期阶段就能很容易地学会这些规则。当然，人的眼睛并不是注意的最完美指标，因为一个人可以盯着一个地方而注意的却是另一个地方，但是它们至少为注意的位置提供了一个相对接近的指标。

二、自我调节

注意定向神经系统在婴儿时期得到了较快的发展，而正如第 4 章中所描述的，注意执行网络系统则是在 2—7 岁时逐渐发展起来的（Rueda，Fan et al.，2004）。我们的训练研究（第五章）发现，4 岁和 6 岁儿童的注意执行系统都可以通过训练来提高（Rueda，Rothbart，McCandliss，Saccamanno & Posner，2005）。通过 5 天的训练，两个年龄组儿童的表现都比控制组儿童的表现更接近成人。脑电记录的数据（图 5.6）也表明，训练改变了执行系统网络中前扣带回的激活情况。训练后智力测验的结果还显示，这种训练影响了未经训练的其他认知功能。过去的研究从解剖学、神经调质以及基因的角度都对这一神经网络进行了探讨，这项研究的意义还在于，提供了一个新的模式来理解经验如何改变特定神经网络的功效。不过，我们尚无法确定这种提高是仅限于训练期间，还是对被训练者之后的学习生活也有影响。

虽然家长和教育者都明白儿童期孩子的自我调节能力会逐渐提高，不过他们可能还不知道注意力以及特定的神经网络都是可以通过训练而得到提高。在今后的研究中，我们将比较不同气质类型甚至不同遗传基因的儿童，研究哪些人群可能有注意障碍，针对哪些人群的训练效果最好。另外，如果证明了注意训练在治疗儿童的各种精神疾病中有效的话，它可以作为一种早期干预的手段，避免病理状况影响孩子一生的发展。

在本书第 5 章我们讨论过，脑中和注意相关的神经网络和一些特定的基因 211
有关。注意定向的神经网络形成于 1 岁以前（见第 3 章）。对猴子进行的神经药理学研究发现，胆碱能系统（cholinergic system）会调节与注意定向有关的神经网络（Marrocco & Davidson，1998）。Parasuraman，Greenwood，Kumar 和 Fossella（2005）考察了不同基因型的被试个体在完成注意指向任务中的表现。

结果发现，两个等位基因与这些任务的完成情况有关。在另一个类似的研究中则发现，之后发展的注意执行网络受到多巴胺的调节，而其功效也与四种多巴胺基因有关（Fossella et al.，2002）。在一项研究中，运用其中两种等位基因，在被试完成这个注意网络测试（Attention Network Test）时进行脑扫描。（Fan，Fossella，Sommer，Wu & Posner，2003）。研究显示，这些等位基因与前扣带回的活动强度有关，而这一区域是注意执行网络中的一个重要结点。

这些遗传方面的研究基于比较不同等位基因的个体在激活水平与注意相关的神经网络方面的效率差异。很有可能这些基因在神经网络的形成方面有重要作用。目前的研究显示，在参与阅读和数学加工等技能方面的脑区可能存在选择性遗传，这将使我们可以最终了解，不同的等位基因和人在习得这些技能时出现的困难有何关联。

三、语言

在本书第 7 章我们讨论过，婴儿来到世界时能够区分世界上所有语言的语言单位（音素）。例如，当某个音素一遍一遍地被重复时（例如，ba），它的新异性就会减少，而当婴儿听到另一种不同的音素时（例如，da），就会重新表现出对新异刺激的反应，这种反应可以证明他们对音素的辨别能力。婴儿的听觉系统能够学习他们接触到音素，6—10 个月是他们的音素结构形成的时期（P. K. Kuhl，2000）。在这个阶段，婴儿听到的声音逐渐固化，并最终形成了语言中的音素原型，同时他们区分不同语言中音素的能力则渐渐消失。在英语家庭中长大的孩子，如果在 6—10 个月大时接触说中文的人，他们分辨中文的
212 能力可以保持下来（P. K. Kuhl，Tsao & Liu，2003）。而且，这种学习只有接触现实中的人才可能产生，只接触录像则没有效果。目前的研究试图找出社会交往中究竟哪些要素对婴儿语言的塑造有重要贡献，以期设计出适合他们的多媒体呈现方式。以上所列举的研究以及其他研究都告诉我们，婴儿的听觉系统受到他们所在社会的言语方式的影响。

此外，我们在记录被试头皮的事件相关电位（ERPs）的条件下，先高频率呈现某一个音素，然后替换为一个低频率呈现的音素（Cheour et al.，1997；Guttorm et al.，2005；Molfese，2000）。当脑觉察到新异的音素刺激出现时，脑电就会出现不同的反应。通过记录脑活动的情况，我们就可以知道婴儿是否能分辨不同的音素。这种脑电活动记录方法可以用于测量脑分辨的能力。通过这样的方式，我们就能测查到儿童学习母语或者其他语言（例如其他父母希望

儿童学习的语言）的音素结构是否已经形成。而且，我们还可以通过这些测查到的数据预测今后口语和阅读方面的发展是否会存在障碍（Guttorm et al.，2005；Molfese，2000）。通过对婴儿脑电记录的最新研究方法，即合并六个电极所收集的数据，发现这些数据可以有效预测读写能力方面的发展障碍（Kook，Gupta，Molfese & Fadem，2005）。所有这些研究都通过对婴儿的电活动信号的探测，使研究者能够确定婴儿早期音素结构的形成过程。目前已经可以广泛运用脑干事件相关电位检查婴儿的听觉障碍了。

无数的研究已经证实，阅读技能在很大程度上取决于儿童已经掌握的音素以及对音素的有效运用（Stanovich，Cunningham & Cramer，1984）。例如，有关音素意识的研究发现，对听觉词汇进行切分的能力可以有效预测读写能力的发展。这样就可以不用既耗时又花费高昂的电活动记录方法，而直接运用行为测验就可以评估父母在语音教育方面的成效。事实上，进行这种评估是非常有必要的。如果婴儿的注意力正集中在某个视觉刺激物上，当他们听到一个新异的声音刺激时，他们会转头朝向新异刺激的方向（P. K. Kuhl，2000）。如果可能的话，应该将这些视觉和听觉材料上传到网络上，并且允许爸爸妈妈们通过
这些材料来评估孩子们的学习效果。如果大人们能清楚明白地了解到孩子正在 213
学什么，他们就能提供一个更有针对性的听觉环境，这样也有利于今后的阅读学习。我们认为，音素分析及其在阅读中的作用，如何评估音素学习效果等知识，应当在网络信息中得到更多的关注。这些方面的进展将使更多家长理解他们在教育方面作出努力的重要性和有效性。

四、数学

在第8章中我们提到，已有研究证据表明，参与数字评估的脑区在婴儿时期就可以形成心理数轴功能（Berger，Tzur & Posner，即将发表；Feigenson，Dehaene & Spelke，2004；Wynn，1992）。婴儿能够比较小数字的数量，他们会用惊讶的行为表达他们对错误计算的判断（Wynn，1992），并同时会出现脑激活反应（Berger et al.，2006）。

有的孩子在数字和数字所代表的数量含义上无法形成有效的对应关系。这些孩子在以后学习小学数学方面可能会出现困难。“Rightstart”的课程方案为这样的孩子提供为期一年的矫正训练，着重强调数字及其数量含义之间的对应关系（Griffin，Case & Siegler，1995）。在学习这个课程方案后，接受训练的学生在小学数学学习方面比没有接受训练的学生成绩更好。另一项通过计算机

程序的训练课程（此课程可以在网络上在线学习），对训练学生数量方面的能力也有显著效果（Wilson，Dehaene，Rivkin，Cohen & Cohen，2006）。

五、网络教育

这些研究发现促使经济合作与发展组织的教育研究与创新中心的研究者们建立了一个专门的网站（http：//www. teach-the-brain. org），专门介绍婴儿期和教育有关的脑研究。这个网站的开设有效地利用了网络资源帮助公众去了解基于脑的研究。

214 到目前为止，已经有三个研究项目在网络上公布，分别是：注意训练的研究（Rueda et al.，2005）、读写能力的研究（McCandliss，Beck，Sandak & Perfetti，2000）以及数字能力的研究（Wilson et al.，2006）。网络使用者需要登录网站，用自己的电脑下载项目相关的训练课程。我们提供这些训练课程是希望和使用者形成互动，一方面下载者可以使用这些课程进行训练，另一方面我们可以收集他们使用课程后的数据。通过这种方式，这些训练课程能够促进研究的深入，进而提高和改进训练课程。

虽然有些研究显示，使用这些课程训练能够引起脑功能的某些方面得到改善，但是我们还无法证实它们是否是最佳的训练方案。事实上，在这个网站中，我们不仅告诉公众相关的科学研究，还告诉大家和研究有关的训练课程方面的进展情况。不过，许多类似的商业课程也在向公众兜售。我们的目的是要告诉大家那些有实证研究支持的课程，同时也会列出一些讨论内容，专门介绍那些还没有被验证的或者是在其商业广告中含有虚夸成分的课程。

本书中所提及的许多基于脑研究的结果不仅对从事儿童早期教育的工作者有启示作用，而且一些研究发现还和儿童以后技能的发展也有关系（第9章）。例如，在第7章中我们讨论过的一个研究，追踪儿童4—10岁时视觉词形系统的发展（Posner & McCandliss，1999）。研究表明视词形系统的发展开始得相当晚，从只能识别熟悉的单词逐步发展为可以识别基于英语正字法规则的单词。这类研究中所用到的方法，可以很好地用于探讨儿童纯粹的阅读技能发展（第7章）。针对其他一些技能（如对视觉物体的专业感知）的研究也表明，这些技能是在脑后部系统的基础上发展起来的，而这些系统之前是用于其他刺激反应的（第9章）。今后的研究也许将有助于高级复杂技能的获得。而脑成像技术（第2章）有助于我们了解特定形式的技能训练是如何影响与此技能相关的特定神经网络的。

未来网络系统的一个发展目标是进一步理解和阅读、注意以及数学方面有关的科学研究，包括评估科学研究的结果，分析图表和数学公式，以及理解科学的表述，在此基础上运用这些知识促进儿童的发展。这方面的知识对于全世界21世纪的工作者来说都是非常重要的，而且如果能让所有国家的儿童来掌握这些知识也将是非常有意义的课程目标。

215

六、未来的研究

这一章中我们总结了人脑发育中与注意及其他高级功能相关的研究成果。这一方向的研究前景非常光明。在最后这个部分，我们将在已经取得的研究进展的基础上对这一领域的未来前景进行展望。

应该说，脑成像技术的出现为研究脑的发育提供了一个新的平台（第2章）。未来对儿童脑成像方法的开发还将使研究者们取得更多有效的成果。在最近对儿童的一些相关研究中，我们已经开始了解脑发育的一些重要信息。

脑成像技术让研究者可以观察到活体脑的功能活动以及连接情况。结构性成像技术逐步让我们看到个体脑区的大小在发育过程中是如何变化的。功能性成像技术则可以让我们追踪儿童成长的过程中，他们完成一些简单任务时神经回路的变化以及激活区域的改变。扩散张量成像让我们观察到各脑区之间连接通路的髓鞘形成。记录头皮的电活动可以发现不相邻的脑区之间是否存在连接通路。研究已经证实，儿童的脑随着神经区域之间连接通路的增加，逐渐从局部加工发展为全脑加工（Srinivasan，1999）。

综合前面讨论过的这些研究方法，我们可以对未来的研究作出一些推测。虽然阅读和数学能力的基本要素（音素分析和心理数轴）在婴儿出生后就已经存在于他们的脑中，但婴儿还不具备学习阅读和数学的能力。这些能力的发展主要依赖于两方面，一方面是额叶区域成熟后执行注意功能的完善，另一方面是与音素或心理数轴有关的脑区和额区之间连接的成熟。Klingberg等（2000）的研究已经发现，阅读困难者的脑中，其语言区之间的连接和普通人有所不同。目前还无法确定的是，这种状况是阅读困难产生的原因还是结果。目前追踪这些神经网络发展的研究才刚刚开始（Nagy，Westerberg & Klingberg，2004）。Nagy等（2004）发现，在某些后部区域白质通路的发展，与8—18岁青少年的阅读能力及工作记忆的发展有关。如果我们可以在学习阅读之前，在它们功能正常的时候，追踪这些神经网络的发展，我们就可以确定这些神经网络是否是阅读困难产生的原因，也可以判断教学干预是否能促进它们的发展。同时，我们还可以确定针对数字和数量关系的教学（第8章），究竟是改变了加工心理数轴的脑区，还是提高了加工心理数轴的功能区和其他重要脑区之间的连接效率。

216 神经影像技术为我们提供了一个重要视角看到人脑的发展，针对不同气质类型的婴儿和儿童的研究（第2、6章），让我们了解到不同类型的儿童对感知到的环境作出不同的反应，他们在控制自己的情绪、思想和行为等方面也存在差异。现在我们已经可以分析遗传以及环境因素在造成个体差异方面的影响（第5章）。与努力控制有关的神经网络系统的发展依赖于某些特定的基因，其中一些基因已经被识别出来。研究还发现，对脑损伤病人、精神障碍者或普通儿童进行的特别训练会改变注意的神经网络。

努力控制的机制也是学习各种学校知识的基础，例如读写（第7章）、数学（第8章）以及专长的学习（第9章）、文化基础知识等。在未来，我们将能更深刻、更准确地了解，在不同年龄阶段进行的教育干预对脑的神经网络产生了怎样的影响和改变。了解这些知识将有助于促进普通儿童的成长，还能够有效地改善不同的发展性障碍，例如注意缺陷多动障碍、自闭症以及人格障碍等（Rothbart & Posner，2006）。而且，已经有许多研究证据发现，针对抑郁症的药物治疗和行为干预都有一定疗效，但两种方法针对的神经网络完全不同（Goldapple et al.，2004）。神经影像研究将为我们揭示针对何种人群运用何种治疗方案能达到最佳的治疗效果。

了解各种不同课程（例如学习读写和数学）对神经网络的影响，还能促进教育制度的发展。一些提倡相反观点的阅读方法对与阅读相关的神经网络的不同部分有影响作用。在本书中，我们始终认为，注意功能的发展是关键的前提条件，在此基础上才能实现情绪和认知等多方面的社会化。当然，在这个领域，我们现在还有许多问题有待探索，但目前已经掌握的、并在未来会不断发展的技术工具，将有助于我们在这个领域取得更深入的知识。

参考文献

Abdullaev, Y. G., & Posner, M. I. (1998). Event-related brain potential imaging of semantic encoding during processing single words. *NeuroImage*, 7, 1–13.

Adler, A. (1946). *Understanding human nature* (W. B. Wolfe, Trans.). New York: Greenberg.

Adolphs, R., Tranel, D., Hamann, S., Young, A. W., Calder, A. J., Phelps, E. A., et al. (1999). Recognition of facial emotion in nine individuals with bilateral amygdala damage. *Neuropsychologia*, 37, 1111–1117.

Ahadi, S. A., Rothbart, M. K., & Ye, R. (1993). Children's temperament in the U. S. and China: Similarities and differences. *European Journal of Personality*, 7, 359–378.

Anderson, A. K., & Phelps, E. A. (2001, May 17). Lesions of the human amygdala impair enhanced perception of emotionally salient events. *Nature*, 411, 305–309.

Ansari, D., Garcia, N., Lucas, E., Hamon, K., & Dhital, B. (2005). Neural correlates of number process in children and adults. *NeuroReport*, 16, 1769–1773.

Ashby, F. G., Isen, A. M., & Turken, U. A. (1999). Neuropsychological theory of positive affect and its influence on cognition. *Psychological Review*, 106, 529–550.

Assor, A., Roth, G., & Deci, E. L. (2004). The emotional costs of parents' conditional regard: A self-determination theory analysis. *Journal of Personality*, 72, 47–88.

Atkinson, R. C., & Shiffrin, R. M. (1968). Human memory: A proposed system and its control processes. In K. W. Spence & J. T. Spence (Eds.), *The psychology of learning and memory* (Vol. 2, pp. 89–195). New York: Academic Press.

Auerbach, J., Geller, V., Lezer, S., Shinwell, E., Belmaker, R. H., Levine, J., & Ebstein, R. P. (1999). Dopamine D4 receptor (D4DR) and serotonin transporter promoter (5–HTTLPR) polymorphisms in the determination of temperament in 2-month-old infants. *Molecular Psychiatry*, 4, 369–373.

Ausubel, D. P. (1996). *Ego development and psychopathology.* New Brunswick, NJ: Transaction Publishers.

Awh, E., & Jonides, J. (2001). Overlapping mechanisms of attention and spatial working memory. *Trends in Cognitive Sciences*, 5, 119-126.

Ayduk, O., Mendoza-Denton, R., Mischel, W., Downey, G., Peake, P. K., & Rodriguez, M. (2000). Regulating the interpersonal self: Strategic self-regulation for coping with rejection sensitivity. *Journal of Personality and Social Psychology*, 79, 776-792.

Baddeley, A., & Hitch, G. (1974). Working memory. In G. A. Bower (Ed.), *Recent advances in learning and motivation* (pp. 47-90). New York: Academic Press.

Badgaiyan, R., & Posner, M. I. (1997). Time course of cortical activations in implicit and explicit recall. *Journal of Neuroscience*, 17, 4904-4913.

Baldwin, D. A. (1991). Infant contribution to the achievement of joint reference. *Child Development*, 62, 875-890.

Bandura, A. (1989). Human agency in social cognitive theory. *American Psychologist*, 44, 1175-1184.

Bates, J. E., Pettit, G. S., & Dodge, K. A. (1995). Family and child factors in stability and change in children's aggressiveness in elementary school. In J. McCord (Ed.), *Coercion and punishment in long-term perspectives* (pp. 124-138). New York: Cambridge University Press.

Bauer, P. J., Wiebe, S. A., Carver, L. J., Waters, J. M., & Nelson, C. A. (2003). Developments in long-term explicit memory late in the first year of life: Behavioral and electrophysiological indices. *Psychological Science*, 14, 629-635.

Beauregard, M., Levesque, J., & Bourgouin, P. (2001). Neural correlates of conscious self-regulation of emotion. *Journal of Neuroscience*, 21, RC165.

Benes, F. (1995). A neurodevelopmental approach to the understanding of schizophrenia and other mental disorders. In D. Cichetti & D. J. Cohen (Eds.), *Developmental psychopathology: Vol. 1. Theory and methods* (pp. 227-253). New York: Wiley.

Benes, F. (1999). Model generation and testing to probe neural circuitry in the cingulate cortex of postmortem schizophrenic brains. *Schizophrenia Bulletin*, 24, 219-229.

Berger, A., Tzur, G., & Posner, M. I. (in press). Infant brains detect arithmetic errors. *Proceedings of the National Academy of Sciences of the USA.*

Blair, C. (2003). Behavioral inhibition and behavioral activation in young children: Relations with self-regulation and adaptation to preschool in children attending Head Start. *Developmental Psychobiology*, 42, 301-311.

Blair, R. J. R., Jones, L., Clark, F., & Smith, M. (1997). The psychopathic individual: A lack of responsiveness to distress cues? *Psychophysiology*, 34, 192-198.

Blanchard, D. C., & Takahashi, S. N. (1988). No change in intermale aggression after amygdala lesions which reduce freezing. *Physiology and Behavior*, 42, 613–616.

Blasi, G., Mattay, G. S., Bertolino, A., Elveråg, B., Callicott, J. H., Das, S.; et al. (2005). Effect of catechol-O-methyltransferase val^{158} met genotype on attentional control. *Journal of Neuroscience*, 25, 5038–5045.

Block, J. H., & Block, J. (1980). The role of ego-control and ego-resiliency in the organization of behaviour. In W. A. Collins (Ed.), *Minnesota Symposia on Child Psychology: Vol. 13. Development of cognition, affect, and social relations* (pp. 39 – 101). Hillsdale, NJ: Erlbaum.

Bohart, A. C., & Stipek, D. J. (Eds.). (2001). *Constructive and destructive behavior: Implications for family, school, and society.* Washington, DC: American Psychological Association.

Botvinick, M. M., Braver, T. S., Barch, D. M., Carter, C. S., & Cohen, J. D. (2001). Conflict monitoring and cognitive control. *Psychological Review*, 108, 624–652.

Bowlby, J. (1969). *Attachment and loss* (Vol. 1). New York: Basic Books.

Boysen, S. T., & Berntson, G. G. (1996). Quantity-based interference and symbolic representation in chimpanzees (*Pan troglodytes*). *Journal of Experimental Psychology: Animal Behavior Processes*, 22, 76–86.

Bramlett, R. K., Scott, P. L., & Rowell, R. K. (2000). A comparison of temperament and social skills in predicting academic performance in first graders. *Special Services in Schools*, 16, 147–158.

Broadhurst, P. L. (1975). The Maudsley reactive and nonreactive strains of rats: A survey. *Behavioral Genetics*, 5, 299–319.

Broca, P. (1861). Perti de parole, remollissement chronique et destruction partielle du lobe anterieur gauche du cerveau [Loss of speech, chronic softening and partial destruction of the anterior lobe of the brain]. *Bulletin de la Societé Anthropologique Paris*, 2, 235–238.

Brown, J. R., Ye, H., Bronson, R. T., Dikkes, P., & Greenberg, M. (1996). A defect in nurturing in mice lacking the immediate early gene fosB. *Cell*, 86, 297–309.

Bruer, J. T. (1999). *The myth of the first three years of life.* New York: Free Press.

Bruner, J. S. (1960). *The process of education.* Cambridge, MA: Harvard University Press.

Brush, F. R., Gendron, C. M., & Isaacson, M. D. (1999). A selective genetic analysis of the Syracuse high-and low-avoidance (SHA/Bru and SLA/Bru) strains of rats (*Rattus norvegicus*). *Behavioral Brain Research*, 106, 1–11.

Buckner, R. L., Petersen, S. E., Ojemann, J. G., Meizin, F. M., Squire, L. R., & Raichle, M. E. (1995). Functional anatomic studies of explicit and implicit memory retrieval tasks. *Journal of Neuroscience*, 15, 12–29.

Bush, G., Frazier, J. A., Rauch, S. L., Seidman, L. J., Whalen, P. J., Rosen, B. R.,

& Biederman, J. (1999). Anterior cingulate cortex dysfunction in attention deficit/hyperactivity disorder revealed by fMRI and the counting Stroop. *Biological Psychiatry*, 45, 1542–1552.

Bush, G., Luu, P., & Posner, M. I. (2000). Cognitive and emotional influences in anterior cingulate cortex. *Trends in Cognitive Sciences*, 4, 215–222.

Buss, A. H., & Plomin, R. (1975). *A temperament theory of personality development.* New York: Wiley.

Buss, A. H., & Plomin, R. (1984). *Temperament: Early developing personality traits.* Hillsdale, NJ: Erlbaum.

Butcher, P. R., Kalverboer, A. F., & Geuze, R. H. (1999). Inhibition of return in very young infants: A longitudinal study. *Infant Behavior and Development*, 22, 303–319.

Butcher, P. R., Kalverboer, A. F., & Geuze, R. H. (2000). Infants' shifts of gaze from a central to a peripheral stimulus: A longitudinal study of development between 6 and 26 weeks. *Infant Behavior and Development*, 23, 3–21.

Calder, A. J., Lawrence, A. D., & Young, A. W. (2001). Neuropsychology of fear and loathing. *Nature Reviews: Neuroscience*, 2, 352–363.

Calkins, S., & Williford, A. (2003, April). Anger regulation in infancy: Consequences and correlates. In S. C. Crockenberg & E. M. Leerkes (Cochairs), *How infants regulate negative emotions: What is effective? What is adaptive?* Symposium presentation at the biennial meeting of the Society for Research in Child Development, Tampa, FL.

Canli, T., Zhao, Z., Desmond, J. E., Kang, E., Gross, J., & Gabrieli, J. D. E. (2001). An fMRI study of personality influences on brain reactivity to emotional stimuli. *Behavioral Neuroscience*, 115, 33–42.

Cantlon, J. F., Brannon, E. M., Carter, E. J., & Pelphrey, K. A. (2006). Functional imaging of numerical processing in adults and 4-year-old children. *Public Library of Science: Biology*, 4, 844–854.

Carlson, S. M., & Moses, L. J. (2001). Individual differences in inhibitory control and children's theory of mind. *Child Development*, 72, 1032–1053.

Carter, C. S., Botvinick, M. M., & Cohen, J. D. (1999). The contribution of the anterior cingulate cortex to executive processes in cognition. *Reviews in Neuroscience*, 10, 49–57.

Carter, C. S., Braver, T. S., Barch, D. M., Botvinick, M. M., Noll, D., & Cohen, J. D. (1998, May 1). Anterior cingulate cortex, error detection and on line monitoring of performance. *Science*, 280, 747–749.

Casey, B. J., Durston, S., & Fossella, J. (2001). Evidence for a mechanistic model of cognitive control. *Clinical Neuroscience Research*, 4, 267–282.

Casey, B. J., Trainor, R., Giedd, J., Vauss, Y., Vaituzis, C. K., Hamburger, S., et al. (1997). The role of the anterior cingulate in automatic and controlled processes: A developmental neuroanatomical study. *Developmental Psychobiology*, 3, 61-69.

Casey, B. J., Trainor, R. J., Orendi, J. L., Schubert, A. B., Nystrom, L. E., Giedd, J. N., et al. (1997). A developmental functional MRI study of prefrontal activation during performance of a go-no-go task. *Journal of Cognitive Neuroscience*, 9, 835-847.

Chase, W. G., & Simon, H. A. (1973). Perception in chess. *Cognitive Psychology*, 4, 55-81.

Cheatham, P. G., & White, C. T. (1954). Temporal numerosity Ⅲ: Auditory perception of number. *Journal of Experimental Psychology*, 47, 425-428.

Cheour M., Alho, K., Sainio, K., Reinikainen, K., Renlund, M., Aaltonen, O., et al. (1997). The mismatch negativity to changes in speech sounds at the age of three months. *Developmental Neuropsychology*, 13, 167-174.

Chi, M. T. H. (1978). Knowledge structures and memory development. In R. S. Siegler (Ed.), *Children's thinking: What develops?* Hillsdale, NJ: Erlbaum.

Chi, M. T. H., Glaser, R., & Farr, M. J. (Eds.). (1988). *The nature of expertise.* Hillsdale, NJ: LEA.

Chi, M. T. H., & Koeske, R. D. (1983). Network representation of a child's dinosaur knowledge. *Developmental Psychology*, 19, 29-39.

Chochon, F., Cohen, L., van de Moortele, P. F., & Dehaene, S. (1999). Differential contributions of the left and right inferior parietal lobules to number processing. *Journal of Cognitive Neuroscience*, 11, 617-630.

Chua, H. F., Boland, J. E., & Nisbett, R. E. (2005). Cultural variation in eye movements during scene perception. *Proceedings of the National Academy of Sciences of the USA*, 102, 12629-12633.

Cicchetti, E., & Rogosch, F. A. (1996). Equifinality and multifinality in developmental psychopathology. *Development and Psychopathology*, 8, 597-600.

Clark, V. P., & Hillyard, S. A. (1996). Spatial selective attention affects only extrastriate but not striate components of the visual evoked potential. *Journal of Cognitive Neuroscience*, 8, 387-402.

Clifford, M. M. (1984). Thoughts on a theory of constructive failure. *Educational Psychologist*, 2, 108-120.

Clohessy, A. B., Posner, M. I., & Rothbart, M. K. (2001). Development of the functional visual field. *Acta Psychologica*, 106, 51-68.

Clohessy, A. B., Posner, M. I., Rothbart, M. K., & Vecera, S. P. (1991). The development of inhibition return in early infancy. *Journal of Cognitive Neuroscience*, 3, 345-350.

Cloninger, C. R. (1986). A unified biosocial theory of personality and its role in the development of anxiety states. *Psychiatric Developments*, 3, 167–226.

Cohen, L., Martinaud, O., Lemer, C., Lehericy, S., Samson, Y., Obadia, M., et al. (2003). Visual word recognition in the left and right hemispheres: Anatomical and functional correlates of peripheral alexias. *Cerebral Cortex*, 13, 1313–1333.

Connell, J. P., & Wellborn, J. G. (1991). Competence, autonomy, and relatedness: A motivational analysis of self-system processes. In M. R. Gunnar & L. A. Sroufe (Eds.), *Minnesota Symposia on Child Psychology* (Vol. 23, pp. 43–77). Hillsdale, NJ: Erlbaum.

Conturo, T. E., Lori, N. F., Cull, T. S., Akbudak, E., Snyder, A. Z., Shimony, J. S., et al. (1999). Tracking neuronal fiber pathways in the living human brain. *Proceedings of the National Academy of Sciences of the USA*, 96, 10422–10427.

Cooper, L. A., & Shepard, R. N. (1973). Mental rotation of letters. In W. G. Chase (Ed.), *Visual information processing*. New York: Academic Press.

Corbetta, M., & Shulman, G. L. (2002). Control of goal-directed and stimulus-driven attention in the brain. *Nature Reviews: Neuroscience*, 3, 201–215.

Covington, M. V. (1992). *Making the grade: A self worth perspective on motivation and school reform.* New York: Cambridge University Press.

Covington, M. V. (1998). *The will to learn: A guide for motivating young people.* New York: Cambridge University Press.

Crick, F. H. C., & Watson, J. D. (1954). The complementary structure of deoxyribonucleic acid. *Proceedings of the Royal Society of London. Series A, Mathematical and Physical Sciences*, 223, 80–96.

Crottaz-Herbett, S., & Mennon, V. (2006). Where and when the anterior cingulated cortex modulates attentional response: Combined fMRI and ERP evidence. *Journal of Cognitive Neuroscience*, 18, 766–780.

Damasio, A. (1994). *Descartes' error.* New York: Avon Books.

Davidson, M. C., & Marrocco, R. T. (2000). Local infusion of scopolamine into intraparietal cortex slows covert orienting in rhesus monkeys. *Journal of Neurophysiology*, 83, 1536–1549.

Davidson, R. J. (2000). Affective style, psychopathology and resilience: Brain mechanisms and plasticity. *American Psychologist*, 55, 1196–1214.

Davidson, R. J., Putnam, K. M., & Larson, C. L. (2000, November 10). Dysfunction in the neural circuitry of emotion regulation—A possible prelude to violence. *Science*, 289, 591–594.

Davis, M., Hitchcock, J. M., & Rosen, J. B. (1987). Anxiety and the amygdala: Pharmacological and anatomical analysis of the fear-potentiated startle paradigm. In G. Bower (Ed.), *The psychology of learning and motivation: Advances in research and theory*

(Vol. 21, pp. 263–305). San Diego, CA: Academic Press.

Dehaene, S. (1996). The organization of brain activations in number comparison: Event-related potentials and the additive-factors method. *Journal of Cognitive Neuroscience*, 8, 47–68.

Dehaene, S. (1997). *The number sense.* New York: Oxford University Press.

Dehaene, S., Dupoux, E., & Mehler, J. (1990). Is numerical comparison digital? Analogical and symbolic effects in two-digit number comparison. *Journal of Experimental Psychology: Human perception and performance*, 16, 626–641.

Dehaene, S., Kerszberg, M., & Changeux, J. P. (1998). A neuronal model of a global workspace in effortful cognitive tasks. *Proceedings of the National Academy of Sciences of the USA*, 95, 14529–14534.

Dehaene, S., Posner, M. I., & Tucker, D. M. (1994). Localization of a neural system for error detection and compensation. *Psychological Science*, 5, 303–305.

Dehaene, S., Spelke, E., Pinel, P., Stanescu, R., & Tsivkin, S. (1999, May 7). Sources of mathematical thinking: Behavioral and brain-imaging evidence. *Science*, 284, 970–974.

Dehaene-Lambértz, G., Dehaene, S., & Hertz-Pannier, L. (2002, December 6). Functional nueroimaging of speech perception in infants. *Science*, 298, 2013–2015.

Depue, R. A., & lacono, W. G. (1989). Neurobehavioral aspects of affective disorders. In M. R. Rosenzweig & L. Y. Porter (Eds.), *Annual review of psychology* (Vol. 40, pp. 457–492). Palo Alto, CA: Annual Reviews.

Derryberry, D., & Reed, M. A. (1994a). Temperament and attention: Orienting toward and away from positive and negative signals. *Journal of Personality and Social Psychology*, 66, 1128–1139.

Derryberry, D., & Reed, M. A. (1994b). Temperament and the self-organization of personality. *Development and Psychopathology*, 6, 653–676.

Derryberry, D., & Reed, M. A. (1996). Regulatory processes and the development of cognitive representations. *Development and Psychopathology*, 8, 215–234.

Derryberry, D., & Rothbart, M. K. (1988). Arousal, affect, and attention as components of temperament. *Journal of Personality and Social Psychology*, 55, 958–966.

Diamond, A. (1991). Neuropsychological insights into the meaning of object concept development. In S. Carey & R. Gelman (Eds.), *The epigenesis of mind: Essays on biology and cognition* (pp. 67–110). Hillsdale, NJ: Erlbaum.

Diamond, A., Briand, L., Fossella, J., & Gehlbach, L. (2004). Genetic and neurochemical modulation of prefrontal cognitive functions in children. *American Journal of Psychiatry*, 161, 125–132.

Dienstbier, R. A. (1984). The role of emotion in moral socialization. In C. E. Izard, J. Kagan,

& R. B. Zajonc (Eds.), *Emotions, cognition and behavior* (pp. 484 – 518). New York: Cambridge University Press.

Ding, Y. C., Chi, H. C., Grady, D. L., Morishima, A., Kidd, J. R., Kidd, K. K., et al. (2002). Evidence of positive selection acting at the human dopamine receptor D4 gene locus. *Proceedings of the National Academy of Sciences of the USA*, 99, 309–314.

Donders, F. C. (1868). On the speed of mental processes. *Acta Psychologia*, 30, 412–413.

Drevets, W. C., & Raichle, M. E. (1998). Reciprocal suppression of regional blood flow during emotional versus higher cognitive processes: Implications for interactions between emotion and cognition. *Cognition and Emotion*, 12, 353–385.

Dronkers, N. F. (1996, November 14). A new brain region for coordinating speech articulation. *Nature*, 384, 159–161.

Duda, R. O., & Shortliffe, E. H. (1983, April 15). Expert systems research. *Science*, 220, 261–268.

Duncan, J., Seitz, R. J., Kolodny, J., Bor, D., Herzog, H. Ahmed, A., et al. (2000, July 21). A neural basis for general intelligence. *Science*, 289, 457–460.

Dweck, C. (1991). Self-theories and goals: Their role in motivation, personality, and development. In R. A. Dienstbier (Ed.), *Nebraska Symposium on Motivation: Vol.* 38. *Perspectives on motivation* (pp. 199–236). Lincoln: University of Nebraska Press.

Dweck, C. S. (2000). *Self-theories: Their role in motivation, personality, and development. Essays in social psychology.* Philadelphia: Psychology Press.

Early, T. S., Posner, M. I., Reiman, E. M., & Raichle, M. E. (1989). Hyperactivity of the left striato-pallidal projection, Part I: Lower level theory. *Psychiatric Developments*, 2, 85–108.

Eccles, J. (1983). Expectancies, values, and academic behaviors. In J. T. Spence (Ed.), *Achievement and achievement motives: Psychological and sociological approaches* (pp. 75 – 146). San Francisco: Freeman.

Egan, M. F., Goldberg, T. E., Kolachana, B. S., Callicott, J. H., Mazzanti, C. M., Straub, R. E., et al. (2001). Effect of COMT Val108/158 Met genotype on frontal lobe function and risk for schizophrenia. *Proceedings of the National Academy of Sciences of the USA*, 98, 6917–6922.

Egan, M. F., Kojima, M., Callicott, J. H., Goldberg, T. E., Kolachana, B. S., Bertolino, A., et al. (2003). The BDNF val66met polymorphism affects activitydependent secretion of BDNF and human memory and hippocampal function. *Cell*, 112, 257–269.

Eisenberg, N., Fabes, R. A., Guthrie, I. K., Murphy, B. C., Poulin, R., & Shepard, S. (1996). The relations of regulation and emotionality to problem behavior in elementary school children. *Development and Psychopathology*, 8, 141–162.

Eisenberg, N. , Fabes, R. A. , Nyman, M. , Bernzweig, J. , & Pinulas, A. (1994). The relations of emotionality and regulation to children's anger-related reactions. *Child Development*, 65, 109–128.

Eisenberg, N. , Fabes, R. A. , Shepard, S. A. , Murphy, B. C. , Guthrie, I. K. , Jones, S. , et al. (1997). Contemporaneous and longitudinal prediction of children's social functioning from regulation and emotionality. *Child Development*, 68, 642–664.

Eisenberg, N. , & Okun, M. A. (1996). The relations of dispositional regulation and emotionality to elders' empathy-related responding and affect while volunteering. *Journal of Personality*, 64, 157–183.

Elbert, T. , Pantev, C. , Wienbruch, C. , Rockstroh, B. , & Taub, E. (1995, October 13). Increased cortical representation of the fingers of the left hand in string players. *Science*, 270, 305–307.

Elliot, A. J. , & Harackiewicz, J. (1996). Approach and avoidance goals and intrinsic motivation: A mediational analysis. *Journal of Personality and Social Psychology*, 70, 461–475.

Emde, R. N. , Gaensbauer, T. J. , & Harmon, R. J. (1976). Emotional expression in infancy: A biobehavioral study. *Psychological Issues*, 10 (1, Monograph No. 37). New York: International Universities Press.

Erez, A. , & Isen, A. M. (2002). The influence of positive affect on the components of expectancy motivation. *Journal of Applied Psychology*, 87, 1055–1067.

Ericsson, K. A. , & Chase, W. G. (1982). Exceptional memory. *American Scientist*, 70, 607–615.

Ericsson, K. A. , & Smith, J. (Eds.). (1991). *Toward a general theory of expertise*. Cambridge, MA: Cambridge University Press.

Evans, D. , & Rothbart, M. K. (2004). *A hierarchical model of temperament and the Big Five*. Manuscript submitted for publication.

Everatt, J. (Ed). (1999). *Reading and dyslexia: Visual and attentional processes*. London: Routledge.

Fan, J. , Flombaum, J. I. , McCandliss, B. D. , Thomas, K. M. , & Posner, M. I. (2003). Cognitive and brain consequences of conflict. *NeuroImage*, 18, 42–57.

Fan, J. , Fossella, J. A. , Sommer, T. , Wu, Y. , & Posner, M. I. (2003). Mapping the genetic variation of executive attention onto brain activity. *Proceedings of the National Academy of Sciences of the USA*, 100, 7406–7411.

Fan, J. , McCandliss, B. D. , Fossella, J. , Flombaum, J. I. , & Posner, M. I. (2005). The activation of attentional networks. *NeuroImage*, 26, 471–479.

Fan, J. , McCandliss, B. D. , Sommer, T. , Raz, M. , & Posner, M. I. (2002). Testing the efficiency and independence of attentional networks. *Journal of Cognitive Neuroscience*, 14,

340–347.

Fan, J., Wu, Y., Fossella, J., & Posner, M. I. (2001). Assessing the heritability of attentional networks. *BMC Neuroscience*, 2, 14.

Feigenson, L., Dehaene, S., & Spelke, E. (2004). Core systems of number. *Trends in Cognitive Sciences*, 8, 307–314.

Ffytche, D. H., Guy, C. N., & Zeki, S. (1995). The parallel visual motion inputs into areas V1 and V5 of human cerebral cortex. *Brain*, 118, 1375–1394.

Filipek, P. A., Semrud-Clikeman, M., Steingard, R. J., Renshaw, P. F., Kennedy, D. N., & Biederman, J. (1997). Volumetric MRI analysis comparing subjects having attention-deficit hyperactivity disorder with normal controls. *Neurology*, 48, 589–601.

Flavell, J. H. (1963). *The developmental psychology of Jean Piaget.* Princeton, NJ: Van Nostrand.

Fossella, J., & Posner, M. I. (2004). Genes and the development of neural networks underlying cognitive processes In M. S. Gazzaniga (Ed.), *The cognitive neurosciences* (3rd ed., pp. 1255–1266). Cambridge, MA: MIT Press.

Fossella, J., Sommer T., Fan, J., Wu, Y., Swanson, J. M., Pfaff, D. W., & Posner, M. I. (2002). Assessing the molecular genetics of attention networks. *BMC Neuroscience*, 3, 14.

Friston, K. J., Holmes, A. P., Price, C. J., Buchel, C., & Worsley, K. J. (1999). Multisubject fMRI studies and conjunction analyses. *NeuroImage*, 10, 385–396.

Frith, U., & Frith, C. (2001). The biological basis of social interaction. *Current Directions in Psychological Science*, 10, 151–155.

Galton, F. (1907). *Inquiries into human faculty and its development.* London: J. M. Dent & Sons Ltd.

Gardner, H. (1983). *Frames of mind: The theory of multiple intelligences.* New York: Basic Books.

Gartstein, M. A., & Rothbart, M. K. (2003). Studying infant temperament via the Revised Infant Behavior Questionnaire. *Infant Behavior and Development*, 26, 64–86.

Gautier, I., Tarr, M. J., Anderson, A. W., Skudlarsky, P., & Gore, J. C. (1999). Activation of the middle fusiform gyrus "face area" with expertise in recognizing novel objects. *Nature Neuroscience*, 2, 568–573.

Gazzaniga, M. (1994). *Nature's mind.* New York: Basic Books.

Gerardi-Caulton, G. (2000). Sensitivity to spatial conflict and the development of self-regulation in children 24–36 months of age. *Developmental Science*, 3/4, 397–404.

Gerlai, R. (1996). Gene-targeting studies of mammalian behavior: Is it the mutation or the background genotype? *Trends in Neuroscience*, 19, 177–181.

Gernsbacher, M. A., & Robertson, R. R. W. (1995). Reading skill and suppression revisited. *Psychological Science*, 6, 165–169.

Gerstadt, C. L, Hong, Y. J., & Diamond, A. (1994). The relationship between cognition and action: Performance of children 3 1/2–7 years old on a Strooplike day-night test. *Cognition*, 53, 129–153.

Gesell, A. (1928). *Infancy and human growth*. New York: Macmillan.

Giedd, J. N., Blumenthal, J., Jeffries, N. O., Castellanos, F. X., Liu, H., Zijdenbos, A., et al. (1999). Brain development during childhood and adolescence: A longitudinal MRI study. *Nature Neuroscience*, 10, 861–863.

Goel, V., & Dolan, R. J. (2001). Functional neuroanatomy of three-term relational reasoning. *Neuropsychologia*, 39, 901–909.

Goel, V., Gold, B., Kapur, S., & Houle, S. (1998). Neuroanatomical correlates of human reasoning. *Journal of Cognitive Neuroscience*, 10, 293–302.

Goldapple, K., Segal, Z., Garson, C., Lau, M., Bieling, P., Kennedy, S., & Mayberg, H. (2004). Modulation of cortical-limbic pathways in major depression. Treatment-specific effects of cognitive behavior therapy. *Archives of General Psychiatry*, 61, 34–41.

Grafton, S. T., Hazeltine, E., & Ivry, R. (1995). Functional mapping of sequence learning in normal humans. *Journal of Cognitive Neuroscience*, 7, 497–510.

Grandy, D. K., & Kruzich, P. J. (2004). A molecular genetic approach to the neurobiology of attention utilizing dopamine receptor-deficient mice. In M. I. Posner (Ed.), *Cognitive neuroscience of attention* (pp. 260–268). New York: Guilford.

Gray, J. A. (1971). *The psychology of fear and stress*. New York: McGraw-Hill.

Gray, J. A. (1982). *The neuropsychology of anxiety: An enquiry into the functions of the septo-hippocampal system*. London: Oxford University Press.

Gray, J. A. (1991). The neuropsychology of temperament. In J. Strelau & A. Angleitner (Eds.), *Explorations in temperament: International perspectives on theory and measurement* (pp. 105–128). New York: Plenum Press.

Graziano, W. G. (1994). The development of agreeableness as a dimension of personality. In C. F. Halverson, Jr., G. A. Kohnstamm, & R. P. Martin (Eds.), *The developing structure of temperament and personality from infancy to adulthood* (pp. 339–354). Hillsdale, NJ: Erlbaum.

Graziano, W. G., & Eisenberg, N. (1997). Agreeableness: A dimension of personality. In R. Hogan, J. A. Johnson, & S. R. Briggs (Eds.), *Handbook of personality psychology* (pp. 795–824). San Diego, CA: Academic Press.

Graziano, W. G., & Tobin, R. M. (2002). Agreeableness: Dimension of personality or social desirability artifact? *Journal of Personality*, 70, 695–727.

Green, C. S., & Bavelier, D. (2003, May 29). Action video game modifies selective attention. *Nature*, 423, 534–537.

Greenwood, P. M., Sunderland, T., Friz, J. L., & Parasuraman, R. (2000). Genetics and visual attention: Selective deficits in healthy adult carriers of the epsilon 4 allele of the apolipoprotein E gene. *Proceedings of the National Academy of Sciences of the USA*, 97, 11661–11666.

Griffin, S. A., Case, R., & Siegler, R. S. (1995). Rightstart: Providing the central conceptual prerequisites for first formal learning of arithmetic to students at risk for school failure. In K. McGilly (Ed.), *Classroom lessons: Integrating cognitive theory* (pp. 25 – 50). Cambridge, MA: MIT Press.

Groen, G. J., & Parkman, J. M. (1972). A chronometric analysis of simple addition. *Psychological Review*, 79, 329–343.

Guilford, J. P. (1967). *The nature of human intelligence*. New York: McGraw-Hill.

Gunderson, V. M., & Swartz, K. B. (1986). Effects of familiarization time on visual recognition memory in infant pigtailed macaques. *Developmental Psychology*, 22, 477–480.

Gusnard, D. A., Ollinger, J. M., Shulman, G. L., Cloninger, C. R., Price, J. L., Van Essen, D. C., & Raichle, M. E. (2003). Persistence and brain circuitry. *Proceedings of the National Academy of Sciences of the USA*, 100, 3479–3484.

Guttorm, T. K., Leppanen, P. H. T., Poikkeus, A. M., Eklund, K. M., Lyyti-nen, P., & Lyytinen, H. (2005). Brain event-related potentials (ERPs) measured at birth predict later language development in children with and without familial risk for dyslexia. *Cortex*, 41, 291–303.

Gwaizda, J., Bauer, J., & Held, R. (1989). From visual acuity to hyperacuity: A 10-year update. *Canadian Journal of Psychology*, 43, 109–120.

Habib, R., Nyberg, L., & Tulving, E. (2003). Hemispheric asymmetries of memory: The HERA model revisited. *Trends in Cognitive Sciences*, 7, 241–245.

Haith, M. M. (1980). *Rules that babies look by: The organization of newborn visual acuity*. Hillsdale, NJ: Erlbaum.

Haith, M. M., Hazan, C., & Goodman, G. S. (1988). Expectation and anticipation of dynamic visual events by 3.5-month-old babies. *Child Development*, 59, 467–469.

Harm, M. W., & Seidenberg, M. S. (2004). Computing the meanings of words in reading: Cooperative division of labor between visual and phonological pro-cesses. *Psychological Review*, 111, 662–720.

Harman, C., Posner, M. I., Rothbart, M. K., & Thomas-Thrapp, L. (1994). Development of orienting to objects and locations in human infants. *Canadian Journal of Experimental Psychology*, 48, 301-318.

Harman, C. , Rothbart, M. K. , & Posner, M. I. (1997). Distress and attention interactions in early infancy. *Motivation and Emotion*, 21, 27–43.

Harter, S. (1974). Pleasure derived by children from cognitive challenge and mas-tery. *Child Development*, 45, 661–669.

Harter, S. (1978). Effectance motivation reconsidered: Toward a developmental model. *Human Motivation*, 21, 34–64.

Harter, S. (1980). The development of competence motivation in the mastery of cognitive and physical skills: Is there still a place for joy? In D. M. Landers (Ed.), *Psychology of motor behavior and sport* (pp. 3–20). Champaign, IL: Human Kinetics.

Harter, S. (1981). A new self-report scale of intrinsic versus extrinsic orientation in the classroom: Motivational and informational components. *Developmental psychology*, 17, 300–312.

Harter, S. (1998). The development of self-representations. In W. Damon (Series Ed.) & N. Eisenberg (Vol. Ed.), *Handbook of child psychology: Vol.* 3. *Social, emotional, and personality development* (5th ed. , pp. 553–617). New York: Wiley.

Harter, S. (1999). *The construction of the self: A developmental perspective.* New York: Guilford Press.

Hastings, N. B. , Tanapat, P. , & Gould, E. (2001). Neurogenesis in the adult mammalian brain. *Clinical Neuroscience Research*, 1, 175–182.

Hebb, D. O. (1949). *Organization of behavior.* New York: Wiley.

Heidrich, A. (1990). *Studies of working memory.* Unpublished manuscript, University of Oregon, Eugene.

Heinze, H. J. , Mangun, G. R. , Burchert, W. , Hinrichs, H. , Scholtz, M. , Muntel, T. F. , et al. (1994, December 8). Combined spatial and temporal imaging of brain activity during visual selective attention in humans. *Nature*, 372, 543–546.

Hubel, D. H. , & Wiesel, T. (1977) Functional architecture of macque monkey visual cortex. *Proceedings of the Royal Society of London. Series B, Biological Sciences*, 198, 1–59.

Hugdahl, K. , & Davidson, R. J. (Eds). (2002). The *asymmetrical brain.* Cambridge, MA: MIT Press.

Hunt, J. M. (1961). *Intelligence and experience.* Oxford, England: Ronald Press.

Huttenlocher, P. R. , & Dabholkar, A. S. (1997). Regional differences in synaptogenesis in human cerebral cortex. *Journal of Comparative Neurology*, 387, 167–178.

Hwang, J. (1999). *Affect and sustained engagement in infancy.* Unpublished master's thesis, University of Oregon, Eugene.

Insel, T. R. (2003). Is social attachment an addictive disorder? *Physiology and Behavior*, 79, 351–357.

Institute of Child Health and Human Development. (2000). *Report of the National Reading Panel: Teaching children to read: An evidence-based assessment of the scientific research literature on reading and its implications for reading instruction* (NIH Publication No. 00-4769). Washington, DC: U. S. Government Printing Office.

James, W. (1890). *Principles of psychology* (Vol. 1). New York: Holt.

Johnson, M. H. (2002). The development of visual attention: A cognitive neuroscience perspective. In M. H. Johnson, Y. Munakata, & R. O. Gilmore (Eds.), *Brain development and cognition: A reader* (2nd ed., pp. 134-150). Oxford, England: Blackwell.

Johnson, M, H., & Morton, J. (1991). *Biology and cognitive development: The case of face recognition.* Oxford, England: Blackwell.

Johnson, M. H., Posner, M. I., & Rothbart, M. K. (1991). Components of visual orienting in early infancy: Contingency learning, anticipatory looking and disengaging. *Journal of Cognitive Neuroscience*, 3, 335-344.

Jones, E. E. (1990). Constrained behavior and self-concept change. In J. M. Olson & M. P. Zanna (Eds.) *Self-inference processes: The Ontario Symposium* (pp. 69-86). Hillsdale, NJ: Erlbaum.

Jonse, L., Rothbart, M. K., & Posner, M. I. (2003). Development of inhibitory control in preschool children. *Developmental Science*, 6, 498-504.

Kagan, J. (1994). *Galen's prophecy: Temperament in human nature.* Cambridge, MA: Harvard University Press.

Karni, A., Meyer, G., Rey-Hipolito, C., Jezzard, P., Adams, M. M., Turner, R., & Ungerleider, L. G. (1998). The acquisition of skilled motor performance: Fast and slow experience-driven changes in primary motor cortex. *Proceedings of the National Academy of Sciences of the USA*, 95, 861-868.

Kaufman, A. S., & Kaufman, N. L. (1990). *Kaufman Brief Intelligence Test manual.* Circle Pines, MN: American Guidance Service.

Keogh, B. K. (1982). Temperament: An individual difference of importance in intervention programs. *Topics in Early Childhood Special Education*, 2, 25-31.

Keogh, B. K. (1989). Applying temperament research to school. In G. Kohnstamm, J. Bates, & M. K. Rothbart (Eds.), *Temperament in childhood* (pp. 437-450). Chichester, England: Wiley.

Keogh, B. K. (2003). *Temperament in the classroom: Understanding individual differences.* Baltimore, MD: Paul H. Brookes.

Kieffer, B. L. (1999). Opioids: First lessons from knockout mice. *Trends in Pharmacological Sciences*, 20, 19-26.

Klein, R. M., & McMullen, P. (Eds.), (1999). *Converging methods for understanding read-*

ing and dyslexia (pp. 305–337). Cambridge, MA: MIT Press.

Klingberg, T., Forssberg, H., & Westerberg, H. (2002). Training of working memory in children with ADHD. *Journal of Clinical and Experimental Neuropsychology*, 24, 781–791.

Klingberg, T., Hedehus, M., Temple, E., Salz, T., Gabrieli, J. D. E., Moseley, M. E., & Poldrack, R. A. (2000). Microstructure of temporo-parietal white matter as a basis for reading ability: Evidence from diffusion tensor magnetic resonance imaging. *Neuron*, 25, 493–500.

Kochanska, G. (1991). Socialization and temperament in the development of guilt and conscience. *Child Development*, 62, 1379–1392.

Kochanska, G. (1995). Children's temperament, mothers' discipline, and security of attachment: Multiple pathways to emerging internalization. *Child Development*, 66, 597–615.

Kochanska, G., & Knaack, A. (2003). Effortful control as a personality characteristic of young children: Antecedents, correlates, and consequences. *Journal of Personality*, 71, 1087–1112.

Kochanaka, G., Murray, K. T., & Harlan, E. T. (2000). Effortful control in early childhood: Continuity and change, antecedents, and implications for social development. *Developmental psychology*, 36, 220–232.

Kochanska, G., Murray, K., jacques, T. Y., Koenig, A. L., & Vandegeest, K. A. (1996). Inhibitory control in young children and its role in emerging internalization. *Child Development*, 67, 490–507.

Koechlin, E., Naccache, L., Block, E., & Dehaene, S. (1999). Prime numbers: Exploring the modularity of numerical representations with masked and unmasked semantic priming. *Journal of Experimental Psychology: Human Perception and Performance*, 25, 1882–1905.

Kook, H., Gupta, L., Molfese, D., & Fadem, K. C. (2005). Multi-stimuli, multi-channel data and decision fusion strategies for dyslexia prediction using neonatal ERPs. *Pattern Recognition*, 38, 2174–2184.

Kosslyn, S. M. (1980). *Image and mind.* Cambridge, MA: Harvard University Press.

Kosslyn, S. M. (1996). *Image and brain: The resolution of the imagery debate.* Cambridge, MA: Harvard University Press.

Kosslyn, S. M., Ganis, G., & Thompson, W. L. (2001). Neural foundations of imagery. *Nature Reviews: Neuroscience*, 2, 635–642.

Kosslyn, S. M., & Thompson, W. L. (2000). Shared mechanisms in visual imagery and visual perception: Insights from cognitive neuroscience. In M. S. Gazzaniga (Ed.), *The new cognitive neurosciences* (pp. 975–985). Cambridge, MA: MIT Press.

Kremen, A. M., & Block, J. (1998). The roots of ego-control in young adulthood: Links with parenting in early childhood. *Journal of Personality and Social Psychology*, 75, 1062–1075.

Krueger, R. F., Hicks, B. M., & McGue, M. (2001). Altruism and antisocial behavior: Independent tendencies, unique personality correlates, distinct etiologies. *Psychological Science*, 12, 397–402.

Kruglanski, A. W. (1978). Endogenous attribution and intrinsic motivation. In M. Lepper & D. Greene (Eds.), *The hidden costs of reward: New perspectives on the psychology of human motivation* (pp. 85–107). Hillsdale, NJ: Erlbaum.

Kuhl, J., & Kazen, M. (1999). Volitional facilitation of difficult intentions: Joint activation of intention memory and positive affect removes Stroop interference. *Journal of Experimental Psychology: General*, 128, 382–399.

Kuhl, P. K. (2000). A new view of language acquisition. *Proceedings of the National Academy of Sciences of the USA*, 100, 1185–1187.

Kuhl, P. K., Tsao, F. M., & Liu, H. M. (2003). Foreign-language experience in infancy: Effects of short-term exposure and social interaction on phonetic learning. *Proceedings of the National Academy of Sciences of the USA*, 100, 9096–9101.

Lakoff, G., & Johnson, M. (1980). *Metaphors we livebby.* Chicago: University of Chicago Press.

Lane, R. D., Reiman, E. M., Axelrod, B., Yun, L. S., Holmes, A., & Schwartz, G. E. (1998). Neural correlates of levels of emotional awareness: Evidence of an interaction between emotion and attention in the anterior cingulate cortex. *Journal of Cognitive Neuroscience*, 10, 525–535.

Lashley, K. S. (1929). *Brain mechanisms and intelligence.* Chicago: University of Chicago Press.

Lawrence, A. D., & Calder, A. J. (2004). Homologizing human emotions. In D. Evans & P. Cruse (Eds.), *Emotions, evolution, and rationality* (pp. 15–47). Oxford, England: Oxford University Press.

Lawrence, A. D., Calder, A. J., McGowan, S. W., & Grasby, P. M. (2002). Selective disruption of the recognition of facial expressions of anger. *NeuroReport*, 13, 881–884.

LeDoux, J. E. (1987). Emotion. In F. Plum (Ed.), *Handbook of physiology. Section 1: The nervous system. Vol. V, Part 1: Higher functions of the brain* (pp. 419–460). Bethesda, MD: American Physiological Society.

LeDoux, J. E. (1989). Cognitive-emotional interactions in the brain. *Cognition and Emotion*, 3, 267–289.

Lepper, M. R., Greene, D., & Nisbett, R. E. (1973). Undermining children's intrinsic interest with extrinsic reward: A test of the "overjustification" hypothesis. *Journal of personality and Social Psychology*, 28, 129–137.

Lillard, A. (2005). *Montessori: The science behind the genius.* New York: Oxford University

Press.

Lobe, C. G., & Nagy, A. (1998). Conditional genome alteration in mice. *Bioessays*, 20, 200–208.

Loftus, E. F., & Fathi, D. C. (1985). Retrieving multiple autobiographical memories. *Social Cognition*, 3, 280–295.

Luu, P., Collins, P., & Tucker, D. M. (2000). Mood, personality, and self-monitoring: Negative affect and emotionality in relation to frontal lobe mechanisms of error monitoring. *Journal of Experimental Psychology: General*, 129, 43–60.

Marrocco, R. T., & Davidson, M. C. (1998). Neurochemistry of attention. In R. Parasuraman (Ed.), *The attentive brain* (pp. 35–50). Cambridge, MA: MIT Press.

Martin, R. P. (1989). Activity level, distractibility, and persistence: Critical characteristics in early schooling. In G. A. Kohnstamm, J. E. Bates, & M. K. Rothbart (Eds.), *Temperament in childhood* (pp. 451–462). Chichester, England: Wiley.

Maurer, D., & Lewis, T. L. (2001). Visual acuity: The role of visual input in inducing postnatal change. *Clinical Neuroscience Research 1*, 239–247.

Mauret, D., & Maurer, C. (1988). *The world of the newborn.* New York: Basic Books.

McCandliss, B. D., Beck, I. L., Sandak, R., & Perfetti, C. (2000). Focusing attention on decoding for children with poor reading skill. *Scientific Studies of Reading*, 7, 75–104.

McCandliss, B. D., Cohen, L., & Dehaene, S. (2003). The visual word form area: Expertise for reading in the fusiform gyrus. *Trends in Cognitive Sciences*, 7, 293–299.

McCandliss, B. D., Posner, M. I., & Givon, T. (1997). Brain plasticity in learning visual words. *Cognitive Psychology*, 33, 88–110.

Meck, W. H., & Church, R. M. (1983). A mode control model of counting and timing processes. *Journal of Experimental Psychology: Animal Behavior Processes*, 9, 320–334.

Meltzoff, A. N., & Borton, R. W. (1979, November 26). Intermodal matching by human neonates. *Nature*, 282, 403–404.

Merzenich, M. M., & Jenkins, W. M. (1995). Cortical plasticity, learning, and learning dysfunction. In B. Julesz & I. Kovacs (Eds.), *Maturation windows and adult cortical plasticity* (pp. 247–272). New York: Addison Wesley.

Milberg, W., Blumstein, S., Katz, D., Gershberg, R., & Brown, T. (1995). Semantic facilitation in aphasia: Effects of time and expectancy. *Journal of Cognitive Neuroscience*, 7, 667–682.

Mills, D., & Mills, C. (2000). *Hungarian kindergarten curriculum translation.* London: Mills Production.

Mischel, W., Shoda, Y., & Peake, P. K. (1988). The nature of adolescent competencies predicted by preschool delay of gratification. *Journal of personality and Social Psychology*, 54,

687–696.

Molfese, D. L. (2000). Predicting dyslexia at 8 years of age using neonatal brain responses. *Brain and Language*, 72, 238–245.

Montessori, M. (1965). *Spontaneous activity in education: The advanced Montessori method* (F. Simmonds, Trans.). New York: Schocken. (Original work published 1917)

Morgan, G. A., Harmon, R. J., & Maslin-Cole, P. M. (1990). Mastery motivation: Its definition and measurement. *Early Education and Development*, 1, 318–339.

Nagy, Z., Westerberg, H., & Klingberg, T. (2004). Maturation of white matter is associated with the development of cognitive functions during childhood. *Journal of Cognitive Neuroscience*, 16, 1227–1233.

Neely, J. H. (1977). Semantic priming and retrieval from lexical memory: Role of inhibitionless spreading activation and limited capacity attention. *Journal of Experimental Psychology: General*, 106, 226–254.

Neville, H. J. (1995). Developmental specificity in neurocognitive development in humans. In M. Gazzaniga (Ed.), *The cognitive neurosciences* (pp. 219–231). Cambridge, MA: MIT Press.

Newbury, D. F., Bishop, D. V. M., & Monaco, A. P. (2005). Genetic influences on language impairment and phonological short-term memory. *Trends in Cognitive Sciences*, 9, 528–534.

Newell, A., Shaw, J. C., & Simon, H. A. (1958). Elements of a theory of human problem solving. *Psychological Review*, 65, 151–166.

Nicholls, J. G. (1984). Conceptions of ability and achievement motivation. In R. E. Ames & C. Ames (Ed.), *Research on motivation in education: Vol. 1. Student motivation* (pp. 39–73). New York: Academic Press.

Nikolaev, A. R., Ivanitsky, G. A., Ivanitsky, A. M., Abdullaev, Y. G., & Posner, M. I. (2001). Short-term correlation between frontal and Wernicke's areas in word association. *Neuroscience Letters*, 298, 107–110.

Nimchinsky, E. A., Gilissen, E., Allman, J. M., Perl, D. P., Erwin, J. M., & Hof, P. R. (1999). A neuronal morphologic type unique to humans and great apes. *Proceedings of the National Academy of Sciences of the USA*, 96, 5268–5273.

Nishijo, H., Ono, T., & Nishino, H. (1988). Single neuron responses in amygdala of alert monkey during complex sensory stimulation with affective significance. *Journal of Neuroscience*, 8, 3570–3583.

Nobre, A. C., Allison, T., & McCarthy, G. (1994, November 17). Word recognition in the inferior temporal cortex. *Nature*, 372, 260–263.

Norman, D. A., & Shallice, T. (1986). Attention to action: Willed and automatic control of behavior. In R. J. Davidson, G. E. Schwartz, & D. Shapiro (Eds.), *Consciousness and self regulation. New York: Plenum Press.*

Ochsner, K. N., Bunge, S. A., Gross, J. J., & Gabrieli, J. D. E. (2002). Rethinking feelings: An fMRI study of the cognitive regulation of emotion. *Journal of Cognitive Neuroscience*, 14, 1215–1229.

Olesen, P. J., Westerberg, H., & Klingberg, T. (2004). Increased prefrontal and parietal activity after training of working memory. *Nature Neuroscience*, 7, 75–79.

Olson, S. L., Bates, J. E., Sandy, J. M., & Schilling, E. M. (2002) Early developmental precursors of impulsive and inattentive behavior: From infancy to middle childhood. *Journal of Child Psychology and psychiatry and Allied Disciplines*, 43, 435–448.

Panksepp, J. (1982). Toward a general psychobiological theory of emotions. *Behavioral and Brain Sciences*, 5, 407–467.

Panksepp, J. (1986). The psychobiology of prosocial behaviors: Separation distress, play and altruism. In C. Zahn-Waxler, E. M. Cummings, & R. Iannotti (Eds.), *Altruism and aggression: Biological and social origins* (pp. 19 – 57). New York: Cambridge University Press.

Panksepp, J. (1993). Neurochemical control of moods and emotions: Amino acids to neuropeptides. In M. Lewis & J. M. Haviland (Eds.), *Handbook of emotions* (pp. 87 – 107). New York: Guilford Press.

Panksepp, J. (1998). *Affective neuroscience: The foundations of human and animal emotions.* New York: Oxford University Press.

Parasuraman, R., & Greenwood, P. M. (1998). Selective attention in aging and dementia. In R. Parasuraman (Ed.), *The attentive brain* (pp. 461 – 488). Cambridge, MA: MIT Press.

Parasuraman, R., Greenwood, P. M., Kumar, R. & Fossella, J. (2005). Beyond heritability: Neurotransmitter genes differentially modulate visuospatial attention and working memory. *Psychological Science*, 16, 200–207.

Parker, J. G., & Asher, S. R. (1987). Peer relations and later personal adjustment: Are low-accepted children at risk? *Psychological Bulletin*, 102, 357–389.

Pascual-Leone, A., & Hamilton, R. (2001). The metamodal organization of the brain. *Progress in Brain Research*, 134, 427–445.

Patterson, G. R. (1980). *Mothers: The unacknowledged victims. Monographs of the Society for Research in Child Development*, 45 (5, Serial No. 186).

Paulesu, E., Demonet, J.-F., Fazio, F., McCrory, E., Chanoine, V., Brunswick, N., et al. (2001, March 16). Dyslexia: Cultural diversity and biological unity. *Science*, 291, 2165–2167.

Petersen, S. E., Fox, P. T., Posner, M. I., Mintun, M., & Raichle, M. E. (1989). Positron emission tomographic studies of the processing of single words. *Journal of Cognitive Neuroscience*, 1, 153–170.

Pfaff, D. W. (1999). *Drive: Neurobiological and molecular mechanisms of sexual motivation.* Cambridge, MA: MIT Press.

Piaget, J. (1952). *The origins of intelligence in children.* New York: International Universities Press. (Original Work published 1936)

Piazza, M., Izard, V., Pinel, P., LeBihan, D., & Dehaene, S. (2004). Tuning curves for approximate numerosity in the human intraparietal sulcus. *Neuron*, 44, 547–555.

Pinel, P., Dehaene, S., Riviere, D., & LeBihan, D. (2001). Modulation of parietal activation by semantic distance in a number comparison task. *NeuroImage*, 14, 1013–1026.

Pintrich, P. R., Marx, R. W., & Boyle, R. A. (1993). Beyond cold conceptual change: The role of motivational beliefs and classroom contextual factors in the process of conceptual change. *Review of Educational Research*, 63, 167–199.

Pliszka, S. R. (1989). Effect of anxiety on cognition, behavior, and stimulant response in ADHD. *Journal of the American Academy of Child and Adolescent Psychiatry*, 28, 882–887.

Polk, T. A., & Farah, M. J. (1998). The neural development and organization of letter recognition, computation modeling and behavioral studies. *Proceedings of the National Academy of Sciences of the USA*, 95, 765–772.

Polk, T. A., Stallcup, M., Aguirre, G. K., Alsop, D. C., D'Esposito, M., Detre, J. A., & Farah, M. J. (2002). Neural specialization for letter recognition. *Journal of Cognitive Neuroscience*, 14, 145–159.

Posner, M. I. (1978). *Chronometric explorations of mind.* Hillsdale, NJ: Erlbaum.

Posner, M. I. (2003). Imaging a science of mind. *Trends in Cognitive Sciences*, 7, 450–453.

Posner, M. I. (2004). Neural systems and individual differences. *Teachers College Record*, 106, 24–30.

Posner, M. I., & Cohen, Y. (1984). Components of attention. In H. Bouma & D. Bowhuis (Eds.), *Attention and performance X: Control of language processes* (pp. 531–556). Hillsdale, NJ: Erlbaum.

Posner, M. I., & McCandliss, B. D. (1999). Brain circuitry during reading. In R. Klein & P. McMullen (Eds.), *Converging methods for understanding reading and dyslexia* (pp. 305–337). Cambridge: MIT Press.

Posner, M. I., & Pavese, A. (1998). Anatomy of word and sentence meaning. *Proceedings of the National Academy of Sciences of the USA*, 95, 899–905.

Posner, M. I., & Petersen, S. E. (1990). The attention system of the human brain. *Annual Review of Neuroscience*, 13, 25–42.

Posner, M. I. , & Raichle, M. E. (1994). *Images of mind.* New York: Scientific American Books.

Posner, M. I. , & Raichle, M. E. (Eds.). (1998). Overview: The neuroimaging of human brain function. *Proceedings of the National Academy of Sciences of the USA*, 95, 763–764.

Posner, M. I. , & Rothbart, M. K. (1991). Attentional mechanisms and conscious experience. In M. Rugg & A. D. Milner (Eds.), *The neuropsychology of consciousness* (pp. 91 – 112). London: Academic Press.

Posner, M. I. , & Rothbart, M. K. (1998). Attention, self regulation and consciousness. *Philosophical Transactions of the Royal Society of London. Series B, Biological Sciences*, 353, 1915–1927.

Posner, M I. , & Rothbart, M. K. (2000). Developing mechanisms of self-regulation. *Development and Psychopathology*, 12, 427–441.

Posner, M. I. , Rothbart, M. K. , & DiGirolamo, G. J. (1999). Development of brain networks for orienting to novelty. *Pavlov Journal of Higher Nervous Activity*, 49, 715–722.

Posner, M. I. , Rothbart, M. K. , Thomas-Thrapp, L. , & Gerardi, G. (1998). Development of orienting to locations and objects. In R. Wright (Ed.), *Visual attention* (pp. 269–288). New York: Oxford University Press.

Premack, D. , & Premack, A. (2003). *Original intelligence*. New York: McGraw Hill.

Price, C. J. , Moore, C. J. , & Friston, K. J. (1997). Subtractions, conjunctions, and interactions in experimental design of activation studies. *Human Brain Mapping*, 4, 264–267.

Price, C. J. , Winterburn, D. , Giraud, A. L. , Moore, C. J. , & Noppeney, U. (2003). Cortical localisation of the visual and auditory word form areas: A reconsideration of the evidence. *Brain and Language*, 86, 272–286.

Pullis, M. (1985). Students' temperament characteristics and their impact on decisions by resource and mainstream teachers. *Learning Disability Quarterly*, 8, 109–122.

Quartz, S. , & Sejnowski, T. (2000). Constraining constructivism: Cortical and subcortical constraints on learning in development. *Behavioral and Brain Sciences*, 23, 785–792.

Rafal, R. , Calabresi, P. , Brennan, C. , & Sciolto, T. (1989). Saccade preparation prohibits reorienting to recently attended locations. *Journal of Experimental Psychology: Human Perception and Performance*, 15, 673–685.

Raichle, M. E. , Fiez, J. A. , Videen, T. O. , McCleod, A. M. K. , Pardo, J. V. , Fox, P. T. , & Petersen, S. E. (1994). Practice-related changes in the human brain: Functional anatomy during nonmotor learning. *Cerebral Cortex*, 4, 8–26.

Rainville, P. , Duncan, G. H. , Price, D. D. , Carrier, B. , & Bushnell, M. C. (1997, August 15). Pain affect encoded in human anterior cingulate but not somatosensory cortex. *Science*, 277, 968–970.

Rakic, P., Bourgeois, J. P., Eckenhoff, M. F., Zecevic, N., & Goldman-Rakic, P. S. (1986, April 11). Concurrent overproduction of synapses in diverse regions of the primate cerebral cortex. *Science*, 232, 232–235.

Ravitch, D. (2000). *Left back: A century of failed school reforms*. New York: Simon & Schuster.

Rayner, K., & Pollatsek, A. (1989). *The psychology of reading*. Englewood Cliffs, NJ: Prentice Hall.

Reed, M. A., & Derryberry, D. (1995). Temperament and attention to positive and negative trait information. *Personality and Individual Differences*, 18, 135–147.

Reed, M., Pien, D., & Rothbart, M. K. (1984). Inhibitory self-control in preschool children. *Merrill-Palmer Quarterly*, 30, 131–148.

Reiss, A. L., Abrams, M. T., Singer, H. S., Ross, J. L., & Denckla, M. B. (1996). Brain development, gender and IQ in children. A volumetric imaging study. *Brain*, 119, 1763–1774.

Ro, T., Farné, A., & Chang, E. (2003). Inhibition of return and the human frontal eye fields. *Experimental Brain Research*, 150, 290–296.

Rosch, E., Mervis, C. B., Gray, W. D., Johnsen, D. M., & Boyes-Braem, P. (1976). Basic objects in natural categories. *Cognitive Psychology*, 7, 192–233.

Rothbart, M. K. (1988). Temperament and the development of inhibited approach. *Child Development*, 59, 1241–1250.

Rothbart, M. K. (1989a). Biological processes of temperament. In G. Kohnstamm, J. Bates, & M. K. Rothbart (Eds.), *Temperament in childhood* (pp. 77–110). Chichester, England: Wiley.

Rothbart, M. K. (1989b). Temperament and development. In G. A. Kohnstamm, J. E. Bates, & M. K. Rothbart (Eds.), *Temperament in childhood* (pp. 187–247). Chichester, England: Wiley.

Rothbart, M. K., Ahadi, S. A., & Hershey, K. L. (1994). Temperament and social behavior in childhood. *Merrill-Palmer Quarterly*, 40, 21–39.

Rothbart, M. K., Ahadi, S. A., Hershey, K. L., & Fisher, P. (2001). Investigations of temperament at three to seven years: The Children's Behavior Questionnaire. *Child Development*, 72, 1394–1408.

Rothbart, M. K., & Bates, J. E. (2006). Temperament in children's development. In W. Damon & R. Lerner (Series Eds.) & N. Eisenberg (Vol. Ed.), *Handbook of child psychology: Vol. 3. Social, emotional, and personality development* (6th ed., pp. 99–166). New York: Wiley.

Rothbart, M. K., & Derryberry, D. (1981). Development of individual differences in temperament. In M. E. Lamb & A. L. Brown (Eds.), *Advances in developmental psychology* (Vol. 1, pp. 37–86). Hillsdale, NJ: Erlbaum.

Rothbart, M. K., & Derryberry, D. (2002). Temperament in children. In C. von Hofsten & L. Bäckman (Eds.), *Psychology at the turn of the millennium: Vol. 2. Social, developmental, and clinical perspectives* (pp. 17–35). East Sussex, England: Psychology Press.

Rothbart, M. K., Derryberry, D., & Hershey, K. (2000). Stability of temperament in childhood: Laboratory infant assessment to parent report at seven years. In V. J. Molfese & D. L. Molfese (Eds.), *Temperament and personality development across the life span* (pp. 85–119). Hillsdale, NJ: Erlbaum.

Rothbart, M. K., Derryberry, D., & Posner, M. I. (1994). A psychobiological approach to the development of temperament. In J. E. Bates & T. D. Wachs (Eds.), *Temperament: Individual differences at the interface of biology and behavior* (pp. 83–116). Washington, DC: American Psychological Association.

Rothbart, M. K., Ellis, L. K., Rueda, M. R., & Posner, M. I. (2003). Developing mechanisms of effortful control. *Journal of Personality*, 71, 1113–1143.

Rothbart, M. K., Hershey, K., & Posner, M. I. (1995). Temperament, attention and developmental psychopathology. In D. Cicchetti & D. Cohen (Eds.), *Manual of developmental psychopathology* (pp. 315–340). New York: Wiley.

Rothbart, M. K., & Hwang, J. (2005). Temperament and the development of competence and motivation. In A. J. Elliot & C. S. Dweck (Eds.), *Handbook of competence and motivation* (pp. 167–184). New York: Guilford Press.

Rothbart, M. K., & Jones, L. B. (1998). Temperament, self regulation, and education. *School Psychology Review*, 27, 479–491.

Rothbart, M. K., & Jones, L. B. (1999). Temperament: Developmental perspectives. In R. Gallimore, C. Bernheimer, D. MacMillan, D. Speece, & S. Vaughn (Eds.), *Developmental perspectives on children with high incidence disabilities: Papers in honor of Barbara Keogh* (pp. 33–54). Hillsdale, NJ: Erlbaum.

Rothbart, M. K., & Mauro, J. A. (1990). Questionnaire approaches to the study of infant temperament. In J. W. Fagen & J. Colombo (Eds.), *Individual differences in infancy: Reliability, stability and prediction* (pp. 411–429). Hillsdale, NJ: Erlbaum.

Rothbart, M. K., & Posner, M. I. (2006). Temperament, attention and developmental psychopathology. In D. Cicchetti & D. J. Cohen (Eds.), *Handbook of developmental psychopathology* (pp. 465–500). New York: Wiley.

Rothbart, M. K., Posner, M. I., & Kieras, J. (2006). Temperament, attention, and the development of self-regulation. In K. McCartney & D. Phillips (Eds.), *The Blackwell handbook of early child development* (pp. 328–357). London: Black-well Press.

Rothbart, M. K., & Rueda, M. R. (2005). The development of effortful control. In U. Mayr, E. Awh, & S. W. Keele (Eds.), *Developing individuality in the human brain: A tribute to Michael I. Posner* (pp. 167–188). Washington, DC: American Psychological Association.

Rothbart, M. K., & Sheese, B. (in press). Temperament and emotion regulation. In J. J. Gross (Ed.), *Handbook of emotion regulation.* New York: Guilford Press.

Rothbart, M. K., Ziaie, H., & O'Boyle, C. G. (1992). Self-regulation and emotion in infancy. *New Directions in Child Development*, 55, 7–23.

Rueda, M. R., Fan, J., Halparin, J., Gruber, D., Lercari, L. P., McCandliss, B. D., & Posner, M. I. (2004). Development of attention during childhood. *Neuropsychologia*, 42, 1029–1040.

Rueda, M. R., Posner, M. I., Rothbart, M. K., & Davis-Stober, C. P. (2004). Development of the time course for processing conflict: An event-related potentials study with 4 year olds and adults. *BMC Neuroscience*, 5, 39.

Rueda, M. R., Rothbart, M. K., McCandliss, B. D., Saccamanno, L., & Posner, M. I. (2005). Training, maturation, and genetic influences on the development of executive attention. *Proceedings of the National Academy of Sciences of the USA*, 102, 14931–14936.

Ruff, H. A., & Rothbart, M. K. (1996). *Attention in early development: Themes and variations.* New York: Oxford University Press.

Rumbaugh, D. M., & Washburn, D. A. (1995). Attention and memory in relation to learning: A comparative adaptation perspective. In G. R. Lyon & N. A. Krasnegor (Eds.), *Attention, memory and executive function* (pp. 199–219). Baltimore: Brookes Publishing.

Ryan, R. M., Connell, J. P., & Grolnick, W. S. (1992). When achievement is not intrinsically motivated: A theory of internalization and self-regulation in school. In A. K. Boggiano & T. S. Pittman (Eds.), *Achievement and motivation: A social-developmental perspective. Cambridge studies in social and emotional development* (pp. 167–188). New York: Cambridge University Press.

Sanders, A. F., & Schroots, J. J. F. (1968). Cognitive categories and memory span Ⅱ: The effect of temporal vs. categorical recall. *Quarterly Journal of Experimental Psychology*, 20, 273–279.

Sapir, A., Soroker, N., Berger, A., & Henik, A. (1999). Inhibition of return in spatial attention: Direct evidence for collicular generation. *Nature Neuroscience*, 2, 1053–1054.

Schacter, D. (1987). Implicit memory: History and current status. *Journal of Experimental Psychology: Language, Memory and Cognition*, 113, 501–518.

Scherg, M., & Berg, P. (1993). Brain Electrical Source Analysis (Version 2.0) [Computer software]. Herndon, VA: Neuroscan.

Schiefele, A., Krapp, A., & Winteler, A. (1992). Interest as a predictor of academic achievement: A meta-analysis of research. In K. A. Renninger, S. Hidi, & A. Krapp (Eds.), *The role of interest in learning and development* (pp. 183–212). Hillsdale, NJ: Erlbaum.

Schumacher, E. H., Lauber, E., Awh, E., Jonides, J., Smith, E. E., & Koeppe, R. A. (1996). PET evidence for an amodal verbal working memory system. *NeuroImage*, 3, 79–88.

Seidenberg, M. S., & McClelland, J. L. (1989). A distributed, developmental model of word recognition and naming. *Psychological Review*, 96, 523–568.

Sethi, A., Mischel, W., Aber, L., Shoda, Y., & Rodriguez, M. (2000). The role of strategic attention development in development of self-regulation: Predicting preschoolers' delay of gratification from mother-toddler interactions. *Developmental Psychology*, 36, 767–777.

Shallice, T., & Warrington, E. K. (1970). Independent functioning of verbal memory stores: A neuropsychological study. *Quarterly Journal of Experimental Psychology*, 22, 261–273.

Shaywitz, B. A., Shaywitz, S. E., Blachman, B. A., Pugh, K. R., Fulbright, R. K., Skudlarski, P., et al. (2004). Development of left occipitotemporal systems for skilled reading in children after a phonologically-based intervention. *Biological Psychiatry*, 55, 926–933.

Shaywitz, S. E. (2003). *Overcoming dyslexia*. New York: Knopf.

Shiner, R. L. (1998). How shall we speak of children's personalities in middle childhood? A preliminary taxonomy. *Psychological Bulletin*, 124, 308–332.

Shiner, R. L. (2000). Linking childhood personality with adaptation: Evidence for continuity and change across time into late adolescence. *Journal of Personality and Social Psychology*, 78, 310–325.

Shiner, R., & Caspi, A. (2003). Personality differences in childhood and adolescence: Measurement, development, and consequences. *Journal of Child Psychology and Psychiatry and Allied Disciplines*, 44, 2–32.

Shirley, M. M. (1933). *The first two years: A study of 25 babies*. Minneapolis: University of Minnesota Press.

Shoda, Y., Mischel, W., & Peake, P. K. (1990). Predicting adolescent cognitive and self-regulatory competencies from preschool delay of gratification: Identifying diagnostic conditions. *Developmental Psychology*, 26, 978–986.

Siegler, R. S. (1996). *Emerging minds: The process of change in children's thinking*. New York: Oxford University Press.

Sieroff, E., & Posner, M. I. (1988). Cueing spatial attention during processing of words and letter strings in normals. *Cognitive Neuropsychology*, 5, 451–472.

Simon, H. A. (1969). *The sciences of the artificial*. Cambridge, MA: MIT Press.

Simon, T. J., Bish, J. P., Bearden, C. E., Ding, L., Ferrante, S., Nguyen, V., et al. (2005). A multi-level analysis of cognitive dysfunction and psychopathology associated with chromosome 22q11.2 deletion syndrome in children. *Development and Psychopathology*, 17, 753–784.

Skinner, B. F. (1968). *The technology of teaching*. New York: Appleton-Century-Crofts.

Slater, A. (1995). Individual differences in infancy and later IQ. *Journal of Child Psychology and Psychiatry and Allied Disciplines*, 36, 69–112.

Smeets, W. J. A. J., & González, A. (2000). Catecholamine systems in the brain of vertebrates: New perspectives through a comparative approach. *Brain Research Reviews*, 33, 308–379.

Smith, E. E., Jonides, J., Marshuetz, C., & Koeppe, R. A. (1998). Components of verbal working memory: Evidence from neuroimaging. *Proceedings of the National Academy of Sciences of the USA*, 95, 876–882.

Snyder, C. R., & Higgins, R. L. (1988). Excuses: Their effective role in the negotiation of reality. *Psychological Bulletin*, 104, 23–35.

Snyder, J. A. (1977). A reinforcement analysis of interaction in problem and nonproblem children. *Journal of Abnormal Psychology*, 86, 528–535.

Sobin, C., Kiley-Brabeck, K., Daniels, S., Blundell, M., Anyane-Yeboa, K., & Karayiorgou, M. (2004). Networks of attention in children with the 22q11 deletion syndrome. *Developmental Neuropsychology*, 26, 611–626.

Sohlberg, M. M., & Mateer, C. A. (1989). *Cognitive rehabilitation: Introduction to theory and practice*. New York: Guilford Press.

Sohlberg, M. M., McLaughlin, K. A., Pavese, A., Heidrich, A., & Posner, M. I. (2000). Evaluation of attention process therapy training in persons with acquired brain injury. *Journal of Clinical and Experimental Neuropsychology*, 22, 656–676.

Spangler, G. (1989). Toddlers' everyday experiences as related to preceding mental and emotional disposition and their relationship to subsequent mental and motivational development: A short-term longitudinal study. *International Journal of Behavioral Development*, 12, 285–303.

Spearman, C. E. (1904). General intelligence objectively determined and measured. *American Journal of Psychology*, 15, 201–293.

Spelke, E. (2004). Core knowledge. In N. Kanwisher & J. Duncan (Eds.), *Attention and performance XX: Functional neuroimaging of visual cognition* (pp. 29–56). Oxford, England: Oxford University Press.

Spitzer, M., Kischka, U., Guckel, F., Bellemann, M. E., Kammer, T., Seyyedi, S., et al. (1998). Functional magnetic resonance imaging of category-specific cortical activation:

Evidence for semantic maps. *Cognitive Brain Research*, 6, 309–319.

Spoont, M. R. (1992). Modulatory role of serotonin in neural information processing: Implications for human psychopathology. *Psychological Bulletin*, 112, 330–350.

Sprengelmeyer, R., Young, A. W., Schroeder, U., Grossenbacher, P. G., Federlein, J., Buettner, T., & Pzuntek, H. (1999). Knowing no fear. *Proceedings of the Royal Society of London. Series B, Biological Sciences*, 266, 2451–2456.

Squire, L. R. (1992). Memory and the hippocampus: A synthesis from studies of rats, monkeys and humans. *Psychological Review*, 99, 195–231.

Squire, L. R., Ojemann, J. G., Miezin, F. M., Petersen, S. E., Videen, T. O., & Raichle, M. E. (1992). Activation of the hippocampus in normal humans: A functional anatomical study of memory. *Proceedings of the National Academy of Sciences of the USA*, 89, 1837–1841.

Srinivasan, R. (1999). Spatial structure of the human alpha rhythm: Global correlation in adults and local correlation in children. *Clinical Neurophysiology*, 110, 1351–1362.

Stanovich, K. E., Cunningham, A. E., & Cramer, B. (1984). Assessing phonological awareness in kindergarten children: Issues of task comparability. *Journal of Experimental Psychology*, 38, 175–190.

Sternberg, S. (1969). The discovery of processing stages. *Acta Psychologica*, 30, 276–315.

Sternberg, S. (2004). Separate modifiability and the search for processing modules. In N. Kanwisher & J. Duncan (Eds.), *Attention and performance XX: Functional brain imaging of visual cognition* (pp. 125–139). Oxford, England: Oxford University Press.

Stifter, C. A., & Braungart, J. M. (1995). The regulation of negative reactivity in infancy: Function and development. *Developmental Psychology*, 31, 448–455.

Swanson, J., Deutsch, C., Cantwell, D., Posner, M. I., Kennedy, J., Barr, C., et al. (2001). Genes and attention-deficit hyperactivity disorder. *Clinical Neuroscience Research*, 1, 207–216.

Swanson, J., Oosterlaan, J., Murias, M., Moyzis, R., Schuck, S., Mann, M., et al. (2000). ADHD children with 7–repeat allele of the DRD4 gene have extreme behavior but normal performance on critical neuropsychological tests of attention. *Proceedings of the National Academy of Sciences of the USA*, 97, 4754–4759.

Swanson, J. M., Posner, M. I., Potkin, S., Bonforte, S., Youpa, D., Cantwell, D., & Crinella, F. (1991). Activating tasks for the study of visual-spatial attention in ADHD children: A cognitive anatomical approach. *Journal of Child Neurology*, 6, S119–S127.

Tanaka, J. W., & Curran, T. (2001). A neural basis for expert object recognition. *Psychological Science*, 12, 43–47.

Tanaka, J. W., & Taylor, M. (1991). Object categories and expertise: Is the basic level in the eyc of the beholder? *Cognitive Psychology*, 23, 457–482.

Tarkiainen, A., Helenius, P., Hansen, P. C., Cornelissen, P. L., & Salmelin, R. (1999). Dynamics of letter string perception in the human occipitotemporal cortex. *Brain*, 122, 2119–2132.

Teglasi, H., & Epstein, S. (1998). Temperament and personality theory: The perspective of cognitive-experiential self-theory. *School Psychology Review*, 27, 534–550.

Tellegen, A. (1985). Structures of mood and personality and their relevance to assessing anxiety, with an emphasis on self-report. In A. H. Tuma & J. D. Maser (Eds.), *Anxiety and the anxiety disorders* (pp. 681–706). Hillsdale, NJ: Erlbaum.

Temple, E., Deutsch, G. K., Poldrack, R. A., Miller, S. L., Tallal, P., Merzenich, M. M., & Gabrieli, J. D. E. (2003). Neural deficits in children with dyslexia ameliorated by behavioral remediation: Evidence from functional MRI. *Proceedings of the National Academy of Sciences of the USA*, 100, 2860–2865.

Temple, E., & Posner, M. I. (1998). Brain mechanisms of quantity are similar in 5-year-olds and adults. *Proceedings of the National Academy of Sciences of the USA*, 95, 7836–7841.

Terrace, H. S. (1963). Discrimination learning with and without "errors." *Journal of the Experimental Analysis of Behavior*, 6, 1–27.

Thomas, A., & Chess, S. (1977). *Temperament and development.* New York: Brunner/Mazel.

Thomas, A., Chess, S., Birch, H. G., Hertzig, M. E., & Korn, S. (1963). *Behavioral individuality in early childhood.* New York: New York University Press.

Thomas, K. M., & Nelson, C. A. (2001). Serial reaction time learning in preschool and school-age children. *Journal of Experimental Child Psychology*, 79, 364–387.

Thorndike, E. L., & Woodworth, R. S. (1901). The influence of one mental function upon the efficiency of other functions. *Psychological Review*, 8, 247–261.

Thurstone, L. L. (1924). *The nature of intelligence.* New York: Harcourt Brace.

Toga, A. W., & Mazziotta, J. C. (Eds.). (1997). *Brain mapping: The methods.* New York: Academic Press.

Tyler, L. E. (1976). The intelligence test An evolving concept. In L. Resnick (Ed.), *The nature of intelligence* (pp. 13–26). Hillsdale, NJ: Erlbaum.

Tzelgov, J., Meyer, J., & Henik, A. (1992). Automatic and intentional processing of numerical information. *Journal of Experimental Psychology: Learning, Memory and Cognition*, 18, 166–179.

Ungerleider, L. G. (1995, November 3). Functional brain imaging studies of cortical mechanisms for memory. *Science*, 270, 769–775.

Uttal, W. R. (2001). *The new phrenology.* Cambridge, MA: MIT Press.

Valenza, E., Simion, F., & Umilta, C. (1994). Inhibition of return in newborn infants. *In-*

fant Behavior and Development, 17, 293–302.

van Veen, V., & Carter, C. S. (2002). The timing of action-monitoring processes in the anterior cingulate cortex. *Journal of Cognitive Neuroscience*, 14, 593–602.

Vasey, M. W., Daleiden, E. L., Williams, L. L., & Brown, L. M. (1995). Biased attention in childhood anxiety disorders: A preliminary study. *Journal of Abnormal Child Psychology*, 23, 267–279.

Venter, J. C., Adams, M. D., Myers, E. W., Li, P. W., Mural, R. J., Sutton, G. G., et al. (2001, February 16). The sequence of the human genome. *Science*, 291, 1304–1335.

Vernon, P. E. (1961). Intelligence and attainment. New York: Philosophical Library.

Victor, J. B., Rothbart, M. K., & Baker, S. R. (2005). *Integrating child temperament and personality in the Child Temperament and Personality Questionnaire.* Manuscript submitted for publication.

Vogel, E. K., & Machizawa, M. G. (2004, April 15). Neural activity predicts individual differences in visual working memory capacity. *Nature*, 428, 748–751.

Voytko, M. L., Olton, D. S., Richardson, R. T., Gorman, L. K., Tobin, J. R., & Price, D. L. (1994). Basal forebrain lesions in monkeys disrupt attention but not learning and memory. *Journal of Neuroscience*, 14, 167–186.

Wahlsten, D. (1999). Single-gene influences on brain and behavior. *Annual Review of Psychology*, 50, 599–624.

Wang, K. J., Fan, J., Dong, Y., Wang, C., Lee, T. M. C., & Posner, M. I. (2005). Selective impairment of attentional networks of orienting and executive control in schizophrenia. *Schizophrenia Research*, 78, 235–241.

Washburn, D. A. (1994). Stroop-like effects for monkeys and humans: Processing speed or strength of association? *Journal of Psychological Science*, 5, 375–379.

Watson, D., & Clark, L. A. (1992). On traits and temperament: General and specific factors of emotional experience and their relation to the five-factor model. *Journal of Personality*, 60, 441–476.

Werker, J. F., & Yeung, H. H. (2005). Infant speech perception bootstraps word learning. *Trends in Cognitive Sciences*, 9, 519–527.

Whalen, J., Gallistel, C. R., & Gelman, R. (1999). Nonverbal counting in humans: The psychophysics of number representation. *Psychological Science*, 10, 130–137.

Wilson, A. J., Dehaene, S., Rivkin, S. K., Cohen, L., & Cohen, D. (2006). *Design and testing of adaptive remediation software for dyscalculia.* Manuscript submitted for publication.

Winkelman, J., & Schmidt, J. (1974). Associative confusions in mental arithmetic. *Journal of Experimental Psychology*, 102, 734–737.

Wurtz, R. H., Goldberg, E., & Robinson, D. L. (1980). Behavioral modulation of visual responses in the monkey: Stimulus selection for attention and movement. *Progress in Psychobiology and Physiological Psychology*, 9, 43–83.

Wynn, K. (1992, August 27). Addition and subtraction by human infants. *Nature*, 358, 749–750.

Young, L. J., Nilsen, R., Waymire, K. G., MacGregor, G. R., & Insel, T. R. (1999, August 19). Increased affiliative response to vasopressin in mice expressing the V (1A) receptor from a monogamous vole. *Nature*, 400, 766–768.

Zuckerman, M. (1984). Sensation seeking: A comparative approach to a human trait. *Behavioral and Brain Sciences*, 7, 413–471.

Zuckerman, M. (1991). *Psychobiology of personality.* New York: Cambridge University Press.

Zuckerman, M. (1995). Good and bad humors: Biochemical bases of personality and its disorders. *Psychological Science*, 6, 325–332.

主题索引*

* 索引中页码系原书页码，即本书边码。

译后记

本书由著名的认知神经科学大师迈克尔·I. 波斯纳和玛丽·K. 罗特巴特所著。他们以专业研究者严谨科学的态度与清晰的表达方式，为我们勾勒出人类认知与情感发展的研究状况；阐述了婴幼儿注意与自我调节机制的发展；描述了语言、阅读、计算等加工过程的神经机制以及遗传与环境对神经机制的影响。本书强调指出，脑科学的知识能够对学校的教育发挥重要的作用。正如建筑工程师要综合考虑建筑材料的性能、建筑所处位置等多种因素之间的相互关系来设计建筑，教育研究者、课程设计者甚至家长也要基于人类大脑思维的本质与儿童独特的个性特征来设计教育方案。这种教育设计的创新性并不亚于桥梁设计的创新性。

本书提供了一个新的视角来了解学生如何掌握学校的学科知识。语言、阅读和数学的学习能力依赖于这些学科所涉及的特定神经网络以及注意的神经网络，这些网络在儿童上学之前已经得到初步的发展。因此，教育应该从婴儿开始抓起，同时要把家庭教育和学校教育结合起来，通过学校中正规的学科学习来影响神经网络的发展。本书将神经科学、认知科学结合起来，从社会环境与个体差异的角度来透视人类行为发展的本质，向读者准确地展示了与学习有关的脑与认知科学的研究成果。本书适合对脑与认知科学研究的最新进展感兴趣的教育神经科学研究者、神经科学研究者、发展与教育心理学研究者以及教育研究者阅读。

本书的翻译是集体智慧的结晶。各章分工如下：前言，李真、王程；总论，周加仙；第一章，李真、王程；第二章，李真、王程；第三章，周加仙、柳恒爽；第四章，王程、周加仙；第五章，姚茹、李真；第六章，王程、周加仙；第七章，杨琴、李真；第八章，李真、王程；第九章，王程、周加仙；第十章，杨琴、李真。最后由周加仙老师对全书进行了认真系统地校对、修改、统稿，董奇教授审定全文。感谢教育科学出版社对本书出版工作的大力支持。

虽然我们对本书进行了认真地翻译与校译，但是由于本书涉及多个学科的研究，内容非常丰富，错误之处还望读者批评指正。

周加仙
华东师范大学心理与认知科学学院
2010 年 12 月 16 日

出 版 人　所广一
责任编辑　周益群
版式设计　贾艳凤
责任校对　曲凤玲
责任印制　曲凤玲

图书在版编目(CIP)数据

人脑的教育/(美)波斯纳,(美)罗特巴特著;周加仙等译.—北京:教育科学出版社,2011.1(2013.3 重印)
书名原文:Educating the Human Brain
ISBN 978 -7 -5041 -5132 -2

Ⅰ.①人… Ⅱ.①波… ②罗… ③周… Ⅲ.①脑科学—研究 Ⅳ.①R338.2

中国版本图书馆 CIP 数据核字(2010)第 138638 号

北京市版权局著作权合同登记 图字:01 -2007 -4650 号

人脑的教育
RENNAO DE JIAOYU

出版发行	教育科学出版社		
社　　址	北京·朝阳区安慧北里安园甲 9 号	**市场部电话**	010 -64989009
邮　　编	100101	**编辑部电话**	010 -64989421
传　　真	010 -64891796	**网　　址**	http://www.esph.com.cn
经　　销	各地新华书店		
制　　作	北京鑫华印前科技有限公司		
印　　刷	保定市中画美凯印刷有限公司		
开　　本	169 毫米×239 毫米　16 开		
印　　张	16.25	**版　　次**	2011 年 1 月第 1 版
字　　数	273 千	**印　　次**	2013 年 3 月第 2 次印刷

如有印装质量问题,请到所购图书销售部门联系调换。

Original English Title:
Educating the Human Brain
By Michael I. Posner and Mary K. Rothbart

This Chinese edition is translated and published by Educational Science Publishing House by the arrangement with the American Psychological Association.

智慧教师读本②
我们如何学习

脑的争论：
先天还是后天？

[美] 约翰·E.道林 著
北京师范大学认知神经科学与学习
国家重点实验室脑科学与教育应用研究中心 组织翻译
赵明 李光艳 译

教育科学出版社
·北京·

译丛总序

人脑是世界上最复杂的物质系统，它所具有的学习功能是其他一切生物无法比拟的。在人类学习的研究中，由于研究方法与手段的局限性，无论是古代东西方对学习的思辨，还是近现代流派纷呈的学习理论，都回避了对学习的器官——脑的探索，使学习的研究停留在外显的行为以及对内部心理机制的推测上。

随着脑科学的迅猛发展以及研究方法与工具的进步，人们日益重视脑、认知与学习之间的关系。学习科学研究者将真实情境中的学习作为研究对象，运用科学的研究方法，来理解人类学习过程中的认知活动及其神经机制，探讨学习、认知与发展的过程与本质。学习作为人类极其复杂的现象，只有整合不同学科的视野才能对其有完整、科学的认识，因此学习科学是多学科、跨学科的研究领域。

最先用科学的方法来研究脑与学习关系的是诞生于20世纪50年代中期的认知科学。认知科学是研究人、动物和机器的智能本质和规律的科学，研究内容包括知觉、学习、记忆、推理、语言理解、知识获得、注意、情感等统称为意识的高级心理现象。认知科学从诞生之日起，就从多学科的视角来研究学习。到20世纪70年代，认知科学家开始研究人类是怎样解决问题的，关注数学、科学、阅读和写作等学校教育教学中涉及的重要问题。他们发现专家与新手采用不同的方式来解决各种学习领域中的问题，认为专家与新手的区别是理解学习的第一步，“学习就是新手变为专家的过程”①，追踪这一过程中的思维变化可以研究学习的产生。20世纪90年代以后，认知科学转变了脱离学习情

---

① Bruer, J. B. (1993) Schools for Thought: A Science of Learning in the Classroom. Cambridge, Massachusetts: The MIT Press, p. 2.

境、关注静态知识的实验室研究方式，转而重视学习者的思维与求知过程。认知科学对表征、专家知识、问题解决和思维等的研究，成为学习科学的核心概念。经过20余年的发展，《学习科学杂志》于1991年创刊。2002年“国际学习科学协会”（*The International Society of the Learning Sciences*）成立。目前美国的西北大学、斯坦福大学等许多著名大学都设立了学习科学专业，从认知科学的角度来探究学生的学习。

在认知科学发展的同时，与此相关的另一门新兴学科也在形成之中。美国心理学家 *George Miller* 于20世纪70年代提出了“认知神经科学”一词，率先将脑科学和认知科学结合起来。在90年代“脑的十年”里，随着脑成像技术的发展以及 *Michael S. Gazzaniga*、*George Miller*、*Michael I. Posner* 等一批认知神经科学家卓有成效的研究，认知神经科学迅速发展起来。认知神经科学的研究任务在于阐明自我意识、思维想象和语言等人类认知活动的神经机制，研究脑是如何调用各层次上的组件，包括分子、细胞、脑组织区和全脑去实现自己的认知活动的。① 教育与认知神经科学结合起来的研究已成为当前国际上备受关注的新兴研究领域。1999年经济合作与发展组织启动了“学习科学与脑科学研究”项目，目的是在教育研究人员、教育决策专家和脑科学研究人员之间建立起密切的合作关系，通过跨学科的合作研究来探明与学习有关的脑活动，从而更深入地理解个体生命历程中的学习过程。2003年11月，“国际心智、脑与教育协会”成立，标志着科学界与教育界更加紧密地合作起来，共同研究人类学习与学习科学。

目前，许多国家的政府都采取了一系列重要措施，大力支持脑与学习科学的研究与应用工作，并将它作为国家科技与教育发展的重要议程。新世纪伊始，美国国家科学基金会就积极酝酿筹办学习科学研究中心以及学习科学孵化中心。从2003年起，美国国家科学基金将投入约1亿美元，正式建立6个学习科学中心以及若干个学习科学孵化中心。这些学习科学中心分别从生物、认知、计算机、数学、物理、社会科学、工程以及教育等多种学科交叉的角度来研究学习，甚至还涉及机器学习、学习技术以及所有有关学习的数学分析与模型的研究。日本政府也非常重视脑科学与教育的研究，日本文部科学省于2003年元旦启动了庞大的“脑科学与教育”研究项目。2004年，欧洲启动了由8个不同国家的实验室共同合作的研究项目“计算技能与脑发育”项目，研究计算能力的脑机制，并将研究成果运用于数学教育。这些研究组织与机构的创

① Gazzaniga，M. S.：《认知神经科学》，沈政等译，上海教育出版社，1998年。

立表明，无论在北美洲、欧洲，还是在亚洲，全方位、多层面的学习科学研究已经蓬勃地开展起来。

我国对学习的研究已有悠久的历史。在古代，人们把“学习”看作是包含“学”与“习”两个独立环节的过程。“学”是指人获得直接与间接经验的认识活动，兼有思的含义；“习”是指巩固知识、技能等实践活动，兼有行的意思。① 最早将“学”与“习”联系起来强调“学”与“习”之间内在联系的是孔子，他说：“学而时习之，不亦说（悦）乎！”（《论语·学而》）又说：“学而不思则罔，思而不学则殆。”（《论语·为政》）说明“学”是“习”的基础与前提，“习”是“学”的巩固与深化，在学习的过程中可以感受到愉悦的情绪体验，揭示了学习、练习、情绪、思维之间的关系。由此可见，我国古代把学习看作是学、思、习、行、情的总称，对学习的这种探讨已经触及了一个重要的科学研究问题：学习过程中认知、情绪、行为三者之间的统一关系。

20 世纪初期与中期，我国有一些学者出版了有关学习的论著，如杨贤江撰写的《学习法概论》（1923）、周冰原撰写的《学习观点与学习方法》（1950）等。经过多年的发展，20 世纪 70 年代末到 80 年代初，开始形成了学习学的理论与实践研究，并出版了大量专著，学习学的研究在全国展开。1987 年 6 月，在南京召开的“全国第一届学习科学讨论暨讲习班”成为学习学研究历史上的一次重要会议。此后，全国学习学专业机构纷纷成立，并多次举办了全国性的学习学会议。学习学的理论与实践研究也有了新的进展。但是，目前学习学的研究仍然停留于行为研究与思辨层面，关注较多的是学生的学习心理研究、学习规律的观察与总结、学习经验的交流、学习方法的指导等方面，而对脑与学习的关系则探讨较少。

20 世纪 90 年代中后期，在当时国务院科技领导小组、国家科技部、教育部、自然科学基金委的支持下，我国开始重视脑科学与教育的研究，并多次举行专题研讨会。以脑科学研究为基础的学习科学才逐渐受到关注，并成立了专门的研究机构。2000 年，教育部在北京师范大学建立了认知科学与学习教育部重点实验室；2002 年，韦钰院士在东南大学发起成立了学习科学研究中心；2005 年，国家科技部在北京师范大学成立了“认知神经科学与学习”国家重点实验室；关注脑的学习功能与生理机制的学习科学研究受到了重视。

① 桑新民：《学习究竟是什么？——多学科视野中的学习研究论纲》，《开放教育研究》第 11 卷第 1 期，2005 年 2 月，第 8–9 页。

北京师范大学“认知神经科学与学习”国家重点实验室的主要目标是研究人类学习的脑机制，并将研究成果运用于学校的教育教学与学生的心理健康发展。我们从认知科学、认知神经科学的角度，围绕“学习与脑可塑性”这一核心问题，研究学习的一般机制和特殊规律，已经在认知能力的发展与促进，社会认知、行为的心理与神经机制，认知障碍，英语、汉语以及汉英双语表征的神经机制与学习方面取得了许多研究进展和突破。我本人也主持了国家攀登项目、国家杰出青年基金项目、科技部国际合作重点项目、教育部人文社科重大项目等重要课题，组织北京师范大学和国内外有关专家从多学科角度进行联合攻关，在脑与学习科学的研究方面取得了许多有价值的成果。

近年来，在各国的重视下，脑科学已经开始运用于教育，其取得的初步成果和出现的问题，对我国开展该方面的工作均有重要参考、借鉴意义。为此，我们决定组织“脑与学习科学新视野”译丛，根据我国学习科学研究与学校教育的需要，选择国际学习科学研究中最权威、最重要的研究成果介绍给教育科学工作者、决策者与实践者，尤其是有志于从事脑与学习科学研究的工作者。译丛中的书籍分别从认知科学和认知神经科学的角度来阐明学习科学。有些书籍是不同国际组织召集国际上资深科学家研讨而成；有些书籍勾勒出脑与学习科学的具体研究框架；有些书籍让大家了解脑与学习科学的最新研究进展。因此，本译丛最大的一个特点在于，其作者均为脑与学习科学研究领域的国际著名专家或者相关国际研究组织，这些书籍也都由国际知名出版社出版发行。原书作者的许多见解有助于我们更好地把握国际脑与学习科学发展的趋势与存在的争论，有助于促进我国脑与学习科学的研究工作。

值此译丛出版之际，我要对译丛中各著作的原作者和出版社表示谢意；我还要感谢教育科学出版社的同志细致、耐心的工作；感谢参与本译丛翻译的老师和研究生们所付出的辛勤劳动。同时，我还要借此机会感谢国务院科技领导小组、国家科技部、教育部、自然科学基金委长期以来对脑与认知神经科学方面基础研究和应用研究的大力支持。

我希望本套译丛将对我国脑与学习科学的研究以及学习科学研究人员的培养有积极的启示与帮助；我也希望本套译丛将对我国的教育决策、教育研究范式的改革、课程与教学设计带来有益的启示。

董　奇

2009年10月26日

于北京师范大学

目 录

导　言

美国国会曾将20世纪90年代称为“脑的十年”，有些人认为21世纪将是“脑的世纪”。到那时生物学中的最后一个前沿领域，即对人的脑这一最为复杂的生物系统的认识将会取得突破性进展。在过去的50—100年间，神经科学领域已经取得了巨大的进展，这些进展可用来解释人类行为方面的许多问题。目前许多大学和学院正在开展交叉学科项目，探讨不同的学科和领域可以从神经科学中学习到哪些知识，同时会给神经科学带来哪些进展。1993年，我自哈佛大学开展“意识、脑和行为”的项目伊始便参与进来，之后又对该项目进行了1年的合作指导。这个项目吸引了来自哈佛大学医学院、法学院、神学院、商学院、教育学院和人文艺术学院的众多学者。他们代表了诸如哲学、音乐、英语、语言、人类学和历史科学领域，以及生物学、心理学和计算机科学领域。

许多例子可以说明神经科学对其他学科的影响。我可以列举两个例子，第一个例子，有关我们如何学习和记忆的研究已经证明：记忆很大程度上是可以重塑和创造的；错误的记忆也时有发生。这些发现从根本上改变了司法界对于目击者证词的看法。过去认为目击者可以真实地记录和记忆一个事件，但与之相反，我们现在意识到，我们记住的东西或对事件的感知往往依赖于许多因素，比如先前的经验、偏见、注意和想象等。尽管在每一个案例中，目击者对其所见都深信不疑，但是不同的目击者给出的描述却差异很大。

第二个例子是安慰剂效应。很久以来，这一现象被认为是没有任何生理基础的。如果一个患者服用糖丸后被告知该药物能够减轻疼痛的话，那么他自己将会感觉疼痛的确有所减轻。我们现在知道，疼痛的缓解是由于脑内内源性阿片样物质的释放引起的。目前所进行的药物实验均未采用设置类似但被认为无效的药物作为对照组。但是安慰剂效应无疑会显著地影响此类实验的结果。那么我们怎么确定哪些药物是有效的，哪些又是无效的呢？这个问题对于药物治疗具有深远的意义。

神经科学的影响力有多深远呢？比如说，对发育中的脑的研究，能否告诉我们有关如何抚养或教育孩子的知识？有人对此持肯定态度，但也有人并不同意这样的观点。他们认为其中蕴含着高风险——例如，花费了几百万甚至上亿美元的公共项目“开端计划”（Head Start），与那些基于神经生物学的观点虽然相关，可这些用以佐证的神经生物学观点往往是孱弱的、有争议的或是过度阐释的。有观点认为，儿童的脑较成人的脑更具可塑性——这是真实存在的——因此0到3岁对于培养健康、快乐和聪明的儿童是至关重要的。最近，John Bruer所著的《0到3岁的错误》一书已经对这个极端的观点及其证据进行了批判。正如Bruer所提出的，0到3岁对于脑的发育非常重要，但是之后的岁月也依然重要。所有的发育不可能在3年之后都完全停止——事实上，脑会继续发育成熟直至18—20岁，我们将在后文进行阐述。

成人的脑情况如何？它的网络构成有多牢固？一旦损伤之后，它能否恢复，或者是否就只停留在损伤之前的样子？近期研究显示，成人的脑比我们过去所认为的更具有可塑性，但是到底会有多大的可塑性呢？基因对行为产生怎样的影响呢？基因和行为是怎样联系的呢？就此引起了许多争论，其中不乏偏激的观点。许多书就此进行论述，其中一些书名颇具吸引力，比如《人的误测》、《与基因无关》以及最近出版的《白板》。

该书最后，我们会谈一下老化的脑。是否我们所有人的脑都会逐渐衰退呢？或者这只是一个较为悲观的观点？是否人的最长寿命有可能延长到150—180岁呢？与年龄相关的神经退行性疾病，如阿尔茨海默症和帕金森病又会如何影响我们的生活呢？是否可以采取一些可行的方法来应对因此而产生的可怕且具有毁灭性的情况呢？

本书的目的就是对我们已知的发育中的脑、成人的脑以及老化的脑的神经生物学方面的事实进行阐述。显然，与儿童、成人和老年人的心理观察方面已经取得的丰富研究成果相比，神经生物学还处于初始阶段。但是，现代神经生物学研究不仅告诉我们与上述事项相关的有力事实，同时也为我们提供了许多模型——即以神经生物学的观点来看待这些问题。这些模型在处理相关事项的细节上也许不完全正确，但是它们预示着我们能够了解许多潜在的现象，并且能够认识它们。

值得一提的是，一方面，尽管我们一直致力于了解人脑，但是我们从神经生物学角度进行研究的能力很大程度上受制于无创性影像技术或记录技术。有时，我们能够获取人脑的切片进行分析，但这只是个别情况。另一方面，我们能够研究动物的脑，而且通常动物的脑数据同人脑功能在某方面直接相关，至少，它们可为我们提供一条途径，以供我们思考人类脑运行的可能方式。在本书中，我举出了一些动物脑研究的实例，以及我个人对这些研究的看法。

本书并不是为专业人士撰写的，而是为那些对这类话题感兴趣并想了解目前研究进展的非专业人士以及非科研人员撰写的。我尝试以真实、准确而又简洁的方式来描绘神经生物学。本书分为三个部分：第一部分是“发育中的脑”；第二部分是“成人的脑”；第三部分是“老化的脑”。“发育中的大脑”由三章组成，“成人的脑”由两章组成，而“老化的脑”这部分仅由一章组成。本书的布局很大程度上反映了学术界对人类大脑生物学这三个方面的关注以及所开展的研究的数量。而研究重点可能随着人口老龄化以及年龄相关的神经退行性疾病愈来愈大的破坏性而有所转移。但是，了解脑的发育过程，以及利用这些认识来帮助我们更好地培养和教育子孙后代，从而使他们具备最佳能力，是我们人类未来所面对的重要挑战。

本书的最初工作是在意大利贝拉焦的洛克菲勒学术会议中心完成的，我在那里度过了一段美好时光。本书中大部分内容是在日本京都国际高级研究所完成的，我在那里也同样很开心。Lisa Haber-Thomson 和 Carla Blackma 为本书绘制了专业图表，Stephanie Levinson 负责本项目主要的秘书工作，使得本项目取得了丰硕的成果。Jerome Kagan、Mark Konishi、Brian Perkins 和 Richard Sidman 分别阅读了部分或整本手稿，并进行了校对，给出了评价，提出了很多很有价值的建议。最后还需要提到的是，作为本书的编辑 Jeffrey Robbins 热情地鼓励我撰写这本书，使这本书有了很大的改进。

第一部分

发育中的脑

第一章

脑的建构

了解脑是如何形成的，这一问题是生物学面临的最大挑战之一。所有的神经元和胶质细胞（支持细胞）都诞生于幼小的胚胎中少数未分化的细胞内。成人的脑中包含大约 1 000 亿个神经元（保守估计）以及 10 倍于它的胶质细胞。事实上，由于所有的神经元和大多数的胶质细胞在我们出生之前就已经形成，所以如果人脑中细胞生成过程在 9 个月的孕期中是匀速的话，子宫内一个胚胎大约每分钟产生 250 000 个细胞。但因为大多数神经元是在孕期的头 4 个月生成的，因此早期每分钟产生的细胞数量要更高些。而且，脑的大部分区域在孕期开始时过量生成神经元，而冗余的部分则在其成熟的过程中死亡。因此，在孕期的各个时间段，每分钟产生的细胞数目可能超过 500 000 个。

妊娠 3 周后脑就开始形成。一个由大约 125 000 个细胞组成的团块沿着胚胎的背侧或腹侧形成明显的扁平细胞带。这个结构是神经板，所有的神经元和胶质细胞都来源于这个早期结构（图 1–1A）。

A：胚胎背侧表面上来源于外胚层细胞的神经板细胞。来自中胚层的信号诱导背侧外胚层细胞发育成为神经板细胞。B：神经板凹陷形成神经管，起初位于神经板侧面的细胞形成神经嵴。C：神经管发育成为中枢神经系统（脑和脊椎），而神经嵴则形成其他神经系统的大部分（外周神经系统）。

胚胎发育至第 3 周与第 4 周之间时，神经板向内凹陷，形成沟状结构。这个结构会缓慢封闭形成一根长长的管子——神经管，如图 1–1B 所示。整个中枢神经系统（脑和脊椎）都是由神经管发育而成。神经管前端形成大脑，其后端则形成了脊椎。发育至 40 天时，神经管前端沿线会形成三个明显的膨大部分，如图 1–2 所示，这些部分将逐渐形成脑的三个主要分区——前脑、中脑和后脑。

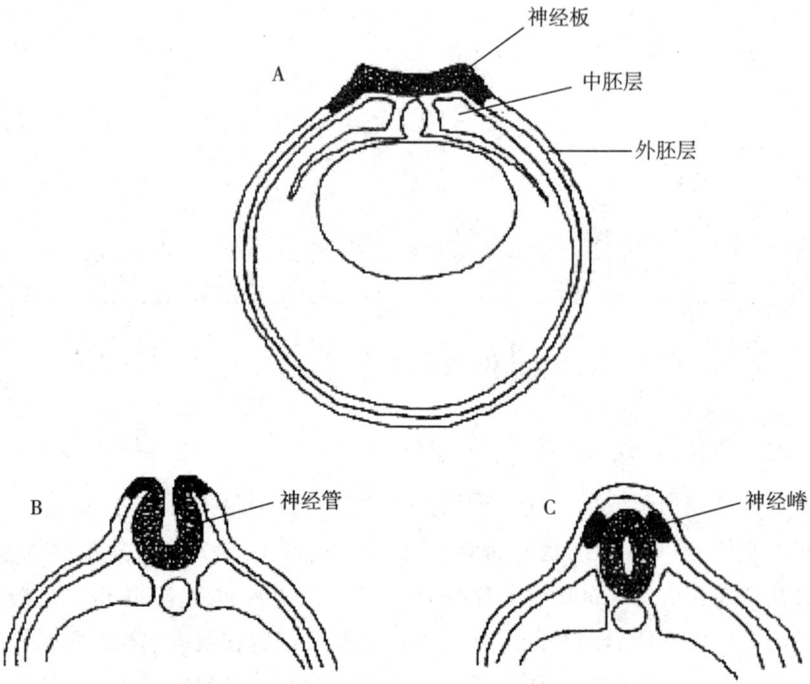

图 1–1　幼小胚胎中神经板、神经管和神经嵴的形成

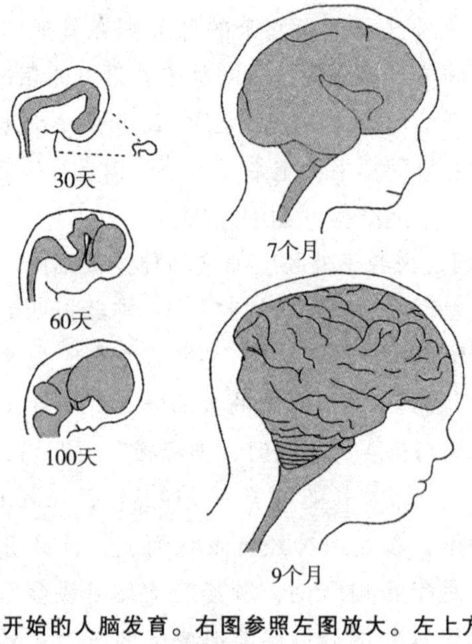

图 1–2　从神经管开始的人脑发育。右图参照左图放大。左上方的小图表明发育 30 天的脑相对于妊娠 7 个月和 9 个月时大脑的大小。

在神经管的形成过程中，其两侧的一些细胞分离后形成了神经嵴的结构，如图 1-1C 所示。外周神经系统中的大部分细胞（那些位于脑和脊椎之外的神经元和胶质细胞）都来源于神经嵴细胞。

图 1-2 显示了人脑由神经管开始发育的过程。右图参照左图放大。妊娠 60 天时，就能很容易地区分前脑、中脑和后脑区域。脑表面的折叠或褶皱区域在妊娠 7 个月左右开始形成，这些区域可增加皮质面积。

妊娠 9 个月时，脑总体上与成人的脑非常相像，不过还有待进一步发育。新生儿的脑平均重量小于 400 克，而成人的脑的重量通常为 1.4 千克。图 1-3A 中显示了新生儿与 6 岁儿童的脑的背视图（顶视图）。

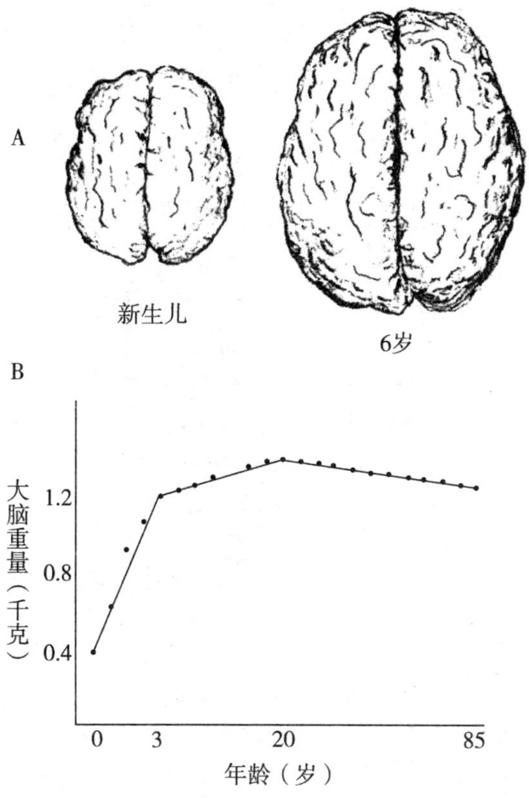

图 1-3　A：从出生（左）至 6 岁时（右）人脑的生长情况。该图为脑皮层表面的背视图。B：脑重量与年龄之间的函数关系。在 3 岁之前，脑重量迅速增加。3 岁后其增加速率会降低，直至 20 岁时，脑才达到最大重量。之后，脑重量开始缓慢而稳定地减小。

脑的大部分是在出生后 0—3 岁内增加的，但是直至 20 岁左右脑才能达到其最大重量。此后，脑重量会缓慢而稳定地减小。图 1-3B 中显示男性从出生至85岁期间，其脑平均重量的变化（根据2 000个正常脑的测量数据绘制）。一般而言，女性在各个年龄段都要比男性的脑偏小，这可能是由于女性通常要比男性矮一些。

正如前面提到的，事实上，所有的神经元在出生时或者出生后6个月时就已经形成。那么，在3—5岁之间脑的显著生长是基于什么样的机制呢？在这个过程中，发生了一些事件，包括胶质细胞和其他支持细胞数量的增加，以及血管的生长。更为重要的是，神经元上长长的轴突突起被髓磷脂所包裹。髓磷脂由胶质细胞形成，包裹在轴突周围的细胞膜上，形成一个覆盖轴突的富含脂质层。髓磷脂可以使轴突绝缘，这样轴突可更高效地传递电信号。

但是，在早期的数年内，导致脑重量增加的最重要因素是神经元自身的生长和修饰。不仅神经元胞体大小会增加，而且在脑成熟过程中，会形成更多的树突分枝。这些树突会越变越大，而且越来越长，如图1–4所示。

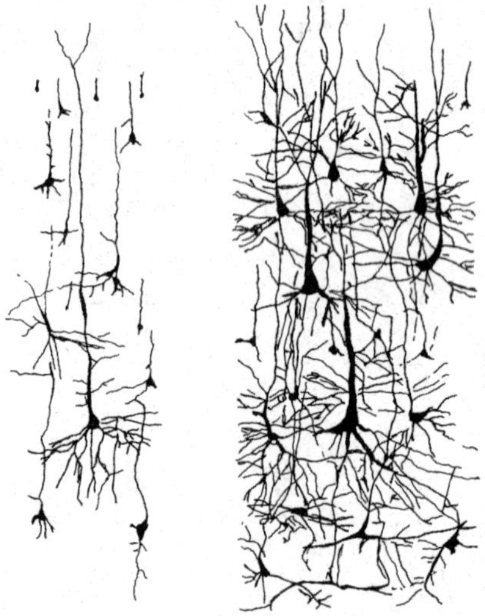

图1–4　脑成熟期间神经元的修饰。不仅神经元胞体大小增加，而且其数量、范围和分枝复杂程度也有显著增加。

超过80%的树突生长可能是在出生后发生的。神经元上的树突是大多数突触连接形成的位点，因此，在脑发育早期数年内，神经元上树突突起的加工意味着脑突触环路数量的大大增加。

毫无疑问，不仅在出生前，而且从出生后至2岁这段时间内，脑中突触总数大量增加。但是不只是突触数量增加这么简单，情况要复杂得多。正如我们所看到的那样，在脑发育和生长过程中，存在许多突触重排和修剪的现象。因此，突触会增加，也会消失。的确，如果仅看突触总数的话，其高峰发生在出生后6—8个月间，之后，其总数开始下降。在脑的成熟过程中，经验显然会影响脑突触重新联结，但并不是只有幼儿的脑中才存在重新联结。在我们的一生中，脑会随着我们的经验而改变，而这些改变则体现了脑中突触环路的变化（若想了解更多有关这些改变的信息，可参见第二部分：成人大脑）。显然，青少年的脑可塑性要比成人的脑更强，我们将在下一章讨论这一话题。

还需要强调的一点是，在神经系统中并不是所有部分都是同步成熟的。其成熟大体呈现出一种“自下而上”的梯度式过程。例如，脊椎和脑干（这些部位控制机体的一些关键功能，如呼吸、心率和胃肠道功能）在出生时就基本上构建完成，这些区域轴突的髓鞘形成已经相当完整。在出生后不久，小脑及中脑的轴突髓鞘形成（与运动协调相关）才开始启动。随后从1岁末或2岁初，前脑（包括大脑皮层）的各个部分也开始启动髓鞘形成的过程。

脑中最晚成熟的结构是脑皮层，这里也是高级情感功能的控制中枢，包括感知、记忆、判断和推理。但是皮层的所有区域并不都是同步成熟的。与感觉处理相关的皮层区域最早成熟，随后是运动区域。在那些与脑高级功能有关的区域（即所谓的脑高级联合区，这些区域与计划、意图和人格的其他方面相关），轴突仍然在形成髓鞘，突触还在重排，这个过程一直要持续到18岁左右，具体包括额叶以及顶叶和颞叶皮层的部分区域。

最近，影像学研究进一步拓宽了我们对脑和皮层成熟的理解。目前已经开展了相关研究，针对5天至15岁的儿童采用正电子放射断层成像技术（PET）扫描来确定脑不同部位对葡萄糖的消耗量。葡萄糖是神经元（以及其他细胞）的最主要的能量来源，神经元越活跃，其消耗的葡萄糖也越多。我们已经观察到，新生儿对葡萄糖的消耗主要局限于脑干、小脑部分区域以及某些皮层下结构。皮层自身所消耗的葡萄糖非常少，这说明那里的神经元活性相对较低。出生后两三个月时，某些皮层区域中葡萄糖的消耗显著增加，特别是枕叶皮质区域，这些区域参与视觉加工与感知。出生后6—8个月，额叶处才能观察到有明显的活动，而且额叶某些区域的活动表现也比其他区域多。

儿童早期的脑对葡萄糖的消耗逐渐增加。有趣的是，其消耗水平在4—7岁时已达到高峰（取决于脑区域），此时儿童的脑的葡萄糖的消耗水平约为成人的脑的两倍。在青少年期，脑对葡萄糖的消耗水平开始缓慢降低至成人水平。4—7岁时，脑对葡萄糖的消耗达到高峰也许与早年脑突触的巨大可塑性有关。许多新的突触不断形成，其余的突触消失，突触环路得到修正。不过现在我们先回到正题上，稍后会继续探讨这些话题。

脑发育的内在机制

让我们回到神经系统发育的最初阶段，看一下我们已知的内在生物学机制。所有的神经组织来源于神经板细胞，如图 1-1 所示，但是究竟是什么导致胚胎背侧细胞发育成为神经板细胞呢？最初胚胎中的细胞由两层细胞组成：外胚层细胞和内胚层细胞。外胚层细胞覆盖了胚胎的表面，并逐渐形成皮肤；内胚层细胞勾勒了胚胎的外形，同时构成消化系统和内部器官。而接下来出现了第三层细胞——中胚层，这些细胞将会发育成为肌肉、骨骼和结缔组织。在形成过程中，它们将会从胚胎背侧迁移至内胚层与外胚层之间。目前已证实，迁移的中胚层为胚胎背侧表面的外胚层提供信号，从而使后者发育成为神经板细胞。

20 世纪 20 年代，德国生物学家 Hans Spemann 和他的学生 Hilde Mangold 首次揭示了神经系统方面的发育情况，他们将蝾螈胚胎背侧部分的中胚层细胞取出，并移植到胚胎的其他部分。他们发现，所移植的中胚层细胞能够诱导所有的外胚层细胞发育成为神经板细胞，而不单单是位于胚胎背侧的那部分外胚层细胞。因此，如果将胚胎的中胚层细胞移植到另一个胚胎，它们将能够诱导两个神经板的形成。在某些情况下，可在一个动物体内发育成两个神经系统。相反，如果在胚胎发育的早期阶段阻止中胚层细胞迁移至外胚层之下的话，那么就不会形成神经板，这样胚胎就会缺失神经系统。

那么，中胚层是如何诱导外胚层细胞成为神经板细胞的呢？很久以来，人们一直怀疑是中胚层细胞释放的一种化学信号在调节这种诱导。例如，如果在存在中胚层细胞的情况下培养胚胎外胚层切片，它们都会发育成为神经板细胞；但是在不存在中胚层细胞的情况下培养胚胎的外胚层切片，则不会出现这种情况。可将多孔滤膜置于中胚层与外胚层之间，这样就可能确定这种信号分子的大小。实验表明，诱导子是小分子量蛋白。如果多孔滤膜孔径过小，阻碍小分子量蛋白通过，那么外胚层细胞就无法发育成为神经板细胞。

目前已经发现两栖动物中存在三种小分子量蛋白的神经板诱导子：头蛋白（noggin）、腱蛋白（chordin）和卵泡抑制蛋白（follistatin）。而且这些蛋白都是由中胚层细胞所分泌的。有趣的是，神经板诱导子作用机制是通过与另一种分泌蛋白（BMP）结合，从而阻碍分泌蛋白与外胚层细胞之间发生相互作用，这样能诱导细胞发育为皮肤。因此，在诱导外胚层细胞发育为神经板细胞的过程中，并不是由于诱导子与外胚层细胞发生直接作用，而是由于缺乏分泌蛋白的刺激从而使它们成为神经板细胞。我们还不清楚以这种方式诱导外胚层细胞发育为神经板细胞的原因，但是脑发育的第一个阶段表明，这一规律是脑生长、成熟和功能形成过程中反复出现的规律；也可以说是细胞间的化学信号发挥着关键作用。

神经细胞的增殖

前面提到，在人类妊娠的最初 4 个月内，平均每分钟产生大约 50 万个细胞。那么这一现象又是怎样发生以及何时发生的呢？一旦神经管闭合，神经细胞即开始增殖。起初增殖几乎只在其内表面发生，这一区域称为生发层。虽然神经管仅由一层或几层细胞组成，但它会迅速增厚，并向外扩张。图 1-5 所示的正是最初分裂中的细胞所经历的典型运动。

图 1-5　沿神经板内表面生成新细胞。细胞分裂时，其细胞核在增殖过程中上下移动。当细胞核远离内表面时，DNA 合成；细胞沿内表面分裂。

准备分裂的细胞具有两极化的形状，一端向神经管内表面延伸，另一端朝神经管外表面延伸。细胞分裂时，其在合成 DNA 的过程中远离神经管的内表面，但是之后会向神经管内表面迁移。细胞缩回其分枝，变圆，然后进行分裂。在完成细胞分裂后，两个子细胞伸展出新的分枝，细胞核向神经管深部迁移，然后重复上述过程。

一旦形成神经管，那些将发育成神经元的细胞便开始生成（在发育 3 周时），在第 7 周时达到高峰，然后在 18 周时完成大部分过程。一些神经元在胚胎晚期生成，有些甚至是在出生后数月产生，但是大多数神经元在妊娠 4 个月时产生。另一方面，胶质细胞会在孕期甚至是整个生命周期内以一种较为缓慢的速度持续产生。

神经元母细胞的增殖受外源性生长因子的控制，即受一些直接作用于细胞、促进其分裂的特殊蛋白以及内源性因素即限制细胞分裂的细胞内机制的影响。当负调节信号多于正调节信号时，细胞会退出细胞周期，即停止分裂。但是目前，我们对于参与调控的信号以及调控方式知之甚少。

关于细胞退出细胞周期方式的问题，目前有一种观点，即在增殖的某个时间点存在着某种机制，这一机制可导致细胞发生不对称分裂。只要细胞进行对称分裂，它们就会产生更多的前体细胞。另一方面，在细胞不对称分裂过程中，分裂产生的两个细胞中的一个细胞含有的某种特殊分子比另一个细胞少，而这会导致细胞脱离细胞周期。那么是否有证据显示的确有这样一种分子呢？最近的小鼠实验发现，一种称为β-联蛋白的基因发生了变化，这样它对变性具有更强的抵抗力，于是在脑发育早期，过多的前体细胞反复进入细胞周期，而不是退出细胞周期。这些小鼠的脑体积会变大。更让人惊奇的是，在基因突变的动物体内，其皮层发育出深深的褶皱。而正常小鼠的皮层仍然相当光滑，其皮层结构要小得多。神经细胞增殖失去控制之后，还可能会导致癌症——神经瘤，这通常会在发育的幼小的脑中发生（参见第五章中有关细胞增殖的更多讨论内容）。

当细胞退出细胞周期时，它们通常会离开生发层，在远端形成一个明显的细胞层——中间带。中间带内的细胞主要是一些不再进行分裂的年幼神经元。目前已经基本确立其将在脑中占据的区域以及发育为何种神经元。一些从生发层迁移而来的细胞仍然保留分裂能力，它们中的一些构成了重要的脑结构，其中包括基底神经节——参与运动启动的皮层下区域。某些小脑细胞从生发层迁移而来后还会进行增殖，神经嵴细胞经常会在到达其最终目的地后进行分裂。

在冷血脊椎动物中，例如青蛙或鱼，成年动物的脑中仍然保留着具有分裂能力的细胞，它们能够继续分裂并产生新的神经元。一个特别明显的例子是鱼的视网膜，在鱼的一生中其视网膜中的神经元会持续增加。换言之，在鱼的生命周期内，视网膜会伴随鱼的成长而继续生长。但是大多数神经科学家认为这只是个特例，对于大多数物种而言，特别是哺乳动物，成年动物的脑通常不会再生成新的神经元。

最近的研究已经证实，哺乳动物的脑中至少有两个区域存在着生发细胞，一个是海马——脑中与记忆的长期储存相关的区域。有证据显示，海马中的生发细胞能够再生神经元，但是尚不知晓这些新生成的神经元是否会合并到海马的神经通路中。我们还不清楚其他成年哺乳动物脑中增殖细胞的性质和意义，这个问题目前存在很大争议。一些研究者认为这些增殖细胞大都是胶质细胞。我们将会在第五章中讨论这一重要话题。

年幼神经元的迁移

年幼神经元必须从中间带迁移相当远的距离，才能到达最终位置。不同脑区的情况各不相同。在脑的一些区域，例如视网膜和脊椎，细胞会由于这一区域中起正调节和负调节作用的化学信号而发生迁移。在脑的其他部分，例如皮层和小脑，特化的胶质细胞（放射状胶质细胞）为迁移细胞提供了一个支架。这些胶质细胞的胞体位于生发层，但是它们会向脑表面延伸出分枝，如图 1-6 所示。

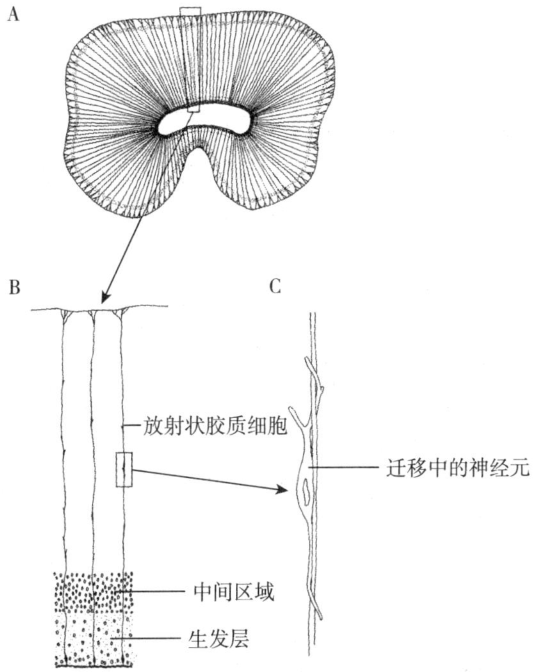

图 1-6　A：脑皮层发育中的放射状胶质细胞。B：放射状胶质细胞从位于神经管内表面的生发层向其外表面延伸。C：来自中间带的神经元沿放射状胶质细胞的突起迁移，寻找其在脑中的正确位置。

通过电镜检测我们已经知道，在完整的脑中，放射状胶质细胞分枝会围绕着迁移的神经元；在进行组织培养过程中，可观察到沿放射状胶质细胞分枝迁移的神经元。在患小脑缺陷的突变小鼠中，放射状胶质细胞较早退化，许多小脑中的神经元最后无法到达正确位置，小鼠表现出严重的运动缺陷。在正常小鼠（和其他动物）中，放射状胶质细胞会始终存在，直至完成神经元迁移，然后消失。

在发育的脑中，不同区域的细胞迁移顺序各不相同。在脑皮层内，例如，完成细胞分裂和迁移的第一批神经元构成了皮层最深部的细胞层（所谓的第6层）。稍后增殖的细胞形成更为表浅的细胞层。换言之，皮层由内向外生长。而视网膜的情况与之相反。首先生成的细胞（神经节细胞）穿过其所在的视网膜迁移，稍后产生的细胞构成更贴近生发层的视网膜细胞层。

神经元的分化

一旦幼小的神经元到达了最终的目的地，它们首先会发生特化。也就是说，它们将会发育成为某种预定类型的神经元。接下来它们会进行分化，延伸出具有该种神经元特征的分枝，并开始建立突触连接。

无须多言，神经元是具有不同大小、可伸展出许多分枝的复杂细胞，其分枝常常能够延伸相当远的距离，如图1-4所示。而且，每种神经元细胞类型通常具有唯一的分枝形式。那么，这种神经元特化和分化的内在机制是什么呢？还有一点要注意，内源性和外源性因素都在发挥作用。特殊种类的神经元主要在发育的特定阶段产生，而且通常该种类型的神经元几乎同步分化。例如，在视网膜中，神经节细胞首先发生特化和分化，然后是锥体光感受器、无长突细胞和水平细胞。最后是杆状光感受器和双极细胞。

究竟是什么引发前体神经元进行特化和分化，使之发育为某种特定的细胞类型呢？局部环境（细胞遇到的化学信号）显然是至关重要的，而且这取决于细胞在组织中的位置。换言之，来自邻近细胞的信号决定了细胞的命运。因此，外源信号在这一过程中非常关键。但是，随着时间推移，细胞发育成特定类型的神经元的选择性会受到限制。也就是说，一个前体神经元将只在某个特定的时间窗内接受某个诱导信号。因此，内源性机制在神经元的特化和分化中也发挥作用。总之，要发育成为某种特定类型的神经元，一个前体细胞在发育过程中必须处于合适的时间与位置。

对于某些物种，特别是无脊椎动物，其发育过程中细胞迁移现象较为少见，此时内源性机制在神经元的特化和分化中起着主要调控作用。也就是说，遗传发育指令决定着一个前体细胞会发育成为哪种细胞——细胞的家系决定着它的命运。因此，如果一个前体细胞在发育过程中损伤了，那么机体就会相应地缺少其原本要发育成的那种细胞种类。而其他的前体细胞无法替代这种被删除的细胞。

但是，位置依赖性信号产生的诱导是前体神经元发生特化和分化的主要机制，特别是在脊椎动物的脑中。有关果蝇眼睛发育的相关研究为我们提供了重要线索，让我们能够了解其发生方式以及所涉及的分子机制。果蝇的眼睛为复眼，由单个光感受器单元组成，称为小眼。每个小眼由 8 个光感受器细胞组成，能够被单个识别，它们精密地组成这一结构。在发育过程中，R8 细胞（R 代表“视网膜细胞”，这些光感受器细胞的学名）首先分化，接着是 R2 和 R6 细胞同时分化，之后是 R3 和 R4 细胞，然后是 R1 和 R5 细胞，最后分化的细胞是 R7 细胞，R7 内含有一种可以感知光谱中紫外区光线波长的分子。其他的光感受器细胞可对可见光谱区光线产生应答（也就是对我们来说是可见的）。

果蝇眼睛中小眼发育的严格顺序表明，较早发育出的细胞负责稍晚发育细胞的分化，也就是 R8 细胞起着主导作用。这一点可以通过打乱早期发育顺序的实验进行验证。在这种情况下，果蝇无法正确地形成整个小眼。对无法形成 R7 光感受器的突变果蝇的实验更充分地揭示了这一点，实验发现这些果蝇对紫外光无光感。我们称这种突变体为“未活化的光受体”（sevenless），它告诉了我们许多信号转导机制的原本情况以及细胞响应外源信号的方式。

“未活化的光受体”果蝇中的突变基因编码了一个跨膜蛋白，如图 1-7 所示。在细胞外，该蛋白作为接受细胞发育为 R7 细胞指令的受体。在细胞内，

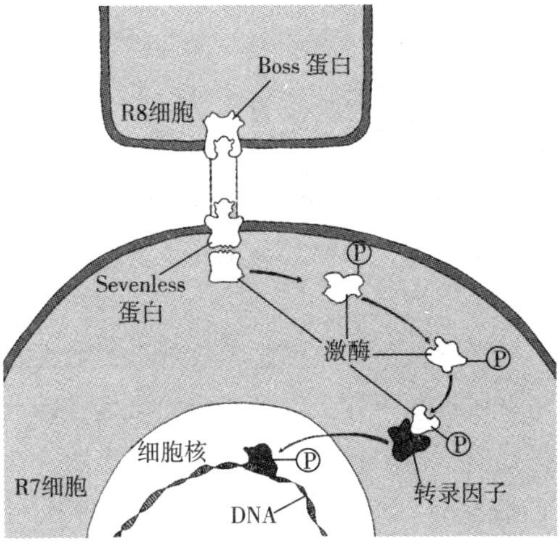

图 1-7　R8 细胞与前体细胞之间的相互作用以及引发前体细胞分化为 R7 受体细胞的事件顺序。当 R8 细胞上的 boss 蛋白与前体细胞上的“未活化的光受体”蛋白结合时，“未活化的光受体”蛋白作为一种激酶发挥作用，为细胞内蛋白加上磷酸基团。细胞内蛋白自身也可作为激酶，为其他蛋白加上磷酸基团使之激活。最终，称为转录因子的蛋白发生磷酸化。这些蛋白迁移入核，直接与 DNA 结合，调节基因表达，从而导致细胞分化。

当该分子的受体部分被激活时，可作为一种酶发挥作用。作为酶发挥作用的那部分是一种激酶，可为蛋白加上磷酸基团。增加磷酸基团通常会改变蛋白的特性，使其激活或失活，例如，它们作为酶发挥作用。一旦“未活化的光受体”蛋白的受体部分激活该分子的细胞内激酶活性，则会启动一系列的生化事件，而这最终导致这一细胞的分化。如果不启动这一系列事件，也就是说，在“未活化的光受体”突变体中，这种受体蛋白是有缺陷的，那么细胞就会沿着缺省通路，发育为非神经元细胞。换言之，它会接受内源性指令发生分化，而不是分化为 R7 细胞，甚至不会分化为光感受器。

目前我们对于激活“未活化的光受体”蛋白的信号有哪些了解呢？果蝇的第二种突变体为我们提供了答案，这种突变果蝇的小眼也无法发育为 R7 细胞。这种突变体称为“未活化的光受体伴侣”（Bride of sevenless）或者“boss”，它会影响 R8 细胞。这一缺陷基因编码正常果蝇 R8 细胞中存在的一种膜蛋白。我们认为这种蛋白向 R8 细胞的表面延伸，激活 R7 前体细胞上的“未活化的光受体”；该膜蛋白就是信号（参见图 1-7）。因此，细胞之间的直接联系对于“未活化的光受体”蛋白的激活是必需的。

“未活化的光受体”蛋白激活后，R7 前体细胞会经历些什么呢？科学家在这方面已经取得了一些研究进展。目前发现了一些下游蛋白，其中许多蛋白自身都是激酶。因此，“未活化的光受体”蛋白激酶激活后又使其他激酶激活。这些激酶中至少有一些靶标被证实是转录因子——迁移入核的蛋白，通过与基因的调节性区域（也就是启动子区）直接作用来启动或关闭不同基因的表达。这一设想如下，即当“未活化的光受体”激酶蛋白被 R8 细胞激活后，逐渐激活其他激酶和转录因子，从而启动正确基因的表达，诱导前体细胞发育为 R7 光感受器细胞。

在其他情况下，科学家认为邻近细胞释放的可扩散性物质会控制前体细胞的分化，而其原理与上述机制一致。已经证实此类信号转导分子中有一些是小分子量蛋白。此前提到的一些生长因子发挥着这种作用。这些蛋白激活与细胞内一系列激酶相关的膜受体，最终启动或关闭特定基因。图 1-7 中列出的归纳图表可能揭示了大脑中神经元和胶质细胞分化的机制。

轴突是如何找到靶标的？

一旦神经元特化后便开始分化，它们会延伸出树突和轴突分枝。这会形成神经元之间的突触，最终形成大脑环路。一个很重要的问题是，轴突是如何找到靶标的？它们是如何知道应该与哪些细胞建立突触连接的？通常，轴突需要延伸很远的距离才能到达它们的目标神经元。

而且，化学信号转导在细胞与细胞的识别中起着非常重要的作用。由于神经元进行分化，因此它们具有化学特异性：能够产生特异性膜蛋白，从表面延伸出来；能够受轴突支配，并识别它们。支持这种化学亲和假说的实验可追溯到20世纪。20世纪40年代芝加哥大学的Roger Sperry证实了这一观点。Sperry研究一些动物，例如鱼或青蛙的视网膜神经节细胞至脑中顶盖区域的投射。在这些冷血动物中，顶盖是神经节细胞轴突的主要靶标。这种从视网膜到顶盖的投射是有序的，从视网膜某一部分发出的神经节细胞轴突与顶盖特定区域构成神经支配关系。这种投射称为地形投射，在不同动物之间是恒定不变的。换言之，视网膜的地图被印刻在顶盖上。右侧视网膜投射到左侧顶盖上，反之亦然，这样顶盖的地图与视网膜的地图刚好相反，参见图1-8。

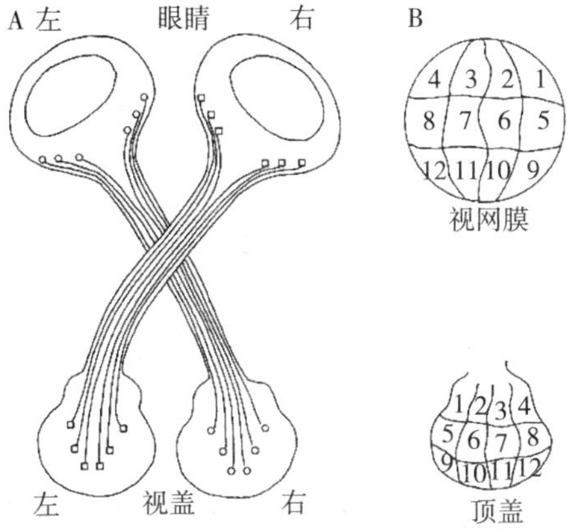

图1-8　A：在鱼或青蛙中，一只眼睛的神经节细胞轴突会以一种有序的方式向对侧脑的顶盖投射。B：视网膜的特定区域（如数字指示）投射至顶盖中的特定区域，形成所谓的“地形地图”。这种顶盖地图与视网膜地图相反。

在冷血脊椎动物中，例如鱼和青蛙，其中枢神经系统的轴突在被切断后会再生，并重新建立突触联系（这不会在哺乳动物体内发生，参见第五章）。Sperry利用了鱼和青蛙的中枢神经系统的可再生性，首次证明：如果将蝾螈（一种类似青蛙的动物）的视神经切断，其轴突会再生，并在顶盖重新构建突触连接；而且，视力也会恢复。那么这些新建立的连接具有哪些特异性呢？为了检验这个想法，Sperry将青蛙的视神经切断，然后在进行重新连接之前，将眼睛旋转180度。他发现，视神经再生后，动物能够再次恢复视力，但是所看到的世界是上下颠倒的！他在饲养动物时发现，动物们在捕捉猎物时总是会发生错误，偏差180度。如果它们想捕食的猎物位于右侧上方的话，它们会向左下运动，反之亦然。

这些实验清晰显示，切断后的神经节细胞轴突能够生长，并与那些最初连接的神经元重建神经连接。但是由于动物的眼睛被颠倒了，所看到的世界是颠倒的，据此作出的反应也是错乱的。随着时间推移，这种错乱也不会恢复正常，这些动物被永久地改变了（同时，哺乳动物在这方面情况也不同，参见第五章）。Sperry 得出以下结论，视神经轴突能够识别那些它们希望与之建立轴突联系的细胞。也就是说，细胞具有可供识别的互补标记物。

德国科学家 Friedrich Bonhoeffe 和同事提供了直接证据以证明视网膜和顶盖细胞之间的识别。他们采集视网膜和顶盖的切片样本，并进行细胞分离。在标记视网膜和顶盖背侧和腹侧来源的细胞后，实验显示，视网膜腹侧培养的细胞倾向于与背侧顶盖细胞发生黏附，反之亦然。换言之，这些细胞能够彼此识别，无论它们来自于视网膜或顶盖的哪一部分。

那么这种识别的特异程度如何呢？目前证据显示，识别并不是细胞特异性而是区域特异性的。也就是说，视网膜的轴突与某些特定的顶盖细胞之间并不存在着严格意义的连接。相反，神经节细胞轴突与来自某一区域的顶盖细胞之间存在着很强的亲和力，它们可以与这一区域的细胞建立连接。例如，如果将鸡视网膜的神经节细胞轴突进行组织培养，在组织培养皿中覆盖一层来自顶盖前部或后部细胞膜的替代性细胞带，鸡视网膜前部的轴突（通常与顶盖的后部建立神经连接）将会仅在由后部细胞膜组成的条带上生长，反之亦然。而且，轴突能够主动规避那些不正确的细胞膜条。通过这些实验（以及其他实验）我们可以认识到，在这一过程中，正调节和负调节识别因子在发挥作用。也就是说，一些因子吸引着轴突，而其他的因子则排斥轴突。

目前已经确认某些因子为小分子量蛋白，但是尚未确认全部因子。假设这些细胞的黏附或排斥蛋白与细胞和/或轴突上的受体发生相互作用，然后激活类似于果蝇眼睛发育过程中 R8 与 R7 细胞的那些细胞内的一系列酶反应。某些受体和系列反应的激活会导致两个细胞之间形成突触，其他受体和系列反应的激活指引轴突向别处游走。

轴突通过一种称为生长锥的特化结构进行生长，后者是生长中的轴突末端扁平的延伸结构。生长锥的特点是从生长锥延伸出的一排细小突起，如图 1–9 所示。

虽然轴突在生长并寻找着自己的方向，生长锥仍保持恒定的运动模式，在其搜索周围区域的过程中延伸、缩回其细小突起。随着生长锥向前推进，它为轴突增加了新的细胞膜，并使之延长。

生长锥运动的速率和方向受许多因素的影响。其中，环境中存在的吸引或排斥轴突的物质是一个关键要素。很久以前，Sperry 推测存在着一种化学物质梯度能够将轴突引向目的地。而细胞与细胞之间的识别机制能够促进突触的形成。他指出，伴随轴突生长，存在的两种或更多的不同角度的化学梯度能够为生长中的轴突提供非常特异的位置信息。但是其他因素也会诱导生长锥的运动，包括生长锥运动时所在的基质，甚至是生长锥附近存在的电场。基质的质地和黏附性，以及基质中存在着的识别因子似乎都很重要。

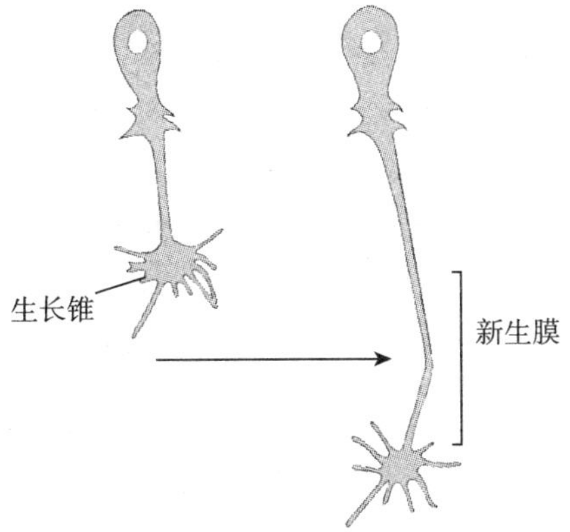

图 1-9　轴突的生长方式。生长中的轴突末端的生长锥延伸出细小的突起，探索周围区域。轴突在生长锥附近增加新的细胞膜，从而使自身延伸。

轴突需要生长很远的距离才能到达目标神经元，针对这一现象已经提出了两种其他发挥作用的机制。在一些情况下，我们已经确认在轴突游走通路上存在着路标神经元。科学家认为，路标神经元可分泌被生长锥感知且具有吸引力的化学物质。轴突朝向路标神经元生长，但是当它们到达细胞处时并不会停止，而是向下一个路标神经元行进，这也许是由于路标神经元本身表面上存在着的排斥因子。与预期结果一致，路标神经元受损后可能会干扰轴突对通路的寻找。

提出的第二个机制基于这样一个事实，即在脑中最初寻找轴突通路是发生在发育早期阶段，结构之间的距离要比它们在发育后期或者在成年动物中的距离短许多。因此，早期的先驱轴突可能为后来的轴突标记道路，或者说那些稍晚迁移的轴突仅仅是沿着较早迁移的轴突的表面生长的。

突触的形成

当轴突到达目的地时，它们将会与那些可识别的神经元建立突触连接。突触的形成需要生长锥和与之建立神经联系的细胞之间发生反馈性交互作用。由生长锥释放的物质会启动突触后结构的形成；与之相反，突触后元件为生长锥提供信号，使之发育为成熟的突触。我们所获得的有关突触形成的大多数信息来自于运动神经元轴突肌肉神经支配方面的研究。这种突触称为神经肌肉接头（NMI），它是一种利用乙酰胆碱（Ach）作为神经递质的大突触。当运动神经元轴突呈活动状态时，它会从终末释放乙酰胆碱，乙酰胆碱扩散至肌膜，并在那里与形成通道的跨膜特异蛋白产生相互作用。而被乙酰胆碱激活后的这些通道能够允许带电离子跨膜。带电离子的跨膜运动导致膜电位的改变，并启动肌肉收缩。脑中的突触基本上采取同样的方式进行工作，跨神经细胞膜电压的改变会产生电信号，并沿着轴突传递（而不是使肌肉细胞发生收缩）。

有关肌肉细胞膜上乙酰胆碱通道分布方面的研究为我们首次提供了线索，从而帮助我们了解肌肉细胞上的运动轴突与肌肉本身之间的突触连接存在着相互营养作用。如果乙酰胆碱流入正常的成年肌肉细胞中，细胞对乙酰胆碱的敏感度则局限于突触区域；也就是说，乙酰胆碱通路在突触中聚集。但是，当肌肉中去除轴突时，此时肌肉不受神经支配，会在整个表面都对乙酰胆碱产生敏感性。那么，与去神经支配相应的是，肌肉细胞会合成新的乙酰胆碱受体，而且它们会分布在整个细胞膜上。

在一些动物中，运动轴突将会与去神经支配的肌肉纤维重新建立神经支配，在这种情况下，细胞对乙酰胆碱的敏感度再次局限于突触区域。因此，重新建立神经支配会导致乙酰胆碱受体合成减少以及突触部位的受体聚集。发育过程中的情况与之相同。最初在幼小胚胎中，一个肌肉细胞的整个表面都对乙酰胆碱敏感，但是一旦它受一个运动轴突的支配后，乙酰胆碱就会向突触区域聚集。

这些观察说明，运动突触终末会释放一种引起乙酰胆碱受体聚集的物质。该物质现在已经被确认了，称为集聚蛋白。它与肌膜上的集聚蛋白受体相互作用，启动一系列的细胞内生化反应，导致蛋白发生磷酸化。因此，如图 1-7 中所示的生化反应链会再次发挥作用。

除了募集乙酰胆碱受体，集聚蛋白显然对于突触形成贡献更大，不过这个故事还并不完整。另一种从鸡脑中分离得到的名为 ARIA（乙酰胆碱诱导活性）的蛋白会引发乙酰胆碱受体合成增多。而且，现在认为 ARIA 可由运动轴突神经终末释放。

故事还远远没有完结，正如前面所述，我们认为突触后细胞也会向起支配作用的突触前轴突传递一些化学信号，这些信号会启动突触前终末产生变化，使突触成熟。但是目前仍不清楚参与这一过程的具体信号。

第二章

脑的成熟

在第一章中，我已经阐述了脑的形成过程——前体细胞是如何发生特化成为神经元的，这些未成熟的神经元在胚胎的脑中是如何迁移到合适的位置，然后分化为特异的神经元亚型的。前面讨论过轴突是如何找到通向靶标的路径的，还谈到了轴突是如何形成的。这些事件构建了脑的框架，而且显然它们依赖于特异基因的分子机制。因此，目前我所描述的脑还主要是基于自然现象的。

下面，我将会讨论脑、脑环路和行为，在这里，经验和培养发挥着关键作用，但这一作用具有多大意义仍然存在争议。而且有关先天存在与后天培养之间的争论显然还没有解决，这可能是20世纪争论最多的学术话题。似乎每个人都有自己的观点，探讨这一问题的书籍也有很多，似乎有一些定论。但是由于我们不知道最终的答案，这些定论也饱受另一方的争议。

近期有关脑成熟的研究为我们思索这一问题提供了新方法，我将会在本章中重点指出这方面的研究进展。本章开始部分我会列举一些有关神经元、突触和环路成熟的重要话题。第一，最初大部分脑中都存在着神经元冗余，而且人们一直认为，大量细胞死亡是脑成熟的特征之一。这些细胞的死亡多数涉及对突触位点的争夺。轴突能够找到靶标并形成突触的那些神经元存活了下来——它们是竞争的胜利者；而那些未能找到突触靶标的神经元就会死亡——它们是竞争的失败者。但是，神经元的死亡是存在反馈机制的——突触后细胞依赖于其自身突触。例如，如果停止对一个脑区域的输入，那么会在那里观察到神经元的过度死亡。相反，如果一个功能区接受到过多的突触输入，那么存活下来的神经元会比正常情况下还要多。在发育过程中，脑皮层似乎仅仅经历了一种中等程度的神经元退化。相反，脊椎和后脑一些区域可能会在神经系统成熟过程中丢失 30%—75% 的神经元。

第二，有关脑成熟的重要议题涉及轴突终末的限制和突触的重排与修正。相对于成熟的神经系统来说，新形成的神经元通常要向更为广阔的区域伸展其轴突分枝，同时相对于成年动物的脑，它们会与更多的细胞建立突触连接。因此，在脑成熟过程中，丢失了一些轴突分枝，又形成了另一些轴突分枝；丢失了一些突触，又形成了另一些突触。换言之，在脑发育过程中，神经元起初建立了一定数量的合适连接，但是在其成熟过程中，这些连接发生了重排和修饰，从而满足成年动物的脑中那些更为精确的关系。一些研究中有较为透彻的例子，包括调节内脏自主神经系统的肌肉和神经元之间的神经支配。在出生时，通常轴突会与数个肌肉纤维和自主神经系统中的神经节细胞建立神经支配关系，如图 2-1 所示。

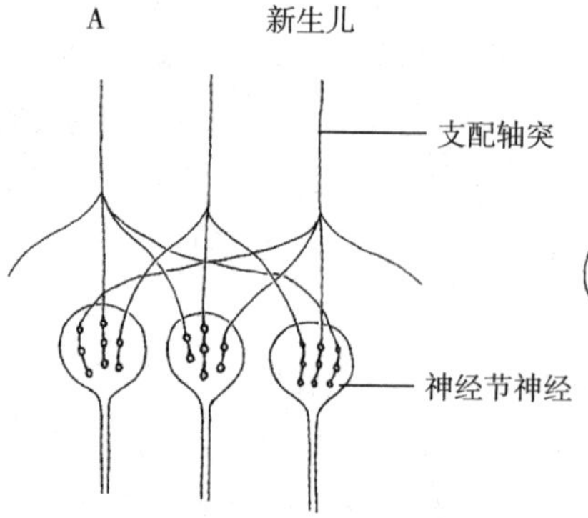

图 2-1　A 图：在自主神经节成熟过程中发生的突触重排的结构图。最初，支配神经节的轴突向数个神经节细胞延伸出分枝，并与所有有联系的细胞建立突触。在成人的脑中（B 图），一个突触通常仅与单个神经节细胞建立连接，但是这个轴突现在与它支配的细胞建立了众多突触。

在生命最初的数周内，由于肌肉纤维和神经节细胞之间的神经支配关系发生改变，逐渐地仅由一个轴突支配一个肌肉纤维或者自主神经系统中的一个神经节细胞。但是，支配肌肉纤维的轴突分枝通常会与其靶标之间建立更多的突触连接。因此，在这一过程中会丢失某些轴突分枝和突触，但是随后新的分枝和突触又会建立起来，这样，肌肉纤维和神经节细胞之间存在着更多的神经支配。而且，神经支配会更为特异和强大，如图 2-1 所示，其结果可能会对肌肉和神经节细胞形成更好、更为精细的神经调控。

营养作用的机制

在脑成熟过程中，细胞丢失、突起回缩和突触重排这些现象的内在机制是什么呢？这些现象较为明显的意义是传入神经元与其靶向细胞之间信息的交流。这种交流调节着神经元形状、连接性，甚至是细胞存活力。我们可以想象得到，这种信息交换是由化学物质介导的。

一些突触释放的物质对突触后神经元具有营养作用，可以使它们延伸或缩回分枝。其中最为重要的物质是生长因子，例如那些调节细胞死亡、树突和轴突分枝以及脑区中突触神经支配的范围和类型的神经营养因子。我们知道突触前和突触后神经元以及一些胶质细胞可释放神经营养因子。人们把神经营养因子与特异的膜蛋白称为神经营养因子受体（Trk，含酪氨酸激酶），它们发生相互作用。这些受体蛋白是跨膜蛋白，其胞外部分可与神经营养因子结合，而在细胞内的部分则作为激酶起作用。神经营养因子与神经营养因子受体（Trk受体）结合可激活激酶，从而启动胞内一系列的生化反应。通过第一章所描述的参与果蝇眼睛中R7光感受器分化的那些机制，这些细胞内的生化事件可以改变活性、基因表达或者其他功能，如图1-7所示。

第一个被发现同时也是我们目前了解最为清楚的神经营养因子是神经生长因子，它在20世纪50年代由Rita Levi-Montalcini以及与华盛顿大学圣路易斯分校发育生物学家Viktor Hamburger一同工作的意大利年轻博士后先后发现。他们研究了最先由Hamburger观察到的一种现象，即在去除发育中的肢体即肢芽（limb bud）之后，鸡胚脊椎中出现神经元过度死亡。虽然我们已经知道在正常发育过程中会出现一些细胞死亡的现象，但是当生长中的肢体被切除之后，研究者发现神经元死亡的数目惊人。据此他们得出了这样的结论，即肢芽中的目标细胞向发挥支配作用的脊椎神经元发送化学信号，使神经元得以存活。他们进一步推断出，这种物质数量有限，而这导致一些神经元死亡。在肢芽丢失之后，这种物质变得更少了，于是脊椎中便发生了大量细胞死亡的现象。

那么，这种化学信号是什么呢？Levi-Montalcini在华盛顿大学与生化学家Stanley Cohen联手工作，不久后分离出了一个分子量很大的蛋白，他们将之命名为神经生长因子（NGF）。神经生长因子可刺激脊椎神经元的存活和生长，而这后来被证明是从肢体中释放出的化学信号。Levi-Montalcini和Cohen开展的这项研究使得他们在1986年获得了诺贝尔奖。

神经生长因子并不会对所有的神经元都发生作用，但是自从神经生长因子被发现以来，科学家又确认了其他一些相关神经营养蛋白，包括脑源性生长因子（BDNF）和两种密切相关的蛋白：神经营养素3（NT3）和神经营养素4/5（NT4/5）。这些蛋白所作用的神经元的类型及发挥的作用各不相同。但是，它们都能够作用于Trk受体，后者存在于应答细胞上，而且对某种特殊的神经营养因子是特异的。

在鸡的体内，神经生长因子主要作用于脊椎感觉神经元，同时也对自主神经系统神经节细胞神经元产生作用（沿脊椎分布）。在正常发育过程中，这些神经元中大约有1/3死亡，但是如果在脊椎上给予过量的神经生长因子，则大多数神经元都会存活。相反，如果持续给予鸡一种可以使神经生长因子失活的抗体的话，事实上，所有的脊椎感觉神经元和自主神经系统神经节细胞神经元都会死亡。

除了能够促进神经元的存活之外，神经生长因子还可促进树突的生长、脊椎以及自主神经系统神经节细胞神经元突触的形成。图2-2A显示了在连续两周每日给予神经生长因子后新生大鼠的生长状况。将一种致密的染色标记物注射到神经元（神经节细胞）中，在显微镜下观察并绘制图像。处理组动物体内细胞的树突分枝相对于那些对照组动物变得更大、更为复杂。

图2-2B显示了神经生长因子是如何刺激轴突生长的延伸和方向的。在培养物和完整动物中，生长的轴突朝向神经生长因子源生长。因此，神经生长因子似乎能够指引轴突。在图2-2B所示实验中，一个含有神经生长因子的微量移液器缓慢地在培养皿中移动。生长中的轴突会向从移液管中缓慢扩散出来的神经生长因子延伸。

视觉系统的发育

到目前为止，我已经提出，最初大脑是按一种定量的正确模式进行连接的，这是内源性机制的产物，是无需经验即存在的。那么这种最初的连接模式质量如何呢？20世纪60年代，David Hubel和Torsten Wiesel先后在约翰·霍普金斯大学和哈佛医学院中所做的实验揭示了这一方面的情况，他们对新生大鼠和猴子的初级视皮层中神经元的神经活动进行了电记录。视觉信号最初是在皮层进行加工的。Hubel和Wiesel之前曾揭示皮层神经元是如何分析视觉传入信号的。例如，与皮层中传入层接近的神经元具有高度的位置选择性；也就是说，当一束带有特殊方位的光出现在视野合适部位时，这些神经元会产生最佳的反应。视觉系统沿线的视觉神经元通常会对视野中某个限定区域内即接受区的刺激作出反应。这个实验的惊人之处在于它发现了神经元需要具有特殊方位的延时视觉刺激。如果这束光偏离最佳位置超过 10 度，那么细胞的反应就没有那么好。第一类皮层神经元被称为简单细胞，如图 2-1A 中所示。

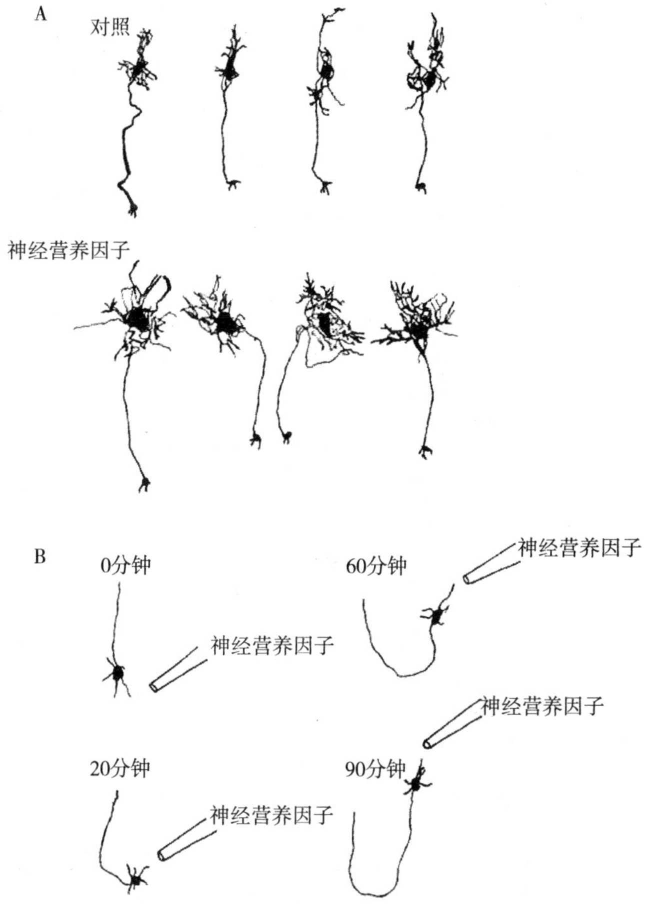

图 2-2　神经营养因子（NGF）对于树突形成（A）以及轴突生长（B）的作用。神经营养因子可显著增加神经节细胞神经元的范围以及树突分枝的数量，它可以改变生长在培养皿中的轴突的生长方向。

Hubel 和 Wiesel 发现，若想最大程度地激活那些在偏离皮层传入层的位置处的细胞，其需求条件会更为苛刻。延时刺激不仅需要有精确的位置，还需要按正确的角度朝某一方位的方向运动。如果刺激保持不动的话，或者定位不正确，这些神经元的应答就会差一些。第二类细胞被称为复杂细胞。

甚至在皮层的这一区域中还观察到了更为特化的细胞，这些神经元看来似乎代表第三个处理阶段。这些特化的复杂细胞中有一些表现出方向选择性的特性，也就是说，它们只对某一个方位、朝某个特殊方向运动的光束产生反应，如图 2-3B 所示。其他细胞（末端终止细胞）需要特殊波长的光束——它们还对所需刺激添加了另一种限制条件，只有满足这一条件时方可最大程度地激活细胞。

将这些研究获得的信息归纳起来，即初级视皮层区域中已经存在着大量的神经元加工。神经元之间复杂的突触连接对于这些细胞建立如此精细反应显然是必需的。因此，研究新生动物中的这一区域是很理想的，因为它们没有视觉经验。那么神经机制是在动物出生时便已存在，还是会随着动物对视觉环境的反应而开始发育？研究告诉我们，答案非常有趣。

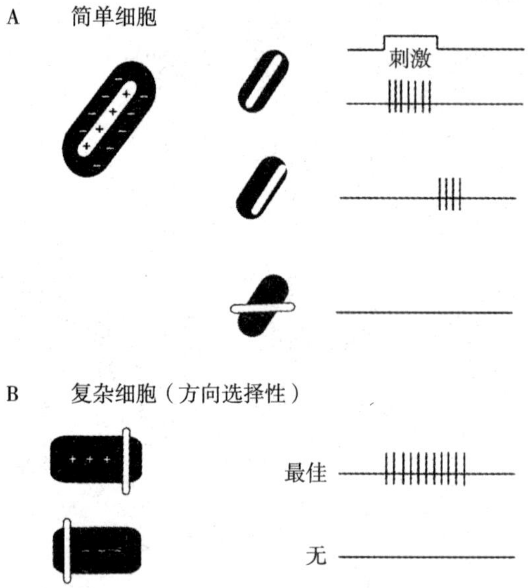

图 2-3　简单皮层神经元（上）和复杂皮层神经元（下）中接受区图（左）及反应（右）。A：简单细胞对于具有方位性同时切合其中心兴奋区（+号）的光束可作出最大程度的应答。将光束移动至周围区域（-号）会引发抑制，并启动细胞的关闭应答。采用方位错误的光束刺激该区域不会产生应答，或应答很弱，兴奋区与抑制区相互作用，抵消了细胞的应答。B：复杂细胞可对某一方位的光束且朝光束方位按正确角度运动的刺激产生反应。绘制的细胞具有方向选择性。朝最佳方向运动可引发强活动；朝无效方向运动，则不会产生活动。

当记录新生猫和猴子的初级视皮层神经元的电活动时，其反应与成年动物很类似。神经元表现出了很好的方位敏感性，而且，如果它们是复杂细胞的话，还具有很不错的运动敏感性。一些细胞具有方向选择性，另一些则表现出了端点抑制的性质。总之，这些细胞要比成年动物的细胞活动性更差，有时候会出现细胞不能被视觉刺激激活或者取向选择性较差的现象。但是，很明显的是，皮层的这一区域在出生时就已经完备——完善的反应体系的发育是无需经验的。许多必需的环路是由基因决定的——天生就具备所有必需的体系。

在新生猫和猴子的皮层中，并不是一切都与成年动物类似。例如，传入初级视皮层的信号来自于大脑内称为丘脑的区域，特别是来自于丘脑核外侧膝状体（LGN，一种神经元聚集组成的大脑核团，参与特定的神经功能）。外侧膝状体神经元直接从视网膜神经节细胞处接受传入信号。因此，大多数视觉信息通过这些神经元到达皮层。来自双眼的视觉信息在支配外侧膝状体的两根视觉神经处清楚分开，有趣的是，其在外侧膝状体中也是分开的。因此，提供向初级视皮层传入信息的外侧膝状体神经元可以从左眼或右眼传入信息，但不是从双眼传入信息；这被称为单目性。

接受来自外侧膝状体细胞直接输入的皮层神经元也同样是单目性的，它们仅接受来自于一只或另一只眼睛的输入信号。而且它们在侧向横跨皮层的柱或条带中聚集。这些柱可能不是很有规律的，如图 2-4 所示，但是宽度都约为 0.5 毫米。这些条带都是互补的，如果一个条带中的细胞主要受右眼支配，那么另一个条带就基本受左眼支配。

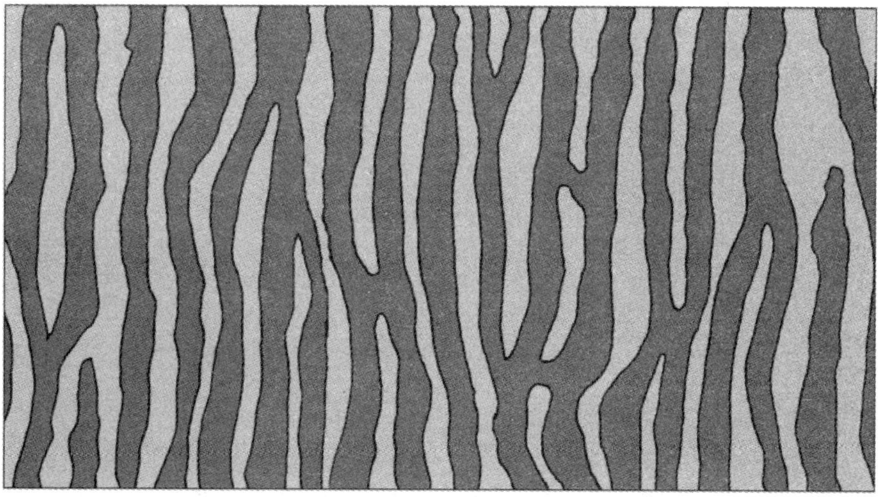

图 2-4　猴子视皮层中视觉优势柱的解剖图示。来自于双眼的输入信号互补，形成了有规律的条带——视觉优势柱——大约 0.5 毫米宽。

通过将放射性氨基酸注射到一只眼睛中可以检测皮层中放射活性的类型，从而显示视觉优势柱的情况（图 2–4）。这是通过以下方式进行的：被注射的眼睛中视网膜神经节细胞会吸收放射性氨基酸，用其合成蛋白，然后通过神经节细胞轴突运输到外侧膝状体中。所有的轴突都拥有特殊的转运机制，即从胞体中合成这些物质的地点处沿着轴突将其转运至需要这些物质的终末突触中。通常，突触处会释放具有放射性的蛋白，在那里它们被外侧膝状体神经元吸收。反过来，外侧膝状体神经元通过外侧膝状体神经元的轴突将其中的一些蛋白运送至皮层中。这需要花费一周的时间，那时接受被注射的眼睛的输入的外侧膝状体轴突终末呈放射活性。外侧膝状体输入水平处沿着皮层层切可显示视觉优势柱，由于存在放射性，类似于光，可以使感光胶片上银质颗粒曝光。这样，置于组织切片上的胶片可显示放射性轴突终末的类型。

在皮层中外侧膝状体输入层面的上方和下方，神经元接受来自双眼的输入信号，其范围取决于神经元与输入层的距离。因此，大多数皮层神经元都是双目性的，虽然通常是单目控制神经元。在输入层附近，如前所述，存在着接受所有来自一只眼睛或另一只眼睛——单目输入信号的细胞。另一方面，在新生猫或猴子中，通过记录皮层神经元发现，所有的皮层细胞都是双目控制的，不存在单目控制细胞。也就是说，LGN 轴突终末处附近的皮层细胞，虽然通常仅接受来自单目的传入信号，但起初是接受来自双眼的传入信号的。

将放射性氨基酸注射到一只眼睛后，解剖学研究还显示不存在视觉优势柱；相反，放射活性几乎遍布皮层的输入层中。这是怎么回事呢？通过单个神经支配的外侧膝状体轴突的解剖学检查，我们获取了答案。出生时，支配皮层的轴突分枝并不会分隔成条带，而是在整个皮层上广泛分布。仅在数周后，轴突回缩且重构其轴突终末区，从而形成视觉优势柱。这种回缩过程与先前描述的肌肉和自主神经系统神经节细胞神经元的神经支配类似，如图 2–1 所示。

虽然在猫和猴子体内外侧膝状体轴突终末的重塑是在出生后进行的，但是看上去并不需要视觉经验。那些一开始就被限制视觉经验的动物仍然会完美地发育出正常的视觉优势柱。虽然出生后这些柱的发育并不需要视觉经验，但是神经元的活性是必需的。例如，如果将药物注射到一只眼睛中以阻止视网膜神经节细胞产生沿轴突传播的电信号，那么皮层中就不会形成视觉优势柱。同样，在外侧膝状体中，当视网膜神经节细胞活性受抑制时，右眼和左眼的活动也不会分隔开来。当眼睛缺乏光刺激时，神经节细胞的电活动是如何产生呢？有趣的是，一旦开始分化，视网膜神经节细胞都会被同时激活，而修正外侧膝状体和初级视皮层中的连接是需要这种同步活动的。

神经节细胞的同步活动并不是偶然现象，但是会产生跨视网膜的活动波。这种波动可持续2—8秒，每隔1—2分钟一次，局限于这一区域内。也就是说，活动的单次波动并不会沿着整个视网膜传播。同步活动的波动不仅对于进入眼睛特定层的传入信号的分离很重要，而且还对视觉系统的地形投射也非常重要。例如，冷血脊椎动物顶盖上的视网膜神经节细胞的精确地图形成（如图1-8所示）就需要神经活动。我们猜想，在波动期间产生的邻近神经节细胞轴突的相关活动对于从最初粗糙投射发育为精细地图是至关重要的。在频闪仪下培育鱼或青蛙，如果频闪仪的光闪与神经节细胞的活动同步，那么就不会修正地图。因此，邻近细胞在一次波动中产生电反应带来的时间差给细胞提供了相对位置的信息，而这对于产生精细地图也是至关重要的。

总之，视觉系统的最初连接不仅需要内源性机制，还需要神经活动。但是，这些都不依赖于视觉经验。视网膜、外侧膝状体和初级视皮层的发育显然依赖于先天状况。不过，对于与更为特异的视觉认识和感知相关的高级视觉中心而言，情况又会如何？其发育需不需要视觉经验呢？

虽然我们对于高级视觉中心知之甚少，但目前已经通过研究下颞叶皮层（在人类中，似乎与面部识别相关）中的视觉区域获得了一些证据。由于中风等因素导致这一区域发生病变的患者无法辨认熟悉的面孔，甚至是配偶的面孔。当其配偶说话时，患者能够立即辨认，因此显然存在着一种视觉感知缺陷。

当对6周龄且无视觉经验的猴子的同一区域进行电记录时，神经元对复杂图像作出反应，包括面部，这与成年动物大体类似。因此，即使是非常特化的视觉区域的连接也无需视觉经验来完成指定的功能。但是，对完成复杂视觉识别任务的猴子的行为学研究显示，其能力发展相对缓慢，1岁时方达到成年动物水平。因此，在这段时间内，参与视觉识别任务的其他脑区一定正在发育，而且其发育可能受经验影响。

那么，视觉经验何时才会在所研究的视觉区域中发挥作用呢？答案是在进行最初的连接之后，而这已经通过剥夺动物的各种视觉刺激精确显示出来。

视觉剥夺

对猫而言，3周龄之前，视觉经验似乎都对视觉皮层的成熟过程没有任何作用。之后，在视觉剥夺后，皮层生理和解剖方面以及视觉表现都会发生广泛的变化。这种剥夺可以是光剥夺——即在黑暗环境中饲养动物，或者是其他形式上的剥夺——单目或双目蒙上遮蔽物，或者对单目或双目采用光扩散器，使得光可以到达视网膜，但是无法形成明晰的图像。这些和其他形式的视觉干扰虽然会产生不尽相同的结果，但是都会具有明显持久的视觉变化。在所有的情况下，视觉敏锐度都会大大下降，而且如果对单目实施视觉剥夺的话，视觉系统的双目性会发生巨大改变。

最根本的是，皮层视觉环路最初具有很强的可变性：改变年幼动物的视觉经验一段时间后很容易较大程度地改变皮层视觉环路。这种现象不仅仅在猫中存在，在猴子和其他动物身上也存在，对人类也同样适用。例如，那些出生时便患单眼或双眼晶体混浊或单眼斜视的人，他们受影响的眼睛就会丧失有效视觉——这种情况称为弱视。强有力的证据显示，导致这种有效视觉丧失的内在变化主要发生在皮层中；而在各种形式的视觉剥夺中，视网膜仍然正常，维持着很好的功能，正如外侧膝状体神经元一样。

也许最让人吃惊的是当剥夺一只眼睛的形状视力——单目视力被剥夺时，会诱导皮层发生变化。在一个典型实验中，猫出生一周后，将猫的一只眼睛的眼皮缝合，并维持3个月左右，然后再打开。对视网膜、外侧膝状体和初级视皮层中神经元的记录显示，视网膜和膝状体细胞的性质未发生显著变化，但是皮层细胞发生了巨大变化，特别是细胞的双目性。

剥夺动物最明显的特点是皮层中具有非常少的双目性细胞。所记录的细胞大多数都主要接受来自那只睁开眼所传入的信号，它们都具有单目性，仅受睁开眼的支配。那些封闭着的眼睛所支配或对闭着的眼睛具有偏向性的少数细胞都很不正常。它们只产生微弱的反应，而且反应经常是非特异性的——它们通常具有较差的取向选择性，且应答很慢。而且，所记录的细胞有些对光刺激不产生反应。

那么所记录细胞绝大多数接受来自睁开眼的传入信号，这一事实说明睁开眼掌控那些正常情况下接受来自封闭眼的传入信号，即使不是全部也是大多数的传入信号。换言之，在正常动物体内，睁开眼的输入控制的领域比单目输入的大。那么在单目剥夺动物中，视觉优势柱的情况如何呢？

Torsten Wiesel和David Hubel开展的生理学实验显示，在单目剥夺动物中，视觉优势柱的大小变化很大。接受来自睁开眼输入信息的皮层数量增加许多，相反，接受来自剥夺眼传入信息的皮层数量严重受到限制。对单目剥夺猴子的解剖学研究证实了这些观察，参见图2-5B。

在这里显示的实验中，将放射性材料注射到睁开眼中，然后将皮层的输入层进行层切切片。实验发现，不仅参与睁开眼的皮层数量比封闭眼的皮层数量大大增加（浅色区域），而且反映来自于剥夺眼的柱型条带也是不连续的。将这幅图与图 2-5A 进行比较，哪幅图显示了正常猴子中视觉优势柱的情况呢？

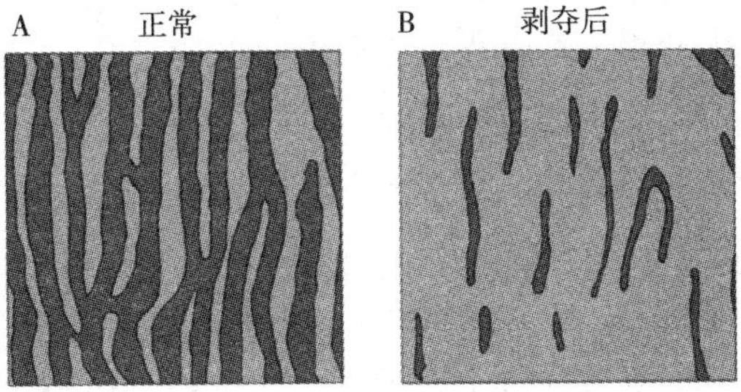

图 2-5　一只单目视觉剥夺的幼猴的视觉优势柱的改变。A：一只猴子的视觉优势柱。B：被剥夺视觉的动物的视觉优势柱。在被剥夺视觉的猴子中，睁开眼的输入（浅色区）的领域要比封闭眼的领域（深色条带）大很多。

那么，一只眼睛是如何接管了另一只眼睛在皮层中的领域呢？一个可行的解释是：来自睁开眼的膝状体轴突终末并不像往常那样回缩许多，相反，来自于封闭眼的轴突纤维则回缩许多。这说明在年幼动物体内，外侧膝状体轴突竞争皮层空间和突触连接。如果每只眼睛向皮层提供同样的输入信息的话，那么竞争是等同的，双眼享有同等的皮层代表区域。如果视觉输入不平等，那么优势眼睛将会占有更多的视觉空间，也可能占有更多的皮层突触。早先在讨论正在发育的神经系统中的细胞死亡时，我们就提到了突触位点和领域竞争的概念，而这似乎适用于许多情况。我们会稍后再谈这一概念。

解释睁开眼比封闭眼拥有更多的皮层代表区域时，另一种说法是，可能由于其轴突拥有更多的终末。也就是说，在接受封闭眼的膝状体神经元中，除了轴突加工的冗余回缩外，接受来自睁开眼输入信号的轴突终末还长出新的突起。

如果将双眼的眼皮都缝合，或将动物饲养在黑暗环境中来剥夺其视觉的话，又会发生什么呢？在黑暗环境下饲养的猫，与未进行视觉剥夺的动物一样，其皮层细胞主要是双目性的，但是所记录的细胞通常无方向选择性。那些眼皮被缝合的猫，双眼视觉剥夺会产生许多无应答性细胞或应答异常的细胞。而且，那些位于接受区的细胞主要是单目性的——它们似乎已经丧失双目性连接。与在黑暗环境下的生长不同，丧失形式视觉会产生不尽相同的改变，而这同样可以在从那些两种剥夺形式中恢复的动物身上看到，这与我们下面看到的一样。

模式识别能力的剥夺

在之前描述的实验中，单眼或双眼所有类型的视觉在被抑制一段时间后，其皮层神经元的反应会出现严重的缺陷。我们可以通过限制视觉世界的一个或另一个方面来诱导较为轻微的缺陷。一个较为明显的实验是将动物饲养在仅有单一方向线条或单一方向条纹的环境中。实验完成后，记录到的皮层神经元对于方向的反应出现了偏差。正常皮层拥有对各种可能方向的反应性；而对于那些在仅能看到水平或垂直条纹的环境下生长的动物，其视觉细胞对于所接触到的方向反应具有选择性。

另一个实验扩展了这一观点。如果动物在幼年时被限制在一个只能看到很少运动或者只能看到朝一个方向运动的环境中，它们的皮层神经元似乎对其环境中运动的敏感度降低，或者具有偏向性。

关键期

有一个重要的问题是，是否在整个生命周期内人类的皮层通路都能被修改。这个问题回答起来比较困难，存在着较多的争议，因为在整个生命周期内，的确存在着脑环路的修饰，这一点我们将在第四章进行阐述。例如，无论我们年龄多大，我们都仍在持续学习，这种学习会给我们的脑带来分子水平上甚至是结构上的改变。但是，毋庸置疑，在年幼的猫、猴子或人类中，视觉剥夺会对皮层生理和解剖方面产生巨大改变，但这种情况通常不会发生在成年动物身上。成年动物，如猫、猴子和人类，即使经历各种长期的视觉剥夺（持续数月至数年），也不会对其视觉行为、皮层神经元的反应和皮层解剖形态产生巨大影响。

为了诱导产生如上所述的变化，必须在动物非常年幼时进行这种剥夺。这种强易感阶段称为关键期或敏感期。在猫中，初级视皮层的关键期从第 3 周开始，持续 4 个月左右；视觉优势柱改变的最强易感时期在第 6 周时达到顶峰，然后下降。在猴子中，从出生至 6 周这段时间内实施的剥夺会产生最严重的影响，在大约 1 个月时达到顶峰，但是从 6 周至 1 岁这段时间内实施的剥夺会导致缺陷。对于人类而言，从 6 个月至 6 岁的这段时间内实施的剥夺会使被剥夺的眼睛发生弱视——视觉敏锐度严重降低甚至丧失。

在强易感期间，给予短期的视觉剥夺会造成非常严重的改变。事实如此，在一只猴子出生 2—4 周内给予几天的剥夺所造成的变化的严重程度，与那些在关键期后期眼睛持续闭合数周的动物身上所发生的变化相同。目前，皮层发育中的关键期这个一般概念已经遭到质疑，因为通常这种敏感期不存在明显的起止时间。一些研究者认为，与之相反，皮层的可更改性是一个连续的过程，至多在某个时期具有更强的易感性。但是，在视觉系统中，关键期这一概念似乎非常明显。另一方面，我们还认识到皮层和神经元功能在不同方面存在着不同的关键期。例如，对于猫而言，方向选择性细胞对于方向性改变的易感性通常会保留至第 6 周，那时视觉优势柱改变的易感性达到顶峰。

此外，关键期也是可以被环境修改的。黑暗培养可通过两种方式改变视觉优势的关键期。敏感度的峰值时间从通常的第 6 周延迟到第 12 周左右，而且，关键期的持续时间也显著延长。黑暗培养似乎会减慢甚至是反转皮层的成熟。在 3 周以内，光束下和黑暗环境中培养的小猫不存在任何差异；但是，黑暗中培养的动物其皮层细胞的反应性下降。并且黑暗中培养的猫会产生更多的非方位敏感性细胞。

有趣的是，在短期暴露在光下后，猫即可改变这种黑暗中培养产生的影响。即使是仅仅 6 小时的光照似乎就能缩短关键期，刺激视觉皮层成熟。这又是为什么呢？具体细节我们并不知晓，但是如果黑暗中培养的猫仅在光束下暴露几分钟的话，可在 1 小时左右后检测到皮层中基因表达的改变。这说明，即使是黑暗环境培养的动物，给予短时间的光照也会诱导皮层神经元中的生化改变，从而影响它们的成熟。

恢复

由视觉剥夺导致的皮层的改变很难被反转。例如，当单目视觉剥夺后，如果不打开闭着的眼睛，无论做其他什么事情，都不会使之恢复，而且即使在关键期重新将眼睛打开，也不会有所恢复。在一个实验中，将一个猴子在出生后 2 周内缝合眼皮并关闭了 9 天，之后重新打开猴子眼皮，不再对它做任何事情。当猴子 4 岁时，对动物皮层的记录显示，这只猴子的变化与那些从出生至 4 岁一直将一只眼睛闭着的猴子相似。

不过如果动物被迫使用被剥夺的眼睛，特别是如果这种被迫使用发生在关键期时，那么能够诱导其很大程度上的恢复。如果将剥夺视觉的眼睛睁开，先前睁开的眼睛闭着，我们会观察到较好的恢复结果。在很久以前，眼科学家就懂得将这种方法应用于患有弱视儿童的治疗中，让他们在改善弱视病眼视觉敏锐度期间，在正常的眼睛上蒙上一块纱布。

另一方面，虽然被剥夺视觉的眼睛的敏锐度能够有很大改善，但双眼的反应并不会发生很大改善。当记录那些经过类似处理的猫的皮层神经元的反应时，事实上，所有的神经元都变成单目性的，接受来自一只眼睛或另一只眼睛的信号传入。因此，皮层神经元丧失双目性与丧失敏锐度并无联系。这两种视觉属性是独立的。

视觉敏锐度和双目性之间的独立也会导致眼轴偏差，这种情况称为“斜视”。因此，眼睛能够向外转（散开性斜视）或向内转（内斜视）。对于散开性斜视患者而言，两眼的视力通常互补。当看向右方的物体时，他们会使用右眼，而忽略来自左眼的视觉信息。当看向左方的物体时，他们会使用左眼。双眼的视觉敏锐度都是正常的，但是双眼之间缺乏双目性的相互作用。在那些患有散开性斜视的年幼动物中，皮层神经元几乎都是单目性的；半数对左眼产生应答，另一半对右眼产生应答，没有对双眼产生应答的。患有内斜视的猫存在单目性剥夺缺陷。一只眼睛——通常是视轴较直的一方成为优势方，另一只眼睛丧失了高敏锐度。大多数细胞都受到优势眼睛的单目性驱动，仅有非常少数的细胞具有双目性或单一地受内斜视眼睛的支配。

丰富的视觉环境

视觉系统是研究大脑结构发育和成熟的最方便的一部分。通过给予眼睛刺激可激活视觉系统的神经元，同时也能很容易地记录神经元的活动。对一个动物的视觉刺激可以采用不同的方式进行改变，从而探究环境对视觉发育的影响。我们已经指出了这些研究得出的一些重要结论，还有一些其他结论尚未着重指出。例如，虽然初级视皮层对于视觉经验变化所导致的结构和功能的显著变化非常敏感，但是无论是视网膜还是外侧膝状体都未发生这么大的变化。因此，脑区的可塑性并不是一致的——有一些区域的可塑性会较差一些，而且似乎脑高级中枢要比那些低级中枢更容易被修改。这一结论同样适用于不同种类的动物。冷血脊椎动物的脑似乎比我们的脑更不易更改，这可能反映了一个事实，即冷血脊椎动物与哺乳动物相比，其皮层相对于其他脑结构的比例相对较低，这一点我稍后会再次提到。

第二点是在上述所有的实验中，采用一种或另一种方式剥夺了动物的视觉，这就导致视锐度、皮层神经元的双眼视觉、方位选择性、运动敏感度等的丧失。而且，我之前曾强调了脑成熟过程中神经元过度生成和修剪——树突区的限定、突触重排甚至还有细胞死亡。这可以归纳为一句格言——“用进废退”，而这也正是脑成熟过程的一个重要特征。那么，采取其他途径如何呢？例如，是否能够通过提供一个丰富环境来改善动物的脑环路？

再者，视觉皮层的研究已经展开了对这一途径的探索，需要公正地指出的是，研究结果的可信度也许不如那些从视觉剥夺研究中所获得的结论。但是，我们还是可以得出一些结论。在20世纪70年代，加州伯克利分校的Mark Rosensweig和同事就这方面开展了开创性研究。他们发现，自大鼠断奶后，在丰富环境中成长的大鼠与在较为贫乏的环境中成长的大鼠相比，其皮层各个区域的重量和厚度更大。研究所采用的丰富环境如下，每10—14只大鼠为一组居住在一个大笼子中，里面有各种各样的玩具，而且每天更换不同的玩具。此外，这些动物一天中会在一个4英寸长的正方形盒子中待不超过1个小时，里面有一些其他的玩具。贫乏环境中的动物单独或成双居住在标准实验用的大鼠笼中，没有玩具可供玩耍。

Rosensweig和同事发现，最与众不同之处在于，分别在丰富环境与贫乏环境中成长的大鼠之间最显著的差异在枕叶（视觉）皮质。在检查枕叶皮质组织后，他们发现，在丰富环境下成长的大鼠的神经元更大，胶质细胞更多。

之后，伊利诺斯大学的William Greenough和同事考察了饲养在丰富环境中大鼠的突触结构和密度。他们发现，在丰富环境中饲养25—55天的动物，突触增大了8%。其他一些大鼠研究证实了这一结果，但是一个类似的对猫的研究却未发现显著差异。更有趣甚至令人惊叹的是，在丰富环境中成长的大鼠与那些在贫乏环境中成长的大鼠相比，其神经元平均突触数目增加了20%—25%。在丰富环境中成长的大鼠每立方毫米的突触数目并没有增加许多，但是由于这些动物的神经元增大，因此每立方毫米的神经元数目减少，而神经元平均突触数目增加了。至少三项研究证实了这些结果，其中两个是用大鼠做的实验，另一个是用猫做的实验。

对在丰富环境中成长的大鼠的枕叶皮质中的单个神经元进行检查，采用相应的检测方法发现，与神经元平均突触数目增加的结果一致，细胞树突棘、树突区域范围也增加20%。树突区域的范围是通过测量组织切片中可测量树突的全长完成的。也就是说，测量包括延伸出的树突分枝和新分枝的形成。

正如之前提到的那样，上述研究主要是对那些25—55天龄的大鼠进行的。当对较老的成年大鼠进行类似的研究时，发现大多数结果一致。在丰富环境中成长的大鼠的枕叶皮质重量增加，神经元平均突触数目增加。年长的动物皮层树突区域是否与丰富环境中成长的年幼动物一样得到扩大，人们对此提出了疑问。但是总的来说，对于年幼、成年和中年大鼠，其结果都惊人的相似。不过，在年长大鼠中并未观察到与丰富环境中成长的大鼠那样的突触稍稍增大的现象。这一效应（如果属实）只在年幼动物中发生。

这些研究得出的结论是：丰富环境可增加神经元的大小，促进胶质细胞生长，增加神经元平均突触密度，甚至还有突触大小，而且成年动物可以产生与年幼动物同等的效应。另一个需要注意的是，当动物（大鼠）回到标准实验采用的动物笼这种贫乏的环境中时，丰富环境下的突触生长受到抑制。因此可知，由丰富环境产生的大脑生长并不是永恒的。而且对于丰富环境下成长的动物而言，不存在促进神经大小或突触数目增加的时间窗——关键期。发育中的脑较为普遍和重要的特征是，存在着神经元、神经元突起以及突触最初过度增长的现象。它们会在脑成熟过程中被逐渐修剪，起初是通过内源性机制，然后是通过外源性、基于经验的因素；这种脑的塑造具有时间依赖性，它更容易发生在年幼动物而不是成年动物身上。

第三章

行为的发展

在第二章中，我阐述了脑成熟以及经验对脑的塑造方式主要是通过修剪的方式进行的。在这些过程中，精化神经元的树突和轴突区域，使突触发生重排，同时还会丢失一些神经元。脑的这种可塑性大多存在着关键期，即在生命早期中脑结构和功能各个方面对变化存在特别易感的敏感期。在本章中，我会探讨脑的高级功能发育过程中的一些例子，还会阐述许多在前一章中提到的观点。我也会讨论脑发育的一些新研究。

语言

语言显然是人类区别于动物的最重要的特征之一。有些人认为，说话、阅读和书写的能力能够激发我们丰富的内在精神世界——也就是我们所说的觉悟或意识的动力，这些能力可以使我们交流观点与想象，从而激发我们内在的知觉和感觉。

人类最早是在什么时候创造出语言的呢？15 万年前的人类头骨与今天我们的头骨大小相似，这说明古老的人类祖先拥有与我们近似的脑及语言能力。但是，有证据表明，直至 4 万年前才出现了那些我们认为与语言相关的人类行为——仪式、复杂的社交活动、概念和计划、艺术以及象形文字。那么，这样就存在着一个跨度大约为 10 万年的空白期，我们对这段时间内所发生的事情一无所知。目前已经发现了一些 4 万年前现代人类行为的证据——葬礼、贸易和工具制造，但是大多数古生物学者认为，直至 4 万年前人类才能完全称得上是现代人类，而那时语言才开始通用。

人类都拥有语言，正如 Steven Pinker 在他的《语言本能》（*The Language*

Instinct）一书中写到的："虽然有石器社会，却没有石器语言。"所有的人类语言都是精密复杂的。有些原始人虽然不采用书写语言的形式，但是他们都使用复杂的语言（的确，在所有民族中，书写是一种相对新型的发明，最早的书写记录仅可追溯至6 000年前）。事实上，说话能力并不是一种基本的语言能力，耳聋者使用的手语与口语一样精密。

我们已经尝试教授一些非人类灵长类动物语言，特别是黑猩猩。野生黑猩猩能够发出36种不同的声音，这与说英语的人发出52种声音在数量上相差不大。黑猩猩发出的每种声音所传递的信息通常都略有不同，而我们发出的每种声音（音素）通常没有任何意义。我们将音素串起来组成词，一名受过教育且讲英语的成年人可掌握约为8万字的词汇量。

那么，是否由于黑猩猩和其他非人类灵长类动物的声道以及说话能力与我们存在着差异，因而使它们无法像我们这样组成词语呢？检验这种观点的一条途径是教授黑猩猩手语，这一工作已经开展，特别是亚特兰大约其斯地区灵长类研究中心（Yerkes Regional Primate Center）的Duane Rumbaugh和Sue Savage-Rumbaugh在这方面做了许多工作。他们能够教会年幼的黑猩猩大约150个单词，不过这些动物也只能学会这么多词汇。这些黑猩猩的交流水平与一个两岁半的儿童的水平相当。但是，这一时期正是儿童语言能力开始爆发式增长的时间点。3岁时，一个儿童通常拥有1 000个单词的词汇量，到4岁则可能有4 000个单词的词汇量。因此，人类与其他所有动物在语言能力方面迥然不同。

语言区域

语言主要受脑皮层区域控制，目前已经确认了两个非常重要的区域——布罗卡区和威尔尼克区。但是，语言还依赖于我们对说话声音的辨别能力以及发出复杂语声的能力。因此，听觉和运动系统都参与说话和语言机制中，当然它们还涉及其他的神经系统。

在这两个皮层区域中，有一个区域对于语言特别重要，那就是布罗卡区，它主要与发音和言语产生相关。它位于皮层额叶中，靠近运动的关键区域，即所谓的初级运动皮层，如图3-1所示。

布罗卡区以19世纪法国神经科学家、人类学家Pierre Paul Broca的名字而命名。这位科学家对那些丧失言语能力者即失语症患者进行研究。他发现大多数患者在皮层中的这个部位（以他的名字命名的部位）存在损伤。这些患者知道他们想要说什么，但是他们的发音能力受损。他们经常无法正确发音。

Broca将自己研究的第一位患者称为Tan，这是因为该患者只能发出“Tan，tan，tan”的声音（偶尔发出诅咒的声音）。

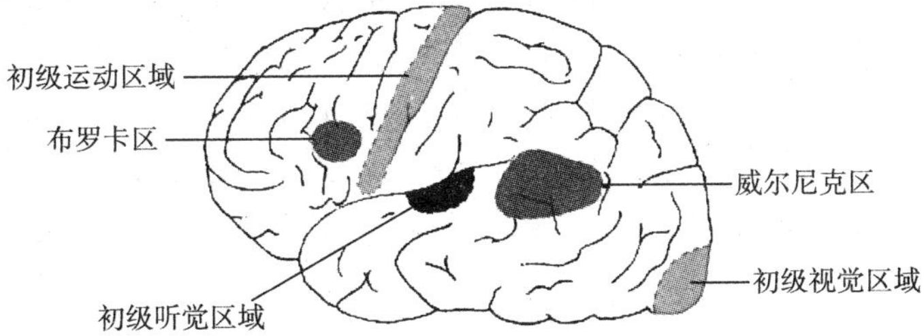

图3-1 皮层左侧表面的侧视图。布罗卡区靠近与面部、舌和颌的运动相关的初级运动区域。威尔尼克区位于初级听觉和视觉区域之间。

布罗卡区的病变还可能导致书写缺陷，甚至手语缺陷。因此，除了参与言语发声之外，这一区域显然还涉及语言的其他更多方面。例如，普遍认为布罗卡区在语言加工中还起着重要的作用。

第二个语言区域称为威尔尼克区，这是以德国心理学家Carl Wernicke的名字命名的。科学家发现，在皮层的颞叶，即所谓的初级听觉和视觉区之间，是皮层中声音和视觉刺激最先进行加工的地方，如图3-1所示。这一区域发生病变的患者通常在言语理解、阅读和书写方面都存在困难。他们能够准确地发出单词的音调，但是在选择词汇时出现问题。他们说出的单词很清晰，可说的句子通常没有任何意义。

正如我之前提到的那样，语言涉及许多神经系统，因此大脑其他部位的病变也会导致语言缺陷。但是，布罗卡区和威尔尼克区显然是生成有意义语言的关键区域。令人奇怪的是，布罗卡区和威尔尼克区都在脑的一侧，通常在脑的左半球（概率为95%）；而其他大多数皮层区域则在脑两个半球中都有代表区域。因此，当左半球受损时，即使右半球完全正常，患者也可能完全失语；而右半球重度损伤也通常不会减弱语言能力。另一方面，当左半球在生命早期阶段受损时，许多儿童都能够使用完好的右半球来学习语言（参见第五章）。

学习语言

据语言学家估算，当今世界上约有6 000种语言，历史上可能曾存在比这多出数千种的语言，但是现在都消失了。那么，人类的脑是如何适应这么多种变化巨大的语言的呢？麻省理工大学语言学家Noam Chomsky在研究了各种语言后指出，所有的语言之间存在着惊人的相似性。他提出，无论是过去存在过的还是现在使用的语言，都有着共同的语法规则。例如，所有的语言都采用主语、动词和直接宾语的形式。虽然不同语言的这些要素在句子中的排列顺序不同，但是所有的语言都拥有这三类词汇。因此，他猜测，发育中的脑拥有先天神经环路，可以习得现今或曾经存在过的上千种语言中的任意一种。

显然，正如 Chomsky 提出的那样，语言都拥有许多共同特征，但是我们不确定是否如他所言，脑拥有能够处理所有语言的先天环路，或者语言是由于或至少部分由于经验得到发展而形成的，这是存在众多争议的话题。我们几乎可以肯定的是，语言习得涉及了先天机制即天赋，以及习得的经验即教养，虽然人们还不知道两者所占的比例以及对语言习得的贡献比例。毋庸置疑，天生的神经环路会限制语言生成和理解能力，但正如我们所看到的那样，学习也很关键。

在 17 世纪美洲发生的克里奥尔化现象是最令人信服的证据，这一现象支持 Chomsky 的基本观点，即语言存在着某种先天机制。奴隶主把说不同语言且来自非洲不同部落的奴隶聚在一起。这些奴隶根据种植园主的语言很快创造出一种简化的混杂语。混杂语中有着粗糙的语序，但缺乏清晰的语法。奴隶的子女听到的只是这种混杂语，但并未采纳这种语言，而是创造了自己的语言——克里奥尔语言，这种语言具有与其他人类语言相似的语法结构。

另一个证据来自于对一个大型世代同堂家族的基因缺陷的发现，这一家族的成员患有遗传性言语和语言障碍。受其影响的家族成员在发音、辨识语声、理解句子、语法和其他语言技巧方面存在问题。因为这一基因为显性遗传，因此受影响的家族成员的子女中有半数遗传了这种缺陷，目前发现在 27 名后代中有 14 名患有这种缺陷。这一基因称为 FOXP—2，可能编码一种转录因子，一种直接与 DNA 相互作用的蛋白，决定基因表达或不表达。与之相应的是，这种蛋白包含一个可与 DNA 靶区结合的特殊区域。我们尚不清楚这一基因的功能，但是可以明显看出，其在语言和言语相关的脑环路发育中发挥作用。这一基因似乎在 200 000 年前便存在，那个时期差不多是人类大脑演变成现代人类的时期，同时我们也认为从那时起人类开始能使用语言。

全世界的儿童似乎都是以同种模式学习语言的。1 岁时，儿童开始能说几个可辨别的词语；18 个月时，他们开始合并词语；3 岁时，他们能够进行对话，并讲述他们接触的一种或几种语言。虽然倾听他人讲述是非常重要的，但是学习一种语言无需任何正式指导。的确，人们认为，学习语言的过程甚至涉及出生前听语言的过程，即婴儿出生时就偏向于母亲所说的语言，而不是其他语言。很显然，在生命早期阶段接触语言能够加速语言习得过程，同时这也是语言发展的基础。

在语言习得的运动方面，在18个月之前，婴儿便开始咿呀学语，这对于语言发育非常重要。我们都能听到婴儿咿咿呀呀发出“dadada”或“bababa”的声音，而这也正是婴儿言语生成的开始阶段。

显然，幼童习得语言要比成年人更快、更容易，因此人们通常认为，12个月至6岁之间存在着语言习得的关键期或敏感期。那些在6岁之前接触一种语言的儿童能快速学会且完美、无任何可察觉口音地使用这种语言。6岁之后，学习一种新的语言变得较为困难，而至青春期时，学习一种新语言的能力则大大降低。

在40岁时学习一种新语言与在20岁时学习一种新语言情况类似，虽然有些人可能会比其他人更擅长学习新语言。语言学家说过，成年时学习语言会带有口音。语言专家能够判断一个人是否是成年时学习的语言。从6岁至青春期的这段时间内学习一种新语言的儿童大多会保留母语的口音特点。我们经常列举的例子是美国前国务卿Henry Kissinger，他在8岁时来到美国，因此讲说话时带有明显的口音。而他的弟弟6岁来到美国，据称没有任何口音。

为什么我们长大后就丧失了学习完美新语言的能力了呢？青少年对许多声音都敏感，但是除非他们在6岁之前或更早的时候听过这些声音或讲过这些语言，否则他们会丢失辨识或发出某些声音的能力。例如，日本的成年人无法区别“r”和“l”的声音，但是7个月大的日本儿童能够与美国儿童一样较为容易地区别这些声音。而日本本土婴儿在10个月大的时候已经丧失了一些区别“r”和“l”的能力。另一方面，美国的婴儿在10个月大的时候要比他们在3个月之前对这些声音具有更好的辨别能力。

这些研究得出的结论是，6—12个月的时间段是婴儿区分不同语声的关键期。在所有的语言中，已经发现了869种声音或音素，6—8个月大的婴儿能够区分所有的这些声音或音素，之后他们只使用其中的一个子集——即他们听到的那些，这样他们可对这些声音或因素进行区分和辨别。不同的是，幼童可以模仿成人发出的任何声音，但是这种能力随年龄增加而丧失。到1岁半时，婴儿开始发出他们所接触的语言的特征声音，同时他们发出其他语言特征声音的能力会缓慢丧失。

那么，如果一名儿童在6—10岁期间不接触任何语言的话，将会有什么结果呢？幸运的是，有关这种情况的记载很少，但是结果却惊人地相似。最近发生的一个案例是，20世纪60年代，一个名叫Genie的小姑娘，在20个月的时候被患有精神病的父亲锁在一个小黑屋内。她的父亲和她那令人恐惧的哥哥只会对她大吼大叫，她被禁锢长达10年之久。当她13岁半的时候，人们发现了她，她显得非常沉默。人们采取了很多方法想教会她说话，但她在接受了3年的训练之后，仍然说得很不好。她的语言能力仅与4岁大的儿童相当。她发音很吃力，而且发出的声音含糊不清。如果不给一些上下文提示和手势的话，她经常无法理解话语的意思，显然她在语言和理解能力方面发育迟缓。这个案例中掺杂着这样一个情况，在她被禁锢的时期内，她几乎完全被隔离，包括剥夺感觉和感情事件，人们怀疑她是否存在智力发育迟缓的问题。

Genie在学习语言方面的失败与Victor类似。Victor是“来自阿维龙（Averyron）的野孩子”，他在18世纪早期独自生活在丛林内。据猜测，他在幼年时被父母抛弃，但是他幸存下来，直至12—13岁时才被人们发现。Victor与Genie相似，虽然人们花了很大的努力来教他，他却无法发展正常的语言技能。同样还有一些案例阐述的是幼年时耳聋的患者，在成年期恢复听力后也无法学会说话。

那么，在关键期内脑的语言区究竟发生了什么？当然，我们无法像记录动物视觉区的关键期那样记录这些脑区的神经元活动，因此我们只能推测。我们可以大胆地推测出：正像动物视觉皮层的关键期一样，由于语言经验，神经元能够获得或失去领地，使得突触发生重排，形成新的突触。拓展一下这一观点，也许预示着，在6个月至1岁期间，已经形成了区分和发出任何可能的语音以及习得语法的神经回路。如果不使用这些回路的话，这些回路会为了适应母语而发生重排，甚至有可能丧失。“用进废退”这句适合视觉发育的格言，同样也适合语言的发展。

与视觉系统一样，语言习得所具有的不同属性使之拥有其自身的关键期。语音辨别的关键期可能是最早的，不超过6个月或7个月大的婴儿就能够辨别人类发出的所有语音，但是到10—12个月时，这种能力已经大大降低，婴儿可能会开始表现出能力不足。在发音方面，似乎可以延续到5岁或6岁，这段时间儿童能够学习不带任何口音地说一种语言。然而，一些研究者认为这个关键期可持续至青春期，至少对于某些儿童而言是这样的。需要强调的一点是，语言习得的关键期并不是在某个特定年龄突然结束的，而是在长时间内对各种语言的习得能力呈现出一个逐步下降的趋势，这种趋势叠加的结果就导致人与人之间存在着很大的差异。

至于语法习得，一项对来到美国的韩国儿童和中国儿童开展的研究显示，在他们学习了10年第二语言——英语之后，那些7岁之前便来到美国的儿童与母语是英语的儿童在英语语法掌握水平上相同；相反，那些再大一些才来到美国的儿童，其语法技能与其到达美国的时间相关。在那些7岁之后才来美国的儿童中，较早来美国的儿童的语言能力要更熟练一些。那些17岁之后才到达美国的人语法技能与那些较早来的人们相差很大。因此，对于语法而言，其关键期可延续至青春期，但是早在7岁时就已经开始关闭，至少对于某些儿童而言是这样的。

在词汇学习方面，似乎不存在着关键期。我们在一生中可以学习新的词语、名字和短语。显然，儿童在学习新词汇方面要比成年人快，而且对许多人而言，高中时词汇的学习处于平台期，但是大学生与研究生和专业学校的学生一样，词汇学习呈现出剧增，这是由于他们接触到了新的学习领域中所运用的词汇。我们会在第四章中回到成人的记忆和学习这一话题上。

鸟鸣

由于人类是世界上唯一掌握语言的生物，研究动物视觉系统时，我们可以采取研究无视觉经历或视觉剥夺的途径，这一点我已经在第二章中讨论过了，而想采用同样的方式从神经生物学的角度研究语言的发展，是相当困难的，事实上也是不可能的。不过，动物的一些系统的确与人类语言具有某些相似性，因此，我们可以对这些系统进行具体分析。鸟鸣就是其中的一个例子。

在现存的8 500种鸟类中，有半数是鸣禽。鸟鸣有着多种用途，包括吸引配偶、防御领域或简单地指示一只鸟的位置或存在。同种鸟类可发出类似的鸣叫，但是即使这些鸟类离得不远，其鸣叫差别也会非常大。例如，图3-2B所示的是在旧金山湾周边两个地点伯克利和日落海滩记录的白冠带的鸣叫声谱。

单个区域中的鸟鸣声谱都类似，但是两个区域之间却相差非常大。因此可知，与人类语音方言类似，不同地理区域的鸟鸣也不相同。

与人类的语言类似，鸟鸣具有巨大的差异。一些种属的鸟类，像白冠带，可以发出一种显示地域差异性的鸣叫，但是其他种属的鸟还可以发出许多不同的鸣叫。例如，有的鹪鹩可以发出150种鸣叫。鸣叫单位（音节）的数量也随鸟鸣变化巨大，金丝雀的单位数量为30，而棕色长尾莺则大概有2 000。这与在不同人类语言中发现的语素（音素）的差异具有可比性，人类的语素（音素）少至15种，多至140种。鸟鸣的另一个特征是，例如，一些斑马雀在其一生中能够精确地发出同一种鸣叫。而其他的鸟类，例如金丝雀，它们会变换鸣叫，每年会将一些新的音节加入到鸣叫中来。

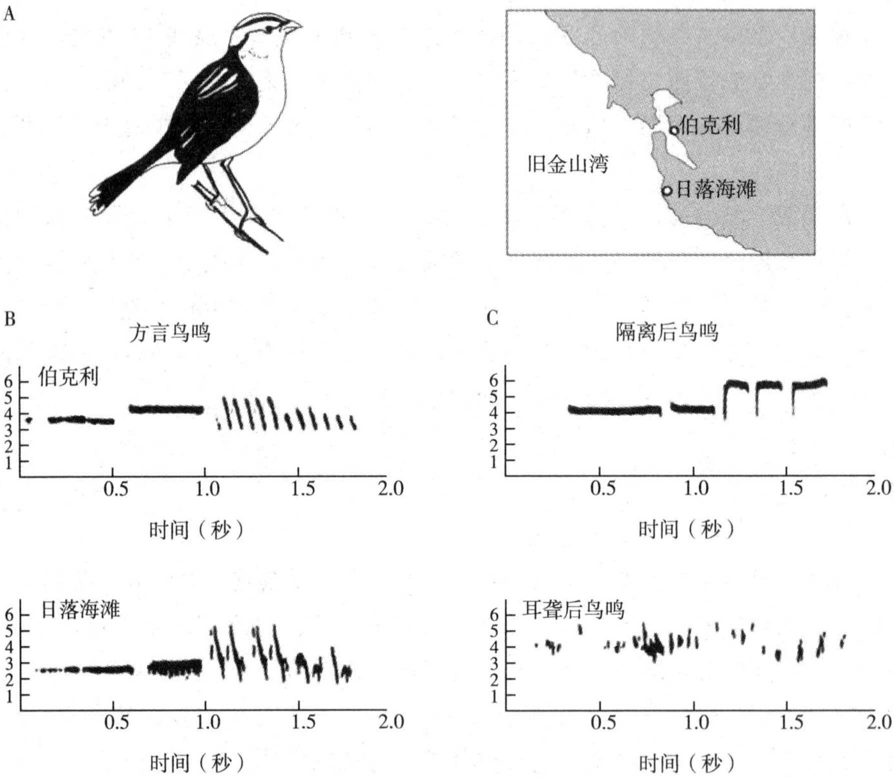

图 3-2　A：位于加利福尼亚旧金山地区距离较近的两个地方——伯克利与日落海滩的白冠带看起来完全一样。B：两个地点的白冠带的鸣叫不同。这些鸣叫可用声波图的形式绘制出来，本图绘制的是声音频率（音色）与时间之间的函数关系。C：单独饲养的鸟类可以鸣叫，但是要比正常的鸣叫更为简单，它们之间的鸣叫差异很大。在学会鸣叫之前耳聋的鸟类同样也会发出非常异常的鸣叫。

那么，鸟鸣是如何形成的？同样，我们可以看到，鸟鸣与人类语言习得之间存在着惊人的相似性，幼鸟通常是从它们的父母那里学习鸣唱。它们表现出对本种属鸣叫很强的偏向性，但是如果它们只接触到另一种鸟类的鸣唱的话，它们仍可以习得这些鸣唱。的确，如果它们能够恰当地接触此类鸣唱，幼鸟可以习得比本种属更为精致的鸣唱。幼鸟对本种属鸣叫很强的偏向性预示着它们对这些鸣唱具有天生的神经环路；但是，与人类相似，它们似乎还能习得某种其他类别的鸣唱，因此，它们还必须具备完成这一功能的恰当的环路模板。

鸟类最初开始学习鸣唱时，经常会发出类似鸣唱的声音，与人类婴儿咿呀学语类似。然后，幼鸟通常能发出成年鸟类鸣唱中包含的可识别的音素，最后，它们开始发出成年鸟类的鸣叫。

鸣唱学习涉及两个元素——鸣唱记忆和鸣唱发声，鸣唱记忆显然存在着关键期或敏感期，鸣唱发声也可能存在着这种时期。鸣唱记忆期从鸟类 2 周龄时便开始，对于白冠带和另一模式的生物如斑马雀而言，这一阶段会持续 8 周。虽然鸟类在 2 周龄之前便能够听，却无法记住那些它们在第二周所听到的本种属的鸣唱。相反，如果它们在 3—4 个月大时才听到鸣唱的话，它们将无法发出正常的鸟鸣。有趣的是，在关键期内饲养在无声隔离环境中的鸟类能够逐渐鸣叫，但是仅能发出一种“孤”鸣，即缺少正常鸟鸣的波谱和时间特征，如图 3-2C 所示。另一方面，如果一只幼鸟在关键期内仅接触正常鸣叫数天，它就能立刻习得鸣叫，并像成年鸟一样精确地鸣叫。如上所述，幼鸟可以学会其他种类的鸣叫，但是如果外族的鸣叫与其正常鸣叫之间存在着很大差异时，鸟类可以发展出隔离后的鸣叫。再者，虽然鸟类能够学习外族的鸣叫，但如果它们仅接触这些鸣叫的话，它们学习这些鸣叫所用的时间还是比学习本种属的鸣叫的时间更长。

在鸣叫记忆关键期的开始阶段，如果一只斑马雀幼鸟接触了一周正常的鸣叫，或时间足够这只鸟记住鸣叫，接下来，即使将它与正常鸣叫隔离或让它接触外族的鸣叫，也不会产生什么差别。一只斑马雀幼鸟在接触正常的鸣叫 1 周后，其鸣叫学习的关键期也就基本终止了。另一方面，如果在关键期开始后将这只鸟隔离在无声环境中数周，然后再让这只鸟听正常的鸣叫，它能够快速学习，但是这种能力显然随年龄减弱，而且在 3 或 4 个月时丧失。鸣叫的呈现方式也是非常重要的。虽然用扩音器播放正常的鸣叫对年幼的鸣雀非常有效，但是对于 50 天龄以上的鸣雀无效。这类年长的鸟需要鸟的现场指导才能学会鸣叫。而其他种属并不需要现场指导去训练年长的鸟——录音指导就很有效了。

鸟类学习鸣叫，也就是鸣叫发声，是一个与鸣叫记忆不同的过程。白冠带的鸣叫发声是在鸣叫记忆数月之后进行的。虽然情况不一定完全如此，但是鸣叫发声也许会受关键期的限制。学习发声显然是需要听觉反馈的，如果一只鸟的内耳在完成鸣叫记忆、开始鸣叫之前受损致聋，它就无法形成如图 3-2C 中声波图形那样的正常鸣叫。如果一只鸟在学会鸣叫之后致聋，通常它还能发出正常的鸣叫，不再需要声音反馈。

大多数鸟鸣仅由雄性动物发出，因为鸣叫发声受雄性激素睾酮的影响。给予一只处于青春期的鸟高浓度的睾酮后，它会出现鸣叫发展早熟现象，但其鸣叫以一种不正常的方式发展。另一方面，在学会鸣叫之前被阉割的鸟类无法形成正常的鸣叫类型。因此看起来，激素水平会影响鸟类的鸣叫发声，而且激素水平可能还调节发声学习的关键期。随着鸟类性成熟，其体内的睾酮和其他甾体激素水平升高，其发声学习阶段也可能会关闭。

鸟鸣的神经控制

研究者已经在鸟类的前脑发现了控制鸣叫产生和鸣叫发声学习的特殊区域。(鸟类的前脑与哺乳动物的皮层类似)。这些区域可能还专门负责鸣叫记忆，但是目前尚未确认。由于雄性脑中某些核团（神经元团块）体积增大，因此能首先确定鸣叫产生和发声学习区域。目前已经证实存在两种不同的系统——一种位于前脑后部，负责鸣叫产生；另一种位于前脑前部，是发声学习的关键区域。图 3-3A 和图 3-3B 描述了这两个系统。

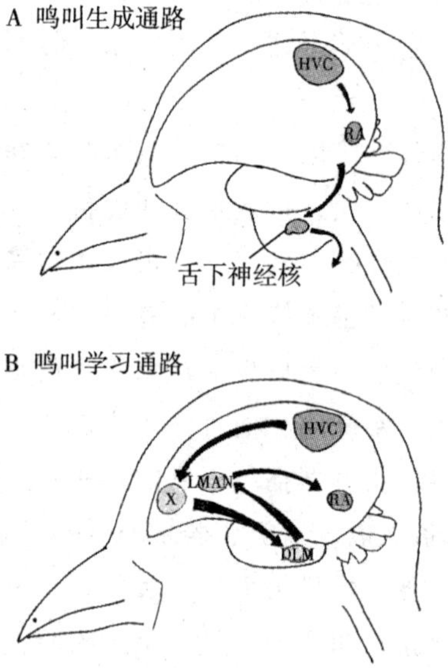

图 3-3　A：鸟鸣生成的神经通路。当一只鸟鸣叫时，神经活动从高级声音中枢（HVC）发出，至弓状皮质栎核（RA），然后至包含控制发声肌肉的运动神经元的后脑核团（舌下神经核）。B：当鸟类学习鸣叫时，高级声音中枢激活了区域 X，区域 X 可支配丘脑背外侧核（DLM）。来自 DLM 的轴突投射至新纹状体前部大细胞核外侧部（LMAN），新纹状体前部大细胞核外侧部又会反过来向弓状皮质栎核产生轴突。

两个前脑后部核团——高级声音中枢（HVC）和弓状皮质栎核（RA）参与了鸣叫产生的过程。当一只鸣禽开始鸣叫时，会从高级声音中枢到弓状皮质栎核区，至包含控制发声肌肉的运动神经元的后脑核团（舌下神经核）传递一种神经活动的波动。高级声音中枢或弓状皮质栎核病变会使鸟类无法产生鸣叫。

前脑前部通路也是由两个核团组成的，包括区域 X 和新纹状体前部大细胞核外侧部（LMAN）以及丘脑背外侧核（DLM）。如果一只鸟在学习鸣叫的过程中，其新纹状体前部大细胞核外侧部区域发生病变，那么这只鸟的鸣叫就不再会有进展，而是冻结在它当时已经达到的水平上，无法形成成熟的鸣叫。区域X的病变也会阻碍鸟类习得稳定的成年鸟类鸣叫。环路研究显示，高级声音中枢支配区域X，后者反过来支配丘脑背外侧核。丘脑背外侧核的神经元可投射至新纹状体前部大细胞核外侧部，新纹状体前部大细胞核外侧部的轴突可支配弓状皮质栎核，但是目前尚不清楚这一系统的精确工作原理。

区域X和新纹状体前部大细胞核外侧部处的神经元可对这只鸟自身鸣叫的声音作出活跃的反应，研究者因此提出了这样一个观点，即前部通路在声音学习中起着指导性作用。前方核团将这只鸟产生的鸣叫与先前记忆的鸣叫进行比较，因此这些神经元可影响后方核团环路，以完成精确的发声。

当鸟类达到性成熟状态后，其发声学习期关闭。有研究显示，位于前脑参与鸟鸣的4个核团中的神经元能够与睾酮结合并蓄积睾酮。在这种情况下，新纹状体前部大细胞核外侧部神经元上树突的棘突密度降低，新纹状体前部大细胞核外侧部核团的大小大大退化。这可能正是在性成熟后由于睾酮和其他甾体激素水平上升导致新纹状体前部大细胞核外侧部的指示性作用丧失，这一点仍然存在争论。

同时，高级声音中枢和弓状皮质栎核核团的其他方面也值得注意。例如，雄性动物的这些核团要比雌性动物大许多（雄性金丝雀要比雌性金丝雀至少大五倍）。但是，给雌性金丝雀注射睾酮后这些核团的大小将显著增加。最后，雄性动物的核团大小似乎与其鸣叫技能相关——核团越大，鸣叫得越好。

既然已经确证了参与发声和鸟鸣声音学习的特殊细胞团，那么就有可能找出发声和鸟鸣声音学习区域的环路，从而去解释在发育过程中环路的更改方式。研究者已经发现一些相关现象。例如，新纹状体前部大细胞核外侧部的轴突首先与弓状皮质栎核建立支配关系，而且仅在鸟类开始鸣叫时（例如，斑马雀），高级声音中枢的轴突会进入弓状皮质栎核区域，并建立突触联系。对这种现象的一种猜测是，从新纹状体前部大细胞核外侧部至弓状皮质栎核的早期连接形成了高级声音中枢与弓状皮质栎核之间的连接，但是尚不清楚这一现象是如何产生的。

研究者采用的另一种研究方向是记录那些参与发声和声音学习的各种核团中单个神经元的活动。例如，支配弓状皮质栎核的高级声音中枢中的神经元可以对这只鸟自身的鸣叫产生应答，不会对其他鸟的鸣叫作出应答。的确，如果倒序播放这些鸣叫，这些神经元将不会应答。一种鸣叫的特殊特征可以强有力地激活单个神经元，但是这些特征必须是出现在整个鸣叫的背景中。

猫头鹰的声音定位

鸟鸣的研究告诉我们许多有关发声和声音学习以及有关声音产生的知识。另一种模式生物系统——猫头鹰的声音定位，在其发育期间也具有高度可变性。这为我们进一步研究关键期的问题以及经验改变神经元和环路的方式提供了思路。

猫头鹰特别擅长声音的空间定位。它们通过两种方式进行：通过比较双耳的激活时间——两耳时间差异——估算进入每只耳朵的声音密度差异。然后它们会在大脑中构建一个听觉空间地图，这与视觉空间地图一致。这一系统使得猫头鹰将头部和眼睛朝向听觉刺激的方向。与我们不同的是，猫头鹰不容易移动眼睛，因此，精确的头部定位对于听觉和视觉空间的校准是非常重要的。听觉和视觉信息在顶盖聚集，而顶盖是一种中脑结构，在非哺乳动物种属中，它主要接受视网膜神经节细胞输入信号，我们曾在第二章对其进行过描述。研究者记录了猫头鹰顶盖神经元活动，发现一些神经元是双模态的；也就是说，它们可同时应答视觉和声音的刺激。而且，当视觉和声音的刺激来自于同一个地方时，神经元作出最强的应答。换句话说，在这些神经元中，视觉和声音接受区域是叠加的。

在早期实验中，斯坦福大学的 Eric Knudsen 和同事给猫头鹰带上耳塞，这样能够降低进入一只耳朵的声音强度。开始时，所有动物都出现了定位方面的错误。成年动物无法在这种佩戴耳塞的情况下进行调整，而那些小于 8 周龄的猫头鹰却可以做到这一点。年幼动物会缓慢地弥补佩戴耳塞带来的缺失。一旦视觉和听觉地图重合，猫头鹰能够根据听觉刺激来修正，移动头部，这样又能重新使声源可视化。有趣但并不意外的是，如果佩戴一只耳塞的猫头鹰被剥夺视力的话，则不会出现上述的代偿现象，这预示着视力在代偿过程中的指导性作用。

研究人员还做了与之相反的实验。如果棱镜可将年幼猫头鹰的视力向右或向左倾斜 10°—20°，这些鸟类开始根据声音来定位声源。当然由于佩戴棱镜，它们无法看到声源。通过记录这些猫头鹰顶盖中神经元的活动发现，其听觉和视觉接受区域不再重合。视觉接受区域不再与听觉接受区域一致。处于青春期的鸟类持续佩戴棱镜 6—8 周，其听觉接受区域逐渐与视觉接受区域重新保持一致。猫头鹰通过改变它应答声音时的头部旋转来弥补佩戴棱镜产生的影响。

而成年猫头鹰通常（参见第二章）无法进行这种代偿，这会一直持续到性成熟，或者大约200—250天龄。因此，这种代偿的关键期与鸣禽的声音学习类似，与性成熟紧密相关。

其他观察也拓展了我们对听觉和视觉地图的建立及其代偿的内在机制的理解。例如，如果年幼猫头鹰佩戴棱镜直至它们成年才去除，动物能重新代偿，它们在数周内就能完全恢复。这说明，最初导致顶盖神经元中听觉和视觉接受区域的正常重叠的大脑环路一直存在着，尽管这一环路未曾使用过，而且可能在那段时间内都保持沉默。成年动物中形成的新环路也许能够解释这种恢复，但是接下来我所描述的实验却可能预示着这种观点是不成立的。

在这些实验中，让年幼猫头鹰佩戴棱镜直至它们进行代偿作用，然后在动物的关键期内再去除。当然，动物和神经元又重新进行代偿作用，但是在猫头鹰成年后再次佩戴棱镜。普通成年猫头鹰无法对棱镜造成的视觉扭曲进行代偿作用，而往往通过一种特殊的方式实现。成年猫头鹰可以代偿它们在青春期时所佩戴的同一棱镜，而无法代偿其他棱镜——也就是说，不是最初所带的棱镜，而是从另一个方向或更大程度上改变视力的那些棱镜。

这些实验说明，幼鸟在最初的代偿期间建立的突触可维持至成年期，并被再次激活。也就是说，幼鸟时期的环路被修改，随后该环路在某段时间内并未使用，然而这一环路却能在其成年后重新激活。这一发现激起了人们的极大兴趣，这对于我们人类教育青少年具有深远的意义。也就是说，早年建立的环路虽然经年不用，却会比我们通常认为的更为持久。我个人的轶事也许与此相关。在我成长过程中，我曾经经常打高尔夫球，但后来有30年基本上放弃了这种运动。当我重拾这种运动时，我发现经过一些练习后能打得像30年前那样好。但是，想超越这一运动水平，却非常困难。

那么，棱镜经验之后的动物其听觉地图是如何与视觉地图校准的呢？听觉空间地图的水平组件是通过中脑核团中耳朵激活（两耳时间差异）的时间差异构建的，后者称为下丘外核（ICX），如图3-4A所示。

下丘外核接受来自另一个中脑核团下丘中心核（ICC）的输入信息，后者中的神经元可对两耳不同的时间差异产生应答，并采用地形方式投射到下丘外核，下丘外核投射到集合听觉和视觉信息的视觉顶盖。也就是说，动物正前方的声音，对于双耳激活不存在时间差，因此下丘外核的这一区域对接受视轴神经元输入的视觉顶盖进行投射。例如沿着顶盖偏离视轴20°运动，如图3-4A所示，投射到顶盖部分的下丘外核轴突存在着适当的两耳时间差异。

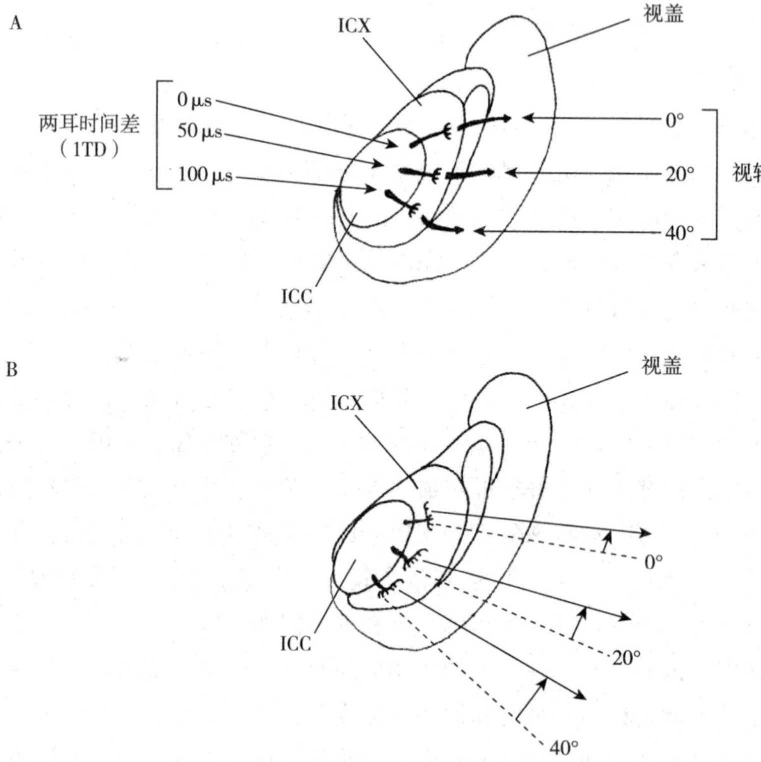

图 3-4　A：**猫头鹰脑内参与听觉和视觉空间地图校准的神经通路。来自下丘中心核（ICC）的听觉信息投射至下丘外核，在那里可依据到达两耳的时间差（ITDs）来构建听觉空间地图。猫头鹰正前方的声音可同时到达两耳，因此 ITD 为 0 μs。来自一侧或另一侧的声音由于其距离左耳和右耳的距离不同，产生不同的 ITD。从下丘外核发出后，信号被投射至视盖，听觉和视觉地图在视盖处合并。当 ITD 为 0 μs 时，被激活的下丘外核神经元会投射至视盖神经元，这些神经元可接受动物正前方的视觉刺激（0°视轴）。应答来自左边或右边声音的被激活的下丘外核神经元投射至接受来自右边或右边视野中的视觉信息的顶盖部分。B**：**棱镜代偿之后，猫头鹰幼仔发生的解剖学改变。如图所示，从下丘中心核投射至下丘外核的神经元的终末分枝明显扩大，而且这一解剖学变化能够解释听觉和视觉地图的重新校准。**

下丘中心核神经元至下丘外核区域投射的解剖学检查显示，在发育早期阶段，棱镜经历产生影响，即关键期开始之前，已经建立了正确的地形投射。如图 3-4B 所示，棱镜经历可诱导神经元扩展其分枝，与先前在下丘外核区域中无突触连接的区域建立突触连接。这种突触终末的精细修正似乎能够解释下丘外核空间地图偏移从而与视觉顶盖地图一致的现象。

成年动物去除棱镜后可以发生地图的调整；如果在年幼动物中诱导，动物成年后也会发生地图调整。上述两个观察说明，棱镜经验诱导的神经元改变是具有互相叠加性的，而不是互相抵消的；或许新旧突触都能持续存在，尽管其中一个也许会长期沉默。我们会在第四章中重新回到突触沉默这个问题上来。

印刻——认识父母

我即将描述的最后一个例子是印刻现象。这一现象与语言、鸟鸣或声音定位现象相去甚远，却与它们在发育期间具有许多相同的特征。在许多动物的一生中，特别是鸟类和哺乳动物，首先发生的事件是学习认识父母，这显然具有积极的影响。这一过程被称为亲情印刻，涉及婴儿对视觉、听觉、嗅觉甚至味觉线索的识别和学习。对这些线索的学习发生在出生后早期阶段的短暂且有限定的关键期内。

行为研究者 Konrad Lorenz 于 20 世纪 30 年代和 40 年代在这一领域开展了一些经典性的工作。他主要针对禽类进行研究。他的研究显示，如果他从孵蛋环节便开始独自饲养小鹅，小鹅会对他产生印刻，因此总是跟在他身旁，好像他就是它们的妈妈一样。

之后，由 Lorenz 和其他研究者所做的研究显示，印刻的关键期非常短暂，仅持续数小时。在一个实验中，鸭子仅与数个正在呱呱叫的雄鸭模型中的一个模型接触了 10 分钟。一次接触印刻的影响估计可维持 5—70 个小时，这帮助小鸭们在看到的雄鸭模型和同样嘎嘎叫的雌鸭模型之间进行选择。虽然将雌鸭模型放在比雄鸭模型距离小鸭子更近的地方（雌鸭模型与雄鸭模型分别为 1 英尺与 6 英尺），且雌鸭模型叫得更响，但是大部分小鸭子仍然跟着雄鸭模型而不是雌鸭模型。

其他实验已经扩展了对印刻现象的观察，而且研究者在其他类型的行为学习中也发现了类似的现象。例如，当鸭与其近亲物种和非近亲物种接触时，比方说鹅与人类，那么鸭会对鹅产生印刻。因此，行为研究与从鸟类鸣叫学习的研究得出的结论一致，这说明一定存在着一些先天神经环路在指导它学习，即使这种神经环路具有可塑性。

幼鸟对错误物种产生的印刻会带来长期影响。例如，一只已经对 Lorenz 产生印刻的鸽子会向他求爱，甚至当他把手放在某个位置时，这只鸽子试图与他的手交配。一些鸟类还会对无生命的物体产生印刻。例如，鸡会对在轨道上运动的玩具火车身上载着的小瓶子产生印刻。但是与其他的鸟类相似的是，相比其他物种，小鸡更偏好自身物种。

显然，接下来需要做的工作是寻找大脑各个部分中神经元生理和形态方面的改变。这方面已经有一些案例可供参考，对形成听觉印刻的珠鸡所进行的研究获得了最有趣的结果。这一物种的听觉印刻会导致前脑一个区域中的神经元，即中喙端新纹状体／上纹状体腹侧（MNH），强烈且特异性地应答印刻声音刺激。有趣的是，在鸟类的中喙端新纹状体／上纹状体腹侧（MNH）中，建立印刻关系的主要神经元的树突棘突数目仅为那些非印刻动物的一半。因为突触主要建立在树突棘上，观察表明，关键期中的经验会导致 MNH 神经元输入的选择性消除。输入的丢失可能与动物对其他听觉刺激产生印刻的能力降低相关。

总之，虽然我们对行为发展（包括关键期）中所发生事件的确切神经生物学证据知之甚少，但是我们目前拥有的证据是，一些系统表现出非常类似的发育特征，这说明其内在机制中存在着某种共同点。而且某些动物可以比较容易地处理这类系统，因此，了解其内在的神经生物学机制是可能的。

第二部分

成 人 的 脑

第四章

教会成年人学习新知识与技能

在前两章中我强调了这样一个观点，即幼小的发育中的脑要比成年脑的可塑性更强，显然这个观点是非常正确的。的确，对于猫头鹰的语言和鸟鸣发展以及声音定位能力而言，青春期或性成熟似乎是丧失关键发展能力的时间点。而且我们都有这样一个经验，即对于一名青春期以前的青少年而言，似乎更容易学会一些运动技能，比如骑自行车，甚至打高尔夫。而且在青少年时学会这些技能后，终生都难以忘记。

一旦我们成年后，脑中的连接就会固定。这种观点虽然很普遍，但是并不正确。最近，对哺乳动物皮层的研究发现，成人脑的可塑性要比我们在数十年前认为的大得多。本章开始部分会就这些发现进行详述，然后阐述皮层可塑性背后的神经生物学机制，特别是当我们学习以及记忆事情时脑中发生的事件。

哺乳动物皮层的可塑性

这种认为成年动物的脑可塑性很低的观点可追溯至 20 世纪。被尊为“现代神经科学之父”的伟大的西班牙神经解剖学家 Santiago Ramóny Cajal 在其 1913 年出版的《神经系统的退化和再生》一书末尾写道：“在成年人的神经中枢中，神经环路是固定的、终结的并且不可改变的。”但是，一些有关皮层区域的研究表明，成年人也会发生皮层结构和功能的巨大改变。其中一些与皮层损伤后产生的改变相关，其他更多的则是对正常经验的应答。显然，我们在一生中都能够学习和记忆新东西，而且如同我们将在后文阐述的，皮层参与学习和记忆。但是几十年来，人们认为这不过是一个特例，对于大部分成年哺乳动物的脑而言，都如 Cajal 猜想的那样是“不可改变的”。

最初，可能是心理学实验发现了这种观点并不正确。这些心理学实验显示，如果让人类佩戴棱镜，他们将看到上下颠倒的世界，那么受试者可在数天内适应这种变化，然后会对视觉刺激作出非常正常的反应。当去除棱镜后，受试者可再次进行代偿，通常表现得非常迅速（大约在一天即可完成），他们能够再次对这种视觉刺激产生正常的反应。

这个结果与下面实验的结果完全相反。研究者首先切断青蛙的视神经，然后将其眼睛旋转 180 度。结果发现冷血脊椎动物的视神经能够再生，轴突能够重新长出，并与其最初连接的神经元建立突触连接。而且在其视神经再生后，这些动物的眼睛经过旋转仍能作出精确的应答，就仿佛它们的视觉世界是颠倒的。在饲养动物的过程中发现，它们的运动偏差了 180 度：当一只苍蝇出现在其视野的右上象限时，它们对左下象限的运动作出反应，而且这种异常行为是持久的。这些青蛙永远都无法从这种变化中恢复。因此，冷血脊椎动物似乎的确要比哺乳动物的神经系统具有更强的可塑性，其神经系统具有与哺乳动物不同的其他特征，例如，能够再生出中枢神经系统轴突的能力。我们将在下章中谈到这一话题。

一些心理学实验让人类受试者佩戴棱镜，但这些实验并未告诉我们涉及的皮层机制，或者其代偿究竟是否发生在皮层上。皮层感觉输入的改变会导致结构的更改。旧金山加利福尼亚大学的 Michael Merzenich 和同事开展的研究第一次为这一观点提供了证据支持。他们以猴子为研究对象，研究其手指感觉输入是如何经过加工，然后在皮层上进行表征的。躯体感觉信息的表征来自于躯体表面的触觉、压觉、温度和疼痛，并首先在皮层中沿着皮质的一个区带加工，这一区带称为初级躯体感觉区，位于初级运动区的后面。

这一区域以一种有序一致的方式表征躯体表面，虽然该区域并不严格按比例分配。如图 4-1 所示，这是基于加拿大神经外科医生 Wilder Penfield 的研究而绘制的图，他在治疗癫痫患者的手术期间对其脑进行电刺激。当刺激初级躯体感觉区域后，患者报告来自身体某个部位的感觉。躯体感觉较为敏锐的部位拥有更多的神经末梢，反之它们就会占据更多的皮层区域。因此，面部和手比躯体其他部位占据了更多的皮层区域。初级运动区域的情况也是相同的，给予某个部位电刺激后也会导致躯体某个特殊部位的运动。初级运动皮层中较大的区域与那些我们能够较为精确运动的身体部位相关，例如手指、面部。毋庸置疑，这种大面积的皮层代表区与手和面部所具有的较躯体其他部分更好的灵敏度和感觉敏锐度相关。

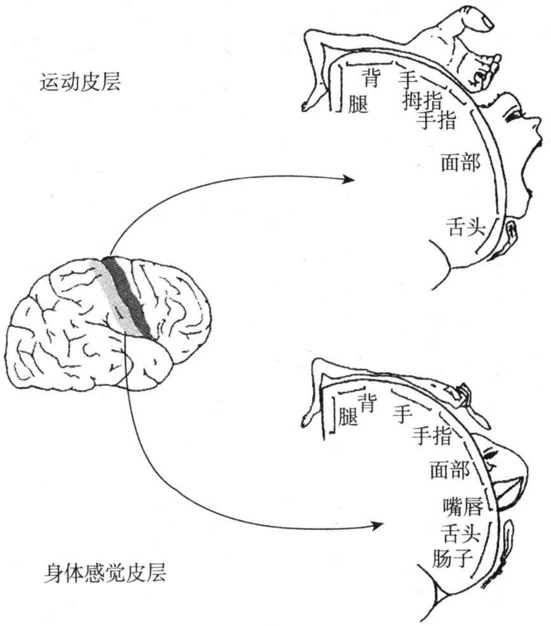

图 4-1　灵长类动物（人类）脑皮层的初级躯体感觉和运动区域。这两幅图显示了与每个区域相关的躯体部位。躯体代表并不成比例；感觉更为敏锐或者运动更为精细的躯体区域（例如手和面部）具有更多的皮层代表区域。

这些皮层代表区也称为地形图，手指与躯体感觉皮层之间建立地形图，因此每根手指都能为皮层的特殊区域提供感觉输入。这些区域如图 4-2A 中有序排列。

通过记录躯体感觉皮层中手/手指区域单个神经元以及确定给予某个神经元感觉输入的手指，Merzenich 和同事首次发现，猴子的手指在皮层上的代表区域差异很大。一些猴子的某个手指或某些手指要比其他手指具有更多的皮层代表区域。但更为有趣的是，他们发现，如果将某个手指的感觉神经切断（称为传入神经阻滞），或者将整个手指切除后，这个手指在皮层上的代表区域将会发生巨大的改变。起初，在记录位于接受截指或传入神经阻滞手指输入区域的神经元时，这些神经元处于静息状态，如图 4-2B 所示。刺激任何手指或手的任何一部分都不会激活大多数神经元。而位于这一区域边缘的某些神经元则例外，它们可能与邻近的手指共享一些神经支配，虽然这种输入通常也处于静息状态（我们稍后将会继续这个话题）。

但随着时间的延长，通过刺激邻近手指，或在某些情况下刺激手的其他部分，可能会激活皮层中发生传入神经阻滞的所有神经元。这需要花一些时间，可能是数周，甚至是数月，邻近手指会逐渐增加其代表区域，并填充静息区域。如图 4-2B 所示，图中邻近手指在皮层中的代表区域比之前增大。这些实验获得的结论似乎是可以肯定的。成年动物的皮层中可能会形成新的突触和神经元分枝。

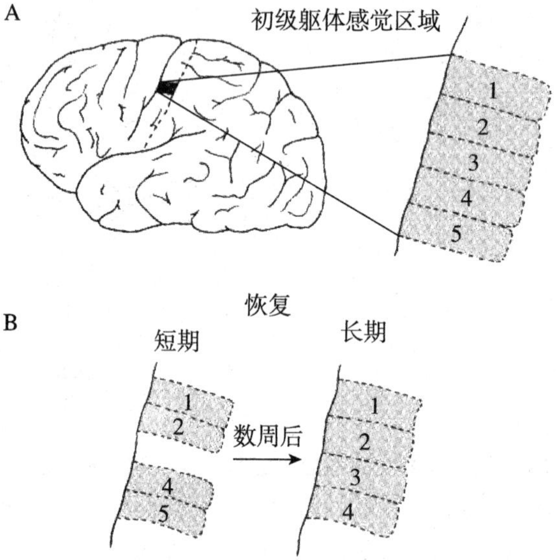

图 4-2　A：猴子皮层中初级躯体感觉区域的手指代表区。B：在切断某个手指的感觉神经后发生的皮层重构（3 号手指）。最初，传入神经阻滞的手指对应的皮层区域处于静息状态，但是随时间延长，这一区域又可接受来自相邻手指中神经元的输入。然后其余手指在皮层上的代表区域增大。

实验提出了这样一个问题，在躯体发生传入神经阻滞或丧失传入信息之后，成人皮层中发生的重构占多大比例？在一项涉及截指的实验中，静息皮层的填充非常有限——其代表区域的改变仅为皮层的 1—2 毫米。其他研究者基于不同目的开展了更为广泛的传入神经阻滞实验，将猴子的整个肢体与皮层之间的支配神经切断。逐渐地（直至传入神经阻滞 12 年后方进行记录）发现其整个躯体感觉皮层的手—手臂区域被填充，距离皮层 10—14 毫米。邻近躯体感觉皮层中的手—手臂区域受面部神经支配（如图 4-1 中所示），刺激面部，特别是下颌与下巴，能够激活传入神经阻滞区域的神经元。目前尚不清楚躯体感觉皮层的这种重组的精确完成时间。如前面所提到的，在传入神经阻滞超过 12 年的时间才进行记录。

加利福尼亚大学圣地亚哥分校的 Vilayamur Ramachandran 开展的实验表

明，截肢者皮层中存在着类似的重组。如果用一片棉花轻轻触及截肢者的面部，受试者报告被截去的手有被触摸的感觉。如图 4-3 所示，的确可在面部发现手的粗略代表区域。

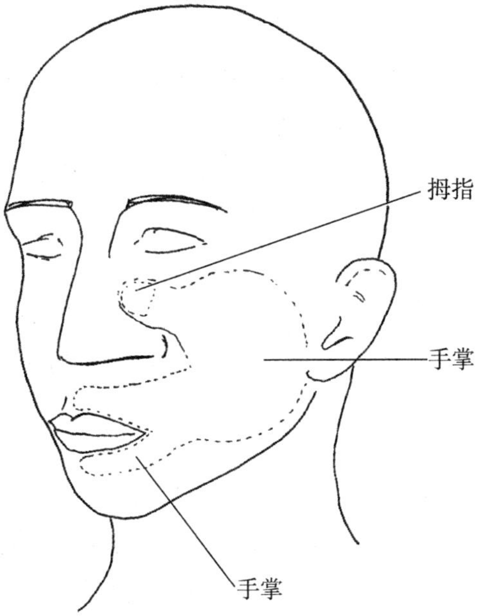

图 4-3　如果用一片棉花轻轻触及截肢者的面部，截肢者通常会报告感觉到触摸了被截去的手。这些人的面部取代了手的初步感觉代表区。

触摸面颊能够诱导拇指被触摸的感觉；触摸上唇能够诱导无名指被触摸的感觉；触摸小指能够诱导唇下区被触摸的感觉。或许面部区域可以扩展到皮层的肢体区域。在用光照射面部后，受试者会产生肢体感觉，这一现象激起了研究者的极大兴趣。目前已经提出这样一个观点，认为这可能与“幻痛”(phantom pain) 有关，截肢患者能够描绘被截肢体的感觉与疼痛。

学习新的技能

为了发现在给予手指强刺激之后皮层发生的改变，Merzenich 和同事还做了与之相反的实验。这些实验显示，如果训练猴子使用两个或三个手指头旋转盘子来获取食物，在 3 周至 7 个月中这些猴子旋转过数千个盘子之后，猴子指尖的躯体感觉皮层区域就扩大了。而且，其活动得到记录的每个皮层神经元接受到了来自某个手指较小区域的输入的区域输入的每个皮层神经元的活动，这表明这些指尖具有较高的触觉敏锐度。如果仅用一根手指旋转盘子，那么皮层扩展将会只局限于这根手指。

有关这些猴子的其他观察也值得注意。在给予猴子的两根或三根手指数周强烈且同步的刺激后，不仅所刺激的手指对应的皮层区域会扩大，同时这些区域还会在某种程度上发生融合。在那些扩大的区域中记录单个神经元时，通常会接受超过一根手指的输入信号，而这些情况在正常的动物中没有观察到。

另一个有趣的发现是：这些实验中的动物无法独立移动受影响的手指，这说明其运动系统通路也发生了一些变化。的确，在那些通过受训可用手指操纵小物件的猴子的初级运动皮层中，观察到一种相似的重组类型。训练后，对手指运动有所贡献的运动皮层的容量会增加，而那些有助于腕部或下臂运动的皮层区域却被压缩了。如果训练一只猴子完成一项需要下臂参与的任务的话，则会观察到相反的结果——手指的皮层区域会减少，相反下臂的皮层区域会增加。

那么，那些进行特殊运动的人是否也会发生类似的变化呢？最令人信服的证据来自脑磁图成像（MEG），主要对使用左手弹奏和右手拉弦的小提琴演奏者的皮层代表区进行研究。在弦乐器演奏者中，其左手手指的皮层代表区要比右手手指多。与预期结果一致，那些在12岁之前就学习演奏的受试者的左手手指代表区要比那些之后才开始学习演奏的受试者有着惊人的增加。但是，对于12岁之后学习演奏的受试者，其左手手指的皮层代表区较其右手手指有显著的增加。另外一项实验来自那些可熟练阅读布莱叶点字法的人类受试者，脑磁图成像记录发现，所记录到的其阅读手指的反应要比另一只手上的同一根手指显著增加。

那么，皮层其他部分的情况如何呢——它们是否与躯体感觉或运动皮层表现出类似的可塑性变化？从各种哺乳动物的初级视觉和听觉皮层的实验获得的结果看来，这一问题的答案是肯定的。如果一只猴子双眼视网膜的相应部分发生病变的话，那么接受来自视野区域输入的初级视觉皮层区域最初会处于静息状态。经过数周或数月后，静息区开始再次对视野邻近区的视觉刺激产生应答。逐渐地，光束可激活整个区域，投射至视网膜上。曾有报道指出天竺鼠的听觉皮层也存在有同样的结果。对内耳耳蜗制造病变使动物对某种声调的听力受损，皮层发生重组后，皮层中曾接受病变区域输入的部分可对耳蜗邻近区域的声调频率产生应答。

另一个非常重要的问题是，是否成年哺乳动物的整个脑都会表现出可塑性，还是仅在皮层中存在可塑性？让我们回顾一下猫和猴子在关键期被剥夺视觉后的情况，其皮层要比外侧膝状核（LGN）或视网膜所受影响大得多。成人的脑的可塑性情况也是一样。虽然成人皮层下结构会发生一些可塑性变化，但是可塑性变化似乎主要发生在皮层。例如，洛克菲勒大学的 Charles Gilbert 和 Torsten Wiesel 发现，在双眼视网膜病变两个月后，虽然受影响的皮层区域会对视网膜刺激再次产生应答，但是外侧膝状核的相应区域还是保持静息状态。

训练猴子完成涉及多个手指的触觉任务，并同时刺激其手指后观察到了类似的结果。逐渐地，一些皮层神经元可以对不止一根手指接受的刺激产生应答，这种现象在对照动物中未观察到。但是，来自那些接受来自手指输入并投射至躯体感觉皮层的丘脑神经元的记录显示，未发现多个手指的输入。这说明皮层整合了不同手指来源的感官信息。

那么这些皮层重组的内在机制是什么呢？文献记载并不详尽，但是如上所述，我们认为这可能反映了皮层内神经元突起生长以及新突触的形成。在第二章结尾描述的那些接触丰富环境的大鼠视皮层中的解剖学变化也许能提供一个模型。如前所述，可在大鼠幼仔和成年大鼠中诱导出大部分与此类似的皮层变化。为证实这一观点，Gilbert 实验室研究表明，在视网膜发生病变后，传入神经组织区域周围的皮层神经元发出的轴突可延伸出旁系的分枝，进入那些被剥夺的区域。另一方面，来自外侧膝状核的轴突则不能延伸进入被剥夺的区域，它们会继续只与那些最初建立神经支配关系的皮层区域保持支配关系。因此，皮层重组似乎主要反映皮质—皮质的可塑性，而不是皮层输入的可塑性。伴随皮质—皮质轴突的延伸，新轴突分枝终末所建立的突触连接也在增加。

新突触形成的机制：海马、记忆与学习

神经科学家对于发现学习和记忆的基础有着浓厚的兴趣。认为学习和记忆涉及突触改变的这一观点可追溯至 19 世纪，例如，通过增加或减少突触强度，或促进新神经元的突起生长和全新突触的形成，但是，直到最近才获得了足够的证据来支持这些观点。而且，由于神经科学家已经发现了参与记忆和学习的皮层部分中发生的神经生物学现象，现在已经越来越清楚，在个体发育期间和成人皮层中，整个脑都存在类似的现象。

在个体发育期间以及当我们学习和记忆新事物的过程中，存在共同的内在可塑性机制。由外周病变和广泛训练诱导产生的成人皮层重组可能发生着类似的机制。由于从记忆和学习机制的研究中才能最好地理解这些现象，我把这项

工作作为一个模型。

海马和巩固记忆

海马这一皮层区域位于皮层颞叶深处，至少半个世纪以来，人们认为它是记忆形成的一个关键结构。临近海马的皮层区域，特别是那些为海马提供输入的区域，也对长期记忆的形成非常关键。我们的脑内有两个海马区域，如图 4-4 所示，在两个脑半球下各有一个，因此，我们可能不会注意到一个海马区域的丧失或退化。但是，如果失去两个海马区域以及临近皮层组织的话，结果可能是灾难性的。我们对一些事情的记忆将仅会维持数分钟。

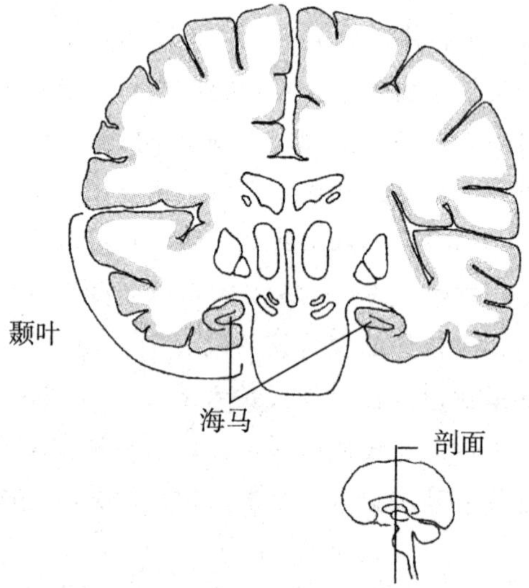

图 4-4　脑中部（插图所示）的纵切图，颞叶下海马区域的位置。

1953 年，一名严重癫痫的年轻患者身上发生了戏剧化的事情，由于人们认为这一疾病源于他脑中的海马区域，于是医生将他的海马区域和临近的皮层区域采用神经外科手术的方法加以切除。之后，他的癫痫被治愈了，但是他只能短暂地记忆事情。他保留了对那些手术前发生事件的记忆，对新经历的事件却很快忘却。换言之，他丧失了巩固记忆的能力。

心理学家们特别是加拿大心理学家 Brenda Milner，对这名患者（姓名首字母缩写为 HM）进行了长达 40 年之久的深入研究。实际上，在这段时间内，该患者记忆新发生的事实或事件的能力没有发生变化，不过他仅能将大多数事件记住 20—30 秒，这被称为短期记忆。如果他一直在集中精力想新发生的事实或事件，他能够在较长的时期内回忆这一事件（一种短期记忆的形式，被称为工作记忆）；但是如果他分心的话，他会很快忘记。他的短期记忆——即将事情记住几秒钟或数分钟的能力，似乎未受损害。他失去的是长期记忆的能力，即将事情记住超过数分钟的时间。

在对 HM 的研究过程中，Milner 发现他能够学习新的运动技能，这说明并不是我们学习的所有事情都依赖于海马这一区域。的确，学习新的运动技能似乎涉及另一种非皮层的脑区——小脑。但是，我们对于脑运动学习的内在机制说明，这与在海马中发生的情况类似。

海马中的长时程增强现象

海马与脑其他结构相似，拥有高度不同的细胞组织，它主要由三种细胞类型组成：颗粒细胞、CA3 锥细胞和 CA1 锥细胞。海马的输入信息可激活颗粒细胞，这将反过来激活 CA3 锥细胞，之后再会激活 CA1 锥细胞，这些细胞为海马提供主要的输出。因此，海马具有相对简单的细胞组织，如图 4-5A 所示。

20 世纪 70 年代早期，在伦敦进行研究的 Timothy Bliss 和 Terje Lømo 发现了一个惊人现象，自此学术界展开了对海马及海马细胞的大量研究。当记录一个海马的神经元时，如果给予那些向海马提供输入信息的轴突一个强激活刺激，这个神经元对后续的弱刺激的反应性会增加许多。图 4-5B 显示了这一现象。所测的反应为神经元峰电位的改变，这是由于一个弱刺激激活细胞上的突触而产生的。换句话说，这种强刺激或增强刺激使得细胞上的突触更加强大，其效能大大增加。这种现象称为长时程增强或 LTP。

如果在相对较短的时间内反复数次给予强输入刺激，突触的增强将会持续数天或数周。另一方面，单次强输入刺激可持续 1—3 小时。因此，研究者能够区分长时程增强的短时程和长时程，两者的内在机制存在差异。其差异在于，伴随着反复给予强刺激，可能会在长时间即数天至数周内改变神经元的反应性，而且，这可说明我们记忆事情的方式。也就是说，它提示我们神经元兴奋（一次经历）是如何造成神经系统中的长期改变（记忆）的。

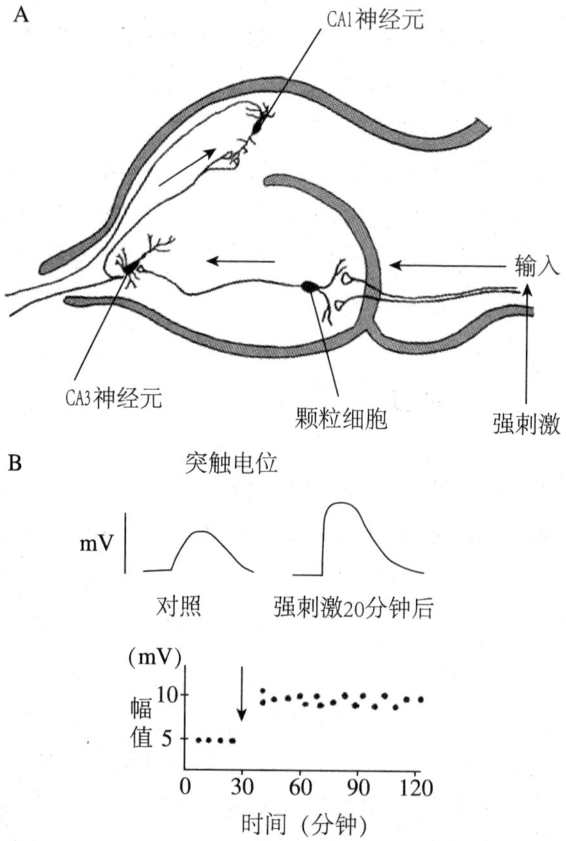

图 4-5 A：海马的主要突触通路。传入轴突激活颗粒细胞，后者与 CA3 神经元建立突触连接。CA3 神经元发出的轴突分枝与 CA1 神经元建立神经支配关系，后者负责海马中主要的传出任务。B：海马细胞的长时程增强。在给予海马传入轴突一个强刺激之后，记录海马神经元的突触电位，发现其电位幅度（电势）可在数小时内增高。

现在证实，不仅单次刺激可以诱导许多神经元产生长时程增强，同时还可能诱导长时程减弱（LTD）。在给予一些神经元强刺激输入后，神经元的突触效能会在短期或长期过程中降低。而且，在整个大脑的许多神经元中发现了长时程减弱，这会导致长时间内突触活动受到抑制。

长时程增强的内在突触机制

如图 4-5B，弱刺激不会自身诱导产生长时程增强，其必须与一个强刺激成对存在；而且弱刺激会表明长时程增强的存在。神经科学家认为其具有联合性，即刺激必须是成对的。长时程增强还在另一方面具有联合性——长时程增强的诱导需要突触前和突触后细胞的活性。也就是说，必须同时激活产生突触的细胞和接受突触输入的细胞。

现在我们已经清楚为什么必须激活突触前和突触后细胞，才能诱发长时程增强。这依赖于一种存在于突触后细胞突触上的受体分子。突触前轴突终末激活后，释放一种突触来源的化学物质（神经递质）。这种神经递质会扩散到胞外的狭小空间（突触间隙）中，然后与突触后膜上的受体蛋白发生相互作用。突触前终末被激活后，其跨膜电压降低。科学家认为这表明膜在发生去极化。在大多数突触中，突触后细胞产生的反应也是以电信号的形式进行的，但是突触后反应可能是膜电位增加（超极化）或降低（去极化）。突触后细胞的去极化与神经元兴奋相关；而超极化与神经元抑制相关，但是这并不参与长时程增强生成的机制。

海马突触释放的神经递质为一种氨基酸——谷氨酸。在长时程增强生成的突触处，突触后膜存在着两种类型的受体蛋白，它们可与谷氨酸发生相互作用（如图 4-6 所示）。

这两种受体蛋白被激活后会在膜中形成通道，允许阳离子通过进入细胞。由于胞内通常带有负电荷——它们在胞内有着富余的负电荷，这可产生静息电位或电势——阳离子的进入使得细胞去极化，即细胞膜的电势降低。

那些允许离子跨细胞膜流动的受体蛋白成为通道，这里的两种通道类型是N-甲基-D-天冬氨酸通道或非 N-甲基-D-天冬氨酸通道。N-甲基-D-天冬氨酸是一种可以特异激活 N-甲基-D-天冬氨酸通道的化学物质，它对于非 N-甲基-D-天冬氨酸通道没有作用，因此可用于区别两种通道类型。

非 N-甲基-D-天冬氨酸通道与大脑各种突触中发现的大多数兴奋性通道蛋白相似。当被谷氨酸激活后，它们立即开放，允许钠离子进入到细胞中，使细胞去极化。但是，N-甲基-D-天冬氨酸通道以一种更为复杂的方式工作，它对于长时程增强的生成非常关键。如果细胞位于正常的静息电位（细胞内为-70 mV），突触前终末释放的谷氨酸可与 N-甲基-D-天冬氨酸通道结合，但是其通道开放被阻断。只有当突触后细胞也发生一定程度的去极化时，它才开放。这种阻断是由静息膜电位下的 N-甲基-D-天冬氨酸通道入口处的镁离子造成的。

细胞去极化使得细胞内正电荷增多，推动带有正电荷的镁离子向通道口运动，方便其他离子能够进入。而且，N-甲基-D-天冬氨酸通道是不同的，虽然大多数通道能够允许带有单个电荷的一价离子跨膜流动，比如钠离子、钾离子或氯离子等，但是N-甲基-D-天冬氨酸通道也能够同时允许一价离子（钠离子和钾离子）以及二价离子即带有两个电荷的离子（钙离子）跨膜流动。正如我们后文将会阐述到的，钙离子进入细胞对于长时程增强的生成非常重要。

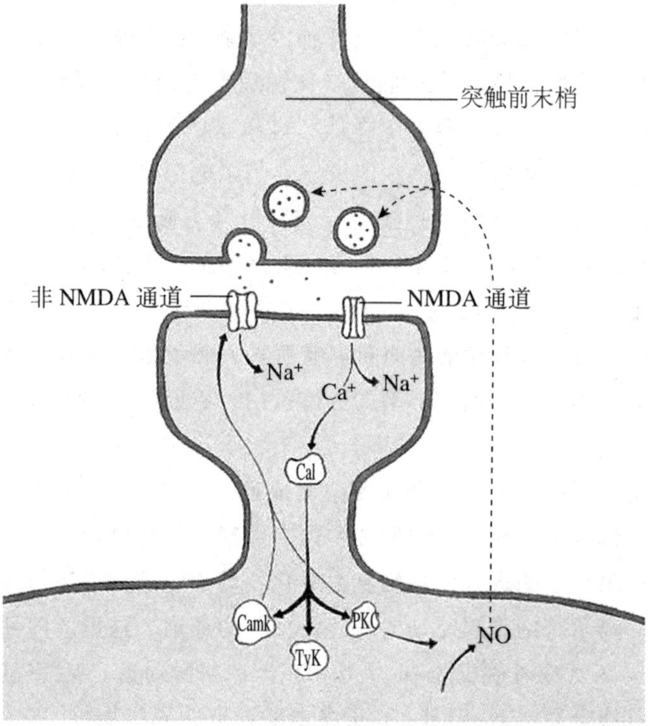

图 4-6　长时程增强的生成机制。当突触前终末去极化时，会从突触囊泡中释放出谷氨酸，与谷氨酸及突触后膜上的通道发生作用。非N-甲基-D-天冬氨酸（NMDA）通道能够让Na^+进入到突触后细胞中，从而产生细胞去极化，开放NMDA通道，允许Na^+和Ca^{2+}进入细胞。Ca^{2+}与钙调蛋白（Cal）结合，后者反过来激活数种激酶，比如CamK和PKC，这些激酶可以使非N-甲基-D-天冬氨酸通道磷酸化，从而增加使更多的Na^+进入细胞中。PKC可促进细胞内一氧化氮（NO）的产生，一氧化氮（NO）可扩散至细胞外，进入突触前终末，从而增加谷氨酸的释放量。因此，非N-甲基-D-天冬氨酸通道对谷氨酸的反应性增强以及突触前终末的谷氨酸释放增多会产生长时程增强。

但是首先让我们来考虑一下，突触后膜是如何发生去极化使得N-甲基-D-天冬氨酸通道的阻断解除的。这是由非N-甲基-D-天冬氨酸通道的激活产生的，后者可允许钠离子进入细胞使之去极化。我们现在知道为什么突触前和突触后细胞的活性对于长时程增强的产生都是必需的，以及为什么增强刺激在长时程增强的生成中是有效的。这种增强刺激能够很强地激活突触前细胞，导致谷氨酸的大量释放。谷氨酸通过激活非 N-甲基-D-天冬氨酸通道，使突触后神经元去极化，从而开放并激活 N-甲基-D-天冬氨酸通道，允许钙离子内流进入细胞。

那么，钙离子内流进入神经元中又是如何诱导长时程增强生成的呢？在神经元中，钙离子与一种钙调素结合蛋白即钙调蛋白结合。当被钙离子激活后，钙调蛋白能够激活许多激酶，这些激酶能够磷酸化蛋白，从而改变它们的性质。钙调蛋白能够激活神经元中至少三种不同的激酶，但是目前我们还不完全了解它们增加突触后反应的方式。有一种可能是激酶使非 N-甲基-D-天冬氨酸通道磷酸化，从而增加了其对谷氨酸的敏感性，或者采用另一种方式，在谷氨酸激活后，通过增加允许进入细胞的钠离子的数量来进行。非 N-甲基-D-天冬氨酸通道蛋白磷酸化可作用于各种突触。这就是一种突触后机制。

还有证据显示，长时程增强期间突触前终末释放的神经递质增加，这是一种起效的突触前机制。这又是如何发生的？根据证据作出的推测是：突触后神经元中的激酶激活导致信使分子的生成，它可从突触后细胞扩散到突触前终末，这样会增加突触递质的释放。一氧化氮（NO）气体作为这种信使分子具有很重要的意义，一氧化氮的产生所需要的酶和底物存在于许多神经元中。图 4-6 显示了建立长时程增强的机制。

长期长时程增强

之前提到长时程增强有短期和长期两种形式。单次增强刺激可能会产生持续 1—3 小时的长时程增强，但是 4 次或更多的此种刺激则会产生持续数天至数周的长时程增强。图 4-6 中所显示的机制可解释短期或早期长时程增强（E-LTP），但是长期或晚期长时程增强（L-LTP）可能涉及更多的精细修正通路和细胞及突触中更多的持久性变化。例如，长期长时程增强中发生了新蛋白的合成，而短期长时程增强则未发生新蛋白的合成。

图 4-7 也显示了长期长时程增强所涉及的机制，涉及钙离子激活的钙调蛋白。

科学家认为，如果激活足够的钙调蛋白的话，它会与一种名为腺苷酸环化酶（AC）的酶发生相互作用。这种酶可将一种名为腺苷酸三磷酸（ATP）的分子转化为一种较小的环状分子及环腺苷酸（环腺苷单磷酸，cAMP）。环腺苷单磷酸称为第二信使分子，这是由于它在细胞内很容易扩散，从而与蛋白发生相互作用。对于长期长时程增强的产生，环腺苷单磷酸可与一种特殊激酶蛋白（PKA）发生相互作用，这会导致一种名为 CREB 的转录因子发生磷酸化（环腺苷单磷酸应答元件结合蛋白）。

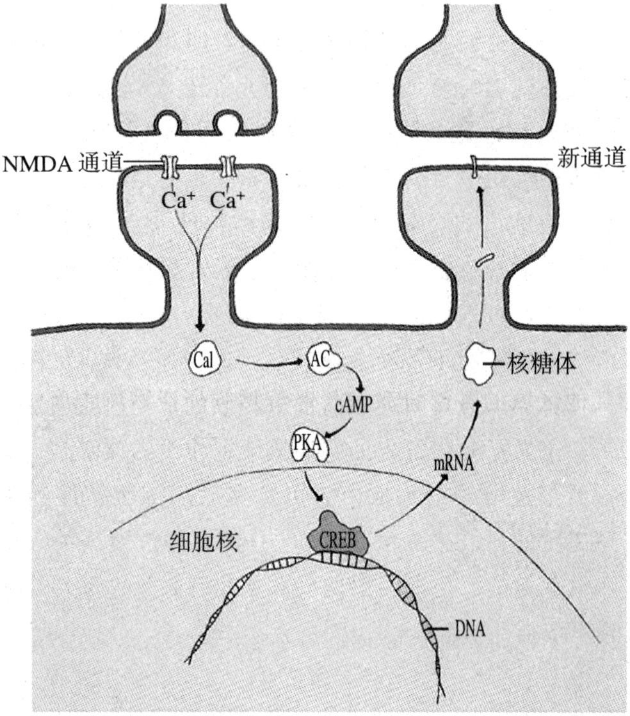

图 4-7　长期长时程增强的内在机制。Ca^{2+}通过 N-甲基-D-天冬氨酸通道进入细胞，激活钙调蛋白（Cal），钙调蛋白反过来激活腺苷酸环化酶（AC）。腺苷酸环化酶催化第二信使环腺苷单磷酸（cAMP）的产生，后者激活一种激酶 PKA。PKA 可使转录因子 CREB 磷酸化，从而与细胞核中的 DNA 发生相互作用，从而进行基因表达以及产生信使 RNA（mRNA）。mRNA 从细胞核中出来，然后与核糖体发生相互作用，从而产生新的蛋白。这些新生成的蛋白能够插入到细胞膜中，形成新的通道。

如第一章所述，转录因子可直接与核中的基因区域发生相互作用（启动子区域），这会启动或关闭基因表达。当启动一个基因后，也就是该基因表达后，编码蛋白的密码子会将基因的 DNA 转录为另一种略为不同的核酸——RNA。信使 RNA（mRNA）从细胞核中向外运动至胞浆中，在那里它被一种名为核糖体的结构翻译为蛋白。以这种方式合成了新的蛋白，这可能导致突触增强。例如，通过增添新的通道蛋白，形成全新的突触，或神经元发育出新的分枝。

皮层其他部位的长时程增强

我们已经在皮层中观察到广泛的长时程增强现象，包括在初级视觉、听觉和运动皮层中。通常海马要比皮层的其他地方更容易激发长时程增强现象，这可能是由于海马细胞结构相对简单，如图 4-5 所示。在许多脑结构中都已记录到长时程增强现象，而且在整个皮层中确认了 N-甲基-D-天冬氨酸受体的存在，因此科学家认为，激发海马长时程增强生成的机制可适用于其他部位。

特别是长期长时程增强（L-LTP）激起了科学家们非常大的兴趣，这是由于它提供了一个说服力很强的模型，能够说明年幼动物和成年动物大脑中产生新的神经元突起和突触的方式，以及经验改变大脑突触环路的方式。另一方面，我们对皮层和其他区域的各部分激发长时程增强所必需的天生的刺激知之甚少。在实验室中，通常对给神经元提供输入的轴突进行人工刺激后，在特殊的神经元中会产生长时程增强。另外，一些近期研究显示，某些听觉和视觉感受刺激能够诱导某些神经元产生类似长时程增强的现象。

我们在年幼大鼠和猫的视觉皮层中观察到与发育相关的长时程增强现象的生成特征。虽然在年幼动物视觉皮层中可产生长时程增强现象，但是其生成的难易程度具有年龄依赖性。随着动物成熟，其视觉皮层神经元中长时程增强现象的生成会愈加困难。长时程增强生成的减少与皮层中视觉优势柱巩固的关键期近乎平行。研究发现，黑暗环境中所饲养的动物的视觉优势关键期延长，同时其视觉皮层生成的长时程增强的时间也延长了。这两个发现更增强了认为这两种现象相关的观点的可信度。

研究发现，躯体感觉皮层中的神经元存在着类似的长时程增强生成关键期。因此，在早期发育中发生的突触修剪和修正可能是基于类似于长时程增强的机制，后者还是关键期和成年皮层中的突触重排和增加的基础。总之，虽然这些现象的内在机制都可能类似，但其范围和生成的难易程度可能会随年龄和脑区域的不同而发生变化。

神经调节和突触沉默

除了通过 N-甲基-D-天冬氨酸受体和长时程增强现象之外，还可通过其他机制修饰神经元及其突触。这通常指的是神经调节，而且认为其涉及神经元中持续数分钟至数小时的变化。神经调节不涉及蛋白合成，尽管它能够涉及蛋白合成。虽然一个神经元需要15—20分钟才能完全产生长时程增强现象，但是神经调节作用的影响通常会在15—20秒内启动。

许多参与各种形式长时程增强的同种因子也在神经调节的过程中发挥作用。例如，我们了解最清楚的神经调节系统就涉及第二信使——环腺苷酸和蛋白激酶A。图4-8简单显示了涉及这些底物的神经调节。

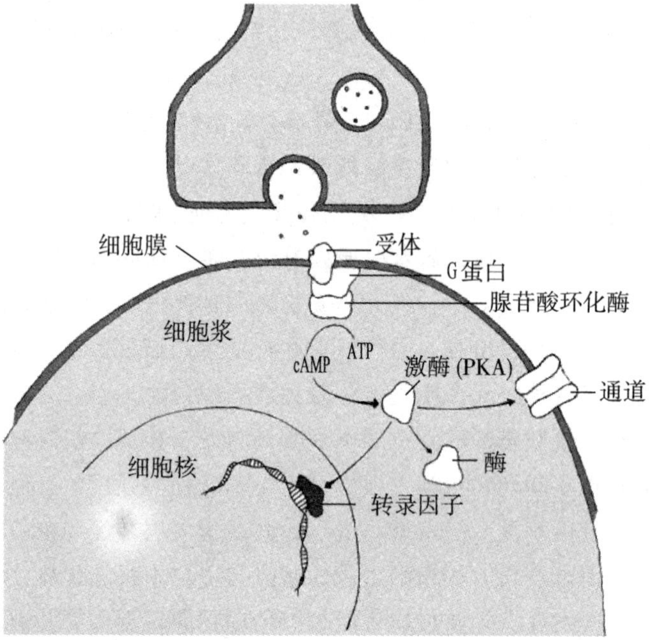

图4-8　神经调节对神经元的影响方式。从突触前终末释放的神经调质能够激活一种称为受体的膜蛋白。当受体被激活后，受体蛋白与第二种蛋白（G蛋白）发生作用，并使之激活，后者激活一种酶，此时为腺苷酸环化酶，这种酶可将ATP转化为环腺苷单磷酸(cAMP)。环腺苷单磷酸可激活环腺苷单磷酸依赖性激酶PKA，它可使细胞膜上的蛋白(通道蛋白)、胞浆中的蛋白（酶）或细胞核内的蛋白（转录因子）发生磷酸化，从而使之激活或失活，从而改变神经元的性质。

在那些存在神经调节的突触处存在着突触后膜的受体蛋白，它们可与突触前终末释放的底物发生相互作用（第一信使）。对于神经调节突触而言，释放的化学物质，即第一信使，通常都是单胺类物质，例如多巴胺和5-羟色胺或小分子多肽、神经肽。它们结合的膜受体并不会在细胞膜中形成通道，但是这些受体可与一系列G蛋白发生相互作用。G蛋白可激活酶，例如腺苷酸环化酶，后者能产生例如环腺苷酸的第二信使分子。大多数情况下，环腺苷酸可激活 PKA 激酶，后者会在细胞的各个层次发挥作用——在细胞膜处能改变膜蛋白（包括通道）的性质；在细胞浆中，可使酶激活或失活；在细胞核处，通过激活转录因子启动或关闭基因表达。

我们现在知道许多此类神经调节通路，其中涉及不同的第二信使的生成以及许多不同激酶的激活，等等。这些通路激活后产生的现象之一是突触活动的增强或减弱。通过这种方式的确可使突触沉默。也就是说，它们虽然存在，但是不发挥功能，或者功能很弱，近乎失效。有许多例子表明，脑中相对快速发生的神经可塑性与神经调节作用的相关性可能要比与神经系统中的长时程增强和结构改变的相关性更大。

我在前面提到，将一只猴子的一根手指截去后，接受那根手指输入的皮层区域边缘处的一些神经元会对邻近手指的刺激作出快速（数分钟内）应答。产生这种活动可能是由于被神经调节通路激活后，处于静息状态或强度较弱的突触开始起效或者其突触强度大大增加。另一方面，这也可能仅仅由于邻近手指中提供此种输入的神经元所接受的抑制性输入消失。虽然不清楚原因，但是显然存在着许多机制能够改变成年人脑中的突触强度和环路——从简单的突触兴奋和抑制、神经调节机制对突触强度的增强或减弱，再到通过长期长时程增强机制导致神经元长出新的分枝和形成新的突触。

这些机制可能有着差异很大的时程，比如普通的兴奋和抑制性突触作用持续数毫秒，神经调节作用持续数分钟，而大量神经元重塑和通过一些机制（例如长期长时程增强）形成新突触可持续数小时、数天或数周。这些不同的机制并不总是完全不同，而是表现出一种连续性，使皮层可塑性非常丰富，而且是许多精神现象的基础。

我想再举两个与感觉现象相关的皮层可塑性的例子作为本章的结束。第一个例子涉及视觉皮层中方位特异性神经元性质的修改。在第二章中，我描述过这类神经元接受区的特性，如图 2-3A 所示。通常，在视野的合适区域出现具有特殊方位的一束光或一线光时，即光线位于这类神经元的接受区内时，这类神经元会产生最好的应答。当任何方位的束光或线光投射至接受区外的视网膜时，并不会激活这类细胞。之后，这些神经元似乎会对视野中某一限定区域内某一方位的束光产生固定应答。

但是，如果方位略有不同的几束光照在记录细胞的接受区外，此时再检查该神经元的接受区方位时，则该神经元的方位选择性可能会发生改变，如图 4-9A 所示。

在接受区外的束光不会激活其作用的记录细胞；其作用是默默地改变所记

录细胞的性质。并不是所有的皮层神经元都存在这样一种效应，对于方位选择性的改变似乎很有限——大约为10度左右。但是，对皮层神经元而言，甚至其基础接受区的性质，例如方位选择性都存在着某种可塑性。

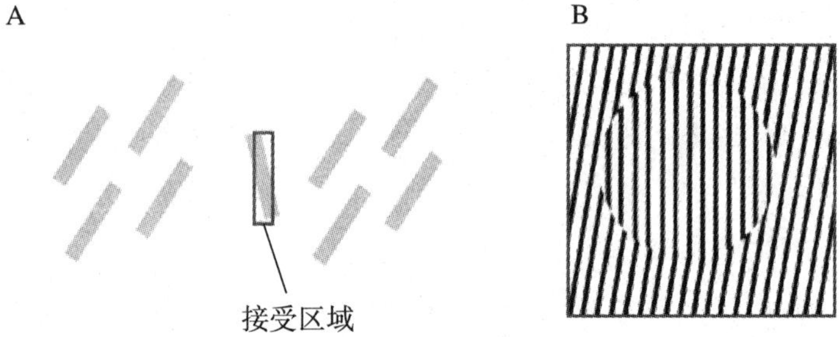

图4-9 A：当某一方位刺激位于接受区之外时，皮层神经元方位调节的改变可高达10度。当光束向右倾斜，出现在接受区之外时，该神经元的方位选择性（中空条带）会向左倾斜（阴影条带）。B：倾斜错觉。圈内区域中的线条似乎是向左倾斜，但实际上，它们是垂直的。

目前尚不清楚导致这类神经元具有可塑性的原理，但是我们似乎可以从那些在皮层水平方向延伸出数毫米的皮层神经元旁枝中找到答案。目前研究者虽然已经从解剖学角度对这些旁枝有所了解，但是对其功能的了解还很模糊。的确，可能它们产生的突触经常处于沉默状态，而且仅在某些特殊条件下，例如在上述实验中，方被激活。

那么究竟是哪些因素产生了这种效应呢？视觉生理学家提出，上述现象与“倾斜错觉”有关，其中对线条方位的感知取决于周围线条的方位，而不是取决于这些线条的实际方位。图4-9B说明了这个问题。图正中的线条是垂直的，但是由于周围的线条向右倾斜，所以中央的线条似乎向左倾斜。这种效应的更为普遍的作用可用来整合复杂场景中不同部分的信息，比如可能有助于解释视觉感知中背景的作用。

不仅只有那些位于细胞接受区外的外围刺激会影响细胞的反应性，主体的注意也会改变反应性。美国国家卫生研究所（National Institutes of Health）的Robert Wurtz和Michael Goldberg首次发现了这一现象。在记录猴子视觉通路上的神经元活动时，让它注意可以启动所记录的神经元活动的刺激后，其活动强度会增加。

图4-10说明了这一实验。训练一只猴子，让它盯住眼前的某个固定点。然后从视野中的其他区域给予视觉刺激，但是该刺激位于所记录神经元的接受区

域之内。视觉刺激会激活所记录的神经元。如果视觉刺激的强度适中的话，所记录到的反应也会如此（此时为细胞的输出活动电势，仅由四个事件组成）。

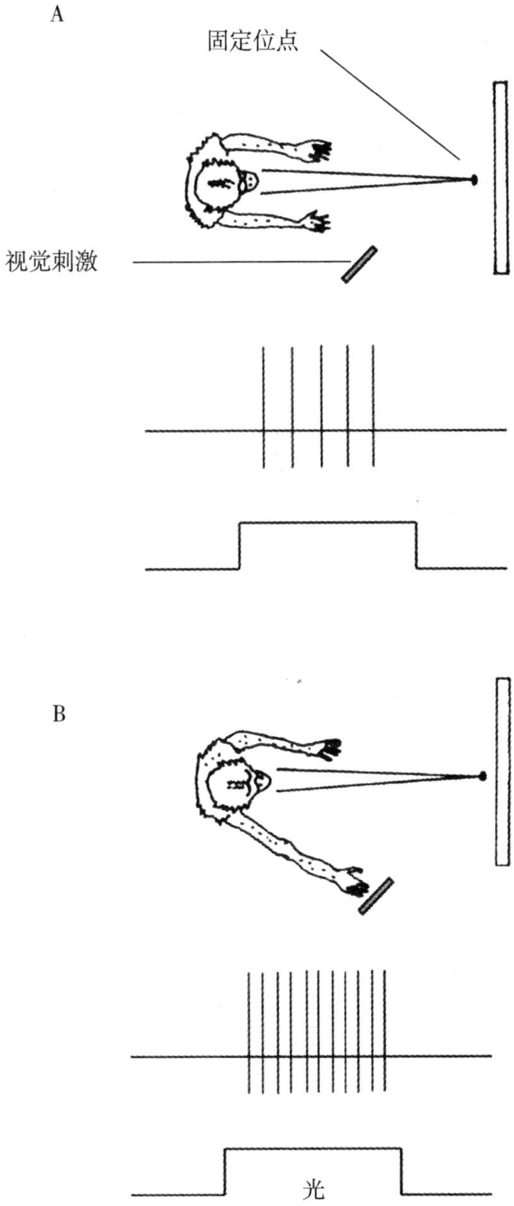

图 4-10　注意对皮层中神经元反应性的影响。**A**：所记录的神经元被视野外的视觉刺激激活。当一只猴子正在看视野正中的某个固定位点时，该神经元对于外周刺激的应答是极微弱的。**B**：当这只猴子注意并触摸外周刺激时，该神经元的反应性会大大增强，甚至这只猴子的视线并没有从这个固定位点移开。

如果训练猴子注意所给予的刺激，比如当刺激（例如，一种物质奖励）出现时，去寻找和触摸该刺激，同时仍然盯着固定位点，则所记录的神经元对刺激的活动性会增加许多。

我们并不知道这两个例子所阐述的可塑性的内在机制。但是，几乎可以肯定的是，它们都不涉及脑中的结构变化，因为它们快速发生，而且可迅速逆转。但是，它们表明皮层中神经环路的显著改变以及神经元反应性的改变方式，这可能是由于突触效力的增加或降低；也就是说，突触是否可以传递更强或更弱的信号，甚至是否传递信号。

第五章

争论：新的神经元、基因与行为

在第四章中，我阐述了改变皮层环路的多种途径——包括简单地改变突触强度、神经元延伸出新的分枝以及建立新的突触。不过，我们没有涉及当今争议最大的一个问题，即成年哺乳动物的脑中是否能够再生出新的神经元？正如我下面要谈到的，如果非哺乳动物的脑中可以产生新的神经元，那么哺乳动物的脑是否也存在这种情况？这个颇有争议的热点话题不仅对于我们认识成年哺乳动物的脑具有重要意义，同时还可能为我们研究老化的脑提供更多思路。而且它还对研究哺乳动物的脑中发生的可塑性程度具有重要意义。我在上一章中虽未谈到这一问题，但它确实非常重要。

本章的下半部分将会探讨另一个存在着众多争议的话题——基因与行为的关系。这个话题众说纷纭，许多书籍中都有所涉及，因其显著的社会意义及所牵涉的高风险而引来众多关注。如果基因将我们的行为固定下来，那么我们为什么还要通过教育或者社会活动来改变它呢？显然，仅用半个章节的内容，我只能简略地谈及这一话题。的确，目前还没有确切的相关神经生物学事实可供佐证。这部分的讨论只能说是指点方向，我们还不清楚其解决方案，如果确实能够通过令人满意的方式来解决的话。

产生新的神经元

神经元与机体中的其他细胞至少在两个重要方面存在差异。一方面，神经元绝对需要氧气。缺氧后，哺乳动物的神经元会在数分钟内死亡。其他种类的细胞则通常可以在没有氧的条件下存活一段时间，甚至自身还可通过类似无氧呼吸的过程在一段时间内发挥功能，即将细胞内的糖（葡萄糖）分解为更小的分子，从而产生其所需的能量以维持功能。在百米赛跑中，运动员的腿部肌肉会在前 30 米的赛程中将可用的氧气消耗殆尽。在接下来的比赛中，其腿部肌肉在没有氧气的状态下（无氧状态下）运动。比赛结束后，运动员的肌肉细胞会运用新获得的氧气将葡萄糖分解为更小的分子。在这一过程中，运动员通常会努力呼吸来补偿赛跑时肌肉中氧气的负平衡。在进行高强度体力活动之后，运动员们通常会感到肌肉酸痛，部分原因是补偿肌肉活动的无氧呼吸阶段所分解掉的葡萄糖，特别是乳酸。

另一方面，神经元不能在无氧的条件下生存，它们会在氧气耗尽后不久即丧失功能。在心脏病发作或中风时，全脑或部分脑的血流供应中断，神经元会在 4—5 分钟后开始死亡。其他的组织也许还能存活稍长的时间。这样，在逐渐恢复供氧之后，这些组织仍能存活，而脑则会死亡。因此，当今社会，尽管我们拥有成熟的生命救助系统，但是一些患者在心脏病发作时，即使他们身体的其他器官如心脏、肝脏和肾脏能够完全恢复，可能还是会发生永久性脑死亡或者永久性脑损伤。

脑对氧的需求非常敏锐，因此当脑中某个部位处于活动状态时，流入这一区域的血流会迅速增加。我们能够测量流至脑中的活动部位血流量增加情况，而这也是一些影像学技术的生理学基础，包括正电子发射 X 线断层摄影（PET）扫描和功能性核磁共振成像（fMRI）。因此，在受试者执行某项任务时，神经科学家们能够通过这些技术对那些异常活跃的区域进行观察。这些无创性影像技术为我们了解人类脑的功能提供了巨大的帮助。

神经细胞与其他种类细胞的另一个不同之处在于，一旦从神经前体细胞分化为某种特殊的神经细胞，它们就不再进行分裂。正如我在第一章中所指出的那样，起初脑会产生过多的神经元，因此人类在 1 岁时就拥有数量众多的神经元。而后在其一生中，神经元数目会减少。人们对这个问题存在着争议，即我们一生中在正常情况下将会有多少细胞死亡？我们将在下一章中探讨。

由于神经元在完成分化后就无法再进行分裂，而且解剖学家观察发现，脑各个部分受损后，便不会再有新的神经元产生，因此人们普遍认为成年哺乳动物的脑不会产生新的神经元。这与机体中的其他部位形成鲜明对比。其他部位受到损伤后，会迅速产生新的细胞，同时损伤也会修复。例如，皮肤上的伤口会迅速恢复，这是由于新的细胞生成，填补了受到损伤的那部分。通常几天后，我们就看不到伤口了。“哺乳动物一生中其脑会产生新的胶质细胞，但不会产生新的神经元”，这似乎已是定论。

当然，通常在脑损伤或中风后我们会观察到一些恢复迹象。人们认为这是由于那些因缺氧损伤却未死亡的细胞发生了复原，或者是由于存活的脑细胞接管了那些死亡细胞所司职责。例如，同我们在上一章中已经清楚地阐释和讨论的那样，脑损伤后，神经元会长出新的分枝，形成新的突触，这样至少能部分恢复功能。另一个支持成年人脑中不生成新的神经元的事实是成人不会患神经元脑瘤。成人发生的脑瘤主要是胶质细胞瘤或由其他非神经元细胞产生的肿瘤。而在儿童中，可观察到罕见的神经元细胞瘤，这主要源于一些神经元前体细胞群体在出生后的一段时间内仍继续增殖。

一个新观点

最近，认为哺乳动物的脑不能再生神经元的这一定论受到挑战。挑战并不是来源于对神经元一旦分化就再也不能分裂这一观点的争论，而是源于这样一个发现，即在成年哺乳动物的脑中的两个区域——海马和侧脑室室管膜下区（SVZ），仍保留着能够再生的神经元干细胞。这些新数据说服力强，撼动了以往的定论。那么这些新的神经元究竟发挥什么作用呢？它们扮演着怎样的角色呢？正如我下面要提到的那样，这些问题还有待解决。

脑中的这两个区域能够产生新的神经元，这一发现鼓舞研究人员考察脑中的其他区域（包括脑皮层）是否也具有类似的神经前体细胞。那种认为皮层中存在此类细胞的观点似乎很有道理，但这些发现存在非常大的争议。成年动物皮层中胶质细胞能够继续分裂，有一种观点认为分裂中的皮层细胞是胶质细胞的前体细胞。有些研究者认为胶质细胞和前体细胞都能够并确实会成为神经元，这一观点让我们对真实情况更为困惑。其他的研究者不同意这一观点，他们认为皮层中能够再生神经元。如此看来，事情非常模糊不清。大多数神经科学家认为我们无法弄清楚脑中大部分区域是否能够再生神经元这一问题。

也许，比哺乳动物的脑中是否存在着新的神经元更为重要的问题是：它们发挥着怎样的作用，它们具有怎样的意义？再者，这个故事似乎不完整，而且还有些奇怪。我们了解最多的是有关海马细胞的情况，Fred Gage 和他在加利福尼亚州拉齐拉市萨克生物研究所（Salk Institute）的同事对海马细胞作了深入而广泛的研究。我们对于侧脑室室管膜下区的细胞了解甚少，这些细胞为嗅球（目前我们仅知道叫嗅球）提供新的神经元。

海马区域能够再生神经元这一事件的奇特性源自一些观察。首先，海马中只有一个区域能够产生新的神经元，即颗粒细胞所在的输入区（参见图 4–5）。

虽然在猴子的脑中发现有些细胞可能会在海马中留存12周之久，在人类的脑中可能会长达两年，但是再生的细胞大多数生命短暂，很多细胞都会在产生后的数周内消失。但是，它们并不是永生的，而我们机体中的大多数神经元能够持续一生。

其次，新产生的神经元数量会随年龄增长而大量减少。例如，在大鼠中，21个月时（此时大约是它们生命周期的中点）其再生的神经元数量要比6个月时产生的数量少10%，这就意味这样一种有趣的可能性，即这种神经元的再生可能是发育的缓慢减速过程。

虽然我们认为再生的神经元能够整合到海马环路中，但是目前尚缺乏明确的证据。我们知道，大鼠的海马神经元对于压力刺激敏感，而且应激会减少再生神经元的数量。这似乎是由于神经元增殖的减少而造成的；或者也可能是由于应激激素——糖皮质激素水平升高而导致的。应用可的松（大鼠体内主要的应激激素）治疗非应激大鼠的确可减少海马中新细胞的增殖。另一方面，某些激素，包括雌性性激素，可增加海马中再生神经元的数量。

现在，虽然我们明确地知道海马中能够产生新的神经元，但是对其作用我们得出的结论还很少。最重要的问题仍未解决，即成年哺乳动物的脑能够再生神经元是属于例外还是常规？

神经发生和鸟鸣

鸟鸣研究为成年动物的脑的神经发生研究提供了重要思路。事实上，成年禽类动物的脑中鸟鸣区域的神经发生也许能作为成年哺乳动物的脑的一个模型。纽约洛克菲勒大学的 Fernando Nottebohm 和同事正在开展该领域的研究，下面我会阐述他们的一些发现。

显然，成年鸣禽的脑不仅能在前脑产生新的神经元，而且再生的神经元只能被添加到数个狭窄限定区域和前脑的某些环路中，这些区域和环路主要与鸣叫生成相关（参见图3-3）。例如，高级声音中枢核团中的再生神经元可向弓状皮质栎核的核团延伸出轴突，但是我们未发现新的高级声音中枢核团向区域X延伸轴突（参见第三章），这说明，这些神经元具有细胞特异性和环路特异性。目前的证据显示，再生的神经元会替代那些死亡的神经元，不过鸟鸣区域中仅有少数神经元细胞类型是可被更换的。事实上，在鸟鸣环路中所有的24种类型的神经元中仅有三种神经元可被更换。高级声音中枢核团有两种，区域X中有一种。

研究者认为，这些再生的神经元只是为了替代那些死亡的神经元。一旦高级声音中枢具有其成年期规模数量的神经元后（大约 8 个月时），高级声音中枢神经元的总体数量就不再会增加。如果成年动物的高级声音中枢神经元受到损伤，那么再生的神经元的数量将会剧增。但是，它只能产生那些投射到弓状皮质栎核的高级声音中枢的神经元，而不产生向区域 X 投射的神经元，因此它们仍然缺失。据估计，正常的成年鸟类每 6 个月就有半数向弓状皮质栎核投射的高级声音中枢神经元被更换。

与哺乳动物的海马神经元类似，鸟类前脑中多数再生的神经元会在生成后 2—3 周消失（估计是死亡）。新生成的神经元中仅有 1/3 可在 30—40 天后仍然存在。与发育中的脑相同，新生成的神经元也存在一种过度生成的现象，但是除非新生成的神经元能够发现可建立突触的靶标细胞，否则它们就会死亡。

新生成的高级声音中枢神经元的维持情况同样复杂，不过也很有趣。例如，如果鸣禽的鸣叫受到抑制，大多数新添加的神经元就会从高级声音中枢中消失。而且，许多鸟类为季候性鸣叫。在鸣叫增加期内，高级声音中枢的体积要变大许多。这是由于新生成的神经元存活数量增多而造成的。鸣叫的增加以及高级声音中枢神经元存活数量的增多都与血液中睾酮水平的增高相关，后者导致了生长因子 BDNF 的增高（参见第一章中讨论 BDNF 的部分）。

在阐述这些观察可能蕴含的事实之前，我想起了另一个观察发现。Nottebohm 和同事对那些生存长达 10 年的鸣禽进行研究，他们发现只有非常少的新神经元（科学家们可监测得到的神经元）能够存活 1 年。这说明，这些神经元与脑中的大多数神经元不同，它们可在动物的生命周期内存活，而且鸣禽的脑中被更换的神经元是非常多变的。因此，鸟类的脑中新神经元的生成并不是常规现象，而是一个例外现象。仅有一些类型的神经元可以被更换，而且确实需要定期更换。我们不清楚哺乳动物的脑是否也存在同样真实的情况，但是鸟类与哺乳动物的脑在这方面的相似之处说明，情况可能就是这样的。

另一方面，甚至某些神经元能够被更换的这一事实是非常有趣的，这提示我们，神经科学家们也许能够发现一些途径，在脑中或细胞或脑组织移植体中，用新生成的神经元替代那些老的神经元。我们能否诱导那些在脑中存在数量极少的神经干细胞大量增殖，从而使之产生各种类型的神经元，或者如果将神经干细胞移植到脑后，我们是否能够诱导它们分化为各种类型的神经元，并将它们整合到脑的环路中？我们不知道结果会是怎样的。

现在已经开展了一些脑细胞移植实验来干预帕金森病的治疗，不过仅有少数成功案例报道。在帕金森病中，大量缺失释放神经调质多巴胺的细胞（参见第四章）。移植到脑中的细胞似乎能够分泌多巴胺，从而以这种途径帮助改善病症。移植的细胞似乎可以发挥功能，至少能够维持一段时间，虽然通常会有副作用的问题。目前还没有证据显示，移植的细胞能够整合到脑环路中，或替代那些在帕金森病中丢失的多巴胺能神经元。我将会在下一章中进一步探讨帕金森病。

来自冷血动物的线索

虽然哺乳动物的脑中新神经元生成的线索不够明晰而且存在争议，但是对于冷血动物却不一样。例如，在许多鱼类中，其视网膜在动物的整个生命周期中都在生长。视网膜的外周是缘带，由可以持续分裂的神经干细胞组成。它们可生成五种类型的神经元，其中的主要类型为胶质细胞，参见图 5-1。

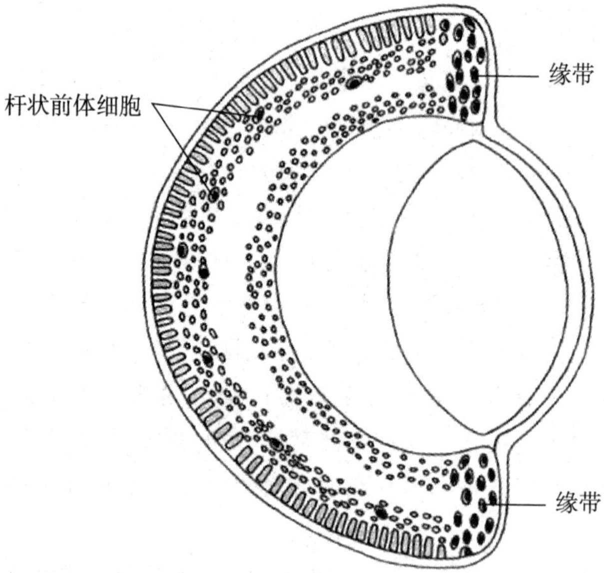

图 5-1　鱼类眼睛的简图。图中显示了在动物的生命周期内干细胞分裂和生成新的神经细胞和胶质细胞的缘带。同样有些干细胞，称为杆状前体细胞，存在于视网膜外膜内。这些细胞通常会产生新的杆状光受体细胞。但是如果视网膜受损，它们会产生各种视网膜类型的细胞，从而修复损伤。

鱼的眼睛边缘会呈同心圆样持续形成新的视网膜，与树干的生长方式差不多。其新形成的神经节细胞向中脑的顶盖投射（参见第一章），然后与之相配合，同时也会添加新的顶盖神经元。在成年金鱼中，视网膜每天会增添大约50个新的神经节细胞。

鱼类视网膜中大多数的干细胞都位于缘带内，其他干细胞散在视网膜的外部（参见图5-1）。它们被称作杆状前体细胞。它们通常会产生新的光受体细胞。随着眼睛的生长，在视网膜上增加杆状细胞的数量是很重要的，这样可维持杆状细胞的密度，从而将光敏感度维持在最佳水平。但是，当视网膜受损后，杆状前体细胞能够形成所有的视网膜神经元，并修复视网膜，甚至能够完全修复一些非常大的病变，而且这部分眼睛的视力能够恢复。

为什么冷血动物的神经系统能够再生，而哺乳动物的脑却做不到，或者只能在非常有限的范围内实现再生？这些问题我们并不清楚，显然这是一个仍需深入研究的领域。冷血动物脑的神经元置换和修复的可塑性比哺乳动物的脑更强，同时它们似乎更为固定，要比哺乳动物脑的可塑性低，这是一个奇怪的现象。让我们回忆一下那个反转棱镜的例子吧：人类能快速适应上下颠倒的世界，但是当把一只青蛙的世界上下颠倒时，它会仍然保留这种方式。那么一种类型的可塑性是否会与另一种类型的可塑性发生交换呢？目前我们尚未找到答案。

冷血脊椎动物的神经元与哺乳动物的神经元在其他方面也存在差异，特别是在轴突再生方面。虽然哺乳动物和非哺乳动物的外周神经系统的轴突被切断后可再生，但是哺乳动物的中枢神经系统却不会发生这种现象。因此，导致中枢神经系统轴突切断或丢失的脊柱损伤会造成身体和肢体永久性的瘫痪。这样不仅丧失运动功能，还会丧失知觉。这些人可能永远都无法走路了。如果脊柱损伤位于颈部以下，他们通常无法使用手臂，而且需要使用一台呼吸机辅助呼吸。演员 Christopher Reeve 的脊椎在一次车祸中受到重创，正是这种毁灭性损伤的例子。

轴突是否能够再生的决定因素不在于轴突本身，而在于包裹轴突并与轴突产生联系的胶质细胞。所有的轴突都被胶质细胞包裹着，这些胶质细胞形成一个围绕大多数轴突的脂质层（髓磷脂鞘），可使轴突绝缘。外周神经系统中使轴突绝缘的胶质细胞与那些中枢神经系统中的胶质细胞不同。蒙特利尔的 Albert Aguayo 和同事发现，如果将中枢神经系统中的轴突切断，并与外周神经系统的胶质细胞建立连接，至少有些轴突可再生。似乎有两件事情同时发生：外周神经系统的胶质细胞似乎能够释放促进轴突再生的物质，而中枢神经系统的胶质细胞释放抑制轴突再生的某个或某些因子。我们目前正在确认这些因子，并取得了一些成功，但是这个事情还未结束。

在冷血脊椎动物中，中枢神经系统轴突的确会再生，因此这也是研究的另一条途径——试图寻找冷血动物与哺乳动物种属在神经细胞和胶质细胞之间的差别。这些研究也许可以告诉我们为什么轴突在某些情况下可以再生，而在其他情况下无法再生。更为重要的是，它们可以告诉我们可以采用哪些方式来诱导恒温动物的脑中新神经元的生成。

哺乳动物的脑的可塑性怎样？

另一个话题是年幼或年老的哺乳动物的脑中可能发生重组的程度。我在上一章中指出，当两个海马区域及其相关区域同时破坏后，一个人就无法巩固记忆。这些人只能生活在当下，永远无法记住新发生的事实或事件。因为这种记忆的破坏是无法恢复的。

那些左脑发生大面积中风的成人通常会失语，而且其语言功能在长时间内不会有什么改善或者根本没有改善。但是，孩子可能会非常不同。有时，在非常偶然的情况下，当一名儿童患有罗斯默森氏脑炎时，则需要将其整个大脑皮层切除。这种疾病会造成一个大脑半球瘫痪，另一个大脑半球也受到严重破坏。手术切除患病的一个大脑半球后，可以使另一个大脑半球发挥功能。问题是，术后患儿的恢复情况如何？特别是切除了与语言中心在一起的左半球后。

答案是，他们恢复得很好。他们能够在数月中再次学会说话，而且右侧半球的运动功能也能恢复。虽然他们说话和运动功能不会完全恢复正常，但是康复情况非常显著。对这些儿童而言，他们的语言理解能力要比说话能力好，这也与我们的预期一致。手术时患儿的年龄越小，则其恢复得更快更好。若年龄超过 15 岁，大多数的功能则不能恢复。

在这些儿童中，一个脑半球负责两个脑半球的工作，不会发育出一个新的脑半球，fMRI 扫描显示剩下的那个脑半球的大小也不会有显著增加，不会充满脑壳。相反，切除的组织处会留下大量的空白空间，如图 5-2 所示。

我们仍不清楚在余下的脑半球中所发生的事情，但是可以想象得到在那里发生了大面积的神经环路重塑，神经元生成了新的分枝，形成了新的突触。这些问题还未展开深入研究。

那么是不是在所有情况下，儿童脑中的一个脑区能够替代另一个脑区的功能呢？答案似乎是否定的。例如，如果皮层中存在双侧病变，那么这两个半球中相当区域会受损或毁坏，这些皮层区域介导的功能就不能恢复了。这种情况有时发生在婴幼儿的手术中，如果脑中部分组织的氧水平急剧下降，这些儿童会永远无法发声、失明或者患上其他的严重神经生理缺陷。恢复似乎依赖于脑半球中仍然保留完整的区域。

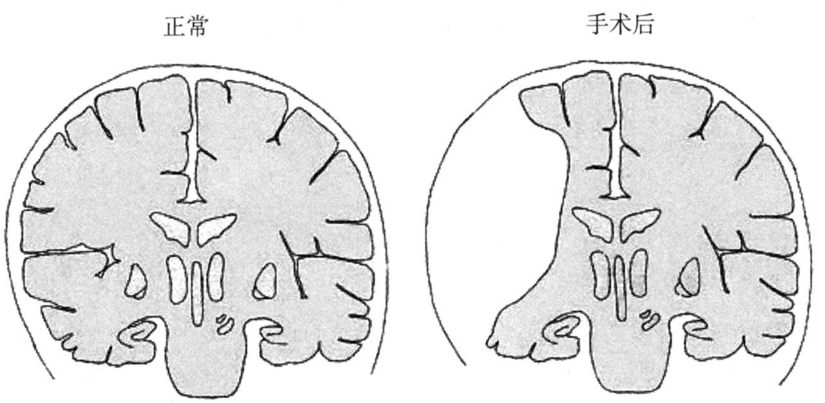

图 5–2　右边图是一个患有罗斯默森氏脑炎的小男孩在手术后的脑图片。虽然切除了大部分脑左半球，包括语言区域，但是这个年轻人仍能恢复受左半球控制的语言和其他功能至正常状态。

基因和行为

人们无法否认基因对于行为是非常关键的，但是基因对行为的影响方式和程度是一个很麻烦的问题。无须多言，基因与行为之间的关系非常复杂，因为其中涉及众多事项，包括我们抚养孩子的方式以及我们处理社会事务的方式，因此存在的争论也很多。我们每天都能阅读到有关新发现的基因可以解释某种行为的报道，如尿床、同性恋、解数学题等。我们还可以看到来自争辩双方的报道，他们所主张的观点与一本书的书名一致，即《行为不在于基因》。答案可能就在其中，当然要解决所有这些问题，我们还需要走很长的路。

在研究基因与行为之间的关系时，精神分裂症是被频繁引用的经典例子，这会导致思维和情绪障碍、幻觉与幻想以及社交戒除等非常严重的认知紊乱疾病。精神分裂症患者的判断力严重受损，而且会丧失与真实情况的所有联系。我们已经知道，精神分裂症的易感性中存在可遗传的因素，问题是这个可遗传因素的覆盖面有多大。对同卵双胞胎（即基因相同的双胞胎）进行的研究得出以下结论，如果双胞胎中一个患有精神分裂症，那么另一个患上该症的概率为 50% 。另一方面，异卵双胞胎患上精神分裂症的概率通常为 15% ，而整个人群中仅为1%—2%。

一方认为："看吧，基因对于行为紊乱具有多么重要的意义呀!"但是另一方会反驳道："不是还有50%不会患上精神分裂症吗？基因都是一样的，所以环境非常重要!"当然，两方说的都有道理，我们也不知道应该听取哪一方的意见。我们又能说什么呢？

亨廷顿氏病——一个更为清晰的例子

遗传性神经疾病，如亨廷顿氏病，清晰地表明，一种基因可导致人们患上影响行为的严重疾病。所幸这种疾病很罕见——发病率为万分之一。通常发病初期，年轻人和中年人会出现小的、不受控制的运动。这种症状会逐渐趋于严重，直至患者只能在床上生活。在长期患病过程中，患者还会出现精神能力下降，包括记忆丢失和人格改变，至发病15—20年后患者死亡。因此，这种疾病会影响运动控制和认知过程。

这种疾病为显性遗传，即只遗传该基因的一个副本就会受到影响。任何遗传了该基因缺陷的人会将此疾病延续下去。这意味着只要一个人患有这种疾病，那么其所有子女均有50%受影响的概率。而且如果一个双胞胎患有这种疾病，那么另一个肯定会患上这种疾病（虽然未报道这种案例，但是目前我认为是这样的）。

20世纪80年代，麻省总医院的James Gusella和同事确定了亨廷顿氏病发病基因的位置，它位于人类4号染色体上。他们用了10年的时间对这一基因进行分离、克隆以及测序，从中可以看出确认和分析发生突变的基因不是一项简单的工作。

这一基因编码大分子量蛋白，该蛋白被命名为亨廷顿蛋白。但目前其功能仍然未知。这一蛋白存在于大脑和其他组织的许多细胞中。但是为什么它单单影响某些神经元，而不是其他的神经元，以及它只影响某些神经突起而不是其他神经元的突起？这仍然是个谜。

现在已经了解这种缺陷基因和蛋白的性质。这一突变蛋白在分子的一端具有过多数量的某种氨基酸。这种氨基酸称作谷氨酸，它是由该基因DNA序列中的胞嘧啶-腺嘌呤-鸟嘌呤（CAG）所编码的。因此在缺陷基因中，存在着不断重复的CAG序列。在正常人体内，该基因的CAG重复片段有6—34个。但是，在亨廷顿氏病患者体内，该基因的CAG重复片段有37—250个。这就存在差异了。有的亨廷顿氏病患者只有36个重复片段单元，而有些老人虽然有 39 个重复片段单元，却仍然看起来很正常。可以肯定的是，基因中有超过 40 个重复片段单元的那些人一定会患有这种疾病。

观察者长期以来认为，该疾病的发病和进程中存在着较大的差异性，有些人推测这些差异是由其他基因或环境影响造成的。还有些人认为，这更多地涉及行为现象，而不是单个基因。单个基因突变产生的影响差异通常被称为基因外显。最近有数据显示，在亨廷顿氏病中，这种差异性主要与缺陷基因的结构有关。

在一些家族中，数代内该疾病的发病、病情的发展进程以及严重程度会在数代内增加，特别是在那些父系遗传得病的情况下，这一点似乎更为清晰。在观察这些家族数代缺陷基因的情况时发现，CAG 重复片段的数目随着代数增加而增加。那么可能这种疾病的严重度与 CAG 重复片段的数量相关，这一发现似乎可以解释该疾病中大多数差异性的缘由。如果基因中 CAG 重复片段数量越多，蛋白中谷氨酰胺的数量越多，那么该病的发病就越早，进程越快。但是我们还没找到这些家族中 CAG 重复片段数量越来越多的原因。

研究者已经发现一些神经退行性疾病与某些基因中 CAG 重复片段数量增多相关，但是导致这一问题的原因尚不清楚。可能是由于携带过多谷氨酰胺分子的蛋白在细胞内聚集——细胞在分解冗余和异常蛋白方面存在困难，而这些蛋白质对某些神经元而言是有毒性的。的确，有证据显示，蛋白中出现连续和过多的谷氨酰胺会使蛋白变得很“黏”，这样就会存在一种可能性——突变蛋白彼此粘连或与其他蛋白粘连，造成蛋白积聚。另一种可能是，突变蛋白分解后产生的片段具有毒性。因此，在某种细胞中会出现毒性蛋白逐渐积累，或者毒性产物可能会在蛋白分解过程中积累，两种情况都会逐渐导致神经元的死亡。

复杂和认知行为

我所了解的人类非疾病相关行为或认知特征都不与单个基因相关。现在普遍认为，复杂的行为特征是众多基因的产物。粗看之下，FOXP-2 基因是一个显著的例外，我们在第三章提到过这个基因，它会导致人类大家族的家族成员患有言语和语言障碍。在每个受影响的家族成员中都存在该基因缺陷。但是，到目前为止，在正常的家族成员中或在任何不相关的正常人中未发现该基因缺陷。患有此种紊乱的无关人士也已经发现存在同一基因缺陷。正如在第三章所提到的那样，该基因为显性遗传，可导致言语和语言缺陷，包括语法技巧缺陷。

虽然我们推测它对于言语和语言技能的神经环路发展非常重要，但是目前我们仍不清楚该基因的功能。例如布罗卡氏区，虽然尚未有证据显示，但有可能是该基因的一个作用位点。更为重要的是，虽然只有一个基因，但是它却可以编码一种转录因子，而转录因子可以启动和关闭许多基因的转录。因此，很可能不单单只有一个基因和蛋白参与其中，而是有许多基因和蛋白都发挥了作用。

基因、环境、发育和行为

到目前为止，我所举出的例子都强调了基因对于行为的重要性，但是这只是其中一个方面。那么，另一方面，环境和其他发育因素对行为的影响，我们了解多少呢？

我目前的研究主要以斑马鱼为对象。这是一种体型较小、生活在活水中的硬骨鱼，可非常方便地利用它进行基因学研究。斑马鱼是一种脊椎动物，也就是有脊柱的动物，与我们一样，它们也是唯一一种我们可以用来进行基因研究的脊椎动物。我们可以饲养斑马鱼，从而使之成为真实的克隆。换句话说，我们使用的斑马鱼的基因基本相同。

我的实验室主要对视觉系统感兴趣，特别是视网膜。我们制备了许多斑马鱼基因组的突变体，用特殊的化学试剂改变斑马鱼的基因物质，然后寻找视网膜结构、功能和发育中的变化。我们找到了能够经常影响视网膜的单个基因突变；许多此类突变都会改变动物的视觉行为，这与我们预想的一致。干扰视网膜中光敏感细胞的某些功能，如光感受体，或其他视网膜神经元，将会明显降低动物正常的视力，从而影响其视觉行为。例如，我们发现会让动物完全失明、部分失明、色盲或对运动不敏感的单个基因突变。在许多情况下，我们可以确认缺陷的基因特性，当然，这也没什么惊奇的。

但是，我们同时还发现了一些现象，这些现象与基因、环境以及其他可能会对高级规律行为产生影响的因素有关。下面我先阐述一名年轻同事不经意间完成的一项实验。他喜欢观察鱼缸中的斑马鱼，最初是 12 条年幼的成年鱼，它们是同一品系的杂交鱼。也就是说，它们都是兄弟姐妹，来自同一父母，同样的年龄，在同样的条件下生长。从基因水平上来说，它们都是类似的斑马鱼，而且它们都在尽可能一致的条件下生长——同一个鱼缸中，同样的温度下，等等。

他在一端放了一棵长长的植物，以更有趣地观赏鱼缸。不久，在他观察鱼儿的时候，他发现了只有 1 条鱼在空旷的水中游泳，其余的 11 条鱼儿都待在或靠近那株植物。在好奇心的驱使之下，他搅了搅鱼缸的水面，通常这是提示鱼儿食物来了。这些鱼儿就离开植物，然后到处寻找食物。这没有什么特别的，但是之后我的同事发现了一个有趣的现象，就是那条刚开始在别处游泳的鱼儿开始将其他鱼儿撵回那株植物旁边。那条鱼儿花了大约几分钟的时间，不过最后它成功了。很明显，这条鱼儿正在管理这个鱼缸。

我们将这种行为称为统治，这一现象通常可在鱼类和许多其他动物中观察到。有趣的是，这些鱼儿的基因基本都是一致的——虽然不是 100% 一致，却非常接近 100%。这可以排除遗传因素在其间发挥的作用。我们推测，可能这是一种环境影响，但是，显然又是说不通的。这些动物的饲养条件都是一样的。我们又考虑到它们之间存在着一些个头大小上的差异，但是在对那条统治鱼进行的追踪实验发现，这似乎并不是关键因素。答案仍然不清楚。这个例子告诉我们一点，无论遗传差异有多小，或者环境差异有多么微弱，都可能造成动物在行为上的巨大差异。

除基因或环境因素之外，还有其他可能发挥作用的因素。例如，偶然事件可能也起到重要的作用。也就是说，在脑发育过程中，很多事情都在发生细胞的特化和分化、细胞迁移、轴突探路、神经元修剪、突触重排，等等（第一章和第二章）。在基因一致而且环境相同条件下生长的这些动物中，这些过程本身可能存在着某些偶然事件的差异，从而产生巨大的行为差异。一个重要的问题是，要理清机体间的行为差异、基因差异或其他（发育性）差异，并将这些差异分配到特异行为特征上，这是很难做到的。

其中涉及的另一些因素称为“表观遗传”因素（“epigenetic” factors），它们可调节细胞内基因表达的方式以及合成蛋白的数量。我们知道，例如，基因表达受那些在 DNA 碱基上添加甲基基团的酶的调控，或者受 DNA 分子表达其携带的基因信息的方式的调控。在细胞核内，长长的 DNA 分子上紧紧缠绕着特殊的蛋白，所形成的高度致密结构称为染色质。染色质重构复合体上存在的酶可以将 DNA 部分从染色质上解离下来，从而进行转录，使得其他因子可以启动 DNA 携带的基因表达。我们对这些表观遗传因子了解甚少，但是显然其差异会显著改变基因的表达。换言之，不单单基因序列即从某一特殊基因序列产生的某种蛋白很重要，而且从某一基因产生的蛋白质产物的数量也很重要，这一数量受表观遗传因子的影响。

双胞胎研究

长久以来，学术界认为，发现人类基因和环境对行为的相关影响的金标准是对分开培养的同卵双胞胎进行研究。但是，这一领域往往引来争议，其中包括对这一领域的先驱——英国人 Cyril Burt 学术造假的指控。他从 20 世纪 20 年代至 60 年代期间研究分开培养的同卵双胞胎。不过有些针对 Burt 的指控似乎是真的。在过去的 20 年内，明尼苏达大学的 Thomas Bouchard 和同事重新探究了这一领域，他们的工作详尽细致，具有说服力。该研究的依据是对 100 多对分开抚养的同卵双胞胎或三胞胎的研究，这些双胞胎和三胞胎主要来自美国和英国，同时还研究了来自其他 6 个国家的双胞胎。

这些双胞胎被带到明尼阿波利斯市，并在一周内进行 50 小时的医学和心理学测试。有些案例中的双胞胎在这些年里保持着联系，而其他双胞胎则没有联系。有些案例中的双胞胎们被具有相似背景和价值观的家庭抚养，而其他的则不是这样。无论如何，这项研究的主要发现是分开培养的同卵双胞胎与那些在一起生活的同卵双胞胎情况相似。研究得出的结论是，不同环境下成长似乎不会影响其许多行为特征，因此，遗传因素在决定行为的许多方面都具有重要作用。

但是并不是说环境或其他因素在决定人类行为方面没有作用。对于同卵双胞胎，无论他们是在一起长大或分开长大，两人的特征测试结果中没有一项是完全一致的，其相关性的范围为 0.34—0.78（这些数字意味着有 11%—61% 的差异是基因造成的——这一相关性开方后即是差异度）。虽然很难进行精确描述，这一研究得出的结论是，50% 的人格差异是由基因导致的，其余的 50% 则是由环境或其他因素造成的。需要注意的是，有人认为人类人格特征具有 50% 的遗传性，但许多心理学家认为这高估了人格特征的可遗传性，因为基于动物（大鼠）研究表明，这种行为特征的可遗传性要低得多（<0.2）。

最令人惊奇的是，双胞胎研究似乎表明，家庭环境对行为特征并没有很大的影响。这里需要指出的两点是：第一，分开抚养的双胞胎环境差别并不大。在发达国家中，我们培养儿童的方式几乎都差不多，而且所有的双胞胎都来自发达国家。其次，在抚养环境存在缺陷且剥夺了儿童的许多权利的情况下，我们可能会看到行为方面存在较大的、永恒的差异。

罗马尼亚孤儿可作为一个案例。20 世纪 70 年代，由于罗马尼亚实行禁止计划生育和人工流产的苛刻政策，大约有 100 000 名计划外儿童在出生后被遗弃在孤儿院。他们接受的环境刺激很少，而且与照管的成年人之间的人际交流很少。在齐奥塞斯库政府倒台后，许多这样的孩子被营救出来，并被一些西方家庭收养。那些在较小的时候（小于 6 个月）被收养的儿童发展得相当好，而那些在稍晚时候（1—3 岁）被收养的儿童在进入他们青少年期后则表现出持久的人格缺陷。人们猜测，由于早年的经验剥夺，他们在情感或社交方面的人格缺陷恐怕永远无法恢复。

罗马尼亚孤儿的境遇让我们想起了 20 世纪 50 和 60 年代威斯康星大学 Harry Harlow 的实验。他以恒河猴幼猴为研究对象，他发现如果在早年剥夺社会交往以及与母亲的联系后，它们会表现出持久的副作用（另一方面，其他种属的猴子则较少受到社会交往或与母亲隔离的影响）。当幼猴与母亲和其他猴子分开后，它们会表现出抑郁和其他行为障碍，就算事后把这些剥夺社会交往的猴子与正常幼猴放在一起，产生的影响仍然会长期存在。不过在使之重新恢复社会交往后，它们似乎的确会恢复许多正常行为。在一些实验中，将幼猴饲养在靠近其他猴子的地方，包括幼猴和老猴，这样它们可以看到、听到甚至是闻到其他猴子。相反，那些被剥夺与其他动物接触的猴子们表现出严重的行为障碍。物理接触似乎对于养育年幼的灵长类和其他哺乳类动物都非常重要。Harlow 发现，例如，那些被剥夺了母性关怀的幼猴会和一个人造毛绒织物的“母亲”待在一起，而忽略另一个金属框架材质的“母亲”，即使金属框架的“母亲”可能是食物来源，它的奶瓶就系在这个金属框架材质的“母亲”旁边。

最近该领域的一项有趣研究发现，缺少被阿片类物质激活的受体蛋白的幼鼠，在与母亲分开后，其抑郁程度要比正常幼鼠轻。这说明，在母亲和婴儿之间的联系中，婴儿的大脑会释放内源性阿片类物质，可以激活其受体，从而使婴儿产生和母亲之间联系的欣快感。我们知道，阿片类物质能够减轻疼痛，并产生欣快感，因此那些被剥夺社会交往的动物大脑中由于缺乏这种阿片类受体的激活而感到痛苦，从而导致这些幼龄动物表现出抑郁的倾向。

大鼠的研究发现，在早年关键期中未接受触觉刺激的新生动物在应对各种挑战的条件时，会表现出应激激素皮质醇的水平升高，甚至在它成年后，情况也仍然是这样。在罗马尼亚孤儿中也发现皮质醇水平过高，他们会对一些压力事件易感，例如，在他们不认识的医生给他们做检查时。与本章前面所阐述的一样，应激激素水平的升高会导致海马神经元增殖活力降低，而且有证据显示，应激激素皮质醇的水平升高会导致动物大脑的损伤，包括神经元细胞死亡。在老年人中，皮质醇水平升高与进行某些记忆活动存在困难相关（第六章中我们会继续讨论这一点）。

在缺乏家庭环境方面，第二个观点是，儿童自身在他们成长中所经历的环境类型方面发挥着重要的作用。他们选择更为亲近的父亲或母亲、朋友以及他们最喜欢的活动和喜欢做的事情。孩子们表现出不同的气质，父母通常对这些气质作出预期的反应。人们不会过多拥抱一个显然不喜欢拥抱的孩子。我并不是说家庭环境不重要，而且其他人就这一点已经作了详细的阐述或者比我阐述得更为生动。的确，罗马尼亚孤儿的经历清楚地说明了这一点。只要家庭环境能给予儿童帮助和关爱，那么遗传因素就会在决定行为特征方面发挥重要的作用。

智商和基因

在本书谈论的所有话题中，恐怕智商和遗传是最具争议的话题。这一话题引发的争议比带给我们的思考要多。但是，在这样一本讨论先天具有和后天培养问题的书中是不能完全讨论清楚的。

第一个可能提出的问题是智商的概念是否正确。智商是否能够真实可靠地测量并以数字（通常称之为“g”）来表示？每个人都同意现在的智商测试中没有包括许多认知技能，那么智商分数究竟意味着什么？毫无疑问，智商的确能够预示一些东西，比如在学校的成功、工作表现，甚至是未来的经济和社会地位，但是并不完美，请注意是很不完美。而且“并不完美”是悬而未决的——智商究竟能怎样预示着这些事情，在决定某个人的“g”数字时还有太多的事情需要做。

一些心理学家，特别是哈佛大学的 Howard Gardner，提出了多元智力的概念，我发现这个观点很具有吸引力。当我与妻子进行智力比较时，我发现她在某些领域明显比我强很多，而且我相信我也有一些方面比她强很多（虽然我不敢告诉她）。Gardner 提出了智商的 7 个领域：语言、音乐、逻辑数学、空间、身体运动、个人魅力和人际交往。这种分类的最大好处是它具有一些神经生物学方面的意义。正如 Gardner 所提出的那样，每一种智力形式都受某种脑损伤的选择性影响。其他人提出了一些不同的分类，但是观点基本一致。我们在行为和认知的不同方面存在着差异，而且在评估智商时需要考虑到这些差异。

然而，当我们纠缠于智商分数时，问题便出来了：智商中有多少可以归结于遗传、环境或其他因素。无须多言，它们之间存在着复杂的关系，无法轻易分开。Bouchard 的双胞胎实验说明，基因差异导致的智商差异很大——60%—

70%。先前的研究提示，智商的遗传性数值较低——40%—50%，但是Bouchard从中年人获得的结果以及最近的研究结果提示，智商与遗传性之间的关联随年龄增加而增加。的确，有证据显示，儿童、青少年以及青年与中年人或长者相比，其智商与环境之间的关联性更多。例如，在所研究的各个社会形态下，儿童的智商分数与其父母所接受的教育相关。

我们还可以将低智商水平与低出生体重联系起来。妊娠期间酗酒、吸毒以及吸烟似乎会降低儿童智商水平。孕妇及儿童接触铅也会导致智商水平降低，与早年在剥夺环境中成长的影响一样。那些早年在剥夺环境中成长的儿童似乎从社会项目如“开端计划”（Head Start）中获益最多，而且其智商也会通过该项目得到显著的提高。但是，再次需要指出的是，这些数据有点模糊，而且存在争议。儿童上学后，一些项目，例如“开端计划”，渐渐失去作用。学校教育似乎本身就会影响智商，每接受1年的学校教育可能会使智商提高2—4个百分点。

这里的一个重要问题是大多数在剥夺环境中成长的儿童，其智商大都会在环境干预下有所提高。那些在有稳固支持以及关爱环境下成长的儿童，其智商似乎与环境因素的关系不大。但是，目前对于“关系不大”的程度，人们还存在着激烈的争论，而神经生物学无法解决这一争论。

最后，我想举一个与智商分数相关的最令人奇怪的现象。我认为我们需要对这一现象进行更为深入的研究。这就是，智商分数会逐渐增加——以每10年3%的速率递增，如图5-3所示。

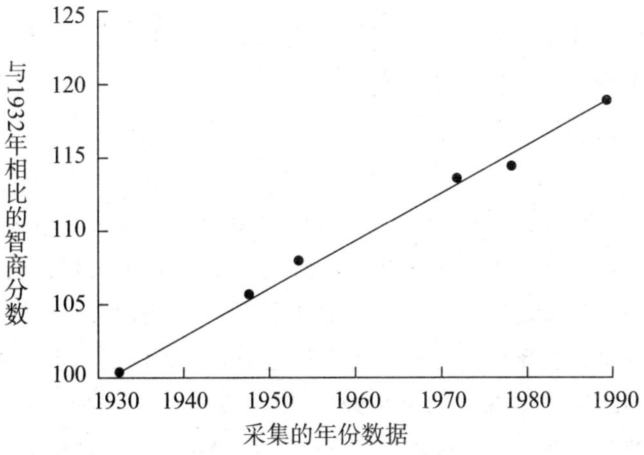

图5-3　Flynn效应：从20世纪30年代至今，各种智商测试的平均表现持续增加。原因尚不清楚。

这意味着什么呢？我们是变得更为聪明了吗？还是我们只是更擅长于应付这类测试——训练我们的孩子更好地应付这类测试？20 世纪 80 年代中期，新西兰的 James Flynn 对这种智商分数随时间增加而提高的现象进行了总结，也就是我们经常听到的 Flynn 效应。这种提高是有根据的：在 1932 年，人口中约 2.5% 的人们的智商分数超过 130，被归入“超高”组中。至 1997 年，如果让人们接受 1932 年的测试的话，约有 25% 的人会达到这一智商水平。那么人类的智商是不是提高了这么大呢？这种现象是可能的吗？

人们对这一问题持两种意见。有人认为我们变得更聪明了，因为我们的身体更高大了，这意味着我们的脑也更大了。在工业化国家，人的身高每 10 年就会平均增加 1 厘米。人们认为这是医疗和营养条件更好的结果。这意味着我们比我们的父母更聪明，而我们的子女比我们更聪明。有些人认同这一观点认同，但是有的人并不认同。

另一方面，有些人坚持认为这是一种环境效应，教育和培训儿童应付此类测试也是一个可能的致因。难道自 20 世纪 30 年代至今，教育真的发生了那么大的变化，足以产生这么大的差异吗？与推理能力相比，教育与内容的关联更为密切，而智商测验显示，推理能力提高得最多。

研究者提出了一个值得进一步研究的有趣的问题，即我们的子女所接触的环境与我们或我们的父母所经历的视觉环境之间的差异。显然，我们接触到的视觉环境要更为复杂，而且自 20 世纪 20 年代出现电影至今，视觉环境变得更为复杂了。电视是另一个提高我们视觉世界丰富程度的里程碑，20 世纪 80 年代又出现了电脑以及电脑游戏。当然，电脑带来的不单单是丰富的视觉环境，因此，在今后的几十年中，看一下智商分数是缓慢提高，还是更为快速地提高，将是一个有趣的事情。如果能够确定这类丰富环境对于脑结构和功能的影响，将具有重大的神经生物学意义。

最近在《自然》（*Nature*）杂志上发表了一个与此相关的有趣研究。该研究让 18—23 岁的受试者每天玩至少 1 个小时的电子游戏，每周玩 4 天，持续 6 个月，然后测试受试者的视觉注意力。测试发现，这些受试者要比其同龄中不玩此类游戏的人们表现得好。例如，玩电子游戏的人在判断用动画呈现的物体数量方面表现卓著。玩电子游戏组与不玩电子游戏组的受试者的表现差异非常显著。当让不玩电子游戏组的组员连续 10 天每天玩 1 小时的这种游戏之后，他们在完成此种任务中的表现有所改善。这些发现证实，训练某种认知任务会产生一定的影响。

第三部分

老 化 的 脑

第六章

脑的老化是一种疾病吗？

我们都看到了我们的父母及祖父母随着年龄增大而衰老的现象。通常，随着精神上的衰老，他们的生活质量也随之降低。我们阅读了大量有关如何让我们更健康、更长寿的前沿医学研究。现在的情况怎么样了呢？人们活的时间更长了吗？或者说，结果是什么呢？我们可能活到150岁甚至200岁吗？如果我们希望这样的话，我们应该怎么做才能达到这个目的呢？

这些就是我在这章中要讨论的话题。首先，我将描述一下随着衰老我们的脑会发生什么。这个话题就像本书中讨论的其他诸多话题一样，会引发许多争议，而且一些神经生物学方面的事实也存在争议。不管怎么说，肯定会有很多可以讨论的话题。

当我还在医学院读书的时候，没有人谈论65岁以上的人患阿尔茨海默病的情况。那时，65岁以前的老人丧失心智能力会被描述为老年痴呆，而且人们认为这是衰老的一种正常结果。现在，观念不同了。不管年龄多大，只要发生了阿尔茨海默病，它就被认定为一种实实在在的疾病。这种理解准确么？

人们衰老后可能患上许多其他与年龄相关的退行性疾病，如帕金森病、与年龄相关的黄斑性病变等。到底是什么引起了这些疾病呢？我们该如何与它们做斗争？可以采用哪些治疗策略呢？这里我将用遗传性视网膜变性模型来进行解释，人们把它称作色素性视网膜炎。典型的色素性视网膜炎常常在20多岁时发病，病程持续直至60多岁时完全失明。它也许是现在人们了解最深入的神经退行性疾病，而且其治疗方式也是最被看好的，至少在对动物的研究上是这样。

伴随衰老的神经变化

在第一章中已经指出，实际上，在孩子6个月大的时候，其发育的脑中已经产生了所有的神经元，此时脑仅为成人脑的 30%。脑在最初三年里迅速发育，但是直到 20 岁才能达到最大重量，如图 1-3B 所示。脑的增长主要是由于神经元的生长与分叉，及神经环路的形成，如图 1-4 所示。20 岁以后，脑的重量和体积逐渐减小，并且随着人们年龄增长而持续减小。

脑的重量会减少多少？这种减少意味着什么？所有人都承认，不管是人类还是其他灵长类动物，其脑都会随着年龄增长而萎缩。通常认为在人类 100 年的生命周期中，脑会萎缩 15%，但是一些研究人员则认为这个数据太高了。即使只是减少 15% 的一半又将意味着什么呢？

因为成人的脑中很少会再生新的神经元（如第五章所讨论），所以脑萎缩的一个可能性就是神经元丢失，这的确是事实。如果把脑随着年龄增长而导致的萎缩完全归结于神经元的丢失，那么脑每天丢失的神经元数量将高得惊人——大约每天丢失 200 000 或者每小时丢失 8 000 多个神经元。这个计算是基于 100 年的寿命中丢失大约 7% 的脑体积得出的，这个百分数是基于最初的神经元数目（1 岁时），约为 10^{11} 或 10 亿（保守估计）。

20 世纪 50 年代，美国纽约州立大学的 Harold Brody 检测了 20 个从出生到 95 岁时人的脑的情况，并报道了大量的细胞丢失，在皮层的一些区域丢失达到 40%。然而，随后的研究质疑了这些研究结果，一些研究人员强调了神经细胞丢失数量很少，甚至在皮层很多区域并没有神经细胞的丢失。而用于解释 Brody 结果的原因是，Brody 的样本中包括了阿尔茨海默病或其他痴呆症病例。众所周知，这种情况会引起大量的细胞丢失。

关于脑萎缩的发生有一个公认的观点：神经细胞的死亡并不是主要的影响因素，至少在皮层中不是主要因素。那么到底发生了什么呢？神经萎缩是可能的，并且有一些实质性的证据证明，伴随着年龄增长会发生神经萎缩。在幼小的脑中其神经元伸展出更多更长的树突（如图 1-4），而老年人的脑中的神经发生萎缩，并且分枝减少。神经元和神经分枝的萎缩，几乎必然会导致老化的脑中突触的减少。

另一个影响因素是脑中白质的丢失，主要是轴突集中的地方，而且这在人类和动物身上都有证据证明。的确，近期的研究报道，在老化的脑中白质丢失达到 30%。越来越多的证据证明，包裹轴突的髓鞘随着年龄的增长而降解。这可以解释随着年龄增长而发生的白质体积减小和一些认知功能的改变。例如，髓鞘可以增强轴突电信号的有效传递。如果传递变慢，则脑处理信息的能力也会变慢。而且，就如我下边将阐述的，老年人处理信息比较慢。

随着年龄的增长，机体的生化指标也发生了明显的变化。80 岁的脑蛋白质的总量与20岁的脑蛋白质的总量相比，减少了近30%；而且也有报道说，N-甲基-D-天冬氨酸受体在老年人的脑中也大约减少30%。这一发现也许能部分解释老年人最常见的抱怨——为什么会出现记忆的丧失（回想一下，我们在第四章中讨论过N-甲基-D-天冬氨酸受体在记忆和学习中的重要性）。

从现有数据我们可以得出什么样的结论呢？脑中有些区域如特定的皮层区域，随着年龄的增长，神经元丢失非常少，然而其他一些特定的区域，如某些皮层下区域、脑干和其他区域，的确会发生大量的细胞丢失，多达40%—80%。例如，对非常容易准确计数的视网膜光感受器进行的认真测量显示，从10来岁至80多岁，光感受器的锥体和杆状光感受器细胞丢失了30%。

所以说，很多脑区域肯定有大量的细胞丢失，而且所有区域都有可能存在细胞丢失。神经元丢失可能对特定类型的神经元具有选择性。Betz细胞是位于运动皮层中一种非常大的细胞，似乎也随着年龄增长而萎缩，而且在80岁的时候几乎就没有了。白质、N-甲基-D-天冬氨酸受体和蛋白质总量似乎都会丢失。正如以上提到的，我们需要注意的一点是，痴呆是老年人中普遍存在的一种疾病，特别是85岁以上的老人。上面结论所基于的研究可能会包含少数损伤的脑。另外，已经发现，存在大量神经元丢失的脑可能是由于其处于一种疾病状态而被排除在这些研究之外，例如，早期老年痴呆患者的脑。

老化所引起的认知功能改变

年龄超过50岁的人都抱怨，他们的记忆力不如年轻的时候。的确如此，就像在认知功能研究中所显示的那样，老年人在学习和记忆方面的确存在递减的趋势。延迟记忆（即需要回想刚刚学会的事情，例如，回忆一个名字）比即时记忆受影响更大（即回想刚发生的事情），随着年龄增长，学习新信息所需的时间更长，而且更难将精力集中在记忆上。为了考察55—85岁的人其与记忆功能丢失相关的特定脑区域是否发生萎缩，我们检测了不同的脑区域，在体积上（由脑成像技术测定）显著减小的唯一区域就是海马。我们稍后将再来谈论记忆丢失与海马变化。

老年人也存在其他一些认知功能缺陷。例如，信息处理速度减慢。所以，对老年人来说，应答复杂情况所需的时间更长。这个缺陷被认为主要与额叶变化有关，额叶与人脑中的推理、计划和记忆相关。处理一个问题，老年人比青年人需要更多付出更多的精力。另一方面，正常人在衰老过程中，词汇和语言技能看起来并没有怎么损坏或者说根本没有改变；同时，IQ和抽象思维也没有受到很大影响。

这些变化是从什么时候开始发生的呢？早在20多岁的时候，人体就开始显现出变化了。例如，心理学家就能够看出30岁和20岁左右的不同。在30岁的时候，信息处理稍微有点慢，潜意识里存在的时间也缩短，而且回想也会有点吃力。认知学家认为，大约在脑体积开始减小的时候，脑便开始老化，而且在随后的生命中，认知能力的下降和脑体积的减小是持续存在的。

我们能活多久？

众所周知，在过去的100年中，人们的平均寿命得到了极大的增加。在欧洲和美国，1890年人的平均寿命还不到47岁；而到了20世纪90年代，平均寿命高于75岁。在1968年到1978年的10年间，对年龄超过50岁的人来说，其平均寿命以每年一个月的速率增加。在日本，这些数字更加让人印象深刻，20世纪90年代中期，女性的平均寿命大约是83岁，日本男性就像全世界的男性一样，平均寿命偏低，为77岁。在20世纪90年代，发展中国家的平均寿命也有很大增加。

但是，绝对寿命的情况怎么样呢？也增加了吗？这有很大的不同。古代文字记载，人能够活到120岁，现在，我们偶尔听到有人活到这么老，这是很罕见的。据记载最长寿的人活到了122岁。2003年秋天，当代年龄最大的男性的寿命是114岁，他是日本人；年龄最大的女性也是日本人，活到116岁。事实上，如果我们从远古到现代来看人类寿命的变化趋势，会发现其实人的绝对寿命并没有显著增加，如图6-1所示。

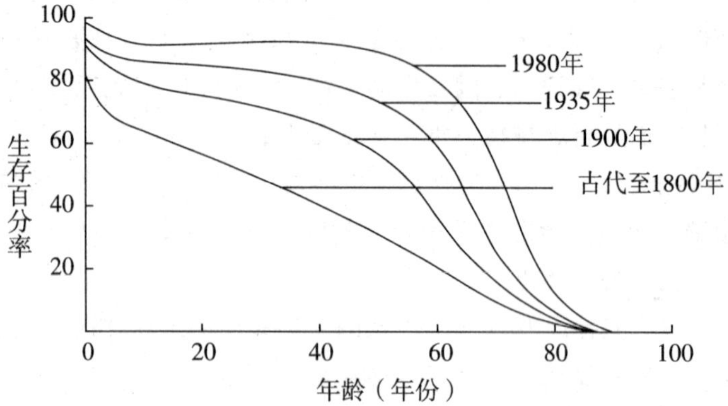

图6-1　从古代到1980年中人类寿命的变化。人类平均寿命显著改变，从200年前的35岁延长到现在的75岁以上。人类的绝对寿命从古至今并没有显著增加。仅有一小部分人能活到100多岁。

然而，由于医疗技术的进步、生活条件和公共卫生条件的改进，人类的平均寿命还是得到了显著增加，但是最大寿命却没有显著增加。60 岁以上的人群从 19 世纪早期的不足 20% 增加到现在的高于 80%，但是人们对寿命终点的期望值仍然在 100 岁左右。

尽管在西方国家，自 20 世纪 90 年代起，人类的平均寿命就已经呈实质性性增长，但人们希望平均寿命停留在 85 岁。换句话说，如果人类的绝对寿命具有生物限制的话，好像是我们已经接近于我们平均寿命的极限了。

我的观点是，这个极限是真实存在的，而且我设想，这可能与脑及其老化有关。尽管我们可以移植心脏、肺和肝脏，但我们不能移植脑，甚至不能移植脑细胞，至少现在不能。有些人认为，我们绝对无法移植整个脑。的确，就像某些人很明确指出的那样，如果可以实现全脑移植，很明显，供者可能比受者受益更大。这就是为什么研究者对成年人的脑中是否存留干细胞很感兴趣的原因（已在第五章中讨论）。的确，如果它们普遍存在，或者仅仅是相对存在于很少部位，可以用被诱导产生的各种各样的新神经元去代替那些即将死亡或已经死亡的神经元，那我们就可以设想去更新脑，延长寿命了。

将胚胎干细胞移植入脑内替代那些死亡的神经元，并维持脑环路，是另外一个颇受关注的问题。或者，这可能为我们寻找阻止或减慢神经元衰老过程的方法提供方向。目前研究者正在对所有的问题展开研究，但目前距离实现还非常遥远。

我们是不是还希望显著延长寿命？或许这是一个哲学问题，但也具有生物学的意义。进化取决于拥有有限生命的生物体，这样不同的基因组合能够在下一代中表达。人类是否还仅仅是生物学上的进化？我也不确定是否有人知道答案。

假设人类延长 50% 的寿命，活到 150—180 岁的话，那么人口压力肯定会大大增加，地球人口过于饱和也会是一个巨大的问题。我们会为了维持一个可居住的地球而去限制人口增长吗？当然，所有这一切的前提是，生命的质量将会在更长的时间内维持在一个充满活力的水平上，这样人们就可以在 130—150 岁时退休，而不是像现在发达国家中绝大多数人在 60—70 岁时退休。这对人类的创造力会造成怎样的影响呢？创造力很大程度上取决于年轻人。如果人们能活到 150 岁，会对经济造成怎样的影响呢？这些事情都还没有考虑清楚，也有待我们进一步思考。

阿尔茨海默病

对老年人来说，没有什么病比阿尔茨海默病更可怕的了。它让患者的尊严受损，最后会使人失去人之所以为人的独特性。在美国，多达400万的人患有该病，而且一项评估显示，到2040年，仅美国就有1 400万人会受该病影响。

该病患者在50多岁末或60多岁初时通常都会出现精力下降，开始时出现近期记忆缺陷，然后丧失所有高级智力功能。混淆和健忘是最普遍的症状，除此之外，有些病人在完成以前很容易完成的动作时遇到困难，甚至可能丧失语言功能。有些人发病较早，但主要是家族性的。在这些家族中，阿尔茨海默病是中年常染色体显性遗传病。更多人则在老年表现出阿尔茨海默病样症状，最后表现为精神完全崩溃。一项研究显示，15%的美国人在65岁时会出现阿尔茨海默病样症状；85岁的时候，多达50%的人都表现出该病症状。

你也许会说，Marians阿姨活到102岁，直到她去世的那一天她的身体都很健康。这没错，有些人能活到100岁，甚至更长，而且他们都没表现出阿尔茨海默病的症状。但不幸的是，对年过百岁的老年人来说，不患神经退行性疾病的情况的确是相当稀少的。阿尔茨海默病占神经退行性疾病的50%，那些在阿尔茨海默病患者脑中发现的变化，在“正常”的老年人脑中也发现了，只是很轻微而已。

阿尔茨海默病患者的脑的显著性特征是脑体积的剧减和大量神经元变性坏死。皮层的很大部分萎缩，PET扫描显示脑代谢显著降低。在前脑基底部发现了一个非常坚硬的核团，称为基底核。在皮层中释放乙酰胆碱的绝大多数突触都是由基底核神经元发出的轴突末梢产生的。阿尔茨海默病患者脑中丢失了60%—90%的乙酰胆碱合成酶。阿尔茨海默病的一种尝试治疗方法就是采用乙酰胆碱水解酶抑制剂，提高乙酰胆碱水平。到目前为止，治疗效果一般。基底核神经元被认为在整合皮层下和皮层信息处理中起一定作用，因此，在解释阿尔茨海默病患者发生认知功能障碍时，基底核神经元变性起重要作用。

为什么在阿尔茨海默病患者中神经元会退化，并最终死亡？神经学家开始着手解决这一问题。就如亨廷顿氏症一样，主要是脑内毒性蛋白的聚集会引起神经元的死亡。但是，和亨廷顿氏症不一样的是，在阿尔茨海默病中，毒性蛋白是在细胞外聚集的（在神经元外面）。发生聚集的蛋白主要是β-淀粉样蛋白，这是一个由40—42个氨基酸组成的一个相对小分子的蛋白。它在脑细胞外天然存在，在衰老过程中趋向聚集。阿尔茨海默病患者的脑的一个重要特征就是，有一个被称为斑块的细胞外突出结构，出现了高密度蛋白聚集，主要是β-淀粉样蛋白（如图6-2）。

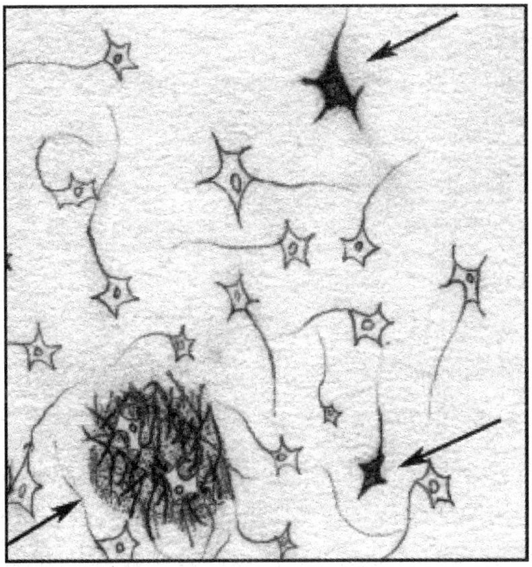

图6-2　阿尔茨海默病患者脑中可见组织改变。左下角箭头指的是大部分由错误折叠的β-淀粉样蛋白围绕神经元形成的斑块，这可能会影响神经元的功能。其他箭头所指的神经元里充满了大量的被称为tau的另一种蛋白。

由于β-淀粉样蛋白很黏稠，因此会形成聚集，尤其是当β-淀粉样蛋白存在错误折叠时。这种情况在长链蛋白中很少见，它们必须经正确折叠后方可发挥其特异性功能。在形成斑块时，β-淀粉样蛋白分子相互黏附，并和其他蛋白黏附形成一个可与神经元和神经胶质细胞结合的团块。在神经元上存在一些黏附性团块，它们很可能会影响神经元的结构和功能，同时免疫系统也参与其中。这些斑块引发炎症反应，进而使该区域的情况更为复杂，导致更多细胞死亡，脑损伤程度加深。

在阿尔茨海默病患者脑中，斑块和β-淀粉样蛋白并不是唯一发生聚集的物质，另一种称为tau蛋白的细胞内蛋白也发生聚集，在神经元内形成缠结。有证据显示，在神经纤维缠结中tau蛋白的聚集和神经元丢失一样，是在斑块形成之后发生的。事实上，这可能说明，神经纤维缠结是神经元死亡的一个特征。另一方面，也有可能是阿尔茨海默病的一种变异疾病——匹克病。它和阿尔茨海默病有相同的症状，细胞内tau蛋白聚集是其主要病理特征。因此，tau蛋白聚集在神经退变中可能起一定作用。

如何从遗传学上解释这些现象呢？至少有五种基因能够使人们容易患阿尔

茨海默病。现在，我们统计得出，至少有 50% 的阿尔茨海默病病例具有遗传倾向性（不包括由常染色体显性突变造成的早期发病）。那遗传倾向到底意味着什么呢？带有遗传倾向基因的人并不一定会患阿尔茨海默病，但其患病几率比不含这些特定基因突变体的人们要高。例如，自身带有变异基因的阿尔茨海默病患者的亲戚在 90 岁时患阿尔茨海默病的危险大约要高出 38%。然而，大约 50% 的人在这个年龄时都会显示出阿尔茨海默病样症状，剩下的 50% 则是健康的；在这 50% 的人中，如果在家族中有阿尔茨海默病患者，大约 40% 或者说 2/5 的人最终会患阿尔茨海默病。其他的 60%，即使带有遗传倾向性基因，也会一直保持健康状态。

该怎么描述阿尔茨海默病患者中遗传倾向性基因的特性呢？在没有得到它们特异性名字的细节和不能解释它们的确切功能时，所有的东西看起来都倾向于它们能增加脑中淀粉样蛋白水平。这些基因中的一个基因编码形成 β-淀粉样蛋白的淀粉样前体蛋白（APP）。该遗传倾向性基因可能有一个小的突变（称为多态性），这说明它编码的 β-淀粉样蛋白稍微有些改变。例如，它与正常蛋白相比，可能会出现折叠错误，或者可能对降解更有耐受力。所有这些假设，都可能会引起更多 β-淀粉样蛋白的聚集。

其他遗传倾向性基因参与了 APP 分解成为 β-淀粉样蛋白的过程，它们也可能导致更多的 β-淀粉样蛋白发生聚集。然而，其他的一些遗传倾向性基因可能参与了 β-淀粉样蛋白自身的降解。这些基因变化并不是很大，因此，它们的作用比较微小，所以，淀粉样蛋白聚集几十年后才达到可以引起阿尔茨海默病的水平。

人们反复提及的一个重要观点是，当所有人年龄增大时，都存在 β-淀粉样蛋白的聚集，尸检时很多正常老年人的脑中甚至会出现斑块。所以，关键在于淀粉样蛋白聚集的数量和速度。当然这些基因和另外一些基因也可能发生变异，使机体倾向于不患阿尔茨海默病。在某些人身上，如那位活到 102 岁却没有患任何认知功能缺陷的 Marians 阿姨，很可能存在一种编码效力略强的酶的基因。

现在，我们已经完全清楚了这样一个事实，即遗传了较早年龄发病的常染色体显性遗传疾病阿尔茨海默病的家族中涉及三个同样的基因。这些家庭成员的基因肯定会产生更为严重的基因变异，加速 β-淀粉样蛋白的聚集，并导致中年时发病。

帕金森病和其他与年龄相关的神经退行性疾病

帕金森病是老年人中普遍存在的另一种与年龄相关的神经退行性改变。事实上，帕金森病是第二种常见的神经退行性疾病，55 岁以上的美国人中有 100 万人受其影响；这也归咎于神经元变性。帕金森病是位于中脑特异核团中支配大部分基底神经节复合物的神经元发生了退变。基底神经节与运动的形成和执行有关。因此，帕金森患者表现出特殊的运动障碍。起初，帕金森病的明显标志是静息状态时四肢节律性震颤，但是随后会发展成四肢肌肉僵直。最终，帕金森病患者无法做动作。他们走路拖着腿，脸部表情呈面具样。帕金森病患者也会发展成痴呆。

帕金森病是因为死亡的神经元在脑中释放了神经调质多巴胺，而缺乏多巴胺可能是产生帕金森病症状的主要原因。因此，帕金森病的一种治疗策略就是给予病人提供一种多巴胺前体分子——左旋多巴。在脑中，该分子能很容易地转化为多巴胺。

在脑中，左旋多巴由酪氨酸天然生成，经过酶促反应转化为多巴胺，如图 6-3。

$$\text{酪氨酸} \xrightarrow[(+OH)]{1} \text{左旋多巴} \xrightarrow[(-COO^{-})]{2} \text{多巴胺}$$

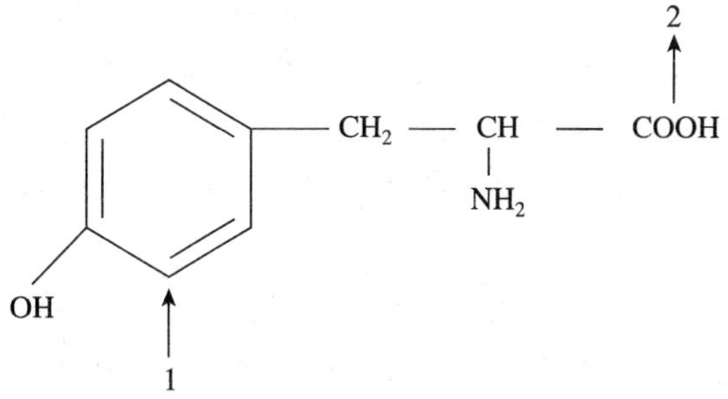

图 6-3　酪氨酸向多巴胺的转变仅需要两步，但需要一个中间分子——左旋多巴。酶促反应的第一步需要在箭头 1 的位置给酪氨酸加上一个羟基分子（+OH）。第二步反应是羧基从箭头 2 所指的位置降解掉。当给予帕金森病人这两种分子时，左旋多巴能很容易进入脑，而多巴胺却不能进入脑，因此，可以用左旋多巴来治疗帕金森病人。

左旋多巴并不能治疗帕金森病，但在很多病人的实质性阶段，它的确能大大缓解症状。它并不是对所有的帕金森病人都有效，一些病人在服用之后还会产生副作用。另一种更具风险和实验性的治疗方法是，在脑中植入多巴胺分泌细胞，在第五章我已经作了简单的描述，在那一章，我指出，这种方法到目前为止成功率较低。

产生帕金森病症状会发生多大程度的神经退变呢？目前这个问题已经得到了很有信服力的证据。研究结果显示，多巴胺能神经元自身必须丢失50%，基底神经节中多巴胺含量必须减少75%—80%，才能出现经典的帕金森病症状。因此，必须有大量的神经退变才能使帕金森病症状表现明显。

尽管有人揭示，像阿尔茨海默病和亨廷顿氏病一样，帕金森病也可能是由毒性蛋白的聚集引起的，但其病因尚不完全清楚。在帕金森病早期，多巴胺能神经元中发现了一种胞浆包涵体，称为路易斯小体。一种称为α-突触核（α-synuclein）的蛋白是路易斯小体中的主要成分。尽管α-突触核可能在突触功能、突触可塑性中起一定作用，而且它可能参与多巴胺能突触处多巴胺的释放，但其功能现在尚不清楚。就像β-淀粉样蛋白一样，α-突触核也是黏稠的，也和α-突触核及其他蛋白相互结合。

与阿尔茨海默病一样，已有证据显示，帕金森病中也有一些基因可能具有遗传倾向，包括编码α-突触核的基因。α-突触核的两种突变体与帕金森病的稀有类型有关，这些突变基因就像正常的α-突触核基因一样，通过转基因技术已经能够在果蝇、黄果蝇中表达。有趣的是，所有这三种基因都能在果蝇中表达，引起类似帕金森病的症状，同时在果蝇中引起多巴胺能神经元中出现路易斯小体，并引起迟发性运动功能障碍。然而，这三种表达的蛋白所产生的效应差别很少，这说明正常的α-突触核和突变型蛋白都具有类似的毒性。这和帕金森病人中绝大多数路易斯小体是由正常的α-突触核分子组成的研究结论相一致。

一些关键问题仍然没有解决，α-突触核为什么会聚集？它为什么特异性地在多巴胺能神经元中聚集？它是如何杀死多巴胺能神经元的？帕金森病的诱因是什么呢？在帕金森的一些病例中，有一些很明确的遗传倾向性基因，但对绝大多数帕金森病人并不能通过这种方式加以解释。

环境与神经退行性疾病

到目前为止，讨论的重点已集中在遗传倾向性基因在引起年龄相关神经退行性疾病中的作用。这些疾病中很多情况并不能与遗传因素连在一起，所以，人们相信环境因素肯定是一个倾向性因素。仅有50%的阿尔茨海默病与那五种倾向性基因中的一种有关，另外50%是不一样的。帕金森病的遗传关联性更弱。

显然，脑损伤或者脑创伤能导致脑细胞大量丢失，有脑损伤或脑外伤的人会产生阿尔茨海默病样症状。易产生脑损伤的人会发展成这种症状，如职业拳击手，这种情况被称为拳击手痴呆症（punch-drunk）。持续高烧也能引起大量的神经元死亡，使人们处于一种阿尔茨海默病样的状态。这种脑细胞的死亡可能不是很明显，即使在整个脑中也是这样，但是出于一些未知的因素，脑细胞的死亡总是具有区域特异性的。前重量级拳击手 Muhammad Ali 可能就是这样的一个例子。据说他患有帕金森病。他有严重的震颤，走路缓慢，行动困难，而且面无表情。这很可能是与他在拳击生涯中脑受到撞击有关。

在一些情况下，也可能是由于毒素和毒性物质导致了该病的发生。加利福尼亚的毒贩合成海洛因时因反应不完全，在得到的副产物中发现了一种被称为 MPTP 的化学物质，导致一些年轻的吸毒者在吸食这些海洛因后发生惨剧。MPTP 会降解成一种神经毒素——MPP^+，它能够选择性地破坏多巴胺能神经元。这些不幸吸食这种海洛因的人，在吸食几天之后就出现类似重度帕金森病的病变。其他一些毒素也显示出能诱发类似帕金森病的病变。所以，人工合成物质和天然毒性物质都有可能是该病的致因。

帕金森病也与1917年的流行性大感冒有关。经历过那场流行性大感冒而幸存下来的一些人随后患上重度帕金森病，其直接原因可能是受到一种病毒的侵袭。这些患者是接受著名神经学家 Oliver Sacks 的左旋多巴治疗的首批患者。Sacks 随后将这一经历写成一本书，书名为《觉醒》（*Awakenings*），这本书被改编成一部上座率很高的电影。

最后，人们提出了这样一个问题，即压力过大是否能够诱发神经退行性疾病。当动物或人处于应激状态时，其中发生的一个事件就是，肾上腺糖皮质激素的释放量增加。在短时间内，糖皮质激素对应激状态下的动物是有益的。在另一些情况下，糖皮质激素能够促进蛋白降解成葡萄糖，帮助形成可用的脂肪，增加血流量。然而应激时间过长和糖皮质激素的释放延长会产生损伤效应，包括血压升高，使胃溃疡面积增大，抑制免疫系统。

在此特别有趣的是，动物长期应激也能引起脑损伤，特别是海马区域的损伤。在第五章，我曾提到了糖皮质激素能减少海马中新神经元的形成，这说明了过长应激的一些效应。而且，在过长应激时海马的体积也减小了。有研究显示，应激大鼠的海马 CA1 区细胞有丢失。

关于应激和人类老化的脑的情况现在还不清楚。但是，有些关于老年人的研究揭示，应激激素与记忆任务的困难有关系。有一项研究对 11 位 60 多岁或 70 多岁的健康受试者进行随访记录，持续四年。这些人中，有 6 人的皮质醇水平升高，皮质醇是应激时肾上腺释放的一种主要的糖皮质激素；另外 5 人皮质醇的水平较稳定或有所降低。皮质醇水平升高的这 6 个人，在这 4 年间完成一些特定的记忆任务时存在困难，比如走迷宫与回忆一些单词。那些皮质醇保持低水平或者有些降低的人，在进行这些测试时并没有困难。后续的功能性核磁共振成像（fMRI）研究显示，皮质醇水平较高的受试者海马萎缩了大约 14%。

色素性视网膜炎：一种神经退行性疾病模型

随着年龄的增长，人们不仅仅丧失了认知功能，还丧失了视觉、听觉和其他感官功能。他们渐渐地开始远离其他人和环境。一种非常严重的情况是，与年龄相关的黄斑退行性病变（AMD）会剥夺老年人的中枢视觉功能。这个斑点是视网膜上的特殊区域，在那儿有最高密度的光感受器，为我们提供高分辨率成像服务。为了看清我们要考察的东西，我们需要与视网膜上的这块小区域拉近距离。在人的整个视网膜上一共有 600 万锥体细胞和大约 9 500 万的杆状细胞，而在这个小凹内仅有 35 000 个光感受器。如果就像在与年龄相关的黄斑退行性病变中发生的一样，该中心凹处的光感受器丢失的话，也就失去高分辨率成像，这对患者是灾难性的打击，他们将不能读书，不能看电视，不能做任何拥有正常视力的人很容易就能做到的事情。

关于与年龄相关的黄斑退行性病变我们知道的很少，我们不清楚其致因或诱因。已知的唯一的环境因素是吸烟。吸烟者患与年龄相关的黄斑退行性病变的危险性升高。一些罕见的类型具有遗传性，这些易感者可能在年轻的时候就会患与年龄相关的黄斑退行性病变。一种称为 Malattia Leventinese 的黄斑退行性病变，会编码一种未知功能的分泌蛋白的基因，从而导致其发生突变，这种突变能够导致该蛋白进行错误折叠，进而引起其分泌异常，在胞内和胞外聚集。

这种黄斑退行性病变，具有其他神经退行性疾病如亨廷顿氏症、阿尔茨海默病和帕金森病等特征。胞内或胞外蛋白过度聚集是一个很确定的特征。然而，大多数与年龄相关的黄斑退行性病变患者遗传相关性比较弱。现在还没有该疾病的动物模型，因为几乎没有动物的中央凹和人类一样（在视网膜上，人眼视敏度最好的地方被称为中央凹）。较高等的灵长类、鸟类、爬行类和鱼类确实有中央凹，但这些动物的中央凹有一些不同。因此，现在能够给绝大多数与年龄相关的黄斑退行性病变患者提供的帮助还很少，该疾病严重影响患者的生活质量。而且，人老的时候会耳聋，这也把他们与身边的人隔离了。

一种称为色素性视网膜炎（RP）的遗传性视网膜变性，并不是老年性的疾病。实际上，该病的绝大多数病例都从20岁左右开始发病，在50多岁、60多岁或者更老的时候完全失明。这是一种罕见的疾病，全球一共有4 000例患者。它虽然是一种杆状细胞光感受器疾病，但是锥体光感受器最后也会受到影响。不同的是，与年龄相关的黄斑退行性病变是中枢视觉的丧失，而色素性视网膜炎则始于视网膜的周边区域，逐渐限制视野。中央凹是最后受到限制的地方，但是最终它也会发生退变，引起患者完全失明。目前科学家已经对该病进行了40年的深入研究，在其病因方面取得了很多进展。而且，这些进展已被用于该病的治疗，至少运用于治疗该病的许多动物模型。可能会患有类似色素性视网膜炎的动物有小鼠、大鼠、狗和猫等。

色素性视网膜炎和很多神经退行性疾病一样，过去也被认为是在一定时期内由单一因素导致的单一性疾病。我们现在意识到这是一种非常错误的观点。第一个证据就是，从遗传学研究来看，色素性视网膜炎代表了一些不同疾病。起初，对色素性视网膜炎患者及其家人的详细研究分析显示，50%的色素性视网膜炎患者与遗传因素有关，但基因不同。有时，这种疾病是一种常染色体显性遗传疾病，这意味着色素性视网膜炎患者子女患该病的概率是50%；有时，它是一种隐性遗传，如果双方父母都有突变基因的话，他们子女中有四分之一将遗传该基因。

也有一些病例显示，该病的遗传性与性别有关。突变基因位于X染色体上，但是女性有两条X染色体而男性只有一条。所以，对于男性，当单条X染色体上的基因出现缺陷时就会患有该病；对于女性，只有当两条X染色体上的基因均存在缺陷时才会患病。因此，在这些家族中，男性遗传该病的几率比女性大很多。还有一些更加罕见的色素性视网膜炎，在此我们不予关注。可以确定地说，遗传变异的几率是很大的，但是还会有更多的变异发生。

有50%的色素性视网膜炎病例与基因相关，大约40%显示为常染色体显性遗传。波士顿麻省总医院眼耳科的Thaddeus Dryja、Eliot Berson及其同事在20世纪90年代初首次发现了这些病例，在这些病例中存在特异性遗传缺陷。他们发现，在色素性视网膜炎的一个家族中，编码视紫红质（这种蛋白在和维生素A结合时，增强了光敏感性，进而产生视觉）基因中发生单个氨基酸突变是患有色素性视网膜炎家族的罪魁祸首。这一发现打开了该病基因突变研究的闸门，在十年中，已经在光感受器细胞中发现了大量的对视觉形成具有重要作用的视紫红质基因突变以及其他一些基因的突变。

就如本书中所述，在 35 种与诱发色素性视网膜炎相关的基因中，已经发现了 100 多种不同的突变。仅在视紫红质中，就已经鉴定出 70 多种诱发色素性视网膜炎的突变。因此，色素性视网膜炎不是一种单一疾病，而是 100 多种疾病，而这仅能解释 60% 的色素性视网膜炎患者。从这里得出的经验就是，像很多神经退行性疾病一样，色素性视网膜炎具有多种类型。如果要进行治疗的话，对其进行细致分类是很关键的。色素性视网膜炎在这方面可以起引导作用。

如图 6–4 所示，视紫红质蛋白是由 348 个氨基酸组成的一条链所构成，每个链用圆圈标示。氨基酸链七次跨膜。用黑色标记的氨基酸发生改变时就会引起色素性视网膜炎。

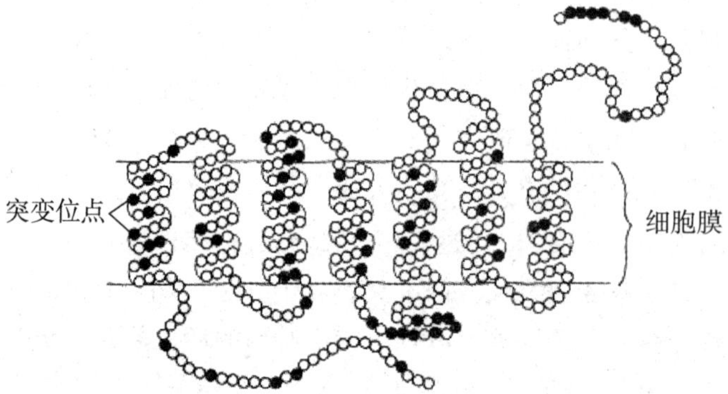

图 6–4　视紫红质分子简图。引起色素性视网膜炎的基因突变后改变的氨基酸用黑色圆圈标出。

视紫红质分子上有 70 多种突变能够引起色素性视网膜炎。一些突变引起该蛋白的错误折叠，一些突变能够改变视紫红质分子被光激发的方式。尽管存在相同突变的人具有很大的差异，但是在该病发生和发展的不同时期，不同的突变能导致不同的疾病。这种变异性或外显率还不是很清楚，如在前一章讨论的一样，基因和环境因素都参与了一些过程。

在了解一些色素性视网膜炎常染色体的显性遗传基础之后，研究人员将目光转向其治疗领域，而且把焦点集中在两个方面：基因和药物治疗。

在患有一种罕见类型的色素性视网膜炎的狗模型上，基因治疗已经取得了惊人可喜的成功。这些狗存在着一种基因缺陷，这种基因可以是一种蛋白，这种蛋白在维生素 A 由其正确形式转化为光敏性视紫红质过程中是必需的。将一个序列正确的基因注入一种病毒中，然后将该病毒注入眼中，具体是注入光感受器和它后面的色素上皮细胞之间的视网膜下间隙。在这种情况下，缺陷性蛋白存在于色素上皮细胞中，这点对讨论并不重要，因为缺陷性蛋白也可以位于光感受器上。注入了正确基因的病毒感染色素上皮细胞，然后该细胞就开始合成正常的蛋白。这时候它们拥有了正确的基因，所以狗的康复非常明显。当然，这些都需要精确地了解发生突变的基因、能够感染缺陷细胞的病毒以及一点儿运气。

第二种方法是通过药物或化合物治疗，一些种类的化合物已经经过了实验。在给予生长因子如在第二章开始时描述的神经营养因子之后，患有某些类型色素性视网膜炎的动物有了明显的改善。在发育中的脑中，这些分子对神经元的存活和生长非常重要，它们似乎可以帮助缺陷细胞存活下来，或者至少是能减慢遗传性缺陷细胞的变性与恶化。但是并不是所用类型的色素性视网膜炎都对生长因子有反应，而且将生长因子注入眼睛中也是个问题，因为这些生长因子是蛋白质，必须直接注入眼中。拥有多种类型色素性视网膜炎的动物模型对该研究是很重要的，现在，我们应用转基因技术已经可能制备一些其他类型的小鼠模型了，这为测试药物对导致该病的多种基因突变的疗效提供了机会。

对色素性视网膜炎有效的另一种物质是维生素 A。对各种类型的色素性视网膜炎患者所进行初步研究揭示，虽然维生素 A 的治疗作用比较小，但的确能起到治疗作用。但是，这种作用那么微弱，以至于很多内科医生都觉得并不是特别有用。各种类型的色素性视网膜炎的动物模型已经建成，而且在人类色素性视网膜炎患者身上发现的特异性基因缺陷在动物模型身上也能够诱导出来。这些发现揭示，维生素 A 对有些类型的色素性视网膜炎具有显著的改善作用，但对其他类型则一点作用也没有。

从这里可知，在寻求一种疾病的治疗方法时，了解要治疗的疾病的具体类型是非常重要的。一些治疗方法对该病的一种或几种类型可能非常有效，但对其他很多或大多数类型都无效。因此，在患有多种类型的疾病人群中测试一种治疗方法时，其治疗作用可能会被无效应者所掩盖。因此，区分神经退行性疾病不同类型的详细特征是很关键的，但对很多年龄相关的神经退行性疾病，如与年龄相关的黄斑退行性病变、阿尔茨海默病，甚至是帕金森病，这种分类才刚刚开始。

结论与思考

有关发育中的脑的神经生物学研究，为我们获知胚胎脑最初的形成方式提供了大量的信息。乍看之下，我们可能会得出这样的结论，即早期脑发育严格取决于先天情况，即内在的基因指令，第一章中的论述似乎也支持这样一个观点。但是，环境和后天培养同样在早期脑发育中发挥着作用，认识到这一点非常重要。我在这里以及有关脑发育的讨论中广泛地使用了“环境”这个术语。基本上，我指的是非基因因素，环境只是其中一项，虽然它可能是最主要的一个因素。如同我在第五章中所探讨的那样，机缘巧合，发育过程中的确也会发生一些随机的发育变化，这些变化会从某种程度上影响脑的发育。在大多数情况下，不会产生什么差别，或者只会产生很小的差别。但是在某些情况下，它的确会造成很大的差别，只是我们现在不知道而已。我们能够很容易地记录那些干扰早期脑发育的环境因素，有些因素的影响是非常严重的。

环境在早期脑发育中发挥着非常重要的作用。一个明显的例子是胎儿酒精中毒综合征（FAS)。酗酒的母亲生育的孩子表现出诸多脑发育紊乱症状，包括皮层细胞的错位、脑中部分细胞的异常聚集、皮层缺乏折叠以及脑体积显著减小。严重受损的儿童智力发育非常迟缓，而受损程度较轻的儿童则表现出学习能力低下、智商分数较低以及行为问题，包括多动症。那么多大的酒精饮用量就会导致这种问题呢？目前还没有确切的答案，但是大量饮酒，特别是在妊娠早期，似乎会造成最严重的胎儿酒精中毒综合征。在斑马鱼胚胎周围的水中加入数滴伏特加后，可观察到其脑发育显著畸形。

除了酗酒会导致重度胎儿酒精中毒综合征，其他因素如母亲的营养状况以及吸毒、吸烟等也会加重胎儿酒精中毒综合征。因此，各种环境因素都可能影响脑的早期发育，包括母亲的健康状况、饮食以及焦虑或承受压力的水平。支持这一观点的证据包括，在各种社会形态下，社会经济地位是健康状况、长寿以及无精神疾病的最佳预报器。这一领域的研究并不多，但是在考虑脑早期发育过程中先天因素以及后天培养的相对作用时，需要牢记这一点。

环境对胎儿的影响可能要比上述例子中提到的因素弱一些。已被人们认同的观点是，同卵双胞胎之间存在差异的可能原因是由于胎儿所接触的子宫内的环境不同。由于胎儿的血流供应可能会不同，或者在某个特定的时间胎儿在子宫内的位置也会产生差异，不同胎儿接受的营养可能会略有不同。婴儿在出生时会偏好其母亲所说的语言（在第三章中讨论过），这一观察说明，甚至子宫内的感觉输入都可能会从某种程度上影响脑的发育。问题是，这种微小的因素会造成什么影响呢？我们根本不知道答案。当然，每位孕妇都希望了解如何使她孕育的婴儿的健康状况以及未来的幸福达到最佳状况，但是，我们无法给出答案。我们只能告诉孕妇们不应该去做什么，这是目前神经生物学所能告诉我们的事实。

我们必须承认，对于健康母亲而言，其胎儿在构建脑发育框架的过程中先天因素即内源性基因指令最为重要，虽然框架也许并不是描述脑早期发育的最佳词语或准确概念。的确，证据表明，脑基本是在这些内在基因指令的指导下进行发育，甚至是过度发育。内在机制能够形成成熟的神经元环路，而且在新生儿还没有环境经验的脑中，神经元能够产生显著的类似于成人的应答。第二章中描述的视觉系统结果也很好地说明了这个问题。

但这并不意味着内源性指令可将一切精确地连接起来。环路的修正显然需要经验的参与，而且脑在其早期发育阶段特别容易进行修改、调节、修正，或者您也可以用别的词汇来描述这种变化。这种早期阶段的特殊的可塑性是脑发育的关键期或者敏感期。

我们对于脑成熟过程的了解（第二章）也许会让人感到吃惊，而且这一领域中的神经生物学证据也许会影响教育者和其他人。脑在成熟期间的塑造存在着广泛的修剪和精细化过程。幼小的脑比成人脑具有更多的神经元、更多的分枝类型和突触，而且环境与先天条件在这种修正和修剪过程中发挥了关键的作用。例如，在鸟类的声音学习或印刻关键期结束时，适合的核团中主要神经元上的突触棘突的密度下降至关键期时的一半（第三章中讨论了这种变化）。因此，在关键期结束后，这些神经元中潜在突触输入的数量会明显减少。

与预期的结论不同，脑最初具有很大的内源性能力和潜质，但在脑成熟过程中会丧失一些能力——这里用“用进废退”这句谚语来描述很贴切。那么，接下来的工作就是研究如何尽可能减少脑能力的丧失。这里，语言习得就是一个范例（在第三章中讨论过）。幼小的婴儿能够区分并发出任何语言的语音，但是它们会在最初的几年里丧失这种能力。儿童们在年幼时很容易学习语言，但是到青春期时，想学习一种新的语言实际上会变得更加困难。那么，我们是否应该让青少年在年幼时就接触许多不同语言的语音，是否应该比现时更早一点地开展语言指导？我们不知道答案，但是这个问题值得思索。

语言习得的一般原则也适用于其他能力，比如学习投球、弹奏乐器或者操作电脑。从我们目前所知道的情况来看，应该鼓励青少年在小时候开发技能。在这里，我举一个观察到的例子来进行说明，在 12 岁之前学习演奏乐器的弦乐手要比稍后才开始学习演奏的音乐家的左手手指弹奏的皮层代表区更大。关键在于幼儿的脑要比成人的脑的可塑性更强，而且更容易更改，因此，也许我们应该利用这一特性。

一个非常重要的问题是其极限有多大。利用脑早期能力的经验能达到怎样的程度，或者进一步说，脑的能力是否能够超越其最初水平？丰富环境下的大鼠实验说明，可以在年幼的动物中诱导新突起的生成以及新突触的形成，正如我们在第二章中已经讨论过的那样，幸运的是，在每个人的一生中都会发生，而不局限于幼小的脑。将动物饲养在丰富环境中，可诱导新的脑环路的形成，但是这是在对大量先天存在的神经环路进行修剪和精细化的基础上形成的。在第三章中描述的猫头鹰实验说明，动物早年（关键期或敏感期）所形成的新突触和环路可能会留存至成年阶段，即使在很长一段时间内没有得到使用，甚至已经完全沉默。

神经生物学告诉我们，在脑的建构过程中，遗传指令显然是最为关键的，虽然环境也能发挥一些作用，但是环境因素在脑成熟过程中发挥的作用具有遗传上的局限性。这并不意味着在脑成熟过程中环境因素可能会超越脑的内在能力。我们之所以千差万别是由于我们在遗传上就是不同的。20 世纪 20 年代的行为学家 John Watson 认为，他能够通过施加环境影响让任何健康的婴儿成为“医生、律师、艺术家、大商人，甚至乞丐和小偷”。时至今日，他的观点已不为任何一名严肃的科学家所认同。我们每个人都具有不同的能力和天赋，显然这很大程度上反映了我们的基因构成。但即使是在基因构成中，也存在着可改变的空间，甚至是一些修饰，这样经验与环境因素才得以发挥作用。当然，目前还有一些存在很大争议的地方，这并不是因为当今大多数人不同意“我们是先天和后天交互作用的产物”这种观点，而是由于我们不清楚先天与后天在最终产物中的贡献比例。而这也正是最大的症结所在，虽然我们一直都在尝试对行为或能力进行基因或环境水平的定量分析（这一问题的讨论参考第五章）。

除了说明先天因素和后天因素参与其中之外，神经生物学对于这一议题并没有太多的贡献。但是需要再次指出的是，我们对于脑发育的神经生物学方面的知识应该能够指导我们养育自己的子女。

基因与行为

我们已经知道了一些导致特异性神经疾病的单个基因会显著改变行为的例子，亨廷顿氏病就是其中一个（已在第五章中讨论过）。这是一种显性遗传紊乱，遗传了这一基因的单个缺陷复本就足以使人患病。我们现在已经了解了亨廷顿氏病中缺陷基因的特性，但在这种疾病的患者中观察到的发病和疾病进程存在着差异，这种先前无法解释的差异似乎主要与基因的缺陷程度相关。即缺陷基因具有过多数目的 CAG 重复片段。重复片段的数量越多，则该疾病的发病越早，进程越快。

长期以来，人们认为，单个基因对于单个机体能够产生不同的表型效应，而这通常称为基因外显率。基因外显率通常归因于环境或后天对基因表达的影响，而且这在许多案例中是真实存在的。在亨廷顿氏病中，缺陷基因本身的差异可以在很大程度上解释基因的外显率。同时也可通过个体中正常基因的差异对所谓的多态性进行解释。基因中的这些改变可以产生发挥正常功能的蛋白，但是会改变组织或机体对特定环境条件的应答。我下面举一个很有趣的例子来进行说明。啮齿类动物，特别是那些患有白化病的啮齿类动物，其光受体细胞对光损伤异常敏感。如果持续给予普通室光照射数天，动物的光受体细胞就会发生退化。数年前研究者发现了一个惊人的现象，即一个品系的白化病小鼠对光损伤具有高度抗性。与大多数其他品系的小鼠相比，这种品系小鼠需要更长时间的光照射才会发生光受体损伤。将这种品系小鼠的光受体反应与其他品系小鼠进行比较，未发现显著差异；它们似乎都在正常界限中发挥功能。这一差异仅会在持续光照压力下才会出现。

目前已经清楚了这种品系的小鼠与其他品系之间的基因差异。这是由于蛋白质中的单个氨基酸发生了变化，这种蛋白质是形成视紫红质中以正确形式结合的维生素 A 的衍生物过程中所需的（在第六章中讨论）。在抗性品系小鼠中，视紫红质所需要的正确形式的维生素 A 的衍生物合成速度并不快；因此，正常情况下，在光诱导发生分解后，与光敏感品系相比，在光抗性品系动物中视紫红质不能快速地重新形成。

这种变化可能对动物的视觉性能没有什么影响。的确，抗性动物可以产生的视紫红质与光敏感动物一样多，而且它们的光感受器在检测微弱光刺激方面与其他小鼠品系效率相当；对于光损伤抗性小鼠而言，可能到达这一效能水平所需的时间更长一些。但是仅在持续光照的条件下，光抗性与光敏感品系的视网膜的反应非常不同，这是由于蛋白质上的一个很小的单个氨基酸的差异造成的。

这里的关键问题是，特殊环境条件下差异很大的表型可能是由于并不显著的基因差异造成的。而这种基因及其产物，以及环境之间的关系很复杂，不容易梳理清楚。

一些神经疾病，例如阿尔茨海默病，以及认知疾病，例如精神分裂症，与基因相关，这一点并不令人吃惊。确实，这也许是必然的，但是遗传联系的本质则是关键问题。我们谈到此类疾病的易感基因，但是其在许多案例中的精确影响却很难界定。在阿尔茨海默病中，易感基因似乎都与β-淀粉样蛋白的合成或分解相关。这是一种在患者脑中聚集的蛋白，它会加速疾病进程（我们在第六章中讨论过）。这很重要，如果我们推测可能存在着让人们不易患上某种疾病的基因，这样就能够解释 Marians 阿姨这个例子。她已经 102 岁了，仍然拥有完好的认知能力。先前叙述的例子中，一种使光感受器对持续光照诱导的分解具有抗性的蛋白多态性被认为是一种类似易感基因的产物，它能够对抗环境中的应激物，抑制神经元的退化。

更难回答的一个问题是基因与认知行为之间的关系。我在第五章中提到，虽然有学者认为单个基因控制着某些认知行为，甚至会使人倾向于某种特殊的复杂行为，但是这些观点却难以令人信服。几乎可以肯定的是，的确存在着一些认知行为的倾向基因，但是，这些都尚未有定论，而且事实上，在所有情况下，多种基因会参与任何认知行为——包括正向和反向的推动作用。那么，很自然，就其涉及的复杂认知行为而言，行为遗传学领域的研究还不够清晰。有些人认为我们无法将复杂的行为以一种有意义的方式与遗传学联系起来，这是因为这种关系非常复杂，而且环境在其中发挥着很大的作用。

最近在《科学》杂志上发表的一篇由国家卫生研究院（National Institutes of Health）的行为遗传学家 Dean Hamer 撰写的题为“重新思考行为遗传学”的文章，主要反映了这一领域的研究所遇到的挫折。他在文章末尾写道：

毫无疑问，人类行为以及产生这些行为的脑环路是数百种至数千种基因参与的精细网络的产物，这些基因与多种发育和环境事件一同作用。这一领域的进展有待于可同时检测多种不同基因活性的技术的发展，比如微阵列分析。只有这样，遗传研究人员方可实现上世纪经典行为遗传研究所期望的愿景。

但是，在完全忽略“人类行为遗传学研究是不相关的”这个观点之前，以下研究可能会有帮助：Thomas Bouchard 发现分开抚养的同卵双胞胎表现出显著的相似性。Bouchard 研究的第一对同卵双胞胎是在出生后 5 周便分开的男孩，他们分别被俄亥俄州两个相距 80 英里的不同家庭抚养。当 39 年后两个人相聚时，研究者发现他们之间存在着非常显著的相似性。他们都是 6 英尺高，而且都是 180 磅重；但是更令人惊奇的是，他们在行为特点上有着惊人的相似性。他们的步态一致，而且有着许多共同的行为方式，包括捡起小刀的方式以及咬指甲的样子。他们对事物的喜好也很相似——他们都喜欢普通型汽车赛，都不喜欢棒球。他们居住的房子在设计和大小上也相似，都拥有一个精致的作坊，他们在这里制作类似的木制物件。就这对双胞胎兄弟而言，想找出他们行为和个性上的差异要比发现其相似性困难许多。

因为这对双胞胎兄弟在同一个州里长大，且相距不到 100 英里，因此这种距离上的相近也许至少能解释他们的一些显著的相似性。Bouchard 和他的同事研究的案例中还有这样一对双胞胎兄弟，他们在出生后数月便分开，在非常不同的环境下成长。一个在特立尼达，另一个在德国。他们在 21 岁时第一次见面，之后联系非常少，直至在 20 世纪 80 年代早期在明尼阿波利斯市再次相聚，那时他们都将近 50 岁。然而，他们之间的一些相似性仍令人吃惊。他们的步态类似；他们都有着不寻常的相同的习惯，例如手腕上都佩戴着橡胶腕带，阅读杂志时都是从后往前翻看。当然他们还是有差异的，但是其行为方式以及性格上的相似性确实令人吃惊。此外，研究者发现一些同卵双胞胎姐妹，虽然在分开的环境下长大，但是其行为特点很相似，包括喜欢傻笑，还有一对双胞胎在到达明尼阿波利斯市时，手指上都佩戴了 7 枚戒指。

那么我们从这些惊人的相似性中可以得出什么结论呢？目前还无法得出肯定的结论。其他的研究者描述了在不同社会阶层的家庭中长大的同卵双胞胎的行为特点差异很大，但是我认为不应该把上面提到的例子作为小概率事件而忽略。他们可能是基于遗传的，但是究竟是以怎样的方式进行的呢？试想一下，如果这种细微的人格特征更多地反映了环境的作用而不是遗传的作用，如果这种特别复杂的遗传作用不可能产生如此显著的相似性。

未来如何？

在过去的 20 年内，我们取得的主要认识是，发现了成人脑要比先前认为的具有更大的可塑性（我们在第四章中讨论过）。人们一直都认为，我们在一生中都能够进行学习和记忆事物，但是，就成人脑的可塑性而言，这被认为是一个例外现象，而不是普遍的规则。今天，这个观点已经有所改变，这并不是我们认为成人的脑与发展中的青少年的脑具有同样的可塑性，而是认为成人脑也可能获得原先认为不可能获得的能力。

这一新认识已经鼓舞研究者探寻让成人脑习得那些通常仅为发育中的脑负责的技能。卡耐基梅隆大学的 Jay McClelland 和同事训练日本成年人区分他们不容易区分的“r”和“l”的语音（参考第三章）。McClelland 和同事报告了他们所取得的成功，虽然仅在几名受试者中取得了成功。他们首先让受试者接触一些夸张的甚至有些扭曲的语音，这些语音通常不存在。当受试者开始区分这些语音时，再让他们接触较为正常但较难区分的语音。虽然开始时受试者区分语音的概率仅稍高于随机概率（即 50%—60%），但是在训练了 480 次后，受试者进行正确辨别的概率提高到 80%—100%。显然，这项初步研究仍需要扩大与重复性的研究，但是却很有希望，也许能找到其他更有效的方法来达到这些结果。

另一种方法是研究那些在成人时能够非常有效地学习第二语言的少数人群，这种人不到人口数量的 5%。他们的脑与一般人存在着怎样的差异，他们是如何学习一种新语言的？我们是否能通过研究这一人群来获得一些启迪？目前尚未得到确切的答案。

第三种方法是通过动物开展这种研究。最近斯坦福大学的 Knudsen 和同事建议，给成年猫头鹰佩戴那种能够改变动物视野的棱镜可能产生一些代偿现象，而这种代偿现象被认为在这种可塑性的关键期过去之后是不可能发生的（有关 Knudsen 的猫头鹰实验已在第三章中讨论过）。这里的关键问题是，每次仅将其视野进行少量的改变。采用这样一种训练模式后，成年猫头鹰也会表现出某种代偿。其代偿程度与猫头鹰幼鸟相比显得非常有限，但是这种诱导产生的可塑性却无可争议、非常有趣。

在成年小鼠的视觉皮层中也观察到了某种视觉优势的可塑性现象。小鼠与猫、猴子和人类不同，它们的视野仅为双眼视野重叠的那一小部分区域，这是因为它们的眼睛位于头部的侧面，而不是前方。在其视野重叠的区域，虽然也同样可检测到同侧眼睛的微弱输入，但对侧眼睛至皮层神经元的输入占优势。通过将其眼皮缝合遮蔽优势眼，并延长其视觉剥夺时间，会发现同侧眼睛至皮层神经元的输入增强。有趣的是，这种皮层可塑性依赖于 N-甲基-D-天冬氨酸受体的存在；在去除了 N-甲基-D-天冬氨酸受体基因的小鼠中未观察到视觉优势可塑性。如我们在第四章中已经讨论的那样，这种谷氨酸受体不仅对于记忆和学习中的长时程增强的产生至关重要，同时对于其他形式的皮层可塑性也非常重要。

当然我们并不清楚可将成人脑训练至何种程度，但是这些新数据显然很令人鼓舞，并引发我们重新思考这一问题。我们也许不仅可以采用训练正常成人脑的方法，也可以采用那些受损脑的再训练方法。认为中风或其他严重神经疾病后的修复几乎不可能的，得出这种论断是否为时尚早？我在第五章中提到了演员 Christopher Reeve 经历的严重伤害，他在一次交通事故中发生脊柱粉碎性骨折。虽然人们通常认为这种损伤是永久性的，而且没有什么可以帮助他，但是对他所采用的一些新治疗方法却产生了令人惊奇的结果。迄今为止，这些报道主要出现在媒体上。如果这些报道得到确证后，对于这种严重的神经损伤，我们能做的也许会比先前所认为的更多。

同时，我们开始了解那些参与促进神经元细胞生存或抑制神经元细胞死亡，并促进轴突再生的神经生物学因素。随着这项工作的推进，我们可能会发现新的治疗神经损伤和疾病的治疗手段。

我曾在第六章中说过，在数年内，人类寿命的生物学极限以及平均寿命可能会达到高原期，至少在发达国家是这样的。根据人口统计学家的观点，在平均寿命上将出现的这个高原期，是因为我们已经可以应对大多数早年死亡的致因，特别是感染性疾病。再者，我们在减少其他主要死亡因素造成的早期死亡方面已经取得了众多进展，包括心血管疾病、糖尿病以及癌症。

我个人的观点是，我们的寿命主要由脑决定。脑中的大部分神经元都是不能更换的，而且脑的结构以及功能会随年龄增长而逐渐受损，这一点似乎是无可争议的，而且也是有限寿命的最终决定因素。正如我在第六章中提到的那样，我们也许能够移植人类甚至是动物的心脏、肾脏以及其他器官，而且人造器官也在研制中。但是，我想恐怕没有人会相信我们能够移植全脑或制造一个人工脑。事实上，即使这样做了，那么个体的独特性也被完全破坏了。再者，正如我在前面所提到的那样，假如有可能移植全脑，那么供体要比受体受益更多！

可以想象我们找到采用干细胞更换神经元的途径，或者是那些已经在某些脑区就已存在的干细胞，或者移植至脑中的干细胞，但是我认为这些可能性仍然很小，而且，即使能够实现，它们是否就能维持或替代全脑呢？当然，还需要思考的是，将人类的寿命延长至150—200岁或者更长，是我们希望做的吗（第六章讨论了这一问题）？

我并不是建议我们应该停止尝试那些治愈神经退行性疾病或寻找用干细胞

替代死亡或即将死亡的神经元的途径。这些研究的目的应该是改善神经退行性疾病患者后半生的生活质量，而不是延长其最大寿命。这两个目标也许是相关的，但并不是必需的，而前一个目标，即让我们在这个星球上享受最好的生活质量，才是我们应该争取和为之奋斗的。

在本书即将结束之时，我们应看到更为积极的一面。在此，我再次强调，神经生物学是一个在过去半个世纪中取得瞩目进展的领域。许多进展都是在细胞和分子水平上取得的。现在我们已经很好地了解了单个神经元发挥功能的方式，即它们接受、整合以及承载信号并将信息传递给其他细胞的方式。现在这一领域正转向系统水平的分析模式——神经元如何聚集发生相互作用来指导行为。这些研究为心理学提供了线索，并有望能有助于我们了解脑、行为以及本书中阐述的一些问题。

探索才刚刚起步，因此期待神经生物学为一些有争议的问题提供确切的答案，这似乎有些苛刻，比如脑发育中有关先天还是后天的争论，或人类行为中基因与环境的相对作用等问题。我已经反复强调过，当前神经生物学只能告诉我们这些。但是，我认为神经生物学已经告诉了我们可能解答哪些问题，甚至思考问题的模式。

再者，未来取得更多的进展的前景是光明的。现在我们可以采用研究人类脑的无创伤性技术手段——PET 扫描、fMRI、脑磁图描记术及其他类似技术。而且我们已经能够分析动物的脑单个突触水平的事件进程。将这两种手段结合起来将是很强大的，这为我们理解脑的运行方式、促进其发育以及保护脑提供了令人信服的愿景。

阅读材料

这些最近出版的图书涉及在本书中讨论过的各种话题，非研究型读者可以进行阅读，大多数图书都值得一读。

Blum, Deborah. *Love at Goon Park: Harry Harlow and the Science of Affection*. Cambridge, Mass.: Perseus Publishing, 2002.

Bruer, John T. *The Myth of the First Three Years: An Understanding of Early Brain Development and Lifelong Learning*. New York: The Free Press, 1999.

Dowling, John E. *Creating Mind: How the Brain Works*. New York: W. W. Norton & Company, 1998.

Eliot, Lise. *What's Going On in There: How the Brain and Mind Develop in the First Five Years of Life*. New York: Bantam Books, 1999.

Gopnik, A., Andres N. Meltzoff, and Patricia K. Kuhl. *The Scientist in the Crib: What Early Learning Tells Us About the Mind*. New York: William Morrow & Company, Inc., 1999.

Kolb, Bryan, and Ian Q. Whishaw. *An Introduction to Brain and Behavior*. New York: Worth Publishers, 2001.

McEwen, Bruce (with Elizabeth Norton Lasley). *The End of Stress as We Know It*. Washington, D. C.: Joseph Henry Press, 2002.

Pinker, Steven. *The Blank Slate: The Modern Denial of Human Nature*. New York: Viking Penguin, 2002.

Restak, Richard. *The Secret Life of the Brain*. Washington, D. C.: The Dana Press and Joseph Henry Press, 2001.

Ridley, Matt. *Nature Via Nurture: Genes, Experience, and What Makes Us Human*. New York: HarperCollins Publishers, Inc., 2003.

Sanes, Dan H., Thomas A. Reh, and William A. Harris. *Development of the Nervous System.* San Diego: Academic Press, 2000.

Wright, Lawrence. *Twins: And What They Tell Us About Who We Are.* New York: John Wiley & Sons, Inc., 1997.

图表来源

1-2 After Cowan, W. M., *Sci. Am.*, 241, 106, 1979.

1-3 From Purves, D. (1994), *Neural Activity and the Growth of the Brain*, Cambridge University Press, Cambridge, England.

1-4 From Purves, D. (1994), *Neural Activity and the Growth of the Brain*, Cambridge University Press, Cambridge, England.

1-6 After Rakic, P., *Science*, 183, 425, 1974.

2-1 After Purves, D., and Lichtman, J. W. (1985), *Principles of Neural Development*, Sinauer Associates, Inc., Sunderland, MA.

2-2 After Snider, W. D., *J. Neurosci.*, 8, 2628, 1988.

3-2 After Konishi, M., *Annu. Rev. Neurosci.*, 8, 125, 1985.

3-3 After Knudsen, E. I. (1999), in *Fundamental Neuroscience*, M. Zigmond *et al.*, eds., Academic Press, San Diego, p. 637.

3-4 After Knudsen, E. I. (1999), in *Fundamental Neuroscience*, M. Zigmond *et al.*, eds., Academic Press, San Diego, p. 637.

4-2 After Merzenich, M., and Jenkins, W. M., J. Hand Therapy, 6, 89, 1993.

4-3 After Ramachandran, V. S., *Proc. Natl. Acad. Sci.*, 90, 10413, 1993.

4-10 After Wurtz, R. H., *et al.*, Sci. Am., 246, 124, 1982.

5-2 After Restak, R. (2001), *The Secret Life of the Brain*, Dana Press (New York) and Joseph Henry Press (Washington, D. C.).

6-1 After Strehler, B., *et al.*, *J. Theor. Biol.*, 33, 429, 1971.

译后记

本书阐述了近年来神经生物学研究中已取得的最新进展。在过去的50—100年间，神经科学领域取得了巨大的进步，让人们对人脑有了更为深刻的了解。我们都知道，先天的遗传决定着脑的发育，那么环境等非遗传因素在脑的早期发育中到底发挥了怎样的作用？我们是怎样产生和维持记忆的，神经元的可塑性是如何形成的？孩子的脑为什么比成人的脑可塑性更强，成人的脑中的神经元能否再生？遗传与行为之间究竟存在着怎样错综复杂的关系？脑的老化是一种疾病吗？本书就以上问题展开论述，对已知的事实和存在的争论进行阐述与评论，给读者带来新知与启迪。

本书分为三部分，分别从“发育中的脑”“成人的脑”以及“老化的脑”三个方面展开，为读者准确而简洁地描绘了脑的发育进程。这种布局大体反映了学术界对于人脑研究的关注重点。了解脑的发育过程并运用这些知识来培养教育子孙后代，从而使他们具备最佳的能力，是21世纪的重要课题。近年来，随着人口老龄化进程的加剧以及与年龄相关的神经退行性疾病的发病率愈来愈高，老化的脑的研究也越来越受到重视。

本书整合了目前神经科学领域最新的研究成果，展示了学科研究的前沿。本书从动物研究与人类研究等多种角度来揭示人脑学习的客观规律，内容涵盖语言、学习、记忆等与人类学习密切相关的研究领域。本书借鉴了大量的动物研究来深入探讨人脑的学习机制与功能的发展，例如，通过研究鸟类鸣叫的神经生物学机制来进一步了解人类语言形成的机制，让我们了解许多现象的科学本质。但是本书并没有局限于阐述神经生物学的科学事实，而是通过鲜活的案例将神经生物学与人类行为紧密联系起来，揭示环境等后天因素对人脑产生的影响。“先天”还是“后天”这一主题贯穿了本书的始终，体现出遗传、环境与行为三者之间错综复杂的关系。本书向读者表明，神经生物学的研究可以为学习科学提供科学的依据，奠定坚实的基础。神经生物学日新月异的进展有助于我们更深刻地了解人脑本身，从而更好地推动学习科学领域的发展。本书用简明平实的语言阐述了目前神经生物学的研究现状以及取得的成果，并中肯地指出了神经生物学基础研究的局限所在。因此本书为学习科学领域的研究者与兴趣爱好者了解相关的神经生物学知识提供了宝贵的资料来源。

为了将这部优秀的著作介绍给国内的读者，北京师范大学认知神经科学与学习国家重点实验室将本书选入“脑与学习科学新视野”译丛，并精心组织了本书的翻译工作。在此要特别感谢北京师范大学认知神经科学和学习国家重点实验室的周加仙老师，她为本书的翻译与出版付出了巨大的努力和辛勤劳动。翻译分工如下：赵明，第一部分、第二部分、结论与思考、阅读材料和图表来源部分；李光艳，前言与第三部分；周加仙老师多次审读全文并进行了详细的修改，最后由董奇教授、周加仙老师审定全文并定稿。

最后需要说明的是，虽然译者非常认真仔细地翻译了各个章节，但由于时间紧迫、水平有限，翻译中的错误在所难免，敬请读者批评指正。

中国医学科学院协和药物研究所
赵　明　李光艳

出 版 人　所广一
责任编辑　刘明堂
版式设计　贾艳凤
责任校对　张　珍
责任印制　曲凤玲

图书在版编目(CIP)数据

脑的争论:先天还是后天? /(美)道林著,赵明,李光艳译. —北京:教育科学出版社, 2011.12(2013.3 重印)

书名原文:The Great Brain Debate:Nature or Nurture?

ISBN 978-7-5041-5610-5

Ⅰ. ①脑…　Ⅱ. ①道…　②赵…　③李…　Ⅲ. ①脑科学—研究　Ⅳ. ①R338.2

中国版本图书馆 CIP 数据核字(2011)第 218504 号

北京市版权局著作权合同登记 图字:010-2007-5731 号

脑的争论:先天还是后天?

NAO DE ZHENGLUN:XIANTIAN HAISHI HOUTIAN

出版发行	教育科学出版社		
社　　址	北京·朝阳区安慧北里安园甲 9 号	市场部电话	010-64989009
邮　　编	100101	编辑部电话	010-64989419
传　　真	010-64891796	网　　址	http://www.esph.com.cn
经　　销	各地新华书店		
制　　作	北京鑫华印前科技有限公司		
印　　刷	保定市中画美凯印刷有限公司		
开　　本	169 毫米×239 毫米　16 开		
印　　张	8.5	版　　次	2011 年 12 月第 1 版
字　　数	140 千	印　　次	2013 年 3 月第 2 次印刷

Original English Title：

The Great Brain Debate：Nature or Nurture?

By John E. Dowling

智慧教师读本 ②
我们如何学习

笛卡尔的错误：
情绪、推理和人脑

[美] 安东尼奥·R. 达马西奥　著
毛彩凤　译

教育科学出版社
·北京·

赞誉之辞

“达马西奥的论点新颖独到，涉及广泛……他那细致而谦逊的论述应该受到人们的关注和重视。除了阐明额叶功能之外，他还提出了在接下来的几年中很有可能被人们深入研究的一种新的生理机制。现在，提出某个关于情绪的新颖观点已绝不是一件需要遮遮掩掩的事了。”

——《自然》(*Nature*)

“终于，世界上第一流的神经科学家之一对人脑工作方式的知识进行了整合。他的观点建立在其对脑深刻了解的基础之上，而不是建立在像工程师一样怀着重新设计的愿望之上。它确实应该成为一部经典之作。”

——**大卫·休布尔 (David Hubel)，诺贝尔奖获得者，哈佛大学**

“这是一本引人入胜且信息丰富的著作，它向情绪会影响理智决策这一教条提出了挑战，赋予了感受在人类功能中的正确位置。现在大卫·休谟 (David Hume) 可以笑了。”

——**杰尔姆·卡根 (Jerome Kagan)，哈佛大学心理系教授**

“我们应当向达马西奥表示祝贺，他向我们清楚地展示了推理和情绪是如何相互作用并促使我们的决策、信念、计划等产生的……通过确认身体和心理、情绪和推理之间的关联，他对这项不断发展、令人兴奋不已的工作作出了巨大贡献。”

——《自然历史》(*Natural History*)

“达马西奥运用悬念小说的技巧写成了这本书，但是他却提供了关于解剖学、前脑的结构和功能方面的细致完备、易于理解和令人信服的信息。对于那些对人类生物学感兴趣的外行人、医学院的学生、神经病学家、内科和外科医生、社会学家、心理学家和人类学家来说，无论如何，都应该阅读一下这本书籍。”

——《综合生理和行为科学》(*Integrative physiological and Behaviour Science*)

“对人类本质大胆而小心翼翼的一次探索。”

——《波士顿环球报》(*Boston Globe*)

“比小说还要生动，《笛卡尔的错误》向我们呈现了一个真实事件，它颠覆了我们对自己最重要器官的理解。”

——《费加罗杂志》(*Figaro Magazine*)

“《笛卡尔的错误》是一部令人愉快的、关于作者本人的脑功能观点的著作。对于那些想要了解我们是如何了解周围世界的人来说，对于那些需要时时记住脑是一种无比奇妙的创造物的医生们来说，以及对于那些想要了解假设如何才能得到证实的科学家们来说，这都是一部很合适的读物。”

——JAMA（美国医药协会会刊）(*Journal of the American Medical Association*)

“安东尼奥·达马西奥是一位深刻的思想家和杰出作家……《笛卡尔的错误》是一次对推理的生物学本质及其与情绪的密切关系而进行的精彩探索。”

——奥利弗·萨克斯（Oliver Sacks），《火星上的人类学家》(*An Anthropologist on Mars*）的作者

“安东尼奥·达马西奥这本令人惊叹的著作带领我们开始了一段科学旅程，这段旅程将我们带入脑中的那个无形世界，这个世界就好像真实地呈现在我们眼前。从此，当你看着自己或别人的时候，你再也无法不对眼睛后面的世界产生好奇。”

——乔纳斯·索尔克（Jonas Salk），生物学家

“达马西奥在哲学和科学的交界处跳着踢踏舞，他抛弃了以往对心理和肉体的那种简单区分，其观点令人信服。”

——《费城调查者》(*Philadelphia Inquirer*)（年度推荐书籍）

“《笛卡尔的错误》是一部引人入胜的著作。”

——《新观察周刊》(*Nouvel Observateur*)

“达马西奥提出了一个令人备受启迪的理论……情绪是我们称之为认知的重要组成部分。如果情绪受到严重损害，我们也就没有了理性。”

——《华盛顿邮政书籍世界》(*Washington Post Book World*)

“这是一个明晰流畅的证明过程，证明了人类情绪和运动功能、语言或记忆等一样都是值得进行科学探究的，其最重要的成就是它对认知神经科学提出了挑战。我们完全有理由说，心实际上就在头脑里。”

——《金融时代》(*Financial Times*)

“如果安东尼奥·达马西奥的假设正确，论点可信，这本书就会成为点燃21世纪大量神经生物学研究的火花。其清晰准确的行文风格对读者而言，是一种珍贵的馈赠。这是一次充满魅力的感受过程之旅。”

——理查德·赛尔泽（Richard Selzer），医学博士，《抬起头》(*Raising the head*）的作者

“一次令人惊叹的……穿越人类心灵的激情之旅，此次旅程充满了博识，敏锐……与同为神经科学家的奥利弗·萨克斯一样，达马西奥在阐述时运用了一些引人入胜的个案记录。”

——《旧金山编年史》(*San Francisco Chronicle*)

“与智力、记忆、创造，甚至激情有关的各种发人深省的概念在《笛卡尔的错误》中随处可见，这是一本绝佳的介绍神经生物学的著作。”

——《洛杉矶时报》(*Los Angeles Times*)

“易于理解，文字优美，发人深思……这是一本严肃性和通俗性完美结合的书籍……马上拿起一本吧……这本书太精彩了。”

——《奥秘》(*Omni*)

“这是一个直接了解现代神经科学的主要思想家之一的观点的珍贵机会。安东尼奥·达马西奥为推理和感受如何在心理中合二为一提供了一个具有革命性的描述。”

——罗伯特·奥恩斯坦（Robert Ornstein），《意识的进化》（*The Evolution of Consciousness*）的作者

For Hanna

献给汉娜

《笛卡尔的错误》出版十周年序

重读《笛卡尔的错误》

如果我们生活在 1900 年左右，并且碰巧对一些理智问题感兴趣，我们就很可能会认为，已经到了用科学的方法来处理各种与情绪有关的问题，和以明确的方式来回答公众对情绪与日俱增的疑问的时候了。在过去的几十年里，查尔斯·达尔文（Charles Darwin）已经指出，非人类物种的某些情绪现象是怎样表现出与人类的情绪现象之间存在惊人的相似性；威廉·詹姆斯（William James）和卡尔·兰格（Carl Lange）提出了一个新颖的观点来解释情绪产生的原因；西格蒙德·弗洛伊德（Sigmund Freud）把情绪变成他用来探究精神异常状态的关键所在；查尔斯·谢林顿（Charles Sherrington）已经着手对与情绪有关的脑回路进行神经生理学研究。但是，在当时，对情绪这一主题的研究却没有繁荣地开展开来。相反，随着与心理和脑有关的学科在 20 世纪的兴起，人们的兴趣也转向了那些被我们今天松散地归为神经科学的一些领域上，而这些领域对于从事情绪研究都相当不屑一顾。确切地说，精神分析学家们从来没有将情绪遗忘，而且还有一些令人敬仰的例外——即那些对心境障碍感兴趣的药理学家、精神病学家们以及对情感具有兴趣的那些孤独的心理学家和神经病学家们。但是，这些例外只是强调了人们对情绪研究的忽视。我们并没有发现行为主义、认知革命和计算机神经病学曾经以任何令人赞赏的方式减少这种忽视。

当《笛卡尔的错误》在 1994 年首次出版的时候，虽然人们的观点已经开始转变，但总的说来，情况依然如此。本书从头至尾论述的都是关于情绪的脑科学以及通常来说情绪对于决策尤其对于社会行为的意义。我本来仅希望能够安静地阐述自己的观点，而不要被哄下讲台去，并没有奢望能够得到听众的欢迎和重视。但是结果我却发现，无论是在国内还是国外，我的观点确实得到了听众们的欢迎、重视和宽容；很多同行和非专业的大众读者都开始对本书中的一些观点进行思考。同样出乎意料的是，很多读者都急切地参与到这一讨论中来，他们提出各种问题、建议和更正意见。我和其中几名读者进行了通信联系，与其中几位还成为了朋友。我从中学到了很多，而且还将继续学习到很多，因为几乎每一天我都能收到来自世界各地的关于《笛卡尔的错误》的邮件。

10年过去了，情况已经发生了很大的变化。《笛卡尔的错误》面世后不久，两名长期研究动物情绪的神经科学家也出版了自己的著作：约瑟夫·勒杜(Joseph Le Doux)的《情绪脑》(*The Emotional Brain*，1996)和杰克·潘克赛普(Jaak Panksepp)的《情感神经学》(*Affective Neuroscience*，1998)。然后，其他人相继参与进来。很快，美国和欧洲的神经科学实验室都将研究重心转移到情绪研究上；应用情绪科学的著作受到广泛欢迎。在西班牙，人们对于这一现象也不再陌生，几本关于情绪的书籍都成为了畅销书。虽然晚了一个世纪，但是还是像我们那些杰出的先驱者所希望的那样，情绪最终得到了相应的重视。

《笛卡尔的错误》一书的主题是关于情绪和推理之间的关系。在对患有决策缺陷和情绪障碍的神经病患者进行研究的基础上，我提出了一个假设（躯体标识器假设，somatic-maker hypothesis），情绪是推理过程的一个组成部分，情绪可以协助推理过程，而不是像很多人以前所认为的那样，一定会干扰这一过程。今天，任何人都不会对这一观点感到丝毫惊讶，尽管当我提出这一观点的时候，很多人曾为之震惊，甚至带着怀疑的眼光看待这一观点。总的来说，这一观点在很大程度上得到了人们的接受，但有的时候，人们对此接受得如此之深，甚至产生了误解。比如说，我从来没有说过，情绪可以替代推理，但是根据一些肤浅的著述的说法，似乎我们认为，只要你听从自己的情绪而不是推理，就万事大吉了。

确实，在某些情况下，情绪可以替代推理。我们称之为恐惧的情绪反应可以使得大多数人在短期内稍微借助或不借助推理来规避危险。在面对危险作出反应时，松鼠或鸟类根本不会作任何思考，人类亦是如此。实际上，在某些情况下，与一点都不考虑比较起来，过度考虑的弊端可能更大。这正是在整个进化过程中情绪所发挥作用的奇妙之处：它使得生物体能够在无需迅速**考虑**的情况下迅速地作出**反应**。但是，不管怎样，对于人类来说，情况更加复杂。推理完成了情绪的功能，但却是以刻意的方式完成这一功能的。推理使得我们可以在迅速地作出反应**前**进行迅速地思考，这同样是一件好事：显然，仅靠情绪可以解决我们的复杂环境所呈现的很多问题，但并不能解决所有问题；而且，在某些情况下，情绪所提供的解决办法对问题的解决实际上是无益的。

但是，人类这一复杂的物种是如何进化出这种奇妙的推理系统的呢？《笛卡尔的错误》一书所提出的全新观点是，推理系统是作为自主情绪系统的延伸进化而来，而情绪在推理过程中扮演着各种不同的角色。比如，情绪可以使某一前提突显出来，从而使个体更偏好这一前提所得出的结论。情绪还可以对各种事实在心理中的存储过程进行协助，若要达成某个决策，这些事实都是必须要考虑的。

在推理过程中，由于决策环境的不同和决策者经历的不同，情绪必不可少的参与可以产生有益或有害的结果。环境的不同这一点可以通过马尔科姆·格拉德韦尔（Malcolm Gladwell）在《眨眼》（*Blink*）开篇所叙述的故事得到很好的解释。出于想要增加收藏的愿望，格蒂博物馆（Getty Museum）的馆长们认为，某件希腊雕塑是真品。而很多馆外的专家则出于本能的拒斥感，第一眼看见这座雕塑就判断说这是件赝品。在这个推理过程的不同阶段，不同的情绪参与了这两种不同的判断。对于一些人来说，他们具有支持某一客体的强烈愿望，他们希望得到回报；而对另外一些人来说，他们具有一种即时惩罚的本能感觉，即什么地方出了差错，有些不太对头。但是，无论哪种情况，推理都不是独立运作的，这是我在《笛卡尔的错误》一书中阐述的关键一点。如果情绪就像某些神经疾病那样完全脱离了推理过程，推理则会更加漏洞百出，比情绪对我们的决定进行干扰时的情况还要严重。

躯体标识器假设从一开始就假定，情绪是对某种场景的某些方面的标志，或者是对某些可能的行为所导致的某些后果的标记。情绪是以相当外显的方式获得这种标记的，比如以某种“本能的感受”，或者是以相当隐蔽的方式，通过那些存在于我们的意识探测器之下发出的信号来获得。同样，推理所使用的知识，可以是相当外显清晰的，也可以是部分隐藏的，例如我们凭直觉作出某个决定。换句话说，在这个快速的认知过程中，我们无需觉察到所有直接的逻辑步骤就可以形成某个结论，而情绪在直觉中扮演着一定的角色。但是，这并不一定就是说，中间步骤的知识是缺失的，而是情绪所展示的结论非常直接、迅速，无需太多的知识就进入到心灵之中。这就应了那句老话："直觉偏爱有准备的心灵。"但是，在躯体标识器假设下，这一谚语有什么意义呢？一个人直觉的质量依赖于我们在过去进行推理的质量如何；依赖于我们对于过去经验中事件发生前后的情绪的总结归纳能力如何；还依赖于我们对过去直觉的成功和失败进行思考的能力如何。直觉只不过是在情绪和很多过去练习的帮助下，所需知识被部分隐藏起来的一种迅速认知。我从来没有要将情绪和推理对立起来的意思，而是将情绪至少看成是对推理的协助，或者最多可以和推理进行合作，这一点我表述的是很清楚的。我也从来没有将情绪和认知对立起来，因为在我看来，情绪可以直接传达认知信息，或者通过感受传达认知信息。

作为躯体标识器假设基础的那些证据建立在我对神经疾病患者所进行的数年观察研究的基础之上。由于额叶的某个部位受损，这些患者的社会行为发生了改变。对这些患者的观察最终形成了《笛卡尔的错误》中另一个重要的观点：共同参与到情绪和决策的各个脑系统通常也参与社会认知和行为的运转。这一观点为各种社会和文化现象与神经生物学的某些特征之间的联系开辟了道路，两者之间的联系具有有力的事实来支持。

《笛卡尔的错误》一书的出版还引起了一个相关发现。一些年青人的某些社会行为与额叶受损的成年患者的行为很相似。他们的父母亲给我写信，表达了他们的想法，他们的想法都相当有见地。他们猜想说，自己已经长大成人的子女的问题可能也与脑损伤有关。我们发现，正如发表于 1999 年，对这一问题首次进行研究的结果所报道的那样，事实确实如此。这些年青人在人生早期曾经发生过额叶受损，而他们的父母对此并不知晓，也没有将这个事实与他们明显异常的社会行为联系起来。我们还发现了一个幼年患者异于成年患者的重要差别：幼年患者似乎没有能够学会那些本该支配他们行为的社会习俗和伦理规范。成年患者以前知道这些规范，但现在却无法按照这些规范产生相应的行为，而幼年患者则从来都没有学会这些规范。换句话说，成年患者的病例告诉我们，恰当的社会行为需要情绪的参与；而幼年患者的病例则表明，要想掌握与恰当的社会行为有关的知识，情绪也是必需的。目前，这一现象对于理解异常社会行为的潜在原因的意义还几乎没有得到人们的重视。

在《笛卡尔的错误》的后记中，我指出了神经生物学的未来研究方向：人类价值观的文化发展使得我们将行为判断为好或坏，将物体归类为美或丑，而基本体内平衡机制为人类价值观的文化发展设计了蓝图。我当时之所以写下这句话，是因为我希望可以在神经生物学和人文学科之间架起一道双向的桥梁，为更好地理解人类冲突和更全面地理解创造力提供一种方法。现在，我可以很高兴地说，这座桥梁的建设已经取得了一些进展。比如，我们当中一些人正在积极地从事与道德推理有关的脑功能的研究，而有的人正在尝试着发现人们在进行审美时脑是如何工作的。他们的意图并不是要把道德或美学简化成脑回路，而是要探索将神经生物学和文化两者联系起来的思路。我相信，看到这一进展，西班牙伟大的科学家们和思想家们——比如说拉蒙·伊·卡哈尔（Santiago Ramón y Cajal）或者乌纳穆诺（Miguel de Unamuno）——一定会非常高兴。今天，我甚至满怀着更大的希望，希望这样一个看起来有些乌托邦色彩的桥梁终有一天可以实现，我认为我们一定可以从这座桥梁获益，而不必再等一个世纪。对此，我深感乐观。

安东尼奥·R. 达马西奥
戴维·多恩西弗（David Dornsife）神经科学教授
脑和创造力研究中心主任
美国南加州大学

目　录
Contents

第二编

第三编

导　言 xiii

虽然我无法确切地说出究竟是什么激发了我对推理的神经基础的研究兴趣，但是自己确信关于理性本质的传统观点可能是不正确的那一刻，我却记忆犹新。小时候，我就被教导，良好的决定来自于冷静的头脑，情绪和推理就像油和水一样永不相溶。我曾经一直认为推理机制存在于心灵的某个独立部位，在这里情绪是不应该参与进来的；那时，每当我想到心灵背后的脑时，我都认为推理和情绪具有互相独立的神经系统。无论从心理还是神经科学的角度来讲，这是当时谈到推理和情绪两者关系时广为人们所接受的观点。

但是现在，在我的面前有这样一个人，一个你所能想象到的最平静的、最不情绪化，同时又智力正常的人。他的实际推理能力受到了如此严重的损害，导致其在日常生活中会犯下一连串的错误，而且那些本应符合社会习惯和其个人利益的行为也受到了永久性损害。这个人的心理本来一直都非常健康，但一场神经疾病损害了他的某个脑区，一夜之间，其决策能力出现了严重缺陷。在 xiv
他的脑中，理性行为所必需的脑区仍完好无损。他仍然具有必要的知识、注意和记忆，语言能力很正常，可以进行计算，可以应对抽象的逻辑问题。他的决策能力缺陷只有一个明显的伴随现象：情绪感受能力发生了明显改变。推理缺陷和感受障碍作为某种特定脑损伤的后果而共同出现，这两者之间的关联提示我：感受是推理机制不可或缺的组成部分。二十多年来，在与大量神经病患者的临床与实验接触中，我多次观察到同样的现象，这成为一个启示，一个促使我提出某种经得起论证的假设的启示。[1]

在本书开头，我就提出推理可能并不像我们大多数人所认为或希望得那样简单，即情绪和感受根本不可能进入推理的领地；相反，无论作用是好是坏，它们可能都与推理的网络交织在一起。情绪和感受是生物调节机制的明显表达，如果没有生物调节机制的引导，那么，无论是在进化过程，还是对任何独立个体而言，人类的推理策略都不可能发展起来。此外，即使推理策略在早期发育阶段被建立起来，其有效利用在很大程度上可能还要依赖之后发展出的感受能力。

这并不是否认情绪和感受在某些情况下会导致推理过程的混乱。传统经验已经表明混乱会出现，而且最近对正常推理过程的研究也显示情绪偏差会带来潜在的不利影响。因而，下面的这句话可能会更让人感到惊讶和耳目一新：人类之所以成为人类是因为理性，理性使得我们可以根据个人的未来感、社会习俗和道德原则作出决定，而情绪和感受的缺失对理性造成的损害非常严重，其对理性的破坏能力也丝毫不弱。

这并不是说，当感受具有正面作用时，它就会替我们作决定，或者说我们
XV 是非理性的生物。我只是认为情绪和感受过程的某些方面对于理性来说是必不可少的。在最好的状态时，感受可以为我们指出正确的方向，引领我们形成适当的决策，在这一过程中，我们可以充分利用一下自己的逻辑能力。当我们必须要作出道德评判，对人际关系进行判断，或者为了使自己在年老时免于穷困而作出某种选择或为未来生活制订规划时，都面临着不确定性。对不定的将来作出预测并制订相应的行动计划是一项令人心存畏惧的任务，而情绪和感受及其背后隐藏的生理机制可以在这一过程中协助我们。

我的探索之旅从对一个发生在 19 世纪的具有里程碑意义的病例的分析开始。这个病例的主角叫菲尼亚斯·P. 盖奇（Phineas P. Gage），他的行为首次揭示了受损理性和特定脑损伤之间的联系。我还对最近几个类似菲尼亚斯·盖奇的患者的研究进行了调研，并且回顾了来自人类和动物的神经生理方面的相关研究。进一步地，我提出，人类的推理过程依赖于几个脑系统，在多层面的神经组织中协同工作，而不是仅存在于唯一的某个脑区里。“高级”和“低级”脑区，从前额叶皮层到下丘脑和脑干，都在推理的形成过程中共同发挥作用。

推理的低级神经基础同样调节着情绪和感受的加工过程，以及有机体生存所必需的身体功能。反过来，这些低级神经基础实际上与每一个身体器官都保持着直接而交互的联系，这样身体就直接成为运转链中的一环，这个运转链产生了最高级的推理、决策，再延伸一下，还有社会行为和创造性。情绪、感受和生物调节在人类推理过程中都扮演着一定角色。我们有机体的低序运作处于高级推理的过程之中。

虽然查尔斯·达尔文在阐述人类身体中拭除不去的低级生物的痕迹时，已经暗示了这个发现，但在人类最独特的心理功能层面上发现我们进化的痕迹仍然令人兴奋不已。[2]然而，高级推理对低级脑结构的依赖并不会将高级推理变为低级推理。遵照某种道德原则作出行为反应需要脑中简单回路的参与，这个 xvi
事实并不会令这一道德原则的价值有所贬损。伦理的大厦不会倒塌，道德没有受到威胁，在任何一个正常人身上，意志还是意志。所能改变的是我们的看法，我们对于生物特性在某种社会情境下产生的某些伦理道德原则的起源是如何进行影响的看法，在这种社会情境下，很多具有相似生物特性的个体在特定环境下相互作用，相互影响。

感受是本书的第二个核心主题。由于我一直苦苦探寻推理和决策背后的认知和神经机制，所以我选择这个主题是出于必要性而非出于对本书的事先构思。本书的第二个论点就是，感受的本质可能并不是关于某个客体的艰涩难懂的心理特性，而是对身体的某种特定状态的直接知觉。

对于那些因为脑损伤而出现感受体验能力障碍的神经疾病患者进行的研究使得我思考，感受其实并不像人们一直以来所认为的那样是无形的。人们可以从心理上压制它，而且还可能发现它们的神经基础。与目前的神经生物学观点不同，我认为感受所依赖的重要神经网络不仅包括边缘系统，还包括脑的部分前额叶皮层，最重要的，还应包括对来自身体的信号进行映射和整合的脑区。

我将感受想象为你我都可以从一扇打开的窗户看到的东西，这扇窗户外面就是不断更新变化的身体结构和身体状态的表象。如果你把窗外的景象想象为一片风景，那么身体“结构”就相当于那个风景空间里的物体形状，而身体“状态”则相当于那个空间里物体的光亮、阴影、运动和声音。在你身体的这片风景里，那些物体就是内脏（心、肺、肠、肌肉），而光亮、阴影、运动和声音则表示这些器官在某一时刻的某种运转状态。总的来说，某种感受就是身体风景的某一部分的某个瞬间的“景色”。感受具有特定的内容——身体状态及其特 xvii
定的支持性神经系统，后者即整合与身体结构和调节相关信号的周围神经系统和某些脑区。因为在产生身体风景感觉的同时，对其他不属于身体部分的客体的知觉或回忆也同时会产生，比如一张面孔、一段旋律、一缕清香等，于是感受最终会成为其他非身体部分的客体的“限定者”。但是，除此之外，感受还有别的特性。我在下面会提到，这种被限定了的身体状态，无论是正面还是负面的，都伴随和围绕着相应的思维模式：当身体状态积极愉快时，思维模式快速运动，想法丰富；当身体状态痛苦时，思维模式运动缓慢，重复不前。

从这一点来说，感受就成为对自然本性和环境两者匹配或失匹配的感受器。所谓自然本性，即指我们遗传而来的、受基因控制的适应性行为反应，是个体在发展过程中，通过与社会环境有意或无意地相互作用而习得的行为反应。感受及其情绪源，是无时无处不存在的。它们是我们内在的心理向导，帮助我们与其他信号交流，而这些信号同时也引导着这些感受和情绪。感受既不是无形的，也不是艰涩难懂的。与传统科学观点相反，感受和其他知觉一样具有认知性。它们是一种很神奇的生理安排的结果，这种安排将脑变为身体的忠实听众。

感受使得我们得以从纯生物的角度对有机体有所了解，并对生命本身的机制产生思考。如果人类没有了可以感受痛苦或愉快的身体状态这一与生俱来的能力，就不会有人世间的苦难或福佑，欲望或慈悲，悲惨或辉煌。

乍一看，这样一个关于人类精神的观点可能并不那么符合人的直觉，或者
xviii 不那么令人舒服。在对复杂的人类心理现象进行解释的尝试过程中，我们承受着会被别人说成在诋毁这些现象，以及强词夺理的风险。但是，只有当我们在一种现象本身与其背后各个独立的组成部分和运转活动混淆不清的情况下，才会面临这种风险，而我的阐述中并不存在这种情况。

认识到某种感受依赖于某些特定的脑系统与某些身体器官的互相作用，并不会削弱将这种感受作为一种人类现象的地位。爱情或艺术会令我们感到苦恼或愉悦，如果我们了解到苦恼或愉悦背后的各种生物过程，就不会贬低这些感受。恰恰相反，在具有如此神奇魔力的复杂机制面前，我们的好奇和敬畏感应该增加才对。感受在千年以来一直被描述为人类灵魂或精神存在的基础。

本书还有第三个相关主题：在脑中所表征的身体，可能组成了我们体验为心理的神经过程的必不可少的参照框架；正是我们的有机体而不是其他什么绝对的外部现实成为我们构建周围世界的基本参照，成为那个时刻存在的、构建自我经验主要部分的主观感的参照；我们最周密的想法和最明智的行动，我们最大的喜悦和最深的伤痛，都是以身体作为衡量的标准。

心理存在于一个整合的有机体之中，并因为这一有机体的存在而存在；如

果没有身体和脑在进化过程中、个体发展以及当前状况下的相互作用，我们的心理就不会成为现在的样子。这听起来可能挺令人惊讶。心理首先必须是与身体相关联的，只有在身体持续提供的基本参考基础上，心理才有可能与其他很多真实或想象的事物有关联。

这个观点建立在以下论述的基础之上。（1）人脑和身体其他部分构成了一
个不可分割的有机体，这一有机体由相互联系的生物化学和神经调节通路（包 xix
括内分泌、免疫和自主神经系统）组成；（2）有机体作为一个整体与环境相互作用：这种相互作用既不只与身体有关，也不只与脑有关；（3）我们称为心理的生理运转过程来源于这一结构和功能的联合体而非只来自于脑：只有在考虑了有机体与环境的相互作用的情况，心理现象才能得到完全理解。而环境也部分地是有机体活动本身的产物，这强调了我们必须加以考虑的相互作用的复杂性。

当我们谈到脑和心理的时候，通常不会提及有机体。心理来源于神经元活动这一事实显而易见，以至于一直以来只有神经元被人们提到，似乎它们的运转可以独立于有机体的其他部分而存在。但是，在我对很多脑损伤患者的记忆、语言和推理方面的障碍进行研究的过程中，有一个想法愈来愈强烈，即从最简单到最复杂的心理活动都需要脑和身体的共同参与。我认为，对于脑来说，身体不仅仅提供了支持和调节的功能，它还为脑的表征提供了一个基本的主题。

这一观点得到了事实支持，而且我们有理由证明这一观点的合理性。如果真相正如我们所说的话，我们也有理由证明，为什么这种观点是很精彩的。最重要的一点是，自从人类开始探究自己的心理，就产生了诸多令人烦恼不已的问题，其中最令人困惑的问题之一就是：我们是如何意识到了周围的世界，如何知道我们所知的，又如何知道我们已经知晓了呢？而这里提出的身体居先的观点有可能为这一问题的解决提供答案。

根据以上假设，如果脑一直都与其所属的身体相互影响，那么无论爱心、憎恨、痛苦、善良和残酷、一个科学问题的解决方案或者一个新艺术品的创造，都根植于脑内的神经活动。灵魂的气息遍布全身，痛苦——无论是源自皮肤，还是某种心理表象——都发生于肉体之中。

写这本书的时候，我想象着自己在与一位好奇、睿智的朋友对话。我的这 xx
位朋友对神经科学知之甚少，但对生活却了解甚多。我们达成协议：双方都要从这次谈话中受益。这位朋友将会对脑和那些神秘的心理事件有所了解，而至

于我，在努力解释自己关于身体、脑和心理的观点的时候，需要得到别人的启示和不同观点。我们都认同不要将此次对话变为一场枯燥的讲座，不要过激地表示反对意见，不要试图涉及太多的内容。我会谈一些已经确认的事实，一些尚未为人们肯定的争论，还有一些假设。即使我并没有什么证据来支持这些假设，而只是凭着直觉就觉得应该是那样，我也会谈及。我会客观地谈一些目前正在进行的工作，几个以前的研究项目，以及在这次谈话结束很久以后才会开展的工作。我们都清楚，由于这是一次谈话，所以期间会出现话题转移；同样，如果一些话题第一次没有讨论清楚，我们可能还会讨论第二次。所以，大家会发现我常常会重拾一些旧话题，但那时就是从不同的角度来讨论了。

从一开始，我就清楚地阐述了自己的科学局限观：我对科学假设的客观性和绝对性一直持有怀疑态度。我曾有一段时期很难接受将科学成果，尤其是神经生物学方面的成果，看成是暂时接近真理的成果；或者某个科学成果曾一时大受欢迎，在更好的解释出现之后却马上遭到抛弃。但是对现有科学研究成果的怀疑，尤其是关于心理学方面成果的怀疑，并不意味着对那些暂时性成果进行改进的热情会有所减弱。

由于我们固有的内在局限性，这一问题的答案可能永远都不会为人们所了解，可能人类心理的复杂性也就在于此。也许我们甚至根本就不应该讨论这个问题，而是应将其视为一种神秘事物，在那些可以用科学方法解决的问题和可能永远不能为科学所解决的问题之间设定一个明显界限。[3]但是，我对那些无法想象我们如何才能解开这一他们称为“谜团”[4]的神秘现象的人怀有极大的怜悯和同情。另外，还有一些人认为，这一神秘现象可以为人们所知，但如果最终答案要依赖于已知的事实，那就太令人失望了，我对这些人也同样抱有极
xxi 大同情。至于我，则经常确信，我们最终会了解真相。

现在，你可能会下结论认为这次谈话虽然的确是关于心理、脑和身体的，但却既不与笛卡尔有关，和哲学也没什么关系。我的那位朋友建议，我们的谈话应该以笛卡尔为背景进行，如果不提及这位提出了最广为接受的这三者关系观点的标志性人物，我们就没有办法讨论这样一个主题。说到这里，我惊奇地认识到，这本书将会有关于笛卡尔的错误。当然，你也一定想要知道错误是什么，眼下我要保密，但是我保证这个秘密最终会为你们所知晓。

接下来，我们热诚的谈话就从菲尼亚斯·P. 盖奇的不寻常生活开始了。

第一编

1

发生在佛蒙特州的不幸事件

菲尼亚斯·P. 盖奇

现在是1848年的夏天，新英格兰。25岁的建筑工人菲尼亚斯·P. 盖奇即将从一个生活还算如意的人变得一无所有了。即使在一个半世纪以后的今天，发生在他身上的不幸事件仍然具有非凡意义。

盖奇是拉特兰暨伯灵顿（Rutland & Burlington）铁路公司的职工，他管理着一个大组。这个组的工作是铺设穿越佛蒙特州的新铁路。过去的两周里，铁路缓慢地向卡文迪什镇（the town of Cavendish）铺进，现在铺到了布莱克河（the Black River）的河床边上。露出地面的坚硬岩石令工作变得相当艰巨。工人们采取的解决办法不是让铁路避开岩石在峭壁间转来绕去，而是炸开岩石，将路铺得更直、更平坦。盖奇一方面对所有的工作进行整体监督，一方面又像个工人一样，对每项工作都事必躬亲。他有5英尺6英寸高，体格健壮，动作敏捷而准确。他看上去就像年轻时的吉米·卡格尼[1]，跑来跑去地忙碌着，精力充沛，仿佛在枕木和铁轨上优雅地跳着踢踏舞。

---

[1] Jimmy Cagney，美国著名踢踏舞者。——译者注

4 但是，在上司们的眼中，盖奇可不仅仅是一个可以干活的普通员工。他们说，他是所有雇员中“最高效和能干的”。[1]这是件好事，因为这项工作需要强壮的体力和高度集中的注意力，在安装炸药的时候尤其如此。安装时，一定要严格遵循一定的顺序。首先，在岩石中钻一个洞，将炸药放进去，放到一半位置时，放入导火索，然后再用泥沙盖上。泥沙一定要夯实，要用一个铁棒按照严格的顺序夯几下。最后，再点燃导火索。如果一切顺利，炸药会向岩石方向爆炸；泥沙很关键，如果没有泥沙的保护，炸药将向反方向爆炸。铁棒的形状和操作方式也很重要。铁棒的规格都是按照盖奇的要求制造的，他可以称得上是这种事情的行家了。

现在我们要讲到重要的情节了。这个炎热下午的 4 点半钟，盖奇刚刚把炸药和导火索放到爆破眼里，告诉助手帮他用泥沙盖起来，突然听到有人从后面叫他，盖奇从右侧转过头去看是谁。由于受到打扰，盖奇有些分神，助手还没有将炸药用泥沙盖住，他就开始将铁棒直接向炸药敲去，霎时，敲击岩石产生的火花点燃了炸药，爆炸直向他的面孔扑去。[2]

爆炸如此惨烈，所有在场的工人都被吓愣住了。好几秒之后工人们才回过神来，明白了眼前发生的一切，原来是发生了非正常爆炸事故，因为岩石还都完好无损。爆炸产生的异常啸叫声就好像喷射式烟花发射到空中发出的声音，但这可不是烟花，这是突如其来的袭击和排炮。铁棒刺进盖奇的左面颊，穿透颅骨底部，经过脑的前部，从头顶高速穿出。铁棒落在一百多英尺远的地方，沾满了鲜血和脑浆。菲尼亚斯·盖奇也被爆炸冲倒在地。他吓呆了，蜷缩在下午炽热的阳光里，一句话也说不出来，但人竟然还清醒着。而我们则目瞪口呆，都成了无能为力的旁观者。

可以预料，“可怕的事故”将成为一周后 9 月 20 日的《波士顿每日快讯》（*Boston Daily Courier*）和《每日杂志》（*Daily Journal*）上的头条新闻。9 月 22 日的《佛蒙特信使报》（*Vermont Mercury*）上将出现一个不寻常的新闻头条“令人吃惊的事故”，而《波士顿医药和外科杂志》（*Boston Medical and Surgical*
5 *Journal*）上则是一条准确客观的新闻头条“铁棒从头部穿过”。如果从记者们对这件事故的客观描述看，人们一定以为他们相当熟悉埃德加·爱伦·坡①奇异恐怖的写作风格。也许他们对爱伦·坡可能真的有所了解，但这显然不太可能，

① Edgar Allan Poe，美国作家，以阴森恐怖的作品闻名。——译者注

因为当时爱伦·坡的哥特式写作风格还没有流行，而且他本人在第二年就去世了，去世的时候默默无闻，身无分文。可能恐怖故事本身就比较受欢迎吧。

请注意，人们对于盖奇没有当场就被炸死感到非常惊讶。波士顿的医学档案记载到："爆炸的一瞬间，受伤者被气浪冲了起来，摔倒在一边，躺在地上"，稍后，他的身体"发出了好像临死前的抽搐"，然后"几分钟后，他说话了"，"工人们（他们与他的关系很好）七手八脚地把他抬到几杆远的路上（1杆等于 5.5 码或 16.5 英尺），将他扶上了一辆牛车，他腰杆笔直地坐着，牛车一直赶了 3/4 英里，来到了约瑟夫·亚当斯先生（Joseph Adams）的旅馆"，盖奇"自己从牛车上下来，几乎没有让工人们搀扶。"

我来介绍一下亚当斯先生。他是卡文迪什镇的治安法官，也是镇子上的旅馆和酒吧的老板。他比盖奇高，身体也胖一圈，体形看起来就像福斯塔夫①，也像福斯塔夫一样热心。他走上前来看了一下，马上派人去叫镇子上的约翰·哈洛（John Harlow）医生。当大家都在等待的时候，我猜想，他可能会说，"哎呀，盖奇先生，到底发生了什么事?"而不是"天哪，天哪，我们有大麻烦了。"他一边表示不可思议地摇着头，一边把盖奇领到旅馆门廊的荫凉处，他们把这种地方叫做小广场，好像这样称呼会使它变成体面、宽敞和露天的场所。可能这个地方确实体面和宽敞，但绝不会是露天的；它就只是一个门廊。亚当斯先生正在递给菲尼亚斯·盖奇一杯柠檬水，或者也可能是一杯冰的苹果酒。

爆炸已经过去了一个小时。太阳落山了，气温也不那么让人难以忍受。哈洛医生的一个年轻同事爱德华·威廉姆斯医生（Edward Williams）终于赶到了。若干年后，威廉姆斯医生这样描述当时的场景："他当时坐在卡文迪什镇亚当斯先生开的旅馆前小广场的椅子上。看见我的马车进来，他说到，'大夫，这个活可够你对付的了。'还没从马车上下来，我就首先注意到他头上的伤口，脑的颤动非常明显。在检查开始之前，我还发现了一个令我困惑的现象：头的顶部看起来就像一个倒过来的漏斗。我后来发现，这是由于在创口周围两英寸的面积上出现的骨折造成的。我应该补充一下，穿过颅骨及其覆盖物的创口的直径大约有 1.5 英寸；创口边缘外翻，整个伤口看起来就像是有一个楔形物体从下向上穿过。在我给他检查伤口的时候，盖奇先生跟我说，他受伤是他人原 6

① Falstaff，莎士比亚作品中的喜剧人物。——译者注

因造成的。他的谈话富有理性，对我的提问也非常配合地积极给予回答。于是，我开始询问事故的目击者，那些事故现场的工人当时就站在我们周围。然后，盖奇先生又向我叙述了一些事故发生后的情景。我可以确定地说，无论是在事发当时还是之后的任何时候，我认为他的理性都完全正常，只有一次例外。那大概是事故结束两周以后，他总是叫我约翰·柯温（John Kirwin），但是他可以正确回答我的所有问题。”[3]

如果我们想一想那根铁棒的形状和重量，盖奇能够活下来就更加令人惊讶。哈佛大学的外科教授亨利·比奇洛（Henry Bigelow）这样描述那根铁棒：“这根穿过颅骨的铁棒重达 13.25 磅，长达 3 英尺 7 英寸，直径为 1.25 英寸。戳向盖奇的那一端很尖锐；接下来的那一段锥体有 7 英寸长，顶端的直径有 0.25 英寸。这就是这个患者得以死里逃生的铁棒的具体情况。这根铁棒与其他铁棒不同，是由盖奇的一位铁匠邻居按照铁棒主人的意愿和想法制造的。”[4]盖奇对自己的工作及相应的工具要求都很严格。

经历了这场事故，头部受伤如此严重还能活下来，并且事故过后还能说话、走路、思维连贯——这些都太令人惊讶了。但更令人惊讶的是，虽然伤口不可避免地引发了感染，但盖奇挺过了感染期活了下来。负责给盖奇治疗的约翰·哈洛（Tohn Harlow）医生非常清楚消毒的效用。在当时没有抗生素的情
7 况下，他使用自己所能得到的化学药物对伤口进行了仔细、定期的清洗，他让病人半躺着，这样清洗就变得自然而容易。盖奇发起了高烧，生了几个脓肿，哈洛医生马上用手术刀将其切除。最终，在神奇力量的帮助下，盖奇的年青和强壮战胜了不幸的命运。用哈洛医生的话说就是：“我只是给他清洗和包扎伤口，是上帝治愈了他。”

不到两个月，医生宣布菲尼亚斯·盖奇的伤口愈合了。虽然目前盖奇出人意料地痊愈了，但是，与随后盖奇在人格上所发生的巨大变化相比，这个结果就显得无足轻重了。盖奇的性情、以前所爱好和憎恶的事物，以及理想和希望全都变了。盖奇的身体还很好地活着，但好像已经被一个新的灵魂操纵了。

盖奇不再是以前的那个盖奇了

我们可以从哈洛医生在事故结束 20 年后所撰写的材料中拼凑出当时确切的情况。[5]这是一篇比较可信的文稿，有大量的事实描述而解释却很少。无论

对于人类的经验，还是对神经科学来说，这份材料都具有一定意义。从这份材料中我们不仅可以对盖奇有所了解，对他的医生也有所了解。在进入费城的杰斐逊医学院（Jefferson Medical College）学习之前，约翰·哈洛是个中学教师。当他给盖奇治疗的时候，他从事医生职业还没有几年。这个病例成为他终生的研究兴趣。我猜想，这个病例使得哈洛想要成为一名学者，而当他开始在佛蒙特州行医的时候，这并不是他的未来计划之一。成功的治愈盖奇并将结果告知他在波士顿的同事，这可能是他职业生涯中的闪光时刻，而他肯定也曾经为能否治愈盖奇而感到忐忑不安过。

哈洛描述了盖奇恢复及重获健康的过程。盖奇的触觉、听觉和视觉仍然正常，四肢和舌头也没有麻痹。他的左眼瞎了，但是右眼视力仍然很好，走起路来很稳，可以灵活地使用双手，讲话也没有什么明显的困难。但是，就像哈洛所描述的，“他的理智能力和动物本能之间的平衡状态”好像被摧毁了。这些变化在脑损伤的急性阶段结束时就开始显现出来。他现在“变化无常，对神灵不敬，经常会使用最粗俗猥亵的语言，而这些都不是他以前的为人特点；他对同事一点也不尊重，如果有什么规定或意见与他的看法相左，他会变得不耐烦；有时相当顽固，却又喜怒无常，优柔寡断；虽然设计了许多未来计划，但刚刚开始实施就都放弃了……他的理智水平和行为表现像个孩子，但同时又具有一个强壮男子所具有的动物性激情。”他讲的那些下流话太难听了，连妇女们都被告知不要在他面前停留太久，以免她们敏感的心灵受到伤害。来自哈洛医生本人的最严厉的谴责和教导也没能使这位事故幸存者的行为举止变得好一点。 8

这些新的人格特点与盖奇没出事以前众所周知的“个性温和”和“精力充沛”形成了鲜明对比。以前，“他个性平和，周围的人都把他看作一个精干、聪明的工头，他的精力非常旺盛，执行自己的行动计划时很有恒心。”无论在工作和生活中，他都无疑曾是一个成功的人。而现在他的变化反差太大，朋友和同事们几乎都认不出他了。他们伤心地说“盖奇不再是以前的那个盖奇了”。当他重回原来工作岗位的时候，他的雇主们无法接受他，因为他们认为“他的变化太大了，已经不适合再做原来的位置”。问题不在于他的身体状况不佳或技术水平不行，问题是他的性格变了。

情况继续恶化。由于不能再干工头的工作，盖奇就到农场找了些活干。人们推断，他之后很可能又会在一阵心血来潮的念头下辞职不干，或者由于缺乏自我约束而被解雇了。正如哈洛所说，他总是擅长于“发现一些不适合他的事情”。后来马戏团把他招了进去，利用他来招揽观众。盖奇是纽约巴纳姆博物馆[①]的一个招牌人物，他虚荣地向观众展示着自己的伤口和那根铁棒。（哈洛医生写道，那根铁棒一直伴随着盖奇，并指出，他对物体和动物存在强烈依
9 赖，而他以前并没有这个习惯，并且他的依赖有些超乎寻常。这种特质我们称为收集癖行为，我在其他一些与盖奇出现同样损伤的病人和自闭症患者身上也曾发现过。）

与现在的情况大不相同，那时的马戏团简直就是人间惨剧的缩影。各种存在内分泌失调问题的人聚集在那里，如侏儒、世界上最肥胖的女人、最高的男人和下巴最大的人；还有各种神经系统出现问题的人，如患象皮症的年轻人、长着神经纤维肉瘤的人——现在，还有盖奇。我们可以想象，他就与这样的人为伴，叫卖着自己的不幸换取别人的金钱。

事故发生4年后，又发生了一个戏剧性的变化，盖奇去了南美。在那里，他可能在农场工作过，也可能在圣地亚哥（Santiago）和瓦尔帕莱索（Valparaiso）做过公共马车车夫。总之，人们对他在国外的流亡生活知之甚少，除了有一点，就是——1859年，他的健康状况恶化了。

1860年，盖奇回到了美国，和他的母亲和姐姐住在一起，当时她们已经搬到了旧金山。刚开始时，他受雇于圣克拉拉（Santa Clara）的一个农场，但他在那里并没有干多久。实际上，他到处搬家，偶尔在当地干点体力活。显然，他不是一个自立的人，保不住那种他曾经一度从事的有稳定报酬的工作。末日就要来临了。

这是我所想象的19世纪60年代的旧金山某一处街区的情景，这是个熙熙攘攘的地方，到处都是从事矿业、农牧业和运输的冒险商人。那里，我们可以发现盖奇的母亲和姐姐，他的姐姐嫁给了旧金山的一个富商D. D. 夏特克先生（D. D. Shatuck），在那里我们本应该可以找到虚弱的菲尼亚斯·盖奇。但是如果时光倒转，我们身处其境，却并不一定能找到他。相反，在一个社会问题严重的街区里，我们却可以见到他喝着酒，大声吵嚷着。他在那里并不是与什么企业负责人讨论生意，我们会震惊地（就如同地壳断层发生移动时地球威胁性的颤抖一样令我们震惊）发现，他已经沦落为堕落人群的一员了。这些人，就像纳撒内尔·韦斯特（Nathanael West）数十年后描述旧金山以南几百英里的

① Barnum's Museum，19世纪位于美国纽约的一个博物馆，展有许多奇异人物。——译者注

地方①时所说的那样，“来到加州等死。”[6]

可以查到的少量资料表明盖奇患上了癫痫。1861 年 5 月 21 日，最后的时刻终于来临。患上一场小病一天多以后，盖奇发生了一阵大抽搐，然后就失去 10
了意识。随后就是连续的抽搐，一阵紧接着一阵。他再也没有醒过来。我认为他死于癫痫发作，在这种情况下，抽搐连续发生，可以导致死亡。他死时 38 岁，旧金山当地的报纸没有进行报道。

为什么要讲菲尼亚斯·盖奇的故事?

为什么要讲这个令人哀叹的故事呢？这个离奇的故事有什么意义？答案很简单。当时，同时期的神经损伤病例都证明脑是语言、知觉和运动功能的基础，并且还都提供了很多结论性的细节信息。而盖奇的故事却表明了一个令人惊讶的事实：在人脑里可能有专门负责推理的系统，尤其是个人和社会领域的推理。即使最基本的智力和语言能力看起来都没有受到损害，脑损伤也可能会导致已习得的社会习俗和道德规则的丧失。不经意间，盖奇的病例表明，人脑中有某个部分专门负责人类特有的特性。这些特性包括在复杂的社会环境中对未来作出预测并制订相应计划的能力；对自我和他人的责任感；以及根据自己的自由意志，精心安排自己生活的能力。

这个令人不快的故事给人印象最深刻之处是事故前正常的人格结构和事故后邪恶的人格特质之间的巨大差异，而且后者一直伴随盖奇的余生。事故前，盖奇非常清楚什么样的抉择可以让自己过得更好。他具有个人和社会责任感，这表现在他追求自己事业的发展，关心工作的质量，从而赢得了上司和同事的赞赏。他很好地适应了社会习俗，其行为也符合当时的伦理规范。而事故之 11
后，他不再在乎社会习俗，违反道德规范（广义概念上的道德）；作决定的时候也不会考虑自己的最大利益。除此之外，他还经常编造谣言，根据哈洛医生的描述，他的谣传“没有任何根据，完全是他自己的虚幻想象”。没有什么迹象显示他会关心自己的未来，并事先作好计划。

盖奇的人格改变十分明显。他无法作出有利的选择，即使是已经作出的选择也都绝不是无害的中性选择。与那些不想或不敢选择的人所进行的草率和保

① 指好莱坞。——译者注

守的选择不同，他的选择明显地对自己不利。有人可能会大胆地猜测，认为他的所有价值体系现在都与以前不同了；或者，即使相同，旧的价值体系也根本无法对他的决定发挥影响。虽然没有证据可以表明这两种说法的真伪，但是通过对类似盖奇脑损伤的病人的研究，我确信，这两种解释都没有抓住问题的本质。有些价值体系还保存着，并且从抽象意义上来说还可以使用，但是它们与现实生活的情境并没有联系。在菲尼亚斯·盖奇的现实生活中，他的旧知识对决策过程的影响减少到了最小。

盖奇的故事另一个重要方面是堕落的人格和诸如注意、知觉、记忆、语言和智力等几种心理功能的完好无损之间的矛盾。这种现象在神经心理学中被称为**分离**（dissociation），即一个大的运转框架下一种或几种表现与其他几种表现相抵触。在盖奇这个病例中，受损的人格与完好无损的认知和行为分离开来。其他脑区受损的病人，如果其语言能力可能受到损害，但人格和其他认知能力仍完好无损，那么语言能力就是“被分离”的能力。随后人们对类似盖奇的病人进行的研究证实，这种特定的分离现象在这类病人身上都无一例外地存在。

12 真是令人难以置信，人格的改变竟然不能自我消解，刚开始时，甚至哈洛医生也拒绝承认这种改变具有恒久性。这是可以理解的，因为盖奇的故事中最富有戏剧性的部分是他幸存下来了，而且还没有留下什么瘫痪、语言困难或记忆丧失之类的后遗症，这一点非常清晰明白地呈现在人们眼前。而好像一味地强调盖奇新出现的社会性缺点对于上帝的眷顾和药物的治疗都是一种不敬。但是，到了 1868 年，哈洛医生已经准备要承认这个病人人格的完全转变了。

人们对盖奇幸存下来这一现象虽然给予了一定关注，但是却持有看待奇异现象的谨慎态度，而其行为改变的意义在很大程度上被忽视了。这种忽视是很自然的。当时，即使是在脑科学这个狭小的领域里，也形成了两大阵营。一个阵营认为，语言或记忆等心理功能绝不可能与脑中的某个特定区域有什么关联。即使他们很不情愿地接受了脑产生心理这一现象，他们也认为脑也是由各个脑区整体协同作业，而不是一个由具有不同功能的脑区组成的联合体。相反，另一个阵营则认为，脑确实存在功能化的脑区，这些脑区形成各自独立的心理功能。这两大阵营的分歧说明了当时脑科学研究还处在初期阶段。其实这些争论已经持续了一个世纪，即使到了今天，在某种程度上，这种争论依然存在。

无论盖奇的故事引发了什么样的学术争论，争论的焦点都集中在对主司语言和运动的脑区进行定位的问题上。争论的方向从来没有转向受损的社会行为和受损的额叶之间的关系上。这使我想到了沃伦·麦卡洛（Warren MaCulloch）的一句话："当我的手指向远方，要看着我指向何处，而不是看着我的手指。"（麦卡洛，一位富有传奇色彩的神经心理学家，计算神经科学领域的先驱人物，同时还是一位诗人和预言家。这句话通常是预言的一部分。）几乎没有人注意到盖奇的故事不经意间指向了何方。当然，很难想象在盖奇的时代，会有人具备足够的知识，**同时还有**足够的勇气去发现正确的方向。如果说铁棒并没有伤及那些可以导致盖奇的心脏停止跳动、肺停止呼吸的脑区，这一点是可以接受的；或者说掌管清醒的脑区由于远离铁棒的运行轨迹，从而逃过一 13
劫，这也是可以接受的；甚至说伤口没有令盖奇长时间丧失意识，这一点也是可以接受的。（这个事件预示了我们今天通过脑损伤研究所得到的知识：这种类型的脑损伤是一种很关键的类型，脑如果受到重击，即使没有发生骨折，没有物体穿过脑，也会导致长时间的意识丧失；击打所产生的释放力量严重扰乱了脑功能的精确分工。像这样脑在颅骨内没有受到冲击，而是力量集中到一个又窄小又稳定的轨迹上的穿透性创伤，只有在脑组织真正受到破坏的脑区，才会导致功能失调，而其他脑区则不受影响。）但是，要理解盖奇的行为改变就意味着要接受正常的社会行为都需要相应的脑区这一观点，而与运动、感觉甚至语言也需要特定的脑区这样的观点比起来，这个观点太令人难以接受了。

实际上，引用盖奇病例的人都是那些不相信心理功能与特定脑区存在关联的人。他们粗略浏览了一些医学证据，就草率地下结论：如果像盖奇这样严重的脑伤都没有产生瘫痪或言语障碍，那么很明显，运动控制和语言与那些被神经病学家确定为运动和语言中枢的相对较小的脑区也不会有什么联系。而他们认为——我们会看到他们是完全错误的——盖奇的脑伤直接损伤了这些中枢。[7]

在那些具备相应的能力和智慧，不辞劳苦对以前的研究结果进行分析的少数人当中，英国的生理学家戴维·费里尔（David Ferrier）就是其中一个。[8]费里尔在脑损伤引发行为改变病例方面的知识，以及他在电刺激和动物大脑皮层切除方面所进行的开拓性实验，都使得他具备得天独厚的独特条件来解读哈洛的发现。他认为伤口没有伤及运动和语言"中枢"，而是损坏了他称之为前额叶皮层的脑区，这种损伤有可能与盖奇奇怪的人格改变有关系，费里尔把这种改变形象地称为"心理退化"（mental degradation）。在哈洛和费里尔两人 14
差异甚远的个人世界里，他们所听到的唯一支持的声音可能来自于颅相学的鼓吹者。

关于颅相学的插述

颅相学刚开始时被称为“器官学”（organology），由弗朗兹·约瑟夫·加尔（Franz Joseph Gall）于18世纪晚期创立。起初，颅相学在欧洲的维也纳、魏玛和巴黎的知识分子当中大受欢迎，后来由加尔的追随者和旧友约翰·盖加斯帕·施普茨海姆（Johann Gaspar Spurzheim）介绍到美国。在那里，颅相学作为早期心理学、早期神经科学和实践哲学的一种奇怪的结合体而得到发展。虽然很多人不承认它的影响，受到其影响的人也都刻意地与这场运动保持距离，但在19世纪的大部分时期里，它对科学和人文科学都影响甚大。

在当时看来，加尔的某些观点确实是惊世骇俗的。他清晰明确地阐述到，脑是精神的器官。他还同样清楚地宣称，脑是很多器官的集合体，每一个器官都具有特定的心理功能。他不仅背弃了当时深受追捧的将生物体与心理完全分离开来的二元论思想，而且还凭直觉正确地指出，这个被称为脑的器官是由很多部分组成的，而这些部分都有专门的功能。后一点是个非常伟大的直觉，因为其目前已经完全得到证实。但是，他没有认识到每个脑区的功能并不是相互独立的，而是在为由这些脑区所组成的一个更大的系统服务，对此我们并不感到惊讶，人们也不应该为这一点而指责加尔。更“现代”的观点在几乎两个世纪后才逐渐为人们所接受。我们现在可以自信地说没有哪一个“脑中枢”是完全负责视觉或语言，进一步说，还有推理或社会行为的。有些“系统”由几个相互关联的脑区组成；如果从解剖结构上而
15 非功能上来讲，这些脑区就是以往颅相学理论所认为的古老的“中枢”；这些系统确实相对独立地运转，而这些运转构成了心理功能的基础。还有一点也是正确的，这些独立的脑区，由于在系统中所处空间位置不同，所参与系统的运转部分也不同，因而也是不可互换的。最重要的是，决定某个脑区对其所属系统的运转贡献的，不仅是这个脑区的结构，还有其在系统中的**位置**。

我在这本书里会对神经解剖或脑解剖学谈得很多，会对不同的脑区进行确认，甚至还要请你忍受我反复不休地提及它们的名称以及与

它们有关系的脑区的名称。我为什么要这样做？因为脑区的位置非常重要。我经常会提及某个脑区的假定功能，但是在这种情况下，都是把这个脑区放在其所属的系统中讨论。我并没有掉进颅相学的陷阱中。简而言之，心理来源于这些独立的组件的运转，来源于这些组件所组成的各种系统的协同运转。

我们要感谢加尔提出了脑的专门化这一概念，因为在他所处的那个相关知识贫乏的时代，这确实是一个令人印象深刻的概念，但是同时我们还要责怪他，因为他引出了脑“中枢”这个概念。在19世纪的神经科学家和生理学家的著作中，脑中枢和“心理功能”紧密相连。此外，对于颅相学的很多草率的说法我们也要采取批评的态度，比如，每个独立的脑“器官”产生的心理功能与器官大小成正比，或者所有的器官和功能都是与生俱来的，等等。虽然一些同时代的神经科学家在他们的著作中就恰恰使用了这种观点，但是，以大小作为衡量某种心理功能的“力量”或“能量”的强弱的指标是一个可笑的错误。这种说法的延伸——同时是对颅相学造成了最大破坏的观点，也是很多人听到颅相学这个词的时候所想到的——就是可以通过颅骨上的隆起辨认出内部器官。至于器官和功能都是与生俱来的这一观点，你可以 16
在整个19世纪的文献资料中随处发现它的影子。我们将在第5章讨论这个错误所产生的影响。

颅相学和菲尼亚斯·盖奇故事之间的联系得到了人们的特别注意。在心理学家M. B. 麦克米伦（M. B. MacMillan）[10]寻找盖奇故事的相关证据的时候，发现了一个叫纳尔逊·赛泽（Nelson Sizer）的人。赛泽是19世纪颅相学界的一个重要人物，在19世纪40年代早期，盖奇事件之前，他曾经在新英格兰做过讲座，并到过佛蒙特州。1842年，赛泽见到了约翰·哈洛。在他的那本除了以下这句话以外其他都相当枯燥的书中，[11]赛泽写道：“哈洛医生当时是一名年轻的内科医生，1842年作为委员会的一员在我们的颅相学讲座中帮过忙。”当时，颅相学在美国东部的医学院里有一些追随者，哈洛对他们的观点很熟悉。他可能曾在颅相学的大本营费城，或纽黑文，或波士顿，听过他们的讲学。在加尔死后不久，施普茨海姆于1832年到达波士顿，并作为学术领袖和轰动一时的社会人物而受到人们的热烈欢迎。在新英格兰大吃大喝的生活把倒霉的施普茨海姆送进了坟墓，几个星期后他英年早逝。为表达对他的崇拜和感谢，葬礼的当天晚上，波士顿颅相学协会成立了。

无论哈洛医生是否听说过施普茨海姆，我们终于了解到，当纳尔逊·赛泽在卡文迪什镇的时候（他住在亚当斯先生的旅馆里，应该不是盖奇住的那间），哈洛至少听过一节直接由赛泽教授的颅相学课程。哈洛由此受到的影响可以很好地解释为什么他可以大胆地下结论认为，盖奇的行为改变是源于特定部位的脑损伤，而不是对事故的一种普通反应。但令人不解的是，哈洛并没有用颅相学来支持他的解释。

赛泽曾经又回到了卡文迪什镇（当然又住在亚当斯先生的旅馆里——这次是盖奇生病疗养时住的那间），他对盖奇的故事也了解得很清楚。当赛泽在1882年撰写自己的颅相学著作时，他这样提到菲尼亚斯·盖奇："1848年，我们带着浓厚的兴趣阅读了（哈洛）关于盖奇事件的记述，同时也没有忘记这位可怜的病人当时就住在同一家旅馆的同一个房间里。"[11]赛泽的结论是铁棒"从仁爱区（Benevolence）附
17
近和崇敬区（Veneration）的前部通过。"仁爱和崇敬？仁爱和崇敬在这里可不是加尔默罗修道会（Carmelite convent）的那两位修女，它们是颅相学中的"中枢"和脑"器官"。仁爱区和崇敬区赋予人们正常的行为、善意和对他人的尊敬。了解了这一点，你就可以理解赛泽对于盖奇事件的最终结论："他的崇敬器官似乎受损了，结果可能就是使用亵渎的语言。"说得太对了！

后见之明

特定脑区的一块脑损伤导致了盖奇的人格改变，这是毫无疑问的。但是，直到事故结束20年后，才有人提出这种解释，而到了这个世纪才似乎被人们勉强接受。长时间以来，包括约翰·哈洛在内的绝大多数人都认为，"由于种种原因，被刺穿的脑区在所有脑区中对伤害的承受力最强"[12]，也就是说，某个脑区的作用并不大，所以是可以弃而不用的。但是哈洛自己也意识到，这种解释太背离真相了。他在1868年写道，盖奇的心理康复"只是一部分，他的理智能力受到决定性的损害，但又并没有完全消失；虽然不像痴呆，但是他的理智能力表现又很弱；他的心理运转在类型上完好无损，但在程度和数量上却

绝非如此。”盖奇的病例不经意间传达了这样一个信息：对社会习俗的遵从、符合社会伦理的行为的产生，以及作出有利于自己生存和进步的决定都需要规则和策略方面的知识和特定脑系统理智能力的完整性。但是，这个信息的问题在于，由于缺少使其易于理解和精确可信的证据，结果这个信息由此变成了一个令人困惑不已的谜团，传到今天成为了关于额叶功能的一个谜团。盖奇揭示出了诸多问题，但却没有给出什么答案。

首先，我们知道的所有关于盖奇脑损伤的情况就是，损伤的部位可能位于 18
额叶。但这好像说芝加哥可能在美国一样——准确但是不精确，没有什么帮助。如果损伤可能会在额叶，那么到底在额叶的哪个部位？左额叶？右额叶？两者都有？还是另有其他受损脑区？在以后的章节大家将会看到，全新的影像技术已经帮助我们解开了这个难题。

其次，就是盖奇的性格缺陷的问题。这种异常改变是如何发生的？当然，首要的原因，是因为脑中的一个洞，但那只告诉了我们缺陷为什么会产生，而不是如何产生的。额叶中任何一个部位的洞都会产生相同的结果吗？先不管答案如何，究竟有没有某种可行的方法可以对某个脑区进行损坏从而导致人格改变？如果额叶中有这样的区域，它们又由什么组成，在正常的脑中是如何运转的？它们是某些负责社会行为的“中枢”吗？它们是由进化选择而来的模块吗？这些模块里是不是充满了问题解决的运算法则，可以随时告诉我们如何推理和决策？如果果真如此，这些模块是如何在发育过程中与环境相互作用，从而使得正常的推理和决策成为可能？抑或，实际上根本就没有这样的模块？

盖奇决策失误这一点背后隐藏的机制是什么？可能在问题解决的整个过程中推理所需的知识受到了损坏或者无法提取，所以他无法继续作出正确的决定。也有可能需要的知识完好无损，也可以提取，但是推理策略受到了损坏。如果情况果真如此，又是哪一个推理步骤丧失了？说得更明确一点，那些所谓的正常人所拥有的推理步骤有哪些？如果我们足够幸运，可以发现这些步骤的本质，那么它们的神经基础又是什么呢？

虽然这些问题很吸引人，但是相比较而言，那些与盖奇作为一个人这一事实相关的问题更加令人感兴趣。可以把盖奇描述成一个有自由意志的人吗？他有是非观吗？抑或他也是自己新脑的受害者，所以他所作的决定都是被强加到他身上，是无法避免的？他需要为自己的行为负责吗？如果我们认定答案是否定的，这是否使得我们对责任的理解更宽泛了呢？我们周围有很多像盖奇一样

19 的人，他们的堕落都令人惊讶的相似。有些人由于脑瘤、头部受伤，或其他神经疾病而产生脑损伤，还有人虽然没有明显的神经疾病，但由于他们的脑本身或他们所生活的社会的原因，他们的行为仍然表现的像盖奇一样。对于这些行为可能对自己和他人造成毁灭性后果的人，如果我们想要人性化地解决他们的问题，就需要理解他们作为人的本质。目前社会为这些个体提供的后果是入狱或死刑，但这两者对我们理解或解决问题都没有任何帮助。实际上，我们应该更深入地看待这个问题，应该在我们这些“正常的”个体有时不知不觉中作出和盖奇一样的非理性的堕落行为的时候，问一问我们自己要负什么责任。

盖奇丧失了一些人类所特有的东西，丧失了作为一个社会生物对自己的未来进行计划的能力。他有没有意识到自己丧失了这种能力？他具有和别人一样的自我意识吗？如果说他的灵魂萎缩了，或者说他丧失了自己的灵魂，这样说公平吗？如果笛卡尔知道了盖奇的故事，也具备我们今天的神经生物学方面的知识，他会怎么想？他会对盖奇的松果体（pineal gland）进行探究吗？

2

盖奇的脑所揭示的 20

问　　题

与菲尼亚斯·盖奇事件大约同一时期，法国神经病学家保罗·布洛卡（Paul Broca）和德国神经病学家卡尔·威尔尼克（Carl Wernicke）以他们对脑伤患者的研究引起了医学界的注意。布洛卡和威尔尼克各自独立地提出，某个特定脑区受伤是这些病人病后出现语言障碍的原因。[1]从专业上说，这种语言障碍就是失语症。布洛卡和威尔尼克认为，这些脑损伤揭示了正常人的语言加工的两个不同方面的神经基础。他们的观点备受争议。虽然没有马上获得很多人认同，但医学界确实注意到了他们的声音。随着他们不断修正自己的观点，大家抱着不太情愿的态度逐渐接受了他们的观点。但是，哈洛对盖奇进行的研究，或者后来大卫·费里尔的评价，却从来没有受到人们同等的关注，也没能像布洛卡和威尔尼克那样激发了其同行的智慧和想象。

这一现象的产生有好几个原因。即使一个人的哲学观使其认为脑是心理的 21
基础，但是，如果认为像道德判断等与人类灵魂紧密相连或者像社会行为等与文化联系紧密的概念，可能会主要依赖于某个特定脑区，他可能还是很难接受这个观点。除此之外还有一个原因，即与布洛卡和威尔尼克相比，哈洛医生只是业余水平，没有收集到一些令人信服的证据来证明自己。其中最突出的是他没有给出脑损伤的具体位置。布洛卡可以非常肯定地阐述是哪个脑区受损引起了自己病人的语言障碍或失语症。他曾经在验尸台上仔细解剖研究过他们的脑。与之相同，威尔尼克也曾经对那些出现语言障碍的患者进行过解剖，发现左颞叶的后部被部分损坏，于是他随后指出，受到影响的语言能力不仅仅是布洛卡发现的那种能力。哈洛则没能作出任何类似的解剖观察。他不仅需要大胆地推断盖奇的脑伤和行为缺陷之间的关系，还要首先推测脑伤的位置。结果就造成所有人对他都不满意，认为他的论述错误百出。

B表示布洛卡区；M表示运动区；W表示威尔尼克区。图2—1对四个脑叶进行了标识。哈洛的批评者认为盖奇的损伤包括布洛卡区，或者运动区，或者两者都有，并且利用这种说法来对人脑功能特化的观点进行攻击。

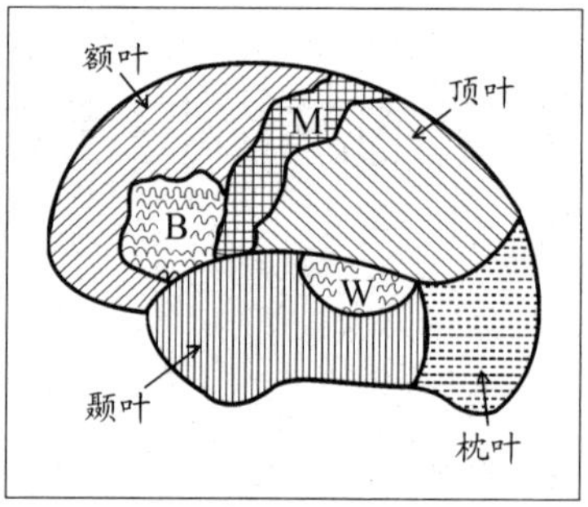

图 2—1

布洛卡最新公布的发现又加重了哈洛的困境。布洛卡指出，左额叶第三脑回受到损伤会导致病人的语言障碍，而铁棒的入口和出口都表明盖奇的脑伤可
22 能就在左额叶。但是盖奇并没有语言障碍，而布洛卡的病人则没有出现人格缺陷。结果的差别怎么会如此之大呢？由于当时功能神经解剖学知识的缺乏，有人认为创伤大致在同一个位置，而结果的差别恰恰反映了那些想要对脑进行功能定位的人的想法的愚蠢。

当盖奇于1861年死去的时候，没有进行尸检。哈洛本人也是在5年之后才知道盖奇的死讯。当时正是美国内战战事正紧的岁月，这种消息传得很慢。盖奇的死一定令哈洛倍感悲伤，失去了研究盖奇的脑的机会使他感到备受打击。也许由于打击太大，他给盖奇的姐姐写了一封信，提出了一个古怪的要求。哈洛请求她挖出盖奇的尸体，保存他的颅骨，作为这一病例的记录。

于是菲尼亚斯·盖奇又一次被迫成为了一场可怕场景的主角。他的姐姐，其丈夫D. D夏特克，以及吉恩博士（Dr. Goon，当时是旧金山市的市长）和家庭医生一起目击了整个事件。一位殡葬工打开盖奇的棺材，切下了盖奇的颅骨。那个放在盖奇尸体旁边、用来夯实炸药的铁棒，也被找了出来，与颅骨一起被寄回给东部的哈洛医生。从那时起，颅骨和铁棒就一直被保存在波士顿的哈佛医学院沃伦医学博物馆（Warren Medical Museum）里。

对于哈洛来说，向人们展示颅骨和铁棒是他证明自己的病例并非他的杜撰、而是确实存在的最好证明。大约120年后，对于汉娜·达马西奥（Hanna Damasio）来说，盖奇的颅骨则是一块跳板，借助这块跳板，她进行了探测工作，完成了哈洛未竟的事业。除此之外，这块颅骨还成为了联系盖奇和现代额叶功能研究的桥梁。

首先，她考虑了铁棒的大致运动轨迹。实际上对铁棒本身来说，这也是一次奇异的经历。铁棒从左脸颊刺入，向上进入颅骨，穿过恰恰位于上面的左眼眶后
部，继续往上，铁棒可能刺入了靠近中线的脑前部，但很难说出具体位置。既然铁 23
棒运动的角度是向右，它可能首先伤及了左侧，然后向上运行时又伤及右侧。脑伤的初始位置可能在眼眶正上方的眼眶额叶区域。在其运动过程中，铁棒可能应该损坏了左额叶，可能还有部分右额叶的部分内表层。最后，在其出口处，铁棒肯定还损坏了左额叶的背部，或称为后部的部分区域，可能还伤及了右额叶。

显然，这个猜想并不可靠。铁棒穿过一个“标准的”、理想化的脑时，会沿着一定范围内的多条可能轨迹运行，而且我们也无法知道这个脑是不是就像盖奇的脑或者在多大程度上像盖奇的脑。此外，还有更严重的问题，虽然各个神经解剖结构之间的拓扑关系是准确不变的，但各种程度的拓扑变化仍然使得每个人脑的差异远远大于同一品牌汽车的差别。这一点可以用人脸相互矛盾的相似和差异来解释：面孔有数量恒定的组件和空间排列（所有人脸组件的拓扑关系都是相同的）。但是，因为这些恒定的组件和构造在大小、颜色和位置上存在细小差别（每张脸的精确拓扑关系都不同），造成了人脸的千差万别，每个人的脸都不一样。所以，个体脑的差异就增加了上述假想轨迹的错误的可能性。

汉娜·达马西奥接下来利用了现代神经解剖学和最先进的神经影像技术，[2]尤其是她使用了一种自己开发的可以重构活体三维人脑图像的技术。这种被称之为脑体元（Brainvox）[3]的技术利用电脑将对脑进行高分辨率的核磁扫描得到的原始数据进行处理。无论是正常活体脑，还是神经疾病患者的脑，它所提供
的图像与你在解剖台上看到的画面没有任何不同。这真是一个令人感到忧虑不 24
安的奇迹。当哈姆雷特王子凝视着自己那个重约3磅、经常苦思冥想和优柔寡断的脑，而不是由挖墓者递给他的那个空空的颅骨时，不知会做何举动。

关于神经系统解剖学的插述

略述人类神经系统的解剖结构可能还是有用的。为什么要在这方面花时间呢？在前一章，当我们讨论颅相学以及人脑结构与功能之间关系的时候，我提到了脑解剖结构的神经解剖的重要性，我之所以再
25 次强调这一点，是因为神经解剖学是神经科学中的基本学科，涉及从借助显微镜可见的单个神经元（神经细胞）到肉眼可见的遍布整个人脑的系统。如果我们不具备多层面脑结构的具体知识，也就很难对脑功能的许多层面有所了解。

从整体来说，我们很容易地就可以将整个神经系统分为中枢神经系统和周围神经系统。图 2—2 的三维重构图表示的是大脑，大脑是中枢神经系统的主要组件，大脑的左右半脑由胼胝体（双向连接左右半脑的粗大神经纤维集合）联接。除了大脑，中枢神经系统还包括间脑
26 （隐藏在两个半脑下面的核团的中线集合，包括丘脑和下丘脑）、中脑、脑干、小脑和脊髓。

三维重构的活体人脑。上方中间图片表示的是从前部角度观察的人脑。胼胝体隐藏在两个脑半球之间的脑沟下面。下方两张图片表示的在裂脑手术中被切开的人脑的两个脑半球。主要的解剖结构都进行了标注。脑半球上的褶皱覆盖层是大脑皮层。

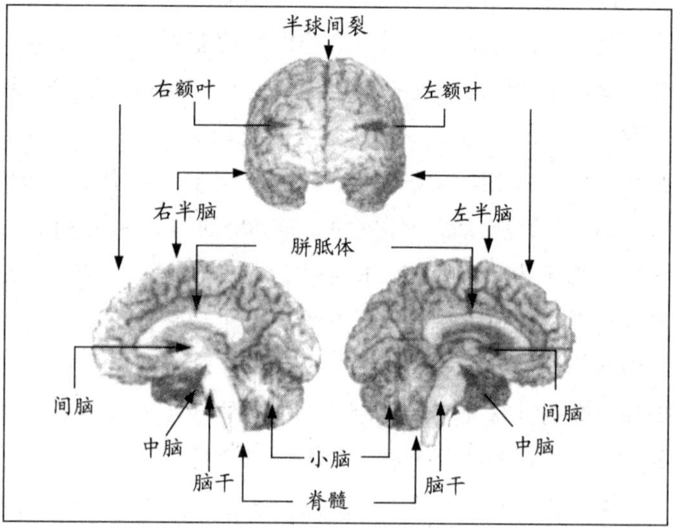

图 2—2

中枢神经系统与身体的几乎所有部分都有神经联接，这些神经联接的集合组成了周围神经系统。神经将冲动从脑传递到身体或从身体传递到脑。但是，我们在第5章将谈到，脑和身体也通过激素和肽等化学物质相互影响，这些化学物质在一处（身体或脑）释放出来，再通过血流到达另一处（脑或身体）。

当我们把中枢神经系统切开的时候，我们可以很容易地分辨出其深色和浅色部分的差别（图2—3）。深色部分被称为灰质，虽然其真正的颜色通常是棕色而不是灰色，浅色的部分被称为白质。灰质主要是神经细胞体，而白质主要是从灰质的细胞体发出的轴突或神经纤维。

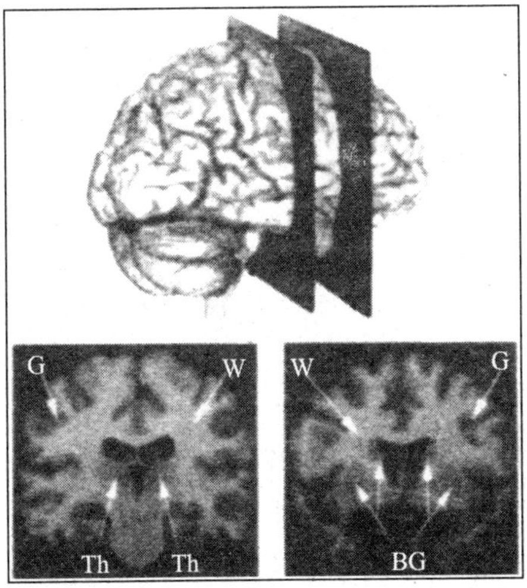

图2—3

这是利用核磁共振（MRI）和脑体元技术重构的一个活体人脑的两个切片。上部图片标注了切片位置。灰质（G）和白质（W）的差异非常明显。灰质位于大脑皮层，即组成了切片中，以及基底神经节（BG）和丘脑（Th）等位于脑深处的核团中的所有脑回和脑沟的轮廓线的灰色带。

灰质有两种类型。一种是神经元好像蛋糕一样分成层次，形成**皮层**，比如覆盖在脑半球上的大脑皮层和包裹着小脑的小脑皮层。另一种没有成层排列，而是像放在碗里的腰果一样随意排列。这样的神经元就形成**神经核**。有一些大的神经核团，比如尾状核、壳核和苍白核，它们安静地隐藏在每个脑半球的深处；还有杏仁核，隐藏在每个颞叶里；有由小一点的神经核团形成的集合体，如形成丘脑的神经核团集合体；还有独立的小神经核团，如位于脑干的黑质或蓝斑。

神经科学研究最多的脑结构是大脑皮层。我们可以把它形象地看成大脑的外层，将大脑表面全部覆盖起来，包括使脑呈现出特有褶皱外貌的脑回和脑沟的表面（图 2—2）。这个多层的覆盖表面的厚度约为 3 毫米，每一层互相平行，同时与脑表面也平行（图 2—4）。皮层下的所有灰质（大的和小的神经核团以及小脑皮层）被称为皮层下结构。大脑皮层进化得比较现代的部分被称为新皮层，大部分进化得较早的皮层被称为边缘皮层（见以下论述）。整本书中，我通常会提到大脑皮层（即新皮层），或者边缘皮层及其具体组成部分。

A=具有特有层状结构的大脑皮层的细胞结构；B=某个核团的细胞结构。

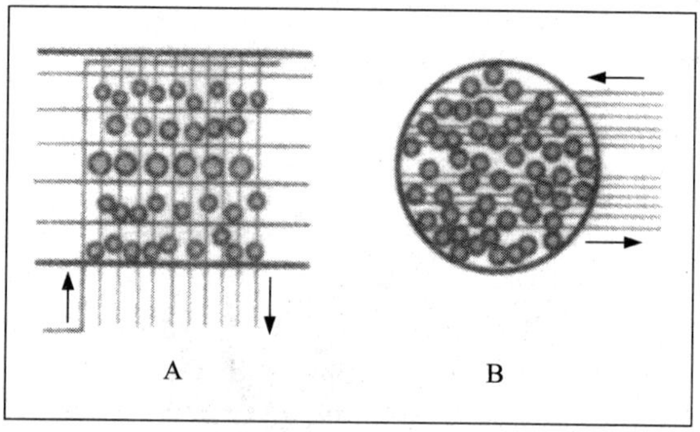

图 2—4

图 2—5 是一个较为常用的基于不同细胞结构面积（特定细胞结构区域）的大脑皮层定位图谱。这个图谱被称为布罗德曼图谱（Brodman's map），在这个图谱中，每个脑区都有数字标记。

我经常要提到中枢神经系统的一个组成部分，这个部分既有皮层结构又有皮层下结构，这个部分就是边缘系统（这个术语有些像一个可以盛各种零碎物品的容器，里面盛有很多进化上的旧的结构。虽然很多神经科学家拒绝使用它，但这个术语确实很方便）。边缘系统的主要结构有大脑皮层中的扣带回和两个神经核团集合体，即杏仁核和基前脑。

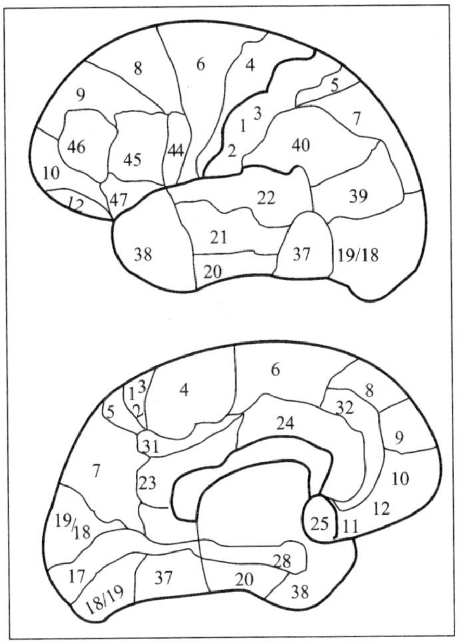

图 2—5

布罗德曼通过对细胞结构（cytoarchitectonics）的研究得出的主要脑区图谱。这既不是一个颅相学图谱，也不是一个现代的脑功能图谱，而仅是一个简明的参照解剖图谱。有些脑区太小在此处无法标出，有的脑区则隐藏在脑沟和脑裂深处。上图表示的是左半脑的外观图，下图是内观图。

神经组织由被胶质细胞支撑的神经细胞（神经元）组成。神经元是脑活动所必需的细胞。我们的脑中有好几十亿个这样的神经元，神经元位于各自的回路中，而回路又组成了皮层（如果它们是成层排列）或神经核团（如果它们没有成层排列而是集中在一起），最后皮层和神经核团联接起来组成系统，系统在更复杂的层面上组成更大的各种系统。在大小比例上，所有的神经元和区域性回路需借助显微镜才能观察得到，而皮层、神经核团和系统仅靠肉眼就可观察得到。

神经元有三个重要组成部分：一个细胞体；一个主要传出纤维或者叫轴突；以及传入纤维或者叫树突（图 2—6）。神经元互相联系，相当于导线（神经元轴突纤维）和连接口（突触，是轴突与其他神经元的树突的联接点）的构成。

神经元及其重要组成结构：细胞体、树突和部分轴突。

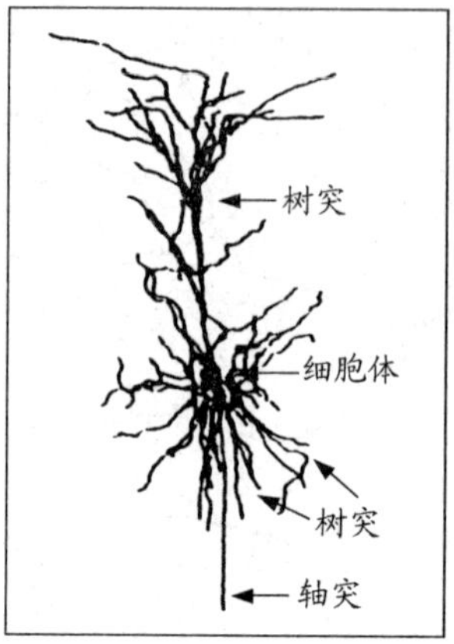

图 2—6

当神经元变得活跃时（神经科学术语称为“发放”），有一股电流从细胞体发出传到轴突。这股电流就是动作电位。当电流到达突触时，它就触发了被称为神经递质的化学物质的释放（例如谷氨酸）。接下来，神经递质在受体上发挥作用。在一个兴奋的神经元里，许多突触相连的神经元的共同协作，各自神经元的神经递质有没有被释放，决定了下一个神经元是否会发放，即这个神经元能否产生自己的动作电位，释放自己的神经递质，如此循环下去。

突触有强有弱。突触的强弱决定了冲动能否以及是否容易继续传到下一个神经元。总体来说，在所有兴奋的神经元里，一个强突触可以加速冲动的传导，而一个弱突触则会减弱或阻断冲动的传导。[4]

在结束这段插述之前，我还要提到一个与神经元联通性有关的神经解剖组织。我们经常发现有这样的科学家，由于神经元关联的复杂性，他们对于最终了解脑不抱有什么希望。有的人宁愿自我安慰地认为，脑中所有的部分都互相联系，心理和行为可能产生于这种杂乱无序的连通性，而神经解剖学可能永远都无法了解这种联通性。幸运的是，他们错了。看一看以下的事实：平均来说，每一个神经元大约有 1000 个突触，有些可能高达 5000 或 6000 个。这个数字看起来好像很大，但是要知道，神经元的数目超过 100 亿，突触数量则超过 10 万亿，如果神经元不能以适当的方式相互联接起来，单独的一个神经元就会什么都不是。随机或根据个人解剖爱好从皮层或神经核团中选取几个神经元，你就会发现每个神经元只和其他有限的几个神经元交流，而和其他大多数神经元永远都没有什么交流。实际上，很多神经元只与相同皮层区域和神经核团里 30
的相对处于同一回路的距离较近的神经元交流。而有些神经元，虽然其轴突在脑中延伸几毫米，甚至几厘米远，却只与其他少量神经元保持联系。这样的安排会产生以下主要的后果：（1）神经元的所有活动都依赖于其所属的神经元集合；（2）系统的所有活动依赖于神经元集合结构中相互联系的各种集合的彼此影响；（3）每个神经元集合对其所属系统的功能的影响取决于其在系统中的空间位置。也就是说，第 1 章关于颅相学的那段插述中提到的脑的功能特化，实际上是位于一个更大系统里的各种相互联系的神经元集合的空间位置的结果。

神经的级层系统

神经元
区域性回路
皮层下神经核团
皮层区域
系统的系统

那么，简而言之，脑就是由各种系统组成的超级系统。每个系统都是由很小但肉眼可见的、互相联系的皮层区域或皮层下神经核团组成的一个精密组织，而皮层区域或皮层下神经核团由需借助显微镜方可观察到的区域性回路组成，区域性回路又由神经元组成，所有的神经元由突触连接起来。（将术语“回路”和“网络”作为“系统”的同义词也很常见。为了避免混淆，表明是肉眼可见还是需要借助显微镜是很重要的。在这本书中，除非是特别注明，系统都是肉眼可见的，而回路则需借助显微镜。）

解决方法 31

既然盖奇已经不在了，我们无法对他的脑进行扫描，汉娜·达马西奥想到了一个间接的处理方法。[5]她得到了哈佛医学院的神经科学家阿尔伯特·加拉布尔达

（Albert Galaburda）的帮助。加拉布尔达去了趟沃伦医学博物馆，从各个角度仔细对盖奇的颅骨进行了拍摄，还测量了骨折处与各种标准骨点之间的距离。

对这些照片进行分析再加上之前对伤口的描述缩小了铁棒的可能轨迹范围。汉娜·达马西奥和她的同事——神经科学家托马斯·格拉博夫斯基（Thomas Grabowski），借助照片重建了盖奇颅骨的三维坐标复原图，以及从这些三维复原图出发，重建了最适合这个颅骨的脑的三维坐标图。然后在她的合作者，工程师兰德尔·弗兰克（Randall Frank）的帮助下，她在一个大功率计算机工作站上进行了一次模拟实验。他们重建了一个与盖奇的铁棒维度相同的三维铁棒，然后沿着现在已经被缩小的、铁棒可能的运动轨道范围，把它“刺进”与盖奇的脑形状大小都相似的一个脑里。在图 2—7 和图 2—8 中可以看到结果。

盖奇的颅骨，摄于 1992 年。

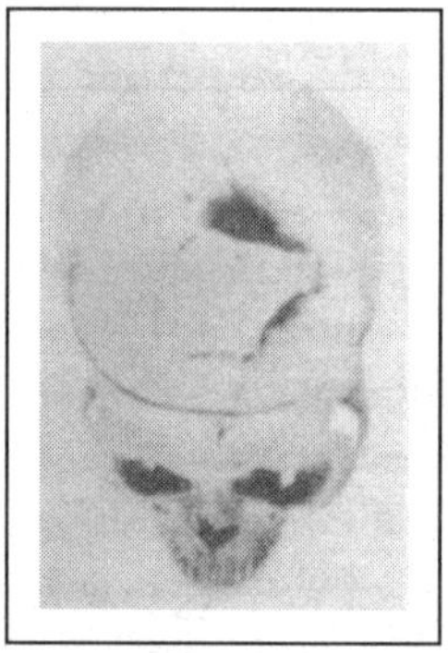

图 2—7

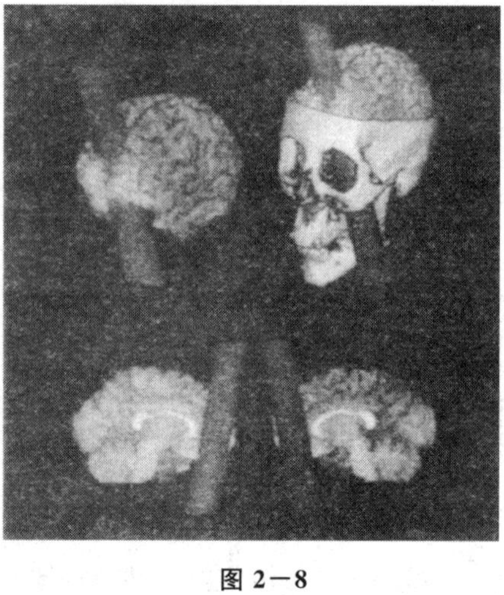

上组图：盖奇的颅骨的重构图，深灰示的是铁棒的可能轨下组图：左右半脑的图，表示的是铁棒对额叶组织的损伤。

图 2—8

我们现在可以肯定戴维·费里尔的看法，即虽然有部分脑区丧失，但铁棒 32
确实没有碰到运动功能或者语言所必需的那个脑区（两个脑半球中完好无损的脑区包括运动和前运动皮层，以及左半脑中被称为布洛卡区的脑盖额部）。我们确信，左半脑的创伤面要大于右半脑，从整个额叶区来说，前部要大于后部。创伤损害了两个脑半球的下部和内表面的前额叶皮层，而没有伤及前额皮层的侧部，又称外部的部分。

我们最近的研究比较关注前额叶的腹内侧区（ventromedical prefrontal region），这个脑区对正常决策相当重要，这个脑区的一部分在盖奇的脑里确实受到了损伤。（在神经解剖学的术语里，眶侧区域（orbital region）又被称为额叶的**腹内侧区**，在整本书中，我都采用这种称呼。“Ventral”和“ventro-”来自于 *venter*，拉丁语中表示腹部（belly）的词根，所以这个区域位于额叶的
下腹部；“medial”表示接近中线或者一个结构的内表面）。这次重建表明，对 33
其他神经心理功能相当重要的脑区在盖奇的脑中并没有受到损伤。例如，额叶外侧的皮层受损会影响控制注意的能力、进行计算和在不同刺激间进行恰当转换的能力，而在盖奇的脑中，这些皮层都完好无损。

此次现代化的研究得出了一些明确的结论。基于他们的研究结果，汉娜·达马西奥和她的同事提出，是菲尼亚斯·盖奇的前额叶皮层的选择性损伤破坏了他计划未来的能力、遵循既已习得的社会规则做出行为的能力，以及根据自己的最终生存利益进行最有利的行动选择的能力。现在还不清楚的是，当盖奇过着如此悲惨沉闷的生活的时候，他的心理到底是如何运作的。关于这一点，我们就要研究一下现代的菲尼亚斯·盖奇们。

3

一个现代的菲尼亚斯·盖奇

20年前，就在我开始发现有病人与盖奇行为相似，并对前额叶损伤所造成的结果产生浓厚兴趣不久后的某一天，有人请我去查看一个具有典型此类表现的患者。他们告诉我这个病人经历了一场彻底的人格转变。相关的医生还提出了一个特殊要求：他们想要知道这种和患病之前的行为反差如此之大的改变是否真的是一种疾病。我把这个病人称为埃利奥特（Elliot），他当时三十多岁。[1]由于不再具有从事工作的能力，当时在自己的一个同胞姊妹的监护下生活，而糟糕的是他被拒绝领取残疾人补助金。每个人都可以看出，埃利奥特是个智力正常、技术熟练、身体强壮的人，他应该醒悟过来，重返工作岗位。几个专家也宣称他的心理能力完好无损。这个意思就是，说得好听点，是埃利奥特懒惰；说得难听点，他就是一个装病逃避工作责任的人。

我曾经见过埃利奥特一次，他是一个令人感到愉快和有趣的人，非常有魅力，从容不迫。他具有一种令人肃然起敬的、外交官式的沉着，总是略带嘲弄地微笑着。这种微笑除了能让人感觉到其过人的智慧，还令人感觉到他的一种置身世外的超脱感，一种看待这个世界上的种种荒唐愚蠢之事的超脱感。他冷静、超然、泰然自若，甚至在面对可能涉及个人隐私的尴尬谈话时也是如此。我感觉他有些像乔治·桑德斯（George Sarders）在影片《彗星美人》（*All About Eve*）中扮演的那个艾迪生·德威特（Addison DeWitt）。

埃利奥特不仅思维连贯、反应敏捷，而且他也很清楚自己周围的世界所发生的一切。新闻的日期、人物姓名和细节他都信手拈来，了解得非常清楚。他幽默地谈论政治事件，而且幽默得恰到好处。此外，他似乎对经济趋势也比较了解。他对自己曾经从事过的商业领域方面的知识仍然很清晰。医生曾告诉我说他的工作水平没有改变，现在看起来确实如此。他关于自己生活的记忆也很准确，包括那些最近的、奇怪的事件。这可真是件令人匪夷所思的事情，但它确实发生了。

埃利奥特曾经是个好丈夫、好父亲。他任职于一家商业公司，曾一度成为自己的弟弟妹妹和同事的典范，拥有令人羡慕的个人生活、事业和社会地位。但是他的生活发生了变化，他患上了严重的头痛，不久就变得很难再集中注意力。而且情况越来越糟，他好像失去了责任感，不得不由其他人来完成或修正他的工作。他的家庭医生怀疑埃利奥特可能患上了脑瘤。不幸的是，医生的怀疑被证实是正确的。

肿瘤很大，而且长得很快。确诊时，它已经长到一个小橘子大小了。这是一个脑（脊）膜瘤，如此称呼是因为它长在覆盖在脑表面被称为脑膜的那层膜上面。我后来听说埃利奥特的肿瘤已经开始长到中线区域，就在基底凹上面，在眼眶顶所形成的平面上面。随着肿瘤长得越来越大，它开始从下面向上压迫两个额叶。

就肿瘤组织本身来说，脑（脊）膜瘤通常为良性，但是如果不通过外科手术切除，它们就会像恶性肿瘤一样致命。它们在生长过程中会不断压迫脑组织，最终杀死脑组织。如果埃利奥特想要活下去，就要手术。

一个医术精湛的小组实施了这项手术，切除了肿瘤。通常在这种情况下， 36
被肿瘤损坏的额叶组织也要切除，这次也不例外。手术各个方面都很成功，肿瘤不再继续生长，前景很乐观。而不那么令人乐观的是埃利奥特人格的变化。这种变化在他身体康复期间就出现了，令其家人和朋友非常震惊。可以肯定地说埃利奥特的智慧、行走的能力和语言能力都很正常；但是，在很多方面，埃利奥特都不是以前的那个埃利奥特了。

我们来看一下改变是怎样开始的。早晨他需要别人催促才能起床收拾，准备去上班。上班的时候，他无法恰当地安排自己的时间，周围的同事从来都不相信他所谓的日程安排。当需要中断某项工作而转向另一项工作的时候，他却可能会继续坚持之前的工作，好像忘记了主要目标是什么。或者他可能会中断自己正在从事的某项活动，而转向自己突然发现的、他所认为更有意思的事情。比如，现在有一项对某位顾客的文件进行分类并进行阅读的工作，埃利奥特可以通过阅读完全理解材料的意思，当然也知道如何根据文件内容的相似性或差异性来给文件归类。问题是，他可能会从自己刚刚开始的分类工作突然转到阅读其中一份文件上，而且是全神贯注，一整天都在读。或者他会整个下午都用来考虑到底该用那种分类方法：是根据日期、文件大小、案例相关性还是别的什么？工作的连续性被打断了。有的同事说，虽然埃利奥特花费很多时间在某个步骤上做得非常好，实际上这是以整体目标作为代价的。还有的同事说，在本应成为主要目标的大行为框架下，埃利奥特的行为会变得非理性，而在一些本应属于从属任务的小行为框架下，他的行为又变得毫无必要的细致。

他的基础知识似乎保存了下来，他可以和以前一样执行很多独立的行为，
37 但是当需要他做出某些特定行为时，他却不那么令人放心。很自然地，在同事和上司反复的建议和劝说无效后，埃利奥特被解雇了。接下来，他又干了别的工作，又被解雇。现在，埃利奥特的生活鼓点的节奏开始不同了。

没有了稳定的工作，埃利奥特接下来找到了新的消遣和商业投资方式。他养成了收藏的习惯——收藏本身并不是坏事情，但是如果收集的都是垃圾就没有什么意义了。他从事了从房屋建设到投资管理的很多新的商业领域。他曾与某企业合作，口碑却不怎么好。来自朋友的劝说警告毫无用处，这个合作项目最终以破产结束，而他却已经把所有的积蓄都投到了这个注定要失败的合作项目里，最终输个精光。看到像埃利奥特这样具有相关商业背景的人作出这样一个错误百出的商业投资决策真是很令人费解。

他的妻子、孩子和朋友都不能理解，为什么这样一个优秀的人在事先受到警告的情况下仍然会做出愚蠢的行为，其中一些人甚至无法接受这种结果。他离婚了，然后又和一个家人和朋友都反对的女人维持了一段短暂的婚姻，然后又离婚。没有了收入来源，他更加漂泊不定，对那些仍在一旁关注他的那些人来说，最后的打击是他被拒绝了领取社会残疾救济金。

埃利奥特最终获得了救济金。我为他解释说，确实是一种神经疾病使他成为一个生活的失败者。不错，他的身体没什么问题，大部分的心理能力也保存完好，但是他形成决定的能力受到损害，哪怕对接下来几个小时内的行动作出有效计划的能力也是如此，更不用说作未来几个月和几年的计划了。这些变化与偶尔会发生在我们所有人身上的判断失误没有任何可比性。与埃利奥特具有

相似教育背景的正常和理性的个体也会犯错和作出不好的决定，但是不像这样会造成系统性的可怕后果。埃利奥特的变化很大，这就是疾病的信号。而且，这些变化也不是其患病之前某个性格弱点的后果，其完全是不由患者意志所控制的；很简单，其根源就是特定脑区受到损伤。而且，这种改变具有长期性。 38
埃利奥特的情况不是暂时的，它会长期存在。

这位本来健康睿智的男人的悲剧在于，他既不愚蠢也不无知，但是他的表现却经常恰恰如此。他的决策漏洞百出，以至于无法再成为一名合格的社会成员。虽然不得不面对自己的决策造成的灾难性后果，他却没有从中吸取教训。他就像一个刚刚沉痛忏悔完罪行却又很快犯下另一桩罪行的惯犯，好像已经无可救药了。我们可以说，他的自由意志已经被损坏了。同时，作为对我所提出的关于盖奇的问题的回答，大胆一点地说，盖奇的自由意志也被损坏了。

从某方面来说，埃利奥特就是另一个菲尼亚斯·盖奇，没有了上帝的慈悲庇护，再也无法作出对本人及其家庭的维持和发展有益的推理和决策，不能再继续成为一个独立的个体。与盖奇相似，他竟然也养成了收藏的习惯。但是，在某些方面，埃利奥特又不同于盖奇。他并不像盖奇那样表现强烈和外露，而且他从来不使用亵渎的字眼。这些差异是由于他们各自伤口部位的细微差异，还是由于他们各自的社会文化背景、受伤之前的个性，抑或年龄的差异，这个经验性的问题，我迄今还没有找到答案。

甚至在利用现代成像技术研究埃利奥特的脑之前，我就已经知道这种损伤和额叶区域有关，因为他的神经心理剖面图只显示了这一个脑区。我们在第4章将会看到，其他脑区受伤（比如右半脑的体觉皮层）会损害决策能力，但还会发生其他伴随缺陷（严重麻痹、感觉加工紊乱）。

计算机X线断层摄影术和核磁共振研究显示，埃利奥特的左右额叶都有损伤，右侧的创伤要远远大于左侧。实际上，左额叶的外表面完好无损，左侧 39
的所有损伤都位于眶内侧区（the orbital and medial sectors）里。在右侧，这些部分也受到了类似的损害，但除此之外，额叶的核心部分（大脑皮层下面的白质）也被损坏。由于这个损伤，右侧额叶皮层的一大部分功能就丧失了。

两侧额叶中与运动控制有关的部分（运动和前运动区域）没有受到损害。这一点并不意外，因为埃利奥特的运动非常正常。而且，就像预料的那样，与语言有关的额叶皮层（布洛卡区及其周围脑区）完好无损。同样，位于额叶基底、基前脑后面的脑区也完好无损。这个脑区是学习和记忆所必需的几个脑区之一。如果受到损害，埃利奥特的记忆肯定也就会出现问题。

有没有证据显示埃利奥特的脑中还有其他损伤？答案是绝对否定的。左右半脑的颞叶、枕叶和顶叶都完好无损，皮层下的大灰质核团、基底神经节和丘脑也是如此，伤口于是就被缩小到前额叶皮层上。就像盖奇一样，这些皮层的腹内侧区受到了严重损伤，但是埃利奥特的右半脑的损伤远远大于左侧。

有人可能会认为，只有很少量的脑区被损坏，大部分脑区还是完好无损。但是从脑伤可能造成的后果来说，受损脑区的数量通常并不重要。脑并不等同于一大团无论所处部位如何却都职责相同的神经元集合，盖奇和埃利奥特被损坏的脑结构恰巧是通过推理达成决策这一过程所必需的结构。

一个全新的心理状态

埃利奥特完好的理智曾令我印象深刻，但是我还记得，其他额叶损伤的病人看起来似乎也很正常。而实际上，他们的理智正在发生微妙的变化，只有通
40 过专门的神经心理测试才能发现。他们的行为改变经常被归因于记忆或注意缺陷，而埃利奥特令我放弃了这种看法。

埃利奥特之前曾经在一个研究所接受过测试，结果是没有证据显示他患有“器质性脑综合征”（organic brain syndrome）。也就是说，标准智力测试显示他没有什么缺陷，他的智商（IQ）属于高的范围，利用韦氏成人智力量表对他进行测试也没有发现什么异常。该研究所下结论说，他的问题不是由于“器质性疾病”或“神经功能紊乱”，即脑部疾病，而是“情绪”和“心理”调节问题，即心理疾病，所以是可以通过心理治疗治愈的。在接受几个疗程没有看到什么效果后，埃利奥特才找到了我们。（对“脑”疾病和“心理”疾病进行区分，对“神经”疾病和“心理”或“精神”疾病进行区分是在社会和医学界广泛流传的一种可悲的文化继承，它反映了对脑和心理之间最基本关系的无知。脑部疾病被看成发生在患者身上的不幸事件，他们不会为此受到什么责备；而心理疾病，尤其是那些影响行为和情绪的心理疾病，却被看成是社会负担，而且患者应该为此担负责任。个人应该为自己的性格缺陷、不健全的情绪调节等问题受到谴责，其中缺乏意志力被认为是最严重的问题。）

读者很有可能会问，之前的那次医疗测试是不是有误。像埃利奥特这样有

障碍的人在心理测试中表现得很好，这可能吗？但事实确实如此，有着显著社会行为异常的病人在很多、甚至绝大多数智力测试中都表现正常。几十年来，医生和研究者都一直努力想弄清楚这个让他们倍感受挫的现象。脑部疾病可能存在，但是实验测试却无法测量出明显的障碍所在。此处问题出在测试、而不是在病人身上。这些测试不是专门针对这些受损功能的，从而也就不能发现任何问题。对埃利奥特的问题和脑伤有所了解之后，我预计他在大多数心理测试 41
中都会表现正常，而在少数针对额叶皮层功能失常敏感的测试中的表现会不正常。但你们接下来就会看到，埃利奥特的表现令我诧异不已。

标准化心理测试和神经心理测试结果表明，他的智力水平较高。[2] 埃利奥特在韦氏成人智力量表的每个子量表的表现都为超常或正常。他对数字的即时记忆很好，对几何图案的短时言语记忆和视觉记忆也很好。他在雷氏单词列表（Rey's word list）和雷氏复杂图形（Rey-osterrieth complex figure）方面的延迟回忆属于正常范围。在多语言失语症测试（Multilingual Aphasia Eramination）中的表现正常，这种测试是对语言的理解和生成的诸多方面进行评估的一组测试。在本顿标准测试（Benton's Standardized tests）有关面部辨认、线条方向判断、定位测试、二维、三维方块构建方面的测试中，他的视知觉和构建技能都很正常。对雷氏复杂图形的复制也正常。

埃利奥特在应用了干扰程序的记忆测试中表现同样很正常。有一个测试是这样的：在倒序数数的干扰下，在 3、9 和 18 秒的延迟后回忆出一致的三线形；另一个是：进行 15 秒计算之后回忆所看到的物体。大多数额叶受伤的病人测试表现异常；而埃利奥特在两项任务中表现很好，准确率分别为 100%和 95%。

简而言之，他的知觉能力、旧事记忆（past memory）、短时记忆、学习新事物、语言和算术能力都仍旧完好。注意力，即专注于某个特定心理内容的能力，也完好无损；工作记忆，即将信息在心理中存储一段时间并进行心理操作的能力，也是如此。对工作记忆的测试通常是在单词或数字、物体或其特征范围内进行的测试，比如，在告知被试一个电话号码后，要求被试立即从后向前重复号码，并略去奇位数字。

我曾预测埃利奥特在针对额叶功能失调的测试中会表现很差，这一预测是 42
错误的。事实是，他的理智表现相当正常，甚至那些专门测试对他来说都轻而易举。当时的任务是威斯康星卡片分类测试（Wisconsin Card Sorting Test），这是所谓额叶测试当中经常被使用的一个测试，内容是将许多印有图片的卡片根据颜色（如红、绿）、形状（星号、圆圈和方块）和数字（1、2 或 3 张图片）进行分类。当主试更换分类标准时，被试必须很快意识到并转而采用新标准。在 20 世纪 60 年代，心理学家布伦达·米尔纳（Brenda Milner）曾表示前额叶皮层损伤的病人经常在这个任务上出现障碍，这一说法也得到了其他研究者的反复证实。[3]病人似乎只坚守一个标准而不会适时的转换。而埃利奥特最终将图片分成了 6 类（共有 70 种分类方法），大多数额叶损伤的患者无法达到这一水平。他一路轻松地完成任务，好像与常人无异。这些年来，他在威斯康星卡片分类测试和类似任务中一直保持这种表现。埃利奥特在这种测试上的正常表现所隐含的意义是，他具有注意和运作工作记忆的能力，以及基本逻辑能力和改变心理定势的能力。

良好的理智功能的另一个指标是在不完整知识的基础上进行估计的能力，而额叶损伤患者的这种能力经常受到损害。两位名为蒂姆·沙拉斯（Tim Shallice）和 M. 埃文斯（M. Evans）的研究人员设计了一项任务来测试这种能力。任务由一组问题组成，这些问题没有正确答案（除非你碰巧有收集毫无价值的琐碎信息的习惯），只有对各种毫无联系的事实进行联想，然后利用逻辑能力对其进行加工才能产生一个有效的推断结果。[4]比如，有人问你纽约市有多少长颈鹿，或者衣阿华州有多少大象。你一定会想到这两个物种都不原产于北美，那么动物园和野生生物园是可以找到它们的唯一可能的地方；你肯定
43 还要看一下纽约市或衣阿华州的地图，看一看在这两个地方可能有多少这样的场所；从你的另一个知识存储中，你还要估计一下在**每家**动物园或野生生物园中这些动物的可能数量，最后把这些数字加起来得出一个数字。（我预计你会得出一个大致的估计数字，但如果你得到了一个确切数字，我会很惊讶，甚至有些担心。）基本上来说，要从不相关的零星知识中得出一个令人可以接受的估计数字，你必须具备正常的逻辑能力、正常的注意和工作记忆。有意思的是，我们发现经常推理失误的埃利奥特作出了符合正常范围内的认知估计。

迄今为止，埃利奥特通过了种种针对他的测试，但是他还没有接受人格测试，我想，可能答案就在这里。明尼苏达多项人格量表（Minnesota Multiphasic Personality Inveutory，简称为 MMPI[5]）是最优秀的人格测试量表，他顺利通过这一量表的可能性有多大？你现在可能已经猜出来了，埃利奥特在这一测试中表现也很正常。他的测试结果有效；他的表现很真实，没有伪装。

进行过这些测试之后，埃利奥特给人的印象就是：他是一名理智能力正常的男性，但不能作出合适的决定，尤其是当决定涉及个人或社会事件时。有没有可能个人和社会领域内的推理和决策与物体、空间、数字和单词范畴内的推理和决策有所不同？或者它们所依赖的神经系统和过程不同？我现在必须接受一个事实，那就是，虽然埃利奥特在脑损伤之后发生了巨大变化，但在实验室中用传统的神经心理仪器却什么也测量不出来。虽然其他的病人也表现出了他的这种分离症状，但在我们看来，都没有他的情况这么严重。如果我们要找出问题所在，就必须要开发新的方法。如果我们要对埃利奥特的行为缺陷给出一个满意的解释，我们就要远离那些传统解释；埃利奥特完美的表现表明，一贯的怀疑没有错。

迎接挑战

44

当你遇到一个智力上的难题时，没有什么能比把问题暂且搁置一边更好的了，于是我把埃利奥特的问题搁置了一段时间。当我又回到这个问题上时，我发现自己看待这一问题的角度已经改变了。我意识到自己过于固着于埃利奥特的智力状态和理智能力，而由于种种原因，并没有注意到他的情绪。乍一看，埃利奥特的情绪并没有任何不同寻常之处。就像我之前说过的那样，他属于那种情绪上很镇定的人，而很多被视为社会楷模的杰出人物在情绪上也是很镇定的。他肯定不会过度情绪化；不会不合时宜地笑起来或者哭起来，看起来既不悲伤，也不快乐；他的玩笑话不会让人捧腹大笑，而只是小小地幽默一下（他的诙谐比我认识的某些人还要有趣和合适得多）。但是，进一步分析后，我发现有些东西被我忽略了。我忽略了许多最基本的证据：埃利奥特可以用超然的态度叙述自己的生活悲剧，超然得与事件的严重性极不相符。他总是很冷静，总是像一名平静的、毫不相关的旁观者一样进行描述。虽然他就是这一悲剧的主角，但好像那根本不是他自己的伤痛。你要知道，从一个医生兼倾听者的角度来说，我经常希望看到这种自制，因为这样可以减少我的情绪支出。但是，显然，在我和埃利奥特连续几个小时的谈话过程中，他的态度超然得很不正常。埃利奥特在情感上丝毫没有要假装的意思。他很平静、很放松。他的叙述很流畅，并没有出现任何要压抑内在情绪的表达或者掩饰内在思想混乱的表现，而实际上，他根本就没有什么混乱需要掩饰，他的镇定可不是文化习得而来的那种镇定。埃利奥特的悲剧不经意间发挥了某种令人惊讶的保护作用，使其免遭痛苦的折磨。而当我倾听埃利奥特的故事时，我发现自己比他本人还要痛苦。实际上，仅仅**想到他**的这些故事就使我倍感痛苦。

45 逐渐地，答案开始显现出来，这部分来自我的观察，部分来自病人自己的陈述，部分来自其亲属的叙述。与患病之前相比，埃利奥特在情绪方面的表现要成熟得多。他似乎始终在用一种一成不变的中性基调来对待生活。在与他这么多小时的对话中，我从没有看到过他哪怕一丝的情绪表露：没有被我没完没了、反复不休的提问搞得伤心、烦躁和沮丧，而且我了解到，他在日常生活中的行为表现就是这样。他不怎么表露愤怒，即使偶尔表露出来，时间也极为短暂；很快他就又变回了那个通常的新的自我，情绪平静、对什么都不抱怨。

后来，我很自然地直接从他那里得到了我想要的证据。我的同事丹尼尔·特拉尼尔（Daniel Tranel）一直在进行一项心理生理实验。在这项实验中，他向被试出示承载情绪内容的视觉刺激，比如，地震中坍塌建筑的图片、房屋燃烧的图片、事故中血淋淋的伤者或者洪水中快要淹死的溺水者的图片。埃利奥特看了很多组这样的图片，当他观看完其中一组图片之后进行报告时，清楚地告诉我，与患病之前比较起来，他的感受已经改变了。他可以感觉到，那些以前曾经激起过他强烈情绪的话题已经不能再引发他的任何反应，无论是正面的、还是负面的反应。

这太令人惊讶了。试想，你凝视着自己喜欢的一幅画或聆听着自己喜欢的一段乐曲却感觉不到任何愉悦；试想自己被永远剥夺了那种能力，但是却还能意识到视觉或音乐刺激的理智内容，而且还意识到那些内容曾经让你感到愉悦。我们或许可以把埃利奥特的困境归结为**知道但没有感受到**。

衰减的情绪和感受在埃利奥特的决策失败中可能会扮演着重要的角色，我被自己的这一想法深深地吸引了。但为了获得更多的证据支持这一观点，必须对埃利奥特和其他病人作进一步研究。首先，我需要排除一种怀疑，即我没有忘记测试任何基本的理智障碍，任何可能独立解释埃利奥特问题的基本理智障碍。

46 推理和决策

接下来，排除可能隐藏的理智缺陷尝试了很多方法。有一点很重要，即埃利奥特是否还知道那些他每天都忽略使用的行为规范和原则。也就是说，他是否已经丧失了与社会行为有关的知识，所以，即使他的推理机制仍很正常，却仍无法解决问题？或者他仍具备这些知识，但却无法生成和操作了？抑或是他能够提取这些知识，但是却不能进行操作和作出选择？

当时我有一个学生保罗·埃斯林格（Paul Eslinger），在他的协助下，我开始进行研究。首先，我们给埃利奥特呈现了一系列与伦理困境和经济难题有关的问题。比如，现在他很需要现金，如果有机会并且保证不会被抓的情况下，他会不会去偷呢？或者，他已经知道 X 公司的股票在过去几个月的行情，他是否会卖掉自己的股票，还是会再多买一点这家公司的股票呢？埃利奥特的反应与我们实验室所有人的反应没有什么两样。他的道德判断所遵循的原则与我们大家都遵循的原则一样。他对与这些问题相关的社会习俗非常清楚，其经济决策听起来也很合理。虽然我们设计的问题还不是特别完善，但是，我们发现埃利奥特并没有出现异常表现。这一发现很重要，因为他在真实生活中的表现就是在与这些问题相关的领域里犯下的一连串失误。这种现实生活中的失败和实验室里的正常之间的分离现象向我们提出了另一个挑战。

后来，我的同事杰弗里·塞弗（Jeffrey Saver）对这一挑战作出了回应。他借助一系列与社会习俗和道德价值有关的控制性实验室任务对埃利奥特的行为进行了研究。下面，我来描述一下这些任务。

第一个任务与行为选择的产生有关。这个任务的目的是测量对假定社会问题提出替代的解决办法的能力。首先，口头向被试描述了四种社会场景（实际上是进退两难的困境），然后要求被试对每个场景作出不同的语言反应（进行口头描述）。在其中一个场景中，一个人打碎了配偶的花盆，要求被试想出可以阻止配偶生气的行为。主试使用诸如“除此之外，他还可以怎么办？”等一系列标准化问题来引导被试作出其他回答。被试在提示之前和之后作出的一些相关性回答和不相关性回答的数量也进行了记分。与控制组相比，无论在提示前作出相关性回答的数量、相关性回答的总数，还是相关性得分方面，埃利奥特都没有表现出缺陷。 47

第二个任务与对后果的觉知有关。这个测试的设计目的是为了对被试考虑行为后果的自发倾向进行取样。呈现给被试四个假设场景，每个场景都存在一种促使人触犯正常社会习俗的诱惑。其中一个场景是这样的，有人在银行兑换支票，而出纳员多支付了一大笔钱，然后要求被试描述场景如何继续发展，并且指出这个人在采取某种行为前会有什么想法以及之后会产生什么想法或发生什么事件。被试的得分反映了其所有回答中某种选择后果的出现频率。在这一任务中，埃利奥特的表现甚至比控制组还要好。

第三个任务被称为方式—结果问题解决程序，这一任务所关注的是对达到某种社会目标所需的有效方式进行想象的能力。主试呈现给被试十种不同的场景，然后要求他们采取恰当有效的方法来达到某个特定目标以满足某种社会需要，如建立友谊、维持一段浪漫的爱情或者解决一个专业难题。例如，会先告知被试有人搬到了一个新社的街区，结识了很多好朋友，感觉不错，然后再让被试讲述一个具体故事，描述一下什么事件可以达成这一成功结果。得分就是可以达成这一成功结果的有效行为的数量。在这一任务中，埃利奥特的表现很完美。

48 第四个任务与对事件的社会后果的预测能力有关。在所有的 30 个测试项目中，被试先观看一张表现人际关系场景的卡通图片，然后要求被试从其他 3 个卡通图片中选择一张最有可能反映第一张后果的图片。得分为正确选择的图片张数。埃利奥特与正常控制组里的被试没有什么两样。

第五个，也是最后一个任务是标准问题道德判断访谈［海因茨两难故事（Heinz dilemma）的修订版，由 L. 科尔伯格（L. Kohlberg）及其同事设计］,[6] 与道德推理的发展水平有关。主试呈现给被试一个社会场景，在这一社会场景下存在两条互相冲突的道德规范，然后要求被试给出一个解决办法，并就这一办法提供一个详细的伦理依据。比如，其中一个场景是这样的，为了不让自己的妻子死去，一个人是否可以去偷窃药物，被试必须就此作出决定并给出解释。评分时使用了明确的分级标准，将不同的判断归属到某个特定的道德发展水平上。

根据被试的标准问题道德判断访谈的得分，他们被归类于 5 个复杂度逐渐递增的道德推理阶段。这些道德推理的模式包括：前习俗水平（阶段 1，顺从和惩罚定向；阶段 2，工具目的和交流）；习俗水平（阶段 3，人际关系与和谐；阶段 4，社会关系和谐与系统维持）；后习俗水平（阶段 5，社会契约、公共设施和个人权利）。研究表明，到 36 岁的时候，89％的美国中产阶级男性已经发展到了道德推理的习俗水平，11％为后习俗水平。埃利奥特的最后得分为 4/5，处于习俗水平后期、后习俗水平早期。这个结果很优秀。

简而言之，埃利奥特对社会情景的反应和自发考虑某些反应后果的能力很正常。此外，他还具有想象某些方法以达到某个社会目标的能力、预测社会情景的可能结果的能力，以及在一个高级发展水平进行道德推理的能力。这些发 49
现清晰地表明，在实验的条件下，额叶腹内侧区的损伤并没有对社会知识记录的提取造成损害。[7]

虽然埃利奥特的表现与他在传统的记忆和智力测试中的高分一致，却与他在现实生活中表现出来的决策失败形成鲜明反差。这一点该作何解释？我们把这种戏剧性的分离归因于以上这些任务的条件和要求与现实生活中的条件和要求之间的一些差异。下面我们就来分析这些差异。

除了最后一项任务，所有的任务都没有要求被试进行多选一的选择。能够想出选择项及可能的后果就够了。换句话说，对问题进行推理就足够了，而没有必要通过推理再得出一个结论。在这些任务上的正常表现证明存在着社会知识和提取社会知识的能力，但是没有就过程或选择本身做任何说明。而现实生活会迫使你作出选择。如果你不屈从于这种压力，你就会像埃利奥特一样无法作出决定。

上面的差异用埃利奥特自己的话可以得到最好的解释。每个部分结束时，在他已经作出了大量有效和可行的行动选择之后，埃利奥特都微笑着。显然，他对自己丰富的想象很满意，但还要加上一句："这些结束之后，我还是不知道该怎么办。"

即使我们采用了要求埃利奥特作出选择的测试，情况可能仍然不同于真实的生活场景；他可能只考虑最初的一组选项，而不考虑由最初的反应所产生的新选项。假如是"真实生活"的话，埃利奥特在某个场景中所作出的每种选择都会得到来自对方的反应，这会使情况发生改变，从而要求埃利奥特进行另外一组选择，而这又会引发另一个反应，要求埃利奥特再进行另一组选择，等
等。也就是说，现实生活场景的那种持续进行、无穷无尽、不确定的发展变化 50
在实验室任务中消失了。但是杰弗里·塞弗研究的目的是为了评价知识基础本身的状态和可提取性，而不是推理和决策过程。

我还要指出现实生活和实验室任务之间的其他差异。在实验室任务中，被考虑事件的时间框架是压缩的，而不是真实的。在某些情况下，实时加工可能会要求被试将人、物体或场景的表征等信息进行延时心理存储，尤其是在出现了新选择或者新后果，并且需要对其进行比较的时候。而且，在我们的任务中，相关情景和问题几乎都是通过语言呈现的。但通常，在真实生活中则是以

图片和语言资料相结合的形式呈现给我们的。我们面对着各种人和物体；面对着看到的景色、声音、气味等；面对着具有不同强度的场景；面对着各种文字的、口头的或者图画的东西，我们创造了它们，并与它们共存。

虽然有以上不足，我们还是取得了一些进展。研究结果有力地说明，我们不应把埃利奥特的决策失败这一缺陷归咎于其社会知识的缺乏，或者对这些知识的提取力不足，或是推理能力受到严重损害，甚至，归咎为与在个人和社会领域进行决策时所需的事实知识的加工相关的注意或工作记忆的基本缺陷。他的缺陷似乎存在于推理的后期阶段，接近或者就在选择产生或反应选择就要发生的那一刻。也就是说，无论在后期阶段出现了什么问题，埃利奥特都不能有效地选择，或者他可能根本就不选择，或者他会作出不好的选择。还记得他是如何偏离某项指定的工作而花上好几个小时在别的工作上的吗？在某项任务面前，我们会面临很多选择机会，如果我们要最终达到自己的目标，就必须每次都选择正确的道路。埃利奥特再也无法选择那条道路了。而他为什么无法选择，这正是我们需要寻找的答案的所在。

51 现在，我可以肯定，埃利奥特和菲尼亚斯·盖奇有很多共同之处。他们都出现了社会行为缺陷和决策失败；同时，他们又都具有正常的社会知识基础，以及保留完好的习俗记忆、语言、基本注意力、基本工作记忆和基本推理能力等高级神经心理功能。而且，我确信埃利奥特的缺陷还伴随着情绪反应和感受的衰减（这种情绪缺陷很可能在盖奇身上也有所体现，但是由于历史记录证据不足，我们无法持肯定态度。但从他使用污秽的语言和炫耀自我的不幸来看，我们至少可以推断他缺乏难堪感）。我还有一个强烈的猜测，即情绪和感受缺陷并非与社会行为缺陷毫无关系，并非只是社会行为缺陷身旁一个毫无干系的旁观者，而可能是不健全的情绪造成了这一问题。我开始意识到，埃利奥特极度冷静的推理能力使得他无法为不同的选择赋予不同的价值，使得他的决策选择看起来不可救药的一成不变。可能由于同样的原因，他的心理状态变化无常，时间上无法达到作出反应选择所需的时间长度。也就是说，工作记忆的一个细微而非基本的缺陷可能改变了决定产生所需的其他推理过程。如果情况果真如此，我们对埃利奥特和盖奇现象的探索就为我们打开了一个通往理性的神经生物学基础的入口。

4

还有更冷静的 52

在某些情况下情绪会干扰推理，这一点从来没有人怀疑过。证据很多，我们从小到大一直被灌输的那些谆谆教诲就是其中之一。头脑要冷静，要控制自己的情绪！不要让激情干扰你的判断。结果，我们通常将情绪认为是一种多余的心理能力，一种自发和天生的理性思想的伴随物。如果是愉悦的情绪，我们会把这种情绪当成奢侈品，好好享受；如果是痛苦的情绪，我们就将其作为不受欢迎的入侵物来忍受。圣贤们说，无论是哪种情绪，我们都应该将情绪体验和感受体验控制在明智合理的数量范围之内，我们必须要理智。

这一广为接受的说法蕴涵着智慧的火花。我不否认失控或方向错误的情绪可能是非理性行为的主要原因，我也不否认看起来正常的理性可能会受到微弱的情绪偏向的干扰。比如，在接受治疗时，相对于10%的病人在接受治疗5年后就死亡这一说法，病人更倾向于听到90%的病人在接受手术5年后依然存活，从而更配合治疗。[1]虽然结果完全一样，但是死亡触发的感受有可能导致了对某种选择的排斥，而这种选择在另一种框架下则会被接受。这种选择，简而言之， 53
就是一种矛盾的、非理性的推论。非理性并非来源于知识的缺乏，因为医生的反应与病人的反应无二。但是，传统解释忽略了一点，而我们对埃利奥特等患者的研究和其他观察中则注意到了这一点，下面我就会谈到：**情绪的衰减可能是产生非理性行为的另一个同样重要的原因。**情绪缺失和异常行为之间存在联系，这种背离直觉的联系可能会使我们发现一些关于推理的生物学机制。

我开始使用实验神经心理学的方法来进行研究。[2]粗略地说，这个方法有以下几个步骤：找出特定部位脑损伤和行为、认知紊乱之间的系统联系；通过建立被称为双重分离的事实来证实这一发现，即 A 部位损伤导致紊乱 X，而非紊乱 Y，B 部位损伤导致紊乱 Y，而非紊乱 X；提出普遍和特殊的假设，根据这些假设，一个由不同部分（如皮层区域和皮层下神经核团）组成的正常神经系统与各种小型脑区协同进行正常的认知/行为运转；最后，在新的脑损伤病例中对这些假设进行验证，在这些新病例中，我们要**探寻**是否是特定部位的脑损伤导致了假定结果。

所以，神经心理学研究的目标就是解释某些特定的认知过程及其组成部分是如何与神经系统及其各个组成部分联系起来的。神经心理学不是、或者不应该是一门为某种“症状”或“综合征”寻找其脑部“定位”的科学。

我首要的关注点是需要证实我们在埃利奥特身上观察到的现象在其他病人身上也有表现。而结果证明恰恰如此。迄今为止，我们一共研究了 12 个类似埃利奥特的前额叶损伤的病人，在所有人的身上我们都发现了决策缺陷与情绪和
54 感受缺乏共同出现的情况。推理能力和情绪体验同时减弱，在他们的神经心理检测结果中，这些缺陷表现得很明显。但是，基本注意力、记忆、智力和语言却完好无损，所以，它们永远都解释不了病人的判断缺陷。

但是，推理和感受障碍的明显共存不仅仅出现在前额叶受损之后。在这一章中，我还将阐述，其他某些脑区的损伤也会导致这种障碍共存。而这种联系表明，支持情绪、感受、推理和决策的正常过程的神经系统之间存在着某种相互作用。

来自其他前额叶损伤病例的证据

我会从历史的角度来阐述前额叶损伤病例。菲尼亚斯·盖奇的这个病例并不是我们在研究推理和决策的神经基础时唯一重要的历史来源，我还可以提供其他 4 个例子来完善我的论述。

第一位是 1932 年哥伦比亚大学的神经病学家布里克纳（Brickner）研究的病例，被称为病人 A。病人 A 是一个 39 岁的纽约股票经纪人，生活和事业上都很

成功。他患上了与埃利奥特的脑（脊）膜瘤相似的脑瘤。[3]肿瘤从上部开始生长，向下压迫额叶，造成的结果与我们在埃利奥特身上看到的相似。虽然神经外科医生的先驱人物沃尔特·丹迪（Walter Dandy）医生切除了威胁生命的肿瘤，但是当时肿瘤已经对左右额叶的大脑皮层造成了严重损害。受损脑区包括埃利奥特和盖奇丧失的脑区，并且面积还要大一些。在左侧，语言区前面的所有额叶皮层都被切除了。在右侧，切除范围更大，包括运动控制区域前面的所有皮层。 55
两侧额叶腹（眶）侧表面及其内表面的下部也被切除了。扣带回被保留了下来。（对整个手术的描述在 20 年之后通过尸体解剖得到证实。）

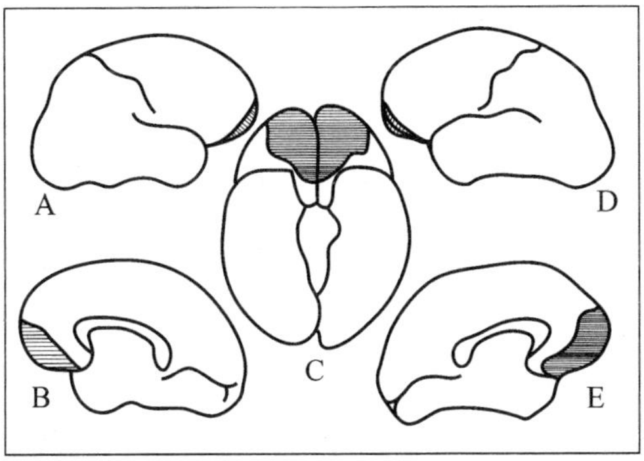

图 4—1

阴影部分表示的是额叶的腹侧（ventral）和内侧（medial）部分，具有"盖奇模型"的患者的这些部位全都受到了损伤。请注意额叶的背外侧（dorsolateral sector）没有受到影响。

A：右半脑，外观图（外侧）。

B：右半脑，内观图（内侧）。

C：脑的下视图（腹侧或者眶侧）。

D：左半脑，外观图。

E：左半脑，内观图。

病人 A 的知觉正常。他对人物、地点和时间的感知正常，对最近和遥远过去的事实的习俗记忆也很正常。从当时可使用的各种心理测试所得到的结果来看，他的语言和运动能力没有受到影响，智力也完好无损。有个重要事实是，他可以进行计算，跳棋下得也不错。但是，尽管他的健康状况良好，心理能力受到肯定，病人 A 却再也没能重返工作岗位。他一直待在家里，为自己重回工作岗位制订细致的计划，却从来没有执行其中哪怕最简单的一项计划。这又是一个生活失败的例子。

A 的人格发生了巨大变化。他以前的谦逊消失了。他曾经彬彬有礼、善解人意，但是现在他的表现经常不合时宜，令人尴尬。他谈及周围的人时从不考 56
虑别人的感受，对自己的妻子也是如此，有时他的谈论甚至令人非常痛苦。他吹嘘自己在事业、健康和性方面的能力，但实际上他并没有工作，也不从事任何体育运动，和自己的妻子或其他女人也早就没有性生活了。他的谈话大多都围绕着虚构的伟业，再用点不正经的玩笑话作为调料，通常这种玩笑都以取笑他人为代价。有时，如果遭到别人的抗议和反击，他就会变得满口污言秽语，但是从来没有动作上的粗暴举动。

病人 A 的情绪生活似乎也是一片空白。偶尔，他可能会有短暂的情感爆发，但是绝大多数情况下，他都不会如此。没有迹象表明他会对别人产生同情，而且在如此悲惨的人生巨变面前，他也没有什么难堪、伤心或者痛苦的迹象。他的全部情感用“浅”这个字来形容再合适不过了。病人 A 基本上已经变成了一个被动和具有依赖性的人。他在家人的监护下度过余生。他学会了如何操作印刷机制作观光贺卡，这是他唯一的产出性活动。

病人 A 表现出了一种显著的认知和行为特征，我正在试图将这一特征命名为菲尼亚斯·盖奇模型（Phinees Gage matrix）：遭受了额叶皮层损伤之后，虽然他的心理能力完好无损，但他选择最佳行动的能力丧失了；情绪和感受也受到损害。确切地说，当参照这一模型将几个病例进行比较的时候，他们的人格表现还是存在差异的。但是，病症的必然特点就是具有一个基本模型，即基本症状，以及围绕这一基本症状的其他症状差异。就像我在讨论盖奇和埃利奥特之间的表面差异时所阐述的那样，确定这些差异的原因还为时过早。当前，我只想强调这种疾病所共有的基本特征。

第二个历史来源可以上溯到 1940 年。[4]这个病例中的患者 16 岁时遭遇了一场严重的车祸，加拿大梅津大学（McGill University）的唐纳德·赫布（Donald Hebb）和瓦尔德·彭菲尔德（Wilder Penfield）在对这名患者进行研究时提到了重要的一点，菲尼亚斯·盖奇、病人 A 和现代的这些具有相同遭遇的患者都曾
57 经是正常的成年人，他们在额叶受损并出现行为异常之前已经具有了成熟的人格。这种损伤如果在儿童期和青少年期的发育阶段出现会产生什么情况？有人可能会预测说，受到这样损伤的儿童或青少年的人格可能永远无法健全发育，永远无法产生成熟的社会感。相关病例证明事实确实如此。这位患者的额叶部位的颅骨发生了骨折，骨折压迫并损坏了两侧半脑的额叶皮层。之前这名患者在儿童期和青少年时期都表现正常；但是，受伤之后，不仅他的社会发展终止了，他的社会行为也出现了退化。

可能更有说服力的还是第三个病例。这是由 S. S. 阿克利（S. S. Ackerly）和 A. L. 本顿（A.L. Benton）在 1948 年描述的一个病例。[5]这名患者出生时额

叶就受到了损伤，很多我认为正常的人格生成所必需的脑系统都缺失了，他就在这种情况下度过了其儿童时代和青少年时代。他的行为一直异常。虽然他并不是一个愚笨的孩子，基本心理功能看起来完好无损，但他永远没能习得正常的社会行为。19 岁时，他接受了一次神经外科检查，结果表明左额叶几乎就是一个空洞，而整个右额叶就好像得了萎缩症一样，缺失了。出生时的严重损伤已经不可逆转地损坏了大部分额叶皮层。

这个病人永远都没能干成什么工作。听话地工作一段时间以后，他就会对自己所从事的工作丧失兴趣，甚至最后就变成偷窃或者不服从管理。虽然他一般表现得很顺从、有礼貌，但任何改变常规的做法都很容易令其烦躁不安，甚至还会让他大发雷霆（按照人们的描述，他是一个具有“英国男仆的礼貌”的谦恭风格的人）。他在性方面的情况人们不得而知，从来也没有和女性有过感情上的交往。他的行为老套刻板、想象力贫乏、缺少主动性，也没能掌握什么职业技能或养成什么爱好。奖励或惩罚似乎都不能影响他的行为。他的记忆力变幻无常；在需要学习的时候却失去作用，而且会突然转移到某个不相干的主题上，比如，关于汽车制造的细节问题等。这名患者既不快乐，也不悲伤，他的快乐和痛苦看起来都很短暂。 58

第二个（赫布—彭菲尔德患者）和第三个病例（阿克利—本顿患者）中的病人具有一些共同的人格特点。他们的生活态度呆板保守，无法组织未来行动，无法保住有稳定报酬的工作；缺乏独创性和创造力；爱吹嘘，自我感觉良好；行为举止大体上正确，却一成不变；与其他人相比，快乐和悲伤体验能力较弱；性欲和求知欲望减弱；他们还表现出运动和感觉缺失、交流缺陷，以及他们的社会文化背景要求他们应该达到的整体智力的丧失。现代的类似病例和我所观察过的病例中，也表现出了类似症状。病人的患病过程和社会行为都与阿克利和本顿的这位患者相似。他们的困境可以用下面这句话描述：他们永远没有就自己个人、过去和将来的社会角色形成正确的理论。他们无法为自己形成这样的理论，同时也无法为他人形成这样的理论。他们丧失了关于自己心理的理论，以及关于那些他们与之交流的人的心理的理论。[6]

第四个历史证据的来源比较意外，它来源于前额叶白质切除术（prefrontal leucotomy）的文献。这种外科手术是 1936 年由葡萄牙神经病学家埃加斯·莫尼兹（Egas Moniz）发展起来的，其目的是为了治疗强迫症和精神分裂症等精神疾病伴随的焦虑和亢奋。[7]这一手术最初由莫尼兹设计，后来由其合作者，神经外科医生阿尔梅达·利马（Almeida Lima）执行，手术会在两侧额叶的白质深处造成小面积损伤。（这个手术的名称很简单：*leukos* 是希腊语，意思是白色的；*tomos* 也是希腊语，意思是部分；prefrontal 表示手术区域。）我们在第 2 章中曾经讨论过，大脑皮层下面的白质由轴突束或神经纤维组成，每个都是一个神
59 经元的延伸。轴突是神经元互相联系的方式。轴突束在脑组织的白质中交叉往来，将大脑皮层的不同脑区联系在一起。有些联系是区域性的，在相距只有几个毫米的脑区往来，而有些存在联系的脑区距离则较远，比如一侧脑半球的皮层区域和另一侧的皮层区域。除此之外，还有皮层区域和皮层下神经核团，即大脑皮层下神经集合之间的各种不同方向的联系。来自已知来源通向特定靶器官的轴突束通常被称为“投射”，因为轴突投射到一个特定的神经元集合上。通过几个靶器官的连续投射被称为“通路”。

莫尼兹观点的独特之处在于，他提出，那些出现病理性焦虑和亢奋的病人的额叶区域白质的投射和通路形成了异常重复和过于活跃的回路。虽然最近对强迫症和抑郁症病人的眶部脑区活动的研究表明，莫尼兹可能是正确的，或者即使部分细节有误，至少部分是正确的。但在当时，这一假设仍然缺乏支持证据。不过就算莫尼兹的观点在当时很大胆、缺乏证据支持，但是，与他之后提出的治疗方案比较起来，就只能算是羞羞答答了。通过对病人 A 和动物实验结果的思考（我们下面会进行讨论），莫尼兹预测，通过外科手术切断这些脑区联系可以消除焦虑和亢奋，而同时理智能力却仍保持完好。他相信这样一个手术可以治愈病人的痛苦，使得他们可以过上正常的心理生活。因为见过太多无法治疗而处于绝望境地的病人，莫尼兹受到触动，设计并且尝试了这项手术。

最初的前额叶白质切除术的结果证实了莫尼兹的一些预测。病人的焦虑和亢奋停止了，语言和习俗记忆等功能在很大程度上保存完好。但是，如果想当
60 然地认为手术不会在其他方面对病人造成损害，那你就错了。现在，他们之前从来没有正常过的行为现在依然不正常，只不过以一种不同的方式表现出来。极度的焦虑变成了极度的镇定。他们的情绪似乎很平静，也不会感到痛苦。产生持续强迫性冲动或大量错觉的动物性趋向也平息了下来。与以前相比，病人产生任何反应和行为的内驱力，都削弱了。

这些早期的历史证据离我们的要求还差得很远。它们都是很久以前收集的，当时的神经心理学知识和设备都有限，不能指望其中没有什么偏见，无论

是正面的还是负面的。当时，这种治疗方案备受争议。但是，迄今为止的研究确实发现了以下事实：首先，额叶眶内侧区域下面的白质受损改变了情绪和感受，在很大程度上令两者衰减。第二，知觉、记忆、语言和运动的基本功能并没有受到影响。第三，从术后新的行为表现与焦虑或亢奋等导致此项干预措施的行为表现来看，与术前相比，接受前额叶白质切除术的病人似乎没有术前那么果断和富有创造力了。

公正地说，应该指出，病人确实从莫尼兹和早期的前额叶白质切除术中受益。反正这些人已经患上了精神疾病，与他们以前失控的焦虑相比，让他们在决策失误方面的缺陷再严重一点所造成的负担可能更小一点。不管脑部外科切除手术是多么得令人难以接受，我们要知道，在 20 世纪 30 年代，对此类病人的典型治疗方法是把他们送进精神病院和/或使用大剂量的安神剂，而安神剂仅能起到令他们昏昏欲睡，从而减轻他们的焦虑的作用。切除术的几种替代疗法还包括拘束衣和休克治疗。直到 20 世纪 50 年代后期，氯丙嗪（Thorazine）等精神药物才开始出现。记住，我们目前仍然无从了解与手术相比，这类药物对脑的长期影响所造成的损害是否更小一点。我们一定要谨慎地判断。

61 按照莫尼兹的构想，他的手术会导致小面积脑伤。但是，与莫尼兹的最初干预构想相比，额叶切除术完全就是其构想的破坏性版本。事实上，额叶切除术经常是一种类似屠宰的手术，可以引起严重损伤。因其备受质疑的治疗方案及所造成的无必要损伤，这种手术在全世界都声名狼藉。[8]

在历史文献记录和实验室中得到的证据的基础上，我们暂时得出如下结论：

1. 如果两侧前额叶皮层的损伤包括腹内侧区域，那么损伤一定会伴随推理/决策能力障碍和情绪/感受障碍。
2. 当出现推理/决策障碍和情绪/感受障碍，而神经心理状况大致完好无损时，损伤在腹内侧区域最为严重；此外，个人/社会领域受影响尤为严重。
3. 在前额叶受损病例中，如果背侧和外侧部分受到与腹内侧区域相同严重程度的损害，推理/决策能力障碍就不再集中在个人/社会领域。与物体、词语或者数字相关的测试结果表明，推理/决策能力障碍和情绪/感受障碍都伴随着注意和工作记忆缺陷。

我们现在需要了解的是，这种奇怪的共存，即受损的推理/决策能力和受损的情绪/感受的共存，会单独出现，还是会作为其他脑区受损的结果与其他神经心理现象共同出现。

答案是后者，它们作为其他脑区受损的结果突现出来。例如，右半脑（而
62 不是左半脑）中包含好几个负责加工来自身体信号的皮层的脑区。此外，还包括诸如杏仁核等边缘系统结构的脑区。

来自非前额叶皮层损伤的证据

还有一种重要的神经疾病，虽然表面上看起来与盖奇的情况没有什么相似之处，但也表现出了菲尼亚斯·盖奇模型。这种疾病被称为疾病失认症（anosognosia），是人们有可能遇到的各种奇怪的神经心理疾病之一。这个单词来源于希腊语中表示“疾病”的单词 *nosos* 和表示“知识”的单词 *gnosis*，意思是对自我疾病认识能力的丧失。假设有这样一位病人，他严重中风，左侧身体完全瘫痪，手、胳膊、腿和脚都无法移动，半侧面部僵硬，无法站立或行走。就是这样一位病人，他却似乎完全没有意识到这些症状，认为自己没什么问题。别人问他，“你感觉怎么样？”他会认真地回答“很好。”[**疾病失认症**也用来表示对失明或失语症的不能觉知。但在我的讨论中，我只指这种疾病的基本形态，就像我前面已经提到的那样，巴宾斯基（Babinski）首先对这种疾病的基本形态进行了描述。[9]]

有些对疾病失认症不熟悉的人可能会认为，这种对疾病的“否认”来源于“心理”动机，是对之前发生的痛苦事件的适应性反应。我可以肯定地说，事实并非如此。想一想可怜的镜像症，这类病人身体的**右侧**虽然瘫痪了，但却通常不会出现疾病失认。虽然他们在使用语言上会经常出现严重问题，甚至出现失语症，但他们对于自己的问题非常清楚。而且，有些病人虽然左侧身体严重瘫痪，但由于导致他们瘫痪的脑伤不同于那些会导致瘫痪**和**疾病失认症的脑伤，所以他们的心理和行为都正常，并且也能意识到自己的残疾。简而言之，
63 特定脑伤引起的左侧瘫痪会伴随疾病失认症，而由镜像模式脑伤引起的右侧瘫痪并没有伴随疾病失认症。与疾病失认症无关的脑伤类型引起的左侧瘫痪并没有出现伴随的觉知不能。所以，疾病失认症就与某处特定脑区损伤共同出现，并且只与这个特定脑区损伤固定地共同出现。在那些不太了解神经科学问题的

人看来，与那些又半瘫痪又有语言障碍的人相比，这类病人要幸运得多。对自我疾病的“否认”源自某种认知功能的丧失。这种认知功能依赖于一个特定的脑系统，而这个脑系统可以由于中风或各种神经疾病的原因而受到损害。

典型的疾病失认症患者要在面对自己的这些明显缺陷时候，才能意识到自己有些不对劲的地方。每次当我向我的病人 DJ 问起她左侧的完全瘫痪时，通常刚开始的时候她会回答说自己的运动完全正常，虽然可能曾经受到损害，但现在已经恢复了。我让她动一下她的左胳膊，她会先到处找自己的左胳膊，当看到自己僵直的肢体后，就会问我是否真的想让“它”“自己”移动。我说，“是的，请您动一下。”她就会从**视觉**上注意到胳膊的僵直状况，然后对我说，“似乎它自己不太能动得了。”为了表示合作，她会用好的那只手移动坏的胳膊：“我可以用我的右手让它动。”

虽然这种现象在较轻的病例中表现得不是那么明显，但在严重的疾病失认病例中，都丧失了这种通过身体的感觉系统来自动、迅速和内在地感觉到缺陷的能力。比如，病人对无法移动的肢体先产生视觉回忆，然后，通过推断意识到身体的那一部分是有问题的。或者，病人可能回忆起了来自亲属和医疗人员的无数次解释，大意就是他瘫痪了、生病了，他的生活不再正常了，等等。但我们的一个智商最高的疾病失认症患者在得到这些外界的信息后仍然坚持说：“我**过去**是有这样的问题”，或者“我**过去**忽略了这样的问题”。当然，他现在依然存在这些问题。这种认识到身体和个人真实状况的直接改变的能力的丧失 64
令人非常震惊。[遗憾的是，在疾病失认症的讨论中经常忽视或曲解了一种细微差异，即病人可以直接和间接地意识到自己的疾病这两种方式之间的细微差别。极少数的例外参见 A. 马克尔（A. Marcle）。[10]]

与对自己的病肢视而不见一样，同样富有戏剧性的还有，疾病失认症患者在被问及自己的疾病时所表现出来的对自己整体生活状况的冷漠、情绪的平淡和感受的丧失。如果有人告诉他们患了严重的中风，脑部或心脏部位的问题加重了，或者说他们患上了扩散性癌症，现在已经扩散到脑了——简而言之，就是各种关于他们的生活有可能又一次要发生变化的消息——通常他们都是镇定地接受这样的信息，有的会带着伤感的幽默，但是从来没有出现痛苦或悲伤、泪水或愤怒、绝望或恐慌。但是要知道，如果将一组类似的坏消息告诉一个左半脑发生镜像损伤的病人，他则完全可能出现此类反应。在疾病失认症患者身上永远找不到情绪和感受，可能这是他们悲惨遭遇中唯一快乐的方面。所以，很自然地，这些病人对未来的计划能力、个人和社会决策能力都可能被严重损坏了。瘫痪可能只是他们诸多不幸中最轻微的一个。

在对疾病失认症患者的一项系统研究中，神经心理学家史蒂文·安德森（Steven Anderson）已经确认了这些缺陷的广泛范围，并且还证实，像无视自己的瘫痪一样，这类患者也无视自己所处的境地及其后果。[11]很多患者似乎无法预见产生不利后果的可能性；即使他们真的预见到了，似乎也无法采取相应的应对措施。他们当然就无法为正在发生在自己身上的事情、将要发生的事情以及旁人对自己的看法形成一个充足的理论。还有一点也很重要，就是他们意识不到自己建立理论的能力不足。当一个人的自我表象受到如此严重损坏时，可能就无法认识到自我的想法和行为已经不再正常了。

人的左右半脑球的外视图。阴影部分包括初级躯体感觉皮层。其他的躯体感觉脑区，分别是次级感觉脑区（S_2）和脑岛，深藏在位于初级体觉皮层底部的正前和正后的塞尔维氏裂里。所以在表面图上看不到这两个结构，箭头表示了它们在深处的大体位置。

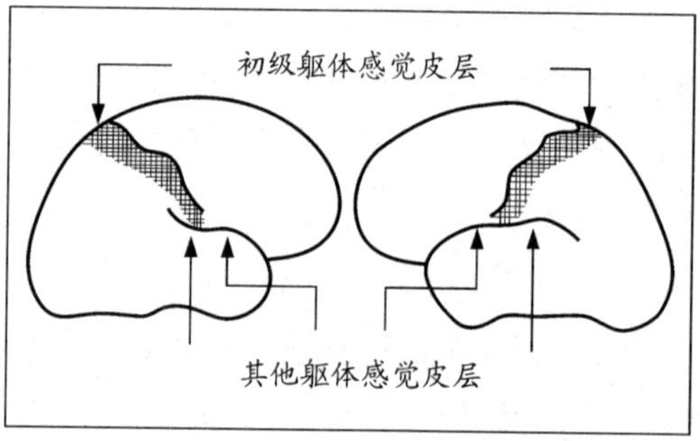

图 4—2

65 上述类型的疾病失认症患者的脑损伤都在右半脑。虽然对疾病失认症的神经解剖结构的完整描述还是一项正在进行中的工作，但有一点很明确：被称为躯体感觉区（somatosensory，来自希腊语词根 *soma*，表示身体；躯体感觉系统主司触觉、温度、疼痛等外部感觉和关节体位、内脏状况和疼痛等内部感觉）的一组右侧大脑皮层有损伤，这组皮层包括脑岛中的皮层；细胞结构区域 3，1，2（在顶叶区）和 S_2 区［也在顶叶区，在塞尔维氏裂（或称外侧裂）的深处］。［请注意，每当我使用术语躯体的（somatic）或躯体感觉的（somatosensory）时，通常我想表示的是躯体（soma），或者身体，并且我指的是包括内脏感觉在内的所有身体感觉。］这些脑区接受来自全身各处的信息（肌肉、关节、内部器官）。这种损伤也影响了右半脑的白质，中断了上述脑区间的相

66 互联系以及它们与丘脑、基底神经节、运动皮层和前额叶皮层间的相互联系。

这些多成分系统的部分损伤**不会**导致我正在讨论的疾病失认症类型。

长期以来，我的初步假定是，疾病失认症患者右半脑中那些所有受损的互相联系的脑区，通过它们的合作和相互作用，可能会在脑中产生最综合和完整的当前身体状态的映射。

读者可能会发出疑问，身体的左右两侧都是几乎对称的，而为什么这种映射倾向于右半脑而不是左右两个半脑。答案是，无论是人类还是非人类物种，脑半球的功能分配似乎是不对称的，原因可能是当我们选择某种行为或想法时，需要的是一个而不是两个最终仲裁者。如果两侧半脑在你想要进行运动时都具有同等的发言权，就会出现冲突现象，右手可能会妨碍左手，几个肢体的协调运动也不太可能了。对很多功能来说，单侧脑半球的结构必须要有优势，这些结构就被称为**优势结构**。

优势结构的最好例子是语言。超过95%的人（包括很多左撇子）的语言功能，很大程度上都依赖于左半脑结构。对于整体身体感觉来说，右半脑是优势半脑。通过身体感觉、内脏状态的表征，以及四肢、躯干和头部等肌肉骨骼装置的状态的表征，共同组合成了一个协调的动态映射。请注意这不是一个单独的映射，而是几个映射的信号的互动和协调合作。在这种情况下，左右侧身体的信号便在我们先前提到的右半脑的三个躯体感觉皮层区找到了最终的会合场所。有趣的是，人体外部的物理空间表征和情绪过程都属于右半脑优势。[12] 67
这并不是说，在这种情况下，左半脑的相应结构不对身体或者外部空间进行表征。问题只是表征不同：左半脑的表征可能只有一部分，并且是不完整的。

疾病失认症患者与前额叶损伤患者在某些方面有些相似。比如，疾病失认症患者不能就个人和社会事件作出适当的决策，前额叶受损病人也是如此。而像疾病失认症患者一样，有决策障碍的前额叶受损患者通常对自己的健康状况漠不关心，对疼痛似乎也有超乎寻常的忍耐力。

有些读者可能很惊讶于这一点，会问为什么自己没有从其他渠道听说过关于疾病失认症患者的决策缺陷的说法。那么，为什么对脑损伤之后推理能力障碍的那一点研究兴趣都集中到了前额叶损伤患者身上了呢？我们的解释是，可能是因为前额叶损伤病人在神经病学上看起来很正常（他们的运动、感觉、语言能力完好无损；问题出在他们受损的感受和推理能力上），可以从事多种社会交往行为，而在社会交往中，他们的推理能力缺陷很容易就暴露出来。另一方面，疾病失认症患者由于他们明显的运动和感觉障碍，经常被看成病人，从而被局限在他们可以从事的社会行为范围之内。换言之，他们将自己置于不利境地的机会大大被减少了。即使这样，他们的决策缺陷仍然存在，一旦有机会就表现出来，随时可能破坏其家人和医务人员为其设计的最佳康复方案。由于无法认识到自己的问题是多么严重，这些患者很少和临床医师合作或者根本就不合作，也没有任何想要朝好的方向发展的意思。但是，如果首先他们通常意识不到自己的糟糕境遇，他们为什么要合作呢？既然他们表现出来的快乐或漠然既非自发，也不是基于自己对情境的了解，那么，无论快乐或漠然都不是真
68 实的。但是，这种情绪的出现经常被误解为适应性，而他们的照料者则受到误导，认为与周围那些整日哭哭啼啼、令人烦恼不已的患者相比，外表上情绪愉快的病人痊愈的可能性也更大。

一个此类的相关病例是最高法院法官威廉·O. 道格拉斯（William O. Douglas）。他于1975年患上了右脑中风。[13] 由于没有出现语言缺陷，人们以为他会正常地回到自己的工作岗位上，也可能人们希望如此，希望这位杰出且果敢的法官不要过早为人们所忘记。但是接下来发生的悲剧事件却完全两样，这表明当此类疾病患者被允许和社会广泛接触时，会造成怎样难以解决的严重后果。

在他不顾医生的反对坚持出院以后，爱搬弄是非这一征兆首先表露出来（他经常如此，还因此惹上了官司，除此之外，他还经常疯狂购物和无节制地大吃大喝）。与他诙谐地将自己住院治疗归因于一次"跌到"，将自己左侧瘫痪看成纯属虚构一样，这一点也和他众所周知的坚定幽默的个性有关。在一次记者招待会中，他被迫认识到和承认自己无法行走，离开轮椅后需要别人搀扶，但他对事实还是表现出抗拒的态度，说"走路和法院的工作没有什么关系。"而且，他还邀请记者们在接下来的一个月里和他一起去徒步旅行。后来，在重新尝试康复的努力失败后，道格拉斯在回答一个来访者问到他左腿情况时说到，"我曾经在训练馆用左腿踢出40码远的三分球"，并吹嘘他要和华盛顿瑞德斯根斯队签约。当这位目瞪口呆的来访者礼貌地反对，说他的年龄可能会成为他这一计划的障碍时，这位法官笑着说，"是的，但是你应该去看看我是怎么把他们都打趴下的。"由于道格拉斯总是不能遵循社会习俗与其他法官和同事共事，最糟糕的时刻最终来临。虽然已经无法履职，他却坚持拒绝辞职，甚至在他被迫辞职之后，他的行为还经常表现得好像没有辞职一样。

我在此处所描述的疾病失认症患者不仅无法意识到自己的左侧瘫痪，他们

还存在推理和决策能力缺陷，以及情绪和感受缺陷。 69

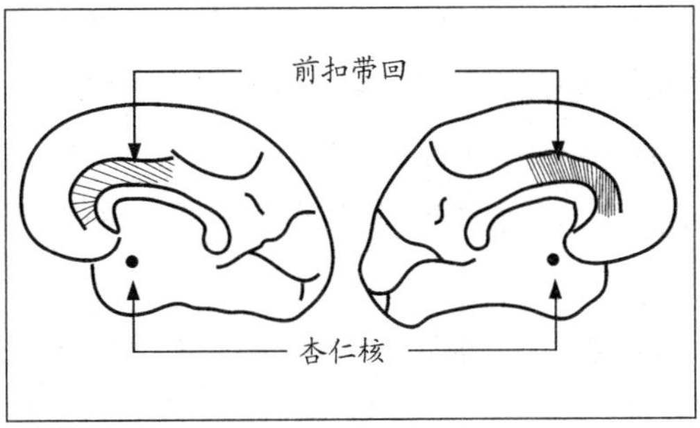

图 4—3

两个脑半球的内侧面。阴影部分表示的是前扣带回。两个黑点表示的是杏仁核到颞叶内表面的投射。

现在说一下来自边缘系统最重要的部分之一——杏仁核受损的证据。两侧杏仁核都受损的病人极其罕见。我的同事丹尼尔·特拉尼尔、汉娜·达玛西奥、弗里德里克·纳姆（Frederick Nahm）和布雷德利·海曼（Bradley Hyman）很幸运地遇到了这样一位病人并进行了研究。这位患者是一个具有终生个人和社会缺陷的妇女。[14]可以确定的是，她的情绪的范围和恰当性都受到损坏，而且对自己糟糕的处境根本漠不关心。她"愚蠢荒唐"的行为表现与菲尼亚斯·盖奇或其他疾病失认症患者不一样，但同时，像他们的情况一样，她的问题也不应该归咎于低智商或者较低的受教育水平（这位患者高中毕业，IQ处在正常水平）。另外，在一系列创造性实验中，拉尔夫·阿道夫（Ralph Adolphs）发现这位患者对情绪细微方面的理解严重异常。虽然这些发现在为人们肯定之前，还需要在类似病例中被重复证实，但我必须要指出的是，猴子如果发生同样的损伤也会导致情绪加工缺陷，这一现象首先由拉里·威斯科兰兹（Larry Weiskrantz）发现，并得到埃格莱顿（Aggleton）和帕辛厄姆（Passingham）的证实。[15]后来，约瑟夫·勒杜（Joseph LeDoux）利用老鼠进行实验，十分肯定地发现杏仁核在情绪中发挥一定的作用（在第 7 章中有更多讨论）。[15] 70

关于解剖结构和功能的反思

此前关于推理/决策能力障碍和情绪/感受障碍的神经疾病的阐述突出说明

了以下几点。

首先，人脑中有一个脑区，即前额叶皮层腹内侧区域，这部分脑区受损肯定会对推理/决策能力和情绪/感受造成损坏，尤其在个人和社会领域。我们可以比喻说，推理和情绪“交叉”于前额叶皮层腹内侧区域，也相交于杏仁核。

第二，人脑中的另一个脑区，即右半脑的躯体感觉皮层，这一脑区受损也会对推理/决策能力和情绪/感受造成损坏，而且会中断基本身体信号的传导过程。

第三，前额叶皮层腹内侧区域之外的脑区，这部分脑区受损也会对推理和决策能力造成损坏，但损坏方式不同：要么非常广泛，损坏了所有区域的智性活动；要么损伤的选择性较强，相对个人和社会领域的活动，更多损坏的是词语、数字、物体或者空间的活动。图 4－4 粗略表现了这种重要的交叉。

此图表示了一组脑区，其受损会导致推理和情绪加工受损。

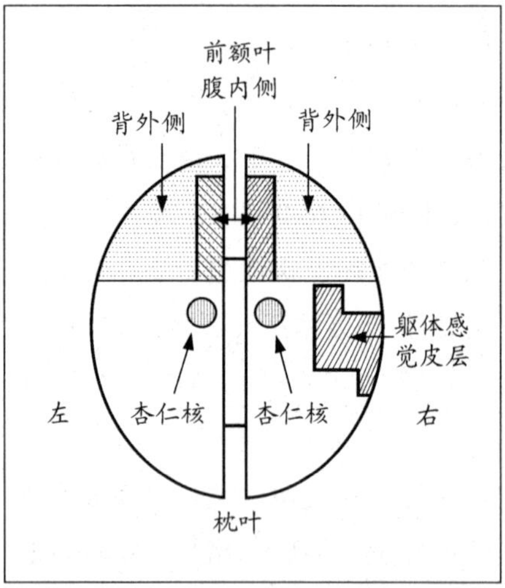

图 4－4

简而言之，人脑中似乎有一个系统集合，始终专注于服务被我们称为推理的有目标导向的思维过程和我们称之为决策的反应选择过程，尤其是个人和社会领域方面。这个系统集合也和情绪及感受有关，还部分参与对身体信号的加工。

来　　源 71

在结束关于人类脑损伤这个主题的讨论之前，我还想再提出一点。人脑中有一个特定脑区，在这个脑区中，各种与情绪/感受、注意和工作记忆有关的系统之间的相互联系非常紧密，它们成为外部动作（运动）和内部行为（思想过程、推理）能量的来源。这个来源性脑区就是前扣带回，它也是令人困惑不已的边缘系统的组成部分之一。

我的这一观点来源于对此脑区和周围脑区受损的病人的观察。对他们病症的最恰当描述是，他们的心理和外部的所有过程都处于暂停状态——这是推理和情绪表达障碍的一种极端类型。受这种损伤影响的主要脑区包括前扣带皮层（anterior cingulate cortex，我会简单地用“cingulated”来表示）、辅助运动区（被称为 SMA 或 M2），以及第三运动区（称为 M3）。[16] 某些病例还包括旁边的前额叶脑区，还可能包括半球内表面的运动皮层。总体来讲，这部分额叶
72
皮层中的脑区与运动、情绪和注意有关。（它们与运动功能关系密切；要了解它们与情绪和注意的关系，请分别参见 Damasio and Van Hoesen，1983，和 Petersen and Posner，1990。[17]）这部分受损不仅会对运动、情绪和注意造成损伤，也会导致行为过程和思考过程的暂停，比如，推理停止发挥作用。我曾治疗过一个患有类似脑损伤的患者，通过对她的治疗，我对这种损伤有所了解。

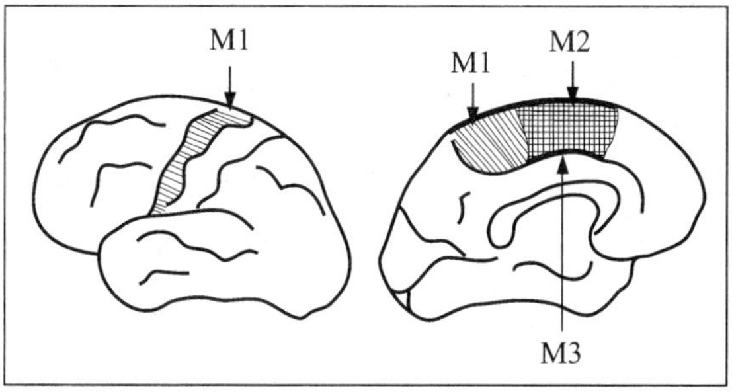

图 4—5

此图表示的是从外部（左图）和内部（右图）观察到的人的左半脑。M1，M2 和 M3 是三个主要的皮层运动区域的位置。M1 包括被称为“运动带”（motor strip）的脑区，这个脑区在每张与脑有关的漫画中都有出现，顶部经常画着一个丑陋的类似人形的物体（彭菲尔德的雏形人）。较不为人所知的 M2 是辅助运动区域，是第六脑区的内部。更不为人所知的 M3 隐藏在扣带沟的深处。

这位我称为T夫人的患者患上了中风，中风导致其两侧额叶的底部和中部大面积损伤。她整个人突然变得一动不动，话也不说，躺在床上，睁着眼，却没有什么面部表情；我经常用“中性”（neutral）这个术语表示患者的这种安静，或者此类面部表情的缺失。

与面部相比，她身体的活力也多不到哪里去。她可以用胳膊和手做出正常
73 的动作，比如拉拉床上的被褥，但是总体来说，她的肢体是静止不动的。当别人问及她的状况时，她通常都保持沉默。虽然在再三劝说之后，她可能会说出自己的姓名、丈夫和孩子们的姓名，或者她所居住的城市的名称，但是她不会告诉别人自己的病史，无论是现在还是过去的病史，也不会对自己住院的原因进行描述。所以，我们无从得知她是对这些事件没有记忆，还是有记忆但不愿或者不能进行描述。她对我无休无止的询问从来没有表示出厌烦，从来没有表现出对自己或任何别的什么事的一丝担忧。几个月后，她逐渐从这种缄默症和运动不能（运动丧失）的症状中摆脱出来，开始回答别人的问题，她对自己的那种神秘的心理状态进行了描述。与人们之前想象的相反，她的心理并不是被禁锢在静止状态中，相反，她似乎曾经根本就没有多少心理，没有真正的思想或推理。她的面部和身体的平静恰恰就是其心理缺乏活力的表现。当时，她确定地说自己不会因为和别人没有交流而感到痛苦，也没什么东西迫使她不能表达自己的真实想法，而是就像她回忆的那样，“我真的没什么好说的。”

在我看来，T夫人是没有情绪的。同时，她好像对自己的体验也没有什么感受。在我看来，她对于呈现在自己面前的外部刺激没有给予特别的注意，而且从心理上也没有注意到这些刺激的表征或相关地唤起表征。我认为她的意志被替代了，而且这似乎也正是她的反应表现。［弗朗西斯·克利克（Francis Crick）已经吸纳了我的意见，认为此类损伤的病人的意志被替代了，他还讨论了自由意志的神经基础[18]。］简而言之，心理表象和运动赖以产生和增强的内驱力都受到了普遍广泛的损害。这种内驱力的缺乏外现为中性的面部表情、缄默症和运动不能。在T夫人的心理中似乎不存在各种正常的思想和推理过程，因而也没有决策可以作出，更谈不上得到执行了。

74

来自动物研究的证据

我正在阐述的这个观点的更多相关背景资料来源于对动物的研究。第一项

研究可以回溯到20世纪30年代。当时有一项针对黑猩猩的观察报告，对莫尼兹来说，这项报告即使称不上是触发前额叶白质切除术产生的火花，至少也是鼓励其继续进行研究的一个巨大动力。这个实验由耶鲁大学的J.F.富尔顿（J.F.Fulton）和C.F.雅各布森（C.F.Jacobsen）实施，当时他们正在进行一系列学习和记忆方面的研究。[19]实验对象是两只名为贝姬和露西的整日闷闷不乐的黑猩猩；当它们心情欠佳时，就会变得很凶残，而且它们经常心情欠佳。在研究过程中，富尔顿和雅各布森想要了解前额叶皮层受损会如何改变动物对实验任务的学习。在第一阶段，研究者破坏了一侧额叶。动物的表现和个性没有出现大的改变。在接下来的一个阶段，研究者又破坏了另一侧额叶。此时明显的改变发生了。如果说以前某些情况会令贝姬和露西情绪不佳，但现在，同样的情况下，它们变得无所谓了，不再凶残反而十分安静。在1935年伦敦世界神经病学大会上，[20]雅各布森把这种变化绘声绘色地描述给满屋的同行听。莫尼兹在听到他的描述时就站起来问他，如果给精神病人造成类似脑损伤是否会为他们的某些问题提供一个解决方案。富尔顿非常震惊，没能给予回答。

上述的两侧前额叶损伤除了阻止了正常的情绪表现，同样重要的是，它还导致了社会行为异常。在众多令人深受启迪的相关研究中，罗纳德·迈尔斯（Ronald Myers）提出，两侧前额叶切除（包括腹内侧区域和背外侧区域，但不包括扣带回区）的猴子的生理表现并没有改变，但无法在猴群中维持正常的社会关系。[21]这些脑损伤猴子的表现有：梳理行为显著减少（自己以及相互之 75
间）；无论脑损伤的猴子是雄猴、雌猴还是幼猴，与其他猴子的情感交流明显减少；面部表情和啼叫减少；母性行为减弱和性冷淡。虽然这些猴子行动正常，却不能与手术前自己所属猴群中的其他成员正常相处，而且其他成员也无法与它们正常相处，但是其他成员却可以与那些具有瘫痪等明显身体缺陷却没有前额叶损伤的猴子和睦相处。瘫痪的猴子虽然比那些前额叶受损的猴子生理上要残疾的多，却能够主动寻求并获得同伴的帮助。

可以预测，前额叶受损的猴子无法继续遵从猴群组织的复杂社会习俗（不同成员的等级关系、某些雌性和雄性对其他成员的控制等[22]）。它们可能在“社会认知”和“社会行为”两方面很失败，其他成员也是如此看待它们。而显然，运动皮层受损而不是前额叶皮层受损的猴子就不存在这样的困难。

双侧颞叶前部切除（**没有**损坏杏仁核）的猴子也表现出一些社会行为障

碍，但是与前额叶受损的猴子相比状况轻很多。虽然猴子和黑猩猩，以及黑猩猩和人类的神经结构差异很大，但前额叶受损造成的缺陷却都有一个共同特点：个人和社会行为严重受损。[23]

富尔顿和雅各布森的工作还提供了其他重要证据。我曾经提到，他们研究的目的是为了了解学习和记忆，从这个研究角度来说，他们的研究结果具有重大意义。研究者设计的一项任务的目标是关于奖励性刺激和这个刺激的空间位置之间关系的学习能力。他们的经典实验是这样的：一只黑猩猩的面前，在胳
76 膊可以够到的范围内有两个深洞。将一块诱人的食物放在其中一个洞里，这一切都在黑猩猩的视野之内，然后将两个洞都盖上，食物看不到了。几秒钟的延迟之后，这只黑猩猩就走到那个藏有食物的洞前，而不去看另一个洞。正常的黑猩猩在整个延迟期间仍然保留着食物位置的知识，可以采取恰当的行动获取食物。但是前额叶受伤之后，黑猩猩就无法再执行这个任务了。一旦刺激不在视野之内，也就似乎不在心理之内了。这些发现成为后来帕特利夏·戈德曼-雷基克（Patricia Goldman-Rakic）和华金·富斯特（Joaquim Fuster）在神经生理领域探索前额叶皮层奥秘的基础。[24]

我的观点还和一个最近的发现有紧密关系，这个发现和前额叶皮层腹内侧部位以及杏仁核里的一种血清素化学受体的数量有关。血清素是一种重要的神经递质，实际上，神经递质的活动对行为和认知的所有方面都产生影响（其他主要的神经递质有多巴胺、去甲肾上腺素和乙酰胆碱；它们都从位于脑干和基前脑的小神经核团里的神经元中释放出来，这些神经元的轴突终止于新大脑皮层，以及边缘系统、基底神经节、丘脑的皮层和皮层下结构）。灵长类动物的血清素的功能之一是阻止攻击性行为（令人惊奇的是，血清素在其他物种中还有其他作用）。在动物实验中，当释放血清素的神经元被阻断时，造成的结果之一就是动物的行为变得冲动而过激。总体来说，提高血清素功能可以减少攻击性行为，而倾向于社会性行为。

在这种情况下，必须指出，就像迈克尔·雷利（Michael Raleigh）在其研究中表示的那样，[25]那些社会行为正常（通过合作梳理毛发和对其他成员的亲近程度来衡量）的猴子，其前额叶皮层腹内侧区域、杏仁核和中颞叶皮层的血
77 清素—2受体的数量都很高，而在其他脑区则含量不高；在表现出非合作和敌对行为的猴子身上，情况则恰恰相反。这个发现进一步证实了我先前在神经心

理研究结果的基础上形成的观点，即前额叶皮层腹内侧区域和杏仁核之间存在着系统联系，并且这个发现表明了这些脑区与社会行为的联系，即与患者所表现出来的那些受损决策能力的联系。(此项研究中的血清素受体之所以标名为血清素—2 是因为血清素受体有很多种，实际上不少于 14 种。)

来自神经化学的解释的插述

解释行为和心理时，只提神经化学是不够的。我们必须对那些引起某种特定行为的系统中的化学物质有所了解。如果我们不了解那些在系统的皮层区或神经核团里发挥作用的化学物质，我们就无从了解这些化学物质究竟是如何改变系统表现的（请记住，我们最终需要搞清楚更加微小的回路是如何运转的，这种了解只是我们所采取的第一步）。而且，只有针对特定神经系统的运转而非别的系统时，来自神经科学的解释才是有效的。上面提到的重要发现不应该肤浅地理解为：仅仅血清素就会“导致”适应性社会行为，其分泌不足会“导致”攻击性行为。具有特定血清素受体的特定脑系统中血清素的存在或不足确实可以改变其运转；这种改变反过来又改变了其他系统的运转，最终结果将在行为和认知方面表现出来。

在最近经常提及这种神经递质的文献中，关于血清素的评价都是非常肯定的。常见的抗抑郁药普洛扎克（Prozac），通过阻止血清素的再摄入和增加其接受来发挥作用，这种药物已经受到广泛关注；大众媒体上已经出
现了低血清素含量可能与暴力倾向有联系这一说法。问题关键是，并非血 78
清素缺乏或不足“导致”了某种表现。血清素是一种在分子、突触、区域回路和系统层面上运转的极其复杂的机制的一部分，而且无论是过去还是现在的社会文化因素都对这一机制产生强大的干预。我们只有对整个过程有更全面的了解，对整个过程中，如抑郁或社会适应性等特定问题的各个相关变量都进行细致的分析，才能得到满意的解释。

从现实意义来说，社会暴力问题的解决方法不在于只强调社会因素而忽略了神经化学联系，也不在于将问题归咎于单单某一种神经化学联系，而必须在合适的方式下，综合考虑社会和神经化学因素。

结　　论

这一部分讨论的人类证据表明，很多脑区与推理和决策能力关系紧密。动物实验也表明，部分相同脑区存在着部分相同的这种紧密关系。现在，将人和动物实验得到的证据综合起来，我们可以列出几个我们已经有所了解的神经系统所扮演的部分角色。

首先，从推理过程的广泛意义来说，这些系统肯定与推理过程有关，尤其是计划和决策过程。

其次，这些系统的子系统与计划和决策行为有关，具体可以将这些过程限定在“个人和社会”范畴内。有线索表明，这些子系统与推理中通常负责理性的部分有关。

第三，我们已经确认的系统在情绪加工中发挥着重要作用。

第四，当需要在心理中延时储存某种相关但已不存在客体的表象时，就必须要有这些系统。

79 为什么这些完全不同的作用都集中在了一个有限的脑区里？计划以及作出个人和社会决定；加工情绪；将所表征的、已不存在的客体的表象保持在心理之中，这些有什么可能的共同点呢？

第二编

5

组合出一种解释 83

一种神秘的联合

在第一部分中，通过对病后出现推理和决策能力障碍患者的研究，我们对这些患者的一组特定的受损脑系统有所认识。同时，我们还发现了一组相当奇怪的神经生理过程，这些过程的运转依赖于这些受损脑系统的完整性。首先，是什么将这些过程互相联系起来；其次，是什么将它们同我们前一章中提到的神经系统联系起来？下面，我们将给出几种暂时性的答案。

第一，社会环境下的典型个人问题，不仅过程复杂，而且其结果不确定。对这类问题作出决定，既需要广泛的知识，又需要能操作这些知识的推理策略。广泛的知识包括客观世界中有关客体、人和情境的各种事实。但是，因为个人和社会决定与生存紧密相连，所以这些知识也包括同整个有机体调节有关的事实和机制。推理策略围绕着以下几点：目标、行动选择、对将来结果的预 84
测以及根据不同的时间范围的目标来制订实施计划。

第二，对体内平衡的控制、内驱力和本能组成了生物调节的核心。对生物调节来说，产生情绪和感受的过程是其神经机制的主要部分。

第三，由于脑的结构所限，那些必需的广泛知识存储在大量位处脑中相对分散区域的各个系统内，而不是集中于某个脑区的各个系统内。这些知识中的大部分是以表象的形式从很多脑区，而不仅仅是从一个脑区被回忆出。虽然我们有一种错觉，即所有的内容都来自某个单独的解剖结构，但最近的研究证据表明事实并非如此。很有可能的是，在不同脑区相对同时进行的脑活动将不同心理部分结合在一起。

第四，因为只有通过分散和分类的方式，知识才可以从许多并行系统的脑部位中被提取，所以推理策略的执行就需要：各种事实的表征要在很长时间内广泛同时地保持活跃状态（至少好几秒）。换句话说，我们进行推理所需的表象（可以是特定客体、行动和相关计划的表象，也可以是把后者翻译成语言形式的单词的表象）不仅要“清晰”——这可以通过提高注意力获得，而且必须“在心理中一直保持活跃状态”——这可以通过高级工作记忆获得。

我猜想，在上一章结尾处所阐述的那些过程的神秘联系，部分应归因于有机体正在解决的问题的特点，部分应归因于脑结构。个人和社会决策充满了不确定性，而且直接或间接地影响着生存，因此，它们需要与外部客观世界和有机体内部自身世界有关的广阔且全面的知识。然而，因为脑是以空间分割的方式，而不是以整体空间的方式来存储和回忆知识的，所以，它们也需要注意和工作记忆。这样，以表象的方式被回忆出来的知识就可以得到及时操作。

85 至于我们已经有所了解的这些神经系统的功能为什么如此明显地相互交迭在一起，我猜想答案就是进化的便利性。如果基本的生物调节对于个人和社会行为的指导非常重要，那么，既然各个主司推理和决策的子系统和主司生物调节的子系统共同参与了与生存有关的过程，这样的脑结构在自然选择中就有可能获胜。

这些回答所提出的普遍解释是解答菲尼亚斯·盖奇现象的第一种近似的答案。脑中是什么使得人类作出理性的行为？它又是怎样工作的？我经常忍不住要使用“理性神经生物学”这个词语来回答这些问题，虽然这个词语听起来太正式而且故弄玄虚，但是实际上简单来说，它的意思就是：在广泛的脑系统的层面上，人类理性的神经生物学的开端。

在本书的第二部分，我打算阐述上述普遍解释的合理性，并从中提出一个经得起验证的假设。然而，因为问题涉及的方面很多，所以我将讨论的范围缩小到一些精选的内容上，要使我的观点能够被读者理解，这些内容都是必不可少的。

本章是衔接第一部分和我以后要给出的相关解释的桥梁。这座桥梁的建立——我希望大家不要把它理解成为一个中断——有几个目的：了解我经常要用到的一些概念（例如有机体、身体脑、行为、心理、状态）；简单地讨论知识的神经系统基础，重点放在其可分割性和对表象的依赖性上；以及对神经系统的发育作一些评论。我不会论述得很详尽（例如，展开一场关于学习或语言的讨论或许比较恰当有用，但是对于我所要达到的目标来说，这两个主题都并非是必不可少的）；对任何主题，我都不会讲得像教科书一样详细；我也不会对我所表达的每一个观点都提供有效的证据。请记住，这只是一场讨论而已。

接下来的章节会返回到我们的故事主线上，而且会着力讨论生物调节、生 86
物调节在情绪和感觉上的表达、以及情绪和感受被应用到决策过程的机制。

在继续深入讨论之前，我有必要重复一下我在导言部分说过的一些话。我们的讨论是一场开放式的探索，而不是一个已经达成共识的那些事实的列表。我是在对假设和实证检验进行思考，而不是在对已确定的东西进行确认。

有机体、身体和脑

无论人们有着什么样关于自己的问题，例如我们是谁，为什么我们会是现在这个样子，但有一点是确定的，那就是我们是具有身体本身（body proper）（简称“身体”）和神经系统（简称“脑”）的复杂、有生命的有机体。虽然从传统意义上说，脑也是身体的一部分，但无论什么时候我提到身体这个词，我的意思是指有机体除去神经组织（中枢神经系统和周围神经系统）的那部分。

有机体由一个框架和多种成分组成。它有一副骨架，骨架由许多部分组成，由关节相连，通过肌肉来移动；它还拥有大量器官，这些器官组成各种系统；它有一个界定其外部边缘的边界或膜，这层膜大部分由皮肤组成。有时，我会把器官——血管、头部器官、胸腹、皮肤——称作内脏（Viscera，单数形式为 viscus）。再说明一次，从传统意义上看，脑是包含在器官之内的，但在这里我将它排除在外。

有机体的每一部分都是由生物组织组成，组织又由细胞组成。每个细胞由大量的分子组成，这些分子有序排列着，形成了细胞的构架（细胞骨架）、大量的器官和系统（细胞核和各种细胞器）以及一个整体外界（细胞膜）。当我们观察某个正在活动的细胞时，其结构和功能的复杂性使人惊讶；当我们观察身体的某个器官系统时，其复杂性同样令人吃惊。

87

有机体的状态

在前面的讨论中，有很多对“身体状态”和“心理状态”的涉及。有生命的有机体不停地发生变化，呈现出一系列的“状态”，每一个状态由有机体的所有组成成分正在进行着的不同活动模式所定义。或许，你会把这描绘成在一个特定范围的区域里，大量正在活动的人和物的行为混合在一起的画面。想象一下你自己正位于一个大型机场的枢纽处，你四下张望，看看里面，再看看外面。你看到和听到了来自许多系统的持续不断的嘈杂声：登机或离机的乘客，刚刚坐下，或者刚刚站起的乘客；有人正在徘徊或是行走，好像要去干什么事；正在滑行、起飞、降落的飞机；正在忙活的机修工和行李搬运工。现在想象一下，你将这段正在播放的视频静止，或者你将这整个场景拍一个广角快照。从那副静止的画面或快照中，你得到了关于某种状态的表象，一个人为的、瞬间的生活片段，所表示的是在相机快门速度所决定的时间段里，在广阔的有机体的不同器官内正在发生的一切。（实际上，情况比这个要更复杂一点。根据分析范围的不同，有机体的各种状态有可能是各自独立的部分，也有可能会逐渐融合在一起。）

身体和脑相互作用：有机体内部

脑和身体通过相互将对方作为生物化学和神经系统回路的靶器官，结合成一个不可分割的整体，这种联系主要通过两条途径来实现。通常，人们首先想到的途径由感觉和运动周围神经所组成，这些神经把信号从身体的各个部分传向脑，并从脑传向身体的各个部分。另一条途径，虽然在进化上具有更古老的历史，但人们对它并不是很熟悉，那就是血液；它携带着诸如激素、神经递质和调质等化学信号。

一个简单的总结就能揭示这些关系的错综复杂：

88

1. 身体的几乎每一个部分，每一块肌肉、每一个关节和内部器官都可以通过周围神经向脑发送信号。那些信号从脊髓或是脑干进入脑，并最终在脑内部被传导，从一个神经部位传到另一个神经部位，一直到位于顶叶和脑岛的躯体感觉皮层。

2. 身体活动所产生的化学物质可以通过血液到达脑，并可直接或间接地通过激活例如穹隆下器官等特殊的脑部位来影响脑的运转。
3. 反之，脑可以通过神经作用于身体的所有部位。其执行者是自主（或是内脏）神经系统和肌肉骨骼（或是随意）神经系统。自主神经系统的信号产生于进化上较古老的脑区（杏仁核、扣带回、下丘脑和脑干），而肌肉骨骼神经系统的信号产生于几个运动皮层和皮层下运动核团，它们具有不同的进化年限。
4. 脑也通过生成或命令生成化学物质释放到血液里来作用于身体，这些化学物质包括激素、神经递质和调质。在下一章中，我将对这些作更详尽的阐述。

当我说脑和身体组成了一个不可分割的有机体时，我并没有夸张。事实上，这还过于简单化了。想一想，脑不仅从身体接收信号，而且一些脑区还接收来自其他脑区的信号，而这些其他脑区又负责接收来自身体的信号！由脑/身体的合作关系所组成的有机体作为一个整体和外界环境相互作用，这种相互作用并不只是身体或脑单独的作用。但是，像我们人类这样复杂的有机体所做的绝不仅仅是相互作用，也不仅仅是产生被总称为行为的自发或对外部刺激的反应，它们也产生内部反应，其中一些组成了表象（视觉的、听觉的、躯体感觉的，等等），我将这些表象假定为心理的基础。 89

行为和心理

许多低级生物，甚至是只有一个单细胞、没有脑的生物，也可以自发地产生动作，或对环境刺激作出反应；也就是说，它们会产生行为。某些动作发生在有机体内部，有的无法观察到（例如，内部器官的收缩），有的则可以很容易地从外部观察到（肢体的抽动或伸展）。而其他动作（爬行、行走、手持物体）受环境所控制。但是在某些简单有机体和所有复杂有机体中，无论是自发的、还是应激的动作，都受控于来自脑的命令。（注意：有身体而无脑、但能够运动的有机体，要早于那些既有身体又有脑的有机体出现，然后这两种有机体就共存下来。）

并非所有受控于脑命令的动作都是经过深思熟虑才产生的。相反，我们认为有这样一种合理假设：在客观世界中那一刹那的瞬间，大多数所谓由脑产生的动作根本就没有事先经过仔细的思考。它们仅仅是单纯的反应，反射就是其中的一个例子：由一个神经元所传导的刺激使另一个神经元开始活动。

随着有机体复杂性的增加，“脑产生”的动作需要更多的中间加工过程。虽然在刺激神经元和反应神经元之间还有其他神经元，而且由此建立了各种并行回路，但这并不意味着拥有更复杂脑的有机体就一定具有心理。虽然脑可以对传导刺激和反应的回路有很多介入，但如果脑没有满足一个必要条件，即具备在心理上显示表象和在我们称之为思想的过程中将这些表象进行排序的能力（这些表象不仅仅是视觉的，还有“声音表象”、“嗅觉表象”，等等），脑就仍然不具备心理。关于可以产生行为的有机体的阐述马上就可以结束了，我再说最后一点：不是所有的有机体都具有心理；也就是说，不是所有的有机体都具
90 有心理现象（即不是所有的有机体都具有认知或认知过程）。某些有机体既有行为又有认知；某些有智力活动但没有心理；而具有心理却不存在行为的有机体似乎是不存在的。

所以，我的观点就是：具有心理就意味着有机体形成了神经表征，这种表征可以形成表象，可以在一个被称为思想的过程中进行操作，最终通过协助预测未来、制订相应的计划，以及确定下一步行动来影响行为。在我看来，神经生物学的核心就在这里：它是一个过程，一个神经表征成为我们心理表象的过程，而神经表征由神经元回路里的学习产生的生物变化组成；在这个过程中，神经元回路中（细胞体、树突和轴突，以及突触）那些肉眼不可见的微观结构的变化形成了一个神经表征，这个表征又形成一个表象，我们每个人都以自己的方式感受这个表象。

根据第一种近似的解释，脑的整体功能就表示对身体其他部分的运行情况和它自身的运行情况要有很好的了解，以及对有机体周围环境的情况有很好的了解，以便在有机体和环境之间作出恰当的、有利于生存的调节。从进化的角度看，逆向的进化是不可能的。如果没有身体，也就不会有脑。附带提一下，只有身体和行为、但没有脑或心理的简单有机体仍然存在，而且事实上，它们的数量比人类要多出好几个数量级。想想那些正快乐地生活在我们每个人体内的埃希氏大肠杆菌（Escherichia coli）等大量的细菌吧，它们就是一个很好的例子。

有机体和环境相互作用：应对外部世界

如果说身体和脑彼此之间进行着繁忙的相互作用，那么由它们两者形成的有机体与环境之间的相互作用的繁忙程度决不会低于前者。有机体的运动和感觉器官调节着两者之间的关系。

环境以多种多样的方式影响着有机体。其中之一就是通过激发眼（其内部的视网膜）、耳（其内部的耳蜗—声音感受器和前庭—平衡感受器）的神经活动，以及位于皮肤、味蕾、鼻黏膜中的无数神经末梢的神经活动。神经末梢将信号送到脑中固定的入口，即所谓的早期视觉、听觉、触觉、味觉和嗅觉感觉皮层。我们可以将这些早期感觉皮层看成信号可以安全到达的港湾。正如大家在图 5—1 中看到的那样：每一个早期感觉皮层（早期视觉皮层、早期听觉皮层，等等）都是几个脑区的集合，而且在这些脑区集合中，都有繁忙的信号交叉。在本章的后面，我将提到，这些紧密联系的脑区就是拓扑性质的表征的基础，是心理表象的源泉。 91

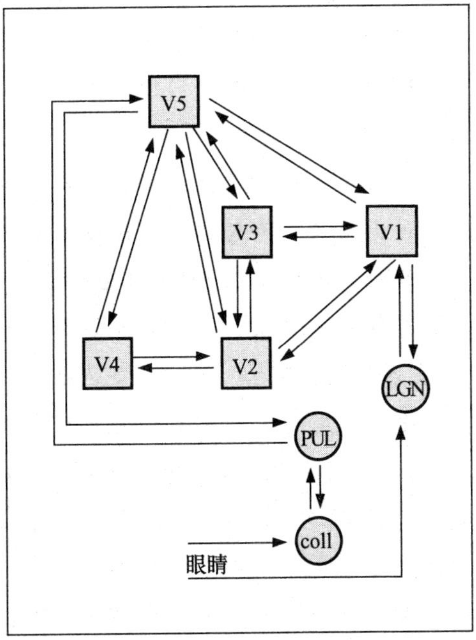

图 5—1

此图表示的是简化了的“早期视觉皮层”（V1，V2，V3，V4，V5）和三个与视觉相关的皮层下组织之间的关系。三个皮层下组织为：侧面膝状核（LGN）、丘脑后结节（PUL）和上丘（coll）。V1 也被认为是“初级”视觉皮层，并和布罗德曼 17 区域对应。请注意，这个系统中大部分的成分都通过前馈和后馈神经投射（箭头线）相互联系在一起。视觉输入通过眼睛，从 LGN 和丘（colliculus）进入该系统。信号输出时，该系统的许多成分（例如 V4，V5 等），并行向皮层及皮层下靶器官输出。

92 反之，有机体通过整个身体、四肢和发声器官的运动作用于环境。在一些皮层下运动核团的协助下，M1，M2 和 M3 皮层（主司指向身体运动的皮层也包括在内）控制着这些身体部分。于是，脑内就有持续接受来自身体或是身体的感觉器官的信号的脑区。从解剖学角度来说，这些“输入”脑区是相互独立的，而且彼此之间并不直接联系。此外，还有产生运动和化学信号的脑区：脑干、下丘脑核和运动皮层就属于这些“输出”部分。

关于神经系统结构的插述

假设你要重新开始设计人脑，并且已经记下了你要将感觉信号运往的所有港口的名称。难道你不想尽可能迅速地将这些来自视觉和听觉等不同感觉器官的信号融合在一起，以便使脑可以对正在看到和听到的事物产生一个“完整的表征”么？难道你不想将这些表征与运动控制连接在一起，以便脑可以有效地对它们作出反应么？也许你的答案是绝对的肯定，但自然界的答案却并非如此。大约在二十几年前，E. G. 琼斯（E. G. Jones）和 T. P. S. 鲍威尔（T. P. S. Powell）曾做过的一项关于神经元连接的研究，这项里程碑式的研究表明，自然界不允许这些感觉港湾之间互相进行**直接**交流，也不允许它们同运动控制进行**直接**交流。[1]例如，在大脑皮层的层面上，每一个早期感觉区域，都必须先与许多中间区域进行交流，再由这些中间区域与更远的区域进行交流，依此类推。这种交流通过向前投射的轴突或前馈投射来实现。这些轴突会聚于下游区域，而这些下游脑区又会聚于其他的脑区。

这些并行的各种会聚似乎终止于某些顶点上，如最靠近海马的皮层（即内嗅区皮层），或是前额叶皮层的某些脑区（背外侧或是腹内侧
93 区域），但其实这并不完全正确。首先，它们从来不以这种方式“终止”，因为从它们向前投射的每一个点的周围都有一个相应的向后的投射。可以说，会聚区里的信号**既**前行**又**后行。除了前行的会聚，有人还发现了可以产生永久循环的前馈和反馈投射的环路。

这些会聚流没有按一般人的理解“终止”的另一个原因是：从它们的一些部位，特别是那些被前置的部位中，存在着向运动控制的直

接投射。

所以，输入部分之间的信息传达以及输入和输出部分之间的信息传达并不是直接进行的，而是需要通过媒介进行，通过一个复杂的相互联系的神经元集合体的结构来完成。在大脑皮层层面上，这些集合体就是位于各个联合皮层的皮层区域。但是，这种需要借助媒介的信息传达也可以通过大的皮层下核团来完成，例如那些位于丘脑和基底神经节的神经核团，或者也可以通过位于脑干等部位的小神经核团来完成。

简而言之，处于输入和输出脑区之间的脑结构的数量相当巨大，而且它们之间的连接模式也呈现出极其广泛的复杂性。一个很自然的问题就是：在所有这些"媒介"结构中到底发生了什么，那些复杂性给我们带来了什么？答案就是，这些脑区的活动与输入和输出脑区的活动一起，在瞬间构造了我们心理中的表象，并悄悄地进行操作。在这些表象的基础上——我在接下来的篇幅里还会对表象进行更多阐述——我们可以对输入早期感觉皮层的信号作出解释，这样我们就可以将它们组织成概念，并对它们加以分类。我们可以获得推理和决策的策略；而且我们可以从脑中所有的菜单中选择一个运动反应，或是设计一个新的运动反应，一个遵照自己意志的、经过思考的反应，无论是重击桌子、拥抱孩子、给编辑写信，或者是在钢琴上弹奏莫扎特的曲子。

位于脑的五个主要感觉输入脑区和三个主要输出脑区之间的是联合皮层、 94
基底神经节、丘脑、边缘系统和边缘神经核，以及脑干和小脑。这个信息和操控的"器官"，这个多种系统的集合体，与身体和外部世界进行相互作用，既包含先天知识，又包含后天习得的有关身体、外部世界和脑自身的知识。这些知识对运动输出和心理输出进行调用和操作，即对组成我们思想的表象进行调用和操作。我认为这种各种事实及其操作策略的知识是以"痕迹表征"（dispositional representations，简称为"痕迹"）的形式，以休眠和暂时静止的状态，被存储在那些媒介（in-between）脑区里。生物调节、对先前状态的记忆以及对未来活动的计划都来源于合作活动，这种合作不仅仅发生在早期感觉和运动皮层，也发生在这些媒介脑区里。

完整心理由分类活动组成

许多热衷于思考脑工作原理的人都普遍存在这样一种错误直觉：心理中的许多感觉加工——画面和声音、味道和气味、表面纹理和形状——所有这些都“发生”在一个单一的脑结构里。不知什么原因，人们顺理成章地认为：在心理中同时发生的一切出现在各种感觉并存的脑里的时候，是同时发生在一个脑区的。常见的一种比喻就是将这一切看成是大型的宽银幕立体声电影（Cinema Scope Screen）。这种屏幕具有壮观的染印法彩色投影（Technicolor projection）、立体声，或许还有一个专门记录气味的音轨。丹尼尔·丹尼特（Daniel Dennett）曾对这个概念作过广泛的描述，并诙谐地把它称作“笛卡尔影院”。他从认知的角度颇具说服力地证明，笛卡尔影院不可能存在。[2]从神经科学的立场出发，我也坚持认为这是一个错误的直觉。

由于我已经在其他地方对我的理由作了详细的讨论，所以这里只是进行一下概述。[3]我反对有一个整合的脑部位的观点的主要理由是：当我们在理想的
95 时间和空间中，同时体验声音、运动、形状和颜色时，在人脑中并没有这样一个独立区域，可以同时加工来自所有感觉通道的活动表征。

我们已经开始研究每种独立感觉的表象构建可能发生的脑区，但是我们找不到这样一个单一的脑区，所有的这些独立的感觉表象都可以精确投射到的这个脑区。

脑中确实有这样一些脑区，来自许多不同的早期感觉区域的信号可以会聚于此。事实上，少数会聚区域，例如内嗅区（entorhinal）皮层和围嗅区（perirhinal）皮层，可以接收大量的多种模式的信号。但是这些脑区利用这些信号产生的这种集合，不可能成为完整心理的基础。那些高级会聚区域的损伤，即使损伤在两个脑半球同时发生，尽管会导致学习障碍等其他可见的神经心理后果，但根本无法影响到“心理”的完整性。

或许这样说会更易理解：我们对心理整体性的强烈感觉，源自在各个大型神经系统的共同合作下，不同脑区里同步进行的各种神经活动，实际上是各种神经活动发生的时间差异所引起的错觉。即使活动发生在解剖结构独立的几个脑区，但如果发生在大致相同的时间段中，仍然有可能将感受到的场景背后的部分（即各种感觉）联系起来，从而产生它们都发生在同一脑区的错觉。注

意，这绝不是要解释时间是如何连接起来的，而是要表明，时间差异是该机制的重要组成部分。通过时间建立心理完整性的观点在过去十年间逐渐为人们所注意，现在则醒目地出现在许多理论家的著作中。[4]

如果脑确实通过时间差异将各个过程组成有意义的组合，那么这就是一个明智且经济的解决方法，但同时也存在风险和问题。主要的风险就是时间汇集(time binding）不对。这一时间汇集机制的任何故障都有可能造成不真实的整
合或瓦解，这可能就是头部损伤所引起的诸如精神混乱、精神分裂症或其他疾 96
病的一些症状的真实原因。时间汇集的相关基本问题是，需要在不同脑部位将相关活动的时间维持得尽量长以产生有意义的组合以及推理和决策。换句话说，时间汇集需要强大而有效的注意和工作记忆机制，而自然界似乎也提供了这些机制。

每一个感觉系统显然都有能力提供自己所需的注意和工作记忆装置。但是人类研究和动物实验都表明，在进行整体注意和工作记忆的过程中，前额叶皮层和一些边缘系统的结构（扣带回前部）发挥着重要作用。[5]现在，本章开头所讨论的各种过程与脑系统之间的神秘联系应该比较清楚了。

现在的表象，过去的表象和将来的表象

推理和决策所需要的事实知识以表象的形式进入心理，让我们简要地看一看这些表象可能的神经基础。

当你从窗户看出去欣赏秋天的风景，聆听正在播放的背景音乐，手指快速地抚过光滑的金属表面，或是正在一行一行地读着这页纸上的单词的时候，你正在感知，并由此形成不同感觉形态的表象。这样形成的表象被称作**知觉表象**。

但是也可能你不再注意那些风景、音乐、表面或文章，而是将注意力转移到其他地方。或许你现在正在想着你的玛吉姑妈，或是埃菲尔铁塔，或是普拉西多·多明戈（Plácido Domingo）的歌声，或是我刚刚说的有关表象的一些论述。不管你的这些思想是否大部分由形状、颜色、运动、声调、或是说出的单词或未说出的单词组成，它们也都由表象组成。为了与知觉表象区别开来，
这些你回忆事物所产生的表象被称作**回忆表象**。 97

通过回忆表象，你可以产生过去某种类型的表象——即当你对某件还没有

发生，但你假想它已经发生的事件进行计划时所形成的表象，例如这个周末你要收拾自己的藏书。随着计划进程的展开，你就形成了客体和运动的表象，并在你的心理中巩固这些表象的记忆。那些还没有发生、或是事实上可能永远不会发生的事件的表象，在本质上同已发生事件的表象没有任何区别。它们构成了对将来的记忆，而不是过去的记忆。

这些不同的表象——知觉表象、从真实的过去回忆而来的表象，以及对将来的计划回忆而来的表象——成为你的脑所建构的东西。所以可以确定的就是，对于你自己来说，这些表象是真实的，而其他人也可以产生类似的表象。我们与其他人，甚至和一些动物一起分享我们基于表象的关于这个世界的概念；不同个体所形成的环境基本要素（纹理、声音、形状、颜色、空间）的构造之间存在着惊人的一致性。如果我们有机体被设计得结构不同，那么我们所形成的关于周围世界的构造也将会不同。我们现在还不知道，而且我们将来也不可能知道，“绝对的”现实到底是什么样的。

我们是怎样创造出这些不可思议的构造的呢？它们好像是被一个复杂的知觉、记忆和推理的神经机制操纵着。有时候，这个构造是由脑外部的世界所决定，更确切地说，是在过去记忆的一些帮助下，由我们身体内部或周围的客观世界所决定的。当我们产生知觉表象的时候就是这种情况。有时候，这种构造就好像从头到尾完全受我们脑内部优美而无声的思想过程的指挥。例如，当我们回忆自己喜欢的一段旋律，或是当我们闭上和遮住眼睛回忆视觉场景时，无论那些场景是一个真实事件的重现，还是一个假想事件，都属于这种情况。

98 但是，与我们所体验的表象关系最为密切的神经活动产生于早期感觉皮层，而不是其他脑区。这种产生于早期感觉皮层里的活动，无论是由知觉产生，还是由对记忆的回忆而产生，可以说，都是体验背后的各种复杂过程的结果；这些复杂过程产生于大脑皮层和皮层下神经元核团的大量脑区，产生于基底神经节、脑干和其他部位。简而言之，**表象直接建立在那些神经表征的基础上，而且只建立在那些产生于早期感觉皮层的拓扑性质的神经表征的基础上**。但是，它们要么是在指向脑外部的感受器的控制下形成（例如视网膜），要么是在脑内部的皮层区域和皮层下神经核团的痕迹表征（痕迹）的控制下形成。

知觉表象的形成

当你对这个世界上的风景等事物进行知觉时，或者对右肘疼痛等身体感觉形成知觉时，相关的表象是怎样在脑中形成的呢？以上两种情况下，都有一个首要步骤，这个步骤必要但不充分，即从相应的身体部位（相对第一种情况而言是眼睛和视网膜，对于后者则是肘部的神经末梢）发出的信号通过神经元的轴突进行传递，通过一些电化学突触，最终达到脑。接着这些信号被传递到早期感觉皮层。① 对于来自视网膜的信号来说，这一过程发生在位于脑后部枕叶处的早期视觉皮层。而对于从肘部产生的信号来说，这一过程发生在早期体觉皮层的顶叶和脑岛区域（即疾病失认症患者的损伤脑区）。请再次注意，这是一个由许多脑区组成的集合，而并非只是一个中枢。这个集合的每个组成部分本身都相当复杂，而它们相互联系形成的网络更是如此。这些拓扑性质的表征源于这些脑区的互相作用，而非只是一个脑区的作用。这个观点跟颅相学可没有什么关系。 99

当某种感觉通道的全部或大部分感觉皮层受到损坏时，这种感觉通道形成表象的能力就丧失了。早期视觉皮层缺失的病人基本上看不到东西。（这些病人还有残存的感觉能力，这可能是由于他们与感觉通道有关的皮层及皮层下结构还保存完整。早期视觉皮层遭到大面积损坏后，某些病人可以指出那些他们宣称看不到的发光物体，他们所患的疾病就是所谓的盲视。参与这些过程的结构包括顶叶皮层、上丘脑和丘脑等。）有知觉缺陷的个体特性非常突出。例如，某人的早期视觉皮层的某个子系统受到损伤后，可能会出现对颜色的知觉能力的丧失。这种丧失可能是完全丧失，也可能是逐渐衰减。在后一种情况下，病人对颜色的感觉能力会逐渐丧失。他们可以看到物体的形状、运动和深度，但看不到颜色，这种症状的病人就是色盲，他们看到的世间万

① 这些早期皮层中的知觉机制的工作原理已经开始为人们所了解。研究较早的是对视觉系统的相关研究，已搜集了大量的神经解剖、神经生理和心理物理方面的数据。除此之外，躯体感觉皮层和听觉系统方面的研究也出现了大量的新发现。这些皮层形成了一个动态联合体，它们所产生的拓扑性质的表征随着输入信息数量和种类的变化而变化，好几位研究者的工作都证明了这一点。[6]

物都是各种深浅不一的灰色。

虽然早期感觉皮层和它们的拓扑性质的表征对于表象在意识中的产生是必要的，但仅仅这些是不够的。换句话说，如果我们的脑仅仅可以产生精确的拓扑性质的表征却不对其进行任何加工的话，我认为，我们根本就意识不到这些表象。那么我们是怎么知道它们就是我们的表象呢？如果脑设计就仅是如此，那么，自知感（subjectivity），这个意识的关键特征，在这种脑设计中就会被漏掉。我们还应该考虑其他的因素。

实际上，那些神经表征必须和那些无时无刻都在构成自我的神经基础的表征联系在一起，这一观点将会在第 7 和第 10 章再次讨论。我在此处要说的是，所谓的自我并不是那个声名狼藉的小矮人，不是我
100 们脑中对脑所形成的表象进行知觉和思考的小人儿。相反，自我是一种永远在不停更新的神经生物状态。多年来，对“小矮人”理论的抨击使得许多理论家对自我的概念也产生了同样的恐惧。但是，神经系统范畴内的自我根本无需这样的担心，实际上真正应该担心的是无自我的认知观点。

表象在记忆中的存储和形成

表象的存储方式与传真照片、事件、单词或语句的存储方式不同。脑不会将各种人、客体、风景的图片进行归类存储，也不会以录音磁带的形式来存储音乐和言语；它不存储我们生活中的种种场景，也不存储政治家们赖以生存所必需的镜头提示卡以及读稿机的幻灯片。[①] 简言之，任何事物的画面都不会在脑中永久保存，哪怕是微缩画面。脑中也没有什么微缩胶片，什么硬拷贝。我们每个人一生所习得的知识的数量之大，任何存储装置要想存储它们的话，可能都会遇到无法克服的容量不够的问题。如果把我们的脑比作一个传统的图书馆，我们会和图书馆一样遇到书架不够用的情况。而且，拷贝存储还会出现表

① 提示卡：在观众视线之外的一张大卡片，上面用很大的字母写的词或对话，用来协助演说者或演员，主要用于电视播音中；读稿机：一种在电视中使用、向演员或发言人显示不为观众所见的放大的台词的设备。——译者注

象重新提取效率的问题。关于这一点，我们有直接的证据：无论何时我们回忆起某个客体、某张面孔、某个场景，出现在我们脑海里的都不是对原事物的精确复制，而是一种**解释**，是对原事物的重新构建。另外，随着我们年龄的增长和经验的增加，我们对同一事物的认识也会不断发展、进化。以上所述和英国心理学者弗雷德里克·巴特利特（Frederic Bartlett）几十年前提出的所谓严格的、拷贝存储表征的观点是格格不入的，当时他第一次提出，记忆本质上是可以重构的。[7]

然而，否认任何事物的画面可以在脑中永存的观点必须和我们都具有身体感觉保持一致，即我们**可以**在心理的眼睛或耳朵里产生与我们之前经历的表象近似的表象。这些近似表象并不十分精确，或者也没有原表象那么生动，但这并不矛盾。

有一种答案对这个问题作出了尝试性的回答：这些心理表象是瞬间生成的 101
构造物，是**努力**对已经体验过的模式的**复制**。在这个过程中，完全精确复制的可能性比较小，但是根据表象被学习和记忆的环境的不同，大体复制的可能性可高可低。这些被回忆的表象在意识中稍纵即逝，虽然它们好像是精确的复制品，但是它们经常都是不精确、不完整的。我猜想，那些外显的回忆起来的心理表象大多产生于早期感觉皮层的各种神经发放模式的短暂同步激活，就是和知觉表征相对应的发放模式产生的那个早期感觉皮层。这种激活就产生了拓扑性质的表征。

这一答案得到了几个论点的支持，同时还有一些相关证据。就上面讨论过的色盲病人的情况来说，早期视觉皮层损伤所导致的不仅仅是对颜色的知觉能力的丧失，还有对颜色的想象能力的丧失。如果你是个色盲，你就无法在心理中**想象**颜色。如果我让你想象一只香蕉，你只能想象它的形状而无法想象其颜色；你所看到的只是不同程度的灰色。如果“颜色知识”被存储在别的部位，而不是那个支持“颜色知觉”的系统，那么，即使色盲病人无法知觉所有的外界物体的颜色，他们是可以想象颜色的。但事实是，他们不能。

早期视觉皮层受到严重损伤的病人丧失了产生视觉想象的能力，但是，他们仍然可以回忆起物体的触觉和空间特征，他们还可以回忆起声音表象。

利用正电子发射 X 线断层摄影术（PET，一种神经影像技术）和功能核磁共振（FMR）对视觉回忆所进行的初步研究结果支持了这一观点。史蒂芬·科斯林（Steven Kosslyn）和他的研究小组、汉娜·达马西奥、托马斯·

格拉博夫斯基及其同事都发现，对视觉表象的回忆会激活早期视觉皮层等脑区。[8]

102 我们体验各种回忆表象所需的拓扑性质的表征是怎样形成的呢？我认为，那些表征是在位于其他脑区的习得的**痕迹**神经模式的命令控制下的一瞬间产生的。我使用“痕迹”这一术语的原因是因为，实际上，这些痕迹神经模式命令其他神经模式在脑的其他部分产生神经活动，在同处一个系统且神经元联系密切的回路里产生神经活动。痕迹表征存在于我称之为“会聚区”的小神经元集合里的各种神经元活动模式中，也就是说，它们由该集合内部一组神经元发放痕迹组成。与可回忆的表象有关的痕迹可以通过学习获得，因此，我们可以认为是它们构成了我们的记忆。这些会聚区里的痕迹表征返回到早期感觉皮层的时候会产生表象，这些会聚区位于整个高级联合皮层（枕叶、颞叶、顶叶和额叶）、基底神经节和边缘组织。

从本质上来说，这些痕迹表征存储在它们小小的突触集合里的并不是一幅画面，而是进行“画面”重组的一种方式。如果你具有玛吉姑妈面孔的痕迹表征，这个表征所包含的不是她的具体面孔，而是一些神经发放模式，这些神经发放模式可以在早期感觉皮层触发玛吉姑妈面孔的近似表征的瞬时重构。

要想在你的心理中重现玛吉姑妈的面孔，需要几个痕迹表征几乎同时传递回来，这几个痕迹表征位于几个视觉和高级联合皮层（我猜想，大部分位于枕叶和颞叶）。[9]听觉信息也是如此。有关玛吉姑妈声音的痕迹表征储存在听觉联合皮层，可以传递到早期听觉皮层，瞬时产生玛吉姑妈声音的近似表征。

这种重构不仅只存在一个隐藏规则。玛吉姑妈作为一个完整的人，她的信
103 息并不仅仅只存在于你的脑的某个部位。她的信息以很多这样或那样的痕迹表征的形式遍布你的整个脑。当你回想有关玛吉姑妈的一些信息时，以及她以拓扑性质的表征的形式出现在你的各个早期皮层（视觉、听觉，等等）时，她仍然只出现在几个在时间上独立的视图里，使得你可以作出关于她这个人的**某些**构建。

假设在50年后的一次实验中，你进入了某个人关于玛吉姑妈的**视觉痕迹**表征里，我预测，你绝不会见到和玛吉姑妈的面孔相似的什么东西，因为痕迹表征**不是**拓扑性质的。但是，如果你可以看到这个人的早期视觉皮层的神经活

动模式，时间就在玛吉姑妈的面孔的会聚区传递信息回来后的几百毫秒之内，你可能会看到与玛吉姑妈的面孔相关的神经活动模式。你所了解的关于她的面孔的信息与某个认识她、并且正在想起她的人的早期视觉皮层回路的神经活动模式之间会比较**一致**。

目前已经有证据可以证明这一点是正确的。R. B. H. 图特尔（R. B. H. Tootell）利用一种神经解剖成像方法证明，当猴子看到十字或长方形等形状时，它们的早期视觉皮层的神经元活动会按照某种模式以拓扑结构组织起来，这种模式与猴子看到的形状是一致的。[10]换言之，一个同时看着外部刺激和脑活动模式的观察者可以识别出这种结构性相似（见图 5—2）。迈克尔·莫泽尼奇（Michael Merzenich）在躯体感觉皮层的身体表征的动态模式方面的研究也得到了相似结果。[11]但是，要指出的是，大脑皮层具有这样的表征**并不**意味着就可以意识到这一表征，这一点我已经在前面阐明过，这是必要的条件，但不是充分的条件。

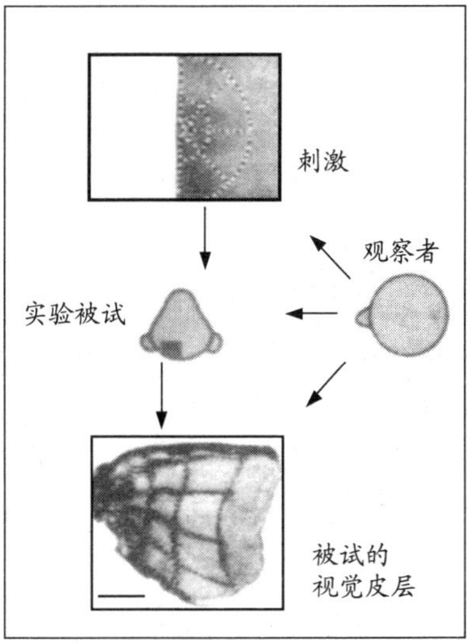

一个观察者观看过呈现给实验动物的刺激之后，再对这个刺激在此动物的视觉皮层所引起的激活进行观察。他会发现，在刺激的形状和某层初级视觉皮层（4C层）中的神经活动模式的形状之间存在着显著的一致性。刺激和脑表象都来自从事这项实验的实施者——罗杰·图特尔（Roger Tootell）。

图 5—2

我这里所说的痕迹表征是指一种蓄势的神经发放潜能，当神经元以某种模式、某种速度，在一定的时间段内产生冲动并且其靶器官碰巧是另一组神经元 104
时，这种潜能就开始活跃起来。虽然在突触修剪（modification）方面的研究已经取得了很多新的结果，但这种神经元集合里所包含的“代码”还尚不为人们所知。但是，情况很有可能是：突触的增强或减弱产生了神经发放模式的变化，而这又导致了微观水平上的神经元的纤维分支（轴突和树突）的功能变化。[12]

痕迹表征以蓄势的状态存在，随时会被激活，就像布莱格登镇（town of Brigadoon）一样。①

知识以痕迹表征的形式表现出来

我们的全部知识都由痕迹表征组成，包括先天知识和由经验习得的知识。先天知识基于下丘脑、脑干和边缘系统的痕迹表征，可以将其概念化为生存所
105 必需的生物调节指令（例如，控制新陈代谢、内驱力和本能）。它们控制着许多过程，但是总的来说，它们不会成为心理中的表象。我们会在下一章再讨论这些问题。

后天习得的知识建立在高级皮层和很多皮层下灰质核团的痕迹表征的基础之上。其中一些痕迹表征就是表象知识的记录，我们可以回忆起这些知识并将其用于运动、推理、计划、创造方面。有些表征则是我们操作这些表象时所运用的规则和策略的记录。新知识的习得就是通过对这种痕迹表征不断地进行修改得到的。

当痕迹表征被激活之后，会产生各种各样的结果。它们可能会引发与之在回路的物理结构上关系密切的其他痕迹表征（比如，位于颞叶的痕迹表征可以引发枕叶皮层的痕迹表征，它们都属于同一个**增强**系统）。或者，通过直接传回早期感觉皮层，或通过激活处于同一个**增强**系统的其他痕迹表征，它们可以产生一个拓扑性质的表征。或者，通过激活某个运动皮层或基底神经节里的神经核团，产生某个动作。

回忆过程中某个表象的出现来源于早期感觉皮层的某个瞬时模式（就是映射）的重构，而重构的触发来自联合皮层等其他脑部位的痕迹表征的激活。这种映射激活发生在运动皮层，是运动的基础。运动的痕迹表征位于前运动皮层、基底神经节和边缘皮层。有证据表明，它们既可以激活运动，也可以激活

① 美国影片《蓬岛仙舞》中的一座城市，每100年苏醒一次。——译者注

身体运动的内在表象；由于运动速度较快的特点，我们通常只意识到运动本身，而身体运动的内在表象就经常被掩盖在意识里，不为我们所察觉。

思想主要由表象组成 106

人们常说，组成思想的远不止表象，还包括单词和非表象的抽象符号。当然，没有人会否认思想包括单词和任意性符号，但是这种说法漏掉了一点，单词和任意性符号都是建立在拓扑性质的表征的基础之上，都可以成为表象。我们在说出或写下一个语句之前，我们的内部言语所使用的大部分词汇都是以听觉或视觉表象的形式存在于我们的意识里。如果它们不转换成表象，哪怕是一瞬间的转换，它们都不会成为我们所了解的任何东西。[13]甚至对于那些在意识里没有被注意、而是被悄悄激活的拓扑性质的表征来说，情况也是如此。我们通过启动实验结果了解到，虽然这些表征都是秘密被加工的，它们还是可以影响思想过程，甚至在稍后的时刻会冲进意识里。（启动包括不完全激活一个表征，或者激活它、但不注意。）

我们经常会遇到这样的现象。在与几个人的繁忙交谈结束后，谈话过程中没有听到的一个单词或是一句话突然浮现在脑海中。你可能会很惊讶，刚才我怎么没注意这句话，怎么会这样呢？为了证实它的存在，你甚至会问别人，“你到底有没有说过诸如此类的话？”X确实说过这样的话，但是，由于当时你的注意都放在Y身上，你所形成的关于X所说的话的映射表征没有得到注意，只形成了痕迹记忆。由于后来你对Y的注意力减弱了，而被你漏掉的词语或谈话又与你有关，痕迹表征就会在早期感觉皮层重新生成一个拓扑性质的表征；而既然后来你已经意识到了它，这个表征就变成了表象。附带提一下，要注意的是，如果不首先形成一个拓扑性质的映射知觉表征，你永远都不会形成痕迹表征：根据解剖学的分析，复杂的感觉信息如果不首先停留在早期感觉皮层里的话，它们似乎就无法进入那些支持痕迹表征的联合皮层。（这种情况可 107
能不适用于不太复杂的感觉信息。）

以上的一系列讨论也适用于我们在心理上解决数学问题时所使用的符号（虽然可能不是各种形式的数学思考都是如此）。如果这些符号无法形成表象，我们就无法了解它们，也无法有意识地对它们进行操作。从这一点来说，你就会发现一个很有趣的事情，某些洞察力深刻的数学家和物理学家都将自己的思维过程描述成受表象控制的过程。通常这些表象都是可视的，甚至是可以产生躯体感觉的。所以，当终其一生研究分形几何的科学家贝诺瓦·曼德尔布劳特（Benoit Mandelbrot）说到他总是通过表象思考时，就不那么令人惊讶了。[14]他还说到物理学家理查德·范曼（Richard Feynman）喜欢边看公式边看公式的相关图解（要注意公式和图解实际上都是表象）。至于阿尔伯特·爱因斯坦（Albert Einstein），他对这一过程更是毫无异议：

> 当词汇或者语言被写下来或说出来的时候，它们在我的思维机制里似乎不发挥任何作用。作为我的思想组成要素的那些物理实体都是一些符号和几乎很清晰的图像，这些符号和图像都可以“自动的”产生并组合在一起。当然，这些要素和相关的逻辑概念之间存在着某种联系。另外，我很清楚，这个包含我所提到的要素的模糊不清的过程，其情绪基础就是希望弄清各种相互联系的概念之间逻辑关系的欲望。

他在同一篇文献中稍后的地方又将这一点阐述得更为明确：

> 对于我来说，以上我所提及的各种要素都是可视和……有力的。如果上述联想过程已经充分地建立起来，并且可以随意产生，我只有在不得已的情况下才会吃力地求助于传统的词汇或其他符号。[15]

这样，问题的关键可能就是，表象是我们思想的主要内容，无论它们是从
108 什么感觉通道产生，也不管它们与某件事情有关还是与事情的过程有关，抑或与某种语言里的某件事情或过程对应的词汇或符号有关。也许我们永远都不可能或几乎不可能了解这些表象之后所隐藏的，但这确实有许多过程，在空间和时间上引导着这些表象的产生和运用。这些过程使用的是痕迹表征所包含的规则和策略。它们对我们的思维活动**非常重要**，但却不是我们思想的**内容**。

我们在回忆时所重构的表象与因外部刺激而产生的表象是一起出现的。与外部刺激所产生的表象相比，来自脑内部的重组表象没有那么生动。正如大卫·休谟（David Hume）在将其与来自脑外部的刺激产生的“栩栩如生”的表象比较时所说的那样，它们比较“模糊”。但虽然如此，这两者都是表象。

关于神经发育的一些阐述

如前所述，脑的整个系统和回路，以及它们所执行的运转，都依赖于神经元之间的联系模式，以及组成这些联系的突触的强度。但是，这些联系模式和突触强度是如何以及什么时候在我们的脑里设定的？脑里所有的系统都是同时设定的吗？一旦被设定，它们是否就永远一成不变了呢？这些问题目前还没有确切答案。虽然关于这个问题的新发现一直在源源不断地出现，但是我们不要对其中很多发现都想当然地信以为真，真实的解释其实可能是：

1. 人类的基因组（我们染色体中的所有基因的集合）并没有明确定义我们脑的整体结构。基因的数量还没有多到可以决定我们有机体的精确结构和所有组织的具体位置的地步，尤其是由数以十亿计的神经元形成了各种突触联系的脑，更是如此。而且两者比例严重失衡：我们大约有 10^5（100,000）个基因，但是我们的脑里有超过 10^{15}（10 万亿）个突触。除此之外，基因诱导的组织是在细胞间的交互作用的协助下形成的，其中，细胞黏附分子和黏附分子底物发挥了重要作用。随着发育过程的展开，细胞中所发生的一切变化实际上首先部分控制着发育调节基因的表达。因此，就目前人们所了解的来说，很多结构的细节部分都是由基因所决定的，但是随着有机体的发育以及在整个生命历程中不断改变，其他很大一部分结构细节只有通过有机体自己的活动才能决定。[16] 109
2. 基因组帮助构建人脑古老进化区域的许多重要系统和回路的精确或近似精确的结构。虽然我们非常需要有关这些脑区的现代进展性研究成果，虽然有许多结论将会因为这些研究结果的出现而发生改变，但是，对于脑干、下丘脑以及基前脑来说，之前所说的观点都是适用的，对于杏仁核和扣带回区域来说也很有可能如此。（在以下各章，我将进一步谈及这些结构及其功能。）我们这些脑区的特性与许多其他物种都相同。这些脑区结构的主要功能就是在不借助心理和推理的情况下，调节基本的生命过程。这些回路中的神经元的先天[①]内容或活动不会产生表象（虽然它们活动的结果可以被表象化）；它们调节着有机体的体内平衡机制，没有这个机制，有机体就无法生存。没有这些脑区的先天
110 设置的回路，我们就无法呼吸、调节心跳、平衡新陈代谢、寻求食物和栖息场所、躲避野兽以及生育繁殖。如果没有这样具体细节化的生物调节，个体的生存及进化过程将会不复存在。然而，这种先天回路还有另外一个作用，我必须在此强调一下，因为这个作用在与心理和行为相关的神经结构方面的有关概念形成的过程中通常都被忽略了：**先天回路所参与的不仅仅限于身体调节，还参与到脑的现代进化结构的发育和成人活动之中。**

3. 随着个体从婴儿、童年成长到青少年，随着个体与物理环境和其他个体的互相作用，在个体出生相当长一段时间之后，那些在基因协助下设置在脑干和下丘脑的具体结构细节逐渐成为脑里的残存物。对于现代进化脑区来说，很有可能基因组帮助设置了一个大致的系统和回路安排，而非精确的安排。那么，系统和回路的精确安排是如何产生的？它的产生**源于环境因素的影响，源于与生物调节有关的先天精确设置的那些回路的补充和约束下的环境因素的影响。**

简而言之，对于心理（表象）和心理活动的产生所依赖的特定神经表征来说，人脑中现代和经验驱动的脑区（如新皮层）中的回路活动是必不可少的。但是，如果脑中旧脑区（下丘脑，脑干）受到损伤或不合作的话，新皮层就无法生成表象。

这种安排可能也会令人产生疑问。我们具备了先天回路，这些回路通过控
111 制内分泌系统、免疫系统、内脏的内部生物化学运转以及内驱力和本能，发挥着调节身体功能、保证有机体生存的功能。为什么这些回路要参与那些与表征我们的习得经验相关的更加现代及具有可塑性的脑区的形成呢？这一重要问题

---

① 请注意，当我使用“先天”这个词语（字面意思就是出生时就具备的）的时候，我并没有把环境和学习在结构或活动模式的形成过程中的作用排除在外，也没有把经验产生调整的可能性排除在外。我所使用的先天这个词语与威廉·詹姆斯的“预组织”具有相同含义，指的是主要但并非全部由基因组所决定的结构和模式，这些结构和模式可以为婴儿所获得以产生体内平衡调节。

的答案就是，如果对这些经验的记录和反应要具有适应性，就必须接受一组基本的、对生存至关重要的有机体偏好的评估，并按照这一偏好来形成。似乎这种评估和形成对于有机体的生命延续至关重要，所以基因就作出了明确定义，先天回路必须对实际上所有的、可以为经验所修改的回路施加巨大的影响。这种影响在很大程度上由对回路的残存物发挥作用的调质（modulator）神经元来执行。这些调质神经元位于脑干和基前脑，时刻都受到有机体的互相作用的影响。调质神经元将神经递质（如多巴胺、降肾上腺素、血清素和乙酰胆碱）释放到大脑皮层和皮层下核团的广阔脑区里。这种巧妙的安排可以描述如下：(1) 先天调节回路参与了与有机体生存相关的活动，因为如此，它们就参与了现代脑区的活动；(2) 各种好的和坏的情境都不断地被传递给这些回路；(3) 通过影响脑其他部分的形成，它们表达着自己对好或坏的情境的固有本能反应，从而以最有效的方式协助有机体的生存。

因此，在我们从幼年发育到成年的过程中，脑回路设计表征着我们不断发育的身体及其与这个世界交互作用，脑回路设计似乎依赖于有机体所从事的活动，同时也依赖于先天生物调节回路的活动，**因为后者对于前者的活动会作出反应。**这种说法指出了从先天与后天，或基因与经验的二者关系来看待脑、行为和心理三者关系的不足。当我们出生的时候，无论我们的脑，还是心理都不是一些白板。① 但是，它们也不完全由基因决定的。基因的影响很大，但不是全部。基因为某个脑区提供了**精确的**结构，而对另一个脑区来说，却并没有形成精确结构。这种未被精确定义的结构只有在三个因素的影响下**才能形成**：(1) 精确结构；(2) 个体活动和环境（其中决定因素来自人体和物理环境，以及偶然机会）；(3) 来自系统的极度复杂性的自组织压力。在回路设计中，无法预料的个体经验也通过其在先天回路中作出的反应，以及这种反应在回路形成的整个过程中所产生的后果，直接或间接地发挥着一定的作用。[17] 112

我在第 2 章里阐述到，神经系统回路的运转依赖于神经元之间的联系模式以及形成这些联系的突触的强弱。比如，在一个兴奋的神经元里，较强的突触会加快发放产生，而较弱的突触会产生相反的效果。现在我可以说，既然不同的个体经验会导致很多神经系统自身内部和之间的突触强弱的变化，那么经验就可以决定回路设计。而且，在某些特定系统中，突触的强弱在人的一生中可

① 这是约翰·洛克的观点，即白板论。——译者注

以不断发生变化，反映不同的个体经验，从而脑回路的设计也不断变化。这些回路不仅会受到第一次经验的影响，还会受到以后经验的影响而不断进行修改。[18]

在我们一生中，某些回路随着有机体经验的改变而不断改变，其他回路则大体上维持不变，构成了我们关于自己的内部世界和外部客观世界的认识的主要组成部分。但是，那种认为所有的回路都会逐渐消失的观点是不正确的。过度的修改会使得个体无法彼此辨认，丧失对自己所属的生物群落的归属感，这就不能称为适应了。当然，这也并不会发生。举个简单的例子，在一种称为幻觉肢体疾病的患者身上，某些习得表征仍然是相对稳定的。某些接受截肢手术
113 的个体（比如手和胳膊都被切除，只留下肘部以上的残肢）告诉自己的医生说，自己仍然能感觉到被截肢体的存在，还能感觉到其想象的运动，感觉到被截肢体"上"的疼痛、冷或热。很明显，这些病人还保存着已丧失肢体的记忆，或者他们无法在心理上形成被截肢体的表象。然而，随着时间的流逝，一些病人的幻觉可能会逐渐减弱。这明显地说明，记忆——或者其在意识中的重放——正在发生改变。

在那些神经发放强度如水银般不停变化的回路和那些虽然并非完全一成不变、但变化很小的回路之间，脑需要形成一种平衡。今天，使得我们在镜子前可以辨认出自己面孔的那些回路，很自然地，已经悄悄地发生了改变以适应岁月赋予脸庞的结构变化。

6

生物调节和生存 114

与生存有关的痕迹表征

有机体的生存依靠于一组生物过程，通过这一组生物过程，有机体结构的细胞和组织得以维持一种完整性。我简单地解释一下。在众多要求中，这些生物过程必须获得稳定的氧气和养分供给，这种供给来源于呼吸和进食。针对这一目的，脑中的某些先天回路的活动模式在身体的生物化学过程的协助下，稳定地控制着反射、内驱力和本能，从而保证了呼吸和进食按照有机体所需正常地运转。再来看一下前一章中所进行的讨论，先天神经回路包括痕迹表征。这些痕迹表征的激活会引发一组复杂的反应。

从另一方面来说，为了避免死于野兽之口或恶劣的环境，还存在可以引起诸如搏斗或逃跑行为等内驱力和本能的神经回路。除此之外，还存在对某些协助确保个体的基因延续（通过性行为或家庭的养育照料）的内驱力和本能进行 115
控制的回路；以及很多其他的回路和内驱力，比如根据一天时间变化或周围环境温度变化，协助有机体寻找恰当的光线或黑暗、热量或凉爽的回路和内驱力。

总的来说，内驱力和本能发挥作用的方式有：或者通过直接产生某种特定行为；或者通过诱导某些生理状态，使得个体有意或无意地按照特定方式产生行为。实际上，内驱力和本能所导致的所有行为都直接或间接地对生存发挥一定影响。通过某个挽救生命的行为可以产生直接影响，通过趋近对生存有利的情况或减少潜在不利情况的影响可以产生间接影响。情绪和感受是内驱力和本能的有力体现，是其运转的主要组成部分，这是我所阐述的理性观点的核心。

允许控制基本生物过程的痕迹表征变化太大似乎不太有利。剧烈变化会带来各个器官系统功能严重失调的风险，以及疾病，甚至死亡的可能。但这并不是否认我们可以利用意志来影响那些通常由先天神经模式所导致的行为。潜泳时，我们可以屏住呼吸；可以下定决心进行斋戒；可以很容易地改变自己的心跳；甚至改变我们的血压，虽然这不太容易。但是以上这些例子中，都没有证据表明痕迹表征改变了。所改变的是被引发的行为模式的某个组成部分，我们可以通过很多方式对其加以抑制，或者通过肌肉的力量（利用上呼吸道和胸腔收缩来屏住呼吸），或者纯粹通过意志。这也并不是否认，通过来自其他脑区的神经信号，或者通过由血液或轴突释放到先天模式里的诸如激素、神经肽等
116 化学信号，先天模式在发放过程中可以被调整——即更易或不易产生发放。实际上，整个脑里的很多神经元都具有接受激素的接收器，比如生殖腺、肾上腺和甲状腺的神经元。那些回路的早期发育和正常运转都受到这些信号传递的影响。

某些基本调节机制一直在悄悄运转，个体无法直接感觉其存在。除非看到化验报告，否则你无法得知自己体内各种不断循环的激素和钾离子的状态或者红细胞的数量。但是有些稍微复杂的调节机制，虽然也在悄悄运转，却可以通过使你按照（或不按照）某种方式产生行为，让你间接感觉到它们的存在。这些机制被称为本能。

我们可以通过以下这个例子来简单地说明什么是本能调节。饭后几个小时，你的血糖水平开始下降，下丘脑的神经元检测到了这种变化；相关先天模式的激活使得脑开始改变身体状态，进而产生了更大改变发生的可能性：你开始感到饥饿，要采取行动结束饥饿；你开始进食，食物被消化，血糖水平发生变化；最后下丘脑又检测到了血糖的变化，而这一次是上升，于是相关的神经元就将身体置于饱腹感的状态。

这个过程的目的就是为了你身体的生存。启动整个过程的信号来自你的身体，而进入你的意识并迫使你采取行动挽救身体的信号也来自你的身体。随着这一循环过程的结束，告诉你身体已不再处于危险状态下的信号也来自于你的身体。你可能会说，虽然这些过程是由脑感觉和控制的，但是它们是为了身体并且由身体来执行的。

这种调节机制使得某种痕迹表征引发了某种身体变化模式（内驱力），这种变化模式可以是具有特定含义的身体状态（饥饿、恶心），或者是某种可识别的情绪（恐惧、愤怒），抑或是两者的结合。通过引发这种变化，机制就保证了有机体的生存。通过“内脏”的体内环境（体内环境的低血糖）、外部环 117
境（某种威胁性刺激），或者通过“心理”的体内环境（意识到某种不利情况将要发生）可以引发兴奋。这三者都可以引发某种体内生物调节反应，或者某种本能行为模式，或者某种新建立的行为计划，或任何其中之一。对于有机体来说，就像汽车中的刹车一样，使得这整个循环过程得以运转的基本神经回路是机体的标准配备。我们没必要特意去安装这些设备，它们是一种“预组织机制”——关于这个概念我在下一章还会有所谈及。我们所要做的就是调整这个机制以适应环境。

预组织机制并不仅仅对基本的生物调节相当重要，它们还可以协助有机体根据事物或事件对生存可能造成的影响将它们分属为“好”或“坏”的种类。也就是说，有机体具有一组优先选择偏好——也可以称为标准、偏向或价值观。在它们和经验的影响下，被分为好或坏的事物总量迅速增长，而辨别新的好或坏事物的能力也呈指数级猛增。

如果在某个场景中，作为其组成部分之一的**某个**实体已经被归类为“好”或“坏”，即这个组成部分激发了一个先天痕迹表征，脑就会把另一个似乎因为价值也很高、而没有进行先天预制归类的实体也进行归类，无论它是不是价值很高。脑对这个实体给予特殊对待，仅仅是因为它与重要的实体比较接近。如果这个实体接近好的事物，我们就称之为反射光辉（reflected glory）；如果这个实体接近坏的事物，就称之为通过联想引起的内疚（guilt by association）。如果阳光照耀在一个真正重要的事物上，无论这个事物是好还是坏，阳光也同样照耀在其周围的事物上。为了按照这种方式运转，脑就需要与大量的关于如何自我调节和对身体其他部分进行调节的“先天知识”一起形成。由于脑包含了与先天调节相关的实体和场景进行交互作用的痕迹表征，脑包含各

种可能或不可能与生存直接有关的实体和场景的机会就增加了。于是，我们对
118 外部世界的持续感觉就被理解为神经系统空间内的一种修正调整，即身体和脑在其中进行互相作用的神经系统空间的一种修正调整。心理和脑分离的说法是一种臆断，而心理和身体分离的说法则可能亦然。从心理的完整意义来说，心理在整个身体中都有所体现，而不是仅仅在脑中有所体现。

关于基本调节的更多论述

对生存最关键的先天神经模式位于脑干和下丘脑的回路里。后者在内分泌腺体调节和免疫系统功能中发挥重要作用，内分泌腺体包括垂体、甲状腺、肾上腺和生殖器官等，它们都可以产生激素。内分泌调节依赖释放到血液里的化学物质而非神经冲动，它对于新陈代谢功能的保持，以及生物组织对病毒、细菌和寄生虫等微型猎食者的成功抵抗都是必不可少的。[1]

边缘系统对与脑干和下丘脑有关的生物调节进行了补充。此处不适合讨论这个巨大脑区的复杂解剖结构和具体功能，但是要指出的是，边缘系统也参与了内驱力和本能的运转，在情绪和感受中具有特殊地位。但是，我猜想，与脑干和下丘脑的回路大部分都是先天而稳定的这一点不同，边缘系统既包括先天回路，也包括可以根据不断变化的有机体经验进行调整的回路。

在同处边缘系统和脑干里的周围结构的协助下，下丘脑调节着**内环境**[internal miliell，我之前使用过这个术语和概念，这个词语来自先驱生物学家格劳德·伯纳德（Glaude Bernard）]，我们可以将内环境看成有机体内任意时刻的所有生物化学过程。生命需要这些生物化学过程被保持在一个恰当的范围
119 之内，因为如果在某些关键时刻过度偏离这个范围，可能会导致疾病或死亡。而下丘脑和那些互相联系的结构不仅仅受到来自其他脑区的神经和化学信号的调节，也受到来自各种身体系统的化学信号的调节。

这种化学调节非常复杂，从以下解释就可以看出来：如果没有甲状腺和肾上腺所释放的激素，我们就无法生存，而这些激素的生成部分地受控于来自垂体的化学信号。垂体本身又部分地受控于由下丘脑释放到垂体附近血管里的化学信号，而下丘脑又部分受控于来自边缘系统的神经信号和间接受控于来自于新皮层的神经信号。（考虑一下以下现象：癫痫患者的某些边缘系统回路的异常放电不仅会引起异常的心理状态，还会引起严重的激素分泌异常，从而导致

卵巢囊肿等很多身体疾病。）反之，血液中的每一种激素都会对分泌它的腺体产生影响，对垂体、下丘脑和其他脑区都是如此。也就是说，神经信号产生了化学信号，这又会产生其他的化学信号，从而导致改变很多细胞和组织（包括脑内的细胞和组织）的功能，改变引发整个循环过程的调节回路。这些密切相关的调节机制管理着局部或整体的身体状况，结果就是：有机体的各个组成部分，从分子到器官，都在生存所需的参数范围内运转。

调节的各个层面在很多方面是互相依赖的。比如，某个机制可能依赖于一个较简单的机制，同时又受到一个更复杂或同样复杂的机制的影响。下丘脑的活动可以直接或通过边缘系统影响新皮层的活动，反之亦然。

那么，结果就可以想见了。既存在明确的脑/身体的交互作用，可能还有不是那么清晰的心理/身体的交互作用。例如：长期心理紧张是一种与新皮层、
边缘系统和下丘脑等层面上的很多脑系统的加工有关的状态，它可能会导致一 120
种叫做降钙素基因相关肽（calcitonin gene-related peptide，或者叫做 CGRP）的化学物质在皮肤内的神经末梢上的过度分泌。[2]结果，CGRP 会将郎格罕氏细胞（Langerhans cells）的表面过度包裹。郎格罕氏细胞是一种免疫细胞，其功能是捕获感染细胞，并将其运送到淋巴细胞，这样免疫系统就可以对抗致病细胞。如果完全被 CGRP 包裹，郎格罕氏细胞就丧失了这种能力，无法执行自己的守卫功能。最终的结果就是身体更易受感染，因为一条主要入口通道的防守不是那么牢固了。还有其他的例子可以说明心理/身体的相互作用：悲伤和焦虑可以明显改变性激素的调节，不仅会引起性欲的改变，还会导致月经周期的变化。同样，亲人的丧亡也是一种依赖全脑加工的状态，它可以导致免疫系统的衰弱，个体更易受感染；并且，一个可能的直接结果就是，更易患上癌症。[3]有人**可能**因为心碎而死。

当然，相反的影响，即来自身体的化学物质对脑的影响，也已经受到人们的注意。烟草、酒精和麻醉剂（药用和非药用）进入脑，改变脑功能，从而改变心理，这已经不是什么令人惊讶的现象了。某些身体化学物质会直接作用于神经元或它们的支持系统；而有些则是通过位于脑干和基前脑的神经递质核团间接产生影响，我们之前已经讨论过这一点了。一旦神经元发放开始，那些小的神经元集合就会将一定量的多巴胺、去甲肾上腺素、血清素或乙酰胆碱运送到大脑皮层和基底神经节等更广大的脑区。可以把这种设计想象成一组设计精良的洒水装置，每一个装置都把自己的化学物质运送到特定的系统和系统里具

有特定类型和数量受体的回路里。[4]任何一种神经递质的释放在数量和范围上的变化，或者甚至某个位点的神经递质平衡状态的变化，都会迅速而显著地影
121 响皮层活动，引起抑郁、亢奋甚至狂躁（见第7章）。思维过程会减慢或加速；回忆表象的数量会减少或增加；表象的全新结合的产生会增强或停止；集中注意于某个特定心理内容的能力也会相应地变化。

特里斯坦、伊索尔德和爱情之药

还记得《特里斯坦和伊索尔德》（*Tristan and Isolde*）的故事吗？故事情节围绕这两位主人公的关系变化展开。伊索尔德让自己的女仆布蓝甘妮（Brangane）准备一副死亡之药，而布蓝甘妮却准备了一副“爱情之药”，特里斯坦和伊索尔德在不知情的情况下将药喝了下去。这种神秘的药剂激起了两人心底最强烈的爱情，他们互为对方所吸引，痴醉于爱情之中，没有什么能将他们分开，哪怕是他们都各自做出了背叛仁慈的马可（Mark）王的卑鄙行径。在这部歌剧中，理查德·瓦格纳（Richard Wagner）深刻描述了这对恋人的爱情力量。《特里斯坦和伊索尔德》可能是人类音乐史上最令人心神驰往，同时又最令人绝望不已的爱情乐章。有人可能会奇怪，为什么他会对这个故事感兴趣；为什么一个多世纪以来，成百万的观众痴迷于这部作品。

第一个问题的答案是，这部音乐作品所描述的是瓦格纳人生中一次非常真实和相似的恋情。瓦格纳和玛蒂尔德·韦森冬克（Mathilde Wesendonk）相爱了，但当时的情况是，她是他最慷慨的捐助者的妻子，而他当时也已经结婚，这两个人的所作所为完全丧失了自己的理智判断。但瓦格纳确实感受到了这样一种暗涌的、不可抗拒的力量，而且这种力量超越了他的意志。由于没有更好的解释，他只好把这种力量解释为魔力或宿命。

第二个问题的答案更加吸引人。我们的身体和脑里确实存在这样的药剂，可以迫使我们作出某些我们无法克服或者不得不利用顽强的意志克服的行为。一个典型的例子就是催产素。[5]对包括人类在内的哺乳动物来说，这种化学物质既产自脑（下丘脑的视上核团和室旁核团），也产自身体（卵巢或者睾丸
122 里）。它可以通过脑释放，直接或通过媒介激素参与新陈代谢调节；或者，身体在分娩、生殖器官或乳头受到性刺激兴奋、性高潮期间都可以释放这种化学物质，这时它不仅对身体本身产生影响（比如在分娩过程中使肌肉放松），也

会对脑产生影响。催产素的作用一点也不亚于传说中的灵丹妙药。通常来说，它影响着所有的养育、运动、性和母性行为。从我的角度来说，更重要的是它可以促进社会交往，加强配偶间的紧密联结。托马斯·因塞尔（Thomas Insel）所做的关于草原田鼠的研究就是个很好的例证。草原田鼠是一种啮齿动物，它的毛皮可以做成上等皮草。在闪电般的求爱和第一天多次热烈的交配结束之后，雌鼠和雄鼠就会永不分离，直至死亡。实际上雄鼠获得了一种痕迹，使得它除了自己的爱妻以外，对其他任何生物都不再感兴趣，并且总是在它们小窝的周围忙碌着。对于很多物种来说，这种紧密联结不仅是一种令人感动的自然适应，还是一种非常有益的适应，因为这样一来，就把许多必须共同抚育下一代的动物连接在一起，而且还促进了许多其他社会组织的组成因素的形成。虽然人类已经学会了在某些情况下避开那些最终可能是好的或不好的结果，实际上人类也一直在利用催产素的很多作用。请记住，对于瓦格纳的主人公特里斯坦和伊索尔德来说，爱情之药是不好的，因为三个小时后，不包括幕间休息，他们就悲惨地死去了。

关于性行为的神经生物基础，我们已经有了很多了解。现在，我们可以再加上情感依恋的神经生物基础方面的一些初步知识，在对两者有所了解的基础上，我们对于被称为爱情的那一组复杂的心理状态就可以理解得更深刻一些了。

在我反复提到的这个回路安排里，发挥作用的实际上是一组前馈和反馈环路，其中某些环路完全是化学变化。这种回路安排最重要的一点可能就是，与
基本生物调节有关的脑结构也是行为调节的一部分，并且对于认知过程的获得 123
和正常功能都是必不可少的。下丘脑、脑干和边缘系统参与了身体调节和所有的神经过程，这是诸如感知、学习、回忆、情绪和感受，以及——我稍后会提到的——推理和创造等心理现象的基础。身体调节、生存和心理都是密不可分的。这种密切关系存在于生物组织里，利用化学和电子信号相互联系，都在笛卡尔所谓的具有伸延性的实体（res extensa）里［笛卡尔认为包括身体和周围环境、但不包括非物质的心灵的物理范畴，心灵应该属于认识的实体（res cogitans）］。令人奇怪的是，这一过程主要就发生在离松果体不远的部位，而笛卡尔曾试图将松果体看成非物质的心灵所在的部位。

超越内驱力和本能

只依赖内驱力和本能可以在多大程度上保证有机体的存活，似乎依赖于环境的复杂程度和相关有机体的复杂程度。所有的动物，从昆虫到哺乳动物，我们都可以举出明确的例子，这些动物利用先天策略成功地应对了某些特定的环境。无疑，这些策略经常包括一些复杂的社会认知和行为因素。我一直都对我们的远亲猴表兄的复杂社会结构惊叹不已。但是，当我们想一想我们自己时，想一想我们所生存繁衍的这个更加多变和难以预料的环境时，显然，我们也必须依赖基于基因的高度进化的生物机制以及一些在社会中发展起来的超越本能的生存策略，这些生存策略依靠文化传递，需要意识、理性思考和意志的参
124 与。如果在一个超本能的生存策略总是能够得到良好传递和很好尊重的社会里，一个健康的人类个体得以成长，这就可以成为解释为什么饥饿、情欲和暴怒不会无法抑制地发展成进食癖、强奸和谋杀的原因，或者至少不会总是发展到这样严重地步的原因。

千余年来，东西方的思想家，无论是宗教的还是非宗教的，都意识到了这个问题。比如，离我们的时代比较近的就有笛卡尔和弗洛伊德。笛卡尔在《论灵魂的激情》（*Passions of the soul*）中论述到，[6]通过思想、推理和意志来控制动物性的欲望使得我们之所以成为人。我同意他的这一说法。但除了一点，他提出通过非物质的执行者来达成控制，而我则将其看成存在于人类有机体内部的一种生物运转过程。与其他过程比较起来，这一过程同样的复杂、精彩、令人崇敬。弗洛伊德（Sigmund Freud）在《文明及其不满》（*Civilization and Its Discontents*）一书中提出了超我（superego）的概念，超我使得本能服从社会理智，这一概念脱离了笛卡尔的二元论，但是从神经系统的角度来说，这一表述含混不清。[7]今天的神经学家所面临的一个任务就是要考虑支持适应性超调节过程的神经生物基础，即研究和了解某些脑结构，某些理解这些调节过程所必需的脑结构。我不是要把社会现象降低为生物现象，而是要讨论两者之间的紧密联系。虽然文化和文明都产自生物个体的行为，但是，行为却是同处某种环境下的相互作用的个体集合产生的，这一点应该很清楚。文化和文明不可能来自某个单独的个体，从而也不可能被退化到生物机制层面，甚至退化到基因表达的子集里。对它们的理解不仅仅需要普通生物学和神经生物学，还

需要社会科学的方法论。

在人类社会里，除了生物特性所规定的规则之外，还有许多社会传统和伦理规范。这些附加的控制手段可以影响本能行为，于是，当根据自然本能作出的预置反应可能会造成立即或最终对生存不利后果的情况下，本能行为就可以更灵活地适应复杂和多变的环境，保证个体和其他个体的生存（尤其当他们属于同一个种群时）。被社会传统或伦理规则所替代的不利情况可能是立即和直 125
接的（肉体或心理的损伤），也可能是长期和间接的（未来的缺失感、尴尬）。虽然这种传统和规则只有通过教育和社会化才能代代相传，但我猜想，这些传统和规则所蕴涵的智慧的神经表征，以及这些智慧的执行方式的神经表征都与先天调节生物过程密不可分地连接在一起。我看到了一道“痕迹”，这道痕迹将表征智慧的脑与表征智慧执行方式的脑联系起来。当然，这道痕迹就由神经元之间的联系组成。

对于大多数的伦理规范和社会传统来说，不管其目的有多么高尚，我认为我们都可以将其与某个更简单的目的联系起来，与内驱力和本能联系起来。为什么会这样？因为，虽然实现或不实现某个高尚社会目标的后果可能是间接的，却都与生存或生存的质量有着紧密的联系（或者被认为有紧密的联系）。

这是不是说，爱情、慷慨、善良、同情、诚实以及其他优秀的人类品质都只不过是刻意的、自私的，以生存为目的的神经生物调节过程的结果呢？这是不是否定了利他主义产生的可能性，否认了自由意志的作用呢？这是不是就意味着世间就不存在真正的爱情、诚挚的友谊和真诚的同情了呢？答案是绝对**否定**的。如果我没有就自己的感觉说谎，如果我**真的**感受到了爱情、友谊和同情，那么爱情仍是真正的爱情，友谊也仍是诚挚的，同情也仍是真诚的。如果我完全通过自己的理性努力和意志得到了诸如爱情、友谊和同情的情感，我可能更会受到人们的赞许；但是，如果我没有通过理性努力和意志怎么办，如果我的天性使得我以更快的速度奔向这些情感，而且老实说，我甚至都没有作出任何理性的努力，那怎么办？这些情感的真实性（即我的所做所说与我的所想相匹配），这些情感的高尚和美丽不会因为我们认识到生存、脑和恰当的教育与我们为什么能体验这些情感这两者的关系密切而被置于危险的境地。同样的道理在很大程度上也适用于利他主义和自由意志。认识到这些伟大人类行为背后还隐藏着生物机制，并不表示它们就简单地退化成具体的神经生物学知识。在任何 126
情况下，用较简单的事物来部分地解释复杂的事物绝不是对复杂事物的贬低。

我为人类所做的画像是这样的：一个有机体具有了自动生存机制，具有了生命，在此基础上，教育和文化适应赋予了有机体一套为社会所允许和希望的决策策略；同时，这套策略又可以促进生存，极大地提高生存质量，成为**人之所以成为人**的基础。从一出生，人脑就被赋予了许多内驱力和本能，不仅有生理方面的，可以调节新陈代谢，还有一些基本结构可以应对社会认知和行为。自从儿童发育时期起，就形成了多种层次的附加生存策略，脑就不断发育。这些后天的附加策略的神经生理基础与本能的神经生理基础交织在一起，前者不仅修改着后者的功能，还扩大了后者的范围。支持超本能策略的神经机制在它们的整体形式设计上可能与那些主司生物内驱力的机制相似，也许还受到后者的约束，但是它们需要社会的干预才能形成，所以它们与特定文化的关系与和普通神经生物学的关系同等密切。此外，由于这种双重约束，超本能生存策略产生了一些可能是人类所特有的东西：某种在必要时可以超越目前群体、甚至种群的利益的道德观。

7

情绪和感受 127

如何从神经生物学的角度解释前一章最后部分的论述呢？生物调节的证据表明，有机体无法意识到、从而也无法仔细考虑的反应选择持续不断地产生于进化较早的脑结构。爬行动物等那些只具有古老的脑结构和缺少进化的现代脑结构的有机体，在执行某些反应选择时就没有什么困难。有人可能会将反应选择看成决策能力的一种基本形式，但我认为，作出决定的显然并不是一个有意识的自我，而是一个神经回路。

但是，广为接受的看法是，当社会化的有机体面临复杂情况，要就不确定的事实作出决定时，他们就必须运用新皮层中的系统，即脑的现代进化部分。有证据证明，新皮层面积的增加与其功能特化相关，面积增加使得个体可以应对复杂和无法预料的环境。约翰·奥尔曼（John Allman）得出了一项很有价值的相关发现：
排除体型因素，以水果为食的猴子的新皮层面积要大于以树叶为食的猴子的新皮层 128
面积。[1]吃水果的猴子的记忆力肯定更好，因为只有这样，它们才能记住在什么时候、到什么地方去寻找可食用的水果，而避开那些不结果实的果树或腐烂的水果。较大的新皮层提供了它们所必需的、更大的事实记忆容量。

“低级古老”的脑结构与“高级崭新”的脑结构之间的加工能力具有显著差别，这使得人们对这些脑区各自的功能形成了一种模糊和似乎正确的看法。简单说就是：如果把脑比喻成一栋建筑，旧脑部分在地下室里处理基本的生物调节过程，处在地面之上的新皮层处理的是智慧以及细微之处。其中，楼上是皮层处理推理和自由意志的地方；而楼下，在皮层下结构里是情绪以及与脆弱的肉体有关的信息。

但是在我来看，这个观点并没有捕捉到理性决策的神经活动基础。首先，这与我们在第一部分所提到的观察结果不符。其次，有证据表明，人的寿命有可能反映了推理能力的质量，而寿命不仅仅像人们所预料的那样与新皮层的面积增加有关，还与占据楼下主要空间的下丘脑的体积增加有关。[2]如果没有了被传统观点视为位于皮层下结构的生物调节的参与，被传统观点视为位于新皮层的理性机制似乎就无法工作。在建造理性机制时，自然似乎不仅将其高高置于生物调节机制的顶端，同时也将前者建立在后者的基础**之上**，并将两者建立在**一起**。我认为，内驱力和本能之外的行为机制**同时使用**了楼上和楼下的脑区：新皮层与旧脑一起参与进来，而理性思维是两者共同作用的结果。

那么，这里就出现了一个问题，理性和非理性过程分别与人脑的大脑皮层和皮层下结构的关联程度如何？为了回答这个问题，我现在将讨论转向生物调节的重要方面——情绪和感受，这两者为理性和非理性过程、皮层和皮层下结构之间提供了一个桥梁。

129

情　　绪

大约一个世纪以前，威廉·詹姆斯（William James）提出了一个令人极其震惊的情绪以及感受本质的假设。当时，他在人类心理方面的远见卓识只有莎士比亚和弗洛伊德才能与之相匹敌。

看一下他的表述：

> 如果我们对某种强烈的情绪进行想象，然后试图从我们的相关意识中去除这种情绪的身体症状方面的感受，我们会发现我们的身体里什么都没剩下，没有构成情绪所需要的“心理物质”，剩下的只有冰冷的中性的理性知觉。

詹姆斯引用了一些颇具说服力的例证继续阐述道：

> 如果说，恐惧既没有使心跳加快，也没有使呼吸变浅，既没有使嘴唇

> 颤抖、也没有使四肢无力，既没有出现鸡皮疙瘩、也没有五脏六腑难受地翻腾，那么我很难想象，恐惧这种情绪还剩下什么。假如有这样一种愤怒状态，没有感觉到怒火要冲破胸口，脸没有涨红，鼻孔也没有张大，没有咬牙切齿，没有要采取暴力的冲动，取而代之的是放松的肌肉、镇定的呼吸和平静的面孔，你能想象出这种愤怒吗？[3]

这些阐述远远超越了詹姆斯自己所处的时代和我们现在的时代，我认为威廉·詹姆斯抓住了可以帮助我们理解情绪和感受的一个非常重要的机制。但遗憾的是，他在对其他现象进行论述时，却没有抓住相关现象的多样性和复杂性，反而成为无休止的、有时根本就不可能有结果的学术争辩的来源。[4]［在这里，我无法就这一涉及宽泛学术范围的话题作出评价，乔治·曼德勒（George Mandler）、保罗·埃克曼（Paul Ekman）、理查德·拉扎勒斯（Richard Lazarus）和罗伯特·扎琼克（Robert Zajonc）曾对相关内容作出了评论。］

一些对詹姆斯观点持异见者所提出的主要异议不在于他将情绪分解成了一个过程，一个涉及身体、涉及很多部分的过程（虽然这一点也肯定让他的批评
者震惊），而是他没怎么提及或根本就没有提及引发情绪的场景的心理评估过 130
程。他的著作第一次对人在生命中所体验的情绪进行了阐述，但是这并不能解释奥赛罗（Othello）在变得愤怒和嫉妒之前脑海中想着什么，哈姆雷特（Hamlet）在认为自己的身体令人厌恶之前在沉思着什么，或者为什么麦克白夫人（Lady Macbeth）在令自己的丈夫狂暴得要杀人时，竟然还会变得欣喜若狂的扭曲的原因。

同样令他们感到问题严重的是，詹姆斯没有提出身体受情绪激发所产生的那种感受的替代或补偿机制。按照詹姆斯学派的观点，身体在整个过程中都是介入的。此外，詹姆斯对情绪在认知以及行为中的作用几乎只字未提。但是，正如我在导言中所提出的，情绪是很容易就产生的，而不是什么不可多得的奢侈品。它们在向他人表达某种意义时发挥作用、传达含义，同样也有认知指导作用，这一点将在下一章讲到。

简言之，詹姆斯提出了一个基本机制，在这个机制中，来自环境的刺激通过一种天生的固定机制激发了特定的身体反应模式。没有必要为了使反应发生，而去评估刺激的重要性。詹姆斯有句经典的话：“所有能激起本能的客体

都可以很好地引发情绪。”但这句话并没有使得他的论述更清晰一点。

但是，作为社会群体中的一员，我们知道，很多时候，我们的情绪只在一种可评价的、自发的、非自动的心理过程后才能被激发。由于我们经验的特点，处于一个很大范围内大量的刺激和场景已经与天生就可以引起情绪产生的刺激联系在一起了。对这些大范围内的刺激和场景的反应可以被中间插入的有意识的评估所过滤。并且，由于有这样的一个有意识的评估过滤过程，就会有足够的空间留给具有不同范围和强度的预置情绪模式；实际上，这存在一种詹姆斯所认为的情绪基本机制的调节状态。此外，似乎还有其他的神经系统方式
131 也可以使身体产生被詹姆斯看作是情绪过程本质的身体感受。

在以下篇幅中，我将粗略阐述我在情绪和感受方面的观点。我从个体发展过程的角度开始，详细阐明了我们在人生早期所体验的情绪和我们成年后所体验的情绪之间的区别。对于前者，詹姆斯学派的“预组织机制”就足以解释，而后者是在那些“早期”情绪的基础上逐步建立起来的。我把“早期”情绪称为基本情绪，“成人”情绪称为次级情绪。

基本情绪

刚出生时情绪反应在多大程度上与相关客体有关联性？我要说的是，无论动物还是人类并非天生就对熊或鹰有惧怕感（尽管有些人和动物会天生惧怕蜘蛛或蛇）。我相信一种可能性，当客观世界或我们身体内部的刺激的某些特征单独或整体地被我们感知到的时候，我们就会以预组织的方式产生某种情绪反应。这样的特征包括体积大小（比如大型动物）、范围大小（比如飞行着的鹰）、运动类型（比如爬行动物）、某些声音（比如咆哮）、身体状态的某些组成部分（比如心脏病发作时的痛苦）。这些特征被单独或者整体地加工，然后被脑的边缘系统的一个部分检测到，就是杏仁核；杏仁核的神经元核团具有一种痕迹表征，可以引发恐惧时的身体状态，并且改变认知加工过程以适应恐惧时的身体状态。（我们接下来会看到，脑可以避开身体，“模仿”身体状态，我们还要讨论认知改变的产生过程。）请注意，为了产生某种身体反应，我们甚至不需要去“认出”熊、蛇、鹰这类的动物，也不需要确切知道到底是什么引起了痛苦，整个过程只需要早期感受皮层检测到某个实体（如动物或物体）的一个或多个关键特征，并进行分类，然后由杏仁核等结构接收那些表示它们**整体**存在的信号。摇篮里的婴儿并不知道鹰是什

么，但是当有巨大翅膀的物体以一定的速度飞过时，他们却会迅速作出惊慌 132
反应，把头藏起来。（见图 7－1。）

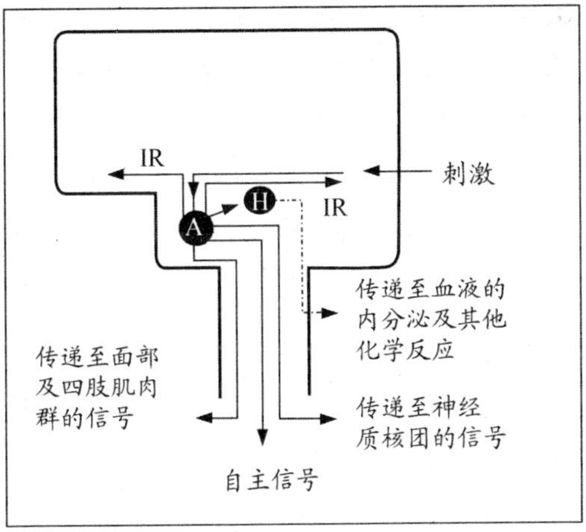

基本情绪。黑色方框表示的是脑和脑干。当一定的刺激激发了杏仁核（A）时，会产生一系列反应：内部反应（标记为 IR）；肌肉反应；内脏反应（自主信号）；以及神经递质核团和下丘脑（H）的反应。下丘脑会产生以血液作为传输途径的内分泌和其他化学反应。完成这一复杂反应所必需的其他一些脑组织在本图中没有标注。比如肌肉反应，我们通过身体姿势等肌肉反应来表达情绪，这时，运用的可能是基底神经节中的结构［即所谓的腹侧纹状体（Ventral Striaturn）］。

图 7－1

就其本身来说，情绪反应能够满足一些有用的目的，比如，快速躲避捕食者，或者向竞争对手表露愤怒。然而，这个过程不会因为确定了某种情绪的相关身体改变的停止而停止。在人类身上，这个循环会继续，下一步是**感受到客体所激发的情绪**，实现激发情绪的客体与情绪性身体状态的关联。现在，也许
有人会问，为什么每个人都必须对这种关系产生认知呢？如果已经有某种方式 133
可以自动生成适应性反应，为什么还要将问题复杂化，将意识引入到这个过程中呢？答案是，意识可以使人采取一种扩大化的保护政策。设想以下这种情况：如果你已经**知道**某种动物、或者某种物体、或者某种情形 X 会引起恐惧，你有两种针对 X 的行为选择。第一种行为是天生的，你无法控制，而且，它并不只针对 X；大量的生物、物体和情境都能够引起这种行为反应。第二种行为基于你自己的经验，并且只针对 X。对于 X 的了解使你可以预先考虑，预测它在某个特定环境中出现的可能性，这样你就可以提前避开 X，而不是在它突然发生时不得不去临时作出反应。

但是“感受到”自己的情绪反应还有一些其他有益之处。你可以对自己的知识进行归纳，然后作出决定，比如说，对任何看起来像 X 的客体都要小心谨慎。（当然，如果你过度归纳或者过于谨慎，你就可能变成了病态恐惧症，

这样就不好了。）此外，你可能在第一次遇到X的过程中就已经发现了X行为的一些特别及潜在的弱点。你可以在下次遇到它时利用它的那个弱点，这是你需要**感受自己情绪**的另一个原因。简而言之，感受到自己的情绪状态，或者说意识到自己的情绪，可以使你**在与环境相互作用的独特历史的基础上作出更加灵活的反应**。尽管你需要一些天赋装置来启动你的知识之球的滚动，而感受已经额外给你提供了一些知识。

基本情绪（请参阅：天生的、预组织的、威廉·詹姆斯学派）依赖于边缘系统回路，其中杏仁核和前扣带回是最主要的参与者。关于杏仁核是预组织情绪的重要参与者的证据来源于对动物和人类的观察。在普里布莱姆、威斯科兰兹、埃格莱顿和帕辛厄姆进行多项动物研究时，其研究焦点就是杏仁核。而最近，可能也是最广泛的相关研究是由约瑟夫·勒杜所开展的研究。[5]其他参与
134 这一领域的还包括E. T. 罗斯（E. T. Rolls），迈克尔·戴维斯（Michael Davis）和拉里·斯夸尔（Larry Squire）及其研究小组，尽管他们的研究目的是为了了解记忆，但同时也揭示了杏仁核与情绪之间的联系。[6]而怀尔德·彭菲尔德（Wilder Penfield）、皮埃尔·格洛尔（Pierre Gloor）和埃里克·哈尔格伦（Eric Halgren）对因外科诊断需要对颞叶处的多个脑区进行电刺激的癫痫患者进行研究时，也发现了杏仁核与情绪的相关性。[7]最近我的研究小组成员对人类杏仁核的研究也得到了一些支持性结果。回顾历史，关于杏仁核和情绪可能相关的第一条线索可以在海因里希·克卢沃（Heinrich Klurer）和保罗·布西（Paul Bucy）的研究成果中找到，[8]他们的成果显示，包含杏仁核的颞叶部分被切除后产生了种种症状，其中包括情感的冷漠。（对于前扣带回与情绪相关性的证据请参见本书第4章，以及Laplane et al.，1981，A. Damasio and Van Hoesen，1983，对此亦有相关描述。[9]）

但是，基本情绪机制并不能描述所有范围内的情绪行为。确切地说，它们只是基本机制。然而我认为，从个体发展的角度，在基本情绪机制之后就是**次级情绪**机制。一旦我们开始体验到各种感受，并形成了**各种物体和场景，以及各种物体和场景与基本情绪之间的系统联系时**，次级情绪机制就产生了。边缘系统结构并不足以支持次级情绪过程。这个网络必须要扩展，它还需要前额叶皮层以及躯体感觉皮层的参与。

次级情绪

为了说明次级情绪这个概念，让我们先从成年人可能经历的一个例子说起。假设你遇到了一位久未谋面的朋友，或者有人告诉你，一位与你工作关系密切的同事意外身亡。在上述任何一种真实场景下，可能甚至你现在想一下这样的场景，就会体验到一种情绪。从神经生物学的角度来说，当那种情绪产生的时候，你身上发生了什么变化？“体验一种情绪”的真正含义是什么？

假设在你想象其中任何一个场景或者相似场景时我也在场，我可能会进行 135
一些观察。在相关场景（遇到很久未见的朋友；同事的身亡）的主要方面的心理表象形成之后，你的身体状况会发生变化，这个变化来自你几个身体部位出现的一些调节。如果你遇到一个老朋友（在你的想象中），你会心跳加速、皮肤发红、嘴周以及眼周肌肉发生变化，呈现出快乐的神情，同时其他部位的肌肉也会放松。如果你听到一个熟人的死讯，你的心脏会砰砰急跳、嘴唇干渴、面色苍白、某个内脏阵阵抽搐、脖子以及后背的肌肉变得紧张、面部肌肉则呈现出一副悲伤的表情。在任何一种情况下，内脏（心脏、肺、肠、皮肤）、骨骼肌（那些连接在你的骨头上的肌肉）、内分泌腺（如脑垂体和肾上腺）的功能的大量相关参数都发生了变化。许多肽类调质（peptide modulators）从脑释放到血液里，免疫系统也迅速地被调节。动脉壁平滑肌的基线活动可能会增加，使得血管收缩变细（结果是面色苍白）；或者动脉壁平滑肌的基线活动减少，使得平滑肌放松，血管扩张（结果是脸红）。整体来说，一系列的改变导致了对功能平衡或动态平衡的正常状态范围的偏离，而在动态平衡的状态下，有机体以较少的能量支出和更简单迅速的调整方式就可以获得最好的运转。我们不能把功能平衡的范围看成是静态的，它是一个在极大值和极小值之间连续不断变化的过程。这就好像你在河床上朝着不同方向四处走动时看到的情景，有些地方是凹陷的，有些地方是则是凸出或成波状起伏的。河床作为一个整体发生这些起伏变化，但是，这些起伏变化都位于河床的物理边界所规定的范围内：即容纳一定数量液体的固定范围内。

在这个假定的情绪体验中，你身体的许多部分都处于一种新的状态。在新
的状态下，发生了很多重要变化。那么，有机体通过什么来实现这些变化呢？ 136

1. 这个过程始于你对某个人或某个场景的有意识的、仔细的思考。这些思考以思维过程中的心理表象的形式表现出来，这些表象涉及各个方面，包括你与这个特定人物的关系，对当前场景的思考及这个场景对你和其他人会造成的结果。总之，是你对自己身处其中的事件内容的一种认知评估。你所产生的某些表象是非言语的（比如某个地点的某个人的外貌），而另外一些是言语性的（与特征、活动或名字等相关的词汇或语句）。这些表象的神经基础是处在各个早期感觉皮层（视觉、听觉以及其他）中的独立的拓扑性质的表征集合。这些表征在痕迹表征的指导下构建，后者以分散的方式广泛分布在大量的高级联合皮层里。
2. 在非意识水平，前额叶皮层的神经网络自动和非自发地对来自上述表象加工的信号作出反应。这种前额叶反应起源于体现了某种知识的痕迹表征，即在你的个人经验中，哪种类型的情景通常和哪类情绪反应相配的知识。换言之，尽管在之前的讨论中，我们认为后天习得的痕迹也是在先天痕迹表征的影响下获得的，但这种反应源于后天习得的、而非先天的痕迹表征。后天习得的痕迹表征的具体内容取决于你个人在生活中对于这种匹配关系的独特经验。你的经验可能与他人的经验存在或大或小的差异，所以这是你自己独有的。尽管不同个体的情境
137 类型与情绪类型两者之间的关系在很大程度上相似，但是，独特的个体经验使每个个体的加工过程都是个别和独特的。总之，后天痕迹表征产生次级情绪所需要的前额叶可以独立于基本情绪所必需的先天痕迹表征之外。但你在下文将会发现，前者也需要通过后者来表达。
3. 上文中前额叶痕迹表征反应，以非意识的、自动化的和非自发的方式被传递到杏仁核和前扣带回。痕迹表征在前扣带回的反应通过（a）激
138 活自主神经系统的核团，并通过周围神经将信号传送到身体，结果使得内脏处于与外部触发情境最一般相关的状态；（b）将信号传递到运动系统，使骨骼肌完成情绪在面部表情和体态上的外部表达；（c）激活内分泌和肽系统，其化学活动会引起身体和脑状态的变化；最后，（d）以特殊模式激活脑干和基前脑的非特异性神经递质核团，这些核团会释放化学信息到端脑的各个区域（如基底神经节和大脑皮层）。显然，这是一个令人精疲力竭的活动过程集合，是一种大规模范围的反

应，反应的种类繁多。它针对整个有机体，对于一个健康的个体来说，这个过程真是一个协调合作的奇迹。

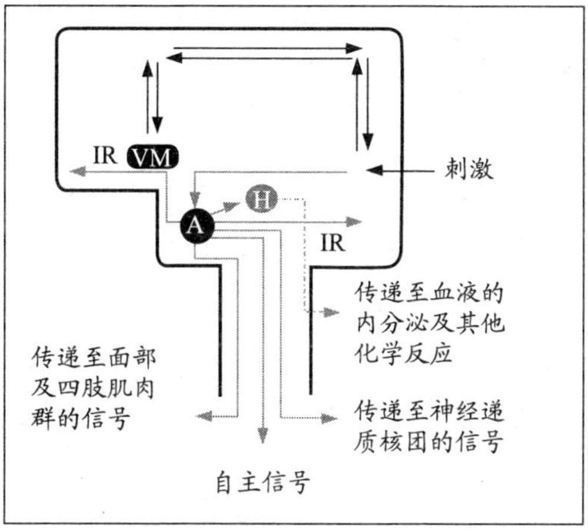

图 7—2

次级情绪。刺激仍然可以通过杏仁核直接得到加工，但是现在，它在思维过程中也得到分析，还有可能激活额叶皮层（VM）。VM 通过杏仁核（A）发挥作用。也就是说，次级情绪使用了基本情绪的机制。同样，我故意将这一过程简化了，因为除了 VM 之外，大量其他前额叶皮层也被激活了，但是我认为，这一机制的本质如图所示。请注意，VM 是如何依赖 A 来表达其活动的，或者说，是如何依附在其上的。这种依赖关系是自然界像补锅匠一样的工程风格的良好例证。为了创造新的机制，获得新的结果，自然使用了旧的结构和机制。

由（a）、（b）和（c）导致的变化作用于人体，产生了一种“情绪性身体状态”，随后又被传递回边缘系统和躯体感觉系统。由（d）引起的变化并不产生于身体本身，而是产生于负责身体调节的脑干结构群，这些变化对认知过程的类型和效率产生了重要影响，同时也是情绪反应的一个平行通道。（a）、（b）、（c）产生的影响和（d）产生的影响之间的差异，在以下有关感受的讨论中将会论述得更为透彻（见下文）。

现在应该清楚的一点是，前额叶损伤病人所受损的情绪加工类型应该属于次级类型。这类患者不能根据某种情境和刺激所产生的表象生成相应的情绪，所以也无法产生随后的感受。这一点在第 9 章的临床观察和专门测试中得到证实。但是，同样的前额叶受损病人可以产生基本情绪，这也是为什么乍看之下他们的感情似乎是正常的。（例如，当有人突然在他们背后大声尖叫，或者屋 139
子在地震时摇晃的时候，他们会表现出恐惧。）而与之相反，那些在边缘系统，特别杏仁核或前扣带回有损伤的病人，则出现了包括基本情绪和次级情绪在内的更为广泛的情绪障碍，所以他们的情感表现显然更为迟钝。

自然界，像补锅匠一样出于经济的考虑，并没有为基本情绪和次级情绪的表达选择各自独立的机制，而是让已经存在的表达基本情绪的那一个通道同时表达次级情绪。

在我看来，情绪的**本质**就是身体状态的变化的总和。它为无数器官中的神经细胞终端所诱导，并由某个脑系统专门控制，这个脑系统对与某个特定实体或事件相关的思想内容作出反应。很多身体状态的变化，如肤色、体态和表情等，对外部观察者而言实际上都是可感知的。[事实上，情绪（emotion）的词源清晰地表示了从身体发出的朝向外部的方向：从字面意思理解，emotion 表示“向外的运动”（movement out）。] 而其他的一些身体状态的变化只有产生变化的个体本人才能感知得到，但更多的是感知到情绪而不是其本质。

总而言之，情绪是一种简单或复杂的**心理评价过程**，以及**对评价过程产生的痕迹反应**两者的组合。痕迹反应主要指向身体，可以产生一种情绪性身体状态；同时也**指向脑**（脑干的神经递质核团），可以产生其他的心理变化。请注意，我目前暂不讨论对情绪反应中所有变化的知觉。稍后你会发现，我保留了“感受”（feeling）这一术语来表示对这些变化的体验。

情绪的神经机制的特异性

对特定脑损伤的研究确立了情绪的神经系统的特异性。在我看来，边缘系统损伤影响了基本情绪的加工；前额叶损伤影响次级情绪的加工。罗杰·斯佩里（Roger Sperry）及其合作者建立了一个人类情绪
140 的神经联系的模型，[10] 引起了很多人的兴趣，其合作者包括，约瑟夫·博根（Joseph Bogen）、迈克尔·加扎尼加（Michael Gazzaniga）、杰尔·利维（Jerre Levy）和伊拉·泽登尔（Eran Zaidel）。他们提出，人类右半脑是情绪的基础加工的优势半脑。其他研究者，如霍华德·加德纳（Howard Gardner）、肯尼恩·海尔曼（Kenneth Heilman）、琼·鲍罗德（Joan Borod）、理查德·戴维森（Richard Davidson）和吉多·盖诺特（Guido Gainotti），又补充了一些情绪的右半球优势的支持证据。[11] 我的实验室目前进行的研究也基本支持情绪加工的不对称观点，但同时还发现，这种不对称性并不同等适用于各种情绪。

情绪的神经系统特异程度可以通过情绪表达的损伤程度来测量。

如果中风损伤了左半脑的运动皮层，病人就会表现出右侧脸的瘫痪，肌肉无法运动，嘴巴向运动正常的半边脸的方向歪斜。当要求病人张开嘴巴露出牙齿的时候，这种不对称表现得更明显。但是，当病人对一段幽默的话作出反应，自发地微笑或大笑的时候，就会发生截然不同的情况了：笑容很正常，两侧面孔都正常运动，表情也很自然，和瘫痪前的笑容没有任何差异。这说明，与情绪相关的运动序列的运动控制和自发动作的运动控制并不在同一个脑区。即使运动部位、面孔和肌肉组织都是相同的，与情绪相关的运动也在其他脑区被引发（见图 7—3）。

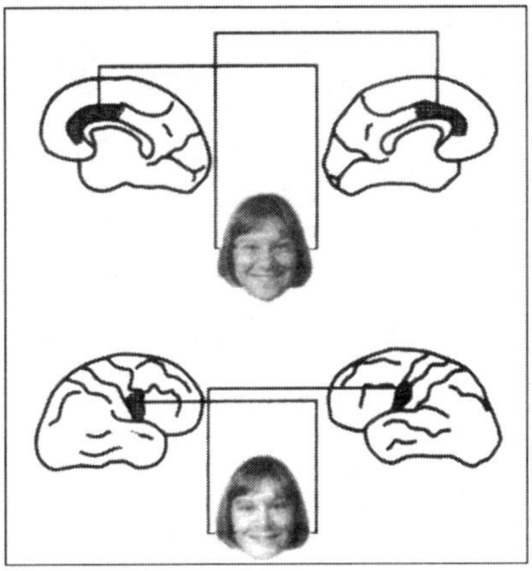

某种情绪情景下（上组图）控制“真实”笑容时的面部肌肉的神经机制，不同于相同肌肉的自主（非情绪）控制机制（下组图）。真实笑容受控于边缘皮层，表达时可能使用了基底神经节。

图 7—3

如果对一个因中风而导致左侧前扣带回损伤的病人进行研究，我们就会发现完全相反的结果。在静止状态或与情绪相关的运动状态下，都出现了面部的不对称性，右侧脸的运动程度要弱于左侧脸。但是当病人刻意收缩面部肌肉的时候，面部运动就正常了，并且也恢复了对称性。可见，控制与情绪相关的运动的脑区有前扣带回、其他边缘皮层（位于颞叶内侧）和基底神经节，这些脑区受损或功能异常就导致了所谓的反向或者情绪性面部瘫痪。

我的导师，哈佛大学的神经病学家诺曼·格施温德（Norman Geschwind）所从事的研究构筑了人脑与心理研究从传统时期向现代时期

142 过渡的桥梁。他经常指出，我们之所以在摄影师面前很难自然微笑（即要说“茄子”的情况下），是因为摄影师要求我们运用运动皮层及其锥体束（锥体束是一个大轴突束，发自初级运动皮层，即布罗德曼4区，然后向下支配脑干部位的核团和通过外周神经来控制自主活动的脊髓）来刻意控制自己的面部肌肉。于是，我们就发出了格施温德经常称之为“锥体微笑”的笑容。前扣带回轻易就能做到的我们却很难进行模仿；我们也不具有一个简单的神经通路使得我们可以对前扣带回进行随意地控制。为了笑得“自然”，你只有如下几个选择：学会表演，找人賂肢你或给你讲一个有趣的笑话。演员和政客的职业生涯所依靠的正是这个简单却令人头疼的神经生理学行为。

专业演员很早以前就注意到这个问题，并由此发展出各种不同的表演技巧。其中一些技巧，尤以劳伦斯·奥利维尔（Laurence Olivier）为代表，通过刻意的控制，利用技巧巧妙地产生一些可以有效表达情绪的行为。在外部观察者看来情绪（情绪的表达）应该是什么样的，以及这些外部变化发生时人们通常有什么感受，优秀的演员凭借自己关于前者的具体知识和对后者的记忆非常努力地对情绪进行模仿。但很少有演员能做到这一点，这恰恰说明了脑的生理特性给他们的表演设置的障碍之大。

还有一种技巧，以李·斯特拉斯伯格—伊莱亚·卡赞（Lee Strasberg-Elia Kazan）的“体验派”表演方法［受康斯坦汀·斯坦尼斯拉维斯基（Konstantin Stanislavsky）启发而发展而来］为代表。这种表演方法可以使演员产生某种真实情绪，而不是模仿或假装，这样表演就更令人信服和更生动。但这种方法要求表演者具有特殊天赋并且个性较为成熟，这样才能较好地控制真实情绪所带来的自动化过程。

查尔斯·达尔文（Charles Darwin）在其1872年出版的《人和动物的情绪表达》（*The Expression of the Emotions in Man and Animals*）一书中第一次提到真实和假装情绪的面部表情的差异。[12]达尔文注意到了纪尧姆－本杰明·迪歇恩（Guillaume-Benjamin Duchenne）早在十年前作的一个与微笑有关的肌肉组织以及收缩这些肌肉组织所需的控制类型的观察报告。[13]报告中，迪歇恩（Duchenne）指出，真正快乐的笑容需要两块肌肉的不随意收缩共同完成：主颧肌和眼轮匝肌（见图 7—4）。之后，他又发现，眼轮匝肌只能进行不随意运动，而无法主观地使它运动。使得眼轮匝肌产生这种不随意运动的，正像杜舍纳所说的，是一种“发自内心的美好情绪”。而主颧肌，既可以是不随意运动，也可以通过意志控制，所以是产生礼貌性微笑的适当途径。

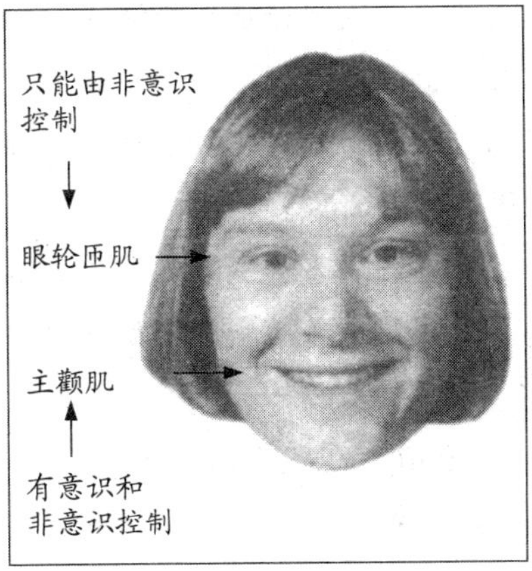

图 7—4

面部肌肉组织的有意识和非意识控制

感　受

什么是感受？为什么我不把“情绪”和“感受”这两个词互换使用？其中一个原因是，尽管有些感受与情绪相关，但也有很多与情绪无关：如果你处于清醒和警觉的状态下，那么所有的情绪都能形成感受，但并不是所有感受都是由情绪引发。我把那些不是由情绪引发的感受叫做背景感受，这一内容我将在本章稍后讨论。

我们首先讨论**对情绪的感受**，先回到上面例子中说到的情绪状态。外部观察者所能看到的所有变化，以及他们无法察觉的心跳加快或内脏收缩等其他很多变化，你都能从**内部**感受到。所有这些变化都通过神经末梢将来自皮肤、血管、内脏、随意肌、关节等的冲动信号持续不断地传送到脑。这一过程的传回路径依赖于发自头、颈、躯干、四肢部位的回路，途经脊髓和脑干到达网状结构（一组脑干核团，功能之一是控制清醒和睡眠）和丘脑，然后到达下丘脑、 144

边缘结构，以及分别位于脑岛和顶叶区的几个独特的躯体感觉皮层。而后者，即顶叶的躯体感觉皮层，专门接收你的身体每时每刻的变化，也就是说，它可以“看到”你的身体在某种情绪过程中所发生的持续变化。回忆一下河床的画面，你就可以想象出那种场景。连续的信号代表着河床上的种种变化，即人走在河床上的时候所感觉到的高高低低的起伏变化。在不断接受那些信号的大脑皮层里，有一个不断变化的神经活动模式。这个模式根本不存在静止状态，没有基线，也没有什么小人儿——或者说那个小矮人——像雕像般坐在脑的阁楼里接收来自身体各个部位的信号。相反，这里只有变化，永不停息的变化。某些模式以拓扑方式组织起来，而另一些则较少如此，并且它们不是存在于某一个脑中枢的某一个映射里，而是有许多映射，通过相互影响的神经元连接协调合作。（无论我们用什么比喻来阐述这一点，有一点很重要，我们必须明确，当前的身体表征并不是产生在某个严格的皮层映射里，不是像仅用几十个人的脑图谱就草率得出的结论所说的那样。相反，它们以动态的、不断更新的、“在线”的方式表达出身体**当前**正在发生的状况。其价值就在于它的即时性和“在线性”，这一点在我之前提到的迈克尔·莫泽尼奇的研究中也得到了很好的证明。）

除了有一个“神经通道”将你的情绪状态传送回脑以外，你的有机体还使用了一个平行的“化学通道”。情绪过程中人体所释放的激素和肽经由血管传送到脑，然后穿过所谓的血脑屏障有效地进入脑，或者更为容易地，从没有这层屏障（如第四脑室尾端的后支区）或具有某种结构可以将信号传递到各个脑区（如穹隆下器）的这类脑区进入。人脑不仅可以在一些脑系统中构造由其他脑系统所诱导的各种身体状态的神经反应状况，而且构造本身及其使用，都可以受
145 到身体的直接影响（想一想我们在第 6 章提到的催产素）。在某个特定时刻赋予身体状态以某种特征的，不仅仅有神经信号，还有化学信号——可以改变神经信号加工方式的化学信号。这一点可以用来解释为什么某些化学物质在很多文化中都具有重要作用。想一下当前我们社会所面临的严重的药物问题——我指的既包括违禁药物，也包括合法药物——如果对我们此处所讨论的神经机制没有深刻理解的话，这个问题就不可能得到解决。

身体产生变化以后，你可以觉察到它们的存在，并且能随时监控它们的发展。你知觉到自己身体状态的变化，并时刻跟踪它的变化。这种持续的监控过程，即与当某个特定内容相关的想法转瞬即逝的**同时**对身体即时变化的体验，

就是我所说的感受的本质（见图 7—5）。如果说情绪是与激活某个特定脑系统的某些特定心理表象有关的身体状态的所有变化的总和，那么**感受某种情绪的本质就是对这些变化以及引发这一过程的心理表象的体验**。换言之，感受的产生基于身体水平的表象，以及面孔的视觉表象或旋律的听觉表象等其他水平的表象的共存。感受的基础是同时由神经化学物质所引发的认知过程的变化来完 146
成的（例如，由神经递质在各个神经位点引发的变化，这个过程来自神经递质核团的激活，神经递质核团的激活也是最初情绪反应的一部分）。[①]

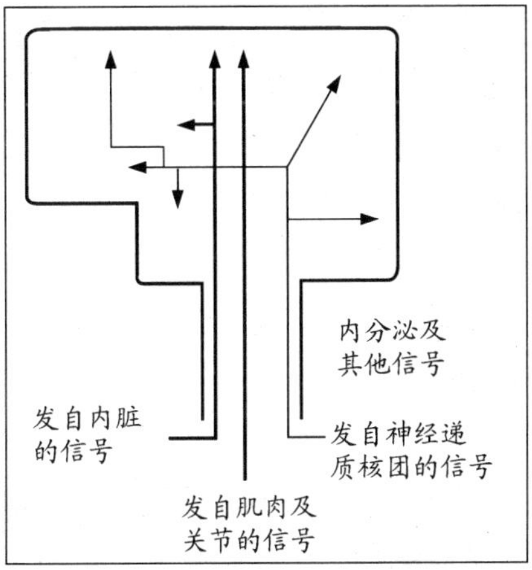

要感受某种情绪，来自内脏、肌肉和关节，以及神经递质核团的神经信号——这些信号在情绪过程中都被激活——需要到达某些皮层下核团和大脑皮层，这一过程必要但不够充分。内分泌和其他化学信号通过血液等途径也可以到达中枢神经系统。

图 7—5

在此，我需要作两点限制性说明。首先，是关于上文中的共存这一概念。之所以选择这一概念是因为我认为身体的表象是在“其他的”表象形成并生效**之后**才出现的，而且我们在第 5 章说到，两者在神经过程上是相互独立的。也就是说，这是一种“组合”而非“混合”。也许用“**叠合**”这个名称来描述我们整体体验的身体水平的表象和“其他水平的”表象的变化更为合适。

“被限者”（面孔）和“限定者”（并存的身体状态）是组合在一起、而非混合在一起，这一点可以帮助我们理解：为什么即使联想到的人或事根本没有什么可悲伤的，我们有时还会感到情绪低落，或者有时又会莫名的欢欣。限定

① 此处所定义的“情绪”和“感受”并非传统概念上的情绪和感受。有的作者经常将这两个词语混用，或者根本不使用“感受”这个词，而将“情绪”分为表达性成分和经验性成分。使用独立的概念可能会对这些现象的深入研究有所促进。

者的状态是不可预料的，有时还令人生厌。它们的心理动机可能不明显或者根本就不存在，这个过程产生于心理性的中性生理改变。从神经生物学角度来说，这个难以解释的限定者肯定了情绪背后的神经机制的相对独立性，但是它们也提醒我们一个巨大的无意识过程的存在。这一过程的某些部分可以用心理解释来说明，而有些部分则不可以。

悲伤或快乐的本质是：我们对某些身体状态以及与其并存的任何思想的结
147 合知觉，再加上思想过程的类型和效率的调整。总的来说，因为身体状态信号（不论是积极的，还是消极的）以及认知的类型和效率都由相同的系统引发，所以它们比较协调一致（虽然在某些正常个体或病态个体中，这种身体状态信号和认知类型之间的协调可能会被破坏）。在消极的身体状态下，表象的产生较缓慢，差异较小，推理效率也较低；相反，在积极的身体状态下，表象的产生比较迅速，差异较大，推理不一定高效但较为迅速。当消极的身体状态频繁或持续出现时，例如在抑郁状态中，与消极情绪可能相关的思想活动就会增加，推理的类型与效率也会受到影响；持续的狂躁则会造成相反的结果。威廉·斯蒂伦（William Styron）在其《看得见的黑暗》（*Darkness Visible*）一书中对自己的抑郁经历进行了详尽的描述。他写到，“抑郁就像一种令人倍感折磨的痛苦……很像溺水或窒息的感受——即使这些比喻也不太准确”。同时，他没有忘记描述自己当时的认知过程的伴随状态：“在这种情况下，我的头脑里通常就没有理性思维了，结果就是神情恍惚。就是这个词，我没有更合适的词来形容这种状态，那是一种绝望无助的麻木，认知被那种‘积极主动的痛苦’所替代。”（积极主动的痛苦是威廉·詹姆斯用来描述自己抑郁状态的用语。）

另外一个限制是，我已经从认知和神经科学角度阐述了我在感受的基本构成方面的观点；只有进一步的研究才能证明这一观点是否正确。但是，我还没有解释我们是**如何感受到感受**的。某些脑区必须接受大量关于身体状态的信号只是一个必要的开始，这还不足以使感受被感受到。我在关于表象的阐述中提到，体验产生的另一个条件是身体的当前表征和构成自我的神经表征之间的关联。当所有上述情况发生时，对某个客体的感受基于对这个客体的主观知觉、
148 对这个客体所引发的身体状态的知觉、以及同时对思维过程的调节类型和效率的知觉。

脑被蒙骗了

身体状态引发感受这一说法有哪些证据支持呢？一些神经心理学家的研究提供了部分证据。他们的研究发现了表征身体状态所必需的脑区的受损与感受缺失之间的关联性（见第5章），而同时，对正常个体的研究也发现了同样的结果，尤其是保罗·埃克曼所进行的相关研究。[14]他向正常被试发出指令，告诉他们如何运动面部肌肉，实际上就是让被试在不了解其目的的情况下“产生出”某种情绪的面部表情，结果被试也体验到了与这些表情相对应的感受。例如，一个大致粗略的快乐表情使被试体验到了“快乐”；愤怒的表情使被试体验到了“愤怒”，等等。这一点非常令人印象深刻，因为要知道，实验中被试仅仅知觉到了大致的、不完整的面部表情；而且，由于他们既没有知觉到任何可能触发情绪的真实场景，也没有对类似场景作出评估，他们的身体从一开始就没有显示出伴随某种情绪的内脏变化。

埃克曼的实验表明，某种情绪状态所特有的身体状态的片段就足以产生相应的感受，或者这些片段随后触发了身体状态的其他部分，引起了感受。令人奇怪的是，并非所有的脑区都可以被蒙骗，好像有的脑区通过非惯常方式产生的一组运动就不会被蒙骗。来自神经电生理研究的新证据显示：刻意的微笑和发自内心的微笑所产生的脑波模式不同。[15]乍看之下，神经电生理研究的这一发现似乎与之前所述的实验结果有冲突，但其实不然。虽然实验中被试报告他们感受到了与面部表情片段相对应的情绪，但他们十分清楚，自己并没有因为什么特别的事情而感到快乐或生气。当我们礼貌性地对他人微笑时，我们和他人一样都很清楚，这仅仅是礼节性的微笑，这也与脑电记录相当一致。这也可以很好地解释为什么一些优秀的演员和歌剧演员等其他相关职业的人能够很好地应对他们经常要投入其中进行模仿的激烈情绪，却不会失去控制，无法自拔。

我曾经问过雷吉娜·雷斯尼克（Regina Resnik）这个问题，她是当代最伟大的歌剧演员，曾出演过《卡门》（*Carmen*）和《特洛伊》（*Clytemnestra*）等名剧，是一位经历了无数个愤怒和悲伤的音乐之夜的资深演员。我问她从这些充满激情的角色中抽身而出是否困难。她回答说，自从她学会了表演技巧之后，就一点都不困难了。可能没有人会想到，当我们在观看她的演出、聆听她的歌声的时候，她只是在用形体“表现”情绪而不是“感受”情绪。但是她也说到，有一次，在出演柴可夫斯基（Tchaikovsky）的《黑桃皇后》（*The Queen of Spades*）中的老伯爵夫人被吓死那场戏的时候，她孤身一人身处黑暗的舞台，确实和自己的角色合而为一，感受到了恐惧。

感受的种类

正如本章开始所述，感受有很多种类。第一类基于情绪，其中最基本的五种是：快乐、悲伤、愤怒、恐惧和厌恶，与身体状态的反应相对应。按照詹姆斯的观点，这些身体状态的变化主要都是预组织的。当身体与其中某种或某些情绪相符时，我们就**感受**到了快乐，悲伤、愤怒、恐惧和厌恶。当我们产生了与情绪相关的感受时，大量的注意就被分配到身体信号上，部分身体状态也就从我们注意的幕后转移到了前台。

150 感受的第二种类型是上述五种基本情绪的细微变体：欣快和狂喜是快乐的变体；忧郁和惆怅是悲伤的变体；惊慌与害羞是恐惧的变体。第二种感受类型与经验有关，当认知状态的细微变化引发了情绪性身体状态的细微变化的时候，第二种感受类型就发生了。正是某种复杂的认知内容和预组织的身体状态的变化之间的联系，才使得我们体验到悔恨、尴尬、**幸灾乐祸**和急于声辩等情绪状态。[16]

感受的类型
对基本情绪的感受
对细微情绪的感受
背景感受

背景感受

但是，在这里我要提出一种在进化过程中早于其他类型出现的感受，我把它称为**背景感受**，因为这种感受产生自“背景”身体状态，而非情绪状态。它既不是维迪（Verdi）提出的高级情绪，也不是斯特拉温斯基（Stravinsky）提出的理性情绪，而是一种在音调和节拍上都属于最低限度的情绪，是对生命自身的感受，对生命存在的感受。我希望当我们对感受的生理特性进行分析时，这一概念可以有所帮助。

与前文所述的情绪感受相比，背景感受的范围界定更为严格，虽然它们通常可以被感知为愉悦或不快，但不会太积极或者太消极。我们在一生中体验到的大多是这种背景感受，而非情绪感受。我们只能微弱地意识到背景感受的存在，但这已足够使我们随时说出其相关状况。背景感受既不是欣喜若狂时的感受，也不是失恋时的垂头丧气，这些行为都对应着情绪性身体状态。相反，背景感受对应于处于这些情绪**中间**的身体状态。当我们感受到快乐、生气或其他情绪时，背景感受就被情绪性感受所抑制。背景感受未被情绪影响时，它就是 151
我们对自己身体状态的表象。“心情”（mood）一词尽管与背景感受有关，但还没有完全表达背景感受的含义。当某些背景感受持续数小时至数天，并且不随思想内容的变化而悄然变化时，这些背景感受就可能成为某种心情——或好，或坏，或中性。

试想我们如果**没有**背景感受会是怎样，你就会对我提出的这一看法有更清晰的了解。我认为，没有了背景感受，我们的自我表征的核心部分就是不完整的。下面，我来解释一下为什么我会如此认为。

在前面我们曾阐述到，当前身体状态的表征分布在脑岛和顶叶区域的多个躯体感觉皮层，以及边缘系统、下丘脑和脑干。左右半脑的这些脑区依赖神经元联系来协调工作，其中右半脑是优势半脑。关于这些系统之间的精密联系还有很多有待于我们去发现（遗憾的是，这是对灵长类的脑研究得最少的部分之一），但有一点可以肯定：当前身体状态的整体即时表征分布在皮层及皮层下区域的大量结构里。虽然许多来自内脏状态的输入被准确映射，使得我们可以准确地感知躯干或四肢部位的疼痛或不适，但仍有相当一部分来自内脏状态的输入最终到达了可以称为“无映射”的脑结构里。虽然针对内脏的脑映射没有我们针对外部世界所产生的脑映射那么准确，但映射错误的所谓模糊性和出现几率可以被扩大，通常是通过产生“牵涉性疼痛”这种现象（例如，心肌梗塞时表现出的左臂或腹部疼痛；胆囊发炎时出现的右肩胛下痛等）。对于从肌肉和关节处传入的信号来说，它们最终到达了拓扑映射的结构。

152 除了“在线”动态的身体映射外，还存在着一些更为稳定的身体结构的映射，后者可能表征着本体感觉（肌肉和关节的感觉）和内感觉（内脏感觉），并且构成了我们身体表象的基础。这些表征是“非在线”的，或者是留有痕迹的，但是它们可以在激活之后，和**当前**身体状态的在线表征一起进入以拓扑性质的躯体感觉皮层，从而可以让我们了解身体**接下来**马上会出现的状况，而不是身体当前的状态。此类表征的最好例证就是我们之前提到的幻觉肢体现象：有些病人接受了截肢手术后，感觉被截肢体仍然存在。他们甚至能感知到自己想象的那个不复存在的肢体的状态变化，比如某种特定动作、疼痛和体温，等等。我对这一现象的解释是：由于来自被截肢体的“在线”信号输入的缺失，来自被截肢体的痕迹表征的在线信号输入就占据了主导地位；也就是说，通过对之前已获得记忆的回忆进行重建。

某些人认为正常情况下，身体状态很少进入意识，这些人可能会对我们这里的阐述持保留态度。的确，我们并非时刻都能意识到我们身体的每一部分，因为种种外部事件通过视觉、听觉和触觉等通道和内部表象一起很容易地就可以将我们的注意从正在进行的、持续不断的身体表征上分散开来。但是，虽然我们注意的焦点通常集中在最需要产生适应性行为的地方，这并不意味着我们的身体表征就不存在了。我们很容易就可以证明这一点，突然发作的疼痛，或者小小的不适都会将我们的注意重新集中到对身体状态的关注上来。背景身体感觉是持续存在的，但我们通常并没有察觉到它们的存在，因为它们表达的不是身体某一特定部位的感受，而是身体里大多数部分的一个整体状态。正是这样一种正在发生的、持续不断的身体状态表征使得我们可以对“你**感觉**如何”这一问题迅速地作出回答，答案与你感觉如何有关，你感觉很好，或者感觉一般。[请注意这个问题不是那句简单的“你怎么样？”（How are you?），对于
153 “你怎么样”，人们可以礼貌性地作出敷衍的回答，而不必提及自己的身体状态]。身体的背景状态时刻受到监控，试想，如果身体的背景状态突然消失了，会发生什么情况？这是一个很有意思的问题。有人问你感觉如何，你却发现对自己的背景状态一无所知；你的腿受伤了，不得不别扭地拖着腿走路，这种暂时的不适只是你头脑中的一种孤立的知觉，而不是你很容易就可以获取的身体感觉的一部分。人们已经确认，即使由周围神经系统的病变引起的较为简单的本体感觉的部分暂停，也会产生严重的心理过程中断［奥利弗·萨克斯（Oliver Sacks）曾经对一个类似的病人进行过描述[17]］。所以，我们认为，身体状

态的整体感觉在更大范围上的缺失或调节将会产生更严重的问题，而事实的确如此。

我们在第 4 章提到，某些典型和完全的疾病失认症患者，对自己的疾病状况浑然不觉。他们对自己所遭受的某些重大疾病通常会引起的破坏性后果一无所知，这些疾病通常是中风、原发性脑瘤或由身体其他部位的癌症引起的继发性脑瘤。虽然他们在面对、或者被迫看到无法移动的左手或左臂等事实时，会承认自己的左肢失去了行动能力，但他们并没有意识到自己已经瘫痪了。他们无法描述自己的疾病所带来的后果，也不关心自己将来的生活。他们的情绪表达是残缺的，甚至是缺失的。而无论是他们自己承认还是从旁观者的角度来看，他们的感受都相当的单调平淡。

这类疾病失认症的脑伤类型导致了身体状态映射相关脑区之间的协调合作的中断，还会经常导致这些脑区的一部分受损。虽然这些脑区可接收来自左右两边躯体的神经投射，却都位于右半脑，其中的关键部分有脑岛、顶叶，包含 154
这两者之间神经联接以及这两者与丘脑和基底神经节之间联系的白质。

利用背景感受这一概念，现在我可以解释自己在疾病失认症产生机制方面的看法：由于无法获得当前身体状态的输入信息，患者就无法更新自己身体状态表征的信息，也就无法通过躯体感觉系统迅速自动地意识到自己的身体状况事实上已经发生了改变。他们仍然可以在心理中形成身体状态的表象，但这个表象已经是过时的。所以，既然他们感觉自己的身体状况良好，因而也就不管三七二十一地如此报告出来了。

幻觉肢体（phantom-limb）的病人虽然感觉被截肢体仍然存在，但他们也很清楚事实显然并非如此。他们并没有产生错觉或幻觉，而且，正是他们的现实感使得他们抱怨自己生活中的种种不便。但是，疾病失认症患者不具备对现实的自动检测。这可能是因为疾病失认症涉及大部分而不是一部分身体状态的信息，也可能因为它更多地与内脏信息有关，或者两个原因都有可能，使得这两种疾病患者的表现不同。有关身体状态的及时更新信息的缺乏不仅导致了疾病失认症患者对自己运动缺陷的非理性报告，还导致了与他们的健康状况不相符的情绪和感受。这些患者看起来对自己的疾病毫不关心，有些患者表现出不合时宜地幽默，有的则显得整天闷闷不乐。当别人要求他们对自己的病情进行逻辑推理时，基于通过口头言语或直接的视觉等其他渠道所呈现的新事实，他们会暂时承认自己的病情，但是这种承认很快就被忘记了。由于某种我们还不了解的原因，非自然的、自发的、首先通过感受的认知在心理中被保留下来。

疾病失认症患者为我们提供了一个全新的角度来研究被剥夺了感受**当前**身体状态的可能性的心理，尤其当心理涉及背景感受的时候。我认为，由于无法在以身体作为基本参考的基础上构建当前的身体信号，这些病人的自我因而不
155 再是完整的。而他们的个人身份知识仍然可以通过语言的形式获得和提取：他们记得自己是谁，自己住在哪里和以前在哪里工作，自己的亲朋好友是谁，等等。但是，这些大量的信息不能被用来对他们当前的个人和社会状态进行有效推理。对旁观者和患者所处的时间而言，这些患者所构建的关于自己和他人心理的理论总是令人可悲和无可救药地陈旧过时。

背景感受的连续性与一个事实相符，即只要生命存在，活的有机体及其结构也是连续的。与我们周围的环境不同（环境是不断变化的），也与我们所构建的周围环境的表象不同（表象是不完整的片段，还依赖于外部环境），背景感受大多与身体状态有关。我们的个体身份意识就停泊在这个虚幻的、有生命力的、人人相同的身体之岛上，通过它，我们可以对有机体周遭发生的很多事件都了然于心。

身体是情绪的剧场

威廉·詹姆斯的众多批评声音之一源于他提出了我们通常将身体作为情绪的剧场这一观点。虽然我也认为在很多情况下，情绪和感受的确按照这种方式运转，从心理/脑到身体，再回到心理/脑。但是，我也认为在很多情况下，脑学会了利用某种“情绪性”身体状态的较弱的表象，而不必在身体中再次将其激活。我们之前讨论过，虽然令人奇怪的是，神经递质核团是身体调节的脑表征的主要组成部分，但脑干中神经递质核团的激活和反应却可以不经过身体。于是，有些神经装置（devices）使得我们“好像”（as if）感觉到自己产生了某种情绪状态，好像身体被激活和调整了。这些装置使得我们可以避开身体，避免产生那种缓慢且消耗能量的过程，我们可以只在脑里就产生感受的替代
156 物。但是，我怀疑这种类似感受的替代物与真正身体状态下的产生的感受是否相同。

在我们成长和适应周围环境的过程中，这种“替代”（as if）装置也随之发展起来。将某种实体或情景的表象与当前身体状态的表象反复联系就可以建立

某种心理表象和身体状态替代物之间的联系。要使某种表象引发“避开装置”（“bypass device”），首先必须要在身体这个舞台上进行这一过程，通过整个身体环路来进行（见图 7—6）。

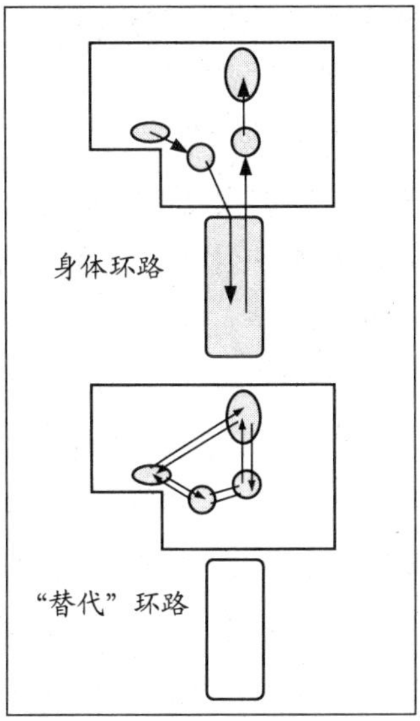

图 7—6

此图表示的是“身体环路”（“body loop”）和“替代”环路（“as if”loop）。在两种环路中，上面的黑色方框表示的是对脑的表征，下面的方框则是对身体的表征。“替代”环路的加工过程完全避开了身体。

为什么这种“替代”的感受是不同的呢？我认为，至少存在一个理由，请允许我解释一下。比如有这样一个场景，我们将一名正常被试连接到一个多导记录仪上，这种实验仪器以连续曲线的形式对被试的情绪反应类型和强度进行评估。现在，这名被试正在参加一次心理实验，实验中，主试会认定被试的某些反应是正确的，并给与一定的奖励；或者是错误的，应该受到一定的惩罚。而被试，在听到主试说自己某个反应是正确的、并得到奖励时所产生的反应曲线有一个明显的开始点，呈上升趋势，并达到最大波幅。而之后，当被试得知其行为受到惩罚时所产生的反应曲线与之前的曲线不同，这一次曲线上升得更高。再之后，在某种反应导致了更严厉的惩罚情况之下，不仅所产生的反应曲线不同，而且记录指针在记录纸上严重倾斜，几乎都要跳出来了。

157

情绪反应曲线存在这种差异的意义很明显：不同程度的奖励和惩罚导致了不同的反应，既有心理的也有生理的，而多导记录仪记录的是生理反应。但是，人们对于生理反应和心理反应之间的关系仍然存在着意见分歧。我的观点是，一般感受的产生来自对身体状态变化的“读取”（readout）。但我们同时必须考虑一下另一种观点：身体反应的变化确实是由情绪反应所导致，但是感受却不一定来源于这种变化；使身体产生变化的这部分脑区可以将来自身体的变化传到另外一个脑区，可能是躯体感觉系统。根据这种观点，虽然可能仍然存在伴随的身体变化，但感受可能直接来自后一组信号，并且完全在脑内得到加工。对于那些赞成这一观点的人来说，关键就是身体变化与感受同时产生，而不是说身体变化是感受产生的原因。就像我之前所认为的，感受可能总是来源于那个“替代环路”装置，这个装置不是对基本“身体环路”装置的补充，而是感受产生的基本装置。

为什么我认为这种替代的观点不如我的替代的观点那么令人信服呢？首先，情绪不仅由神经回路所诱导，还有化学回路。诱导情绪的脑区可以将诱导过程中其自身的神经信号从一个部分传递到另一个部分，但是却不太可能以同
158 样的方式传递化学信号。而且，脑也不太可能预测到所有的命令——神经的和化学的，尤其是后者——是如何在身体里发挥作用的，因为如何发挥作用及其引发的结果状态都依赖于身体里的局域性生物化学环境和各种变量，而这些环境和变量并没有在神经系统里得到完全表征。身体所产生的变化不断地被重新构建，而且并不是之前所发生变化的精确复制。我猜想，脑并不能通过计算预测出身体状态，而是等待身体来汇报到底发生了什么。

这种关于情绪和感受的替代观点始终局限于一些固定的情绪/感受模式，这些模式无法被有机体随时的实时真实状态所调整。如果这些模式就是我们所需要的所有模式的话，可能会有一点用处。但是即使这样，它们也仍然是“重播”的，而不是“现场直播”。

脑向身体释放出大量的神经和化学信号之后，很可能无法预测身体会作出的精确反应，同样，也无法预测某个情景在真实实时情况下所有可能的细节状态。无论对情绪性状态，还是非情绪背景状态，身体的反应总是最新的，几乎从来不是过去的翻版。如果我们所有的感受都以“替代”的形式存在，我们就不会有随时变化的情感调节，而不断变化的情感调节正是我们心理的显著特征。疾病失认症表明，正常的心理需要有关身体状态的更新信息的稳定输入。按照我们目前的构想，事实有可能是，脑保持清醒和有意识状态的前提是需要得到活体身体状态的肯定性信息。

关注身体

将情绪和感受排除在任何整体心理概念之外都是不明智的。但是，一些备受尊崇的关于认知的科学文献却恰恰如此，它们在谈到认知系统问题时并没有将情绪和感受包括在内。这一点我在导言中曾经谈到过：情绪和感受都是晦涩 159
难懂的概念，不适合与它们所限定的具体思维内容共处同一个舞台。这种严格的观点将情绪排除在主流的认知科学之外，在本章前面的篇幅里所谈到的传统的脑科学观点也有一个类似的观点，即情绪和感受产生于脑的下部，在皮层下结构里，而情绪和感受所限定的内容产生于新皮层。我不赞同这些观点。首先，很明显，情绪是在皮层下和新皮层结构的共同控制下产生的。其次，可能也是更重要的一点，**感受与其他知觉表象一样具有认知性**，与其他表象一样依赖于大脑皮层的加工过程。

固然，感受有其独特的特性。但是，使得其与众不同的是，感受首先与身体有关。并且，当我们的内脏和肌肉骨骼状态受到预组织机制的影响，以及受到我们在感受的影响下所产生的认知结构的影响的时候，感受**使得我们对自己的内脏和肌肉骨骼状态产生了认知**。感受使得我们在某种情绪状态下，可以高度集中地**注意到身体状态**，或者在某种背景情绪状态下隐约地注意到身体状态。感受可以通过提供身体的知觉表象，使我们可以“现场”感受身体状态，或者以“替代”感受的方式向我们提供某种情况下的身体状态的回忆表象，来“转播”感受身体状态。

身体里的瞬时表象与其他客体和场景共存的情况下，感受使得我们可以大致了解身体内发生的变化；这样，感受就调整了我们对那些其他客体和场景的整体认识。通过这种共存，身体表象就赋予其他表象不同的**特质**，或好或坏，或愉悦或痛苦。

我认为感受具有真正绝对的特权。它们在很多神经层面都得到表征，如新皮层。在新皮层里，感受就等同于其他感觉通道所使用的所有神经解剖和神经生理机制。但是由于它们与身体的千丝万缕的密切联系，感受在发育过程中首先出现，保持着重要位置，并且逐渐遍布我们的心理。因为脑是身体的忠实听众，感受战胜了其他机制，成为胜利者。既然先到者为后来者提供了参考框 160
架，那么感受在其他的脑区和认知应该如何运转上就具有更大的发言权。感受的影响巨大。

感受的过程

我们通过何种神经过程来**感受**情绪状态或者背景状态呢？我对此了解得并不透彻；我认为自己已经得到了答案的开头部分，但是对于答案的结尾还不是很确定。我们如何感受这一问题的答案在于我们对意识的理解，而这并不是本书的主题。然而，我们还是有必要问一下这个问题，排除那些无效答案，并且思考未来在哪里可能找到答案。

其中一个似乎令人满意的答案与情绪的神经化学机制有关。发现了那些与情绪及心情有关的化学物质还不足以解释我们的感受过程。很久以来我们就知道，化学物质可以改变情绪和心境，酒精、麻醉剂和很多药物都可以改变我们的感受。由于化学物质和感受之间的这种众所周知的联系，科学家和大众后来发现有机体也可以释放出某些能够产生类似效果的化学物质。内啡肽是脑自己的吗啡，可以轻易地改变我们对自我、疼痛和对世界的感受，这种观点现在已经广为人们所接受。而神经递质、多巴胺、去甲肾上腺素和血清素，还有肽神经调质都可以起到类似的效果，这种观点也已为人们所接受。

但是我们必须认识到：对某种化学物质（产生于体内或体外）会导致某种感受的了解，与了解这种结果的产生机制是不同的。了解到某种物质可以在某些系统、回路和受体，以及在某些神经元中发挥作用，并不能解释**为什么**你会感到高兴或悲伤。这种了解仅仅在化学物质、系统、回路、受体、神经元和感
161 受之间建立起了工作联系，它并不能告诉你信息是**如何**从一个部分传递到另一个部分的。这只是某种解释的开端。如果感受快乐或悲伤在很大程度上与当前身体状态的神经表征的变化相对应，那么根据这种解释，这些化学物质就要对这些神经表征的来源——即身体本身以及其活动模式表征身体的多种层面上的神经回路——发挥影响。必然地，要理解感受的神经生物机制就要理解后者。如果快乐和悲伤的感受也部分地与你的思想运转的认知模式相对应，那么根据这种解释，这些化学物质也要对这些产生和操作表象的回路发挥影响。也就是说，将抑郁简单地统一说成是血清素和去甲肾上腺素的可获得性问题——这一说法在抗抑郁药物普洛扎克（Prozac）风行的年代很流行——是一种令人无法接受的粗制滥造的观点。

另一种不那么尽如人意的答案是将感受简单地等同于某个时刻的身体状态的神经表征。令人遗憾的是，这种解释还远远不足。我们必须要搞清楚，持续而恰当地得到调整的身体表征是如何变得具有主观性的，如何成为其所隶属的自我的一部分，我们应该如何从神经生物学的角度来解释这个过程，而不是利用那个小矮人可以感知这些表征的说法搪塞了事。

因此，除了身体状态的神经表征之外，我认为有必要提出至少两个感受的基本神经机制的主要组成部分。第一个产生于加工过程的早期，我们将在下面谈及。第二个比较复杂，和自我有关，我们将在第10章详细谈到。

为了使我们对某个人或事件产生具体的感受，脑必须以某种方式表征这个人或事件与身体状态之间的因果关系，而且最好是以某种确定的方式。也就是说，你并不想将某种情绪，不管是积极的还是消极的，和某个人或某件事错误地联系在一起。我们常常产生错误的联系，例如，我们会把某个人、某个物体或者某个场所与事件出现坏的转折联系起来，当然，我们中的有些人会尽量避免这种错误的联系。迷信正是基于这种错误的因果联系：帽子放在床上，走路时看见黑猫都意味着厄运；从梯子下面走过，你将会遭遇不幸；等等。当这种情绪（恐惧）和客体之间的错误联系变得相当普遍时，就会发生病态性恐惧行为。[病态性恐惧行为的反面同样令人烦恼，它表现为过度地将积极情绪和某个人、物体或场所联系在一起，而且太频繁和不加选择。很多情况下，人们的感受过于积极和放松，结果可能就会变得像波利阿那（Pollyanna）那样]。① 162

会聚区的活动在身体信号和引发情绪的实体的相关信号之间起到一个双方代理人的作用，我们对精确因果的感觉可能就产生于此。会聚区像“第三方”代理人一样，通过与信息输入来源之间的交互的前馈和反馈联系来运转。我认为其中有以下几个参与者：**情绪触发实体**的外显表征；**当前身体状态**的外显表征；以及**第三方表征**。换句话说，即表示某个实体、并且瞬时在相应的早期感觉皮层形成拓扑性质的表征的脑活动；表示身体状态变化、并且瞬时在早期躯体感觉皮层形成拓扑性质表征的脑活动；以及位于会聚区，通过前馈神经联系接收来自这两处脑活动的信号的表征。这个第三方表征保持着脑活动开始时的序列，并且通过向这两处脑活动反馈信息保持着活动和注意的中心焦点。这三

① 美国作家埃莉诺·霍奇曼·波特的小说《波利阿那》（*Pollyanna*）的女主人公，指盲目乐观者。——译者注

个参与者之间的信号瞬时将相对同步的活动连接成一个整体。这个过程很有可能需要皮层和皮层下结构的参与，即丘脑中那些结构的参与。

此图是图7—1，图7—2和图7—5的综合图，表示的是情绪和感受过程中神经信号传输的主要身体内途径和脑内途径。请注意，为清晰起见，忽略了内分泌和其他化学信号，与前面的图表相同，此处基底神经节也被省略了。

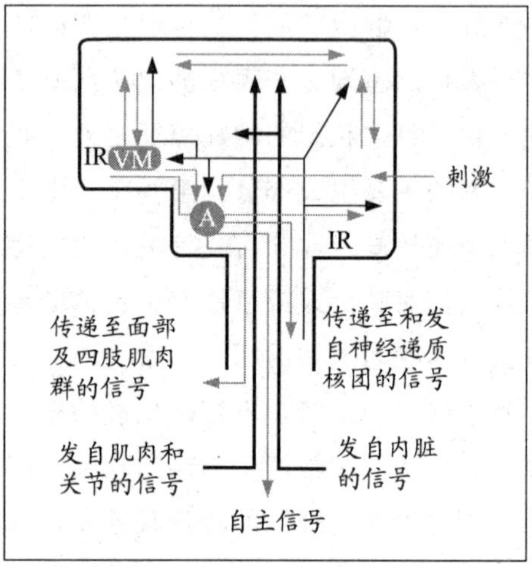

图7—7

因此情绪和感受依赖于两个基本过程：（1）某种身体状态和引发这种身体
163 状态的触发及评估表象的并存；（2）某种特定类型和水平的认知过程的效率，这个认知过程伴随（1）中所描述的事件，但并行运行。

（1）中所描述的事件需要某种身体状态或其在脑中的替代物的参与。它要求某种触发的存在，某种在其基础上可以进行评估过程的后天习得痕迹表征的存在，以及可以激发身体反应的先天痕迹表征的存在。

（2）中所描述的事件由和（1）中相同的痕迹表征系统激发，但目标却是位于脑干和基前脑的核团，这些核团通过释放选择性神经递质作出反应。神经递质释放的结果是表象形成、丢弃、注意、唤起在速度上的改变，以及对这些表象的推理方式的改变。举个例子来说，高兴感受的伴随认知方式，可以迅速地产生各种表象。这样，联系过程更丰富，联系也会形成更多的线索，供表象
164 仔细选择使用。表象不会一直受到关注。接下来的过程会产生推论，并且涵盖范围很广。这种认知模式伴随着运动效率的提高，甚至会出现抑制解除，以及胃口和探索行为的增加。这种认知模式的极端表现就是躁狂状态。与之相反，悲伤的伴随模式的特点是表象唤起迟缓，线索较少时联想能力表现较差，推论

范围较窄，效率较低，过于注意相同的表象，通常是那些表示负面情绪反应的表象。这种认知状态伴随着运动抑制，通常还有胃口和探索行为的减少。这种认知状态的极端表现就是抑郁。[18]

我并不认为情绪和感受像很多人所认为的那样具有无形和虚幻的特性。它们的主题是具体的，完全可以像视觉或言语那样与身体或脑里的具体系统联系起来。而相关的脑系统也不仅限于皮层下结构，脑核心和大脑皮层会共同协作，像构建视觉那样构建情绪和感受。人们看东西所依赖的不仅只有大脑皮层，视觉可能始于脑干，在诸如四叠体这样的结构里。

最后，我们必须要认识到，从认知和神经系统角度将情绪和感受界定为具体和有形的，并没有减弱它们所具有的魅力或可以带给人们的恐惧，或者它们在诗歌或音乐上的地位。对我们是如何看见东西或如何讲话的机制有所了解并没有降低我们看见或说出来的东西的价值，并没有贬低我们所见的绘画作品或者说出来的戏剧台词的价值。对情绪和感受的生物机制有所了解，与它们对人类的重要价值的浪漫观点是完全相符的。

8

165 躯体标识器假设

推理和决策

我们几乎从不考虑当前的情况，即使我们对当前有所考虑，也只是为了看看当前对我们未来的计划有什么帮助。[1]这是帕斯卡①曾经说过的一句话，从中我们可以清楚地感觉到其敏锐的洞察力。当前实际上是不存在的，我们是在利用过去计划未来，无论是马上发生的未来还是遥远的未来。这个永不停止的过程就是推理和决策的过程，本章探讨的就是这一过程的部分神经生物机制。

也许精确地说，推理的目的是决策，而决策的本质是作出反应选择，即在特定情境下的很多可能性之中，选择某种非言语行为、某个词语、某个语句或这几种选择的结合。推理和决策联系得非常紧密，经常可以互换使用。
166 菲利普·约翰逊-莱尔德（Philip Johnson-Laird）说过："为了作出决定，我们就要判断；为了判断，我们就要推理；为了推理，我们就要决定（就什么进行推理）。"[2]他的这句话深刻反映了两者之间的紧密联系。

---

① Pascal，法国数学家、物理学家、哲学家。——译者注

推理和决策通常表明决策者具有以下方面的知识：(a) 对需要作出决定的情况有所了解；(b) 对行动（反应）的不同选择有所了解；(c) 对于每个选择（结果）的即时和将来后果有所了解。这些知识以痕迹表征的形式存在于记忆中，以非语言和语言的形式到达意识层面，实际上，几乎是同步到达。

推理和决策通常还表明决策者具有某种逻辑策略以产生有效推论，并在其基础上进行相应的反应选择。此外，推理所需的支持过程也同时产生。在支持过程中，注意和工作记忆经常被人们提及，但是却极少听到有人提到情绪或感受，同样很少被人们提及的是各种选择产生的机制。

从以上关于推理和决策的阐述来看，似乎并不是所有最终导致反应选择产生的生物过程都属于上述的推理与决策的范围。以下的列举就说明了这一点。

首先，想一下当下丘脑的神经元检测到你的血糖水平降低时，会发生什么情况？这种情况要求我们采取行动；下丘脑的痕迹表征使得我们具有相应的生理“专业知识”；在神经回路水平上的“策略”使得我们选择表示饥饿状态的反应并最终进食。但是在你意识到饥饿的那一刻之前，这个过程不包括公开的知识、选择及后果的外部表现，也没有可意识到的推论机制。

其次，考虑一下当我们迅速地躲避掉落的物体时，会发生什么情况。这种情况要求我们敏捷地行动；有几种行为选择（躲避还是不躲避），并且每种行为选择都有不同的后果。然而，我们在选择某个反应方式时，既不会用到有意识的（外显）的知识，也不会用到有意识的推理策略。这里必须用到的知识曾经是有意识的，那时我们第一次知道掉落的物体会对我们造成伤害，我们需要避开它或者阻止它下落，而不是被它砸到。但随着逐渐成长，此类经验也逐渐增加，我们的脑会在这类刺激和反应之间建立起稳固的连接，这样，此类反应选择就会**自动迅速**地执行，不需要意志努力或刻意思考。当然，你也可以有意地阻止这种自动反应。 167

第三点涉及很多例子，我们将其归为两类。其中一组例子包括进行职业选择、决定和谁结婚或者和谁做朋友、决定在雷暴风雨来临时是否搭乘飞机、决定将选票投给谁或者怎样个人投资、决定是否原谅一个伤害过你的人，或者，你恰好是一个州长，你要决定是否要对一个死刑犯进行改判。另一组例子对大多数人来说则包含了推理过程，如制造一台新发动机、设计一栋建筑、解决一个数学问题、创作一首音乐作品、写一本书或者判断一项新的法律提案与宪法修正案的精神或意义相符还是相悖。

第三点中提到的所有例子都是基于以下这一清晰的假设过程：我们根据假定的前提条件推理出逻辑后果，得出可靠的推论。根据推论，不受激情的影响，我们可以在最糟糕的情况下，作出最好的选择。因而，第三点可以很容易地和前两点区分开来。在第三点提到的所有例子中，刺激场景都由很多部分构成，其各自的后果引发的后果差别更大；并且这些后果无论是当前后果还是将
168 来后果，常常互不相同，因此在不同的时间框架下会产生利弊冲突。由于巨大的复杂性和不确定性，很难进行可靠的预测。还有一点很重要，这些大量的反应选择和后果必须出现在意识层面，某种管理策略才能得以执行。要作出一个最终的反应选择，你必须运用推理。这包括将大量事实存储在心理中，对假设行为的结果进行标记，将它们与当前和最终目标进行匹配。所有的这些都需要某种方法，即你在过去的经验中已经预演过无数遍的几种策略的某种方法。

鉴于第三点和前两点的显著差异，认为这两者无论在心理层面还是在神经层面上的机制都完全不同，就不足以为奇了；它们彼此独立，笛卡尔甚至将第三点置于身体之外，将之看成人类精神的特征，而将前两点保留在身体之内，看成是动物精神的特征；它们确实彼此独立，第三点象征着清晰的思维、推断能力和计算能力，而前两者则象征模糊而缺乏控制的激情。

但是，如果第三点中例子的本质和前两点显著不同的话，那么这些例子本身也不属于同一类型。诚然，所有这些例子都需要最普遍意义上的推理，但是，有些则更接近决策者所处的个人和社会环境。决定爱上谁或者原谅谁，作出职业选择，或者选择某种投资都直接属于个人和社会的范畴；而解决费马[①]大定理，或者裁定某项立法是否符合宪法都与个人范畴的核心内容相去甚远（尽管有人也可以举出反例）。前一类例子总是与理性和实践性推理联系在一起；而后一类更容易与普通的推理、理论推理，甚至纯推理联系起来。

令人吸引的是，尽管这些例子显著不同，根据所属范畴和复杂程度的不同分属于明显不同的类别，但是却有一种共同的神经生物核心将它们串联起来。

169 ## 个人和社会范畴的推理和决策

> 推理和决策都是艰巨的任务，当涉及个人及其直接的社会环境时

① Fermat，法国数学家，他系统地阐述了现代数理论和概率论。——译者注

尤其如此，因此我们完全有理由把它们看成一个独立的范畴。首先，个人范畴的决策存在严重缺陷，但并不一定伴随非个人范畴决策的严重缺陷，就像菲尼亚斯·盖奇、埃利奥特和其他病例所证明的那样。我们目前要研究的是，当假设前提与这些病人不直接相关时，他们的推理能力如何，以及接下来作出决策的能力如何。很可能是，需要解决的问题离他们的个人和社会范畴越远，他们进行推理和决策的能力就越强。第二，对人类行为观察所得出的常识也支持这种推理能力的双向分离现象。我们都认识这样一些人，他们在社会交往中异常精明，可以始终准确无误地为自己和自己的团体谋取利益；但是，当涉及某些非个人的、非社会性的问题时，他们就变得明显笨拙起来。而相反的情况也同样非常具有戏剧性。我们都知道，一些富有创造力的科学家和艺术家的社会感往往很差，他们的行为常常伤害到自己和他人。后者的一个典型例子就是那个心不在焉的教授。在这些不同的人格类型中，关键因素是他们是否具有霍华德·加德纳所说的"社会智能"(social intelligence)，或者他们是否具有多元智能中的某种智力，比如"数学智能"。[3]

个人和直接的社会范畴与我们的命运联系最密切，其包含着极大的不确定性和复杂性。广义地说，在这个范畴内，作出一个良好的决定就是选择某种直接或间接对个体的生存和生存质量最有益的反应。作出一个良好的决定还意味着迅速作出决定，尤其当时间紧迫的时候，至少，在手头的问题所允许的时间范围内作出决定。

我知道，要确定到底什么才是有利的选择比较困难，我也知道有些结果对某些个体也许是有利的，但是对另一些个体来说却并非如此。170 比如说，成为一个百万富翁并非一定是件好事，中了大奖也是如此。有利或不利很大程度上取决于我们的参考框架和预先设定的目标。我所说的某个决定有利，指的是对基本的个人和社会后果有利，比如个体及其亲属的生存、住所的安全、生理和心理的健康、工作机会和财政偿还能力，以及在社会团体中的良好声望。盖奇和埃利奥特的新的心理状态使他们无法获得上述的任何一种益处。

工作中的理性

我们不妨从一个需要我们作出选择的情景开始。假如你是一个大公司的老板，现在面临这样一种选择境地：一位客户可以给你带来一笔大生意，但他碰巧又是你最好朋友的头号敌人，这时你面临着是否和他见面并完成这笔交易的选择。一个正常、具有相应智力水平和受过教育的成年人的反应是，快速地在头脑中形成可能的反应选择以其相关后果的一系列场景。在我们的意识层面上，这些场景由很多想象的画面组成，它们不是真正连续放映的电影，而是场景中的几个关键画面同时快速闪现，从一个画面跳到另一个画面。可能的画面有：与这个未来客户会面，在他的公司里被你最好的朋友看到，你们的友谊岌岌可危；不与这个客户会面，失去一笔赚钱的生意但是巩固了珍贵的友谊，等等。我要强调一点，在推理过程开始的时候，你的心理并不是一片空白，而是充满了与你的选择相关的各种表象，它们在你的意识中进进出出，这些表象过于丰富，你几乎无法全部都考虑一遍。即使在这样一个漫画式的场景中，你也会面临我们几乎每天都要面对的两难抉择。你该如何打破两难僵局？该如何从这些摆在你心灵之窗前的表象中找到问题的解决办法？

171 至少有两种明显的可能：一种来源于传统的决策的“高级推理”（high-reason）观点；另一种来源于“躯体标识器假设”（somatic-maker hypothesis）。

第一种“高级推理”的观点，也正是一般人所认为的观点。根据这种观点，同时也令柏拉图、笛卡尔和康德（kant）倍感骄傲和鼓舞的，就是我们可以据此作出最佳决策。形式逻辑本身就会指引我们获得任何问题的最佳解决方案。理性主义重要的一点是，要获得最佳的解决方案，就必须将情绪**排除在外**。理性加工必须不受情绪的影响。

基本上，按照高级推理的观点，你会分别考虑各种情况，然后，套用目前管理学的说法就是，对每种情形作出成本/收益分析。时刻牢记“主观期待效用”（subjective expected utility），这是你想要最大化的部分，你通过逻辑分析推论出有哪些利弊。比如，你要考虑每种选择会对未来的不同时间段所产生的影响，权衡相应的得失。既然我们这个漫画式的画面中的大多数问题远远不止两种选择，所以你在推论过程中进行分析绝非易事。但是请注意，即使只有两种选择的问题也不那么简单。得到一个客户可能会带来即时的利益回报和将来的高利益回报。但是回报具体有多大是未知的，你必须随着时间的流逝来估计回报的大小和回报率，从而弥补潜在的损失，比如，你现在必须考虑失去友谊的后果。由于将来的损失随时间流逝而变化，你也必须计算出它的“折旧率”（depreciation）！实际上，你面对的是一项复杂运算，一项存在于各个假想时间段上的复杂运算，并且还时刻处于需要对不同性质的结果进行比较的重压之下。为了使比较具有实际意义，必须将这些结果都转换成普遍接受的通用形式。这种运算的很大一部分依赖于更多基于视觉和听觉等模式的想象场景的持续生成，同时还依赖于这些场景的伴随言语性叙述的持续生产，这是逻辑推论过程得以进行的重要保证。

现在我可以得出的结论是，如果以上是可以获得的**唯一**策略，那么理性，按照上面的描述，就无法运转了。最好的情况可能是，你花费了相当长的时间来作决定，以至于你不可能有时间在这一天之内再作任何其他的事情。最坏的情况是，你可能根本作不出任何决定，因为你已经迷失在那纷繁复杂的运算里了。为什么呢？因为需要你比较得失的具体内容太多了，要把它们全部记住很困难。那些你已经存储好的中间步骤表征，现在需要你仔细检查，将它们转换成任何一种使你的逻辑推论顺利进行的符号形式。但是，这些中间步骤的表征很容易就从你的记忆中消失，这样你的推理就变得无迹可循。再加上注意和工作记忆的容量有限，最终，如果你的头脑通常只能作出纯理性的计算，那么，你就有可能作出错误的选择，并且在接下来的日子里对自己的错误后悔不已；或者干脆沮丧地放弃，不再作出选择。 172

埃利奥特等病人的经历告诉我们，康德等人所提出的冷静策略与前额叶损伤患者的决策方式的紧密关系远远大于与正常人决策方式的关系。当然，在纸笔的帮助下，即使纯粹的推理者都可以做得更好，只要写下所有的选择及其大量的未来相关情景以及后果等就可以了（显然，达尔文建议我们如果想要选择一个合适的人结婚就应该这样做）。但是首先，你要准备好很多纸、一只卷笔刀、一张很大的桌子，并且不要期望在你最终作出决定之前会有任何人愿意一直等待你的结果。

这种观点的缺陷不仅在于有限的记忆容量，还有一点也很重要。即使有了纸笔可以把必要的知识记录下来，阿莫斯·特韦尔斯基（Amos Tversky）和丹尼尔·卡尼曼（Daniel Kahneman）已经证明，推理策略本身也充满了缺陷。[4]其中一个缺陷，正如斯图尔特·萨瑟兰（Stuart Sutherland）提出的，也许就是人类对概率理论和统计学的全然忽视和不完全利用。[5]然而，虽然如此，根据我们为自己的既定目标所制订的恰当的时间计划，我们的脑还是经常
173 可以在几秒钟或几分钟内作出良好的决定。如果我们的脑可以进行这样的运转，那么它们必须就不仅仅在纯推理的协助下完成这一非凡的工作。所以，我们还需要其他的观点来解释。

躯体标识器假设

再想一下我提到过的那些场景。关键内容迅速在我们的脑海中粗略展现出来，实际上是同步展现出来，而且速度非常快，我们无法对细节进行仔细的定义。但是现在想象一下，在你运用任何成本/效益关系对这些假设前提进行分析**之前**，在你对问题的解决方法作出推理之前，发生了一些非常重要的事情：当与某个反应相对应的不利结果浮现在脑海里的时候，哪怕是一瞬间，你都会体验到一种不愉快的内脏感受。因为这种感受和身体有关，我为这种现象赋予了一个专业术语，叫做**躯体**状态（somatic state，“soma”在希腊语里是身体的意思）；又因为这种现象“标识”了一种表象，所以我称之为**标识器**（marker）。请再次注意，我所说的**躯体**指的是大家所通常认为的含义（与身体有关的），当我说到躯体标识器时，既包括内脏感受，也包括非内脏感受。

躯体标识器起到什么作用呢？它迫使注意集中到某种行为选择可能导致的负面结果上，并且自动发出警报信号，提醒你：当心前面的危险，如果你选择了这种反应方式就会导致这种负面后果。这个报警信号能够让你**立即**放弃可能导致负面结果的反应选择，而从其他的反应中作出选择。这种自动的报警信号可以保护你将来免受损失，避免产生更多的麻烦，然后使你可以**从更少的选项内进行选择**。这里仍然需要你运用成本/收益分析和适当的推断能力，但却只是在这一自动化过程将可选项的数量大大减少了**之后**。就正常人的决策过程来说，仅有躯体标识器可能是不够的，因为许多情况下（尽管不是所有的情况），仍然会产生随后的推理过程和最终选择。但躯体标识器可能提高了决策过程的精确性和效率，如果没有躯体标识器的参与，决策的精确性和效率会降低。这
174 种区分很重要，而且可能很容易被忽视。这种假设与躯体标识器作出反应之后的推理步骤无关。简言之，**躯体标识器就是次级情绪所产生的感受的特例**。**通**

过学习，这些情绪和感受**被联系起来，对某些特定场景的可能后果作出预测**。当一个负面的躯体标识器和某个特定的未来结果一起出现，两者结合就相当于一个警报的作用。而当一个正面的躯体标识器与之一起出现，这个未来结果则变成了一个令人倍感振奋的前进灯塔。

这就是躯体标识器假设的本质。但是为了完全了解这个假设，你还要继续往下看，你会发现有时躯体标识器是悄悄产生作用的（不进入人的意识），并且利用了某个“替代”环路。

躯体标识器并不会替我们进行考虑。它们通过突出某些选择（危险的或有利的），并且将这些选择从随后的考虑中迅速去除来协助我们进行权衡考虑。你可以把它看成是一种自动预测限制系统，不管你是否需要，它都会对可预见未来里的极其繁多的各种场景进行评估；也可以把它看作一个有偏向的装置。例如，现在你面临一个具有极高收益的投资机会，但同时风险也极高。假设有人让你在同时还有其他生意机会诱惑的情况下，马上就作出是或否的选择。如果你想要进行这项投资的想法一直伴随着一种负面的躯体状态，这会使你抵制这种选择，并促使你就其可能的有害后果进行更详细的分析。与未来相关的负面躯体状态抵消了可以获得预期高回报的诱人前景。

因此，躯体标识器的论述也与这样一个观点相一致，即有效的个人和社会行为要求个体对自己的心理和他人的心理形成足够的“理论”知识。在这些理论基础上，我们也可以预测他人关于我们的心理的理论是怎样的。显然，这些预测的精细度和准确性对我们在某个社会情境下采取某个关键决定至关重要。此外，需要详细考虑的情境数量极大，而我的看法是，躯体标识器（或者其他类似机制）对于这种大量细节的筛选过程起到辅助作用——它有效地减少了需要筛选的细节的数量，因为躯体标识器可以自动检测出那些相关性更高的情境组成部分。所谓的认知过程和通常所说的“情绪性”过程之间的合作关系应该是很明显的。 175

这个普遍性论述也同样适用于解释那些即时后果是负面的，但可以产生正面的未来结果的行为选择。其中一个例子就是，人们可以忍受一些**当前**的牺牲以获取之后的利益。例如，为了扭转不景气的生意，你和雇员们不得不从现在开始减薪，但同时还要明显增加工作时间。虽然这样做的即时效果令人不快，但是对长远利益的考虑创造了一种正面的躯体标识器，抵消了个体对于会带来即时痛苦的选项的排斥倾向。这种由美好的未来结果的表象引发的正面躯体标识器使得个体能够忍受当前的不快，并将其作为潜在的、更美好未来事物的前奏的基础。为什么有人没有作出其他的选择而选择了外科手术、慢跑、研究所和医学院？有人会回答，是因为坚强的毅力，那么该怎样解释毅力呢？毅力基于对前景的评估，但如果注意力没有恰当地同时兼顾即时的困难和未来的收益，兼顾到**当前**的痛苦和**未来**的回报，那么这种评估可能就不会发生。没有后者（对未来收益的注意），你就没有了挥扬起毅力的翅膀所必需的空气浮力。毅力只不过是基于长期结果，而非短期结果来作出选择这种行为的另一个名字罢了。

关于利他主义的插述

讨论到了这里，我们可以问一问，前面的论述是否也适用于大多数通常被归类为利他主义的决策，比如父母为子女作出的牺牲，本性善良的个体对他人的奉献，古时的好臣民对君主或国家的献身，以及在我们今天这个时代还残存的为数不多的英雄们所完成的业绩。利他主义者除了能带给他人显而易见的好处外，他们本身也可以以各种形式获益，如自尊、社会认同感、公众荣誉、情感的满足、声望，可能甚至还有金钱，对以上任何一种回报的期望都会产生幸福感（其神经基础在我看来是一种积极的躯体标识器）。并且，当这种期望变成现实时，无疑会带来更为强烈的喜悦。除此之外，利他行为还从以下这个方面令利他行为实施者受益：它们使得利他主义者免受因为**没有**作出利他行为而产生的迷惘或羞愧所导致的未来痛苦。冒着生命危险去挽救子女的生命使你倍感心安，而不去挽救自己的子女从而失去她会令你感到更为痛苦，远甚于之前舍身冒险所带来的不愉快的感受。换句话说，心理评估既发生在对即时痛苦和未来回报作出权衡的时候，也发生在对即时痛苦和未来更深的痛苦之间作出权衡的时候。（一个可比性的例子是在战争中对战斗危险性的接受。过去，当正义的“道德”之战爆发时，社会对于奋勇抗战的生还者给予积极奖赏，而拒绝参战的人则是可耻的，颜面尽失。）

那么这是否就意味着不存在真正的利他主义呢？这种看待人类精

> 神的观点是否太过愤世嫉俗了呢？我并不这样认为。首先，利他主义或其他任何与之相当的行为的本质，在于我们**内在**的信念、感受或意图与**对外**宣称的信念、感受或意图两者之间的关系。这种本质与使得我们产生某种特定的信念、感受或意图的生理学原因没有关系。事实上，这些信念、感受和意图是我们自身和我们所处文化环境的一系列因素共同作用的结果，虽然这些因素可能很隐秘，还没有为我们的意识所察觉。如果说一些人为人诚实和慷慨是因为神经生理和教育方面的因素，事实也正是如此。但是，并不能因此就说他们的诚实和慷慨变得不那么值得我们称赞了。而且，了解这些认知和行为背后的神经生物学机制，丝毫不会削弱这些认知或行为的价值、完美以及高尚性。
>
> 其次，尽管生物和文化因素经常直接或间接地决定着我们的推理
> 能力，看起来似乎限制了个体的自由，但是我们也必须认识到人类还 177
> 有一定的自由空间，来按照意志行使某些与生物或文化的外在本质相悖离的行为活动。有些卓越的人类成就就是超越了生物或文化的允许范围而取得的。这些成就肯定了一种新的生存水平，在这一水平下，人们可以发明新的人工产品以及形成更多适合的生存方式。然而，在某些环境下，超越了生物和文化约束下的自由也可能具有疯狂的特性，从而滋生一些荒唐的想法和行为。

躯体标识器：它们来自何处?

在神经系统层面上，躯体标识器源于何处？我们到底是如何获得这种如此有用的装置的？我们天生就具有这种装置吗？如果不是，那么它们是怎么产生的？

如上一章所述，我们天生就具有一种神经机制，即基本情绪机制，可以对某类刺激产生相应的躯体状态。这种机制天生倾向于对与个人和社会行为相关的信号进行加工，并在刚开始时就把很多痕迹表征组合起来，使大量的社会情境与适应性躯体反应相匹配。正常人身上的某些发现与这一观点相符，对其他哺乳动物和鸟类的复杂社会认知模式的研究证据也证实了这一点。[6]尽管如此，我们用于理性决策的大多数躯体标识器可能是在教育和社会化的过程中，通过将特定的刺激类型和特定的躯体标识器类型联系起来，进而在我们的脑中形成

的。换言之，它们基于次级情绪过程。

适应性躯体标识器的形成要求同时具备正常的脑和正常的文化环境。在形成之初，**无论是**脑**还是**文化存有缺陷，躯体标识器都不可能形成适应性。至少，发展性反社会或精神病患者可以称得上是脑存在缺陷的一个例子。

178 发展性反社会者或精神病患者通过日常新闻为人们所熟知，他们偷盗、强奸、谋杀、撒谎。这些人通常都很聪明。当他们做出这些恶行的时候，他们情绪感受阈限相当高，看起来似乎毫不惊慌，而且从他们的自我报告中看，他们都冷酷无情、肆无忌惮。别人总是告诉我们要保持冷静的头脑以作出正确的选择，而他们则是头脑冷静的典型。发展性反社会者冷血无情，其行为对每个人包括他们自己都明显不利，但却还不断重复着他们的罪恶。事实上，他们处在一种病理性状态之下，在这一状态下，理性的衰退伴随着感受的减弱甚至消失。当然，发展性反社会者也有可能是源于上述机制的功能失调，就像盖奇的情况那样，由皮层或皮层下结构的损伤导致。但是，相对于将其归因为成年期发生的肉眼可见的大面积钝性损伤，发展性反社会损伤更可能源于发育早期出现的神经回路或化学信号传导的异常。正确理解发展性反社会行为的神经生物机制有助于采取相应的预防或治疗措施。它也可以帮助我们理解社会因素在多大程度上和生物因素共同作用，这可以加重病情或增加患病几率，甚至可以对我们了解那些看起来类似、但在很大程度上是由社会文化因素决定的疾病有所启发。

如果支持躯体标识器产生和运用的特定神经系统在成年期受到损伤，就像盖奇的情况那样，躯体标识器装置就无法再如受损之前那样正常发挥功能了。我使用了一种比较恰当的简称——“后天习得”的反社会性——来描述这类病人的部分行为。我的病人和发展性反社会者在某些方面的表现不同，最主要的不同是我的病人极少表现出暴力行为。

“畸形文化”对正常**成人**推理能力的影响并没有核心区域的脑损伤对正常成人推理能力的影响大。当然也有例外。最典型的例子，如德国和苏联的20世纪三四十年代、中国的“文化大革命”时期、柬埔寨的波尔布特（Pol Pot）
179 政权时期。在这些时期，一种畸形的文化凌驾于正常的推理机制之上，带来了灾难性的后果。而令我深感担忧的是，西方社会的很多方面正在逐渐变成与这些悲剧性例外背道而驰的例子。

因此，躯体标识器是通过经验获得的，在内部偏好系统的控制下与外部环境的影响下产生。这种外部环境不仅包括很可能与有机体发生交互作用的实体和事件，也包括社会习俗和伦理规范。

内部偏好系统的神经基础大部分由保障有机体生存的先天调节系统组成。保证生存这一目标与最终减少不舒适的身体状态和获得身体状态的体内平衡，即功能平衡的生物状态，是一致的。内部偏好系统先天就倾向于避开痛苦，追求潜在的愉悦，并且为了在社会情境中达到这些目标可能已经预先作了预调整。

外部环境包括：个体必须对其作出反应的实体、物理环境和事件；可能的反应行为选择；这些行为选择的可能结果，以及随着被选择行为的具体实施，与这一行为选择所伴随的即时或未来的惩罚或奖赏。在发展的早期，惩罚和奖赏不仅由实体本身施加，也由父母和其他长辈或同伴施加，这些人通常具体体现了个体所属文化的社会习俗和文化道德规范。内部偏好系统和外部环境之间的相互作用，扩充了未来将被自动标识的刺激的数量。

毫无疑问，这一系列重要的发展性刺激与躯体感觉的匹配早在童年期和青少年时期就获得了。但是，除非生命终止，否则具有躯体标识器的刺激的数量就永远不会停止增长。因此，把这种增长描述为一个持续不断的学习过程比较恰当。

在神经层面上，躯体标识器依赖于某一系统中发生的学习，该系统可以在 180
某类实体或事件与某种愉快或者不愉快的身体状态的设定之间建立相关联系。附带指出很重要的一点，即不要窄化不断进化发展的社会性交互作用中的惩罚和奖赏的含义。缺乏奖赏就是变相的惩罚，会使人感到不快；而同样，缺乏惩罚也可以是一种奖赏，给人带来很大的快乐。关键是某个个体在其人生的某个特定历史点上和某个特定情境下所产生的躯体状态和感受的类型。

假设从诸多选项中选择了 X，它所带来的是一个不好的结果 Y，随之而来的是惩罚和痛苦的身体状态，那么躯体标识器系统就获得了这个由经验驱动的、非遗传和任意联系的隐藏的痕迹表征。当有机体再次面临选项 X 或者出现与结果 Y 相关的思考时，就会再次出现痛苦的身体状态，这就成为一个自动提示信号，提示一个消极后果即将到来。当然，这是一个相当简单的过程，但是在我看来，这个过程是很重要的基本过程。我稍后还要进一步说明，躯体标识器可以悄悄运转（它们不需要我们有意识地知觉到它们），并且除了提供“危险！”或“快点！”之类的信号，它们还具有其他很有用的功能。

躯体标识器的神经网络

获取躯体标识器信号的主要神经系统位于前额叶皮层，这个脑区同样是主导次级情绪的重要神经系统。前额叶皮层的神经解剖位置是这一用途的理想定位，原因如下。

首先，前额叶皮层接收来自所有感觉区的信号，在这些感觉区里生成了构成我们思想的各种表象，其中包括过去和当前身体状态被连续表征的躯体感觉皮层。不管这些信号是与对外部世界的知觉有关，还是与我们对外部世界的内部思想有关，抑或是与身体本身的事件有关，前额叶皮层将所有这些信号都接
181 收进来。由于该脑区的各个部分联系紧密，所以额叶的各个组成部分亦是如此。这样，前额叶皮层就包括了几个特殊脑区，这些脑区可以不为我们所知的秘密方式时刻接收我们的心理或身体发生的任何活动的相关信号。[7]（前额叶皮层并不是唯一的一个“窃听”结构，另一个是海马的入口，内嗅皮层。）

第二，前额叶皮层接收来自人脑的几个生物调节区域的信号，这些脑区包括脑干中的神经递质核团（例如，那些释放多巴胺、去甲肾上腺素和血清素的核团）和基前脑的核团（释放乙酰胆碱的核团），以及杏仁核、前扣带回和下丘脑。有人可能会说，按照这样的安排，前额叶可以接收来自美国国家标准和测量局的所有工作人员的信息了。与有机体生存有关的先天偏好——可以说，这是它的生物价值体系——通过这些信号被传送到前额叶皮层，从而成为推理和决策机制的主要组成部分。

事实上，和其他脑系统相比，前额叶皮层在脑中确实处于一个优越的地位。其皮层接收的信号有：关于外部世界的已存在和将要到来的事实知识的信号；关于先天生物调节偏好的信号；以及被这些知识和偏好不断修正的过去和当前的身体状态的信号。所以，毫不奇怪它们与我下面将要论述的内容密切相关，即根据许多可能的维度对我们的生活经验作出分类。

第三，前额叶皮层本身也表征了有机体所处的各种类型的情境，以及我们现实生活经验的各种类型的特性事件。这就是说，前额叶网络根据某些客体和事件与个体的相关性，在个体经验中建立起了这些客体和事件组合的痕迹表
182 征。我解释一下。比如，你在生活中，结识了一种令人愉快但专制独裁的人，随后，你可能会感到自己受到轻视，或者相反，感觉自己被赋予了权力受到重

视；被推上领导者的位置，可能会使你得以展现最优秀的一面，也可能是最糟糕的一面；在乡村散心可能会令你变得伤感，而海洋则可能令你感觉异常浪漫。然而，你的邻居在上述每个情境中，可能有恰恰相反的体验，或者说至少是不同的体验。这就是**特性事件**这个词的意思：这是你自己的事情，与你的个人经验有关，随个体相关事件的变化而变化。你、你的邻居和我对门把手或者笤帚的体验也许不那么具有特性，因为这类实体的结构和操作方式大都一致，并且是可预测的。

于是，位于前额叶皮层的会聚区贮存了大量的有关我们生活经验的特性的痕迹表征资料，这些独特的生活经验已被恰当分类并且具有独特性。假如我要你想象关于婚礼的场面，那些前额叶的痕迹表征就掌握着通向这一经验类别的钥匙，它们能在你心理的表象空间中重构几个婚礼的场景。（要记住，从神经层面上说，这些重构并不发生在前额叶皮层里，而是发生在各个早期感觉皮层区，在那里形成拓扑性质的表征。）如果我让你想象一下犹太教和天主教的婚礼，你可能会形成相应的分类表象，然后概念化成某种婚礼类型。此外，你甚至会告诉我你是否喜欢婚礼，最喜欢哪种类型的婚礼，等等。

整个前额叶区似乎致力于从个人相关性的角度对特性事件进行分类。根据布伦达·米尔纳，迈克尔·佩特里迪斯（Michael Petrides）和华金·富斯特的研究成果，这一点在背外侧区最早得到确认。[8]我的实验室的研究不仅支持这些发现，同时还认为其他额叶结构，即位于额极和腹内侧区域的结构，对这种分类过程也很重要。

经过归类的特性事件是人们在进行预测和计划时所需要的各种未来结果场景产生的基础。我们的推理将目标和实现这些目标所需的时间期限考虑在内，并且，如果我们要对某些时间框架下与特定目标有关的场景的过程和结果进行预览，就还需要大量个性化的分类知识。 183

很可能不同的知识范畴在前额叶的不同区域得到分类。因此，生物调节和社会范畴似乎与腹内侧系统密切相关，而背外侧区的系统则可能主司与外部世界有关的知识（各种实体，例如物体和人，他们在空间和时间上的活动；语言；数学，音乐）。

前额叶皮层非常适合参与推理和决策过程的第四个原因是，它们与可以到达脑的每个运动反应通道和化学反应通道直接相连。背外侧和上内侧区能激活前运动皮层，并从这一脑区开始，相继激活初级运动皮层（M1）、次级运动皮层（M2）和三级运动皮层（M3）。[9]基底神经节的皮层下运动机制的信号同样也可以到达前额叶皮层。最后同样重要的一点是，神经解剖学家沃勒·纳坦（Walle Nauta）首次证实，前额叶皮层腹内侧区可以将信号传送到自主神经系统的效应器，并且能够促进下丘脑和脑干部位与情绪相关的化学反应。这一发现绝非偶然，因为与其他神经科学家不同，纳坦一直认为认知过程中的内脏信息具有重要价值。总的来说，前额叶皮层——尤其是腹内侧区，非常适合建立一个以下三种信号的三向连接，即与某些特定类型的情境有关的信号；与个体独特经验中某些情境相关的不同类型和强度的身体状态的信号；以及与这些身体状态的效应器相关的信号。楼上和楼下的这些系统在前额叶皮层腹内侧区协调地结合在一起。

184

躯体标识器：剧场是在身体中还是在脑中？

鉴于本书之前关于情绪的生理机制的讨论，我想大家应该已经知道躯体标识器的过程存在两套而不是一套机制。根据基本机制的解释，身体在前额叶皮层和杏仁核的控制下，形成了某种特定的身体体态，这一状态引发的信号被传递到躯体感觉皮层，得到加工并进入意识。而另一种机制的解释是：身体被避开，而前额叶皮层和杏仁核仅告知躯体感觉皮层以一种外显的行为模式自我组织，一旦身体被置于某种特定状态之下，躯体感觉皮层就应该采用这种模式，并继续将信号上传。躯体感觉皮层好像接收到了某种身体状态的信号，从而运转，即使这种“好像”的活动模式与真实的身体状态产生的活动模式并不完全吻合，它还是会对决策产生影响。

这种“好像”的替代机制是发育的结果。可能因为我们在婴幼儿时期就受到了社会化的“调教”，所以，我们的大部分决策都被与奖惩相关的躯体状态所塑造。但是，随着我们逐渐成熟，并将重复的场景加以归类，每次决策时，我们对于躯体状态的依赖就会减少，而另一种较为经济的自动过程则发展起来。决策策略起初部分地依赖于躯体状态的“符号”。而一个重要的实证性问题是，我们对这种“好像”而非真实存在的符号的依赖程度到底有多大？我认为：这种依赖性的程度变化范围很大，因人而异，因事而异；标记的加工可能是有益的，也可能是有害的，取决于具体事件和环境。

隐蔽和公开的躯体标识器

躯体感觉标识器本身不止一条行动途径，一条通过意识，而另一条在意识
之外。无论躯体状态是真实的还是替代（即“好像的”）的，其对应的神经活 185
动模式都可以进入意识，构成感受。但是，尽管许多重要的选择过程都需要感受的参与，我们在日常生活中所作的大多数决定很显然并没有感受的参与。然而，这并不意味着通常可以导致某种身体状态的评估没有产生，或者身体状态或其替代物没有发挥作用；也不意味着支持这一过程的调节痕迹机制未曾被激活。事实上很简单，某种信号躯体状态或其替代物可能已被激活却没有成为注意的焦点。没有了注意，两者都不会成为意识的一部分，虽然对于那些并非刻意控制掌控着我们对待外部世界的喜欢（趋近）或厌恶（退缩）的态度的机制来说，注意和意识两者均可以对这些机制产生某种隐蔽的影响。虽然这一隐蔽的机制被激活，我们的意识却从来不曾察觉到这一点。此外，神经递质核团活动的触发（我将其定义为情绪反应的一个环节）也会以秘密的方式更偏向于认知过程，从而影响推理和决策的模式。

在关注人类的同时，我们同时还关注到了不同物种之间的比较。很显然，对于脑不具备意识和推理能力的生物来说，这些隐蔽机制就是决策装置的核心。这些机制是对结果进行“预测”的一种方式，并使有机体的活动装置以某一特定方式作出行为，从而在旁观者看来，就成为某种选择。与之类似，工蜂由此来选择它们应落在哪一朵花上以采取蜜浆带回蜂巢。我不是说每个人的脑内都存在着一个“蜜蜂脑”，帮助我们进行决策。进化过程并不是那条巨大的生物链，很明显，它是多向发展的，其中一条方向通向了人类的诞生。但是我认为，通过研究简单生物如何利用最简单原始的神经手段来完成这些貌似复杂的工作，可以使我们收获颇丰。其中某些机制可能在我们人类身上也同样运转，这就是原因。

忍冬玫瑰！ 186

> “天都晓得，你就是蜜糖，忍冬玫瑰！”这是范兹·沃勒（Fats Waller）的经典爵士乐中的俏皮歌词，也是忙碌的蜜蜂的命运。蜂群

的繁衍生息取决于工蜂四处寻觅食物的劳动成果，如果它们不努力工作以采集到足够的花蜜，就不会有蜂蜜，而蜂群也会由于能量来源的减少而死亡。

工蜂具有一种视觉装置，可以辨别花朵的颜色，它们还具有一种运动结构，使得它们可以进行飞行和着陆。最近的一项研究表明，工蜂在不同颜色的花朵上采过几次蜜之后，就学会了判断哪些花更有可能含有它们所需要的花蜜。显然，它们并不是在一片田地里的每朵花上都会降落下来看一看是否有花蜜。工蜂的行为清楚地表明它们似乎可以预见哪些花更有可能有花蜜，从而更经常地降落在这些花朵上。引用那位利用实验方法研究工蜂行为的学者莱斯利·里尔（Leslie Real）的话："蜜蜂所形成的花蜜分布概率，似乎是建立在各种奖励的出现频率的基础之上，而不是建立在对可能性的事先估计之上。"[10] 这些蜜蜂是如何以它们极其简单的神经系统产生了这种行为的呢？如何产生了这种表明了高度推理，而且似乎极大彰显了知识、概率论和指向目标的推理策略应用的行为的呢？

答案是，蜜蜂的这种深思熟虑很明显要归功于一个简单却很强大的系统。这个系统可以实现以下功能：首先，发现那些先天就被设置为有价值的刺激，从而形成一种奖励；然后，对奖励的出现（或缺失）作出偏向反应。通过这一点，当产生（或不产生）奖励（比如，某种特定颜色的花朵）的场景出现在视野范围里的时候，就可以影响运动系统以采取某种特定行为（如是否降落）。最近，蒙塔古（Montgue）、戴安（Dayan）和塞伊诺斯基（Sejnowski）利用行为学和神经生物学数据，针对这样一个系统提出了一个模型。[11]。

187 蜜蜂确实具有一个非特异化的神经递质系统，这种系统采用的可能是去甲对羟福林（Octopamine），与哺乳动物的多巴胺系统没什么不同。当奖励（花蜜）被发现时，这一非特异系统可以发送信号至视觉和运动系统，改变这些系统的基本行为状态。结果，当同样的场景再次出现在视野里时，运动系统就会使得蜜蜂更趋向于落在这种颜色的花朵上，这就更容易采到花蜜。这实际上是蜜蜂在进行选择，使用一个含有特定自然价值，即某种偏好性的、自动结构来进行的一种无意识的、没有经过深思熟虑的选择。根据里尔（Real）的说法，他认为这种偏好必须具备两个基本因素："高回报，低风险"。附带提一下，蜜蜂的记忆容量很小（它仅具有有限的短时记忆），所以它在作出偏好选择时可以参考的样本经验也是极其有限的。它仅能清晰地记得三次采蜜经历。再说一次，我并不是说我们的决定都来自一个隐秘的蜜蜂脑，但我认为，我们必须了解一个简单如上述的结构也可以执行采蜜这样一项复杂的任务，这一点是非常重要的。

直　觉

意识水平的躯体状态（或它们的替代物），会将反应结果标记为正面或负面，从而导致个体做出有意的趋近或回避某种反应选择的行为，但是，它们也可以悄悄地运转，即于意识之外发挥作用。它们会使我们对负面的反应结果产生一个清晰的表象，但是这一表象不会引起一种可察觉的身体状态变化，而是会抑制位于脑中央部位的调节趋近或退缩行为的神经调节通路。通过抑制行为冲动倾向或抑制退缩倾向，可能产生潜在负面后果的行为的可能性就会降低。至少，这一过程为我们争取到了时间，在这段时间里，有意识的深思熟虑可以增加我们作出合理（哪怕不是最合理）决定的几率。此外，一个负面的选择可 188
能会完全被避免，或者由于想要采取行动的冲动得到了提升，而更有可能使人作出一个相当正面的选择。这种神秘的机制可能就是我们称之为"直觉"的源泉，利用这种神秘机制，我们**不用**推理就可以找到问题的解决办法。

数学家亨利·波因凯尔（Henri Poincare）在他的一篇论文中对直觉在整个决策过程中的地位作了精辟论述，他敏锐的洞察力与我的想法不谋而合：

> 到底什么是数学创造？它并不是对已有数学知识的简单相加，任何人都可以做到这一点，但这样做所产生的结果数量庞大且冗繁无趣。数学创造决不是进行无用的组合，而是进行有用的组合，且其数量甚少。创造就是洞察力，是选择。
>
> 如何进行选择，我先前已经解释过了；那些值得研究的数学事实指的是，通过与其他事实的类比，这些事实可以指引我们去发现某个数学定律，就好比物理实验可以引导我们发现某个物理定律一样；它们指的是那些长期以来被我们认为与其他事实具有毋庸置疑的密切关系，但是其内部

> 相互之间却被错误地认为是毫无关系的事实。
>
> 在这些选定的有用组合中，最具成果意义的往往是距离相当遥远的领域的交叉。当然，这并不意味着将距离越远的领域结合到一起就越容易产生发明创造，很多这样的结合往往都是毫无成果的。但是，它们当中的一部分，数量极其稀少，却是成果最显著的。
>
> 我说过，创造即选择，但这一说法可能并不准确，我们会联想到一个购物者，在他面前摆放着大量的商品，他一个一个地挑拣，作出选择。在
> 189 这里，商品成千上万，穷其一生可能都无法将这些商品挑拣一遍。现实不是这样的。发明者可能连想都没有想过那些无用的组合。除了那些被发明者排除但又在某种程度上具有一定有用信息的组合，这些无用的组合从来没有出现在发明者的意识里。总体看来，发明者就如同一个复审的考官一样，他只需对通过初试的报考者进行询问即可。[12]

波因凯尔的观点和我提出的观点相似。我们不会对所有可能的选择都进行推理。之前会有一个预选择，以公开或隐蔽的方式运转。由某种生物机制进行的预选择，检查各个候选者，只允许一小部分进入最后的选择。要指出的是，虽然波因凯尔认为这一观点可以延伸到其他领域，但其仅谨慎适用于我已经给出支持证据的个人和社会领域。

物理学家和生物学家利奥·西拉德（Leo Szilard）对此也有同感："有创造力的科学家与艺术家及诗人有许多共同之处。对于科学家来说，逻辑思考和分析能力固然重要，但对于创造性研究来说，这两点是远远不够的。产生科学突破的能力并不是来自于对现有知识的逻辑演算，使得科学得以不断进步的创造过程建立在下意识的水平之上。"[13]乔纳斯·索尔克（Jonas Salk）也曾清晰有力地阐述过同样的观点，他认为，创造力来自"直觉与推理的结合"。[14]因此，我们有理由对个人和社会领域以外的推理进行讨论。

个人和社会领域以外的推理

在我家的后院里，一只松鼠为了躲避邻居家的黑猫爬到了树上，对自己的
190 这一行为它并未事先进行什么推理，也没有事先对其他选择进行仔细斟酌并盘算一下每种选择的利弊。一看见猫，它就浑身一激灵，撒腿就跑；我当时就看

着它，它蹲在结实的橡树枝上，心脏剧烈地跳动着，以至于我都能看到它胸部骨骼的轮廓，它的尾巴也紧张不安地摇来摇去。刚刚经历了一场剧烈的情绪变化，它心烦意乱极了。

自然进化的过程既经济节省又目标明确。它赋予芸芸众生的头脑以决策机制，这些机制在它们各自的生态环境中已经被证明是成功有效的。随着环境中一些偶然事件的增加，以及新的决定策略的产生，出于经济的考虑，这些支持新的决定策略的脑结构应该与既已存在的脑结构保持功能上的联系。它们的目的都一样——为了生存，而控制它们运转和衡量它们有效与否的参数标准也是一样的：健康快乐，远离疼痛。很多例子都可以证明自然选择就是如此进行的，自然选择过程把那些证明有效的、能够适应更复杂环境的机制保留下来，而很少另起炉灶重新进化出完全崭新的机制。

产生标识器以指导“个人”和“社会”反应的系统还可同时协助“其他”决策的产生。帮助你择友的机制同样可以协助你设计一间地下室不会进水的房屋。那么，很自然，躯体标识器就无需被我们理解为感受，但是它仍然秘密地以注意机制的形式使得某些部分更容易为我们所注意。实际上，它控制着非个人和非社会领域的某些方面的决策和计划所必需的开始、停止和改变等信号。这似乎与蒂姆·沙拉斯（Tim Shallice）提出的决策过程的普遍标识器机制有些相像。虽然蒂姆·沙拉斯没有为自己的标识器提出具体的神经生理机制，但在他最近的一篇论文中，他提出了一种可能的相似机制。[15]其生理基础可能也是相同的：那就是基于身体的信号传递，无论进入或不进入意识，都可以被注意到。 191

从进化角度来看，最古老的决策机制与基本的生物调节相关；其次古老的，与个人和社会领域相关；最现代的决策机制与一组抽象符号的使用相关，在这套抽象符号的作用下，我们进行着艺术和科学的推理活动、应用工程方面的推理活动，以及语言和数学的发展。虽然漫长的进化过程和相应的神经系统赋予了这些推理/决策“模块”一些独立性，我却认为它们是彼此相关的。我们见证当今人类的种种创造的同时，也可能同时见证了人类进行创造时这些装置的各种交叉与协同运作的能力。

情绪的作用：有好有坏

阿莫斯·特韦尔斯基和丹尼尔·卡尼曼的研究发现，我们在日常决策中所使用的客观推理远非看起来和本应该的那么有效。[16]简而言之，我们的推理策略存有缺陷。斯图尔特·萨瑟兰将非理性比喻成“内奸”，[17]这真是一针见血。然而，我们的推理策略即使很完善，在应对不确定和复杂的个人和社会问题时似乎仍然表现欠佳。脆弱的理性机制需要特殊的支持。

但是，情况远比我迄今所进行的论述更为复杂。虽然我认为“冷静”的推理需要一套基于身体的机制，但是某些身体信号却可能会损害推理的质量。受卡尼曼和特韦尔斯基研究的启发，我认为一些理性的失误不仅是由于原始计算过程中的失误，还由于受到了顺从、服从、维护自尊等生物内驱力的影响，这些经常都表现为情绪和感受。比如，与开车比较起来，很多人更加害怕飞行，
192 虽然对风险的理性计算结果清晰地表明，在两座城市之间乘飞机生还的可能性要远远大于乘坐汽车的可能性，飞机失事的几率要远小于车祸的几率，然而，多数人仍然觉得驾车要比坐飞机安全。这种错误的推理来自所谓的“获得性错误”（availability error），我对这一术语的理解是，飞机坠毁的表象及其所产生的情绪支配了我们的推理过程，而且使得我们对本来应该正确的选择产生了一种负面偏见。这个例子看起来似乎与我的论点不太一致，其实不然。它说明生物内驱力和情绪的确能够影响决策，同时还表明，尽管基于身体的“负面”影响与实际的统计数据不一致，却与生还的可能性密切相关：飞机的确偶尔才会失事，但是与车祸相比，生还的人数少之又少。

然而，虽然某些情况下生物内驱力和情绪可能引起不合理的抉择，但在一些情况下它们又是必不可少的。虽然在一些情况下，自动化躯体标识器机制及其所依赖的生物内驱力会令个体对客观事实产生强烈偏向，或者对工作记忆等决策的支持机制造成干扰，从而对某些情境下的理性决策产生不利影响；但是对某些理性行为来说，它们是必不可少的，尤其在个人和社会领域。

我曾经遇到的一件事可以用来解释上述观点。不久前，一个寒冷的冬日，一位前额叶腹内侧区损伤的患者到我们实验室拜访。当时刚下了一场冰冷的雨，路面上都结了冰，驾车比较危险。看到当时的天气情况，他又是自己开车

过来，我就问他，一路过来情况如何，困不困难。他的回答迅速而平静：还好，与平常没什么两样，除了在结冰的路面上开车要注意采取一些相应的措 193
施。然后他就列举了一些措施，还描述到他看到一些轿车和卡车因为没有采取这些相应的合理措施而冲出了马路。他甚至还特意提到了一场事故，一个在他前面的妇女驶上了一片冰面，然后车就开始向路边打滑，但是她非但没有慢慢调整，反而惊恐地猛踩刹车，于是车一头栽进了路边的排水沟里。随后，他自己也驶上了这块冰面，但是很明显，刚才那惊心动魄的场面丝毫没有影响到他。他驶过了那片冰面，然后沉着冷静，稳稳当当地继续前行。很清楚，他刚刚经历过那场事故，而他在向我们描述这一切的时候，却还是同样地平静。

从这个例子不难看出，没有正常的躯体标识器机制具有巨大的益处。大多数正常人都必须采取一个深思熟虑的重要决定来告诉自己不要猛踩刹车，不要惊慌，或者不要受到前面那个倒霉司机给我们所带来的不利情绪的影响。这都说明了自动躯体标识器机制会对我们的行为造成有害的影响，而在某些情况下，缺少躯体标识器对我们却是有益的。

我们将场景切换到第二天。我正在与他讨论他下次拜访的具体日期。我给了他两个可供选择的日期，都在下个月，两个日期之间只相差几天。这位患者掏出自己的日程本，开始查询自己的日程。他接下来的行为变得有些异常，当时好几个在场的研究人员都看到了。在半个钟头的大部分时间里，这位患者详细列举了对两个日期同意或不同意的理由：这两天已经有安排，日期与其他日程时间太近，可能出现的不利天气情况等。几乎所有和一个简单的日期所能联想到的情况他都讲了一遍。带着他驶过冰面和叙述事故时同样的平静，他现在又展开了一段令人厌烦的成本/收益的分析，以及对不同选择及其可能后果的没完没了的描述和毫无意义的比较。我们强忍着性子没有拍着桌子让他闭嘴，而是听他说完，但是最后还是轻轻告诉他应该考虑一下第二个日期。他的反应同样很平静且迅速，只是说“好吧”，然后将日程本放 194
回口袋，离开了。

这种行为很好地说明了纯推理的局限性，同时还很好地表明了如果缺乏自动决策机制的灾难性后果。一个自动躯体标识器机制会在很多方面对患者有所帮助。首先，它可以提高整体认识问题的能力。正常人中没有人会像这位患者一样在这种问题上花费大量的时间，因为一个自动躯体标识器装置会帮助我们认识到这类举止是毫无意义的。至少，我们也可以认识到这些行为是多么得荒唐可笑。从另外一个层面来说，当感觉到这种举止可能会带来无效的结果时，我们就会采取掷硬币或凭借直觉的方法从两个待选日期中选择一个。或者，我们还可以直接求助于询问我们的人："我自己无所谓，请你来选择具体日期吧。"

简而言之，我们会认识到自己在浪费时间并将其标记为负面；认识到旁观者的心理并将其标记为尴尬。我们有理由相信，前面那位患者的确形成了一些类似的内部"图像"，但是由于缺少标识器，那些图像不能够受到恰当的注意和考虑。

如果你感到疑惑，生物内驱力和情绪**既**有益**又**有害，这一点太奇怪了，那么请让我说明一下。在生物学中，某种因素或机制根据情况差异可能是正面的，或者也可能是负面的，所以上面的论述并不是唯一情况。我们都知道含氮氧化物（nitric oxide）有毒，它会造成空气污染，令血液中毒。但同样是这种气体却可以作为神经递质，在神经细胞之间传递信号。另一个更奇妙的例子是另一种神经递质，谷氨酸（glutamate）。谷氨酸在脑中无处不在，神经细胞用它来兴奋另外一个神经细胞。然而当神经细胞由于中风等受到损坏时，它们就向周围环境中释放出过多的谷氨酸，从而导致附近的正常健康细胞的过度兴
195 奋，最终死亡。

最终的问题是解决各种问题时的躯体标识器的类型和数量。在恶劣的天气下，飞行员在决定如何将飞机降落在繁忙的机场上时，不能让自己的注意受到感受的干扰，因为他的决定要依靠注意。但是在这种情况下，为了更大的整体目的，他又要让感受占据一定的地位，即对旅客和全体机组人员的生命安全的责任感、对自己和家人的生命安全的责任感。小框架目标下感受太多或大框架目标下感受太少都会造成灾难性的后果。面临相同困境的还有股票交易所的房地产商。

有一项关于赫伯特·卡拉扬的研究很好地解释了这一点。[18]澳大利亚心理学家G. 哈勒（G. Harrer）和H. 哈勒（H. Harrer）对卡拉扬在几种情况下的自动反应模式进行了观察：即卡拉扬驾驶着他的私人飞机降落在萨尔茨堡飞机场时，他在音乐录音室里工作时，以及他聆听一首倒放的乐曲时（这首乐曲是贝多芬的利奥诺拉序曲（Leonora Overture）第三乐章）。

卡拉扬的音乐表演充满了强烈的反应变化。与身体做运动时的脉搏相比，

情绪影响阶段的脉搏明显加快。他聆听倒放乐曲时的脉搏跳动曲线与他在录音室里的曲线相平行。还好，似乎是一场梦，卡拉扬先生终于将飞机安全降落了。在飞机触地的那一刻，他又被告知要以极陡的角度将飞机紧急爬升，即使在这种情况下，他的脉搏也只是轻微加快，远远低于他在音乐表演中的脉搏。他最在乎的还是音乐，事实也正是如此，而且我在音乐会上的亲身经历也证明了这一点。他点了一下指挥棒准备开始演奏贝多芬第六交响曲，这时我对旁边的妻子耳语了几句，卡拉扬的手臂一下子僵住了，他转过身，以一种斥责的眼神看着我。可惜，当时没有人测量一下我们俩的脉搏。 196

在躯体标识器的旁边和之外

在构建理性的神经生物基础时，躯体标识器机制是必要的。但是显然，必要性并不就意味充分性。我曾经阐述过，除了躯体标识器，逻辑能力的确会发挥作用。而且，有些过程必须发生在躯体标识器之前、同时或者紧接其后发生。那么是哪些过程呢？它们的神经基础又是什么呢？

在躯体标识器公开或悄悄地发挥它们的偏向性功能的时候，还有没有其他什么事情发生？当推理所依赖的表象在必要的时间段内一直被维持着的时候，我们的脑中发生了什么？为了解释这些问题，让我们先回到本章开始时的一个问题。在你需要作出某个决定时，主宰你心理的就是对相关情境进行考虑所产生的大量丰富的知识。与各种行为选择及各种可能后果相对应的表象都被激活了，并成为注意的焦点。与那些实体和情景相匹配的语言，那些描述脑所看所听的词语和语句，也都出现了，争先恐后地都想成为焦点。这个过程建立在实体和事件的结合连续产生的基础之上，结果就产生了与之前的分类知识相一致的各种差异巨大的共存表象。让-皮埃尔·钱格（Jean-Pierre Changeux）曾提出前额叶组织的“差异生成器”这一描述符，因为这一脑区通常被认为是执行这种功能的脑区，还可以引发其他脑区的表象的大量生成。这个描述符相当恰当，因为它产生了自己的免疫前体（immunological forerunner），还将自己变成了一个令人惊奇的首字母拼缩词。[19]

这个差异生成器需要大量的事实知识储备，包括我们可能会面对的各种情境、这些情境中的参与者、它们可能会做出什么行为以及它们的行为会产生什 197
么不同的结果。事实知识被分成各种类别（各种事实根据其要素标准被分类），这种按照各种选择的类型、后果的类型、以及选择与后果之间联系所进行的分类有助于我们作出决定。分类还会根据某种特值将各种选择及后果分成不同的等级。在某种情境下，预先的分类使得我们可以迅速地发现某种选择或后果是否可能有利，或者某些偶然事件会在多大程度上影响这种有利性。

只有满足两个条件，知识呈现的过程才会发生。首先，个体必须能够利用**基本的注意**机制，这样才能使得心理表象在意识而不是其他部位得到保留维持。从神经系统的角度来说，这可能依赖于维持某个表象的神经活动模式的增强，而周围的神经活动被降低。[20]其次，个体必须具有一个**基本工作记忆**的机制，这样才能将各种表象保存在相对“延长的”几百毫秒到几千毫秒的时间段里（从十分之几秒到连续好几秒）。[20]这意味着脑不断地重现这些支持各种表象的拓扑性质的表征。当然，这里有人会问到一个重要的问题：基本的注意和工作记忆是受什么驱动的？答案只能是**基本价值**，即在生物调节中所固有的各种基本偏好的汇集。

没有基本注意和工作记忆，就不会有连贯的心理活动。当然，躯体标识器也根本不能运转，因为没有可供躯体标识器执行的稳定操作区域。然而，在躯体标识器机制执行结束之后，很有可能仍然需要注意和工作记忆，因为它们对推理过程是必要的。在推理过程中，对各种可能的结果进行比较，建立结果的等级，从而得出各种推论。在整个躯体标识器假设中，我认为，由某个表征引
198 起的躯体状态，无论是正面的还是负面的，不但是**其所表征事物表象的价值的标识器，也是持续的工作记忆及注意的推动者**。实际上，这个过程按照个体的偏好和目标被评价，无论是正面的还是负面的，这就为各种过程的进行“注入了能量”。注意和工作记忆的分配和维持不是因为奇迹而产生，它们首先是受到有机体固有的偏向的激发，然后受到这些固有偏向基础上所获得的偏向和目标的激发。

关于前额叶皮层，我认为对腹内侧部位相联系的生物调节和社会领域发挥作用的躯体标识器会影响背外侧的注意和工作记忆的运转，而其他知识领域的运转都依赖于背外侧脑区。那么，很有可能躯体标识器同样会影响生物调节和社会领域本身的注意和工作记忆。也就是说，对正常个体来说，源自某个偶然事件的躯体标识器促进了整个认知系统的注意和工作记忆。对腹内侧脑区受损的病人来说，所有的这些行为都或多或少受到了一定损伤。

序列的偏向和产生

这样看来，对源自事实知识的大量场景进行推理的过程中有三个支持因素：带有偏向机制的**自动躯体状态、工作记忆和注意**。这三个支持因素相互作用，而且它们似乎都与空间呈现的输出序列这一关键问题相关。卡尔·拉什利（Karl Lashley）首先意识到了这个问题。这个问题的产生是因为无论什么时候，脑设计只允许有限的意识输出以及运动输出。[22]组成我们思想的表象一定要被组织成“短语”，然后在时间上按照“语句结构”的顺序组合在一起。组成我们外部反应的动作也是如此，这些动作必须以某种方式被“短语化”，然后这些短语会按照某种“语句结构”的序列排列在一起以形成某个所需的动作。那些最终由我们心理和运动的“短语”和“语句”构成的行为框架的选择产生于各种可能性的平行呈现。由于思想和运动需要同时加工，几种序列的组织必须按顺序连续进行。 199

无论我们将推理看成是建立在自动选择的基础之上，还是建立在由一套符号系统表示的逻辑推论的基础之上，又或是两者兼具（这种说法更为人们所接受），我们都不能忽视序列的问题。我提出以下几种解决方法：（1）如果要将几种可能性排序，那么它们必然有等级之分。（2）如果它们要被分成几个等级，那么就要有一个标准（也可以说价值观或偏向）。（3）标准由躯体标识器提供，躯体标识器所表达的是随时所接受和获得的各种累积的偏向选择。

但是躯体标识器是如何作为标准发挥功能的呢？一种可能性是，当不同的躯体标识器与各种表象组合并存时，它们能够改变脑处理这些表象组合的方式，这样它们就会作为一种偏向而得到执行。这种偏向可能会针对每个组成部分分配不同的注意增强，结果就是**不同程度**的注意被自动分配给了**不同的内容**，这一过程被翻译成一个不均衡的场景。比方说，根据它们在整个过程中的等级，意识加工的焦点会从一个组成成分到另一个组成成分。若要产生这些过程，呈现这些组成部分的时间必须相对稳定地维持几百毫秒到几千毫秒，而这正是工作记忆功能的作用。[在威廉·T. 纽瑟姆（William T. Newsome）和他的同事最近所进行的知觉决定的神经生理学基础的研究中，我找到了对这一观点的一些支持论据。表征某个特定内容的神经元群的信号平衡所发生的改变会导致最终的“决定”，这个“决定”会支持“胜者赢取一切”的机制偏好的内容。][23]

正常的认知和运动要求对同时发生和相互作用的序列进行组织。哪里需要
200 序列，哪里就需要决定，而哪里需要决定，哪里就需要有一个作决定的标准。既然许多决定都影响着有机体的未来，那么，有可能一些标准就直接或间接地被根植在有机体的生物内驱力（即推理）之中。生物内驱力可以公开或隐蔽地表达，并可以作为一种标识器偏向而使用，表现为在工作记忆的激活下对一个表征领域的注意力。

我们中的绝大多数人的自动躯体标识器机制已经非常幸运地在相对健康的文化中建立起来，而且通过教育已经适应了那个文化的理性标准。尽管这一机制根植于生物调节，它还要适应某些文化规则才能在特定社会中生存下来。如果一个人的脑正常，脑所处的文化也很健康，那么这个与社会习俗和道德规范有关的躯体标识器装置就是合理的。

生物内驱力、身体状态和情绪可能是理性必不可少的基础。推理的低级神经基础与调节情绪和感受的加工过程，以及身体本身的整体功能的低级神经基础相同，只有这样有机体才能生存下来。这些低级神经基础与身体本身保持着直接和相互的关系。于是，身体就成为整个运转链的一环，使得推理和创造力得到最大水平的发挥。理性可能是由身体信号塑造和调控的，即使是在理性表现出它最极端的特性并做出相应行动的时候也是如此。

大卫·休谟敏锐地意识到了情绪的重要性，他应该不会对以上的阐述持反对意见。帕斯卡曾经说过："我们的心灵可以推理，而推理对此一无所知"，他应该对上述的表述也持赞同态度。[24]请允许我对他的说法稍加修改：**有机体具有某种推理必须加以利用的推理。**推理在心灵的推理之外继续运转，这一点是毫无疑问的。首先，利用逻辑能力，我们可以对那些在我们的偏向帮助下所进
201 行的选择的有效性进行检查。其次，我们可以超越这些选择的范围，利用随时可得的语言陈述中的归纳演绎策略来选择。[在完成这份书稿后，我发现了一些与我的观点一致的声音。J. St. B. T. 埃文斯（J. St. B. T. Evans）最近提出理性有两种类型，主要是我所提出的个人/社会领域和非个人/社会领域；哲学家罗纳德·德苏泽（Ronald De Sousa）曾说情绪天生就具有理性；菲利普·约翰逊-莱尔德和基思·奥特利（Keith Oatley）认为，基本情绪可通过理性的方式来管理控制行为。[25]]

第三编

9

躯体标识器假设的检验 205

知道却感受不到

我研究躯体标识器假设的第一个方法利用了自主神经系统反应，这是我与心理生理学家兼实验神经心理学家丹尼尔·特拉尼尔共同进行的系列研究之一。自主神经系统由位于边缘系统和脑干的自主控制中枢（杏仁核就是典型代表）和从这些中枢到达有机体全身的内脏器官的映射神经元组成。各处血管，包括身体大型器官和皮肤深处的血管，都受到自主神经系统神经末梢的支配，心脏、肺、肠、膀胱和生殖器官也是如此。甚至脾这样主要与免疫有关的器官也受自主神经系统的支配。

自主神经分为交感神经和副交感系统，它们源于脑干和脊髓，有时独立前 206
行，有时与非自主神经共同前行。（交感和副交感系统的活动受不同神经递质调节，两者的活动主要是相反的，如一个促进平滑肌的收缩，另一个则促进其松弛。）将内脏状态信号传回中枢神经系统的返回性自主神经也使用同样的路径。

从进化的角度来看，其他有机体的脑由于受到其内部生理经济性原则的调节，远没有我们的人脑精密，在神经系统方面这种差异就体现在自主神经系统。当生命主要保证有限的几个器官的平衡功能，而且与周围环境的互相作用的种类和数量也都很有限时，那么，免疫系统和内分泌系统就控制着大多数需要控制的几个过程。脑所需要的是关于各种器官状态的信号，以及在某种特定外部环境下调整这一身体状态的方式。而自主神经系统恰恰可以精确地提供：一个内脏信号变化的接收网络，以及一个针对这些内脏的运动命令的发送网络。之后，还进化出了更多复杂的运动反应形式，比如那些最终对手和发声器官的控制。这需要一个逐渐复杂的周围运动系统，从而可以控制精细的肌肉和关节运动、信号触觉、温度、疼痛、关节位置以及肌肉的收缩程度。

请记住，虽然在背景和情绪状态的构建中，内脏部分似乎比肌肉骨骼系统更加重要，但是躯体标识器是身体状态的整体变化，包括由神经信号和化学信号诱导的内脏和肌肉骨骼系统的调整。为了利用实验方法对躯体标识器假设进行探索，我们必须选择这一巨大变化的某个方面进行研究。从自主神经系统反
207 应开始研究应该会比较有意义，因为毕竟当我们产生某种情绪所特有的躯体状态的时候，尽管关键的化学路线也同时被激活，但自主神经系统可能是获得身体里相应的生理调节参数的关键。

在那些可以在实验室环境下研究的自主神经系统反应中，皮肤电传导反应可能是最有用的。它很容易产生，可信度高，而且心理生理学家也已经在各年龄阶段和文化的正常个体身上都进行过详细的研究。（很多其他的反应，比如心率和皮肤温度，也曾被仔细研究。）将一对电极连接到皮肤和多导生理记录仪上就可以记录皮肤电传导反应，而且不会给被试造成任何疼痛和不适。皮肤电传导反应的原理如下：当我们的身体随着某种特定知觉或想法发生变化，并且相关的躯体状态也开始产生时（比如某种情绪），自主神经系统就会悄悄地增加皮肤汗腺的汗液分泌。虽然汗液增加的数量通常都非常小，小到肉眼也无法观察到，皮肤自身的神经感受器也检测不到，但已经足以减小电流通过时的阻力。为了测量这样的反应，实验者会在皮肤上两个测量电极之间的皮肤处释放一股低伏电流，并且记录下电流释放过程中的皮肤电阻变化。这种变化以曲线的形式被记录下来，有时间上的起伏变化。我们可以对波形的振幅和时间长度进行测量［以微西门子（micro-siemens）为单位］，与某个特定刺激相关的反应在任意时段的出现频率也可以得到测量。

皮肤电传导反应是侦察心理生理学的一个主要组成部分；它们在所谓的测谎测试中发挥着切实有效而又备受争议的作用，其目的与我们的实验目的大相

径庭。那些测试的目的是判断被试是否在说谎，手段是诱使被试否认对某个特定物体或人物的知识，在这一过程中，他们会不自觉地产生皮肤电传导反应。208

在我们的研究中，我们首先想要确定像埃利奥特这样的患者还能不能产生皮肤电传导反应，他们的脑还能不能引发躯体状态的变化。为了回答这个问题，在可以引发持续皮肤电传导和表示皮肤电传导反应的常态神经机制的实验条件下，我们对额叶损伤患者分别与正常人和其他脑区损伤的患者进行了对比。其中一个实验被称为“惊吓”，使用击掌等突然声响或突然发出强光的闪光灯来惊吓被试。另一个关于皮肤电传导常态机制的比较可信的指标是简单的生理反应，如深呼吸等。

我们很快就证实，所有额叶损伤患者在实验条件下与正常人和其他脑区损伤患者一样，都能产生皮肤电传导反应。也就是说，对额叶损伤患者来说，产生皮肤电传导反应所需要的神经机制好像没有什么重要部分受到了损害。

我们很好奇，额叶损伤患者对那些需要对其情绪内容作出评估的刺激是否也能产生皮肤电传导反应呢？为什么会想到这个问题？因为像埃利奥特这样的病人在情绪体验方面有缺陷，而且我们从以前对正常人的研究中也发现，当人们面对具有高度情绪内容的刺激时，就一定会产生较强的皮肤电传导反应。人们在看到恐怖或肉体疼痛场面或类似场面的图片，或者具有明显性含义的图片时，就会产生这种反应。你可以把皮肤电传导反应想象成微弱到不可觉察的身体状态的一部分，但是如果这个状态完全发展，你会产生可以觉察到的兴奋感，某些人还会出现鸡皮疙瘩。但是重要的是要认识到，皮肤电传导变化只是 209
身体状态反应的变化之一，有了这些变化并不能保证你就会感觉到一种明显的身体状态改变。但是，下面这句话可能是真实的：如果你没有皮肤电传导反应，就可能没有某种情绪所特有的有意识的身体状态。

我们进行了实验设计，将额叶损伤患者分别与正常人和其他脑区损伤患者进行比较，确保所有被试在年龄和教育程度上都相匹配。被试舒服地坐在椅子上，与多导生理记录仪连接，观看连续播放的幻灯片，不要说话，也不要做什么其他事情。幻灯片中很多都是完全中性的、枯燥的风景画或者抽象的图案，但是有时会随机出现一张刺激性图片。图片大概有几百张，在放映幻灯片时，实验一直在进行。被试在实验开始前已经被告知要集中注意力，因为稍后，在汇报时段中，他们要告诉我们看到了什么，感受如何，甚至当他们看完了整个实验阶段的所有图片的时候也需要进行汇报。

实验结果很清楚。[1]额叶没有受损的被试——包括正常人和其他脑区受损的病人——在看到刺激图片而非中性图片时都产生了很强的皮肤电传导反应。相反，额叶损伤患者没有产生**任何**皮肤电传导反应，他们实验的记录结果是直线（见图 9—1）。

没有脑损伤的正常被试以及额叶损伤患者在观看一组图片时的皮肤传导反应的曲线图。有些图片具有强烈的情绪内容（用 T 表示，意为“目标”（target），标注在刺激数字的下面，如 S_{18} T），有些则并非如此。正常控制组在观看了“情绪性”图片而非中性图片之后，产生了大量的皮肤传导反应。而额叶受损患者对两种图片都没有反应。

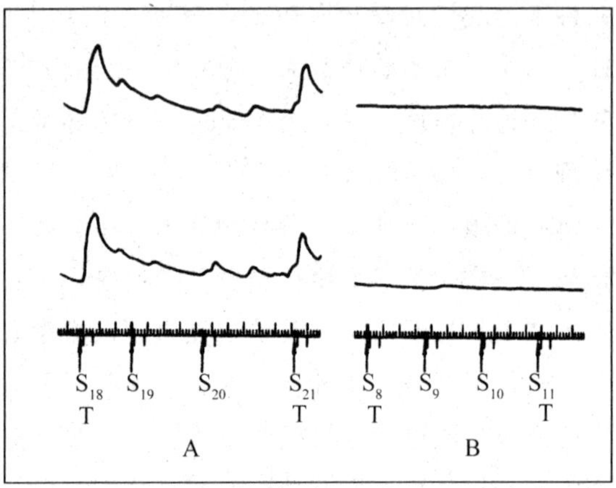

图 9—1

为了避免草率地得出结论，我们决定利用不同的图片和被试再重复一次实验，并且用相同的被试换个时间再重复一次实验。这些操作都没有能改变结果。在上述的被动条件下，一次次的结果都表明，虽然额叶受损的被试在事后说出了图片的内容细节，甚至还可以回忆起某一张图片在整组图片中出现的时
210 间位置，但他们并没有对刺激性图片产生皮肤电传导反应。他们可以用言语描述自己所看图片中表达的恐惧、厌恶或者悲伤，他们可以告诉我们某张图片与另一张图片的关系多么密切，或者某张图片在整组图片中出现的时间是早或晚。毫无疑问，这些被试全都全神贯注地观看了图片，理解了图片的内容，也分别以不同程度理解了这些图片所代表的概念内容——他们不仅知道图片描述了什么（比如凶杀案），也知道凶杀的表现方式中有恐怖的因素，人们应该为受害者感到悲伤，并且很遗憾会发生这样的事。换句话说，某种刺激已经在参与实验的额叶受损被试的心理上引发了与刺激所表达的场景有关的大量知识的
211 唤醒。但是，与控制组被试不同，额叶受损被试没有产生皮肤电传导反应。分析显示这种差异相当地显著。

在第一次汇报时，有一名患者凭借其深刻的洞察力，主动向我们证实自己丧失的不仅仅是皮肤电传导反应。他说，在看过所有的图片之后，尽管意识到它们的内容应该是刺激性的，但自己并没有感到情绪的波动。想一想这句话的重要性。这个人认识到了这些图片的表面含义及其隐含的情绪意义，但是却同时也意识到，自己并没有像以前那样“感受到”这些意义，或者说并没有像自己“本应该”感受到那样感受到这些意义。这个病人还相当坦率地告诉我们，他的肉体对这些主题已经不再像以前那样会产生反应了。那就是说，**知道不一定表示感受到**，即使你很清楚自己所了解到的内容本应该使你产生某种特定感受，但是却并没有。

皮肤电传导反应的始终缺乏以及对额叶损伤患者感受缺失的证实，这两点而非其他结果，使得我们确信，躯体标识器假设值得我们进一步研究。确实，除了将某一特定事实与相应的机制结合起来以产生某种情绪反应的痕迹性知识之外，似乎这些患者的全部知识范畴还都可以被使用。在这种自动联接缺失的情况下，这些患者可以在内部唤起事实知识，但是不能产生躯体状态，哪怕至少是他们可以意识到的一种躯体状态。他们可以利用自己丰富的事实知识，但却不能体验到某种感受，即他们的身体应该如何做出与唤醒的事实知识有关的行为，来产生相应变化的“知识”。因为这些个体以前都是正常的，他们可以认识到自己的整体心理状态不再像以前那样了，某些东西已经缺失了。

总体来说，皮肤电传导反应实验向我们呈现了一种可测量的生理表现，可以测量我们在这些病人身上观察到的情绪共鸣的减弱，或他们自己感知到的感受的减弱。 212

承受风险：赌博实验

我们检验躯体标识器假设的另一个方法是利用了我的博士后安托万·比查拉（Antoine Bechara）设计的一项任务。与其他研究者一样，安托万·比查拉深深地为大多数实验神经心理学任务的非现实性所困扰，所以他想设计一种尽量接近现实生活的手段来测量决策表现。他所设计的那一组巧妙的任务，经过与汉娜·达马西奥和史蒂文·安德森的合作得到了进一步完善，在我们的实验室中被称为——你肯定已经想到了——就是“赌博实验”。[2]总体来说，与大多数其他类似场景的枯燥操作大不相同，实验的背景很丰富，正常人和病人都很喜欢，任务设计的本质就是娱乐。一位重要人物到我们实验室访问，他从正在做实验的实验室旁经过后，就来到我的办公室，我记得他眼睛睁得大大的，下巴都快掉下来了，“有人在**赌博**！”他压低了声音告诉我。

在基础实验中，被称为“选手”的被试，坐在标记为A、B、C、D的四副牌前。选手获得了2000美元的贷款（实际是道具，但看起来很像真钱），并被告知游戏的目的是尽可能少输贷款，多赚钱。游戏规则就是从四副牌中的任意一副不断翻牌，一次一张，直到主试宣布实验终止。这样，选手并不会知道需要翻多少张牌才会结束游戏。选手还被告知把所有的牌都翻开会赢一定数额的钱，同时，有些牌既可能赢钱也可能输钱（付钱给主试）。无论任何一张牌所代表的输赢数额，具体某张牌与特定某一副牌的关系，还是它们的出现顺序
213 在实验开始的时候都不会告知被试。某张牌赢或输的钱的数额只有在牌翻开之后才会知晓。除此之外，没有其他指令。被试在任何时候赢了或输了多少钱的记录也不会让他们知晓，被试也不允许作笔头记录。

翻开A和B里的任意牌都会赢一大笔钱，为100美元，但C和D里的牌只能赢50美元。所有牌都不断被翻开，A和B中（100美元组）的一些牌会突然出其不意地要求选手付出一笔高额钱款，有的高达1250美元。同样，C和D（50美元组）里的某些牌也会要求他们付钱，但是数额要小得多，平均数额不会高于100美元。这些不为选手所知的规则一直都不会改变。另外选手同样不知道的是，游戏在100局之后就会终止。这样，选手在开始时就无从预测将会发生什么，也无法在游戏过程中记住自己精确的输赢记录。在真实生活中，我们赖以生存和对未来进行适应性规划的大多数知识都是随着经验的积累和不确定性的作用而逐渐增长的，这个实验就像真实的生活场景。我们的知识，也包括选手的知识，是由我们所接触的世界和我们身体所固有的一些偏向所共同作用所决定的，比如，在输与赢、惩罚与奖励、高风险与低风险面前，我们会更倾向于后者。

普通人在实验中的表现很有趣。他们先从四副牌中试翻一些牌以求得到一些模式和线索。然后，可能常常是受了从A和B中翻牌得到高回报经验的诱惑，他们在早期的时候会表现出对这两幅牌的偏好。但是逐渐地，在30次翻牌之内，他们的偏好会转移到C和D。总体来说，他们会在游戏结束之前都坚持这个策略，虽然自我宣称是高风险的选手可能会偶尔再从A和B中翻牌，但还是会回到显然更加谨慎的行为选择上来。

选手无法对输赢进行准确计算。于是，他们会逐渐形成一种直觉，有些牌，也就是 A 和 B，比起其他牌来说更加“危险”。有人可能会说，他们凭直觉感觉到，虽然 C 和 D 刚开始时赢的会比较少，但从长期来讲，C 和 D 的低 214
惩罚性会使他们领先。我猜测，在这种有意识的直觉之前和背后有一种无意识的过程，这一过程逐渐形成了对每次翻牌结果的预测，并会逐渐告知那些留心的选手，**如果**采取某个选择的话，惩罚或奖励就会发生。刚开始时这种告知的声音很微弱，但逐渐就响亮起来。简而言之，我对这是一个完全有意识的过程，或者是完全无意识的过程这一论点深感怀疑。要使一个协调的决策脑正常运作，似乎两种加工过程都要参与进来。

额叶腹内侧损伤的患者在这次实验中的行为表现传达了大量的信息。他们在游戏中的表现与他们受伤之后在日常生活中的表现无异，与他们受伤前的表现不同，与正常人的行为正好相反。

在进行初期的翻牌尝试后，额叶损伤患者开始系统地更多翻 A 和 B 中的牌，而不是 C 和 D 中的牌。虽然他们从 A 和 B 中得到了高额钱款，但是他们不得不付出的钱款数额更高，以至于游戏进行到一半，他们就破产了，需要从主试那里得到更多的贷款。就埃利奥特来讲，他在进行这个游戏的时候这种表现尤为显著，因为他仍然把自己描述成一个保守的、倾向于低风险的人；而那些即使将自己描述成倾向于高风险或赌徒的正常被试的表现与之相当不同，他们都非常谨慎。而且，在游戏结束的时候，埃利奥特已经知道哪副牌是差的，哪些不是。但当几个月后，用不同的牌和对几副牌进行不同的标记后又重复实验时，埃利奥特的表现与他在真正生活中的表现毫无差别，那就是，持续不断地犯错误。

这是对与菲尼亚斯·盖奇麻烦不断的真实生活相似的一位患者进行测量的
第一个实验室任务。那些行为和脑损伤都与埃利奥特相似的额叶损伤患者在这 215
个任务中的表现与埃利奥特相似。

为什么这个任务成功了，而其他任务没有呢？可能是因为这个任务非常接近真实生活。这个任务是实时进行的，并且模仿正常的扑克游戏。它把奖惩包括在内，还明确地表明了钱款数额。它使得被试竭力寻求利益，呈现风险，也提供机会，但是没有公开告知如何选择、何时选择以及选择什么。它充满了不确定性，既然准确计算不可能，那么，要使不确定性最小化的唯一方法就是直觉，通过所有可能的手段对几率进行估算。

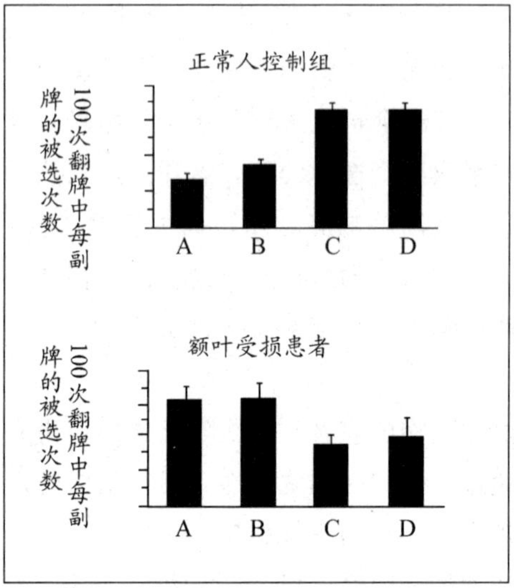

在赌博实验中，每副牌的相关结果的柱形图。正常控制组整体上倾向于C和D两副牌，而额叶受损患者恰恰相反。其差异显著。

图 9—2

这种行为背后的神经心理机制非常吸引人，对于额叶损伤患者来说尤为如此。很明显，埃利奥特全身心地参与到实验中来了，他全神贯注，积极合作，对结果也很感兴趣。实际上，他很想赢。但是什么使得他作出令自己损失惨重的选择呢？与他的其他行为一样，我们既不能解释为知识缺乏，也不能解释为他对情境缺乏理解。随着游戏的进行，他作出此类选择的前提假设逐渐明朗。
216 当输了1000美元时，他意识到自己输钱了，并把罚款交给了主试。但是，他继续选择会得到100美元的那些牌，这令他每每受罚，给他带来了损失。我们甚至无法暗示他，如果要继续游戏，他就需要更大的记忆容量，因为接下来的负面或正面的结果经常都是非常清晰的，而他却视而不见。随着损失的增加，埃利奥特和其他额叶损伤患者不得不申请贷款，这成为他们游戏的负面进展的明显证据。但是，从对这项任务的观察来看，他们坚持作出利益最小化选择的持续时间要远远长于其他组的被试，这其中包括几个非额叶损伤患者。

其他脑区有大面积损伤的患者，比如非额叶损伤患者，只要他们视力正常，能够理解指令，就可以像正常人那样进行这个游戏。即使患有语言障碍的患者也可以进行游戏。一个由于左颞叶皮层功能失调而患有严重命名障碍的病人，在整个游戏过程中一直用其特有的断断续续的失语症语言大声表示着自己的担忧，说自己根本搞不懂到底在做什么。但是她的表现却相当完美。她在自己那保存相当完好的理性的指引下，坚定地作出了选择。

在这些额叶受损的被试的脑里到底发生了什么？以下是一些可能的机制：

1. 他们对惩罚不再像正常人那样敏感，而仅仅为奖励所控制。
2. 他们对奖励非常敏感，以至于只要有奖励出现，他们就对惩罚视而不见。
3. 他们对惩罚和奖励仍然敏感，但是惩罚和奖励都不能导致对未来结果预测的自动标识或持续的运用，结果就是可以得到即时回报的选择就更为他们所青睐。

在对这些可能性进行研究的同时，安托万·比查拉又设计了另外一项任 217
务，将奖励和惩罚的时间顺序颠倒。现在惩罚在先，每次翻牌代表大额或中额罚款，奖励则散布其中。和第一次游戏一样，两副牌表示赢钱，而另两副表示输钱。在这个任务中，埃利奥特的表现和正常被试相当类似，其他额叶损伤患者也是如此。换句话说，埃利奥特和其他额叶损伤患者对惩罚不敏感的说法可能是不正确的。

我们举出的另一个反对惩罚不敏感假设的证据来自于对患者在第一项任务中表现的定性分析。数据结果显示，在付出惩罚性钱款之后，马上，患者就和正常人一样，会避开那些不好的牌所在的那副牌，但是接下来，他们又会回到不好的那副牌上，这又与正常人不一样。这表明，这些患者对惩罚依然敏感，只不过惩罚的影响似乎不会持续太久，这可能是因为惩罚与形成对未来的相关预测之间的关系不大。

对未来的短视

对旁观者来说，第三个假设所包含的机制使得患者看起来更关心现在而非将来。由于丧失了对未来预测的标识器或不能持续地运用这些预测，这些患者主要是受即时前景所控制，确实看起来对未来不敏感。这也说明，额叶损伤患者的问题是一种正常基本趋势的严重放大，他们倾向于现在而不是未来。但是，这种趋势在正常人和适应社会的个体身上得到了控制，尤其是在其对个人来说非常重要的情况下。这种趋势在额叶损伤患者身上被放大很多倍，使得他
218 们很容易就屈从于这样一种趋势。我们可以把这些患者所处的困境描述为“对未来的短视”，这个说法已经被用来解释那些受酒精和其他药物影响的患者的行为。醉酒确实会减弱我们对未来的预见，影响还相当之大，除了当前的情境几乎没有什么别的情境可以得到清晰的加工。[3]

我们可以得出结论，这些患者损伤的后果是他们的脑丧失了通过教育和社会化所习得的内容。人类最显著的特点之一是具有遵从未来前景而不是即时结果的学习能力，这一点我们自童年就开始学习了。而在额叶损伤患者身上，脑损伤不仅损害了他们受伤前一直在不断积累的、与这种遵从有关的知识，而且更损害了他们进一步习得类似新知识的能力。对于大多数脑伤患者来说，挽救这一悲剧的真正方法，在于他们的疾病向科学打开了一扇窗户。我们确实可以因此而了解那些他们已经丧失的过程的本质。

我们知道了哪些部位的脑伤会引起这些问题。对于这些受损脑区所包含的神经系统，我们也有一些了解。但是，为什么这些脑区受损会突然使得未来结果对决策过程不再产生影响了呢？当我们进一步分析这一过程的各个组成部分的时候，我们产生了很多假设。

可以想象，组成未来场景的表象都是微弱不定的。这些表象可以被激活，但在意识里不会保存太久，从而无法在相应的推理决策中发挥作用。从神经心理学角度来看，这也就是说，就未来的表象而言，工作记忆和/或注意并没有很好地发挥功能。无论表象是关于身体状态，还是身体之外的事实的，这种说法都是成立的。

另一种假设利用了躯体标识器这个观点。即使关于未来后果的表象是稳定
219 的，前额叶皮层腹内侧受损可能会阻止相关的躯体状态信号（通过身体环路或替代环路）的唤醒；结果，相关未来场景可能就不再被标识，它们的重要性不再明显，对决策过程也不再产生影响，或者很容易就被即时前景的重要性给战胜了。我可以将这种说法再展开一点，即所丧失的是可以对未来结果的重要性产生自动预测的机制。对上述参加赌博实验的正常被试来说，这种重要性可能来自某副牌所表示的不同比例的惩罚和奖励的重复接触。就是说，脑会将 A、

B、C和D每副牌与不同程度的好或坏联系起来。基本的过程可能是无意识的，可能包括对负面状态的频率和数量的权衡。这种隐藏的、无意识的推理手段的神经表达就是偏向性躯体状态，而这样的过程似乎并没有发生在额叶损伤患者的身上。

我目前的观点是这两种可能性的结合。相关躯体状态的激活是关键因素，但是我还觉得，躯体状态机制扮演着保持和优化与未来场景有关的工作记忆和注意的推动者的角色。简而言之，如果类似躯体标识器的过程没有在你身上产生，你就无法形成和使用关于自己和他人的心理的“理论”。

预测未来：生理学方面的关联

汉娜·达马西奥提议进行一次针对赌博实验的跟踪研究。她的想法是，对实验过程中的正常被试和额叶损伤患者的表现进行皮肤电传导反应监测。患者与正常人的反应到底有什么不一样？

安托万·比查拉和丹尼尔·特拉尼尔开始着手研究这个问题。他们把实验中的患者和正常被试都与多导生理记录仪连接起来，然后进行实验。实验中，将收集两组平行数据：被试在游戏进行过程中作出的所有选择，以及在选择过程中产生的不同的皮肤电传导反应。 220

第一次实验出现了令人惊讶的结果。随着每次翻牌产生的奖励或惩罚，正常控制组和额叶损伤患者都产生了皮肤电传导反应。也就是说，在他们接收金钱奖励或不得不支付惩罚钱款的接下来那几秒里，正常被试和额叶损伤患者都受到了相应的影响，产生了皮肤电传导反应。这一点很重要，因为这又一次表明，患者会在某些特定的情况下产生皮肤电传导反应。很明显，患者会对当前存在的刺激——光亮、声响、输、赢——产生反应，但是如果刺激引发物是与刺激有关而非直接可以通过知觉感知的心理表征，他们就不会产生反应。乍一看，有人可能会用一句老话把他们的困境描述为“眼不见，心不烦”（out of sight，out of mind），帕特丽夏·戈德曼-雷基克就是利用这一点准确地描述了背外侧额叶功能失调所导致的工作记忆缺陷。但是我们知道，对于这些患者来说，“眼不见”实际上可能是“心还见”，只不过所见到的没有引起重视罢了。可能对我们的患者更好的描述应该是：“眼不见，心还见，但是没怎么往心里去。”（out of sight and in mind，but never mind）

在一连串的翻牌过程中，正常被试身上也发生了一些非常有意思的事情。在他们要从不好的一组牌中选择一张牌之前的那一段时间里，也就是，当被试正在考虑或已经考虑好要从主试已经知道是坏牌的那一副牌中拿牌的时候，就会产生皮肤电传导反应，并且其强度随着游戏的继续不断增加。也就是说，正常被试的脑正在逐渐学会预测坏的结果，并且在真正翻牌之前会对某副牌的相对负面性发出信号。[4]

221 正常被试在游戏开始时没有表现出这些反应，这些反应是随着时间流逝通过经验逐渐积累的，并且反应强度随着正面和负面经验的积累而不断增长。这些事实都有力地表明，正常被试的脑正在学习一些很重要的、与情境有关的东西，并试图以预测的方式对那些对未来不利的事情发出信号。

如果说正常被试的这些反应令人兴奋不已的话，那么我们从额叶损伤患者的记录中所发现的就更是如此了：**这些患者根本就没有表现出预期的反应**，没有迹象表明他们的脑正在对未来的负面结果作出预测。

可能就是这个结果恰恰表明了这些患者不幸遭遇的一个重要而潜在的神经病理学原因。本来可以使他们学习如何避开或偏向某些选择的神经系统功能失调了，无法再产生与新情况相对应的反应。

我们还不清楚，在赌博实验中，对未来负面结果的预测是如何产生的。有人认为，被试可能对每副牌的好或坏都作出了一个认知评估，并且自动地将这种直觉与负面躯体状态连接起来；反过来，这又作为一种警告信号发挥作用。在这个过程中，推理作为一种认知评估，是发生在躯体信号产生之前的，但是躯体信号仍然是整个过程运转的关键因素，因为我们知道，即使患者知道哪副牌好，哪副牌差，他们也无法“正常”运转。

但是还有一种可能。那就是所有认知过程之前有一个隐蔽的、无意识的评估过程。前额叶神经网络会在惩罚或奖励**之后**所体验到的坏或好的躯体状态的频率的基础上，对每副牌的差或好的几率作出评判。在这种自动分类程序下，被试就可以“在帮助之下考虑”每副牌可能的好或差。也就是说，他们受到了一种关于这种游戏的理论指导。基本的身体调节系统为意识和认知加工提供了
222 基础。没有这种基础，要么永远不会认识到好或差，要么就会认识得太晚和太少。

10

关注身体的脑 223

没有身体，就没有心理

“他的身体已进入到他的脑里了”，这是多萝西·帕克（Dorothy Parker）的著名诗句中最不为人所知的一句。我们可以确信帕克小姐那丰富的智慧从来都没有关注过神经生物学，她不是在指威廉·詹姆斯，也从未听说过乔治·莱考夫（George Lakoff）或马克·约翰逊（Mark Johnson），这两位一位是语言学家，一位是哲学家，他们的身体当然在他们的心理里。但是对于那些已经对我有关关注着身体的脑的思考感到厌烦的读者来说，她的这句妙语可能会带来一丝轻松。在接下来的篇幅里，我会重新阐述身体为心理提供了某种基础参照的观点。

假设在某个大城市，午夜时分，你一个人走在回家的路上，突然意识到有人始终在不远处跟踪你。常识性的描述通常是这样的：你的脑辨认到了危险；产生了几种反应选择；然后选择一种；实施；这样就减少或者消除了危险。但是，就像我们在关于情绪的讨论中曾经提到的那样，事实实际上要复杂得多。
脑的神经和化学反应会使得各个组织和整个器官系统的运转都发生巨大的改 224
变。整个有机体的能源使用率和新陈代谢率都改变了，免疫系统的状态也是如此；有机体的整体生物化学状态曲线迅速地上下波动；主司头部、躯干和四肢的骨骼肌进行收缩；所有这些改变的信号都被传回脑，有些通过神经通路，有些通过血液里的化学通路，于是一秒秒逐渐变化的身体状态会从神经和化学角度在不同部位影响中枢神经系统。脑辨认到危险（或类似的兴奋场景）的结果是与惯常功能的分离，无论是在有机体的某些区域内（局部变化），还是在整个有机体里（整体变化）。最重要的是，这些变化在脑**和**身体里**都会**发生。

虽然现在已知有很多类似的复杂的互动循环的例子，但是身体和脑通常仍被认为在结构和功能上都是独立的。虽然整个有机体而不仅仅是身体或脑与环境互相作用这一点经常被大家所忽视，或者根本就没有人考虑过这一点，但是当我们看、听、摸、尝或闻的时候，身体本身**和**脑都参与了与周围环境的相互作用。

假设你看见了一片美丽的风景。这时，所参与的远远不止视网膜和脑的视觉皮层。有人可能会说，虽然角膜是被动的，但晶状体和虹膜不仅使得光线可以透过，还根据它们面前的图像调整自己的大小和形状。眼球由几块肌肉固定，以便有效地捕捉视觉目标，同时头和颈也可以调节到最佳位置。如果没有这些调节，你能看见的东西实际上并不多。所有这些调节都依赖于从脑发至身体的信号和从身体发至脑的相关信号。

接下来，与风景有关的信号在脑内得到处理。上丘等皮层下结构被激活，
225 早期感觉皮层和各种联合皮层的脑区以及与之相关的边缘系统也被激活。当与风景有关的知识被从位于各种脑区的痕迹表征激活的时候，身体其他部分也参与了这个过程。不久，内脏就开始对你看到的表象作出反应，对你的记忆在内部所产生的表象与你所看到的与风景有关的表象作出反应。最后，当对所见风景的记忆形成的时候，这个记忆就是对上述很多有机体变化的一种神经记录。这些变化有的发生在脑里（为外部世界所建立的表象和由记忆而生成的表象），有的发生在身体里。

那么，对环境的知觉过程，并不仅仅是脑接收来自某种刺激的直接信号，更不用说接收直接画面了。有机体主动地自我调节，这样与环境的互动就可以尽可能完善地进行。身体本身并不是被动的。还有一点也很重要，为什么会产生众多与环境的互动呢？原因是有机体需要互动以保持体内平衡，即功能平衡状态。有机体不断对环境产生影响（先产生行动和探索），这样就可以调节生存所必需的各种互动形式。但是如果有机体要避开危险，快速有效地寻找到食

物、异性和栖身之所，它就必须**感觉**环境（闻、尝、触摸、听、看），这样就可以对所感觉到的外部环境采取相应的行动反应。对知觉来说，对环境作出反应与从环境中接收信号一样重要。

乍听起来，心理来源于整个有机体这种说法似乎是违反直觉的。当前，心理这一概念已经从它在 17 世纪时那种虚无缥缈的位置转变成了目前在脑内或脑附近的位置——这个位置似乎有些贬低，但仍是一个神圣的位置。从进化生物学、个体发生学（个体发展）和目前的进展来说，提出心理依赖于脑—身体的互相作用这种说法似乎有些令人难以接受，但是请容我继续解释。准确地说，我要表达的意思是心理来源于神经回路的活动，但是很多回路在进化过程中由有机体必需的功能回路塑造而成。只有当这些回路包含了有机体的基本表征并且继续监控有机体的运转状态时，一个正常的心理才会产生。简而言之，随着神经回路不断接收来自物理和社会文化环境的刺激，并且对这些环境作出反应，这些神经回路就持续地对有机体进行表征。如果这些表征的基本内容不是固着于身体里的有机体，那么我们可能就具有了某些形式的心理，但我不认为那是我们真正的心理。 226

我并不是说心理位于身体里。我要表达的是，身体对于正常心理的运作，其作用远不仅仅只是生命的支持和调节的效果。身体为正常脑的工作提供了一种**内容**。

现在我们再来回顾一下你深夜回家的那个例子。你的脑检测到了某种危险，也就是有人在跟踪你，并且激发了几条复杂的生物化学和神经反应线路。这场发生在身体内部的戏剧表演的某些台词写在身体里，有些则写在脑里。但是，即使你是神经生理学和神经内分泌学方面的专家，也无法准确地将脑里发生的事情和身体里发生的事情区分开来。你意识到自己处于危险之中，于是变得非常警觉，走得更快，最终，你脱离了危险（希望如此）。这个场景中的“你”就是真实的你：实际上，我把这个“你”看成是我称为“自我”（还没有找到更好的词）的一种非常真实的心理构建，它建立在你整个有机体活动的基础之上，也就是身体本身和脑的活动的基础之上。

我下面会谈到自我的神经基础，在这之前，很有必要先简略概括一下我的想法。我现在要说的是，自我是一种反复地重新构建的生物状态；它**绝不是**那

227 个小人儿，那个在你脑里苦思冥想的臭名昭著的小矮人。我又一次提到这个小人只是让你知道我并不依赖于它，那个在你脑里主管视觉或思考或你脑里发生的一切的小矮人解释不了任何问题。因为一个很自然的问题是，那个小人中是否也有一个小人在他的脑里主管着他的视觉和思考，诸如此类，无穷无尽。这种独特的解释提出了一个无限退行的问题，① 根本就不能算是解释。我也必须要指出，具有自我，仅仅一个自我，与丹尼特的那个在我们的某些脑区里并没有笛卡尔影院的观点是一致的。固然，每个有机体都有一个自我，除了某些情况下，脑部疾病会导致多个自我产生（如多种人格疾病），或者削弱或破坏了那个正常的自我（就像在某些类型的疾病失认症和某些类型的癫痫中所发生的那样）。但是那个赋予我们的经验以主观性的自我，并不是对发生在我们心理中的一切都了如指掌的最高知情者和检查者。

要使自我的生物状态产生，很多脑系统就必须全速运转，很多身体系统也是如此。如果将脑信号传递到身体的**所有**神经都切断，你的身体状态就会发生巨大的变化，接着你的心理也会同样如此。如果**只把**从身体传递到脑的信号切断，你的心理也会发生变化。即使脑—身体通路的一部分阻塞，就像那些脊柱受伤的病人一样，也可以引起心理状态的改变。[2]

有一个源于哲学思考的被称为“桶中之脑”（brain in a vet）的实验，这个实验假设将脑从身体里切除，浸泡在营养液里保持生命活力，完全按照脑在
228 颅腔里被刺激的方法对那些漂浮摇摆在营养液中的神经进行刺激。[3]有人认为，这样一个脑会具有正常的心理体验。现在把这样一个场景［以及对所有的**臆想**实验（Gedanken experiment）的想象］是否会存在的置疑暂且放到一边，我确信这个脑不可能有正常的心理。刺激无法传递到身体（身体是刺激发挥作用的场所），由于刺激会引起身体状态的更新和调整，这就会导致身体状态的触发和调整的延迟，而如果身体状态的激发和调整的表征被传回脑，就构成了我所认为的生存感的基石。有人可能会说，如果有可能在那些摇摆漂浮的神经上模仿真实的输入，就好像它们是从身体传来的话，那么这个没有实质的脑就会有正常的心理。嗯，这会是一个很有意思的实验，我想，脑在这些条件下可能确实会有**某种**心理。但是，这个更为精密复杂的实验可以做到的是建立一个身

① 实际上，我更倾向于把这个问题称为**空间上**无限退行的问题，以强调实际的问题在于：就像一组俄罗斯套娃一样，每个套娃都身处另一个较大的套娃之中，同时还注视着另一个更小的套娃。

体替代品，从而确认对一个正常的心理脑来说，“身体类型的输入”（body-type inputs）是必需的。而它不太可能做到的是，当这些身体状态被处在评估过程中的脑触发时，让“身体输入”以真实的方式与这些状态的各种组成方式相匹配。

简而言之，你的脑所构建的用来描述某个场景的表征，以及对这个场景作出反应所采取的动作，都依赖于脑和身体的互动。随着身体在化学和神经影响下变化，脑也构建着身体的不断变化的表征。这些表征的一部分仍然是无意识的，而有些已经到达了意识。同时，来自脑的信号继续传到身体，有些是刻意的，有些是自动的，这些发出信号的脑区的活动从来都没有在意识中直接得到表征。结果，身体再次发生变化，而相应的表象也随之发生变化。

当心理事件成为脑神经元活动的结果时，神经元必须表征的一个早期而关键的部分就是身体的图式和运作。

身体居先成为进化的主题：几百万年来，从简单到复杂，脑已经位于其所 229
属的有机体的首要位置。在较小的程度上，它还适应了我们每个个体的发展。这样，在生命刚开始时，先有身体本身的表征，到了后来，才出现与外部世界相关的表征；在某种更小而不至于忽略的程度上，随着我们对即时心理的构建，脑还建立了与**当前**相关的表征。

心理源自有机体而不是虚无缥缈的脑，主要基于以下几种假设。

首先，当脑的复杂程度不仅可以产生运动反应（动作），而且在进化过程中还产生了心理反应时，这些心理反应可能通过以下一种或几种方法促进了有机体的生存：对外界环境的更细致广泛的观察（比如知觉到某个物体的更多细节，更准确地对其进行空间定位等）；运动反应过程的完善（更加准确地击中目标）；通过想象获取可以产生最佳结果的场景和行动计划，以对未来结果作出预测。

第二，既然**心理**存在是为了整个有机体的生存，心理脑的原始表征就必须关注身体本身的结构和功能状态，包括有机体对环境作出反应的外部和内部行动等。如果没有对其解剖和生理结构的基本和**当前**细节的表征，脑就无法调节和保护有机体。

发展一个心理，实际上就是发展表征。表征进入意识成为表象，可以赋予有机体新的方式来适应环境，而这些都是无法从基因组中预见的。这种适应性的基础可能始于对运转过程中的身体表象的构建，也就是说身体对外部环境（如使用肢体）和内部环境（调节内脏状态）作出反应时的身体表象。

230 如果确保身体能够生存下来是脑进化的首要选择，那么，当心理脑出现时，它们就开始使身体产生心理活动。我认为，为了尽可能高效地确保身体的生存，自然偶然寻找到了一种高效的解决办法：**用自然在身体上所引起的调整来对外部世界进行表征**。也就是说，每当有机体和环境之间发生互相影响的时候，就通过调整身体的原始表征来对环境进行表征。

这个原始表征是什么，又存在于何处呢？我认为它包括：(1) 脑干和下丘脑的生物化学调节状态的表征；(2) 内脏表征，不仅包括头部、胸部和腹部的器官，也包括肌肉群和皮肤，后者作为器官发挥作用，组成了有机体的最外一层，就是将我们包裹在一起成为整体的那层超级皮肤膜。(3) 我在第 4 章和第 7 章中提到，表征分布于几个脑区，一定要靠神经联接协调起来。皮肤和肌肉骨骼框架的表征在确保这种协调的正常运转中扮演着重要的角色，以下就来讨论这个问题。

当想到皮肤时，进入我们脑海的第一个观点是：皮肤是一层有弹性的感觉层，直接面对外部环境，通过触觉帮助我们构建对外部物体的形状、表面、纹理和温度的感觉。但是，皮肤的功能远不止于此。首先，它在自我状态平衡的调节中扮演重要角色：它由来自脑的直接自主神经信号和来自各种来源的化学信号所控制。当你的脸变得潮红或苍白的时候，这种变化发生在“内脏”皮肤里，而不是发生在你所熟悉的触觉感受器的皮肤里。以这种内脏的角色——皮肤，实际上是整个身体的最大的内脏——皮肤通过调节身体深处的血管的粗细变化来调节体温，通过中和离子的变化（比如你出汗的时候）来调节新陈代
231 谢。有人死于烫伤和烧伤，这不是因为他们失去了一部分重要触觉，而是因为皮肤是一个不可缺少的内脏器官。

我认为脑的躯体感觉区域，尤其是人类的右半脑，通过一种身体图式表征了我们的身体结构，在这种身体图式里，有中线部分（躯干、头部）、附属部分（四肢）和身体边缘部分。皮肤表征可能是表示身体边缘的自然方式，因为皮肤是既面向有机体内部、又面向有机体随时互动的外部环境的一个界面。

位于身体图式和身体边缘里的整个有机体的动态映射，是不可能仅在一个脑区获得的，而要通过几个脑区的神经活动模式的暂时协调工作获得。这种位于脑干和下丘脑中（在这里，拓扑性质的神经活动是最小的）被模糊映射的身

体运转的表征将会和某些特定脑区相连，在这些特定脑区里，比如，脑岛和被称为 S1 和 S2 的躯体感觉皮层，[4]可以获得越来越多的拓扑性质的信号传递。所有具有运动潜能的那些部分的感觉表征将会与那些活动可以引起各个部位和层面的肌肉运动系统连接在一起。换句话说，我心中的那个动态的映射集合是“躯体运动”。

上述结构是肯定存在的，但是，我并不能保证，它们就如我所描述的那样运转，或者它们就如我所认为的那样发挥作用。但是，我们可以对我的假设进行探讨研究。而且，如果我们连这种结构都不具备的话，就可能永远都不能指出我们身体的疼痛或不适的大概位置，哪怕我们指出的位置极其不准确；我们将无法感觉到双腿在站立了许久以后的酸痛、胃部的恶心、或者时差所带来的反胃和疲倦，无法在整个身体中进行“定位”。

假定我的假设得到了支持，让我们来讨论一下这种假设的意义。第一，无论触觉或其他感觉是否参与，与环境的大多数互动都发生在身体最外缘里的 232
某个部位，因为感觉器官位于这个身体最外缘的巨大地理映射的某个位置。与有机体和外部环境互动有关的信号传递完全可以参照身体最外缘的整体映射得到加工。某种具体感觉是在身体最外缘里的**某个特定部位**得到加工的，比如视觉是在眼睛里得到加工。

来自外界的信号有**两套**。你看到或听到的东西作为一种“非身体”信号激活了专门的视觉或听觉，但是它还激活了一种“身体”信号，这种身体信号来自前者进入身体皮肤的位置。随着这些具体感觉的参与，它们产生了两套信号。第一套来自身体，产生自特定感觉器官（眼睛主司视觉，耳朵主司听觉）的特定部位，并被传递到动态地将整个身体表征为一个功能映射的躯体感觉皮层和运动皮层。第二套信号来自这些特定器官本身，并在与这些感觉形态相对应的感觉皮层里得到表征。（比如视觉，就包括早期视觉皮层和上丘。）

这种安排具有一种实用结果。当你看东西的时候，你不是看到了，**而是你感觉到你用眼睛看到了东西**。你的脑对有机体参与身体参考映射（比如眼睛及其控制肌）的某个特定位置的信号进行加工，对激活你视网膜的图像的视觉细节的信号进行加工。

我认为，有机体从触摸物体、观看风景、听见声音，或者沿着既定轨迹在空间中移动所获得的知识都是通过参照运转中的身体得到表征。首先，不是你触摸到、看到、听到了什么东西或进行了移动，而是当身体触摸到，看到或听到什么东西或进行移动时，**产生了一种对身体的感受**。

在很大程度上，这种安排被保存下来。把我们的视觉描述为“我们看东西时身体的一种感受”，这种描述是比较恰当的，我们当然“感受到”我们在用
233 眼睛而不是在用前额看东西。（我们还“知道”我们之所以用眼睛看，是因为如果我们闭上眼睛，视觉表象就没有了。但是，这种推论并不等同于用眼睛看的自然感受。）由于注意被分配给了视觉加工，我们确实部分地无法意识到身体。但是，如果疼痛、不适或情绪出现了，注意马上就会集中到身体表征上，身体感受就会从背景转移到中心舞台。

虽然我们通常并不承认，但实际上我们在很大程度上意识到了身体的整体状态。然而，显然随着视觉、听觉和触觉的进化，通常分配给它们的整体知觉组成部分的注意也相应地增加，这样身体的知觉过程经常就准确地位于它一直以来都表现得最突出的位置：即**背景之中**。这种说法与以下事实相符：在简单有机体中，除了由有机体整个身体外缘部分发展而来的身体感觉的前体(forerunner)，或者称为“皮肤”之外，还存在专门感觉（视觉、听觉、触觉）的前体，这一点可以从整个身体外缘的反应（分别是对光、震动和机械接触的反应）方式观察到。即使在不具有视觉系统的有机体身上，我们也可以找到以整个身体对光敏感的形式存在的视觉前体：令人感兴趣的是，当光敏感性被某个特定身体部位（眼睛）控制的时候，这个部位本身在整个身体图式中就具有了一个特定**位置**。[这种关于眼睛是从具有光敏感性部位进化而来的说法是达尔文的观点。尼古拉斯·汉弗莱（Nicholas Humphrey）也采用过相似的观点。[5]]

在大多数正常的知觉过程中，除了与正在被知觉到的客体相对应的某个或某些感觉系统，躯体感觉系统和运动系统也会同时参与。即使这个对应的感觉系统碰巧是躯体感觉系统感受外界刺激或主要面向外部环境的部分，情况也是如此。当你触摸一个客体时，你的皮肤会产生两套局部信号。一套与客体的形状和纹理有关；另一套与通过与客体接触所激发的、以及胳膊与手的运动所激
234 发的身体部位有关。除此之外，既然客体会产生与情绪价值有关的后续身体反应，躯体感觉系统在这个反应后不久又重新参与了进来。很明显，无论我们在做什么和想什么，几乎都必须要进行身体加工。如果没有某种**具体表现状态**(embodiment)，心理可能是无法被观察到的。在乔治·莱考夫（George Lakoff）、马克·约翰逊、埃莉诺·罗施（Eleanor Rosch）、弗朗西斯科·瓦雷拉

(Francisco Varela）和杰拉尔德·埃德尔曼（Gerald Edelman）所提出的理论中，具体表现状态是一个相当重要的概念。[6]

我曾经和很多人讨论过这个观点，如果说与他们的讨论具有什么启发的话，那就是大多数人认为这种说法比较容易接受，但是有少数人还是认为它太极端或者根本就是错误的。我仔细地听取了怀疑者的观点，了解到他们的主要疑问在于，他们认为在自己的思想过程中，感觉不到身体对任何事物的当前和普遍的体验。但是，我并不把这看成是一个问题，因为我并没有说身体表征掌控着我们的心理状态（在情感巨变的时候除外）。就当前时刻而言，我的观点认为，身体状态的表象处在背景之中，通常不受注意，但随时准备表现出来。而且，我的观点的重点在于脑/心理过程的**发展历史**，而不在于当前时刻。我相信，身体状态的表象对于当前所存在的一切就像建筑砖块和脚手架一样必不可少。但是，毫无疑问，当前所存在的一切肯定受非身体表象的控制。

怀疑论的另一个来源是认为：身体确实与脑进化过程有关，但是却在脑组织中如此全面永久地被“符号化”，以至于身体无需再“存在于回路里”。这当然是一个极端的观点。我同意，身体在脑组织中已经完全“符号化”了，并且这些身体的“符号”可以被使用，就“好像”它们是当前的身体信号一样。但是我更倾向于认为，由于我已经列出来的那些原因，身体仍然留存“在回路里”。我们只需要另外一条证据来支持我们此处提出的这个观点的正确性即可。同时，我请求那些怀疑者再耐心一些。

以身体作为基本参照 235

身体本身在活动中的原始表征会提供一个空间和时间框架，这可以作为其他表征生成的参照。在身体的解剖结构和环境中的运动模式的基础之上，我们当前所构建的三维表征得以在脑中产生。

虽然外部现实确实存在，但我们对它的了解要通过运转中的身体本身在活动中的作用，即通过使其感到不安的表征来获得。我们可能永远都无法知道，我们的知识到底有多么接近“绝对”事实。我们需要具有的，我相信我们也确实具有的，是我们的脑所产生和共享的对现实众多构建的显著一致性。

想一想我们对猫的认识：我们必须要构建**某种**图像，关于我们的有机体如何受到被我们理解为猫的某类实体所调整的图像，并且无论对个体来说，还是对我们所属的整个人类来说，都一致地需要这样做。那些关于猫的系统一致的表征是真实的。我们的心理是真实的，我们关于猫的表象是真实的，我们关于猫的感受也是真实的。就是这样一种心理、神经和生物的现实碰巧成为**我们**的现实。青蛙和鸟也看到了猫，但它们看到的和我们看到的不一样；反过来，对于猫来说，亦是如此。

可能最重要的是，运转中身体的原始表征在意识中也发挥一定作用。它们为自我的神经表征提供一个核心，这样在有机体最外缘的内部或外部，它们就为发生在有机体身上的表征提供了一个自然参照。有了身体作为基础参照，就无需再将主观性的产生归因于那个小矮人。取而代之的是连续的有机体状态，每一种都不停地在各种映射里被重新进行神经表征，每一种都固着于任意时刻都存在的那个自我。

236

神经系统中的自我

我对意识这个主题非常感兴趣，并且确信神经生物学已经可以开始研究这个主题了。一些哲学家［如约翰·瑟尔（John Searle）、帕特里夏·丘奇兰德（Patricia Churchland）和保罗·丘奇兰德（Paul Churchland）］极力敦促神经生物学家展开对意识的研究，哲学家和神经生物学家［弗朗西斯·克里克、丹尼尔·丹尼特、杰拉尔德·埃德尔曼、鲁道夫·利纳（Rodolfo Llinás）等］已经开始提出了这方面的理论。[7]但是因为本书不是关于意识的，我会将篇幅限制到一个方面，就是讨论与表象、感受和躯体标识器有关的问题。这个方面与自我的神经基础有关，对它的了解将会有助于我们了解主观性的过程，这是意识的一个重要特征。

首先，必须要澄清我所说的自我是什么意思。为了说明这一点，我想与大家分享我在很多神经疾病患者身上多次观察到的现象。有的患者丧失了辨认熟悉面孔、识别颜色或阅读的能力，或者无法再识别旋律、理解话语或讲话。他们描述自己的病情时，会说自己身上发生了一些现象，一些奇怪的新现象，他们自己可以观察到这些现象，感到迷惑，还可以用深刻和具体的方式描述出来。除了少数例外，他们的这种描述内容大都一致。令人奇怪的是，他们的描述里所隐含的心理理论显示，他们将这些问题“定位于”他们身体的某一部分，也就是他们从自我的角度所综览的自己身体的某一部分。参考框架与他们表示自己的膝盖或胳膊肘的问题时所用的框架没有什么不同。但我刚才说过，也有极少数例外。有些患有严重失语症的病人可能对自己的缺陷并不敏感，不能对自己的心理状态进行清晰的阐述，但是通常，他们都可以清晰地回忆起缺陷开始的准确时刻（这些疾病通常都是突然开始的）。无数次，我听到病人描述自己发生脑损伤、认知或运动障碍的那个恐怖时刻时，通常的说法都是：
“天啊，**我**到底怎么了？”这些复杂的缺陷不是针对某个模糊的实体，或者是隔 237
壁的某个人，而是自我出现了问题。

下面我来描述一下发生在之前提到的完全性疾病失认症患者身上的现象。无论是我的经验，还是我所阅读过的文献，都无法对我在先前篇幅里描述到的患者给出合理的解释。实际上，他们当中没有人说过这样的话，“天啊，我再也不能感觉到我身体的任何部分了，我能感觉到的只有我的心理，这太奇怪了”。没有哪个患者能告诉你病情是从什么时候开始的。除非别人告诉他们，否则他们自己也不知道。与我在上面提到的患者不同，没有哪个疾病失认症患者把他们的问题归结为自我原因。

更令人奇怪的是，我们观察到，那些仅部分身体感觉受损的患者可以将他们的疾病归结为自我原因。这种现象发生在暂时性疾病失认症病人或患有躯体认识不能的病人身上。有一个典型的例子，一位病人暂时丧失了整个身体框架和身体最外缘（左右都是如此）的感觉，但是却对自己的内脏功能（呼吸、心跳、消化）非常清楚，她将自己的病情归因为某个身体部分的丧失，而不是“自我存在”的丧失，前者令她忐忑不安。每当一个新的身体感觉部分丧失发生的时候，她还仍具有自我——实际上，是一个相当警觉的自我。这个病人患有癫痫，由右半脑一个较小但位置很重要的损伤引起，其就在我之前讨论过的几个躯体感觉映射的结合处；她的脑伤没有伤及前脑岛，我认为这个位置是解释内脏感觉的关键；抗癫痫药物迅速、有效地消除了这些症状。

我对完全性疾病失认症的解释是，他们所受的脑损伤已经部分地损坏了神经自我的基础。因此，由于他们加工当前身体状态的能力受到了损伤，他们所能够构建的自我状态就极少了。他们的构建依赖于旧信息，而旧信息随着时间的流逝变得越来越陈旧。

对自我的关注并不意味着我就是在讨论自我意识，因为在我看来，自我和
自我所产生的主观性对于整体意识而言是必不可少的，而并非仅仅对自我意识 238
来说如此。对自我的研究兴趣也不意味着意识的其他特征在神经生物学上就是

不太重要或不值得研究的。与我们作为表象的知情者和所有者所体验的自我一样，制造表象的过程以及这些表象的形成所必不可少的清醒和觉醒都是同样重要的。但是从认知和神经系统的角度来说，自我的神经基础这个问题和表象生成的神经基础问题并不是一个层面上的问题。没有了清醒、觉醒和表象的生成，你就没有了自我，但从理论上来说，你可以具有一个受损的自我，而仍然保持清醒和觉醒状态，并在脑和心理处都可以形成表象。在比较极端的病例里，清醒和觉醒的病理改变会引起精神恍惚、植物人状态、昏迷，以及自我完全丧失的状态，就像弗雷德·普拉姆（Fred Plum）和杰尔姆·波斯纳（Jerome Posner）在经典描述里表示的那样。[8]但是，也存在自我的病理改变却没有出现这些基础的损坏的情况，患有某些类型的癫痫或完全疾病失认的病人就是证明。

在继续论述之前，有必要进行澄清：在使用自我这个概念的时候，我绝不是要表示我们**所有**的心理内容都受一个最高知情者和所有者的监控，更不是要说，这样一个实体就位于某一个脑区里。我是说，我们的经验倾向于具有某种一致的视角，就好像确实对于大多数、尽管不是全部的心理内容具有一个所有者和知情者。我认为这种视角位于一个相对稳定的、不断重复的生物状态里。这种稳定性源自于有机体恒定不变的结构和运作，以及有机体一生中缓慢变化的生物数据。

在我看来，自我的神经基础在于至少两组表征的持续再激活。一组表征与
239 个体一生中的重大事件有关，在其基础上，身份可以通过拓扑性质的感觉映射的部分激活而得到反复构建。对我们的一生进行描述的痕迹表征与大量的分类事实有关，这些分类事实对我们进行了定义：我们做什么，喜欢谁和喜欢什么，使用什么类型的物体，经常去哪些地方，经常做哪些动作。你可能会把这组表征看成是 J. 爱德加·胡佛①所擅长搜集的那种文件，除了一点不一样，它们存在于很多脑的联合皮层里而不是在文件柜里。除了这种分类以外，还有来自我们过去经验的独特事实，这些事实被不断地作为映射表征被激活：我们在哪里生活和工作，我们的工作具体是什么，我们及我们的亲人和挚友的名字，以及我们所在的城市和国家的名称，等等。最后，在最近的痕迹记忆里，我们还有一个最近事件的集合以及它们所发生的大致时期；另外，还存在一个

① J. Edgar Hoover（1895—1972），曾任美国联邦调查局局长。——译者注

计划以及我们准备要实施或希望实施的一些想象事件的集合。我将这些计划和想象事件称为“可能未来的记忆”，它就像任何其他记忆一样保留在痕迹表征里。

简而言之，我们关于自我的更新表象（旧事记忆和规划未来记忆的结合）的持续再激活组成了我所认为的自我状态的很大一部分。

神经性自我的第二组表征由个体身体的原始表征组成，这一点我之前已经提到过了，不仅指身体一直以来是什么样子，而且还包括对客体 X 的知觉过程产生之前，身体最近的样子（这一点很重要：你在下面就会看到，我认为主观性在很大程度上依赖于对客体 X 进行加工的过程中以及过程后发生的身体状态的变化）。当然，这包括背景身体状态和情绪状态。身体的整体表征组成了自我“概念”的基础，就像形状、大小、颜色、纹理和味道的表征集合可以组成橘子概念的基础一样。早期身体信号，无论是在进化还是在发育过程中，都有助于形成自我的“基本概念”：这个基本概念为有机体里发生的任何其他过程提供了基础参考，包括**持续**包含在自我概念中，而且马上就成为过去状态的当前身体状态［这是杰尔姆·卡根（Jerome Kagan）所提出的自我概念的前身和基础[9]］。**当前**发生在我们身上的过程，实际上是发生在基于过去的自我概念身上，包括刚刚还是当前的过去。 240

每时每刻，自我状态都从基础开始构建。它是一种随时消失的参考状态，一直在持续一致地重构，以至于其拥有者永远都不知道它正在重构，除非重构过程出现了故障。当前的背景感受，或当前对情绪的感受，以及当前的非身体感觉信号，都对自我概念产生了影响，这可以从各脑区的协调活动中得到证明。但是，我们自己，或者准确一点，我们的元自我（metaself），仅仅在稍后就“学习”到了那个“当前状态”。我曾在第 8 章开头引用了帕斯卡关于过去、现在和未来的阐述，他的阐述精确地抓住了这一本质。现在不断变为过去，当我们对其进行观察思考的时候，我们又处在另一个现在，同时又规划着未来，而对未来的规划建立在过去的铺路石的基础之上。现在永远不会就是现在。我们永远都比意识晚了一步，没有办法改变。

最后，我们不妨转向可能是这场讨论中最关键的问题。客体 X 的表象和自我状态都是以拓扑性质的表征的瞬间激活的形式而存在的，那么，它们是通过什么样的魔法生成了使我们具有独特经验的主观感的呢？我先说一下答案，它依赖于脑内建立的某种描述，以及这个描述的表象呈现。当一个刚刚被感知到的客体（比如说面孔）的表象在早期感觉皮层形成的时候，**脑就会对这些表象产生反应**。这一过程之所以会发生，是因为产生自这些表象的信号被传递到了几个皮层下核团（比如说杏仁核、丘脑）和各种皮层区域里；另外，还因为
241 这些核团和皮层区域包含了对某些类型的信号的反应痕迹。最终结果就是，这些核团和皮层区域里的痕迹表征被激活，然后，在有机体状态里诱发了一系列变化。反过来，这些变化又随时改变着身体表象，从而干扰了自我概念的**当前**例证化（Instantiation）。

虽然这些反应过程意味着知识，但绝对不意味着任何脑组织都“知道”这些反应是由于实体的存在而产生的。当有机体的脑对某个实体产生了一组反应时，自我表征的存在并不能使那个自我**知道**相应的有机体正在作出反应。这个自我，就像上文描述的，是不可能**知道**的。但是，我们称之为“元自我”的过程可能会知道，条件是（1）针对源自脑对某种表象的反应的有机体状态的改变脑可以建立某种描述；（2）这种描述会**产生这种改变过程的表象**；（3）**改变的自我表象**和引发改变的表象共同呈现或快速交叉在一起。简而言之，脑对客体 X 的表象作出反应的结果是**有机体状态的改变**，而这种描述就和有机体状态的改变有关。虽然可以翻译成语言，但这种描述并没有使用语言。

即使我们运用了注意和意识，但只有表象还是不够的，因为当自我体验表象的时候，注意和意识都成为自我的组成部分，也就是说它意识到了它所给予注意的表象。但是，同时具备表象**和**自我也是不够的。把一个客体的表象说成组成自我的各种表象，或者说成与它们相关联，对于人们的理解都不是特别有帮助。人们可能会不理解这个所指和关联是什么，或者它们带来了什么结果。主观感到底是如何从这个过程产生的会变得非常难以理解。

242 现在请考虑以下几种可能性。首先，脑具有第三组神经结构，这组结构既不是支持客体表象的结构，也不是支持自我表象的结构，而是和两者都互相联系的结构。换句话说，这组结构就是我们称之为会聚区的第三类神经元集合，是构建整个脑、皮层区域和皮层下核团的痕迹表征的神经基础。

其次，**假如当有机体生成客体表象的同时**，这样一个第三类神经元集合从客体表征和自我表征同时接受信号。也就是说，**当有机体对一个客体产生反应时，这个第三类集合也在改变的过程中构建着自我的痕迹表征**。那么，这个痕迹表征就没有什么难以理解的，它就是脑非常善于存储、生成和重塑的那种表征。另外，我们知道脑具有构建这样一种痕迹表征的全部必需信息：我们看见

一个客体并在早期视觉皮层里形成其表征后不久，就在各个躯体感觉区域形成了对这个客体作出反应的有机体的许多表征。

我脑海中的痕迹表征既不是由那个小矮人创造的，也不是它所能知觉到的，其他的表征也是如此。它可以在和其相联的早期感觉皮层里激活与这个痕迹表征有关的表象，即对某一特定客体作出反应的有机体的躯体感觉表象。

最后，考虑一下我上面所阐述的所有内容——被表征的客体、对客体表征作出反应的有机体、由于有机体对客体作出反应而产生的改变过程中的自我状态——这些都同时存储在工作记忆里，并且在早期感觉皮层中同时或快速交替
出现。我认为，当脑不仅仅产生客体表象、不仅仅是有机体对客体反应的表 243
象，还产生第三种表象，即有机体在感知和对一个客体作出反应时产生的表象的时候，主观感就出现自后一个过程。我相信，主观感来自于第三类表象的内容。

这样，能够产生主观感的最小神经装置都需要早期感觉皮层（包括躯体感觉皮层）、感觉和运动联合皮层，以及具有会聚性、能够作为第三类神经元集合的皮层下核团（尤其是丘脑和基底神经节）。

这个基本的神经装置不需要语言。我所想象的这个元自我结构纯粹是非语言的，是某些主要的参与成分从这两者之外的某种视角阐发的一种概括的看法。实际上，这种第三方的观点组成了在这些参与者身上所发生的所有改变的一个非言语的叙述文件。这种叙述可以不利用语言，而使用感觉和运动系统在空间和时间上的基本表征来完成。我认为没有语言的动物也可以产生这样的叙述。

人类具有由语言提供的二级叙述能力，可以从非语言叙述中产生语言叙述。我们精确的主观感源自后一个过程。语言可能不是自我的来源，但肯定是“我”的来源。

对主观感的神经基础的另一种具体的提法我目前还不是很了解，但是，既然主观感是意识的一大特点，那么，哪怕再简短，也有必要说明一下我的看法与这一普遍领域其他观点有何联系。

弗朗西斯·克里克的意识假设重点强调表象生成，而完全不考虑主观感。克里克并没有忽略主观感的问题，而是决定不在这种情况下考虑它，因为他怀疑是否能够通过实验方法对主观感有所了解。他的选择和谨慎很有道理，但是我担心，不考虑主观感的问题，我们可能就无法正确解释有关表象生成和知觉

的实证研究数据。

244 而丹尼尔·丹尼特的假设与意识的高端和心理的终极产物有关。他同意自我的存在，但是没有提到其神经基础，而是专注于我们的意识流经验的产生机制。有意思的是，在这个过程上，他使用了一个序列构建的概念（他的乔伊斯风格的虚拟机制），这个概念与我在较低和较早水平上使用的表象构建概念没什么不同。但是，我确信，我的主观感生成装置不是丹尼特的那个虚拟机制。

我的看法和杰拉尔德·埃德尔曼关于意识的神经基础的观点有一个重要的相同点，就是对一种充满价值的生物自我的承认。（实际上，在当代理论家中，埃德尔曼是唯一认识到生物系统内在价值的重要性的一位理论家。）但是，埃德尔曼将这个生物自我限定在了皮层下的体内平衡系统里（而我则将之限定在了真实存在的、基于皮层的系统里，并且还认为它们活动的产物就成为感受）。于是，我所认为的它们的支持过程和支持结构也就不同。但是，我还不确定我的主观感概念和埃德尔曼的原始意识概念的对应程度如何。

威廉·詹姆斯曾认为心理学不应该质疑“个人自我”的存在，心理学所进行的最糟糕的尝试就是试图剥夺这些自我的重要性。如果他知道现在已经存在一些虽未经证实，但很可能正确的有关自我的神经基础的假设的话，应该会非常高兴。

11

推理的激情 245

在本书的开头，我提到感受对推理具有巨大的影响，前者所需的脑系统与后者所需的脑系统交织在一起，而这种交织系统又与调节身体的系统交织在一起。

我所提供的事实基本支持了这些假设，这些假设为吸引更多人进一步深入研究提供了希望，而且如果有新的研究结果出现，这些假设也会进一步得到修改完善。感受似乎确实依赖于某个与生物调节紧密联系的、由多种成分组成的专门系统。推理确实也依赖于一些特定的脑系统，其中某些还碰巧负责加工感受。这样，从解剖结构和功能上来说，推理、感受和身体之间就可能存在一条联系路径。我们似乎被一种推理的激情支配着，这种内驱力产生于脑核团，遍布各种层次的神经系统，并且以感受或者以无意识偏向的形式出现和引导着决策。推理，从实践推理到理论推理，可能都是在这种天生内驱力的作用下，通过一个类似技能和技术的掌握过程得以构建的。去除这种内驱力，你就无法获得这种掌握。但是，具有这种内驱力并不能使你自动掌握。 246

这些假设如果得到支持，推理就绝对不是纯推理这一说法有没有社会文化意涵呢？我认为答案是肯定的，而且意涵主要是正面的。

了解到感受与推理过程存在联系**并不**意味着推理就没有感受重要，它就应该处于次要地位，或者就不应该得到更多的培养。相反，了解感受的重要地位会使得我们有机会增强它们的积极效果，减少它们潜在的危害。确切来说，在消除正常感受的定位价值的情况下，人们希望推理能够不受计划和决定过程中的非正常感受或者正常感受的操作所带来的危害的干扰。

我并不认为对有关感受的知识有所了解会削弱我们实证性研究的倾向。相反，对情绪和感受的生理学知识了解得越多，我们愈会更加清楚地意识到科学观察的不足。我的阐述不应该削弱我们控制外部环境以服务于个体和社会利益的决心，也不应该削弱我们对伦理、道德、法律、艺术、科学和技术等可以使得我们的世界更加美好的那些文化手段进行开发、创造或完善的决心。也就是说，我阐述的任何内容都没有要强迫大家接受的意思。我一定要强调这一点，因为一说到感受，经常令人产生一种太关注自我、对周围环境不加以考虑，以及对不合格的理性表现听之任之的印象。实际上，这恰恰是我观点的反面，分子生物学家冈瑟·斯滕特（Gunther Stent）等人就曾有过担心，即对感受的过度重视可能会削弱我们坚持给人类文明带来进步的浮士德条约（Faustian contract）的决心。[1]

令我担心的则是，我们会对感受的重要性有所接受，但却并未尝试去了解
247 其复杂的生物和社会文化机制。这种态度的一个最典型的例子就是从表面的社会原因和神经递质的作用来解释受创的感受和非理性行为，现在这两种解释大量充斥着社会的视觉和文字媒体；还有就是用医学和非医学药物来矫正个人和社会问题。这种对感受和推理本质缺乏理解［“投诉文化”[2]（culture of complaint）的特点之一］的现象需要引起我们的警视。

但是，本书所阐述的人类有机体的观点，以及从我们的讨论结果所得到的感受和推理之间的关系都表明，理性的增强可能需要我们对自己脆弱的内部世界给予更多的关注。

从实际意义来说，感受在产生理性过程中所发挥的作用对我们目前所面临的一些社会、教育和暴力问题具有一定意义。虽然此处不是讨论这些问题的合适地点，但是我想说，如果加强对当前感受和可预测的未来结果之间的绝对联系的认识，教育系统可能会从中获益。儿童如果在现实生活、新闻广播、或者视听材料中过度接触暴力内容，他们的情绪和感受价值在适应性社会行为的习得和实施过程中就会下降。如此大量地间接接触暴力却没有道德框架的约束，只会进一步钝化他们对暴力的不敏感性。

笛卡尔的错误

如果不提及笛卡尔这位在西方科学和人文科学中一直都具有影响力，以及在身体、脑、心理三者关系方面提出很多观点的代表人物，我就无法呈现给大家本部分的对话。诸位已经看到了，我所关注的既包括笛卡尔将心理与脑和身体分离的二元论观点（其极端版本的影响力稍弱），还包括这一观点的各种现代变体，比如，心理和脑存在联系，但仅限于心理是作为一个软件程序在被称 248
为脑的计算机硬件上运行；或者说脑和身体是有联系的，但仅限于前者要在后者的生命支持下才能生存。

那么，笛卡尔错在哪里了？或者换一种更好的提法，我到底想要心怀恶意和令人生厌地指出笛卡尔的**哪一个错误呢**？有人可能会先报怨，指责他使得生物学家直到今天还使用钟表机制（clockwork mechanics）作为生命过程的模式。但这对笛卡尔可能有些不太公平，然后他们就会又继续指向“我思故我在”。作为哲学史上可能是最著名的一句话，其首次出现在法文版的《方法谈》（*Discourse on the Method*，1637）的第四部分中，后来出现在拉丁文版的《哲学原理》（*Principles of Philosophy*，1644）的第一部分。[3] 从字面上来理解，这句话与我所认为的心理来源以及心理和身体关系的观点恰恰相反。它表示思想和对思想的意识是存在的真正基础。既然我们都知道笛卡尔将思想看成是完全独立于身体之外的活动，这句话便加速了心理——即“认识的实体”（*res cogitans*），与具有伸延性和机械组成部分的非思想的身体（*res extensa*）的分离。

但是，在人类还远没有产生之前，生命就已经存在。到了进化的某个时刻，基本意识开始产生。伴随着基本意识产生了简单的心理；伴随着心理的日趋复杂，思考成为了可能，甚至后来，使用语言来交流和组织思想也成为可能。对于那时的我们来说，刚开始的时候，存在的就是生命，只有到了后来才有了思维。对于现在的我们来说，当我们降临到这个世界上并开始发育时，我们开始仍然只是生命，只有到了后来，我们才开始有了思维。我们先存在，然后我们再思考，我们之所以思考是因为我们存在，因为思考确实是由生命的结构和运转引起的。

如果我们把笛卡尔的论述放回到他那个时代去理解，就要想一想，这句话

249 与今天人们所理解的含义有没有什么不同。有没有可能将这句话看成是对有意识的感受和推理的优越性的一种肯定，而对它们的起源、组成或者恒久性却没有明确涉及？有没有可能这句话是笛卡尔出于调和自己非常明确的宗教压力这一巧妙目的呢？后者也许有可能，但是现在已经无从证实了。［笛卡尔把他生前经常使用的一句话“*Bene quilatuit*，*bene vixit*”作为自己的墓志铭，其选自欧维德（Ovid）的《崔斯狄亚》（*Tristia*，3.4.25）。意思是说：“将自己隐藏得很好的人才能生活得很好。”也许这是他对二元论的秘密放弃？］对于前者，总体来说，我认为笛卡尔所写的也**就是**他所要表达的。当这句著名的话刚出现的时候，笛卡尔为发现这个无比正确的论述而欣喜若狂，认为什么质疑都无法动摇它：

> ……评论说**“我思故我在”**这个真理确定无疑，那些怀疑论者所能想到的最刁钻的反驳都无法动摇它。我决定，将毫不迟疑地接受它作为我所追求的哲学的首要原则。[4]

这里，笛卡尔在为自己的哲学寻求一种逻辑基础，而这个论述与奥古斯丁（Augustine）的“我被骗故我在”（*Fallor ergo sum*）并无二异[5]。但接下来，笛卡尔又明确无误地对这一说法进行了阐述：

> 从这里我了解到我是一种物质，其所有的本质和天性就是思考，其存在不需要空间，也不依赖于任何有形的东西；所以，这个“我”，也就是我之所以成为我的那个灵魂，是完全与身体独立开来的，甚至比身体更容易了解；即使身体不存在了，灵魂也不会停止。[6]

这就是笛卡尔的错误：在身体和心理之间划定了一道鸿沟，在有大小、维
250 度、可以机械运行、可以无限分割的身体与没有大小、没有维度、够不到摸不着、不可分割的心理之间划定了一道鸿沟；认为推理、道德判断和源于肉体疼痛和情绪剧变的痛苦可能是存在于身体之外的。具体说就是，他将最精密的心理运转与一个生物有机体的结构和运转分离开来了。

现在，有人可能会问，为什么要和笛卡尔过不去，为什么不选择柏拉图

呢？柏拉图关于身体和心理的观点可要偏激得多，我们在《斐多篇》（*Phaedo*）中就可以有所发现。为什么要揪住笛卡尔的这一个错误不放呢？毕竟，他的其他一些错误要比这个严重得多。他认为热量使得血液循环，血液中的微小颗粒会自己析出形成“动物精气”来使肌肉运动。为什么不选择这两个错误中的任意一个呢？原因很简单，很久以来我们就知道他在这些问题上是错误的，而且血液如何循环和为什么循环的问题也已经得到了满意回答。但是，当说到心理、脑和身体的相关问题时，情况就不是这样了，而且笛卡尔在这些问题上的错误认识仍然具有影响力。对于很多人来说，笛卡尔的观点不证自明，无需进行再检验。

笛卡尔的心理无实体的观点很有可能是20世纪中期以前将心理看成软件程序这一比喻的来源。实际上，如果心理可以独立于身体之外的话，那么，可能不借助神经生物学知识，无需任何神经解剖学、神经生理学和神经化学的知识，人们就可以理解它。但很有意思同时又自相矛盾的是，很多认为自己不借助神经生物学就可以研究心理的认知科学家却不承认自己是二元论者。

在一些神经科学家的想法深处可能还有一些笛卡尔分离说的影子，他们坚持认为，只用脑事件（brain events）就完全可以解释心理，而不必考虑其他有机体部分、周围的物理和社会环境——对部分环境本身也是有机体先前活动的产物这一事实也可以不必理会。我不赞同这种观点，并不是因为心理和脑活动没有直接关联，虽然很明显事实不是如此，而是因为这种限制性论述不完整，无法令人满意。心理源自脑的观点毋庸置疑，但是我想要验证这种观点，并寻找为什么脑神经会以这样一种富有思想的方式来运作。目前来看，后者是问题关键。 251

心理无形论似乎也决定了西方医学界的疾病研究和治疗方式（见后记）。笛卡尔的分离说渗透到了研究和实际治疗领域。结果，身体疾病所造成的心理后果，即所谓真正的疾病，通常并不被重视，医生只有在进一步考虑之后才会有所涉及。而与之相反的心理冲突所产生的身体后果则更加受到了人们的忽视。笛卡尔确实曾经对改变医学的进程作出过贡献，颠覆了有机体论的心理存在于身体的观点，而这种观点从希波克拉底（Hippocrates）到文艺复兴都非常流行，这太具有戏剧性了。如果亚里士多德知道的话，他对笛卡尔该多么不满啊！

笛卡尔的错误的各种不同版本使得人们无法认识到，人类心理根植于一个从生物学上讲很复杂却又脆弱的、有限的、具有独特性的有机体里；它们模糊了隐含在这种脆弱、有限、独特知识里的悲剧性因素。人类没有认清自己所固有的、有意识存在的悲剧性因素，就很少会想到如何将其最小化，从而对生命的价值也不那么尊重。

我关于感受和推理的阐述，以及其他关于脑和身体两者关系的阐述都支持
252 了本人在介绍本书时提到的一个最普遍的观点：要从有机体的角度整体理解人类心理；心理不仅必须要从非物质的认知范围转移到生物组织的范围，而且还要和一个具有完整的身体和脑、并且还可以与物理及社会环境充分相互作用的完整有机体相关联。

但是，我所认为的真正有形的心理，并没有抛弃那些组成其灵魂和精神的、最精密层次上的运转。在我看来，正是这种灵魂和精神，连同它们的尊严和人性，形成了目前所有有机体的复杂和独特的状态。也许，作为人类，我们在生命的每一天所能做的最不可缺少的事情，就是提醒我们自己和周围的人，记住我们的复杂性、脆弱性、有限性和独特性。当然，这是个困难的工作，不是吗？将精神从根本不存在的根基上转移到某个部位，同时又保存其尊严和重要性；或者认识到它卑微的来源和弱点，但还要接受它的引导。确实，这是一项困难但必不可少的任务；然而，如果放弃了这个任务，我们还不如就让笛卡尔的错误保持原样，一直错下去。

后　　记 253

处于冲突中的人类心灵

“诗人的声音不应该仅仅是对人类的记录，它还可以是一种道具，一种支柱来帮助他们坚持和成功。”[1]威廉·福克纳（William Faulkner）大约于1950年写下这些文字，它们到今天仍然适用。福克纳希望这首诗的读者是自己的作家同行，但是他很可能也希望，我们这些研究脑和心理的人也成为他的读者：科学家的声音不应该仅仅是对生命的记录；科学知识也可以成为帮助人类坚持和成功的支柱。我写这本书的时候带着这样的信念：普通知识和专门的神经生物学知识在人类命运中扮演着一定的角色；只要我们愿意，更多的关于脑和心理的知识将会使我们获得幸福，而对幸福的渴望正是两个世纪前社会进步的跳板，这种渴望将会继续着保罗·艾吕雅①在他的诗歌《自由》（*Liberté*）里所描述的那种辉煌自由。[2]

在上述被引用诗句的同一篇文章里，福克纳告诉他的作家同行，他们已经
“忘记了处于自我冲突中的人类心灵问题，仅仅这一个主题就可以写出很好的 254
文章，因为只有这个主题是值得一写的，无论是痛苦还是汗水。”他号召各位同行不要在自己的写作世界中给其他类型的作品留任何空间，“除了关于心灵的古老事实和真理，这一古老的普遍真理，没有了这条真理，所有的作品都是

① Paul Éluard（1895—1952），法国著名诗人。——译者注

短暂且注定灭亡的——无论是爱情、荣誉、怜悯、骄傲、同情，还是牺牲。”

认为神经生物学不仅可以帮助我们理解人类，还能帮助我们理解和减轻社会冲突，这种说法可能超出了福克纳的本意，但这确实令人期待和深受鼓舞。这并不是说，神经生物学可以拯救整个世界，其仅仅表示，关于人类自己的知识积累可以帮助我们找到更好的处理人类问题的方法。

长期以来，人类一直处在一个全新的富于思考的进化过程中。在这个过程中，对于人类的身体和人类所组成的社会来说，心理和脑既是佣人，也是主人。当然，如果源自自然的脑和心理决定要扮演稚嫩的魔法师徒弟的角色并对自然施加影响，这还是存在风险的。但是，如果不迎接这种挑战，不试图将痛苦减到最小，风险同样存在。实际上，就算什么都不做，也还是存在巨大风险。顺其自然只会取悦某些人，这些人想象不到还有更好的世界和更好的方法，他们认为自己已经到达了各种生物世界的最高发展阶段。[3]

现代神经生物学和医学观点

医学概念及其在我们文化中的执业医生们之间存在一些自相矛盾之处。许多内科医生对艺术、文学、哲学等人文科学很感兴趣。他们当中的相当一部分人成为了著名的诗人、小说家和剧作者，人数可能多到令你吃惊。有些还对人类的状况本身进行了深入思考，凭借其敏锐洞察力探究了心理、社会和政治领
255 域。但是，培养他们的医学院却在很大程度上忽视了这些人文领域，而专注于身体本身的生理学和病理学领域。西方医学，尤其是美国医学，通过内科医学和外科相关附属专业的扩增得到繁荣发展，这两者都以对整个身体的患病器官和系统进行诊断和治疗作为目标。脑（准确地说，中枢和周围神经系统）也被包括在内，因为它也是这样一种器官系统。但是它最宝贵的产物——心理，却几乎没有得到主流医学的任何关注，而且实际上，甚至还没有成为神经病学这个针对脑疾病研究而产生的专业的主要关注重点。也许，美国的神经病学刚开始时是作为内科医学的附属专业出现，到 20 世纪才独立出来，这并不是偶然现象。

这种传统的最终结果是完全忽略了作为有机体功能之一的心理。时至今日，几乎没有哪所医学院向学生提供任何关于正常心理的正式指导，而这种指导只有在较强的普通心理学、神经心理学和神经科学的学科基础上才能产生出来。医学院确实会提供对一些关于心理疾病的病态心理的研究，但令人震惊的

是，学生在学习心理病理学之前却甚至连正常人的心理学都没有学过。

这种现象背后有几个原因，我认为大多数原因都源于笛卡尔式的人性观。在过去的 3 个世纪里，生物学研究和医学的目的都是为了理解有关身体的生理学和病理学，而心理则被排除在外，主要留作宗教和哲学关注的对象，甚至在它已经成为心理学这门专门学科的研究重点之后，也是到了最近才开始进入生物学和医学领域。我知道这个普遍现象也有一些值得称赞的例外，但是这些例外恰恰进一步证实了我所提到的情况的普遍性。

这一现象的结果是，在没有人性概念的情况下，医学就开始开展工作。所以，由心理引起的身体疾病的后果总是次要的考虑因素，或者根本就不予考 256
虑，这一点丝毫不令人惊讶。医学界一直以来都没有认识到，人们对自己病情的感受是影响治疗效果的一个重要因素。我们对安慰剂效应还知之甚少，患者通过安慰剂效应所获得的益处要远远大于某种药物干预所带来的期望效果。(可以通过对药物和注射剂的效果进行研究来考察安慰剂效应，这些药物和注射剂不含有任何活性药物成分，从而不会产生任何正面或负面影响，但这一点并不为患者所知。）比如，我们还不清楚什么人更容易受到安慰剂效应的影响，还是所有人都会受到安慰剂效应的影响。我们也不知道安慰剂效应可以持续多久，它到底有多么接近真正的效果。我们不太清楚如何增强安慰剂效应，对于安慰剂效应所产生的所谓双盲研究的错误率也一无所知。

心理变化，无论是强还是弱，都会引起身体疾病，这一点已经开始为人们所接受。但是在什么情况下，在什么程度下，它们可以引起疾病却没有人研究过。当然，祖母辈的人都知道这一点，她们会告诉我们悲伤、焦虑、过度愤怒等会引起心脏损伤、溃疡、面色黯淡，而且更容易感染。但是从科学的角度来说，这些说法太“民间”、“太经不起推敲了”，的确是如此。医学界也是很久之后才开始发现这些人类智慧结晶的基础是相当值得思考和研究的。

西方生物学和医学基于笛卡尔观点而产生的对心理的忽略有两大负面后果。首先，是在科学领域。从普通生物学角度理解心理的尝试由此被推迟了好几十年，或者说这个尝试几乎还没开始也不为过。当然，迟来总比永远不来的好。但是，这种延迟也意味着：迄今为止，对心理生物性的深刻理解本来可以对人类产生的潜在影响已经被错过了。

第二个负面结果是对人类疾病的有效诊断和治疗。当然，所有伟大的医生
都是这样一些男性和女性，他们不仅对自己那个时代的生理病理学的核心知识 257

相当精通，同时运用自己的洞察力和累积的智慧，他们对处于冲突中的人类心灵也处理得得心应手。由于他们的丰富知识和超群才能，他们都是诊断专家和能工巧匠。但是，如果认为西方世界的医学治疗标准就是我们大家都认识的那些伟大医生的标准的话，我们就错了。对人类有机体的错误观点，再加上知识的爆炸性增长和分支专业的出现，这些联合起来加重了医学界的缺陷，而非减少了它的缺陷。虽然医学过去几乎不需要这些来自其经济状况的额外问题，但是目前它也正在面临这些问题，这些问题当然都会使医学的表现恶化。

西方医学界的身心分离的问题虽然好像已经为人们所注意，却还没有为公众所详尽地了解。我甚至怀疑一些“非传统”医学的成功，尤其是那些源自非西方传统的医学，可能是对这一问题的一种补偿反应。诚然，这些非传统医学里有值得我们钦佩和学习的东西，但遗憾的是，无论它们多么充分地考虑到了人的因素，还是远远不能对人类疾病进行有效的治疗。公平地说，我们必须承认，即使是质量一般的西方医学无疑也解决了大量问题。但是，非传统医学确实指出了西方医学传统的明显弱点。如果像我所认为的那样，目前非传统医学的成功是公众对传统医学没有将人作为一个整体考虑的不满的表现的话，那么，这种不满还有可能在接下来的几年里随着西方社会的精神危机的日益严重而继续增长。

对可以将受创感受向他人公开的渴望，对个人伤痛和苦楚得以治愈的苦苦祈求，对于一种永远都无法得到满足的内在平衡感和幸福感的丧失发出的一阵
258 呐喊，这些是大多数人都渴求的，而且都不会在短期内消失。[4]要求仅靠医学来医治一个重病缠身的文化是愚蠢的，但是如果忽略了人类疾病的心理方面也同样是愚蠢的。

对于目前神经生物学局限性的一点解释

在本书中，我谈到了一些已被接受的事实、有争议的事实，以及对事实的解释；谈到了很多人接受或不接受的脑—心理领域的观点；谈到了事实正如我所说的观点，以及事实可能如我所说的观点。读者可能会惊讶于我的执著，那么多的“事实”都还是不确定的，那么多关于脑的知识最多只被看成是初步假设而已。当然，我希望自己可以说，我们确信知道脑是如何与心理的形成有关的，但是我不能——而且我想，也没有人能。

我还要在这里补充一点，脑/心理方面的问题没有确切的答案并不是什么令人感到绝望的事，而且不应该成为目前从事这一问题研究的相关学科领域失败的象征。相反，现在从事这一研究的那群人都斗志昂扬，因为新的研究成果正在以前所未有的速度产生出来。缺乏准确和全面的解释并不意味着停滞不前。虽然为最终答案的出现设定一个期限显得有些鲁莽且愚蠢，认为答案已经触手可及更是如此；但是，我们有理由相信，我们正在接近最终答案。如果有任何担心的理由，那担心不是来自于没有进步，而是来自于神经科学所汹涌出来的大量崭新发现，以及在这些大量发现的包围之下，我们可能会丧失清醒思考的能力。

你可能会问，既然我们拥有了这些大量的新发现，为什么还得不到确切答案呢？为什么我们不能就我们是如何看见物体的，或者更重要的，对自我是如何使我们看见物体的机制给出一个准确而全面的解释呢？

没有得到答案的主要原因——有人可能会说是唯一原因——是我们所要作出回答的各种问题的高度复杂性。显然，我们想要了解的答案在很大程度上依赖于神经元的运转，而我们确实已经具有了神经元的结构和功能方面的大量知识，小到各种组成神经元并使得神经元高效运转的各种方式：发放，或者参与激活模式。我们甚至还对使得这些神经元各不相同并以特定方式运转的基因有所了解。但是很明显，人类心理依赖于这些神经元的整体激活，从借助显微镜方可观察到的微观局域性回路到长达几厘米的肉眼可见的宏观系统，各种复杂的集合都是由神经元组成。人脑回路里大概有几十万亿个神经元。这些神经元所形成的触突至少也有100万亿个，形成这些神经回路的轴突的总长可达几十万英里。[感谢索尔克（Salk）研究院的神经科学家查尔斯·史蒂文斯（charles stevens）提供了这组估计数据。] 这些回路活动的产物是传递到另一个回路的一组发放模式。这个回路有没有可能产生发放，要视其他影响因素而定。有些因素是区域性的，源自其他终止于附近的神经元；有些是广泛性的，源自进入血液的激素等化学物质。发放产生的时间跨度相当短，只有几十个毫秒，这也就是说，在我们心理生命的一秒的时间里，脑就在各个脑区的各个回路里产生了几百万个发放模式。

那么，我们也应当清楚，无论某个神经元多么典型，心理的神经基础的奥秘不可能只通过揭示仅仅这一个神经元的秘密就得到答案；或者仅通过揭示某个典型神经回路的复杂区域性活动模式得到答案。最可能的答案是：心理的基本奥秘在于一个活体脑内很多神经元回路随时产生的各种局部和整体的发放模式之间的互相作用。

脑/心理问题的谜团不是一个简单的答案，而是有很多答案，答案的钥匙就在处于不同结构层面上的神经系统中那千千万万的组成部分里。对这些系统进行研究需要各种技能，而且整个研究过程的进程时快时慢。有些研究可以基
260 于动物实验，发展的会相对快一点。但有的研究必须在人身上进行，考虑到伦理方面的限制，进展就会慢很多。

有人可能会问，为什么神经科学没有像分子生物学那样在过去的 40 年里取得令人瞩目的辉煌成就。有人甚至会问，与 DNA 结构的发现相对应的神经科学发现是什么，是不是这个相对应的神经科学发现还没有出现。虽然在某些层面上，神经系统的某些发现在实际价值上可能与 DNA 结构具有可比性，比如对动作电位的了解，但是，两种学科不存在这种简单的一一对应关系。然而，从产生心理的脑的层面上来说，这一对等物**必须是一个大规模的回路和系统设计，包括微观结构和宏观结构层面上的描述**。

如果读者发现这些关于我们目前知识局限性的理由还不充分的话，我再补充两个。首先，我之前提到，我们脑里只有部分回路是由基因具体定义的。人的基因组严格规定了我们身体的细节构建，还包括脑的整个设计。但是，并非所有的自主发育和运转的回路都是由基因规定的。每个脑里的很多回路，在成人生命中的任意时刻，都具有个体性和独特性，真实地反应特定有机体的生命历史和环境。所以，这当然就使得神经科学奥秘的最终解开无法变得更容易一些。其次，每个人类有机体都是生活在与其相似的有机体集体中。个体的心理和行为属于这样一个集体，在特定的文化和物理环境下运作，并不简单地为上面所提到的由活动驱动的回路所决定，基因的决定作用更小。要全面地理解产生了人类心理和行为的脑，就必须考虑其社会和文化背景。这才是我们的工作令人感到困难，甚至裹足不前的地方。

261

生存的杠杆

一些非人类甚至非灵长类的物种，其记忆、推理和创造力都比较有限，但是它们的一些表现却可以证明，其复杂社会行为的神经控制一定是与生俱来的。昆虫，尤其是蚂蚁和蜜蜂，是社会合作的典范，它们随便哪一天的合作精

神都一定会使联合国大会感到羞愧。更具有说服力的是，在哺乳动物身上也存在着大量的类似证据，其中狼、海豚和吸血蝙蝠等动物的行为甚至具有了一种伦理结构。显然，人类也具有一些相同的天赋机制，这些机制有可能是人类所使用的一些伦理结构的基础。但是，我们所遵循的复杂社会传统和伦理结构很有可能是由于文化原因产生和传递的。

有人可能会想，如果是这样的话，那么这些策略的文化发展的起因是什么？有可能是在个体记忆过去和预测未来的能力已经得到显著发展的情况下，它们作为应对个体痛苦体验的方法进化而来。换句话说，这些策略首先在那些能够意识到自己的生存受到威胁，或者他们幸存之后的生活质量可以更好的个体身上发展起来。这种策略只有少数脑结构已经发展到如下水平的物种才有可能产生：首先，具有记忆不同类型客体和事件，以及记忆某些独特客体和事件的强大记忆容量。也就是说，要具有根据种类和独特性建立各种客体和事件的痕迹表征的能力。其次，具有操作这些被记住的表征组件的强大能力，以及通过重组来产生新事物的强大能力。这些新事物的最直接有用的类型就是对场景的想象、对行为结果的预测、对未来的计划、对提高生存几率的新目标的设定。最后，记忆上述新事物的强大能力，也就是预测结果、新计划和新目标的能力。我把这些被记住的事物称为“未来记忆”。[5] 262

如果关于过去体验和可预测未来的知识增长是应对痛苦的社会策略的产生原因的话，我们首先还要解释痛苦是怎样产生的。为了说明这一点，我们必须要考虑生物意义上所规定的痛苦及其反面——愉快。当然，令人好奇的是，当还不存在个人痛苦或推理的时候，我们现在称之为痛苦和愉快背后的生物机制也正是为什么天赋的生存机制在进化过程被选择和被结合成它们现在这个样子的重要原因。这可能就意味着：同样简单的装置，当在不同环境下应用于复杂程度不同的系统时，就会产生不同却相关的结果。免疫系统、下丘脑、腹内侧额叶皮层和美国的《权利法案》都具有相同的根本原因。

痛苦和愉快是有机体使得本能和习得策略有效运转的必要杠杆，也很有可能是控制社会决策策略发展的杠杆。当社会群体中的很多个体都体验到心理、社会和自然现象的痛苦结果时，发展理智和文化策略以应对或减少痛苦体验就成为可能。

当我们意识到身体状态明显偏离基本范围的时候，痛苦和愉快就产生了。

被感知为痛苦或愉快的刺激构型和脑活动模式构型是预先设定在脑结构里的。它们产生的原因在于回路以某种特定方式产生发放，这些回路则是按照基因的指令以某种特定方式形成的。虽然我们对疼痛和愉快的反应可能因为教育的原因而改变，这些反应却是心理现象依赖于天赋痕迹表征激活的最好例证。

263 我们应该分清痛苦和愉快的至少两种组成部分。首先，脑产生了局域性身体状态变化的表征，具体指向身体的某个部分。这是正常意义上的躯体感觉知觉。它来自皮肤，或者来自黏膜，或者来自某个器官的某个部分。痛苦和愉快的第二个组成部分来自身体状态的更加广泛的变化，实际上就是情绪。比如，我们称之为痛苦或愉快的东西是我们的脑所知觉到的某种特定身体状态概念的名称。对那种状态的知觉在脑里通过神经递质和神经调质得到进一步调节，神经递质和神经调质影响了与表达身体有关的脑区的信号传递和运转。结合在鸦片受体处（opioid receptors，与被吗啡影响的受体相似）的内啡肽的释放（有机体自身的吗啡），是“愉快状态”知觉过程的重要组成部分，可以消除或减轻对“痛苦状态”的知觉。

我可以利用一个痛苦加工的例子来进一步说明这个观点。情况是这样的：从存在组织损伤的身体部位的被激发的神经末梢处（比如牙齿的根管），脑构建了一个局部身体变化的暂时表征，其与之前这个部位的表征不同。与疼痛信号相对应的活动模式和结果表征的知觉特点完全由脑规定，它们与任何其他种类的身体知觉不存在任何神经生理上的不同。但是，如果情况果真如此，我认为你所能体验到的就只是身体变化的特定表象，而没有任何令人烦恼的后果。你可能不喜欢这种表象，但是并不会因此产生任何不便。我要说的重点是，**这个过程不会就此而停止**。这个没有引起什么烦恼的身体变化的加工过程迅速引发了一连串其他的身体状态变化，使整个身体状态进一步偏离基本范围。**随之发生的状态是产生了一种特定情绪**。正是由于接下来的被引发的身体状态偏离，不愉快的痛苦感就形成了。你可能会问，为什么它们会被体验成痛苦呢？
264 因为有机体就是这么表达的。我们天生就具有一种预组织机制，使得我们产生痛苦和愉快体验。文化和个人经历可能会改变其被激发的阈值，或者强度，或者会提供压制它的手段，但是基本机制是固定的。

这样一种预组织机制的作用是什么？为什么会有这种多余的令人烦恼的状态，而不是仅仅只有疼痛表象呢？有人可能只是好奇，但是答案可能与疼痛使得我们提高注意这一事实有关。痛苦为我们提供了生存下去的最好保护，因为它增加了个体留意疼痛信号，并且作出反应来避开疼痛来源或者纠正其后果的可能性。

如果疼痛是内驱力和本能的合理使用，以及相关决策策略发展的杠杆的话，疼痛知觉的改变就应当伴随着行为损伤。情况似乎就是如此。先天就患有一种称为先天痛感缺失症这种奇怪疾病的患者就不能习得正常的行为策略。这种疾病可以令他们关节受损（由于没有痛感，他们的关节运动远远超出了其可承受的机械范围，从而拉伤了韧带和被膜），出现严重的烫伤、割伤（他们不会从滚烫的盘子或者会割伤皮肤的刀口上缩回手），[6]但很多患者看起来却永远都嘻嘻哈哈，情绪不错。由于他们仍然可以感受到愉快，所以会受到正面情绪的影响，但是非常有意思的是，他们的行为确实存在缺陷。然而，如果假设这些杠杆装置不仅仅在发育中发挥作用，而且在习得的决策策略的运用过程中也是如此，这种假设就更加令人感兴趣。前额叶受损的病人会产生令人惊讶的疼痛改变反应。比如，他们疼痛的局部表象仍完好无损，但是情绪反应却缺失了，这一疼痛过程的主要部分也消失了，或者至少说，随之而来的感受不正常了。关于这种分离现象还有其他证据需要参考，比如那些采用外科手术脑损伤来医治慢性疼痛的患者。

有些神经疾病会出现严重的和经常性的疼痛，比如三叉神经痛。神经痛指 265
的是源于神经的疼痛，三叉神经是向面部组织提供信号并将信号从面部传输回脑的神经。三叉神经痛影响面部、通常是一侧面孔的某个部分，比如说面颊。触摸皮肤等突然的不经意动作，或者根本不会造成什么伤害的轻抚皮肤的微风都可能会引起一阵突发剧痛。患者会抱怨说，痛起来时就好像有把刀在割他们的肉体或有根针在刺他们的皮肤和骨头。他们的所有生活都集中到疼痛上了；当剧痛发生时，他们就什么都干不了了，而且这种疼痛会经常发生。他们的身体会疼得紧紧缩成一团。

对于那些所有药物治疗都无效的神经痛患者来说，他们的病症就属于顽固性的。在这种情况下，神经外科医生就会使用外科手术干预来寻求可能的问题解决办法。过去曾经尝试过的一种治疗方法是前额叶白质切除术（我们在第 4 章讨论过）。这种干预方法的结果比任何其他事实都能更好地解释疼痛本身和痛苦之间的差别。前者是对某种感觉信号的知觉，后者是对这种知觉过程的情绪反应进行知觉所产生的感受。

我们来看一下我自己曾经亲历的一个场景。那时我正和阿尔梅达·利马一起进行培训，利马是位神经外科医生，他曾经帮助埃加斯·莫尼兹发展了脑造影术和前额叶白质切除术，实际上，他实施了第一例这种手术。利马不仅是一位高超的外科医生，还是一位富于同情心的人，他当时一直在使用一种改良的切除术来治疗顽固性疼痛，并且确信他的方法可以用在几乎无法治愈的极端病例上。有一次，他让我观看了一个相关手术从头至尾的整个过程。我至今还清
266 晰地记得那个病人。他坐在床上等待手术开始，由于剧痛，他蜷缩着，几乎一动不动，唯恐动一下会引发更剧烈的疼痛。手术后两天，当我和利马做例行医疗查房的时候，却发现他变成了另外一个人。他看起来和正常人一样很放松，正兴致勃勃地沉浸在和同病房病友的扑克游戏中。利马询问他的疼痛情况。他抬起头来，兴高采烈地说："哦，疼还是疼，但是我现在感觉很好，谢谢。"很明显，手术所做的工作是去除了情绪反应，去除了一个参与组成了被我们整体称之为疼痛感的部分。它结束了这个人的痛苦。他的面部表情、声音和行为举止都令我们想到愉快状态而非疼痛。但是手术似乎并没有对由三叉神经提供的身体局部改变的表象产生什么影响，这就是为什么那个病人仍然说疼的原因。虽然脑不再产生痛苦，但仍然还产生"疼痛表象"，也就是说，还仍然对疼痛状态的躯体感觉映射进行正常加工。[7]通过这个病例，我们了解到了疼痛的机制，除此之外，它还向我们揭示了实体表象（等同于疼痛表象的生物组织状态）和通过时间上的共存对实体表象进行限定的身体状态表象之间的分离状态。

我认为，神经生物学和医学的主要努力方向之一应该转移到上述的如何减轻痛苦的研究上。对于生物化学的努力方向来说，同样重要的目标应该是减轻心理疾病所带来的痛苦。但是，如何不借助医学方法来解决源自个人和社会冲突的痛苦则是一个全新和尚未解决的问题。目前的趋势是不作任何区分，使用医学方法来消除所有类型的不适。这种态度的支持者的观点比较吸引人。比如，如果血清素水平的增加不仅可以治疗抑郁，还可以减轻攻击性行为，使你不那么害羞，而变成一个更加自信的人，那么为什么不好好利用这个机会呢？除了那些最令人扫兴、像清教徒一样严格的人，难道有谁会拒绝让自己的人类
267 同胞从这些神奇的药物中受益吗？当然，问题在于，由于诸多原因，我们对这一选择的了解还不是很清楚。第一，这些药物的长期生物效果还不清楚。第二，对这种药物的社会性普遍摄入的后果同样也不清楚。第三，也可能是最重

要的原因，如果这种解决方法不将个人和社会冲突产生的原因考虑在内，它的功效也不太可能持续太久。它可能可以治疗一种症状，但对疾病的关键部分却无能为力。

关于愉快，我谈得比较少。疼痛和愉快并不是双胞胎或彼此的镜像表象，至少就它们在杠杆生存中发挥的作用来说是这样。但是，无论是在当前还是在可预测的未来，使我们成功地躲避即将发生的麻烦的经常都是与疼痛有关的信号。如果个体和社会整日以对愉悦的追求为目标，其程度相当于或大于对疼痛的避免程度，很难想象这些个体和社会能继续存在下去。当前一些享乐文化与日俱增的社会发展为这一观点提供了支持，我和我的同事在各种情绪的神经联系上所得到的研究结果则提供了更多的支持。负面情绪的种类似乎要远远大于正面情绪，而且脑加工正面情绪和负面情绪所运用的系统也是明显不同的。托尔斯泰也许也曾有同感，他在《安娜·卡列尼娜》（*Anna Karenina*）的开篇写到："所有幸福的家庭都是相似的，不幸的家庭各有各的不幸。"

注　　释

269

导　　言

[1] 我已经尽可能清楚地将“推理”(reason)，“理性”(rationality) 和“决策”(decision-making) 三者区分开来，但是我仍要提醒大家，它们的含义经常令人产生理解偏差，我在第 8 章一开头也提到了这一点。不单我本人对此感到困惑，读者们也是如此，任何一本现代哲学辞典关于推理的解释都是这样的：“一直以来，而且现在依然如此，英语中‘推理’一词的含义和用法数量众多且范围宽泛，这些含义和用法之间常常存在着复杂而模糊的联系……”(*Encyclopedia of Philosophy*，P. Edwards，ed.，1967，New York：Macmillan Publishing Company and the Free Press.)

虽然如此，读者可能会发现，我所谓的推理和理性仍然属于传统意义上的含义。通常我所说的推理指的是有序而富有逻辑性地进行思考和推断的能力；而我所说的理性指的是思维和行为的质量，这些思维和行为来源于推理对个人和社会环境的适应过
270 程。我没有将推理和决策互换使用，因为并不是所有的推理过程都最终形成决定。

读者还会发现，我也没有将情绪 (emotion) 和感受 (feeling) 这两个术语互换使用。总的来说，我所谓的情绪指的是存在于脑和身体之内，通常由某个特定的心理内容所激发的一系列变化。感受是对这些变化的知觉。我在第 7 章对两者的差异进行了阐述。

[2] C. Darwin(1871). *The Descent of Man*. London: Murray.

[3] N. Chomsky(1984). *Modular Approaches to the Study of the Mind*. San Diego: San Diego State University Press.

[4] O. Flanagan(1991). *The Science of the Mind*. Cambridge, MA: MIT Press/Bradford Books.

1

[1] J. M. Harlow (1868). Recovery from the passage of an iron bar through the head, *Publications of the Massachusetts Medical Society*, 2: 327－347; and (1848－1949). Passage of an iron rod through the head, *Boston Medical and Surgical Journal*, 39: 389.

[2] 见注释 1.

[3] E. Williams, cited in H. J. Bigelow (1850). Dr. Harlow's case of recovery from the passage of an iron bar through the head, *American Journal of the Medical Sciences*, 19: 13—22.

[4] 见注释 3 (Bigelow).

[5] 见注释 1 (1868).

[6] N. West (1939). *The Day of the Locust*. Chapter 1.

[7] 对这一态度的例证是 E. Dupuy (1873). *Examen de quelques points de la physiologie du cerveau*. Paris: Delahaye.

[8] D. Ferrier (1878). The Goulstonian Lectures on the localisation of cerebral disease, *British Medical Journal*, 1: 399—447.

[9] 关于对加尔所作贡献的公平评价，请参见：J. Marshall (1980). The new organology, *The Behavioral and Brain Sciences*, 3: 23—25.

[10] M. B. MacMillan (1986). A wonderful journey through skull and brains, *Brain and Cognition*, 5: 67—107.

[11] N. Sizer (1882). *Forty Years in Phrenology; Embracing Recollections of History, Anecdote and Experience*. New York: Fowler and Wells. 271

[12] 见注释 1 (1868).

2

[1] P. Broca(1865). Sur la faculté du langage articulé, *Bull. Soc. Anthropol. ,Paris*, 6:337—393.

C. Wernicke(1874). *Der aphasische Symptomencomplex*. Breslau:Cohn und Weigert.

更多布洛卡和威尔尼克关于失语症研究的细节，请参见：A. Damasio(1992). *The New England Journal of Medicine*, 326:531—39. 了解关于语言的神经解剖研究的最新进展，请参见 A. Damasio and H. Damasio(1992). *Scientific American*, 267:89—95.

[2] 全面了解神经解剖学，请参见：J. H. Martin(1989). *Neuroanatomy Text and Atlas*. New York:Elsevier. 了解人脑的现代图表集，请参见：H. Damasio(1994). *Human Neuro-*

anatomy *from Computerized Images*. New York:Oxford University Press. 了解神经解剖学对未来神经生物学中的重要性，请参见：F. Crick and E. Jones(1993). The Backwardness of human neuroanatomy, *Nature*, 361:109—110.

[3] H. Damasio and R. Frank(1992). Three-dimensional *in vivo* mapping of brain lesions in humans, *Archives of Neurology*, 49:137—143.

[4] See E. Kandel, J. Schwartz, T. Jessell(1991). *Principles of Neuroscience*. Amsterdam: Elsevier.

P. S. Churchland and T. J. Sejnowski(1992). *The Computational Brain: Models and Methods on the Frontiers of Computational Neuroscience*. Boston: MIT Press, Bradford Books.

[5] H. Damasio, T. Grabowski, R. Frank, A. M. Galaburda, and A. R. Damasio(1994). The return of Phineas Gage: The skull of a famous patient yields clues about the brain, *Science*, 264:1102—1105.

272

3

[1] 除了菲尼亚斯·盖奇，出于保护隐私的考虑，所有的患者姓名都为首字母缩写或化名，可以辨别其身份的一些具体信息也被删除。

[2] 我在此节中所提及的许多神经心理测试在以下文献中可以找到：M. Lezak(1983). *Neuropsychological Assessment*. New York: Oxford University Press; and A. L. Benton (1983). *Contributions to Neuropsychological Assessment*. New York: Oxford University Press.

[3] B. Milner(1964). Some effects of frontal lobectomy in man, in J. M. Warren and K. Akert, eds., *The Frontal Granular Cortex and Behavior*. New York: McGraw-Hill.

[4] T. Shallice and M. E. Evans(1978). The involvement of the frontal lobes in cognitive estimation, *Cortex*, 14:294—303.

[5] S. R. Hathaway and J. C. McKinley(1951). *The Minnesota Multi-phasic personality Inventory Manual* (rev. ed.). New York: Psychological Corporation.

[6] L. Kohlberg(1987). *The Measurement of Moral Judgment*. Cambridge, Massachusetts: Cambridge University Press.

[7] J. L. Saver and A. R. Damasio(1991). Preserved access and processing of social knowledge in a patient with acquired sociopathy due to ventromedial frontal damage, *Neuropsychologia*, 29:1241—1249.

4

[1] B. J. McNeil, S. G. Pauker, H. C. Sox, and A. Tversky (1982). On the elicitation of preferences for alternative therapies, *New England Journal of Medicine*, 306: 1259—1269.

[2] 了解神经心理学研究策略的细节，请参见：H. Damasio and A. R. Damasio (1989). *Lesion Analysis in Neuropsychology*. New York: Oxford University Press.

[3] R. M. Brickner (1934). An interpretation of frontal lobe function based upon the study of a case of partial bilateral frontal lobectomy, *Research Publications of the Association for Research in Nervous and Mental Disease*, 13: 259—351; and (1936). *The intellectual functions of the frontal lobes: Study based upon observation of a man after partial bilateral frontal lobectomy*. New York: Macmillan. 其他关于额叶损伤的研究，请同时参见：D. T. Stuss and F. T. Benson (1986). *The Frontal Lobes*. New York: Raven Press. 273

[4] D. O. Hebb and W. Penfield (1940). Human behavior after extensive bilateral removals from the frontal lobes, *Archives of Neurology and Psychiatry*, 44: 421—438.

[5] S. S. Ackerly and A. L. Benton (1948). Report of a case of bilateral frontal lobe defect, *Research Publications of the Association for Research in Nervous and Mental Disease*, 27: 479—504.

[6] 有关与阿克利和本顿患者类似的几个病例，请参见：

B. H. Price, K. R. Daffner, R. M. Stowe, and M. M. Mesulam (1990). The comportmental learning disabilities of early frontal lobe damage, *Brain*, 113: 1383—1393.

L. M. Grattan, and P. J. Eslinger (1992). Long-term psychological consequences of childhood frontal lobe lesion in patient DT, *Brain and Cognition*, 20: 185—195.

[7] E. Moniz (1936). *Tentatives opèratoires dans le traitement de certaines psychoses*. Paris: Masson.

[8] 有关此方面的探讨及其他形式的攻击性行为，请参见：E. S. Valenstein (1986). *Great and Desperate Cures: The Rise and Decline of Psychosurgery and Other Radical Treatment for Mental Illness*. New York: Basic Books.

[9] J. Babinski (1914). Contributions à l'étude des troubles mentaux dans l'hémiplégie organique cérébrale (anosognosie), *Revue neurologique*, 27: 845—847.

[10] A. Marcel (1993). Slippage in the unity of consciousness, in *Experimental and theoretical studies of consciousness* (Ciba Foundation Symposium 174), pp. 168—186. New York: John Wiley & Sons.

[11] S. W. Anderson and D. Tranel (1989). Awareness of disease states following cerebral infarction, dementia, and head trauma: Standardized assessment, *The Clinical Neu-*
274 *ropsychologist*, 3: 327—339.

[12] R. W. Sperry (1981). Cerebral organization and behavior, *Science*, 133: 1749—1757.

J. E. Bogen and G. M. Bogen (1969). The other side of the brain. Ⅲ: The corpus callosum and creativity, *Bull. Los Angeles Neurol. Soc.*, 34: 191—220.

E. De Renzi (1982). *Disorders of Space Exploration and Cognition*. New York: John Wiley & Sons.

D. Bowers, R. M. Bauer, and K. M. Heilman (1993). The nonverbal affect lexicon: Theoretical perspectives from neuropsychological studies of affect perception, *Neuropsychologia*, 7: 433—444.

M. M. Mesulam (1981). A cortical network for directed attention and unilateral neglect, *Ann. Neurol.*, 10: 309—325.

E. D. Ross and M. M. Mesulam (1979). Dominant language functions of the right hemisphere, *Arch. Neurol.*, 36: 144—148.

[13] B. Woodward and S. Armstrong (1979). *The Brethren*. New York: Simon & Schuster.

[14] D. Tranel and B. T. Hyman (1990). Neuropsychological correlates of bilateral amygdala damage, *Archives of Neurology*, 47: 349—355.

F. K. D. Nahm, H. Damasio, D. Tranel, and A. Damasio (1993). Cross-moda associations and the human amygdala, *Neuropsychologia*, 31: 727—744.

R. Adolphs, D. Tranel, and A. R. Damasio. Impaired Recognition of Emotion in Facial Expressions following. Bilateral Damage to the Human Amygdala, *Nature*, 372: 669—672, 1994.

[15] L. Weiskrantz (1956). Behavioral changes associated with ablations of the amygdaloid complex in monkeys, *Journal of Comparative and Physiological Psychology*, 49: 381—391.

J. P. Aggleton and R. E. Passingham (1981). Syndrome produced by lesions of the amygdala in monkeys (*Macaca mulatta*), *Journal of Comparative and Physiological Psychology*, 95: 961—977.

关于对老鼠的研究，请参见：J. E. LeDoux (1992). Emotion and the amygdala, in J. P. Aggleton, ed., *The Amygdala: Neurobiological Aspects of Emotion, Mystery,*
275 *and Mental Dysfunction*, pp. 339—351. New York: Wiley-Liss.

[16] R. J. Morecraft and G. W. Van Hoesen (1993). Frontal granular cortex input to the cingulate (M3), supplementary (M2), and primary (M1) motor cortices in the rhesus monkey, *Journal of Comparative Neurology*, 337: 669—689.

[17] A. R. Damasio and G. W. Van Hoesen (1983). Emotional disturbances associated with focal lesions of the limbic frontal lobe, in K. M. Heilman and P. Satz, eds., *Neuropsychology of Human Emotion*. New York: The Guilford Press.

M. I. Posner and S. E. Petersen (1990). The attention system of the human brain, *Annual Review of Neuroscience*, 13: 25—42.

[18] F. Crick (1994). *The Astonishing Hypothesis: The Scientific Search for the Soul*. New York: Charles Scribner's Sons.

[19] J. F. Fulton and C. F. Jacobsen (1935). The functions of the frontal lobes: A comparative study in monkeys, chimpanzees and man, *Advances in Modern Biology (Moscow)*, 4: 113—123.

J. F. Fulton (1951). *Frontal Lobotomy and Affective Behavior*. New York: Norton and Company.

[20] C. F. Jacobsen (1935). Functions of the frontal association area in primates, *Archives of Neurology and Psychiatry*, 33: 558—569.

[21] R. E. Myers (1975). Neurology of social behavior and affect in primates: A study of prefrontal and anterior temporal cortex, in K. J. Zuelch, O. Creutzfeldt, and G. C. Galbraith, eds., *Cerebral Localization*, pp. 161 — 170. New York: Springer-Verlag.

E. A. Franzen and R. E. Myers (1973). Neural control of social behavior: Prefrontal and anterior temporal cortex, *Neuropsychologia*, 11: 141—157.

[22] S. J. Suomi (1987). Genetic and maternal contributions to individual differences in rhesus monkey biobehavioral development. In *Perinatal Development: A Psychobiological Perspective*, pp. 397—419. New York: Academic Press, Inc.

[23] 了解神经生理学方面的相关证据，请参见：L. Brothers, Neurophysiology of social interactions, in M. Cazzaniga, ed., *The Cognitive Neurosciences*. Boston: MIT Press.

[24] P. Goldman-Rakic (1987). Circuitry of primate prefrontal cortex and regulation of behavior by representational memory, in F. Plum and V. Mountcastle, eds., *Handbook of Physiology: The Nervous System*, vol. 5, pp. 373 — 417. Bethesda, MD: American Physiological Society. 276

J. M. Fuster (1989). *The Prefrontal Cortex: Anatomy, Physiology, and Neuropsychology of the Frontal Lobe* (2nd ed.). New York: Raven Press.

[25] M. J. Raleigh and G. L. Brammer (1993). Individual differences in serotonin-2 receptors and social behavior in monkeys, *Society for Neuroscience Abstracts*, 19: 592.

5

[1] E. G. Jones and T. P. S. Powell (1970). An anatomical study of converging sensory pathways within the cerebral cortex of the monkey, *Brain*, 93: 793—820. The work of the neuroanatomists.

D. 潘迪亚（D. Pandya），K. 罗克兰德（K. Rockland），G. W. 范霍森（G. W. Van Hoesen），P. 戈德曼-雷基克（P. Goldman-Rakic）和 D. 范埃森（D. Van Essen）已经多次证实了这一联系原则，并阐明了其复杂关系。

[2] D. Dennett (1991). *Consciousness Explained*. Boston: Little, Brown.

[3] A. R. Damasio (1989). The brain binds entities and events by multiregional activation from convergence zones, *Neural Computation*, 1: 123—132.

—— (1989). Time-locked multiregional retroactivation: A systems level proposal for the neural substrates of recall and recognition, *Cognition*, 33: 25—62.

A. R. Damasio and H. Damasio (1993). Cortical systems underlying knowledge retrieval: Evidence from human lesion studies, in *Exploring Brain Functions: Models in Neuroscience*, pp. 233—248. New York: Wiley & Sons.

—— (1994). Cortical systems for retrieval of concrete knowledge: The convergence zone framework, in C. Koch, ed., *Large-Scale Neuronal Theories of the Brain*. Cambridge, MA: MIT Press.

277 [4] 其他的请参见：C. von der Malsburg (1987). Synaptic plasticity as basis of brain organization, in P.-P. Changeux and M. Konishi, eds., *The Neural and Molecular Bases of Learning* (Dahlem Workshop Report 38), pp. 411—431. Chichester, England: Wiley.

G. Edelman (1987). *Neural Darwinism: The Theory of Neuronal Group Selection*. New York: Basic Books.

R. Llinas (1993). Coherent 40-Hz oscillation characterizes dream state in humans, *Proceedings of the National Academy of Sciences*, 90: 2078—2081.

F. H. Crick and C. Koch (1990). Towards a neurobiological theory of consciousness, *Seminars in the Neurosciences*, 2: 263—275.

W. Singer, A. Artola, A. K. Engel, P. Koenig, A. K. Kreiter, S. Lowel, and T. B. Schillen (1993). Neuronal representations and temporal codes, in T. A. Poggio and D. A. Glaser, eds., *Exploring Brain Functions: Models in Neuroscience*, pp. 179—194. Chichester, England: Wiley.

R. Eckhorn, R. Batter, W. Jordan, M. Brosch, W. Kruse, M. Munk, and H. J. Reitboeck (1988). Coherent oscillations: A mechanism for feature linking in the visual cortex, *Biologica Cybernetica*, 60: 121—130.

S. Zeki (1993). *A Vision of the Brain*. London: Blackwell Scientific.

S. Bressler, R. Coppola, and R. Nakamura (1993). Episodic multiregional cortical coherence at multiple frequencies during visual task performance, *Nature*, 366: 153—156.

[5] 请参见本书第 4 章中的相关讨论，同时请参见：M. I. Posner and S. E. Petersen (1990). The attention system of the human brain, *Annual Review of Neuroscience*, 13: 25—42. P. S. Goldman-Rakic (1987). Circuitry of primate prefrontal cortex and regulation of behavior by representational memory, in F. Plum and V. Mountcastle, eds., *Handbook of Physiology: The Nervous System*, vol. 5, pp. 373—417. Bethesda, MD: American Physiological Society.

J. M. Fuster (1989). *The Prefrontal Cortex: Anatomy, Physiology, and Neuropsychology of the Frontal Lobe* (2nd ed.). New York: Raven Press.

[6] 关于视觉的神经解剖学、神经生理学和心理物理学方面的研究，请参见：

J. Allman, F. Miezin, and E. McGuiness (1985). Stimulus specific responses from beyond the classical receptive field: Neuropsychological mechanisms for local-global comparisons in visual neurons, *Annual Review of Neuroscience*, 8: 407—430. 278

W. Singer, C. Gray, A. Engel, P. Koenig, A. Artola, and S. Brocher (1990). Formation of cortical cell assemblies, *Symposia on Quantitative Biology*, 57: 939—952.

G. Tononi, O. Sporns, and G. Edelman (1992). Reentry and the problem of integrating multiple cortical areas: Simulation of dynamic integration in the visual system, *Cerebral Cortex*, 2: 310—335.

S. Zeki (1992). The visual image in mind and brain, *Scientific American*, 267: 68—76.

关于躯体感觉和听觉方面的研究，请参见：

R. Adolphs (1993). Bilateral inhibition generates neuronal responses tuned to interaural level differences in the auditory brainstem of the barn owl, *The Journal of Neuroscience*, 13: 3647—3668.

M. Konishi, T. Takahashi, H. Wagner, W. E. Sullivan, and C. E. Carr (1988). Neurophysiological and anatomical substrates of sound localization in the owl, in G. Edelman, W. Gall, and W. Cowan, eds., *Auditory Function*, pp. 721—746. New York: John Wiley & Sons.

M. M. Merzenich and J. H. Kaas (1980). Principles of organization of sensory-perceptual systems in mammals, in J. M. Sprague and A. N. Epstein, eds., *Progress in Psychobiology and Physiological Psychology*, pp. 1—42. New York: Academic Press.

关于皮层可塑性方面的研究，请参见：

C. D. Gilbert, J. A. Hirsch, and T. N. Wiesel (1990). Lateral interactions in visual cortex. In: *Symposia on Quantitative Biology*, vol. 55, pp. 663—77. Cold Spring Harbor, N. Y.: Laboratory Press.

M. M. Merzenich, J. H. Kaas, J. Wall, R. J. Nelson, M. Sur, and D. Felleman (1983). Topographic reorganization of somatosensory cortical areas 3B and 1 in adult monkeys following restructured deafferentation, *Neuroscience*, 8: 33—55.

V. S. Ramachandran (1993). Behavioral and magnetoencephalographic correlates of plasticity in the adult human brain, *Proceedings of the National Academy of Science*, 90: 10413—10420.

279 [7] F. C. Bartlett (1964). *Remembering: A Study in Experimental and Social Psychology*, Cambridge, England: Cambridge University Press.

[8] S. M. Kosslyn, N. M. Alpert, W. L. Thompson, V. Maljkovic, S. B. Weise, C. F. Chabris, S. E. Hamilton, S. L. Rauch, and F. S. Buonanno (1993). Visual mental imagery activates topographically organized visual cortex: PET investigations, *Journal of Cognitive Neuroscience*, 5: 263—287.

H. Damasio, T. J. Grabowski, A. Damasio, D. Tranel, L. Boles-Ponto, G. L. Watkins, and R. D. Hichwa (1993). Visual recall with eyes closed and covered activates early visual cortices, *Society for Neuroscience Abstracts*, 19: 1603.

[9] 回返放电的通路（the pathways for the backfiring）已经为人们所了解，请参见：

C. W. Van Hoesen (1982). The parahippocampal gyrus: New observations regarding its cortical connections in the monkey, *Trends in Neurosciences*, 5: 345—350.

M. S. Livingstone and D. H. Hubel (1984). Anatomy and physiology of a color system in the primate visual cortex, *The Journal of Neuroscience*, 4: 309—356.

D. H. Hubel and M. S. Livingstone (1987). Segregation of form, color, and stereopsis in primate area 18, *The Journal of Neuroscience*, 7: 3378—3415.

M. S. Livingstone and D. H. Hubel (1987). Connections between layer 4B of area 17 and thick cytochrome oxidase stripes of area 18 in the squirrel monkey, *The Journal of Neuroscience*, 7: 3371—3377.

K. S. Rockland and A. Virga (1989). Terminal arbors of individual "feedback" axons projecting from area V2 to V1 in the macaque monkey：A study using immunohistochemistry of anterogradely transported *Phaseolus vulgaris* leucoagglutinin，*Journal of Comparative Neurology*，285：54－72.

D. J. Felleman and D. C. Van Essen（1991）. Distributed hierarchical processing in the primate cerebral cortex，*Cerebral Cortex*，1：1－47.

[10] R. B. H. Tootell，E. Switkes，M. S. Silverman，and S. L. Hamilton（1988）. Functional anatomy of macaque striate cortex. II. Retinotopic organization，*The Journal of Neuroscience*，8：1531－1568.

[11] M. M. Merzenich，见注释 3.

280

[12] 鉴于此处不适合对学习和可塑性的相关文献进行评价，读者可以参考以下两本书中的几个章节：

E. Kandel, J. Schwartz, and T. Jessell(1991). *Principles of Neuroscience*. Amsterdam: Elsevier.

P. S. Churchland and T. J. Sejnowski(1992). *The Computational Brain: Models and Methods on the Frontiers of Computational Neuroscience*. Cambridge, MA: MIT Press/Bradford Books.

[13] 表象的价值是最近的发展成果，是在主张刺激—反应的行为主义的漫漫长夜之后所发生的认知革命中的一个成果，主要归功于罗杰·谢泼德（Roger Shepard）和斯蒂芬·科斯林（Stephen Kosslyn），请参见：

R. N. Shepard and L. A. Cooper(1982). *Mental Images and Their Transformations*. Cambridge, MA: MIT Press.

S. M. Kosslyn(1980). *Image and Mind*. Cambridge, MA: Harvard University Press.

关于此方面的历史回顾，请同时参见：Howard Gardner(1985). *The Mind's New Science*. New York: Basic Books.

[14] B. Mandelbrot, personal communication.

[15] A. Einstein, cited in J. Hadamard(1945). *The Psychology of Invention in the Mathematical Field*. Princeton, NJ: Princeton University Press.

[16] 以下是关于这一主题的主要参考书目：D. H. Hubel and T. N. Wiesel(1965). Binocular interaction in striate cortex of kittens reared with artificial squint, *Journal of Neurophysiology*, 28: 1041－1059.

D. H. Hubel, T. N. Wiesel, and S. LeVay(1977). Plasticity of ocular dominance columns in monkey striate cortex, *Philosophical Transactions of the Research Society of London*, ser. B, 278: 377－409.

L. C. Katz and M. Constantine-Paton(1988). Relationship between segregated afferents and post-synaptic neurons in the optic tectum of three-eyed frogs, *The Journal of Neuroscience*, 8:3160—3180.

G. Edelman(1988). *Topobiology*. New York: Basic Books.

281 M. Constantine-Paton, H. T. Cline, and E. Debski (1990). Patterned activity, synaptic convergence, and the NMDA receptor in developing visual pathways, *Annual Review of Neuroscience*, 13:129—154.

C. Shatz(1992). The developing brain, *Scientific American*, 267:61—67.

[17] 有关此主题的相关背景，请参见：R. C. Lewontin(1992). *Biology as Ideology*. New York: Harper Perennial; Stuart A. Kauffman(1993). *The Origins of Order. Self-Organization and Selection in Evolution*. New York: Oxford University Press.

[18] 这些回路设计中那些似乎存在的，富有戏剧性的迅速变化的基础，包括我之前提到的大量突触，它们由于每个突触上的各种神经递质和受体而变得更加丰富。这一可塑性过程的特点不在本书讨论范围之内，但本书此处的相关阐述符合这样一个观点，即这一过程的产生主要通过突触层面上的回路选择。尼尔斯·杰尼（Niels Jerne）和 J. Z. 扬（J. Z. Young）首先提出将选择这一概念应用到神经系统上，让·皮埃尔·钱格（Jean Pierre Changeux）首先应用了这一概念。杰拉尔德·埃德尔曼一直拥护这一观点并以此为基础建立了一个有关心理和脑的综合理论。

6

[1] C. B. Pert, M. R. Ruff, R. J. Weber, and M. Herkenham(1985). Neuropeptides and their receptors: A psychosomatic network, *The Journal of Immunology*, 135:820s—826s.

F. Bloom(1985). Neuropeptides and other mediators in the central nervous system, *The Journal of Immunology*, 135:743s—745s.

J. Roth, D. LeRoith, E. S. Collier, N. R. Weaver, A. Watkinson, C. F. Cleland, and S. M. Glick(1985). Evolutionary origins of neuropeptides, hormones, and receptors: Possible applications to immunology, *The Journal of Immunology*, 135:816s—819s.

B. S. McEwen(1991). Non-genomic and genomic effects of steroids on neural activity, *Trends in Pharmacological Sciences*, Apr:12(4):141—147.

A. Herzog(1984). Temporal lobe epilepsy: An extrahypothalamic pathogenesis for polycystic ovarian syndrome?, *Neurology*, 34:1389—1393.

282 [2] J. Hosoi, G. F. Murphy, and C. L. Egan(1993). Regulation of Langerhans cell function by nerves containing calcitonin generelated peptide, *Nature*, 363:159—163.

[3] J. R. Calabrese, M. A. Kling, and P. Gold(1987). Alterations in immunocompetence during stress, bereavement and depression: Focus on neuroendocrine regulation, *American Journal of Psychiatry*, 144:1123—1134.

[4] E. Marder, ed. (1989). Neuromodulation in circuits underlying behavior, *Seminars in the Neurosciences*, 1:3—4.

C. B. Saper(1987). Diffuse cortical projection systems: anatomical organization and role in cortical function. In: V. B. Mountcastle, ed., *Handbook of Physiology*, pp. 169—210. Bethesda, Maryland: American Physiological Society.

[5] C. S. Carter(1992). Oxytocin and sexual behavior, *Neuroscience Biobehavioral Review*, 16:131.

T. R. Insel(1992). Oxytocin, a neuropeptide for affiliation: Evidence from behavioral, receptor autoradiographic, and comparative studies, *Psychoneuroendocrinology*, 17:3.

[6] R. Descartes (1647). *The Passions of the Soul*, in J. Cottingham, R. Stoothoff, and D. Murdoch, eds., *The Philosophical Writings of Descartes*, vol. 1. Cambridge, England: Cambridge University Press(1985).

[7] S. Freud(1930). *Civilization and Its Discontents*. Chicago: University of Chicago Press.

7

[1] J. M. Allman, T. McLaughlin, and A. Hakeem (1993). Brain weight and life-span in primate species, *Proceedings of the National Academy of Science*, 90: 118—122.

[2] —Brain structures and life-span in primate species, *Proceedings of the National Academy of Science*, 90: 3559—3563.

[3] W. James (1890). *The Principles of Psychology*, vol. 2. New York: Dover (1950).

[4] 为了简要介绍与此主题有关的大量知识，请参见以下推荐书目：

P. Ekman (1992). Facial expressions of emotion: New findings, new questions, *Psychological Science*, 3: 34—38. 283

R. S. Lazarus (1984). On the primacy of cognition, *American Psychologist*, 39: 124—129.

G. Mandler (1984). *Mind and Body: Psychology of Emotion and Stress*. New York: W. W. Norton & Co.

R. B. Zajonc (1984). On the primacy of affect, *American Psychologist*, 39: 117—123.

[5] M. H. Bagshaw, D. P. Kimble, and K. H. Pribram (1965). The GSR of monkeys during orienting and habituation and after ablation of the amygdala, hippocampus and inferotemporal cortex, *Neuropsychologia*, 3: 111—119.

L. Weiskrantz (1956). Behavioral changes associated with ablations of the amygdaloid complex in monkeys, *Journal of Comparative and Physiological Psychology*, 49: 381—391.

J. P. Aggleton and R. E. Passingham (1981). Syndrome produced by lesions of the amygdala in monkeys (*Macaca mulatta*), *Journal of Comparative and Physiological Psychology*, 95: 961—977.

J. E. LeDoux (1992). Emotion and the amygdala, in J. P. Aggleton, ed., *The Amygdala: Neurobiological Aspects of Emotion, Memory, and Mental Dysfunction*, pp. 339—351. New York: Wiley-Liss.

[6] M. Davis (1992). The role of the amygdala in conditioned fear, in J. P. Aggleton, ed., *The Amygdala: Neurobiological Aspects of Emotion, Memory, and Mental Dysfunction*, pp. 255—305. New York: Wiley-Liss.

S. Zola-Morgan, L. R. Squire, P. Alvarez-Royo, and R. P. Clower (1991). Independence of memory functions and emotional behavior: Separate contributions of the hippocampal formation and the amygdala, *Hippocampus*, 1: 207—220.

[7] P. Gloor, A. Olivier, and L. F. Quesney (1981). The role of the amygdala in the expression of psychic phenomena in temporal lobe seizures, in Y. Ben-Air, ed., *The Amygdaloid Complex* (INSERM Symposium 20), pp. 489—498. Amsterdam: Elsevier North-Holland.

W. Penfield and W. Jasper (1954). *Epilepsy and the Functional Anatomy of the Human Brain*. Boston: Little, Brown.

284

[8] H. Kluver and P. C. Bucy (1937). "Psychic blindness" and other symptoms following bilateral temporal lobe lobectomy in rhesus monkeys, *American Journal of Physiology*, 119: 352—353.

[9] D. Laplane, J. D. Degos, M. Baulac, and F. Gray (1981). Bilateral infarction of the anterior cingulate gyri and of the fornices, *Journal of the Neurological Sciences*, 51: 289—300; and A. R. Damasio and G. W. Van Hoesen (1983). Emotional disturbances associated with focal lesions of the limbic frontal lobe, in K. M. Heilman and P. Satz, eds., *Neuropsychology of Human Emotion*. New York: The Guilford Press.

[10] R. W. Sperry, M. S. Gazzaniga, and J. E. Bogen (1969). Inter-hemispheric relationships: The neocortical commissures; syndromes of their disconnection, in P. J. Vinken and G. W. Bruyn, eds., *Handbook of Clinical Neurology*, vol. 4, pp. 273—290. Amsterdam: North Holland; R. Sperry, E. Zaidel, and D. Zaidel (1979). Self recognition and social awareness in the deconnected minor hemisphere, *Neuropsycholo-*

gia, 17: 153—166.

[11] G. Cainotti (1972). Emotional behavior and hemispheric side of the lesion, *Cortex*, 8: 41—55.

H. Gardner, H. H. Brownell, W. Wapner, and D. Michelow (1983). Missing the point: The role of the right hemisphere in the processing of complex linguistic materials, in E. Pericman, ed., *Cognitive Processes and the Right Hemisphere*. New York: Academic Press.

K. Heilman, R. T. Watson, and D. Bowers (1983). Affective disorders associated with hemispheric disease, in K. Heilman and P. Satz, eds., *Neuropsychology of Human Emotion*, pp. 45—64. New York: The Guilford Press.

J. C. Borod (1992). Interhemispheric and intrahemispheric control of emotion: A focus on unilateral brain damage, *Journal of Consulting and Clinical Psychology*, 60: 339—348.

R. Davidson (1992). Prolegomenon to emotion: Gleanings from Neuropsychology, *Cognition and Emotion*, 6: 245—268.

[12] C. Darwin (1872). *The Expression of the Emotions in Man and Animals*. New York: Philosophical Library.

[13] G.-B. Duchenne (1862). *The Mechanism of Human Facial Expression, or An Electro-Physiological Analysis of the Expression of the Emotions*, trans. R. A. Cuthberton. New York: Cambridge University Press (1990). 285

[14] P. Ekman (1992). Facial expressions of emotion: New findings, new questions, *Psychological Science*, 3: 34—38.

P. Ekman and R. J. Davidson (1993). Voluntary smiling changes regional brain activity, *Psychological Science*, 4: 342—345.

P. Ekman, R. W. Levenson, and W. V. Friesen (1983). Autonomic nervous system activity distinguishes among emotions, *Science*, 221: 1208—1210.

[15] P. Ekman and R. J. Davidson (1993). Voluntary smiling changes regional brain activity, *Psychological Science*, 4: 342—345.

[16] 虽然对于我所谓的基本情绪来说，似乎存在一个重要的生物组成部分，但是我们定义次级情绪的方式与特定文化之间存在着一定联系。[若要了解文化对我们的情绪归类方式的影响，参见：James A. Russell (1991). Culture and the Categorization of Emotions, *Psychological Bulletin*, 110: 426—450.]

[17] O. Sacks (1987). *The Man Who Mistook His Wife for a Hat, and Other Clinical*

Tales. New York：Harper & Row. Part 1. Chapter 3，pg. 43.

[18] 此处，威廉·斯蒂伦的回忆录又可以被看成对这种运转的各种方式（many lines of operation）的富有洞察力的解释。可以从对作家的概念性风格的研究中找到关于我此处阐述的相关证据。N. J. Andreasen and P. S. Powers(1974). Creativity and psychosis: An examination of conceptual style, *Archives of General Psychiatry*, 32:70—73.

8

[1] Blaise Pascal. *Pensées*. (1670). The source used for this book was the "new edition" published by Mercure de France，1976，Paris. The passage cited on page 165 appears under section 80.

286 "Que chacun examine ses penseés，il les trouvera toutes occupées au passé ou *à* l'avenir. Nous ne pensons presque point au présent，et si nous y pensons，ce n'est que pour en prendre la lumière pour disposer de l'avenir."

The passage cited on page 200 appears under section 680.

"Le coeur a ses raisons，que la raison ne connaît point." Author translations.

[2] Phillip N. Johnson-Laird and Eldar Shafir (1993). The interaction between reasoning and decision-making：an introduction，*Cognition*，49：109.

[3] H. Gardner (1983). *Frames of Mind：The Theory of Multiple Intelligences*. New York：Basic Books.

[4] A. Tversky and D. Kahneman (1973). Availability：A heuristic for judging frequency and probability，*Cognitive Psychology*，2：207—232.

[5] S. Sutherland (1992). *Irrationality：The Enemy Within*. London：Constable.

[6] L. Cosmides (1989). The logic of social exchange：Has natural selection shaped how humans reason? Studies with the Wason selection task，*Cognition*，33：187—276.

Jerome H. Barkow，Leda Cosmides，and John Tooby (eds.)，*The Adapted Mind：Evolutionary Psychology and the Generation of Culture*. New York：Oxford University Press (1992).

L. Brothers，ch. 4，note 23，and Suomi，ch. 4，note 22.

[7] 关于额叶的解剖结构，请参见：F. Sanides (1964). The cytomyeloarchitecture of the human frontal lobe and its relation to phylogenetic differentiation of the cerebral cortex，*Journal für Hirnforschung*，6：269—282.

P. Goldman-Rakic (1987). Circuitry of primate prefrontal cortex and regulation of behavior by representational memory，in F. Plum and V. Mountcastle，eds.，*Handbook of*

Physiology: The Nervous System, vol. 5, pp. 373 — 401. Bethesda, MD: American Physiological Society.

D. Pandya and E. H. Yeterian (1990). Prefrontal cortex in relation to other cortical areas in rhesus monkey: architecture and connections, in H. B. M. Uylings, ed., *The Prefrontal Cortex: Its Structure, Function and Pathology*, pp. 63 — 94. Amsterdam: Elsevier.

H. Barbas and D. N. Pandya (1989). Architecture and intrinsic connections of the prefrontal cortex in the rhesus monkey, *The Journal of Comparative Neurology*, 286: 353—375. 287

[8] M. Petrides and B. Milner (1982). Deficits on subject-ordered tasks after frontal and temporal lobe lesions in man, *Neuropsychologia*, 20: 249—262.

J. M. Fuster (1989). *The Prefrontal Cortex: Anatomy, Physiology, and Neuropsychology of the Frontal Lobe* (2nd ed.). New York: Raven Press.

P. Goldman-Rakic (1992). Working memory and the mind, *Scientific American*, 267: 110—117.

[9] R. J. Morecraft and G. W. Van Hoesen (1993). Frontal granular cortex input to the cingulate (M3), supplementary (M2), and primary (M1) motor cortices in the rhesus monkey, *Journal of Comparative Neurology*, 337: 669—689.

[10] L. A. Real (1991). Animal choice behavior and the evolution of cognitive architecture, *Science*, 253: 980—986.

[11] P. R. Montague, P. Dayan, and T. J. Sejnowski (1993). Foraging in an uncertain world using predictive hebbian learning, *Society for Neuroscience*, 19: 1609.

[12] H. Poincaré (1908). Le raisonnement mathématique, in *Science et méthode*. Translation by George Bruce Halsted, in B. Chiselin, *The Creative Process*. Los Angeles: Mentor Books/UCLA (1955).

[13] L. Szilard in W. Lanouette, *Genius in the Shadows*. New York: Charles Scribner's Sons (1992).

[14] J. Salk (1985). *The Anatomy of Reality*. New York: Praeger.

[15] T. Shallice and P. W. Burgess (1993). Supervisory control of action and thought selection. In *Attention: Selection, Awareness, and Control: A Tribute to Donald Broadbent*, A. Baddeley and L. Weiskrantz (eds.). Oxford: Clarendon Press, pp. 171—187.

[16] 见注释 4.

[17] 见注释 5.

[18] G. Harrer and H. Harrer(1977). Music, emotion and autonomic function, in M. Critchley and R. A. Henson, eds. , *Music and the Brain*, pp. 202 — 215. London: William Heine-
288 mann Medical.

[19] S. Dehaene and J. -P. Changeux(1991). The Wisconsin Card Sorting Test: Theoretical analysis and modeling in a neuronal network, *Cerebral Cortex*, 1:62—79.

[20] 请参见 Posner and Petersen，第 4 章，注释 17.

[21] 请参见 Goldman-Rakic，Working Memory and the Mind，第 8 章，注释 7.

[22] K. S. Lashley(1951). The problem of serial order in behavior, in L. A. Jeffress, ed. , *Cerebral Mechanisms in Behavior*. New York: John Wiley & Sons.

[23] C. D. Salzman, and W. T. Newsome(1994). Neural mechanisms for forming a perceptual decision, *Science*, 264:231—237.

[24] Blaise Pascal (1670). *Pensées.* 见注释 1。

[25] J. St. B. T. Evans, D. E. Over, and K. I. Manktelow(1993). Reasoning, decision-making and rationality, *Cognition*, 49:165—187.

R. De Sousa(1991). *The Rationality of Emotion*. Cambridge, MA: MIT Press.

P. N. Johnson-Laird, and K. Oatley(1992). Basic emotions, rationality, and folk theory, *Cognition and Emotion*, 6:201—223.

9

[1] A. R. Damasio, D. Tranel, and H. Damasio(1991). Somatic markers and the guidance of behavior: Theory and preliminary testing, in H. S. Levin, H. M. Eisenberg, and A. L. Benton, eds. , *Frontal Lobe Function and Dysfunction*, pp. 217 — 229. New York: Oxford University Press.

很有意思的是，在类似实验中，被诊断患有发展性精神病态并有犯罪记录的个体也产生了非常相似的行为。请参见：

R. D. Hare and M. J. Quinn(1971). Psychopathy and autonomic conditioning, *Journal of Abnormal Psychology*, 77:223—235.

[2] A. Bechara, A. R. Damasio, H. Damasio, and S. Anderson(1994). Insensitivity to future consequences following damage to human prefrontal cortex, *Cognition*, 50:7—12.

[3] C. M. Steele and R. A. Josephs(1990). Alcohol myopia, *American Psychologist*, 45:921—
289 933.

[4] A. Bechera, D. Tranel, H. Damasio, and A. R. Damasio(1993). Failure to respond auto-

nomically in anticipation of future outcomes following damage to human prefrontal cortex, *Society for Neuroscience*, 19:791. Full article to appear 1994.

10

[1] G. Lakoff (1987). *Women, Fire, and Dangerous Things: What Categories Reveal About the Mind*. Chicago: University of Chicago Press.

M. Johnson (1987). *The Body in the Mind: The Bodily Basis of Meaning, Imagination, and Reason*. Chicago: University of Chicago Press.

[2] G. W. Hohmann (1966). Some effects of spinal cord lesions on experienced emotional feelings, *Psychophysiology*, 3: 143—156.

[3] H. Putnam (1981). *Reason, Truth, and History*. Cambridge, England: Cambridge University Press.

[4] 关于躯体感觉表征的内脏部分，请参见：M. M. Mesulam and E. J. Mufson (1985). The insula of Reil in man and monkey. In A. Peters and E. G. Jones (eds.): *Cerebral Cortex*, Vol. 5. New York, Plenum Press, pp. 179 — 226. 请参见：J. R. Jennings (1992). Is it important that the mind is in the body? Inhibition and the heart, *Psychophysiology*, 29: 369 — 383. 请参见：S. M. Oppenheimer, A. Gelb, J. P. Girvin, and V. C. Hachinski (1992). Cardiovascular effects of human insular cortex stimulation, *Neurology*, 42: 1727—1732.

[5] N. Humphrey (1992). *A History of the Mind*. New York: Simon & Schuster.

[6] 请参见注释 1 以及 F. Varela, E. Thompson, and E. Rosch (1992). *The Embodied Mind*. Cambridge, MA: MIT Press.

G. Edelman (1992). *Bright Air, Brilliant Fire*. New York: Basic Books.

[7] J. Searle (1992). *The Rediscovery of the Mind*. Cambridge, MA: MIT Press.

P. S. Churchland (1986). *Neurophilosophy: Toward a Unified Science of the Mind-Brain*. Cambridge, MA: Bradford Books/ MIT Press. 290

P. M. Churchland (1984). *Matter and Consciousness*. Cambridge, MA: Bradford Books/MIT Press.

F. Crick (1994). *The Astonishing Hypothesis: The Scientific Search for the Soul*. New York: Charles Scribner's Sons.

D. Dennett (1991). *Consciousness Explained*. Boston: Little, Brown.

G. Edelman，见注释 6.

R. Llinás (1991). Commentary of dreaming and wakefulness, *Neuroscience*, 44: 521—535.

［8］F. Plum and J. Posner（1980）. *The diagnosis of Stupor and Coma*（Contemporary Neurology Series，3rd ed.）. Philadelphia：F. A. Davis.

［9］J. Kagan（1989）. *Unstable Ideas：Temperament，Cognition，and Self*. Cambridge，MA：Harvard University Press.

11

［1］G. S. Stent（1969）. *The Coming of the Golden Age：A View of the End of Progress*. New York：Doubleday.

［2］对这一状况的充分描述请参见：Robert Hughes（1992）. *The Culture of Complaint*. New York：Oxford University Press.

［3］R. Descartes（1637）. *The Philosophical Works of Descartes*，rendered into English by Elizabeth S. Haldane and G. R. T. Ross，vol. 1，page 101. New York：Cambridge University Press（1970）.

［4］R. Descartes. 见注释 3.

［5］R. Cottingham（1992）. *A Descartes Dictionary*. Oxford: Blackwell, pg. 36. Plato. *Phaedo*（1971）. *The Collected Dialogues of Plato*. E. Hamilton and H. Cairns, eds. Bollingen Series. Pantheon Books. pp. 47－53.

［6］见注释 3.

291

后　记

［1］W. 福克纳（1949）接受诺贝尔奖时的发言，他说这句话的确切背景是当时日益严重的核威胁，但是他的这句格言却是永恒的。

［2］P. Éluard（1961）. Liberté，in G. Pompidou，ed.，*Anthologies de la poésie françise*. Paris：Hachette.

［3］这部分阐述令人想起了乔纳斯·索尔克和理查德·勒温汀（Richard Lewontin），他们的著作中包含了一个全面的人类生物学所必不可少的乐观和坚毅。

［4］见注释 2，原书第 290 页.

［5］大卫·英瓦（David Ingvar）也曾使用过“对未来的记忆”这一意义相同的术语。

［6］Howard Fields（1987）. *Pain*. New York：McGraw-Hill Book Co.

B. Davis（1994）. Behavioral aspects of complex analgesia（to appear）.

［7］利马时代以来也已发展出了损伤较小的治疗疼痛的新的外科疗法。虽然前额叶白质切除术不像其他所谓的心理外科手段具有损伤性，可以产生正面结果，减轻顽固性疼痛，但它还具有负面结果：情绪和感受的钝化，时至今日，其长期后果才为人们所完全了解。

推荐阅读书籍 293

以下是一个与我所讨论的主题相关的简要书单，很显然，这并非一个全面的参考书单。各个书名按照大致领域进行归类，当然其中很多书籍都不止属于一种领域。

经典书籍

Darwin, Charles(1872). *The Expression of the Emotions in Man and Animals*. New York: New York Philosophical Library.

Geschwind, N. (1974). *Selected Papers on Language and Brain*. Boston Studies in the Philosophy of Science, Vol. XVI, The Netherlands: D. Reidel Publishing Company.

Hebb, D. O. (1949). *The Organization of Behavior*. New York: Wiley.

James, W. (1890). *The Principles of Psychology*. Volume 1 and 2. New York: Dover Publications(1950).

当代技术性书籍 294

Churchland, P. S., and T. J. Sejnowski(1992). *The Computational Brain: Models and Methods on the Frontiers of Computational Neuroscience*. Cambridge, MA: Bradford Books, MIT Press.

Damasio, H., and A. R. Damasio(1989). *Lesion Analysis in Neuropsychology*. New York: Oxford University Press.

Damasio, H. (1994). *Human Brain Anatomy in Computerized Images*. New York: Oxford University Press.

Kandel, E. R., J. H. Schwartz, and T. M. Jessell (eds) (1991). *Principles of Neural Science*. 3rd ed. Norwalk, CT: Appleton and Lange.

情 绪

De Sousa, R. (1991). *The Rationality of Emotion*. Cambridge, MA: MIT Press.

Izard, C. E., J. Kagan, and R. B. Zajonc (1984). *Emotion, Cognition and Behavior*. New York: Cambridge University Press.

Kagan, J. (1989). *Unstable Ideas: Temperament, Cognition, and Self*. Cambridge, MA: Harvard University Press.

Mandler, G. (1984). *Mind and Body: Psychology of Emotion and Stress*. New York: W. W. Norton & Co.

思维和推理

Fuster, Joaquin M. (1989). *The Prefrontal Cortex: Anatomy, Physiology, and Neuropsychology of the Frontal Lobe*. 2nd Ed. New York: Raven Press.

Gardner, H. (1983). *Frames of Mind: The Theory of Multiple Intelligences*. New York: Basic Books.

Johnson-Laird, P. N. (1983). *Mental Models*. Cambridge, MA: Harvard University Press.

Pribram, K. H., and A. R. Luria (eds.) (1973). *Psychophysiology of the Frontal Lobe*. New York: Academic Press.

Sutherland, S. (1992). *Irrationality: The Enemy Within*. London: Constable.

295 从心理哲学到认知神经科学

Churchland, P. S. (1986). *Neurophilosophy: Toward A Unified Science of the Mind-Brain*. Bradford Books. Cambridge, MA: MIT Press.

Churchland, P. M. (1984). *Matter and Consciousness*. Cambridge, MA: Bradford Books, MIT Press.

Churchland, P. M. (1994). *The Engine of Reason, The Seat of the Soul: A Philosophical Journey into the Brain*. Cambridge: MIT Press.

Dennett, D. C. (1991). *Consciousness Explained*. New York: Little Brown.

Dudai, Y. (1989). *The Neurobiology of Memory: Concepts, Findings, Trends*. New York: Oxford University Press.

Flanagan, O. (1992). *Consciousness Reconsidered*. Cambridge, MA: MIT Press.

Gazzaniga, M. S., and J. E. Le Doux (1978). *The Integrated Mind*. New York: Plenum Press.

Hinde, R. A. (1990). The Interdependence of the Behavioral Sciences. *Phil. Trans. of the*

Royal Society, London, 329, 217—227.

Hubel, D. H. (1987). *Eye, Brain and Vision*. Scientific American Library. Distributed by W. H. Freeman, New York.

Humphrey, N. (1992). *A History of the Mind: Evolution and the Birth of Consciousness*. Norwalk, CT: Simon & Schuster.

Johnson, M. (1987). *The Body in the Mind: The Bodily Basis of Meaning, Imagination, and Reason*. Chicago: University of Chicago Press.

Kosslyn, S. M., and O. Koenig (1992). *Wet Mind: The New Cognitive Neuroscience*. New York: The Free Press.

Lakoff, G. (1987). *Women, Fire, and Dangerous Things: What Categories Reveal About the Mind*. Chicago: University of Chicago Press.

Magnusson, D. (c. 1988). *Individual Development in an Interactional Perspective: A Longi-* 296
tudinal Study. Hillsdale, NJ: Erlbaum Associate.

Miller, J. (1983). *States of Mind*. New York: Pantheon Books.

Ornstein, R. (1973). *The Nature of Human Consciousness*. San Francisco: W. H. Freeman.

Rose, S. (1973). *The Conscious Brain*. New York: Knopf.

Rutter, M. and Rutter, M. (1993). *Developing Minds: Challenge and Continuity Across the Lifespan*. New York. Basic Books.

Searle, J. R. (1992). *The Rediscovery of the Mind*. Cambridge, MA: Bradford Books, MIT Press.

Squire, L. R. (1987). *Memory and Brain*. New York: Oxford University Press.

Zeki, S. (1993). *A Vision of the Brain*. Cambridge, MA: Blackwell Scientific Publications.

普通生物学

Barkow, J. H., L. Cosmides and J. Tooby (eds.) (1992). *The Adapted Mind: Evolutionary Psychology and the Generation of Culture*. New York: Oxford University Press.

Bateson, P. (1991). *The Development and Integration of Behavior: Essays in Honour of Robert Hinde*. New York: Cambridge University Press.

Edelman, G. (1988). *Topobiology*. New York: Basic Books.

Finch, C. E. (1990). *Longevity, Senescence, and the Genome*. Chicago: The University of Chicago Press.

Gould, S. J. (1990). *The Individual in Darwin's World*. Edinburgh, Scotland: Edinburgh University Press.

Jacob, F. (1982). *The Possible and the Actual*. New York: Pantheon Books.

Kauffman, S. A. (1993). *The Origins of Order: Self-Organization and Selection in Evolution*. New York: Oxford University Press.

Lewontin, R. C. (1991). *Biology as Ideology: The Doctrine of DNA*. New York: Harper perennial.

297

Medawar, P. B., and J. S. Medawar (1983). *Aristotle to Zoos: A Philosophical Dictionary of Biology*. Cambridge, MA: Harvard University Press.

Purves, D. (1988). *Body and Brain: A Trophic Theory of Neural Connections*. Cambridge, MA: Harvard University Press.

Salk, J. (1973). *Survival of the Wisest*. New York: Harper Row.

Salk, J. (1985). *The Anatomy of Reality*. New York: Praeger.

Stent, G. S. (ed.) (1978). *Morality as a Biological Phenomenon*. Berkeley: University of California Press.

理论神经生物学

Changeux, J.-P. (1985). *Neuronal Man: The Biology of Mind*. L. Garey, trans., New York: Pantheon.

Crick, F. (1994). *The Astonishing Hypothesis: The Scientific Search for the Soul*. New York: Charles Scribner's Sons.

Edelman, G. M. (1992). *Bright Air, Brilliant Fire*. New York: Basic Books.

Koch, C., and J. L. Davis (eds.) (1994). *Large-Scale Neuronal Theories of the Brain*. Cambridge: Bradford Books, MIT Press.

一般兴趣

Blakemore, C. (1988). *The Mind Machine*. New York: BBC Books.

Johnson, G. (1991). *In the Palaces of Memory*. New York: Knopf.

Ornstein, R., and P. Ehrlich (1989). *New World New Mind: Moving Toward Conscious Evolution*. Norwalk, CT: Simon and Schuster.

Restak, R. M. (1988). *The Mind*. New York: Bantam Books.

Scientific American (1992). Special issue on "Mind and Brain."

致　谢 299

在本书撰写过程中，我很幸运地得到了几位同事的建议，他们阅读了书稿，提出了自己的意见。他们是拉尔夫·阿道夫（Ralph Adolphs）、厄休拉·贝卢基（Ursula Bellugi）、帕特里夏·丘奇兰德（Patricia Churchland）、保罗·丘奇兰德（Paul Churchland）、弗朗西斯·克里克（Francis Crick）、维多利亚·弗洛姆金（Victoria Fromkin）、爱德华·克利马（Edward Klima）、弗里德里克·纳姆（Frederick Nahm）、查尔斯·罗克兰德（Charles Rockland）、凯瑟琳·罗克兰德（Kathleen Rockland）、丹尼尔·特拉尼尔（Daniel Tranel）、加里·范霍森（Gary Van Hoesen）、乔纳森·温森（Jonathan Winson）、史蒂文·安德森（Steven Anderson）、理查德·卡普兰（Richard Caplan）和阿瑟·本顿（Arthur Benton）。他们的意见经常会引发我们之间友好的争辩，这些争辩令我受益匪浅，尤其是当我们有时无法达成一致看法时。我无法用言语来表达对拉尔夫（Ralph）、丹（Dan）、伦迪夫人（Mrs. Lundy）和查尔斯（Charles）的感谢，感谢他们付出的时间、知识和智慧。本书几易其稿，在此期间，他们耐心地阅读了其中几个章节并帮助我进行了改进。

本书所涉及的本人经历的时间跨度有 25 年之久，其中 17 年我是在衣阿华大学渡过的。我要感谢我在神经病学系的同事们，尤其要感谢认知神经学组的同事们［汉娜·达马西奥（Hanna Damasio）、丹尼尔·特拉尼尔（Daniel Tranel）、加里·范霍森（Gary Van Hoesen）、阿瑟·本顿（Arthur Benton）、
凯瑟琳·罗克兰德（Kathleen Rockland）、马修·里佐（Matthew Rizzo）、托 300
马斯·格拉博夫斯基（Thomas Grabowski）、史蒂文·安德森（Steven Anderson）、拉尔夫·阿道夫（Ralph Adolphs）、安托万·比查尼（Antoine Bechara）、罗伯特·琼斯（Robert Jones）、约瑟夫·巴拉希（Joseph Barrash）、

朱莉·费兹（Julie Fiez）、埃卡特里·塞默德弗里（Ekaterin Semendeferi）、褚进强（Ching-Chiang Chu）、琼·勃兰特（Joan Brandt）和马克·纳温劳特（Mark Nawrot）]，感谢他们这么多年来与我共享的各类知识，感谢他们的精神和专业知识，他们利用这种精神和专业知识创立了一个开展脑和心理研究的无与伦比的良好环境。我同样要感谢那些在我的研究所接受研究的神经病患者们（现在数量已经超过1,800位），感谢他们向我们提供了了解他们疾病的机会。我希望本书可以帮助他们及其家庭了解他们所面临的问题。我尤其希望，这本书可以帮助他们向别人解释为什么自己有时会产生某些特定行为。真希望能够向约翰·哈洛（John Harlow）表示我的谢意，感谢他给我们留下了关于菲尼亚斯·盖奇的文献记录，本书的开篇就依赖于那些文献。就我们目前所了解的来说，这些文献提出了很多有趣的推测和假说，但是本书关于约瑟夫·亚当斯先生的描述以及事故当天恶劣天气的描述并非来源于这些文献，这两个部分完全是我自己的文学创作。

贝蒂·雷德勒（Betty Redeker）用她一贯的奉献、专业和幽默的风格完成了书稿的准备工作。乔恩·斯普拉德林（Jon Spradling）和丹尼斯·克伦兹费尔德（Denise Krutzfeldt）则用他们一贯的熟练帮助我完成了参考书目的检索工作。而蒂莫西·迈耶（Timothy Meyer）称得上是一位专家级的技术编辑。

如果没有我的两位朋友，迈克尔·卡莱尔（Michael Carlisle）和简·伊塞（Jane Isay）的深刻影响和专业指导，这本书也许根本不可能完成，他们的热情和真诚是无法用价值来衡量的。

汉娜·达马西奥的观点、发现、批评、建议和灵感是本书得以付梓的不可或缺的部分，感谢她对本书的贡献。

索　　引*

Index

* 本索引的每个条目后所附数码为原文页码，即中文版边码。

B

C

E

F

G

H

I

J

K

L

M

N

O

P

Q

R

S

T

U

V

W

Y

Z

作者联系方式

Antonio Damasio, M. D. , Ph. D.
David Dornsife Professor of Neuroscience, and
Director, Brain and Creativity Institute,
University of Southern California

Institute General Number：213 821 2377
Antonio Direct：213 740 3462
Institute Fax：213 821 3099
Email：damasio @ college. usc. edu

Hanna Damasio, M. D.
Dana Dornsife Professor of Neuroscience, and
Director, Dana and David Dornsife Cognitive Neuroscience Imaging Center,
University of Southern California

Center Number：213 821 7031
Center Fax：213 740 5372
Email：hdamasio @ college. usc. edu

通信地址：

Department of Psychology
University of Southern California
Hedco Neuroscience Building Room 126
3641 Watt Way
Los Angeles, CA
U. S. A. 90089-2520

研究中心办公室主任：

Susan Lynch
Phone：213 740 3462
E-mail：splynch @ college. usc. edu

出 版 人　所广一
责任编辑　周益群
版式设计　贾艳凤
责任校对　张　珍
责任印制　曲凤玲

图书在版编目(CIP)数据

笛卡尔的错误:情绪、推理和人脑/(美)达马西奥著;毛彩凤译.—北京:教育科学出版社,2007.6(2013.3 重印)

书名原文:Descartes' Error:Emotion,Reason and the Human Brain

ISBN 978-7-5041-3778-4

Ⅰ.笛…　Ⅱ.①达…②毛…　Ⅲ.情绪-研究　Ⅳ.B842.6

中国版本图书馆 CIP 数据核字(2007)第 023621 号

北京市版权局著作权合同登记 图字:01-2006-3943 号

笛卡尔的错误:情绪、推理和人脑

DI KAER DE CUOWU:QINGXU、TUILI HE RENNAO

出版发行	教育科学出版社		
社　　址	北京·朝阳区安慧北里安园甲 9 号	市场部电话	010-64989009
邮　　编	100101	编辑部电话	010-64989421
传　　真	010-64891796	网　　址	http://www.esph.com.cn
经　　销	各地新华书店		
制　　作	北京金奥都图文制作中心		
印　　刷	保定市中画美凯印刷有限公司		
开　　本	169 毫米×239 毫米　16 开		
印　　张	17	版　　次	2007 年 6 月第 1 版
字　　数	265 千	印　　次	2013 年 3 月第 5 次印刷

Original English Title:
Descartes' Error: Emotion, Reason and the Human Brain
By Antonio R. Damasio
First published 1994 by G. P. Putnam's Sons, New York
This edition published 1996 by Papermac, an imprint of Macmillan General Books

This Chinese edition arranged with Carlisle & Co., LLC through Andrew Nurnberg Associates International Limited

本书所有的图片都为原创。图 2－6 由凯瑟琳·罗克兰德（Kathleen Rockland）提供。其他由汉娜·达马西奥提供。图 5－2 来自罗杰·图特尔（Roger Tootell），经其和《神经科学》（*Journal of Neuroscience*）期刊的许可重新制作。图 7－3 和图 7－4 来自朱莉·费兹（Julie Feiz），经其许可使用。

智慧教师读本②
我们如何学习

寻找斯宾诺莎：
快乐、悲伤和感受着的脑

[美] 安东尼奥·R. 达马西奥 著
孙延军 译

教育科学出版社
·北 京·

To Hanna

献给汉娜

赞美之辞

“显然，达马西奥用易于理解且常常是富有说服力的文字，描绘了一幅关于人类灵魂、整合的身与心、思想与感受、个体生存与利他主义、人性与自然、伦理与进化……的新图景，斯宾诺莎将为此感到自豪。”

——《旧金山编年史》(*San Francisco Chronicle*)

“值得注意的是……达马西奥具有使科学简明易懂的杰出才能，同时在哲学、文学方面也极具天赋，且不失幽默风趣。”

——《洛杉矶时报》(*Los Angeles Times*)

“达马西奥正处于被神经科学家称为‘情感革命’的最前沿，他扭转了数十年的科学智慧并通过其他领域将其折射出来……在《寻找斯宾诺莎》一书中，他揭开了情感如何发挥作用的神秘面纱。”

——《纽约时报》(*The New York Times*)

“独具魅力和极度的令人喜悦……实现了科学探索、历史发现和关于人类情状的深度个性化陈述之间的一种独特结合。它勇于追问：我们逐渐积累的人脑知识是如何告知我们生活的方式和组织我们社会生活的方式的。”

——《自然》(*Nature*)

“达马西奥是一个勇敢的思想家……他是对感受进行科学探索的先锋，即探索由我们的情绪所引发的痛苦或快乐体验的先锋。”

——《圣何塞使者新闻》(*San Jose Mercury News*)

“在这本不可思议的新书中……卓越的神经科学家安东尼奥·达马西奥探索了荷兰哲学家（斯宾诺莎）令人惊叹的洞察力。”

——《探索》(*Discover*)

“达马西奥最伟大的技巧，是使他的读者感受到了我们的神经系统在我们头脑中的每一时刻映射我们的身体、它周围的世界、它的历史、它的需要以及它的决策过程……这是一个伟大的贡献。”

——《展望》(*Prospect*)

“达马西奥的作品充满神韵且自成一体，他成功地指引着读者在神经科学最新发现的道路上前进，而不会以科学的名义来蒙蔽他们。”

——《新人本主义者》(*New Humanist*)

“通俗易懂而又引人入胜……达马西奥对所解释问题的敏感性是极具典范性的，他的人本主义不止是装饰，更是他的路径的一个极为感人的组成部分。”

——《新科学家》(*New Scientist*)

“这是对感受的神经生物学基础，以及他们塑造人类生活方式所作的激动人心的探究……对斯宾诺莎的生活和工作的出人意料的个人的思考，增加了我们对人类自身内在的、令人目眩的复杂性和美妙性的了解。”

——《书目》(*Booklist*)

“达马西奥成功地使脑研究的最新成果为一般读者所知晓，而他的斯宾诺莎主义的激情反思则使得科学事实与人们的日常生活联系起来。”

——《出版家周刊》(*Publishers Weekly*)

“这是神经科学发展的前沿……任何一个准备穿越学科界限的人在他们追问人本身究竟是什么的时候都应该予以严肃的关注。”

——《守望者》（伦敦）(*The Guardian*, London)

“达马西奥是一个富有生气并具有人文关怀的作家，他很轻松地涉猎了非常广泛的话题。从伦勃朗的画到莎士比亚的戏剧，再到伦理的基础和意识的本质……真是一本好书。”

——《独立》（伦敦）(*The Independent*, London)

“一项关于理解感受的本质和对人类意义的充满激情而又才华横溢的最新研究。”

——《上流社会》(*Le Monde*)

“一次勇敢的努力，对一些重大的哲学问题的思索。”

——《财经时报》(*The Financial Times*)

“清晰、简单明了、诙谐机智且富于诗意。”

——《爱尔兰时报》(*The Irish Times*)

“一个科学上激动人心的解释，一个对人类精神的深刻诠释。”

——《格拉斯哥先驱》(*The Glasgow Herald*)

“发现这样一本严谨而又极具可读性的，在哲学史上又有着如此坚固根基的关于科学进展的书，这是一种罕见的快乐。”

——《休闲伦敦》(*Time Out London*)

“在所有安东尼奥·达马西奥的书当中，这是最醒目、最令人满意且最有个性的一本书，它展示了对情绪和感受、感受和理性的本质的惊人的洞察力。”

——奥利芙·萨克斯（Olive Sacks），《错把他的妻子当作帽子的男人》(*The Man Who Mistook His Wife for a Hat*) 和《汤斯腾叔叔》(*Uncle Tungsten*) 的作者

“这是一部关于心灵运作的引人入胜、富有创意的著作，每一页都展示了令人惊叹的洞察力。在整体上，它创造了一个最珍贵的结果，即启示的本质。”

——威廉·斯蒂伦（William Styron），《洞察黑暗》(*Darkness Visible*) 的作者

“在《寻找斯宾诺莎》这本书中，世界一流的神经科学家安东尼奥·达马

西奥阐释了一些最难解决的问题——关于我们的脑以及脑如何与我们所谓的心灵相连的问题……这本书代表着一个巨大的、给人留下最深刻印象的成就。”

——戴维·休布尔（David Hubel），诺贝尔奖获得者，哈佛大学

“关于人脑的机能，一位最先锋的思想家再次解答了这个问题！……达马西奥对此进行了深刻的思考，并以优美的文笔将感受与脑机能的最新理解联系起来……将斯宾诺莎的哲学根源与通常的西方思想联系起来。我们不可能再找到引导我们穿越这个领域的更好的引导者了。”

——埃利克·R. 坎德尔（Eric R. Kandel），诺贝尔奖获得者，哥伦比亚大学

“这是一本非凡的书，它文笔优美，并深刻透彻地建立了时空之间的关系。”

——彼得·布鲁克（Peter Brook），戏剧与电影导演

“这是一种闪烁着智慧光芒的思想洗礼，也是一种对如何找到幸福和实现更好的生活的沉思，它将拥有广大的读者。”

——让-皮埃尔·钱格（Jean-Pierre Changeux），
法兰西学院，巴斯德研究所

“富有创意，极具洞察力，易于理解……达马西奥鲜明地论证了斯宾诺莎对幸福和健康的理解与目前对身心和感受的科学思想之间的相互关系。”

——史蒂文·纳德勒（Steven Nadler），威斯康星大学，
《斯宾诺莎：一种生活》（*Spinoza：A Life*）的作者

“《寻找斯宾诺莎》这本书不仅为我们提供了一个有关理智关系的迷人叙述，也不仅是关于‘成为人意味着什么’的一个科学上的精确界定，而且为那些被真诚地告知给我们的科学期待提供了一个新界域。”

——彼得·萨克斯（Peter Sacks），哈佛大学

目　录
Contents

1

走进感受

走进感受

痛苦或快乐以及介于两者之间的诸多感受体验，是我们心灵生活的基础。我们通常之所以忽略这个简单的事实，主要是因为，周围事物（以及用之于描述它们的词句）在我们心中产生的各种表象，使我们本已负担过重的注意力消耗殆尽。但它们确实存在。由无数的情绪及其相关状态所构成的感受体验，宛如在我们心灵中绵延不绝的一曲曲音诗。这些极为普遍的悦耳音调，生生不息。每当快乐相随，它就迸发出欢乐的乐章；至若悲痛降临，它则化作一曲哀伤的挽歌。只有当我们安然入眠的时候，它们才渐归沉寂。[①]

既然感受普遍存在，有人可能就会认为，有关感受的科学道理在很久以前就已经被解释清楚了。比如：什么是感受，它们如何发挥作用，有何意义……

---

① 感受（Feeling）一词的基本含义是指由情绪及相关现象所引发的各种痛苦或快乐的体验。另一常用含义指的是当我们欣赏事物的造型或质地时所产生的诸如触摸这样的体验。在本书中如果不特别说明，感受一词总是在其基本含义上使用。

但事情却并非如此。在我们所能描述的心理现象中，感受及其基本成分——痛苦和快乐——是生物学尤其是神经生物学了解得最少的方面。这就是现代社会
4 的很多令人莫名其妙的思虑之所以产生的原因，即不顾一切地来培养感受，并利用很多资源和努力来处理那些由酒精、药物滥用、医疗麻醉、食物、肉体和精神上的性、一切感觉快乐的消费方式，以及一切促使感觉快乐的社会或宗教实践所产生的感受。虽然我们通过吃药、饮酒、泡温泉、身体锻炼以及精神熏陶等方式来医治感受，但从生物学角度来看，不论是公众还是科学都未能清楚地解释感受是什么。

鉴于我对感受的一贯看法，我对此并不感到惊奇，因为其中的大部分观点并不正确。比如，我过去认为感受是不能予以明确定义的，它不像我们能够看到、听到或触摸到的物体。感受与具体实物的不同在于，它是无形的，不可捉摸的。当我开始思考脑如何产生心灵的问题时，我才真正接受了感受在科学的视界之外的观点。我们可以研究脑如何指挥我们运动，可以研究感觉、视觉以及其他心理过程，可以理解各种思想是如何整合到一起的。我们可以研究脑是如何学习和记忆的。我们甚至还可以研究我们对各种事物和事件的情绪反应。但是感受——从下一章中我们可以看出，它是区别于情绪的——却是难以捉摸的。感受永远保持着它的神秘，它们是私人的以及难以接近的。我们很难解释感受是如何以及在何地发生的。我们无法洞见感受的“背后”。

如同意识一样，感受也超出了科学的界限，不仅被那些反对任何心理现象都可以被神经科学解释的学者排斥在门外，同样也受到了正规神经科学家本身的反对，宣称据说有不可克服的局限性。我之所以也接受了这一观点，是因为这么多年我从未研究过感受这一领域。我用了一段时间才弄清楚这种观点未被
5 证明的程度，才认识到从神经生物学的角度研究感受并不比研究视觉或记忆更具有可行性。但是最终我还是这样做了，因为我遇到了一些确实患有神经疾病的患者，他们的症状让我不得不开始研究他们的状况。

比如，试想一下，如果我们遇到这样一个人，他由于脑的某一部位受到了损伤，当遇到会让人们产生同情和窘迫的情景时却不能够体验到同情和窘迫的感受，但却能够像没受伤之前那样体验快乐、悲伤、恐惧。这样的情况你会忍心停止研究吗？再想象一下，如果我们遇到这样一个人，他由于脑的另外某一部位受到了损伤，当遇到会让人们恐惧的情景时却不能体验到恐惧，但仍然能够体验到同情。这些残酷的神经疾病对于它的受害者——病人以及我们这些关

注他们的人——来说简直是无底的深渊。但对这种疾病的研究也有它的可取之处：与普通的脑手术不同，神经疾病提供了一条使我们能够更加精确、深入地研究人脑和心灵的独特通道。

通过反思这些病人以及其他类似病人的情况，我们可以得到下面几个令人感兴趣的假设。首先，个体的感受会因为脑的某一部位受损而受到阻碍；脑回路中某一具体部位的缺失会导致某一种心理事件的缺失。第二，不同的脑系统控制着不同的感受；脑某一区域的损伤不会立刻导致所有类型的感受立刻消失，这似乎是显而易见的。第三，最让我们吃惊的是，当病人失去了表达某种情绪的能力时，他同时也失去了体验到相应感受的能力。但相反却是不成立的：一些病人虽然失去了体验某些感受的能力，但还能够表达相应的情绪。难 6
道情绪和感受就像是双胞胎，情绪先于感受出生，而感受永远就像情绪的影子尾随其后？尽管它们两者之间关系紧密而且似乎同时发生，但实际上情绪是先于感受发生的。关于这两者之间特殊关系的知识，为我们研究感受打开了一扇窗扉。

这些假设可以借助于扫描技术来检验，我们可以通过扫描看到人脑的解剖图像以及活动图像。工作逐步展开，最初是针对病人，然后扩大到没有神经病症状的人，我和我的同事开始勾画人脑的感受地图。我们的目的在于阐释使我们的思想触发情绪状态以及产生感受的网络机制。[1]

情绪和感受在我的前两本书中发挥着十分重要但却完全不同的作用。《笛卡尔的错误》（*Descartes' Error*）中强调的是情绪和感受在决策中的作用。《感受发生的一切》（*The Feeling of What Happens*）中强调的是情绪和感受在建构自我中的作用。但是，在本书中，我所关注的是感受本身，它们是什么以及它们给我们提供了什么。这里用到的许多证据在我撰写前面的著作时尚未获得，但现在却成为我们理解什么是感受的更稳固的平台。因此，这本书的主要目的是，就我现在的视角，即一个神经病学家、神经科学家以及普通读者的视角，提供一份有关感受及其相关现象的性质以及它对人类的重要意义的进展报告。

我现在的主要观点就是，感受是一种发生在身体和心理上的人类兴旺或苦难的表达。感受不仅仅是附加于情绪之上的点缀，可以保留也可以丢弃。感受可以成为、也常常是整个生物体生命状态的**揭示**——如同揭开了面纱一般。生 7
活正如紧绷着钢丝状态下的运动，大多数感受是努力争取平衡的表达、是精确调整和校正的观念，没有它们，一个人就会造成许多过错，整个生活就会崩溃。在我们的存在中，如果有什么东西可以成为我们在同一个时间内既渺小又伟大的启示的话，那就是感受。

这种启示如何进入我们心灵，是从它自己被揭示开始。脑用了一定数量的专门区域以神经映射的方式来协同地描绘各个方面的身体活动。这种描绘展示了我们忙碌生活的一种复杂的、变动不居的图景。那些把用以绘制生活图景的信号带进脑的化学和神经的通道，就像专用的画布一样来接收它们。我们的感受如何发生之谜，现在看来似乎不那么神秘了。

如果抛开好奇心的驱使，对尝试了解感受的价值表示怀疑，是可以理解的。但是有很多原因可以让我坚信研究感受的意义。从神经生物学的角度来阐明感受以及先于它的相应情绪对于我们理解身心问题，对我们了解自身至关重要的问题上会有所帮助。情绪以及随之的反应与身体是对应的，而感受与心灵是对应的。对于思想如何触发情绪以及身体的情绪如何变成我们所谓感受的这种思想，给我们提供了一种了解心灵和身体的独特视角，是对一个单一而完整地交织在一起的人类有机体的完全不同的展示。

无论如何，我们的努力还是有很多实际意义的。从生物学的角度来解释感受以及与它密切相关的情绪，可以帮助我们更有效地了解人类的一些痛苦产生的主要原因，比如说抑郁、疼痛以及药物成瘾等。此外，了解什么是感受、它们的作用以及意义，对于未来更加精确地了解人类是很有意义并且不可或缺
8 的，这也是社会科学、认知科学以及生物学共同关注的一个话题。为什么这个话题有实用价值呢？因为人类的成功或失败，很大程度上取决于公众和公共机构如何对公众生活进行管理，这具体表现在那些有关人类的原则和政策法规方面的已经修正的观点。从神经生物学的角度来理解情绪和感受，是解开能够减少人的忧伤、提高人类幸福的原则和政策法规的钥匙。实际上，新的研究甚至已经关涉到这样的新方法，人类以这些方法来解决关于他们自身存在的、宗教的和世俗的解释之间所具有的无法解决的张力。

既然我已经概括了我的主要意图，现在我要作一点解释：这样一本致力于以新的思维方式解释人类感受的性质及意义的书，为什么要把斯宾诺莎放在题目中？因为我本人并非哲学家，而且这本书的主题也非斯宾诺莎的哲学。那你们肯定会产生疑问：为什么会关涉斯宾诺莎？简单地说，斯宾诺莎与任何有关人类情绪、感受的讨论是密切相关的。斯宾诺莎提到了驱力、动机、情绪和感

受等概念，他把这些概念总体上叫作**情感**（*affects*），他认为这是人性的核心方面。快乐和痛苦是斯宾诺莎试图理解人类以及建议人们如何生活得更好的两个重要概念。

更详细的解释则是更个人化的。

海　牙

1999年12月1日，茵德斯饭店的门童友好地建议我："先生，这种天气不适合步行，我帮您叫辆车吧。风特别大，如同飓风一般，先生，您看看外面的旗就知道了。"情况确实如此，旗帜被风吹得像长了翅膀，云层在天空中迅速地向东边奔涌。尽管海牙大使馆的车正好要出发，但我还是谢绝了邀请。我告诉他我还是愿意自己走走，没问题的。除此之外，还可以看看云层密布的天空是多么美丽。门童不知道我要去哪里，我也不打算告诉他。他会怎么想呢？ 9

雨几乎停了，而且只要有决心，劲吹的狂风也是易于克服的。我按照自己心中的地图居然能走得更快一些。在茵德斯饭店前散完步，在我的右边，我能够看到一个古老的宫殿和莫瑞泰斯皇家美术馆（Mauritshuis），上面装饰有伦勃朗（Rembrandt）的面孔，这是对他自画像的一次回顾展。过了博物馆广场，后面的街道几近荒芜，尽管这里还是城镇的中心，而且今天也是正常工作日。应该是政府下了通知，让人们都要待在家里吧。这样对我来说会更好些。我可以不必穿越拥挤的人群，轻松地到达斯珀伊区（Spui）。在到达新教堂之后，我对这些路线已经完全不熟悉了，我犹豫了一下，但是选择已经变得明确了：我在雅克布街（Jacobstraat）右拐，然后在瓦根街（Wagenstraat）左拐，再到了斯提利沃凯德（Stilleverkade）右拐。5分钟以后，我就到了帕维利尼斯哥拉希特（Paviljoensgracht）。我在72—74号房子前停了下来。

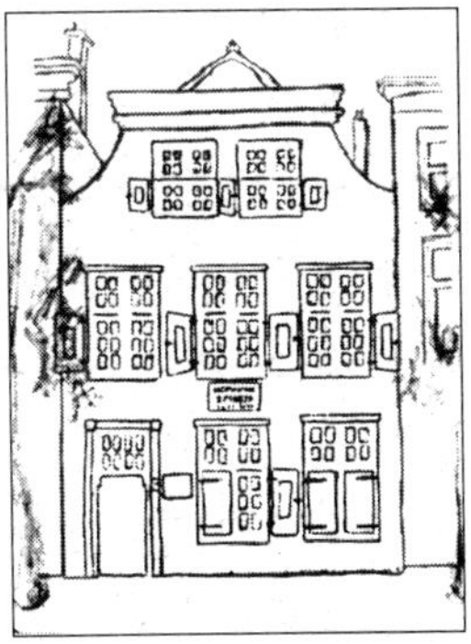

房前的景象和我所想象的一样，一个小型的建筑，有3个门、3个窗户，是运河边上排屋的通常样式，整体处于中等水平，并不富丽堂皇。这所房子依旧保存完好，且与17世纪时并无多大不同。所有的窗户都关着，里面没有任何动静。门扉完整，漆面如新，在它旁边还有一个精巧的黄铜钟，嵌在门框中。斯宾诺莎几个字在门框上已经被蚀化了。我毅然地按下门铃，但是没抱太大的希望。里面没有传出任何声音，也没有哪个窗帘有什么动静，先前我试着拨出的电话也是无人接听的。斯宾诺莎出门办事了。

10 这就是斯宾诺莎短暂人生的最后7年的居所，他病逝于1677年。《神学政治论》（*Theologico-Political Treatise*）是他来这里时就带来的，在这里匿名发表了。《伦理学》（*Ethics*）这本著作是在这里完成的，在其去世后发表，也基本上是匿名发表的。

今天我是没希望看到这所房子了，但这并没有什么关系。一道秀丽的风景，把街道分出了两条小路和一个意料之外的都市花园。我在这里发现了斯宾诺莎，他的这个坚固耐久的黄铜塑像已经被寒风吹落的树叶遮住了一半，他静静地坐在那里，仿佛正在沉思。他看起来情绪不错，完全没有受到天气变化的影响。正是这样，他在有生之年才会有那么顽强的生命力。

在过去的几年中，我一直在寻找斯宾诺莎，有时是在书中回味，有时是重蹑其生前旧踪。这也是我今天到此一游的原因。如你所见，这是一种很古怪的消遣，也是我从来没有想要去采用的一种方式。我这样做的原因更多是出于偶然。我第一次读斯宾诺莎的书时还是个青少年——这是阅读斯宾诺莎关于宗教和政治观点的最佳年龄——但可以肯定的是，虽然他的一些观点给我带来了持久的影响，可是由此产生的我对他的尊敬之情是相当抽象的。他既具有吸引力，同时也让人敬畏。我从来不认为斯宾诺莎跟我的研究有特殊关联，而且他的观点我能够透彻理解的也相当少。有一处他的引证我一直以来都很珍爱——出自《伦理学》这本书，而且是与自我概念有关的一个观点——当我想要引用它，需要检验一下它的精确性和上下文的时候，斯宾诺莎又回到了我的生活。我发现所引用的东西，恰好符合我曾经钉到墙上的那篇书页已经泛黄的内容。但当我从曾经停留的某一段开始向前或向后读时，我就无法停下来了。斯宾诺
11 莎还是斯宾诺莎，但我已经不是以前的我了。许多曾经无法理解的地方现在看起来却是那么熟悉，事实上是出奇的熟悉，而且与我现在研究的一些方面也密切相关。我并不赞同斯宾诺莎所有的观点。一方面，有些章节略显晦涩，而且在阅读多遍之后，会发现一些彼此冲突、互不一致的观点仍然得不到有效解决。我对此仍感迷惑，甚至有些恼火。然而，不论好坏，我觉得自己还是能与

他的大多数观点产生共鸣，这有点像伯纳德·马拉默德（Bernard Malamud）的小说《基辅怨》（*The Fixer*）中的一个人物，他读了斯宾诺莎书中的一些内容，此后就像身后有飓风吹他一样地向下读："……我不能做到每一个单词都理解，但当你读到这些观点时，你会觉得似乎有个女巫在不断地引导你继续下去。"[2]斯宾诺莎作为一个科学家所论述的主题中最吸引我的就是——情绪和感受的性质以及心灵与身体的关系——而这些主题也吸引了过去的许多思想家。然而，在我看来，他似乎已经预见了现在的研究者在许多这类问题上提出的解决方式，这是令人吃惊的。

例如，斯宾诺莎曾经说过，**爱是为一个外在原因的观念所伴随着的快乐，**[①] 他把感受过程与对引起情绪的物体的认识过程明确区分开来。[3]快乐是一回事，引起快乐的东西是另外一回事。当然，快乐或痛苦，以及引起快乐或痛苦的东西，最终都要会聚在心灵中，但是，它们在我们的有机体中开始的过程是截然不同的。斯宾诺莎曾经描述过一个现代科学作为事实揭示出来的功能性安排：作为生命存在形态的有机体，天生就有对不同的事物作出情绪反应的能力。这些情绪反应会伴随着某种类型的感受的出现，而快乐和痛苦又是感受的必要组成部分。

斯宾诺莎还提出过有关情感的力量的观点，认为克服消极感受——一种非理性的激情——的唯一方式就是用一种由理性引发的强烈的积极感受来压制它。**一个情感只有通过一个和它相反的、较强的情感才能克制或消灭。**[4]换句 12
话说，斯宾诺莎建议，我们通过理性的和理智的努力获得的更强烈的积极情绪来与消极情绪作斗争。他的思想核心是，对这种激情的抑制是通过由理性所产生的情绪来完成的，而并非理性本身。这其实并不容易实现，但斯宾诺莎可以在任何简单的事情中看到它的价值。

我在这里所要提到他的一个重要观点是，身和心是由完全相同的实体构成的相互平行的两个属性（称它们为表现形式）。[5]至少通过反对身心是由不同实体构成的观点，斯宾诺莎对当时流行的身心问题的观点提出了相反的意见。他的异议在当时一片顺从的海洋中一直截然挺立。然而，更吸引人的是，他认为**构成心灵的本质的最初成分就是一个现实存在的身体的观念。**[6]这预示了一种

---

① 本书中所有《伦理学》一书中的译文皆引自：斯宾诺莎．2007．伦理学［M］．贺麟，译．北京：商务印书馆．——译者注

吸引人的可能性，斯宾诺莎可能是凭直觉了解到身心平行关系的自然机制背后的原理。就如我后面将要讨论的问题，我确信，心理过程是基于脑对身体的映射以及描绘引发情绪和感受事件的那些反应的神经模式的集合。没有什么能比看到斯宾诺莎的这些观点以及揣摩它们可能的含义更让人欣慰的了。

这已经足以勾起我对斯宾诺莎的好奇心了，但是，还有更多的东西在维持着我对他的兴趣。对斯宾诺莎来说，生物体本能地、必要地、在尽力维持自身的生存。必要的努力构成了它们的真实本质。为了求得生存，他们逐步发展出
13 了调节自身来适应环境的能力。同样也是自然而然地，生物体还在不断努力以达到功能的“更加完满”——这是斯宾诺莎视同于快乐的东西。而所有的这些努力和倾向都是生物体在无意识的情况下进行的。

通过一系列平淡质朴的语句，斯宾诺莎显然已经规划好两个世纪以后威廉·詹姆斯（William James）、克劳德·伯纳德（Claude Bernard）、西格蒙德·弗洛伊德（Sigmund Freud）将要从事的工作——为人类的生活调节提供基本架构。而且，他通过拒绝接受对自然的目的性设计，通过接受身和心是由在不同物种中可以以不同模式结合的成分构成的观点，斯宾诺莎与达尔文的进化论思想保持了一致。

斯宾诺莎不仅对人性的概念进行了修正，他还把善与恶、自由与拯救等概念与情感和生命的调节联系起来。斯宾诺莎认为，指导我们社会和个人行为的规范应该通过对人性的更深刻认识来形成，而我们正是依靠这些认识与我们内心的神或自然进行联系的。

斯宾诺莎的有些思想是我们文化的一部分，但是据我所知，他未曾关注过如何通过现代化的努力来理解人类心灵的生物学机制。[7]而这种缺失本身是很有意义的。斯宾诺莎作为一个大思想家的名气要远远超出我们的了解。有时斯宾诺莎会给人留下什么也没有做就很出名了的印象，而且是一个孤独、不可理解的伟人，尽管这些印象都是错误的——尽管最初他也是他那个时代一个重要的人物。而且他似乎是急剧地没有连续性地消逝了——另一个错误的印象是，斯宾诺莎的许多被禁止的观点的精髓可以在文艺复兴的背后找到，并在他去世
14 后的一个世纪里得到了很好地超越。[8]关于斯宾诺莎的地位并不是广为大家所知的一种解释，就是他在当时所引起的一些丑闻。我们将会在第 6 章中看到，

他的思想在当时被认为是异端，被禁止几十年。只有在极少数情况下，而且是作为对他作品的攻击时才会被引用。这些攻击使当时的斯宾诺莎的仰慕者无法公开地讨论他的思想。对于思想家的著作问世之后的学术认可的自然连续性，就这样被打断了，尽管他的一些观点也会被未加注明地使用着。然而由此还是很难解释为什么斯宾诺莎一直持续地在获得名誉，却仍旧不为人知，只有歌德和华兹华斯（Wordsworth）的拥护者开始去支持他。也许最好的解释就是，斯宾诺莎并不是一个很容易被理解的人吧。

这个困难源于斯宾诺莎这个人有着不同的身份，我认为至少有四个。首先，他是一个易于接近的斯宾诺莎，一个激进的宗教学家，他不满于当时的教会，提出了一种关于上帝的新观点，而且提出了一个拯救人类的新方法。其次，斯宾诺莎是一个政治思想家，他描述了心目中理想的民主国家的特点，就是由高度负责的、安居乐业的公民组成的。第三个斯宾诺莎是最难接近的，他是一个使用科学事实、几何证明的方法以及自己的直觉来解释宇宙和人类存在的概念的哲学家。

通过认识以上三个斯宾诺莎以及它们之间的相互联系，我们已经足以了解斯宾诺莎是多么地深奥，而且他还有第四个身份：原生生物学家。这是一个生物学上的思想家，但是他隐藏在很多命题、公则、证明、界说和附释的后面。由于许多有关情绪感受的科学的最新理论都是与斯宾诺莎最初提出的观点相一致的，所以我写这本书的第二个目的就是，把这个最不为人知的斯宾诺莎与当今相应的神经生物学联系起来。但这里我要再次强调，这本书并不是介绍斯宾诺莎哲学的。我不介绍与生物学无关的斯宾诺莎的其他观点。这个目标比较适当。哲学的价值一方面就在于可以通过它的历史来预示科学的发展。反过来，我认为科学也是在承认历史上这些努力的基础上发展起来的。 15

寻找斯宾诺莎

斯宾诺莎与神经生物学有相当的关联，尽管他对人类心灵的思考都是来自对人类生存条件的更大关注。斯宾诺莎最终的关注点是研究人类与自然的关系。他试图将这种关系进行分类，并由此提出拯救人类的现实方法。这些方法中有一些是个人化的，仅仅受控于单独的个体，而另一些则是依赖于社会和政治组织提供给个体的某些形式的帮助。他的思想延承了亚里士多德的思想，但毫无疑问其生物学的背景是牢固的。早在约翰·斯图亚特·密尔（John Stuart Mill）之前，斯宾诺莎就一方面收集了很多有关个体幸福与集体幸福之间关系的资料；另一方面，还收集了有关人类拯救与国家结构的资料。至少他的思想对社会的影响还是得到了相当程度的认可的。[9]

斯宾诺莎描绘了一个理想的民主国家，这里应该言论自由——**让每个人能自由地想其所想，谈其所想**，他这样写道[10]——教会和国家分开，更加和谐的社会关系会促进每一个公民体验到的幸福感，同时也会让政府部门之间更加协调。斯宾诺莎在《独立宣言》以及美国宪法第一修正案之前的一个多世纪就提出了这样的论断。这个斯宾诺莎，作为他的革命性努力的一部分，还预见了更具吸引力的现代生物学的某些方面。

那么，这个人是谁，谁能够这样地思考心灵和身体，不仅与其同时代的大多数思想截然相反，而且能够在以后的三百年或更长的时间内受到人们的瞩目
16 呢？是什么样的环境促使了这样的一种对立思想的产生？为了试图回答这些问题，我们还必须考虑另外一个斯宾诺莎，一个在这样三个不同的名字——本托（Bento）、巴鲁克（Baruch）、贝内迪特（Benedictus）——之后的人，这个人是勇敢和谨慎的，不妥协和乐于助人的，傲慢和谦虚并存的，孤立但又是友善的，让人仰慕又让人气愤的，近乎于可观察的和具体的、同时又有着泰然自若的精神状态的。在自己的作品中，甚至于作品的风格中从来不会直接表露出其个人感受，他必须由一千个不一致的碎片拼集而成。

几乎是在不经意的情况下，我开始寻找在这本著作之后的这个神秘人物了。我只是想遇见我想象中的这个人，并和他聊上一会儿，让他在《伦理学》上给我签个名。于是，报告我寻找斯宾诺莎的过程以及他生活中的故事就成为了我写这本书的第三个目的。

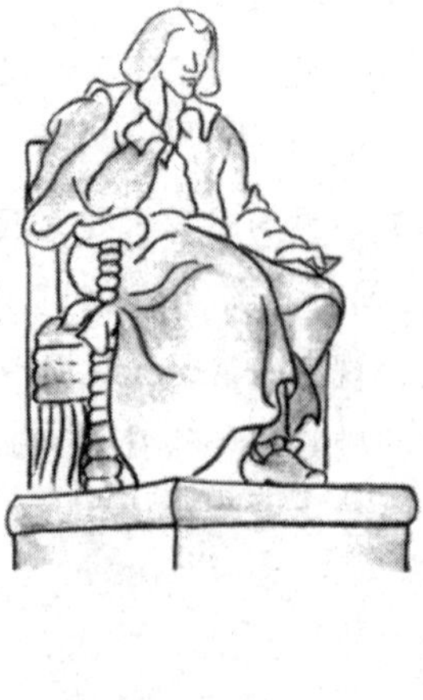

斯宾诺莎于1632年出生于阿姆斯特丹这个繁荣的城市里，这时正处于荷兰的黄金时代的中期。就在同一年，在离斯宾诺莎家的住所不远的地方，23岁的伦勃朗·凡·莱因（Rembrandt van Rijn）正在画他的作品《特尔普医生的解剖课》（*Anatomy Lesson of Dr. Tulp*），他因此画而成名。伦勃朗的赞助

人康斯坦丁·惠更斯（Constantijn Huygens），他是政治家兼诗人，欧兰吉王子（Prince of Orange）的秘书，约翰·多恩（John Donne）的朋友，后来成了克里斯蒂安·惠更斯（Christiaan Huygens）的父亲，而克里斯蒂安·惠更斯后来成为最著名的天文学家和物理学家。笛卡尔，这个当时最主要的哲学家，那时 32 岁，也居住在阿姆斯特丹，在普林森哥拉希特（Prinsengraacht），17
正考虑如何让荷兰以及全世界认可自己有关人性的观点。不久他就去给小克里斯蒂安·惠更斯教代数课了。斯宾诺莎就出生在一个这样的世界——用西蒙·沙玛（Simon Schama）对这个时代的这个地方的恰当描述就是：处于令人困惑的富裕、理智和财富之中。[11]

本托是斯宾诺莎在出生时他的父母——米格尔（Miguel）和哈娜·德博拉（Hana Debora），他们都是在阿姆斯特丹重新定居的葡萄牙的西班牙裔犹太人——给他取的名字。他成长在阿姆斯特丹富裕的犹太商人和学者社区，在犹太教会和他的朋友中都叫他巴鲁克，他在 24 岁时被犹太教会流放后改名为贝内迪特。斯宾诺莎离开了他在阿姆斯特丹的幸福家庭，开始了平静而又深思熟虑的叛逆，他的最后一站就是这里——帕维利尼斯哥拉希特。他的葡萄牙语名字是本托，希伯来语名字是巴鲁克，拉丁语名字是贝内迪特，这一切都蕴涵着一个相同的含义：祝福。因此，名字的意义是什么？我要说有很多。这些词从表面上看来可能是相同的，但是其深层的含义却是截然不同的。

当心

我需要进入这间房子，但现在这所房子的门却是关着的。我所能做的就是想象着一个人从附近停泊的游艇中出来，走进这所房子，打听斯宾诺莎的消息（帕维利尼斯哥拉希特以前是一条很宽的运河，后来被填上就变成了街道，就像阿姆斯特丹和威尼斯的许多运河一样），接着，伟大的范德斯皮克（Van der Spijk）——这所房子的主人同时也是一个画家，会出来把门打开。他会很亲切地将拜访者带到他的画室，就在大门旁边的两个窗户后面，让拜访者在那等待一会儿，然后去告诉他的房客斯宾诺莎，外面有人想拜访他。

斯宾诺莎的房间在第三层，他下来需要经过螺旋形的楼梯，一个紧紧卷曲着的楼梯，正是这种让人担心的楼梯设计使荷兰建筑的口碑不是很好。斯宾诺 18
莎会很优雅地穿上他的菲达尔戈式服装——不是新的，也不算很旧，一切都保存完好，白色的立领，黑色的马裤，黑色的皮背心，黑色的驼毛夹克非常合体，光亮的黑色皮鞋上带有很大的镀银带扣，手里拿着木杖，可能用来帮助自己走过这些楼梯。斯宾诺莎有一个专为黑皮鞋准备的东西。斯宾诺莎面色和悦，脸上的胡须被剃得干干净净，黑色的大眼睛炯炯有神，在整个脸上非常突出。他的头发和修长的眉毛也是黑色的，皮肤是棕色的，身材适中，体态轻盈。

斯宾诺莎很礼貌，也很亲切，但是为了节省时间，来访者被要求马上切入主题。这位慷慨的大师在他的工作时间里将会与他们聊有关光学、政治学以及宗教信仰等方面的话题。房间里有茶水供应。范德斯皮克将继续画画，非常安静但又很有涵养。他的七个活泼的孩子不碍大人的事，在房子的后面玩耍。范德斯皮克夫人在做缝纫，厨房里有佣人在做饭。你将看到的就是这样的情景。

斯宾诺莎用他的烟斗抽着烟，这种香味和松脂的香味混在一起，他坐在那里思考问题，回答提问，就这样一直到天色变晚。斯宾诺莎接待了不计其数的拜访者，从邻居以及范德斯皮克的亲戚朋友到好学的学生和多愁善感的年轻女性，从戈特弗里德·莱布尼茨（Gottfried Leicnitz）、克里斯蒂安·惠更斯到新上任的英国皇家总督亨利·奥尔登伯格（Henry Oldenburg）都会拜访他。从他通信上的语气来判断，他对于与他平等的朴素百姓以及地位最低的病人是最慈善的。很显然，他也会很容易受到愚弄而不是愚弄人。

我还能够想象当时斯宾诺莎的葬礼情形，在1677年2月25日那样一个灰色的日子里，范德斯皮克一家人后面跟随着抬着斯宾诺莎简易棺材的队伍，“还有许多优秀的人士”也跟随着队伍慢慢地走向不远处的新教堂，“这些人多
19 得足够装满六辆马车”。我于是返回，朝着新教堂走去，想追溯一下他们曾经走过的足迹。我知道斯宾诺莎的坟墓就在教堂的院子里，看过了他生前的居所，我还要去看看他去世后安息的地方。

教堂的院子四周都是门，但它们都是敞开的。在这里看不到什么公墓的景象，只是有灌木丛、草地、苔藓以及两边种着大树的泥泞小路。我发

现斯宾诺莎的坟墓与我所想象的并不相同，在后院，教堂的后面，向着东南方向，地上有一块平坦的石头，还有一个垂直竖立的墓碑，这个简易的墓碑看起来已经被风雨侵蚀了。除了介绍这是谁的坟墓之外，在这些字的旁边还刻着 *CAUTE*! 这是拉丁文“当心”的意思。考虑到斯宾诺莎的尸体并不在墓里，这个警示不免带给人以一丝凉意。他的尸体已经被偷走了，就在将他的尸体安葬在这个教堂里之后不久，没有人知道是谁干的。斯宾诺莎曾告诉我们，每个人应该想其所想，谈其所想，但不会这么快就会实现，直到今天仍未实现。要当心啊。人们应该注意自己所说、所写的东西，否则的话，就会连尸骨都难保了。

斯宾诺莎在他的信件中也曾用过“当心”一词，只是将它打印在一朵玫瑰花的下面。在他生命的最后十年里，他所写的东西其实都是**隐含的**（*Sub-rosa*，玫瑰花之下）。他为《神学政治论》（*Tractatus*）[1] 这本书列上了虚拟的出版商，以及错误的出版地汉堡（Hamburg）。作者简介那一页是空的，甚至这本书是用拉丁文写的而不是荷兰语，即使是这样，这本书在 1674 年仍然被荷兰当局所禁。可以预见，这本书还被列入梵蒂冈危险书目之中。教会认为这本 20
书是对当时的宗教组织以及政治权力结构的一个全盘的攻击。从那之后，斯宾诺莎的一切作品都是禁止出版的。这一切并不奇怪。他的最后一些作品在他临死的那天仍然是锁在他桌子的抽屉里，但范德斯皮克知道该怎么做：他用游艇将整张桌子运送到阿姆斯特丹，送给了斯宾诺莎作品的出版商约翰·里厄沃茨（John Rieuwertz）。这些尚未出版的手稿，包括重新修订的《伦理学》、《希伯来语法》（*Hebrew Grammar*），还有尚未完成的《政治论》（*Political Treatise*）以及《知性改进论》（*Essay on the Improvement of the Understanding*），后来在同一年内都陆续以匿名的方式出版了。我们在把荷兰描述为这些理智宽容的避难所时，应该把这种情境牢记在心，它们毫无疑问是宽容的，但这个避难所的宽容度也是有限的。

斯宾诺莎一生大部分时间是处在荷兰共和国时期，在他成年时，当时的荷兰执政官简·德威特（Jan De Witt）掌握国家政权，德威特是一个富有野心并且专制的人，但同时也很开明。不知道他对于斯宾诺莎的了解到底有多少，但他确实知道斯宾诺莎的一些情况，并且在斯宾诺莎的著作《神学政治论》遭到诽谤时，还曾对那些保守的加尔文派政客表示了愤怒。德威特自 1670 年以

① *Tractatus* 系拉丁文版《神学政治论》（*Tractatus Theologico-Politicus*）一书的简称。——译者注

来就保存了这本书的副本。当时人们谣传他把哲学家的观点用到政治和宗教事务中，谣传斯宾诺莎也因德威特对他的尊敬而高兴。虽然这些谣传都非事实，但不可否认的是，德威特的确对斯宾诺莎的政治思想很感兴趣，至少对他的宗教观点是很赞同的。斯宾诺莎在德威特当政时还是受到了合理保护的。

斯宾诺莎这种相对而言的安全感在 1672 年荷兰黄金时代中的一个最黑暗的时期突然结束了。许多突发的事变决定了荷兰处在一个政治局面不稳定的时期。德威特和他的兄弟被暴徒暗杀，有人怀疑他们是正在进行的荷法战
21 争中的叛国者。这些歹徒用刀威逼着德威特兄弟，准备把他们拖到绞架绞死，可等他们到达绞架时，德威特兄弟已经死了，已经没有必要再绞死他们了。他们继续脱掉德威特兄弟的衣服，如同肉店的屠夫一样，把德威特兄弟吊起来，然后将他们分尸。他们将德威特兄弟的尸体分割，有的当纪念品卖掉，有的直接当生肉吃，有的煮熟了吃，彼此间还发出令人作呕的欢笑。这一切就发生在离我现在很近的地方，也就是离斯宾诺莎的家很近的地方，那段时间也是斯宾诺莎生命中最黑暗的时期。这次事件震惊了当时的许多思想家和政治家。在安全的巴黎，莱布尼茨被震惊了，还有一向镇定自如的惠更斯。但是，斯宾诺莎感到绝望了。这种残暴反映出了人类残忍的本性，由此使得斯宾诺莎丧失了他努力想要保持的理性。他准备了一张布告，上面写着“最残忍的野蛮人”，准备把它贴到那里。幸运的是，范德斯皮克是一个很理性的人，他把斯宾诺莎锁在房间里并且把钥匙拿走了。就这样，斯宾诺莎不能走出房间，但他面临的是另外一种死亡。斯宾诺莎在公共场合哭喊——据说这是唯一的一次，大家看到他情绪失控时的痛苦。就这样，这个理智的安全避难所被彻底毁灭了。

我不止一次地观察斯宾诺莎的坟墓，并被上面的碑铭所提醒，转而想到笛卡尔为自己写下的碑铭：“他隐藏得很好，生活得很好。”[12] 这两个有一半时间处在同时代的人，他们的死却相差了 27 年（笛卡尔去世于 1650 年）。他们都生活在荷兰最辉煌的时期，不同的是，斯宾诺莎是与生俱来的权利，笛卡尔是自己的选择。笛卡尔在他事业的早期就决定悄悄移居荷兰，他的思想与当时的天主教会以及他的家乡法国的君主政体是格格不入的。为了生存，他们都需要隐藏和伪装自己。对笛卡尔而言，或许他还不得不扭曲自己的思想。原因是很显然的。1633 年，也就是斯宾诺莎出生一年后，伽利略被当时的罗马宗教裁
22 判所质疑并逮捕。同年，笛卡尔的作品《论人》（*Treatise of Man*）被禁止出

版，不仅如此，他的有关人性的观点也受到了强烈的抨击。1642 年，与他的早期思想相矛盾，笛卡尔假设有一个不朽的灵魂独立于易朽的肉体单独存在。这大概是为了避免遭到进一步攻击而采取的预防措施。如果这是他的意图的话，他的策略最终奏效了，但并不是在他活着的时候。后来他又去了瑞典，担任明显并不虔诚的女王克里斯蒂娜的导师，在他去瑞典的第一个冬天病逝于斯德哥尔摩，年仅 54 岁。我们应该庆幸自己出生在现在这个年代，直到今天一想到当时他们为自由而战的情形还会觉得不寒而栗。可能用“当心”一词仍旧是合适的。

当我准备离开教堂的院子时，我的思绪突然又转到了这个坟墓位置所具有的奇特意义。为什么斯宾诺莎，一个犹太人，会埋葬在这个强大的新教教堂的旁边？这个问题的答案很复杂，就像回答有关斯宾诺莎的其他问题一样。他被埋葬在这里，可能是因为他曾经被犹太教会驱逐出去，他被默认为基督教徒，因此当然不会被埋葬在犹太人的墓地。但是情况也**不应该**是这样的，因为他从来也没有成为过一个真正的基督教新教徒或者天主教徒，而且在许多人的眼里，他是一个无神论者。这种看法是相当适合的。斯宾诺莎的上帝既不是犹太教的，也不是基督教的。斯宾诺莎的上帝无处不在，你不能对他说什么，他也不会回应你的祈祷，他就存在于宇宙的每一个微小粒子中，没有开始也没有结束。既被埋葬又没有被埋葬，既是犹太人又不是犹太人，既是葡萄牙人又不是真正的葡萄牙人，既是荷兰人又不是十足的荷兰人，斯宾诺莎属于很多地方，同时又哪里都不属于。

返回到茵德斯饭店，门童一看见我就很高兴。我忍不住就告诉他，我去寻找斯宾诺莎了，并且还去了他所居住过的房子。这个结实的荷兰男人情不自禁地向后挪动了一下身体，停顿了一下，然后迷惑地问：“您的意思是……那个哲学家?”看来，他是知道斯宾诺莎的，毕竟，荷兰是世界上教育最好的地方之一。但是他并不了解斯宾诺莎在海牙度过了他生命中的最后一段时光，在这里完成了他最重要的著作，在这里去世，并被埋葬于此，——哦，有点——有一幢房子和一个雕塑及一个使他大放异彩的坟墓，就在离这里 12 个街区远的地方。不过坦白地说，也很少有人知道这些情况。“现在很少有人提到他了”，我的那个友善的门童说。

在帕维利尼斯哥拉希特

过了两天，我又回到了位于 72 号的帕维利尼斯哥拉希特，这一次房子的主人亲切地安排我参观这所房子。今天的天气更糟糕，刮着从北海上吹来的飓风。

范德斯皮克的画室里很冷，光线明显要比外面暗一些，我的头脑里仍然残留着的是一些灰色和绿色的东西。这里的空间很小，很容易把它存进记忆，也很容易将自己的想象掺杂进去。在内心中，我重新安放了家具、燃起了炉火，让整个房间温暖起来。我长时间地坐在那里，仔细地体验斯宾诺莎和范德斯皮克在这些狭窄的台阶上如何行动，并且得出结论认为无论房间如何重新装饰，再也回不到斯宾诺莎活着的时候的那个舒适的沙龙了。这是一堂关于谦逊的课程。在这个小空间里，斯宾诺莎接待了包括莱布尼茨和惠更斯在内的不计其数的来访者。他还会在这个小空间里用餐，但前提一定是他没有因为工作而忘记了吃饭。在这个小空间里，他会和范德斯皮克夫人还有他们喧闹的孩子快乐地交谈。在这个小空间里，他因为听到德威特兄弟被暗杀的消息而无助地坐着。

斯宾诺莎是如何度过这段黑暗时期的呢？无疑他是在自己心灵的广阔天空中把自己释放出来的，那是一个比凡尔赛城和它的花园更为广阔的天地。而就
24 在那里，同样的时间，路易十四，一个只比斯宾诺莎小 6 岁却注定要多活 30 年的人，也许正带着他庞大的随行队伍在街上巡游。

正如艾米莉·狄更生（Emily Dickinson）所说，一个人的头脑比天空要大，足以很好地容纳一个智者的所有智慧以及周围的整个世界。

2

欲望和情绪

信任莎士比亚

此前人们一直对莎士比亚充满信任。在《理查二世》(*Richard* Ⅱ)一剧的末尾,随着王冠的失落,牢狱之灾的威胁也没有了。理查王无意中告诉了波林勃洛克(Bolingbroke)一个有关情绪与感受概念的可能区别[1]。他用一面镜子对着自己的脸,来研究受伤后的面部表情。然后,他注意到,那些在他脸上表现的“外表上的伤心恸哭”,① 不过是“不可见的悲哀的影子”,这种悲哀“悄悄地充溢在受难的灵魂中的”。正如他所说,他的悲哀都“在心底”。在仅仅四行文字里,莎士比亚宣称:偶尔被我们作为情绪和感受不经意地提起的那种统一的而且显然是不可分割的感情过程,是可以分成不同部分来分析的。

我的策略是从其区别方面入手来阐述感受。情绪这个词的通常用法事实上是倾向于包含了感受概念的。但是,当我们要试图理解始于情绪终于感受的一

---

① 本书中有关《理查二世》的内容引自:莎士比亚.2002.莎士比亚戏剧:理查二世等[M].朱生豪,译.上海:上海古籍出版社.——译者注

系列复杂的活动链时，我们可以从公开化过程和私人化过程的原则性分离中得到支持。因为我的研究目的的关系，我称前一部分为**“情绪”**，后一部分为**“感受”**，以保持与前面略述部分的术语含义相一致。我希望读者认同我选择的
28 这些词句和概念，因为这样可以让我们揭示出其中潜藏的生物学因素。在第3章的末尾，我保证会再一次把情绪和感受合并在一起。[2]

在本书中，情绪是一种行为或动作，它们大部分出现在脸上、声音里和具体的行为中，是公开的、可见的。当然，一些情绪过程的成分不是肉眼可见的，但是可以像荷尔蒙化验和电生理学的波形一样，通过当今的科学探测器来变成可见的。另一方面，感受像所有心理表象那样也必须总是隐藏起来，除了所有者本人，其他任何人都看不到。它们是有机体的最私人化的财产，它们正是产生于有机体的脑中。

情绪活跃在身体的舞台上，而感受则活跃于心灵的舞台中。[3]正如我们将会看到的，情绪和其中的许多相关反应是基本的生命调节机制的组成部分；感受也有助于生命的调节，只是处于更高的水平上。情绪及其相关的反应在生命历程上似乎先于感受。情绪和相关现象是感受的基础，这些心理事件构成了我们心灵的基石，而其性质也正是我们希望阐明的。

可以理解的是，情绪和感受如此密切地联系在一个连续过程里，以至于我们往往把两者看成了同一件事情。但是，在一般情况下，我们可以沿着这个连续过程搜集到不同的片段，而且在认知神经科学的微观研究中，这种把两者分开研究的做法也是合理的。用肉眼和许多科学探测器，观测者就可能客观地观察产生情绪的行为了。实际上，感受过程的起始部分是可以被研究的。将情绪和感受分开研究可以帮助我们探索我们究竟是如何进行感受的。

29 本章意在解释说明引发和执行情绪的脑机制和身体机制。这里的焦点是内在的“情绪的机制”，而不是引发情绪的环境因素。我希望这些对情绪的阐述能告诉我们感受是怎样产生的。

情绪先于感受

在讨论情绪先于感受时，我不妨从关注莎士比亚对理查王的一些不确切的描写开始。这可能和语言的遮蔽，以及情绪和感受不同时，后者先于前者产生的可能性有关。如理查王所说的，那些外表上的伤心恸哭是不可见的悲哀的影

子，是对主要对象——悲哀的感受——的镜像反映；感受之被情绪所反映，一如镜中的理查王的面孔，正是它在剧中的主要对象——理查王的一种反映。这种不确切很容易与人们未教化的直觉产生共鸣。我们倾向于相信外显源于内隐。此外，我们知道，就心灵而言，感受是其真正的价值所在。在谈到他的隐藏的悲哀时，理查王说，“它的本体是在内心潜藏着的”，这一点我们都同意。我们从真实的感受中承受痛苦或得到欢悦。狭义地说，情绪是外在表现。但是，“主要的”并不意味着“第一的”，也不意味着“成为原因的”。感受的中心性遮掩了感受是如何发生的问题，同时也支持了这样一种观点，即感受以某种方式首先出现，随后又由情绪表达出来。这种观点是错误的，该受指责的，至少要受到部分人指责，因为它停留在寻找一些似是而非的神经生物学数据来说明感受。

结果证明，感受主要就是情绪的外在方式的影像。实际上，理查王应该是带着恰当的歉意这样对莎士比亚说的：“哦，这种外表上的伤心恸哭是怎样把一种难以忍受和不可见的悲哀的阴影投射在我受难的灵魂的静默里啊！”［这使 30
我想起詹姆斯·乔伊斯（James Joyce）在《尤利西斯》（*Ulysses*）里说的：“莎士比亚是所有那些失衡的心灵的快乐猎场。”[4]］

在这里询问这样的问题是合理的，即情绪为什么会先于感受？我的答案很简单：我们之所以先有情绪后有感受，这是因为在进化过程中我们事先有了情绪，然后才进化出了感受。情绪由简单的反应构成，这些反应很容易就可以提高有机体的存活率，因此也就更容易在进化中流传下来。

简单来说，神想保留下来的，首先会使之聪敏，或者看起来应该如此。早在生物有一个类似于创造性智能的东西之前，甚至早在他们有脑之前，大自然就决定了生命既非常宝贵又十分脆弱。我们知道大自然的作用不是预设的，也不是以艺术家或者工程师一样的手法来进行的，尽管这种形象比喻可以使有关道理易于理解。所有的生命有机体从低等的变形虫到人类，都生而具有设置好的可以**自动**解决生命的基本问题的机制，不需要任何理由。这些基本问题包括：寻找能量来源；合成和转换能量；维持与生命进程协调的内部化学平衡；通过修复损耗来维护有机体的组织；抵挡疾病和身体损害的外部因素。对描述整体调节和因而产生的被调节的生命状态来说，体内平衡（homeostasis）这个词是方便速记的。[5]

在进化历程中，那些先天的和自动化的生命管理装置——体内平衡机器——变得十分精密复杂。在体内平衡组织的底层，我们发现了一些简单的反应，例如对于某个对象，整个有机体有或**趋**或**避**的反应；或提高了活动性（**唤**

醒）或降低了活动性（**平静或静止**）。在组织的更高层，我们发现了**竞争或合**
31 **作**反应。[6]我们可以用一棵枝桠繁茂的树把体内平衡机器描画下来，用以表述生命的自动化调节所掌控的现象。在多细胞有机体中，从最底层开始探究，就会呈现我们将在树中发现的东西。

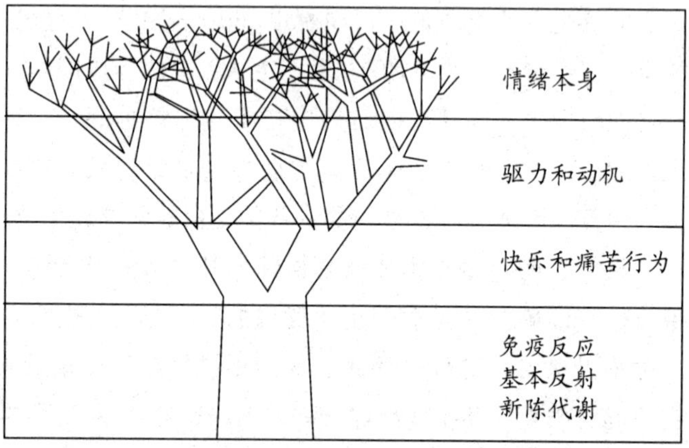

图 2.1 自动的体内平衡的层次，从简单到复杂。

最底层的分支

- 新陈代谢过程。包括专门维持内部化学平衡的化学和机械成分（例如内分泌或荷尔蒙的分泌物；与消化相关的肌肉收缩，等等）。例如，这些反应控制心率和血压（用来帮助正确分配身体内的血流）；内环境（血管内和细胞之间的液体）中的酸碱度；储存和配置所需的蛋白质、脂肪和碳水化合物以供给有机体能量（这是动作、化学酶的加工和组织的维持和更新所必需的）。
- 基本反射。包括惊跳反射，其是有机体所作出的对噪声、碰触或作为向性产生的像屈曲动作一样的反应，以引导有机体避开极冷或极热、从黑暗走向光明。
- 免疫系统。这用来避免有机体之外的病毒、细菌、寄生虫和有毒化学分子的侵扰。奇怪的是，它也可以处理身体里正常保存在健康细胞中的化学分子，这些分子从濒死的细胞里被释放到内环境中时可能变得对有机体产生危险（比如透明质酸盐的分解；谷氨酸盐）。简而言之，免疫系统就是当有机体的完整性遭到内外部的威胁时的第一道防线。

中层的分支 32

- 通常与快乐（和奖励）或痛苦（和惩罚）的概念联系在一起的行为。这些包括与一个特定事物或情境相关的整个有机体的趋近或回避反应。对于人类来说，一般既可感受又能陈述其所感，这样的反应被形容为痛苦的或快乐的、奖励的或惩罚的。比如，当身体发生故障或组织临近损伤时——如局部烧伤或感染——在相应部位的细胞发出化学信号，这些信号被称为有疼痛反应的（意思是“痛苦指示性”）。作为回应，有机体自动对**痛苦行为**或**疾病行为**反应。这些是行动包，它们清晰可见或精细敏感，依靠这种天性，有机体自发地对抗侵害。当问题的来源是外部的和可以清晰确认的时候，这些行动包括从问题的来源处撤
出整个或一部分身体，来保护受影响的身体部位（藏起受伤的手；抱 33
紧胸部或腹部）；以及惊慌和痛苦的面部表情。也有许多肉眼看不见的被免疫系统组织起来的反应。那些反应包括增加某些类型的白细胞、把那些细胞派送到有危险的身体部位、产生诸如细胞因子这类化学物质以解决身体面临的问题（击退侵扰的微生物、修复受损组织）。所有的这些反应以及其中涉及到的各种化学信号就构成了我们**痛苦**体验的基础。

脑以同样的方式对身体的某一问题进行反应，它同样也对身体的良好机制作出反应。当机体运作顺畅、没有故障，并能够娴熟地转化和利用能量时，它就表现为一种特定的方式。这种方式有利于有机体其他功能的正常运行。松弛开放的体态、宁静自信的面部表情，并且机体中产生诸如内啡肽一样的化学物质，这种化学物质是人的肉眼看不到的——正如人们在痛苦和疾病行为中的某些化学反应也同样看不到。这些行动的整体和与之相联系的化学信号，就构成了**快乐**体验的基础。

痛苦或快乐被许多因素所促进——某些身体功能的失灵、新陈代谢调节的最佳运作以及破坏或保护有机体的外部事件等。但是，痛苦或快乐的体验不是痛苦或快乐行为的起因，也不是这些行为产生的必

34 要因素。正如我们将在下一节中要看到的，即使感受到一些情绪性行为的可能性很低或为零，非常简单的生物也是可以执行那些富有情绪色彩的行为的。

紧接着的上层分支

- 许多**驱力**和**动机**。主要的例子包括饥饿、口渴、好奇和探索、游戏和性等。斯宾诺莎用一个十分适当的词——**“冲动”**（appetite）予以概括，并在有意识的个体变得能认知自己冲动的情况时，使用另一个非常文雅的词——**“欲望”**（desire）。冲动一词，指出了一种特定驱力驱使有机体行为的状态；欲望一词，指的是对具有某种冲动以及冲动的圆满解决或抑制的有意识的感受。斯宾诺莎的这个区分与在本章开始提到的情绪和感受区分很相似。显然，正如情绪和感受天衣无缝的联结一样，人类同时具有冲动和欲望。

趋近顶端但未达终极的分支

- 情绪本身。这是我们发现生命自动调节这个王冠上的宝石的所在：狭义上的情绪——从快乐、悲伤和恐惧，到骄傲、害羞和同情。如果你想知道最顶端的是什么，答案非常简单：感受，我们将会在下一章阐明。

基因组确保了所有这些装置在出生时，或者说在出生后不久、在很少或没有经过学习时就开始活跃了。尽管在这些装置作用时，生命的不断学习将发挥
35 决定性的重要作用。反应越复杂，这个装置的原理就应验得越准确。这些组成大哭或抽泣的综合反应是生而具有且十分活跃的；终其一生，我们大哭的原因是随我们的经验而变化的。所有这些反应都是自动的，一成不变的，在特定环境下产生的。（但是，学习可以调节这些一成不变的模式的执行。我们的笑或哭在不同的情况下**表现**不同，就像构成一篇奏鸣曲乐章的音符可以用不同的方式演奏出来。）所有这些反应都意在用一种或另一种、直接或间接的方式调节生命进程和促进生存。快乐和痛苦的行为、驱力和动机以及情绪本身有时指的是广义上的情绪，鉴于它们具有共同的形式和调整性的目标，它们都是容易理

解和合理的。[7]

不满足于仅仅生存下去的福祉，自然似乎进行了深入的反思：生命调节的先天设置不是为了处在生和死之间非此非彼的中间状态。相反，努力达到体内平衡的目标，更多的是为了提供一个比之（仅仅处于生死之间）更好的生命状态，也就是我们认定如此的，同时也是丰富多样的动物表现如此的，健康和**幸福**的状态。

在我们身体的每个细胞里，体内平衡的全过程时时刻刻监控着整个生命。这种控制作用依靠一种简单的安排来实现：首先，在有机体个体的内部或外部环境中会产生一些变化；其次，这些变化潜在地改变有机体的生命进程（它们可能会对机体的完整性构成威胁，或为其改进提供机会）；再次，有机体觉察到了这种变化并据此采取行动，以某种方式为它的自我保存和有效地发挥作用创造最有利的条件。所有的反应都是在这种安排下运行的，并以这样一种方式
评估有机体的外部和内部环境并据此行动。它们探查麻烦或机会并进行处理，36
通过动作摆脱麻烦或抓住机会。随后，我们会看到即使在“情绪本身”中——像悲伤或爱或内疚——这种安排也是起作用的，只是那些评估和反应的复杂性比在进化过程整合而成的情绪产生的简单反应高级得多。

显然，为实现积极的生命调节而进行的持续努力是我们生存中深层的且被详细定义的一部分——我们生存的第一现实，正如斯宾诺莎在描述所有生物为保存自己所作的不懈努力（*Conatus*）时所直觉到的那样。斯宾诺莎在《伦理学》第三部分的 6、7、8 命题的论述中用到的，奋斗、努力和自然倾向是诠释拉丁语“*Conatus*”的三个意义接近的词。用他自己的话说：“每一个自在的事物莫不努力保持其存在”，“一物竭力保持其存在的努力不是别的，即是那物的现实本质”。用当今的观点来解释，在斯宾诺莎的观念里，生命有机体是为了减少各种生命被威胁的几率、维护结构和功能的一致完整而构造的。

这种努力包含面临危险和机遇时的保存自我的动力和许多保持身体各部分协调统一的保存自我的行为。不管身体在发展、构造更新和成熟中要经历怎样的变化，努力会继续形成**相同**的个体并遵照着**相同**的构建策略。

在当下的生物学术语里，斯宾诺莎的**努力**指的是什么呢？它是安置在脑回路中的痕迹的集合体，经由内外环境的促动，既维持生存，也追寻良好的生命状态。在下一章里，我们会看到努力的行为指示是如何从化学途径和神经通路
途径传送到脑中的。与之相伴的是在血流中传输的化学分子，以及沿着神经通 37

路传导的电化学信号。生命过程的许多方面可以以信号传输到脑中，并由位于特定脑区的神经细胞回路组成的许多映射表征出来。我们到达了生命调节树的顶端，在这里感受开始合并了。

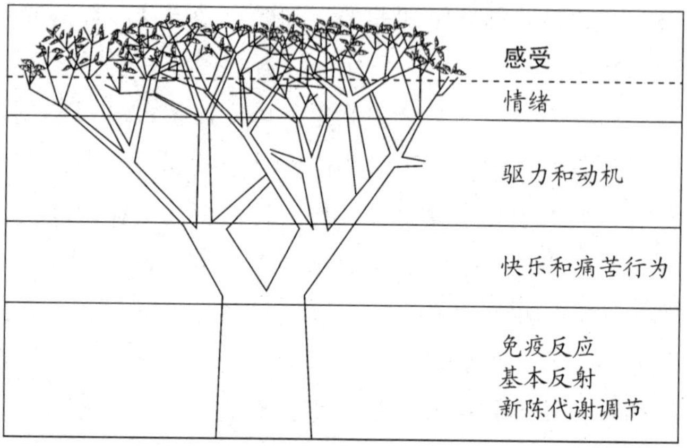

图 2.2 感受还支持另一个水平的体内平衡调节。感受是所有其他体内平衡调节水平的心理表现。

嵌套原则

当我们审视那些确保我们体内平衡的调节反应的清单时，我们收集到一张奇异的结构图。它表明那些较简单的调节反应组成较复杂反应，简单反应嵌套在复杂的反应之中。一些免疫系统和新陈代谢的调节机制合并于痛苦和快乐的行为机制之中。而后者中的一些部分合并于驱力和动机机制中（其中的大部分
38 都围绕于新陈代谢调整，而所有这些都包括痛苦或快乐）。来自前面提及的所有水平中的**某些**机制——反射、免疫反应、新陈代谢平衡、快乐和痛苦行为、驱力——合并在情绪本身的机制之中。正如我们将看到的，情绪本身的不同层面将会以非常相同的原则组合。这个整体不像一个整洁的俄国玩偶一样精确，因为较大部分不仅仅只是嵌套于其中的较小部分的扩展。大自然永不会那样一丝不苟。但是“嵌套”原则在起作用。每个我们曾经提及的不同的调节反应都不是一个根本上不同的过程，而是根据特定目的拼凑构建而成的。当然，每个反应由它之下的小片和部分较简单过程经过修整后再排列而成。它们都指向一

个同样的总体目标——幸福地活着——但每个经过修整的重新排列其次要指向一个新问题，而解决这个问题对幸福生活将会是必要的。解决每个新问题的方法要求为所要达到的总体目标服务。

这些反应的集合的表象不是简单线性层次的。这就是为什么一栋有许多层楼的大厦的比喻仅仅只是抓住了一些生物学事实的原因。巨大的生物链的表象也不够好。更好的表象是一棵不断长高的繁茂大树，它那从主干上伸展出来的分枝日益增长并渐趋茂盛，而且就这样保持着与根部的双通道传输。进化的历史就全部被凝缩在这个树状图示之中。

与情绪相关的反应：从简单的体内平衡调节到情绪本身

我们一直认为某些调节反应是对环境中某一对象或情境起反应——某种潜在的危险情境、某一进食或交配的有利时机等。但其中的一些反应是对有机体**内**的某一对象或情境作出回应的。这可能是可用来产生能量的许多营养物中的一滴，它唤起那种带有饥饿感并包括对食物的寻求在内的食欲行为；或是促使 39
其寻求配偶的一种荷尔蒙的变化；或是引起我们称之为疼痛的反应的一个伤口。反应的范围不仅包含像恐惧或愤怒那样的十分外显可见的情绪，也包括驱力、动机以及与痛苦或快乐相连的行为。它们产生在有机体内，是一个受有机体框架限制的身体，并随其生命一起消亡。所有这些反应，直接或间接的，都揭示着一个明确的目的：使生命的内在系统运行顺畅。许多特定的化学分子必须在一定的范围内活动，不能高也不能低，因为超出这个范围生命会处于危险之中。温度也必须限定在一个狭窄的范围内。要获得能量的来源——好奇和探索策略帮助其定位那些资源。一旦找到，那些能量资源就必须合并——精确地说，是被安置在体内——经过转换之后被立即消耗掉或被储存下来；所有在转换过程中产生的废物都必须被清除，而且受到损耗和伤害的组织也必须被修护以便使有机体的整体性能继续存留。

即便是情绪本身——厌恶、恐惧、快乐、悲伤、同情和羞愧——它的直接目的也在于通过避开危险或帮助有机体利用有利时机而进行生命调节，或间接地通过促进社会关系而进行生命调节。我并不是说我们每时每刻都为促进生存和幸福而体验某种情绪。在促进生存和幸福的潜能方面，并非每种情绪的作用都是相同的。情绪所在的情境和情绪强度都是构成某特定场合下情绪的潜在价值的主导因素。但在当前人类环境下，一些情绪展示出的可能适应不良的事
40 实，并不否定它们在有益的生命调节中的进化性作用。愤怒和悲伤都是现代社会中会产生很大反作用的情绪。恐惧症也是一个重要的障碍。可是，想想在适当的环境里有多少生物能靠恐惧或愤怒得以存留。那些可以在进化中流传下来的反应是因为它们都自动支持生存。它们现在仍然如此，这可能正是它们作为人类以及非人类物种日常生存不可或缺的一部分得以保存的原因。

在实践层面上，理解当今人类环境中情绪的生物性和每一情绪价值有多么不同，为理解人类行为提供了相当多的机会。例如，我们知道了一些情绪是糟糕的向导，并考虑我们怎么能抑制它们或是减少它们的引导带来的不良后果。例如，我在想：导致种族和文化偏见的反应部分是基于社会情绪的自动调度，这种社会情绪在进化中意在觉察出与他人的差异，因为差异可能显示风险或危险的信号并促使撤退或进攻。在部落社会这种反应可能会达到有用的目标，但是对我们而言就不再有用了，更别说适当了。我们能明智对待我们的脑仍然具有这样的机制这个事实——它曾在久远的年代前在非常不同的背景中以其特有的方式作出过反应，而且我们能学着去忽视这样的反应并说服其他人也忽视它们。

低等生物的情绪

对于低等生物拥有“情绪性”反应存在许多证据。想想草履虫，一种低等的单细胞生物，只有身体，没有脑，没有心灵，可以在它所处液体的特定区域中、从可能存在的危险边快速游开——危险可能是一根刺向它的针，或剧烈的晃荡，或极冷，或极热。或者草履虫可能顺着一种营养物散发出的化学信号，
41 向它们可能得到一顿中餐的区域快速游去。这种低等生物天生就能探查某些特定的危险信号——温度的剧烈变化、过分的侵犯或刺破其细胞膜的举动——并通过保持一个更安全、温度更适宜、更安静的环境来产生反应。同样地，在觉察到需要能量供应和化学平衡的化学分子的存在后，它会朝着通向绿水草地的踪迹游过去。我现在描绘的某一无脑生物的活动已经包含人类所有情绪过程的精髓——探寻那些建议我们避免、逃避或认可、接近的事物或事件的存在。用这种方式反应的能力是天生的——在草履虫的学校里可没有那么多的教育学。

在无脑的草履虫里，那外表简单但也这么复杂的遗传来的机制包括了这种能力。不用多问，也不用多想，这表明自然一直关注为生命有机体提供自动的调节和保全它们生命的方法。

当然，即使有的只是一个初级的脑，如果处于比草履虫的生存条件更具挑战性的环境中，它也是有益生存和不可或缺的。想想一只小小的苍蝇——一种有微小的神经系统却没有脊柱的小型生物。如果你反复而没有命中地猛击它，它会变得非常恼怒。它会不怕死地高速俯冲过来嗡嗡地绕着你转，并避开致命的猛击。但你也可以喂它点糖让它变得快活起来。你会看到它因为可口的食物而飞行缓慢下来，并兜着圈子去享受那些可口的食物。如果你给它点酒，那么，你可以使它快乐得头晕。我不是在杜撰：有一个是关于一种叫“黑腹果蝇”（Drosophila Melanogaster）的苍蝇物种的实验。[8]给予一定剂量的乙醇蒸气挥发的条件，果蝇会像我们一样变得行动不协调。它们醉醺醺地飞行，像醉汉蹒跚撞上街灯柱一样掉进试管里。果蝇具有情绪，尽管我不认为它们能**感知** 42
这些情绪，更不用说它们会反思这样的感受了。如果有人怀疑这么小的生物具有生命调节机制的说法是谬论的话，那么，就请考虑一下拉尔夫·格林斯潘（Ralph Greenspan）和他的同事所描述的果蝇的睡眠机制。[9]在剧烈活动和恢复性睡眠之间，小果蝇有和我们昼夜周期相似的机制，并有我们在出现飞行时差综合征时表现出的那种对睡眠剥夺的反应。它们和我们一样都需要更多的睡眠。

或者想想加州海兔——也是没有脊柱，几乎没有脑，而且非常懒惰。碰触它的腮部，它会把自己包裹起来，血压升高，心率突然提升。加州海兔产生许多这样一致的反应，换作你或我，这些反应就被认为是恐惧情绪的重要成分。情绪吗？是这样的。感受吗？可能不是。[10]

这些有机体产生的所有这些反应都不是深思熟虑的结果。它们也不是用展示每一次反应事实的先天本能来一点一点地**建构**反应。有机体反应是反射性地、自动地、以固定方式进行的。像在试穿商品时作选择的心烦意乱的购物者，他们“选择”试用应答并继续选择。称这些反应为反射是不对的，因为经典反射是简单的应答，然而这些反应是复杂的综合应答。成分的多样性和协调性将与情绪相关的反应与反射区分开来。我们说它们是反射应答的集合比较好，有些是十分精细复杂的，所有的应答都是相当协调的。它们使得有机体能够以有效的方法对特定问题作出应答。

43

情绪本身

很久以来，人们就将情绪分为许多类，尽管所分的类别和所起的名称都并不能说是很全面的，但鉴于我们现阶段的知识，此时还没有更好的可以替代的方法。随着知识的增长，其名称和分类都可能改变。同时，我们必须记住各种分类之间的界限是不严格的。我发现将情绪本身分为三层（即背景情绪、基本情绪和社会情绪）非常有用。

就像这个词的名称所显现出来的，尽管背景情绪非常重要，但它在一个人的行为中并不特别明显。你可能从未给予它太多的注意，但是如果你准确地察觉到你刚刚见到的某个人的能量或热情，或者觉察到你朋友和同事细微的不适或兴奋，急躁或平静，你或许就是一个背景情绪的良好感受者。要是你真的有能力，你可以进行诊断工作而不用你的受害者说一个字。你估计一下四肢和整个身体的运动轮廓。它有多么强壮？多么精确？范围多大？频率是多少？你观察一下面部表情，即便是他说了话，你也不仅仅只是在听他所说的话和探究它们的深层含义，你听的是声音中的音乐，听的是其中的韵律。

背景情绪可以与心境（mood）区分开来，心境指的是某种情绪保持一段较长的时间，持续数小时或多日，比如“彼得一直心情不好”。心境也能被用于同一情绪的反复出现，比如：当简——一个相当稳重的女孩，“毫无原因地勃然大怒”时。

44 当我使用这个概念时，[11]根据之前提到的嵌套原则，我开始把背景情绪视作配置较简单的调节反应（比如，基本的体内平衡过程、痛苦和快乐行为及欲望）的某些结合的结果。背景情绪是这些调节行为的复合表现，因为它们在我们的生活中不时地展现和交叉。我将背景情绪视作在我们的有机体集结的这个大操场上几个同时运行的调节过程的总体上不可预测的结果。而这其中就包括与正在引起的或已被满足的各种内部需要相连的新陈代谢调整，以及现在被其他情绪、欲望或理性思考所评估和处理的各种外部情境相连的新陈代谢调整。其间的交互作用不断变化的结果就是我们的“存在状态”——好、坏或者介于两者之间的某处。若被问及“我们感觉如何”，我们会考虑这种“存在状态”并给以相应的回答。

接下来应该追问的是：是否有什么**不会**导致背景情绪的调节反应，或者哪种调节反应在背景情绪的形成中最常见，比如是沮丧还是热忱；或者气质和健康状况是如何与背景情绪相互作用的。简单的答案就是我们还不知道，因为必要的调查研究还没有进行。

给**基本情绪**下定义较容易，因为以往的传统把某些突出的情绪都归入此类。常见的种类有：恐惧、愤怒、厌恶、惊奇、悲伤和快乐——这是每当情绪这个词被提及时，首先进入脑海的情绪类型。对于这种集中性很容易解释，因
为在不同文化的人群以及非人类的物种中都很容易识别这些情绪。[12]引起情绪 45
的环境和定义情绪的行为模式在不同的文化和种群中也都很一致。我们知道的大多数关于情绪的神经生理知识都来自对基本情绪的研究，这并不奇怪。[13]就像阿尔弗雷德·希区柯克（Alfred Hitchcock）满怀信心预测的：对恐惧最先开始，但在关于厌恶[14]、悲伤和快乐[15]的研究上也取得了成果。

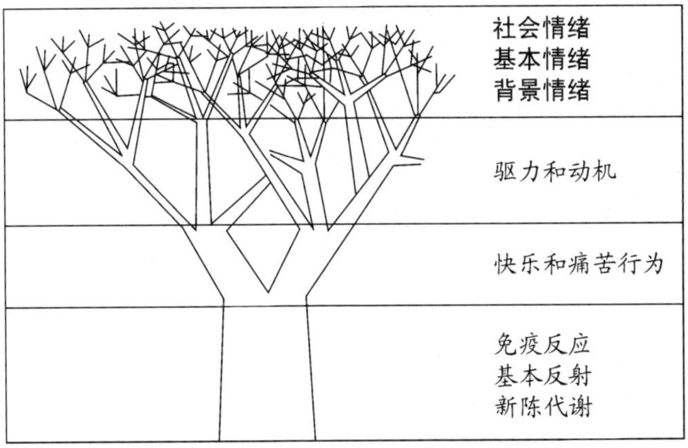

图 2.3 至少有三种情绪本身：背景情绪、基本情绪和社会情绪。在这里，嵌套原则也适用。例如，社会情绪包含了可能就是基本情绪和背景情绪的一部分的反应。

社会情绪包括同情、尴尬、羞愧、罪疚、自豪、嫉妒、羡慕、感恩、敬佩、愤慨和轻蔑。嵌套原则也适用于社会情绪：调节反应的全部成分，连同在基本情绪表现出来的诸成分，可以被视为是以各种形式合成的社会情绪的子成分。由低层次嵌套的成分是明显的。想一下社会情绪“轻蔑”是怎样借用“厌
恶”的面部表情的——这是当我们联想到对潜在有毒食物自动的、有益的抗拒 46
时所发展而来的基本情绪。即使我们用以描述轻蔑情境和道德败坏的词语——我们意指**厌恶**——也是围绕着嵌套原则的。快乐和痛苦成分在社会情绪的外表

之下虽然比在基本情绪中轻微些，但也是明显的。

我们就要开始去理解脑是怎样激发和执行社会情绪的。因为“社会的”这个词必然引起对人类社会性和文化的概念联想，所以指明社会情绪绝不仅仅局限于人类是很重要的。看一看周围的世界，你将会在黑猩猩、狒狒和平原猴身上，在海豚和狮子身上，以及在狼群中，当然还有在狗和猫身上，发现社会情绪的例子。而且这种例子很多——猴王骄傲的行走姿态，要求整个群体尊敬的无尾猿群或狼群首领的尊严行为；还有那些不处于统治地位且必须在吃饭时间屈服于空间和上位的动物的卑微行为；大象对伤者和病者表现出来的同情；或者狗在做错了事之后的困窘，这些都是很好的例子。[16]

由于这些动物不可能都曾被训练过表现情绪，看起来似乎是表现社会情绪的生理机制深深置于生物有机体的脑中，当有合适的情境试图去触发它时，它就会被激发。毫无疑问，在语言和文化工具不参与的情况下允许这些复杂行为产生的一般脑构造是特定种群基因组的特有天赋，这是它们总体上天生和自动的生命—调节装置的一部分，而且并不比我们刚刚提到那些物种少。

47 难道这就意味着从严格意义上说这些情绪都是天生的，而且从我们出生后就和新陈代谢调节以同样的方式立即运行的吗？对不同的情绪，答案可能会有所不同。在一些情况下，情绪反应可能完全是天生的。在另外一些情况下，他们可能需要从其所处的环境中得到一些帮助。罗伯特·欣德（Robert Hinde）对恐惧的研究或许对解释在社会情绪中可能发生什么是一个很好的向导。欣德说：猴子对蛇的先天恐惧不一定要直接面对蛇，而仅需要看到其母亲表现对蛇的恐惧时的样子就可以了。只要一次就足以使行为形成，但没有这“一次”，“先天的”行为就不会出现。[17]社会情绪也同样适用。一个例子就是在非常幼小的灵长目动物的玩耍过程中所建立的统治和服从模式。

对于在社会行为是教育的必然产物这种观念影响下成长起来的任何人来说，仍然很难接受不懂他们文化的低等物种也能表现出理性社会行为的事实。但是它们确实有，再说一次，而且他们并不需要像我们那么复杂的脑。最简单的秀丽隐杆线虫（C. elegans）只有302个神经元和大约5000个的中间神经元（interneuron）连接。（对比一下，人类有几十亿个神经细胞和几万亿个连接）当这些无性动物（它们都是雌雄同体）生活在一个有充足食物且没有紧张性刺激的环境中时，它们就会保持单独活动和觅食。但是如果食物缺乏或者环境中出现有害的气味——这里我指的是威胁，要是你是一只线虫，而且通过鼻子与外界相连——线虫们就会聚集到一个固定区域并一起觅食。事情往往就是这样。[18]许多奇妙的社会观念在这个必经的胚胎阶段就已有所显露了，而且存在一些深远的行为：群体中的安全感、合作中的力量、必要的制约、利他主义和 48
原始的工作联盟。你曾认为人类创造了这种行为的解决方式吗？只需想一下蜜蜂——很小但其蜂群却具有深厚的社会性。一只蜜蜂有 95,000 个神经元。是的，那就是脑。

这种社会情绪的获得，很有可能在形成社会调节的复杂文化机制中，发挥着某种作用（见第 4 章）。显而易见，在没有使反应者和观察者立即产生明显反应的刺激的情况下，在人类社会情境中也会产生一些社会情绪反应。社会统治和依赖的出现就是一个例子——想一下人类在运动、政治和工作场所表现出来的所有奇怪的举动。为什么一些人成为领导，而另一些人成为下属？为什么有人赢得尊重而其他人却表现退缩？原因与知识和技术甚少关联，而更多地与某些身体特质以及某些人如何激起他人的某些情绪反应的方式紧密相关。对于这些反应的观察者和展现它们的个体来说，一些反应似乎没有被激活，因为它们的起源来自社会情绪和保存自我的先天的、无意识的器官。我们应该相信达尔文给我们指出的对于这些现象的进化痕迹。

这些并不是仅有的具有神秘起源的情绪反应，还有一类具有无意识起源的反应，它是在个人发展过程中通过学习形成的。我指的是在我们生活过程中通过与人群、团体、客观事物、各类活动以及弗洛伊德提醒我们注意之场所的联系中，逐渐形成的亲昵和憎恶。奇怪的是，这两种非刻意的无意识反应——先
天的和后天习得的——很可能在我们无意识的无底洞中紧密相关。因此有人 49
说：这种无意识的交错显示了两种知识遗产——即达尔文和弗洛伊德理论——的交叉，这两位思想者将其全部的精力都用于研究先天和后天习得的各种影响。[19]

从化学的体内平衡过程到情绪本身，再到生命调节现象，无一例外都与有机体的整体性和健康有着直接或间接的关系。所有这些现象毫无例外也都与身体状态的适应性调整相关，并最终导致身体状态的脑映射的变化，由此也构成

了感受的基础。复杂过程中的简单嵌套，保证了调节的目的仍然出现在整个链条的较高层次上。尽管目的不变，但其复杂性却各不相同了。情绪本身肯定比反射更复杂；而引发情绪的刺激以及反应的目标也大相径庭。产生情绪过程的具体情境以及它们的具体目标也各不相同。

例如，饥饿和口渴都是简单的冲动。导致饥渴的原因经常是来自内部的——对人的生存至关重要的可资利用之物，即来自食物和水的能量的不足。但是由此引发的行为是指向环境的，包括对所缺失东西的探索——这是一种对周围环境的探索活动以及对所要探寻的东西的感官觉察。这与在情绪本身——比如说恐惧或愤怒中所发生的事情并没有什么不同。那儿也有一个能激起适应行为的日常程序的客观对象。但是这个能激起适应行为的客观对象对于恐惧和愤怒经常是外在的（即使当它们是由我们在脑中的记忆和想象产生的，它们也
50 往往代表外部客体），而且结构变化相当大（许多种物理刺激——进化系列中的或逐渐习得的，都能产生恐惧）。最有可能引发饥渴感的刺激来自内部（尽管我们可以通过看一部其中人物兴高采烈地吃喝的法国电影而变得有饥渴感）。尽管情绪会随时产生并可能保持一段时间，但也有一些驱力，至少在非人类中，是阶段性的，仅局限于某些季节和某些生理循环期，比如性驱力。

我们在不同种类的调节反应中也发现了奇怪的交互作用。情绪本身会影响欲望，反之亦然。例如，恐惧情绪抑制饥饿感和性驱力，悲伤和厌恶也是。相反地，幸福感会激发饥饿感和性驱力。对驱力——例如饥饿、口渴和性——的满足会引起幸福感；但是阻碍这些驱力的满足则会引起愤怒、绝望或悲伤。如前所述，适应性反应日常展现的成分，比如体内平衡调节和驱力，组成了当前的背景情绪并有助于定义说明更长时段的心境。然而，当你从更远的视角考虑这些调节反应的不同水平时，你会被它们形式上显著的相似性吓一跳。[20]

据我们所知，大部分生物都披着夸张地表达感情的外衣，因为在它们的一生中既无相应的脑装置去体验这些情绪，也不能首先想到具有这些情绪。它们觉察到了环境中特定刺激的出现并以一种情绪对其作出反应。它们仅有的就是一个简单的知觉器官——一个觉察产生情绪的刺激和夸张地表达情绪的能力的触角。大部分生物的反应，也许并不能像我们那样去感受，更不用说像我们一
51 样去思考了。当然，这仅仅是一个推测，但是它会被我们下章中讲到的观点“体验感受需要什么”来证实。低等生物缺少一些脑结构，而这些结构对于用感觉映射的形式去描绘当情绪反应产生且导致感受时，体内出现的诸种变化是

必需的。它们也缺少表征这种体内变化的预期刺激所必要的脑结构，而这可能是构成欲望或焦虑的基础。

很明显，上面谈到的调节反应对于展现它们的有机体是有益的，而且能根据这些反应的原因——引起反应的客体对象或情境——对生存或快乐的影响来判断其“好”或“坏”。但是，这里需要明确的是，草履虫、苍蝇、松鼠不会知道这些情境的好坏，更不用说考虑为趋“好”避“坏”而采取行动了。当我们人类内环境的 pH 值处于平衡状态，或者带着幸福感或恐惧感对周围某些对象作出反应时，我们也不能一直努力朝向有利的一面。我们的有机体倾向于按它们自己的规则趋向“好的”结果，有时是直接的幸福反应，有时是间接的恐惧反应——以避免“不幸”开始，然后导致“好的”结果。我以为——我在第 4 章中还要谈这个问题——有机体在没有**决定**去产生这些反应，甚至没有**感受**到这些反应的出现时，就能产生导致良好结果的有利反应。而且这些反应从一开始就很明显，随着它们的发生，有机体在某一时期朝着更高或更低的生理平衡状态迈进了一步。

有两个原因使我给予我们人类应有的庆贺。首先，在类似的环境中，这些自动化的反应肯定能在人类有机体内创造这样的条件——一旦它们在神经系统中映射出来，就能被看作快乐的或痛苦的并最终以感受的方式得以表征。我们 52
不妨认为这些就是人类的荣耀和悲剧的真正来源。现在说第二个原因。我们人类，意识到了某些客观对象和某些情绪之间的关系，由此就能**有意地**努力去控制我们的情绪，至少在一定程度上可以。我们能决定允许哪些客观对象和情境在我们的环境中存在，而哪些对于我们仅仅是浪费时间和精力。例如，我们能决定不去看商业电视剧，并支持从理智公民的家庭中永远去除它。就像斯宾诺莎希望的一样，通过控制我们与引发情绪的客观对象的相互作用，我们实际上是给生命过程施加了某种控制，从而使得有机体更为和谐或者更不和谐。我们实际上是在控制情绪机制的专制自动化和无意识。奇怪的是，很早以前，人类在不清楚他们所使用策略的生理基础的情况下就发现了这种可能性。这就是我们在选择读些什么或者和谁交朋友时所做的事情。这就是若干世纪以来，我们人类在有效改变环境及我们与环境的关系时，遵从社会规则和宗教信仰时所做的事情。这就是当我们轻率地对待所有促使我们运动和饮食健康的生活计划时，我们企图去做的事情。

说调节反应包括情绪本身就必然是宿命的、定型化的，这并不准确。一些

“低级的”反应是而且应该是定型化的——在要调节心脏的功能或者逃离危险时，一个人不会想到用天性的智慧进行干预。但是，“高级的”反应在一定程度上可以调整。我们能控制自己对产生反应的刺激的接触，我们会用一生学习对这些反应进行调整的“闸门”。有时，我们也能简单地使用意志力，并仅仅说“不”就可以了。

53

一种定义形式的假设

综合考虑各类情绪，现在我以一种定义的形式提出关于情绪本身的工作假说。

1. 一种情绪本身，比如：快乐、痛苦、尴尬或者同情，是形成一种独特模式的化学和神经反应的复杂集合体。
2. 这些反应是正常的脑在觉察到能产生情绪的刺激——即那些实际出现的或想象回忆中的能引发情绪的客观对象或事件——出现时产生的。这些反应都是自动的。
3. 脑在进化过程中已具备了对某些能引起情绪的刺激以特殊的活动指令方式进行反应的能力。然而，能产生情绪的刺激并不仅仅局限于这些在进化中出现过的，它也包括许多在生命历程中学到的其他刺激。
4. 这些反应的直接结果就是，在身体本身的状态和映射身体与支持思维的脑结构状态中发生了暂时变化。
5. 反应的最终结果，不管是直接的还是间接的，就是使生物在环境中更有利于生存和幸福。[21]

尽管这个过程的各阶段的划分和各阶段相应的重要性可能看起来不合常规，但此定义包含了一个情绪反应的典型成分。这个过程始于一个评估阶段——开始是觉察到能产生情绪的刺激。我的探究集中在察觉到刺激以后在心
54 理过程中发生了什么——即评估阶段的末端。由于一些显而易见的原因，我也将感受至情绪循环的下一个阶段即感受，排除于情绪本身的定义之外。

考虑到功能的纯粹性，可能会提出争论：评估阶段也应被略去——因为评估是导致情绪的过程而不是情绪本身。但是，要是从根本上去除评估阶段，将

会隐晦而不是阐明情绪的真正价值——在引发情绪的刺激和一系列能如此深刻地改变我们的身体功能及思维的反应之间广泛的理智联系。去除评估阶段也会使对情绪现象的生理描述易于遭受到讽刺：情绪若没有评估阶段就是无意义的事件。若想了解理智情绪是多么吸引人，以及确定它们在我们解决问题时有多么强大，就会更加困难。[22]

情绪的脑机制

情绪为脑和心灵评价有机体内部和周围的环境并相应地作出适应性反应，提供了一个自然的手段。确实，在许多情况下，从“评价”这个词的确切意义上说，我们实际上是有意识地评价引起情绪的客观对象。我们不仅加工出现的客观对象，还加工它与其他事物的联系以及它与过去的联系。在这些情况下，情绪的器官就自然地进行评价了，而有意识的心灵的器官也理性地进行思考了。我们甚至能调整我们的情绪反应。实际上，我们教育发展的一个主要目的就是在产生情绪的客观对象和情绪反应之间插入一个非自动的评价步骤。我们试图通过这样做去塑造我们自然的情绪反应并使它们符合其一特定文化的要求。所有这些都非常真实，但是，在这里我要说的是，为了产生情绪，不需要 55
有意识地分析情绪的客体对象，更不用说评价情绪产生的情境了，情绪能在不同的背景中运行。

甚至当在没有有意识地理解引发情绪的刺激的情况下，当反应出现时，情绪也能表明有机体对情境评估的结果。不要介意个体对评估过程的不清楚。在一定程度上说，评估的概念被看得太刻板，以致不能表征有意识的评价，就像评估一个情境并对其自动作出反应这一伟大工作将只是一个微不足道的生物学成就一样。

人类历史发展的主要方面之一，即我们的脑周围的大多数客观对象是如何变得能引发某些或另一些形式的情绪的，引发的是弱还是强、是好还是坏、是有意识的还是无意识的。一些激发物是在进化过程中形成的，也有一些不是，而是借助于我们的个体经验，逐渐将我们的脑与引发情绪的客体对象相连接而产生的。设想有一栋房屋，你或许曾经作为一个孩子在此有过强烈恐惧的经历。当你今天再次出入那所房子，你可能在没有任何不安诱因的情况下感到不安，而不是像在很久以前那样，你在这些相同的环境下有着强烈的负面情绪，才产生不安的。甚至可能发生这样的事情：在一个不同的但有些相似的房子中，你会经历到同样的不安，同样也是除了你能觉察到的脑对一个可比较的客观对象和情境的记录外，没有别的什么原因。

在你的脑中没有什么基本结构生来就会对特定种类的房屋作出不快乐的反应。但是你的生活经历使你的脑将这种房子与你曾经经历过的不快乐联系起来了。不要
56 担心，不快乐的原因与房子本身并没有联系。我们把它称为通过联想而产生的内疚。房子仅仅是一个无辜的旁观者。你已经习惯对某些房屋感到不舒服，或许甚至并不真正知道不喜欢某些房子的原因到底是什么。或者在某些房子中感觉特别好，这也是出于同样的机制。许多我们完全正常的和普遍的喜欢和不喜欢都是这样产生的。但是注意一下病态的恐惧，它既不正常也不普遍，而且能以同样的机制产生。无论如何，即使是当我们成熟到能够著书时，世界上的任何客体对象即便是有也很少是情绪上中立的。客体对象之间情绪上的差别是程度上的差别：即某些客体对象引发的情绪弱，只有几乎不能察觉到的情绪反应，而某些客体对象激起强烈的情绪反应，并且在两者之间也有一些其他程度的差异。我们甚至开始去发现导致情绪学习产生的必要的分子和细胞机制。[23]

复杂的有机体也会学习去调节与个体环境相协调的情绪的执行——在这里评估（appraisal）和评价（evaluation）这两个词最适用。情绪调节装置在没有有机体有意识地审视下也能调整情绪表现的强度。举一个简单的例子：第二次听到同一个可笑的故事，你可能会根据当时的社会情境——是一个外交会餐，还是高速公路上的偶遇，或者是感恩节与亲密朋友聚餐等情境的不同而产生相当不同的微笑或大笑。要是你的父母对你很好，你不需要去想环境。调整是自然而然的。然而，一些调节装置确实反映了对有机体本身某一部分的调节，并可能使其试图去改变甚至压制情绪。出于许多原因，从崇高的到卑鄙的，使你可能选择掩盖你对一个同事或正在与你谈的一个人作出的论断的厌恶
57 或讥笑。对背景的有意识的理解和对你自己每一个行为的未来结果的意识，会帮助你决定是否压制情绪的自然表现。但是随着年龄的增长，你会试图避免它，因为它非常耗费能量。

能产生情绪的客观对象可以是真实存在的，也可以是从记忆中回忆出来的。我们已经知道了一个无意识的条件记忆是如何产生当前情绪的，但是记忆也会产生同样的效果。例如，当你回想多年前惊吓到你的一个真实事故时，你会再次被惊吓到。无论真实呈现还是刚刚形成的想象或者是从记忆中回忆出的

重新建构的表象，其影响是一样的。要是刺激能产生情绪，情绪就会产生，只是其强度会有不同。接受过各类专业训练的演艺人员就是依赖这种所谓的情绪记忆来开始其职业生涯的。在一些情况下，他们完全按记忆的引导来表现情绪；在另一些情况下仅让记忆略微参与他们的表现，而让自己按照特定的方式行动。我们曾经探讨过的斯宾诺莎也没有将这点忘记：**一个人为一个过去或将来的东西的意象所引起的快乐或痛苦的情绪，与为一个现在的东西的意象所引起的情绪是一样的**。（《伦理学》，第三部分，命题 18）

情绪的激发和执行

情绪的出现取决于事件复杂的连锁反应。我是这样认为的。这个连锁反应始于激发情绪的刺激的出现。这些刺激——实际呈现的或在记忆中回忆起来的某一客观对象或情境——出现在脑海中。想一下在你去阿拉斯加的旅程中，你突然遇见熊［这是为了尊敬威廉·詹姆斯（William James），是他构思了在看到这样一只熊时的恐惧感的讨论］。或者想一下即将到来的与你思念的人的约会。

从中立的角度来说，与激发情绪的客观对象相连的表象必须在脑的感觉加工系统的一处或多处得到表征，比如视觉区或听觉区。我们暂且把这个过程叫 58
做呈现阶段。别管这个呈现多么短暂，与该刺激的出现相连的信号在脑的许多其他情绪激发点也可以接收到。你可以将这些点视作锁，只有合适的钥匙插入时，它才会被打开。当然，这里能引起情绪的刺激就是钥匙。注意他们选择的是一个先前就已存在的锁，而不是教脑如何去创造一个。随后，情绪激发点就会激活脑其他地方的许多情绪执行点。情绪执行点是引发出现在身体和支持情绪—感受过程的脑区的情绪状态的直接原因。最终，这个过程能产生反响并扩大其自身，或者慢慢减弱并消失。用神经解剖学和神经生理学的语言来说，当某一结构的神经信号（它是与一个威胁性的客体对象的快速到来相对应的、而在掌控神经模式的视觉皮层产生的）随着几处脑结构的几条路径被传递时，这个过程就开始了。一些信号接受结构，例如杏仁核，当它们“觉察”到某一结构时——当钥匙可以开锁时，或者激发指向其他脑区的信号时，它们就会活跃起来，由此引发一连串将**变成**情绪的事件。

这些描述听起来很像一种抗原（比如病毒）进入血流中并引起免疫反应

（由能中和抗原的大量抗体组成）的过程。它们之所以能够如此，是因为各加工过程基本上是相似的。在情绪中，“抗原”通过感觉系统呈现出来，而“抗体”是情绪反应，在用以激发情绪的几个脑区中的一个作出“选择”。这个过程出现的条件是类似的，其大体情况也相同，而结果也正好是有益的。当自然
59 找到成功解决问题的方法后，它显得并不是很有创造力。一旦它开始运行，它就一遍遍地尝试。要是各部位像好莱坞制片人工作得那么好，其结果也总会是有利可图的。

现在被确认为情绪激发部位的脑区有杏仁核、颞叶深层、被称为前额叶腹内侧皮质的那部分额叶，以及在辅助运动区和扣带回的另一片额叶区。它们不是仅有的激发点，但是它们是目前人们了解最清楚的部位。这些“激发”点会对自然刺激——支持我们头脑中表象的电化学模式和非自然的刺激（例如，对脑施以的电流等）都会作出反应。但是，这些部位不能被看作刻板化的——一次次地传递同一固定模式的东西，因为许多影响因素都能调整它们的活动。再说一遍，头脑中简单的表象与对脑结构的直接刺激一样都会达到同样的预期目的。

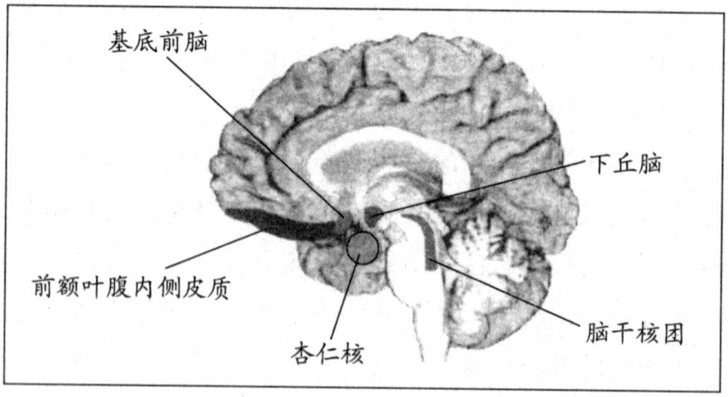

图 2.4 情绪的脑激发和执行部位的简略图。当脑中其他部位的活动激发这些部位中某一区的活动时，许多种情绪就能被激发起。例如，在杏仁核或前额叶腹内侧皮质。没有一个激发部位能独自产生一种情绪。因为一种情绪产生时，一个激发点必须引起其他激发点的相应活动，比如，在基底前脑、下丘脑或脑干核团。就像其他任何形式的复杂行为一样，情绪的产生源于脑系统中多个部位的共同参与。

60 对于动物杏仁核的研究得到了重要的新发现，最著名的就是约瑟夫·勒

杜（Joseph LeDoux）的研究。现代脑成像技术也使得研究人类的杏仁核成为可能，就像拉尔夫·阿道夫（Ralph Adolph）的研究和雷蒙德·多兰（Raymond Dolan）的那些研究中显示的一样。[24]这些研究表明，杏仁核是视觉上和听觉上能引发情绪的刺激之间的重要分界，特别是恐惧和愤怒情绪（尽管并不仅仅是）的激发。杏仁核受损的神经症病人不能激发这些情绪，所以也没有相应的感受。他们恐惧和愤怒的锁似乎失去了，至少是平时运行的视觉上和听觉上的激发物不见了。近来的研究也表明，当对人类杏仁核的单一神经元直接进行观察记录时，会发现更多的神经元对不快乐的刺激作出反应，而较少地对快乐的刺激作出反应。[25]

奇怪的是，不管我们是否觉察到能引发情绪的刺激的出现，正常的杏仁核都会执行它的一些激发功能。杏仁核能无意识地觉察激发情绪的刺激，这个证据最初来自保罗·惠伦（Paul Whalen）的研究。当他快速地将这些刺激展示给正常人——他们完全没有意识到自己看到了什么，但是对脑的扫描显示出杏仁核被激活了。[26]阿尼·奥曼（Arnie Ohman）和雷蒙德·多兰近来的研究表明，正常人能在不知不觉中学习到与一个不快乐的事情相连的某一刺激而不是其他刺激（比如，一张特别的愤怒的脸而不是其他愤怒的脸）。与糟糕事件相连的脸的暗藏的表征激起了**右侧**杏仁核的活动；但是其他脸的暗藏表征却不会激起。[27]

人能在选择性注意之前快速觉察到产生情绪的刺激，有一个发现令人印象深刻：在枕叶或顶叶发生病变后会导致视觉的一个盲区（或者说是由于忽视而 61
不能觉察到刺激的一个视觉区），能引起情绪的刺激（比如，愤怒或快乐的面孔）从来不能“打破”盲区或忽视的界限，尽管它确实被觉察到了。[28]激发情绪的机制捕捉到了这些刺激，因为它们通过了正常的加工渠道——这些渠道本来可能引起认知评价，但因为盲区或忽视的存在而不能引起了。这种“避开”的生物上安排的价值很明显：不管一个人是否注意到了，能引发情绪的刺激都能**被觉察到**。随后，注意力和合理的观念**能转向**这些刺激。

另一个重要的触发点是额叶，特别是在前额叶腹内侧区。这个区域用以觉察更复杂刺激的情绪意义。例如，能引起社会情绪的——先天的和习得的客体对象和情境。通过看到别人的事故而引发的同情和由个人损失引发的悲伤，都要求这个区域的调解。在一个人的生命经历中实现其情绪意义的许多刺激——就像在成为不快乐源泉的房屋的例子中所谈的——都是通过这个区域来激活各自的情绪的。

我和我的同事安托万·比查拉（Antoine Bechara）、汉娜·达马西奥（Hanna Damasio）和丹尼尔·特拉尼尔（Daniel Tranel）曾经指出，当能引发情绪的刺激在本性上是社会的，或者当合适的反应是像尴尬、罪恶感或绝望之类的社会情绪时，额叶的损坏会改变表现情绪的能力，此类损伤损害了正常的社会行为。[29]

在我们研究小组近期的一系列研究中，拉尔夫·阿道夫指出，在前额叶腹
62 内侧区的神经元反应很快，而且对于图画的快乐或不快乐的情绪内容反应不同。为了手术治疗中风，对神经病人的前额叶腹内侧区的单个细胞进行观察记录，其中显示出这个区域的许多神经元——而且在右侧额叶比左侧多——对引发**不快乐**情绪的图画作出了戏剧性的反应。它们在刺激呈现后的120毫秒内就开始作出反应。首先它们中止了它们自发的激活模式；然后，在片刻沉寂之后，它们会更强烈、更快地活动。较少的神经元对能产生**快乐**情绪的图画作出反应，而且作出反应时也没有不快乐的调谐的神经元所具备的启动和中止的反应模式。[30]左右大脑两半球的不对称性比我所预测的差别还要大，但是它和理查德·戴维森（Richard Davidson）几年前提出的看法相符合。根据正常人的脑电图研究，戴维森认为，右侧额叶皮层比左侧皮层与消极情绪的联系更多。

为了创造一种情绪状态，情绪激发点的活动必须通过神经联系传入情绪执行部位，被确认为要传入活动信号的情绪执行部位包括下丘脑、基底前脑和在脑干被盖中的一些核团，下丘脑是作为情绪组成部分的许多化学反应的主要执行者。下丘脑直接或通过脑下垂体向血液中注入化学分子改变内环境、内脏功能和中枢神经系统本身的功能。催产素和后叶加压素两种肽都是在下丘脑核团的控制下由后部脑下垂体释放的。许多情绪行为（比如依恋和养育）都依赖于
63 支配这些行为执行的脑结构能够利用这些荷尔蒙的调节作用。同样地，脑局部对分子的利用，比如能调节神经活动的多巴胺和5－羟色胺，会引起特定行为的产生。例如，体验为奖励和快乐的这种行为看起来依赖于某特殊区域多巴胺的释放（脑干的被盖区），可是它却是在另一个区域（基底前脑的伏隔核）加以利用。简言之，基底前脑、下丘脑核团、脑干被盖的一些核团和脑干核团，这些控制脸部、舌头、咽和喉的运动的各脑区是许多情绪行为的最终执行者，不管这些行为是简单的还是复杂的，这些行为涉及从求爱或逃跑到笑或哭。这

些我们观察到的动作的复杂技能都是各种核团活动的完美协作的结果，而正是这些核团在良好的协作中的活动促进了执行过程。雅克·潘克塞普（Jaak Panksepp）一生都致力于研究这一执行过程。[31]

在所有的情绪中，各种各样的神经和化学反应改变了处于特定阶段和特定模式中的内环境、内脏和肌肉骨骼系统。面部表情、说话、身体姿态和特定的行为模式（比如跑、冷淡、求爱或为人父母）都由此引起。同时身体内的化学物质和内脏，例如心脏、肺等会给以辅助。情绪就是转变和混乱，有时是真正的身体上的剧变。在一系列的命令中支持表象产生的脑结构和注意力也都变化了；结果就是大脑皮层的一些区域看起来更不活跃，而其他的一些变得尤为不活跃。

在这个最简单的图表中，表现了视觉上呈现的威胁刺激是怎样激发恐惧情绪并导致其执行的。

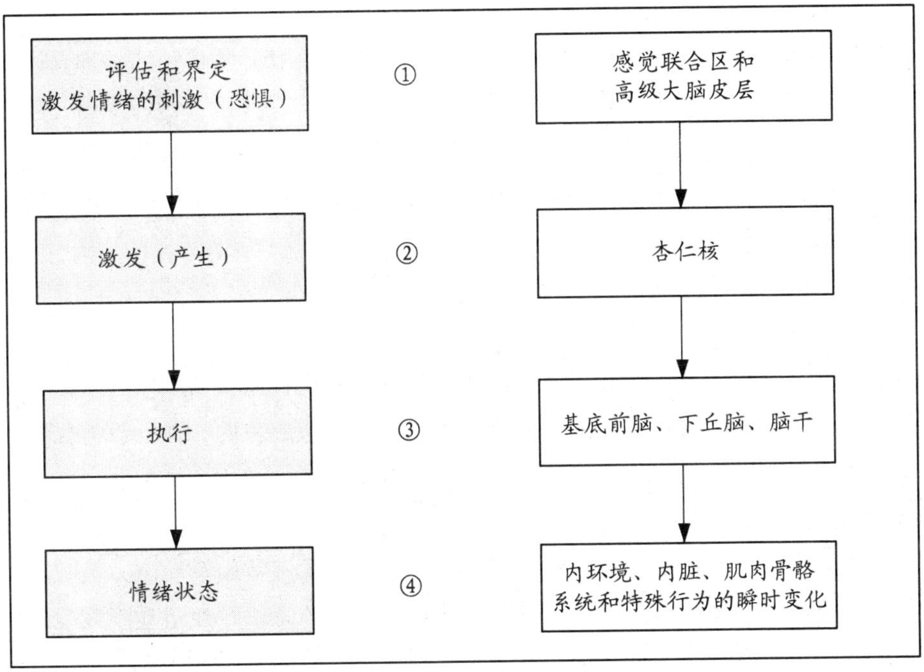

64

图 2.5 以恐惧为例说明激发和执行一种情绪的主要阶段示意图。左侧一列的方框(1—3)从评估和界定激发情绪的刺激到最终产生恐惧的情绪状态，显示了此过程的各个阶段。右侧一列的方框则显示了对每一阶段的出现所必需的脑结构（1—3）和这一系列事件的生理结果（4）。

为了提供一个情绪和感受的可操作性定义，我将它们简化为一系列事件，
65 它始于一个刺激，终止于与刺激相连的感受基质的建立。事实和预期一样，这个过程也会横向扩展以至产生许多平行系列的事件，并由此增强它自己。这是因为最初激发情绪的刺激的出现经常导致对其他相关刺激的回忆，这些相关刺激也能激发情绪。随着时间的推移，这些附加的能引起情绪的刺激可以继续激发同样的情绪，也可以对其进行改变，甚至也可能产生与原来相冲突的情绪。与原始的刺激相对应，情绪状态的持续时间和强度取决于当前的认知过程。头脑中的原有信息要么为情绪反应提供更多的激发刺激，要么消除这些刺激，而结果要么是情绪的维持和增强，要么就是情绪的消除。

情绪过程涉及到一个双重路径：能激发情绪反应的心理内容的流动，以及那些构成情绪并最终导致感受产生的执行反应本身。始于情绪的激发和随着情绪的执行得以持续的一系列事件在脑的体感区建立起适当的感受活动的基础并使感受继续下去。

奇怪的是，当这个过程达到聚集感受的阶段时，我们却退回到心理——退回到思想的流动，在正常情况下，整个情绪回路都是在这里开始的。感受就像引发情绪的客观对象或事件一样是心理的。使感受不同于心理现象的是：实际可见的或在脑的体感区映射的其特别的起源和内容，以及有机体的身体状态。

突如其来

近来许多神经病的研究使得我们更深刻地了解了控制情绪执行的机制。对
66 正在接受帕金森氏症治疗的妇女进行的观察是最有说服力的。此前没有任何迹象表明我们在试图减轻的病症的过程中会观察到情绪是如何产生的和情绪是如何与感受相连的。

帕金森氏症是一种常见的神经疾病，由此危及了正常的运动能力。它不会导致瘫痪，但会导致肌肉僵化、发抖，或许更重要的是，导致运动不能症——一种产生运动启动的困难。运动常常非常缓慢，这是一种称作运动迟缓（bradykinesia）的症状表现。在过去这是一种不可治愈的疾病，但在刚刚过去的30年中，它已经能通过使用含有左旋多巴——神经介质多巴胺的前体化学物质来减轻症状。在帕金森氏症病人的某些脑回路中多巴胺缺失了，就像糖尿病病人血液中胰岛素缺失一样。（在黑质致密部产生多巴胺的神经细胞坏死了，

由此使得在其他脑区——基底神经节中得不到多巴胺了）。不幸的是，能用来增加脑回路中缺失的多巴胺的药物并不能帮助所有人。而且对那些接受帮助的人，药物也可能随着时间的推移而失去效用，或者导致其他的运动障碍，而且这并不比原来的症状轻。由于这个原因，又研究开发了其他的治疗方法，其中之一看起来非常令人满意。它包括在帕金森氏症病人的脑干上装一个微小的电极，这样一来，一个强度低、频率高的电流通路就能改变一些运动神经核团运行的方式。这种疗法的结果经常是极好的。随着电流的通过，症状奇迹般地消失了。病人能精细地移动他们的手了，而且能很正常地走路。要是陌生人的话，很可能根本看不出先前他曾经有过病。

这些电极陈列的准确放置是治疗成功的关键。为了实现这个目标，外科医 67
生使用了立体定位装置（这是一种可以在三维空间中给脑结构定位的精密仪器），而且还仔细地将电极导航到脑干的中脑部位。有两个长的、垂直定向的电极，一个用于脑干左边，另一个用于右边，每个电极有四个接头。这些电极接头彼此相距两毫米，而且每个接点都能独立地被通过的电流刺激。通过刺激每个接点，就有可能确定是哪个点产生了最大程度的改善，同时却没有不想要的症状出现。

下面我要告诉你的一个吸引人的故事是关于我的同事伊夫·阿吉德（Yves Agid）和他的研究小组在巴黎的萨尔贝特里尔医院（Salpêtrière Hospital）研究的一个病人。这个病人是一个 65 岁的女性，她已经患有很长时间的帕金森氏症，以至于已经不再对左旋多巴作出反应。她在有此病前后的一段时间里并没有抑郁的情况出现，而且也没有经历情绪的变化——这是左旋多巴服用者常见的副效应。无论是其个人还是其家庭成员都没有精神病史。

一旦将电极放置到位，就以与同组的其他 19 位病人一样的方式进行治疗了。医生发现有一个电极接点极大地减轻了这位女性的病症。但是当电流通过这个病人左边四个接点中的一个时——就是在改善其病症状况的那个接点的下方 2 毫米处，意想不到的事情发生了：这位病人突然停止了她正在进行中的会话，她的目光向下转向身体右边，然后身体轻微向右倾斜。同时，她表现出了悲伤的表情。在几秒钟之后她突然大哭起来，眼泪滑落下来。她的全部行为完全是一个谜。很快地，她开始啜泣。随着这一切的继续，她开始讲述她感觉多么悲伤；她如何已经没有剩余的气力继续以这种方式生存下去；她是如何的绝 68
望和精疲力竭。如果询问她发生了什么事情，她会清晰地回答：

> “我的头已经不行了，我不想活了，不想看到、听到、感觉到任何东西了……
>
> 我厌倦了生活，我已经拥有的足够多了……我不想再多活了，我厌倦了生命……
>
> 任何事情都无济于事……我感到毫无价值。
>
> 我畏惧这个世界。
>
> 我想藏在一个角落里……我为自己哭泣，当然……我没有希望了，为什么我还要麻烦你们?”

负责治疗的医生意识到这个不正常的事情是由电流引起的。于是就中断了治疗过程。大约在电流被切断 90 秒钟后，此病人的行为就恢复了正常。啜泣突然间就停止了，就像它突然间开始一样。悲伤的表情也从病人脸上消失了。关于悲伤的话语也停止了。很快的，她笑了，而且看起来很轻松。接下来的 5 分钟相当有趣，甚至是可笑。“这一切是怎么一回事?”她反问道。她感觉很糟糕，但却不知道为什么。究竟是什么引起了她不可控制的绝望呢?对此她像观察者一样迷惑。

然而对于她的问题的答案却相当明确。电流并没有像预期的那样进入总体
69 运动神经控制结构，而是进入了控制特殊动作类型的脑干核团。这些动作作为一个总体产生了悲伤情绪，包括面部肌肉的运动，口、咽、喉、隔膜的所有运动，都是哭喊和啜泣所必不可少的以及各种各样的导致了眼泪的产生和消除的动作。

明显地，它看起来就像一个电灯开关被打开一样，在脑内部的一个开关也被打开了。动作的所有技巧就像经过周密彩排的乐器音乐会的步骤一样，每一步都有其自己的时间和定位，以至于对于各种目的和意图，其结果都可以表明能引发悲伤的观念的出现——能够产生情绪的刺激的出现。当然，在此次意外出现之前，此种观念从来没有出现过，而病人也未曾自发地有此观念。与情绪有关的观念只有在情绪开始**之后**才会产生。

演员可以在没有个人原因的情况下产生情绪，哈姆雷特可能会对此感到奇怪。“该演员能迫使其灵魂与其幻想相应，使其处于幻想中，处于梦境中，由此他的本来面貌消失了，完全是从娱乐的角度来看的，这才产生了眼中的泪水，声嘶力竭的声音，以及与其幻想相应的整个形式。难道这不奇怪吗?”无

论这个演员多么情绪激昂，他也没有个人的原因在其中——他只是在讲述一个名叫海库巴（Hecuba）的人的遭遇，就像哈姆雷特所说的，“海库巴对他而言是什么，他对海库巴而言又是什么?”然而，这个演员确实在一开始就在其心中激起了悲伤的观念，而正是这种悲伤才又触发了情绪并帮他将其融入到整个表演中。但是在这个奇怪的病例中却并非如此。在病人情绪出现之前没有“观念”出现。没有任何引起其行为的观念，也没有恼人的观念在其心灵中自然产生，也没人要求让其产生恼人的观念。这次悲伤的产生，无论多么复杂，完全是无缘无故的。还有一点重要的是，有时在悲伤被平息并继续原来的过程**以后**，这个病人开始有悲伤**感**。而且同样重要的是，在病人报告了有悲伤感后，她开始出现与悲伤相符的观念——关于她的身体状况、疲倦、对她生命的失望、绝望以及想死的念头。

这位病人所经历的事件的结果表明，悲伤的情绪首先到来，其次是悲伤 70
的感受，同时伴随着经常能引起与悲伤情绪相符的观念。这些观念往往是以我们通常描述为感觉悲伤时的心理状态为特征的。一旦刺激终止，这些表现也就减弱随后便消失了。情绪和感受相继都消失了，恼人的观念也不见了。

这种少见的神经病学上的事故的重要性是显而易见的。在正常情况下，情绪产生并引起感受和相关的观念的速度使得人们很难分析此现象的适当结果。因为通常，观念引起心灵中的情绪出现，由此又引起了感受，而感受则激起与主题相关并可能加强情绪状态的观念。而这些由感受激起的观念可能作为引起其他附加情绪的独立触发器，而由此又加强了正在持续的感受状态。更多的情绪又产生更多的感受，而这个循环一直持续到有分心的事物或用理智使其结束。此时这一切现象都很活跃——能引起情绪的观念、情绪行为、我们称作感受的心理现象，以及由感受产生的观念——我们很难通过内省来报告谁最先产生。可这位女性的病例帮我们看清了这种复合体。她在产生悲伤情绪之前没有任何导致悲伤的观念或悲伤感。这个证据既证明了引发情绪的神经机制的相对自主性，也说明了感受对情绪的依赖性。

在这一点上可能有人会问：如果情绪和感受不是被相应的刺激有意激活
的，为什么这个病人的脑能激发通常会产生悲伤的那些观念呢？答案涉及到感 71
受对情绪的依赖性和一个人记忆的触发方式。当悲伤情绪产生时，悲伤感受会随即产生。片刻之后，脑也会产生通常能导致悲伤情绪**和**悲伤感受（产生）的**特定**观念。这是因为相关的学习已经将情绪和观念在一个充分联系的双向网络中相连，特定的观念会产生特定的感受，反之亦然。加工过程中的认知和情绪水平也不断地以这种方式被联结起来。这种效果可以用一个实验来说明，例如保罗·埃克曼（Poul Ekman）及其同事的一项研究。他让被试以特定的顺序（被试不知道此顺序）去运动脸部的肌肉，结果他们的表情就成为高兴、悲伤或恐惧中的一种。被试不知道他们脸上出现的是哪一种表情，在他们的心灵中没有能导致脸上表情的观念。然而被试开始感觉到与其表现的情绪表情相符的感受体验。[32]毫无疑问，先出现了某些情绪模式。这些情绪是在实验者的控制下产生的，而并不是由被试自己激活的，但此后也产生了一些感受。所有的这些发现都与罗杰斯（Rodgers）和哈默斯坦（Hammerstein）的看法一致。他们让安娜（曾经去暹罗——泰国的旧称，教国王的孩子）告诉胆小的自己和其儿子，吹奏快乐的音乐会将恐惧变为信心："这种欺骗的结果很难去描述，因为当我愚弄了我害怕的人的同时，我也愚弄了我自己。"从心理学意义上讲，未被驱动的和"驱动的"情绪表现都有能力产生感受。表情激起了感受和那些被认为与其相符的各种观念。

从主观的角度来看，在左零位电极被激活后，这位病人的状态与我们发现
72 我们自己意识到了某种心境和感受但不能找到其原因的这些情境有些相似。有多少次我们曾说：在某一天的某一刻，我们感觉特别好而且满怀能量和希望，但却不知道原因；或者相反地，我们感到忧郁和急躁。在这些情况下，很可能是在我们的意识之外有恼人的观念或充满希望的观念正在得到加工。尽管如此，它们却能激发情绪和感受机制。有时我们能意识到这些感受状态的起源，有时我们不能。在 20 世纪的大部分时间里，许多人盲目地利用精神分析的理论观点去寻找更多关于无意识的观念和产生这些观念的无意识冲突。这段时间里，许多人都认为，在我们的头脑中有更多未知的观念是哈姆雷特的朋友霍雷肖（Horatio）在其哲学中未曾提及的。当我们不能辨认由情绪产生的观念时，我们就遇到了未解释的情绪和感受。幸运的是，这些情绪和感受的强度都比较小，爆发也不是很突然。

负责照料这位病人的医生和监控小组，进一步检测了这一不寻常的病例。[33]刺激这位病人脑中的任何其他电极部位，都不会产生什么意外后果。而且如上所述，这种反应在其他 19 个接受相同治疗的病人中也没出现。在另外两

个场景中，在获得病人的同意后，医生们取得了如下的事实。首先，当他们告诉病人他们正在刺激问题电极接点而实际上仅仅是触动了另一个电极的开关时，没有产生任何行为效应。他们没有观察到什么异常，病人也没有报告什么异常。其次，当问题接点在没有警告的情况下被刺激时，再次产生了起先意外观察到的那一系列状况。因此，电极的位置和电极的激活明显与此现象的出现相关。73

检测者在左零位接点激活后又进行了一个功能性成像的研究（用的是正电子发射断层扫描技术）。在后一个研究中一个重要的发现就是右侧顶叶的显著激活，这是一个涉及身体状态映射特别是身体状态空间映射的区域。这种激活可能与病人在激活电极期间不断报告身体状态的明显变化相关，也包括掉入洞穴的感觉。

个案研究的科学价值常常是有限的。其证据经常是一个新的假说和探索的起点，而不是一项调查研究的终点。然而，本案例中的证据却相当有价值，它支持了情绪和感受过程可以用成分来分析的观点。它也强化了认知神经科学的一个基本概念：任何复杂的心理功能都是由中枢神经系统的各种水平的许多脑区共同作用而产生的，而不是像颅相学所说的是由单一脑区的活动产生的。

脑干开关

我们一点也不清楚究竟是哪一个特殊的脑干核团启动了这个病人的情绪反应。出现问题的电极接点看起来就在黑质的正上方，但是电流本身可能也通过了附近的其他部位。脑干是中枢神经系统中一块非常小的区域，而且它包括了有着不同功能的各种神经核团和神经通路。这些核团有的非常小，甚至一个精细解剖中的细微变化就可能导致电流的明显改道。但是对于此事件始于中脑后 74
又逐渐波及产生情绪的几个成分所必需的核团，这是毋庸置疑的。而且从动物实验中收集的资料可以判断，有可能此区域中被称为围导水管灰质（periaqueductal gray，PAG）的核团与产生协同良好的情绪有关。例如，我们知道围导水管灰质的不同区域会产生不同类型的恐惧反应——在打架—逃避行为中产生的，或者在其他的僵直行为中产生的。而且围导水管灰质或许也与悲伤反应有关。无论如何，在一个与情绪相连的中脑核团内部，一系列行为开始得相当迅速，它波及到身体的广大区域——脸部、发音器官、胸腔，更不用说那些活动但不能被直接观察到的化学系统了。这种变化导致了一种具体的感受状态，而且就像在悲伤情绪和感受中流露出来的一样，这个病人记起了与悲伤相符合的观念。况且这一系列事件开始于皮层下区域，而不是开始于大脑皮层。但是其影响效果却与那些通过想象或观看悲惨事件而产生的效果是相似的。任何处于那种境地的人们都不能说是否这就是一个完美的自然的情绪—感受状态，因为它们仅仅是由完美表演者的技巧导致的情绪—感受状态，或者是由电流开关产生的情绪—感受状态。

突如其来的欢笑

可能有人会说并非只有哭泣与悲伤，那我就补充一个伊特扎克·弗雷德（Itzhak Fried）所作的研究，其用同样的方法产生了笑。[34]背景是一位正在用电刺激脑进行治疗的患者，其目的仅有细微的不同：进行人脑皮层功能的映
75 射。为了帮助那些药物治疗不能起作用的癫痫病人，就有可能通过手术切除导致癫痫发作的脑区。然而在进行手术之前，医生不仅必须准确定位应该被切除的脑区，而且还必须确认那些由于其特定功能而不能被切除的脑区，比如与言语相关的脑区。这就是通过用电流刺激某一脑区然后观察其结果而实现的。

在一个名叫 A. K. 的病人的特殊病例中，当医生开始刺激左额叶一个被称为辅助运动区（supplementary motor area，SMA）的区域时，他们发现电流对一些紧密相连的部位持续不断地刺激引发了大笑。这笑相当真切以至于观察者把它描述为是有感染性的。它来得很突然——病人没有看到或听到任何可笑的事物，也没有产生任何导致笑的观念。而且，在这里除了真实的笑以外其他的完全没有被激活。令人惊奇的是，几乎与在前述哭泣病人的病例中发生的一样，笑过之后也是一种高兴的感觉，尽管它不是自然激活的。同样有趣的是，笑的原因被归结为病人在被刺激时注意力所集中的对象上。例如，要是病人看到一幅马的图画，他就会说："这马是可笑的。"有时研究者也可能被看作是能产生情绪的刺激，她会说："你们这些站在周围的人是如此的可笑……"

脑中引发笑的区域很小，算起来仅有 2 厘米×2 厘米的区域。在附近的区域，刺激导致的是众所周知的现象：或者言语不能或者手动失能。然而，这种刺激从来不会导致笑，此外，应该注意到当这个病人癫痫发作时，他们从来不会笑。

76 从前面描述的结构框架的角度来看，我相信在对本研究中所确指的部位

的刺激导致了脑干核团中能产生笑的运动神经模式的激活，而精确的脑干核团和它们活动的结果在笑和哭两个病例中都没有被明确指明。将这些研究汇集起来，就会看到一种情绪产生的多层神经机制。在对产生情绪的刺激加工之后，皮质部位通过激起其他部位——大多是皮层下的部位的活动产生了真正的情绪，从这里，情绪的执行机制最终行使其职能。在笑的病例中，最初的激发部位在前额叶内侧和背侧区的一些区域，如辅助运动区和前扣带回皮层区。在哭的病例中，最关键的激发部位更可能是在前额叶的内侧和腹侧区域。在哭和笑两案例中，主要的执行部位都在脑干核团。无独有偶，在笑的病例中发现的证据与我们自己对辅助运动区和前扣带回受到破坏的病人的观察结果一样。我们已经发现这类病人很难产生“自然的”微笑——在笑话中自发地产生笑，他们仅仅限于“说茄子”时的假笑。[35]

这里讨论的研究证明了情绪和感受过程中各阶段和机制的可分离性——评价/评估导致了引发情绪的刺激、激发物、执行机制和相应的感受的分离。由于支持人工电刺激加工的脑区和路径的活动都投射于辅助运动区，所以在笑的研究过程中涉及的人工电刺激与能自然产生笑的刺激的结果相似。在自然的笑中，刺激来自内部，而在病人 A. K. 的案例中刺激则来自电极。对于哭的病 77
人，电刺激到后一阶段才介入，正好在情绪的执行机制之内，而且至少离激发阶段一步之遥。

欢笑和更多的哭泣

另一种神经性意外事故使得我们再次一瞥脑干中的情绪闸门。它与被称作病理性笑和哭的状态有关。这个问题在神经病学史上早就已经被认识到了，但是只有到了近期它才可能被脑解剖学和脑生理学的知识所解释。我与约瑟夫·帕尔维兹（Josef Parvizi）和史蒂文·安德森（Steven Anderson）一起在实验室研究的一个病人 C. 为此问题提供了完美的例证。[36]

最初对病人 C. 进行诊断的医生认为这位病人是幸运的，因为他仅仅显示出影响脑干的轻微的中风症状。一些脑干中风可以致命，甚至许多使病人严重失能。这个病人特殊的中风看来只引起了轻微的行为问题，而且这些问题很有可能被消除。考虑到这些，病人 C. 的情况让人比较乐观。然而，既没有预料到且难以处理，也是病人、其家庭成员和照顾者都感到困惑的一个症状就是：

病人C. 可能在没有任何可觉察到的原因的情况下突然大声哭叫或大笑。不仅发生的动机不明显，而且其情绪价值可能与当时的感情趋向完全相反。在关于他的健康和财政状况的严肃会谈过程中，病人C. 可能突然大笑起来，尽管他试图去抑制但没有成功。同样，在最细琐的谈话过程中，病人C. 可能伤心欲绝，而此时还是不能抑制这些反应。这些突发现象可能以极短的间隔彼此衔
78 接，以致使病人C. 几乎没有足够的时间喘口气来说他自己不受控制，无论是哭还是笑都不是其真正的意愿。在他头脑中没有能说明这些奇怪行为的观念。毋庸置疑，这个病人既没有与任何电流相接，也没有人打开他体内的开关，然而结果却是一样的。由于由脑干核团和小脑组成的神经系统的一个区域受到破坏，病人C. 可能在没有任何合理的精神原因的情况下产生这些情绪，而且还发现它们很难控制。同样重要的是，尽管在事件的一开始病人C. 可能既不高兴也不悲伤，但他可能以或者有些悲伤或者有点高兴的感受结束，而且还既不会有快乐的也不会有悲伤的观念。再说一遍，一个未经激发的情绪导致了一种感受并引起了与身体活动一致的某种心理状态。

根据社会和认知背景控制哭和笑的精细机制一直是一个谜团。对于这个病人的研究涉及到了谜团的一部分，并揭示出桥脑和小脑中的核团可能在控制机制中起重要作用。而接下来对于处于相同情境和类似病变的其他病人的研究也印证了这些结论。你可以用下面的方式想象这种控制机制：在脑干内部，核团和通道系统能被打开或关闭以产生特定形式的哭或笑。在小脑中还有另一个系统调节基本的笑和哭的装置。这种调节是通过变化来实现的。比如：改变笑和哭的阈限，改变某种运动的强度和持续时间，等等。[37]在正常情况下，这个系统可能会受到大脑皮层活动的影响——几个区域整合运作并表征给定的情境，
79 能够产生情绪的刺激将引发适当的或多或少的各种笑或哭。反过来，这个系统也能影响大脑皮层本身。

病人C. 的案例为我们了解情绪之前的评估过程和情绪的真正执行过程之间存在交互作用，提供了难得的机会。评估可以调整相继发生的情绪状态，同样，情绪状态也可以调整评估。当评估和执行过程变得不相干时，就像病人C. 所表现的，结果可能是混乱的。

如果说之前的病例揭示了行为和心理过程对多成分系统的依赖性，这个病例则揭示了这些过程是如何依存于这些成分之间复杂的交互作用的。对于单一“中心”和神经通路以单一方向运行的观点，我们敬而远之。

从活动的身体到心灵

本章中我们谈到的这些现象——情绪本身、欲望和简单的调节反应——都是在（通过进化形成的，用以帮助管理身体的）天赋智慧的脑的指引下的身体剧场中出现的。斯宾诺莎直觉地认识到天赋的神经生物学意义上的智慧的存在，而且他还在对**努力**的陈述中概述了此直觉。他认为，作为一种必需，所有生存着的有机体都努力维持其存在但却没有承担此工作的自觉意识；而且作为个体，它们也没有决定对此承担任何任务。简言之，它们不知道自己正在试图解决的问题。当这种自然智慧的结果在中枢神经系统的皮层和皮层下区域被映射回来的时候，结果就产生了感受——我们心灵的基本组成部分。最终就像我们将看到的，感受指引个体努力地自我保存，并协助个体选择以何种方式进行 80
自我保存。感受为有意地控制自动化情绪的某种方式打开了一扇大门。

进化似乎整合了情绪和感受不同时期的脑机制。首先出现的是针对一个客体对象或事件产生反应的机制，指向的是客体对象或环境——这就是情绪的机制。其次出现的是产生脑映射的机制，以及随之而来的为了反应和有机体的最终状态的心理表象、观念的机制——这就是感受的机制。

第一个装置——情绪，使得有机体能有效但不是创造性地对一系列对生命有利或产生威胁的情境——“对生命好”或“对生命坏”的情境——作出反应，而相应的“对生命好”或“对生命坏”的结果也就出现了。第二个装置——感受，为好或坏的情境引入了一个心理警戒，还通过持续地影响注意和记忆延长了情绪的影响，这在动物和人类中都会发生。最后，通过对过去记忆、想象和推理的富有成效的整合，感受导致了预测的出现，并产生新颖的、非定势的反应的可能性。

情况经常是这样的，当增加一些新装置之后，自然会用情绪机制作为开端并修补一些成分。一开始是情绪，但在情绪的初始则是动作。

3

感　　受

83 什么是感受

为了解释感受，我先以一个问题开始：当你思考你曾经历过的任何感受时，不管快乐与否、强烈与否，你认为此感受的内容是什么？注意我问的不是感受的原因或强度，也不是它积极、消极的影响或当你刚刚产生感受时头脑里想的是什么。我真正的意思是指心理内容——要素，构成感受的材料。

为了验证这个观念，让我再来问一些问题：想一下你躺在沙滩上，傍晚的阳光慢慢温暖着你的皮肤，海水在你脚下拍打，背后不远处传来松林的沙沙声，夏日的微风拂过，华氏78度的温度而且天空没有一丝云。花一点时间来体会这种经历，我相信你决不会厌烦，相反你会感觉非常好，甚至像我的一个朋友喜欢说的：是极度的好。现在问题是：所谓的“感觉好”包括什么？这里有一些线索：或许你皮肤的温暖让你感觉舒服，你的呼吸顺畅，吸气呼气不会被胸腔或喉咙中的任何东西所阻碍。你的肌肉是如此的放松以至于你不能感觉
84 到对你关节的任何拉伸。身体感觉非常轻松，躺在地上就像飘在空气中一样。

把这个有机体当作一个整体来看，这样你就能感觉到它没有故障、没有痛苦、完美的平稳运行。你能动，但是不知何故你更喜欢保持静止状态——这是行动能力与享受宁静之间的一种矛盾混合体。简言之，身体会感觉到在很多维度的不同，一些维度相当明显，而且实际上你能辨认它们的轨迹，但其余的则比较难以捉摸。例如，你感觉很安宁，没有痛苦，尽管这种现象的发生地是身体及其运行机制，但是感觉却是如此的弥漫以至于很难精确地描述它发生在身体的哪一部分。

在我刚刚描述的存在状态中还有一些心理结果。当你能使自己的注意力远离当前单纯的安宁，当你能提高那些并不直接与你身体相关的心理表征时，你会发现你的头脑中充满了能创造新一轮快乐感受的观念。你热切期望的快乐事件的画面进入脑海，就像你过去经历过的情景一样。同时，你也会发现你的观念是极为恰当的。你已经采用了这样一种思维方式——在其中，表象的画面有一个明显的中心，而且画面的出现连续不断，毫不费力。对于所有的良好感受有两种结果。**主题与情绪一致的观念的出现**；以及**一种思维方式，一种心理加工的方式**，它可以提高表象产生的速度，并使得表象更加丰富。就像华兹华斯在廷特恩（Tintern）修道院时体验到的，你已经“体验到了在血液和心脏中的良好感觉”，同时你会发现这些感觉“甚至进入（你）在安静休息时更纯洁的心灵”。你通常认为的“身体”和“心灵”和谐地融为一体。现在看来，任何冲突都消除了，任何对立看起来也减弱了。

我认为，正是以特定方式运行着的身体的局部或整体的心理表征定义了 85
那些时刻的快乐感受，使之值得用唯一的感受术语来表示并区别于任何其他想法。感受，单纯从狭义的字面意义上理解，指的是**对以特定方式存在的身体的观念**。按照这个定义你可以将观念替换为“想法”或“知觉”。一旦你的探究超越了引起感受和产生观念的物体以及由它产生的思维方式，感受的中心就成为焦点。它的内容由对身体特定状态的表征构成。

相同的观点也可完全适用于悲伤的感受、任何其他情绪的感受、对冲动的感受和有机体展现的各种调整反应的感受。从本书所用的意义上讲，感受不仅是来自情绪本身，而且来自一系列体内平衡的反应。他们用心灵的语言来诠释正在进行的生命状态。我认为不同的体内平衡反应会引起各种不同的“身体方式”，从简单到复杂。同时，也有不同因果关系的客体、不同的结果和各种协调一致的思维方式。例如，悲伤伴随着较低水平的表象的产生和对表象的过度注意，而不是伴随着极度幸福时快速的表象变化和短暂的注意。感受是知觉，而且我认为大部分对它们知觉的必要支持出现在**脑的身体映射**中。这些映射指的是身体的各部分和身体的各种状态。快乐或痛苦的一些变式就是我们称之为感受的有一致内容的知觉。

伴随身体知觉，还存在主题与情绪一致的观念的知觉、对特定思维方式的
86 知觉以及对心理加工的方式的知觉。这种知觉是如何产生的呢？它来自我们自己的心理过程的元表征的建构——这是一种高水平的操作，是心灵的一部分表征另一部分。由此使得我们能记录下这样的事实：随着对观念所投入的注意的多或少，我们的观念会减慢或加快；或是这样的事实：我们的观念描述的是近处的或一定距离的物体和事件。因此，我的假说以临时定义的方式表述就是：**感受是对特定身体状态的知觉，是对特定的思维方式的知觉和有特定主题的观念的知觉。**当被映射的细节的单纯积累达到某一阶段时，感受就出现了。从另外一个不同的角度来看，哲学家苏姗·兰格（Suzanne Langer）认为当神经系统的一部分活动达到一个“临界点”时，这个过程就会被感受到，这抓住了这一关键时刻的本质。[1]感受是正在进行的体内平衡的加工过程的结果，是整个链条中的下一步。

上述的假说与下述观点并不一致。这个观点就是感受的本质（或者当把情绪与感受看作同义词时，情绪的本质）是与某种感受标签协调一致的有特定主题的观念的集合，比如：在悲伤的病例中对失落情境的各种观念。我认为后一种观点完全空洞了感受的概念。假如感受仅仅是一连串有特定主题的观念，它们又怎能与其他观念区别开来？它们又怎样维持那些确定它们作为一种特殊心理加工过程的功能性个体呢？我的看法是，感受具有功能上的区别性，因为他们的本质是由表征参与反应过程的身体的各种观念构成的。如果消除了那种本质，感受的概念也就消失了。消除了那种本质，一个人应该永远不会再说“我
87 感到”幸福，而是说“我认为”幸福。但是，由此引出一个合理的问题：是什么使得人们认为是“幸福的”？如果在我们的生命中，我们没有经历过我们称之为快乐和我们认为“好的”和“积极”的那种有特定品质要求的特定身体状态，那么我们没有任何理由将任何观念视为幸福。对于悲伤也是如此。

如同我说的一样，组成感受本质的知觉的**起源**是明确的：有一个综合的对象——身体，而且这个对象有许多部分，它们都在众多脑结构中被不断地映射着。那些知觉的**内容**也是明确的：通过不同可能的方式映射的身体表征所描绘

的变化的身体状态。例如：紧张肌肉的宏观和微观结构在内容上与放松的肌肉是不同的。跳动或快或慢的心脏状态，也同样如此。对于其他身体系统——呼吸系统、消化系统——的功能也是这样，它们可能静静地、和谐地运作，也可能艰难地、步调不一地运作。另外一个例子，或许是最重要的一个，就是血液中的成分与我们生命赖以生存的其他化学分子相比，它们的浓缩是在特定的脑区中分时段表征的。脑的身体映射所描绘的身体组成部分的特殊状态就是构成感受的那些知觉的内容。感受的**基石**就是接收来自身体信号的感觉区中的身体状态的无数映射。

有人可能会提出异议，我们似乎并没有有意识地记录那些身体部分状态的知觉。实际上，幸亏我们没有全部记录它们。我们确实体验过一些相当特殊的时刻，而且并不总是愉快的——紊乱不齐的心律、疼痛的内脏收缩，等等。但是对于大多数的其他组成部分，我假设我们都是以“复合”（composite）的方式体验它们的。例如，内部化学环境的特定模式被记作能量、疲倦或者不舒服 88
的背景感受。我们也体验了一系列变成欲望的行为变化。很明显，我们不会“觉察到”葡萄糖在血液中的水平已经降到合理阈限之外了。但是我们很快就能觉察到这种降低的结果：它会引发相应的行为（比如，有想吃饭的欲望）；肌肉不再听命于我们的指令，我们感觉到疲倦了。

体验一种特定的感受，比如快乐，是以一种特定方式知觉身体，这种对身体以任何方式的知觉要求可以显示出神经模式并获得心理表象的各种感觉映射。我警告大家神经模式中出现的心理表象并不是一个被完全理解了的过程（我们将在第 5 章谈到我们理解力的差距）。但是我们所知道的已足够假设此过程由一个可确认的基础支持着——对于感受，是在不同脑区的身体状态的映射——还包括各区域间复杂的交互作用。这个过程也不仅仅定位于一个脑区。

简言之，感受的本质内容是一种特定身体状态的映射；感受的基础是一系列映射身体状态的神经模式，而且由此还能出现一个身体状态的心理表象。从本质上讲，一种感受就是一个观念——是关于身体的观念，更详细地说，是身体内部在特定情况下特定方面的观念。对情绪的一种感受是当身体被情绪的加工过程激发时的一个关于身体的观念。然而，正如我们在前面看到的，构成这个假说关键部分的身体映射不可能像威廉·詹姆斯曾经想象的那么直接。

89

感受是否仅限于对身体状态的知觉?

当我说感受基本上由对特定身体状态的知觉组成，或者说对身体状态的知觉构成了感受的本质时，我使用“基本上”和“本质”这两个词并非偶然。其中的微妙原因能从我们一直在讨论的关于感受的假说性定义中辨析出来。在大多数情况下，特别是当只有很短的时间或几乎没有时间去检验感受时，感受仅仅是对特定身体状态的知觉。然而，在其他情况下，感受涉及对于特定身体状态的知觉**和**特定的与之相应的**心理状态**的知觉——一种先前我看作感受结果的一部分的思维方式的改变。当这些情况出现时，我们拥有身体的表象，同样
90 地，我们也拥有我们自己思维方式的表象。

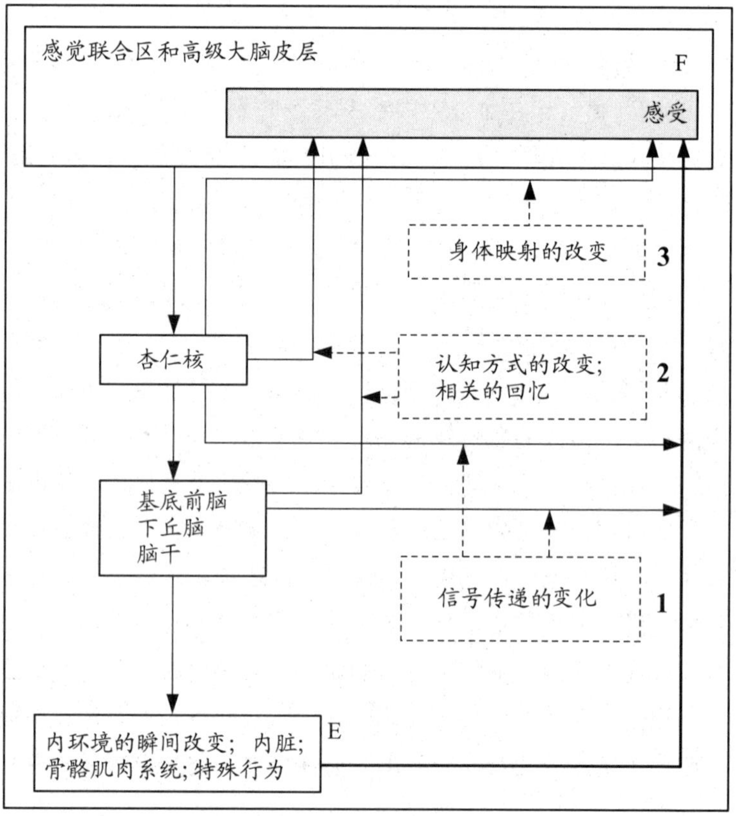

图 3.1 图 2.5 的延续，我们现在主要看一下恐惧感受。信号从身体传递到脑（外边的箭头从底部的方框 E 指向正上方的方框 F）往往受到激发部位和执行部位的影响（从内容是信号传递的变化的方框 1 中出来的箭头）。激发和执行部位同时也通过创造认知方式的改变和相关的回忆（方框 2）来影响加工过程，也通过构成邻近神经基质的身体映射的直接改变（方框 3）来影响这个过程。注意评估/评价阶段和最终的感受阶段都发生于大脑水平，即在感觉联合区和高级大脑皮层之中。

对于感受，或许在大多数高级现象中，其过程一点儿也不简单。它包括如下的内容：作为感受本质的身体状态以及赋予其的独特的内容；与基本身体状态的知觉相应的改变了的思维方式；在主题上与感受到的情绪种类相符的观念类别。在这些情况下，以积极的感受为例，我们可能说心理表现出的不仅仅是感觉好，还表现出思维敏捷。或许心理还会表现出肌肉的和谐运行，或者正处于运行顶点或者能达到那个程度的思维能力。同样地，感觉悲伤也不仅仅是在身体方面的不适，或者是缺乏继续的能量。它经常还是伴随着一定数量的失落观念的一种思维的无效方式。

感受是交互作用的知觉 91

感受是知觉，而且在一些方面它们可以与其他知觉相比较。例如，实际的视知觉是对那些作用在我们视网膜上并暂时改变视觉系统的感觉映射模式的外部对象的物理特征的反应。感受在其过程的起初阶段也有一个对象，而且这些对象的物理特征也产生了一系列信号，它们可以通过脑内客体对象的映射来进行传递。就像视知觉一样，这一现象的一部分是由客体对象造成的，一部分是由内部结构——脑造成的。但是两者也还有一些不同——而且这种不同还不小——那就是对于感受，**客体对象和事件从一开始**就处于体内而不是在体外。感受可能和其他知觉一样是心理的，但是被映射的客体对象却是当感受产生时活的有机体的部分和状态。

这个重要的不同又产生了另外两个方面。首先，除了一开始与客体对象——身体相连，感受也与产生情绪—感受循环的情绪的客体对象相连，能产生情绪的客体对象以一种惊人的方式负责在感受初始阶段确定客体对象。因此，当我们意指情绪或感受的“客体对象”时，我们必须明确参照物并明确我们指的是哪一个客体。**看到壮观的海景是一个能引起情绪的客体对象。由于看到海景 X 而产生的身体状态则成为起初的 X 的实际客体对象，其然后才在感受状态被知觉到。**

其次，同样重要的是，由于感受的客体对象在一开始就处于体内而非体
外，所以伴随着感受的产生，脑就以一种直接的方式对客体对象作出反应。脑 92
能直接作用于其感知到的客体对象，它可以通过改变客体对象的状态，或者改变来自其的信号传递。一方面是起初的客体对象，另一方面是该客体的脑映

射，两者能够以一种还未被探明的反响回荡的加工方式相互影响，比如，对一个外部客体对象的知觉就是这样。观看毕加索的油画《格尔尼卡》（*Guernica*）时，可以随你的意愿去看，无论你愿意看多长时间，无论希望这是什么样的情绪，但油画本身不会发生任何变化。当然，你对它的看法可能改变了，但是客体对象本身仍是那样。而对于感受来说，客体对象本身可能被完全地改变。在某些情况下，这种变化近乎于重新画或修改一幅画。

换言之，感受不是一种被动的知觉或及时的闪现（flash in time），特别是快乐和悲伤的感受更非如此。在这种感受开始后的一段时间内——几秒钟或几分钟——存在一种身体的动力性参与，确定不移地重复的方式，以及随后产生的对这一知觉的动态变化。我们知觉到了一系列的转变，感觉到了相互影响、给予和索取。[2]

在这一点上，你可能不同意我的话语，说我描述的这种安排仅适用于对情绪的感受和一些相关的调节现象，但或许对其他种类的感受并不适用。对此我要说，对于感受这个术语其他的用法只与触摸行为或其结果有关，即触觉。提及感受这个词的主要使用范围，就像在一开始说的，我认为**所有的**感受都是我们前面谈到的一些基本的调节反应的感受，或欲望，或情绪本身的，从直接的痛苦到祝福。当我们谈及对一片蓝天的“感受”或者对一首乐曲的“感受”
93 时，我们实际上指的是当我们看到那片蓝天或听到那首乐曲的声音时的感情感受，而并未想到其审美可能有多么微妙。[3]甚至当我们有时错用了感受这个概念时——比如在“我感觉（feel）我在这方面是对的”或者“我觉得（feel）我不能同意你的观点”——我们指的是，至少模糊地指，伴随着相信一个特定事实或支持一个特定观点的观念而产生的感受。这是因为这种相信和支持**引起**一种特定的情绪产生。据我所知，真正在记忆呈现或回忆起来的、对任何客体对象或事件的任何知觉，按照情绪的术语很少是没有情绪色彩的。通过先天的遗传或学习，我们对大部分或者是全部的客体对象都会以情绪或相应的感受作出反应，无论这种情绪或感受是多么地微弱。

交织着欲望的记忆：一段插述

多年以来，我经常听人说或许我们能用身体去解释快乐、悲伤和恐惧，这是理所当然的，但肯定不能解释欲望、爱或骄傲。我经常被这个牵强的问题所激发，而且无论何时当直接向我提出这个论断时，我总是以同样的方式回答：为什么不行？让我来试试。无论我的争辩对手是男士还是女士，都不会有什么不同。我总是会提议同一个思维的实验：选择一个时间，我希望是最近，当你看到一个女人或男人（对你充满了魅力），他吸引住了你，仅仅在几秒钟内，这是一种不同的欲望。试着想一下发生了什么，用生理学的术语和我曾探讨的神经生物学的装置来想一想。

引起某事发生的或许仅仅是客体的某些部分而不是整体。或许首先吸引你注意力的是脚踝的形状和它是如何与鞋的后部相连的，它是如何与腿融为一体的——尽管并未看到在衬衫下面的腿而仅仅是依靠想象。［弗雷德·阿斯泰尔 94
(Fred Astaire) 在《乐队车》(*The bandwagon*) 中描述着急的西德·查里斯 (Cyd Charisse) 的到来时说："她是慢慢进入我的眼帘的，她比高速公路上的风景拥有更多的曲线。"］或许是立在衬衫上的脖子的形状吸引了你，或许也可能它根本就不是身体的一部分而仅仅是她随身携带的物品、运动、能量和推动整个身体前行的决心吸引了你。不管是什么，欲望系统是卷入进来了，而且也选择了相应的适当反应。是什么构成了这些反应呢？其实就像它表现出的，是准备和模拟。欲望系统激起了许多细微的和或许不是很细微的身体变化，它们都是为欲望的最终实现作日常准备的一部分。在文明的群体中这种实现可能从不到来，不要介意。在你的内环境中会出现迅速的化学变化，伴随着你不能确定的愿望的心跳和呼吸的变化、血流的重新分布以及你或许能或许不能参与的各种各样运动模式的肌肉的重置。你的肌肉骨骼系统中的紧张度重新得以分配，实际上，紧张出现在先前未紧张的地方，当然也还有间或的放松出现。除了所有的这些，还有想象，由此使得欲望更加清晰鲜明。化学的和神经的奖赏机制都在全力以赴，而身体也产生了一些行为，并伴随最终的快乐感受。确实，一些脑区的身体感觉和认知支持是非常激动人心，而且是可以映射的。想一下欲望的目标在于引起快乐的情绪和相应的快乐感受，你的欲望就来到了。

在这个例子中，欲望、情绪和感受的细微差别变得很明显。如果欲望的目标是合适的并且能得以实现，这种满足感可能会导致一种特殊的快乐感受。同时，欲望的感受又会变为兴高采烈的感受。相反，要是目标被阻，没有实现，可能会导致生气、愤怒。但是，要是此过程持续一段时间，如一种永不可能实
95 现的梦境一般，它最终便会静静地消失。抱歉，随后没有香烟供你品味，你也不是沉浸在电影之中。

饥渴与性欲有不同吗？毫无疑问，它们比性欲更简单，但却并非真正在机制上有所不同。这就是为什么三者能被如此轻易地混合，而且有时甚至能互相补偿的原因。我认为主要的不同来自于记忆、来自于对我们的个人经历的回忆和永久的安排在欲望出现时发挥作用的方式，这种作用比它们通常在饥渴中发挥的作用大得多（但是我们要意识到美食家和品酒师可能不同意这个观点。）就像可能发生的那样，在欲望的对象和与此对象有关的个人的丰富记忆——过去的欲望、过去的志向、过去的快乐等，不管是真实的还是想象的，它们之间都有着大量的交互作用。

依恋和浪漫的爱情应有相应的生物解释吗？倘使解释基本机制的努力并未被推向毫无必要地解释一个人的独特经历和细琐的个人生活的程度上，我不知道为什么不。根据对我们体内通常产生的两种荷尔蒙——肽催产素和后叶加压素是如何影响一个有吸引力的物种的性行为和依恋行为的研究，我们肯定能将性和依恋区别开来。在一个雌性草原鼠有配偶之前切断催产素的产生不会影响它的性行为，但却剥夺了它对其性伙伴的依恋，即可以有性行为但不忠诚。而对于雄性草原鼠若在交配之前切断催产素的产生会导致同样的结果，即仍旧可以交配，但一向忠诚的雄性草原鼠不再紧随雌性草原鼠，当然也不会费心去保护它的配偶，最终也不会保护它们的后代。[4]当然，性行为和依恋不是浪漫的爱情，但它们是此家族的一员。[5]

而对于骄傲或羞耻也是一样，它们通常被认为是与身体表现根本不相关的
96 两种感情，但是实际上它们与身体表现相连。一个人能想象出比一个因骄傲而容光焕发的人更独特的身体姿态吗？究竟是什么使他容光焕发呢？应该是眼睛，睁得大大的，全神贯注地去探索世界；下巴抬得很高，脖子和躯干尽可能地挺直；胸腔充满了空气；脚步坚定而有力。这些仅仅是我们**看到**的一些身体变化。将这些人与那些感到羞愧的人比较一下，的确，能产生羞愧感的情景肯定相当不同。伴随这种情绪产生的观念和在感受开始后产生的观念就像白昼和黑夜一样截然不同。但是，在这里我们也在触发事件和伴随的观念之间发现了

一种完全不同的和可映射的状态。

对于同胞手足之情也是这样。同胞手足之情是所有感受中最能被挽回的感受。这种感受依赖于对确定我们同一性的独特的自传式记录的调节之上。然而就像斯宾诺莎所说的，它仍旧建基于由某一特定对象的观念所激起的快乐时刻——是身体的快乐，还会有什么其他的呢？

脑中的感受：新的证据

感受是与身体状态的神经映射相连的，这个概念现在已被付诸实验验证了。最近我们对伴随特定情绪的感受发生时的脑活动模式进行了研究。[6]这次研究的假说认为，当感受产生时，从身体各部分接受信号的脑区会明显地参与进来，由此对有机体的进展状态进行映射。这些位于中枢神经系统不同水平的脑区包括扣带回皮质、体感区皮层的两部分（脑岛和 SII）、下丘脑以及脑干被盖（脑干的后部）的几个核团。 97

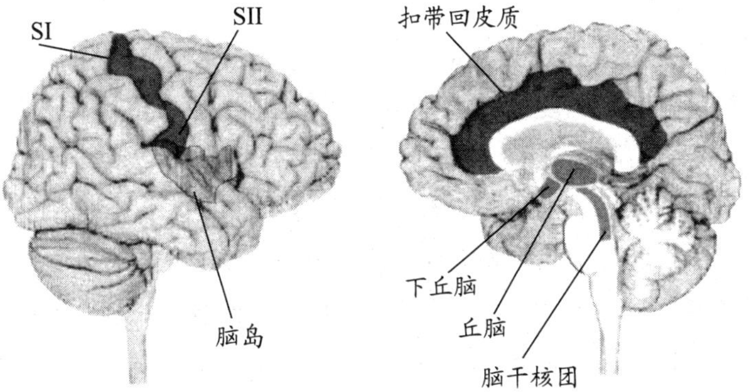

图 3.2　主要的体感区域，从脑干到大脑皮层。对情绪的正常感受需要这些区域的整体参与，但此过程中每个区域所起的作用却不同。所有的区域都很重要，但一些区域（如脑岛、扣带回皮质和脑干核团）比其他区域更重要。

为了验证这个假说，我和我的同事安托万·比查拉、汉娜·达马西奥（Hanna Damasio）、丹尼尔·特拉尼尔组织了一个 40 多人的研究样本，其中男女对半。没有一个人曾经有过精神病或神经疾病。我们告诉这些人：我们想研究的是当他们体验到快乐、悲伤、恐惧或愤怒这四种感受中的某一种时，他们的脑活动模式。

此研究使用了正电子发射断层显像技术（PET，Position-emission tomography），测量流过各脑区的血流量。一般认为，流入任一脑区的血流量是与那一区域神经元的新陈代谢紧密相关，而反过来新陈代谢也与神经元局部活动
98 的数量相关。从这种技术的传统来看，在某一特定脑区血流量明显增加或减少意味着，在执行某一个心理任务期间在这一区域的神经元活跃还是不活跃，当然其中并不存在严格的比例关系。

这项实验的关键是找到一种能诱发情绪的方式：我们要求每一个被试去回想在他们生命中曾经经历的情绪事件。仅有的要求是：此事件必须特别强烈并且包括快乐、悲伤、恐惧和愤怒四种情绪。然后我们要求每个被试尽可能详细地思考具体的情节，并尽可能地引发想象，由此使得与过去事件相连的情绪能尽可能强烈地被重新唤起。如前所述，这种情绪记忆装置是一些扮演技巧的中流砥柱，我们很庆幸在我们的实验条件下此装置也适用。不仅大部分成人经历过这些事件，而且结果显示，大部分人还能想象出详细的细节并以惊人的强度重新体验这些情绪和感受。

我们要求每个被试回忆他们生活中的某次情绪性的情节，而且唯一的要求就是，这个情节要特别强烈。

在预实验阶段，我们确定了每位被试能够再次体验的程度最好的那种感受，在此期间我们还测量了心跳和皮肤电传导等生理学参数。然后我们开始进行真正的实验。我们要求每位被试重新体验一种情绪——比如说，悲伤——此后他或她就开始了在一个安静的扫描室（scanning room）中想象具体情节的过程。告诉这些被试，当他们开始感受到某种情绪时要用一个微小的手部动作来示意。而且，只有在这个示意之后我们才开始收集脑活动的数据。这个实验
99 主要是测量实际感受时的脑活动，而不是测量在回忆能产生情绪的对象时和激发情绪初级阶段的脑活动。

对数据的分析为我们的假设提供了足够的支持。所有监测中的体感区——扣带回皮层、体感区皮层的 SII 和脑岛以及脑干被盖中的核团——都显示了统计学上显著的激活或失活模式。这意味着对身体状态的映射在感受过程中已经被极大地改变了。此外，正如我们所期望的，这些激活或失活的模式在不同的情绪中变化很大。同样，可以说我们的身体以不同的方式适应快乐或悲伤的感受，而我们也能证明与这些身体状态相应的脑活动映射也是不同的。

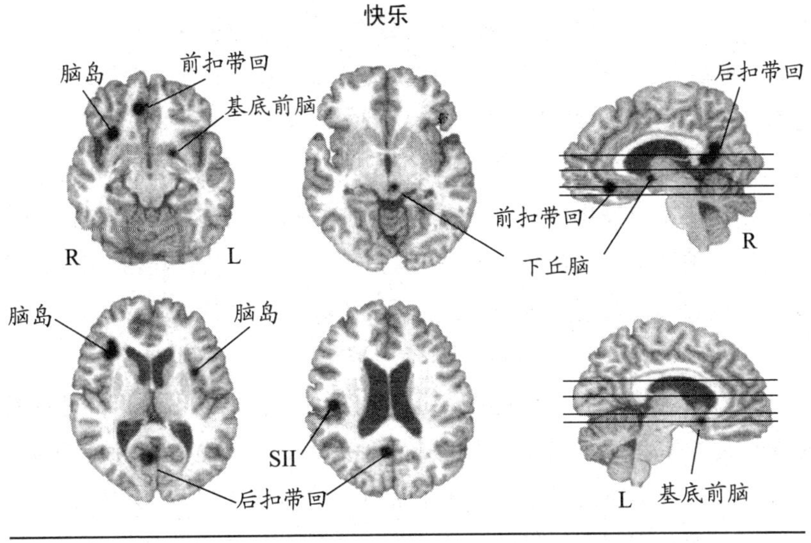

100

图 3.3　PET 实验中快乐感受时脑区的激活状况。右边的两个图片展示了大脑右半球的内部情况（上面）和大脑左半球的情况（下面）。在活动时前扣带回、后扣带回、下丘脑和基底前脑有显著的变化。左边的四幅图描绘的是脑的轴向接近水平处的切面。大脑右半球记作 R，大脑左半球记作 L。注意在两个切面中左右大脑半球中显示的脑岛区的显著活动，还有在这两处显示的后扣带回的活动。

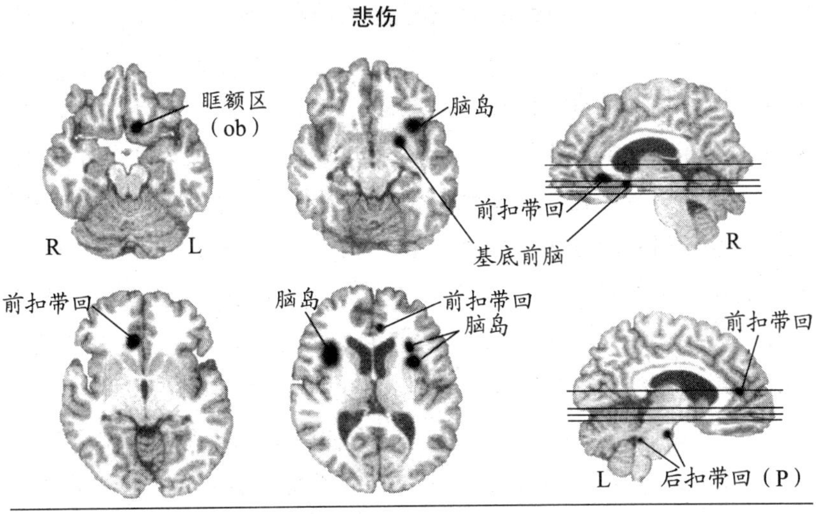

图 3.4　在同一实验中（同图 3.3）与悲伤感受相关的脑映射图。在两个大脑半球中，不止一处可以看到脑岛的显著活动，但它与快乐时的情况不同。前扣带回的显著变化也同样如此。

这些发现对许多解释都非常重要。很高兴发现了对某种情绪的感受确实与身体状态的神经映射的变化相连。而且更重要的是，对于感受的神经生物学未来的研
101 究方向我们现在有了一个更为坚定的指向。这些结果明确地告诉我们，关于感受生理学的奥秘在于体感区的神经回路以及这些回路的生理学和化学活动。

这项研究也提供了一些意外的、可喜的结果。我们连续地监控了被试的生理反应，并能说明**皮肤电传导的变化经常先于正在感受到的某种感受的信号**。换言之，在被试移动他们的手以示意实验开始**之前**，监测器已经明确记录了情绪的震动。尽管我们没有计划去探索这个问题，但这个实验也提供了情绪状态首先产生、随后产生感受的许多证据。

另一个潜在的结果与思维过程相连的大脑皮层区的状态，即额叶的外侧面皮层和额极皮层有关。我们还没有形成一种假说，用以解释各种感受所涉及的不同思维方式是怎样在脑中显示它们自己的。然而，这个发现有相当合理性。在悲伤时，前额叶皮层有明显的失活（很大程度上，这意味着在所有区域的活动减少）；在快乐状态下，我们发现了相反的情况（此区域明显显示出了更多的活动）。这些发现完全符合——观念的流畅性在悲伤时减低，而在快乐时增加这个事实。

对相关证据的评论

通常，当发现支持自己的理论倾向的证据时，我们经常会非常高兴，但是
102 除非发现支持性的证据，任何人都不能对自己的发现过于乐观。如果我们在感受研究中发现的体感区是一个稳固的事实，其他人的研究也应该发现相应的证据。确实，基于同样的方法（如功能性成像技术、正电子发射断层显像技术和功能性磁共振脑成像技术），已经记录到大量的与感受有关的支持性证据。

雷蒙德·杜兰恩（Raymond Dolan）和同事的研究与我们的研究有很特别的相关，因为他们特别提到了我们的研究，尽管其他一些无关的工作也得出了相似的结果。[7]是否被试体验到吃巧克力时的欢愉、沉浸于浪漫爱情时的痴狂、克吕泰涅斯特拉（Clytemnestra）① 的内疚或者是在看色情电影时的兴奋，在

① 希腊神话中阿伽门农的妻子，在情人埃癸斯托斯（Aegisthus）的帮助下，谋杀了从特洛伊战争中返回的阿伽门农，后被自己的儿子俄瑞忒斯（Orestes）杀死。——译者注

我们实验中涉及的主要区域（比如，脑岛皮层和扣带回皮层）都显示了明显变化。这些区域或者更加活跃或者更加不活跃，在关键的区域有着各种各样的模式，由此也证明了感受的状态与这些脑区的介入明显相关这一观点。[8]可以预测其他脑区也介入了，也就是说，各脑区都参与了相关情绪的实际产生过程，但是在这里需要指出的是在体感区域变化的活动性与感受状态相关。就像我们将在本章后面看到的一样，与使用麻醉毒品或对其成瘾相关的感受也导致了相同体感区域的明显介入。

在特定种类的音乐、极度悲伤或非常快乐的感受以及我们描述为“寒战”（chills）、“颤抖”（shivers）、“颤动”（thrills）的身体感觉之间有着密切而又有力的三维联系。不知什么原因，一些乐器特别是人类的声音和一些乐符都能唤起情绪状态，包括大量的皮肤反应，比如毛骨悚然、颤抖和脸色煞白。[9]或许对于我们的目的而言没有什么能比安妮·布拉德（Anne Blood）和罗伯特·
扎特雷（Robert Zatorre）所作的研究得出的证据更具说服力。他们想研究的 103
是通过听能激起寒战和颤抖的音乐产生的快乐状态之间的神经关联。[10]研究者在脑岛和前扣带回的身体感觉区域发现了这些关联，这些区域明显地被激动人心的音乐所激活。另外，研究者还将激活的强烈程度与所报告的每首歌的颤音值联系起来（这些歌是每个被试精心挑选的），且并不仅限于音乐的出现。令人好奇的是，换一个角度看，似乎又是：寒战的出现又是由被这些感受所修正的脑区的内源性镇静的即刻可获得性引起的。[11]这项研究也明确了在快乐状态背后产生情绪反应涉及的区域——比如：右眶额区皮层（right orbitofrontal cortices）、左侧纹状体膜侧区（left ventral striature），以及与快乐状态呈现负相关的区域——比如右侧杏仁核，这都和我们自己的研究成果差不多。

对于痛苦过程的研究也对这个问题有所帮助。在由肯尼斯·凯西（Kenneth Casey）进行的一个有说服力的实验中，当对被试的脑进行扫描时，要求他们体验手上的痛（他们的手可能被浸在冰冷的水中）或者在他们手中有一个没有痛苦的振动刺激。[12]痛苦状态导致了两个身体感觉区域（脑岛和 SII）活动的很大变化。振动则导致了另一身体感觉区域（SI）的激活，但是脑岛和 SII 这两个与情绪联系最紧密的区域并没有被激活。在每个情境之后，研究者都会给被试服用芬太尼（是一种拟吗啡类的药物，其作用于 u 阿片样受体），然后再一次扫描。在痛苦状态下，芬太尼能减少痛苦**和脑岛**与 **SII** 的介入。而
在振动的状态下，芬太尼对振动的知觉**和** SI 的活动都未能产生影响。这些结 104

果明确表明：痛苦或快乐的感受与触觉或振动觉相连的感受具有不同的脑的生理基础。脑岛和 SII 与前者紧密相连，而 SI 与后者紧密相连。在其他地方我曾提到情绪和痛觉的生理基础可以被药物分离，比如安定，它可以消除痛苦的感情成分，但痛觉仍旧存在。对这种情况的合理解释是你“感受”到了痛，但却不在意。[13]

更多的支持性证据

关于口渴感与扣带回皮层和脑岛皮层中活动的显著变化相关，这一点已被证实。[14]口渴状态本身就来自于觉察到体内水分的不平衡以及来自于在荷尔蒙（比如，后叶加压素和血管紧缩素Ⅱ）与脑区（比如，下丘脑和围导水管灰质）之间微妙的交互作用。而所涉及脑区的工作就是唤起缓解口渴的行为——这是一个荷尔蒙释放和运动神经机制之间高度协调的集合。[15]

我本应告诉读者，不论男女，感受到想排尿的欲望和感受到已排完都与扣带回皮层有关。[16]不过，我应该再说一些关于通过看色情影片而激起的欲望。可以预测的是，扣带回皮层和脑岛皮层都介入了，所以我们能感到兴奋。像眶额区皮层和纹状体也都涉入了——实际上它们是在促成兴奋的产生。然而说起
105 被试的性别，在下丘脑这一区域的活动中有显著的不同。男性明显激活了此区域，而女性则没有。[17]

感受的基础

当戴维·休布尔（David Hubel）和托尔斯顿·威塞尔（Torsten Wiesel）在 20 世纪 50 年代开始视觉的神经基础方面的著名研究时，他们在初级视觉皮层中所发现的小功能柱组织，即允许我们去建构与视觉对象的映射的机制还没有任何迹象，[18]也就是说当时视觉映射的背后是神秘的。另一方面，对于应该探寻秘密的一般脑区，即始于视网膜并与视觉皮层相邻的神经通路和加工链则有一个完整的知识。今天，当我们考察感受这个领域时，很明显的是，在许多方面，我们仅仅处于了与休布尔和威塞尔进行视觉研究项目时相应的研究阶段。直到近来，许多科学家不情愿地接受了体感区是感受的重要基础这一事实。这或许是反对威廉·詹姆斯关于“当我们有情绪体验时，我

们会知觉到身体的状态”这一猜想的最有力证据。它也是对“与视觉或听觉具有感觉基础相比，对情感的感受可能没有感觉基础”这一观点的奇特调整。从机能障碍研究和先前引用的近年来功能性脑成像研究中得到的证据，已经改变了这种默许的认识。确实，体感区参与了感受过程，而且体感区皮层的重要组成部分——脑岛或许比其他相关的任何结构更重要。SII、SI和扣带回皮层还有皮层下结构，也与感受有关，但它们的参与是处于不同水平的。

上述的事实聚合了两种证据：从对感受状态的内省分析来看，它坚持认 106
为感受应该依赖于身体感觉过程；从神经生理的/脑功能成像的证据来看，就像我们所看到的，某一结构（比如，脑岛）确实在感受状态中具有独特的作用。[19]

近来另一系列的证据使这种聚合更为有力。它是这样发生的，将信息从身体内部通过周围神经纤维和神经通路传到脑，就像曾经想到的，并不终止在与接受触觉有关的信号的皮质中（SI，主要的体感区）。相反地，这些神经传导终止于它们自己的专门工作区域脑岛皮层，**脑岛皮层**本身的活动模式正是与情绪的感受变化相关。[20]

神经生理学家和神经解剖学家A. D. 克雷格（A. D. Graig）发现了一个重要的事实，而且他发现了在早期神经生理学迷雾中丢失的、在传统神经病学教科书中否认的一个观点——我们暗中参与对身体内部的感觉，即**内感受**的观点，[21]这是应该给以极大荣誉的。换句话说，理论上提出的和脑功能性成像研究中的、与感受相连的脑结构其实是一系列最有可能表征感受内容的信号的接受者：与痛苦状态相连的信号；体温；脸红；痒；颤抖；内脏和生殖器的感觉；血管和其他内脏中的平滑肌的状态；局部的pH值；葡萄糖；通透性；感染性因子的出现；等等。从不同的角度来看，体感区看起来是感受的重要基础，而脑岛皮层看起来是这一系列反应的中枢。这种观点不再仅仅是一个假说，它构成了一个平台，由此在接下来的几年中，我们对感受的更精密的神经生理机制进行了一系列新的探索。

107

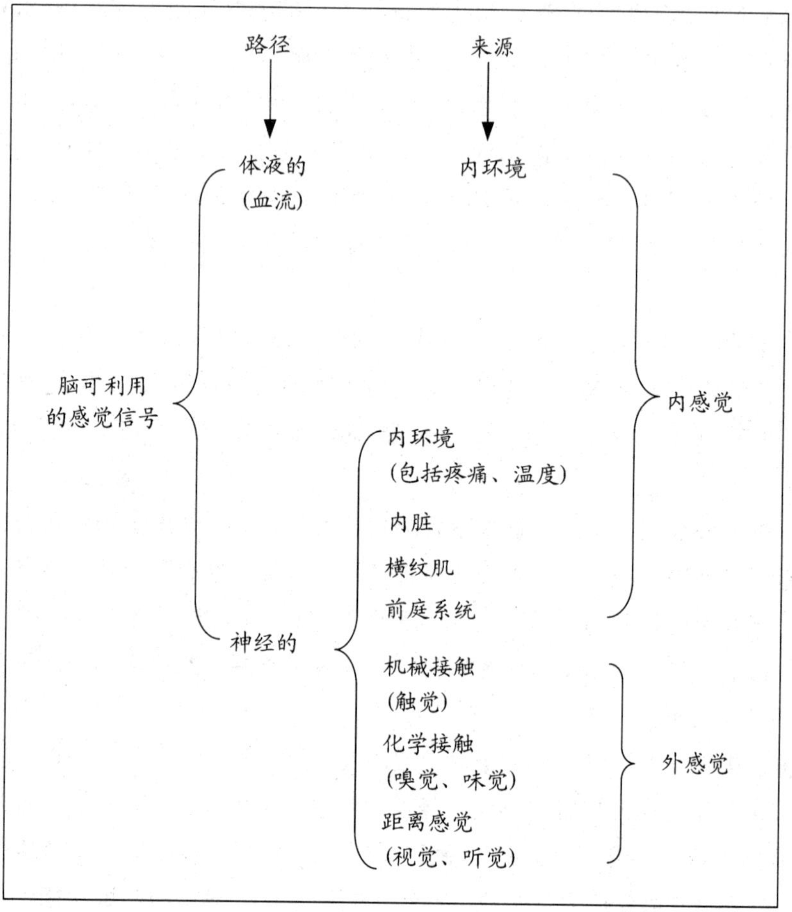

图 3.5A 脑接收的感觉信号种类的简表。有两种传递的路径：体液的［例如由血液传递的化学分子直接激活在下丘脑或朋室器官（如后支区）的神经感受器］和神经的（在此路径中，电化学信号通过神经元的轴突经由突触在其他神经元的细胞体上发放，在神经通路传递）。所有的这些信号有两种来源：外部世界（外感觉信号）和身体的内部世界（内感觉信号）。大体上来说，情绪是对内部世界的调节。因此，构成情绪的感受基础的感觉信号大多是内感觉信号。这些信号的主要来源是内脏和内环境，但是也涉及与肌肉骨骼系统和前庭系统的状态相连的信号。[22]

108

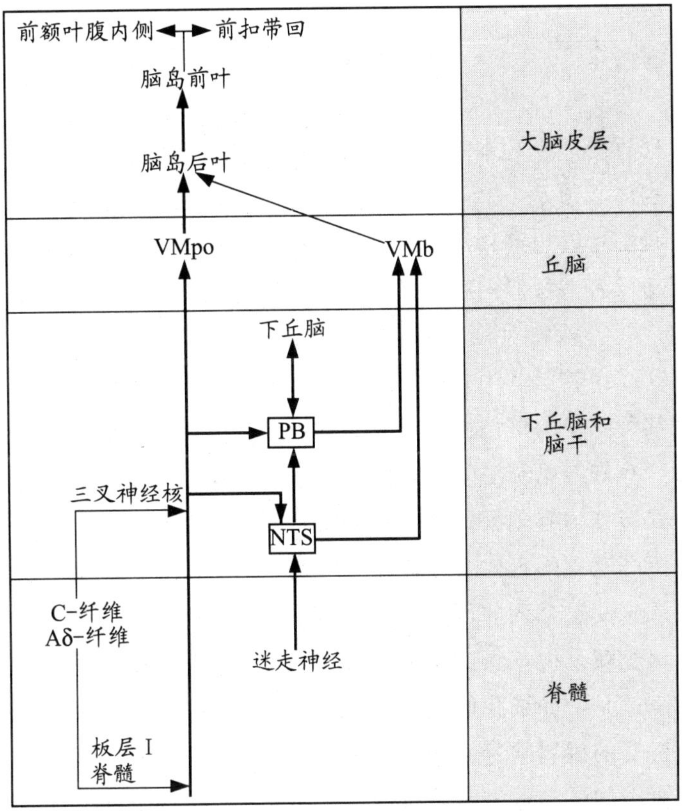

图 3.5B 从身体到脑的信号传递。将内环境和内脏的信号传递给脑所涉及的主要结构的图示。信号传递的基础部分是由来自脊髓和脑干的三叉神经核的路径传输的。在被称为“板层Ⅰ”的区域（在脊髓灰质的后角和三叉神经核团的尾部）脊髓的每个水平上，由 C 类和 Aδ 类的周围神经纤维（细的、未髓鞘化的、慢速传导的）传输的信息被送入中枢神经系统。这种信息与许多种参数相连，如动脉中的平滑肌的收缩状态、局部血流量、局部温度、表示局部组织受伤的化学物质的出现、pH 值，O_2 和 CO_2 的水平。所有这些信息都被进一步传输到丘脑作用的一个核团上（VMpo），然后又被传入到脑岛后叶和前叶的神经映射中。随后，脑岛向前额叶腹内侧皮层和前扣带回皮层之类的区域发送信号。在通往丘脑途中，这种信息在孤束核（NTS）中进行加工，这一区域接受来自迷走神经（它是来自内脏的信息经过脊髓的主要路径）、旁束核（PB）和下丘脑的信号。旁束核可能与围导水管灰质（PAG）有交互作用，能负责一些简单的感受状态。相反，旁束核和孤束核能通过另一个丘脑核团（VMb）将信号传递到脑岛。有趣的是，与身体运动及其空间位置相连的通路使用的却是一种完全不同的传输链。传递这些信号（Aβ）的周围神经纤维是密集的、而且传导得很快。在身体运动信号传输中使用的脊髓的一部分和三叉神经核团也与此不同，丘脑传输核团和最终的皮层目标（初级体感区皮层Ⅰ）也不同。

109 谁能有感受？

为了发现感受产生的基本过程，有人作出了下面的论述。首先，一个可以产生感受的实体必须是一个不仅拥有身体而且必须有能表征其身体内部的方式的有机体。我们可以想到精细的有机体，例如植物，它们很明显是活的而且有身体，但是却没有与我们的脑提供的映射一样的来表征其身体各部分以及这些部分状态的途径。植物对许多刺激——像光，热，水和营养物质都会作出反应，一些园艺能手甚至认为它们会对鼓励之类的话语作出反应。但是它们似乎
110 缺乏意识到某种感受的可能性。那么，感受的首要条件就是神经系统的出现。

其次，这些神经系统必须能映射身体结构和身体状态，并且能将这些映射中的神经模式转变为心理模式或者是表象。没有后面的这一步，神经系统尽管能映射作为感受基础的身体变化，但却不能产生我们称为感受的观念。

再次，从感受这个词的传统意义上来看，一种感受的出现要求有机体要知道它的内容，也就是说，意识是一个必要条件。感受和意识之间的联系是微妙的。简单说来就是，如果我们没有意识，我们就没有感受。但是还有一种情况，那就是感受的机制本身就是意识过程，即自我的产生的作用者，没有它，就什么都不可能知道。走出困境的方式是开始意识到感受过程是多层次的和有分支的。产生一种感受所必需的一些步骤也正是产生原始自我所必需的，而它正是感受本身和最终的意识所依赖的。但是，有些步骤是特别针对感受体内平衡的变化的，即特别针对某一特定的客体对象。

第四，构成感受基本基础的脑映射展示了身体状态的模式，这是在同一个脑的其他部分的命令下执行的。换句话说，感受着的有机体的脑在它用情绪或欲望对客体和事件作出反应时，还产生了能够激发感受的身体状态。由此一来，在能产生感受的有机体中，脑就是一个双重必需品。毫无疑问，它必须提供身体映射。然而即使此前，脑也必须去命令或建构最终被映射为感受的特殊情绪的身体状态。大多数拥有复杂的脑的动物完全有可能满足这些条件。

111 “为什么在进化过程中感受可能得以产生？”这些情况让人想到一个可能的原因。感受可能产生，是因为存在可能表征身体状态的脑映射。这些映射的产生是因为调节身体的脑机制需要它们进行调整适应，也就是说，这些调整出现在某一个情绪反应出现的过程中。这意味着感受不仅仅依赖于身体和能表征

身体状态的脑，它们也依赖于生命调节的脑机制的预先存在，包括那些导致情绪和欲望反应的生命调节机制部分。没有情绪背后的脑机制的预先存在，就没什么有趣的事情可以去感受。再重复一次，一开始就有情绪和其基础。感受不是一个被动的过程。

身体状态与身体映射

目前我提出的问题的要点已足够简单，但是现在是使问题更复杂一些的时候了。让我来提两个问题。

我们的假说是无论我们体验到了什么，它都必须以脑的体感区的活动模式为基础。如果我们没有这些体感区，我们不会感受到任何东西；同样地，如果我们脑中的主要视觉区被去除，我们将不能看到任何东西。我们体验到的感受经由体感区产生。这可能听起来有点太明显了，然而我要说直到近来科学界都刻意避免将感受分配到**任何**脑系统中；感受就在那儿，雾气般地存在于脑内部或其周围。但是现在就出现了一个值得所有人注意的潜在限制，因为它是可觉察到的但并没有根据的。在许多情况下，体感区对于在体内出现了什么产生了精确的映射，然而在另一些情况却没有，原因很简单，这仅仅是因为或者是映 112
射区的活动、或者是指向这些区域的信号在一些方面被修改了。被映射的模式失真了。这是不是就符合了一个观念，即我们感受到的是在体感区所映射的东西？不是的，这些中的许多仅是在瞬间发生的。

第二个问题是关于威廉·詹姆斯的，他提出感受是一种对情绪所改变的实际身体状态的知觉。为什么詹姆斯富于远见的猜想长时间以来一直遭受到攻击并最终被遗弃？原因之一就是在一定程度上，依赖于实际身体状态的知觉而产生的感受会延迟感受过程，并描述其是无效的。改变身体和映射相应的变化确实需要花费时间。然而，就像它的产生一样，感受也需要一段时间。对高兴或悲伤的心理体验包括一个相对较长的时间，而且没有任何证据证明这种心理体验的时间少于我们曾经讨论的身体变化的过程所用的时间。相反地，近来的证据表明情绪产生需要好几秒，正常是从两秒到 20 秒。[23] 然而，这个异议之所以有一些价值，是因为如果此系统总是像詹姆斯设想的那样精确地运行，它可能不会一直将工作做到最好。我针对这一异议提出了一个替代的观点：感受并不一定必须由**实际的身体状态**产生——尽管它们能——而是产生于在体感区任何时候都能构建的**实际映射**。针对这两个问题，现在我们将讨论我对感受系统是如何组织和运行这一问题的看法。

实际的身体状态和模拟的身体状态

在我们生命中的任一时刻，脑的体感区都在接收信号，由此它们能对当前的身体状态建立映射。我们能将这些映射描绘为来自身体各处并指向体感区的
113 一系列联系。然而，这种工程学上清晰的画面被一个事实给弄模糊了。这一事实是，其他脑区或者能直接干扰指向体感区的信号，或者直接干扰体感区本身的活动。这些“干扰”的结果是最令人惊奇的。就我们的有意识的心灵而言，对身体内正在发生的事情，只有一种知识的来源：在任一给定时刻在体感区呈现的活动模式。结果，任何对此机制的干扰都能对特定时刻身体所呈现的状态产生“虚假”的映射。

先天痛觉丧失

在某些情况下出现“虚假的”身体映射的一个例证就是脑过滤掉伤害性的身体信号。脑从中枢身体映射中有效地消除了产生痛觉体验的活动模式。为什么“虚假的”表征机制在进化中成功保存下来？对此有很好的理由。在试图远离危险的过程中，感受不到在危险中产生的伤口（比如，被食肉动物咬伤）或者在逃离危险的活动中产生的伤口（在逃跑中被障碍物弄伤）所带来的痛苦对个体生存是有益处的。

现在我们对这种干扰是怎样产生的已有详细的证据。在脑干被盖部分被称作围导水管灰质区（PAG）的核团对通向传递组织受损的信号并导致痛苦体验的神经通路的信息进行了处理。这些信息阻止了这类信号的传入。[24] 自然地，由于过滤，我们就有了“虚假的”身体映射。当然，这一过程和身体有关是毫无疑问的。感受对于身体信号“语言”的依赖性也是肯定的。只是没有脑
114 的英明干扰，我们实际感受到的不是我们应该准确感受到的。这种干扰的影响是和服用大量的阿司匹林或吗啡，或者处于局部麻木状态下的效果是一样的。当然，除了脑在运作，其他都是自然产生的。顺便提一句，吗啡这个比喻的使用相当贴切，因为这种干扰中的一种使用的就是自然的和内生性的吗啡类似

物——阿片样肽，例如内啡肽。阿片样肽有许多种类，所有的都是在我们体内自然产生的，因此被称为“内源的”。除了内啡肽，它们还包含内吗啡肽、脑啡肽和强啡肽。这些分子都固定在脑的特定区域的特定神经元的一类特殊受体中。因此，在需要的时候，大自然本身就给我们提供止痛药，这些止痛药与有同情心的内科医生给遭受痛苦的病人开的止痛药具有同样的效果。

我们能从周围发现这种机制的证据，我们中的一些人——公共演说家或演员——在生病的时候必须表演，当我们走在舞台上时体验到了由任何病痛产生的糟糕身体症状的奇怪消失。古老的智慧赋予表演者“肾上腺素奔流”，导致他们发生奇迹般的变化。认为化学分子干扰的观点确实是明智的，但是它不能告诉我们化学分子在哪儿产生作用和为什么这种作用导致预期的影响效果。我相信所发生的事情是对当前身体映射高度的合理调适。这种调节需要几种神经信息而且确实包含特定的化学分子，尽管肾上腺素可能不是最主要的一种。战场上的战士也会调整其头脑描绘痛苦和恐惧的身体映射。没有这种调整，英雄主义的行为就不可能出现。要是这个美好的特点没被加入我们脑的菜单中，进化可能会中止孩子的出生，以便减少生产所导致的各种痛苦。

我猜想，一些臭名昭著的精神病理状态在很大程度上阻碍了这个很好的 115
机制。那些使病人无法感受或移动其身体某部分的所谓癔病或转化性癔病反应很可能就是对当前身体映射瞬间的而非根本的变化反应的结果。有几种身体形式的精神障碍可以用这种方法解释。巧合的是，对这些机制的简单变形就可能压制那些曾经在我们生命中导致极度痛苦的事件的回忆。

共情

很明显，脑能内在地模拟某些情绪化的身体状态，就像在将同情这一情绪转变为共情感受的过程中发生的一样。例如，想一下当你听说了一个有人受重伤的恶性交通事故。一时间你可能感受到一阵痛楚出现在脑海中，而却不知是谁在痛苦。你体验到你好像是受害者，而且这种感受可能因事故的大小和你对其中涉及人员的了解而产生或多或少的不同。产生这种感受的假定机制是一种我称为“替代身体回路（as-if-body-loop）”的机制。它包含一个内在脑刺激，是由对当前身体映射的迅速调适构成的。某些脑区，比如前额叶或前运动皮层，直接发信号给体感区，从而实现这个过程。相应种类的神经元的存在和定位直到近来才被确定。在一个人的脑中，这些神经元能表征每个脑看见的另一个人的运动，并产生通向感觉运动结构的信号，由此或者“预览”模拟的相应运动，或者实际产生相应的运动。这些神经元出现在猴子和人类的前额叶皮层，
116 层，并被称为“镜像神经元”。[25]我认为在《笛卡尔的错误》中假定的替代身体回路机制就来自这个机制的一个变体。

在体感区对身体状态直接模拟的结果与从身体中产生的信号进行过滤的结果没有什么不同。在这两种情况下，脑都暂时产生了一系列**并不**完全对应于当前身体真实状态的身体映射。脑使用即将到来的身体信号像黏土一样在这种模式能被构建的区域——即体感区去塑成一个特殊的身体状态。由此使得一个人所感受到的是建基在“虚假的”结构之上的，而不是建基在“真正的”身体状态之上。

拉尔夫·阿道夫近来的一个研究直接阐述了被模拟的身体状态的问题。[26]此项研究的目标是研究共情的基础，它涉及到了100多位在其大脑皮层的不同部位有神经性病变的病人。在实验中要求这些病人参加一项需要共情反应的工作任务。每位被试都会看到一张展示出某种情绪表情的陌生人的照片。而且这项工作还包括要向被试暗示照片中陌生人的感受。研究者要求每位被试将自己置于陌生人的境地中，以猜测照片中陌生人的心理状态。这里要验证的假说是，大脑皮层的体感区已受到破坏的病人不能正常地完成这项工作。

除了成绩较低的两组特殊病人外，大多数病人像健康人一样很快就完成了这项任务。第一组受损的病人是可以预测的，它是视觉联合区皮层受损伤、特别是右侧视觉皮层的腹侧枕－颞区受损的病人。脑的这一部位对于视觉构形（visual configuration）的评估非常重要。如果这一部位不完整，照片中的面部表情就不能被知觉为一个整体，即使是那些普通感觉的画面也是如此。

117 另一组病人是最能说明问题的：它包括位于**右侧**体感区皮层的总体区域遭到破坏的病人。也就是说，右侧大脑半球的脑岛、SII和SI区域都遭到了破坏，这正是脑中一系列对身体状态实现最高水平整合映射的区域。缺少了这一区域，脑就不能有效地模拟其他身体状态。脑缺乏了使身体状态的主题变化得以展现的场所。

左侧大脑半球的相应区域并不具有相同的功能，即左侧体感区受损的病人

可以正常地进行“共情”，这一发现具有重要的生理意义。右侧体感区皮层在合成身体映射方面占“主导地位”，这是又一发现。这也是这一区域的损伤总是与情绪和感受的缺陷相连的原因，也是其与对当前身体状态持错误观点的疾病失认症和忽视症相连的原因。[27]人类体感区皮层的功能在左右大脑半球的不对称性，可能是因为左侧体感区皮层负责语言和言语功能。

来自研究的其他支持性证据有：在研究中那些看到描述情绪的照片的正常人立刻轻微地激活了使他们产生与照片中同样情绪所必需的脸部的肌肉群。这些个体并没有意识到这些他们自己肌肉的这种镜像的“预先调整”，但是分布在其脸上的电极却探测出了其中肌电图的变化。[28]

概括起来说，体感区构成了这样一种场所：不仅“真正的”身体状态能
“运行”，而且各种各样“虚假的”身体状态也能表现出来，例如，“替代的身 118
体状态”（as-if-body states）、被过滤的身体状态，等等。近来的一项对人和动物的镜像神经元的研究认为，产生“替代的身体状态”的命令可能来自前额叶皮层。

对身体的幻觉

脑允许我们可以通过许多手段**幻想**各种身体状态，人们能想象在进化过程中这种特征是如何开始的。起初脑仅仅产生对身体状态的直接映射。后来，其他的可能性产生了，例如，暂时消除痛苦状态的身体映射。再后来，或许就有可能在痛苦不存在的地方模拟痛苦状态。很明显，这些新的可能性有他们自己的优势，而正因为如此，他们得以繁盛起来，结果他们在竞争中获胜的可能性相应地就会增大。如同我们天赋的其他有价值的特征一样，病理性变异能破坏这一有价值的用处，正如在癔病患者和类似的神经病患者的案例中所见。

这些机制的另一个额外实用价值是它们的速度。脑可以在几百毫秒甚至更短的时间内调整身体映射，在这短暂的时间段内要通过短的、髓鞘化的轴突传导出信号，比如说，从前额叶皮层传到距其几厘米远的脑岛的体感映射区。脑在身体的相应部位引起变化的时间仅为几秒，它花费大约一秒钟——而且往往是未被髓鞘化的轴突将信号传送到离脑几十厘米远的身体各部分。这也是释放荷尔蒙进入血流并开始产生其一连串后果效应的时间段。或许这也是为什么在如此多的情境中，我们能感觉到在细微的感受变化和激起这种变化或由此变化

119 产生的观念之间精确的短暂联系的原因。替代身体机制的极快速度及时引发了观念和紧密相连的相应的有效感受，这比单纯基于真正的身体变化产生的感受更容易。

我们已经描述的幻觉在感觉系统中出现时，除了与身体的内部状态有关外，并不是适应性的，注意到这些是有价值的。视幻觉和听幻觉都具有很大的破坏性，它们一点益处也没有，而且那些必须忍受这种病症的神经疾病患者和精神病患者也不能从中得到一些娱乐和放松。对于癫痫患者可能体验到的嗅幻觉或味幻觉也是一样。然而身体—状态幻觉，除了以上我列出的几种心理病理状态之外，对于正常的心灵则是有价值的资源。

感受的化学成分

现在每个人都已经知道所谓的情绪—调节药物能将悲伤的感受或无能感转变为满意和自信。然而远在百忧解（Prozac）[①] 之前，酒精、麻醉毒品、止痛药和像雌激素与睾丸素之类的荷尔蒙，还有一系列精神药物都已显示出：通过化学药物可以改变感受。很明显，所有这些化学合成物的活动都是由于其分子的设计导致。这些复合物是怎样产生其显著效果的呢？通常的解释就是化学分子作用于特定脑区的特定神经元上就产生了预期的结果。然而，从神经生物机制的观点来看，这些解释听起来有点不可思议。特里斯坦（Tristen）和伊索尔德（Isold）喝下了一剂爱情药水，突然之间，下一个情景就是他们相爱了。对于为什么化学物质 X 与脑区 Y 的神经元相连就会抑制痛苦并产生爱情，我
120 们一点也不清楚。认为男性青少年在新产生的睾丸素的冲击下会变得暴力和性活动过多，其解释标准是什么？在睾丸素和青少年行为之间缺少一个功能性水平的解释。

解释的不完整性来自这样的事实：感受状态的真正源泉——它们的心理本质——在神经生物学术语中并未被概念化。分子水平的解释是解决难题的一部分，但是并不能由此得到我们真正想要的解释。在系统中注入药物的分子机制解释了一系列过程的出现，这一系列过程能导致感受的改变，但是并不能解释最终产生感受的过程。而对于药物改变了哪些特殊的神经功能才导致了感受的

---

① 一种治疗精神抑郁的药物。——译者注

改变则很少提到，也很少提到哪些系统支持那些机能。我们知道神经元受体的位置，特定的化学分子可能将自己依附在受体上。（例如，我们知道 μ 族阿片样受体定位在某脑区中，比如扣带回皮质，而且我们知道外部和内部的阿片样物质通过依附在这些受体上进行活动。[29]）我们知道分子对这些受体的依附改变了拥有这些受体的神经元的操作。由于阿片样物质依附于特定皮层神经元的μ受体（mu-receptors）上，在脑干的腹侧被盖区（ventrol tegmental area）的神经元变得活跃起来，导致了在一些结构如基底前脑的伏隔核中多巴胺的释放。反过来，许多奖赏行为的出现，会导致快乐的感受体验。[30]然而，构成感受基础的神经模式，并没有单独出现在上面提及区域的神经元中，而且感受真正的“基
本组成”模式根本就不出现在这些神经元中。最大的可能就是：由于神经元的 121
活动直接受到化学分子的影响，那些重要的神经模式——感受状态的可能原因，出现在其他地方，也就是说，出现在脑岛之类的体感区。

在我已经建立的框架中，我们能详细说明导致感受变化的过程，而且我们能指明药物活动的部位。如果感受产生于映射当前身体状态各处的神经模式，那么最简约的假说就是那些改变心境的化学物质通过改变这些体感映射的活动模式就能产生其神奇的效应。它们可以通过三种不同的机制独自运行或者联合作用达到此目标：一个机制干扰来自身体的信号的传递；另一个机制通过在身体映射中创造一个特殊的活动模式来运行；还有一个机制通过改变身体状态来运行。药物同样以这些机制来实现其专门的目的。

药物引起的诸种快感

许多证据都表明了脑的体感映射作为感受产生基础的重要性。就像之前提到的，在感受出现过程中对正常感受的内省分析与对此过程中各种各样身体变化的知觉并不完全相符合。前面讨论的许多功能性脑成像实验都显示出作为感受联系纽带的体感区内活动的变化模式。另一个吸引人的证据是对药物滥用者——即为产生强烈的幸福感而吃药的人的内省分析。药物滥用者经常在药物作用的高峰期频繁地提到身体状态的改变。下面是一些典型的叙述：

“我的身体充满了能量，而身体是完全放松的。 122

好像体内的每一个细胞和每一块骨头都在快乐地跳动。

有一点轻微的麻醉……还有延及全身的激动而又兴奋的感觉。

它好像一个全面发动的、身体的极度兴奋。

有一种诱导性的身体兴奋。

这种兴奋感是如此的好以至于我都不能用语言加以描述。

就好像你的头爆炸了……一种快乐的兴奋感和强烈的放松感。

就好像在性活动之后你体验到的轻松感，但感觉比它还要好。

一种身体上的高潮。

一种手脚发麻的效果……身体告诉你它是完全麻木地。

感觉就好像你被世界上最合你意的、最温暖的、最舒适的毯子包裹着。

我的身体立刻会感到温暖，特别是我的面颊，会感到相当热。”[31]

所有这些叙述都报告出一系列身体上明显一致的变化——放松、温暖、失去感觉、麻木、痛觉缺失、极度兴奋的发泄、能量……再说一次，不管这些变化是真实出现在体内并被传送到身体感觉映射中，还是直接在这些映射中合成的，或者两者都有，这都不会导致什么不同。这些感觉伴有一系列和谐的思想活动——积极的观念、提升的“理解”能力、身体和理智能力以及消除障碍和偏见的思想活动。奇怪的是，前四种叙述产生在可卡因高潮之后。迷魂药使用者则报告了接下来的三种，而海洛因服用者报告了最后五种。酒精产生了相似的但更有节制的效果。各种效果都是出现在同一身体核心这一事实是更让人难忘的，因为**引起这些效果的物质仅是化学成分上的不同和作用于脑中不同的化
123 学系统上**。就如同这些分子是从内部产生的一样，所有这些物质都是通过占据脑系统而发挥作用的。例如，可卡因和安非他明作用在多巴胺系统上，而当前流行的迷魂剂（少许的摇头丸的微小颗粒）作为安非他明的变体，则作用在5－羟色胺系统上。就像我们刚刚看到的，海洛因和其他的鸦片类物质作用于μ族和δ族阿片受体上。酒精通过γ－氨基丁酸－A受体（GABA A Receptors）和NMDA谷氨酸受体发挥作用。[32]

在被试由于服用迷幻药、海洛因、可卡因和大麻，或者由于对这些物质的渴望而体验到感受这一研究中与先前对各种自然的感受的功能成像研究的描述中都是同一体感区的系统参与，了解到这一点是很重要的。再重复一次，扣带回皮质和脑岛是主要的参与区域。[33]

这些不同物质作用的受体的解剖学分布相当不同，每种药物的活动模式也有些不同，但它们产生的感受却很相似。有理由认为，这些不同的分子颗粒在其活动的某点上，会以一种或另一种方式帮助体感区产生相似的活动模式。换句话说，这种感受效果来自于一处或几处共享的神经部位的变化，而这种变化是由不同物质引起不同系列的系统变化导致的。单靠在分子或受体水平的理由是不足以解释这种影响效果的。

由于所有的感受肯定都包括痛苦或快乐的一些方面，再加上我们称之为感
受的心理表象来自于在身体映射展现的神经模式，这就使得我们有理由认为，124
痛苦及其变式会在脑有特定形态的身体映射时产生。

同样地，快乐及其变体也是特定的映射形态产生的结果。感受到痛苦或快乐包括一系列生物过程，在这个过程中我们的身体表象，如同在脑的身体映射中描述的一样，在特定的模式中形成了。而像吗啡或阿司匹林之类的药品，会改变这个模式。迷幻药和苏格兰威士忌也是一样，还有麻醉剂、特定类型的冥想、禅、绝望的观念以及希望和救世的观念都会如此。

走进反对者

一些反对者，尽管接受了上述对感受生理基础的讨论，但还是不满意，说我还没有解释为什么感受以它们现在的方式被感受到。我的回答是，他们的问题本身就是不合适的，对于感受以它们自己的方式被感受到，它们就是这样做的，因为这就是事情的本质。但是我接受他们的观点，而且我并没有逃避争论。那么，让我通过增加目前能拥有的答案的细节，通过尽可能具体地展示导致感受产生的映射的本质来继续说下去。

乍一看，感受的身体映射可能看起来像内脏或肌肉状态的粗略和模糊的表征。但是还需要仔细思考一下。首先，想一下身体的每一区域都是在同一时间被映射出来的，因为身体的每一区域都包含神经末梢，它们能将有关构成特殊区域的活细胞状态的信号传回给中枢神经系统，这种信号传递很复杂。它不是一种“全”或“无”的反应，比如，一个活细胞的启动与否。这些信号高度多样化，例如，神经末梢能反映出细胞周围氧气和二氧化碳的浓度，也能指明每
个活细胞所处化学环境的 pH 值；它们能意识到体内外有毒物质的出现，也能 125
觉察到内部产生的化学分子的出现，如细胞因子之类，其意味着一个活细胞的

忧伤苦闷和即将到来的疾病。另外，神经末梢也能显示出肌肉纤维的收缩状态，包括从构成身体内各处大大小小的各种动脉壁的平滑肌纤维到构成我们的四肢、胸腔壁或者面部的大横纹肌纤维。神经末梢还能告知脑我们的内脏器官如皮肤、肠在特定时刻做什么。而且，除了从神经末梢得到的信息以外，构成脑中感受基础的身体映射也会直接通过非神经通路显示出血液中化学分子浓度的极大变化。

例如，在下丘脑区，几组神经元直接读出你血液中葡萄糖（糖）或水分的浓度，并采取相应的行动。它们采取的行动，就像前面提到的，被视为一种驱力或者冲动。葡萄糖浓度的减少会导致一种冲动的产生——饥饿状态——并由此产生以摄取食物为目的的行为，由此最终改变过低的葡萄糖水平。同样地，水分含量的降低会导致口渴和水的保留——这是通过要求肾脏不要去除太多的水和改变呼吸模式，从而使得我们呼出的气体中会有较少的水分流失来最终实现的。许多其他部位，像脑干的后支区、穹隆下器官、侧脑室的附近区域，都和下丘脑一样运行。它们将从血液中传来的化学信号转化为神经信号，并在脑内部沿着神经通路传递。结果是一样的：脑产生对身体状态的映射。

126 随着脑对整个有机体的审视，通过神经末梢局部地和直接地审视，通过血流全面地和从化学意义上审视，这些映射及其多样化的细节都会相当显著。它们通过活的有机体对生命状态进行取样，并从这些极为广博的取样中得到整合的状态的映射。我想当我们说我们感觉很好或者我们感觉很糟的时候，我们体验到的这种感觉可能是基于内环境化学物质映射的复合样本中抽取的。如果像我们经常做的、认为在脑干和下丘脑运行的神经信号从来不会被意识到，这可能是相当不准确的。我认为其中的一部分以一种特殊的形式不断地被意识到，而且它就正是构成我们背景感受的东西。背景感受可能未被注意到，这倒是真的，但那是另外一回事；它们已被注意到足够多了。在下一次你感到自己感冒了，或者更好一点了，你处于世界的顶端而且没有什么能比你目前更幸运了时，去想想这些吧。

更多的反对者

还有许多反对者持这样的观点：现代飞机的座舱充满了反映机身状态的传感器，它们与我在这里描述的东西很像。他们问我：飞机能产生感受吗？要是能的话，我是否知道为什么它以这种方式产生感受？

任何将发生在复杂生物有机体内的现象与发生在一个庞大的机器，如波音777的现象相连的企图都是徒劳的。事实确实如此，装备精良的飞机的桌面电脑中包括对任一时刻各种机能监控的映射：机翼移动部位的运行状况、水平平衡器的状态、飞机方向盘的状态、飞机引擎运转的各项参数以及燃料的消耗情况。同时受到检测的还有周围环境中的各种变量，像温度、风速、高度，等等。一些电脑不断地把这些测查到的信息联系起来，并据此对飞机当前发生作 127
用的情况作出明智的修正。很明显，这与体内平衡机制是相似的。但是，在活的生命有机体脑中映射的本质和波音777的座舱之间有显著的或者说是巨大的不同。下面让我们来考察一下它们。

首先，这里存在一个合成的结构和操作运行得以表征的细节的尺度。飞机座舱中的监控装置绝不是一个复杂的、活的有机体中枢神经系统中检测装置的一种变体形式。大体上它们可以与我们体内指出我们的腿是否交叉的信号、测查心跳和体温的信号和告知我们还有几个小时吃下顿饭的信号相比，但它们尽管非常有用，却不足以使人生存下去。我的观点并不是在贬低奇妙的波音777，而是波音777不需要生存所必需的更多的检测。它的“生存”是与操作它的飞行员相连的，没有飞行员，飞机的整个运行过程就都没有意义了。巧合的是，同样的机制也适用于环绕世界飞行的无人驾驶飞机。它们的“生命”依赖于飞行任务的控制。

飞机的一些组成部分是“有生气的”——如条板和机翼、飞机方向盘、气刹、起落架等——但没有一个组成部分是生物意义上的“活的”。没有一个组成部分是由细胞组成的，而这些细胞的合成依赖于其得到的氧气和营养物质。相反地，我们生物有机体的每个基本组成部分，身体内的每一个细胞不仅仅是有生机的、而且是活的。更为戏剧化的是，每个细胞都是一个**独立**的活的有机体——一种有其出生日期、生命循环和可能的死亡日期的独立生物体。每个细胞都是这样一个生物，它必须照看它自己的生命，而且它的生存取决于其本身基因组的指令及其所处的环境。前面我提到的与人类有关的内在生命调节装 128
置，都在我们有机体的每个系统、每个器官、每个组织、每个细胞中的生物量尺上展现出来。我们生命有机体的重要的基本“部件”的合理候选者是一个活细胞，而不是一个原子。

构成庞大的波音鸟的各部分——成吨的铝、合金、合成橡胶和硅等——没有什么是真正与活细胞相同的。在飞机的表面含有几公里长的电线、几千平方英尺的合金、几百万个螺母、螺栓和铆钉。当然所有这些都是由物质构成的，而这些物质由原子构成。我们人类的肉体在其微观水平上也是这样的。但是构成飞机的物质不是活的，其各部分不是由具有基因遗传、生物决定因素和生命风险的活细胞组成的。即使有人提出飞机有一个对其生存的“工程性关注”，由此使其能及早发现一个分心的飞行员的错误调动，但是两者却必然有显著的不同。飞机整合座舱的电脑会关注其飞行功能的执行情况。我们的脑和心灵会对我们整个活的有机体进行全面的关注，关注每一个角落。但在此背后，每个角落都有一个对其本身的、局部的、自动的关注。

对活的有机体与智能机器，如机器人的每一次比较，这种不同都被掩盖了。在这里我仅希望弄清楚，我们的脑从活的肉体深处接受信号，并由此提供那个活的肉体的内在解剖和内在功能状态的局部和全面的映射。对于任何复杂的活的有机体，这种安排都是如此的令人印象深刻，人类更是令人震惊。我不希望以任何方式贬低在杰拉尔德·埃德尔曼（Grerald Edelman）或罗德尼·
129 布鲁克斯（Rodney Brooks）的实验室中创造的有趣的人造生物的价值。这些机械生物会以不同的方式加深我们对某些特定脑过程的理解，并有可能成为我们自己脑装备有用的组成部分。我仅仅想明确：这些有生气的生物并不像我们一样是活的，而且也不可能像我们一样去体验感受。[34]

请注意一些相当令人好奇的且长久以来都被忽略了的事：那些向脑传递必要信息的神经感受器、神经核以及映射其中信息的神经鞘**本身都是活细胞，也有与其他细胞一样的生命风险，也需要类似的体内平衡调节**。这些神经细胞不是公正无私的旁观者。它们不是无知的运输工具或者空白的记录，也不是等待被反射的镜子。信号和映射神经元在对指示的物体和对信号产生的短暂映射上有一个协议。体感神经元的神经模式接受它们要去描绘的来自身体活动的所有信号。身体活动塑造了这种模式，给予它一个特定的强度和暂定的轮廓，所有这些导致了为什么感受会以特定的方式被感受到。但是，额外地，感受的质量或许会与神经元本身的内在设计有关，感受的体验质量或许取决于它得以实现的介质。

最后，还要注意一些相当吸引人的事情，而且也是在波音飞机的移动部分和我们活的身体中被忽视的关于活跃状态的本质。波音飞机的活跃状态与飞机要执行的功能——在跑道上滑行、起飞、飞行、着陆的目的有关。在我们体内与之相同的是——当我们看、听、走、跑、跳或者游泳时出现的活跃状态。但是当我谈及感受及其基础时，请注意人类的一部分活跃状态是如何仅为冰山的峰部的。冰山的隐藏部分所关心的活跃状态，其目的仅仅是从部分或整体上管理我们有机体的生命状态，而正是这一部分的活跃状态构成了感受的重要基 130
础。在当前的智能机器中没有与此活跃状态部分相对应的东西。我对于最后的反对者的回答就是，波音 777 之所以不能像人类一样感受所有的东西，是因为：在众多其他的原因中，它没有与管理我们内部生命的机制相对应的等价物，更不用说描绘我们生命机制的了。

对于为什么感受以它自己的方式被感受到的解释是：感受是基于生命状态的复合表征，这种表征出现在为生存在最理想的操作状态而进行的调整过程中。这种表征的范围从有机体的所有组成部分到整个有机体水平都有。感受的方式与下面这些因素有关：

1. 在一个拥有复杂脑的多细胞有机体内的生命过程的内在设计。
2. 对生命过程的运作。
3. 某些生命状态自动产生的矫正反应和有机体在某些客体对象和情境在其脑映射中出现时所产生的本能和习得的反应。
4. 一个事实，即当调节反应由于内部或外部的原因参与，生命过程的继续会变得或者更有效、更畅通无阻，并且更容易，或者相反。
5. 所有这些结构和过程都在其中得以映射的神经介质的本质。

有时有人问我，这些观点怎么可能解释感受的“消极性”或“积极性”，
这意指对感受的消极或积极信号不能解释。但是真的是这样吗？在上面的第 4 131
条中提到的观点认为有这么一个有机体状态，在这里生命过程的调节变得有效而令人满意，它是自由流动的而且是很容易进行的。这是一个有坚实依据的生理学事实；而不是一个假说。那些经常伴随有这种生理学上有利状态的感受被视为“积极的”，其特征不仅是没有痛苦、而且还伴有各种各样的快乐状态。同样也有些生物体状态，生命过程在其中挣扎着寻求平衡，甚至能混乱到失去控制的地步。而经常与这些状态相伴的感受就是“消极的”，其特点不仅是没

有快乐，还会伴有各种各样的痛苦。

或许我们可以自信地说，积极和消极感受是由生命调节状态决定的，根据与理想的生命调节的最典型状态的远或近产生信号。巧合的是，感受的“强度”也可能与消极状态必要的矫正程度以及积极状态在理想的方向上超越体内平衡的设定点的程度有关。

我认为感受的最终性质——为什么感受以其自己的方式被感受到的一部分——是通过神经介质得到的。但是对于为什么它们以这种方式感受，答案的一个重要部分确实与生命管理过程或是轻松流畅的或是紧张的这个事实有关。这就是我们叫作生命的奇妙状态和有机体的奇妙本质的运行方式——斯宾诺莎的**努力**——而正是这些驱使人们去努力维持其本身的存在，不管发生什么事，直到年老、疾病或者致命的创伤结束生命。

我们——有感觉的、复杂的生物——将某些感受称为积极的，其他的感受称为消极的，这个事实与生命过程的流畅性和紧张性直接相关。顺畅的生命状
132 态本质上符合我们的**自然倾向**，我们也容易被它们吸引。紧张的生命状态本质上就被我们的**自然倾向**所回避，我们会敬而远之。我们能感觉到这些关系，而且我们也能证明，在我们的生命旅程中积极的、顺畅的生命状态总是与我们称为“好的”的事情相连，而消极的、紧张的生命状态却总是与“不好”的相连。

现在需要对我在本章里早前讲述的内容精炼一下了。感受的起源是身体的几个部分。但是现在我们可以更进一步地去发现在此描述水平之下的一个更好的起源：构成这些身体各部分的许多细胞和有其自己努力的独立有机体以及构成我们人体的各个组成部分——它们通过有机体自己的努力结合在一起。

感受的内容是在体感映射中表征的身体状态的形态。但是现在我们可以补充一点：在感受产生的时刻，身体状态的短暂模式在脑和身体的交互的、反响性的影响下确实变化得很快。而且，在对生命事件进行加工进程中，感受的正/负效价和它们的强度与总体舒适度或困难度相连。

最后，我们还可以说，构成体感区的活细胞和将信号从身体传到脑的神经路径并非是身体结构无关紧要的部分。它们或许对于我们称为感受的知觉的性质作出了重要贡献。

此时也是将我前面分开论述的部分整合起来的时候了。我将情绪和感受区别开的一个原因与研究目的有关：将各个组成部分分开，并研究它们的运行过程，再分辨开这些组成部分是如何及时连接起来的，这对于理解感受现象的整个系统是有利的。一旦我们获得了预期的理解，或者理解了其中的任何一些，将此机制的各部分再次联合起来也是同样重要的，这样一来我们就能看到它们构成的功能整体了。

整合使我们回到了斯宾诺莎的观点：身体和心灵是同一物质的两个平行属性。我们之所以在生物的微观世界中将它们分离，是因为我们想知道单一物质是怎样运行的，想知道身体和心灵方面是怎样在其中产生的。在相对分离的情况下研究了情绪和感受之后，在这一宁静、短暂的时刻，我们就可以将它们作为情感再次结合起来了。

4

感受之后

快乐和痛苦

对感受有了初步了解之后，我们可以来讨论它的**作用**了。首先，回顾我们感情生活的两个方面——快乐和痛苦——如何产生并意味着什么，对回答这个问题或许会有帮助。

适当的客体，即适当的情绪性刺激的出现，会引发相关事件。对特定情境下刺激的加工，则导致了预置情绪的选择和执行。反之，情绪也导致了有机体神经映射的建构。其中，身体本身会向神经映射发送大量的信号。我们称之为快乐及其变式的心理状态，是以某种特定的映射形态为基础的，这种形态类似于以快乐作基调谱写的乐曲。我们称之为痛苦的心理状态，在斯宾诺莎的概括性定义中，包含一些消极色彩，诸如苦闷、害怕、内疚和绝望等，是以其他的神经映射为基础的。这些感受，是以痛苦作基调谱写的乐曲。

与快乐相联系的映射，意味着有机体的平衡状态。在这种情况下，这些情绪状态可能正在发生或者好像在发生。快乐状态意味着生理协调、生活顺遂。

它们不仅有助于生存且使人体验到幸福感。因此，快乐也可以定义为行动能力上的轻松状态。

我们同意斯宾诺莎的观点，快乐（在其拉丁文著作中用 *laetitia* 表示）是有机体向更完满的境界过渡的一种状态。[1] 这种更完满的状态，无疑意味着功能更加和谐，行动更有力量，自由感得到增强。[2] 但是，我们也应该关注这样的事实，即很多药物可以歪曲快乐的神经映射，使它不能反映有机体真实的状况。一些药物可以使有机体的功能得到短暂的改善。然而，最终这种改善不仅对有机体本身不甚可靠，而且它是机体机能恶化的前奏。 138

与痛苦相联系的神经映射，不论从广义和狭义的角度来说都与功能失调有关。行动不再轻松，内心体验痛苦，它是疾病和生理失调的表现。所有这些都表明，有机体的生命机能不在最佳状态。如果这种状态不加遏止，很有可能导致疾病和死亡。

在多数情况下，痛苦的身体映射可能反映了有机体真实的状态。使用药物的初衷，并非**为了**产生痛苦和抑郁情绪。谁愿意吃药呢？更不用说滥用药物了。但是滥用药物在开始产生快乐高潮后，确实会引起痛苦和抑郁的反弹。例如，据报道，药物可以产生一种平静、快乐并伴随良性思维的恍惚状态。然而，长期服用药物会带来越来越少的兴奋。之后，会导致越来越严重的抑郁。正常的5—羟色胺系统，将会因此受到直接影响。而且许多服用者认为安全的药物，最终却被证明是有害的。

斯宾诺莎在讨论**痛苦**（*tristitia*）时认为，痛苦的映射与有机体向不完满状态的转换相关。此时，行动的力量减弱，自由感降低。在斯宾诺莎看来，一个处于痛苦中的人，就与其自我保存的**努力**隔断了，不再具有保存自我的倾向。当然，这也适用于重性抑郁症患者所报告的感受状态，适用于这种感受状态最极端的后果——自杀。抑郁，可以被看作是“疾病综合征”的一部分。就好像细菌、病毒这样的病原体侵入有机体一定会引起疾病一样，[3] 内分泌和免疫系统也参与了持久的抑郁。当然，偶尔的悲伤、恐惧、愤怒并不会产生抑郁并使之不断加重。但是，所有的消极情绪及感受累积起来，会使有机体的行为不再正常。当这种情绪是恐惧时，如果这种恐惧是合理的，不是对环境不正确评估的结果，也不是恐怖症的症状时，这种特殊的情绪状态是有益的。合理的恐惧，当然是一种绝好的保障方法。它挽救、改善了许多人的生活。但是沉浸于愤怒或痛苦之中，对个人及社会都没有什么好处。可以完全肯定的是，有明 139

确目标指向的愤怒，可以对多种袭击发挥震慑作用并充当防卫武器。在野生世界里，这种愤怒仍然发挥着这样的作用。然而，在许多社会和政治情境下，愤怒是体内平衡指数逐渐下降的很好例证。痛苦也和愤怒一样，它是一种不用眼泪来争取安慰和支持的方式。同时，痛苦在特定的情境下也具有保护性作用。例如，它有助于我们应对个人的丧失感。然而，从长远来看，痛苦的不断累积是有害的，并会导致严重的精神疾病。

因此，感受是有机体内部对生活的心理感觉，是对自由生命的见证。感受也可以起到警戒作用。它们让我们短暂、狭隘的自我意识了解有机体短期的当前生活状态。感受也是平衡、和谐、失衡和失调的心理体现。它们并不是指外
140 部世界的事物、事件的和谐或失调，而是指有机体内部的和谐或失调。快乐、痛苦及其他的感受，都是有机体调整自身以达到最佳生活状态的反映。快乐和痛苦是生活状态的心理反映，但当药物或抑郁破坏了这种反映的真实性时除外（尽管也可以认为抑郁症同样是忠实于真实生活状态的）。

感受竟然能见证内在的生活状态，这是多么有趣啊！当我们试图回溯感受发生过程，并去发现感受产生的原因时，我们有理由对这样的观点产生疑问，即感受之所以成为高级生物的一个显著特征，是因为感受能见证我们心灵内部的生活。

感受和社会行为

越来越多的证据表明，感受和产生感受的欲望、情绪对社会行为起决定性作用。在过去20年发表的一些研究中，我们的研究小组和其他研究人员发现，当正常人的负责特定情绪和感受的脑区受到损伤，他们驾驭社会生活的能力也会受到极大的破坏。他们在诸如投资、建立重要的人际关系等不确定情境中作出适当决定的能力受到损害。[4]他们与社会隔绝、婚姻解体、亲子关系紧张，甚或失业。

脑受到损伤后，这些病人一般不能再保持他们原有的社会地位，而且经济不能独立。他们一般不会变得有暴力倾向，而且其不当行为也不会触犯法律。但是，他们对生活的掌控受到了很大影响。如果让他们自己应付生活，很显然，他们的生活将出现严重的问题。

在脑部受损以前，他们往往都是业务熟练、收入可观、努力敬业的成功 141
人士。我们研究的几个病人曾经对社会事务很积极，甚至被认为是社区中的领导。但当他们的前额叶受损以后，情况完全变了。这些病人仍然有足够的技巧来应付工作，但他们不能被指望可靠地汇报工作，或去执行完成一个目标所必需的各种任务。他们日常及长期计划活动的能力也受损了，特别是他们进行财务规划的能力。

他们的社会行为变得特别困难。对这些病人来说，决定谁是值得信任的并相应地指导自己以后的行动，是很不容易的。病人缺乏什么是适当社会行为的意识。他们不顾及社会规范，可能会违背伦理道德。

他们的配偶会注意到同情心的缺乏。我们一个病人的妻子发现，她那一度性情温和、每当她心烦时都会给她以关心体贴的丈夫，现在却在相同情境下反应冷漠。在得病之前，这些病人以关心社区事务，或者因能对处于困境中的朋友和亲戚提供咨询而闻名。但得病后，他们却不再表现出任何帮助他人的倾向。在现实生活中，他们不再是独立的人。

当我们追问为什么这种悲惨的情况会发生时，我们能发现许多扑朔迷离的答案。这种问题最直接的原因就是脑的某个区域的损伤。在大多数严重的案例中，临床中的社会行为障碍，都是由于前额叶的某些区域受损。前额叶，尤其是前额叶腹内侧区，在案例中涉及最多。仅限于前额叶左侧部分的损伤不会导致这些问题，尽管我知道至少存在一个例外；但右侧部分如果受到损伤就会导 142
致这些问题（见图 4.1）。[5] 其他脑区的损伤，即大脑右半球顶叶部分受损也会导致同样的问题，但症状并不那么纯粹，也就是说，还有其他明显的神经症状 143
出现。顶叶受损严重的病人，通常都会出现左边身体瘫痪，至少一部分病人会这样。而前额叶腹内侧受伤的病人与之的区别就是他们的问题都仅限于他们怪异的社会行为。但无论如何，他们看起来都很正常。

但是，这些前额叶受损的病人，其行为完全不同于之前的正常行为。他们作出的决定往往对自己和自己亲近的人并无好处。然而，病人看起来智力上是正常的。他们能够正常地交谈、行走，且视听无碍。他们在交谈时也能集中精力，能够了解和回忆起自己身上所发生的事情，记得每天自己所违反的习俗和规则，而且当有人提醒他们注意已经违反了哪些习俗和规则时，他们也能够意识到。他们是很聪明的，也就是说，他们可以在智力测验中取得高分，甚至能解决逻辑问题。

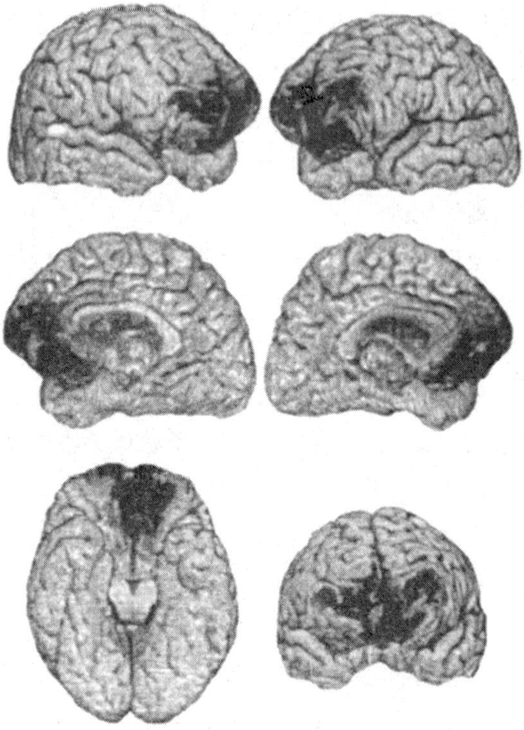

图 4.1 这是用磁共振对一位成年病人的前额叶损伤部位的三维脑结构扫描图。图中黑色区域表示损伤部位，很容易与其他完好部位区别。最上面的两个图显示的是从大脑右半球到左半球的扫描图。中间的两个图显示的是大脑右半球和左半球的内部透视图（分别是左脑中部和右脑中部）。底端的图显示了从底部（左边）看到的损伤，从中可以看出前额叶表面边缘部分的大面积受损；以及从前面（右边）看到的损伤，其显示了前额叶顶部的大面积损伤。

长期以来，研究者都在试图说明这些病人由于认知失败造成错误决策的原因。可能他们的问题出在学习或回忆这些正确行为所需的材料上，可能问题出在通过这些材料正确地推理上，可能他们把材料保存在头脑中一段时间有困难（这种“保持在头脑中”的功能就是指“工作记忆”）。所有的这些假设都应该予以考虑，才能找到解决问题的途径。[6]然而，任何一种解释都不能令人满意。不知何故，大多数病人在上面推断的那些假设原因上并不存在主要问题。如果某个病人能够在实验室假设的情境下成功地解决一个社会问题，那结果是令人吃惊的。这个问题可能就正好与病人在真实生活中所不能解决的问题是一样的，这些病人显示了解决那些问题所需的非常广泛的知识，而在真实社会情境中却不能解决这样的问题。他们知道问题的前提、行为的选择、行为所造成的即时和长期的后果，以及如何有逻辑地使用这些知识。[7]但所有的这些方面，在他们遇到真实情境中的相关问题时却都不能发挥作用。

决策的内部机制

在研究这些病人的过程中，我开始受到下述可能性的启发：这些病人的推理缺陷可能主要并非由认知问题所造成，而是源于情绪和感受上的缺陷。有两个因素能支持这个假设。首先，用认知功能来解释这些问题有明显的失败之处。其次，也是更重要的，我注意到这些病人的社会情绪非常单一、贫乏。尤其令我震惊的是，诸如尴尬、同情和内疚这类情绪在他们身上似乎已经消失了。在听这些病人的个人经历时，我比他们自己还要感到悲伤和尴尬。[8]

这就是为什么我认为这些病人的推理缺陷以及管理自己生活的缺陷，可能是由与情绪相关的信号受损所造成的。我认为，当这些病人面对一个给定的情境时——其行为的选择、行为结果的心理表征——他们不能激发与情绪相关的记忆来帮助自己作一个更有利于自己的选择。这些病人不能够使用自己在生活中累积的与情绪相关的阅历。在这种情绪贫乏的环境下所作的决定，会导致不稳定或完全彻底的消极结果，尤其是在未来的后果方面。在那些存在明显冲突的选择或会产生不确定结果的情境下，这种危害更显著。选择一个职业、决定是否结婚或者是否投资一个新的生意，都是会产生不确定结果的例子，而无论你作决定时会准备得多充分。一个人要在这种相互冲突的选择中作一个决定，情绪和感受是很容易被激发的。 145

情绪和感受在决策过程中到底有多重要呢？答案可以有很多方面，细微的、不细微的，实际的、不实际的，所有这些都使情绪和感受在推理的过程中不仅发挥着作用，而且发挥着不可或缺的作用。例如，一个人在经历着各种各样的社会情境时也在积累着个人经验。我们所储备的生命经验的知识包括：

1. 问题的呈现；
2. 解决问题的可能方法；
3. 解决问题的实际后果，以及最重要的，
4. 问题解决对情绪和感受的影响。

例如，选择的行为所带来的即时后果是惩罚还是奖励呢？换句话说，它是否伴随着痛苦或快乐、悲伤或喜悦、羞耻或荣耀这样的情绪和感受呢？更重要的是，无论即时结果是消极的还是积极的，行为的**未来结果**是惩罚还是奖励呢？事情长期的结果是怎样的呢？有没有消极的或积极的未来结果是由于某个
146 行为而导致的呢？在一个典型的事件中，打破或开始某一种关系会导致益处还是灾难呢？

对于未来结果的强调，引起了我们对人类行为的关注。文明的人类行为的一个主要特质就是对未来的思考。我们所累积的知识和我们比较过去和现在的能力，使“思考”未来、预测未来、以模拟的形式参与未来以及试图以更好的方式改造未来成为可能。我们用瞬间的满足和延迟即时的快乐，来换取一个更好的未来。而且，为着同样的目的，我们可以作出暂时的牺牲。

如前所述，我们生命中的每一次经历都会伴随着不同程度的情绪体验，这尤其表现在一些重要的社会或个人问题上。情绪究竟是对进化中某一固定刺激的反应，例如同情；还是对习得刺激的反应，例如由最初的恐惧刺激所引起的忧虑和担心？这都不重要。积极的或者消极的情绪以及随即产生的感受，都是我们社会经历中的必要组成部分。

因此，情况就是这样。随着时间的流逝，我们作了更多的努力，而不仅仅是用一些天生的社会情绪来机械地反应所面临的社会情境。在社会情绪（从同情和羞愧到骄傲和愤怒）和那些由惩罚或奖励所引发的情绪（痛苦和快乐的变体）的影响下，我们逐渐总结和分类了我们所经历的情境——它们的结构、组成成分以及个人所描述的重要性。再者，我们把这些概念分类——心理的和在相关神经水平上的——与诱发这些情绪的相关脑结构联系起来。例如，不同的
147 行为选择和不同的未来结果与不同的情绪和感受之间是相联系的。通过这些联系，当一种符合了某种分类的情境再次出现时，我们就会迅速地和自动地产生相适合的情绪。

其神经机制是这样的：当较晚的感觉皮层及在顶叶和颞叶区域的回路处理属于一个特定概念分类的情境时，记录着与这些事件有关信息的前额叶区域就被激活了。接下来，被激活的区域是那些可以引起相应情绪信号的区域，如前额叶腹内侧皮层，这是通过建立事件的分类与过去的感受—情绪反应的连接来完成的。这种机制，使我们把通过个人经验获得或加工的社会性知识，与天赋的基因决定的社会情绪装置，及它们以后的感受体验联系起来。在这些情绪/

感受中，我特别重视那些与未来行动结果有关的情绪。这是因为，它们提示了对将来的预测和行动结果的期望。顺便说一下，这是说明自然是如何组合创造了复杂性，整体是如何大于部分之和的一个很好的例证。情绪和感受并没有预见未来的能力。然而，处在合适的情境下，情绪和感受成为了近期或者远期事情变好还是变坏的一个先兆。这种预期性的情绪和感受可以部分地或者完全发挥作用，也可以明显地或隐蔽地发挥作用。

情绪机制的任务

情绪性信号的产生，完成了好几个重要的任务。明显地或隐蔽地，它使注意集中于问题的特定方面，这样就提高了对该问题推理的质量。当这种信号是
外显的，情绪产生了与可能导致负性结果行动有关的自动预警信号。内脏的感 148
觉暗示，你在抑制过去曾导致负性结果的一个选择，而且这种情绪信号可以在你的正常推理告诉你“不要去做”之前就告知了你完全相同的信息。情绪性信号也能产生与预警信号相反的信号，以促使对某种选择的快速肯定。这是因为，在有机体的历史中，这种选择与正性的结果相联系。简言之，信号以正性或负性的信号**标记**了选择和结果，就缩小了决策的空间，增加了行动符合过去经验的概率。因为这些信号从某种角度来说是与身体有关的，我把这一观念称为“身体标识器假说”。

情绪信号并没有替代正常推理，它只是起到一个补充作用，以增加推理的效率和速度。有时，情绪信号会使推理过程变得多余。例如，我们会很快拒绝一个将产生灾难后果的选择；或者，与此相反，我们会不假思索地选择一个成功概率较高的好机会。

在某些情况下，情绪信号可以是非常强烈的，它导致在有意识地感受到那种情绪之后，恐惧或幸福等情绪的产生。这是内脏感受的一个假定的机制，使用到了我称为身体回路的机制。然而，还有更精巧的情绪信号工作的方式，即情绪信号在大部分时间如何工作。首先，情绪信号利用我在上一节谈到的替代身体回路的机制，不使用身体也可能产生内脏感受。第二，更重要的是，情绪信号可以完全在意识的监控下工作。它可以改变工作记忆、注意、推理，以使决策过程基于过去经验，偏向于选择最有可能产生最好结果的行动。个体可能
从来没有知觉到情绪信号这种隐蔽的工作。在这样的条件下，我们在不知道任 149

何中间步骤的情况下，凭直觉决策并快速高效地执行。

我们的研究小组和其他研究人员已经积累了大量事实来支持这种情绪信号机制。[9]

150 与身体相关的情绪机制，也存在于年龄增长带来的智慧中。支配我们行为向着适合方向前行的直觉，经常被说成是内脏或心，比如“我心里知道这样做是对的”。顺便说一下，“直觉”在葡萄牙语中的单词是“*palpite*”，是 *palpitation* 的一个近义词，*palpitation* 意指心跳。

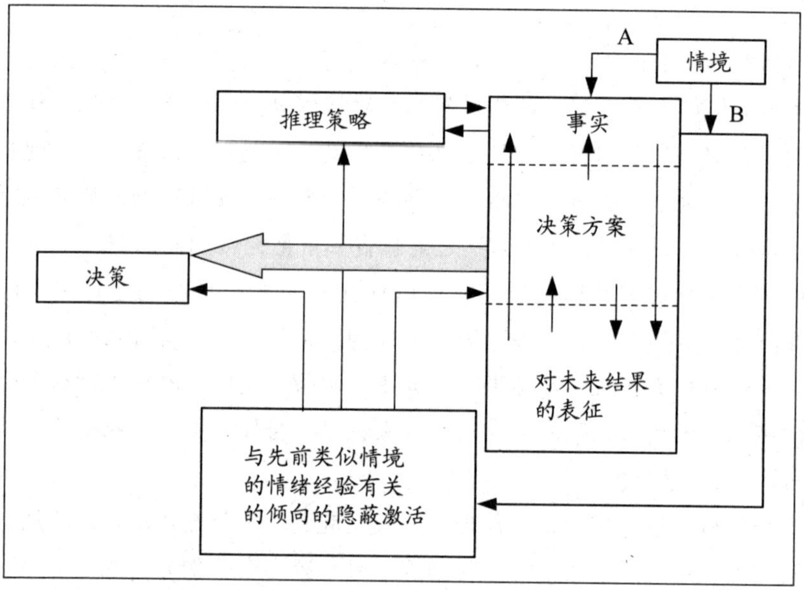

图 4.2 使用两种互为补充的路径的正常决策过程。当遇到需要作出某种反应的情境时，A 路径产生与情境、行动方案、对未来结果的预期相关的表象。推理策略可以基于上述知识进行操作来作出决定。B 路径以平行的方式进行操作，会激发先前类似情境的情绪经验。反过来，对情绪相关事件的明显或隐蔽的回忆，通过使注意集中于未来行动结果的表征或干预推理策略来影响决策过程。有时，与内脏感受产生一个即时性反应一样，B 路径可以导致直接的决策。每个路径是单独使用还是联合使用的程度，取决于一个人的个人发展、情境性质和环境。由丹尼尔·卡尼曼（Daniel Kahnemann）和阿莫斯·特韦尔斯基（Amos Tversky）在 20 世纪 70 年代所描述的决策模式可能就是通过 B 路径来实现的。

情绪本质上是理性的，这种观点尽管不是主流思想，却有着很长的历史。亚里士多德和斯宾诺莎显然都认为，至少有些情绪在适当的情况下是理性的。从某种角度来看，大卫·休谟和亚当·斯密（Adam Smith）也这样认为。当代哲学家罗纳德·德·苏萨（Ronald de Sousa）和马莎·努斯鲍姆（Martha Nussbaum）也令人信服地论证情绪是理性的。在这种背景下，“理性的”这个术语不是指外显的逻辑推理，而是一种对有机体表现情绪有利的行动或结果的连接。这种回忆性的情绪信号本身是非理性的，但它们促进了可以理性获得的结果。可能有一个更好的词是“合理的”（reasonable）可以说明情绪的这种特点的，它是由斯蒂芬·赫克（Stefan Heck）提出的。[10]

正常机制的瓦解

前面提及的正常人的脑损伤是怎样造成我们前述的社会行为缺陷的呢？这种脑损伤会造成两种互补性的损害。它损害了引发情绪的脑区，在这里会产生调节社会性情绪的指令；它也损害了其附近的脑区，这些脑区支持在特定类型的情境与根据未来结果对行动作出最佳指导的情绪之间产生联结。我们遗传获得的自发性的社会性情绪不能对我们本可以应付的刺激产生反应，我们习得的情绪也不能根据个人经验与特定情境建立联系。而且，由这些情 151
绪所产生的感受也可能受到损害。每个病人脑损害的严重程度都存在差异。然而，所有的病人都不能产生适合特定社会情境的、稳定的规范性情绪和感受。

脑损伤病人，如前额叶腹内侧区受损的病人，其行为的合作性策略似乎受到阻碍。他们不能表达社会性情绪，他们的行为不再符合社会规范。在面对需要应用社会智慧去完成的任务时，他们的表现是不正常的。[11]在一项功能成像研究中，被试被要求解决能有效区分合作者和损害者的囚徒两难困境的实验任务。该实验表明，正常被试在使用合作性策略时，其前额叶腹内侧区得到激活。在最近的一项研究中，合作性还会导致参与多巴胺释放及快乐行为的区域的激活，这证明了“美德本身就是奖赏”这句古谚。

对于成年后才脑部损伤的病人，人们可能会猜想，在病人脑损伤之前所有的未受损伤的“社会知识”和问题解决的社会实践，将足以确保病人正常的社会行为。但是，这并不是事实。在某种程度上，关于社会行为的事实性知识需要可以正常表达自身情绪和感受的机制。

由前额叶损伤所造成的短视未来心态，同样在那些吸毒或酗酒者身上有所体现，他们因吸毒酗酒持久地改变了其正常的感受。这种损伤所导致的生命的映射出现了系统性错误，持久地误导了有关真实身体状况的脑和心灵。有人或
152 许以为这种歪曲对病人是有好处的。感觉舒服、幸福有什么不好吗？但实际上如果幸福感和快乐长期与身体反馈给脑的信息存在很大的差异，情况就会很不妙。结果是：如果上瘾，决策能力就会受损，上瘾的人作出的决策越来越不符合自己和与自己熟悉的人的利益。“对未来的短视”准确地描述了这种困境。如果任其发展，它将必然导致社会独立性的丧失。

有人可能会说，上瘾对决策的损害可能是由于药物对一般认知神经系统的损害，而不是对特定感受能力的损害，但是这种解释太宽泛了。如果得不到有效的治疗，除了在吸食毒品时给他带来的越来越短的快乐，上瘾者将差不多完全感受不到生活的幸福快乐。我怀疑上瘾者生活变糟，是始于感受的扭曲和随之而来的决策系统的破坏，尽管长期吸毒最终造成的身体问题将导致更为严重的疾病并且经常是死亡。

幼年时的前额叶受损

对于那些前额叶受损发生在童年、而不是成年的20岁左右的年轻病人的研究，使得有关前额叶损伤的成年病人的研究结果和解释变得极为引人注目。[13]我的同事史蒂文·安德森和汉娜·达马西奥发现这些病人在很多方面与成年阶段受损的病人相似。与成年阶段受损伤的病人一样，他们不能表现出同情、尴尬、负罪感，似乎在他们那里就不具有这些情绪以及相应的感受。但是
153 两类病人之间也有很明显的差异。出生后一年内脑就受损的病人的社会行为损害更为严重，更重要的是，他们似乎不能理解习俗和规则，不断地违反它们，有个例子可以帮助说明这一切。

我们研究的第一个患有此病的病人刚见面时只有20岁，她的家庭温馨和睦，父母没有神经病或精神病史。在她15个月的时候，遭遇车祸头部受伤，但她几天后就完全康复了，此后也没有表现出什么异常的行为表现。直到她3岁的时候，她父母才发现她对责骂、体罚没有反应。这与她的同胞兄弟姐妹的行为差异明显，后者发展正常，顺利进入青春期和青年期。14岁时，她的行

为非常具有破坏性，父母不得不将她第一次送入管教机构。她在学习上没有什么问题，但经常不能完成作业。在青少年阶段，她常常违反各种制度、规定，并经常与同伴、成年人发生冲突。她在言语、身体上有攻击倾向，并经常撒谎。由于从商店偷东西她被抓过好几次，还从其他小孩和自己的家人那里偷东西。她很早就有不安全的性活动，并在18岁的时候就怀孕了。孩子出生之后，她对孩子的需求漠不关心。由于不可信赖并违反公司制度，她每份工作的时间都不长。她从来没有因不适当的行为而表示过内疚或懊悔，也没有对他人表示过同情。她总是将她自己的困境归咎于别人。行为管理和心理药物治疗对她没有效果。在屡次使自己陷入健康、财务麻烦后，她不得不依赖她的父母和社会机构来提供经济支持并处理她的个人事务。她对未来没有任何计划，也不想找份工作。

这位年轻的女士以前从未被诊断有脑部损伤，她童年时的头部受伤已经被遗忘了。最终，她的父母怀疑她的行为异常和脑部受伤之间存在联系并来找我们咨询。我们对她的脑部进行了磁共振扫描，发现正如我们预期的一样，她的脑在前额叶部位受损。我们曾研究过类似的病人，发现他们脑部的前额叶受损都会导致类似的不正常的社会行为。我们的研究小组正在为这些病人开发康复计划。 154

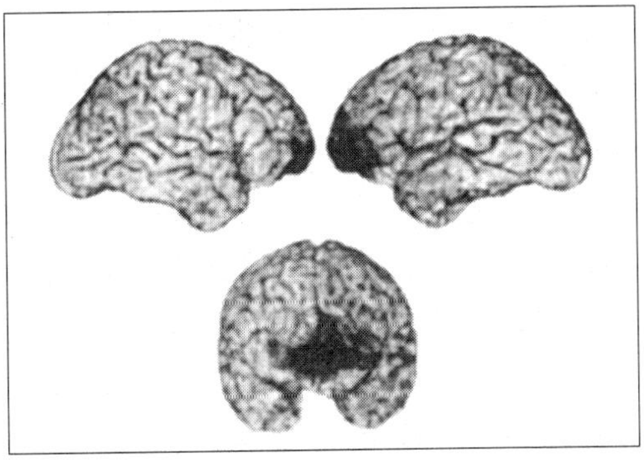

图 4.3 一个童年时前额叶受到损伤的青年人脑的三维重建图。就像在图 4.1 的案例中显示的一样，这是基于磁共振数据的三维结构重建图。请注意，其与成年病人受损的脑区相似。

我们并非在暗示有类似行为问题的青少年都是有没有诊断出来的脑损伤。然而，有可能的是，不是出于同样原因而具有类似行为的许多人都会有脑机能障碍，由此才导致了我们患者的灾难性的破坏力。脑机能障碍可能是由于神经回路的操作运行在微观层面上有一个障碍造成的。这种障碍的产生有多种原因，有些是由于基因水平上的异常化学信号，有些是由于社会和教育因素。

155 由于我们在前面讨论过认知和神经的建立，我们能够理解为什么幼年时前额叶受损会造成灾难性的后果。第一种后果是，天赋的社会性情绪和感受不能正常地发挥作用。这至少会使年轻的病人不能正常地与他人交流。他们在很多种社会情境下不能恰当地进行反应。反过来，别人也不会与他们进行恰当的交流。这些青年病人对社会形成了有偏差的看法。第二种后果是，这些病人对以前的某些行为不能形成一系列情绪反应。这是由于对特定行为和它所产生的情绪之间联系的学习依赖于前额叶的完整性。作为惩罚的一部分的痛苦体验与引起惩罚的行为相脱离，这样**就不会存在为将来所用的联合记忆**；奖赏中的快乐体验同样如此。第三种后果是，病人形成的是一种有缺陷的对外界社会的个人认识。对情境的分类、对恰当或不恰当反应的分类以及对制度、规则的制定和联系被歪曲了。[14]

如果人们都缺少感受，世界将会怎样？

毫无疑问，情绪和感受的完整性对一般人正常的社会行为是必需的。我的意思是符合道德规范和法律的社会行为，可以被认为是正义的。人们惧怕去想象如果不是人口中的一小部分人前额叶受损而是大部分，这个世界，从社会功能上说，将会怎样？

当我们想到社会中大部分人在其生命的早期都患有这种脑损伤时，我们会
156 更为惧怕。如果这些病人的人数不断增加，那就太糟了。但是人们想知道，如果人类失去了同情、依恋、尴尬，以及别的以简单形式存在于某些非人类物种身上的社会情绪时，这个世界将会演化成什么样子？

尴尬；羞愧；负罪感 **能引发情绪的刺激**：个体自身或者行为上的弱点/失败/违反规则 **后果**：阻止了他人施加的惩罚（包括排斥、嘲笑）；恢复自我、他人或群体的平衡；社会规范和规则的实施 **基础**：恐惧；悲伤；服从倾向
轻视；愤慨 **能引发情绪的刺激**：另一种对社会规范（纯洁；合作）的违反 **后果**：对违反规则的惩罚；社会规范和规则的强化 **基础**：厌恶；愤怒
同情/怜悯 **能引发情绪的刺激**：在遭受痛苦、并需要帮助的其他个体 **后果**：安慰，他人或群体平衡的恢复 **基础**：依恋；悲伤
敬畏/好奇；兴高采烈；感激；骄傲 **能引发情绪的刺激**：对参与合作的认可（对他人或自我） **后果**：对合作的奖赏；强化合作倾向 **基础**：快乐

图 4.4 一些主要的积极和消极社会情绪。在每一组情绪中，我们确定能引发情绪的刺激(ECS)、情绪的主要后果、情绪的生理基础。如想更多了解社会情绪，请参见海特（J. Haidt）和施威德（R. Shweder）的文章。[15]

157 人们可能以这样的物种很快就会灭绝的说法来拒绝这种思想实验，但是请不要否定得太快，因为那种假设确实指出了一个核心问题。在一个没有情绪和感受的世界中，不会有形成最基本道德的本能的自发产生的社会性反应——不会有利他精神的萌发、该有仁慈却没有仁慈、当指责是适当时却没有指责，也没有自动的挫折感。如果没有这种情绪的感受，人类将不会为了解决组织面临的问题而进行谈判，例如，发现、分享食物资源，共同抵御威胁或争端；也不会逐渐了解社会情境、自然反应以及促进与阻碍自然反应的奖赏和惩罚之间的关系。即使假设在丧失情绪后，学习、想象、推理能力依然完好——这是一种最不可能出现的情况——在这样的情况中，我们也将几乎不能理解体现在司法和社会政治组织中的规范和制度。当情绪的自然调节机制或多或少地被破坏后，个体将不能再灵活、客观地认识、适应现实世界。而且，建构一个基于事实的、独立于遗失的自然系统的社会谈判系统，似乎是不可能的。

不管你如何定义社会生活的伦理原则的起源，这种灾难性后果都一样，例如，如果伦理原则来自于社会情绪影响下的文化谈判的过程，那么前额叶受损
158 的人就不能进行这种谈判、也不能制定伦理规则。但是，即使你相信伦理原则是由宗教先知传给几个被选中的人，问题依然存在。首先，宗教作为人类一种最独特的创造，如果没有社会情绪、感受，是不可能创造出宗教的。就像我们将在第7章所讨论的一样，宗教言论是在重要压力下，即悲伤、快乐下以及要创造出一个能有效地实施伦理原则的权威的需要下产生的。没有正常的情绪，可能连创造宗教的驱力都没有，也没有先知和由敬畏、热爱一个主导性的领袖或有保护、补偿损失以及解释未知能力的实体而产生的信仰者。适用于以上一种或几种情况的上帝概念也将很难产生。

然而，即使宗教先知具有超自然的起源，事情也不会变得更好，这些先知只是表现出了人类智慧的工具而已。伦理原则依然需要通过惩罚和奖赏的杠杆来教诲发展中的天真的儿童，但是这在早期前额叶受损的病人当中已经不可能了。这些病人或许在某些情境下可以体验到快乐、悲伤，但他们却不能将之与构成伦理基础的个人及社会知识相联系。简而言之，不论伦理原则是被看作是自然形成的或者是产生于宗教的，人类发展早期情绪和感受上的损害并不能很好地预示伦理行为的出现。

159 来自人类发展画卷中的情绪和感受的消除会导致日后组织经验的贫乏。如果社会情绪和感受不能很好地发挥作用，如果社会情境与快乐、悲伤之间的联系被破坏，个体就不能根据情绪/感受标记的“好”或者“坏”经验将个人记忆中的经历进行分类。这将导致人们不能形成好坏观念，即不可能再根据结果的好或坏进行什么**应该**是好、什么是坏的合理的文化建构。

神经生物学和伦理行为

我怀疑，当没有社会情绪及随之而来的感受时，即使不太现实地假设别的理智能力并没有受损，我们视为伦理行为、宗教信仰、法律、公正、政治组织的文化工具都将不会产生，或者会变成完全不同的样子。然而，需要注意的是，我的意思并不是说，只有情绪和感受才能产生以上的文化成果。首先，神

经生物特征似乎有助于产生这些文化成果，不仅仅是情绪和感受，还有能使人类可以构建复杂自传的容量无限的个人记忆，以及将感受、自我和外部事件彼此联系起来的扩展意识。其次，对于伦理、宗教、法律和正义的产生，简单的神经生物学的解释几乎是不可行的。有理由相信，神经生物学将在今后的解释中发挥重要作用，但是，为了更好地理解这些文化现象，我们需要从人类学、
社会学、精神分析和进化心理学中，以及从伦理学、法律、宗教领域的研究发 160
现中提取有益的思想。事实上，最可能产生引人注意的解释的方式是一种新的方法，这一研究意在检验基于神经生物学和所有这些领域的整合知识的假设。[16]这样的研究还没有开始，不管怎么样，这将超越这一章和我的准备范围。然而，有理由认为，在人类开始有意识地构建社会行为规范前，感受就已经是伦理行为必要的基础。感受在非人类的物种进化阶段就已经存在，而且是自动化的社会情绪以及合作性的认知策略形成的因素之一。下面我将对神经生物学和伦理行为的交互结合进行一个概括。

伦理行为是一种社会行为，它可用各种科学方法来研究，如人类学和神经生物学的方法都可以。后者使用的技术与实验神经心理学（在大范围系统水平上）和基因学（在分子水平上）使用的技术一样众多。整合这些研究方法可能将会得到最有成效的成果。[17]

伦理行为本质上并不是从人类开始的，来自鸟类（如渡鸦）和哺乳动物（如吸血蝙蝠、狼、狒狒、黑猩猩）的证据表明，其他物种似乎也具有我们所定义的伦理行为。他们表现出同情、依恋、尴尬、统治欲的自豪以及谦卑的服从。他们会指责或报答同类的特定行为。例如，吸血蝙蝠能够识别它们群体中
收集食物时蝙蝠的作弊行为并惩罚它们。渡鸦也有类似行为。灵长类动物中这 161
样的行为就更明显了，伦理行为决不仅限于与我们血缘最近的动物——大型类人猿，恒河猴对同类也有利他行为。罗伯特·米勒（Robert Miller）在一个有趣的实验研究中发现［马克·豪瑟（Marc Hauser）对该研究进行了讨论］，如果拉链子可以获得食物，但同时也会使其他猴子遭受电击时，它们就不会拉动链子去获取食物，一些猴子将会几小时甚至几天不吃东西。使我们受启发的是，最可能表现出利他行为的动物是那些认识电击目标的猴子。对熟悉动物的同情往往要大于对陌生动物的同情。以前曾经被电击过的猴子更可能表现出利

他行为。在群体中，非人类物种确实会有合作行为或不能进行合作的行为。[18]这可能使那些认为正义行为完全是人类才有的特质的人感到失望。哥白尼说人类并不处于宇宙的中心，达尔文说人类具有卑微的起源，弗洛伊德说我们并不是我们行为的完全主宰者，现在我们不得不承认，甚至在伦理领域，我们也并不是先行者。但是，人类的伦理行为更为精细、复杂并具有其他动物所不具有的特征。伦理行为使熟悉这些规则的正常个体产生了一种责任感和义务感。制定规范的是人类，描述所建构的周围情境的是人类。我们可以接受我们的一部分生理/心理结构是由动物进化来的事实，并能够深入地理解人类所处的地位，这是我们区别于动物的一个独特的方面。

我们所创造的尊贵的文化来源于动物，这并不意味着人类或者动物具有单一固定的社会性。有来源于进化变异、性别以及个体发展的多种多样的、不同
162 种类的社会性，既有好的，也有坏的。正如弗兰斯·德·瓦尔（Frans de Waal）所说的那样，既有脾气不好的类人猿，攻击性、领地意识强的猩猩，也有脾气温顺的类人猿、倭黑猩猩，它们完美的性格是比尔·克林顿和特雷莎修女的结合。

我们称之为人类伦理的结构可能是作为整个生物调节程序的一部分而开始的。伦理行为的萌芽在进化过程中可能是各种提供新陈代谢调节、驱力和动机、各种不同种类的情绪和感受的无意识、自动化机制的另一种步骤。最重要的是，激发这些情绪和感受的情境要求包含合作的解决方式。不难想象，在相互合作的情况下，公正和荣誉将会随之产生。然而，表现在群体内部的支配或服从行为中的另一层面的社会情绪在界定合作行为的主动的给予和索取中发挥着重要的作用。

有理由相信，具有这些情绪以及在其人格特质中包含有合作性策略的人类将更有可能活得时间更长，有更多的后代。这可能就为能够进行合作行为的脑产生了基因组基础。这并不是说，人类具有合作行为的基因，更不用说具有一般意义上的伦理行为的基因。很多可能掌管脑特定区域回路的基因必须具有一致性，例如，前额叶腹内侧区可以使知觉到的特定事件与特定的情绪/感受反应相联系。换句话说，一些协同工作的基因将会促进某些脑成分的建构，这些脑成分的日常调节反过来将会在合适的环境下促进特定的认知策略和行为的产
163 生。本质上，进化将使我们的脑能够识别特定的认知图式，并引发由这些图式所展示出来的对问题或机会进行管理的相关特定情绪。这种出色的精细调节将

依赖于生物体发展的历史和环境。[19]

为了不让人们以为进化和基因组只是通过为我们产生适宜行为而使我们生活得更好的心态，我要解释**与群体**相关的友好情绪和受到赞扬的适应性的利他行为。动物世界中，具有这样特征的群体有狼群和类人猿群体。人类中这样的群体包括家庭、部落、城市和国家。对于这些群体之外的生物，这些反应的进化史表明它们并不是很友好。当面对群体之外的敌人时，这种友好情绪可以轻易地转化为敌对、野蛮行为。结果将导致愤怒、仇恨和暴力，这些可能孕育了部落之间的敌意、种族主义和战争。现在我要提醒一下人类行为善的方面并不一定受基因组的控制。我们文明的历史在某种程度上是一种努力把最好的“道德情操”扩展到人性更广大范围的历史，它超越了群体内部的范围，最终将包括全人类。通过看每天的新闻标题就可以知道，我们还远没有完成这项工作。

还有很多人性天生的阴暗面需要去抗争。“统治”这种人格特质——就像它的对立面“服从”一样——是社会情绪的一个重要组成部分。统治具有积极的一面，因为具有统治特性的生物倾向于解决群体所面临的问题。他们进行谈
判并领导战争，他们发现通往水源、果实、躲避处的道路，他们找到了预言和 164
智慧的道路。但是这些统治欲强的个体也可以成为恶棍、暴君，特别是当统治欲与它邪恶的孪生兄弟——非凡的领导力相联系时。他们发布错误的言论并误导其他人进行错误的战争。对于这些人来说，善良的情绪仅仅存在于自己和几个亲密关系的人中间。相应地，有助于在争端中达成一致意见的服从性也会使个体在暴政下退缩并由于过于谦卑而加速了整个群体的衰落。

作为沉浸在某种文化环境中的有意识的、聪慧的、有创造性的生物，我们人类能够制定伦理规则，并将这种规则转变为法律并应用这种法律。我们将不断为之而努力。即使文化本身在很大程度上也受进化和神经生物机制的影响，在社会性环境和这种合作产生的文化中，相互作用的生物体组成的群体对于理解这些现象非常重要。文化的益处在很大程度上依赖于是否能准确而又科学地描述人类，文化也需要靠它来明确发展方向。这是已经融合于传统社会科学的

现代神经生物学有所不同的地方。

165 大体上是出于相同的原因，阐明伦理行为的生物机制并不意味着这些机制或其失调一定是某些行为的原因。它们可能是其决定因素，但也不一定就**必须**是决定因素。整个系统非常复杂并具有多种层次，从而也使其行为在运行上具有一定的自由度。

不要惊讶，我相信伦理行为应该依赖于特定脑系统的调节。但是这些特定的脑系统并不是行为的中心——我们的脑并没有一个或几个“道德中心”。甚至前额叶腹内侧区也不能被看作是道德控制中心。而且，支持伦理行为的脑系统可能并不是只负责伦理行为，它们还负责生物调节、记忆、决策和创造性。伦理行为是其他行为的美妙的且最有用的副产品。但是我在脑中没有发现道德中心，甚至也没有发现这种道德系统。

以这些假设为基础，感受的基础作用就是对自然生活的监控。感受一经产生，其本职就是在心灵中保持生命的条件，同时为行为的组织创造生命的条件。是这样的，因为感受现在仍然在发挥着这种作用，我相信感受应该对于评价、个人发展，甚至我们在这里提及的文化、艺术都具有重要作用。[20]

如果感受是反映人类内部生活状态的指标，那么感受也可以作为反映大大小小的人类群体生活状态的一个指标。对在社会现象和体验到快乐、悲伤的感受之间关系的理智反思似乎对于人类创造公正系统和政治组织的持久性活动发挥着不可或缺的作用。或许更为重要的是，感受，特别是快乐和悲伤，可以激发人类去创造物质和文化环境来减少痛苦，增进社会幸福。沿着这个方向，在过去一个世纪中，生物学的发展和医学技术的进步已经大大改善了人类生活水平。由此也使得科学和技术与管理自然环境联系起来了。在一定程度上，还有艺术，民主社会的财富增长也同样如此。[21]

166

体内平衡和社会生活的管理

人类生活首先是由体内平衡的自然和自动的机制调节的，包括新陈代谢平衡、欲望、情绪，等等。这种有效的安排产生了令人惊异的作用：所有的生物都给予了与它们本身的复杂性以及所处的适合的环境相称的方式，从而可以自动地处理生活中的基本问题。然而，当我们成年后要适应生活，就必须超越仅仅依靠自动调节来解决问题，因为我们面对的物理和社会环境都很复杂，为了争夺生存、追求幸福所需的资源使得矛盾很容易产生。获取食物和找到配偶等这样简单的活动都变得很复杂。这其中夹杂了许多别的复杂过程，如生产、商业、银行、医疗、教育、保险和其他辅助活动，它们共同与经济构成了人类社会。我们的生活不仅需要我们自己的欲望和感受来调节，也需要由表现为社会规范和伦理准则的我们对他人欲望和感受的关心来调节。这些规范和规则以及实施它们的制度——宗教、法律、社会政治组织成为维持社会群体组织动态平衡的机制。反过来，科学和技术等活动有助于社会的自我动态平衡。

管理社会行为的机构没有被认为是用来调节生活的，这大概是因为它们经常不能很好地发挥其职能，或者因为它们的当前目标妨碍了与生活过程的联系。然而，这些机构的最终目标就是调节在特定环境下的生活，不论是对个人
还是集体，直接还是间接，它们都围绕着提高生活水平、福利、避免死亡、减 167
少痛苦，不同的地方也只有很小的差别。

这对人类很重要，因为自动的生活调节不能应付非常复杂的环境——不管是自然的，还是社会的。没有深思熟虑、教育或者文化的正式工具的帮助，非人类物种也表现出许多种族性延承的行为，小到寻找食物和配偶，大到对同类的同情。但是，再看看我们人类。我们确实不能脱离基因控制的天赋行为，然而很明显，当人类社会变得越来越复杂的时候，特别是从农业发展以来的一万多年，人类的生存和幸福是依赖于社会和文化环境下的**附加的非自动化的控制**。我指的是我们通常与推理和自由决策相联系的东西。[22]这不仅仅使我们人类像倭黑猩猩和其他动物一样对他人的痛苦抱以同情，同时我们也**知道我们感受到**了同情，结果可能是，我们首先会去改变引发情绪和感受的事件背后的环境。

自然经历了数百万年的时间来完善体内平衡的自动调节机制，而非自动化的机制仅有几千年的历史。但是我发现了自动化和非自动化生命调节机制其他方面的显著差别。一个主要的差别是“目标”和“手段”的差别。自动化调节机制的目标和手段是已有的并且是有效的。然而，当我们影响非自动化调节机制时，我们发现，尽管有些目标已经大体形成了共识，例如不能杀同类，许多目标仍然是开放的，可以进行谈判和有待于重新制订，例如如何更好地帮助病
人和需要帮助的人？再者，实现目标的方式随着不同的人类群体和历史时期而 168
有着显著的变化，绝对不会是固定的。感受可能有助于表达最可能体现人性的目标，如不伤害他人、提升他人的幸福。但是人类的历史是尽力发现可被接受

的、能够实现以上目标的手段和途径。获取较大集体的利益往往需要很多个体付出痛苦的代价，结果是成本高昂的人类悲剧。非自动装置的发端和脆弱性很容易从纳粹主义得到体现，在这种体制下目标和手段都具有很大的缺陷。因此，在很大程度上非自动化的调节机制就是一种进步，它在协调目标、寻找不破坏生命调节的其他方面的方式和手段过程中，也遇到了很多障碍和困难。从这个角度看，我相信感受对于维持文化群体认可的不能侵犯且值得完善的目标具有重要作用。感受也是创造和协调这些方式和手段所必要的引导，从而使其与基本的生命调节不再发生冲突，同时也不会扭曲目标背后的目标。在今天，感受依然像人类第一次发现杀死同类是不好的行为时一样起着重要的作用。

社会规范和伦理准则可以部分地被看作是社会、文化层面上的基本体内平衡机制的延伸。应用伦理原则的结果与基本的体内平衡机制，如平衡生命确保
169 生存和幸福的新陈代谢调节或者欲望调节的结果一样。然而，这种扩展和延伸并不止于此。它扩展到更大的组织层面，而社会群体是这种组织的一部分。管理民主国家的宪法、与宪法相协调的法律以及在司法系统中法律的执行，都是体内平衡的装置。它们都是由冲动/欲望、情绪、感受以及对两者的有意识的控制管理的调节联系起来。20 世纪世界范围的社会协调组织的兴起，如世界卫生组织、联合国教科文组织以及受到非议的联合国都是基于同样的原因。所有这些组织都可以看作是在更大范围的体内平衡机制。然而，虽然它们取得了很多成就，这些机构也有很多弊端，它们的政策往往反映了有缺陷的人性观。这种人性观没有考虑到新的科学研究成果。但是，它们的不完善体现了进步和希望，不论这种希望是多么弱小。还有其他的让我们充满希望的理由。对社会情绪的研究才刚刚起步。如果对情绪、感受的认知和神经生物学研究能与人类学、进化心理学相结合，这一章的一些看法可能有机会得到检验。我们可能了解作为生物个体的人如何与文化相结合，我们甚至能猜测，在漫长的进化中基因组和物理环境及社会文化环境如何相互作用。

我再说一遍：以上所提到的论断是需要被检验的观点。关于伦理行为的神经生物机制的正式论点不在此书的范围之中，从历史的角度来探讨这些观点也同样如此。[23]

德性的基础 170

我在这本书的前面提到，回归斯宾诺莎只是当我想核实我的一篇论文中引用的斯宾诺莎观点的准确性才想到的，这与我多年前读到的斯宾诺莎产生了关联。为什么我要保留这个引用？可能因为它是我直觉到的某种特殊的具有启发意义的东西。但是，我从没有专门停下来仔细地去分析它，直到当我写这本书时才突然出现这个观念。

这个引用来自《伦理学》第四部分的命题18，即“德性的基础即在于保持自我存在的努力，而一个人的幸福即在于他能够保持他自己的存在。”这个命题的拉丁文是“…*virtutis fundamentum esse ip sum conatum proprium esse conservandi*，*et felicitatem in eo consistere*，*quòd homo suum esse conservare potest*”。在我们对其进一步探讨前，先来评价斯宾诺莎用的几个术语。首先，前面提到过的*conatum*可以看作是企图、倾向、努力，斯宾诺莎可能指的是其中之一，也可能是这三种意思的结合。第二，*virtutis*不仅指它传统的道德含义，而且还有权力、行动能力的意思。我要回到对该问题的讨论。奇怪的是，在这段中，他用了*felicitatem*，该词最好是翻译成幸福，而不是*laetitia*，其指快乐、欣喜和幸福。

第一眼看上去，这句话像是一种对我们时代的自私文化的描述，但是它所蕴涵的真正含义却不能再深刻了。我把这个命题看作是慷慨的伦理体系的基石。其肯定了我们希望人类遵守的各种行为准则的基础，这是一些不可剥夺的东西：活的具有自我意识的有机体，它有保存自己生命的自然倾向；由快乐所 171
构成的有机体的最佳状态，来自于对生存和发展的成功努力。用美国的表达方式，我将该命题复述如下：我认为这些真理是不言自明的，所有的人生来就是这样，他们努力保存他们的生命，追求幸福，他们的幸福来自于成功地实现以上努力，这些事实也正是德性的基础。这些共鸣可能并非偶然。

斯宾诺莎的论断异常清晰明了，但是仍然需要详细论述才能体会出其中全部含义。为什么对自身的关注会是德性的基础，难道德性只限于个人吗？或者，粗略地表达，斯宾诺莎是如何从一个个体论述到德性要覆盖全体的？斯宾诺莎将这种过渡又一次建立在生物基础之上。他的推理是：自我保存的生物学现实导致德性，因为出于不能剥夺的保存自我的需要，同样地，我们还要帮助保存**他人**。如果我们不能做到这些，我们就会消亡，这样就违反了基本的原则，放弃了存在于保存自我之中的德性。德性的第二个基础，是社会结构的现实和处于更复杂环境中的其他有机体与我们自身的有机体相互依存的存在。字面上，我们身处这个词美好意义的困境之中。这种过渡的本质可以在亚里士多德的著作中找到，但斯宾诺莎将它与生物原则相联系——保存自我的要求。

现在看来，这是保有这一珍贵引言的意义所在：它包含了伦理行为体系的基础，这种基础是神经生物学的，这个基础是基于对人类本性的观察而不是预言的启示所发现的结果。

人类是具有欲望、情绪以及其他的自我保存装置，包括认知和推理能力的
172 活的生物体。意识尽管具有局限性，但它打开了人类的知识和推理之门，这反过来又使得个体能够发现什么是善的，什么是恶的。强调一下，善和恶不是被显示出来的，而是被个体或社会群体的一致意见所发现的。

善和恶的定义简单而合理。善的东西是那些可靠、持续地增进快乐的事物，斯宾诺莎将快乐看作是增强力量和行动的快乐状态。恶的东西是那些产生相反结果的事物，它们与生物体不协调。

善和恶的行为是什么呢？善的行为和恶的行为不只是符合或不符合个人欲望和情绪的行为。善的行为是在满足自己的自然欲望和情绪的时候，也**不会伤害其他个体的行为**。这个指令是不明确的。对个人可能有益、但对他人产生危害的行为是不好的，因为伤害他人会困扰于心，并最终伤害自己。因此，这样的行为是恶的。“……善特别体现在与他人有关及对社会有益的行为之中。”（《伦理学》，第五部分，命题10）。我认为斯宾诺莎是指，生物个体的伦理准则是以在每个人身上出现自我保存的机制为基础的，但同时也需关心社会和文化因素。每个自我之外还有**他人**，作为个体和社会实体以及它们自己的自我保存，如欲望和情绪必须给予考虑。**保存自我的努力**的本质以及伤害他人就是伤害自己的观点并不是斯宾诺莎的发明，但是斯宾诺莎富有新意地将这两者很好地结合到了一起。

173 尽量与他人和睦相处是努力保存自我的一种延伸。社会和政治契约是个体生物要求的延伸。我们碰巧是以特定的方式——维持生存和使快乐最大化，而不是痛苦的生存——建构的生物体。这使我们必须要达成社会一致。我们有理由假设，至少是部分上，由于那些脑表现出更多合作行为的人会更有进化上的成功，追求社会一致性的倾向已成为了一种生物指令。

除了基本的生物机能外，人类还有其他方面也是具有生物基础的，但只有在社会、文化环境下才会出现，即知识和理性的理智产物。斯宾诺莎清楚地说明了这种逻辑："例如，所有个体施加在较少群体上的法律使所有人的自由都受到了限制，这是对所有个体都适用的普遍规律，它依赖于自然的必须性。因此，可以直接记起某事的人也可以记得其他类似的东西或是由于喜欢这个东西，或是由于联想，这也是符合人性的规律。但是，人类必须或被迫出让他们一部分天赋权利，并限制自己按一定方式生存，这就是基于人类法则。现在，尽管我承认所有的事物都是按普遍的自然规律来以特定、固有的方式生存的，我仍然主张我刚提到的规律依赖于人类法则。"[24]

斯宾诺莎将会很高兴地知道人类法则为什么具有文化根源，其中一个原因是由于人脑的设计倾向于能够服务于它的实践。为实现诸如互惠的利他和责备等这些人类法则所必需的一些最简单的行为方式可能只能等待社会经验的唤醒。我们不得不努力制定、完善人类法则，但是，在一定程度上可以说，我们的脑在使这种法则成为可能的过程中是天生就具有合作功能的。这是个好消 174
息。当然，坏消息是许多消极的社会情绪及其在现代文化中的发展使人类法则难以实施和改善。

斯宾诺莎体系中这些生物学事实的重要性不能夸大。从现代生物学的观点看来，整个体系是需要一系列条件的，这些条件包括生命的出现；保存生命的努力；生命的保存取决于生命功能的均衡以及由此产生的生命调节的事实；生命的调节状态是以情感的方式——快乐、悲伤——表达出来的，并受冲动的调节的事实；以及冲动、情绪和生命条件的不确定性都可以被人类个体所意识到，而原因就在于人们可以进行自我构建，有意识，同时还可以基于知识进行推理。具有意识的人类将冲动、情绪看成感受，这些感受加深了人类对生命脆弱性的认识，并将这种认识转化为**关注**。由于以上提到的这些原因，这种关注从自己扩展到对他人的关注。

我并没有暗示，斯宾诺莎曾说过伦理、法律和政治组织都是体内平衡机制。但是，鉴于他看待伦理学、国家结构的方式以及将法律看作是个人获得以快乐形式表现出来的自然平衡的手段，这种观点也适用于其体系。

经常听说斯宾诺莎不相信自由意志，一种似乎与必须按特定方式行动的伦理体系直接矛盾的概念。但是斯宾诺莎从未否定过我们意识到在作选择，不管出于什么目的，我们都**能够**作出选择，并自由地控制我们的行为。他经常建议

175 我们要放弃自己认为做错的事来找到我们认为是正确的事。他的关于拯救人类的全部策略依赖于我们认真作出的选择。斯宾诺莎的问题是，许多看似深思熟虑的行为都可以由我们的生物机制来解释，并且最终，我们思考和所做的一切事都来自于我们不能控制的先前条件和过程。但是我们仍然可以说不，就像伊曼努尔·康德（Immanual Kant）所说，无论自由是多么虚幻，但我们仍然存有坚定的信念。

斯宾诺莎的命题18还有另外一个意思。它集中于德性这个单词的双重含义、对幸福定义的强调以及《伦理学》第四、五部分中的评论。某种程度的幸福仅仅来自于行为符合保存自我的倾向，是一种需要而不是别的。除了要努力建立一种社会契约之外，斯宾诺莎还告诉我们，幸福是摆脱消极情绪强权的能力。幸福不是对德性的奖赏：它就是德性本身。

感受的作用?

那么，我们为什么具有感受呢？感受能为我们做什么呢？没有它们，我们会生活得更好吗？这些问题至今没有答案，但我相信我们现在能够开始来说明这些问题。首先，我们有可操作的感受定义，这是探索感受**为什么**存在以及**有何**作用的第一步。另外，我们已经明白了情绪和感受如何对社会行为和伦理行为起着至关重要的作用。但是，怀疑者可能仍然不相信这些，并认为没有意识的情绪本身就会指导社会行为；或者情绪状态的神经映射就已足够，并不需要
176 将这些映射变为心理事件，即感受。简而言之，这里将不再需要心灵，更不要说意识了。让我试着回答这些怀疑论的观点。

对“为什么”会有感受的解答如下。为了让脑调节生命所依赖的种种身体机能，它需要有表征有机体时刻变化的映射。而这种操作运行的成功依赖于这种庞大的映射。了解在不同身体部位的状态变化是非常重要的，这样，某些机能就可以减缓、停止或者启动，也可以在调节机体的过程中进行适当的修正。我想到的一个例子是，一个由外部伤害引起的或者是感染引起的伤口；还有某些器官的机能失调，如心脏或肾，或者是荷尔蒙失衡。

对于生命调节发挥着重要作用的神经映射是我们称为感受的心理状态的必要基础。这使我们能够进一步解答感受“为什么”会存在这个问题。感受可能是脑参与生命管理的一个副产品。如果没有身体状态的神经映射，可能根本就

不会有感受这样的东西。

这样的回答可能会遭到反对。例如，有人可能会认为，既然基本的生命监控调节过程是自动的和无意识的，一般被看作是有意识的感受将会是肤浅的。怀疑者会说脑仅仅基于神经映射就能够调节生命进程，并能进行生理修正而不需依靠有意识的感受。心灵不需要**知道**这些映射的内容。这种论断只有部分是正确的。在某种程度上，身体状态的映射协助脑管理生活，即使机体的“拥有者”不知道这些映射的存在的情况下也是这样，这是完全正确的。但是反对者忽略了前面提到的一个重要论点。没有有意识的感受，身体状态的映射只能够 177
提供有限的支持。映射只能协助解决有一定复杂度的问题，再难的问题就不行了。当问题变得很复杂时，需要自动反应**和**基于知识积累的推理时，无意识映射不再能发挥作用，这时就需要感受了。

感受水平对于问题解决和决策起到了什么额外的作用，即当前神经科学对这些事件所描述的神经映射水平所不能提供的额外作用呢？在我看来，对该问题的回答有两个方面，一是感受作为有意识心灵的心理事件的状态，第二是感受所代表的是什么。

认为感受是心理事件这一事实的原因如下。感受有助于我们解决非标准化的问题，即涉及需要依靠拥有且能够处理大量知识的创造力、判断和决策的问题。只有具有了“心灵层次”上的生物操作，问题解决过程所必需的大量信息的整合才有可能。因为感受具有必要的心理水平，所以它们可以进入心理冲突并影响这些操作。第 5 章末尾，我将继续论述心灵层次上的神经加工如何使有机体完成别的层次调节所不能完成的事情。

感受能够为心理冲突带来什么的问题也很重要。有意识的感受是显著的心理事件，能够使有机体注意到引发它们的情绪，以及引发这些情绪的事物。在具有自传式自我的——个人的过去体验和对未来的预期，也被称为扩展的意识——个体身上的感受状态促使脑更**有突出地**加工与情绪有关的事件和情境，
导致将事件和情绪分离的评价过程在需要的时候可以重复进行和分析。而且， 178
有意识的感受也唤起对情境后果的注意：引发情绪的事件是什么？事件如何影响产生了感受的人？现在那人在想什么？发生在个人的自传式背景下，感受产生了对体验这些感受的个体的关注。过去、现在和预期的未来都得到了关注，就有可能更好地影响推理和决策过程。

当感受被拥有它的个体所认识，感受就能改善并提高管理生活的能力。感

受机制通过提供关于某时不同机体部位的清晰信息，使生物调节服务于生存目的。感受用刻有“注意”字样的图章来标示相关的神经映射。

有人可能会作出总结认为，感受是必要的，因为它们是心理水平上的情绪及其引发情绪的事件的表达。只有在心理水平上的生物调节和充分的意识，才有对现在、过去、预期的将来的充分整合。只有在这种水平上，情绪才有可能通过感受产生对个体自我的关心。非标准化问题的有效解决需要心理过程提供的灵活性和高效的信息收集能力，以及感受所提供的心理关注。

学习和回忆能产生情绪事件的过程不同于有意识的感受，这种过程可能不需要感受。一些感受促进了学习和记忆。其他的感受，特别是痛苦的感受，妨碍了学习并保护性地压制了回忆。一般来说，对感受到的情境的记忆，不管是否有意识，都会促进对与消极感受相联系的事件的回避**以及**对可能引起积极感受的情境的追求。[25]

179 我们不应该对感受的神经机制在进化中顽强地发展感到惊奇。感受并不肤浅。感受被证明是很有用的。相信感受并将它看作是善与恶的仲裁者并不是一个简单的问题。这是一个发现情境的问题，在这种情境中感受确实是一个仲裁者，而且**情境**和**感受**合理地结合起来作为对人类行为的指导。

5

身体、脑和心灵

身体和心灵

心灵和身体是两个不同的东西还是同一个东西？如果它们是不一样的，心灵和身体是由两种不同的实体组成的还是由一种实体组成的呢？如果由两种实体组成的，是心灵先产生并使身体和脑得以存在，还是身体先产生并由其脑产生心灵？这些实体又是如何相互作用的？既然我们比较详细地知道神经回路是如何工作的，那么这些神经活动是如何与我们能够内省的心理过程相连的呢？这些是所谓的身心问题中的一些主要问题，该问题的解决是理解我们是谁的核心。在许多科学家和哲学家看来，这个问题要么是伪问题，要么已经被解决了。但是与前面提出的问题相联系，取得共识的是，心灵是一种过程而不是一个物。当理性的、聪明的、且受过教育的人们激烈地争论这些问题时，这至少说明这种回答要么是不令人满意的，要么就是没有令人满意地呈现出来。

一直以来，身心问题都只是哲学问题，而被排除在实证科学的王国之外。

即使在 20 世纪，心灵和脑科学开始研究该问题，在研究方法和途径上依然有
184 很多障碍，对该问题的研究再次被推迟了。只是在最近 10 年，该问题主要是当作意识研究的一部分，才最终提上科学研究日程。然而，值得注意的是，**意识**和**心灵**并不是同义词。在严格的意义上说，意识是心灵处于自我这个参照框架下的一个过程，它使我们知道自己的存在和周围物体的存在。在其他地方，我已经解释过在某些神经疾病的情况下，心灵的加工过程存在着，但意识却受到了损害。不过，**意识**和**具有意识的心灵**却是同义词。[1]

神经生物学和认知研究已经揭开了身心问题的一些谜团，但是最终的解释仍然相互矛盾，并缺乏动机去反思已有的证据，或者去收集新的证据。这是不幸的，因为尽管有很多障碍，但还是应有所进步，只要能够进行自由观察，我们就会对观察对象有更多的认识。

在这里，思考身心问题是适当的，这有两个原因。第一，我上面所论述的大部分情绪和感受，实际上属于身心问题。第二，该问题是斯宾诺莎思考的核心问题。事实上，斯宾诺莎可能已经解决了该问题的一部分，不管正确与否都有助于我对该问题的解答。可能正是由于这个原因，我想起了自己初次形成当前对该问题看法时的时间和地点。地点在海牙，我被邀请在惠更斯讲座上作报告。

海牙，1999 年 12 月 2 日

每年一度的惠更斯讲座是以克里斯蒂安·惠更斯的名字命名的。惠更斯所
185 从事的研究与脑、心灵或哲学没什么关系。他研究的是天文学和物理。他关注

太空：发现了土星环，并依靠通过针孔的阳光估计地球与星星的距离。他关注时间：发明了摆钟。他还关注光，惠更斯定理就是关于光波的理论。作为一位在荷兰历史上最著名的科学家，他是这一年度讲座的荣誉圣人，该讲座涉及科学的各方面领域。顺便说一下，在他那个时

代，惠更斯的父亲——康斯坦丁——与他的儿子一样有名，他学识渊博，通晓拉丁语、音乐、数学、文学、历史和法律。他还是一个艺术鉴赏家、诗人、政治家（荷兰最高行政长官的秘书，他的父亲曾经也做过这个职位），为国家的宫殿挑选适合的油画也使他成为艺术赞助人。他的一个伟大成就是发现了伦勃朗。

我那次讲座的主题是有意识的心灵的神经基础，我的思绪回到了去年并联想到了惠更斯。惠更斯和斯宾诺莎是同时代的人。他们的年龄相差不到三岁，并且曾有一段时间是邻居。当然惠更斯住在别墅内而不是租的公寓，惠更斯家族在海牙有一座宫殿，在海牙与福尔堡（Voorburg）之间有一个大庄园。但 186
是，他们的确住在同一座城市，还见过几次面。惠更斯从斯宾诺莎那得到光学镜片并时常写信给他询问哲学问题。斯宾诺莎很熟悉惠更斯的工作，并有他的书。现在至少有 3 封斯宾诺莎寄给惠更斯的信存留了下来，时间是 1666 年，斯宾诺莎回复了惠更斯关于上帝统一性的问题。他们互相称呼对方“杰出的先生”，信件就事论事，语气感觉并不是很亲切。斯宾诺莎直奔主题，不会浪费任何时间去注意细节上的仪式问题。荷兰—犹太后裔和显赫的荷兰贵族之间的距离可能由两人学术上的兴趣所弥补，但他们的性格差异太大以至不可能发展友谊。惠更斯知道斯宾诺莎对他的临时老师笛卡尔有些不耐烦，笛卡尔在教年轻的惠更斯研究代数。不过这对两人并没有什么影响，因为他也和斯宾诺莎一样对笛卡尔有些失去兴趣，尽管两人的原因不同。惠更斯称斯宾诺莎“福尔堡的犹太人”或“我们的以色列人”，但他认为斯宾诺莎制作的镜片是最好的。他尊敬他的才华并将他作为潜在的竞争对手。惠更斯在巴黎居住了一段很长的时间，在此他躲过了很多次波及荷兰的战争，同时惠更斯写信回家，告诉他的兄弟不要与斯宾诺莎共享新的观点和看法。当然，冷漠是相互的。

惠更斯讲座在具有 17 世纪特征的新教堂进行，它离斯宾诺莎的墓地只有几码远，离他家也只有几个街区。[3] 当我演讲时，我被斯宾诺莎的思想所分心，在我左边一些东西埋藏于此，在我右边一些东西仍就鲜活。我按计划 187
做着演讲，但我产生了这样的念头，斯宾诺莎可能早已指出了我要得出的一些结论。

看不见的身体

很容易理解心灵为什么是个无法理解的谜。心灵作为一种实体似乎完全不同于我们所了解的其他事物，例如我们周围的事物和我们可以看到和触摸到自身的器官。属于实体二元论的身心问题给人留下的第一印象是：身体是实体的，而心灵不是。当我们让一部分心灵在不受已有知识影响下去观测其余的心灵时，一方面发现了组成我们身体的细胞、组织、器官的物质，另一方面这种现象也揭示了我们不能触摸的东西——所有快速在我们心灵中形成的感受、视觉和声音，它们构成了我们心灵中的思想；由于找不出任何支持或者反对的证据，所以我们将它们看作另一种实体——非物质的实体。

反映以上观点的身心问题，把心灵与身体和脑分裂成完全不同的两种东西。这种二元论观点不再是科学和哲学中的主流观点，尽管它可能是现在大多数人都认可的观点。

总体来说，实体二元论观点反映了笛卡尔的观点，这种观点很难与他的杰出的科学成就相调和。笛卡尔构想出了身体运行的复杂机制，这使他领先于他
188 的同时代的人。他通过将当时还彼此独立的两个世界——机械的无机世界和有机世界结合起来，打破了当时的学术传统。他设想了复杂的心灵运行机制并坚持心灵和身体彼此互相影响。然而，他从没有指出这种相互作用是通过什么途径实现的。笛卡尔认为心灵和身体是相互作用的，但是没有解释这种交互作用是如何发生的，只是说松果体引发了交互作用。松果体是一种位于脑中线的基部位置的很小的结构，它并没有笛卡尔所说的各种巨大功能。尽管笛卡尔详细地分别阐述了心灵和身体的生理过程，他将其看作是彼此独立的过程，但他要么没有考察身心的相互联系，要么没有将它们的关系解释清楚。笛卡尔的学生——聪明、和蔼的波希米亚的伊丽莎白公主清楚地看到：心灵和身体要实现笛卡尔所论述的那些功能，心灵和身体需要相互**接触**。但是，笛卡尔将心灵排除出任何物质特性，这就使身心不可能完成这种接触。[4]

对于笛卡尔来说，人类心灵不具有空间延展性和物质性——这是身体不复存在后仍可能存活的两种消极特性。它是一种实体，但不是物质性的。笛卡尔是否真的相信这些并不确定。他可能相信其中的一些观点，但不相信其他的部分，这并不是在批评笛卡尔。这只是在说，笛卡尔对使既明智又无知、既聪明

又愚蠢的人类陷入困惑的某个概念仍然不太确定。这是非常合情合理的，也是可以理解的。但是，不管你相信与否，他的理论再次肯定了个人心灵的不朽，189
这使他能够摆脱几年后降临到斯宾诺莎身上的困境。不像斯宾诺莎，尽管并不总是得到好评，但是笛卡尔受到了包括哲学家、科学家和公众在内的现代人的欢迎。

尽管具有科学上的缺陷，笛卡尔的理论激发了我们对于我们自身心灵的理应具有的敬畏。毫无疑问，人类的心灵是独特的，它具有无限的体会快乐和痛苦的能力；可以意识到别人的痛苦和快乐；具有爱和原谅的能力；有无限的记忆容量；具有用符号表达的能力；存在语法结构的语言；可以理解宇宙并创造新的宇宙；可以快速灵活地加工、整合信息以解决问题。但是，对人类心灵的敬畏和好奇是与有关身心问题的其他观点是一样的，这没有使笛卡尔的观点有所矫正。

随着现代神经生物学技术的发展，身心问题的二元论观点逐渐失去了吸引力。心理现象紧密地依赖于许多特定脑神经回路。例如，视觉依赖于从视网膜到大脑皮层之间的一系列特定的神经区域。切除其中一个区域，视觉就会受到严重的影响。当所有的与视觉有关的神经区域都去除后，视觉就完全消失了。听力、嗅觉、运动、语言或任何你可以想象到的高级心理功能都是这样，甚至某个神经系统的微小损伤都会导致严重的心理现象的改变。某个神经区域神经细胞的损伤，比如中风引起的损害会显著地改变感受和思想的内容和形式。就 190
像我们已经看到的，服药后神经细胞的化学作用发生暂时的改变也会导致不良结果，尽管神经并没有受到持久的损伤。对于研究心灵和脑的科学家来说，心灵密切地依赖于脑可能已不再是个问题。两千多年前的希波克拉底独立形成了一个类似的观点，对此我们非常敬佩。

发现脑和心灵之间的因果联系以及心灵依赖于脑，当然是个好消息，但应该承认，我们还没有令人满意地阐释身心问题，在对该问题的探讨中，我们依然面临着很多大大小小的问题。通过改变观念可以至少解决其中的一些问题。这个问题与一个奇怪的情景有关：尽管现代科学已经很好地把脑和心灵联系起来了，但并没有消除身心的二元分裂，仅仅是转移了分裂的立场。大多数现代科学当前的观点认为，心灵和脑一起是一个方面，身体（除去脑之外的整个有机体）则是另一方面。当我们把身体的脑与身体本身区分开来时，我们对脑和“身体本身”的区分以及对脑和心灵如何相互联系的解释就变得更加困难了。

遗憾的是，这种二元论观点像一道屏风，阻碍了我们充分地理解身体所具有的广泛含义以及身体对心灵的产生有何作用。

这种看不见的身体使我想起了切斯特顿（Chesterton）的“隐形人”。[5]你
191 可能知道这个故事，在一个有四个保安严密看守的房子内发生了一起谋杀案。这起早就被预料到的谋杀并不是什么谜。谜团是受害者只有一人，那四个观察者都没有进入或离开这个房间。但这是错的，邮递员曾进入了房子杀人并安然离开房间。他留在雪地上的脚印没有慌乱的迹象。当然，所有的人都看到了邮递员，但都声称没有看见他。他简直就不符合他们心中谋杀者的形象。他们在看但没有看见。

恐怕这起谋杀案可能与身心问题有某些相似之处。寻求一个解决方案甚至只是部分的解决方案也需要转换一下视角。它需要我们理解心灵产生于属于身体一部分的脑，并与脑相互作用。由于脑的中介作用，心灵以身体本身为基础；由于心灵有助于维持身体本身，所以心灵在进化中得以不断发展；心灵来自于或存在于生物组织——神经细胞，它具有和身体本身其他组织部分相同的特征。转换视角本身并不能解决问题，但我相信如果不转换视角，就不能解决问题。

失去身体，失去心灵

有时，我们被所看到的改变我们思维的观察所震惊。有时，却会发生一些相反的事情，我们当前的思维改变了以前观察到的事物的意义，我们同样会为此感到震惊。有时，如果幸运的话，对观察的再评价确实能让我们注意到自己的思维方式。当我还是一个年轻的神经病科医生，在看到一个病人时，曾发生了这样的事情。这个病人准确地指着自己的身体部位，描述开始于胃部并上升到胸部的一种奇怪感觉，随之，他对在胸部以下的部位好像局部麻醉一样失去
192 感觉。麻醉的感受继续上升直到喉咙，那时他就会昏过去。

这个病人在他身体的感觉从奇怪发展到完全缺失的时候，描述了这种上行的身体感觉的扭曲。此后的几分钟内，病人是什么也不知道的，通过电击——对其癫痫进行治疗的一部分，几分钟后他就苏醒了，同时他的病症也消失了，这个病人又回到正常的生活中了。

在癫痫病发作之前，癫痫病人描述出这些奇怪的感觉是很普遍的。这些现

象被称为**先兆**。这位病人的先兆开始于腹部附近或胸部下方，都被称作“腹上部”。这些都是这种病最常见的变体。病人经常报告这种从腹部向脖子上升的奇怪感觉，紧跟着就是失去意识。[6]

为什么这个病人不寻常的症状对我而言很重要呢？这是因为，这个病例可能说明，当脑不对身体进行映射时，心灵也不再存在了。没有了对身体的心理表征就像抽去心灵下面的地毯一样。对支持我们感受和持续感的身体表征的中断将严重阻碍我们对物体和情境的观念。[7]

许多年以后，在看过一个身体失认症（asomatagnosia）的病人后，我认为以上观点更具有合理性了。这个病人的大部分身体感觉会在很短的时间内逐渐消失几分钟，但心灵和自我并没有消失。对身体结构和肌肉组织的感觉包括躯干、四肢都消失了，但心跳的感觉依然存在。这个病人在发病时很清醒，尽 193
管她不能自由行动也不能想别的什么，只能想她的症状。显然，这并不是一个正常的心理状态，但是，仍然能够观察报告症状。病人形象地描述道“我没有失去存在的感觉，只是感到失去了身体”，尽管准确地说，她说的是她失去了身体的一部分。由此就产生了这样一种可能性，只要还有一些身体表征——心灵下面的地毯没有全部被抽去——心灵就依然具有运行的基础。该病例还可能说明，某些身体表征可能比其他表征对心灵的作用更大，这些是有关身体内部的表征，如心跳、内环境。该病人的症状是由于以前的一次中风造成的，它损害了她的大脑右半球身体感觉区域，并形成了一小块脑受损区域。这个组织是局部癫痫发作的根源，改进了的电击方法可以暂时扰乱一些身体映射的神经功能。我们怀疑病人在 SII、SI 以及在右角回的映射功能失调，但是其脑岛并没有损伤。

多年来，我一直想探索由于疾病而改变的身体的知觉这种罕见的情况。即使只有身体的一个部位——上肢的知觉受损，人也会因此产生许多奇怪的症状。例如，切除神经的上肢感觉会被扭曲，有种虚无的感觉。截肢的人由于幻觉可能不会感觉到肢体的失去。这并不是什么好事，但时间长了也还可以忍受。[8]当对身体的**大部分**区域的知觉受损时，即使是暂时的，病人也总会出现某种程度上的精神失常。其内在的病理机制是与在第 3 章讨论过的体感区或与 194
身体有关的神经通路有关。身体传输信号障碍非常罕见，因为从身体到脑有如此多的传输信息的通路，以至于神经疾病不可能将它们都损害。[9]

我还不能说我当前对身心问题的观点是基于以上事实的。但是，这些事实以及关于在第2章和第3章讨论过的情绪和感受使我集中注意力于构建一个符合人类现实的理论解释。简要说来，这个理论解释说明了下面的问题：

- 身体（身体本身）和脑组成了一个联合的有机体，同时它们还通过化学和神经通路相互作用。
- 脑活动主要是通过协调内部身体本身的运行过程以及作为一个整体的有机体与外界自然和社会环境的关系，来帮助进行有机体生命过程的调节的。
- 脑活动的目的主要是提高生存的幸福感；具有这种目的的脑可以进行从写诗到设计航天飞机的各种活动。
- 在像我们这样的复杂有机体中，脑的调节活动依赖于我们称之为心灵的过程中的心理表象（观念或思想）的产生和操作。
- 知觉有机体内部或外部事物的能力都需要表象。外部表象的例子有视
195 觉、听觉、触觉、嗅觉和味觉形象。痛苦和恶心是内部表象的例子。自动的反应和有意识的反应都需要表象。对未来反应的预期和计划也需要表象。
- 联系身体本身的活动和我们称为表象的心理模式之间的界面是由特定的脑区组成的，这些脑区依靠神经元回路来建构与身体的不同活动相对应的连续的、动力性的神经模式——实际上，就是按照这些活动出现的方式对它们加以映射。
- 这里的映射并不一定是一个被动的过程。形成映射的脑结构对映射有它们自己的话语权，而且还会受其他脑结构的影响。

因为心灵产生于脑，脑是有机体不可或缺的，因而心灵也是这个运转良好的机构的一部分。换句话说，身体、脑和心灵都是同一个有机体的各种表现。尽管我们可以在显微镜下对它们进行解剖，但从科学角度来看，它们在正常运行的情况下实际上是不可分割的。

身体表象的整合

在我看来，脑可以形成两种身体表象。第一种表象我称之为**来自肉体的表**

象。它包含身体内部的表象，例如对有机体内部的心脏、肠和肌肉这些内脏状态和结构，以及各种化学参数的状态进行映射的粗略的神经模式。

第二种身体表象是关于特定身体部分的表象，比如眼睛后部的视网膜和内耳的耳蜗。我称之为**来自特定感觉器官的表象**。这些表象都是基于特定的身体 196
部位的活动状态的，当特定的身体区域受到身体以外事物的作用时就会产生这种表象。以视网膜和耳蜗为例，物体改变了光波和声波的形式，而这些感觉器官接收到了这种改变了的形式。身体外部对物体的直接接触会改变分布在身体外部皮肤的神经末梢的活动，由此也就产生了触觉。形状和质地表象是这一过程的派生物。

脑可以映射的身体的变化范围是非常广泛的。它既包括发生在化学现象和电现象水平上的微小变化（例如对光线中的光子形式进行反应的视网膜的特定细胞）；也包括可以用肉眼看到的宏观变化（身体移动）或者可以用指尖可以触摸到的感觉（皮肤上的碰伤）。

对于来自肉体或是来自特定感觉器官的身体表象，这种形成机制都是相同的。首先，身体中的活动使身体产生瞬间的结构变化。其次，脑通过血液传输的化学信号和神经传输的电化学信号在几个相关的脑区对这些身体变化形成映射。最后，神经映射转化为心理表象。

对于第一种身体表象——即来自肉体的表象，身体变化遍布机体内部各个区域，信号通过化学分子和神经活动传输到中枢神经系统的体感区。对于第二种身体表象——来自特定感觉器官的表象，身体变化仅仅发生在高度专门化的身体部位，如视网膜。最终的信号经神经元传递到专门负责形成特定感觉器官 197
状态映射的脑区。这些脑区是由神经元连接而成的，其神经元活动的是与否的状态反映了由某事件引起的某一组神经元在特定时间的活动的映射或表征。例如，对于视网膜来说，与它对应的与视觉相关的脑区包括膝状体（丘脑的一部分）、上丘（脑干的一部分）和视皮质（大脑皮层的一部分）。特定体感区域包括：内耳中的耳蜗（与声音有关）、听神经开始出现的内耳前庭中的半规管（前庭与身体的空间位置感有关；我们的平衡感依赖于它）、鼻子黏膜上的嗅觉神经末梢（嗅觉功能）、舌头上的味蕾（味觉）、皮肤表皮层上分布的神经末梢（触觉）。

我相信心灵河流中的基本表象是某些身体事件的表象，不管事件是发生在身体内部还是在其周围的某些特定的感觉器官。这些基本表象的基础是一组神经映射的集合，即不同感觉区域的不同神经元的活动和不活动的模式（简言之，神经模式）的集合。这些脑映射总体上代表了身体在任何时间的状态。一些映射是有关有机体内部世界的，另外一些是关于与有机体相互作用的外部物理世界的。在这两种情况下，无论是在脑的感觉区最终形成的映射还是以某种观念的形式产生的心理，都是与在特定的环境及状态下的一些身体结构紧密联系的。[10]

198

限制条件

限定这些观点很重要，特别是最后一个。我们当前对神经模式如何成为心理表象的理解依然存在着很大的不足。与一个物体或事件相关的脑的动态神经模式（映射）的出现对于形成心理表象是**必需**的，但是并没有足够的基础去解释所说的事物的心理表象。我们可以通过神经解剖学、神经生理学和神经化学来描述神经模式，我们还可以通过内省来描述心理表象。我们并不完全清楚神经活动是如何形成心理表象的，尽管我们当前对此的无知既没有与表象是一个生物过程的假设相冲突，也没有与表象是一个客观实体的假设相冲突。许多关于意识神经生物学的研究都在探讨该问题。大多数有关意识的研究实际上都围绕着心灵是如何产生的问题，其中一部分就包含脑是如何形成头脑中的表象的，也就是如何综合剪辑成为我所说的“脑中的电影”（movie-in-the-brain）的。但是这些研究还没有解决这个问题，在这里我需要明确指出的是：我现在也没有找到答案。例如，在第 3 章中，我试图阐述感受是如何通过脑在身体中形成的，以及为什么从神经生物学的角度看感受的形成不同于其他心理现象。从系统层面上来看，我能在心理表象产生的基础上，从神经模式的组织水平解释这个过程。但是我没有暗示，更没有解释，表象最终是如何形成的。[11]

现实的建构

199 这种观点对我们如何知觉我们周围的世界具有重要意义。神经映射与其相对应的外部世界的事物的心理表象是脑对客观现实的一种创造，而不是仅仅是像镜子一样的被动反映。例如，当你和我看着一个物体时，就在我们的脑中形成了可比较的表象，我们可以用非常相似的方式对物体进行描述。但是这并不意味着我们看到的图像是对物体的完全复制。我们看到的图像是基于当物体与身体相互作用时，我们身体和脑的变化。感觉探测器遍布全身，帮助从多个角度反映有机体与物体的广泛的**交互作用**的神经映射的形成。如果你正在观看、聆听一位钢琴家演奏一首乐曲，比如说是舒伯特的 D. 960 奏鸣曲，这种广泛的相互作用就包括视觉的、听觉的、动觉的（与看和听有关的运动）和情绪的模式。情绪模式是对钢琴师、音乐是如何被演奏的以及音乐本身特点的反应。

与以上情境对应的神经模式是按照脑自己的规则，在脑的不同感觉和运动区在短时间内形成的。这些神经模式是根据参与其中的神经元和神经回路的瞬时选择形成的。换句话说，脑内部存在着有待以特定方式选择、组装的建筑材料。想象一间装满积木的房间，其中可以得到任何你想要搭建的物体所需要的积木。[12]你可以像脑那样搭建任何你想出的东西，因为脑已经具有了形成一切感觉形式的部件。

我们在头脑中形成的表象是我们与参与我们有机体的物体相互作用的结果，就像根据有机体的设计建构神经模式中的映射一样。应该注意的是这并没 200
有否定物体的客观性。物体是客观存在的。它也没有否定物体和有机体相互作用的客观性。当然，形成的表象也是客观的。但是我们体验到的表象是由一个物体所**激发**的脑构建的产物，而不是对物体的简单镜像反映。从视网膜到视觉皮层之间并没有物体图像在传输。光停留在了视网膜上。但是此时有连续产生的从视网膜到视觉皮层的物理转换。同样，我们听见的声音并不是通过某种扩音装置把耳蜗的声音变为听觉皮层的声音，尽管用比喻的手法来说，中间的物理转换确实是从一处传向另一处。在独立于我们的物体的物理特征和有机体各种可能的反应之间存在着经过漫长的进化获得的一系列**反应机制**（外界物体的物理特征和脑对其反应之间的关系是有待今后研究的重要问题）。特定物体的神经模式是根据选择和组合适当的反应菜单来实现的。但是，我们彼此之间在生物学上非常相似，以至于我们对同一物体构建的神经模式也很相似。从相似的神经模式中可以产生相似的表象并没有什么值得惊讶的。这就是为什么我们可以毫无怀疑地接受我们心灵中形成的传统观念是对特定事物的反映。但在现实中，我们却并非如此。

看见东西

我们是怎么知道心理表象和神经映射是紧密相连的，并且前者来自后者的
201 呢？从戴维·休布尔（David Hubel）和托斯顿·威塞尔的研究中，我们开始知晓了这种紧密联系。他们让一只猴子看直线、曲线，或从不同角度看直线，猴子的视觉皮层将形成不同的神经活动模式。[13]他们把这些不同模式与视觉皮层的微观解剖结构联系起来，由此也就发现了用来建构特定形状的模块成分。进一步的证据来自罗杰·图特尔（Roger Tootell）的实验，在他的实验中也让猴子接受视觉刺激，如十字架，在猴子的视觉皮层的特定区域——初级视觉皮层的4B层（也被称为布罗德曼17区或V1区）可以发现直接与此对应的神经映射。[14]这说明了视觉形成的关键因素：外部刺激，作为观察者的我们将其视为心理表象，我们也有理由假设实验动物也将其视为心理表象；神经模式，其是看见外界刺激的结果。这个实验展现了多种对应关系：视觉刺激；我们以及动物形成的相应的表象；还有动物脑中的神经模式。在这种神经模式中，**我们**作为观察者可以看到与我们自己的表象模式的一种对应，通过延伸，动物的表象模式也有这种对应。

当考虑到即使非常简单的生物，如很多被称为蛇尾海星（ophiocoma wendtii）的海洋无脊椎动物也具有视觉装置时，我们会获知这种神奇的身体机制是如何进化的知识。它是一种海星，当捕食者靠近时，它能够迅速并成功地逃离，并躲到附近的岩洞或缝隙中。这种动物有坚硬的钙化外部骨骼，没有眼
202 睛，其神经系统也非常原始，这种逃避行为的机制一直是一个谜。然而，这种动物的大部分身体上都有微小的像眼睛一样的钙化镜头。这种镜头将射进来的光线聚焦到下面的一小块地方，并激活那里的一簇神经。捕食者的模式以及作为其藏身之处的附近岩洞或者缝隙的模式也能这样得到映射。捕食者的神经模式的加工过程会导致神经的激活，同时产生逃往缝隙寻求保护的行为。[15]我绝不是在暗示这种生物会思考，尽管我们肯定它能够根据新近形成的神经模式而行动。我甚至并不相信依靠这样简单的神经系统，这些神经模式一定能够产生心理表象。我只是用这些事实来帮助理解在身体对心灵产生影响的基础上，身体到神经系统的信号传输的谱系。人类的眼睛以及视网膜也与这种动物的镜头的运行机制类似。但是眼睛的机制要复杂得多，它会对更多的身体碰撞进行映射，

而且可以形成更多的映射，结果会发生更丰富的行为。但是，视觉的本质都是一样的：身体的某个特定部位发生改变，并将改变的结果传导到中枢神经系统。

最近一项相关的研究发现，一种特殊的视网膜细胞可以对光线进行反应，并影响调节日夜循环和睡眠模式的下丘脑的视交叉上核的运行。人们早就了解到视杆细胞和视锥细胞位于视网膜表层并对光线进行反应，这种反应对视觉是必不可少的。研究最吸引人的发现是，光线对下丘脑的影响并不是受视杆细胞和视锥细胞的调节；当破坏了视杆细胞体和视锥细胞后，光线仍然调节着日夜循环。它们下一层的细胞——视网膜神经节细胞层似乎对此进行着调节。而 203
且，执行这种任务的视网膜神经节细胞是非常不同的，接收视杆细胞和视锥细胞信号的神经节细胞并**不参与**其中。对这项功能来说，它仅限于特殊的操作，所以，其对视觉的形成并没有发挥多少作用。[16]这些细胞的活动直接或间接地对心灵产生着影响。例如，睡眠消减了注意和意识；背景情绪和相关心境也在很大程度上受到接受光线照射时间的长短和强度的影响。这再一次证明了身体状态的变化——身体中一个特定部分的变化将会转化为心理的变化。我感兴趣的是这样的事实，这些细胞不像那些有助于视觉的细胞一样对光线落在什么地方感兴趣。这些细胞就像我们在摄影中使用的曝光表一样，对散布在眼睛内的整体明亮程度和光线进行反应。可以将这些细胞看作是更古老的较简单的身体感受器，它们只对有机体周围的整体光线情况进行反应，而不是对外界物体引起的特定光线进行反应。在这个意义上说，它们具有了蛇尾海星身上的镜头的特点，我们可以在不具有专门化的感觉区的更低级的生物身上发现这种对于整个身体的敏感性。[17]

在过去的20年中，神经科学已经详细揭示了脑是如何处理视觉的不同方面，不仅仅是形状还有颜色和运动。[18]对听觉、触觉、嗅觉的研究也取得了很大进展，研究人员也开始重新关注对内感觉如痛苦、温度等的研究。然而，客观地说，我们对这些系统的详细运行机制仍然不甚了解。

心灵的起源 204

我们关注的来自肉体和特定感觉器官的两种身体表象可以在我们的心灵中得以处理，并可用来表征物体之间的空间关系和时间关系。这使我们能够表征涉及这些物体的事件。在我们心灵中的表象是我们前面讨论的身体表象吗？并不全是。由于我们丰富的想象力，它使我们可以创造出另外的形象去代表物体和事件以及抽象的东西。例如，我们可以将前面探讨过的来自身体的基础表象分解，然后再重新组合。任何物体和事件都可以用某种自己创造、想象出来的符号如数字、单词来代表，而且这样的符号可以组合成方程和句子。这种创造想象出来的符号可以代表抽象的实体和事件，也可以代表具体的实体和事件。

身体对心理形成的影响也反映在我们的认知系统所发展出来的描绘世界上的事件和性质的比喻中。大多数比喻是我们自己对人类身体的典型活动和经验的想象，如手势、态度、运动方向、感受等。欢乐、健康、生命、善良是与单词和手势“上”联系起来的。悲伤、疾病、死亡、邪恶是与“下”联系起来的。未来是与“前面”联系起来的。马克·约翰逊（Mark Johnson）和乔治·拉可夫（George Lakoff）论述了特定身体动作和姿势是如何促进最终由手势和单词表达的某些图式的形成。[10]

在这一点上，我应该引入另一个对这个问题的重要的论据。当我们说心灵是由来自脑对身体的表征的各种观念构建的时候，很容易把脑设想为一个白
205 板，等待着来自身体的信号去填写。但是这并不是事实。脑一开始并不是**白板**。脑从生命一开始就知道如何管理有机体，即生命进程如何进行以及如何应付外部环境的各种事情。许多映射位置和联结一出生就有了，例如，我们知道刚出生的猴子在其大脑皮层中就具有探测特定方向的直线的神经元。[20]简而言之，脑具有天赋知识和技巧，预先决定着机体的很多观念。这些知识和技巧以我们前面讨论过的方式使机体信号变成观念，并通过脑使之成为可能。脑命令身体进入特定状态并按特定的方式来行事，观念就是在这些有机体状态和行为的基础上形成的。驱力和情绪能够很好地说明这种安排。它们是高度专门化的、并是在进化中保留的，在特定环境下脑会忠实执行的一系列行为。当身体的能量变低时，脑检测到这种下降并激发出饥饿感，驱力将促使有机体去改变这种不平衡。饥饿的观念是对这种驱力引发的身体变化的表征。

认为身体的很多观念是脑处理特定状态下的身体的结果，这意味着构成心灵基础的某些身体的观念在很大程度上要受脑的先前设计和有机体总体需要的制约。它们是身体动作的观念，但是这些身体动作首先是由控制它们对相应的身体变化进行反应的脑设计的。

206 这种安排强调了心灵的身体关注。心灵之所以存在，是因为有身体给它提供内容。另一方面，心灵控制着与正确目标相关的自动反应的执行，终止了

对身体来说有实际意义、有利的任务；预期并计划着新的反应；创造出有利于机体生存的各种环境和产物。心灵中的表象是对有机体和环境之间相互作用的反映，是对于脑对环境的反应如何影响身体的反映，是身体的调节在变化的生命状态中如何进行的反映。

一些人可能会说，既然脑为心灵提供了最直接的物质基础——神经映射，身心问题的关键环节应该是身体的脑而不是身体本身。相对于仅仅从脑的角度考虑心灵，从身体的角度考虑心灵有什么优势吗？我们获得了如果仅仅是从脑的角度研究心灵所不能发现的心灵的理论基础。心灵是为身体而存在的，讲述着身体丰富多彩的生活经历，并用这些经历来优化有机体的生活。尽管我不喜欢使用复杂的长句，但我要用这样一句话来总结我的观点：由身体支持、关注身体的脑的心灵服务于整个身体。

现在来探讨些敏感的话题。为什么我们需要一个心理水平上的脑，而不是只需要一个神经科学研究的神经映射水平上的脑呢？为什么既没有心理也没有意识的神经映射水平调节生活的效率要低于有意识的心灵水平呢？用更清晰更符合我的思维方式的语言来表述就是：为什么我们需要一种包括我们称之为心灵和意识的神经生物学水平的操作？

我们可以回答其中的一些问题并推测其他问题的答案。例如，如果没有广泛含义上的意识——包括脑中的电影和自我感的意识过程，生命将肯定不能很好地得以维持。甚至暂时的失去意识也会导致无效的生活调控。实际上，甚至意识中的自我成分的丧失也会导致生活调控的破坏，并使人像婴儿一样生活不能自理（如运动性自闭症）。具有意识的心灵对生存是必不可少的。

但是，生物学的有意识的心灵水平究竟对有机体有什么必不可少的作用呢？我们可以推测这个问题的答案。第 4 章谈到过，心理水平上的感觉现象的纯粹的复杂性可以很容易在不同感觉通道上进行整合，如视觉和听觉、视觉和听觉及触觉之间等。另外，心灵也能把各种真实的感觉表象与记忆中相关的表象进行整合。而且，这些多种多样的整合形式也能为一般的问题解决和创造性所需要的表象操作提供足够的基础。心理表象准许神经映射水平（像前面提到的）所不能进行的信息操作。为了实现这些新的功能，心理层次上的操作除了要具有“当前的”神经映射的功能外，还要有生物学上的专门性。但是，这并

不意味着心理层次上的生物学操作要像笛卡尔哲学所认为的那样，要以不同的
208 物质为基础。心理过程中的高度整合的复杂表象仍然可以看作是生物性的和身体性的。

现在我们应该探讨自我感对这一过程有何意义。答案就是**定向**。在加工过程的心理水平上，自我感引入了一个概念，即脑和心灵中表征的所有当前活动与单个有机体相关，这种有机体的自我保存的需要是当前大多数情境被得以表征的基本原因。自我感指引着心理的计划过程从而使得这些需要得到满足。这种定向的实现是可能的，因为感受是构成自我感的许多运行机制的一部分，感受在心灵中会不断产生一种对有机体的“**关注**”。

简而言之，没有心理表象，有机体就不能快速地进行对生存事关重要的大量信息的整合工作，更不用说幸福感了。而且，没有自我感和整合自我的感受，这样大量信息的心理整合将不会以解决生活中遇到的问题，即以生存和幸福感问题为目的。

之前我曾提及，当前神经科学对神经映射活动的描述并没有告诉我们心理表象的生物物理上的组成，上述心灵的理论观点也没能填充这一知识鸿沟。这一裂痕众所周知，但在以后有望得到解决。[21]

现在，把心灵看作是许多脑区相互协调作用的结果，这是合理的。这些脑区对身体状态会进行映射，当有关这些身体状态的大量累积的细节达到“临界
209 点”时，这一切就产生了。我们现在所承认的知识鸿沟是对参与映射的脑结构间相互作用的复杂性以及累积的细节的复杂性的不连续性一无所知。

身体、心灵及斯宾诺莎

现在该是谈论斯宾诺莎，探讨他对身心问题论述的可能含义的时候了。不管他怎么阐述身心问题，我们可以确定的是，斯宾诺莎的观点不同于他所继承的笛卡尔的观点。斯宾诺莎在《伦理学》第一部分中认为，思想和其广延尽管有所不同，但都是同一实体的属性，即神或自然的属性。他认为身心都属于一个实体是为了证明心灵与身体不可分割，都是从相同的材料创造出来的。有的人将身和心看成是两种完全不同的属性，这是一种“关系”二元论，但不是实体二元论。通过将思想和其广延放到同一个根基上，斯宾诺莎希望解决笛卡尔所面临的但却没有解决的问题：存在两种实体以及有必要将这两者整合起来。

对于这个问题，斯宾诺莎不再需要去让身心相互作用并整合它们；身心来自同一种实体，彼此以各自不同的表现相互模拟对方。严格来说，心灵不是身体的本原，身体也不是心灵的本原。

即使斯宾诺莎对于身心问题的贡献仅限于以上论述的话，我们也不得不承认他已经推动了知识的发展。然而，我们应该注意，通过把身心与封闭单一的实体联系起来，他就必须解释实体的身体和心理表现是如何产生的。公正的评
论者会补充说，至少笛卡尔在试图解释而斯宾诺莎却是避开了这个问题。但 210
是，也许这个公平的评论者的说法不一定是准确的。在我看来，斯宾诺莎是在大胆尝试着去深入地理解这个难题。基于斯宾诺莎《伦理学》第二部分的论点，我推断，他可能已经直觉到心灵的产生必须以身体的生理和机能为基础并能与心灵相互协调。当然，我也准备好承认我有可能是错误的。下面我就会具体说明。

我们首先来回顾斯宾诺莎对身心的看法。斯宾诺莎对人类身体的观点是传统的。在《伦理学》第一部分中他将身体描述为“有体积，有长宽高，并且有一定形状的”。用斯宾诺莎的话，我对身体的描述是“特定形状的一定量的物质”。因为斯宾诺莎的实体是自然，我认为“身体就是以皮肤为界的自然物”。

斯宾诺莎在《伦理学》第二部分用六个公设对身体进行了详细的描述：

Ⅰ. 人身是许多不同性质的个体所组成，而每一个个体又是许多复杂的部分所组成。

Ⅱ. 组成人身的个体中，有的是液质的，有的是柔软的，有的是坚硬的。

Ⅲ. 组成人身的各个体，亦即人体自身，在许多情形下是为外界物体所激动。

Ⅳ. 人身需要许多别的物体，以资保存，也可以说是，借以不断地维持其新生。

Ⅴ. 当人身的液质部分为外界物体所决定时，常冲击着别的柔软部分，因而
改变它的平面，并且有似遗留一些外界物体所冲击的痕迹在它上面。 211

Ⅵ. 人身能在许多情形下移动外界物体，且能在许多情形下支配外界物体。

斯宾诺莎传达的动态表象是很深奥的，特别是当我们想到这些观点写于17世纪中叶，那时解剖学刚刚起步。人类这个复杂的有机体是由很多部分组

成的。它们都会消亡并需要不断更新。接触外界物体会使它们的形状发生改变。斯宾诺莎没有提到这种形状改变可以由神经传递到脑，尽管我不愿认为他没有考虑这个问题。

我所看到的斯宾诺莎关于人类心灵的观点的真正突破在于，他清晰地指出人类心灵是由**有关人类身体的观念所构成的**。斯宾诺莎用“观念”作为表象和心理表征的同义词或思想的组成部分。他称之为“观念，我理解为心灵所形成的概念，因为心灵是能思的东西”。（然而，在别的地方斯宾诺莎用观念来表示对表象的精心加工，它是理智而不是一般想象的产物。）

斯宾诺莎在《伦理学》第二部分命题 13 中的准确描述是**“构成人的心灵的观念的对象只是身体”**。这个论述在《伦理学》的其他命题中也有阐述。[22]例如，在命题 19 中，斯宾诺莎说“人心就是人身的观念或知识”。在命题 23 中，他说“人心只有通过知觉身体的情状的观念，才能认识其自身”。

212 再看一下以下的这些相关论述，它们全都来自《伦理学》第二部分：

(a) 构成人的心灵的观念的对象是一个身体，而且是一个现实存在着的身体……可见我们心灵的对象是一个存在着的身体，而不是别的……（引自命题 13 的证明）

(b) 因此我们不仅认识到人的心灵与身体联合，而且知道如何理解身体和心灵的统一。

(c) 所以为了判断人的心灵与其他事物的区别及其优胜于其他事物之处起见，我们首先必须知道，有如上面所说，人的心灵的对象，换言之，即人的身体的本性。我不能在这里解释这点，而这种解释对于我们要证明的也没有必要。但是我将概括地简略说一说：正如某一身体较另一身体更能够同时主动地做成或被动地接受多数事物，则依同样比例，与它联合着的某一心灵也将必定较另一心灵更能够同时认识多数事物。（引自命题 13 的附释）

在命题 14 中对后面的概念又进行了论述**“人心有认识许多事物的能力，如果它的身体能够适应的方面愈多，则这种能力将随着愈大”**。

在命题 26 中也有段最重要的论述**“人心除凭借其身体情状的观念外，不能知觉外界物体，当作现实存在”**。

斯宾诺莎不仅仅是在说，心灵是与身体一样都是从实体中产生的。他是在假设一种可以共同实现的机制。这种机制的策略是：身体中的事件以心灵中的观念来表征。它们具有表征性的对应关系，并只有一种方向——从身体指向心灵。实现这种表征性对应的途径已经包含在实体之中了。斯宾诺莎发现，与身 213
体的情状在数量和强度上相对应的观点的论述是非常具有启发性的。“比例”的概念使人联想到“对应”甚至“映射”。我猜测他是在指某种保存结构的同形体。他相信心灵不能把外界身体作为实际存在的东西来感受，除非通过它自己身体的情状的观点也是很有启发性的。他实际上是在规定一组功能之间的相互依存关系：他在说明没有身体的存在或者没有物体引起的身体特定的情状，心灵中对物体的观念就不能产生。没有身体，就没有心灵。

斯宾诺莎没有超越其知识水平进行论述，因此也就不能提及通过化学、神经通路以及脑本身来形成身体观念的途径。显然，斯宾诺莎对脑以及身体和脑之间的信号传递了解很少。他很谨慎地称自己不太了解身体的解剖和生理细节，包括身体的一部分——脑。尽管我们可以从他在其他地方的论述中了解到他已经发现了脑和心灵是紧密联系的，他在讨论心灵和脑时，总是会小心地避免提到脑。例如，在《伦理学》第一部分的讨论中，斯宾诺莎说“人们评判事物，无不各凭其心理状态”。在同一个讨论中，他还解释了谚语“人心不同，各如其面”来说明“人们评判事物，只以其心理上的状态为准”。现在我们了解了脑的一些细节，可以解释一些他所不能解释的东西。

在我现在看来，说心灵是由对身体的观念构成的，就相当于说我们的心灵是由外界物体所引起的自发行动或变化过程中的身体表象、表征或者思想构成的。这个观点与传统的事实是如此不同，以至于乍一看到可能会觉得很不合 214
理。我们通常把我们的心灵看作是由与外部世界相关而不是与我们自身身体相关的物体、行动和抽象关系的表象和思想构成的。但是考虑到我在第 2 章和第 3 章对情绪和感受的论述以及在这一章给出的神经生物学证据，这种观点还是有道理的。心灵充满了来自肉体和特定感觉器官的表象。依据现代神经生物学的发现，我们不仅可以认为表象来自脑，而且我们还可以认为绝大部分来自脑的表象是由身体本身的信号来塑造的。

我把斯宾诺莎论述身心问题的《伦理学》第一部分看作是追求完美的哲学家在解决整个宇宙问题。然而，在第二部分斯宾诺莎关注的是一个局部问题，我猜测他是在想出一个他不能明确描述的答案。这样的两种视角使隐藏的矛盾显现出来，并成为贯穿《伦理学》全书的矛盾。毕竟，身心之间的联系仅仅存在于一般性的描述中。一旦斯宾诺莎深入探讨那些未被描述的机制，就会出现有所偏好的操作方向，当我们知觉时，会从身体到心灵，而当我们要去说话或已开始讲话时，则会从心灵指向身体。

斯宾诺莎毫不犹豫地在某些情况下重点关注了身体或心灵。当然，在讨论过的这些命题中身体在不经意间赢了。但是在命题22中（《伦理学》，第二部分）斯宾诺莎突出强调了心灵的重要性：**“人心不仅知觉人身的情状，并且知觉这些情状的观念。”**这意味着一旦你形成对某个事物的观念，你就能形成了
215 对这种观念的观念，还有对这种观念的观念的观念等。所有这些观念的形成都属于物质中的心灵层面，用现在的观点来看，它们属于有机体的脑—心灵部位。

“观念的观念”在很多方面都很重要。例如，它为表征关系、创造符号提供了方法。同时它还为产生自我观念提供了方法。我已经提到过最基本的自我是一种观念，一种要经过中间环节的次级观念。为什么这是次级观念呢？因为它是基于两种第一层次的观念——我们知觉到的物体的以及对于物体的知觉所改变的我们身体的观念。自我的次级观念是另外两种观念——知觉到的物体和由知觉改变的身体——之间关系的观念。

这种次级的自我观念植入于心灵的观念流中，并提供给心灵一些关于我们的身体在与客观物体交互作用的知识。我相信这样的一种机制，对于更广泛意义上的意识的产生是非常关键的，我假设脑中存在着这种运行机制。[23]当在以各种感觉通道中描述事物的表象流——脑中的电影——伴随着的时候，我们的心灵是有意识的，也同时会产生我刚刚提及的自我的表象。有意识的心灵是一种了解外界物体和有机体即时和正在发生的关系的简单心理过程。有趣的是，斯宾诺莎再一次通过思考如观念的产生一样简单、有趣的操作，为进一步的研究奠定了基础。

216 斯宾诺莎没有耐心与无知进行辩论，经常地，我们会遭遇一些人宣称心灵来自生物组织是不可能的，因为“这是不可想象的”。他很清楚这样的事实：

> ……其实，身体究竟能做什么事，以前还没有人曾经规定过，这就是说，以前没有人曾经根据经验告诉我们，身体只就它是基于自然的规律而言，而且只就自然之被认作有广延的东西而言，不为心灵所决定，它能作什么事，或不能作什么事，因为没有人能够确切了解身体的结构，可以说明身体的一切功能。并且又没有人知道用什么方法或采取什么方式，心灵可以使身体动作，或者心灵可以传达多少度的运动于身体，又或者心灵能使身体运动的速度如何。由此可见，如果有人说身体的这一行动或那一行动起源于心灵对肉体的支配，那么，他们就不知道他们所说的是什么，他们的这种说法无异于用虚夸的话自己承认他们对于这种行为的原因毫无所知……[24]

这里我猜测斯宾诺莎指的是更广泛意义上的身体，身体本身和脑。他可能不仅破坏了关于身体来自心灵的传统观念，还为支持相反的观点作好了准备。[25]

其他人可能不同意我对此的解释。例如，他们会说，我对斯宾诺莎的理解会推翻斯宾诺莎曾说过心灵是永恒的观点。但是，这并不能推翻我的观点。在《伦理学》第五部分中的许多地方，斯宾诺莎将永恒定义为永恒的真理的存在，这才是事物的本质而不是时间上的绵延。不能将心灵的永恒本质与不朽相混淆。斯宾诺莎认为，我们心灵的本质在我们的心灵产生之前就存在了，并且在我们的心灵随着身体消失后依然存在着。心灵既是短暂的又是永恒的。此外，217
在《伦理学》和《神学政治论》中，斯宾诺莎宣称心灵随着身体的消亡而消亡。实际上，作为他 20 岁出头时的思考的一个特点，是他对心灵不朽的否定，这很可能是他被他的宗教组织排除在外的主要原因。

那么斯宾诺莎有何洞见呢？心灵和身体就像一个事物的两个方面，是平行的并是相互关联的过程，同时它们还会在每一个交叉点模仿对方。在这两个平行现象的底层存在着一个在心灵中表征身体事件的机制。尽管精神和身体都有相同的基础，只要它们被视为感知者，在这两种现象背后存在着的运行机制就会出现不对称性。他认为身体决定心灵的内容要大于心灵决定身体的内容，尽管精神过程在很大程度上都反映在身体过程中。另一方面，心灵中的观念可以互相促生，而这是身体不能做到的。如果我对斯宾诺莎的观点的理解是正确的话，他的见解在当时是革命性的，但是对科学的发展并没有什么影响。一棵树在森林中无声地倒下，没有人看见。这些观念的理论意义既没有作为斯宾诺莎的洞察，也没有独立地作为一种有根据的事实得到消化和理解。

以特尔普医生作为结语

在我的惠更斯讲座快结束的时候，我用伦勃朗的《特尔普医生的解剖课》(*Anatomy Lesson of Dr. Tulp*) 的油画——它就挂在不远的博物馆——来说明身心问题。这已经不是我第一次使用这幅油画来说明该问题了，但是其对于当时的场合和主题是非常协调的。

从表面来看，伦勃朗的画展现了作为一位医生和科学家的特普尔医生在
218 1632 年 1 月的一堂解剖课上的情景。外科医生学会希望通过一幅油画来表彰特普尔医生，而没有哪个主题比解剖课更能吸引上层人士的好奇心了。但是这幅油画也说明了一个研究身体及其功能的新时代的来临，这在据推测可能那天也是解剖课观众的威廉・哈维（William Harvey）和笛卡尔的著作中都有所记载。当时哈维发现了关于血液循环，后维塞留斯时代出现了可以解剖并放大人体结构的精致解剖刀和显微镜。这幅画表现了这个荷兰人对研究和描绘皮肤之下的人体的兴趣，这预示着那个时代科学的兴起。

可能更重要的是，伦勃朗的画也让我们关注新的解剖学发现。特尔普医生的右手拿着死尸的左手弯曲手指的腱，而他自己的左手展示着这些腱要做的动作。由此这个动作背后的秘密也就展示在所有人的面前。它不是任何水压泵或气压泵，尽管它可能曾经是，当然这幅油画展现了一种瞬间制造的美感：手的动作是由肌肉收缩以及附在骨头上的相关腱的拉动引起的，而不是别的什么方式。特普尔医生验证了事实的**本来面目**并将事实从**猜想**中分离出来。猜想不能代替事实。

这虽然是一个揭示了某些神秘现象的场景，但对某些人来说却是平静的，我们在特尔普医生的脸上看不出一丝表情。他没有看观众和他的同事，也没有
219 看着自己正在做的事情。如果历史学家西蒙・沙玛是正确的话，他是在向左边窗外望去。沙玛推测特尔普医生正在看着自己的造物主。这种解释与特尔普是个虔诚的加尔文主义者相一致。卡斯帕尔・巴勒斯（Cashar Barleus）在这幅

画广为人知的几年后，写到“了解你自己，当你在探索你的身体时，要相信即使在最小的地方，上帝也存在着”。[27]我将巴勒斯的话看作是对特尔普医生的发现所感到的不安，这种不安是由于他想到：如果我们可以解释自己，那么还有什么我们不能解释呢？为什么我们不能解释发生在身体中的其他现象包括心灵呢？我们能够发现人的思想是如何让手移动的吗？由于害怕自己的这些思想，巴勒斯希望通过说这些来平息公众或神，尽管他们探索的问题已经侵入了神学的后院，发现了谎言是怎么产生的，但是他们对造物主还是完全虔诚的。当然，特尔普医生面部表情的精细含义是不可能解开的，有时站在这幅画前面的我认为他仅仅是在告诉观众：“看看我的杰作！”不管他的准确含义是什么，伦勃朗或者特尔普，或许他们两个人，想让我们知道的就是没有人完全理解这幅画的含义。[28]

巴勒斯的虔诚确实很有必要，这成为了以后的 20 年中，抵制当时笛卡尔和斯宾诺莎对身心问题的思考的一段小插曲。这再一次有力地说明了语言是能够骗人的，如果你不考虑背景来看待巴勒斯的告诫，并将它看成是斯宾诺莎的言论，那么其含义将完全不同。看着伦勃朗的杰作，斯宾诺莎会说，他的上帝存在于这个解剖的尸体中的每一寸部位和每一个动作中，但是他还会指出其他的含义。 220

6

拜访斯宾诺莎

莱茵斯堡，2000 年 7 月 6 日

我坐在斯宾诺莎房间后面的小花园中。太阳落山了，空气很温暖，四周十分安静。寥寥几个人在斯宾诺莎广场开车或散步。只有一只黑猫在这神圣的、充满哲学氛围的夏日里悄无声息地闲逛着。

斯宾诺莎也曾走出这房间并坐在这里看着我现在看着的天空。如果在这样的一天中，他没有走出房间，阳光也会射在他的书桌上。这是一个不错的地方，不像在海牙的房子那样给人拘束的感觉，但是这里对于一个观察整个宇宙的人来说似乎太简朴了。

我想知道一个普通人是如何成为斯宾诺莎的？或者，换种表达方式，我 224
们如何才能解释他的不可思议之处呢？他坚定地反对他那个时代的哲学权威，公开与宗教组织进行抗争并被自己的教会所驱逐。他排斥当时的主流生活方式，过着某些人认为是圣徒的而大部分人认为是愚蠢的生活。斯宾诺莎的生活方式不正常吗？或者他能够被当时的文化所理解吗？他的个人生活有助于理解他的行为吗？我被这些问题所吸引。尽管完美地解释任何人的生活都不太可能，但我想尝试着解答以上问题。

时　　代

尽管斯宾诺莎很有开创性，但在他所处的历史时期，他并不是独一无二的。在他生活的那个时代——17 世纪中期是个人才辈出的时代，这个世纪奠定了现代社会的基础。斯宾诺莎很激进，但伽利略在他刚出生时就验证了哥白尼学说。这个世纪初，乔尔达诺·布鲁诺（Giordano Bruno）被烧死在柱子上，莎士比亚成熟的作品《哈姆雷特》（1601）首次公演，到 1605 年，弗朗西斯·培根（Francis Bacon）的《学术的进步》（*Advancement of Learning*）、莎士比亚的《李尔王》以及塞万提斯的《堂吉诃德》也相继问世。哈姆雷特也许预示了这个世纪的开始，因为作为莎士比亚最长的剧本中的主人公，他常常对人类行为和生与死的意义感到迷惑。表面上这是关于为被冤枉的父亲报仇去杀死一个邪恶的叔叔的故事，但是这个剧目的主题却是虽然比周围人更有学识
但仍然探寻人类的悲惨境遇的哈姆雷特的疑惑和不安。 225
哈姆雷特已经意识到当代的物理和生物学，毕竟他在威登堡大学学习过，他还了解马丁·路德和加尔文（Jean Calvin）引起的争论。但是因为他不能理解他所看到的现象，他常常对很多东西质疑、抱怨。“质疑”一词在《哈姆雷特》中出现了十多次甚至在剧目的开头就是“谁在那儿？”这并不是偶然的。斯宾诺莎出生在质疑的时代，也可以被称为哈姆雷特时代。

斯宾诺莎也出生在一个对客观事物进行观察的年代，在那时对一个行为的起因和结果开始进行实验研究而不是只是进行纯思辨的讨论。人类已经完全掌握了欧几里

得（Euclid）所使用的创造性和逻辑推理。但是，爱因斯坦曾说过，“在人类能够熟练掌握以客观事实为根据的科学以前，我们还需了解的另外一点就是所有的客观事实都来自经验并在此终结。”[1]爱因斯坦认为伽利略就具有这样的科学态度，并把他看作是“所有现代科学之父”，不过培根也是另一位倡导新方法的先驱。伽利略和培根倡导通过实验和逐渐排除错误的方法来获取知识。伽利略还相信宇宙可以用数学语言来描述，这种观念为现代科学的产生奠定了基石。斯宾诺莎就恰好出生在科学刚刚兴起的新世界。

226 这个时代也确立了测量的重要性，科学成为定量的科学。科学家现在使用的归纳和实证的方法成为思考世界的基础。那是一个开放的时代，人们认为心灵不同于客观事实。

斯宾诺莎出生的年代有很多杰出人物，如哲学家托马斯·霍布斯（Thomas Hobbes）、笛卡尔以及描述了血液循环的威廉·哈维。我们还应了解布莱士·帕斯卡（Blaise Pascal）、约翰尼斯·开普勒（Johannes Kepler）、惠更斯、高特弗瑞德·莱布尼茨（Gottfried Leibniz）和伊萨克·牛顿（仅比斯宾诺莎晚出生10年）所作出的贡献。正像阿尔弗雷德·诺思·怀特海（Alfred North Whitehead）所说的那样，“这个世纪，天才所作出的贡献难以计数”。[2]

斯宾诺莎对于世界的态度植根于世界可以用数学解释和测量的观念中，并热切地探索着未知。但是知道斯宾诺莎所处的时代和同时代的人物并不能使我们理解为什么斯宾诺莎的工作会被严厉禁止，以至于在几十年中都很难找到有关他思想的著述，除非是诋毁他的言论。斯宾诺莎可能不如伽利略在实证研究方面那么激进，但是他更不妥协。他是一个无畏、喜欢打破常规和权威的人。他威胁到了与宗教紧密联系的政治制度。当时的统治阶层以及他所在的号称最能包容的荷兰也意识到了他的危险。他的思想是怎么受到他的人生经历影响的呢？

227 海牙，1670年

当我尝试着去理解斯宾诺莎的人生轨迹时，我总是回到海牙和他来到的地方——帕维利尼斯格拉希特，在那里他过着短暂的平静生活，这里可以解释他的过去和以后的岁月。当斯宾诺莎单独来到海牙时，他38岁。他带了一个书箱、一张桌子、一张床和制作镜片的工具。他在这儿租住的两间房子里写完了

《伦理学》，白天他制作镜片，接待几百个访客，很少出远门。他去过乌得勒支（Utrecht）一次，去过阿姆斯特丹很多次，它们离海牙都没有超过 30 英里，但是他再也没去过比这更远的地方了。有人可能会想起一个世纪后另外一个杰出但孤独的人——伊曼努尔·康德（Immanuel Kant），他打破了斯宾诺莎的纪录：他在科尼斯堡（Königsberg）度过了一生，据说仅仅出过一次城。除了讨厌旅行和才华外，这两个人之间没有什么共同之处。康德希望通过冷静的理性来对抗激情的危险，斯宾诺莎希望通过不可抑制的感受来对抗危险的激情。斯宾诺莎渴望的理性需要情绪作为动力。这两个人在行为举止上也不相似。康德，至少晚年的康德是拘谨、严肃的，在政治方面很谨慎。虽然斯宾诺莎举止温文尔雅，讲究仪式，但是亲切随和。晚年的斯宾诺莎，如果我们可以将 40 多岁的人称为晚年的话，尽管才思敏捷、言语犀利，但却和蔼可亲。

在搬到帕维利尼斯哥拉希特前的几个月中，斯宾诺莎在斯蒂勒沃卡德（Stilleverkade）的周边租了房间。但是租金昂贵，或许就是因为他认为太贵了，他没有住得太久。在斯蒂勒沃卡德之前，他在离海牙东面的郊区福尔堡住了 7 年；之前他在阿姆斯特丹和海牙之间的莱顿附近的小镇莱茵斯堡住了两 228
年。从他离开家到他搬到莱茵斯堡，斯宾诺莎在阿姆斯特丹及其附近的不同地方住过。有时他作为朋友的客人，有时寄宿在那里。他从没有自己的房子，他的房间也只有一间卧室和一间书房。

斯宾诺莎是自愿生活节俭的。尽管他父亲的生意起伏不定，斯宾诺莎的家庭还是很富裕。他的舅舅亚伯拉罕是阿姆斯特丹最富有的商人之一，他的母亲也带来数量不菲的嫁妆。但是快到 30 岁的时候，斯宾诺莎对金钱和社会地位失去了兴趣，尽管他仍然不认为经商赚钱是错的。他只是认为财富对自己没有什么用，尽管他认为财富对别人可能有用，一个人应该积累多少财富，应该怎么花销是因人而异的。每个人都是法官。

他是经历了些磨难才逐渐形成他对财富和社会地位的态度的。斯宾诺莎看重教育，知道如果没有家庭的经济支持和社会地位，他就不会受到良好的教育。在青年晚期到 24 岁之间，斯宾诺莎是个商人，并在一段时间内掌管着家庭企业。作为商人，他肯定想的是赚钱，他曾将一个没有还债的犹太人同胞送上法庭。从犹太人的角度来看，这是无耻的行为，因为任何犹太人之间的争端都应该在内部解决。而且当他父亲去世后，公司有大量的债务，斯宾诺莎毫无

229 疑问地成为荷兰法庭的监察人并被指定为遗产的首要债权人。从财富的角度来看，这个事件成为了斯宾诺莎的一个分水岭。斯宾诺莎抛弃了所有的遗产，只保留了父母的床。这张床陪伴着他四处漂泊，他最终也是在这张床上去世的。顺便说一下，我觉得他对这张床的固着很吸引人。当然，保留这张床还有实际的考虑，至少在一段时间是这样的。这张床有天篷，四面由厚厚的窗帘围起来，床可以成为一个温暖、封闭的岛屿。在斯宾诺莎的年代，这种床是富裕的象征。在阿姆斯特丹的住宅里一般的床是衣柜床——一种放在墙里面，门可以在晚上打开的床。但是想象一下在这张床上你的父母生了你，你从小就在上面玩，你的父母也死在这张床上，你也决定永远睡在上面，生活在那里。斯宾诺莎从没有想过要永葆青春，因为他从没有失去过。

在斯宾诺莎短暂人生的中期，由于社会环境的变化使他们家族企业的赢利减小，尽管这并没有导致破产。毫无疑问，作为一个精明的具有开创精神的商人，斯宾诺莎本可以振兴衰败的家族企业。但是当时斯宾诺莎发现思考和写作才能给他带来乐趣，而且从事它们不需要很多钱就可以维持生活。他的朋友西蒙·德·弗里斯（Simon de Vriesi）曾有几次想给他津贴，他都没有接受。当德·弗里斯生命垂危时，他想让斯宾诺莎成为他的继承人，但是斯宾诺莎也谢绝了，只愿意接受一笔很小的年金——500 弗罗林来维持日常开支。德·弗里斯死后，按约定遗留给他一小笔钱，斯宾诺莎又将钱进一步减少到 300 弗罗
230 林。他告诉德·弗里斯这位很为难的兄弟，这些钱已经足够了。后来，他也拒绝了莱布尼茨推荐他做海德堡大学哲学教授的邀请，尽管他拒绝的主要原因可能是怕失去学术自由。虽然如此，相比于在海德堡大学可以获得的贵族特权，拒绝教授职位当然意味着他更珍视思想自由。斯宾诺莎靠制作镜片为生，1667 年后他就依靠德·弗里斯提供的微薄养老金维持生活。这些钱足以支付房租，购买纸、墨水、玻璃和烟草，还可以去看医生。他不再需要别的了。

阿姆斯特丹，1632 年

生活总是时好时坏。斯宾诺莎的父亲，米格尔·德·斯宾诺莎和他的爷爷都是富裕的葡萄牙商人。当斯宾诺莎在 1632 年出生时，他的父亲在经营糖、调料、晾干的水果和巴西木材。米格尔是当地 1400 家犹太社区中受人尊敬的一员，差不多完全具有西班牙葡萄牙血统，他是葡萄牙人犹太教会的主要捐助

者，曾当过校长和犹太教某地区负责人，在晚年时，他是犹太教某世俗组织马哈德（mahamad）的成员，还是阿姆斯特丹最有影响的拉比之一索尔·莱维·莫特拉（Saul Levi Mortera）的亲密朋友。他的舅舅亚伯拉罕是当时另一重要的拉比玛拿西·本·以色列（Manassah ben Israel）的朋友。和很多西班牙裔犹太人一样，他们逃离葡萄牙和宗教裁判所，先是来到法国南特，然后再逃到这个低地国家，在斯宾诺莎出生前在阿姆斯特丹站稳脚跟。斯宾诺莎的母亲，哈娜·德博拉也是来自具有西班牙和葡萄牙血统的富裕的西班牙裔犹太家族。

宗教裁判所在葡萄牙建立的时间要晚于西班牙。在葡萄牙它建立于1536 231
年，只是到1580年才开始行动。这么长的自由时间使葡萄牙犹太人得以有机会移民到安特卫普（Antwerp）和阿姆斯特丹，这些地方比西班牙裔犹太人一个世纪前移民去的北非、北意大利和土耳其的自由更具保障。

在17世纪初叶，特别是荷兰和阿姆斯特丹确实是个对自由有保障的地方。不像欧洲的其他地方，这里的社会政治制度对种族之间的差异有较大的容忍性（延及到犹太人，特别是西班牙裔犹太人），同时对宗教差异也较为宽容（令人欣慰地延及到犹太人，但是对天主教徒就没有这么友善了）。贵族都受过良好的教育，比较友善。欧兰吉王朝（The House of Orange）中确实有王子，但是负责荷兰各省议会的省长一职依然由他们自己控制。荷兰是个共和国，斯宾诺莎在那里生活的很长一段时间里，其行政长官并不是王子而是一个明智的议员。荷兰人引入了现代的司法制度和资本主义。商业得到尊重，钱具有无上的地位。政府制定法律允许公民自由买卖，谋取利润。这样就产生了一个追求财富和生活质量的庞大的资产阶级。加尔文派的统治阶层越开明，葡萄牙裔犹太商人所作的贡献越大。

尽管被剥夺了文化，犹太人依然拥有丰富的文化而且很富有。当然他们也要面对着被流放、宗教迫害以及遵从居住国各种规定的风险。然而，相比于分散居住在面积更大的葡萄牙，他们之间的联系更为紧密了，他们还是生活在变幻无常的宗教裁判所的阴影之下。犹太人在家中可以自由地进行宗教活动。商业繁荣起来，甚
至在经过与西班牙和英国的几次战争后经济也逐渐复苏起来。犹太人也可以在工作 232
中、家中、犹太教堂使用母语——葡萄牙语，而不会感到羞辱。

在阿姆斯特丹没有犹太人居住区。犹太人可以住在任何他们想住而且住得起的房子里。大部分富裕的犹太人住在布格瓦尔（Burgwal）附近，这也是斯宾诺莎一家居住的地方，这里离 1639 年在霍特格特（Houtgracht）建的统一了最早三个犹太分支的犹太教堂不远（现在还在的这个引人注目的犹太教堂是 1675 年建的）。许多非犹太人也住在这里，其中一个就是伦勃朗，他住在今天依然存在的布瑞斯揣特（Breestraat）的房子中。尽管他们在这儿住的时间有重合（伦勃朗于 1606～1669 年在这里居住；斯宾诺莎于 1632～1677 年在这儿居住），但是没有证据表明他们曾见过面。伦勃朗认识几个信奉犹太教的人，其中几个是艺术收藏家。他给其中的几个画过像，还画过街景和犹太教堂，并给当时的著名学者而且是斯宾诺莎老师的玛拿西·本·以色列的书画了插图。伦勃朗向本·以色列咨询了他的油画《伯萨沙王的宴会》（*Belshaazrs Feast*）的一些细节。要是发现伦勃朗给斯宾诺莎画的自画像就好了，但是没有迹象表明他画过。传说伦勃朗确实参照斯宾诺莎被教会驱逐的情节画了《扫罗和大卫》（*Saul and David*）。大卫的特点确实就是斯宾诺莎的。更重要的是，斯宾诺莎可以被看作是大卫，虽然弱小但是强壮，可以推翻歌利亚（Goliath）和令人发火的扫罗，也敢于自己称王。[3]

233 对荷兰新教徒施加的限制很少，也很明晰。荷兰人将天主教徒视为敌人，特别是魔鬼般好斗的、企图扩张的西班牙天主教徒。犹太人也把天主教徒特别是西班牙天主教徒视为敌人，这些天主教徒对狂热的宗教裁判所不满并想推动葡萄牙人也建立自己的宗教裁判所。在这样的背景下，犹太人和荷兰人是天生的朋友。而且，荷兰人关心的是商业利润，葡萄牙裔犹太人将好的商业项目带到了荷兰。犹太人控制了伊比利亚半岛、非洲、巴西的商业和银行。笛卡尔说，在阿姆斯特丹，除了他，所有的人都在做生意，并且只关心自己的利润，不会关心其他。（这是一种与现实很接近的设想，尽管笛卡尔几乎总是被别人关注。）当斯宾诺莎长大后，阿姆斯特丹证券交易所 10％的成员是犹太人，犹太人在军火贸易和国际银行中也占有重要地位。到 1672 年，阿姆斯特丹的犹太人已经增长到 7500 人。犹太人不到总人口的 4％，但却占银行家的 13％。（西蒙·沙玛认为，犹太人在阿姆斯特丹的兴盛，可能因为他们是包括银行在内的城市生活重要但不占主导的一部分。[4]）荷兰人支持犹太人就毫不奇怪了。只要犹太人不试图改变新教徒的宗教信仰或者与他们通婚，犹太人就能自由地进行宗教活动，并让其孩子信仰其宗教。

不了解阿姆斯特丹是多么包容的城市，就不能理解斯宾诺莎的童年并没有寄人篱下的感觉。语言似乎可以唤起某种民族意识。斯宾诺莎学习了荷兰语和希伯来语，后来还学习了拉丁语，但是他在家讲葡萄牙语，在学校讲葡萄牙语或西班牙语。他的父亲工作和在家时都说葡萄牙语。所有的商业活动都是用葡萄牙语来记录的，荷兰语只是用于与荷兰顾客打交道。斯宾诺莎的母亲从来也没有学过荷兰语。斯宾诺莎可能感叹他精通荷兰语和拉丁语比不上精通葡萄牙语和西班牙语。“我真的希望我能够用我的母语来给你写信”，他曾在信中这样写过。 234

犹太人行为方式和服饰的不同除了说明他们富有外，还说明他们是在漂泊而不是在自己的祖国。这些犹太人服饰和举止都很贵族气，他们是四海为家，见多识广的。这反映了南欧贵族商人的生活方式。南欧犹太人将工作和社交融合起来，这可能是由于那里温暖的气候吧。他们关心优雅奢华的服饰，以及每天听到停靠在里斯本或波尔图的商船所带来的新闻。荷兰人相比来说更为实际和勤奋。

斯宾诺莎可能起先是要成为一个商人的，但是结果他却成为了犹太教拉比莫特拉和本·以色列杰出的学生。当地犹太人的领导把这两个犹太学者请到阿姆斯特丹，是想补救几个世纪以来在伊比利亚半岛宗教活动的不断下降。既然这里的犹太人是富有的，都在一个城市，而且可以不用秘密地进行宗教活动，复兴犹太人传统的时机成熟了。犹太人组成了一个 nação，葡萄牙语称为民族(nation)，阿姆斯特丹将成为这个民族一个新的耶路撒冷。在这种希望重建犹太国的氛围中，年轻的斯宾诺莎适当地运用了自己的智慧。

斯宾诺莎是一个勤奋的学生。但是令他为之勤奋和好奇的犹太法典《塔木德》(*Talmud*)也使他质疑他完全接受的这种知识的基础。他逐渐形成了完全不同于那些知识的人性概念。这种转变是逐渐进行的，直到斯宾诺莎在 18 岁左右成为了一个商人后，人们可能才注意到他的变化。但即使在那时，他也没有与犹太教会发生直接的冲突，最多只是有些谣言，斯宾诺莎仍是一个有着良好记录的好教徒。然而，事情越来越清楚，斯宾诺莎正在与几个非犹太人成为亲密朋友，其中包括一个富有的商业伙伴西蒙·德·弗里斯，他的家在辛格尔有一套豪华的房子，在阿姆斯特丹附近的斯希丹 (Sehiedam) 也有一处不动产。斯宾诺莎正在远离犹太人自己的圈子。但是更糟的还在后面。 235

在 20 岁以前，更可能是在 18 岁时，斯宾诺莎到弗朗斯·凡·登·恩登

(Frans Van de Enden) 学校学习拉丁语。凡·登·恩登曾是天主教徒，但现在不信了，他是一个自由的思想家，一个通晓多种语言的博学者。他同时拥有医学和法律学位，而且对哲学、政治、宗教、音乐、艺术等学科都有相当的了解。凡·登·恩登的博学没有给自己带来麻烦，却使年轻的斯宾诺莎陷入了困境。斯宾诺莎从暗地到公开、从青少年时期到成年后都在犹太人天堂般的团体之外接触体验着生活，他还说出并实践自己的观点。当地犹太人团体开始对此感到失望，继而愤怒。

到 1656 年，在他父亲死后两年，24 岁的斯宾诺莎负责着家庭企业——
236 “本托·y. 加布里尔·德·斯宾诺莎”，并继续从经济上支持着犹太教会。但是，由于并不担心会让父亲在当地犹太团体感到难堪，他不再隐藏自己对人性、上帝以及宗教活动的看法，这些东西并不总是像犹太教所宣称的那样。他的哲学观点开始形成并开始自由地谈论自己的思想。他以前的导师也没能阻止他发表自己的哲学主张，也没有什么动摇过他，贿赂或恐吓都没有让他改变观点。曾有个犹太人想谋杀他以消除他给犹太人制造的麻烦，尽管并不能确定这是犹太教会策划的。那天晚上，斯宾诺莎所穿的披风让他躲过了刺他的匕首。斯宾诺莎没有被吓住，并把这件披风当作纪念品。最后犹太教会决定将他逐出教会。在 1656 年，斯宾诺莎被正式驱逐出教会。他作为商人的特权生活也随之结束了，不能再用本托·斯宾诺莎这个代表他商人身份的名字签名了，也不能再用巴鲁克·斯宾诺莎这个教会名字了。在此以后的 21 年他就用贝内迪特·斯宾诺莎这个名字，哲学家斯宾诺莎的成年岁月是在海牙度过的。

思想和事件

如果斯宾诺莎的藏书是某种标志，那么可以看出，他那个时代的新哲学和新物理学对斯宾诺莎的哲学发展有重要影响。斯宾诺莎书架上最多的是笛卡尔和物理学家的书。霍布斯、培根的书也有。但是斯宾诺莎年轻时一定从博学的朋友那里借过书，这是我们无法追溯的。毫无疑问，他非常熟悉新的评价科学
237 证据的研究方法、有关物理和医学的新进展、笛卡尔和霍布斯的新思想，而且很可能斯宾诺莎在年轻时就已读过现代思想家的大部分著作。斯宾诺莎不是一

个有条理的实验者，也不是培根。但是他通过阅读以及制作镜片掌握了实证科学。他一定了解如何对客观事实进行研究。他的成就主要来自对大量新的科学研究的逻辑思考和丰富的直觉。

弗朗斯·凡·登·恩登学校和校长本身对斯宾诺莎的思想成长有着重要的推动作用。在弗朗斯·凡·登·恩登那里可以自由讨论斯宾诺莎的种种观点，使其不断完善。弗朗斯·凡·登·恩登开了个富有创意的学校（坐落在辛格尔，一条阿姆斯特丹主要运河街道），吸引了想让其孩子增长见识的荷兰商人。弗朗斯·凡·登·恩登成立学校以前在德·孔斯特·温克尔（de Kunst-Winkel）开过书店和画廊，这里成为了渴望交流新思想的青年聚会的地方。弗朗斯·凡·登·恩登的热情和博学使他成为了一个富有魅力的、和蔼、精明的、年轻的不同政见者的领袖。（当斯宾诺莎见到他时，他 50 岁左右，在他 70 多岁时因为策划推翻路易十四在法国被绞死。他法语说得很好，但是他并不是什么贵族，并不应该享有上断头台的殊荣。）

斯宾诺莎先是在弗朗斯·凡·登·恩登学校学习拉丁语、哲学通用语和科学，这些学科他以前都没有学习过。但是他在学校不只学习拉丁语，他学习了哲学、医学、物理学、历史、政治，也包括自由思想家弗朗斯·凡·登·恩登倡导的自由恋爱。斯宾诺莎一定在那里也曾放荡过。弗朗斯·凡·登·恩登学 238
校出过男女之间的丑闻，斯宾诺莎好像就在这里与教他拉丁语的年轻老师克拉拉·玛丽亚·凡·登·恩登（Clara Maria Van den Enden）初次品尝爱的滋味。

认识克拉拉使斯宾诺莎人生的某个时期发生了较大变化，与此同时他的生活中也发生了一些其他事情。在他 17 岁或 18 岁入学以前，斯宾诺莎已经在他父亲的企业中做生意。进入商业圈意味着他正式学习的中断，尽管他仍然在犹太教会学习，并好像加入了由本·以色列拉比领导的一个讨论组，这个组只向犹太教的高级学生开放。从商也意味着会接触到志趣相投的非犹太人商业同伴。这些人中有 30 多岁的孟诺派教徒亚里戈·耶勒斯（Jarig Jelles）、年龄不详的天主教徒彼得·巴林（Pieter Balling）、比斯宾诺莎小 3 岁的贵格会教徒西蒙·德·弗里斯。这三个人并不像斯宾诺莎那么有学识，但他们都对宗教和政治现状不满，都热衷于讨论新思想并都有一颗年轻的心。胡安·德·普拉多（Juan de Prado），斯宾诺莎唯一的犹太人朋友也对现状不满，并不断由于异端的言论受到犹太教会的审查，并最终也被驱逐出教会。这些新的世俗的生活都在斯宾诺莎刚刚步入成人时产生了重要的影响。

新思想对斯宾诺莎的影响要与旧思想对比来看。在那个不停质疑的年代所产生的新思想与他从小通过教育接受的旧思想有着尖锐的矛盾。斯宾诺莎学习了犹太法典《塔木德》、《犹太律法》（*Torah*）以及卡巴拉秘教（Kabbalah）的知识，这些都是西班牙裔犹太人，特别是阿姆斯特丹葡萄牙犹太人传统的学
239 习科目。这种冲突几乎不会再更为有力了。在古老典籍中有很多奇迹，但是科学是依靠事实对这些奇迹给予解释的。旧思想对宗教典籍中的神秘现象及其隐喻有着盲目的信任，但是新科学却依靠事实来解释这些神秘现象，通过科学可以了解迷信的真相。

新旧思想的冲突是不可避免的，然而斯宾诺莎的个人经历使这种冲突更容易产生。当斯宾诺莎 6 岁时，他的母亲就死了，她当时还不到 30 岁，这给他本来幸福的童年带来了一些阴影。[5]我们并不太了解他的母亲，但她对斯宾诺莎的成长产生过重要影响，她的死对斯宾诺莎是个创伤。我猜测母亲去世后他也没有什么真正意义上的童年了。10 岁的斯宾诺莎一边在父亲的企业中帮忙，一边上学，这给人留下了早熟的印象。他参与到真正的商业社会中，了解到在阿姆斯特丹缩影的商业中不同的人在谋生的过程中所展现的人性中的优点和弱点。他的父亲在母亲死后 3 年再婚了，斯宾诺莎和父亲之间越来越亲密了。尽管他的父亲积极参与宗教活动，却对宗教和非宗教的伪善行为很反感。他鄙视形式上的虔诚，并教斯宾诺莎识别人际关系的真假。毫不奇怪，年轻的斯宾诺莎鄙视迷信和虚伪。他非常自负，他的才智经常让老师很尴尬。而且，父亲从来也没有隐藏他对不朽灵魂的怀疑。斯宾诺莎肯定看穿了表面上的虔诚，并意识到宗教典籍上的要求与普通大众日常行为上的巨大差距。斯宾诺莎对仪式的质疑似乎在家中就开始了。

240

乌列尔·阿科斯塔事件

可能斯宾诺莎的反叛可以追溯到斯宾诺莎母亲的一个亲戚乌列尔·阿科斯塔（Uriel da Costa），他也是斯宾诺莎孩提时阿姆斯特丹犹太人中一个重要人物。

根据一些史料，这个重要事件发生在 1640 年或 1647 年，当时斯宾诺莎可能是 8 岁，最多不超过 15 岁。下面是这个事件的起因。

乌列尔·阿科斯塔，即加布里埃尔·阿科斯塔出生在波尔图，这里也是斯

宾诺莎母亲的家乡。他们家也是表面上皈依天主教的富裕的西班牙裔犹太商人。他作为一个天主教徒被抚养长大，生活优裕，是个有着贵族作风的年轻绅士，只关心马和思想，他在科英布拉大学学习宗教并成为教授。但是，随着他对宗教知识理解的深入，他逐渐发现天主教中的错误，并逐渐认为他们家族的犹太人祖先的信仰更正确而且更好。这些观点本应保密，但是事实并非如此。他和他的母亲可能还有别的亲戚从**改宗者**（conversos）——即改信基督教的犹太教徒，成为表面信仰基督教但仍然暗中信奉犹太教的**马拉诺**（marrano）。不管有没有证实，阿科斯塔感觉到宗教裁判所正在监视着他，并确信他和他的家人正处于危险之中。他说服他的家人搬到荷兰。他的三个兄弟、母亲、妻子、佣人带着波尔图庄园和避暑别墅中饲养的鸟、精致的家具、瓷器、亚麻乘船在夜色的掩护下沿着杜罗河到达荷兰。[6]他们远离故乡，与之前和之后的许多人一样，越过大西洋海岸到达荷兰或德国海港，开始他们新的生活。

我这么详细地讲这些，是因 241
为我想说明，自从他在阿姆斯特丹安家并去掉他的葡萄牙名字加布里埃尔，换成希伯来名字乌列尔后，他开始仔细地研究思考犹太教。这一次他又找到了犹太人宗教活动和教义的错误，并公开发表他的言论：宗教活动是一种迷信；上帝不可能长得像人一样；救赎不应该建立在让人恐惧的基础上，等等。他不仅发布这些观点而且还将它们写了下来。犹太教会谴责了他的观点并给予警告。以后的十几年，阿科斯塔被驱逐出教会，然后又恢复了教籍，接着又被驱逐出教会，他跑到犹太人聚居区汉堡避难，但在那里他还是被驱逐了。阿科斯塔事件对于犹太民族来说是个严重的事件，因为犹太统治阶层害怕像他这样的异端邪说，这将会败坏教会的名声，甚至带来更糟糕的后果。荷兰政府由于害怕这种反对犹太宗教的情绪会传播到新教徒中，可能考虑过处罚更多的人。

到 1640 年（或者最晚 1647 年）阿科斯塔事件到达了顶点。犹太教会想彻
底解决这一令人尴尬的事件，阿科斯塔那时已经 55 岁左右了，精神和肉体上 242

已经被无休止的斗争搞得筋疲力尽了，他也想有个最终的解决办法。解决办法是，阿科斯塔要到犹太教堂并放弃他的异端邪说，以让大家都看到他的悔改。然后他要接受体罚，这样他的罪孽就不会被忘记。之后他就能恢复他在犹太人中的地位。

在他的书《人类生命的例证》(*Exemplar Vitae Humanae*) 中，阿科斯塔批判了这种惩罚，并确信他接受这样的解决方式并不意味着他的思想有所改变。然而，长期的羞辱和体力消耗使他别无选择。

接受惩罚的那天是完全向公众开放的，大剧院挤满了人。犹太教堂挤满了坐着站着的男人、女人和孩子，所有的人都在等待着一场不寻常的娱乐节目的上演。空气中弥漫着兴奋的气息，只能听见鞋子与木地板上沙子摩擦的声音。

阿科斯塔爬到舞台中央并被要求读一份已经由教会长老写好的声明。用他们的语言，他忏悔了自己的各种罪过，不遵守安息日的规定，触犯宗教法规，试图阻止他人信仰犹太教，所有这些罪过都能让他死一千次，但是由于他许诺不再从事这些卑鄙行经，他将得到宽恕。

他一读完，就被要求走下来，一个拉比在他耳边低语让他到一个角落去。他照做了。在那里，他被迫脱掉腰部以上的衣服，脱掉鞋子并在他的头上系了
243 个红手帕。然后让他靠在一个柱子上，并用绳子把他的手绑在上面。此刻，死一般的寂静。教堂的合唱指挥拿着皮鞭走过来，开始抽打阿科斯塔脱光的后背，总共要抽 39 下。在惩罚过程中，随着鞭打的频率，全体教徒开始唱圣歌。阿科斯塔数着抽打的次数，相信鞭打者严格遵守着抽打不超过 40 下的律法。

惩罚结束了，阿科斯塔被允许坐在地上把衣服穿上。然后一个拉比向大家宣布一个声明。对他的驱逐解除了，通往犹太教会的大门和天堂的大门向阿科斯塔敞开着。我们不知道当时人们听到这个消息时是沉默还是鼓掌。我猜是沉默。

但是仪式还没有结束。阿科斯塔被要求走到正门前并沿着门槛横躺着。沙马什 (Chamach) 帮他躺下并热诚温柔地抱着他的头。然后，集会的男人、女人和孩子一个接一个地离开教堂，每一个都要跨过他才能出去。没有人**踩**着他过去，他在回忆录中记载过，只是**跨过**。

现在教堂空了。沙马什和别的一些人热情地祝贺他顺利接受完惩罚，开始迎接新一天的到来。他们帮他站起来，弹去众人鞋子掉在他破旧衣服上的灰尘。乌列尔·阿科斯塔再一次成为新耶路撒冷的好教民。

我们并不是很清楚他用了多少天去适应新生活。阿科斯塔被带回家并继续完成他的手稿《人类生命的例证》。最后的十页讲述了这个事件以及他对此的无力反抗。写完这个手稿后，阿科斯塔开枪自杀了。第一发子弹没有射中自己，但是第二发结束了他的生命。他以多种方式留下了他的遗言。 244

在斯宾诺莎遗留下来的书中和通信集中从没有提到乌列尔·阿科斯塔的名字。但是斯宾诺莎非常了解阿科斯塔。在这期间一定还发生过其他被开除教会、放弃以前的言论以及在公众面前接受惩罚的事情。在 1639 年，一个叫亚伯拉罕·曼德斯（Abraham Mendes）的人就曾接受过类似的惩罚——放弃以前的言论、鞭打、让公众踩过身体，这说明犹太教会对他的教徒实施惩罚毫不犹豫。[7]但是阿科斯塔事件是其中最突出的事件。他不是一个简单的异端，而是一个公开的异端，而且他坚持自己的异端邪说有几十年，这也说明了这起丑闻的背景。8 岁或 15 岁的斯宾诺莎与他的父亲和兄弟姐妹也目睹了该事件。而且，以后的几年中，这件事情被反复谈论，人们可以在斯宾诺莎著作中关于有组织的宗教方面看出这起事件的影响。最后，可能也是最重要的，阿科斯塔有关有组织的宗教的一般观点也成为了斯宾诺莎的观点。[8]阿科斯塔不像斯宾诺莎那样是一个深刻的思想家，阿科斯塔是一个安静不下来愤世嫉俗的人，不能忍受社会不公。他表达了当时很多人都具有伪善的看法，他真正的不同之处是他的牺牲精神。斯宾诺莎对这起事件保持沉默可能是不想受阿科斯塔思想的影响，当时阿科斯塔的思想广为流传，但其思想缺乏斯宾诺莎那样的深入分析。或者斯宾诺莎只是有意识或无意识地不想受他的思想影响。（和凡·登· 245
恩登的关系也是一样，斯宾诺莎也从没有在著作中提到过他的名字。）但有可能的是，阿科斯塔事件可能对斯宾诺莎有着巨大的影响，这更主要是出于其戏剧性，而不是《人类生命的例证》中的分析。一想起这个事件可能就让斯宾诺莎有些不寒而栗，害怕自己也会遇到这样的事情并被教会驱逐。在阿科斯塔**心不在焉**地忏悔时，斯宾诺莎的**驱逐**也正在同一舞台上浮现出来。

对犹太人的迫害和马拉诺传统

尽管表面上很富裕，阿姆斯特丹的犹太人并不是很安全。犹太人的任何一个错误举动都可能被加尔文主义当局曲解，以打击、惩罚犹太人，这种恐惧一直存在。犹太人曾经受过迫害，让他们居住在阿姆斯特丹的绅士协定也有个敏感的底线。他们必须表现出信奉上帝，而不能公开为犹太教辩护并试图让当地市民信奉犹太教，他们不能和当地人通婚，最重要的是他们必须谨慎。

犹太人是很好的客人，但不是爱国者。他们的良好行为使他们获得了公民权利，但是失去这些权利的危险始终盘旋在他们身上。对乌列尔·阿科斯塔的惩罚就是为了提醒犹太人这种危险的存在。斯宾诺莎这一代的犹太人可能已经把自己看作是荷兰人了，而不是流放者，随着时间的推移，斯宾诺莎的确认为自己是荷兰人了。但是这种身份也只是最近才有的事情，而且并不稳固。

在阿姆斯特丹的新葡萄牙犹太教堂就清楚地说明了这一切。这个著名的建
246 筑在 1675 年开放，它不是一个单独的建筑，而是一个围墙围起来的建筑群以保护里面的人不受外界的干扰，里面有避难所、学校、供成人聚会和小孩玩耍的广场。

犹太人的领导者们确实害怕违反荷兰主人的规定。首先，他们意识到他们受到的欢迎符合荷兰人的商业利益，这种欢迎的稳固依赖于荷兰当局一部分人对犹太人的容忍和宽宏大量的态度。这部分荷兰人的数量随着政治的变化而变化，时而增强时而缩小。例如，德威特是荷兰的首脑时，荷兰还是当时最民主的共和国，荷兰的保守派和欧兰吉分子的影响得以控制。但是在德威特 1672 年被刺杀后，保守势力兴起，民主被压制了。

第二，尽管犹太人内部很团结，但内部还是存在很多分歧。例如，在宗教活动方面就有矛盾，这毫不奇怪，因为可能所有的 nação 成员都曾在没有教会的参与下在葡萄牙进行秘密的宗教活动。同时在一个传统的隔离的犹太人内部，也不可避免地存在一系列社会问题上的矛盾。Nação 的领导人想尽办法阻止这些矛盾让荷兰人知道。他们不想让其热爱上帝、辛勤劳作的形象被打破。争取西班牙裔犹太人的性自由是令人尴尬的事情，因为其被认为是无法满足的。来自欧洲北部和东部的犹太人移民，大部分都是穷困的并未受过教育，管理这些不同背景的犹太人也是很困难的。斯宾诺莎在成长过程中，目睹了人际
247 间、社会、宗教政治的各种争端。当他撰写关于处于特定宗教和政治制度下的人类弱点时，他知道该从何入手。

斯宾诺莎非常了解在到达荷兰前西班牙裔犹太人的历史以及犹太人的宗教和政治争端，他在《神学政治论》一书中对此有所评论。他的哲学思想有其历史背景，**马拉诺**是他人生的一段重要历史时期。

马拉诺传统包括犹太人被迫改信基督教的秘密仪式。这个传统 1492 年由西班牙开始，在这之前的几十年间犹太人被流放，但是在 1500 年后犹太人则集中在葡萄牙。一个世纪后，这个地方犹太人依然很多，而犹太人的精英则在低位国家扎根。[9]

1492 年后，西班牙裔犹太人大批地逃到了葡萄牙。超过 10 万的犹太人被葡萄牙对犹太人的友好政策所吸引来到这里。然而，本来葡萄牙的犹太人并不多，突然的人口增长带来了很多的社会问题。最重要的问题是如何将新来的人口尽快融入葡萄牙社会。这些新来的犹太人大部分是商人、金融家、专业人员和熟练工匠，他们完全不同于人口较少的葡萄牙资产阶级，也不同于老百姓和贵族。他们不是很适应。在一片混乱之中，国王约翰二世和他的继承人曼努埃尔一世用完全不同的政策来处理这个问题。在 1492 年，当这些问题刚刚出现时，约翰二世对新来的人最大限度地征税。在葡萄牙待几个月就要向每个人征 248
收 8 个克鲁扎多。超过了这个期限，新来的人还要交一大笔未透露具体金额的税钱给国王以获取永久居住权。交不起的话，这些流亡者就没有公民权。实际上，他们都是国王的臣民，只有让他高兴才能生存下来，并没有什么权利。约翰二世的继承者——曼纽尔一世采取了不同的政策。葡萄牙是个庞大的殖民帝国，海外殖民地远远大于本土人口和土地。曼纽尔一世意识到了犹太人对庞大帝国的潜力。于是，他恢复了犹太人的公民权。然而，这项优惠政策的代价是犹太人必须改信基督教。他们不得不接受洗礼，否则就得离开这个国家。[10]

许多先是被流放并遭受剥削的犹太人现在接受了洗礼。以后发生的事情很难用数量来加以描述，但大致是这样的。西班牙裔犹太人中的很大一部分都以葡萄牙人的方式信了基督教，并遭受着不同程度的苦难。他们成为了**改宗者**或新基督徒。经过很多代以后，他们的后代可以在现在找到，他们都已成为了天主教徒、新教徒或者不信教。他们融入了这个古老的国家，他们的犹太人习俗也随着五百多年的时间流逝而变得模糊。另一部分西班牙裔犹太人成为马拉诺。他们表面上很像基督徒，但是还是力图在家中保持犹太人习俗。大部分的新基督徒不可能在暗中信奉犹太教，但是没有人知道有多少人在暗中信奉，信奉了多久。顺便提一下，马拉诺这个单词来自西班牙语 *marrar*，意涵明显的侮辱（意思是像猪一样），并且意味着智力低下（也意味着不完全或者失败）。

249 马拉诺的命运各不相同。有些人死在1536年[11]建立在葡萄牙的宗教裁判所的手中，宗教裁判所将迫害的对象从新教徒的异端（他们在葡萄牙不太多了）转移到马拉诺上，对教会和国家更有利。[12]另一部分马拉诺放弃了使他们处于危险和警告的历史传统行为，也加入了以前葡萄牙犹太人的阵营。马拉诺中的极少一部分人最终离开了葡萄牙，他们大量的财富和国际联系使他们能够向外移民。

马拉诺经常更改名字，如把加布里埃尔改成乌列尔，这不仅是因为想换名字，而是出于安全的考虑。改名字可以迷惑宗教裁判所的密探，并避免其对仍在葡萄牙的家庭成员的怀疑。斯宾诺莎周围的人都牢记着，不光行为而且思想也要隐藏起来。马拉诺的另一个特点是高度的自我克制，其生活和特殊的信仰在几十年中没有教会（当然，犹太教会被关闭了）的影响下还暗中保持着。当斯宾诺莎要隐藏其观点时，也是出于相同的历史原因。祖先的经历是有用的。巧妙的伪装和自我克制是斯宾诺莎突出的人格特点，这不是受希腊哲学的影响。但是，最重要的是西班牙裔犹太人的这段历史让斯宾诺莎不得不面对一种宗教和政治奇怪的结合，而这让犹太人历经多个世纪仍然保持着团结。我相信
250 这种特殊经历让斯宾诺莎采取了历史中的一个立场，最终形成了人性的观点，它超越了犹太人所面对的问题，也适用于整个人类。

如果斯宾诺莎不了解马拉诺在阿姆斯特丹体验到的自由含义，他还会作出这样的贡献吗？我想可能不会。要是斯宾诺莎的父母一直待在葡萄牙，他还会是他吗？这就像日本饭要是在波尔图、维迪盖拉、贝尔蒙蒂会变成什么样的问题一样。当然，这绝对不可能。马拉诺的内心矛盾使其躲避不可调和的宗教力量，转向自然和世俗。[13]但是不管马拉诺的内心冲突有多强烈，仍然需要火花来激发其创造力，这个火花就是自由。考虑到荷兰政府在斯宾诺莎死后是如何对待其作品的，这可能听起来很矛盾，但实际并不矛盾。荷兰人的自由还没有大到可以容忍、更不用说欢迎斯宾诺莎出版著作的程度。但是荷兰的自由可以让他读到那个时代的新资料；可以让他与不同宗教和社会背景的人讨论新思想；可以让他尽管是刚刚、但可以独自思考人性。所有的这些在葡萄牙以及17世纪的任何地方都不可能做到。我们需要荷兰黄金年代的独特环境，将一个苦难民族郁积的冲突转化为一个优秀民族丰盛充沛的创造力。

开除教籍

斯宾诺莎出生在一个不断被流放的民族中，到 24 岁时，他也被他的犹太教会所驱逐。他陷入了更大的社会孤立之中，只能靠写作来超越了。他被教会 251
驱逐就像乌列尔·阿科斯塔事件一样富有戏剧性。拉比们知道斯宾诺莎的学说以及他学说中否定现存律法的方面。然而，直到他的父亲去世，除了与个别的拉比辩论，斯宾诺莎似乎并没有将他的学说公开，也没有写成文字。他继续到犹太教会，而且由于父亲的去世，22 岁的斯宾诺莎开始负责其家庭企业的经营。转折就发生在这段时间。他开始公开自己的观点，也不再害怕他的观点可能引起的麻烦；他与非犹太人交往甚密；他开始将犹太人的日常事务带到了世俗的荷兰人圈子。斯宾诺莎忽视了一个严格的规定，即犹太人的所有问题包括商业、财产及类似争端应该由世俗的 nação 来处理，而不是通过荷兰法庭。

犹太教会的长老使用各种办法说服他不要这样思考和行事。他们许诺给斯宾诺莎一笔 1 年 1 千弗罗林的津贴，而斯宾诺莎对此只是嗤之以鼻。后来他们对他进行了“初级的”放逐，将斯宾诺莎与其他犹太人隔离 30 天。他们可能还策划了一起刺杀行动，幸好斯宾诺莎得以幸免于难。这些惩罚只是加强了斯宾诺莎的决心。

1656 年 7 月 27 日，犹太教会终于签发了“最高”驱逐（Cherem）令。关于这一现象很多词都很合适。特别要注意的是，尽管 cherem 总是翻译成驱逐，这个单词更准确的翻译是排除在外。这个处罚不是教会当局而是被称为“先生”（senhores）或者“议员”的犹太人长老发出的，尽管这次处罚咨询了拉比，而且并不只是宗教性质的。被驱逐的对象被排除在社区之外，无论是物理 252
意义，还是社会意义上。另一方面，必须注意的是，与天主教的驱逐（auto-da-fé）、中世纪宗教法庭对异教徒所处的火刑相比这个驱逐很轻。即使是对可怜的乌列尔·阿科斯塔的 39 鞭，当把它与宗教裁判所对毫不悔改的异端施加的拷问室和火柱相比时也不值一提。毕竟邪恶也有不同的程度。

以阿姆斯特丹犹太人的标准来看，对斯宾诺莎的驱逐是残酷的、不寻常的、粗暴的并具有破坏性的。毫无疑问，犹太人也对这个处罚感到尴尬。当与斯宾诺莎同时代的传记作家约翰尼斯·科尔勒斯（Johannes Colerus）想要这次处罚的文件时，长老们拒绝了。

当地犹太人的档案表明，从斯宾诺莎出生到给予他处罚这段时间共有15次“严重”的处罚。其他的处罚在用词上没有这么严厉或完全定罪。奇怪的是，驱逐斯宾诺莎文件的一部分好像是几十年前的威尼斯的西班牙裔犹太长老写的。在1656年前阿姆斯特丹的长老就已经将这段诅咒收录在一本处罚的书中，以用于违反律法的人身上。斯宾诺莎以前的老师，他父亲亲密的朋友莫特拉拉比为斯宾诺莎选择了这一段。这个处罚的文本翻译来自研究斯宾诺莎的学者弗雷德里克·波洛克（Frederick Pollock）在1880年提供的葡萄牙文原件。

> 议长早已知道了斯宾诺莎的邪恶观点和著作，他们用各种办法将他从
> 253 邪恶中解救出来，结果毫无用处，他们发现他宣扬更多的异端邪说和邪恶行径，对于这些罪行有很多诚实的人可以作证。经过审查，长老们一致同意斯宾诺莎应该被驱逐出教会并与以色列民族脱离关系；现在他要带着下面的处罚被驱逐：
>
> 按照天使和圣徒的判决，经过长老和全体教徒的同意，在《圣经》面前我们驱逐、断绝、诅咒巴鲁克·德·斯宾诺莎。根据《圣经》的第613箴言，约书亚对耶利哥城、以利沙对孩子的诅咒，以及在律法中的所有诅咒。白天将诅咒他，夜晚将诅咒他。在睡觉时诅咒他，在醒时诅咒他，在出去时诅咒他，在进来时诅咒他。上帝将不会原谅他，上帝的愤怒将从此跟随着他，所有在律法中写的诅咒都将加到他身上。上帝将在阳光下毁灭他的名字，由于他毁灭整个以色列而隔离他，并用记载在律法书中的上天咒语来诅咒他。但是忠诚于上帝的你们今天将永生。
>
> 我们警告你们不要跟他说话、写信，帮助他，不要与他同处在一个屋檐下，与他相距不能小于4米，也不能读他写的书。[14]

254 这样，斯宾诺莎就与犹太人彻底隔离了。犹太人朋友和家人都不能看他并要与他保持距离。他像鸟一样自由，也差不多一无所有了。他现在称自己为贝内迪特。

应该注意到的是甚至是在这次处罚时期，也没有任何迹象表明，斯宾诺莎在利用审判官的尴尬来以雄辩赢得他在公众面前的胜利。他本可以揭露犹太教会的特权。如果他愿意，他还可以抨击这次驱逐，但是他并没有这样做。[15]

斯宾诺莎的克制预示了他坚持只能通过拉丁文字来表达自己的思想，这样

只有受过良好教育的人才能了解其思想，应对潜在会出现的问题。我相信斯宾诺莎确实担心自己的思想会对只想维持生计的人产生不良影响。

在 1656 年 7 月 27 日，斯宾诺莎可能在一个离犹太教堂不远的荷兰朋友家中，他好像是这样来表达对这次放逐的愤慨的：“这让我一无所有，无事可做。”简明，高贵，扼要。

文化遗产

斯宾诺莎的传奇经历让人感到心痛，也很复杂。有人可能会说，由于他所处的历史背景和不妥协的立场，对他的著作的攻击和禁止将是不可避免的。在某种程度上斯宾诺莎的情况确实如此。但是，事实上对他的著作的反应比任何人预期的还要强烈。

斯宾诺莎没有留下遗嘱，但是他给他在阿姆斯特丹的朋友、出版商里乌沃
茨（Rieuvertz）留下了如何处理他的手稿的详细说明。里乌沃茨很忠诚而且非常 255
勇敢、精明。斯宾诺莎死于 1677 年 2 月末，但是就在那年年底，一本题为《遗著》（*Opera Posthuma*）的书就出版了，《伦理学》是这本书的主要内容。1678 年这本书被翻译成荷兰语、法语。里厄沃茨以及帮助斯宾诺莎的朋友不得不与极端敌视斯宾诺莎观点的人作斗争。当然犹太人、梵蒂冈、加尔文主义者已经预料到这种结果，但是对该书的抨击比这还要多。荷兰当局第一个将此书列为禁书，然后其他的欧洲国家也开始效仿。在许多地方，如荷兰，禁令得到严格执行。当局检查书店，并没收他们找到的任何禁书。出版和销售这些书是犯罪行为，但只要人们对这些书感到好奇，就会有不法销售。里乌沃茨灵巧地逃避了当局的追究，并一直否认知道该书原稿以及任何有关印刷的责任。在荷兰以及其他国家，他设法非法销售了其中的一些书，但具体有多少就不清楚了。

欧洲的很多私人图书馆公然蔑视教会和当局，私自保存着斯宾诺莎的书籍。特别在法国，他的书得以被广泛阅读。毫无疑问，斯宾诺莎著作中关于组织宗教和国家之间关系的论述受到了好评。但是教会和当局基本上还是赢得了这场斗争的胜利，因为斯宾诺莎的观点不能在出版物中得到正面的引用。禁令是隐含的，而不是公开立法的，但这样做的结果可能使斯宾诺莎更有影响了。
由于害怕招致灾难，没有几个哲学家和科学家敢于支持斯宾诺莎。引用斯宾诺 256
莎的观点或探讨他文章里的观点来论证自己的观点只会削弱观点的影响力。斯

宾诺莎在欧洲是种诅咒，这在他死后的将近一百年的时间一直如此。相反，引用其观点来批判斯宾诺莎的文章受到欢迎而且数量众多。在某些地方，例如葡萄牙，提到斯宾诺莎都要在他名字前面加上限定词，如“无耻的”、“败坏风俗的”、“不虔诚的”、“愚蠢的”![16]有时，一些批评性言论只是烟幕弹，真实目的是想分析斯宾诺莎的思想。这种假装攻击的著名事例是皮埃尔·贝尔（Pierre Bayle）在《大百科全书》（*Dictionaire Philosophique et Critique*）中关于斯宾诺莎的部分。玛丽亚·路易莎 ·里贝罗·费雷拉（Maria Luisa Ribeiro Ferreira）认为，贝尔非常矛盾并且可能故意在文字上模棱两可；他好像要反对其观点，却成功地让公众注意到斯宾诺莎的观点。[17]值得注意的是，斯宾诺莎条目是在整个词典中数目最多的。

然而，有时聪明的嘲笑和反驳也不被允许，这些暗中的斯宾诺莎崇拜者，被要求删去其暗含斯宾诺莎主义的文章。有一个著名的事例有关于孟德斯鸠（Montesquieu)，他对启蒙运动作出了巨大贡献（1748）。孟德斯鸠关于伦理、上帝、有组织宗教、政治的观点是深刻的而且是斯宾诺莎主义的。毫无疑问，这样的思想会被批判。孟德斯鸠似乎还没有预计到这种攻击的严重程度，在书出版不久，孟德斯鸠就被迫否定了自己的斯宾诺莎主义观点，并公开宣布信仰基督上帝。这样一个信仰者与斯宾诺莎有何关系呢？就像乔纳森·伊斯雷尔（Jonathan Israel）所说的那样，对孟德斯鸠仍然持有保留态度，梵蒂冈还是对他不信任。要当心!

由于清除了书中有关斯宾诺莎的文献，后人越来越不知道这些思想的来源
257 了。斯宾诺莎的影响没有得到承认。斯宾诺莎受到嘲笑和劫掠。在他活着的时候，人们知道他是谁，但是他的思想是隐含的。死后，他的思想得到自由传播，但是他的身份只有与他同时代的人知道，以后的人们很难知道这些思想的作者是谁。

事情最终发生了变化。近来，人们逐渐意识到斯宾诺莎的思想是启蒙运动的一种决定性的推动力量，并促进了 18 世纪欧洲关于知识的讨论。尽管这期间的历史很难让人相信这些。乔纳森·伊斯雷尔令人信服地论证了以上观点，并揭示了斯宾诺莎去世后其影响也消失的观点并不正确。[18]伊斯雷尔提出论据，驳斥了认为约翰·洛克（John Locke）的思想从启蒙运动一开始就是主流思想的观点。例如，启蒙运动的一本核心著作，狄德罗（Diderot）和达朗贝尔（d'Alembert）的《百科全书》（*Encyclopédie*）有关斯宾诺莎的条目所占

空间比洛克的多5倍，尽管对于洛克有更多的支持。伊斯雷尔认为这可能是出于多种目的。伊斯雷尔还指出在约翰·海因里希·泽德勒（Johann Heirich Zedler）1750年的《世界百科大全》（*Grosses Universal Lexicon*，18世纪最大的百科全书）中，“斯宾诺莎”和“斯宾诺莎主义”的条目要比洛克的条目多很多，洛克的影响只是在以后才增大的。[19]

不幸的是，几乎没有哲学家，不管是年轻的还是年老的，公开将其思想来源归功于斯宾诺莎，更不用说称自己是斯宾诺莎的追随者或继承者。甚至莱布尼茨也没有这样做，尽管他读了斯宾诺莎所有未出版的手稿，并且可能是当时最有条件理解他的人。像其他人一样，他暗中支持其观点，表面上却站在批判的立场。启蒙运动对斯宾诺莎的官方观点也类似。私下里他们受到了斯宾诺莎思想的影响和启发，但在公开场合他们还是诋毁他。伏尔泰（Voltaire）关于 258
斯宾诺莎的小诗，形象地说明了哲学家们在对斯宾诺莎被迫的公开批评和个人暗中支持之间的矛盾，[19]我将这首诗翻译如下：

> 那时，一个矮个子的犹太人，高高的鼻子，面容苍白，
> 贫穷但心满意足，他沉默寡言，
> 精致但空洞的灵魂受到众人的赞赏，但很少被人了解，
> 隐藏在他的导师笛卡尔背后，
> 他小心地向这位伟人走去：
> 打扰一下，他低声说道，
> 我认为，在你我之间，你根本就不存在。
>
> ——伏尔泰

启蒙运动之后

启蒙运动以后，斯宾诺莎的影响开始逐渐被人了解。引用斯宾诺莎不再是错误的行为，世俗社会逐渐将斯宾诺莎看作是先知。加布里埃尔·阿尔比亚克（Gabriel Albiac）准确地将这描述为“通常很少被阅读，或是理解有偏差，或是根本没有阅读其著作”。[20]但是有些人阅读了他的作品并用他的思想来指导自己的生活。哲学家弗里德里希·海因里希·雅各比（Friedrich Heinrich Jocobi）、弗里德里希·冯·哈登伯格·诺瓦利斯（Friedrich von Hardenberg

Novalis)、戈特霍尔德·莱辛（Gotthold Lessing）将斯宾诺莎介绍给他们那个时代的读者。歌德接受了斯宾诺莎的思想并成为他的拥护者，他相信斯宾诺莎对他个人和工作有很大的影响。“这个深刻影响我整个思维方式的人就是斯宾诺莎，我一直试图理解本性，然而却一无所获，直到我读到了斯宾诺莎写的《伦理学》。我认真阅读了它，但我不能复述它；我找回了我的激情，它清晰地阐述了物质和道德之间的关系。但是，真正让我钦佩他的地方体现在他文章中
259 的每一个句子中的不带任何偏见的独立和客观，这种奇妙的感受就像‘热爱上帝的人一定不要期望上帝也爱他’一样。”[22]

那些英国诗人也宣称自己是斯宾诺莎的拥护者。萨缪尔·泰勒·柯勒律治（Samuel Taylor Coleridge）接受了他的思想，威廉·华兹华斯也一样，他沉醉于自己的本性、沉醉于斯宾诺莎对于神性的沉迷。珀西·雪莱（Percy Shelley），艾尔弗雷德·丁尼生（Alfred Lord Tennyson）和乔治·艾略特（George Eliot）都是他的拥护者。要是康德不拒绝读他的书，休谟再耐心一些的话，斯宾诺莎可能早就重返哲学界了。最终，黑格尔说，“要成为一个哲学家，你必须先成为一个斯宾诺莎主义者：如果你不了解斯宾诺莎主义，你就不了解哲学。”[23]

斯宾诺莎对现代科学的影响，自然而然地和他的观念联系着，但生物学和认知科学却似乎未受影响。但是到 19 世纪情况可就显然不是这样了，心理科学和脑科学的两个奠基人，冯特和赫尔姆霍兹（Herman von Helmholtz）却都是斯宾诺莎的热情拥护者。阅读 1876 年在海牙参加树立斯宾诺莎雕像的各国科学家名单时，我发现了冯特、赫尔姆霍茨以及克劳德·伯纳德的名字。[24]有可能是斯宾诺莎激发了伯纳德研究生命平衡状态的兴趣吗？

在 1880 年，生理学家约翰尼斯·缪勒（Johannes Müller）注意到“两百年前斯宾诺莎的科学发现与当代德国的冯特、（厄恩斯特）海克尔（Ernst Haeckel），法国的（伊波利特）丹纳（Hippolyte Taine）、英国的（阿尔弗雷德）华莱士和达尔文的发现相似，这启发我们通过生理学来研究心理问题。”[25]我认为斯宾诺莎是现代生物学思想的先驱，这个观点显然适用于缪勒、弗雷德里克·波洛克，他们说斯宾诺莎“越来越成为研究关于人的科学的哲学家”。[26]

260 对斯宾诺莎的认可似乎在 20 世纪又枯竭了。例如，斯宾诺莎很可能对弗洛伊德有重要影响，弗洛伊德的思想体系需要保存自我这个动机，对此斯宾诺莎在“保存自我的努力”中详细论述了这种自我保存行为的无意识性。然而，

弗洛伊德从没有引用过这位哲学家的名字。当被问及这个问题时，弗洛伊德尽力解释这种遗漏。在 1931 年给劳瑟 ·比克尔（Lothar Bickel）的信中，他写道："我完全承认我对斯宾诺莎思想的依赖，如果我没有直接引用他的名字，那是因为我从未从他的研究中，而是从他创造的氛围中获取思想来源。"[27] 在 1932 年，弗洛伊德永远关闭了承认受斯宾诺莎影响的大门。这时，在另一封给西格弗里德·赫辛（Siegfried Hessing）的信中，他说："我在一生中都很尊敬这个人和这个伟大哲学家的思想，但是我相信这种态度并不能让我公开地引用他，这是因为对于别人从谈到过的东西，我也没有什么好说的。"[28] 公平地讲，我们还记得斯宾诺莎也没有引用过凡·登·恩登和阿科斯塔，可能如果斯宾诺莎被问及原因时，他的回答也许与弗洛伊德类似。

30 年后，法国著名的精神分析师雅克·拉康（Jacques Lacan）用不同的方式提到了斯宾诺莎的影响。1964 年在法国高等师范学校（Ecole Normal Superieure）题目为"驱逐"（The Excommunication）的演说中，拉康述说了国际精神分析协会是如何阻止他训练精神分析师并将他驱逐出该协会的。他将这次开除比喻为一个大驱逐，并说这个处罚与 1656 年 7 月 27 日斯宾诺莎接受的处罚一样。[29]

所有的人都拒绝承认斯宾诺莎，但也有例外。阿尔伯特·爱因斯坦，20 世纪标志性的科学家，毫不犹豫地承认斯宾诺莎对他有深刻的影响。爱因斯坦尤其欣赏斯宾诺莎关于宇宙和上帝的观点。[30] 261

海牙，1677 年

斯宾诺莎在 44 岁时就去世了。多年来他一直有呼吸系统的疾病。有文献记载他患有慢性咳嗽，而且经常抽烟。烟斗是他对感官快乐的一种妥协。他可能相信烟草有助于抵抗当时欧洲肆虐的瘟疫。斯宾诺莎从几次夺去周围很多人生命的瘟疫中幸存下来，可能抽烟有所帮助。在他去世前的几个月中，他的病情开始恶化，尽管他从没有停止工作和接待来访者。他的去世很突然，是 2 月 21 日，一个星期天的下午，但是就在这天早上，他还像往常一样与范德斯皮克家一起吃午饭。那天下午那一家去了教堂，斯宾诺莎在他的阿姆斯特丹医生卢多威克·梅耶尔（Ludowick Meyer）照料下，直到去世。

斯宾诺莎的死亡通常都被认为是肺结核导致的，但并没有证据表明他是个肺结核病人。他的病可能不是普通的疾病。就像玛格丽特·格伦乌尔（Margaret Gullanuhur）认为的那样，他可能得了一种职业病，硅肺病，一种还没有得到确认的病，它是由吸进的玻璃碎末引起的，而这正是斯宾诺莎成年后每天大部分时间做的工作。没有像今天这样的防护面罩的保护，也没有对肺病或瘟疫的预防，斯宾诺莎的肺里可能吸进了玻璃粉末，这导致了他的死亡。

262 那时，他要去海牙的信念越来越强烈，并且不可动摇。但是，希望被认可并产生影响的梦想彻底破灭了，在他的安息之地是平静和接受。

藏　书

在斯宾诺莎莱茵斯堡的房子里，我再一次看到了他的书。有马基雅维利、德·格莱提乌斯（De Grotius）和托马斯的书，最多的是霍布斯的关于政治与法律之间关系的书。还有加尔文的书，几本《圣经》，一本关于卡巴拉秘教的书，好几本词典和语法书，这是其资料室的基本藏书。还有几本解剖方面的书——与伦勃朗齐名的特尔普医生的书和科克林医生（Dr. Kerckring）的书。西奥多·科克林是斯宾诺莎同时代的伙伴和情敌，是斯宾诺莎在凡·登·恩登学校的同学。他也喜欢克拉拉·凡·登·恩登，而且科克林最终与她走向结婚圣坛。斯宾诺莎保留了他的两本书让人感动。可以想象斯宾诺莎原谅了他们俩，忘记了西奥多送给克拉拉的项链，当时被爱人抛弃的斯宾诺莎只能悲伤地看着光彩照人的克拉拉。

同时代的书比较少，只有西班牙的塞万提斯和贡戈拉（Gongora）的著作，没有葡萄牙诗人卡蒙斯（camões）的书，能够想象斯宾诺莎旁边没有卡蒙斯的书《卢济塔尼亚人之歌》（*The Lusiad*）吗？可能这些书让人感到痛苦或他不希望想起葡萄牙，或者他对现代诗歌就不太感兴趣。他没有收藏很多关于诗歌、音乐、绘画方面的书，尽管斯宾诺莎承认音乐、戏剧、艺术甚至体育都对实现人类幸福有益处。莎士比亚和克里斯托弗·马洛（Christopher Marlowe）的书也没有，但是当时斯宾诺莎不读英文书，可能当时这些书还没有翻译过来。在他的书架上，甚至哲学书还没有数学、物理、天文学方面的书多，只有笛卡尔的书还较多。

263 仅仅根据一个人藏书的数量和内容就来判断这个人的阅读习惯是有风险的，但是不管怎样，这个书架是真实的，可能这些书就是他以后的岁月需要的所有书籍。这些藏书是斯宾诺莎的残留影响的一个片段，这使得抽象主义超乎寻常。然后我又一次看了留言簿，发现了爱因斯坦的名字，想象着他在1920年11月2日到这里的情景。

我心中的斯宾诺莎

希望在想象中与斯宾诺莎见面是我写这本书的原因之一，但是这次会面花了很长时间才到来。以前我一想象斯宾诺莎可能长什么模样，他是如何生活、行事的，我的脑子就一片空白。这并不奇怪，首先，对他生活的描述就像他的家庭地址一样常常变化，当代关于他的传记在细节上也不是很丰富。其次，他的生活方式很封闭。但《伦理学》和《神学政治论》中的一些章节非常幽默。这肯定是一个线索。斯宾诺莎非常尊重同行，甚至是那些他讨厌其思想的人。毫无疑问，这也是另一个线索。但是这样的线索并不足以描述一个完整的人。在文字背后的人完全隔离于读者之外，这或许因为他是在用拉丁文写作，或因为他有意识不流露自己的个人感受。斯图亚特·汉普希尔(Stuart Hampshire)倾向于后者，我也这样认为。[32]但是，随着细节的积累和
思考，一个有血有肉的斯宾诺莎开始浮现在我脑海中。现在我可以毫不困难地 264
看到不同年龄、不同地点、不同处境下的斯宾诺莎。

在我看来，他童年时是个不可思议、爱提问、有主见、心智发展超过同龄孩子的儿童。青少年时期，他头脑敏捷并很自负。20岁左右是他最艰难的时期，他既是个童叟无欺的商人，又是一个渴望成为哲学家的青年；他的行为举止像伊比利亚的贵族，同时又在忙于在荷兰立足。这段冲突时期到他25岁左右结束了。突然间他不再是犹太人或商人了；他没有了家人；但是他并没有失败，他用他犀利的分析和热情成为了各种小聚会上的主角。他的传奇从那时开始。他还找到了一个新职业——制作镜片，这成为了他的谋生手段并加深了他对光学的研究；在业余时间他开始绘画，并且似乎他画得很好，但是我们没有找到他的任何绘画作品。

30岁的时候，他又有所改变。他开始行事谨慎，压制表现自己的才华。他比以前对周围的人更和蔼了，对那些不够聪明的人也很有耐心。成熟的斯宾诺莎信念坚定但并不教条，尽管他对他人更加包容，但还是退避着寻找更安静的地方居住。在这个时期，我想象的斯宾诺莎平静地与周围人交谈，并受到很多人的尊敬。

我喜欢最后见到的斯宾诺莎吗？我并不能简单回答。我当然钦佩他，我有时很喜欢他。但是我希望自己能像了解他的行为方式一样了解他的思维方式。他从不向审查屈服，还有些古怪。然而，我很清楚当时他阐述自己的观念以及从容面对由此产生的危险的勇气。用他的话来说，他成功了。[33]

7

谁在那儿?

心满意足的生活

当斯宾诺莎的形象在我脑海中日益清晰时，我常常问自己一个令我困惑的问题：斯宾诺莎在福尔堡和海牙的时候真的生活幸福或过着圣徒般的生活吗？他是在小心地维护自己的仁慈形象，同时反对别人把自己的学说当作权威，并使自己的批判不那么尖锐吗？我想象中的斯宾诺莎确实是这样。斯宾诺莎确实对生活没有过多要求。他比较节俭，但他并没有刻意在为后代树立一个自我牺牲的形象。他的生活和哲学可能在33岁左右趋于成熟。

假设斯宾诺莎对生活现状感到满意，他的生活没有什么坎坷，这点常能与幸福联系到一起，但是他身体不好、穷困、没有什么亲密的朋友，即使是亚里士多德也会因为这些认为自己生活并不成功。我们有理由询问是什么让斯宾诺莎对生活感到满足的？他的秘诀是什么？我这样问并不仅是出于好奇，而是想引出另一个问题：情绪、感受和我们一直在本书中讨论的身心生物学方面的知识与心满意足的生活有什么关系？毫无疑问，情绪和感受是我们自身和社会联

系的一个组成部分。问题是：**知道**情绪和感受的运作机制究竟对我们的生活有
268 什么作用呢？我在前面说过，了解这些对我们的社会生活很重要，但是在这里我想探讨的是这些知识是否与个人内部生活调节有关呢？

我们注意到现代生物学影响下出现的人性概念与斯宾诺莎的人性概念有很多相似之处，因此把这个问题与斯宾诺莎联系起来是很有意义的。我们应该考察斯宾诺莎是如何看待满足的。

斯宾诺莎对如何实现生活幸福的著名建议是在论述伦理行为与民主国家中提出的。但是斯宾诺莎认为，只是遵守一个民主国家的道德规范和法律并不足以使人实现最高形式的满足感，他将这种持续的快乐与对人类的救赎等同起来。在我看来，现在的大部分人可能不会再这样思考问题了。很多人除了遵守道德规范和守法，追求爱情、家庭、友情、健康、工作奖赏（个人满意度、他人的认可、荣誉、酬劳）、追求快乐、积累财富、爱国外似乎还有更多的要求。很多人至少想知道他生活的意义。不管我们对这种需要是否能够清晰表述，我们都渴望知道我们来自何处，将去往何方，可能我们对后者更为关注。生活中有比我们短暂的存在更为有意义的事吗？对于这样的追问，有些人已经找到了答案，有些人还在寻求。

269 不是所有的人都会思考这些问题。人类的需要因人的性格、好奇心、社会文化背景而存在很大的差异。年轻人不会花时间去思考人类自身的弱点。财富是另一种有力屏障。很多人不明白：除了青春、健康和财富，还有什么呢。为什么要自寻烦恼呢？但是，对于那些意识到这些需要的人来说，长期探询这些不能自然而然就能得到解答或根本就没有解答的问题是理所当然的。为什么要弄清这些问题呢？

有人可能会说，探索这些问题是人类心灵的一种内在本性。它是由人脑内部机制和基因决定的，这和驱使我们充满好奇地探索我们自身和外界世界的机制并解释客观世界的本性一样。从进化的角度来分析这种本性是合理的，但是还需要考虑其他方面的因素才能理解人类为什么以及如何具有这种本性的。我相信在早期人类中存在着和我们现在一样的一种东西。这是一种强大的生物机制：当我们忍受着痛苦，特别是面对着我们自己或者我们所爱的人的现实或以后的死亡时，我们就意识到了这种斯宾诺莎曾清晰表述过并将它作为人类本质

的自我保存的自然倾向。正是痛苦和死亡的现实破坏了个体的内部平衡。自我保存和追求幸福的本能努力阻止这种不可避免的事情发生，并恢复内部平衡。这种奋争促使我们为这种非平衡趋势找到补偿策略，意识到这种困境是我们内 270
心深处悲伤的原因。

再说一遍，并不是所有的人都有这样的意识，原因是多样的。但是对于那些具有像我所描述的那样反应的人，不管他们能够如何有效地克服困难走出困境，他们面对人类的有限性还是会产生悲剧意识，这就是人的特性。如何解决这种困境呢?

我猜测，这种困境首先是我们具有**感受**（不只是具有情绪而是感受），特别是我们所具有的移情，我们通过移情可以充分认识到我们与他人自然的情绪的感受；在特定的情境下，移情使悲伤成为可能。第二，这种困境是我们所具有的两种生物的天赋——**意识**和**记忆**——的结果，其他物种也具有这些特性，但是只有人类达到了最发达极致的程度。意识这个词的严格含义是心灵中的自我，但是在现实中，意识有更多的含义。在自传式记忆的帮助下，意识使我们具有了一个带有个人体验的自我。作为有意识的个体，当我们面对生命的每一瞬间时，与此有关的过去的欢乐或痛苦以及以后可能会有的更多快乐或痛苦也涌上心头。

要是没有这种高级的人类意识，我们现在或在人类早期就没有深刻的痛苦。我们不知道的东西不能伤害我们。如果我们具有意识，但基本上没有记忆，也不会有深刻的痛苦。我们现在知道、但却不能置于我们个人生活的历史背景下的事情，只会伤害现在的我们。具有了意识和记忆，人类生活就产生了 271
悲剧意识。幸运的是，这两种特性也是无限快乐、荣誉的源泉。被审视过的人生才具有优越性，而不仅仅是诅咒。从这个角度来看，人类拯救（可以将审视过的人生转变为幸福的人生）必须包含如何才能抵制痛苦和死亡带来的痛苦，消除它们并用快乐来代替的方法。情绪和感受的神经生物学表明，与痛苦相比人类更偏好快乐，而且快乐能使我们更为健康，更有创造性。我们应该有充分理由追求快乐，不管这种追求看起来是多么愚蠢和不现实。如果我们在压迫或者饥荒下死去，而且不能说服自己我们活着有多么幸运，可能这是我们努力得还不够。

面对死亡和痛苦能有力地摧毁我们的体内平衡状态。当早期人类拥有了社会情绪和同情、快乐和悲伤的情绪和感受、有自传式自我的扩展的自我意识，以及具有可以调整情绪状态、恢复内部平衡状态的想象和行动能力时（前两种条件，情绪和感受，不管是否是社会性的，都已经在某些动物身上出现萌芽；后两种条件，自我意识和想象基本上为人类所独有），他们就开始体验到了这种不平衡状态。向往恢复体内平衡是对痛苦的一种反应。那些脑更能进行这种修正性的想象、并能有效地恢复体内平衡的个体更有机会长寿，并且拥有更多
272 的后代。他们的基因模式以及这种反应倾向将更有可能得到传播。这种探求以及它所带来的好处代代相传。这就是人性中为什么一个重要的部分是既有能产生悲伤的因素，也在其生物性的构成中要寻求补偿性的舒适。

因此，想要进行人类拯救就必须让人适应被预见到的死亡或身体和心理上的痛苦。（当然，在出现不朽的概念后，人类拯救还需要阻止生命进入地狱。）人类想要拯救自己有着很长的历史。明智的个体创造出动人的故事以直面悲惨生活，通过皈依宗教来应对最后的痛苦。（这并不是说，面对死亡和痛苦是产生宗教言论的唯一原因，道德规范的实施是另一个重要因素，可能对那些遵守道德规范的个体的生活具有同样重要的影响。）一些有名的宗教故事许诺了死后的收益，有些许诺了生活的舒适，但是在给予补偿这点上都是相同的。斯宾诺莎在某种程度上是对这种历史的一段反应。斯宾诺莎在一个信奉宗教的民族中长大，但他拒绝了该宗教提出的拯救人类的方法，不得不寻找另一种方法。《神学政治论》和《伦理学》都是关于人是什么、应该成为什么样的人以及如何成为这样的人的著作。然而，斯宾诺莎的解决方法在一定程度上成为了历史的分水岭。

273

斯宾诺莎的解决方法

斯宾诺莎的理论体系中也存在一个神，但不是按照人的形象想象的一个先知先觉的神。神是在我们感知之前存在的世界的全部本原，是没有起点的、永恒的、具有无限属性的实体。在现实中，神就是自然，并清晰地表现在生物体中。这些是经常被引用的斯宾诺莎主义观点。*Deus sive Natura* 的意思就是神或自然。[1]上帝不是按照《圣经》中所描述的那样将自己展现在人类面前。你不能向斯宾诺莎的神祷告。

你不需要害怕这个神，因为他永远不会惩罚你。你也不用为了从他那儿获取好处而努力工作，因为你什么也得不到。你唯一可以害怕的事情是你自己的行为。当你对别人不够好时，你惩罚了自己，你失去了获得内心安宁和幸福的机会。当你爱别人时，这是一个获得内心安宁和幸福的好机会。因此，一个人的行为不应该是为了取悦神，而是应按照神的本质行事。当你这样做的时候，你就获得了某种幸福和拯救。**现在**，斯宾诺莎的拯救——萨卢斯（*salus*）① ——就是经常感到幸福，实现一种健康的心理状态。[2]

斯宾诺莎否定了来世报答或惩罚是道德行为的有效激励因素。在一封信中，他对这样一种人感到可悲："如果他不是由于惧怕地狱而有所保留，他就是那种按照自己强烈欲望行事的人。他不去做邪恶的事情并违反着自己的意愿按照上帝的要求去做，由于受着这些束缚，他希望神将会用符合他嗜好的东西而不是神圣的爱来报答他，他需要的东西要远远大于他本来不喜欢的德性。"[3] 274

斯宾诺莎指出了两种不同的拯救途径：一种适用于所有人，另一种更为艰辛，只适用于那些具有自制力、受过良好教育的知识分子。拯救之路需要有良好的德性、遵守民主国家的制度和神的本质。第二条接受拯救的路需要第一条需要的所有条件，此外，斯宾诺莎最重视通过直觉来达到理解，而直觉又是大量知识和长期思考的结果。（斯宾诺莎把直觉看作是获取知识最复杂的方法，直觉是斯宾诺莎的第三种知识。但是直觉只是在我们积累了大量知识并进行推理的基础上产生的。）斯宾诺莎把实现这些目标所付出的努力看得很平常："如果解救之事易如反掌，可以不劳而获，那又怎么会几乎为人人所忽视呢？但是一切高贵的事物，其难得正如它们的稀少一样。"（《伦理学》，第五部分，命题 42 的附释）

对于第一种拯救方式，斯宾诺莎反对《圣经》所描述的上帝的救赎，但是认可摩西和耶稣的智慧。斯宾诺莎认为《圣经》是蕴涵着人类行为和公民组织知识一个宝库。[4]

第二条拯救的途径假设第一条拯救中的要求都已完全达到，即在一个社会政治组织中，法律使个体拥有公平的任务，对待他人仁慈，过着高洁的生活，
在此基础上它还有新的要求。斯宾诺莎尊重科学，认为应该接受自然规律。例 275
如，死亡和相继发生的丧失不能避免，我们应该接受它们。斯宾诺莎的解决方

① 在罗马神话中主司健康、幸福和兴盛的女神。——译者注

式也要求个体阻断能够引起消极情绪如恐惧、愤怒、嫉妒、悲伤的刺激和情绪机制之间的联系。个体应该用能够引发积极情绪的刺激来代替。为了实现以上目标，斯宾诺莎建议对消极情绪刺激进行心理演练，以增强对消极情绪的抵抗力并逐渐获得产生积极情绪的技巧。这实际上是斯宾诺莎作为心理免疫学者发展的对抗消极情绪的一种疫苗和抗体。这项训练具有斯多葛派的味道，尽管斯宾诺莎对斯多葛派认为人能够完全控制情绪持否定态度。（他也因此批评笛卡尔。）在我看来，斯宾诺莎的这种方法很粗糙，但比斯多葛派要好一些。

斯宾诺莎的方法注重心灵的力量对情绪过程的调节，这反过来又依赖于了解消极情绪产生的原因和情绪机制。个体必须意识到引起情绪的刺激和情绪的发生机制之间的基本差异，以便用可以产生积极情绪的**理性**情绪刺激来替代。（在某种程度上，弗洛伊德的精神分析理论中的投射与这些目标相类似。）今天，我们对情绪机制和感受有了新的认识，这更有利于实现斯宾诺莎的目标。最后，斯宾诺莎的解决方法需要人们从永恒的上帝或自然的角度而不是从个体不朽的角度，运用知识和推理去反思生活。

276 这种努力的结果是复杂的，很难一笑了之。自由是其中的一个结果，它不是我们经常讨论的那种自由意志，而是更根本的东西：对奴役我们的物质需要的依赖降低。另一个结果是我们凭直觉知道了人类的本质。我们感受到了一种包括快乐、喜悦成分的平静感受，但对于这种透明的感受来说，可能用“幸福”（blessedness）和“最高幸福”（beatitude）这两个词来形容似乎是最合适的。（《伦理学》，第五部分，第 32 和 36 命题及它们的注释）。这种“智慧”的感受是“对神的理智的爱”（*amor intellectualis dei*）。[5]

歌德注意到这是一种不要求回报、慷慨、毫无私心的爱。但是歌德的描述并不完全准确。我们确实从中获得了我们最渴望得到的东西——人类的自由，斯宾诺莎相信只有当个体完全根据自己的本性生活并完全按照自己的意愿做事时，个体才是自由的。人们也获得了斯宾诺莎的圣经中最有价值的快乐，这种快乐是从身体中完全解放出来的纯粹感受。

并不是所有人都像歌德那样对斯宾诺莎的拯救方式持肯定态度，还有些人认为他的方式是毫无希望的。[6]但是问题既不是在于这种努力的真诚，也不在于付出的艰辛。我在第 1 章提到的马拉默德这个人就至少具有《伦理学》中所说的“……他就是要使自己成为自由的人”的特点。毫无疑问，斯宾诺莎也想用现代的方式将理性和感受结合起来。斯宾诺莎的方法是要在知识和理性的基础上直觉到自由和幸福。有点奇怪的是，把证明视为心灵的眼睛的人将一生大部分时间用于制造最能帮助心灵看到更多新现象的仪器——镜片。斯宾诺莎将认识自然看作是一个勤于思考的人所必备的东西。认为斯宾诺莎熟练地打磨制作帮助人们看得更清楚的显微镜上的镜片也是一种救赎方式是很有意思的。这与那个时代是如此的切合：斯宾诺莎所处的是制作大量的光学和机械仪器以促进科学发现，并使科学发现过程成为快乐的来源这样一个时代。[7] 277

拯救方式的有效性

斯宾诺莎的拯救方式到今天依然具有真实性和有效性吗？在他那个时代，对此的评价似乎是褒贬不一的。

对于有些人来说，斯宾诺莎的方法是很好的，可以让生活变得有意义，使人类社会变得更具人性化。斯宾诺莎的解决方法的目的是让我们重获人类在获得扩展的意识和自传式记忆后失去的相对独立性。他是通过理性和感受来实现的。理性让我们看见道路，而感受让我们想去看。我认为斯宾诺莎解决方式中吸引人的地方是承认快乐是有益的，痛苦和恐惧是有害的，并认为应该追求前者，消除后者。斯宾诺莎肯定了生命并将情绪和感受看作是提升生命的手段，这是很有智慧和科学远见的。在生活中，个体不断地获取快乐以不断地达到目标，因此使生活变得有意义。因为这个过程是根植于自然的，所以斯宾诺莎的 278
解决方法是与科学在过去四百年间构建的宇宙观点相互协调的。

在其他方面，他的方法是有问题的。斯宾诺莎的解决方法有些以自我为中心而且脱离了社会，对此我不太认可。我觉得他的禁欲主义在今天很不实际。斯宾诺莎并没有由于种种财产剥夺而像希腊和罗马的斯多葛派那么极端，但是他也与他们很相近了。我们不仅咬了知识果，而且把它全部吞下了，想要使我们放弃在我们西方高科技生活中流行的所有的事物、事实和习惯似乎是不现实的。此外，我们还要问为什么我们要这样做？为什么亚里士多德的智慧在今天不流行了呢？亚里士多德坚持认为，心满意足的生活才是具有德性和幸福的生活，但是健康、财富、爱情、友谊也是这种心满意足的一部分。我也对斯宾诺莎的解决方法对于客观世界的消极看法不太满意，不管他的幸福在内部是如何积极。有些人担心只有死亡才能达到斯宾诺莎要求的境界。对于生物体本身和社会施加到人类身上的苦难和不平等，并没有什么解脱的渠道，更不用说对各种损失的补偿了。斯宾诺莎的神是一种观念而不是基督教故事所创造的血肉之躯。就像诺瓦利斯说他一样，斯宾诺莎可能痴迷于神，但是他的神非常乏味。

对于为了实现终极快乐所付出的所有勇气、毅力、牺牲和节制，一个人所得到的全部只是瞬间的完美感觉。这些是对秘密的窥视？还是对神圣的体验呢？得到的安慰是短暂的，之后又得等待下一瞬间。不同的人有不同的感受，有些人感受很多，有些人并不很多。但是事实是，这个并不令人满意也不让人感觉惬意，更不用说方便了，甚至这些体验缺乏起码的现实性。

279 如果你问斯宾诺莎的看法，哈姆雷特的那个发人深省的问题“谁在那儿?”——意思是谁在那里让我们不断地试图维持自我保存，这个答案是明确的。没有人。孤独就是耶稣死在十字架上、斯宾诺莎死在床上的残酷现实。但是，斯宾诺莎想出了一种避开这一现实的方式，通过创造出一种高贵的幻觉来让我们看见音乐和舞蹈。

在这本书的开头，我把斯宾诺莎描述为既是杰出的又是令人恼怒的。我为什么认为他是杰出的，其理由是显而易见的。但是我认为他是令人恼怒的一个原因，是由于他面对着人类还没有解决的一些冲突，即一方面痛苦和死亡是我们应该泰然接受的生物自然现象，这是受过教育的人都能明白的道理，但另一方面人类内心却反对接受这一事实，并对这种结果感到不满。就像伤口依然存在，但我希望它不存在。你看到了，我也确实更喜欢幸福的结局。

斯宾诺莎主义

尽管斯宾诺莎的世俗宗教观点在他那个时代不被接受，但在20世纪又得以重新发现或者被重新创造。例如，爱因斯坦就以相似的方式思考了上帝和宗教。他把上帝看作是“天真的人”，“人们希望从他那儿受益但害怕他的惩罚；这是一种类似于孩子对父亲的感情，人们与他有某种程度的个人关系，然而对他还带有敬畏。”[8]

对于他自己的宗教感情——一种更丰富的科学思维的宗教情感——爱因斯
280 坦是这样描写的“……对于自然规律的和谐我们感到震惊，它反映了如此高的智慧，与它相比，人类所有的系统思考和行动都只是无足轻重的反映。”[9]爱因斯坦用非常优美的语言将这种感情描述为“对世界的美和博大的某种陶醉的快乐和震惊，对此人们只能形成一个微弱的概念。这种快乐来自真正的科学研究所获得的精神支持，也可能是因为明白了鸟的歌声的含义。”我相信这种爱因斯坦所认为的宇宙的感受，与斯宾诺莎的对神的理智的爱有相似之处，尽管这两个概念是不同的。爱因斯坦的宇宙感受是充满活力的，是令心跳停止的敬畏和令心跳加速的为使身体与客观世界交流作好准备的混合物。斯宾诺莎的爱更加含蓄。这种交流也是在内心中进行的。爱因斯坦似乎将这两种交流融合在一起。他相信这种宇宙感受是不同时代的宗教天才的共同特点，但是这并不是教会的基础。“因此在各个时代的异端中，我们发现有些人具有最高的宗教感受，但在很多情况下被他们同时代的人看作是无神论者，有时也被当作是圣人。这样看来，像德谟克利特、亚西西的圣法兰西斯①（Francis of Assisi）和斯宾诺莎彼此都很相似。”[10]

威廉·詹姆斯对这些问题的思考也与斯宾诺莎的思考有相似之处。考虑到他们之间所在的年代、环境、历史背景的巨大差距，这是非常令人吃惊的。詹姆斯与斯宾诺莎的联系并没有被完全接受。我们从 R. W. B. 刘易斯（R. W. B. Lewis）的传记中可以看到，詹姆斯是在 1888 年在哈佛大学宗教哲学中第一次读到斯宾诺莎。这门课最终成为詹姆斯《宗教体验种种》（*The Varieties of Religious Experience*）这本书的基础。[11]詹姆斯在一些问题上与斯宾诺莎的观点不一致。他不赞同斯宾诺莎挑衅性地宣布“我要像研究直线、平面、立体那样来分析人类的行为和欲望”。这样“冰冷的比喻”肯定不会得到这位剑桥天才的喜欢。[12]他也反对斯宾诺莎对生活阳光般的热情和“健康的心智”。[13]他的原因是吸引人的。詹姆斯将人分为两种：乐观的人和悲观的人。乐观的人天生不去看死亡悲惨的一面、自然界弱肉强食的恐怖以及人类心灵深处的黑暗面。让詹姆斯感到不悦的是，斯宾诺莎是乐观的，“从本性上就不能忍受长期痛苦的人”以及“容易看到事情的积极面”。詹姆斯说，在斯宾诺莎的世界里，“邪恶是一种疾病；对疾病的担心本身是疾病的附加物，它只能增加原本病痛的痛苦。”[14]他们天生就很乐观。 281

另一方面，詹姆斯却是个悲观的人。悲观的人不能思考自然并欣赏其中的壮阔，至少不能在所有的时间里，因为这种壮阔经常是恐怖的、不公平的。人们不需要悲观地看待世界，尽管詹姆斯确实有情绪障碍，在写《宗教体验种

① 系基督教历史人物。生于意大利古城亚西西的富裕之家，年轻时纵情享乐，后受圣灵感动，成为一名基督教领袖。——译者注

种》时他正处于严重抑郁的复发期。然而，令人感到好奇的是，詹姆斯竟然认为悲观是“好的”。尽管病态的悲观是要避免的，但在某种程度上也需要悲观来使人类不被乐观的系统误导，以直面现实。有些悲观是好事。

将人类拯救的问题分为认知和感受两个方面反映了詹姆斯敏锐的洞察力。但是，我们应该说他极大地夸大了斯宾诺莎的缺点。我不相信斯宾诺莎在自己
282 经历了很多磨难后没有看到自然的残酷一面。恰恰相反，他看到了。但是他**拒绝接受**这些黑暗面，并拒绝让这些不好的感受来控制人们。他把黑暗面看作是生存的一部分，并指出最大程度地减少其影响的方法。斯宾诺莎是有韧性和勇气的，而不是天生乐观。他**努力**乐观。他努力用基于自然发现的快乐感受来消除自然激起的恐惧和悲伤的感受。这些发现差不多总是包含着自然的残酷和冷漠。

但是，如果不考虑詹姆斯的反对，他的拯救途径就和斯宾诺莎的很相似了。他们对上帝的体验都是完全个人的。他们都反对通过公众仪式和宗教集会来获得神圣的体验。事实上，詹姆斯对有组织的宗教完全排斥的观点非常像斯宾诺莎的观点。他们都把神圣体验描述为纯粹的、快乐的感受，它是生活圆满、有意义和热情的源泉。最后，他们两人的最大区别是关于健康、被救赎的感受得以分离和测量的基础。斯宾诺莎认为，神圣的感受建筑在对大自然理性的泰然之上；而詹姆斯认为神圣感受从一种抑郁的地方开始，并经常使他对自然的负性评价有所降低。然而，他们都在**内部**找到了上帝，詹姆斯利用19世纪晚期心理学的初步知识（对此他自己也是贡献者之一）将这种神圣感受定位在我们的无意识中。他把宗教体验看作是一种“更多”的东西，但这种“更多”可以将我们自己投射到“更远”、“更终极”的东西，这种“更多”实际上是在内部的。

斯宾诺莎和詹姆斯向我们指出了一条精神生活的通向丰盛的道路。他们的上帝具有治疗作用，它恢复了痛苦造成的内部失衡。但是他们都不指望他们的
283 上帝可以倾听。他们都相信恢复平衡是个体内部的事情，是当复杂的思考和推理激发了适当的情绪、感受后所实现的东西。通过把人类看作是巨大的神秘宇宙中主观个体的偶然现象，他们将这一过程理性化。他们都不能解开宇宙最本质的规律和原因。

幸福的结局?

我们怎么才能在一个即使是非常乐观的阳光般的灵魂也很容易看到各种不可避免或者可以避免的人类痛苦的世界中幸福地生活呢?有些人可以依靠深刻感受到的宗教信仰,或者不让自己遇到任何痛苦的事情。但是其他人呢?那些没有什么资源的人怎么办呢?当然,老实说我也不知道该怎么办,而且给任何人的生活提供关于幸福结局的建议都是非常武断的事情。但是我可以说说我的一些个人观点。

我所希望的一个通往幸福结局的道路需要利用斯宾诺莎如何看待周围世界的一些观点。这条道路需要充满热情地依靠科学知识、审美体验或者这两者去获得一种理解力,同时还要具有某种自我克制的精神,以此来获得快乐的源泉。这种生活实践也相信人类的一部分悲剧命运可以得到缓解,通过做一些事情来摆脱人类的困境是我们的责任。科学进步使我们可以有办法采取行动缓解这些痛苦。科学可以与人本主义传统结合起来形成全新的解决人类事务的方法并最终促进人类的繁荣。

为了说明这一观点,我要先解释什么是我所理解的精神生活。我的一个朋 284
友对生物很感兴趣并一直跟踪其最新进展,他也在追寻着一种精神生活,他经常问我精神是否可以被定义,是否从神经生物学的角度可以对其明确定位。“精神是什么?”“它在哪里?”我怎么回答呢?我必须承认我并不赞同将宗教体验神经学化,特别是确定上帝在脑中的定位或者通过脑扫描找到与上帝和宗教相关的神经中枢。[15]但是,精神体验、宗教等都是心理过程。它们是最为高度复杂的生物过程。它们在特定环境下在某些有机体的脑中产生,我们已经意识到了用神经生物学术语来描述这一过程的局限,因此我们不必为此感到羞愧。以下,我想这样解答我朋友的问题。

第一,我把精神的概念看作是一种高度的和谐体验,以及有机体的最佳的机能状态。这种体验是在我们希望善待、关爱对方的过程中体会到的。因此精神体验不管多么平静都是一种由某些快乐的变体主导的持久的感受。我称为精神的感受中枢位于体验的交叉口:纯粹的美感就是其中之一。另一种精神体验是对“从容”、“充满爱心”的行为的期待(引自詹姆斯,但其概念是斯宾诺莎的)。这些体验在一段时间内是持久存在着的。这样看来,精神反映了生命状

态是否平衡、状态良好、目的明确。有人认为精神可能是生命处于完美状态中
285 内心冲动的部分反映。如果感受像我在本书前面所说的那样反映了生命过程，那么精神感受的反映就更为深入了，深入到了生命体内部。他们形成了生命过程中一种直觉的基础。[16]

第二，精神体验是人类自身的扩展、繁荣。斯宾诺莎认为快乐及其变体能使有机体机能得到充分发挥，我认为这是非常正确的。当前对快乐的科学研究结果表明，快乐是应该被积极追求的，因为它确实有助于身心发展；痛苦及相关感受却是要避免的，因为它们不利于身心健康。这需要遵守一定的社会规范，在第 4 章我们就通过一些研究结果说明，人类合作行为需要脑中的快乐/奖赏机制的支持。违反社会规范将产生内疚、羞耻、痛苦等感受，所有这些感受都是不健康的痛苦的变体。

第三，我们有能力产生精神体验。祈祷和宗教仪式就是为了产生精神体验，但是还有别的途径获得精神体验。经常有人说，我们这个时代的世俗化和极端的商业氛围使精神追求变得更难获得，似乎是我们缺少获取精神体验的途径，或这种途径很少。我相信这并不完全正确。我们的周围有很多东西可以让我们产生精神体验，尽管它们的显著性和有效性由于我们的环境的混乱和内部行为可以变得有效的系统架构的系统缺乏而有所减少。对自然的沉思，对科学发现的思考以及对伟大艺术品的体验，都可以在适当的情景下成为引起精神体验的有效合适的情绪刺激。听巴赫、莫扎特、舒伯特、马勒的音乐就能轻易地让我们产生这种体验。在这些情景下都可以像斯宾诺莎认为的那样产生积极情
286 绪，否则消极情绪就会产生。然而，我所指的精神体验并不等同于宗教。它们没有理论体系，因此也没有吸引如此多的人投入到有组织的宗教的那种庄严和伟大感。宗教仪式和集会确实也可以产生不同于独自一人时产生的精神体验。

让我们现在回到探讨精神在人类机体中的“定位”的这个敏感问题上来。我不相信我们能够依靠古老的颅相学找到精神体验的脑中枢。但是我们可以用神经生物学来描述达到一种精神状态的过程。既然精神是一种特殊的感受状态，从神经的角度，我认为它要依赖于第 3 章中描述的结构和操作，特别是要依赖于脑中的体感区。精神是**有机体**的特定状态，是特定身体和特定心理结构的精巧组合。维持这种状态需要大量对自我的状况、他人自我的状况、对过去和将来、对关于我们本性的具体和抽象概念的思考。

我将精神体验与感受的神经生物机制联系起来并不是在贬低机械运动的作

用。我只想说明高尚的精神是植根于高尚的生物体之中，我们可以开始用生物学的术语来理解精神过程。至于精神过程的结果，我们并不需要解释它们，这也没有什么价值：能体验到精神就已经足够了。

描述精神背后的生理过程并不能揭示与特定感受相连的生命过程的奥秘。它揭示了通往这一奥秘的联系，但并没有揭示奥秘本身。斯宾诺莎和其他与他观点类似的思想家使感受成为了生命过程中的一种周而复始的意义，感受产生于生命过程，又是生命的来源，也是生命所指向的目的。 287

我说过精神生活需要一种富于斗志的立场。这是什么意思呢？从客观的角度来看，自然既不残酷也不仁慈，但我们对世界的看法是主观的、个人的。现代生物学表明自然要比我们以前想象的还要残酷和冷漠。尽管人类是自然偶然的、非事先预谋的邪恶的受害者，但我们没有必要逆来顺受。我们可以尽力去消减这种表面上的残酷和冷漠。自然界并没有一个振兴人类的计划，但是自然中的人类可以制订出这样的计划。相比于斯宾诺莎高尚的祝福幻想，一个富于斗志的立场，就能实现一个承诺，即如果我们能够为他人着想，就不再会感觉孤独。

这就是我对本章一开始提出的问题的回答：了解情绪、感受及它们的机制确实对我们如何生活有重要意义。对个人来说，这是毋庸置疑的。接下来的20年，或许更短，对情绪和感受的神经生物学研究将使生物医学开发出能有效治疗疼痛和抑郁的方法。这些方法是以对下述问题的全面理解为基础的：在特定的脑区如何显示基因的特性，这些脑区如何相互协作以产生情绪和感受的。新的治疗方法将矫正特定的正常功能受损区域，而不是仅仅一般地针对症状。与心理干预相结合，新的治疗方法将使心理健康得到革命性的提高。现在 288
的治疗方法在以后看来就像我们现在看待没有麻醉药的外科手术那样粗糙、过时。

从社会角度来看，这些新知识也是有益的。前面讨论过的体内平衡和个人及社会生活的调节之间的关系也可以在这里得到应用。人类的一些调节机制，如欲望和情绪，经历了几百万年的生物进化而日益完善。像司法和社会政治组织等其他法规化机制只存在了几千年。有些调节机制内置在染色体中，它们不是不能改变，而是变化缓慢，像生物体一样稳定。有些一直在发展变化，不断尝试着各种方法以改善人们的生活，但从没有达到一种和谐的生活平衡稳定状态。我们需要干预和改善人类生活质量的地方仍然很多。

我并不认为我们需要努力以脑维持基本生活一样的效率来管理社会事务。这是不可能做到的。我们的目标应该更现实一些。另外，以往的失败经历使我们变得有些愤世嫉俗。实际上，觉得不可能管好人类事务并宣布世界末日即将到来是可以理解的。但是，没有什么比退回到孤立的自我保存更能让我们注定要失败的了。尽管这听起来很天真，像是乌托邦，特别是当我们阅读早间报纸或观看晚间新闻后，但我们别无选择。持有这样的信念是有原因的。例如，如果我们对人类心灵以及有关情绪和感受的生命调节的知识有新的科学理解，那
289 么要解决吸毒、暴力这样的特定问题就更有可能成功。这也适用于许多社会政策的制订、实施。毫无疑问，过去社会改革实验的失败部分地是由于荒唐的计划或执行不力。但是这种失败也可能是由于对作出这些努力的人类心灵的错误理解。与其他不良后果相比，这种错误理解使我们要求人类作出自我牺牲，而大部分人是很难或不可能做到的；使我们对现在已经被科学证明的以及斯宾诺莎在保存自我的努力中直觉到的生物调节置若罔闻；使我们无视在部落文化、种族主义、专制和宗教狂热中体现的社会情绪的黑暗面。但是那已经过去了，现在我们对此有了预先警告，可以开始作出改变。

我相信这些新知识可以改变人类的活动领域。这就是为什么人类在很多痛苦和快乐中左右为难，但仍满怀希望，斯宾诺莎并不像公众那样非常重视希望。他是这么定义的：“希望不是别的，仅不过是一种为将来或过去的事物的意象所引起的不稳定的愉快，而对于这一事物的结果，我们还在怀疑中。”[17]

附录一

斯宾诺莎时代前后大事表 291

1543 年　哥白尼逝世（生于 1473 年），他提出了“日心说”。

1546 年　马丁·路德逝世（生于 1483 年），1521 年被驱逐出天主教会，然后创建了路德教。

1564 年　伽利略·加利利、威廉·莎士比亚、克里斯托弗·马洛埃（Christopher Marlowe）诞生。

加尔文逝世，在 1536 年创建了加尔文教（今天的长老教）

1572 年　路易斯·德·卡蒙斯发表《卢济塔尼亚人之歌》。

1588 年　托马斯·霍布斯（Thomas Hobbes）诞生。英国哲学家，有着鲜明的唯物论思想，他对斯宾诺莎有很大的影响。

1592 年　米歇尔·德·蒙太涅（Michel de Montaigne）逝世（生于 1533 年）。他于 1588 年出版的著作在当时有着极大的启发作用。

1593 年　克里斯托弗·马洛死于一场意外事故。

1596 年　勒内·笛卡尔诞生。 292

1600 年　乔尔达诺·布鲁诺由于坚持哥白尼的理论和泛神论的思想被教会执行火刑。

1601 年　莎士比亚的《哈姆雷特》公演。质疑的年代开始了。

1604 年　莎士比亚的《李尔王》公演。

弗朗西斯·培根发表《学术的进步》（*Advancement of Learning*）。

米格尔·德·塞万提斯发表《堂吉诃德》。

1606 年　伦勃朗·凡·莱因诞生。

1610 年　伽利略发明了望远镜。对于恒星的研究使他采纳了哥白尼关于太阳和地球运行的看法。

1616 年　莎士比亚逝世，终年 52 岁。临终前，他还在修改《哈姆雷特》。

塞万提斯也于同一天逝世，享年 69 岁。

1629 年　天文学家和物理学家克里斯蒂安·惠更斯诞生（1695 年逝世），他与斯宾诺莎齐名，甚至一度互为邻居，是斯宾诺莎的镜片的顾客。

1632 年　约翰·洛克（John Locke）诞生。

斯宾诺莎诞生。

伦勃朗创作了《特尔普医生的解剖课》。

1633 年　伽利略被软禁在家中。

笛卡尔再次考虑了他曾发表的、在人类解剖和生理研究基础上提出的对人性的看法。

293 威廉·哈维描述了血液循环。

1638 年　路易十四诞生，他的统治一直到 1715 年。

1640 年　乌列尔·阿科斯塔，一位犹太血统的葡萄牙哲学家，开始是基督徒后来变为犹太主义者，在阿姆斯特丹被葡萄牙的犹太教会驱逐出教会，后来又被允许重回教会，但受到了严厉的惩罚。在他自杀之前，完成了《人类生命的例证》一书。

1642 年　伽利略逝世。

艾萨克·牛顿诞生（1727 年逝世）。

1650 年　笛卡尔逝世。

1652 年　斯宾诺莎的父亲——米格尔·德·斯宾诺莎逝世。

1656 年　斯宾诺莎被驱逐出葡萄牙犹太教会，并禁止与犹太人交往，甚至包括他的家人和朋友。

此后，他一直在荷兰的很多城市里独自生活，直到 1670 年。

1670 年　斯宾诺莎移居海牙。

有人匿名出版了斯宾诺莎拉丁版的《神学政治论》。

1677 年　斯宾诺莎逝世。

几乎是匿名发表了《遗著》的拉丁版本以及荷兰语版本。该文集中包括《伦理学》。

1678 年　斯宾诺莎著作的法文版被出版。但被教会在整个欧洲范围内禁止。其著作的流通被视为非法。

1684 年　约翰·洛克被流放到荷兰，直到 1689 年。 294

1687 年　牛顿关于万有引力的论文被发表。

1690 年　洛克 60 岁时发表了《人类理解论》（*Concerning Human Understanding*）和《政府论》（*Two Treatises on Government*）。

1704 年　洛克逝世，终年 72 岁。

1743 年　托马斯·杰斐逊（Thomas Jefferson）诞生。

1748 年　孟德斯鸠（Montesquieu）发表了《论法的精神》（*L'Esprit des Lois*）。

1764 年　伏尔泰在他的《老实人》（*Candide*）5 年之后，发表了《哲学辞典》（*Philosophical Dictionary*）。

1772 年　在狄德罗和达朗贝尔的指导下，启蒙运动的经典之作《百科全书》得以完成并出版。

1776 年　杰斐逊写下了《独立宣言》。

1789 年　法国大革命。

1791 年　美国宪法第一修正案生效。

附录二

脑解剖图

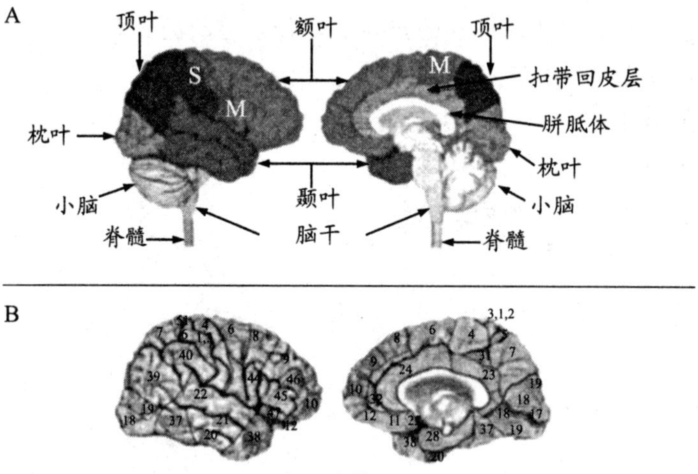

图 1 以上两个图（A）描述了中枢神经系统外在可见的各个部分：大脑以及其四个脑叶（枕叶、顶叶、颞叶、额叶）以及扣带回皮层、小脑、脑干和脊髓。左侧的图是大脑右半球的侧视图（外部的）。右面的图是同样的大脑右半球的剖面图（内部）。S＝感觉区 ；M＝运动区。

下面的图（B）：同样也是大脑右半球的外侧剖面图和内侧剖面图，不过大脑皮层被分成布罗德曼分区：每一数字对应于大脑皮层的一部分，各个区域是根据不同的细胞构造来区分的。这种结构的不同是由于各个区域之间的神经细胞不同以及它们位于不同层面这个事实造成的，而且每个脑区的神经元从其他脑区接受或者发向其他脑区的“投射”也是不同的。各种不同的结构以及每个区域显著不同的接收或发出的信号可以解释为什么每个区域运行得如此不同，并且对于整体功能各自发挥着独特的作用。

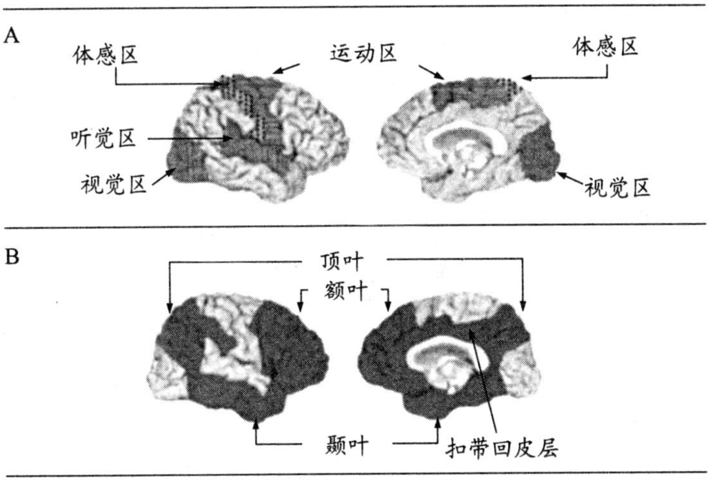

297

图 2 大脑皮层的两种类型。上图：A 描绘了运动区皮层以及视觉、听觉和体觉的初级（所谓“早期”）感觉皮层。脑岛皮层与身体感觉也有关系，由于它处于顶叶和额叶的下部，所以在图中是看不见的（见图 3）。图 B 中的深色区涵盖了几个脑叶和扣带回区域的联络皮层，这些皮层也被人视为“高级脑区”和“整合区”。

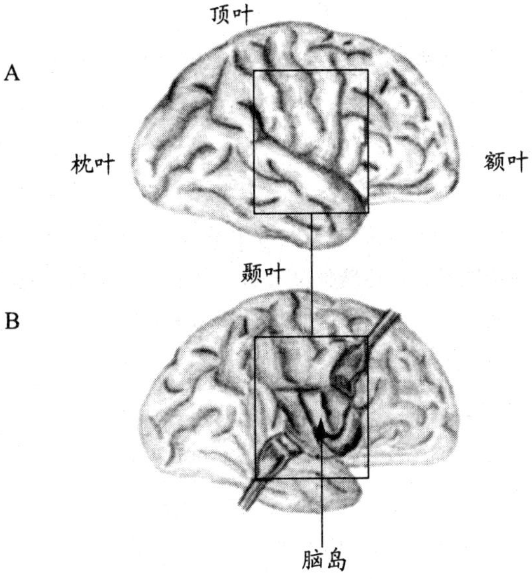

图 3 脑岛的描绘图，其是体感区皮层的重要组成部分。只有上图 A 中所示覆盖在表面的皮层被拉开之后（见图 B），才可见到脑岛。

注　释

299 第1章　走进感受

［1］生物的神经系统结构和运行机制可以从组织的不同水平上进行研究，既可从小的、简单的方面入手（构成酶或者神经递质的微观分子），也可从大的、复杂的方面入手（作为我们的行为和思考的基础的宏观脑区系统，以及它们之间的交互作用）。本书中主要侧重于后一水平——大范围的系统水平，我们的最终目标就是将来自这个水平的证据和来自其上、下水平的证据联系起来。其下的水平包括回路和通路；细胞和化学信号的传导。其上的水平包括心理和社会现象。

尽管某些脑区对于揭示这种或者那种现象都有着重要的作用，但是心理和行为的结果是由构成脑系统的**许多**——大的或者小的——区域的协同作用下产生的。人类心灵的各种重要的功能——知觉、学习和记忆、情绪和感受、注意、推理、语言、动作没有一个是从**唯一**的脑中心产生的。颅相学，认为一个脑中心将会产生一种重要的心理功能的提法，已经成为历史了。但是相对于各个脑区对于系统的整体功能的贡献，每个脑区的功能又是特定的。这些功能既具有特殊性又具有灵活性，这根据相应的情况和整体的影响所不同而定，这就像交响乐团中的弦乐器的演奏者一样，他应该演奏好，不能因他的同事们、指挥以及他的心情等的不同而改变。

300 除了使得我们对脑解剖和功能有了进一步认识的现代脑成像扫描技术之外，还有许多方式我们可以测查到脑，其中既有对脑活动产生的电现象和磁现象的研究，也有对较小脑区中的基因表现进行的研究。

［2］雅克夫向地方官汇报了斯宾诺莎对于他的意义。Bernard Malamud，*The Fixer*（New York：Farrar，Straus and Giroux，1966/Viking Penguin，1993）.

［3］Spinoza，*The Ethics*，Part III（New York：Dover Press，1995）. 文中还引用了其他版本的《伦理学》，包括 Edwin Curley，*The Collected Works of Spinoza*（Princeton University Press，1985)；Joaquim de Carvalho，*Ética* (Relogio e Água，Lisbon，1992).

[4] Spinoza，*The Ethics*，Part IV，Proposition 7，ibid.

[5] Spinoza，*The Ethics*，Part I，ibid.

[6] Spinoza，*The Ethics*，Part II，ibid.

[7] 让·皮埃尔·钱格斯（Jean Pierre Changeux）是著名的反对派。他停止发行了他引用过斯宾诺莎的观点的 1983 年版本《人类神经》（*L'Homme Newronal*）。Jean Pierre Changeux，Neuronal Man：*The Biology of Mind* (New York：Pantheon，1985)。他同保罗·瑞克尔（Paul Ricoeur）在《自然规律》(*La Nature et La Regle*) 一书中探讨了斯宾诺莎和神经科学的关系。其他的思想家如 Stuart Hampshire，*Spinoza* (New York：Penguin Books，1951)；Errol Harris，*The Foundations of Metaphysical Science* (New York：Humanities Press，1965)；Edwin Curley，*Behind the Geometrical Method*：*A Reading of Spinoza's Ethics* (Princeton，N. J.：Princeton University Press，1988). 也都提到了斯宾诺莎和现代心理学、生物学之间的联系。

[8] 乔纳森·伊斯雷尔在《激进的启蒙：哲学和现代性的生成》(*Lightenment*：*Philosophy and the Making of Modernity*，New York：Oxford University Press，2001) 中对斯宾诺莎对于欧洲启蒙运动幕后的角色进行了有力的探讨。也可见本书第 6 章有关斯宾诺莎在启蒙运动中的角色的部分。

[9] Gilles Deleuze，*Spinoza*：*A Practical Philosophy* (San Francisco：City Lights Books，1988)；Michael Hardt，A. Negri，*Empire* (Cambridge，Mass.：Harvard University Press，2000)；Henri Atlan，*La Science est-elle inhumaine?* (Paris：Bayard，2002).

[10] Spinoza，*A theologico-political treatise and A political treatise* (R. H. M. Elwes，Benedict de Spinoza：*A theologico-political treatise and a Political Treatise*，New York：Dover Publications，1951).

301

[11] Simon Schama，*An Embarrassment of Riches* (New York：Random House，1987).

[12] 笛卡尔很明显在生活中是使用了这一信条。它来自 *Ovid's Tristra*："Bene quilatuit，bene vixit."

第 2 章　欲望和情绪

[1] Shakespeare，*Richard II*. Act 4，Scene I.

[2] 使用"心灵"和"身体"并不代表我是笛卡尔主义者。如同前面第 5 章中所讲的一样，尽管我将我们总是称为"心灵"和"身体"的现象视为产生于一个单一生物"实体"，但是我仍将身体和心灵作为不同的研究对象，这与我区分情绪和感受是同样的原因：是一种意在提升对由身心或者情绪一感受组成的整体的理解的研究策略。

[3] 在他关于这个问题的著作中，斯宾诺莎既不是用情绪（emotion）一词，也不是用感受（feeling）一词，而是使用情感（affect）（拉丁文：affectus）一词来指代所用的概念。他讲到，“我把情感理解为身体的情状，这些情状使身体活动的力量增进或减退，顺畅或阻碍，而这些情状的观念同时亦随之增进或减退，顺畅或阻碍。”（斯宾诺莎，《伦理学》，第三部分）。当他想要去澄清他关于情感的准确含义的时候，就是要让我们知道他是否是在意指情绪或者感受，即这一现象的外在的或者完全是内在的方面。我想他一定会赞成我所作的区分，因为这里的区分是基于“被影响”的过程中对不同事件的区分，就像他本人使用的平行概念“冲动”和“欲望”一样。

其他有关的方面还有：斯宾诺莎作品最广泛使用的英文译本——由 R. H. M. 埃尔威斯（R. H. M. Elwes）翻译，于 1883 年出版。其将拉丁文版中的 Affectus 修正为情
302 绪，并促进了对这些术语的不准确应用。埃德温·柯利（Edwin Curley）的现代美国版本的翻译准确地将 Affectus 翻译为情感。为简化起见，埃尔威斯将斯宾诺莎的 Laetitia 和 Tristitia 翻译成快乐和痛苦，而更易于为人所接受的翻译是幸福/高兴和悲伤/哀伤。

[4] Hines to Buck Mulligan Speaking of Stephen Dedalus, Part Ⅱ. James Joyce, *Ulysses* (New York: Random House, 1986).

[5] “动态平衡”（homeodynamics）一词，比“体内平衡”（homeotasis）一词更适合，是因为它强调了寻求调适的过程，而不是一个固定的平衡点。史蒂文·罗斯是出于这样的原因，采用了这个词。（Steven Rose, *Lifelines: Biology Beyond Determinism*, New York: Oxford University Press, 1998).

[6] Ross Buck, “Prime theory: An integrated view of motivation and emotion,” *Psychological Review* 92 (1985): 389－413; *Ross Buck*, “The biological affects: A typology,” *Psychological Review* 106 (1999): 301－336.

[7] 保罗·格里菲思（Paul Griffiths）的《情绪究竟是什么》（*What Emotions Really are*, Chicago: University of Chicago Press, 1997)，讨论了情绪的分类问题。情绪本身与其他生物调节反应之间的差异并不明显。一般来讲，情绪本身是由许多有特定共同特征的事物引发的，而不是由某个特定的事物引发的，而且这个引发过程本身往往会更为复杂。还有引发情绪的刺激对情绪本身而言，实际上经常是外在的，而对于其他反应而言，则是内在的。

[8] Monica S. Moore, Jim DeZazzo, Alvin Y. Luk, Tim Tully, Carol M. Singh, Ulrike Heberlein, “Ethanol intoxication in Drosophila: Genetic and pharmacological evidence for regulation by the cAMP signaling pathway,” *Cell* 93 (1998): 997－1007.

[9] Ralph J. Greenspan, Giulio Tononi, Chiara Cirelli, Paul J. Shaw, “*Sleep and the fruit*

fly," *Trends in Neurosciences* 24 (2001): 142—145.

[10] Irving Kupfermann, Vincent Castellucci, harold pinsker, Eric Kandel, "Neuronal correlates of habituation and dishabituation of the gill-withdrawal reflex in Aplysia," *Science* 167 (1970): 1743—1745.

[11] Antonio Damasio, *Descartes' Error: Emotion, Reason, and the Human Brain* (New York: Grosset/Putnam, 1994; Harper Collins, 1995). 在一定程度上，丹尼尔·N. 303
斯特恩的活力感这一概念会随着背景情绪概念的延展而延展。Daniel N. Stern, *The Interpersonal World of the Infant* (New York: Basic Books, 1985).

[12] Paul Ekman, "An argument for basic emotions," *Cognition and Emotion* 6 (1992): 169—200. Charles Darwin, *The Expression of the Emotions in Man and Animals* (New York: New York Philosophical Library, 1872).

[13] Jaak Panksepp, *Affective Neuroscience: The Foundations of Human and Emotions* (New York: Oxford University Press, 1998); Richard Davidson, "Prolegomenon to emotion: Gleanings from neuropsychology," *Cognition and Emotion* 6 (1992): 245—268; Richard Davidson, William Irwin, "The functional neuroanatomy of emotion and affective style," *Trends in Cognitire Sciences* 3 (1999): 211—221; Raymond Dolan, Paul Fletcher, J. Morris, N. Kapur, J. F. Deakin, Christopher D. Frith, "Neural activation during covert processing of positive emotional facial expressions," *NeuroImage* 4 (1996): 194—200; Joseph LeDoux, *The Emotionaf Brain: The Mysterious Underpinnings of Emotional Life* (New York: Simon and Schuster, 1996); Michael Davis and Y. Lee. "Fear and anxiety: possible roles of the amygdala and bed nucleus of the stria terminalis," *Cognition and Emotion* 12 (1998): 277—305; Edmund Rolls, *The Brain and Emotion* (New York: Oxford University Press, 1999); Ralph Adolphs, Daniel Tranel, Antonio Damasio, "Impaired recognition of emotion in facial expressions following bilateral damage to the human amygdala," *Nature* 372 (1994): 669—672; Ralph Adolphs, Daniel Tranel, Antonio R. Damasio, "The human amygdala in social judgment," *Nature* 393 (1998): 470—474; Ralph Adolphs. "Social cognition and the human brain," *Trends in Cognitive Sciences* 3 (1999): 469—479; Ralph Adolphs, Hanna Damasio, Daniel Tranel, Gregory Cooper, Antonop Damasio, "A role for somatosensory cortices in the visual recognition of emotion as revealed by 3—D lesion mapping," *The Journal of Neuroscience* 20 (2000): 2683—2690; Ralph Adolphs, "Neural mechanisms for recognizing emotion," *Curtent Opinion in Neurobiology*
12 (2002): 169—178; Jean-Didier Vincent, *Biologie des Passions* (Paris: Editions 304

Odile Jacob, 1986); Nico Frijda, *The Emotions* (Cambridge, U. K., New York: Cambridge University Press, 1986); Karl Pribram, *Languages of the Brain: Experimental Paradoxes and Principles in Neuropsychology* (Englewood Cliffs, N. J.: Prentice-Hall, 1971). Stephen W. Porges, "Emotion: An evolutionary byproduct of the neural regulation of the autonomic nervous system," *Annals of the New York Academy of Sciences* 807 (1997): 62—77.

[14] Paul Rozin, L. Lower, R. Ebert, "Varieties of disgust faces and the structure of disgust," *Journal of Personality & Social Psychology* 66 (1994): 870—881.

[15] Richard Davidson and W. Irwin (cited earlier); Raymond Dolan, et al. (cited earlier); Helen Mayberg, Mario Liotti, Steven K. Brannan. Scott McGinnis, Roderick K. Mahurin, Paul A. Jerabek, J. Arturo Silva, Janet L. Tekell, C. C. Martin, Jack L. Lancaster, Peter T. Fox, "Reciprocal limbic-cortical tunction and negative mood: Converging PET findings in depression and normal sadness," *American Journal of Psychiatry* 156 (1999): 675—682; Richard Lane, Eric M. Reiman, Geoffry L. Ahern, Gary E. Schwartz, Richard J. Davidson, "Neuroanatomical correlates of happiness, sadness, and disgust," *American Journal of Psychiatry* 154 (1997): 926—933; Wayne Drevets, Joseph L. Price, Joseph R. Simpson Jr., Richard D. Todd, Theodore Reich, Michael Vannier, Marcus E. Raichle, "Subgenual prefrontal cortex abnormalities in mood disorders," *Nature* 386 (1997): 824—827.

[16] Frans de Waal, *Good Natured* (Cambridge: Harvard University Press, 1997); Hans Kummer, *The Quest of the Sacred Baboon* (Princeton, N. J.: Princeton University Press, 1995); Berud Heinrich, *The Mind of the Raven* (New York: HarperCollins, 1999); Marc D. Hauser, *Wild Minds* (New York: Henry Holt, 2000).

[17] Robert Hinde, "Relations between levels of complexity in the behavioral sciences." *Journal of Nervous & Mental Disease* 177 (1989): 655—667.

[18] Cornelia Bargmann, "From the nose to the brain," *Nature* 384 (1996): 512—513.

[19] 关于情感世界及其进化之间可能的交互作用的探讨，可以参见 Jaak Panksepp, *Af-*
305 *fective Neuroscience: The Foundations of Human and Emotions* (cited earlier); and Mark Solms, *The Brain and the Inner World: An Introduction to the Neuroscience of Subjective Experience* (New York: Other Press, 2001).

[20] Ross Buck (cited earlier).

[21] Antonio Damasio, "Fundamental feelings," *Nature* 413 (2001): 781. 这种临时性的定义是为了在说到我之前提出的关于情绪和感受研究导向的区分时，可以尽可能地专门

化和内容丰富。在这个定义中（评价/一种能引发情绪的刺激的呈现）涉及到一些心理元素、神经与身体的生理学元素、一种进化的观点以及功能目的的论断；该定义也回避了一些限制性的观点：例如，把情绪定义为“由奖赏或惩罚引发的状态”，其中奖励是“促使动物行动的一切事物”，惩罚则是“促使动物逃避或者畏惧的一切事物”，类似于E. T. Rolls in *Behavioral and Brain Sciences* 23（2000：177－234）提出的看法。

[22] 我的讨论重心放在评价阶段之外反映出来的加工过程，因为这是在情绪反应过程中最少被理解的阶段，也是人们要去揭示循环中的感受部分的神经生物基础的部分。但是幸运的是，就像马莎·努斯鲍姆所示，通过人类丰富的哲学、科学甚至是文学上的记录，我们可以使用内省来部分地研究评价过程，而且已经很细致地进行了调查研究。（Martha Nussbaum，*Upheavals of Thought*，New York：Cambridge University Press，2001.）就像在一开始时提到的一样，我的研究焦点就是，产生情绪的最近似的神经生物机制是什么。

[23] 杏仁核的研究发现许多被称为 NMDA 接受器的谷氨酸受体是这个过程中最重要的，特别是其 NR_2B 子单元。例如，这个子单元的破坏既可以阻断对环境的恐惧心理，也可以增强情绪学习的能力。NMDA 受体也涉及到了一种酶——cAMP 依存性蛋白激 306
酶的激活，蛋白质的合成和新的学习有赖于这种酶的活性。参见 Eric Kandel，James Schwartz，Thomas Jessell，*Principles of Neural Science*，chapters on Learning and Memory，McGraw-Hill，4th Edition（2002）；J. LeDoux，*The Synaptic Self*，*Simon and Schuster*（2002）.

[24] Joseph LeDoux（cited earlier）；Ralph Adolphs（cited earlier）；Raymond Dolan（cited earlier）；David Amaral，“The primate amygdala and the neurobiology of social behavior：implications for understanding social anxiety，” *Biological Psychiatry* 51（2002）：11－17；Lawrence Weiskrantz，“Behavioral changes associated with ablations of the amygdaloid complex in monkeys，” *Journal of Comparative and Physiological Psychology* 49（1956）：381－391.

[25] Hiroyuki Oya，Hiroto Kawasaki，Matthew A. Howard，Ralph Adolphs，“Electrophysiological responses in the human amygdala discriminate emotion categories of complex visual stimuli，” *Journal of Neuroscience* 22（2002）：9502—9512.

[26] Paul J. Whalen，Scott L. Rauch，Nancy L. Etcoff，Sean C. McInerney，Michael B. Lee，Michael A. Jenike，“Masked presentations of emotional facial expressions modulate amygdala activity without explicit knowledge，” *journal of Neurosdence* 18（1998）：411－418.

[27] Arnie Ohman，Joaquim J. Soares，“Emotional conditioning to masked stimuli：ex-

pectancies for aversive outcomes following nonrecognized fear-relevant stimuli," *Journal of Experimental psychology: General* 127 (1998): 69－82; J. S. Morris, Arnie Ohman. Raymond J. Dolan, "Conscious and unconscious emononal learning in the human amygdala," *Nature* 393 (1998): 467－470.

[28] Patrik Vuilleumier, S. Schwartz, "Modulation of visual perception by eye gaze direction in patients with spatial neglect and extinction," *NeuroReport* 12 (2001): 2101－2104; Patrik Vuilleumier, S. Schwartz, "Beware and be aware: capture of spatial attention by fear-related stimuli in neglect," *NeuroReport* 12 (2001): 1119－1122; Patrik Vuilleumier, S. Schwartz, "Emotional facial expressions capture attention," *Neurology* 56 (2001): 153－158: Beatrice de Gelder, Jean Vroomen, G. Pourtois, Lawrence Weiskrantz, "Non-conscious recognition of affect in the absence of striate cortex," *NeuroReport* 10 (1999): 3759－3763.

307 [29] Antonio Damasio, Daniel Tranel, Hanna Damasio, "Somatic markers and the guidance of behavior: Theory and preliminary testing," in H. S. Levin, H. M. Eisenberg, and A. L. Benton, eds., *Frontal Lobe Function and Dysfunction* (New York: Oxford University Press, 1991): 217－229; Antonio Damasio, "The somatic marker hypothesis and the possible functions of the prefrontal cortex," *Transactions of the Royal Society* (London) 351 (1996): 1413－1420; Antoine Bechara, Antonio Damasio, Hanna Damasio, Steven Anderson, "Insensitivity to future consequences following damage to human prefrontal cortex," *Cognition* 50 (1994): 7－15; Antoine Bechara, Daniel Tranel, Hanna Damasio, Antonio Damasio, "Failure to respond autonomically to anticipated future outcomes following damage to prefrontal cortex," *Cerebraf Cortex* 6 (1996): 215－225; Antoine Bechara, Hanna Damasio, Daniel Tranel, Antonio Damasio, "Deciding advantageously before knowing the advantageous strategy," *Science* 275 (1997): 1293－1294.

[30] Hiroto Kawasaki, Ralph Adolphs, Olaf Kaufman, Hanna Damasio, Antonio Damasio, Mark Granner, Hans Bakken, Tomokatsu Hori, Matthew A. Howard, "Single-unit responses to emotional visual stimuli recorded in human ventral prefrontal cortex," *Nature Neuroscience* 4 (2001): 15－16.

[31] Jaak Panksepp, *Affective Neuroscience: The Eoundations of Human and Emotions* (cited earlier).

[32] Paul Ekman, "Facial expressions of emotion: New findings, new questions," *Psychological Science* 3 (1992): 34－38.

[33] Boulos-Paul Bejjani, Philippe Damier, Isabella Arnulf, Lionel Thivard, Anne-Marie Bonnet, Didier Dormont, Philippe Cornu, Bernard Pidoux, Yves Samson, Yves Agid, "Transient acute depression induced by high-frequency deep-brain stirmulation," *New England Journal of Medicine* 340 (1999): 1476—1480.

[34] Itzhak Fried, Charles L. Wilson, Katherine A. MacDonald, Eric J. Behnke, "Electric current stimulates laughter," *Nature* 391 (1998): 650.

[35] Antonio Damasio, *Descartes' Error: Emotion, Reason, and the Human Brain* (cited earlier). 这些现象的最早观察可追溯到我的良师诺曼·格施温德（Norman Geschwind）。

[36] Josef Parvizi, Steven Anderson, Coleman Martin, Hanna Damasio, Antonio R. Damasio, "Pathological laughter and crying: a link to the cerebellum." *Brain* 124 308
(2001): 1708—1719.

[37] 小脑可能会对特定的环境下，比如哭笑行为应该被抑制的社会情境中的哭笑行为进行调节。小脑对产生哭或笑的刺激作出是否哭或笑的反应的感受—效应器设定了相应的阈值。这些调节性的小脑的作用可以通过学习而自动化地出现（如，将特定的社会情境与情绪反应的特定剖面或水平联系起来）。小脑能够执行这些调解性作用是由于以下的两个原因。首先，小脑会接收到来自端脑所传递的刺激的认知/社会背景的信号，从而使得有小脑所执行的运算可以用于将这些背景考虑在内。其次，因为小脑把信息投射到脑干和端脑的感受器和效应器部位，这使得小脑可以协调构成哭或者笑的整体的各种反应。这些反应包括对咽喉、面部表情、隔膜的运动整合。参见莎玛曼（Schmahmann）对小脑回路系统和与这些组织相关的功能的研究。D. Schmahmann, Deepak N. Pandya, "Anatomic organization of the basilar pontine projections from prefrontal cortices in rhesus monkey," *Journal of Neuroscience* 17 (1997a): 438—458; Jeremy D. Schmahmann, Deepak N. Pandya, "The cerebrocerebellar system," *International Review Neurobiology* 41 (1997b): 31—60.

第3章 感受

[1] 苏珊·兰格（Suzanne Langer）在她的书中对感受现象给以了有力地分析，例如，*Philosophy in a New Key* (Harvard University Press, 1942); *Philosophical Sketches* (Johns Hopkins Press, 1962)。苏娜·兰格和他的导师—阿尔弗雷德·诺思·怀特海持血统论（kindred spirits）的观点，就像哲学家埃罗尔·哈里斯一样，我直到准备这本书的最后阶段，按照塞缪尔·阿泰德（Samuel Attard）的建议，我才对其著作有所了解了。Errol E. Harris, *The Foundations of Metaphysical Science* (New York: Hu- 309

manities Press, 1965).

[2] 我的同事戴维·鲁德拉弗（David Rudrauf）相信，导致我们体验到情绪的主要原因是对变化的抗拒，这类似于弗朗西斯科·瓦雷拉（Francisco Varela）的生物物理术语中对有机体的总体概念的观点。基于这种假设，我们所感受到的部分地是对由情绪引起的巨变的抗拒，以及控制当前发生的情绪不安的倾向性。

[3] 对那些担心这个有激烈争论问题的人来说，这就涉及到可感受性（qualia）的问题，这里并不是讨论这个问题的时候。只要说如果当感受能在这里呈现的更宽泛的条件下讨论就够了，当人们意识如果不产生情绪性的不安，就不会有任何知觉的时候，可感受性的问题就不成其为问题了。

[4] Thomas Insel, "A neurobiological basis of social attachment," *American Journal of Psychiatry* 154 (1997): 726—736.

[5] 对性、依恋和爱情问题之间区别的当代科学研究的看法，可参见 Gilligan, *The Birth of Pleasure* (Knopf, 2002); Jean-Didier Vincent, *Biologie des Passions* (Paris: Editions Odile Jacob, 1994); Alain Prochiantz, *La Biologie dans le Boudoir* (Paris: Editions Odile Jacob, 1995). 这方面的经典理论参见 Gustave Flaubert, Stendal, James Joyce, and Marcel Proust.

[6] Antonio R. Damasio, Thomas J. Grabowski, Antoine Bechara, Hanna Damasio, Laura L. B. Ponto, Josef Parvizi, Richard D. Hichwa. "Subcortical and cortical brain activity during the feeling of self-generated emotions," *Nature Neuroscience* 3 (2000): 1049—1056.

[7] Hugo D. Critchley, Christopher J. Mathias, Raymond J. Dolan, "Neuroanatomical basis for first-and second-order representations of bodily states," *Nature Neuroscience* 4 (2001): 207—212. 其他有关情绪/感受的功能性成像研究见：Helen S. Mayberg, Mario Liotti, Steven K. Brannan, Scott McGinnis, Roderick K. Mahurin, Paul A. Jerabek, Arturo Silva, Janet L. Tekell, Clifford C. Martin, Jack L. Lancaster, Peter T. Fox, "Reciprocal limbic-cortical function and negative mood: Converging PET findings in depression and normal sadness," 1999, cited earlier: 675—682; Richard Lane, et al., "Neuroanatomical correlates of happiness, sadness, and disgust" (cited earlier); Wayne Drevets, et al., "Subgenual prefrontal cortex abnormalities in mood disorders" (cited earlier); Hugo D. Critchley, Rebecca Elliot, Christopher J. Mathias, Raymond J. Dolan, "Neural activity relating to generation and representation of galvanic skin conductance responses: A functional magnetic resonance imaging study," *Journal of Neuroscience* 20 (2000): 3033—3040.

[8] Dana M. Small, Robert J. Zatorre, Alain Dagher, Alan C. Evans, Marilyn Jones-Gotman, "Changes in brain activity related to eating chocolate: from pleasure to aversion," *Brain* 124 (2001): 1720—1733; A. Bartels, Semir Zeki, "The neural basis of romantic love," *NeuroReport II* (2000): 3829 — 3834; Lisa M. Shin, Darin D. Dougherty, Scott P. Orr, Roger K. Pitman, Mark Lasko, Michael L. Macklin, Nathaniel M. Alpert, Alan J. Fischman, Scott L. Rauch, "Activation of anterior paralimbic structures during guilt-related script-driven imagery," *Society of Biological Psychiatry* 48 (2000): 43—50; Sherif Karama, André Roch Lecours. Jean-Maxime Leroux, Pierre Bourgouin, Gilles Beaudoin, Sven Joubert, Mario Beauregard, "Areas of brain activation in males and females during viewing of erotic film excerpts," *Human Brain Mapping* 16 (2002): 1—13.

[9] Jaak Panksepp, "The emotional sources of chills induced by music," *Music Perception* 13 (1995): 171—207.

[10] Anne J. Blood, Robert J. Zatorre, "Intensely pleasurable responses to music correlate with activity in brain regions implicated in reward and emotion," *Proceedings of the National Academy of Sciences* 98 (2001): 11818—11823.

[11] Abraham Goldstein, "Thrills in response to music and other stimuli," *Physiological Psychology* 3 (1980): 126—169. 大家都知道纳洛酮的管理，这种物质可以阻断鸦片产生的活动，也可以延缓由鸦片产生的颤抖行为，由此可能推测说，鸦片是这些感受的介质。

[12] Kenneth L. Casey. "Concepts of Pain mechanisms: the contribution of functional ima- 311
ging of the human brain," *Progress in Brain Research* 129 (2000): 277—287.

[13] 在皮埃尔·兰维尔（Pierre Rainville）的一项相关的实验中，成功地区分了与疼痛相关的感受——"疼痛感受"，被视为对疼痛的不快乐感，希望消除它的愿望——和一般意义上的疼痛的神经关联。"疼痛感受"涉及到脑岛和网状系统，而"疼痛感觉"则主要涉及到SI脑区，一个我们认为在情绪中不是很重要的区域。Pierre Rainville, Gary H. Duncan, Donald D. Price, Benoit Carrier, M. Catherine Bushnell, "Pain-affect encoded in human anterior cingulate but not somatosensory cortex," *Science* 277 (1997): 968—971.

[14] Derek Denton, Robert Shade, Frank Zamarippa, Gary Egan, John Blair-West, Michael McKinley, Jack Lancaster, Peter Fox, "Neuroimaging of genesis and satiation of thirst and an interoceptordriven theory of origins of primary consciousness," *Proceedings of the National Academy of Sciences* 96 (1999): 5304—5309.

[15] Terrence V. Sewards, Mark A. Sewards, "The awareness of thirst: proposed neural correlates," *Consciousness & Cognition: An International Journal* 9 (2000): 463—487.

[16] Balwinder S. Athwal, Karen J. Berkley, Imran Hussain, Angela Brennan, Michael Craggs, Ryuji Sakakibara, Richard S. J. Frackowiak, Clare J. Fowler, "Brain responses to changes in bladder volume and urge to void in healthy men," *Brain* 124 (2001): 369—377; Bertil Blok, Antoon T. M. Willemsen, Gert Holstege. "A PET study on brain control of micturition in humans," *Brain* 120 (1997): 111—121.

[17] Sherif Karama, et al., "Areas of brain activation in males and females during viewing of erotic film excerpts" (cited earlier).

[18] Darid H. Hubel, *Eye, Brain and Vision* (New York: Scientific American Library, 1988).

[19] John S. Morris provides a brief review of the current state of affairs in *Trends in Cognitive Sciences* 6 (2002): 317—319.

[20] A. D. 克雷格提出进入脑岛的通路通过一个专用的丘脑核团（VMpo）投射到脑岛皮质。在脑岛皮质中这一通路所携带的信号在次级区域中从后到前逐一顺序加工。这和位于枕叶初级视觉皮层（Ⅵ）以外上的视觉路径次级组织相似。换句话说，感受基于相互联结的次级区域中的加工过程，与视觉很相似。

312

[21] Arthur D. Craig, "How do you feel? Interoception: the sense of the physiological condition of the body," *Nature Reviews* 3 (2002): 655—666; D. Andrew, Arthur D. Craig, "Spinothalamic lamina I neurons selectively sensitive to histamine: a central neural pathway for itch," *Nature Neuroscience* 4 (2001): 72—77; Arthur D. Craig, Kewei Chen, Daniel J. Bandy, Eric M. Reiman, "Thermosensory activation of insular cortex," *Nature Neuroscience* 3 (2000): 184—190.

[22] Alain Berthoz, *Le Sens du Mouvement* (Paris: Editions Odile Jacob, 1997).

[23] Antoine Lutz, Jean-Philippe Lachaux, Jacques Martinerie, Francisco Varela, "Guiding the study of brain dynamics by using first-person data: synchrony patterns correlate with ongoing conscious states during a simple visual task," *Proceedings of the National Academy of Science* 99 (2002): 1586—1591.

[24] Richard Bandler, Michael T. Shipley, "Columnar organization in the rat midbrain periaqueductal gray: modules for emotional expression?" *Trends in Neurosciences* 17 (1994): 379—389; Michael M. Behbehani, "Functional characteristics of the midbrain periaqueductal gray," *Progress in Neurobiology* 46 (1995): 575—605.

[25] Vittorio Gallese, "The shared manifold hypothesis," *journal of Consciousness Studies*,

8 (2001): 33—50. Giacomo Rizzolatti, Luciano Fadiga, Leonardo Fogassi, Vittorio Gallese, "Resonance behaviors and mirror neurons," Archives Italiennes de Biologie 137 (1999): 85—100; Giacomo Rizzolatti, Leonardo Fogassi, Vittorio Gallese, "Neurophysiological mechanisms underlying the understanding and imitation of action," *Nature Reviews Neuroscience* 2 (2001): 661—670; Giacomo Rizzolatti, Luciano Fadiga, Vittorio Gallese, Leonardo Fogassi, "Premotor cortex and the recognition of motor actions," *Cognitive Brain Research* 3 (1996): 131—141; Ritta Haari, Nina Forss, Sari Avikainen, Erika Kirveskari, Stephan Salenius, Giacomo Rizzolatti, "Activation of human primary motor cortex during action observation: a neuromagnetic study," *Proceedings of the National Academy of Sciences* 95 (1998): 15061—15065. 313

[26] Ralph Adolphs, et al. (cited earlier).

[27] See Antonio Damasio, *Descartes' Error: Emotion, Reason, and the Human Brain* (cited earlier), *The Feeling of What Happens: Body, Emotion, and the Making of Consciousness* (cited earlier).

[28] Ulf Dimberg, Monika Thunberg, Kurt Elmehed, "Unconscious facial reactions to emotional facial expressions," *Psychological Science II* (2000): 86—89.

[29] Taco J. DeVries, Toni S. Shippenberg, "Neural systems underlying opiate addiction," *Journal of Neuroscience* 22 (2002): 3321—3325; Jon-Kar Zubieta, Yolanda R. Smith, Joshua A. Bueller, Yanjun Xu, Michael R. Kilbourn, Douglas M. Jewett, Charles R. Meyer, Robert A. Koeppe, Christian S. Stohler, "Regional mu opioid receptor regulation of sensory and affective dimensions of pain," *Science* 293 (2001): 311—315; Jon-Kar Zubieta, Yolanda R. Smith, Joshua A. Bueller, Yanjun Xu, Michael R. Kilbourn, Douglas M. Jewett, Charles R. Meyer, Robert A. Koeppe, Christian S. Stohler, "Mu-opioid receptor-mediated antinociception differs in men and women," *Journal of Neuroscience* 22 (2002): 5100—5107.

[30] Wolfram Schultz, Léon Tremblay, Jeffrey R. Hollerman, "Reward prediction in primate basal ganglia and frontal cortex," *Neuropharmacology* 37 (1998): 421—429; Ann E. Kelley and Kent C. Berridge, "The neuroscience of natural rewards: Relevance to addictive drugs," *Journal of Neuroscience* 22 (2002): 3306—3311.

[31] 这些反应在不同个体间往往很相似。下面这些有关毒品成瘾的网站提供了对吸毒经验的描述资料：http://www.erowid.org/index.shtml.

[32] Devries and Shippenberg, cited earlier.

[33] 扣带回的激活很大程度上是与有毒品引发的反应相连的（扣带回和与情感相连的皮层

314 下神经核团都具有运动和感觉作用)。诚然,呼吸反应成为感受到的一部分。Alex Gamma, Alfred Buck, Thomas Berthold, Daniel Hell, Franz X. Vollenweider, "3, 4-methylenedioxymethamphetamine (MDMA) modulates cortical and limbic brain activity as measured by [$H_2{}^{15}O$] -PET in healthy humans," *Neuropsychopharmacology* 23 (2000): 388 - 395; Louise A. Sell, John S. Morris, Jenny Bearn, Richard J. Frackowiak, Karl J. Friston, Raymond J. Dolan, "Neural responses associated with cueinvoked emotional states and heroin in opiate addicts," *Drug and Alcohol Dependence* 60 (2000): 207—216; Bruce Wexler, C. H. Gottschalk, Robert K. Fulbright, Isak Prohovrfik, Cheryl M. Lacadie, Bruce J. Rounsaville, John C. Gore, "Functional magnetic resonance imaging of cocaine craving," *American Journal of Psychiatry* 158 (2001): 86—95; Luis C. Maas, Scott E. Lukas, Marc J. Kaufman, Roger D. Weiss, Sarah L. Daniels, Veronica W. Rogers, Thellea J. Kukes, Perry F. Renshaw, "Functional magnetic resonance imaging of human brain activation during cue-induced cocaine craving," *American Journal of Psychiatry* 155 (1998): 124—126; Anna Rose Childress, P. David Mozley, William McElgin, Josh Fitzgerald, Martin Reivich, Charles P. O'Brien, "Limbic acfivation during cue-induced cocaine craving," *American Journal of Psychiatry* 156 (1999): 11—18; Daniel S. O'Leary, Robert I. Block, Julie A. Koeppel, Michael Flaum, Susan K. Schultz, Nancy C. Andreasen, Laura Boles Ponto, G. Leonard Watkins, Richard R. Hurtig, Richard D. Hichwa, "Effects of smoking marijuana on brain perfusion and cognition," *Neuropsychopharmacology* 26 (2002): 802—816.

[34] Gerald Edelman (cited earlier), and Rodney A. Brooks, *Flesh and Machines* (New York: Pantheon Books, 2002); Gerald Edelman, *Bright Air, Brilliant Fire: On the Matter of the Mind* (New York: Basic Books, 1992); Gerald Edelman, *Neural Darwinism: The Theory of Neuronal Group Selection* (New York: Basic Books, 1987).

第4章　感受之后

[1] 术语"*laetitia*"可以很合理地翻译为快乐或兴高采烈[后者是埃米列·罗蒂(Amélie Rorty)在《斯宾诺莎论偶像崇拜的爱的悲悯和真爱的愉悦》(*Spinoza on the Pathos of Idolatrous Love and the Hilarity of True Love*)中的翻译]。见 Amélie Rorty, ed., *Explaining Emotions* (Berkeley: University of California Press, 1980) *laetitia* 也曾经被翻译为愉快,但在我看来,这样翻译是不对的。"*Tristitia*"最好是翻译为悲伤或痛苦;虽然他会更普遍地指向消极情感,例如害怕和生气。

当斯宾诺莎提及更多或更少完满时，他倾向于加上“过渡”（transition）这个词 315
汇。这是一个有价值的限定，它会引起对感受过程的动态性质的注意，但是它可能会产生误导，就像过渡本身就是这个过程中最重要的一部分。

[2] 在当今的神经系统网络领域，一些运行状态被描述为“和谐的”，提出这一点是很有趣的。甚至有“最大限度的和谐状态”有待发现。和谐的本质在生物的和人工的运行中是相同的：安逸、高效、快速、力量。

[3] 对于把抑郁作为疾病行为的描述，见 Bruce G. Charlton，“The malaise theory of depression：major depressive disorder is sickness behavior and antidepressants are analgesic，” *Medical Hypotheses* 54（2000）：126－130. 对于抑郁体验的描述，见 William Styron，*Darkngss Visible*：*A Memoir of Madness*（New York：Random House，1990）；Kay Jamieson，*An Unquiet Mind*（New York：Knopf，1995）；and Andrew Solomon，*The Noonday Demon*：*An Anatomy of Depression*（London：Chatto & Windus，2001）.

[4] See Antonio Damasio，*Descartes' Error*：*Emotion*，*Reason*，*and the Human Brain*（cited earlier）；Antonio Damasio，“The Somatic marker hypothesis and the possible functions of the prefrontal cortex”（cited earlier）.

[5] Antoine Bechara et al.，“Insensitivity to future consequences following damage to human prefrontal cortex”（cited earlier）；Antonio Damasio，Steven Anderson，“The frontal lobes，” in K. M. Heilman and E. Valenstein（eds.），*Clinical Neuropsychology*，*Fourth Edition*（New York：Oxford University Press，2002）；Facundo Manes，Barbara Sahakian，Luke Clark，Robert Rogers，Nagui Antoun，Mike Aitken，Trevor Robbins，“Decision-making processes following damage to the prefrontal cortex，” *Brain* 125（2002）：624－639；Daniel Tranel，Antoine Bechara，Natalie L. Denburg，“Asymmetric functional roles of right and left ventromedial prefrontal cortices in social conduct，dedsion-making，and emotional processing，” *Cortex* 38（2002）：589－612.

[6] 关于工作记忆的神经和认知方面的详细阐释，见 Patricia Goldman-Rakic，“Regional and cellular fractionation of working memory，” *Proceeding of the National Academy of Sciences of the United States of America* 93（1996）：13473－13480；and Alan Badde- 316
ley，“Recent developments in working memory，” *Current Opinion in Neurobiology* 8（1998）：234－238. 前额叶皮层功能更通常的治疗见 Joaquin Fuster，*Memory in the Cerebral Cortex*（Cambridge，Mass.，London，UK：MIT Press，1995）；and Elkhonon Goldberg，*The Executive Brain*：*Frontal Lobes and the Civilized Mind*（New York：Oxfiord University Press，2001）.

[7] Jeffrey Saver, Antonio Damasio, "Preserved access and processing of social knowledge in a patient with acquired sociopathy due to ventromedial frontal damage," *Neuropsychologia* 29 (1991): 1241—1249.

[8] Antonio Damasio, *Descartes' Error: Emotion, Reason, and the Human Brain* (cited earlier).

[9] 大约 20 年前，当我最初提出这些观点时，迎接这些观点的是迷惑和反对。起初这些证据听起来只是个趣闻，而且除了一篇神经解剖学家瓦勒·瑙塔（Walle Nauta）写的关于前额叶皮层在情绪中起到的可能作用的论文“The problem of the frontal lobe: a reinter-pretation," *Journal of Psychiatric research* 8 (1971): 167—187. 外，我无法从先前的文献资料中获得支持，现在证据越来越多，所以这些观点得到认可，例如，Antoine Bechara, et al., "Insensitivity to future consequences following damage to human prefrontal cortex" (cited earlier); Antoine Bechara, et al., "Failure to respond autonomically to anticipated future outcomes following damage to prefrontal cortex" (cited earlier); Antoine Bechara, et al., "Deciding advantageously before knowing the advantageous strategy" (cited earlier); Antoine Bechara, Hanna Damasio, Antonio R. Damasio, Greg P. Lee, "Different contributions of the human amygdala and ventromedial prefrontal cortex to decisionmaking," *Journal of Neuroscience* 19 (1999): 5473—5481; Antoine Bechara, Hanna Damasio, Antonio Damasio, "Emotion, decision-making, and the orbitofrontal cortex," *Cerebral Cortex* 10 (2000): 295—307; Shibley Rahman, Barbara J. Sahakian, Rudolph N. Cardinal, Robert D. Rogers, Trevor W. Robbins, "Decision making and neuropsychiatry," *Trends in Cognitive Sciences* 5 (2001): 271—277; Geir Overskeid, "The slave of the passions: experiencing problems and selecting solutions," *Review of General Psychology* 4 (2000): 284—309; George
317 Loewenstein, E. U. Webber, C. K. Hsee, "Risk as feelings." *Psychological Bulletin* 127 (2001): 267—286; Jean-P. Royet, David Zald, Rémy Vetsate, Nicolas Costes, Frank Lavenne, Olivier Koenig, Rémi Gervais, "Emotional responses to pleasant and unpleasant olfactory, visual, and auditory stimuli: a positron emission tomography study," *Journal of Neuroscience* 20 (2000): 7752—7759.

[10] Stefan P. Heck, *Reasonable Behavior: Making the Public Sensible* (University of California, San Diego, 1998); Ronald de Sousa, *The Rationality of Emotion* (Cambridge: MIT Press, 1991); Martha Nussbaum, *Upheavals of Thought* (cited earlier).

[11] Ralph Adolphs, et al., "Impaired recognition of emotion in facial expressions following

bilateral damage to the human amygdala" (cited earlier).

[12] James K. Rilling, David A. Gutman, Thorsten R. Zeh, Giuseppe Pagnoni, Gregory S. Berns, Clinton D. Kilts, "A neural basis for social cooperation," *Neuron* 35 (2002): 395—405.

[13] Steven Anderson, Antoine Bechara, Hanna Damasio, Daniel Tranel, Antonio Damasio, "Impairment of social and moral behavior related to early damage in hurnan prefrontal cortex," *Nature Neuroscience* 2 (1999): 1032—1037.

[14] 来自另外一些病人的证据支持了这种解释——这些病人向前额叶皮层提供情景条件信息的脑区，如右侧颞叶下区域受到了损害。在与我的同事史蒂文·安德森和汉娜·达马西奥的合作中，我注意到在发展期，这些区域的损伤会阻碍相应社会行为的成熟。这个实际的结果与成年人前额叶损伤导致的结果是相当的。

[15] Jonathan Haidt, "The Moral Emotions," in R. J. Davidson, K. Scherer, and H. H. Goldsmith (eds.), *Handbook of Affective Sciences* (Oxford University Press, in press); R. A. Shweder and J. Haidt, "The cultural psychology of the emotions: Ancient and new," in M. Lewis & J. Havfland (eds.), *Handbook of emotions*, 2nd Ed. (New York: Guilford, 2000).

[16] E. O. 威尔逊的"一致"项目是这种态度的例子，可以通过把生物学和人文学科结合
起来以提高理解。Edward O. Wilson, *Consilience* (New York: Knopf, 1998). 318

[17] 我注意到所有这些关于伦理学的评论都适用于伦理的行为，而且也适用于在描述伦理学中可能的生物起源和机制。我在这里指的并不是标准的伦理学或元伦理学。

[18] Frans de Waal, *Good Natured* (cited earlier); B. Heinrich, *The Mind of the Raven* (cited earlier); Hans Kummer, *The Quest of the Sacred Baboon* (cited earlier). 有关猴子利他行为的实验讨论见 Marc Hauser in *Wild Minds* (New York: Holt and Company, 2000) 由 Robert Miller 主导 (R. E. Miller, J. Banks, H. Kuwhara, "The communication of affect in monkeys: Cooperative conditioning," *Journal of Genetic Psychology* 108 (1966): 121—134; R. E. Miller, "Experimental approaches to the physiological and behavioral concomitants of affective communication in rhesus monkeys," in S. A. Altrnann [ed.], *Social Communication among Primates* [Chicago: University of Chicago Press, 1967]).

[19] 基因的必要性不仅表现为，它们能构成一种装备有我们一直讨论的这些装置的某种特定的脑。基因的必要性还表现为，使学习变得可能以及修复和更新脑结构。另外，基因表现依赖于在发展和成熟过程中与环境的交互作用。关于这个论题的全面观点得益于进化心理学、神经生物学和人口遗传学领域的广泛各异、时有争论的文献。按年月

次序排列的一些重要读物列表如下：William Hamilton，“The genetical evolution of social behaviour，” Parts 1 and 2，*Journal of Theoretical Biology* 7 (1964)：1—52；George Williams，*Adaptation and Natural Selection*：*A Critique of Some Current Evolutionary Thought* (Princeton，N. J.：Princeton University Press，1966)；Edward O. Wilson，*Sociobiology*：*The New Synthesis* (Cambridge，Mass.：Harvard University Press，1975)；Richard Dawkins，*The Selfish Gene* (New York：Oxford University Press，1976)；Stephen Jay Gould，*The Mismeasure of Man* (New York：Norton，1981)；Steven Rose，Richard Lewontin，Leo Kamin，*Not in Our Genes* (Har-
319 mondsworth：Penguin，1984)；Leda Cosmides，John Tooby，*The Adapted Mind*：*Evolutionary Psychology and the Generation of Culture* (New York：Oxford University Press，1992)；Helena Cronin，John Smith，*The Ant and the Peacock*：*Altruism and Sexual Selection from Darwin to Today* (Cambridge，U. K.：Cambridge University Press，1993)；Richard C. Lewontin，*Biology as Ideology*：*The Doctrine of DNA* (New York：HarperCollins，1992)；Carol Tawis，*The Mismeasure of Women* (New York：Simon and Schuster，1992)；Robert Wright，*The Moral Animal*：*Why We Are the Way We Are*：*The New Science of Evolutionary Psychology* (New York：Pantheon Books，1994)；Mark Ridley，*Evolution* (Oxford，England；New York：Oxford University Press，1997)；Steven Rose，*Lifelines*：*Biology*，*Freedom*，*Determinism* (Harmondsworth：Allen Lane，1997)；Edward O. Wilson，*Consilience* (cited earlier)；Steven Pinker，*How the Mind Works* (New York：W. W. Norton & Company，1998)；Patrick Bateson and Martin Paul，*Design for a Life*：*How Behaviour Develops* (London：Jonathan Cape，1999)；Hilary Rose and Steven Rose，eds.，*Alas*，*Poor Darwin* (New York：Harmony Books，2000)；Melvin Konner，*The Tangled Wing* (New York：Henry Holt and Company，2002)；Robert Trivers，*Natural Selection and Social Theory*：*Selected Paper of Robert L. Trivers* (New York：Oxford University Press，2002).

[20] 见 Martha Nassbaum，*Upheavals of Thought* (Cambridge University Press，2001) 讨论了关于一般情况下情绪在司法中起到的作用，以及在特殊情况下情绪在司法当中的运用。

[21] 最近威廉·萨菲尔（William Safire）已经运用“神经伦理学”这个术语表示由新的神经和精神失调的新疗法所引起的伦理问题的争论。这个争论将由在此谈论的一些问题所构成，但是“神经伦理学”的目标和我的论述的目标是不同的。十多年前，让·皮埃尔·钱格斯在巴黎举行的一个由巴斯德协会赞助的具有里程碑意义的关于生物和伦

理学的讨论会上，运用神经伦理学这个术语特指此章中所论述的问题。

[22] 社会管理新手段的兴盛可能是由像气候变化、象征的发展和农业这类不同的现象引发的，对于这些重要因素的论述见 William Calvin，*The Ascent of Mind：Ice Age Climates and the Evolution of Intelligence*（New York：Bantam Books，1991），*A Brain for All Seasons：Human Evolution and Abrupt Climate Change*（Chicago；London：University of Chicago Press，2002）；Terrence Deacon，*The Symbolic Species：The Co-evolution of Language and the Brain*（New York：W. W. Norton & Company，1997）；and Jared Diamond，*Guns，Germs，and Steel：The Fates of Human Societies*（New York：W. W. Norton & Company，1997）. 320

[23] 虽然与这个观点的历史联系的论述已经超出了我的专业知识，但是我应该在已经建立的有关伦理的观点和有关的司法机构之间的观点间搭建一座桥梁：苏格兰启蒙运动的观点和康德的观点。根据苏格兰启蒙运动的观点，司法建立在情绪基础上，尤其建立在积极的道德情绪上，例如同情，它是人类自然行为的一部分。一个人可以培养道德情绪，但这些情绪是不需要教的。它们基本是天生的，是人性自然的善良属性进化的一部分。以这种情绪为基础，在各种知识和理性的帮助下，伦理原则、法律和司法系统最终才得以系统化。亚当·斯密和大卫·休谟是这个观点的著名倡导者，尽管很明显，这个观点最早可以追溯到亚里士多德。Adam Smith，*A Theory of Moral Sentiment*（Cambridge，U. K.；New York：Cambridge University Press，2002）；David Hume，*A Treatise of Human Nature*；*Enquiry Concerning the Principles of Morals*（Garden City，N. Y.：Doubleday，1961）；Aristotle，*Nichomachean Ethics*.

另外的观点和康德不同，而且当今对此的论述可以从约翰·罗尔斯（John Rawls）的研究中得到体现。他反对把情绪作为司法的可能性基础，而把理性作为伦理学、法律和司法的唯一的适当基础。康德的观点不相信任何种类的情绪，认为它是多变的，甚至是危险的。康德排斥情绪的智慧，这是一项很好且需要有耐心的工作，随着它的进展也为社会生活的管理集聚了一些有价值的警戒线。而且应该说，康德也排斥情绪所表达的不明智和粗鲁等方面的特性。他的彻底的排斥使他不会被天生的道德情绪欺骗。相反，他相信比起不需要人的努力的进化来说，人类的理性和创造性会 321
发明出更好的解决问题的办法。这里存在这样一个问题，因为无感受的理性会成为和天生的情绪一样糟糕的咨询师。见 Robert Wright，*The Moral Animal：Why We Are the Way We Are：The New Science of Evolutionary Psychology*（New York：Random House，1994），对一切都要来自于相信伦理王国的危害性进行了激烈的讨论。关于康德和休谟对道德判断的观点，见 Jonathan Haidt，"The Emotional Dog and Its Rational Tail，" *Psychological Review* 198（2001）：814－834. See also Paul M. Churchland，

Rules, *Know-How*, *and the Future of Moral Cognition and Bruce Hunter* (Calgary: University of Calgary Press. 2000); *Robert C. Solomon*, *A Passion for Justice* (Boston: Addison-Wesley, 1990); *John Rawls*, A Theory of Justice (*Cambridge, Mass.*: *Belknap Press of Harvard University Press*, 1971).

苏格兰观点也是有局限性的。苏格兰观点所描绘的图画有些太乐观。它引用了很少的托马斯·霍布斯所强调的人性肮脏和丑陋的概念，却用了更多的让一雅克·卢梭所论述的描述人性的善良和高贵的概念，虽然它和后者并没有发生混淆。在苏格兰人强调的"积极的"道德情绪之外，也有"消极的"道德情绪，例如，憎恨、报复、愤怒，这都与司法的建构相关。我认为情绪和感受在司法当中的作用超过了进化而来的遗传的道德情绪的作用。我认为基本的高兴和悲伤，已经、并且仍然在司法建设中起着重要作用。例如，因丧失亲人而悲痛的个人体验使得我们能够理解别人的悲伤。天生的同情心使得我们能够设身处地地理解别人的问题，但是个体感受到的痛苦加深了我们对别人所表现出来和感受到的痛苦感。换句话说，个人的悲伤使得我们对别人能从同情到移情。个人的悲伤也是理解导致痛苦的情景以及找到避免痛苦的方法的最有

322 效的跳板。感受和情绪所反映的信息不仅可以创造出更好的司法工具，也可以为司法更容易地运行创造条件。

[24] Spinoza. *A theologico-political treatise*, 1670. From the R. H. M. Elwes translation, *Benedict de Spinoza*: *A theologico-political treatise and a Political Treatise* (cited earlier).

[25] James L. McGaugh, Larry Cahill, Benno Roozendaal, "Involvement of the amygdala in memory storage: interaction with other brain systems," (*review*) *Proceedings of the National Academy of Sciences of the United States of America* 93 (1996): 13508－13514. James L. McGaugh, Larry Cahill, Benno Roozendaal, "Involvement of the amygdala in memory storage: interaction with other brain systems," *Proceedings of the National Academy of Sciences of the United States of America* 93 (1996): 13508－13514; Ralph Adolphs, Larry Cahill, Rina Schul, Ralf Babinski, "Lmpaired memory for emotional stimuli following bilateral damage to the human amygdala," *Learning and Memory* 4 (1997): 291－300; Kevin S. LaBar, Joseph E. LeDoux, Dennis D. Spencer, Elizabeth A. Phelps, "Impaired fear conditioning following unilateral temporal lobectomy in humans," *Journal of Neuroscience* 15 (1995): 6846－6855; Antoine Bechara, Daniel Trand, Hanna Damasio, Ralph Adolphs, Charles Rockland, Antonio Damasio, "A double dissociation of conditioning and declarative knowledge relative to the amygdala and hippocampus in humans," *Science* 269 (1995): 1115－1118.

第5章　身体、脑和心灵

[1] 在《感受发生的一切：身体，情绪和意识的产生》（*The Feeling of What Happens: Body, Emotion, and the Making of Consciousness*）中，我详尽阐述了心灵/意识两者之间的区别（安东尼奥·达马西奥，2000，前面已引）。我也引入了核心自我和扩展自我，以及自传式自我的概念。

[2] 身心问题在当今心灵哲学家的论述中都给予了极大的关注，在他们当中，David Armstrong，*The Mind-Body Problem: An Opinionated Introduction*（Oxford，U. K.， 323
Boulder，Colorado：Westview Press，1999）；Paul Churchland and Patricia Churchland，*On the Contrary*（Boston：MIT Press，1998）；Patricia Churchland，*Brain-Wise*（Cambridge，Mass.：MIT Press，2002）；Patricia Churchland，Paul Churchland，"Neural worlds and real worlds"（*Nature Neuroscience Reviews*，2002）；*Daniel Dennett*，Consciousness Explained（Boston：Little Brown，1991）；David Chalmers，*The Conscious Mind*（New York：Oxford University Press，1996）；Thomas Metzinger，*Conscious Experience*（Paderborn，Germany：Imprint Academic/Schoeningh，1995）；Galen Strawson，*Mental Reality*（Cambridge，Mass.：MIT Press，1994）；Ned Block，Owen Flanagan，Güven Güzeldere，eds.，*The Nature of Consciousness: Philosophical Debates*（Cambridge，Mass.：MIT Press，1997）；and John Searle，*The Rediscovery of the Mind*（Boston：MIT Press，1992）；by philosophers of the recent past：Herbert Feigl，*The "Mental" and the "Physical"*（Minneapolis：University of Minnesota Press，1958）：Edmund Husserl，*The Phenamenology of Internal Time-consciousness*（Bloomington，Ind.：Indiana University of Chicago Press，1971）；Jean Pierre Changeux，*Neuronal Man: The Biology of Mind*（New York：Pantheon，1985）；Francis Crick，*The Astonishing Hypothesis: The Search for the Soul*（New York：Scribner，1994）；Gerald Edelman，*Remembered Present*（New York：Basic Books，1989），and *Bright Air, Brilliant Fire: On the Matter of the Mind*（New York：Basic Books，1992）；Francisco Varela，"Neurophenomenology：A methodological remedy to the hard problem，" *Journal of Consciousness Studies* 3（1996）：330—350；Francisco Varela and Jonathan Shear，"Firstperson methodologies：why，when and how，" *Journal of Consciousness Studies* 6（1999）：1—14.

[3] 新教堂是最早在荷兰建立的基督教教堂之一（1649—1956），它真的很新，其设计来源
于新教教会教堂庆典的设计。它不是一个被剥除了其装潢的天主教教堂。现在它已经 324
成为海牙文化活动的主要地点之一。在该建筑背后所隐藏的冲突很明显，也是这个时

代的典型。与新教的审美相一致，这个建筑拒绝炫耀；但是作为对其的肯定，这个建筑并不逊色。一个相似的冲突在向东北 30 英里的地方——在阿姆斯特丹的葡萄牙犹太教堂也很明显，这是相同时代的另一个建筑（1675 年竣工），是谦虚和骄傲的分裂。可预测的结果是，这个新教堂既没有什么装饰，但又很壮观。在被用作舞台的突起的祭坛上，墩座要求能够俯视周围较广阔的风景。

[4] 勒内·笛卡尔与波西米亚伊丽莎白女王的通信。Bohemia. *Oeuvres et lettres*（Bruges, Librarie Gallimard, 1952）, and *Meditations and Other Metaphysical Writings*（London: Penguin Books, 1998）.

[5] Gilbert Keith Chesterton, *The Innocence of Father Brown*（New York: Dodd, Mead, 1911）.

[6] 神经外科医生怀尔德·彭菲尔德在几个他努力治疗的癫痫病病人中研究了这种现象。这个过程可能从脑岛皮层开始，最终扩展到体感区的其他部位。这种观点与我们在第 3 章讨论过的新进展相一致。Wilder Penfield, Herbert Jasper, *Epilepsy and the Functional Anatomy of the Human Brain*（Boston: Little, Brown, 1954）.

[7] 新的解释是，意识的丧失与身体感觉的变化无关，而且即使身体的感觉不发生变化，意识障碍也可能发生。在各种中风中，意识障碍确实会出现在没有任何身体征兆的情况下。然而，这与以下观点一致，即在这种形式的中风发作中，由于身体输入没有在其他产生像痉挛等现象的其他中风机制之前被激活，就发生了意识丧失。

[8] Oliver Sacks, *in A Leg to Stand On*（London: Duckworth, 1984）, and Vilayanur Ramachandran, *in Phantoms in the Brain*（New York: HarperCollins, 1999），这两本书中详细地描绘的肢体知觉的改变。

325 [9] 萨克斯的病人发生了本体感觉的丧失，从肌肉到中枢神经系统的神经通路发生了障碍。Oliver Sacks, in *The Man Who Mistook His Wife for a Hat*（New York: Summit Books, 1985）. 有一个有意思的新证据表明这种被叫做身体分离（out-of-body）的体验可以通过直接电击右脑的体感皮层所引发，也就是在角回区。一个受到这样刺激的病人报告说他感觉到对自己身体的体验和其他心理活动的分离。在受刺激过程中，她想象自己被悬挂到卧室的天花板上，在那里她可以观察到她的部分身体。这些发现支持了这样一些观念：我们身体的感觉依赖于神经映射，它存在于一个专门的和包含多种成分的系统之中。这个系统的一部分位于右侧大脑皮层，另外一部分位于在皮层下区域。在皮层水平上，大部分在皮层水平的系统机能障碍，会破坏我们身体的感觉以及打乱心理过程。机能障碍被限制在一个区域由此导致了部分综合征，例如身体认识不能和奇怪的体验，例如身体分离的状态。大面积的皮层下机能障碍，就像大面积的脑干被盖区的损伤一样，往往会极大地扰乱系统平衡。见 See Olaf Blanke et al.,

"Leaving your body behind," *Nature* (2002), in press.

[10] 映射和表征。Antonio Damasio, Hanna Damasio, "Cortical systems for retrieval of concrete knowledge: the convergence zone framework," *Large-Scale Neuronal Theories of the Brain*, Christof Koch (ed.) (Cambridge: MIT Press, 1994): 61—74; Antonio Damasio. "Time-locked multiregional retroactivation: A systems level proposal for the neural substrates of recall and recognition," *Cognition* 33 (1989): 25—62; Antonio Damasio, "The brain binds entities and events by multiregional activation from convergence zones," *Neural Computation* 1 (1959): 123—132.

[11] See Francis Crick. *The Astonishing Hypothesis: The Search for the Soul* (cited earlier); Giulio Tononi and Gerald Edelman, "Consciousness and complexity," *Science* 282 (1998): 1846—1851; and Jean Pierre Changeux, Paul Ricoeur, *Ce qui nous fait penser, La nature et la régle* (Paris: Editions Odile Jacob, 1998), 讨论了这个主题. See 326
Antonio Damasio, *The Feeling of What Happens: Body, Emotion, and the Making of Consciousness* (cited earlier), 对意识的神经生物学研究面对的难题进行了讨论.

[12] 学习和知觉过程都是基于对先前存在的全部技能的神经元的"选择",这一概念相对来说是比较新的。参见 Jean-Pierre Changeux, *Neuronal Man: The Biology of Mind* (cited earlier); Gerald Edelman, *Neural Darwinism: The Theory of Neuronal Group Selection* (New York: Basic Books, 1987).

[13] David Hubel, *Eye, Brain and Vision* (cited earlier).

[14] Roger B. Tootell, Eugene Switkes, Michael S. Silverman, Susan L. Hamilton, "Functional anatomy of macaque striate cortex. II. Retinotopic organization," *The Journal of Neuroscience* 8 (1988): 1531—1568.

[15] Joanna Aizenberg, Mexei Tkachenko, Steve Weiner, Lia Addadi, Gordon Hendler, "Calcitic microlenses as part of the photoreceptor system in brittlestars," *Nature* 412 (2001): 819—822; Roy Sambles, "Armed for light sensing," *Nature* 412 (2001): 783.

[16] Samer Hattar, Hsi-Wen Liao, Motoharu Takao, David M. Berson, King-Wai Yau, "Melanopsin-containing retinal ganglion cells: architecture projections, and intrinsic photosensitivity," *Science* 295 (2002): 1065—1070; David M. Berson, Felice Dunn, Motoharu Takao, "Phototransduction by retinal ganglion cells that set the circadian clock," *Science* 295 (2002): 1070—1073.

[17] Nicholas Humphrey, *A History of the Mind* (New York: Simon and Schuster, 1992).

[18] David Hubel, Margaret Livingstone, "Segregation of form, color, and stereopsis in

primate area 18," *The Journal of Neuroscience* 7 (1987): 3378—3415; Semir Zeki, *A Vision of the Brain* (Oxford, Boston: Blackwell Scientific Publications, 1993).

[19] George Lakoff, Mark Johnson, *Metaphors We Live By* (Chicago: University of Chicago Press, 1980), and George Lakoff, Mark Johnson, *Philosophy in the Flesh* (New York: Basic Books, 1999); Mark Johnson, *The Body in the Mind* (Chicago: Uni-
327 versity of Chicago Press, 1987).

[20] Hubel, ibid.

[21] 关于我们在这个练习中所运用的这种还原论观点也还需要一个限定条件。生物学现象的心理水平有不在神经映射水平上表现出来的附加特性。我希望一个还原论者的研究策略，最终使我们能够揭示我们是如何从神经映射水平到"心理"水平的。虽然心理水平不能简化为神经映射水平，因为它有从神经映射水平中新产生的特性，但是仍然有很多地方还是一个谜，我们对它们可能包含的内容依旧不了解。

[22] Spinoza, *The Ethics* (cited earlier).

[23] 关于这个观念的呈现及其可能的神经系统执行机制的论述，见 Antonio Damasio, *The Feeling of What Happens: Body, Emotion, and the Making of Consciousness* (cited earlier).

[24] Spinoza, *The Ethics*, Part III (cited earlier).

[25]《几何学方法的背后：对斯宾诺莎伦理学的解读》(In Behind the Geometric Method: A Reading of Spinoza's Ethics)（前面已引）中，埃德温·柯利提供的一个关于斯宾诺莎思想的一种解读方式可能与这个观点一致。吉勒斯·德鲁兹（Gilles Deleuze）在《斯宾诺莎主义：一种实践哲学》(*Spinoza: A Practical Philosophy*) 中的观点也与此一致（前面已引）。

[26] 心灵的不朽在犹太人的思想发展历程中起到了新奇和独特的作用。在斯宾诺莎时代，对于那些犹太学者和非专业的社区领导者，否认心灵的不朽确实是一个异端，这会为欢迎来自荷兰的犹太教徒的基督教社区带来问题。见 Steven Nadler, *Spinoza's Heresy* (New York: Oxford University Press, 2002)，其中对这问题给以了阐释。

[27] Simon Schama, *Rembrandit's Eyes* (New York: Knopf, 1999).

[28] 对这幅画里所发生事情有一个非常不同和吸引人的解释，见 W. G. 希伯尔德（W. G. Sebald）的《土星的光环》(*The Rings of Saturn*)。希伯尔德认为，伦勃朗在故意贬低特尔普及其同事——正在亵渎一个尸体——通过照明阿里斯·金特，一个不
328 幸的小偷的脸，他在几小时前刚被处以绞刑，而且他没有参加获取自己自由的诉讼。但是希伯尔德认为，伦勃朗在描述金特的左手时故意犯了一个错误的观点是错误的。事实上，伦勃朗是完全正确的。Winfried Georg Sebald, *The Rings of Saturn* (New

York: New Directions Publishing Corporation, 1998).

第 6 章　拜访斯宾诺莎

[1] Albert Einstein, *The World as I See It* (New York: Covici Friede Publishers, 1934).

[2] Alfred North Whitehead, *Science and the Modern World* (New York: Macmillan, 1967).

[3] Diogo Aurélio argues the point convincingly (*Imaginaçáo e Poder*, Lisbon: Colibri, 2000). See also Carl Gebhardt, "Rembrandty Spinoza," *Revista de Occidente*.

[4] Simon Schama, *An Embarrassment of Riches* (cited earlier).

[5] 哈娜·德博拉是米格尔·德·斯宾诺莎的第二任妻子，她的岁数是他的一半。她的父亲是一个医生、哲学家和神学家，但是她是由她的母亲玛丽亚·努纳斯（Maria Nunes）在葡萄牙的波尔图市养育大的。她来到阿姆斯丹嫁给了刚刚丧妻的斯宾诺莎的父亲，并生了孩子。

[6] 在 *Um Bicho da Terra*（Lisbon: Guinarães Editors, 1984）中，阿哥伊纳·贝萨·路易斯（Agustina Bessa Luis）对 16 世纪波尔图的生活作了虚构的描述，从而形成了这句话。

[7] Steven Nadler, *Spinoza: A Life* (Cambridge, U. K.; New York: Cambridge University Press, 1999).

[8] Marilena Chaui, *A Nervura do Real* (São Paulo: Companhia das Letras, 1999).

[9] A. H. de Oliveira Marques, *History of Portugal, Vol. I* (New York: Columbia University Press, 1972); Francisco Bettencourt, *História das Inquisicões em Portugal, Espanha e Itália XV—XIX* (São Paulo: Companhia das Letras, 1994); Cecil Roth, *A History of the Marranos* (New York: Meridian Books, 1959).

[10] Marques, ibid; Bettencourt, ibid; Roth, ibid.

[11] Bettencourt, ibid; António José Saraiva; Marques, ibid.

[12] Léon Poliakov, *Histoire de I'Antisémistisme*, 3rd ed. (Paris: Calmann-Lévy, 1955).

[13] C. Gebhardt, as cited by Gabriel Albiac, *La Synagogue Vide* (Paris: Presses Universitaires de France, 1994).

[14] Frederick Pollock, *Spinoza: His Life and Philosophy* (London: C. Kegan Paul & Co., 1880).

[15] 最不可信的斯宾诺莎的传记作家卢卡斯（Lucas）认为，斯宾诺莎确实创作了一个答复，但是它的存在无以追踪。或许从来就没有过这样的一个答复。

[16] Luis Machado de Abreu, *A Recepção de Spinoza em Portugal*. In *Sob O Olhar de Spi-*

noza (Aveiro, Portugal: Universidade de Aveiro, 1999).

[17] Maria Luisa Ribeiro Ferreira, *A Dinâmica da Razão na Filosofia de Espinosa* (Lisbon: Gulbenkian Foundation, 1997).

[18] Jonathan I. Israel, *Radical Enlightenment: Philosophy and the Making of Modernity 1650—1750* (Oxford University Press, 2001).

[19] 洛克不是个宗教的激进者。他是个信徒，运用了一个安全无争议的方式来传播斯宾诺莎的一些激进观点。另一方面，很难想象，洛克并没有受到斯宾诺莎的影响。从1683年到1689年，洛克都流放在阿姆斯特丹，而这时正是斯宾诺莎去世不久，一个激烈讨论以及对斯宾诺莎观点恶意诽谤的时期。这个时期先于洛克自己著作出版的时间（《人类理解论》和《政府论》于1690年出版）。John Locke, *An Essay Considering Human Understanding* (Oxford: Clarendon Press, 1975); *Two Treatises of Government* (London: Cambridge University Press, 1970).

[20] Voltaire, *Les Systemes*, Oeuvres (Pairs: Moland, 1993). 原文如下：

那时，一个矮个子的犹太人，高高的鼻子，面容苍白，
贫穷但心满意足，他沉默寡言，
精致但空洞的灵魂受到众人的赞赏，但很少被人了解，
……

[21] Gabriel Albiac, *La Synagogue Vide* (cited earlier).

[22] Johann von Goethe, *The Auto-Biography of Goethe: Truth and Poetry: From My Life*, Parke Godwin, ed. (London: H. G. Bohn, 1848).

330 [23] E. S. Haldane 和 F. H. Simson 所译，黑格尔所著《斯宾诺莎》德语第2版（Spinoza, London: Kegan Paul, 1892）。

[24] Circular of the Spinoza Committe: A Statue to Spinoza. 1876 in Frederick Pollock, *Spinoza: His Life and Philosophy* (London: C. Kegan Paul & Co., 1880), Appendix D.

[25] Michael Hagner and Bettina Wahrig-Schmidt, eds., *Johannes Müller und die Philosophie* (Berlin: Akademie Verlag, 1992).

[26] Frederick Pollock, ibid.

[27] Siegfried Hessing, "Freud et Spinoza," *Revue Philosophique* 2 (1977): 168 (author's translation).

[28] Hessing, ibid, 169 (author's translation).

[29] Jacques Lacan, *Les Quatre Concepts Fondamentaux de la Psychanalyse* (Paris: Edition Le Seuil, 1973).

[30] Albert Einstein, *Out of My Later Years* (New York: Wings Books, 1956).

[31] Margaret Gullan-Whur, *Within Reason*: *A Life of Spinoza* (New York: St. Martin's Press, 2000). Stuart Hampshire (*Spinoza*, cited earlier) 和 Steven Nadler (*Spinoza*: *A Life*, cited earlier) 都表明镜片粉末是他致病的一个原因。

[32] Hampshire, ibid.

[33] 在我看来，或者在他的主要的传记作家——科尔勒斯 (Colerus)、波洛克 (Pollock)，纳德勒 (Nadler)、格兰一乌尔 (Gullan-Whur) ——看来，斯宾诺莎从来就不是一个自闭症患者，他也没有亚斯伯格综合征，就像最近的精神病专家迈克尔·菲茨杰拉德所认为的。Michael Fitzgerald, "Was Spinoza Autistic?" *The Philosophers' Magazine*, 14, Spring 2001. 自闭症患者有严重的社交困难，缺乏共情能力，通常独居并且没有朋友。但是没有任何证据表明斯宾诺莎有社交困难——除了那些相对于整个社会大众、他的政治和神学社会而言，专门为他而创造出的智力产品之外。他似乎一点也不比笛卡尔——他最好的朋友——生活得更孤独，他在凡·德斯皮克家里热情地投入，每天接待无数的来访者。有理由相信斯宾诺莎是一个爱交友的年轻人，他的大量 331
著作也表明，他在阿姆斯特丹的日子里有很多的性经历。最重要的是，这个结论并不与斯宾诺莎对人类和社会运作方式的深入理解相一致。他不缺乏同情心，甚至年轻人傲慢的迹象和表现出的优越感——这在他那个年代在年轻的知识分子当中并不令人惊奇，似乎在过去的岁月里都被抑制了。

第 7 章　谁在那儿?

[1] 这一表达表明上帝和自然是同一个事物，也是一回事。然而确切地说，实际上并不是这样。斯宾诺莎在由造物主上帝这一传统定义中产生的、并与之类似的自然的一部分——能动的自然 (*Natura naturans*) 和作为创造结果的自然的一部分——被动的自然 (*Natura naturata*) 之间进行了微妙的区分。见斯蒂文·纳德勒 (*Steven Nadler*)，《斯宾诺莎的异端邪说》(*Spinoza's Heresy*) (见前文引用) 对这个问题的论述。

[2] 对于斯宾诺莎而言，拯救通常是个体和私人的行为，但需要社会上其他人的帮助。这种状况会促进个人和社会的努力。国家必须是民主的，它的法律必须是公平的，它必须保证他的公民生活自由，远离恐惧。和斯宾诺莎同时代的霍布斯的观点则不同，在拯救问题上霍布斯将政治视为一种补充或者辅助工具。(见 Maria Luisa Ribeiro Ferreira, *A Dinâmica da Razão na Filosofia de Espinosa* 对于这种差异的评论)。对于霍布斯，一个好的政治系统是允许政府有合理的功能，其中个体是主体。对于斯宾诺莎，一个好的政治体系应该能够帮助其自由的公民获得拯救。

[3] 斯宾诺莎的通信。在罗伯特·哈维·门罗·埃尔威斯 (Robert Harvey Monro Elwes) 的《理解力和伦理的改善以及贝内·德·斯宾诺莎的通信》(*Improvement of the Under-*

standing, *Ethics and Correspondence of Benedict de Spinoza*）(Washington: Dunne, 1901) 中的信件 XLIX。

[4] 这是在《神学政治论》(*A Theologico-political treatise*, 1670) 一书中，斯宾诺莎的话
332 语（R. H. M. 埃尔威斯翻译）：“在我进一步深入阐述之前，我将确切地表达（虽然我已经在前面说过了）我认为对于《圣经》或拯救的效用以及必须是非常大的。因为我们不能通过理性的天生启发来理解简单的顺从就是拯救的途径，我们只接受了圣经中的神圣文句的教导，这就是上帝的专门恩赐，我们的理性是不能获得的，是圣经给人类带来了安慰。所有的人都可以服从，但是与人类的总数相比，那些能通过理性的指导获得德性习惯的人还是少数。因此如果我们没有圣经的信仰，我们可能会怀疑对所有人的拯救。”

这种深刻感受到的态度使得那些讽刺斯宾诺莎是恶魔的化身的文章显得很虚伪。后来斯宾诺莎建议那些在他周围的人，大部分是基督教徒，继续待在教堂里，主要是新教徒的教堂。他鼓励儿童参加弥撒，他自己也听科尔勒斯的布道，是路德教的牧师，他搬到了斯宾诺莎曾经在斯蒂勒沃卡德出租的房子居住，后来成了斯宾诺莎的第一个朋友，并成为斯宾诺莎的传记作者。斯宾诺莎并不信仰有远见的上帝或生命的不朽，但是他从来不嘲笑别人有这样的信仰。实际上，斯宾诺莎非常关注那些无知者的信仰。他只是和他智性的同事讨论宗教信仰的问题。就像所记录的，他不允许荷兰翻译他的研究是为了阻止他的观点在那些可能还没作好准备应付他们结果的人中迅速传播。实际上，读过他的拉丁原文著作的人中很少有人作好了镇静地读他作品的准备，但是他确实试图努力抑制他的观点引起的影响。他拒绝作为一个知识分子运动的首领，要是他愿意的话，他就已经成为这种领袖了。这样会使他高兴吗，是否可以假设这样的一个公众角色，虽然不是那么自由但还是活着？在皮埃尔·贝尔（Pierre Bayle）关于斯宾诺莎的文章（*Dictionnaire Historiqueet Critique*, Rotterdam, 1702）中，皮埃尔·贝尔认为，他愿意成为一个公众领袖。但我怀疑这一点，根据斯宾诺莎的个性，我无法想象他会这样想。至少直到海牙时期，斯宾诺莎不会怀有这样一个野心。

333 [5] 在 *Modos de Evidencia*（Lisbon: Imprensa Nacional, 1986），费尔南多·吉尔（Fernando Gil）论述了这种智力过程及其影响结果。

斯宾诺莎的解决办法带有很多影响的烙印。一个重要的影响正如苏珊·詹姆斯很有说服力地论证的那样（*The Rise of Modern Philosophy*, Tom Sorrell, ed., Oxfora, U. K.: Clarendon Press, 1993），有可能是来自希腊和罗马的斯多葛学派的哲学家。犹太教的影响很明显，影响包括对现实生命而不是生命的永恒的强调；对道德行为的强调，将德性和社会政治组织相连，这都是和旧约故事的特征相一致的。一些影响可能来自卡巴拉神秘教义。斯宾诺莎批评了卡巴拉教义迷信的方面，但是他的体系借

用了卡巴拉的对于“一个没有面孔的神秘”的敬畏，就像玛丽亚·路易莎·瑞贝诺·费雷拉（Maria Luisa Ribeiro Ferreira）所提及的（*A Dinamica da Razao na Filosofia de Espinosa*，前面已引）。基督教的影响也很明显。在斯宾诺莎的体系中对神的理智的爱只能在那些以基督教徒的榜样行为和生活的个体中盛行：无条件地尊敬和爱戴他人，对每一个人都仁慈，举止要谦和，注意个人相对于整个人类及其社会事件的短暂意义。斯宾诺莎在他的体系中绕开了基督教，但又把耶稣纳入了他的体系。事实上，在他的生命的最后阶段可能已经在模仿耶稣的生活。他似乎把基督教和斯多葛派的马拉诺传统合并在了一起，它通过这种方式抑制了自己一些小的快乐而达到了一种完全的快乐。

哲学家 C. S. 皮尔斯（C. S. Peirce）明确地指出了这种联系：“斯宾诺莎的观点是影响人类行为的非同寻常观点。如果和耶稣的劝告相一致，我们将通过实际效果来判断道德信条和哲学，那么我们就不能不认为斯宾诺莎是一个有影响力的权威；因为当今时代没有一位作者如此有决心地朝向一种高尚的生活。虽然他的教义包括很多异教徒的成分，但这是理论上的，而不是实际的。至少，某种程度上，毕竟斯宾诺莎主义 334
是基督教的特别的发展；它实际的效果比当今任何神学系统更加具有基督教精神。”（Charles Sanders Peirce，“Spinoza's Ethic，” *The Nation*，Vol. LIX [1894]：344－345.）

[6] Jonathan Bennett，A *Study of Spinoza's Ethics*（Indianapolis，Ind.：Hackett Publishing Company，1984）.

[7] See Barbara Stafford's *Devices of Wonder*：*Form the World in a Box to Images on a Screen*（Los Angeles：Getty Research Institute，2001）.

[8] Albert Einstein，*The World as I See It*（cited earlier）.

[9] Ibid.

[10] Ibid.

[11] Richard Warrington Baldwin Lewis，*The Jameses*（New York：Farrar，Staraus and Giroux，1991）.

[12] William James，*The Varieties of Religious Experience*（Cambridge，Mass.：Harvard University Press，1985），Lecture I：*The Varieties of Religious Experience*.

[13] William James，ibid.，Lecture VI.

[14] William James，ibid.，Lecture VI.

[15] 关于这种尝试的不足之处的详细陈述，参见 Jerome Groopman，“God on the Brain，” *The New Yorker*，September 17（2001）：165－168.

[16] 我要补充的是，很明确，还有很多其他的精神体验，这是我决不会去限制的。一些精神体验与其被描述为感受，不如描述为心灵的净化，无私的关注。为了使我们关于身

心关系的论述保持一致，以下做法或许是正确的，即大多数精神体验的形式都要求有一个独特的身体结构，事实上也依赖于身体积极地处于某种特定状态之中。

[17] Spinoza，*The Ethics*（cited earlier）.

词　汇　表

动作电位：全或无的电脉冲，从细胞体的轴突向轴突最远端的多个分支传递。

轴突：一个神经元典型单向传出的神经纤维。一个单一的轴突可以连结到很多其他神经元的树突上，即形成很多“突触”，因此信号能广泛传播。

基底前脑：位于基底神经节前面和下面的一组小的神经核团，这些核团与行为和情绪调整的执行有关，也在学习和记忆中发挥作用。

脑干：位于间脑（包括丘脑和下丘脑）和脊髓之间的一组小的神经核团和白质通路。脑干中的细胞核参与生命的调节，例如，新陈代谢的调节。情绪的调节依赖于许多这种神经核团。脑干上部和后部神经核团的大量损伤会导致意识的丧失。脑干是从脑到身体（运送与运动相关的信号）以及从身体到脑（运送形成脑的身体映射的信号）神经传导的一些通路。

中枢神经系统：由大脑半球、小脑、间脑（由丘脑和下丘脑组成）、脑干和脊髓集合而成。参见附录 2，图 1。

大脑皮层：覆盖在大脑上的所有皮质（大脑左右两半球的联合）。皮层覆盖在整个大脑表面，包括那些位于大脑沟回深处的表面，这些沟回使脑具有看起来很皱褶的特征。大脑皮层由彼此平行的层所组成这些皮层与脑的表面也是平行的。皮层很像一个蛋糕，是由神经元构成。大脑皮层里的神经元从其他神经元接收信号（从大脑皮层的其他区域或者脑的其他部位），也会在其他的区域（大脑皮层内部或外部）的其他的神经元发送信号。大脑皮层有进化上较老的成分（例如所谓的边缘皮层的扣带回就是其中一部分），也有新的成分（新皮层）。皮层的细胞结构在不同的区域是不同的，可以通过布罗德曼分区图很容易识别这些区域（见附录2，图2）。

小脑：位于大脑后部的微型脑。和大脑的状况一样，小脑也有左右两个半球，每个半球都被皮质覆盖。小脑与运动的计划和执行有关。对于准确的运动，它是不可缺少的。然而有理由相信，小脑也参与到认知过程。毋庸置疑，它在执行和调节情绪反应中也起到一定的作用。

大脑：脑的同义词。由两个大结构组成，占据头颅大部分的大脑半球，每个大脑半球都完全被大脑皮质所覆盖。

胼胝体：连接左右大脑半球的神经元的密集轴突集合，这种连接是双向的、横切的。

CT：最初的CT代表“计算机断层扫描成像术”，经常被用于定指“X射线的计算机断层扫描成像术”。CT是现代最早的大脑成像技术（出现于1973年），虽然它已经被MR和PET所取代，但是它仍然是评估诸如中风等状况的临床神经疾病的主要方法。

酶：一般是一种大的蛋白质分子，在生化反应中起到催化剂作用。

灰质：中枢神经系统较灰的部分称“灰质”，而较苍白的部分叫“白质”。
337 灰质是紧紧包裹的神经元细胞体的集合，而白质大多数由轴突，通常是从神经元的细胞体所发出的单向的神经纤维构成。灰质有两个主要的种类：层状的，可以在大脑和小脑的皮层发现；核团状的，在那里神经元像放在碗里的葡萄那样组织在一起而不是分层的。

损伤：对中枢神经系统或外围神经系统所造成的一个限定区域的损伤。一般由局部缺血（血液供给的减少或阻碍）或机械损伤引起。在受损的组织中，正常的神经解剖结构遭到破坏。

MRI：最初的MRI代表磁共振成像术，也缩写为MR。MR是脑成像最基础的方法之一。它能为脑结构提供与PET提供的功能性成像图一样非常完美的脑成像图。当它被用于功能性脑成像的目的时，一般被以fMR或fMRI指称。

神经元：神经细胞的基本类型。神经元大小不一，形状各异，但是通常都是由一个细胞体（神经元的一部分是颜色更暗的所谓灰质）和被称作轴突的输出纤维组成。通常，神经元的输入纤维是树突，即始于神经元细胞体的树状结构。除细胞体、轴突和树突之外，大量的中枢神经系统也由神经胶质细胞形成。神经胶质细胞为神经元提供了平台，以各种方式支持它们的新陈代谢。神经胶质细胞是否也提供另外的信号传输功能还不是十分清楚。

神经递质和神经调质：一些由神经元释放的分子，它会兴奋或抑制其他神经元的活动（就像谷氨酸盐和氨基酸的作用），或调节整个神经元群的活动（就像多巴胺、5－羟色胺、去甲肾上腺素和乙酰胆碱的作用）。

神经核团：神经元无分层的集合（见灰质）。神经核团可大可小。大的神经核团包括有尾核、壳核和苍白球，它们一起形成了基底神经节。那些小细胞核存在于丘脑、下丘脑和脑干中。杏仁核也是一个相当多的小神经核的集合，338
它隐藏在颞叶里。

神经通路：在中枢神经系统内部把信号从一个区域传到另一个区域的轴突的集合。外周神经系统也有神经通路。也被称为“投射”。

导水管周围的灰质：在脑干上部的神经核团的集合，与情绪的执行有关。

周围神经系统：所有神经的总和，位于中枢神经系统的外周。

PET 扫描：最初的 PET 代表正电子发射断层显像技术。这是脑动机能透视显像的主要技术之一，当脑正在执行一个特殊的任务时，脑区的活动不论是减少还是增多，它都能够识别出来。

投射：见神经通路。

身体感觉的：与从身体的任何部分传递给中枢神经系统的感觉信号有关。内感受器（见图 3.5a）是指对来自身体内部信号传输的身体部分。

黑质：一种较小的脑干神经核团，它产生多巴胺且把它提供给上位的脑结构。多巴胺是正常运动所必需的，与奖赏有关。

突触：神经元的轴突与另一个神经元连接的一个微观的区域。例如，一个神经元的轴突与另一个神经元的树突相连接的区域。实质上，突触的连接是一个断裂，而不是一个桥梁。这种连接是由神经递质在轴突的释放所建立的。作为电刺激的结果传送给轴突，释放的分子被神经元的受体接收，从而导致神经元的活动。

致　谢

首先，感谢那些在我的手稿撰写的不同阶段阅读我的手稿的朋友和同事，他们有的读了不止一次，并给我提出许多宝贵意见和建议。对于他们的感谢我无以言表。他们包括 Jean Pierre Changeux，David Hubel，Charles Rockland，Steven Nadler，Stuart Hampshire，Patricia Churchland，Paul Churchland，Thomas Metzinger，Oliver Sacks，Stefan Heck，Fernando Gil，David Rudrauf，Peter Sacks，Peter Brook，John Burnham Schwartz，and Jack Fromkin。如果本书中仍有不完善或错误的地方，并不能怪罪于他们。

我在衣阿华大学及索尔克研究院的同事也支持了本书的写作，尤其是 Antoine Bechara，Ralph Adolphs，Daniel Tranel and Josef Parvizi，他们也阅读了手稿且提出了宝贵的意见。同样，我要感谢国家神经病和中风研究所以及马瑟基金会，如果没有它们的支持和帮助，我们将无法为科学家、学生以及病人提供一个在衣阿华大学神经病学系认知神经科学分部独特的工作氛围。

我必须感谢那些在过去 5 年里帮助我查阅大量文献的研究者：Maria de Sousa 和 José Horta，他们在葡萄牙图书馆找到了大量斯宾诺莎的旧手稿；Margaret Gullan-Whur，Maria Luisa Ribeiro Ferreira 和 Diogo Pires Aurelio，这三位斯宾诺莎研究学者耐心地回答了我所提出的关于这位伟人的问题；Mariana Anagnostopoulus 为我设定了一个关于斯多葛派哲学的基础；Thomas Casey 澄清了一些关于波音 777 的问题；以及 Arthur Bonfield 为托马斯·杰斐逊和约翰·洛克之间的对话提供了帮助。我也感谢 Theo van der Werf，荷兰斯宾诺莎协会的秘书，他为我参观斯宾诺莎故居提供了便利。

我的助理 Neal Purdum 用卓越的专业方法和平静的心态整理了手稿的各 340
个部分；他在 Betty Redeker 的帮助下对其中的大部分给予了分类，他对我的手稿的耐心，在 20 年之后也无可挑剔。万分地感谢他们的贡献，以及在很多情况下都像 Carol Devore 一样及时给我们图书馆研究提供帮助的 Ken Manzel。

衷心感谢 Donna Wares 对此书的杰出编辑以及 David Hough 对此书的整理。

如果没有两位好友 Jane Isay 和 Michael Carlisle 的热情和支持，没有同事 Hanna Damasio 的各种批评建议和每日的启发及辩论，也就没有这本书的出版。

索　　引*

Index

* 本索引的每个条目后所附数码为英文版页码，即中文版边码。页码后面出现的字母 n 表示注释的编号。

B

D

F

G

H

I

J

K

L

M

T

Y

Z

作者联系方式

Antonio Damasio, M. D. , Ph. D.

David Dornsife Professor of Neuroscience, and

Director, Brain and Creativity Institute,

University of Southern California

Institute General Number: 213 821 2377

Antonio Direct: 213 740 3462

Institute Fax: 213 821 3099

Email: damasio @ college. usc. edu

Hanna Damasio, M. D.

Dana Dornsife Professor of Neuroscience, and

Director, Dana and David Dornsife Cognitive Neuroscience Imaging Center,

University of Southern California

Center Number: 213 821 7031

Center Fax: 213 740 5372

Email: hdamasio @ college. usc. edu

通信地址:

Department of Psychology

University of Southern California

Hedco Neuroscience Building Room 126

3641 Watt Way

Los Angeles, CA

U. S. A. 90089-2520

研究中心办公室主任:

Susan Lynch

Phone: 213 740 3462

E-mail: splynch @ college. usc. edu

出 版 人 所广一
责任编辑 周益群
版式设计 贾艳凤
责任校对 张 珍
责任印制 曲凤玲

图书在版编目(CIP)数据

寻找斯宾诺莎:快乐、悲伤和感受着的脑/(美)达马西奥著;孙延军译.—北京:教育科学出版社,2009.1(2013.3 重印)

书名原文:Looking for Spinoza:Joy,Sorrow,and the Feeling Brain

ISBN 978-7-5041-3890-3

Ⅰ.寻… Ⅱ.①达…②孙… Ⅲ.神经科学—研究 Ⅳ.R74

中国版本图书馆 CIP 数据核字(2008)第 015356 号

北京市版权局著作权合同登记 图字:01-2006-3941 号

寻找斯宾诺莎:快乐、悲伤和感受着的脑

XUNZHAO SIBINNUOSHA:KUAILE、BEISHANG HE GANSHOU ZHE DE NAO

出版发行	教育科学出版社		
社　　址	北京·朝阳区安慧北里安园甲 9 号	市场部电话	010-64989009
邮　　编	100101	编辑部电话	010-64989421
传　　真	010-64891796	网　　址	http://www.esph.com.cn
经　　销	各地新华书店		
制　　作	北京金奥都图文制作中心		
印　　刷	保定市中画美凯印刷有限公司		
开　　本	169 毫米×239 毫米　16 开		
印　　张	15.75	版　　次	2009 年 1 月第 1 版
字　　数	254 千	印　　次	2013 年 3 月第 2 次印刷

如有印装质量问题,请到所购图书销售部门联系调换。

Original English Title:
Looking for Spinoza: Joy, Sorrow, and the Feeling Brain
By Antonio R. Damasio
Published by Harcourt, Inc.

This edition arranged with Carlisle & Co., LLC through Andrew Nurnberg Associates International Limited

本书中文版由 Antonio R. Damasio 博士经安德鲁·纳伯格联合国际有限公司安排，通过 Carlisle & Co.，LLC 授权教育科学出版社独家翻译出版。未经出版社书面许可，不得以任何方式复制或抄袭本书内容。

除了第 161 页的图，本书所有图表，都是由汉娜·达马西奥（Hanna Damasio）所绘。她在第 1、5、6 章的图画描绘了斯宾诺莎在帕维利尼斯哥拉希特 72—74 号的房子（第 5 页），斯宾诺莎的塑像（第 10 页），在海牙的新教堂和斯宾诺莎的墓地（第 12 页），阿姆斯特丹的葡萄牙犹太教堂（第 114 页），斯宾诺莎在莱茵斯堡时居住的房子（第 136 页），斯宾诺莎的塑像（第 137 页），以及阿姆斯特丹的老犹太教堂。第 161 页的图是由让·查尔斯·弗朗索瓦（Jean Charles Francois）所绘，并发表在赛威闰（A. Saverien）的《现代哲学史》（*Histoire des Philosophes Modernes Paivs*，1761）中。

智慧教师读本②
我们如何学习

感受发生的一切：
意识产生中的身体和情绪

[美] 安东尼奥·R. 达马西奥 著
杨韶刚 译

教育科学出版社
·北 京·

For Hanna

献给汉娜

要么是飞溅的瀑布，要么听得非常深切
却一无所闻的音乐，但是当乐曲余音未绝，
你就是音乐。这些只不过是暗示和猜测，
暗示后面紧跟着猜测；而其余的
就是祈求，遵奉，修持，思索和行动。
猜出一半的暗示，理解一半的赠予，就是基督的化身。

T. S. 艾略特（T. S. ELIOT）
摘自《四个四重奏》之“干燥的塞尔维基斯”
（“Dry Salvages” from *Four Quartets*）

我曾经是谁这个问题令我憔悴。

我开始相信，我不应该发现
　　我曾经是的那个人的表象：
数秒钟已过。浮上我心头的东西
又再次从视野中消失。但我却觉得
我第一次授职的时刻
就是我第一次授职的时刻，
就是我开始代表我自己的时刻——
我开始生活的时刻——渐渐地——一秒
一秒钟地过去——不屈不挠——哦，心灵啊你在做什么！——

你想要被**掩盖**还是想要被人们**看见**？——

而那件衣服——它怎么变成了你！——闪着光亮
用别人的眼睛，
　　　　在哭泣——

乔瑞·格雷厄姆（Jorie Graham）
摘自《物质主义》之“关于自我现实的注解”
（“Notes on the Reality of the Self” from *Materialism*）

目　录
Contents

第一部分　导论

第二部分　感受和认识

第三部分　认识的生物学

第一部分　导　　论

1

走进舞台的灯光里 3

走进舞台的灯光里

当我们坐在观众席上等待时，通往舞台的门缓缓打开，一个演员走进舞台的灯光里，在这个特殊的时刻，我总是会很好奇；或者，从另一个视角来看，当一个演员在半黑暗之中等待，看到同一扇门打开，在灯光、舞台和观众都显现出来的那一时刻，我也总是会很好奇。

几年以前我就认识到，无论一个人采取什么观点，这一时刻所具有的那种移动的性质，是一种新开端的具体体现，是通过某一阈限后的过程的具体体现。这个阈限把一个得到保护、但有限的掩蔽所与一个处在现实之外和之前的可能的和危险的世界分离开来。但是，当我准备对本书作一介绍的时
候，当我对自己写的东西进行反思的时候，我感觉到，走进舞台的灯光之中 4
也是对意识、对有认识能力的心灵诞生、对自我感简洁而又重要地进入到心理世界中来的一种强有力的隐喻。我们是怎样步入意识的灯光里的，这正是本书所要探讨的主题。我撰写的是关于自我感、关于从天真和无知，再到有

知和自我的转换过程。我的具体目标是，考察使这种重大的转换得以发生的生物学环境。

人类心灵的任何一个方面都是不容易研究的，对那些希望了解心灵的生物学基础的人来说，意识被普遍看作是一个重大的问题，姑且不考虑这个事实，即对这个问题的定义可能会因为研究者的不同而有很大的不同。如果说，对心灵进行阐明是生命科学的最后一块疆界，那么，意识似乎就是在对心灵进行阐明时的最后一个秘密。有些人认为，这个问题是不可能得到解决的。

但是，人们很难设想一种进行反思和研究的更令人心动的挑战了。在普遍意义上心灵的问题，以及在特殊意义上意识的问题，都使人们心甘情愿地去探讨这种亚里士多德所认为的人所独有的特性。还有什么比认识到我们是怎样认识的更困难的事情吗？正是因为我们有意识，才使我们能够、甚至不可避免地要对意识提出质疑，还有什么比认识到这一点更令人混乱的事情吗？

虽然我并不认为意识是生物进化的最高点，但我却发现，它是生命的漫长历史中的一个转折点。甚至当我们求助于简明而标准的辞典对意识所下的定义时——意识是有机体对自身的自我和周围环境的一种觉知——人们很容易想象到，意识是怎样打开了人类进化中通往一系列新创造之通路的，如果没有意识，良心、宗教、社会和政治组织、艺术、科学和技术就不可能出现。或许甚至更使人感兴趣的是，意识具有这种重大的生物学功能，它使我们能知道悲哀或知道欢乐、知道痛苦或知道快乐、感受到困窘或骄傲、为失去了爱人和失去了生命而悲伤。无论是个人体验到还是观察到，在演讲和文章中那种哀婉动人的性质就是意识的一种副产品，欲望也同样如此。如果没有意识，我们每个人都不可能知道所有这些个人的状态。不要责备夏娃使我们知道；我们既要责备意识，但同时还要感谢它。

5 我是在斯德哥尔摩市的商业区写作本书的，从窗外望去，我看见一个身体虚弱的老人，正在向一艘就要起航的渡船走去。时间很紧迫，但他走路的速度却很慢；他的脚步因为踝关节炎疼痛而步履蹒跚；他的头发花白；衣服破旧不堪。天一直在下雨，风把他吹得稍微有点弯腰，就像空旷的原野中一棵孤独的树。他终于走上了渡船。他艰难地爬上那个高高的台阶，这是到达跳板所必需的，并开始向甲板走去，他害怕因为船体倾斜而歪倒，头部快速地向左右移动，审视一下他的周围，想要消除他的疑虑，他的整个身体似乎在说，是这儿吗？我到的这个地方对吗？下一步到哪里去呢？这时甲板上有两个人帮助他最终站稳脚步，热情地打着手势把他小心地送进船舱，他似乎安全地到达了他应该到达的地方。我的担心结束了。这艘船起航了。

现在，请让你的心灵游荡起来，并且考虑一下，如果没有意识，那位老人的不便，或许还有羞辱感，就不可能被他所知晓。如果没有意识，甲板上的那两个人就不可能作出同理心①的反应。如果没有意识，我就不会对此事予以关注，也不会想到，有一天我也可能会像他一样，怀着同样的痛苦蹒跚而行，并且感受到同样的不便。意识扩展了在这个场景中的那些人物心灵中的这些感受的影响。

实际上，意识就是我们所要考察的生命的关键，不管怎么样，它使我们这些初学者能够了解关于饥饿、口渴、性、眼泪、笑、脚踢、拳打、我们称之为思想的那些心象的流动、情感、话语、故事、信仰、音乐和诗歌、幸福和狂喜等所有诸如此类的事情。在其最简单和最基本的层次上，意识使我们认识到一种不可抗拒的活下去的欲望，而且形成了一种对自我的关注。在其最复杂和最详尽阐述的层次上，意识帮助我们形成了对他人自我的一种关注，并且改善了生活的艺术。

身在心不在

32 年前，在一间奇怪的、完全是圆形的、灰色油漆粉刷的观察室里，一个男子坐在我的对面。当我们安静地进行交谈时，下午的阳光透过一扇天窗照耀在我们身上。突然，这个男子停住不说了，他的脸上失去了生气，他的嘴一动也不动，却仍然张着，他的眼睛茫然若失地盯着我身后墙上的某个点。在好几秒钟的时间里他一直都没有移动。我叫他的名字，但他却没有回答。接着他开始移动了一下，咂了咂嘴，他的眼睛转向我们之间的那张桌子，似乎看见了一杯咖啡和一个小金属花瓶；他一定是看见了，因为他拿起了那个杯子并且把咖啡喝了。我又对他讲话，但他还是没有回答。他触动了一下那个花瓶。我问他想要做什么，他没有回答，他的脸上没有表情，连看都不看我一眼。现在他抬起了腿，而我却感到紧张了；我不知道会有什么事情发生。我叫他的名字， 6

① empathy，这是一种设身处地地站在别人立场上考虑问题的反应，不同于精神分析中的移情(transference)，后者指将某种感情转移到他人身上。——译者注

他没有回答。这种情况什么时候结束呢？现在他转过身来，慢慢地向门口走去。我站起身来又叫了他一声。他停了下来，看了看我，某种表情又回到了他的脸上——他看上去很困惑。我又叫了他一声，他说道，“干嘛？”

这是一段很短的时间，但这段时间就像是过了很久，这个男子遭受着一种意识的损伤。从神经病学上讲，他患有一种失神型发作（absence seizure），随后便出现短暂的意识丧失现象，这是癫痫的许多表现形式中的两种（癫痫是由脑机能障碍引起的一种状况）。这并不是我第一次见到意识受损，但却是最使我感兴趣的一次。从第一人称的视角来看，我知道，消失在原本一无所知的状态下和重新回到意识中来是什么样子的——当我还是个孩子的时候，在一次事故中，我曾有一次失去过意识；在青少年时期，也曾有过一次普遍的感觉缺失。我还曾见到过一些昏迷的病人，并且从一个第三者的视角注意到一种无意识的状态看起来是什么样的。但是，在所有这些例子中，以及在入睡和醒来的时候，意识的丧失是很彻底的，就像是电力供应完全中断。但是，那天下午在那间灰色的圆形房间里所看到的意识丧失却令人大为吃惊。这个男子并没有倒在地上、昏迷不醒，也没有睡过去。他既在那里又不在那里，当然是醒着的、有部分的注意力、有明确的行为，身体处在现场，但人却不能自主，身在心不在。

7 我一直记着这段情节，当我觉得自己能够解释它的意义时，这一天可真让我感觉不错。我当时并没有想到，但现在想到了，我实际上是目睹了这种像剃刀一样锋利的转换，这是在一个完全有意识的心灵和一种剥夺了自我感的心灵之间的转换。在意识受损期间，这个人的醒觉、他注意物体的基本能力，以及他在空间行走的能力都还保留着。就他的周围环境中的物体而言，他的心理过程的实质可能还保留着，但他的自我感和知晓的能力却暂时停止了。我的意识观的形成很可能就是从那一天开始的，我并没有注意到，只有当我看到了可以进行比较的案例时，关于自我感是意识心灵的不可或缺的一部分的这种观点才算获得了力量。

多年来我一直保持着对意识问题的兴趣，既被意识所提出的科学挑战所吸引，也对人类在神经疾病中由于意识的损伤所导致的一些后果感到抗拒，我和它始终保持一段距离。如果允许我进行选择的话，那么，在脑损伤引起昏迷或持久的植物人状态这些情境中的戏剧性事件，以及使意识受到最严重损伤的状况，就是一些我宁愿不去观察的事情。看到在一个还活着的人身上，意识的心灵突然和被迫消失，很少有事情能像看到这种情形那么令人悲哀的了，很少有事情能像对病人的一个家属进行解释那么痛苦的了。一个人怎么能够看着另一个人的眼睛，并且明白，自己终身伴侣的这种安静的状态看起来好像是在睡觉，但实际上并不是睡觉；对于这种休息方式并没有任何有益健康或康复的良药；一个曾经有感觉能力的人可能再也不会恢复感觉能力了呢？但是，尽管作为一个神经病学家，我的生活并没有使我对意识保持留意，但作为一个神经科学家，我的生活却可能保证不会接触这个问题。对意识进行研究并不是在你担任这一职务之前所能做的事情，甚至也不是在你任职之后所能做的，人们是带着怀疑的眼光来看待它的。直到最近几年，意识才成为科学探究的一个比较安全的主题。[1]

但是，我最终转向意识的理由和意识研究的社会学并没有什么关系。我当
然并没有要进行意识研究的计划，是一种绝境迫使我这样做的。这种绝境和我 8
对情绪的研究有关，我把这些后果归咎于灵魂的激情。[2]

所以，情况就是这样。我可以相当合理地理解，不同的情绪是怎样在脑中产生的，以及怎样在身体的剧场里表演出来的。我也可以想象，情绪的产生以及主要构成某种情绪状态的最终的身体变化，是怎样通过一些相应的脑结构的变化表达出来的，此即情绪感受的脑基础。但是，对我的一生来说，我却无法理解，这种感受的脑基质是怎样被具有这种情绪的有机体所**知道**的。对于被我们这些有意识的创造物称为感受的这种东西是怎样被有感受能力的有机体所知道的，我也无法得出一个满意的解释。通过哪些额外的机制，我们每个人才知道，某种感受正在我们自己的有机体中出现了呢？当我们知道，我们感受到某种情绪或者感受到痛苦时，或者就此而言，当我们知道任何事情的时候，在有机体中还有哪些事情发生呢？尤其是，在人脑中还有哪些事情发生呢？我已经遇到了意识的障碍。特别是，我已经遇到了自我的障碍，因为需要有一种像自我感的东西发出信号，这些信号构成了具有情绪的有机体所知道的那种情绪感受。

我明白，克服这种自我的障碍，从我的观点来看，这就意味着要了解它的神经基础，这可能有助于我们理解三种不同的但却密切相联的现象——**情绪、对这种情绪的感受，以及知道我们具有对这种情绪的某种感受**——的差异极大的生物学影响。同样重要的是，克服自我的障碍可能也有助于大体上阐明意识的神经基础。

意识的问题

那么，从神经生物学的观点来看，意识的问题是什么呢？虽然我很想把自我的问题看作是在意识阐述中的一个关键问题，但重要的是要弄清楚，意识的
9 问题并不仅限于自我的问题。用最简单的话来概括，我把意识的问题看作是两个紧密相关的问题的结合。第一个问题是理解的问题，即理解人类有机体内部的人脑是怎样产生我们称之为（因为缺乏一个更好的术语）客体的表象（the images of an object）这种心理模式的。所谓**客体**，我的意思是指一些像一个人、一个地方、一首乐曲、一次牙痛、一种巨大的幸福状态这样的实体；所谓**表象**，我的意思是指任何感觉特征中的一种心理模式，例如，一种声音的表象、一种触觉的表象、一种健康状态的表象。这些表象表达的是该客体的自然特征的一些方面，而且它们表达的可能还有一个人对某一客体可能表示喜欢或不喜欢而作出的反应，一个人可能为此所阐述的计划，或者该客体与其他客体所构成的关系网。相当坦率地说，意识的第一个问题就是，我们是如何获得一场“脑中的电影”这个问题的（假如我们认识到，在这个粗略的比喻中，就像我们的神经系统有一些感觉的入口一样——视觉、听觉、味觉、嗅觉、触觉、内部感觉等，这个电影也有许多感觉的轨迹）。（参见附录中的词汇表，对使用诸如**表象、表征和映射这类术语的评论**。）

从神经生物学的观点来看，解决第一个问题就是要发现：脑是怎样在神经元回路中产生神经模式的，以及怎样设法把那些神经模式转换成为明确的心理模式的。这些心理模式构成了最高水平的生物现象，我喜欢把这种现象称为表象。解决这个问题就必然包含着对可感受性（qualia）这个哲学问题的说明。可感受性是在天空的蔚蓝色或一个大提琴发出的音调中所发现的那种简单的感觉性质，这样看来，在那个电影的比喻中，表象的基本成分就是由可感受性组成的。虽然目前神经生物学的解释还不完整，还有一段距离，[3]但我相信，这些性质终将在神经生物学上得到解释。

现在，我们来谈谈意识的第二个问题。这个问题与产生一个客体的心理模
10 式是并行的，即在认识活动中脑又是怎样产生一种自我感的呢。为了有助于澄清我所说的**自我和认识**的意思，我想让你们现在马上核查一下它们在你自己心灵中的存在。

你正在看这一页，阅读这个文本，并且在你阅读过程中对我的文字的意思进行建构。但是，关注文本和意思却很难把你的心灵中所发生的一切都描述出来。除了表征这些印刷的文字以及为了理解我写的东西而要求把那种概念知识显示出来之外，你的心灵还显示出一些别的东西，这些东西足以经常地表明，正在对这本书进行阅读和理解的就是**你**，而不是任何别的人。你在外部所感知到的感觉表象，以及你所回忆起来的有关表象，占据了你的心灵的大多数地方，但却不是所有的方面。除了那些表象之外，还有另外一个代表你的东西在场，这就是那些所表象的事物的观察者，所表象的事物的占有者，以及所表象的事物的潜在表演者。你的在场与某一客体处在一种特殊的关系之中。如果没有这种在场，你的思想怎么会属于你呢？谁能说它们确实属于你呢？这种在场是静悄悄的和细微的，借用 T. S. 艾略特的话来说，有时候有点像一种“猜出一半的暗示”，一种“理解一半的赠予”。我将在后面的章节中指出，这种在场的最简单的形式也是一种表象，实际上就是构成某种感受的表象。按照那种观点，你的在场就是，当你的存在被理解某事的行动所改变时，你能感受到所发生的事情。从你醒来的那一刻到开始睡觉的时刻，这种在场是决不会离开的。这种在场一定就在那里，或者说那里并没有你。

要解决这第二个问题，就要求理解，在我写作的时候，我是怎样产生一种关于我的感觉的，以及当你现在阅读本书的时候，你是怎样产生一种关于你的感觉的；还要理解，我们是怎样感觉到，你和我在我们的心灵中、就在这一时刻所拥有的所有知识，是在一种特殊的观点中形成的。这是一种个体的观点，知识就是在这个个体的内部形成的，而不是在某种典范的、只要有一种就适合于全体的观点中形成的。对这个问题的解决也要求我们理解，一个客体的表象，以及与客体有关的关系、反应和计划的复合体的表象是怎样被感觉为一个自动的拥有者的明确的心理特性的。实际上，这个拥有者就是一个观察者、一个感知者、一个认识者、一个思想者和一个潜在的演员。第二个问题更加令人感兴趣，因为我们能够确定，传统上就这个问题提出的解决方法——有一个小矮人负责认识活动——是完全不正确的。不论是从形而上学的观点来看还是在脑中，根本就没有什么小矮人坐在笛卡尔的剧院里，作为一个观众等待着演员们走进舞台的灯光里。[4]换句话说，解决意识的第二个问题，就在于发现我们人类所具有的那种好奇的能力的生物学基础，这种能力不仅可以建构一个客体的心理模式——关于人、地点、乐曲的表象，以及关于它们的关系的表象，简言之，对某个想要知道的东西的时空整合的心理表象——而且可以建构那些在认识活动中自动和自然地表达自我感的心理模式。正如我们通常所认为的那样，意识，从最基本的层次到最复杂的层次，就是把客体和自我聚集在一起的那个统一的心理模式。

因此，意识的神经生物学至少面对着两个问题：人脑中的电影是怎样产生的问题，以及人脑又是怎样产生一个电影的拥有者和观察者的感觉的问题。这两个问题如此紧密地联系在一起，以至于后者镶嵌在前者中。实际上，第二个问题就是，在这个电影**内部**产生一个电影的拥有者和观察者的**外部形象**的问题；第二个问题背后的生理机制对第一个问题背后的生理机制有某种影响。尽管这两个问题是密切联系的，但是把它们分离开是把意识问题分离成为部分的一种方式，而且，这样做还可以使对意识的全面研究易于管理。[5]

本书力图解决这个意识的障碍，把关注的焦点恰当地集中在自我问题上，但对意识的“其他”问题既没有忽略，也没有把它估计得最低。这种努力是由先前所描述的情绪的绝境所激发的，但这种努力又超越其外，而不仅仅是对那个特殊问题加以说明。本书是我用心理的术语来描述“意识是什么”，以及“意识是如何在人脑中得到建构的”。我并不是宣称已经解决了意识的问题，而且处在认知科学和神经科学历史的当前这个阶段，尽管有一些新的和重大的贡
12 献，但我对解决**这一**意识问题的想法持怀疑态度。我只是希望，这里所提供的一些观点有助于从生物学的观点对自我的问题作出最终的阐述。[6]

本书的背景是一个持续进行的研究项目，它依赖于各种不同的研究活动路径——对患有心理和行为紊乱的神经病患者进行多年的观察，对这些紊乱进行实验神经心理学的研究，对从中发现的事实得出的结果进行反思；当意识过程在人类的正常状况下出现时，使用来自普通生物学、神经解剖学和神经生理学的证据，对它们进行理论阐述；对于通过反思和理论阐述而获得的关于意识的神经解剖学基础，提出了一些可以检验的假设，对这些假设进行了设计。

对意识进行探讨

在我们进行更深入的探讨之前，有必要简单阐述一下如何探讨我们所确定的这个问题。当然，如果我们心灵的内容比实际的现状有更丰富的重合，那就太棒了。这样，我就能够在平行的轨道上写作这本书，而与此同时，你们也可

以阅读到这些理论假设、科学方法和基础事实。但是，我们是在一个古典物理学的世界中开展工作的，而且我必须求助于伊丽莎白时代的装置：有点儿离题了。我承诺要简洁一些，并且紧扣主题。

心灵、行为和脑

意识是一种完全私密的、用第一人称表述的现象，它是作为我们称为心灵的那个私密的、以第一人称表现出来的过程的一部分而出现的。[7]但是，意识和心灵是与可以被第三个人观察到的外部行为密切联系在一起的。我们都共同
拥有这些现象——心灵、心灵内部的意识，以及行为——而且我们都相当清楚 13
地知道它们是怎样相互关联的，首先是因为我们自己的自我分析，其次是因为我们有对他人进行分析的先天倾向。智慧和关于人类心灵与行为的科学，是建立在私人与公共——一方面是第一人称的心灵，另一方面是第三人称的行为——之间这种不容争辩的相互关联基础之上的。幸运的是，对我们这些希望了解心灵和行为背后机制的人来说，正巧心灵和行为也是和生命有机体的功能，尤其是和这些有机体内部的脑的功能紧密关联的。[8]自从神经病学家保罗·布洛卡（Paul Broca）和卡尔·威尔尼克（Carl Wernicke）发现在语言和大脑左半球的某些区域之间有某种联系以来，心灵、行为和脑的这种三角关系已经显而易见有一个半世纪了。这种三角关系促进了一种最恰当的发展：传统的哲学界和心理学界逐渐与生物学界的力量结合起来，并且形成了一种奇特的、但具有生机活力的联盟。例如，借助于目前所知的认知神经科学这些科学取向的松散联盟，使对于视觉、记忆和语言的理解获得了新的进步。我们完全有理由期待，这种联盟也会通过对意识的理解而获得帮助。

在过去的20年里，认知神经科学的研究变得特别有价值了，因为现在根据其结构和功能来观察人脑的一些新技术的发展，使我们能够将某种在临床或实验中所观察到的行为，不仅与假定的该行为的心理对应物联系起来，而且与大脑结构或大脑活动的具体指标联系起来。

不妨来举一些例子。由神经疾病引起的一定程度的脑损伤的区域（被称为脑损毁），很早就成为对心灵的神经基础进行研究的主要依据。这种脑损毁过去经常是在对病人的研究得出结论许多年之后，只有在进行尸体解剖时才能揭

示出来。这种时间的滞后常常拖延了分析的过程，使解剖和行为之间的相互关
14 联产生了某种不确定性。不过，最新的技术发展使我们能够通过对一个活着的患者的脑进行三维的重新建构而对这些损毁进行分析，与此同时，还能进行行为与认知的观察。这种重新建构是在一个电脑屏幕上显示出来的，是建立在对从磁共振扫描（magnetic resonance scan）中获得的原始数据的精心操作基础上的。它对神经结构进行了非常逼真的描述，使人能在虚拟空间而不是在实验室的操作台上进行仔细的解剖。这一发展的意义在于，以这种精细而及时的方式对脑损毁进行分析，可以对这一假设进行探查：脑系统是怎样表现出某种心理功能或行为的？例如，我们可以假设，一个系统是由四个相互关联的脑区A、B、C、D组成的，是以某种特殊的方式进行运作的。那么，我们就可以预言，当C区受到破坏的时候，就一定会出现某种变化。为了检验这种预言的有效性，我们可以研究，C区受损的病人在操作某一任务时是怎样行为的。顺便说一句，同样的方法在最近发展起来的另一个神经科学领域，即分子神经生物学中得到了应用。例如，用实验的方法使一只老鼠的某种基因失去活性，从而引起一种“毁损”［用科学的行话来说，这被称为一次“敲除”（knock-out)］。这样，研究者就可以确定，这次“敲除”的后果是否像所预言的那样。[9]

另一种新的脑指标是某个区域脑活动的增多或减少，这是通过正电子发射层扫描术（positron emission scan，PET）或功能性磁共振成像扫描（fMRI）而揭示出来的。这种扫描术不仅可以用在神经病患者身上，而且可以用在没有脑疾病的人身上。人们再次使用了与操作某一特殊的心理任务时某一脑区的活动有关的特定预测，来评价该假说的有效性。

但是，另一个指标是在皮肤中测量到的电传导反应中的变化；或者从头皮
15 上测量到的电位和相关的磁场变化；或者在进行癫痫手术期间直接在大脑表层测量到的电位变化。值得注意的是，在私密的心灵、公共的行为和脑功能之间建立复杂联系的可能性，并没有随着这些新技术的应用而停止。通过与神经系统的解剖学和功能的一些新的知识领域建立联系，就可以使这种交叉联系得到扩展，这些知识是由神经解剖学家、神经生理学家、神经药物学家和神经生物学家所收集的，他们对个别神经细胞内部的分子事件进行了研究，而且还能够反过来把这些事件和某些特殊基因的成分及活动联系起来。最近，在所有这些发展基础上所收集到的事实，使我们能够逐渐地建立更详细的关于心灵的某些

方面和行为与脑之间联系的理论。这样，有机体的私密心灵、有机体的公共行为及其隐藏的脑，就可以加入到这种理论的冒险之中，从这种冒险中产生了假设，这种假设可以用实验的方法进行检验，对它们的长处进行判断，以及最终得到认可、否定或者更改。（参见附录关于脑的解剖和组织的基本原理。）

对神经病学和神经心理学证据的反思

神经病学的观察和神经心理学的实验揭示了许多事实，这些事实成为了在这里所提出的观点的出发点。第一个事实是，意识活动的某些方面能够和某些具体脑区及系统的操作活动联系起来，从而打开这扇通往发现对意识提供支持的神经构造的大门。这些区域和系统群集在一套有限的脑区中，与记忆或语言的功能一样，也会存在一门有关意识的解剖学。本书的目的之一就是为意识过程的某些方面提供可以检验的解剖学假设。

第二个事实是，意识和醒觉，以及意识和低水平的注意，是能够分离开来的。这个事实是建立在下述证据基础上的，病人可能醒着而且有注意力，但却没有正常的意识，就像在那个圆形房间里的男子所例证的那样。在第 3 章和第 4 章，我将对这些患者进行讨论，并且就他们的状况的理论意义进行思考。

第三个或许也是最富有启示意义的事实是，意识和情绪是**不可**分离的。正 16
如在第 2 章、第 3 章和第 4 章所讨论的，通常的情况是，当意识受到损伤的时候，情绪也会受到损伤。实际上，一方面是情绪与意识之间的联系，另一方面是这两者与身体之间的联系，构成了本书的主题。

第四个事实是，意识并不是一个独块巨石，至少在人身上不是：把它分离成各种简单的和复杂的意识是可能的，而神经病学的证据使这种分离变得明晰了。最简单的那种意识，我称之为**核心意识**（*core consciousness*），给有机体提供了关于某一时刻——此时——和关于某一地方——此地——的自我感。核心意识的范围就是此地和此时。核心意识并不能阐明未来，它模糊地让我们瞥见的唯一的过去，就是在此前的瞬间所发生的事情。没有任何别的地方，没有任何从前，也没有任何以后。另一方面，那种复杂的意识，我称之为**扩展的意识**（*extended consciousness*），有许多层次和等级，它为有机体提供了一种复杂的自我感——一种同一性（identity）和一个人，你或我——并且把那个人放在个人历史时期中的某一个点上，丰富地觉知到活生生的过去，觉知到可预见的未来，以及敏锐地认识到其中的世界。

简言之，核心意识是一种简单的生物学现象；它有一个单一的组织层次；它在有机体的整个一生中都是稳固的；它并不完全是人类才有的；而且它并不依赖于传统的记忆、工作记忆、推理或语言。另一方面，扩展的意识则是一种复杂的生物学现象；它有几个组织层次；它在有机体的整个一生中是不断发展的。虽然我相信，在某些非人类的物种身上，在简单的层次中，也有扩展的意识，但它只有在人类身上才能达到最高点。它依赖于传统的记忆和工作记忆。当它达到人类的最高峰时，它也是通过语言来提高的。

17 核心意识的超越感是走进认识活动的灯光里的第一步，而且它并没有把整个的存在照亮。另一方面，扩展的意识的超越感却最终把完整的存在结构带入到灯光里。在扩展的意识中，过去和可预见的未来是在一种像史诗故事那样宽广的一览无遗的远景中和此时此地一起被感知到的。

如果说，核心意识确实是进入认识通道的仪式，那么，使人具有创造性的各种层次的认识活动也同样确实是只有扩展的意识才允许的认识活动。当我们想到荣耀的时候，那是意识，当我们考虑到意识是人类所独有的时候，我们想到的是处在顶峰的扩展的意识。不过，正如我们将要看到的，扩展的意识并不是一种独立的意识：相反，它是在核心意识的基础上建立起来的。神经疾病这把锋利的解剖刀揭示，扩展意识受到损伤却不会使核心意识受损伤。相反，起源于核心意识层次的损伤却会对整个意识的大厦造成破坏：扩展的意识也会坍塌。有意识的荣耀要求这两种意识有序的提升。但是，如果我们想要阐明这种美妙的意识结合体，我们得到的明确建议就是，从理解那种较简单的、基本的核心意识开始。[10]

顺便说一句，这两种意识是和两种自我相对应的。在核心意识中产生出来的自我感是**核心自我**（core self），这是一种转瞬即逝的实体，不停地被脑与之相互作用的每一个客体所重新创造出来。但是，我们传统的自我观念是和同一性观念相联系的，并且和一系列并非转瞬即逝的独特事实以及标志一个人的特征的存在方式相对应的。我对这一实体所使用的术语是**自传式自我**（autobiographical self）。这个自传式的自我依赖于对情境的系统化的记忆，在这些情境中，核心意识就包含在对一个有机体生命的那些最稳固不变的特征的认识活动中——你一生下来就是一个什么样的人，在哪里出生，什么时候出生的，你所喜欢和不喜欢的东西，你通常对问题或冲突作出的反应，你的姓名，等等。我用**自传式记忆**（autobiographical memory）这个术语来表示对一个有机体的人生经历的主要方面进行有组织的记录。这两种自我是相互关联的。在第 18
6 章，我将解释自传式自我是怎样从核心自我中产生出来的。

第五个事实是，通常意识是根据其他认知功能，例如语言、记忆、推理、注意和工作记忆，而得到解释的。虽然这些功能对于处在高层的扩展的意识正常发挥作用确实是必要的，但对神经病患者的研究认为，对核心意识来说，它们是不必要的。因此，一种意识理论**不应当**只是这样的一种理论，即记忆、推理和语言是如何帮助建构了一种对发生在脑和心灵中的事情进行从上至下的解释的。确实，记忆、理智的推理以及语言对于产生我所谓的自传式自我和扩展意识的过程是至关重要的。在自传式自我和扩展意识的过程到位之后，当然会对发生在一个有机体身上的那些事件作出某种解释。但是，我并不相信，意识是以那种方式、在认知过程的结构层次中那么高的层次，以及在生命历史和我们每个人的历史的那个后期才开始的。我认为，意识的最早期形式要早于推理和解释——它们是生物转变的一部分，而这种生物转变最终使推理和解释成为可能。因此，一种意识理论应该对那种更简单的基本现象进行说明，这种现象是紧随着该有机体的非意识的表征而出现的，全部的表现就是为此而聚集在一起，并且能够对同一性和人的后期发展提供支持。

另外，一种意识理论**不应当**只是一种说明脑是怎样参与一个客体的表象的理论。正如我之所见，自然的、低水平的注意要先于意识，尽管集中的注意是在意识出现之后产生的。对意识来说，注意是必要的，就像意识一定要有表象一样；但是，对意识来说，仅有注意是不够的，而且注意和意识是不相同的。

最后，一种意识理论**不应当**只是一种说明脑是怎样创造了整合的和统一的 19
心理情景的理论，虽然产生整合的和统一的心理情景是意识的一个重要方面，特别是在其最高层次上，但这些情景并不是在真空里存在的。我之所以相信它们是整合的和统一的，是**因为**有机体的单一性，并且是**为了**该单一有机体的利益。对于促成这种整合和统一的机制需要作一个解释。

由于把解释的努力集中在自我感是如何在认识一个客体的活动中出现在心灵中的，我会面临着这种批评，认为我**只不过**是在说明所谓自我意识的问题，而忽略了其他的问题，这就是可感受性的问题。对于这种批评，我的回答如下：如果认为“自我意识”就意味着“带有某种自我感的意识”，那么，所有人类的意识就一定是被这一术语所涵括——也就没有迄今我所能看到的任何其他的意识。需要补充的是，我们描述为自我感的这种生物学状态，以及负责产生这种状态的生物学方法，很有可能会有助于使所要认识的客体的信息加工过程更加完善——有自我感不仅对在恰当意义上的认识活动是必要的，而且可能会影响对所要认识的事物进行的加工过程。换句话说，提出意识的第二个问题的生物学过程，很有可能会在提出第一个问题的生物学过程中发挥某种作用。当我对自我问题进行说明的时候，我说的是与具有意识的有机体的表征有关的可感受性的问题。[11]

寻求自我

我们是如何知道我们看到某一物体的？我们是如何意识到对某个词的全面感受的？在认识活动中这种自我感是如何在心灵中牢固树立起来的？只有在我
20 开始根据**有机体**和**客体**这两个关键的选手，以及根据它们在自然的相互作用过程中所保持的**关系**，来看待这个意识问题之后，才有可能找到回答这些问题的方法。有机体本身是意识产生之地；客体本身是在意识过程中逐渐被知晓的任何对象；而有机体和客体之间的关系则是我们称为意识的知识内容。以这种观点来看，意识就是由建构关于两种事实的知识组成的：有机体包含在与某一客体的关系之中，在这种关系中的客体引起有机体的某种改变。

这种新的观点也使我们对意识的生物学认识成为一个可以处理的问题。知识建构的过程需要有一个脑，而且要求一些标志性的特征，用这些特征，脑就能够把神经模式组织起来，并形成表象。产生意识所必需的神经模式和表象，就是为有机体、客体和两者之间关系委派代理人的那些神经模式和表象。处在这种框架之中，理解意识的生物学就成为这样一件事，即发现人脑是如何对这两个选手**以及**它们所保持的关系进行映射的。

对客体进行表征的一般问题并不是特别高深莫测。对知觉、学习和记忆、以及语言的大量研究已经给我们提供了说明，人脑是如何以感觉和运动的术语对客体进行加工的一个可行的观念，以及关于某一客体的知识是如何储存在记忆中的，是如何以概念或语言学的术语进行范畴归类的，以及如何以回忆或再认的方式进行重新提取的另一个观念。这些过程的神经生理学细节的情况还并未研究出来，但是，这些问题的大致轮廓是可以理解的。从我的观点来看，神经科学一直致力于理解我称之为“客体代理人”（object proxy）的那些活动的神经基础。在意识对这种关系进行表现时，客体是以神经模式的方式在适合于映射其特征的感觉脑皮质中表现出来的。例如，在看到一个客体的许多视觉侧面的情况下，神经模式在视觉脑皮层的各个区域得到建构，不是只有一两个区域，而是许多区域齐心协力地以视觉的术语来映射这个客体的各个方面。[12]但是，从有机体方面来说，物质是大不相同的。为了说明物质是怎样不同的，我
不妨提议大家做个练习。 21

现在将头抬起，用眼睛观看直接呈现在你面前的任何东西，进行仔细的观察，然后再回到这一页。当你这样做的时候，你的视觉系统的许多视点，从视网膜到大脑皮层的几个区域，迅速地从对这一页的映射转向对你面前的这个房间的映射，再转向对这一页的映射。现在，请旋转 180 度，看一看你后面的东西。对这一页书的映射活动再次迅速消失，以便使视觉系统能够映射你正在注视的这个新景象。这个练习的教益在于：通过有机体所设想的不同的运动装置，以及凭借有机体所汇集的不同的感觉输入，还是这些**相同**的脑区，却迅速而连续地建构了几种完全**不同**的映射。在人脑的这种多屏幕中建构起来的表象发生了明显的变化。

现在，请考虑一下这件事：当你的视觉系统尽职尽责地在它所映射的这些客体的摆布下发生变化的时候，你的脑中的许多区域（它们的工作是对生命过程进行调节，而且，这些区域还包含着以前所设置的表征你的身体不同方面的映射）对它们所表征的**这种**客体却一点儿也没有变化。身体一直保存着这个“客体”，直到死亡到来。但是，不仅客体的**种类**完全相同；在客体——即身体——中所发生变化的程度也是相当小的。为什么会这样呢？因为身体状态中只有很狭窄的一部分是和生命相容的，有机体就是这样进行遗传设计的，旨在保存这一小部分，对有机体进行这样的配置，也是为了在任何情况下都能寻找到它。

因此，在这种情况下，我们所具有的就是一种令人很感兴趣的不对称现象，或许我们可以用以下术语进行描述：脑的某些部分在世界上自由地漫游，而且，这种自由漫游，可以对有机体的设计所允许映射的任何客体进行自由的映射。另一方面，脑的某些其他部分，即代表有机体自身状态的那些部分，却根本不能进行自由的漫游，它们是专一的。除了对身体进行映射之外，什么都不映射，而且，主要是在以前所设置的映射之内这样做。它们是被身体控制住

的听众，它们受身体的动态一致性支配。

22 造成这种不对称的原因有几个。第一，从它们的特性来看，生命机体的构成和一般功能在整个一生中始终保持不变。第二，从它们的数量来看，身体确实会继续发生改变，但变化很小。之所以有一个很狭窄的动态范围，是因为，如果身体想要生存下去，就必须用一系列有限的参数来进行操作；和它周围的环境相比，身体的内部状态一定是相对稳定的。第三，这种稳定状态是脑通过一种精心制作的神经机制来进行支配的，这种机制旨在检测身体内部的化学剖面图的参数中那些最低限度的变化，并且发出行动的命令，对所检测到的变化进行直接或间接的更正。（我将在第 5 章讲述该系统的神经解剖学。该系统不是由一个单元组成的，而是由许多单元组成的，其中最重要的位于脑的脑干、下丘脑和基前脑部位。）简而言之，在意识的关系活动中表现出来的这个有机体，就是我们的生命存在的整个单元，就是我们的身体本身；而且，归根结底，在这个被称为脑的有机体的这个部位内部有一种关于全部事物的模型。这是一个奇怪的、被忽略的、值得注意的事实，或许就是能够使我们了解意识的基础结构的最重要的线索。

我认为，在自己的脑内部得到表征的有机体，很可能就是最终成为令人难以琢磨的自我感的那些东西的生物学先兆。自我（包括那个包含着同一性和人在内的精心制作的自我）的根源，是可以在整个脑装置中被发现的，这个脑装置持续不断地和**没有意识地**在狭窄的范围内维持着身体状态，维持着生存所要求的相对稳定性。这些装置继续**没有意识地**表征着生命机体的状态，连同它的许多方面。我将在这个全部装置内部的活动状态称为**原始形态的自我**（proto-self），它是各种水平的自我的先兆，而这些自我在我们的心灵中是作为意识状态的意识倡导者而出现的：即核心自我和自传式自我。

23 说到这里，可能有些读者会担心，我正在陷入那个小矮人陷阱的深渊，我不妨立即强烈地指出，情况并不是这样的。我提到的“脑中的小矮人模型”和过时的神经病学教科书中那个刻板的小矮人毫无共同之处。它与一个大人内部的小矮人没有任何相似之处；这个模型没有“感知”，对事物“一无所知”；它不会说话，也不会产生意识。取而代之地，这个模型是脑装置的集合，其主要工作就是对有机体的生命进行自动化管理。正如我们将要讨论的，对生命的管理是通过各种先天设置好的节律活动而达到的——即通过诸如荷尔蒙这类化学物质的分泌以及内脏和肢体的实际运动而达到的。这些活动的展开依赖于附近的神经映射所提供的信息，这些映射随时发出关于整个有机体状态的信号。最重要的是，无论是生命调节装置，还是它们的身体映射，都不能产生意识，虽然它们的存在确实是获得核心意识的机制所不可缺少的。

正如我在第 5 章所论述的，这里的关键问题是：在意识的关系活动中，有机体在脑中获得丰富而多样的表征，而且，这种表征是和生命过程的维持相联系的。如果这种观点是正确的话，那么，生命和意识，特别是和意识的自我方面，是不可磨灭地交织在一起的。

我们为什么需要意识

如果你发现生命与意识之间的联系令人惊讶，那么，请思考一下下面这个问题。生存依赖于对能量来源的发现和整合，依赖于对生命组织的完整性造成威胁的所有各种情境的防御。如果没有生命活动，那么，我们这样的有机体就不可能生存，因为更新有机体的结构和维持生命所需要的能量来源就不可能发现，也不可能用来服务于有机体，更不用说避开环境中的危险了，这是一种事实。但是，如果没有表象的指导，只依靠单独采取行动，那么，行动也不会带 24
领我们走多远。好的行动需要好的表象的陪伴。表象使我们能够在以前使用的各种行动模式之间作出选择，并且乐观地对待这种选定的行为的传送——我们能够或多或少深思熟虑地、或多或少自动地，从心理上对这些表象进行考察，这些表象代表的是不同的行动选择、不同的情景、不同的行动后果。我们可以挑选出那些最适合的行动，而否定那些不好的行动。表象还可以使我们创造新的行动，将它们用于新的情境和建构未来行动的计划——将行动的表象和情景进行转换和结合的能力就是创造性的奔涌。

如果行动是生存的根本，如果行动的力量和指导表象的效力有联系，那么，一个装置能够使服务于某一有机体利益的表象最大限度地发挥有效作用，这个装置就会对拥有该装置的有机体带来莫大的好处，而且很可能会在进化中流行下去。意识就是这样一种装置。

意识所提供的这种开拓的新颖性，就是把生命调节的这个内部场所和表象的加工过程联结起来的能力。换句话说，这就是使生命调节系统——位于诸如脑干和下丘脑这类脑区的深处——对代表有机体内外部的事情和事件的表象加工活动产生影响的能力。为什么说这确实是一种好处呢？因为，在复杂的环境中生存，就是说，对生命调节进行有效的管理，依赖于采取正确的行动；反过来，通过在心灵中和最适宜的计划活动中对表象进行有目的的预演和操纵，又可以使行动得到改善。意识使这个过程的这两个根本不相同的方面——内部生命调节和表象的产生——联结起来了。

意识产生了知识，知识的表象存在于形成这些表象的个体内部，通过把这
25 些表象归类到有机体的完整表象中，意识就按照有机体的观点对表象进行了安置；而且，在这样做的时候，使表象的操作给有机体带来好处。当意识在进化中出现的时候，它就宣布了个体深谋远虑的开始。

意识开辟了这种可能性，使我们能够在心灵中建构一个隐藏在脑核中的调节规范的副本，一种使生命竭力坚持其要求，以及使有机体按照这些要求采取行动的新方式。意识就是交流的仪式，这种仪式使有机体具备了对新陈代谢进行调节的能力，具备了先天的反射，具备了所谓条件反射的学习形式，成为一个有思想的有机体，在这种有机体中，反应是通过对有机体自己生命的心理**关注**而形成的。斯宾诺莎（Spinoza）说过，保存自己的努力是美德的首要的和唯一的基础。[13]意识使这种努力成为可能。

意识的开端

一旦我能够想象到，脑是怎样把代表某一客体的模式和代表有机体的模式结合在一起的，我就开始考虑脑可以用来表征客体与有机体之间关系的机制。我曾专门地寻找过脑是如何对以下这个事实进行表征的，当一个有机体致力于对某一客体进行加工时，这个客体**使**有机体作出反应，而且，在这样做的时候，使其状态发生改变。在第 6 章、第 7 章和第 8 章提出了一种可能的解决方法。我认为，当有机体的表征装置表现出一种具体的、未用文字表达的知识时——有机体自身的状态被一个客体所改变的知识——以及当这种知识伴随着对某一客体的显著表征而出现时，我们就变得有意识了。在认识一个客体的活动中，自我感就是**新**知识的输入。只要实际存在的或回忆起来的“客体”与该有机体发生相互作用并且使之发生改变，这种新知识就会在脑中持续不断地创造出来。

自我感是对有机体从未提出过的以下这个问题的第一个回答：现在正在展现的这些发展中的心理模式属于谁？答案是，它们属于有机体，是由原型自我

表征的。在后面我将要说明，脑是如何把产生这个未曾要求的回答所需要的无 26
法用文字表达的知识聚集在一起的。但是，在这一点上，我可以说，这种无法用文字表达的知识在心理上产生的最简单的形式就是对认识活动的感受——即当一个有机体致力于对某一客体进行加工时，对所发生的一切进行的感受——只是在此后，与认识活动的感受有关的推论和解释才开始出现。

当我们产生视觉、听觉或触觉的时候，对所发生的一切进行感受的意识活动便以某种奇怪的方式开始了。用简单的话来说，它是一种与在我们活的机体内部产生任何表象——视觉表象、听觉表象、触觉表象、内脏觉表象——的活动相伴而生的感受。处在合适的情境中，这种感受就将那些表象标示为我们自己的感受，并且使我们以这些术语的恰当意义上说，我们看见、听见或触摸到了。未做好产生核心意识准备的有机体，被判定不能产生当时当地的视觉、听觉或触觉的表象，但却不能知道他们事实上曾经产生。从最低级的开始，意识就是知识，知识就是意识，和对济慈（Keats）而言的真理与美一样，两者是相互联系的。

应对秘密

对于意识问题的研究，不仅在关于意识是什么的问题上，而且在理解其生物学基础的前景问题上，一直缺乏一致的意见。在那些并非研究意识的学者、而只是日常使用者的人当中，对于人类阐释意识的生物学所导致的后果，也有某种程度的困惑，甚至担忧。对有些非专业人士而言，意识和心灵实际上是难以区分的，意识和良心、意识和灵魂或意识和精神，也同样是难以区分的。对他们，或许对你们来说，心灵、意识、良心、灵魂和精神形成了一块很大的奇
怪区域，它把人类分离开来，把神秘莫测同可解释性分离开来，把神圣和世俗 27
分离开来。当我们发现，使人类特性的这种崇高的合成得以实现的方式对任何一个明智的人来说都是至关重要的，甚至可能因为对其本性所做的表面分离的解释而感到生气时，我们不应该感到惊讶。任何面临死亡的人都将明确地知道我指的是什么，或许是因为，死亡的这种不可逆性将我们的思想敏锐地集中在一种不朽的标准上，即人类应该有思想的生活。但是，我们不应该让死亡使任何人都对这个问题非常敏感。生活应该足以使我们要求人类的心灵要尊重其尊严和境界，而且，几乎自相矛盾的是，要敏感地对待其脆弱性。

我不妨把话说得清楚些。科学帮助我们对一些现象作出区分，而且，现在科学已能够区分人类心灵的几种成分。实际上，意识和良心是可以区分的：意识与归因于自我的任何客体或行动的认识有关，而良心指的是在行动或客体中发现的善或恶。意识和心灵也是可以区分的：意识是与明显的自我感和认识活动有关的心灵的一部分。对心灵而言，不仅仅有意识，还有更多的东西，可能有心灵而没有意识，正如我们在那些有心灵但没有意识的病人身上所发现的那样。

在科学的进步历程中，科学对它设法区分的那些现象进行了解释。就心灵而言，它想要解释这块很大的奇怪区域的某些部分。它发现了在**某些**现象背后的**某些**机制，这些现象对我们如此尊重的、令人钦佩的人类心灵的创造性作出了贡献。但是，这种令人钦佩的创造性并没有仅仅因为我们想要解释产生创造性所必需的组成机制便逐渐消失。这种现象**就是**这个现实——即我们直接感受到的人类心灵。当我们对心灵进行解释的时候，我们开始保持这个现实；与此同时，我们又要满足我们的一部分好奇心，这种好奇心和这种现象背后的花招有关。

28 还有一个问题我必须说清楚：解决意识的秘密和解决心灵的所有秘密并不是一回事。意识是有创造性的人类心灵的一个必不可少的成分，但不是人类心灵的全部；而且，我认为，它也不是心理复杂性的最高点。引起意识的生物学手法会产生强有力的后果，但我认为意识是一种手段，而不是生物发展的顶点。伦理学和法律、科学和技术、诗人的作品和人类天生的善心，这些就是我所选定的生物学的最高点。当然，如果没有意识对每一种新成就的根源感到好奇，所有这一切就都不会存在。而且，意识还是一轮初升的太阳，而不是如日中天，更不是夕阳西下。理解了意识并不能解释宇宙的起源、生命的意义，或者两者可能的命运。在解开了意识的秘密和对少数有关的心灵的秘密取得了一点儿进步之后（假定科学在这两个方面都达到了），那么，还有足够多的秘密留待未来的科学去研究解决，对大自然的敬畏使我们对可以预见到的未来非常谦恭。在考虑了意识是怎样在我们称为脑的这个 3 英磅重的肉体中产生出来的之后，我们会更加敬畏生命和尊重人类，而不是相反。

隐藏和寻找

有时候，我们运用心灵不是为了发现事实，而是为了把它们隐藏起来。我们把心灵的一部分用作一道屏障，以阻止它的另一部分感受到在别的地方所发生的事情。这道屏障并不一定是有意设置的——我们并非总是深思熟虑的糊涂虫——不管是否深思熟虑，这道屏障确实隐藏着。

这道屏障最有效地隐藏起来的东西之一就是身体，我们自己的身体，我的意思是指身体的内部，它的内在性质。就像是为了显示端庄而盖在脸上的一块面纱，但盖得不太好，这道屏障把身体的内部状态与心灵部分地分离开，这里的身体的内部状态是指，当生命在每一天的旅程中漫游时构成生命流动的那些状态。

所谓情绪和情感的模糊、难以理解和不可捉摸很可能就是这个事实的一种 29
征兆，表明我们如何掩盖我们身体的表征的、许多以没有形体的客体为基础的心理表象是如何掩盖身体这个现实的。否则，我们就会很容易地知道，情绪和情感确实和身体有关。有时候，我们运用我们的心灵，把我们的一部分存在掩藏起来，不让另一部分存在知道。

我可以将身体的这种隐藏描述为一种精神错乱，但必须补充一句，这是一种适应良好的精神错乱。在大多数情况下，它不是把资源集中在我们的内部状态上，把资源集中在将世界上的问题描绘出来的那些表象上，或者集中在那些问题的前提上，或者集中在对它们的解决方法和可能的后果所作的选择上，或许这是更有利的。但是，这种观点的歪曲与在我们心灵中所适用的东西有关，这是要付出代价的。它倾向于阻止我们感受到我们称为自我的这个东西的起源和本性。但是，当把这个面纱揭开，达到人类心灵所能理解的程度时，我相信，我们就能在个体生命的表征中感受到我们称为自我的这个结构的起源。

或许在更早的时代，当没有面纱的时候，当环境比较简单的时候，在使用电子传媒和飞机旅行之前很久，在印刷文字出现之前很久，在帝国出现之前，以及在城邦国家出现之前，获得一种比较平衡的观点更容易些。当脑朝相反的方向提供了一种片面的观点，朝向有机体的内部状态的优势表征倾斜的时候，对内部生活的感受一定会更容易。如果过去真是这样，或许是在荷马时代和雅典时代之间的某个魔幻般的短暂时代，幸运的人类就会马上感受到，它们所有引人发笑的滑稽动作都和生活有关，在关于外部世界的每一种表象下面，有一个关于它们的活的身体的持续发展的表象。或许他们不会感受到那么多，因为他们缺少当前关于生物学的知识所提供给我们的那种参考框架。即便如此，我猜想，与我们许多未受到过预先警告的人能够感受这些时代相比，他们能够更
30 多地感受到他们自己。我对古代的智慧感到惊奇，这种智慧用**精神**（psyche）这个词来指称我们现在所谓的心灵，这个词在过去也用来表示呼吸和血液。

我认为，深受约束的有机体内部状态的起伏波动是受脑先天控制的，并且继续在脑中进行信号发送，这种起伏波动构成了心灵的背景，尤其是构成了我们称作自我的那个难以理解的实体的基础。我还认为，这些内部状态——是沿着某一范围自然产生的，其两端是痛苦和快乐，这些痛苦和快乐则是由内部或外部的对象和事件引起的——成为了情境中的善或恶的一些不知情的非言语记号，这些情境与有机体先天遗传的一套价值观有关。我猜想，在进化的早期阶段，这些状态——包括我们归类为情绪的所有这些状态——都对产生它们的有机体完全一无所知。这些状态是可以进行调节的，这就足够了；它们在内部或外部产生了某些有利的行动，或者它们通过使这些行动更加适合而间接地帮助产生了这些行动。但是，进行这些复杂的操作活动的有机体对这些操作活动和行动的存在却一无所知，因为在这个词的恰当意义上说，它们甚至连作为个体的它们自己的存在也一无所知。确实，有机体有一个身体和一个脑，脑有关于这个身体的某种表征。生命是存在的，对生命的表征也是存在的，但是，每一个生命的潜在的和合法的拥有者对该生命的存在却一点也不知道，因为大自然还没有发明出一个拥有者来。有存在，但却没有认识活动。意识还没有开始。

当人脑获得了无需话语就可以讲个故事的力量，我必须补充一句，是那种简单的力量。故事的内容是，在一个有机体中存在着活的生命，这个在身体限度之内的活的有机体的状态，通过与其环境中的客体或事件发生冲突而持续不断地改变着，或者就此而言，被思想和生命过程的内部调节所持续不断地改变着，这时，意识就开始了。当这个原始的故事——一个客体因为某种原因而改变了身体状态的故事——可以用那些通用的非言语词汇的身体信号来讲述时，
31 意识便出现了。外显的自我是作为对某种感受的感受而出现的。当第一次自发地讲述这个故事的时候，从来没有人要求讲述，而且此后当这个故事永远重复地讲下去的时候，与有机体自动经历的事情有关的知识，就作为对一个从未提问过的问题的回答而产生出来。从那一刻起，我们就开始有了认识。

我猜想，在进化过程中意识是很盛行的，因为对生命艺术而言，认识那些由情绪引起的感受是如此必不可少，还因为生命艺术在大自然的历史进程中是如此的成功。但是，如果你愿对我的话加以曲解，而且只是说，发明意识就是为了使我们能够认识生命，那么，我也不会在意。当然，这种表达方式在科学上并不是正确的，但我愿意这样说。

第二部分　感受和认识

35

2

情绪与感受

再次与情绪相伴

处于各个年龄阶段、各种文化、各种教育水平及各行各业中的男男女女都无一例外地有情绪，都关注他人的情绪，都愿意从事可以操控他们情绪的消遣娱乐活动，在不小的程度上通过追求某种愉快的情绪和避免不愉快的情绪来把握自己的生活。由于众多非人类的生物显然也有着非常丰富的情绪，因而乍一看，人类在情绪方面与其他生物并没有什么明显的区别；然而，在情绪与复杂的观念、价值观、原则和判断这些人类才具有的方面相联系的方式上却有极其明显的区别，在这种联系中我们可以真实地感到人类的情绪是独特的。人类的情绪不仅仅只是追求性的愉悦或对蛇的恐惧。它还包括了目睹苦难时的恐惧和看到正义得到伸张时的满足感；对珍妮·莫罗（Jeanne Moreau）那迷人的微笑或对莎士比亚（Shakespeare）
的诗句中那些深沉而优美的文字所产生的愉悦；对厌世的迪特里希·费舍—戴斯 36
考（Dietrich Fischer-Dieskau）用他那苍凉的声音演唱巴赫的《我受够了》（*Ich habe genug*），以及与此同时玛利亚·乔·皮尔斯（Maria João Pires）在演奏莫扎特、舒伯特的任何作品时所表现出来的那种世俗和来世的演绎的感受；还包括爱因斯坦在方程式的结构中所寻求的那种和谐。实际上，良好的人类情绪甚至用品质低俗的音乐和电影就能激发出来，而后者的力量是我们永远不能低估的。

由上述各种原因引起的情绪对人类的影响，不管这种影响是精确的还是没那么精确的，以及它们所引起的各种各样的情绪所带来的影响，也不管这种影响是微妙还是不那么微妙，它们都取决于由这些情绪所引起的感受。正是通过这种指向内部和个人私密的感受，那些指向外部和公众的情绪才开始对人的心灵产生影响。但是，感情的完全而持久的影响是需要意识的，因为只有随着自我感的出现，这些感受才会为拥有它的人所认识到。

一些读者可能会对“感受”与“认识到我们有某种感受”之间的区别感到迷惑。感受状态难道一定就意味着，有感受能力的有机体不能完全意识到正在表现出来的情绪和感受吗？我认为不是的，一个有机体可以在神经和心理模式中把我们这种有意识的生物体称之为感受的状态表征出来，但却没有认识到这种状态正在发生。这种区分很难想象，不仅因为这两个词的传统意义会妨碍我们的看法，而且也因为我们**倾向**于意识到我们的感受。但是，并没有证据表明我们能意识到**所有**的感受，反而有很多的证据证明我们并不能。例如，在某种假定的场合下，我们经常会很突然地认识到，我们感到焦虑或不舒服，感到高兴或轻松，而这也很显然，我们所认识到的那种特别的感受状态并不是在我们产生认识活动的那一刻才产生的，而是在这之前的某个时刻产生的。这种感受状态和导致这种感受的情绪都没有被意识到，可作为生物过程它们已经表现出来了。虽然我的目的不是将简单的事情复杂化，而是相反，将一些相当复杂的事情分解成可以进行探讨的部分，但是这些区分初看起来可能有些人为化。为
37 了研究这些现象，我将它们沿着一个连续统一体分成三个加工阶段：**一种情绪状态**，它是一种没有意识地被触发并完成的情绪状态；**一种感受状态**，它是一种能够没有意识地表征出来的感受状态；以及**一种被意识到的感受状态**，即被拥有情绪和感受的有机体所认识到的状态。我相信，当我们试图想象人类这种连续活动的神经学基础时，这些区分是有用的。而且，我猜想，一些能表现出情绪但不可能有我们所具有的这种意识的非人类生物，完全可以形成我们称为感受的这些表征，而又没有认识到它们在这样做。有些人可能会觉得，也许我们应该用另一个词来说明“没有意识到的感受”，可是并没有这样一个词。那么，最接近的可供选择的办法就是去说明我们的意思。

简而言之，如果感受想对在当时当地的直接情境之外拥有它们的主体产生影响的话，就必须要有意识存在。人类情绪和感受的最终结果要以意识为基点，这个事实的重要性还没有得到应有的重视（下面要讲到的有关对情绪和感受进行研究的、这个我们并不熟悉的历史可能要为这种忽视负责）。在意识形成之前，以及在意识作为一种我们常常没有有意识地认识到的诱导物而在我们每个人身上表现出来之前，情绪很可能就已经产生并发展起来了；另一方面，感受在意识心灵的剧院里发挥着最根本的、更为持久的作用。

情绪是被悄悄地诱导出来并指向外部的态度，而感受是指向内部的且最终为人所知的状态，这两者之间巨大的对比为我提供了一个非常有价值的视角，使我仔细思考意识的生物机制。而且情绪和意识之间还有其他相通的渠道。在这本书中，我提出，正如情绪一样，意识的目的是让有机体生存下来，且还是如情绪一样，意识是扎根于身体的表征之中的。我还注意到一个有趣的神经病学事实：当意识从核心意识开始就暂时停止之后，情绪通常也会暂时中止。这 38
个事实表明，尽管情绪和意识是不同的现象，但他们的基础可能是相关的。基于以上所有这些理由，在我们开始对意识进行直接陈述之前，对情绪的各种特征进行讨论是很重要的。但是首先，在我概述那种反思的结果之前，我打算插入一段所知不多的情绪科学史的话题，因为历史也许可以有助于解释为什么意识还没有从我所采纳的这种视角进行探讨过。

一个历史的插述

假定有大量与情绪和感受相关的事件，人们就会期望，哲学和有关心理及脑的科学已经包含了这些研究。令人惊讶的是，这种事仅仅现在才在发生。虽然有大卫·休谟（David Hume）以及起源于他的研究传统，但是哲学还没有信任情绪，而且主要把它归到动物和肉欲这类低等的类别中去。虽然在一段时期内科学发展得更好，可因此它也失去了它应有的（发展）机会。

到19世纪末，查尔斯·达尔文（Charles Darwin）、威廉·詹姆斯（William James）和西格蒙德·弗洛伊德（Sigmund Freud）已写了大量有关情绪不同方面的著作并在科学论文中给予情绪以特殊的一席之地。但是，在整个20世纪这段时间里，一直到最近，神经科学和认知科学都非常轻视情绪。达尔文对于不同文化、不同种族的情绪表达方式进行了广泛的研究。虽然他认为人类情绪是来自进化过程中（时间）较早阶段的遗迹，但是他尊重这种现象的重要性。威廉·詹姆斯以他特有的清晰思路看待这个问题，并且得出这样一种描述，也就是说，情绪尽管不完整，它仍然是块奠基石。至于弗洛伊德，他一点点地收集了紊乱的情绪病理学方面的那些潜能，并以一种肯定的术语宣布了情绪的重要性。

达尔文、詹姆斯及弗洛伊德必然会对他们观点中的有关脑方面的知识感到稍许迷惑，可是与他们同时代的休林斯·杰克逊（Hughlings Jackson）却比
39 较清晰。他朝向情绪可能的神经解剖学跨出了第一步，并且认为人脑右半球可能是支配情绪的，而左半球是支配语言的。

在 20 世纪开始时，本应有充足的理由去期待，正在日益强大的脑科学会使情绪成为他们研究日程的一部分并可以解决相关问题。但是这样的发展却从未到来过。更糟的是，达尔文有关情绪的研究从视野中消失了，詹姆斯的提议受到不公平的攻击并被草率地不予考虑。而弗洛伊德的影响则不在这个领域。在整个 20 世纪大多数的时间里，情绪在实验室中没有得到过信任。据说情绪太主观了，情绪太难于定义并且含糊不清，情绪是人类最好的能力——理性的对立面，而且人们推测理性完全地独立于情绪。这是对人性浪漫思想的有悖常理的曲解。浪漫主义将情绪置于身体中而理性置于脑中。20 世纪的科学遗漏了身体，把情绪移回到脑中，并把它归为与无人敬重的先人相联系的较低的神经层次中。最终，情绪不仅是非理性的，甚至研究它也可能是不理性的。

在 20 世纪期间，与科学对情绪的忽视相并列，发生了很多不寻常的相似事件。其中之一就是在对脑和心理的研究中缺乏**进化观**（evolutionary perspective）。如果说神经科学和认知科学就当达尔文不存在过一样照样发展，这是有些夸张，但是直到十年前，看上去这种情况似乎的确如此。对脑和心理的某些方面进行了讨论，这好像是最近根据需要而设计好的一样，以便产生某种效果——有点像在一辆合适的新车上装上反锁闸似的——根本就没有考虑到心理和脑装置的可能的前提。最近这种情况正在显著地发生改变。

另一个相似之处涉及到对体内平衡（homeostasis）这个观点的忽视。**体内平衡**指的是用来维持活的有机体中稳定的内部状态所要求的协调的、大部分
40 是自动化的生理反应。体内平衡描述的是对体内温度、氧浓度或 pH 值的自动调节。许多科学家过分关注于理解体内平衡的神经生理学机制，也过分关注于

理解自主神经系统（即最直接地包含在体内平衡中的那一部分神经系统）中的神经解剖学和神经化学机制；过分关注于阐明内分泌、免疫及神经系统这三者之间的相互关系，正是它们的联合工作才产生了体内平衡。但是，在这些领域所获得的科学上的进步对有关心灵或脑是如何工作的这种流行的观点几乎没什么影响。相当奇怪的是，情绪就是我们称之为体内平衡的这种调节机制的一部分。没有理解活的有机体的这一方面却去讨论它们是没有意义的，反之亦然。在这本书里，我提出体内平衡是了解意识的生物机制的关键（见第 5 章）。

第三个相似之处是在认知科学和神经科学中**有机体**这个观念引人注意的缺失。心灵是在某种有点不明确的关系中与人脑相联系的。人脑一向与身体保持分离状态，而不被看作是一个复杂的、活的有机体的一部分。一个整合的有机体这种观念——由一个身体本身和一个神经系统构成的联合体的观念——是存在于像路德维格·冯·贝塔朗菲（Ludwig von Bertalanffy）、科特·戈德斯坦（Kurt Goldstein）以及保罗·魏斯（Paul Weiss）这些思想家的著作中的，但是它对形成心灵和脑的标准概念并没有什么影响。[1]

当然，在这个泛泛的综述中也有例外。例如：杰拉尔德·埃德尔曼（Gerald Edel）在理论上提出的关于心灵的神经基础的观点是在进化观的思想中形成的，并且也接受了体内平衡调节的这个观点；而我的躯体标识器（somatic-marker）假设是基于进化观、体内平衡调节及机体论的观点上的。[2]但是，按照这个理论假设来进行认知科学和神经科学的研究，对机体论和进化观却没有多少用处。

近年来，神经科学和认知神经科学最终都支持情绪。新一代的科学家正在使情绪成为首选的论题。[3]而且，假定的情绪和理性之间的对立不再被毫无异议地接受。例如，我的实验室研究已经表明，不论是好是坏，情绪是推理和决策过程中必不可少的一部分。[4]一开始这可能听上去有点违背直觉，但却有证据支持它。这些发现是来自于一些对个体的研究，这些个体一直都完全理性地生活着，直到他们脑的某个特殊部位受到了神经损伤，此时他们失去了某些类型的情绪，并且在一个极为重要的平行的发展过程中，他们失去了作出理性决定的能力。这些个体仍能运用理性的手段，并且仍能回想起他们周围世界的知识。他们处理问题的逻辑性方面的能力并未受到损害。不过，他们作出的许多有关个人和社会的决定是没有理性的，这些决定往往对他们自己和他人不利。我已经指出，推理这种精密的机制不再是没有意识地、或者甚至偶尔有意识地受到与情绪有关的神经系统所发出的信号影响。

41

这种假设就是为大家所熟知的躯体标识器假设，让我提出这个假设的患者的前额叶区域的一些特殊部位受到损害，尤其是在脑的腹内侧区以及右侧顶叶区。不论是因为受到撞击或头部受伤，还是需要进行外科切除手术的肿瘤，这些区域受到的损害一直与我上述所提到的临床模式有关，例如，在有风险和冲突的情况下作出有利决定的能力受到损害以及在以上相同的环境中从情绪上产生共鸣的能力有选择地减少，但同时还保留了他们的一些残余的情绪能力。在他们脑受损之前，这些受到影响的个人并没有显示出这样的损害。他们的家人和朋友可以根据神经受损的时间感受到（他们受伤）“之前”与“之后”的差别。

这些发现表明，就像情绪过多一样，情绪有选择地减少至少对理性能力来说是不利的。即使没有情绪杠杆的作用，理性也能发挥作用，这种观点当然听起来是不真实的。相反，特别是当情绪面临有风险和冲突的个人和社会事件
42 时，其很可能会有助于推理。我曾经提出过，情绪加工的某些水平可能会把我们指向使理性能最有效运转的决策区域。然而，我并没有指出，情绪可以替代理性，或者情绪可以为我们作出决定。很显然，情绪的突变会导致非理性的决定。神经病学的证据仅仅表明了情绪有选择性的缺失会是个问题。有良好目标和进展良好的情绪似乎是一个支持系统，没有它的话，理性的这幢大厦就不能正常运转。这些结果以及对它们的解释都会使下述观点成为问题，即把情绪看成奢侈品或令人讨厌的东西，或者仅仅是一种进化的遗迹而不予考虑。这些观点也使下述看法成为可能，即把情绪看成是一种生存逻辑的体现。[5]

脑所认识的要多于有意识的心灵所揭示的

情绪和对情绪的感受分别是一个发展过程的开始和结束，但是，情绪的相对公开性和随后产生的感受的完全隐秘性都表明，在这个连续统一体上的这些机制是相当不同的。如果我们要透彻地研究这些机制的话，尊重情绪和感受之间的区别就是有帮助的。我曾提议，**感受**这个术语应当保留下来，作为对情绪的一种私人化的及心理的体验，而**情绪**这个术语应当用来指一些反应的集合，其中许多反应是公开地可以观察到的。实际上这意味着，即使作为一个有意识的存在，你在感知到自己的情绪状态时，能观察到你自己身上的感受，也并不意味着你能观察到他人的感受。同样，也没有人能观察到你的感受，但是，引起你的感受的某些情绪方面却很容易被他人观察到。此外，为了阐述我的论

点，既使构成情绪基础的基本机制最终会用到意识，但是它们并不需要意识：你可以使导致情绪表现的过程迅速出现，而不必意识到情绪的诱导物，更不用 43
意识到导致它的那些中间过程。实际上，即使是在当时当地的有限时间内出现了某种感受，有机体实际上也不会**认识到**它的出现。固然，在人类进化的这一点上以及在我们成人生活的这一时刻，情绪的发生是以意识为背景的：我们始终能感觉到我们的情绪，而且我们认识到我们感受到了这些情绪。我们的心灵和行为网络是由不断的情绪循环编织起来的，紧随这些情绪之后的是让人有所感知并引起新情绪的感受，就像是一首正在演奏的复调音乐，它对我们心灵中某些特殊的想法和我们行为中的某些动作给予特别的关注。尽管现在情绪和感受是一个功能连续统一体的一部分，但是，如果我们想要成功地研究他们的生物基础，那么，对这个连续统一体上的这些步骤作出区分是有帮助的。此外，如先前所提到的，在把存在和认识活动分离开来的那个阈限上，感受是能够保持平衡的，并且因而与意识有某种特别的联系。[6]

为什么我对情绪的生物机制不依赖于意识这个观点这么自信呢？毕竟，在我们的日常生活经验中，我们似乎经常认识到导致某种情绪的情况。但是，经常认识并不等同于总是认识。有一些很好的证据证明情绪诱导具有隐藏的性质，我会用一些来自于我的实验室中的实验结果来例证这个观点。

戴维是一位我所记录下来的在学习和记忆方面有最严重缺陷的人之一，他甚至完全不能学会任何新的事实。比如，他学不会任何一种新的外貌、声音、地点或词汇。结果，他学不会根据面孔、根据声音，或根据名字认出任何一个陌生人，也不能记起任何有关他在哪里遇到某个人或者他和这个人之间所发生的任何事情。戴维的问题是由脑两侧颞叶的大范围的伤害所引起的，这包括对一个被称为海马的脑区的损伤（海马的完整性是产生对新事实的记忆所必需
的），以及对一个被称为杏仁核的脑区的损伤（这是皮层下的一组与情绪有关 44
的细胞核，我将在后面提到）。

许多年前，我听说戴维在日常生活中对某些人表现出一贯的偏爱或躲避。例如，在他居住了近二十年的熟悉的环境里，如果他想要根烟或要杯咖啡，他通常只会选择去找一些特定的人，而有些人他是从来也没找过。当考虑到他根本就认不出这些人中的任何一个，考虑到他根本就不知道是否见过他们当中的任何一个人，或者指着他们中的任何一个也不能说出那个人的名字时，那么这

些行为的一致性就是最令人好奇的。这不仅是一个有趣的故事，也称得上是一件令人好奇的轶事。我决定对它进行检验并进行实证的测试。为了这个目的，我和我的同事丹尼尔·特拉尼尔（Daniel Tranel）一起合作设计了一个实验，这个实验就是大家所知道的、在我们实验室被称之为好人/坏人实验。[7]

在一个星期的时间内，在完全控制的环境中，我们让戴维参与三种不同类型的人的相互作用。一种类型的相互作用就是和以下这种人交往，这种人特别令人愉快，受欢迎，并且无论他是否对戴维有所要求，都会奖赏戴维（这种人就是好人）。另一种相互作用涉及到这样一种人，这种人情绪上中立，并要戴维参与一些既不令人愉快、也不令人不愉快的活动（这种人是中立的人）。第三种类型的相互作用涉及的是这种人，他们粗暴、无礼，对任何要求都说不，并且让戴维参与一项就是圣人都会厌倦的、非常冗长乏味的心理任务（这种人是坏人）。这一任务是延迟不匹配样本任务，最初设计的是为了研究猴子的记忆；当然，如果你拥有猴子的心灵，也许这项任务会是令人愉快的。

这些在不同情境下的演出随机安排在连续的5天中，但总会有一段特定的时间间隔，这样就可以对（戴维）暴露在好人、坏人或中立人中的全部表现进
45 行适当的测量并进行比较。这场精心策划的演出需要不同的房间和一些助手，这些助手不能是同样的人，并要分别扮作好人、坏人和中立人。

在所有要见面的人都见过之后，我们要求戴维去参与两项截然不同的任务。在一项任务中，要求戴维观看几套每四张为一组的照片，这些照片包括了参与实验的3人中的一位的脸，接着问他：“如果你需要帮助，会去找谁？”并要他进一步澄清：“在这一组照片中你认为谁是你的朋友？”

戴维采用了一种最引人注目的方式。当对他好的那个人的脸出现在4人一组的照片中时，戴维有80%的几率选出那个好人，这表明他的选择很明显不是随意的——只有在偶然的情况下，有25%的几率他会选择这4个人中的任何一个。中立人被选中的概率并不大于这种偶然性；而坏人基本上从不会被选中，这还是有些违反偶然性规律的。

在第二项任务中，要求戴维看这3个人的脸，并要告诉我们他对他们了解些什么。如往常一样，对他而言，心灵中一片空白。戴维甚至想不起曾遇到过他们，而且一点都回想不起他和他们交往中发生的任何事。不用说，他也不能叫出他们中任何一位的名字，也不能指着任何一个人再叫出名字，当我们问他上个星期发生的事情时，他也不知道我们在说什么。但是当问到在这3个人中

谁是他朋友，他总是会选好人。

这个结果表明，轶事是很值得研究的。能肯定的是，在戴维的有意识的心灵中，没有什么能给他提供明显的理由去正确地选择那个好人而拒绝选择坏人。他并不知道为什么自己选择这一个而拒绝另一个；他只是这样做了。然而，他所表现出的这种没有意识的偏爱很可能是与在实验中诱导出的情绪有关，这也与对他进行测验时这些情绪的某些部分的没有意识的再诱导有关。戴维没有学到任何有关能够以 46
表象的形式在心灵中进行展开的新知识。但是，有些东西就保留在他的脑中，而且这些东西能够以没有表象的形式产生一些结果：这种形式就是动作和行为的形式。戴维的脑可以产生与第一个见面的人的情绪价值相称的行为，这种行为是由先前的奖赏或其缺乏而造成的。为了使这种观点更加清晰，我不妨描述一下我曾在进行好人/坏人实验的那段时间中所观察到的一件事。

戴维被带到遭遇坏人的情境中，当他进到走廊那里，看到那个坏人几英尺之外正在等他，戴维退缩了一下，停顿了片刻，然后才让自己慢慢地进入到测试室。我对这种情况有所熟悉并很快地问他是否有什么问题，是否有什么事情我可以帮他做。可是，这是真的，他告诉我，不，一切都好——毕竟，他想不起任何事，也许只记得一种情绪的孤立感，而在发生了这种情绪之后又没有任何理由。我对此毫不怀疑，那就是他看到坏人就会诱发出短暂的情绪反应和一种短暂的当时当地的感受。不过，在缺乏一系列有适当关联的表象的情况下(这些表象也许可以向他解释这种反应的原因)，这种效应仍然是孤立的、没有联系的，因此也是动机不明的。[8]

我也毫不怀疑地认为，如果我们连续几个星期而不是只有一个星期来进行这项任务，戴维可能会经常出现这种消极和积极的反应，从而会产生最适合他的有机体的行为，例如，一直会选择那个好人而避开那个坏人。但我并不认为，**他**自己本人会故意地选择这样做，而是他特定的已计划并部署好的**有机体**会产生这种行为。他会发展一种趋向好人和避开坏人的定向，同样，他也会在真实生活的环境中发展这种偏好。

刚才所描述的这种情况让我们得出其他一些要点。首先，戴维的核心意识没有受到损伤，这个问题我们将在下一章重新谈到。第二，在好人/坏人实验的背景下，戴维的情绪是在没有意识的情况下诱发出来的，而在其他的环境下，他是有意识地参与这些情绪。当他不必依赖于新的记忆时，他感觉得出他 47
很愉快，因为他在品尝一种最爱吃的食物，或在看一个令人愉快的场景。第三，假定他的脑中一些皮层及皮层下与情绪有关的区域受到了显著的损伤，如前额叶腹内侧皮质、基底前脑、杏仁核，很明显这些区域对于情绪或意识来说并不是不可或缺的。为了作进一步的参照，我们也可以牢记在心，戴维脑中的某些结构是未受损伤的：整个脑干、下丘脑、丘脑、大部分的扣带回皮质、以及实际上所有的感觉和运动结构。

我不妨以在我们实验中的那个坏人是一位年轻、令人愉快和美丽的女神经心理学家这一假设，来结束我们的这些评论。我们曾以这种方式设计了这个实验，让她扮演反面类型的人。因为我们想要确定，在何种程度上戴维对有年轻漂亮的女人陪伴所表现出来的偏爱会抵消她的这种令人讨厌的行为，以及她是这项令人厌倦的任务的执行者这个负面事实［戴维的确在关注着那些女孩；我甚至还看到他有一次抚摸帕特里夏·丘奇兰德（Patricia Churchland）的手臂并说道，“真是太柔软了……”］。呃，正如你所能看到的，我们这个有悖常理的计划的好的出发点得到回报了。再多的自然美也不能补偿由坏人的（行为）方式和她的任务带来的乏味所诱导出的那种消极情绪。

我们没有必要意识、而且经常也意识不到情绪的诱导物，我们也不能任意地控制情绪。你可能会发现自己处在一种悲伤或愉快的状态，但是你却可能会困惑自己为什么现在会处于这种特殊的状态中。一份详细的调查可以解释可能的原因，且其中的一种或另一种原因会更有可能，但你经常不能肯定。实际的原因可能是对某一个事件的表象，这种表象有可能被意识到，但只是因为你正在注意其他的表象而没有注意到它，所以就没有被意识到。或者根本就没有表
48 象，而仅仅是一个在你的内环境中的化学剖面图的短暂变化，这种变化是由你的健康状态、饮食、气候、激素循环、某天你锻炼了多少，甚至你为某件事感到何种程度的焦虑诸如此类的因素所引起的。这种变化会足够真实地引起一些反应，改变你的身体状态，但是，在一个人或一种关系是可以想象的这个意义上说，它却是不会引起表象的，例如，它不会产生一种在你的心灵中能够觉知到的感觉模式。换句话说，会诱发情绪并导致随后出现感受的表征是不需要注意到的，不管他们表示的是有机体外部的某事还是内部唤起的某事。不论是内部还是外部的表征，都能在意识检测下发生，而且还能诱发情绪反应。情绪能以一种没有意识到的方式被诱导出来，并且因此会作为表面看来动机不明的意识自我而表现出来。

一个可能会成为诱导物的表象是否会作为我们思想的一个目标保留在我们脑中，对此我们能够进行部分地控制。[如果你是一个受过教育的天主教徒，你就会明白我说的是什么意思，同样，如果你一直关注演员工作坊（*Actors Studio*）的节目，你也会明白。] 我们可能没有成功地完成这项任务，可是，消除或者保留这个诱导物的工作却必然在意识中出现。我们也能部分地控制一些情绪的表达——压抑我们的怒气，伪装我们的悲伤——但我们中的大多数人并不是非常擅长于此，这也是我们为什么花那么多钱去看演技好的演员的表演，这些演员对于控制他们的情绪表现很有技巧（这同样也是我们为什么会把钱花在打扑克上的原因）。但是，一旦形成了某种特殊的感觉表征，不管它是否实际上是我们有意识的思想流中的一部分，我们对于诱发某种情绪的机制都没有多少话可说。如果心理和生理的情境关系是恰当的，那么，情绪就会紧接着发生。情绪是没有意识地触发起来的，这个事实也能解释它们为什么不容易任意地被模仿。正如我在《笛卡尔的错误》（*Descarte's Error*）这本书中解释的那样，一个来源于真正愉快的自发的微笑，或者由悲伤引起的自发的哭泣，是在扣带回脑区的控制下由位于脑干深处的脑结构来完成的。我们没有办法对这些脑区的神经过程进行直接主动的控制。偶尔故意地模仿情绪表现很容易被察觉到是假的——不论是面部肌肉的外部表现还是声音语调，总会露出马脚。这种事态的结果就是，在不是演员的这些大多数人当中，情绪是一种相当好的指标。它表明了，我们的环境是如何有利于我们的健康，或者至少它似乎如何有利于我们的心灵。 49

我们想要停止一种情绪的效率大概与我们想要阻止打喷嚏的效率一样。我们能够阻止某种情绪的表达，但只会是部分地成功，不会是全部成功。我们中的一些人，在合适的文化影响下，变得很擅长于此；但实际上我们所获得的是伪装情绪的某些外在表现的能力，但却不能阻止发生在内脏和内部环境中的那些自主性的变化。想想你上次在公众场合被感动并尽量想要掩饰这种感动。如果你单独和格罗利亚·斯万森（Gloria Swanson）一起在黑暗中看电影，你有可能成功地控制住你的情绪；但是，当你为一位死去的朋友念悼词时，却不能做到这一点：你的声音会把你的情绪表现出来。有人曾告诉我，感受发生在情绪之后这种观点不可能是正确的，因为即使对情绪进行压抑可能仍会产生感受。但是，除了对面部表情进行部分的压抑是可以的。事实并非如此，我们可以训练我们的情绪，却不能完全地压抑住它们，我们所具有的内在感受就是我们没能成功地压抑情绪的证据。

对无法控制的事情进行控制的一段插述

我们对内环境和内脏的控制非常有限，其中一个不完全的例外与呼吸的控制有关。要进行这种控制，我们就需要采取一些意志行动，因为自主呼吸、讲话以及唱歌时有意地控制发声使用的是同样的机制。你可以学会在水下游泳，在越来越长的时间时屏住呼吸，但是这仍然是有极限的，这种极限是奥林匹克冠军也不能超越的，是保证存活的必要条件。歌剧演唱家面临着相似的障碍：哪个男高音不想在高音 C 这个音上坚持得更久一点，直到可以刺激出像女高
50 音一样的音呢？但是，再多的喉部和腹隔膜的训练也不允许跨越男女高音间的这道障碍。像生物反馈这样的过程对血压和心率进行的间接控制也是一种局部的例外。但是，一般来说，对自主功能的有意控制通常是比较适度的。

但是，我可以报道一个戏剧性的例外。数年前著名的钢琴家玛利亚·乔·皮尔斯告诉我们自己的一个经历：当她在完全控制其意志的情况下进行演奏时，她既可以使情绪在她身体中的流动减少，又可以使之畅行无阻。我的妻子汉娜（Hanna Damasio）和我都认为，这是一种相当惊人的浪漫观点，可是玛利亚·乔却坚持认为她可以做到，而我们却拒绝相信她的话。最后，对真相进行验证的过程是安排在我的实验室中进行的。玛利亚·乔通过导线连接到复杂的心理生理仪器上，这时玛利亚·乔在两种状况下听我们选的时间较短的音乐乐章：一种是允许情绪出现的情况，另一种是对情绪进行有意的抑制。她演奏的肖邦的《小夜曲》（*Nocturnes*）刚播放出来后，我们用她演奏的一部分和丹尼尔·巴伦博伊姆（Daniel Barenboim）演奏的一部分作为刺激。在“允许情绪出现”的情况下，她的皮肤电传导记录充满了波峰和波谷，很有趣地和乐章中的各段相连起来。接着，在“情绪减少”的情况下，事实上，令人难以置信的事情发生了。她确实可以随意地使她的皮肤电传导图变得平缓，除此之外，还可以改变她的心率。在行为方面，她也发生了改变。背景情绪的剖面图又进行了重新排列，其中一些特殊情绪性的行为被消除掉，例如，头部和脸部肌肉结构的运动更少了。我们的同事安托万·比查拉（Antoine Bechara）完全不相信，于是又重复了整个实验，想知道是否这可能是一种人为的习惯因素，可她又一次做到了。所以，毕竟还是有些例外有待发现，也许这种例外会在其毕

生工作就是通过情绪创造神奇的这种人身上发生得更多。

什么是情绪?

谈到**情绪**一词，通常我们会想到六种原始情绪或普遍情绪之一：愉快、悲伤、恐惧、愤怒、惊奇或厌恶。考虑到这些基本情绪会使我们对这个问题的讨
论更容易些，但是，重要的是要注意到，有许多其他的行为和“情绪”这个标 51
签有关。它们包括所谓的**次级情绪**或**社会情绪**，如困窘、嫉妒、内疚或骄傲等，还有些被我称为背景情绪的，如幸福感或不舒服、平静或紧张。情绪这个标签也和驱力及动机，以及与痛苦及愉快的状态有关。[9]

所有这些现象的共同的生物核心可以概述如下：

1. 情绪是集各种复杂的化学反应和神经反应于一体的模式；所有的情绪都要发挥某种调节作用，以某种方式导致形成有利于有机体表现这种现象的环境；情绪**关乎**一个有机体的生命，它的身体是很精密的，其作用就是帮助有机体维持生命。
2. 学习和文化会改变情绪的表达，并且赋予情绪以新的意义，尽管如此，但情绪是一些生物决定的过程，这些过程取决于脑的先天就有的装置，而这些装置是由长期的进化史所决定的。
3. 这些产生情绪的装置存在于一个相当有限的皮层下区域，它开始于脑干，然后上移至更高级的脑区；这些装置是调节和表征身体状态的一套脑结构的一部分，对此我将在第 5 章谈到。
4. 所有的装置都能自动地运转起来，而不需有意识的深思熟虑；相当数量的个体差异以及文化在形成情绪的某些诱导物中发挥某种作用这个事实，并没有否认情绪的基本定型性、自动性和调节作用。
5. 所有的情绪都把身体作为它们的舞台（内环境，内脏，前庭和肌肉骨骼系统），但是，情绪也会影响许多脑回路的运转模式：情绪反应的多
样性导致身体和脑发生深刻变化。所有这些变化构成了最终成为情绪 52
感受的神经模式的基础。

在这一点上需要有一个关于背景情绪的专门词语，因为标签和概念并不是

传统上对情绪进行讨论的一部分。当我们感到，一个人是“紧张的”或“急躁的”、“气馁的”或“热情的”、“情绪低落的”或“开心的”时候，却无法说出一个词语把任何这些可能的状态进行转换，那么，我们就是正在察觉到背景情绪。我们是通过身体姿势的一些微妙的细节、动作的速度和轮廓、眼睛运动的数量和速度方面最微小的变化，以及面部肌肉收缩程度中的最微小的变化，而觉察出背景情绪的。

背景情绪的诱发者通常是内在的。调节生命过程本身就能引发背景情绪，但是心理冲突的持续过程，不管是明显的还是隐蔽的，也能引发背景情绪，因为它们会导致对内驱力和动机的持续的满足感或对驱力和动机的抑制。例如，背景情绪可以由长时间的身体上的努力所引发——从紧随着慢跑而导致的“兴奋”情绪到无趣的、无节奏的体力劳动所导致的“低落”情绪——当你发现很难作出一个决定时，你会对此进行沉思，背景情绪可以由此而引发——这就是位于哈姆雷特王子沮丧的生活背后的原因之一——或通过尽情享受可能在等待着你的对一些巨大愉快的期望所引发。简而言之，内在状态的某些情况是由持续进行的生理过程所引发，或由有机体与环境的交互作用所引起，也可能是由这两者共同引起的，而这些状况便会引发构成背景情绪的反应。这些情绪可以使我们拥有诸如此类的背景感受，像紧张或放松，疲劳或充满精力，健康或不适，期盼或担心。[10]

在背景情绪中，这些基本的反应与生命的内在核心更为紧密，它们的目标
53 更多的是内在而不是外在的。内环境和内脏的外形在背景情绪中发挥着带头作用。尽管背景情绪没有使用外显的面部表情这种可以区分的资料库，这种资料库可以很容易地确定基本情绪和社会情绪，但是，背景情绪仍然会丰富地体现在肌肉骨骼的变化中，例如，在微妙的身体姿势和完整的形成身体的动作中。[11]

根据我的经验，背景情绪是神经疾病的“勇敢的幸存者”。举个例子，前额叶腹内侧区受到损伤的病人和杏仁核受到损伤的病人一样，都保留了背景情绪。有趣的是，正如你将在下一章发现的，当基层的意识，即核心意识受到损伤时，背景情绪通常也会受到损伤。

情绪的生物学功能

虽然情绪反应的精确构成和动力在每一个人身上是由一种独特的发展和环

境所塑造的，但证据表明，即便不是全部，大多数情绪反应都是在漫漫历史长河中进化微调的结果。情绪是生物调节装置的一部分，有了这些装置我们才能生存下来。这就是达尔文为什么能把这么多物种的情绪表达方式编成目录，并找到在这些表达方式中出现一致性的原因；这也是为什么在世界的不同地区和不同文化中，情绪这么容易识别出来的原因。足以肯定的是，有多种不同的表达方式，在刺激物的精确结构上也有变化，这些刺激物能够在不同个体和文化中引起某种情绪。但是，就像你在这个星球上空飞行一样，这件事情的令人惊奇之处是相似性，而不是差异性。顺便说一句，正是这种相似性才使得跨文化联系成为可能，并使得文学、音乐和电影可以跨越边界。这个观点得到保罗·埃克曼（Paul Ekman）研究的大力支持。[12]

情绪的生物学功能是双重的。第一种功能是对诱发情境作出某种特别反应。例如，在一个动物身上，这种反应可能是跑开或变得不动，或者把敌人打倒或参与愉快的行为。在人类身上，这些反应基本上是相同的，但人们希望，能够通过更高级的理性和智慧使之得到调节。情绪的第二种生物机能是对有机 54
体内部状态的调节，这样它就可以为某种特殊的反应做好准备。举个例子来说，在驾驶飞机飞行的情况下，给腿动脉提供更多的血流量，这样肌肉可以接受多余的氧气和葡萄糖，或者，在冰天雪地的危险情况下，改变心跳和呼吸的节奏。在以上任何一种情况下，以及在其他情况下，计划是很精巧的，而且执行是最可靠的。简言之，对于某些类别的内部或外部环境中明显有危险或明显有价值的刺激物来说，进化已经以情绪的形式得出了一个与之相匹配的答案。这就是为什么，尽管在不同的文化中、在不同的个体身上，以及在一生发展的过程中可以发现无限的多样性，但我们在某种程度上仍能成功地预测某些刺激物会产生某些情绪的原因。（这也是为什么你可以和一个同事说道，“去告诉她这件事吧，她听到一定会很高兴的”的原因。）

换句话说，情绪的生物“目的”是很明显的，而且情绪也不是一个可有可无的奢侈品。情绪是一些奇怪的适应，这些适应也是生物机制的一部分，有了这个机制有机体才能通过调节而生存下来。尽管情绪在进化中年代久远，但他们是生命调节机制中一个相当高水平的部分。你应当把这个部分想象成一块三明治，中间夹着基本的生存工具（如，新陈代谢调节；简单反射；动机；痛苦和愉快的生物学）与高级推理的装置，但这仍是生命调节装置的等级层次中的一部分。对于不如人类复杂的物种，以及对于心不在焉的人来说，从生存的观点来看，情绪实际上产生的是相当合理的行为。

从最根本上来说，情绪是体内平衡调节的一部分，其努力保持平衡以避免完整性的缺失，这种缺失是死亡的预兆或者就是死亡本身，以及确保能够获得能源、住房或性的满足。而且，作为一种强大的学习机制的结果，例如条件作用，各种各样的情绪最终都有助于将体内平衡调节及生存的“价值”和我们的自传式体验中的无数事件和对象联系起来。情绪与奖赏或惩罚、愉快或痛苦、
55 前进或退缩、对个人有利还是不利等这些想法是不可分离的。情绪不可避免地与善和恶的这种观念是不可分离的。

表 2.1　生命调节的水平

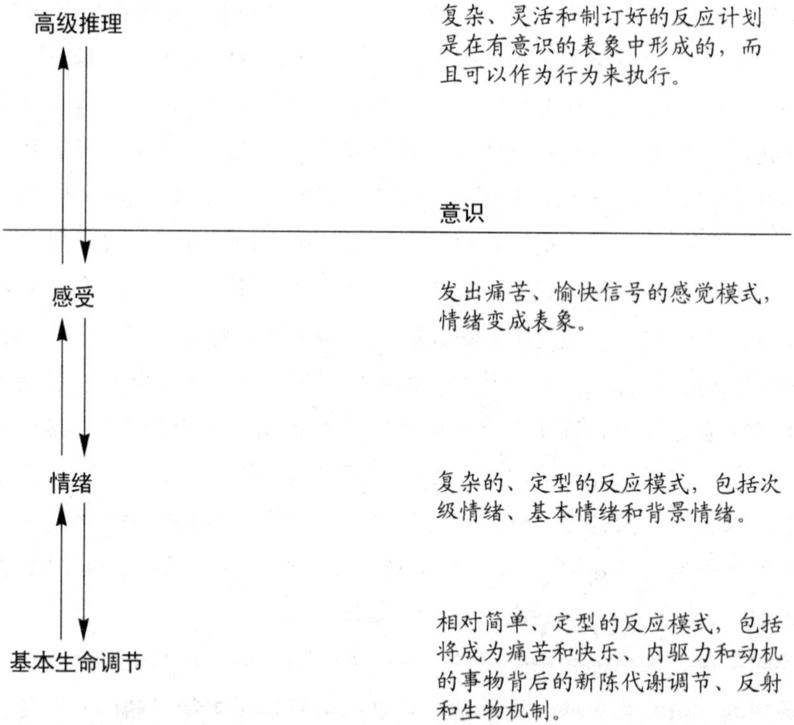

生命调节的基本水平——生存工具——包括一些生物学状态，这些状态可以有意识地作为驱力和动机而被察觉到，也可以作为痛苦和愉快的状态而被觉察到。情绪是处于更高一级，更为复杂的水平。双向箭头表明向下或向上的因果关系。比如，痛苦可以引起情绪，而一些情绪也包括一种痛苦状态。

人们可能很想知道，在一篇专注于意识问题的文章中讨论情绪的生物学功 56
能的相关性。这个相关性现在已经很明晰了。情绪会自动地给有机体提供指向生存的行为。在能感知到情绪的有机体中，也就是说，在拥有感受的有机体中，当情绪在当时当地发生时，就会对心灵产生某种影响。可是，在具有意识的有机体中，也就是，在能够认识到他们拥有感受的有机体中，却可以达到另一种水平的调节。意识允许人认识到这些感受，因此也促进了情绪内在的影响，使情绪可以通过感受这个中介渗透到思想过程中。最后，意识可以使任何对象被人所认识——“对象”情绪和任何其他对象——并通过这样做，可以提高机体做出适应性反应的能力，能注意到有机体本身的需要。情绪致力于有机体的生存，意识也同样如此。

诱发情绪

情绪发生在下面两种情况之中。第一种情况是发生在有机体以其某一种感觉装置对某些对象或情境进行加工时——例如，当机体看到一张熟悉的脸或地方时。第二种情况发生在有机体从记忆中追忆出某些对象及情境，并在思考过程中把它们以表象的形式表征出来时——例如，回忆起一位朋友的脸和她刚刚去世这个事实。

当我们考虑到情绪时，一个显著的事实就是，某些类别的对象或事件倾向于与某种情绪有更多系统性的联系，而不是与其他情绪相联系。会引起幸福、恐惧或悲伤的各种刺激物在同一个人以及在有着同样社会和文化背景的个体身上也相当一致地倾向于有上述的联系。尽管某种情绪的表达方式可能会因人而异，尽管我们可能有一些混合的情绪这个事实，但各种情绪的诱导物与由此而
引发的情绪状态之间大致上是一致的。在整个进化史中，有机体获得了对某些 57
刺激物作出反应的方式——特别是那些从生存的观点来看是潜在有用的或有潜在危险的刺激物——目前我们把这些反应的汇集称之为情绪。

不过，这里需要讲一句告诫的话。当我谈到构成某些**种类的情绪**诱导物的**刺激范围**时，我实际上想要表达的就是我所说的话。某种类型的能够引发情绪的刺激应当具有一定的变异——既有个人之间变异，也有文化之间的变异——我也在注意这个事实，也就是，不管情绪机制在生物学上预先设置的程度如何，发展和文化对这个最终产物都具有很大的影响。发展和文化十有八九对这

些有预置的装置产生了以下的叠加影响：首先，它们形成了构成某一特定情绪所需的恰当的诱导物；第二，它们形成了情绪表达的某些方面；第三，它们形成了某种情绪配置之后的认知和行为。[13]

注意到下面这一点也是很重要的：当情绪的生物学装置在很大程度上是预先设置好的时候，诱导物就不是该装置的一部分，它们是位于其外部的。引发情绪的那些刺激物绝不仅仅局限于在进化过程中帮助形成我们的情绪大脑的那些刺激物，也不仅仅限于能从生命早期就在我们的脑中引发出情绪的那些刺激物。随着它们的发展和相互作用，有机体获得了与环境中的不同对象和情境接触的实际体验和情绪体验，因而有机会能将许多情绪上中立的对象和情境与天生定向地引起情绪的对象和情境联系起来。一种已经作为条件作用而为人们所熟知的学习就是一种获得这种联系的方法。一幢外形上和你在幸福的童年期所居住过的房子相似的新房子可能会使你感觉很好，即使你住在里面时并没有特别好的事发生。同样，如果一张好看的陌生人的脸与某个人的脸如此相似，而这个人与某一可怕的事件相联系，那么，它可能会给你带来不安或愤怒。你有可能永远不知道这是为什么。先天并不一定会产生这些反应，但是它的确会帮
58 你获得这些反应。顺便说一句，迷信就是以这种方式产生的。以下是奥威尔式的对于情绪分配的表述：所有的客体都会得到情绪的依附，但是某些客体得到的远比其他客体要多得多。我们的主要生物学结构会偏离与我们的周围世界相关的这些次级获得物。

将情绪的价值扩展到那些并没有生物学规定的充满情绪的对象身上，其后果就是，可潜在地引发情绪的刺激物的范围是无限的。尽管一些对象和情境能比另一些引起的情绪更多，但是，大多数对象和情境会想方设法引起某种情绪反应。这种情绪反应可能是微弱的，也可能是强烈的——对我们来说，幸运地是，反应经常是微弱的——但不管怎样，它仍然是存在的。情绪和构成其基础的生物装置是行为必不可少的伴随物，它可能被意识到，也可能没有被意识到。某种水平的情绪就是对自己或对其周围环境进行考虑时所固有的伴随物。

在我们的发展中以及随后在我们的日常体验中，情绪的弥漫性实际上依靠条件作用将我们体验中的每个对象或情境都与体内平衡调节的基本价值联系起来：奖励或惩罚；愉快或痛苦；前进或退缩；对个人有利或不利；以及不可避免地，善（从生存的意义上说）或恶（从死亡的意义上说）。无论我们是否喜

欢，这就是人**天生**所具有的状况。但是，当意识发挥作用时，感受就会发挥它们最大的影响，并且个人也能进行反思和计划。他们有一种控制情绪弥漫性的专制方法，被称为理性。当然，具有讽刺意味的是，理性的产生仍然需要情绪，这意味着理性的控制能力经常是有限的。

情绪弥漫性的另一个重要后果就是，实际上每个表象，不论是实际上察觉到的还是回想起来的，都会伴随着一些来自情绪装置的反应。我们在第 6 章讨论到意识的产生机制时，就会考虑这一事实的重要性。

我不妨以情绪诱导过程中一个棘手的方面来结束对情绪诱导物的讨论。迄 59
今为止，我已经提到一些直接诱导物——雷声、蛇、愉快的记忆。但是，情绪可以间接地诱发出来，而且这个诱导物可以以某种多少有点消极的方式产生它所要的结果，即通过阻断一个正在进行的情绪过程来做到。这里有一个例子。当一个动物在发现食物或性的对象，从而产生趋近行为并表现出愉快的情绪特征时，阻止这种情绪而且不让它达成目标就会引起受挫感甚至愤怒，这是一种与愉快非常不同的情绪。愤怒的诱导物并不是对食物或性的期望，而是对能导致动物产生这种美好期望的行为进行的阻碍。另一个例子是，某种惩罚情境——例如，持续的痛苦——的突然暂停，会引发出幸福感或愉快。按照亚里士多德所说，所有好的悲剧都应该具有的这种净化（宣泄）的效果是以一种持续引发出来的害怕和怜悯状态的突然暂停为基础的。在亚里士多德之后很久，阿尔弗雷德·希区柯克（Alfred Hitchcock）① 以这个简单的生物学排列为基础建立起了一个伟大的事业，而且，好莱坞从未停止过依赖它。无论我们是否喜欢，当我们看到珍妮特·利（Janet Leigh）② 在淋浴时停止哭泣并且安静地躺在浴缸中时，我们会感到心情很舒畅。就情绪而言，在大自然为我们准备好的结构中并没有多少可以逃避的东西。我们任它来，任它去。

情绪的机制

从经验中你就知道，构成情绪的反应是多种多样的。某些反应在你自己和他人身上很容易就能在外观上表现出来。想想那些代表愉快或悲伤或愤怒而经

① 著名电影大师，以导演悬念、惊悚片著名。——译者注

② 美国影星，她曾在电影《精神病患者》（*Psycho*）中扮演沐浴时被砍死的女人。——译者注

过调节的面部肌肉，或者当听到坏消息时作出皮肤发烫的反应，或在某种尴尬的情况下脸发红；或者想想表示愉快、蔑视、悲伤或气馁的身体姿势；或者在忧惧时又出汗又冷湿的双手；骄傲时跳得快的心脏；或处于恐惧之中时心跳变慢或接近于停止。

60 其他的反应是隐藏于视线之外的，但并不是不重要，如产生在器官中而不是血管、皮肤和心脏中的种种变化。一个例子就是荷尔蒙的分泌，如皮质醇，它能改变内环境的化学状态；或肽类物质的分泌，如β-内啡肽或催产素，它们可以改变一些脑回路的运转。另一个就是神经递质的释放，如单胺、去甲肾上腺素、5-羟色胺和多巴胺。在情绪产生期间，位于丘脑下部、基前脑及脑干的神经元在脑的某些区域释放出那些化学物质，通过这样做，就可以暂时地改变许多神经回路的工作方式。增加或减少这些递质的释放，其典型的后果包括我们所感觉到的心理过程加快或减慢，更不要说感觉到渗透在心理体验中的愉快或不愉快了。这种感觉就是我们对情绪感受的一部分。

不同的情绪是由不同的脑系统产生的。你能以完全同样的方式说出愤怒和愉快的面部表情之间的区别，你同样能够以完全同样的方式感受到你的躯体内部的悲伤和愉快之间的不同，神经科学正在开始向我们说明，不同的脑系统在产生诸如愤怒、悲伤或愉快时是如何工作的。

对患有神经疾病和脑部分区域受损的患者的研究已经在这个领域得出了一些最能透露内情的结论，不过，这些研究现在正通过在没有患上神经疾病的个体身上进行的功能神经成像来进行补充。我应当特别强调，以人类被试进行的研究与对动物的相同问题进行的研究进行充分的对话，这是在这个研究领域出现的另一个值得欢迎的新奇事。

这些发现的本质可总结如下：首先，脑是从一个显然数量很小的脑区域诱发出情绪的。这些区域中的大多数位于脑皮层之下，并被称为皮层下区域。主要的皮层下区域是在脑干区域、下丘脑和基底前脑。一个例子就是为大家所知的中脑导水管周围灰质（PAG），这是情绪反应的一个主要调节器。中脑导水
61 管周围灰质是通过网状结构的运动核以及通过颅神经核，如迷走神经核来发挥作用的。[14]另一个重要的皮层下区域是杏仁核。脑皮层可以诱发情绪的区域，包括前扣带回脑区和前额叶腹内侧区域这些部分。

第二，这些区域在不同程度上都参与了对不同情绪的加工。我们最近运用PET成像表明，悲伤、愤怒、恐惧和愉快的引发和经历，会导致以上提到的

一些区域的激活，但是每种情绪的模式是不同的。例如，悲伤会始终一致地激活前额叶腹内侧皮层、下丘脑和脑干，而愤怒或恐惧却既不会激活前额叶皮层也不会激活下丘脑区域。脑干都可以被这三种情绪激活，可是，强烈的下丘脑和前额叶腹内侧区的激活似乎是专门由悲伤所引起的。[15]

第三，这些脑区中的某一些还涉及到对表现某些情绪的刺激物的再认。例如，在我的实验室中进行的一系列研究已经表明，位于每一侧颞叶深处为大家
所熟知的杏仁核，对再认脸部表情中的恐惧是不可缺少的，对恐惧做出条件反 62
射甚至表现出恐惧也是不可缺少的。[在一系列相平行的研究中，约瑟夫·勒度克斯（Joseph LeDoux）和迈克尔·戴维斯（Michael Davis）的研究表明，杏仁核对于产生恐惧的条件作用和已经揭示出来的包含在这个过程中的循环活动的细节来说是必要的。[16]] 然而，杏仁核对于再认或学习与厌恶或幸福有关的情绪却几乎没什么兴趣。重要的是，其他的结构，就像是指定的一样，对那些其他的情绪有兴趣，却对恐惧没有兴趣。

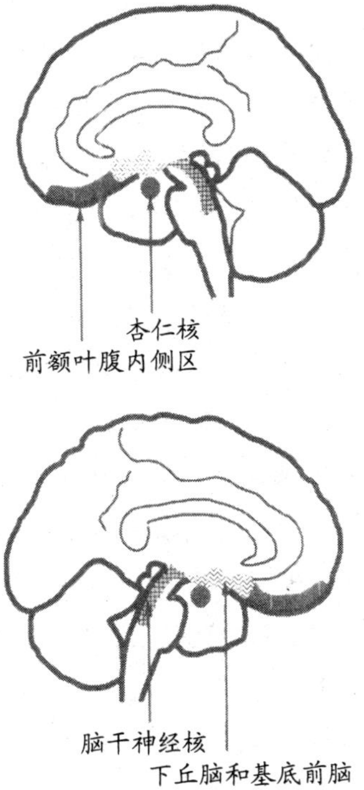

图 2.1　主要的情绪诱导部位。这四个部位中只有一个在脑的表面是可以看见的（前额叶腹内侧区域）。其他三个区域位于皮层下区域（确切位置请参见附录中的图 A.3）。它们都位于脑的中线附近。

以下的描述很细致地说明了与情绪的产生和再认有关的脑系统。这只是几个例子中的一个，人们经常举这些例子来支持以下这个观点：并没有一个专门的脑中心来加工情绪，而是相反，对情绪进行加工的是一些与不同的情绪模式相关的分散的脑系统。

没有恐惧

大约在十年前，一位年轻的妇女，我将她称之为S，由于她的脑的CT扫描的结果而引起了我的注意。出乎意料的是，她的扫描图显示，两边的杏仁核，一个位于左颞叶，另一个位于右颞叶，几乎完全都钙化了。这个结果是令人震惊的。在一张CT扫描图中正常的脑是以大量的灰象素而呈现出来的，灰色的阴影详细说明了这些结构的轮廓。但如果有一种像钙这样的矿物质沉积在大脑物质中，扫描图就会将它以一种亮奶白色显现出来，这样你就不可能会看不到它。

在这两个杏仁核周围，病人S的脑是完全正常的。但是大量的钙沉积物就这样位于杏仁核内，以至于很显然，杏仁核里的神经元几乎不能发挥任何正常的功能。每一个杏仁核就像是一个十字结构，有许多通路来自大量的皮层和皮层下区域并在杏仁核结束，还有一些通路从杏仁核发出同样到达许多部位。通过这些极其丰富交叉发出信号的通路来执行的正常的操作活动却根本不可能发生在S脑的任何一侧。这也不是最近才发生在她脑里的情况。脑组织内部矿物质的沉积需要花很长的时间才能发生，我们在她的脑中所能看到的这些彻底和
63 有选择性的活动很可能已经经历了多年才得以完成，可能在她人生的头几年就已经开始了。对于那些对这个问题背后的原因感到好奇的人来说，我会说，S患有乌—维氏综合症（Urbach-Wiethe disease，即类脂蛋白沉积症），一种极为罕见的常染色体隐性症状，它以皮肤和咽喉中钙的不正常沉淀为特征。当脑受到钙沉淀物的影响时，那么最经常受到影响的目标就是杏仁核。这些病人经常会有抽搐发作的症状，幸运的是不会太严重，而一次小的抽搐正是S首次引起我们关注的原因。我们可以帮助她，此后她再也没有发作过。

我对S的第一印象是，她是一位高窕、苗条，非常招人喜欢的年轻女性。我对于她的学习、记忆能力和社交行为方面的情况尤其好奇，我的好奇心源于

两方面。当时有关杏仁核对新事实的学习的作用是相当有争议的。一些研究者认为，杏仁核在新事实记忆的获得功能中是海马的一个主要助手，而另一些研 64
究者则认为，它对此并没起什么作用。对于她的行为感到好奇是基于这个事实：从对非人类的灵长类动物的研究中可知，杏仁核在社会行为中发挥某种作用。[17]

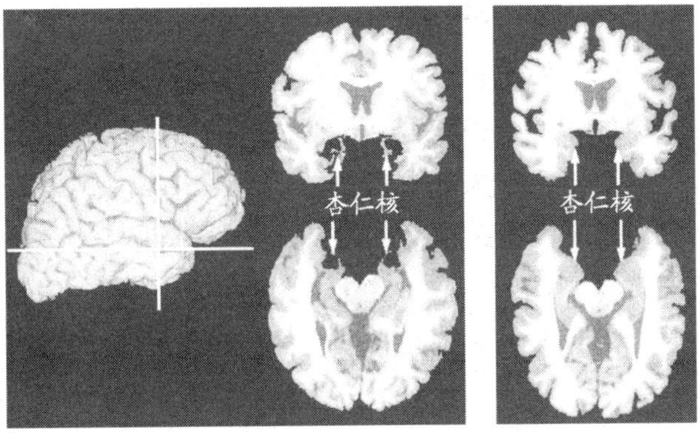

图 2.2　患者 S 的两侧都受到损伤的杏仁核（左图）和正常人的杏仁核（右图）。这些区域是沿着通过脑的外表面所画的白线而显示出来的两个垂直面来获得的。箭头所指的黑色区域是被损坏的杏仁核。右边的两个图中显示了与之对照的正常的脑的杏仁核中的相同部位。

简而言之，我可以告诉你们，S 学习新事实的能力一点问题都没有。当我仅仅是第二次遇到她，她就毫无困难地认出了我，向我微笑并叫出我的名字、与我打招呼，这点就很明显了。她通过一次性学习而知道我是谁，我的脸长得什么样以及我的名字，这都是没有缺陷的。很多心理测试都会证实这种第一印象，而这也正是这件事情保持到现在的原因。数年后，我们可以表明，她的学习的某一方面是有缺陷的，但是这与学习新事实无关：它与对不愉快的刺激物的条件反射有关。[18]

另一方面，她的社交史是很异常的。用最简单可行的术语来表达的话，我会说，S 是以一种显著积极的态度接近人们和情境。事实上别人可能会说，她的接近有些过分而且很不恰当。S 不仅高兴和快乐，而且她似乎也渴望着与大多数愿意和她进行谈话的任何人交往。一些临床和研究团队的成员感到，她身上缺乏人们所期望的那种保留和沉默。例如，在介绍了一个人之后不久，S 不会羞于拥抱和触摸。别搞错，她的行为并不会给任何人带来不安，但人们总是认为，这和处于她这种状况中的病人的标准行为是大不相同的。

我们很快就认识到，这种相同的态度渗透在她的生活的各个方面。她容易交上朋友，毫不费力地形成浪漫的依恋关系，经常被她信任的人所利用。另一方面，她曾经是而且现在也是一位尽责的母亲，她努力遵从社会规范，而且她的努力也得到了人们的赏识。人类的天性确实是很难描述的，即使在最好的环
65 境中和在最佳的健康状况下也充满了矛盾。当我们进入疾病的领域后，要想公正地对待它几乎是不可能的。

对S进行的最初几年的研究得出了两个重要的结论。一方面，S在学习事实方面没有任何困难。事实上，可以说，她的感官知觉、她的运动、她的语言和基本智力与那些在基本能力方面完全健康的一般人是没有什么不同的。另一方面，她的社会行为证明了她占优势的情绪状况一直有偏差。这就仿佛诸如恐惧和愤怒之类的消极情绪从她的情感词汇中去除掉了，从而使得积极情绪在她的生活中处于主导地位，即便这种情绪的强度不是更大，那至少也是以更多的频率发生。我对此特别感兴趣，因为我已经注意到，颞叶前部两侧受损的病人都有着相同的模式，他们是这些重大损伤的一部分，也会对杏仁核造成损伤。我们可以合理地假设，他们情感上的不平衡可以追溯到杏仁核受到的损伤。

当拉尔夫·阿道夫斯（Ralph Adolphs）加入到我的实验室之后，所有这些推测都成为确定的事实了。对一些病人进行的研究中使用了多种灵活的技巧，这些病人有些是杏仁核受到损伤，有些是其他结构受到损伤。阿道夫斯确信，情感的不平衡大多数是由一种情绪的损伤所导致的，即恐惧。[19]

阿道夫运用一种多维缩放比例技术显示，S一直不能判断出他人脸上恐惧的表情，尤其是当这种表情不明确时或其他情绪同时表达出来时。她再认其他情绪的面部表情并没有这样的问题，例如，惊讶的情绪，这种情绪在许多方面都与一般的构造相似。令人好奇的是，虽然S具有明显的绘画天赋和优秀的绘图技能，尽管她能画出表现其他情绪的脸，但却画不出一张表示恐惧的脸。当要求她模仿情绪的面部表情时，对于基本情绪她很容易做到，但是对于恐惧她
66 却做不到。她的努力在她的面部表情上几乎没产生什么变化，之后她承认完全失败。她又一次毫无困难地产生了一种表示惊奇的面部表情。最后，在一种通常会诱导出恐惧的情境下，在你我都会体验到这种恐惧的情境下，S却不能以同样的方式体验到恐惧。在一种纯理智水平上她明白恐惧应当是什么样的，什么会引发它，甚至人在恐惧的状态下可能会做什么，但可以说，这种理智认识对她在真实的世界中一点都不起作用。她天性中的不畏惧，是其杏仁核两侧受损的结果，这妨碍了她在她年轻的生命中学会令人不愉快的情境的重要意义，

而我们却都经历过这些情境。结果，她没有学会警告的信号，而这些信号宣告可能存在着危险和不愉快的事，尤其是当它们在另一个人的脸上或在某种环境下表现出来时。这在最近一项要求以人脸为基础判断出可信赖度和可接近度的研究中得到了再明显不过的证明。[20]

这个实验要求对100个人的面孔进行判断，这些面孔以前已经由正常人进行了评定，确定了表示可信赖度和可接近度的多种程度。有50张面孔被一致判断为相当让人信赖，而其他50张面孔则不是。这些面孔的选择是通过向一个正常的人问一个简单的问题所做出的：相对于这张面孔的拥有者所引起的可信赖度和可接近度，你会怎样在一个五点量表上评价这张面孔？或者换句话说，如果你需要帮助时，你会多想接近拥有这张特别面孔的人呢？

以46个正常人的评价为基础，对这100张面孔的信任等级进行恰当分配后，我们立即就对脑损伤病人进行测试。S是这项研究中杏仁核两侧都受伤的3位病人之一，但我们也对以下这些病人的成绩进行了研究：杏仁核的左侧或右侧受伤的7位病人，3位海马体受伤不能学习新事实的病人，以及10位其他脑部位受伤的病人，如位于杏仁核外或海马外的损伤。结果远比我们所预期的要显著得多。

S和那些脑两侧的杏仁核受损的病人一样，把你我都会认为值得信赖的、 67
并会正确对它们进行分类的那些面孔，看作是在需要的情况下人们可能会接近的面孔。但是，当他们看到你我都会觉得可疑，并尽量想躲避的面孔时，会把这些面孔判断为同样值得信赖的。而只有一个杏仁核受伤的病人、失忆病人以及其他脑受损的病人则表现得和正常人一样。

不能根据以前的经验对是否有利于其健康幸福的情境作出正确的社会判断，这会产生一些重要后果。沉浸于一个盲目安全乐观的人类世界中，这些人不能保护自己免受简单和不那么简单的社会风险，因此比我们更容易受伤，更不如我们独立。他们的生活史证实了这是一种长期形成的损伤，同时也说明，情绪不仅对支配简单的生物极其重要，就是对人类的支配也是极其重要的。

情绪是怎样发挥作用的

处在某种典型的情绪中，然后，脑的某个区域，也是与情绪相关的一个大的预先设定的神经系统一部分，会向脑的其他区域和身体本身的大部分部位发出命令。这些命令是以两条路径发出的。一条路径是血液流动，在这里命令是以化学分子的形式发出的，这些化学分子作用于构成身体组织的细胞中的受体。另一条路径由神经通路组成，沿着这条通路发出的命令采用电化学信号的形式，这些电化学信号作用于其他神经元或肌肉纤维，或者作用于器官（如肾上腺），反过来它们又可以释放出它们自己的化学物质进入到血流中去。

这些协调一致的化学和神经命令的结果就是导致有机体的状态发生了整体的变化。接收命令的器官会因为这些命令的结果而发生变化，而且，无论是血
68 管中的平滑肌还是面部的横纹肌都会跟着指令而运动。但是，脑木身也同样发生显著变化。从脑干和基底前脑的神经核团释放出来的诸如单胺和多肽类的物质，会改变许多其他脑回路的加工模式，激发出某些特殊行为（如结合，玩耍，哭泣），会修改身体状态发给脑的信号。换句话说，脑和身体本身在很大程度上都深受这些命令的影响，尽管这些命令的来源是限制在一个对心理过程的某种内容作出反应的相对较小的脑区中。现在请考虑一下这件事：在情绪之外，我刚才把它特别描述为一系列反应，在情绪为人所**认识**之前，一定要发生两个另外的进程。第一个是感受，我们刚刚讨论过的形成变化的表象。第二个是把核心意识应用到这一系列完整的现象中。认识到某种情绪——感受到某种感受——只有在这一点上才能发生。

这些事件可以通过略述这个过程的三个主要步骤，总结如下：

1. 由情绪的诱导物而引发的有机体的参与，例如，对某一对象进行视觉加工，会导致对该对象的视觉表征。想象一下你偶然遇到马吉阿姨，你一直很爱她，而且很长时间没有见到她了。很可能你会很快地认出马吉阿姨，但是，即使你没有认出来，或者在你认出她来之前，情绪的基本加工过程也将会一直持续到下一步。
2. 在对客体的表象进行加工之后，随后的信号会激活所有的神经部位，使这些部位做好准备，对客体所属的某种具体的诱导物作出反应。我所谈到的这些部位——例如，在前额叶腹内侧皮质、杏仁核和脑干——都已经天生就预定好了，但是过去和马吉一起的经历已经对他
69 们可能作出反应的方式进行了调整，如，他们将很容易地作出反应。顺便说一句，马吉阿姨并不是以一张签证照片的形式在你的脑中各处

穿行的。她是作为一种视觉表象而存在的，是从一些神经模式中产生出来的，这些神经模式是由大部分位于枕叶中的早期视觉皮层的几个区域的相互作用产生的。在她的表象出现之后发出的信号在别处穿行，当脑的一部分对有关马吉的事情感兴趣，从而对这样的信号作出反应时，它们就开始发挥它们的作用。

3. 作为步骤2的一个结果，正如以前所讨论过的，情绪诱导部位向其他的脑部位（如，单胺类为递质的神经核团、躯体感觉皮质、扣带回皮质）以及向身体（例如，内脏、内分泌腺）发出许多信号。在某些情况下，反应的平衡可能会促成脑内回路，并最低限度地参与到身体活动中去。这就是被我称为“替代身体回路”（as if body loop）的反应。

把步骤1、2和3联结起来的结果是，对引起整体混乱的环境产生一系列即时和适当的反应：例如，看到马吉阿姨；或者宣布一位朋友的死亡；或者你无法有意识地讲述任何事情；或者，如果你是在高高的鸟巢里的一只幼鸟，产生了有一个很大的物体在头顶上飞过的表象。以后者为例。这只幼鸟不知道这是只食肉的老鹰，对这种情境的危险也没有有意识地感觉到。用这个术语的恰当意义来讲，没有任何思维过程告诉幼鸟下一步怎么做，这个过程就是幼鸟尽可能安静地并尽可能低地蜷伏在鸟巢里，这样的话老鹰可能看不到它。然而，我刚才所描述的这个过程的步骤是预定好的：在幼鸟脑中的视觉部分形成视觉表象，脑的某些部位对人脑形成的**这种**视觉表象发生反应，而且所有这些恰当的反应，不论是化学反应还是神经反应，也不论是自主反应还是动作反应，都全力地参与进来。进化过程所进行的平静而缓慢的调整已经为幼鸟作了完全的考虑，它的基因系统已经把它忠实地遗传下来。借助于从母鸟和更早期环境中得到的一点帮助，每当情境需要的时候，恐惧的迷你音乐就会作好演奏的准备。你可以在狗或猫身上看到这种恐惧反应，它是以完全同样的方式进行的，当你晚上在黑暗的街上行走时，你也可以在自己身上检测到这种恐惧反应。幸
亏有了意识，我们，或至少狗和猫，也能逐渐了解到由这些情绪所引起的感 70
受，这又是另外一回事了。

实际上，你能在简单的有机体中，甚至在单细胞有机体中发现情绪的基本机制，你也会发现，自己会将诸如愉快、恐惧或愤怒这样的情绪归因于一些非常简单的动物，这些动物十之八九没有你我都具有的对这些情绪的感受，这些

动物或者太简单，以致没有脑，或者虽然有脑，但太原始了，以致并没有心灵。你得出那些归因，纯粹是以有机体的运动，每个动作的速度，每个单位时间动作的数量和运动方式等为基础的。你可以用一个简单的芯片在电脑屏幕上移动而做到同样的事。某些快慢不一的运动会表现“愤怒”，和谐但又爆发性的跳跃看上去是“很高兴的”，退缩的动作看上去“很害怕”。有一个录像描述了一些几何形的物种以不同的速率移动并拥有不同的关系，这个录像在正常成年人甚至儿童中引发了对情绪状态的归因。你为什么能够如此有效地模拟芯片或一种动物呢？原因很简单：情绪，正如这个单词所表明的，是和运动有关，和在外部表现出来的行为有关，和某些特别安排的在一个特定的环境中、对一个特定的原因作出的反应有关。[21]

在这个芯片和你的宠物之间的某个地方有一个活的生物，它对神经生物学的发展作出了最重大的贡献，这就是为大家所熟知的一种海洋软体动物——加利福尼亚海兔。埃里克·坎德尔（Eric Kandel）和他的同事利用这种非常简单的软体动物（它可能没有那么复杂的心理活动，但肯定有一个用科学方法可以判别出的神经系统和许多有趣的行为），在记忆实验中作了大量的损伤性实验。当然，海兔可能并没有你我都有的那些感受，但它有某些与情绪相似的东西。触摸一下海兔的腮，你就会看到腮迅速而完全地缩回，同时它的心率会加快，它会把墨汁释放到环境中来迷惑敌人，这有点像詹姆斯·邦德（James Bond）被诺博士猛烈追赶时的反应。海兔以一种迷你音乐会的反应形式来表
71 达情绪，这种反应只是在形式上简单点，但与你我在可以比较的环境下所表现出来的反应并没有什么不同。海兔可以在神经系统中表现出它的情绪状态，在这个程度上说，它也能产生感受。我们不知道海兔是否有感受，但是，如果海兔的确有感受的话，它就会认识到这些感受，能想象到这点实在是非常困难的。[22]

明确情绪的定义：一段插述

什么才足以成为情绪呢？是疼痛吗？是惊跳反射吗？都不是，但如果都不是，那究竟为什么不是呢？这些相关现象的紧密联系需要作出明确的区分，但是，这些区分却往往被忽略。惊跳反射是复杂有机体进行调节反应的全部技能中的一部分，是由简单的行为组成的（例如，肢体的退缩）。它们可能包含在

数目众多、构成某种情绪的一致反应之中——内分泌反应、多种本能反应、肌肉骨骼反应，等等。但是，即使是海兔的简单的情绪行为也比简单的惊跳反射更复杂。

疼痛也不是情绪。疼痛是活的组织中一种局部机能障碍状态的结果，是某种刺激的结果——即将发生的或实际上已经发生的组织损伤——这种损伤引起疼痛的感觉而且引起诸如反射这样的调节反应，也许会自动地引起情绪。换言之，情绪可能由引起疼痛的相同的刺激所引发，但是同一刺激却导致了不同结果。后来，我们才开始明白，假定有意识的话，我们先有疼痛，然后有与之相联系的情绪紧随着产生。

某一天，当你端起一个很热的碟子，它烫伤了你的手指，你觉得疼痛，而且甚至可能会因此而感到很痛苦。以下，我就用最简单的神经生物学术语来描述发生在你身上的事：

首先，这种灼热激活了大量细微的、没有髓鞘化的神经纤维，这些纤维被
称为 C-纤维，是在灼伤点附近可见的。（这些纤维自由地分布在身体各处，在 72
进化的意义上说，它们是十分古老的、专门用于传输体内状态的信号，包括最终引起疼痛的信号。之所以把它们称为**非髓鞘化的**，是因为它们没有那层被称为髓鞘的绝缘体。有轻微髓鞘化的纤维被称为 A-δ 纤维，这种纤维沿着 C-纤维的传输路线走，并起着相似的作用。之所以把它们一起称为**伤害感受**（nociceptive），是因为它们对那些有可能或实际上已经对活的组织造成伤害的刺激物作出反应。

第二，这种灼热毁灭了数千个皮肤细胞，而且这种毁灭在这个区域释放出大量的化学物质。

第三，那些释放出来的化学物质（例如，被称为 P 物质的肽和诸如钾之类的离子）发出召唤，与修复组织损伤有关的几种类型的白血球便向这个区域集中。

第四，有几种化学物质自行激活了神经纤维，也加入进来，把它们的信号声音加在这个灼热本身的信号上。

一旦这种激活在神经纤维中开始出现，它就会沿着适当的通路传向脊髓，并且穿越几种神经元（一个神经元就是一个神经细胞）和几种突触（一个突触就是两个神经元进行联结和传递信号的那个点），产生一连串的信号。这些信号一直进入到神经系统的最高层次：脑干、丘脑，甚至进入大脑皮层。

发出这些连续的信号之后会有什么事情发生呢？分布于神经系统几个层次的全部神经元被暂时激活，而且这种激活产生了一种神经模式，一种与你的手指受伤有关的信号的映射。中枢神经系统现在由组织损伤的几种不同的神经模式所控制，这些神经模式是根据你的神经系统的生物特性和与之相联系的身体本身的生物特性而选择出来的。产生某种疼痛的感觉所必需的这些条件以前曾经得到过满足。

在这一点上我想要提出的这种问题在于：受到损伤的组织的某一种神经模
73 式或全部神经模式是否和**认识**到你产生了这种疼痛是同一码事？答案并非如此。认识到你有痛觉，还需要有其他某件事情发生，这件事情发生在与疼痛感受信号相应的神经模式在脑干、丘脑和大脑皮层的恰当区域出现并且产生疼痛的表象，即某种疼痛的感受**之后**。但是，请注意，我所提到的这个“之后”的过程并没有脱离脑，它就发生在人脑之中。据我所知，正如前面出现的那种过程一样，它也是一种生物物理学过程。尤其是，在上面的例子里，这是一个把组织损伤的神经模式与代表**你**的神经模式相互关联起来的过程，这是另一个神经模式也能产生的过程——即你能够产生认识活动的神经模式，它的另一个名称叫做意识。如果后面这种相互关联的过程不发生，你将决不会认识到，在你的有机体中发生了组织损伤——如果没有你，以及如果没有认识活动，你就没有办法进行认识，对吗？

令人好奇的是，如果没有你，如果你没有意识，如果没有自我，没有和烫的盘子及灼伤手指有关的认识活动，你的那个**没有**自我（self-*less*）的复杂的脑装置仍然会使用由于组织损伤所产生的那些伤害感受的神经模式，以此来产生许多有用的反应。例如，有机体就能够在组织损伤开始的几百毫秒之内将手臂和手撤离热源，这是一种以中枢神经系统为媒介的反射过程。但是，请注意，在前一句话中我使用的是“有机体”而不是“你”。如果没有认识活动和自我，那么，缩回手臂的就根本不是“你”了。在这些情况下，这种反射就是有机体而不一定是“你”产生的。另外，许多情绪反应是自动产生的，使面部表情和身体姿态发生变化，以及使心率和对血液循环的控制发生变化——我们不是因为痛而学会退缩，我们只是进行退缩而已。虽然几乎所有这些反应，简单的或不那么简单的，在所有有意识的人身上，在可以比较的情境中，都一定
74 会产生，但是，所有这些反应的发生却并不需要意识的参与。例如，即使是在意识暂时缺失的昏迷病人身上，这些反应也是存在的——这是我们神经病学家

评估一个无意识病人的神经系统状态的方法之一，即呈现一个令人不愉快的刺激，诸如摩擦胸骨上的皮肤，以确定病人是否会作出面部和肢体运动的反应。

组织损伤会引起一些神经模式，以这些神经模式为基础，你的有机体便处于一种疼痛状态。如果你有意识，那么，这些相同的模式也能使你认识到你很痛。但是，不论你是否有意识，组织损伤和随之而来的感觉模式也会引起上述各种自动反应，从简单的肢体的退缩到复杂的消极情绪。简而言之，疼痛和情绪并不是一回事。

可能你很想知道，上述的差别是如何形成的，我可以给你提供很多证据来支持这种论点。我将以下面这个事实开始，这个事实来源于我在早期接受训练时对一个病人的直接经验，在这个病人身上，**疼痛本身**和**由疼痛引起的情绪**之间的分离非常生动地表现出来。[23]这个病人患有一种严重的顽固性三叉神经痛，也称为疼痛性痉挛。这种症状牵涉到为面部感觉提供信号的神经，在这个神经内，即使是无关刺激，诸如轻触面部皮肤或一阵微风，都会引起剧烈的疼痛。没有药物能帮得了这名年轻人，每当疼痛侵袭他的肉体时，他除了蹲下、不动之外，什么也不能做。最后一个办法，神经外科医生阿尔梅达·利马(Almeida Lima)，也是我最初的导师之一，对他进行了手术，因为在前额叶的某一部位制造一个小的创伤就能够缓解疼痛，而且也是在这种情况下所能使用的最后一招。

我永远忘不了手术前见到这个病人的样子，他害怕任何运动会引起新一轮的疼痛。此后在他手术后两天再见到他，当我们在一群人当中访问他时，他已
经完全变了个人，放松而快乐地在病房里和同室病友玩着纸牌。当利马询问他 75
疼痛的情况时，他抬起头愉快地说“还是那么痛”，但是，他现在感觉很好。我对利马更进一步探查这个人的心灵状态感到很惊讶。此次手术并没有对那些由三叉神经系统引起的与局部组织的功能障碍相应的感觉模式起任何作用。这种组织功能障碍的心理表象并没有改变，那就是为什么病人仍然报告说疼痛依旧。但手术却是成功的。它确实消除了组织功能障碍的感觉模式所引起的情绪反应，痛苦消失了。此人的面部表情、声音和行为举止不再和疼痛联系在一起。

这种“疼痛感”与“疼痛效应”的分离已经被对多种类型的病人的研究所证实，这些病人都经历了处理疼痛的外科手术。就在最近，皮埃尔·雷恩维尔(Pierre Rainville)，目前他是我的实验室的研究者，通过使用催眠术的巧妙处

理表明，疼痛感和疼痛效应显然是可以分离的。催眠可以在不改变疼痛感的情况下影响疼痛效应，这些催眠暗示可以调节扣带回皮层区的皮质活动（扣带回皮层是一大块相同的区域，神经外科手术能够破坏它，从而缓解剧烈的、不易治愈的疼痛）。雷恩维尔还表明，当催眠针对的是疼痛感而不是与疼痛相联系的情绪时，不仅仅在不愉快和强烈的程度上都会发生变化，而且在 S_{I}（初级躯体感觉皮质）和扣带回皮层上也有所变化。[24]简而言之，如果催眠暗示针对的是在疼痛之后的情绪而不是疼痛感，这些催眠降低的是情绪，而不是疼痛感，而且也只是使扣带回皮层发生功能上的改变；如果催眠针对的是疼痛感，则既可以降低疼痛感，也可以减少情绪，并引起 S_{I} 和扣带回皮层中功能的改变。如果你服用过 β-阻滞剂来治疗心律问题，或者如果你使用过诸如安定之类
76 的镇静剂，也许就会对我所描述的内容有直接的体验。这些药物降低了你的情绪反应，如果那时你觉得疼痛，它们就会舒缓由于疼痛而引起的情绪。

我们可以通过考察不同的干预是怎样干扰其中之一，而不是另一种，来确定疼痛和情绪的不同的生物学状况。例如，引起疼痛的刺激可以通过止痛法来缓解或阻断。当导致组织功能失调的表征的信号传输被阻断时，疼痛或情绪都不会产生。但是，阻断情绪而不是疼痛是有可能的。由组织损伤所引起的这种情绪能够通过适当的药物来减轻，如安定或阻滞剂，甚至可以通过外科手术。对组织损伤的知觉仍然存在，但是情绪的迟钝反应则消除了可能伴随它而产生的痛苦。

那么，愉快又是怎样的呢？愉快是一种情绪吗？再说一遍，我宁可说它不是，尽管和疼痛一样，愉快也与情绪密切相关。就像疼痛一样，愉快也是某些情绪的构成特性，也是引发某些情绪的导火索。当疼痛与消极情绪联系在一起时，例如苦恼（anguish）、恐惧、悲伤和厌恶，这种联系就构成了通常所谓的痛苦（suffering），愉快则与多种不同形式的幸福、骄傲以及积极的背景情绪联系在一起。

疼痛和愉快虽然是生物学设计的一部分，这种设计显然是为了适应的目的而形成的，但是，它们在不同的环境中却发挥着不同的作用。疼痛是对局部活的组织功能失调的一种感觉表征的知觉。在大多数情况下，当活的组织发生了实际的损伤或即将发生损伤时，就会产生信号，通过化学的或通过 C 型和 A-δ 纤维进行传输，在中枢神经系统的多种层次中形成适当的表征。换言之，对有机体进行这样的设计，就是为了以某种特殊的信号发送对其组织实际的整体性

丧失或有可能发生的整体性丧失作出反应。发出的信号引起一系列直接来自于白血球局部反应的化学和神经反应，这些化学和神经反应是对包括整个肢体反射的反应，也是对协调一致的情绪反应作出的反应。

愉快是在一种不同的情境中产生的。通过一个快乐与吃喝有关的简单例子，我们就会发现，愉快通常是由于觉察到某种失衡引起的，比如，低血糖或高渗透度。失衡往往导致饥饿或口渴状态（即所谓动机状态和内驱力状态），这种状态又会导致某些包括寻找食物或水的行为（这也是动机状态和内驱力状态的一部分），这将最终导致吃或喝的行为。对这几个步骤的控制涉及很多功能循环，在不同的层次，并且要求内部产生的化学物质和神经活动的协调。[25] 愉快的状态可能就是在这个寻找过程中开始的，在预期到这种寻找的实际目标时开始的，当目标达到时，这种愉快的状态便增加了。 77

但是，在杯子和嘴唇之间仍有许多滑动的空间。寻找食物或饮料的过程可能很长或不成功，这种寻找就根本不会伴随有愉快和积极的情绪。或者，如果在成功寻找的过程中，有什么事物阻碍一个动物实际地达到它的目标，那么，对完成任务的这种阻碍可能真的会引起愤怒。同样，正如我在评论希腊悲剧时所提到的，疼痛状态的缓和或中止可能会引起愉快和积极的情绪。

这里所要保留的要点是，疼痛与愉快和与之相应的情绪之间可能存在着相互关联，而且，它们并不是互为镜像的。它们是不同的和不对称的生理状态，这种状态构成了不同的知觉特性的基础，而这些知觉特性有助于解决完全不同的问题。（疼痛和愉快的二元性不应使我们忽视这个事实，即存在着两种以上的情绪，其中有些情绪与疼痛结合，另一些则与愉快结合，大多数是前者。随着行为在进化中变得愈加复杂，这种深层分布的明显的对称性便消失了。）在疼痛的情况下，问题就是应对由于损伤所导致的活的组织的完整性的缺失，无论这种损伤是由自然的疾病在内部引起的，还是由于掠夺者的攻击或某一事故在外部所诱发的。在愉快的情况下，问题在于使有机体产生这些态度和行为，使之有益于保持体内平衡。奇怪的是，我认为是生物与文化进化过程的主要决定因素之一的疼痛，可能开始于大自然的一种事后之思，一种应对已经产生的问题的尝试。我曾经把疼痛看成是屋子遭窃后换上一把好锁，但是皮埃尔·雷恩维尔则给我作了一个更好的隐喻：当你修复破损的窗子时，在屋子前安排一名保镖。疼痛毕竟不会导致人们避免其他的伤害，至少不是马上避免，而是相反，可以保护受到损伤的组织，帮助修复组织，以及避免伤口感染。换言之， 78

愉快和事先的考虑有关，它和这个预期有关，即我们怎样做才**不会**出现问题。在这个最基本的水平上，大自然找到了一个绝佳的解决方法：它把我们导向良好的行为。

因此，疼痛和愉快是生命调节的两个不同谱系的一部分。疼痛是和惩罚联系在一起的，而且与诸如退缩或冻结这类行为有关联。另一方面，愉快则是和奖赏联系在一起的，并且与诸如寻求和趋近的行为相联系。

惩罚使有机体把自己封闭起来，把自己冻结起来，以及从它们周围的环境中撤离出来。奖赏使有机体敞开自己并面对环境，接近它、寻求它，而且通过这样做，也增加了它们生存的机会和受伤害的可能性。

在像海葵这种简单的和很可能没有意识的生物中，这种基本的二元性是很明显的。它的机体只有一个简单的神经系统而没有脑，简直就是一个有两个开口的内脏，是靠两套肌肉而赋予生命的，一套是圆的，另一套则是纵长的。海葵周围的环境决定了它的整个有机体的所作所为：它向外部世界张开，就像一朵盛开的花似的——水与营养物质由此可以进入它的身体并给它提供能量——或者将自己收缩成一个扁平的包裹，个头很小、很收缩，几乎无法察觉地靠向
79 其他物体。快乐与悲伤、趋近与回避、脆弱与安全，它们的本质，就像一个玩耍的孩子反复无常的情绪变化一样，明显地存在于这种无脑个体行为的简单的二分法之中。

表征情绪和感受的基质

关于我刚才所描述的构成情绪的那一系列反应，并没有什么是模糊的、难以捉摸的、不确定的。表征情绪的基质是主要位于脑干、下丘脑、基底前脑和杏仁核的皮层下神经核团的一大片脑区的神经分布的集合。为了与它们的痕迹状态保持一致，这些表征是内隐的、蛰伏的，不能被意识到的。相反，它们是作为在这些神经元内部产生的潜在的活动模式而存在的。一旦这些痕迹被激活，就会产生一系列后果。一方面，在脑内，这种激活模式把一种特别的情绪作为神经“对象”来表征。另一方面，这种激活模式会产生一些外显的反应，这些外显反应使身体本身的状态和其他脑区的状态发生改变。通过这样做，这些反应就创造了一种情绪状态，并且在这一点上，一个外部的观察者就能够分辨出正在观察的这个有机体所产生的情绪。至于产生情绪的有机体的内部状

态，假定由此而导致的一系列神经模式变成了心灵中的表象，那么，这种状态既可以适用于作为神经客体（即处在诱发区的激活模式）的情绪，也可以适用于对激活后果的感觉，即某种感受。

构成某种感受的基质的神经模式是在两类生物变化中产生的：一类变化与身体状态有关，另一类变化与认知状态有关。与身体状态相联系的变化是通过两种机制中的一种而得到实现的。其中一种涉及到我称之为“身体回路”的东西。它使用的是体液信号（通过血液流动所传送的化学信息）和神经信号（通过神经通路所传送的电化学信息）。这两种信号的结果是，身体的外形发生了变化，后来在从脑干以上的中枢神经系统的躯体感觉结构所表征。表征身体外形的变化可以部分地通过另一种机制来实现，我称之为“替代身体回路”。在这个替代的机制里，对与身体有关的变化所进行的表征是直接在有感觉的身体映射中、在其他神经区域，例如，在前额叶皮层的控制之下形成的。“仿佛”身体真的发生了改变，但实际上并没有改变。 80

与认知状态有关的变化也很有趣。当情绪过程导致基底前脑、下丘脑和脑干的神经核的某些化学物质分泌，并随后传送到几个其他脑区时，就会发生这些变化。当这些细胞核在大脑皮层、丘脑和基底神经节释放出特定的神经调节物质（例如，单胺）时，就会引起脑功能的显著改变。对这些改变的全过程我们尚未完全理解，但这里有一些我认为很重要的观念：(1) 某些行为的诱发，例如旨在产生联结、培育、探索的行为；(2) 在身体状态的持续加工过程中所发生的变化，使身体的信号获得过滤或允许通过，获得有选择的禁止或提升，它们的快乐或不快乐的性质也发生了改变。(3) 认知加工的方式发生了改变，从而使诸如听觉或视觉表象的产生速率能得到改变（由慢到快或者由快到慢），或者使表象的焦点能够发生改变（从精确聚焦到模糊聚焦）；在产生速率或聚焦程度方面的变化是构成整个情绪的一部分，与悲伤或兴高采烈的情绪并无关联。

假如所有适当的结构都在适当的位置，那么，上述过程就会使有机体产生某种情绪，将它表现出来，产生该情绪的表象，即感受到这种情绪。但是，以上论述中并没有表明，有机体怎样才能认识到它正在感受到其所经历的这种情绪。要使一个有机体认识到它有某种感受，就必须将意识过程加入到情绪和感受过程的结果中。在后面的各个章节中，我将阐明对下述问题的看法：什么是意识，它如何工作才能使我们“感受到”某种感受。 81

82 # 3

核心意识

研究意识

令我们科学家非常惋惜的是下面这个事实：意识完全是一件属于个人的、隐私的事，它不能为第三者的观察所检验，而这种第三者的观察在物理学和其他生命科学的分支中是很常见的。然而，我们必须正视这个事实，情况就是如此，我们要把这种障碍转化为有利条件。首先，我们不能因为害怕从内部进行观察的这种优势存在缺陷，就落入仅仅从外部的有利位置来研究意识的窠臼。人类意识的研究需要内外并举。

尽管人们指责对意识的研究是间接的，但这种局限性并不仅限于对意识的研究。它也适用于所有其他认知现象。一些行为举动——用脚踢、用拳头猛击和使用言语——都是个人心理过程的一些很好的表现形式，但它们并不是同一码事。同样，脑电图与功能性磁共振成像（fMRI）扫描能够捕捉住心灵的相
83 关物，但这些相关物却并非心灵本身。然而，难以回避的间接性并不等于对心理结构或潜在的神经机制的一无所知。通过心理表象只能了解有机体自身的情

况，但这个事实并不能排除它们的特征，不能否认它们对有机物质的依赖，也不能妨碍我们对该物质特性的逐渐了解。这一情况可能会引起纯粹主义者对下述观点的担忧，这种观点认为，别人看不见的东西是不能在科学上令人相信的，但是，这不应该使任何人感到担忧。这种事态不会阻止我们科学地对待主观现象。不论一个人是否愿意，在我们心灵中的**所有**内容都是主观的，科学的力量来自于它能够客观地证实许多个体主观性的一致性。

意识产生于一个有机体的内部而不是外部，但却和许多外部表现有关。和口头言语是对某种思想的转换不同，这些表现并不直接地描述内部过程，但它们就在那里，是能够观察得到的，就像意识呈现的相关物和指示信号一样。基于我们所认识到的关于个人的心灵和我们所认识到和能够观察到的人类行为方面的认识，我们就能够确定以下三种方式的联系：(1) 某些外部表现，例如，醒觉、背景情绪、注意、某些具体的行为；(2) 具有这些行为的这个人所报告的、这个人相应的内部表现；(3) 当我们处于与那些被观察的个体相当的环境中时，我们作为观察者就能够在我们自己身上证实的内部表现。这三种方式的联系使我们能够根据某人的外部行为来对人的私密状态作出合理的推理。[1]

由意识的私密性所引起的方法问题的解决有赖于人的天生的能力，如果某人有和自己相当的经历，就能够通过对行为的观察、对心理状态的报告以及对其对应物的遏制，而迅速地对他人的心灵状态作出理论上的说明。作为一名研
究心灵和行为的学者，我把一种特殊的嗜好——即对他人心灵的好奇——转变 84
成为一种专业活动，这只不过意味着我对其很着迷并很关注。

奇怪的是，与专家们相比，大众似乎对这种意识的私密观点并没有什么问题，正如伍迪·艾伦（Woody Allen）的《解构哈里》（*Deconstructing Harry*）所表明的那样。也许你曾经看过这部影片，但如果没有看过，我就对其中所发生的事情作一个描绘。在电影的一个片中片场景中，描述的是对一个电影场景的拍摄，一个摄影师感觉到他所拍摄的演员形象有点模糊。自然地，他首先认为是自己的对焦出了问题，但是随后他却调焦失败，开始担心是对焦设备出了问题。但是设备是好的，由于没有任何改善，摄影师开始怀疑是镜头出了问题。是否是因为污点引起了模糊呢？然而，事实证明镜头也是完好的，很干净。在随之而引起的骚动中，大家突然认识到，这个问题与摄影机一点关系都没有，而是与这个演员有关［麦尔（Mel）由罗宾·威廉姆斯（Robin Williams）扮演］。是演员自己没有对准焦点！他在**内部**模糊了，每一个看他的人

所看到的都是一个模糊的影像；每一个人看别的任何东西（除了看麦尔之外）所看见的却是一个清晰的形象。这位片中片的演员被一场疾病所击倒，从而使他周围的所有的人，包括他全家和医生，都看见他没有对准焦点。

观众们之所以发笑，是因为这种观点显然很荒谬，它违背了意识的一个基本特性：其个人性、私密性和对事物的第一人称视角。模糊和没有对准焦点并不是物体的属性——除非在一种比喻的意义上。即使在你和某个物体之间插入一块屏幕并且改变了对这个物体的知觉，就是说，即使你的镜片脏了，模糊也不会出现在这个物体上。模糊和没有对准焦点完全是我们在知觉中的意识视角的一部分。在正常情况下，模糊和没有对准焦点发生在一个人的有机体**内部**，
85 应归因于在多种生理水平上（从眼睛到把信号传递到脑的通路，到脑本身）所引起的许多可能的原因。在我看得模糊的那个人附近的其他人却没有感觉到模糊和我没有对准焦点。由于没有人能将麦尔带入到焦点内，所以大家仍觉得模糊。模糊成了一个活的生物的外在属性，而不是观察者个人建构的特征。

在当代，研究这种私密的人类心灵的生物学基础的方法需要两个步骤。第一步，观察和测量一个实验被试的行动，或者收集并测量被试所提供的内心体验的报告，或者两者兼具。第二步，在分子的、神经细胞的、神经回路的或这些回路的系统水平上，将已测量过的、我们开始理解的某人的神经生物学现象的表现与所收集到的证据联系在一起。这种方法基于以下假设：心理过程，包括意识过程，都是在脑活动的基础上进行的；脑是整个有机体的一部分，而且它们之间有持续的相互作用；作为人类，我们尽管有一些显著的个人特质将我们和旁人区分开来，但是，在我们有机体的结构、组织和功能方面，我们都有着相似的生物学特征。

当我们把上文所强调的第一种解决方法应用于有神经病的人身上，这种人所形成的心灵和行为的损害是由于脑损害和选择性的脑机能障碍（例如，由于中风所产生的那种问题）所引起的，那么，这种方法的局限性就会显著扩大。这种被称为毁损法的方法，使我们也可以把我们长期以来用于研究视觉、语言或记忆的方法用于研究意识：研究行为障碍，把它与心理状态的损害（认知）联系起来，把它与脑病变病灶（有一定限度的脑损害的区域）联系起来，或者
86 与用脑电图或诱发电位（一种脑电波测试）所显示的脑电活动的异常记录联系起来，或者与某种功能成像扫描（如 PET 或 fMRI）中的非常态表现联系起来。神经病患者使我们有机会观察到在正常人身上不可能观察到的异常状态。

也使我们有机会探究失调的行为和心灵，以及根据可以在解剖学上确定的脑机能障碍的区域进行探究，以此我们可以研究心灵的很多方面，特别是那些我们平时不易见到的方面。由于有了确定的证据，我们就可以将这些假设付诸检验，根据结果对假设提供支持或进行改变，并将经过检验的假设应用于其他神经病患者或健康的人体。

我对于有神经病患者的研究，要比任何其他来源的证据更多地形成了我对意识的看法。但是，在我对意识受损的神经病患者的研究进行反思之前，对意识的外在表现作一点说明是必然的。

行为的音乐和意识的外部表现

意识的外部表现的一致性和可预测性是可以证明和测量的。例如，我们知道，处于正常意识状态的有机体是醒着的，注意着周围环境的刺激，以某种与环境相适应的方式，以及与我们想象出他们的目的是什么相适应的方式作出行为。恰当的行为包括我早先所描述过的背景情绪，也包括与特定场景中产生的具体事件或刺激有关的某些反应或某些情绪。一名老练的观察者在相对较短的时间里（如果环境有利的话也许仅须十分钟，尽管我必须补充一句，老手也会被愚弄）评估意识的这些相关。醒觉的存在或缺失可以通过对有机体的直接观察来确定——眼睛必须睁着，肌肉必须能够活动。从有机体适应刺激的能力中能够确定注意刺激的能力，当有机体对各种感觉刺激作出反应并在环境中与刺激相互作用时，我们能够观察到眼睛的移动、头部运动、四肢和全身的运动模式。从面部表情的性质以及对四肢运动和姿态的动态形象中，就能够确定背景情绪的存在。通过考虑情境的前后关系，无论这种情境是自然的还是实验的，以及通过确定有机体是否对刺激作出反应和有机体自发的行为是否适合于这种前后关系，就能对行为的目的性和恰当性进行评估。 87

尽管所有的外部表现都能由适当的刺激引导出来，并且能够被观察、用录像记录下来，以及用多种仪器来测量，但我必须强调，由受过训练的观察者作出的定性判断也是行为分析的一个必不可少的工具。摆在观察者面前的情况是可以经过专家的分析来分解的，但是，首先它是一个合成物，是一些同时发生的现象，在一个有机体身上表现出来，并以某种方式被某一个目标联系起来。

将某个有机体的行为比作是交响乐队的演奏也许有助于我们的理解，其乐谱是在演奏过程中发明的。正如你所听到的音乐是由许多组乐器同时演奏形成的一样，一个有机体的行为也是几种生物系统同时作用的结果。各组不同的乐器发出不同的声音从而产生美妙的音乐。它们根据需要或同时齐鸣或有时暂停发声。这同样适用于有机体的行为。一些生物系统持续地产生行为，而其他系统所产生的行为在某一特定时刻可能存在、也可能不存在。我在这里所要强调的主要观点是：首先，我们从鲜活的有机体中观察到的行为是在你所选择要进行观察的每一个时间单位中同时产生的诸多旋律的结果，而不仅仅是一个单一旋律的结果；如果你作为一名指挥家看着这个想象的有机体行为的乐谱，你就会看到在每一节拍中不同音乐部分的绝妙的合成。其次，某些行为的成分总是
88 存在的，构成了行为表现的持续基础，而另一些行为成分则仅在行为表现的某些特定时刻出现；这个“行为乐谱”标注了特定的节拍中某种行为的跟进，以及其在随后的节拍中的结束，这就像协奏曲中指挥者的乐谱标注了钢琴独奏何时开始和何时结束一样。第三，尽管有多种成分，但每一时刻的行为都是一个完整的整体，而不是像交响乐队演奏的那种复调的融合。除了我在这里所描述的这种关键特征——乐队之外，某些事情就不再详细叙述了。

在后文中探索人类行为时，我要请你想一下几种在同一时间出现的平行的行为表现。醒觉、背景情绪和低水平的注意将会持续存在；它们出现在你刚刚睡醒的时刻。某些情绪、集中注意和某些系列动作（行为）将会作为对情境的适当反应而时时出现。这同样适用于言语报告，言语报告也是一种行为。

现在，请把这种隐喻扩展到我们正在观察的人的心灵。我认为，在私密的心灵中也有一个交响乐队的乐谱，只是现在这些同时堆积在一起的音乐部分是与表象的心理流相对应的。这些心理流主要是我们所观察到的行为的内部的和认知的部分。有些表象比行为稍早产生，例如，我们即将在句子中所要表达的某个想法的心理表象。另一些表象则紧随着行为的发生而产生，比如，我们刚才所展现的那种对情绪的感受。当然，有些音乐部分表现的是醒觉状态和持续地制造表象的状态，以及对于某些客体、事件和表示这些客体和事件的词语的表征；还有一些部分表现的是对有机体正在表现出来的不同的情绪的感受。然
89 而，还有一个部分在这个内部交响乐队的乐谱上没有精确的外部对应物：这个部分就是自我感，就是任何意识概念的关键成分。

在这个隐喻的情景中，我们能将自我感想象成另外一个部分，它不用语言描述，就能把心灵在其中得以展现的某个有机体的存在告诉心灵，把有机体正

在致力于和在其自身和环境中的某些客体进行交互作用这个事实告诉心灵。这种认识改变了心理加工的过程和外在行为过程。只有其主人才可以直接了解它的隐秘存在，不能从它自己明显的行为中推断出来，而是由一个外在的观察者从施加给外部行为的影响中推断出来的。醒觉、背景情绪和低水平的注意都是内部状况的外部信号，这些内部状况与意识的产生是相一致的。另一方面，某些情绪、持续而集中的注意，在更长的时间内与这种情境相适应的目标行为，都很好地表明，意识确实出现在我们所观察的被试身上，即使我们不能像外部观察者那样直接观察到意识。

表 3.1　行为乐谱

言语报告
某些具体行为
某些具体情绪
集中注意
低水平注意
背景情绪
醒觉

醒觉

醒觉和意识倾向于联系在一起，只有在两个例外的情况下两者才能区分开
来。一种例外发生在我们处在做梦状态时。我们在做梦的睡眠中显然并没有醒 90
着，但我们对发生在心灵中的事件有一定的意识。我们所形成的对于在醒来之前最近的梦的片段的记忆表明，某些意识是处于“开启”状态的。另一个戏剧性的例外则是：我们醒着，但却被剥夺了意识。幸运的是，后者仅仅发生在我下文将要探讨的神经病的情况下。

观察从睡眠到醒觉的转换就能够使醒觉得到最好的描述。经常萦绕在我心头、永远也忘不掉的这种转换过程的画面，就是在贝克特（Beckett）的《幸福的日子》（*Happy Days*）里温妮的画面，当第一幕开始的铃声响起时：温妮睁开眼睛对着观众念出对白，“又是美好的一天。”她在醒觉状态下，就像一

轮冉冉升起的朝日，脑海里开始形成周围环境的表象：她的包、她的牙刷、威利的沙沙声、她的身体——她告诉我们，那天并没有多少痛苦，“一点也没有”。随着铃声响起，第一幕结束，醒觉就在温妮这一天结束的时候停了下来。

当醒觉消除之后，除了做梦的睡眠之外，意识也被消除了。类似的例子有无梦睡眠、麻醉和昏迷。但是醒觉并不等同于意识。在醒觉状态下，脑和心灵是“开启”着的，对有机体内部的表象以及对环境的表象正在形成。当然，也能够进行反射（反射活动既不需要意识，也不需要醒觉），低水平的注意可能趋向于反映有机体基本需要的那些刺激物。但意识可能并不存在。这一章所讨论的有神经病症状的病人是处在醒觉状态下，但却缺乏核心意识向他们的思想过程注入的东西：以自我为中心的认识活动的表象。

注意和有目的的行为

除了醒觉，温妮的行为还体现了更多其他的东西。她使自己趋向于某些对象，并根据需要把注意力集中在它们身上。眼睛、头、脖子、躯干和手臂在协
91 调的舞蹈中移动，这种舞蹈在温妮和她周围环境中的某些刺激之间（包、牙刷、在她身后威利的沙沙声）建立了某种明确的联系。出现对外部对象的注意常常标志着意识的出现，尽管并不必然如此。患有所谓运动性缄默症（akinetic mutism）的病人有异常的意识，他们能把**短暂的**、低水平的注意指向某一**显著**的事件或对象，例如，一个叫他们名字的观察者。当注意可以持续一段时间，这段时间的长短与在特定情境中完成恰当的行为所需要的那些对象有关——这意味着不是几秒钟，而是几分钟乃至几小时，这时，注意才显示出正常意识的出现。换言之，持续的时间和对恰当对象的集中注意确定了这种作为意识指示物的注意。

对外部客体缺乏明显的注意并不必然否定意识的存在，也许反而表明注意指向了一个内部客体。心不在焉的教授和做白日梦的青少年一直都有这种“症状”。幸运的是，这种情境是最短暂的。完全而又持续地不能集中注意通常与意识的分散联系在一起，如困倦、神志不清或昏迷。

有意识的生物全神贯注于某些客体，对某些刺激加以注意，当我们考虑在相似情境下我们的心灵中会发生什么时，这些表现和我们自己的内部观点非常

匹配。我们都同意，注意和意识是相关的，但是，这种关系的性质仍是一个存在分歧的问题。我的观点是，意识与注意发生在一些不同的水平和等级之中，它们不是一个整体，它们是在一种上升的螺旋中相互影响的。低水平的注意是在核心意识之前产生的；产生核心意识的过程需要它的参与。但是，核心意识的过程导致高水平的注意朝向某一个焦点。当我注意到一个刚刚出现在我办公室的熟人时，我是在核心意识的影响下这样做的。我只能产生那样的意识，是因为我的有机体受低水平的自动注意引导，对环境中的某些特征进行加工，这些特征对于像我这样的有机体（即长着人脸的会走动的生物）来说是很重要的。随着加工的继续，核心意识帮助把注意力集中在某个首先吸引了有机体注 92
意的课题身上。

但是，我们还是回到温妮吧。下一步，请你注意，她对她所注意到的那些刺激物做出有目的的行为。她可以不这样做——温妮是贝克特剧中的一个角色——但是她做了。事实上，她的行为是一个可以直接识别出来的计划的一部分。这个计划只能由一个知晓它的过去、现在和可预见的未来的有机体来系统阐述。行为与这样一种计划相一致需要有一段相当长的时间——实际上需要数小时。温妮行为持续的目的性与恰当性要求有意识的参与，即使意识并不能够保证她做出有目的的和恰当的行为：完全有意识的傻子的行为表现可能是很不恰当的。

对这种持续和恰当的行为而言，有一些事情尤其值得关注：某些行为伴随着一些流动的情绪状态，把这些情绪状态作为其行为表现的一部分。我们在上一章所探讨的背景情绪仍然影响着被试的反应。表现内心状态的信号包括整个身体的姿势和与躯干有关的四肢的动作幅度；四肢运动的空间形态，这些运动可能流畅也可能笨拙；动作的速度，身体各部分如面孔、手和腿部所表现出来的运动的协调性；最后，也是最重要的是面部的表情。甚至当被观察的被试在讲话时，进行交流的情绪表现也是和说出的话语的内容相分离的。从简单的“是”、“否”，和“你好”到“早安”或“再见”，这类词句常常都是在背景情绪影响下说出来的。词的曲折变化是韵律的一个例子，和谐和悦耳伴随着构成话语的言语声音。韵律不仅能够表达出背景情绪，更能表达出某些特定的情 93
绪。例如，你能以最甜蜜的语调告诉某人，“哦，走开！”你也可以用显然很冷漠的语调说“见到你很高兴”。

此外，某些情绪常常在刺激或动作之后发生，从观察者的视角进行判断，这些刺激或动作似乎是在主体身上激发了这些情绪。实际上，正常的人类行为展示的是一种连续的情绪，它是由思想的连续性所导致的。这些思想的内容，通常是平行的和同时发生的内容，包括有机体实际接触的客体，或者从记忆中回忆起来的客体，以及对这些刚刚产生的情绪的感受。反过来，许多诸如此类的思想“流”——实际的客体，回忆起来的客体和感受——都能引起情绪，从背景情绪到次级情绪都有，无论是否有我们的认知参与。持续的情绪表现是由这些过分丰富的诱导物引发出来的，这些诱导物既有已知的也有未知的，既有简单的也有复杂的。

在我们对正常人类行为的观察中，背景情绪的连续性是需要考虑的一个重要情况。当我们观察某一个具有完整核心意识的人时，在开口说话之前，我们发现自己就已经假定了被试的心理状态。无论正确与否，某些假定是在被试行为中透露出来的连续的情绪信号基础上做出的。

为了避免术语的混淆，请注意：诸如**警觉**（alertness）和**唤醒**（arousal）这类术语偶尔可以作为**醒觉**（wakefulness）、**注意**（attention）、甚至**意识**（consciousness）的同义词来使用，虽然本不该如此。**警觉**这个词经常用来替代**醒觉**，例如，当你说，你感觉“相当警觉”或者你认为某人很警觉时。就我的目的而言，**警觉**这个术语应该指，主体不仅仅是清醒的，而且很显然能够进行感知和作出行为。**警觉**的恰当含义应该是在“清醒”和“注意”之间。

唤醒这个术语比较容易定义。它指的是自主神经系统活动的信号的出现，如皮肤颜色改变（发红或苍白），汗毛的活动（根部竖起），瞳孔直径变大或变小，流汗，性勃起，等等，用非专业术语可以合理地概括为**兴奋**（excitement）。
94 在这个意义上说，一个人可以醒着、警觉、完全有意识，但却没有“唤醒”，但我们都知道在睡眠中我们的机体都能够“被唤醒”，此时我们并不清醒，没有注意，也没有意识。甚至昏迷的病人都能被“唤醒”，只不过他们并不知道而已。很有趣，不是吗？

从意识的缺失研究意识

也许你很想知道，由于考虑到认识活动和自我的缺失会使我们无法体验那种缺失，我们怎样才能从个人的角度来评论意识的缺失呢？答案是，我们可以在某些情境下比较接近地体验到意识的缺失。请看以下这些瞬间，在由于晕倒或麻木引起一段时间的意识缺失之后，我们刚刚开始有了意识；或者用一种比较有益健康的方式，在从疲劳后的深度补偿性睡眠中完全醒过来之前的那个短暂时刻。从这些过渡性的瞬间，我们可以瞥见此前的这种贫乏的心理状态。我们周围的人、物体和场所的表象正在形成，然而，在一个很短暂的但我们觉得似乎很漫长的时间内，自我感消失了，显然并没有一个思想的个体拥有者。几分之一秒钟过后，我们的自我感才“打开”，而且，我们模模糊糊地推测，这些表象是我们的，但不是所有的细节都很清楚。要使自传式的自我复原为正常过程，要使这种情境得到完全的解释，还需要花费更长的时间。

然而，问题在于，当我们处在这种状态期间并没有真正的意识时，我们怎样才能瞥见这种没有意识的心理缺失状态呢？我们肯定有过这种一瞥之见，而且我猜想，为什么我们这样做的原因就在于，在这些过渡的瞬间，我们缺乏对这些瞬间经验的记忆，而这些瞬间恰恰是在这个过渡之前发生的。在正常情况下，我们的意识经验包括对我们觉得“刚刚之前”发生的事情的短暂记忆，它和我们简单地认为是“现在”的东西联系在一起。这种记忆描述的是对一个自 95
我的感受，某些认识活动可以归因于这个自我。但是，在醒来之后，为了当前这一时刻的利益，本来保留着以前瞬间的简短记忆也不能加以利用了，由于这个原因，没有任何意识经验能够回忆起来。这样，我们对这些反常状态的内省便揭示了一个重要事实：持续的正常意识需要一个短暂记忆，时间为几分之一秒，人类的脑对事实的短时记忆通常保持 60 秒钟，对人类的脑来说这是一个微小的进步。

那些不同类型的最极端的意识损伤——昏迷、持续的植物人状态、深度睡眠、深度麻醉——对行为分析来说就没什么意义了，因为我们所讨论的“行为记录”中几乎所有的外部表现都不存在。[2]相应地，“认知记录”中几乎所有的内部表现也可能都不存在了。在这些情况下，意识现象甚至心理现象都不起作用了，这种观点是一种直觉，它是以对我们自己状况的整体考虑以及对他人行为的同样完整的观察为基础的。这个观点也得到了昏迷后苏醒过来的那些人的报告支持，这些报告虽然罕见但却非常有价值。他们能回忆起陷入昏迷的虚无状态——正如我们能回忆起进入麻醉状态一样——然后再恢复认识，但是，对于长达数周或数月的那一段中介时期却全无回忆。有了所有这些证据，我们就可以合理地假设，在这些情况下，心灵中几乎或根本就没有任何事情发生。[3]

但是，另外两组患者却为行为分析提供了大量的机会，并且这也显著地影响了我对意识的看法。一组是由患有**癫痫性自动症**（epileptic automatism）这种复杂现象的病人组成的。另一组则由患有**运动性缄默症**（akinetic mutism）的病人组成的，这种疾病是由于各种不同的神经疾病造成的。在这两个小组中，核心意识与扩展意识都受到了深刻的影响，但并非所有的在“行为记录”
96 中描述的行为都被消除了，这样就为观察者和对残余行为的表现进行分析留下了某种介入的空间。[4]

癫痫性自动症可能就像一把解剖刀，将意识与意识里的东西分离开来。自动症看起来就像是抽搐的一部分，或紧随着抽搐之后出现。尽管自动症也是和被称为颞叶的抽搐联系在一起的，但我最感兴趣的一些情节则是和失神型发作联系在一起的。失神型发作是癫痫的主要类型中的一种。癫痫症发作时，意识暂时不存在了，情绪、注意也都暂时不存在了，行为也是不恰当的。这种症状伴随着脑电图上某种特殊电波的异常。失神型发作对于研究意识的学者来说是非常有价值的，那种最典型的失神型发作实际上就是失去意识的一个最纯粹的例子——**缺失**（absence）这个术语就是“意识缺失”的简称。在一段特别长时间的失神型发作之后出现的自动的意识丧失现象也许就是其中最纯粹的例子。

假设你正在和一个容易产生失神型发作和出现暂时的意识丧失现象的人交谈，这时一个插曲发生了，就可能会出现这种情况。在进行一场非常实际的谈话中，病人在自己说话时会突然中断，无论他正在做什么动作，他都会突然僵住，目光呆滞，眼神空洞，脸上毫无表情——好像一个空白面具。病人此时仍是清醒的，肌肉可能是紧张的。病人不会倒下或是痉挛，也不会让手上的东西掉落。这种中止兴奋的状态也许最少持续 3 秒钟——你看到时也许会认为不止这么长——最长持续数 10 秒。持续的时间越长，**暂时**的意识丧失现象就越有可能紧随着这种缺失本身而来，再说一遍，这种**暂时**的意识丧失现象要持续好几秒钟或几十秒。随着自动性的发作，事情变得更有趣了。这种情况并不像银
97 幕形象那样，在你解除了凝镜控制，或者出了故障的放映机重新恢复正常后，这些形象又重新开始活动。电影又开始放映。当患者看上去恢复正常后，他会四处张望，也许并不对着你看，而是对着近旁的一些东西，面部仍是一片木然，毫无表情，他拿起桌子上的杯子，吧唧着嘴喝水，笨手笨脚地穿上衣服，站起身来，转身走向大门，打开门，在门槛外面犹豫片刻，接着走出门厅。这

时你起身跟着他，也许就能看到这段小插曲的终结。可能会出现以下几种情节中的一种。最有可能的情节是，病人会在门厅或什么地方停下，露出疑惑的表情；或者可能坐在长凳上，如果那儿有一个的话。但病人也有可能走进另一个房间或者继续走。在这些情节中，最极端的莫过于“癫痫神游”，病人甚至可能会走出大楼走到大街上。在一个优秀的观察者看来，他看上去可能很奇怪和迷惑，但会逐渐适应，不会对自己造成伤害。沿着这些剧情的轨迹，最常见的是在数秒钟内，比较少见的是在数分钟内，这段自动症的插曲就会结束，无论他此刻处在什么地方，病人看上去都很疑惑不解。就像意识消失时一样，意识也会突然回来，你必须在那里向他解释这种情境，并帮他回忆起在这段插曲开始前你们的谈话。

病人对这段插曲中发生的任何事都回忆不起来。他当时并不知道自己做了什么，而且永远也不知道他的有机体在这段情节中做了什么。在小插曲结束之后，这类病人往往回忆不起来，在抽搐或失神型发作的延伸期期间发生了什么。他们确实能够回忆起抽搐之前发生了什么，并且能从记忆中将这些内容提取出来，这清楚地表明，他们的学习机制在抽搐之前是完整的。在抽搐结束后他们能立即恢复学习能力，这表明抽搐并未对学习造成永久性损伤。但是，抽 98
搐期间所发生的事件就没有传输到记忆中，或者是传输了但却没能提取成功。

如果你在这段小插曲发生期间的任何时刻打断这个病人，他就会非常迷惑不解或是很冷漠地看着你。他不会自发地认出你是谁，或者你特别提问他时，他也认不出来；他也不知道自己是谁或他在干什么；他也许看都不看你就用一个含义不明的手势打发你走开。组成某种意识心灵的内容可能丢失了，这使人既不能进行言语的报告也不能做出高度理性的行动。他可能保持着清醒和注意力集中，足以对进入其知觉范围的对象进行加工，但是，就我们从这种情境中所能推断的而言，这就是在心灵中所发生的一切。可能没有计划，没有预先的考虑，也没有对一个能够希望、有需要、能进行思考、相信的有机体的感觉。没有自我感，没有一个有着过去与可预期未来的确定的人——尤其是，没有核心自我和自传式自我。

在这样的情况下，客体的出现促成了下一步反应，这种反应在此刻的微观情境中也许是恰当的——端起杯子喝水，开门。但是，在病人参与活动的更大的环境背景中，这种反应以及其他反应则是不恰当的。当一个人观看这些表现出来的行为时，他就会认识到，这些行为的最终目的是无意义的，而且对处在那种情况下的个体来说也是不恰当的。

然而，他们确实是清醒的：眼睛睁着，肌肉紧张。他们有某种创造神经模式的能力，而且能够形成表象：病人周围的物体应摆放在看得见的或可接触到的位置，以便于他能够成功地采取行动。而且，还应该有注意，并不是像此刻我们所具有的那种高水平的注意，但是必须达到一定的水平。这样，有机体的
99 知觉和运动装置才能够在足够长的时间里指向特定的物体，并且足以使感觉表象能够很好地形成，使得与这些表象有关的动作能够准确地执行，例如，一堵墙的视觉表象；病人喝水用的水杯的表象。

换言之，病人可能有心灵的某些基本方面，可能在心灵中有某些内容是与其周围的客体有关的，但是，他却没有正常的意识。相对于其周围客体的表象，他并没有形成一个以自我为中心的认识活动的表象；一个他正在与之相互作用的、被提升了的客体的表象；一种与发生在每一特定的瞬间之前或在此瞬间之后可能发生的事情建立适当联系的感觉。

看起来似乎很令人惊讶，受损的意识与形成客体的神经模式的能力之间发生分离也得到了一些有趣的新证据的证实。有一名处于长久植物人状态的病人，他当时是一种较轻的昏迷，其中有一些醒觉的信号存在，但是意识仍受损严重，我们对他进行了功能成像扫描研究，在他的视网膜上投射一些熟悉的人脸照片。结果显示，在枕颞叶皮层出现激活。大家知道，这种激活是当一个正常的、清醒的、有意识的个体知觉到人脸时才会发生的。因而，即使没有意识参与，脑也可以通过多种神经中枢处理感觉信号，并且至少使某些通常包含在知觉加工中的脑区得到激活。[5]

通过观察自动的意识丧失现象的一段小插曲，你就会看到有机体的一些精心组织的行为，这个有机体丧失了所有的扩展意识，但那种最模糊的核心意识或许还没有丧失。一个祛除了自我和认识活动的心灵中还会剩下些什么呢？我们只能尽力去想象，或许这个心灵中充满了对所要认识、但却绝不可能认识的事物的表象，充满了并不真正拥有的事物——被剥夺了采取深思熟虑行为的发动机。

我不妨通过对以下这个事实的评论来作个总结，在这个事实的整个插曲中情绪都消失了。情绪的消失是失神型发作和短暂的意识丧失现象的一个重要标
100 志。在下一节将要讨论的运动性缄默症中情绪也消失了。这种情绪的缺失——没有背景情绪，也没有特定的情绪——是十分明显的，但这一点在相关文献中

却没有强调。在我第一次注意到这件事的若干年之后，当我反思这一发现时，我敢说，这种情绪的缺失肯定是与有缺陷的核心意识有关的，也许就像某种程度的持续情绪活动的存在实际上总是与意识状态联系在一起那样。在对我们称之为睡眠的意识活动进行的自然实验中经常出现一个有关的发现。深度睡眠并没有情绪表达相伴随，但在有梦睡眠期间，意识以某种奇怪的方式表现出来，在人和动物身上可以很容易地检测到一些情绪表现。

当我们考虑到，核心意识很完整、但扩展意识受到损害的患者具有可以识别出来的背景情绪和基本情绪的时候，发现意识和情绪的并行损伤，这似乎是更值得注意的。情绪和核心意识趋向于同步并进，从字面意思看，是同时都存在或同时缺失。[6]

如我们所见，情绪可以没有意识地引发出来，从没有注意参与的思维活动中或者从未知的倾向中引发出来，也可以从我们的身体状态的一些不可觉察的方面引发出来。假如是这样的话，那么，情绪的缺失就是令人惊讶的。当核心意识消失时，可以把情绪的缺失简单地解释为，这表明情绪和核心意识都部分地需要相同的神经基质，又可解释为这种在策略上安排的机能失调损害了这两种加工过程。这种共享的基质包括支持原始形态自我（在第 5 章描述）的整个神经结构，而这些结构既调节又表征个体的内在状态。我把情绪的缺失，从背景情绪上至更高水平的情绪，看作是受到损害的重要的身体调节机制的标志。核心意识在功能上接近于这些受到损伤的机制，和它们相互交织在一起，因此和它们一起受到了损伤。在情绪加工过程与扩展意识之间并没有这种密切的功能关系。正如在第 7 章所提到的，那就是为什么扩展意识受到损伤并不伴随着情绪损伤的原因。 101

有正常意识的人可以通过感受的形式来清点他们的情绪，而且这些感受也能反过来产生一个新的情绪模式，这些情绪赋予行为一些特质，我们很容易识别这些特质是有感受的生命的特征。在病理学情况下，情绪—感受—情绪反射圈的暂时中止使行为无法发出主要的感觉指示信号，并且使观察者的脑海中产生了这种看法，在这个被观察者的心灵中有某种奇怪的事情正在发生。为什么我们如此自信某些动物的心灵具有意识，特别是家养的动物，其原因来源于它们所表现出来的受明显的动机驱使的情绪流，来源于我们不由自主地和合情合理地假设，即这些情绪确实是由一些感受引起的，而这些感受只能影响有感觉生物的行为。这一问题我将在稍后再详加探讨。

关于意识受损的信息的**另一个重要来源**出自对患有总称为运动性缄默症的患者的研究。运动失能（akinesia）是表示不能运动的一个技术术语，通常是不能做出自发的活动，尽管患者常常能够做一些缓慢的运动；缄默症（mutism），顾名思义，指的就是不能说话。通常情况下，这些术语表示的是外在行为中所发生的事，或没有发生的事，但却没有内部观点的标记。从所有已有的证据来看，在内部，意识受到严重的削弱甚至完全中止了。所谓的运动性缄默症的问题困扰了我多年，我花费了数小时观察这些患者，在他们的病床上或我的实验室里，研究他们的扫描图和脑电图，耐心地等待他们的缄默症得以解除，这样我或许就能够与他们进行交谈。我的一位患有这种疾病的病人的故事将启发你想到可能发生了什么。

这位我称为L的病人所患的中风，损害了大脑两半球前额叶内部和上部的脑区，一个被称为扣带回皮质的脑区遭到了损坏。她突然变得不能动作、不能说话了，而且在此后6个月的大多数时间里，她基本上都不能动也不能说话。她躺在床上，常常睁着眼但面无表情。偶尔，她可能会抓住一个运动中的物体——比如说，在她的床周围活动的我——并且跟着我动一下，眼睛和头部也跟着我动一下，但是默不作声，很快就目光涣散。**中性**（neutral）这个词也有助于说明她的表情的平静，但是，一旦你集中注意力于她的眼睛，**失神**（vacuous）这个词也许更能说明问题。她人在心不在。

102

她的身体并不比她的脸更有生气。她可以正常地活动手臂和手，比如，拉上床的铺盖，但总的来说，她的四肢不能动。身体和脸部从未一起表达任何情绪，背景情绪、基本情绪或次级情绪，尽管有许多情绪诱导线索存在，人们日复一日地尝试进行集中注意的谈话，或者只是一些医生、护士、医学院学生、朋友和亲属们在床边开玩笑。情绪的中性占据着主导地位，即不仅对外部诱导物没有反应，而且对内部的诱导物也没有反应，这些诱导物本来可能存在于她的思想中，但是实际上却并不存在。

当问及她的情况时，她几乎总是保持沉默，尽管经多番劝导，可能会说出自己的名字，但仅说一次又立即恢复沉默。对于诱导她说话的事件她什么都没说，也不谈她的过去或现在。对于亲属、朋友她都不怎么搭理，就更不用说对医生和护士作出反应了。照片、歌曲、黑暗、光明、打雷声和雨声都不能使她有所反应。对我一再坚持和反复提出的问题，她决不会变得沮丧，也不会表现出对自己或别的什么东西的一丁点儿忧虑。

几个月后，当她从这种狭隘的存在状态中恢复过来，并逐渐开始回答一些问题时，她会对自己的心理状态的这个谜加以澄清。与普通观察者所想到的正好相反，她的心灵并没有被她的不能行动所禁锢。看起来根本就没有什么心 103
灵，而且也没有类似于核心意识的东西，更不用说扩展意识了。她的脸和身体的被动状态是她的心理活力缺乏的表现。她回忆不起来在自己长期沉默时期的任何特殊的体验；她从不感到害怕；也从不焦虑；从不想沟通交流。就在她第一次回答我之前的那个时期，最多不过几天，她模糊地回忆起有人向她提问了一些问题，但她觉得自己真没什么可说的，而且也不会引起她的不适。没有什么曾经迫使她不要讲出自己的心理活动。

和患有闭锁综合症（locked in syndrome，在第 8 章讨论）的病人不同，对于在其长期的醒觉睡眠中的大多数时期内的自我和环境，由于她长时间处于麻痹状态中，L 似乎并没有任何感觉，也没有任何对认识活动的感受。在她缓慢的苏醒过程中，她的自我感很有可能被损害了。不同于闭锁综合症病人，但像前述的癫痫病人以及下面将要提到的病人一样，如果 L 有一个意识的心灵，能够系统地指定计划和发出动作的指令，那么，她就能够很好地使四肢、眼睛、说话的器官做出动作。但是她没有。尽管很可能形成了某些表象——但是，如果她完全依赖反射的话，就很难想象，她怎样能够追踪一个物体，或者她怎么能够通过触觉很准确地拉过她的铺盖——看起来她并没有产生分化的思维、推理或计划，而且对任何心理内容也没有情绪的反应。那一系列重大的缺陷被外在地转化为中立的面部表情、身体行动的实际中止和缄默症。再一次，情绪消失了。

在某些患有深度阿尔茨海默症[1]（Alzhemer's disease）的患者身上，意识也受到了损害，其行为方式类似于刚才所描述的运动性缄默症。疾病初期，失去记忆占支配地位，而且意识是完整的，但随着阿尔茨海默症的加深，我们经常发现意识逐渐地退化。遗憾地是，教科书以及对阿尔茨海默症非专业的描述 104
强调的是记忆的缺失以及意识的早期保持，却经常不提该疾病的这一重要方面。

病情的恶化首先影响的是扩展意识，它将扩展意识的范围逐渐缩小到实际

① 又译作早老性痴呆症、阿尔采姆症。——译者注

上使所有的自传式自我都消失的程度。最终，使核心意识被削弱到甚至连最普通的自我感也不存在的程度。病人保持着觉醒，但只以基本的形式——一个眼神或触碰，抓住物体——对人和客体作出反应，不过没有证据显示这些反应源自于真正的认识活动。最多不过几秒钟，病人持续的注意就被打断了，这显然是完全没有目的的。

我见到过许多阿尔茨海默症病人的这种不完整性，最痛苦的一个人莫过于我的一个亲密朋友，一个当代著名的哲学家，他的才智掩盖住了他的这种心理缺陷，除了那些最亲近的人之外，大家都不知道。我最后一次见到他的时候，他一句话也没有说，认不出我和他的妻子。他的眼神从里到外都是空洞的，会停在一个人或物体上好几秒钟，但是脸上或身体上却没有任何反应。根本就没有情绪的信号出现，不论是积极的还是消极的信号。但他能转动他的轮椅，在屋子里到处走动，有时会出人意料地，例如，接近一扇有巨大图片的窗户，漫无目标地朝外看。

一次，我看到他挪向屋子里那个几乎空了的书架，手抬到大约有椅子扶手那样的高度伸向书架，拿起一张折叠的纸。这是一张磨损的光滑的印刷物，8×10 大小，折成 4 折。他把它放在腿上；慢慢地展开它；凝视着里面的一张美丽的面孔许久，那是他微笑的妻子，这张经过无数次折叠的纸上那些深深的折痕将相片分成了四个部分。他看了但没有看见。他在任何时刻都没有丝毫的
105 反应，他对这张照片和坐在他身边的那个活生生的原形之间的关系也没有任何反应；对我，10 年前在一个大家都非常快乐的时刻照下这张照片的人也没有丝毫反应。他极有规律地将照片折叠、展开，在疾病发展的初期，他尚且知道有点不太对劲，也许那时他是拼命想抓住过去某种确定的东西吧。现在，这变成了一种无意识的仪式，以同样缓慢的节奏，同样沉默的方式进行，同样缺乏情感上的共鸣。在这个悲伤的时刻，我庆幸的是，他不再能够认识到这一点。

对这些意识受损的例子进行反思，我们发现了以下事实：

首先，一方面，在意识障碍的状况下仍能保持醒觉、低水平的注意和作出恰当的行为；另一方面，伴随着对认识活动感觉和自我感的丧失，情绪也丧失了，这两者之间有明显的分离。认识活动和自我的缺陷，以及可以识别出来受动机驱使的情绪的缺陷，是和制订计划、高水平的注意以及一贯的、恰当的行为中的缺陷同时发生的。在这些病例中，我们能够观察到的这些功能的分离，

揭示了有一层难以注意到的子成分，如果没有神经病所提供的这把解剖刀，就根本不可能把它分离出来。

其次，从实用的角度出发，我们可以对核心意识受损的神经病的例子进行如下分类：

A. **保持醒觉和最低限度注意/行为的核心意识障碍。**最显著的例子是运动性缄默症和癫痫自动症。运动性缄默症是由扣带回皮质、基底前脑、丘脑、扣带回内侧和周围的顶叶皮质的机能失调引起的。

B. **保持醒觉但有缺陷的最低限度的注意/行为的核心意识障碍。**失神型发作和持续的植物人状态是最显著的例子。失神型发作与丘脑或前扣带 106
回皮层的机能失调有关。

持续的植物人状态常常与昏迷相混淆。其同昏迷的区别在于，植物人有睡眠和醒觉的周期，他们会睁眼闭眼，有时可通过他们的脑电图模式检测出来。第8章将探讨持续的植物人状态。它常常是由位于脑干上部、下丘脑或丘脑中一套特殊结构的功能失调引起的。

C. **伴有醒觉障碍的核心意识障碍。**昏迷就是这种障碍的例子，是由头部受伤或晕倒、深度（无梦）睡眠和深度麻木引起的暂时的意识缺失。昏迷的相关方面将在第8章中探讨，但我们注意到，功能失调的典型位置是在脑干上部、下丘脑和丘脑的结构中。对睡眠和醒觉的控制存在于大体相同的脑区，我们知道一些麻木也发生在那个脑区。

第三，当我们（在第6章和第8章）讨论意识的神经解剖学的相关问题时，一切就都会清楚了。与核心意识的显著障碍有关的脑损伤的几乎所有脑区都有一个重要特征：它们都靠近脑的中线，实际上，这些结构的左侧和右侧很像是一些镜像，隔着中线相望。在脑干和间脑层（包括丘脑和下丘脑的脑区），受损的脑区靠近那一套很长的通道和脑室，它们确定了整个中枢神经系统的中线。在大脑皮层，它们位于脑的内侧（内部）的表面。当我们检查脑外侧（外部）的表面时是看不见它们的，而且它们全都占据一个有趣的“中央”位置。这些结构是在古老的进化过程中产生的，目前存在于许多非人类的物种身上，并且它们成熟于人类个体发展的早期。

107 # 4

若明若暗的暗示

语言和意识

当我在医学院读书并接受神经病学训练时，曾好几次询问过周围的一些最聪明的人，我们是如何产生意识心灵的。奇怪的是，我得到的却总是相同的回答：是语言产生了意识。他们告诉我，如果没有语言，生物就只能是一些没有认识的存在，但是，并不是因为我们人类幸运，而是因为语言使我们能进行认识。意识是对持续发生的心理过程的言语解释。语言也给我们提供了必要的距离，使我们能够从适当的距离就可以看见东西。就我当时所想象的这种极其复杂、而且也相当难以置信的事情而言，假定我去动物园，对我看到的东西给出这种回答，那么，这种回答听起来就太容易了，简直太简单了。我从来就没有相信过它，而且，我很庆幸自己没有相信。

语言——即字词和句子——是对某些其他事物的翻译，是从代表实体、事
108 件、关系和推理的非语言表象进行的一种转换。如果语言对自我或对意识发挥作用的方式和对其他事物发挥作用的方式一样，就是说，把最初以非言语形式

存在的东西用字词和句子来表示，那么，在任何语言中，就一定要有一个非言语的自我和一种非言语的认识活动，“主我”（I）或“宾我”（me）这种字词，或者“我知道”（I know）这种短句就是对这些事物的恰当翻译。我相信，下面这种做法是合理的，即采用“我知道”这个短句，并且从中推断出存在着一个无言语的认识活动的表象，这种认识活动是以一个位于这个说出来的短句之前并且激发该短句出现的自我为中心的。

有一种观点认为，自我和意识是在语言出现之后产生的，而且是对语言的直接建构，这种观点不可能是正确的。语言并不是从虚无中产生的。语言给我们提供了事物的名称。如果自我和意识从一开始就是从语言中产生的，它们就会成为构成这些字词的唯一的事例，而无需一个潜在的概念。

假定我们拥有最高的语言天赋，意识的大多数组成成分，从客体到推理，就能够转换成为语言；对我们来说，在自然史和每一个人的历史发展的这个时刻，如果你愿意的话，意识的基本过程就被语言无情地转换了，被它所掩盖了。语言就是我们在这一时刻所使用的，我称之为扩展的意识的那种高水平的意识形式的主要贡献者。正由于此，确实需要付出很大的努力来想象在语言背后隐藏着什么，这种努力是必须付出的。

如果你有那么多钱：对语言和意识的评论

当我研究一个又一个由神经疾病引起的严重语言紊乱的病例时，我认识到，不论有多么大的语言损伤，患者的思维过程在基本的方面都未受损伤，而且，更重要的是，患者对他或她自己状况的意识和我的意识并没有什么不同。至少可以这样说，语言对心灵的贡献是令人震惊的，但是，语言对核心意识的贡献却难寻踪迹。

当我们考虑到语言在心理能力的大系统中所处的位置时，就不应该对此感到惊讶了。认为语言的生成可以在对自我、他人和周围环境没有感受的个体身上创造出来，这种观点合理吗？ 109

在我所知道的每一个病例中，患有严重语言损伤的患者都能保持清醒和注意力集中，都能做出有目的的行为。更重要的是，他们完全能够发出信号，他们正在体验到某一对象或觉察到某种情境的幽默或悲哀，或者描绘观察者所能预期的某种后果。这种信号的发出可以通过枯竭的语言，或者通过手势、身体运动，或面部表情来进行，但它确实就在那里。同样重要的是，情绪是以背景情绪、基本情绪和次级情绪的形式大量存在着，与持续发生的事件有丰富的联系，明显地受这些事件的驱动，能够将我们自己的情绪与可比较的情境进行可认识到的比较。

在这一点上，最好的证据来自于患有所谓全面失语症（global aphasia）的患者。这是**所有**语言功能的重大损伤。无论是在听觉方面还是在视觉方面，患者都不能理解语言。换句话说，当有人对他们讲话时，他们不理解别人讲的话，他们连一个字或一个字母也读不出来；除了那些已成定规的话，主要是骂人的话之外，他们没有产生言语的能力；如果你要求他们重复一个单词或声音，他们也做不到。没有证据证明，在他们醒觉的和有注意力的心灵中，能形成任何单词或句子。相反，有很多证据表明，他们的心灵是一种没有文字的思维过程。

不过，虽然要和一个患全面失语症的人进行正常谈话是不可能的，但是，只要你有耐心，适应了患者形成的那些有限的和临时准备的非语言符号的词汇，**就能够**进行丰富的和富有人性的交流。如果你熟悉了患者所使用的这些工具，甚至就根本就不会在头脑中询问，那个人是否有意识。在核心意识方面，那个人与你和我并没有什么不同，尽管他没有能力把思想转化成为语言或者把语言转化成为思想。

110 现在我不妨做一个魔鬼代言人，看一看自己身处何处。在患有全面失语症的患者身上，损伤破坏了大脑左半球的很大一部分，但并没有把它完全破坏。在额叶和大脑左半球的颞叶的两个著名的语言区，即布洛卡区和威尔尼克区，全面失语症的病人都有损伤；通常，他们在布洛卡区和威尔尼克区之间的额叶、顶叶和颞叶有大块的脑区受损，而且在这些皮层下面有大量的灰质受损，甚至左半球基底神经节中的灰质也受到损伤。但是，怀疑论者可能会争辩说，即使是在最糟糕的全面失语症病例中，大脑左半球仍然有一些区域在前额叶和枕叶未受损。这些脑区虽然不能使人恰当地讲话，但仍然有一些“与语言有关的”能力，这些能力对于产生“由语言引起的意识”是很有必要的，有可能是这种情况吗？

这种可能性可以通过对患者行为的研究而得到证实，这些患者为了治疗某些脑肿瘤而把整个脑的左半球彻底切除了。这种手术现在已不再使用，但是，为了处理那些患有恶性的和迅速致命的脑肿瘤患者的情况，曾经作为最后一种方案实施过，这种手术要求切除肿瘤所在的整个脑半球，就是说，没有任何大脑皮层遗留下来，甚至在我的思想实验中那些怀疑论者所可能提到的脑区中也没有留下任何东西。正如人们可能预见到的，从语言的观点来看，左半球受到了破坏，导致了最严重的全面失语症。但是，对于这些患者中的某些案例，我留下了鲜活的印象，我要特别向你们讲述一个名叫厄尔（Earl）的患者，他是在 20 世纪 60 年代中期由诺尔曼·杰施温德（Norman Geschwind）研究的。

我可以向你们保证，厄尔的核心意识未受损在当时并没有受到置疑，就是在今天也不会受到置疑。虽然厄尔发出的语言实际上仅限于几个虚词，但很显然，他是怀着明确的意图来使用这些虚词的，旨在说明他所想到的问题、与体检有关的方面，以及他自己令人沮丧的有限能力。厄尔不只是清醒的和有注意
力的，他还产生了与他的悲惨命运相适合的行为。他不只是产生一些没有思想 111
的意识反射。有时候他**试图**通过使用手势对一个人提出的问题作出回答，在猜想出检查者的手势究竟是什么意思和得出结论认为他无法作出回答之间，有一些富有思想的耽搁。有时候他能用头部的运动或面部表情进行回答。有时候这种挫折用一种充满了无可奈何的生动手势表达出来。他的主导情绪与这一时刻非常协调。

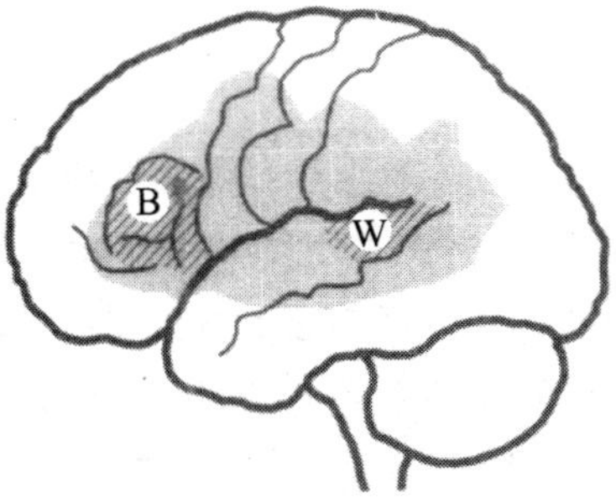

图 4.1　一个典型的患有全面失语症的患者的大脑左半球损伤的基本程度。布洛卡区和威尔尼克区受到损伤，参与语言加工的其他几个皮层和皮层下脑区也受到了损伤。

虽然可以把意识作为人类应当感谢上苍赋予的这些重要能力中的另外一种，但语言并不需要意识。语言的荣耀到处存在，在转化的能力中，把思想精确地转化成为字词和句子，把字词和句子精确地转化为思想；在一个单词的保护伞下，迅速而经济地对知识进行归类的能力中；以及在用一个有效的简单单词表达一些想象的结构或遥远的抽象概念的能力中。但是，这些值得注意的能

力——使人类的心灵能够在知识、智力和创造性方面得到发展，而且加强了我
112 们今天所具有的各种复杂形式的**扩展**意识——却和产生核心意识毫无关系，更不用说和产生情绪或知觉有任何关系了。

我总是爱怜地记得一位和蔼的老奶奶，中风使她患上了严重的失语症，她以其意识心灵所许可的意志力和智力，决心战胜她的疾病。她确实有了明显的改善，但她的语言却仍然一如既往地没有任何改善，并非每个人都能用手势听懂她的话。有一天，我检查她说出某些人的名字的能力，我给她看一系列名人的照片，让她说出每个人的名字。我们看到南希·里根（Nancy Reagan）的一张迷人的照片——这是在令人炫耀的20世纪80年代——那就是里根夫人，穿着亮闪闪的衣服，头发发出微光；眼睛闪烁着光芒，望着罗尼[①]。我的那位可爱的病人满是皱纹的脸上开始阴沉下来，虽然她没能说出南希·里根的名字，但仍然发出了声音："如果**你**有那么多钱，**我也**会那样的。"她的意识多么令人感动啊！她很快就抓住了这张偶像照片所包含的几层意思。但是，尽管她设法正确地选择了几个单词，甚至为她所说的话提出了一个正确的条件框架，但她还是不能找到正确的代词来指称她自己——语言不能为她的**自我**或另一个自我提供一种稳固的转化。她的语言再也不能与她的复杂的思维过程相匹配了，不过，在她身上还有一个那么丰富的自传式自我在发挥作用。

记忆和意识

正如在创造核心意识方面，语言不能发挥任何作用一样，传统记忆也同样不能。在大量的记忆中都没有发现核心意识。在工作记忆中也没有发现，但是，工作记忆是需要扩展意识的。就记忆而言，核心意识所需要的就是一种非
113 常简短的短时记忆。我们不需要通过大量储藏的个人的旧时记忆来产生核心意识，尽管这些巨大的自传式的储藏库对我称为扩展意识的那些高层次的意识作出了贡献。我对这个问题的看法是通过对患有严重学习和记忆障碍（即所谓遗忘症）的病人的研究而形成的。我将要用我的一位病人戴维来例证我的观点，或许戴维是有记录在案的最严重的遗忘症患者，我已经对他研究了20多年了。我在报告关于好孩子/坏孩子实验的结果时曾谈到过戴维，在这里，我将对他

① 指美国前总统罗纳德·里根。——译者注

进行专门的讨论。

什么也想不起来

我的朋友戴维刚刚来到。我以拥抱和微笑向他问候，他也以这种方式予以回报。我见到他很高兴，他见到我也很高兴。这一切是那么地自然，我无法说清楚是谁先微笑的，或者是谁先向对方走过去的。这没有关系。戴维和我都很高兴在这里相见。我们坐下来开始像老朋友一样交谈起来。我给戴维倒了一杯咖啡，也给我自己倒了一杯。如果你在什么都不知道的情况下从窗户的另一边观看，会觉得没有什么不同寻常的事情可以报告。

但是，这种情景很快就要改变了。打破了朋友之间愉快交谈的习惯，现在我转向戴维，并且问他，“我是谁”。戴维毫不犹豫地回答，“我是他的朋友”。我也毫不犹豫地回答说，“当然了。但是，戴维，我到底是谁呢，我的名字叫什么呢?”

“呃，我不知道，我现在想不起来了，我确实想不起来。”

“可是，戴维，请你努力回忆一下我的名字。”

接着戴维确实做了回答。“你是我的表兄乔治。”

“乔治什么，戴维，请问，表兄乔治什么?”

“表兄乔治·麦肯齐”，戴维用一种肯定的语气说道，但他疑惑而迅速地皱了皱眉。

大家都知道，我并不是乔治·麦肯齐，我也不是戴维的表兄——显然，除了戴维之外，大家都知道。与他的表现相反，戴维确实不知道我是谁。他不知道我是干什么的，他不知道以前是否见过我，他不知道他最后一次见到我是什么时候，而且，他不知道我的名字。他也不知道他所在的这座城市的名字，或这条街道的名字，或者这座大楼的名称。他也不知道这是什么时间，虽然当我问他时间的时候，他会迅速地看一看手表，并且正确地回答说，差一刻 3 点。当我问他今天是几号的时候，他又看了看手表，再一次正确地说道，今天是这个月的 6 号。他的手表上有一个明显的表窗，表明这个月的日期，但没有说明是几月份。 114

“说得对，戴维，说得对，但是，请问这是几月份呢?”

他心神不安地四下张望着这个房间，凝视着紧闭着的窗帘，对着它说道，“呃，我认为，这是2月或3月；天相当冷”；话音未落，最后一句话才说了一半，他就站起身来，走到窗户跟前，把窗帘拉开，并且大声地叫喊起来，“噢，我真的说错了！现在一定是6月或7月；这确实是夏天的天气。”

“确实如此”，我说道。“现在是6月份，外面的温度是华氏90度。”

对此戴维反问道，“零上90度吗？天哪，太棒了，我们应该出去走走。”

戴维回到他的椅子上，重新开始我们的谈话。如果我的话题离开人、地点、事件或时间这类特定的东西，这次谈话就会回到自然状态。戴维知道他周围非特定世界中的情况。他的话语都是精挑细选的；说的话很有旋律；韵味十足，带有适合于这一时刻的情绪；他的面部表情，他的手和胳膊的姿势，当他在椅子上放松时他摆出的身体姿态，正是你预期适合于这种情境的。戴维的背景情绪像一条宽阔的大河一样流动着。但是，戴维的谈话中自发的内容都是一般性的，每当要求他说出一些非一般性的详细内容时，他常常拒绝这样做，并且相当坦率地承认，他什么也想不起来。当有人迫使他大胆地具体描述某一事件，或按时间进行讲述，或者提供某个人的姓名时，他就会随便乱说，瞎编一气。

我的老朋友戴维患有在人类身上所记录到的最严重的记忆损伤。在戴维患
115 上严重的脑炎之前，他的记忆力是完全正常的。在戴维的病例中，这种脑组织的传染病是由一种病毒引起的，I型疱疹单病毒。我们大多数人都带有病毒，但只有极少数人会患上因病毒而引起的脑炎。没有人知道，为什么这种病毒会在这些少数不幸的人身上发作。

戴维是在46岁时患上脑炎的。这种疾病导致戴维脑的某些区域，即在左右颞叶引起严重的损伤。一旦这种疾病愈合，大约在几周的时间内，就可以清楚地发现，戴维不能学习任何新的事实了。他简直不能学习任何新的东西了。无论他遇见的是一个新的人，还是看到一种新的风景，无论他是目睹了一个新的事件，还是给他一个新的单词要求记忆，这都没有任何差别，他在记忆中就是不能保留任何事实。他的记忆力仅限于不到一分钟的时限。在那么短的时间内，他对新事实的记忆是正常的。如果我把自己介绍给他，离开这间屋子，然后在，比方说，20秒钟内回来，问他我是谁，他会马上说出我的名字，并且说，是的，他刚才见过我，我不见了，现在又回来了。但是，如果我在3分钟之后回来，对于我是谁，戴维却连最模糊的记忆也没有了。如果我强迫他说出

来，我就会变成**任何一个人**，或许变成表兄乔治·麦肯齐。

在根本不能学习新的事实方面，戴维和病人 HM 相类似，这个病人最初是由心理学家布伦达·米尔纳（Brenda Milner）详细研究的。自从 20 世纪 50 年代以来，HM 就一直不能学习任何新的事实（奇妙的是，他的年龄和戴维几乎同年）。但是，戴维的记忆损伤比 HM 的更加宽泛，因为他不仅不能学习新的事实，也不能回忆许多旧的事实。实际上，对他整个一生中任何独特的事情、个体或事件的回忆，他都不能进行。他的记忆丧失几乎接近婴儿时期。

这种损伤也有少数例外。戴维确实知道他的名字，以及他的妻子、孩子和 116
一些关系密切的亲属的名字。他回忆不起来他们长得什么样，也记不住他们的声音是怎样的。因此，他无法在旧的或新的照片中认出他们中的任何人，也认不出他们的外貌。实际上，他连他自己的大多数照片都认不出来，他年轻时候的几张照片是个例外。为什么戴维和 HM 在不能学习新的事实方面如此相似，在能够回忆旧的事实方面如此不同呢？原因在于，他们同是单侧受损伤，即海马体受损，但在另一侧的损伤不同，只有戴维的另一侧受到损伤——即颞叶皮层的剩余部分，尤其是在下颞叶和颞极区。

戴维知道他以前的专业工作，知道他一生大多数时光所居住过的城市，但他不能对那个地方进行描绘，他认不出他以前的房子、他拥有的汽车、他喜爱的宠物，或者他所珍爱的个人艺术品的照片。当询问那些独特的细目时，他却什么具体的东西也想不起来，当给他看这些细目的照片或这些细目本身的时候，他所能想起来的是关于该细目的知识，而这个细目是一个概念范畴的一个成分。给他看他的 14 岁儿子的照片，他说，这是一个笑得很好看的年轻人，可能要上中学了，但是，他却一点也不记得这是他自己的儿子。正如在上面的谈话中所表明的，他所能记得的就是在他周围的世界中所有最一般性的东西。他知道一座城市、一条街道和一幢大楼是什么，知道一家医院是怎样不同于一家宾馆。他知道各种不同的家具、衣服或交通工具的用途。他也知道一些东西或活物所能表现出来的各种不同的行为，他知道这些事件的一般情节发展的路线，这些事件最通常地包含着这类东西或活物。但是，当你认识到，46 岁的他已经丧失了了解他所习得的这些独特事实的能力，此后再也不能习得任何新的事实的时候，你就会估计到这种损伤有多么严重。这种损伤是如此地严重，以至于你确
实很想知道，在这个人的内心深处有什么样的心灵呢？戴维是一个傻瓜吗？这 117
是某些哲学家在他们的思想实验中创造的一种人。用更符合我们观点的话来说：

戴维有意识吗？

戴维的意识

按照核心意识的检核表，戴维的情况是相当不错的。从一开始戴维就很清醒。用神经病学家的传统话语来说，他是“清醒的和警觉的”。顺便说一句，我们知道，他的生理节奏的节律是正常的，他的睡眠正常，在 REM 睡眠，即在快速眼动期的睡眠中，他的睡眠事件和预期的一样，此时会有梦出现。戴维在行为时把注意力指向我们给他提供的刺激，这也是没有问题的。无论是要求他听一句话还是听一段音乐，无论我们给他看一张图画还是看一个电影，他和你或我一样，会把注意力朝向刺激物，有时候非常热情，有时候不太热情，但却总是相当恰当地对刺激物进行加工，形成对它的某种印象，并且准备回答与此有关的某个问题。实际上，假如这个刺激物或情境使他感兴趣的话，他能够集中注意力，能够在相当长的时间内保持这种注意力。例如，他能够下一整盘跳棋——并且取胜！——虽然他甚至都不知道这种游戏的名称，也不能明确地说出它的一条规则，或说明他上一次是什么时候下的跳棋。背景情绪持续不断地流动着，许多——尽管不是所有的——基本情绪和次级情绪也同样如此。他下棋赢了时的欢乐是一种可以看得出来的欢乐。当游戏接近关键时刻，他的声音的情绪控制就是人类情绪的一种最初的表现形态。最后，他的自发行为是有目的的——他会适当地寻找一把好的椅子来坐，寻找一些可以食用的食物和饮料，寻找他可以从中看到世界的某个电视节目或窗户。假如他所做的事情很吸引人，如果没有人对他加以干涉，他就能好几分钟或数小时有目的地做出与他所处的情境有关的行为。

戴维与我之前所描述的患者之间有很明显的区别。患有癫痫自动症的患者也是清醒的，但他们的注意广度是最简短的，不能在一个客体身上保持住，在这个客体身上保持的时间只是形成某种表象所必需的时间，然后就迅速转向下一个行为。患有自动症的患者的行为只是在每种行动之内（从杯子里喝水）或者在做出几种连续的行动（起床和走出去）时才是有目的的，但这种目的没有持续性。这些行为对于某种情境的全部背景关系也并不恰当。

在正常的醒觉、注意和有目的行为存在的情况下，使用意识的外部定义的人会得出结论认为，戴维有正常的意识。当然，我也同意这种观点，为了帮助这些外在论者进行诊断，我要补充说，戴维对他自己和周围环境的关系是相当有意识的，在他对周围发生的事情或事件作出回应的报告中，清楚地表明了这一点。我不可能跳进他的心里看一看，但我能够对他所体验到的世界所经常作出的评论进行分析——“噢！这太可怕了”；“我喜欢这一个”；“坐在这里和你们大伙一起看图画真好”；“天哪，多么可怕呀”；“我尝着很香，这是我最爱吃的那种食物”；“我觉得在公众面前讲这些事情不好。”理所应当，既然我们是同一物种的有机体，既然这种评论和我们在类似的情况下作出的评论没有什么形式上的不同，那么，它就必然产生于某种在形式上可以和我们也会作出这种判断的心理状态相一致的心理状态。当戴维几乎什么也想不起来的时候，他的自我感却仍然在起作用。

在短时记忆的时间限度内——大约持续 45 秒钟——有充裕的时间产生关于大量细目的核心意识。有证据表明，戴维通过各种不同感觉通道——视觉、听觉、触觉——得到的表象是在其机体中形成的。很显然，他把这些表象视为他自己的，而不是某个别人的。人们可以很容易地观察到，他能够依据这些表象采取行动，并且把与这些表象的内容有密切联系的行动意图报告出来。总之，戴维并不是一个傻瓜。用核心意识的术语来讲，戴维和你或我一样，都是有意识的。

不言而喻，戴维的心灵并不完全像你我一样，重要的是要将失去的东西进行描述。他的心灵有各种不同的感觉通道的表象，这些表象是以协调的和在逻辑上相互联系的方式出现的，这些表现方式会随着时间的延长而朝前变化，一些新的表现方式会接踵而至，在这个意义上说，他的心灵和我们的是一样的。戴维有一系列这类表象，莎士比亚（Shakespeare）和乔伊斯（Joyce）用文学的形式在作品的独白中对这种过程做了转换，而威廉·詹姆斯则命名为“意识流”（stream of consciousness）。但是，在戴维的意识流内部的那些表象的**内容**则是不同的事情。我们当然知道，他的表象体现的是一般而不是特殊——是关于我们给他看的那些刺激物的一般知识，是关于他这个人、他的身体、他当前的身体和心理状态、他喜欢和不喜欢的东西的一般知识。和我们不同，戴维绝不可能凭幻想说出某些事情、人、地方或事件的具体细节。你或我不可避免地会经常把一般知识的表象和具体知识的表象混合在一起，而戴维则不得不呆在一般知识的限度之内。在其内容的具体性方面，戴维的心理和我们的不同。

我猜想，在表象的数量上也是不同的。由于限制在一般的内容方面，戴维的心理可以在每一个单位时间内很好地加工比你我的加工数量更少的表象。

这种完全缺乏具体内容的现象确实对他的能力造成了损害，这种能力可以把他对某一物体的理解和他作为个体发展的一个人联系起来。他能够感受到一个客体的实际意义，能够为此而形成一种快乐的感受，但他却不能明确地表述他是怎样形成这种实际意义或感受的，他也回忆不起来在他的生平中有哪些具体事例导致他想象出这些表象。他也不能表述清楚，该客体是怎样和他所预期的未来联系起来或不相联系的，理由很简单，和你我不同，戴维对一个计划好的、潜在的未来没有记忆。戴维一直不能提前作出计划，因为提前制订计划需要对过去的具体表象进行理智的操作，而戴维却不能引起任何具体的表象。所有这一切都表明，他有一个正常的、此时此地的自我感，但是，他的生平记忆被缩减成一个轮廓，因此，这个可以在任何时刻建构起来的自传式自我发生了严重的枯竭。

120 由于在具体细节方面的这种缺乏，戴维的扩展意识便受到了损害。如果他能够凭幻想想象出在他的生平记忆中不再拥有的具体内容，那么，容许扩展意识存在的某些机制就可能会实际地发挥作用，这种情况是有可能发生的。没有证据表明，他缺乏同时产生几种心理表象的能力，或者在心灵中拥有不同感觉通道的不同表象的能力，这是一种通过工作记忆而形成的能力，而且是扩展意识的基础。例如，他可以毫不费力地完成那些要求把颜色、形状和大小联合在一起的任务。

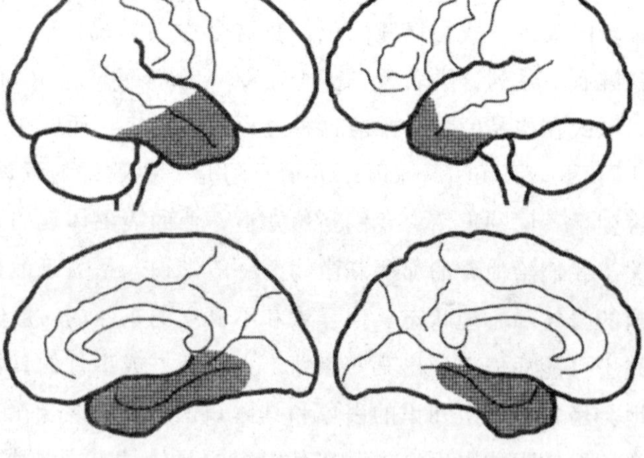

图 4.2　患者戴维的颞叶损伤程度。这种损伤破坏了左右两半球的颞叶的大片脑区，包括海马，这导致对任何新事实的学习和对旧事实的回忆都受到严重损害。

由于戴维缺乏对独特细目进行界定所要求的具体细节，因此，他也缺乏与
社会认知和行为有关的扩展意识的某些方面。对社会情境的高水平觉知是建立 121
在对具体的社会情境的广泛认识基础上的，戴维却不能产生这种认识。他观察到大量的以礼貌的方式表现出来的社会习俗，他以这种方式向别人问候，轮到他讲话时再讲话，或者以这种方式在马路上或走廊里到处走动。对于什么是文雅和善良的行为，他也能明白。但是，对于某一社会集体的操作活动的全部知识，他却弄不懂。

戴维的故事支持两种结论。第一个结论是，在某种独特和具体水平上的真实知识并不是核心意识的先决条件。第二个结论是，戴维的两侧颞叶脑区有大量的损伤，包括海马、覆盖在海马上面的内侧皮层、颞极区、外侧颞区和下颞区的一块较大的区域，以及杏仁核。这样，我们就了解到，核心意识根本就不可能依赖于这一大片的脑区。

收集一些事实

意识可能会受到损害，也可能没有受到损害，对这两种不同状态下的简单分析中可以归纳出许多初步的事实。

第一，意识并不是一个坚如磐石的整体。我们可以合理地把它分成几种不同的意识——至少在那种简单、基本的意识和那种复杂、扩展的意识之间有一种自然的划分——在扩展的意识之内把它分为几种层次或等级也是合理的。神经疾病的结果使核心意识和扩展意识之间的区分合法化了。在运动性缄默症、失神型发作、癫痫自动症、持续植物性状态、昏迷、深度睡眠（无梦睡眠）和麻醉状态中，那种基本的意识，即核心意识，受到了破坏。为了与核心意识的基本性质保持一致，当核心意识出现问题的时候，扩展意识也会出现问题。另一方面，当扩展意识受到破坏的时候，正如自传式记忆发生严重失调的患者所例证的那样，核心意识却没有受到破坏。（扩展意识及其
失调在第 7 章讲述。） 122

第二，一般地说，把意识和诸如醒觉、低水平的注意、工作记忆、习惯记忆、语言和推理等功能分离开来是可能的。核心意识和醒觉或低水平的注意不同，虽然它要求后两者都要在正常情况下进行操作。我们已经看到，从技术上讲，患有失神型发作或自动症，或者运动性缄默症的患者处在醒觉状态，但却

没有意识。另一方面，那些长眠不醒的病人［一部分快速眼动睡眠（REM）的人例外］可能不再有意识。

核心意识和拥有一段时间某种表象不同，这也是一个被称为工作记忆的过程——自我感和觉知感如此短暂，如此丰富地产生出来，以致没有必要长时间地拥有它，就可以使它发挥作用。另一方面，工作记忆对扩展意识的过程是至关重要的。

正如我们已经看到的，核心意识并不依赖于对某一表象的稳固记忆或对它的回忆，就是说，它并不依赖于习惯的学习和记忆过程；核心意识不是建立在语言基础上的；最后，核心意识和在诸如制订计划、问题解决和创造性过程中对某一表象进行理智的操作不同。在推理和制订计划方面有严重缺陷的患者表现出完全正常的核心意识，尽管达到最高的扩展意识也是有缺陷的。（见 *Descartes' Error*）

所有这些不同的认知方面——醒觉、表象生成、注意、工作记忆、常规记忆、语言、智力——都可以通过适当的分析和分别的调查而分离开来，尽管它们是一起进行操作活动的，并与意识完美和谐地融汇在一起。

第三，情绪与核心意识有明确的联系。核心意识受到损伤的患者不能用面
123 部表情、身体表情或发音来表达情绪。在这些患者身上，全部的情绪，从背景情绪到社会情绪，通常都丧失了。[1]相比之下，正如我们将要在讨论扩展意识时（第 7 章）所看到的，核心意识保存完好但扩展意识受损的患者，有正常的背景情绪和基本情绪。这种联系至少表明，情绪与核心意识所依赖的某些神经装置位于相同的区域之内。但是，在情绪与核心意识之间的联系超出了其所依赖的纯粹的神经结构联系。

第四，核心意识的损害把全部心理活动以及所有的感觉通道都作为针对的目标。在核心意识受损的患者身上，从那些昏迷和持续植物性状态的患者到患有癫痫自动症、运动性缄默症和失神型发作的患者，都没有给保存下来的意识留下活动的空间。这种损伤扩展到所有感觉通道。核心意识服务于能够成为意识的全部思想范围，所有已知的事物。核心意识就是一个核心的资源。

相比之下，正如下一章将要讨论的，在一个感觉通道之内，例如在视觉或听觉之内，形成表象的能力受损，只会损害对某一客体的某一方面——视觉或听觉方面——的意识评鉴，但不会损害一般的核心意识，甚至也不会损害通过不同的感觉通道——例如，嗅觉和触觉——而形成的对同一客体的意识。诚

然，**所有的**形成表象的能力都受到损害，就会把意识完全消除，因为意识是对表象起作用的。

有一种观点认为，意识是被感觉成分所阻断的，但上述的观察与这种观点并不相容。在某些情况下，脑损伤会阻止患者对某些表象进行加工，例如，对视觉或听觉表象。在这些情况下，对该通道的感觉加工可能会接近于完全丧失，例如在皮质盲（cortical blindness）中；或者该通道的某个方面可能会丧失，例如颜色加工能力的丧失，这就是众所周知的全色盲；或者某一加工过程 124
的重要方面受到损伤，例如在所谓面孔失认症（prosopagnosia）情况下，患者认不出熟悉的面孔。在我的框架中，受到这种影响的患者对“有待于认识的事物”发生了失调。但是，他们对在其他感觉通道中形成的所有表象都有正常的核心意识，同样重要的是，对于他们没能正常加工的具体刺激物，他们也有正常的核心意识。换句话说，患者认不出以前熟悉的面孔，但对他们所面对的刺激物却有正常的核心意识，能够完全意识到他们不认识这个面孔，即便他们应该认识。他们知道，实际上，这是一个人的面孔，正是他们的自我感在认识活动中没有能够认出来。这些患者有正常的核心意识，而且有一个位于有缺陷的知识岛屿之外的正常的扩展意识。他们受到限制的困境强调这个事实，核心意识及由此而引起的自我感，是一种核心的资源。这些观察也提出了关于尝试在某一感觉通道，例如视觉的领域之内**全面地**理解意识的问题，而无需诉诸于意识所服务的整个有机体的概念。这些尝试可能有助于阐明在第 1 章所概述的那两个意识问题中的第一个——即脑中的电影问题——但却不能说明第二个问题——即在认识活动中的自我感问题。[2]

核心意识是可以和其他认知过程分离的，这个事实并不意味着，意识对它们没有影响。相反，正如在第 6 章所解释的，核心意识对其他认知过程有重大的影响。核心意识使注意力集中，并且使注意力和工作记忆的效率得到提高；核心意识有助于确定所记忆的东西；对语言的正常操作而言，核心意识是必不可少的；核心意识扩展了我们所谓制订计划、问题解决和创造性这类理智操作的范围。

总而言之，像我们这样有广博的记忆和智力的个体，无论是否有语言的帮助，都能在逻辑上对事实进行操纵，并且从那些事实中进行推理。但是，我要
指出，核心意识是可以和我们对核心意识的内容所作出的推理分离开来的。我 125
们能够推论说，我们心中的想法是在我们个体的观点中形成的；我们拥有它

们；我们能够对它们发挥作用；与客体建立关系的明显倡导者就是我们的有机体。但是，正如我所看到的，核心意识是在这些推论之前开始的：**这就是证据，就是在认识活动中对我们个体有机体的直接感受。**

以上讨论的所有这些认知特征已经通过核心意识而得到了加强，这些特征又反过来在核心意识的基础上帮助建立了扩展的意识。而且，这两者的联系从未中断。在扩展意识的背后，在每一个时刻，都有核心意识的脉搏跳动。听起来这很奇怪，但不必大惊小怪。为了欣赏巴赫的音乐，我们仍然需要领悟。

若明若暗的暗示

在有些情况下，核心意识可能会消失，或者，尽管存在着其他重要的认知障碍，核心意识也会明显地保留下来，既然我们已经对这些情况进行了讨论，现在该是我们更多地谈一谈核心意识的时候了。

在本书的第1章里，我就开宗明义地指出，核心意识包括一种建立在表象基础上的内在感。我还指出，这些特殊的表象就是对某种感受的表象。这种内在感包含着一种强有力的非言语信息，它与有机体和客体之间的关系有关：在这种关系中有一个作为个体的主体，一个在一瞬间建构起来的实体，表面看来当时的知识就是由该实体产生的。隐含在这句话中的是这样一种观念，即现在正在加工的任何一个客体的表象都是按照我们个人的观点形成的，我们才是这种思想加工过程的拥有者，我们能够对这种思想加工过程的内容施加影响。在这个核心意识加工过程的最后，就是引起核心意识的那个客体价值的提升，这

样，该客体便作为它所拥有的与产生认识活动的这个有机体的关系的一部分而突显出来。

我在这里所采纳的这种意识观与洛克（John Locke）、布伦塔诺（Franz Brentano）、康德（Immanuel Kant）、弗洛伊德、威廉·詹姆斯这些形形色色的思想家所表述的观点有历史的联系。和我一样，他们都相信，意识是“一种内在感”。奇怪的是，这种“内在感”的观点在意识研究中却不再是主流。[3]在我所采纳的观点中，意识与威廉·詹姆斯为此所概括的一些基本性质也是一致的：意识是有选择的；意识是连续不断的；意识包含着它自身之外的对象；意识是个人的。詹姆斯并没有在核心意识和各种扩展的意识之间作出区分，但这样做并不会出现问题，因为他提出的这些性质很容易适用于这两种意识。[4]

核心意识是以类似于脉动的方式产生的，包括我们即将意识到的每一个内容。当你面对一个对象，为此建构一个神经模式，并且自动地发现，现在已经凸显出来的这个对象的表象是在你的视野中形成的，是属于你的，你甚至能够对它产生影响的时候，使之具体化的正是这种知识。你获得了这种知识、这种发现，我宁愿称之为立即获得的：没有显而易见的推理过程，没有把你引向那里的光天化日之下的逻辑过程，而且也没有言词——只有关于该事物的表象，与此紧密相连的，就是你所拥有的感受。

你还没有直接认识到的是在这种发现背后的机制，是在你的心灵的表面看来开放的阶段背后所必须采取的那些步骤，目的是为了使某一客体表象的核心意识得以产生，使这种表象成为你自己的。总的说来，在这个阶段背后的那些步骤是要花费时间的，这种时间是在一个对象的表象与你拥有这种表象之间建立因果联系的本质。如果用一个很精确的记秒表进行测量的话，所消耗的时间是很少的，但是，如果你从神经元的视角来考虑的话，时间的耗费实际上是相当大的，神经元使这一切成为可能，它的时间单元要比你的意识心灵的单元小得多——神经元只在几毫秒的时间内就可以兴奋起来，并且使自己爆发出来，而我们在心灵中所意识到的事件却要在几十毫秒、几百毫秒、几千毫秒的时间内才能出现。到你接收到意识所“传递”的某一对象的时候，对那种似乎像是一种永恒的分子的东西而言——如果分子能够思维的话——事情已经在你的大脑机制中过去了。我们总是毫无希望地等待迟到的意识，而且，由于我们都遭受同样的迟到，因此，谁也没有注意到这种迟到。意识是迟缓的，与产生意识过程的实体有关，这种观点得到了本杰明·利伯特（Benjamin Libet）的先驱实验的支持，该实验研究了使刺激成为意识所花费的时间。我们的意识很可能要晚大约 500 毫秒。[5]一方面，细胞活动需要时间，另一方面，所花费的时间又使我们产生了意识。我们可以确定我们的心理自我在这两者之间的位置，这当然是很奇怪的，而且我们肯定会很谦卑地认为，我们不可能恰当地想象这两种相隔遥远的时间尺度中的任何一种。

当你看着这一页，并且看见这些词的时候，不论你是否希望，都会自动地和毫不松懈地感受到，**你**正在进行阅读。我没有在阅读，别的人也没有。是你在感受。你感受到，你现在所知觉到的那些对象——这本书、你周围的房间、窗户外面的街道——正在你的视野中得到理解，在你的心灵中所形成的思想是你的，而不是任何别人的。你还感受到，如果你是这样想的话，就能对这种景象发挥作用——停止阅读、开始反思、站起身来和走一走。**意识**是包含着很多心理现象的术语，使你作为事物的观察者和被观察事物的认识者、使你作为在你的观点中形成的思想的拥有者、使你作为这种景象的潜在的代理人，能进行各种奇怪的混合。意识是你的心理过程的一部分，而不是位于其外。个体的观点、个体对思想的拥有，以及个体的代理都是有非常丰富意义的，这些意义都是核心意识向现在在你的机体中展现出来的那种心理过程提供的。核心意识的本质就是你的这种根本思考——你的这种根本感受——你就是包含在这个认识你自己的存在和他人存在的过程中的一个个体。就目前而言，认识过程和自我
128 都是真正的心理实体，从生物学上讲，它们都将是完全真实的，但与我们的直觉可能导致我们想象的东西大相径庭，对此千万不要在意。

你正在阅读这本书，并且随着你的阅读的进展，你在概念的思想流动中把它的词义翻译过来。这一页上的词句是我的概念的翻译，现在则反过来在你的心灵中用非言语的表象进行了转换。所收集的这些表象对最初曾在我的心灵中的那些概念作了解释。但是，和感受到这些印刷的文字以及表现出理解这些文字所需要的相应的概念知识相一致，你的心灵也表明，是**你**正在逐一地进行阅读和理解。你的全部心灵并没有仅限于对在外部所感知到的事物的表象，或者对那种与所感知到的事物有关的被回忆起来的事物的表象。它还包括你自己。

构成认识活动和自我感——即对认识活动的感受——的表象，并没有在你的心灵中占据中心位置。它们最强有力地影响你的心灵，但通常却待在一旁；它们使用的是自决权。在大多数情况下，认识活动和自我感是以精微的而不是肯定的方式进行表现的。失去的是这些精微的心理内容，而不只是构成认识活动和自我的那些东西，这就是它的命运。

请考虑一下你当前的任务：这一页上的文字和它们所引起的思想，用传统的心理学术语讲，需要一个被称为注意的过程，这是在进行实时的心理加工时类似于某种有限商品的东西。我的文字和你的思想控制着你所能够使用的几乎所有的加工能力。当你分析这个文本的时候，十有八九，你不会同时注意你目前正在产生的所有表象，更不用说注意那些你也在产生但并没有关系的其他表象了。正因为如此，你的某些思想才有可能突显出来，而其他的思想则从心理的突出位置上退下来——例如，当你在思维过程中考虑其他表象的时候，这一
129 页上的文字可能会在短时间内一片模糊或者完全消失。你慎重而敏锐地对待你所注意的事物。它们是心灵的一种标准的操作方式。

在每时每刻都会形成和**任何**主题有关的大量的表象，一般都没有被注意到或很少注意到。就在几分钟之前，发生了下面这件事：我左手拿着一本书，右手端着一杯咖啡，往楼上我的书房走去。刚走到楼梯的一半，我想起来早先我把两只笔放在楼梯的台阶上了。当我爬楼梯的时候，却无论如何也没有注意到与此事有关的任何想法，我顺利而迅速地把咖啡转到我的左手，这是一种需要精确运动的熟练动作，以避免把咖啡洒出来，还要防止我的左手的书滑落下来；然后我开始用右手把笔拾起来。在进行回想的时候，所有这些动作，在这种情况下都不是符合常规和按顺序进行的，却很顺利地出现，而且表面看来没有任何思考。其实，我只是注意到，当我看到自己的右手采取的正是在确定了这两只笔的空间定位之后、抓住它们所必需的姿势，在这些动作的背后便产生了一个“计划”。在一刹那间，把我的心灵关注的焦点转向刚刚过去的事情，而不是转向当前这一刻。在这个细微但复杂的事件背后，我不可能对这个感觉——运动过程的某一部分进行重新建构。

在心理上所经历的事情中，只有一部分是相当清楚的，而且能被明确地注意到，它就在那里，一点也不远，只要你愿意尝试，或许就可以注意到。奇怪的是，一个人所处的情境确实会影响他在心理的边缘所注意到的内容的多少。要不是我一心想着核心自我的精微存在这个问题，我很可能根本就不会注意到这个事件，也不会对伴随着这些不明显动作的细微的心理活动的丰富性进行反思。[6]

如果你争辩道，你从来没有注意到自己在进行认识活动，我会说，更加仔细地注意，你就会注意到了。我还要补充的是，不去注意你自己在进行的认识活动，这是有好处的。开始想一想吧，除非当前的心理活动的特殊目的是反映你独特的机体状态，否则，把注意力分配到你当前的一部分心理内容上是没有意义的，没有必要把加工能力单独浪费在你身上。就顺其自然吧。 130

代表你的那个记号可以使用自决权，这个事实并不意味着，这个记号并不重要或不是必需的。在某种程度上说，你可以有意地控制那种更精心制作的你的感受活动，我称之为自传式自我；你可以使他控制你的心灵的全景，或者使之成为最微小的。但是，对于核心的你的存在，你却不可能有多少作为；你不可能使它完全消失——总是会保存着某种实际的存在，一件好事也总是保存着。正如我们刚才所看到的，除了那些由睡眠或感觉缺失所引起的情境之外，核心意识的消失就是疾病的一种信号。如果这种消失只是部分的，它就会引起一种异常的状态，别人很容易就会认为这是不正常的，但你对此却并不知道——当没有认识活动的时候，你就不会知道。重要的是，认识活动和自我都消失了，但醒觉却没有消失，这会使有机体处在严重的危险之中——其中一种危险就是，能够行动，但却不知道其行动的后果。这就好像是，如果在认识活动中没有自我感，一个人所产生的思想就会无人认领，因为它们的合法拥有者消失了。至于这些思想究竟属于谁，自我枯竭的有机体却全然不知。

第三部分　认识的生物学

133

5

有机体与客体

自我背后的身体

把意识研究的焦点集中在自我的问题上使这项研究更加有趣，但直到我开始根据这两位选手，即**有机体**和**客体**，并根据它们之间的**关系**来看待意识的时候，研究才更加清楚。我突然想到，意识是由建构关于两个事实的知识构成的，一个事实是：有机体包含在与某一客体的关系中；另一个事实是：这种关系中的客体正在引起有机体发生改变。正如以前所提到的，阐明意识的生物学是发现这两个选手的神经模式及其关系的关键。

与表征有机体相比，表征客体的问题似乎并不是那么高深莫测。神经科学付出了相当大的努力来理解对客体进行表征的神经基础。对知觉、学习和记
忆，以及语言的大量研究给我们提供了脑是如何以感觉和运动的方式加工一个 134
客体的可行的观点，以及一个客体的知识是怎样在记忆中储存的、是怎样以概念的或语言学的术语进行范畴归类的、是怎样以回忆或再认的方式进行提取的观点。客体是以神经模式的形式，在与其性质相适合的感觉皮层中展现出来。

例如，在用视觉感受到一个客体的时候，适当的神经模式便在视觉皮层的各个区域建构起来，不只是一两个区域，而是许多区域，它们齐心协力地在视觉方面映射该客体的各个方面。在本章的后文中，我们将回到这个客体的表征上来。

但是，在有机体方面，事情就大不相同了。虽然人们已经知道，有机体是如何在脑中进行表征的，但对于这些表征是怎样与心灵联系的，是怎样与自我概念联系的，人们却很少注意。怎样才能给脑提供一种自然的手段，来产生我们称之为自我的这种单一的和稳定的关联，这个问题还没有得到解答。相当长时间以来，我一直相信，答案就在一套独特的有机体表征及其潜在的行动之中。在《笛卡尔的错误》一书中，我提出了这种可能性，从生物学上讲，我们称之为自我的这一部分心灵建立在一系列非意识（nonconscious）的神经模式基础之上，这些神经模式代表我们称为身体本身的有机体的一部分。[1]乍一听，这话可能听起来很奇怪，但是，在考虑了我给出的理由之后，或许你就会认为这句话合理了。

稳定的需要

在探查自我（从简单的核心自我到精心加工的自传式自我）加工的生物学根源的时候，我是通过考虑它们的共同特点而作为开端的。我把稳定性放在这张列表的最顶端，理由如下。在所有各种自我中，我们可能认为，某种观念总是占据着舞台的中央，这种观念就是：随着时间的延续，一个有一定界限的、单一的个体改变如此轻微，但不管如何，似乎又保持不变。在着重论述稳定性的时候，我的意思并不是说，无论以什么形式，自我都是一个不可改变的认知实体或神经实体，而是相
135 反，它必须具有相当大程度的结构不变性，这样它才能在长时间内保持关联的持续性。关联的持续性实际上就是自我需要提供的东西。

保持相对稳定性是所有加工水平都要求的，从最简短的加工到最复杂的加工。当你把空间中的各种客体联系在一起的时候，或者当你始终一致地以某种方式对某些情境作出情绪反应的时候，就一定会有稳定性。在复杂的观念水平上也具有稳定性。当我说“我改变了对公司的看法”时，我想要表明的是，我曾经对公司持有某些看法，但现在不再有那些看法了。现在我的心里对公司进

行描述的内容，以及现在我对它们行为的概念都已经改变了，但是，我的自我却没有改变，或至少不像我对公司的看法那种同等程度的改变。相对稳定性是对关联持续性的支持，因此是自我所必需。我们对自我的生物学基础的寻求必须要对能够提供这种稳定性的结构进行确认。

当我们向自我观念背后观望的时候，我们发现了单一个体的观念。而当我们向个体的单一性背后观望的时候，我们发现了稳定性。因此，自我的生物学根源这个谜语可以用这样的话来表述：为心灵提供某种支撑的是什么呢，是单一的，还是相同的呢？

作为自我先兆的内部环境

意识是生命机体的一个重要属性，在对意识进行讨论时，把生命包含在内可能是有助益的。看起来，意识当然对生命和使机体保持生命的基本装置都作了假定，而且很有可能意识已经成功地进行了进化，这恰恰是因为它对生命提供了最出色的支持。

理解生命有机体（从由一个细胞组成的有机体到数以几十亿计的细胞组成的有机体）的一个关键，是对它们界限的确定，在**内部**的东西和**外部**的东西之间的分离。有机体的结构在这个界限之内，而有机体的生命则是通过对这个界 136
限之内的内部状态的保持而确定的。单一的个体性依赖于这个界限。

在任何情况下，甚至是当有机体周围的环境发生重大变化的时候，也会有一种适合于机体结构的痕迹性安排（dispositional arrangement），这种结构可以改变有机体的内部活动方式。这种痕迹性安排可以确保环境的变化不会使内部的活动发生相应的重大和过分的变化。当就要发生导致危险的变化时，它们可以通过某种先发制人的行动来进行转移；当危险的变化已经发生时，它们仍然可以通过某种适当的行动进行更正。

我在这里所描述的对生存的详细说明包括：一个界限；一个内部结构；为调节内部状态而作的痕迹性安排，发布一条维持生命的命令；使内部状态发生细微的变化，以便使这些状态保持相对稳定。现在来想一想这些详细的说明吧。难道我**只是**在描述一个详细说明的清单，以便使一个简单的生命有机体保持存活吗？或者我是否可能也在描述自我感的某种生物学前提——这种自我感就是旨在通过保持稳定性来维持其生命的一个单一的、有界限的生命有机体的感受吗？我会说，我可能是在对这两者中的任何一个进行描述。认识到内部环境的恒定性是维持生命的基础，**以及**对于最终将成为心灵中的一个自我的东西来说，这种恒定性可能会成为一个蓝图和标向，这真是太有趣了！

关于内部环境的更多描述

一个由单细胞组成的简单有机体，比方说，一个变形虫，不只是活着，而且一心要保持生命。作为一个没有脑、没有心灵的生物，变形虫并不是在人类了解自己的意图这个意义上来了解它自己的有机体意图的。但是，某种形式的意图是存在的，是通过这个小生物设法使其内部环境的化学成分保持平衡而表现出来的，而在它周围，在它外部的环境中，所有的一切可能都会大乱起来。

137 我所强调的是，保持存活的强烈欲望并不是现代才发展起来的。它不是人类独有的一种特性。大多数活的有机体都以某种方式，从简单的方式到复杂的方式表现出这种特性。真正发生变化的是有机体**了解**这种欲望的程度。几乎没有多少有机体了解。但是，无论有机体是否了解，这种欲望仍然存在。多亏了意识，才使人类敏锐地觉知到它。

生命是在一个对身体进行限定的界限内展现出来的。生命和对生命的强烈欲望是在一个界限之内存在的，这堵可以有选择地穿透的墙把内部环境和外部环境分离开来。有机体的观念是围绕这种界限的存在而出现的。在一个单细胞中，这个界限被称为一个膜。在像我们这样复杂的生物中，它却采取多种形式——例如，覆盖我们大部分身体的皮肤；覆盖可以接受光线的一部分眼球的角膜；覆盖口腔的黏膜。如果没有界限，就没有身体；而如果没有身体，就没有有机体。生命需要一个界限。我相信，当心灵和意识最终在进化中出现的时候，它们首先是和某一个界限内的生命以及对生命的强烈欲望有关。在很大程度上，它们仍然存在。

在显微镜下

现在，请你来了解一个单细胞的内部吧。你将发现，这个细胞的细胞核浸在被称为细胞质的丰富液体中。浸在细胞质中的还有细胞器，一个细胞的一些亚结构，例如线粒体和微管。只有当这些液体的化学成分在一定的可变范围内发挥作用的时候，生命才会继续。当一系列化学参数的变化超过了或者低于一定的数值，生命就会停止。生命是由持续的变化以某种奇怪的方式组成的，但却要求这种变化的范围保持在一定的限度之内。如果你想要仔细地看一看这个界限的内部，就会发现生命是由一个接一个的巨大变化组成的，一片波涛汹涌的大海，滔天巨浪一个接着一个。但是，如果你从远处望去，这些变化就很平缓，就好像从一架高空飞行的飞机上看到的那样，波涛汹涌的大海变成了平静如镜的表面。如果你使自己离得更远些，同时远看整个细胞及看其环境，你就会发现，与周围的剧烈变化相反，细胞内部的生命现在基本上是稳定的和相同的。 138

驾驭这些变化的幅度，控制来自外部的变异，这是一项艰巨的任务。它持续不断地进行着，只有通过分布在整个细胞核、细胞器和细胞质中的有明确目标的指令和控制功能才能做到。1965 年，法国生物学家克劳德·伯纳德（Claude Bernard）给有机体内部的环境起了个名字：**内环境**（internal milieu）。这个术语，连同它的法国味道，一直被人们使用着，没有人再使用“内部环境”（internal environment）作为它的一种可能的译法了。克劳德·伯纳德注意到，细胞居住在内的这些液体的化学剖面图通常是相当稳定的，只在很狭窄的范围内变动，无论有机体周围的环境发生多大的变化。他由此产生了强烈的感悟：为了使独立的生命得以继续，内环境就必须保持稳定。在 20 世纪早期，W. B. 坎农（W. B. Cannon）本来是可以通过描述一种生物学功能而使这些观点向前推进一步的，他称之为**“体内平衡”**（homeostasis），并且把这种功能描述为：“协调的生理反应，这些反应使身体的大部分稳定状态得以保持……，而且这些反应是生命有机体所特有的。”[2]

这种使生命得以保持的不知不觉的和无意识的强烈欲望，在一个进行复杂的操作活动的单细胞内部表现出来。这种操作活动要求“感受到”在这个界限内部的化学剖面图的状态，而且要不知不觉地、“无意识地认识到”要做什么；用化学的术语讲，这种感受发现，在该细胞内的某个地方或某个时间，某种成分太少或者太多了。换句话说：它需要的是一个类似于知觉的东西，以便感受到不平衡；它需要的是一个类似于内隐记忆（implicit memory）的东西，它以动作痕迹的形式表现出来，以便使它在技术上知道是怎样进行的；它还需要一种类似于技能的东西，这种技能表现的是一种先发制人的或纠正的动作。如果所有这一切在你听起来就像是描述我们脑的一些重要的功能，那么，你就说对了。但是，事实上，我并不是在谈论一个脑，因为在这个小细胞内部并没有神
139 经系统。而且，这个类似于脑但又不是脑的机制并不是复制脑特性的自然结果。相反，感受到环境的状况、拥有知道如何去做的痕迹，以及在这些痕迹的基础上采取行动，早在单细胞生物成为任何多细胞有机体的一部分之前，就已经在单细胞生物中存在了，更不用说**有**脑的多细胞有机体了。

在约束有机体的界限内的生命及生命欲望，要早于神经系统和脑的出现。但是，当脑出现的时候，它们仍然和生命有关，而且它们确实保存和扩展了感受这种内部状态的能力，具有了知道如何去做的先天痕迹，并且使用这些痕迹对脑周围环境中的变化作出反应。脑使生命的强烈欲望得到了如此有效地调节，而且在进化的某一时刻能进行有意地调节。

管理生命

生命的管理对在不同环境中的不同有机体设置了不同的问题。为了作出恰当的反应和保存生命，在适宜环境中的简单有机体可能根本不需要什么知识，也不需要任何计划。所需要的可能就是几个感受装置、根据所感受到的东西进行反应的一些先天痕迹，以及采取行动的一些手段，这种行动是作为反应而选择出来的。相比之下，处在复杂环境中的复杂有机体要求掌握大量的知识，能够在许多可以采用的反应中作出选择，能够建构新的反应组合，能够提前制订计划，以避免不利的情境和谋求有利的情境。

执行这些要求所完成的任务需要的机制是很复杂的，而且需要有一个神经系统。它需要有相当大量的先天痕迹，这些痕迹的相当大一部分一定是由基因组提供的，而且是先天的，尽管某些痕迹可以通过学习而得到改变，而另外的一些痕迹可以通过经验而获得。对我们以前所讨论过的情绪的控制，就是这种
140 **痕迹**储备中的一部分。有几种感受器也是需要的，这些感受器必须能够检测到来自脑之外（身体）和身体之外（外部世界）的环境中的各种信号。最后，对生命的管理还需要有一种反应的手段，不只是通过肌肉而执行的动作，而且还有能够对有机体的内部状态、实体、动作和关系进行描绘的表象。

这样，对在一个复杂的但不一定适宜的环境中的复杂有机体的生命进行管理，就需要有更多的先天能力、更多的感受能力和更多样的可能反应，这些能力和反应比一个简单的有机体在简单环境中所需要的更多。但是，问题并不只是体现在数量上。需要有一种新的方法，而且自然已经通过形成两种解剖的和功能的安排而使这种方法得以存在。第一种方法是把管理有机体生命的不同方面所需要的脑结构和一个整合的但成分多样的系统联结起来。来自工程学的类比就是一些相互联结的控制板的集合，用生物学的术语讲，这些控制板并不是神话：它们位于脑干的几个细胞核、下丘脑和基前脑之中。第二种方法是向这些管理区提供随时发出的来自有机体各部位的信号。这些信号向管理区——即控制板——提供关于有机体状态的经常更新的看法。

有些信号是直接通过神经通路运送的，并且显示出内脏（如心脏、血管、皮肤）或肌肉的状态。其他信号是在血流中传递过来的，是通过对荷尔蒙，或葡萄糖，或氧气和二氧化碳的浓缩，或者通过血液的 pH 水平而被传递过来的。这些信号被许多神经感受装置所“解读”，这些装置根据它们的“解读”标准的定位点而作出不同的反应。这种操作活动可类比为与气温控制有关的恒温器：某些温度计读数会引起某种反应（加热或制冷，直到达到所需要的定位点）；某些数值则不会引起任何反应。例如，你可以想象，在脑干和下丘脑中 141
的中枢神经系统的一部分，是一些类似于恒温器的探测器的大片领地，其活动状态便构成了一种映射。这一类比中存在着某些危险，因为在一个生命有机体身上的定位点可能会在一生中发生变化，可能会部分地受这些感受装置在其中发挥作用的环境影响。我们的这些类似于恒温器的检测器毕竟是由活的组织构成的，不是由金属或硅酮构成的。由于这些原因，史蒂文·罗斯（Steven Rose）富有说服力地赞成使用**体内动力学**（homeodynamics）这个词，而不是**体内平衡**这个词。[3]但是，这一类比的实质还是合理的。

为什么身体表征十分适合于表示稳定性

为什么身体表征十分适合于表示稳定性，其原因来自身体的构造和操作活动的明显不变性。在整个发展过程中，到成年期，甚至到开始衰老的时候，身体的布局仍然基本保持不变。当然，在发展过程中，身高在增长，但在整个一生中基本的系统和器官是相同的，大多数成分所进行的操作活动很少改变或根本就没有改变。骨头、关节和肌肉基本如此，尤其是内脏和内环境更是如此。内环境和内脏的可能状态的范围是相当有限的。由于与生命一致的这些状态的范围很小，因此，这种有限性就被建构在有机体的细节内部了。容许变动的范围是如此微小，遵守这种有限性又是生存所必需的，致使有机体从一开始就有一个自主的调节体系，以保证对生命造成威胁的偏差不会出现，或者能够得到迅速地纠正。

简而言之，不仅身体的大部分对最微小的变化——人们甚至可能会说相对的相同性——非常注意，而且有机体天生地就带有这些装置，旨在为这种有限的变化提供保证；或者如果你愿意那样说的话，旨在保持相同性。这些装置是通过遗传植根在任何有机体身上的，无论有机体是否想要，这些装置都会各负
142 其责地做它们的基本工作。大多数有机体并不是“想要”任何东西，但是，在那些确实想要这样做的有机体身上，这也没有什么区别：这些基本的调节装置仍然是以同样的方式发挥作用的。

所以，如果你正在我们的脑世界这个变化的宇宙中寻找一个稳定性的港湾，你所能做的就是考虑一下这些使生命得到控制的调节装置，连同描绘生命状态的内环境、内脏和肌肉与骨骼框架的这个整合的神经表征。内环境、内脏和肌肉骨骼框架会产生一种动态的但范围狭窄的持续表征，而我们周围的世界却发生着显著的、深刻的，而且常常是不可预测的变化。脑使一个变化范围有限的实体——即身体——的动态表征随时发挥作用。[4]

一个身体一个人：自我的单一性的根源

在这一点上，你可能希望考虑一条有趣的证据。对你所认识的每一个人来说，都有一个身体。你可能从未想到过这种简单的关系，但确实如此：一个人，一个身体；一个心灵，一个身体——这是第一原则。你从未见到过一个没有身体的人，从未见到过一个有两个身体的人，或者有多个身体的人，甚至连体双胞胎也不是这样的，这种事根本不会发生。你可能见到过，或者听说过，身体里面有不止一个人，这是一种病理状况，是众所周知的多重人格失常［最近它有了一个新的名字：分离性身份识别障碍（dissociative identity disorder)］。但是，即便如此，这条原则也并不经常受到违犯，因为，在每一个确

定的时间内，在许多同一性之中，只有一种能够使用身体来思考和行动，每次只有一种同一性获得足够的控制，成为一个人和表现自己（最好是说，表现它的自我）。人们并不认为多重人格是正常的，这个事实反映了一种普遍的看法，即一个身体伴随着一个自我。

我们如此欣赏好演员的一个原因是，他们能够使我们相信，他们是其他的人，他们有其他的心灵和其他的自我。但是，我们知道他们没有，他们只不过是一些巧妙假装的人，我们之所以奖励他们的工作，是因为他们所做的一切既不是天然的，也不是容易的。 143

现在看来，这很有趣，难道不是吗？为什么我们通常不会在一个身体中发现两个或三个人呢？这是一个什么样的生物学组织机构啊。或者为什么那些有伟大的理智能力和想象力的人不会居住在两个或三个身体之中呢？这是一个多么有趣、有多种可能性的世界啊。为什么在我们当中不会有没有身体的人呢，你们知道的，灵魂、精神、没有重量没有颜色的生物呢？为了节省篇幅，先考虑这些吧。但是，一个简单的事实是，这些生物现在并不存在，没有任何迹象表明它们存在过。为什么没有呢？一个明显的理由是，一个心灵对一个人进行限定，只需要一个身体，而一个身体，尤其是一个人的身体，天生就产生一个心灵。一个心灵是由身体如此紧密地形成的，而且注定是要为身体服务的，因此其中只能产生一种心灵。没有身体，就绝没有心灵。对任何身体而言，也绝不会有一个以上的心灵。

这些身心相连的心灵有助于挽救身体。当像我们这样有身体和意识心灵的生物出现时，正如尼采所称，它们是“植物和鬼魂的混血儿”，是一个有界限的、有明确限定的、很容易辨认的生物客体和一个表面看来没有界限的、内部的、难以定位的心理生命的结合。他还把这些生物称为“不和谐”（discords），因为它们确实是一个显然物质的东西和一个显然非物质的东西的一种奇怪的婚姻。这种婚姻已经使大家困惑了一千年了，而现在可能在某种程度上比以前更容易理解了。或许是这样的。[5]

有机体的不变性和永久的非永久性

人们惊异地发现，在一个单一的心灵和一个单一的自我背后，那些表面看来坚如磐石的稳定性本身却很短暂，在细胞和分子的水平上持续不断地进行重新建构。对这种奇怪的情境——一种外观上的而不是真正的自相矛盾——有一 144 种简单的解释：虽然建造我们有机体的这些建筑材料经常被替换，但对我们有机体的不同结构的建筑设计却被仔细地保存着。对生命来说，有一个横剖型线图或蓝图（Bauplan），我们的身体就是一个包豪斯建筑设计的房屋（Bauhaus）。[1] 我们来想想下面这件事。

我们不仅仅在生命的终结时不是永久的。在有生之年，我们的大部分部件也是要消亡的，只不过是被其他非永久性的部分所取代而已。生与死的循环在一生中要重复多次——我们的身体中有些细胞只能存活短短的一个星期，大多数细胞不会超过一年；但我们脑中宝贵的神经细胞、心脏的肌肉细胞和晶状体的细胞是例外。没有被取代的大多数细胞——例如神经元——也通过学习而发生了改变。（实际上，没有什么东西是神圣不可侵犯的，甚至某些神经细胞也会被替代。）通过改变神经细胞与其他神经细胞联系的方式，生命就使神经细胞作出了不同的行为。没有任何成分能长时间地保持不变，构成我们今天身体的大多数细胞和组织已经不同于我们上大学时所具有的细胞和组织了。保持不变的在很大程度上是我们的机体结构的结构性计划，以及它的各个部位运行的固定点。我们把它称作为形式精神和功能精神。[6]

当我们发现自己是由什么组成的以及是如何组合在一起的时候，就会发现这是一个永不停息的建造和拆除过程，我们认识到，生命受这种永不停息的过程的支配。就像我们童年时在海滩上用沙子建造的城堡一样，它是能够被海水冲走的。令人惊讶的是，我们竟然有一种自我感，我们有——我们大多数人有，某些人有——构成同一性的结构和功能的某种持续性，有某种我们称之为人格的稳固的行为特质。确实令人难以置信，当然也令人惊异，你就是你，而我就是我。

但是，这个问题超越了非永久性和更新。正如生与死的循环是根据一个计划来重新建构有机体及其组成部分一样，脑也每时每刻都在对自我感进行重新建构。我们并没有一个雕刻在石头上的自我，并且像石头那样，与时间的破坏 145 力相对抗。我们的自我感是有机体的一种状态，是某些成分在某些参数内部以

[1] 这是两个德文词，“Bauplan”是个建筑术语，意思是指一套建筑设计的蓝图；“Bauhaus”字面的意思是“一座建筑的房屋”。这两个术语都和 20 世纪 20～30 年代德国的一个现代建筑学派“包豪斯”有关，其外形装饰提倡用简单的材料展示基本的建筑成分。——译者注

某种方式发挥作用和以某种方式相互作用的结果。它是另一种建构，是整合的操作活动的一种容易受到攻击的模式，其后果是要产生一个活的个体存在的心理表征。如果这种重建和更新的过程停止下来，那么，整个的生物大厦，从细胞、组织和器官到系统和表象，仍然可以通过不断地实施建构计划而得以存活，但总是有部分坍塌或全部坍塌的危险。这些建构计划都是围绕着排除这种危险的需要而制订的。

个体的视角、拥有者和代理人的根源

在你的心灵中所发生的任何事情都是在时间和空间中发生的，这些时间和空间与你的身体所处的时刻有关，与你的身体所占据的空间区域有关。事情是发生在你的身体之内或之外。处在你身体之外的那些东西是静止不动的或者是移动的。这种静止不动可能很近或者很远，或者处在两者之间。移动的东西可能会向你靠近或者远离你而去，或者在某个轨道上运行，对此你并没有觉察到，但你的身体是参照物。再者，经验的观点不仅有助于确定真实客体的位置，而且有助于确定观念的来源，无论它们是具体的还是抽象的。经验的观点是有机体中隐喻的一个根源，这些有机体具有这些丰富的认知能力，例如，大量的常规记忆、工作记忆、语言和操纵能力，我们把这些能力用智力这个术语进行归类。例如，自我这个观念是“我很喜欢的”，但小矮人这个观念却是“我不喜欢的”。同样，拥有者和代理人与处在某一时刻和某一空间的身体是完全相关的。你所拥有的东西与你的身体关系紧密，或者应该这样，它们才会成为你自己的，并且，这也适用于一些事物、爱人和观点。当然，代理人也要求有一个在时间和空间发挥作用的身体，如果没有身体，代理就没有意义。

想象你自己正在穿过马路，现在，一辆汽车出人意料地快速朝你这个方向 146
驶来。与这辆朝你驶来的汽车有关的视角就是你的身体的视角，而不可能是任何别人的视角。有一个人从你身后那座大楼三层的一个窗户里看到了这个情景，他有一个不同的视角，这是他或她的身体的视角。这辆汽车驶近了，当你朝向这辆车的方向时，你的头和脖子的位置发生了改变，而你的眼睛在配合地移动，聚焦在你的视网膜中所形成的那些快速演变的模式上。大量的调整正在进行，从起源于内耳、与平衡有关、并且用来表示身体的空间位置的前庭系统，到在脑干细胞核的帮助下指导眼睛、头部和脖子运动的丘系，到从上而来调整这个过程的枕叶和顶叶皮层。但是，这并不是事情的全部。有一辆车向你快速驶来，无论你是否愿意，都确实会引起一种称为恐惧的情绪，而且确实会改变你的机体状态中的许多事情——肠、心脏和皮肤都会作出快速反应，还有许多其他变化。我不妨建议，以上我所列举的用信号表示的所有这些变化，就是在你的心灵中执行这个有机体视角的一些手段。注意，我说的还不是使你**体验**有机体视角的手段，这种体验无异于**认识**有机体的视角。对某事的体验或认识——一句话，意识——是出现得比较晚的。当汽车驶近时所发生的许多变化都表现为脑对身体本身的多维表征，这种表征是就在这种情景开始表现出来之前的那一瞬间而迅速存在的；它们是在你的有机体的原始自我中发生的。那个从三楼窗户看到这种景象的人有一个不同的视角，但在他或她的原始自我中经历了类似的常规变化。

我要说，这种视角是通过对来自各种根源的信号进行加工而持续地和不可改变地建构起来的。首先，来自一个独特的知觉装置——在这个例子中，就是那个在两个视网膜中形成的视觉表象。其次，来自各种调节，这些调节是由身体的不同肌肉部分和前庭系统同时进行的。在这个例子中，视网膜的表象迅速
147 地变化是那辆正在靠近的汽车引起的，但是，要使这些表象保持聚焦，就必须对控制晶状体和瞳孔的肌肉进行调节；对控制眼球位置的肌肉进行调节；以及对控制头部、脖子和躯干的肌肉进行调节。[7]最后，有一些信号来自于对某一对象的情绪反应，这在那辆快速靠近的汽车的案例中是相当明显的，还包括在身体的不同部位发生的内脏平滑肌的变化。注意，受这个对象的影响，可能会伴随着不同部位的肌肉和骨骼以及情绪的变化，但是，这两种情况总是会发生的。所有这些信号的存在——在这个特殊的例子中，这些信号来自于视网膜的表象，来自于肌肉姿势的调节，来自于肌肉和内脏的内分泌调节——既要对汽车**朝机体驶来**时这个对象的情况进行描述，又要对有机体**对这个对象**作出的一部分反应进行描述，此时有机体对自己进行调节，以便维持对这个对象进行满意的加工。

在一个感觉通道内，例如，在视觉通道内，根本就不存在对客体的**纯**知觉。我刚才所描述的那些同时发生的变化并不是一种可任意选择的伴随物。为了通过视觉或其他感官来感知一个对象，有机体既需要专门化的感觉信号，又需要来自于身体调节的信号，这是使知觉发生的必要条件。[8]

事实上并不存在纯知觉这种事情，即使在你不能动的情况下——例如，你

被注射了箭毒。在注射了箭毒之后，你的骨骼肌就不会动了，因为箭毒阻断了中介于神经递质乙酰胆碱的运动神经核团内的烟碱样受体。但是，情绪中所包含的“内脏”平滑肌却能够自由移动，因为箭毒并没有影响中介于神经递质乙酰胆碱的植物性神经核团内的毒蕈样受体的功能。

当你只是在思考一个对象，而不是在你的机体外部的世界中感受它的时候，这种论断也是真实的。原因就在于：我们对曾经感受过的对象和事件所保持的记录，包括我们为了首先获得这种知觉而作出的运动调节，还包括我们当 148
时作出的情绪反应。它们全都在记忆中作了登记，尽管是在不同的系统中。因此，甚至当我们“只是”思考某一对象的时候，我们也倾向于对记忆进行重新建构，不仅有关于形状或颜色的记忆，还有对该对象所要求的知觉约束的记忆，以及对与之相伴随的情绪反应的记忆，无论这种记忆多么微小。不管你是因为中了箭毒而不能动弹，还是你在黑暗中安静地做白日梦，你在心灵中所形成的表象**总是**向有机体发布它自己参与制作表象活动的信号，并且引起某些情绪反应。你根本不可能逃避你的有机体的**有意表现**，在大多数情况下表现为运动和情绪的**有意表现**，这是一个拥有心灵的人的主要部分。

对于你听到的一首歌曲或者你接触到的一个对象的观点，很自然，这就是你的有机体的观点，因为这种观点是根据你的有机体在这种倾听和接触事件中所经历的那些变化而得出来的。至于拥有这些表象的感受和对这些表象进行代理的感受，它们也是图谋形成这种观点的一个直接后果。它们是作为基本感觉证据的那些图谋所内在固有的。后来，我们的富有创造性的和受过教育的脑以此后进行的推理的形式对这个证据进行澄清，这些推理也是我们都知道的。

形成表象所依据的有机体观点是作好这些行动准备的基础，这些行动包括在表象中所描述的那些对象。与正在靠近的汽车有关的正确看法，对于设计你的逃避动作是很重要的，这同样适用于你想要用手抓住一个球时的看法。对个体代理的自动感受在出生后即存在了。以后，你就能作出获得同样后果的推理。为了形成关于某个对象的表象，你和这个对象进行了相互作用，这个事实使这个对该对象发挥作用的思想更容易被理解。

我们应该注意到，要想使意识出现，仅仅使所有这些变化发生是不够的。当我们认识到时，意识出现了；而当我们在客体和机体间寻求到某种对应关系时，我们才能认识到。只有到那时，我们才有可能发现，以上所描述的所有反 149
应变化发生在我们机体内并且由客体所引起。

身体信号的映射

在理解这里所探讨的这些观点时，一些很大的障碍就是那些不完整的和混淆的概念，这些概念在躯体所发射的信号和应该传递信号的躯体感觉系统中是普遍存在的。**躯体感觉**（*somatosensory*）这个词，正如其词源学上的派生词所恰当表述的那样，描述的是**躯体**（*soma*）的感受，这是表示“身体”的希腊文。但是，躯体所想象出的这个概念却常常比它应该表述的概念更狭窄。遗憾的是，在听到**躯体**的或**躯体感觉**这些词的时候，我们心灵中最经常浮现出来的是触觉的概念，或者肌肉和关节感觉的概念。但是，这样做的结果是，躯体感觉系统和它几乎没有关联，实际上根本就不是一个系统。它是几个子系统的结合，每一个子系统都把关于身体的那些完全不同方面的状态的信号传递到脑。显而易见，这些不同的信号发送系统是在进化的不同时刻显露出来的。就从周围到中枢神经系统传递信号的神经纤维而言，它们使用了不同的机制，它们在中枢神经系统传递信号的中继站的数量、类型和位置方面也是不同的。实际上，有一种躯体感觉信号发送根本就没有使用神经细胞，而是可以在血流中使用化学物质。尽管有这些不同，在中枢神经系统从脊髓、脑干到大脑皮层的多重水平上，发送躯体感觉信号的各个方面都是平行地发挥作用的，能够很好地合作，时时刻刻产生着有关不同形式的身体状态的大量映射。

为了说明子系统是干什么的，以及它们是怎样组织的，我要把信号发送活动分为三个基本的部位：内环境和内脏部位；前庭和肌肉骨骼部位；以及精细触觉部位。

150 所有这三个部位既可以通过密切合作的形式来工作，也可以相对独立地发挥作用。当你触摸一个物体，它的质地使你感到快乐的时候，来自所有这三个部位的信号就在中枢神经系统中产生了映射。这些映射描述了许多方面持续发生的相互作用，例如，你用来调查该物体的动作；激活触觉传感器的那些特征；构成对该客体的快乐反应的体液反应和内脏反应。但是，这些部位也可以独立地发挥作用，例如，第一部位几乎不需要第二部位的帮助，或者第一和第二部位无需第三部位的帮助。需要注意的要点是，第一部位——和有机体的内部有关的部位——是永久活跃的，可以永久地把身体本身的大多数内部方面的状态用信号发送到脑。在非正常状况下，脑才无法接受关于内环境和内脏状态的持续报告，在大多数条件下，即使是没有表现出积极的运动，脑也在接收关于其肌肉骨骼装置的状况的信息。正如我所提到的，脑确实是被身体控制的观众。

内环境和内脏部位负责感受遍布全身的细胞的化学环境中的变化。**内部感受**（interoceptive）这个术语描述的是那些一般的感受活动。这些信号的一个方面完全没有神经纤维和通路也照样能行。在血液中流动的化学成分可以被脑干、下丘脑和端脑的某些区域中的神经元的细胞核感受到。如果化学成分的浓度在可以允许的范围内，那就什么事情也不会发生。如果浓度太高或太低，神经元就会作出反应——它们会发动各种行动，目的是为了对这种不平衡进行更正。例如，它们能够使你镇静或使你极度紧张不安，能够使你感到饥饿或者想过性生活。这一切当然是很令人着迷的，但关键是，这些信号时刻对内环境作出多方面的映射，我们内部的各个方面数量之多，只要用这种独特的方法能够测量出来即可，而且还有**很多**这样的方面。

脑会接触这些在血液流动中循环的化学成分，这是很显然的。脑受到所谓 151
血脑屏障的保护，以免某些分子的渗透，这个屏障是一个生物过滤器，它实际上包含着把营养输送到脑组织去的所有血管，而且对于允许或不允许哪些东西从血液中进入脑组织，要进行相当严格的挑选。但是，有几个脑区却没有血脑屏障，而且很容易接纳大分子，在脑的其他地方，这些大分子是不能直接影响神经组织的。穿越血脑屏障的分子在诸如下丘脑这些地方直接对脑发挥作用；那些不能穿透血脑屏障的大分子开始在那些没有这种屏障的脑区发挥作用，这就是所谓室周器官。这些脑区的例子有（位于脑干的）第四脑室尾端的后支区（area postrema）和（位于大脑半球的）穹隆下器官。在这些脑区被化学物质兴奋起来的神经元把它们的信息传递到其他神经元。像催产素这类物质，对很多方面的行为（从性行为、性交到分娩）都是至关重要的，这些物质的行动就依赖于这种安排。大脑浸入在化学环境中是很严肃的事情。

内环境和内脏部位使用神经通路来传递我们最终感受为疼痛的信号。疼痛可能来自几乎身体的任何地方，例如，腹部的内脏、关节或肌肉。该部位还携带着与内环境的某些方面有关的神经信号，以便使有机体的化学剖面图不仅通过血流，而且通过神经通路而得到映射——例如，pH 水平以及氧和二氧化碳的浓度都可以得到双重的映射。

最后，这个部位还用信号表示平滑肌的状态，平滑肌在整个内脏中非常丰富，而且是自主控制的。**自主的**（aotomatic）这个称呼的意思是，一个特殊的过程实际上是受那些不依赖于我们意志的装置完全控制的，这些装置位于脑干、下丘脑和边缘核团，而不是在大脑皮层。平滑肌无处不在，例如，在身体
152 各处的血管中，那些平滑肌能够通过收缩和扩张来调节血液循环及其相应的功能。平滑肌的这种收缩或扩张的一个结果已经为我们所熟知，它可以升高或降低体循环血压，或者它也可以使皮肤变得苍白或发红。顺便提一句，身体的所有内脏中最大的就是皮肤本身。我指的不是皮肤的表面，这种皮肤在触觉感方面有重要作用，而是指"皮肤的厚度"，它对于调节体温是至关重要的。大面积的烧伤可能会使你丧命，这不是因为你失去了触觉功能，而是因为你的体内平衡调节受到严重破坏。皮肤功能的这种重要作用来自于这种能力，它可以改变许多血管的口径，这些血管的厚度经常发生变化。"我已经攫住你了"（I've got you under my skin）这句话不经意地捕捉住了这个重要的生理学观点，如果科尔·波特（Cole Porter）这样写，"我已经完全攫住你了"（I've got you in the thick of my skin），这句歌词就会表达的更精确，这样可就太淘气了。可以预言，当法国人说"*Je t'ai* dans *la peau*,"，意思是"我让你**处在**我的地位"（I have you *in* my skin）时，他们说的是很准确的。

我所考虑的这些信号是通过脊髓的一个特殊的部分（后角的第I层和第II层）和三叉神经核［尾部（the pars caudalis）］来运行的。但是，我要补充一句，把所有这些信号在一个大的部位中进行分组，会把通道子部位的很多方面都掩藏起来。例如，我们从A. 科雷格（A. Craig）的著作中获悉，携带着与伤害感受（疼痛）有关的信号的神经元不同于对身体感受的其他方面进行调节的神经元，虽然它们全都会利用C-纤维和A-δ纤维。[9]另一方面，我们还知道，许多与身体有关的信号不仅被分别传递到神经系统的高层，而且在进入中枢神经系统之后不久，也被混合和集中起来。这就是，例如，在每一个脊髓部分的更深层区域所发生的事情。[10]躯体感觉系统的这个部位的其他信息来自于内脏，而且是通过内脏向脊髓的传入，以及通过诸如迷走神经之类的神经而携带的（迷走神经完全越过脊髓，并直达脑干）。

153 第二个部位，即肌肉骨骼部位，把那些使骨骼（即骨头）的运动部分结合起来的肌肉的状态传递给中枢神经系统。当肌肉纤维缩短的时候，某一肌肉的长度便缩短了，建立了适当联系的骨头便投入到运动之中。当肌肉纤维松弛下来的时候，相反的情况就会发生。所有执行骨骼运动的肌肉都能得到我们的意

志控制，这些肌肉就是横纹肌（这条规则有一个例外，这种例外和心脏有关，心脏的肌肉纤维是横纹肌，而不是平滑肌，但它们既不受意志控制，也不负责任何骨骼部分的运动）。躯体感觉系统的这个部位的功能通常是用**本体感受**或**动觉**来表示的。就像来自内环境和内脏的内部感受信号的情况一样，本体感受的信号和动觉信号形成了它们所发现的身体方面的许多映射。这些映射就放置在中枢神经系统的多种不同的层次中，从脊髓一直到大脑皮层。映射身体在空间的协调状态的前庭系统，就是在这个部位提供完整的躯体感觉信息的。

躯体感觉系统的第三个部位传递的是**精细触觉**的信号。当我们与另一个客体接触，且探究其结构、形式、重量、温度等的时候，在皮肤上有一些特异的传感器发生了一些变化，该部位的信号所描述的就是这些变化。虽然内环境和内脏部位主要描述的是内部状态，但精细触觉部位主要描述的是外部客体，这种描述主要是以在身体表面产生的信号为依据的。位于两者之间的肌肉骨骼部位既可以用来表达内部状态，又可以帮助描述外部世界。

神经自我

自我感，无论是核心自我还是自传式自我，都不可能是那种原始的现象。我认为，自我感有一个前意识的生物学的先兆，即**原始自我**（proto-self），当产生核心意识的机制在那个没有意识的前兆身上发挥作用的时候，最早期的和
最简单的自我表现便出现了。 154

原始自我是一些相关的神经模式的群集，这些神经模式一刻不停地映射有机体在许多方面的身体结构的状态。这种不停地保存下来的第一次收集的神经模式并不是在一个脑区出现的，而是在许多地方出现的，在多种层次上，从脑干到大脑皮层，在被神经通路相互联结的结构中出现的。这些结构在本质上就包含在调节有机体状态的过程中。对有机体发挥作用的操作活动和感受到有机体状态的操作活动是紧密联系的。不要把原始自我和丰富的自我感相混淆，我们当前的认识活动在这一刻主要关注的就是自我感。**我们不会意识到原始自我。**语言并不是原始自我结构的一部分。原始自我并没有知觉的力量，也不拥有知识。[11]

也不要把原始自我与古老的神经病学中的那个刻板的小矮人相混淆。原始自我并不是只在一个地方出现的，它是动态的和持续不断地从各种相互作用的

信号中出现的，这些信号穿越神经系统的不同等级。另外，不能用原始自我来解释一切。它是它所处的每一个方面的一个参照点。

这个假设应当从一个有重要限制性条件的观点来进行考虑，这个限制性条件和脑区与功能之间的关系有关，例如原始自我的功能。这些功能并不“位于”某一个脑区或某一些脑区，而是相反，它们是许多脑区中的神经信号和化学信号相互作用的产物。这同样适用于非意识的原始自我，这个原始自我和我在下面要概括的那些脑区有关，对于以后要讨论的那些功能，例如，核心自我或自传式自我的功能来说，这也是同样适用的。必须不惜一切代价地反对颅相学的思维（Phrenological thinking）。

以下列举的是执行原始自我的命令所要求的结构，也同时包括那些在执行过程中并不要求的结构。利用这两个列表，就能以各种不同的方式检验这个假设。最直接的方式就是对这些预言进行系统的阐述，这些预言和这两个列表中
155 所展示的某些关键结构的损伤程度有关。某些损伤应该会对原始自我造成伤害，而且此后还会或多或少地对意识造成伤害，而有些损伤则不应该使意识受到损害。依据目前来自神经病理学和神经生理学的证据对这些预言的有效性进行初步评价是可能的，但是，要想得出明确的结论，还需要进行更多前瞻性的研究。

执行原始自我的命令所要求的脑结构

156 1. 调节身体状态和映射身体信号的一些**脑干神经核团**。身体状态的信号传导链始于身体，终于最高级和最远端的脑结构。沿着这个传导链，首先通过脊髓通路、三叉神经、迷走神经丛和第四脑室尾端的后支区把身体各部分的当前状态的信息会聚在一些脑干神经核团中，包括经典的网状核、以单胺类为递质的神经核团和以乙酰胆碱为递质的神经核团。[12]

2. **下丘脑**（位于在被命名为Ⅰ的那些结构附近，并且与它们密切相联）和**基底前脑**（位于下丘脑附近），与下丘脑和脑干都有相互联系，并且把这些较低的结构扩展到前脑。通过当前对几个方面的内环境的状态进行登记，例如，使葡萄糖这类营养在全身循环的水平、不同离子的浓度、水、pH的相对浓度、进行循环的各种荷尔蒙的浓度等，下丘脑就

对身体的当前状态进行了表征。下丘脑是通过在这些映射的基础上发挥作用而帮助调节内环境的。

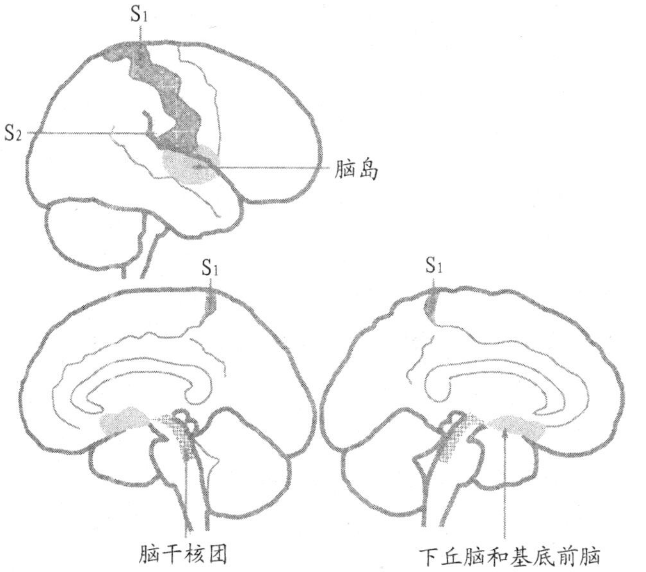

图 5.1　一些原始自我结构的位置。注意，被称为脑岛的这个脑区被掩藏在外侧裂沟中，在大脑皮层的表面看不到。

3. **脑岛皮层（被称为 S_2 的皮层）以及内侧顶叶皮层**[位于胼胝体压部（splenium）的后面]，它们都是躯体感觉皮层的一部分。在人类身上，这些皮层的功能是不对称的。根据我自己对患者的观察，我认为，右半球的所有这些皮层对有机体在大脑两半球水平上的当前内部状态进行了最整合的表征，还对没有变化的肌肉骨骼框架进行了表征。在最近发表的一篇文章中，雅克·潘克塞普（Jaak Panksepp）依靠脑干中身体的一种先天表征，也把身体与自我联系起来。他的观点在几个方面和我关于原始自我的概念很接近，尽管他关于这种表征有利于形成意识的观点与我的观点截然不同。[13]

执行原始自我的命令所不要求的脑结构

以下列举的这些结构并不是执行原始自我的命令所要求的。这个并非包揽
无遗的列表覆盖了大部分中枢神经系统。它包括针对外部感觉通道的所有早期

感觉皮层——即，它包括视觉和听觉皮层，以及与精细触觉有关的躯体感觉皮层部分；全部颞叶皮层和大多数额叶高级皮层（高级皮层是指那些并非全部指向一个感觉通道，而是指向与早期感觉皮层有关的跨越通道的信号整合）；以及海马结构及其相关的皮层，例如，内嗅区皮质（布罗德曼第 28 区）和旁嗅皮层（第 35 区）。具体的列表如下：

1. 几个早期感觉皮层，即布罗德曼第 17、18、19 区，这些脑区分管视觉；第 41/42、22 区分管听觉；第 37 区部分地分管视觉，但也是一个高级皮层（见以下第 2 条），以及与精细触觉有关的 S_1 的一部分。这些皮层致力于某些具体通道的感觉模式的形成，对我们心灵中各种感觉通道的心理表象提供支持。因为想要认识的对象是从这些脑区集中起来的，因此，它们在核心意识和扩展意识中都发挥某种作用，但它们在原始自我中不发挥作用。
2. 所有的下颞叶皮层，即布罗德曼第 20、21 区和第 37、36、38 区的一部分。这些皮层是分布性（内隐）记忆的基础，这种记忆能够以外显的感觉模式和心理表象的形式在回忆中进行重新建构。这些皮层对许多自传的记录提供支持，以这些自传的记录为基础，自传式自我就能聚集起来，而扩展的自我就能得到实现。
3. 海马，是在对多种同时出现的刺激物进行“在线”映射中的一个极其重要的结构。海马接受与所有感觉皮层中的活动有关的信号，这些信号间接地到达有很多突触的几个投射链的末端，海马还通过沿着相同的投射链进行的反向投射来实现信号的互换。这是形成新的事实记忆的基础，但不是形成新的知觉运动技能记忆所必需的。看起来，它是暂时地而不是永久地在自身内部拥有这些记忆的。更重要的是，看起来，它有助于在各个地方，在与之有联系的回路中建立记忆。
4. 与海马有关的皮层，即布罗德曼第 28 和 35 区。这些皮层可能拥有比以上第 2 条中的记忆更高级的痕迹记忆。
5. 前额叶皮层。一大块高级皮层。其中有一些具有高度复杂的配置，有包含独特的时间和空间关系的个人记忆；有某些范畴的事件或实体和躯体状态之间关系的记忆；还有抽象概念的记忆。这些皮层中有一些参与空间、时间和语言功能的高级工作记忆。由于前额叶皮层在工作记忆中所发挥的作用，对于高水平的扩展意识来说，它们就是非常重要的。由于它们在自传式记忆中所发挥的作用，它们便与自传式自我和扩展意识都有关联。

6. 小脑。这是脑中最显而易见但也是最难以理解的一些部位。很显然它包含在对精细运动的建构中——如果没有小脑，你就不可能把枪打得准，更不可能唱歌、演奏乐器或打网球。不过，它也包含在情感和认知过程中，我猜想在发展过程中就更是如此。它可能包含在情绪过程和心理搜寻过程中，例如，在记忆中寻找一个特殊的单词或非言语的项目。在部分切除或失去活性之后导致的严重的功能失调表明，它在认知中发挥的作用是很精细的。但是，最近的研究认为，这可能是由于没有进行足够的观察所导致的一种人为的结论，最多不过是表明小 159
脑在解剖上和功能上的显著冗余性。

有待于认识的事物

我把当前身体状态的初级表征称为原始自我，我们已经发现，一套具体的神经结构是如何对此提供支持的；而且，在这样做的时候，是如何为自我提供了根源，即“要把认识活动归因于它的一些事物”。现在是应该讲一讲与这个过程中另一个重要作用者的根源有关的事情的时候了，这就是“有待于认识的事物”。

对于脑是如何表征有待于认识的事物的，我们理解这个问题的背景是很广泛的。在主要感觉通道（例如，视觉、听觉、触觉）中的感觉表征是如何与起源于末梢感觉器官，如眼睛和内耳的信号建立联系的，那些信号是怎样依靠皮层下的细胞核，例如，丘脑中的神经核团，而被分别传递到大脑皮层的相应初级感觉区的，对此我们有大量的尽管并不完整的了解。外显的心理表征——具有明显结构的心理表征——是怎样和各种不同的神经映射联系起来的，对这些表征的记忆是怎样以内隐的方式记录下来的，对此，除了一些初级感觉皮层之外，我们所知甚少。例如，我们知道，一个客体的不同方面——例如，它的形式、它的颜色和运动，或者它所产生的声音——是由来自各初级视觉皮层和听觉皮层的上行皮层区以相对分离的方式进行处理的。我们猜想，某种整合的神经过程有助于，在与每一个通道相联系的整个区域内部——即所谓早期感觉皮层——产生混合的神经活动，这些神经活动对我们所体验到的整合的表象提供支持。[14]但是，我们并不知道神经模式和心理模式之间的中间步骤。我们确实知道的是，对于知觉表象的产生（这是我们从脑外部的实际情景中建构的，是由外而内地建构起来的）和回忆表象的产生（这是我们在心理内部建构的，是
160 由内向外地建构起来的），相同的整个脑区都提供支持。我们有理由相信，感觉表征在这些通道中的整合——比方说，视觉和听觉，或者视觉和触觉——可能完全依赖于一些同步的机制，这些机制使整个大片脑区的活动协调一致，而且可能也不需要另一个单独的整合空间本身——一个单独的笛卡尔式的剧院。而且，我们当然知道，基本的感觉整合并不需要颞叶前部和前额叶中的高级皮层。[15]（参见附录和第三部分，对这些问题作了更广泛的讨论。）

现在，我们不妨首先考虑一下一个实际的有待于认识的事物，一个实际的客体。这个客体在早期感觉皮层中得到落实，这是一些大脑皮层的群集，在这些皮层中，来自不同感觉通道的信号，例如视觉、听觉和触觉的信号，沿着一个对象的许多方面，例如颜色、形状、运动、听觉频率等进行加工。

这些信号来自一个真实的客体，这些信号的存在在有机体身上引起我在本章前面所讨论过的那种反应，即继续收集关于该客体的信号所要求的一系列动作调节，以及该客体的几个方面的情绪反应。换句话说，认识一个有待于认识的事物必然要伴随着对原始自我的一种复杂的影响，即对要把认识活动归因于它的那些事物的根本神经基础的影响。我不妨重复一遍，对于生命的存在来说，这是足够的，但对认识活动来说却是不够的，不足以产生意识。正如我们将要看到的，只有当客体、有机体及其关系能够得到重新表征的时候，意识才能产生。

现在，让我们转向一个客体的案例，这个客体并非实际存在，而是储存在记忆中。根据我的设想，对该客体的记忆是以痕迹的形式储存的。痕迹就是一些潜伏的和内隐的记录，而不是像表象那样活跃的和外显的。对曾经真实地感
161 知到的某个客体的那些痕迹性记忆，不仅包括对该客体的感觉方面的记录，如颜色、形状或声音，而且包括对动作调节的记录，这些动作调节必然伴随着感觉信号的收集；另外，这些记忆还包含着对该客体的必然的情绪反应的记录。因此，当我们回忆一个客体的时候，当我们允许这些痕迹把它们内隐的信息变成外显的时候，我们提取的不仅是感觉数据，而且还有相应的运动和情绪数据。当我们回忆一个客体的时候，我们回忆的不仅是一个实际客体的感觉特点，而且是有机体对该客体的过去反应。

对实际的客体和被记住的客体进行区分，其意义在下一章就会清楚了。我要通过以下的说明来展望这种意义，说明这种区分使被记住的客体是以和真实地感知客体时同样的方式来产生核心意识的。就像我们现在能够意识到我们实际看到、听到或接触到的东西一样，这就是我们为什么能够意识到我们所记住的东西的原因。如果没有这种极好的安排，我们绝决不可能形成一个自传式自我。

对已知事物的失调状态的说明

不能正常地认识已经认识的事物可以划分为两个大的范畴：知觉失调和失认症。在知觉失调情况下，缺乏来自某一感觉通道的信号，例如视觉或听觉，或躯体感觉的触觉部位，就不能从被形成的客体身上产生感觉表征。在这些情况下，一个要被某一具体的感觉通道表征的客体 X，就不再能够得到表征，就不能以通常的方式吸引有机体的注意，就不会使原始自我发生改变。结果就是不会产生核心意识。

现在来看一看第二个范畴，失认症（agnosia）。**失认症**是一个含糊的但很好地组成的单词，表示当一个人感知到某个客体的时候，他不能凭记忆想起那种与该客体有关的知识。正如一个古老但准确的定义如此良好地说明的，这种感知是一种被剥夺了意义的感知。用神经病学的技术术语来说，典型的失认症 162
就是所谓**联合失认症**（associative agnosia）的状况。联合失认症的出现和一些主要的感觉通道有关，例如，有一些视觉失认症的病例、听觉失认症的病例，以及触觉失认症的病例。由于它们的这种异常的特性，这些失认症便成为在神经病学中所遇到的一些最令人感兴趣的病例。正如你将在下面的这个说明中发现的，一个完全健全和理智的人竟然失去了这种能力，即能够通过视觉而不是通过听觉（或者反过来也是一样）来认出一个熟悉的人。

这一定是我，因为我就在这里

这就是当埃米莉（Emily）注视着她面前镜子里的这张脸的时候所小心翼翼地说出的话。这一定曾经是她；她曾经把自己置于这面镜子前面，置于她自己的自由意志前面，所以，这一定是她；还能是谁呢？但是，她却无法在镜子中认出她的脸；这是一张女人的脸，是的，但这是谁的脸呢？她并不认为这是她的脸，她不能肯定这是她的脸，因为她不能用她心灵的眼睛来辨认这张脸。她所看到的这张脸并没有在她的心灵中产生任何具体的想法。由于这些环境，她可以相信这是她的脸。她是被我带到这个房间里来的，并且要求她走到镜子前面，看一看是谁在那里。这种情境明确地告诉她，这不可能是任何别的人，她接受了我的说明，这当然是她。

但是，当我按下磁带录音机的放音装置上的“放音”键，并且让她听一段用磁带录制的她自己的声音时，她马上就认出这是她的声音。即便她不再能够认出她的独特的面孔，但她却能毫无困难地认出她的独特声音。这种同样的不一致也适用于任何别人的面孔和声音。她认不出她的丈夫的脸，她的孩子们的脸，或者其他亲戚、朋友和熟人的脸。但是，她却能很容易地认出他们独特的声音。

当把某些具体的项目给她看的时候，在“心中什么也想不起来”这个意义
163 上说，埃米莉和戴维是一样的。但是，在她的问题完全和视觉世界有关这个意义上说，她的症状是大不相同的。**只有**当给她看一个她非常熟悉的刺激物的视觉方面时——某个人的脸、一座特殊的房子、一辆具体的车辆——她才什么也想不起来。同一个刺激物的那些非视觉方面——比方说，声音或触觉——却能使她想起应该想起的一切。[16]

对于那些不太具体的事情，埃米莉做得比较好。显然，她虽然不能分辨出这是谁的面孔，但却能很容易地分辨出这张面孔所表达的某种情绪。她同样能够分辨出拥有某个面孔的这个人的年龄和性别。[17]她的问题主要限于视觉方面的某些独特项目。

在我的核心意识检核表中埃米莉的情况是怎样的呢？答案是，相当出色。我无需告诉你，她在各个方面都是清醒的和有注意力的。她的注意力很容易集中，能够承担各种任务。她的情绪和她所报告的感受也是完全正常的。她的行为是有目的的，适合于所有短期和长期的情境，只不过受她的视觉困难的限制。实际上，即便是有这些困难，她仍然能够做很多理智上的事情。她能够坐上几个小时，观察人们的步态，并试图猜测他们是谁，而且常常很成功；假如她的丈夫低声地说出她不能用视觉认出的那个人的名字，她就能在晚会的迎宾队列中与这些客人很好地交谈；她能够通过系统地核查所有的汽车牌照，而找到她不能用视觉辨认出来的停在超市停车场里的汽车。

不过，我确实想要使你注意一些相对明显的事情。她不仅意识到自己非常熟悉的事情，而且能意识到自己并不知道的事情。对于出现在她面前的每一个刺激物，不论她能够想起多少知识，她都能够产生该刺激物的核心意识。埃米莉，以及我多年来研究过的许多与她一样的患者，都完全能意识到她并不认识的事物，她是根据她的认识活动的自我，以她考察她确实认识的事物的相同方式来考察这些事物的。请看看我们专门为埃米莉进行的下面这个实验。

当我们使用一系列很长的照片来检验她对不同的人的再认时，我们纯粹偶 164
然地注意到，在看到一个她并不认识的女人时，这个女人的上牙齿比其他人稍微黑一些，埃米莉鼓起勇气说道，她看起来像是她的女儿。

“你为什么认为这是你的女儿呢?”我记得曾经问过她。

“因为我知道朱莉有一颗上牙齿是黑的”，她说，“我敢打赌这就是她”。

当然，这不是朱莉，但是，这种错误揭示了我们这位聪明的埃米莉现在不得不依赖的策略。由于无法从面部的整体特征和系列的局部特征对一个人的身份进行再认，埃米莉利用了能够提醒她的任何一个特征，这种特征能使她想起与要求她合理地认出的任何一个人有潜在关系的事情。黑牙齿使她想起了她的女儿，在此基础上，她作了一个有信息依据的猜测，这确实是她的女儿。

为了核实这种猜测的有效性，我们设计了一个简单的实验。我们变换了几张微笑的男人和女人的照片，使他们都显示出上门牙有点黑，把这些照片随机地散置在许多其他照片之中。每当埃米莉看到一张换过的任何一个年轻女人的照片时——决不是男人或年长的女人——她就会说，这是她的女儿。对于给她看的照片的整体和部分，她有一种敏锐的觉知，或者说，她本来不可能这样理智地一个项目一个项目地进行推理，也不可能有机会认出目标刺激物的。埃米莉和那些与她相似的人至少证明，为了形成对这个项目的核心意识，一个人并不一定要有在某种水平上对某一项目的具体知识。

当一个患有面孔失认症的患者不能认出她面前的熟悉的面孔，并且肯定自己从未见过这个人，想不起任何与这个人有关的事情时，有关的知识没有为意识的审视作好部署，但核心意识却保持原样。实际上，一旦你使患者面对这个事实，即她面前的这个面孔是她的一个好朋友的面孔，那么，这个患者不仅会有一般的意识，而且还能意识到她的失败，意识到她想不起可以用来再认这个好朋友的任何知识。
她的问题并不是意识方面的问题，而是记忆的问题。那个已经认识的具体事物已经 165
失去——对于她正在观看的这个人是谁的知识，她无法进行表征，对于现在存在的事物，她也意识不到。但是，核心意识却是存在的，是由其他层次的已知的事物引起的——例如，作为面孔的这张面孔是和某一个人的面孔不一样的。正是因为有正常的核心意识，才使再认的空间开始得到承认。

图 5.2 使埃米莉患上面孔失认症的这些损伤脑区位于大脑两半球的枕叶和颞叶的接合部。这是患有联合面孔失认症的患者的典型的损伤区。

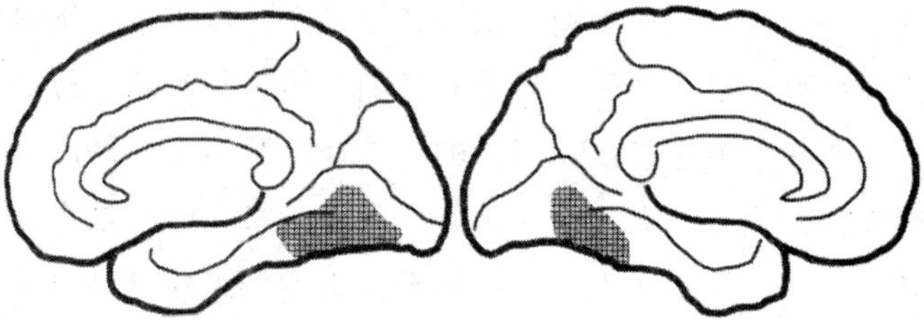

埃米莉的问题是由早期视觉皮层的两侧损伤引起的，特别是视觉联络皮层的损伤，该皮层位于脑腹侧中的枕叶和颞叶转折点上。布罗德曼第 19 区和第 37 区，在一个被称为梭状回的区域，首先导致了这种损伤。

约 20 年前，在关于失认症和神经成像研究的相互关系的基础上，我们曾建议，在正常情况下，这些皮层参与对面孔和其他在视觉上模棱两可的刺激物的加工，这种加工对脑有类似的要求。[18]当前进行的功能性神经成像实验支持这种观点：当正常人在觉察到正在对一张面孔进行加工时，他们就会始终一致地激活埃米莉脑中受到损伤的这个区域。[19]重要的是要注意，不应该把功能性神经成像实验中的这个区域解释为："对面孔的意识"是在所谓面孔脑区出现
166 的。如果不是某一神经模式在面孔脑区得到组织，就不可能产生主体所意识到的这张面孔的表象，**但是，产生认识这张面孔的感觉和使人注意这种模式的其他过程是在其他地方出现的，在该系统的其他部分中出现的。**

当我们考虑以下这个事实的时候，上述证据的意义在哪里也没有比在这个事实中更清楚的了：当给一个处于持续植物性状态的无意识的患者看一些熟悉的面孔时，所谓的面孔脑区（位于梭状回内部的枕叶—颞叶接合部）便在功能成像扫描时发出亮光，就像在正常人和有感觉能力的人身上一样。[20]这个故事的寓意很简单：即使是个体再也不能产生意识的时候，对已知事物形成神经模式的能力仍然保存着。

就核心意识本身而言，听觉皮层的**两侧损伤**所产生的结果和视觉皮层的损

伤一样。在大脑皮层听觉部位的某些区域内部受损的患者失去了这种能力，例如无法想起与以前熟悉的乐曲或以前熟悉的某个人的声音有关的具体知识。埃米莉也以同样的方式想不起与某些独特的项目有关的具体知识，例如以前熟悉的某个人的声音。在我的实验室里认识的患者X，他的病情例证了这种情境。他是一个很有造诣的和成功的歌剧演员，由于一次中风，他失去了这种能力，不能再认曾和他在世界各地表演的同事们唱歌的声音。就是对他自己唱歌的声音，他也不能进行再认了。他还失去了确认熟悉的歌曲的能力，包括他在长期的职业生涯中唱过几百遍的唱段。和埃米莉的情况一样，在听觉领域之外，他并没有什么问题，而且，和埃米莉的情况一样，对于他不能在其恰当的意义上认识的那些刺激物，他能够恰当地产生核心意识。他以敏锐的觉知仔细地检查每一个无法识别的方面，在每一个曲调内进行搜索，在作品的色彩和调式内进
行搜索，寻找与演唱该作品的歌手相一致的可能线索。他能够准确可靠地识别 167
出来的唯一的歌声就是玛利亚·卡拉斯（Maria Callas）的歌声，或许还需要更多的证据来证明，卡拉斯确实是一种例外。

埃米莉和X在联合皮层内发生的损伤，分别是在视觉和听觉联合皮层。因此，显而易见，从诸如此类的大量研究来看，在这些感觉皮层的广泛损伤并没有损害核心意识。当早期感觉皮层受到大面积损伤的时候，只有躯体感觉区的损伤可引起意识的破坏，理由在前面已经提到：躯体感觉区是原始自我的基础的一部分，它们的损伤能够轻易地改变核心意识的基本机制。

既然我们已经知道，脑能够把表征一个客体的神经模式聚集在一起，把表征某一个有机体的神经模式聚集在一起，那么，我们就准备探讨一下脑可能用来表征客体与有机体之间关系的那些机制——客体对有机体的因果作用，以及由此而引起的客体被有机体的占有。

168

6

核心意识的形成

意识的诞生

我们是如何开始产生意识的呢？尤其是，我们是如何在认识活动中产生自我感的呢？我们是从一个小游戏开始的。这个小游戏开始的要求是，当有机体与一个客体发生相互作用时，假设它被实际地感受到或者被回忆起来，假设它是在身体之内的（例如，疼痛）或者在身体之外的（例如，一个风景），要对发生在有机体内部的事情进行说明。这种说明是一种没有话语的解说。这里面确实有主角（有机体、客体）。它及时地展现出来。而且，它有一个开端、一个中间过程，以及一个结尾。这个开端与有机体的初始状态相对应，中间是客体的出现，结尾由导致有机体状态发生改变的一些反应组成。

接着，当我们的有机体在内部建构起，以及在内部展现出一种特殊的无言的认识时——我们的有机体已经被一个客体改变了——并且当这种认识连同一
169 个客体的显著的内部展现一起出现时，我们就产生了意识。使这种认识出现的最简单的形式就是对认识活动的感受。在我们面前的这个谜可以概括成：这种

认识是用什么花招收集起来的，这种认识为什么是以某种感受的形式出现的？

我从下面的假设中推导出了对问题的答案：**有机体自己的状态是怎样受有机体对某一客体的加工活动影响的？当脑的表征装置对这个问题作出一种有表象的、非言语的说明时，以及当这个过程提升了这个成为原因的客体的表象，从而把它明确地放置在一个空间和时间的背景关系中时，核心意识便产生了。**这个假设涵括了两个组成机制：对客体与有机体关系所做的有表象的、非言语的说明——这是认识活动中自我感的源泉——以及对某一客体表象的提升。就自我感的组成成分而言，这个假设是建立在下列前提基础上的：

1. 意识依赖于对新知识的内部建构和展现，这种新知识和有机体与客体之间的相互作用有关。
2. 作为一个统一体的有机体是在有机体的脑中，在调节有机体生命和连续地发送其内部状态的信号的结构内部得到映射的；客体也是在脑中，在被有机体和客体的相互作用所激活的感觉和运动结构中得到映射的；有机体和客体都是作为神经模式，在初级映射中得到映射的；所有这些神经模式都能变成表象。
3. 对客体的躯体感觉映射引起有机体映射的改变。
4. 在第 3 条中所描述的那些改变还可以在其他映射（二级映射）中得到重新表征，因此，这些二级映射表征的是客体与有机体的关系。
5. 在二级映射中短暂形成的神经模式能够变成心理表象，和初级映射中的神经模式是一样的。
6. 由于有机体映射和二级映射的这种与身体有关的性质，描述这种关系 170
的心理表象就是感受。

我再次注意到，我们在这里所探究的焦点并不是这个问题，即任何映射中的神经模式是怎样变成心理模式或表象的——那是第一章所概述的意识的**第一个**问题。我们关注的焦点是意识的**第二个**问题，即自我的问题。

就脑而言，这个假设中的有机体是由原始自我表征的。在这个表述中所说明的有机体的那些关键的方面就是我提到的那些方面，是在原始自我中提供的：即内环境、内脏、前庭系统、和肌肉骨骼框架的状态。这种说明描述了变化中的原始自我和引起这些变化的客体的感觉运动映射之间的关系。简而言之：当脑形成对一个客体的表象时——例如一个面孔、一首歌曲、一次牙痛、对某一事件的记忆——当该客体的表象**影响**有机体的状态时，另一种水平的脑结构对这些事件进行了迅速的非言语说明，这些事件是由于客体与有机体相互作用的结果而在被激活的不同脑区中发生的。与客体有关的这些结果的映射是在表征原始自我和客体的初级神经映射中出现的；对客体与有机体之间的**因果关系**的说明只有在二级神经映射中才能把握。回过头去看一看，如果使用这种隐喻，我们就可以说，这种迅速的、二级非言语的说明叙述了这一个故事：即有机体抓住了表征其自身状态变化的活动（就像它表征别的东西一样）。但是，令人吃惊的事实是，这个可以认识的捕捉者是在捕捉过程的解释中被创造出来的。

对脑所表征的每一个客体来说，这种情节不停地重复着，无论这个客体就在现场，并且正在与有机体发生相互作用，还是从过去的记忆中提取出来的，这都没有关系。这个客体究竟是什么，这也没有什么不同。在健康的个体中，只要脑是清醒的，产生表象和意识的机器在“运转”，而且，我们不是通过做一
171 些诸如冥想之类的事情来操纵我们的心理状态，那么，“真实的”客体或“想出来的”客体就不可能用完，因此，被称为核心意识的这种丰富的商品也不可能用完。真实的或回忆起来的客体实在太多了，而且在大约同一时间内常常有不止一种客体。具有相同表象的情节丰富地供应给我们称为思想的流动过程。[1]

我提出的这种非言语的叙述是建立在成为表象的神经模式基础上的，在这些同样非常流行的表象中，还对引起意识的那些客体进行了描述。最重要的是，构成这种叙述的表象被结合到流动的思想之中。在意识叙述中的这些表象和客体的表象一起如影随形地流动着，意识叙述的表象为客体的表象提供了一种不知不觉的、主动的评论。仍引用那个头脑中的电影的隐喻，它们都**在**这个电影**里面**。外面并没有观众。[2]

对于我认为核心意识是怎样产生的这个问题，我将通过说明这个假设中的第二个成分，而对我的观点下个结论。产生第一个成分的过程——对客体与有机体之间关系所做的有表象但没有言语的说明——产生了两个明显的后果。一个后果已经提出来了，这就是认识活动的细微表象，我们的自我感的感受本质；另一个后果就是引起这种表象的客体的价值提升，它对核心意识起支配作用。驱使注意力集中在一个客体上，从而突出了该客体在心灵中的表象。该客体是从那些不太幸运的客体**开始的**——是在詹姆斯和怀特海（Whitehead）的意义上作为一个特殊的**情况**而被挑选出来的。在前面那些导致它被选择出来的

事件发生之后，它就变成了一个**事实**，而且成为该有机体关系中的一部分，所有这一切都是在这种关系中发生的。

当乐曲在演奏时你就是乐曲：转瞬即逝的核心自我

你认识到你是有意识的，你感受到你正在进行这种认识活动，因为现在正在你的有机体思想流中流动的那种细微的表象说明展现出了这种认识，你的原始自我已经被一个刚刚在你的心灵中突显出来的客体改变了。你认识到你的存在，因为这种叙述表明你是这个认识活动中的主角。多亏了来自脑外部，并且 172
进入其感觉装置的任何事物，或者多亏了来自脑对感觉、运动、或回忆的记忆储存库中的任何事物，你才突出地但却不停地在认识活动的海洋中浮现出来，作为一个**被感受到**的核心自我，一遍又一遍地得到更新。你认识到，是**你**在观看，因为这个故事描述了一个人物——那就是你——正在进行这种看的活动。这个有意识的**你**的第一个依据是一种感受，这种感受是在**被改变的过程中那个非意识的原始自我**的重新表征中产生的，而这个过程是在确定了这种改变的原因的一种说明中进行的。意识背后的第一个谋略就是对这种说明的创造，而它的第一个结果就是对认识活动的感受。

认识活动在故事的生活中出现，它是构成这种非言语描述的最新建构起来的神经模式所固有的。你很少注意到这个讲故事的过程，因为支配着心理表现的那些表象就是你现在意识到的那些事情的表象——你所看到或听到的那些客体——而不是迅速地构成你在认识活动中的感受的那些表象。有时候，你所注意到的就是后来对这种说明的一个有关推论所做的非言语转换的窃窃私语：是的，进行观看、倾听或触摸的就是我。但是，就像暗示所经常导致的结果一样，它可能很模糊，是半猜测出来的，当讲故事的过程被神经疾病所中止的时候，你的意识也中止了，而且差别是很大的。[3]

当 T. S. 艾略特在《四个四重奏》中这样写道，“如此深沉动听的音乐却一点儿也没有听到”时，以及当他说，“当乐曲在演奏时你就是乐曲”的时候，他可能也是在思考我刚才所描述的这个过程。他至少是在思考这个短暂的时刻，在这一刻能够产生一种深刻的知识——正如他所称谓的，一种联合、一种化身。

超越转瞬即逝的核心自我：自传式自我

但是，在乐曲结束之后，有些东西确实还持续着；在核心自我的许多次短暂出现之后，某些痕迹仍然保留着。在像我们这样有巨大记忆能量的复杂有机体身上，我们在认识活动中发现我们存在的这些短暂时刻，就是一些可以进入
173 记忆的事实，可以进行恰当归类的事实，以及和与过去及可以预见的未来有关的其他记忆相联系的事实。这种复杂的学习活动的结果就是形成了自传式的记忆，是由一些痕迹记录聚集而成的，它记录了我们在身体上是谁，以及我们通常在行为上是谁，还记录了我们计划在将来成为什么样的人。我们在一生的过程中可以扩展这个聚集在一起的记忆，并且改变它的形式。当某些个人的记录根据需要而在重新建构的表象中数量不等地明显表现出来的时候，这些记录就变成了**自传式自我**。我认为，真正让人惊奇的是，用神经学和认知的术语来讲，自传式记忆与没有意识的原始自我，以及与每一个生活瞬间所必然出现的、有意识的核心自我有着结构上的联系。一边是核心意识的持续过程，永无休止的短暂瞬间；另一边是与一些独特的历史事实以及一个人的一致特点有关的、越来越多地建立起来的坚如磐石的记忆，这种联系在这两者之间建造了一座桥梁。换句话说，没有意识的原始自我的那种以身体为基础的、动态排列的稳定性在每一瞬间都得到活生生的重新建构，当一个客体对此进行改变时，有意识的核心自我便通过二级非言语的说明而从中产生出来，通过那些被记住的和一成不变的事实相应地显现出来——例如，你是在哪里出生的，是谁生的；在你的生平中的重大事件；你喜欢什么和不喜欢什么；你的姓名等等——没有意识的原始自我和有意识的核心自我都得到了丰富的发展。虽然自传式自我的基础是稳固的和不变的，但是，由于经验的结果，它的范围却持续不断地变化着。因此，与核心自我相比，自传式自我的表现对形式的改变持更加开放的态度。这种表现在一生中以基本相同的形式一再地重复发生着。

核心自我是作为进行基本叙述的一个主角所固有的，原始自我是对有机体当前状态的表征，与核心自我和原始自我不同，自传式自我是建立在一个真正
174 认知和神经生物学意义上的概念基础上的。这个概念是以带有痕迹的内隐记忆的形式存在的，这些记忆包含在某些相互联系的脑的网络之中，这些内隐记忆

中有很多都可以在任何时候同时成为外显的。[4]把它们以表象的形式激活，便构成了健康心理生活的每一时刻的一个背景，对此人们通常并不注意，经常只有通过暗示和半猜测，就像是核心自我，以及就像认识活动一样。但是，如果有必要进一步确定，我们就是现在的我们，那么，就要把这个背景置于更中心的位置了。这就是我们在描述我们的人格时，或者描述另一个人的存在方式的个体特征时所使用的材料。在下一章，当我们讨论扩展的意识和同一性及个体性背后的那些机制时，还会更多地谈到这个问题。

表 6.1　自我的种类

自传式自我：自传式自我是以自传式记忆为基础的，自传式记忆是由包含许多实例的内隐记忆构成的，这些实例就是个体对过去和可以预见的未来的经验。一个人的一生中那些不变的方面就成为自传式记忆的基础。自传式记忆随着生活经验的增多而不断增长，但可以进行部分地改变，以反映新的经验。在有必要的时候，描述同一性和个体的系统记忆就能作为一种神经模式被重新激活，并且作为表象而显现出来。每一种被重新激活的记忆都是作为一种“已知的事物”而发挥作用的，并且有产生它自己的核心意识的动向。其结果便产生了我们意识到的自传式自我。

核心自我：核心自我是二级非言语叙述所固有的，每当一个客体改变原始自我的时候，这种叙述就会出现。核心自我可以被任何客体引发出来。产生核心自我的机制在一生中经历的变化最小。我们能意识到核心自我。

意识

原始自我：原始自我是一系列相互联系的和暂时一致的神经模式，这些模式在脑的多种水平上，每时每刻地表征着有机体的状态。我们还**没有**意识到这种原始自我。

从发展的观点来讲，我预料，在我们存在的早期阶段，对核心自我的状态几乎就没有进行重复。但是，随着经验的自然增多，自传式记忆也增长了，自传式自我也能展开了。在儿童发展中得到确认的那些里程碑，可能就是自传式记忆的不稳定扩展，以及自传式自我的不稳定展开。[5]

175 **表 6.2 核心自我与自传式自我的区别**

核心自我	自传式自我
意识的短暂的主角，是为引起核心意识机制的任何客体而产生的。由于可以永久地把客体引发出来，它便不断地产生出来，并且及时不断地表现出来。	是建立在对核心自我经验的永久的但带有倾向性的记录基础上的。这些记录可以作为神经模式被激活，转换成清楚的表象。新的经验可以部分地改变这些记录。
核心自我的机制要求原始自我必须在场。核心自我的生物学实质就是在被改变的原始自我的二级映射中的表征。	自传式自我要求有一个核心自我在场，以便开始其逐渐的发展。
	自传式自我还要求有核心意识的机制，以便对其记忆的激活能够产生核心意识。

无论自传式记忆是怎样发展的，也无论自传式自我变得多么强大，应该清楚的是，它们都要求持续不断地供应核心意识，以便使它们对自己的有机体具有任何重大的影响。只有当对核心自我和认识活动进行新的建构，以便使这些内容都能被认识的时候，自传式自我的内容才能被认识。一个患有癫痫自动症
176 的患者并没有损坏她的自传式记忆，但却无法认识其内容。当病情发作结束，核心意识又回来的时候，这座桥梁便得到重建，自传式自我就能根据需要而被回想起来。换句话说，虽然自传式自我的内容以最独特的方式与个体有关，但它们要依赖于核心意识的能力，才能像任何其他已知的事物一样活跃起来。或许这有点不公平，但它必须这样。

把核心意识集合起来

我认为核心意识是在一些“脉冲”（pulse）中创造出来的，每一次“脉冲”是由我们与之相互作用或者我们回忆起来的每一个客体引发的。我们不妨说，就在一个新的客体引发了改变原始自我的过程之前的那一瞬间，一种意识的“脉冲”便开始了，当一个新的客体开始引起它自己发生一系列改变时，这

种意识的“脉冲”便结束了。因此，对新的客体来说，被第一个客体所改变的原始自我就变成了**最初的**原始自我。

意识的持续性是建立在意识“脉冲”的不断产生基础上的，意识“脉冲”与对大量客体的永无休止的加工相对应，它们之间真实的或不断回忆起来的相互作用改变了原始自我。意识的持续性来自于不断流动的对核心意识的大量非言语叙述。

很可能同时形成的不止一种叙述。这是因为，在同时可能不止一种客体参与进来，尽管不可能有许多客体同时参与进来，而且不止一种客体可能会因此导致原始自我的状态发生改变。当我们谈到“意识流”的时候，这是一种隐喻，指的是某一种思路和一系列思想，携带着意识的那一部分意识流就可能不止在一个客体身上发生，而是在几个客体身上发生。另外，每一种客体的相互作用也很有可能产生不止一种叙述，因为这里可能包含着几种不同的脑水平。再说一遍，这种情境似乎是有好处的，因为它会产生过于丰富的核心意识，并且确保“认识活动”状态的持续性。对于前文所说多方面产生核心意识的问题，我将再稍加阐述。 177

对二级神经模式的需要

通过有机体与任何客体的相互作用而使最初的原始自我发生了变化，讲述这些变化的故事需要有自己的过程，以及自己的神经基础。用最简单的术语来说，我认为，在许多神经结构中，作为原因的客体和原始自我发生的变化是分别表征的，在这些神经结构之外至少还有一个结构，这个结构对它们短暂关系中的原始自我和客体都进行**重新表征**，因而能够表征在有机体身上实际发生的事情：**在最初那一瞬间的原始自我；进入感觉表征的客体；使最初的原始自我转变为被客体所改变的原始自我**。但是，我猜想，在人的脑中有几种结构，都能产生重新表征最初所发生的事物的二级神经模式。二级神经模式把对有机体与客体关系所做的非言语表象的说明包括在内，这种神经模式可能是建立在几个“二级”结构中的复杂的交叉发送信号基础上的。一个脑区居然支配着二级神经模式，这种可能性是很小的。

二级结构的相互作用会产生二级映射，这些二级结构的主要特征如下：一个二级结构必须（1）能够接受通过轴突通道发送的信号，这些信号来自在表征原始自我中所包含的那些脑区，以及能够潜在地表征一个客体的那些脑区；（2）能够产生一种神经模式，该模式以某种按时间顺序的方式“描述”在初级映射中所发生的事件；（3）能够直接或间接地产生表象，这种表象是在我们称为思想的表象的整体流动中由神经模式导致的；（4）能够直接或间接地把信号发送回对该客体进行加工的那些结构之中，以便使该客体的表象能够得到提升。

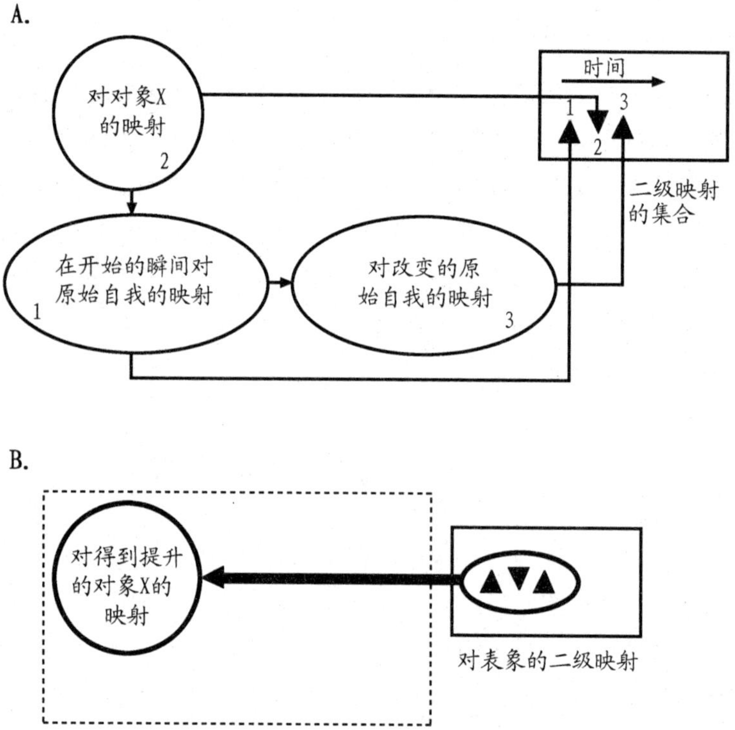

图 6.1 A. 按时间顺序在二级结构中集结的二级神经模式的组成成分。B. 二级映射表象产生，并且对客体的映射得到提升。

178

对这个观点的概述如图 6.1 所示。一个二级结构接收到一系列信号，这些信号和发生在不同脑区的一个逐渐表露出来的事件有关——形成客体 X 的表象；当 X 的表象开始形成时，原始自我的状态；对 X 进行加工所引起的原始自我的变化。这一连串的重新表征构成了一个神经模式，该神经模式直接或间接地成为一个表象的基础——这是指客体 X 与被 X 改变的原始自我之间关系的表象。我不妨再次强调，这是对这个观点的一种简化。由于存在着几个二级
179 结构，该神经模式和这些关系表象将很有可能是这些二级结构之间交叉发送信号造成的。还要注意，正如我们在前面所看到的，核心意识的过程并不限于产

生这种有表象的叙述。在一个二级神经模式中存在这种叙述模式具有重要的后果：通过调整它们的活动，并且因此而在短时间内突显这些模式，它就可以影响对该客体的神经映射。

二级神经模式位于何处？

思考二级模式可能的解剖根源是很重要的。我的最佳猜测是，二级神经模式是在严格挑选出来的少数几个脑区的相互作用时在短暂的一瞬间产生的。在某一个脑区——颅相学所想象出来的某种意识中枢——是不可能发现的，但它也不是到处都有，或者在任何特定的位置。二级神经模式是在不止一个地点实施的，这个事实可能乍一听很令人惊讶，但惊讶是不应该的。我相信它遵从的是一条普遍的脑规则，而不是遵从某种例外。例如，请考虑一下在做出各种动作时所发生的事情。想象你自己在一间屋子里，这时一位朋友走进来，想要借一本书。你站起身来，走过去，把书拿下来，并且开始和朋友交谈；你的朋友讲了一些有趣的事情；你开始大笑起来。当你站起身来，开始按部就班地做事时，当你为了达到这个目的而采纳某种姿态时，你的整个身体都在做出各种动作；你的腿在移动，你的右臂也在做出动作；你的发音装置的一部分也在运动；当你大笑的时候，你的面部肌肉、肋骨和隔膜也都在运动。与管弦乐队表演时的行为相似，有五六个人是**分别各自**做出动作的，每个人各司其职，有些受主观意志控制（帮助你把书挑选出来的动作），有些则不受控制（控制身体姿态和大笑的动作）。但是，所有这一切在时间和空间上都配合得非常好，从而使你的动作得到顺利的表现，而且看起来是由一个单一的根源或者一个单一的意志所产生的。至于这种令人惊讶的顺利和融合是怎样产生的和在哪里产生的，我们几乎没有线索。毫无疑问，它们都是在大量的脑干、小脑和基底神经
节回路的帮助下，通过交叉发送信号的相互作用而出现的。当然，至于它们究 180
竟是怎样发生的，现在还不清楚。

现在，请把上述情况转移到我关于核心意识的概念中。在这里我所要说的是，在脑的不同水平上，有好几个产生意识的机构，然而，这个过程看起来是很平稳的，与一个认识者和一个客体有关。可以合理地假设，在正常情况下，与客体加工过程的不同方面有关的几种二级映射，大体上是在相同的时间内平

行地产生的。对该客体的核心意识是由一些混合的二级映射引起的，这些映射是一种整合的神经模式，会引起我以前所提到的那种有表象的叙述，而且还能使客体的价值得到提升。我不知道这种混合、融合和平稳是怎样达到的，但重要的是要注意，这个秘密不是意识所独有的；它和诸如运动之类的其他功能有关。或许当我们解决了后面这个问题之后，前一个问题也就迎刃而解了。

有几个脑结构能够接收来自不同来源的集中在一起的信号，因而表面看来能够进行二级映射。在这种假设的情境中，我心中所设想的这种二级结构一定要接收一组具体的联合在一起的信号，这些信号来自“整个有机体的映射”和“客体映射”。这些要求与即将被结合进来的信号源有关，考虑到这些要求就可以把几个候选的脑结构去掉，例如，位于顶叶和颞叶的高级皮层、海马和小脑，它们的作用应归入初级映射。另外，该假设所要求的那些二级结构必须要能够对初级映射产生某种影响，这样，客体表象的价值提升和连贯性才能出现。一旦把这个要求也考虑在内，那么，这些二级结构的真正竞争者就是那个高级的四叠体（在每侧左脑半球深部的中脑后部有两个像小山一样的结构，称为顶盖或左、右两侧在一起的四叠体，即两个上丘和两个下丘组合在一起）；整个的扣带回脑区；丘脑；和某些前额叶皮层。我猜想，所有这些竞争者都在意识中发
181 挥某种作用；它们都不是独立行动的；它们发挥作用的范围是有变动的。例如，我拿不准，上丘在人类意识中是否特别重要，而且我猜想，前额叶皮层很可能只参与扩展的意识。图 6.2 对这些结构位于何处提供了一个粗略的观点。

图 6.2 在这个假设中所提到的主要的二级映射结构的位置。

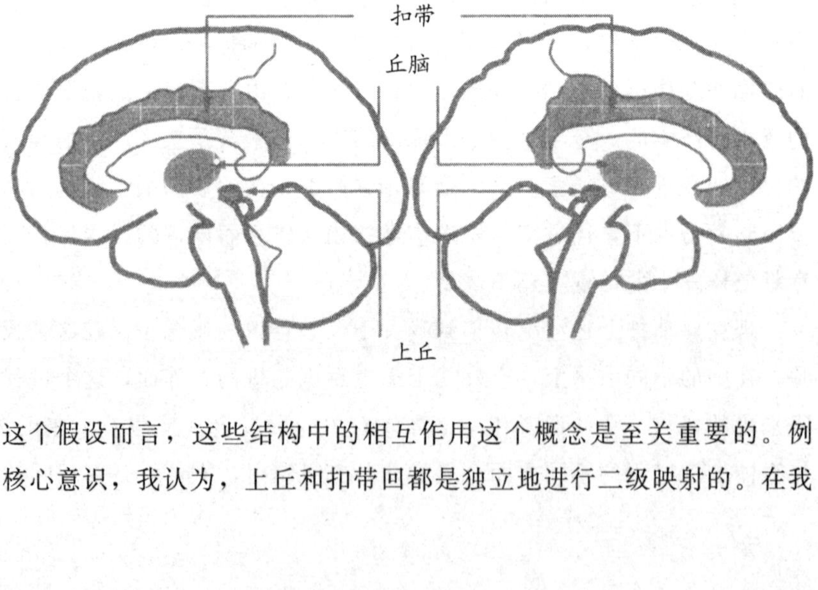

对于这个假设而言，这些结构中的相互作用这个概念是至关重要的。例如，关于核心意识，我认为，上丘和扣带回都是独立地进行二级映射的。在我

的假设中，我预想这个二级神经模式是我们对认识活动进行感受的基础，不过，这个二级神经模式是超越脑区的。它是在丘脑的协调下，由上丘和扣带回的整体表现引起的，因此，假设扣带回和丘脑的成分在这个整体中占有最大的分额，这种假设就是合理的。

随后，二级神经模式对客体表象的价值提升所产生的影响是通过几种手段达到的，包括丘脑皮层的调节和位于基前脑及脑干以乙酰胆碱为递质的神经核团与单胺递质的神经核团，它们都对皮层的加工活动产生最终的影响。有趣的是应该注意到，我提出的这些二级结构确实有办法施加这些影响。

执行意识活动所要求的这个神经解剖装置的列表就这样不断地增长着，但 182
仍然受到了适当的限制。这个列表包括执行原始自我的活动所需要的许多严格挑选出来的结构（某些脑干的神经核团、下丘脑和基底前脑、某些躯体感觉皮层）以及在这里作为可能的二级映射地点而列举出来的那些结构。在第 8 章我将考虑，把所有这些结构都包括在意识的形成过程中有多大的可能性。

认识活动的表象

对有机体与客体之间的关系进行有表象的叙述的第一作用，就是要告诉有机体正在做的事情，或者换句话说，要回答有机体从未提出过的一个问题：发生了什么事？事物的表象和这个身体之间有什么关系？对认识活动的感受就是这种回答的开始。我已经概述了获得这种主动提供的知识所造成的后果：它是自由地**理解**某种情境的开始，是计划作出反应的最后一次机会的开始，这些反应与自然所提供的杜尚式的（Duchampian）[①]“现成反应”（ready-mades）是不同的。

但是，正如我所提到的，对导致有表象的叙述过程来说，可以马上进行第二次叙述。当一个清醒的有机体的装备适当的脑产生核心意识的时候，第一个结果就是**更加**清醒——注意，有些醒觉已经在发挥作用了，这对于防止活动中断是很有必要的。第二个结果是，把注意力**更多地集中**在引起注意的这个客体身上——再说一遍，有些注意力已经在发挥作用了。这两种结果都是通过提升表征该客体的初级映射的价值而获得的。

---

① “Duchampian”一词来自法国20世纪初一位先驱艺术家马赛·杜尚（Marcel Duchamp），它以简单的现成材料作为艺术表现手法，并把它作为艺术作品来体验。——译者注

从某种程度上说，在意识状态下所隐含的信息是："注意力必须集中在 X 身上"。意识导致醒觉状态的**提升**和注意力的**集中**，这两者都能改进对某些内容的表象加工，从而有助于使当前的反应和准备作出的反应尽可能地完善。有机体与某一客体的相遇加强了有机体对该客体进行感觉加工的能力，也增加了使其他有机体参与进来的机会——有机体准备接纳更多的客体，准备进行更具
183 体的相互作用。最终的结果就是更加警觉、更加敏锐的注意和进行更高质量的表象加工。

除了提供了一种对认识活动的感受和对客体价值的提升之外，在记忆和推理的援助下，认识活动的表象构成了简单的非言语推理的基础，这些推理加强了核心意识的过程。例如，这些推理揭示了在生命的调节和表象的加工之间有密切的联系，这种联系隐含在个体观点的感受之中。可以说，拥有者是隐含在对观点的感受之中，随时准备在能够作出下述推理时把事情搞清楚：如果这些表象具有我现在所感受到的这个身体的观点，那么，这些表象就在我的身体之中——它们就是我的表象。至于对行动的感受，它包含在这个事实之中，即某些表象与对某些动作反应的选择是密切联系的。其中有我们的代理感——这些表象是我的表象，我能够对引起这些表象的客体发挥作用。

意识来自于被感受到的客体和回忆起来的过去知觉

客体之所以在我们的心灵中出现，不是因为它们就在我们的周围环境中，而是因为我们从记忆中把它们回忆起来，当这种情况发生时，它们的表象也会引起核心意识。其理由和下述事实有关，我们在记忆中储存的不只是一个客体的物理结构的那些方面——重新建构其形式、颜色、声音、典型的动作、味道或构成你的那些东西的潜能——而且还有通过动作参与到理解这些有关方面的过程之中的那些方面：即我们对一个客体的情绪反应，当我们理解该客体的时候，我们的更宽广的身心状态。其结果，对一个客体的回忆及其表象在心灵中的展开就伴随着对至少某些表象的重新建构，这些表象代表的就是那些有关的方面。重新建构有机体对你回忆起来的客体所进行的一系列调节就会产生一种
184 情境，这种情境和你直接感知外部客体时所发生的情境相似。[6]

最后的结果是，当你考虑一个客体的时候，对这些调节的一部分进行重新

建构，就必须要有过去对它的感受以及过去对它作出的情绪反应，我已经描述过当你直接面对一个外部客体时所采取的方式，这种重新建构就足以以完全相同的方式改变原始自我。在实际的知觉或回忆中，你所意识到的这个客体的直接根源是不同的，但是，理解事物的意识却是相同的，无论是通过感知还是通过回忆。中箭毒的患者想去感知一个客体，却不能产生真实的躯体运动的姿势调节，这就是为什么这种患者仍然能从心理上觉察到他们固定的感受装置所感受到的客体的原因。甚至对未来知觉——运动调节的计划也很有可能是原始自我的有效改变者，并因而成为进行二级叙述的起因。如果这些行动本身和行动计划能够成为二级映射的根源，那么，核心意识就可能会更早地出现，因为，正如最终引起情绪的反应是在这些情绪表现出来之前出现的一样，行动的计划也一定是在行动之前出现的。

由于我们的脑有能力在躯体感觉映射中表征行动计划和行动本身，由于这些计划能够适用于二级映射，脑就可以使一个建构意识的原始叙述的双重机制发挥作用。

核心意识的非言语性质

我不妨通过作一个叙述或讲一个故事，把我想要表达的意思讲清楚。这些术语和语言有如此密切的联系，以致我必须再次要求你不要用语词来思考它们。我的意思不是说，叙述或讲故事就是用短语或句子把一些单词聚集在一
起。实际上，我的意思是说，对有逻辑关联的事件进行一次非言语的映射，在 185
这个意义上作一个叙述或讲一个故事。最好是来看看电影（虽然电影这种手段也不能提供完整的观念）或者哑剧的对白——让·路易斯·巴劳尔特（Jean-Louis Barrault）在《天堂小子》（*Les Enfants du Paradis*）中用哑剧式动作表演讲述了一个偷手表的故事。约翰·阿什伯里（John Ashbery）的一首诗中的诗词把握了这种观点："这是一种曲调，但没有词语，词语只是思索（speculation，来自拉丁文 *speculum*）。"[7]

在人类的情况下，意识的二级非言语叙述可以直接转换成为语言，人们可以称之为第三级。除了表示认识活动并把它归入这个新创造出来的核心自我之外，人类的脑还能产生一种自动的言语形式的故事。我没有办法停止那种言语的转换，你也没有办法。在我们心灵的非言语思路中表现出来的任何东西都迅

速地用单词和句子进行了转换。这是人这种用语言进行表述的创造物所具有的特性。当我们通常把注意力集中在它们身上时，认识活动与核心自我**也**会以言语的形式在我们的心灵中出现，这种不可禁止的言语转换，这个事实很可能就是下述观点的根源，即意识是可以单独用语言来解释的。人们认为，当语言对我们的心理情境进行评论时，而且只有在这时，意识才会出现。如前所述，这种观点所要求的意识观认为，只有实际掌握了语言工具的人才有意识状态。没有语言的动物和人类的婴儿就没有那么幸运了，它们永远是无意识的。

用语言来解释意识是不可能的，我们必须走到语言的面具背后，找到更合理的替代物。奇怪的是，对于语言在意识中发挥某种主要作用这种观点，语言的根本性质是持反对意见的。单词和句子表示的是实体、行为、事件和关系。单词和句子转换的是概念，而概念是由关于事物、行为、事件和关系是什么这种非言语的观念组成的。在物种的进化和我们每个人的日常经验方面，概念必然先于单词和句子。健康和正常的人说出的单词和句子并不是从天上掉下来的，
186 不可能是对他们面前的空穴来风的重新转换。因此，当我的心灵说“我”（“主我”或“宾我”）的时候，它是在轻易地和毫不费力地转换这种非言语概念，这就是我的有机体，这就是我的自我。如果一个不断被激活的核心自我的结构并不在适当的位置，那么，心灵就不可能用任何它可能认识的语言把它转换成“主我”（I）或“宾我”（me），或者转换成它可能使用的任何文字的释义。核心自我必须处于适当的位置，才能把它转换成为一个适当的词语而表达出来。

实际上，人们可能会争辩说，意识的**言语**叙述在内容上的一致性——无论它的形式多么复杂多变——使人们能够推断，存在着一个同样一致的**非言语的**(nonverbal)、**有表象的**叙述，我认为它是意识的基础。

要想用合适的语词把它进行转换，对通过与某一客体的相互作用而得到改变的原始自我状态的叙述，就必然首先是以非语言（nonlanguage）的形式出现的。在“我看见一辆汽车开过来了”这个句子中，“看见”这个单词代表的是一种独特的知觉活动，这种活动是我的有机体做出的，并且包含着我的自我。“看见”这个单词就在那里，和“主我”这个单词恰当地联系在一起，以转换在我的心灵中展现的这种不用文字表达的活动。

现在，我认为，我的观点可能会在以下方面受到置疑。如果这种不用文字（wordless）表述的核心意识的活动，对认识活动的这种非言语叙述，是在意识水平之下发生的，而且只有言语的转换才能提供证据，证明它确实出现了，

那会怎么样呢？只有在进行言语转换时，而不是在此之前，在讲故事的非言语阶段期间，核心意识才会出现。我认为对不太合理的这种观点还要进行讨论，但稍微有点改变：我概括的用来描述认识活动中的行为者和事件的那些机制仍然保留着，但是，只进行非言语叙述就能使我们进行认识活动，这种可能性必须受到否定。

这种备选观点很有趣，但我不打算赞成这种观点。不打算这样做的主要理由是，为了产生意识，我们必须依赖语言，依赖语言的力量。从一开始，虽然
言语转换是不可能禁止的，但它们也经常不被注意，而且要通过大量的文字表 187
述才能表现出来——富有创造性的心灵以大量不同的方式，而不是以某种一成不变的方式，对心理事件进行转换。另外，有创造性的“用语言表述的”心灵容易沉溺在虚构之中。或许人类裂脑研究的最重要发现就在于此：人的大脑左半球倾向于虚构一些言语的叙述，这些叙述和真实的情况并不一定一致。[8]

我并不认为意识依赖于变化莫测的言语转换，依赖于人们对它的那种不可预测的集中注意。如果意识的存在依赖于言语的转换，那么，一个人就很可能会有各种不同的意识，有些是真实的，有些则不是；有各种不同水平和强度的意识，有些有效，有些无效；而且，最糟糕的是，会出现意识的错误。但是，在健康正常的人身上，这种情况是不会发生的。自我和认识活动的原始故事是一致性地讲述的。你**注意**某一客体的**集中**程度确实是有变化的，但是，当你的注意力离开某一客体并且集中在另一客体身上时，你的一般意识水平却不会落在阈限以下——你没有变得昏迷，看起来你也没有出现一次抽搐；你只不过是意识到了其他的事物，而不是什么都没有意识到。当你睡觉醒来时，你的意识就达到了阈限以上，此后意识一直保持着，直到它被关闭。当你说完了单词和句子的时候，你并没有睡着：你只不过是在倾听和观看。

我相信，核心意识的这种有表象的、非言语的叙述是很迅速的，对于那些没有进行考察的细节，我们长期以来一直没有弄懂，这种叙述是很不明显的，是如此地半明半暗，以至于对它的表述几乎就像是发出一种信念。但是，这种叙述的某些方面慢慢地渗透到我们的心灵中，导致了这个认识心灵活动的开始和自我的开始。在对自我和认识活动的感受中所把握的这些方面，是最早浮出意识的海平面的，而且要比相应的言语转换出现得早。

要求意识依赖于语言的存在，就没有为我在这里概括的核心意识留下发展的空间。根据这种语言依赖假设，意识要在掌握了语言之后才能出现，因此不

188 可能在没有掌握语言的有机体身上出现。在朱利安·杰恩斯（Julian Jaynes）那篇很吸引人的关于意识进化的论文中，他指的是掌握了语言之后的意识，而不是我所描述的核心意识。当诸如丹尼尔·丹尼特（Daniel Dennett）、亨伯托·马图拉纳（Humberto Maturana）和弗朗西斯科·瓦雷拉（Francisco Varela）这些形形色色的思想家讲述意识的时候，他们通常指的是作为一种后语言现象的意识。我认为，他们讲述的是一些更高级的扩展的意识，是在生物进化的现在这一阶段所出现的。[9]对于它们的观点，我并没有意见，但是，我希望弄清楚，在我的观点中，扩展的意识位于基本的核心意识的顶端，这些基本的核心意识是我们和其他物种早就具有的，而且仍然继续拥有。

无言语故事叙述的天然本性

无言语的故事叙述是天生的。在脑中发生的系列事件是以表象的形式来表征的，这种表征比我们用语言表述要简单，是我们制作故事的原材料。在有言语之前就已出现的这种天生的讲故事能力，可能就是我们为什么要创作戏剧以及最终要著书立说的原因，可能就是为什么人性的很大一部分当前在电影院和电视屏幕上如此吸引人的原因。电影就是在我们心灵中进行的那种流行的讲故事活动的最接近的外部表征。多亏有负责产生视觉和听觉表象的装置，多亏有许多不同层次的注意力和工作记忆，在每一段影片内部所发生的事情，即摄影机的移动所完成的对一个角色的不同设计，在通过剪辑而对影片进行的转换中所发生的事情，以及在通过对镜头的特殊排列而构成的叙述中所发生的事情，在某些方面都可以和发生在脑中的事情相比较。

即便如此，当我们想到，那些制作了意识故事的最早期脑所回答的是那些还没有人提出来的问题，这是很令人惊奇的。这些问题是：是谁对这些刚刚发生的事情制作了表象？是谁拥有这些表象？**“是谁在那里？”**，就像在《哈姆雷
189 特》（*Hamlet*）那句激动人心的第一行诗中所说的那样，这个戏剧如此强有力地集中体现了人们对自己的现状起源的困惑。[10]答案必须先出现，对此我的意思是说，有机体必须首先建构那种看起来像是答案的知识，有机体必须能够产生那种主动提供的原始知识，这样才有可能发现一种认识活动的过程。

全部的知识建构，从简单到复杂的知识，从非言语的表象到言语的文字知识，都依赖于映射的能力，这种映射能力是随着时间的延续，在我们的有机体

内部，在我们的有机体**周围**发生的，是发生**在**我们的有机体身上以及和我们的有机体**一起**发生的，是一件事情接着一件事情地发生的，它的发生会永无休止地引起另一件事情的发生。

登记活动（registering）是以脑映射的形式发生的，在这个意义上说，无论是从进化的角度，还是根据创作叙事所需要的神经结构的复杂性，讲故事很可能是脑的一种无法摆脱的事情，而且很可能开始得比较早。讲故事先于语言的出现，因为它实际上是语言产生的一个条件，它不是在大脑皮层发生的，而是在脑的其他位置，在脑的右半球和左半球。[11]

对所谓“意向性”（intentionality）问题，哲学家们常常深感困惑，这个有迷惑力的事实就是，心理内容竟然与心灵外部的事物“有关”（about）。我认为，在心灵中充斥着的这种“有关”（aboutness）就是根植于脑的这种讲故事的态度。脑天生就能表征有机体的这些结构和状态，在托付脑对有机体进行调节的过程中，对发生在身处某种环境中的一个有机体身上的事情，脑天生就能编造一些不用语言表述的故事。

关于小矮人的最后阐述

对于用那些声名狼藉的小矮人来解决自我的问题，以及它为什么会失败，现在对此进行评论正当其时。这种不适当的用小矮人来解决问题的方法提出了以下这种假设，脑的一部分，即“主管认识活动的那一部分”，具有解释在脑中形成的那些表象所必需的知识。把表象呈现给主管认识活动的认识者，它就
知道应该怎样对它进行处理。按照这种解决方法，认识者就是一个有一定空间 190
限定的容器，即所谓小矮人。这个术语提出了这样的图像，脑实际上是由许多有身体结构的人组成的：一个小矮人按比例缩小为脑的大小所规定的限度内。有人甚至想象这个小矮人看起来就像在教科书上出现的那幅熟悉的图画，这张图画是在有关大脑皮层的运动和躯体感觉区的一个图表中出现的，它的舌头向外伸出，它的脚是倒置的。

用小矮人来解决的问题在于这个无所不知的小人会为我们每个人做认识活动，但接着就会遇到我们一开始就遇到的那种困难。是谁为它进行认识活动呢？呃，当然，还有一个小人，只不过更小一些。依此类推，第二个小人也需要有一个内部的第三个小人成为它的认识者。这个链条是没有尽头的，这种困难的

延迟被称为无限的退行，这实际上说明以小矮人的解决方法是不恰当的。当然，这种不恰当是件好事，因为它强调，用传统的脑“中枢”来说明一些像认识活动那么复杂的事情是不适当的。但是，它对形成一些其他的解决方法具有消极的影响。它造成了一种对小矮人的惧怕，这比对飞行的惧怕还要糟糕，最终会演变为惧怕在认知上和神经解剖上对进行认识活动的自我进行具体说明。在短时间内，认识活动和自我就不知道应该从脑中的一个小人内部向何处而去了。

我们是如何知道要对自我这个根本概念提出怀疑的，小矮人理论的失败为此提供了一种解决方法。这是很遗憾的。对于这样一个类似于认识者、具有全部的知识、位于脑的一个有限范围内的小矮人，我们确实应该提出怀疑。它在生理学上是没有意义的。所有可以利用的证据都表明，并不存在一个类似于它的东西。但是，这种小矮人型的认识者的失败并不表明，应该或者能够把自我这个概念和小矮人一起都抛弃。无论我们是否喜欢这个概念，当我们开始认识事物的时候，在正常的人类心灵中确实存在着一个类似于自我感的东西。无论我们是否愿意，人的心灵是不断分裂的，就像是一座房子被分开一样，一部分
191 代表被认识的东西，另一部分代表认识者。

在核心意识的表象中所包含的这个故事并不是某个聪明的小矮人讲述的。这个故事也确实不是作为自我的**你**所讲述的，因为，当这个故事开始讲述时，你才刚刚**在这个故事内部**诞生。在讲述这些原始的故事时，而且只有在那时，你才作为一个心理的存在而存在；只要在讲述那些原始的故事，而且只有在那时，你才作为一个心理的存在而存在。当乐曲在持续时，你就是乐曲。

除了众所周知的感觉和运动装置之外，脑还配备有其他装置，这些脑可以形成有机体的表象，这是在形成对其他事物的表象和对那些表象进行反应的活动中形成的。一个有机体在以前就具备这种能力，能够表征一个稳定不变的原始自我，表征在其身体本身以及在它身上发生的大量的事情，那些额外的装置使这种认识活动能够在这个有机体身上发生。在这里并没有把小矮人包括在内，也没有任何无限的或有限的退行。在意识的小矮人认识者这种表达方式中，要求有一个具体的认识活动的代理人来解释所发生的事情；这个作为神经和心理认识者的小矮人必须要比它所为之服务的脑和心灵知道更多的东西。但是，当然，接着就会出现另一个作为认识者的小矮人，它知道的比前一个小矮人更多，我们就这样不停地走下去。在我看来，没有必要讯问任何代理人，任何认识者。答案会随时提供给有机体，它是由原始自我所表征的，是以非言语

叙述的形式放在它面前的，这种叙述在以后就可以用语言进行转换。这种解释是在对它提出的任何要求之前提出来的。

原始自我是一种参照，而不是知识的储藏库，也不是一个理智的理解者。它参与认识活动的过程，耐心地等待一个最宽宏大量的脑通过回答那些从未提出过的问题来解释所发生的事情。这些问题是：事情是谁**做的**？是谁在**认识**？当这种回答第一次做出时，自我感便出现了，在第一次原始的讲故事出现了几百万年之后，现在对我们这些拥有丰富的知识和一个自传式自我的创造物来 192
说，看起来这个问题确实提出过，自我就是进行认识活动的一个知者。

然后就没有什么问题要问了。没有必要就这种情况询问核心自我，核心自我也不会解释任何事情。认识活动是很慷慨免费的。

盘　　存

我一直认为，核心意识依赖于一个不停地产生的认识活动的表象，首先是作为一种认识活动的感受而表现出来的，这种感受和将要认识的这个客体的心理表象有关；而且，我还认为，这种认识活动的感受会导致，并且伴随着对该客体表象的一种价值提升。

通过转向核心意识背后可能的生物学，我提出了一套神经结构和操作活动，它们可以对自我感和认识活动的出现提供支持。我设计这种以假设的形式呈现的提议，就是为了满足意识的生物学角色所提出的需要，满足为描述其心理表现所提出的需要，以及为了与已知的神经解剖学和神经生理学的事实相一致。这种假设认为，有机体是如何通过对客体的加工而受到影响的，当脑对这个问题形成一种有表象的、非言语的、二级叙述的时候，核心意识便出现了。这种有意象的叙述是建立在一些二级神经模式基础上的，这些神经模式是从能够接收来自其他映射的信号的结构中产生的，其他映射既表征有机体（原始自我）也表征客体。[12]

许多聚集在一起的二级神经模式对客体与有机体的关系进行描述，这些神经模式对描述客体并导致客体表象的价值提升的神经模式进行调整。在认识一个客体的活动中，完整的自我感是从有表象叙述的内容中产生出来的，是从对客体的价值提升中产生出来的，可能是以一种大模式的形式，这种大模式以某 193
种一致的方式把这两种成分都结合在内。

该假设所需要的那种神经解剖学结构包含着那些支持原始自我的结构；那些加工客体所需要的结构；以及对这种关系进行有表象的叙述和产生后果所需要的那些结构。

作为原始自我和客体背后的这些过程之基础的神经解剖结构（见第 5 章）包括的是脑干神经核团、下丘脑和躯体感觉皮层。作为对这种关系进行有表象的叙述并提升客体表象的价值之基础的神经解剖结构（见本章前面所述）包括的是扣带回皮质、丘脑和上丘。以后的表象提升是通过基底前脑、脑干乙酰胆
194 碱递质的神经核团与单胺递质神经核团的调整，以及丘脑皮层的调整而达到的。

最后，在其正常的和最理想的操作活动中，核心意识就是一种达到神经和心理模式的过程，这种模式大约在同一时刻把客体模式、有机体模式和两者之间关系的模式聚集在一起。每一种模式的出现以及它们的及时结合，依赖于某些密切合作的独特脑区的贡献，在本章所概括的那个建议中，我对这个完整过程的一个方面做了说明，这个过程和有机体与客体之间关系的一些模式的建构有关。

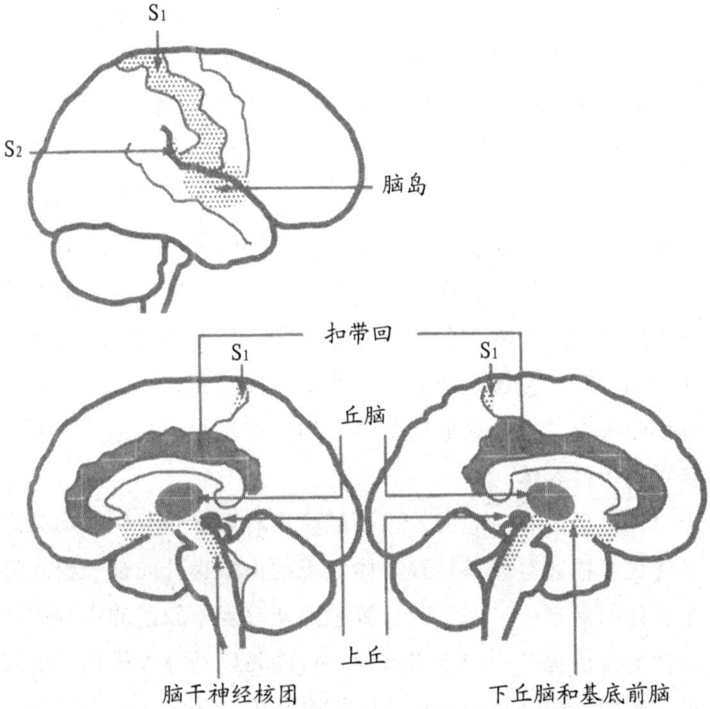

图 6.3 结合在一起的主要的原始自我和二级映射结构。注意，这些结构的大部分都位于脑的中线附近。

当核心意识的那个大模式出现的时候，局部的脑区已经成功地使大量的脑组织参与到行动之中了。当你发现这种操作活动给你留下了深刻印象时，那么，现在请考虑一下这个问题，与扩展意识的更大模式相比，核心意识的大模式地位是很低下的，我将在下一章转向扩展的意识。正如威廉·詹姆斯所可能希望的，几乎整个脑都参与到意识状态之中了。

7

扩展的意识

扩展的意识

如果核心意识是意识中一个不可缺少的基本组成部分，那么，扩展的意识就是核心意识的荣耀。当我们一想到意识的伟大之处时，在我们的心灵中就会出现扩展的意识。当我们脱口而出地说意识是人类所独有的、与其他物种不同的人类特性的时候，我们思索的就是扩展的意识所能够触及的范围，而不是考虑的核心意识，我们还应该为犯了这种骄傲自大的错误而得到原谅和宽恕，这说明：扩展的意识确实有着独特的功能和作用，并且在它的最高点，这种意识就是人类所独有的。

扩展的意识超越了核心意识的此时此地的性质，包括过去和未来所能触及的范围。此时此地仍然存在着，但是，从一个侧面来说，它与过去的思想相关联；你可以运用许多过去的思想内容对当代之思想内容进行有效的解释与阐述。同样重要的是，从另一个侧面来说，过去的思想内容也可与预期的未来相关联。就扩展意识的最大范围来说，它可以贯穿于一个人的一生，即从出生到

未来的生活，而且它还能与世界相媲美。倘若某一天你让它自由地发挥，这种 196
扩展的意识就会在叙事小说中赋予你某种品质；同时，如果你好好利用它，它就会为创造大开方便之门。

扩展意识就是核心意识所表现的一切内容，只是扩展意识较之范围更大些和更好些。除了在进化中和在每一个体毕生的经验中进行之外，它也没有其他什么作用。如果在某一瞬间核心意识使得你知道，你正在观看一只翱翔的小鸟或者你正有一种疼痛的感觉，那么，扩展的意识会将这些相同的感受放到一个更大的范围之中，并让它经历更长的时间。此时，扩展的意识仍然会带有这个核心词“你”，但此时的“你”是与自己的过去和可以预期的将来相关联的——这些过去和将来都是你自身生活经历的一部分。除了感觉到你感到疼痛这个事实之外，你还能够仔细观察下述事实：疼痛在什么部位（如手臂），怎样引起的疼痛（网球击中身体），上次你有过此类疼痛的时间（3 年前还是 4 年前?），最近谁还有过这样的情况（马吉阿姨），为马吉阿姨检查身体的医生（是梅医生，还是尼科尔斯医生?），接下来你明天就不能和杰克一起玩了。现在扩展意识的知识范围允许你去接触的是一大堆事实。所以从这个单词的真正意义上看，看到那一大片景色的自我是一个强有力的概念。它是一个自传式的自我。

自传式自我以一系列经过选择的自传式记忆的持续复活和表现为转移。在核心意识中，自我感是在对认识活动的细微和短暂的感受中产生的，这种认识活动在每一次情绪动向中得到新的建构。然而，在扩展的意识里，自我感却是在一些我们自己所拥有的个人经验——即我们个人过去所感知过的对象——的持续不断和反复的表现中产生的，这些记忆能够很容易地随时证明我们的同一性以及我们的个体性存在是有根据的。

扩展意识的秘密是在这样的安排下得到体现的：自传式记忆就是一些客体，脑也把这些客体当作客体看待，并让每一个客体与有机体建立联系，其方式和为核心意识所描述的方式相同，这样，两者的结合就会产生一次核心意识
的动向——是一个自我在进行认识活动的感受。换句话说，扩展的意识是以上 197
两个有所贡献的因素相结合而产生的具有价值的结果：首先，能够学习并因而保持对大量经验的记录，这些经验以前曾被核心意识的力量所认识；第二，能够以这种方式复活那些记录，像客体一样，那些记录也能够产生“一种是自我在进行认识活动的感受”，从而使这些记录也能够被认识到。

从生物学的角度来说，当一个人带着这种一般的自我感从低水平的核心意

识向复杂水平的扩展意识发展的时候，那种在生理上比较新颖的东西就是对事实的记忆。至于其主要的窍门，它就更是完全相同的：多次产生简单的“是自我在进行认识活动的感受”，把它应用到有待于认识的事物之中，以及应用于一个被永久复活了的和复杂的事物之中，这个事物就是那个把认识活动归因于它的事物——自传式自我。最终的推动因素是工作记忆，它能够保持活力，能够持续工作大量的时间，并在瞬间产生许多的“客体”：正在认识的客体和其表现构成了我们的自传式自我的客体。时间的范围不再是在几分之一秒的时间内，形成核心意识的特征所需要的时间。此时我们的时间范围是以几秒钟和几分钟的时间来计算的，我们大部分的个人生活是在这个时间范围内度过的，这个时间范围可以很容易地扩展到许多小时乃至许多年。

简而言之，扩展的意识产生于两种方式。第一种方式要求，在一种特殊种类的客体中，由许多具体事实而组成的记忆成分要逐渐地积累；这些“客体”就是有机体的生平，就是我们自己的生活经验，因为它们掩藏在我们过去的生活之中，是通过核心意识得到解释的。一旦自传式记忆得以形成，不论对一个客体的加工在何时出现，它们都能够被回忆起来。之后那些自传式记忆的每一个部分被脑作为一个客体来对待，连同正在进行加工的某一个具体的非自我客体，每一个客体就都成为诱导核心意识产生的东西了。在依赖于核心意识的相同的基本机制时——形成对有机体和客体之间持续发展的关系所进行的映射解释——扩展的意识就能把这种
198 机制不仅应用于某一个非自我的客体 X 身上，而且应用于一系列始终一致的、与有机体的个人经历有关的、以前记住的客体身上，对这些客体的永无休止的回忆不断地得到核心意识的例证，并且形成了自传式自我。

第二种方式包括对许多表象进行积极的、同时而且实际上在相当长时间内的保持，这些表象的集合对自传式自我进行了界定，还包括一些对客体进行界定的表象。自传式自我和该客体的那些反复出现的成分都沉浸在对起源于核心意识的认识活动的感受之中。

因此，扩展的意识就是能够对大量的实体和事件产生觉知的能力，也就是，能够产生一种对个人观点、所有权和代理行为的感受，比在核心意识中所包含的知识范围更大。这种更大范围的知识就归因于自传式自我，对自传式自我的感受包含着一些独特的个人经历的信息。

自传式自我只在具有实际的记忆能力和推理能力的有机体身上产生，但并不要求语言的参与。像杰尔姆·卡根（Jerome Kagan）这样的发展心理学家已

经指出，人在 18 个月（1 岁半）的时候就形成了一个“自我”，甚至可能更早。我相信，他们所说的这个自我就是自传式自我。[1]我也相信，像倭黑猩猩（bonobo chimpanzees）① 这样的类人猿也有一个自传式自我，而且我也愿意大胆地说，我所熟悉一些狗同样也有。这些动物都拥有自传式自我，但它们却并不是人。当然，“你”和“我”既有自传式自我，又是人，那是因为多亏了人类有一种更丰富的记忆、推理的能力，以及那个被称为语言的宝贵能力。随着物种进化和个体发展的斗转星移，我们的自传式自我使我们逐步了解了有机体的自然环境和社会环境的一些更为复杂的方面，以及在复杂的宇宙中有机体所处的位置和活动的潜在范围。

表 7.1　自我的种类 199

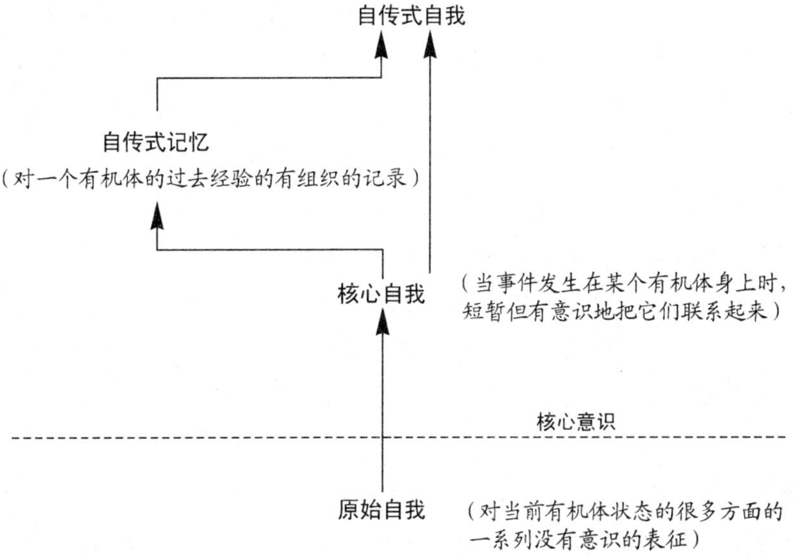

在没有意识的原始自我和有意识的核心自我之间的箭头表示一种转换，这种转换是由于核心意识的机制所导致的。指向自传式记忆的箭头指的是对一再出现的核心意识经验的实例的记忆。指向自传式自我的两个箭头表示对核心意识的持续动向和自传式记忆的持续复活的双重依赖。

---

① 倭黑猩猩是在扎伊尔的刚果河以南森林区发现的一种小型黑猩猩，在形态上有许多独特之处，因此，一些分类学家主张以 bonobo 为属名，另立一属。这类动物的数量不多，动物园饲养的也很少。——译者注

扩展的意识不同于理智。扩展的意识和使有机体觉知到可能最大范围的知识有关，而理智则和如此成功地操纵知识的能力有关，从而使新的反应也能得到计划和传递。扩展的意识与展现知识并且清楚而有效地把它表现出来，从而使理智的加工活动能够发生有关。扩展的意识是理智的一个先决条件——如果一个人不能在扩展意识中检索这种知识，那么，他怎么能够在如此广泛的知识范围内有理智地做出各种行为呢？

200 扩展的意识也不同于工作记忆——尽管工作记忆在扩展意识的过程中起着重要的工具性作用。扩展的意识依赖于在心灵中，在相当长的时间内对那些多种多样的神经模式的保持，这些神经模式描述的就是自传式自我；而工作记忆就是在心灵中长时间地保持表象的能力，从而使这些表象能够得到理智的操作。为了搞清楚工作记忆这一概念，请考虑一下这种情况，如果没有纸笔的帮助，在心灵中保持一个十位数的电话号码，或者把怎样到达某一地点的详细指导语保持在心里，可能会发生什么样的情况。你也能够检测你自己的工作记忆：你应该能够把一个七位数字在心灵中保持足够长的时间，以致你能精确地倒着背诵出三位或四位数字。[2]大量的工作记忆对扩展的意识来说是一个必不可少的条件，这样就可以使多种表征能够在心灵中保持相当长的时间。相反地，在核心意识的水平上，工作记忆的作用似乎被忽视了。由心理学家伯纳德·巴尔斯(Bernard Baars)所提出的“完整的工作空间”(global working space)这个概念是描述这些条件的一种很好的方式，在这些条件下，诸如工作记忆和集中注意这类能力有助于形成扩展的意识。[3]

核心意识是诸如像我们这样的复杂机体的标准机能的一部分；它是通过基因组而被安放在适当位置上的，几乎无需来自早期环境的帮助。或许在某种程度上文化因素会对其有所改变，但很可能不会有太多的改变。扩展的意识也会通过基因组而得到安排，但文化因素会对它在每一个体身上的发展产生重大影响。

对扩展意识的评价

扩展的意识之所以建立在核心意识的基础上，不是因为它是随着时间的发展而发展的，而是因为它时时刻刻都在发展。对神经病患者的研究表明，一旦核心意识被剥夺，那么，扩展意识也随即消失。正如我们所看到的那样，失神型发作、癫痫自动症、运动性缄默症和持续植物人状态的病人既没有核心意识也没有扩展意识；但反过来却并非如此：正如我们将要在后文所看到的那样，扩展意识受损与核心意识的保持是兼容的。

较之核心意识，扩展的意识是一个更大的概念，但对它进行科学的说明相对比较容易。我们非常清楚地理解它在认知上是由什么东西构成的，我们也很了解相应的行为特点。一个具有扩展意识的有机体能够对大量的信息给予注意，这些信息不仅存在于外部环境中，而且也是内在地存在于其心灵的环境中。例如，作为一个有扩展意识的人，你很可能会同时注意到许多不同的心理内容：这本印刷出来的文本；它所引发的观念；它所提出的问题；或许还有在这个房子里某个地方的音乐声或者特殊的噪音；以及作为认识者的你自己。这些内容并不是都同样地突显出来，不是都能同样清楚地鉴别；但它们都在某一时刻摆在你的面前，持续好几秒钟甚至好几分钟的时间，有一些会成为注意的中心。 201

有证据表明，有扩展意识的有机体能够对复杂的行为作出计划，不仅在当前这一时刻，而且在更长的时间间隔——许多小时，许多天，几周乃至几个月。一个观察者能够推论出，这些复杂和适当的行为是通过对个体的历史和当前关系的考虑而计划好的。换句话说，一个人所做的事情必须不仅在此时此刻有意义，而且在更大范围的前后关系中有意义。

从事狒狒研究的汉斯·库默（Hans Kummer）和从事黑猩猩研究的马克·豪泽（Marc Hauser）的研究表明，我现在所描述的扩展的意识也存在于非人类的物种当中。库默艰苦的野外研究和豪泽有独创性的实验室研究揭示了上文所提到的需要认知成分来操作的行为。一个例子就是一群狒狒所做出的那种精心考虑的、很耗费时间的决策行为，这种行为和选择某一天应该在哪里喝水的地点有关。许多因素与决定的形成发生了冲突——如对喝水地点的水源所在地的估计，遭遇捕食者的危险，以及距离，等等。有证据表明，这些因素被注意到了并且与这些个体的体内平衡的需要联系在一起。[4]

对于在人体内部的不同感觉系统和感觉通道中大量被回忆起来的知识进行展开和调度来说，以及对于随后能够运用这种知识来解决问题和对此做出报告的能力来说，扩展的意识都是很有必要的。所有这些能力的正常表现证明了扩展意识的存在。对扩展意识的评价就可以通过对再认、回忆、工作记忆、情绪和感受、推理和决策而做到，这些活动是在一个相当长的时间间隔中在一个有完整的核心意识的个体身上发生的。 202

在神经正常的状态下，我们绝不可能完全剥夺扩展意识。然而，不难想象一个只具有核心意识的人可能体验到的事情。这只需考虑一个一岁大的孩子的心灵内部就行了。我猜想，客体进入心灵的舞台，归属到一个核心自我，并且像它们进入时那样快速地退出。每一个客体都是通过一个简单的自我而得到认识的，而且是自行清楚的，但是，这些客体在空间或时间上并没有大量的联系，在客体和过去或可预见的经验之间也没有敏感的关联。在后文中，我们将会看到，这种假设能够通过对神经紊乱中所发生事情的分析而得到支持。正如经常在心灵中所发生的事情那样，神经病学对这一问题提供了一种独特的洞见。

扩展意识的紊乱

虽然核心意识的丧失也包含着扩展意识的丧失，但把它反过来说则是不正确的。扩展意识以某种方式受到损伤的患者，仍然保持有核心意识。核心意识的优势就这样牢固地建立起来了。

发作性全面性遗忘症

扩展意识受损的最令人震惊的例子就是，它是在一个被称为发作性全面性遗忘症（transient global amnesia）的情况下剧烈而戏剧性地发生的。在患者能够回复到正常状态这个意义上说，这种情况是有益于健康的。发作性全面性遗忘症可能在偏头痛发作的情况下发生，有时被看作偏头痛的前期症状，有时
203 则是偏头痛的代表性症状。在发作性全面性遗忘症中，一开始非常剧烈并持续几个小时，通常不到一天，这时一个完全正常的人猛然间被剥夺了对最近补充到自传性记忆中去的内容的回忆。对于在刚才之前的那一瞬间，或者在几分钟和几个小时之前所发生的事情，心灵却再也无法加以利用。偶尔地，先于这种症状几天前所发生的事情一点儿也回忆不起来了。

考虑到我们此时此刻的记忆也包括对我们经常加以预期的那些事件的记忆——我愿意称之为对未来的记忆——因此，一旦一个人患上发作性全面性遗忘症，那么，对于几分钟、几小时、几天之前所要实施的计划也不会有任何记忆。发作性全面性遗忘症对于将来可能发生的任何事情都一无所知，这种情况

是很常见的。患有发作性全面性遗忘症的人既不知道个人的历史起源，对个人的未来也一无所知，但对此时此刻所发生的事件和客体却保持着核心意识。实际上，当一个患者不能对某一特定的物体或人进行再认的时候，甚至核心意识也会承认这个事实，即某些知识已经不再存在了。然而，尽管对当前的客体和行为有适当的意识，但这种情况对患者来说是没有意义的，因为如果一个人连自己是谁都不知道，那么，此时此地就是不可理解的。发作性全面性遗忘症的困境使核心意识的重大局限性突显出来：不知道当前所存在的物体起源于何处，也不知道当前行为的动机，当前的一切都是空洞的，令人费解的。也许这就说明了为什么发作性全面性遗忘症总是一成不变地，持续地重复一些焦虑的问题：我在那儿？我在这儿做什么？我怎么到这儿来的？我想做什么？患者一般不会问他们是谁。他们经常对他们自己有一种基本的感觉，尽管甚至这种感觉也是贫乏的。如果患有癫痫自动症的患者是核心意识的暂时性丧失和以此为转移的所有的一切——核心自我、自传性自我、扩展意识——都暂时丧失的恰
当例证，那么，患有发作性全面性遗忘症的患者就是暂时丧失了扩展意识和自 204
传性自我，只保留了核心意识与核心自我的最好例证。

几年之前，我们有机会对一位曾遇见过的患有最轻微的发作性全面性遗忘症的患者进行了研究，我想告诉你们关于她的一些情况。这位患者是一位智力很高，受过良好教育的妇女，作为编辑她的事业也很成功。她有长期偏头痛的病史，否则她的健康状况是非常好的。在她到我们的服务机构来的九个月之前，她开始患上这种典型的偏头痛，有时在她视野的一半范围内出现视觉障碍，偶尔地还伴有语言困难。头痛变得越发频繁，每周一次。来我们这儿两周之前，在其私人医生那儿进行的一次常规检查的过程中，她抱怨说她的头痛，那位医生提到了我们的头痛诊所，建议她详细记录病状发作的具体情形、发展，以及可能引起头痛的原因。在说下面的事情之前，她记录了发生过的四种不同头痛症状的细节。最后一次，她经历了“一个奇怪的事件”，对此她展示了症状发生时她所写下的详细记录。下面是她没有进行编辑的报告：[5]

星期四，8月6日，11：05——在我的书桌旁，突然发生了一件奇怪的事，我觉得自己好像要晕了或者要生病。视觉很清晰，但所有的注意力都集中在这种奇怪的情节上。我斜靠着书桌，闭上眼睛，把注意力集中在不要生病上

（想回房休息——再次作个决定——最好坐着不动）。我从没有失去对周围环境的觉知，但我强烈地集中注意于自我和这种奇怪的感受（从没有失去对我所处的地点的感觉或对声音的觉知）。感觉好些后便感到温暖，就问办公室同事，室内的温度（五分钟后的此时，我便回忆不起来我刚才说的话了），同事说温度正常（我这么认为的）。现在我感觉好了，这时是11：18，但我没有集中精力做我所做的事情。

205 低头看看我的工作，我竟没能认出来我正在编辑的手稿的页数！前后翻了几页，也没能搞清楚我究竟正在做什么（我很清楚我的主要意图，它并不是我正在看的手稿的页数，或者我手头正在做的事情）。

看到我的日历本并记下了所发生的这个“事件”，我发现了最近十天来打扰我和我打交道的那些人的名字：我不能确定他们是谁，尽管大多数记下来的名字我还很清楚。

11：23——回过头来阅读手稿。我回忆起来开始写作，但不能识别标题内容！此时头脑很清晰，但对复杂问题仍感到有些许困惑。是不是刚才我经历了其他的事情？就在这时大脑感觉清晰、不疼了，或许还有一点沉重。（我试图感受是否还有疼痛，但是没有）。我不敢工作了，看看十分钟后是否会更好些。

11：25——我回过头来读我在第一页的开始写下的内容：我认不出自己写下的字体了！我只记得开始要写标题了，但我感兴趣的是刚开始所发生的事情似乎很奇怪。

11：30——头脑依然清醒；没有疼痛；视力良好。现在我试着回忆刚才相关的情形并把它们记下来。很平常的上午，10点钟喝了一杯咖啡，一个上午一直在阅读并编辑手稿。喝过咖啡之后就一直没有起来过。

每次我回过头来读我写下的内容时总会觉得困惑，因为我不记得我曾将它们写下来。浅显琐细的内容仍使我不解，因为我不认得它们。（需要注意的是：我一直以来很确定我是个什么样的人，我是谁，我在哪里，以及我正在这里做什么。）

11：35——我拿出收音机欣赏古典音乐。

11：45——当我首次看我的日历并写下刚才所发生的这段情节的时候，我发现对我所能看到的两个名字感到困惑。实际上，这就是我为什么写下这篇完整的说明的原因。现在，大约半个小时之后，这些名字仍令我不解（!）。我在公寓的电话簿上查到了他们，而且我能确认他们是谁，和他们打过交道，但仍不解的是这些名字很奇怪。关于为8月3日准备的“传染病控制的两篇报告”仍然不清楚。（我回忆不起来它是怎么引起来的，而且现在是8月6日。）

11：50——我想我记得正在做这些报告，但我的心灵仍不能集中注意于报告的内容。“传染病控制”？

11：55——我回忆起了从何处来寻找和确定这些名字是谁（但仍不能把注 206
意力集中在我刚才所看过的报告上）。我要吃午餐了。

12：05——我在走出去的路上，先走进卫生间，然后停下来重新回忆这些名字并想知道其重要性，除此之外，它也是某种短暂的情节。现在，走出去吃午饭，头一直有点沉重。

1：00——去吃午饭时很好，对餐厅里老朋友的身份觉得不敢确认。但他们却很好。排队打饭但不晓得如何签名，之后想起来了。然而，看前面的人如何在卡上签名，才能予以确认。开始填写我的社会保险号，在写完之前有点惊慌，我敢正确地说。吃了一顿健康的午餐，以及金枪鱼色拉和牛奶，独自坐在那儿逗留了一段时间，回想着这段情节的内涵，并考虑是否马上把这件事告诉某个人？回家休息？还是不管它？

1：20——享用一杯咖啡后回去工作了。这时我决定不做什么事。感觉情况很稳定，无头痛感，也知道自己正做什么（只是心里有点害怕）。又喝了杯咖啡，打开收音机听欢快的音乐，仍然觉得身体有些异样，觉察到脉搏的跳动（测试一下：每分钟80次）

2：05——一直稳定地工作着，差不多结束了上午的工作，感觉非常正常。

4：15——感觉很正常。下午4点走到图书馆阅览图书。从下午1：20开始就没有阅读，或者测试一下我对这一天的早些时候那些不清楚的事情的记忆。

5：45——离开工作单位回家前，我又看了下日历，认识到我还没有浏览前些天所发生的事情！现在我清楚了，并回忆起了我所要做的工作报告以及所涉及的人。此外，我也回忆起了下午看到的事情：它们每一次都与我所见到的有所不同。没有生理失调现象。

8月7日，上午10：50——起床时很好，晚上也很好——只是头有些沉重——因此很担心。就给朋友X说了，他觉得是糖分引起的。早餐吃了两片香蕉果仁面包，一大块奶酪，小分量的橘子汁，配有半块糖的无咖啡因咖啡。然后去工作了。上午九点感觉眼睛后部开始头痛（感到有些出汗）。9：30真觉得头痛，喝了杯真正的咖啡，两块糖外加一勺糖。现在是上午10点，头脑差不多清醒了，但仍然很沉重。

207 约好通过电话来讨论工作，和几个人谈论了一些生意问题。一切都好，但也许我的言语表达较之平时有些慢。我是在咬文嚼字吗？这就足够了。

1：25——没多久头痛病又犯了。12点吃午饭。头疼从未停止过。仍然基本上是在眼睛后部，这次是在左眼和左侧，并且扩散到左后部的下方。

8月10日，下午4：30——周末很好，今天也很好。

这份报告上所记录的内容是有可能出现的，因为其周围有许多恰当的环境：第一，这种疾病比较轻微，而且患者不像通常情况下那么担忧。第二，她的医生要她记录下当头痛发作时的具体的情况，所以她就记下了详细的病情以及相关的情况。最后，她是一位聪明的，受过良好教育的女性，凭着优良的个性和专业化的训练，她写下了具有说服力的亲身经验。

核心意识的过程贯穿于病情的整个过程，从而使她能把其想法和行为最连贯地组织起来。如果我们见到所发生的事，如果我们和她接触，那么，我敢说，我们会注意到与她行为不同的方面，也许清晰，也许模糊，或许两者兼具。但我们当然会看到虚弱、持续注意和集中注意、持续的适当行为，以及可以识别的有动机的情绪。这与在自动症疾病发生时一位癫痫患者的类似僵尸的行为表现一点也没有相似之处。注意这一点非常重要，因为这种突发的、短暂的症状经常导致这种不可接受的两种症状并发的严重问题。发作性全面性遗忘症和癫痫自动症在白天与夜晚的表现是大不相同的。

这位患者的自传性自我的短暂丧失，甚至是这种她很幸运的轻微的丧失，就是她的状况的主要表现。对遥远的个人经历的记忆当然确实存在着，但是，
208 就在疾病发作之前的那段时间却丧失了，甚至前些天的事情也是以某种若明若暗的形式提取的。在不能很好地提取同一性信息方面，减少了对生平信息的利用也是值得注意的，就最近个人所经历的事情而言，这种信息是很有戏剧性的。因为片刻之内不能回忆起自己的名字，所以她感觉比较痛苦。

像发作性全面性遗忘症这种一整天都会发生的戏剧性事件经常被缩减为一件不超过1个小时的事情，即在创伤后遗忘症的情况下不超过1小时。创伤后遗忘症是剧烈头部受伤之后的一种常见现象。最近，一位患者提供了一份有洞察力的报告：当DT从马上摔下来并且脊背落地时，他立即失去了知觉。一些观察

者见到此情景立即上去帮助他，并估计他将近十分钟没有知觉了。当医护人员赶到时，DT 已经苏醒了；他看上去很困惑，有点不安，而且一直不停地询问到底发生了什么事情。大约在那时，他对这个事件的记忆开始恢复，他逐一回忆起了这些事态的清晰的顺序。首先，它看见了注视着他的人们的脸，但不能理解他们是谁，为什么他们会看着他。他也不甚清楚他自己是谁，甚至也搞不懂他躺在地上干什么。然后他对自己有了一些感觉，尽管这种情境还不甚清晰。片刻之后，也许注意到自己正身穿一件运动服，他就说他正要去跑步。在他不得不制服那匹为这个全部事件负责的不驯服的马之前，他确实有这种想法。直到把他抬到救护车上以及在去医院的路上，他对自己身份的感受才开始恢复。

在不到一个小时的时间内，DT 经历了许多神经症症状的反应表现。首先，有一种症状与昏迷或深沉的无梦睡眠或者一般的感觉缺失并没有什么不同，在这种状况下，所有形式的意识、注意和醒觉都暂时丧失了。其次，一种醒觉和最低限度的注意得到了恢复的状况，在这种状况下，核心意识仍会缺失，这是一种与运动性缄默症或癫痫自动症的某些阶段并没有什么不同的情况。再次，一种与发作性全面性遗忘症并没有什么不同的情况，在这种情况下，核心意识已经恢复，但是扩展的意识还没有出现。最后，整个的能力系统再次恢复活力。 209

在阿尔采姆症恢复转好的过程中，扩展意识也受到了损伤。当丧失了对过去事件的记忆足以损害对自己生平的记忆时，自传式自我就逐渐消失，而且扩展意识也会瓦解。这在随之而来的核心意识的瓦解之前发生，我在第 3 章对此作过介绍。在第 80 页我描述过的那位病人朋友身上发生的事情就说明了这类问题。

当这位病人看到他妻子朝他走来的时候，他正安静地坐着。他没有表现出认得她的迹象，但用另一种热情的微笑回报了她的热情微笑。认识到丈夫不认得她时，她便以轻柔的声音说道："我是你的妻子"，而不只是说，"早上好"。在他生病的过程中他第一次对此作出回答"那么，我是谁?"这个问题是严重的但却是一个事实。没有幽默的暗示，也没有焦虑。他原先的自传式自我中那种喜欢询问的方式作为一种强有力的印迹仍然存在，而且这种方式只不过是想要知道而已。

这种疾病已经使他从一个阶段退行到另一个阶段，在第一个阶段他再也不能学习新的事实，也不能回忆起一般都能记得的事情，在第二个阶段个人的生平经历不再能够可靠地展示出来。自传式自我和扩展的意识都依赖于它，但现在却永远成为过去了；几个月后核心意识及其简单的自我感也会消失。

疾病失认症

疾病失认症（anosognosia）提供了扩展意识受损而核心意识未受损的另
210 一个很好的例证。“疾病失认症”这个词来自希腊语，“*nosos*”指“疾病”，“*gnosis*”指“认识”，表示对自己有机体中的某种疾病状态不能进行再认。不用担心这个词应该写成“*nosoagnosia*”而非“*anosognosia*”，以便使之与传统的观点联系起来——请考虑一下**面孔失认症**和**同时性失认症**（simultanagnosia）——这个术语所表示的就是这类疾病。

神经病学并不缺乏这些稀奇古怪症状，但是，疾病失认症却是最奇怪的症状之一。关于疾病失认症的经典例子之一就是一例中风患者的例子，其身体左半部分完全瘫痪，不能移动手和手臂，腿和脚；半边脸不能移动，不能站立和行走，他对全部的问题都忘记了，他报告说事情根本不可能是这样的。当问及他们感受如何时，患有疾病失认症的患者认真地说：“我很好”。这种令人震惊的状况早在20世纪初时就被巴宾斯基（Babinski）描述过。[6]

那些对“心理学”的解释感兴趣的人很长时间以来就认为，这种疾病的否认是受心理动力性动机驱动的，这只不过是患者对他所面对的这个严重问题的一种适应性反应，带有与可以比较的情境相关的个体过去经历的色彩。但他们错了。只要考虑一下镜像的情境，患者身体的右半部分瘫痪而不是左半部分瘫痪，就能够很容易地确定，情况并非如此。这些患者并没有患“疾病失认症”。他们可能瘫痪很严重并患有严重的“失语症”，但他们却很清楚地觉察到自己的不幸。疾病失认症是伴随着大脑右半球的损伤而发生的。有趣的是，有些左边瘫痪的病人，其病情是由一种不同的脑损伤模式引起的，这种损伤与引起疾病失认症的损伤不同，这些病人能够认识到他们的缺陷。简言之，疾病失认症是随着脑某些区域受损而系统性地发生的，而且只是在那个特定区域受损。对疾病的否认是由于某种特殊的认知功能丧失而引起的，而这种认知功能依赖于一个被神经疾病所损害的脑系统。

疾病失认症的表现非常标准。我的病人DJ患有左半身完全瘫痪，但是，当我问及她的左手臂时，她就开始说，手臂很好，再问一次，或许曾经受过损伤，但现在好了。当我要她移动一下左手臂时，她就会到处寻找感觉，当她面对这个没有活力的肢体时，她就会问我是否“真的”想要让“它”移动。在我的一再要求下，她只好承认“看来它不能由自己控制”。因此，她总是用那只 211
好手移动那只坏的手臂，并且明确地说“我能用右手移动它”。

不能够自动、快速和内在地通过身体的感觉系统感受到自身的缺陷确实很奇怪，而在反复面对这种情境之后仍然不能了解这种缺陷，就更令人惊异。逐渐地，有些患者可以回忆起许多面对这种缺陷的遭遇，以及对那种“外部”获得的信息的依赖，他们可能会说，他们**过去常常**有这类问题，甚至现在仍然会遇到。[7]

患有疾病失认症的患者在大脑右半球受到损伤，是在一个包括脑岛皮层在内的区域；在顶叶的细胞构筑区第 3、第 1 和第 2 区；以及隐藏在西尔维裂沟（sylvian fissure，亦称大脑外侧裂）深处的顶叶 S_2 区域。这种损伤影响了这些区域下面的白质，干扰了它们彼此之间的联接以及与丘脑、基底神经节、以及与运动区和前额叶皮层的联结。只对这个多成分系统的一部分造成损伤则**不会**引起疾病失认症（请参阅附录第 2 节的图形）。

因疾病失认症而受损的在整个大脑右半球内部发布交叉信号的脑区，很可能会通过其合作的相互作用，而对脑可以了解的当前的身体状态产生最全面、最完整的映射。[8]

我已经指出，疾病失认症主要来源于不能自动地表征当前的身体状态，不能通过适当的发布信号的通道来表征当前的身体状态，这些状态就是躯体感觉运动系统的状态。无论以什么形式，这就是对这个问题所作的最经常的解释[9]。但是，尽管这种传统的解释可以很好地阐明这种障碍的主要来源，但我们仍然需要解释的是，在特别告诉患者他们瘫痪了之后，为什么他们在几分钟之后就不能记住这个重要的言语声明了呢？还有，甚至在他们发现他们瘫痪了，同时还发现他们不能以移动右肢的同样方式来移动左肢之后，过一段时间后被问及这个问题时，他们为什么还不能记住这些亲眼所见的事实呢？尽管收到了相反的信息，但疾病失认症仍然使人坚持一种错误的信念，为了解释疾病失认症的这个方面，我们需要求助于一些更 212
复杂的东西，而不仅仅是缺少最新的躯体感觉。我的意见是，在大脑右半球的躯体感觉映射受损使有机体的最高水平的整合表征的核心受到冲击，并且通过这样做，破坏了原始自我的一部分生物学基础。对有机体当前状态的最高水平的表征不再是完整的，这样，对意识所依赖的有机体与对象关系的二级叙述就不能再加以利用了。二级叙述仍然能够从低水平的原始自我表征的变化中形成，例如，在脑干中形成。结果，核心意识就不会受损。但是，来源于此的核心自我却不再能够对自传式记忆提供帮助，因为对自传式记忆的帮助很可能需要一部分原始自我，这在躯体感觉右侧皮质的水平上可以得到例证。

这种解释只是认为，当我们记忆时，身体的表征是在不同的水平中出现的，从脑干到大脑皮层，它们的作用也因水平的不同而异。低水平（脑干）的作用对于核心意识的保持非常重要——当脑干的作用失效时，其他的作用也变得无效了；对于形成最近的身体变化的记忆以及了解自传式记忆的最新身体成分来说，高水平（大脑皮层）的作用是非常必要的。

引起疾病失认症的损伤并没有破坏有机体的所有表征。它们只是破坏了把肌肉骨骼结构与内环境和内脏状态最细致地联结起来的那一系列表征。使这种整合能够产生的最高水平就是那些躯体感觉映射，它们位于脑岛，位于大脑右半球的 S_2 和 S_1 脑区。许多重要的有机体表征在疾病失认时都保存完好。它们
213 包括在右脑岛、S_2 和 S_1 脑区的与大脑左半球同源的表征；在桥脑和中脑的脑干神经核中的表征；以及在下丘脑中的表征。这些表征对有机体的状态提供了一种部分的审视，而不是一个全面的审查。它们为自传式自我所提供的，必然只是一部分信息，而不是所有新的细节。

疾病失认症是一种混合的意识紊乱。病人的自传式自我出现了某种缺陷，他们的扩展意识也变得异常了。此外，由于这些损伤也伤害了位于最高地位的身体表征的那些成分，所以，病人的原始自我也会产生部分的缺陷。

身体失认症

正如我们所看到的，原始自我依赖于对有机体状态的各种不同的表征，这种有机体状态与内环境、内脏、前庭刺激以及肌肉骨骼结构有关。我倾向于认为，并非所有这些表征在执行原始自我的指令方面都具有同样的价值，而且我认为，对内环境和内脏的表征是最重要的。我几年前曾和同事史蒂文·安德森（Steven Anderson）合作研究过的一位名叫 LB 的患者，进一步强化了这种观点。这位患者患有一种被称为**“身体失认”**（asomatognosia）的症状，其字面

意思就是“缺少对身体的再认”。患者LB在躯体感觉右侧皮质的某一部位曾受到一点儿撞击。尤其是，二级感觉区（S_2）受到损伤。这并不足以引起任何永久的感觉或运动缺陷，就此而言，也不会引起情绪的不正常。但是，对相对较小的脉管损伤来说，情况可能确实如此，患者会发生抽搐，这种抽搐来自受损部位留下伤疤的组织。在某些抽搐发作的病例中，形成了一种明显的效应：患者报告说不能感觉她的身体，对此她的意思当然是说，对她的四肢和躯干上的肌肉体，她都没有觉知。第一次发生这种情况的时候，这种感觉引起了她的警觉。她的心灵在发挥作用，她知道她还活着而且可以思考，但是，她却不能
以通常的方式来感受她自己的身体。然而，她能感受到她的心脏在跳动，她决 214
定进行一些自我测试，包括掐她身体不同部位的皮肤和肌肉。起初她没有感觉到什么，可是几分钟之后，某种感觉又回来了。又过了大约十分钟后一切归于正常。她描述这些症状的精确话语是“一种很有趣的感受”，“就好像我不能感受我的身体一样”。她对这个事实知道得很清楚，尽管这很奇怪，但她并没有感到迷惑：她非常清楚自己是谁，也非常清楚自己所在的位置。

当她住进医院之后，以及当我们尝试评价她的脑电图不正常时，我们要求她，如果有任何新的情况发生就立即呼叫。有一个症状确实出现了，一位护士冲进她的房间观察到了症状的发生，并且在事后不久我们就能对护士进行采访。这位护士能够确定，当这种情况发生时，她正朝向这个人所在的地点。LB对这个事实作出了强烈的反应，这个事实就是，她很“警觉”，并且以令人惊奇的准确语言描述了这种情境。“我没有失去任何存在感，只不过（丢失了）我的身体。”

我把这些情况解释为，由于抽搐所导致的右脑半球中躯体感觉皮层的很大一部分暂时不活动的结果。这种抽搐的焦点很可能就在她的S_2损伤区的边缘，并随之扩散到直接位于中央后回（postrolandic gyrus）之上的S_1区域。对有机体当前状态的最高水平的整合暂时丧失了。然而，在她的脑干、下丘脑，在她的右脑岛那些分离的残迹中，以及在躯体感觉左侧皮层，病人仍然会继续得到关于其身体的信号。这些信号能被传输到扣带回皮层中去。正是这些与身体中的肌肉骨骼部分有关的信号，才不能以整合的方式得到恰当的表征，而内环境、内脏和前庭仍然能够发送信号。我猜想，这些内环境、内脏和前庭所发送
的信号仍能继续为（用她自己的话说）其“存在感”提供基础。它们提供了一 215
部分原始自我，使核心意识能够继续在此基础上得以产生。

重要的是要注意到，由于右侧躯体感觉皮层的重要影响——它们把整个身体以及身体左右两侧的信息都整合起来——即使损伤之处不对称地位于脑的右半球，但这种缺陷仍然和身体的两侧都有关。

我们早先讨论过的患有疾病失认症的患者在其右侧躯体感觉皮层有更大面积的损伤，以及它们之间的基本联系也受到损伤，以及它们和扣带回皮层、丘脑还有前额区之间的关联也受到损伤。就像 LB 这个患者一样，他们有核心意识并且能觉知到自己的“存在”。但是，来自有机体的当前信号所进行的持续不断的有缺陷的整合导致自传式记忆的更新不断地受到损伤，这不可避免地破坏了他们的意识心灵的顺利流动。

在工作记忆有重大缺陷的患者身上，**扩展的意识**也受到了损伤，其中最引人注目的例子是在额叶发生大面积损伤之后出现的，这种损伤包括大脑两半球外部的损伤。在任何时候，这些患者能够在心中保持住的表象的范围都是相当有限的。因此，扩展的意识再也达不到更高的位置了。

我们还可以在大量的精神病状况下发现扩展意识受损的例子，虽然，假定这些病症很复杂，根据这个框架所作的任何解释都应该看作是尝试性的。但是，我们有理由认为，在躁狂症和抑郁症突发阶段和严重的状态下，它们都会表现出扩展意识的改变。一个人可以大胆地认为，在躁狂症状态下的自传式自我得到了极大的扩展，而严重抑郁症患者的自传式自我却萎缩了。例如，精神分裂症（schizophrenia）的某些症状表现——思维插入（thought insertion）和幻听
216 （auditory hallucinations），或许可以部分地解释为扩展意识的紊乱。这些受此影响的病人十有八九有一些异常的自传式记忆，并对这些异常的自传式自我进行调整。然而，应该注意的是，在表现出这些外显的行为期间，他们的知觉“对象”本身可能是异常的，而且他们的原始自我和核心意识也可能是异常的。

扩展意识受损可能会导致自我的分裂，这个自我与人格解体状态有联系，也和神秘的忘我状态有联系，对那个曾引起争议的多重人格来说，情况也同样如此。

当我们讨论核心意识的时候，我曾提出，我们应该考虑一下我们所观察到的行为以及在这些行为背后的意识心灵，把一个管弦乐队的乐谱与几组不同类型的乐器同时发出的声音相类比。我讨论了核心意识受到损害的和未被损害的两种人的“行为”分数和“认知”分数，我建议现在我们用同样的方法来研究

扩展意识。

一个人对扩展意识发生改变的患者进行观察，与核心意识受到损害的患者相比，就会得出很不相同的“行为分数”。扩展意识受损的人，其醒觉、低水平的注意和背景情绪都是完整的，一些日常行为和具体的情绪也是完整的，甚至一些简单的目标行为也能正常产生。问题仅仅出现在某些层次的高度具体的行为上，这些行为依赖于过去和未来的实际知识。这些行为明显是无法产生的，所以，与这些行为相关的情绪也是不会出现的。

扩展意识受损的患者的认知分数是外部观察的一个很好的对应物。存在着对醒觉的感受，也有形成表象和注意表象的感受；也能感觉到自己是活着的，而且能够进行感受。但是，这个人的心灵却无法理解更深远的意思。自传式自我的心理表征表现得如此贫乏，以致心灵竟然不知道这个自我从哪里来或到哪里去。感觉到的是一个生命，但却不能真实地考察生命的意义。 217

短暂和永恒

我所提出的这个意识的组织解决了威廉·詹姆斯所确认的那个明显的矛盾——处在意识流中的那个自我在随着时间向前流动的过程中，甚至当我们保留着某种感觉，认为在我们的生命继续存在时，自我仍依然如故时，自我仍持续不断地发生着变化。解决这一矛盾的方法来自于下面这个事实：看起来变化的自我和看起来永恒的自我并不是一个实体而是两个实体，尽管它们的联系非常密切。詹姆斯所确认的那个不断变化的自我就是一种对核心自我的感觉。它并不总是不断变化的，而是非常短暂的，需要不断的重新产生和重新生成。看起来保持不变的那个自我感就是自传式自我，因为它是建立在对一个人的生平中那些基本事实的记忆库基础之上的，这些基本事实能够部分地重新激活，并且因而给我们的生命提供了持续性和表面的永恒。

这种双重安排要求有核心意识的机制和可以利用的记忆。核心意识为我们提供一个核心自我，但我们还需要有传统的记忆去建构一个自传式自我，我们既需要核心意识又需要工作记忆，以便使自传式自我变得清晰起来，就是说，在扩展意识中表现出自传式自我的内容。记忆有限的生物体并没有遇到过詹姆斯所说的那种矛盾。他们居住在一个离天真只有一步之遥的世界上。他们很可能具有这种有意识的个体性的表面看来连续不断的瞬间经验，但个人过去的记忆既不会给他们增加负担，也不会使他们得到充实，更不用说可以预测的未来的记忆了。

我的看法是，核心意识是一个中心资源，这个中心资源是被一个外接的心理和神经系统产生的。核心意识处于中心部位，这个事实并不意味着它依赖于一种结构。我们已经知道，大量的神经结构对于核心意识的产生都是必不可少
218 的。但是，这个系统的复杂性，其成分的多样性，以及在操作时所要求的协同作用，都不应该使我们忽视下面这个事实：当我们考虑整个脑的解剖学范围时，作为核心意识基础的那个基本系统（即支持原始自我的那些区域和二级叙述的那些区域的结合）被限定在一系列解剖学的位置中，而不是均匀地广泛分布于整个脑。有许多脑区域并没有参与核心意识的产生。

核心意识的这种坚实性一方面来自这种解剖学的和功能上的中心性，另一方面来自下面这个事实，心灵的**任何**内容，无论是在生活的互动过程中主动加工的还是从记忆中提取出来的，都能诱使核心意识系统活动起来，也可以说把它激发起来，并且在这样做的时候，产生一股短暂的核心意识的脉冲。核心意识并不是由感觉通道，比方说，“视觉的”核心意识或“听觉的”核心意识组织起来的。相反，任何感觉通道和运动系统都能**用**核心意识来产生关于任何客体或运动的知识。

自传式自我的内容——即对那些来自个体亲身经历的基本事实的有组织的、重新激活的记忆——是核心意识的主要受益者。每当一个客体 X 激起了一股核心意识的脉冲，而且与 X 相应的核心自我产生时，那些来自内隐的自传式自我的一系列有选择的事实也作为一些清晰的记忆而被持续激活，并且自行激发了核心意识自身的脉冲。

因此，在我们的能动生活中任何一个特定的时刻，我们都可以为某一个或几个目标对象**以及为一系列与之相伴随的、重新激活的自传式记忆**产生核心意识的脉冲。如果没有这些自传式记忆，我们就不会产生对过去或将来的感觉，对于我们这些人而言就不会有一种历史的连续性。但是，如果没有核心意识的叙述，以及如果没有那个由此而产生的短暂的核心自我，我们也不会具有关于某个时刻的知识，关于记忆中的过去的知识，或者关于我们也要依赖于记忆的
219 那个可预见的将来的知识。核心意识是一个基本的、必不可少的存在。在进化中和在个体身上，它都先于我们现在头脑中已有的这种扩展的意识。然而，如果没有扩展的意识，核心意识将不会获得对于过去和将来的共鸣。核心意识与

扩展意识，核心自我与自传式自我的联结是完整的。

自传式自我的神经解剖学基础

为了讨论自传式自我的神经解剖学基础，我将引入我用来解决心理表象与脑之间关系的理论框架。这个框架假定了一个**表象**空间，在这个空间中所有的感觉类型的表象都清晰地表现出来，这个空间包括核心意识让我们认识的外显的心理内容。这个空间还假设了一个痕迹空间，在这个空间中，痕迹性记忆包含着对内隐知识的记录，在此基础上这些表象可以在记忆中构建，运动得以产生，表象的加工过程也能得到促进。这些痕迹能够保持对先前知觉到的某个表象的记忆，并且能够有助于从这种记忆中重构一个类似的表象；这些痕迹也有助于对当前所知觉到的表象进行加工——例如，根据与这种表象相一致的注意的程度以及根据其随后所提升的程度。

有一个表象空间的神经对应物，以及一个痕迹空间的神经对应物。诸如各种不同通道的早期感觉皮层的结构对那些很可能是心理表象基础的神经模式提供支持。另一方面，高级皮层和各种不同的皮层下神经核保持着能够产生表象和动作的倾向，而不是把这些清晰的模式保持住或者使之外在地表现出来（关于早期感觉皮层和高级皮层的位置，请参见附录中的图 A.5)。我已经指出，这些倾向保持在被称为**辐合区**（convergence zone）的神经元整体中。[10]因此，在表象空间和倾向空间之间的认知的分隔，是和脑的分隔相对应的，可以把脑 220
分隔成：(1) 神经模式映射，这是在早期感觉皮层、所谓的边缘皮层、某些皮层下神经核激活的，(2) 辐合区，位于高级皮层和某些皮层下神经核。（参见附录，第 3 节，对这个问题所作的进一步讨论)。

脑以高度分散的方式形成记忆。例如，以对“锤子”的记忆为例。在脑中并没有一个单独的地方来记忆**“锤子”**这个单词，并在其后用一个详细的词典来确定锤子的定义。[11]相反，当前的证据表明，在脑中记录了许多在过去我们和锤子之间曾经发生过联系的不同信息：它们的形状，我们在使用锤子时的典型动作，要求用来控制锤子的手形及手的动作，动作的结果，还有我们所知道的任何语言中所有能表示锤子这个意思的单词。这些记录都是潜藏着的、痕迹性的、内隐的，而且它们都是以位于不同的高级皮层的分散的神经部位为基础的。这种分散是脑的独特构造以及我们所处环境的自然本性共同造成的。我们用视觉看到的锤子的形状和我们用手接触它所感受到的形状是不同的；我们在移动锤子时的运动模式和我们所看到它的运动模式不能被储存在相同的皮层里；我们在形成“锤子”这个单词时的音节也不能储存在同一个地方。其结果是，这些记录在空间上的分隔并不会构成任何问题，因为当所有这些记录在以表象的形式外在地表现出来时，它们只在少数几个脑区展现出来，并且以这种方式及时地进行调节，从而使所有被记录下来的成分都天衣无缝地整合起来。

如果我给你“锤子”这个单词，并要你告诉我它的意思，你就会立刻毫不费力地给我一个有效的定义。这个定义的一个基础就是把与这些不同方面有关的许多外显的心理模式快速展开。尽管对我们和锤子发生相互作用的不同方面
221 的记忆，以隐藏的方式储存在脑的不同地方，但那些不同的方面按照他们的特征被组织起来，以使得那些隐藏的和内隐的记录能快速地变成外显的和脉络清晰的表象。反过来，可以利用那些表象反而使我们能对这个实体进行言语描述，而这也就成为这个定义的基础。

我认为，对构成我们当前生活的这些实体和事件的记忆，可能使用的正是我们形成对任何实体或事件的记忆时所使用的同样的框架。使那些记忆区分开来的依据就是，它们指的是我们个人历史中已形成的那些不变的事实。

我认为，我们以同样分散的方式来储存我们个人经验的记录，是在不同的高级皮层进行的，以满足我们生活的相互作用的多样性需要。那些记录被神经网络紧密地联系在一起，以使得那些记录的内容能够完整地、快速地和有效地回忆起来，并且外在地表现出来。

我们的生平中一些关键的成分必须以某种几乎永恒的方式来可靠地激活，这些成分就是那些与我们的同一性相一致、与我们最近的经历相一致、与我们所预期的经历，特别是在不久的将来的预期相一致的成分。我认为，那些关键的成分来自于一个连续不断地重新激活的网络，这个网络是以聚合区为基础的，这些聚合区位于颞叶和额叶的高级皮层，以及位于皮层下神经核，例如杏仁核中的一些成分。这种多脑区网络的同时激活与丘脑核团（thalamic nuclei）是同步的，而对更长时间内一再重复的那些成分的保持则需要包含内在工作记忆中的前额叶的支持。简言之，自传式自我是一个把个人记忆同时激活和表现出来的过程，是以和多脑区组成的网络为基础的。清晰地表征那些记忆的表象在很多早期皮层中展现出来。最后，随着时间的推移，它们由工作记忆来保

持。对待它们就像对待任何其他客体一样，通过产生它们自己的核心意识的脉冲而被简单的核心自我所知晓。

自传式自我的持续不断的表现是导致扩展意识产生的关键。当工作记忆同时恰当地保持住一个特定的客体**和**自传式自我时，换句话说，当一个特定客体**和**一个人的生平记忆中的客体同时产生核心意识的时候，扩展意识就会出现。 222

自传式自我、同一性与个人

我已经指出，当我们想到**自我**这个单词时，我们心中首先想到的是同一性和个人，这两个概念都要求有自传式记忆，都要求它在自传式自我中得到实现。储存在自传式记忆中的记录包括那些构成同一性的记忆，以及那些能帮助我们界定我们这个人的记忆。我们通常描述为"人格"的东西依赖于多方面的作用。一个重要的作用来自于"特质"，这些特质的总和就是我们常说的气质（temperament），它是人在一出生时就可以检测到的。这些特质中有一些是遗传的，有一些是通过早期发展因素的影响而形成的。另一个重要的作用来自这些独特的相互作用，即从自然、人和文化的角度来讲，一个正在成长的、鲜活的有机体参与到一种独特的环境中。后一种作用是在前者的持续影响下形成的，是在自传式记忆中记录下来的，而且是自传式自我和个人的立足点。在一个容纳有简单与复杂、仁慈与危险、同时包括任何来自于对某些道德原则有点偏爱的大环境里，自传式记忆的存在就使有机体能普遍一致地唤起情绪，并做出理智的反应。

当我们谈到通过教育和文化来塑造一个人时，我们指的是一些综合性的要素：（1）一些遗传的"特质"和"先天痕迹"，（2）在基因与环境的双重影响下在早期发展中获得的一些"痕迹"，（3）在前面两种因素的影响下形成的一 223
些独特的个人事件，这些事件在自传式自我中得到继承和持续不断的重新分类。我们可以把与这个复杂过程相对应的神经匹配物想象为形成了一些痕迹性记录，以这些记录为基础，如果有适当的刺激，脑就能引发一系列相当同时的反应，这些反应包括情绪和一些理智的事实。使用这种辐合区的框架，我们就可以想象，这些反应是受某些特定脑区的记录控制的，这些脑区旨在使不同结构中的这些反应表现出来——例如，早期感觉皮层描绘的是不同性质的感觉表象，运动和边缘皮层以及皮层下神经核是为了实施各个不同范围的行动，也包括那些构成情绪的行动。

不仅有很多这样的辐合区/痕迹区，而且它们在位置上也并非相互临近。很可能有一些位于大脑皮层，而其他的则位于皮层下神经核。位于大脑皮层的那些脑区分布在颞叶以及前额叶部位。从它们作出标准反应这种观点来看，在我们看来是最和谐与成熟的那些人格中，我认为，这些多重控制脑区是相互联系的，这样就可以根据不同的复杂程度对这些反应进行组织，有些反应只需要补充少数脑部位的参与，有些则需要一个协调的大范围活动，但多数都既包括大脑皮层也包括皮层下脑区。

同一性这个简单的概念完全来源于这样的安排。在颞叶和额叶的许多脑区中，聚合区都对一些痕迹性提供支持，这些痕迹性能够在早期感觉皮层中始终一致地和一再重复地激活那些确定我们的个人同一性和社会同一性的基本信息——包括我们所有的亲属，我们的朋友圈，标志着我们生活的那些地方，以及我们的名字。可以说，我们的同一性是在感觉大脑皮层中表现出来的，在我们的醒觉和意识生活的任何时刻，一套始终一致的同一性记录是以这种方式变
224 得清晰起来的，它构成了我们心灵的背景，如果有必要的话，就能迅速地突显出来。在某些情况下，一些被激活的记录可以得到扩展，使之包括更大范围的我们个人的历史和可以预见的未来。但是，无论我们是否扩展这些记忆的范围，它们随时都是活跃的和可以利用的。我们知道，它们的不活跃并没有被人们所忽略——它们不活跃的结果就是造成某种发作性全面性遗忘症。

当我第一次考虑对我们的同一性感受背后的过程作这种解释时，我发现，为了再现相同的信息，就要经常进行大量的重复，以及在内部重新表现完全相同的感觉模式，我对于这种负担感到很奇怪。对神经元来说，这难道不是一种不可承受的负担吗？但是，当我考虑到其他一些例子，这些例子阐述了生物组织承受着一些表面看来不同寻常的负担时，我再次确信了我的判断。想一想你心脏里的肌肉细胞吧，它们为了生命的延续而不断地收缩运动着。

我们每个人建构了我们自己，我们逐渐形成了我们在身体上和心理上是一个什么样的人这种表象，以及我们在哪里社会适应最好，这种观念是随着多年经验的积累而建立在自传式记忆基础上的，而且趋向于不断地重新建构。我相信许多的构建过程是在没有意识的情况下发生的，重新建构也是如此（见后面关于无意识那一节）。不管怎么说，那些有意识和无意识的过程都是受所有各

种因素影响的，比如：先天的和习得的人格特质、智力、知识、社会与文化环境。此时，展现在我们心灵中的自传式自我就不仅是我们的先天偏见与真实生活经历的最终产物，而且是在上述因素影响下对那些经验的记忆进行的重构。

在一个人一生的自传式自我中发生的变化，不仅应归因于对过去有意识或无意识发生的事情进行的重建，而且还要归因于对可预见未来的计划和重建。我相信，自我进化的一个关键的方面与这两种影响的平衡有关：经历过的往事与可预见的未来。个体的成熟意味着，对我们所预测的不久的未来的记忆，在每一个时刻的自传式自我中都占有很重要的地位。对我们认为是欲望、希望、目标和义务的那些情境的记忆也对每一时刻的自我产生了推动作用。毫无疑问，在对过去生活有意识和无意识的重建中，在造就我们想要成为的那个人的过程中，它们也发挥了某种作用。 225

在大多数情况下，我们的态度和选择都是有机体“根据个人的情况”对每一个一闪而过的瞬间进行调合的结果。因此，不容置疑，我们可能会发生变化和摇摆，可能会屈服于虚荣和背叛，可能很容易适应和健谈。创造我们自己的哈姆雷特（Hamlets）、伊阿古（Iagos）和福斯塔夫（Falstaffs）① 的潜能就存在于我们每个人的内部。人们希望，在适当的情境下，这些人物角色的某些方面可能会简洁而短暂地出现。我们大多数人都只有一种角色，这的确让人有点吃惊，尽管有充分的理由说明这种单一性。在我们的发展历史中倾向于进行统一的控制是很流行的，这很可能是因为，要想成功地完成保持生命这项工作，一个有机体就要求只有一个单独的自我——如果每一个有机体不仅有一个自我，这恐怕不是一个生存的好办法。我们心灵中丰富的想象力确实为我们有机体的生活剧本提供了“多种草图”的准备——把这种观点放在丹尼尔·丹尼特所提出的框架中。[12]然而，具有深刻的生物学基础的核心自我和在其影响下成长起来的自传式自我的阴影不断地对那些与一个统一自我相一致的“草图”的选择进行调节。而且，我们的想象力的这种选择机制经过精心设计后，把这种选择的可能性指向了那个相同的和具有历史连续性的自我。我们可以做一周的哈姆雷特，或一晚上的福斯塔夫，但我们回到家里时还是我们自己。如果我们有莎士比亚的天才，我们就可以利用我们自己的内部战斗，去创造西方剧院里的所有人物——或者在费尔南多·佩索阿（Fernando Pessoa）那里，就可以

① 这些都是莎士比亚戏剧中的人物。——译者注

用同一支笔来塑造四位不同的诗人。但是，他们最终的结局是，还是这个莎士
226 比亚，却一声不响地退休回到埃文河畔的斯特拉特福（Stratford），还是同一个佩索阿，却因喝醉酒而死在里斯本的一家医院里。简言之，这个统一、持续和单独的自我是有局限性的，就像怀特海在《过程与实在》（*Process and Reality*）[13]中对自我意识所做的评价一样；人类的失败和多重人格这种奇怪的境况证实了这些局限性的存在；不过，倾向于有一个单一的自我，以及它对健康心灵的好处却是不可否认的。[14]

自传式自我和无意识

弗洛雷斯坦（Florestan）是贝多芬的《费狄利奥》（*Fidelio*）中的传奇英雄，却蒙冤被囚于一个黑暗的地牢中。他大声地喊叫着“上帝，这里真是黑暗啊！”他可能指的也是人类记忆深处的黑暗吧。[15]我们意识不到我们储存了哪些记忆，没有储存哪些记忆；我们没有意识到我们是怎样对它们进行分类和组织的；我们也没有意识到我们是怎样把各种不同感觉类型、不同主题的和具有不同情绪意义的记忆互相联系起来的。我们通常不能直接控制记忆的力量，也不能直接控制把它们在回忆中提取出来的难易程度。当然，我们对记忆在情绪上的价值、牢固程度和深度具有各种有趣的直觉，但对于记忆的机制却**没有**直接的认识。我们对支配学习与记忆提取的因素进行了多方面的研究，对于支持和提取记忆所需要的神经系统也进行了研究。[16]但直接的、有意识的认识，我们还没有获得。

构成我们的自传记录的记忆也恰好位于这些相同的情境之中，或许正是因为对这么多记忆的高度情绪性控制，可能导致脑以不同方式对它们进行处理，才使这些记忆更有过之而无不及。我们体验到那些进入自传记录的内容——我们意识到这些内容——但我们并不知道它们是怎样存储的；每一项的具体内容有多少；牢固程度如何；记忆的深浅又是怎样的。我们也不知道这些内容是怎
227 样作为记忆而相互联系在一起的，以及怎样在记忆之泉中进行分类和重新组织的；随着时间的推移，记忆之间的联系是怎样以这种潜伏的、内隐的、痕迹性的方式建立和保存的，我们的知识就是以这种方式存在于我们内心深处的。然而，尽管我们不能对此产生任何直接的体验，但我们对保持这些记忆的神经回路确实有所了解。它们大量地位于高级的大脑皮层，特别是颞叶和额叶，并且

与皮层及皮层下边缘系统，以及与丘脑保持密切的网络联系。用神经生物学的话来说，弗洛雷斯坦的黑暗地牢不久即将见到光明。

可以肯定的是，某些系列的自传式记忆经常被简单而一致地重新激活，这些记忆向我们的扩展意识传递关于我们的身体、心理和个人背景同一性的事实；关于我们最近的行踪（我们刚才、几分钟或几小时前、前天在哪里）的事实，以及我们在不久的未来马上就想做的事实（在接下来的几分钟或几小时里，我们必须完成什么，今夜或明天我们要去哪里）。自传式自我中这个基本方面的紊乱就会导致我们在发作性全面性遗忘症中所遇到过的那种戏剧性的神经病学问题。

然而，自传式记忆的某些内容长期处于潜伏状态中，而且可能会始终保持这种状态。那就很容易想象，假如记忆不是以摹本的方式存储的，而且在提取时必须经过一个复杂的重建过程，那么，对某些个人生平事件的记忆可能就不能得到完全的重新建构，可能以某些与原来不同的方式进行重新建构，或者也可能再也不能进入意识之中。相反，它们可能会促进其他记忆的提取，这些记忆是以其他具体事实的形式或者作为具体的情绪状态而被意识到的。在那一时刻的扩展意识中，这样提取出来的事实可能是无法解释的，因为它们与当时控制中心舞台的那些意识内容明显地缺乏联系。这些事实显得动机不明，尽管一个联系的网络确实秘密地存在着，它反映的要么是过去某一时刻的现实，要么是通过逐渐地和无意识地对这些隐藏的记忆储存进行组织而对这一时刻进行重塑。

现在请考虑一下前面这句话中**“联系”**（connection）这个词的多重与合 228
理的含义。这个词指的是可能在历史上发生的事情和事件的关联；指的是我们心理上所想象的对我们所经历的那些事情和事件的表征；并且也指脑回路之间的那种神经联系，这是保持对这些事情和事件的记录并且以明确的神经模式调遣这些记录所必需的。精神分析的无意识世界植根于支持自传式记忆的神经系统，而且精神分析通常被视为探究位于自传式记忆内的盘根错节的心理联系网络的一种方法。然而，这个世界也与我刚才所概括的其他各种联系有不可避免的关联。

在无意识这个词已经铭刻于我们的文化之中的狭隘意义上，无意识只是那些没有意识到的，没有在核心意识和扩展意识中认识到的为数众多的过程和内容的一部分，不为核心和扩展意识所知。实际上，“没有认识”的这个列表是很惊人的。请考虑一下它所包括的内容：

1. 所有我们尚未注意到的已经完全成形的表象；
2. 所有从未成为表象的神经模式；
3. 所有通过经验获得的痕迹，处于潜伏状态，也许永远不会成为清晰的神经模式；
4. 所有悄然发生的这些痕迹的重塑与重新网络化——也许永远不会被清晰地认识；
5. 所有自然体现于先天的、体内平衡的痕迹中隐藏的智慧和技能。

这确实令人吃惊，我们所认识的何其之少。

先天的自我和文化的自我

重提先天形成还是后天教化的争论，并且试图确定某种认知功能是由基因组通过其有关的生物限制，还是由环境通过文化的影响，而以某种特别的方式在某一个体身上形成的，这通常是一种莽撞的做法。令人好奇的是，当我们从
229 我建议的视角来审视意识的时候，这种区分却显得在某种程度上更有可能。例如，我敢说，实际上在核心意识背后所有的机制以及核心自我的产生都是处于基因的强力控制下。除了脑结构早年被疾病破坏这种情境之外，基因组都会把身体与脑之间适当的神经和体液联系确定下来；规定好必要的神经回路，并在环境的帮助下使这种机制以可靠的方式终生发挥作用。

自传式自我的发展则不同。可以肯定，核心自我与支持自传式记忆发展的结构之间的联系是在基因组控制下进行组织的。使学习赖以发生，以及使皮层和皮层下回路能够形成的过程也是在基因组控制下进行的，这样，聚合区及其痕迹就能在适当的位置确定下来。换句话说，自传式记忆是在遗传生物学的阴影之下发展和成熟起来的。但是，与核心自我不同，自传式记忆的发展与成熟不仅要依赖于环境，而且甚至是由环境来调节的。例如，用来发展婴儿、儿童和青少年所安排的奖惩在不同家庭、学校和社会环境中是不一样的；那些构成个体过去的历史及其可以预见的未来的事件，在很大程度上是受环境控制的；对一个自传式自我得以发展的文化进行控制的那些行为准则和原理是受环境控制的；同样，个体据以组织其生平的从

个体行为模型到文化事实的知识也是由环境决定的。

当我们为了说明一个人的独特尊严而谈论自我时，当我们为了说明那些塑造了我们的生活并且我们把它描述为属于我们和生活于我们之中的地点和人物而谈论自我时，我们所谈论的，当然与自传式自我有关。这个自传式自我就是人性的文化历史所要解释的脑的状态。230

超越扩展的意识

扩展的意识使人类有机体能够把他们的心理能力发挥到极致。请考虑一下下面这些情况：制造有用的手工艺品的能力；考虑别人的想法的能力；感觉到集体的共识的能力；承受痛苦而不是仅仅感觉到痛苦并作出反应的能力；感觉到自己或他人可能会死亡的能力；尊重生命的能力；建构一种不同于愉悦和痛苦的善恶感的能力；考虑他人和集体利益的能力；与仅仅感受到愉悦相反的感受美的能力；感受到情感的不一致以及此后感受到抽象观念不一致的能力，这种能力就是感受真理的动力源泉。在扩展意识所具有的这些众多的能力中，特别应当提到的两种能力是：第一，超脱与生俱来的先天痕迹所施加的种种利弊的限制，不受其摆布的能力；第二，批判性地察觉不一致的能力，这些不一致指引我们探求真理，为行为和对事实的分析建立规范和理想。这两种能力不仅是我最喜欢的人类与众不同的巅峰之作，而且它们还是那些使人类的功能能够如此完美地用**良心**一词来形容的能力。我并非要将意识——无论是核心意识还是扩展意识——置于人类素质的顶峰。要想达到完美的顶峰，意识是必要的条件，但却不是充分的条件。

前面所提到的这些引人注意的方面颇值得玩味：一个有机体没有意识地发送神经信号产生了一个原始自我，这个原始自我可以产生**核心自我**和**核心意识**。核心自我与核心意识可以产生一个**自传式自我**，自传式自我则可以产生**扩展的**意识。在这个链锁的最后，扩展的意识导致了**良心的**产生。

我们所理解的与良心、扩展意识和核心意识有关的这种状况，可能是与人 231
类似乎已经认识到这些现象的存在完全对应的，以及与人类对此感到好奇是完全对应的。早在人类确认扩展意识是一个问题之前，更不要说确定核心意识了，人类就已经确认了良心的存在，并且对其所作所为很感兴趣。古代的诸神向荷马史诗中的英雄们讲述的并不是意识的问题，而是良心的问题：请考虑一下雅典娜（Athena）的情况吧，当时在《伊利亚特》（*Iliad*）中，雅典娜缚住小阿卡留斯（Achilles）的胳膊并阻止他杀死阿伽门农（Agamemnon）。公元前 10 世纪，在《荷马史诗》（*Homeric Epics*）中提到了核心意识的存在，但从未给予明确的关注。他们间接地描述了一种杂凑的、受神灵驱使的意识，但真正使他们感到担心的是良心。[17]公元前 7 世纪的索伦（Solon）很可能是同时对良心和意识表示关注的人。他确实曾经告诫读者“要认识你自己”。[18]同样智慧的还有公元前 500 年的希腊人，以及《创世纪》（*Genesis*）的作者和主人公，《摩呵婆罗多》（*Mahābhārata*）的作者，以及写出了《道德经》的老子。但是，他们没有一个人关注我们现在所经常思考的意识这个概念。这种情况的产生，不只是因为在柏拉图或亚里士多德的著作中没有提到“意识”这个词，**“奴斯”**（*nous*，指理性）和**“精神”**（*psyche*，指灵魂）这两个词也不等同于意识。这个概念也不在那里。（精神确实涉及到有机体的某些方面，我认为，这些方面对我们现在称为意识的东西（呼吸，血液）的出现是至关重要的，或者说，这些方面与（心灵，灵魂）是密切联系的，但是，它们和这同一个概念并不相对应。）[19]对我们现在称为意识的这个东西的关注是最近才发生的事情——或许有 3 个半世纪了——直到 20 世纪末才处在显著位置。

在把西方的思想传授给我们的语言中，我们用来指代“意识现象”而造出来的这些词还表明，对这些现象的好奇和理解很可能是与其复杂性相反的顺序相匹配。例如，在英语语言的历史中，与意识有关的中世纪的英语单词是 *inwit*，这个词很好地把“内部”（*in*）和“心灵”（*wit*）的概念融合在一起。良
232 心这个词（源于拉丁文 *con* 和 *scientia*，意为收集知识）自从 13 世纪以来就开始使用了，而意识（*consciousness* 和 *conscious*）仅仅是从 17 世纪上半叶才出现，即就在莎士比亚死后不久（第一次有记录的使用意识这个词可以追溯到 1632 年）。到 1600 年，莎翁借哈姆雷特之口说道，“良心确实使我们都变成了懦夫”，而且他指的确实是良心而不是意识。尽管这位剧作家对扩展意识的本质有很深刻的理解，而且实际上已经用文学的形式把它植根在西方文化之中了，但他却从未这样为之命名。他甚至可能已经认识到，隐藏在扩展意识背后有一个类似于核心意识的东西，但核心意识却并不是他所关注的焦点。

在英语及其“母语”德语中，有不同的单词分别表示良心和意识。在德语里，“意识”这个单词是 *Bewusstsein*，而“良心”是 *Gewissen*。但是，在罗马语中，一个单词既表示良心，也表示意识。当我把无意识（*unconsciousness*）

一词翻译为 *inconscient*（法语）或 *inconsciente*（葡萄牙语），我既可能指的是一个昏迷的人，也可能指的是一个其行为是不受良心节制的人。英语给我们提供了 *unconscious*（无意识）和 *unconscionable*（不受良心节制的）这两个词，德文则给出了 *unbewusst* 和 *gewissenlos* 这两个词。但是，在罗马语系中，只有语言的前后关系才能揭示这个单词所指代的意思。对这个问题，顺便说一句，事情可能会变得相当混乱，但却总是很有趣的。在罗马语系中，例如在法语或葡萄牙语中，我们也能用一个表示知识的词来指代意识，例如，在法语中，*connaissance*（知识），在葡萄牙语中就是 *conhecimento*。再次提请大家注意，这个可以被替换的词指的是“已经知道的事实”，可能指的是有一个自我和有一种与此有关的知识。无论用来指意识的这个词是什么，我们都决不会远离包含着知识的这个概念，正如某些变异词 *con*（接受，采纳）和 *scientia*（事实，科学的，等等）所表现出来的意思一样。

当意识这个词背后的概念开始被人们认识到以后，罗马语系的使用者们并没 233
有造出一个新的词汇来指代它，而是使用了良心（*conscience*）这个词来指代它。对这种意义上的融合所体现出的文化的宽容是最耐人寻味的，或许这是人类关心这个问题的演化进程的另一个证明，而且其本身就是很值得研究的。然而，弄清意识和良心之间的关系要比搞清楚两者的不同更有价值。有意思的是，跟英语和德语不同，罗马语言中也没有一个可以表示自我（*self*）的词（反身代词并不是一个很好的替代）。有人认为，人称代词“我”（*I* 或 *me*）可以令人满意地用来表示一个有自己姓名的实体——这是对自我的直接翻译——然而这却行不通。

人们可能会猜想，因为良心位于我刚才所概述的一大堆复杂内容的顶端，因此，这可能是根据其本质和机制来考虑和理解的最后一种现象。反过来似乎也是对的。我要指出的是，我们对于良心的活动方式的认识要比我们对扩展意识的活动方式的认识深入得多。同样，我们对于扩展意识的认识，要比我们对核心意识的认识深入得多。让一皮埃尔·钱格（Jean-Pierre Changeux）对伦理学的神经生物学研究，或者罗伯特·奥恩斯坦（Robert Ornstein）对意识和社会之间关系的研究都支持我的关于良心的观点。丹尼尔·丹尼特、伯纳德·巴尔斯，以及詹姆斯·纽曼（James Newman）都试图在扩展意识的水平上来阐释意识，这是对后一种观点的支持。[20]依我之见，这种神秘的平衡就存在于核心意识背后。之所以良心和扩展的意识没有得到完善的解释，就是因为对它们的理解部分地依赖于对核心意识问题的解决。

234

8

意识的神经病学

对一个探讨意识的神经基础的研究计划来说，我认为在前面章节所概述的建议是基本的焦点。只有在今后用各种各样的方法来研究这些建议，才能确定这里所提出的观点到底有多大的价值。但是，我们也可以根据已有的神经科学的证据来考虑这些观点。本章的目的就在于此。

在第 5、第 6 和第 7 章中，我提出了一些假设，这些假设涉及到核心意识和扩展意识的机制，并且指出，哪些解剖结构对于支持这些机制所要求的原始自我和二级映射来说是必需的。

根据这些假设，可以得出以下这些正确的陈述：

1. 躯体感觉信息的映射构成了原始自我的神经基础，双侧躯体感觉信息的映射受损就会对意识造成破坏。脑干上部以及下丘脑是原始自我结构的集中之处，这部分脑区的损伤会对意识造成最严重的破坏；在更
235 高级的水平上（脑岛皮层，S_2，S_1，相关的顶叶联络皮层），加工链在空间上是更加分离的，因此这个脑区受损对意识造成的破坏比较轻微。
2. 有些结构——例如丘脑的某些神经核以及扣带回皮层——是假定去参

与建构解释有机体与客体关系的二级表象叙述的，这些结构的两侧受损就会导致核心意识的部分破坏或全部破坏。

3. 损伤两侧的颞叶皮层后，包括颞下区域（IT）以及颞极（TP），核心意识并不会受到损伤。因为在这种情况下，用来表征原始自我、加工想要认识的大多数客体，以及对有机体与客体关系进行有表象的叙述所需要的结构都是完好无损的。但是，损伤颞叶皮层就会削弱自传式记忆记录的激活，从而缩小了扩展意识的范围。大面积的前额叶脑区使自传式自我能够得到激活所需的记录，损伤两侧这个脑区内的某些高级皮层也会发生削弱自传式记忆的激活同样的结果，导致扩展意识范围的缩小。
4. 虽然损伤两侧的海马不会破坏核心意识。但是，由于损伤会使人无法学习新的事实，所以会使自传式记忆的增长中断，影响自传式记忆的保持，以及最终会在未来改变扩展意识的性质。
5. 早期感觉皮层与外部感觉信息有关（例如视觉，听觉），该皮层的两侧受损对核心意识并没有损害，只是排除了依赖于这一特殊皮层的对某一客体的某些方面的表征。由于躯体感觉皮层为原始自我提供了部分基础，所以它的情况有所例外。损伤躯体感觉皮层的有关情况已经在 236
陈述 1 中有所涉及。
6. 损伤两侧的前额叶，甚至大面积损伤都不会改变核心意识。

在接下来的篇幅中，我将根据一些来自于神经病理学、神经解剖学、神经生理学、神经心理学的证据来评定这些陈述的正确性。

对陈述 1 的评估：原始自我结构在意识中的作用的证据

第一个陈述表明，躯体感觉信息的映射构成了原始自我的神经基础，如果躯体感觉信息的映射两侧受损，就会使意识受到破坏。这个陈述得到了一系列联合证据的支持，例如昏迷、持续性植物状态、闭锁综合症（Locked-in syndrome）以及基底前脑损伤的病例。由于这些证据的数量如此众多，我将集中论述与昏迷和持续性植物状态有关的材料，并且在开始论述之前，我先对昏迷以及植物状态的外表特征作一个简要的描述。[1]

昏迷貌似睡眠

昏迷以及植物状态看上去很像睡眠，可能听上去也像睡眠，但是它并不是睡眠。对昏迷的介绍由来已久，其临床描述大致如下：在没有任何预兆的情况下，患者昏倒在地，呼吸困难；患者决不会对自己的妻子以及前来护送其去医院的护理人员作出反应；在急诊室中患者也决不会对任何人作出反应；甚至在4天后患者仍然不能对医生作出反应。如果不是因为患者周围布满了电线、管子和数字显示器，如果不是因为这些治疗脑血管疾病的高科技仪器，作为一个来访者，你可能会认为患者只不过是在睡觉。但是，事实上是患者确实得了中
237 风，处于某种昏迷状态——一种任何常规刺激都不能唤醒患者的异常状态。

你可以对患者说话，在他耳边窃窃私语，摸他的脸或者捏他的手，实施所有的评估这种病情所要求的操作方法，但都不能使患者苏醒过来。但是，患者的心脏在跳动，肺部在呼吸，血液在循环，肾脏也能工作，在重病特别护理小组的少许帮助下，使他立即生还所必需的其他器官和系统也都能工作。问题在于脑，由于中风，脑中一个很小的但非常重要的区域遭到了损害。可观察到的结果是：患者不再有醒觉，没有情绪、注意和有目的的行为。通过观察，你就能推断，患者的意识也已经中止了。这不仅是因为患者不能提交有证据的报告，表明意识心灵正在工作，而且也没有间接的迹象表明，患者可能有意识的心灵。患者是活着的，但其机体已经发生了根本变化。

每天晚上当我们沉睡并达到深度、无梦并恢复精力的第四阶段睡眠的时候，从意识和心理的角度来看，我们也处于一种类似于昏迷患者的状态。我们相信自己会再次醒来，所以并不担心在几个小时内放弃意识和心理。但是处于昏睡状态的患者的情况就大不相同了：患者已经被迫进入一种睡眠状态，不会醒来，而且他恢复意识的可能性也不大。患者可能一直持续昏迷，最后死亡。也有可能的是，患者深度昏迷的程度会减轻，最终转变为一种永久的无意识状态，即通常所说的持续性植物状态。

一旦进入植物状态，患者将开始表现出明显的睡眠和觉醒状态的循环，周
238 而复始，表面上看没有什么不正常的。之所以这么说，有两方面依据：第一，患者的脑电图（EEG）有了变化，而且在一天中特定的几个小时内会表现出

睡眠和觉醒状态所特有的模式。第二，有刺激时，患者可能会睁开眼睛对刺激作出反应。不幸的是，这两方面的证据都不能说明患者的意识已经恢复了；所有的这些证据只能说明患者是醒着的。根据我们的讨论，醒觉只是意识的一个必要成分（当然，除了梦以外），但决不能等同于意识。如果患者进入植物状态，他对血压和呼吸等自律性功能的控制可能还是正常的。另外，在极少数的患者身上或在极少数的情况下，可能会出现个别的头部和眼睛的协调运动，个别的人会说出一些模式化的语言，个别的人还会笑和哭。但是从本质上来说，在一天中这段表面上处于醒觉状态的时间内，不论是自发的还是对某一刺激做反应，处在植物状态的患者都没有任何的行为，没有显现出有意识的迹象。在植物状态时，情绪、注意及有目的的行为都没有恢复。极少数患者最终还是恢复了意识，他们的报告使得我们坚定了一个合理的假设，这个假设就是，在植物状态时仍然是没有意识的。[2]

患者的这种灾难的起因是由于脑干的一个极小的部分遭到了损害。脑干将脊髓与大脑两半球的大面积区域连接起来。从通常的意义上讲，正是脑干的这种类似于树干的结构使得位于脊髓内——位于穿过脊椎骨的椎管内——的部分中枢神经系统与位于颅骨内，即脑中的部分中枢神经系统相互连接起来。脑干从整个躯体本身接收信号，并作为通道将那些信号传入位于更高部位的部分脑中；同样，脑干将信号反向地从脑传向躯体。另外，脑干中有无数细小的神经核，以及局部相连的神经纤维。人们早就知道，对心脏、肺、肠等生命功能的控制，以及对睡眠和觉醒的控制都依赖于脑干。因此，在脑的这个非常狭小的区域内，天生就紧密地布满了许多关键的通路，这些通路用来在中枢神经系统和躯体本身之间来回传递化学信号和神经信号。有无数微小的中枢位于这些通路旁边，控制生命中的许多操作。 239

通常在脑中，所有的这些通路和控制中枢都不是随便分布的，而是以一些始终一致的解剖模式排列的。不但所有的人类都有这种相同的排列方式，在许多物种中脑的同一位置上也能找到这种模式。[3]当损伤丘脑以下的部分而引起昏迷时，从脑桥的中部到上部之间开始，向上一直到中脑和下丘脑之间的部分都遭到了破坏。而且，损伤必定是位于脑干的后部，而不是前部。[4]

导致昏迷和持续植物性状态的损伤一般不会破坏一些脑神经核和一些较长的上行束和下行束，但总是会损害一些位于脑干被盖处的几组神经核，包括众所周知的网状核，例如楔形核、脑桥吻核。我将这些神经核称作**经典网状核**

(classical reticular nuclei)。但是，有一些“非经典的”神经核也有所损伤。根据作者的观点，对“网状结构”这个术语的命名或多或少有点争论，在这种情况下，这些非经典的神经核可以放在一起，也可以不放在一起。这些非经典的神经核包括一些单胺核（蓝斑、腹侧被盖区、黑质、缝际核），乙酰胆碱递质神经核以及数量相当大的旁臂核和中脑导水管周围灰质。最后，丘也可能受到了损伤，但是，无论它们是否受损，丘的输入和输出都受到了严重破坏。它们的功能也失去了作用，或者，即使丘的功能完好，这些功能的结果既不能传递到脑干，也不能传递到端脑。（见图 8.1 阴影部分为网状结构）

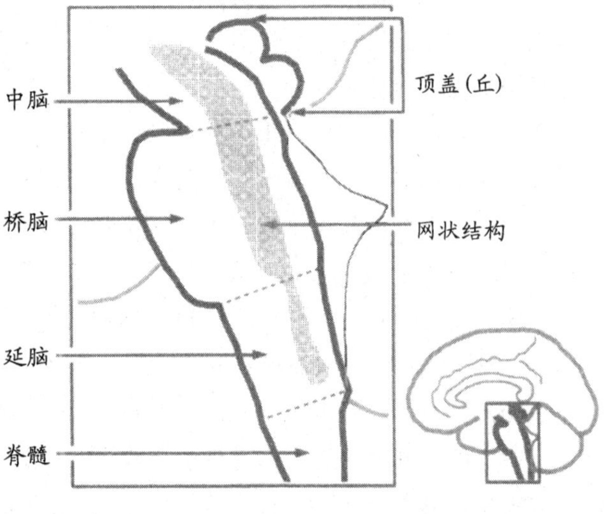

图 8.1　通过脑中线看内切面脑干的主要解剖划分。脑干的解剖位置如主图右面的插图所示。

昏迷和持续植物性状态的情境是否支持陈述 1 的观点呢？虽然在这一点上有些评论还是很恰当的，但是我相信是支持的。正像前面已经说过的，通常引
240 起昏迷的脑损伤的严重程度会使许多结构失去作用。从控制醒觉的经典网状核一直到与我提出的原始自我这个概念比较容易吻合的非经典神经核，都属于这些结构。或许，仅仅用经典网状核受到损伤来解释在昏迷时所看到的意识的破坏，这个论点似乎会引起争议。且不说在这些病例中神经病理学和神经解剖学的证据还不是很完整这个事实，那些不同的但却相邻的几组神经核的功能确实相互独立的可能性就比较小，单单因为这个原因，这个论点就会有问题。上述观点忽视了经典网状核和单胺递质神经核/乙酰胆碱递质神经核的解剖学位置

及功能上的相邻性。这些神经核在解剖上和功能上与那些调节当前躯体状态和描述躯体状态的神经核交织在一起。很显然，网状核和单胺递质神经核/乙酰胆碱递质神经核会受到与躯体有关的神经核中发生的事件的影响。[5]我并不是说，经典网状核和单胺递质神经核/乙酰胆碱递质神经核不做那些它们应该做的事情——即激活和调节丘脑及大脑皮层。但是，我认为，所有这些都是在某些环境下才能完成，这些环境在很大程度上是在脑干中调控躯体和表征躯体状态的那些原始自我结构所设定的。我们的描绘涉及到与意识有关的脑干部分，
我们有必要将这种描绘中那些调节躯体的结构包括进来；而且，或许我们同样 241
也需要扩展原始自我的解剖学特征，将经典网状核也包括进来——这是未来研究的一个问题，目前尚无法下定论。

上述论点不正确的另一个原因是，一些没有任何意识迹象的昏迷患者却可能有正常的脑电图，这可能说明，患者经典网状核的功能或多或少地被保留了下来（或者更简单地说，这说明我们必须谨慎地解释这些与意识有关的脑电活动结果，因为有意识的患者也可能会有不正常的脑电图）。[6]

在某些情况下，中脑上部和下丘脑都受到损伤，或者丘脑受损就会导致昏迷。在这两种情况中，情形也与陈述 1 所说的相一致。损伤中脑上部和下丘脑会使一大部分用来实现原始自我的结构受到损害。同样重要的是，这些损伤位于向上传入皮层原始自我的通路中和负责二级映射的部位中。同样的道理也适用于丘脑损伤的情况。

重要的是，在某些病例中，例如闭锁综合症，患者的脑干受到损伤，但是意识却没有被破坏。在闭锁综合症病例中，我在上面刚刚列举的那些区域保存完整——几乎所有的结构都位于受损区域之外。闭锁综合症的这种非同寻常的症状值得我对其作一个专门的解释。

闭锁综合症看起来像昏迷

如果导致昏迷的脑干损伤能帮助我们评估陈述 1 的话，那么那些没有造成昏迷的脑损伤也能帮助我们作出评估，尤其是当这些脑损伤靠近造成昏迷的脑损伤的时候。一个最令人吃惊的例子就是，距离我刚刚描述的导致昏迷的损伤处只有几毫米的脑干的一个区域受到损伤时，会导致另一种破坏性的症状，即闭锁综合症。如

同我在有关情绪的那一章中指出的那样，闭锁综合症的患者虽然丧失了自主运动的
242 能力，却保留了意识。我不妨给你们介绍一下闭锁综合症的情况。

如同昏迷一样，闭锁综合症通常也是在没有任何预兆的情况下开始的。闭锁综合症的患者会像昏迷的患者一样突然昏倒在地，不能动也不能讲话，而且在病发之后，患者一生都不能动也不能讲话。身边的人会怀疑此人得了中风，而且，在起初的几个小时，几天或几个星期内，患者会陷入昏迷状态。但是，在住院之后的某个时间，迟早会明显地发现患者虽然不能动，但却是醒着的。有人会怀疑患者可能有意识，这是会有少数线索的：敏锐的观察者能看到或可能会感觉到患者在有意地眨眼睛。患者只要一眨眼，他的命运马上就改变了。经过仔细的检查后发现，患者仍能完成某种类型的动作：她能够上下移动眼睛和眨眼睛。患者不能皱眉，不能左右看，嘴唇不能动，无法伸出舌头，脖子、胳膊和腿都不能动。所有残存下来的，能按意志控制的动作就只有在垂直方向上移动眼睛并眨眼。正是因为这些残留下来的微弱的能力，使得患者在被要求上下移动眼睛的时候能立刻完成这个要求。患者能清晰地听见我们谈话并能理解谈话的意思。患者有意识，没有处于昏迷状态。患者的这种情况就是通常所说的闭锁综合症，是对患者心灵的这种近乎单独监禁的状况的恰当的描写。

这种残留的简单运动能力使患者能够使用某种紧急通讯的代码：可以要求患者通过向上移动眼睛来表示肯定，向下移动眼睛表示否定。当给患者阅读一系列的字母时，患者眨眼来表示她觉察到了其中一个字母，这样患者能够逐个字母地组成词语和句子，借此来传达复杂的想法。这些代码使得患者能够回答关于她们的历史和目前状态的诸多问题，也使护士、医生和家属维持一种有益的对话。昏迷是一种非常不幸的情况，所以向患者家属描述那些触目惊心的结果是十分痛苦的。但是想
243 象一下在处理闭锁综合症的患者时，想象一下注视那些有意识的心灵但却只能用最简单的代码表达有限想法的患者的双眼时，会是怎样一种情形。所有的药物对这种惨不忍睹的状况都无济于事，而且神经病学给我们提供了很多残酷的情况让我们选择。例如，一种患者的情况是得了进行性的肌肉萎缩性脊髓侧索硬化症（advanced amyotrophic lateral sclerosis），也叫做罗·格里格氏症（Lou Gehrig's disease），这种情况比闭锁综合症好不到哪里去。当面对闭锁综合症这种悲惨现实的时候，我们能得到的安慰就是，由于患者极度缺乏对运动的控制，从而减少了他们的情绪活动，可喜的是这似乎使得他们的内心平静了。

根据大小、大体位置以及形成的机制，闭锁综合症是由于类似于导致昏迷

的脑损伤所引起的。但是，由于闭锁综合症的脑损伤的**精确**位置与昏迷不同，所以结果也不同，患者的意识没有丧失。只有当损伤位于脑干的前部而不是后部时，闭锁综合症才会发生（见图 8.2）。由于向整个躯体本身传输运动信号的通路——除了一条通路例外——都位于脑干的前部，所以引起闭锁综合症的 244
中风破坏了这些通路，因此事实上已经排除了身体上所有肌肉群运动的可能性。那条唯一例外的通路涉及到对眨眼的控制以及在垂直方向上移动眼睛，由于其单独穿过脑干的后部区域，所以才得以幸免。这也就是为什么这条通路没有遭到破坏，从而使我们能够与患者之间进行某种交流的原因。简而言之，昏迷病人的脑受损的关键区域在闭锁综合症病人的脑中是完好无损的。[7]

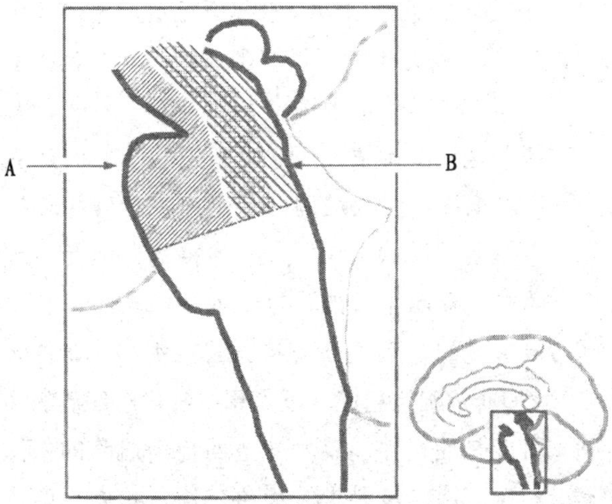

图 8.2 A 为导致闭锁综合症的脑干损伤的位置，B 为导致昏迷的脑干损伤的位置，其解剖上的定位如图 8.1。导致闭锁综合症的损伤位于脑干的前部。导致昏迷的损伤位于脑干的后部。

昏迷与闭锁综合症的对比为我们一直在考虑的那些产生意识的结构的特殊性提供了强有力的证据。但是在这一点上，将这些评论置于对脑的这个区域有所了解的一个更加广阔的角度上来考虑，是非常恰当的。在接下来的篇幅中，我认为，仅仅根据对上行网状激活系统的损害来说明昏迷和持续性植物状态，是不能对这个区域在解剖上及功能上的复杂性作出一个完全公正的评价的。

对昏迷和持续植物性状态的神经联系的反思

长久以来，我们一直确信：意识的出现取决于完整的脑干。许多神经病学家，尤其是弗雷德·普鲁姆（Fred Plum）和杰尔姆·波斯纳（Jerome Posner）在对昏迷患者、植物状态患者和闭锁综合症患者的研究中已经确定了脑干中哪些部分受损会破坏意识，哪些部分受损不会破坏意识。后两种临床状况很大程度上正是通过他们的艰苦努力才被发现甚至命名的。[8]

脑干中某一部位的损伤是导致昏迷的必要条件，这部分脑干包含一个区域，通常被称作网状结构。你可以将整个这个区域想象为我们称为脑干的这颗树干的一条偏心轴线。这条轴起始于脊髓末端上方的延髓，终止于丘脑下面的
245 中脑上端。[9]但是，我们最关心的那一部分网状结构只是位于桥脑中部以上的部分，因为只有这部分的脑干受损才会导致昏迷。

有些作者不乐意用“网状结构”（reticular formation）或“网状核”（reticular nuclei）这个术语，因为在这个区域中发现的成分结构的新知识显示，这个区域在解剖上和功能上并不存在同质性。[10]我们正好也面对同样的难题，问题就在于这种涵盖性术语，例如“边缘系统”。但另一方面，在这个过渡时期，以一种有限的方式涉及到像“边缘”和“网状”这样的术语，用来在新旧观点之间建立
246 联系是合理的，也是有帮助的。不管怎么样，网状结构并不是由一群互相连接而形成一种未成形的网状结构——也就是“网状组织”——的神经元的无组织集合。网状结构是由一群可以确认的神经核团组成的，每一种神经核团都有自己特殊的功能，每一种也都有自己最喜爱的几套相互连接方式。例如，在传统的网状结构中，有一处叫旁臂核。我们非常确定它起以下作用：(1) 对疼痛的知觉；(2) 调节心脏、肺和肠；(3) 可能是使机体能鉴别味道的神经通路的一部分。这并不是说网状结构消失了；相反，从神经科学方面讲，正是我们开始了解到是什么组成了网状结构。我已经提到过的在注意和记忆中起不可或缺作用的一些单胺类神经核团和乙酰胆碱类神经核团对睡眠也起作用，这些神经核同样也是网状结构的一部分。[11]简而言之，一些网状核到目前为止还没有确定，而且除了那些致力于研究它们功能的专家外，一些网状核几乎不会被其他人所了解，旁臂核就是一个最好的例子。看着所提到的这些神经核，我想解释说：正如我们在前面讨论过的，体内平衡的作用是调节内环境和内脏的状态，这些最近研究的属于网状结构的神经核中的大部分都已经被确定与它们在体内平衡中的作用有关系。对于神经核的研究者群体来说，至关重要的问题是，比方说，要了解这些神经核是怎样帮助调节心脏功能的，或者怎样干涉奖赏过程，或怎样调解疼痛。从到目前为止在相关的科学文献中的描述来看，这些神经核的基

本功能是调节生命，管理身体的状态。这些神经核中的一部分被人们用来做了与睡眠相关的研究，但是大部分还未用来研究它们在意识中可能的作用。

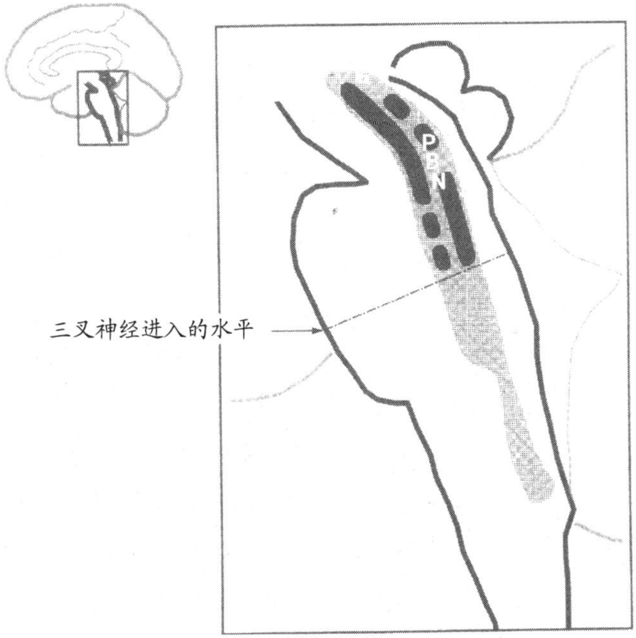

图 8.3　某些主要脑干神经核的位置。解剖学位置和图 8.1 及 8.2 是一样的。**PAG**（中脑中央灰质核）、**PBN**（旁臂核），以及大部分的乙酰胆碱类神经核和单氨类神经核都位于脑干上方，在后面部分的内部。这是其损伤会引起昏迷的同一个完整的脑区。

因此我们所面对的，只是与这个一般区域有关的研究史上一个奇特的空白。大概半个世纪以前存在着一个研究分支，但是很遗憾的是，如今已经基本上被放弃了，并且认为，这个脑区是一个具有相当同质性的单元，并把这个区 247
域与注意、醒觉、睡眠及意识联系起来。这些研究倾向于将网状结构称作一个单元，而不是将特殊的神经元称作一个单元（这个特殊神经元的首字母缩略词为 MRF，根据作者的观点，“M”代表“中脑”或“中脑的”，“RF”代表“网状结构”。自从发现上桥脑网状结构是这个单元的一部分，但在命名时却没有被考虑在内之后，这个首字母缩略词就不再合适了）。另一个分支将研究集中在一些特殊的神经核在体内平衡调节中所发挥的功能上。乍一看，你可能会认为这两个分支的研究是那么的互不相容，就像各自的研究人员在不同的专业领域和实验室研究方面相距甚远一样。相反，我认为，这两种研究分支可以非常有利地协调在一起。事实上，这些不同的观点无意中传达了一个强有力的信息：那些主要与管理生命过程、表征有机体有关的脑神经核，是和那些与醒觉过程、睡眠过程、情绪、注意有关的神经核，以及最后与意识有关的神经核非常接近的，甚至是相互联系的。甚至，有些完全一样的神经核实际上可能参与了不止一种诸如此类的功能。

网状结构的过去和现在

网状结构的传统观点，与马古恩（Magoun）、莫鲁奇（Moruzzi）及其同事在20世纪40年代末到50年代初所进行的一系列卓越实验的观点是一样的。这些实验反过来又是由布雷默（Bremer）和贾斯珀（Jasper）在其前十年就开拓的先驱性传统的进一步繁荣光大。[12]

事实上，所有这些实验都是在动物身上进行的。这些动物中大部分是猫，并在实验时进行了一定程度的麻醉。典型的实验设计要求包括：(1) 制造一种损伤（例如，做被称为做下位离断脑（encéphale isolé）的准备时，通过在延脑处水平切断，使脊髓与脑干相分离；在准备上位离断脑（cerveau isolé）中，需要在脑桥和中脑的连接处水平切断）；(2) 电刺激某一个特殊部位（例如，
248 一条神经或一个神经核）；(3) 根据脑电图波形的变化来测量处理的结果。这些动物实际的行为举止并不是实验的焦点。

这些实验的结果是，使人们知道了网状结构可以构成一个激活系统，这被称为“上行网状激活系统”。

这个系统的工作就是使大脑皮层保持在醒觉状态和警觉状态。在过去和现在，这种醒觉和警觉状态通常就被视为意识的同义词。实际上，网状结构对位于它之上的所有神经系统都施加了强大的影响，但尤其是对大脑皮层影响更大。这种影响覆盖了整个大脑两半球，人们常常喜欢用**唤醒**和**激发**这类词语来比喻这种影响。网状激活系统会唤醒大脑皮层，使其处在一种运转的模式中，从而使人能够知觉、思考，做出深思熟虑的行为——简而言之，使之成为有意识的。网状结构受损就会使大脑皮层处于睡眠状态，关闭了进行感知和思考的灯，可以说，使一切计划好的行为都无法实施。虽然我认为这些比喻不能表达全部的意思，但是总的来说这些比喻是相当合理的。

少数当代的科学家研究了网状结构并且把它扩展到丘脑，这些科学家分两类，一类研究者关心意识和注意的神经基础，例如莫西亚·斯特里亚德（Mircea Steriade）和罗道尔夫·利娜斯（Rodolfo Llinás）；另一类研究者关心睡眠，例如阿兰·霍布森（Allan Hobson）。[13]这些人的研究都支持了马古恩和莫鲁奇实验的主要结论，而且可以很确定地讲，网状结构一般都涉及到睡眠和醒觉。另外，很显然，网状结构中某些神经核特别与睡眠——醒觉循环的产生有关。例如，脚桥区域的胆碱能神经元，与去甲肾上腺素（蓝斑）和5—羟色胺（缝际核）的分布有关的神经核，都是这种情况。[14]这些不同的神经元是怎样诱导和终止睡眠状态的？以及在出现梦的那种特殊的睡眠期间——即快速眼动睡眠，也叫REM睡眠或异相睡眠——这些神经元是怎样激活和静息的，对这些问题都有许多引人注目的细节。例如，去甲肾上腺素神经元和5—羟色胺神经元在静息时，一些乙酰胆碱神经元却非常活跃，而且它们的活动与桥膝枕（桥脑—膝状体——枕叶）波（PGO，ponto-geniculo-occipital）的出现有关。桥膝枕（桥脑—膝状体—枕叶）波是在做梦的睡眠中发现的，与觉醒状态时的脑电图波形相类似。[15] 249

最近的研究也证实了这些最初观察发现的一个重要方面，即有机体在深度睡眠时，会在脑电图上产生高波幅的慢波，称为"同步化"脑电波（synchronized EEG）；而有机体在醒觉和注意状态时，或在异相的快速眼动睡眠时，会产生低波幅的快波，称作去同步化脑电波（desynchronized EEG）。但是，当代的研究者对这一过去的发现做了重要的定性：所谓的去同步化脑电波实际上在其中隐藏了部分同步化脑电波，这些同步化脑电波与大脑皮层中的一些局部的小区域有关，在那里脑活动似乎是高度协调的。换句话说，正如斯特里亚德和辛格（Singer）各自所建议的那样，"去同步化脑电波"这个术语已经不是一个恰当的词了，因为在这种状态期间可以发现电生理活动高度同步化的脑区域。[16]

到目前为止，当代研究者们所证实的最重要的发现是：电刺激网状结构可以产生所谓的去同步化脑电波。换句话说，网状结构会以某种模式放电，从而导致了醒觉或睡眠状态。这些状态对于意识——醒觉和注意——来说是必须的。网状结构与这些状态有着非常密切的关系，这已经是一个无法回避的事实。但是，无论是那些解剖上的区域，还是那些醒觉状态和注意，都不足以对意识作充分的解释。

这些研究还表明，丘脑的某些神经核，也就是板内核（intralaminar nuclei），恰巧接收来自网状结构的信号，板内核就是在大脑皮层上产生醒觉状态和睡眠状态的通路的一个不可或缺的部分。事实上，电刺激中脑的网状结构

250 (MRF）也能在那些神经核上产生如大脑皮层上所产生的同样的效果。[17]

罗道尔夫·利娜斯根据这些发现提出了一个看法，认为无论是在醒觉状态还是在做梦睡眠状态中，意识都是在一个包括大脑皮层、丘脑和脑干网状结构在内的闭环装置中产生的。这个装置依赖于网状结构和丘脑中一些自发放电的神经元的存在。这些神经元虽然自身并不需要接收外界的信号以便在第一时间放电，但是却受那些将外界信号输入大脑的感觉神经元的调节。这种运作背后的机制是很有意思的。乙酰胆碱被送入丘脑和大脑皮层后，会改变目标神经元中离子通道的活动。[18]

总之，目前在网状结构这个研究领域中的领导者们得出结论认为，在意识状态中，网状结构会产生连续的信号并发送到丘脑和大脑皮层，确立大脑皮层连贯性的某些几何关系。与此同时，通过对睡眠机制的研究，发现网状结构中的组织与睡眠—醒觉循环的控制有关。因为睡眠是无意识的一种自然状态，所以有理由认为，意识和睡眠是由来源于同一区域的生理过程所引起的。

这一系列的发现是完全一致的，而且围绕这些发现的所有解释也都是一致的，颇有价值的。这些解释对于神经科学来说是一个非常重要的进展，而且我认为，如果不利用这些研究发现，就无法解释有关意识的神经生物学的内容。但我也认为，这些解释并不能全面理解这部分脑区域与意识之间的关系，而且这些发现也并不能完全满足意识的神经生物学的要求。

意识要比醒觉和注意更高一级，因为意识要求在产生认识活动的同时有一
251 种内在的自我感。因此，仅仅假设存在一种机制使得大脑皮层觉醒并激发大脑皮层，甚至当醒觉时大脑皮层会在局部和整体上显示出某些特定模式的、连贯的电生理活动，并利用这个假设来回答意识是怎样产生的这一问题是不完全的。毫无疑问，这些特定模式的电生理活动对于意识状态是不可或缺的。我设想这些电生理活动会为醒觉和注意状态提供一些神经联系，在这些状态期间可以形成和操纵一些表象，还可以对运动反应进行组织。但是，仅描述这些电生理活动的模式却不能解决自我和认识活动的问题。我认为自我和认识活动是意识的核心部分。在我看来，这些模式与意识过程的最后阶段联系得非常紧密——在意识过程的最后阶段期间，增加了对客体的映射，使客体变得突显出来。可以想象，这些电生理模式可能也与自我和认识活动的过程存在某些联系。而且作为一个假设，对其进行验证是否非常必要？这个假设的目标也就是要说明电生理模式中的哪一部分与自我和认识活动有联系。另一方面，上述的

电生理模式（也就是那些整体上的去同步化脑电波，经过仔细的检查，可以发现一些局部的同步化脑电波以及一些周期性的非局部的同步化脑电波）也可能与自我和认识活动没有直接的联系，而与即将认识的客体有关。

我对这些传统解释的保留将我带回到在这一节开始时我提出的那个事实上：我们面临着另一种关于网状结构的研究分支。在传统的研究分支中，网状核与醒觉和注意的控制有关。而在第二种研究分支中，研究的目标未必是传统研究中的网状核，而是在其周围的并与其有密切联系的网状核。这些网状核是脑借此来调节体内平衡的、与生俱来的结构的一部分。而且为了达到脑调节体内平衡这个目的，这些网状核必须时时刻刻接收表征有机体状态的信号。

一个悄然不被人知的秘密

当我们思考那个长期以来使我冥思苦想的秘密时，第二个研究分支的重要性变得越来越明显了。这个秘密就是：假定网状结构是一个在垂直方向上组织的、跨度很大的结构，从脊髓的顶端开始一直到丘脑，跨越了整个脑干，那么，为什么仅仅损伤大约从桥脑上部以上的这一特殊部分才会导致意识的丧 252
失，而损伤剩余的部分却丝毫不会改变意识呢？虽然这已经是一个非常肯定的，不可替代的发现，但是，在文献中对这个发现却几乎无人问津，没有很多的评论和解释。确实，为什么在网状结构中只有一个区域与意识的产生和终止有关呢？为什么在一个接一个的病例中，受损的都是那个区域呢？将这个秘密放在网状结构的实验研究上，又会问为什么“上行网状激活系统”总是非常精确地与网状结构中这一相同的区域联系起来呢？我不妨尝试着概述一种解答。

一部分网状结构的损伤会改变意识，而另一部分受损则不会改变意识，这两者之间的那条分界线是相当清晰的。当你想象着，在垂直于脑干长轴的方向上做一个水平切面，就可以很清楚地看到这条分界线。这个水平切面的位置大约是在三叉神经——也称为第五对脑神经——恰巧进入脑干的地方。普鲁姆和波斯纳在他们的那本关于昏迷的书中写道：“对皮层唤醒至关重要的那些结构的尾部区域，很可能不会延伸至三叉神经进入脑干处以下很多的地方。”（见图8.3）

这个水平分界面指出了很多有趣的解剖事实。第一，许多与体内平衡的高级控制有关以及与情绪的控制有关的神经核都位于这个水平面之上。对于中脑导水管周围灰质神经核（PAG）和旁臂核（PBN）来说就是这样。例如，旁臂核就位于这个水平分界面上一点，起始于桥脑中部，它接收整个躯体本身传来的有关内环境和内脏的信号。桥脑吻核同样也位于这个水平分界面上一点，它接收来自大脑皮层的重要投射，并将这些投射分配到这个区域内。[19]同样，传递去甲肾上腺素和多巴胺的单胺类神经核，以及乙酰胆碱类神经核也是这样。这些
253 神经核正好就在这个水平分界面上出现，并沿着这个区域向上蔓延。5－羟色胺为递质的神经核也位于这个区域之上（尽管不像传递其他三种递质的神经核一样，但5－羟色胺为递质的神经核同样出现在这个区域内较低的位置；这些5－羟色胺为递质的较低位神经核的投射更多地指向脊髓，而不是端脑）。

现在，让我们来考虑一下为什么这个问题可能与三叉神经有关。三叉纤维从头部的组织结构中接收感觉信号——包括头皮与面部，两侧肌肉，口腔和鼻子的内膜，简而言之，全面代表了来自内环境、内脏以及头部的肌肉与骨骼方面的信号。总之，三叉神经自下而上地向脑输送最后一批信号，这些信号关系到机体的状态，也就是，内环境、内脏和头部的肌肉与骨骼的状态。

从脑干的下部，脊髓的底部一段一段地向上，我们会发现还有其他神经进入脑干。这些神经从身体的其他部位传入信号——例如四肢、胸部、腹部，除了头部以外的其他部位。显然，这种将全身的信号传入脑的机制，使脊髓底部向上到脑桥这部分区域中包含了许多神经通路的入口点。只有当所有的入口点都完整无损时，所有的这些信号才能传入脑。

这种解剖上的线索所关心的是这个事实，即只有当头部的信号通过三叉神经传入脑干之后，所有传递当前有机体状态的身体信号才算是完成了。位于更高位置上的第三对脑神经和第四对脑神经并不会对这些整体的身体表征做什么贡献，这两对神经只是负责将运动和自律的命令传出脑干，而不是传入脑干。第二对脑神经和第一对脑神经则分别与视觉和嗅觉有关，它们并不在脑干水平上进入中枢神经系统，也不传输内部身体状态的信号。

一旦三叉神经入口点以上的区域和下面一点区域内的一些神经核接收到了来自三叉神经的信号（三叉神经核沿着脑干垂直排列，在入口点上下都存在），
254 脑不但拥有了通过神经通路传入的表征身体状态的所有信号，甚至还拥有了通过化学通路传入的部分身体状态的信号（这些信号是通过交感神经后交通枝传入中枢神经系统的）。对于当前的身体状态，脑所缺少的只有那些由下丘脑和

穹窿下器官所获得的化学信号。有趣的是，大致在下丘脑和穹窿下器官这个水平上，脑依然拥有关于听觉、前庭和味觉的信息。而且，在分界线以上的区域内，通常能够得到视觉信号，因为视觉信号虽然传入顶盖，但是信号的投射会分布在网状结构上。

这就意味着，迄今为止所发现的脑结构与意识状态之间有一种强有力的相关，这种相关与那种为了将身体信号传入中枢神经系统所做的设计存在着非常紧密的联系。在水平分界面周围及其以上的部分，一旦来自于身体的所有神经信号和部分化学信号进入中枢神经系统之后，一些涉及调节体内平衡的脑干神经核就会对当前的身体状态有一个“全面的”了解，这对于调节体内平衡的过程是至关重要的。三叉神经的入口点只是一个线索，是指向某一区域的开端的指示器，进化就已经在这个区域上方确定了存在着调节生命的组织结构，这些结构的正常运转依赖于来自整个有机体的数据。我猜测，经典网状核同样在位于三叉神经指向的这个区域之上，并且在那些调节生命的神经核附近，因为网状神经核是由调节生命的环境所驱动的。

当三叉神经入口点周围或以上的部分受到损伤时，原始自我的基础就会受到损害，而且在二级映射时对原始自我变化的描述也会受到损害。原始自我一旦失去了基础，有机体就无法表征那些对认识活动来说十分重要的基质。这里所说的认识活动，是指当前的内部状态以及紧随其后的变化。在有机体感知某一真实的或回忆起来的物体时，就会发生这些变化。在这种环境下，不管经典网状核有没有伴随性损害，意识的整个机制就会陷入崩溃。当然，如果经典网 255
状核确实是由原始自我结构驱动的，那么这种损害会更加严重。

从经典实验的角度看原始自我的解剖结构

研究网状结构所得出的一些经典实验的结果，与我在假设 1 中所论述的关于原始自我的神经解剖基础的结论是相符合的。实际上有四个不同的发现一定要考虑一下。第一个发现是，切断猫的脊髓与延脑的连接处后，也就是下位离断脑，猫的脑电波模式并没有发生任何变化。确实，从我的假设中得到的预测正是这个发现，而且延脑或脊髓受损的病人的意识并没有受到破坏这个事实也支持了这一发现。

第二个发现是从上位离断脑中得到的，在上位离断脑中，在猫的脑桥和中脑的连接处将其脑干切断。其结果是造成一种较严重的损伤：不论是在行为上还是根据脑电追踪，动物都不是醒着的。同样，这个发现与假设和人类的自然损伤的结果是一致的。在这个水平上损伤脑干，会排除我们先前论述的桥脑上部的重要结构与位于更靠上部的丘脑以及大脑皮层中的任何其他结构之间相互的信号传递。[20]

第三个发现特别有意思，它与在猫身上进行的这两种切断手术有关。两种手术的位置大致位于猫的桥脑中部，一种非常靠近三叉神经的入口点，位于入口点上面一点；另一种在入口点上面大约 4 毫米的地方。在巴蒂尼（Batini）、莫鲁奇以及其他人所作的研究中，[21]两种不同的切断手术得到了两种截然不同的结果。在三叉神经入口点附近实施切断手术后，脑电波显示动物会一直保持醒觉状态。而在比上述切断位置稍微高一点的地方实施切断，则从行为上或脑电波上来看，动物的醒觉会出现较大的障碍。这同上位离断脑手术切断脑桥与
256 中脑的连接处后得到的结果是相同的。

首先，让我来说明一下第二种切断手术，也就是在三叉神经入口点平面以上 4 毫米的位置上切断脑干。虽然这样的切断手术并没有达到像损伤这部分周围的区域，并导致昏迷的那种伤害程度，但很可能至少导致了三种结果：第一，它损伤了切面处的乙酰胆碱类神经核，并破坏了从乙酰胆碱类神经核向上传出的投射；第二，破坏了大脑皮层向下的投射，并因而阻止了皮层信号进入桥脑上部的被盖区；第三，它损坏了部分旁臂核。这三种结果不论是单独的还是混合起来的，都会破坏正常的意识过程，例如，干扰从低级结构和高级结构进入原始自我结构的进食信号。所以，在猫身上观察到的结果与这个假设是相符的。

但是，更有趣的是向下 4 毫米，在三叉神经入口点处实施切断手术后所得到的结果。虽然我们并不知道手术后这些猫最后的意识状态是怎样的，但是猫的脑电图却一直保持醒觉。对这一发现的解释如下：第一，这个切断手术排除了孤束核产生睡眠的作用，孤束核位于切面下面，而且已知同样具有催眠作用；第二，这个切断手术并没有破坏任何组成原始自我基础的结构，因此使皮层和丘脑的信号能够进入皮质区域，并改变原始自我的状态。由于动物能够继续加工视觉刺激，从而激活丘脑皮层区域以及顶盖区域，所以这个解释也是有可能的。视觉调节器和垂直方向的眼睛运动都保存完整，过去的记忆仍然能够从皮质结构中提取出来，并且所有这些过程都能正常地向切面以上的脑干部分

输送信号。最后，与整个身体状态有关的化学信息依然能够通过下丘脑和穹窿下器官直接到达中枢神经系统，而且这些信号发送的结果会向下传送到位于切面以上的原始自我结构中。简而言之，这种特殊的切断手术与昏迷病人的脑损伤不一样，也与那种在猫身上实施的，在稍微高一些或更高的位置上，在脑桥和中脑的连接处实施的切断手术不一样。实施这种特殊切断手术的猫，会使所有实现原始自我所必需的结构保持完整，并且使那些残余的向这些结构传递正在进行的身体变化信号的通路保存完整。这种情况，再加上缺少从低位结构来的任何引发睡眠的影响，就能解释这种醒觉的脑电图，并说明为什么动物会有这种持续的醒觉，甚至有注意。根据这个实验，不能判断动物是否还能有正常的意识这个问题。当然也永远不能通过对人类的实验来回答这个问题，因为没有一种天然的损伤能够非常好地产生这种有选择性的缺陷。[22]

257

使事实与解释相符

虽然表面看来，这两种研究网状结构的分支所得到的结果说明了一些互不相干的功能，但我猜想，它们彼此在更深的层次上是有联系的。虽然这两种研究分支是以不同的问题作为研究动机的，但在我的框架中，已经可以看到彼此之间的联系了。例如，请考虑一下我对蒙克（Munk）、辛格及其同事所做的实验中所获得的一个最新发现所做的解释。[23]蒙克及其同事能够在猫身上制造出一种“去同步化的”脑电波，伴随有“局部同步化”的特征，这种特征显示动物处于醒觉和注意状态。他们是通过电刺激中脑网状结构来实现上述这种现象的。但是，他们在一个脚注中指出，实际上实验的结果是**他们通过刺激实验之后对动物尸检**获得的（在尸体解剖中，可以标记刺激电极的位置，尸检证明这些电极置于旁臂核内或其附近）。简而言之，此前为止一直与心脏、肺和内脏的自主调节有关，也与像痛觉这样的身体状态有关的网状结构神经核，在电刺激的作用下，产生了一种皮层电活动状态，这种状态往往与经典网状核有关，具有醒觉和注意的特征。 258

这两种研究分支之间的另一种实验上的联系来自于我的情绪实验室中的研究。在对没有任何神经疾病的健康人被试所做的一系列研究中［这是与安托万·比查拉、托马斯·格拉博斯基（Thomas Grabowski）、汉娜·达马西奥、约瑟夫·帕维奇（Josef Parvizi）合作进行的]，我们已经能够用实验的方法引起各种情绪，并利用正电子发射断层扫描（PET）证实了，在某些特定情绪活动时在网状结构上部的一些脑干结构变得明显的活跃，而在另外一些情绪活动时则不会出现这样的现象。

这种激活可能是由于被试为了体验这些情绪所需要保持的注意状态所导致的吗？假如是这样的话，我们的发现会是非常有趣的，但却不能称得上是一个新发现。因为从对网状结构的传统研究中，以及从珀·罗兰（Per Roland）及其同事先前所做的一项研究中，我们发现，在完成需要注意的任务时，网状结构会被激活。[24]但是，仅仅用注意是不能对我们的发现作出解释的。首先，我们所使用的控制任务要求有相当程度的注意，这样才能形成脑成像。假如那种我们归结于情绪的发现是由于注意引起的，那么，在对控制任务运用减法后，那些激活就会消失。而且，不同的情绪会引起不同程度的激活。我们发现，当体验像悲伤和愤怒这样的情绪时，脑干的激活程度最大；而当体验像快乐这样的情绪时，脑干的激活程度则比较小。但是，被试在体验所有情绪时完成的都是同一过程，而且也不要求被试在不同情绪之间使内部的注意发生变化。网状结构上部的激活似乎依赖于某些神经过程，这些神经过程加工某些特定的情绪，并最后产生对这些情绪的感受。

这个发现补充了这个证据来说明，那些传统意义上与睡眠－醒觉循环和注
259 意的控制有联系的网状结构中的组织，同样也与情绪和感受有联系，而且还与内部环境和内脏状态的表征以及自主控制有联系。大量的证据证实，事实情况就是这样，尤其是对于中脑导水管周围灰质而言就更是如此。事实上，用来解释诸多情绪的所有身体变化都是受中脑导水管周围灰质控制的。[25]简单说来，位于桥脑上部和中脑处的所谓网状结构中的组织，确实与我先前提出的原始自我的概念是有联系的。这可能也是这些组织同样可以与那些表面上看来毫不相干，但其实互相联系非常紧密的一些功能——例如情绪、注意、以及最终是意识——息息相关的一个根本原因。

我的研究小组的另一个有趣的发现来自于与约瑟夫·帕维奇和加里·凡·霍森（Gary W. Van Hoesen）的合作研究。[26]这个研究包括对患有阿尔茨海默症的患者以及同样年龄的正常控制组被试的网状结构神经核所做的详细的描绘。结果得到一个新的意外的发现：绝大多数患有严重阿尔茨海默症的患者脑干左右两侧的旁臂核都受到了严重的破坏。早发性阿尔茨海默症是阿尔茨海默

症的一种特别严重的变种。**所有的**早发性阿尔茨海默症患者的旁臂核都受到了损坏，而只有80%的晚发性阿尔茨海默症患者的旁臂核受到了损坏。

假定患有严重阿尔茨海默症的患者的意识会明显的受损（参见第3章），我们有理由去问，旁臂核受损是否可能与意识的衰退有关？很显然，不能用众所周知的内嗅皮层和附近的颞叶皮层来解释患者的这种意识的衰退。[27]遗憾的是，在这一点上我们不能不感到奇怪，因为阿尔茨海默症患者有太多的脑局部病变部位，以至于难以确定究竟是哪种病变能够完全合适地解释某些功能损伤和某些部位的神经退化之间的联系。例如，在阿尔茨海默症中，后扣带皮层以及顶内联络皮层同样受到严重的破坏，而且正如前面提到的，它们是负责二级映射的候选部位。[28] 260

最后，我找到一个有力的事实，这个事实产生于我们一直在论述的脑干这个关键区域。这个事实就是，它同时参与醒觉、体内平衡调节、情绪与感受、注意和意识等过程。乍一看，这些功能重叠可能有些随机，但是，放在前几章所形成的框架中进行思考之后就会发现，这其实是很合理的。体内平衡的调节包含情绪过程，而且要求有一段时间的醒觉（以便聚集能量）；睡眠阶段（可能是储存那些已经被消耗掉的神经元活动所必需的化学物质[29]）；注意（为了与环境进行适当的交互作用）以及意识（这样就能最终产生一个与某一个有机体有关的高级水平的计划反应）。所有这些功能与身体的关联性与促进这些功能的神经核团在解剖结构上的亲密关系是显而易见的。

这个观点与那个经典的观点相符合。经典的观点认为，在脑干上部区域存在一个装置，能够在丘脑和大脑皮层上产生一些特殊类型的电生理状态。事实上，我的建议包含了这种经典的观点，但与经典观点有所不同，主要在于以下几个方面：第一，我的观点为这个装置的起源及其解剖上的部位提供了生物学的基本原理；二，我的观点假定，这个目前所描述的装置的活动会对意识状态有重要帮助，但不会产生定义意识的主观方面。

对陈述2的评估：
二级结构在意识中的作用的证据

现在，我们不妨回到陈述2。脑中的某些区域被认为参与了与核心意识相对应的二级神经模式建构，这些区域包括扣带回、丘脑核团和上丘，陈述2所

关注的就是这些区域的损伤。当你阅读这些评论时，又会想起了我对颅相学的
261 禁令。我认为，这些区域中的任何一个都不能单独地为那个对意识的形成至关重要的神经模式负责。这种关键的神经模式很有可能是建立在区域之间的相互作用基础之上的。

我首先选择的这个二级结构是被称为扣带回的大脑皮层的这一大块区域。扣带回皮层位于大脑中线附近，左右半球各包含一个，并且被分成无数个细胞构筑区域（参见附录图 A.4 和 A.5.）。在扣带回皮层的前部，这个结构是受 24 区和 25 区支配的，在胼胝体的前部周围立刻就能看到这些区域。另外两个细胞构筑区域，分别是 33 区和 32 区，虽然它们面积很大，但由于它们是嵌在脑沟中的，所以很难看得到。大脑皮层的后部由 23 区组成，23 区在脑回的顶部可以看得很清楚。同时大脑皮层后部也由 31 区、29 区和 30 区组成，这些区域面积广阔，但是，它们同样是嵌在脑沟中的，所以也不能看到。

用最简单的方式来概括扣带回皮层的已知功能，就可以认为，扣带回皮层是一些感觉和运动功能的奇特结合。扣带回是一个相当庞大的躯体感觉结构，它接收来自于躯体感觉系统中的所有分支的输入，躯体感觉系统已经在第 5 章中做过描述。这些输入不仅包括大量的内环境和内脏的信号，而且还包括来自肌肉与骨骼部分的重要信号。但是，扣带回同样也是一个运动结构，直接或间接地与相当大量的复杂运动的执行有关。这些运动包括从发声到单独地或协同地运动四肢，再到内脏运动。但是这些都不是扣带回的全部功能。扣带回显然也参与了注意过程；它显然也参与了情绪过程；而且它显然还参与了意识活动。这种功能的重叠是很显而易见的，并且使我们想起了中枢神经系统中的另一部分，也就是脑干上部。

如果说我们既对扣带回有很多的认识，又对其一知半解，这是有道理的。尽管对扣带回进行了许多引人注目的神经解剖学的研究，但是扣带回内部的解剖结构以及扣带回与其他区域的许多联系仍然是一个未知的区域。[30] 对扣带回的神经生理学来说情况也是一样，同样也保留了几分神秘，尤其是扣带后回。
262 在极少数人身上发生的这种两侧扣带回自然的损伤，可以用来解释这一连串未知的秘密。对于扣带前回而言，损伤是极为少见的，同样，对于扣带后回来说损伤更是罕见。所以我认为至今还没有一例病例能包括我在上面所列举的**所有**的细胞构筑区域的双侧扣带回损伤。

在这种情况下，我们不应该掉以轻心。我们知道，由扣带回皮层所引起的

癫痫发作的特征是意识的丧失——这种意识丧失的时间实际上比那些不是因为扣带回引起的常规的癫痫发作所导致的意识丧失的时间要长。许多功能神经成像的研究同样获得某些重要的发现。在某些情况下，例如在慢波睡眠、催眠以及一些形式的感觉缺失中，意识会停止或者消失，同时还伴随着扣带回皮层活动的下降。另外，在快速眼动睡眠以及在大量的注意范式中，都会伴随着扣带回皮层活动的上升。[31]

在损伤和功能成像的研究中，扣带回一直与情绪、注意和自主控制有关。[32]损伤两侧的扣带前回会导致一种叫运动性缄默症的病。就像在 L 病例中所看到的那样（第 3 章），损伤了两侧扣带回皮层的病人虽然保持醒觉，但是他们的意识已经被破坏了。不论从内部看还是从外部看，用假死来形容病人的状况是再好不过的了，这也就是为什么病人被描述为不能运动和说话的原因。根据文献和我自己的观察，我可以很确定地讲，损伤两侧的扣带前回会同时破坏核心意识和扩展意识，但却使醒觉保持着。但是，我们也应该注意到，尽管那些受疾病侵袭的病人无法完全恢复正常的心灵，但却能在数月后恢复核心意识。可能是由于病人保留了两侧的扣带后回区域，所以才能得以恢复。损伤两侧的扣带后回可能会造成永久的伤害，但是我只研究了这样一例令人信服的病
例。不管怎么样，冒昧地说损伤两侧的整个扣带回可能会显著地，甚至永久地 263
破坏意识，这是有理可据的。对于扣带回的两个较大的部分，一个前部和一个后部，尽管我认为，扣带回的正常运作需要两个部分的协同工作，但我敢说扣带回后部更加重要一些。

我应该补充一下，在扣带后回后面或周围的某个区域受损的病人，其意识也会受到破坏。这个区域就是扣带回内部和顶部，是脑梁膨大部后方皮质和楔状核区域（retrosplenial and cuneus territories）的一个结合部，细胞构筑第 31 区、第 7 区和第 19 区是这个区域的一部分。这一区域两侧受损的病人会出现严重的意识障碍。其意识的受损程度虽然不像昏迷病人那样显著，但与我刚才所描述的两侧扣带回损伤的程度是不相上下的。

如同两侧扣带回都受损的患者一样，损伤两侧扣带回内部和顶部的患者通常都处于醒觉状态，例如，患者能够睁开眼睛，肌肉有弹性，甚至能在别人的帮助下坐立和行走。但是患者不会有目的地注视你或其他任何事物，或者他们会茫然若失地盯着或朝着物体的方向看，但却看不出有任何的目的。这些患者不能自助。他们对自己的情况一无所知，事实上患者对进行身体检查的医生所

提出的要求都不能予以反应。尝试和他们谈话是很少能成功的，谈话的结果顶多是反复无常的。我们能哄骗患者要求他们短暂地注视某一物体，但是这种要求并不会产生任何有效的反应。这些患者对亲朋好友的反应与对医生护士的反应没有两样。虽然像“僵尸般的行为”这个概念不是出自对这些患者的描述，但是用它来描述这些患者是非常恰当的。

扣带回顶部内侧区域受损造成的最普遍的结果就是阿尔茨海默症。除了那些退化性的疾病以外，两侧扣带回顶部区域损伤的患者并不经常出现中风。我记得最清晰的一例两侧扣带回顶部区域受损的病例，是由结肠癌的完全对称的
264 转移造成的。患者看上去就像我在第 3 章中所描写的那种失神型自动症状态，但是行动却始终缓慢，而且目光也漫无目标。头部受伤同样也能引起这种情况。英国著名的神经病学家麦克唐纳·克里奇利（Macdonald Critchley）在他的关于顶叶的里程碑式的专著中提到了一个诸如此类的病例。[33]

对扣带回皮层的这些解剖构造的细节所进行的反思表明，这个区域是我先前提出的二级结构的一个最佳候选部位。它拥有许多不同的亚区域以及大量的躯体感觉的信号输入，这些能在任何确定的时间内产生一个对有机体的全部身体状态来说可能是最完整的描述。但是，由于扣带回皮层同样与来自主要的感觉通道的信号有密切联系——例如，通过丘脑的投射和来自于颞下、颞極、顶叶外侧区域等部位的高级皮层的直接投射，就可以把一个物体的形状轻而易举地报告给扣带回皮层——所以扣带回能帮助产生一种神经模式，在这种神经模式中，能够以一种恰当的因果顺序来映射一个物体的形状与随之而来的身体的变化之间的关系。事实上，扣带回可能会“对认识活动的感受”，特别是对定义核心意识的高级感受做出重大的贡献。

上丘同样有资格作为一个有助于二级神经模式的结构，其原因有以下几点。上丘是一个多层的结构，接收各种形式的感觉信号输入，然后在它的几个层之间以一种复杂的形式将信号整合并将结果输出到各种脑干神经核、丘脑以及大脑皮层。[34]例如，上丘在最上面一层接收的是直接来自视网膜的视觉信息，而在以下的几个更深的层次中，上丘同样会接收来自视觉皮层的视觉信息。上丘从位于其下面的下丘接收听觉信息，而且还接收来自各种脑干神经核中的大量的躯体感觉信息（包括内脏信息）。

上丘的这种整合活动，目的在于将眼睛、头部和颈部以及耳朵（在某些能

转动耳朵的动物中）转向视觉刺激源或听觉刺激源，以便对物体进行最理想的加工。在这个活动过程中，上丘对物体在什么时间出现，对物体的空间位置以 265
及身体状态的各个方面进行映射。可以想象，上丘的七层细胞中，可能会有一层细胞致力于映射一个根据上丘得到的数据来描述客体与机体之间关系的二级神经模式。其结果会影响经典网状核（并通过丘脑的板内核影响了随后的皮层加工）以及单胺类神经核与乙酰胆碱类神经核。在一些大脑皮层不发达的物种身上，这可能就是那种简单形式的核心意识的来源，这种核心意识可能伴随着对某些注意行为的执行。我得赶紧补充一句，在人类中，甚至假设脑干中的原始自我结构是完好无损的条件下，也没有证据能够证明，上丘可以在缺少丘脑结构和扣带回结构的情况下支持核心意识。[35]

最后就是丘脑的问题了。对丘脑的神经解剖学和神经生理学的研究进行评论并不在本书的范畴之内。就像大脑皮层和脑干的情况一样，对丘脑进行探讨并不是某些段落就能解决的主题，而是整本书才能解决的一个主题。但是，为了便于我的讨论，我可以说，丘脑获得了各种组织结构连续工作的第一手的“报告”，这些不同的结构表征的是那些在自命为原始的区域内的特征和事件。丘脑能够以一种内隐的方式来表示客体与有机体之间的关系，随后在扣带回皮层和躯体感觉皮层上建立比较外显的神经模式。在这个过程中，一些丘脑神经核团是十分关键的，例如网状核及枕核。那种认为丘脑和意识是相关的观点是以动物的确凿实验证据和丘脑损伤的结果为基础的，也是以失神型发作时意识会受到破坏，而且此时的一些异常的放电可能是由丘脑引起的这种可能性为基础的。[36]虽然目前关于丘脑的证据与整体上的推断是相符合的，但是这并不足 266
以令人信服地解释那些假设。可以肯定的是，损伤两侧的丘脑会对意识造成破坏，对这个结论我们一定感到很满意了。

最后，我将补充一点不寻常的，但可能有潜在关联的证据。在1998年的夏天，我的同事和我一起认识了一位来我们系做报告的访问学者。他的报告不是关于意识，而是关于儿童的神经成像研究。在报告人的演讲中，包括了一些在婴儿刚出生时及出生后几个月内用PET技术得到的一系列成像结果。在新生儿的脑中，脑干、下丘脑、躯体感觉皮层以及扣带皮层都是一些明显活跃的结构，但在早期，这些结构就像是淹没在神经成像的大海中的一些孤岛。正如你所能看到的那样，这些被激活的结构完全符合原始自我和二级映射的要求。这些结构的功能在婴儿出生时就已经非常成熟了。假定其他的大脑系统同样也很活跃，例如听觉，那么，这些结构的激活说明这种功能的优先性已经得到了发展。婴儿出生几个月后，出现在 PET 扫描中的结构是前额叶腹内侧区和杏仁核。我们几个人心照不宣地互相望着彼此，而那个演讲者可能会很奇怪，这到底是为什么。[37]

对其他陈述的评估

现在，让我们把目光转向剩下的那些陈述。这些陈述关注的是一些脑部位，包括海马、颞叶和额叶的高级皮层，以及视觉和听觉的早期感觉皮层。这些脑部位的损伤不会破坏核心意识。

长话短说，任何这些区域的两侧损伤都不会单独地使核心意识受到破坏。自我感和认识活动仍然能对任何可以进行恰当映射的物体进行有效地操作。这
267 个事实强调了下面这种情况：原始自我和二级映射主要依赖于脑中线两侧的一系列结构——脑干、下丘脑、基底前脑以及丘脑核团，同样还有位于中间的扣带回皮层。但是在对物体进行映射时，却在很大程度上依赖于一些并不位于中央的，分布于大脑皮层上的感觉皮层。“自我和认识活动”结构的左右两部分位于中间，彼此交叉，所以经常会被同一种病理学原因一起破坏。而对客体的映射所依赖的那些结构的左右两部分却相距很远，所以经常会单独地受损。

我们可以很肯定地说，损伤两侧的海马，或者整个颞叶前部或外侧，或者大部分内侧或者下侧的颞叶，都不会破坏核心意识。我们在第 4 章中所讨论的 HM 和戴维这两个患者，就很明确地说明了这个事实。事实上，就算是上述这些区域全部都受损，也不会破坏核心意识。患者 S（第 2 章）也清楚地显示，损伤两侧的杏仁核也会使核心意识完好无损。不必说了，这些结构中的任何一个的单侧损伤同样也不会破坏意识。

由这些损伤所引起的一系列破坏，却使意识保持完好，这仍然是一个传奇。众所周知，这样的损伤会导致学习、记忆和语言发生深刻的改变。但是，尽管有这些显著的损伤，患者仍然对自我和周围的环境有敏锐的觉察，他们的核心意识并没有被破坏。他们是完全有意识的，而且更有甚者，他们能清楚地意识到自己的损伤。虽然病人的记忆被瓦解，语言被破坏，但他们却拥有意识。

同样，损伤两侧的或一侧的听觉和视觉皮层，以及前额叶皮层根本不会破

坏核心意识。其实，患者感知和再认通过听觉或视觉通道传来的刺激的能力已经被破坏了，而且在这些感觉通道中建立内部表象的能力也被破坏了，与这些被破坏了的感觉通道有关的选择性记忆也出现了缺陷。但是，核心意识却是正 268
常的，不受这些受损的感觉通道的影响。

早期视觉皮层的两侧损伤一般限于一个分区，要么使部分视野，要么使全部视野内的视觉丧失。损伤也经常造成许多令人惊讶的状况，其中一种就是视觉加工被破坏。例如，在全部视野或局部视野中看到颜色的能力可能丧失了，而看见运动、深度和形状的能力却保存完好（这种病症称为全色盲）；或者尽管对物体的物理结构的评价能力保存完整，但识别曾经熟悉的物体的能力却丧失了（这种病症称为失认症，已在前面讨论过）；或者以某种协调和专心致志的方式观察视野的能力消失［这种病症称为巴林特综合症（Balint's syndrome)］。[38] 在所有这些例子中，患者的核心意识都保存完好，患者能够正常地加工认知的任何一个方面，除了那些有选择性地被损坏了的视觉加工方面。患者能够敏锐地察觉到那些自己已经无法完成的事情，这说明患者的核心意识的“一般”过程还没有受到破坏。同样有趣的是，有些患者能对那些他们不能再感知和识别的刺激保持有一定的无意识的加工。上述情况的典型例子就是一种叫盲视的情况。[39] 在一些完全丧失了视觉的患者中，正是因为患者得了那种经常被称为皮质性盲（Cortical blindness）的病，他们可能会声称在视野中看不到任何物体——他们确实是看不到，但是当要求患者冒险将手指指向一个物体可能的位置时，他们却能够将他们的手臂和手指指向正确的方向。这说明，有一些正确的加工活动正在发生，所以，即使在这个过程之下的一部分信息不能为产生意识的过程所利用，负责运动的组织结构也能指导胳膊和手指指向合适的方向。

同样的事情也可发生在一些类似于盲视的患者身上。在这些患者中，视觉
皮层的损坏特别广，这种病症叫做安东综合症（Anton's syndrome）。患者可 269
能否认自己失明了，就像先前描述的疾病失认症患者一样，对这种奇怪的现象可以做部分的解释。患者的眼睛能够指向那些吸引有视觉的有机体的物体，并能集中在这些物体上。这种现在已经无用的视觉—知觉机制的努力的结果并不会传递给视觉皮层本身，而是会传给诸如上丘和顶叶皮层这样的结构。脑仍然会被告知有一些正在进行的与感知有关的调整，这些调整可能类似于仍然能够进行视觉加工的脑内发生的过程。

在视觉加工完全消失的一种情境中，脑会对正在被意识感知的那些知觉调

整作一个相当合理的解释。有一个解释说，事实上患者是正在看一个物体。当然，这个解释不够充分，但也不是完全没有道理。在我所看到过的病例中，这种看到一个物体的信念一般会像所期待的那样在几个小时内消失。我相信，在这件事起初的几个小时内，不论是实际的视觉表象还是回忆的视觉表象都完全消失了，这就可以解释为什么说这位病人受到了愚弄的原因。视觉表象的这种深度缺陷使这个问题一目了然。

我已经将许多研究以及《笛卡尔的错误》，献给了那些前额叶腹内侧两侧受损的患者。我可以肯定地说，虽然他们事先决定某事以及对某些问题作出情绪反应的能力已经受到了破坏，但他们的核心意识却没有被破坏。甚至前额叶背外侧皮层的两侧受损，包括额叶，也不会导致核心意识的破坏。[40]这种损伤的确会改变工作记忆，随之而来地也会影响扩展意识，但是这些损伤却不会影响核心意识。

以上所报告的确认了意识起源的脑区域的那些“负面”证据，以及那些与
270 明确地导致意识破坏的脑区域有关的“正面”证据具有同等的重要性。在那些刚刚提到的负面证据中，我要强调这样一个事实，就是损伤两侧的海马不会破坏核心意识，而且损伤两侧的视觉或听觉皮层也不会破坏核心意识。

这些负面证据的重要之处在于：海马是从几种感觉通道接收信息的，而且海马的电路结构使得它的信号能够在任何时间以某种形式对那些由有机体的几种产生表象的装置所形成的“景色”进行 n 次序的映射。因此可以想象，海马就是一个理想的组织结构，它能产生我所提出的作为核心意识之基础的二级映射。但是，正如对许多关于两侧海马区域受损的患者的研究所指出的那样，实际情况决非如此。在这些病例中总是能够发现严重的学习和记忆缺陷，但是核心意识却没有被破坏。

结　　论

先前对已有证据的评定使我们能够得到许多暂时的结论：

1. 那些假定既支持原始自我也支持对有机体一客体关系进行二级叙述的脑区域受到损伤会破坏核心意识。扩展意识也会受到破坏。
2. 那些支持原始自我或二级映射的脑区域有以下几种独特的解剖学特征：

(a) 它们是一些脑发育较早的组织结构；(b) 它们大部分位于脑中线附近；(c) 这些区域没有一个位于大脑皮层的外表面；(d) 所有的这些区域都参与身体调节或表征的某些方面。

3. 原始自我和二级结构组成了一个中央资源，它们的功能失调将导致对
任何客体的意识全面丧失。早期感觉结构涉及的是加工客体的某个方 271
面的特征，所以，如果这些结构失调，即便是大面积损伤，通常也不会影响意识。

4. 有些脑区域受损后不会破坏核心意识，总的来说，这些区域构成的是更大部分的中枢神经系统，而不是构成那些受损后确实会破坏核心意识的脑区。

5. 那些同样的区域（例如，早期感觉皮层、高级皮层）主要涉及的是：(a) 传输那些由于核心意识的存在，而有待于认识的客体和事件的信号；(b) 保持与他们的经验有关的记录；(c) 在推理和创造性思维的过程中操纵这些记录。

6. 早期感觉结构还参与了意识产生的过程。它们是以某种不同的方式参与的——即只有**一套**结构支持原始自我和二级映射，但却有**几套**早期感觉结构，每一套对应于一种感觉通道。早期感觉结构参与了以下工作：(a) 通过影响原始自我结构而把这个过程启动起来；(b) 向二级结构传输信号；(c) 接收调整二级神经模式后所产生的影响。正是因为后者的这些影响，才确实加强了这些支持客体的神经模式，才使有待于认识的客体的那些不同成分得以整合。

简而言之，核心意识最关键的是依赖于一些数量有限的脑发育较早的结构的活动，这些结构始于脑干，终止于躯体感觉皮层和扣带回皮层。这些结构之间的互相联系在于：(1) 支持原始自我的产生；(2) 产生二级神经模式，这些
模式可用来描述有机体（原始自我）和客体之间的关系；(3) 对客体进行加工 272
的脑区虽然不是这些结构的一部分，但这些结构可以调节这些区域的活动。

对于我正在确定的这些关键的候补区域的特殊性，不应该解释成我把它们中的任何一个视为意识的基础。上面提到的这些功能，没有一个是在某一个神经区域或中央部位的水平上执行的，相反，这些功能是通过神经活动的跨区域整合才得以出现的。我预想，自我感和客体的提升是这一套神经区域和直接参

与客体建构的那一套神经区域之间互相作用的结果。

神经模式构成了对某一客体的核心意识的基础——在认识某一事情的活动中的自我感——这种神经模式就是一个大面积的神经模式，它包括两套相互联系的结构的活动。一套跨区域的活动所产生的是原始自我和二级映射，另一套结构的跨区域活动产生的是对客体的表征。

一种显著的功能重叠

在那些支持原始自我和二级映射的组织结构中，存在着一个非常显著的生物学功能重叠。个别的讲，这些结构主要涉及了以下五种功能：(1) 调节体内平衡，传输身体结构和状态的信号，包括对与疼痛、愉快和驱力有关的信号的加工；(2) 参与情绪和情感过程；(3) 参与注意过程；(4) 参与醒觉和睡眠过程；(5) 参与学习过程。

所有这五种功能的重叠完全适用于脑干和扣带回皮层，并且在很大程度上适用于其他结构。这里所确定的功能重叠虽然是一个事实，但却从来没有被重视过，这有几个原因。或许最主要的原因就是，关于这些脑区域其中之一的脑
273 干的知识分成了两种不同的研究分支，一个分支与体内平衡的调节问题有关，另一个分支与睡眠和注意的机制有关。这些问题与其研究者一直是互相分离的。另一个原因是，从脑干到躯体感觉皮层，所有这些区域对于情绪过程都是非常关键的，而神经科学对于情绪的忽视，使人们减慢了对这一事实的认识和了解。

因此，有理由得出结论认为：除了上述五种功能之外，这些区域还参与了另外一种功能：对核心意识的建构。

乍一看，这个评述所揭示的功能重叠可能显得有些违反直觉，但是经过对相关数据的思考之后发现，这显然是很合理的。第一，这种重叠很可能是由于不同“族”的相邻神经核团的功能所引起的。第二，尽管不同族的神经核团的解剖结构不同，但是它们通过解剖结构上的连接而互相联系得非常紧密。第三，这些神经核团的相互邻近及其解剖结构上的互相联系引起了功能上的重叠，这并不仅仅是一种巧合，而且很可能表明这些区域具有最重要的功能作用。

在脑干水平上思考这种功能重叠的本质后，就使这种观点更加合理。就情绪和注意而言，这种功能重叠的基本原理有以下几点。情绪对于使注意朝向合

适的方向来说是非常重要的，因为情绪提供一种关于有机体对某一客体的过去经验的自动信号，因此为把注意分配给某一客体和保持注意提供了基础。因为有了基本的产生表象的能力和最低限度的注意，简单的有机体就能产生醒觉的行为，由此而发生了下面的一些事情：第一，对客体的加工能够产生；第二，能够产生情绪；第三，在情绪的指导下，决定注意是否得到进一步的加强和集中。在能够产生意识的有机体中，以上的一系列事件仍然适用，只不过第二件事情应该说成如下这样："情绪能够产生，并且能够被有情绪的个体所认识。"

如果不是为了使这些脑区的管理保持整洁，那么，支配注意的结构与加工
情绪的结构就应该互相邻近。对这些过程的某些成分来说，虽然这些结构以某 274
些稍有区别的方式运作，但这些结构却可能都是一样的。另外，所有这些结构应该与那些调节身体状态，发送身体状态的信号的结构是相邻的，这也是对大脑进行良好的管理所必需的。这是因为，情绪和注意的结果与管理有机体内部生命的基本活动是完全相关的，而另一方面，如果没有关于有机体当前身体状态的有关数据，是不能对生命进行管理和维持体内平衡的。

使情绪和注意在功能上与核心意识重叠，这究竟有多么合理呢？我的回答是，假如我们将意识看作是我们用来调节体内平衡以及管理生命的最复杂的手段，那么这就是合理的。自然是一个很好的修补工，而且因为意识是达到体内平衡的一种后天的方式，所以这使得自然可以很便捷地在原来可以利用的参与基本体内平衡的机制中——换句话讲，也就是情绪、注意以及调节身体状态的机制——来发展这种意识的机制，也可以从以前可以利用的机制中或者在其附近来发展这个意识的机制。

网状结构和丘脑的一种新关系

不管怎样，上述结论并不否认一些脑干结构参与了醒觉和注意，并分别通过丘脑板内核，通过单胺类神经核团的非丘脑皮层投射以及通过乙酰胆碱类神经核团的丘脑投射来调节大脑皮层的活动。问题在于，脑干周围的结构，或许甚至还有某些完全相同的结构会有一些其他的活动，也就是，管理身体状态以及表征当前身体状态。这些活动并不是因为脑干已经很好地确立的激活作用而偶尔发生的：**这可能就是为什么这种激活作用会在进化过程中保留下来，以及**

重要的是为什么这种激活在这个区域发挥作用的原因。

总之，我对那些传统上分配给脑干“上行网状激活系统”的作用，以及它
275 在丘脑中的扩展部分的作用并没有任何的疑问。相反，我也不怀疑，这些区域的活动会对建立意识心灵的那些有选择的、整合的和统一的内容有所贡献。我唯一怀疑的就是，这些贡献是否足以全面地解释意识。这就是为什么我将注意力集中在一系列不同的但却相关的问题上的原因：是什么驱使这些区域去完成它们应该完成的任务？它们这样做的目的是什么？从心理上说，它们这样做的结果能在多大程度上解释我所相信的意识是什么的问题？

一个违反直觉的事实？

上述结论强调了一个重要的事实：尽管即使是最简单的核心意识也需要每一层脑和每一部分脑区域的整体活动，但是，意识最主要地还是要依赖于那些位于脑深处的进化较早的区域，而不是那些位于脑表面的进化较晚的区域。我在这里所提出的“二级”过程以一种奇怪的方式依赖于那些旧的神经结构，与生命的调节密切地联系，而不是依赖于那些允许精细知觉、语言以及高级推理的大脑新皮层的新的神经成就。那些明显“越高级的”意识却依赖于“越少的”大脑结构，而且二级神经模式归根结底仍然是一种深层的和低级的神经模式。意识之光是小心翼翼地隐藏着的，而且是非常神秘古老的。

我不妨做一个说明，这是一个事实，而不是一种假设——不管我的假设的结果正确与否，这些区域受损就会破坏意识，而其他区域受损却不会破坏意识，这仍然是一个事实。对于这个事实，只能说它似乎是违反直觉的。即便当我们承认非人类的物种也有意识时，我们仍理所当然地认为意识是生物学上一个重要的进步。对，这个进步确实非常的重要，但它似乎比我们想象的还要古
276 老。从进化论上讲，不算太古老的是扩展意识。由于有了记忆，才能有扩展意识，这是因为，首先，记忆使我们能够建立一种自传式记录；其次，记忆给我们提供了关于其他事实的大量记录；再次，记忆赋予我们工作记忆的能力。非常肯定的是，这些在人类身上发展的非常健全的扩展意识，是建立在进化较晚的大脑方面，也就是那些新皮质。但是，最后需要指出的是，意识的这些令人惊奇的新特征没有一个是不依赖于核心意识的一定程度的功能而发生的。

第四部分　认识的界限

9 279

对感受的感受

对感受的感受

我在这本书开始的时候描述了一种障碍：在有意识之前，情绪是不可能为情绪的主体所认识的。现在，在我阐述了我关于意识本质的这些观点之后，是应该来解释我们怎样才能感受到某种情绪的时候了。在刚开始的时候，当一种感受到自我的感觉在我们的心灵中形成的时候，我们便认识到自己有了某种情绪。不论从进化论角度还是从一个发展的个体的角度，直到我们有了这种感受到自我的感觉时，才有了非常协调的反应，这些反应构成了情绪，进而产生了脑表征，这些脑表征又构成了某种感受。但是，当我们感到，对情绪的感觉就好像是在我们的有机体中发生一样，这时我们才仅仅认识到，我们感受到了一种情绪。

这种“在有机体中发生”的感觉来自于对原始自我及其在二级结构中变化的表征。“作为对象的情绪”的感觉来自于在促进二级表征的结构中表征情绪 280
诱导区域中的活动模式。在为其他对象做了概括的说明之后，我提出以下建议：(1) 开始的原始自我是在二级水平上被表征的。(2) 正要改变原始自我（情绪诱导区域中的神经活动模式）的“对象”是在二级水平上被表征的。(3) 随之而来的原始自我中的改变（这是由“身体循环”或者“仿佛身体循环”的机制所引起的）同样也是在二级水平上被表征的。

感受某种情绪是一件很简单的事情。它包括从一些神经模式中产生的心理表象，这些神经模式表征了产生某种情绪的身体和脑中的变化。但是，只有当我们建立了为核心意识所必需的二级表征之后，我们才认识到我们有了那种感受，即“感受到”那种感受。正如先前所讨论的那样，这些二级表征就是有机体与客体（在这里就是某种情绪）之间关系的表征，以及该客体对有机体的因果作用的表征。

我所概述的这个过程，与我们讨论过的、对外部对象的过程如出一辙，但要预想这个对象何时才是一种情绪，那却是很困难的，因为情绪是在有机体内部产生的，而不是在有机体外部产生的。当我们牢牢记住那些在情绪这一章（第 2 章）以及在有机体这一章（第 5 章）中所提出的观点时，这个过程才能得到理解，这些观点就是：(1) 脑中存在一些区域，其活动模式会引起能引起某种情绪的一连串的活动。(2) 这些活动模式可以在二级大脑结构中得到表征。诱发情绪的脑区域的例子包括：下丘脑中的神经核团、脑干、基底前脑、杏仁核以及前额叶腹内侧区。二级结构的例子包括丘脑和扣带回皮质。

那些弥漫在身体状态的表征中的对情绪的感受，只有在**其他**身体状态的表征得到整合并产生一个原始自我后才能被感受到，起初这听起来很是奇怪。而且，认识某种感受的手段是另外一种感受，这听起来肯定也会使人觉得奇怪。但是，当我们认识到，原始自我、对情绪的感受和认识这些感受的感受是在进
281 化的不同时间点上出现的，以及到今天为止是在个体发展的不同阶段出现的时候，这种情境就变得可以理解了。原始自我先于基本感受之前产生，而这两者又都先于对构成核心意识的认识活动的感受之前产生。

情绪感受的基质

那些构成某种感受的基质的神经模式是在两类生物学变化中产生的：与身体状态有关的变化以及与认知状态有关的变化。与身体状态有关的变化可以通过两种机制来实现。[1]一种机制涉及我所说的“身体回路”。这种机制既利用体

液信号（通过血流传送的化学信息），也利用神经信号（通过神经通路传送的电化学信息）。正是由于这两种类型的信号，身体状态才发生了变化，并随后在脑干以上的中枢神经系统的躯体感觉结构中得到表征。身体状态表征中的变化可以部分地通过另一种机制来实现，这种机制涉及到那种“替代身体回路”（as if body loop）。在这种替代的机制中，对与身体有关的变化的表征在其他神经区域——例如，在前额叶——的控制下，会在感觉躯体映射中直接产生。这就“替代”身体确实发生了改变，但其实并不是这样。这种“替代身体回路”的机制部分地或完全绕过身体本身，而且我已经说过，绕过身体可以节省时间和能量，这在某些情况下可能是有用的。这种“替代身体回路”的机制不仅对情绪和感受至关重要，而且对一类可以称之为“内部模拟”的认知过程来说，也是至关重要的。[2]

当情绪过程导致基底前脑、下丘脑以及脑干中的神经核团分泌某些化学物质时，以及随后导致了将那些物质传输到其他几个脑区域时，与认知状态有关的变化就会产生。当这些神经核团在大脑皮层、丘脑以及基底神经节中释放神经调节物质时，它们会引起脑功能发生许多重大改变。我预想，最重要的改变 282
包括：（1）诱发某些特殊行为（例如结合、养育、玩耍以及探索）；（2）正在进行的身体状态加工中的某种变化（例如，身体信号可能被过滤掉或者被允许通过，有选择地受到抑制或加强，以及改变这些信号愉快或不愉快的属性）；（3）认知加工模式中的某种变化（后者的一个例子，与听觉或视觉表象有关，这个例子应该是表象产生率从慢到快的一个变化，或者是从清晰地集中表象到模糊地集中表象——这个变化是情绪中的一个必不可少的部分，与悲伤或高兴情绪中的变化是迥然不同的）。

我猜想，所有这三种变化在人类和众多非人类物种中都有所表现。但是，有可能第三种变化——认知加工模式中的变化——只是在人类中才能被意识到，因为它要求对神经事件进行特别高级的表征：那种似乎只有前额叶皮层才会支持的脑加工方面的元表征。

简而言之，情绪状态是由身体的化学剖面中的无数变化，内脏状态中的变化以及面部、喉咙、躯干、四肢的各种横纹肌的收缩程度的变化来决定的。但是，情绪状态同样也由一系列神经结构的变化来决定，这些神经结构首先引起了那些变化，同样也导致脑本身的若干神经回路的状态发生其他重要的变化。

把情绪简单地定义为一种特别引起的有机体状态的短暂变化，与对情绪的感受所作的简单定义是相对应的：它是根据神经模式和随之发生的表象而对有机体状态的那种短暂变化进行的表征。在认识活动中，当那些表象在片刻之后伴随着某种自我感，或者当那些表象被加强时，它们就变成了意识。在真正的意义上说，它们就是对感受的感受。

对于情绪反应以及可以成为情绪感受的表征来说，并没有什么晦涩难懂、模糊不清，或者不明确的东西了。情绪感受的基质在一些特定结构的映射中是
283 一套非常具体的神经模式。

从情绪到意识感受

总之，事件的整个过程，从情绪到感受再到对感受的感受，可以分为五个步骤，前三个步骤我们已经在论情绪那一章中概述过了。

1. 通过某种情绪诱导物让有机体参与进来，例如，某一个通过视觉加工的客体，导致对这个客体产生视觉表征。这个客体可能会被意识到；也可能不会被意识到；同时这个客体可能被识别，也可能不被识别。因为不管是对这个客体的意识，还是对这个客体的识别，对这个循环的持续进行来说都不是必需的。
2. 对客体的表象进行加工之后产生的信号激活了一些神经区域，这些神经区域对该客体所属的那种特定类型的诱导物作出反应（情绪诱导区域）。
3. 情绪诱导区域引发许多指向身体和脑的其他区域的反应，而且释放了全部的构成情绪的身体和脑的反应。
4. 皮层下以及皮层区域的初级神经映射表征了身体状态的变化，无论这些变化是通过“身体回路”的机制完成的，还是通过“替代身体回路”的机制完成的，还是这两种机制联合起来完成的。感受出现了。
5. 在情绪诱导区域的神经活动模式是由二级神经结构来映射的。由于这些事件，原始自我才发生了变化。原始自我的变化同样也是由二级神经结构来映射的。关于前述这些事件的说明，描述了“情绪对象”（情绪诱导区域的活动）与原始自我之间的一种关系，从而在二级结构中得到组织。

有关情绪、感受和认识活动的这个观点是不正统的。首先，我认为，在各自的情绪产生之前，是不会有任何中心的感受状态的，表情（情绪）先于感受。其次，我认为，“有某种感受”与“认识到某种感受”是不一样的，即对 284
感受的思考是另一种更高一级的机制。总之，这种奇怪的状况使我想起了福斯特（E. M. Forster）的话：“在我说出来之前，我怎么会知道我所想的呢？”

关于情绪、感受、意识这三种现象中的那个都不可回避的、引人注目的事实就是它们与身体的关系。我们从一个由身体本身和脑组成的有机体开始，有机体能对某些刺激作出某些形式的脑反应，并且能够对那些内部状态进行表征，那些内部状态是在对刺激做反应时以及调用预先设定好的反应时引起的。由于身体表征是在复杂协调的情况下形成的，所以身体表征就构成了有机体的一个完整的表征，也就是原始自我。一旦这种情况发生了，就有可能产生对原始自我的表征，因为原始自我是受它与某一特定环境的相互作用影响的。只有到这时才开始有意识，而且只有在此时以后，一个能完美地响应周围环境的有机体才会意识到，它正在完美地响应周围环境。但是，情绪、感受以及意识，所有这些过程都依赖于它们对有机体的表征的执行。它们所共有的实体就是身体。

感受的目的是什么？

如果说没有感受的情绪机制足以调节生命和促进生存，这可能会引起争议。如果发送那种调控机制的结果的信号对于生存来说并不是必需的，这也会引起争议。但是，情况绝非这么简单。拥有这些感受对生存的和谐发展是有异乎寻常的价值的。虽然情绪本身是有用的，但是，感受过程却开始使有机体留意情绪已经开始解决的那个问题。感受的简单过程开始给有机体提供某种**刺激**，使之去注意情绪的结果（虽然痛苦是通过认识活动加强的，但却是与感受一起开始的，同样的情况也适用于快乐）。感受的可用性也是下一步发展——**即认识到我们有这些感受的感受**——的垫脚石。反之，感知是对某些特殊的和
新颖的反应制订计划这一过程的垫脚石，这些反应既可以补足一种情绪，也能 285
够保证情绪所带来的瞬间收益可以随着时间的流逝而得以维持，或者两者同时做到。换句话说，对感受的“感受”通过促使有机体制订出各种新颖的和特异的适应性反应的计划，而扩展了情绪的范围。

现在，考虑一下这个问题：对某种感受的认识需要有一个认识的主体。为了给意识在进化中的持久性找一个合理的解释，人们完全可以说，意识之所以能这么持久地保存下来，是因为被赋予意识的有机体能够“感受”到他们的感受。我认为，那些允许意识存在的机制之所以能在进化中占优势，是因为这些机制对于使有机体认识到他们的情绪是有用的。而且当意识作为一种生物学特征而普遍存在时，意识就变得不仅适用于情绪，而且还适用于诸多使有机体付诸行动的刺激。最终，意识可以适用于整个范围内的所有可能的感觉事件。

对背景感受的一点说明

在 20 世纪，人们对情绪的神经科学那点少得可怜的注意，都集中在达尔文所研究的几种核心情绪上。正如在埃克曼及其他人的研究中所显示的那样，根据面部表情和可识别性，人们发现恐惧、愤怒、悲伤、厌恶、惊奇、以及快乐是一些基本情绪。因此，那些构成主要情绪的有意识表现的感受，是最经常被考虑的感受。事实上我们一直具有情绪感受，尽管这些感受不是那些来自于六种基本情绪的六种“基本感受”的必要组成部分，如果不是因为我们没有注意到这个事实，那可就太好了。大多数时候，我们并没有体验到这六种情绪；考虑到六种基本情绪中的四种是不愉快的，这当然是一种福气。而且我们也不
286 会体验到任何所谓的次要情绪或社会情绪，这也是一个好事，因为依照愉悦程度，他们几乎不可能再好了。但是我们确实体验到其他类型的情绪，有时强度很低，有时强度很高，而且我们也确实感觉到我们存在的一般的自然基调。我已经将这种背景紊乱的表现称为“背景感受”——我在《笛卡尔的错误》这本书中最先用到这个术语，因为这些感受并没有处于我们心灵的最显著的位置上。有时我们能敏感地觉察到这些感受，可以明确地注意到它们。有时我们又对其不敏感，转而注意其他心理内容。但是不管怎样，背景感受有助于确定我们的心理状态，使我们的生活丰富多彩。背景感受由背景情绪产生，而这些情绪虽然更多地是指向内部而非指向外部的，但依然可以被其他人以多种方式观察到：身体姿势、我们动作的速率及动作设计，甚至我们的声调，以及当我们交流一些可能与背景情绪没有多大关系的想法时我们说话的语调。因为这个原因，我才相信，扩展我们关于感受来源的观点是非常重要的。

突出的背景感受包括：疲劳；有活力；激动；感觉良好；感觉有病；紧

张；放松；冲击；拖拽；稳定；不稳定；平衡；不平衡；和谐；不和谐。背景感受与驱力和动机之间有着非常密切的关系：驱力直接在背景感受上表达自己，而且我们通过背景感受最终意识到驱力的存在。背景感受与心境之间的关系同样也很密切。心境是由微弱的、持久的背景感受组成的，以及由微弱的、持久的对主要情绪的感受组成的——在抑郁症的情况下，这种主要的情绪就是悲哀。最后，背景感受与意识之间的关系也非常密切：背景感受和核心意识的联系如此紧密，以致想把它们区分开都不容易。

如果说，背景感受是有机体内部状态的瞬间参数的一个可靠的指标，这很可能是正确的。这个指标的核心成分是：（1）血管和各种器官上平滑肌肉组织以及心脏和胸部的横纹肌运转的时间和空间形态；（2）与所有那些肌肉纤维相 287
邻近的化学环境方面；（3）表示对生命组织的完整性构成威胁的化学方面，或者表示最佳体内平衡状况的化学方面。[3]

因此，即使是像背景感受这么简单的现象也依赖于许多水平的表征。例如，一些与内环境和内脏有关的背景感受必须依赖于一些很早就产生的信号，这些信号早在脊髓后角胶状质、脊髓侧角以及三叉神经核的尾侧部（pars caudalis）中就已经发生了。其他背景感受与心脏功能中心肌，以及与平滑肌的收缩和扩张的循环运转模式有关，这些模式需要在一些例如孤束核和旁臂核这样的特殊脑干神经核中进行表征。

我关于背景感受的观点，与发展心理学家丹尼尔·斯特恩（Daniel Stern）提出的活力感（vitality affects）的观点十分相似，这是他在研究婴儿时使用的一个概念。阿尔弗雷德·诺斯·怀特海的学生，那个非凡的但无人赞颂的美国哲学家苏珊娜·朗格（Susanne Langer），首次暗示了这个活力感的概念。[4]

感受必定与身体有关

情绪是通过这种机制诱发的，要么是直接的，要么是通过它在脑的躯体感觉结构中的表征，如果不考虑这种机制的话，身体就都是情绪的主要舞台。但是，你可能听说过这个观点是不正确的，事实上这个观点是由威廉·詹姆斯提出来的——简而言之，詹姆斯认为，在情绪过程中，脑导致身体发生变化，而对情绪的感受就是感知到身体变化的结果——而且随着时间的推移，人们已经抛弃了这个观点。第一，在我的观点中，有一些比詹姆斯提出的观点更多的内

容。第二，虽然詹姆斯对情绪的观点既不是没有缺陷的也不是完美的，但对他
288 的攻击也同样是不正确的，一个世纪以来对他的批评一直摇摆不定，如今还在继续。

我所提出的表现情绪，并且为感受提供一种基质的这些机制，可以与威廉·詹姆斯对这个主题最初的明确表述相比较，但是我的机制包含了许多詹姆斯的文本中所不具备的特征。我所添加的任何一个特征都没有破坏或违反那个基本观点——即感受在很大程度上就是对身体状态变化的一种反映，这个观点是威廉·詹姆斯对这个主题的一个巨大的贡献。但是，我提出的新特征为这些现象增添了新的维度。甚至在一些最典型的事件过程中，情绪反应都是既指向身体本身也指向脑的。脑在神经加工中产生一些主要的变化，这些主要变化构成了那些被脑感知为感受的事件的实际的一部分。身体已经不再是情绪表演的唯一的剧院，所以正如詹姆斯所可能会希望的那样，身体并不是感受的唯一来源。而且，身体来源可能是虚拟的，可以说，它可能表征的是这个“替代”的身体，而不是表征这个“本来就是”的身体。我必须补充一下，我为情绪提出的这些另外的特征或机制，并不是要作为一种手段，来战胜那些对威廉·詹姆斯观点的批评，尽管我的某些观点确实是这样做的。在我明白这些批评者在批评什么的时候，我就已经发展了我的观点。

有人可能会说，没有必要回应那些对威廉·詹姆斯的批评，因为他的那种贡献巨大的观点是言之有理的，但是这是错误的，有几点原因。第一，威廉·詹姆斯所提供的解释是不完整的，这是可以理解的，这些解释必须用现代的科学术语加以扩展。第二，一部分完整的解释在细节上也是不正确的。例如，詹姆斯完全依赖来自内脏的表征，忽视骨骼肌作为感受表征的一个来源，而且也没有提到内环境。当前的证据显示，绝大部分感受可能依赖于所有的这些来源——骨骼和内脏的变化以及内环境的变化。第三个原因是，有些误解是这种批评的一部分，但是这些误解目前仍然在被引用，这阻碍了对情绪和感受进行全
289 面的理解。

脊髓切断手术后的情绪和感受

来自身体的输入与感受没有关系，这个观点时常建立在一个错误的观念

上——由于受伤而导致脊髓切断的病人应该不会有情绪和感受。批评者们认为，问题在于，这些病人似乎能够有情绪和感受。但是，只有一部分与感受相关性很高的身体输入是在脊髓中传输的。第一，相当一部分有关信息事实上是在诸如迷走神经这样的神经中传输的，这些神经在脑干水平上进入和离开脑，大大超出由于某一事故而可能造成破坏的脊髓的最高水平。同样，只有一部分情绪表现是依赖于脊髓的：大部分的过程是受脑干水平上的颅神经调节的（可以作用于面部和内脏），以及受其他脑干神经核的调节（直接作用于这些神经核以上的脑结构）。

第二，身体输入的一个重要部分事实上不是通过神经传输的，而是通过血流传输的，同样也是在脑干水平上——到达中枢神经系统。例如通过后交通枝区或更高的区。

第三，在对脊髓受损的所有患者的调查中，包括那些似乎倾向于发现其感受受损的患者以及那些似乎倾向于发现其感受完整的患者，假定脊髓是一个传输与身体有关的传入的局部导管，正如人们期待的那样，这些调查已经发现，感受有一定程度的损伤。[5]另外，有一个无可置疑的事实出现在那些研究中：脊髓损伤的部位越是靠上，感受就损伤得越厉害。这个发现是非常重要的，因为切断脊髓的位置越是靠上，来自身体的传入到达脑的就越少。较高的部位应该与感受有较少的相关，较低的部位则应该与感受有较多的相关。如果不是某种身体传入实际上被脊髓损伤所阻断，那么，这个发现就很难以解释（引起较严重的动作缺陷的高位脊髓损伤应该会伴随有更严重的心理缺陷，因此会有更少的感受，虽然这种看法可能会有争议，并不是那么可信）。 290

第四，由于几乎不可能完全切断脊髓，因此也就使剩余的通路可以进入中枢神经系统。

第五，有些批评者似乎以为身体就是脖子以下的机体部分，而头则往往被遗忘。但实际的结果却显示，面部和头骨，还有口腔、舌头、咽以及喉——它们的组合构成呼吸及消化通道的上面的部分，以及大部分的发声系统——提供了大量的传入进入脑。这些传入在脑干水平上，同样也是在比任何脊髓受损更高的水平上，进入脑。因为大部分情绪都是在面部肌肉组织的变化中，在喉咙肌肉组织的变化中，以及在面部皮肤和头皮上的自主变化中明显地表达出来的，因此，不管怎么说，在脑中相关变化的表征完全不需要脊髓，而且一直可以作为感受的基础，甚至在那些脊髓几乎**完全**被切断的患者身上也是这样。

总之，在正常的环境下，我们既利用脊髓来表现一些情绪的某一**部分**，也利用脊髓将表现那些情绪的那一**部分**执行的信号传回到脑。因此，甚至将脊髓几乎完全切断，也不能破坏情绪和感受所需的两条通路的信号流动。在脊髓受损的患者中并没有发现任何情绪和感受缺陷这个事实支持了这样一个观点，即身体输入与对情绪和感受的体验有关；像那样的一种缺陷是难以用来与反面观点进行争辩的。但是没有人会期待克里斯托弗·里夫（Christopher Reeve）[①]在发生事故后也没有了情绪和感受。他确实既有情绪也有感受，这个事实并不能提供证据以反对身体在情绪和感受中具有至关重要的作用。

来自迷走神经和脊髓切断手术的证据

291 自从坎农将谢灵顿（C. S. Sherrington）对狗的实验以及自己对猫的实验变成自己在1927年对詹姆斯进行批评的重中之重以来，来自迷走神经切断手术的证据，或者来自迷走神经和脊髓切断手术的证据一直以来都是被误解的。[6]如果不能把什么是外部的，例如情绪，与什么是内部的，例如感受，区分开来的话，就会导致一种混淆，坎农的观点正是那种混淆的一个例子。为什么迷走神经**和**脊髓遭到破坏的狗或猫会像坎农所预测的那样完全失去了情绪表现呢？情况并不是这样的。切断迷走神经**和**脊髓并不会阻断可以改变动物面部反应的通路，这样，动物会表现出愤怒、恐惧，或者平静地与进行检验的人合作。这些反应来自于脑干，受到颅神经的调节，在谢灵顿和坎农的实验中，颅神经并没有受到损伤。在联合切断了迷走神经以及脊髓之后，那些面部表情保存完好，正如它们所应该表现的那样。甚至对狗和猫在颈以下进行麻醉，使得它们不能运动它们的身体，当看到猫时，狗会反应愤怒，而且反过来也一样。[顺便提一下，如果在合适的脑区域电刺激这些动物，它们应该会表现出一种叫做“假怒”（sham rage）的现象，这种现象就是表现出一种不受动机驱使的愤怒的表情。]

但是，动物的感受是怎样的呢？当然，这些感受是不可能检测到的，但是基于我所提出的观点，这些感受大概会部分地发生改变——这些动物可以收到

---

① 美国影星，电影《超人》（*Superman*）的扮演者，在一次赛马事故中瘫痪。——译者注

来自于面部表情的信号，并且会完整地接收到来自于脑干神经核的信号，这两种信号都是感受的基础，但是动物不能接收来自内脏的输入，因为这些输入是以来自于迷走神经和脊髓的信号为基础的。在这一点上，坎农不顾一切，他想知道，当有这么多情绪表现的时候是否还会有感受。他将情绪的出现理解为一种可靠的信号，表明感受一定也会出现的。坎农的错误在于，他没有在情绪和感受之间做一个原则性的区分，以及没有辨认出有一个连续的、无指向性的过程链——从诱导物开始，到自动化的情绪，到情绪变化的表征，最后到感受。

来自闭锁综合症的教训 292

那些虽然不是直接的，但是却最吸引人的证据，证明身体传入对产生感受是非常重要的，这些证据之一就来自于闭锁综合症。正如在第 8 章所讨论的那样，当脑干的一部分，例如在脑桥或中脑的前部，在腹侧区域受损时，而不是在脑桥或中脑的后部，在背侧区域受损时，就会发生闭锁综合症。向骨骼肌传输信号的运动通路遭到破坏，只有一条负责垂直运动眼睛的通路没有被破坏，有时这条通路没有被完全破坏。导致闭锁综合症的脑损伤，直接位于导致昏迷或持续植物性状态的损伤的前部区域，但是闭锁综合症的患者有完好的意识。他们不能动面部、四肢或躯干上的任何肌肉，而且他们的交流能力通常只限于垂直移动他们的眼睛，有时只能移动一只眼睛。但是他们却保持着清醒，警觉，能意识到他们的心理活动。这些患者自主地眨眼，就是他们与外部世界进行交流的唯一手段。利用眨眼来表示字母表上的一个字母是一种很费力的方法，闭锁综合症的患者利用这种方法来慢慢地口述——有人会说是眨眼——给一个专心的记录者，以此来组成单词、句子，甚至写书。

这种灾难性状况的一个显著的，但迄今为止一直被忽视的方面就是，患者虽然从一个行动自由的人几乎变成一具像机器一样的囚徒，患者虽然有完整的意识，但是他不会体验痛苦和混乱，以致观察者都期望看到他们表现出恐怖的状况。患者有相当一部分感受，从悲伤到高兴。但是，从目前已经出版的书所做的解释中，我们知道患者可能甚至会体验到一种奇怪的，对他们的生活来说很新奇的平静状态。患者能完全觉察到自己的悲惨状况，而且患者能报告他们对自己所面临的实际的不能运动状态有一种理智的悲伤或受挫的感觉。但是他们却不能报告出别人想象他们面临恐怖情况时所产生的那种恐怖感。许多完全健康的、能运动的人在磁共振扫描仪中会体验到一种极度的恐惧感，而这些闭
293 锁综合症的患者却似乎没有任何的这种恐惧感，更不必说在一个拥挤的电梯里所引起的恐惧感了。[7]

我用以下这种方式来解释这种令人吃惊的发现：姑且先把眨眼以及垂直运动眼睛撇在一边不谈，闭锁综合症患者的脑损伤阻止了任何身体部位的任何自主的，或者由情绪反应所表现出来的运动。回应一种有意的目的或情绪的面部表情和身体姿态都被排除了（只有一种部分的例外——尽管伴随着哭泣的身体运动都丢失了，但仍然能够产生泪水）。在这种情况下，任何正常地诱导情绪的心理过程都不能通过我们所讨论的“身体回路”机制诱导出情绪。脑剥夺了身体作为实现情绪的表现主体。但是，脑依然能够激活基底前脑，下丘脑和脑干中的情绪诱导区域，并产生感受所依赖的一些内部脑变化。而且，由于任何从身体到脑的信号发送系统都是自由而明确的，脑可以从适合于背景情绪的有机体的剖面中获得直接的神经信号和化学信号。这些剖面与内环境的某些方面的基本调节有关，而且由于脑干损伤，这些剖面在很大程度上是与患者的心理状态分开的（只有血液流动的化学通路仍然对这两条通路开放）。我猜想，一些内环境状态会被感知为平静的和协调的。对这一观点的支持来自于一个事实，即当这些患者遇到应该产生疼痛或不舒服感的情况时，他们依然能够显示那种情况的出现。例如，当他们长时间没有被其他人移动的时候，他们就会感到身体僵硬，腹部绞痛。奇怪的是，通常在疼痛之后才发生的痛苦似乎是很迟钝的，这可能是因为这种痛苦是由情绪引起的，而情绪已经不能在身体这个剧院里演出了：情绪已经被限制到“仿佛像身体一样”的替代机制中。

另外一个证实这种解释的证据来自于注射箭毒并经历过手术的患者。箭毒这种物质通过作用于乙酰胆碱的烟碱样受体，从而阻碍骨骼肌的活动。如果适
294 当地诱发感觉缺失的箭毒在意识丧失之前起作用，那么患者就会觉察到他们被麻醉了。就像闭锁综合症的患者一样，中箭毒的患者能听到周围的交谈声。根据中毒之后患者的报告，中箭毒的患者并不像闭锁综合症的患者那样平静，很像是一个身临其境的人所想象的那样。可能会有一个线索来解释这种差异。箭毒阻断了乙酰胆碱的烟碱样受体，也阻断了神经冲动联系肌肉纤维所必需的神经递质。由于遍及我们的面部，四肢和躯干的骨骼肌都是横纹肌，而且拥有那种烟碱样受体，所以箭毒在所有的那些神经肌肉连接的位置上阻断了神经化学

冲动，导致了麻醉。但是，使平滑肌在情绪的自主性控制下进行反应的神经冲动却利用了那些没有被箭毒所阻断的毒蕈碱类受体。在这些情况下，依赖于纯粹自主性信号的一部分情绪反应或许能在身体这个剧院里进行表演，并随后在神经结构上得到表征。

总之，这个证据表明，和我所提出的那种“替代身体回路”的机制是一种替代和补充相比，情绪和感受的“身体回路”机制对真实地体验感受来说是一种更为重要的机制。

向在身体帮助下的情绪学习

最近，一系列有关学习的实验同样也为身体在情绪中的作用提供了证据。在猫和人类身上都证明，在学习过程中，表现出一定程度的情绪会加强对新学事实的回忆。詹姆斯·麦克高夫（James McGaugh）及其同事领导了这些研究，其结果目前已经得到很好的证实。[8]例如，假如给你讲两个故事，这两个故事的长度和事实的数量都差不多，它们之间唯一的不同之处就在于，其中一个故事的事实有强烈的情绪内容，那么，你从这个情绪故事中记住的细节要多
于从另一个故事中记住的细节。你可能会很高兴知道，当我们把老鼠置于一个 295
相同的情况下时，我们也从老鼠身上获得了同样的结果。同样，在一个标准的学习情况下，当一定数量的情绪在适当的时间内发生时，老鼠就能学得更好。现在，当老鼠的迷走神经被切断之后，情绪就不会再对它们的表现有所帮助。为什么会这样呢？呃，如果没有了迷走神经，老鼠也同样不能接收输入脑的实际的内脏信息。这种现在已经消失的特殊的内脏传入对那种有助于学习的情绪来说是十分重要的，情况一定是这样的。

296 **10**

使用意识

无意识及其局限

在那些考虑意识问题的人当中，越来越多的人一致认为，意识是非常有价值的，而且由于意识的价值，意识才在进化中占据了优势。但是，当涉及意识究竟作了什么贡献这个问题的时候，却没有达成一致。

在本书一开始，我就把大家的注意力引向情绪的无意识本质，并说明即使有机体并没有认识到情绪和感受的存在，情绪和感受也会非常有效。所以，如果要问有机体在认识到情绪和感受发生后，可能会获得什么好处时，这也是非常合理的。意识为什么是有好处的呢？如果没有认识到我们有这些感受，我们是否同样能成为活着的生物呢？

在前一章中我就开始解释这些问题，但是，要想获得一个更加详细的解释，就需要考虑无意识加工的能力和限制。当前在我们的心理中存在的想法以及我
297 们表现出来的行为都是我们所没有觉察到的、数量众多的加工活动的结果，我没有必要对此进行争辩。一些未知的因素对人类的心灵有影响，这个事实长久

以来都得到人们的承认。在远古时代，这些未知因素被称作上帝和命运。在20世纪初，这些未知因素与我们人类越来越接近，它们位于心灵的最下层（潜意识中）。用那个经常被认为是西格蒙德·弗洛伊德的说法就是，一系列特定的早期个人经验会形成潜意识的工作。在另一种说法中，卡尔·荣格（Carl Jung）认为，潜意识的形成应该在很久以前就在进化中开始了。我们不需要认同弗洛伊德和荣格提出的机制，来承认人类行为中潜意识过程的存在及其威力。在整个20世纪，通过与弗洛伊德和荣格最初的观点不相干的研究，对潜意识加工的证据的积累就从来没有停止过。

社会心理学领域已经为潜意识对人类心理和行为的影响提供了大量的证据。显而易见的例子实在是多得难以列举出来，但是科尔斯特罗姆（J. Kihlstrom）和瑞波（A. Reber）所作的一些全面的评论为深入探讨这个令人着迷的事实提供了一个很好的入口。[1]

认知心理学和语言学家已经提出了他们自己的强有力的证据。[2]例如，到3岁时，儿童已经能够令人吃惊地利用规则来建构他们的语言，但是，他们以及他们的父母却都没有觉察到这种“知识”。一个典型的例子来自于3岁儿童能很好地形成以下复数的方式：

dog＋复数＝dogz

cat＋复数＝cats

bee＋复数＝beez

儿童在适当的单词后面加上出声的z，或不出声的s，但是儿童的这种选择并不依赖于对那种知识的有意识的检测，这种选择是无意识的。诺姆·乔姆斯基（Noam Chomsky）的研究在20世纪中期给我们指出，在绝大多数完全正确、有效地使用这些语法结构知识的例子中，这些知识却都不是有意识地表 298
现出来的。[3]

来自于神经心理学领域的例子同样也是不计其数和显而易见的。例如，通过条件作用所学到的知识是保持在有意识的检测之外的，只能间接地表现出来；不能有意识地识别面孔的患者却能够没有意识地发现熟悉的面孔；由于某种脑损伤在法律上已经被判失明的患者可以相对准确地指向一个他们并不能有意识地看见的光源。[4]在意识不到运动中所表现出来的知识的情况下，依然能够提取感觉运动技能，这就为这种情境提供了一个很好的解释。

感觉运动技能（sensorimotor skill）这个术语是指，你在学习游泳，骑自行车，跳舞，或者弹奏一种乐器的时候所获得的一种技能。这种技能的学习涉及多种执行，在此期间任务的表现会渐渐完美。即便你恰巧是海飞兹（Heifetz）第二，你也不能通过一堂课就能学会拉小提琴。这需要多次的尝试。相反，你却可以一次就记住我的面容和姓名。

在实验室中有许多可信的任务可以测量这种技能的习得，例如镜描（mirror tracing）或转子追踪（rotor pursuit）。在转子追踪中，要求你拿住一支铁笔的尖端，来跟踪一个位于圆盘边缘上的小点，而这个圆盘一直在快速地旋转。要熟练掌握到有出色的表现，就需要时间以及多次尝试，包括与那个圆盘的圆周运动保持精确一致的步调。它要求使圆盘的速度与胳膊运动的速度协调得非常好。一台计算机会通过感应铁笔与小点实际的联系时间来自动测量你的成绩。

健康的个体在很短的几个时间段内就掌握了这种技能，而且当我们将这期间的成绩的测量绘成图时，我们发现有一个学习曲线。下一段时间总是会比前一段时间有较少的错误，而且完成任务所需要的时间更短。因此，正常被试可以同时学会许多事情。他们通过学习认识了实验的地方以及进行实验的人；他
299 们认识了实验所用的仪器；他们了解了任务的指导语；并且学习把任务完成得越来越好。确实，正如我们的母亲经常说的那样，熟能生巧，而且归根结底你做得再好也不过了；练习能够将你带到卡耐基音乐厅。

现在，我们不妨重复一下这个实验，但是要更换被试，尤其是使用患有严重遗忘症的患者，例如戴维，他记不住任何新面孔、新地名、新单词或新的情境。你可能会认为这些患者不可能学会这个任务，但是情况却不是这个样子的。他们非常好地学会了这个任务，其实际表现与正常被试的表现绝对没有任何差别。但是，从另一方面来说，戴维和正常被试之间存在的一个主要的不同是：这个差别与任务表现的周围环境有关，而不是与任务表现本身有关。遗忘症患者记不住关于实验的地点、人、仪器以及指导语的任何知识。他们所学会的全部东西就是完成这项任务，而且每次当他们坐在实验仪器前面的时候，都需要非常温柔地告诉他们实验的任务是什么。患者完成任务，一次比一次更好，犯更少的错误，花更少的时间，这很清楚地显示，对技能的有效利用并不依赖于对描述这个任务的那些事实的有意识检测。戴维并不记得他是怎样考虑他在第一个时间段内所遇到的困难的，也不记得他是怎样考虑去改正他的表现，完善他的技能。他只是在简单地完成一个成为技能的动作。对于他来说，

作为一个有意识的人，就好像这种情况是第一次遇到一样。但是，在没有对指导语以及技能知识进行有意识检测的情况下，他的脑也为有效利用这个技能做好了准备。

同样显著的一个事实是，我们也能够在这些患者身上证明，为什么在技能习得很久以后，这个技能的知识依然能够获得。例如，在技能习得两年之后，戴维依然能够像正常的控制组被试一样完成任务，这表明知识已经得到了巩固。

你可能会说，像这种没有意识地执行技能的情况固然是很有意思的，但对
于患者却是没有价值的，对于正常个体也是毫不相干的。毕竟，通常我们都能 300
认识我们学习某一技能时所处的环境，以及与学习有关的事件。但是感觉运动技能可以在少量有意识地检测下或者根本不需要有意识地检测下被有效地使用，这个事实却在日常生活中对完成无数的任务具有很大的好处，不管这些任务是大是小。不能依赖有意识的检测，使我们的相当一部分实际行为自动化，使我们不用去注意和少花费时间——这是我们生活中两个稀少的日用品——使我们能计划和执行其他的任务，为新的问题建立解决方案。

在执行熟练运动方面，这种自动化同样具有巨大的价值。一个优秀的音乐家或田径运动员的部分技术能够保持在意识之下，这就允许表演者将自己的注意力集中于对技术的高级指导以及控制上，以便根据为某一任务所制定的特殊目的而表现出自己的技能。

当给一个**面孔失认症**患者（例如埃米莉，我在第 5 章中讨论的那个患者）随机呈现她从未见到过的人的面孔以及亲属和朋友的面孔，同时用多导生理仪记录她的皮肤电传导时，出现了一个惊人的分歧。对于她的有意识的心灵来说，所有的面孔都一样不能得到再认。朋友的、亲属的以及那些确实不熟悉的面孔都产生同样的空白，没有任何东西出现在患者的脑海中，以允许患者发现这些面孔的身份。但是，实际上每一个朋友或亲属的面孔的出现都会产生不同的皮肤电传导反应，而不认识的面孔的出现就不会产生不同的皮肤电传导反应。患者注意不到这些反应。而且，最亲近的亲属的皮肤电传导反应的强度是较高的。

这种解释是不容置疑的。虽然患者不能以表象的形式把知识想起来，以便使有意识地检测能允许患者进行再认，但是患者的脑仍然能够产生一个特殊的
反应，这个反应会在有意识地检测以外发生，并显示出关于那个特殊刺激的过 301
去知识。这个发现说明人具有非意识加工的能力，说明了在意识之下可能有特

异性这个事实。

也许，高级非意识加工的一个最具有决定性的例子来自于我的实验室研究，这是我与安托万·比查拉和汉娜·达马西奥合作进行的研究。这个研究需要完成一项决策任务，研究显示，许多通过利用相关知识以及逻辑才得以最终完成的决策，可以通过一种没有意识的影响而得到促进，这种影响是在知识和逻辑完全发挥其作用之前表现出来的。研究还揭示，情绪在驱动非意识信号方面起着至关重要的作用。研究的任务是一个卡片游戏，在这个游戏中，游戏者并不知道其中一些卡片是好的，一些卡片是差的。当游戏者从各种卡片中一张一张地翻开卡片时，有关哪些卡片是好的，哪些卡片是差的知识就逐渐被游戏者所获悉。这种知识的来源是，从某些卡片堆中抽取某些卡片是会导致经济奖赏或经济处罚的。起初我们利用这个任务来研究额叶受损的患者的决策，最近我们已经利用这个任务研究了脑损伤患者以及没有神经损伤的健康个体身上的情绪和意识。

当正常游戏者开始不断地选择好的卡片，避免坏的卡片时，他们对自己所面对的情况并没有进行有意识的描写，对怎样处理这种情境也没有制定有意识的策略。但是，在这个时候，就在刚要从坏的卡片堆中选择卡片之前，这些游戏者的脑已经产生了系统的皮肤电传导反应。而从好的卡片堆中选择卡片之前却没有出现那样的反应。这些反应是非意识偏向的一种象征，这个偏向很显然与卡片堆的相对好与坏有关系。关键的问题是，如果没有意识，脑是怎样“开
302 始认识到”一些卡片是好的，一些卡片是坏的呢？从狭义的认识活动来看，脑确实认识到以下这些内隐的联系：奖励能引起愉快状态；惩罚能引起不愉快状态；因此，一个总是会引起惩罚的物体是要避免的。在这种安排下，过去经验的事实并不需要成为有意识的。这些事实的确需要通过合适的神经模式与当前的情境联系起来，以便它们预先设定好的影响可以作为一种隐藏的偏向而得到运用。[5]但是，有意识的人类能够超越上述加工状态。人不仅能够意识到这些偏向，在广义上讲，不仅能够认识到这些偏向，而且他们也能通过有意识的推理得出适当的结论，并利用这些结论来回避不愉快的决策。

从那些丧失了这种隐藏的偏向系统的患者那里——损伤了前额叶腹内侧或者杏仁核的患者，我们认识到，患者的决策结构的损伤达到了惊人的程度。这说明，非意识系统与有意识推理系统深深地交织在一起，以至于前者的破坏会

导致后者的损伤。但是，在没有任何神经疾病的人的情境中，在非意识系统和意识系统都存在而且是正常的人身上，很明显，意识成分提高了非意识系统的效率，扩展了非意识系统所能达到的范围。意识使游戏者能够发现这种策略是否正确，并在策略不正确的情况下改正策略。另外，意识使游戏者能够表征游戏的前后关系，并决定他或她是否应该停止做游戏，或者想知道这种情境对于游戏者或检验人员来说可能存在的价值。

意识的价值

考虑到在没有意识加工的情况下，竟然能够完成这么多生命的适当调节，考虑到即使没有一个能进行认识的自我在产生影响，一些技能仍然可以自动化，一些偏好也会表现出来，那么，意识究竟真正好在哪里呢？最简单的回答是：意识能够扩展心灵所达到的范围，在这样做的时候，能够改善有机体的生 303
命，这个有机体的心灵能够达到更高的范围。

意识是非常有价值的，因为它引进了一种新的达到体内平衡的方法。我并不是说，和那个长久以来存在于我们的脑干和下丘脑的适当位置上的整个非意识机制相比，它是一种更为有效的调节内环境的新方法。相反，我指的是解决各种类型的问题的一种新的方法，但是，这些问题与那些以前就存在的调节体内平衡的方法所解决的问题是相互联系的。换句话讲，脑干和下丘脑中的装置可以没有意识地、高效地与心脏、肺、肾脏、内分泌系统和免疫系统的工作相协调，以致可以使生命的参数保持在适当的范围内，而意识的装置处理的是这个问题，一个有机体可能会怎样处理在其基本设计中所没有预想到的环境挑战，从而使生存的基本状况仍然能够得到满足。

与这个结论相符合的一个事实就是，环境的要求与有机体能够借助于自动化的、定型的装置来应对这些要求的程度之间的不匹配。没有意识的生物能够内在地调节内部平衡，同样能够呼吸空气，寻找水源，并在某种环境内将生存所必需的能量转变为与进化适当匹配的类型。有意识的生物比没有意识的生物有一些优势。有意识的生物能够在自动调节的世界（与原始自我交织在一起的基本体内平衡世界）与想象的世界（在这个世界中，不同特征的表象可以相互结合，来产生一些还没有发生的情况的新表象）之间建立一种联系。这个充满了想象的创造物的世界——计划的世界、阐述情景的世界，和预想后果的世

界——与那个原始自我的世界是相联系的。自我感把一方是事先的考虑与另一
304 方是先前存在的自动化联系起来。

意识并不是对环境产生足够反应，并且因而实现体内平衡的唯一方法。意识只是做到这些事情的最新的、最为熟练的方法，意识为在一个有机体从来没有匹配过的环境中形成一些新的反应而让路，通过这么做就可以根据自动化的反应来完成它的功能。

我认为，正如目前所设想的那样，意识首先把这个想象的世界限定为一个关于个体的世界，关于一个有机体的世界，以及关于这个广义的自我的世界。我还认为，意识的有效性来自于它与那个没有意识的原始自我之间那种天然的联系。正是这种联系，保证了有机体通过形成某种关注，而把适当的注意力指向个体生命的问题。或许，深藏于意识的功效背后的秘密就是自我。简而言之，意识的力量来自于它在个体生命调节的生物学机制与思维的生物学机制之间建立起来的那种有效的联系。这种联系是形成某种个体关注的基础，这种关注渗透于思维加工的各个方面中，集中了所有的问题解决的活动，并启发了随之产生的解决办法。由于意识将知识集中于某一个有机体的生命上，所以意识是有价值的。

考虑意识损伤的结果后，甚至是最轻微的损伤，就能得到证明意识是有价值的证据。当自我的心理方面停止时，意识的优势很快就荡然无存。在一个复杂的环境中，就不能再进行个体生命调节。从完全个人或社会的意义上说，个体依然保存有基本的、直接的身体维持的能力。但是，个体所依赖的与环境的联系崩溃了，而且由于联系被破坏，个体承受不住那种身体的维持。事实上，抛开他们自身的装置不谈，因为身体的维持已经崩溃了，所以个体会在几个小时内死亡。这个例子以及类似的例子说明，包括本书所概述的自我感在内的意
305 识状态，是生存所不可或缺的。

这种想象的“正在认识活动中的自我”对有机体是有利的，因为正如斯宾诺莎（Spinoza）所期望的那样，它将整个行为和认知结构引导到自我保存方面，而且最终如我们所期望的那样，将整个行为和认知结构引导到与其他自我的合作。

我们将能够体验到别人的意识吗？

由于我们对意识有较多的了解，因此经常有人问我，最终我们是否能够互

相理解彼此的心理体验？一直以来我对这个问题都持否定的回答，而且我的想法也没有改变过。考虑到我们已经收集了这么多关于神经学的新事实，乍一看，这听起来可能让人吃惊。但是，在我看来，没有任何关于深藏于心理表象背后的生物学知识，能够在知识加工者的心灵中产生与在其他有机体的脑中所产生的任何心理表象相同的体验。

请想象一下，在不远的将来，有一种新型的令人惊奇的扫描仪能够让你以一种前所未有的深度扫描我的脑，比方说，就在我看旧金山海湾的时候。在那里有你、有我，还有那台令人称奇的扫描仪和旧金山海湾。那台扫描仪不仅关注目前所能达到的深度水平，也就是那些所谓的大规模系统，而且也关注更深的水平。例如，请想象一下，在建构我目前正在形成的眼前景色的视觉表象的过程中，你可以分别在不同的时间扫描我的视网膜、我的外侧膝状核，以及所有的早期视觉皮层区域。再者，请想象一下，这种扫描可以将你带到各大脑皮层的不同的细胞层以及皮层下神经核，而且其空间分辨率非常的好，以致你可以很清晰地看到与你和我都能看到的在我们的有机体之外的事情相对应的神经元放电的模式。最后，请想象一下，为了推出这个超出当前的限制，但却一点 306
也没有超出合理限制的科幻小说剧本，你的那台令人惊奇的扫描仪同样也能够为你提供一个神经活动模式的物理学和化学的描述，这些模式是在我的各种不同的神经元集合体中发现的。

有了从所有这些高功率的扫描中获得的数据，并且设想你拥有一台同样高功率的计算机，能以某种有意义的方式来分析这些丰富的数据，你就完全可以获得相当多的关于心灵中的表象内容的**相关材料**（correlates）。但是我要让你相信，你绝不可能获得我对那种表象的体验。在对意识和心灵的神经生物学所进行的任何讨论中，这都是一个必须澄清的关键问题。你和我可以体验到同一个风景，但是我们每个人将产生符合我们自己的个人角度的那种体验。我们每个人都将有一种个人所有权和个人代理的独立的感觉。当你看到我的脑中的活动模式，这种活动模式是我对旧金山海湾产生体验的基础，这时，你所体验到的只是你自己对所有那些神经数据的个人体验，而不是我对旧金山海湾的体验。你能体验到一些与我的体验高度相关的事情，但这是一种不同的体验。当你看**我的**脑活动的时候，你并没有看到我所看到的东西。**正如我看待我所看见的东西一样，你看到的只是我的脑活动的一部分。**

我自己的对这种风景的体验是很轻易地、方便地、直接地产生的，而不需要什么技术的介入。为了产生关于旧金山海湾的体验，我并不需要知道在我脑的不同区域中的神经元和分子的特殊行为。事实上，即使当我在心灵中回忆所有那些我所保存的与形成这些风景的心理视觉表象有关的神经生理学知识的时候，这对形成这些当前的表象或者我对这些表象的体验并没有任何差别。知道一点关于脑是如何工作的知识是有好处的，但是完全没有必要去体验所有事情。对脑的了解是越多越好，但完全不是因为这会帮助你来体验这个世界。

307 因此，问题的关键应该很清楚：我们会知道越来越多关于心理表象加工的生理学知识，这会让我们越来越了解心灵和意识背后的机制。这完全符合下述事实，就是这些知识对于体验任何表象并不是必须的。

现在我们来看另一个问题。表象加工的生物学知识与对这些表象的体验是毫不相干的，这个事实常常意味着，要发现这些表象背后的生物学知识简直是不可能的。当然，前一个声明与后一个之间毫无关系。我们已经看到，我们关于表象形成及其体验背后的生物学机制的知识是一码事，而我们对这些表象的体验是另一码事。就我们所能了解的程度来看，虽然更多的知识能够在我们是怎样拥有那些表象体验的这个问题上给我们提供一个更加满意的解释，但即使再多的关于心理表象的形成和体验的神经生理学知识，也不能在拥有这些知识的人身上产生对这些心理表象的体验。

哲学家弗兰克·杰克逊（Frank Jackson）介绍了一个与这个问题有关的故事，这个故事在哲学界已经是家喻户晓，在讨论这个问题的时候经常被引用。[6]这个故事讲的是，玛丽（Mary），一个持证的神经科学家，在一个封闭的黑白环境中长大，从来没有体验过颜色，尽管她碰巧知道她所能获得的关于颜色视觉的神经生理学知识。有一天，玛丽离开了她那个没有颜色的茧，来到了现实世界中，第一次看到了颜色，对她来说这是一种全新的，令人惊奇的事情。这个故事的第一个传统观点是，玛丽关于颜色的神经生理学的高级知识从来没有给过她颜色体验。到目前为止，一直都还是这样。我认为根据我上面的解释，情况就应该是这样的，这并不令人惊奇。现在，对于这个故事的第二个，也是主要的观点：尽管玛丽有丰富的关于颜色的生理学基础的全部知识，但是她从未体验过颜色，这个事实被拿来表明，神经生物学的知识并不能用来解释心理体验，在知识和经验之间有一道不能用科学架
308 设桥梁的深渊，我并不同意这个观点。

我在几个方面不同意这些结论。第一个原因，也是最重要的一个原因是，正如我在本节开始的时候用那个小故事所阐明的那样，解释一种体验背后的机

制与拥有一种体验是完全不同的两码事。我们不应该得出结论认为，只是因为神经生理学知识并不等同于我们试图解释的那种现象的体验，所以神经生理学知识就不适合于解释这种现象。情况不应该是这样的，也不可能是这样的。我不同意上面这些结论的第二个原因是从早先提出的那些争论中得到的。对一个特殊刺激的体验——包括颜色——不只依赖于表象的形成，而且还依赖于认识活动中的自我感。玛丽的故事对于使用这个故事的目的来说是不恰当的，因为这个故事从来没有在神经生理学上处理过她体验颜色的事情，而只是处理了她的颜色表象的形成。[7]

现在，玛丽当然已经能够认识到意识的神经基础。她可能读了这本书。这时，她就会知道关于怎样解释颜色的心理体验的一般机制，但是这仍然不能使她产生一种颜色的体验。用科学的术语来**解释**怎样使一些事情成为心理的或成为我们自己的，这与**使**这些事情**直接**成为心理的或变成我们自己的是完全不同的事情。

在一些科学领域中发现有人阻止使用主观观察，这又重新回到了那个陈旧的争论上，这个争论存在于行为主义者与认知主义者之间，行为主义者认为，只有行为才能进行客观地研究，心理经验就不行；而认知主义者认为，只研究行为不能对人的复杂性作出一个公正的评价。心灵及其意识首先是私密的现象，虽然它们为感兴趣的观察者提供了许多这些现象公有存在的迹象。有意识的心灵及其构成的性质是真正的实体而不是幻觉，而且它们必须作为个人的、私有的、主观的感受来研究。

认为主观经验是不能用科学的方法来理解的，这个观点就是胡说八道。正
如客观实体一样，主观实体要求，足够的观察者根据相同的实验设计来进行严 309
格的观察，主观实体还要求，那些观察结果在观察者之间要得到一致的检查，而且要进行某种形式的测量。另外，从主观观察——也就是内省顿悟——所收集到的知识可以启发客观实验，而且同样重要的是，可以根据得到的科学知识来解释主观经验。有观点认为，通过研究与主观经验相关的行为就能有效地把握主观经验的本质，这种观点是错误的。虽然心灵和意识两者都是生物现象，但是心灵是心灵，行为是行为。心灵和行为可以联系起来，而且随着科学的进步，这种联系会变得更加紧密，但是从心灵和行为各自的规范来看，它们却是不同的。很有可能这就是为什么除非你告诉我你的想法，否则我是决不会知道的，同样，如果我不告诉你，你也决不会知道我的想法的原因。

在这个宏伟的计划中，意识排在什么位置？

把围绕**意识**这个词语的这么多的意思合并起来，如果不给它赋予资格，意识就几乎是不能使用的，而且这种合并很可能是造成意识被提升到如此至高无上的地位的原因。这种合并导致人们毫无限制地把人类心灵的性能归因于意识，我们认为这些性能是非常精练的，是人类所特有的，例如我们区别好与坏的能力，我们对其他人的需要和要求的了解，以及我们对我们在宇宙中所处位置的感觉。这种归因使得意识成为遥不可及的东西。相反，我将意识视为，它使心灵能够发展我们所十分崇拜的那些性能，而不是将意识看作是这些性能的物质。意识并**不是**良心。意识与爱、尊敬和怜悯**不同**；与慷慨和利他主义**不同**；与诗歌和科学**不同**；与数学发明和技术发明**不同**。就这一点而论，道德卑
310 劣、存在焦虑，或缺乏创造性这些不好的意识状态的例子也与良心不同。大多数罪犯的意识并没有受到破坏。他们可能是失去了良心。

来自于人类心灵的非凡的成就需要意识，就如同这些成就以相同的基本方式需要生命一样，生命需要消化一个平衡的内部化学环境。但是，这些非凡的成就中没有一个是直接通过意识来完成的。相反，这些成就是一个神经系统的直接产物。这个神经系统有意识，也装备有大量的记忆；有在记忆中将项目加以分类的强大的能力；有以言语方式编码全部知识的超常的能力；有一种提升
311 了的能力，这种能力保持着在心理活动中表现出来的知识以及理智地操纵知识。这些能力中的每一个都能依次追溯到无数的心理和神经成分中。

有些操作使得人类能够成为他们应该成为的样子，在这些操作的次序中，核心意识不能排在特别高的一类。核心意识是一个复杂的大型建筑的根基的一部分，而不是建筑物顶部的一个不实际的尖顶。在等级次序上，核心意识位于较高的位置，但是绝对不会高于其他那些我们与各种非人类物种所共有的基本能力，例如动作、情绪以及感觉表征。

当我们将人类的基本能力与非人类的基本能力做一个比较的时候，就会发现人类的基本能力的本质可能几乎没有发生变化。例如，我并没有发现任何证据证明，情绪在人类身上变得“更好”。变得不同的是我们对情绪在我们的生命中所起作用的感觉，这种不同是由于我们拥有了更多关于我们生命本质的知识所造成的。是记忆、语言和理智造成了人类与非人类物种之间的这种差别，

而不是情绪造成了这种差别。同样的情况可能也适用于意识。只有当心灵能够依靠高级记忆、语言和理智的时候，以及当建构这些心灵的有机体与适当的社会环境相互作用的时候，扩展意识才在拥有核心意识的心灵中出现。简而言之，意识是进入文明的一个极其重要的许可证，但意识并不是文明本身。

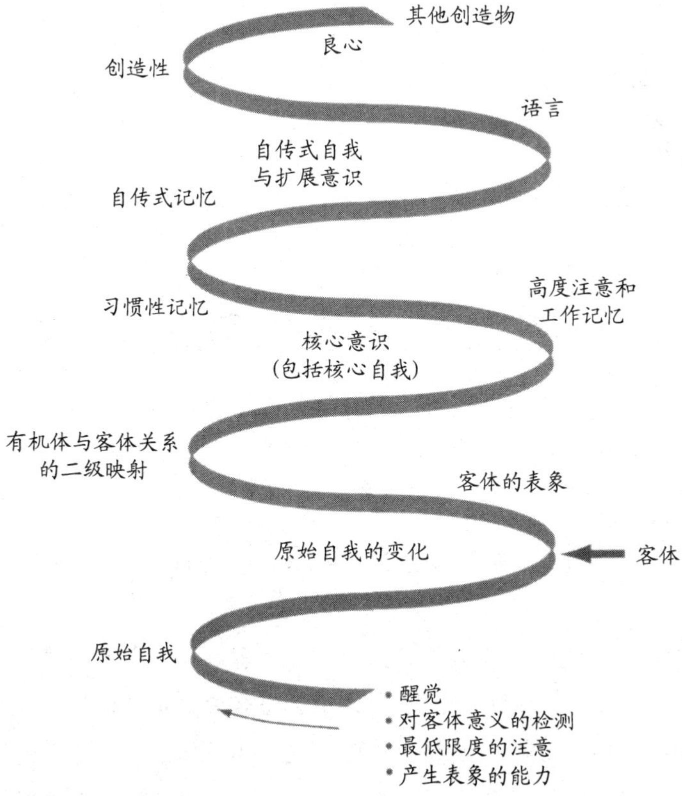

图 10.1　从醒觉到良心

当我将意识从它目前的基座上拿下来时，我并没有将人类的心灵从它的基座上拿下来。将人类心灵放在那个基座上并将它保持在那个位置上的，不仅是意识这个术语所包含的那些生物现象，而且还有我们需要描述、命名并尝试进行科学理解的许多其他现象。但是，我已经做好准备承认，我们很可能是由于意识而被驱逐出伊甸园的。意识并不是那个知识果实的全部味道，但是在许多物种出现以前，在人类开始建构关于他们自己的本性概念之前几百万年，无知的意识就确实已经开始做事了。

312 # 11

在意识之光的照耀下

通过感受和通过光线

或许本书最令人吃惊的观点是，归根结底，意识是作为一种感受开始的，可以肯定，它是一种特殊的感受，但不管怎么说也是一种感受。我仍然记得我为什么从一开始就认为意识是一种感受的，而且以下看法似乎仍然像是一个合理的理由：意识让人**觉得**像是一种感受，如果觉得它像是一种感受，它就完全可能是一种感受。当然，你不会觉得它像是任何指向外部的感觉通道中的一个清晰的表象。它不是一种视觉模式或听觉模式；它也不是一种嗅觉或味觉模式。我们看不见意识，也听不到意识。意识既不能闻到，也尝不出来。我们觉得意识像是某种模式，是和身体状态的非言语信号一起建构起来的。或许正是由于这个原因，我们在心理上用第一人称叙述的这种观点的神秘根源——核心意识及其对自我的简单感受——就是以既强有力又很难捉摸，既准确无误又模糊不清的形式展现给有机体的。

313 17 世纪法国哲学家马勒伯朗士（Malebranche）可能会赞成这种说法，因为 300 年前他就写过下面这段话：

> 正是通过光线，通过一种清晰的观点，心灵才看见事物、数字，以及广延性的本质。正是通过一种模糊的观念或通过感受，心灵才判断出生物的存在，它才知道自己的存在。[1]

意识是认识活动的感受，这种观点和我提出的这个主要事实是一致的，它和与意识有最密切联系的脑结构有关：这些结构，从支持原始自我的结构到支持二级映射的结构，加工的都是某种身体的信号，从内环境的信号到肌肉骨骼框架中的信号。所有这些结构都是用这些感受的非言语词汇进行操作的。因此，从那些结构的活动中产生的神经模式是我们称之为感受的那种心理表象的基础，这种看法似乎是合理的。产生意识的秘密可能就在于此：对任何客体与有机体之间的某种关系进行划分，便成为对某种感受的感受。用神秘的第一人称叙述的这种意识的观点是由新创造出来的知识组成的，如果你愿意的话，是由作为感受来表达的信息组成的。

把意识的根源作为感受来呈现，使人能够为自我感找到某种解释，自我感是我在导论那一章所概括的两个意识问题中的第二个——即，脑中的电影的拥有者是怎样在电影中出现的。但是，这种提法并没有完全说明我当时所概括的那两个问题中的第一个——脑中的电影是怎样从其可感受的根源中产生出来的。来自神经生物学家、认知科学家和哲学家的其他观点，都致力于解决第一个问题。例如，杰拉尔德·埃德尔曼的建议或许是最新发表的试图解决意识问题的最全面的尝试，他使用一种很有感染力的生物学框架，来说明使脑中的电影能够产生的条件。在近期的研究中，他把这种努力推进了一步，对在意识心灵中创造一些整合的情景所需要的生理条件做了详细说明。其他一些富有思想的努 314
力尝试解决脑中的电影问题的某些方面，这些努力包括伯纳德·巴尔斯的完整的工作空间假设和丹尼尔·丹尼特的多重草图模型。

重要的是，通过使感受成为意识的本原，我们就必须探究感受的内在本质。感受是由什么组成的？对这些感受的知觉是什么？我们离我们所能获得的这些感受还有多远？对这些问题目前还不能完全回答。它们确定了我们当前科学所能达到的边缘。

但是，无论这些答案最终可能是什么，人类的意识依赖于感受，这种观点有助于我们面对这个问题，即创造一个意识的人工物。我们能在先进技术和神经生物学事实的帮助下创造一个有意识的人工物吗？或许毫不奇怪，在假定了这个问题的本质之后，我对此提出两个答案：一个是不能，另一个是能。所谓不能，我们几乎没有机会创造一个人造物，它有和人的意识相类似的东西，能从内在感的视角进行概念化。所谓能，我们能够创造一些人造物，它们在形式上有本书所提到的意识的机制，或许可以说，这些人造物具有某种意识。

人造物在形式上具有意识的机制，它们的某些外部行为将模仿意识行为，而且可能会通过一种意识形式的图灵测验（Turing test）。但是，约翰·塞尔（John Searle）和科林·麦金（Colin McGinn）提出了一些很好的理由，来说明行为、心灵和图灵测验的问题，通过这个测验并不能保证这个人造物有心灵。更确切地说，这个人造物的内部状态甚至可能模仿我在这里把它作为意识基础的某些神经和心理设计。它们会有办法产生二级意识，但是，如果没有感受这种非言语词汇的帮助，这种知识也不会以我们在人类身上遇到的那种方式表现出来，而且，这种知识很可能在如此众多的生物身上都存在。实际上，感受是一种障碍，因为人类意识的实现要求感受必须存在。情绪的“外部表现”是能够模仿的，但是，感受是怎样感受的，却是不能用硅来复制的。除非肉体
315 能被复制，除非脑在肉体身上发挥的作用能被复制，除非在脑对肉体发挥作用后，脑的这种肉体感觉能被复制，否则，感受就不能被复制。

在意识之光的照耀下

在本书一开始，我就把诞生和走进舞台的灯光里作为对意识的一些暗示的隐喻。当自我第一次在心灵中出现，而且此后永远出现的时候，生活的每一天有三分之二是没有停顿的，我们走进心灵的灯光里，我们被我们自己所熟知。既然如此众多成长的记忆创造了今天的我们，那么，我们甚至可以想象，我们正走在灯光照耀的舞台上。

当它开始的时候什么也没有，连我们的生命存在感也没有，这种生命存在感和我们的身体界限内部或外部的某个简单的事物有关。然后，灯光的强度增强，当光线变得更亮的时候，更多的宇宙被照亮。比以前更多的与我们的过去有关的客体能够清楚地看见了，最初是分别看见的，然后就一下子都看见了；我们未来的更多客体，我们周围世界中的更多客体都被照亮了。在日益增强的

意识之光的照耀下，每天都能认识更多的事物，这些认识更加精确，而且有很多是同时认识的。

从其卑微的开始到目前的地位，意识就是一种存在的展现——我必须补充一句，是部分的展现。在其发展的某一时刻，在记忆、推理，以及后来在语言的帮助下，意识也成为改变存在的一种手段。

当我们开始在这个展现了一部分的根本存在的指导下对存在进行操纵时，所有人类的创造都回到了那个转折点。当我们了解了我们自己的本性以及其他与我们相似的人的本性之后，我们只不过创造了一种善恶感，以及可以意识到的某些行为准则。创造性本身——产生新的观念和人工制品的能力——要求得要比意识所能提供的更多。它要求有大量丰富的事实、熟练的记忆、丰富的工作记忆、精练的推理能力和语言。但是，在创造过程中意识是始终存在的，不仅是因为意识之光是不可缺少的，而且是因为，意识展现的本性以某种方式，
或者比较强烈，或者不太强烈地指导着创造的过程。无论我们发明什么东西， 316
从道德和法律规范到音乐和文学作品，再到科学和技术，都会以某种奇妙的方式，要么直接受命于意识提供给我们的这些存在的展现，要么被这些展现所引起。另外，这些发明出来的东西会以某种方式，或多或少地对所揭示出来的存在产生某种影响，不论好坏，它们都会使之发生改变。有一个影响的循环——存在、意识、创造性——这个循环已经结束了。

人类状况这个戏剧就是从意识中产生的。当然，意识及其所展现的事物使我们能够为自我和他人创造一种更好的生活，但是，我们为那种更好的生活所付出的代价是很高的。这不仅包括冒着风险、遇到危险和痛苦的代价，还包括对这些风险、危险和痛苦**进行认识**的代价。更糟糕的是：还要付出认识到快乐是什么，以及**认识到**什么时候失去快乐或者无法获得快乐。

之所以说人类状况这个戏剧就是从意识中产生的，是因为它和在一场我们谁也没有进行过的交易中获得的知识有关：要获得更好的存在，其代价就是失去对这个根本存在的无知。感受所发生的一切就是对一个我们从未询问过的问题作出的回答，而且它也是在浮士德的讨价还价中的那枚硬币，对此我们从未处理过。是自然为我们做了这一切。

但是，戏剧并不一定都是悲剧。在某种程度上，以各种不完善的方式，以个体和集体的方式，我们都有办法对创造性加以指导，而且，在这样做的时候，能改善人的存在，而不是使之更糟糕。这是不容易达到的；没有可以遵循

的蓝图；成功可能很小；失败也有可能。但是，如果创造性得到成功的指导，甚至有节制的指导，我们将使意识再次发挥它对存在的体内平衡和调节作用。认识活动将对存在提供帮助。我甚至有一种希望，理解人类本性的生物学将对我们做出的这些选择小有帮助。即便如此，改善存在的命运就是文明一直全力而为之的，就是意识的最终后果所全力而为之的，至少3千年来，无论报偿大小，改善就是文明一直想要达到的目标。现在，一个好的消息就是，我们已经开始改善了。

附录

对心灵和脑的注解 317

各种各样的术语

由于像**表象**（image）、**神经模式**（neural pattern）、**表征**（representation）和**映射**（map）这类单词有不清楚的及多种意思，因此，对它们的使用也充满了困难。但是，对于在尝试探讨本书的这些主题时表达一个人的观点来说，这些单词是必不可少的。这些注解的意思就是要进一步澄清我对这些词语的使用。

什么是表象和什么是神经模式？

当我使用**表象**这个术语时，我的意思始终是指心理表象。表象的一个同义词是**心理模式**（mental pattern）。我使用表象这个词，并不是指能够用当前神经科学的方法、在被激活的感觉皮层中发现的那些神经活动模式——例如，在与某一听觉相对应的听觉皮层中；或者在与某一视觉相对应的视觉皮层中。当我提到这个过程的神经方面时，我使用的是诸如**神经模式或映射**这类术语。

表象可能是有意识的，也可能是没有意识的（参见前文）。没有意识的表 318
象是决不能直接理解的。有意识的表象**只能在第一人称的视角**中得到理解（我的表象，你的表象）。另一方面，神经模式则只能在**第三人称的视角**中得到理解。如果我有机会在最先进的技术帮助下观看我自己的神经模式，我就仍然是从一个第三人称的视角观看它们的。

表象并不只是视觉的

就表象这个术语来说，我的意思是有某种结构的心理模式，这个结构的建立带有每一种感觉通道的特征——视觉、听觉、嗅觉、味觉和躯体感觉。躯体感觉通道（这个词来自希腊语 soma，意思是指“身体”）包括各种不同的感觉形式：触觉、肌觉、温觉、痛觉、内脏觉和前庭觉。表象这个词并不单指“视觉”表象，也不存在固定不变的表象。这个词还指一些声音的表象，例如，由音乐或风声引起的表象，还指爱因斯坦在他的心理问题解决中所使用的那些躯体感觉表象——他以有深刻洞见的说明，把这些模式称为“肌肉的”（muscular）表象。[1]所有通道中的表象都对各种过程和实体进行“描述”，这些过程和实体是抽象和具体的。表象还“描述”实体的物理属性，而且，有时很粗略，有时则并不粗略地“描述”这些实体之间的空间和时间关系，以及它们的行动。简言之，当心理表象由于意识的结果而成为我们自己的表象时，我们开始作为心灵来认识的这个过程就是表象的一种持续不断的流动，其中许多都是有逻辑联系的。这种流动是随时进行的，或者很快或者很慢，或者有条不紊或者跳跃式的，有时它不止沿着一个序列移动，而是几个序列。有时候，这些序列是同时发生的，有时集中有时分散，有时它们是重合的。用**思想**（thought）来表示表象的这种流动，这是一个可以接受的词。

建构表象

对表象的建构要么是在我们被客体吸引住的时候，从一些人和地方到牙痛，从脑的外部到其内部，要么是当我们从记忆中，可以说是由内向外，重新
319 建构客体的时候。当我们在醒觉的时候，制作表象的活动从未停止过，甚至在我们的一部分睡眠期间，当我们做梦时，它也在继续。人们可能会争辩说，表象就是我们心灵的流动。我把这些观点介绍给你们时所使用的这些词，无论多

么简短和多么粗略，最初都是作为音素和词素的听觉、视觉和躯体感觉表象而形成的，是在我以书面形式在这些书页上落实它们之前就已经形成的。同样，现在在你面前印出的这些书面文字，你最初是把它们作为言语表象进行加工的，是在它们进一步激活其他表象（这次是非言语表象）之前就进行过加工的，与我的词语相应的这些“概念”就能够在心理上和它们一起表现出来。按照这种观点，你所能想出来的任何象征都是一种表象，几乎没有多少剩余的心理遗迹不是由表象组成的。甚至那些组成每一个心理瞬间之背景的感受也是表象，在上述意义上说，就是躯体感觉表象，就是说，主要是身体状态的那些信号方面。那些在认识活动中构成自我的一再重复的感受也无一例外。

表象可能是意识的，也可能是无意识的。但是，应当注意，并非脑建构的所有表象都可以成为有意识的。产生出来的表象简直太多了，对于能够使表象成为意识的相对较小的心灵之窗来说，重复太多了——就是说，在这个心灵之窗中，表象伴随着一种感觉，我们就是用这种感觉来理解它们的；而且，作为一种结果，这些表象也得到了适当的注意。换句话说，用隐喻的话来讲，在那个意识心理的下面确实有一个地下室，那个地下室有很多层。一层是由没有受到注意的表象组成的，即我刚才所提到的那种现象。另一层是由神经模式和神经模式之间的关系组成的，这些神经模式包含着所有的表象，无论这些表象最终是否能成为有意识的。但是，还有一层一定和神经装置有关，这个神经装置是保持记录在记忆中的神经模式所必需的，就是那种体现先天的和习得的内在痕迹的神经装置。

表征 320

还有几个术语的意思需要澄清。一个是**表征**，这是一个存在问题的，但实际上在进行这种讨论时又不可避免的一个术语。我把表征既当作心理表象的一个同义词，又当作神经模式的一个同义词。我对一个特殊面孔的心理表象就是一种表征，在脑的各个视觉、躯体感觉和运动区对该面孔进行知觉运动加工中产生的神经模式也是。对**表征**的这种使用是传统的和明朗的。无论它是和一种心理表象有关，还是和某一具体脑区内部一套相干的神经活动有关，它的意思只不过是指“与某事有一致关联的模式”。表征这个术语的问题并不在于它的意义不明确，因为每个人都能猜测出它是什么意思，而是在于它的内在含义，心理表象或神经模式，在心灵中或在脑中，以某种程度的忠实性，所**表征**的就是这种表征所提到的那个客体，仿佛该客体的结构在这种表征中得到了重复一样。我并没有提出这样的看法。对于忠实的神经模式和心理表象是怎样与它们所指代的客体相关联的，我也没有提出任何观点。另外，无论这种忠实程度如何，神经模式和相对应的心理表征都同样是由脑创造出来的，就像它们是引起它们创造的那个外部现实的产物一样。当你和我看一个位于我们自身外部的客体时，我们就在各自的脑区形成可以比较的表象。我们对此非常清楚，因为你和我都能以非常相似的方式、非常详细地描述这个客体。但是，这并不意味着，我们所看到的表象就是对任何外部客体准确的复制。无论它像什么，用绝对的术语来说，我们并不知道。我们所看见的表象，就是当客体的物理结构和身体发生相互作用时，以发生在我们有机体身上的变化为基础的——包括被称为脑的有机体的那一部分。在我们的整个身体结构中——在皮肤中、在肌肉中、在视网膜上，等等——到处存在的发送信号的装置帮助建构了这些映射有机体与客体**相互**作用的神经模式。神经模式是根据脑自己的常规进行建构的，是在很短的时间内在许多感觉和运动脑区获得的，这些脑区适合于加工来自身
321 体某些部位，比方说，皮肤、肌肉或视网膜的信号。这些神经模式或映射的建构是建立在对参与相互作用的神经元和回路的瞬间选择基础上的。换句话说，在脑中存在着可以找到和聚集起来的加以使用的建筑材料。在记忆中保留的这种模式的一部分是根据同样的原则建构的。

因此，你和我在心灵中所看到的这些表象并不是某一客体的摹本，而是我们每个人和参与我们有机体活动的客体之间相互作用的表象，是根据有机体的设计以神经模式的形式建构起来的。客体是真实的，这些相互作用是真实的，这些表象也和任何可能的事物一样都是真实的。不过，我们最后所看见的这种结构和属性却是由一个客体所引起的脑的建构。对于从客体转向视网膜，又从视网膜转向脑的这种转换过程，并没有进行描绘。相反，在客体的物理特征和有机体的反应方式之间有一套相对应的东西，在内部产生的表象就是根据这些方式建构起来的。既然你和我在生物构造上都是相当类似的，能够对相同的事物建构相当类似的表象，那么，我们就能毫无异议地接受这种常规的观点，我们已经形成了对某个具体事物的**这种**描绘。但是，我们并没有形成。

对表征这个术语要小心使用的最后一个理由就是，它很容易使人想到把脑当作计算机的比喻。但是，这种比喻并不恰当。脑确实进行计算活动，但它的

组织结构和工作机能却和计算机的一般概念没有多少相似之处。

映射

和**表征**一样，当我们开始讨论心灵的神经生物学时，**映射**这个词几乎也是不可避免的和不可抗拒的，许多同样的限制条件也同样适用于映射这个术语。当被称为光子的光粒子以和某一客体有关的具体模式刺激视网膜时，在该模式中——比
方说，一个圆圈或一个十字——被激活的神经细胞，就会构成一种瞬间的神经 322
“映射”。在后来各种水平的神经系统中，例如在视觉皮层中，后来也形成了一些有关的映射。[2] 可以肯定，就像表征这个词一样，有一个关于模式的合理概念，和一个关于在被映射的事物和这种映射之间存在着一致性的合理概念。但是，这种一致性并不是一一对应的，因此，这种映射没有必要是准确的。脑是一个有创造性的系统。并不像是一个设计好的信息加工装置那样，会对周围的环境做出镜像反应，每一个脑都是使用自己的参数和内部设计来建构对该环境的映射，从而创造一个这种用可以比较的方法设计出来的脑所独有的世界。

在产生表象的过程中知识的秘密和裂隙

关于表象是从哪里来的这个问题，并没有任何秘密可言。表象来自脑的活动，这些大脑是与自然、事物和社会环境相互作用的活的有机体的一部分。因此，表象来自神经模式，或神经映射，它们是在构成回路或网络的所有神经元或神经细胞中形成的。但是，关于表象是**怎样**从神经模式中出现的，却有一个秘密。一种神经模式是怎样**变成**一个表象的，这是神经生物学还没有解决的一个问题。

在神经科学中，我们每个人都受一个目标和一种希望的指导：对我们目前能够使用神经生物学的工具，从分子到系统，所描述的这种神经模式，是怎样变成我们就在这一刻所体验到的这种多维度的、时空整合的表象的，我们最终要提供一种全面的解释。这一天可能会到来，到那时我们就能满意地解释从神经模式到表象所发生的所有进程，但这一天还没有到来。当我说那些表象**依赖于**和**产生于**神经模式或神经映射，而不是说它们**就是**神经模式或映射时，我并没有不经意地滑入二元论之中，即一边是神经模式，另一边是非物质的深思熟虑。我只不过是说，对于在以下两者之间所发生的所有生物学现象：（1）我们

323 当前对在不同神经层面上的神经模式进行的描述，和（2）我们体验到的起源于神经映射内部活动的表象，我们还不能描述它们的特征。一方面是我们在分子、细胞和系统水平上对神经事件的认识，另一方面是我们希望理解这种现象的机制的心理表象，在这两者之间有一道裂隙。有一道可以用还没有得到确认，但可以确认的身体现象来充填的裂隙。当然，这道裂隙的大小以及在将来或多或少能够在其间搭建桥梁的程度，还是一个有争议的问题。即便如此，我希望能够弄清楚，我把神经模式称为表象的生物学实体的先驱。

我刚才所描述的这道裂隙，是说明我为什么要在本书中进行两种水平的描述的一个原因，一种是对心灵的描述，另一种是对脑的描述。这种分离只不过是一种理智健康方面的事情，再说一遍，它不是二元论的结果。通过坚持这两种不同水平的描述，我并不是认为，存在着两种不同的物质，一种是心理的，另一种是生物的。我只不过是认为，心灵是高层次的生物过程，由于这种现象的私人性，以及由于这种现象是我们希望解释的那个基本现实，因此，它是需要而且应该得到它自己的描述的。另一方面，用恰当的词汇描述神经事件是做出下述努力的一部分，这就是，努力理解这些事件是怎样对心灵的创造作出贡献的。

一些新的术语

本书还介绍了几个新的术语，例如，**核心意识**、**扩展意识**（在第 1 章就首先对此做了界定），以及**原始自我**和**二级结构**（在第 5 章和第 6 章作了适当的介绍）。

而且，正如我在第 2 章一开始所解释的，我对**情绪**和**感受**这些术语的使用也不是传统意义上的；**客体（对象）**这个术语是在一种广泛的和抽象的意义上使用的——一个人、一个地方、和一种工具都是客体，但是，一种特殊的痛苦或一种情绪也是客体。

324 神经系统解剖学中的某些线索

神经系统是由神经组织组成的。和任何其他活的组织一样，神经组织也是由细胞组成的。神经细胞被称为**神经元**（neurons），尽管它们也受另一种细胞——胶质细胞——的支持，所有的一切都表明，神经元是最主要的单元，是产生动作和心理活动所必需的一个单元。

神经元由三个主要成分：一个**细胞体**（cell body），是充满了细胞核和诸如线粒体这类细胞器的细胞的源泉；一个被称为**轴突**（axon）的主要的传出神经纤维；和一个被称为**树突**（dendrite）的传入神经纤维。神经元是相互联结的，以便组成一些回路，一个人可以在这些回路中找到与导线（即神经元的轴突纤维）相似的东西，以及一些被称为**突触**（synapse）的连接器（它通常是由和另一个神经元的树突相联系的一个轴突组成的）。

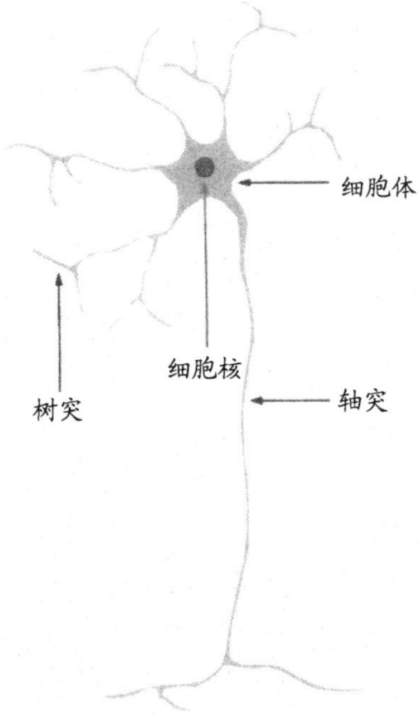

图 A.1　一个神经元及其主要的解剖成分。

在人的脑中有几十亿个神经元，是按照局部回路组织起来的。这些回路构
成了**皮层区**，如果它们是以平行的层次排列的，就像是一张饼，或**神经核**，如 325
果它们是按照非层次群集的方式组合起来的，它们就像是一个碗里的一些浆果。皮层区和细胞核都是通过轴突的“投射”（projections）而相互联结起来以形成**系统**（systems）的，在越来越高级的复杂层次中，则形成**系统中的系统**（systems of systems）。当轴突的投射足够大，使肉眼能够看出来的时候，它们便形成了“一些通路”。根据它们的大小，所有的神经元和局部回路都是微观的，而皮层区、大多数神经核和系统都是宏观的。

出于解剖学描述的目的，人们通常把神经系统划分成中枢神经系统和外周神经系统。**中枢神经系统**的主要成分是**大脑**，大脑是由大脑**左半球**和**右半球**组成的，这两个半球由**胼胝体**联结起来（一层很厚的神经纤维把左右两半球双向的联结起来）。中枢神经系统也包含着一些很深的神经核，例如：（1）**基底神经节**；（2）**基底前脑**；（3）**间脑**（**丘脑**和**下丘脑**的结合）。大脑通过**脑干**和**脊**
326 **髓**连接起来，在脑干的后面你可以看到**小脑**（见图 A.2）。

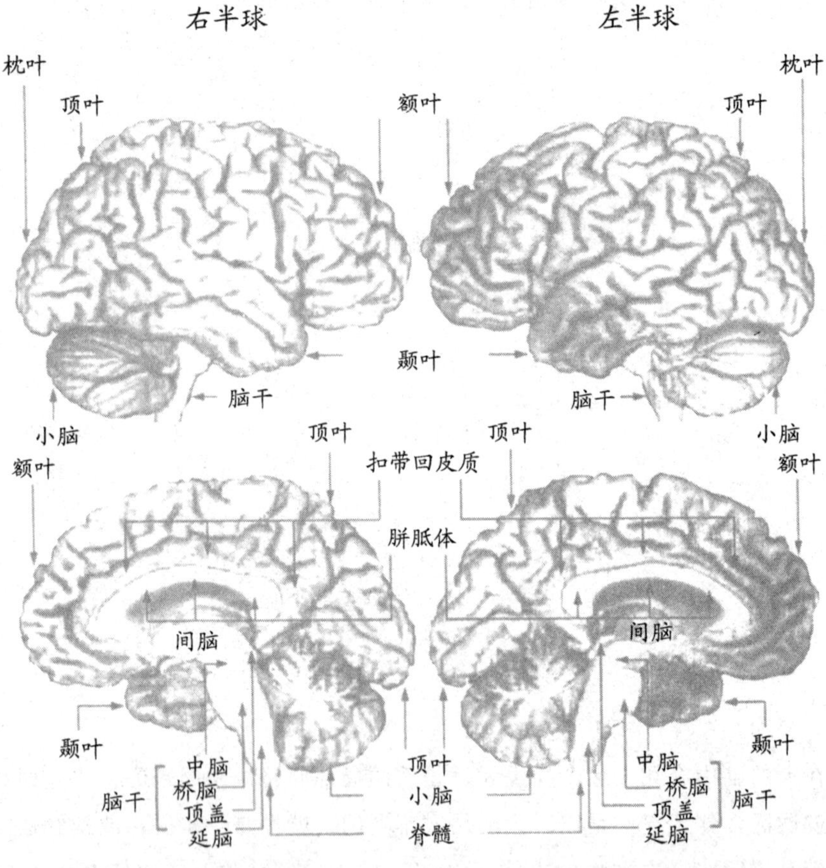

图 A.2　中枢神经系统的主要划分及其主要成分，是以一个活的人脑的三维重新建构的形式表现出来的。这些重新建构是以磁共振的数据为依据的，以及以脑体素（BRAINVOX）技术为依据的。请注意这四个主要脑叶、间脑（包含着丘脑和下丘脑的）以及每一个半球的扣带回皮质的相对位置。也请注意（把穿越中线的两个半球联结起来的）胼胝体的位置，以及每一个半球的扣带回皮层的位置。脑的沟回模式在左右两半球也是非常相似的，但并不相同：有一些明显的对称性，看起来这些对称就是造成功能差异的基础。

中枢神经系统通过神经和身体的每一个点都联结起来，这些神经是起源于神经元细胞体的一些轴突束。把中枢神经系统（简而言之，脑）和外周联结起来的所有神经的集合，以及反过来也是一样，便构成了**周围神经系统**（peripheral nervous system）。神经把冲动从脑传导到身体，以及从身体传导到脑。脑和身体也有化学方面的相互联系，是通过在血液中流动的激素这类物质传导的。

按照你希望的任何方向切片，你就会很容易发现，中枢神经系统的一部分有黑白两部分的差异。黑色的部分被称为**灰质**（gray matter）（虽然它们真实的颜色是灰棕色的），而白色的部分被称为**白质**（white matter）（它也并不那么白）。灰质之所以变成深灰色，是因为大量的神经元细胞体紧紧地聚集在一 327
起。从位于灰质中的细胞体中发出的神经纤维构成了白质。使神经纤维成为绝缘体的髓鞘使白质的颜色看上去比较淡。

灰质有两种。例如，分为几层的那一种就是**大脑皮层**，它包围着大脑两半球，**小脑皮层**包围着小脑。没有分层的那一种，例如**神经核**，包括**基底神经节**（位于每一侧大脑半球的深处，是由三种大的神经核组成的，即尾状核。壳核和苍白球）；**杏仁核**，一大块单独的和很大的神经核，位于每一侧颞叶的深处；以及几个聚集在一起的较小的神经核，它们形成**丘脑**、**下丘脑**和**脑干**的灰色部分。

可以把大脑皮层想象为大脑的一个全面的外表，覆盖着大脑半球的表面，包括那些位于大脑沟回深处的表面，这些沟回的裂缝使脑具有看起来很皱褶的特征。这个多层外表的厚度大约是 3 毫米，这些层次是相互平行的，而且和脑的表面也是平行的。大脑皮层在进化上比较新近的部分被称为**新皮层**（neocortex）。大脑皮层是一种占绝对优势的存在，所有其他灰质结构，以上提到的各种神经核，以及小脑皮层则被称为皮层下区域。大脑皮层的主要区域被称为叶：额叶、颞叶、枕叶和顶叶。

大脑皮层的不同脑区在传统上是用数字来确认的，这些数字和细胞排列的不同结构相对应（被称为细胞构筑学）。用数字表示这些脑区起源于科比安尼·布罗德曼（Korbinian Brodmann），在近一个世纪之后，它仍然是一种有效的工具。这些数字需要学习，或者在一张图上核查，但与该脑区的大小或重要性无关。

328

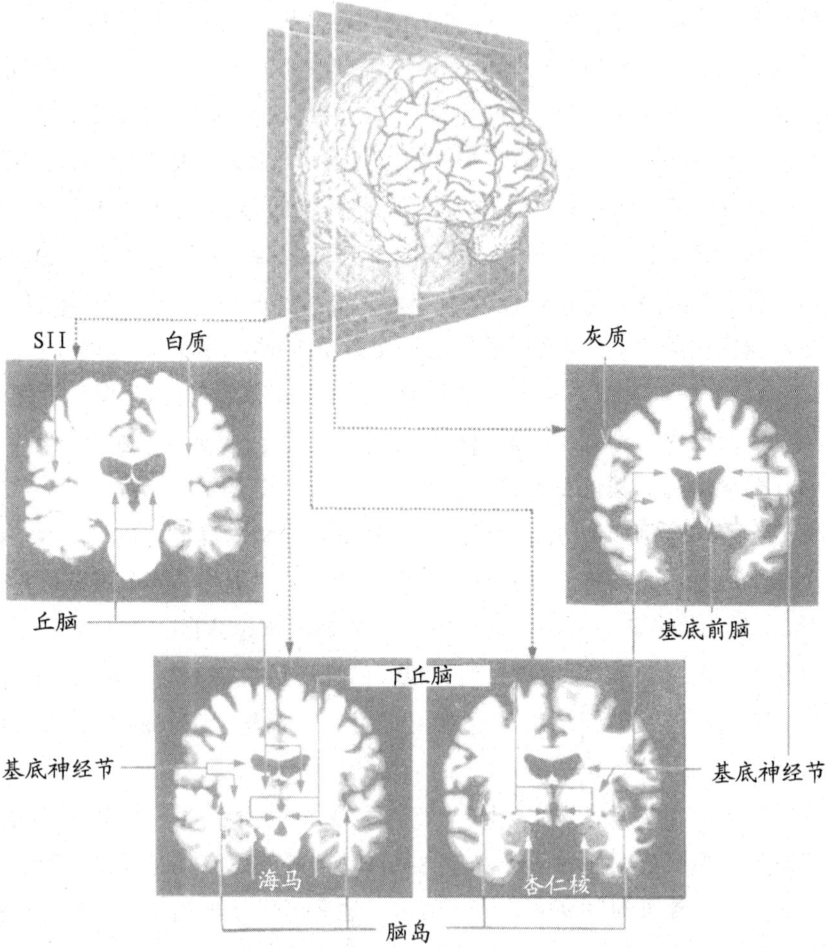

图 A.3 位于大脑皮层和神经核深处的灰质。正如本书所提到的，灰质是由紧密地聚集在一起的神经元的细胞体组成的。与此相对照的白质包含着起源于细胞体并伸展到其他脑区的轴突，以便建立联系和传导信号。那些跨越的部分展示的是在脑的表面看不到的几个深层结构的相对位置——基底神经节、基前脑、杏仁核、丘脑和下丘脑。还要注意脑岛的位置，皮层的这个区域是躯体感觉系统的一部分，完全掩藏在外侧裂的深处。

329

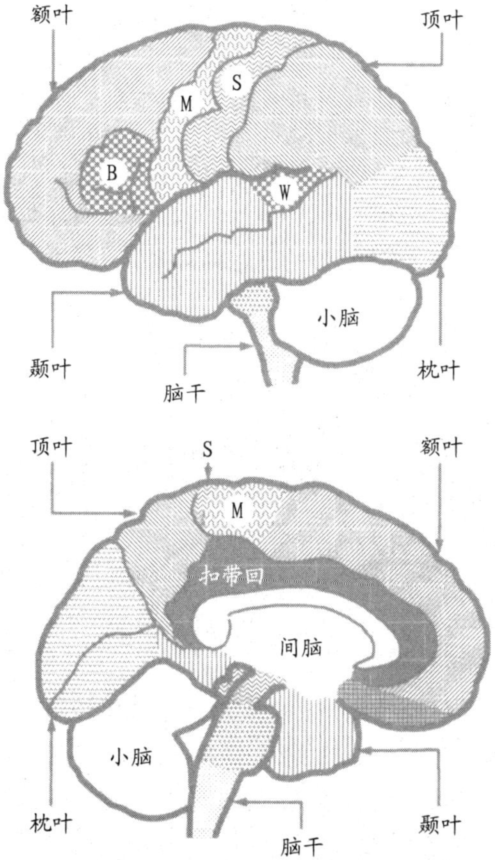

图 A.4　大脑两半球主要解剖区：额叶、颞叶、顶叶和枕叶；布洛卡区（B）和威尔尼克区（W）；运动区（M）和躯体感觉区（S）。虽然布洛卡区和威尔尼克区是最著名的与语言有关的脑区，但其他几个脑区也参与语言的加工。对运动区（M）和躯体感觉区（S）来说也同样如此，它们只不过是运动和躯体感觉这座冰山的一角而已。在大脑皮层以及在皮层下的其他脑区，还有很多皮层区和神经核对运动功能提供支持（扣带回皮质、基底神经节、丘脑、脑干神经核团。这同样适用于躯体感觉功能（脑干神经核团、丘脑、脑岛、扣带回皮质）。

当神经元变得活跃起来的时候［这是一种用神经科学的专门术语被称为 330
“发放”（firing）的状态，一股电流就从细胞体传播出来，并经过轴突向下传导。当这股电流到达一个突触的时候，它就引起一种被称为神经递质的化学物质的释放（谷氨酸盐就是这种递质的一个例子］。在一个兴奋的神经元中，许多其他神经元的突触与它紧密相连，它们之间合作的相互作用决定着另一个神经元是否要发放。这就是说，它是否将引起它自己的动作电位，这将导致它自己的神经递质的释放，依此类推。

突触可能很强壮，也可能很弱小。突触的力量决定着这些冲动是否继续传导到下一个神经元，以及传导的容易程度如何。在一个兴奋的神经元中，一个强突触促进冲动的运行，而一个弱突触则对它进行阻碍或限制。平均每个神经
元大约形成 1000 个突触，考虑到有 100 多亿个神经元和超过 10 万亿个突触， 331
每个神经元只倾向于和几个其他的神经元进行交谈，而决不会和大多数或所有

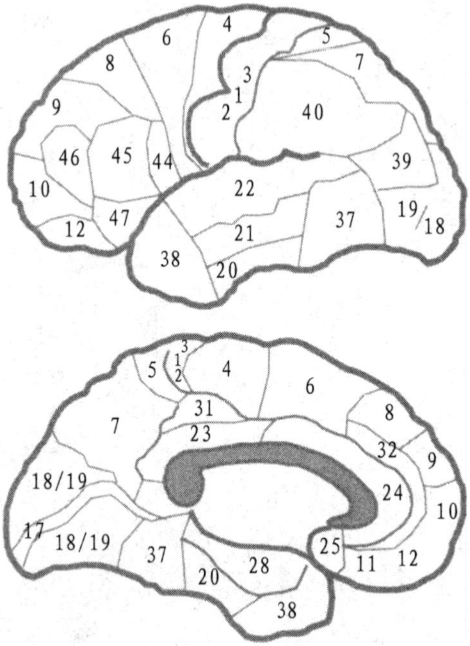

图 A.5　主要的布罗德曼脑区。这些数字并不反映这些脑区的功能、重要性或位置。它们只是一些参考的编码。

其他的神经元进行交谈。事实上，许多神经元只和那些距离不太远的神经元交谈，这些神经元位于皮层区和神经核的相对局部的回路之内，而另一些神经元则只和少量的其他神经元建立联系，虽然它们的轴突能够运行好几厘米。神经元的活动依赖于它们所属的那些在附近集结起来的神经元；无论系统做什么，都依赖于这些集结在相互联系的集结结构中是怎样影响其他集结的；最后，无论每一个集结对它所属的这个系统的功能有什么影响，都依赖于它在这个系统中的地位。不同的脑区之所以有不同的功能，是因为在大系统内部那些集结在一起的很少联系的神经元所假设的地位所致。简言之，脑是一个由很多系统组成的系统。每一个系统都是由一些体积很小但功能强大的皮层区和皮层下神经核的复杂联系组成的，这些皮层区和神经核是由微观的局部回路组成的，而这些局部回路又是由神经元组成的，所有这些神经元都是通过突触联结起来的。

心灵背后的脑系统

出于研究心理表象和脑之间关系的目的。长期以来我一直使用一种框架，这个框架是由来自实验和临床心理学、神经解剖学和神经生理学的研究结果所提供的。这个框架提出了一个**表象空间**（image space）和一个**痕迹空间**（dispositional space）。**表象空间**是指，各种感觉类型的表象在这个空间中都是明确表现出来的。其中某些表象构成了意识使我们体验到的那些外显的心理内容，而有些表象则保持在非意识状态。**痕迹空间**是指，在这个空间中的痕迹包含着知识基础和一些机制，表象能够据此从回忆中进行建构，动作可以据此而
产生，对表象的加工可以据此而得到促进。与表象空间的内容不同（这些内容 332
是外显的），痕迹空间的内容是内隐的。（一旦核心意识被激活）我们就能知道表象的内容，但是，我们决不能直接知道痕迹的内容。痕迹的内容总是不能意识到的，而且**总是**以潜伏的形式存在的。不过，痕迹能够产生大量不同的活动——把激素释放到血液之中；使内脏的肌肉或某一肢体或发音装置的肌肉发生收缩。痕迹保留着对某种表象的一些记录，这种表象实际上是在以前的某种场合感知到的，并且参与尝试从记忆中重新建构一个类似的表象。痕迹还通过根据当前的表象来影响注意的程度，来帮助对当前所感知的表象进行加工。我们决不能觉察到实施这些任务所必需的认识活动，我们也决不能觉察到其间所采取的措施。我们只能觉察到结果，例如，一种健康的状态；心脏的跳动；手的动作；一种被回忆起来的声音的片断；经过编辑的对某一风景的持续知觉。

我们所有的记忆，从进化中遗传下来的和一出生就可以使用的记忆，或者通过以后的学习而习得的记忆，简言之，我们对事物、对事物的性质、对人和地点、对事件和关系、对技能、对生物调节的记忆，你还可以列举出很多，都是以痕迹的形式存在的（它是**内隐、暗藏、非意识**的一个同义词），等待着成为一种外显的表象或活动。注意，痕迹并不是文字。它们是对潜能的抽象记录。文字和符号能够表示任何实体或关系，以及我们据此把文字和符号聚集在一起的那些规则，这些文字和符号也是作为痕迹存在的，并且作为表象和动作而表现出来，就像在言语或符号表述中一样。当我想到痕迹的时候，我总是想起布里加东这个小镇，它在一段很短的时间内等待着复活。

我们正开始辨别出中枢神经系统的哪些部分支持表象空间，哪些部分支持痕迹空间。位于视觉、听觉和其他感觉信号到达点及其周围的大脑皮层区域——各种不同的感觉通道的所谓**早期感觉皮层**——支持外显的神经模式，一
部分边缘区域，例如扣带回，和一些非皮层区域的结构，例如顶盖，也支持外 333
显的神经模式。在内外部输入的影响下，这些映射的神经模式持续不断地发生改变，而且有可能就是表象的基础，其反复无常的动态变化与随着时间的改变

而发生的神经模式的变化是相对应的。

另一方面，**高级皮层**（higher-order cortices）——它组成了围绕在早期感觉皮层和运动皮层的岛屿周围的大脑皮层的海洋——边缘皮层的一部分，以及从杏仁核到脑干的大量的皮层下神经核都支持痕迹，即对知识的内隐记录（见图 A.6）。当痕迹的回路被激活的时候，它们就向其他回路发出信号，并且使表象或行动能够从脑的其他地方产生。

334

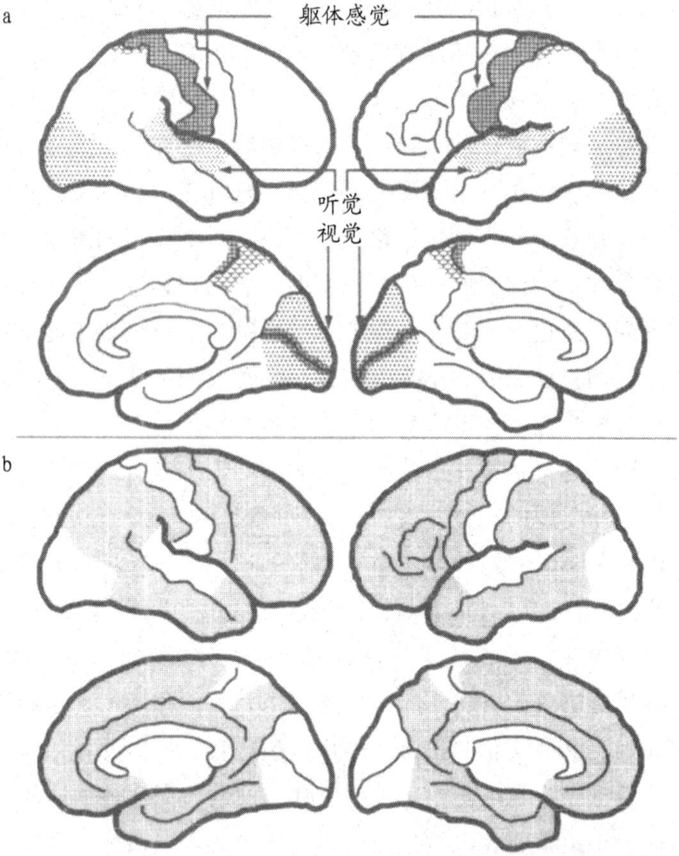

图 A.6　a. 主要的早期感觉皮层（躯体感觉、听觉、视觉）。“早期”这个术语不是指进化的年代，而是指信号进入大脑皮层的顺序。例如，光激活视网膜中的神经元，然后激活膝状体状的神经元，然后再激活第 17、18 和 19 区中的神经元，它们被合称为“早期视觉皮层”。第 17 区也被称为“初期视觉皮层”或 V_1。第 18 和第 19 区也被称为“视觉联络皮层”，它们包括一些子区域，分别称为 V_2，V_3，V_4，V_5。同样的一般安排也适用于听觉和躯体感觉皮层，它们分别位于颞叶和顶叶。

b. 用交叉线画成阴影的高级和边缘皮层。大脑皮层的其余部分是由高级皮层组成的，它们主要围绕早期皮层，以及由几个所谓边缘皮层组成，例如，扣带回皮质。

这种简单明了的概述还必须提到其他脑区，它们的表面作用就是把整个脑中的信号相互联系起来，以及对信号在某些脑区的出现加以控制。这些脑区包括丘脑、基底神经节、海马体和小脑。我们需要有一本教科书来讨论它们各自作用的错综复杂性，尽管我们对很多深层次的东西还不知道。但是，为了我们的这种讨论，我将简要地说明，丘脑的这些功能，例如，信号的相互联系，对大脑在不同区域活动的控制，以及信号的传递，对意识来说都是必不可少的。但是，就意识而言，其他脑区的作用要么不清楚（基底神经节、小脑）要么微不足道（海马体）。

我已经指出，痕迹是在被称为辐合区的神经元集结中得到支持的。因此，与表象空间和痕迹空间之间的划分相对应的是以下这两个方面的划分：(1) 在早期感觉皮层，在所谓边缘皮层，以及在某些皮层下神经核中被激活的外显的神经模式映射；和 (2) 位于高级皮层和位于某些皮层下神经核的辐合区。

至于这种解剖学上的安排是怎样作为我们在心灵中所体验到的这种整合而又统一的表象之基础的，我们还不清楚，尽管有很多建议对这个问题的一部分提出了解决方法。这个问题通常被称为“捆绑”(binding) 问题。根据一种完 335
整的心理描述，这种捆绑很可能需要对神经活动使用某种形式的锁时 (time-locking)，这些神经活动是在不同的但相互联系的脑区出现的。毫无疑问，这种构成意识心灵特点的整合而又统一的情景，将要求多个脑区的全部神经元大量地发送局部信号和全域信号。杰拉尔德·埃德尔曼的重新进入 (reentry) 概念是对这种要求的说明。罗道尔夫·利纳斯的贯穿大脑皮层的“捆绑波”和我的锁时性逆激活概念，是另外一些想要把握某种机制的尝试，这种机制能够使我们大脑的那种必然分离的活动在时间和空间中相干。[3] 沃尔夫·辛格 (Wolf Singer) 的研究对在微观结构水平上产生相干性所要求的那些机制做了说明，[4] 弗朗西斯·克里克 (Francis Crick) 在细胞和微观回路水平上对这些要求做了大量的理论阐述。[5] 让一皮埃尔·钱格和杰拉尔德·埃德尔曼都为操纵这些机制提出了一些选择框架，而迈克尔·梅泽尼奇 (Michael Merzenich) 则表示，脑确实有以这种方式进行操作所必需的灵活性。[6]

注 释

第1章

[1] 很久以来，意识就是哲学中的一个重要主题，但是，直到最近却只有少数几位神经科学家对此作过研究。在20世纪中叶的一段很短的时期，特别是在40和50年代，神经科学对意识的研究给予了大量的关注。G. 马古恩（G. Magoun）、H. W. 莫鲁茨（H. W. Moruzzi）和 H. 贾斯帕（H. Jasper）的实验研究，以及 W. 潘菲尔德（W. Penfield）的临床和实验观察，是这个时代中出现的少数贡献中的佼佼者，可惜这个时代结束得太快了。本杰明·利伯特（Benjamin Libet）是另一个具有先驱性的代表人物。目前人们所熟知的意识研究领域的知识，是在过去10年中由少数哲学家和科学家独立地、不知不觉地和意想不到地创造出来的。要特别感谢哲学家丹尼尔·丹尼特（Daniel Dennett），保罗（Paul）和帕特里夏·丘奇兰德（Patricia Churchland）、托马斯·纳格尔（Thomas Nagel）、科林·麦金（Colin McGinn）和约翰·塞尔（John Searle），还要感谢神经科学家杰拉尔德·埃德尔曼（Gerald Edelman）和弗朗西斯·克里克（Francis Crick）。

[2] 我在《笛卡尔的错误：情绪、推理和人脑》（*Descartes' Error: Emotion, Reason, and the Human Brain*）（New York: Putnam, 1994; Avon Hearst, 1995）的第10章“关注身体的脑”（The Body-minded Brain）中对这个问题作了概述。

[3] 有一个恰当的评论，请参见 J. Levine, “Materialism and qualia: The explanatory gap,” *Pacific Philosophical Quarterly* 64（1983）：354－361。

[4] 参见 Daniel Dennett, *Consciousness Explained*（Boston: Little, Brown, 1991），对自我感的小矮人解释所作的全面讨论。

[5] 不能对这几页所概述的这两个意识问题加以区分往往导致情境含糊不清。例如，我把数学物理学家罗杰·彭罗斯(Roger Penrose)所付出的巨大努力解释为与阐述可感受

性问题的物理学基础有关，尽管这些努力总是被解释为与作为一个整体的意识有关。 337
这种解释同样适用于物理学家亨利·斯塔普（Henry Stapp）的研究。这两个人的研究都没有把关注的焦点集中在我在本书所强调的意识的问题方面，而是集中在更一般的，但并非不重要的心理过程的生物学基础问题上。参见 R. Penrose，*The Shadows of the Mind*（New York：Oxford University Press，1994）；and H. Stapp，*Mind*，*Matter*，*and Quantum Mechanics*（Berlin：Springer Verlag，1993）。

[6] 假定确实有这种挑战，那么，在试图解决意识问题的过程中，哲学家和神经生物学家都同样面临着很多的障碍，而且在任何时候都不可能很快就找到一种综合的解决方法，对此，人们是不应该感到惊奇的。例如，**意识**这个词，就像多配偶结婚一样，具有太多不同的意思了，因此常常妨碍人们就意识的定义问题达成一致的意见；这个现象的私密性使很多人甚至无法接近这个问题，但又使其他人相信，这个问题是可以用纯粹外部的方式来进行探讨的，同时私密性受到了指责；不知为什么，意识竟然位于人类能力的最高峰，这种观念常常引起一种使人无能为力的敬畏，使人相信，意识处在我们的科学研究所能达到的限度之外；卸掉上面这个包袱的渴望和要求使有些人得出结论认为，意识不仅是可以进行探讨的，而且已经得到了完善的阐述；最后，有一些人认为，这个问题根本就不存在，或者认为这不过就是一个有关心灵的问题：意识能否得到阐明依赖于心灵的问题是否得到了解释。我的观点与这种背景相反，我认为意识的问题是存在的，而且还没有得到解决；可以把这个问题分解成为一些部分；在这些部分的方面可以达成一致；以及尽管有其私密性，意识仍然是可以进行科学探讨的。

[7] 正如我在本书中所使用的，**心灵**这个术语既包括意识，也包括非意识的操作活动。我指的是一种**过程**，而不是一件事情。我们所知道的心灵，凭借意识的帮助，是心理模式的一种持续的流动，其中有许多在逻辑上是相互关联的。这种流动是及时向前运行的，或快或慢，或有序或跳跃，有时候它不是只沿着一个序列前进，而是沿着几个序列前进。有时候这些序列是同时并存的，有时候是集中的和发散的，有时候则是重合的。

我经常把表象这个术语用作心理模式的一种速记方式。正如我们已经注意到的，表象是任何感觉特征，而不仅仅是视觉特征中的心理模式。还有声音的表象、触觉的表象，等等。

[8] 在心灵与行为之间的关系问题上，尤其是把它和意识联系起来时，并没有取得一致的看法。最近，一些作者对这个普遍的问题发表了一些重要的论著，虽然我不可能引用每一位作者的论著，但我可以推荐一些心灵哲学家们的著作和论文集，他们对这些问题进行了认真的思考。虽然他们的意见和我的见解并非总是一致的，但我却很喜欢阅读以下所有这些著作：John Searle，*The Rediscovery of the Mind*（Cambridge，Mass.： 338

MIT Press, 1992); Patricia and Paul Churchland, *On the Contrary* (Cambridge, Mass.: MIT Press, 1998); David J. Chalmers, *The Conscious Mind* (New York: Oxford University Press, 1996); Daniel Dennett, *Consciousness Explained* (cited earlier); Thomas Nagel, *The View from Nowhere* (New York: Oxford University Press, 1986); Colin McGinn, *The Problem of Consciousness* (Oxford: Basil Blackwell, 1991); Owen Flanagan, *Consciousness Reconsidered* (Cambridge, Mass.: MIT Press, 1992); Ned Block, Owen Flanagan, Güven Güzeldere, eds., *The Nature of Consciousness: Philosophical Debates* (Cambridge, Mass.: MIT Press, 1997); Thomas Metzinger, ed., *Conscious Experience* (Paderborn, Germany: Imprint Academic/Schöningh, 1995); Fernando Gil, *Modos de Evidência* (Lisbon: Imprensa Nacional, 1998); Jerry A. Fodor, *The Modularity of Mind* (Cambridge, Mass.: MIT Press, 1983).

[9] H. Damasio, and A. Damasio, *Lesion Analysis in Neuropsychology* (New York: Oxford University Press, 1989).

[10] 把意识分为至少两种层次的现象得到了认知和行为分析的支持，也得到了我在这里提供的神经病学观察的证实。当它开始提出能够产生意识的生物学机制的时候，这种分离就是必不可少的。任何一种单一的机制都不可能传递核心的和扩展的意识。这个问题在关于意识的另一种生物学解释中，即在杰拉尔德·埃德尔曼的解释中得到了确认。它所提出的二分法也区分了“简单”和“复杂”，虽然他的范畴和我的并不相对应。杰拉尔德·埃德尔曼把意识分为初级和高级意识，但他的初级意识要比我的核心意识简单，而且不会引起一个自我的出现。埃德尔曼的高级意识也和我的扩展意识不一样，因为它要求使用语言，而且严格地限于人类。

其他作者还提出了意识的两种分类。例如，内德·布洛克（Ned Block）把意识划分为接近（A 意识）和现象（P 意识）。这两个概念与核心和扩展的意识的观念都没有关联。参见 Gerald Edelman, *The Remembered Present* (New York: Basic Books, 1989); Ned Block, et al., *The Nature of Consciousness*（出处参见注 8）。

[11] 最近一种一致的意见正在形成，认为主体性是意识的“硬问题”，虽然对主体性的讨论通常并没有考虑到，它需要有一个主体——一种自我感——以及我们借以有一种自我感（无论是不是虚幻的）的手段一定是对意识进行阐述的一个重要方面。戴维·查
339 莫斯（David Chalmers）在《意识的心灵》（*The Conscious Mind*）（参见注 8）中对“硬问题”这个术语向公众做了介绍，而且是古老的可感受性问题的最新的名称。对这个问题所做的更早期的说明，请参见 J. Levine, “Materialism and qualia”（参见注 3）。最近对这个问题的讨论，请参见 John Searle, *The Mystery of Consciousness* (New York: New York Review of Books, 1997)。

[12] 关于视觉系统是怎样对客体进行这种表征的说明，请参见 David Hubel，*Eye*，*Brain and Vision*（New York：Scientific American Library，1988）和 Semir Zeki，*A Vision of the Brain*（Oxford：Blackwell Scientific Publications，1993）.

[13] B. Spinoza. *The Ethics*，Part Ⅳ，Proposition 22（Indianapolis：Hackett Publishing Co.，Inc.，1982，first published 1677）.

第 2 章

[1] Ludwig von Bertalanffy，*Modern Theories of Development*：*An Introduction to Theoretical Biology*（New York：Harper，1962，originally published in German in 1933）；P. Weiss，"Cellular dynamics，" *Review of Modern Physics* 31（1919）：11－20；Kurt Goldstein，*The Organism*（New York：Zone Books，1995，originally published in German in 1934）.

[2] 参见 Gerald Edelman，*The Remembered Present*（cited earlier）和 Antonio Damasio，*Descartes' Error*. 其他值得注意的特例有：西奥多·布洛克（Theodore Bullock）撰写了一篇从进化角度写的生物学文本，《神经系统导论》（*Introduction to Nervous Systems*，San Francisco：W. H. Freeman，1977）；保罗·麦克莱恩（Paul MacLean）在 F. O. 施密特（F. O. Schmitt）主编的《神经科学第二个研究项目》（*Neurosciences*：*The Second Study Program* New York：Rockefeller University Press，1970）的一篇文章"三位一体的脑，情绪和科学的偏见"（The Thriune Brain，Emotion and the Scientific Bias）中谈到一个三位一体的脑，这三个层次中的每一层都属于某一进化的时代；帕特里夏·丘奇兰德通过援引在《神经哲学：朝向一种统一的心灵与脑科学》（*Neurophilosophy*：*Toward a Unified Science of the Mind-Brain*，Cambridge，Mass：MIT Press，Bradford Books，1986）中考虑到的进化的价值，而开创了神经哲学。

[3] 这种变化的一些例子可以在法国的让－迪迪尔·文森特（Jean-Didier Vincent）和阿伦·普罗希安茨（Alain Prochiantz），北美的约瑟夫·勒度克斯（Joseph LeDoux）、迈克尔·戴维斯（Michael Davis）、詹姆斯·迈克高夫（James McGaugh）、杰尔姆·卡根（Jerome Kagan）、理查德·戴维森（Richard Davidson）、雅克·潘克塞普（Jaak Panksepp）、拉尔夫·阿道夫斯（Ralph Adolphs）及比查拉·安托万（Antoine Bechara），以及英国的雷蒙德·多兰（Raymond Dolan）、杰弗里·格雷（Jeffrey Gray）、和 E. T. 罗尔斯（E. T. Rolls）的研究中找到，在这里只提几个最显著的例子。

[4] A. Damasio，*Descartes' Error*（见前文引用）；A. Damasio，"The somatic marker hypothesis and the possible functions of the prefrontal cortex，" *Philosophical Transactions of the Royal Society of London*，Series B（Biological Sciences）351（1996）：1413－

1420; A. Bechara, A. Damasio, H. Damasio, and S. Anderson, "Insensitivity to future consequences following damage to human prefrontal cortex," *Cognition* 50 (1994): 7—
340 15; A. Bechara, D. Tranel, H. Damasio, and A. Damasio, "Failure to respond autonomically to anticipated future outcomes following damage to prefrontal cortex," *Certebral Cortex* 6 (1996): 215—225; A. Bechara, H. Damasio, D. Tranel, and A. Damasio, "Deciding advantageously before knowing the advantageous strategy," *Science* 275 (1997): 1293—1295.

[5] 对理性认知的讨论，请参见 N. S. Sutherland, *Irrationality: The Enemy Within* (London: Constable, 1992)；对其认知和生物方面，请参见 Patricia S. Churchland, "Feeling Reasons," in Paul M. Churchland and Patricia S. Churchland, *On the Contrary*（见前文引用）。

[6] 传递了西方哲学和心理学遗产的其他语言一直就有与这两个单独的英语词汇**情绪**（emotion）与**感受**（feeling）意思相同的词汇。如：拉丁文：*exmovere* 和 *sentire*；法语：émotion 和 sentiment；德语：Emotionen 和 Gefühl；葡萄牙语：emoção 和 sentimento；意大利语：emozione 和 sentimento，等等。这两个词在那些不同的语言中很可能是连在一起的，因为当头脑清晰的观察家们考虑到这两套可以区分的现象时，他们能感受到它们之间的分离，并看得出用不同的术语来表示它们的意义。仅用情绪这个词来表示整个过程，就像现在常见的那样，是很不仔细的。也不应当忘记，在其更普遍的意义上说，感受表示与躯体有关的知觉——不舒服或幸福的感受、疼痛的感受、被什么东西触碰到的感受——而不是对所看或所听到的事物的欣赏。明智地创造出感受这个词来的人们很可能有这种正确的印象，认为对某种情绪的感受与身体有很大关系，而且他们正说到点子上。

[7] D. Tranel and A. Damasio, "The covert learning of affective valence does not require structures in hippocampal system or amygdala," *Journal of Cognitive Neuroscience* 5 (1993): 79—88.

[8] 研究中也有证据表明，在脑没有受到损伤的健康个人当中，偏好可以没有意识地并很快地习得。参见 P. Lewicki, T. Hill, and M. Gzyzewska, "Nonconscious acquisition of information," *American Psychologist* 47 (1992): 796—801，其中有一个专门的实验。要看对这些研究领域的评论，请参见 J. Kihlstrom, "The cognitive unconscious," *Science* 237 (1987): 285—294; Arthur S. Reber, *Implicit Learning and Tacit Knowledge: An Essay on the Cognitive Unconscious* (New York: Oxford University Press, 1993).

[9] 决定构成情绪的成分是什么并不是一件容易的事情，并且一旦你调查全部的可能现象，有人确实就想知道，是否能对可以感知到的情绪的定义进行阐述，以及用一个单独的术语来描述所有这些状态是否都有效。已经有人努力研究过这个问题并得出结论认为，

这是不可能的。参见 Leslie Brothers，*Friday's Footprint：How Society Shapes the Human Mind*（New York：Oxford University Press，1997）and Paul Griffiths，*What Emotions Really Are：The Problem of Psychological Categories*（Chicago：University of Chicago Press，1997）。然而，在这一点上，我宁愿保留传统的命名法，阐明这些术语的用途，等到有进一步的证据能指定一种新的分类法。我所希望的就是，通过保持某些连贯性，我们就会促进这个变化的阶段所进行的交流。我将要谈到情绪的三种水平——背景情绪、基本情绪和次级情绪。如果背景情绪不是通常的情绪名册中的一部分，那会是很有革命性的一天。我将把内驱力和动机、痛苦和快乐看作是触发或构成情绪的要素，但不会把它们当成恰当意义上的情绪。毫无疑问，所有这些装置都是为了调节生命，但是情绪是否比内驱力和动机、比痛苦和快乐更为复杂呢，这是有争议的。 341

[10] 情绪有不同的时间侧面。某些情绪倾向于以一种"爆发"的模式进行参与。它们从一开始就相当快速，有很高的强度和快速的衰退。愤怒、恐惧、惊奇和厌恶就是这类例证。其他的情绪更多的具有"波浪式"的模式；某些悲伤的形式及全部的背景情绪都是一些主要例证。应该明确的是，依赖于环境和个体的不同，情绪可能有许多不同的侧面。

当情绪的状态倾向于相当频繁地出现，或持续相当长的一段时间时，最好是把它们称为心境（moods）而不是情绪。我相信心境应该与背景情绪不同；某种具体的背景情绪能随着时间的延续而保留下来，直到形成某种心境。要是人们认为你"喜怒无常"，这是因为你在相当长的一段时间里一直有一种占主导地位的情绪（也许与悲伤或焦虑有关），或者你有可能频繁地、出乎意料地改变你的情绪状态。如果发生在 50 年前，你可能就会被称作"神经症患者"，但现在没人再认为你是神经症患者了。

心境有可能是病态的，那我们就会说这是一种心境障碍。抑郁症和躁狂症就是标准的例子。当你被悲伤的情绪制约数天、数周或数月，当产生了一些忧郁的想法，哭泣及没有食欲，失眠及浑身无力的现象不是一次性的暴发或轻微的波动，而是一种持续了很久的状态时，不论是在身体上还是心理上，这时你就是抑郁的。同样的情况也适用于躁狂症。在合适的场合高兴地跳起来，或者对你生活的前景充满了热情，这是一码事，而将这种高兴或兴奋这样持续数天，无论是否合理，这又是另一码事了。要了解对心境障碍体验的权威说明，可参见 Kay Redfield Jamieson，*An Unquiet Mind*（New York：Knopf，1995）；William Styron，*Darkness Visible：A Memoir of Madness*（New York：Random House，1990）；and Stuart Sutherland，*Breakdown：A Personal Crisis and a Medical Dilemma*，updated edition（London：Weidenfeld and Nicolson，1987）。要获得关于心境障碍的医学信息，可参见罗伯特·罗宾森（Robert 342

Robinson)。

因为心境是弥漫的情绪，并伴随着随之发生的感受。因此，随着时间的推移，心境可以带来一系列具有情绪特征的反应：内分泌的变化、自主神经系统的变化、肌肉骨骼的变化以及表象加工方式的变化。当所有这些反应在很长时期内持续地和不恰当地发挥作用时，受到如此影响的个体所付出的代价就是进行禁止。感情（affect）这个术语经常被用作“心情”或“情绪”的同义词，尽管它更为概括，而且能够指明我们正在这里讨论的整个主题事件：情绪，心境，感受。感情就是你对某个对象或情境所表现出（情绪）或所体验（感受）到的事物，这些对象或情境就是在你生活中的任何一天所发生的事情，不论你是否有某种心境。

[11] 因此，背景情绪和传统情绪之间的主要差别在以下方面：(1) 直接诱导物的来源，在传统情绪的情况下它通常是外部的，或者表征的是外部事物，而在背景情绪的情况下则是内在的；(2) 反应的焦点，在传统的情绪中，其目标针对的是肌肉骨骼系统和内脏系统，但在背景情绪中针对的则是内环境。情绪的全部进化过程一定是以背景情绪开始。当我们把背景情绪与“主要的 6 种情绪”以及所谓“社会”情绪相比较时，我们注意到，在诱发物、反应和反应的目标上有越来越多的特异性，而在控制方面则发生了越来越多的分化。

[12] P. Ekman, “Facial expressions of emotions: New findings, new questions,” *Psychological Science* 3 (1992): 34—38.

[13] 术语“社会的”或“次级的”不应当表示，这些情绪只是由某种文化内的教育所产生的。在一篇有趣的论情绪的文章里，保罗·格里菲斯（Paul Griffiths）(《情绪究竟是什么》(*What Emotions Really Are*)，前面已引用过）正确地指出，次级情绪并不单单是文化的结果；这使我意识到，我在《笛卡尔的错误》这本书中并没有足够强烈地强调这一点。毫无疑问，社会在形成次级情绪中所扮演的角色比在形成基本情绪的情况下更重要。另外，很明显，一些“次级”情绪在人类发展中出现得较晚，也许仅仅在自我概念开始成熟之后——羞耻和罪疚感就是这种较晚发展的例子；新生儿没有羞耻感，也没有罪疚感，但两岁的孩子有。可是，这并不意味着，次级情绪部分地或在大多数情况下不是生物学上预先设置的。

343 [14] R. Bandler and M. T. Shipley, “Columnar organization in the midbrain periaqueductal gray: Modules for emotional expression?” *Trends in Neurosciences* 17 (1994): 379—389; M. M. Behbehani, “Functional characteristics of the midbrain periaqueductal gray,” *Progress in Neurobiology* 46 (1995): 575—605; J. F. Bernard and R. Bandler, “Parallel circuits for emotional coping behaviour: New pieces in the puzzle,” *Journal of Comparative Neurology* 401 (1998): 429—446.

[15] A. Damasio, T. Grabowski, H. Damasio, A. Bechara, L. L. Ponto and R. Hichwa, "Neural correlates of the experience of emotion," *Society for Neuroscience* Abstracts 24 (1998): 258. 我们对在消极情绪中的脑干激活的发现是新颖的，对处于悲伤中的下丘脑激活的发现也同样如此。我们对前额叶腹内侧皮层激活的发现证实了 M. E. 赖希勒（M. E. Raichle）、J. V. 帕多（J. V. Pardo）和 P. J. 帕多（P. J. Pardo）；E. M. 瑞曼（E. M. Reiman）、R. 雷（R. Lane）和他的同事们还有海伦·梅伯格（Helen Mayberg）他们的发现。

[16] 对恐惧这个主题的动物研究所做的一个评论，请参见 Joseph LeDoux, *The Emotional Brain: The Mysterious Underpinnings of Emotional Life* (New York: Simon and Schuster, 1996).

[17] M. Mishkin, "Memory in monkeys severely impaired by combined but not separate removal of amygdala and hippocampus," *Nature* 273 (1978): 297—298; Larry Squire, *Memory and Brain* (New York: Oxford University Press, 1987); F. K. D. Nahm, H. Damasio, D. Tranel, and A. Damasio, "Cross-modal associations and the human amygdala," *Neuropsychologia* 31 (1993): 727—744; Leslie Brothers, *Friday's Footprint*. (见前文引用)

[18] A. Bechara, D. Tranel, H. Damasio, R. Adolphs, C. Rockland, and A. R. Damasio, "A double dissociation of conditioning and declarative knowledge relative to the amygdala and hippocampus in humans," *Science* 269 (1995): 1115—1118.

[19] R. Adolphs, D. Tranel, and A. R. Damasio, "Impaired recognition of emotion in facial expressions following bilateral damage to the human amygdala," *Nature* 372 (1994): 669—672. R. Adolphs, H. Damasio, D. Tranel, and A. R. Damasio, "Cortical systems for the recognition of emotion in facial expressions," *Journal of Neuroscience* 16 (1996): 7678—7687.

[20] R. Adolphs, and A. R. Damasio, "The human amygdala in social judgement," *Nature* 393 (1998): 470—474.

[21] 令人好奇的是，当作为情绪基础的脑机制发生妥协时，将情绪归因于简单芯片的能力也受到损害。这就是安德列亚·赫伯莱茵（Andrea Heberlein）和拉尔夫·阿道夫（Ralph Adolphs）刚刚在我们的实验室里所表明的。某些特殊的情绪诱发区受损的病人以一种具体的、事实求是的方式来描述芯片的形状和运动。可是，他们却不能自发地把情绪归因于这些芯片或者它们之间的相互关系。对这种显然是理智水平上的说明 344
进行感知是没有问题的，但是，情绪的潜在意思却并没有察觉到。A. S. Heberlein, R. Adolphs, D. Tranel, D. Kemmerer, S. Anderson, and A. Damasio, "Impaired at-

tribution of social meanings to abstract dynamic visual patterns following damage to the amygdala," *Society for Neuroscience* Abstracts 24 (1998): 1176.

[22] Eric R. Kandel, Jerome Schwartz, and Thomas M. Jessell, eds., *Principles of Neural Science*, 3rd ed. (Norwalk, Conn.: Appleton and Lange, 1991).

[23] 我以前已经在《笛卡尔的错误》中描述过这段情节，在这里我将进行简短的总结。

[24] P. Rainville, G. H. Duncan, D. D. Price, B. Carrier, and M. C. Bushnell, "Pain affect encoded in human anterior cingulate but not somatosensory cortex," *Science* 277 (1997): 968—971; P. Rainville, R. K. Hofbauer, T. Paus, G. H. Duncan, M. C. Bushnell and D. D. Price, "Cerebral mechanisms of hypnotic induction and suggestion," *Journal of Cognitive Neuroscience* Ⅱ (1999): 110—125; P. Rainville, B. Carrier, R. K. Hofbauer, M. C. Bushnell, and G. H. Duncan, "Dissociation of pain sensory and affective dimensions using hypnotic modulation," *Pain* (in press).

[25] 要了解对涉及诸如口渴之类行为的复杂机制的评论，请参见 A. K. Johnson and R. L. Thunhorst, "The neuroendocrinology of thirst and salt appetite: Visceral sensory signals and mechanisms of central integration," *Frontiers in Neuroendocrinology* 18 (1997): 292—353.

第3章

[1] 约翰·瑟尔（John Searle）已经在《重新发现心灵》（见前文引用）中对这种论点作了清晰的辩解。丹尼尔·丹尼特在《解释意识》（见前文引用）中也作了类似的论证。

[2] 对昏迷和植物人状态的描述在第8章有所表述，并且在神经病学的教科书中做了很好的概括。一个标准的参考文献是弗雷德·普鲁姆（Fred Plum）和杰尔姆·波斯纳（Jerome B. Posner）所写的文本，在这本经典的著作中，他们评述了他们在昏迷这种神经疾病中的独特体验。请参见 F. Plum and J. B. Posner, *The Diagnosis of Stupor and Coma*, 3rd ed. (Philadelphia: F. A. Davis Company, 1980)。

[3] Jean-Dominique Bauby, *Le scaphandre et le papillon* (Paris: Editions Robert Laffont, 1997); J. Mozersky, *Locked In: A Young Woman's Battle with Stroke* (Toronto: The Golden Dog Press, 1996).

[4] 对于癫痫症和运动性失语症的描述是标准的，可以在很多神经病学的文章和教科书中找到。相关文献有：Wilder Penfield and Herbert Jasper, *Epilepsy and the Functional Anatomy of the Human Brain* (Boston: Little, Brown, 1954); J. Kiffin Penry, R. Porter, and F. Dreifuss, "Simultaneous recording of absence seizures with video tape and electroencephalography, a study of 374 seizures in 48 patients," *Brain* 98 (1975): 427—440; F. Plum and

J. B. Posner, *The Diagnosis of Stupor and Coma* (cited earlier); and A. Damasio and G. W. Van Hoesen, "Emotional disturbances associated with focal lesions of the limbic frontal lobe," in *The Neuropsychology of Human Emotion: Recent Advances*, ed. Kenneth Heilman and Paul Satz (New York: The Guilford Press, 1983): 85－110. 就意识而言，运用标准的证据得出的这些推论，都基于我自己对受到如此影响的病人的观察。 345

[5] 我在第 5 章，在对客体进行表征的前后关系的概括中讨论了这个证据。

[6] 我对癫痫和情绪所做的评论与失神型发作的情境有关。当自动症在所谓颞叶抽搐的情境中出现时，在发生这种情节之前或期间，就可能有情绪出现。情绪的部分损伤与核心意识的消除无关。例如，在《笛卡尔的错误》中所描述的患有前额叶腹内侧损伤的患者只是丧失了次级情绪。他们丧失了在某种社会情境中用为难做出反应的能力，或者丧失了在遥远的未来可能面临财产损失的情况下做出反应的能力，但他们大部分的背景情绪和基本情绪却仍然存在。同样，正如我们在讨论 S 这个病人时所看到的，杏仁核的损伤损害了与恐惧有关的某些基本情绪和次级情绪，但没有损害其他基本情绪和次级情绪，而且一点也没有损害背景情绪。

第 4 章

[1] 这是一个值得进一步注意的问题。人们观察发现，受到损伤的核心意识是和受到损伤的情绪联系在一起的，我却遇到过少数与这种观察发现不同的例外，但重要的是要系统地研究这些例外。根据我的经验，它们主要是由"好像假装的"突然发怒或大笑组成的，即一些不受动机驱使的行为，使人联想到，这是一些已经自动化的常规行为的释放，它们是在持续植物性状态中或者与颞叶损伤有关的非失神型发作中出现的。

[2] 弗兰西斯·克里克（Francis Crick）的研究例证了这种观点。由于对意识的全面阐述要求人们理解表象形成的过程。克里克的观点是富有成果的——我们当然必须理解，脑是怎样形成表象的，他的假设提供了一些进行检验的机会。但是，克里克认为，"有许多种不同形式的意识，例如，与看见、思维、情绪、痛苦等有关的意识"，而"自我意识——即意识的自我参照方面——则可能是一种特殊情况的意识。按照我们的观点，最好暂时把它搁到一边"。参见 F. 克里克，《令人吃惊的假设：对灵魂的科学寻求》（*The Astonishing Hypothesis: The Scientific Search for the Soul*, New York: Scribner, 1994）。我所关心的是，消除自我参照可能会对全面地解决意识问题造成障碍。

[3] 在一个批评性的和至关重要的评论文章中，居文·居泽尔戴尔（Güven Güzeldere）列举了一些提倡"内在感"的当代哲学家：戴维·阿姆斯特朗（David Armstrong）、保罗·丘奇兰德、丹尼尔·丹尼特、戴维·罗森塔尔（David Rosenthal）、皮特·卡拉瑟斯（Peter Carruthers）和威廉·莱肯（William Lycan）。参见 G. Güzeldere, "Is Con- 346

sciousness the Perception of What Passes in One's Mind?", in T. Metzinger ed., *Conscious Experience*（前文已引述，参见第1章）.

[4] 之所以说意识是有选择的，是因为它并没有把所有的对象都包括在心灵中。简单地说，对有些对象的意识可能会比其他对象的意识更清楚。在可能意识到的杂乱无章的客体表象中，并非所有的表象都能被意识到。实际上，并非每一个对象都是等同的，因为对于一个关注维持生命的有机体来说，有些对象要比另一些对象更有价值。

之所以说意识是心灵的一种持续不断的性质，是因为在正常和醒觉的心灵中，想要认识的事物是持续不断地表现出来的。这是复杂的清醒有机体状况的一种后果：他们要么通过知觉来感受外部世界，要么忙于产生一些可以在内部回忆起来的表象，要么最常见的就是，这两种心理活动都有。至于产生意识的方法是否是分离的而不是连续的，则是另外一码事。我认为，这种方法实际上产生了核心意识的"脉冲"，即许多单独的意识单元一个接一个地从几个意识发生器中产生出来。这些单元之间的间隔如此微小，平行"脉冲"的数量如此丰富，以至于我们所登记的只是持续的、形成密集脉冲的融合。

意识包含着它自身之外的对象。一方面，有一个对象，另一方面，有一个关于该对象的意识，对象与意识是可以分离的，尽管与它有明显的联系。意识是另外一个"他者"，而不是关于它是什么的对象，在当今时代对意识的解释中，这种重要的分离却常常被人们所忽略。

意识是个人的，就这一点而言，它是在某一个有机体身上产生的，而且和该有机体的事件有关。所谓个人的，詹姆斯的意思还有，意识是内部的，不能被外人观察到的。我早先概括的那些意识的性质，对这最后一个和最重要的性质的一些成分，即意识的个人方面，进行了描述。**个体的视角**（individual perspective）有助于界定詹姆斯意识观的个人性质。**个体的拥有者**（individual ownership）完成了对个人的界定，**个体的代理人**（individual agency）也同样如此。参见 William James, *The Principles of Psychology*, vol. 1（New York: Dover Publications, 1950）.

[5] B. Libet, "Timing of cerebral processes relative to concomitant conscious experience in man," in *Advances in Physiological Sciences*, ed. G. Adam, I. Meszaros, and E. I. Banyai（Elmsford, N. Y.: Pergamon Press, 1981）。

[6] 神经理学家马克·珍妮罗德（Marc Jeannerod）指出，有效地执行运动动作的过程，往
347 往掩盖为这些动作做准备的心理过程。参见 M. Jeannerod, "The representing brains: Neural correlates of motor intention and imagery", *Behavioural Brain Science* 17（1994）: 187—202. 神经生理学家阿兰·伯索斯（Alain Berthoz）详细研究了基础的生理学。参见 A. Berthoz, *Les sens du mouvement*（Paris: Editions Odile Jacob, 1997）.

第 5 章

[1]《笛卡尔的错误》，第 10 章和导论。

[2] Claude Bernard，*Introduction a l'étude de la médecine expérimentale*（Paris：J. B. Baillière et fils，1865）；Walter B. Cannon，*The Wisdom of the Body*（New York：W. W. Norton and Co.，1932）.

[3] Steven Rose，*Lifelines：Biology beyond Determinism*（New York：Oxford University Press，1998）.

[4] 有一种普遍的观点认为，不管怎么说，身体是自我的基础，在寻找这种普遍观点的先声时，我在康德、尼采、弗洛伊德和梅洛－庞蒂（Merloeau-Ponty）的论述中发现了这种观点，尽管不是以我阐述这种观点的方式进行的，我是用原始自我、核心自我和自传式自我的三分法阐述这种观点的，强调的是体内的动态稳定性。埃德尔曼在自我和非自我之间的区分也是以身体、非身体的区分为基础的，尽管在他的框架中自我指的是生物学的个体性，但和我以同样的方式提出的意识自我是没有关联的。哲学家马克·约翰逊（Mark Johnson）和乔治·拉考夫（George Lakoff）在认知和身体的表征之间建立了一种紧密的联系，神经生理学家尼古拉斯·汉弗莱（Nicholas Humphrey）也是这样做的。伊斯雷尔·罗森费尔德（Israel Rosenfield）也把身体和自我联系起来，但却是间接的、通过记忆来进行的，他的自我感强调的是我称之为自传式自我的那种自我。

[5] 见 F. 尼采在《查拉图斯特拉如是说》（*Thus Spake Zarathustra*）的序言。有些翻译用“幽灵”（phantom）指代“鬼魂”（ghost），用“不协调”（disharmony）指代“不和谐”（discord）。 348

[6] 生物学的这个方面常常被令人吃惊地忽略。我认为亨伯托·马图拉纳（Humberto Maturana）和弗朗西斯科·瓦雷拉（Francisco Varela）是个例外，这两位生物学家杜撰了一个合适的词来描述生命细胞的重建过程：autopoiesis。参见 H. Maturana and F. Varela，*The Tree of Knowledge：The Biological Roots of Human Understanding*，rev. ed.（Boston：Shambhala，1992）. 一般地说，这些观点在艾尔弗雷德·诺思·怀特海的哲学中都有一个副本。参见 A. N. Whitehead，*Process and Reality*（New York：Free Press，1969 c. 1929）。在一个有关的注释中皮埃尔·雷恩维拉（Pierre Rainville）使我注意到“神经网络”（neuromatrix）这个概念，这是罗纳德·梅尔扎克（Ronald Melzack）在把他对疼痛的研究和幻肢联系起来时所提出来的。梅尔扎克认为，我们天生就有一个受遗传控制的神经网络，是可以通过体验而改变的，这种体验支持我们对身体的感受。这就可以解释，为什么许多一生下来就没有肢体的儿童却会体验到他们

从来没有过的胳膊和手的幻肢。这也有助于解释 V. S. 拉马钱德伦（V. S. Ramachandran）最近所研究的幻肢现象。

348 [7] 对于使我们做出知觉运动调节的这些机制所做的评论，请参见阿兰·伯索斯（Alain Berthoz）的著作（见前文引用）。

[8] “感觉”是天生地联结在一起的，这个事实使我们回想起联觉这个概念。联觉是一种很少发生的现象。在有这种联觉的少数个体身上，在儿童期之后它倾向于减少或消失。它包括对在某一感觉通道内，例如，在听觉通道内的一个刺激进行知觉，以及使该刺激物引起一种相关的体验，例如，一种颜色体验或嗅觉体验。我们在非联觉的感觉装置方面的差异，通常会使我们无法以混合的方式来理解感觉信号：那些对真实的联觉进行了创造性扭曲的人则可以直接理解这些感觉的混合。有联觉的人倾向于在某些感觉，例如，某个音符和某个数字之间形成一致的联系。一些出色的作曲家和音乐天才是有联觉的人，一些 19 世纪的思想家有这种令人感兴趣的直觉，其中联觉可能是理解意识的关键。我可以补充说，现在也并不乏追随者。俄罗斯的神经心理学家 A. R. 鲁利亚（A. R. Luria）在描述记忆术的研究者所罗门 S.（Solomon S.）的时候，对联觉做了丰富的描述，这种情况被彼得·布鲁克（Peter Brook）和玛丽—海伦·埃斯蒂安（Marie-Hélène Estiènne）在他们的戏剧《我是一个奇才》（*Je suis un phenomène*）中做了戏剧化的表现，并且被布鲁克令人感动地搬上了北方大剧院的舞台。理查德·赛托维克（Richard Cytowic）写了一个很有价值的关于联觉的评论；参见《一个品尝到形状的人》（*The Man Who Tasted Shapes*）（New York：Putnam，1993）.

[9] A. Craig，“An ascending general homeostatic afferent pathway originating in lamina I，” in *Progress in Brain Research* 107（1996）：225－242；Z. Han，E. T. Zhang，and A. D. Craig，“Nociceptive and thermoreceptive lamina I neurons are anatomically distinct，” *Nature Neuroscience* I（1998）：218－225.

[10] W. D. Willis and R. E. Coggeshall，*Sensory Mechanisms of the Spinal Cord*，2nd ed.（New York：Plenum Press，1991）。也请参见科雷格（Craig，1996），见上面的注释，他对处在神经系统不同水平（从脊髓到大脑皮层）的“身体”感觉的整合做了富有思想的讨论。

[11] 从一个完全不同的观点来看待这个问题，哲学家费尔南多·吉尔（Fernando Gil）提出了一个类似于非意识前兆实体的概念，并且给予了同样的命名。我们从未谈论过这个问题，我们在同一天和同一个地方，在倾听我们各自的讲座时，发现了我们的观点的一致性。

自我这个术语在诸如免疫学和心理学这类学科中被广泛地使用着，尽管某一个人的看法被所有的使用者所赞同，但其意思却有很大的不同。心理学文献对自我这个概念进行了有深刻洞见的讨论，例如，乌尔里克·奈塞（Ulric Neisser）关于5种自我的讨论（尽管它们没有一个和我所描述的那些层次相对应，尽管和我的不同，它们都是以外部信息而不是以内部信息为基础的）。在神经生物学的文献中，杰拉尔德·埃德尔曼的“自我概念”和我的自传式自我的上部相对应。参见 U. Neisser，“Five 349
kinds of self-knowledge”，*Philosophical Psychology* 1（1988）：35—59；G. Edelman，*The Remembered Past*（见前文引用，参见第1章）.

[12] 参见第8章对网状结构这个概念的讨论。

[13] J. Panksepp，*Journal of Consciousness Studies* 5（1998）：566—582。在1998年秋天进行的一项有关的研究中，道格拉斯·瓦特（Douglas Watt）在因特网上发表了一篇文章，在这篇文章中他把情绪和意识联系起来。诸如潘克塞普和瓦特所付出的这些努力非常罕见，也很受欢迎。

[14] G. 托诺尼（G. Tononi），O. 斯波恩斯（O. Sporns），和 G. 埃德尔曼（G. Edelman）为早期感觉皮层内部的这个过程所要求的那种相互作用提供了一个合理的模型；见“Reentry and the problem of integrating multiple cortical areas：Simulation of dynamic integration in the visual system，” *Cerebral Cortex* 2（1992）：310—335。在最近的一篇文章中，G. 托诺尼和 G. 埃德尔曼对该模型做了实质性的扩展，以便使之能够包括大规模的皮层整合；见“Neuroscience：Consciousness and complexity，” *Science* 282（1998）：1846—1851.

[15] A. Damasio，“Time-locked multiregional retroactivation，” 1989；A. Damasio，“The brain binds entities and events，” 1989.（见前文引用）

[16] A. Damasio，D. Tranel，and H. Damasio，“Face agnosia and the neural substrates of memory，” *Annual Review of Neuroscience*，13（1990）：89—109.

[17] D. Tranel，A. Damasio，and H. Damasio，“Intact recognition of facial expression，gender，and age in patients with impaired recognition of face identity，” *Neurology* 38（1988）：690—696.

[18] A. Damasio，H. Damasio，and G. Van Hoesen，“Prosopagnosia：Anatomic basis and behavioral mechanisms，” *Neurology* 32（1982）：331—341.

[19] N. Kanwisher，J. McDermott，and M. M. Chun，“The fusiform face area：A module in human extrastriate cortex specialized for face perception，” *Journal of Neuroscience* 17（1997）：4302—4311.

[20] D. K. Meno，A. M. Owen，E. J. Williams，P. S. Minhas，C. M. C. Allen，S. J. Boniface，J. D. Pickard，I. V. Kendall，S. P. M. J. Downer，J. C. Clark，T. A. Carpenter，and N. Antoun，“Cortical processing in persistent vegetative state，” *Lancet* 352（1998）：

800. 不应当认为这个有趣的发现意味着，所有持续植物性状态的病人都将表现出这种激活模式。由于它们损伤的程度和分布不同，有些病人不会表现出这种激活模式。

第6章

[1] 举个例子可能有助于进一步澄清这个观点。请考虑一种情境，在这个情境中，有一个具体的客体真实地出现在一个有机体面前，而且正在通过视觉得到理解。以后我将探
350 讨另一种情境，在这种情境中，客体是在回忆中出现的，尽管这个过程的本质并没有什么不同。

当我们面对一个客体时，在我们的有机体中出现的这些重大事件有两种主要的形式：第一种，有机体的状态发生了一些变化，这些变化是知觉运动过程所要求的一些调节引起的，例如，眼睛的移动、头和身体的运动、手的运动、前庭的变化等。第二种，有一些变化是由客体对内环境和内脏状态的影响引起的。后者还包括那种反应，这些反应最终产生了情绪，甚至在真实的情绪状态产生之前，就开始改变有机体及其表征。在这里，我们应该记住，我们以前面对一个具体的客体以及面对同一个客体时的经验，实际上可以使任何客体变成引发某种情绪反应（微弱的或强烈的、好的、坏的、或者处于中间状态的）的诱导物。我们还应该记住，正如我以前所注意到的，在与意识的关系方面，情绪有一种真正的双重状态。这些真实反应的后果，作为一个整体，最终会产生某种情绪，这些真实的反应就是驱动核心意识的机制的一部分；但是，一段时间之后，构成某种情绪的这些反应也能作为一个已知的客体来对待。当这个“有情绪的”客体产生了意识的时候，它就变成了一种对情绪的感受。

从脑的观点出发，以上所描述的这些重大事件是在一些专门的脑区用信号发送出来的，正如前面所讨论的，这些脑区适合于用信号表示客体和原始自我。但是，我提出的非言语的说明是意识的关键成分这种观点，是建立在其他脑结构基础上的，并且描述了我刚才所列举的这些事件是怎样被该客体在场的持续的感觉表征引起的，以及用机械的术语和用情绪价值的术语来表示，它们是怎样被有机体对它做出的必然反应引起的。一方面是客体，另一方面是由原始自我所代表的有机体，非言语的说明就在这两者之间建立了联系。它讲述了一个明确的故事——一个原始的故事——这个情节的秘密就是，有机体已经被客体改变了。

[2] 在这些句子中的“描述”（description）、“引起”（caused）、和“关系”（relationship）这些单词的确切意思就是它们的字面意思。所谓描述，我的意思是那些得到映射的神经信号；引起和关系与出现客体表象和出现那些相伴随的表象之间紧密相联的时间有关。我的意思并不是说，脑先天就具备察觉因果关系的能力。因果关系和逻辑关系可能是在这个过程中自然产生的，这个过程是通过具有特殊解剖结构的脑实现的。同样，

脑并不需要事先有一种“客体”感，尽管脑的知觉系统的设计和不同的客体对有机体的利益所具有的不同意义，确实有助于把客体与冲击有机体的躯体感觉装置的混乱的刺激物区分开来。

[3] 你可能想要知道，我刚才所描述的这种非言语的说明是否是一种虚构，认识活动和自我是否是一些幻觉。这是一个有趣的问题，对它的回答也不止一种，但我的回答是，它们并不是虚构的。我们毕竟开始独立地，在以后、在我们的存在中、在其他存在中证实这个原始情节中的各种特征，例如，作为个体的活的有机体、客体以及在这个情节中所描绘的各种关系，实际上是一些一致的、系统的和普遍出现的特征。在这个意义上说，它们不是虚构的，因为它们尊重的是一种相对的真理标准。另一方面，也很难想象它们描述的是任何绝对真理。从宇宙的尺度来看，意识的成就是有限的，它让我们看到的东西也是有限的。 351

[4] A. Damasio and H. Damasio, “Cortical systems for retrieval of concrete knowledge: The convergence zone framework,” in *Large-Scale Neuronal Theories of the Brain*, ed. Cristof Koch and Joel L. Davis (Cambridge, Mass.: MIT Press, 1994): 61－74; A. Damasio, “Concepts in the brain,” *Mind and Language* 4 (1989): 24－28.

[5] Jerome Kagan, *The Second Year: The Emergence of Self-Awareness* (Cambridge, Mass.: Harvard University Press, 1981); M. Lewis, “Self-conscious emotions,” *American Scientist* 83 (1995): 68－78.

[6] 关于回忆过程的更多背景，请参见《笛卡尔的错误》（第9章）和丹尼尔·沙克特（Daniel Schacter）的《寻找记忆：脑、心灵和过去》（*Searching for Memory: The Brain, the Mind, and the Past*, New York: Basic Books, 1996）。我对回忆的看法是以弗里德里克·巴特利特（Frederic Bartlett）为基础的，他介绍了这种观点，我们并不是对被感受到的客体的摹真本进行回忆，而是尽可能最好地对某些最接近原始知觉的方面进行重新建构。参见 Frederic C. Bartlett, *Remembering: A Study in Experimental and Social Psychology* (Cambridge, England: The University Press, 1954).

[7] John Ashbery, “Self-Portrait in a Convex Mirror,” in *Selected Poems* (New York: Penguin, 1986).

[8] R. W. Sperry, M. S. Gazzaniga, and J. E. Bogen, “Interhemispheric relationships: The neocortical commissures; syndromes of their disconnection,” in *Handbook of Clinical Neurology*, ed. P. J. Vinken and G. W. Bruyn, vol. 4 (Amsterdam: North-Holland, 1969): 273－290.

[9] Julian Jaynes, *The Origin of Consciousness in the Breakdown of the Bicameral Mind* (Boston: Houghton Mifflin, 1976); D. Dennett, *Consciousness Explained* (cited earli-

er)；H. Maturana and F. Varela，*The Tree of Knowledge*.（见前文引用）

[10] 这句话似乎是由一个并不罕见的事件引起的——当一个在晚上独自站岗的卫兵听见脚步声的时候，他问道，"是谁在那里?"但是，这并不只是问一句"qui vive"，莎士比亚几乎利用了一切机会，有意地把它作为一种手段，来说明他的戏剧的那种深刻探究。几年前，彼得·布鲁克（Peter Brook）在他编写和上演的一个戏剧中揭示了这种一开始就提出问题的重要性，这个戏剧是根据《哈姆雷特》（*Hamlet*）改编的，题目就是《谁在那里?》（*Qui est là*?）。

[11] 对于在人的心理中存在着一种讲故事的姿态，有人曾直接或间接地对此进行过评论。
352 当丹尼尔·丹尼特描述他的那个几易其稿的意识模型的时候，他是在含蓄地把使用言语讲故事作为我称之为**扩展意识**的一个依据。迈克尔·加扎尼加（Michael Gazzaniga）要求人们注意在裂脑病人的大脑左半球的那些令人难以置信的语言倾向，并且假设了一个以语言为基础的皮层"解释器"；马克·特纳（Mark Turner）指出，对高级认知过程来说，文字叙述是和它同源的。参见 D. Dennett，*Consciousness Explained*（cited earlier）；M. Gazzaniga，*The Mind's Past*（Berkeley：University of California Press，1998）；and M. Turner，*The Literary Mind*（New York：Oxford University Press，1996）.

[12] 沃尔夫·辛格（Wolf Singer，1998）和格尔德·萨默霍夫（Gerd Sommerhoff，1996）已经讨论过一个使人想起我的二级映射的概念。他们两人都认为，有必要形成一些持续脑活动的元表征，但是，在辛格（Singer）那里，这种表征的神经位置和我的大不相同（他提议把它放在更新的皮层结构中，例如额叶中），而在萨默霍夫（Sommerhoff）那里，则没有详细说明。在这两种情况下，元表征的结果就成为某种完整的工作空间，而不是我所详细说明的那种自我感。W. Singer，"Consciousness and the structure of neuronal representations，"*Philosophical Transactions of the Royal Society of London* Series B（Biological Sciences）353（1998）：1829－1840；G. Sommerhoff，"Consciousness Explained as an Internal Integrating System，"*Journal of Conscious Studies* 3（1996）：139－157.

第7章

[1] Jerome Kagan，*The Second Year*（cited earlier）；M. Lewis，"Self-conscious emotions，"1995.（见前文引用）

[2] 参见 P. Goldman-Rakic，"Circuitry of primate prefrontal cortex and regulation of behavior by representational memory，"in *Handbook of Physiology*：*The Nervous System*，vol. 5，ed. F. Plum and V. Mountcastle（Bethesda，Md.：American Physiological Soci-

ety, 1987): 353—417; A. Baddeley, "Working memory," *Science* 255 (1992): 566—569; Edward Smith and John Jonides for references on working memory in general (E. E. Smith, J. Jonides, and R. A. Koeppe, "Dissociating verbal and spatial working memory using PET," *Cerebral Cortex* 6 [1996]: 11—20; E. E. Smith, J. Jonides, R. A. Koeppe, E. Awh, E. H. Schumacher, and S. Minoshima, "Spatial versus object working-memory: PET investigations," *Journal of Cognitive Neuroscience* 7 [1995]: 337—356); and Stanislas Dehaene and Jean-Pierre Changeux for a proposed connection between working memory and consciousness (at Gulbenkian Symposium on Consciousness, 1998). [以及斯坦尼斯拉斯·德哈尼（Dehaene, Stanislas）和让一皮埃尔·钱格（Jean-Pierre Changeux）提出的在工作记忆与意识之间的联系，在古本凯恩（Gulbenkian）意识的专题研讨会上提出的，1998。]

[3] Bernard J. Baars, *A Cognitive Theory of Consciousness* (New York: Cambridge Univer- 353
sity Press, 1988). See also J. Newman, "Putting the puzzle together, Part Ⅱ: Towards a general theory of the neural correlates of consciousness," *Journal of Consciousness Studies* 4: 2 (1997): 100—121.

[4] Hans Kummer, *In Quest of the Sacred Baboon: A Scientist's Journey* (Princeton, N. J.: Princeton University Press, 1995); Marc D. Hauser, *The Evolution of Communication* (Cambridge, Mass.: MIT Press, 1996).

[5] A. Damasio, N. R. Graff-Radford, H. Damasio, "Transient partial amnesia," *Archives of Neurology* 40 (1983): 656—657.

[6] J. Babinski, "Contribution à l'étude des troubles mentaux dans l'hémiplégie organique cérébrale (anosognosie)," *Revue neurologique* 27 (1914): 845—847.

[7] 患有疾病失认的患者对其生病肢体的忘却与他们所表现出来的对全部情境的漠视相对应，他们对身患中风或健康可能存在严重问题的消息表现得非常冷静。相反，当你向一个左半球有镜像损伤的患者传达较坏的消息时，反应却完全是正常的。在对一个疾病失认症病人的系统研究中，我的同事史蒂文·安德森证实：疾病失认症比瘫痪更严重，它影响病人的整体健康状况。由于自传式记忆受到损伤而无法接纳适当的新知识，患有疾病失认症的病人就无法恰当地推论现在所发生的事情，未来可能会发生的事情，以及其他人对此有什么看法。他们也觉察不到，他们所做出的推论是不恰当的。当自传式的自我表象被破坏到这样的程度时，病人已经无法意识到这个自我的思想和行为不再是正常的了。参见 S. Anderson and D. Tranel, "Awareness of disease states following cerebral infarction, dementia, and head trauma: Standardized assessment," *The Clinical Neuropsychologist* 3 (1989): 327—339.

[8] 也许有人会问，鉴于人体几乎是左右对称的，为什么这种映射会偏向于右半球而不是同时分布在大脑两半球呢？答案就是：在人类以及非人类的物种中，大脑两半球的功能是交叉对称的，很可能是因为在选择一个行动或思想时，一个最终的控制者要比两个控制者好得多。（如果两半球在发出某种动作方面具有相同的作用，你可能会最终出现冲突，你的右半球可能会干扰左半球，你可能就不能很好地完成多个肢体间的协调动作）对有些功能来说，一个脑半球的结构必须要有优势，这种功能上的安排就被称为优势半球。

354 最著名的优势半球的例子与语言有关（在包括许多左利手在内的所有的人当中，95％以上的人的语言主要依赖于左半球的结构）。另一个优势半球（这次偏爱的是右半球）的例子包括对身体的整体感觉。正如以前所提到的，这不是一种单一的、持续的映射，而是一系列相互协调而又彼此分离的映射。对个人外部空间的表征、对身体状态的高级表征，以及对情绪的表征，都是右半球占优势。

[9] 肯尼斯·海尔曼（Kenneth Heilman）最近对这种传统的观点增补了一个有趣的解释，他认为，患者也没有想要移动的倾向，因此被剥夺了轻易地检查自己缺陷的方法。K. M. Heilman，A. M. Barrett，and J. C. Adair，"Possible mechanisms of anosognosia：a defect in self-awareness，" *Philosophical Transactions of the Royal Society of London* Series B（Biological Science series）353（1998）：1903—1909.

[10] A. Damasio，"Time-locked multiregional retroactivation，" 1989；A. Damasio，"The brain binds entities，" 1989（cited earlier）；A. Damasio and H. Damasio，"Cortical systems for retrieval of concrete knowledge，" in *Large-Scale Neuronal Theories of the Brain*.（见前文引用）

[11] 对这些概念和各个词语的神经基础的讨论，参见 H. Damasio，T. J. Grabowski，D. Tranel，R. D. Hichwa，and A. Damasio，"A neural basis for lexical retrieval，" *Nature* 380（1996）：499—505；D. Tranel，H. Damasio，and A. Damasio；"A neural basis for the retrieval of conceptual knowledge，" *Neuropsychologia* 35（1997）：1319—1327；D. Tranel，C. G. Logan，R. J. Frank，and A. Damasio，"Explaining category-related effects in the retrieval of conceptual and lexical knowledge for concrete entities：Operationalization and analysis of factors，" *Neuropsychologia* 35（1997）：1329—1339.

[12] Daniel Dennett，*Consciousness Explained*.（见前文引用）

[13] Alfred North Whitehead，*Process and Reality*，*Part* 3（New York：The Free Press，1978，C. 1929）.

[14] 我所建构的自传式自我的理论框架引发了对所谓多重人格这一神经生物学术语的思

考。在这些奇怪而且有争论的病例中，病人的独特身份和个人特征似乎从一种转变为另一种，而且在某些病例中，甚至兼具两种以上的身份。当然这种转变不像电影《除夕的三张面孔》（*The Three Faces of Eve*）（书和电影）中所描述的那样鲜明。看起来，这种临床呈现的形式和病人所处的这种状况的文化背景和治疗环境有关。但是，这些病人的特征转变得异常状态已经超出我们大多数人可以接受的范围。（也请参见 Ian Hacking，*Rewriting the Soul*：*Multiple Personalities and the Sciences of Memory* [Princeton，N. J.：Princeton University Press，1995].）身份和人格的产生不可能只有一套单一的集合点，就是说，对某一种身份和人格来说，并不是只有一套单一的相互联系的聚合区或痕迹与某一个有机体相联系，由于他们过去的生活历史中各种不同的环境，使每一个人总是努力创造不止一种主要的控制点。我猜想，这些多重的主导 355
控制点位于颞叶和额叶，从一个主导控制点转向另一个主导控制点，就使身份和人格的转换成为可能。这种转变包括丘脑的调节作用，就像在某种正常的人格中一样。从某种程度上来说，这种病人可能有不止一种自传式记忆，建构了不止一种同一性和反应方式，与他们的过去经历和可以预期的未来联系着。但是，显而易见，尽管他们能够表现出不止一种自传式自我，但这些病人却仍然只有一个核心意识的机制，而且只有一个核心自我。每一个自传式自我都必须使用同样的中央资源。对这个问题进行思考是很有趣的。它把我们带回到这种观念，即核心自我的产生与原始自我是紧密联系的，同时又是以一个大脑中对一个身体的表征为基础的。假定对一种身体状态来说，只有一套表征，那么，就会发生一种重大的病理歪曲，产生不止一个原始自我和不止一个核心自我。很可能这种歪曲和生活并不相容。另一方面，自传式自我的产生是在更高一级的解剖和功能水平上发生的，毫无疑问是与核心自我有联系的，它又部分地独立于它，因此，较少受某一有机体的强烈生物学阴影的影响。

核心自我的那个高度有限的组织以某种不可避免的方式与生物组织联系着，自传式记忆的组织是比较自由地从生物限制中潜在地转移出来的，这两个组织之间的区分强调的是核心自我及自传式自我在先天水平和后天水平上的不同程度的差异。有趣的是，为了保持与这种观点一致，有证据表明，虽然多重人格可能与某些种类的生物学倾向有联系，但它们的形成和发展却高度依赖于文化因素。

[15] "*Gott*，*Welch Dunkel hier*！"，路德维格·冯·贝多芬（Beethoven，Ludwig Von），*Fidelio*，第 2 场，第 1 幕。

[16] D. Schacter，1996，ibid.；A. Damasio，D. Tranel，and H. Damasio，"Face agnosia and the neural substrates of memory，" *Annual Review of Neuroscience* 13（1990）：89－109.

[17] E. R. Dobbs，*The Greeks and the Irrational*（Berkeley：University of California Press，1951）.

[18] J. Jaynes，*The Origin of Consciousness*.（见前文引用）

[19] 凯瑟琳·威尔克斯（Kathleen Wilkes）写了一篇有趣的关于语词意识的文章，通过讨论诸如汉语和匈牙利语是怎样处理这个概念的，这篇文章对我在这里所概括的那些差
356 异做了补充。参见 K. V. Wilkes，"一，yishi，duh，um，and consciousness，" in *Consciousness in Contemporary Science*，ed. A. J. Marcel and E. Bisiach（Oxford：Clarendon Press，1992）：16－41.

[20] Jean-Pierre Changeux，*Fondements naturels de l'éthique*（Paris：Editions Odile Jacob，1993）；J. －P. Changeux，*Une même ethique pour tous?*（Paris：Editions Odile Jacob，1997）；J. －P. Changeux and Paul Ricoeur，*Ce qui nous fait penser：La nature et la règle*（Paris：Editions Odile Jacob，1998）；D. Dennett，*Consciousness Explained*（cited earlier）；B. Baars，*A Cognitive Theory of Consciousness*（cited earlier）；J. Newman，"Putting the puzzle together，" 1997；Robert Ornstein，*The Evolution of Consciousness*（New York：Prentice-Hall，1991）；Robert Ornstein and Paul Ehrlich，*New World，New Mind*（New York：Simon and Schuster，Touchstone，1989）.

第8章

[1] 普鲁姆和J. 波斯纳，《对木僵和昏迷的诊断》（*The Diagnosis of Stupor and Coma*）（见前文引用）是我们建议对这个主题进行更深入地阅读的一个参考文献。

[2] 神经病学家从昏迷和植物状态的病例中所形成的观点（即意识的核心遭到了破坏，心灵停止了一切意图和目的）对于外行的观察者来说是非常明确的，并在大众文化中有所显露。《命运的逆转》（*Reversal of Fortune*）这部电影提供了一个非常好的例子。在尼古拉斯·卡赞（Nicholas Kazan）的剧本中，电影回溯了那些导致萨尼·冯·布罗（Sunny von Bulow）昏迷和持续性植物状态的事件。影片开始后不久，有一个镜头完美地描述了萨尼（Glenn Close 饰演）静止不动的身体，伴随着她的画外音告诉我们，她已经没有了意识和行为的能力。"脑死了，身体比任何时候都好，"她说。公众立刻被这种临刑前幽默的荒谬之处所吸引。让一个昏迷的人为参观者叙述其状态，这比让一个死人首先报告一下导致死亡的那些事件还要荒谬。顺便说一句，这正是比利·怀尔德（Billy Wilder）在他的不朽大作《日落大道》（*Sunset Boulevard*）中让乔·吉利斯（Joe Gillis）这个角色所表现的。在影片开始时，已完全死亡的吉利斯（由 William Holden 饰演）静静地浮在格罗里亚·斯万森（Gloria Swanson）的游泳池中，面部朝下，并开始用画外音告诉观众他是如何被枪杀的。这些剧本取得了如此成功，让人难以忘记，这说明非专家对这个问题已经在一定程度上涉及到意识是什么以及意识不是什么这个主要观点了。

[3] Ann B. Butler and William Hodos, "The reticular formation," in *Comparative Vertebrate Neuroanatomy: Evolution and Adaptation* (New York: Wiley-Liss, Inc., 1996): 164－179.

[4] 丘脑两侧大面积的损伤或大脑皮层两侧大面积损伤同样可以导致昏迷和持续性植物状态。

昏迷和持续性植物状态多半是由与新陈代谢的变化相反的脑结构损伤所引起的。357
通常导致这种损伤的是一些导致中风和头部伤害的脑血管疾病，脑组织由于直接机械损伤或者由于血管损伤而导致最终的崩溃，从这个意义上来说，这些脑血管疾病会产生类似于中风的结果。但是，也有其他的原因导致昏迷和持续性植物状态，而且昏迷和持续性植物状态之间存在着有趣的相互关系，下面将予以概述。

当由于中风或头部伤害导致的损伤引起昏迷产生时，正如在前面部分所表明的那样：这些损伤的位置就在脑桥高级水平上，以及/或者中脑水平上的脑干被盖的上半部分受到了损伤，而且下丘脑也受到了损伤。但是，损伤丘脑中的某些神经核，也就是板内核，也可以导致昏迷。板内核是起始于脑干，最终散布于整个大脑皮层的那条很长的上行通路的一部分。需要注意的是，在所有的这些结构损伤的例子中，需要同时损伤这些结构的左右两侧。只损伤这些关键区域的一侧是不会改变意识的。

[5] 在这种神经核中产生的那种类型的相互作用的一个例子，请参见 G. Aston-Jones, M. Ennis, V. A. Pieribone, W. T. Nickell, and M. T. Shipley, "The brain nucleus locus coerulus: Restricted afferent control of a broad efferent network," *Science* 234 (1986): 734－737; and B. E. Van Bockstaele and G. Aston-Jones, "Integration in the ventral medulla and coordination of sympathetic, pain, and arousal functions," *Clinical and Experimental Hypertension* 17 (1995): 153－165.

[6] Carlo Loeb and John Stirling Meyer, *Strokes Due to Vertebro-Basilar Disease; Infarction, Vascular Insufficiency, and Hemorrhage of the Brain Stem and Cerebellum* (Springfield, Ill.: Charles C. Thomas, 1965): 188; R. Fincham, T. Yamada, D. Schottelius, S. Hayreh and A. Damasio, "Electroencephalographic absence status with minimal behavior change," *Archives of Neurology* 36 (1979): 176－178.

[7] 如上所述，闭锁综合症通常是由桥脑和中脑前部的结构受损所引起的，但是一种严重的多等性神经病理变化（polyneuropathy）也能导致闭锁综合症，在这种情况下，传输肌肉收缩所必需的信号的神经出现了如此严重的机能障碍，以致出现大面积的瘫痪。某些药物也能够模拟闭锁综合症。乙酰胆碱的烟碱样受体对于控制肌肉收缩的神经纤维来说是必需的，一种被称为箭毒的麻醉药可以阻断这种受体，导致随意控制下的肌肉出现大面积的瘫痪。平滑肌（无横纹）的收缩依赖于不同类型的受体，即毒蕈碱型

358 受体，因此箭毒并不会阻断向那些受体的神经肌肉传输。所以，在情绪过程和体内平衡调节过程中发生的改变血管直径和若干内脏状态的非随意控制仍然可以在一个完全被箭毒麻醉的人身上出现。

[8] F. Plum and J. Posner，*The Diagnosis of Stupor and Coma*.（见前文引用）

[9] A. B. Scheibel and M. E. Scheibel，"Structural substrates for integrative patterns in the brainstem reticular core，" in *Reticular Formation of the Brain*，ed. H. Jasper，L. D. Proctor，R. S. Knighton，D. C. Noshy，and R. T. Costello（Boston：Little，Brown，1958）：31－55.

[10] Alf Brodal，*The Reticular Formation of the Brain Stem：Anatomical Aspects and Functional Correlations*（Edinburgh：The William Ramsay Henderson Trust，1959）；J. Olszewski，"Cytoarchitecture of the human reticular formation，" in *Brain Mechanisms and Consciousness*，ed. J. F. Delafresnaye，et al.（Springfield，Ill.：Charles C. Thomas，1954）：54－80；W. Blessing，"Inadequate frameworks for understanding bodily homeostasis，" *Trends in Neurosciences*，20（1997）：235－239.

[11] J. Allan Hobson，*The Chemistry of Conscious States：How the Brain Changes Its Mind*（New York：Basic Books，1994）.

[12] G. Moruzzi and H. W. Magoun，"Brain stem reticular formation and activation of the EEG，" *Electroencephalography and Clinical Neurophysiology* 1（1949）：455－473；F. Bremer，"Cerveau 'isolé' et physiologie du sommeil，" *C. R. Soc. Biol.* 118（1935）：1235－1241.

[13] R. Llinás and D. Paré，"Of dreaming and wakefulness，" *Neuroscience* 44（1991）：521－535；M. Steriade，"New vistas on the morphology，chemical transmitters，and physiological actions of the ascending brainstem reticular system，" *Archives Italiennes de Biologie* 126（1988）：225－238；M. Steriade，"Basic mechanisms of sleep generation，" *Neurology* 42（1992）：9－17；M. Steriade，"Central core modulation of spontaneous oscillations and sensory transmission in thalamocortical systems，" *Current Opinion in Neurobiology* 3（1993）：619－625；M. Steriade，"Brain activation，then（1949）and now：Coherent fast rhythms in corticothalamic networks，" *Archives Italiennes de Biologie* 134（1995）：5－20；M. H. J. Munk，P. R. Roelfsema，P. Koeig，A. K. Engel，and W. Singer，"Role of reticular activation in the modulation of intracortical synchronization，" *Science* 272（1996）：271－274；J. A. Hobson，*The Chemistry of Conscious States*（cited earlier）；R. Llinás and U. Ribary，"Coherent 40-Hz oscillation characterizes dream state in humans，" *Proceedings of the National Academy of Sciences of the United States*，90（1993）：2078－2081.

[14] 要回顾乙酰胆碱类神经核的解剖学知识，请参见 M. Mesulam，C. Geula，M. Bothwell，and L. Hersh，"Human reticular formation: Cholinergic neurons of the pedunculopontine and laterodorsal tegmental nuclei and some cytochemical comparisons to forebrain cholinergic neurons," *The Journal of Comparative Neurology* 283 (1989): 611－633. For general reviews on monoamine systems, see F. E. Bloom, "What is the role of general activating systems in cortical function?" in *Neurobiology of Neocortex*, ed. P. Rakic and W. Singer (New York: John Wiley & Sons Limited, 1997): 407－421; R. Y. Moore, "The reticular formation: monoamine neuron systems," in *The Reticular Formation Revisited: Specifying Function for a Nonspecific System*, ed. J. A. Hobson and M. A. B. Brazier (New York: Raven Press, 1980): 67－81. 359

[15] 虽然为一些希望探讨这个问题的读者提供了一些参考，但在这里不是回顾这些有趣发现的地方。请参见 A. J. Hobson, *The Chemistry of Conscious States*; M. Steriade, "Basic mechanisms of sleep generation," 1992.

[16] M. H. J. Munk, et al., "Role of reticular activation," 1996; M. Steriade, "Arousal: revisiting the reticular activating system," *Science* 272 (1996): 225－226.

[17] M. Steriade and M. Deschenes, "The thalamus as a neuronal oscillator," *Brain Research* 320 (1984): 1－63. Also see J. E. Bogen, for a pertinent review, "On the neurophysiology of consciousness: I. An overview," *Consciousness and Cognition*, 4 (1995): 52－62.

[18] D. A. McCormick and M. von Krosigk, "Corticothalamic activation modulates thalamic firing through glutamate 'metabotropic' receptors," *Proceedings of the National Academy of Sciences of the United States* 89 (1992): 2774－2778; R. Llinás and D. Paré, "Of dreaming and wakefulness"（见前文引用），1991.

[19] A. Brodal, *The Reticular Formation of the Brain Stem*.（见前文引用）

[20] F. Bremer, "Cerveau 'isolé' et physiologie du sommeil".（见前文引用）

[21] C. Batini, G. Moruzzi, M. Palestini, G. Rossi, and A. Zanchetti, "Persistent pattern of wakefulness in the pretrigeminal midpontine preparation," *Science* 128 (1958): 30－32.

[22] 与第一个预言有关的另一个相关实验关注的是一个对猫的实验，是斯普拉格（Sprague）及其同事在大概 40 年前所做的 [J. M. Sprague, M. Levitt, K. Robson, C. N. Liu, E. Stella, and W. W. Chambers, A neuroanatomical and behavioral analysis of the syndromes resulting from midbrain lemniscal and reticular lesions in the cat],

Archives Italiennes de Biologie 101 (1963)：225－295]。研究者损伤了脑干上部一侧或另一侧的上行感觉通路，或者在某些情况下同时损伤两侧的上行感觉通路。那些损伤一侧的上行感觉通路的案例本身是很有意思的，但是我只评论那些两侧上行感觉通路都受到损伤的案例。由于这些损伤，所有描述身体状态的躯体感觉输入都被切断了，所以中脑上部，下丘脑，丘脑和大脑皮层都不能得到这些输入。这些损伤同样也截断了听觉和前庭输入。虽然，至少有一部分从大脑皮层传向网状神经核的信号有可能也被这些损伤截断了，但是脑干中间和下面部分的网状神经核仍然继续接受躯体感觉信号。这些损伤的后果便导致一种严重的行为变化，一些标志性的变化有：情绪的消失，忽视嗅觉刺激（从一个高于损伤部位的水平上进入大脑，直接进入大脑皮层），与周围环境中的刺激和动物需要无关的、无目的的、刻板的行为。斯普拉格及其同事以一种非常有启发性的方式描述了这些动物，说它们看上去像个自动机器。这些动物
360 是醒着的，但是失去了情绪，而且与周围情景没有联系。它们就这样活了两年半，然后为了验尸研究而被杀死。

这个研究提出的意见和问题是很吸引人的。至少，这个研究认为完整无缺的网状神经核能够产生觉醒，允许行为的产生，但是这都不能保证那种标志着意识和计划出现的适当的适应行为的出现。这个研究同样认为，对保持情绪来说，一组连续的当前身体状态的信号是必需的，而且很可能对保持意识来说也是必需的。尽管假设仅仅破坏向下的皮层输入就能够解释这些结果是不合理的，但是这个观点部分地需要用一种可能性来完善，这个可能性就是从大脑皮层到网状神经核的通路受到了破坏，并导致了功能缺陷。最后，我必须指出，在猫身上所看到的一些行为与那些患有我在前面描述的局部意识失调——也就是癫痫自动症——的病人身上所表现出来的行为之间有相似之处。他们是醒着的，但是行为却是刻板的，这不是一个与脑皮层有关的切合实际的计划的一部分，而且没有证据证明一个核心意识和一个核心自我正在形成。

对于那些对神经科学的历史感兴趣的人来说，我应该补充一句，这个实验使得斯普拉格开始研究视觉中上丘的作用。斯普拉格注意到，他所制造的损伤鬼使神差地从底部切断了上丘。受到这种损伤的猫都呈现出上面所注释的那些不正常现象，以及视觉忽视。有一只猫的损伤没有从底部切断上丘，所有的不正常现象仍然出现了，但是就是没有出现视觉忽视 [J. M. Sprague, in *The History of Neuroscience in Autobiography*, ed. L. R. Squire (Washington, D. C.: Society for Neuroscience, 1996)]。

[23] M. H. J. Munk, P. R. Roelfsema, P. Koenig, A. K. Engel, and W. Singer, "Role of reticular activation in the modulation of intracortical synchronization," *Science* 272 (1996): 271－274.

[24] S. Kinomura, J. Larsson, B. Gulyás, and P. E. Roland, "Activation by attention of the

human reticular formation and thalamic intralaminar nuclei," *Science* 271 (1996): 512—515.

[25] R. Bandler and M. T. Shipley, "Columnar organization in the midbrain periaqueductal gray," *Trends in Neurosciences* 17 (1994): 379—389; M. M. Behbehani, "Functional characteristics of the midbrain periaqueductal gray," *Progress in Neurology* 46 (1995): 575—605; J. F. Bernard and R. Bandler, "Parallel circuits for emotional coping behavior," *J. Comp. Neurol.* 401 (1998): 429—436.

[26] J. Parvizi, G. W. Van Hoesen, and A. Damasio, "Severe pathological changes of the parabrachial nucleus in Alzheimer's disease," *NeuroReport* 9 (1998): 4151—4154.

[27] G. W. Van Hoesen and A. Damasio, "Neural correlates of cognitive impairment in Alzheimer's disease," in *Handbook of Physiology*, vol. 5, "Higher Functions of the 361 Nervous System," ed. V. Mountcastle and F. Plum (Bethesda, Md.: American Physiological Society, 1987): 871—898; T. Grabowski and A. Damasio, "Definition, clinical features, and neuroanatomical basis of dementia," in *The Neuropathology of Dementia*, ed. M. M. Esiri and J. H. Morris (New York: Cambridge University Press, 1997): 1—20.

[28] 当我们继续描述阿尔茨海默症的不同位置上的阿尔茨海默病变的时候，就有可能更加精确地将神经区域与认知/行为缺陷联系起来，并且因为这是我必须为这些问题寻找的些许答案中的一个，所以这应该积极地从事下去。很有可能的是，新发现的旁臂核上的阿尔茨海默症病理显示，这些疾病如果不会导致所有的缺陷的话，也能导致部分的缺陷。这必将与这些病人所遭遇的自主功能失调有确定的关系，而且这甚至可能是导致他们的呼吸疾病和肠胃疾病的不成比例的发病率的一个原因。

[29] 有一个有趣的观点，当反复释放神经递质消耗了胶质细胞中的糖原储备时，胶质细胞就会释放腺苷，导致非快速眼动睡眠的产生。非快速眼动睡眠反过来使得糖原在神经胶质中重新积累。参见 J. H. Benington and H. C. Heller, "Restoration of brain energy metabolism as the function of sleep," *Progress in Neurobiology* 45 (1995): 347—360.

[30] 想要回顾这方面的内容，参见 B. Vogt, L. Vogt, E. Nimchinsky, and P. Hof, "Primate cingulate cortex chemoarchitecture and its disruption in Alzheimer's disease," in *Handbook of Chemical Neuroanatomy*, vol. 13, *The Primate Nervous System*, *Part I*, ed. F. E. Bloom, A. Bjorklund, and T. Hokfelt (New York: Elsevier Science B. V., 1997).

[31] O. Devinsky, M. J. Morrell, and B. A. Vogt, "Contributions of anterior cingulate cor-

tex to behavior," *Brain* 118 (1995): 279 — 306; P. Maquet, J. — M. Peters, J. Aerts, G. Delfiore, C. Degueldre, A. Luxen, and G. Franck, "Functional neuroanatomy of human rapid-eye-movement sleep and dreaming," *Nature* 383 (1996): 163 — 166; P. Maquet, C. Degueldre, G. Delfiore, J. Aerts, J. — M. Peters, A. Luxen, and G. Franck, "Functional neuroanatomy of human slow wave sleep," *The Journal of Neuroscience* 17 (1997): 2807 — 2812; T. Paus, R. J. Zatorre, N. Hofle, Z. Caramanos, J. Gotman, M. Petrides, and A. C. Evans, "Time-related changes in neural systems underlying attention and arousal during the performance of an auditory vigilance task," *Journal of Cognitive Neuroscience* 9 (1997): 392 — 408; P. Rainville, B. Carrier, R. Hofbauer, M. Bushnell, and G. Duncan, "Dissociation of pain sensory and affective dimensions using hypnotic modulation," *Pain* (in press); P. Fiset, T. Paus, T. Daloze, G. Plourde, N. Hofle, N. Hajj-Ali, and A. Evans,
362 "Effect of propofol-induced anesthesia on regional cerebral blood-flow: A positron emission tomography (PET) study," *Society for Neuroscience* 22 (1996): 909; A. R. Braun, T. J. Balkin, N. J. Wesensten, F. Gwadry, R. E. Carson, M. Varga, P. Baldwin, G. Belenky, and P. Herscovitch, "Dissociated pattern of activity in visual cortices and their projections during human rapid eye movement sleep," *Science* 279 (1998): 91—95.

[32] See A. Damasio and G. W. Van Hoesen, "Emotional disturbances," in *Neuropsychology of Human Emotion*, 1983; M. I. Posner and S. E. Petersen, "The attention system of the human brain," *Annual Review of Neuroscience* 13 (1990): 25—42.

[33] Macdonald Critchley, *The Parietal Lobes* (London: E. Arnold, 1953).

[34] Barry E. Stein and M. Alex Meredith, *The Merging of the Senses* (Cambridge, Mass.: MIT Press, 1993).

[35] 上丘之间的紧密联系使得伯纳德·斯特里勒（Bernard Strehler）认为，照字面意义看，上丘就是意识的所在地。这是个非常极端的观点，在此处我是决不会认可这个观点的。当然，我提出的假设是完全不同的，但是斯特里德对四叠体功能的评论也是有深刻见解的。B. Strehler, "Where is the self? A neuroanatomical theory of consciousness," *Synapse* 7 (1994): 44—91。

[36] E. G. Jones, "Viewpoint: The core and matrix of thalamic organization," *Neuroscience* 85 (1998): 331—345. 从 E. G. 琼斯（E. G. Jones）对灵长类动物的研究中我们同样也知道，几个丘脑核团（包括板内核，但不完全包括板内核）的投射很广泛，它们的输入是来自脑干被盖的，这些丘脑核团中的神经元有一种特殊的化学标记：钙结合

蛋白。另一方面，一些特殊的中继神经核的输入来自蹄系束，这些神经核的投射符合大脑拓朴分布特性，这些神经核中的神经元有一种不同的标记：颗粒素（Parvalabumin）。

[37] H. T. Chugani, "Metabolic imaging: A window on brain development and plasticity," *Neuroscientist* 5 (1999): 29—40.

[38] A. Damasio, "Disorders of complex visual processing," in *Principles of Behavioral Neurology*, ed. M.-Marcel Mesulam, Contemporary Neurology Series (Philadelphia: F. A. Davis, 1985): 259—288.

[39] Lawrence Weiskrantz, *Consciousness Lost and Found: A Neuropsychological Exploration* (New York: Oxford University Press, 1997).

[40] A. Damasio, *Descartes' Error*; R. M. Brickner, "An interpretation of frontal lobe function based upon the study of a case of partial bilateral frontal lobectomy," *Research Publications of the Association for Research in Nervous and Mental Disease*, 13 (1934): 259—351; Richard M. Brickner, *The Intellectual Functions of the Frontal Lobes: A Study Based upon Observation of a Man after Partial Bilateral Frontal Lobectomy* (New York: Macmillan, 1936); Joaquin Fuster, *The Prefrontal Cortex: Anatomy, Physiology, and Neuropsychology of the Frontal Lobe*, 2nd ed. (New York: Raven Press, 1989). 请注意我没有将 6 区和 24 区的前运动皮层包含到前额叶中，因为这些区域与前额叶在功能上和解剖结构上是不同的。前运动皮层两侧受损是比较罕见的案例，所以很难对其进行实验研究。 363

第 9 章

[1] 这些机制是在《笛卡尔的错误》中提出来的，在这本书中对这些机制进行了详细的讨论。

[2] 参见 Vittorio Gallese and Alvin Goodman, "Mirror neurons and the simulation theory of mind-reading," *Trends in Cognitive Science* 2: 12 (1998): 493—501.

[3] 建议读者参阅雅克·潘克塞普（Jaak Panksepp）对与情绪有关的肽进行的研究，作为对背景感受的这一重要方面进行的评论。参见 J. Panksepp, E. Nelson, and M. Bekkedal, "Brain systems for the mediation of social separation-distress and social-reward: Evolutionary antecedents and neuropeptide intermediaries," *Annals of the New York Academy of Sciences* 807 (1997): 78 — 100; E. E. Nelson and J. Panksepp, "Brain substrates of infant-mother attachment: Contributions of opioids, oxytocin, and norepinephrine," *Neuroscience and Biobehavioral Reviews* 22 (1998): 437—452.

[4] I thank readers of *Descartes' Error* for calling my attention to the work of Susanne Langer (*Philosophy in a New Key: A Study in the Symbolism of Reasons, Rite and Art* [Cambridge, Mass.: Harvard University Press, 1942]) and of Daniel Stern (*The Interpersonal World of the Infant: A View from Psychoanalysis and Developmental Psychology* [New York: Basic Books, 1985]).

[5] G. W. Hohmann, "Some effects of spinal cord lesions on experienced emotional feelings," *Psychophysiology* 3 (1966): 143—156; P. Montoya and R. Schandry, "Emotional experience and heartbeat perception in patients with spinal-cord injury and control subjects," *Journal of Psychophysiology* 8 (1994): 289—296.

[6] W. B. Cannon, "The James-Lange Theory of Emotions: A Critical Examination and an Alternative Theory," *American Journal of Psychology* 39 (1927): 106—124.

[7] J.-D. Bauby, *Le scaphandre et le papillon* (cited earlier); J. Mozersky, *Locked In* (cited earlier).

[8] J. L. McGaugh, "Involvement of hormonal and neuromodulatory systems in the regulation of memory storage," *Annual Review of Neuroscience* 12 (1989): 255—287; J. L. McGaugh, "Significance and remembrance: the role of neuromodulatory systems," *Psychological Science* 1 (1990): 15—25.

第10章

364 [1] J. F. Kihlstrom, "The cognitive unconscious," 1987; A. S. Reber, *Implicit Learning and Tacit Knowledge* (cited earlier).

[2] See Victoria Fromkin and Charles Rodman, *An Introduction to Language*, 6th ed. (New York: Harcourt Brace, 1997).

[3] 要了解那种没有意识的语法知识的进化背景，请参见 Steven Pinker 的《言语本能》(*The Language Instinct*, New York: Morrow, 1994)；要了解人工语法的非意识本质，请参见 Reber, *Implicit Learning*.（见前文引用）

[4] A. Bechara, D. Tranel, H. Damasio, R. Adolphs, C. Rockland, and A. Damasio, "A double dissociation of conditioning and declarative knowledge relative to the amygdala and hippocampus in humans," *Science* 269 (1995): 1115—1118; S. Corkin, "Tactually guided maze learning in man: Effects of unilateral cortical excisions and bilateral hippocampal lesions," *Neuropsychologia* 3 (1965): 339—351; D. Tranel and A. Damasio, "Knowledge without awareness: An autonomic index of facial recognition by prosopagnosics," *Science* 228 (1985): 1453—1454; A. Damasio, D. Tranel, and H. Damasio,

"Face agnosia and the neural substrates of memory," *Annual Review of Neuroscience* 13 (1990): 89—109; L. Weiskrantz, *Consciousness Lost and Found* (cited earlier).

[5] A. Bechara, H. Damasio, D. Tranel, and A. Damasio, "Deciding advantageously before knowing the advantageous strategy," *Science* 275 (1997): 1293—1295; R. Adolphs, H. Damasio, D. Tranel, and A. Damasio, "Cortical systems for the recognition of emotion in facial expressions," *Journal of Neuroscience* 16 (1996): 7678—7687; A. Bechara, A. Damasio, H. Damasio, and S. W. Anderson, "Insensitivity to future consequences following damage to human prefrontal cortex," *Cognition* 50 (1994): 7—15.

[6] F. Jackson, "Epiphenomenal qualia," *Philosophical Quarterly* 32 (1982): 127—136.

[7] 帕特里夏·丘奇兰德（Patricia Churchland）已经在"欺骗问题"中对玛丽的思维实验做了可喜的讨论，参见 *Journal of Consciousness Studies* 3 (1996): 402—408。

第 11 章

[1] Nicolas Malebranche, *De la recherche de la verité* (Paris: A. Pralard, 1678—1679): 914.（以下是法语原文——译者）"C'est par la lumière et par une idée claire que l'esprit voit les essences des choses, les nombres et l'etendue. C'est par une idée confuse ou par sentiment, qu'il juge de l'existence des créatures, et qu'il connaît la sienne propre"（作者的翻译）。我感谢费尔南多·吉尔（Fernando Gil）使我注意到马勒伯朗士。

附 录

[1] A. Einstein, cited in J. Hadamard, *The Psychology of Invention in the Mathematical field* (Princeton, NJ: Princeton University Press, 1945). 365

[2] D. Hubel, *Eye, Brain and Vision* (New York: Scientific American Library, 1988). For background on selectional systems in biology see Jean-Pierre Changeux, *Neuronal Man: The Biology of Mind* (New York: Pantheon, 1985) and Gerald Edelman, *Neural Darwinism: The theory of Neuronal Group* Selection (New York: Basic Books, 1987).

[3] A. Damasio, "Time-locked multiregional retroactivation: A systems level proposal for the neural substrates of recall and recognition," *Cognition* 33 (1989): 25—62; A. Damasio, "The brain binds entities and events by multiregional activation from convergence zones," *Neural Computation* I (1989): 123—132; A. Damasio, 1994/1995 (cited earlier); G. Edelman, *Neural Darwinism* (cited abover); R. Llinás and D. Paré,

"Of dreaming and wakefulness," *Neuroscience* 44 (1991): 353—521.

[4] W. Singer, C. Gray, A. Engel, P. Koenig, A. Artola, and S. Brocher, "Formation of cortical cell assemblies," *Symposia on Quantitative Biology* 55: 929—952.

[5] F. Crick, *The Astonishing Hypothesis: The Scientific Search for the Soul* (New York: Scribner, 1994); F. Crick and C. Koch, "Constraints on cortical and thalamic projections: The no-strong-loops hypothesis," *Nature* 391 (1998): 245—250.

[6] J.-P. Changeux, *Neuronal Man* (cited above); G. Edelman, *Neural Darwinism*. (见前文引用)

致　谢

366

首先要感谢谢默斯·希尼（Seamus Heaney），他不经意间为本书的书名贡献了灵感。在他的诗《歌曲》（*Song*）的结尾写道：“当小鸟歌唱临近发生了什么的音乐之时。”使我对于本书主题的自然而又不可避免地采用了他诗中的用法。

在本书书稿酝酿之时，非常幸运能够与我的博学而又耐心的同事们进行讨论。其中有 Hanna Damasio，她的思想和建议是我连续不绝的灵感；Josef Parvizi，他对脑干的研究帮助我形成了脑区的观点，他的热情使原本复杂的任务简单起来。Ralph Adolphs，他始终是那么开放，但也从不认为一切理所当然。Charles Rockland，他不轻易接受任何解释，但却是最具建设性和慷慨的同事；Patricia Churchland，她对清楚澄清的坚持是一个友好的挑战；Mrs. 367
Lundy 是我永远的批评者，她并不是我想象之中那么严肃。在这期间，我还得到了曾阅读过书稿、并提出建议的众多同事的帮助。他们包括：Victoria Fromkin，Jack Fromkin，Paul Churchland，Fernando Gil，Jerome Kagan，Fred Plum，Pierre Rainville，Kathleen Rockland，Daniel Tranel，Stefan Heck，Antoine Bechara，Samuel Dunnam，Ursula Bellugi，and Edward Klima。他们的建议令我获益匪浅，感谢他们的智慧和友好。

同样感谢在书稿完成之际，我的几位同事的通读和对文本的慷慨点评。他们是 Gerald Edelman，Giulio Tononi，Jean-Pierre Changeux，Francis Crick，Thomas Metzinger，以及戴维·休布尔（David Hubel），作为所有人的梦想读者，他是如此严谨，一丝不苟。当然，文中的疏漏之处均由我承担责任。

还是感谢我曾工作过的美国衣阿华大学神经学系，尤其是认知神经科学中心的同仁，他们在这么多年的岁月中教会了许多，并营造了一种对于脑和心灵研究的独特氛围；以及美国神经病国家研究中心和马哲基金会（Mathers Foundation），他们令一切都得以成真。同样感谢在我的认知神经科学组中的那些神经病患者，感谢他们为我们理解他们的问题提供了机会。

我的助理，Neal Purdum在对文稿准备方面所进行的协调工作，以及Betty Redeker16年来一直负责处理我的手写稿；以及Donna Wenell以专业精神打印我的文稿。Denise Krutzfeldt和Jon Spradling以他们非凡的专业能力帮助我完成文献查找工作。

感谢Rachel Myers富于智慧的文字编辑工作，以及David Hough以他的
368 耐心和准确将各个部分进行了统整。最后，还要感谢我的两位朋友Jane Isay和Michael Carlisle的支持和引导，没有他们的建议和热情我就不可能完成这个项目。

索　　引*

Index

* 本索引的每个条目后所附数码为原文页码，即中文版边码。页码后面出现的字母 n 表示注释的编号。

C

D

I

M

O

R

S

U

V

W

X

Z

译 后 记

神经科学的研究是当今时代最具有影响力的学术研究领域之一。通过对脑和神经系统的科学研究，可以揭示许多前人所无法探究的人类心灵的奥秘。作为人类三大奥秘之一的意识，同样离不开神经科学的研究。因此，在很大程度上说，神经科学的研究和心理学研究是密切联系的。

本书的作者安东尼奥·达马西奥是美国国家科学院医学研究院院士，美国艺术与科学院院士，美国南加州大学脑与创造性研究所中心主任，曾担任美国衣阿华大学医学院神经学系主任，是世界知名的神经科学家。近年来，作者与我国学者有很多学术联系，曾应邀来我国讲学和进行学术交流。本书以幽默、风趣的语言，以生动的案例和深刻的哲理，分析了人类脑和意识的关系，探究了身体和情绪在意识形成中的作用，以及脑的不同部位的损伤对人的心理活动的影响。作者以强烈的批判性思维精神，从严谨的科学分析视角，向学术界的一些传统的认识提出了挑战。例如，对意识的产生，传统的观念认为，意识是在语言产生之后才出现的，因此，意识是只有人类才特有的。而作者从神经科学的研究中发现，意识可以进一步划分为“核心意识”和“扩展意识”，核心意识是人类和其他生物所共有的，它的脑机制主要位于脑的旧皮层；而扩展意识才是人类所独有的，它和大脑皮层，尤其是和负责语言的脑区有非常密切的联系。这种意识的划分对我们深刻地认识意识的起源提供了某些脑科学的依据，也提供了深刻的哲学思考。作者还以详尽的科学证据阐述了情绪的生理机制，对传统的表情分类和情绪的脑机能定位做了新的理论阐释，提出了很多发人深思的理论观点。可以说，对于研究神经科学和心理学的学者来说，本书确实是一本值得一读的好书。即使是对那些并不专门研究神经科学的学者来说，本书同样会带来深刻的思想启示。

本书在翻译过程中，得到了国内外学术界很多专家学者的帮助。在本书出版之际，我愿意真诚地向给予我热心帮助的学界前辈和同仁表示真诚的感谢：感谢加拿大多伦多大学心理学系的 Charles Helwig 教授帮助我更深刻地理解了一些英文语词的内涵；感谢北京大学心理学系的沈政教授和南京师范大学教科院的刘昌教授对本书所作的认真而细致的审校，感谢南京师范大学的蔡厚德教授对书中某些概念的热心解答。最后，我愿意真诚地感谢教育科学出版社的周益群编辑，她的努力，使本书增色不少。

由于我的科研和教学任务较重，也出于锻炼年轻人的考虑，本书的翻译是集体智慧的结晶。本书各章的翻译安排如下：杨韶刚翻译第 1 章、第 4 章、第 5 章、第 6 章、第 9 章、第 10 章、第 11 章、附录和索引；我的研究生袁萍华参与翻译第 2 章、孙秀娟参与翻译第 3 章；刘昌教授的研究生杨萌参与翻译第 8 章和部分索引；侯建成参与翻译第 7 章。最后，我用了一个多月的时间对全书做了认真的校对。

尽管我们努力想把这本书非常完美地展现给读者，但限于我们的翻译水平和对本书理解的不够深透，书中的译文仍不免会有一些问题和不足。我们诚恳地希望学术界的专家学者提出意见。

杨韶刚
广东外语外贸大学白云山麓
2007 年 9 月

作者联系方式

Antonio Damasio，M. D. ，Ph. D.

David Dornsife Professor of Neuroscience，and

Director，Brain and Creativity Institute，

University of Southern California

Institute General Number：213 821 2377

Antonio Direct：213 740 3462

Institute Fax：213 821 3099

Email：damasio @ college. usc. edu

Hanna Damasio，M. D.

Dana Dornsife Professor of Neuroscience，and

Director，Dana and David Dornsife Cognitive Neuroscience Imaging Center，

University of Southern California

Center Number：213 821 7031

Center Fax：213 740 5372

Email：hdamasio @ college. usc. edu

通信地址：

Department of Psychology

University of Southern California

Hedco Neuroscience Building Room 126

3641 Watt Way

Los Angeles，CA

U. S. A. 90089-2520

研究中心办公室主任：

Susan Lynch

Phone：213 740 3462

E-mail：splynch @ college. usc. edu

出 版 人　所广一
责任编辑　周益群
版式设计　贾艳凤
责任校对　贾静芳
责任印制　曲凤玲

图书在版编目(CIP)数据

感受发生的一切:意识产生中的身体和情绪/(美)达马西奥著;杨韶刚译.—北京:教育科学出版社,2007.9(2013.3 重印)

书名原文:The Feeling of What Happens:Body and Emotion in the Making of Consciousness

ISBN 978-7-5041-3985-6

Ⅰ.感…　Ⅱ.①达…②杨…　Ⅲ.意识-研究　Ⅳ.B022

中国版本图书馆 CIP 数据核字(2007)第 108145 号

北京市版权局著作权合同登记 图字:01-2006-3942 号

感受发生的一切:意识产生中的身体和情绪

GANSHOU FASHENG DE YIQIE:YISHI CHANSHENG ZHONG DE SHENTI HE QINGXU

出版发行	教育科学出版社		
社　址	北京·朝阳区安慧北里安园甲 9 号	**市场部电话**	010-64989009
邮　编	100101	**编辑部电话**	010-64989421
传　真	010-64891796	**网　址**	http://www.esph.com.cn
经　销	各地新华书店		
制　作	北京金奥都图文制作中心		
印　刷	保定市中画美凯印刷有限公司		
开　本	169 毫米×239 毫米　16 开		
印　张	21.5	**版　次**	2007 年 9 月第 1 版
字　数	354 千	**印　次**	2013 年 3 月第 3 次印刷

Original English Title:
The Feeling of What Happens: Body and Emotion in the Making of Consciousness
By Antonio R. Damasio

智慧教师读本②
我们如何学习

提升儿童脑功能四部曲：理论与操作

陈瑞燕　主编

教育科学出版社
·北　京·

作　者　简　介

陈瑞燕博士，香港中文大学心理学系教授，曾先后获得美国密歇根大学学士，心理学硕士及社会工作学硕士学位，美国加州大学圣地亚哥分校临床脑功能心理学博士学位，是国际知名的脑功能科学家及临床心理学家。

陈教授拥有丰富的临床经验，曾服务于美国军人医院、合氏康复中心及雅氏痴呆症研究中心。她于2003年在香港中文大学创办脑智能研究室和心智综合复康中心，积极地将科研成果实践于临床工作上，研发有助于提升脑功能的方法，先后为多种脑异常病患者，如自闭症、专注力不足/过度活跃症、发展迟缓、痴呆症等，提供治疗服务。

陈教授的工作受到学术界和社会人士的广泛认同，研究报告更曾刊登于国际顶尖学术期刊，包括*Nature*、*Neuropsychology*、*Archives of Neurology* 等杂志。BBC、ABC及New York Times曾专门报导其科研成果。2004年，陈教授获得美国心理学会颁发的早期成就奖，以表彰她对脑科学研究及发展的贡献。她更于2003年获选为香港十大杰出青年，以表彰其在学术及公益事务方面的成就。

香港中文大学脑智能研究室

人的思想、情绪和行为皆源于脑，而脑的运作影响着人们日常生活的每个细节。因此，大部分的行为问题其实反映了脑功能之异常运作。加深对脑的认识有助我们了解人类的行为，并改善生活的质量。脑功能心理学就是探讨脑运作与行为之关系的一门科学。自1997年以来，脑智能研究室一直致力于推动脑功能心理学之本土发展及研究，积极研发有效而简单的疗法，以改善脑异常病患者的认知（如记忆、语言、计划及组织能力）、情绪及行为等问题。

香港中文大学心智综合复康中心

心智综合复康中心自2003年成立以来，一直以综合治疗为原则来提升脑部功能，从而改善情绪及行为问题，并提高学习及工作效率和生活品质。此中心结合西方的脑科学、中国的禅学及养生学作为治疗基础，并采用经科研实证的治疗方法。根据十多年的科研及临床经验，心智综合复康中心创制了一系列具科研实证的治疗方法与评估工具，例如德建身心疗法®、“脑·智·心”®训练、《香港文字记忆学习测试》及《痴呆症衡量表（中文版）》评估工具。

目录【CONTENTS】

序

谁不希望变得更聪明？谁不希望工作效率更高？谁不希望成绩更好？然而有很多人，不论是儿童还是成年人，往往学习或做事感到力不从心，虽然自己花了很多时间和精力，成果都不理想。其实，我们常常有一个误解，认为将越长的时间用在工作上，或学习越多的新事物，成绩便会变得越好，但忽略了过分操劳正是我们失败的原因，因为这样的工作习惯或学习模式并不符合脑运作的原理。

我们的思想和行为，包括学习、记忆、言语、手脚之运作等功能都是由脑控制的。若脑运作得不好，我们的认知能力便会受到负面影响，例如记忆力减弱、语言失准、学习障碍，甚至出现情绪问题。相反，假如脑能以其最佳状态运作，发挥最高水平的认知功能，学习及工作效率自然会提升。

怎样才能确保脑以最佳的状态运作呢？这个问题是现今科学及教育界一个热门的课题。有很多人曾问我，要提升脑的功能，是否需要吃山珍奇药，还是参加精修速成的课程呢？还不时有朋友或同事拿来这样那样的一些保健产品，以及一些昂贵的培训课程询问我的意见。

针对这些疑问，我和一些同事愿以教育工作者身份，从科学的角度，提出见解。我们将从科学研究结果中寻找答案；从脑基本的机能去探究提升脑功能的方法。本书提出的方法可能简单得没有人会相信，因为很多人认为只有深奥的道理或花上不少金钱换来的东西才是好的。事实却不然。让我们作一个比喻：就像种植一盆茁壮的植物，你只需定时浇水并给予充足的阳光，中间补给些肥料即可。水及阳光这些基本的元素，根本不用花很多的金钱，但你需要付出一份恒久的耐心及工夫。也许会有人游说你买下他制造的“神奇花盆”，只需把花种下，不需要水分和阳光，植物自然会生长。这样无疑会省下你很多工夫，但世界上并没有这样不需要水分和阳光也能令植物生长的花盆。一个美丽的花盆，只能作为点缀，并不是植物生长的必要条件。同样，提升脑功能的方法，就如植物需要水分和阳光一样简单，人人可以做到，只需在生活习惯上稍作改变，便可以见效。至于昂贵的补脑食品或课程，只能起辅助作用而已。

我们的工作小组用了多年时间搜集了近200份国际科研资料，并对它们分析及归纳，由于相关资料太多，搜集及整理难免挂一漏万，请读者多多赐教和包涵。我们欢迎读者来信讨论，共同为人类的发展作出努力。

陈瑞燕

2010年10月

导言

脑的结构分为不同部分，而每一部分各有自己独特的认知功能。它的运作恰似管弦乐团演奏悦耳的音乐，各部分既有不同的功能，又必须相互配合，从而达到最佳效果。

在讨论如何提升脑功能之前，先让我们了解脑的结构及运作，这有助于大家明白哪些要素才真正对脑有益。一般成年人的脑重约1.3—1.4千克，分成左半球和右半球（见图1）。我们的脑可分成不同部分，它们各司其职，负责不同的认知功能（见图2）。看到这个类似核桃肉的组织，我们不禁会问：它是怎样令我们学习、记忆、说话、有计划地储钱、给父母购买生日礼物、与其他同学合作完成作业、创作文章、创造模型的呢？科学家是怎样对这堆“东西”分辨出不同的部分及功能的呢？不同的部分能互相沟通吗？它们是依靠什么能源来生存和运作的呢？

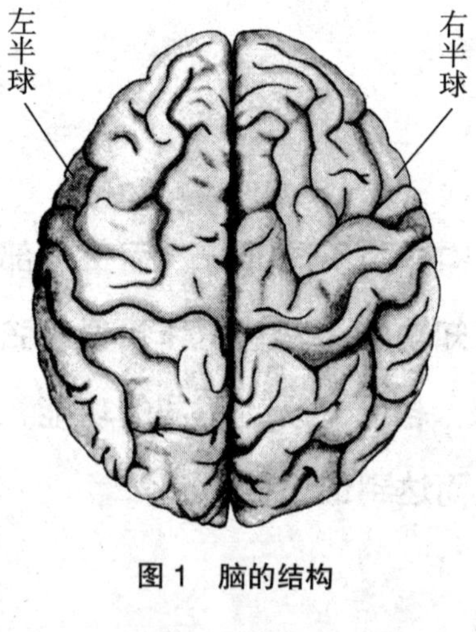

图1 脑的结构

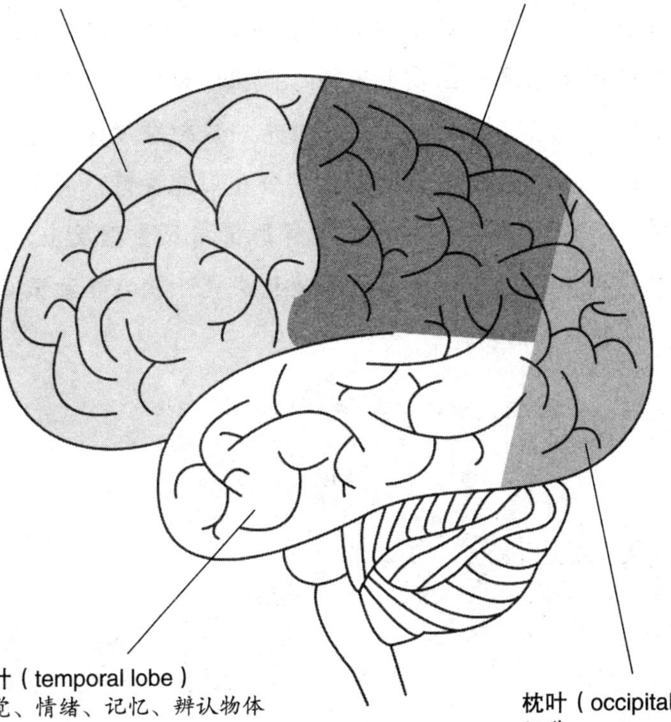

图2　脑的结构

从生物生理学的角度来看，我们的脑是由数以亿计的神经细胞（nerve cell）或“神经元”（neuron），以及数以兆计的神经胶质细胞（glial cell）所组成的。除基本的细胞组织外，神经元还从本体处长出触手状的组织，称为“轴突”（axon）和“树突”（dendrite）（见图3）。简单地说，轴突负责传导讯息，树突负责接收讯息，其中包括储存及整理讯息的功能。神经元与神经元之间被一条空隙分隔，它们通过化学元素和电讯号两条渠道互相沟通，形成了“脑神经元网络”。讯息能于脑神经元网络中快速传递，全都依赖轴突末端释放出来的神经递质（neurotransmitter），以及轴突外层的脂肪组织——髓鞘（myelin sheath）。当一个神经元受到刺激，其轴突便释放神经递质以刺激相邻的神经元的树突部位，继而通过电流把讯息传至轴突末端，再利用神经递质刺激下一个神经元，如此类推。髓鞘的最大功用是加快神经传递的速度。脑神经元网络就如一块精密的电路板，令我们能说话、阅读、听到四周的声音，并且可以作出各式各样的情绪及生理反应。可是，一旦髓鞘受到破坏或是神经递质释放量失调，就会导致讯息传递失衡，进而影响脑的功能。

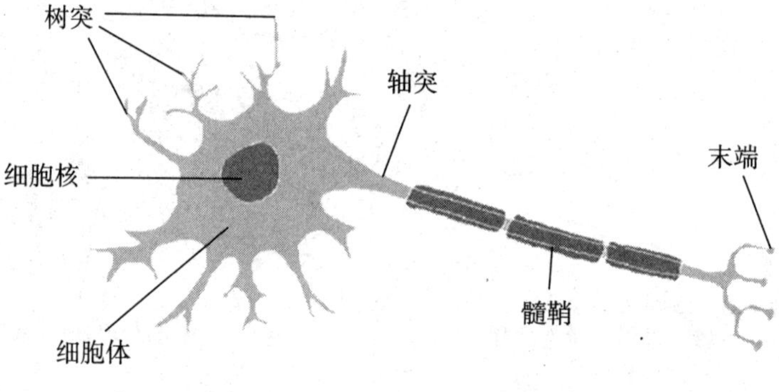

图3　脑神经元负责传递和接收讯息

我们可以简单地将神经胶质细胞理解为一辆运输工具，其主要的工作包括提供养分给神经元网络、维持神经元特定的所在位置、消化及清除已死的神经细胞，以及调控细胞外基质的成分。这里提到的养分是从血液中摄取的，其中包括氧气及多种营养素。虽然脑的重量只占成人体重的2%，但它却是全身耗氧量最多的器官。

我们对脑的结构及运作有了基本的认识，便能更进一步了解脑神经元网络与认知功能发展之间的关系。以前我们认为衰老的原因是脑细胞死亡而数目减少，导致脑细胞间的讯息减弱，影响认知功能的正常运作。没错，脑细胞是会死亡的，然而健全脑细胞上的树突是可以继续生长的。如果我们能够令健全脑细胞上的树突不断增长，脑细胞之间的网络便能建立紧密的联系。那么，即使脑细胞的数目减少，讯息也能通过紧密的网络传递，保持认知功能的运作。这样，我们也许能延缓衰老。

科学家怎样了解脑部的运作呢？脑神经科研人员及医生是通过一些精密的仪器来探知脑的运作的，其中一种途径是通过脑电波测量仪器，诊断脑部结构是否存在病变。脑电波是以 α 波、θ 波及 β 波来反映脑部运作的状态：α 波的出现显示脑部处于松弛状态（Stern, Ray & Quigley, 2001）；θ 波的出现显示出脑正在深度休息，通常发生在睡眠期中的第三或第四阶段的状态；β 波的出现则显示出脑正处于紧张状态（见图 4）。

另一种帮助我们了解脑不同部分的工作及沟通的方法是功能性磁共振成像（functional magnetic resonance imaging, fMRI）。这项技术能让科研人员不需“剖开”脑部，就可以直接观察脑内不同部分的运作及其与行为的关系。其原理是这样的：例如，当我们愤怒得双手握拳时，与此动作有关的脑部皮质也会活跃起来，此时局部脑组织的血流量会明显增加，含氧血红素与脱氧血红素的比值会升高，造成磁共振讯号的增强，而在影像上得以显示。

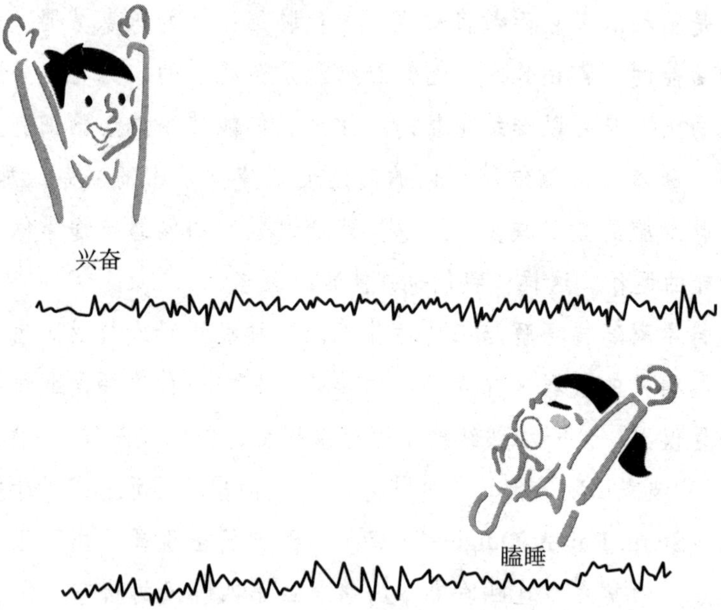

图 4　人处于不同状态会有不同的脑电波

提升脑功能计划“四部曲”

从动物实验中我们发现，如果使用一些方法去改善老鼠的神经网络发展，它们的学习能力会增强，思想反应亦会较敏锐。同样地，我们相信，假若人类脑神经元能健康发展，我们的脑功能也会有良好的发展。因此，我们根据中外有关脑神经科研文献的资料及对脑发展与人类生活和行为的联系的了解，归纳出提升脑功能的“四部曲”：“静出智慧”、“用出智慧”、“动出智慧”和“食出智慧”。

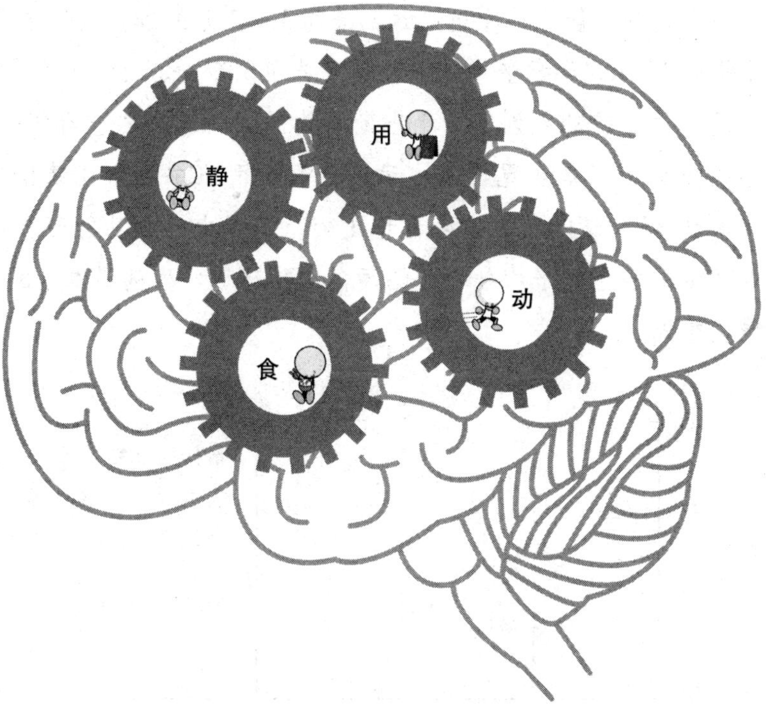

我们于2001年10月至2002年5月期间，在香港保良局陆庆涛小学推行了一套提升学生脑功能的计划。在全部72名自愿参与的学生当中，有38名为学业成绩稍差或被老师评定为有行为问题的学生，其余的则是成绩达中等程度的学童。其中一半的学童被随机分配到提升脑功能的小组（提升脑功能班），另一半则被分配到功课辅导班（功辅班）。两组学生的年龄、计划前的学业成绩及认知功能都大致相同。结果发现，经过40节（每节半小时）提升脑功能计划的训练，成绩稍差或有行为问题的学童，与功辅班的学童相比，明显地有以下四方面的改善。

一、学业成绩有进步。我们以学生于训练前和训练后的校内总成绩平均分作比较，结果发现功辅班的学生最高只进步了3.97

分，而提升脑功能班的学童则达到最高 13.35 分的进步（见图 5），其中更有 17% 的学童平均分增长幅度是在 3.97 分以上。此外，我们亦发现提升脑功能训练对于出勤率较高及训练前总平均分较低的学生来说，成效更见显著。我们分别于两班中抽出成绩稍差、出勤率达 85% 或以上的学生再作比较，发现提升脑功能班当中，有 37.5% 的学生其平均分增长幅度，比功辅班学生的最高 2.87 分的增长要大。

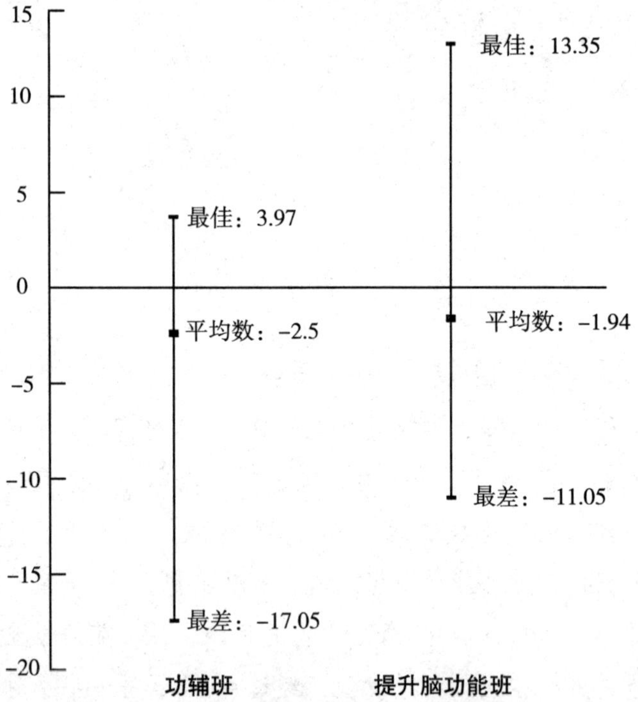

图 5　校内总成绩平均分的改变程度

二、行为问题减少。依据学校老师的评定，提升脑功能班中成绩稍差的学生在训练后的整体及内向行为问题减少了，尤其改善了孤立行为及专注力不足的表现；相反，功辅班的各方面行为问题却没有什么转变（见图6）。

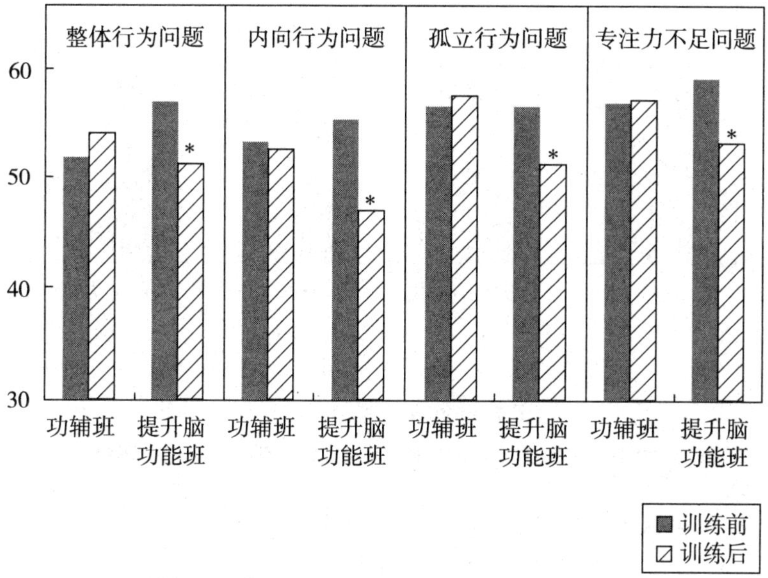

图6 行为问题指数（总分）[1]

*表示该组别于训练前和训练后的行为问题差异达到统计学中显著性水平（p值小于0.05）。

[1] 行为问题指数越低，表示行为问题越少。

三、记忆及应变能力改善。我们利用临床脑功能测试工具分别测量两班学童的记忆及应变能力。提升脑功能班学生的记忆及应变能力都有明显进步，但功辅班学生的表现则维持不变。至于提升脑功能班成绩稍差的学童，他们的记忆力同样呈现显著的进步，而应变能力亦呈现改善的趋势（见图7和图8）。

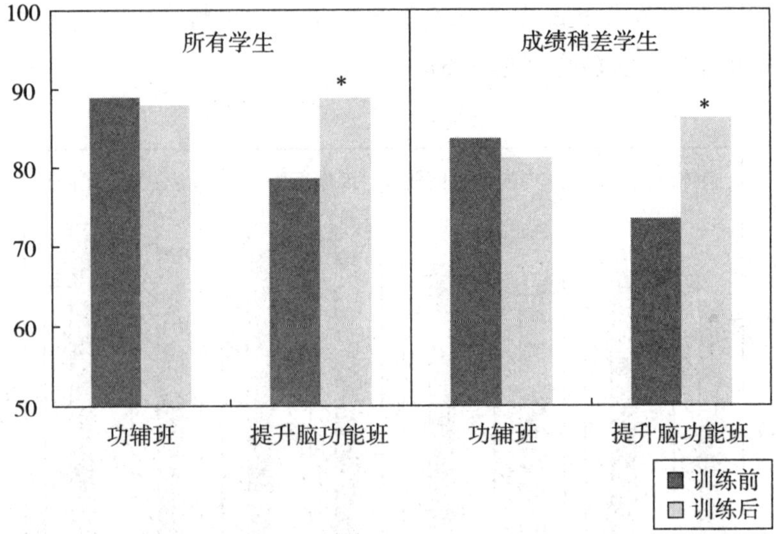

图 7　记忆能力指数（%）[1]

*表示该组别于训练前和训练后的记忆能力差别达到统计学中显著性水平（p 值小于 0.05）。

[1] 记忆能力指数越高，表示记忆能力越好。

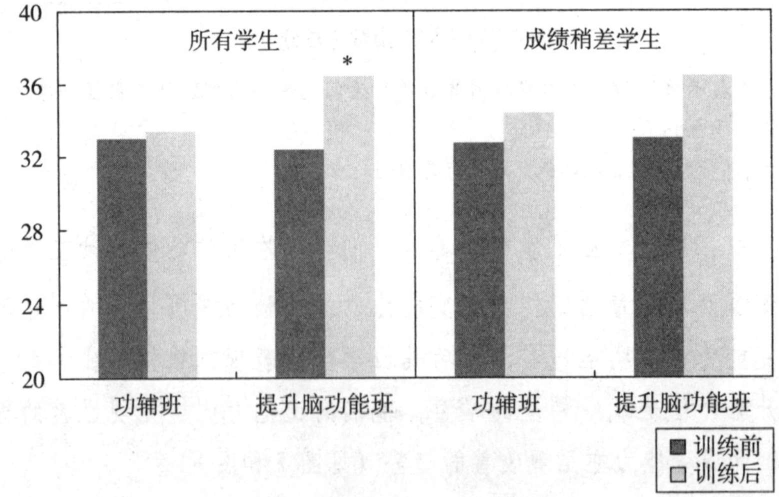

图 8　应变能力指数（总分）[1]

*表示该组别于训练前和训练后的应变能力差别达到统计学中显著性水平（p 值小于 0.05）。

[1] 应变能力指数越高，表示应变能力越好。

四、专注力提升。提升脑功能班亦同样改善了学生的专注力。训练后，他们在一项专注力测试中的准确程度明显地进步了。而功辅班的学生则没有显著改善（见图9）。

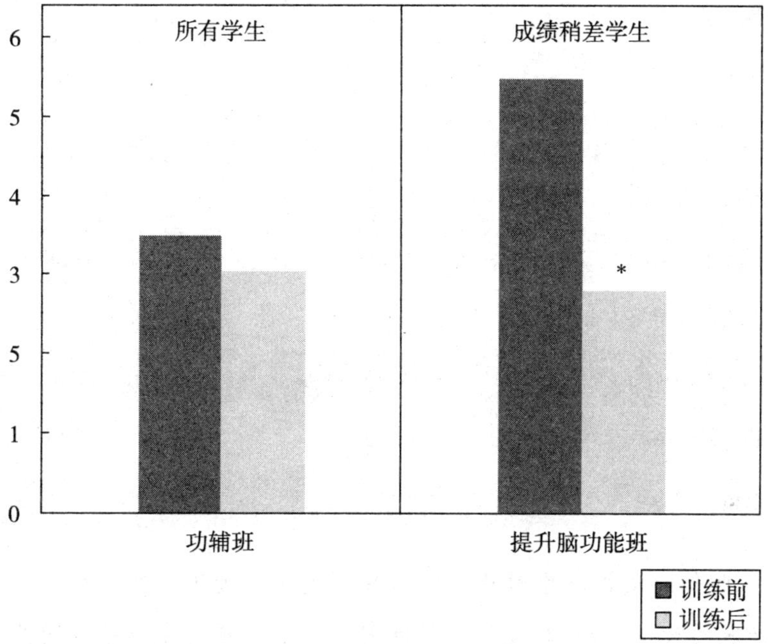

图9 答错数目（总分）[1]

*表示该组别于训练前和训练后的专注力差别达到统计学中显著性水平（p值小于0.05）。

[1] 答错数目越少，表示专注力越好。

个案报告

除了整个组别的平均表现外，我们发现提升脑功能班中的个别学生呈现了多方面的进步。以下是一名10岁的出勤率接近85%的学生在各方面的改善情况（见表1）。

表 1　某 10 岁学生各方面的改善情况

项　目	训练前	训练后	改善（%）
学业成绩（期终）	62	70	13
期终名次	124	97	22
专注力（所需时间）	71	36	49
出现集中力问题（家长评分）	4	1	75
出现集中力问题（教师评分）	16	12	25
出现攻击性行为（家长评分）	6	2	67
出现攻击性行为（教师评分）	17	10	41
脂肪比例（%）	22	20	7
肺容量（毫升）	320	475	48

此外，从该学生对音乐的联想而绘制的图画，亦显现出其心理状况的改变。图 10 是他于训练第一堂课，在听完音乐后所绘的图。其所画的鸡腿，无论是笔触或是用色都反映出他内心充满着负面的愤怒情绪。但 4 个月后，他竟画了一幅欢欢喜喜的海豹图（图 11），图的右下方还加上一张笑脸（圆圈位置），可见他变得开心多了。从图画的内容方面比较，他后期的图画（图 11 和图 12）与最初的鸡腿和小鸟（图 10）相比，就更为丰富和切题，可见他能发挥更好的创作力及联想力。

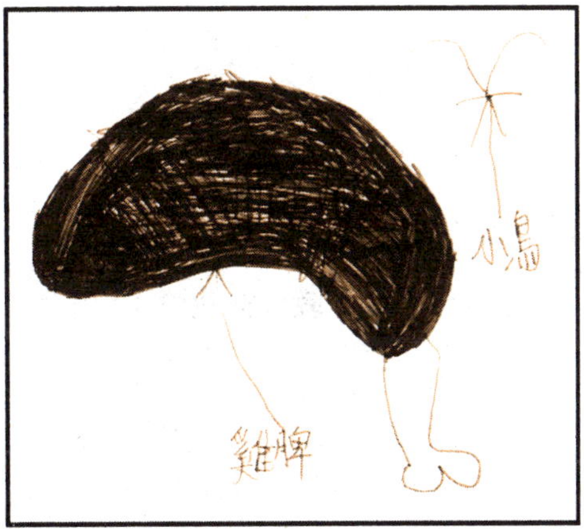

图 10　某 10 岁学生第一堂课的绘画

图 11　某 10 岁学生 4 个月后的绘画

图 12　某 10 岁学生后期的绘画

总括而言，我们的计划虽然简单，但对学生来说却是一个很大的挑战。学生每天为应付繁重的学习任务，头脑疲倦得不能集中精神，他们很多时候还要利用课余时间接受不同形式的训练或辅导，容易造成脑“消化不良”的现象，教什么也不吸收，学不好。要达到良好的学习成果，必先让学生的脑每天有放松的机会，在轻松愉快的状态下学习，让脑有喘息的机会，从而发挥他们脑的潜能。

理论篇

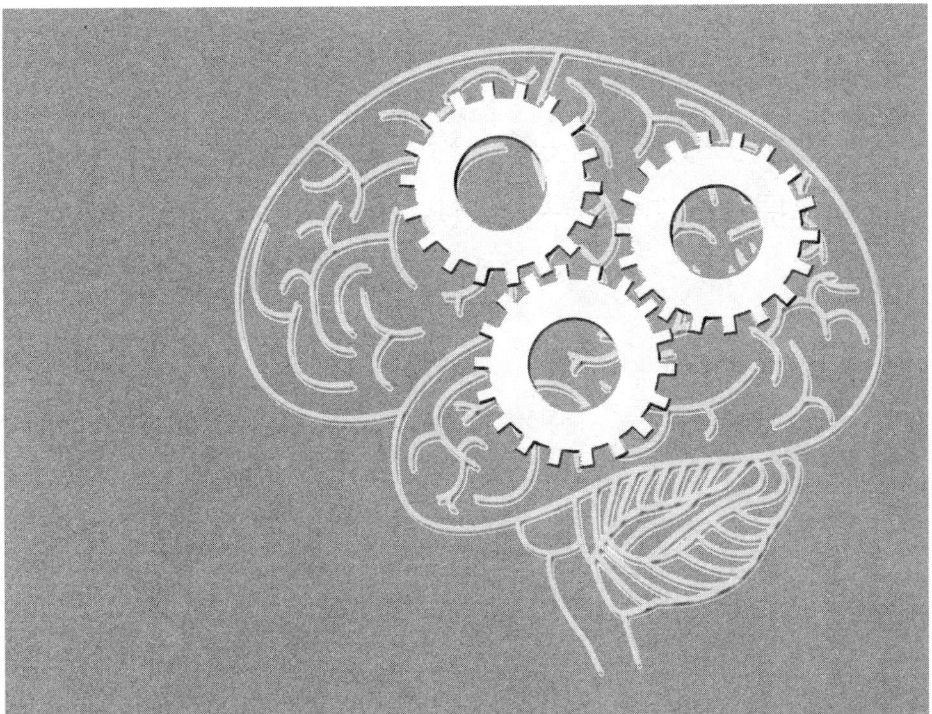

“静出智慧”的理论背景

让孩子每天有静一静、松弛下来的时间，是提升脑功能的一个要诀。

松弛对孩子的重要性

不少家长会质疑：小朋友又不用负担家庭经济，哪儿来的烦恼？他们怎么会需要松弛？根据香港中文大学在1999年的一项大型问卷调查研究报告（The Chinese University of Hong Kong, Center for Health Education and Health Promotion, 1999），不少香港的学生经常感到情绪困扰。在2.6万多名受访中小学生中，有14%觉得他们大部分时间因健康或情绪问题而妨碍了正常社交活动。在接受调查前的6个月期间，15%曾因健康问题求诊超过三次，40%曾自行购买药物，14.3%甚至曾经有自杀念头。近年，不少报纸文章用较触目的标题来报道一些学生自杀的新闻，学子轻生，令人不胜唏嘘。事实上，从幼儿园到中学，在整个求学过程中，学生都要应付繁重的家课和面对不同形式的考试及测验。为了争取更佳的成绩，学生往往必须面对同学之间的激烈竞争。一些在成年人眼中看来微不足道的事情，对小孩子来说却会构成沉重的压力。无疑，适当的压力可以促进小孩子的个人成长，但是过大的压力会对脑造成负面的影响，甚至永久的损害。因此，适量的松弛、宁静的时间对于有效学习和脑的健康是不可或缺的。

压力反应的负面影响

根据多项国外的研究显示（e.g., Bremner & Narayan, 1998; Herbert, 1997; Lombroso & Sapolsky, 1998; Sapolsky, 1996），当我们感到沉重压力时，心跳会加快，呼吸变得急促，血压上升，甚者

会流汗、手发抖。这时，身体会发生一连串的生物化学反应，而其中一个反应就是令肾上腺皮质（adrenal cortex）分泌出一种名为“皮质醇”（cortisol）的激素。这种激素能加速新陈代谢，所以在短期内有助于身体抵抗外来压力，对我们的健康有益。可是，如果压力在短期内不降低的话，皮质醇便会长期处于高水平状态，令免疫系统减少制造各种防御细胞，使身体的抵抗力下降，增加患病的机会。同时，高水平的皮质醇也会阻碍脑的神经细胞的正常运作，影响我们的认知功能，尤其是记忆力（e.g., Bremner, 1999; McEwen, 1999）。

长期承受压力会导致记忆力受损

人们承受压力的时间愈长，对脑部功能的损害便愈大（Heffelfinger & Newcomer, 2001; Sapolsky, 1996）。科学家曾进行有关承受压力的研究，发现原来海马体（hippocampus）是最容易受压力荷尔蒙所损害的部位（Sapolsky, 1992; McEwen, 2000）。脑内的海马体主要负责学习及记忆，即将新的数据输入及储存（Zola-Morgan & Squire, 1990）。如果海马体细胞受损，记忆能力亦会随之减弱。当我们面对沉重压力时，往往会忘记一些事情，“是吗？我有说过这些吗？”“你提过吗？怎么我没有印象呢？”……我们往往会这样问别人，这便显示海马体运作欠佳。

从动物的实验中，科学家发现即使只是承受短期或是数天的沉重压力，海马体内细胞的功能及生长能力（neurogenesis）也会下降（Gould, McEwen, Tanapat, Galea, & Fuchs, 1997; Gould, Tanapat, McEwen, Flugge, & Fuchs, 1998），程度已经足以影响学习和记忆能力（Diamond, Fleshner, Ingersoll, & Rose, 1996; Krugers, Douma, Andringa, Bohus, Korf, & Luiten, 1997）。研究人员曾经借着老鼠喜爱寻求新奇刺激的天性（Ennaceur & Delacour, 1988），测试压力对它们辨别新旧对象能力的影响（Baker & Kim, 2002）。结果显示，承受一小时压力后的老鼠辨别新旧对象的能力已经大减，对照组（即没有特别承受压力）的老鼠的记忆能力则不变，仍能辨别出新的物体。

若沉重的压力持续数星期，海马体内脑细胞树突的长度及数目都会逐渐减少。树突是神经细胞从本体处长出的触手状组织，是形成脑神经元网络的一个主要元素。倘若树突的长度及数目减少，尤如一块精密电路板的电路减少或中断一样，脑神经元网络之运作便会受阻，细胞与细胞之间的联系变得更脆弱；海马体的体积亦会逐渐缩小以致出现萎缩（Magarinos, McEwen, Flugge, & Fuchs, 1996; Salposky, 1996; Watanabe, Gould, & McEwen, 1992; Woolley, Gould, & McEwen, 1990）。

当压力持续数月，海马体内的细胞更会遭到永久的破坏（neurotoxicity）（Uno, Eisele, Sakai, Shelton, Baker, DeJesus, & Holden, 1994），失去脑细胞的数目可高达20%—30%（Fuchs, Flugge, McEwen, Tanapat, & Gould, 1997; Sapolsky, Krey, & McEwen, 1985），严重损害记忆力（Gould, et al., 1997; Sapolsky, 1996; McEwen, 2000）。科学家曾研究持续压力与老鼠学习能力的关系，发现承受持续压力的老鼠在一些水道迷宫或水池里寻找救生平台的学习速度显著下降（Bodnoff, Humphreys, Lehman, Diamond, Rose, & Meaney, 1995; Park, Campbell, & Diamond, 2001），这都与海马体的功能受损有关。

脑神经心理学的文献上，亦记载了不少压力与荷尔蒙皮质醇对人类的海马体及其主管的记忆力之影响的研究，结果显示人类的数据与动物实验的结果非常吻合（Bremner, Narayan, Anderson, Staib, Miller, & Charneyt, 2000; Bremner et al., 1995, 1997; Heffelfinger & Newcomer, 2001; Kirscbaum, Wolf, May, Wippich, & Hellhammer, 1996; Lupien & McEwen, 1997; McEwen, 1997; Newcomer et al., 1999; Sapolsky, 1992; Seeman, MsEwen, Singer, Albert, & Rowe, 1997）。

原来，即使只是短暂的沉重压力，皮质醇升高的浓度亦足以影响人类的记忆力（Lupien et al., 1998; Kirscbaum et al., 1996）。例如，一群自愿参与研究者，便曾被邀请做 5 分钟的公开演讲以及在众目睽睽下做 5 分钟的心算测验，如此的社会压力处境令参与者的体内产生不同浓度的皮质醇。10 分钟后，他们再接受一项文字记忆的测试。结果发现，参与者体内皮质醇的浓度明显较压力情境前增加，而且浓度愈高，记忆测试的表现便愈差（Kirscbaum et al., 1996）。

此外，脑神经心理学家更指出，连续数天的高浓度皮质醇削弱记忆力的程度，相当于降低同龄组别标准的一级。即本来是优异程度的记忆力，经过数天的沉重压力后，可能会表现为次一级（即中上程度）；原本是中等程度的，则可能表现得更平庸（Heffelfinger & Newcomer, 2001; Newcomer et al., 1999）。这时候即使脑细胞功能受削弱，只要我们能及时移除压力，脑细胞便能够自动作出修补，来得及补救（Conrad, Magarinos, LeDoux, & McEwen, 1999; Diamond, Fleshner, Ingersoll, & Rose, 1996; Diamond, Flesher, & Rose, 1994; Lupien et al., 1998; McEwen, 2000; Newcomer et al., 1999）。

利用磁共振的脑部成像技术，脑神经心理学家发现，长年累月的沉重压力使人类脑部的海马体同样出现萎缩的现象（e.g., Bremner, Narayan, Anderson, Staib, Miller, & Charneyt, 2000; Bremner et al., 1995, 1997; McEwen, 1997; Sapolsky, 1992）。如前所述，海马体萎缩的情况愈严重，记忆力的损害情况便愈明显（Bremner, 1999; McEwen, 1999）。

为了防止脑细胞永远受损，我们应学会松弛。一个轻松愉快的学习环境，使头脑有松一松的机会，这样更能预防压力，学习自然更有效率，这就是"静出智慧"的含义。

松弛反应的要素

对于生活节奏急促的现代人来说，什么活动才能令人松弛？听音乐、睡觉、看电视。也许你们会想起这些活动，但据美国哈佛大学的赫伯特 · 本森（Herbert Benson）医生几十年的研究指出，松弛活动的定义是该活动能引发松弛反应（Relaxation response; Benson, 1975）。松弛反应是由以下四个元素引发出来的：

1. 舒适宁静的环境。
2. 身体保持舒适的姿势。
3. 心境上抱着悠然自得及被动的态度。
4. 运用可使精神集中的技巧。

松弛是：
舒适宁静的环境
心境上抱着悠然自得及被动的态度
身体保持舒适的姿势
运用可使精神集中的技巧

看电视、玩游戏机并不能松弛身心。

换言之，根据赫伯特·本森的理论，一般人认为有助于放松的看电视、玩游戏机，实际上不属于松弛活动，因它们并不包含以上所有元素。松弛反应的最后一点“可使精神集中的技巧”是最关键的。根据赫伯特·本森的理论，所谓“可使精神集中的技巧”，就是通过持续发出某种声音或背诵某些字词或句子去达到集中精神的效果，例如持续发出“om”这个发音。这是世界上其中一个最原始的发音，是语音的基本。此外，“om”这个发音不分国界，不同国籍的人都可练习。赫伯特·本森曾利用以上的方法成功治疗了不少疾病，包括降低血压、预防心脏病、减慢新陈代谢率等。除了持续发出某种声音外，不少外国研究亦指出，聆听某些音乐（如古典音乐）亦能使人达到有效松弛的效果（Khalfa, Bella, Roy, Peretz, Lupien, 2003; Knight & Rickard, 2001; Smith & Joyce, 2004; White, 1999）。

此外，我们亦可透过练习“定静法”来达到放松而精神集中的效果。所谓“定静法”，就是能使身心平静下来的方法。目的是帮助舒缓紧张的压力情绪，使头脑放松，心境平静，同时锻炼高度的注意力，使我们更能控制自己的身体和思想；能够摒除杂念，使头脑更清晰，并以平和的心情来面对学习上的需要，做事自然能事半功倍。较为人所知的定静法包括静坐、太极、瑜伽等。这些定静法对儿童来说可能较难掌握，家长可考虑让孩子尝试聆听《三路端坐松弛法》（见本书所附光盘中内容）。这是一套中国传统的定静法，练习者只需专心聆听录音中的指示，并跟着进行。关键在于被动地听着，无须刻意作任何联想或放松方法，便能逐步放松身心。我们研究室的初步研究结果显示，当人们聆听《三路端坐松弛法》时，脑会呈现深度放松而且高度集中的脑电波（Chan, Han & Cheung, 2008）。我们亦有一些临床个案，显示长期练习这项松弛法有助于改善睡眠质量、情绪及行为问题。

脑的松弛状态是怎样测量出来的呢?

其中一种途径是透过脑电波测量仪器，诊断脑部结构是否存在病变。脑电波是以 δ 波、α 波、θ 波及 β 波来反映脑部运作的状态，不同的脑电波段表示脑的不同运作状态。当人们的精神处于松弛状态，有四分之三的成年人的 α 脑电波会变得活跃起来（Stern, Ray & Quigley, 2001）。研究亦指出，如果我们在处于松弛状态时进行认知活动，θ 脑电波便会取代 α 脑电波。因此，θ 的活跃程度是警觉性的指标。以往的研究均显示，在松弛反应下，α 和 θ 的脑电波会明显地同时变得活跃，人的集中力和警觉性也同时提高（Aftanas & Golosheikine, 2001），这对学习会有良好的影响。更有文献指出，定期的松弛活动能提高学童的学业成绩并有助于其心理发展（Chang & Hiebert, 1989; Thompson, Griebstein, & Kkuhlenschmidt, 1980）。

"用出智慧"的理论背景

我们每天都会运用脑处理不同的事情，但未必用得恰当。

有人指出，一般人只使用了10%的脑功能，这个理论并不成立。

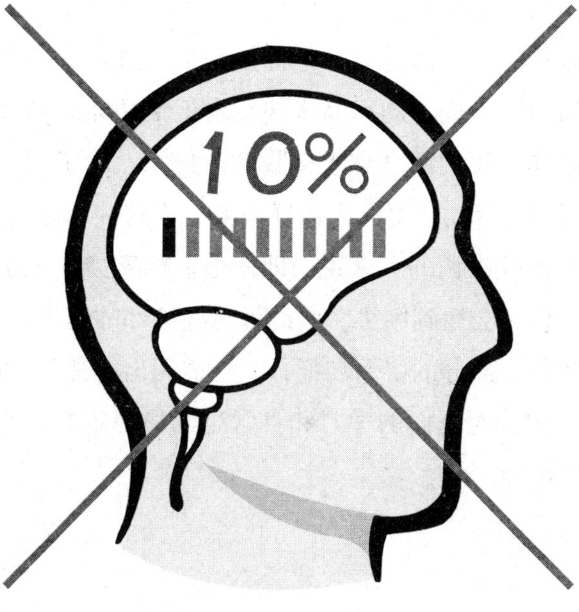

岂能只用脑的十分之一？

有人指出，一般人只使用了10%的脑功能。从脑的运作模式来说，这个理论并不成立。从神经解剖学的角度来看，脑的各个部位负责不同的认知功能，若要维持我们的正常生活，这些功能缺一不可。举例来说，计划的能力由脑的额叶所控制，而视觉感知的功能则由枕叶负责。我们的肌肉运动是靠额叶的主要运动皮质区控制，而语言表达的功能则有赖于额叶的旁嗅区。每一类活动均由脑的不同部分控制，譬如，学习的过程便牵涉不同的脑部区域，需相互配合而进行。记忆力是学习过程中一个重要的认知功能，而脑颞叶偏中的海马区便负责记忆功能。如果这个部分不能正常操作，我们就会难于接收新的信息。除了记忆力以外，计划和组织信息等功能对学习同样重要，而这些功能均由额叶负责。所以对于额叶失调的人来说，即使他们的智力和记忆力正常，他们的学习仍然会遇到困难。由此可见，脑部的运作仿如管弦乐团，需要倚赖各个部分的协调和配合。想“用出智慧”，首先必须知道脑的哪一部分对我们的学习和日常生活最为重要，答案就是常被人忽略的额叶。

额叶是脑功能的总指挥。

额叶是脑功能的总指挥

日常生活中，大部分活动均需脑部不同部分配合。

如果我们的脑是一个管弦乐团，那么额叶就是乐团的指挥，因为额叶（尤其是前额叶皮质区）在控制和协调认知功能方面扮演了极重要的角色，例如计划、组织、应变、自制和创作等都靠它来控制。

额叶的五大重要功能

计划

我们跟其他动物最明显的区别，就是我们行事时不会完全受本能或环境所操控。相反，我们能够订立目标，并以实际行动逐步向目标迈进。因此，计划能力——即按工作目标筛选和排列所需工作步骤的能力，是非常重要的。即使是上街买日用品这样简单的工作都包含计划成分，当中包括排列购物的先后次序，以及选择最方便快捷的路线等。

由于我们的时间和资源有限，计划周详才能有效率地完成工作。额叶受损的患者在计划能力方面常遇到障碍，例如他们会用较多的步骤来完成目标，并且会作出一些与目标无关的行为（Shallice, 1982）。

组织

组织能力是额叶的另一项重要功能。我们每天都要处理许多新的数据。若能有系统地组织数据，会有助于我们将新的数据与既有的知识融会贯通。由于系统化地整理数据可以强化我们的记忆，所以良好的组织能力是学习的关键所在。研究数据显示，额叶受损的患者会有文字记忆上的障碍，而这种障碍的出现已经证实与他们的组织能力欠佳有关（Stuss et al., 1994）。

应变

现今的生活环境瞬息万变，因此适应环境的能力较从前更为重要。很多时候，我们会发现常用的一套处事方式已无法套用于新的情况。因此，我们要懂得灵活应变，即调整自己的策略或行为来适应环境的转变，这样才能实现目标。研究证明，额叶受损者往往很难改变意向，即难以更改既定的计划或行为模式（e.g., Stuss et al., 2001）。所以，如果额叶功能受到损害，患者可能会局限于某种反应或行为模式，以致无法调整策略来适应新的环境，最终无法达成目标。

自制

要如期达成目标，除计划行动、组织数据和随机应变外，适当的自我控制能力亦同样重要。自制能力就是要在适当时候控制自己一时冲动的思想行为，有时需要耐心等待及思考，才能更有效地完成预期的目标，以及避免对自己或他人造成不便或伤害。现今的社会风气，人们很多时会因贪图一时方便或满足一己私欲而失去自制能力。人们在这样的环境中成长，有时亦变得自我中心，想做什么便要立刻得到满足。额叶功能一旦受损或运作异常，可能会削弱患者的自制能力，例如患有过度活跃症的小孩，其行为及情绪较易冲动或失控，难以履行原定计划（e.g., Bechara & Van Der Linden, 2005; Hinshaw, 2003）。

创作

额叶也影响我们的创作力。许多有关老年人的研究证明，如果老人能从事多种脑部思维活动，尤其是写日记、绘画或评论时事等创作活动，对他们的脑功能会有正面的影响（Hultsch, Hammer & Small, 1993; Wang, Karp, Winblad & Fratiglioni, 2002）。在 2002 年的一项研究中指出（Wang et al., 2002），如老人能每天或每周参与创作或其他类型的思维活动（例如写作、绘画等），患痴呆症的机会相对减少。所以，“脑不常用便会生锈”这句老掉牙的话是有道理的。

额叶功能备受忽视

额叶的功能对我们的日常生活实在非常重要，可是它们却常常被忽视。在现行的教育制度下，学生很多时候只是背诵大量的数据，而较少学习分析或判断技巧。有时，学校鼓励学生给出正确和标准的答案，而不注重他们的创作思考能力；希望学生服从指示，而较少注重培养他们的计划和组织能力；重视学生的成绩，而忽略了行事为人应有的自我检查和控制能力。学习过程多注重颞叶的发展，却经常忽略额叶负责的五大认知功能。额叶功能不仅对学习过程有重大的影响，它们更会影响我们在日常生活中解决问题的能力，以及处理社交和人际关系的技巧。长远来说，额叶对学生个人的成长及日后的发展，均有着深远和密切的影响。

脑部发育的黄金时期

额叶区发育最为迅速的时期分别是在6岁之前、10—13岁，以及17—21岁（Hudspeth & Pribram, 1990）。因此，我们必须针对额叶区尚处于发育阶段的儿童，加强他们额叶功能的发展。皮亚杰（Piaget）于1971年曾提出，儿童的认知能力会随着年龄分为几个阶段成长，简而言之，即从出生时只会对环境作出本能反应，经历四个阶段，最后发展出青少年时期具备的抽象推理能力；而克拉默（Kramer）等研究人员则在1983年提出，认知能力还有第五个发展阶段，在18—21岁期间发生。他认为人们可以在这个阶段进一步组织既有的概念，并将之转化为全新的理解。由此可见，我们的额叶功能从出生到成年初期是在不断地发展。综合以上所述，我们更应当鼓励儿童，尤其是脑部尚处于发育阶段的儿童，尽量运用和发挥其额叶功能。

“食出智慧”的理论背景

健脑饮食是有效而经济的
提升脑功能的方法。

饮食习惯与脑健康有何关系？

中国人常说“病从口入”，一般人都知道胡乱进食会直接损害健康。脑是身体的一部分，况且我们身体有 70% 的血液会经血管流往脑，可想而知，我们吃什么进肚，脑便吸收什么。简言之，我们吃得健康，脑便健康；相反，吃垃圾食物，脑便受污染，脑一旦受到污染，我们的思想、情绪和行为便会受到影响。因此，如果食得健康，我们的脑便能运作得更有效率。那么，什么食物有助于强健我们的脑呢？

均衡饮食——便宜而有效的补脑法

均衡饮食的意思是指每天进食分量适中又不同种类的天然食品，为身体及脑提供足够的热量及所需的营养素。要做到饮食均衡并不困难，而且经济简便，只要稍微改善饮食习惯，便能从许多天然食品中吸取脑所需的养分（蛋白质、脂肪、碳水化合物、维他命、矿物质和水），有效提升脑的运作效率，达到保健脑的效果。

健康饮食金字塔

美国哈佛大学公共健康学院（Harvard School of Public Health）的瓦尔特·威利特（Walter C. Willett）博士于 2002 年提供了有关均衡饮食的建议——“健康饮食金字塔”（Healthy Eating Pyramid，见图 13）。这个金字塔是科学家根据食物营养与身体及脑健康的研究结果所归纳出来的，以改善之前美国农业部（USDA）提倡的“食物金字塔”（Department of Agriculture and U.S. Department of Health and Human Services, 1995）。之前的食物金字塔鼓励大量进食含碳水化合物的谷类食品如米饭，而尽量减少进食油类食品。可是，科学家渐渐发现不是所有含碳水化合物的食品都对脑有益，相反有些油类却是维持脑健康所必需的元素。2002 年的一项饮食调查发现，遵从健康饮食金字塔建议进食的受访者，患上慢性疾病如糖尿病和冠心病等的机会减少了 11%—20%，减幅较采取旧有食物金字塔模式进食的受访者更大（McCullough, et al., 2002）。

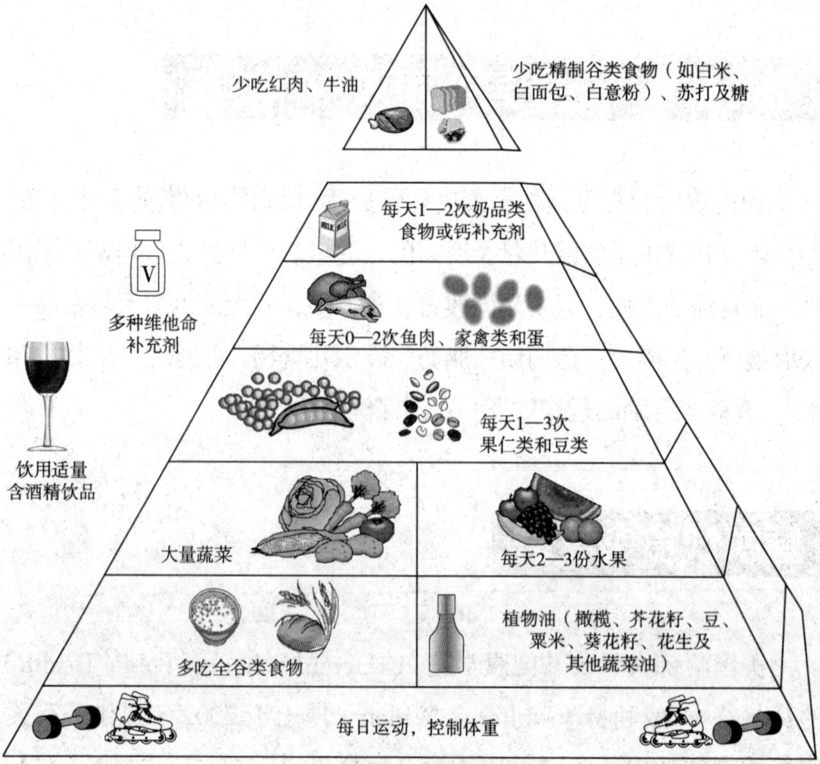

图 13　健康饮食金字塔

健康饮食金字塔建议我们每天进食的食物分量比例，越接近底层的食物，进食分量相对较多，例如全谷类食物；相反，越接近顶层的食物，则适宜少吃，例如红肉。这个金字塔为我们提供了大概的食物选择及进食分量的参考指标。每类食物中可以包含很多不同的食品，例如三文鱼和鲩鱼同属鱼类，那么，哪些食物对脑健康较为有益呢？

以下提供的饮食建议只作日常保健饮食的参考，患病人士或作医疗用途的情况，请先咨询专业营养师或医生的意见。

健脑营养素

蛋白质

很多人都知道肉类和蛋类都是蛋白质的主要来源，却很容易忽略那些非肉非蛋的食物，例如蔬菜和豆类都含有丰富的蛋白质。

蛋白质制造脑神经递质

人体经抽掉水分后，大约有75%的体重是蛋白质，即蛋白质对于建构人体器官及组织扮演着重要的角色。我们的脑需要大量蛋白质制造一些维持脑运作的化学物质，即神经递质，组成蛋白质的基本单位是氨基酸（Amino Acid）。人体需要大概22种氨基酸，其中8种“必需氨基酸”是人体不能制造的，必须从日常饮食中摄取。

完全蛋白质与不完全蛋白值的区分

表2　完全蛋白质与不完全蛋白质的区分

	完全蛋白质	不完全蛋白质
定义	蕴含全部8种必需氨基酸。	含有极低数量或是缺乏其中一种的必需氨基酸。
食物种类	肉类、鱼类、奶类。	全谷物、蔬菜、豆类、坚果、种子。
好处	进食一种便可获取全部必需氨基酸。	饱和脂肪含量较低。
坏处	饱和脂肪含量较高。	独自不能提供全部必需氨基酸。
建议	减低饱和脂肪的吸收，例如选取瘦肉以取代肥肉。	进食多种食物，以合成缺少的必需氨基酸，例如豆类食品配合米饭。

进食过多肉类易造成完全蛋白质过剩

若儿童进食过多肉类，特别是红肉，摄取过量的完全蛋白质，身体在消化完全蛋白质的过程中，会消耗大量钙质和维他命 B_1，容易导致骨质疏松或其他骨骼毛病。再者，肉类一般含有较高的饱和脂肪，增加血液中有害胆固醇的含量，容易造成血管堵塞及其他心血管问题，脑需要血液运送养分，心血管毛病影响血液在体内运行情况，自然会损害脑的正常运作。

蔬菜、豆类、种子都含有丰富的蛋白质

若想预防饱和脂肪超标的危机，家长可鼓励孩子进食多种蔬菜、豆类和坚果等食品。这些食品既含有丰富的蛋白质，脂肪含量亦较低，对脑的健康尤其重要。例如，美国心脏协会（American Heart Association）指出大豆食品如豆腐、豆奶等对心脏及血管健康比红肉更为有益。美国食品及药物管理局（Food & Drug Administration，FDA）提倡每天进食一盎司果仁，可减低患有心脏

病、中风及因心脏病发死亡的风险 30%—50%。

如何摄取足够的蛋白质？

表 3 列举了一些含丰富蛋白质的常见食物及其相对应的蛋白质含量作为参考。

表 3　富含蛋白质食物及其含量 *

食物种类及分量			含蛋白质
谷类			
糙米饭	（1 碗）	约 195 克	5 克
玉米	（1 杯）	约 77 克	3 克
豆类			
豆腐	（1 块）	约 125 克	10 克
小扁豆	（1 杯）	约 95 克	9 克
其他豆类	（1 杯）	约 100 克	10 克
鱼肉类			
鳕鱼	（1 块）	约 85 克	20 克
三文鱼	（1 块）	约 85 克	23 克
鸡胸肉	（1 块）	约 40 克	35 克
牛肉	（1 块）	约 40 克	10 克
坚果、种子			
花生	（1 杯）	约 28 克	7 克
腰果	（1 杯）	约 110 克	20 克
杏仁	（1 杯）	约 28 克	6 克
蛋类、奶制品			
鸡蛋	（1 个）		6 克
全脂奶	（1 杯）	约 244 毫升	8 克
蔬菜类			
西兰花	（1 碗）	约 140 毫升	42 克
菠菜	（1 碗）	约 180 毫升	5 克
椰菜	（1 碗）	约 124 毫升	2 克

* 资料来源：美国农业部（2002 年）。

建议摄取量

美国“饮食建议摄取量表”（Recommended Dietary Allowances）提供了有关儿童及青年蛋白质摄取量的建议。

表 4　儿童及青年蛋白质摄取量建议

年龄（岁）	体重（千克）	每天最少蛋白质摄取量（克）
1—3	13	16
4—6	20	24
7—10	28	28
11—14	45—46	45—46
15—18	66（男性）	59（男性）
	55（女性）	44（女性）

例如，7—10 岁儿童每日只需吃半碗西兰花及一块豆腐，便已足够摄取每日最少 28 克的蛋白质。

健脑饮食小贴士

- 素食或很少进食肉类人士适宜每天进食多元化的不完全蛋白质食物，以确保身体摄取充足的必需氨基酸。
- 哈佛公共健康学院建议每星期吃 2 —3 次大豆食品（如豆腐、豆奶）。
- 美国食品及药物管理局鼓励每天进食 1 盎司（约 28 克）果仁类食品（如松子，核桃，花生等）。
- 避免进食过多肉类，尤其红肉，以防摄取过量的饱和脂肪。

脂肪

很多人一听见“脂肪”，便认为这是使人肥胖、患病的坏东西，其实有些脂肪不但对身体没害，还是生命中不能缺乏的元素，它就是“必需脂肪酸”。

必需脂肪酸建构细胞外膜及预防血管堵塞

必需脂肪酸可分成两大类：Omega-3 脂肪酸及 Omega-6 脂肪酸，人体及脑内每个细胞的外膜都必须由 Omega-3 和 Omega-6 脂肪酸构成。此外，必需脂肪酸亦帮助传送胆固醇，使它随着血液循环全身。不足的必需脂肪酸会影响胆固醇的运送，胆固醇一旦黏附在动脉血管壁上，会使血管收窄，便会危害健康。由于人体无法自行合成必需脂肪酸，所以我们必须从食物中摄取足够分量的必需脂肪酸，以维持人体及脑的健康。

不良饮食使必需脂肪酸失去平衡

维持身体及脑健康，科学家建议吸取 Omega-3 和 Omega-6 脂肪酸的比例为 1∶6，然而，现代人经常进食快餐或一些如方便面、蛋糕等精制及加工食物，这些食物虽能充饥，却较多使用大量植物油，如玉米油和芥花籽油，使人摄取过多的 Omega-6 脂肪酸。但另一方面，因为含有 Omega-3 脂肪酸的食物不多，只有在寒冷气候生长的动物（如三文鱼、鳕鱼），或某些植物（如核桃、椰菜花、卷心菜、亚麻籽）才含有高度的 Omega-3 脂肪酸。中国人虽然喜欢吃海产鱼类，但大多是温暖水域的鱼，这类鱼的 Omega-3 脂肪酸含量较少。这样的饮食习惯易造成过高的 Omega-6 和过少的 Omega-3 脂肪酸的失衡现象，影响脑的健康运作。

Omega-3 脂肪酸有助于改善脑疾病

Omega-3 脂肪酸可分为 3 种：ALA、EPA 和 DHA，其中以 EPA 和 DHA 对促进脑发展及运作，以及心血管健康尤其有帮助，有科学研究指出，Omega-3 脂肪酸能有助于改善某些脑的异常病患。

西方研究指出，Omega-3 脂肪酸补充剂能有效减轻患有专注力不足 / 过度活跃症（Burgess, et al., 2000; Richardson & Puri, 2002）或读 / 写障碍（Richardson, 2003; Richardson & Montgomery, 2005）的儿童的病症。此外，欧美的研究亦纷纷发表进食 Omega-3 脂肪酸能减低患痴呆症的风险，美国科学家指出一星期最少吃鱼一次的老年人，患痴呆症的机会减低 60%（Morris, et al., 2003）。

如何摄取足够的 Omega-3 脂肪酸?

在寒冷水域生长的深海鱼，例如三文鱼、鳕鱼、鲭鱼、比目鱼和鲔鱼等，含有丰富的 Omega-3 脂肪酸。对于素食者或不喜欢吃鱼的人而言，有些蔬菜、果仁 / 种子亦是 Omega-3 脂肪酸极高的食物之选，例如核桃、亚麻籽或向日葵花籽油、椰菜花、卷心菜等。

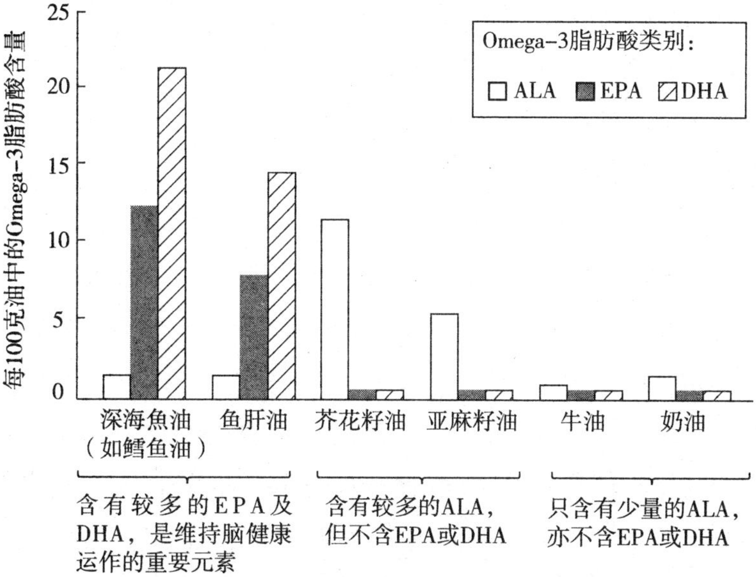

图 14　不同食物的 Omega-3 脂肪酸含量

表 5　不同来源 Omega-3 脂肪酸的比较

Omega-3 脂肪酸来源	好　处	坏　处
深海鱼	● 自然食疗	● 或含重金属及致癌物质 ● 难找到寒冷气候的深海鱼
植物性（如亚麻籽油、核桃、西兰花）	● 自然食疗 ● 适合素食人士 ● 有机种植的亚麻籽及其他蔬菜不含重金属及农药	● 植物性 Omega-3 脂肪酸是 ALA，不能被人体直接使用，要转化为 DHA 及 EPA。可进食多种植物性 Omega-3 食品以吸取足够的 DHA 及 EPA。

建议摄取量

现时还没有对 Omega-3 的每天摄取量达成共识，以下是不同国家的建议：

- 英国食品标准局（Food Standards Agency, FSA）于2004年建议每周进食1—4次深海鱼，或选食鱼油以摄取每天450—900毫克的分量。
- 国际脂肪酸及脂质研究学会（International Society for the Study of Fatty Acids and Lipids, ISSFAL）建议，一般人每天应摄取共约500毫克的EPA和DHA。此学会与美国心脏协会（American Heart Association, AHA）皆建议每周进食深海鱼最少两次。
- 美国食品及药物管理局（FDA）及国人膳食营养素参考摄取量（Dietary Reference Intakes）建议每天进食1—1.5盎司核桃（约5个），以摄取每天所需的Omega-3含量。

一般而言，我们建议从天然食品中吸取Omega-3脂肪酸，但在特殊情况下，如用以治疗疾病或因某些原因而未能于天然食品中吸取足够的Omega-3，可咨询专业人士的意见，进食适量的Omega-3补充剂。

健脑饮食小贴士

- 每周进食2—4次深海鱼，如三文鱼、鲭鱼等。
- 素食者可每天进食约5粒核桃或适量的西兰花／卷心菜等富含Omega-3的植物性食物。

碳水化合物

碳水化合物是非常重要的营养素，它经消化后会释放出葡萄糖，再经血液把葡萄糖运送到身体不同部位，为身体及脑细胞提供能量，使我们能够作出思考和反应。

稳定血糖水平对脑的好处

要维持脑的正常运作，无论任何时候，都应稳定血液中的葡萄糖水平。

糖果、蜂蜜、经加工的谷类食品，如白面包中的碳水化合物，很容易被消化，迅速释放大量葡萄糖于血液中，导致血液里的葡萄糖水平（即血糖）突然升高，血糖波动会令脑部遭受冲击，结果导致精力下降、注意力减弱及精神无法集中。

若想为脑提供持续而稳定的葡萄糖，可考虑多进食一些高纤维素的食品，如全谷物、豆类和蔬果类食物。这是由于高纤食品的消化时间较长，故此能放缓葡萄糖的释放速度，对脑健康有很大的裨益。

表 6　有助于稳定血糖水平的食品 *

全谷物	糙米、小米、小麦、大麦、燕麦、荞麦、全麦面包、意粉和薏仁等。
豆类	黄豆、红腰豆、扁豆、豌豆、绿豆和眉豆等。
蔬果	粟米、红萝卜、水果、原味干果，干菜，如金针菇、黑木耳、紫菜和霸王花（黄花菜）等。

* 资料来源：Foster-Powell, Holt & Brand-Miller, 2002 及香港医院管理局网页。

纤维素有助排毒健脑

纤维素有如肠道清道夫，能加速肠道蠕动，促进废物及有害物质（如胆固醇，脂肪和致癌物质）排出体外，保持消化系统健康；其次是它有助于平衡血糖水平。此外，纤维素的热量低，又易饱肚，使人因而减少进食高脂肪食品。以上种种益处都有助于减低脑受损的潜伏危机。

吸取足够水分使纤维素发挥作用

要使纤维素发挥作用，必须有充足水分让其吸收。人体差不多70%是水，而血液中更有超过80%属水分。水是我们身体极其重要的“运输系统”，一方面把营养物质传送到脑和身体其他部位，另一方面又协助将废物排出体外，可想而知水对我们脑的重要性。每人每天需要的饮水量会因天气和个人的运动量而改变，一般而言，我们每天应喝8杯水。而除了饮水外，我们还可通过进食水果和蔬菜等食物补充水分。与此同时，我们亦应注意避免饮用容易使身体脱水的饮料，如咖啡、茶和酒精等。

多肉少蔬果的饮食有损脑健康

现代人的饮食模式有时偏向多肉少蔬果，加上生活节奏紧张，很容易出现消化系统毛病，继而影响脑的运作。改善消化系统毛病，就是改善脑健康的重要一环。多吃高纤维食品，缩短经消化后的食物渣滓残留在体内的时间，能有效避免有害物质囤积体内。

根据哈佛公共健康学院的建议，超过两岁的小孩应进食最少等同于其年龄再加5克分量的纤维素，以一个4岁小朋友为例，他每日所需纤维素便为9克或以上。全谷麦、豆类、种子及新鲜蔬果等均为高纤食品，我们每天只需进食蔬菜及水果各2—3份（约1碗半分量），便能摄取足够的纤维素。

健康饮食小贴士

- 每天进食高纤全麦面包、糙米，以取代白米饭或白面包等精制加工面粉制成品，以稳定血糖水平。
- 每天进食蔬菜（包括豆类）及水果各2—3份（约1碗半分量）。
- 每天喝8杯水。

维他命和矿物质

自由基可耗损脑细胞

我们每天接触的空气、食物（尤其是油炸食物）和水都含有一种氧化物，名为自由基。随着年龄渐长，过量的自由基会损害正常细胞功能，并加速脑细胞老化的过程，影响记忆力等认知功能，甚至形成严重的慢性疾病，如癌症、白内障和阿尔兹海默症（一种可导致老年痴呆症的脑疾病）等。

为减轻自由基对身体的损害，人体会利用抗氧化剂来抑制自由基的氧化作用。有些维他命（如维他命C、E及β-胡萝卜素）和矿物质（如锌、铜、铁、硒和锰）同属天然的抗氧化剂，由于人体不能自行制造维他命和矿物质，因此，我们必须从日常饮食中吸取这些营养素，以免自由基于体内积聚。

进食天然抗氧化食品对抗自由基

许多天然食品都含有上述具抗氧化功能的维他命和矿物质，例如全谷物、深色蔬果（如番茄、草莓）、绿叶蔬菜（如菠菜、西兰花）、豆类、坚果类（如果仁）、种子（如亚麻籽）、海产鱼贝类（如生蚝，吞拿鱼）和绿茶。这些食品的抗氧化程度各有差别。

塔夫茨大学（Tufts University）的研究人员进行了一项实验，测量不同食物的抗氧化功能，并找出了一系列含有高度抗氧化能力（即氧自由基吸收能力，Oxygen Radical Absorbency capacity，ORAC）的蔬果，其功能可保护脑细胞免受氧化剂伤害。其中西梅、葡萄干和蓝莓所含的抗氧化剂更是众蔬果之首（见表7）。

表7　不同食物的抗氧化性能

食　品	抗氧化性能（每100克的ORAC单位数量）
西梅	5,770
葡萄干	2,830
蓝莓	2,400
黑莓	2,040
草莓	1,540
菠菜	1,260
李子	950
西兰花	890
牛油果	780
橙	750
红葡萄	739
红椒	710
樱桃	670
奇异果	602
洋葱	450
粟米	400
茄子	390
苹果	218
梨	134

资料来源：美国农业部农业研究服务局。

该校的专家建议，人们每日摄取3,500 ORAC单位，即约3粒西梅或一杯蓝莓就可以预防脑细胞受氧化剂破坏。研究更指出，原来冷冻的水果或是干果（如葡萄干）比新鲜食品含更高抗氧化能力，对平日喜欢零食而少吃水果的人，不妨考虑以天然干果作为小零食。

健康饮食小贴士

- 每天进食含高抗氧化能力的食品，如西梅（约3粒）。
- 对于平日少吃蔬果的人士，可考虑以天然蔬果干作为小零食。

总括而言，上文提到的各种养分对脑健康都扮演着不同的角色，缺一不可。但在注意选取健脑食品的同时，也不能忽略饮食定时的重要性。一日三餐中，很多人都只看重丰富的午餐和晚餐，而忽略早餐的重要性，然而，要为脑摄取充足的养分，一顿营养均衡的早餐非常重要。

吃早餐与脑功能有何关系？

体内的食物经过一夜睡眠大都已消化掉，因此，我们需要吃早餐来补充脑所需要的营养。国外的研究发现，若儿童早上处于禁食状况下进行认知功能评估，他们在集中力和记忆能力的表现均比吃了早餐的儿童更差（Pollitt, Cueto, & Jacoby, 1998; Pollitt & Matthews, 1998; Simeon,1998）。

我们不单要吃早餐，还要吃均衡热量的早餐，因为不同的食物需要不同时间来消化（见图 15。例如，消化碳水化合物需 1 小时，而消化蛋白质则需要两小时。换句话说，如果你吃一个只有碳水化合物成分的早餐，如白面包 1 个，你 1 小时后便会感到饥饿。有些小朋友到了第二、三堂课时便变得没精打采，很可能与他们没有吃一顿营养均衡的早餐有关。

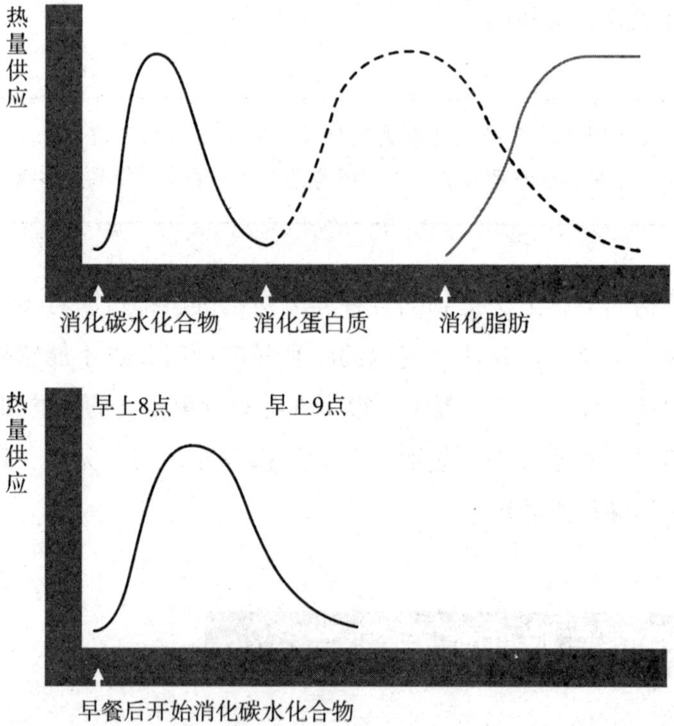

图 15　早餐热量供应图

均衡早餐对学业及社交的正面影响

除了认知功能外，国外曾有很多学者探讨饥饿对学童的学业和社交心理的影响。结果发现，饥饿的学童无论在行为、情绪和学业表现上都比较逊色（Kleinman, Murphy, Little, Pagano, Wehler, Regal, & Jellinek, 1998）。他们会经常缺席及迟到，显得过度活跃（Murphy, Wehler, Pagano, Little, Kleinman, & Jellinek, 1998）。除此之外，他们有更多的可能性要留级，在数学运算方面的得分亦较低，与其他小朋友相处也出现问题（Alaimo, Olson, & Frongillo, 2001）。

美国“学校早餐计划”

美国耗资15亿7千多万美元，为贫穷或低收入家庭学生提供指定的均衡早餐。学生吃校内指定的均衡早餐后，无论在学业成绩、行为及情绪问题等方面都有所改善。

美国联邦政府早在1966年已开始推行“学校早餐计划”（School Breakfast Program），为以食疗方法促进学生的脑部发育提供实质性支持。这个计划实施超过50年，仅在2002年，美国便耗资15亿7千多万美元，为贫穷或低收入家庭学生提供指定的均衡早餐，共有超过7.5万所学校参与，每天受惠学生超过800万，全年共提供15亿份早餐。学生吃校内指定的均衡早餐后，无论在学业成绩、行为及情绪问题等方面都有所改善。

在1998年，美国哈佛大学根据“学校早餐计划”进行研究（Murphy, Pagano, Nachmani, Sperling, Kane, & Kleinman,1998），研究对象为133名学生，结果发现进食校内指定的均衡早餐，包括牛奶、面包、五谷类食物及水果或果汁的学生，4个月后无论在学习能力、学业成绩、行为及情绪问题等方面都有所改善。数学运算的得分比以前理想，缺席及迟到的次数减少。这些结果也在牙买加的一次大型随机化试验中（包括16所偏僻小学，超过800名学生参加）再次证实均衡早餐能有效改善学生的学习能力（Grantham-McGregor, Chang, & Walker, 1998; Powell, Walker, Chang, & Grantham-McGregor,1998）。这些研究结果实在值得我们借鉴。

总的来说，根据美国多项研究结果显示，吃早餐可帮助学生：

1. 提高集中力和记忆力。
2. 提升学习能力。
3. 改善行为。
4. 改善情绪。

建议均衡的早餐

学生每天需要大约2,000千卡路里的热量。根据“学校早餐计划”的数据显示，早餐所摄取的热量应占全天的四分之一。

表 8　学生一天所需总热量 *

	全天总热量	
年龄	男（千卡路里）	女（千卡路里）
7—9 岁	1,900—2,150	1,650—2,100
10—12 岁	2,150—2,500	2,100—2,200

* 每天热量需求按个人活动及气温而异，活动量大及天气寒冷需较多热量。

	男（千卡路里）	女（千卡路里）
早餐热量 +	500—600	400—500

+ 大约全日总热量的四分之一。

为了使脑有足够所需要的营养，我们建议均衡的早餐须包括：

1. 以含碳水化合物的全谷类为主（例如糙米粥、全麦面包）。
2. 适量蛋白质（例如豆奶、豆浆）。
3. 低脂肪及低糖（例如原味麦片、粟米片）。

进食以下食品时，我们建议以左栏食品代替右栏的食物。

表 9 早餐建议表

在五谷类食物中，我们可以：

选 择	取 代
全麦面包	菠萝包／奶油包
蒸馒头	忌廉[①]蛋糕／酥皮蛋糕
原味粟米片、燕麦片	薯条／曲奇饼
糙米粥、小米粥	方便面

在奶类食物中，我们可以：

选 择	取 代
牛奶	奶茶
乳酪	咖啡
豆奶／豆浆	炼奶

在蛋／肉类食物中，我们可以：

选 择	取 代
烚蛋	煎蛋
瘦肉	午餐肉
卤水鸡翅／卤水鸡腿	炸鸡翅／炸鸡腿

参考美国的"学校早餐计划"建议的食物，考虑到他们的早餐偏重鲜奶、五谷和水果，未必适合中国儿童的饮食文化，因此我们加入豆浆和粥等中式食物，从而创作出一份富本地特色的餐单，以供参考和选择（见图 16）。

① 忌廉是西点制作的素材之一，是统称，为新鲜白色的牛奶制成液体，乳脂含量较牛奶更高。

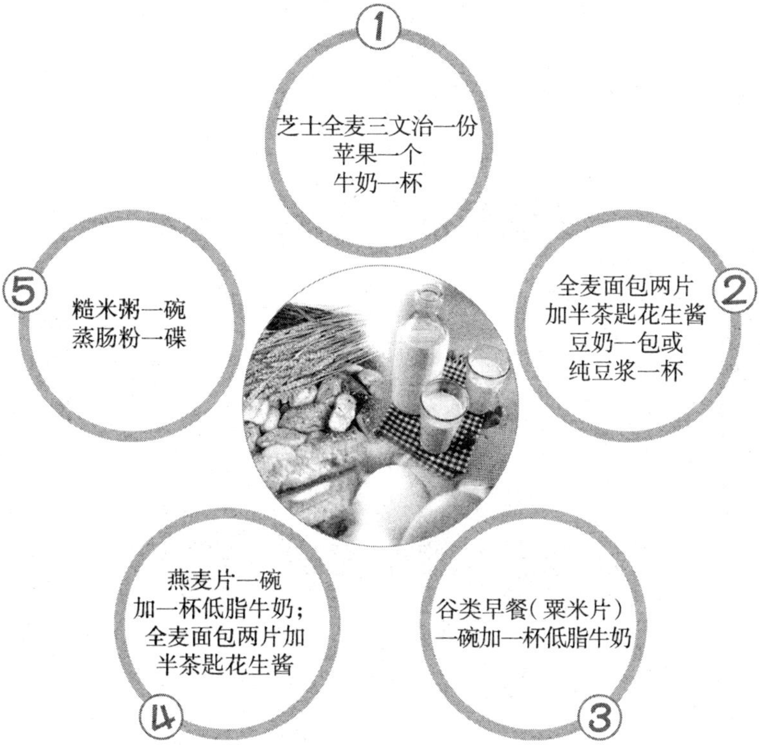

图 16　建议均衡早餐的选择与配搭 *

* 由于小朋友的体质及健康状况各有差异，这份营养早餐数据只供参考之用。如有需要，应向家庭医生或注册营养师查询。

“动出智慧”的理论背景

运动是提升脑功能的另一要诀。

运动提升脑细胞活动能力

脑需要人体总血量的20%，以吸取所需养分去维持正常运作。一些科学家认为，运动能促进血液循环，改善心肺功能，从而增加身体对脑部的氧气供应量，提升脑部细胞活动能力（Abourezk,1989; Martinsen, 1990; Toole & Abourezk, 1989）。研究结果亦发现，运动能增加脑神经营养因子（brain-derived neurotrophic factor）的数量，有助于维持神经元的生命（Cotman & Berchtold, 2002; Cotman & Engesser-Cesar, 2002）。

运动能促进心理健康

另一方面，不少研究显示运动可以舒缓压力，减低焦虑和忧郁的情绪，甚至能提升个人的自信心（Chaouloff, 1989; Gruber, 1986; Leith & Taylor, 1990; Morgan, 1985; Pierce & Pate, 1994）。学者利思和泰勒（Leith and Taylor，1990）曾经详细分析81个研究，结果指出，当中70%都赞同运动能够有效改善心理健康。

原来，运动可以提升脑的化学物质"β－内啡呔"（beta-endorphin）（Harte, Eifert & Smith, 1995; Schwarz & Kindermann, 1992; Sforzo，1989），使人心情愉快，减少忧郁及焦虑感（Chaouloff, 1989; Frecska & Davis, 1991; Schwarz & Kindermann, 1992）。

其实，心理健康对维持良好的脑部功能是极为重要的。正如前述，如果人们长时间处于压力下，脑内的海马体功能会被削弱，因而损害记忆力。而一些探讨脑部功能与情绪关系的研究显示，长期处于忧郁状态会损害脑部及记忆力（Lee, Ogle, & Sapolsky, 2002）。即使是一般正常人，短时间的焦虑情绪亦会影响其记忆力测试的表现（Ellis, Moore, Varner et al., 1997）。

根据前文提及的一项由香港中文大学在1999年所作的调查研究报告，不少香港的学生都缺乏运动，而且健康欠佳。在2.6万多名受访中小学生中，15%曾因健康问题在接受调查前6个月期间求诊超过3次，接近一半的受访者表示没有进行任何运动。受访者的年龄越大，生活方式就越欠健康。所以，改善学生的身心健康确有迫切的必要，特别是当他们的年龄还小的时候，更应及早培养良好的健康生活习惯，这样才有助于学生认识处理压力的适当方法，并维持他们脑的良好功能。

运动有助于改善认知功能

研究结果显示运动有助于增强创作力。很多学术研究曾探讨运动与各类认知功能之关系，但研究结果并不一致。虽然如此，学者普遍发现运动能提升某些额叶功能，创作力就是其中一例。即使采用不同的测量方法及不同年龄的研究对象（小学四年级学生至大学生），研究结果皆显示运动有助于增强创作力（Curnow & Turner, 1992; Gondola, 1986; Hinkle, Tuckman & Sampson, 1993）。另外，在研究老年人的实验中，也发现运动能提升额叶功能中的应变能力及反应速度（Kramer et al., 1999）。正如我们在“用出智慧”的理论部分将会提到，额叶是脑功能的总指挥；对于学习、解决问题的能力，以及社交技巧都扮演着重要的角色。所以我们应该鼓励学生多做适当的运动，尤其是当他们脑部的额叶正处于发育的阶段。

在学业成绩方面，莫洛伊（Molloy，1989）的一项实验发现，参与有氧运动班的小学生的算术测验成绩比没有参与的学生更好。此外，汤姆森等（Thomas, Landers, Salazar & Etnier，1994）分析了一些探讨运动与认知功能关系的研究，结果亦显示，运动明显地改善了算术的测验成绩。

以上种种都说明运动能提升脑部功能。

适合儿童的运动

运动大致上分为两类：心肺功能运动和身心运动。所谓心肺功能运动，亦称有氧运动，特点是运动者在一段时间内心率会维持较高的水平，以便增加对肌肉的血氧供应。跑步、游泳及骑单车等就是其中一些有氧运动，能够改善身体吸取氧气的状况，强健心肺。

由于儿童的心肺功能、体温调节能力、肌肉储存碳水化合物并将之转化为能量的能力，以至骨骼成长等生理机能仍未发展成熟，因此，他们比较适合进行一些温和的、中等强度的运动（Harris & Elbourn, 1997）。然而，我们查遍古今研究论著，让老人及40多岁的中年人进行的运动颇多，包括慢步跑，但针对小孩的“温和的、中等强度的运动”则可谓凤毛麟角。针对这种情况，我们特别为儿童编撰了一套“身心运动”（Mind-body Exercise）。

身心运动有助促进身心健康

所谓“身心运动”，是指同时锻炼身体和思想的运动，重点是训练个体用思想去意识或控制身体各部分的活动，从而达到身心合一。身心运动的精神在于用意不用力。比方说，用手推时，重点并不是推出去的力量有多大，却在于能否集中意志去控制身体完成该动作；因此，推手时若意念自己正在推开一扇门，可能会较易达到身心合一。身心运动除了对心肺功能有益外，对心理健康也有很正面的影响。近年来，身心运动已在外国流行起来，瑜伽便是其中一种。著名的《时代》（*Times*）杂志便曾报道一些美国儿童通过学习瑜伽来减轻压力。

身心运动源于中国

事实上，身心运动的理论源于中国，是以中国的太极及气功理念为发展基础。太极的要旨是静中求动，动中求静，使练习者培养出能平静轻松地面对日常生活及工作压力的能力。做身心运动最主要的是要放松身体，身体若能放松，思想便能随之而放松。可能有人会怀疑太极的缓慢动作是否可看作是一种运动。相关的研究指出，太极原来也是一项中等强度的心肺运动，关节的磨损比较少，适合所有年龄组别的人参加。再者，此项中国的身心运动，已被科学研究证实能改善肌肉强度、筋骨柔韧度和平衡力。这方面的益处对于肌肉张力或平衡力较弱的学生（例如患有自闭症／亚氏保加症[①]的学生）来说尤其重要。此外，太极亦被证实能提升免疫能力以及心肺功能等身体机能，更有效地减低压力并有助于练习者控制情绪，促进心理健康（Jin,1992; Li, Hong & Chan, 2001; Sun, Dosch, Gilmore, Pemberton & Scarseth, 1996）。

因此，我们尝试根据小朋友的体能发展及兴趣，并结合传统中国玄功，编制了一套十三式的定静运动。由于课业繁重，不少本地学生都出现了书包超重的情况，导致脊骨弯曲、脊椎受损；加上缺乏运动，致使问题恶化。事实上，有报道指出香港每 10 个学生便有一个出现脊骨弯曲的问题，这一状况值得关注。这十三式动作的编排是根据宋朝陈希夷祖师所创的玄功，取其一部分动作，加上音乐，编制成一套定静运动，使练习者能舒筋活骼，强化肌肉及脊椎。

这套运动在四米乘四米的空间便可进行，亦不需要特别的装备，学生既可在家中练习，亦可于学校与同学一起做，整套运动仅需 15 分钟便可完成。有关此套定静运动的详情可参考本书的附录一：儿童身心定静运动（十三式）。

① 可归为自闭症的一种，患者在沟通、认知、情绪及人际关系等发展上，均有明显障碍，但他们智商正常，部分更是资优。

老师篇

长达一年的研究成果指出，若“静出智慧”、“动出智慧”、“用出智慧”、“食出智慧”这四方面能互相配合，会有助于提升孩子的脑部功能，改善他们的身心健康和学习能力。在学校里，老师也可通过一些定期的小组活动，把这些信息带给学生，并引导他们进行有关的练习。

我们设计了一套适合小学一年级至六年级学生参与的活动，在放学后或课余进行。这套活动旨在帮助学生养成有助于提升脑部功能的习惯，故适合连续进行一段时间，每周2—3 次，或使之成为学校定期的课外活动。

提升儿童脑功能四部曲活动程序及内容

1 学生人数

约 10—15 名年龄相同的学生。

2 导师

2—3 人。

3 所需物资

- "食出智慧"、"用出智慧"、"动出智慧"、"静出智慧"标志及个别活动环节名称。（见图 17）
- "食出智慧"、"用出智慧"、"动出智慧"、"静出智慧"记录表及贴纸。（见图 18）
- 音响设备及轻松柔和的音乐光盘。
- 软垫、抱枕、靠垫。（见图 19）
- 白画纸、颜色笔或其他文具。
- 营养小册子。
- 健康食物金字塔。（见前文图 13）
- 食物图卡（见附录三）。
- 钢琴或定静运动音乐光盘（见本书所附 CD）及定静运动地垫（见第 105 页）。

4 场地布置

导师应该尽量选择一个宁静的房间，为了预备一个舒适的环境，我们建议在地上铺置舒适地垫并在上面放上抱枕或靠垫，让学生坐在或躺卧在软垫上聆听音乐。（见图 19）

5 活动程序（30—40 分钟）

● 在黑板或墙壁上张贴代表“食出智慧”、“用出智慧”、“动出智慧”、“静出智慧”四个范畴的标志（见图 17），以及各活动环节的名称，并提醒学生该节训练的内容。

图 17 “食出智慧”、“用出智慧”、“动出智慧”、“静出智慧”四个范畴的标志

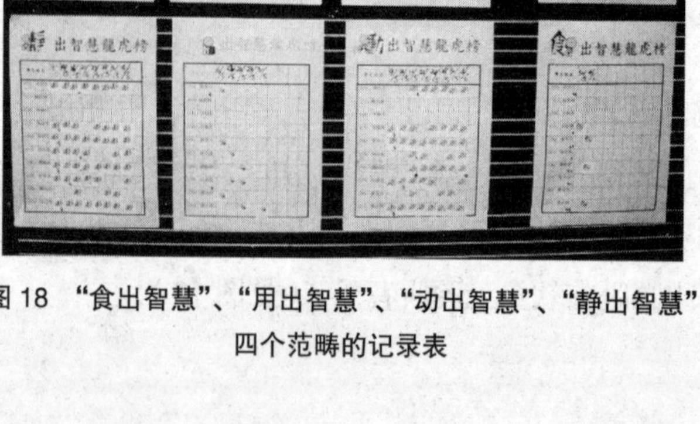

图 18 “食出智慧”、“用出智慧”、“动出智慧”、“静出智慧”四个范畴的记录表

● 张贴“食出智慧”、“用出智慧”、“动出智慧”、“静出智慧”四个范畴的记录表(见图18)，表上列有各学生的姓名。若学生能够圆满实践该范畴，导师便会在学生名字右方的空格内贴上奖励贴纸，以示鼓励和嘉奖。

● 张贴学生于前一节绘画的杰出的图画或表现优异的工作纸，导师可作适当解说及引导，加以鼓励。

图19 舒适的地垫、抱枕及靠垫

带出“静出智慧”练习一：聆听轻松柔和的音乐

目标：让学生进入一个松弛的状态。

建议时间：5—10分钟。

所需器材：音响设备、轻松柔和的音乐光盘，例如维瓦尔第的《四季》、巴赫及拉威尔的乐曲，甚至一些大自然歌曲，如《风之诗》、《浪之诗》等。

预期学习成果：学生能以轻松的心情安静地专心聆听音乐，从而学会一些松弛的技巧。

导师预备音响设备，并放入载有用来松弛神经的音乐光盘。

关掉房间内的灯光，使环境更令人松弛。

进入松弛训练：让学生安躺在软垫上，合上眼睛，保持安静、放松，专心聆听音乐。为了帮助学生集中精神，达到松弛效果，导师可鼓励他们留意音乐的旋律，问他们：“试试听到什么？”“联想到什么？”

告诉学生他们将会把联想到的东西画在纸上，借此鼓励学生注意音乐。

音乐播放完毕，开启灯光，并吩咐学生从躺卧的姿势慢慢坐好。

带出“用出智慧”环节

目标：鼓励学生多运用创作及联想力，以训练他们的额叶功能。

建议时间：大约 10 分钟。

所需器材：白画纸，工作纸，颜色笔及其他文具等（见个别活动介绍）。

预期学习成果：学生运用想象力完成工作纸或活动，并明白活动没有固定的答案，最重要的是多尝试，多发挥自己的创意。

向学生派发白画纸或工作纸，颜色笔或其他文具。

导师可根据情况进行以下其中一项活动。

活动一：我的音乐世界

目的：鼓励学生发挥想象力，通过不同方式表达他们对音乐的联想。

材料：纸、笔、颜色笔、手工纸、绉纸、火柴棍、胶水、剪刀等。

把聆听音乐时所作的联想通过图画表达出来。

此活动在聆听音乐之后进行，导师向学生发一张纸，请他们把聆听音乐时所作的联想通过图画表达出来。导师可作余下引导：刚才的音乐令你联想起什么？听音乐时你的脑海里出现了什么情境？令你想起什么对象、人物、地方，或故事？听完音乐后你有什么感觉？快乐、伤心、平静或轻松？导师可把不同的材料和用具放在地上，让学生随意取用；并鼓励他们尽量发挥想象力，以不同的方式表达他们的联想或感受。

活动二：创意绘画

目的：鼓励学生发挥创作力，从简单的线条发展出丰富的图画。

材料：纸、笔、颜色笔、手工纸、绉纸、火柴棍、胶水、剪刀等。

导师先在纸上画一些简单的符号、图形或线条，复印后发给学生，每人一张，并请他们以纸上的线条设计成一幅图画，题材不限。导师可鼓励学生发挥想象力，请他们想想：纸上的线条可以变成什么对象、动物或人物？学生除了填颜色外，更可用其他材料加工，使图画成为更丰富的创作。

导师先在纸上画一些简单的符号、图形或线条。

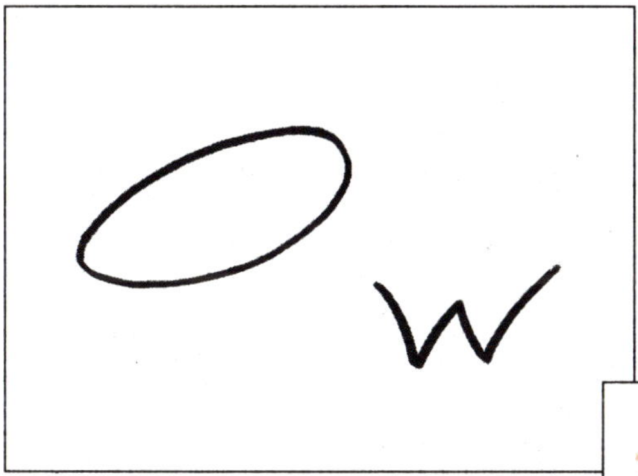

学童发挥想象力，画出丰富有趣的创作。

活动三：由始至终

目的：训练学生的计划能力——把工作分成步骤，并按序组织起来。
材料：纸、笔、颜色笔等。

导师拣选一项工作或活动，是需要按部就班，一步一步地完成的，例如要在教室种植一株属于大家的小植物，应如何进行呢？导师先请学生在纸上写下他们认为应有的步骤，然后请他们讲出答案，而导师则作出提问和引发讨论。例如有学生说先要买种子，导师可加以引导：“那怎样决定买哪种植物的种子呢？”等。这个活动可根据需要作出变化。例如学生可用画图画方式来表达他们的计划；在低年级进行这项活动时，导师可给予学生各个步骤，然后请他们按次序排列。题材方面，可以是与学校生活有关的（例如要做一个读书报告），或与日常生活有关的（例如要到几个不同的地方买日用品）。

“由始至终”活动例子：种植小植物。

活动四：小小发明家

目的：鼓励学生跳出框框，发挥想象力。

材料：纸、笔、颜色笔、一些常见物品的图片、盒子或袋。

导师把一些常见物品的图片放在一个盒子或袋内，然后抽出一张，向学生展示。导师请学生想想该对象除了原本的用途外，还可有什么其他的用途。学生可想出一种他们认为最有趣或新奇的用途，画在纸上，并为该物品创作一个新的名称。例如杯子可以是“绘画图形图案器”；胶手套可以是“挂墙式的花盆”等。当学生完成后，可请他们展示图画，并介绍自己的发明。

这个活动也可以以另一个形式进行。导师抽出对象后，可请学生在限定时间内尽量写出该对象的其他用途，越多越好。完成后，请学生说出他们的意见，并引导他们从多方面看一件事物。

活动五：有什么相似？

目的：训练学生的抽象思维，鼓励他们从较抽象的层面寻找事物之间的关系。

材料：纸、笔、一些写上对象名称的卡片、盒子或袋子。

导师把写上对象名称的卡片放在盒子或袋子内。这些对象之间可有不同程度、不同方面的相似之处，例如用途、形状、种类等。导师抽出两张卡片，请学生讲出或写出这两种对象之间相似的地方，例如“电话”和“电脑”，学生可能会说两者都有个“电”字，或两者都有按钮，那是较具体的相似之处。导师可引导他们从较抽象的层面来想，例如对象的分类、用途、对我们的重要性等，例如“电话”和“电脑”都可帮助我们沟通，或都是使我们生活更方便的用品等。导师可请学生解释他们的答案，并强调这个练习没有固定的答案，鼓励他们多思考，多尝试。

带出“食出智慧”的环节①

目标：教导学生良好的饮食习惯。

建议时间：大约10分钟。

所需器材：健康食物金字塔（见图13）、工作纸、食物图卡及营养小册子（见附录三）。

预期学习成果：学生了解吃早餐的重要性，并能选择营养均衡的早餐。

向学生派发营养小册子，并讲解吃早餐的重要性。

在第一节展示健康食物金字塔，教授学生良好的饮食习惯，并于日后的课上重温。

为巩固学生所学，导师可根据情况进行以下其中一项活动：

1. 向学生派发工作纸（见图20），让他们列出吃早餐的五个理由，并写出他们认为能“食出智慧”的早餐餐单。

2. 派发食物图卡（图21为例子），图卡正面为一种食物的图画，背面则列出该种食物的营养素，学生须根据图卡设计一份均衡营养的早餐。

3. 向学生提问有关食物金字塔的知识时，可选择分组比赛，请学生出来，在健康食物金字塔上留空的位置画上合适的食物。

---

① “食出智慧”环节不必每节皆进行。若时间有限，导师可根据情况在该节删去此环节。

工作纸

姓名：＿＿＿＿＿　班别：＿＿＿＿＿　日期：＿＿＿＿＿

为何要吃早餐？试写出五个理由：

1. ＿＿＿＿＿＿＿＿＿＿＿＿＿＿＿

2. ＿＿＿＿＿＿＿＿＿＿＿＿＿＿＿

3. ＿＿＿＿＿＿＿＿＿＿＿＿＿＿＿

4. ＿＿＿＿＿＿＿＿＿＿＿＿＿＿＿

5. ＿＿＿＿＿＿＿＿＿＿＿＿＿＿＿

试写出你认为能“食出智慧”的早餐包括哪些食物？

1. ＿＿＿＿＿＿＿＿＿＿＿＿＿＿＿＿＿＿＿＿＿＿＿＿＿

2. ＿＿＿＿＿＿＿＿＿＿＿＿＿＿＿＿＿＿＿＿＿＿＿＿＿

3. ＿＿＿＿＿＿＿＿＿＿＿＿＿＿＿＿＿＿＿＿＿＿＿＿＿

4. ＿＿＿＿＿＿＿＿＿＿＿＿＿＿＿＿＿＿＿＿＿＿＿＿＿

5. ＿＿＿＿＿＿＿＿＿＿＿＿＿＿＿＿＿＿＿＿＿＿＿＿＿

图 20　工作纸

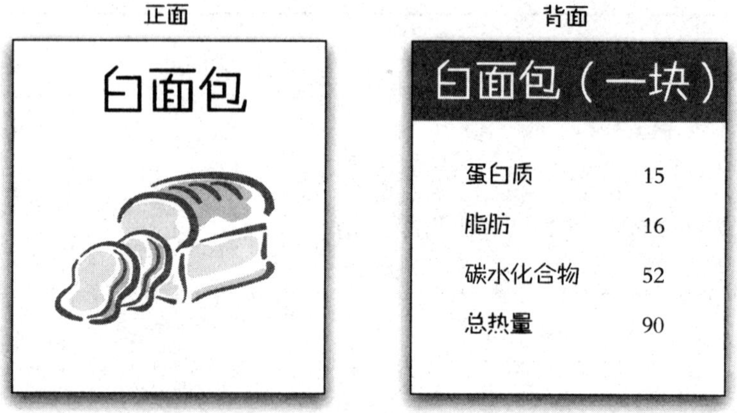

图 21　食物图卡

带出“动出智慧”的环节

目标：引导学生进行合适的身心运动，以提升他们的身心健康。

建议时间：10—15分钟。

所需器材：钢琴或配合运动的音乐光盘（本书附CD）、为定静运动而设计的特定地垫（见105页图）。

预期学习成果：学生学会一些简单身心运动，并养成每天做运动的习惯。

导师收拾地上的软垫及抱枕。

在这一环节，导师可以用10—15分钟带领学生练习一些身心运动，例如太极、瑜伽等，亦可指导学生练习我们为本计划编制的一套十三式的定静运动。有关此套定静运动的详细资料可参考本书附录一：儿童身心定静运动（十三式）。

导师带领学生练习身心运动时，可根据需要弹奏或播放合适的音乐，以提高儿童的兴趣，增强他们的投入感，使他们在轻松愉快的环境中练习。

运动完成后，让学生随意找个位置坐在地上。

带出“静出智慧”练习二：“DOM”

目标：让学生练习另一种达到松弛反应的技巧。

建议时间：大约 5 分钟。

所需器材：地垫。

预期学习成果：学生学会以“DOM”的方法集中精神并达到松弛反应。

导师可鼓励学生幻想自己是一个小钟，使他们能较具体地理解将要做的练习，然后请他们集中精神，一起发出“dom”的声音。（在这个活动中，我们以“dom”代替“om”，主要是因为“dom”音近钟声，好使学生更易接受和掌握）

为了帮助学生集中精神，导师可以指挥学生发音的时间和声量。例如当导师慢慢提高手便代表开始，声量要逐渐增大，慢慢垂下手便代表声量逐步收小至停止。

当活动完成后，为了奖励表现优异的学生，导师把分别印有“静”、“用”、“食”、“动”的奖励贴纸（或其他贴纸或记号）贴在记录表上，以奖励学生在有关方面的表现。

家长篇

看完了前文所述的理论篇，家长可能很希望通过“食出智慧”、“用出智慧”、“动出智慧”、“静出智慧”这四部分内容来提升自己孩子的脑部功能。其实最佳的方法便是把这“四部曲”融入孩子的日常生活中。因此，家长所担当的角色尤为重要。为了协助家长把这些理念带进家庭生活里，我们特地设计了一些方便在家中进行的提升脑功能的活动。而这些活动也可作为一套亲子活动，增进父母与子女间的感情。我们相信，通过实践“食”、“用”、“动”、“静”这四部分内容，父母一方面可以帮助孩子提升脑部功能，改善他们的学习、行为及情绪；另一方面，亦能在参与中改善自己的身心健康和脑功能，与子女一同受益。

“食出智慧”

目标：为子女预备营养均衡的早餐，以促进他们脑功能的发展。

建议方法：家长可根据美国“学校早餐计划”内建议的食物安排营养均衡的早餐给子女。另外，家长也可参考我们以下的建议餐单，亦可按子女的口味及参考下列的食物营养及热量数据，亲自为子女度身设计营养均衡的早餐。

美国“学校早餐计划”

美国“学校早餐计划”中建议给小学生的早餐食物包括：

	建议食物种类	分量
	 牛奶 (可配合五谷类食物)	240毫升
	果汁／水果／蔬菜 	半杯

建议食物种类	分量
从以下两类食物组别各选择一份食物或从一类组别中选择两份食物作为早餐：	
早餐 1 谷物/面包类	
 全麦面包/强化面包	1片
高纤维饼干/面包卷/发饼	1份
全麦或强化玉米片	3/4杯或30毫升
早餐 2 肉类或肉类替代品	
肉类/家禽类/鱼类 	30克
蛋白质食物	30克
芝士 	30克或$1\frac{1}{3}$片
鸡蛋	半只
花生酱/坚果类或籽类牛油 	2汤匙
豆类或豌豆类食物 	4汤匙
坚果类或籽类食物	不超过30克
乳酪（纯味/有味）	120毫升或半杯

以下是我们参考美国的“学校早餐计划”建议的食物而制作出一份富本地特色的餐单，以供家长选择：

西式早餐（一）

全麦面包 两片
花生酱 半茶匙
豆奶/纯豆浆 一杯

西式早餐（二）

燕麦片/粟米片 一碗
低脂牛奶（配燕麦片/粟米片） 一杯
全麦面包 两片
花生酱 半茶匙

中式早餐

糙米粥 一碗
蒸肠粉 一碟

假如您的孩子没有吃早餐的习惯，我们建议您尽量帮他/她改正这个不健康的习惯。对于一向空着肚子上学的小朋友来说，要他们特地早起床吃早餐，结果可能是赖床发脾气，又或是苦着脸起来。其实，家长可邀请子女一同设计多款均衡热量的早餐，甚至让子女协助预备早餐。小朋友的参与不但能确保用料符合他们的口味，更能培养出他们对吃早餐的兴趣，毕竟这是他们自己精心炮制出来的成果。

除进食早餐外，家长亦可鼓励孩子吃有益于脑健康的食品。

1. 高纤维食品，例如，

（1）在白米饭中混入糙米。

（2）每天都吃不同的蔬菜、豆类和豆制品。

（3）选择全谷物面包以取代白面包。

2. 抗氧化食品，例如，

（1） 每天吃三粒西梅 / 一杯蓝莓或提子。

（2）多吃深色 / 绿叶蔬果，如菠菜、番茄等。

（3）以水果干作零食。

有关食物的选取，家长可于“食出智慧”理论篇中参考更多相关资料。

“用出智慧”

目标：把握小朋友脑部发育的黄金机会，在家里推行一系列针对发展额叶功能的活动。

活动一：写日记

目的：训练孩子的表达能力。
材料：笔、彩色笔、日记簿。

家长可鼓励小朋友把每天有趣或特别的事情、自己的心情或想法记下；假若小朋友识字不多，或不喜欢写字，可改用图画方式来表达。家长可设定一个“写日记时间”，例如每天晚饭后或临睡前，帮助孩子培养写日记的习惯。

活动二：创意绘画

目的：鼓励孩子发挥创作力，从简单的线条发展出丰富的图画。

材料：纸、笔、彩色笔、手工纸、绉纸、火柴棍、胶水、剪刀等。

家长可在白纸上随意画上任何简单的符号、图形或线条，然后让孩子利用纸上的图案创作出一幅图画。这幅图画可以是一件物品、一个动物，又或任何事物，只要作品能包含家长绘画的图案便行；孩子更可利用其他材料加工使图画成为更丰富的创作。

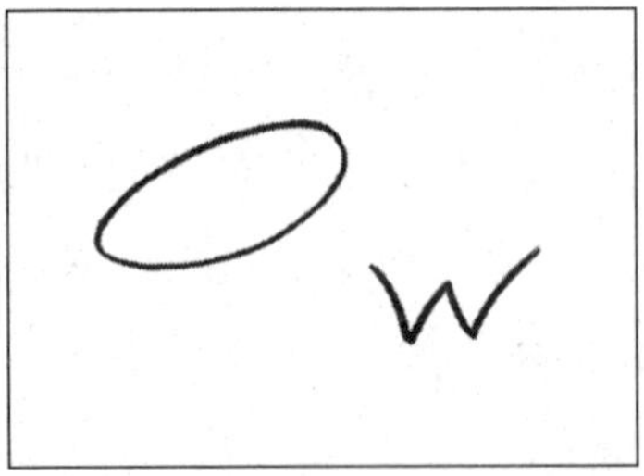

家长在白纸上随意画上简单的符号、图形或线条。

孩子利用纸上的图案创作出一幅图画。

活动三：寻宝游戏

目的：训练孩子的计划和编排能力，并鼓励创意的发挥。

材料：纸、笔、玩具、糖果或其他礼物作“宝藏”。

孩子选择家中一个地方（如枕头下、书柜内）把一件对象（宝藏）收藏起来，然后设计出一条“寻宝路线”，包括多个地点。孩子在每个地点放一张字条，上面写着下一个地点的提示，例如下一站是“雪柜”，提示可以是“保存食物新鲜的电器用品”；如下一站是“大门”，提示可以是“必经之路”等。孩子亦可用图画表达下一个地点。除了下一站的提示外，字条亦写上在这一站要做的动作（如拍手三下、唱一首歌等）。设计好寻宝路线后，孩子带父母到起点，请他们开始“寻宝”。这个活动除了可在家中进行外，也可在室外如公园、平台、海滩等地方进行。

活动四：联想游戏

目的：训练孩子的联想力。

材料：纸、笔、一些常见的对象。

家长可向小朋友展示任何一件物品，然后鼓励他们动动脑筋，尝试就该对象联想出五样相关的特征/东西/意念。接着，再就那五样相关的对象，各自联想出另外三样相关的特征/东西/意念。如有需要，可利用纸笔把所有联想书写或绘画出来。例如，展示物品为“一双筷子”，可令人联想到“吃饭”、“菜”、“碗”、“木”、“餐具”……然后，可就“吃饭”联想到“家人”、“肚子饿”、“酒楼”……如此类推。最后，家长可与孩子一起运用联想出来的意念创作出一个故事。

活动五：归纳与阐释

目的：培养孩子抽象的思考方式。
材料：一些常见的对象。

首先选择三种常见的对象，其中两种必须有一些共通之处。然后，让小朋友猜测哪两种是比较相似的，并描述其共同的特点。例如，向小朋友展示“电话”、“传真机”和“电视”，他们或许会说：“‘电话’和‘电视’较为相似，因为两者皆有‘电’字”，而另外一个可能的答案是：“‘电话’和‘传真机’，因为两者皆能用作通讯之用”。前者是一种具体的概念，着重字词的相同，后者则是一种较为抽象的概念，孩子们必须知道“电话”和“传真机”的用途，才能说出这两种对象可用作“通讯”这一个概念。我们希望通过类似的训练，培养小朋友抽象的思考方式，而不只是着重具体的概念分析。

此外，平时与孩子外出购物或进行户外活动时，也可进行类似的活动。例如，当父母与孩子到超级市场或商场购物时，可挑选两种物品请孩子说出它们相似的地方。例如“一盒橙汁”和“一个番茄”，孩子也许会说它们都是“蔬果的产品，都可以吃或喝的”。父母可赞扬他们，并提出其他较抽象的概念，如“两者都含有丰富的维他命C”等。父母和孩子更可以轮流提问，增加趣味。

除上述提议外，我们亦鼓励家长尝试运用自己的额叶功能，替子女创作出一套别出心裁的提升脑功能的活动。

“动出智慧”

目标：培养子女对练习身心运动的兴趣，并使之成为日常生活的一部分。

建议方法：身心运动种类繁多，若家长已对某些身心运动有一定的掌握或兴趣，就不妨选用自己熟悉的一套教授子女，例如太极、瑜伽等。

此外，家长亦可选择本书附录一中介绍的十三式的定静运动，每天花上 15—20 分钟，随着音乐与子女共同练习。

实践技巧：众所周知，不论做任何运动，必须持之以恒方能见效。可是要怎样做才能坚定意志，不致半途而废呢？道理很简单，就是把它当作日常生活的一部分，就如吃饭、洗澡一般；加上家长的鼓励和支持，便能渐渐形成习惯。家长的参与是非常重要的，一方面能矫正子女错误的姿势，以防他们弄伤筋骨；另一方面家长的陪同令孩子感受到支持，本身已是一种强化剂，一种最大的鼓励。

为使子女更容易习以为常，家长与子女就得预先商量一个适当的时段来进行身心运动，例如临睡前一小时或是下课回家后，然后达成协议，并承诺互相提醒对方履行协议。在实行运动的初期，子女可能会因为生活常规的突变而一下子适应不来（例如牺牲了看电视的时间来做运动）。为避免子女把运动看作成一件苦差，家长不妨给予一点鼓励。比方说，如果子女的姿势正确，家长可给予口头上的赞扬、运动后可让孩子做自己喜欢的活动，如看电视、每天做完运动可获赠贴画纸一张，集齐10张便得小礼物一份，等等。当然，物质上的鼓励可随着时间而逐渐减少，目的是令孩子对运动培养出发自内心的喜好，形成日后持之以恒的原动力。还有一点值得家长注意：切勿安排一些孩子不感兴趣或讨厌的活动（例如温习功课）紧接在运动时段之后，这样不但有碍孩子建立对运动的兴趣，而且容易令他们对运动产生负面的感觉。

“静出智慧”

目标：让子女学习简单有效的松弛方法，达到精神集中、头脑既清醒而又放松的状态，以应付压力。

活动一：“DOM”

选定一个舒适宁静的空间，可以是客厅的沙发上，又或是睡房。然后让孩子保持一个舒适的姿势，例如盘膝而坐或平坐在椅子上。接着，大家一同闭上眼睛，手牵着手。家长应在此时提醒孩子把一切烦恼抛诸脑后，并齐声发出“dom”这个音。为增添趣味及帮助理解，家长也可教孩子把自己幻想成敲响了的大钟，正在发出“dom”的钟声，带领孩子持续地发出“dom”音 10 —15 秒。然后重复多次，务求做到整个过程都感到舒服自然便可。当孩子对“dom”音已掌握自如时，便可让其担当带领的角色。

活动二：听音乐

选定一个舒适宁静的空间，可以是客厅的沙发上，也可以是睡房。关灯，使环境更令人松弛，然后播放一些松弛神经的音乐唱片，例如维瓦尔第的《四季》、巴赫及拉威尔的乐曲，甚至一些大自然歌曲，例如《风之诗》、《浪之诗》等。然后让孩子保持住一个舒适的姿势，例如躺卧着，并提醒孩子把一切功课、忧虑、烦恼暂时抛诸脑后，尽量保持安静、放松的心情，专心聆听音乐。为了帮助孩子集中精神，达到松弛效果，家长亦可请孩子留意音乐的内容，并作出联想，这样孩子便较易集中精神聆听。

活动三：听《三路端坐松弛法》

选定一个舒适宁静的空间，并为孩子预备一张适合其高度的椅子（即坐下时，孩子双脚能平踏地面，膝头呈约90度屈曲）。提醒孩子暂时忘却学习或生活上的烦恼，然后播放《三路端坐松弛法》录音，让孩子专心聆听。我们亦鼓励家长与孩子一起进行练习，因为当孩子合上双眼时，家长的陪伴可使孩子感到更大的安全感。假若孩子未能理解说话内容或是未能依照指示进行（例如害怕合上双眼；喜欢躺着进行松弛法，并显得较轻松），家长只需随着孩子意愿，保持舒适自然的姿态，被动地专心聆听录音便可以了。

简简单单减压法

其他的减压方法其实还有许多，有些更是非常简单，不费分文，亦不费时，例如，

- 感觉到紧张时深呼吸3次；
- 笑一笑，世界更美妙，如对镜笑3分钟；
- 把心中的不快和怨气写在纸上然后撕掉；
- 哼一些轻松的歌儿：“我是一个大苹果”、“有只雀仔跌落水”……
- 紧握双拳或紧紧提起肩膀5秒钟，然后放松；
- 闭上眼睛，舒服地坐着，留心细听每种声音；
- 享受一杯幽香四溢的茶；
- 看一些励志的文章或句子；
- 听一首自己喜欢的歌；
- 做10分钟柔软体操。

孩子未必能一下子适应生活上的转变，良好的生活习惯是需要时间、耐心、家长的以身作则和鼓励而养成的，我们希望以上建议的活动，能有助家长把“静出智慧”、“动出智慧”、“用出智慧”、“食出智慧”这“四部曲”带进家庭生活中，使之成为生活的一部分。只要持之以恒，我们相信孩子的脑部功能会有所提升，从而改善他们的学习能力、健康、情绪，甚至家庭关系。

附 录

附录一 儿童身心定静运动（十三式）

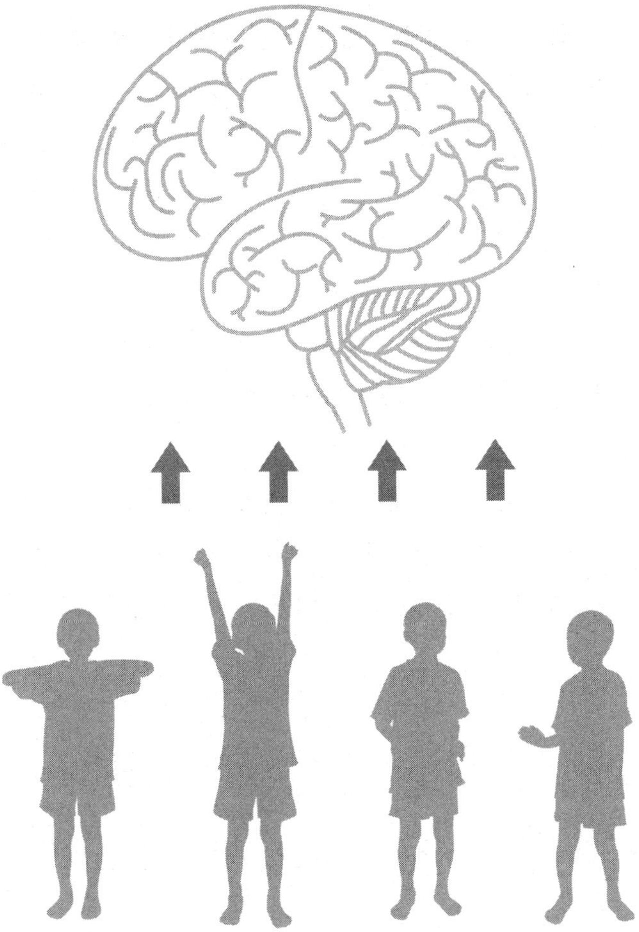

儿童身心定静运动（十三式）简介

本运动共有十三式，是身心运动的一种。身心运动的精髓在于锻炼身体的同时也培养心情，重点在于训练人用思想意识控制身体各部分，从而达到身心合一、定静的境界！

近年身心运动受到中外关注，越来越多的人学习此类运动。科研结果更证实身心运动有助于减轻精神压力及改善工作效率。可惜，大部分的身心运动都是为成年人而设计，一般儿童感到这些运动沉闷难学。因此，我和同事特别为儿童设计了这十三式的定静运动。这套运动是根据宋朝道学大师陈希夷所创的玄功而改编的，我们取其部分动作，加上轻松有趣的音乐，希望做到易学易练，并提高儿童对定静运动的兴趣。

另外，不少学生由于坐姿不正确及经常要背负沉重的书包，影响其脊椎的健康发展，因此这套定静运动也注重强化脊椎及肌肉，使练习者能舒展关节及强化骨骼。

这套运动的另一特色是经济，所要求的资源、地方及时间都不多，一整套运动可以在 4 平方米乘 4 平方米的空间进行，配合随书附送的音乐光盘，只需大约 15 分钟便可完成。

附录一

儿童身心定静运动（十三式）动作示范

预备……

1. 播放十三式运动CD音乐……

2. ……踏在十三式运动地垫（见105页图）的脚板上

3. 放松……深呼吸……准备开始十三式运动

定静运动地垫图*

*该地垫由香港中文大学心智综合康复中心印制及发售，联系电话为00852-31634166，电子邮件为 info@cuhk-inrc.com。

第一式：机械人

1. 提高左前臂至腰旁，与地面保持平衡。

2. 将右前臂提高至腰旁，与地面保持平衡；两手掌掌心相向；眼望前。

3. 向左扭腰 45 度（即地垫上的 8 号方向）。

4. 转回正中原位（即地垫上的 1 号方向）。

5. 向右扭腰 45 度（即地垫上的 2 号方向）。

6. 转回正中原位（即地垫上的 1 号方向）。

重复步骤 3—6 共 6 次

7. 微微屈膝，膝不能遮过脚趾。

8. 向左扭腰 45 度（即地垫上的 8 号方向）。

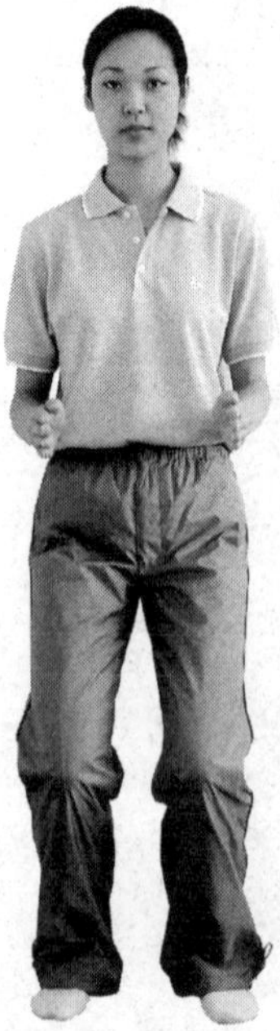

9. 转回正中原位（即地垫上的 1 号方向）。

10. 向右扭腰 45 度（即地垫上的 2 号方向）。

11. 转回正中原位（即地垫上的 1 号方向）。

重复步骤 8—11 共 6 次

第二式：看看左、看看右

1. 左手背贴着腰后中间位置，掌心向外。

2. 举高右手，手掌放在距离眼前约 6 寸的位置，手掌向前，手指指向左边。

3. 向左转腰 45 度（即地垫上的 8 号方向），停下，双眼集中注视右手。

4. 再向左转腰 45 度（即地垫上的 7 号方向）。

5. 转回原位（即地垫上的 8 号方向）。

重复步骤 4—5 共 8 次

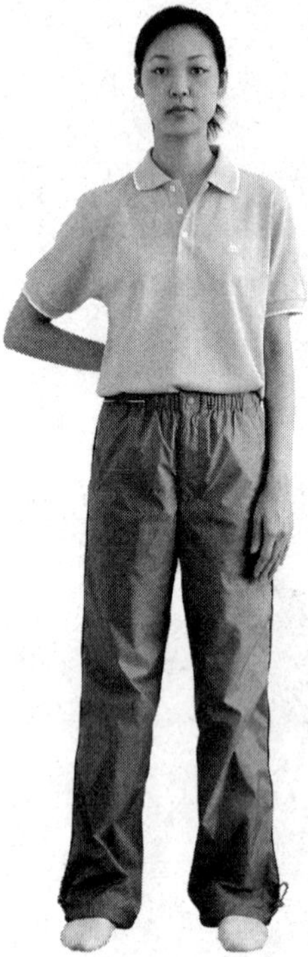

6. 右手背贴着腰后中间位置，掌心向外。

7. 举高左手，手掌放在距离眼前约 6 寸的位置，手掌向前，手指指向右边。

8. 向右转腰 45 度（即地垫上的 2 号方向），停下，双眼集中注视左手。

9. 再向右转腰 45 度（即地垫上的 3 号方向）。

10. 转回原位（即地垫上的 2 号方向）。

重复步骤 9—10 共 8 次

第三式：摇摇船

1. 左脚踏前，脚尖稍微提起。

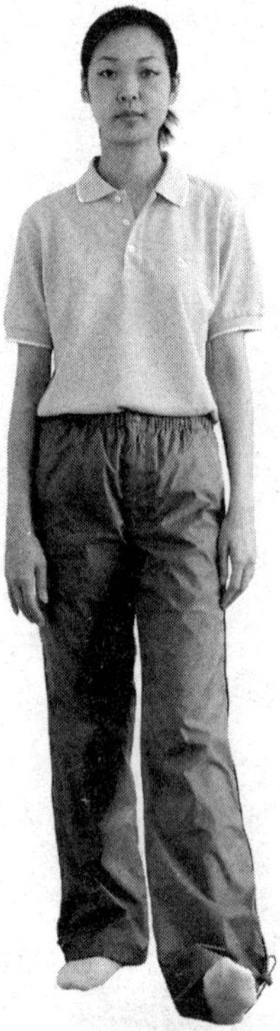

2. 右前臂举高至胸前，掌心向前，想象右手好像推着前面的东西。

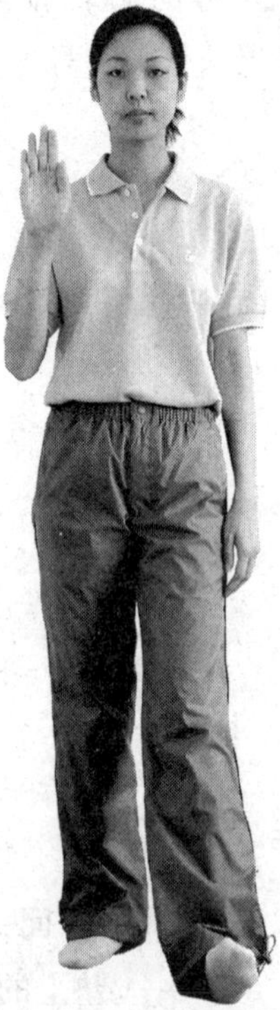

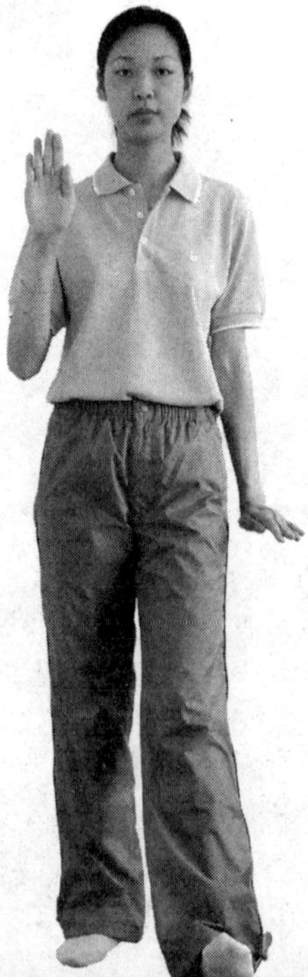

3. 左手垂下，掌心向下，手指指向前方；轻轻屈起左手腕，动作犹如向下按着东西；眼望前方。

4. 左脚脚尖轻轻踏下，使身体微微向前移，并以左脚支撑整个身体，同时提起右脚跟。

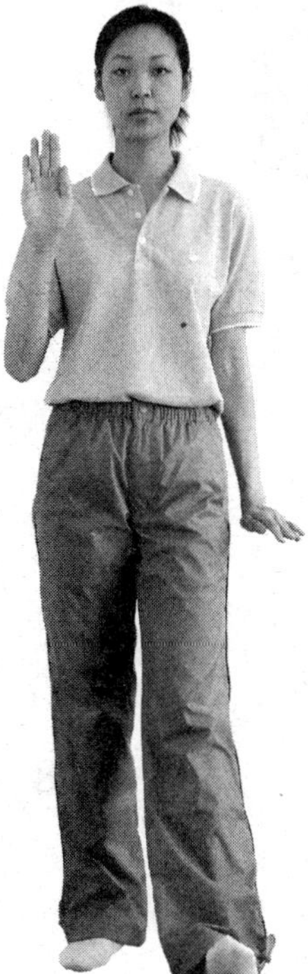

5. 右脚跟踏地，使身体微微向后移，并以右脚支撑整个身体，同时提起左脚尖。

重复步骤 4—5 共 8 次

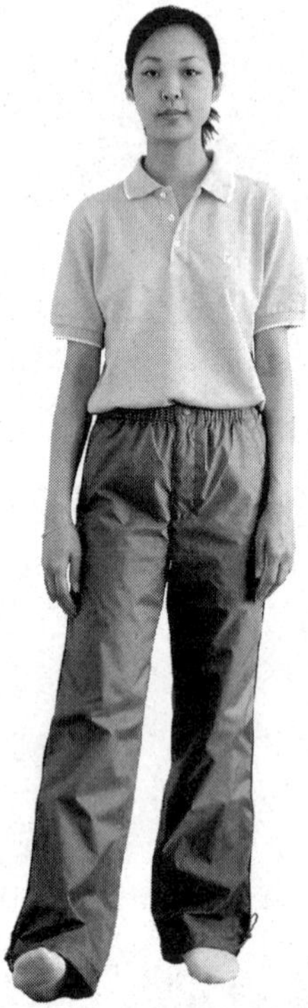

6. 右脚踏前，脚尖稍微提起。

7. 左前臂举高至胸前，掌心向前，想象左手好像推着前面的东西。

8. 右手垂下，掌心向下，手指指向前方；轻轻屈起右手腕，动作犹如向下按着东西；眼望前方。

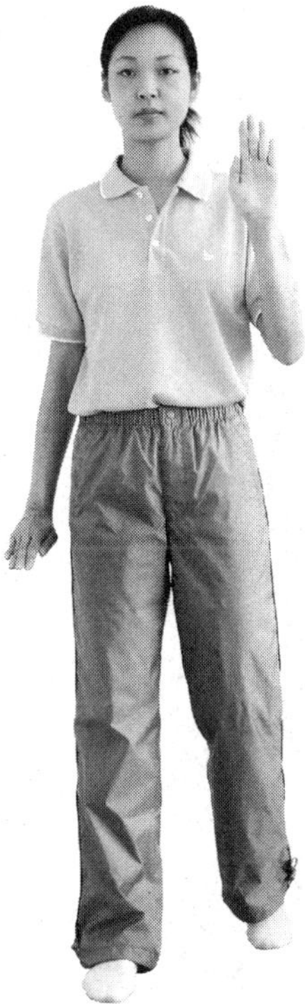

9. 右脚脚尖轻轻踏下，使身体微微向前移，并以右脚支撑整个身体，同时提起左脚跟。

10. 左脚跟踏地，使身体微微向后移，并以左脚支撑整个身体，同时提起右脚尖。

重复步骤 9—10 共 8 次

第四式：托西瓜

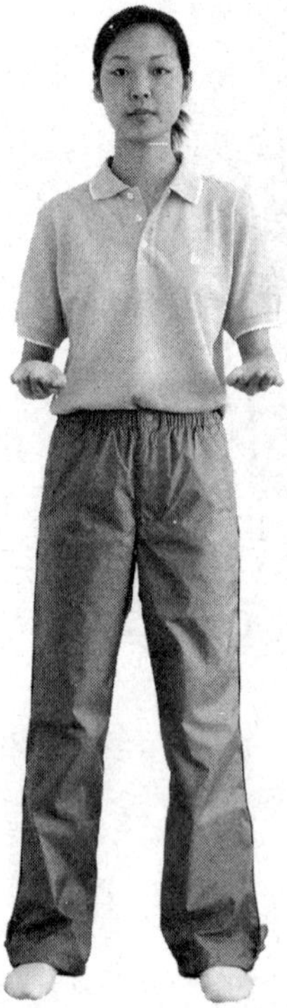

1. 屈起前臂放在腰的两旁，手掌向天。

2. 慢慢举高双手，直至完全高过头部为止。

3. 手指向天，手心向后。

4. 将手掌反转，手心向前。

5. 手掌朝着腰间位置慢慢向下压。

6. 当双掌下压接近腰部时，双腿亦稍微屈膝。

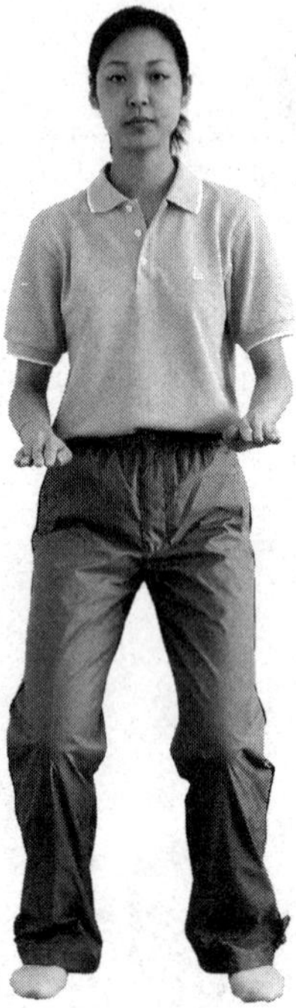

7. 直至前臂到达腰旁。

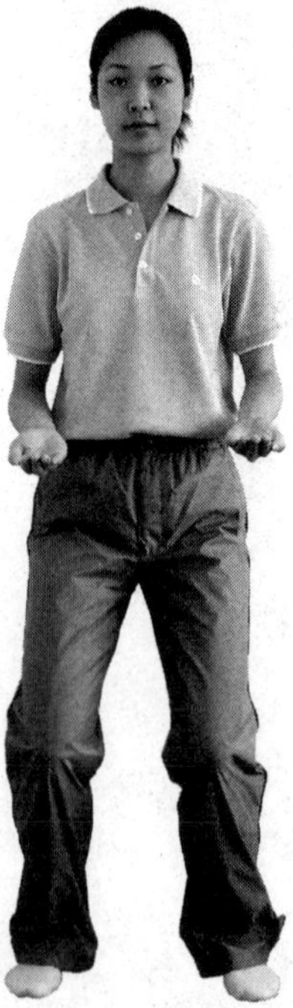

8. 反转手掌，手心向天；当双手再次向天伸展时，双腿亦随之伸直。

重复步骤 2—8 共 5 次

第五式：爬虫虫

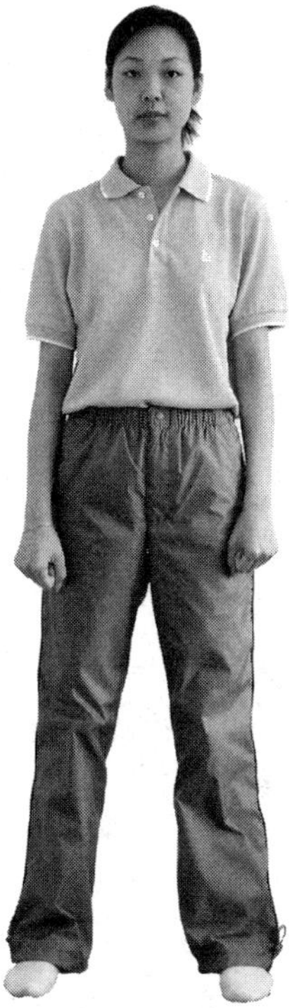

1. 双手垂直放在身体两侧，轻握拳头。

2. 向前弯腰，带动拳头朝脚掌方向下滑。

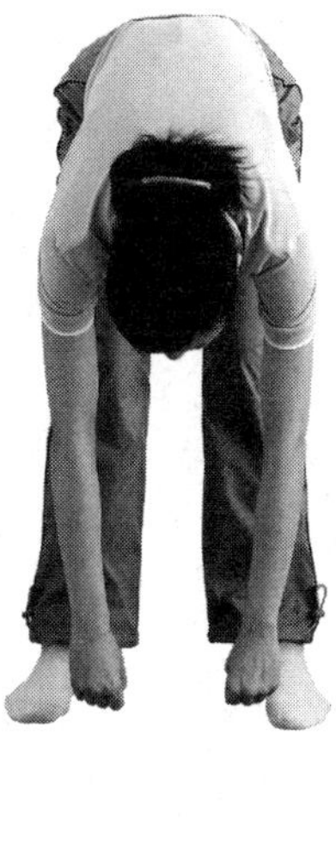

3. 弯腰时尝试保持双脚挺直。

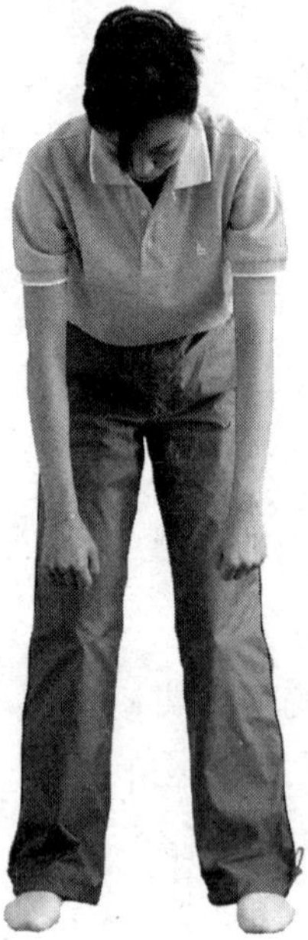

4. 徐徐挺直上身，带动双手往上移。

5. 高举双拳，手背向后。

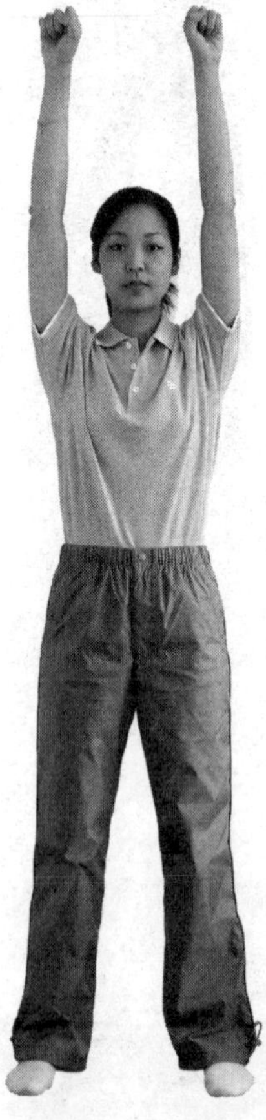

6. 直至双臂伸直。

7. 拉下前臂直至胸前，手肘向外伸展，与地面保持平衡；拳头相对，手背向上；同时稍微屈膝。

8. 提高拳头至眼的位置，手背向外，前臂与地面保持垂直，同时伸直双脚。

9. 手肘再向外伸展，前臂放在胸前，与地面保持平衡；拳头相对，手背向着自己；同时稍微屈膝。

10. 双拳分别放在腰旁两侧，掌心向上；同时伸直双腿。

重复步骤 2—10 共 3 次

第六式：风车转

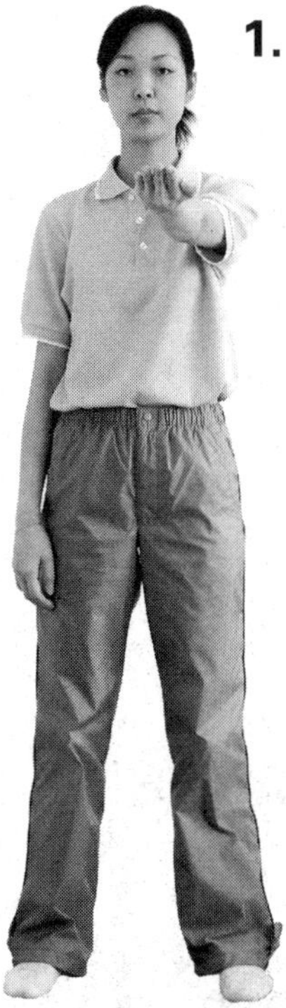

1. 伸直左手至身体正中位置，掌心向天。

2. 伸直右手至身体正中位置，掌心向下，刚好与左手手掌合起来；眼望前方。

3. 左手向上移动，右手向下移动。

4. 双手继续往上或下向后移动。

5. 接着双手再返回前方；双手移动的动作仿似在身体两侧画了个圆圈。

6. 打圈后，两掌再次合上，返回原来位置。

重复步骤 3—6 共 3 次，然后垂低双手

7. 伸直右手至身体正中位置，掌心向上。

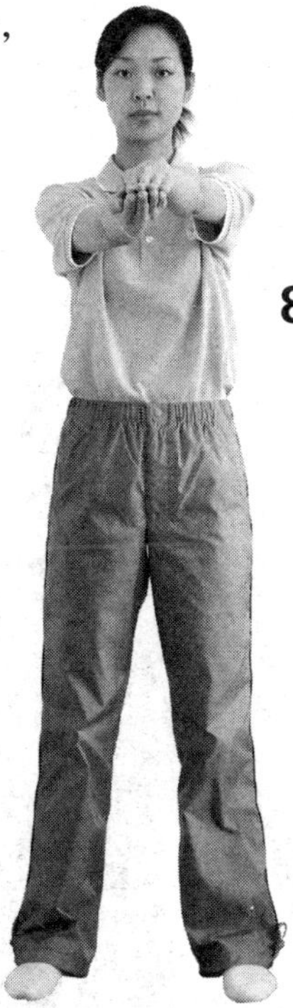

8. 伸直左手至身体正中位置，掌心向下，刚好与右手手掌合起来；眼望前方。

9. 右手向上移动，左手向下移动。

10. 双手继续往上或下向后移动。

11. 接着双手再返回前方；双手移动的动作仿似在身体两侧画了个圆圈。

12. 打圈后，两掌再次合上，返回原来位置。

重复步骤 9—12 共 3 次，然后垂低双手

重复步骤 3—6 共 3 次，然后垂低双手

重复步骤 9—12 共 3 次，然后垂低双手

第七式：大鸟飞

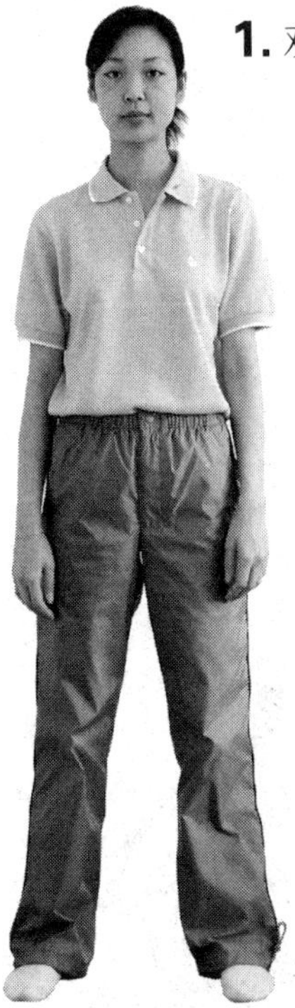

1. 双手垂直放在身旁，掌心向内。

2. 提起双手至胸前高度，与地面保持平衡，掌心向下。

3. 前臂向内屈曲至胸口，手肘向外伸展，两手指尖相对。

4. 双臂向左右两边伸直，掌心向下。

5. 前臂向内屈曲至胸口，手肘向外伸展，两手指尖相对。

6. 双臂向前伸直，掌心向下。

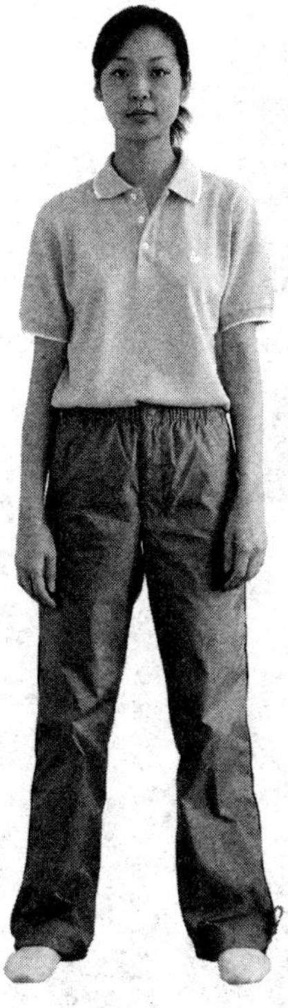

7. 徐徐地放下双手。

重复步骤 2—7 共 5 次

第八式：发大炮

1. 轻握双拳放在腰间，手背向下，手肘向后。

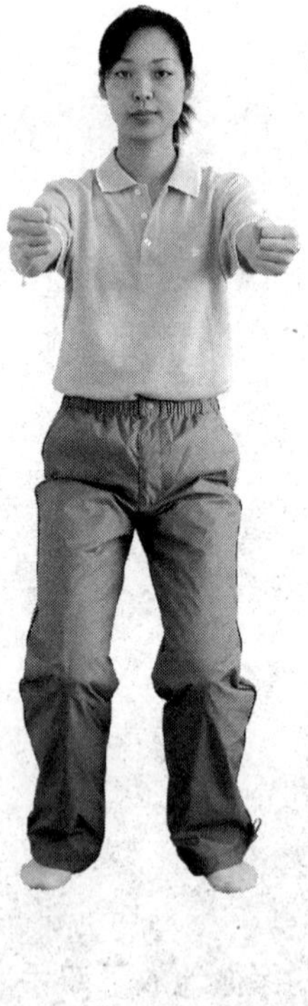

2. 向前出拳同时屈膝，双手置于胸前高度，与地面平衡，手背向外。

重复步骤 2—3 共 8 次

3. 收拳至腰间，手背向下；同时伸直双腿。

第九式：爬虫虫

1. 双手垂直放在身体两侧，轻握拳头。

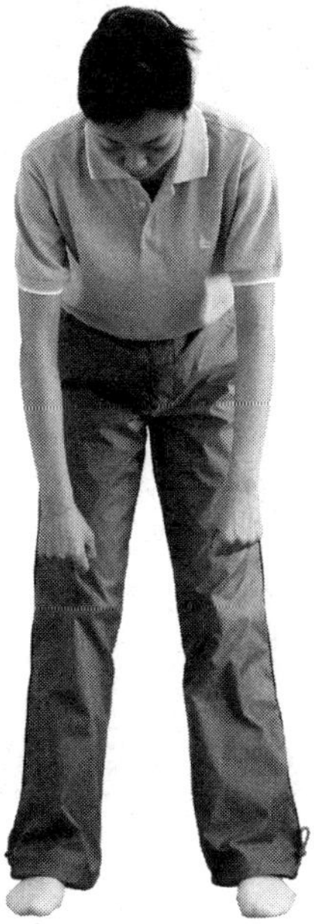

2. 向前弯腰，带动拳头朝脚掌方向下滑。

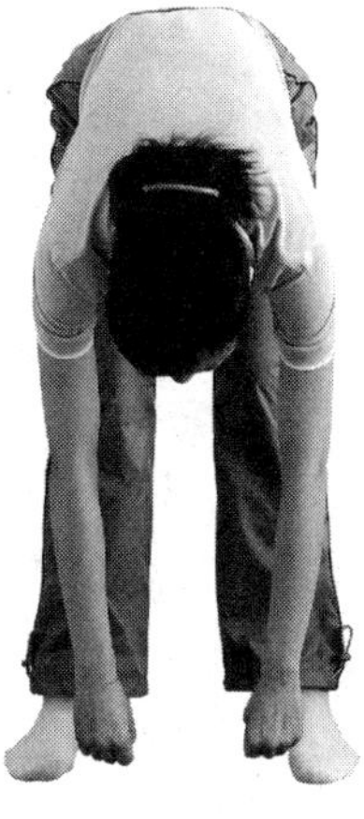

3. 弯腰时尝试保持双腿挺直。

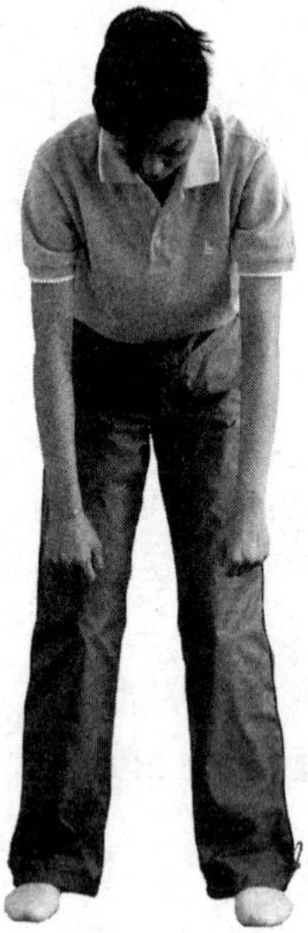

4. 徐徐挺直上身，带动双手往上移。

5. 高举双拳，手背向后。

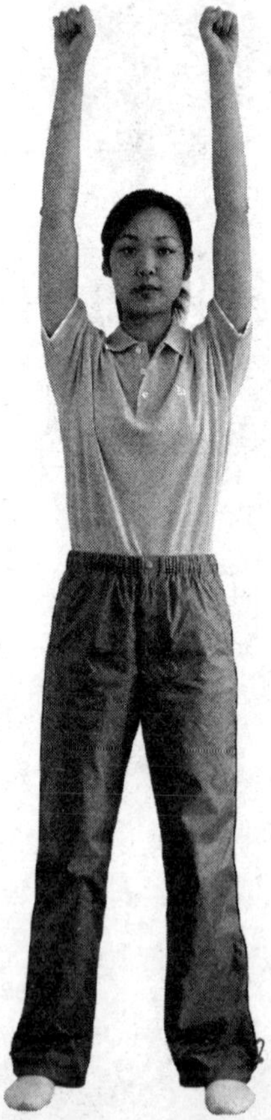

6. 直至双臂伸直。

7. 拉下前臂直至胸前，手肘向外伸展，与地面保持平衡；拳头相对，手背向上；同时稍微屈膝。

8. 提高拳头至眼的位置，手背向外，前臂与地面保持垂直，同时伸直双腿。

9. 手肘再向外伸展，前臂放在胸前，与地面保持平衡；拳头相对，手背向着自己；同时稍微屈膝。

10. 双拳分别放在两侧腰旁，掌心向上；同时伸直双脚。

重复步骤 2—10 共 3 次

第十式：劈柴

1. 左脚向左移一步（即踏着地垫上的 7 字）。

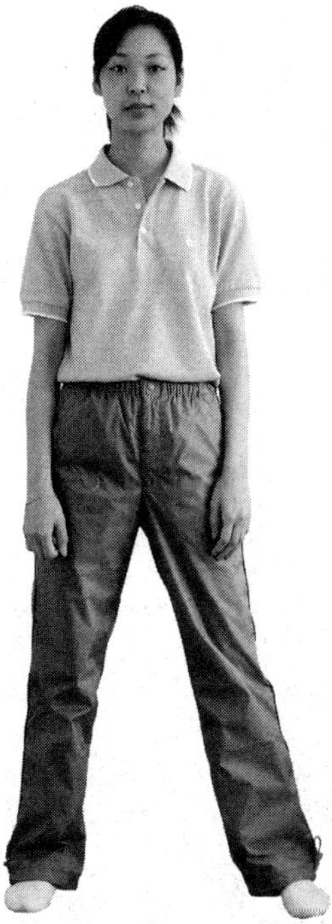

2. 右脚向左移一步（即踏着地垫上的 3 字）。

3. 双膝微微屈曲。

4. 屈起左前臂，直至与地面垂直，指尖向上。

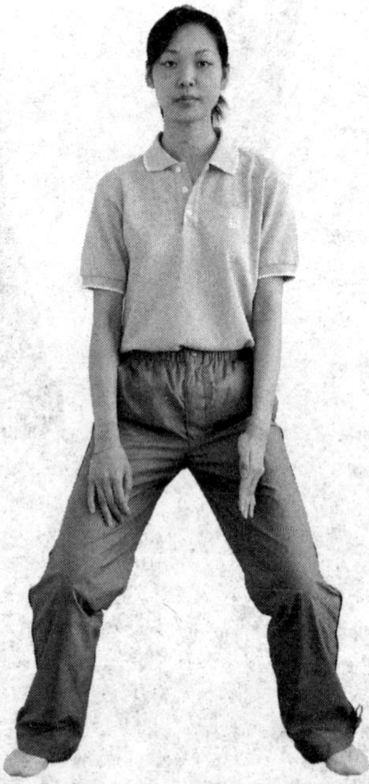

5. 左手向下敲打左大腿。

6. 屈起右前臂，直至与地面垂直，指尖向上。

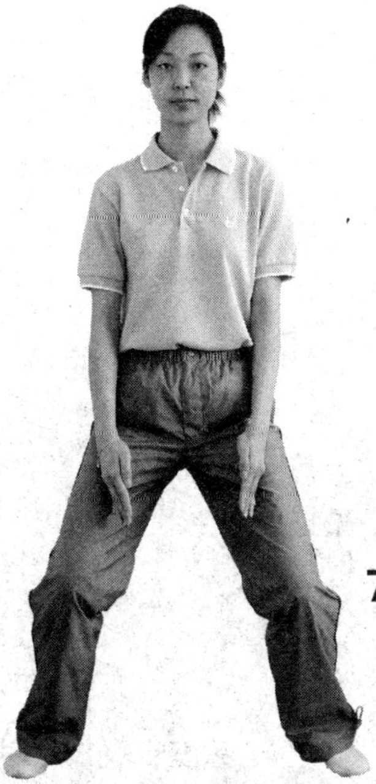

7. 右手向下敲打右大腿。

重复步骤4—7共5次

8. 屈起两手前臂，直至与地面垂直，指尖向上。

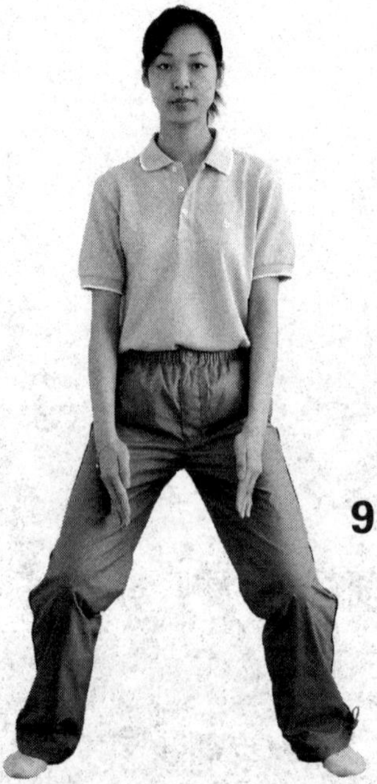

9. 双手向下敲打大腿。

重复步骤 8—9 共 5 次

第十一式：斟茶啦

1. 左脚跟踏着地垫上的7字，脚尖微微提起，指向左边以右脚支撑身体。

2. 左手放在身前抱着腰的右边。

3. 举高右手至眼前位置，掌心向前，手指指向左边；双眼集中注视右手。

4. 微微向左弯腰。

5. 返回原来垂直站立的姿势。

重复步骤 4—5 共 8 次

6. 右脚跟踏着地垫上的3字，脚尖微微提起，指向右边以左脚支撑身体。

7. 右手放在身前抱着腰的左边。

8. 举高左手至眼前位置，掌心向前，手指指向右边。双眼集中注视左手。

9. 微微向右弯腰。

10. 返回原来垂直站立的姿势。

重复步骤 9—10 共 8 次

第十二式：超人

1. 左脚向前踏一步。

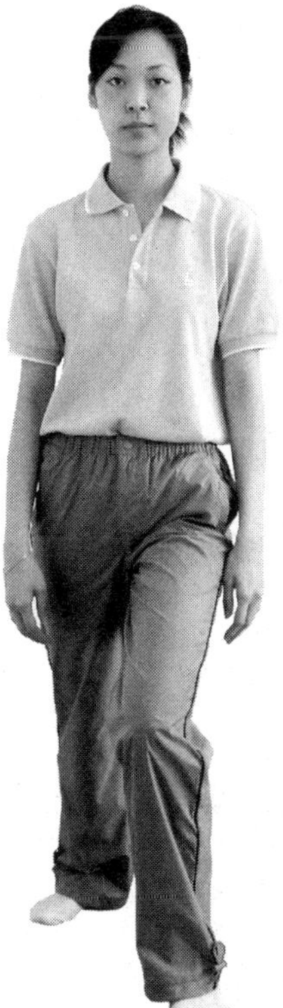

2. 左膝微微屈曲。

3. 左手握拳，举高至肩膀位置，手背向上。

4. 左前臂朝胸口方向屈曲，
直至前臂与胸口平衡。

5. 右拳向右伸展，手背向上。
双眼注视右手的移动。

6. 打开右手手掌，掌心慢慢往下压。

7. 直至右手完全垂直为止。

8. 右手握拳提高，向右伸直。

9. 双眼注视右手的移动。

重复步骤6—9共5次

10. 右脚向前踏一步。

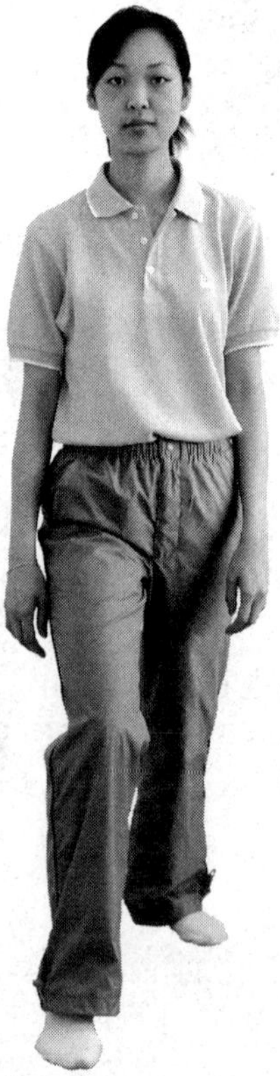

11. 右膝微微屈曲。

12. 右手握拳，举高至肩膀高度，手背向上。

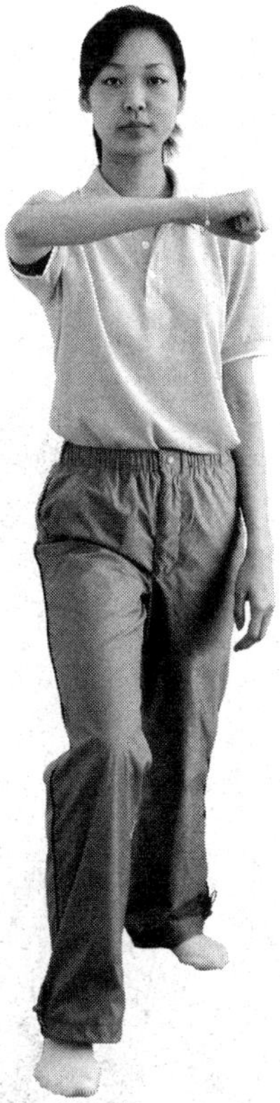

13. 右前臂朝胸口方向屈曲，直至前臂与胸口平衡。

14. 左拳向左伸展，手背向上。双眼注视左手的移动。

15. 打开左手手掌，掌心慢慢往下压。

16. 直至左手完全垂直为止。

17. 左手握拳提高，向左伸直。

18. 双眼注视左手的移动。

重复步骤 15—18 共 5 次

第十三式：爬虫虫

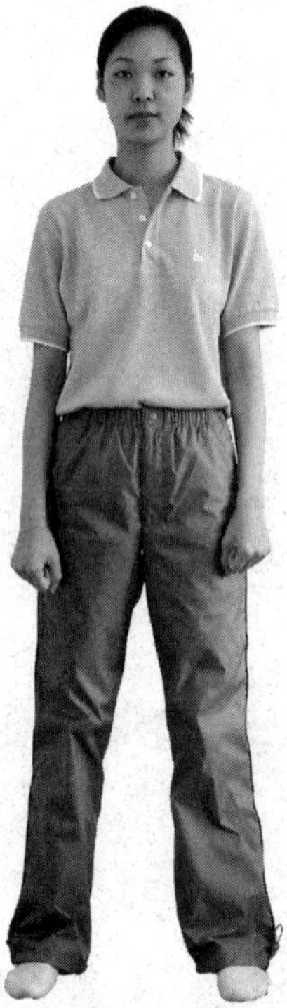

1. 双手垂直放在身体两侧，轻握拳头。

2. 向前弯腰，带动拳头朝脚掌方向下滑。

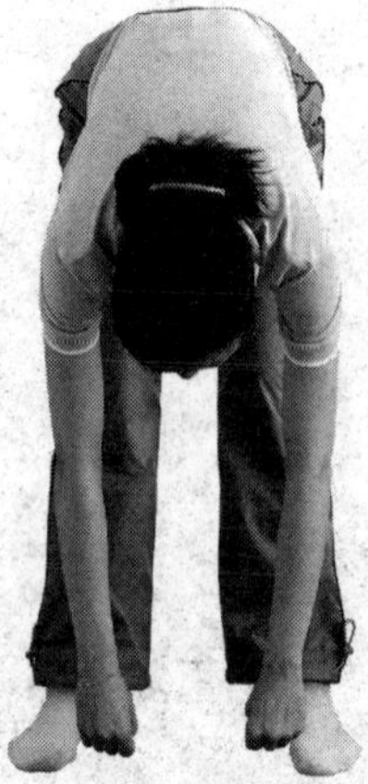

3. 弯腰时尝试保持双腿挺直。

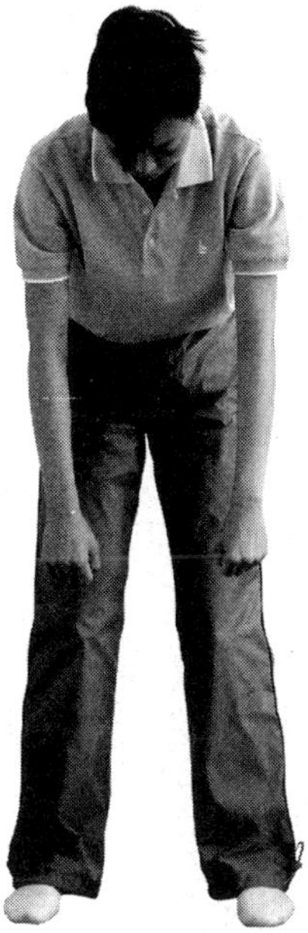

4. 徐徐挺直上身，带动双手往上移。

5. 高举双拳，手背向后。

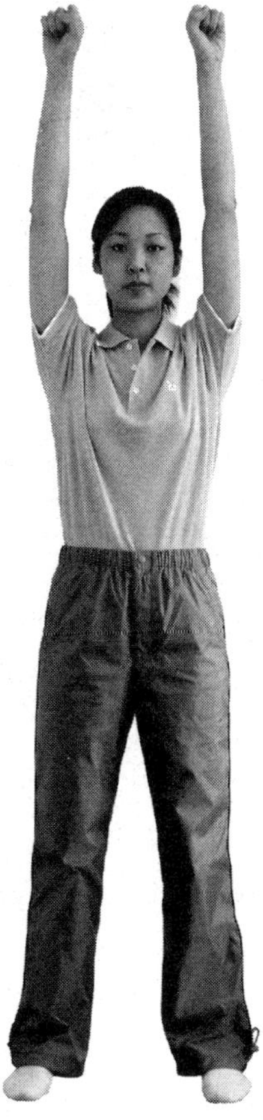

6. 直至双臂伸直。

7. 拉下前臂直至胸前，手肘向外伸展，与地面保持平衡；拳头相对，手背向上；同时稍微屈膝。

8. 提高拳头至眼的位置，手背向外，前臂与地面保持垂直，同时伸直双腿。

9. 手肘再向外伸展，前臂放在胸前，与地面保持平衡；拳头相对，手背向着自己；同时稍微屈膝。

10. 双拳分别放在两侧腰旁，掌心向上；同时伸直双脚。

重复步骤 2—10 共 3 次

附录二　提升儿童脑功能四部曲 CD 曲目索引

本 CD 分为两大部分，从曲目 1—40 是儿童身心定静运动（十三式）伴奏音乐，41 是三路端坐松弛法的伴奏音乐。

第一部分：儿童身心定静运动（十三式）

十三式名称介绍+钢琴音乐	纯钢琴音乐版本	混音音乐版本
1 十三式伴奏音乐简介		
2 机械人	15 机械人	28 机械人
3 看看左、看看右	16 看看左、看看右	29 看看左、看看右
4 摇摇船	17 摇摇船	30 摇摇船
5 托西瓜	18 托西瓜	31 托西瓜
6 爬虫虫	19 爬虫虫	32 爬虫虫
7 风车转	20 风车转	33 风车转
8 大鸟飞	21 大鸟飞	34 大鸟飞
9 发大炮	22 发大炮	35 发大炮
10 爬虫虫	23 爬虫虫	36 爬虫虫
11 劈柴	24 劈柴	37 劈柴
12 斟茶啦	25 斟茶啦	38 斟茶啦
13 超人	26 超人	39 超人
14 爬虫虫	27 爬虫虫	40 爬虫虫

第二部分：三路端坐松弛法

41 三路端坐松弛法

附录三　食物图卡

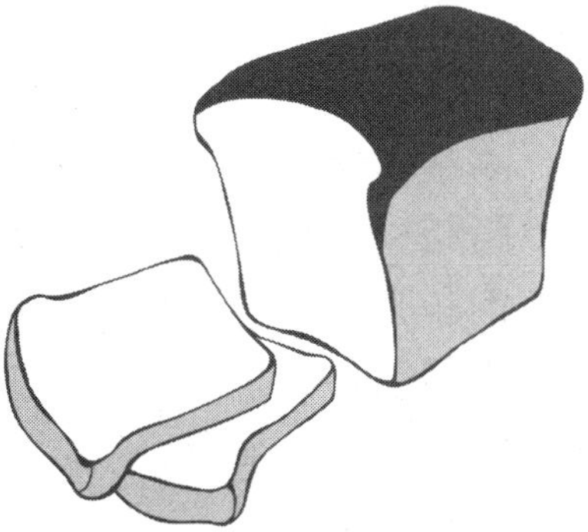

苹果（一个）

热量	52 千卡
蛋白质	0.2 克
碳水化合物	12.3 克
脂肪	0.2 克
钠	1.6 毫克
膳食纤维	1.2 克

白面包（一块）

热量	267 千卡
蛋白质	8.2 克
碳水化合物	49.5 克
脂肪	3.6 克
饱和脂肪	0.5 克
胆固醇	1 毫克
钠	538 毫克
膳食纤维	2.3 克

朱古力（100 克）

热量	586 千卡
蛋白质	4.3 克
碳水化合物	51.9 克
脂肪	40.1 克
钠	111.8 毫克
膳食纤维	1.5 克

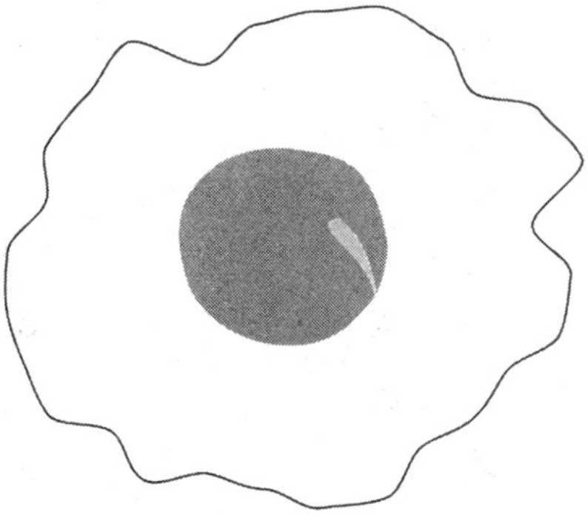

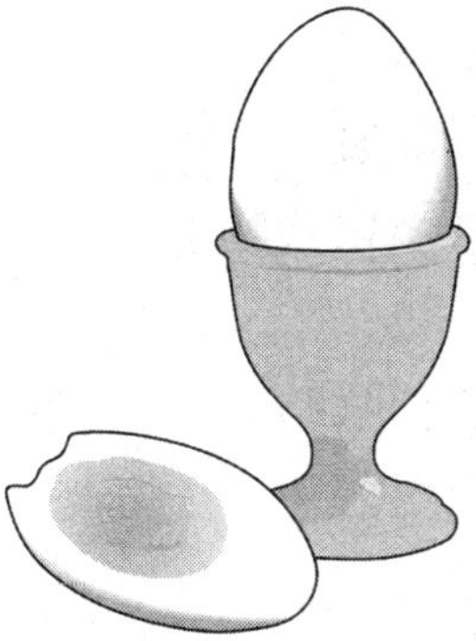

煎蛋（一只）

热量	199 千卡
蛋白质	13.5 克
碳水化合物	1.36 克
脂肪	15 克
饱和脂肪	4.2 克
胆固醇	459 毫克
钠	353 毫克

粟米片（100 克）

热量	501 千卡
蛋白质	7 克
碳水化合物	62.9 克
脂肪	26.2 克
饱和脂肪	5 克
钠	528 毫克
膳食纤维	6.5 克

烚蛋（一只）

热量	155 千卡
蛋白质	12.6 克
碳水化合物	1.1 克
脂肪	10.6 克
饱和脂肪	3.3 克
胆固醇	424 毫克
钠	124 毫克

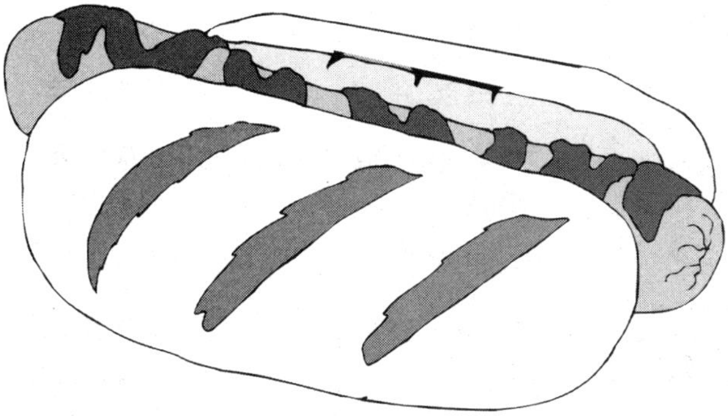

食物	营养成分	含量
汉堡包（一个）	热量	305 千卡
	蛋白质	13.7 克
	碳水化合物	33.9 克
	脂肪	13.1 克
	饱和脂肪	4.6 克
	胆固醇	39 毫克
	钠	430 毫克
热狗（一个）	热量	247 千卡
	蛋白质	10.6 克
	碳水化合物	18.4 克
	脂肪	14.8 克
	饱和脂肪	5.2 克
	胆固醇	45 毫克
	钠	684 毫克
菠萝（一片）	热量	41 千卡
	蛋白质	0.5 克
	碳水化合物	9.5 克
	脂肪	0.1 克
	钠	0.8 毫克
	膳食纤维	1.3 克

西瓜（一片）		
	热量	25 千卡
	蛋白质	0.6 克
	碳水化合物	5.5 克
	脂肪	0.1 克
	钠	3.2 毫克
	膳食纤维	0.3 克

草莓（六粒）		
	热量	30 千卡
	蛋白质	0.6 克
	碳水化合物	7 克
	脂肪	0.4 克
	饱和脂肪	0.02 克
	钠	1 毫克
	膳食纤维	2.3 克

提子（十五粒）		
	热量	43 千卡
	蛋白质	0.5 克
	碳水化合物	9.9 克
	脂肪	0.2 克
	钠	1.3 毫克
	膳食纤维	0.4 克

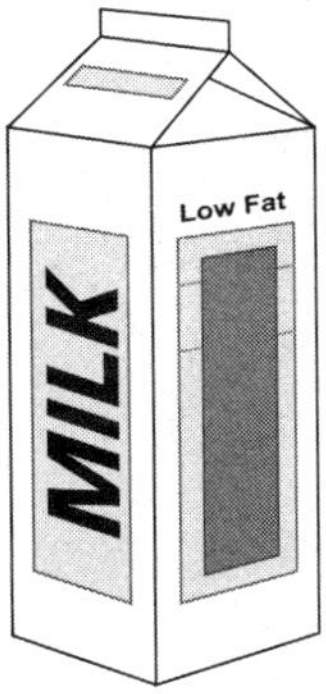
MILK
Low Fat

Milk

MILK

低脂牛奶（100毫升）

热量	63 千卡
蛋白质	5.3 克
碳水化合物	7 克
脂肪	1.6 克
饱和脂肪	1 克
胆固醇	6 毫克
钠	70 毫克

全脂牛奶（100毫升）

热量	61 千卡
蛋白质	3.5 克
碳水化合物	4.6 克
脂肪	3.2 克
饱和脂肪	2.1 克
胆固醇	13 毫克
钠	46 毫克

脱脂牛奶（100毫升）

热量	35 千卡
蛋白质	3.4 克
碳水化合物	4.9 克
脂肪	0.18 克
饱和脂肪	0.1 克
胆固醇	2 毫克
钠	52 毫克

豆奶

脱脂奶粉（100克）

热量	362 千卡
蛋白质	36.2 克
碳水化合物	52 克
脂肪	0.8 克
饱和脂肪	0.5 克
胆固醇	19.6 毫克
钠	535.3 毫克

全麦面包（一块）

热量	260 千卡
蛋白质	9.1 克
碳水化合物	47.2 克
脂肪	4.1 克
饱和脂肪	0.9 克
钠	530 毫克
膳食纤维	4.3 克

豆奶（100毫升）

热量	33 千卡
蛋白质	2.8 克
碳水化合物	1.8 克
脂肪	1.9 克
饱和脂肪	0.2 克
钠	12 毫克
膳食纤维	1.3 克

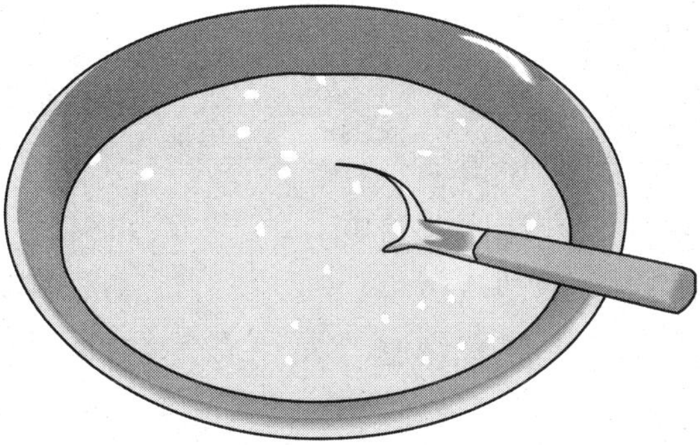

粥（一碗）

热量	64 千卡
蛋白质	3 克
碳水化合物	14.2 克
钠	0.5 毫克
膳食纤维	0.2 克

面条（一碗）

热量	133 千卡
蛋白质	4.8 克
碳水化合物	24.8 克
脂肪	1.5 克
饱和脂肪	0.3 克
胆固醇	33 毫克
钠	165 毫克

米饭（一碗）

热量	130 千卡
蛋白质	2.7 克
碳水化合物	28.2 克
脂肪	0.28 克
钠	1 毫克
膳食纤维	0.4 克

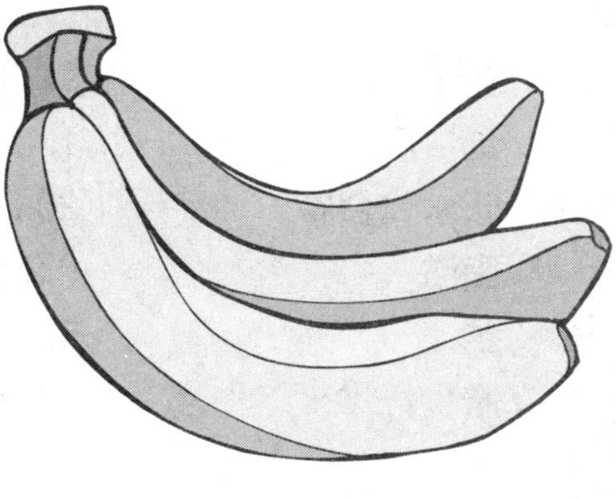

橙子（一个）

热量	47 千卡
蛋白质	0.8 克
碳水化合物	10.5 克
脂肪	0.2 克
钠	1.2 毫克
膳食纤维	0.6 克

香蕉（一根）

热量	91 千卡
蛋白质	1.4 克
碳水化合物	20.8 克
脂肪	0.2 克
钠	0.8 毫克
膳食纤维	1.2 克

芒果（一个）

热量	65 千卡
蛋白质	0.5 克
碳水化合物	17 克
脂肪	0.3 克
钠	2 毫克
膳食纤维	1.8 克

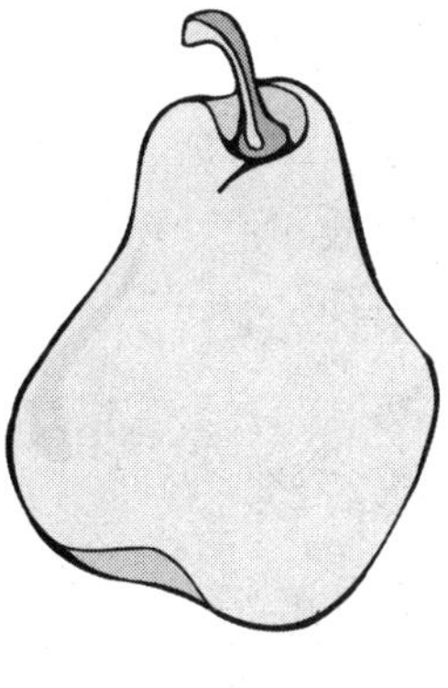

橙汁（250毫升）

热量	45千卡
蛋白质	0.7克
碳水化合物	10.4克
脂肪	0.2克
钠	1毫克
膳食纤维	0.2克

柠檬（一个）

热量	35千卡
蛋白质	1.1克
碳水化合物	4.9克
脂肪	1.2克
钠	1.1毫克
膳食纤维	1.3克

梨（一个）

热量	42千卡
蛋白质	0.5克
碳水化合物	10.7克
脂肪	0.2克
膳食纤维	3.6克

蛋糕（一块）

热量	378 千卡
蛋白质	7.2 克
碳水化合物	55.9 克
脂肪	13.9 克
饱和脂肪	6.3 克
胆固醇	161 毫克
钠	80.7 毫克
膳食纤维	0.6 克

吐司面包（一块）

热量	213 千卡
蛋白质	7.4 克
碳水化合物	32.1 克
脂肪	6.1 克
饱和脂肪	1.5 克
胆固醇	82 毫克
钠	495 毫克
膳食纤维	1.1 克

香肠（一根）

热量	389 千卡
蛋白质	22.2 克
碳水化合物	2.1 克
脂肪	31.7 克
饱和脂肪	11.3 克
胆固醇	68 毫克
钠	1500 毫克

参考资料

Abourezk, T. (1989). The effects of regular aerobic exercise on short-term memory efficiency in the older adults. In A. Ostrow (Ed.)., Aging and motor behavior (pp. 105–113). Indianapolis, IN: Benchmark.

Aftanas, L.I., & Golosheikine, S. A. (2001). Human anterior and frontal midline theta and lower alpha reflect emotionally positive state and internalized attention: high-resolution EEG investigation of meditation. Neuroscience Letters, 310, 57–60.

Alaimo, K., Olson, C. M., & Frongillo, E. A. (2001). Food insufficiency and American school-aged children's cognitive, academic and psychosocial development. Pediatrics, 108, 44–53.

Baker, K. B., & Kim, J. J. (2002). Effects of stress and hippocampa NMDA receptor antagonism on recognition memory in rats. Learning and Memory, 9, 58–65.

Bechara, A., & Van Der Linden, M. (2005). Decision-making and impulse control after frontal lobe injuries. Current Opinion in Neurology, 18, 734–739.

Benson, H. (1975). The relaxation response. New York: Morrow.

Bodnoff, S. R., Humphreys, A. G., Lehman, J. C., Diamond, D. M., Rose, G. M., & Meaney, M. J. (1995). Enduring effects of chronic corticosterone treatment on spatial learning, synaptic plasticity, and hippocampal neuropathology in young and mid-aged rats. Journal of Neuroscience, 15, 61–69.

Bremner, J. D. (1999). Does stress damage the brain. Biological Psychiatry, 45, 797–805.

Bremner, J. D., & Narayan, M. (1998). The effects of stress on memory and the hippocampus throughout the life cycle: Implications for childhood development and aging. Development and Psychopathology, 10(4), 871–885.

- Bremner, J. D., Narayan, M., Anderson, E. R., Staib, L. H., Miller, H. L., & Charney, D. S. (2000). Hippocampal volume reduction in major depression. American Journal of Psychiatry, 157, 115–118.
- Bremner, J. D., Randall, P., Scott, T. M., Bronen, R. A., Seibyl, J. P., Southwick, S. M., Delaney, R. C., McCarthy, G., Charney, D. S., & Innis, R. B. (1995). MRI-based measurement of hippocampal volume in patients with combat-related posttraumatic stress disorder. American Journal of Psychiatry, 152, 973–981.
- Bremner, J. D., Randall, P., Vermetten, E., Staib, L., Bronen, R. A., Mazure, C., Capelli, S., McCarthy, G., Innis, R. B., & Charney, D. S. (1997). Magnetic resonance imaging-based measurement of hippocampal volume in posttraumatic stress disorder related to childhood physical and sexual abuse—A preliminary report. Biological Psychiatry, 41, 23–32.
- Burgess, J., Stevens, L., Zhang, W., & Peck, L. (2000). Long-chain polyunsaturated fatty acids in children with attention-deficit hyperactivity disorder. American Journal of Clinical Nutrition, 71, 327S–3330S.
- Chang, J., & Hiebert, B. (1989). Relaxation procedures with children: A review. Medical Psychotherapy: An International Journal, 2, 163–176.
- Chaouloff, F. (1989). Physical exercise and brain monoamines: A review. Acta Physiologica Scandinavica, 137, 1–13.
- Conrad, C. D., Magarinos, A. M., LeDoux, J. E., & McEwen, E. S. (1999). Repeated restraint stress facilitates fear conditioning independently of causing hippocampal CA3 dendritic atrophy. Behavioral Neuroscience, 113(5), 902–913.
- Cotman, C. W., & Berchtold, N. C. (2002). Exercise: a behavioral intervention to enhance brain health and plasticity. Trends in Neurosciences, 25(6), 295–301.
- Cotman, C. W., & Engesser-Cesar C. (2002). Exercise enhances and protects brain function. Exercise & Sport Sciences Reviews, 30(2),75–79.
- Curnow, K. E., & Turner, E. T. (1992). The effect of exercise and music on the creativity of college students. Journal of Creative Behavior, 26(1), 50–52.
- Department of Agriculture and U.S. Department of Health and Human Services (1995). Nutrition and Your Health: Dietary Guideline for Americans (4th ed.). Home and Garden Bulletin, 232.
- Diamond, D. M., Fleshner, M., Ingersoll, N., & Rose, G. M. (1996). Psychological stress impairs spatial working memory: Relevance to electrophysiological studies of

hippcampal function. Behavioral Neuroscience, 110, 661–772.

Ellis, H. C., Moore, B. A., Varner, L. J., Ottaway, S. A., et al. (1997). Depressed mood, task organization, cognitive interference, and memory: Irrelevant thoughts predict recall performance. Journal of Social Behavior and Personality, 12(2), 453–470.

Ennaceur, A., & Delacour, J. (1988). A new one-trial test for neurobiological studies of memory in rats: I. Behavioral data. Behavioral Brain Research, 31, 47–59.

Frecska, E., & Davis, K. L. (1991). The opioid model in psychiatric research. In C. B. Nemeroff (Ed.), Neuropeptides and psychiatric disorders. Washington, DC: American Psychiatric Press.

Fuchs, E., Flugge, G., McEwen, B. S., Tanapat, P., & Gould, E. (1997). Chronic subordination stress inhibits neurogenesis and decrease the volume of the granule cell layer. Abstract. Society for Neuroscience, 23: 130.10, 317.

Foster-Powell, K., Holt, S. H., Brand-Miller, J. C. (2002). International table of glycemic index and glycemic load values. The American Journal of Clinical Nutrition, 76, 5–56.

Gondola, J. C. (1986). The enhancement of creativity through long and short term exercise programs. Journal of Social Behavior and Personality, 1(1), 77–82.

Gould, E., McEwen, B. S., Tanapat, P., Galea, L. A. M., & Fuchs, E. (1997). Neurogenesis in the dentate gyrus of the adult tree shrew is regulated by psychosocial stress and NMDA receptor activation. Journal of Neuroscience, 17, 2492–2498.

Gould, E., Tanapat, P., McEwen, B. S., Flugge, G., & Fuchs, E. (1998). Proliferation of granule cell precursors in the dentate gyrus of adult monkeys is diminished by stress. Proceedings of the National Academy of Sciences of the United States of America, 95, 3168–3171.

Grantham-McGregor, S.M., Chang, M., & Walker, S. P. (1998). Evaluation of school feeding programs: some Jamaican examples. American Journal of Clinical Nutrition, 67(Supp), 785S–789S.

Gruber, J. J. (1986). Physical activity and self-esteem development in children. In G. A. Stull & H. M. Eckert (Eds.), Effects of physical activity on children: A special tribute to Mabel Lee (pp. 30–48).Champaign, IL: Human Kinetics .

Harris, J., & Elbourn, J. (1997). Teaching health-related exercise at key Stages 1 & 2. Champaign, IL: Human Kinetics.

Harte, J. L., Eifert, G. H., & Smith, R. (1995). The effects of running and meditation on beta-endorphin, corticotropin-releasing hormone and cortisol in plasma, and on

mood. Biological Psychology, 43, 251–265.
- Heffelfinger, A. K., & Newcomer, J. W. (2001). Glucocorticoid effects on memory function over the human life span. Development and Psychopathology, 13, 491–513.
- Herbert, J. (1997). Fortnightly review: Stress, the brain and mental illness.
- Hinkle, J. S., Tuckman, B. W., & Sampson, J. P. (1993). The psychology, physiology, and creativity of middle school aerobic exercisers. Elementary School Guidance and Counseling, 28(2), 133–145.
- Hinshaw, S. P. (2003). Impulsivity, emotion regulation, and developmental psychopathology: Specificity versus generality of linkages. New York Academcy of Sciences, 1008, 149–159.
- Hudspeth, W. J., & Pribam, K. H. (1990). Stages of brain and cognitive maturation. Journal of Educational Psychology, 82, 881–884.
- Hultsch, D. F., Hammer, M., & Small, B. J. (1993). Age differences in cognitive performance in later life: relationships to self-reported health and activity life style. Journal of Gerontology, 48, 1–11.
- Jin, P. (1992). Efficacy of Tai Chi, brisk walking, meditation, and reading in reducing mental and emotional stress. Journal of Psychosomatic Research, 36(4), 361–370.
- Khalfa, S., Bella, S. D., Roy, M., Peretz, I., & Lupien S. J. (2003). Effects of relaxing music on salivary cortisol level after psychological stress. Annals of the New York Academy of Sciences, 999, 374–376.
- Kleinman, R.E., Murphy J.M., Little, M., Pagano, M., Wehler, C.A., Regal, K., & Jellinek, M.S. (1998). Hunger in children in the Unites States: Potential behavioral and emotional correlates. Pediatrics, 101(1). URL: http://www.pediatrics.org/cgi/content/full/101/e3.
- Knight W. E., & Rickard, N. S. (2001). Relaxing music prevents stress-induced increases in subjective anxiety, systolic blood pressure, and heart rate in healthy males and females. Journal of Music Therapy, 38, 254–272.
- Kramer, D. A. (1983). Post-formal operations. A need for further conceptualization. Human Development, 26, 91–105.
- Kramer, A. F., Hahn, S., Cohen, N. J., Banish, M. T., McAuley, E., Harrison, C. R., Chason, J., Vakil, E., Bardell, L., Boileau, R. A., & Colcombe, A. (1999). Aging, fitness and neurocognitive function. Nature, 400, 418–419.
- Krugers, H. J., Douma, B. R., Andringa, G., Bohus, B., Korf, J., & Luiten, P. G. (1997). Exposure to chronic psychosocial stress and corticosterone in the rat:

Effects on spatial discrimination learning and hippocampal protein kinase Cgamma immunoreactivity. Hippocampus, 7, 427–436.

Lee, A. L., Ogle, W. O., & Sapolsky, R. M. (2002). Stress and depression: Possible links to neuron death in the hippocampus. Bipolar Disorders, 4(2), 117–128.

Leith, L. M. & Taylor, A. H. (1990). Psychological aspects of exercise: A decade literature review. Journal of Sport Behavior, 13(4), 219–239.

Li, J. X., Hong, Y., & Chan, K. M. (2001). Tai chi: physiological characteristics and beneficial effects on health. British Journal of Sports Medicine, 35(3), 148–156.

Lombroso, P. J., & Sapolsky, R. (1998). Development of the cerebral cortex: XII. Stress and brain development: I. Journal of the American Academy of Child and Adolescent Psychiatry, 37(12), 1337–1339.

Lupien, S. J., de Leon, M., de Santi, S., Convit, A., Tarshish, C., Nair, N. P., et al. (1998). Cortisol levels during human aging predict hippocampal atrophy and memory deficits. Nature Neuroscience, 1, 69–73.

Lupien, S. J., & McEwen, B. S. (1997). The acute effects of corticosteroids on cognition: Integration of animal and human model studies. Brain Research Reviews, 24, 1–27.

Magarinos, A. M., McEwen, B. S., Flugge, G., & Fuchs, E. (1996). Chronic psychosocial stress causes apical dendritic atrophy of hippocampal CA3 pyramidal neurons in subordinate tree shrews. Journal of Neuroscience, 16, 3534–3540.

Martinsen, E. W. (1990). Benefits of exercise for the treatment of depression. Sports Medicine, 9, 380–389.

McCullough, M. L., Feskanich, D., Stampfer, M. J., et al. (2002). Diet quality and major chronic disease risk in men and women: Moving toward improved dietary guidance. American Journal of Clinical Nutrition, 76, 1261–1271.

McEwen, B. S. (1997). Possible mechanisms for atrophy of the hippocampus. Molecular Psychiatry, 2, 255–262.

McEwen, B. S. (1999). Stress and hippocampal plasticity. Annual Review of Neuroscience, 22, 105–122.

McEwen, B. S. (2000). Stress, sex, and the structural and functional plasticity of the hippocampus. In M. S. Gazzaniga (editor-in-chief), section editors, E. Bizzi, et al., The New Cognitive Neuroscience, (pp. 171–197). Cambridge, Mass.: MIT Press.

Molloy, G. N. (1989). Chemicals, exercise and hyperactivity: A short report. International Journal of Disability, Development and Education, 36, 57–61.

- Morgan, W. P. (1985). Affective beneficence of vigorous physical activity. Medicine and Science in Sports and Exercise, 17(1), 94–400.
- Morris, M. C., Evans, D. A., Bienias, J. L., Tangney, C. C., Bennett, D. A., Wilson, R. S., Aggarwal, N., & Schneider, J. (2003). Consumption of fish and n-3 fatty acids and risk of incident Alzheimer disease. Archives of Neurology, 60, 940–946.
- Murphy, J. M., Pagano, M. E., Nachmani, J., Sperling, P., Kane, S., & Kleinman, R. E. (1998). The relationship of school breakfast to psychosocial and academic functioning: Cross-sectional and longitudinal observations in a inner-city school sample. Archives of Pediatrics and Adolescent Medicine, 152, 899–907.
- Murphy, J. M., Wehler, C. A., Pagano, M. E., Little, M., Kleinman, R. E., & Jellinek, M. S. (1998). Relationship between hunger and psychosocial functioning in low-income American children. Journal of the American Academy of Child and Adolescent Psychiatry, 37, 163–170.
- Newcomer, J. W., Selke, G., Melson, A. K., Hershey, T., Craft, S., Richards, K., & Alderson, A. L. (1999). Decreased memory performance in healthy humans induced by stress-level cortisol treatment. Archives of General Psychiatry, 56, 527–533.
- Park, C. R., Campbell, A. M., & Diamond, D. M. (2001). Chronic psychosocial stress impairs learning and memory and increases sensitivity to Yohimbine in adult rats. Biological Psychiatry, 50, 994–1004.
- Piaget, J. (1971). Biology of knowledge. Chicago: University of Chicago Press.
- Pierce, E. F., & Pate, D. W. (1994). Mood alterations in older adults following acute exercise. Perceptual and Motor Skills, 79,191–194.
- Pollitt, E., Cueto, S., & Jacoby, E. R. (1998). Fasting and cognition in well and undernourished schoolchildren: A review of three experimental studies. American Journal of Clinical Nutrition, 67 (Supp), 779S–784S.
- Pollitt, E., & Matthews, R. (1998). Breakfast and cognition: An integrative summary. American Journal of Clinical Nutrition, 67(Supp), 804S–813S.
- Powell, C. A., Walker, S. P., Chang, S. M., & Grantham-MCGregor, S. M. (1998). Nutrition and education: A randomized trial of the effects of breakfast in rural primary school children. American Journal of Clinical Nutrition, 67(Supp), 873S–879S.
- Richardson, A.J. (2003). Clinical trials of fatty acid supplementation in Dyslexia and Dyspraxia. In: M. Peet, G.I. and D.F. Horrobin (Editors). Phospholipid Spectrum Disorders in Psychiatry and Neurology (pp. 491–500). Marius Press, Carnforth.
- Richardson, A.J., & Montgomery, P. (2005). The Oxford-Durham study: A randomized,

controlled trial of dietary supplementation with fatty acids in children with developmental coordination disorder. Pediatrics, 115, 1360–1366.

- Richardson, A.J., & Puri, B.K. (2002). A randomized double-blind, placebo-controlled study of the effects of supplementation with highly unsaturated fatty acids on ADHD-related symptoms in children with specific learning difficulties. Progress in Neuropsychopharmacology and Biological Psychiatry, 26, 233–239.
- Sapolsky, R. M. (1992). Stress, the Aging Brain and the Mechanisms of Neuron Death. Cambridge, Mass.: MIT Press
- Sapolsky, R. M. (1996). Why stress is bad for your brain. Science, 273(5276), 749–750.
- Sapolsky, R. M., Krey, L. C., & McEwen, B. S. (1985). Prolonged glucocorticoid exposure reduces hippocampal neuron number: Implications for aging. Journal of Neuroscience, 5, 1222–1227.
- Schwarz, L., & Kindermann, W. (1992). Changes in beta-endorphin levels in response to aerobic and anaerobic exercise. Sports Medicine, 13, 25–36.
- Seeman, T. E., McEwen, B. S., Singer, B. H., Albert, M. S., & Rowe, J. W. (1997). Increase in urinary cortisol excretion and memory declines: MacArthur studies of successful aging. Journal of Clinical Endocrinology and Metabolism, 82, 2458–2465.
- Sforzo, G. A. (1989). Opioids and exercise: An update. Sports Medicine, 7, 109–124.
- Shallice, T. (1982). Specific impairments of planning. Philosophical Transactions of the Royal Society of London, B298, 199–209.
- Simeon, D. T. (1998). School feeding in Jamaica: A review of its evaluation. American Journal of Clinical Nutrition, 67(Supp), 790S–794S.
- Smith, J. C., & Joyce, C. A. (2004). Mozart versus new age music: Relaxation states, stress, and ABC relaxation theory. The Journal of Music Therapy, 41, 215–224.
- Stern, R. M., Ray, W. J., & Quigley, K. S. (2001). Psychophy-siological recording (2nd Ed.). New York: Oxford University Press. Inc.
- Stuss, D. T. , Alexander, M. P., Palumbo, C. L., Buckle, L., Sayer, L., & Pogue, J. (1994). Organizational strategies of patients with unilateral or bilateral frontal lobe injury in word list learning tasks. Neuropsychology, 8, 355–373.
- Stuss, D. T., Bisschop, S. M., Alexander, M. P., Levine, B., Katz, D., & Izukawa, D. (2001). The trail making test: A study in focal lesion patients. Psychological Assessment, 13, 230–239.
- Sun, W. Y., Dosch, M., Gilmore, G. D., Pemberton, W., & Scarseth, T. (1996). Effects

of a Tai Chi Chuan program on Hmong American older adults. Educational Gerontology, 22(2), 161–167.

- The Chinese University of Hong Kong, Center for Health Education and Health Promotion. (1999, Decemeber). Student physical and psychological health cause for worry. Retrieved May 1, 2003, from http://www.cuhk.edu.hk/ med/hep/english/e_research_1999a.html
- Thomas, J. R., Landers, D. M., Salazar, W., & Etnier, J. (1994). Exercise and cognitive function. In C. Bouchard, R. J. Shephard, et al. (Eds.), Physical activity, fitness, and health: International proceedings and consensus statement (pp. 521–529). Champaign, IL: Human Kinetics.
- Thompson, J. G., Griebstein, M. G., & Kuhlenschmidt, S. L. (1980). Effects of EMG biofeedback and relaxation training in the prevention of academic underachievement. Journal of Counseling Psychology, 27(2), 97–106.
- Toole, T., & Abourezk, T. (1989). Aerobic function, information processing, and aging. In A. Ostrow (Ed.), Aging and motor behavior (pp.37–65). Indianapolis, IN: Benchmark.
- Uno, H., Eisele, S., Sakai, A., Shelton, S., Baker, E., DeJesus, O., & Holden, J. (1994). Neurotoxicity of glucocorticoids in the primate brain. Hormones and Behavior, 28, 336-348.
- Wang, H. X., Karp, A., Winblad, B., & Fratiglioni, L. (2002). Late-life engagement in social and leisure activities is associated with a decreased risk of dementia: A longitudinal study from the Kungsholmen Project. American Journal of Epidemiology, 155, 1081–1087.
- Watanabe, Y., Gould, E., & McEwen, B. S. (1992). Stress induces atrophy of apical dendrites of hippocampus CA3 pyramidal neurons. Brain Research, 588, 341–344.
- White, J. M. (1999). Effects of relaxing music on cardiac autonomic balance and anxiety after acute myocardial infarction. American Journal of Critical Care, 8, 220–230.
- Woolley, C. S., Gould, E., & McEwen, B. S. (1990). Exposure to excess glucocorticoids alters dendritic morphology of adult hippocampal pyramidal neurons. Brain Research, 531, 225–231.
- Zola-Morgan, S. M. & Squire, L. R. (1990). The primate hippocampal formation: evidence for a time-limited role in memory storage. Science, 250, 288–290.

出 版 人　所广一
责任编辑　周益群
版式设计　沈晓萌
责任校对　曲凤玲
责任印制　曲凤玲

图书在版编目(CIP)数据

提升儿童脑功能四部曲:理论与操作/陈瑞燕主编. 北京:教育科学出版社,2010.11(2013.3重印)
ISBN 978-7-5041-4852-0

Ⅰ.①提… Ⅱ.①陈… Ⅲ.①儿童—智力开发—研究 Ⅳ.①G610

中国版本图书馆CIP数据核字(2009)第219475号

北京市版权局著作权合同登记 图字:01-2009-2828号

提升儿童脑功能四部曲:理论与操作
TISHENG ERTONG NAOGONGNENG SIBUQU:LILUN YU CAOZUO

出版发行	教育科学出版社		
社　　址	北京·朝阳区安慧北里安园甲9号	**市场部电话**	010-64989009
邮　　编	100101	**编辑部电话**	010-64989421
传　　真	010-64891796	**网　　址**	http://www.esph.com.cn
经　　销	各地新华书店		
制　　作	北京金奥都图文制作中心		
印　　刷	保定市中画美凯印刷有限公司		
开　　本	169毫米×239毫米　16开		
印　　张	12.5	**版　　次**	2010年11月第1版
字　　数	141千	**印　　次**	2013年3月第2次印刷

提升兒童大腦功能四部曲
主编　陳瑞燕

目　录

Contents

序

任何一个教师、教育工作者、培训人员、演讲家、教练，或者任何一个工作过程中要引领别人学习的人，最终都要回答下面这些关键的问题：

我们是如何学习的？
为什么有些人在学习的时候困难重重，而有些人却轻松自得？
我们如何能够清楚学习者的学习过程？

毫无疑问，目前我们最为困扰的问题是，为什么还有那么多的青少年会选择辍学？以美国为例，25% 的 13 岁的学生没有完成高中学业，各州和各个城市之间的差异巨大。在纽约州和华盛顿州，这个比例上升到了 45%。总的来说，4 个美国孩子中就有 1 个在还没有学到基础知识时就离开了校园。① 在加拿大魁北克，2000—2001 年，17.5% 的学生没有毕业。1998 年，15—19 岁之间的学生辍学率达到了 11.4%，20—24 岁的学生辍学率达到 22.4%，25—29 岁的学生辍学率达到了 26.4%。②

心理学上，“学习”这个名词被定义为“一个相对长久的通过练习或生活体验达到对行为或行为潜能修正的过程”。③ 但在教育过程中，

① 数据来源于联合国教科文组织（UNESCO）. 参见 www.unesco.org.
② 数据来源于加拿大教育部报告（2003）.
③ Huffman，K.，M. Vernoy and J. Vernoy（2000）.

“学习”更多指的是在课堂上的知识以及实践和技术技能的获得，即那些与我们的职业生涯相关的或者与我们生活习惯相关的技能，如纪律、责任心和动机。事实上，“学习”在教育过程中被定义为“以功能性再使用为目的的新知识的获取和整合”。④

在所有的教育环境中，学习过程主要来自于正规的教育方式，所以优秀的学习过程经常与优秀的教法有关。在实际生活中，如果发现学生的学习出现问题，我们会自然地质疑我们的教法。过去的几十年中，数千种教法涌现出来，在课堂上实验，然后被我们忘在脑后。每一次的新教法的介绍中，其拥护者都会声称该教法能够解决所有学生遇到的所有学习中的问题。这种情况比比皆是。

一个能够时常省察自己教学方式的教师无疑是非常合格和清醒的。然而，也许，他/她省察的虽然切题，但太过片面，只是涵括了学习过程整个机制的一个方面。我们发现很多教法以及它们的评价体系，本质上都是认知领域里的。这个局限源自于学习过程是认知层面上的说法，这种说法认为学习基本上指的是对信息的加工活动。⑤ 因此，我们推断：如果学生学习上发生困难，问题的本质一定是认知层面的。

在本书中，我们会从另一个角度或方式来探讨。我们并不是认为认知的教法对学习没有正面的推动作用，而是认为仅仅从认知的角度来考虑问题会显得片面，没有涉及学习过程中的所有问题和困难。因此，我们会重点分析和讨论脑的其他部位，那些与情绪技能相关的部位。

科学的发现和个人的直觉都使我们相信情绪技巧不仅能够解决很多学习上的困难，还能带来学习上的成功。很多研究者都有此共识。实际上，经济合作与发展组织（OECD）的专著《理解脑，走向新的学习科学》（*Understanding the brain, toward a new learning science*）中论述道：

> 过去，在我们讨论教育目的时，我们更多地集中讨论了如何通过阅读、写作和数学技能达到认知上的掌握。但是，通过对教育工

---

④ Tardif, J. (1997).

⑤ Tardif, J. (1997).

> 作者在学校里的发现所作的实验，科学家们开始认识到，情绪对于儿童和成人的总体认知能力是有作用的，因此我们需要对此重视。当代的认知神经科学为我们提供了对具体任务执行过程进行详尽入微地分析的工具。类似的分析传统上集中在学习的认知层面。在情绪或情感领域里的分析长时间地被我们所忽略，原因在于我们一直没有认识到它们对于成功的认知功能的重要作用，也正是这个原因，这方面的信息一直很缺乏。测量体系和理论基础的缺乏长期制约着教育实践中情绪规律的研究和发展。⑥

本书的一个主要目的在于提供一个教和学的新视角的基本理论内涵。另一个目的则在于为我们的情商教学策略提出具体的、整体的应用方法。

基于以上原因，我们在此提出一种崭新的对于学习和教学的理解角度，我们可以称之为**情绪教育法**。教与学是一个情绪性的过程，这个过程证明了感觉是学习的前提。

---

⑥ OECD（2002）.

第一部分

情商与学习的生物学基础

第一章

综合能力

让我们以一个小练习开始本章的学习：请用几分钟的时间列举出你认为的一个好学生所应具备的所有品质。这些品质是否也是一个好老师所应具备的呢?

就传统意义而言，人的能力主要分为两种：认知能力（cognitive competency）与技术能力（technical competency）。认知能力与所学的知识相关，主要是在学校的学习期间获得。当你阅读本书的时候你正在运用你的认知能力。至于技术能力则是与“知道怎么做”（know how）相关，凡是与技术技能（如管道工、电工）或者智力技能（如计算机编程、会计、或法律实践）的开发有关的都可纳入技术能力范畴。这两种经典的技能可扩展出一种相关的能力：与人相处的能力。这种能力非常重要，每当我们与他人交流的时候就显现出其重要性。最近，我们开始意识到第四种能力，我们称之为情绪能力，即我们体验事情，感受情绪，并对之作出相关反应的能力。

我们都有过这样的经历：我们的情绪会影响到其他心理与情绪的过程。例如，有时我们的情绪会干扰我们的智力（intellectual ability）、程序能力（procedural ability）或关系能力（relational ability），有时我们的情绪又会对这些能力起到推动促进作用。这就是为什么我们要注意开发我们的情绪技能，使之在我们的日常活动中起到积极的作用。

脑与学习过程

多亏了近期有关脑科学的研究，使我们了解到对上述各种能力的描述并不仅仅是对心理状态的概括，而是在生物学上真实存在的。事实上，近期的科学研究使我们了解到每一种能力都有其特殊的学习方法、特别的记忆系统和其特有的神经结构。

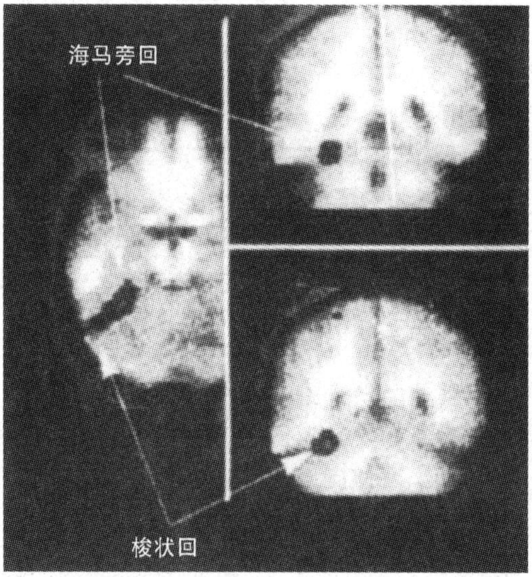

图1.1 海马旁回和梭状回，两个与陈述性记忆有关的结构。摘自Eustachem F.（2000）.

与认知学习有关的主要神经结构是海马与前额叶皮层。因此，认知能力的学习过程主要依赖于陈述性记忆（包括语义记忆，即关于词语意义和如何应用的知识；情景记忆，即对过去个人所经历事件的记忆），因为陈述性记忆的神经基础正是海马与前额叶。怀尔彭·彭菲尔德（Wilder Penfield）博士与神经心理学家布伦达·米尔纳（Brenda Milner）清楚地证明了海马在认知学习中所起的重要作用。⑦ 他们发现，当一个人的海马

⑦ 参见 Kolb，B.，& Whishaw，I. Q.（1996）.

被切除后将丧失获取新知识的能力。

技术能力的学习过程（与“知道怎么做”关联）主要涉及程序性记忆，即与某种动作或程序规则知识相关的记忆，以及与某种操作知识相关的记忆。研究者们大量的观测结果使我们知道程序性记忆与陈述性记忆的工作是相互独立的。布伦达·米尔纳与尼尔·科恩（Neil Cohen）曾经报道过令人震惊的发现：海马受损的病人可以在没有任何先前经验的情况下学习运动性和智力性任务。⑧ 虽然他们没有先前存在的相关记忆，但他们却可以像正常人一样在进行这些任务的同时不断得到改善。动物实验也确证了程序性记忆的工作可以独立于陈述性记忆。⑨ 因此，这些结果表明特殊的神经结构参与了这种类型的记忆与学习过程（图 1.2）。程序性记忆与陈述性记忆之间的这种差别也可见于非常复杂的认知任务中。

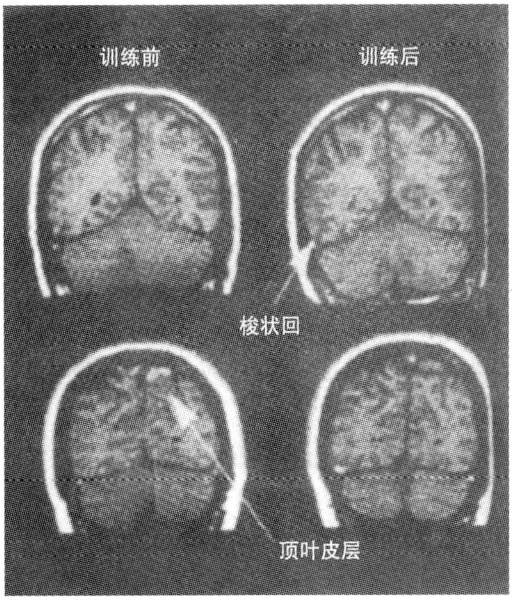

图1.2　在程序性学习中，顶叶皮层（训练前）和梭状回（训练后）都参与了这一活动。
摘自Eustachem F.（2000）.

我们对关系能力的学习过程了解最少，但我们可以假设有神经结构与

⑧ 参见 Kolb，B.，& Whishaw，I. Q.（1996）.
⑨ Jaffard，R.（2000）.

特殊类型的记忆参与这一过程。大量关于交流、说话、人脸识别和非言语解码的研究使我们可以更好地理解这种能力。⑩

最后，情绪能力的学习过程依赖于情绪记忆，需要杏仁核与前额叶皮层的参与。下一章我们要介绍的情绪学习过程使用了一种称为联想学习的学习方法。图 1.3 显示了一个正在进行厌恶性条件反射训练的人的杏仁核。一种不愉快的刺激（电击手腕）与计算机屏幕上所显示的蓝色方块相联系。被试的皮肤电传导为研究者了解学习过程中被试的情绪反应提供了依据。起初，被试只是在被电击手腕后才有情绪反应。后来，在一段时间的电击与屏幕蓝方块刺激的联合学习后，只要屏幕出现蓝色方块，被试就会出现有情绪反应的征兆。这一反应与杏仁核的激活有关。多个动物实验表明，杏仁核的损伤会导致对恐惧的条件反射的丧失。⑪

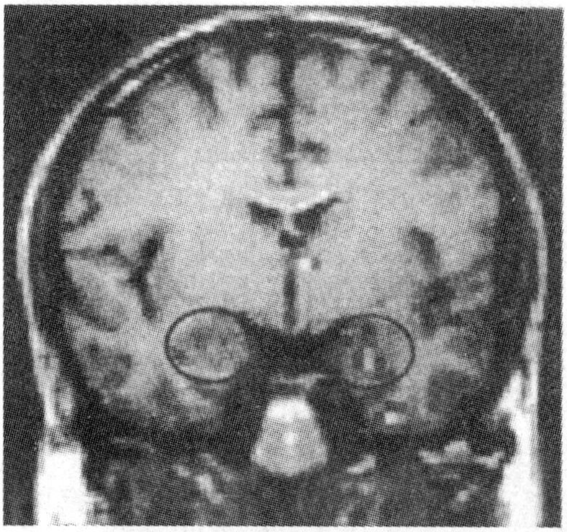

图1.3 杏仁核（圆圈内的区域），其是情绪记忆的中枢。
摘自Eustachem F.（2000）.

神经心理学家安东尼奥·达马西奥（Antonio Damasio）对人类进行观察，得出了与上述动物实验类似的结论。杏仁核受损的被试在需要对厌恶性条件反射作出情绪反应的测试中显得无能为力。因此，如果不能正确了解我们的行为对他人的情绪所产生的影响，将对我们的生活产生巨大的影

⑩ 参见 Kolb, B., & Whishaw, I. Q. (1996).
⑪ Phelps, E. (2000).

响。在这里请允许我和你们分享另一个故事,[12] 埃利奥特（Elliot）的故事。

埃利奥特是一位非常优秀的丈夫及父亲，他在一个商业公司有着一份很好的工作。[13] 由于他在社交、职业及个人领域的成功，埃利奥特的朋友与同事都对他有很高的评价。他所做的每一件事都获得了成功，直到有一天他出现了非常严重的头痛症状。他决定去看医生。在作了全面的检查后，医生发现埃利奥特的脑部有一个肿瘤。神经科医师认为进行手术切除是移除该肿瘤的唯一方法。但这种类型的手术有一定的风险，在术前病人接受了认知与智力能力的测试。测试结果与大家对埃利奥特的评价一致：埃利奥特拥有高于常人的智商（IQ＝130）。

手术成功地切除了导致埃利奥特头痛的脑肿瘤。手术后经过几天的恢复，手术医生和神经科医生发现埃利奥特依然非常敏锐，而且他的智力与运动能力都没有变化。但是，他的朋友与家人发现他的性格发生了改变。

出院后他回到公司上班，事实表明他对工作进度的安排出现了问题。当需要从事一系列特定的工作程序时，他变得不再可靠。然而，对于阅读与将指定客户的文档资料分类整理的工作，他可以很好的胜任。他可以花费一整天的时间对一个客户的资料进行细致的阅读与归类，然而工作质量与进展都受到了严重的影响。他变得不能从全局把握工作，而是把大量的时间与精力花费在一些细枝末节的事情上。上司与同事对他的劝告也对他没有任何作用。因此，他很快就被认为不再胜任工作。不难预料，埃利奥特被炒了鱿鱼。之后，埃利奥特决定从事金融投资工作。不久，他又陷入了一场可疑的商业投机行为，尽管在此之前他的好友已经多次警告过他的所作所为是缺乏职业道德的。作为冒险失败的后果，他耗费了一生的积蓄，并被迫宣告破产。他的妻子、孩子和朋友都无法理解为什么像他这样一个具有如此经历与知识的人会变得如此不理智，而且行事会如此不小心。他的行为导致了他的两次离婚（他的第二任妻子是一个很多疑的人）。最终，他孑然一身并且失去了工作。

---

⑫ Damasio, A. (1994).

⑬ 本案例摘自 Damasio, A. (1994).

神经病医生惊讶地认为他们的病人很可能像其他病例一样经历了一次突发的智力的下降。于是，埃利奥特又重新接受了测试，然而测试的结果却仍然显示正常。神经病医生不知道应如何看待埃利奥特的案例。他们只知道埃利奥特的神经心理学测试与心理测量学测试的结果都是超出正常人平均水平的。即便是人格测试，他也是非常优秀且没有任何异常。然而，在现实生活中，他却变得完全不足，既不能很好地作决定也不能适当地安排自己的生活。专家们对此觉得无能为力，直到有一位专家发现了他们的疏忽之处。埃利奥特可以叙述他生活中的所有悲剧，但对这些严重影响他的事件表现得缺乏情感。简言之，虽然他在经济上、情感上和个人生活上都受到了毁灭性的打击，但他似乎都无动于衷。他可以准确地叙述自己悲惨的境况，却没有任何一丝情绪反应。神经病医生发现，埃利奥特所接受的脑部手术影响了他脑中涉及情绪功能的脑区。甚至，当给他看一些通常会引发强烈情绪反应的图片（受饥挨饿的儿童、受伤的人、失火的房屋等）时，他也表现得无动于衷。他可以辨别并描述这些场景，但在此过程中他却没有表现出任何情感。他强烈地意识到自己不再像过去那样有情绪反应，对所有的事都无动于衷，比如孩子的微笑、最喜欢的音乐、世界的问题和他每况愈下的生活。总的来说，埃利奥特还可以获取知识，但他却无法感受。他仍保留有社会、道德及伦理行为的知识，但却无法将这些知识用于安排他生活的决定。

我们从这个故事中可以得出什么结论呢？这个故事对我们很有启发。长久以来，我们一直认为，为了作出正确的决定，合理地安排我们的生活，我们需要有逻辑、理性与智慧。但埃利奥特的故事中，主人公是一个完全有逻辑、理性与智慧的人，他可以采用无情的逻辑与推理正确地解决任何指定的任务。但在现实生活中，这些并不足够。被剥夺了情绪与感受情绪的能力后，埃利奥特完全成了一个废人。他能意识到自己的决定所带来的悲惨的窘境，但却无法感受这一切，因而，也就无法从中吸取教训。我们因而得出结论，用逻辑与推理理解事物有时并不管用。换句话说，用我们的头脑理解某些事情并不一定表明我们会将之转化为行动。

独立与相互依赖的能力

通过对埃利奥特这一案例的观察我们不难发现，对智力、情绪与社会能力的学习过程既相互独立，又相互依赖。例如，在本章的前段我们知道，由于损伤或手术原因丧失了海马使用能力的个体将无法获取新的知识，他们的认知能力也就大打折扣。然而，他们仍然可以提高他们的技术能力，并且依旧可以在面对某些场合时感受情绪，即便他们对这些场合没有任何陈述性记忆。达马西奥报道的另一个研究案例充分证实了后一论断。⑭

这一案例的主人公叫戴维。由于海马受损导致严重的学习缺陷，戴维完全不能学习任何新东西。例如，他无法学习新单词或概念、新声音或位置，他还患有陈述性健忘症。因此，他无法认识新人，结果他被认定患上局部功能障碍。他居住在一个非常熟悉的环境，在他受伤前就很熟悉的环境。他的日常活动被局限在一些他经常去的地方，那些他常去抽根烟、喝口酒的去处。但即便是做这些，他还是需要与他人交往。有趣的是，他认不出与他交谈的人，记不住他们的名字或长相。然而，他却可以有选择性地使自己只与其中部分特定的人交往，而不是所有人。那么，戴维是否可能在不认识每个人的情况下与他们建立亲密关系呢？出于对这个问题的好奇，达马西奥与他的一个同事作了一个对照实验，他们称之为“好孩子与坏孩子实验”。在一周的时间里，戴维将在三种不同的场合中与几个人接触：（1）与一个非常友好的人接触（所谓的“好孩子”）；（2）与一个很不友好的、很冷淡的人接触，他会使戴维感到很厌恶（所谓的“坏孩子”）；（3）与一个不好不坏的人接触，既不友好，也不怀有恶意（所谓的“不好不坏的孩子”）。

在给实验下结论的时候，达马西奥与同事邀请戴维参与两个不同的任务。一个任务是给他看在上个星期他所接触过的所有人的相片，并要求他回答是否认识其中的任何人。显然，由于他的陈述性记忆缺失，他无法回忆起这些人中任何一个。第二个任务是询问他，如果他需要寻求帮助，在

---

⑭ Damasio, A. (1999).

这些人当中他会选取哪一个，或者他认为这些人当中哪一个人是他的朋友。有趣的是，结果显示，尽管他无法认出照片上的任何人，却有80%的几率选择“好孩子”作为他的朋友或者可以信赖的人，却没有一次选择过“坏孩子”。而且，当被问及他为什么会选择这些人的时候，他自己也不知道。

这些有趣的数据显示，在上述列举的不同的能力之间有着明显的区别。特别地，这些数据让我们看到认知能力、技术能力、关系能力和情绪能力的工作是各自独立的。但这些数据也同时使我们承认在这些能力之间也存在着相互依赖的关系，并且使我们认为提出下述假设是适宜的，即学习不仅仅是认知能力，更与情绪能力相关。以下是一个值得一提的例子：

研究者们构想了一个虚拟的糖厂。[15] 被试们使用计算机模拟器来管理这个工厂，他们的任务是要对总共90个步骤作出快速的决策。被试要管理糖的产量，当然也涉及雇佣员工的过程。目标是要让糖的产量最大化，如生产9 000吨糖。另人不可思议的是，患有健忘症（陈述性记忆缺失）的病人的任务完成成绩与正常人一样也可以不断提高。虽然这些病人不能记住他们自己使用的管理方法的细节，但仍然可以学习，就好像根本没有患病一样。他们记不住自己管理虚拟工厂的方法，但结果却好像他们可以记住似的。

下面是拉里·斯夸尔（Larry Squire）与埃里克·坎德尔（Eric Kandel）[16] 这两位有争议的记忆与学习研究的领头人的结论：

“通过学习这项任务（生产糖），被试的一种认知技能得到了开发，至少在初始阶段，这种认知技能需要依赖某种‘情绪’的发展，后者可以帮助被试评估如何达成这一任务。被试记不住任务的具体实施过程，但却可以通过发展一种大致的感觉或直觉知道如何将任务继续下去。因而，这一机制是非陈述性的，即大部分我们所谓的‘直觉’可能都是非陈述性的。”

---

⑮ 参见Squire，L. and Kandel. E.（2001）.

⑯ Zbid.，p. 90.

斯夸尔与坎德尔的这一结论也正是我们所要讲的学习概念的核心，即对认知能力与技术能力的学习本质上是依赖于情绪的，这种情绪可以帮助我们了解如何完成这项任务。可以肯定，在教学实践中大多数流行的教学方法都没有考虑到这一关键的学习过程。没有老师完全按照他们曾学过的方法去教学，相反，我们可以假定教师是通过他们所学的如何应用的方法去教学。当我们在第五章讨论如何将情绪能力融会应用于我们的教育方法时，会详细地阐述这一点。

理解“真正”的脑

我们工作的一个主要目标是阐明“情绪”脑在学习过程的重要性及其功效。有关这一项目的一个最有力的研究是托马斯·奥克兰（Thomas Oakland）在佛罗里达大学进行的一项研究。⑰ 奥克兰测试了1 554名 8 到 17 岁的天才的和非天才学生，目的是想研究在学校中能力优于普通孩子的天才少年是否有着与众不同的个性风格。通过使用学生调查问卷的形式，研究者调查了学生性格四方面的倾向：实际型和幻想型、思考型和感觉型、组织型和灵活型、外向型和内向型。这一研究最有意义的发现是，天才型学生大多喜好使用感觉方式而非思考方式。大多数女孩，不论是天才型或非天才型，都倾向使用感觉方式而非思考方式；而男孩中，天才型男孩比非天才型男孩倾向使用感觉方式而非思考方式的比例高出 28%。你可能记得在本书的序中曾提到的在学校中的男女生取得成功的人数比例相差悬殊。很显然，天才少年和天才少女都喜欢以相同的感觉方式学习，这点上两者并无差异。

这些数据对我们的工作非常重要，表明如果我们想要帮助我们的学生，理解“真正的”脑的概念是多么的重要。

当学生们遇到学习障碍时，我们总是本能地质疑他们的认知能力和技术能力，却很少关注他们的情绪能力，尤其是当他们的困难出现在数学、科学或语文等科目上时。例如，当埃利奥特的好友帮助他作决定或帮助他

⑰ Harmel Kristin（2000）.

理解他所作的决定有多大的错误时，好友总是试图帮他推理。然而，令人尴尬的问题是埃利奥特其实完全理解他错误的逻辑。但这并不管用，因为他无法感受他的决定或选择所造成的后果。当他玩轮盘赌游戏时（游戏中每一步移动都有后果），他的输被更多地认为是他总是采取一些愚蠢的冒险而没有考虑相应的后果。事实上，即使他能够逻辑地估计到每步相应的后果，他在情绪上却做不到清楚这些后果的效果，因此也就无法阻止他自己在错误方向上的行动。

在课堂上，我们遇到很多学生有影响学习过程的情绪障碍。很多家长感到很无助，因为他们的小孩不能在学校学习，然而这些孩子却显示出某些自学能力，如背诵麦当娜或唱艾米纳姆的歌，或在他们自己的电脑上建一个网站或解决一个“Bug”等。更令这些父母烦心的是，他们的孩子把更多的精力花费在一些与课堂学习无关的日常活动中，而不是在课堂学习上。每个老师都知道，一些孩子在课堂学习中苦苦挣扎，但在其他非学习的话题上却完全相反。经常地，我们在课堂上听一些孩子谈论某些话题时印象深刻，但他们在接下来的测验或作业中却不能很好地完成。很明显，这些孩子的困难并不是在认知上，而本质是在情绪上的。因此，我们的任务是要以脑的某一部分为目标，而不是我们习以为常的处理方式。

当我们想在各种类型的智力与情绪追逐中取得成功时，情绪能力显得尤为重要。这一结论反复在那些比赛成绩易受情绪影响的奥林匹克运动员身上得到验证。不论是技术上还是身体上，他们都处于巅峰，但情绪上却在处于挣扎状态。最终，他们付出了高昂的代价。类似的情况也出现在数不清的具有负性“情绪记忆”的学生身上，这些“情绪记忆”与所有和他们的研究学习主题相关的事情都有联系。

目前我们的学校和教育环境多是鼓励与强调认知能力的培养，但对情绪能力的培养却完全是另一回事。实际上，情绪能力的普遍缺乏反映出我们教育的巨大缺陷，这将会影响到在学校或任何教育环境当中的学生。这也是为什么我们相信，在教与学的策略中介绍情绪能力是一条非凡的途径，值得进一步探讨。

呼唤教学的“情绪性”

今后，当我们阐述教学策略时，我们应该优先考虑理解情绪和情绪能力的重要性，并把它们作为教学工作的一部分，我们称之为情绪教育法。前面已经提到过我们对用于教育中的认知方法非常熟悉。的确，只要有学生遇到学习问题，我们的第一反应就是质疑他们的智力或认知策略，尤其是当我们没有想到要质疑自己的教学方法时。下面我们举例阐述这一点。

想象一下你对打高尔夫球特别感兴趣，而且想成为一名优秀的高尔夫球手，但是你对打高尔夫球一无所知。于是你决定去图书馆钻研，并购买了教授打高尔夫球技巧、学习方法以及论述如何为成为出色的高尔夫球手秘籍的最好书籍。因为充满激情，你以强烈的兴趣阅读了这些书，并完全吸收了书中的内容。你开始对书中描述的词汇了如指掌，很快就开始与一些长期打高尔夫球的人进行探讨。事实上，当他们听你讲述时，就打消了与你交手的念头，因为他们相信你是一位出色的高尔夫球手。他们很确定，一个人如果不会打高尔夫球是不可能了解如此多有关高尔夫球知识的。于是问题出来了，很明显，你对高尔夫球的知识并不能保证你会打高尔夫球，那么这些有关高尔夫球的知识是否可以加速对打高尔夫技巧的学习呢？当我们就这一问题询问我们研讨会的与会者时，大多数人的回答是“是”，即毫无疑问，认知学习对技术学习会有积极的效果。通过理论学习，我们可以避免犯初级错误或者可以适应基本技巧。让我们提一个不同的问题：我们对高尔夫球的理论知识是否会减慢我们学习高尔夫球技术的过程呢？不幸的是，回答是肯定的。我们的认知能力可以提高学习技巧，但由于情绪原因，它同样可以妨碍学习。

现在让我们缩小观察范围。想象一下，每次你击打高尔夫球时，球总是系统性地向右边偏一些，并且总是在碰到树后停下来。你的第一反应是想弄明白为什么会发生，你会使用逻辑与推理来寻求答案。假想你从一本书上找到了答案，或是一个教练告诉了你答案，这会改变什么呢？没什么。你可能会问自己：“我知道了为什么球总是会打到树上，但这并不能改变任何事情，因为只要击打球，我就知道它会在哪里停下来。”如果

"了解"并不能改变什么，那么什么可以呢？答案在于是否有一位好的高尔夫教练或其他领域的教练告诉你："不要去思考，而要去感觉。"我们都曾经历过这一概念。想要说明的是，不论在任何领域，真正的学习过程是从我们去感觉开始的，而不是从理解开始的。

令人困惑的是，其他一些在教育领域的研究显示，学业上的成功与职业上的成功似乎没有多大的联系。丹尼尔·戈尔曼（Daniel Coleman）观察道："当我们跟踪调查了80位1940年代左右（那时候东海岸的顶级大学的学生智商与现今的学生相差很大）哈佛大学毕业生的职业生涯后发现，那些在班上成绩名列前茅的学生在工资收入、成果产出的能力及职场地位上都并不如那些成绩一般的学生成功。而且，他们既不觉得自己的私人生活很快乐，也不对自己的生活感到满意。"⑱ 其他研究也显示，就任何领域的成功而言，情绪能力比认知能力和技术能力的总和还要重要两倍以上。⑲

认知脑与情绪脑

正如我们已经看到的，能力是由脑的特定结构提供保障的。下表总结了各种能力的主要特点。

表 1.1　不同能力及其特点

特　点	能　力			
	认知能力	技术能力	关系能力	情绪能力
主要功能	思考	动手	交流	感受
功能模式	逻辑和推理	运动和智力	言语和非言语	非理性和冲动
学习方法	认知性	程序性	经验性	联想性
记忆	陈述性记忆	程序性记忆	关系性记忆	情绪性记忆
相应脑区	海马和大脑皮层	大脑皮层、梭状回、小脑	大脑皮层	杏仁核和前额叶

⑱ Goleman, D. (1995).
⑲ Strickland, D. (2000).

研究显示，前额叶皮层与边缘系统之间存在大量的连接。在神经病学上的一个著名的案例是菲尼亚斯·盖奇（Phineas Gage）的故事。盖奇脑的前部在一次事故中受到损毁，于是他成为第一个使我们了解到性格与脑前部的功能有关的病人。他的理性智力没有受到影响，但他的情绪智力却受到了严重的损坏，这从他沮丧时所表现的非理性与冲动的行为就可以看出来。

盖奇的个案所涵盖的很多不同的行为，使我们可以对理性与情绪脑的功能模式画一个非常清晰的表格。理性脑，正如其名称所示，是理性与逻辑的。它以一种系统有序的方式工作。它知道话语，可以通过语言交流。它的判断是基于自身的知觉与逻辑。当有新的信息获得时，理性脑会对其给予细致的考虑，并把它存储在概念系统中。相反，如果新的信息不能被存储在概念系统中，理性脑要么将其拒绝，要么则会质疑其信息系统。此外，理性脑是由自身的信念与价值所引导的。它的学习方法，如我们前面提到的，是认知性的，依赖陈述性记忆，主要涉及海马的参与。

至于情绪脑，则完全是非理性的、冲动的，而且是自发性的反应。只要有事情骚扰、威胁、烦扰或是刺激它，它就会不加分析或考虑地作出反应。由于情绪反应有时是激烈的，理性脑很容易就被情绪脑所统治，使我们的判断与感觉发生变化，这一点我们将在后面加以说明。情绪脑由它的冲动与需求控制并主宰。它的学习方法是联想性的，并且依赖情绪性记忆，主要涉及杏仁核的参与。

此外，我们知道所有这些能力都会相互影响。我们都曾经有过由于紧张而导致考试失败的经历，尽管我们对考试的内容其实很熟悉。在这个例子里，情绪要对干扰认知能力负全责。我们可以引用类似的例子说明技术与关系能力受到情绪的影响。相反，其他研究表明，积极的情绪可以帮助提高认知与技术学习过程。这使研究者们发现，80%的成功是归功于情绪智力，而相应地仅有20%是归功于智商的。[20]

在本章的开始，我们请大家画一个表格列举一个好的学生或老师应该具备的品质。表1.2显示了涉及学业学习与成功的四种主要情绪能力。

---

[20] Goleman，D.（1995）.

表 1.2　实现学业成功的四种主要情绪能力

沟　通	动　机	自　主	自我管理
头脑清晰 倾听 共情 团队精神 大胆	好奇 参与 兴趣 激情 坚持不懈	自主 足智多谋 自律 主动性 头脑开放	专注 自信 自我控制 乐观 耐心

学生情绪能力观察表

为了了解学生的情绪能力，我们建议你为每一个学生填写一份观察表，如下表所示。

学生姓名：＿＿＿＿＿＿＿＿

班　　级：＿＿＿＿＿＿＿＿

1 完全没有	2 非常少	3 少	4 有一些	5 很多	6 非常多

	沟　通	
1	当表达自己观点的时候，他的想法总是非常清晰，即便是在有压力或有情绪的时候。	1　2　3　4　5　6
2	当与他谈话时，他专心听，并且很留心、关注。	1　2　3　4　5　6
3	他对其他人很敏感、容忍，并且有同情心。	1　2　3　4　5　6
4	当在一个小组里工作时，他显示出合作、对团队有贡献，并且当小组聚集一起时，他总是在场。	1　2　3　4　5　6
5	他不害怕提出问题、建议解决方案和分享他的意见。	1　2　3　4　5　6
	动　机	
1	他总是被想要了解与认识新事物的愿望所激励。	1　2　3　4　5　6
2	在班里，他不是一个旁观者，而是活跃地参与各项学习活动。	1　2　3　4　5　6

续表

1 完全没有	2 非常少	3 少	4 有一些	5 很多	6 非常多

	动　机	
3	在班里，他总是兴趣盎然。	1　2　3　4　5　6
4	他是一个充满激情的学生。	1　2　3　4　5　6
5	当面对困难时，他总是坚持不懈。	1　2　3　4　5　6
	自　主	
1	他具有自主性。	1　2　3　4　5　6
2	他足智多谋。	1　2　3　4　5　6
3	他很自律。	1　2　3　4　5　6
4	在采取行动或提出想法的时候，他表现得很主动。	1　2　3　4　5　6
5	他非常善于接受新想法及新的处理事情的方法。	1　2　3　4　5　6
	自我管理	
1	我感觉他不会因为个人问题影响到自己的学习或与其他人的交往。	1　2　3　4　5　6
2	他很自信，并相信自己的能力。	1　2　3　4　5　6
3	面对大多数问题，他都能保持冷静。	1　2　3　4　5　6
4	大多数时候，他都很乐观。	1　2　3　4　5　6
5	他冷静并且有耐心。	1　2　3　4　5　6

统 计 结 果

对上表中的每一个问题，将相应的分数转换到下图中。分别进行这四个类别：沟通、动机、自主和自我管理。之后，将每个值用短线连接起来，就形成了学生的整体情绪能力图。

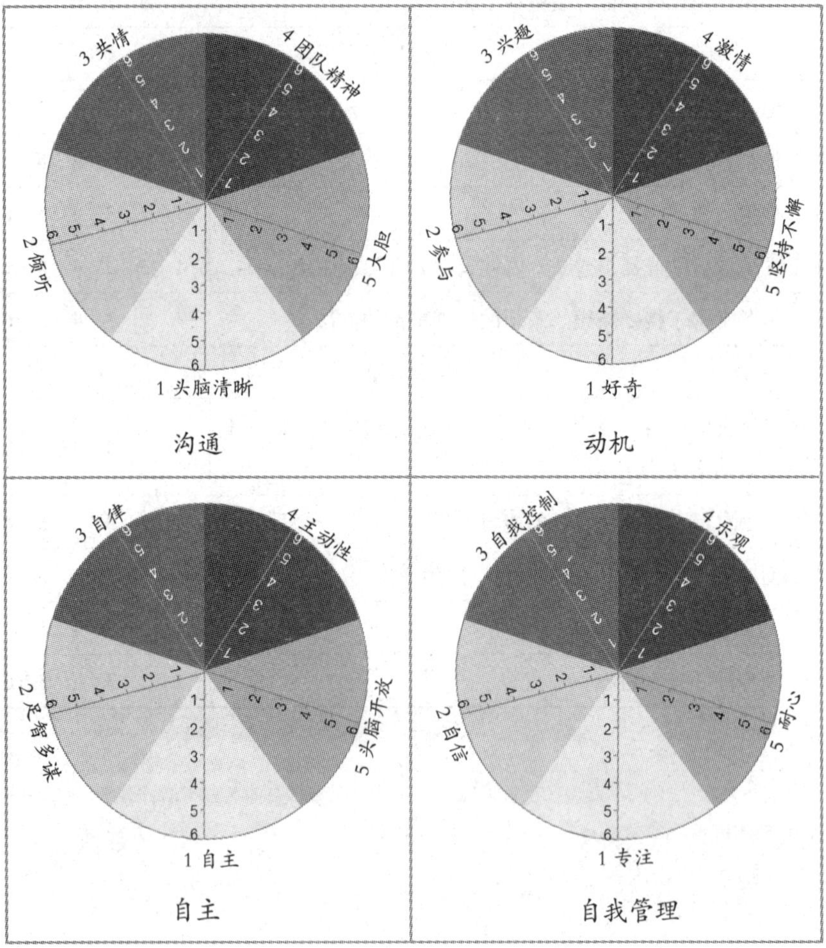

现在，你可以将各个部分的结果叠加在一起，而后将结果转换到下图中。然后在各个相应分数值之间用短线连接，这个图表示了学生的整体情绪能力。

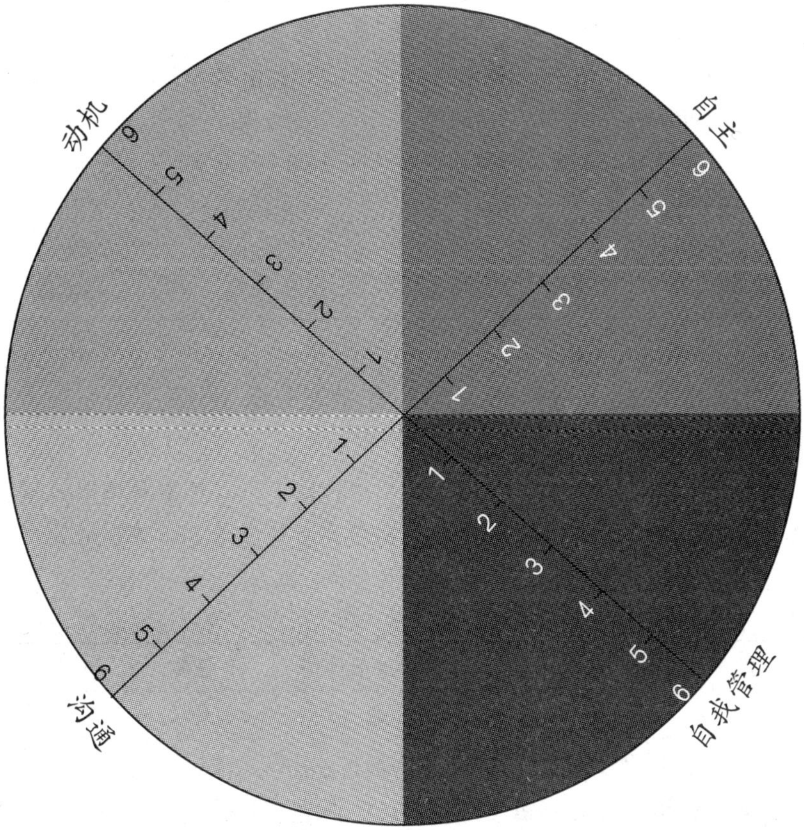

在本书的第二部分，我们将集中介绍如何激发学生的情绪能力。但我们首先要知道，为了激发他们的情绪能力，我们必须依靠我们自己关于这一概念的经验，因为并没有一种教学方法讲述如何教授情绪能力。我们必须从自己开始，从自己的感觉开始。换句话说，为了激发学生的情绪能力，我们必须使用自己的情绪智力。

首先，我们来考察一个好的老师所应具备的情绪能力，并评估这些品质。表 1.3 显示了四种教学所应具备的情绪能力。

表 1.3　教学所必须具备的四种主要情绪能力

沟　通	动　机	适　应	自我管理
能洞察非言语信息	热爱工作	适应	冷静
魅力	可信任	通融的	专注
头脑清晰	自律	前卫	自信
倾听	有用的	创造力	控制力
共情和同理心	承担责任	善于交际	乐观
热情	团队精神	知道如何处事	耐心
幽默感	激发信心	灵活的	坚持不懈
令人振奋	兴趣	头脑开放	积极
同情心	激情	有策略	沉着

教师情绪能力自我评估问卷

指导语：对下面的表述，在 1 到 6 中选取一个。不要想当然的根据你的喜好选择，而是实事求是地选择。请根据自己的第一印象选择。在有些情况下，你可以想象别人会如何评价你。

1 完全没有	2 非常少	3 少	4 有一些	5 很多	6 非常多

	沟　通	
1	我可以根据非言语信号来判断学生的情绪状态，例如，身体姿势、说话语气、面部表情、肤色、出汗或颤抖。	1　2　3　4　5　6
2	我的个性获得学生们的尊敬。	1　2　3　4　5　6
3	说话时，即便在有压力或有情绪的情况下，我的思想也不会混乱。	1　2　3　4　5　6
4	我可以感受学生的情绪并理解他们。	1　2　3　4　5　6
5	当学生对我讲述一个问题的时候，我可以很好地理解他们。	1　2　3　4　5　6

续表

1 完全没有	2 非常少	3 少	4 有一些	5 很多	6 非常多

6	我讲课时精力充沛。	1 2 3 4 5 6
7	在课堂教学与面对学生时，我很有幽默感。	1 2 3 4 5 6
8	在课堂上，我总是令学生精神振奋。	1 2 3 4 5 6
9	学生们很容易接近我。	1 2 3 4 5 6
动　机		
1	我的学生知道我对教学的热爱。	1 2 3 4 5 6
2	我觉得自己在学生眼里是有诚信的。	1 2 3 4 5 6
3	我严于律己，按照对学生的要求同样要求自己。	1 2 3 4 5 6
4	就算自己再忙，我也会停下来去帮助需要帮助的学生。	1 2 3 4 5 6
5	在学生当中，我循循教导他们应对自己的工作、考试和项目等承担责任。	1 2 3 4 5 6
6	在课上，我营造学生热爱合作与团队工作的氛围。	1 2 3 4 5 6
7	我的方法会引发学生的自信。	1 2 3 4 5 6
8	在课上，我会引发学生的兴趣。	1 2 3 4 5 6
9	我是一个充满激情的人。	1 2 3 4 5 6
适　应		
1	我对无法预测的情境很容易就适应了。	1 2 3 4 5 6
2	学生做工作、项目或考试时，我会让事情变得更简单。	1 2 3 4 5 6
3	我在教学技巧上总是不断探索新的途径。	1 2 3 4 5 6
4	我在课堂上勇于创新、发明创造。	1 2 3 4 5 6
5	我给学生讲演时很机智，而且讲究交往技巧。	1 2 3 4 5 6

续表

1 完全没有	2 非常少	3 少	4 有一些	5 很多	6 非常多

6	我发现很容易与学生建立良好关系。	1　2　3　4　5　6
7	在教学生或者建议学生时，我会考虑他们的特殊需求。	1　2　3　4　5　6
8	我鼓励学生们采用不同的方法进行学习，然后我再亲自帮助他们实现目标。	1　2　3　4　5　6
9	我的教育方法有策略性。	1　2　3　4　5　6
	自我管理	
1	当面对有压力的情形时，我能保持冷静。	1　2　3　4　5　6
2	我的私事不会影响到我的教学及我与学生的交往。	1　2　3　4　5　6
3	我相信自己有能力帮助有问题的学生。	1　2　3　4　5　6
4	在面对绝大多数问题时，我总能控制自己。	1　2　3　4　5　6
5	大多数时候，我都很乐观。	1　2　3　4　5　6
6	我对学生很有耐心。	1　2　3　4　5　6
7	当帮助困境中的学生时，我总是坚持不懈。	1　2　3　4　5　6
8	当事情没有向预想的方向发展时，我总能保持积极的态度。	1　2　3　4　5　6
9	我很少会被事件所干扰。	1　2　3　4　5　6

统 计 结 果

对你自己评估的每一个问题，将相应的分数转换到下图中。对四个类别分别进行：沟通、动机、适应和自我管理。之后，将每个值用短线连接起来，构成你的整体情绪能力图。

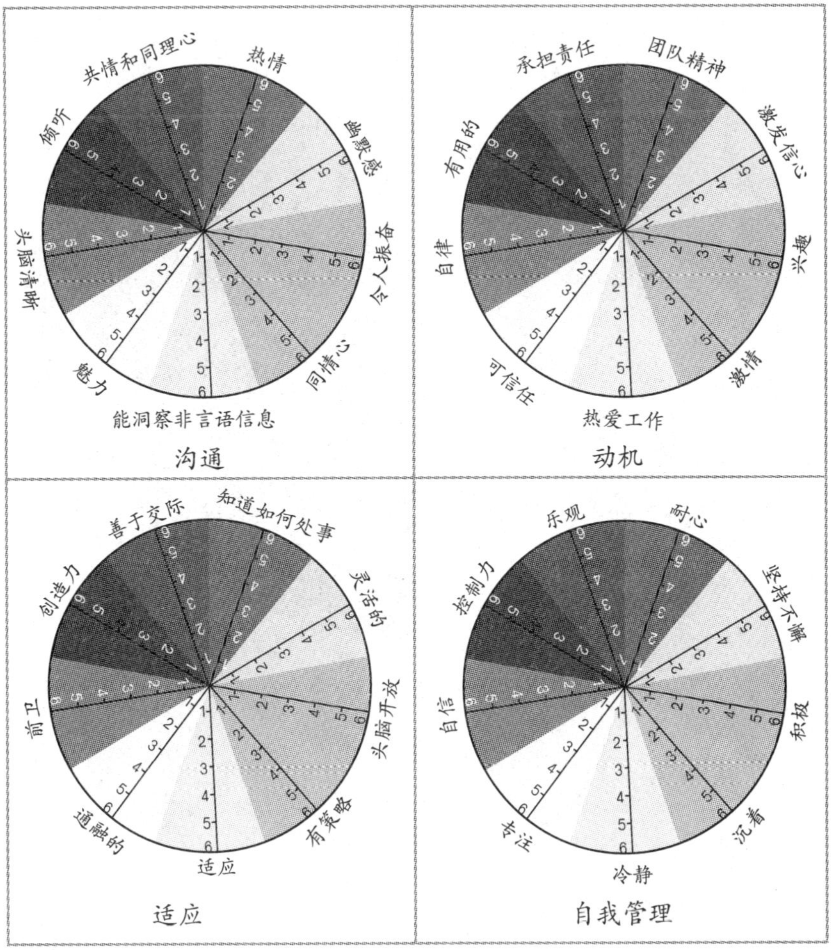

你可以将各个部分的结果相加在一起，将结果转换到下图中。然后将各个相应分数值之间用线连接起来，这个图表示了你的整体情绪能力。

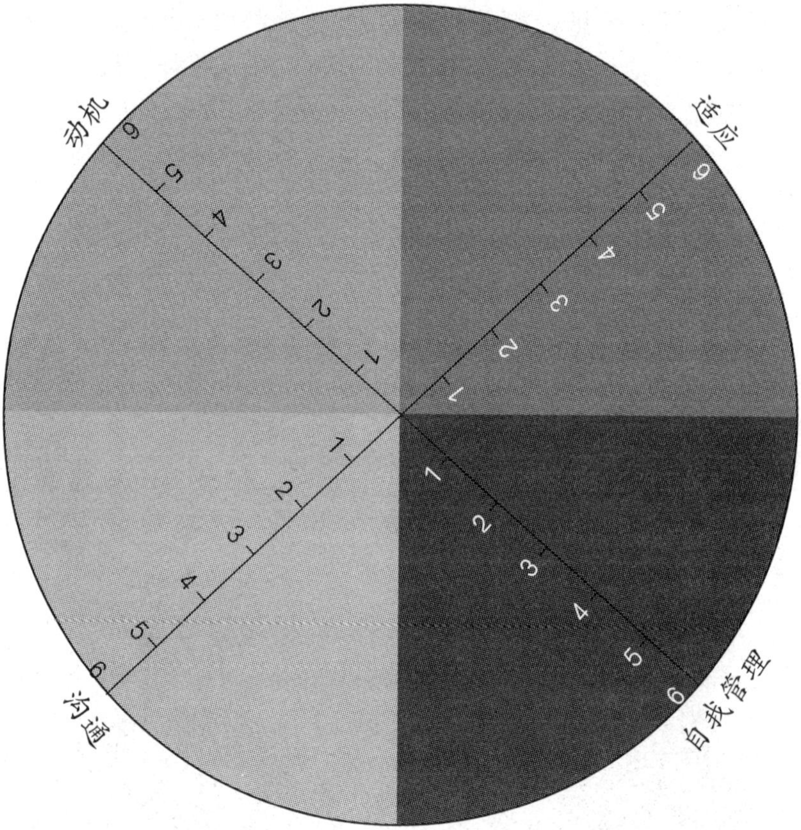

教师评估问卷

指导语：请阅读下面每一个句子，记住它们是用于评估你的老师的。对下面的语句，在1到6中选取一个最能描述你老师的教学方法和他与你及其他学生的互动方式的答案。

1 完全没有	2 非常少	3 少	4 有一些	5 很多	6 非常多

	沟　通	
1	我的老师根据下述非言语信号来判断我的情绪状态：我的身体姿势、说话语气、面部表情、肤色、出汗或颤抖。	1　2　3　4　5　6
2	我的老师拥有一种能够赢得学生尊敬的人格。	1　2　3　4　5　6
3	即便在有压力或有情绪的情况下，我的老师说话时思想也不会混乱。	1　2　3　4　5　6
4	我的老师可以感受到我的情绪，并能理解我。	1　2　3　4　5　6
5	当我对老师讲述一个问题的时候，他可以很好地理解我。	1　2　3　4　5　6
6	我的老师讲课时精力充沛。	1　2　3　4　5　6
7	我的老师在课堂教学与面对学生时很有幽默感。	1　2　3　4　5　6
8	我的老师总是令人振奋的。	1　2　3　4　5　6
9	我的老师让他的学生很容易接近。	1　2　3　4　5　6
	动　机	
1	我的老师清楚地表现出他对教学的热爱。	1　2　3　4　5　6
2	我的老师在学生眼里是值得信任的。	1　2　3　4　5　6
3	我的老师对自己严格要求，用对学生的要求同样要求他自己。	1　2　3　4　5　6
4	感觉我的老师就算再忙，也会停下手中的事帮助我。	1　2　3　4　5　6
5	我的老师鼓励我对自己的工作、项目、考试等承担责任。	1　2　3　4　5　6
6	在班上，我的老师营造学生热爱合作与团队工作的氛围。	1　2　3　4　5　6

续表

1 完全没有	2 非常少	3 少	4 有一些	5 很多	6 非常多

7	我的老师知道如何引发我的自信感。	1 2 3 4 5 6
8	在班上，我的老师会激发学生的兴趣。	1 2 3 4 5 6
9	我的老师是一个充满激情的人。	1 2 3 4 5 6
	适　应	
1	我的老师对无法预测的情况能够很容易就适应。	1 2 3 4 5 6
2	我在做工作、项目或考试时，我的老师会让事情变得简单。	1 2 3 4 5 6
3	我的老师在教学技巧上总是不断探索新的途径。	1 2 3 4 5 6
4	我的老师在课堂上勇于创新、发明创造。	1 2 3 4 5 6
5	我的老师和我谈话时很机智，而且讲究交往技巧。	1 2 3 4 5 6
6	我的老师发现很容易与我建立良好的关系。	1 2 3 4 5 6
7	当我的老师教我或者建议我时，总会考虑到我的特殊需求。	1 2 3 4 5 6
8	我的老师鼓励我采用不同的方法进行学习，而后他还会亲自帮助我实现我的目标。	1 2 3 4 5 6
9	我的老师有一种策略性的教学方法。	1 2 3 4 5 6
	自我管理	
1	当面对有压力的情境时，我的老师能保持冷静。	1 2 3 4 5 6
2	我的老师的私事不会影响到他的教学及他与学生的联系。	1 2 3 4 5 6
3	我的老师相信他自己有能力帮助有问题的学生。	1 2 3 4 5 6
4	在面对绝大多数问题时，我的老师总能控制自己。	1 2 3 4 5 6
5	大多数时候我的老师都很乐观。	1 2 3 4 5 6
6	我的老师对学生很有耐心。	1 2 3 4 5 6
7	当我的老师帮助在困境中的学生时，总是坚持不懈。	1 2 3 4 5 6
8	当事情没有向预想的方向发展时，我的老师总是保持积极的态度。	1 2 3 4 5 6
9	我的老师很少会被事件所干扰。	1 2 3 4 5 6

统 计 结 果

在学生填完问卷后，你可以对每个问题的评分进行平均，并将相应的分数转换到下图中。分别对四个类别进行：沟通、动机、适应和自我管理。之后，再将每个数值用短线连接起来，构成你的整体情绪能力图。

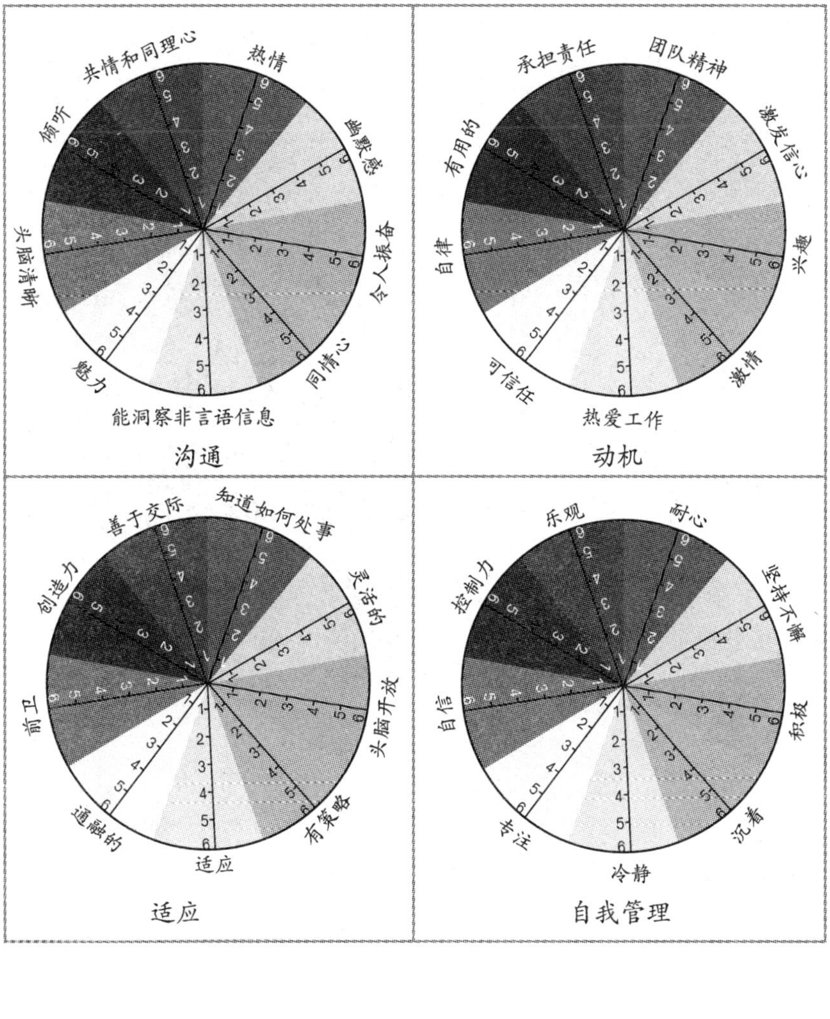

你现在可以将各个部分的结果加在一起，将结果转换到下图中。然后，将各个相应分数值之间用线连接起来，这个图表示了你的整体情绪能力。

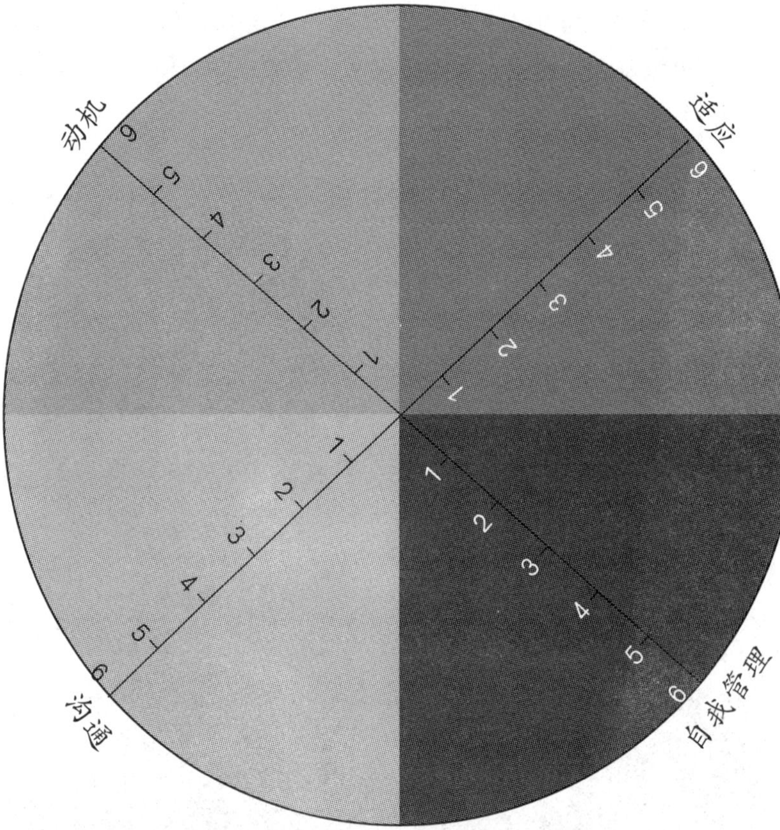

第二章

情绪及其对学习过程和学习成绩的影响

在前一章，我们一直在强调情绪能力是“学习过程”的本质核心这一事实。这么说并非是低估其他能力，我们说情绪能力很可能是最重要的能力的根本原因在于人类本身是情绪化的。现在让我们进一步深入地探讨什么是情绪，以及它是如何影响学习过程的。

“情绪”这个单词来源于动词“动作”（to move），是“开始运动”的意思。这可能就是为什么当我们被某件事情感动时，我们常会说“有事情在内部发生”。在“emotion”（情绪）一词中，我们也能发现单词“motion”（运动），它与“motor”（马达）或“engines”（发动机）具有相同的词根。因此，可以说，我们的情绪是强力的发动机，它使我们从内到外都以一种感受性的方式运动。

主要情绪

很多科学家开始对我们情绪的不同方面产生兴趣。保罗·埃克曼

(Paul Ekman)[21] 就是其中一位，他探访了很多人后，发现了七种主要情绪：恐惧、愤怒、悲伤、厌恶、轻蔑、惊讶和快乐。埃克曼发现，这些情绪中的每一种都有其自身的特性，而且无论在任何种族、语言、宗教和传统的文化中都可以发现这七种情绪。

因此，研究人员得以建立起情绪、其诱发因素及这些情绪所引起的行为之间所存在的联系。例如，我们知道恐惧是由某种潜在的威胁所诱发的，恐惧可以导致逃跑行为。而愤怒则与某种阻碍我们达成某种愿望的障碍物有关，愤怒可以导致攻击，目的旨在消除那种使我们沮丧的因素。对于悲伤而言，它与失去某样东西相联系，并会导致退缩行为。惊讶的情绪是由某种未曾预料到的情境激发的，它将产生一种定向反应，从而使我们的身体处于一种警觉状态，以便我们可以评估我们所处场景中的潜在威胁。厌恶情绪通常是由一种令人嫌恶的情境或物质所引起的，并会导致拒绝行为。就好像我们吞食了某种有毒的东西后，这些有毒物质会被我们的机体所排出。这种生理反应可以挽救我们的生命。轻蔑是一种特殊的情绪，正如保罗·埃克曼[22]解释的："轻蔑只是一种针对人或人的行为的体验，而与我们的味觉、嗅觉和触觉无关。然而，你可能会因为某人吃了令人作呕的食物而对他产生蔑视，因为就轻蔑而言，我们会产生一种比蔑视对象高人一等的倾向。……当我们感到轻蔑时，我们会觉得比别人更加优越，那些处于下属地位的人可能会对他们的上级感到蔑视。"最后，快乐是由一种渴望的情境的出现所诱发的，并会引发"亲近"行为。从单纯的生物学角度我们很容易理解为什么我们的主要情绪非常重要，并对我们的个人与群体的生存有至关重要的作用。

㉑ Ekman, P. (1982).

㉒ Ekman, P. (2003).

表 2.1　诱发因素、情绪和行为

诱发因素	情　绪	行　为
威胁	 恐惧	 逃跑
障碍	 愤怒	 攻击
丧失	 悲伤	 退缩
令人嫌恶的情境或物质	 厌恶	 拒绝

续表

诱发因素	情　绪	行　为
反感	 轻蔑	 高人一等
意外的情境	 惊讶	 定向反应
渴望的情境	 快乐	 亲近

次要情绪和社会情绪

埃克曼描述的这七种主要情绪是我们得以生存的保障。然而，即便在我们没有感到危险的情况下，我们也经常能感觉到这些情绪。实际上，主要情绪是我们形成其他各种情绪的原材料。通过学习过程，我们与日常生活中的各种不同情境和环境相关的情绪得以发展。这时候，次要情绪和社会情绪就开始产生作用（见表 2. 2）。

表 2.2　次要情绪与社会情绪

恐　惧	愤　怒	悲　伤	厌　恶	轻　蔑	惊　讶	快　乐
苦恼的	恼怒的	受影响的	讨厌的	不名誉的	惊讶的	愉快的
挂念的	泄气的	惭愧的	嫌恶的	傲慢的	惊骇的	舒适的
害怕的	狂怒的	悔罪的	窘迫的	冒犯的	急躁的	自信的
有负罪感	可恶的	受压迫的	令人厌恶	反感的	印象深的	满意的
惊骇的	敌对的	欺诈的	怀恨的	厌恶的	心神不定	喜悦的
犹豫的	急躁的	灰心的	厌烦的	恶心的	颤抖的	心醉的
怀疑的	禁锢的	沮丧的	怨恨的	轻视的	惊奇的	热情的
恐吓的	易怒的	混乱的	羞辱的		骚乱的	欣快的
警惕的	生气的	哀伤的	伤痛的			兴奋的
困惑的	猜疑的	羞辱的	禁锢的			取悦的
出神的	疯狂的	伤痛的	胆怯的			高兴的
可笑的	愤怒的	惴惴不安	易怒的			热爱的
害羞的	烦躁的	忧郁的	嫉妒的			欢欣的
可疑的		乡愁的	不情愿的			欢乐的
恐怖的		伤心的	冒犯的			乐观的
胆怯的		悲哀的	反感的			热情的
痛苦的		遗憾的				放心的
陷入的		沉默的				满意的
无常的		易受伤的				放心的
焦虑的						

无论我们谈论的是由于不理解一个话题而产生的不安全感，还是由于经历失败或考试成绩不理想而导致的沮丧，这些情绪都是来源于我们的生活经验。同样，当我们感受到那些与我们的教育和道德相关的情绪时，如负罪感、羞耻感、嫉妒感、窘迫感或耻辱感等，我们显然可以体会到这些情绪是我们学习而来的。负罪感与耻辱感不是天生的，而是我们经由不同的生活经历中学习而来的。所有的次要情绪与社会情绪都是习得的，而且都是从主要情绪发展而来的。因此，我们所接受的教育与文化在我们学习这些情绪的过程中起到了至关重要的作用。这些情绪又导致了很多行为。表 2. 3 列举了与学习过程紧密关联的次要情绪及社会情绪。

表 2.3 学校中的次要情绪与社会情绪

诱发因素	情 绪	行 为
学校系统中的不适（威胁）	不安全感（恐惧）	离开（逃跑）
对某个学科的困难（障碍）	受挫（愤怒）	批评这个系统（攻击）
考试不及格（失败）	受骗（悲伤）	缺少动力（退缩）
训斥及轻蔑（令人嫌恶的情境）	受辱（厌恶）	疏离（拒绝）
老师给学生负面的反馈（反感）	轻蔑	学生对老师不尊敬（高人一等）
非预期的结果（意外的情境）	惊异（惊讶）	兴奋（定向反应）
成功与鼓励（渴望的情境）	热情（快乐）	有动力、有兴趣（亲近）

如果仔细看看这些情绪，我们会发现在七种基本情绪中只有一种是积极的。这就是发展我们情商之所以重要的原因，主要目的就是要使我们来源于快乐的情绪最大化。这可以帮助我们所产生的行为朝向亲近、有动力的方向，最终对学校与课堂有利。这些情绪是普遍存在的，而且它们会在学习过程中相互影响。在我们进一步阐明这一点之前，请先完成下面的练习。

练习 2.1　识别诱发因素、情绪和行为

请根据下面叙述的故事识别相应的诱发因素、情绪和行为。

凯瑞的故事㉓

凯瑞听不懂老师的讲课，所以无法向她的老师提问。她的老师鼓励学生提问，但凯瑞却无法做到。她总是忍住不提问，并且常常在写作业时觉得糊里糊涂。

简单地总结事件：________________

凯瑞的情绪：________________

诱发因素：________________

行为：________________

汤姆的故事㉔

汤姆对与其他同学共同完成一个项目的想法感到不舒服。由于是强制

㉓ 凯瑞故事的正确答案。
事件：老师鼓励学生提问。
情绪：害羞—胆小。
行为：避免提问。
诱发因素：被同辈群体或老师评价代表了一种危险和威胁。

㉔ 汤姆故事的正确答案。
事件：在团队项目中工作。
情绪：担心—害羞—不安全感—受挫—恼怒。
行为：不情愿执行一个项目—冷淡和少言—对同学的报怨。
诱发因素：恐惧（担心，害羞，不安全）——与他人一起工作代表了一种威胁。
愤怒（受挫和恼怒）——共同完成任务中的障碍。
厌恶（恼怒）——由于他更希望事情有所不同而导致的厌烦情境。

性的命令，汤姆还是决定去做。在第一次小组会议上，他表现的很冷淡，而且也不怎么表达自己的意见。在会议结尾时，每个人被指派完成一项任务。会议结束后，他向朋友抱怨说他的队友总是说一样的话，而且总是把最困难的任务交给他来完成。

简单总结事件：____

____

____

汤姆的情绪：____

____

诱发因素：____

____

____

行为：____

____

____

彼得的故事㉕

彼得收到了本学期项目的成绩单，分数比他预计的要低。事实上，当他看到这一分数时很震惊，并且开始咒骂和责备起老师来。他觉得这个项目不可行，而且老师在评分的时候过于荒谬。之后，他又损坏了自己的项目成果。他回到家后也没有跟父母打招呼就径直回自己房间学习去了。

简单总结事件：____

____

____

㉕ 彼得故事的正确答案。

事件：收到坏成绩。

情绪：惊讶—挫败—恼怒—厌恶—失望—受影响。

行为：震惊—咒骂—责备老师—毁坏作品—不和父母打招呼—迅速回到房间。

诱发因素：惊讶——未想到的分数。

愤怒（挫败，恼怒）——面对同班同学的障碍。

厌恶（恼怒、厌恶）——坏分数代表了一种厌恶的情境。

彼得的情绪：________________

____

____

诱发因素：________________

____

____

行为：________________

____

____

詹妮弗的故事㉖

詹妮弗在带领一个沟通方面的工作坊。有人的手机第一次响，詹妮弗要求大家把手机关了。几分钟后，同一部手机又响了。詹妮弗提高声音警告那个人将手机关掉。由于手机还一直响着，于是詹妮弗要求那个人出去接电话。

简单总结事件：________________

____

____

詹妮弗的情绪：________________

____

____

诱发因素：________________

____

____

㉖ 詹妮弗故事的正确答案。
事件：在带领工作坊时，手机不停地响。
情绪：激怒—挫败—狂怒。
行为：请参与者关掉手机—提高声音—要求参与者离开房间。
诱发因素：手机不停地响和参与者的态度代表了一种詹妮弗在工作坊中的障碍。

行为：

现在描述一个你所经历过的情境，并对其进行细致的分析。

简单总结事件：

情绪：

诱发因素：

行为：

如何习得情绪

情绪的学习是一种联想型学习，与巴甫洛夫的条件反射类似。让我们回忆一下20世纪初俄国著名生理学家巴甫洛夫对消化系统的研究。他对狗的研究表明，唾液的分泌是消化过程的一个环节。巴甫洛夫发现，当给狗提供食物时，它会分泌大量唾液。但是有一天，他惊讶地发现，狗的唾液分泌竟然不是与食物的出现相关，却是与装食物的锅上的挂铃所发出的声音相联系。受到这个发现的启发，他决定用实验来解释这个现象。

他用一个导管插入狗的嘴里收集唾液，并测量唾液的分泌量，用铃铛发出的声响作为中性刺激，同时把肉作为一个非条件性刺激。

实验分为三步：

步骤一 实验开始前，铃声只能引起狗产生定向反射，但不会引起唾液的分泌。这也是为什么铃声被称为中性刺激。	
同样，在实验开始前，肉可以引起唾液分泌。这也是为什么肉被称为非条件刺激，可以引起非条件反射（唾液）。	
步骤二 巴甫洛夫将铃声（中性刺激）与提供食物（非条件刺激）建立联系。	

步骤三 在几次联结后，只要单独提供铃声（而不用提供食物）就可以引起狗的唾液分泌。中性刺激变成了可以引起条件反射（唾液分泌）的条件刺激。	

那时，美国心理学家约翰·华生（John B. Watson）也了解到了巴甫洛夫的工作，并对其非常着迷。他认为所有的情绪与行为也都是（巴甫洛夫类型的）条件反射行为的结果。不用说，这一论断立刻招致了很多的反对与不同意见。因此，华生[27]决定科学地证明我们的情绪学习与巴甫洛夫所证明的条件反射类似。于是，他对一个9个月大的叫阿尔伯特（Albert）的小孩按照巴甫洛夫所采用的实验步骤进行了实验。

步骤一 开始的时候，这个才学会走路的孩子不怕大老鼠。他习惯于与大白鼠玩耍，拉老鼠的尾巴，抚摸老鼠。因此，对阿尔伯特来说，这个老鼠是中性刺激。 然而，当在这孩子身边发出大的声响时，他显得很害怕，并且会哭泣。很明显，对声音的害怕对小孩而言是一种非条件性的情绪。	 

[27] Watson, J. B., et R. Rayner. (1920).

步骤二 有一次，当阿尔伯特与大白鼠玩耍时，华生突然在一旁用锤子用力敲打一个金属盘。阿尔伯特反应很强烈，开始哭泣。之后，只要阿尔伯特靠近大白鼠，华生就重复这个声音，阿尔伯特就又会哭。	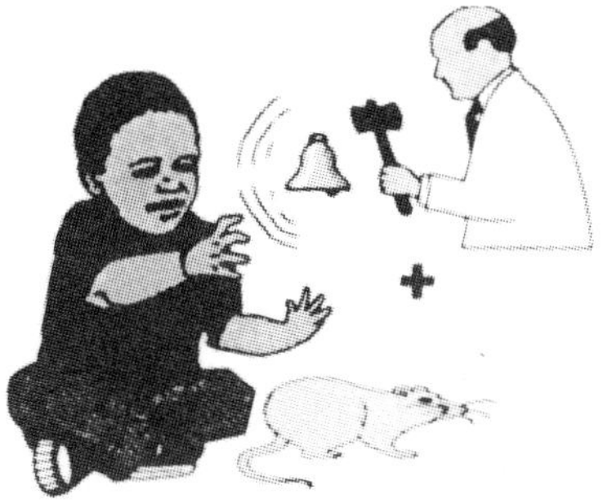
步骤三 这种情形反复了多次，直到阿尔伯特一看见大白鼠就开始哭，即使没有声音出现。因此，华生就证明了，在阿尔伯特身上建立一种当小白鼠靠近他时就会哭的“恐惧”性条件反射的情绪是可能的。	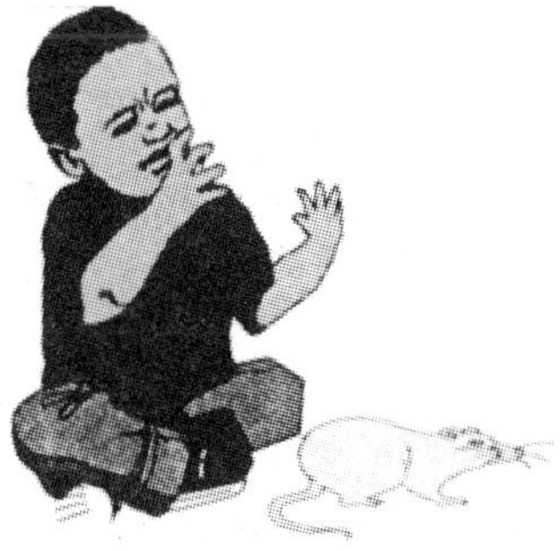

随着阿尔伯特的情绪学习，他开始显现出意想不到的反应，比如害怕白兔、白色玩具熊、圣诞老人的白胡子等。简单地说，他对所有白色皮毛的动物或物体都表现得很害怕。我们称这种现象为泛化，即被试会对与条件刺激具有类似性质的其他刺激也出现相同的情绪反应。这一现象很重要，因为它使我们可以理解我们自己绝大部分的情绪反应。而且，由于情绪记忆与陈述性记忆（对事实的记忆）之间存在区别，有可能我们并不记得是在何时何地何种情况使我们产生的情绪反应。通常，我们记不得与某种习得情绪相关的实际情境，但这种情绪却保持下来。情绪记忆并不包括具体的细节，而是对某种情境的一种概况。因此，只要能引起某种情绪反应的信号一出现，这种情绪也就跟着出现了。

我们可以很容易地想象众多有可能发生在学校和教室里的情境。例如，一个学生很难理解某门学科，结果遭到其他学生的嘲笑和老师的斥责。所有这些元素融合进他的情绪脑，并形成了可以被强化的情绪记忆。因此，任何学校都可以成为培养情绪的环境，在其中可以养成大量不同的与情境、学科、教师相关的情绪。而且，这些情绪的养成可以是积极的，也可以是消极的。然而，情绪也不总是导致预想的行为。例如，一个老师因为他的学生听不懂所教的内容而称其为“笨蛋”，这将刺激这个学生的情绪脑产生厌恶情绪和抵触行为，从而会阻碍其学习过程，最终导致他放弃学习。

毫无疑问，老师们总是非常希望做好他们的工作，就像父母对待他们的子女一样。但是，好心有时也会办坏事，有些老师所采用的方法有可能导致与预期相反的结果。

“背景”情绪

当我们在阐述情绪的概念时，“背景”情绪的概念并不是很流行。的确，当谈论情绪时，我们通常是指由埃克曼提出的主要情绪（恐惧、愤怒、悲伤、厌恶、惊讶和快乐），以及次要情绪和社会情绪（尴尬、害羞、嫉妒、羞耻、负罪感和骄傲）。那么关于永恒存在的背景情绪又是什么呢?

让我们想象一个戏剧舞台场景，其中前景代表主要与次要情绪（明确地、非常可见地）。这一布局组成了主要的行为舞台，换句话说，我们将我们的注意力都集中在这个舞台上，同时演员们的行为也主要在这个舞台上展现。一场戏可能是在一个拥挤的人行道上，两个演员之间的对话。背景可以是经过的行人、车辆或者一个遛狗的妇女。所有这些背景行为都是衬托前台演出的。然而，了解背景行为具有同等的重要性这一点本身也很重要。想象一下如果这两个演员站着不动地在雨中谈话。由于天气和浑身湿透的原因，在背景中的人们将显得烦躁不安。因此，通过天气的状况（晴天或雨天）可激发背景人物不同的情绪状态，“天气”就扮演了不同的角色。从而，“背景”情绪就是当我们“紧张”或“放松”、“抑郁”或“高兴”、“气馁”或“热情”，以及“焦虑”或“平静”时的感受。

主要情绪的发生是自发且较突然的，具有高峰值和快速下降的特征。次要情绪持续的时间更长些，且与之相关的感受也更显著。然而，背景情绪却是不稳定的，而且持续时间更长。例如，假设你接到了一个坏消息，并且变得很沮丧。这个坏消息的某个特定方面引发了你的愤怒。在你的气愤情绪高峰值消退后，一种易怒的感觉将仍伴随你一整天。你仍然做着你的日常工作，但这种“弥漫的气愤”的感觉将成为伴随你的背景情绪。尽管有这样的背景情绪，当你与你的学生打招呼的时候，你仍然会对他们保持笑容，但你的内心仍对早上发生的事情耿耿于怀，你可能保持这种状态一整天，甚至到晚上也睡不好。然而，你的这种情绪仍然可以从一些细小的细节反映出来。例如，我们可以发现当你对人微笑或者与人握手的时候，你的脸上好像缺少了点什么，或者甚至从你说话的语调上也可以反映出来。简而言之，背景情绪也包含了一些非言语的且更细微的表达元素，这与在主要情绪与次要情绪中所发现的元素同样真实。其他已经知道的背景情绪有：身体姿态、头颈与四肢的摆动、无规律的颤抖、面部表情、眼睛的明亮程度、声音变化等。教师需要善于发现学生身上的所有这些特征，因为这可以帮助他觉察班上正在发生的事情。

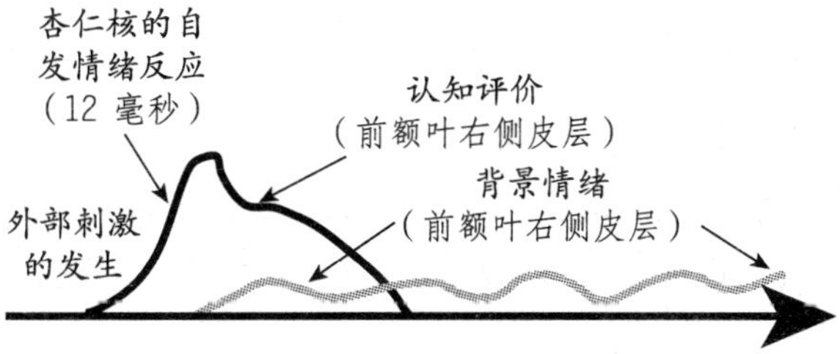

图2.1　由杏仁核和前额叶右侧皮层开始的背景情绪直接引发的主要和次要情绪的强度和发展（一段时间后）。我们还能看到背景情绪的持续时间要比主要和次要情绪的持续时间长很多。

安东尼奥·达马西奥[28]最先对背景情绪给出了定义，并将主要情绪与次要情绪区别开来。表 2.4 总结了这些区别。

㉘　Damasio，A.（1994）.

表 2.4　主要情绪、次要情绪及背景情绪之间的差别

主要情绪	次要情绪与社会情绪	背景情绪
诱发因素通常是外部的。例如，威胁、阻碍和死亡可以引起恐惧、愤怒和悲伤的情绪。	诱发因素可以是外部的（例如，看到一张熟悉的面孔）或是内部的（例如，回想起一个朋友或者回想起朋友刚去世这一事实）。	诱发因素通常是内部的。例如，你或多或少地有意识地思索同事的批评。你所拥有的对该情境的图像是处于背景之中，就像与之相关的情绪一样。
诱发即刻、直接地激活了杏仁核的活动。	诱发直接激活杏仁核的活动。然而，为保持这些情绪，前额叶皮层也参与其中。	诱发虽然在某些情况下相对较快，但更多是渐近的、摆动的。前额叶右侧皮层和海马也参与到这一过程，其将信号传递到杏仁核。
表现在肌肉骨骼水平。例如，战斗与逃避反应所需的四肢肌肉紧张及心跳加快等。	表现在肌肉骨骼水平和内脏水平。	表现在内脏水平，如胃、腹腔神经丛及喉咙的紧收感及心脏痛的感觉。

如果说主要的自发情绪（如恐惧、愤怒、悲伤等）与学习过程之间存在的相互影响是毋庸置疑的话，那么很可能产生最大伤害的情绪就是背景情绪了。下面让我们进一步看看情绪是如何影响学习过程的。

情绪及其对学习过程与学习成绩的影响

2001 年 9 月 11 日，当你听到世贸大厦遭受恐怖袭击的时候，你在哪里？在做什么？很多人对这一时刻都有着非常具体的记忆。就我个人而言，我正在开车去学校教课的路上，从收音机里听到了这个消息。我现在对这一事件的记忆依旧清晰，并且很可能在我今后的岁月中仍然清晰保持。类似地，1963 年 11 月 22 日，约翰 · 肯尼迪总统遇刺的日子，同样牢记在我的记忆中。当时我正在回家的路上，焦急地想看最喜欢的电视节目，结果我发现各个电视台都在播放那天发生在达拉斯的总统遇刺事件。当我们回想过去的记忆时，所有出现在我们脑中的记忆（如我们的初吻、亲人的离世、入学的第一天或者某个重要事件的庆典）都有一个相似点，即它们都充满情绪。也许，你也有同感。

这意味着任何充满情绪的事件都存储在我们的陈述性记忆当中。然而，要知道，并不是在所有情况下情绪都可以帮助我们增强记忆。例如，在紧张的情况下，相应的情绪反应只会削弱记忆能力。[29]因此，情绪既可以增强，也可以削弱我们的记忆效果和我们的学习过程。表2.5总结了各种消极的与积极的情绪对学业成果的影响。

表2.5　情绪对学业成果的影响

消极情绪	积极情绪
阻碍	充满动力
退学	兴趣
旷课	承担
浪费时间	坚持不懈
破坏行为	协作
拖延	灵活性
抵制	头脑开放
糟糕的交流	同情
人际冲突	接受
缺少协作	创造性
不安全	和谐

我们应该如何解释情绪可以影响学习过程呢？主要原因来源于这样一

㉙　Phelps，E.（2000）.

个事实，即情绪可以强烈地影响我们的感知、判断与行为。改变我们心灵能力的关键过程非常复杂，超出了本书的讨论范围，我们现在暂且认为这是一个自然的生物与化学的过程。

现在，让我们回到保罗·埃克曼提出的七种主要情绪：恐惧、愤怒、悲伤、厌恶、轻蔑、惊讶和快乐。对于所有这些基本情绪，只有一样是真正积极的，而其他的都是消极的（除了“惊讶”在某些场合下是积极的）。这些消极情绪都会产生阻碍我们学习的过程，如逃跑、攻击性、退缩及拒绝等行为反应都是由于消极情绪所导致的。对于消极的背景情绪，它们对认知与智力功能（如注意力、感知力、判断力，当然还有记忆过程）的影响更为巨大。我们知道杏仁核的活动与运动、认知、注意力和记忆过程的调节有关。[30] 现在让我们逐一分析情绪对这些功能的影响。

情绪与注意力

注意力不仅是与学习过程最先关联的，而且很可能是对刺激的反应最强烈的。有研究显示，情绪对注意力机制有影响，即具有消极情绪的元素具有吸引我们注意力的能力。为了研究这个假设，研究者作了一个实验，[31] 实验中被试被要求在一组自然图片中找出一个不同类型的图片，可能是在一组蛇的图片当中找出一幅花的图片，也可能是在一组花的图片当中找出一幅蛇的图片。研究者发现，觉察到一个令人害怕的图片（花中的蛇）所需要的时间比觉察到一个无害的图片（蛇中的花）所需要的时间要短，见图2.2。在这样一个与我们的祖先所居住的类似的原始环境中，我们很容易想象，这种情绪反应可以挽救多少生命。的确，要感谢这种逃跑反应，使得我们的祖先得以在充满猎食者的丛林中生存下来。

㉚ Dolan，R. J.（2002）.

㉛ Öhman，A.（2001）.

图2.2　发现蛇中的花的平均时间为1060毫秒，发现花中蛇的平均时间为915毫秒。

这一现象不光只是表现在寻找蛇的图片中，它同样适用于任何对我们有潜在威胁的情况，如在识别人的威胁性表情的任务中。请你仔细观察图2.3。也许你没有留意，你在右边一组中性表情中寻找一副生气表情的图的速度要快于你在左边一组中性表情中寻找一幅高兴表情的图。

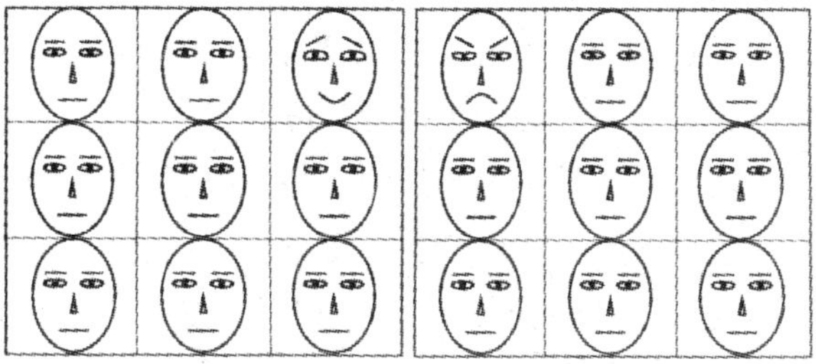

图2.3　在中性表情中发现高兴表情需要的平均时间（1600毫秒）要大于在中性表情中发现一个威胁的表情所花的平均时间（1500毫秒）。对于社会中处于不安状态的人，甚至需要更少的时间。

相对于积极的表情，似乎我们的生物本能就是更容易和快捷地觉察到消极的表情。此外，当你看到一幅攻击性的表情时，你会有反应，并且你的身体进入一种活跃状态，准备抵御一个潜在的侵略者。你的心跳有所增加，肾上腺开始分泌肾上腺素，肌肉也开始变得紧张。过了一会儿，当危险解除后，你的身体又回到了正常状态。所有这些反应都是无意识地自动发生，而且是通过反射形式快速发生的。更有趣的是，如果你的生活很不容易，你觉察消极表情的时间会更短，而且你的生理反应也会更加强烈。此外，如果你返回到本章的开始，看七种主要情绪的图片，你通常会花费更多的时间看消极的情绪。

在留意了这些有关情绪的科学研究后，我开始注意到自己在课堂上的一些反射。当我与一些并不熟悉的人打交道时，我的第一反应是孤立那些可能对我有威胁的人。那么我是如何做的呢？通过他们的面部表情及面部特征，我可以发现哪些人是对我最具侵略性和最不友好的。我的这一行为可以让我调整对他们的态度。换句话说，我已经准备好“驯服”他们，仅仅因为我认为他们有可能搅乱我的课堂。我的方法更着重于联合这些学生。在第一个课间休息时间，我会花时间与他们相互熟悉，这样他们会对我更友好，而且在我的课堂上他们也会更愉快。大多数时候结果是好的，因为现在大部分学生可以以更积极、更友好的眼光来看待我。类似地，我对他们的看法也改变了。相反的情况同样也会发生。对我微笑并表现愉快的学生使我很放心，我也在课堂的一开始就非常依赖他们，对他们的忠诚感到放心。我发现我的这种无意识反射在其他人身上可能是不同的。的确，我注意到对于有些老师，如果学生看起来不开心或显得有侵略性，就足以引发这些老师的敌意甚至是对抗行为。似乎这些老师会条件反射，无意识地对抗这些被他们的情绪脑认定为是潜在的“敌对”学生。

我们程序化的脑对任何可能对我们造成潜在威胁的信号都会作出反应。我们七种情绪反应中的六种确保了这种反应的发生。

情绪与学习过程之间的联系是很明显的。每当我们的注意力被消极的情绪所占据时，我们的学习与工作就会受到影响。正如丹尼尔·戈尔曼所解释的：“那些具有强烈的负面情感的情绪，以及与之相关联的活动，吸引了我们的注意力，并确保我们的注意力不会转向其他地方。”㉜ 很久以来，我们就知道那些焦虑与背负压力的人总是存在学习困难。贝蒂娜·赛普（Bettina Seipp）对已发表的关于焦虑对学业成绩影响的论文进行了后续分析。㉝ 她对与 126 个研究相关的 36 000 名学生作了一个明细表。结果表明，不论以何种标准作为评判，学生越焦虑，就越难以在学校取得成功，包括年平均、期中和期末考试成绩等。然而，直到最近我们才开始强调与这一现象联系的内部机制。的确，研究者发现注意力机制是最先被压力与焦虑影响的，这就可以解释为什么任何类型的成绩都会因为消极情绪而降低。㉞

㉜ Goleman, D. (1995).
㉝ Seipp, B. (1991).
㉞ Janelle C. M. (2002).

情绪与知觉

另一个重要方面是我们的情绪对我们知觉的影响。我们的各种情绪对我们的知觉的影响都是不同的。例如，我们知道情绪刺激对我们的周边视觉有负面的影响。研究证明，对周围信息的感知能力在焦虑的被试身上会大打折扣。[35] 换句话说，当我们出现消极情绪的时候，感知能力会受到限制。其后果是，部分感知信息缺失，并直接影响我们的记忆与学习过程。戴维·拉德劳夫（David Rudrauf）对这一现象进行了很好的解释："我们知道，愉快的感觉使我们更容易获得成功，而紧张与焦虑则具有相反的效果，即它们使我们关注更多的危险。"[36]

另一个与情绪联系的现象与感知的简单变形有关。这一变形既可能是对周边视野的信息的忽略，也可能是对根本不存在的信息的添加。在心理学上存在一个非常简单并广为人知的现象，称为"闭合"现象。这一"闭合"现象可以帮助我们理解源于我们情绪的上述知觉变化机制。这一现象涉及完成一个不连续的图形，如图 2. 4 所示。

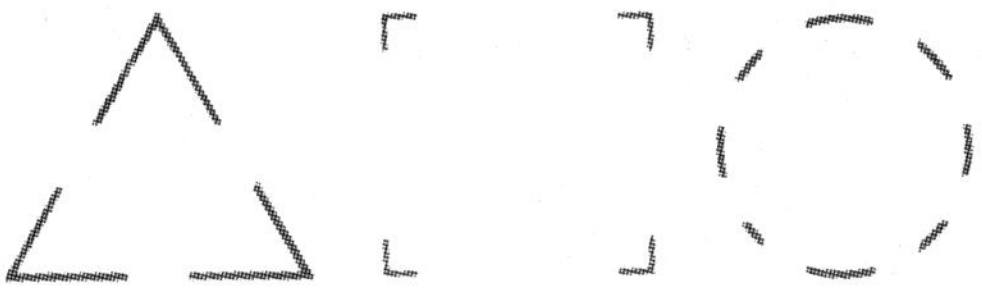

图2.4　上图表明即便这些图形不完整，我们的脑仍然可以进行识别并且运用"闭合"原理令这些图形完整。

"闭合"现象将缺失的信息连接起来，这很容易理解。我们也可以理解当我们面对不完整信息时，它是多么有用。然而，根据背景的不同，我们有可能对缺失信息进行错误的解释，如图 2. 5 所示。

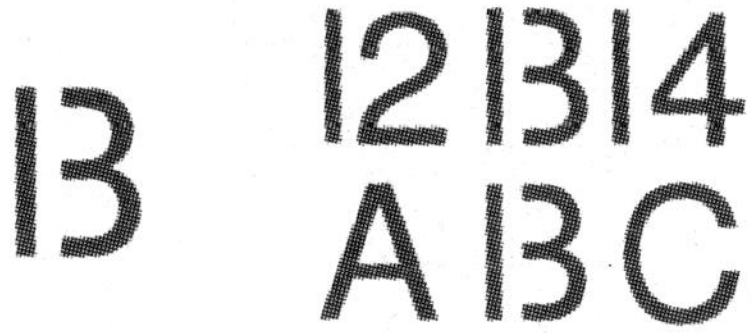

图2.5　看左面的图像，马上说出你看到的是什么。50%的人会说是数字13，50%的人会说是字母B。但如果我们改变一下周围的背景（右面的图像），人们的知觉就会受此影响。

[35] Shapiro K. L，Lim A. （1989）.

[36] Rudrauf，P. （2003）.

实际上，解释上述现象的原理只简单地与知觉和对形状的解释有关。然而，当需要对更复杂的实际事物进行知觉时，不但我们先前的经验会有影响，我们的情绪也会有影响。让我们举一个简单的例子。想象一下你比平时下班早，当回到家时发现家门口停了一辆跑车。你想从窗口看看里面发生了什么。结果看见你的妻子从一个男人手中接过一束鲜花，并投入那人的怀抱。就像你补充完成那些不连续的三角、矩形、圆等图形一样，你立刻就补充完成了这一场景的缺失部分。这一场景将毫无疑问会影响你，你的情绪将对你的知觉产生相当大的影响。这一知觉是由不同事情所诱导的：跑车、手里拿着一束花的男人，还有你妻子投入那男人的怀抱。当情绪激发后，你的整个知觉与解释过程都开始受到影响。事实上，你变得极其愤怒的可能性很大。就好像图 2. 5 中，当它出现在两个数字之间时大部分人看见的是 13，当它出现在两个字母之间时看见的是字母 B。这里，大部分人认为女人只会投入爱人的怀抱。但现实是，这个男人是一个电视节目的主持人，他是专门来给你妻子送跑车的，因为她赢了一个电视比赛节目的大奖。当然，你妻子的自发举动也就是情不自禁地投入他的怀抱。

正如我们所看到的，如果情绪可以相当大地改变我们的知觉，它也可以影响我们的判断。

情绪、工作记忆和问题解决

很显然，工作记忆与短时记忆相联系，并能够执行绝大部分的外在认知任务。我们可以将之与我们摆放为了完成任务所需的物体与工具的书桌进行类比。它们的空间与持续时间都是有限的。因此，我们就容易理解：任何与我们的工作记忆无关的事情如果扰乱了工作记忆，都会影响其效率。很多研究都表明，情绪对工作记忆中的信息处理具有负面影响。[37] 尤其是，研究显示紧张状态下的脑会分泌皮质醇。因此，血液中具有高水平皮质醇的被试完成心算任务的成绩比皮质醇水平低的被试要差。[38] 其他研

㊲ Terry W. S. , Burns J. S. (2001).

㊳ al'Absi M, Hugdahlk, Lovallo W. R. (2002).

究显示，由时间因素导致的压力对算术成绩具有很显著的影响。[39] 研究同时还显示，害怕数学的学生缺少克制自己被其他事情分心的能力。这种抑制机制的缺失会引起对各种与任务无关事物的分心，从而导致工作记忆资源的消耗。[40]

情绪、判断和推理

在前面埃利奥特的例子里，我们看到缺乏情感对我们作决定的过程可能造成很大的影响，反之亦然，强烈的情绪化可以对复杂的认知过程（如判断与推理）产生影响。一个新颖的实验可以证明这一现象。[41] 实验者让170名被试阅读暴力卡通书。一半的被试看的是极其暴力的卡通，另一半看的则没有那么暴力。而后，所有被试将阅读5个虚构的对其他孩子有暴力倾向的小孩的故事。所有被试都不清楚该实验的内容。之后，被试将回答几个问题：1. 研究对象的意图；2. 研究对象的报复潜能；3. 研究对象的情绪状态。结果显示，与阅读不那么暴力的卡通书的被试相比，阅读极其暴力的卡通的被试更多地认为研究对象具有敌对意图，更具报复性及更多的消极情绪。因此，我们可以下结论，这些被试的消极情绪对他们的判断及评估实际情况的能力会有巨大的影响。

当我们的情绪水平超过一个特定阈值后，我们的智力与认知能力就会大打折扣。一个有趣的实验显示了焦虑对推理任务的消极影响。[42] 102名被试要求在两种不同条件下（有压力与没有压力）解100道几何分析题。研究人员对这些被试的解题时间与错误题目的数量进行了统计。结果显示，在没有压力的情况下，最焦虑的被试比那些不怎么焦虑的被试做题目更慢而且更容易出错。然而，在有压力的情况下，最焦虑的被试与不怎么焦虑的被试相比解题的速度更快，但出错率依然很高。研究者的结论很有趣。他们认为在有压力的条件下，这两组被试的数据结果差异的原因主要是与速度—准确之间折中的差异相关，而与认知能力（信息处理）的差

㊴ Kellogg J. S., Hopko D. R., Ashcraft M. H. (1999).

㊵ Hopko D. R., Ashcraft M. H., Gute J., Ruggiero K. J., Lewis c. (1998).

㊶ Kirsh S. J., Olczak P. V. (2002).

㊷ Leon M. R., Revelle W. (1985).

异无关。

当我们的基本功能如注意力、认知、工作记忆、判断力和推理能力等受到情绪的影响时，我们可以容易地推测它们对学业成绩的影响。的确，一位意大利研究者观察到焦虑是影响学业成果的消极情绪中最重要的一种。[43] 其他研究者也指出了一种存在于医学院学生中的称为“学业焦虑”的情绪。[44] 他们发现，学业焦虑不仅与其第一年的表现有关，也跟过去的成功相关。另一项研究也得出了相同的关于压力的结论。[45]

---

[43] Comunian A. L. (1993).

[44] Grover P. L. & Smith D. U. (1981).

[45] Stewart S. M., Lam T. H., Beston C. L., Wong C. M., Wong A. M. (1999). vol. 33 (4), pp. 243 – 250.

练习 2.2　回忆我在学校的一天

指导语：请花些时间思考你在学校教课的一天。描述一个你有情绪反应的情境，并试着用下表所列举的情绪识别你在那天所具有的一种或多种情绪，同时给这些情绪的强度作一个评价。你可以参考詹妮弗在练习 2.1 中的案例，并解释这些情绪将如何影响你的认知与智力功能。

案例

情境描述：詹妮弗在带领一个沟通方面的工作坊。有人的手机第一次响，詹妮弗要求大家把手机关了。几分钟后，同一部手机又响了。詹妮弗提高声音警告那个人将手机关掉。又过了几分钟，这手机又响了。这次，詹妮弗要求那个人出去接电话。受到这种情况的影响，詹妮弗很难再继续她的工作坊。

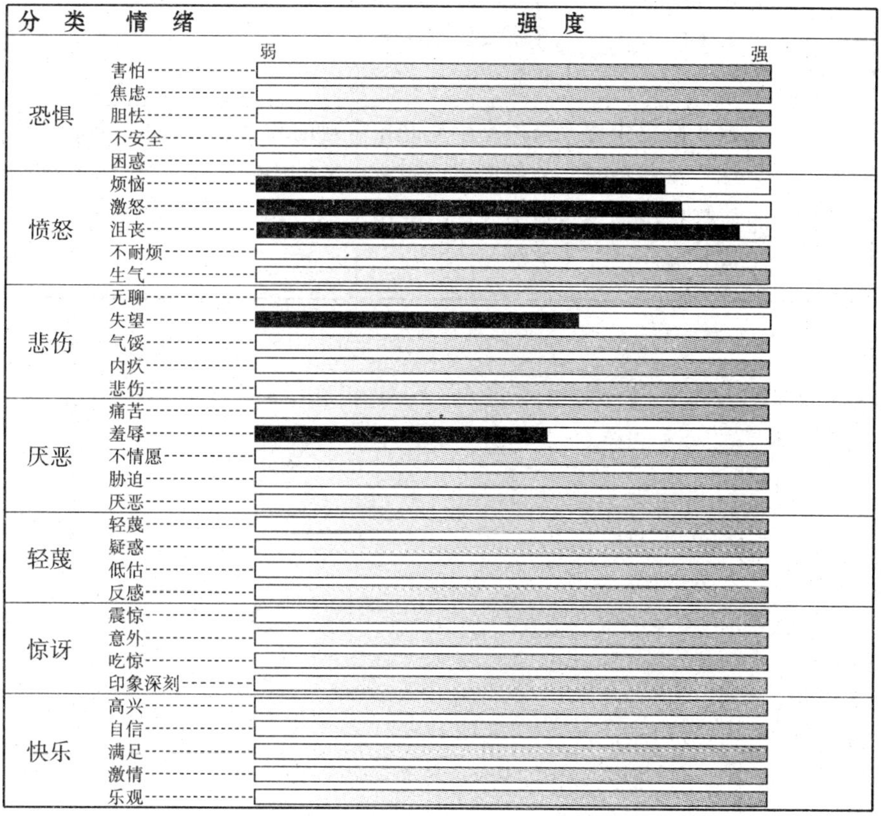

情绪对认知与智力功能的影响

感受到的情绪	注意力	知 觉	工作记忆与问题解决	判断与推理
激怒 沮丧 烦恼	她所有的注意力都集中在那个打手机的人身上。	电话铃的响声在她的脑中引起回响，她感觉到的声音比实际的声音要响。	当她给学生解释教学内容的时候常会失去思路。	她有夸大当前情况严重性的倾向。
失望	她的注意力也集中在那些每次电话铃响就有所迹象的学生身上。	她开始将那些将显示出最轻微地将注意力放在电话铃上的学生与对她的课不感兴趣的迹象相联系。	她会忘记两到三个她需要加以解释的重要方面。	她无法再像原来那样正确清楚地解释她的教学内容。
羞辱	她开始集中注意力在各种可能打扰她的事情上。	当两个学生开始笑的时候，她觉得他们是在嘲笑她。	她的想法愈来愈困惑。	一些阴暗的思想开始出现在她的头脑里。

对情境的描述：

____

____

____

分类	情绪	强度（弱——强）
恐惧	害怕	
	焦虑	
	胆怯	
	不安全	
	困惑	
愤怒	烦恼	
	激怒	
	沮丧	
	不耐烦	
	生气	
悲伤	无聊	
	失望	
	气馁	
	内疚	
	悲伤	
厌恶	痛苦	
	羞辱	
	不情愿	
	胁迫	
	厌恶	
轻蔑	轻蔑	
	疑惑	
	低估	
	反感	
惊讶	震惊	
	意外	
	吃惊	
	印象深刻	
快乐	高兴	
	自信	
	满足	
	激情	
	乐观	

情绪对认知与智力功能的影响

感受到的情绪	注意力	知　觉	工作记忆与问题解决	判断与推理

神经机制

著名的纽约大学研究者约瑟夫·勒杜（Joseph Ledoux）解释说情绪系统可以垄断我们脑的所有资源。[46] 就好比情绪可以控制我们的整个认知与感知功能。这就是为什么从一件小事，我们的脑就可以生成一个虚幻的场景，并可尽其一切可能从各种假设的线索中寻找支持这一感觉的证据。勒杜解释道，我们的情绪很容易控制我们的思想，而我们的思想很难控制我们的情绪。

更准确地说，是杏仁核这一神经结构（我们情绪脑的控制中枢）发出神经投射传递到脑的很多部位，包括负责我们高级认知功能的脑区。相反，从这些高级认知功能区域传递到杏仁核神经投射却十分有限。这就可以解释为什么我们的情绪会对我们的行为与认知产生如此大的影响，以及为什么当情绪达到一定阈值后我们就会失去控制。我们将进一步看到，对于情绪管理，会有下行的神经通路被激活。但现在，我们将聚焦在消极情绪的影响上。

长久以来，理智与激情被认为是两个不同的且完全相反的实体。因为现实比简单的二元论更为复杂，如在第一章中所看到的，不同认知（理智）能力、技术能力、关系能力和情绪能力可以由不同的大脑皮层结构进行解释。

通常来说，当我们想要使某个情绪化的人理智下来的时候，我们会试图与他谈话、推理。但通常这种方法都会失败，因为当某人的情绪脑经历一个情绪危机的时候，他将无法像正常的理性脑那样理解语言与词汇。的确，语言是理性脑的交流与功能方式，而情绪脑则更多地与姿势、行为和活动相关。如果我们在愤怒、恐惧或失望的时候与别人谈话，可能是因为两种原因：一种是理智与情绪脑相互交流并互相补充，另一个更有害的原因是因为情绪脑有能力主宰理智脑。为了阐述这一点，我们可以以一个骑马的人与他的马为例。通常，骑士控制、指引和支配马，但如果不论任何

---

[46] Ledoux, J. (2001).

原因，马不再对骑士的命令作出反应时，相反的情形就出现了：马开始掌握并控制骑士，带着他到处乱奔。并且这一情形将持续下去，直到马冷静下来。类似地，当情绪脑失去控制后，它就有能力掌控理性脑，也可以说情绪脑控制了缰绳。这时理性脑就被控制并变得无能为力了。

当我们测试情绪反应的极限时，它将对学习过程造成极大改变。我们都知道，而且也已经被科学证明，压力可以影响我们的学习。此外，道格拉斯·布雷姆纳博士（Dr. Douglas Bremner）等人的研究表明越战老兵因遭受到战争后遗症的压力，与正常人相比，他们的海马出现明显地萎缩。[47] 类似的情况也在那些长时间遭受巨大压力的儿童身上出现。[48] 因此，强烈的消极情绪不仅具有改变学习过程的能力，还可以导致脑中与学习过程相关的神经结构的损伤。

对其他的功能考查也是必需的。许多关于我们称为“情绪不对称性”的研究使我们可以更好地理解情绪工作的方式。威斯康星大学的理查德·戴维森（Richard Davidson）的工作揭示，情绪状态在脑中是侧化的。[49] 我们已经知道认知功能（如语言与逻辑推理）是在脑的左半球，而非言语功能、音乐及空间视觉功能则是在脑的右半球。但通过以后的神经科学研究，我们发现情绪也存在侧化。戴维森的团队揭示消极情绪（如悲伤、厌恶与恐惧）都集中在一侧脑，即右半脑；而所有积极情绪（如快乐与幸福感）则都集中在另一侧脑，即左半脑。我们知道杏仁核参与了情绪的生成，而且大脑皮层的不对称性在前额叶区域更为集中。

要描述所有关于“情绪侧化”（即积极情绪在左半脑，消极情绪在右半脑）的实验与观测结果显得太冗长且没有趣。简单地说，第一个此类观测是发生在某一天，研究人员发现那些前额叶左侧脑区受损伤的病人常常出现抑郁症的征兆。相反，对右侧脑半球的相应区域受损伤的病人的观测却没有发现病人出现明显的抑郁征兆。对脑生理活动的研究（要感谢神经成像技术）证实了这些观测结果。[50] 最近，研究证明，抑郁症患者不

㊼ Bremner J. D.（2002）.
㊽ Bremner J. D.（2002）.
㊾ Davidson, R.（1987）.
㊿ Sobotka S. S., Davidson R. J., Senulis J. A.（1992）.

仅显示出前额叶左侧皮层区域的活动减少，还出现同一区域灰质的减少。[51] 另一项有关56名8到11岁儿童的研究揭示，与正常的儿童相比，那些患有焦虑症的儿童在前额叶右侧脑区显现出更多的活动。[52]

我们前面提到过的另一个重要的元素是杏仁核在情绪产生中所起的关键性作用，以及杏仁核与前额叶皮层之间的重要连接。纽约大学的约瑟夫·勒杜的研究揭示杏仁核几乎向脑的每一个区域都发出投射，当然也包括前额叶区域。[53] 然而，只有很少量的神经投射进入杏仁核。这就可以解释为什么情绪对认知具有巨大的作用。这同时也意味着情绪系统具有独占脑资源的能力，并且情绪也可以很容易就控制我们的思想。[54]

此外，理查德·戴维森实验室的最新信息进一步补充了勒杜的研究。戴维森发现从大脑左侧前额叶皮层下行到杏仁核的神经投射的数量要远多于来自右侧相应区域的神经投射[55]。换句话说，杏仁核的主要作用是产生消极情绪和发出通往前额叶右侧皮层的神经投射。对于积极的情绪则是相反的，即从前额叶左侧皮层下行到杏仁核的投射要远多于右侧皮层，因此可以对杏仁核的活动起到调节作用。研究者们证明，前额叶左侧皮层活动的增加是与杏仁核活动的下降相关联的。[56] 他们发现，当要求被试自愿地减轻他们的消极情绪时，就会观测到杏仁核活动的下降。戴维森认为前额叶左侧皮层区域与杏仁核之间的联系在调节我们的情绪时起到了非常重要的作用。[57] 他还认为这些机制也可以解释为什么有恢复力的人总可以降低消极情绪效果的强度和持续时间。[58] 此外，研究者们还发现有恢复力的儿

[51] Davidson R. J., Lewis D. A., Alloy LB, Amaral D. G., Bush G., Cohen J. D., Drevets W. C., Farah M. J., Kagan J., McClelland J. L., Nolen-Hoeksema S., Peterson B. S. (2002).

[52] Baving L, Laucht M, Schmidt MH. (2002).

[53] Ledoux, J. E. (1994).

[54] 摘自 Benson E (2002).

[55] Davidson, R. J. (2001).

[56] Davidson, R. J. (1998).

[57] Davidson, R. J. (2000).

[58] “恢复力”（resilience）指尽管生活遇到困境或不好的体验，仍然能够发展自我、保持快乐并成功生活的能力。见 Cyrulnik, B. 1999.

童的前额叶左侧皮层也具有更多的活动性。[59]

* * *

综上所述，我们现在知道消极情绪对我们的认知与智力功能具有巨大的影响。由于杏仁核调节的神经连接出现了分叉，使得杏仁核成为出现强烈情绪时的统治者。注意力、认知、工作记忆、判断与推理都受到消极情绪的影响。我们列举了很多科学事实支持这一现象，并且证明消极情绪应对很多与学习过程相关的困难负责。因此，读者所经历的情绪并不一定要像主要与次要情绪那样强烈与剧烈。它们可以像背景情绪一样弥散。事实上，背景情绪是最普遍的，因为它们持续的时间最长，并且与主要情绪相比，它们造成的破坏更广泛。的确，一点儿生气或悲伤的情绪就可以极大地影响我们，但是由于主要情绪的持续时间很短，我们仍然可以很快恢复到“正常”状态。但是，由于背景情绪可以持续数小时甚至几天，我们的认知功能可以被严重地破坏。我们已经知道心情紊乱（如抑郁或普遍性的焦虑）可以破坏我们的免疫系统或者在我们的心血管系统或胃中形成肿瘤，从而影响我们的健康。[60] 最近，我们又通过道格拉斯·布雷姆纳博士的研究工作了解到，创伤后压力可以对海马（即陈述性记忆的生理基础结构）造成损伤。因为这个原因，可以想象如果深度创伤可在脑中留下痕迹的话，即便是轻度的创伤（如某些学生可能在学校所经历的事件）也同样可以在脑中留下痕迹。因此，如果不给学生提供即使是最小量的情感支持以应对他们的学业考试的话，消极情绪的痕迹就有可能遗留在他们的脑中，并最终影响他们的智力能力、关系能力与技术能力。这就是为什么我们认为情绪教育法很重要，并且对所有教师而言，激励学生对所学习的课程产生积极的背景情绪是至关重要的。我们将在第五章中了解到如何达成这一目标。

---

⑲ Davidson，R. J.（2002）.

⑳ 更多的细节详见 Chabot，D.（2000）.

第三章

情　　商*

智力心理学长久以来都是遵循纯粹的认知路线。直到 1980 年，还有很多研究智力定义与概念的理论家和研究者持有同一观点：智力使我们在学校和生活中取得成功。以下，让我们简短地回顾一下历史并溯源智力的概念。

1905：比奈与智商

在 1905 年，法国的教育部门要求心理学家阿尔弗雷德·比奈（Alfred Binet）开发一种测试，通过这种测试可预测学校中哪些学生有学业困难，哪些能够适应良好。于是比奈创造了一种工具，能够测量在学校取得成功所需的特定智力和认知能力。从这开始，“智商”或“IQ”这个短语就进入了词汇表，并在几年之后传入美国。比奈的测试被改进以适应美国的现实生活，并演变成为斯坦福—比奈智力量表，后来又演变成韦氏量表（Weschler Scale）（成人韦氏智力量表和儿童韦氏智力量表）。从这里开始，智商的概念就继续演化并不断发展。

---

* 英文为 Emotional Intelligence，也称为情绪智力。为便于读者理解，我们根据上下文作不同译法。——译者注

1927：斯皮尔曼与智力的“G”因子

对查尔斯·斯皮尔曼（Charles Spearmen）而言，如果你在某一特殊领域里很聪明，那就意味着你在所有领域中都很聪明。[61] 斯皮尔曼假定存在一种独特且普遍的智力因子，它们可以与所有的认知功能结合在一起。他假定智力是一种特殊的认知才能，称为“G”因子。这种单因素模型为斯皮尔曼提供了一个想法，即智力是由一种一般因子组成，并且可以应用到所有需要不同程度智力的活动之中。

1938：瑟斯顿与智力的多因子

路易·瑟斯顿（Louis Thurston）对智力的概念非常与众不同。对他而言，智力不是单因子而是多因子的。按照瑟斯顿的想法，智力是由七种相互独立的基础认知能力组成。因此，为了聪明，必须要有良好的语言理解能力、语言流畅性、推理技巧、数字能力、记忆以及知觉速度和空间知觉能力。只要其中一个因子比较薄弱，就会影响到智力。例如，如果某人对语言理解有困难或存在记忆问题，则他的智力水平将直接受到影响。

1983：加德纳与多元智能理论

霍华德·加德纳（Howard Gardner）认为存在多种类型的智力，而不是单一的一种。他的观察使他可以区别出八种不同类型的智力：音乐智能、肌肉运动智能、数学逻辑智能、语言智能、空间智能、自然智能，人际智能和内省智能。[62] 在加德纳的多元智能理论中，我们可以看到，他将个人的与社会的层面也考虑在内。我们将进一步看到，由加德纳提出的人际的与内省的智能概念最终也被用于情商的概念中。

1988：斯腾伯格与智力三元论

对斯腾伯格（Sternberg）而言，使我们得以解决问题的认知与智力过

---

[61] Spearman, C. (1927).

[62] Gardner, H. (1983).

程比任何智力测试的正确答案都更重要。[63] 基于这一思想，他提出了一种智力三元论，描述了智力的三个方面：（1）智力的内部元素，其代表了所有我们用于获取知识和解决问题的心理过程；（2）适应性智力，可以用来适应或者改变我们所处的环境，或者用来选择与我们的目标更加匹配的新的环境；（3）从获得的经验中得到的智力，它由我们生活中所获取的完成任务与解决新问题的经验所构成。

1990：沙洛维与梅耶，从认知智力到情绪智力

加德纳与斯腾伯格伟大的洞察力指引彼得·沙洛维（Peter Salovey）与约翰·梅耶（John Mayer）提出了情绪智力的概念。他们意识到，尽管加德纳和斯腾伯格已经注意到了智力的现实性（尤其是引入了个人与社会元素），但他们的理论仍然缺少了在传统认知范式下无法被观测到的另一个方面。因此，沙洛维与梅耶从前辈的范式中跳了出来，并得出结论：在阐述智力话题时是不能够忽略情绪的。这样，在1990年他们提出了一种新的智力形式，称为情绪智力（情商）。[64] 后来，他们将情绪智力描述为："我们监控和调节自己及他人感受的能力，并区分和使用这种能力来引导我们的思想与行动。"

到1995年，情商的概念已经在公众中广为人知，这要感谢丹尼尔·戈尔曼的题为《情商，为什么它比智商更重要》（*Enotional Intelligence, why It matters more than IQ*）的畅销书。基于1990年沙洛维与梅耶的定义，丹尼尔·戈尔曼将情商定义为："我们认识自身与他人感受的能力，激发自己，以及管理我们内在的和与他人相关的情绪的能力。"

1997年，沙洛维与梅耶修改并澄清了他们对情智智力的定义。[65] 情智智力变成："我们知觉、认识和准确表达自己情绪的能力；我们获取和/或形成使我们的思想得以放松的感受的能力；我们理解情绪和情绪知识的能力；以及我们管理我们情绪从而提升情绪与智力增长的能力。"

---

[63] Sternberg, R. (1988).
[64] Salovey, P. & Mayer, J. D. (1990).
[65] Mayer, J. D. & Salovy, P. (1997).

对我而言，我是在 1996 年，编辑一本为本科生所写的名为《情绪与适应》(*Emotional and adaptation*) 的书时，才开始注意到情商这个概念的。[66] 而后，我决定写一本关于这个主题的书，试图将这个由沙洛维和梅耶提出的非常有趣但又相对沉闷的概念变得更加有趣味。作为结果，在 1998 年，我出版了一本题为《培养你的情商》(*Foster your emotional intelligence*) 的书。[67] 后来，我才发现我是第一个出书讨论这一主题的法国人。受到进一步深入探讨这一主题的需求，一种感情在我的教学环境中回荡。1999 年，我创立了情商发展协会（Society for the Development of Emotional Intelligence，SDEI），后来在 2004 年改名为情商与快乐学院（Academy of Pleasurology and Emotional Intelligence，APEI），主要研究快乐与情商的重要性。最近，特别地为了贯彻本书的主题，我们又成立了情绪教育学院(Emotional Pedagogy Institute，EPI)，以便能提供情绪教育的专业培训。[68]

表 3.1 智力概念的演变

年 份	研究者	智力的概念
1905	比奈	使我们得以在学校获得成功的事物
1927	斯皮尔曼	唯一的一般性的认知能力
1938	瑟斯顿	由七种相互独立的因子组成
1983	加德纳	八种不同的智能形式
1988	斯腾伯格	三种不同的元素
1990	沙洛维与梅耶	情绪智力（情商）：非认知性智力
1996	戈尔曼	情商：使我们在生活中获得成功的事物

---

[66] Chabot，D.（1996）.

[67] Chabot，D.（1998）.

[68] 参见 www. emotional Pedagogy. com.

我们对情商的定义

我们尽可能地尊重沙洛维与梅耶的观点。对于我们而言，情商是一系列能力的集合，使我们可以：

- 识别我们自己的情绪与他人的情绪；
- 准确地表达我们的情绪并帮助他人表达他们的情绪；
- 理解我们自己情绪与他人的情绪；
- 管理我们自己的情绪并使之与别人的情绪相适应；
- 在我们生活的不同领域使用我们自己的情绪和情商技巧，以便能更好地交流、作正确的决定、安排我们各种事情的先后顺序、激励自己与他人、保持好的人际关系，等等。

让我们逐一地考察这五种基本的情绪能力，并试着理解它们在教育策略中的应用。

情绪的识别

为了理解如何识别情绪，我们需要知道情绪是由什么组成的。一般而言，我们可以识别情绪的五种不同的成分。

- 非言语表达（面部和身体的），如皱眉头、板脸、耸肩、鼓眼，等等。
- 生理变化，如心跳加快、血压增加、出汗、嘴唇干燥、肌肉紧张，等等。
- 适应性行为，如趋近或回避、逃跑或打斗、友爱或攻击，等等。
- 被称为“认知评价”的想法，以及与实际生活经验相关的想法；这些想法帮助我们了解什么正在发生，决定是否存在危险，或了解目前的处境是否与我们的价值观和信仰相联系等。实际上，它与我们内在的对话相关，这种内在的对话是我们在面对某种可以引起我们情绪的情境时产生的。
- 那些可以帮助我们识别，并对我们所感受到的情绪进行分类的情感性的感受。

因此，当我们感觉到一种情绪时，上述的每一种成分都会开始起作用，也正是因为存在这些成分，我们才可能识别我们自己的情绪和他人的情绪。

我们很小的时候就已经具备了识别我们自己与他人情绪的能力。我们可以识别自己的情绪是因为这些情绪总是伴随着一些身体和生理上的表达，例如当我们害怕的时候会发抖；当我们沉浸在爱情中时，我们的心脏会快速地跳动；或者当我们在班上进行一个演讲答辩之前，我们的声音会颤抖，嘴唇会变得干燥。因此，为了能识别自己的情绪，我们必须要能准确地读懂这些内部参数。当然，有些人还是很难做到这一点的。

要识别他人的情绪就需要能读懂他人身上的可观察到的参数。我们可以依赖于声音的语调和讨论；也可以依赖非言语表达，如攥紧的拳头、皱眉头、耸肩或者绷紧的肌肉等；还可以依赖他人的行为，如罢工、退缩或逃避等。

对婴儿如何识别情绪的研究显示，儿童在发育的早期就已具备了这种能力。在出生后的第一个月，婴幼儿就会更长时间地凝视快乐的表情（相比于其他的表情）。[69] 他们将一种情绪状态与一种面部表情相联系的能力出现在三岁左右，[70] 这时候这种联系已经相当地准确了。这种能力一直随着年龄的增长而不断发展，直到七八岁的时候发育成熟。[71]

另一项研究显示，婴幼儿可以通过观察身体的运动来解释他人的情绪。早在四岁的时候，他们就能通过身体的运动来辨识悲伤的情绪。在五岁的时候，他们已可以辨识悲伤、恐惧和快乐的情绪；而到八岁后，他们就能像成年人一样辨识所有的情绪了。[72]

根据一些研究结果，识别面部情绪的能力是随年龄的不同而变化的。

---

[69] Labarbera, J. D., Izard, C. E., Vietze, P., & Parisi, S. A. (1976).
[70] Field, T., & Walden, T. (1982).
[71] Gosselin, P. (1995).
[72] Boone R. T., Cunningham J. G., (1998).

例如，在这一方面儿童与青少年之间没有明显的差别。[73] 他们的能力是相对类似的。然而，一项比较20至40岁的人和60至80岁的人的研究显示，年长的人与年轻人相比，他们识别特定情绪表达（如愤怒与悲伤等）的能力要差些。[74] 看起来，我们的年龄越老，我们察觉情绪的能力就越困难。[75]

这种情绪能力还与区分出“真实”的情绪、模仿的情绪与掩藏情绪的能力相联系。例如，当一个孩子为了得到某样东西而故意假装悲伤（其实隐藏了他的真实面部表情）；或者一个在考试期间作弊的学生的表情（假装全神贯注地注视天花板）；或者一个假装听懂你在讲什么的学生的表情（其实他是完全糊涂的）。这种识别撒谎的能力其实是相当难掌握的。过去的研究表明，尽管说谎者的脸上与声音中已经流露出明显的线索，但我们能够将其识别出来，这也是很幸运的了。[76] 但这一论断被著名学者保罗·埃克曼（Paul Ekman）及其同事的一个惊人发现所打破。他们问自己，如果人们得了失语症（无法使用和理解语言），那是否会更擅长于发现谎言？于是他们就作了一个实验来验证这个假设。结果，明显地，他们发现那些有失语症的人的确能够通过非言语的情绪线索更好地识别谎言。[77]

最后，其他一些研究显示，那些违法犯罪的青少年识别他人情绪状态的能力较差。[78]

情绪的表达

这种情绪能力有两个方面：一是表达我们自己的情绪，另一个是帮助他人表达他们的情绪。

因此，只有我们先识别了这些情绪，才能表达它们。虽然看起来似乎

---

[73] Lenti C, Lenti-Boero D., Giacobbe A. (1999).

[74] Phillips L. H., Maclean R. D., Allen R. (2002).

[75] Malatesta C. Z., Izard C. E., Culver C., Nicolich M. (1987).

[76] Ekman, P. (1996).

[77] Etcoff N. L., Ekman P., Magee J. J., Frank M. G. (2000).

[78] Savitsky J. C., Czyzewski D. (1978).

不重要，但的确很多人都难以识别他们的情绪，更不要说去表达他们的情绪了。同时，很多人也难以识别他人的感觉。我们已经在一些例子中看到，识别他人的情绪是困难的。而帮助他人表达他们情绪的能力则同样困难，甚至更困难。让我们分别看看“情绪表达”能力的这两个方面。

准确恰当地表达我们自己的情绪与感受。很多人都试图隐藏他们的情绪，结果导致他们难以用词语来表达自己的感受。这些困难不仅会影响他们管理自己情绪的能力，而且他们不能用言语表述情绪这一事实也会引起健康问题。例如，在创伤体验后能够通过说或写的方式用言语表述他们的情绪的人可以改善他们的身体健康，增强他们的免疫力，并很少需要去看医生。[79] 而对于那些不能表达自己情绪的人，上述情况则完全相反。他们会遭受称为述情障碍（Alexithymia）的症状（一种无法用语言来描述情绪的情况），会导致一系列身体和心理健康问题。值得注意的是，这些人也难以识别他人的情绪表达，不论这种表达是言语的，还是非言语的。[80]

帮助他人表达他们的情绪与需求。在交流中有一个重要的关键点就是要学习准确地辨认情绪的语言。这是非常重要的，因为为了正确的交流，我们必须能准确地读懂情绪表达；必须能够以同样的方式去觉察他人的感受，并将心比心地去识别他人的情绪和情绪背后的需求。只有这样我们才可以帮助他们正确地表达他们的情绪。我们把这种情绪能力称为“共情”。

以前，我们发现，那些在两岁大时就能在镜子里辨认出自己形象的儿童，更具有帮助他人的潜质。而那些无法在镜子里辨认出自己形象的儿童则对需要帮助的人表现得无动于衷。[81] 这些结果共同表明，在帮助他人时，共情是必须具备的重要因素。[82]

一项关于那些被认定是“难以管理”[83] 的学生的研究显示，他们除了有反社会特点和攻击性行为以外，他们的“共情”能力也比普通学生

---

[79] Berry D. S., Pennebaker J. W. (1993).

[80] Lane R. D. Sechrest L., Reidel R., Weldon V., Kaszniak A., Schwartz G. E. (1996).

[81] Bischof-Kohler D. (1994).

[82] Reynolds W. J., Scott B. (1999).

[83] 英文为“difficult to manage”.

低。[84] 有趣的是，研究者们还发现这些学生在理解人际关系问题上具有同样低的能力。这些观察是重要的，因为它再次证明，认知能力（理解人际关系及其规则）与情绪能力（对他人显出共情与亲切感）是不同的。

另一项对 1 011 名儿童的研究显示，那些善于辨识他人非言语信号的儿童最讨人喜欢，生理功能也最稳定，并且在学校的成绩也比那些不善于辨识他人非言语信号的儿童高。[85] 一个有趣的事实是，这些儿童的智商并不比其他儿童高。

大量的研究都揭示了教师“共情”的作用。我们特别看到，共情的行为可以刺激学生的自主性。[86] 另一项关于 615 名学生的研究显示，教师的共情行为可以更显著地促进学生的学习经验。[87]

情绪的理解

根据彼得·沙洛维与戴维·斯勒伊特（David Sluyter）的理论，情绪能力与其他能力相比更具认知性。[88] 他们解释说，对情绪的理解涉及如下几个方面。

理解情绪化词汇及其意义的微妙变化。正如我们在第二章中看到的，有一系列词汇可以形容情绪状态。这些词汇可以区分不同的情绪，例如，恐惧、愤怒、悲伤等，而且还能对同一类型情绪的强度的细微差别进行区分，例如，疑惑、焦虑、害怕、恐慌都是反映“恐惧”的情绪，但它们又都表达出重要的差异。而且，根据上下文的不同，同一个情绪化词语也可以表达出不同的意思。例如，有不同的方法来使用“爱”这个词：爱洗淋浴、爱喝香槟酒、爱我们的邻居或爱我们的配偶或同伴。这些细微的区别是认知性的、先天的，而且会对我们的人际关系、我们与他人的交流以及我们对他人的理解造成巨大的影响。在前面我们已经看到，共情是一种关键的情绪能力，它可以帮助我们了解别人正在感受的情绪，同时也可

---

[84] Hughes C., White A., Sharpen J., DunnJ. (2000).
[85] Nowicki S., Duke M. (1989).
[86] Assor A, Kaplan H, Roth G. (2002).
[87] Coffman, Stephan L. (1981).
[88] Salovey P. & D. Sluyter. (1997).

以帮助别人表达他们的情绪。

在情绪与其诱发因素之间建立联系。在第二章中（参见表 2.1），我们知道每一种情绪都有一个特定的诱发因素。例如，悲伤与丧失、恐惧与威胁相联系、愤怒与某种阻碍相联系（这种阻碍干扰了我们寻找快乐或追求的目标）。因此，当一个人恐惧的时候，我们可以理解那是因为他被某人或某事所威胁。类似地，当一个人愤怒的时候，那是因为某个障碍阻碍了他追求自己的目标；当一个人悲伤的时候，那是因为他体验到一种丧失。这种理解可以使我们对一个情境有更完整的理解。因此，当一位教师感觉某个学生在面对某个活动时表现出不安全感或害怕时，他应该理解那个学生必定是感受到了某种威胁。这样这位教师就可以更好地帮助那个学生应对他的感觉，并最终克服它。

理解复杂情绪。在第二章中，我们看到存在很多不同的情绪，而且其中的一些情绪比其他情绪复杂得多。正如罗伯特·普卢克奇特（Robert Plutchik）所解释的，[89] 主要情绪就像主要颜色一样。当我们将它们混合后，我们可以得到许多其他不同的情绪。例如，嫉妒是一种复杂情绪，它是由恐惧、悲伤、愤怒和厌恶所构成的。因此，当我们看见一个有嫉妒心的人时，我们可以感受到这些不同的情绪状态。这种理解使我们看到，对于嫉妒这一情绪而言，在一个给定的情境但不同的时间里，我们可能被完全相反的情绪状态（如爱和恨）所控制。对复杂情绪的理解还使我们可以区别主要情绪、次要情绪以及背景情绪。

理解情绪之间的转换。我们的情绪就像温度一样，是会变化的。因此，情绪能力的另一方面是能意识到一种情绪的发生、调整、基调变化，甚至形式变化。例如，有时候我们会很悲伤并突然变得很具攻击性，或者有时我们很悲伤，而这种悲伤的感觉会渐渐转化为痛苦甚至愤怒的情绪。这种理解极为重要，因为它让我们可以根据我们正在谈话的人的情绪状态来调整自己。如果某个学生在面对一个问题时表现出沮丧情绪，而当与他交流时，他又因为自己没有解决这一问题的能力而采用欺骗的手段，这时候教师就应该根据该学生的情绪转换而调整自己的方法。

---

[89] See Huffman, k., M. Vernoy and J. Vernoy (2000).

情绪的管理

有多种方法描述了对情绪的管理。在情商中，这一方面尤其重要。而且，与其他所有能力一样，它包括了个人内在的一面（管理我们自己的情绪）和与人交往的一面（帮助他人管理他们的情绪）。现在，让我们看看这两个方面。

个人内在方面：管理我们自己的情绪

管理我们的情绪是情商中的第四种能力。它至少意味着识别与理解自己正在发生的情绪状态。如果需要帮助，情绪表达也要参与进来。然而，自我情绪的管理将包括对各种情绪成分的干预，这些情绪成分在我们阐述识别情绪的时候被提到过。对于我们来说，只有先厘清了情绪的组成成分后，管理情绪才成为可能：

- 管理非言语的表达；
- 管理生理反应；
- 管理行为反应；
- 管理我们自己的意识；
- 管理情绪感受。

管理非言语的表达

对情绪的非言语表达的管理包括了面部表情与身体表达两个方面。对面部表情的管理是基于面部反作用理论（facial retroaction theory）。根据这一理论，面部表情不仅反映了我们所感受的情绪，而且还可以导致、引起或激发我们的情绪。好几个研究都支持这一理论。其中一个研究是让职业演员根据要求模仿不同的面部表情，同时测量他们的某些特定的生理指标。[90] 研究者发现当面部表情与恐惧相关时，演员的心跳速度会加快，而他们的体温会下降。最后，与关键情绪相联系的面部表情会产生一些生理反应，这些反应通常是在我们真正经历那种情绪时会出现的。

---

[90] Ekman, P., Levenson R. W. and Friesen W. V. (1983).

在另一个实验中，研究者要求两组不同的被试在阅读趣味漫画书时用两种不同的方式将铅笔含在嘴里。[91] 第一组被试被要求用牙齿咬住铅笔，允许控制笑的肌肉可以活动。同时，第二组被试被要求用嘴唇含住铅笔，这样控制笑的肌肉就无法活动，从而就模拟了生气时的效果。最重要的一点是，所有的被试都不知道他们所参与的是有关面部表情的实验。相反，他们被告知实验的目的是测试没有四肢的残疾人是怎样的感觉。然后，被试又被问及他们是否喜欢所阅读的漫画。结果是，用牙齿咬铅笔的被试都认为漫画非常搞笑，而用嘴唇含铅笔的被试则不这么认为。

在另一项实验中，被试被要求在看幻灯片的同时故意作出特定的面部表情。[92] 在这些表情中有两种相反的表情：快乐或愤怒。幻灯片中的内容包括小朋友在一起玩耍的图片和美国三 K 党成员的图片。这一实验的目的是想测试这两种“强迫”的表情是否会增强被试因看幻灯片所产生的自然情绪。结果显示，在看儿童玩耍图片时所感受到的情绪反应在做“快乐”表情的受试者中更强烈。相反，在看三 K 党的图片时所感受到的情绪反应在做“愤怒”表情的被试中更为强烈。

身体表达也属于情绪的非言语成分。例如，如果你在街上遇到一个陌生人，你所感受到的恐惧会伴随着一些只有在逃跑反应中才会出现的身体紧张一起出现。但是，如果你感觉的是愤怒的情绪，则更可能出现战斗反应。在后一种情况下，你身体的特定部位的不同的肌肉会出现肌紧张。

简而言之，就像面部表情一样，当某种特定的姿势与某种特定的情绪对应后，与那种情绪相联系的主观状态就会被唤起。

这些研究显示，一种情绪的面部与身体表达可以帮助增强与那种情绪相联系的情绪感受。特定面部肌肉的收缩传递信息给脑，这些信息被解释后会增强身体活动，这些身体活动又会进一步引起更强烈的情绪反应。

因此，那句老话“笑容让生活更美好”是有价值的。对我们情绪的管理从一个笑容或一个由积极情绪状态所引起的身体姿势开始。

---

[91] Strack, F., Martin L. L. and Stepper S. (1988).

[92] Laird, J. D. (1974).

管理生理成分

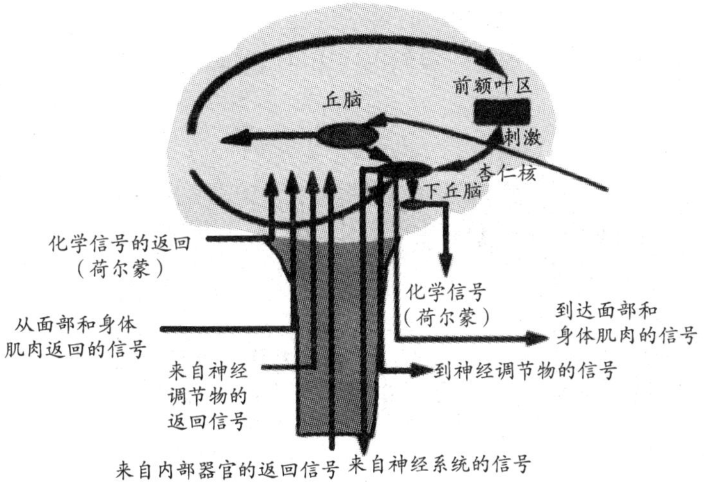

图3.1　生理和身体反应的机制。这些反应开始于脑部，信号传达到身体，然后重新回到脑部。摘自Chabot,D.(1998).

对情绪的生理成分的管理由对我们情绪反应的生理调整所对应的反应构成。当我们感受到某种情绪的时候，相应的生理与身体的反应是来源于脑中的神经刺激和各种腺体与自主神经系统所分泌的化学递质（荷尔蒙与神经调节物）。相反，所有这些生理与身体反应以及我们身体中释放的化学物质又将影响我们的脑。这就意味着，在我们的情绪反应的过程中，我们的脑会影响我们的身体，而我们的身体也会影响我们的脑。在一种情绪出现时所发生的所有身体反应都会被脑所感知。同样，我们身体中所释放的所有化学物质也都会通过血管与神经末梢返回到脑。而且，这些回到脑中的信号又会对脑产生影响。因此，如果我们可以设法对这些生理与身体成分作出反应，那么我们就可以直接感受到我们情绪反应的效果。

苏珊娜·布洛克（Suzana Bloch）解释说，[93] 所有的关键情绪不仅具有特定的面部与身体表达，甚至还具有特定的心率，后者至关重要，因为我们可以让被试产生特定的心率，从而引起某种特殊的情绪状态。事实上，这被一个实验所验证。实验中，要求被试做出各种不同情绪状态的呼吸频率（如图3.2）。实验结束时，在作出具体反应（如身体、呼吸、面

---

[93] Bloch, S. (1989).

部表情和肌紧张）后，大部分被试都表示感受到了相应的实际情绪。而且，实验持续的时间越长，所感受到的情绪也就越强烈。这个实验显示，如果我们可以引起消极的情绪状态，我们也同样可以引起积极的情绪状态。

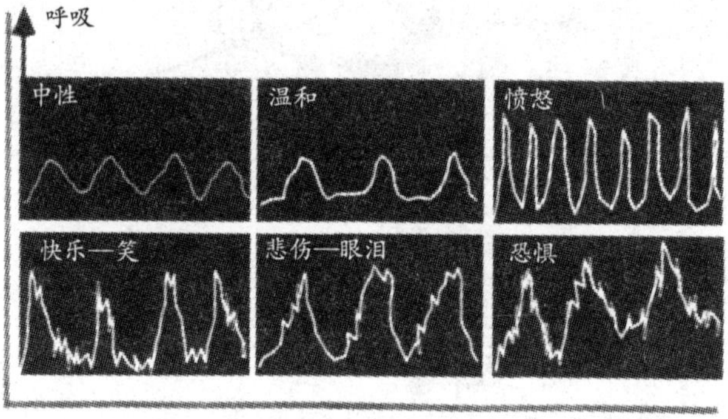

图3.2　多项研究表明:每种情绪发生时的呼吸都有其各自的呼吸运动的振幅、频率和复杂性。摘自Bloch,S.(1989).

放松与冥想是两种越来越流行的练习方式，它们可以帮助我们减少情绪与压力所造成的消极影响。[94] 这些方法可帮助我们减少由情绪引起的生理活动。更准确地说，研究表明，放松与冥想可以减少自主神经系统的活动，[95] 同时可降低压力荷尔蒙的水平。[96]

冥想中用到的所有方法都遵循一个基本原则，即我们身体里的所有东西都是相互交织在一起的。这种整体性贯穿于各个层次并表征了我们身体平衡的重要部分。例如，在我们情绪的发展中，我们体内器官的生理反应与我们的情绪脑的正常功能之间存在一种平衡。当我们沮丧时，我们的生理功能会受到影响：我们的消化功能出现问题，睡眠出现问题，我们的免疫系统的安全受到威胁，我们的思考过程被更改，我们变得健忘起来，我们很难集中起精神，我们的思想乌云密布。

几年来，研究者已客观地观测到我们身体与心灵之间的不同寻常的联系。达马西奥（Antonia Damasio）是一位知名的神经科学家，他创建了称为“躯体标识器假说”的理论，以解释情绪是身体状态的脑的表征。[97] 之

---

[94] Benson, H. (1975).
[95] Jevning, R., Wilson, A. F. and Smith W. R. (1978).
[96] Delmonte, M. M. (1985).
[97] Damasion, A. (1994).

所以称为躯体标识器，是因为这些情绪是通过我们的身体表达出来，指引我们的判断与推理，并有决定性的作用。

其他的研究者发现了存在于我们的情绪脑与心脏之间的独特的联系。它与半自主神经网络连接类似，他们称为“心中的脑”。这一“心—脑”连接的特点在于这两个器官在每一时刻都相互作用。

在联系心与脑的所有机制中，自主神经系统扮演了非常重要的角色。自主神经系统由两个分支构成，一个称为“交感神经系统”，它可以加速不同器官的生理功能，当然也包括心脏与情绪脑。另一个分支称为“副交感神经系统”，它的功能刚好相反，它的作用是减缓这些器官的生理功能。当这两个分支不再相互同步的时候，这就好比是在开车时两只脚同时踩在刹车（副交感神经系统）与油门（交感神经系统）上一样。这样，只有在油门与刹车之间达到完美的平衡之后才能达成“协调”。因为我们不能同时踩下油门与刹车，所以在这两种功能之间必须达到精确的平衡。在我们的体内也是同样的原则。为了运作和谐，这两种神经系统生理上的同步是必须的。

不幸的是，当消极情绪与压力占主导并过多地刺激交感神经系统后，这种平衡就可能被破坏。

感谢那些精妙的仪器，研究者发现，当我们有压力并且被消极情绪（如恐惧、愤怒与沮丧）所控制的时候，我们的心脏节律会变得杂乱无序（如图 3. 3）。

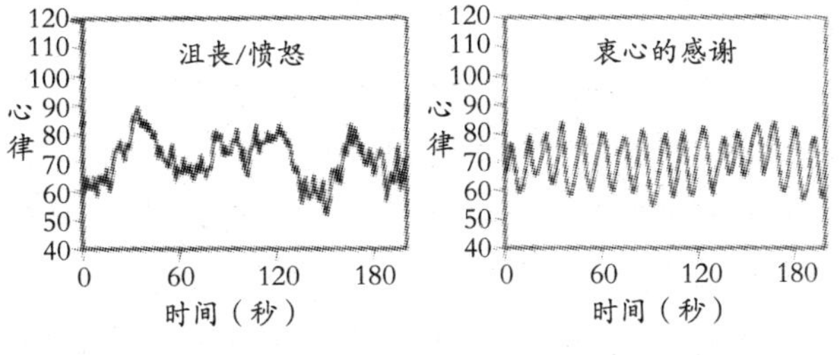

图3.3 我们注意到消极情绪出现时杂乱无序的心律，而积极情绪出现时心律更为规律。
摘自McCraty,R.(2002).

相反，积极的与好的情绪（如衷心的感谢、爱与同情）是与可测量的心脏的相干（cardiac coherence）相关的（如下图所示）。这种相干反映了先前讨论的自主神经系统的两个分支之间的同步性。

这一观察证明，我们可以通过深呼吸练习来引起心血管相干的状态同步。这种心血管与生理的相干的联系效果是非常迷人的。一个不稳定的、无序的心脏会向脑发放非相干的信号，其结果是会抑制我们的智力功能并限制我们清楚思考的能力。另一方面，相干和同步的心脏会向脑发出有序的、和谐的信号，这可以提高我们的认知与智力功能。因此，那些练习发展心血管相干的人不仅更少地感觉到焦虑、不满意与愤怒，而且可以充分地提高他们在学校的学习成绩。

例如，一项关于 20 名本科生的研究显示，那些练习心脏相干（Heart Math 组）的学生可以提高他们的学业分数。那些受过训练的学生中有 64% 通过了数学测试，而该地区的平均通过率只有 42% 。HeartMath 组[98]的学生在明尼苏达基础标准测试中，数学的平均成绩提高了 35% ，而阅读的平均成绩提高了 14% 。对于阅读，受过训练的学生的通过率是 55% ，而地区平均通过率是 31% （图 3. 4）。

图3.4 2004年四月受过HeartMath训练的学生通过明尼苏达数学和阅读基础标准测试的百分比与州内高年级学生复考平均成绩的比较。

摘自R.McCraty,R.,Tomasino,D.,Atkinson,M.Aasen,P.,Thurik,S.J.(2000).

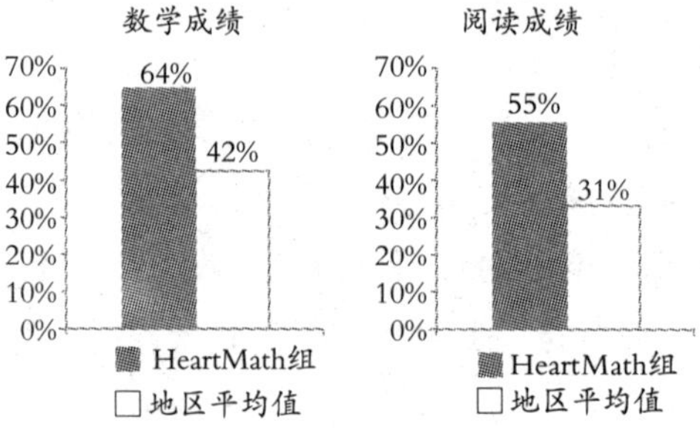

管理行为反应

如我们前面描述过的，各种情绪都会引起特定的行为，如逃跑、攻击、退缩、拒绝或者愤怒。因此，了解如何调节这些行为是很有趣的。

体育锻炼是一种对我们行为产生作用的有趣方法。研究显示，体育锻炼和良好的身体可以帮助减少焦虑[99]、压力与抑郁。例如，我们可以通过剧烈的体育锻炼来改善我们的情绪状态，因为它可以增加内啡呔的分泌，

---

[98] McCraty, R. (2002).

[99] Morgan, W. P. , and Horstmann D. H. (1976).

从而达到抗焦虑的效果。[100]

因此，让体育课重返学校及鼓励学生参与体育运动是与情商非常和谐的。的确有研究显示，体育活动与青少年的良好的情绪状态是有积极关联的。[101] 这些活动可以使行为更集中在事情上，而不是在与情绪相关的刺激上。

管理我们自己的认知

对认知的管理包括两个部分：第一部分是直接对与情绪情境相关的消极思想的管理，第二部分则是对我们所感受到的情绪背后的各种需求的管理。

管理我们的消极思想

对消极思想的管理由两部分组成：对情境的重新评估和改变我们的态度。它包括重新考虑和重新构建我们被某个情境情绪化影响后的思想。即使我们无法改变某个情境，我们至少可以改变我们对它的看法，因此，也就可以改变由它带来的情绪反应。例如，如果我们成功地避免认为某物对我们是威胁，那么，与这一事物相联系的焦虑也就被消除了。同样，如果我们不认为某一情境与某种状态相联系，那么即便它们实际是有联系的，我们的情绪也不会被影响。

认知对情绪的影响在 1960 年就被伯克利大学（Berkeley）的理查德·拉扎勒斯（Richard Lazarus）实验室所证实。拉扎勒斯与其同事作了一系列的实验证明：认知对正在经历某种情境的被试的生理反应有一定的影响。[102] 在其中一个实验中，三个组的被试被要求看一些令人痛苦的影像。影像是关于行割礼的成人仪式，进入成年的青少年在没有打麻药的情况下，其阴茎被锋利的工具深深地切入。第一组被试在观看这些影像前，没有被给予任何评论。第二组在观看前被告知，这些接受成人割礼的男子

---

[100] Colt, E. W., Waudlaw S. L. and Frantz A. G. (1981).
[101] Steptoe A, Butler N. (1996).
[102] See Lazarus, R. S. (1991).

会很安全，而且手术不会有任何的痛苦。最后，第三组受试者在观看过程中可以听见一些“去戏剧化”的评论，否认成人仪式中有任何创伤后果。在实验过程中，被试的一些生理参数被记录下来。[103] 图 3. 5 综述了该实验的结果：三组被试中，没有给予任何评论的第一组被试的情绪反应最强烈。根据拉扎勒斯的观点，这些给予被试的信息可以帮助引导他们的认知，从而也就可以调节情绪状态。

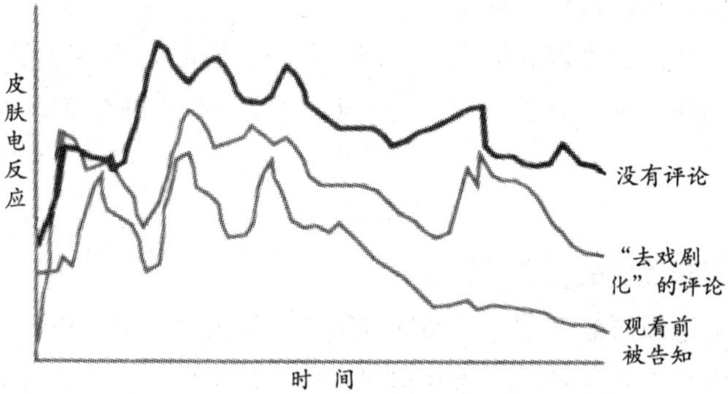

图3.5　在观看引发强烈情绪的影像时，三组人群的皮肤电反应。
摘自Lazarus,R.S.(1991).

管理情绪背后的需要

很多人认为他们面对一种情境时会有情绪反应是与价值观有关。在情商理论中，毫无疑问，价值观并不是引发情绪的因素，而是我们的个人需要引发情绪。例如，如果两个人在讨论问题并出现争执，他们的情绪很可能会上升。如果他们被问及为何会争吵，他们很可能会说是因为另一方没有听自己的意见，或者不尊重自己的观点，或者不诚实正直，等等。简言之，他们会强调原则或价值观来解释他们的情绪。但实际情况是，这两个人出现情绪反应的原因与他们的价值观没有任何的关系。他们有反应是因为他们的需要（如需要正确、需要被尊重、需要被爱）受到了威胁。表 3. 2 列举了各种价值与需要的类型。

---

[103] 皮肤电反应是一种对于情绪影响下的皮肤电阻变化进行记录的生理测量。当被试感受到情绪，他的交感神经系统被激活，这种激活会刺激汗腺，令手掌潮湿。当手部潮湿时，皮肤电阻降低，从而增加导电性。

表 3.2　价值观与需要

理性与理想的价值观	非理性与不现实的需要
爱	认为自己是正确的
友爱	掌控
平等	被人爱
守诺言	被人感激
坦诚	被人赞同
尊敬	做到完美
正直	被人认可
公正	有用
自由	拥有权利
忠诚	需要拥有自由
尊重	安全
责任感	被高度尊敬

综上所述，我们的价值观不是我们情绪的诱因。当我们的需要受到威胁时，它们才是真正激发我们情绪的原因。我们的价值观只是在这之后才起作用，即，使我们的这些情绪变得合情合理。

价值观只是简单抽象的、理性与复杂的概念。它们是理性脑的特权，是复杂的，并且一直由认知性的脑所维持。的确，需要有逻辑的、清楚表达的以及结构化的语言才能够详细地说明、解释、发展和辩护我们的价值观。它是个人理想的一部分，并且也是一种导向。

相反，需要则直接与情绪脑相联系。它们是非理性的，当这些需要受到刺激或受到威胁的时候，我们的情绪也就被激发了。说它是非理性的，是因为它经常是无意识的，且很难、甚至是不可能通过推理来掌控的。实际上，我们来想象一个学生对他的老师的评论作出反应。并且，假设这个学生有很强烈的被爱的希望。如果问这个学生他为什么会有反应，他不会回答说是害怕失去老师的爱与认可。相反，他会说是因为老师没有尊重他，或者说他感觉受到了欺骗。据说，需要也是不真实的，这是因为没有人或东西可以满足它。的确，没有任何东西可以满足我们被爱的需要，要变得完美的需要，以及凡事正确的需要，因为它们是不可能被满足的。似乎对我们需要的满足要依赖于其他的人，但其他人又会有他们自己的需要，而且他们只能关注到自己的需要。

管理我们非理性需要的方法与管理我们情绪的方法是一样的。在情商中，重要的一点是，我们要从识别自己的情绪开始，而这也是管理我们的非理性、不现实的需要所应采用的方法。

就管理我们的需要而言，首先需要的是要能识别我们的非理性、不现实的需要。当我们对一个情形有反应时，我们必须自问自己哪种需要受到了威胁。然后，我们至少有三种方法来管理我们的需要。为此，我们需要理性地面对我们的需要与现实之间的关系。例如，一个因为受到老师的训斥而感觉很不好的学生会识别出他害怕没有被爱，他要面对自己被爱的需要。他应该对自己说，被训斥并不等于没有被爱。

其次，我们要找到一种方法来使自己的需要得到满足。例如，学生们可以通过评估所有的理由和所有身边爱他的人来使他们被爱的需要得到满足。

就管理我们的非理性和非现实的需要而言，第三种要求是将我们自己从这些需要中超脱出来。当我们清醒地意识到这些需要是不可能被满足的时候（因为它依赖于我们无法控制的外部元素），我们应该理解唯一摆脱其影响的方法就是将我们自己与这些需求分离开。超脱法，在几乎所有伟大哲学中都有介绍：为了不再试图满足这些不可能得到满足的需要，我们必须学会如何抛弃这些需要。

管理情绪性感受

对我们情绪的这一部分的管理是非常基本的，因为它与我们健康的主观状态直接相关联。在第二章中，我们谈及了背景情绪的概念。背景情绪与持久的情绪状态有关，这种持久的情绪状态在健康的状态与所有应激性的状态（如抑郁、焦虑与烦恼）之间来回振荡。我们在第二章中还提到，这些情绪状态是由我们的前额叶皮层所支持的（前额叶右侧皮层与我们的消极情绪相关，而前额叶左侧皮层则与积极情绪相关）。

管理背景情绪的关键因素是基于前额叶皮层的功能不对称性。在理论上，理查德·戴维森等人的研究已经揭示，从前额叶皮层下行到杏仁核的投射可以引起杏仁核活动的降低。[104] 他们在自己主动减轻消极情绪的被试身上观察到了杏仁核活动的降低，而这很可能是前额叶左侧皮层活动的结果。在另一项研究中，[105] 研究人员给被试观看充满积极或消极情绪的电影短片。之后，被试被要求对他们在观看短片时的情绪体验划分等级。那些前额叶左侧皮层的基础活动水平高的被试比前额叶右侧皮层的基础活动水平高的被试感受到的积极情绪更多。值得注意的是，前额叶右侧皮层的基础活动水平高的被试在观看这些短片时感受到更多的消极情绪。在另一研究中，戴维森等人让被试看令人愉快的和令人不愉快的图片。[106] 实验的目的是要测量两种因素：①被试感受到的情绪强度；②他们的情绪状态能够持续多长时间。结果显示，前额叶左侧皮层的活动水平高的被试感受到的消极情绪的强度要比前额叶右侧皮层活动水平高的被试低得多，而且也能更快地恢复正常。其他研究也表明，前额叶左侧皮层活动水平高的被试通常能感受到更多的积极情绪和更少的消极情绪。[107]

所有的这些结果反映了一种非常有趣的管理我们情绪的方法。的确，似乎管理我们消极情绪的最好方法就是设法激发我们的积极情绪。事实上，有大量的科学数据支持这一方法。

我们脑的可塑性使之可以产生新的神经连接与我们快乐的情绪状态相联系。[108] 通过让我们自己置身于可以产生积极情绪的环境中，可以刺激我们的前额叶左侧皮层，于是那些抑制杏仁核活动的神经元受到激发，从而可以中断破坏性情绪的产生。我们简单地通过有意的微笑就可以激发前额叶左侧皮层的活动。[109]

然而，最有效的激活前额叶左侧皮层活动的方法还是要通过练习冥想

---

[104] Davidson, R. J. (1998).

[105] Tomarken A. J., Davidson R. J., Henrigues J. B. (1990).

[106] Larson, C. L., Sutton, S. K., & Davidson, R. J. (1998).

[107] Tomarken A. J., Davidson R. J., Wheeler R. E., Doss R. C. (1992).

[108] Davidson R. J. (2000).

[109] Ekman, P. & Davidson, R. J. (1993).

来实现。宾夕法尼亚州立大学的纽伯格博士（Dr. Newberg）通过测试西藏喇嘛在坐禅时和休息时的脑成像，获得了一个惊人的发现。图 3.6 清楚地显示了被试前额叶左侧皮层活动的不同。[110] 我们看到，即使是在休息的时候，其前额叶左侧皮层的活动也比右侧强烈，这就显示了冥想的长程效果。有意义的是，即使是过去没有任何冥想经验的人，通过冥想也可以获得积极的效果。另一项实验是针对一个生物技术公司中遭受极大压力的科学家们所进行的。这些科学家被随机分为两组。一组进行了为期八个星期的冥想训练。另一组，作为对照，只是进行排队等待。研究者对所有被试在训练前后的脑电活动进行了记录。结果显示，冥想训练具有惊人的镇静效果。与预期的结果一致，在进行冥想训练组中的被试前额叶右侧皮层活动（主要影响消极情绪）明显较低，而前额叶左侧皮层的活动（主要引起积极情绪并可抑制消极情绪）则明显更高。有趣的是，这些结果是在仅仅两个月的冥想训练后得到的。[111] 其他研究者也有过类似的结果。[112]

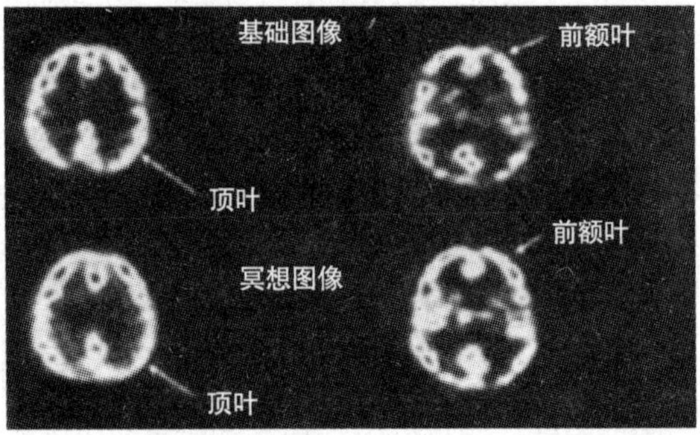

图3.6　西藏喇嘛脑处于休息状态（上）和处于冥想状态（下）的图像。我们发现相对于前额叶右侧皮层的活动，前额叶左侧皮层的活动更为活跃。

摘自Newberg,A.(2001).

因此，积极情绪与愉快具有非凡的潜力，不仅可以帮助我们享受时光，也可以帮助我们应对生活中的不同情境。

目前，我们可以得到很多关于冥想对认知与智力成绩具有有益效果的科学数据。贾诺维科（Janowiak）与哈克曼（Hackman）的研究显示，冥

[110] See Newberg A., Alavi A., Baime M., Pourdehnad M., Santanna J., d'Aaquili E. (2001).

[111] Davidson, R. J. (2002).

[112] Aftanas L. I. Golocheikine S. A. (2001).

想训练对学生的压力与自我实现具有积极的效果。[113] 另一项非常有趣的实验是在90个有轻微智力缺陷的儿童身上进行的。[114] 其中45名儿童接受了整整一年的呼吸训练、瑜伽和冥想技巧训练。另45名儿童则是对照组，并按照不同的年龄、智商、社会经济状态和社会环境被分为不同的组。他们都没有接受过呼吸训练、瑜伽和冥想技巧训练。他们只是每天去上学。令人惊讶的是，研究者们发现参加瑜伽和冥想技巧训练的儿童的智商与社会适应能力都有明显的提高。另一项关于医学院学生的研究表明，瑜伽训练不仅对考试中的压力有所缓解，而且他们的考试成绩也有显著提高。[115] 的确，练习过冥想的学生的不及格率要比对照组的学生低。最近，研究进一步显示，冥想训练对智力与学业成绩有积极的影响。[116] 研究者还发现这些学生的自信水平有所增加，而焦虑水平则有所减低。简而言之，冥想训练不仅对学业成绩有积极的影响，而且对精神运动和心肺功能也有积极的作用。

最后，对亚利桑那大学医学院学生的研究也证实了冥想的积极作用，并显示出焦虑水平、抑郁与心理不安的减弱，同时，还伴随共情与精神性的提高。[117]

人际关系方面：帮助他人管理情绪

前面各部分的研究（对我们自己情绪的管理）都可以用于我们帮助他人管理情绪。任何人专注倾听并关注他人，这就是共情，而且对他人有极大的帮助作用。如前面提及的，共情的教学可以对学生提供独特的支持。它可以帮助学生们应对艰难的时刻，克服学习动机的消退，并可以消除学生对某科的情绪障碍。

教师的确可以帮助学生克服阻碍他们学习的情绪障碍，并且还可以非常好地帮助他们管理自己的情绪。我们在第二章中已经看到，消极情绪会

---

[113] Janowiak J. J., Hackman R. (1994).
[114] Uma K, Nagendra H. R, Nagarathna R, Vaidehi S. Seethalakshmi R. (1989).
[115] Malathi A, Damodaran A. (1999).
[116] Shah A. H., Toshi S. V., Mehrotra P. P., Potdar N, Dhar H. L. (2001).
[117] Shapiro S. L., Schwartz G. E., Bonner G. (1998).

通过改变我们的认知能力（注意力、感知力、记忆、判断等）影响我们的学习过程。因此，教师在帮助学生识别、表达、理解和管理那些会影响他们学习过程的情绪方面责任重大。

最后，如我们将在本书的第二部分所要看到的，教师需要能够加强与学生的亲密关系，并对学生的情绪有足够的注意。例如，如果一个学生抱怨他无法理解特定的课堂学科，不要质疑他的认知能力，而是应该先了解与他的这一困难相联系的情绪。然后，再帮助该学生通过检查其生理反应（如他在放松时的呼吸、他的非言语的面部与肢体表达，以及他的行为和认知反应）来管理他的情绪。最终，这将使他可以发展积极的背景情绪。

使用情绪与情绪能力

对于情商较高的教师而言，最重要的是要激发学生的情绪能力。你可以回忆第一章中论述过的一个重要原则：真正的学习过程是开始于我们的感觉而不是我们对事物的理解。因此，教师应使用某种方法能够让学生感受他们所学习的内容。这些方法可能需要包括刺激学生的前额叶左侧皮层的活动，从而最大化学生的情绪健康。因此，教师应该能够运用并刺激在第一章提到的学生的各种情绪能力。

我们的情绪可以影响我们的智力与认知能力，它同样也可以改善我们的学习，使之更有效率和令人愉快。在第四、第五及第六章，我们将关注如何将情绪教育法融入到我们的教学之中。

第二部分

将情商融入教育策略

正如本书中多次提到的，真正的学习过程开始于我们的感觉而不是我们对事物的理解。如下图所示，在教和学的过程中融入情绪能力包括两个方面。首先，我们要学会控制那些对学习过程有消极作用的情绪，这一点我们会在第四章详细讨论。其次，也就是我们在第五章会谈到的内容，即如何利用那些对我们的学习有积极作用的情绪。第六章我们要解决如何依据学习者的人格特征来激发整个学习过程。

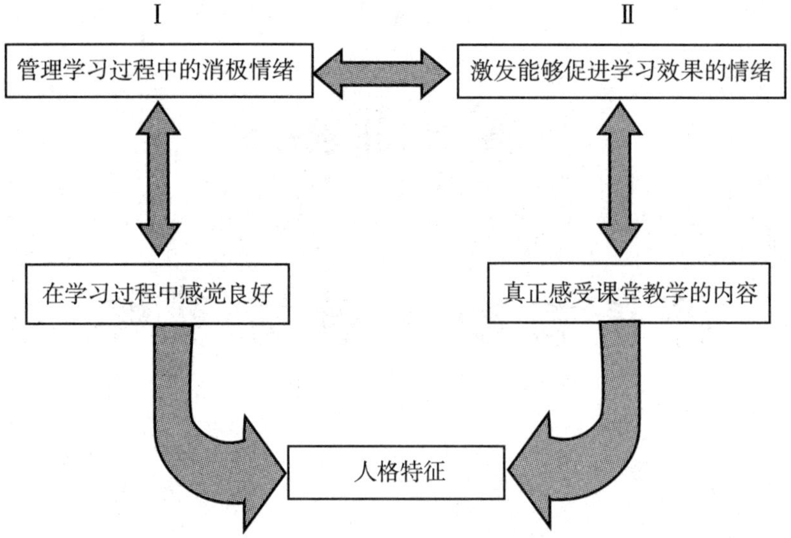

在学习过程中整合情绪能力的两个方面的示意图

第四章

管理学习过程中的消极情绪

学习的第一要素是要使学习者感觉良好，这一要素放之四海皆准。我们曾在第二章中谈到，消极情绪会影响我们的认知过程，无论是最初级简单的，还是最高级复杂的智力或认知过程。因此，学习的过程很大程度上受学习者当时的情绪状态的影响。教师若要提高学习者的学习能力必须充分认识到情绪的重要功用。最重要的是，教师必须首先发展两个基本品质：共情和同理心。

共情和同理心的力量

很多学术研究证实了共情和同理心的积极作用，其中最重要的是哈佛大学罗伯特·罗森塔尔（Robert Rosenthal）等开发的被称为非言语敏感性测试剖面图（PONS，Profile of Nonverbal Sensitivity）的测试方法。[118] 该测试使用一系列表现各种情绪的录像资料来测量共情。录制的场景中故意隐去现场的一种或几种交流方式。例如，有些场景中无法听到声音，有些场景中只有面部表情，而有些只能看到肢体的运动等，被试观看录像只依靠

---

[118] From Goleman，D.（1995）.

非言语的信号来识别演员所表达的情绪。通过来自 18 个国家 700 多被试的参与，这项研究发现利用非言语因素来识别情绪的能力能够使被试提高对环境的敏感度，更好地根据所处的情境调整自身的情绪。

还有一些研究则侧重于人际关系。例如，研究人员将他们称为“相互适应的夫妻（adjusted couples）”与那些“不能相互适应的夫妻（non - adjusted couples）”相比较。相互适应的夫妻指的是那些在相互倾听时表现出强烈共情态度，并且能够共同努力找到建设性解决方案的人。[119] 首先，他们被要求轮流讨论任何两个话题，这些话题涉及到当前所面临的某个个人问题，但与被试之间的关系无关，例如，工作、健康或娱乐休闲活动。描述话题的一方被称为“原告（plantiff）”，倾听的一方被称为“帮助者（assistant）”。两个被试单独在一个房间里，他们对话的整个过程被摄像机记录下来。然后，两人分别观看录像并对对话发表评论。这一过程旨在要每一位被试评价当一人叙述自身所面临的困境时另一方所能够提供的帮助。评价方必须指出对方那些言语或非言语的行为是积极的或消极的。例如：一个有帮助的（积极的）行为可以使对方进行进一步的解释（例如“我想你是不是说……”），找到解决办法（“你看我们能不能这样……”），或表达理解和支持（“我明白你的意思”，或“这主意不错”）。对方的点头、表达鼓励的凝视或面部表情都能使另一方感受到支持。相反，阻碍对方（消极的）的行为和话语（“莫名其妙！”“没道理！”）、拒绝处理问题（例如，助手不断地谈论自己的问题或切换话题）或摆出一副事不关己的态度（如叹气，避免眼神接触等），都被视作对谈论话题的不友好的反应。

正如所预期的，相比于那些相互适应的夫妻，不能相互适应的夫妻更倾向于认为对方不具备同情心和帮助的意愿。另一方面，研究人员发现相互适应的夫妻更关心对方。

美国心理学家约翰·戈特曼（John M. Gottman）认为一对配偶的情商愈高，愈能使他们能够相互理解和尊重，双方的关系就能和谐持久。[120] 戈

---

[119] Cormier N. and Julien, D. (1996).

[120] Gottman, J. M. et Silver, N. (2000).

特曼和同事在他们自己称作是“爱的实验室”里还进行了一项研究，16年中，成百上千成对的被试走进这个实验室，在每一次测试中，被试被要求谈论他们认为重要的话题，例如经济、孩子的教育或下次度假的地点。所有的对话都被记录，并且几个研究人员在现场使用一些生理参数评价对话内容、追踪非常细微的生理上变化。还有一些参数包括身体姿势、面部表情和行为反应也被仔细地分析。戈特曼最终能够做到只听5分钟的对话就可以预见被试夫妻是否会在三年内离婚，并且他的预见准确率可以达到91%。戈特曼强调有矛盾的夫妻未必以离婚告终，决定因素在于双方如何解决他们之间的矛盾。双方如果能够对对方具有更多的共情和同理心，他们之间的关系会更和谐，婚姻会更持久。

夫妻的研究还说明失败的婚姻来源于夫妻双方不能感受到对方那些非言语的情绪波动（面部表情、姿势、语调、手势等）。例如，看录像时，当一个影像停止时，被试一方需要描述当时另一方的心情，他们通常很难正确地回答。换言之，他们不明白也不理解对方的感受，因此，当一方不能感觉到被理解，双方会很难进行交流，这通常会导致关系的破裂。

这一情形在公司的高层管理人员中也很常见。那些不具有共情和同理心的高管会引发公司内部的很多问题。而那些能够设身处地为他人着想的管理人员与下属的关系则具备优势。戈尔曼这样阐释这些优势：[121]“有共情能力的人知道如何‘倾听’情绪信号，感知别人或群体的非言语的情绪。他们仔细倾听，理解别人的看法。具备‘共情’能力的人很容易与他人相处，即便大家背景不同，文化迥异。”

一项有关公司培训的研究发现通过两种情绪能力可以识别优秀的管理人员和预测员工的工作业绩，[122] 这两种情绪能力是共情以及对自身情绪的知觉能力。理查德·博亚齐斯（Richard Boyaszis）是这项研究的研究者，他认为共情就是了解客户及其目标、工作以及生活中的问题和状况的能力。事实上，不把客户视为一个总是带来麻烦的人，而是一个具有学习新

---

[121] Goleman, D., Boyatzis, R. & Mckee, A. (2002).

[122] Boyatzis, R. (2002).

行为和技巧能力的个体，这一点对我们尤其重要。在面对一个在学习上有困难的学生时，我们就可以把重点放在研究他所面临的处境，将帮助的重心放在那些旨在使学生能够成功解决他们学习上的问题的任务或练习。而且，我们还可以做得更好一些。我们可以从学生的情绪问题入手，将情绪和学习方法联系起来。

有趣的是，神经科学也开始研究情绪能力，例如共情和同理心。其中，加州斯坦福大学的肖恩·麦吉和其同事们（Sean Mackey，et al.）将一套录像放给 14 名被试观看，[123] 这些录像演了一些正在经受痛苦的人。当被试观看这些画面时，扫描仪在同时测量他们的脑部活动。当这些被试不看录像时，研究人员在被试的小臂上施加一定量的热度，当被试感到疼痛时开始测量他们的脑部活动。麦吉发现那些自身和观察到别人在经受疼痛的被试的脑部活动中有一个重叠区域。麦吉认为感知疼痛和随之发生的情绪是不可分割的，换言之，他们发现处理痛苦情绪的脑部区域与感知痛苦的脑部区域是重合的，由此我们了解到当一个人感到疼痛时和当一个人看到别人疼痛时，脑部的同一区域被激活。

一个与疼痛试验类似的现象出现在被试感受他人情绪的实验中。在人类的脑中，有些神经元确保我们可以识别他人，研究人员把这些神经元称作镜像神经元，这些神经元的作用是再生那些我们正在观察的被试所感受到的情绪。胡贝图斯·布鲁尔（Hubertus Breur）认为这些神经元具有双重功能。[124] 一方面，可以感知他人的情绪和痛苦，另一方面可以模拟他人所感知的感受。布罗伊尔还认为我们可以通过模仿来学习这一机能。

加州大学洛杉矶分校的神经学家马克波罗·莱克博尼（Marco Lacoboni）发现共情可以通过模仿产生。[125] 这一论点可以通过他所做的实验得到证实。莱克博尼邀请了 7 个男性和 4 个女性作为被试来观测他们的情绪活动，如高兴、悲伤、生气、恐惧、惊讶和厌恶，这些被试的年龄介

---

[123] McCook，A.（2003）.

[124] Breur，H.（2003）.

[125] Choi，C.（2003）.

于21到39岁之间。在观测的同时，这些被试的脑部活动被一台fMRI扫描仪记录下来。莱克博尼发现当一个人识别或模仿一种情绪时，一个神经元网络会被激活，他认为这一发现证明了即便我们不公开地模仿他人，我们似乎也会通过某种“内部”模拟活动从而达到理解他人的情绪。当我们对他人的情绪有所感知时，这一脑部区域就会变得活跃起来，这一活跃的区域正是我们自身感受同一情绪时会激活的脑部区域（见图4.1）。在这些情境下被激活的脑部区域包括那些掌控我们身体运动（额下皮质和颞上皮质）和控制我们情绪的区域（杏仁核）。

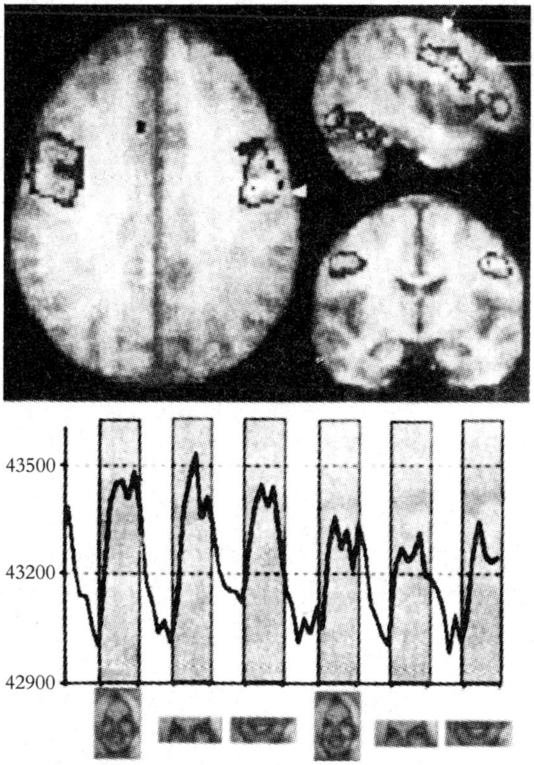

图4.1　模仿观察图

观察他人模仿一种情绪时，镜像神经元活跃时的峰值。

摘自Carr,L.,Lacoboni,M.,Dubeau, M.C.,Mazziotta,J.C.,and Lenzi G.L.（2003）.

根据镜像神经元的工作原理，研究人员发现了学习行为发生的基础，即观察和模仿。镜像神经元在学习过程中扮演着非常重要的角色，因为当外部事件发生时镜像神经元被激活。而且，我们认为教学应该通过刺激学生的对所教授内容产生反应的所有脑部位来寻找连接教师与学生的波长。

理查德·戴维森博士和他的团队进行了更有意义的发现。在第三章，我们讨论了他关于积极情绪的产生都集中在前额叶左侧区域的研究。我们还提到，冥想时，这些区域处于活跃状态。戴维森将共情归于积极的情绪，戴维森和他的团队在对西藏喇嘛的一个研究项目中观察到一位年长的喇嘛的脑部活动，这位喇嘛30多年来一直专注培养自己的悲悯心态。在测量这位喇嘛的脑部活动时，研究人员发现在175位参与研究的喇嘛中，他的前额叶左侧区域最为活跃。[126]

这些数据告诉我们，毋庸置疑，共情和同理心对学习有积极的促进作用（见表4.1）。我们还记得在第三章中提到的一些研究，这些研究表明学生和教师的共情对学业成功有非常积极的影响。[127]

---

[126] Davidson，R. J.（2002）.

[127] 参见 Hughes C.，White A.，Sharpen J.，Dunn J.（2002）；Nowicki S.，Duke M.（1989）；Assor A.，Kaplan H.，Roth G.（2002）；Coffman，Stephan L.（1981）.

表 4.1　教师的共情和同理心对学生学习的积极作用

共情的积极作用	具体描述	参考文献
提高适应能力	根据非言语线索解码他人的情绪，从而对所处的环境更加敏感，更好地因地制宜地调整自身的情绪。	Rosenthal，R.（1977）
改善人际关系	同伴能够感觉自己被更好地理解，从而提供更有效的帮助。	Cormier N. & Julien，D.(1996)
提高解决冲突的能力	具有共情倾向的人能够更好地捕捉别人的情绪信号，从而更有效地介入与别人的关系。	Gottman & Silver（1999）
提高沟通能力	具有共情能力的人能够很容易地与不同的人相处。	Goleman，D.，Boyatzis，R.，& McKee，A.（2002）
提高对他人痛苦和情绪的感知	具有共情能力的人的脑能够以特定方式回应别人的痛苦和情绪。	Mackey，S.（2003） Lacoboni，M.（2003）
更好地理解别人的需要和困难	具有共情能力的人相对于那些不具有共情能力的人能够更好地了解别人的困难和问题，因此，能够更好地提供帮助。	Boyatzis，R.（2002）
有助于学业成功	具有共情能力的教师有助于帮助学生提高学业成绩。	Hughes，C.，White，A.，Sharpen，J.，& Dunn，J.(2000) Nowicki，S. & Duke，M.(1989) Assor，A.，Kaplan，H. & Roth，G.（2002） Coffman，Stephan，L.(1981)
刺激脑并培养积极情绪	具有共情能力的人其脑部的前额叶左侧区域的活动增加。	Davidson，R.（2002）

练习 4.1　共情练习

指导语：下面是三个学生经历的真实故事。读后请从学生的角度回答问题。

芭芭拉的故事

芭芭拉平日里学习很努力，她的理想是有朝一日能够考入医学院，她的成绩很突出，对布置给她的功课都能够认真并有兴趣地完成。她好奇心很强，喜欢问问题。但是这两周，芭芭拉的态度发生了改变，好像对功课失去了兴趣，经常迟到，上次考试也考得出奇得低。一次课后，当她把书放到一边时，你走到她身旁问："还好吗，芭芭拉？我觉得你这些日子好像有些精力不大集中……"她看着你，一言不发，低着头，开始抹眼泪。后来她告诉你她的男友和她分手了，然后就拿起东西离开了教室。

假设你是芭芭拉，请回答问题：

怎样描述你的情绪？

____

____

想象你正经历以下三种情绪：悲伤、沮丧和羞耻。

你为什么感到悲伤？

____

____

____

你为什么感到沮丧？

____

____

____

你为什么感到羞耻？

____

____

你希望老师怎样对待你？

这些情绪如何影响你的个人生活和学习活动？

马克的故事

马克是个纪律性很差的学生，经常迟到，不按时交作业，似乎也不想在学业上有所建树。他上课时经常和别人交头接耳，然后因为听不懂讲课来向你提问题。当你问他为什么总是迟到交不上作业时，他总有这样那样的理由搪塞你，每次谈话你总觉得他没有实话实说。

假如你是马克，请回答下面的问题。

你所感受到的老师的态度是怎样的？

你和老师谈话时感觉如何？

为什么你会有这样的感觉？

这些感受对你课堂上的投入和兴趣会有怎样的影响？

你希望老师用怎样的态度对待你？

斯蒂夫的故事

斯蒂夫学习很努力，很想取得好成绩，但是很辛苦。他经常找到你问问题，理由是听不懂课堂讲课。每次考试前他都要有一连串你曾经回答过的问题要问你。从他的问题中，你看出他连课堂讲课的三分之一都没有理解，他的作业和考试也进一步验证了这一事实。

假设你是斯蒂夫，请回答下面的问题。

总体来说，你觉得学校怎样？

总体来说，你觉得自己作为学生的表现如何？

情绪和学业成功之间有怎样的关系？

你的这些情绪如何影响你对功课的理解？

你找老师问问题时，希望能够有怎样的感受？

老师如何帮助你获得这样的感受?

现在请描述你和你的学生在一起时的一个情境。

学生的姓名：____________

情境描述：

假设你是这名学生请回答下面的问题。

请描述你的情绪：

想象你正经历以下三种情绪：悲伤，沮丧和羞耻：

你为什么感到悲伤?

你为什么感到沮丧?

你为什么感到羞耻?

____

____

你希望老师能够怎样对待你？

____

____

____

这些情绪如何影响到你的个人生活和学习活动？

____

____

____

简而言之，共情和同理心融合需要三个步骤。首先，需要觉察需要帮助的学生的情绪。其次，要有效地帮助学生克服困难。最后一步，即第三步与第 86 页上的图中描述的第二方面密切相关，即激发那些对学习过程有积极作用的情绪。本章重点阐述前两个步骤，第三个步骤将在下一章中讨论。

如何觉察学习者的情绪

想要做到觉察学习者的情绪，我们必须回到最基本的交流方式：倾听。

在第二章中，我们知道任何一种情绪都有一个诱发因素和随后发生的行为。了解诱发因素—情绪—行为三者之间的关系很重要。虽然通常我们并不能轻易地觉察到诱发因素，但其通常都与周围的环境相关。例如，一个学生听不懂老师的讲课，就会表现出沮丧，这样我们就会了解到诱发因素和情绪之间的联系，即初级的情绪反应。然而，由于听不懂老师的讲课引发的沮丧心情会最终影响到学生。比如，他会因为自己听不懂而失望，或者害怕由于听不懂带来的后果，或者看到别人很容易理解的内容对自己来说却难以理解，从而觉得自己毫无价值。这些情绪的困惑对于学生和整个学习过程都有重要的影响。

因此，教师的作用首先在于使学生能够识别、表达并了解自己的各种情绪以及这些情绪是由何而来。但是，对于大多数人来说，通常很难使学生弄清问题的实质。学生所经历的情绪问题通常使他们感到难过和痛苦，因此人们的自然反应是拒绝进一步考虑这些情绪的实质，从而大家首先涉及的通常只是问题的表面现象，却非其核心内容。共情交流的技巧便在于抽取问题的实质因素，而不是大家会首先涉及那些与问题本身无关的表面现象。大多数情况下找到问题的真实所在和缘由并不是短时间可以做到的。

由于问题的实质会让人感到痛苦，学生会尽力保护自己的痛苦，抵触那些解决问题的想法。我们可以列举一个身体痛苦的类似例子。滑冰时胫骨受伤会使你感到灼痛，灼痛不久会转化为水肿，水肿能够将伤痛隔离，肿块能够保护断裂的骨头，然后，疼痛围绕断裂的伤口分散开来，离断裂处愈近，痛感愈大。换言之，伤口周围的灼痛感很强，但最痛处却是断裂的伤口处。

显然，我们所谓的问题的实质正如骨头断裂的伤口处，也是治疗应该开始的地方。因此，如果我们只是用冰块或止痛药来处理肿痛，我们只是在减消症状，却不是处理真正的伤口。但是伤者会强烈抵触任何人触摸骨头断裂的地方，即便是医生来检查，伤者也会感到紧张，疼痛之下将伤腿向后缩。

这种现象在心理上也是同样的道理。我们离问题的真实所在愈近，愈会在处理问题时感到痛苦。同样，“心理受伤”会被“心理上的水肿”所掩盖。因此，教师如果要在学习和适应问题上帮助学生，则必须发现“伤口”的真正所在，即受到的情感上的冲击以及情绪对学习过程的干扰。关键在于，要牢记表面症状不仅在误导教师只注意到表面上的次要问题的同时，也能带领教师找到真实的问题所在。

在这种情况下，我们要清楚越是痛苦的感觉强烈，人们越感觉到难以揭露自己的问题。我们的方法一定要循序渐进，避免被表面的症状分散注意力。教师的角色要协助学生在整个过程中识别、表达、了解自己的情绪。只有这样才能帮助学生管理情绪，在学业上实现成功。

识别和表达

要做到了解和管理自己的各种情绪，学生必须能够首先识别各种情绪，并正确表达。[128] 尽管这是两个不同的步骤，我们要在这里一起讨论。通常，表达包括三个要素：我们的经验、行为和感受。

经验的表达即表达“现时的经历”。这也许是最容易表达的部分。事实上，谈论我们的经历本身是相对容易的，因为不牵涉到任何情绪因素。我们可以谈论自己的生活经历而不融入任何的情绪。学生经常会谈论到自身的经历和体验。例如，他可以谈论学业上的困难或者厌恶的老师或者一次糟糕的考试。这时，他的言语会基本围绕他的经历。表达经验的益处在于可以使我们确定问题的来龙去脉并大致了解学生的处境，同时，我们还可以了解到问题的严重程度以及牵涉到的领域。但是，经验的表达只是表面的，教师的任务还要帮助学生进一步表达他的行为，尤其是要表达他的情绪。

行为的表达即表达“反应和作为”。学生不仅会阐述自己的经历，还会叙述当时情况下他的行为。例如：一个学生说自己上周有三场考试，并为此整个周末都在发愤读书。在这个过程中，他遇到了很多问题，由于题目难而不十分明白，最终在几次合上课本之后宣告放弃。这个例子有关一个经验（准备考试）以及各种行为，例如多次合上课本，每次当他发现自己的这种行为时，当他放弃时。这些行为的表达表明学生谈论他自己的行为、态度或反应。与经验的表达相比，行为的表达涉及更多的个人因素，更具私密性，同时也更有利于我们了解学生对某种特定的状况如何作为和反应。

情绪的表达即表达“感受”。个体表达情绪，即现时的和过去的感受。例如，如果学生解释他是如何努力准备三场考试的同时，他也会表达自己的沮丧、愤怒或悲伤，这时，我们也就接近了我们的最终目标，使他表达自己的感受和情绪。阐述经验和行为并不是全部，没有情绪的表达就像一幅画没有颜色，情绪的缺失会带来许多细节的缺失。

---

[128] 要注意学生能够用言语和非言语的方式表达他在经历、在做的以及他正在感受的。

我们理解学生要表达他们的情绪并非易事。而且，他最初表达的情绪或许并非最重要的、心灵深处体会到的情感。在骨折的例子中，与问题越相关的情绪表达起来越痛苦。也就是说，学生最初表达的情绪起初还是表面的，但随着对情绪的不断识别，表达的情绪会逐渐深入。

我们可以把识别和表达情绪的过程用一个沉积岩石层来表示。最顶端是经验的表达，然后是行为的表达，最后是情绪，也就是从最表面化到最深层的各层的沉积。因此，共情的交流艺术包括使学生表达最深层的情绪，通过这个过程了解他内心的感受。

如图 4.2 是一个学生准备考试的例子。刚开始，他表述自己周末学习和遇到困难的经历，然后，他表述自己所做的行为：看不懂课本，合上课本，重新打开课本，然后放弃。最后，他才开始表达自己的情绪，起初的沮丧和生气，然后感到失望和内疚，最终觉得自己毫无价值。

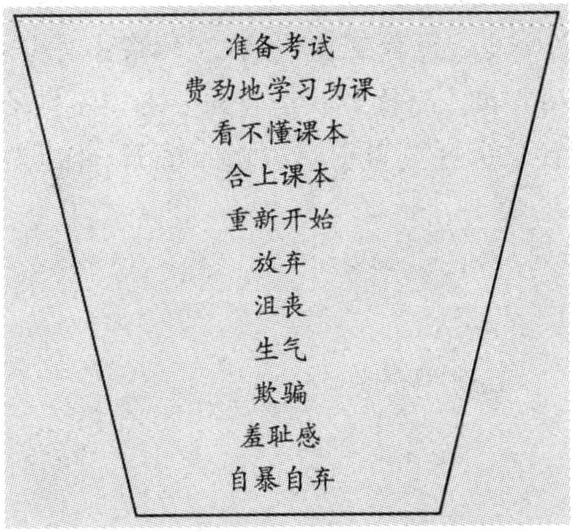

图4.2　学生准备考试的过程中遇到困难时三个表达的层次。他首先表达自己的经历（准备考试，费劲地学习功课等），表达他的行为（看不懂课本、合上课本等），最后表达他的情绪（沮丧、生气等）。

理　解

学生在识别和表达情绪的过程中走得越深，越能了解自己的感受。在我们的例子中，学生首先清楚自己的处境，即准备考试并非易事，以及放弃前数次开合课本。他了解自己的行为（合上课本）是缘于自己的沮丧和生气。这一行为是生气的反应，而生气本身是由于看不懂而沮丧引起的。然后他感到失望、内疚、无能。简单地说，我们表达感受和情绪的过程就是揭示真实问题的过程，其通常与个人的尊严和骄傲有关。但教师可以与学生一起找到一些联系，这些联系能够解释学生情绪的强度和困惑的思想，以及为什么他会因此觉得自己不够聪明，或感到生活中总是充满失败。

所以，学生最终会了解到自己的羞耻感和无能感就是问题的所在。他会因为自己不能理解别人轻而易举就学会的内容而感到自暴自弃，但是他很难承认这一点，因为他的骄傲会阻止他这么做。于是，他就产生了第一类主要情绪，即愤怒和攻击。

沮丧和愤怒的情绪保护他不感到自我受伤的痛苦，就像伤口周围的水肿。他越是注意到自己的情绪，就越能超越这些情绪的层次，就可以开始应对欺骗和羞耻感（自尊的问题）。因此我们可以很容易地觉察到在解决与自尊和自爱相连的实质问题之前学生会经历各种情绪，其将学生与真实的问题隔离开来，并将他保护起来，这一切都是由于防御机制的作用。

这时，倾听就成了一个重要的因素，可以帮助学生在识别、表达和理解内心感受的方向上前进一步。只有在这个阶段，情绪管理的大门才能敞开，教师才能对学生有所帮助。下面，我们首先要考察不同的倾听方式（有效程度不同），然后评估那些更为有用的倾听方式。但首先，请做练习 4. 2

练习4.2　倾　听

指导语：以下是几段学生和教师的对话。请写出你对学生的自然反应。

迈克尔在得知自己的考试成绩很差时告诉你：

——难以置信！考试前我玩儿命地学，为什么才得这个分数？

回答：

____

____

____

你问玛丽为什么没交作业，玛丽回答道：

——我几次都想做来着，但是我实在没搞清该怎么做，问题问得太不清楚了。

回答：______________________________________

____

____

你在走廊遇到保罗，他看起来不太高兴，你问："还好吗，保罗？"

——嗯，我刚考完布朗老师那门课的西班牙语考试。他太狠了，考题很难，大家都觉得通不过。其实，老师早就警告过我们很多人会考不过的。太可怕了！

回答：______________________________________

____

____

卡罗尔来办公室找你：

——我想推迟点儿再交作业，下周我有三门课要考试，作业交不上了。最重要的是，我还得去参加表哥的婚礼。

回答：______________________________________

____

____

倾听的方式

情商包括情绪的表达和帮助别人表达自己的情绪，这些都牵涉到处理人际关系和交流的能力。准确地说，积极地倾听他人，不仅鼓励他人表述事实、体验和行为反应，而且表达自己由此产生的情绪。不幸的是，很少有人能把倾听视为一种艺术。我们来看看大多数人是如何倾听的，以及他们认为自己的倾听方式不能够真正有效地帮助他人的原因。我们先来看看几种对于帮助他人不太有效的倾听方式。

富有同情心的支持

通常，人们在得知他人有困难时，会很自然地产生提供帮助的冲动。这一反应是缘于过度的同情心。事实上，倾听的人对他人的困难或问题产生了认同，他所作的反应正是期望他人在自己遇到困难时作出的反应一样。这是他自身的帮助方式，而且他相信这种反应起到了帮助作用。例如，他会安慰哭泣的人，安慰恐惧的人，平息愤怒，或使情绪消沉的人快乐起来。的确，有人哭泣时，我们都有冲动提供我们的肩膀；有人害怕时，我们会告诉他这并没什么。

通常提供帮助的人在遭遇别人情绪时会感到不安。一种情况是轻描淡写地只是简单地拍拍别人的肩膀了事，另一种极端情况是，他会与别人共悲伤，甚至一起大哭一场。这时，他就像一只变色龙与别人的情绪色彩一起变化。

在这种情况下，提供支持的人事实上就像我们举出的骨折的例子，只是把冰块放到了痛处，在“治疗症状”而非“伤处”，往往帮助效果甚微。这种支持的确发自强大的同情心，但却不具有共情的作用；充满了他人的情绪，但是并不解决问题。这时，大概会出现两种现象：受到帮助的人会感到自己被理解，但他也可能会感到这一切让他失去了自我价值、微不足道。

这是说我们最好不要试图帮助别人吗？当然不是！但我们必须确保我们提供的帮助实实在在地指向了真正的问题或情绪。我们知道一个问题往往有多个情绪层面。如果真正的问题有关骄傲、自尊心或自我价值，受助者正在生气或表现出悲伤，如果我们只是在处理“伪问题”，那我们的帮助则没有任何意义，至多只是加强了他的情绪状态，对别人有些安慰。事实上，由于悲伤的人希望受到劝慰，生气的人希望得到平静，当我们介入试图帮助他们时，我们传达的信息却是：伤心或生气都无妨。但事实上悲伤和愤怒都只是对事情的情绪反应，帮助他们就是阻止他们进一步主动探寻他们深层的情绪。所以，倾听者在提供帮助前一定要使别人充分表达他的感受，否则问题不能迅速有效地得到解决。只有当所有的情绪都得到感受和发泄时，帮助者才有可能去帮助他人。

寻找问题的即时解决办法

乐于助人的人另一共有的反应是提供一个看起来能够解决当前问题的建议。很多人相信“问题—办法”这一等式。的确，从某种程度上来说，帮助他人的目的就在于解决他人的问题和困难，也的确当问题是属于认知、物质和技术的范畴时，这一等式是行之有效的。但是，当我们帮助的人经受的是情绪问题时，我们一定要提醒自己不能向别人建议立刻能够解决问题的办法。解决别人的问题有助于提升我们的自尊。但现实生活中，由于我们并不置身于别人的问题中，即便愿望良好，提供一个公式化的解决办法并非难事，但倘若揭示的问题或表现出的情绪只是一时的假象，我们所建议的自然就走向了错误。处于困境中的人也许努力深入表达了，但也许从内心深处这依然不是真正的问题所在。

试举一例。一个学生告诉老师没时间学习和写作业。教师会理所当然地认为学生的成绩差是由于学习时间不够，他的第一反应会是帮助学生学会更好地管理时间、作计划或利用闲暇时光。如果我们仅仅靠学生的第一句话来作判断，这会是任何一个人会想到要做的。但如果我们更有技巧地倾听学生，我们会发现如果我们帮助学生作出时间计划也许会使学生能有更多的时间，但真正的问题也许并不在这儿。我们设想这个学生有一种很强烈的个性特征叫作“寻求新异”。这样，也许他对于“单调”和不太刺激的事情（如坐下来读几个小时的书）有强烈的反感。另外，我们假设他由于过多的考试失败，而对自己的智力和自我价值产生了怀疑从而逐渐在心理上抵触学习。因此，前面提到的过于仓促地建议解决办法就不能真正地帮助这名学生。我们应该首先倾听，注意学生的情绪和个人动态才能发现他功课上困难的根本问题。只有了解了这些，我们才能更好地和他一起解决他的困境。但首先，一定要倾听。

分析和解读

另外一种干预就是分析并对别人的叙说进行解读。尽管这种方式就像大家经常对心理学家持有的偏见那样，是分解我们的话语并赋予其不同的含义或解释。我们经常倾向于把我们自己的解读投射在别人身上，换言之，我们一开始就有了自己的假设，别人给我们的所有线索只能强化我们的解读。证实我们的解读也许回报丰厚，但经常会使我们误入歧途。

因此，我们一定要知道与我们倾吐问题的学生是在试图与我们建立一种信任的关系，而且对于我们告诉他的一切以及我们对他所处境况的解读，他会更敏感。因此，只要有可能，我们必须尽力避免过度的解读，尤其是太长时间地分析学生所表述的困难。

有时我们会试图让学生清楚地表达他的感受，这时，教师要谨慎并一直谨记自己的理解可能会错，而且最重要的是学生要了解而不是教师要了解。如果我们不细心谨慎，我们会留给别人一个印象，那就是你比他还要了解情况。当然，这并非我们的目的所在。我们的目的是要帮助别人。所以，在帮助学生解决他的情绪冲突时，类似“我完全理解你所体验的”这样的回答，也许只能使说话的人而不是听到这句话的人感觉更好，也就并不具有帮助的作用。

评价和控制

在评价境况时如果表现为我们对个体进行评价，则会起到破坏而不是帮助作用。有什么比被人评价感觉更糟糕呢？印度哲学家克里希那穆提（Krishnamurti）曾经说过，最高形式的智慧就是做到不作评断的观察。评价是高端智慧的对立面。提供虚伪帮助的人经常会作出评判，毫无顾忌地对他人的事情发表意见，评断他人的作为，否定他人的选择，低估他人的反应。

即便不是每一个人，大多数寻求帮助的人会自问是否自己正确、方向正确、行为正确、反应正常，等等。这是完全可以理解的，因为如果他们对自己的言语、行为和情绪感觉良好，也就不会来寻求帮助了。但是当他们对自己的作为产生怀疑、犹豫或不安时，良好的感觉就消逝了。因此，那些随意公开地评断学生的教师带来的伤害要远大于帮助。学生需要感到来自他人的理解、接受、爱，而不是评判和责备。我们清楚地知道内疚、怀疑和羞耻的情绪很容易扩散，而且极具杀伤力。评价和控制只能起到火上浇油的作用。卡尔·罗杰斯（Carl Rogers）认为无条件地接纳对方应该是提供帮助的人的最大美德。[129] 接纳一个需要帮助的人很重要，因为这正是他们寻求的。我们都曾经在某一时刻敏感地感受到别人对自己的评价，并有了受伤的感觉。因此，那些来向我们寻求帮助的人一定不能感到自己是来接受评判的，一定要感觉到即便自己需要帮助，仍然被人所接受，仍然能够在此开诚布公地表达自己的体验和感受。

另外一个决定性因素是控制。人们常有一种习惯，想要告诉别人应该怎样做。这通常是评价之后随之而来的。既然我们都已经作出评断了，为何不告诉他们接下来该怎样呢？那些易于评判别人的人通常也都善于指令他人。若要寻求解决之道，控制只能由那些需要帮助的人来做。事实上，需要帮助的人却经常希望教师来对自己作出评价（“我做得对吗?”、“我正常吗?”或者“我反应过激了吗?”）。他们也会接下来询问自己该怎样去做（“你觉得我该怎么办?”、“告诉我该怎么办?”）。显然，他向自己要的是立刻能解决问题的办法。

显而易见，要做到无条件接纳别人，教师只能远离评价、判断、控制、指令和建议。要做到这一点，教师必须尽可能地摒弃自己的价值系统。应铭记评价远比理解和接受更为容易。所以，我们应该努力做到无条件地帮助——一种高超的艺术。

调查

很多人在提供帮助时往往采取一种侵略性的问询方式，就像大侦探福尔摩斯和科伦坡（Columbo）。问问题当然很重要，只要问得恰如其分，

[129] Rogers, C. R. (1961).

而且有助于我们了解该怎样去提供帮助。问题不能是随意的、好奇的，而要能告诉我们一些相关的信息。因此，问题要限制在一定数目内，而且要与当时的情境相关且不生硬。

另外，问题应该是开放的，应该能够使人乐于回答并深入。问题的提问方式应该使需要帮助的人提供信息而不仅仅是回答问题。开放式问题问的是为什么和怎样的，而封闭的问题则只需要回答“是”或“不是”，或短短的一句话、数字、时间或地点。过度使用这样的问题，我们一个一个问下去就会发现最终我们走进一条死胡同。

事实上，封闭的问题就像陷阱，用多了我们就很容易一脚踏进去。“什么时候发生的?”“她去哪儿了?”“发生过几次?”“你怕了吗?”“她不高兴了?”，等等，这些问题最终指向简洁明了的答案，如“上周三”、“在她爸爸家”、“三次”、“是”和“没有”。对于没有经验的教师，封闭式问题绝对是陷阱，因为简单的答案只能使他接着没完没了地问类似的问题，教师就只能注意自己下一个该问什么了，而不是学生的感受如何。

下表总结了不同的倾听态度和它们给需要帮助的人带来的影响。

表 4.2　不同的倾听态度及其影响

倾听态度	示　例	对需要帮助的人的影响
寻找问题的即时解决办法	● 建议："如果我是你，我会再复习一段时间。" ● 提出办法："最好的办法就是问问老师该怎么办。" ● 影响学生的决策："我要是你就会跟他们一块去，总比无所事事强吧？" ● 管理："你应该有些上进心。" ● 命令："去跟他谈谈。" ● 威胁："做出这道题，不然你就完了。"	● 依然对他认为无效的办法不满。 ● 觉得自己被误会了，教师没能了解自己的真实体验。 ● 觉得自己上当了，但又被迫接受自己觉得并不符合自己现状的建议。 ● 失去自信，对他人有敌对情绪。
调查	● 调查："你昨天干什么去了？" ● 审问："你学习了多久？" ● 质问："你为什么要这样写？" ● 探试："你以后怎样才不会再犯？"	● 注意力消减。 ● 迷失谈话的真正目的，无视自己的感受。 ● 会逐渐树立敌对态度，抵触这类调查和隐含的评判。 ● 会感觉压抑，选择逃避。
富有同情心的支持	● 安抚："一切都会好起来的。" ● 安慰："不要紧，很快就好了。" ● 没有理由地赞同："你说的没错，考得太难了！" ● 同情："我理解你说的，上学时我也经历过。" ● 支持："这件事我支持你！"	● 引发消极心理和依赖心理。 ● 觉得己不如人。 ● 感觉别人不真诚的帮助。

续表

倾听态度	示　例	对需要帮助的人的影响
解读	● 解释："你这么说是因为你没有足够地努力。" ● 发现别人行为背后的原因和意图："你是这么说，但这根本就不是真正的理由！" ● 分析："你之所以这么做，可能是你出了问题。" ● 诊断："你无组织无纪律。"	● 失去对谈话的兴趣，作出姿态要结束谈话，或取悦他人，或改换话题。 ● 由于被误会而感到沮丧。
评价和控制	● 谴责："都是你把事情搞糟！" ● 说教："我告诉过你要想成功就得付出努力！" ● 判断："你的反应不当！" ● 宣讲："一个好学生就应该每天都学习。" ● 侮辱："你这道题做得太蠢了！"	● 打击自尊和自信。 ● 引发压抑的行为。 ● 引发内心的和外在的反叛。 ● 打击动力。 ● 引发内疚、反叛、痛苦或消沉的情绪。
评价和控制	● 羞辱："你一无是处！一事无成！" ● 讽刺："小孩子也做得比你好！" ● 赞同（处于道德的角度）："你总算做了你该做的！" ● 恭维（含判断）："你的判断力总是很强。"	

共情地倾听

马歇尔·罗森伯格（Marshall B. Rosenberg）讲述了一个特别而又出奇简单的故事[130]，讲的是一个小学女生，苦苦地等待校长。校长看到小女孩，就坐在她身边，问她怎么了。

[130] Rosenberg, M. B. (1999).

“安德森小姐，”她说，“你有没有过这样的经历，你其实一心要帮助别人，但整整一个礼拜下来，你发现你对你身边的人做的都是错的。”校长说，“有的，我明白你的意思。”于是，小女孩开始讲述到底那周发生了什么。但是校长还穿着大衣，着急要去开一个会议，问小杰西卡：“我可以为你做些什么呢？”小女孩往校长身边靠近了一些，小手放在校长肩膀上，盯着校长的眼睛说：“安德森小姐，我不要你做什么，我只要你听我说说话。”

这是一个美丽的教训。正如卡尔·罗杰斯所说的，共情地倾听“使我们得以用不同的眼睛知觉这个世界，不断前行”。

下面我们来看看如何练习共情地倾听。

复述

很有可能大多数人都熟悉“复述”这一倾听技巧。但是，知道并不意味着能够使用或者是掌握这一技巧。复述是一种重要的倾听方式。

复述的窍门在于用我们自己的话尽可能准确地重复谈话对方的话语。刚开始的时候，大家也许会对这种方式感到不习惯，会感觉自己就像鹦鹉一样在学舌，没关系，即便在开始的时候有这种感觉，很快你就会惊讶地发现这种方式惊人的效果。

打个比方，我们可以把复述比作跳蹦蹦床。每一次弹跳都会比上一次更高。我们在复述时也是如此，当我们重述对方的谈话时，他说一句，我们复述一遍，他肯定我们复述的内容然后增加其他内容，我们再复述，如此这般循环往复。由此可见，复述这一技巧包含三个层面。首先，谈话者觉得有人在倾听并理解自己的谈话，因为在使用这个技巧时，你必须确认对方谈话的内容，一旦注意力分散，复述便会出现困难。其次，谈话者的谈话内容会越来越深刻，因为你已经证实了自己理解了对方说过的内容。第三，谈话者说话时会加深对自己的了解，因为只有当他听到你的复述时，才能意识到自己说了什么，而在自己一直喋喋不休的过程中，他是没有这种觉悟的。只有在这个阶段，他才开始理解自己所表达的内容。

并不是很多人能够习惯有人在倾听自己，而且很多人说话时，不太清楚自己究竟在说些什么。这就是我们为什么经常在絮语中忘掉谈话的主题，就像在一堆无意义音节的海洋中游泳。人们经常会忽略别人的谈话，而把更多的注意力放在自己将要说的。

因此，复述之于教师正如铁锤之于木匠，是一个不可缺失的工具。复述有以下的表现形式：

● 复述可以简单重复对方的话语，由于没有复述者个人释义的空间，这一形式最为安全。

● 复述可以含有“重新架构”的内容，可以使用与谈话者不同的词句，可以使用同义词和比喻。

● 复述可以简单地重复句子的最后一部分。比如，对方说：“有一天，我和我女朋友一起去看她妈妈。”你可以复述为：“……去看她妈妈！”这时，对方只能继续说：“……是啊！那天是她的生日，我女朋友觉得应该在这样的时候去看看妈妈。”

● 也可以使用问句：“这对她来说很重要，所以你去看她的妈妈了，对吧？”这时，问句也是复述，因为它涵括了对方谈话的主要内容并以疑问句的形式出现。只要复述的问句认定了对方的谈话，他就会一直按照思路说下去。

反射

“反射式”倾听是指向谈话人反射他自身的感觉和情绪，强调对方的有情绪的话语。这时，谈话者的谈话很有可能更具情绪化的特征，而练习共情倾听的人的目的则是让谈话者不再阐述事实和行为，而转为感受和情绪的表达，这样，谈话就会朝着更进一步的表达和理解发展。这样，通过探索感受和情绪，学生的意识得到发展。复述的技巧在这里也可以使用：

● 复述谈话者的谈话中有关感受和情绪的部分：“我女朋友告诉我她要去看她妈妈时，我不太想去，我不太喜欢那儿的气氛。”反射：“……你不太喜欢那儿的气氛……”

● 可以使用与谈话者不同的词句以反射他的感受：“……想到要去看你女友的妈妈，你就感觉不好。”

● 我们还可以使用问句：“……你觉得她妈妈家的气氛怎么不好？”

聚焦

“聚焦式”倾听指的是将重点集中在谈话者的某一种情绪上面。换言之，我们可以选择重点发展一个我们觉得相关的谈话的某一个方面，这个方面可以使谈话者进一步交谈。通常，聚焦集中在谈话涉及的感受和情绪上面。因此，倾听者会引导对方朝着感受和情绪上面扩展，询问更多的细节，要对方进一步解释。因此，谈话者会进一步省察自己的情绪。与调查相反，聚焦更切近主题，因为它直接解决对方的问题，更旨在发觉对方的感受。正如我们所知，聚焦对于彻底地探索发言者的感受和情绪是关键的，也是一个重要的工具。不幸的是，由于只是侧重于问题的某一个方面，往往问题的全局得不到重视。因此，对于教师来说，很重要的一点在于要帮助对方了解你要解决的情绪问题和他的问题之间的联系。因此，聚焦也就是对谈话和问题的总结，这样，学生就能够理解他自身经历、行为和感受之间的联系。

质询

质询大约是我们遇到的最难操作的倾听技巧，这种技巧强迫学生审视质询自己问题中的一些方面，从而达到进一步认识自我的目的。因此，质询的目的在于“迫使”谈话者更深层次地发掘和探索困难和挫折。有时，他会承认一些自己谈话中的不合理之处和前后不一致，并因此对自己提出异议和反问，并转移到另一个话题。

质询需要技巧，而非刻意创造一个紧张对立的环境。对立的双方也不是相互反对和对抗的。相反，质询是一种艺术，需要得体的形式、外交手段和恰好的时机。质询的前提是要掌握大量的相关信息，否则对方会躲闪，为自己辩解和退缩。另外，这一技巧还要求信息的准确性，这样学生就知道问题的关键在哪里。质询不是为了让当事人恐惧，而是给他一个心理上的震撼，“迫使”他面对自己急于逃避和忽视的感受。无论如何，这一有效的方式会带来新的结果，可以帮助我们将以前隐藏的事物表达出来，使以前表达的内容赋予新的含义。

下面是一个师生之间谈话的范例。

教师：皮特，怎么了？

皮特：我不知道自己在这儿干吗，我觉得我想退学了。

教师：你感到想放弃目前的学习，是吗？[复述]

皮特：不，我觉得是那些人，我受不了那些人，他们既愚蠢又小气。

教师：他们在的时候，你觉得不舒服？[反射]

皮特：也不是，学校里到处都有他们的同伙……

教师：你觉得难以和他们交流……[反射]

皮特：你会去跟小气的人交流吗？他们觉得自己才是老大。

教师：这就是你为什么老是一个人去餐厅吃饭？[质询]

皮特：长时间沉默……眼泪开始涌上来……耸耸肩。

教师：你觉得在学校里很孤独，所以想退学？[质询]

皮特：也许吧。做到让每个人都讨厌也不容易。

教师：你觉得别人都讨厌你。[反射]

皮特：没错，我根本交不上朋友。我觉得自己在学校里就是个异类。

教师：你想有更多的朋友。[反射]

皮特：当然了！这不对吗？

教师：还是有人让你想去交往的，是吗？[质询]

皮特：对，有些人有点意思。

教师：但是你觉得很难走上前去和他们谈谈，并和他们交朋友。[反射]

皮特：对，是很难。我觉得自己跟人讲话时总是不好意思。

在这个例子里，皮特刚开始表达了对学校和其他所有学生的不满和想要退学的想法。老师一次复述和几次反射的谈话帮助皮特走出了交流的困境。老师还问道“这就是你为什么老是一个人去餐厅吃饭？”以及“你觉得在学校里很孤独，所以想退学？”正是这两句质询点出了皮特受排挤和孤立的感受。然后，反射的话语进一步帮助皮特表达出需要交朋友的愿望，这样，又有了新的质询“还是有人让你想去交往的，是吗？”，这句质询“迫使”皮特承认他的确觉得有人是可以成为朋友的。最后，反射引导他说出了自己在和别人交往时的羞怯感。

每一次使用质询的方式，都迫使谈话者达到一个新的情绪深度：受排挤的感觉、害羞等。这时，教师要帮助学生克服羞涩。有意思的是，如果教师上来便被皮特的第一句话所“蒙蔽”，他就会尽力地劝说皮特千万别退学，因为学业对皮特的成功和未来都至关重要，万一退学就再也跟不上队伍啦。

我们一定不能忘记，受帮助的人如果非常了解自己的内心世界，他只会改变故事的讲述方法。我们不仅要探究问题的所在，还要了解其中的来龙去脉。因此，质询的方式在受助者的意识里造成了一次震撼和冲击，从而使新的表达产生。毫无疑问，这是一种非常有效的工具，但我们要小心谨慎地只在必要时才拿来使用。

使用这一倾听技巧的人必须明白接下来会发生的事情。正如在聚焦的例子中提到的，质询能够促进理解，所以教师的职责在于把学生所表达的零散片段连接起来。要做到这一点，教师必须集中注意学生当时的表述，在记住问题的主要方面的同时还要洞察问题较深的层面。经历问题每一个层面的学生也许不能把一切都串联起来，所以，提供帮助的人要有全局的观点。

整合

整合指的是将问题的各个要素综合并归纳。我们要总结问题的全局并告知学生，这样学生就会更清楚地对问题有全面的了解。这一倾听技巧能带领受助者以新的方式和深度来探索问题的解决办法。

教师：那么，皮特，你想和别人交往，是这个想法使你产生了退学的冲动，也正因如此你才觉得别人又愚蠢又小气。但是，你还提到还是有些人你觉得不错，只是你没有勇气去跟他们说话。所以你越发觉得孤立了，你觉得是这样吗？［整合］

皮特：是这样！总的来说没错。我很想去跟他们聊聊，但我总担心自己会打扰他们或者他们会议论我。有时，我想象自己在跟他们聊天，但是没两分钟我就没话可说了。我觉得自己说不出什么。

练习4.3　倾　听

指导语：回到练习4.2中，找出例子中使用过的倾听技巧。你有没有提出即时解决办法的倾向？或带着同情心去提供帮助？或对别人作出评断？或者你会想试试共情倾听的技巧？

请试着以共情倾听的方式完成下面的对话。

迈克尔在得知自己的考试成绩很差时告诉你：

“难以置信！考试前我玩儿命地学，为什么才得这个分数？”[131]

回答：____

____

____

你问玛丽为什么没交作业，玛丽是这样回答的：

“我几次都想做来着，但是我实在没搞清该怎么做，问题问得太不清楚了。”

回答：____

____

____

你在走廊遇到保罗，他看起来不太高兴，你问：“还好吗，保罗？”

“嗯，我刚考完布朗老师那门课的西班牙语考试。他太狠了，考题很难，大家都觉得通不过。其实，老师早就警告过我们很多人会考不过的。太可怕了！”[132]

回答：____

____

____

[131] 共情式回答举例：“对于考试成绩这么差，你感到很惊讶。”我们对于第一句话“难以置信”认同为“惊讶”这一隐含的情绪。

[132] 共情式回答举例：“你对老师感到很失望。”对于保罗的“他太狠”的表达，我们可以认同为一种愤怒的情绪来回答。我们还可以强调学生表示出“太可怕了”时的那种厌恶的情绪。

卡罗尔来办公室找你：

“我想推迟点儿再交作业，下周我有三门课要考试，作业交不上了。最重要的是，我还得去参加表哥的婚礼。”[133]

回答：____

____

____

如何帮助学生管理情绪

在帮助学生了解了如何识别、表达和理解自己的情绪，我们再来看看怎么帮助他们来管理情绪。在第三章里，我们谈到了情绪管理的几个层面，还讨论了主要情绪和次要情绪的管理以及背景情绪的管理方法。我们应该知道前者和后者的管理方法是不同的。主要和次要情绪出现很快，并会马上对注意力、知觉、思想的集中和记忆力有强烈的影响。而背景情绪则是长时间的比较轻微的波动，但其负面效果同样不可小觑。换言之，背景情绪对认知过程会有很大的干扰作用，并会影响到学习过程。

主要情绪的管理

下面是第三章中详细谈论过的情绪的五个组成部分：

- 非言语表达
- 生理反应
- 行为反应
- 认知
- 情绪感受

在第三章里，我们还提到情绪的管理涉及到每一个组成部分。因而，当我们管理自己的情绪时，我们要触及所有情绪的组成部分，情绪是由我

---

[133] 共情式回答举例：“你很害怕自己没有时间做这些事。”对于卡罗尔所说的需要做很多事情这一现实，我们识别为一种“恐惧”的情绪。

们内心发出，我们对它们应该有控制的能力。但是，当帮助别人管理情绪时，我们的控制能力就大大地下降了。即便如此，我们能发挥的作用还是超乎我们的想象。我们来看看几个例子，看看我们有哪些行为和活动能够帮助学生管理那些对学习过程有害的情绪。

管理非言语表达以及生理和行为反应

非言语表达与生理和行为反应三者有着紧密的联系，我们现在放在一起来讨论。

首先，无论是在教课时，还是学生做练习，在自习或考试时，我们都应该了解学生的情绪。之前，我们充分讨论了如何觉察别人的情绪。正如我们所知，要想觉察学生流露出的情绪，对非言语信号的共情和警觉是必不可少的。因此，观察非言语信号的一个最佳时机就是当课堂内容枯燥乏味的时候，这时，非言语信号更多更明显地出现，如身体姿势、沮丧和厌恶的面部表情、扭动，等等。因此，能够知觉到这些信号的老师能够快速即时地作出调整，比如停止练习或授课，让全体学生站立，做做运动，伸展四肢，深呼吸，等等。重要的是要让他们全身心地活动整个身体。表 4.3 列出了几种容易操作的练习和场景，可以打断某些教学过程中的情绪节奏。

表 4.3　修正学生非言语表达以及生理和行为反应的练习和场景

练习名称	描　述	效　果
知觉扩展[134]	扩展视野：学生双手放在眼前（指尖朝上）大约 12 英寸的距离。然后慢慢向两侧移动，双侧的视域不断扩展。	当我们紧张和情绪化时，我们的感知系统功能减退。这项扩展练习使我们放松，从而最大可能地促进我们对周围的知觉，正如“退一步，海阔天空”，呈现新的视野。

[134] 我们设计了一些特殊仪器来帮助完成这种练习。了解更多信息，请参见 www.emotionalpedagogy.com.

续表

练习名称	描　述	效　果
知觉扩展	其他感官功能扩展：学生闭上双眼，全身心地捕捉外界的各种声音和气味，嘴里的各种味道，并触摸自己身着的服饰，包括戒指、手表，触摸自己坐的椅子，等等。	
呼吸	学生舒适地坐在椅子上做深呼吸，全身放松，感到腹部在呼吸，而不是肩膀的耸动。	呼吸的方式能够产生积极的情绪状态。这项练习旨在减小情绪带来的生理反应（自主神经系统和压力荷尔蒙）。
疏清	学生站立闭眼，三次深呼吸后，头部慢慢前倾。上半身从上至下逐步前倾直到头部向下，双臂置于身体两侧，数秒后慢慢直腰，身体恢复直立。	负面情绪往往在我们的全身产生有害的化学物质并在我们的脑部积存。此项练习旨在通过引入新鲜的血液将脑部的有害物质疏导出来。向下弯身能够使脑部充血，重新恢复站立的姿势则使血液流出脑部。这项练习能使我们的思路和想法有清新的感觉。
伸展	学生直立尽可能地伸展四肢——就像要抓取天上的星星然后坐在椅子上向前伸展双腿，脚趾向自己弯曲。	处于压力状态下，我们的肌肉也会随之紧张并缩紧。这项练习旨在消除这一反应。
能量接触	全体学生起立站队并围成一个圆圈，然后为前面的学生做轻柔的肩部按摩，几分钟后，由前面的学生转身为后面的学生做按摩。	学生以一种尊重的没有任何性含义的态度来触摸对方，这样可以教会学生发展共情，发展相互之间的友谊，同时也可以起到放松和增加能量的作用。
创造积极思维	学生全体站在课桌上，举起双臂，大声喊：“我是世界之王！”	这项练习帮助学生提高自信，并在脑部创造新的积极的连接。

续表

练习名称	描　述	效　果
倒立	两人一组，背对对方，双方间隔大约一米，向下屈身，互相用手和脚传球。数秒后，学生会感觉自己站在天花板上，一切都是倒立的。	我们知道情绪能够改变我们对事物的知觉。因此，改变我们的体态和看待事物的方式能够帮助我们以不同的角度来看世界。
微笑	学生在上下齿之间放一支笔，做微笑的表情。然后，做一会儿原地跳跃运动。	用身体和面部表情表达某一种情绪能够进一步强化这种情绪。

除了表 4.3 中的练习，我们还可以创造出很多能够有利于学生身心健康的运动，总之，这一切都是为了让学生学会如何调整那些引发消极情绪的状态，这是一种积极主动的方法。表 4.4 总结了德扎里拉（D’Zarilla）建议的九步情绪问题解决法。[135]

表 4.4　九步情绪问题解决法

步　骤	描　述	示　例
1	评估引发情绪的条件，制定可行的目标。	学生很生气，因为他的项目作业搭档什么都不干。第一步要弄清问题所在，确定学生下一步的计划。
2	客观评价自己处理问题的不妥之处。	学生应该检查自己对搭档的行为通常如何反应以及为什么他的反应总是效果不好。
3	省察自己的情绪在解决问题时的作用。	学生注意到搭档这样那样的行为最终激怒了他。因此，他承认这种情绪化的反应无助于解决问题，生气不是好办法，只能使事情进一步恶化。

[135] 参见 Lazarus，R. S.（1991）.

续表

步　骤	描　述	示　例
4	考察情绪问题发生的一个例子，分析引发这一问题的具体情形。	搭档一直迟迟不做项目直到学生自己把作业做完。学生必须自问自己是否情绪化地对此作出了反应。他必须认真省察当时发生了什么事情以及自己为什么要如此反应。
5	针对情况制订现实的目标。	他的目标可以是不再生气，因为生气会起到反作用而且影响心情。
6	列举所有可能的解决办法。	学生可以决定不做搭档的那部分作业，而且针对搭档的漠然态度冷静地向他解释自己希望以后项目作业应该如何完成。他也可以决定花几分钟告诉搭档以后要自觉一些。或者他也可以拖着，直到搭档自己发现项目作业还未做，他们很快会面临麻烦。
7	逐一评估这些解决办法，找出最可能有效解决问题的一个。	学生选择花几分钟告诉搭档以后要自觉一些。
8	使用选出的办法，观察其效用。	和搭档仔细讨论之后，学生等几天看事态如何发展。
9	观其结果，如果方法无效，回到步骤8重新选择别的方法。	如果该办法无效，试试别的选择。

管理我们的认知

正如大家都知道的，认知是情绪的产物。在一种情况下有了某种情绪，我们通常会在心里自言自语。因此，教师对学生面对情绪化反应时的想法是没有丝毫的控制能力的，但是，他能够倾听并帮助学生表达自己的感受，但却没有能力修正他的想法。也就是说，我们很难知道别人的想法，而且很难把异见植入别人的脑中。最糟的是如果有了修正别人想法的念头反倒会加强他们的想法使他们确信自己是正确的。因此学生一定要自己认识到消极的想法会影响到自己的良好状态。再说一遍，首先，想要帮助别人就必须倾听而不是匆忙找到能够立刻解决问题的办法，而且不能妄加自己的理解和判断。教师如果能够引导学生表达自己的情绪和需要，就能帮助学生理解自己为什么会这样反应，意识到自己的情绪和需要是密不可分的，这样，他就能够识别什么是负面的、有害的情绪。表 4.5 列出了那些与消极情绪相关的一些主要想法。

表 4.5　消极想法的类型

想法的类型	示　例
过度概化	约翰做不出数学作业，他告诉自己："我一点都不懂数学……我在计算方面一塌糊涂……我从来就没学得好过……"
灾难预测	凯琳一次考得不好，她自言自语："我今年一年都考不好了，这样的分数，我是不可能考得上大学的……"
找借口（外部理由）	玛丽考得不好："考这么糟，全是老师的错……他每次都故意考得难，让所有的学生不及格……"
自我贬低	大卫犯了个小错误，他谴责自己道："我真是没用……别人都懂，除了我……"

练习 4.4　识别我们的消极想法

指导语 1：请使用下表帮助学生识别自己产生情绪反应的情境。

情境种类	情境描述	感受到的情绪	情绪强度
时间			1 2 3 4 5
			1 2 3 4 5
			1 2 3 4 5
			1 2 3 4 5
			1 2 3 4 5
			1 2 3 4 5
科目（外语、数学、物理，等等）			1 2 3 4 5
			1 2 3 4 5
			1 2 3 4 5
			1 2 3 4 5
			1 2 3 4 5
			1 2 3 4 5
教学活动（练习、有技巧地提问、讲课方法，等等）			1 2 3 4 5
			1 2 3 4 5
			1 2 3 4 5
			1 2 3 4 5
			1 2 3 4 5
			1 2 3 4 5
评价（考试、作业，等等）			1 2 3 4 5
			1 2 3 4 5
			1 2 3 4 5
			1 2 3 4 5
			1 2 3 4 5
			1 2 3 4 5
人际关系（小组作业、其他学生的困扰、人际冲突，等等）			1 2 3 4 5
			1 2 3 4 5
			1 2 3 4 5
			1 2 3 4 5
			1 2 3 4 5
			1 2 3 4 5

指导语2：描述了各种情境后，请学生描述当时的心情和想法，并指出在这些情境下学生的各种想法的类型。

描述有关的情境：

____

____

____

表述当时的想法：

____

____

____

这些想法属于以下哪种类型（过度概化、灾难预测、找借口、自我贬低）：

____

____

____

识别了想法后，教师可以帮助学生管理想法。教师应知道，这其实是由学生自己来做的，原因在于教师是无法改变学生的想法的。

事实上，认知心理学家建议采用三步法来抑制消极思想带来的非理性的和有害的想法，表4.6总结如下。

表4.6　抑制消极想法的技巧

步　骤	描　述	示　例
1	当情绪化的情境出现时，我们首先要针对当时的环境省察自己的想法和信条。	学生考试时感到紧张，有了很多莫名的念头，如，“太可怕了，我什么都想不起来了”，“我真该死，我这学期又考不过了”，“我早知道自己没戏，我干什么都不成”，“我太亢奋了”，“再这样跳下去，我的心脏都要爆炸了”，等等。 这名学生承认这些都是不理性的有害的念头，对自己的情绪有负面作用。

续表

步　骤	描　述	示　例
2	认识到自己的负面思维后，以积极的、有建设性的想法来替代他们。	学生可以在心里重复这样的积极想法，“放松，你这门课学得不错，你会想起来的”，“你不会因为一场考试就完蛋的，还有下一次”，“一个一个来，写完再检查一遍”，“深呼吸，别紧张”，等等。
3	奖赏自己，心中祝贺自己改变了思维过程和信念。	学生自言自语，“好！现在你就知道了积极地看问题，感觉不错吧”，“就这样，一切都没问题”，等等。

指导语 3：识别了各种消极的想法以及他们各自所属的类型，请学生体会这些想法对于情绪状态的影响，让学生试着以更理性和现实的想法来替代。

描述这些想法怎样影响到你的情绪：

____

____

____

列举积极的、有建设性的想法来应对各种情境：

____

____

____

管理我们的需要

我们还要学会帮助学生管理自己的非理性需要。表 4.7 列举了一些主要的非理性需要。

表 4.7　非理性需要

非理性需要
正确
控制
被爱
被感激
被赞同
完美
得到承认
对别人有用
占有
权力
自由
安全感
被重视

帮助学生管理需要，教师必须要能够提炼出各种需要。共情倾听是一种有效的办法。另外，反射和聚焦也能帮助学生摒弃那些与自己的情绪相关的非理性需要。然后，质询的方式可以确保学生心理上的认同。具体而言，以事实来针对需要提出的质询可以引导学生表达他们的需要，使需要与这个情境相关，而不是把需要视作固定的结果。例如，追求完美的学生考了 95 分会感到失望，因为他会纠缠于了了几个错误的答案，而忽视更多的正确的答案。强烈要求被爱的学生，要求赞同的学生，以及希望控制别人的学生也是如此。正如我们在第三章中见到的，要想满足所有的需要是不现实的。也就是说，我们不可能得到所有人的爱，不可能做到完美，不可能控制所有的人。这也是我们为什么必须学会如何管理我们的需要，否则需要就会带来危害。我们不能单纯地告诉别人抛开那些不切实际的虚

幻的需要，而是应该帮助他们意识到这些需要的不合理之处。在向学生解释他的需要的不合理之处之前，我们应当帮助他承认非理性需要的存在，承认如果不去除这些不切实际的想法就会贻害长久。为此，我们提出一个简单有效的方法来帮助学生。

APIE* 法包含四个问题，这四个问题旨在使回答的人能够快速识别他的情绪和需要，并且明确这些情绪和需要的消极影响（见表 4.8）**。

表 4.8 APIE 法的四个步骤[136]

步 骤	示 例	目 标
情感（A）	“在这种情况下你感觉如何?”	请学生识别和表达自己的情绪。
主要困难（P）	“这时你觉得困难在哪儿?”	使学生能够准确指出自己的主要情绪，并表达这种情绪对自己的意义。
非理性需要（I）	“如果可能，在这种情境下你会想改变什么呢?”	把学生放在问题的中心，他的答案会帮助你明确他的不合理需要。
结果的出现（E）	“按我的理解，你需要的是……”	复述学生对上一个问题的答案可以帮助学生描述他的不合理需要，帮助学生承认这种需要，从而变得有能力，更理性地对待这种需要。

在最初的阶段，你就必须清楚地知道事情的来龙去脉，不仅要深入地了解细节，而且更要对学生所经历的一切有全局的把握。要做到这一点，你必须使学生能够自由地不受任何干扰地有几分钟的时间来表达自己。戴

* APIE 法可在“快乐和情商学院”（The Acadamy of Pleasurology and Emotional Intelligence APEI，见 www.apie.ca）以及情绪教育学院（the Emotional Pedagogy Institute，见 www.emotion al-pedagogy.com）教授。

** APIE 法由法国发展而来，经英文翻译成 APEI。但这里，我们还要保持法文缩写。

[136] APIE 法由约瑟·莱伯曼（Joseph Liberman）和玛瑞安·斯图尔特（Marian Stuart）所建立的 BATHE 法发展而来。参见 Lieberman，J. A.，Stuard，M. R.（1999）.

维·塞万－施莱伯（David Servan-Schreiber）建议自由表达的时间最好不要超过三分钟，否则，我们就有可能接收到过多的不必要的细节。[137] 事实上，重要的不是事情本身而是学生的情绪。因此进入第一个问题是关键。

情感　A(Affect)

第一个问题要探究的是当事人的情感（他的有意识的主观感受或情绪），这样，当事人就可以正确识别在当时的环境下自己的感受并加以表达。你在听过他对有关情境的描述之后，只要问他："你当时感觉如何呢?"或"你当时的情绪怎样?"重要的是当事人一定要说清当时的情绪，尤其是你在共情倾听的时候。使用本章先前提到的反射式倾听的方式，你可以帮助当事人进一步阐述清楚自己的情绪。然后，我们进入第二个问题。

主要困难　P(The Predominantly difficult)

第二个问题在情绪的表达上更深入一个层次。问题可以是这样的："你觉得当时最大的困难是什么?"，"你觉得什么是最难处理的?"或"所有的这一切什么是最让你觉得心烦的?"如有必要，这个问题在提出之前可以简短地总结一下之前当事人的描述和表达。这个问题的作用重大，因为它使表达的人能够快速准确地直达自己问题的核心以及自己对此的感受。这样，谈话的重点就可以一直围绕重要的情绪，同时当事人有可能会有强烈的情绪反应，而你要做的就是鼓励当事人将这种情绪表达出来。而且你要提醒自己，这一环节对当事人理解自己的过程是至关重要的。然后，我们进入第三个问题。

非理性需要　I(The Irrational need)

第三个问题要强调个人的需要。问题的提出要能够使当事人给出一个多少有些不合逻辑的答案。所以问题看起来就像："如果你可能，在这种情况下你会作出怎样的改变?"或者如果事情是有关别人的行为，"你认

---

[137] Servan-Schreiber, D. (2004).

为这个人当时应该怎样对待你?”让我们想象一下这样的情境：一个学生神情紧张，因为学期末临近而他还没有完成作业，还有很多功课没有复习。想象他告诉你他觉得课业太重，觉得受不了了，而这样的紧张心情已经影响到他（情绪）。当你问他觉得最大的困难是什么，他回答说害怕考试不及格，会让他的父母失望，尤其是他的父亲对他期望很大。然后你问他假设他有能力，这种情况下他会希望有怎样的改变（非理性需要），他回答希望自己变得更聪明或者能够像他兄弟马克一样优秀。这个回答表达了一个希望完美的需要。另一方面，如果他回答希望父亲能够理解他已经尽力了，这就表明了被认可和被爱的需要。这时，通往最后一个问题的大门就打开了。

结果的出现　E(The Emergence)

这是整个过程的最后一步。这一步使得被那些破坏性的非理性和不现实的需要所缠绕的当事人能够迈开新的一步。结果的出现包括两个阶段。第一个阶段是指将当事人对前一个问题的回答进行复述，复述要使得需要得以表达。例如，如果学生告诉你他希望变得更聪明或像自己的兄弟一样优秀，你可以将他的答案复述为：“如果我理解你的意思，你想说的是希望自己做得完美无缺。”反之，如果学生回答希望父亲能够理解他已经尽力了，你可以说，“你希望爸爸知道你尽了很大的努力”或“你希望爸爸能够更欣赏你”。讨论至此，复述就变成了质询，对对方起到了震撼的效果，换言之，他就开始有了异样的感觉，感觉到自己所言之外的事情。我们不要忘记我们不仅在帮助别人重新恢复内心的平静，还在帮助他学习，目的在于要让他真实地感受到这一切。即便我们的需要有不合理的地方，这并不意味着我们可以轻而易举地解决这些需要。如果我们例子中的学生在逻辑上能够理解自己的需要的不合理之处，即他想做得更为完美或获取别人的认可，但他还是依然没有能够感觉好些。仅仅明白问题的存在和原因是远远不够的。要解决问题，就必须感觉到那些与问题紧密相关的因素。所以，清楚地复述他的需要而带来的震撼能够使他感到不同寻常的东西，同时他的行为也能够使他获得更大的信心，改善他的心智健康。例如，如果学生认识到他一直在追求完美而不接受自己所犯的任何错误，他就会向下调整自己的需要甚至可能放弃这种需要。结果出现的第二阶段是问当事人怎样的状况才能使他的心情达到最佳的状态。意识到自己的需要以及这些需要和他们消极情绪的联系不会神奇地解决一切问题，但最终会将当事人引向更好的状态。因此，你表现出的共情和同情心将会帮助当事人感觉更好，并且感受到你的支持。

下面是另外一个师生之间的对话，可以向我们举例说明 APIE 法的使用方法。其间有一些用来进一步阐释某些观点的介入问题或插入语。

谈话的当事人是娜迪亚（Nadia），她学了两年的计算机科学。

娜迪亚：我厌烦了学习计算机。我觉得想退学了。

老师：为什么呢？

娜迪亚：因为我觉得自己在这个学科不可能有什么建树。我的邻居就学了这个专业，现在正失业在家。还有，学校的机器设备都是过时的。我们现在学习使用的设备到我毕业时早就被淘汰了。

老师：你是在重新考虑自己的职业生涯吗？（反射）

娜迪亚：对，没错！我在彻底地重新考虑我的职业，我觉得自己不大适合学习计算机。

老师：在重新考虑这个过程中，你有怎样的感觉呢？（情感）

娜迪亚：我感觉不太好，我想如果我退学的话，我不确定自己该做什么。我不想像我的有些朋友那样，他们没工作，到处找工作。

老师：你觉得造成你现在这种感觉最大的问题是什么？（主要困难）

娜迪亚：我觉得最困难的是……（沉默）我不知道。我想如果我放弃了，我觉得自己就一事无成了。我已经不是第一次打退堂鼓了。去年，我退出了游泳队，还有，这之前，我还退了吉他课。我觉得自己干什么都不成。

老师：如果你能改变目前的状况，你会做什么呢？（非理性需要）

娜迪亚：我希望自己有一天能够成功，成功地完成自己的一个目标。

老师：你希望证明给自己看，自己还是能做成一些事情的。（结果出现的第一个阶段：通过表述实现自我价值的需要来进行质询。）

娜迪亚：（眼泪流下）对，我还从来都没有把事情做好过。事情往往不像我想要的那样，我就想半途而废了。

老师：该怎样做才能帮助你这次不要半途而废呢？（结果出现的第二个阶段：怎样会感觉更好。）

娜迪亚：（长时间沉默）……别再给自己那么大的压力了。

老师：怎么说呢？

娜迪亚：嗯，当我知道自己考得不是最高的那个或者遇到困难时，我感到一切都完了，我就开始怀疑自己。前些年，我总想凡事都做第一（要求做事完美的意识）。我和所有的人竞争，如果赢不了，我就会变得很生气，就想在事情结束之前退出。

老师：就像你现在要退学的念头……

娜迪亚：对，没错！当事情不像我想得那么简单时，我就想走人了。

老师：你觉得自己能不能做到少给自己一些压力呢？（回到结果出现的第二个阶段）

娜迪亚：我觉得我能。我只要接受现实，明白并非事事都如人意，即使失意的时候，也不意味着万事皆输、到了尽头。

在第六章里，我们在详细讨论性格特征时会再来看这些观点。我们会讨论如何结合性格特点来对待这些需要，还会讨论一些能够根据学生的性格来帮助考察他们需要的一些小窍门。

管理我们的情绪感受和背景情绪

正如第三章里讨论过的，背景情绪的管理是由对积极的情绪状态的刺激而引发的。我们已经知道消极的情绪与前额叶右侧皮质不断活跃的活动有关，而积极的情绪则被定位于前额叶左侧皮质。我们还提到当人们感受到积极的情绪时，前额叶左侧会引发对杏仁核的抑制，杏仁核是脑中负责消极情绪的部位。

背景情绪的管理很特别。研究表明强烈的控制情绪的愿望也许会有反面的效果。事实上，任何抑制“兴奋想法”的努力都会造成更多的皮肤电反应，转化成情绪的活跃状态。类似的结果在那些被呈现了令人厌恶的图像而又不得不抑制他们的厌恶情绪的被试身上被观察到。这些被试显示，这种沉闷的消极情绪是与不断增加的杏仁核的活动相关联的。简言之，这些数据显示，我们不应该努力抑制我们的情绪。否则，当我们想要抑制某种情绪的愿望过于强烈时，它将引发我们的其他情绪。因此，情绪管理应该来自自然并且无须刻意的努力。这些结果也与这样一个事实相一致，即强迫我们自己抑制某种消极情绪是一种不愉快的感觉，它将激活杏仁核的活动。

很明显，最佳的消极情绪的管理方式就是想办法去激发那些积极的情绪。正如第三章中提到的，科学的数据认为积极情绪是最好的工具，可以管理消极的情绪。让我们再看看三个最重要的发现。

保罗·埃克曼和理查德·戴维森发现仅仅微笑我们就可以使前额叶左侧皮层兴奋起来。[138] 理查德·戴维森等人认为冥想可以使前额叶左侧皮层兴奋。[139] 放松和冥想对学习过程的积极作用不断得到证实。[140]

这些数据又一次证实了以下两点：

1. 积极的情绪和快乐潜力巨大；它们不仅可以给人以幸福感，而且还帮助我们恰当地面对生活中的不同情境。因此，为了促进学生的理解力，我们要激发学生的愉悦感。

2. 冥想、放松和瑜伽对学生的情绪状态都有积极的作用，可以促进他们的学习能力。因此，我们要帮助学生放松，对学习有一个正确的态度，就必须在课堂上加入这些训练。这个问题我们会在第六章进一步讨论。

---

[138] Ekman, P. & Davidson, R. J. (1993).

[139] Davidson, R. J. Kabat-Zinn, J., Schumacher, J., Rosenkrantz, M., Muller, D., Santorelli, S. F. et al. (2003).

[140] Shah A. H., Joshi S. V., Mehrotra P. P., Potdar N. Dhar H. L. (2001).

通过愉悦感来管理背景情绪

我们已经了解了四种愉悦感：[141]

- 生理愉悦
- 社交愉悦
- 心理愉悦
- 思想愉悦

以下我们依次对其进行描述。

1. 生理愉悦指的是感官的愉悦（味觉、嗅觉、听觉、视觉和触觉）、欲望的满足（吃、喝、爱抚、闻到香水的味道、听音乐）以及身体的欢愉。因此，学校的环境应该最大可能地促发生理的愉悦。但事实并非如此，大多数的课堂课程并不能贯彻这一理念，更何况有些课堂教学干脆就对学生没有丝毫的吸引力，也许是座位不舒服，或许甚至有股难闻的味道。教师和学生可以创造一个更美好的教室环境有利于促发生理的愉悦。

我认为最重要的一点在于教师要将生理愉悦融入到自己所教的课程当中。例如，他可以让学生在教室里活动活动，放点音乐，或者拿原来的讲课来逗逗乐刺激一下大家的感官等。研究证明好闻的气味、[142] 音乐和按摩[143]等生理上的愉悦都会参与刺激前额叶左侧皮层的活动。

我们不应该忘记融入了情绪的学习过程是联想型的，也就是说，关于某个情境的记忆可以引发某种情绪，反之亦然，关于某种情绪的记忆能够使人记起某个情境。例如，如果教师在教课时播放柔和的音乐，邀请学生在学习的时候听一听，然后在考试的时候再次播放同一段音乐，这样就有可能刺激与当时的教课内容记忆相关的陈述性记忆的再现。

反之，我们也应该明白既然生理愉悦存在，那么生理痛觉也一样不容忽视。正因为如此，他们对学习过程的消极作用也是无可否认的。准确地说，尽管会让人听了不高兴，但大多数学校显然缺乏对生理愉悦感的运用。也就是说，这些地方让人缺乏愉悦感。这些地方总是以一副

---

[141] See Chabot, D. (2000).

[142] John P. K., Blackhart G. C., Woodward, K. M. Williams S. R. and Schuartz G. E. R. (2000).

[143] Johne N. A., Field T. (1999).

“门诊”的面目出现，对生理感官没有任何刺激，只是一堆钢筋水泥的堆砌，缺乏色彩，限制自然的光线，以及美的视觉感。经常能够看到的是，学生在墙上的涂鸦表达着他们“被囚禁”的感受，却并非表达着他们对学习的渴望和发挥自己潜能的快乐。这种在环境中缺乏生理愉悦的不幸造成了频频发生的走廊、盥洗室和教室里的破坏行为。所以，缺乏美和和谐必然导致攻击和破坏，显然，这种环境不利于学习。

因此，我们认为如果要改善学校的学习和整体条件，我们必须正视和解决这个问题。下表列举了几种生理愉悦，你也可以再对此自由补充。

表 4.9　生理愉悦示例

感官感觉	描　述
听觉	上课或操练时播放柔和的音乐。
视觉	装饰教室，定期移动室内物体。
	衣饰穿着与所教的内容相呼应（例如，教历史课时穿那个时期的衣服）。
嗅觉	在教室里洒一些香水。
触觉	邀请学生互相按摩肩部和上身，在压力大时能够有身心放松的效果。

2. 社交愉悦指的是在人际关系交往、生日聚会或与他人讨论时产生的愉快的感觉。简单地说，包括任何涉及到与他人言语交流的活动。

合作教学和学习因此就显得非常重要。[144] 另外，在学校里有很多方式可以刺激社交愉悦。例如，当一个学生和另外一个学生合作或交往时，他们彼此都会感到社交愉悦。但是，如果交往的学生之间不小心发生了人际上的矛盾，这种社交愉悦很快就变成了社交痛苦。

因此，教师在组织课堂时一定要鼓励学生和教师一起协同合作（如公开的座谈、讨论和友好的辩论）。从学生的表现可以看出哪个学生更需要社交愉悦（尤其是那些需要奖励和鼓励的学生）。因此，如果教师可以

---

[144] 参见 Howden，J. and kopiec，M. （2000）

刺激需要社交愉悦的学生，教师教法的价值和质量就会得到数倍的提高。

有一项48个孩子参与的研究表明：具有良好社交能力（创新能力和积极情绪）的孩子与那些表现出社交退缩特性的孩子相比，前额叶左侧皮层更为活跃，而在交往时更退缩的孩子则是前额叶右侧皮层更活跃。[145]表4.10列举了一些社交愉悦的示例，你也可以自由补充。

表4.10　社交愉悦示例

描　述
小组作业。
讨论。
与学生兴趣相符的并与课程相关的课堂活动。
把所有的学生视为一个团队并挑选学生领导。
根据课堂主题使用适合的教和学的方法。

3. 心理愉悦指的是那些寻求自我完善和自我实现的行为。这是非常个人化的，包括各种活动，如上大学、进修、旅行、干零活儿、演奏乐器、参加剧团，等等。

培养心理愉悦就像培养我们的动机。换言之，教师越能刺激学生追求自我实现和价值目标，就越能刺激学生的心理愉悦，也就能增加学生在现实中成功的可能性。因此，学校的环境一定要能够刺激心理上的愉悦，因为任何学业活动的本质即在于使学生在生活中有所实现。不幸的是，学校和其他教育部门往往会限制心理愉悦。长时间以来，大家一直强调学校不是让你玩儿和开心的地方，这是非常错误的看法，不仅损害学生的学习动机，而且更重要的是会影响整个学习过程。

每当我们接触到某种快乐的来源时，就会伴随着自我发展、超越自我或自我实现，我们就更容易感受到心理愉悦。

表4.11　列举了一些心理愉悦的示例，你也可以自由补充。

---

[145] Fox N. A., Rubin K. H., Calkins S. D., Marshall T. R., Coplan R. J., Porges S. W., Long J. M., Stewart S.（1995）.

表 4.11　心理愉悦示例

描　述
请学生表达自己的梦想和激情。
请学生阐述你所教的课程与他们追求的梦想的联系。
请学生阐述自己目前在追求自己学业和个人目标上达到的成就。
请学生阐述学校里能够帮助他们发展自我的事情。
喜欢那种根据所学科目来选择的教和学的方法。

4. 思想愉悦涉及的是灵魂，内在美，甚至精神，包括对快乐的反思、创造力（艺术上的和科学上的）、思考、冥想、哲学和祈祷。事实上，思想愉悦涵盖人类的存在和精神、对人生意义的追求、对理解的追求和对成长的追求。

我们可以把思想愉悦归为三个方面的存在的需要。

对生命意义的需要：每个人都需要感受到自己生命的意义。这个星球上的每种文化中人类都在以各种各样的方式追求自己所定义的意义。每种文化、每个民族、所有的伟大传统都在为生活赋予一定的目的、活着的理由以及那些拷问我们内心的问题的意义，例如：为何生存？为何死亡？为何忍受？为何贫穷？为何战争？这些问题广泛存在于每个人的心中，学生也会来问我们。因此，学校是个处理这些问题的绝佳之地，不是要寻求答案，更重要的是提供一个环境鼓励学生开放地讨论这些问题。这一寻求生命意义的需要对于高自杀率的青少年来说是常见的。而且，健康促进中心的研究证明寻求生活的目的能够提高我们的免疫能力,[146] 而且能提高老年人的生活质量。[147]

对生活有所贡献的需要：每一个人都需要感受到自己对生活是有贡献的。我们不仅需要感觉到我们的生活本身有意义，而且需要感受到我们在生活中所做的也具有意义，我们学习和工作的原因是超出了我们自身的。因此，当我们能够感受到自己的所作所为对生活有所贡献时，我们就增加

[146] 参见 http://www.sciencedaily.com/releases/2003/04/030429083520.htm: Searching for Meaning in Life May Boost Immune System.

[147] Krause N.（2003）.

了找到动力的机会，否则，我们会觉得自己在浪费时间并且一事无成。因此，这种对生活有贡献的感觉很重要。这时，学校又体现了它的重要性。事实上，教师必须时刻提醒学生他们在世界上的重要意义，一旦学生忘记了这一点，他们会灰心丧气，找不到生活的乐趣。教师应该牢记自己的在这方面的重要作用，因为教师经常会无意识地忽视这一对学生来说十分重要的需要。显然，热切追求梦想、为高尚的事业作出贡献的学生大都具有不可动摇的动机，很容易地度过人生中的低潮和困难时期。

内心平和的需要：每个人都寻求宁静。但是，能够使人类感受到内心的平和依赖于先前提到的两个存在的需要。换言之，当我们感到自己生命的意义并且以某种方式我们在对生活有所贡献时，我们才会感到内心的平和，会感到我们所作所为的价值。为了钱工作、为了成绩而努力学习是乏味的，只能使觉得自己无用，我们的成绩也没有意义。

毫无疑问，思想愉悦是最容易被我们的教育机构所忽略的，但这又是最关键的。当我们意识到自己生命的意义时，当我们觉得不仅仅是对自己、对于自己以外的事物也有所贡献时，我们才找到了内心的平静，我们继续前行的愿望才会进一步加大。为了刺激这一需要，教师必须有能力引领学生认识到课堂教授的内容、学生学习的领域、学生的人生梦想以及他们作为一个个体对于社会和人类发展的贡献，引领学生认识到这一切的一切在一个更具有哲学意义的存在主义的世界中的位置和作用。

表 4. 12 列举了一些思想愉悦的示例，你也可以自由补充。

表 4. 12　思想愉悦示例

类　别	描　述
生命的意义	邀请每一个学生向全班同学解释“生命的意义”、上学的目的、学校生活如何带给生命意义和快乐、选课的理由以及这门课对他们的帮助，等等。
对生活的贡献	让学生自问（单独或以小组为单位）他们如何通过学习对生活作出贡献。
感受内心的平和	邀请学生省视自我价值，认识自身的优缺点，并感受自己对身边的人做的好事。

通过冥想来管理情绪

冥想有几种不同的方式和技巧。我们在此介绍一种简单有效的、同时无关信仰的方式。这种方式只是要把思想集中在“自我”、“此刻”以及我们与周围人的关联上。表 4.13 是详细的分步介绍的一种冥想方式。开始之前，教师最好把灯关上，邀请学生以一个舒服的姿势坐下，等全班完全安静下来。之后，教师请按下面的步骤进行。

表 4.13　课堂冥想的分步指导

步　骤	示　例
第一步 调整呼吸，放松	我邀请你展开，放松…… 闭上双眼，全身松弛…… 深呼吸，呼吸越深你越感觉放松…… 用腹部呼吸，双肩不要上升…… 用鼻子吸入，用嘴呼出…… 感觉腹部在吸气…… 思想集中在呼吸上，别的什么都不要想…… 你感觉越来越没有压力，越来越放松…… 经过肺部的气流引起震颤，震颤穿过你的身体，到达你的指尖，到达你的脚尖…… 这股气流在你体内引起轻微的愉快的感觉…… （重复这一过程，总共 20 次呼吸）
第二步 觉察“自我”	现在使呼吸恢复正常…… 利用这段时间思考自己…… 觉察自己究竟是谁以及自己的组成部分…… 想自己的双脚，想想双脚正放在地板上…… 感受双脚，然后是小腿，然后是大腿…… 触摸你的双腿，从脚尖到臀部…… 感受你的臀部，腹部下面，你的躯干，背部…… 去除所有杂念，只感受你的身体，从脚尖到双肩…… 现在想你的双手，想象你就是自己的双手，自己的双臂，一直到双肩……

续表

步　骤	示　例
第二步 觉察“自我”	你现在全身放松，感受不到一点压力，一波抚慰的感觉袭来…… 现在想你的脸，感受脸上的每一部分，你的脸颊，你的鼻子，你的双眼…… 想象你的身体是个整体……
第三步 觉察周围的 环境和他人	想想你身边的人，你的同学…… 你正坐在椅子上，全身放松…… 想象别的同学坐在你四周，和你同样放松…… 想想这个学校里所有的人…… 想象别人都和你一样平静…… 现在再想得远一些，想想这个城市里，这个省，这个国家，乃至这个星球上所有的人…… 想想你是千千万万个人中的一员…… 你是一个地球上的人，这个星球上生活着千千万万个人…… 想到这一点你就已经感觉好些了…… 你现在和别人交流更顺畅，内心平静…… 你更加尊重自己，欣赏自己…… 你感觉更美好，更能够平静地聆听自己和别人……
第四步 冥想结束	现在你可以稍稍活动一下脚趾和手指…… 然后，慢慢睁开双眼，看看身边的同学们…… 像猫一样伸展自己，感受这次冥想的益处……

这就是全部！现在你可以在和谐和快乐的气氛中开始讲课了。很有可能学生在刚开始的时候会发笑，但是过一段时间，你就会发现他们离不开这个活动了。

*　　*　　*

本章中我们讨论了如何帮助学生更好地管理各种对学习过程有阻碍作用的情绪。首先，我们强调了共情和同理心的重要作用，任何人只要想帮助他人都必须具备这两种伟大的特质。其次，我们逐个介绍了提高情商的几个步骤：识别、表达、理解情绪，以及情绪的管理。我们讨论了共情倾听帮助学生识别和表达情感时的重要作用。然后，我们把情绪的组成进行了剖析，详细讨论了情绪的管理。我们看到如何管理非言语的表达，生理上的以及行为上的反应。我们还提到了如何管理认知和非理性的需要，并描述了 APIE 方法，用以帮助学生更有效地管理认知和非理性需要。我们提到了对于背景情绪的管理，并强调了几种不同来源的愉悦感：生理愉悦、社交愉悦、心理愉悦以及思想愉悦。最后，我们介绍了能够刺激前额叶左侧皮质的一种最为有效的方式：冥想。

下面，我们将论述情绪教育法的另一个方面，即如何帮助学生感受有利于学习的情绪。

第五章

刺激有利于学习的情绪

这是任何一位老师都会遇到的最大挑战。教师必须能够使学生感受到那些能够有利于学习过程的情绪，才能帮助学生对学习的内容感觉良好。这就是我们所谓的“动机”问题的核心。我们知道大约30%的加拿大魁北克高中学生未能完成高中学业，45%的学生大学毕不了业。[148] 我们还知道男生比女生这个现象更普遍。

但对于我们来说，应该清楚，我们希望学生取得的成绩并不能说明他们明白如何学到相应的知识，换言之，学生找到解决问题的方法并不意味着他真正学会了知识。通常来说，教师会假设：只要学生找到了正确答案，这是因为他们知道该怎样寻求问题的答案。问题实际在于学生也许知道如何找到正确答案，但并不意味着内心深处他知道寻求的方法。我们都遇到过这种情形：能够做成一件事情，但没过多久我们就奇怪自己究竟是怎样做到的。就算在别人对我们充满溢美之词的背后我们也许会暗自纳闷，因为我们并没有真正理解自己做了什么，也就是说，我们其实是不能的。

因此，我们有必要进一步解释如何区分这两种情况。通常，任何教师在学生回答正确的时候都会表扬（或强化）学生，这时，我们可以说这种表扬

---

[148] 根据 Vallerand，R. J. （1993），pp. 533 – 581.

更是为了鼓励学生寻找问题的正确答案。但是，如果我们的方式更进一步，在表扬学生找到了问题的正确答案的同时，更强调学生获得了一种胜任感。换言之，表扬要强调胜任感，而不仅仅只是强调找到了正确答案（见图5.1）。

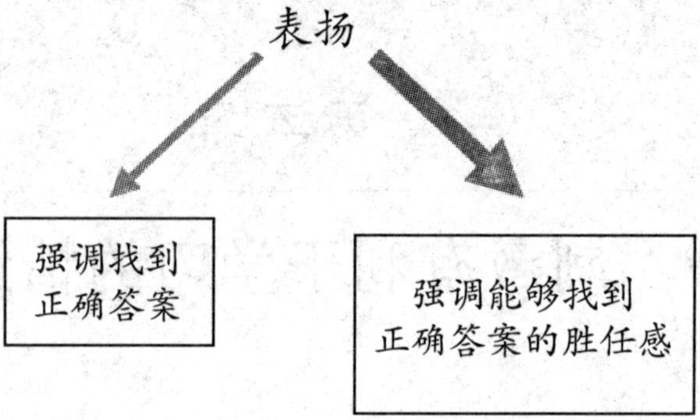

图5.1　更重要的是表扬要强调能够找到正确答案的胜任感，而不仅仅只是找到了正确答案。

我们来看看下面一个重要的插述：

> 使学生感觉到自己有能力的表扬会在学生心中产生一种感受，这种感受能够使他真正解决一个问题或者完成一项任务。反之，如果表扬只是为了鼓励学生去解决一个问题（或完成一项任务），而学生成功的动力只是在于得到表扬，那么，学生就没有动力去掌握这项任务，而只是为了得到老师的奖励或认可去完成任务了事。[149]

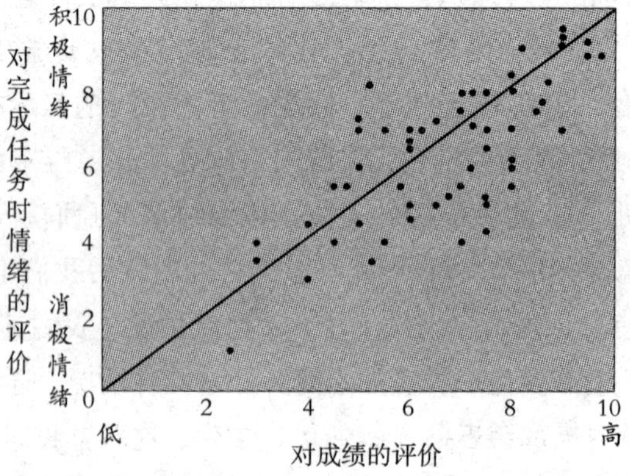

图5.2　在完成任务的过程中，测试者的情绪和完成任务过程中测试者对成绩的评价相关示意图。

---

[149] Pelletier, L. G. and Vallerand, R. J. (1993).

很多研究证明我们有必要围绕学生的胜任感来调整我们的学习方式，而不仅仅是围绕找到问题的答案而已。研究还证明这样的方式能够促进学习过程、学习成绩、创造力和对学业的坚持。[150]

值得我们注意的是，胜任感直接与我们的情绪相关。事实上，我们在讨论情商时，注意到一个现象。当一组人（或一个人）去承担一项任务时，他们在做事时的成就感与在完成任务时的情绪有直接的联系。图 5. 2 清楚的显示了在完成任务时的情绪和在做事时对结果的满意程度之间的相关性（$r = 0.79$，$p < 0.0001$）。在一次活动中，共有 109 名测试者参与猜谜，被分为几组，每组 10 至 12 名成员。每一组都会得到 30 条提示信息，其中含有 6 道问题。练习完成以后，每个测试者都要填写一份如图 5. 3 所示的评价表，首先要识别他们的情绪，并且回答有关情绪评价和成绩评价的问题。情绪评价和成绩评价的平均分大致相同（情绪评价 = 6. 62/10，成绩评价 = 6. 19/10）。这一现象表明在猜谜练习过程中测试者的感觉越好，他们对成绩的满足感越高。这一点对我们尤其重要，因为当测试者填写表格时，他们还不知道有关谜语的 6 道问题他们能答出几道，只有在他们填完表格（图 5. 3）后，谜语的答案才给了他们。因此，这项练习中所有参加的小组都是 6 道问题答对了 5 道，即 83%。但是，他们对成绩的评价是 6. 19/10，比 83% 低了 21%。这个较低的百分比清楚地说明了测试者在练习过程中的情绪，也就是说，就像我们在第二章中讨论过的，我们的知觉和判断能够被我们的情绪所改变。

这些结果证明我们的感觉越好，就越能体会自己的成就。但是现实生活中，我们学习时并非一直感觉到愉悦。学习并非易事，认为或假装我们可以消除学习过程中的一切苦恼是错误的。事实上，学习离不开努力、勤奋的工作，而且学习的过程并非一帆风顺，因此，尽管大家都知道无论是教师还是学生都明白学习的艰苦，我们也不能就此放弃。我们的目标是创造一个愉快的学习环境，使我们能以愉悦的心情去学习，所以，我们必须首先解决我们在学习过程中可能遇到的烦恼和痛苦。如果我们能够很好地利用情绪“元能力”（一种运用我们的情绪和基本情绪能力的方法），我

---

[150] 根据 Vallerand，R. J.（1993）.

练 习

1. 参照下表列出的各种情绪，找出你在练习时感受的情绪并评价其强度。

分类	情绪	强度（弱 → 强）
恐惧	害怕	
	焦虑	
	胆怯	
	不安全	
	困惑	
愤怒	烦恼	
	激怒	
	沮丧	
	不耐烦	
	生气	
悲伤	无聊	
	失望	
	气馁	
	内疚	
	悲伤	
厌恶	痛苦	
	羞辱	
	不情愿	
	胁迫	
	厌恶	
轻蔑	轻蔑	
	疑惑	
	低估	
	反感	
惊讶	震惊	
	意外	
	吃惊	
	印象深刻	
快乐	高兴	
	自信	
	满足	
	激情	
	乐观	

2. 回答下列问题。

情绪评价

		1	2	3	4	5	6	7	8	9	10	
（1）就情绪而言，我觉得	不太好											很好
（2）我觉得小组团队	关系紧密											不太紧密
（3）小组成员之间的交流	很糟											很好
（4）我参与的程度	低											高

平均分：______

成绩评价

		1	2	3	4	5	6	7	8	9	10	
（1）工作方法	很糟											很好
（2）工作表现	很糟											很好
（3）小组效率	差											好
（4）成绩	差											好

平均分：______

图5.3 一次情商讨论课上的小组使用的评价表格。每个参与者都参与填写，然后求出情绪评价和成绩评价两个部分的小组平均数。

们就能很容易地把痛苦转化为愉悦。下面本章将阐述如何做到这一点。首先，我们先来看一个有趣的理论，这就是理查德·所罗门（Richard Solomon）的对抗过程理论（the theory of antagonistic processes）。[151]

对抗过程

对抗过程理论可以使我们了解某些看起来矛盾的行为。通常，动机理论认为人类有寻找快乐环境和逃避不快乐环境的倾向。事实上，有很多例子能够解释这样的学习过程，其理论依据就是我们通常所说的“行为或操作性条件反射”。大体上，操作性条件反射发生在对刺激的反应被正强化或负强化时。具体地说，当我们被正强化（奖励）时，我们的行为会增加，而负强化（惩罚）时，我们的行为会消减。有趣的是，有很多时候我们的行为却并不遵守这一规律，负强化却会使一种行为持续增加，例如：

- 一个女性发现尽管她和伴侣多次争吵而且承受暴力，她依然很难作出分手的决定；
- 一个人在赌场输了很多钱，却还要赌下去；
- 一个人虽然害怕，可还要跳伞；
- 一个人虽然知道毒品的危害，可还是戒不掉。

在这四个例子中，我们描述了两个不同版本的对抗过程理论。第一个版本是指那些起初带来很大的愉悦感，但逐渐转变成为痛苦，就像两个人开始一段新的感情时充满了快乐和激情，随着时间的流逝，痛苦超过了快乐，一个人染上毒瘾也是如此。起初，吸食毒品带来极度的快感，但是后来这个人就会体会到毒品的强大的负面后果而无法抽身。另一个版本方向相反。起初的痛苦最后成为享受，并且上瘾。例如，跳伞的人在初跳时感到很害怕，但是，多跳几次，恐惧就会消失而且变成了极度的快感。赌博

---

[151] Solomon，R. L.（1980）.

的人输多赢少，但也会有同样的情感经历。虽然输钱很痛苦，赢钱很少见，但后者依然在赌博者的心目中地位非凡。下面我们来看看这究竟是为什么。

根据对抗过程理论，在某一个特定条件下，每一次的刺激会引发一个强烈的积极（愉悦）或消极（痛苦）情绪，也会发生这一个相反的反应，并且一旦条件发生改变或结束，其会倾向于代替最初的情绪。

一个个体受到一次刺激就会引发一个愉悦或痛苦的反应，这个过程的发生经历了四个不同的阶段：

a. 最初的反应达到峰值；
b. 出现一个适应期，最初的反应强度减弱；
c. 刺激消失，一个相反的情绪反应出现；
d. 一段时间后，情绪状态回归到基础水平。

图 5.4 描述了一个最初极度快乐的情境。比如，一个人吸食了可卡因，他会在最初感到强烈的快感，对抗适应过程之后，最初的快感很快会消逝。同样的对抗过程会产生相反的感受，痛苦随着毒品的效果逐渐减弱就慢慢出现了。

图5.4　一个基于起初愉悦情境的对抗过程理论。（A）刺激出现，感到快乐。在（B）点出现了一段适应期。然后，当刺激消失（C），出现一个痛苦反应。过后，情绪状态回归到其初始的基础水平（D）。

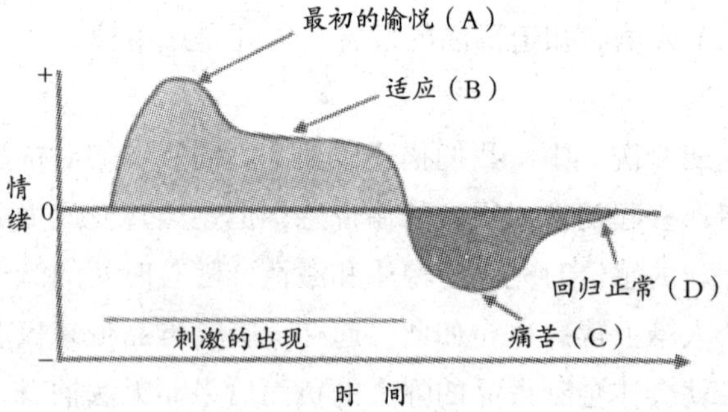

这种情形重复的次数越来越多，这个人就会越来越习惯，这时习惯机制开始发生作用。习惯机制使最初的快感减弱，随之而来的痛苦却越来越强烈（见图 5.5）。人们吸食毒品时就是这样的情形。起初，使用毒品的人感受到精神愉快，然后，他就有动机为了这种美好的感觉去消费毒品，但是之后一种叫做“药物成瘾耐受性”的习惯现象使吸食者在吸食的时候快感越来越少，不吸的时候的痛苦越来越多。因此，此人吸食毒品的动机从基于快感的消费行为转变为基于消除痛苦的消费行为。

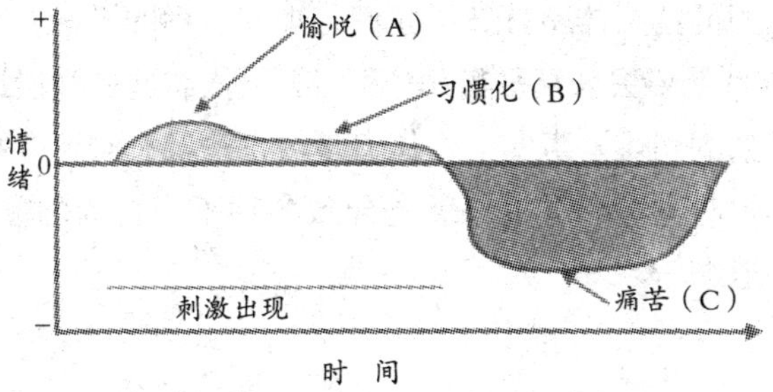

图5.5 当情境再次出现，最初的快感（A）由于习惯化过程（B）的出现而减弱。但是，随着刺激的消失而来的痛苦越来越强烈（C）。

以上的解释不仅适用于毒品的案例，而且对爱情关系也同样适用。实际上，在这样的关系里，相爱的人为了强烈的愉悦感而寻求对方，但是当关系的存在成为习惯，关系变得不再紧密时，回避独处的痛苦或不再感受到对方的存在就变得比享受相处的愉悦更加重要了。

对抗过程理论还解释了为什么起初伤心或不快的情境后来变得富有激情，令人艳羡。举个例子，想象你就要去第一次跳伞的感受。图 5. 6 阐释了整个过程。起初的痛苦和恐惧（A）很强烈，但是很快减弱消失进入适应期，当令人不快的刺激消失后便出现了下一轮的快感（B）。在跳伞的例子中，起初的恐惧非常强烈，但逐渐减弱，后来变成降落伞打开时或安全着陆的愉悦感。

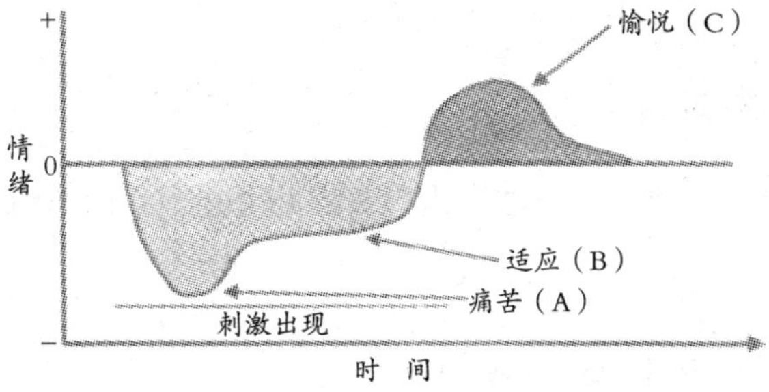

图5.6　基于一个起初不愉快的情境的对抗过程理论。刺激出现，强烈的痛苦被感知（A），然后是适应阶段（B），此处痛苦减弱。最终当刺激消失，强烈的愉悦感出现（C）。

简而言之，我们经历得越多，最初的痛苦就会越弱，且过一段时间后，痛苦会自然地让位于快乐的感受。图 5.7 中可以看出随着体验的时间带来的痛苦（A）会更短更弱。最初的痛苦很快变成了预期的愉悦，之后变成了强烈的欣然的感觉，然后回归正常状态。道格拉斯·墨克（Douglas Mook）[152] 认为任何有机体的不平衡都会产生一个寻求恢复平衡的行为，也就是说，一个强烈的情绪体验打破了我们心理和生理的平衡，一种补偿的力量（对抗情绪）就要去恢复平衡。[153] 我们必须依靠这一补偿过程去迎接我们在学习中遇到的困难。事实上，任何学习方法都有它要寻找的快乐时刻和要逃避的不悦时刻。后者也许就是导致各种不当行为的罪魁祸首，如不专心、压抑和退缩。

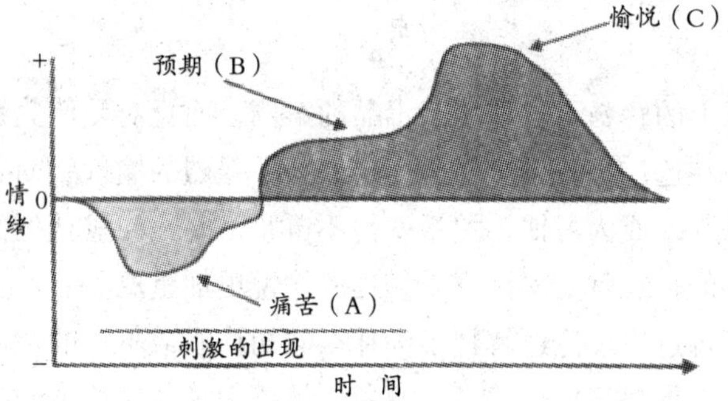

图5.7　在体验到一个情境（刺激）后，最初的痛苦（A）变成了期望的愉悦（B），并之后变成强烈的欣然。这个经历导致了快乐体验，尽管是以起初的痛苦开始的。
摘自Mook, D. G. (1987)

一个成功经历了严格的学习过程的人也会成功地克服和适应他所经历的种种挫折和困难。有些人更擅长于此，而有些人却费尽力气却不得要领。我们认为成功关键在于将学习方法的痛苦转化为成功地通过学习方法本身达到预期的愉悦的能力。其实，正如我们先前所说的，成就感不仅是在得到想要的成果时才会获得，当我们克服了路上遇到的困难时也会获得。这对教育者和学生来说都是一个挑战。

学习中的对抗过程

对抗过程会在每一种学习方法中出现。实际上，当我们遇到一种新的

---

[152] Mook, D. G. (1987).
[153] Huffman, k., M. Vernoy and J. Vernoy (2000).

学习方法时，我们也很快会遇到困难和痛苦，必须用决心来克服，否则，这些困难和痛苦会逼迫我们想要放弃。反过来，任何成功都是克服了学习方法中的困难。由此我们可以看出，成功的要素有两个：一是坚定的决心，无论学习意味着怎样的痛苦也要坚持下去，二是不断的成功，以化解学习的痛苦。没有成功，决心和坚持就会动摇，最终会导致放弃。事实上，最大的决心也需要不断的成就来巩固，也就是说，学生的决心要被激发出来，而且也要不时地强调他取得的成功。

在前一部分，我们证实强调胜任感要比正确回答问题更为重要。下面插述从另一个侧面证实了所罗门的对抗过程理论。

> 任何教师都必须能够在两个方面激发学生：
>
> 1. 通过鼓励和帮助他应对学习中的痛苦激发他的决心；
>
> 2. 通过强调小的成就以及最终会带来最后的好结果激发他的胜任感。

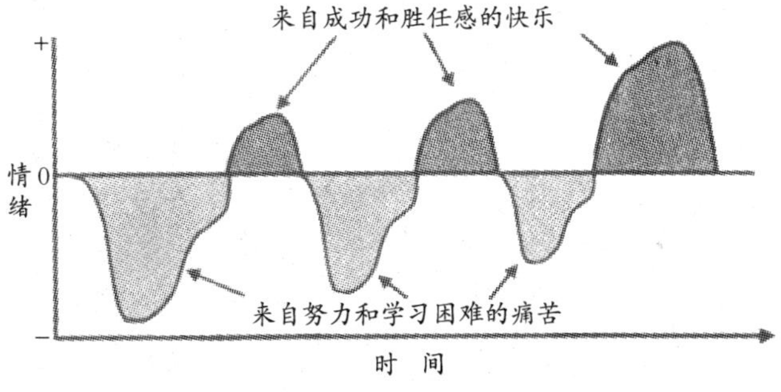

图5.8　在一个学习方法过程中的对抗过程图示。一个成功的方法是那种在快乐增加的同时，痛苦逐渐减退的方法。

简而言之，决心带来成功，成就巩固决心。如图 5. 8 所示，对抗过程逐渐带领学生避开困难而且在有信心克服困难的背景下主动地向困难出击。因此，学习过程是双向的，不仅通过认知的或技术性的学习学科内容，而且通过认知或技术性学习下面的情绪学习方式。这意味着认知或技术性学习很大程度上依赖于贯彻始终的情绪学习方式，缺少了情绪学习，认知和技术性学习法就会大失光彩。某种程度上，情绪学习也依赖于学生如何进行认知学习或技术性学习。如果学生没有体验过成功，或没有人强调他所取得的成就，他的胜任感就没有被激发出来，那么学习过程就很可能会半途而废。

运用对抗过程的益处

我们已经概括了积极情绪能够对学习过程的有利作用以及对消极情绪的阻碍作用。因此，运用对抗过程意味着要注意任何学习方法都要经历苦和乐。成功的道路要靠一点一滴的成就带来的小小快乐。教师要时刻注意强调这些不时出现的小成就，同时必须注意学生选择的学习方法。这对教师来说绝非易事，尤其当学生人数众多的时候。教师必须告诉学生他们自己同样肩负重要角色，需要了解彼此的学习方法，同时能够认识到自己取得的成绩。

下面的练习需要教师和学生在一段学习结束时，或一次练习或评价后一起来做。你会注意到这项练习使用了第四章中提到的 APIE 法。[154]

---

[154] 见第四章内容。

练习 5.1　学习方法的评估

参照下表，说出你在上课时、做练习时或考试时的情绪，并在右边的量表上标出这些情绪的强度。

分　类	情　绪	强　度
		弱　　　　　　　　　　强
恐惧	害怕	
	焦虑	
	胆怯	
	不安全	
	困惑	
愤怒	烦恼	
	激怒	
	沮丧	
	不耐烦	
	生气	
悲伤	无聊	
	失望	
	气馁	
	内疚	
	悲伤	
厌恶	痛苦	
	羞辱	
	不情愿	
	胁迫	
	厌恶	
轻蔑	轻蔑	
	疑惑	
	低估	
	反感	
惊讶	震惊	
	意外	
	吃惊	
	印象深刻	
快乐	高兴	
	自信	
	满足	
	激情	
	乐观	

你认为在这种情境下最大的困难是什么？换言之，你是否在某个时刻感觉非常不好，如果是，请描述当时的情境？

（例如，当老师谈论一个我不太明白的题目时，我觉得自己很笨，好像全班只有我一个人不知所云。）

______

______

______

当时，你希望有什么事情发生，你才会感觉好些？

（例如，我希望老师能意识到我没听明白；或者我能有勇气告诉他我不明白他在说什么。）

______

______

______

在前面描述的场景中，请指出你是否在某一时刻感受到成功或喜悦（无论多么不易觉察），以及你当时的情绪如何。

（例如，知道某个时刻，我还感觉不错，因为那时我还听得懂老师在讲什么；或者当我做这部分练习或考试时，我觉得自己还行；或者当老师走过来问我有没有问题时，我觉得他帮助很大。）

______

______

______

当你回想这种成功的感觉时，你现在心情如何？

（例如，心情很好，因为我觉得自己不像自己想象的那么笨；或我觉得很受安慰，因为当时我认为事情并不是一塌糊涂；或者我看到老师那么关心我觉得很安慰。）

______

______

______

描述这种成功或喜悦是否对你学习这门课有帮助或者只是帮你上完了那堂课。

（例如：事实上，这件事使我信心倍增，我觉得就算自己不喜欢这门课也能学得好；或就算我还是听不懂，至少老师是肯帮我的。）

____

____

____

* * *

简而言之，所罗门的对抗过程理论使我们理解了快乐的真正含义，无论快乐大小，它对于学习的意义是重大的。学习就是要不可避免地面对困难、怀疑，甚至失望。因此，那些不经历努力和痛苦就能学习的想法是不切实际的，同时，那些认为学习就与快乐和成功绝缘的想法同样是错误的。

任何学习过程中的成功和/或快乐都能够帮助我们获得学习的动力，帮助我们打消退学甚至是丧失学习兴趣的念头。任何人都需要感受到学习方法带来的乐趣，感受到学习过程中的快乐，否则，放弃、失败、退学就会成为最终的选择。

你可以问问身边的朋友他们是否享受学习的过程，问问他们当学习新事物的时候希望有怎样的心情。你会发现他们的答案尽不相同。有些人需要老师的帮助，有些人需要知道自己所做的一切是否有更高的目标，有些人认为重要的是要体验过程中的小小成就，有些人认为只有通晓一切才能感觉有所成就。你的发现会帮助你理解为什么有些人喜欢新奇和不同，而有些人坚持循规蹈矩从一而终。也许你执教的经历中遇见过有些学生在你告诉他们考试不及格时无动于衷，而有些人却反应强烈，有些学生渴望你的赞同和帮助，而有些学生却持无所谓的态度。

下一章我们将进一步讨论学生的个体差异。我们将描述人格特征的作用、学生各自的学习方法以及他们对待成败的不同态度。也就是说，我们对苦和乐、奖和惩、积极和消极情境的预期的反应各不相同。

第六章

人格类型、师生关系和学习过程

正如多次提到的，我们认为只有进入了“感受”模式，真正的学习过程才开始。虽然如此，但显然每个人的感受是各不相同的，我们“感受”事物的方式是各种各样的。事实上，我们对生活中的各种情境也有各自的感受，因此，我们在各自所处的不同的情境中学习的效果也会不同。每个人感知和对外界环境刺激的反应也不尽相同，并且影响到我们的学习方法。因此，教师一定要了解这些有关人格特质的常识，在情绪教育法中加以运用。

人格的三个生理维度

神经心理学家罗伯特·克洛宁格（Robert Cloninger）一直关注于人格的心理生物学基础。[155] 他的模型在整体上相对复杂，[156] 我们在此只重点论述几个易于理解的主要因素。克洛宁格的重要研究使我们能够建立起九种人格剖面图，这些剖面图的划分主要是基于三种人格的成分：

---

[155] Cloninger C. R. , Svrakic D. M. , Przybeck T. R. (1993).

[156] 当前，克洛宁格模型是两个维度：一个是天生的，代表一种气质；另一个为习得的，代表人格特质。克洛宁格认为存在四种气质类型：寻求新异、避免惩罚、奖赏的需要和坚持性。三种人格特质为：自我控制、合作和自我超越。

- 寻求新异的需要，即寻找新刺激；
- 避免惩罚和伤害的需要，即对厌恶性刺激强烈反应的倾向或者采取行动避免受到惩罚；
- 奖励和情感的需要，即对奖励性刺激强烈反应的倾向，并学习维持一个被强化的行为或当奖励不存在时仍能保持下去。

现在，我们来逐个讨论这三种人格特质。克洛宁格认为这些人格特质是与生俱来的，并且依赖于一种特定的神经功能。

寻求新异的需要

高度寻求新异事物的个体通常需要强烈的新的刺激。他们通常寻找一切能够刺激、使他们感兴趣、使他们充满活力的事情。他们喜欢尝试新鲜事物，不仅拿自己的身体冒险，而且拿自己的社会和情感关系冒险。

但是，他们还具有易冲动和没条理的倾向，当事物变得程序化时很容易觉得厌倦。寻求新异刺激的人和具有这种强烈性格特点的人具有的优点是他们颇具激情，很快对新奇的事物有兴趣，喜欢变化，具有强烈的好奇心。

另一面，他们经常脾气暴躁，当愿望和需要不被满足时，很容易有挫折感。所以，在需要努力时，他们通常具有浮躁的倾向，和别人的关系也经常动荡和混乱。

相反，那些对新异事物不太感兴趣的人通常好奇心和激情相对少些，不善表达，更为保守和顽固。他们喜欢程式化和单调的事物，工作和社会关系都很稳定。另外，他们还颇具耐心，不太容易有挫折感。

另外，这样的人通常考虑问题很周到，外表整洁，注重方法，做事有条有理。他们的缺点是对新概念或新方法需要长时间的理解才会采用，并且在习惯被打破时常常会觉得不安。

简而言之，那些天生寻求新奇的人对情绪刺激有强烈（高于正常水平）的需要。这种需要是由于脑中某些部位的多巴胺水平过低。[157] 多巴胺是脑中的神经递质，与愉悦和活跃有关。由于这些人的多巴胺水平长期不

---

[157] Souccar，T.（2001）.

足，他们就会寻求任何能够刺激他们愉悦、令他们感到活跃状态的事物来补偿这种不足。也就是说，这些人更容易对药物和酒精成瘾，沉溺于冲动型的行为，如极限运动、赌博和犯罪。

当我们的学生对新异事物有强烈需要、需要更高水平的刺激时，他们需要被激励，更加投入到学习。因此，如果教师能够使他们更感兴趣，他们就会更投入，更专心。但是如果教师讲课枯燥乏味，他们就会失去兴趣，更有可能中途放弃。一个有趣的研究证明辍学的学生在罗伯特·克洛宁格的寻求新异量表中通常得分很高。[158]

相反，那些对新异事物不太感兴趣的学生能够忍受单调，能够长时间地集中精力在学习上。他们喜欢稳定，不喜欢自己熟悉和习惯的情形被干扰，在他们遇到新鲜事物或方法时，他们的不安感会增强。这一切都意味着任何新教法并不一定适合所有的具有不同人格特点的学生，他们中有些人喜欢新事物，有些却对此不屑一顾。

表 6.1 列举了不同的学生特点，他们有些人对新异性事物的需要很微弱，有些人这样的需要却很强烈。

表 6.1　寻求新异的特质

弱	强
● 有限的好奇心和激情	● 对新刺激和感觉有强烈需要
● 不善表达、保守和固执	● 喜欢身体冒险
● 忍受一成不变和单调	● 尝试社会关系上的冒险
● 周到细心、整洁、注重方法、有条理	● 冲动、没条理
● 慢慢接受新事物和新方法	● 不能忍受程式化
● 耐心，不易有挫折感	● 很容易对一成不变的事物觉得厌倦
● 对变化会感觉不安	● 充满激情
● 工作和社会关系稳定	● 很快投入
	● 喜欢变化、有好奇心、有开放心态
	● 当愿望得不到满足时、会冲动和沮丧
	● 需要努力时会反复无常
	● 人际关系不稳定，紧张

---

[158] Wingerson D., Sullivan M., Dager S., Flick S., Dunner D., Roy-Byrne P. (1993).

避免惩罚和痛苦的需要

那些避免惩罚和痛苦的需要占绝对优势的个体通常性格表现为谨慎、焦虑和怯懦，并且有悲观的倾向，害怕失败以及不利局面的降临。具有这种性格的人通常对不确定和不熟悉的事情感到不安，对于未知的事物，哪怕是没有任何威胁也会心存畏惧，因此，不会承担风险。

在社会关系中，他们通常是害羞的，缺乏自信心，也就是说，害怕同陌生人会面，在与对方建立联系之前需要确切的来自对方的接纳信号。另外，这样的个体能量水平很低，经常感到疲劳。这种特质的优点在于它能够使人更注意危险的情境，因此能够更好地作计划。但缺点在于：这样的人通常过于胆小。相反地，如果没有避免惩罚和痛苦的倾向，个体则会表现得放松，无忧无虑，而且胆大。这样的人通常是乐天派，哪怕是在别人觉得烦恼的情形下，也会表现得意气风发、外向和对别人毫无遮拦，而且这样的人能量水平很高，充满了激情和活力。

总而言之，那些避免惩罚和痛苦的个体通常害羞，害怕痛苦，与人交往时个性拘谨，能量很低。显然，这种性格特质与5－羟色胺有关，5－羟色胺是一种神经递质，在脑的一些区域中起到抑制剂的作用，所以，体内高水平的5－羟色胺会起到抑制行为的作用，个体就会寻求逃避痛苦。[159] 具有类似特质的青少年通常会吸食毒品以消除这种抑制。摇头丸就是这样一种毒品，能够降低5－羟色胺的作用，从而提高吸食者与外界联系、沟通的倾向。[160] 这也许也是内向的青年人痴迷于这种毒品的原因，这使之成为舞会中的首选。[161]

那些具有寻求避免惩罚和痛苦的特质的学生通常比较害羞，不怎么在课堂上发言，害怕老师批评，害怕失败。教师如果在学生身上发现类似的特质应该试图跟他谈话，安慰他，在有风险的时候为他提供支持，以帮助学生克服恐惧心理。教师必须记得具有这种特质的学生患忧郁症的风险更

---

⑲ Han Senne M.，Ansseau M.（1999）.

⑳ Kalant H.（2001）.

㉑ 需要特别关注的是显示出强烈“寻找新异”特质的青少年中，兴奋剂是非常流行的。

大，尤其是经历失败的时候。[162] 但是，教师同时还必须清楚学生在应对恐惧心理的时候自身就具备积极反应的潜能，也就是说，惩罚的威胁对于这些学生来说也可能是有用的工具。

相反地，那些对惩罚和痛苦不逃避的个体通常外向、大胆，几乎是没有来由的乐天派。他们的不在意反而将他们置于失败的高风险之中，但是，他们并不为此着急。另外，在教师说教或威胁他们时，他们并不为之所动。事实上，任何惩罚的威胁对他们都是无用的，因此，若要使这样的学生更为敏感，教师还要另觅高招。表 6. 2 总结了这类特质的特点。

表 6. 2　避免惩罚和痛苦的特质

弱	强
● 不在意、放松、大胆 ● 没有理由地乐观 ● 有胆量、开放、外向 ● 面临危险时有信心 ● 轻率、性急 ● 面对不确定性时有信心 ● 高能量、活泼、有活力、热情	●谨慎、焦虑、胆小 ● 易于陷入悲观情绪 ● 害怕失败和困难 ● 不喜欢不确定和不熟悉的环境 ● 害怕未知事物 ● 不敢冒险 ● 害羞、缺乏自信心 ● 不愿和陌生人见面 ● 需要来自他人的明晰的接纳信号 ● 低能量、经常感到疲劳 ● 更善于计划

对奖励和情感的需要

那些强烈需要情感的人需要来自他人的认同、支持和强化。这种特质的人通常热心肠、敏感、忠诚，并且寻求与他人的社交和情感联系。因此，他们通常善于与别人建立友好亲近的关系，很愿意将自己的情绪和敏感表达出来，并且他们能够设身处地地为别人着想，善于理解别人。

这种特质的优点在于这样的人对社交信号很敏感，因此很容易建立友

---

[162] Hansenne M. , Reggers J. , Pinto E. , Kjiri K. , Ajamier A. , Ansseau M. (1999).

好的、相互理解的社会关系。

然而，缺点在于由于他们寻求对别人的依附和好感，会使得他们容易受到别人的影响，从而失去自己的客观判断能力。而且在极端的情况下，甚至能够导致他们产生严重的情感依赖。

相反地，那些对情感需要较弱的个体则表现出冷漠、无情和社交麻木。他们希望独处，不喜欢和别人交流。所以，和别人较疏远，很少和别人建立融洽的关系。

这就是说，如果对情感的需要较低，个体就可以保持客观的态度，他们的行为就不会被取悦他人的意愿所影响。另一方面，由于缺乏对事物的敏感度，这样的个体很难与别人沟通，很难与别人建立情感关系，这些人甚至会变得自负和任性，缺乏共情的能力和对别人的同情心。

简而言之，需要奖励和情感的个体寻求牢固的情感联系以及来自他人的认同，通常为别人是否喜欢自己或接受自己而忧虑。这一特质与去甲肾上腺素水平过低有关，去甲肾上腺素是一种神经递质，功能在于调节注意力、学习以及保持对奖励的驱动力和能力。例如，一个个体脑部去甲肾上腺素通路活动性低的时候就有倾向去采取寻求更多注意力、与别人的情感联系等补偿性行为。

在学校里，那些有强烈奖励和情感需要的学生通常会努力争取别人的赞美，尤其是教师的赞许。因此，交给他们建立自信心是非常重要的，否则，由于得不到同学、尤其是老师的赞许或情感的支持，他们的信心就会产生动摇。然而，这些学生从奖励中获取能量，从成功、高分数、别人的注意和赞许中得到激励，所以，就像那些带有强烈的避免惩罚和痛苦特质的学生害怕自己行为的负面后果一样，具有强烈奖励和情感需要的学生对失去自身所拥有的会很敏感，也就是说，有些人害怕享受快乐，有些人却害怕失去快乐。

相反地，对奖励和情感需要微乎其微的学生会表现出冷漠和保守。一个好教师在人际关系方面应该尽量鼓励这些学生。另外，教师应该意识到由于这些学生对奖励并没有期望，才使得他们对好成绩或和老师之间的良好关系不感兴趣。激励他们发挥自己、向他们展望成功并非良方。

表 6.3　对奖励和情感需要的特质

弱	强
● 冷漠无情 ● 社交麻木 ● 疏远孤独 ● 疏于交际 ● 不与他人亲近 ● 保持客观 ● 不愿取悦他人 ● 很难交流 ● 很难建立情感关系 ● 自负、任性 ● 缺乏共情和同理心	● 需要别人的认可 ● 需要支持和奖励 ● 热情、敏感、忠诚 ● 需要社交和情感联系 ● 很容易建立友好和亲近的联系 ● 很容易表达情感和感受 ● 为他人着想，能理解别人 ● 很容易被影响 ● 很容易丧失客观性

九种人格类型

从克洛宁格的模型中我们知道了九种人格类型，[163] 其中的每一种人格都有其自身的特征、情绪动力以及其独特的感受和学习的方式。表 6.4 根据克洛宁格的三种人格特质对这些类型总结如下。

表 6.4　九种人格的剖面图

性　格	寻求新异的需要	避免惩罚和痛苦的需要	对奖励和情感的需要
大胆型	强	弱	弱
表演型	强	弱	强
极端型	强	强	弱
聪明型	强	强	强
严谨型	弱	强	弱

[163] 克洛宁格的三维人格模型具有非常重要的临床应用价值。我们的目标是勾画学生主要的特质（经常发生于课堂）并描述与他们打交道的方法。

续表

性　格	寻找新异的需要	避免惩罚和痛苦的需要	对奖励和情感的需要
情感型	弱	弱	强
温顺型	弱	强	强
遁世型	弱	弱	弱
灵活型	一般	一般	一般

下面我们逐个对这九种人格进行探讨。

1. 大胆型人格特征表现为强烈的寻求新异刺激的需要，而对避免惩罚和痛苦以及对奖励和情感的需要都很弱。

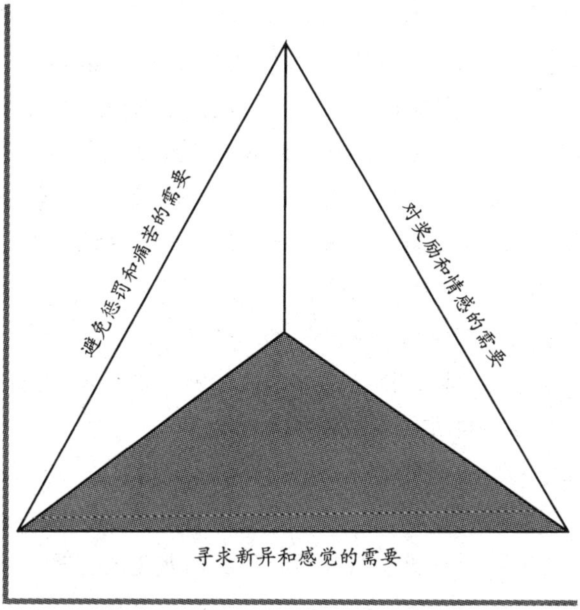

对大胆型学生可以做如下剖析：鉴于该名学生寻求奖励和情感的需要微弱，他也不会寻求与他人建立联系，因此，他表现出冷淡、疏远和孤独的倾向，也会表现得自负、任性，对别人感觉迟钝，但他并不是一个害羞的人。即便他没有与他人建立联系的愿望，如果别人来向他问询或参与集体活动时，他也会积极出谋划策。由于他避免惩罚和痛苦的需要较低，对奖励和情感也兴趣寥寥，他对论战或排斥没有任何担心，甚至也会作出惊人之举或伤人之语而自鸣得意，甚至会享受这种刺激。

总的来说，他具有很大的能量和活力，但对一成不变的事物会很快感到厌倦，因此，学校可以在某种程度上对他有所刺激。

同时具有强烈的对新异刺激的需要、微弱的逃避惩罚和痛苦的需要使得这样性格的人情绪容易受到紧张和危险体验的影响。鉴于他冒险的爱好，他的经历通常充满紧张，勇气非凡，不怕受到伤害。另外，由于喜欢极端感受并且毫无畏惧，他很可能会尝试毒品。事实上，很难有事情能让他感到害怕和决定放弃。

总体而言，他通常是坐在教室最后角落里的学生，特立独行，因为他不寻求和别人有什么交往。

他的人格特征使他对来自于老师的惩罚或制裁的威胁全然不在乎。无论如何，他都不慑于教师的威严，不惮于自己的败人成绩。

因此，对于这种反社会的学生，鼓励他们学习的最佳办法就是用新理念来刺激他们。例如，如果教师在讲课时能够成功地引用一些有趣的、超现实的事例，这种类型的学生通常在课堂上会积极响应，注意力提升。事实上，在小组作业时，要鼓励这些学生尝试不同的做法，但要时刻提醒他们不可偏离教学的目标。

在和一个反社会的学生相处的时候，教师要注意不可使用挑战的方式，因为他们不会被轻易吓倒。相反，教师要让学生表达他自己的不同观点，并鼓励他支持别的学生各抒己见。

教师在对待大胆型学生时要牢记三点：

—由于学生不害怕惩罚和惩罚的后果，制裁是没有作用的；

—对他施展教师的魅力亦于事无补，因为他根本就不在乎和别人建立关系；

—新奇事物的刺激是良方，因为他易受那些能够刺激他和使他惊奇的事物的影响。

2. 表演型人格特征是具有强烈的寻求新异刺激的需要，微弱的避免惩罚和痛苦的需要，以及强烈的对奖励和情感的需要。

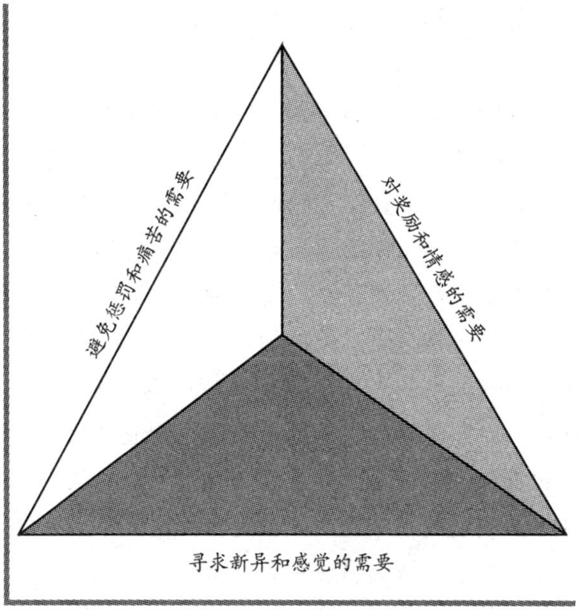

因此，具有表演型人格的学生被长久的对一切事物的夸张以及将自己放在舞台上的需要所兴奋。他的强烈的寻求新异刺激的需要使他颇具好奇心、思想开放、有激情、愿意冒风险。事实上，寻求新异刺激的所有特点都与在身体上和社会关系上冒风险、追求冒险有关系，同时避免惩罚和痛苦的需要都不明显。他体内储存的能量、不可名状的勇气、临危不惧的态度，这都使他看起来像一个不知疲倦的、喋喋不休的、勇往直前的冒失鬼。即便是在长时间的活跃期过后，这种表演型性格的学生还会想着下一步该怎样。

并且，他对奖励和情感的需要使他在社交上游刃有余。具有表演型人格的学生很有人缘，他认识很多人，外向，开放，并且传达着他认识很多人的信息。希望被他人所赏识的强烈愿望激励着他，他努力成为众人瞩目的明星。

这种人格的学生很容易识别。在课堂上，他是课上发言最多的学生。他开玩笑，吸引别人的注意，第一个抢着回答老师的提问。在开学时，老师请大家自我介绍，具有表演人格的学生在所有人面前介绍自己的方式和他傲人的经历会让全班同学为之侧目。我们会觉得他的爱好无所不有：运动、艺术、各种各样的娱乐、旅行、夜生活，等等。

由于他的不稳定，不知疲倦，甚至是精力过剩，这样的学生不容易管教。一方面，他在刚开学时的课堂上使大家开怀大笑，课堂上充满松弛的气氛，另一方面，他会揶揄挑衅别的学生。例如，在我教的沟通课的课堂上，学期初的时候我通常会让学生选出一个领导者。有趣的是，具有表演人格的学生一个接一个地出来毛遂自荐，最终他们其中的一个当选了。但是，几周后的复选中他却落选了，这是因为他对待同学的行为使得大家对他充满了敌意，第二轮选举自然没他的份儿。

具有表演人格的学生的另一个有趣的特征是他是个具有控制欲的人，为达目的不择手段，即便使当时的情形戏剧化。他可能会是一个病态的撒谎者，编造荒唐的故事，只是为了获取你的同情，尤其是为了逃避做作业，为自己的缺课或迟到找个理由。只要有任何机会，他都会扮演成一个无辜的受害人或把自己的行为扮成善意之举。

因此，对待这种具有戏剧表演人格的人就是利用这一人格特征的另一面。我们已经知道他的避免惩罚和痛苦的需要较微弱，因此对待惩罚不敏感。同时我们还知道他对于奖励和情感的强烈需要，因此对于来自于教师的注意力很是敏感。换句话说，如果惩罚对他收效甚微，我们就使用奖励机制吧。他会感激你对他的注意，并因此积极地面对接下来的任何新经历。

教师在对待具有表演型人格的学生时要牢记三点：

—学生不害怕惩罚和惩罚的后果，制裁不起作用；

—良好的师生关系和老师的关注是良方，因为他寻求别人的赞许，注意和别人建立联系；

—新奇事物的刺激也是良方，因为他易受那些能够刺激他和使他惊奇的事物的影响。

3. 极端型人格特征表现为具有强烈的寻找新异刺激的需要，强烈的避免惩罚和痛苦的需要，以及微弱的奖励和情感的需要。

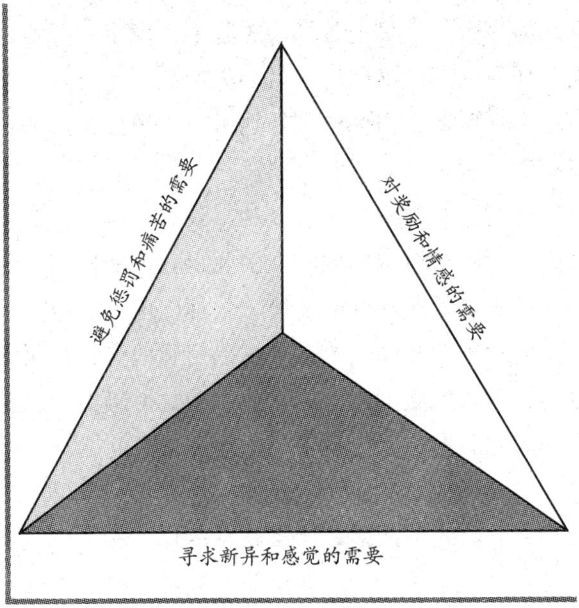

极端型学生的一个有趣的特点在于其人格本质中的对立面。事实上，他具有强烈的寻找新异刺激的需要，强烈的避免惩罚和痛苦的需要，他会被任何新奇的事物所吸引，但同时他会表现得谨慎并且有强烈的不安全感。换句话说，他喜欢新奇的刺激，但是在完全投入新奇事物之前，他会充分准备、多次检查，看看是否万事都安全并在自己的控制之中。因此，他经常在两个对立的力量之间权衡，即一头是冒险和寻求新体验的愿望，另一头则是对风险和失误的恐惧。简而言之，即便是冒风险，那也是在精心考虑之后。

在人际关系上，衡量他对新异刺激的寻求，要看他的冲动和不稳定的本性。这方面非常重要，因为具有极端人格的学生对奖励和情感的需要不明显，这也就意味着和他交流的难度，因为他根本就不刻意寻求建立社会联系。事实上，他通常对别人没有兴趣，处世冷淡孤僻。而且，他的强烈的避免惩罚和痛苦的需要经常使他感到焦虑，不能忍受有压力和陌生的环境。若要从有压力的环境中恢复正常要花费大量的时间和精力。

因此，具有极端型人格的学生对于未知的事物的忍耐力极低。例如，在做难度比较大的练习时，他会变得冲动，反应过激。他会表现出愤怒，甚至扬言放弃。另一个特征是他的社会关系不太稳定。只要他的友好和关爱的关系中出现任何问题，他的情绪就会失控。

虽然他情绪上不稳定，但他的理性思考能力很强，这两者的结合使得他的求学之路充满了困难、混乱和喧嚣。

这一类的反应会危及这些学生的成功。具有极端人格的学生很难处理他们周围的社会关系和学习上的困难。因此，教师的作用在于帮助他们区分出自己的情绪反应和他所面对的情境。教师应该帮助他们正确认识自己身处的情境，他们对于新异刺激的追求可以正确地得到控制和利用，这样可以给他们带来有益的刺激，因为尽管他们会觉得恐惧，没有安全感，他们还是有一个开放的心态，愿意换一个角度来考虑问题。

教师在对待具有极端型人格的学生时要牢记三点：

—新异事物的刺激是良方，因为他易受那些能够刺激他和使他惊奇的事物的影响；

—由于学生害怕惩罚和惩罚的后果，他对制裁、错误和风险都很敏感；

—因为他不寻求别人的赞许，所以不在意和别人建立联系，表现冷淡和孤僻，不在乎奖励和别人的关注。

4. 聪明型人格特征表现为具有强烈的寻找新异刺激的需要，强烈的避免惩罚和痛苦的需要，以及强烈的奖励和情感的需要。

聪明型学生人格特征在彬彬有礼的外表下隐藏着好斗的情绪。由于对奖励和情感的需要强烈，他会经常寻求别人对他言行的赞许、支持以及强化。但是他避免惩罚和痛苦的强烈需要使他在为人处世时小心谨慎，几乎不敢在公开场合申明自己的观点。例如，他一方面希望别人能够喜欢自己，欣赏自己，另一方面又不想被别人拒绝，这样的结果就是在和别人建立关系时，他不愿在未知的领域里有任何风险。但是，他对新异刺激的强烈需要又使他很容易在达不到愿望时有挫败感。实际上，在和别人的关系的问题上他会变得沮丧和好斗，但是由于害怕公开的表露会引发别人对自己的排斥或惩罚，他会很好地隐藏这些情绪。在隐藏的好斗的情绪下，还藏匿着恶意、愠怒，甚至对那些他心怀恶意的人的破坏性行为。也就是说，人前他表现得善良美好，人后则是行为异常，善于玩弄手法。

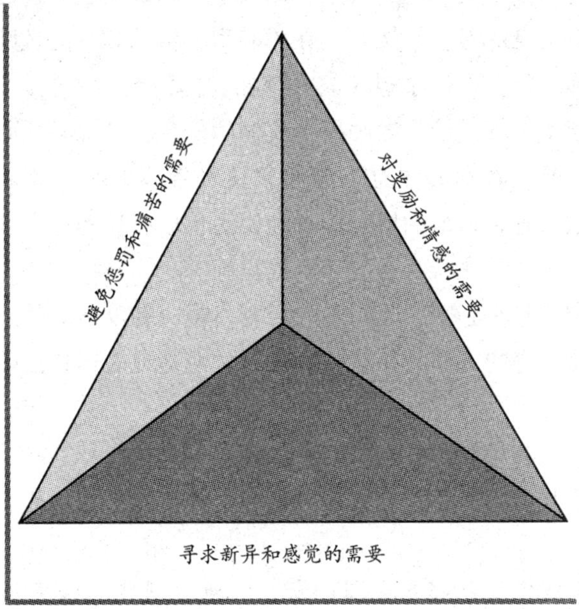

举个例子，聪明型的学生在集体活动中不能容忍别人来指挥他，因为他不愿意别人对自己指手划脚，也不愿意被别人批评或评价，为了获取别人的赞许，他尽力向别人显示自己的参与和成就，但是一旦有人公开地批评他，说他不够勤奋、迟到、进展缓慢等，他不会直接公开地表露自己的气愤，而是默默地不为人注意地生气或者退出。他会向老师抱怨，在集体中挑拨离间，故意在上交的作业上漏写一个成员的名字等。如果你和他单独相处，他不会向你表露他的不快、他的感受和他的意见，只是他会使用间接的手段达到自己的目的。

聪明型的学生很难在第一眼就被识别，因为表面上他是阳光的、善良的。教师只有通过间接的观察才能注意到他，随着时间的流逝，教师才能发现这个学生经常在别人背后做动作。即便教师没有批评他，他也会积极地为自己辩解。届时也许还会注意到这样的学生通常不会根据自己的意见来反应，而且从不直接地表露自己的意见。

所以，在和表现出这种行为的学生打交道时，教师要把每一次对他人的批评、每一次发脾气、每一次闷闷不乐的情绪都视作学生传达的密码信息。教师要向学生询问问题的所在，邀请学生明确地表达自己，不能养成发送含糊不清信息的习惯。例如，在聪明型人格的学生向教师告一个同学的状时，教师必须告诉他希望在双方都在场的情况下才能讨论他的申诉。如果这样的学生生气或给了教师一个模糊的信息，教师必须要求他进一步明确表达。但是，教师要注意不能像家长对待孩子那样批评他、或庇护他、或将问题上升到道德的层面。教师要简单地有技巧地向学生阐明自己的担心以及学生的哪些行为看起来不太正确。

最后，教师要小心不要轻易陷入报复、报应和反击的怪圈。教师必须重新回到情绪教育的第一条秘籍：鼓励学生清楚地表达自己的感受。

教师在对待具有聪明型人格的学生时要牢记三点：

—新奇事物的刺激是良方，因为他易受那些能够刺激他和使他惊奇的事物的影响；

—由于学生害怕惩罚和惩罚的后果，他对制裁、错误和风险都很敏感；

—因为他寻求别人的赞许，所以他注重奖励和别人的关注。

5. 严谨型人格特征表现在具有微弱的寻找新异刺激的需要，强烈的避免惩罚和痛苦的需要，以及微弱的奖励和情感的需要。

微弱的寻找新异刺激的需要和微弱的奖励和情感的需要使得具有严谨型人格的学生表现出保守、害羞和内向的一面。同时，他的强烈的避免惩罚和痛苦的需要使得他经常希望把事情做得很好。也许这就是他执著精神的源头，因此，是怀疑、结构化、追求完美、害怕犯错误这些情绪激发着那些具有严谨人格的学生。

这样的学生很容易被识别出来，因为他谨言慎行、不善言谈。他通常做事井井有条，任务完成得漂亮规矩，花很多时间在包装上。他的工作虽然能够超额完成，但却相对保守，不冒任何风险。例如，教师要学生在一周内完成一到两个问题。大多数学生会交上来一页手写的答案，而具有严谨型人格的学生则会交上打印的，经常还会有封面页的、看起来毫无瑕疵的作业。显然，他花了很长时间和精力来准备。事实上，他经常是最后一个交卷的学生，因为他花更多的时间来检查答案。

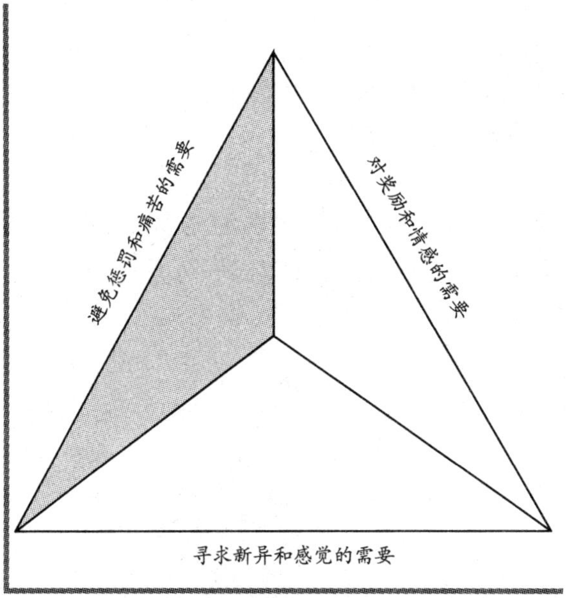

知道了这些特征，我们就很容易理解为什么这样的学生不能忍受失败。例如，他作业做得很好，得到了很高的分数，但是教师在空白处作了一些评判，他就觉得灰心了，这一细微之处足以使他忘记高分数，却只是纠缠于那几句评判。

这样的行为会彻底地耗尽他的精力。这就是为什么严谨型学生经常会觉得筋疲力尽，甚至身体不适。

不安全感和追求完美的愿望是这种学生难以去除的人格特质。由于害怕犯错，他通常缓慢犹疑地作出决定。对他来说，最重要的是弄清别人在问他什么。因为他不善言谈，行为保守，帮助他就并非易事。但是，如果教师能够想办法创造一个没有威胁感的环境单独与他相处，就可以更容易地帮助他，并且让他明白冒险的重要性。教师可以通过强调学生的作业品质，鼓励他走出退缩状态等方式来刺激他的自信和创造力。

教师在对待具有严谨型人格的学生时要牢记三点：

—由于他不寻求新奇事物的刺激，变化会让他觉得不安；

—由于学生害怕惩罚和惩罚的后果，他对制裁、错误和风险都很敏感；

—因为他不寻求别人的赞许，不注意和别人建立联系，表现冷淡和孤僻，不在乎奖励和别人的关注。

6. 情感型人格特征表现为具有微弱的寻找新异刺激的需要，微弱的避免惩罚和痛苦的需要，以及强烈的奖励和情感的需要。

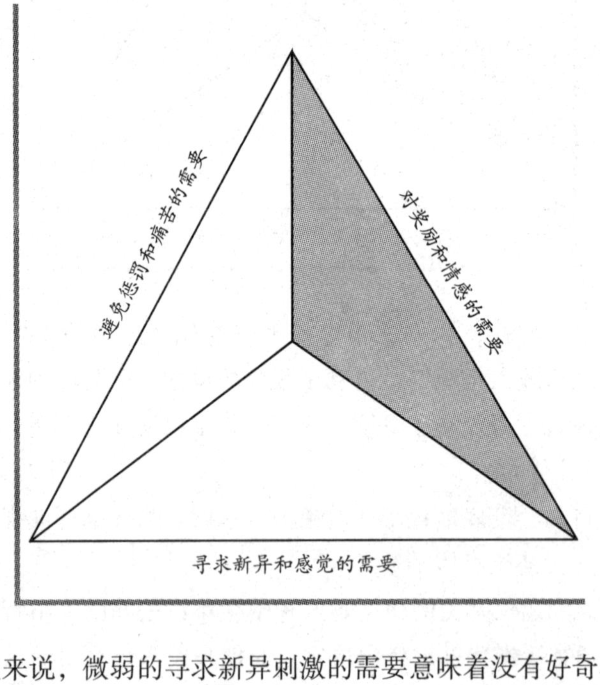

理论上来说，微弱的寻求新异刺激的需要意味着没有好奇心，缺乏激情，以及保守和多虑的态度。但是，由于同时避免惩罚和痛苦的需要不明显，对奖励和情感的需要却很强烈，情感型学生通常很开放、外向、友好、敏感、善于建立人际关系。他很容易和别人建立关系，但并不寻求新奇和变化。与那些具有表演型人格的学生相反，他更追求稳定的长期的社会关系。

由于微弱的避免惩罚和痛苦的需要，情感型学生表现得乐观，比较放松，而且平静。但是，他漠不关心的态度经常会带来相反的效果，不仅影响到他个人，还会影响到他和周围的关系。

由于他关注与他人的关系，学校内的一切也都以这种关系为核心。他的一切都以人际关系为前提：朋友、爱情、家庭和教师。关系良好时，他的工作效率也高。但是，一旦他的人际关系出现问题，比如混乱的不明确的恋爱关系、和好朋友的紧张关系，都会给他的功课带来直接的影响。这就是为什么这种人格特征被称作“时好时坏”。也就是说，他的情绪直接影响到他的心情起伏。只要一切关系良好，他就心情愉快。如果关系发生动摇，那他的情绪也会不稳定。同样的，如果他和周围人的关系明朗愉悦，他也会感到明朗愉悦；如果和周围人的关系阴云密布，他的感受也会如此。也就是说，他的心情和情绪生活具有完全相同的振动频率。

关于这种情感型的类型，有两点很重要。首先，教师一定要和这种类型的学生建立良好的关系，这一点很容易做到，因为通常这种学生都会想和教师很快地建立良好的关系，也就是说，不管教师是否发出邀请，这种学生都会主动亲近教师。因此，帮助他就意味着首先要喜欢他。教师必须让他觉得在教师的心目中是有价值的，学生才会感觉良好，才能更有信心。

另一点，教师必须帮助学生进一步加强他情感性的一面，让他学会无论与周围的关系如何都能够正常地生活和工作。这种学生必须学会无论面临怎样的情境，无论心情如何，都要保持自己的风度。简而言之，这种学生必须要学会在情感上拉远自己和各种关系的距离。教师可以帮助他重新把精力集中在需要的地方，因为他的学业成绩与此直接相关。

教师在对待具有情感型人格的学生时要牢记三点：

—由于他寻求友好的社会关系和别人的赞许，他很注重奖励和别人的关注；

—由于他不寻求新奇事物的刺激，变化会让他觉得不安；

—由于他不害怕惩罚和惩罚的后果，他对制裁不敏感，很少表现出羞涩。

7. 温顺型人格特征表现在具有微弱的寻找新异刺激的需要，强烈的避免惩罚和痛苦的需要，以及强烈的奖励和情感的需要（情感依赖）。

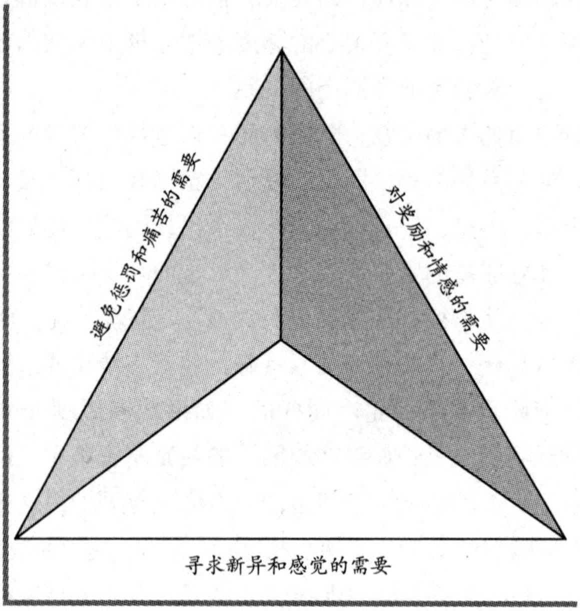

如果我们说情感型人格的学生其心情随各种关系的变化而起伏，那么温顺型人格（被动和依赖型）完全受外界事件的控制。在日常生活中，在和别人的关系中，他时常感觉到深深的不安，感到犹疑不定。他经常让情境和朋友来替他作出决定，无论是行为上还是有关他和周围的关系，他都不冒任何风险。他反应迟钝，很难投入，因为他不知道该做什么，该如何决定。他的生活充斥着害怕自己被别人抛弃的恐惧。他经常感到无能和无力。他被动地听从于他人的意志，自己觉得连日常生活都难以应付。无论在智力上还是情绪上，他都流露出能量的缺乏。

无论是学习还是工作，温顺型人格的学生很少采取主动的态度。由于强烈的对奖励和情感的需要，他只在别人的要求下才有所行动而且从不超额完成。而且，由于他强烈的避免惩罚和痛苦的需要，他害怕犯错误或者行为不当，这使得他在做作业时、完成任务时以及参与各种活动时都会相当警惕。他是个跟随者，很少主动，很容易受别人看法的影响，因为他不愿意让别人失望，或被别人所排斥。

另外，他非常慷慨大方，只要有人需要，他就会倾囊所有。

与具有温顺型人格的学生建立关系却不简单，因为无论教师怎样要求他都会照做。他不会有丝毫的反抗，从而使得教师很难从他的反馈中掌控他的进度。他口头上同意，却并不作为。他不想犯错（害怕惩罚），希望取悦于他人（情感需要）。他习惯于熟悉和程式化的事物（微弱的寻求新异的需要），因此，他一遍又一遍地重复相同的事情。

教师在对待具有温顺型人格的学生时要牢记三点：

—由于他不寻求新奇事物的刺激，变化会让他觉得不安；

—由于他害怕惩罚和惩罚的后果，他对制裁、错误和风险都很敏感；

—由于他寻求友好的社会关系和别人的赞许，他很注重奖励和别人的关注。

8. 遁世型人格特征表现在具有微弱的寻找新异刺激的需要，微弱的避免惩罚和痛苦的需要，以及微弱的奖励和情感的需要。

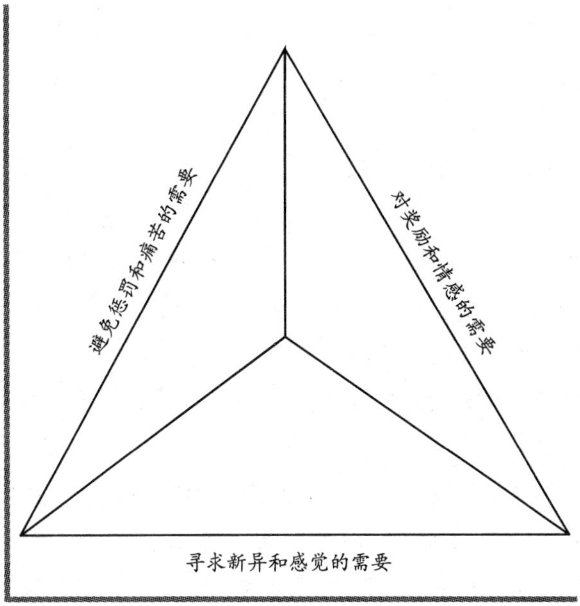

一开始我们就必须说明这种类型的人格很少有，而且很可能有退学的倾向。由于对人格三个层面的需要都很低，这种类型的人的生活通常远离社会和情感的接触。因此，他很注重自己的内心世界、孤独并且内省。

遁世型人格既不寻求也不喜悦与他人、哪怕是家人建立亲近的关系，而经常选择单独行动。他对两性关系也毫无兴趣，对各种活动都没有乐趣可言，因此，很难把他留在学校里。他没有亲近的朋友和信任的人，对表扬无动于衷，看起来总是一副冷漠超然的表情。

似乎很难有什么可以打动他，套用一句俗话："火烧眉毛，他也不痛。"

因此，让这种学生明白自己行为的负面后果是无济于事的，让他看到事物光明的一面同样于事无补，他丝毫不会觉得这一切与他有关。任何新异的事物都不能引起他的兴趣，但是，由于他追求新异刺激的需要和避免惩罚和痛苦的需要都很低，他可能会喜欢程式化的活动，有可能会在私下的生活里进行仪式性的活动。教师必须找出他的兴趣所在，才可能确定学校如何更好地教育和帮助他。事实上，这样对待这种学生很重要，因为看来这是唯一能够积极地触及他的人格的解决方式。

教师在对待具有遁世型人格的学生时要牢记三点：

—由于他不寻求新奇事物的刺激，变化会让他觉得不安；

—由于他不害怕惩罚和惩罚的后果，他对制裁和威胁不敏感；

—由于他并不寻求别人的赞许，不在乎和别人的关系，所以会表现出冷淡和孤僻，不在乎奖励和别人的关注。

9. 灵活型人格特征表现为具有一般的寻找新异刺激的需要，一般的避免惩罚和痛苦的需要，以及一般的奖励和情感的需要。

正如名称所示，具有灵活型人格的学生对于人格的三个层面的需求都属正常，任何办法都能接近他，在任何一方面都没有过度的表现。这种学生表现得八面玲珑，能够接受各种不同的方式。

稳定、持久以及适度是他的主要品质。他既不过度活跃，也不冷漠疏远。他喜欢新奇但不过分，他对惩罚的反应正常，对痛苦的承受能力适当。他喜欢奖励以及别人对他投入情感，但不沉溺于此。简而言之，每个教师都会希望自己的班里有这样的学生。但是，人类的本性使得多元化才是这个世界存在的状态和魅力所在。

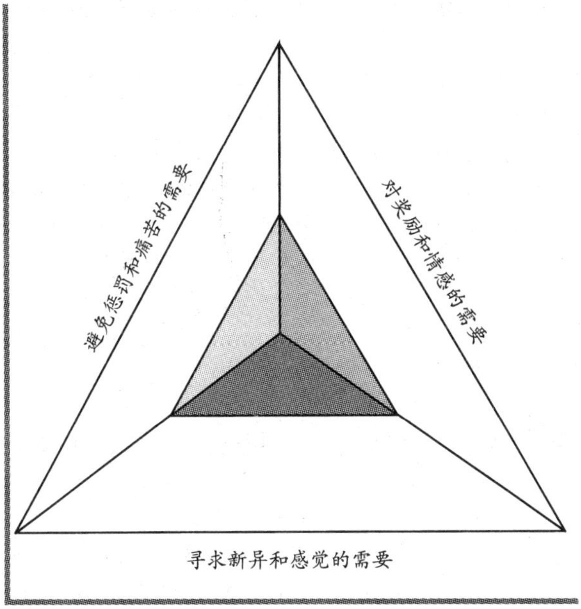

如何识别各种人格

参照下面的表6.5，你可以通过识别人格的三个成分的表现来确定学生的人格类型。

表6.5　每种人格成分的表现

寻求新异性的需要的成分	
具有微弱的寻求新异刺激需要的人经常会：	**具有强烈的寻求新异刺激需要的人经常会：**
• 寻找程式化的、熟悉的环境。 • 在使用新方法之前希望有人能说服自己其好处。	• 探索新鲜的、陌生的环境。 • 很快投入新概念和新方法。 • 对常规的事物感到厌烦。
• 作决策之前进行详尽的分析。 • 能够长时间地思考和集中精力。	• 冲动性。 • 不加思考地根据直觉和当时的情绪作决策。

续表

寻求新异性的需要的成分	
具有微弱的寻求新异刺激需要的人经常会：	**具有强烈的寻求新异刺激需要的人经常会：**
● 保守、有自我控制的能力、自律。 ● 不浪费时间、金钱和精力。	● 外向，总想给人留下深刻印象。 ● 不是太节俭。 ● 不会管理时间、财务和精力。
● 整洁、井然有序、有条不紊。 ● 遵守规则。 ● 耐心，能够忍受挫折。	● 杂乱，没有条理。 ● 违反规则。 ● 避免不快的、困难的环境。
避免惩罚和痛苦的需要的成分	
具有微弱的避免惩罚和痛苦的需要的人经常会：	**具有强烈的避免惩罚和痛苦的需要的人经常会：**
● 乐观，面对困难不着急。 ● 不操心，满不在乎。 ● 不怕冒险。	● 杞人忧天，担心困难和失败。 ● 很难忘记失败和不光彩的情形。
● 在任何情况下都能保持有信心，平静，祥和的态度。 ● 冒险。 ● 很容易接受变革和未预见之情境。	● 不能忍受动荡，害怕未知事物。 ● 不爱冒险。 ● 很难接受变革。
● 大胆开放。 ● 直截了当。 ● 接受新鲜事物时不退缩，态度自然。	● 在社交场合怕羞，缺乏自信。 ● 避免和不熟悉的人接触。 ● 在和别人建立关系之前需要别人明确表示对自己的接纳。
● 精力充沛，充满活力。 ● 能够持久地努力学习并且快速恢复体力。	● 具有很强的审美能力，但精力不足。 ● 需要长时间休息来养足体力。 ● 很难从劳累、疾病或压力中恢复。

续表

对奖励和情感的需要的成分	
具有微弱的奖励和情感需要的人经常会：	具有强烈的奖励和情感需要的人经常会：
● 冷漠和疏离。 ● 缺乏共情和同理心。 ● 不太会伤感和浪漫。	● 很容易表露自己的情绪。 ● 能够强烈地体验到别人的情绪。 ● 多愁善感，富有同情心，易感受别人的情绪。
● 涉及到隐私时，会躲避他人或表现得保守。 ● 对社交关系不甚感兴趣。	● 寻求亲密关系。 ● 坦承自己的感受和私人生活。 ● 寻求长期关系。 ● 对排斥很敏感。
● 独立，自给自足，对来自周围的社交压力、批评或排斥不敏感。 ● 不寻求他人的认可，不寻求取悦于人。 ● 不屈从他人的意志。	● 依赖别人的意见。 ● 寻求他人的赞许，努力取悦于人。 ● 害怕被别人排斥或抛弃。 ● 对社交排斥或不被认可信号敏感。 ● 为了取悦别人而改变自己的想法。
● 懒散，不主动，不稳定。 ● 不可靠。 ● 即便能够得到奖励也不努力学习。 ● 加薪和高分都起不到鼓励作用。 ● 经受不起挫折。 ● 受挫时轻易放弃。 ● 不努力超越自己。	● 工作努力，有恒心，有毅力。 ● 经常慷慨相助。 ● 为了奖励加倍努力。 ● 追求完美，不断提高自己。

根据学生的人格特征激励学生

本章开始我们提到了每个人对外界刺激的反应各不相同。知道这一点，我们就能使用科洛宁格所发现的人格的三个先天的不同组成部分，评价我们对事物的反应。比如，有些人对新奇的事物反应强烈，而有些人只是心中有些不平静而已。有些人对惩罚和疼痛的临界点较高，而有些人却很敏感。最后，有些人更倾向于获取奖励和社会评价，而另外的人却对此无动于衷。

表 6.6 列举了九种人格特征的情绪特点及其主要的需要。另外，教师也可以在表中找到相应的建议。

表 6.6　九种人格及其特征

	情绪特征	主要需要	对教师的建议
 **大胆型**	消极的 • 攻击性 • 考虑不周 • 感觉不敏感 • 缺乏共情 积极的 • 冷静 •有勇气	•外界刺激 •寻求新异事物 • 与别人不同	• 使用新异事物刺激他 • 使用幽默和比喻 • 鼓励他在完成任务时尝试非正统的方式 • 避免激怒他 • 鼓励他表达不同观点，请他也鼓励别人表达自己的异议 • 经常给他挑战
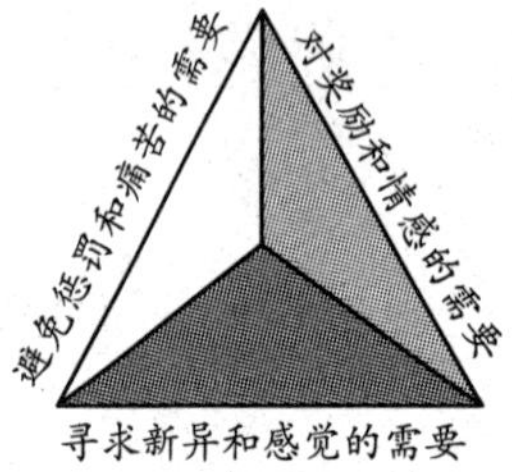 **表演型**	消极的 • 悲伤 • 愤怒 • 情绪不稳 • 易变 积极的 • 强烈的好奇心 • 高兴 • 有勇气	• 感觉被欣赏 • 感觉被认可 • 感觉被崇拜 • 感觉对别人有用 • 寻求新异事物 • 出类拔萃	• 避免威胁惩罚 • 在适当的时候注意他 • 给他表现自己的机会 • 建议他尝试新体验 • 培养他的创造力
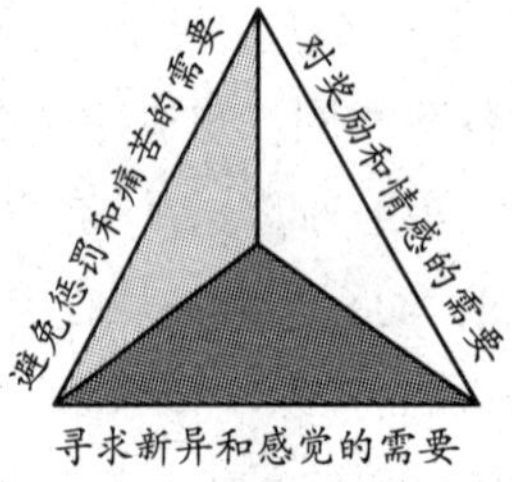 **极端型**	消极的 • 恐惧 • 急躁 • 冲动 • 情绪不稳定 • 焦虑 • 不安全感 积极的 • 坦诚 • 充满激情	• 感觉到安慰 • 感觉到赞许 • 寻求新异事物	• 避免给他压力 • 帮助他区分事实，他自己的理解以及他的情绪 • 帮助他正确地看待事物 • 用新异事物刺激他，但要注意方式和程度

续表

	情绪特征	主要需要	教师建议
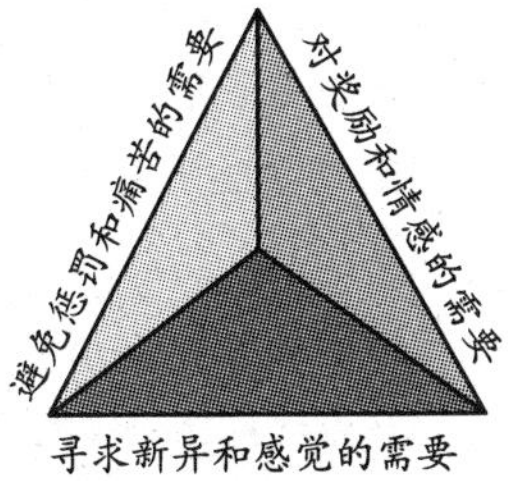 聪明型	消极的 • 恐惧 • 悲伤 • 进攻性 • 不安全感 积极的 • 愉快 • 善良	• 被赞许 • 正确 • 被爱 • 控制	• 质疑他的行为和反应 • 请他清楚地表达自己的想法 • 和他单独在一起的时候再开始谈话 • 避免像父母对待孩子一样批评庇护他
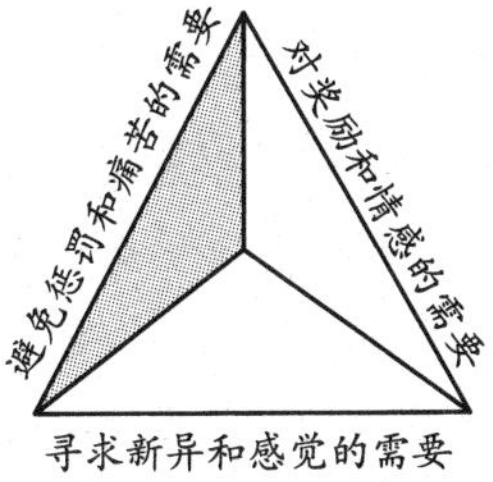 严谨型	消极的 • 害羞 • 不安全感 • 焦虑 积极的 • 间断的 • 自律的	• 想要完美 • 要感到放心 • 自己的工作被别人称赞	• 一定要使他理解你教授的内容 • 向他提供他所需要的信息 • 使他明白适当地冒险是必要的 • 用强调他工作品质的方式来帮助他 • 鼓励他冒险，突破心理舒适区 • 给他一些限制 • 刺激他的信心和创造力
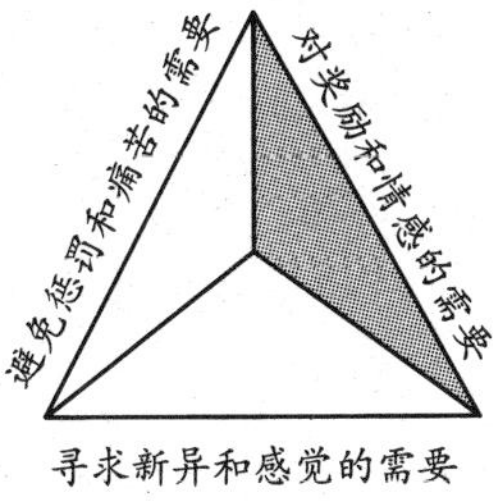 情感型	消极型 • 悲伤 • 缺乏关心 • 情绪不稳 积极的 • 感性 • 坦诚 • 富有同情心	• 被爱 • 被欣赏 • 自己的工作被别人称赞	• 与他建立友好的关系 • 使他感觉到被爱 • 让他感觉到在你的心目中他的价值 • 情感生活上帮助支持他 • 帮助他在和周围的关系中保持一个“情感”距离 • 帮助他把精力集中放在需要的地方

续表

	情绪特征	主要需要	教师建议
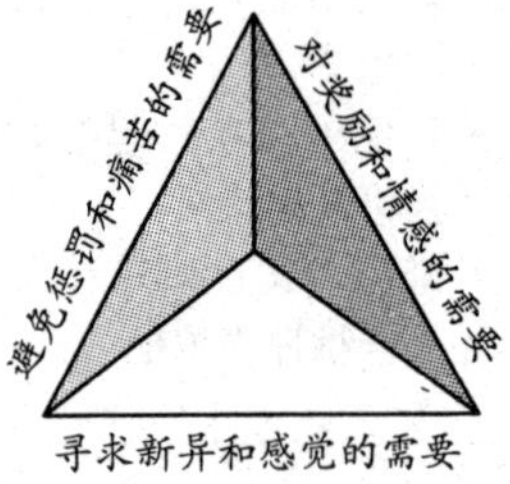 **温顺型**	消极的 • 悲伤 • 恐惧 • 不安全感 • 焦虑 积极的 • 感性 • 宽宏大量 • 善良	• 被爱 • 被安慰 • 被欣赏	• 以亲切的态度对待他 • 明确地表达你对他的期望 • 帮助他坚持自己的权利；表现自己的权威，表达自己的观点 • 鼓励他冒险 • 鼓励他凡事采取主动的态度
 **遁世型**	消极的 • 漠然 积极的 • 稳定	• 觉得有规律，有条理	• 询问他的兴趣所在以确定学校能够如何帮助他满足这些兴趣 • 通过他的兴趣来与他谈话 • 向他建议一些仪式性的活动
 **灵活型**	消极的 • 有时难以捉摸 积极的 • 具有灵活性	• 变化多端 • 需要充分的爱护、奖励、新异刺激以及安慰	• 信任他 • 与他的交谈方式经常有些变化，试验从不同的角度来与他谈话（新异事物、惩罚和奖励）

结　　语

尽管读书这样的行为需要“认知”的脑，我们贯彻本书的信条是真正的学习过程不是“认知的”，而是“情绪”的。我们希望通过阅读本书，能够唤醒大家内心的愿望去进一步“触动”那些我们传授知识的学生。我们同样衷心地希望大家不仅读懂本书，而且要感受本书的目的，因此可以把它的价值应用于您的日常教学和生活中。

我们还知道本书提供的与情绪教育法相结合的认知练习和教学工具只是对于这种新颖教学法来说只是很小的一部分。因此我们还创立了 EPI（情绪教育学院），专门提供一些课程和培训，帮助大家提升对这本书的理论理解。除了情绪教育理论，我们的培训还提供现实的实践机会，那些希望能够在自己的工作条件中使用情绪教育法的人员可以在这里得到认证的机会。

我们对这种新教法有强烈的信心，并希望它能够得到快速的发扬。人类的敏感性决定了感受之于学习的重要性。

我们的联系方式是：

Emotional Pedagogy Institute（EPI）

PO Box 47054

CP Place LaSxalle

LaSalle，Qc.

Canada

H8P 3V9

电话：514 – 368 – 8290

传真：514 – 365 – 7837

Email：epi@ emotional pedagogy. com

参考书目

Aftanas L. I. Golocheikine S. A. (2001). Human anterior and frontal midiline theta and lower alpha reflect emotion-ally positive state and internalized attention: high-resolution EEG investigation of meditation. *Neuroscience letters*, vol. 310 (1), pp. 57 – 60.

al'Absi M, Hugdahl K, Lovallo W. R. (2002). Adrenocortical stress responses and altered working memory performance. *Psychophysiology*, vol. 39 (1), pp. 95 – 99.

Assor A, Kaplan H, Roth G. (2002). Choice is good, but relevance is excellent: autonomy-enhancing and suppressing teacher behaviors predicting students' engagement in schoolwork. *The British journal of educational psychology*, vol. 72 (Pt 2), pp. 261 – 278.

Baving L, Laucht M, Schmidt MH. (2002). Frontal brain activation in anxious school children. *Journal of child psychology and psychiatry, and allied disciplines*, 43 (2), pp. 265 – 274.

Benson E (2002): The synaptic self without synaptic plasticity, learning-and the self-would be impossible, Monitor on psychology, *American Psychological Association*, Volume 33, No. 10 November 2002.

Benson, H. (1975). *The relaxation response*, New-York, Morrow.

Berry D. S., Pennebaker J. W. (1993). Nonverbal and verbal emotional expression and health. *Psychotherapy and psychosomatics*, vol. 59 (1), pp. 11 – 19.

Bischof-Kohler D. (1994). Self object and interpersonal emotions. Identification of own mirror image, empathy and prosocial behavior in the 2nd year of life. Z *Psychol Z Angew Psychol*, vol. 202 (4), pp. 349 – 377.

Bloch, S. (1989). [Emotion felt, emotion recreated], [Article in French] *Science & Vie*, no. 168, p. 68 – 75.

Boone R. T., Cunningham J. G., (1998). Children's decoding of emotion in expressive body movement: the development of cue attunement. *Developmental psychology*, vol. 34 (5), pp. 1007 – 1016.

Boyatzis, R. (2002). *Core Competencies in Coaching Others to Overcome Dysfunctional Behavior.*, in: www. eiconsortium. org.

Bremner J. D. (2002). Neuroimaging of childhood trauma. Seminars in Clinical *Neuropsychiatry*, vol. 7 (2): pp. 104 – 112.

Bremner J. D. (2002). Neuroimaging studies in post-traumatic stress disorder. *Current psychiatry reports*, vol. 4 (4), pp. 254 – 263.

Breur, H. (2003). [Neurons of sympathy] [Article in French] *Cerveau & psycho*, no. 1, pp. 40 – 41.

Statistical Report of Education, [*School abandons and drop outs*] [Article in French] les concepts. No. 25, Mars 2003, Quebec Ministry of Education, in: www. meq. gouv. qc. ca.

Carr, L., Iacoboni, M., Dubeau, M. – C., Mazziotta, J. C., and Lenzi G. L., "Neural mechanisms of empathy in humans: A relay from neural systems for imitation to limbic areas", *Proc. Natl. Acad. Sci. USA*, 100: pp. 5497 – 5502 (2003).

Chabot, D. (1996). [*Emotions and adaptation*] [Book in French] CCFG and Quebec Ministry of Education.

Chabot, D. (1998). [*Foster your emotional intelligence*] [Book in French] Montreal: Quebecor.

Chabot, D. (2000). [*Magical pleasure, pleasurology*] [Book in French] Montreal: Quebecor. p. 110.

Choi, C. (2003). *Brain feels empathy by imitation*, in: www. upi. com/view. cfm? StoryID = 2003 0405 – 081743 – 6763r.

Cloninger C. R., Svrakic D. M., Przybeck T. R. (1993). A psychobiological model of temperament and character. *Archives of general psychiatry*, vol 50 (12), pp. 975 – 990.

Coffman, Stephan L. (1981). Empathy as a Relevant Instructor Variable in the *Experiential Classroom. Group and Organization Studies*, vol. 6, pp. 114 – 120.

Colt, E. W., Wardlaw S. L. and Frantz A. G. (1981). The effect of running on plasma B-endorphin, *Life Sciences*, no 28, pp. 1637 – 1640.

Comunian A. L. (1993). Anxiety, cognitive interference, and school performance of Italian children. *Psychol Rep*, vol. 73 (3 Pt 1), pp. 747 – 54.

Cormier N. and Julien, D. (1996). [Relationship between marital adjustments and subjective and objective measures of conjugal support] [Article in French] *Canadian Journal of Behavioral Science*, Volume 28, no 4.

Cyrulnik, B. (1999). [*A wonderful misfortune*] [Book in French] Paris, Odile Jacob publisher.

Damasio, A. (1994). *Descartes'Error, Emotion, Reason and the Human Brain.* New York: Putnam Books.

Damasio, A. (1999). *The feeling of What Happens. Body and Emotion in the Making of Consciousness.* New York: Harcourt Brace & Compagny.

Davidson R. J. (2000). Affective style, psychopathology, and resilience: brain mechanisms and plasticity. *The American psychologist*, vol. 55 (11): pp. 1196 – 1214.

Davidson R. J., Lewis D. A., Alloy LB, Amaral D. G., Bush G., Cohen J. D., Drevets W. C., Farah M. J., Kagan J., McClelland J. L, Nolen-Hoeksema S., Peterson B. S. (2002): Neural and behavioral substrates of mood and mood regulation, *Biological psychiatry*, 52 (6): pp. 478 – 502.

Davidson, R. (1987). [Well divided humors] [Article in French] *Science & Vie* (*hors-series*), 168: pp. 50 – 57.

Davidson, R. J., Kabat-Zinn, J., Schumacher, J., Rosenkrantz, M., Muller, D., Santorelli, S. F. et al. (2003). Alterations in brain and immune function produced by mindfulness meditation. *Psychosomatic Medicine*, 65, pp. 564 – 570.

Davidson, R. J. (1998). Affective style and Affective disorders: Perspectives from Affective Neuroscience. *Cognition and Emotion*: 12 (3), pp. 307 – 330.

Davidson, R. J. (2001). Toward a Biology of Personality and Emotion, *Annals of the New York Academy of Sciences*, 935, pp. 191 – 207.

Davidson, R. J. (2002). Toward a biology of positive affect and compassion. In R. J. Davidson & A. Harrington (Eds.), *Vision of Compassion: Western Scientists and Tibetan Buddhists Examine Human Nature.* (pp. 107 – 130). New York: Oxford University Press.

Delmonte, M. M. (1985). Biochemical indices associated with meditation practice: a litterature review, *Biobehavioral Reviews*, no 9, pp. 557 – 561.

Dolan, R. J. (2002). Emotion, cognition, and behavior, *Science*, 298, pp. 1191 – 1194.

Dughiero G, Schifano F, Forza G. (2001). Personality dimensions and psychopathological profiles of Ecstasy users. *Human psychopharmacology*, vol. 16 (8), pp. 635 – 639.

Ekman, Paul (2003). *Emotions revealed: recognizing faces and feelings to improve communicatioin and emotional life*, New York: Times Books, Henry Holt and Company.

Ekman, P. & Davidson, R. J. (1993). Volontary smiling changes regional brain activity. *Psychological Science*, vol. 4, p. 342 – 345.

Ekman, P. (1996). Why Don't We Catch Liars? *Social Research*, Vol. 63 (3), pp. 801 – 817.

Ekman, P., Levenson R. W. and Friesen W. V. (1983). Autonomic nervous system activity distinguishes among emotions. *Science*, no 221, pp. 1208 – 1210.

Ekman, Paul (1982). *Emotion in the human face*, *Second Edition*. Cambridge University Press.

Etcoff N. L., Ekman P., Magee J. J., Frank M. G. (2000). Lie detection and language comprehension. *Nature*, vol. 405 (6783), p. 139.

Eustachem F. (2000). [Still images] [Article in French] *Science & Vie*, no 212, pp. 66 – 73.

Field, T., & Walden, T. (1982). Production and discrimination of facial expressions by preschool children. *Child Development*, 53, pp. 1299 – 1311.

Fox N. A., Rubin K. H., Calkins S. D., Marshall T. R., Coplan R. J., Porges S. W., Long J. M., Stewart S. (1995). Frontal activation asymmetry and social competence at four years of age. *Child Development*, vol. 66 (6), pp. 1770 – 1784.

Gardner, H. (1983), *Frames of minds: the theory of multiple intelligences*. New York: Basic books.

Goleman, D. (1995). *Emotional Intelligence: Why it can matter more than IQ*. New York: Bantam.

Goleman, D., Boyatzis, R. & McKee, A. (2002). *Primal Leadership: Realizing the Power of Emotional Intelligence*. Boston: Harvard Business Press.

Gosselin, P. (1995). [The development of the recognition of emotional facial expressions in children] [Article in French] *La revue canadienne des sciences du comportement*, vol. 27, no. 2.

Gottman, J. M. et Silver, N. (2000). *The Seven Principles for Making Marriage Work: A Practical Guide from the Country's Foremost Relationship Expert*. Three Rivers Press.

Grover P. L. & Smith D. U. (1981). Academic anxiety, locus of control, and achievement in medical school. *Journal of medical Education*, vol 56 (9 Pt 1), pp. 727 – 736.

Hansenne M., Ansseau M. (1999). Harm avoidance and serotonin. *Biological*

Psychology, vol. 51 (1), pp. 77 – 81.

Hansenne M., Reggers J., Pinto E., Kjiri K., Ajamier A., Ansseau M. (1999). Temperament and character inventory (TCI) and depression. *Journal of psychiatric research*, vol. 33 (1), pp. 31 – 36.

Harmel Kristin (2000), *Gifted students are more imaginative and emotional, UF study shows*, in www. sciencedaily. com/releases/2000/07/000710120608. htm.

Hopko D. R., Ashcraft M. H., Gute J., Ruggiero K. J., Lewis C. (1998). Mathematics anxiety and working memory: support for the existence of a deficient inhibition mechanism. *Journal of Anxiety Disorder*, vol. 12 (4), pp. 343 – 355.

Howden, J. and Kopiec, M. (2000). [*Adding to skills: teaching, cooperating and learning after highschool/*] [Book in French] Montreal: Chenelière/McGraw-Hill.

Huffman, K., M. Vernoy and J. Vernoy (2000). *Psychology in Action.* Fifth Edition, John Wiley and Sons Inc.

Hughes C., White A., Sharpen J., Dunn J. (2000). Antisocial, angry, and unsympathetic: " hard-to-manage " preschoolers' peer problems and possible cognitive influences. *Journal of child psychology and psychiatry, and allied disciplines*, vol. 41 (2): pp. 169 – 179.

Jaffard, R. (2000). [The labyrinths of animal memory] [Article in French] *Science & Vie*, no 212, pp. 44 – 51.

Janelle C. M. (2002). Anxiety, arousal and visual attention: a mechanistic account of performance variability. *Journal of sports sciences*, vol. 20 (3), pp. 237 – 251.

Janowiak J. J., Hackman R. (1994). Meditation and college students' self-actualization and rated stress. *Psychol Rep*, vol. 75 (2), pp. 1007 – 1010.

Jevning, R., Wilson, A. F. and Smith W. R. (1978). The transcendental meditation technique, adrenocortical activity and implications for stress, *Experientia*, no 34, pp. 618 – 619.

John P. K., Blackhart G. C., Woodward, K. M. Williams S. R. and Schwartz G. E. R. (2000) Anterior electroencephalographic asymmetry changes in elderly women in response to a pleasant and an unpleasant odor, *Biological Psychology*, vol. 52 (3), pp. 241 – 250.

Jones N. A., Field T. (1999). Massage and music therapies attenuate frontal EEG asymmetry in depressed adolescents. *Adolescence* vol. 34 (135), pp. 529 – 534.

Kalant H. (2001). The pharmacology and toxicology of "ecstasy" (MDMA) and related drugs. *Canadian Medical Association journal*, vol. 165 (7),

pp. 917 – 928.

Kellogg J. S., Hopko D. R., Ashcraft M. H. (1999). The effects of time pressure on arithmetic performance. *Journal of Anxiety Disorders*, vol. 13 (6), pp. 591 – 600.

Kirsh S. J., Olczak P. V. (2002). Violent comic books and judgments of relational aggression. *Violence Vict*, vol. 17 (3), pp. 373 – 380.

Kolb, B., & Whishaw, I. Q. (1996). *Keys of human neuropsychology (4th edition)*. San Francisco: W. H. Freeman.

Krause N. (2003). Religious meaning and subjective well-being in late life. *The journals of gerontology. Series B, Psychological sciences and social sciences.* vol. 58 (3), pp. 160 – 170.

Labarbera, J. D., lzard, C. E., Vietze, P., & Parisi, S. A. (1976). Four- and six-month-old infants' visual responses to joy, anger, and neutral expressions. *Child Development*, 47, p. 535 – 538.

Laird, J. D. (1974). Self-attribution of emotions: the effects of expressive behavior on the quality of emotional experience. *Journal of personality and social psychology*, no 29, p. 475 – 486.

Lane R. D. Sechrest L., Reidel R., Weldon V, Kaszniak A, Schwartz G. E. (1996). Impaired verbal and nonverbal emotion recognition in alexithymia. *Psychosomatic Medicine*, vol. 58 (6), p. 581.

Larson, C. L., Sutton, S. K., & Davidson, R. J. (1998). Affective style, frontal EEG asymmetry and time course of the emotion-modulated startle. Psychophysiology, vol. 35, S52.

Lazarus, R. S. (1991). *Emotion and adaptation*, New York, Oxford University Press.

LeDoux, J. (2001). [Fear and unconscious memory] [Article in French] *Pour la Science*, dossier no. 31, pp. 104 – 109.

Ledoux, J. E. (1994): Emotion, memory and the brain, *Scientific American*: 270 (6): pp. 50 – 57.

Lenti C, Lenti-Boero D, Giacobbe A. (1999). Decoding of emotional expressions in children and adolescents. *Perceptual and motor skills*, vol. 89 (3 Pt 1), pp. 808 – 814.

Leon M. R., Revelle W. (1985). Effects of anxiety on analogical reasoning: a test of three theoretical models. *Journal of personality and social psychology*, vol. 49 (5), p. 1302 – 1315.

Lieberman, J. A., Stuard, M. R. (1999). The BATHE Method: incorporating counseling and psychotherapy into the everyday management of patients. *Journal of Clinical Psychiatry*, Vol. 1 (2),

pp. 35 – 39.

Malatesta C. Z. , lzard C. E. , Culver C. , Nicolich M. (1987). Emotion communication skills in young, middle-aged, and older women. *Psychological Aging*, vol. 2 (2): pp. 193 – 203.

Malathi A, Damodaran A. (1999). Stress due to exams in medical students-role of yoga. *Indian Journal of Physiology andl Pharmacology*, vol. 43 (2), pp. 218 – 224.

Mayer, J. D. & Salovey, P. (1997). What is emotional intelligence? In P. Salovey & D. Sluyter (Eds). *Emotional Development and Emotional Development and Emotional Intelligence: Implications for Educators* (pp. 3 – 31). New York: Basic Books.

McCraty, R. (2002). *The scientific role of the heart in learning and performance.* Institute of HeartMath.

McCraty, R. , Tomasino, D. , Atkinson, M. Aasen, P. , Thurik, S. J. (2000). Improving Test-Taking Skills and Academic Performance in High School Students Using HeartMath Learning Enhancement Tools.

HeartMath Research Center, *Institute of HeartMath.* Publication No. 00 – 010. Boulder Creek, CA.

McCook, A. (2003). When you hurt, my brain says I hurt, too: study. http://healthinfo. carolinas. org/HealthNews/reuters/NewsStory032520031. htm.

Mook, D. G. (1987). *Motivation*, *the organization of action*, New York, W. W. Norton and Co.

Morgan, W. P. and Horstmann D. H. (1976). Anxiety reduction following acute physical activity, *Medicine and Science in Sports*, vol. 8, pp. 62.

Newberg A, Alavi A, Baime M, Pourdehnad M, Santanna J, d'Aquili E. (2001). The measurement of regional cerebral blood flow during the complex cognitive task of meditation: a preliminary SPECT study. *Psychiatry Research*, vol. 106 (2), pp. 113 – 22.

Nowicki S. , Duke M. (1989). A measure of nonverbal social processing ability in children between 6 and 10. *Paperpresented at the American Psychological Society Meeting.*

Öhman, A. (2001). [Memory and phobia] [Article in French] Pour la Science, dossier no. 31, pp. 110 – 115.

OECD (2002). *Understanding the Brain*, *toward a new learning science.* Paris: OECD Publications Services.

Pelletier, L. G. and Vallerand, R. J. (1993). [A humanist perspective of motivation: theories of competence and self-determination. R. J. Vallerand and E. E. Thil] [Book in French] *Introduction à la psychologie de la motivation*, *Montréal*, *Études Vivantes*, pp. 233 –

281.

Phelps, E. (2000). [When the emotion reinforces memory] [Article in French] *Science & Vie*, no 212, pp. 94 – 98.

Phillips L. H., MacLean R. D., Allen R. (2002). Age and the understanding of emotions: neuropsychological and sociocognitive perspectives. *The journals of gerontology. Series B, Psychological sciences and social sciences* vol. 57 (6), pp. 526 – 530.

Reynolds W. J., Scott B. (1999). Empathy: a crucial component of the helping relationship. *Journal of psychiatric and mental health nursing*, vol. 6 (5), pp. 363 – 370.

Rogers, C. R. (1961). On becoming a person. Boston: Houghton Mifflin.

Rosenberg, M. B. (1999). *Nonviolent Communication: A Language of Compassion.* PuddleDancer Press.

Rudrauf, D. (2003). [To feel in order to learn] [Article in French] *Science & Vie*, no. 222, pp. 82 – 91.

Salovey P. & D. Sluyter. (1997). *Emotional Development and Emotional Intelligence: Implications for Educators*, New York: Basic Books.

Salovey, P. & Mayer, J. D. (1990). Emotional intelligence. *Imagination, Cognition, and Personality*, 9, 185 – 211.

Savitsky J. C., Czyzewski D. (1978). The reaction of adolescent offenders and nonoffenders to nonverbal emotion displays. *Journal of abnormal child psychology*, vol, 6 (1), pp. 89 – 96.

Searching For Meahing In Life May Boost Immune System. In: www. sciencedaily. com/releases/2003/04/030429083520. htm.

Seipp. B. (1991). Anxiety and academic performance: a meta-analysis. *Anxiety research*, vol. 4 (1).

Servan-Schreiber, D. (2004). *The Instinct to Heal: Curing Stress, Anxiety, and Depression Without Drugs and Without Talk Therapy.* St-Martins Press.

Shah A. H., Joshi S. V., Mehrotra P. P., Potdar N, Dhar H. L. (2001). Effect of Saral meditation on intelligence, performance and cardiopulmonary functions. *Indian Journal of Medical Science*, vol. 55 (11), pp. 604 – 608.

Shapiro K. L, Lim A. (1989). The impact of anxiety on visual attention to central and peripheral events. *Behavior research and therapy.* Vol. 27 (4), pp. 345 – 351.

Shapiro S. L., Schwartz G. E., Bonner G. (1998). Effects of mindfulness-based stress reduction on medical and premedical students. *Journal of behavioral medicine*, vol. 21 (6), pp. 581 – 599.

Shapiro S. L., Shapiro D. E., Schwartz G. E. (2000). Stress management in medical education: a review of the literature. Academic medicine: *journal of the Association of American Medical Colleges*, vol. 75 (7), pp. 748 – 759.

Sobotka S. S., Davidson R. J., Senulis J. A. (1992): Anterior brain electrical asymmetries in response to reward and punishment. *Electroencephalography and clinical neurophysiology.*; 83 (4): pp. 236 – 247.

Solomon, R. L. (1980). The opponent-process theory of acquired motivation: the costs of pleasure and the benefits of pain. American Psychologist, 35, pp. 691 – 712.

Souccar, T. (2001). [The biology of personality] [Article in French] *Sciences et avenir*, no 652, pp. 57 – 64.

Spearman, C. (1927), *The abilities of man*, London: Macmillan.

Squire, L. and Kandel. E. (2001). [The memory of skills] [Article in french] *Pour la science*, dossier no 31, pp. 86 – 93.

Steptoe A, Butler N. (1996). Sports participation and emotional well-being in adolescents, *Lancet*, vol. 347 (9018), pp. 1789 – 1792.

Sternberg, R. (1988). *The triarchic mind: A new theory of human inteligence.* New York: Viking.

Stewart S. M., Lam T. H., Betson C. L., Wong C. M., Wong A. M. (1999). A Prospective analysis of stress and academic performance in the first two years of medical school. *Medical education.*, vol. 33 (4), pp. 243 – 250.

Strack, F., Martin L. L. and Stepper S. (1988). Inhibiting and facilitating conditions of the human smile: A non-obstructive test of facial feedback hypothesis. *Jounal of Personality and Social Psychology*, no 54, pp. 768 – 777.

Strickland, D. (2000). Emotional intelligence: the most potent factor in the success equation. *Journal of Nursing Administration*, vol. 30 (3), pp. 112 – 117.

Tardif, J. (1997). [*For a strategic teaching, the contributions of cognitive psychology*] [Book in French] Montreal: Les editions Logiques.

Terry W. S., Burns J. S. (2001). Anxiety and repression in attention and retention. the *Journal of general psychology*, vol. 128 (4), pp. 422 – 432.

Tomarken A.. J., Davidson R. J., Wheeler R. E., Doss R. C. (1992). Individual differences in anterior brain asymmetry and key dimensions of emotion. *Journal of personality and social psychology*, vol. 62 (4), pp. 676 – 687.

Tomarken A. J., Davidson R. J., Henriques J. B. (1990). Restiong frontal brain asymmetry predicts affective responses to films. *Journal of Personality and social psychology*, vol. 59 (4), pp. 791 – 801.

Uma K, Nagendra H. R, Nagarathna R, Vaidehi S, Seethalakshmi R. (1989). The integrated approach of yoga: a therapeutic tool for mentally retarded children: a one-year controlled study. *Journal of Mental Deficit Research*, vol. 33 (Pt 5), pp. 415 – 421.

Vallerand, R. J. (1993). [Intrinsic and extrinsic motivation in a natural context: implications for the areas of education, work, interpersonal relationships and leisures] [Book in French] R. J. Vallerand and E. E. Thil, *Introduction à la psychologie de la motivation*, Montréal, Études Vivantes, pp. 533 – 581.

Watson, J. B., and R. Rayner. (1920) Conditioned emotional reactions. *Journal of experimental Psychology*, no. 3, pp. 1 – 14.

Wingerson D., Sullivan M., Dager S., Flick S., Dunner D., Roy-Byrne P. (1993). Personality traits and early discontinuation from clinical trials in anxious patients. *Journal of clinical psychopharmacology*, vol. 13 (3), pp. 194 – 197.

术语英汉对照表

A

Adaptability 适应

Affect 影响

Aggressiveness 攻击

Amygdala 杏仁核

Anger 愤怒

Anxiety 焦虑

Autonomy 自主

B

Behavior 行为

Binet 比奈

Brain 脑

C

Cloninger 克洛宁格

Cognition 认知

Cognitive 认知性

Communication 沟通

Compassion 同情心

Confrontation 质询

D

Damasio 达马西奥

Davidson 戴维森

Disgust 厌恶

Dropping out 退学

E

Education 教育

Ekman 埃克曼

Ekman Paul 保罗·埃克曼

Emergence 出现

Emotion 情绪

Emotion and attention 情绪与注意力

Emotion and perception 情绪与认知

Emotional Intelligence 情商，情绪智力

Emotional Pedagogy 情绪教育法

Empathy 共情

Evaluation 评价

Exercise 练习

F

Failure 失败

Fear 恐惧

Feeling 感受

Flight 逃走

G

Gardner 加德纳

Goleman 戈尔曼

H

Hippocampus 海马

I

Ideopleasure 思想愉悦

J

Joy 快乐

L

Ledoux 勒杜

Listening 倾听

Loss 丧失

M

Managing emotions 管理情绪

Mayer 梅耶

Meditation 冥想

Memory 记忆

Motivation 动机

N

Need 需要

Need for reward and affection 对奖励和情感的需要

Need to avoid punishment and pain 避免惩罚和痛苦的需要

Need to seek novelty 寻求新异的需要

O

Obstacle 障碍

P

Pedagogy 教育

Personality 性格

Personality profile 性格剖析图

Physiopleasure 生理愉悦

Psychopleasure 心理愉悦

R

Reason 推理

Reflection 反射

Reformulation 重组

Relaxation 放松

Reward 奖赏

S

Sadness 悲伤

Salovey 沙洛维

Sociopleasure 社交快乐

Spearman 斯皮尔曼

Sternberg 斯腾伯格

Stress 压力

Student 学生

Success 成功

Surprise 惊异

T

Teacher 教师

The affective personality 情感型人格

The bold personality 大胆型人格

The clever personality 聪明型人格

The docile Personality 驯服型人格

The extreme personality 极端型人格

The hermit personality 遁世型人格

The meticulous personality 严谨型人格

The theatrical personality 表演型人格

Threat 威胁

Thurston 瑟斯顿

To feel 感受

Trigger 激发

U

Understanding emotions 理解情绪

V

Values 价值

W

Watson 华生

出版人　所广一
责任编辑　周益群
版式设计　贾艳凤
责任校对　张　珍
责任印制　曲凤玲

图书在版编目(CIP)数据

情绪教育法：将情商应用于学习/(加)沙博，(加)沙博著；韦纳，宝家义译.—北京：教育科学出版社，2009.8(2013.3重印)

书名原文：Emotional Pedagogy

ISBN 978-7-5041-4698-4

Ⅰ.情…　Ⅱ.①沙…②沙…③韦…④宝…　Ⅲ.情绪-教学研究　Ⅳ.B842.6

中国版本图书馆CIP数据核字(2009)第080178号

北京市版权局著作权合同登记　图字:01-2008-5366号

情绪教育法：将情商应用于学习
QINGXU JIAOYU FA:JIANG QINGSHANG YINGYONG YU XUEXI

出版发行	教育科学出版社		
社　址	北京·朝阳区安慧北里安园甲9号	市场部电话	010-64989009
邮　编	100101	编辑部电话	010-64989421
传　真	010-64891796	网　址	http://www.esph.com.cn
经　销	各地新华书店		
制　作	北京鑫华印前科技有限公司		
印　刷	保定市中画美凯印刷有限公司		
开　本	169毫米×239毫米　16开		
印　张	12.75	版　次	2009年8月第1版
字　数	179千	印　次	2013年3月第4次印刷

Original English Title:
Emotional pedagogy: to feel in order to learn
By Daniel Chabot, Michel Chabot

Authorized translation from the English language edition published by Traffod Publishing

智慧教师读本②
我们如何学习

中国传统文化教你应对考试焦虑：
考出最好的自己

王常春　著

教育科学出版社
·北　京·

序

· PREFACE ·

亲爱的同学，你将要阅读的、名为《中国传统文化教你应对考试焦虑：考出最好的自己》的这本书，是作为心理老师的我，在7年间，经百余场现场讲座的历练，不断修改、完善后，奉献给全国考生的礼物。希望你们在看了下面这段梳理本书形成过程的文字后，最终决定读完它。

在2005年前后，像山东、河南这些考生大省的考生人数都近百万，而录取的比例却不高，考生的竞争压力可以想见。学生们用两个小时的时间听一场考前心理辅导，也许是要以减少睡眠时间作为代价的。良知告诉我，面对如此辛苦努力着的考生，必须尽全力讲好，讲得有效果。7年来的每一场讲座，我都恪守内心的这个承诺，并将“有效果”作为不断追求和探索的目标。

几乎在所有讲座学校的会场，我都能发现手里拿着试卷和各类练习的同学。他们似乎是在警示我，“如果你讲得乏味无趣或空洞说教，我们可是有备而来的啊！”正是学生们这种隐形的“考评方式”，鞭策着我不断开发资源，积累素材，因地制宜，力求用学生喜闻乐见的形式，使讲座尽可能生动有趣。值得我欣慰的是，在百余场讲座中，学生们自始至终被讲座的内容所吸引，而无暇顾及带来的试卷。

我要感谢所有听过我讲座的考生们，正是你们在现场互动环节的提问，还有你们的表情、声音、回应等重要的反馈信息，帮助我慢慢地参悟出，我所设计的讲座内容不一定是你们的需要，我必须不断根据你们的问题和需要加以调整和完善，才能满足你们的真实需要。最初的讲座，我会用寓言故事和励志故事“说事”。学生们的回应是：

“听说过这个故事。”

“知道这些道理。”

我当时曾暗自窃喜，这个故事运用得多贴切，学生的回应多给力啊。

可是，我后来发现，每当我讲述历届考生的真实案例时，会场都会异常安静。这一反馈说明，接近考生生活实际的故事，更能触动他们的内心。在近期的讲座中，更多出现的故事，是我所接触的真实的高考成功案例。

在讲座过程中，我会放映一些图片或被我称作“大片”的FLASH动画。究其原因，首先是这种形式令人赏心悦目，很容易“抓学生眼球”。

第二个原因与脑功能有关。左脑被认为是思维脑、逻辑脑，是考生使用最频繁的脑。我们常说，语言是思维的工具，那么，记忆储存由语言按一定逻辑组织的“道理”，应该是左脑的功能。右脑作为感性脑，极富联想和想象的功能，极易储存“图片”和“视频格式”的“文件”。左右脑的记忆容量比相差得惊人，居然是一比一百万倍！

第三个原因是图片自身有无可比拟的优势。一张图片所包含的信息量会超过千余个文字。可见“图片”较之“语言”更易被储存和记忆。难怪有的同学在高考之后说：“发考卷之前，我的大脑只‘播放’‘美图’，心情居然比平时模拟考试时还平和。我想‘千万别紧张啊’或是‘拜托了，放松啊’都肯定不会有这种效果。”

在讲座中我发现，每当播放这些“图片”的时候，会场的气氛都会十分热烈：

“噢”，顿悟之声一片。

“哇”，惊叹之声响起。

“有道理”，不时有赞同声出现。

图片能使同学们顿悟出其中的哲理，图片还成了我与学生们无障碍沟通的桥梁。即使不用语言，只要大家的“频率”一致，哪怕是我的一点点“启发”，彼此间便可产生类似音叉共振般的效果。这是第四个原因。

图片如此有效，因此我亲自在大学里拍摄了一组场景，包括教学楼、食堂、宿舍楼、操场等，向同学们展示真实的大学校园生活，激发目标视觉化的力量。甚至就连十分青涩的男女生情感问题，我都会借用拍到的“大学校园的恋人背影”“说事”：“期待着在你心仪的大学里，谈一场轰轰烈烈的恋爱吧，这会成为你的动力。地点就这么定了，现在只需跟你的同学有个时间的约定。”

在我所去讲过的学校中，有相当数量的是县级高中。学校没有礼堂，也没有放映条件，几千名学生只能在露天操场听讲座。遇到这种情况，“图”便派不上用场了。正是这种无奈，促使我探索出了一种用汉字这种特殊的“图画”进行心理辅导的独特模式。

根据英国记忆大师东尼博赞先生的研究，一幅图画所包含的信息量，相当于一千个字符所能表达的内容。而汉字是象形文字，一个字就是一幅图画，每个汉字都蕴藏着可观的信息和哲理。作为炎黄子孙的我们，只要稍加用心来揣摩汉字，就可激发出无限的联想，汲取其中丰富的养分和智慧。通过汉字这一载体，我们每个人都能与古圣先贤们进行超越时空的“对话交流”。2008 年在北京的一次讲座中，我尝试用中医理论的“心”知识，讲述“从‘心’认识，掌控情绪和考试心态”。会后有不少同学向我索取课件。他们的理由是：

“这是爱国主义的好素材，说不定写作文时我能用得上。”

“以前我也看过一些心理学方面的书，但今天我觉得，还是我们中国的祖先能把心理学这点儿事，说得能让我明白。”

从这以后，我便继续尝试把中医理论，以及太极拳拳理等中国文化的精华，融入到讲座中。用同学们的话说：“博大精深的中国文化，让我们感到作为一个中国人是多么自豪和骄傲。”

往大里讲，我把不断丰富完善考前心理辅导的内容，权当是进行“有中国特色的积极考试心理学”的有益尝试。往小里说，我希望听了我的讲座，学生们能够坚信，只要使用好自己的“自带软件”，一手抓“形而上”，另一手抓“形而下”，凭借不懈的努力，一定能考上自己心仪的大学。

最后我想说：

尽管我水平有限，但你会觉得中国文化太美；

尽管文字不华丽，.但书中汉字和图片都很美；

尽管讲得很平实，但好心态赢了高考你最美。

王常春

北京

2012年4月

目录
·CONTENTS·

第三章 紧张不必硬对抗

第四章 担忧过度寻烦恼

第五章 压力适度不可怕

第六章 勤动脑体不动心

第七章 班级心理活动与游戏

第一章

考出最好的自己

Kaochu Zuihao de Ziji

如果我们从语法角度来分析本书的副标题——“考出最好的自己”的话，会得出这样的结论，这是一种省略了主语的动宾结构，但任何读者都可以从“自己”这一宾语中，推测出主语就是“我自己”，也就是每一位考生。书名的设计意图，我最想突出地强调一点，“我”是高考的主人公。

至于“我”考出了何等的分数，达到了怎样的程度才可称其为“好”甚至“最好”，不存在一个统一的标准，只能用一个相对客观的标准来判定，那就是“我”是否实现了自己的高考目标。接下来我们就来一起探讨有关“考出最好的自己”这一话题。

第一节　探求“自我”两字的智慧

我曾试想过，如果我是一名考生的话，会以怎样的方式来探究这个话题。我想还是用自我对话的方式为好，于是我将自己的内心独白整理成了下面的这段文字。当然在这其中，也会有作为本书作者的我，试图向考生传递的一些信息，以及要阐述的观点。

一、自我对话“考出最好的自己”

考：考试。

什么考试：高考。

什么人高考：我自己高考。

什么人让你高考：我自己要高考，并非别人让我考，才不得不去考。

高考是什么人的事：高考是我自己的事，相信是自己能做好的事，而不是别人的事。

高考中我的期待是什么：考出最好的我自己，不是考得比别人好，或是在什么人群中考得最好。

怎样理解什么是“最好的自己”：是在我自己这个参照系中，纵向比较出“绝对的最好”，而不是把别人作为参照系，横向与他人进行一番比较之后的“相对的最好”。

怎样才算是“考出最好的自己”：尽了我自己的最大努力，高考发挥正常，实现了我自己的高考目标，被我自己所心仪的大学录取，而不是以高考成绩的高低来衡量“最好”。

怎样做才能“考出最好的自己”：我自己有明确的高考目标，拥有乐观自信的心态，做好屡败屡战的心理准备，调整出最佳的身心状态，做好应考的能力准备。

细心的考生可以发现，上述文字中使用频率最高的，就是“我自己”这三个字。我之所以反复强调“我自己”，是想提醒考生们，从备战高考的第一天起，眼睛就要向内看，心要向内求，即看自己，求自己。实践证明，这是降低考试焦虑的关键。

亲爱的考生同学们，你也可以就“考出最好的自己”这个话题，进行一下内心的自我对话，也许这些问题弄清了，有答案了，高考过程中的很多问题便能够迎刃而解。

既然“我自己”是如此的重要，我们不妨从“我”和“自”这两个汉字中，探求其中的智慧。

二、“我”字中的自我形象

如果单从语法角度讲，“我”就是第一人称单数。如果从汉字的结构来说，显然“我”字是个独体字。但为了能够赋予“我”一些更积极的意义，同时也为了便于表述的方便，我全当它是左右结构的字来分析。

“我”字的左侧是个“手”字，右侧是个“戈”字，戈是一种古代打仗时士兵所用的兵器。听到这样的分析，也许你会联想到“我”是一个手中拿着武器、英姿威武的、特别能战斗、不畏惧困难的战士；联想到“我”是在为实现自己理想的大学目标而战；联想到“我”手中所握的是射程最佳、目标命中率最高的武器；“我”一定是“我的高考”这一战役的最终胜利者。

希望“我”字能够帮你获得这样的联想，树立起积极的自我形象。

三、“自”字警示了你什么

“自”字是鼻子的象形。它是“鼻”字的最初雏形，现在我们还能看到高高在上的它站在“鼻”字的制高点上。

鼻子位居脸部核心区域的“中央”，并且“地势”最高。难怪当有人指着你的书问：“这是谁的？”你会用食指指着自己的鼻子回答：“是我的”。

同学们想一个看似简单的问题，为什么人会在说道“我”或“我的”时，不会去指自己的眼睛或嘴巴，而只会指鼻子呢？正是这样一个看似不经意的动作，却能映射出一个人性的秘密：每个人都认为自己才是最重要的，就如同“鼻子”所在的位置，是至高无上的。

如果我问同学们高考是谁的事，相信几乎所有的人，都会指着自己的鼻子说：“我的。”但当遇到一些具体问题的时候，没准会用手指别人的鼻子了。

“我的英语成绩总是不理想，肯定是老师的教法有问题，还真不是我不用功。”这个同学的潜台词是：“我英语成绩不好的责任在他（虽然还没来得及指老师）。”这实际上等于给了自己成绩不理想这件事一个借口和理由，但就是忘记了最重要的一点，高考是“我自己”的，当下最重要的事（没有指自己）。哪怕老师的教法真有问题，“我”不去抱怨，而是调整“我”的心态和学法。

"凭什么小丽的成绩总是比我强，郁闷啊。"让我来做个形象的类比，这个同学的手"指向"了小丽，而忘记"指自己"，也就相当于小丽的成绩好这件事，居然比我自己高考的事还要重要。

希望你经常用"自"字提醒，高考是自己的最重要的事。

第二节　目标激发澎湃动力

我们一起来看一个真实的案例，看看高考目标是怎样激发出一个考生的澎湃动力的。

一、实现当飞行员的梦想

小强同学是北京一所普通中学2010年的高考考生。他从小就有当飞行员的梦想。可是由于种种原因，他的高一高二考试成绩不十分理想，确切地说，是很不理想，几乎所有的科目都在及格线的边缘，这种成绩最理想也就上个北京的联合大学、城市大学这些三本的院校。

小强的父亲认为，孩子通过高考圆飞行员的梦想，太不现实了。

小强自己在高二会考过后，开始考虑自己的高考目标问题。他非常仔细地在网上搜索调研了一番后，惊喜地发现，在四川的广汉有个中国民用航空飞行学院，招飞行专业，而且门槛并不是高不可攀。高考录取的要求是二本以上，英语成绩不低于80分，当然体检相当严格，要复查好几次。整个暑假小强都在思考。高三开学前，他郑重其事地与父母亲说了自己的高考目标："当飞行员是我的梦想，我的高考目标只有一个，中国民用航空飞行学院的飞行专业。为了考上这所学校，高三一年我保证全力以赴。"

小强的妈妈是位优秀的教师，常带高三毕业班。妈妈马上给予了儿子积极的回应："好，我和爸爸陪你一起做梦，梦想成真呢你就飞，即便成不了，就算做个梦吧。"尽管她十分清楚，以儿子现有的水平，高考时能达到二本的分数线，是具有相当难度的。但她更清楚一点，这个高考目标是儿子自己确定的，而不是父母或老师强加给他的，这种由清晰、具体的目标产生的学习内动力，会让儿子出现转机，甚至奇迹都有可能发生。

爸爸也表了态："对，爸妈一起陪你做梦。"

从这天起，一家三口开始了追梦行动。

他们的一切行动，目的十分明确，都是为了达到飞行学院的招生条件。

首先，体检合格是录取的硬指标。为确保几次体检都万无一失，妈妈真是既动脑筋，又不惜花钱。她为了预防小强传染上流感和防止血铅超标，就不再让小强骑着自行车上下学了，而是不惜每月花上千余元，包了一辆出租车，陪同小强上下学。爸爸担负起做早、晚两餐的重任，保证孩子有充足的体力和脑力。小强自己则坚持每天跑步 4000 米，用以保持良好的身体素质。

接下来的任务相当的艰巨，就是三人齐心协力，使小强的六科成绩能达到二本线。

当语文老师的妈妈帮小强分析："数、理、化、生这四科成绩，想在一年时间里有大幅度的提升，并不现实，只要你能跟着老师的复习节奏走，尽力了就行。可语文你可一定要按我的要求做，对你而言提分的空间比较大，在满分 150 分的科目中打胜仗，就能多挣总分。"小强非常认同妈妈的分析，只是简单地说了句："放心吧，妈。"

教学经验丰富的妈妈，使用的"提分招数"，就是每天只占用十分钟的时间，给小强"精讲"，所布置的背诵等作业，也只让小强用一些被妈妈称为"嗑瓜子"的零散时间完成。对于妈妈布置的任何一项复习任务，小强从不打折扣，全部完成。第一学期期末的语文会考成绩，给了这对母子最好的回馈，全年级400多名考生，只有38人成绩是优秀，小强竟是其中之一。小强备受鼓舞，他觉得自己离高考目标又近了些，飞行梦也敢做得更具想象力了。

英语成绩既要影响高考总分，达到80分以上也是一个被飞行学院录取的硬指标。因此，全家人更是格外重视。三人做了合理的分工：妈妈负责编写每日能在20分钟之内做完的“微型试卷”，有针对性地帮助儿子强化英语弱项。妈妈的理由是小强的基础实在太差，跟不上英语老师的进度，只能如此“因材施教”。在中直机关做翻译的爸爸则负责检查和讲解。小强同样十分努力。

功夫不负有心人，一年后，小强的高考成绩竟高出了北京的二本线27分，以468分被中国民用航空飞行学院飞行专业录取，圆了他的飞行梦。

当然，在整个高三复习考试期间，小强也经历了很多的挫折：正如妈妈所预料的，他的四科理科成绩一直没能达到及格线；在高三的第一学期的期中、期末、一模和二模的几次重要考试中，都只是将将踩上三本的达标线。但他在父母的不断鼓励下，从没有放弃过对飞行梦的追梦行动。他也从不因自己在学校的排名不理想而心生焦虑，他的眼睛永远盯着那三个招生录取标准，并不断用行动一点点地靠近它。他也和所有的考生一样感到过身心俱疲，但随着一步步地接近梦想，他真的能够以苦为乐，甚至能够以苦作乐了。

我相信，每个考生和家长，都能从这个真实的故事中得到不小的启发。

客观地讲，468分的高考成绩真的不能算高。我相信在小强所就读的中学的同学中，这个分数也只能排到中等偏下的名次。但对他而言，这个分数是他一年前连想都不敢想的分数，是他全力拼搏才达到的极限分数，这宝贵的分数让他实现了自己的飞行梦，不可否认他的高考是成功的，他考出了最好的自己。

如果我们的考生们能够像小强那样，有明确而具体的高考目标，所有的行动都是为了离这个目标更近，那么，在几次重要考试之后，你会把主要的精力放在分析现有的分数与目标分数的差距上，分析可以通过哪些具体的努力才能缩小差距上，让自己的实力不断增强。而不会因与身边的一群高考目标完全不同的同学，进行分数高低的比较，或因自己在年级的排名是否理想，而使自己越发地不自信和焦虑不安。这种焦虑情绪是会直接削弱你的高考战斗力的。

如果我们的考生家长们能够像小强的父母那样，用自己积极有效的具体行动，帮助孩子离高考目标近些，再近些的话，就不会因只是一味地担心孩子高考失利而整天焦虑了。当然您可以不是语文老师，或不从事翻译工作，但您力所能及做的所有具体行动，会同时有效地降低您和孩子的考试焦虑情绪。凡能考出最好自己的考生，他的背后一定有用行动做后援的家长。高考成功的军功章上有您的一半。

二、目标中的世俗理由

有这样两句我们党的政治口号：一句是“打土豪，分田地”；另一句是“抗美援朝，保家卫国”。请问你会对前后的哪部分更感兴趣呢？

“当然是对后半句‘分田地’和‘保家卫国’更感兴趣了。”几乎所有同学都会这样说。

这两句政治口号，正充分体现出了中国共产党的大智慧：把党的政治主张与民众的切身利益有机地结合在一起，来唤起全体人民的共同参与。

我们可否也能模拟一个类似的口号，把人生目标或具体的高考目标，与自己未来向往的生活做一关联性的整合，给自己一个努力奋斗的“世俗理由”。我曾经接触过一个同学，正是给了自己一个“世俗的理由”，才使他发生了下面的转变。

小马是北京一所普通学校的高中生。高一入校时，学校按成绩排名分班，他被分在了倒数第一的班级，当时他的文化课成绩我们可想而知了，但他有非常强的组织、沟通能力和广博的知识面。

高一下半学期，小马遇到了一个极好的机会。可以说，这个机会改变了他的命运。联合国教科文组织为中美两国的高中生提供了互换到对方国家上学的机会，并提供志愿接待家庭，帮助解决学生的食宿，还有免学费的优惠条件。小马在一次非常偶然的机会，获得了这一信息。小马凭借自己的优势，经过一轮又一轮的严格面试，最后筛选入围。他幸运地得到了这次机会。

在美国，负责接待小马的志愿者家庭，属于中产阶级，居住的是高档社区。2008 年暑假小马回国，与我聊起在美国的见闻时说道："我并不是一个物质欲望特强的人，生活在这种环境里，真正羡慕的并不是他们拥有的财富和优越的物质条件。我最强烈的感受就是，无论是志愿者家庭中的妈妈、爸爸、小妹妹，还是社区里的人们，文明程度和文化素养都是那样高，我发自内心地尊重他们。我也希望将来的自己能成为受人们尊重的人。"

接着他对我说："自从我有了这样的想法之后，我再就没有把学习当成硬着头皮不得不干的事，真好像从葱地里出来了。您都难以想象，我只用了三个学期就修完了高中的所有学分。"

面前这个自信乐观的帅哥，与我以前印象中的那个散漫懈怠的大男孩相比，简直是判若两人，我真为他高兴。

他饶有兴趣地继续谈着自己对未来的设计："拿到高中毕业证之后，我并没有马上申请美国的大学。我想了解一个真实的美国社会，想接触更多的美国人，更想干点具体的工作。我准备根据我能干什么，真正喜欢干什么，再最后决定我学什么专业。我在美国《国家地理》杂志，干过将读者来信进行分类整理的工作。我还随展览公司，在咱们北京世纪坛展厅，参与前期沟通和具体的展出事宜呢！您看我是不是已经比同龄人成熟不少啊？这可是练出来的。”

“暑假后，我就要上哥伦比亚大学了，学习社会学，我发现我喜欢跟人打交道，喜欢做个乐观生活信念的传播者。”我听得简直无语了。

实事求是地讲，很多同学都不太可能有小马这样的机遇，但我相信每个同学看到这个案例时，会受到一些启发。

一、只有当一个人的内心作出决定，我要成为怎样的人，我要干成怎样的事情时，他才会自觉地改变自己、调整自己的生活轨迹，这种心理能量的巨大，简直令我们难以想象。在心理学中有个名为 NLP 神经语言程式学的研究分支，其中就有这样一个前提假设：“一个人不可能改变另一个人，除非这个人自己想改变。”小马的故事完全可以佐证这个假设。

二、我们还可以通过对“化”这个汉字的分析，来解释“小马现象”。

“化”字的左侧是个“单人旁”，表示人的侧面图像。右侧的“匕”字，是个旋转 180 度之后的人的侧面图像。仔细想来，如果那人就是“我”，“我”是怎么“倒立”过去的呢？即使别人让“我”这样做的，“我”能立得住吗？祖先通过这个“化”字告诉了我们其中的道理，如果“我”不主动、自愿地想“转”变，任何变“化”都根本没有可能发生！

三、他之所以能够付出超长的努力，有巨大的改变，其中有一个“世俗理由”就是，拥有财富、过优越的生活。不可否认，我们中国的教育，是很少与学生们讨论金钱、财富等问题的。但毕竟，金钱对于每个人的重要程度就如同空气。金钱不是万能的，但是没有它确实是万万不能的。人不是为钱活着，就如同人不是为空气活着。向往美好、富足的生活，可以成为同学们为之努力的、理直气壮的世俗理由。

三、目标视觉化的力量

我们还是通过真实的案例来一起体会目标视觉化的神奇力量。

潇潇在高一的第一个寒假里，有幸参加了学校组织的与加拿大高中生联欢的活动。短短的十天时间，她对加拿大留下了非常美好的印象，尤其对位于东海岸的戴尔豪西大学（Dalhousie University）极有好感。她开始向往，能有朝一日到加拿大的这所大学读书。

回国后，潇潇开始劝说父母同意自己出国留学，但父母始终不做肯定的答复。到了高二，父母看到潇潇还是那么执著，便同意她先准备语言考试，并给她报了托福辅导班。从此潇潇便开足马力学习英语。

除了正常上课外，潇潇把所有的零碎时间都用来背英语单词。有一次在课间休息的时间，她正在全神贯注背存放在手机里的单词，被班主任老师发现后，把手机没收了三天，她便把单词抄在小纸条上，抽空就会背上几个。

每天晚上，潇潇写完学校老师布置的作业，就已经十点多了，但她一定会继续花两个多小时学习英语。一天，妈妈看着心疼，推开潇潇的房门想提醒她该睡觉啦，可还没等妈妈张口，潇潇就会说："妈，千万别打扰我，刚有了点语感，再学一会儿就睡。"妈妈感叹："以前潇潇可是个小睡猫，到点准困得不行。自从这孩子有了出国留学的目标，还真得刮目相看了，这学习动力，想挡都挡不住啊。"

后来，潇潇跟妈妈开玩笑地说："在我们这个托福班里，同学们会自愿结成三人小组。我所在的这个组里，有两个重点中学的同学，他们的实力太强了。不过有他们领跑，肯定对我有利。我们仨可有约定，必须平均每天背 150 个单词，并相互监督检查。如果发现谁没完成任务将被罚，惩罚的方式是，在周末上课时要请其他两人吃午饭。我那么懂事，哪能花咱家的钱请别人呢。您说我能不玩命吗？！”

潇潇只有一个愿望，托福考试一定要过 90 分。只有取得了这个分数，才能申请大学。她自信能行，并尽了全力。

2009 年的 9 月份，潇潇如愿以偿地成了戴尔豪西大学经济系的一名新生。在越洋电话里，潇潇告诉妈妈：“我现在觉得读书是件很享受的事，可能是我读的这个专业是我自己喜欢的，也可能是我把学英语时那种快乐和自信的感觉延续到现在了？！我没有‘因苦和累而学伤’。”

这个故事对我们有这样几点的启示。

一、尽管这个案例与高考没有直接的关系，但能多少给考生们一点儿启示。你所见到的美好的东西，会让你发自内心地向往它，会让你义无反顾地努力得到它，这就是目标视觉化的力量。

二、为实现自己的梦想而努力，你才可能真正做到以苦为乐，以苦作乐。“让我学”和“我要学”的结果会是天壤之别。

三、当一个人为了强自己而学的时候，便会有一种宽广的心胸和气度，他会把身边的优秀同学视作一种宝贵的资源来珍惜，来为己所用，而绝不会心生妒忌。

四、大学校园生活一瞥

在每次高考辅导的现场，我都会按综合类大学或是以某一工科为特色的综合类大学等类别，向同学们展示国内一些有特色的大学的图片，并根据我所掌握的信息，介绍有关大学的特色、有影响力的强项专业，以及大学所在的城市的自然与人文特点，等等。每每在这个环节，同学们的热情是最高涨的。有的会与就近的同学热烈讨论，有的同学还会面带微笑地仰面遐想。

我慢慢了解到，真有不少考生正是受到了图片的影响，考入的居然是那张令他心动的图片中的大学。其中有的同学的理由，简单到令人难以置信的程度：

“我喜欢那个标准足球场。”

“我向往的是，能走进那座漂亮的图书馆。”

“教学楼太吸引我了。”

大学生活的确是每一位考生都十分向往的。我曾经建议过考生们，有条件的话，走进大学校园去亲身感受一下，高考的动力会更强。这对于大城市的同学来说，并不是一件难事。但对于那些远离城市的，县一级中学的同学来讲，却是件很奢侈的事。

于是我萌生了替这些同学走进大学校园，亲自拍照，用我的视角和感受，呈现给同学们一些真实的大学校园的生活场景。下面的这组图片，我认为是比较有代表性的。

这是北京大学西部校区的一景。拍照时我特别感慨，北大的学者们就应该在这有山有水、绿荫环抱、宁静清雅的地方做学问。

北京大学一角

也许你会质疑，这种照片哪儿不能拍到啊。告诉你，这是在中国科技大学拍的。当我蹲下来拍这张美丽的树叶时，一位穿着朴素，很有学者气质的长者，俯下身笑着问道：“你有什么新发现？”

中国科技大学

我非常羡慕在校的大学生们，

他们偶遇到的人，有可能是在某个研究领域中的领军人物，有可能是中科院的院士。能与这些学者们共同生活在这个校园里，他们会从如此强大的能量场中，汲取多少成长的养分与能量啊！

四川大学图书馆

这是刚整修一新的四川大学图书馆，建筑特点虽说不上现代，但很有民族特色，感觉很亲切。

中国科技大学新校区

这是周日清晨的中国科技大学新校区的教学区，安静、整洁。在这样的环境中学习、搞研究，心境会是多么宁静。

四川大学

这里还是四川大学。校园外的现代化住宅，与校园里古朴的教学楼形成了不小的反差。成都既现代又宜居，川大既古朴沉稳又活力四射。

校园一景

看清了吗？这是一对恋人在大学校园里，大方地谈情说爱。为了不打扰他们，我只能远远地留下了他们甜蜜的背影。亲爱的同学，你是否期待自己在心仪的大学里，谈一场轰轰烈烈的恋爱？也许这种期待就是你考进这所大学的动力。地点就这么定了，现在你只需要跟最要好的他或是她，做个时间的约定。

南京大学足球场

这是南京大学标准的足球场，你的球艺可以在这里大显身手了。

中国科技大学

这是中国科技大学美丽的校园，参天的梧桐树与浓缩了人生精华的学子们形成了鲜明的对比。

校园一景

清晨，能在校园的小树林中朗读英语，该是何等的享受，会是多么的惬意。

山东大学宿舍楼

这是山东大学的学生宿舍楼，多么气派。说不定，你将会在这座楼里住宿几年呢。

某学校食堂

某学校浴室

你猜得出这是大学中的什么设施吗？相信吗，这是大学里的学生食堂。

楼前怎么有这么多的暖水瓶，实在壮观。我定睛一看，居然是浴室。可以想见校园的规模有多大，大学生们生活得多么有序。

接下来，我要向同学们介绍两个真实的案例，请你特别要注意一个关键词“兴趣”，也许你能从中受到不小的启发。

五、兴趣导航追梦的行动

铮铮是北京一所普通中学2007年的考生。

5月中旬，开始报高考志愿了。铮铮的父母拿出了花了整整半年时间才拟定好的几套报考方案，征求他的意见。志愿表中有临床医学专业、计算机软件设计专业，还有热门的金融专业等。铮铮平静地看着，然后笑着问父母亲：“您二位说，填报高考专业志愿该以什么为出发点呢？是选个为了将来好谋生的专业好呢？还是根据自己的兴趣爱好，选个一辈子干这行都觉得幸福的专业更好呢？”

“当然是根据你的兴趣爱好选了。”二老不假思索地回应。

“那，我自己能改吗？”铮铮指着手中的报考方案有意问父母。

“当然能改了，报考的事你自己做主，我们不过是提供一些参考意见而已。”父母平静地说。

“那好，我可改了？！”其实，铮铮“早有预谋”了。

没出半小时，铮铮将唯一的一套报考方案，递给了父母。从本科一批一志愿的中国传媒大学，到最后一个兜底的大学北京联合大学，所有学校的专业选择一栏，全部填写的都是媒体艺术专业。

看到这些，父母只说了一句：“只要你一生快乐就好，就这样定了。”

高考时，铮铮发挥失常，比一模考试低了近 50 分，440 分的成绩只能上北京联合大学。但他表示：“我就上联大了，绝不复读，不能耽误我一生中宝贵的一年。”他的追梦行动，在不高的起点上开始了。

现在铮铮已去了日本，继续他的追梦行动。他十分清楚日本的动漫制作水平要远高于我们国家。“我要在日本好好钻研两维平面技术，将来我要去美国学习 3D 技术，让动漫大师云集的美国梦工厂，有中国人的面孔。”

正是基于这种远大的梦想，铮铮才有了“澎湃”的学习动力。他仅用了半年的时间，就拿下了相当于国内日语本科毕业生水平的“日语能力二级证书”。现已进入日本 TCA 国际艺术学院学习。四年后，他将怀揣“高级专门师”的国际认证去美国。他在紧张的专业学习之余，近乎是在“玩命”地学英语，为这一天的到来作着充分的准备。

铮铮设计了一套周密、可行的追梦行动计划，每项计划都有严格的时间表。他在现实中，用行动不断“触摸”到自己的远大梦想。

相信你的高考分数一定比铮铮的高，更相信你将在这更高的起点上，开始你的追梦行动。

亲爱的同学们，从铮铮这段成长经历中，我们能分享到这样的三点启示。

一、以自己的兴趣选择大学所学的专业，学习的内动力就相当地“澎湃”，一切困难都势不可挡。

二、高考报志愿一定要“系好安全带”，选好兜底的大学，只要持有进入自己梦想剧场的入场券，就有搭建更大的梦想舞台的可能性，千万别灰心；哪怕是万一高考失误，被命运“忽悠了”一下，打了个趔趄，但站稳脚跟后，还能接着往前走。

三、相信你的高考分数一定比铮铮的高，更相信你将在这更高的起点上，开始你的追梦行动。

六、职业兴趣与幸福人生

小明是2002年的北京考生。

他从小学开始，就师从首都师范大学的杨国立老师学习手风琴。杨老师经常说小明的听力好、音乐感觉到位，这些正面的肯定性的评价，对小明日后走上音响师的道路起着至关重要的作用。还有一个影响因素是，在杨老师所教的学生中，也就是小明的师哥、师姐，曾有人或考入中央音乐学院，或考上当时还叫北京广播学院、现在叫中国传媒大学的录音艺术专业。这个专业培养的是交叉型的人才，我们称为音响师。这些都对小明萌生将来要报考音响艺术专业，起到了重大的影响。

小明知道这个专业不但要求考生要有良好的乐感，还要具有学习工科所必需的扎实的理科基础。为此，从进入高一开始，他就着手进行准备了。特别是在时间和精力的分配上进行了有机、合理的调整。

在学校里，他跟着老师的正常教学进度走。在理科的学习上不打折扣、一丝不苟，而在其他的学科上有所取舍。目标非常明确，高考要超一本线20分，因此他要求自己平时的理科考试成绩，平均要达到80分，其他科目不低于70分，至于名次什么的只作为参考而已。

小明几乎把自己业余时间全部用来培养自己的乐感，听了大量的交响乐，并上“视唱练耳”的课程。3年的积累让他在音乐上有了长足的进步。专业考试的合格证易如反掌地被他拿下。最终，小明选择了偏工科一点的北京广播学院，并以超出一本线30分的高考成绩被录取。

小明现在就职于中央电视台。他常和妈妈打趣地说，虽然自己常干着“吃萝卜干饭”的、不能挑大梁的活儿，但是他喜欢干。他坚信干音响师这行，经验积累得越丰富，就越有价值。我们都能够理解他对这份职业的执著和热爱。

我相信，考生同学们能够从这个案例中受到这样一些启发：每个人的时间和精力都是有限的，特别是考生们，会做选择，会做取舍，才会得到你最想要的；信息的获取对报考专业至关重要，如果我们的生活圈子更大些的话，走的弯路就会少一些。

我们来继续分享，从这个案例中受到的启发。

一、选择专业自己的兴趣至关重要，能让自己获得一生的职业幸福。

二、信息的获取对报考专业至关重要。

三、每个人的时间和精力都是有限的，特别是考生们，会做选择，会做取舍，才会得到你最想要的。

关于选择大学所学的专业，我向同学们提一个建议：如果你还没有选择好专业，建议你在本科阶段先选基础学科学习。此外，你还可以通过观看电视台的高考节目，例如中央电视台拍摄的大型纪录片《国际著名大学》，以及其他相关书籍，来了解国内外很多知名大学的情况，了解各专业的学科研究发展方向等重要的信息。

第三节　做好自己向内求

一直以来我以为，向内求是做好自己的关键，但此话说起来容易，做起来却很难。

一、只做最好的自己

小志是北京一所普通中学的2009年考生。一场重病使小志在上初中时，做了器官移植手术。可以想象他的身体状况比起其他同学要差得很多。再加上长期服用抗排异反应药，不仅使得一些脏器功能的指标较差，更糟糕的是只要休息不好，血压就会偏高，头痛头晕难忍，以致无法学习。原本好强的他，不得不向自己的身体妥协，他不敢“熬夜加班”，不能剧烈运动……特别是进入高三以来，原本聪慧睿智、成绩优异的他，看着班里其他同学的成绩在突飞猛进的往上涨，自己却因身体情况不能开足马力“拼”，心理有着说不出的滋味。

作为我咨询辅导的学生，我与小志有过几次坦诚的交流。

小志坦言：“我初中时的成绩在年级的排名是数一数二的，如果不是因为生病，北京的任何一所示范校，不夸张地说可以任我选。”

“可现在，原本被我帮助的同学，却在学习上向我伸出了援助之手，感动之余心里的滋味只有我最清楚。”小志表露出了自己的无奈与不甘心。

“我非常能够理解你的感受。”我对小志说。

“要是我自己不想努力，成绩不如别人也就认头了。可我自己真的是有心多做点儿题，但真的是无能为力啊，别说多学会儿，就连撑下一天的课，我都觉得力不从心。”

“我在你的班主任和同学那里所听到的对你的评价，都是非常肯定的，不少同学把你当成楷模呢。全班同学全票推荐你是市级三好学生，已经很能说明问题了。别说是同学了，就连教你的各科老师，只要说到你都赞不绝口：‘得这么重的病，能坚持上学就很不简单了，还能有这么好的成绩。’非常钦佩！”我接着说。

“那就是个‘安慰奖’罢了，激励一下我嘛。”小志打趣地说。

“我看不全是，有激励的成分，那是必须的，但是市三好学生可是有评选的‘硬杠杠’的，特别要考核高中三年的成绩，光靠友情不靠谱。”我进一步肯定小志。

“这我也认同，但我郁闷的是，现在的成绩远没有达到我内心的标准，更不是我的真实水平。”小志说。

“那好，我们现在可以说得更直接、更深入些。摆在面前的是你的身体现状，这可是个非常现实的问题，只有你接受了，才能谈得上面对。我可以断定，如果你不生病，凭你的才智考清华或北大毫无悬念，可现在却是相当的困难。因为，大脑是个靠‘集团军’协同作战的器官，它绝对离不开各个脏腑的支持，依赖于‘外援’的你，无论是脑力还是精力，都无法与生病之前的你相比，所以只能对自己的标准进行调整。依你的身体条件量力而行，考上心仪的目标大学，就是做到了最好的你，考出了最优秀的你。”

看着小志在不断地点头表示认同，于是我便接着说道：“还有一个你不能回避的话题是，你要接受的另一个现实是，那些以前成绩不如你的同学，现在比你的成绩要高。根源还在于你的身体条件所限。接受了你的身体现状，就容易接受这个现实。论拼体力、抢时间，你与同学相比，的确处于劣势，但也大可不必郁闷。用你的智慧来巧学精练，这可是你的绝对优势啊。”

“有道理。”小志看上去似乎轻松了很多。

高考前夕，小志常有好消息告诉我。

“说来奇怪，现在我的心不再纠结了，血相指标居然有几项接近正常值了。”“我最近发现，我的复习效率还是蛮高的，心里感觉挺从容的了。”

“最近的几次大小模拟考试，我的分数都高出了目标大学的录取分数，感觉还好。”

我真为小志高兴，他与我分享的都是他自己的好信息，不再有半点阴影。

高考的结果出来了，小志如愿以偿地考上了北京的一所“985”工程大学。我一点儿都不觉得意外，由衷地祝福他健康快乐。

小志的案例比较特殊，但从中我们还是能够得到不小的启发。

一、要做最好的自己，即不要和其他人比，甚至也不能和“曾经辉煌过”的自己比。这种比较的结果是，使得你或是自卑，或是心理失衡。

二、正视并接纳你的所有现状，包括你当下的身体条件、心理素质以及学习能力等，在你能力所及的基础上，尽全力做好，无疑此时的你就是最好的。衡量所谓是否“最好”，参照标准就是现在的、客观的那个你。这与科学家进行科学试验类似。科学家会首先限定一些试验条件，然后在某一特定的条件下进行试验。得出的实验结果一定是与试验条件相匹配的。

你认同这些分析吗？

二、宁静祈祷文中的智慧

美国的著名神学家尼布尔，有一段著名、深刻地影响了许多人的宁静祈祷文。抛开宗教的意义，我相信下面的这段文字，会对同学们产生积极正面的影响。

愿上帝赐我平静，接受我无法改变的事；

愿上帝赐我勇气，改变我能改变的事；

愿上帝赐我智慧，明辨两者的差异。

尼布尔仅用了短短的三句话，便明确地告诉了我们，面对“事”的时候，“我”的作为应该是什么。

接下来的这段祈祷文，出自美国的一本名为《问题背后的问题》的书。

愿上帝赐我平静，接受我无法改变的人；

愿上帝赐我勇气，改变我能改变的人；

愿上帝赐我智慧，了解那人就是我。

如果我们将两段祈祷文，稍作对比，就不难发现，两者的差异在于宾语的不同，也就是说，“接受”与“改变”的对象是有差异的，前者是“事”，后者是“人”，而且那人正是“我”。这是一种十分可贵的“个人担当”的精神。

但两段祈祷文有个共同点，都十分强调“我”这个“担当”主体的态度。

我愿意与同学们共同分享这两段有哲理的文字，也希望你能时时提醒自己，有一种可贵的精神叫“个人担当”。

三、个人担当向内求

我曾接触过一位2007年的高三学生，他的变化很有典型意义。

在进入高三的第一次月考中，这位同学是凭借着自己的真实水平，“安分守己”地参加考试的。而班里的其他几个实力不如他的同学，却因在考场上“搞小动作”，分数反而比他还要高。班主任老师在不知情的情况下，表扬了那几个同学。这位同学当然会心理极其不平衡了。于是，他采用了极端的方式“抗议”。在考试之后的十几天里，他上课时不听老师讲，课下不做任何作业，整天闷闷不乐，一句话都不说。班主任老师找他了解情况，他却始终闭口不谈。无奈，班主任老师只能向我求助。

“心里堵了”十几天的他，见了我，话就像“开闸放水”般地说个不停。我静静地听他说了足足有十几分钟。“我凭实力考，别人考试‘打小抄’，老师却能那么不公平地表扬他们，还有公理可讲吗？我知道，我们老师永远都不可能表扬像我这种埋头努力学习的‘良民’的，您说我还能学得下去吗？”

他说话期间，我只是用“点头”的方式示意他，我能理解。

他说完后，我并没有指责他，高三复习时间那么紧张，你怎么能十几天都不学？！我只是轻松地聊其他的话题。

“你想考哪个大学呀？”

“凭我这次考试的分数，也就只能上个‘二本’。”

“我感觉你能上一本。”那时我并不知道他的学习实力，只是想通过这句话“激”他一下，让他的兴奋点转向自己。

“真的吗？”只见他眼前一亮。

“我预测的学生从来就没有失误过，相信我！”我继续说。

“老师，我从来就不敢想，我能上‘一本’。”

“只要你把眼睛从‘看别人’转向‘看自己’，就能行。比如，每次考试完都对照一下与‘一本分数线’还有几分的差距，哪些学科还有上升空间，等等。想想看，离高考还有十个月的时间呢，你肯定没问题呀！”看着他点头认同，我接着说道。

“把自己的精力放在‘看别人’上很‘不经济’，多耗你自己的能量啊。‘爱自己’的人都会把全部精力放到实现自己的愿望上。至少你现在还不够‘爱自己’。老师的表扬，同学的行为，这些与你实现自己的愿望到底有多大关系呢，你想过吗？”

“我知道自己该干什么了。您放心，我一定要实现您对我的预言。”

这之后，我能不断地听到他的好消息。作为团支书的他，带领着同学们积极进取，使班级的整体学习能力不断提高；而他自己一直保持着班级的前三名；高考时，他以高出北京市高考一本线 29 分的成绩，上了一所市重点大学，学的还是数学专业。

这个案例还是挺有普遍意义和代表性的，但愿你能从中受到一些启发。

一、这类问题往往出在同学很容易把自己的关注点，放在“外部”或是“别人”这些我们自己不能控制的人和事上。接下来，又被这些不能控制的人和事反控制了。于是愤怒、不平、焦虑等负面情绪会一股脑地涌出，干扰了自己的复习节奏，教训值得汲取。

二、只有当我们把眼睛转向了自己，向内求时，无论是自己的内心还是学习能力，都能不断强大。向内求、强自己，才是高考的硬道理。

第四节　“我”与“你”、“他”各不同

尽管说，高考是自己的事，但高考并不是个人的战役，“我”、“你”、“他”之间存在着微妙、复杂的关系，彼此间相互影响着。

一、世上只有三件事

这三件事分别是：老天的事，别人的事和“我”的事。

所谓“老天的事”，就是自然规律使然，人所不能为之事。比如，刮风下雨，日出日落，地震海啸等。人在自然面前简直是太渺小了，可以说“人定胜天”几乎没可能。结论是“老天的事”，“我”管不了。

至于“别人的事”，“我”也控制不了，最简单的解释就是“别人”不是“我”。在神经语言程式学 NLP 中，就有一条假说“一个人不能改变其他人，除非他自己想改变”。

三件事中，唯一一件能够控制的，能够改变的，只有“我”自己的事。

每次为高三同学做心理辅导时，我都会安排半个小时左右的现场问答环节。我发现，很多考生的情绪问题多与“别人的事”相关。别人所做之事让“我”不能接受，但“我”又控制或改变不了，因此郁闷烦恼。每次遇到这类问题我都会强调：“那是别人的事！”

换句话说，备战高考过程中，不仅要处理好“我”的事，还要处理好“我”与“别人”关系的事。接下来，我来叙述其中几个比较有代表性的案例。

有同学问：“我已经很努力了，但老师从来都没表扬过我。我好郁闷啊，快没动力了。”

我答复：“不表扬你，那是别人的事。”

“但你能做这几件事，第一，对老师说：‘求求你表扬我！’（这是一部电影的名字）”听我这么说，全场会哄堂大笑。

我接着说：“第二，你继续努力，但极有可能老师还是不表扬你。第三，因为老师不表扬，你不再努力了，甚至放弃高考。你会选择哪个？”

我能听到前排的同学相互间的议论声。

“当然要选继续努力啦。”

“老师都忙成啥样了，哪顾得上表扬谁啊？”

“高考是自己的事，又不是别人的事，被表扬有那么重要吗？”

这些议论至少说明，这些同学已经分得清“我的事”与“别人的事”了。

还有的同学这样说：“求求老师救救我，我简直忍受不了我妈的叨唠，烦！！！”

“叨唠是别人的事。”我不假思索地答道。

“但是你能做几件事，一是跟妈妈吵，这样会发生语言冲突，伤妈妈的心，估计你不会这样做，否则你就不会让我救你了。二是，当妈妈叨唠时，你可以智慧地转移一下妈妈的注意力：‘妈我想吃羊肉烩豆腐了。’妈妈会立刻奔向厨房。其实无论妈妈叨唠或是做饭，都是一种爱你的方式，只不过你更能接受后者，那你就帮妈妈转移一下注意力吧。”

经常会有同学问及如何解决同学之间的小误会、小矛盾等问题。

“我睡觉特别轻，同宿舍的同学‘动静’很大，常会影响我休息，但我又不好发火，很烦。”

“我的同桌经常在自习时间背英语，并且发出的是一种低频的、类似蚊子叫的嗡嗡声，烦死我了。但每天低头不见抬头见的，不知道该怎么办？”

“那是别人的事。”现场的很多同学会和我一起说。

“对！我相信，现在已经有不少同学，能够意识到，遇到‘别人的事’时，自己要做的是，完成好‘我的作为是……’这个句型。”我接着说。

而且，我常会反问大家应该怎么解决。

“我会跟宿舍的同学直接说‘哥们儿动作轻点，小弟神经衰弱，拜托了’，当然态度要‘和蔼’点儿啦。很好解决的！”有同学这样支招。

另有同学说：“我会对同桌说：‘你能先做张卷子吗，等明天中午我帮你背英语怎样？俩人互相背，效率会提高的。’”

上面这些“问答”和“对话”所涉及的问题，你也有可能遇到过，事虽不大但耗神。出于对你的爱护，我建议理清一下解决的思路：

凡是遇到了令“我”不爽的事情时，马上要意识到，我控制不了“别人”做什么事。既然不能控制别人，我的心情也不能被“别人的事”反控制。

之后，要想到“我的作为是……”。

更多的时候，“我的作为”是与“别人”沟通。

沟通一定要有智慧。比如，不指责“别人”，不激化矛盾；转移“别人”的注意力，化解问题；提建设性的意见，解决问题等。

请同学们切记两条：一是，有效的沟通能促成别人的改变，二是，沟通的最终目的，是为了解决问题，而不是要表达“我”对别人的不满情绪，这样反而会更加激化矛盾。

如果同学们今后再遇到类似的问题时，都可以如法炮制。

至于“我”的事，也经常会与别人的事相关联。比如，“我”与别人的比较问题，“我”在群体中的排名位次问题等，都涉及了“别人”这个参照系。这些事处理好了是动力，处理得不好便会消耗很多心理能量。

下面我们就来探讨这两个话题。

二、“比”“从”两字之不同

“比”字是两个人“同向”站着的象形，是比肩而立、静止不动的象形。

我们再来看“从”字的繁体字“從”。首先我们来看右偏旁的上半部分，也是两人“同向”而立的象形，只不过朝向与“比”字相反。左侧的“双立人”，是个与行走有关的偏旁。右偏旁的字底部分的“止”字是“脚”的象形。这两部分很容易让我们联想到动态行走的影像。纵观整个字，就是一个人跟随着另一个人行走。

在“比”和“从”两字中，尽管都有同向的“两个人”，但他们的状态是不同的。一动、一静，一个前进、一个停滞。

在中国传统文化中，用“从善如流”一词，来正面褒奖“见贤思齐”的君子风范。与之形成对比，只有“非君子”之人，才爱攀比，才会不思进取停滞不前。

有的同学喜欢把学习的快乐或考试的成就感建立在与别人的攀比中。但是，一旦少了“激励”自己竞争的参照物，无人能与自己相比时，就不再有强劲的学习动力了。

但大多数情况下，攀比带给更多同学的后果是自卑。不自觉地用自己的不足、弱项与人比，比出的多是烦恼与不自信。

当我们的考生了解到“从”与“比”两个字的内在差异时，相信你一定会作出明智的选择。

三、比较极易生烦恼

下面我们就来一起体验一下，与别人进行盲目的“比较”，会给自己带来哪些“心理蹦极”的感受。

本来高与矮，都是相对的，但是只要两个人一定要进行比较，就只存在“显得高”或“显得矮”的问题了。无疑，两人中“显得高”的一位会得意些，但对于“显得矮”的那位就会感觉不爽了，心里在嘀咕：“其实我不矮，只是不如你高，别美，遇到个比你高的，你就不得意了！”

说到胖瘦的问题，我们完全可以用科学的计算方法，了解自己是否体重正常或是超重。但一定要与一个人作比较的话，说不定会生出烦恼来。

自古以来，关于美丑的标准就无定论，更何况“情人眼里可以出西施”。但两个人一定要作个比较的话，必有一位会被“比”得“败下阵”来。

上下更是相对的概念，但所处的位置不同，心理感受会差异很大。当然谁都喜欢居高临下的感觉。有时感觉一好就会“忘乎所以”，开始“仗势欺人”了。而位于“下”位，本已“无奈”，还要“忍气吞声”，这就有些“雪上加霜”的感觉了，心里“苦”啊！

在人生这条“单行线”上，人人都会先“幼”后“老”，无论跟谁比“当下自己的年龄”永远是一种客观存在。与别人比较“显得年轻”并不能改变“上了年纪”的事实，完全没有必要用“显得年轻”来让自己获得短暂的“开心”。

口袋里“钱”的“绝对数目”似乎是衡量“贫与富”的“硬指标”，但“贫与富”更主要的还是要看自己的内心感觉。换个角度看了，我们每个人“花”的都是自己口袋里的“钱”，用别人口袋里的“钱”来“烦恼”自己，只有“傻瓜”才有可能如此的愚蠢。但是我们会经常不自觉地做这种蠢事。

之所以能够“生”，是因为常与不如自己的人比较，在这个意义上讲“比较”还真的不一定是个坏事。

但是，人们会不知不觉地选择“死”，选择用自己的“弱项”与别人的“强项”“比”，而让自己活活地被“气死”！之所以说“比较”出烦恼，道理就在于此。

四、冰淇淋实验的启示

美国芝加哥大学商学院，有一个著名的冰淇淋实验：有 A、B 两杯哈根达斯冰淇淋，A 杯的容积是 5 盎司，却装入了 7 盎司的冰淇淋，看上去快要溢出来了；B 杯的容积是 10 盎司，但只装入了 8 盎司的冰淇淋，所以看上去还没装满。

受访问者更愿意为哪一杯冰淇淋付更多的钱呢？

实验结果表明，在分别判断的情况下，大多数人愿意付 2.66 美元来购买那杯看上去快溢出来、但实际上却比 B 杯中冰淇淋的量少得多的 A 杯。而且，大多数人只给 B 杯冰淇淋估算了 1.66 美元的售价。

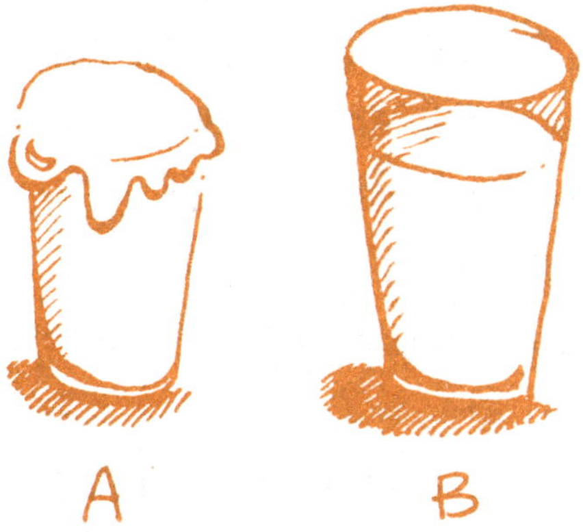

这个实验引发了同学们什么样的思考呢？

"眼见"就一定为"实"吗？

"显得多"就一定真的"多"吗？

我自己的手中端的是哪杯"冰淇淋"呢？估值准确吗？

其实，眼见不一定为实。现实中，考生们容易走进自卑的误区，明明自己的手中端着 B 杯，却误以为不如同学手中端着的 A 杯"冰淇淋"的量多。换句话说，总是看别的同学比自己条件优越，比自己的学习能力强。越看、越比，肯定会越自卑。

现在需要你仔细看清自己端着的这杯量多味美的“冰淇淋”，认真评估自己的优势和长项，给自己一个合理的“估价”，相信你会重新找回自信的。

五、慎用“比较激励法”

小欣是北京2008年的考生。

小欣的父母都是社科院的研究员，我们可以想象，作为高级知识分子的他们，对自己的宝贝女儿会有多么高的期望值。小欣就是在父母近乎苛刻的严格要求下成长的，尽管学得不轻松，但感觉还能够承受得住。

但是到了高三，对小欣期望过高的不只是父母了，几乎教她的所有老师，都对她给予很高的寄托，都指望像她这样的好学生，能够超越极限地考高分。对此，小欣也能理解。

然而，父母和老师好像商量过似的，使用着相同的“激励”小欣的方式，那就是“比较”。

“小欣你看，实验一班的小肖这回数学考了满分，论实力你可比他强，下回考试看你的啦。”数学老师用了这种“激将法”。

“小欣，你可要加油啊，年级排名50多名的小超进步幅度太大了，我看快要威胁到你的名次了。”物理老师变换了一种方式来“激励”她。

“小欣，今天的家长会上，我看到玲玲的几次考试成绩，始终稳坐第一，她可是你的榜样啊！你再看看自己的成绩，变化幅度比她的可要大得多。都快一模考试了，究竟是什么原因，你可自己想清楚。”妈妈用这种方式鞭策她。

“你们班主任老师给我打电话，说你最近越来越打不起精神，怎么激励你都无济于事。关键时刻可不能掉链子啊。”爸爸半责备半提醒着她。

与父母和老师们善意的良苦用心事与愿违的是，重压之下的小欣一模考试只考了540分。小欣自己也非常失落，原本各个学科都很有优势的她，开始对学习变得不自信起来。

“我理解妈妈，她本想用树立玲玲这样的榜样，来让我向她学习，但是我的真实感受是，妈妈是认为我不行，我不如玲玲；我清楚，数学老师用我比小肖‘实力强’来保护我的自尊心，我的感受却是，老师是在责怪我，现在的成绩还不及那些实力不如我的同学呢；我也明白，物理老师说排名前10的我，受到了排名远在50名的小超的威胁，无非就是让我有点危机意识，更努力些，但又有谁能理解我听了这话的感受居然是，我的实力在下降，而且幅度还很大。最初，当我听到这些‘激励的话’时，是怀疑自己不行，之后是不断地确认、印证自己的不行，到现在，我是觉得自己真的不行了。大人们善良的初衷不但没能激励我，反而让我越发的不自信了。有谁能理解我呢？照这趋势发展下去，我连上一本都没戏，别说是父母想让我报考的清华大学了。”

上面这段文字，是小欣发给我的邮件中的片段。凭我对小欣的了解，她一直是一个父母眼中的“乖乖女”，老师眼中的好学生，一直被所有人呵护着，成长得一帆风顺。进入高三后，“空降般”下来的“比较式的激励”，已经严重地动摇了她的自信。她柔弱的性格也决定了她不可能对家长或老师表达自己的真实感受，只能被动地连续不断地接受更多的激励和期待。我认为，对小欣这样的学生，她决不需要听过多的空洞的道理，她只需要有个合格的听众，而我是最佳的人选。我相信，只要她宣泄掉了心中的郁闷，便能重树自信心。

与此同时，我与小欣的父母和老师进行了一些简单沟通，建议他们不要再拿小欣与任何人进行比较，否则她真有可能被“压垮”的。

在我与小欣的几次交谈中，一方面表示对她的理解，我充分肯定了她对父母和老师的理解，“能换位思考、理解别人是一种成熟的表现”，给她一种积极正面的评价。另一方面给她安全感，让她倾诉。我告诉她：“在我这里你可以说任何话，甚至可以抱怨任何人。你不用考虑对错，说出来了，你的心里就会舒服很多。你什么时候把郁闷‘倒空了’，感到心情放松了，什么时候自信心自然就会回来了。”我花了几次的时间只是听小欣说出来，甚至让她哭出来，尽量帮她把负面情绪充分释放干净。

这招果然很奏效。高考前，我已经能从小欣的脸上看到笑容了。

高考时，小欣轻松上阵，发挥正常。以 618 分的成绩被华西医科大学录取。

相信这个案例会对家长或老师有几点启发。

首先，我们要肯定，无论家长还是老师，使用“比较激励法”的初衷都是善意的。之所以效果事与愿违，大致有三个原因。

首先，从客观效果上讲，是因为没有顾及孩子们的感受。正如小欣的感受：“我理解，比较激励背后的潜台词是我不如别人。”如果我们能够换个方位，设身处地地替孩子们想，也许会换一种更科学的激励方式。

其次，另一个更关键的原因就是，这种做法是在无意间，误导孩子偏离了实现他自己高考目标的航线，使他在途中迷失了自己。引导孩子把关注的焦点始终指向他自己的高考目标，并帮助孩子用具体的行动实现目标，才是上上策。

再次，不断地与人进行比较，参照系总是在变化着，这样做会造成孩子出现“系统的紊乱”。我们可以通过这张图来理解这个问题。

在这个图形中，上下两条横线中的哪条线与竖线垂直呢？其实无论你回答哪一条与竖线垂直都是对的，因为这个图形本身就会让我们产生歧义。认为上面横线与竖线垂直的你，是将图形看做是两维平面的了；而认

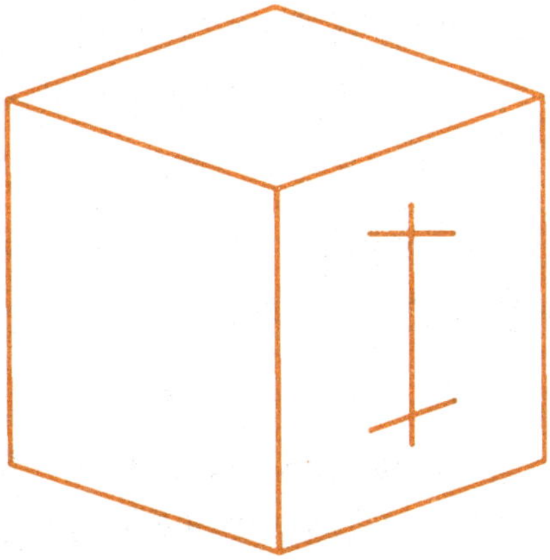

为下面横线与竖线垂直的你，则是将图形看做是三维立体的了。

在两维平面与三维立体空间，在两个不同的“系统”中是无法讨论同一问题的。同理，人与人之间存在这么巨大的差异，如果将每一个人都看成是一个独一无二的、与众不同的“系统”的话，那么人与人之间是没有可比性的。

横向地与别人进行比较是不科学的。每个人的智力水平、学习基础、学习能力以及努力程度都是不同的。因此，我们只有鼓励孩子们，做最好的自己才是最明智的，才能在高考中考出最好的自己。

六、名次不是“硬通货”

进入高三以来，无论学校、年级，还是班级的历次排名，始终是动态的，因此具有很多的不确定性，不由你控制。现实是，担心排名不理想的心理能量损耗是相当可观的。

明明是北京一所重点中学、重点班的尖子生，是 2008 年的一位考生。

我与明明的妈妈是好朋友，跟明明自然也会比较熟。高三第二学期开学，明明所在的学校，就提前开始进行文理科的综合练习，让同学们尽早提升解决综合学科问题的考试能力。三月初，学校还会加上语、数、外三科，进行一次“零模考试”。

明明的妈妈是一位学校主抓教学的主任，有时回到家里，角色身份来不及转换，会对明明指手画脚地指责批评，因此，明明对妈妈是敬而远之，很少深谈自己的事。

就在“零模考试”前一天，明明找到了我。

“王老师，不瞒您说，一想到明天的考试，我都快要崩溃了。”明明刚一开口就亮出了他的问题。

“不过还好，至少现在你还没有崩溃嘛。趁这会儿工夫，赶紧跟我说说，到底是什么事让你快崩溃的？”我有意跟他调侃，让他的焦虑情绪稍加缓解。

明明说：“一想到零模考试后，年级就要大排名，我就极不爽。最令我不安的是，我发现我们班的几个同学一个寒假不见，真是令我刮目相看了，成绩蹭蹭地往上蹿，他们已经对我的名次构成了极大的威胁，我要是不崩溃才怪呢！”

“我可以理解。”我冲他点了点头。

“不过，崩溃与否，要看你自己能不能想明白一些问题，想不想听？”我卖着关子说。

“那还用说，当然想了。”明明急切地想知道。

我顺手从电脑里调出了一张图片给他看。

“你先用右手把‘人’挡住，判断一下‘鱼’的大小？”我问明明。

“如果把‘手’作为参照物来看的话，‘鱼’并不算大。”明明分析。

我接着说：“这回再用你的左手把‘手’遮住，再来看看‘鱼’的大小？”

“‘鱼’还真是显得挺大的，噢，我知道了，是我把‘位于后面的人’做参照物的缘故，近大远小嘛。”看得出来，他的兴奋点已经转移到了这张图上面了。

“你用了‘显得’这个词来形容‘鱼’的大小，这个词用得相当有水准。”我准备切入主题了。

“怎么讲？”明明问。

“‘鱼’的大小是一个固定值，只有当我们把它与‘手’和‘人’这两个参照物进行比较之后，才有了显得大或小的问题出现。”我分析着。

我接着说：“咱们俩可以把你的零模考试分数，类比成‘鱼’，把你所说对你的排名构成威胁的那些同学的分数，类比成‘手’或‘人’。那么，年级的排名位次，就类似于‘鱼’显得大或小的问题。你更在乎什么呢？我们还可以更深入的想一个问题，高校录取你的标准是高考分数（‘鱼’）呢？还是只要你比那些同学的分数高，就录取你呢（‘鱼’显得大或小）呢？”

“我现在终于知道，该在乎什么了。我更该关注‘鱼’，想办法让它变大，而不是让它显得大。”明明有所感悟。

明明对我说：“自从上了高三，我的眼睛一直就盯着别的同学，总是和同学较着劲，不能输给任何人，把排名看的比什么都重要，以为这样会使自己有学习的动力。关键是我没有见贤思齐的心胸，消耗了自己的精力不说，还几近崩溃。我还是当养‘鱼’专业户，专心养我的‘鱼’吧。”

“好主意，顶一个。”我说。

其实，类似明明问题的考生，有相当的数量。有不少考生对模拟考试的焦虑和恐惧，源自于害怕面对排名，却不知模拟考试的真正意义是“练兵”，是积累考试经验。过于在乎“面子”，伤的会是“里子”，削弱的可是自己的实力啊。

经过我这番思维的梳理和案例的分享，不知对考出最好的你自己，能否有一点儿助力。

第二章

焦虑只需弱控制

Jiaolu
Zhixu Ruo
Kongzhi

对于绝大多数高考考生来讲，面对高考这一人生的重要考试，考试焦虑，如紧张、焦虑、担忧以及压力过大等心理情绪问题很难避免。可以说焦虑情绪是一种普遍存在的情绪反应，但是它与影响身心健康的焦虑症是有极大区别的。本书提到的焦虑，涉及的只是考试焦虑情绪。

给焦虑下个科学准确的定义，是心理学家们的工作。作为心理老师，我更愿意从汉字入手，从中国文化的视角，以一种轻松的方式，探讨焦虑只需弱控制的话题。

第一节　解读“焦虑”两字

我们先来看“焦”字。

“焦”字的上半部分的三个“隹”字，表示的是羽毛还未丰满的小鸟。下半部分的“四点底”表示的是火的意思。整个字会让我们产生一种联想，稚嫩的小鸟正无奈地忍受着火焰的炙烤，令我们望字生畏。

中国文化中，有一个对事物进行分属归类的学说，即金、木、水、火、土“五行学说”。中医理论运用五行学说，认为人的五脏与五行之间，有着一一对应的关系，其中“心”所对应的正是“火”。

五脏

五行

综合分析，我们可以这样理解，所谓“焦”就是心火过盛、炙热难耐的一种心理感受。你肯定也有过这种类似的感受。

我们再来看“虑”字。当然，还是繁体字的“慮”字更能说明问题。

“慮”（虑）的被包围部分是一个思想的“思”，而“思”字所表示的是“心”与“脑”的关系。“虑”可以组成“思虑”一词，所谓“思虑”就是期待着将要有什么事情发生，或是想象着会有什么事情发生，那种不安复杂的心情。就好像春节我们放“二踢脚”，当第一声响过之后，在第二声响之前的那种期待的状态，捂着耳朵、背向炮竹，心里猜测着，还有多长时间才响呢？会不会是个哑炮？要是我现在就转头看会不会……

当我们把两个字组成“焦虑”一词时，即使不去定义，也能感同身受。

对待焦虑有两种策略。一种是“扬汤止沸”。就好像锅里煮着饺子，火太旺时锅中沸腾的水就会溢出，此时，我们可以用勺子舀出锅中的沸水，但这只是一种短时的权宜之计，并不能真正解决问题。比如用深呼吸法或是肌肉放松法，来缓解考场上突然出现的、因过度紧张造成的躯体症状会是比较有效的。但这些做法都只是停留在身体的层面，只是暂时有效。

对待焦虑的另一种策略是“釜底抽薪”。直接把煮饺子的火关掉，水就再也不会溢出锅了。也就是真正把令你焦虑的“心火”降下来，才能标本兼治，这才是真正的化解焦虑之道。下面我通过案例分享和具体建议，和同学们一起探讨“釜底抽薪”降焦虑的方法和策略。

第二节　目标与焦虑

一、明确目标除焦虑

“我想考上理想的大学。”理想的大学是重点、本科，还是专科？

“我想考上重点大学。”重点大学是北京大学，还是浙江大学？

诸如此类的问题，考虑得越早、越明确具体，越能有效地降低考试焦虑的程度。

宁宁是北京海淀区一所重点中学2007年的考生。她在进入高三后的几次重要考试中，成绩都在640分上下，基本能保持在年级前10名的位置。按说这样的学生应该不会考试焦虑吧，而实际上，她的焦虑情绪还是蛮严重的。

“一模”考试前，她所在的学校请我给考生们做心理辅导的讲座。活动结束后，她特地跑上台来要了我的联系方式。一周后，也就是在“一模”考试的前两天，宁宁给我打电话，说想和我见面，并且说自己几乎要崩溃了，希望我能帮帮她。我毫不迟疑地便答应了。

一见面，宁宁的眼泪刷地下来了：“王老师，连我自己都不知道到底为什么怕考试？一想到后天的一模考试，我的心都觉得在抖。反正我下决心了，一模考试我是坚决不考了。”

“先别说坚决，喝点水咱俩慢慢聊。”我平静地说。

几分钟后，我问：“你考虑过了吗，想考哪个大学啊？”

“想上北大。”她不假思索地说。

我接着问：“北大有什么你特喜欢的专业吗？”

“我还不知道能不能上北大呢？现在就考虑所学专业，您说是不是太早了呢？”她一脸茫然。

我不回答，而是接着问：“那你为什么想上北大呢？”

“我们重点班的学生，凡是有点儿水准的，哪个不想上北大呀？”她自豪地说。

“我能理解。”我点了点头。

“宁宁你说，我们可不可以这样理解，能上北大其实是一种标志，证明这个同学足够优秀的标志。”

“我就是这么想的。”宁宁眨了眨眼睛。

几秒钟之后，她突然睁大了眼睛盯着我，敏锐地问：“您的意思是？”

我笑了：“不愧是重点班的同学，你快意识到自己考试焦虑的原因是什么了。”我还是不正面回应。

“我想想看。”她低头沉思了几分钟。

“这样吧，我们重新再来一次刚才的对话，没准答案就有了呢。”我有意这样提议。

“好！”她爽快地答应。

我问：“你想考哪个大学，也就是你的高考目标是什么？”

她说：“您想听真话吗？”

我说：“当然啦。”

“说真话，要不是您今天问，我还真没想过高考的目标大学是什么。”她诚实地说。

“你想上北大啊？”我反问。

“谁不想啊？”她说。

“严格说，北大并不是你的高考目标，而是一个被虚化了的幻影。你既怕碰不着它，怕自己力不从心；又怕它破灭，怕自己算不上优秀。对吗？”有前面的良好沟通和铺垫，我开始涉及关键问题了。

“可以这样说。”她点点头。

“你想上北大，想证明自己的优秀，这太能理解了。如果是次次考试都能上660分，你也不会这么焦虑，实力是硬道理嘛。可你所焦虑的是，现在的成绩与北大的录取分数之间还有一些距离。你惧怕一模考试，其实并不是怕考试本身，而是怕成绩出来之后，继续存在分数上的逆差。担心考不上北大，怕自己显得不够优秀才是令你恐惧的根源。其实，一模考试就是为了积累考试经验。即使成绩不理想，至少也有教训可以汲取呀。”

“您分析的极是，我现在有点儿厘清了自己的问题是出在了哪儿。”她说。

过了几分钟，宁宁晃晃头笑着说：“说也奇怪，现在想想后天的一模，我怎么没那么莫名其妙地恐惧了。”

“好现象。”我说。

最后，我建议她：“考完试后，根据自己高三以来几次重要考试的成绩，量力而行地考虑高考的目标大学。这个大学一定是你最想上的，而不是因为别人都想上，你才要上的。”

看得出来，这时的宁宁已经能够非常理性地面对自己了。

最后我说：“其实，人可以用一生来证明自己的优秀。至于高考嘛，只要考出最好的你自己，被自己理想的大学录取，就是成功。”

过了几天，宁宁来电话告诉我说：“经过仔细地推敲，也参考了父母的意见，我准备报考南京大学。理由有三个。听我妈妈说，南京大学的学术气氛不错，没准我还要在南大读研呢；我的爷爷奶奶都在南京，节假日我也有家回；最关键的一点是，以我的能力，达到南大的录取分数线肯定没问题。”

她兴奋地大声说：“您知道吗，二模考试对我来讲就像平时统练一样，我居然再也不怕考试了，也许有了明确具体的大学目标，还真的能治考试焦虑症？！”

高考后，她如愿以偿地被南京大学数学系录取。

这个案例具有非常大的普遍意义。很多高分考生，承受着类似宁宁经历过的困扰，误把大家都向往的好大学，当成了自己的目标，结果是这样的高考目标不但没有成为动力，反而制造了压力，使自己深陷焦虑不安的情绪状态。

你能否从案例中受到一些启发。

一、人可以用一生，来证明自己的优秀。至于高考嘛，只要考出最好的你自己，被自己理想的大学录取，就是成功，就已经证明了你是最优秀的。

二、唯有清楚明确地知道，自己量力而行能够实现怎样的高考目标，才能标本兼治地真正解决考试焦虑的问题。

二、目标分数降焦虑

婷婷是2009年的北京考生，她所在的学校是一所公办民助的中学。4月份一模考试后，请我去为考生们做心理辅导。几天之后，我接到了婷婷的电话："王老师，您好，很冒昧地给您打电话。我是您刚刚辅导过的那个学校的学生。您的电话号码是我向校长要的。"

不等我开口她接着说："您给我们做辅导时，我的心好像豁然开朗了，觉得自己没什么问题了。但我这几天又开始焦虑起来了。"

"能告诉我，你都焦虑些什么事吗？"我问。

"反正我就是怕考试，周考、月考，什么考都怕，最怕的是高考。"婷婷的语速很快，蹦豆似地说了一连串的怕。

"这次一模考试我踩着脚后跟上了二本分数线，这么惨的分能报什么大学啊？这个阴影我始终都挥之不去。"她说出了怕的原因。

我说："既然你说到了分，咱俩就算一笔分数的账。你知道去年北京高考一本和二本的录取最低分数线吗？"

她回答：“一本线是502分，二本线是459分。”

我接着问：“你再将这两个分数分别除以高考的满分750分，看看各是百分之多少？”

她很快地答道：“一本是67%，二本是61%。”

我说：“这个百分数提示你一点，没让你高考得满分，允许你有失误，而且可以有很多的失误，高考有那么可怕吗？”

“有道理，要这么一算高考还真没那么可怕。”

我请她继续算：“你可以再接着算，用这两个百分数分别乘以六科的满分分数，也就是语、数、外150分，物理的120分，化学的108分和生物的72分。来看一看各科只需要考多少分就能一本或二本线上线？这样算完你可能就更不害怕啦。”

“这是个好办法。”婷婷高兴地说。

“现在你回过头来，看看自己一模考试中六科的成绩，研究一下，哪里是自己失误丢的分，以后汲取教训就是了；再看看哪些学科还有长分的空间，是数学还是英语，或是别的什么学科，分析一下究竟还能长几分呢？建立了这种化整为零的看分意识之后，你可以从更积极的方面去想，如果每个学科都能或多或少地提高几分，那么，高考总分便能提高几十分啦！别说是你上二本线了，就是一本你也照样能上。至于上一本的哪个大学可要你自己选啦！”我鼓励她。

“真的，我真能上一本吗？”婷婷提高了声调兴奋地问。

“你肯定能上一本的，请你相信，我可是从来没有对任何一个学生判断失误过。”我在应用教师期望效应，给她积极的心理暗示。我清楚一点儿，凡是向我求助的学生，都把我当成专家来看，因此这招会非常奏效。

“您要这么说的话，趁现在离高考还有一个多月，我可真要下点儿功夫多挣上几十分啦。”我听得出来，这时的婷婷，态度积极多了。

我趁热打铁："好主意，把你郁闷和焦虑的时间，转移到琢磨提分上，这种做法肯定是最经济的。小朋友，就这么做吧。"

高考后，婷婷在第一时间告诉我："王老师，我不但上了一本线，还超了 19 分呢！这回我可是真相信您啦。"

"以前不相信我吗？"我开玩笑地故意问。

"不是，我真不知道怎么才能表达清楚我自己的意思。反正您能理解。"婷婷在电话的那边笑着说。

从中我们得到以下两点启示。

一、我接触过很多像婷婷这样的考生，他们对高考的恐惧和焦虑是模糊又盲目的。遇到这种情况，无论是老师、家长，还是考生自己，如果能把高考这个"抽象的概念"，与具体的"目标分数"之间，建立起一种联系的话，会使考生认为自己有能力拿到这样的"目标分数"，其焦虑程度自然会得到有效的降低。关于目标分数接下来我会做具体详细的介绍。

二、2010 年，我在山西临汾一所中学的考前心理辅导中，与同学们分享了这种方法之后，很多同学的反馈是："如果这么一想，会感觉高考也没那么难啊！"大家要知道，在山西这样的高考大省，就算考上二本也是相当不容易的啊。可见学生们的这种反馈对他们自己会有多么大的积极暗示作用。

三、话说目标分数

目标一定是可以量化的，不可量化的目标，充其量不过是一个想法，高考目标也是如此。我之所以引入"目标分数"的概念，是想帮助同学们建立一种化整为零的思想，将自己的高考目标进行量化分析，从根本上降低对高考的紧张和焦虑程度。

我以表 1 为例加以具体详尽的说明。

表 1

2009 年普通高校在北京市招生各批次录取最低控制分数线		
	文科	理科
重点大学（以北京大学为例）	628 分	645 分
本科一批	532 分	501 分
本科二批	489 分	459 分
本科三批	458 分	432 分
提前批次专科录取参考工作线	350 分	330 分
艺术类本科	293 分	275 分
艺术类专科录取参考工作线	245 分	231 分
体育教育、社会体育专业（体育成绩 65 分）	340 分	340 分

同学们可以利用上表中给出的各批次录取分数，计算出与分数段对应的、具体细化到各科的平均分数。我们以北京大学为例，计算方法是：645÷750（高考总分）=86%（百分制的 86 分），150×86%=129（语文），以此类推。请同学们完成表 2。

表 2

学科 / 批次	语文 150 分	数学 150 分	英语 150 分	理科综合		
				化学 108 分	物理 120 分	生物 72 分
北京大学 645 分（86%）	129 分	129 分	129 分	93 分	103 分	62 分
本科一批 501 分（67%）	100.5 分	100.5 分	100.5 分	72.4 分	80.4 分	48 分
本科二批 459 分（61%）						
本科三批 432 分（58%）						
提前批次专科录取参考工作线 330 分（44%）						
艺术类本科 275 分（37%）						
艺术类专科录取参考工作线 231 分（31%）						
体育教育、社会体育专业 340 分（45%）（体育成绩 65 分）						

接下来，同学们可以根据自己在高一和高二的历次考试中各科的分数（百分制的分数），与各批次录取分数线（折合的百分比）进行对照，给自己一个基本的定位，根据现有水平估计一下“我能上哪类学校”，并可通过完成表 3 中所列项目，更加具体地对自己进行一个理性的评估。

表 3

学科 分析内容	语文	数学	英语	理科综合		
				化学	物理	生物
以往各科的平均成绩（百分制）						
折合成高考对应的分数（高考各科的分数与上述百分数相乘）						
自己的强项学科						
自己的“短板”学科						
努力后预期的高考目标分数						

对于目标分数，我需要作几点说明。

1. 目标分数应该是一个用具体的分数作为主要参照的分数浮动区域。建议在平时的模拟考试中，将其上浮 5%—10%，高考成功的概率会提高。

2. 分解各学科的目标分数，可以将同学们的关注点具体到各学科的分数上，这是六科总成绩“上线”的保障。

3. 与目标分数对应的一定是它背后的学习能力，这才是同学们最该关注的问题。建议同学们在高三复习的全过程的大小模拟考试中，把关注点更多地投向自己内在的学习和考试能力的提升上，可以将自己每一次的考试成绩与目标分数对照，发现自己潜在的分数提升空间。这样做可以有效地避免由外界的环境因素，如与同学比较分数、过分地计较排名和老师的评价等，对自己的负面影响，有效地降低心理能耗。关于降低能耗的话题我会在后面的章节中详细分析。

4. 将高考目标分数化整为零分解至各学科后，会让那些现阶段成绩还不够理想的同学，看到高考希望的曙光。也就是说，只要稍加提升自己无论强还是弱的学科，累计起来对总分的提升都会有积极的作用，因此会降低对高考的畏惧感，这样信心会增强。

5. 即使自己每次考试的分数像蹦极一样“上蹿下跳”，但毕竟每个人对于自己的能力水平还是有一个基本了解和客观评价的，只能是根据自己的感觉定目标分数了。还有一个考虑的因素就是分数会与考卷的难度相关联，因此，你要参照自己的排名位次情况是否基本稳定，以及其他同学的分数波动情况作综合判断。

6. 尽早设定自己的目标分数，实际上是尽早锁定了目标大学。这样做可以有效地避免根据一模二模的分数，有多少分就填报与该分数对应的大学的、草率报考志愿的现象出现。

第三节　过度完美易焦虑

容易考试焦虑的同学，通常都会有完美主义的倾向。对自己要求过高，不允许自己有任何的失败，最终的结果是，焦虑水平达到了“完美”的程度。

埃舍尔是我最喜欢的伟大画家，他擅长用极富智慧的构图，来描绘数学世界的美妙意境，以及深刻的数学意义。这是埃舍尔的木版画作品《圆极限三》，画中他将双曲几何庞加莱模型，刻画得如此深刻与美妙。同学们可以用画面中任意一个颜色的鱼来代表自己，想象自己从画面的中心游向边缘，你必须走无穷远的距离，才能到达欧几里得空间的边缘。也就是说，画面存在边界，但永远也到达不了边界。

不少考生同学的焦虑源于“完美性格”。每次模拟考试后，总会因某个学科的成绩没有达到自己的预期而沮丧，甚至在一段时间内焦虑不安。

追求完美肯定是没错的，但关键要适度，特别是在达不到完美的程度时不要过于纠结。历年高考，还没有出现过750分满分的考生，说明高考允许出现失误，允许不完美，只要全力接近就是成功。

也许埃舍尔的这幅作品，可以帮助同学们认清一个道理：无论是谁，都有自己的局限性，都极难做到完美的程度。就如同“鱼”可以无限地接近“有形”的“圆的边界”，但永远也“游”不到那里。因此，只要沿正确的轨道，尽力而为地前行就可以让自己心安理得。与超出自己的能力范围、苛求自己相比，也许这样更能够走得远些，再远些。

第四节 抓住时间少焦虑

不少考生的焦虑来自于时间的紧迫感，总觉得时间不够用，恨不得一天最好能有25小时。所以，总是在“跟时间赛跑”，备考的日子过得匆匆忙忙，焦虑不安。也许“时”字可以给同学们一些启发。

一、“时”字中的哲理

我们还是用繁体字的“時”字进行解读。

“時”（时）字左偏旁的“日”字，就是太阳，古人称作“日头”，这里用来代表时间。右偏旁字底的“寸”字表示右手。大家可能在武侠小说中听到过“寸口”这个词，也就是手腕横纹上一寸的位置，这是一个名叫“内关”的穴位，也叫“寸关”。

此字太妙了！它会让我们顿悟出：原来只有“手”能够抓住的，能够利用的，才能叫时间，这样的时间才能算是自己的，这样的时间越多，我们就越从容。

有个学习上的“二八定律”，可以说将“时”字的内涵作了具体地量化：“80% 的学习成绩来自 20% 专注的学习时间。”“二八定律”启示考生们，“专注”是“抓住时间”的关键。要想取得理想的成绩，关键要在学习的“专注程度”上下工夫，而不完全取决于“绝对的学习时间长短”。

我极力向同学们推荐一个能让你更专注、复习效率更高的方法，那就是做好切实可行的复习计划。

我们先来看一个案例，看看小刚这位体育特长生是如何利用制订有效的复习计划，高效专注地复习，最终圆了自己的北大梦的。

二、特长生圆了北大梦

小刚是 2005 年北京考生。作为国家一级游泳运动员，高考成绩只要能上一本线，小刚就能够以体育特长生的身份圆自己的北大梦。

自从小刚上了高中，每天的训练都会占用他很多的时间，又要经常参加比赛，因此，他不可能有充足的时间按部就班地学习，“欠账不少”，成绩我们就可想而知了。即使是高考达到一本线，对于他来讲也有相当的难度。

大约在高考前的两个月，教小刚的六个学科老师，就开始分头给他“开小灶”“恶补”。小刚也是相当地配合老师，尽自己的全力冲刺。但新的问题出现了，哪个老师都觉得自己所教的学科是小刚的“短板”，需要“恶补”，着实让小刚招架不住了。焦虑不安的小刚对我诉说道：“每一科都想多投入点时间，但真感觉‘顾头顾不了腚’，一团乱麻，没了头绪。”

显然，要想有效地降低他的焦虑水平，我需要给他提供一些时间管理上的建议。我帮他从做好复习计划入手。在前两三周，重点做好周计划，统筹安排好几科的复习时间。我规定他除了每天给英语固定的复习时间外，用零星的小段时间背语文，其他几科则采取或交叉复习，或专项集中时间复习的方法。后几周则建议他，重点给予相对弱项的学科相对多的时间。到高考前一周，我要求小刚把“日计划”细化到以小时甚至是以半小时为单位，安排复习任务的程度。自从养成有序地做好复习计划后，小刚感觉自己不再像“没头的苍蝇”似的，东撞一下，西碰一下了，能从容地“摆平”六个学科了。

最终，小刚以超一本线两分的成绩，被北大心理系录取。上了大学的小刚，还经常回学校找我：“今天我们教授讲了……”他好像需要在我这里复习、消化和巩固教授所讲的理论似的。不过我很欣慰，能当他的听众，说明一点儿，我曾经的建议对他有效，他信任我。

下面我给同学们介绍一些提高专注力的具体方法供大家参考。

三、排除打扰法

日本专业的统计资料指出：“人们一般每 8 分钟会受到一次打扰，平均每次打扰的时间大约是 5 分钟，总共每天大约 4 小时，也就是约 50%。同时人被打扰后重拾原来的思路平均需要 3 分钟，总共每天大约就是 2.5 小时。”根据以上的统计资料可以发现，每天因打扰而产生的时间损失约为 5.5 小时，按 8 小时工作制算，这占了工作时间的 68.7%。

当然，这项统计的对象不是学生，但当同学们看到这些触目惊心的数据时，能不能自觉地作出一些避免自己受到干扰的决定呢？比如，晚上复习时自己关闭手机，将电视的遥控器、游戏机等娱乐电子设备，请父母代为保管，把电脑放在远离自己视线的起居室里等。

四、使用闹钟法

闹钟不仅能够提醒同学们要有时间概念，更可以作为提升专注水平的有效工具来使用。

比如，同学们可以用“定闹”110 分钟，来完成规定时间为 120 分钟考卷。这样做比起没有时间约束地懒散答卷，会有诸多益处，一是这种训练能够强化提升答题速度，高考时才会相对从容。二是有时间紧迫感，人就不太容易走神。三是这种训练还能够逐步强化同学们的“效能”意识。所谓效能就是在单位时间内，不但要多做事，还要把事作对。具体来说，高考的数学考试，在 120 分钟的时间里，同学们不但要做完，而且要做对全部试题，才能得到 150 分的满分。试想如果不专注能够做到高效能吗？

闹钟在完成复习计划时，也能发挥作用。建议同学们要将每天的复习计划细化到“分钟”。比如，7:30—8:00 复习英语，休息 5 分钟后，8:05—8:45 复习物理……闹钟能够提醒和督促你严格执行计划时间表，在规定的时间内完成复习任务，并且不要超时。

当然，闹钟还能温馨地提醒你，要适时休息，避免因大脑疲劳造成的低效学习。

合理运筹时间，或减少浪费时间，无形中时间便会增加，同学们不妨试一试这些方法。

五、时间运筹法

我们来举个现实生活的例子，即早晨从起床到出家门之前这一段的时间运筹，算作抛砖引玉吧。同学们在早晨起床后，程序一：可以先把英语录音打开，反正不影响做其他任何事情。程序二：把早点从冰箱中拿出来，有些食物可以放在微波炉里加热。程序三：去卫生间洗漱，等等。此时早点加热好了，蔬果的温度也接近室温了，吃起来刚刚好。但如果将程序二和程序三的先后顺序颠倒的话，至少会浪费早晨 5—10 分钟非常宝贵的时间。没有程序一的话，耳朵的功能就白白被闲置了。用心运筹时间就能获得耗时最小化、功效最大化的效果。

六、整理学具法

时间是构成生命的材料，有一项对美国人时间利用情况的统计，请同学们看下面这组具体数据：一个活到 73 岁的美国人，一生中睡觉 21 年，工作 14 年，个人卫生 7 年，吃饭 6 年，旅行 6 年，排队 6 年，学习 4 年，开会 3 年，打电话 2 年，找东西 1 年，其他 3 年。

找东西居然用了 1 年的时间！

看来让学具摆放得整齐有序，随时能找到需要的东西，也能节省时间啊！另外，清洁的桌面、整齐的书架、书包，这些细节都能够反映出你有序的思维！随意乱抓四处寻找，不但浪费时间还会使你心烦意乱。

那就让自己养成将卷子、教科书、参考资料“分类”并“归位”整理的好习惯吧。

第五节　学法得当免焦虑

很多同学的焦虑情绪，源自于找不到适合自己的学习方法，时间精力没少投入，但基本上做的是无用功。

其实，我们的祖先早已用汉字，传递给了我们很多有关学习方法的重要信息。

一、“学”字提倡动手

“學”（学）字下半部分的“子”字，指的是学习者“小孩子”。上半部分的非常有意思，两侧是左右两只手的形象，中间是个“爻”字，是“爻卦”之意，也就是前人总结的规律。我们也可以将其理解为知识，也就是学习内容。“学”字是对学习过程的一种动态的描述，学习者正在用手“实践”学习的内容。

我们可思考一个问题，为什么字中没有出现“眼”、“耳”、“口”等器官，而只出现了“手”？

答案显而易见，“手”在学习的过程中起着至关重要的作用。现代科学研究也证明了，早在几千年前祖先们就知晓这一道理。我们来看下图。

如果我们将大脑皮层展开，它的面积约为2200平方厘米。在大脑运动中枢，与一个拇指相对应的大脑皮层面积，相当于与一条大腿相对应的大脑皮层面积的10倍。大脑控制整个躯干的脑细胞数量，只相当于控制双手的脑细胞数量的四分之一。可见，勤动手，会使大脑沟回增多变深，提高智能。

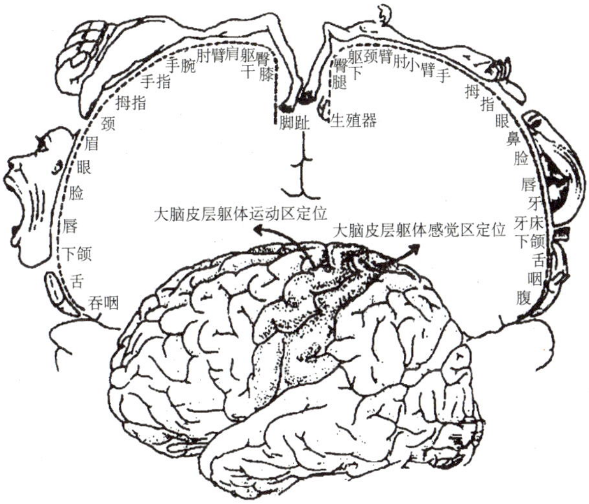

我们常说“好脑子不如烂笔头”，其道理在于，手的小肌肉群的运动刺激了小脑，小脑能够协助大脑记忆。勤动笔还能够及时捕捉并记录下灵光一现的解题灵感。

同学们可在条件许可的情况下，尽量将物理、化学、生物的实验亲手做一遍，这样做会对实验操作形成非常深的印象。“好脑子不如烂笔头”，高考时，实验题会稳操胜券的。

二、“左右”两字揭秘脑功能

我们先来看篆字写成的“左右”两个字。

两个字的包围结构部分是绝对对称的，是一对左右手的象形，三个短画部分是手指，长画部分是手臂。古人认为人在用手拿东西时，基本上只用三个手指，而无名指和小指只有辅助之用，看看手中拿笔的姿势便能理解了。

两字的被包围部分，充满着不对称，左字用的工，右字用的口。中国文化认为“工者巧也”，有“巧夺天工”之说嘛。所以，凡是音乐、绘画、艺术、一切空间操作及与空间因素相关的形象，都离不开工。“口者言也”，所以，凡语言以及与语言相关的逻辑，都不离口。

人身体的左右与大脑的左右半球，是一个完全的交叉对应的关系。左脑主口，右脑主工！现代脑科学也证实了，左右脑的分工有很大的不同，左半球在语言、逻辑思维和分析能力等方面起决定作用；右脑在音乐、美术、几何空间和直觉辨认方面占绝对优势。

著名心理学家斯佩里，由于成功地揭示了大脑两半球功能专门化的崭新图景，建立了两半球功能分工的新概念，而荣获了1981年的诺贝尔生理医学奖。而我们从“左右”两个汉字的造字涵义看，至少在两千多年前，古人已经很清楚地认识了这个问题，我们中国人实在了不起。我们这些炎黄子孙，一定要好好享用这些文化成果，才能无愧于祖先！

据科学家研究，左右脑的记忆存储容量比是1∶100万倍。我们知道，电脑的C盘空间不会分割得很大，因为只用它来安装系统软件和应用软件程序，一般不用做存储文件之用，否则会影响电脑的运行速度。而存储各类文件的功能主要由空间超大的D、E、F等盘来承当。

做个形象的比喻，我们将左脑比喻成电脑的C盘的话，背诵所获得的记忆就相当于存储在了左脑，因为背诵的内容，比如数字、语言、公式等是由左脑分管的。如果将右脑比喻成D、E、F等盘的话，“多彩的图片格式”、“音频格式”、“动态视频格式”等文件，极易存储于右脑，因为右脑分管色彩、图像等。

试想本来左脑的功能是负责运算、语言、逻辑思维，让它承担额外的“背诵”记忆功能，势必会影响左脑的“运行速度”。同学们千万不能再让右脑巨大的记忆功能闲置，却又不经济地过度使用左脑。

三、“看”字中有名堂

这张图是“看”字繁体字的写法。其中，“目”字是意符，字的其他部分是声符。

“目”就是眼睛的象形，只不过是旋转了 90° 之后的样子。

我们接收到的绝大部分信息，是靠眼睛来获取的。眼睛看到的画面、场景、人物能持久不忘，条件是只要那是自己感兴趣的。特别是那些学习类型为视觉型的同学，更能达到过目不忘的记忆效果。

如果我们将眼睛比喻成“摄像机”，把大脑的记忆功能比喻成“摄像机的刻录装置”的话，上课时同学们不妨自己当回摄像师，“全程录制”课堂活动的全过程：老师的衣着，包括款式、颜色；老师的肢体动作，包括面部表情、手势、体态；老师的声音，包括语音、语调；当然，最重要的还是老师讲课的内容和黑板板书，等等。

同学们可以试着在课间，用短暂的一两分钟的时间“回放录像”，快速“编辑整理”出经典片段。在晚上复习时，将“经典片段”与课堂笔记相结合，进行二次加工剪辑。这种动态的影音文件，最终将刻录到右脑的“磁盘”上，能够有效地“矫正”“艾宾浩斯的遗忘曲线”所揭示的“记忆过程中遗忘先快后慢”的遗忘趋势，让记忆水平维持在相对高的水平上。

不过“看”字的简化写法，也能让我们捕捉到一些信息。

“看”字是一个半包围结构的字。被包围部分是个“目”字。包围部分是一只置于两眉处、用来遮挡阳光的一只“手”的象形，有所谓“手搭凉棚”之说。其实这样看的好处是，能够尽量降低环境因素的干扰，以确保看得专注。

手与眼的这种配合启示我们，若想要自己读书时专注，眼睛可随手指或是笔，一行一行地在书上移动。试试看，很有效的。

四、“听”字中的玄机

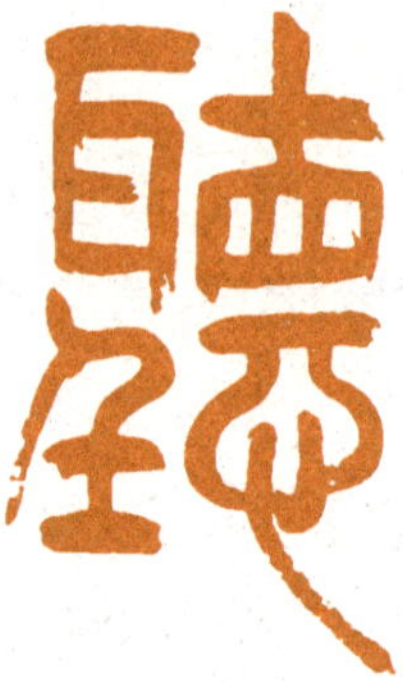

“聽”（听）字中的信息量很大，我们一一道来。在字的右偏旁，“心字底”和“一横画”提示我们，听的时候要专心，否则就有充耳不闻的可能。上面的“横目”以及上面的“一横一短竖”提示我们，目不转睛地盯住一个物体，或是看着正在讲话的那个人，都可以帮助你听得专注。左侧的“耳”字，是一个耳朵的象形，它下面的“壬”字里，是表读音部分的声符，可是有文章的，我们可以把它想象成“耳蜗”，它的功能是，把声音的能量转化为刺激右脑的能量，“音频文件”就轻而易举地存储在右脑了。别忘了，左右脑的记忆容量比，可是1∶100万倍啊！

平时老师在课堂上所进行的听力训练，不仅是对高考考试能力的训练和培养，还能有效地加深记忆效果。你还可以有一种主动地作为，只要有空就听英语录音，哪怕没空也可以听，包括在睡梦中，你也不用刻意地去听，该干什么干什么。你会慢慢地发现，完型填空的内容，好像都似曾相识，居然填不错了；英语写作时思如泉涌，词汇和句子像是从脑子里流出来一样，真是太爽了。“听英语”帮助我们提高英语成绩有奇效。这是因为，耳朵是影响潜意识的最重要的通道，而潜意识就在右脑。无论是白天还是黑夜，无论是清醒还是在睡梦中，耳朵24小时始终张开着，意识听不到，但潜意识照样能听到。

五、“读”字中的记法

“讀”（读）字是个形声字。它的左偏旁的“言字旁”是形符，指的是所读的内容，右偏旁“賣”字是声符部分。

不知你注意过没有，自己儿时背的唐诗宋词至今不忘，并不是因为当时懂了、理解了才记住的，而是由于背诵时舌头的动作刺激了小脑，它便协同大脑一同记住了。同学们可以尝试，用诵读的方式记忆，双管齐下，既刺激了“舌”，又刺激了“耳”，记忆效果会成倍增加。

第六节　对抗走神患焦虑

一、“走神”两字很有趣

我们先来说“走”字。

“走”字的下半部分是个稍加变形的“止”字，用来表示脚的意思。上半部分的“土”字，原来是个“大”字，是人的正面图形。这是一个有动态感的字，是一个人甩开两臂向前走的图像。它的原意是大步走，也就是现在我们所说的“跑”。一般来讲，跑的速度可要比走的速度快。严格说，“走神儿”应该说成“跑神儿”。

再来说说“神”。

中医讲“心藏神”，我们可以将“神”理解为，人的“精神领袖”，它所主抓的工作之一，是“聪明智慧”。所谓“走神儿”，就是“神”不留守在“心”，以“坐地日行八万里”的神速，云游四方去了。

我接触过不少同学，被“走神儿”困扰得十分焦虑。越是用意志力来控制走神儿，效果却越是事与愿违。

其实，走神儿是一种自由联想，是大脑的高级思维活动，说明大脑的思维活动异常活跃，“跑得快”。

一般来讲出现走神儿的时间很短，也就有 5 秒左右。这期间，“神”或许跑到了地球的那一端，或许跑到火星上去了，没关系的，反正时间很短嘛，你大可不必那么排斥它。

可是如果你想用意志力来控制走神儿，所需要的时间却要在 55 秒左右。在这个过程中，自责会成为此时的主要情绪基调。

“我这是怎么了，老是管不住自己，又走神儿了。”

“我看别的同学都很专心，可我倒好，掐自己的手都不管用，还是走神儿。”

我们夸张一点说，如果一节课有 10 次走神儿，不过是 50 秒，但如果控制了 10 次走神儿，可是需要 550 秒啊！恐怕这节课也就别干什么了。

要知道，想要控制走神儿，就会消耗大量的心理能量。谁控制谁吃亏。

二、“集”字中的秘密

“集”字的上半部分原来有三个“隹”字，是一群小鸟的象形，字底的“木”字是大树的象形。见到“集”字，我们马上就能联想出，大树上“集中”了一群小鸟这样的画面。但只要有响动，小鸟会一起飞离大树。也许我们能恍然大悟，难怪“集中”注意力很难做到啊，难怪我那么爱走神儿啊。它需要外界环境和内心都安静，否则小鸟就会飞走。

三、“专”字讲究方法

“專”（专）字的上半部分是声符，字底部分的“寸”字是手的意思。原来我们要想专注，一定要有手段和措施。

下面我就向同学们介绍几个训练专注的小妙招。

四、感官训练法

瑞士科学家设计的一套仅用 1—2 分钟可完成的“视觉和听觉配合训练”，对集中注意力十分有效。这本来是一套适合日常训练的方法，我想同学们可以将它移植到高三复习的现阶段使用。

比如，听手表或钟表的滴答声。当意识到自己不专心时，就十分专注地闭目聆听 1—2 分钟，用转移注意力的方式，把“神”领回来。

再比如，盯秒针。当注意力不集中时，用双眼盯住手表或闹钟的秒针 1—2 分钟，也会同样奏效。别看在不知不觉中 1—2 分钟瞬间即逝，但用心感受时，你才会觉得它是如此的漫长，不过正是“漫长”，对集中注意力才有效。

五、寻找序数法

我国数学家杨乐和张广厚，小时候都曾采用做习题的办法，严格训练自己注意力。这里我给同学们介绍一种借鉴了两位数学家的训练方法，用来快速集中注意力的小游戏。同桌的两个同学，可以分别画一张 5 乘以 5 的正方形表格，随机填上从 1—25 的阿拉伯数字，两人交换“数字卡”。当然，也可以自己事先准备。一般同学只用十几秒钟，便能按顺序依次找出 25 个数字。用“找数字”的游戏，可以随时用来“替换”令你走神儿的想法。既有趣又有效，同时还省时，节省心理能量。

21	12	7	1	20
6	15	10	17	2
19	4	8	25	13
24	18	22	3	5
9	14	11	23	16

六、精神集中法

根特先生是德国著名的哲学家，根特在读书时经常使用一种精神集中法。其做法是，当他读书前，或者在书房里深思冥想问题时，他必定是透过窗户凝视着远方屋顶上的一个随风摆动的风向标箭头，他一边眼盯着风向的转动，一边下意识地沉浸于深深地思考之中。

根特这样做的道理是，当人的双眼长时间地凝视在一点时，视野就会变得狭窄，那些容易吸引并导致注意力分散的事物也就不会进入眼帘，从而使人达到注意力集中的心理境界。

建议同学们也能像根特那样，一开始学习就将“神”定住。当你坐在书桌前时，就习惯地把面前某一件东西作为注意的靶子，例如屋外的天线、树枝、电线杆，或书桌上的台灯开关、铅笔或自己的手指等，然后用双眼凝视它一会儿，当意识到自己走神儿的时候，可以将视线再次移过来，经常练习养成习惯就会奏效。

第七节 身体调节降焦虑

中国文化十分强调健康的人一定“形与神俱”。有形的身，如同经济基础，精神和心理就如同上层建筑。如果身体层面没有打下坚实的基础，上层建筑便是空中楼阁。考生们也许不知，你的焦虑很有可能来自于你的身体层面的问题。我们看一个真实的案例。

河北省是名副其实的高考大省，考生人数多，但录取的比例却不高。因此，高三的同学们普遍感到压力过大。

春春是我朋友的亲戚。她是河北定州一中2007年的高考生。鉴于她在高一高二时的成绩不错，进入高三后被幸运地继续留在了“奥赛班”里，也就是重点班里。但我们很难想象在这样的精英学生聚集的班里，她的压力有多大。

“我和同学们都很有时间的紧迫感，也相当地努力。可以形象地说，我们简直都过着疯子一般的生活。用十分钟吃饭，两分钟上厕所，一分钟休息，一直都是书不离手，句不离口，跑步背公式，吃饭背单词，浑身上下都满是清凉油的味道，算是真正过着头悬梁、锥刺股的生活。作为班干部，我更是不敢懈怠，经常夜里两点睡，四点便起。只要上课睡觉便自己扇耳光。”电话里，她痛苦地向我描述着她的生活状况。

我问她这样做的效果如何？

她带着哭腔说：“不说别人了，反正我的情况糟糕得很。我的付出和回报简直不能成正比，成绩下降到年级的200名，现在都已经到了800名左右了。数学和物理的成绩更是惨不忍睹。一模考试我才考了520.5分。接下来的二模我也只考了540分。我真是无法接受这些，焦虑得不得了，而且越是临近高考我就越是焦虑。害怕高考我撑不下来，害怕万一高考失利对不起自己如此巨大的付出。以前是怕时间不够用舍不得睡，现在是焦虑得睡不着。我想过放弃，但却又不甘心，纠结啊。所以给您打电话求助。”

在电话里，我对她说：“作为重点班的学生，你一定要相信，自己的学习能力肯定是没问题的，况且一模、二模考试的难度系数是高于高考的，能考出520.5分和540分的成绩，高考肯定没问题。”我先给了她一些积极的评价，目的是保护她的自信心。

春春不放心地接着问：“您说我的学习能力没问题，那是不是我的心理问题很严重呢？”

我说：“其实考试焦虑每个考生多多少少都会有，你只是不例外罢了。

千万不要轻易给自己带上个心理有问题的帽子，充其量是自己出现了一些状况而已。令你焦虑不安的无疑是那不理想的成绩，而问题背后的问题却是，你以为自己是个铁姑娘，可以把身体当成‘永动机’来用，总让它处于过度疲劳的状态中。大脑更是如此，如果超限度地使用它的代价，那么它就会消极怠工，成绩无疑会不断下滑了。恕我不客气，在整个高三复习阶段里，你就一直处在这样的恶性循环之中。”听完这番话，她觉得分析得很有道理。

接着，我建议她：“在高考冲刺阶段，对你而言，调整作息的时间、改善身体的状况、放松自己的心情，比多做几套卷子、多背一些公式更重要。如果你能按我给你的处方做的话，我保证你高考成绩超过一本线。”

她急迫地问我到底该怎么调整。

“一、不要再熬夜，慢慢把睡觉的时间提前到晚上 10 点半，保证至少 7 小时睡眠。二、中午一定要休息半小时。三、每天快跑 20 分钟，让自己出透汗。四、细嚼慢咽地吃饭、多喝白开水。五、每天大方地给自己强行预留 20 分钟的时间来放松，或听听自己喜欢的音乐，或是看点儿幽默逗乐的短片，关键是让自己笑出声来。”

电话那端，春春不断地说：“我保证按您要求做。只要高考上了一本线，我和妈妈去北京看您。”

最后我特别嘱咐她：“你千万要按照自己的节奏走，不要和其他同学比。只有做好你自己，才能考出最好的你。”

“放心吧，我保证听您的话。”

高考成绩下来那天，春春第一时间给我打电话：“王老师，我告诉您，我的成绩下来了，600 分整，我太高兴了。我要去北京请您吃烤鸭！”

最后她还追问我：“二模考试之后给您打电话的时候，我原本设想您会说我有多么严重的心理问题，会建议我上医院心理科看病，吃抗抑郁药什么的。但我万万没有想到，作为心理老师，您给我的调节考试焦虑情绪的处方，居然是如此简单，当时我真有点儿将信将疑。现在回过头来看，却真是神奇地奏效。”

我只是轻描淡写地说了句：“对症了，就有效。”

春春最终被长春理工大学录取，就读于电子信息工程专业。

我相信，考生们能通过这个案例，从中照见自己疲惫的身影。即使是没有春春所经历得那么严重，但也能从中得到些启示，考试焦虑的产生原因是多方面的，其中身心的俱疲是一个不容忽视的原因。

下面我就从四个方面，向考生和家长朋友具体的介绍，如何从身体调节入手，有效地降低焦虑情绪的一些便于操作的方法。

一、吃出“精气神”

民以食为天，“吃”对于考生而言，更是“天大的事”。因为，饮食不仅关乎你的身体健康，还能改善你的精神状态，并且能为你的学习器官大脑，提供能量和必需的营养物质。

所谓“精”，是一种具有促进人体生长发育、维持机体正常活动的精微物质，也是父母在给予我们生命，孕育我们生长的同时，馈赠给我们的最宝贵的礼物。

我们再来看“精”这个字。它的左偏旁是“米”字，右偏旁是“青”字，“青”是“精”这个形声字的声符部分。但我们也能“附会”出其中的意思。繁体字写法“青”的下半部分是个“丹”字，表明良好的饮食是最好的灵丹妙药。简化字的下半部分是一个“肉”字，它在孩子们的饮食结构中，可以说是重要的组成部分。“米肉生”为精，这些都是食物的精华，能养我们的后天之本啊。字中的“米”与“肉”，我们可以理解为饮食要荤素结合，均衡营养。

精气神是以良好的饮食为首要条件的。

我们先来看繁体写法的“氣”（气）字。上面是三根长短不一的横线，表示地气蒸腾而上，直达天际。同时三横也象征着“天、地、人”，天在上，地在下，人居中。具体来说，三个横分别代表了三种气：来自于自然的清新“空气”，其中对人来讲，最重要的就是氧气。“地气”，所谓“接地气”的意思就是强调人要接触大自然，要进行户外活动。“水谷之气”，指的就是饮食。

“氣”字头包围着一个“米”字，我们的祖先们是用“米”这个字，来代表所有食物，向我们这些后代子孙强调，后天之本的重要。

一个“气”字说明，我们中国的文化，非常强调“整体观”，强调人与自然的关系。

关于“神”的话题，我会在后面的相关内容中涉及，现在我们只需了解，在这里它与我们常说的“精神面貌”的意思有些相似。

“精气神”一说，所表现的是一个人的精神层面的生存状态。而其中的“精”和“气”两个字又是由物质层面的“米”作为基础的。真可谓“经济基础决定上层建筑”！

《黄帝内经》里讲：“五谷为养，五果为助，五畜为益，五菜为充。”意思就是谷物（主食）是人们赖以生存的根本，也是对人体最为滋养的，而水果、蔬菜和肉类等都是作为主食的辅助、补益和补充。

时至今日，这些饮食原则对考生们，也有指导意义。

“五谷”含的营养成分主要是碳水化合物，其次是植物蛋白质，脂肪含量不高。从谷物中你可以获取身体，特别是大脑所必需的能量葡萄糖。

“五果”是指桃、梨、杏、李、枣、栗子等多种鲜果、干果和硬果。它们含有丰富的维生素、微量元素和食物纤维，还有一部分植物蛋白质。硬果类如花生、核桃、瓜子、杏仁、栗子，富含丰富的植物蛋白和不饱和脂肪酸，这些都是大脑所必需的物质。

“五畜”是指畜、禽、鱼、蛋、奶之类的动物性食物。肉类食物含有丰富的蛋白质和脂肪，适当使用，能保证脑功能的正常。

“五菜”是指各类菜蔬，能营养机体，使体内各种营养素更完善，更充实。菜蔬种类多，根、茎、叶、花、瓜、果均可食用。它们富含胡萝卜素、维生素 C 和 B 族维生素，也是膳食纤维的主要来源。

五藏	五味	五色	五谷	五臭	五性
肝	酸	青	麦	臊	温
心	苦	红	黍	焦	热
脾	甘	黄	稷	香	平
肺	辛	白	稻	腥	凉
肾	咸	黑	豆	腐	寒

中医认为“五脏”与食物的“五味、五色、五谷、五臭、五性”存在着一一对应的关系，我用上图将其呈现。

中国的饮食文化是按照中国人特有的逻辑，根据不同食物的种类和性味，来达到全面调养脏腑功能或强化某一脏腑功能的目的。

我们中国的饮食是有很深的文化内涵的，十分强调食物的“色、香、味”。

拿“色”来说，就有“五色”食物，能对应地强壮五脏的功能。如果你尽可能多地选择色彩丰富的食材，就可以全面地滋养各个脏腑，会令人赏心悦目食欲大增，还能满足味蕾对于食物味觉的享受，最为关键的是，它还能使五脏得到全面的补益。

我再以“腐乳”为例，说明兼有不同性味的食物可以补益一个脏器。“腐乳”兼具有“味咸”、“臭腐”（意思是说，它是经“腐化”酿造），以及“五谷”中“豆”类制品特点。其中有三个“性味”都可入肾。从中医的理论讲，“肾主骨生髓”，“脑为髓之海”。那么，我们可以说，肾与脑之间存在着“逻辑关系”，能够补肾的食物，能够间接地补脑。因此，我们可以说，食用“腐乳”有激发脑力的功效。有日本学者研究表明，日本人常食用的“纳豆”，具有产生“脑内啡肽”的功效。我们知道“脑内啡肽”是一种令大脑愉快，并使其能够高效工作的神经递质。这么说来，“腐乳”与“纳豆”有异曲同工之妙。当然再好的食物也不能过量食用。

建议你多吃一些能够起到补肾作用的黑色食品，比如黑米、黑豆、黑木耳等，多吃一些豆制品和发酵食品，来激发脑力。还可以常吃一些盐焗的核桃、杏仁等坚果。

一般来讲，只要考生们不挑食、不偏食，就不会缺营养。大可不必吃那些人造的营养品，请你相信，天然的食物是营养最全面的食物。

二、“饮”出好状态

“飲”（饮）字的右偏旁的“欠”字，是一个人正在张着嘴打哈欠的象形。“饮”字所表之意就是把嘴凑近盛满水的容器“喝”的意思。

有一个字能够形象地说明水对于人的重要，那就是“活”字。每个人都可以“望文生义”，将其解释为，舌上有水，人才能活呀。

生活中如果真等到口渴时，再找水饮肯定已经晚了，特别是对于考生们。

我们来看美国的医学博士F·巴特曼，在他所著的《水是最好的药》一书中强调的一些观点和建议。

他说：“在人的大脑中85%是水。”同学们可以试想，高速运转的大脑在严重缺水的状态下会是什么样？“大脑使用电能，而电能是由水力能量泵提供的。而脱水时大脑生成的能量就会减少。大脑能量少了，效率就会下降。”原来，适当多喝水可以有足够的能量保证大脑电信号的畅通，提高学习效率。

他说“有些诸如恐惧、焦虑、不安全感这些持久的情绪问题都与压力有关，是供水不足的结果”，“身体脱水时会出现生理变化，这种变化与面临压力时的生理变化没有什么两样”，“脱水是施加在人体上的最大压力”。

看来，适当多喝水可以缓解压力、减轻负面情绪对人的影响。

他还说：“最近有实验研究表明，咖啡因会抑制一种非常重要的酶，磷酸二酯酶。这种酶参与学习和记忆。有些实验报告说，咖啡因会削弱受试动物的想象力、记忆力和学习能力。”对考生而言，不但喝水重要，而且喝什么样的水（饮料）同样重要。

我把一些建议送给考生朋友们。

清晨起床后，喝一杯200毫升左右的、与体温相近的白开水，这对清除体内毒素很有好处。

每天要喝足2000毫升的水，这样就能基本上满足身体的需要，特别是大脑的需要了。

最好的水是没有冰过的白开水。冰水对于考生们的脾胃功能，会造成极大的伤害。这是因为，中医认为“脾主意”，翻译成现代语言就是脾的功能好坏与否，会影响思维的广度和知识之间的关联性。

越是临近高考，天气越热，越要切忌过食冷饮！

不少商业饮料含糖量高，并且还添加色素和防腐剂等。喝多了不但不能补充水分，反而会夺取身体中的水分（反渗透原理），可以说有百害而无一利。如果一定要找到“一利”的话，就是满足“口感”。

不要长期用浓茶或浓咖啡“提神”。淡绿茶对考生们来讲，是非常适合的饮料。淡绿茶即可消暑去火，淡淡的茶香还能愉悦心情。

考生放学回到家中，如果能喝上一杯妈妈亲手制作的鲜榨果汁，即能迅速补充体能，还能享受母爱的温暖。

橙汁、苹果汁、柠檬汁、番茄汁、葡萄汁、菠萝汁等都是不错的。

绿豆汤或酸梅汤也是不错的饮品。

同学们还可以根据自己的身心状况，选择冲泡一些“花草”，来调整好自己。

“莲子芯”泡水喝，可降心火，抑烦躁。

“合欢花”泡水喝，可以缓解郁郁寡欢的情绪感受。

“菊花茶”泡水喝，可以清除肝火，少发小脾气，春天宜饮用。

“玫瑰花”泡水喝，可以疏肝理气，让自己常有好心情。

“金银花”泡水喝，可以缓解嗓子不舒服的症状。

“枸杞子”泡水喝，既能滋补肝肾，又有明目的作用。

女同学常喝点红枣、姜、红糖冲泡的水，有助于调整好生理状态。

银耳、莲子、百合与红枣、冰糖一同煲汤，可以说是最适合考生的汤品了。

三、“睡”出好脑力

睡眠对于考生来讲是件大事。睡眠是最好的节能，也是最好的储备及充电，更是消除疲劳的第一良方。身体的运作，就如同一辆汽车，想让它正常行驶，必须进行定期的保养和维护。同学们在强脑力、重体力的状态下学习了一天之后，必须保证一定时间，并且有一定质量的睡眠，才能养精蓄锐，在第二天重振精神，恢复脑力，不断强化记忆力，否则就会无精打采，头脑昏沉。

但有不少考生，总感觉复习时间不够，认为能挤掉的只剩下睡眠的时间了。殊不知，睡眠对于人是第一重要的。有研究显示，人不吃饭，可以活 20 天；不喝水，可以活 7 天；不睡觉，只能活 5 天。

也许你习惯了挑灯夜战复习，但我还是要建议，最晚不要超过 11 点睡觉，此时的睡眠质量最佳，往往能达到事半功倍的、恢复脑力的效果。从中医理论讲，子时也就是 23 点到次日 1 点，是胆经“工作”最旺盛的时间段，子时“一阳生”，胆主生发之气，这时还不睡，第二天白天怎么能有精神？生发不起来了啊！ 1 点到 3 点也就是丑时，是肝经“工作”最旺盛的时间段。要知道肝主藏血啊，大脑可是“用血大户”，在血的“库存量”减少的情况下，必定会影响其学习质量的。长期熬夜得不偿失啊。

请考生务必在高考前两三周的时间内，开始调节生物钟，每天将睡眠时间提前几分钟，并在距高考一周左右的时间，将睡眠时间固定在晚上 10 点半左右。

我还想提出一点儿看法，喝温热的牛奶加点儿饼干也好，用热水泡脚也好，听 MP3 音频文件马丁的《催眠的花园》也好，如果是为了提高睡眠质量，它们都会有效。因为我们的愿望就是借助这些辅助手段，达到良好睡眠的目的，一定会心想事成的。但如果是我们想通过使用这些辅助手段，来达到对抗失眠的目的，则往往不会灵验。因为，对抗会耗费大量的能量。我们使用这些措施的目的，是决定成效的关键。

现在我们的生活普遍都比较富足，一些有经济实力的家长，考虑在高考期间让孩子有个安静舒适的休息环境，因此定了考点周边的宾馆。我想提请家长朋友们注意，最好是在高考之前的一两天提前入住，这样会有利于孩子适应环境，以免人为地造成考前失眠的情况发生。

四、“摩”出健康态

我接触过不少考生家长朋友，他们很想帮助孩子，但又不知所措，就只有陪着孩子焦虑的份了。其实，您用自己的双手便可以帮助孩子，做些身心状态调整的工作，方法就是按摩。您看“按摩”两字中都有手。

下面我就向家长朋友们简单地介绍几个我使用过的、简单有效的按摩方法。

1. 提捏肩井穴

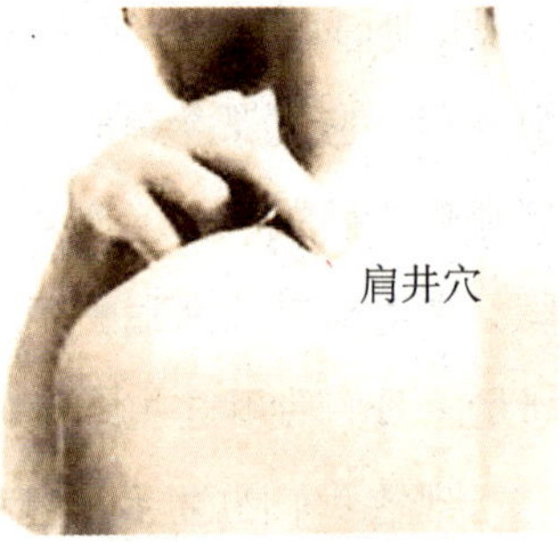

不知您注意过没有，人会在紧张的时候，下意识地耸肩。如果长时间的感觉处于“重压”下，肩背部区域就会变得僵硬，有一种很不轻松的酸痛感觉。按揉肩井穴是解决这一问题的最有效的方法。肩井穴，位于脊柱到肩膀的上边缘连线的正中。

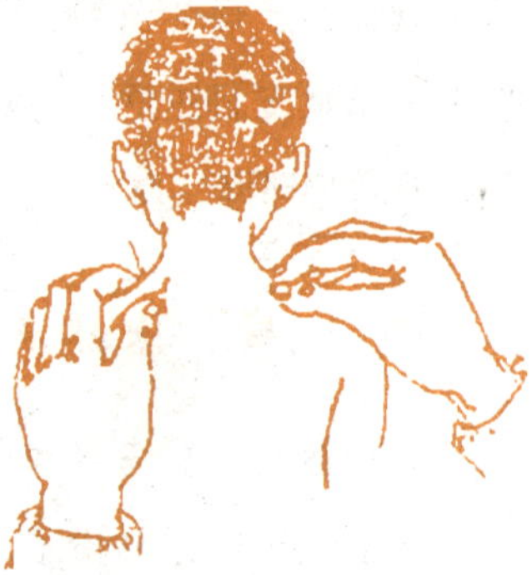

我们可以站在孩子的身后，将手放在孩子的肩上，四个手指在前，拇指在后，轻揉或者提捏肩井穴。力度以孩子能承受为宜。按摩完这个穴位之后，您还可以用掌心将孩子的整个肩背，以及两个手臂揉一揉，拍一拍，孩子会立即感到很放松。按摩的时间可长可短，可在孩子放学回家后，饭后休息时，或是复习的间隙，都可以。

2. 按揉脊柱

相信很多家长朋友都记得，在孩子小的时候，孩子只要“停食着凉”，中医大夫就会用“捏积”的方法治疗。殊不知“捏积”这招对长大了的考生孩子来讲，也照样能帮上忙，也有“疗效”。

首先，按揉脊柱可以帮助孩子缓解疲劳。坐着学习了一整天的孩子，最累的不是臀部，而是脊柱。咱们这些做父母的，可要用自己的行动爱孩子啊，心痛孩子不如动手帮助孩子。

按揉脊柱的第二点好处是，增强免疫力。美国科学家近两年发现，脊柱两侧是人体最大的“免疫带”。按照我们中医的理论讲，人的脊柱两侧有许多俞穴，它们与内脏有着密切的关系。因此，按揉脊柱可以通过刺激

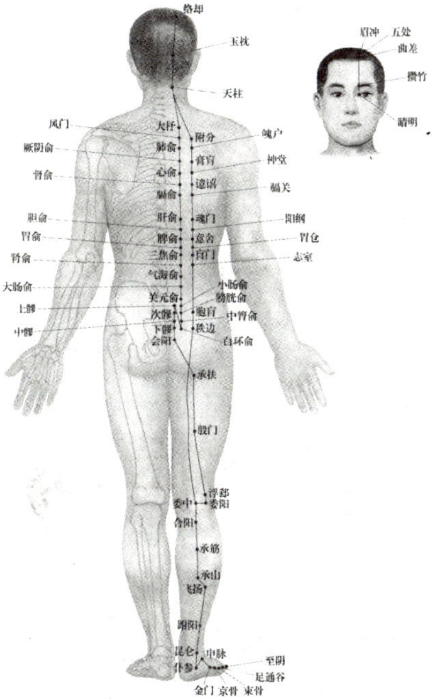

这些俞穴，达到强壮内脏的目的。在孩子紧张的复习考试期间，孩子的健康尤为重要。可以说孩子连生病的权利都“被剥夺”了，他们连一天病假都舍不得请，在身体极不舒服的情况下，多数孩子还会选择“硬扛着”。这种不用药物就能提高孩子免疫力的方法，您可一定要尝试啊。

按揉脊柱的第三点好处是，激发脑力。中医所讲的督脉和膀胱经，都在背的中部。这些人体主“阳”的经络，都直达到脑，因此中医认为大脑为“百阳之汇”。中医还有一种说法，“大脑是髓之海”。可以说脊柱就是供给大脑“髓”的通道。按揉、提捏脊柱可以激发人体的“阳气”，良性刺激脊柱，使这一“疏髓”通道畅通，这个方法具有极强的健脑功效。在孩子的学习和考试上，我们帮不上任何的忙，但我们可以间接地通过这种按摩的方法，让孩子拥有充足的脑力，这样我们的内心会很欣慰。

按揉脊柱还有一个最重要的功能，就是能够产生一种令人感到快乐的物质，脑内啡肽。这点已得到科学实验数据的证明。前面我讲过，快乐是可以产生学习力的！

我们的手带着爱的温度，我们又用手，把这份爱意，传递给了孩子，这种帮助会非常具体和有效。

接下来我们还是具体说说怎样操作吧。孩子可坐可躺，最好是躺下，可俯卧可侧卧，最好侧卧。可“坐”是说，随时随地可以进行。说到“侧

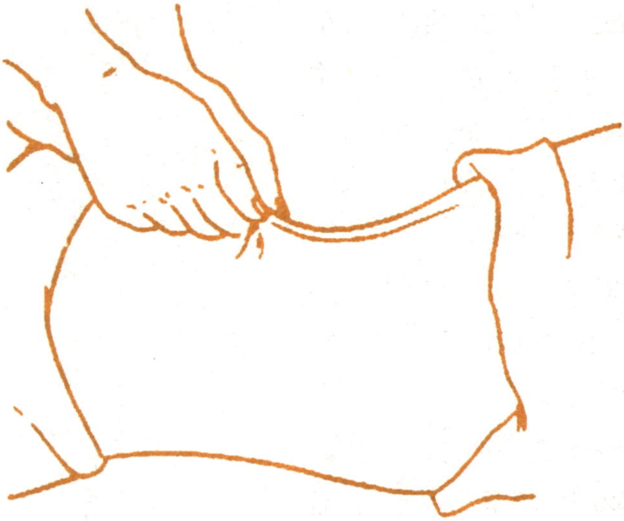

卧”位，我回忆起当年我就是用“捏积法”每天早晨叫醒女儿的，三遍准保醒。指法是，我们将拇指的指腹与食指的第二段指骨相对，拇指用力向后，食指用力向前。手指的行进路径，可以从骶骨起，沿脊柱两侧旁开两公分到五公分的区域，向颈部方向提捏。既可以是单向的，也可以是往复的。开始几次，孩子会很痛，您的力度不要太大。请你放心，三天过后他就会主动找您的，因为产生脑内啡肽了嘛！

3. 头部按摩

家长可以用自己的手指指尖，像“扫地”似地、大面积地、从孩子头的顶部扫到脑后。怎么扫呢？您可以站在孩子的身后，用双手的十个指尖，从头的正中间前发际开始，一直“扫”到后发际。然后双手分别向头的侧面对称“扫”，直至双耳的边缘。所“扫”的区域有督脉、有膀胱经和胆经等人体重要的经脉，这种良性刺激不仅对激发孩子脑力有好处，还可以刺激他头部的血液循环，给大脑提供更多的养分。

如果加上前额和眼部的按摩效果会更好。

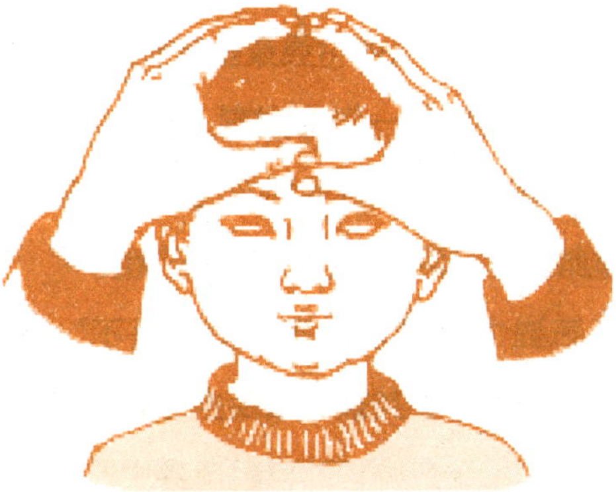

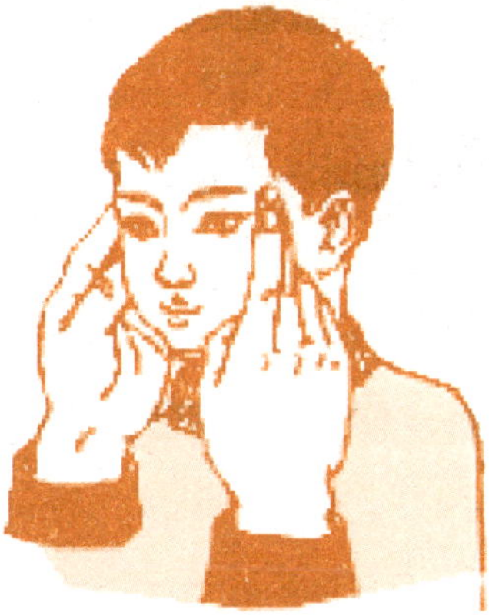

您可以从孩子的眉心处起，轻轻用拇指的指肚向上发际的方向轻轻推，用整个拇指向两边发际轻轻刮。孩子会感到非常放松。

当考生长时间用脑后，太阳穴往往会感觉胀痛，这是大脑疲劳的信号。这时按摩太阳穴，会给大脑以良性刺激，可以解除疲劳，还能醒脑，并能保持注意力的集中。如果配合按揉印堂穴效果会更好，印堂穴位于前额部，两眉头连线中点处。

肌肤接触能增进亲人之间的亲密程度，能给孩子带来一种胜过任何语言的亲密感和无声的力量。

总之，我建议，对于多数考生来讲，对待焦虑只需“模糊处理”，我个人不建议使用“焦虑测评量表”，给自己“定性”成什么程度的焦虑。因为这会使你更加焦虑你的焦虑，焦虑水平会呈几何级数上升。

我以为，焦虑只需弱控制。所谓弱控制，强调的是化解那些令你焦虑的问题，而不要把焦虑当成问题，焦虑水平自然会下降。焦虑其实并不可怕，也无需对抗，你只需准备应对焦虑的策略和方法。焦虑之所以可怕，是因为你对焦虑束手无策，产生了对焦虑的焦虑。

第三章

紧张不必硬对抗

Jinzhang
Bubi
Ying Duikang

紧张与焦虑和担忧稍有不同，尽管它们都可以归类于考试焦虑这个大的范畴，但是它与令考生焦虑和担忧的事件的距离更近些，或者说就是直接面对事件时的心理感受。这个事件也许是平常的考试，更具体地说就是高考。

还是让我们从“紧张”两字说起吧。

第一节 紧张与放松

一、“紧张”两字的启示

“緊”（紧）字的上半部分，左右两个字旁形象地呈现出人在紧张时的身体外部特征。左旁“臣”字的意思是眼睛，人在紧张时会不由自主地“瞪眼睛”。右旁的“又”字表示“手”，手紧紧握拳也是紧张情绪的流露。透过身体层面的这些动作，能够窥视出心理的紧张程度。

“張”（张）字的左旁“弓字旁”，表示弓箭，右旁的“长字旁”表示弓上之弦。当人在拉弓射箭时，臂力越大，弦被拉得越长，射程自然就越远。但也有一种可能，当臂力超过弦自身的极限值时，弦就会断掉，此时也就根本谈不上什么射程问题了。“张”字给了我们这样的启示，只要“张”得适度，是会与射程成正比的。

接下来，所有涉及紧张的话题，我们都是在从“度”的角度去探讨，而不是从如何与之对抗的角度。

二、紧张相伴实无妨

我想跟同学们分享一个生活中的案例。2006 年 10 月 12 日，神舟六号航天飞船发射成功了。一位中央电视台的美女记者的现场报道，引起了我的注意。在酒泉卫星发射中心的指挥控制大厅里，细心的她注意到一个有趣的现象。在神舟六号发射的前后十几分钟时间里，大厅的环境温度，竟由22.4度，上升到了24.6度。我相信同学们都可以轻松地解释产生这一现象的原因。人们在紧张的时候，身体会不由自主地发生一些变化，如心跳加快、血压升高、皮肤温度上升等。这么多人在一起紧张工作，环境温度自然会上升了！

我跟随摄像机的镜头，特别观察到，所有的航天工作者们，尽管表情略显凝重，但都在有序地工作着，或发布指令，或操控仪表盘，没有看到任何人因紧张而影响到当下的工作。看来紧张也并没有想象的那么可怕嘛。我们的考生们，完全可以像航天工作者那样，在与紧张相伴的情况下，胜任高级复杂的脑力工作，完成好高考的各类试题啊！

三、紧张与难度适配

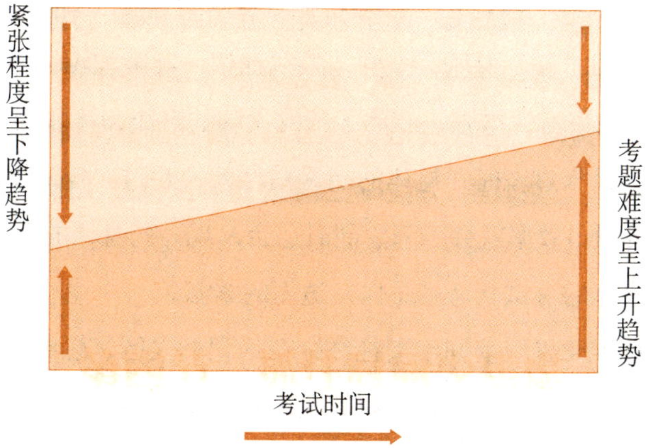

紧张程度与考题难度的适配关系图

上图所呈现的是考生在整个考试期间，自己的紧张程度与考题的难度随时间的推移变化的趋势和适配关系。

在考试的最初时段，考生的紧张程度相对是最高的，也许此时的考试水平仅能发挥出60%、70%，但与之相对应的考题难度却是相对较低的，多是一些选择题或是填空题。随着考试时间的推移，你的注意力已经逐渐专注于考题本身了，紧张程度会在不知不觉中自然下降。到了考试接近尾声的时候，你的紧张程度已经降低到了相对的最低点，此时，大脑机能已经处于最佳状态，考试水平则会提升至90%，甚至是100%，完全有能力应对最难的考题了。换句话说，随着考试时间的推移，考生的紧张程度呈递减趋势，考题的难度则呈上升趋势。

高考试卷既兼顾了考试的科学性，也体现了出题老师对考生的人文关怀。在高考中，紧张是一种不可避免的情绪感受，是一种客观存在。特别是当你了解到，考试紧张只存在过程性而不会是永恒的，强度是呈递减趋势的，相信你就能更坦然地去面对考试紧张的情绪了。

四、适度紧张会有益

人在紧张的时候，血压会上升，心跳加快，呼吸加深，血液中的携氧量增加，大脑的兴奋性增强，有利于开发大脑的潜能和智能的发挥。

但是，当紧张过度时，机体的能量消耗就会超过一定的度，大脑的功能就会转为衰退，效率就会下降。同时还会出现一些身体的不良症状。

因此，最佳的考试状态就是保持适度的紧张。

提到考试紧张，以前同学们往往存在认识的误区，想到的只是它对考试所产生的消极影响。今天，当我们重新以一个全新的视角审视它时，我们会发现，紧张其实也有它积极的作用，它能使我们产生兴奋感，激发潜能。这使我想到一个褒义和一个贬义的成语，“急中生智”和“狗急跳墙”。

同学们是否注意过，体育比赛的世界纪录绝大多数是在重要的国际比赛的竞技场上创造的，而很少是在练习场上获得的。这是因为，有优秀运动员之间的竞赛氛围，有观众席上不时传来的呐喊加油声，最重要的就是每个运动员心中那股为国争光、证明自己实力的冲动，调动了运动员的全部潜能，使他们的竞技水平得以淋漓尽致的发挥。当然在这种氛围里，紧张压力对于每个运动员来说，也会是巨大的。所有这些都是在练习场上不可能出现的。

高考如同知识的竞技场，紧张在所难免，但正是这种紧张调动了我们每一个同学的全部能量，成为超越自我、刷新自己最佳成绩的动力。这正是“急”生“智慧”的积极意义。而且，在以往的高考中，高考成绩好于模拟考试成绩的同学的案例，每年都有发生。

“跳墙”并不是狗的强项，但是在“急”的情境下，它做出了发挥潜能的“超难动作”，跳过平常不可能有的高度。想到这些，同样会给我们很好的积极暗示。

五、不与紧张硬对抗

先让我们从两个医学的有趣事例说起。

当科学家最初研制出青霉素时，其使用剂量仅为40—80万单位。但细菌或病毒是微生物，因此变异快，极易产生耐受力。到现在，哪怕是个病毒性感冒，使用抗生素的剂量，也已经达到几千万个单位，正所谓“野火烧不尽”。由此看来，用抗生素来对抗细菌病毒，早晚要走上一条不归路。

我们再来看中医治病的思路，2003年的广州，在用中医治疗“非典”的案例中，创造了零死亡率、零复发率、医护人员零感染率的奇迹！

中医对待细菌或病毒的态度是“既不抗菌也不杀毒”，而是通过中草药的“四气五味”，一方面创设一种不宜细菌或病毒滋生的体内环境，使得它们难以生存；另一方面，增强免疫系统“保卫家园”的功能；还有一个方面就是，启动自身的排异系统，“不战而驱人之兵”。这就是我们中国人的智慧。

日常生活常识就可以帮助我们理解中医治病的这种大智慧。比如夏天有“斩不尽杀不完的蚊蝇”，而冬天没有。那好，我们便创设一个“类似冬天的环境”，“蚊蝇”自然难以滋生。再比如，蘑菇易在环境潮湿的树上生长，我们如果想要抑制其生长，大可不必砍伐树木，而需模拟一个“类似干旱沙漠的环境”便可解决问题。

这种智慧完全可以被考生们加以借鉴效仿。紧张情绪，就相当于“细菌或病毒”，若与之对抗，不仅会耗费心理能量，也未必能够见效。而且对抗所产生的挫败感，会使你的紧张程度不断“升级”，你会更加“紧张”你的紧张。

六、“放松”两字的智慧

我的太极拳老师，孙氏太极大师雷世泰先生曾说过：“紧张是人的本能，而放松需要科学的训练。”他说：“要想击败对手，最有效的手段就是制造对方的紧张。”这是因为，人在高度紧张的时候，身体会本能地处于一种无序的、僵硬的、高能耗的状态，不但不能自如地控制身体指哪打哪，反而处处是被人攻击的漏洞。考试的道理与太极拳的拳理是相似的，过度紧张会消耗过多的能量，使大脑处于一种抑制的状态，会影响其正常的发挥。

与紧张相对应的是放松，就“放松”两字本身来讲，我们便能从中获取很多的智慧。

“放”字的左旁是声符，右旁的“反文旁”表示手中握有一个器物，我们知道人在紧张时，手是紧握的状态，只有放松时手才会张开，才能自主地放下。

"松"字的左旁"木字旁"表示树木。有意思的是右旁的"公字旁"，字的下半部分是公私的私字的本字，上半部分表示相背的意思。显然公是与私相背离的意思。我们可否这样理解，"私"是考试时的"杂念"，只有将它去除才能真正地放松。

"松"字能够让我们联想到松树。我们一起来思考几个问题。

当不具有破坏力的风吹来时，松树的枝和叶会与风抗拒吗？"我就是不动"，肯定不会。它们是会随风随意摇动的。

当风吹来时，松树的哪里不动呢？是树根部分，它是轻易不会被撼动的。

我们可以将人的哪部分比喻成“树根”呢？是“心”。“心动”则神会散。

高考时，只要你相信自己的心有足够的定力，不必刻意去对抗紧张，只要顺其自然，紧张也无妨。倒是把该放下的“杂念”放下是当务之急。

现在我们来做个游戏，放松一下自己。请将你的左手掌心朝下，将手头正在用的笔放在手腕上。如果没有笔的话，可以找一块橡皮或是尺子之类的学习用具替代。用这些学具来代表令你最不爽的感觉、想法或情绪。请问你能坚持多长时间？在辅导现场，同学中会有不同的答案。

“一个小时没问题。”

“估计也就能举半个小时吧。”

“尽管笔没多重，但我的胳膊可有自重啊，现在我就感觉酸了。”

“老师，我现在能放下吗？”

我会说：“放下才是一种智慧。放下比起用意志品质继续坚持，要节省能量，毕竟你手腕上所举的是你‘不想要的东西’。这与我们受到的教育‘用坚强的意志品质去克服困难不同’，是两个截然不同的概念。”

同学们会恍然大悟，原来如此。相信这个情绪体验活动会让你印象深刻。

在考前心理辅导的现场，我会组织一个类似老鹰捉小鸡的活动。这个活动没有老鹰的角色，而要将“鸡妈妈”的角色变成“考生”，“小鸡们”分别扮演令考生挥之不去又不愿带到高考考场上的“杂念”。比如：

“我考不好会令父母失望。”

“我怕辜负了老师的期望。”

“12年的‘寒窗苦’，万一高考功亏一篑，不就白辛苦了吗？我的出路何在？”

“万一高考考砸了，我非常惧怕会见到同学们轻蔑地看着我时的眼神。”

……

这些都是同学们朴素、真实的想法，并且，存在的相当普遍。试想，当他们带着这些“包袱”走进高考考场时，成绩定会大打折扣。从发卷子开始，你都会带着挥之不去的杂念，一直紧张到交卷子。如果答题顺利还好，一旦答题遇到困难，杂念立即会闪出来，阻碍你正常地发挥。

通常我会将这个活动分为三种情景进行。

首先，让“考生”昂首挺胸大踏步前进，而让扮演“杂念”的同学“不拉后腿”。

见此情景，会场里的掌声，会马上响起来，大家会受到启发和鼓舞。

第二个情景，“考生”很努力地前行，但步履艰难，示意他正在尽全力克服着来自于扮演“杂念”的同学的相当大的阻力。

第三个情景，“考生”疲惫不堪地试图向前走着，但怎敌得过扮演“杂念”的同学的巨大阻力，始终寸步难行。

尽管后两个情景，会使同学们感到心情很沉重。但无论是参加活动的同学，还是现场观看的同学，内心都会受到不小的冲击。相信他们会重新调整应对“杂念”的方式。

学生活动的现场画面，可以帮助同学们形成情绪记忆，令他们印象深刻，收效会远远超过说教。效果永远要比道理重要。

第二节　考试心态的力量

高考与竞技体育很相像，“硬件”拼的是运动员的竞技实力，“软件”讲的是运动员的临场心态。高考时的状态，不仅仅取决于考试的能力与解题的技巧，更重要的是取决于考试时的心态。可以说，在实力相当的前提下，心态决定状态，状态决定成败。

对待考试紧张的真正的有效之道，是用阳光、乐观的心态，营造一个不宜过度的考试紧张情绪生存的“最佳体内环境”，至少你会相信自己是完全可以与考试紧张“和平共处”的，确保自己能够集中精力应对考场内外的各种挑战。

一、“态”字之中有能量

“態”（态）字的上半部分是“熊”字的象形，“熊”字最初就写成“能”字。我们常用“虎背熊腰”来形容一个人“力大无比”。

难道我们的祖先在几千年前，就知道“心态”的巨大力量？！不然怎么会将“熊”字与“心”字结合，造出“態”这么一个蕴涵深刻哲理的字来呢！难道祖先们那时就已经有了能量的概念？！我相信是的。

“大”字的下面加了表示重复的两个点，表示“大”到了极致便是“太”。

即便是被简化了的“态”字，也不妨碍我们从本质理解字义。“太有力”与“像熊一样的有力量”所表达的意思差不多。

这个字从繁到简，字头由“熊”变为“太”，但都在告诉我们一个哲理，“心态”的力量极大，大到在关键时刻能够改变命运的程度！换个更现代点的说法就是，“心态”拥有巨大的能量。

二、心态不同感受各异

几乎我们每个人都有过这样的感受，当心情好的时候看什么都顺眼，感觉就一个字——“爽”；而当心情不好的时候，再好的东西也难以入目，感觉还是一个字——“烦”。

由此推理，带着积极乐观的心情看世界，眼前处处是美景；带着消极悲观的心情看世界，就会看不清事物的本来面目。

我用黑白图片，表示消极悲观的心态看世界的感受。用彩色图片，表达以积极乐观的心态看世界的感受。相信同学们在游走于“黑白与彩色的世界”之后，会重新认识心态的力量。

相信没有同学会愿意生活在这样灰暗、没有生机的世界。带着消极悲观的心态上考场，不会激发出为自己心中的光明和世界的美好而战的、那份年轻人特有的激情。

这才是现实生活中的色彩斑斓的真实世界！带着积极乐观的心态上考场，你会感觉自己内心充满力量，有能力实现对未来生活的憧憬：走进花园般的大学校园，用你的学识让世界更绚烂美好。

这张图片让我们无法辨认画面所描绘的是什么。消极悲观的心态不能让同学们理性地、准确地看清事物的本质。带着这种心态参加高考，怎能看得清考题呢？

“哇噻，太漂亮的鹦鹉啦。我怎么没有猜到呢？！”在辅导现场，经常会听到同学们的惊叹。我建议：“高考时，一定请你记住这一组黑白对比的图片啊！要切记，积极乐观的心态能让你拥有直透本质、看清真相的能力，高考时相信你会将任何考题都会判断得准确无误的。”

看到这张图片，会让人有一种如临深渊的感觉，心情变得沉重、压抑。带着消极悲观的心态去高考，你会感觉考题处处是“陷阱”。

“色彩”还原了真实的世界，原来这是著名的尼亚加拉大瀑布！同样的场景，经“黑白”与“彩色”的不同描绘，带给我们的感受却有着天壤之别啊！

试想当你带着积极乐观的心态走进考场时，内心犹如瀑布所具有的巨大势能，它终将会转化为克服一切困难的强大动能。我们可以想见到心态的力量。

我常问考生们："你们敢乘坐这样的船，上高考考场吗？"得到的几乎都是否定的回答。因为没有人愿意冒这样的风险，葬送自己的美好前程。

多么漂亮的一条帆船啊！相信同学们乘坐上这样的帆船，一定能够到达自己高考胜利的彼岸。积极乐观的心态可是你自己这艘航船的舵手啊！

有的同学在高考之后，反馈给我这样的信息："发考卷之前，我的大脑只'播放''美图'，心情居然比平时模拟考试时还要平和。如果我想'千万别紧张啊'，或是'拜托了，放松啊'，都肯定不会有这种效果。"

之所以如此，关键是美图让你感受到了心态的力量，你自己作出了正确的选择，选择以积极乐观的心态去面对高考。

既然如此，你不妨多带上几张美图。

三、带上"美图"进考场

舞动起青春的脚步，我们一起去高考啦！

看我的后援队伍有多庞大，同学、老师，还有爸爸妈妈，都在为我喝彩、鼓劲！请你们等着我高考胜利的好消息吧！

我有勇气划过一个个激流，什么题都有信心拿下，再困难也不在话下！

感谢小师弟，看你那睡眼惺忪的小样，都不忘为我加油！

四、汲取马修·埃蒙斯的教训

马修·埃蒙斯曾是悉尼奥运会的冠军，但在2004年的雅典奥运会，在领先对手近3环的巨大的优势下，最后一枪竟意外脱靶！

2008年的北京奥运会，历史又一次重演了。同样在领先对手近4环的优势下，再一次打出了几近脱靶的4.4环。在所有人都认为是稳操胜券的情况下，却在射击最后一枪的时候，埃蒙斯功亏一篑，将他的奥运金牌“拱手相让”给了我们中国的运动员。“感谢”之余，我很是替他惋惜，同时也在思考这样的问题。

两次奥运会，两次与金牌擦肩而过，难道真是几乎所有人给出的“埃蒙斯不运气的结论”吗？从表现上看，他与冠军失之交臂是偶然的，但在我看来，其实却有其必然性。因为任何人都有这样一个弱

点：当我们对某件事情过于重视时，心理就会紧张；而一旦紧张，往往就会出现精力分散、动作失调等不良行为反应。

心理学将这种由于做事时，注意力过度集中于功利得失，反而将平时可以轻松完成的事做糟了的现象，称为“目的颤抖”。

正是太想得冠军的想法，使得马修·埃蒙斯在关键的最后一环，手颤抖了。太想踢进球时的脚会颤抖，中国足球队国脚们的脚，在关键比赛中就经常颤抖。太想通过高考成绩，来证明自己的优秀，太在乎高考的结果，你的心就会颤抖。

无论是比赛还是考试，个人的技术能力永远是第一位重要的，是最能体现实力的。但在技术水平相同的情况下，心态便起着决定胜败的、至关重要的作用，这可是考出最好自己的关键。

五、积极的自我对话

谁都知道手表上有时针、分针和秒针。

请问你：“秒针在一年内，要‘嘀嗒嘀嗒’地走多少次呢？”

“秒针在一年内约‘嘀嗒’32 万次。”你的答案是正确的。

假如你是秒针，你对自己说：“可怜的秒针啊，你在一年内可要‘嘀嗒’32 万次啊！”

你的感觉是什么？

你会说：“一个字——累。”

但假如你跟自己说：“亲爱的秒针啊，你每秒钟只要嘀嗒一下就完成任务了。”

你感觉怎么样？

“很轻松啊！”

你知道为什么吗？

因为，不同的“说法”，会使你产生完全不同的心理感受。

看来自我对话很重要，说得恰到好处，完全可以使自己对高考不再紧张。

请同学们试着用不同的叙述方式描述高考，看看自己内心的感受如何。

“高考录取的是成绩，而不是愿望和紧张。”既然愿望和紧张不能换取高考的好成绩，那我还有什么可紧张的啊，也不加分。

“高考不就是把会做的题写出来就完了吗？”尽管写对了不容易，但这样说心情会轻松不少，事实也就是这样。

“不求考得好，只求考得不差。”“考得不差”的含金量，可一点儿不比“考得好”逊色啊！

“保持正常，不想超长。”“不求奇迹般地好，也不怕奇迹般地差。只要考出平时成绩就是成功。”从以往高考的统计结果看，超水平发挥或奇迹般考砸的概率都不高。能正常发挥，考出自己的平时水平，就应该算成功。这种成功并不是高不可攀，相信自己也可以。

“进入考场前，胜负已定。”高考的水平是由高考前付出的努力所决定的，同学们在考场上所做的就是将自己的水平呈现出来。

“宁愿考砸！”越是这样说，我们越会本能地作出与之相反的反应——一定要考好。事实上这种力量十分强大，不妨请同学们在模拟考试中试试。

上面的这些语句有一个共同的特点，就是用我们都能接受的、使心情感到轻松的方式，描述始终让我们的“心”紧张的高考话题。回味之余，会让我们放下多余的、消耗能量的思想包袱。

六、客观的考试策略

说到考试策略，不能不提到考试的长度与难度。高考试卷有一个长度标准，“中等程度以上的考生在规定时间内可以完成全卷”，这是国家标准。我们再以北京的高考《考试说明》为例，讨论高考试题的易、中、难的比例关系问题。《考试说明》对此问题是一种定性的表述：“以中等试题为主”。更确切的量化表述是：易、中、难试题比例为 2∶6∶2 或 3∶5∶2。其中，难度值在 0.3—0.7 之间的试题，为中等试题；低于 0.3 的试题，视为难题；高于 0.7 的试题，视为容易题。

我们看到在高考试卷中，低中档试题的比例占了八成，约有 600 分，也就是说无论你处在哪个分数段水平，抓住中低档试题就抓住了胜利。我们应该借鉴韩国棋手李昌镐的棋道之谈：“多出妙手，不如减少失误。”如果你是处在中低分段的同学，最好不要把高分段的考题作为主攻的重点，适度放弃难题，以保证充足的做题与检查的时间，才能确保在 600 分左右有较高的得分率，这样基本就能上一本或二本。

高考对同学们学习能力水平的区分度和甄别率，主要体现在高分题的得分率上，如果你是高分段的同学，考试策略则最好是“基础题，全做对；一般题，一分不浪费；尽全力冲击难题，即使做错不后悔”。确保中低档题的得分率，仍然是不可忽视的重点。

从自己的实力出发，制定恰当的考试策略，你才不会过度紧张。

七、理想的考试心态

2006 年在世界杯四分之一决赛后，一位记者问一名年轻的意大利队后卫，第一次参加世界杯的感受。小伙子说：“得到上场的指示后，我紧张极了，甚至都不知道该怎么跑步，这时，我看见我们的队长卡纳瓦罗微笑着向我跑来，说道：‘来呀，一起玩。’我一下子就放松多了……”最终意大利队“玩”出了最高水准，获得了世界杯冠军，卡纳瓦罗作为国家队队长举起了大力神杯。

你还记得儿时的自己，开心、尽兴玩耍时那种畅快淋漓的感觉吗？肯定记得。恐怕任何人从小到大，甚至到老，只有玩这件事，才是发自内心真心喜欢做的。人只有在玩的状态下，才最天真无邪，回归本真，没有杂念；也最能遵守游戏的自然规则，绝无世俗的功利目的；始终享受着玩的过程本身，这显然是一种很高的境界啊。

显然意大利队的球员们，始终在享受着“玩”的过程，正是这种“玩”的放松心态，确保了他们能够玩出最高水准，传好每一个球，组织好每一次进攻，抓住每一个射门进球的机会。最终赢得的大力神杯，是对他们高超玩技的嘉奖。

同学们，如果你能以“玩的心态”来参加高考，也一定能够赢得你自己的“大力神杯”。

第三节 考试情景训练

当人类“第一次”面对诸如“非典”、“核泄漏”等威胁人类健康的瘟疫或事件时，由于存在着诸多的不确定性，因此，人们的紧张程度甚至恐惧程度，要远远高于曾经经历的灾难。

同理，当考生第一次面对人生的重要考试——高考时，紧张程度可想而知，也可以理解。

能否有一种方法让同学们有效地降低紧张程度呢？答案是有的，那就是高考情景训练。当你已经“经历多次的高考”、“久经沙场”之后，参加真正的高考时，你会历练得从容镇定。

我所说的“高考情景训练”要在高度“仿真”的模拟考试中完成。

我的这个设想，来自于一项真实的美国中学篮球队的实验，以及我个人练习太极拳的体验。

一、想象练习投篮的实验

美国的一些心理学家曾经做过这样的试验，他们把某高中篮球队中一些身体情况基本相同、球技不相上下的学生分成三组，进行不同方式的投篮技巧训练。

第一组学生坚持在 20 天内每天练习投篮，并把第一天和最后一天的投篮成绩记录下来，中间的练习不提任何要求，顺其自然。

第二组学生也记录下第 1 天和第 20 天练习投篮的成绩，但在此期间不再做任何投篮练习。

第三组学生记录下第 1 天的投篮成绩，然后每天花 20 分钟做想象中的投篮。如果投篮不中时，他们便在想象中作出相应的纠正。

实验结果令人吃惊：第二组的投篮进球率没有丝毫长进；第一组的进球率增加了 24%；出人意料的是第三组，进球率居然增加了 26%！

这个实验还被称为“可视化运动排练”。人的意识并不能区别，你是在真正做运动还是只是在意识里练习。你认为你的意识处于什么状态，你的身体也会同样处于这种状态。

如果将运动员和生物反馈设备连在一起，然后让他们只在意识里运动他们的竞赛项目。当他们在意识里“赛跑”的时候，他们的肌肉竟然和他们在跑道上赛跑时一样，按同样的顺序产生神经电冲动。

这些实验，为同学们进行高考的模拟情景训练，提供了可以借鉴的依据。只要你的意识相信，正在进行的模拟考试就是高考的话，你便能获得积累考试经验，调整考试策略的效果。

二、太极拳拳理的启示

“打拳如有人，打手如无人”，这是太极拳的一个重要拳理。前者讲的是练拳时要有一种如与人对抗的意念。太极拳的任何一个动作的设计，都有实战的功用的，因此，在平常的练拳过程中，一招一式都要“以用为纲”，从哪个部位发力，通过怎样的方式传导力，击中对方的什么部位，所有的动作都是在这样的意念指挥下完成的。只有在练拳时高标准、严要求，就不会满足仅仅把动作完成，比划成太极操。

经过一段时间的严格训练，连我自己都难以想象，在不使用任何器械的情况下，我也多少练出了些肌肉。并且当我带着实战的这种意念来练拳时，看似节奏缓慢，如走太空步般、飘逸潇洒的太极拳，居然能够慢慢地使我练出了“劲道”，竟然会有内力产生！

我们再来说后半句的意思是，到了真正与人交手时，要如入无人之境，没有畏惧之心，只有这样，所学所练才能发挥。

我们的同学，完全可以把太极拳的这一拳理，应用于模拟考试与真正的高考中。你一定要相信模拟考试是“真实的高考”，相信情景训练的实效，否则这种训练的效果会大打折扣。

三、考前情景训练

我们知道，思维不能控制，但行为是可以控制的。换句话说，想控制考试前的紧张情绪，是万万没可能的，控制不但会耗费心理能量，更加致命的是，当你无法控制紧张时，会以几何级数的速率加剧你的紧张情绪。所谓控制行为，就是把有可能使你“胡思乱想”的时间，全部用来做考前身心准备的具体事情。请同学们相信，身心愉悦的情绪感受能够最有效地替代紧张不安的情绪感受。

四、进入考场前的准备

这里所讲的“进入考场前的准备”，是从进入考点学校之后，一直到进考场之前，这段时间内的准备工作。越有具体的事情可做，越没有时间胡思乱想，以及人为地制造紧张。

建议同学们带着灿烂的笑容，和老师同学简单地打个招呼，问声好。最好彼此说一声：“来呀，我们一起玩！”乐观愉悦的情绪是能够传播开来、相互影响的。

请同学们最好不要再谈论与考试有关的话题，这样做会使有的同学突然产生“我怎么什么都记不起来了？”这样一种莫名其妙的大脑似乎一片空白的紧张感。

给大脑补氧。建议考生们在校园里快步走几分钟。如果你是乘车，就提前一站下车，快步走向考场。快走是有氧运动，能够迅速为大脑补氧。同学们知道，氧气是维持大脑正常工作所必需的两大能源之一。之所以不建议同学们用跑步这种有氧运动的方式补氧，是因为跑步的运动量过大，很容易使心跳加快，而快走则运动量相对较小。快走时，你可以哼唱着自己喜爱的旋律或歌曲，这不但会让你感到很惬意，还有一个更重要的意义就是，不给自己预留紧张的思考空间。

给大脑补充葡萄糖。建议同学们喝100毫升的浓葡萄糖水，它可以快速地为大脑提供能量。我们知道，葡萄糖是维持大脑正常工作所必需的另外一大能源。同学们可以事先到医药商店买一些葡萄糖粉，将50克左右的葡萄糖粉放入杯中，用温热水冲化，冷却后灌入携带方便的瓶中。喝完葡萄糖水后一定用杯开水漱漱口，让口腔感觉清爽。有些同学认为考前饮用红牛等饮料可以调动能量，但是，它主要是给肌肉提供能量的运动型饮料，并不适合使用脑力的高考。

预热唤醒大脑。在理科科目的考试之前25分钟左右，建议同学们做几道预先准备好的、三五分钟就能做完的简单题目。这样做的好处是，使大脑预热，提前唤醒至考试状态，有效地降低前一两道选择题的错误率。在英语考试前的25分钟左右，你可以读一段阅读题，或是做一些简单的填空题。这样做的原因是，大脑转换两种语言的时间，大约是20分钟，做完这一准备，刚好要进入考场。

五、进入考场内的准备

这个时间段主要是指从进入考场到发试卷。建议同学们做些必要的准备工作，目的是使大脑具有最佳的工作状态，而不是去与紧张对抗。

1. 深呼吸。

进入考场，坐定后，同学们可以连续做5—10个深呼吸。具体的方法是，你会不自觉地微闭上双眼，慢慢用鼻子吸气，尽量深的吸到下腹的丹田处，也就是脐下的四指处，最好能让腹部鼓起；停留几秒钟之后，最好有意识地让腹部向身体后部的脊柱侧挤压，将吸入的气“压”出体外，经口腔呼出。

同学们还可以用浪漫的想象，完成上述深呼吸的过程。我们可以想象，面前有一束令自己心仪的花朵，或是玫瑰、或是百合。我们会微闭上双眼，十分贪婪地恨不得把所有的花香深深地吸进身体，久久不愿意吐出，真希望将花的形状、颜色和香气尽可能长地保留在身体里，铭记在记忆的深处；最后才恋恋不舍地呼出体外。

这种美妙的深呼吸的想象过程，会产生大量的脑内啡肽，让自己感觉精神非常的愉悦、放松。同时深呼吸能够加速腹部的血液循环，为全身特别是为脑部，供给更多携带着大量氧气的血液，为作为考试的指挥控制中心的大脑工作状态更佳、思维更敏捷，并提供充足的物质保障。

同学们可以在平时多练习深呼吸，睡前、课前或考试前都可以经常做做，去积极体验深呼吸带给你的妙不可言的感觉。

2. 做一些简单的按摩，具体可以有以下方法。

轻叩百会穴。百会穴的位置在两耳的连线与中轴线的焦点，同学们可以先将两个手掌向前，拇指放在两耳的顶部，两个中指交于头顶，这个位置就是百会穴。祖国医学将头部称为诸阳之府，百会穴还被称为百阳之汇，可见百会穴具有激发脑力的特殊功效，是调节大脑功能的要穴。同学们可以用四个手指的指腹，轻叩或轻柔百会穴，这样做的同时，被刺激到的穴位还有，四个分布在百会穴前后左右约一点五厘米处的四神通穴，这更增强了给大脑良性刺激的功效。

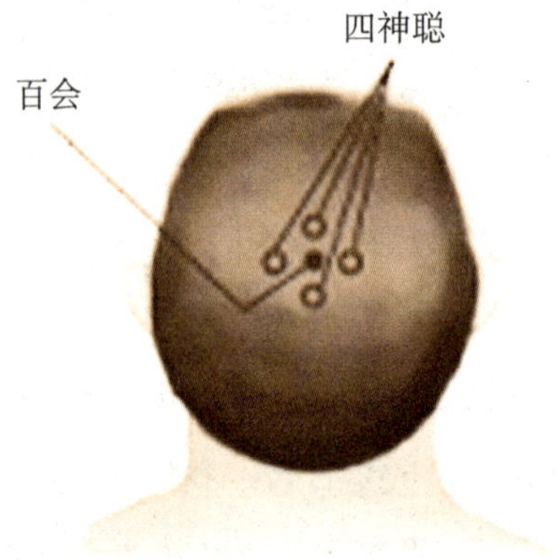

扫五散。同学们现将双手的五指呈爪状，放在两耳的上方三四厘米的头皮处，用指尖从前发际扫到耳后的后发际，往返 10 次左右。同学们立即会感到头皮发热，摇一摇头，会有一种十分轻松的感觉。这主要是由于指尖刺激头皮，使血液循环加快血流量增加的缘故。另外，祖国医学认为，同学们指尖运行的轨迹，正是胆经在头部巡行的区域，而胆经具有生

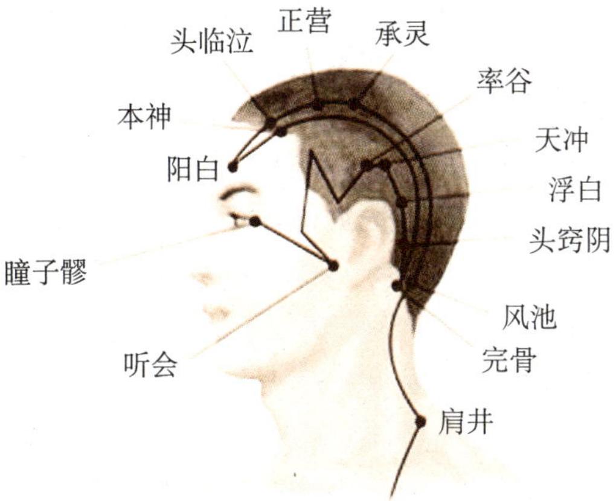

发阳气的功能，对于被称为诸阳之府的脑部，有很好地提升功效的作用。我经常跟考生们戏言，“祖国医学认为胆经主决断，认真做扫五散的功课，高考时你一定能在诸多选项中，准确命中正确选项，信不信由你了。”不管怎么说，你就把它当成是一种积极的暗示吧。

鸣天鼓。请你将两手掌心紧按两耳，四指指向脑后，将两手的食指叠放于中指之上，并轻轻弹动脑后枕骨 10 次左右，这时耳中会鸣鼓样震响。然后将手掌心掩按两耳，再骤然抬离，顿时会有一种耳部功能有数倍提升的感觉。祖国医学认为耳是肾的外窍，刺激耳部是在间接强化肾的功能，同时，肾主水生髓，而脑是髓之海，肾与脑之间的这种逻辑关系说明，同学们所做的实际上

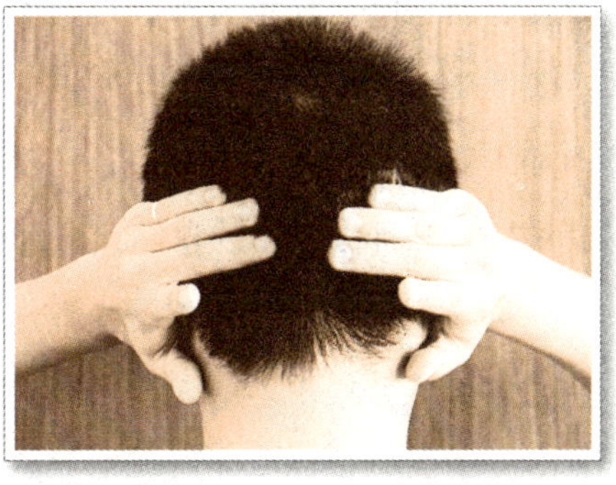

是不仅在强化耳部的听力，还在间接地做着激发脑力的工作，真是一举两得。我也曾跟同学们开玩笑说：“认真做鸣天鼓的功课，会让你一个单词都听不错，当然啦，关键是那个单词你得会。”

按揉劳宫穴。劳宫穴位于第二、第三掌骨之间，当我们握拳时，中指指尖与掌心的触碰点就是这个穴位。按揉劳宫穴，可以有效缓解因考试紧张而出现的心跳过快的症状，还能减缓手心出汗的现象。同学们可以用对侧手的拇指，沿顺时针和逆时针方向，各揉 20 下左右即可。

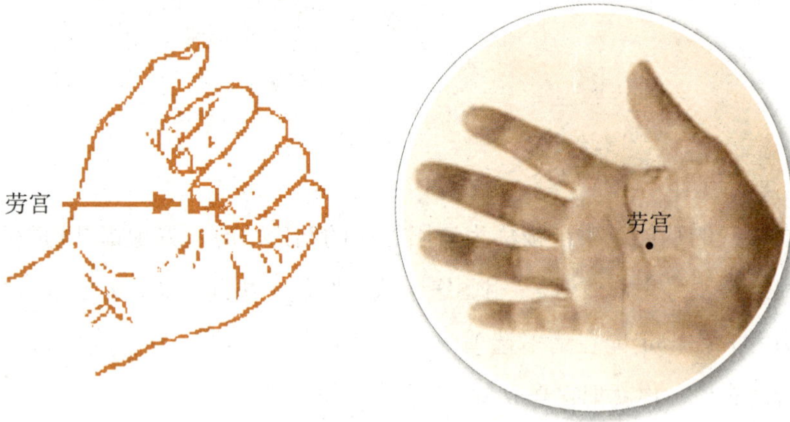

集中注意力的训练。当我们给大脑一个注意力集中的口令后，并反复提醒自己时，注意力却很难集中起来。因为思维很难被我们控制。在现实生活中，我们知道，开车时注意力会自然处于一种高度集中的状态，这时如果还在强调注意力集中，那反而集中不了。因此，我们可以说注意力集中，是一种做事中的自然状态，有事可做是关键。

同学们可以进行下面这个非常有意义的想象，在这个过程中，你的注意力自然就会集中。请同学们闭上双眼，想象着你就是神舟八号的总设计师，发射的总指挥。北京天文爱好者，曾在八达岭长城上，用肉眼观测到了神舟六号环绕地球运行时，飞跃祖国上空的景象，黑色夜空中的一颗亮点在移动。你可以想象，神舟八号在你大脑的黑色屏幕上，不但可以沿地球的椭圆形轨道飞行，还能以只有你能想象出来的任意图形，甚至是极其复杂的旋涡状运行。两分钟后请你再睁开双眼。这种想象训练，能够集中你的全部注意力，专注于具体的美好事物的想象，同时可以增强自信心和自控感，你是神舟八号的总设计师和总指挥嘛。这种训练用途广泛，你也可以在平时课前或复习前使用。通过这种规定情景的想象，可以有效阻断你对紧张情绪的关注，使心情放松。

六、考试情景训练

考试情景训练的关键一点，就是要让自己接受“模拟考试训练的场景就是真实的高考”这一想象的真实性。并且，你越是相信就越有效。无论是在区、县组织的一模、二模等重要模拟考试中，还是在学校组织的统练中，或是在自己做的考试练习中，都能进行这种训练。抓住模拟考试的锻炼机会，将自己的注意力集中在养成符合高考要求的考试习惯、不断积累考试经验、调整自己考试策略上。这能从根本上扭转怕考试、怕考不到理想的分数、怕排名的畏惧心理，最终能以一种最佳的考试状态参加高考。

养成好习惯。

- 按高考要求，习惯性地将自己的姓名、考号等个人信息准确填写在指定位置，在高考中不留遗憾。
- 养成不在卷面上随意勾画、做标记和不随意书写草稿等习惯，以免在高考中当成违纪行为处理。
- 养成将草稿纸叠成若干书写区域并标明题号的打草稿的习惯，以便检查时能够快速地找到演算的过程。
- 养成通览试卷的习惯。

1984 年，在东京国际马拉松邀请赛中，名不见经传的日本选手山田本一，出人意料地夺得了世界冠军。

山田本一在总结自己的成功经验时说："比赛开始前，我总是先将比赛线路分为若干小目标并画上标志。比赛开始后，就奋力向第一个目标冲去，等到达一个目标后，我又以同样的速度向第二个目标冲去。40多公里的赛程就这样被我分解成这么几个小目标轻松地跑完了。"

山田本一是一位有大智慧的运动员，他不是凭身高腿长或技术超人取胜，而是打有准备之仗。同学们个个可以在高考中，跑赢自己的"马拉松"。

下发试卷后通览一遍试卷，就是在做这一工作，这就相当于了解"地形地貌"，了解了大致题的难易程度和分布后，为考试作出部署：以什么样的速度答题，把精力多投给那些类型的题目、做怎样的取舍才能取得最高分。每个目标实现后，该给自己一些怎样的鼓励，等等。

- 养成尽早使用标准的高考机读卡填涂铅笔的习惯，并准确测算好销成片状的铅笔是一次还是两次能够将机读卡涂好，以便能在高考中节省宝贵的几分钟。
- 养成看清楚机读卡的序号到底是横向还是纵向顺序的习惯，力争准确无误。
- 养成考后不相互对答案的习惯，以避免造成不必要的信息污染，给后面的考试带来负面的影响。
- 养成字写清楚不涂改，使用学科语言将句子写明白的习惯。目前很多省市的高考阅卷采用计算机阅卷，这种阅卷方式对考生最大的要求是书写方式规范和书写要清楚，否则阅卷老师不好批阅、不好找关键词，这将直接影响自己的高考成绩。

- 摸索文综考试或理综考试答题的顺序，找到最适合自己拿高分的答题顺序，是按卷面的顺序作答，还是先做自己的强项科目。
- 摸索答题的节奏，给各类题型的答题时间一个较为固定的时间范围，如简答题控制在什么时间完成，才能保证后面的计算题有时间保障，超时应做怎样的取舍，等等。

同学们若能将每次模拟考试，都当成高考来认真进行情景训练，最终就能把高考当成模拟考试来从容应对。

七、心理适应性训练

心理适应性训练主要是针对考生同学在考场上经常出现的、令自己紧张焦虑的一些心理不适的情景，进行想象适应性训练，或对有可能在考场上出现的心理紧张提出一些可行的解决预案。这种训练越充分，在高考考场时才能越从容。

如有的同学就是怕坐在窗户旁边被阳光晒，一想到这样的情景就会感到头晕脑涨，解题思路好像被太阳晒得蒸发掉了。建议这样的同学，可以通过一次次的模拟考试，想象自己在这样的环境下，接受着太阳巨大的能量，血流携带着大量的氧气供给着脑部，灵感刷刷地闪现，享受着这种特殊的、别人无法感受到的太阳对自己的厚爱。你会发现，慢慢地自己已经适应了这种被晒的环境。

有相当多的同学在考试中存在“余光恐惧”。当别的同学先于自己翻卷子时，便心理紧张，唯恐自己的解题速度慢了。建议同学们能否这样想象，是因为别的同学不会做这张卷面上的题，翻卷子是为了先做后面的，而我解题是按部就班所向无敌的，论能力当然是我强了。这样想既不会伤害同学，还会使自己的自信心倍增，感觉良好。

还有的同学怕老师站在自己身边，感觉自己在被人监视，便浑身不自在。建议同学们可否这样想，教室里有那么多的同学，老师之所以能走到我身边，关注我一人，不用说一定是被我的优秀吸引过来的，这种感觉真是“爽”极了。我真希望每次考试，都会有老师站在我的身边。

当然，同学们面对的问题远不止这些，我的建议也不一定适合每一个人。但是，下面介绍的这些原则掌握了，相信每个同学都会为自己提供最佳的解决方案。首先，要转变想象的内容，把自己由一个环境的弱者、受害者的角色，转变成强者、受益者的角色，让自己的感觉好起来。再有，一定要相信自己想象的内容，因为我们知道大脑不识别真假，只要我们在模拟考试中多次练习，不断强化这种正面的、让自己感觉良好的想象，事情就会朝着我们希望的方向转变。一定要相信自己，各种问题都是可以通过训练逐步解决的。

还有一些问题，在不太紧张的模拟考试中，不易出现。但在高考中，有可能出现。比如在高考中，有的同学会出现这种现象，一些很容易的题目，答案就在嘴边盘旋，但就是写不出来，心理学家称之为舌尖现象。这就需要同学们准备一些应急预案，加以防范。出现舌尖现象的原因，主要是暂时性的遗忘。因此，建议同学们，在复习过程中，要尽量形成知识的网络体系，出现这种情况时，要闭上眼睛做几个深呼吸，使自己保持冷静、放松，可以想一想与之相关的知识内容，实在想不起来，还可以先做后面的题，说不定会发现解决这一问题的有效线索。

有的同学在平日的测验和模拟考试时，经常会听见一些熟悉的旋律，或者想起一些和考试没有关系的画面，可越是想快点摆脱它，就越是紧张，很苦恼。最担心的是高考中出现这种情况怎么办。我建议同学们千万不要试图忘记和摆脱它们，这正说明，你的大脑正智慧地在潜意识层面分散压力呢。告诉自己，这是一种正常反应，坦然面对就 OK。同学们还可以尝试，在头脑中提前预想储备一个能唤起你美好感觉的画面，或一段能令你平静的旋律，一旦在模拟考试中出现这种情况，就用来替代那些杂念中的旋律或画面，同时配合做几个深呼吸，会有不错的效果。从心理学的角度来说，这是一种替代式的情感调用，不消耗能量。切记，当你试图摆脱画面或旋律时，能量已经有消耗，当你摆脱不了时，就会造成紧张，会消耗更多的能量。

八、生活情景模拟训练

生活情景模拟训练包括对身体全方位的调整和训练。如果用“经济基础决定上层建筑”来做比喻的话，“经济基础”可以用来比喻身体，而上层建筑则可以用来比喻心主控下的精神意志活动。衣食住行等生活细节，以及身体状态的好坏，都会对高考产生不可低估的影响，因此绝不可小视。

这里所讲的生活情景模拟训练，最好能与高考考试时间基本吻合，在重要的模拟考试期间进行。时间以两天为一个完整的周期，程序完全按高考的作息时间走，效果会比较理想。高考的好成绩，一定被那些已做好了一切准备的同学取得。

我们从模拟高考前一天的晚饭开始说起。晚饭不宜吃得过饱，也不宜吃得过于油腻，否则不易入睡。最好按平时的时间进餐，按平时的饮食习惯进食就行。

晚饭后最好能稍事休息，以十几分钟为宜。看会儿电视、听会儿歌或散会儿步都行，听从自己内心的需要吧。

一定要给自己留出看完第二天要考的两科复习大纲的时间，最好边看边动动笔，时间以一个半小时到两个小时为宜。

检查第二天要带的考试用具，如手表、符合高考对笔的颜色和类型要求的笔、透明笔袋，最重要的是“模拟准考证”，还要准备好水杯。

接下来，准备一下高考的服装。在学校不作统一穿校服要求的情况下，最好穿着纯棉等纯天然质地的、薄一点的，并且是宽松舒适一点的衣裤。服装的颜色，也要试着找到适合自己所需要的。因为，颜色也有调节心情的卓越功能。考试前如果你感到心情压抑，穿件红色T恤衫吧，它会立刻改变你的情绪状态，使你愉悦起来。橙色除了具有红色的上述功能外，还能启发同学们的思维。黄色可以刺激神经系统，并能令人思维敏捷、加强逻辑思维。参加理科考试，穿一件黄色T恤衫是个明智的选择。纯洁的白色可以平静心情，能够让同学们从烦躁的情绪中摆脱出来。蓝色可以舒缓脑部神经，能够使肌肉放松，具有明显的镇定作用。自然的绿色能安定情绪，使紧张的精神状态松弛下来。对于考试过于焦虑的同学，不妨选一件天空或海洋的蓝色或是绿色T恤衫。黑色被认为是消极色，给人抑郁之感，是不宜在高考时穿着的颜色。同学们可以根据自己的需要，选择衣服的颜色，带着好心情上考场。

一切准备停当，你可以冲个温热水澡，上床休息了，时间大概是晚上10点半左右。我在这里强调几点。

首先，不管是一模还是二模考试，请同学们尽量要在这个时段休息，因为只有这两次考试，是与高考作息时间完全一致的，机会难得，一定要抓紧适应。

其次，习惯挑灯夜战复习的同学，请你务必在高考前的两三周时间里，开始调节生物钟，每天将睡眠时间提前几分钟，并在距高考一周左右的时间，将睡眠时间固定在晚上10点半左右。

最后，强调的是万一睡不着觉，也不要服用安眠药，因为它只能让你晕倒，第二天考试你会感到头昏昏沉沉，考试没有状态。有一位著名的歌唱演员，当年在高考时因失眠吃了 6 片安眠药，与著名的南京大学失之交臂，教训惨痛。

同学们会有疑问，万一睡不着觉怎么办啊？我可以负责任地讲，18 岁左右的年轻人，一宿不睡，不会影响第二天的考试。所以，睡不着觉就顺其自然不睡，困了自然就会睡。千万不要与失眠抗争，越想办法抗争，就越睡不着。这些说法是否属实，你可以在模拟考试期间尝试。

我还想提出一点看法，喝温热的牛奶加点饼干也好，用热水泡脚也好，听 MP3 音频文件马丁的《催眠的花园》也好，如果是为了提高睡眠质量，它们都会有效，因为我们的目的是借助于它达到良好的睡眠。但如果是用它们对付失眠，则往往不灵验，因为我们把它作为抗争失眠的手段。我们使用这些措施的目的，是决定效果的关键。

现在我们的生活普遍都比较富足，一些有经济实力的家长，考虑在高考期间让孩子有个安静舒适的休息环境，因此预定了考点周边的宾馆。有一点儿提请同学和家长朋友们注意，最好提前一两天入住，有利于考生同学适应环境，以免造成考前失眠的情况发生。

考试当天，建议大家根据自己家与考点距离的远近，选择 6 点或是 6 点半起床。

洗漱方便后，根据个人情况，先喝一杯 300—500 毫升的白开水，目的是补充身体和大脑必须的水分，并保证有充分的时间在进入考场前，排出体外。

再次核查考试用具是否有遗漏。

接下来就是早上最重要的工作：吃早点。之所以这样强调早点，是因为早点是否符合科学用脑的要求，将直接影响考试状态。

建议考生同学吃一点儿腐乳，正如前面所说，因为一是它具有咸味，二是它是经腐化酿造的豆制品。从祖国医学角度讲，咸味入肾，因此能调动藏于肾脏的元气，腐化的、豆类食物也入肾。肾具有生髓的功能，而大脑被称为髓之海。从逻辑上讲，食用腐乳能间接地激发脑力。有日本学者研究表明，日本人常食用的纳豆，具有产生脑内啡肽的功效，而腐乳与纳豆有异曲同工之妙。

主食最好是全麦的面包或者馒头，全麦面中有丰富的维生素 B 族，能够抗疲劳，还能为我们提供碳水化合物，它可是转化成大脑能源的葡萄糖的大功臣。最好不吃不易消化吸收的油炸类食物，如油条、炸面包圈等。

最好喝点牛奶，不喝牛奶的就喝点酸奶，不喝酸奶的喝点豆浆也行，吃个煮鸡蛋。这些优质蛋白的食品，可是大脑中神经递质的提供者，他们将直接影响考生大脑的工作质量和反应速度。

还要吃一点蔬菜或水果，这些富含维生素 C 的食物，可以使通往大脑的神经管道更具有弹性，能够输送更多的营养物质。

吃上几颗蒸过的枣，能够快速提升血糖浓度，提供给大脑更多的能量。

科学合理的早餐对高考的贡献功不可没。

上考场时需不需要家长送，一定要听考生的。同学们在一模二模时不妨试试，找找感觉。

第一场考试结束后，建议同学们迅速撤离考场，以免彼此相互干扰。

稍事休息，多补充点水。

午餐最好以清淡食物为主，荤素搭配，不宜过饱。平常喜欢吃什么就尽量不改变饮食习惯，吃着顺口最好。一味地讲求配餐的科学、营养，结果考生同学没食欲，是最不理想的。

有午休习惯的同学，最好午睡一会儿，时间不宜超过一小时。

认真阅读一下事先准备好的下午考试科目的复习大纲，时间不宜过长。动手“写写画画”，使知识网络更清晰，“手感”更良好，此举的意图就达到了。

接下来基本上是在重复上面提到的事情，在这里就不一一赘述了。

总之，只要你做好充分的准备，认真地进行考试情景训练，高考时你就不会紧张，只会从容、镇定，水到渠成般地考出最好的你。

第四章

担忧过度寻烦恼

Danyou
Guodu Xun
Fannao

所谓担忧，就是一种对未来的担心甚至是恐惧。一般来讲，因担忧而产生的坏心情，其实是把想象出来的坏结局，无限放大后的结果。要想了解担忧对我们每个人的影响，我们还从“担忧”两字说起。

第一节 “担忧”两字中的健康经

请同学们看这个“憂”（忧）字。它的上面是一个“页”字，是一个人的头部的象形，汉字中有不少与头部器官有关的字会有页字旁，比如颈、额字等。中间部分是个“心”字。下面的“折文”是一只从山顶正在往山下走着的脚的象形。

整个字形就足以给我们三个震撼。

一是，如果“忧”的这种负面情绪的程度严重的话，会影响到从“头”到“脚”的整个身体，更会影响到“心”。我们可以想象得出，人在过度忧虑时，会出现眉头紧锁、肢体僵硬、惊恐不安的身体状况。

二是，“忧”字的上中下三部分，分别表示的是“头”、“心”和“脚”。我们能否可以有这样的推论：

- “折文”用来表示“脚”，而“脚”是“动”的象征义。
- 哪里“动”？是“心”在“动”。
- 为什么“心”会“动”？是“心”中所想的不希望将来出现的，令自己担心、恐惧的事情令其“动”。
- “心动”的内容，会以画面的形式呈现在“脑”的屏幕上。

三是，心烦则意乱、忧心忡忡的心境最终影响的是大脑的功能。

简单地说，所谓“心动”，是“心”的固有频率已经被改变，出现了异常的波动。结果，整个人的状态自然会受到影响。

擔

“擔”（担）是个形声字，右旁是声符。左偏旁的提手旁，是双手抓扁担两端的绳索，稳定平衡担子的意象。当然担子的全部重量由肩部承担。所谓“担”，有承担、担负之意，与轻装上阵是两种完全不同的感受。

一般来讲，在考生同学中，普遍存在三种类型的担忧，接下来我们逐一分析。

第二节　担忧过去会影响将来

我遇到过不少的考生，他们挣扎在过去考试失利所留下的心理阴影中，挥之不去，不能自拔。不仅如此他们还担忧阴影会影响到将要面临的高考。这些同学会在心理辅导现场提出这样的问题。

“我在高三的几次模拟考试中，成绩总是忽高忽低水平极不稳定，万一高考是水平最低的那次怎么办啊？”（放大自己“低分数、低水平”的负面感受）

“我不是考试型的学生，尽管平时学得还不错，但凡是重要考试便一考就‘糊’。‘小升初’如此，中考还如此，如果高考也逃不脱‘糊运’该咋办啊？”（定义自己是“考糊型选手”，放大并强化着自己的负面感受）

“我后悔莫及啊，从上高一开始，就没好好地学过英语，真怕英语这块‘短板’拉下高考的总分啊。”（英语是所担忧的痛点，放大了痛的感觉）

如果我说："高考时不会出现这些你们想象出的状况的。"有哪个同学会相信这苍白无力的说教，连我自己都觉得这样说时底气不足。

我能够也应该做的是，理解这些同学的感受。但同时还要用一个形象的比喻，来告诉这些同学，他们自己究竟在做着什么。

我们知道，人在回忆往事时，是以画面的形式将其内容呈现在大脑"屏幕"上的，不然怎么会有"历历在目"一词呢？当你不断地回忆那些以往不爽的经历，就相当于反复"播放"着能唤起负面情绪记忆的"最烂影片"。每"播放"一次就相当于被折磨了一次，自信心被毁灭性地打击了一次。知道了这个道理，还有谁会跟自己这样过意不去呢？

每当你不自觉地想起这些往事的时候，至少要有按"暂停键"的意识，当然最好是按"删除键"。

当然，最具建设性的做法，并不是刻意地不想，而是常"播放"那些能唤起你美好记忆的"经典大片"，积极正面的情绪记忆就会逐渐替代掉它们。

因为，人在同一时刻，只能做一件事情，只可能有一种情绪感受。

如果你储存的"大片"真的不多的话，我可以向你推荐下面这组图片。相信你会从中感受到一些以前你没有意识到的哲理。

一、感悟"大宇宙"

这是匈牙利画家创作的一幅很有哲理的组图。同学们会在每一个"下一张"的画面中，发现"意外"或"惊喜"。在看图片的整个过程中，除了能够试试自己的推理、判断能力之外，更重要的是我们自己能够从中感悟到什么，收获了什么。

现在开始。

猜猜看，这是什么？

同学们会给出五花八门的答案：太阳，鸭掌，鸡冠……

原来，是鸡冠啊。你发现了吗，这张图片与前一张相比，“似乎”离你远了些。

我们经常会不由自主地把令自己“不顺心、不爽”的事情无限地“放大”，以至于大到“遮住”自己全部视线的程度。此刻，我们多少能从中受到些启发，原来“冷静地退后几步”看问题，能使自己理性地看清事情的真实全貌。

美丽的公鸡站在哪儿呢？室内还是室外？画面为我们提供的参照不足以说明问题。

也就是说，我们看问题不应孤立地去看问题本身，而要根据环境因素进行综合分析。

这会儿可以判断了，是在室外。画面中出现的门和窗户，为我们提供了有效的参照物。

拓展思考一下，出现在我们身边的人、事、物，其实都是“参照物”。

大公鸡，已经从我们的视线中消失了，而牲畜、家禽、房屋……所有刚刚映入我们眼帘的东西，马上成了我们新的关注点。

我们可以得到一点儿启发，关注更新的、更好的事物，可以帮助我们将自己注意力从烦恼的情绪中转移开来。

画面带着我们，跟随“高位摄像机”俯拍到富裕的农庄的全貌。此时，会有人梦想有一天自己也能拥有这样的庄园。

当画面中出现了“木框和手”的时候，我们才恍然大悟，原来这不过是一个玩具沙盘。

也许你在感慨，眼见也不一定为实啊。

这之前那么多“真实的场景”，此刻都被无情地浓缩在一张平面图上。看完了 N 张图片后，我们似乎有了一些感悟。

根据画面右上角的“手指”的大小，你能初步判断，这是一张“纸质广告”或是“杂志封面”。

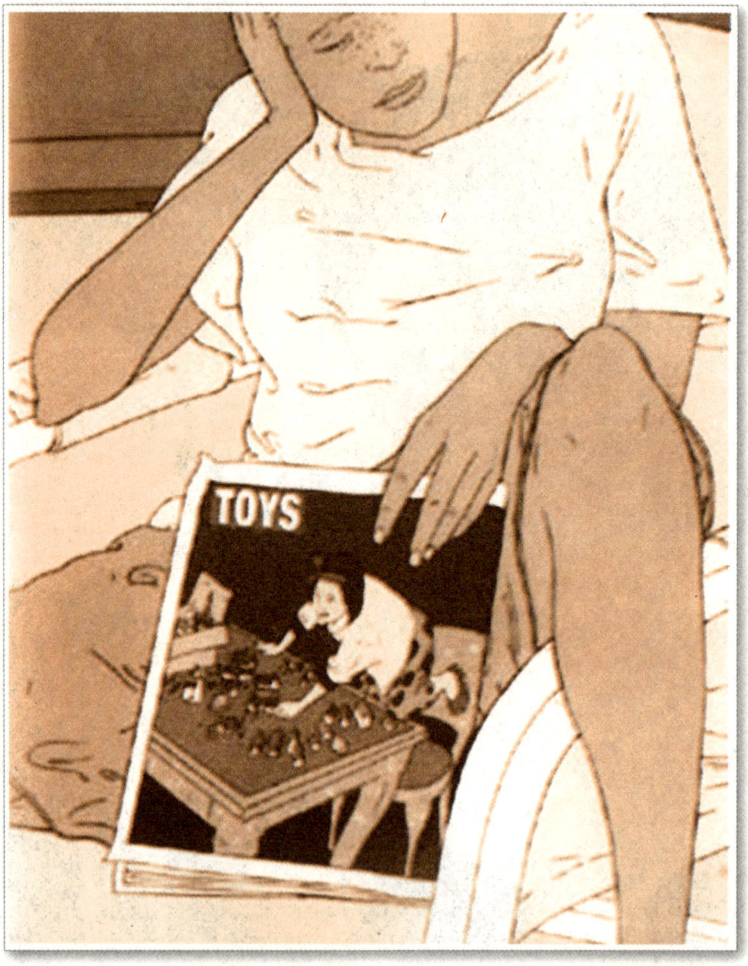

目测确认是“杂志封面”。

那么，手拿杂志的帅哥，坐在哪里小憩呢？

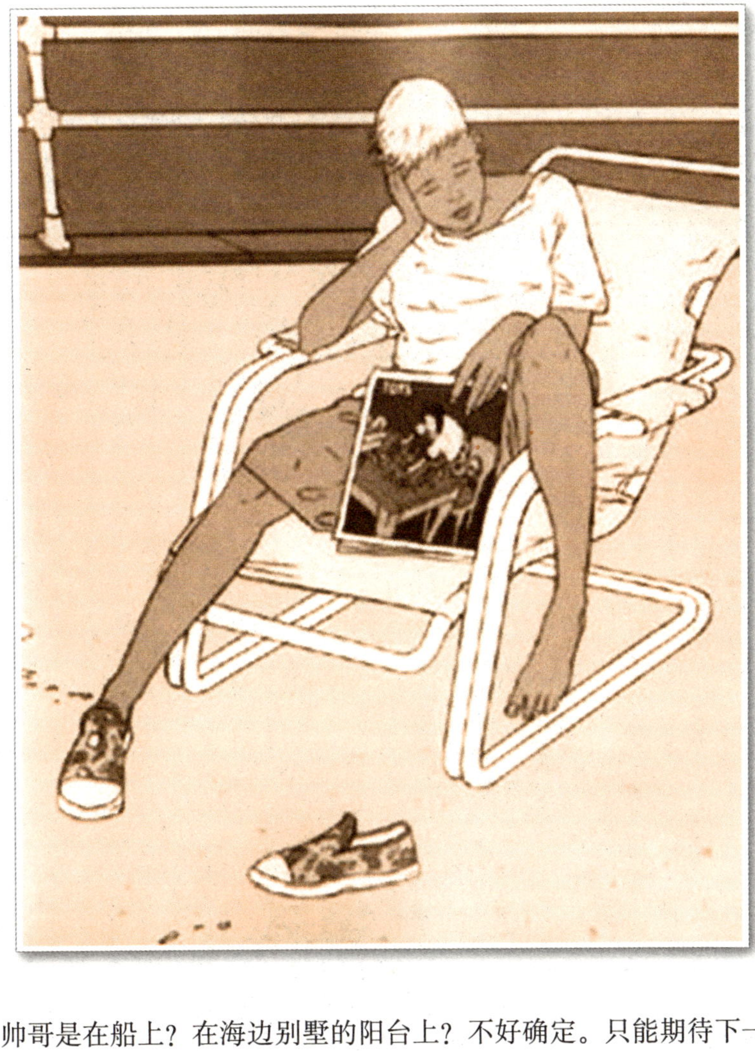

帅哥是在船上？在海边别墅的阳台上？不好确定。只能期待下一张画面提供更多的信息了。

生活中也有类似的事情，草率而过早地下结论，往往会影响判断事物的准确率。

原来，帅哥是在船的甲板上！但不知你注意到没有，小美女已经变得看不清了。如果不加提醒的话，也许你已经将她遗忘了。

随着时间的推移，有些东西是可以淡出我们的视线的，有些令人不爽的记忆也是可以淡忘的，只要不去刻意记起。

我们看到了豪华游轮的一个局部，但帅哥已不再是“被关注的焦点”了。

当我们发现了更加新奇有趣的东西时，它会牢牢地吸引我们的眼球，以至于可以忽略以前曾经十分关注的东西。

英文图标又一次出现在画面上。根据经验我们有理由推测，这是一幅大型的广告画。

不难判断这是一幅大巴车的车体广告。尽管已经看到了游轮的全貌，但此时我们的视线已经转移到了各种汽车上。

“街景”出现在我们的眼前，关注的焦点再一次被转移。

我们几乎忘记了“公鸡”、“小美女”、“帅哥”曾经的存在。我们再一次受到启发：不要试图摆脱掉那些烦恼、郁闷，只要把自己的注意力转移到其他自己感兴趣的事情上，这些都会自然而然地被“蒸发掉”。

“边框”和某个“不好猜测的东西”又带我们进入了下一轮的猜测与想象。它们会是什么呢?

是什么还重要吗?感受才是最重要的啊!

“街景”已经尽收于“电视画面”中。

我们的眼睛就相当于一架“摄像机”，从“拍摄”的内容，到用什么设备播放，都受控于我们自己。

在邮票的方寸之间，既有我们“熟悉的人和电视机”，也有新出现的自然景观。

“邮票”画面包容了“过去与现在”我们所能够“看到”的一切，看来“图片格式的文件”的信息存储量也同样相当可观。

“静态的邮票”将我们带到了一个新鲜的、我们不熟悉的“生活场景”中，海岛以及黑人的部落……

“来到”这个与自己的生活环境反差很大的地方，会感到神秘与好奇。其实在生活中不经意间接触到的一个好的理念、好的建议，真的会为我们的心敞开一扇窗……

兴高采烈、异常兴奋的村民，以及只留下背影的邮递员，这个画面的组合令人回味。

邮递员登上了一条简陋的小船，送信途中艰辛的程度可想而知，但他的内心一定是快乐的，肃然起敬的心情油然升起。

难道刚才的一幕幕场景是这位飞行员拍摄下来的吗？

不对啊，飞行员明明是在专注地驾驶飞机呢。

证据不足地鲁莽判断，有时会使自己误入认识上的“盲区”。可喜的是我们已经开始学会“质疑自己”了，真是件大好事啊。

我们看到了飞机，看到了蓝天、大海、岛屿……

现在我们仿佛可以用一种纯自然的、能跨越时空的“眼光”俯视生活中的事情了。

画面中出现了“白云”，就仿佛我们所在的相对高度更高了，看问题的视角更宽阔了。

我们已经能俯视地球的局部了！

我们看到的几乎是地球的全貌了！

我们居然能够看到，航天英雄杨利伟在航天飞机上才能看到的地球！

我们还能看到，连杨利伟在航天飞机上都看不清楚的地球！

怎么样，与地球相比，人真够渺小的吧，那么我们曾经或正在经历的任何不顺心的事，就更应该忽略不计了！

看完所有的画面，从观看一个“鸡冠”开始到最后“遥看地球”，我们已经跟随“摄像机的镜头”走完了10的N次方公里的遥远路程。都说“心有多大，舞台就有多大”，我们还要加上一句，“眼界有多大，心胸才能有多大！”

“大与小”永远是相对的，千万不要将“问题”无限地放大，这样的话它会遮住自己全部的视线。世上有太多的事情值得我们关注，有太多美好的东西等待我们观赏，完全没有必要让担忧占据我们大脑的“有限的信息处理空间”。

亲爱的同学，这些理念你认同吗？！

二、“存在”两字有玄机

首先我们看到，“存在”这两个字有相同的半包围结构“才”字，它是字的声符部分。

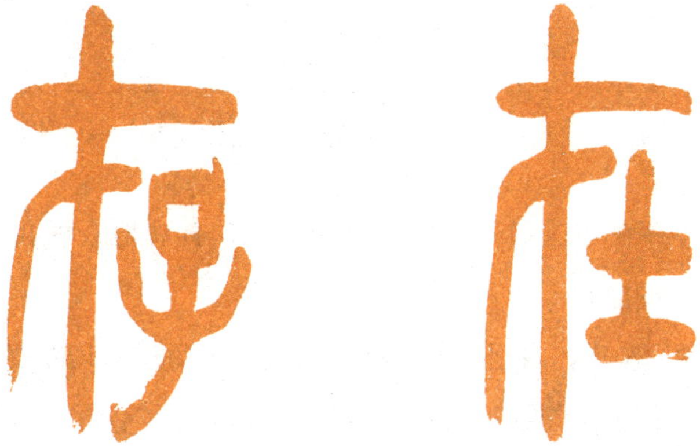

再来看，两个字所不同的被包围部分分别代表了什么意思。“存”字中的“子”字，指的是“子时”，也就是午夜 23:00 到次日 1:00 这个时间段，在这个字中表示的是时间的意思。“在”字中的“土”字，呈现在我们面前的，是一幅小苗“才”刚刚出“土”的画面，在这个字中表示的是“地点”的意思。

如果单是从语法的角度分析，“存在”就是个同义复合词而已。但从直观的角度看，似乎就能够发现，“存在”两字中的玄机和道理。

我们来看下面这张图。如果我们用 X 轴表示时间，用 Y 轴表示空间的话，那么所谓“存在”就是某一特定的“时间与空间”的“交汇点”。也就是在某一个特定的时间和地点，发生的某一特定的事件。

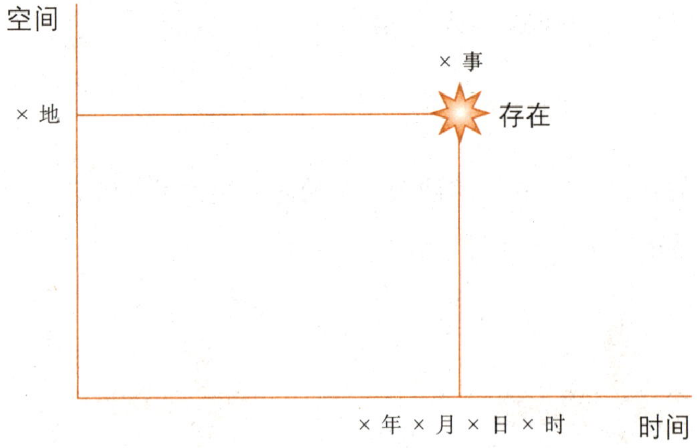

可以说“存在”这两个汉字，已经形象、直观地告诉我们，它是个“过去完成时”的概念。

对于同学们来讲，自己在某个成长阶段曾经历过的某件事，比如某个考试考砸了，受到了重挫的一件事，都仅仅是一种“存在”而已。这件事的发生受到自己当时年龄、心理成熟度的局限，同时也受到周围环境的影响，但毕竟时过境迁，以后想复制都难啊。因此，无论是给自己下负面结论，比如“我不是考试型的选手”，或是推测未来高考会“重现中考失利的惨状”，至少在“时间维度上”不会再现已经过去的那个时间点。

这件事之所以在此“时”此“地”发生，绝非偶然，一定有它的意义，也许这就是“存在即是合理”的意思吧。

我发现，不少考生同学的心理问题，是把存在的“事”，当成是自己的问题了，结果，真正的问题便会产生了。

比如，有的同学会说："一模考砸了，我现在很自卑。"其实，"一模考砸了"只是已经"存在"的"事"而已，但如果你把"一模考砸了"当成是自己的问题了，真正的问题"自卑"自然就会产生，而"自卑"才是影响高考的主要问题。

明智的做法是全盘接受。接受"一模考砸了"这件事，甚至接受由此产生的"自卑感"。因为它们都是存在的，所以是合理的。你会发现"自卑感"立刻会消失的。

当然，如果你能认真地对"考砸了"这件事进行归因分析，汲取了教训，"存在即是合理"就有了更加积极的意义。

"存在即是合理"一说，可以帮助考生走出心理困扰的阴影，消除"过去完成时之事"会影响到"将来时"高考的这些担忧。

三、接受"存在"面对未来

下面这个案例中的主人公，面对的是已经"存在"的不如意的高考结果，但她选择的是勇敢地面对。

姗姗是2005年北京一所重点中学重点班的学生。

姗姗非常幸运，在小学就遇到了一位非常优秀的数学启蒙老师，让她喜欢上了数学，对数学也非常有感觉。虽没上过任何课外数学辅导班或是奥数班，但从小学到初中，无论是她的数学成绩还是她的解题能力都属佼佼者。在高中，教她的数学老师是一位当时只有初级职称、但在学校老师中有着"一天不学习就追不上李老师"这样赞誉和口碑的学习型和研究型的老师。在这样的老师的影响之下，姗姗对数学的喜爱几近痴迷的程度。上高一时，凡是李老师开的选修课她必参加。上高二时，她花了近两周的时间，推导出了正十二面体的体积公式，这并不是老师的要求，而完全是为了"好玩"。上了高三，她的最大乐趣是跟李老师"飚题"。

就是这样一位“数学小强”，却没能在当年的高考中考上北京大学数学系。但还算幸运，第二志愿落到了北京理工大学数学系。在一般人看来，能在这样的985工程的重点大学就读已经不错了。但姗姗却认为学校虽好，可自己所在的数学系并不是学校的优势学科。于是，她决定出国留学，选择了曾出过伟大数学家高斯的德国。

姗姗的这个决定，与她的初中英语老师有关。这位老师的女儿在德国留学，老师为了开阔学生们的眼界，经常会讲一些德国见闻、趣事，以及德国大学的情况。从那时起，姗姗开始关注德国的大学。

她清楚地了解德国大学的入学标准：第一个是，要求中国学生，若在985工程或211工程重点大学就读的学生，在校学习一个学期，并且成绩优秀；而在非重点大学就读的学生，在校学习三个学期。第二个是，入学的德语考试要通过或是德福考试，或是德国大学入学考试DSA。第三个是，录取时，要参考中国高考的成绩。

经过了10个月的顽强拼搏，姗姗很快就过了德语关。她的德福考试成绩是两个5分和两个4分；92.5分的DSA考试成绩更是好得惊人，这个成绩已经超出了可以学日耳曼语的成绩十几分。

2007年4月姗姗被慕尼黑大学数学院录取。鉴于姗姗在本科和硕士期间的全优成绩和出众的研究能力，如今她已经获准留在该校攻读博士学位。

姗姗的这段求学经历，或许对我们的考生同学有些启发。

一、如果高考发挥失常，成绩不尽如人意，落到了下一个，或是下几个志愿学校，只要你不放弃，只要你能够尽早地规划自己的未来，就有可能走好下一步，走好整个人生。当年姗姗选择了留学，其他同学有可能选择的是，或将来考研、或在就业实践中提升自己的才干，等等。

二、高考失利，对于考生本人来讲是一件很不愉快的事。但这未必一定就是坏事。我们可以这样推断，如果当年姗姗考上了北京大学，她也不会下决心于本科期间就去留学，不会就读于名次更好的慕尼黑大学。当年的世界大学排名，北京大学排在第274位，而慕尼黑大学的排名则是第51位。

三、今天想来，姗姗的高考失利，是好事还是坏事呢？它只是一件已经“存在”的事而已。不去定义事情的好与坏，而是把它当做一件事来面对，来解决，这才是真正的解决之道。

第三节　担忧将要发生的事

所谓“将要发生的事”，一定属于“将来时”的概念。我们只能凭想象来预设未来的景象。

说到了想象，我们不妨先从“想”这个汉字本身谈起。

“想”字中的“心字底”，说明“想”发自于内心。

再来看上半部分的“相”字。

请问你会用“相”字，组成一个什么词呢？

可能你会脱口而出“相片”。

如果我继续追问：“相片是什么？”

也许你会说："相片不就是瞬间拍摄下来的，一个个被定格的影像吗？"

你从这段对话中发现了什么吗？难道我们的祖先早在几千年前，造这个"想"字的时候，就已经知晓了心中所想的内容，是以图像画面的形式，在"大脑屏幕上"呈现出来的。也就是说，我们是用图像画面"想"，而不是用逻辑清晰的语言来叙述"想"的过程。这就是我们中国人独特的"相思维"模式。

说道"想"，我们会想到一个成语"浮想联翩"。在我们想某个人或是某件事情，哪怕是想某一个"词"的时候，会有很多场景或"画面"浮现在自己的脑海中。我们都是按照自己特有的思维习惯和轨迹，在自由联想。

现在我请同学们来参与一个游戏，亲身体验一下"想"的过程是怎样的。

游戏规则是这样的：

先请你闭上眼睛，然后按我的要求去做："在 20 秒钟之内，不许想猴子。"

在心理辅导活动的现场，经常是我的话音刚落，便会有同学笑出了声。如果我再故弄玄虚地问"有哪位同学没想猴子？请举手"时，不但没有同学举手，还会有同学回应：

"您都说'猴子'了，我们能不想吗？肯定谁都会想的。"

"我一听到'猴子'，大脑里立刻就浮现出猴子活泼可爱的样儿了。"

"我立马想到了去峨眉山时看到的猴子。"

"奇怪啊，为什么大家都会想呢？"

在这个游戏中，正是我的语言引发了你的"想"，而你也的确是以画面的形式在"想"的。同时，这个游戏还印证了，著名的记忆大师东尼·博赞先生所说的"大脑的语言是联想和想象"。

接下来，我们来看看，自己想象出来的画面，对我们的行为有什么影响。

比如，当一个高尔夫球手，击球前一再告诉自己“不要把球打进水里”，而结果往往事与愿违，球大多都会掉进水里。

再比如，凡是初学骑自行车的人，都会有这样的经历，如果你发现地上有一块砖头或石块之类的障碍物，越是想“千万别撞上它”，就越会冲着它撞过去。

这两个例子印证了美国哈佛大学的一项研究：人的大脑里的某一图像，会像实际情况一样刺激人的神经系统。换句话说，只要我们预想了一种结果，大脑便会呈现出相应的图像，而正是这一图像，引导着我们的行为，最终兑现了预想的结果。

就如上面提到的两个例子，正是“千万不要让‘高尔夫球掉进水里’、‘自行车撞上石头’”的心中所想，形成的图像“吸引着”肢体行为去完成图像中的画面。

这两个例子更能印证，我们中国早在几千年前就有的极富哲理的一个成语“心想事成”。在某种意义上说，任何人都是预测自己未来的伟大预言家。但有一点，无论我们所预想的内容，是希望出现的事情还是不希望的，是自己想要的结果或是不想要的，事情的发生都与图像一致。

这就是想象的奇妙力量。其实，生活中所发生的哪件事情不是由自己头脑中所想象、所描绘的图像吸引来的呢。

想象到底能成为一种破坏性的力量，还是建设性的力量，取决于我们自己如何去“想”。而说到“想”，就不得不提到神奇的吸引力法则。

一、吸引力法则

不知你是否有过类似的经历，当你想一个词，比如想“蓝色”一词的时候，顿时蓝色的物品会神奇地从四面八方映入眼帘，或者使你立即联想到与蓝色相关的画面，就好像它们是被你“吸引”过来似的。但当你不想“蓝色”这个词的时候，或许你会对蓝色的物品视而不见。这是为什么呢?

现代量子力学研究表明，世界上的万事万物，无论是看得见摸得着的有形物体，比如课桌或是电脑，还是看不见摸不着的无形的思想、情绪等精神层面的东西，都存在形式不同的能量，而能量具有振动频率。科学家所测量到的脑波，证实了思想是一种能量，是有频率的。

当你用心想的时候，人体这架“发射和接收装置”就会将某种频率发送到宇宙中，然后吸引所有相同的频率与之共振，就如同物理学中的音叉共振试验。这就是澳大利亚女学者朗达·拜恩在她的著作《秘密》以及同名电影中，向我们介绍的“吸引力法则”，即“同类相吸、同频共振”。

有一点需要引起我们注意，吸引力法则只会回应和显现我们所想的，对“要”与“不要”并无偏向。比如说：

“我不希望高考发挥失常”与“我高考时会发挥失常”一样。

“高考时我可千万不能紧张”与“高考时我会紧张”一样。

“我不想不自信”与“我不自信”一样。

看到这里，同学们会恍然大悟，以前之所以我们无法拥有自己想要的，理由只有一个，就是对“不想要的”，想得比“想要的”多得多。

不断地想那些你“不想要”的，或不希望出现的事情，是一个比瘟疫更严重的流行病。学习了吸引力法则，就等于我们正在接受免于感染这种流行病的知识!

你现在想的是什么呢？如果你经常预设、假想诸如：

- “考不上自己理想的目标大学，会落到第二志愿的大学。”
- “高考时水平发挥失常，会复读。”

- “考砸了多丢面子啊，还怎么见人。”
- “高考会不会是自己最糟糕的一次考试。”
- “不由自主地事事往坏处想，高考更是如此。”

想象这些你不希望出现的高考结果，你就吸引并增加了负面的能量。

看看我们生存的世界吧，“反战”运动制造了更多的战争。越是“反毒品”，却反而制造了更多的毒品。所有这些“反对”的“排斥力”，实际上变成了“推动力”。

汽车大王亨利·福特，曾经说过一句话：“你相信你能，或是你不能，你都是对的。”如果你相信自己一定能够“赢高考”，你就一定能赢。如果你预测自己“高考一定不会赢”，你也能赢得预测的成功。“心想事成”的关键是心想什么。千万记住，只想你所要的高考结果。

二、一生有“三天”当下最重要

概括起来说，人的一生可以用“昨天、今天、明天”这三天来概括。

昨天已经成为过去，那就让它过去吧。如果用过去的不愉快，干扰今天的心情，实属不明智。最好的康复剂就是时间。但是我们可以使康复剂的疗效加强，那就是不放大问题，尽早淡忘它。不管过去发生了什么，昨天的旧船票已经无法登上今天的客船。

明天永远是未知的，充满了很多不确定性，不要说明天了，就连下一刻将要发生什么，也很难预料。

过好今天，把握当下，我们能够掌控的只有此时此刻，不要把当下“借给”明天，做好此刻该做的事，比全神贯注明天更有意义。今天的你有更积极的心态，有更加优化的大脑，有更加成熟的知识结构，你已今非昔比。明天的你是由今天你的心态和思维方式所创造的。

第四节　担忧别人怎样看自己

- “要是明天的一模考试考砸了，我将怎样面对同学的眼神啊？”
- “在年级的排名这么惨，我简直是无地自容，不想见到任何同学。有时，当我走进宿舍时，遇到大家停止谈笑，我都会怀疑，在这之前我就是大家谈论的人物。”
- “如果高考失利，别人会怎样嘲笑我啊？多丢人啊。”
- “我特别害怕考砸了，说白了是害怕别的同学会在背地里对我指指点点，说三道四。这个阴影总是挥之不去，这种莫名的担忧甚至超过了怕模拟考试本身。”

这些话是不少考生向我倾诉的所担忧的内容。概括起来就是担心“万一考不好，别人会怎样看我”。

每当遇到这个问题时，除了倾听，我总爱将下面这段话送给同学，不少同学听了之后就释然了，我屡试不爽。

有一位智慧的长者，在总结自己的一生时感慨道：“我记得，当我20岁时，十分在乎别人怎么看我。但到了不惑之年40岁时，心智已经慢慢地成熟了，因此，也就不介意别人怎么看我了。而当我到了耳顺之年60岁时，总结自己的一生，我悟出一个几乎困惑了我多半生的极其简单的道理，‘其实别人从来就没看我’。”

有很多同学们事后说：“乍一听此番教诲，恰似被人猛击了一掌，顿时醒悟了。原来怕‘别人怎么看我’，其实是自己用‘想象出的情景’在苦恼着自己啊！”

另外，我们还可以从认识人性的角度来看，“别人看我”的可能性有多大。请同学们回答一个问题，“当你拿到毕业照时，第一眼你会先看谁？”每个同学都会不假思索地回答：“当然是自己了！”你会看看自己够不够帅，眼睛睁得够不够大，笑得够不够灿烂……反正你肯定不会第一眼看校长、班主任、班长在哪里。不是他们不重要，而是你认为自己最重要。这就是人性，人人如此，没有例外！

从“别人怎样看自己”的想象中“解脱出来”实属上策！

当然，如果真的有人带着轻蔑的眼光看你的时候，你可以感觉到被羞辱、不自在，你也可以感觉不屑，小事一桩。越是怕被别人轻蔑，反而好像越容易见到瞧不起、鄙视自己的目光。因为凡是我们聚焦之处，它的能量就会增长。从另一个角度讲，因为我们自己很抗拒、排斥这种事情，所以自己身上会带有怕人瞧不起的能量，反而会招来更多这类事情。

亲爱的同学，当你了解了这些“担忧的内幕”之后，相信你会出于“爱自己”的考虑，自觉放下“担忧”，尽量少寻烦恼。

第五章

压力适度不可怕

Yali Shidu Bu Kepa

对高考而言，考生一点儿压力都没有不行，过了也未必好，压力只要适度并不可怕。

第一节　对待压力的态度

压力就是一种个人的主观感受，是将未知的东西人为地放大后的担心。相同的事件对不同人来讲，感受是不同的。比如，同等的课业量对不同的同学来讲，有人会感到完成得十分吃力，会有压力感。但对另一个人来讲会轻而易举地完成，也许还会给自己加码呢。对压力的主观感受，又与人的能力水平有关。

压力是一种拿得起放不下的感觉。有人做过这样的比喻：拿得起，举得起，放得下，叫举重；拿得起，举不起，放不下，叫负重。举重是能力，负重是压力。

一、"平"字与压力

"平"字让我们联想到它像一架天平。长横的两侧像托盘，两个点画恰似"被称物"和"砝码"，"指针"当然就是中间的一竖了。

若要保持"指针"始终处在中正的"零点"位置，就要保持这一动态的平衡状态。

我们来做个类比，如果天平的左右两边分别是压力与承受力的话，要想取得它们之间的动态平衡，可以有两种对策：一是承受力能够随着压力的增加而安全递增，正所谓"魔高一尺，道高一丈"，这是再理想不过的了。二是承受力已经到了极限，而压力过大，这种情况下只能减压，不能让最后一根稻草压倒了骆驼。

无需对抗压力，只要能够与之相平衡，就等于将其化解为零了。

二、太极推手的启示

我们来看“压力”两字。

“壓”（压）字本身就给人一种沉重感，小小的土堆已被“压”字的“重力”压得“呼吸都困难”了。“力”字原是犁地的工具，我们能够从字形中观感到它的功用。

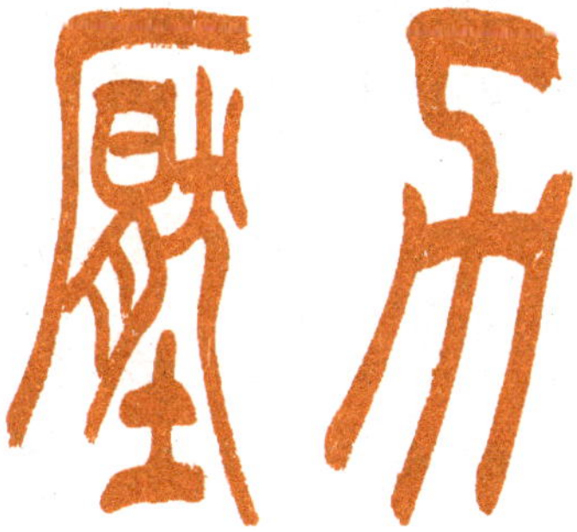

其实，在物理学上，“力”有三个要素：大小、方向和作用点。绝大多数人只看到了压力的大小，而忽略了后两点。太极之道则对于后两点做了淋漓尽致的发挥。做曲线运动就可以避开力的正方向，使大力化小，小力化为无。

举个生活中的例子，钢盔之所以做成圆形，是为了使射来的子弹，只要稍偏离圆心就会滑过去，小概率地被射中。

在太极拳中，推手是一项基本技能训练。推手时，要求“我”在攻击对手时，不是用直线方向的力，实际上力在周身的传导轨迹始终是曲线，是用合力击打对手。这种力，具有四两拨千斤的功效，可谓“以柔克刚”。

而当对手攻击“我”时，“我”的对策是松胯向下微蹲，并侧转身，用以改变对方攻击力的方向，此时若对方功力不够，有可能会沿着自己发力的方向摔出去。

同学们可以借鉴太极推手的原理，用自己的智慧改变压力的方向，并非直接与之发生对抗、冲突，而是软处理，“松胯”降低重心（夯实基础），或靠柔韧自如的“侧转身”（改变思维定势不钻牛角尖）。若能顺着压力的来势加以引导，使之向着自己期望的方向转化则更妙，就能用以柔克刚的柔曲之功，赢取高考。

三、保持适度的压力水平

从生理上讲，人在紧张的时候，血压会上升，心跳加快，呼吸加深，血液中的携氧量增加，大脑的兴奋性增强，这利于开发大脑的潜能和智能的发挥。

但是，当紧张过度时，机体的能量消耗就会超过一定的度，此时，大脑的功能就会转为衰退，效率就会下降。身体的自然保护机制是“战斗或逃跑”。但长期处于这种紧张状态的话，身体和心理的能量消耗会很大。

因此，最佳的状态就是保持适度的紧张。

压力与学习成绩的关系

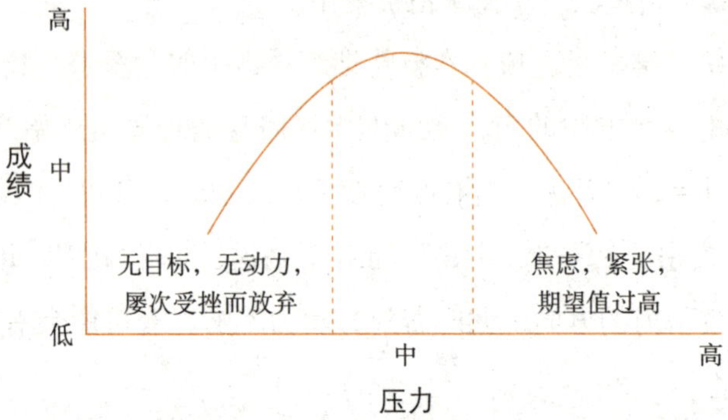

在上图中我们可以看到，压力与成绩之间的关系呈倒 U 形的曲线。

做个比喻，超车时需要加大马力，我们会紧踩油门，压力刺激所产生的肾上腺素，就相当于汽油。此时，压力是一种动力。在压力较低的区域范围内，成绩会随着压力的增加而提高，正所谓“人无压力轻飘飘”。

“过犹不及”，适度才能使我们不偏离，适度才能达到预期的目标。

第二节　合理释放压力

我们都知道，如果高压锅里的压力过大，超过了高压锅本身所能承受的极限，这时安全阀自然会自动放掉过大的压力，但此时如果安全阀失效的话，我们可以想象得到锅爆炸的可怕后果。

合理宣泄过大的压力，就如同启用了安全阀的功能，是一种既保护自己，又不会伤及他人的值得提倡的方式。

合理发泄并不等于可以放纵、任性、胡闹，如果不分时间、场合、地点随意发泄，不仅不能调控好自己，还会造成不良的后果。

我们再一次看看“平”字。

在书写字中的两个点画时，笔画的走向是起笔于中间，止笔于左右两边。我们可以形象地理解“平”字，只有当人的“郁闷之气”“向左走向右走”，离开自己的时候，气调顺了之后，心才能平和。

有一些安全的宣泄方式可以推荐给考生们。

一、写出来

“寫”（写）字很有意思，给我们提供了发挥想象力的空间。“宝盖头”示意我们在自己的房子里写是很私密、很安全的。中间的“白”字，本意就是一个容器。但这个字上面开口的形状，会让我们产生一种“开放”的感觉，并且联想到它是一个“宣泄口”。我们可以将字底部分的“四点底”比喻成压抑在胸中的“怒火”或是“焦躁”的情绪。一番组合联想之后，我们有了行动的策略——“写”。

你可以随心所欲地用“最恶毒”的词语，咒骂惹你生气的任何人，抨击令你不爽的任何事。你的“气”已经出去了，“当事人”自然不会受到你的“语言暴力”的伤害了。无疑这是一种最安全的，值得推荐的出气方式。当然，前提是不要让任何人看到你所写的内容。

二、说出来

“説”（说）字的“言字旁”所指的是“说的内容”。人在说话时要组织语言，实际上在“说”的过程中，思路有可能被梳理得更清晰了，这本身就是一个调整自己情绪的过程。我们再来看右偏旁的“兑”字，它的下半部分的“兄”字，是一个人张开口的象形，表示正在“说”。有意思的是繁体字与简化字写法的最大不同点是，字头两笔的走向还是“向左走向右走”，会产生“出”的意象，给人一种气顺畅的感受。这样的描述能否让你印象深刻呢——“说出去了就会很爽”。

同学们可以用倾诉的方式，将压抑自己良久的不爽感受，一吐为快。找个值得你信任的“好听众”是成功宣泄的关键，毕竟我们仅仅是说说而已。

一般来讲，跟同学说应该是首选。因为大家生活、学习的环境基本相同，相互之间比较了解，彼此有可能会产生共鸣。

“我也特别地不爽过，彼此彼此嘛。”

“我也遇到过这样的麻烦、苦恼。没事，一切都会过去的。”

你会感慨：“我们都是带着各自的烦恼，平行地生活着啊！原来如此。”“看来，我还真的不是世界上唯一的‘倒霉蛋’啊！”

从效果上说，在你宣泄的同时，也营造了一个在帮助同学宣泄的机会。

当然，找同学倾诉时，也要慎重甄选。这位听众一定不是那种过于悲观、负面情绪很严重的同学。否则就相当于你在接受一个“更加不好的频率”，叠加共振的结果可想而知。

其次是找老师说。请相信，你身边的老师就是真正的高考专家，他们比社会上的心理医生更了解考生的实际需要。毕竟，一线老师接触的学生多，积累的经验丰富，历届学生在高考的特定时间段里所出现的问题，往往具有共性。困扰你良久的问题，也许已经困扰过不知多少往届的考生了。有时老师的一句话，就会使你茅塞顿开，问题很快会迎刃而解的。

当然，跟父母诉说是最能放得开的。你可以毫无顾忌地说，还可以肆无忌惮地哭，痛快之极。但前提是，父母最好是理性的、不爱唠叨的家长。听你说话的时间一定要比说教你的时间长。否则，你就不是在倾诉，而是在受教育了。

三、喊出来

在没人的地方大声喊叫，不失为一种极有效的释放与宣泄的方式。但一定要以不影响别人为前提。

高考前夕，如果能在山上、海边或是林中尽情地喊出来，会爽得不得了的，你会顿感身上的包袱一下就卸下来了，再也不属于你了！

我们可以人为地创设一种彼此互不干扰的、集体喊叫宣泄的环境。比如，在邻近高考时，全体高三同学可以聚集在学校的礼堂或是食堂里，将音响的音量放大到极限，播放一些节奏感强的音乐。在这种特定的环境中，同学们可以互不干扰、毫无顾虑地尽情宣泄。

四、唱出来

唱歌不仅能够解愁缓压，更能够使人精神振奋。可以说，和着歌曲的旋律和节奏高声唱时，会达到调整自己身心节奏，并与之和谐共振的效果。消极负面情绪所产生的频率，自然会随之削弱。可以说唱歌是一种更为积极、有效的缓解压力的好方式。

建议同学们，不妨以班集体为单位，全班同学共同参与“晨唱”班歌的活动。置身在这样的能量场中，相信每一位同学的正面心理能量，都会得到大幅度的提升。

五、哭出来

哭是人类的一种本能，是人的情绪被极度压抑后的直接外在流露，再自然不过了。美国生物学家费雷博士认为：人在悲伤时不哭，是有害人体健康的。因此，从医学角度讲，短时间内的痛哭，是释放压力的最好方法。

人在有能力承受压力时，流出的眼泪是咸的，而在压力过大时，流出的眼泪是涩的。这正说明，此时泪水已将压力激素带出了体外。

有过哭的经历的女同学都有体验，痛哭之后心里别提有多么的痛快了，其中的道理就在于此。

男同学从小就接受这样的训导，“男儿有泪不轻弹”。但一定请你注意，是“不轻弹”，而不是“不许弹”。偶尔为之，不能定义为不坚强！

六、踩气球法

在高考的前夕，为了有效地释放掉不该带入高考考场的压力，我组织同学们以班级为单位，将最令自己担心、最不易释放掉的压力想法，写在小纸条上，塞进气球里。全班同学痛快淋漓地将集中在一起的气球一个个地踩爆，让每位同学都想象着：压力也好，担心也罢，已经随着气球的爆裂，永远地离我远去了，永远不属于我了。

七、告别烦恼法

我在河南的一所重点高中刚做完考前心理辅导讲座，校长便非常信任地将 20 名未来考清华大学、北京大学的“种子选手”，交给我单独组织活动辅导，力争让这些同学在高考中轻装上阵，发挥出最好的水平。我当时采用了类似的辅导方法。我请同学们一一将自己的烦恼写出来，并且说出来，有的同学称压力是源于家庭对自己的过高期待，有的则称压力是来自于同学的异样眼光，等等。最后，我请其中的一个学生干部，将所有同学写有“压力源”的纸条，放进一个小纸盒里，并且全体同学对纸盒子行三鞠躬的大礼，郑重地与它告别。最后同学们将纸盒埋在了校园的一个角落里。我试图通过这样的活动，让同学们想象着自己已经与压力彻底地告别了，从而获得了如释重负的放松感。后来，校长告诉我，活动非常成功，20 名同学中，有 13 名同学上了清华大学和北京大学的分数线。

天使为什么会飞呢？不是因为天使有翅膀，而是因为天使没有包袱。亲爱的同学们，放下包袱，你就是天使。释放了阻碍你高考成功的过多的压力，就能轻装上阵，直达你的目标大学。

第六章

勤动脑体不动心

Qindong Naoti Bu Dongxin

我国的传统文化，早在几千年前就告诉我们，要“勤动脑体不动心”。

第一节 “心”文化说

“心”为什么不能动呢？我们要从祖国传统文化对“心”的认识说起。在我国经典的医学著作《黄帝内经》中，有一段对“心”进行定位的文字：“心者，君主之官，神明出焉。”

一、五官揭秘五脏

祖国医学认为，身体内部的五个重要脏腑，心、肝、脾、肺、肾与身体外部看得见、摸得着的五官有着一一对应的关系。有所谓“肝开窍于目，肾开窍于耳，肺开窍于鼻，脾开窍于口，心开窍于舌”之说。聪明的祖先正是用由表及里的哲学思想，来发现和认识身体内部的健康问题的。

我们观察一下人的面部，会发现眼睛、耳朵、鼻孔都分左右两个孔窍，而口是由上下两唇构成，只有舌是“实体”，是“唯一”。

五官的这些特性，既让我们看到了自然的一面，也帮助我们从更深的层面，感悟到了“心”的权威性。

联想一下社会，无论是一个国家，还是一个团队，不都是由“领袖”一人掌舵的吗？！我们似乎对“心者君主之官”这句话，有了一些感性的认识。

二、“肉月旁”的说道

我们再来透过汉字，了解祖先对于“心”的定位。

不知同学们注意过没有，肝、肾、脾、肺五脏中的这四个汉字，都有一个“肉月旁”。但是只有“心”字没有。

正是这个“肉月旁”，涉及中国文化的一个重要概念“形而上与形而下”。

现代文化明确地将世界划分为两个，一个是物质世界，一个是精神世界。而我们的祖先，对世界的划分，只是存在“形而上与形而下”的区别，并将其解释为“形而上者谓之道，形而下者谓之器”。所谓“器”就是有形质的、有结构的东西。而所谓“道”就是无形的东西，包含精神世界在内。

需要说明一点儿，“形而上”并不是“形而上学”。

《说文解字》把“月”这个部首，归在“肉”部，而“肉”是有形质的东西。显而易见，祖先对肝、肾、脾、肺的定位是，它们属于“形而下”的范畴，属于形器结构。而对不带“肉月旁”的“心”的定位是，它即属于“形而上”，主管精神意识活动；但同时“心”也属“形而下”，是个有形质的器官。“心”字本身就是象形字，它具体地描绘出了左右心房等心脏的特征。

三、心脏是个“指挥家”

我们先来认识属于“形而下”的心脏。

美国约翰霍普金斯大学生物物理学博士王唯工教授，在《气的乐章》一书中，用物理学上的共振谐波原理，解释了一个有趣的现象。心脏的输出功率只要维持在 1.2 瓦—1.6 瓦，就足能保证一个体重约 60 公斤的人生活正常。但如果给他换成了人工心脏，哪怕输出功率加大到 30 多瓦，也仅能维持他基本的生命体征，躺在病床上，根本无法正常活动。

原因在于，“人工心脏”它只能按照某一个固定的频率在振动，不能与其他脏器形成和谐共振；而“人肉心脏”具有调频的功能，能够极富智慧地将整个身体调整为一个和谐共振体，此时仅用很小的输出功率便能将血液“泵”到全身。

在他看来，人的所有脏器甚至细化到每一个细胞，都会发出电磁波，只不过各自发出电磁波的波长和频率是不同的。若将这些电磁波视为声波的话，那么我们整个的身体就如同是一个交响乐团。心脏所扮演的角色就是乐团的总指挥，每一个细胞或是脏器，则分别扮演“小提琴演奏家”、“钢琴演奏家”或是“打击乐手”等。大家演奏的乐器不同，甚至弹奏的是不同的旋律。心脏自身很微妙的律动，就相当于“整个乐团的主旋律”。心脏“指挥”着全身每一个脏器的振动，这个脏器的振动多一点，那个脏器的频率调一调，使得各部分的波长和振动频率配合得恰到好处。当然各个脏器也都是“优秀的演奏家”，他们会主动与心脏保持一致的频率。

当所有器官只有一个振动的频率的时候，整个身体便成为了一个完美的和谐共振体，这些波便能形成一个气势恢宏、美妙动人的交响乐。王教授的这种解释，正应和了中国文化对心的认知——心者君主之官。

四、“心”为何不能“动”

我们的伟大祖先，早在几千年前就谆谆告诫我们这些炎黄子孙，要“勤动脑体不动心”。现在我们可以将“动心”理解为“心”的频率发生了改变。如若出现此种局面，“心”这位“指挥家”，便会失去往日的领导力，致使整个身体这个“乐团”完全失控。

我们先来看看“怦然心动”这一成语中的“怦”字。“怦”字的左偏旁是个用来表意的“竖心旁”。右偏旁的“平”字是个声符，我们的祖先之所以用“平”字来表示“心动之声”，很是耐人寻味，心已经不平了，而且动得很剧烈。

再来看看“忐忑”一词。

看了龚琳娜用她那灵动的眼神和高水准的唱功表演的神曲《忐忑》，会令我们赏心悦目，获得了一种与“忐忑”的心理感受完全相反的快感。

“忐忑”两个字的字底部分都是“心字底”，说明这是一种心理感受。当人的情绪出现过度状态时，心的振幅和频率都会超过其固有的数值，达到非常规的状态。而“上下”两字呈现给我们的，正是波峰和波谷的极限值，描述出了心动的剧烈程度。

五、“心灵”的功用

我们再来通过“心灵”一词，从“形而上”的精神层面，来理解“心者君主之官”。

心灵一词中的“灵”字，它的繁体写法是“靈”。

“靈”（灵）字的底部是一个“巫”字，用现在的汉语解释的话，就是指掌握有专门技术的“高级知识分子”，比如医生、“祝由”等。所谓“祝由”就是能与上天沟通对话的人。中间的三个“口”表示的是，“祝由”在不断地与上天对话。“雨字头”指的是，在靠天吃饭的农耕时代，“祝由”在祈求上天能降雨。如果实现了降雨，就是“灵”。

“心”的调频功能，不但能使整个身体成为一个完美的和谐共振体，而且还能与宇宙中的某些频率发生共振。人在接受大自然传递的生命信息的过程中，率先接受的部位就是“心”。换句话说，“心”还具有一种与天沟通的能力，不然怎么会有“心灵”一词。当然，这里所说的“心”是属于“形而上”范畴的，精神层面的。

量子力学认为，整个宇宙是个能量场。有能量便会有与之对应的振动频率。作为宇宙的一部分，每个人就相当于是个小宇宙。当“心”的频率与宇宙中的某个频率产生了共振时，人便能获取来自宇宙的能量。

无论是“祈祷”还是“诅咒”，其实就是“心”在发射某些正面或是负面信息的频率。我们可以将“心诚则灵”解释为“心”所发出的频率，能与宇宙中相同的频率发生共振，增加其能量，自然能够灵验了。一般来讲，“祈祷”的内容是在祈求美好的事物，例如和平、快乐、安康等。亲爱的同学们，现在就请你们闭上眼睛，为自己祈祷高考成功吧，借助“心”的力量，你会获得更多来自宇宙的能量！但切记，千万不能预测高考失利，无形中你会耗损多少能量啊！

我们一直在探讨的是“心”所发射的频率，无论好与不好，宇宙的某个频率都会使之加强，都会最终回馈给你。所以在好与不好的频率之间，我们一定要选择发射好的频率。但切记，如果你想用好的期许，去替代你的努力的话，结果一定使你大失所望。因为无论是我们称之为的宇宙能量也好，还是上天或是其他什么也罢，都只会帮助那些自助、自强的人。因此，梦想只要通过祈祷，就会获得高考的好结果，实属在欺骗自己。

第二节 “心”情绪说

一、肢体语言揭秘“心”的功能

当我们悲痛的时候，会感觉到“心痛”，会下意识地用手捂住胸口；当碰到令自己感到不安全的陌生人时，或是遇到不喜欢的人时，会不由自主地将两臂交叉，护卫于胸前，试图用身体的动作保护好自己；当我们愤怒的时候，会用“捶胸”的方式宣泄；而当我们高兴的时候，会感觉心胸无比的敞快，并用“心花怒放”这一成语来描述；当升国旗时，我们会把手放在胸前，表达对祖国的无比忠诚和热爱，表达祖国在我心中的情感。

但无论我们有什么样的情绪感受，都不会用手捂住头。我们有理由相信，身体的动作告诉我们，情绪的感受是“心”的功能，而不是脑的功能。

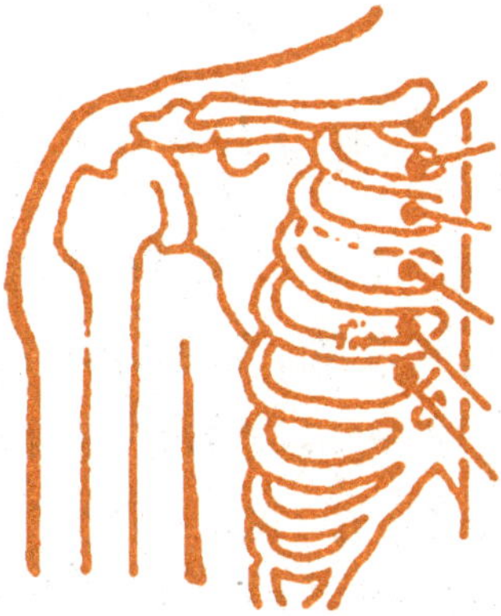

中医理论可以对这些“肢体语言”作出解释。中医认为“心”藏“神”，而三对与“心”相关的穴位“神封”、“神藏”和“灵墟”，正好位于胸前，而且在这三个穴位中，出现的“神”和“灵”字，都涉及“形而上”范畴的精神意识活动。

二、捶胸顿足自保法

“捶胸顿足”这个动作恰恰证明了，我们的身体要比我们的大脑更有

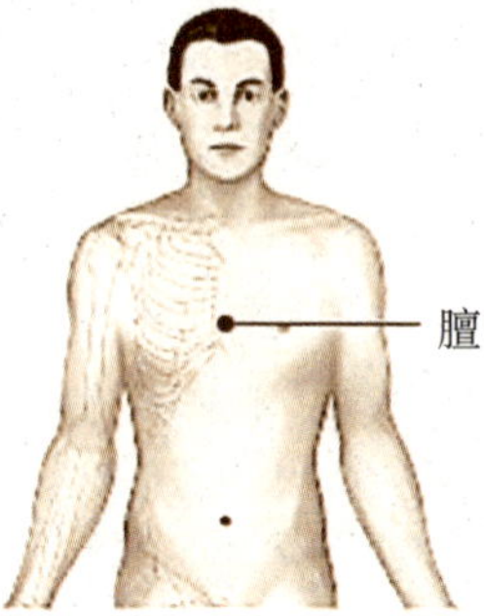

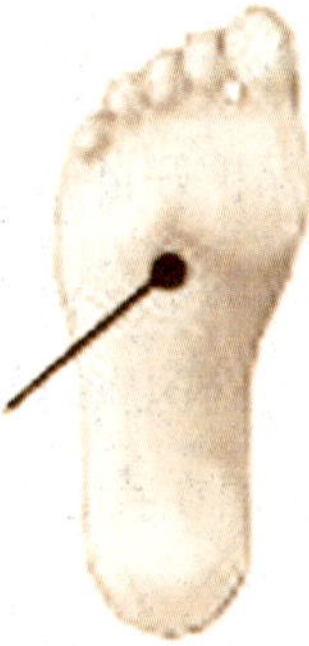

智慧，身体会启动一套“自保机制”。胸部有一个心包经的重要穴位“膻中穴”，负面情绪的能量聚集在此，捶胸这个动作能有效地将其驱散。足下有个肾经的要穴“涌泉穴”。中医理论认为，“肾生髓，脑为髓之海”。顿足这个动作，恰能引心火下行，让“肾的责任区”大脑的功能发挥正常。由此，我们可以得到一些启示：经常拍拍胸前的“膻中穴”，使之经脉通畅，会主动地获得好心情，去除烦躁这一负面情绪；每天洗脚时搓一搓或是揉一揉“涌泉穴”，有助于激发脑力，同时可以降低烦躁情绪对大脑的负面影响。两个动作都很简单，但却都非常有效，大家都不妨一试。

三、怒发冲冠为哪般

我常感叹我们祖先的智慧，仅用“怒发冲冠”这一带有“画面感”的成语，便非常形象地揭示了这样的道理：情绪既看不见也摸不着，但作为一种能量形式又的确存在着，并且它具有强大的无形的推动力。正是在“怒”这一情绪能量的作用下，才使物质层面，或者说生理层面的“发”的形态发生了变化，以至于到了能够“冲冠”的程度。到底是什么能让“心动”，答案是情绪。

“怒”是极其地生气，所谓“气”就是一种能量，这种能量足以改变“心”的频率，使“心”的“主旋律”中出现了不和谐音。试想当乐队的灵魂“指挥家”出了问题，整个乐队会是什么状况。中医理论认为，“心动则五脏六腑皆摇”。

四、汉字揭秘情绪

不知同学们是否注意到，凡是与情绪相关的汉字，都有“心”这个基本“元素”，差异仅是写法与部位的不同而已。

“悲”字的字头部分的“非”字，是方向相反、相背离的意思。当人所面对的结果与自己的初衷、意愿相背离的时候，心理的感受便是“悲”。在“悲欢离合”这个成语中，“悲”与“欢”完全是极端相反的情绪感受。

见到“愁”字，字头部分的“秋”字会即刻让我们联想到，暮秋时节落叶满地、一派悲凉萧条的景象，一种无能为力、无可奈何之感会油然而上，“心”会颤动。

“怨”这个形声字的意思，是所愿不得、所欲不遂之后而出现的不满情绪，想象一下“怨妇”，或是那些经常爱“怨天尤人”的人，他们的“心”能平静吗？

“怒”字的上半部分分明是个奴隶的“奴”，当人“怒”的时候，“心”便在受着奴役，会有一定要“翻身得解放”的“冲动”。

尽管“忍”字有不得不作出忍让的意思，但最醒目的还是“心”上的“一把利刃”。有它在，“心”能舒服吗？能“不动心”吗？

看到“愤”字，试想，当愤怒之火喷出胸膛时，心要付出多么巨大的动能啊！心怎能不动？

可以说，负面的情绪感受越强烈，作为字旁的、承载情绪的那颗“心”，只会“颤动”或“剧烈地动”。

当然汉字中也不乏令“心”舒适安宁而“感动”、“激动”的字，这种“动”犹如观众的掌声，会让作为“指挥家”的“心”，情绪饱满地指挥着整个乐队，奏出令人荡气回肠、深情悠扬的乐曲。比如下面的几个字。

“恕”这个字，意味着当我们自己宽恕、原谅了别人之后，“心”就会自如、如意。

“爱”字造字之初的字头部分是个“既”字的右偏旁，是吃完饭转身离去的意象，我们可以将其理解为满足之意。字底的“折文”部分是一个“脚型”。几部分合起来的意思就是，无论爱己还是爱别人，只要爱能够令自己身心满足，就可以将爱传遍各处，正所谓“大爱无疆”。

在篆体中的写法，“慕”字字底部分是个稍加变形了的“心字底”。只有当我们心存一种崇敬、敬畏之情时，才会产生真正的“仰慕”、“羡慕”之意。

通过对这些汉字的分析，证明我们的祖先早在几千年前就认为，情绪以及精神意识活动以“心”所主，而非受大脑所控。

第三节　形而上行而下

一、有趣的“夸克”

夸克这个名字起得相当幽默，它反映了科学家们对寻找物质最终结构的一种心态。夸克原本是西方神话中的一种神鸟，这种鸟的叫声就像“夸克”、“夸克”。这种鸟平常不轻易叫，但只要它一叫，太阳就要落山，大地就一片漆黑，什么也看不见了。科学家们对现今发现的物质的最细微结构，赋予了“夸克”的名字，看起来他们不愿再寻找下去了，再寻找下去又有什么结果呢?

在物质这个层面，在“有”这个层面，在一定的阶段里，可以细分、微分、毫微分。可是分到一定的时候，“有”就会骤然变成“无”。也只有到这个时候，在形而上这个领域、在“无”这个领域的东西才会得到真正的认可。

二、无中生有之谜

著名的中国生物物理学家、《人体的彩虹》一书的作者张长琳教授，曾经谈到过一个非常有意义的物理学实验。

曾获得诺贝尔奖的英国物理学家迪拉克，在他的研究过程当中发现，有一种带正电荷的电子存在。如果正电子和负电子一碰撞，便会出现湮灭反应，两个粒子都不见了。他认为，所谓粒子就是波。当两个波如果正好相反，叠在一起时就会对消掉。故而当正负粒子碰在一起时，正好对消掉。

如果用物理学家的话，“波”解释为“真空涨落”，或叫“真空的波动”。如果我们追问世界的本源究竟是什么东西的话，物理学家给出的答案竟然是，世界的本源是真空，物质来源于非物质，有生于无。现代西方物理学家，用最先进的试验手段研究出的结果，竟然与我们国家几千年前老子讲的“天下万物生于有，有生于无”的哲学思想不谋而合！研究的是“无中生有”的那个“形而上”范畴的“无”。

换句话说，我们也可以借用“波”、“能量”这些物理概念，来认识“形而上”范畴的精神意识层面的问题。

三、不可小视“形而上”

科学家从“形而下”的物质层面的研究，拓展到对“形而上”非物质的研究，不能不说，东西方文化正在走向融合。这点对我们普通人也会有很大的启示。一直以来，我们似乎活得很现实，只相信看得见、摸得着的东西，仅限于在“形而下”范畴的物质层面进行某些探索，殊不知我们的局限性就在所难免。

我们的感官能够知觉的范围非常狭窄，眼睛只能看到波长在 300—700 纳米的“可见光”，这个狭小的波段还不到电磁波的 1%。耳朵只能听到 20—20000 赫兹的所谓“声波”，低于 20 赫兹的次声波、高于 20000 赫兹的“超声波”我们都听不见。

所谓“眼见为实，耳听为虚”，我们习惯性地怀疑自己看不见听不到的东西，这些东西超越了我们的知识和感官能力，但是它一定是存在的。

手机所用的电磁波既看不见也摸不着，尽管如此，我们也不会认为它不存在。同样，以能量的形式存在的“形而上”的精神意识层面的东西，也是一种客观存在，而且它对我们的影响，有时甚至会超过“形而下”范畴的物质层面。

西方心理学的产生，是以实验心理学作为标志的，强调实证研究，相信看得见的实验结果。显然，关注和研究的内容，更多的还是“形而下”的范畴。我们完全可以借鉴东西方文化各自的优势，以东方文化为“体”，关注“形而上”的“心文化”；同时以西方文化为“用”，应用“形而下”的“技战术”。

四、权重不同的生命三元素

清末到民国年间，辽宁省朝阳地区有个叫王凤仪的农民，他所创造的学说，被人们称为来自山沟的大智慧。他认为人的生命体是由三个不同权重的元素组成的：其中“身”占 10% 的权重，“心”占 30% 的权重，而“性”也就是性格、心性的性，却占到了 60% 的权重。

这里我们只在性格的“性”这个层面，和同学们进行简单探讨。王凤仪认为“性”包括三个元素：天性是纯阳无阴，它是至善的，是每个人天生都有的。也就是孟子“人之初，性本善”所说的“性”。

禀性是纯阴无阳的，它是恶而不善的，同样与生俱来。

习性是在后天种种因素的影响下所形成的习惯，所以它有阴有阳，有善有恶。正所谓“近朱者赤，近墨者黑”。

天性是纯阳的，它就像太阳一样。在这个层面，没有可操作性，控制不了。

禀性是纯阴的，它就像乌云一样，遮盖了太阳。有了禀性的障碍以后，天性的阳光就无法滋养照耀我们的身心，就会像大地得不到阳光，万物得不到生长一样，身心得不到阳的照耀，问题就多了。

在王凤仪先生看来，禀性所显现出来，就是一些负面的情绪，如怒、恨、怨、恼、烦等。这些情绪对于生命的破坏性作用的能量级，是非常巨大的。

“怨”这种情绪会对脾胃系统造成破坏性的影响。怨有明确的指向性“怨天尤人”，很少会抱怨自己。在现实生活中，我们会发现，经常爱抱怨别人的人，一般脾胃都不太好。

“怒”这种情绪会影响肝的健康，这点应和了中医“怒伤肝”的说法，可以说，“怒发冲冠”这种负面能量对肝的伤害，甚至会超过酒精。日常生活中我们会有这种经历，当自己怒的时候会两肋胀痛，这正是肝经巡行的位置。

“恨”这种情绪会伤心，当然，对于考生来讲，“恨”充其量不过是“嫉恨”。用一句现在的流行语就是“羡慕嫉妒恨”。

“恼”这种情绪会殃及肺，使全身的气机紊乱，我们发现人在恼怒的时候会喘粗气。

“烦”这种情绪会影响到肾，仔细想想为什么我们会在烦躁的时候跺脚，为什么“躁”字中有个足字旁呢。原来，足下有个肾经上的源穴，即大名鼎鼎的“涌泉穴”。中医认为肾与五行中的水相对应，跺脚正是身体启用了一种自保功能，用水降心火呢。

看来负面情绪这种能量，不仅可以使“心”的频率发生改变，令“心动”，影响到“形而上”范畴的精神层面，而且还会影响到“形而下”范畴的重要脏器。

如果十分严重的话，脏器频率的改变，功能的下降，还可以危及身体的健康。对于考生而言，脏器功能的下降，可以影响到我们的学习器官——大脑。我们可以从东西方文化的角度来看这个问题。

中医认为，脾胃是后天之本，我们吃的所有东西，都要通过它变成水谷精华，运化输送到全身，是供给身体能量的重要器官。另外，中医认为脾的功能好，则大脑思维的关联性就会强，这也许与摄取营养全面有关。西医认为，大脑正常工作要依赖自身产生的生物电，它需要两种能源，其中之一就是葡萄糖。别看大脑只占全身重量的2%，但是它所需要葡萄糖的量，居然占到葡萄糖代谢量的65%。若“营养库”告急，大脑只能处于低效能运转。

中医认为“肝藏血”，而西医认为，大脑所需的脑血流量，约占全身血流量的20%。试想“怒伤肝”的后果，会使“血库告急”，影响到大脑的功能。

中医认为“心主神明”、“心主血脉”，并且认为“心”和“脑”是一个系统，当“心”系统出现了紊乱，大脑的功能势必会受到最直接的影响。

中医认为“肺主气，司呼吸”。气定则神闲。西医认为，大脑产生生物电所需的另一个能源就是氧气，大脑所需的氧气量占到了全身用量的20%。当肺受到了伤害，其后果就是氧气能源库告急，会直接影响大脑能源供给。

中医认为“肾主骨生髓”，还认为“脑为髓之海”。原来脑髓的“供应商”居然是肾。肾与脑的这种利害关系，不说自明。

也许以前我们更多的是从“形而下”的身体层面思考如何能够提高成

绩，会为此关注脑科学，关注具体的学科知识的掌握，关注调理身体。现在才恍然大悟，原来情绪对大脑的影响，居然如此之大，大到令我们想象不到的程度。

试想，如果每个同学能够开启自己整个生命无形的能量库，重视“形而上”范畴的、权重为60%的“性”和权重为30%的“心”对大脑的影响，高考的结果会是多么令自己鼓舞。

因此，积极主动地实施“人工降雨”，驱散“禀性”中那些负面情绪的“乌云”，你会每天都沐浴在“天性”那和煦的阳光下，彰显出生命的活力，用整个生命的能量去赢高考。一旦精神变物质，整个生命的力量，会以几何级数疾速递增。

驱散“乌云”，使“心”不动的最有效的方法，就是改变对事情的看法。

五、“以象为像”与“接近真像”

“象”与“像”两个字同音但义却不同。

“像”是客观存在的物体或事件。

而“象”是人对事或物的主观感受和看法。

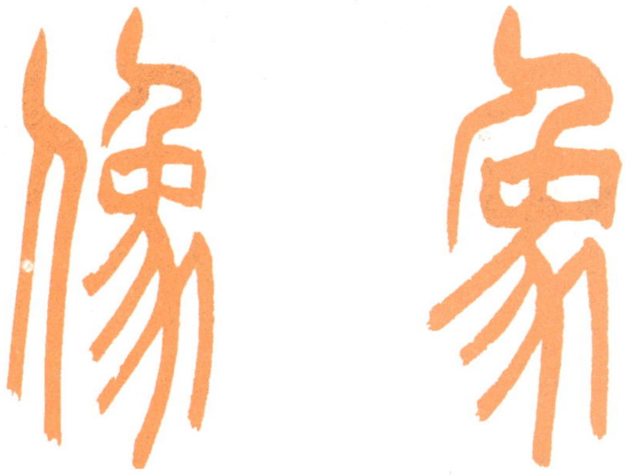

比如，面对同一座山这个“像”，不同的人以不同视角看它时，看到的“象”是不同的，正所谓“横看成岭侧成峰，远近高低各不同”。

主观的“象”与客观的“像”之所以不同，是因为不同人存在着生理和心理上的差异，比如说生理上存在着的差异。尽管红色和绿色都是像，虽然在视力正常的人看来，它们有很大的区别。但在色盲者眼中，它们可是毫无分别的，都是灰色。

再比如说心理上存在着的差异。面对同样的半杯水这个像，乐观的人会欣喜地喊道：“还有半杯水呢！”而悲观的人则会沮丧地感叹：“只剩下半杯水了。”

既然“象”不一定等于真像，这倒是提醒了我们，无论看待任何事情，都要尽量换个角度看，容易看得客观些；尽量看到光明面，容易变得乐观些；尽量看得全面些，容易接近真像些；尽量拥有好心情，容易过得充实些。

下面，我们就通过一组图，借“象”和“像”两个字，聊聊如何不心动。需要解释一点，汉字中“像”与“相”字，音同义也同。

只要你将左边的图片旋转 180 度，便可成了右边的这张。但是对同一个“像”，我们却可以产生不同的“象”，作出不同的解读。左边这张的“象”，是一个口中衔着“战利品”的小鸭子，正在水边闲庭信步。而右边

这张的“象”，却是一个坐在船上的老渔翁正在和一条大鱼对话。换个角度看问题，结论居然有如此大的差异！

面对同一张“像”，若将它一正一倒地放置，请问，你更愿意将“象”定格在“美女”上，还是“丑巫婆”上呢？如果我告诉你，“美女”的寓意是积极、美好、乐观，而“丑巫婆”的寓意是消极、丑陋、悲观，你愿意继续坚持，还是重新定格呢？

下面的左右两张图，看似风马牛不相及，但它们还是由同一张图、经过 90 度旋转，而后形成的不同“像”。请问，你更喜欢其中的哪一张？多数同学会选择“马”。他们的理由是：不管是表演盛装舞步的白马，还是关键时刻特别能战斗的黑马都令人喜爱，但有谁会喜欢动不动就闹情绪的青蛙呢？这说明大家选择的“象”更倾向于正面形象。

这是日本雕塑艺术家创作的名为《二重奏》的三维雕塑作品。当你围着它走一圈的话，也就是从左图到右图，“钢琴家”会变成“小提琴家”，但如果你位于中间这幅图的位置，看这座雕塑“像”的话，看到的是个四不像的“象”，也许你会产生质疑“音乐家”的存在。这实际上就是“盲区”。现实中，身处盲区的人容易因“迷茫”而令“心动”。

与上图正好相反，当我们以一个极特殊的视角看镜子时，居然能看到一个“不可能构造”的“象”。而在镜子外，那个“真像”的构造就在我们的眼前，我们却竟然相信镜子里的才是“真象”。

现实中，如果我们准备一定将“郁闷”进行到底的话，就相当于在此角度看问题。

你看到的这张“像”，请问它是猫，是老鼠，还是猫捉老鼠？答案只能是仁者见仁，智者见智，不可能有标准答案的“象”。

请问，你认为这张“像”是一名乐手，还是一位美女？其实，你定义的“象”，完全取决于你更愿意相信“他”是什么。同理，当你面对一件事时，到底它是好事还是坏事，取决于你更愿意相信“它”是一件什么事。

请问，你看出下面的“像”画的是什么吗？“画的是人”？仔细看看，画了几个人呢？……

其实，答案并不重要，重要的是，看问题要全面，才有可能看清复杂的“真像”。

请你判断一下，这张“像”中的左右两个人，谁愤怒？谁平静？

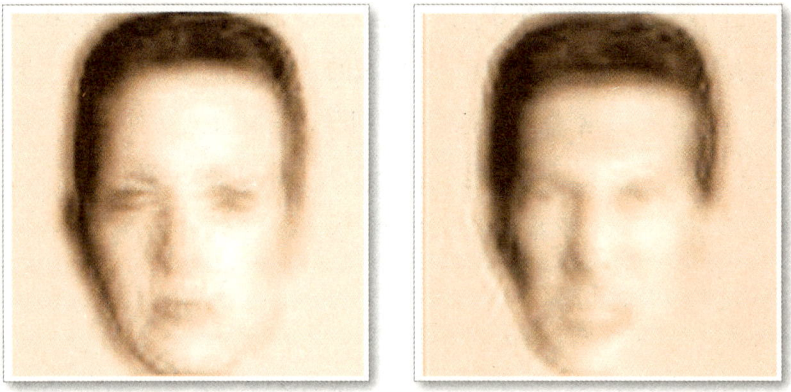

如果我把这张“像”放大，请你再来判断一下。

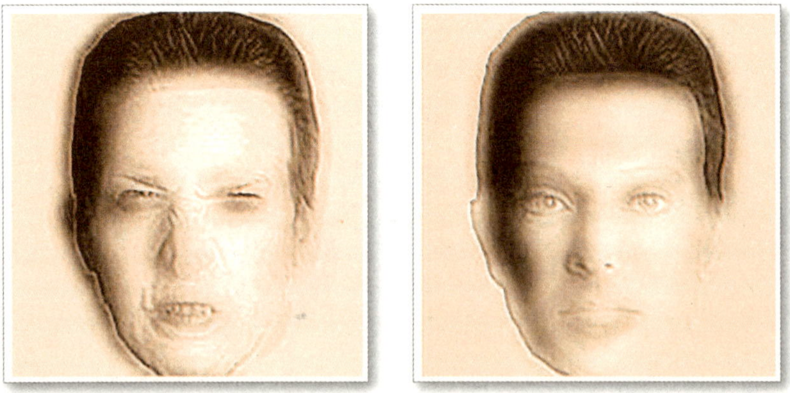

“不对吧，怎么会是这样？”

原来，“眼见”有时也不一定“为实”啊！调整一下自己看问题的“焦距”，说不定结论的那个“象”是会变的。

乍一看上面这两张图，一个“横平竖直”，另一个“横扭竖歪”，但如果仔细看，却发现这种视觉上的差异，居然源于左图上“小白点”的“干扰”。

我们自己心中的某些偏见与“小白点”所起的作用是多么类似啊！

我们看到的，其实都是自己想看到的，否则，便会“视而不见”，正所谓“象由心生”。

我们听到的其实都是自己想听到的，否则，可以“充耳不闻”。

因此，我们可以说心态积极乐观的人，看到或是听到的，多是美好的东西，并且还会不断地良性循环。

第四节 “乐”与“药”字中的大智慧

简化后的“乐”和“药”两个字，充其量也就算是符号汉字，想要了解它们中的智慧，我们还要从繁体之中寻找答案。

我们先来看“乐”字。

一、“乐”字之说

“樂”（乐）字的主体部分是一个“鼓”的象形。中间的“白”字就是用来敲击的“鼓面”。字底部分有一个“木”制的大型“鼓架”。在“鼓”的两旁，出现了两个“丝”字，我们可以将其视为悬挂“鼓”的绳索。

在中国传统文化中，“鼓”向来具有“生发”的寓意，战士出征时，一定要“击鼓壮行”，用鼓点儿那强有力的节奏，来激发斗志。

美国大片《阿凡达》也为我们再现了古代原始部落聚会时，那令我们震撼的击鼓起舞的壮观场面。当巫师敲击的鼓点，与所有人舞动的节奏一致，产生了共振之时，我们可以在现场感受到一种使内心变得强大的力量！

我们可以将其两边的“绞丝”，视为弦乐乐器的象形。

“乐”字就宛如一个“交响乐团”。既有鼓这样的打击乐，又有丝竹之类的弦乐，节奏与韵律的完美融合而成的音乐，足以能够愉悦我们的心情。我们立即会联想到了“乐”字的另一层意思“快乐”。

正因为音乐的这个“乐”（yuè）有旋律和节奏，所以它具有调节“心”的频率的功效。当音乐的旋律与“心”的律动和谐共振时，快乐（lè）的感觉，便可随之而生。而快乐的心情，会使身体产生一种称为脑内啡肽的蛋白质，这种物质还被称为快乐激素。它不仅可以提升生命质量，还能提高大脑的工作效能。这是精神变物质的极好例证。

有学者认为，音乐是可以震撼和净化心灵的。说到根本，还是心的调频功能，与音乐的频率发生共振的缘故。

你可能听说过“潜能开发音乐”。其实它的原理无非是，这些音乐的频率可以将心脏的律动频率调整到能够与之共振，大脑便会形成 a 脑波，意识与潜意识便很容易沟通，其中“心”起着重要的桥梁作用！

二、“药”字之讲

繁体字的“藥”（药）字，其下面就是“樂”（乐）字，上面是个“草字头”。

“药”字这种的结构组合，赋予了我们太多的联想。

首先，“草字头”意指中草药，就是取自于大自然的植物，有物质层面的属性。中医正是利用药物的偏性，来纠正人身体的偏性，达到治疗目的。

我们还可以从另外的角度看待中草药。每一种药的波段和频率是不一样的，我们可以把喝中草药汤剂理解为，是在接受药的“综合波”。中医讲的“配伍”，就是在调整药的综合波。因此，我们有理由判断，中草药真正的价值，是用药的综合波段，调整人的频率，使之完全对应。这是药“形而上”层面的意义。

其次，我们可将“草字头”在上、“樂”在下的结构组合，想象为从天上来的“音乐”，极其美妙的自然之音、天籁之音，或者是宇宙中带有正向能量的频率。它们都是“药”，都能医治心身的疾患。甚至我们可以联想“药”是从植物中长出来的“音乐”。

几千年前的老子用“大音希声”来形容最美妙的音乐。意思是说，最好的音乐是无声的，是听不到的，只能感觉到。其实，无论是宇宙中的

“好”频率，还是我们自己身体里，那和谐美妙的共振频率，虽听不到，但都可以用“大音希声”来赞美。正是由于它们的存在，我们身心才得以健康成长。

最后，我们还可以将下半部分的“樂”字，理解为乐观的乐。乐观、快乐是化解负面情绪的良药。仔细看，“樂”字占了整个字高的四分之三！足见“乐观”的药效之大。

那就让“音乐”和“乐观”共同作用，为我们的考生保驾护航，天天都有好心情。

三、“节”字与频率

说到击鼓的节奏，就不能不了解“节”这个字。

繁体字的“節”（节）字，字头部分是个“竹字头”，它是字的形符，我们知道竹子的形状是一节接一节的。字的下半部分是个“即”字。其中左偏旁是个器皿中盛满食物的像，右偏旁是个面向食物跪着的正在吃饭的人。“节日”一词可以帮助我们理解，为什么祖先会用这样两部分“组合”成节字。过节能放“爆竹”，并且还有美食啊。

自古我们的祖先就有“击节而歌”的习俗，他们经常会和着击打竹节的节奏欢歌。“击节”与击鼓或击缶的功用很是相似。

节奏是什么，就是某种特定的频率啊。我们做广播体操时，如果所有人的动作整齐划一，那一定是按同一个节奏做的。但是如果将太极拳也打成这种效果，那一定不是太极拳，而是“太极操”。这是因为，每位练拳者一定是和着自己的呼吸频率，自然而然地、行云流水般地完成一招一式，不会受到意识的控制。此时，感受到的一定是自己身体的节奏。

我们可以做个形象的比喻，全班同学跟着老师的复习节奏走，相当于大家一起在做“广播体操”，这是完成共性化、快节奏复习的需要。

如果实在跟不上这个节奏，还可以通过打“太极拳”找到自己的节奏。毕竟，别人的节奏不是你的节奏。

若按照别人的节奏，草草地比画一通套路，效果可想而知。更可怕的是，有相当数量的同学，明明自己的节奏是均匀规律的，却眼睛向外看，关注别人那也许是混乱无序的节奏。受到了这种干扰后，“心”的节奏先乱，整个人就不在状态了，着实属于得不偿失。别人的节奏不是、也不应该是你的节奏。因此，考出最好的自己，其前提一定要找到自己的节奏。

第五节 “不动心”需先静“心”

中国文化强调“勤动脑体不动心”。怎样才能使“心”不动呢？很显然，静是动的相反状态。我们先来从“静”字中汲取一些智慧。

一、“静”字中的大智慧

“靜”（静）字左偏旁的“青”字是声符。右偏旁的“爭”（争）字是上下两只手，正在相互争夺的动态的意象。我们的祖先将这种意象，作为“静”字的偏旁加以使用，是在告诉我们，动静之间相互转换中的大智慧。

1. 以静制动

以静制动的这个“动”，指的是“心动”。

我们先用电脑作个比喻，一台好的电脑除了要求 CPU 的性能优异以外，还要求散热功能要好。因为电脑在运行过程中，会伴随着大量的能量消耗，并以热能的形式释放出来。

一个正常人，一天中所动的心思、念头大约有六万个之多。在念头不断运行的时候，大脑会分泌出一种疲劳素，人就会累，就会困。如果杂念太多，就如同电脑装上了病毒程序，上百个程序拼命地在那儿没有结果地运行，会产生大量的内耗，你怎能不累。如果不仅是杂念的数量多，而且还相互冲突的话，内心就难免会纠结、拧巴。就像我们骑自行车时，绝对不能脚向十个方向蹬，手向十一个方向捏刹车啊，这会让我们无所适从的。

我们可以通过静坐的方式，极有效地降低念头的数量，能够降到原来的一半，甚至降到原来的三分之一。这样说来，静坐是多好的“节能、减排、降耗”的环保方式啊。静坐能够降低内耗，就相当于补给了能量。

2. 静极生动

静极生动的这个“动”，指的是“动能”。

只有当身体静下来了，“心”才会静下来，杂念自然就会少。而当“心”变得简单了，变得专注了的时候，才能做到“守一”。

所谓“守一”，就是让自己的心念在每一瞬间只集中在一点上，集中到你最想做成的那件事上。此时，大脑“最优化”，人的状态也会极佳。“守一”的功效，就如同凸透镜聚焦太阳能，能够点燃火柴一样。不过这是一种能为你带来更高的价值的“动能”。

正所谓“大道至简”、“大智若愚”，无论是大道还是大智慧都是最简单的。我们看电影《阿甘正传》中的阿甘，他是一个智商仅为 70、脑子特别简单的人，简单到只能接受两个信息：一个是他妈妈告诉他的话：“人生就像一盒巧克力，你永远也不知道下一个吃到的是什么味道。”另一个是女朋友的话："阿甘，快跑。"他只想做好认定要做的事，所以他比很多聪明人都成功，"严守一"啊！

二、"静坐"帮你"静心"

静坐还称为冥想。静坐对于惜时如金的考生来说，在时间上没有硬性要求，大段时间肯定是可遇不可求的，哪怕只是宝贵的几分钟都会有效。

对于静坐的地点，并没有特殊的要求。午休时，与其趴在课桌上睡，还真不如静坐一会，更能解除疲劳。美国的里克·汉森和理查德·蒙迪斯两位博士，曾合作出版过一本书，书名就是《冥想五分钟等于熟睡一小时》。在教室里静坐，条件有限，你只要脚踏实地与肩同宽坐在椅子上就行。

当然，如有条件，能在宿舍或家中自己的床上，盘坐效果会更好。有位医学专家曾介绍说，在金字塔离地三分之一的高度，是能量最集中的位置。如果按比例制作一个纸质的金字塔模型，将苹果放在这个相似的位置时，能够延迟腐坏变质的时间。当人盘坐的时候，身形比例宛如一座金字塔，丹田穴的位置恰好就在这个神奇的高能量区域，丹田穴也叫关元穴。所谓"气沉丹田"，是说呼吸时"气"要尽量吸得深，到达丹田穴的位置，也就是脐下四个横指处。我们可以把"气"理解为生命的能量。所谓丹田穴，最重要的关键字，就是"田"字。田是能够使种子发芽、长大、结出果实的。盘坐就如同在用生命的能力，去灌溉这样的田地，何乐而不为。

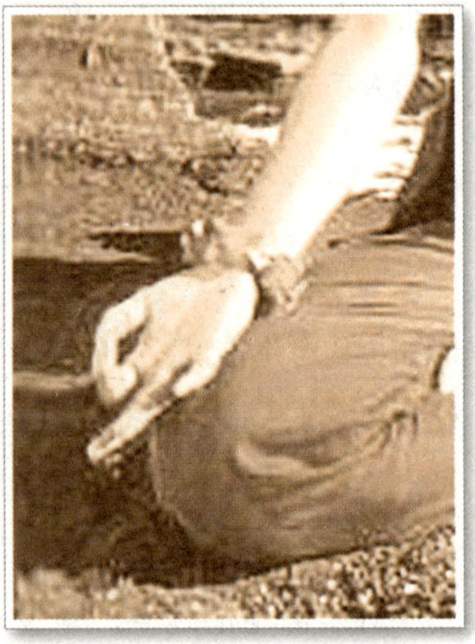

静坐时，可将双手掌心向下罩在双膝上。当然，如果掌心向上，结智慧手印，或是金刚手印会更好。

静坐时，脊柱一定要直立，这种姿势能够确保，你的气息始终是通畅的。

静坐时最好能闭上双眼，或是微闭双眼也行。我们常说，眼睛是心灵的窗户。关上了眼睛这扇“窗”，就如同关闭了获取外界环境信息的最主要的通道，绝大多数信息都会被屏蔽掉。更重要的意义在于，平时那颗漂浮于外的“心”，开始被收摄住了，开始转向关注自己了，向自己的内心求了。只要精神内守，便可以屏蔽掉外界的纷扰。此时，什么排名、比较以及别人对你的评价，对你已经统统不会形成干扰了。

静坐时舌头最好能顶住上颚，这叫“搭鹊桥”。

静坐时，对于心的要求就两个字“专注”。同学们可以借助“观其一点”的方法，来慢慢培养自己的“专注力”。比如可以用微闭的双眼“视物不清”地“观鼻”，或是专注于自己的呼吸节奏。这样就容易做到“守一”。否则不一会儿，一道刚才没解出来的数学题飞进来了，过一会儿，又闪进来了一个还没推导出来的物理计算公式。因为人在同一时刻，只能思考一个问题，只能关注一件事情。

对于考生们来讲，花上几分钟时间，便能让自己的内心比较专注了，同时还能放松心情、疲劳解除，恢复到精神饱满、思维清晰的状态，非常值得。这种“最初级”的静坐目的，就算达到了。

三、"神"字说

每当我们看到"神州大地"、"神舟七号"这些词汇，一种民族自豪感便会油然而生。看来"神"是个令人敬畏的很神圣的东西，不像是封建迷信。

"神"这个汉字，可以帮助我们证实这样的判断。

我们先来看右侧的"申"字，它是天空中出现的"闪电"的象形。我们的祖先认为它很神奇，因此加上了"示补旁"，将其作为祭拜的对象。祖先敬畏天上的日、月、星，而"示"字表达了这种情感。一点和一横画是上天的意思。下面是三个点，分别代表天上的日、月、星，也就是现在的撇、竖、点三个笔画。请注意，凡与祭祀相关的汉字，多带有"示补旁"。

四、心藏神

我们的祖先认为，天人相应，在人的身体中也是有"神"的，它如"闪电"般地照耀着身体。用现代语言说，"神"是与生俱来的"自带软件"，与那个由蛋白质构成的物质层面的身体同生、同在。

中医认为"心藏神"，意思是"心"是"神"的居所。不知同学们注意到了没有，以前凡遇"心"字我都会加引号，原因就在于此。我们说过"心"属"形而上"，更准确地说，是心中之"神"属"形而上"。

我们可以通过下面的几个成语，来了解心与神的关系。

"心安不惧"这一成语的关键字是"安"字。

“安”字的宝盖头，呈现的是房屋的侧面图形。有房屋、居所的意思，这里应该是指“家”。看到位于字底的“女”字，能让人联想到宽厚、包容、承载一切的母性特质。我们可以想象，如果“心神”能够回到这样的“家”中，我们就不会害怕任何可怕的事情，也就能够达到成语“心安不惧”的状态，做到“泰山崩于前而不乱，麋鹿兴于左耳目不瞬”。

看到“心驰神往”这一成语，很容易让我们联想到，安在“马背上”的“心之家”，将载着“神”这位“主人”游走四方了。

成语“心旷神怡”能让我们体会到，“心”与“神”之间的良性互动关系。当“心之家”的居住环境改善了，变“大”了，“神”就能够过得更加的舒适，心情就会更加的愉快。

“心神不宁”这一成语的关键字是“宁”字。

我们已经知道了宝盖头的意思。最底下的“丁”字，指的是人，古时“人丁兴旺”是家族兴盛的标志。中间的“皿”字，表示盛装食物的器皿。我们可以想象当“心神”回到这样一个既能补给能量，又有亲情呵护的“家”时，会是何等美妙的感受。只有当我们“静”下来的时候，才有可能获得这种感觉。

在“气定神闲”这一成语中，我认为其中“定”是个关键字。定的简繁体是一样的，我们可以将“定”字的“宝盖头”，理解为是“心神”的居所“家”。字底部分就是“足”字的一种变形的写法，这里是“走”

的意思。足上的“一横”就是目的地“家”。整个字在启示我们，只有“心神”从外漂浮的状态向内收，回到“家”的时候，才会有安定踏实的感觉。

“心平气和”这一成语，我们要重点看其中的“平”字。

在书写篆体字的“平”字时，其中的两个点画，笔画的走向是起笔于中间，止笔于左右两边。我们可以这样理解，只有当人的“郁闷之气”从内而外发散出去，气顺了之后，心才能平和。拥有这样的家庭气氛，心神自然愿意置身其中了。

五、神魂魄是自带软件

一个人的精神面貌，即可以用“神采飞扬”、“神气十足”来形容，又可以用“神魂颠倒”、“魂飞魄散”来描绘，都涉及三个关键字“神”、“魂”、“魄”。

中国文化强调“心主神明”，“心神”主抓精神意识层面的“魂”，并兼管身体本能层面的“魄”。

中国文化有“三魂”、“七魄”之说。

“三魂”分别是：胎光，也就是生命之光；爽灵，也就是聪明智慧；幽精，也就是一个人的性取向。

如此看来，当心神安定、愉悦时，生命之光就能放射出璀璨的光芒，人的精神面貌就好，聪明智慧就能够发挥到极致。这正是考生求之不得的好状态啊。

我们常说“心肝宝贝”一词，这是为什么呢？原因是，中国文化认为

"心藏神，肝藏魂"，"神"、"魂"两者都属"形而上"的精神意识层面。"心肝宝贝"正体现出，我们中国人是崇尚"人是要有一点儿精神的"。

我之所以要向同学们介绍"神"、"魂"、"魄"这些令现代人感觉很生僻的，或是认为有点封建迷信色彩的词汇，是想阐述这样的理念：中国儒家思想倡导中国文人要"修身、齐家、治国、平天下"。而其中，最重要的莫过于先要"修身"。而"修身"一定要先"修心"。而"修心"就是使"心神"安定。而只有当"心神"安定了，它所统领的"自带软件"魂和魄才能彰显出生命的光芒。这是一套中国文化独特的思维逻辑。我们再一次认识到"形而上"的精神层面的力量。

关于"七魄"，详见"野蛮其体魄"一节。

第六节 "心"与"脑"的关系

介绍完了"心"，我们再来说说同学们最为关注的"脑"。有研究认为，心脏通过脑循环、心激素、心磁场影响脑，这些都是心主神明的物质基础。

一、"脑"字之解

我们先看"腦"（脑）字的右偏旁，上边的三画是头发的象形，"囟"字，是指头顶部分已经闭合的头骨。上下合起来是对"脑"的外形描述。看到左侧的"肉月旁"，我们马上意会了，"脑"是"行而下"的器官。

二、"思"字揭秘"心"与"脑"的关系

接下来我们可以借助"思"这个字，来了解"心"与"脑"的关系。

在现代汉语中，"思想"是个联绵词，但从单个汉字的角度看，两个字有着不同的意思。

在古汉字中，"思"字的上半部分原本不是"田"字，而是囟门的"囟"字。"囟"字是脑的象形，而"心字底"指的就是"心"。

"思"字体现了我们中国人对于"心"与"脑"关系的独特认识。我们的祖先认为，"心"与"脑"同属于一个系统，并认为"心为体，脑为用"。也就是说，"心"是人的主体、根本，而"脑"是人的使用的器官。如果我们用计算机做个类比的话，"体"就相当于"CPU"，它是计算机的心脏，没有它，计算机根本无法运行。"用"则相当于"应用软件"，用户可以根据需要，可以使用，甚至可添加或删除。

我们已经花了大量的篇幅，探讨了"心"属"形而上"的话题。现在我们也可以直观地判断"脑"属"形而下"。故而我们可以推论，如果说"心为君主之官，神明出焉"，那么脑不过是"神明出焉"的器官。西方心理学也认为"脑是心理的器官"。东西方文化在这点的认识上似乎是相同的。但西方心理学家的研究，大多涉及的是脑的结构和机能。心理学毕竟不是"脑里学"啊，强调"心"与"脑"的关系，正体现了中国文化对生命的认识高度。

三、“想”字的画面感

我们再来看“想”这个字。

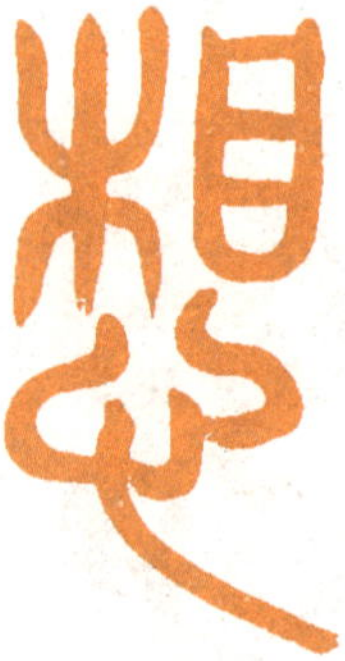

能将相片的“相”字，与“心字底”组合成“想”字，说明我们的祖先早在几千年前就清楚，心中所想的内容，是以图像画面的形式在脑海中呈现的。也就是说，我们是在用图像画面“想”。这一点儿都不奇怪，因为我们的汉字多是象形字，每个汉字就如一张图画。正是汉字的这一特性，使得我们中国人拥有了独特的“相思维”模式。相信当我们诵读诗词歌赋时，仅寥寥数字，画面感便可油然而生。甚至仅用一个汉字交流，彼此间也能心照不宣地了解对方的意图。而西方的拼音文字，过多地强调语言之间逻辑关系，因此西方人的思维模式是逻辑思维。

说到“想”，我们会想到一个成语“浮想联翩”。在我们想某个人或某件事情，哪怕是想某一个“词”的时候，会有很多场景或“画面”浮现在自己的脑海中。我们都是按照自己特有的思维习惯和轨迹，在自由联想。

说到“想”，我们还会想到“梦想”和“理想”这些词。你细心体会一下，无论其中的哪种“想”，都会有画面感，你能清晰准确的描述出当理想与梦想实现时的情景。还有，所谓“相由心生”也是“想”的结果啊。

一直以来我们都认为“思想”是大脑的产物，现在我们恍然大悟，原来“心”才是“思想”的发源地，我们也就不难理解“心想事成”这一成语了。

当“心”动了的时候，“心”的频率便随即发生了改变。可以想见，当“指挥家”乱了方寸，整个“乐团”便会出现失控状态，大脑这个“乐手”所奏出的，会是不和谐音，其结果自然是“心烦意乱”。

有不少考生有很强的科学用脑意识，他们用吃健脑保健品、做健脑操、讲究用脑卫生等“形而下”层面的举措，来保障脑功能的正常，但这些与保持良好的心理情绪状态这一“形而上”层面的举措相比，后者对脑功能的影响显然更为重要。“心若不动，脑更灵动”。这就是我们讨论“心”与“脑”关系的真正意义所在。

最后我们再说两个估计考生们都会感兴趣的汉字。

一个是智慧的“慧”字。

“慧”字的中部是“手”的象形，用来表示“寻找”的意思。“心字底”示意我们，用心才能找到。字头部分的原意就是“扫把”，它留在地上的轨迹可是杂乱无章的。整个字提示我们：用心才能发现、找到事物之间的相同点，找到共性。

另一个是感悟、顿悟的“悟”字。

右偏旁的“吾”就是“我自己”的意思。左边的“竖心旁”无疑是用心的意思。对于任何知识、文化，如果不去用心感悟，即便是大脑记住了，也永远都不能算是自己拥有的。

第七节　野蛮其体魄

“野蛮其体魄”是毛泽东主席对年轻人的教诲。为什么我要将这句话送给考生们，请听我慢慢说来。

说到“身体”和“运动”两个词时，相信谁都会不假思索地说出它们各自的词义。但如果我们从中国文化的视角，一定要“咬文嚼字”的话，还真有你不知晓的内涵。

首先，我们来分析“身体”一词的两个汉字。

一、“身”与“体”内外有别

我们来看“身”这个字。

“身”字的主体部分给我们呈现出的是，人的侧面图形，“短撇”是手臂，“一长画”展示出了“脊柱”的正常生理曲度。圆圆鼓起的部分就是躯干，中间的那个圆点所“指示”的，就是躯干的内部腔体。最下面的一撇，指的是地平面。

“体”字繁体写法是“體”。

右边是字的声符（lǐ），左边的“骨”字是个形符。古人用“骨”字表示“摸得着”的人的“有形之体”。

我们再来看简化后的，也就是现在使用的“体”字。字的左边是个“单人旁”，是人站立时的侧面图形，指的也是“有形之体”。右偏旁的“本”字，是个指示字，短横所指“木”的“根”在此。

我个人认为“体”字是为数不多的、比较成功地被简化的汉字，从字中我们可以理解，为什么说“健康是1，其他都是0”。实际上“1”所指的就是这个“体”，它的健康与否，是人的根本所在。

对于考生们来讲，高考时不仅需要平和的心态和充足的脑力，更需要有充沛的体力，三者缺一不可。

接下来我们再聊聊“运动”一词。

二、“内运”与“外动”功效各异

也许你知道，运动可以帮助新陈代谢提高体能。但却不知道“运”和“动”其实是有差别的，无论是内涵还是训练目的，都各有不同。

我们先来看“动”字。

右偏旁的“力”字是意符。左偏旁的“重”字是声符，但也表意，原指“踵”，也就是足跟，所以有“动手动脚”之说。

换句话说，“动”泛指四肢运动，也就是有氧运动。

“动”的最大益处是增加血液循环的量，使周身充满活力。剧烈的有氧运动之后会出汗，最初排除的汗液是偏酸性的，说明有乳酸之类的酸性物质排出了体外。因此，适当地运动，是可以解除疲劳的。大约在十几分钟之后，正常人所排出的汗液是咸的，也就是有电解质排出了体外。但当人感觉压力过大时，排出的汗液会是涩的，说明有压力激素随汗液排出。在短时间内做剧烈的运动，是最有效的减压方式之一，这一信息对于考生来讲，可以说太有价值了。

也许你有这样的体会，痛快地打一场球，或保持一定速度地跑上几千米，大汗淋漓过后，会感觉心情无比畅快，这是运动之后产生大量的脑内啡肽的缘故。脑内啡肽被称为快乐激素。不要小看这压力激素出、快乐激素进，人的状态会发生彻底的改变。

“动”指的是“外动”，强健的是“体”。

再来看“运”字。

我们还得分析繁体字的“運”（运）字。它的“走之旁”是意符，用以表示与走的动作相关的意思。被包围部分的“军”字，是字的声符。中医有“运化”之说，指的是内脏的某些功能活动。

“运”强调的是身体内部的调息、心静、守中，从而促使体内运化的环境好起来，能量得到提升。换句话说，运动的“运”是指“内运”，强健的是“身”，提升的是身体内脏的功能。

“内运”与“外动”结合，内外兼修，人的身心才会健康。中医理论之所以强调“勤动脑体不动心”，是因为“心”在内，肢体在外，内外有别。

在东方文化中，无论是印度的瑜伽，还是我们中国的太极拳，都是通过“内运”来强健躯干中的内脏功能，最终达到“不动心”的效果的。

就我个人练瑜伽和打太极拳的体会来讲，动作看似缓慢，也并不剧烈，但练完之后会浑身大汗淋漓，无比爽快。更神奇的是，不仅心不慌，气不喘，心率平稳，呼吸均匀，还会感到内心沉稳宁静，能深感“不动心”之妙。

3 年之后我才慢慢地参悟到，无论瑜伽还是太极拳，都十分强调和着呼吸的节奏来完成动作。深长匀缓的呼吸带动着横膈膜上下位移，进而加速了气血的运行，使内在阳气的量加持，架设到了身体上。我们可以将中医所指的“气”理解为能量，而阳气就是生命能量。所以，打完太极拳后，我会感觉精气神十足，一派神清气爽、旺盛活力的气象。这就是“内运”的第一个功效。

三、“内运”提升魄力

也许你在武侠小说中听说过“三魂七魄”的说法，而且到现在我们还在使用“魄力”一词。中医把不受意识控制的、身体先天本能反应的这套系统称为“魄”，也就是现代医学所称的负交感神经这套系统。不对自己的身体进行干预，不用意识和大脑去指挥控制行动，身体反而会产生一种自然而然的、有效迅速的反应。换句话说，“魄”其实就是没有意识的、身体的自然反应。

“魄”是身体与生俱来的“自带软件”，“七魄”各司其职，忠于职守，护卫照顾着我们的生命。

中医理论认为：“肺藏魄”，“肺主呼吸”。而呼吸是唯一可以由意识控制的负交感神经的功能，换句话说，通过调息可以强健“魄”。难怪自从练了太极拳之后，我明显感觉到，无论是思维还是动作，对外界的反应都更加机敏了；上 15 层楼，居然面不改色，气不大喘；吃得香，睡得好；也从未出现过任何健康问题。

可以说“内运”的第二个功效是，提升“魄力”。

因此，在心理辅导活动的现场，每当有同学问因考试紧张而造成了身体不适的问题时，我都会由衷地劝诫同学：“好好去强健你的‘魄力’，把身体的‘自带软件’应用起来，让身体自己产生的力量，来缓解这些问题。”

同学们提问频率比较高的问题大致有这些：

- “考试紧张时，心慌得好像马上快蹦出嗓子眼儿了。”
- “考试时浑身出汗，最恐怖的是手心出汗，连笔都快握不住了。”
- “考试时紧张得控制不住自己，只想上厕所。”
- “我已经有相当一段时间了，持续性地失眠，身心都很疲惫，但就是睡不着。”

显然这些同学的焦虑程度，已经相当严重了。除了“降焦虑之心火”外，还有赖于“野蛮其体魄”。

我相信考生听完我的这番介绍之后，都很想练练瑜伽或太极拳，但客观条件实在不允许啊。不过我可以向大家推荐太极拳中的两个核心动作，既不受场地所限，也不需太多时间，而且还简单易学。

四、强魄力有招法

1.“无极式”站桩

第一个是孙氏太极拳中，最简单的站桩“无极式”。

请你将双脚呈 90° 站立，脚后跟最好有如钢针扎在地里的感觉。头顶百会穴，似“头悬梁”，脖子尽量向后顶。身体直立如“平地立杆”，不偏不倚，或者说似一根“挂衣杆”，全身放松如同衣服挂在“挂衣杆”上，手自然下垂贴在两腿旁。闭上双眼少了重要的平衡器官后，自然会感觉重心不稳，身体会向前后左右摇晃。此时人会本能地调整动态平衡，如能主

动地调整姿势，体会自主控制平衡的感觉，会是最理想的“魄力”训练。

站“无极式”，看似不动但在身体内部，气血在运行，能量在增加，同时还能有效地唤醒“魄”。

站“无极式”不受场地的限制，大家可以在课间、饭后或睡前，站个三五分钟。站了你就会感觉美不可言。

站“无极式”较之静坐，可能更适合生龙活虎的男同学。

2. 太极拳中的“开合”

第二个是孙氏太极拳中的核心动作“开合”。

在做“开手”动作时，双手在胸前约 10 厘米处。手掌直立四指向上，拇指与食指成垂直状并且尽量要撑平。两只手要始终保持平行如抱球状，大小臂与身体的夹角为 45°，相当于在腋下放一个拳头。两肘既不能向上抬平，也不能紧贴身体。手指尖高不过脸，低不过肩。两个掌心相对，由肘带动着向外开，至与肩同宽出。在“开”的过程中，要有意识地慢慢“吸气”。

“合手”时，两手沿原路，向里合去，至与脸宽止。在“合”的过程中，要有意识地慢慢“呼气”。

无论是“开”是“合”，肘部所行的轨迹都是微弧形的。

“开合”最大的功用就是，加上了肢体的伸缩动作之后，会使“调理气息”的功能更加到位。平日忙里偷闲，或在考试前做做“开合”，每次认真地做上一二十个，你会顿感神清气爽。

同学们，只要有强健体魄的意识，并选择一两项你能够每天坚持的运动，相信你一定能减轻，甚至不会出现身体因过度紧张、焦虑等原因，而出现的不同程度的躯体症状。

亲爱的同学们，请务必记住古圣先贤的谆谆教诲——勤动脑体不动心。只要你用好自带软件“神”、“魂”、“魄”，在心神的指挥下，一手抓好形而上，情绪稳定、发好频率；一手抓好形而下，善用大脑、运动身体。你一定能在高考中，考出最好的自己。

第七章

班级心理活动与游戏

Banji Xinli Huodong Yu Youxi

本章所介绍的班级心理活动与游戏的内容，是我在几年的考试辅导实践中，所积累的体验较深、收效较好的实战案例。其既可作为班主任老师进行班级心理辅导活动的参考，也希望能帮助考生发挥想象，将自己置身于这些游戏活动之中，获得美妙的情绪体验。

第一节　心理活动游戏

唯有乐观方能取胜　打破定势走出阴影

这是一个值得推荐给老师的，在讲座现场互动效果非常好的游戏。

凡遇到学生背负着负面情绪往“牛角尖”里钻，而走不出思维定势的误区时，这个活动会很奏效。

我会先在一条长丝巾的中间，打上一个松松的活扣。然后讲述游戏规则：“只要你的双手捏住了丝巾的两端，就不能再松开，在此前提条件下你能否解开这个‘活扣’？”

现场会有不少学生踊跃尝试。不少同学会上来就捏住两端，然后使出浑身解数双手拧来绕去，“活扣”仍毫无解开的迹象。还有的学生甚至尝试用“头进”、“脚出”的方式，将整个身体穿越“活扣”，但还是以失败告终。

但一定会有智慧的学生出现。他会先将一只手伸进“活扣”，然后再捏住丝巾两端，只需轻轻一拉，“活扣”便瞬间消失。

“原来就这么简单啊！我怎么就没想到呢？！”

“早知如此，哪儿还用九牛二虎之力的蛮劲啊？”

“我就记住了您所说的‘只要捏住就不能放开’，怎想捏之前就应该设计好解开的方案。”

“开始我的确怀疑过，‘活扣’真能解开？”

我会在总结的环节中强调：“‘扣’之所以解不开，是因为你沿着我的语言提示，‘顺势’直接捏住了丝巾两端，但我并没有限制在此之前可以先做‘解扣’的动作啊。其实，处理自己的负面情绪，也需要有这种智慧，绝不能一味地按自己的一种思维定势纠缠不清。换个思路，怀疑一下自己是不是一开始就进入了误区，换个思路试试，说不定问题马上就会迎刃而解。”

在观看游戏时，多数学生会形成“动态的画面感”，而亲身参与游戏的学生会有更深的游戏体验，这些都会最终形成深刻的情绪记忆，对他们产生正向、积极的影响，其效果要远大于空洞的说教。

下面这个游戏无论是在大型辅导现场，还是班级心理活动中，都是一个不但“叫好”，而且还有使学生“顿悟”的效果。

老师先在一张扑克牌的中间，“挖”一个1角钱大小的洞。随即提出三个问题请学生回答：

1. 5角钱的硬币能否穿过这个洞？
2. 在不破坏扑克牌的前提下，1元钱硬币能否穿过这个洞？
3. 如果可以你会怎样做？

第一个问题不会有任何悬念，所有学生会异口同声地说：“可以。”

对于第二个问题，有不少学生还会不假思索地脱口而出："可以。"

此时，老师可以不带有任何评论地口气说："哪位说可以的，不如上来一试？"

"我可以把1元钱硬币换成纸币，也可以换成10个1角钱的，或是两个5角钱的硬币都能穿过去啊？！"

"只要把扑克牌对折，硬币自然就能从'半个虚拟的洞'穿过去啦！"

我会鼓励学生："这些都是正确答案，不过属于脑筋急转弯的思维方式。提醒大家再次注意题目的要求，最好在扑克牌上'做点文章'。"

学生们会在老师在启发之下，很快想出新的办法。"先把扑克牌从洞的正中间对折成半圆，使两个短边重合在一起，然后再捏住折线向两端轻轻拉开，'洞'自然由半圆形变成了椭圆形，甚至可以是直线，相当于把洞口扩大，1元钱硬币自然可以穿过啦。"

"这就相当于把1角钱硬币的二分之一周长扩充到了1元钱硬币的直径，这实际上是个数学问题。"会有"学者型"的学生作这样的补充说明。

紧接着老师可以借机启发学生："这就相当于用双手捏住折线向上'翘'，如果我们把这个半圆想象成嘴的话，不难想象这是一个微笑的动作。"

学生中"噭"的顿悟之声即刻就会响起。

"或许大家都能从这个游戏中，形象直观地获得一种'只要微笑（乐观），困难便可迎刃而解'的情绪体验吧，会终生难忘的。"老师的这种"画龙点睛"之语，能够起到正强化的积极作用。

活动启发：这种体验式的游戏活动，会使学生在不经意间，毫无心理防御地接纳积极正面的理念，受到潜移默化的影响。在大型的活动现场，老师可以用较大的纸作为扑克牌的代替品，会使直观性更强，效果更理想。

第二节　班级心理活动

一、心灵先到达那个地方

这是一个帮助学生尽早竖立自己的人生目标，以及具体的高考目标的班级心理辅导活动。

班主任老师可以用《心灵先到达那个地方》这个真实的故事，作为活动的情境引入。

美国西部的一个小乡村，一位家境清贫的少年在15岁那年，写下了他气势不凡的《一生的志愿》："要到尼罗河、亚马逊河和刚果河探险；要登上珠穆朗玛峰、乞力马扎罗山和麦金利峰；驾驭大象、骆驼、鸵鸟和野马；探访马可•波罗和亚历山大一世走过的道路，主演一部《人猿泰山》那样的电影；驾驶飞行器起飞降落；读完莎士比亚、柏拉图和亚里士多德的著作；谱一部乐曲；写一本书；拥有一项发明专利；给非常的孩子筹集100万美元捐款……"

他洋洋洒洒地一口气列举了127项人生的宏伟志愿。不要说实现它们，就是看一看，就足够让人望而生畏了。

少年的心却被他那庞大的《一生的志愿》鼓荡得风帆劲起，全部心思都已被它紧紧地牵引着，从此开始了将梦想转为现实的漫漫征程，一路风霜雪雨，硬是把一个个近乎空想的夙愿，变成了一个个活生生的现实，他也因此一次次地品味到了搏击与成功的喜悦。44年后，他终于实现了其中的106个愿望。

他就是上个世纪著名的探险家约翰•戈达德。当有人惊讶地追问他是凭借着怎样的力量，让他把那许多注定的“不可能”都踩在了脚下，他微笑着如此回答：“很简单，我只是让心灵先到达那个地方，随后，周身就有了一股神奇的力量，接下来，就只需沿着心灵的召唤前进了。”

不少学生张口凝思，简直被这故事触动震撼了。

此时，班主任老师可以请每个学生尝试着与自己的心灵进行一次深刻的对话，探讨下面三个问题：

1. 受到故事的启发，你的心灵已经到了哪里？现在能有哪些具体的人生目标和规划？

2. 你的心灵带着你到达了哪所大学？

3. 最有心灵感觉的是想学哪个专业？

老师要要求学生，如果已经想好了能做决定了，就将 3 个答案写在预先所发的彩色卡片上。如果现在还没有想清楚，那就在小组同学的分享中受一些启发，尽快作出决定。

“我就有五个愿望：骑自行车走遍中国的名胜，写一首能感动我自己的歌，上‘北航’，学航天专业，参与‘神十’研制。我挺敢想的，不过都能实现也不容易，努力给自己加油。”

“我现在只想最现实的事高考，确保上‘211’，争取进‘985’，专业只报一个‘通信工程’。”

“我先做决定学中医，然后再根据自己高三的综合平均成绩，最终选择是上北京中医药大学，还是去黑龙江中医药大学。”

“我正在看中央电视台拍摄的系列片《世界著名大学》，片中不光介绍了世界各地的著名学府，还介绍了相关学科的研究发展方向，甚至还涉及了一些边缘、交叉学科的未来前景。我想自己一生的大事不刻意草率决定，先做好‘功课’在理性做决定会更好。我愿意把这个片子的信息跟大家分享。”

“据我所知，约翰•戈达德是在他8岁生日，收到了爷爷的礼物，一张世界地图之后受到启发，并花了整整7年的时间，用心揣摩后才作出了127个决定的。今天大家互相分享的东西，都是太宝贵的礼物了，真让人开窍，我会尽快地认真作出决定的。”

鉴于篇幅的关系，我只能将部分同学们的发言与大家分享。尽管如此，大家足以想见，在活动中学生们彼此传递的正向能量之大，已远远超出了一位班主任老师所能够给予学生的，这就是班级心理活动的魅力所在。

在这次活动之后，班主任老师动员女生把彩色卡片折成一只只纸鹤，串起来挂在黑板旁，随时提醒学生，心灵要到达的地方在那里呢！

活动启示：我是在高三开学后不久，才有机会组织这个活动的，尽管收效不错，但又还是觉得，如果能在高一或高二时搞，效果会更加的理想。这样的活动犹如开启了学生所驾驶的“奔驰车”的发动机，激发出澎湃的学习动力，困难挫折都会势不可挡。其效果比起学生坐在“奔驰车”里被老师“推”着前行，成长的速度绝不在一个数量级上！

二、全力以赴齐心协力

这个游戏无论在班会上作为情境引入的游戏活动使用，还是在讲座现场使用，其效果都可以用“震撼”这两个字来形容。

游戏需要五位男生的参与。最好选一位“体重硕大”的学生，作为游戏中“被举起”的候选人，并且选四位身形比较弱小的学生，作为游戏中“举起人”的候选者，形成的反差越大，视觉冲击力就越强。

我会先请“体重硕大”的同学坐下，然后与其他四位同学“研讨”问题，并请全体学生“旁听研讨”。

我问：“四位同学是否相信，用你们各自的两个食指，把这位同学举起来？”

绝大多数学生会回答：“不可能。”事实上也的确不能。

我接着将自己两手的十指相互交叉，只将食指伸直后紧紧地并拢在一起，问学生：“如果有了这样的工具，你们觉得有可能吗？”

此时，学生们的回答已从“不可能”变成了“试试吧”或“不确定”。

“不试怎能知道行不行。不过试之前，我们要先找到四个可行的支撑点，你们认为他身体的哪个部位比较好？”我问。

“当然是两个腋下和两个腘窝（膝盖后）了。”学生积极回应。

我肯定地说：“完全正确。”并嘱咐着学生：“需要提醒大家，食指一定要垂直向上用力，保证手指的绝对安全。”

“请各位相信，不但能举起他，还能把他举得很高。你们信吗？”接着我给学生们这样的积极暗示。学生们一定会点头认同。

“我们把手摞在一起，大声喊声‘耶’，鼓舞一下自己的士气怎样？！”我继续“鼓动”。

“那好，四位同学各就各位，听我指挥，‘一、二、三，举！’”

“见证奇迹的时刻”到了，四个瘦小的学生居然把硕大的学生举过肩膀的高度！顿时全场响起热烈的掌声。

此时我会现场采访这五位学生，请他们与全体同学分享活动后的感想。这个环节非常重要。

“我可有180多斤呢，能被四个人的食指顶起来，的确太不可思议了，太神奇了。我都能被‘解决’，大家就知道了，其他困难也同样能照此办理呗！”这是我听到的最幽默的分享。

“这是我们五个人演绎的现场版‘一切皆有可能’。”

“相信自己行，就一定能行！”

“关键就是要找到解决问题的关键点，解决学习上的难题看来也需要这种智慧。”

“得齐心协力、劲往一处使呗！哪怕有一个人‘弱’点儿都成功不了。”

“集体的力量太令我震撼了！”

就这样，学生们在现场传递着正面积极地能量给予彼此，很是欣慰。

活动启示：这是一个能影响学生一生的很好的游戏活动。在我所组织的几十次活动中，还从没有过失败的案例，班主任老师不妨在需要鼓舞学生士气时组织尝试一下。需要注意的是，活动与分享两个环节缺一不可，只要正面引导就有成效。还需注意，万一第一次失败，只要班主任老师能引领学生正确归因，不指责埋怨学生，效果有时会比没有悬念的一次性成功，更有正面意义。与其告诉学生“你应该怎样做”，远不如引导学生自己感悟出“我要怎样做”。

三、彼此激励碰撞“火花”

我之所以与班主任老师共同组织这个班级心理辅导活动，主要出于这样一个缘由。这个班是在高三才新组建的“准重点班”。其中有一部分学生是重点班的“落榜生”，另一部分是从普通班拔出来的“潜力生”。前者担心的是自己的“面子”和“能力”问题，后者忐忑的是自己的“适应”和“压力”问题。如何尽快地让学生们融入这个新的班级，如何使学生们轻装上阵，是我和班主任共同要解决的问题。

首先，我讲了几个利用心理学合理情绪法改变认知的故事，来引入情境。然后用扑克牌随机将学生分成了四个小组。要求学生们分组完成如下任务：面对各自的情绪困扰，你们有何积极地应对策略，并用统一分发的“花色即时贴”，组成一个能表达小组同学们共同心声的图形，活动最后与全班同学共同分享。

我依次呈现给大家四个小组的“活动成果”。

他们是“红桃组”同学，组成了一个“心形”，并取名叫“万众一心”。

他们的陈述词是：“当全部同学的心凝聚在一起，一定能勇敢面

对高考的任何困难，我们会相互支撑、彼此协助，让‘高考成功一个都不少’。”

这是“梅花组”的杰作，名曰“梅花傲雪”。

他们这样表达着自己的心声：“尽管现在我们的能力都有限，可梅花也不大啊，既然梅花都能傲视‘寒霜、冰雪’，我们的‘心花’更能在备战高考中绽放。”

下面这个组给自己的作品命名为“蘑菇与钥匙”。但从题目看两者风马牛不相及，但听他们娓娓道来之后，会觉得他们还真是蛮有思想的。

“这是一个蘑菇的形状，比喻我们班每个同学都像蘑菇一样的可爱和‘有营养’，优点多多的意思啦，每天都能与这么一群人为伍，心情自然不错啦，好好珍惜吧！”

看看照片上这个同学的样子，就能想象得出他有多幽默。请你注意他的左手，可还拿着一个即时贴呢。紧接着，他就把它贴到了“蘑菇把”的中间位置，并且话锋一转，振振有词地说道：“请大家注意看，现在蘑菇变成了一把‘钥匙’。这是一把能克服困难的钥匙，一把成功的钥匙，我们决定将它馈赠给在座的每位同学。”顿时，掌声响了起来。读者可以在下面一张图中，看到钥匙的图像。

最后一个与大家分享的组，居然与大家卖起了“关子”：“请大家猜猜看这个图形想表达什么意思，当然，先得看出图形的意思。”（图中右2）

学生们七嘴八舌的猜测着。

“对啦，就是‘无穷符号’。我们就是想跟大家分享：我们的信心无穷、希望无穷、智慧无穷！反正都是趋于无限大的‘正无穷’！”

可以说，这是最令我感动的一次班级心理辅导活动，初衷原本是想帮助学生，结果却被学生“帮”到了！我只想告诉班主任老师们，组织这样的活动，我们自己的内心很享受。

活动启示：班主任老师在班级团体活动中，只是充当着策划者和组织者的角色。通过有效的策划、组织，一旦开启了学生这个能量巨大的自我教育资源库，学生彼此间碰撞出了自我成长的智慧火花，其教育效果真的是难以估量，并且会远远超过班主任活动当初的预期。

四、优点轰炸激励彼此

这是一个学生彼此间相互激发正向能量的团体活动，我将它推介给班主任老师。

距中考仅剩下 3 个月左右了，可参与这个活动的班级中，有相当多的学生还很是“不在状态”，一次次的模拟考试使他们备受挫折，导致情绪低落、自信心不足。整个班级就如一潭搅不动的死水。班级综合成绩在年级 12 个班中，位于倒数第三。显然任何空洞的说教，以及把关注点放在现有问题上的做法，都很难改变班级的沉闷局面，唯有开启学生自身的“能量库”，才是真正有效的解决之道。于是，我和班主任老师共同策划了这个活动。

我们用“扑克牌分组法”将学生们随机分组围成圆圈后落座。安排学生按扑克牌的顺序，依次轮流坐在中间的转椅上，并带上学生们提前手绘好的“漂亮高帽”，足以显得自己的“尊贵”和受瞩目。当他顺时针地旋转，依次面对圈中每一个学生时，都能听到一句或真诚赞美，或由衷肯定的话语，而且绝没有重复的内容。

顿时，活动现场的气氛热烈起来，学生们松动了紧缩的眉头，绽放出了天真的笑容。

“老师，我能再转一圈吗？感觉好极了！”

“真的连我自己都不知道，我居然有那么多的优点，看来中考我还‘有戏’。”

“我真的那么有潜力吗？感谢同学们告诉我！”

“我简直都被‘轰炸’得美晕过去啦。”

“班里的同学真好，那么包容、善良，我被感动死了。”

“我太爱咱们班了。”

学生们用这样真实的语言，表达着各自参与活动的体验和感受，活动的效果可见一斑。

当整个活动结束之后，学生们久久不愿散去，好像是希望自己能在这巨大、温暖的能量场中再多汲取一些能量似的。班主任老师的结束语更是起到了点石成金的作用：“相信同学们通过今天的这个活动，彼此给予了积极正向的能量，每个人都重新找回了那个能不畏挫折、屡败屡战的自己，我们一起努力吧，中考一定赢！”

正如这位老师的预言，这个班的中考成绩相当不错，班级的平均分跃居到年级第五名。图中戴“高帽”的女生考入了北京的人大附中，现就读于美国的一所著名大学。

活动启示：根据吸引力法则，我们关注什么就会吸引什么。要想解决班级的各种棘手问题，我们完全可以换个思路：关注如何才能使班级的正向能量更强，自然，问题会被弱化，甚至可以“不治而愈”。灵活开展各种形式的班级的团体活动，可以说是班主任老师的有效带班之道。

五、亲师爱生互勉双赢

这个班集心理活动，对有望改善师生关系、使之更为融洽的班主任老师来说，有借鉴之用。

我之所以设计这个活动，是因为遇到了比较特殊棘手的情况。进入高三，这个班除教英语的班主任外，其余五位科任老师全部是新面孔，这使得学生们很难在短期内适应，班级成绩波动较大。如何尽快地拉近师生之间的情感距离，就是这个活动要设法解决的。

活动开始，我先问学生们：“请不喜欢某某学科老师的同学举起自己的左手，如果你同时也不喜欢这门学科，再把右手也举起来，请大家保持这个姿势一分钟。”真的会有一些学生举起了双手。

我接着问：“举双手是什么意思呢？”

“投降呗。”学生回应。

“这就意味着，你正准备在高考中向这门学科投降？”我说。

“以前还真没有这种意识”，“有这么严重的后果啊？”学生们在议论。

“一般来讲，接纳一门课的老师，就会爱上他所教的学科，这门学科的成绩自然就会比较理想，在某种意义上说，爱老师实际上就是在爱自己。”我自然而然地给班级活动定下了一个积极的“调子”。

接下来，使用扑克牌将学生随机分为六个小组。每个组领到的“任务书”中，标明了要给哪位老师“画像”，写“评语”。最后，以小组为单位，与全体师生一同分享各组的“艺术杰作”。

第一组学生热情登场，他们在化学老师的画像胸前，画上了一个大大的喜字，在醒目的位置写上了：“我结婚啦！”流露出的是浓浓的师生情。学生们当然不会忘记正经的任务，无论是师德还是教学，都给予了这位老师很高的评价，并将这位老师请到前面，一起聆听他的教诲，场面十分感人。

下一个小组的学生刚把“作品”放到黑板上，小组长便赶忙解释：“我们组的绘画水平有限，但保证绝不是丑化数学老师啊。突出她的大眼睛，只是想强调，那可是数学老师所独有的智慧光芒的‘发射体’，被她‘电到’就会有做题的灵感。”

生物老师的画像显然是被“过度美化”了，这个小组将老师画成了卡通中的美少女。学生们自然地流露着对她的友好：“我们喜欢她的声音和板书，更喜欢课下的她偶尔会有些‘无厘头’。”只见这位年轻老师激动地站在那，若干秒后才开口，“放心，我会让每位同学的生物成绩更加‘漂亮’的。”至今，这位老师还珍藏着这幅学生们的“大作”。

这次活动犹如“表面活性剂”般地，使得师生关系开始变得“水乳交融”了。最终，这个班的高考成绩，令师生双方都很满意。

活动启示：其实，每个人都很关注自己的切身利益，因此，不会拒绝对自己有益的做法和建议，关键是如何去引导。只要班主任老师能够从关爱学生自己的角度去启发学生，尽快主动地适应老师，更多地关注你能从老师那里得到什么，就会因爱一个老师，进而爱上他所教的课程，亲其师信其道，其结果不言而喻。教育的智慧就在于此。

附　扑克牌分组法

扑克牌分组法是进行班级心理辅导活动的，较为科学的随机分组的方法。其好处是打破之前固有的、熟悉的学生小组，给学生更多地接触各种类型人的机会，也能给随机指定的“组长”一个锻炼组织协调能力的机会。

具体方法是：如果班级人数在 52 人以内，需要分成四个小组的话，只需将“大王”、“小王”去掉，按红桃、方片、黑桃和梅花四个花色分组即可；如果班级人数在 52 人以上，或活动需要分成五个小组以上的话，可以同时用两副背板不同的牌来增加分组的数目。

班主任老师可以任意指定小组组长，比如组长可以指定由各组抽到的“A”或者是“6”的同学担任。

请班主任老师注意几点：各组的人数最好不要超过十二三人，否则难以深入讨论；小组的个数最好按活动的需要而定，比如组织融洽师生关系的活动，小组数目可以与科任老师的个数匹配；重复使用扑克牌的做法比较经济。

出版人　所广一
责任编辑　周益群
版式设计　李宗沅　罗旭明
责任校对　贾静芳
责任印制　曲凤玲

图书在版编目(CIP)数据

中国传统文化教你应对考试焦虑:考出最好的自己/王常春著.—北京:教育科学出版社,2012.4(2013.3重印)
ISBN 978-7-5041-6277-9

Ⅰ.①中…　Ⅱ.①王…　Ⅲ.①考试—学习心理学　Ⅳ.①G424.74

中国版本图书馆CIP数据核字(2012)第011740号

中国传统文化教你应对考试焦虑:考出最好的自己
ZHONGGUO CHUANTONG WENHUA JIAO NI YINGDUI KAOSHI JIAOLÜ:KAOCHU ZUIHAO DE ZIJI

出版发行	教育科学出版社		
社　址	北京·朝阳区安慧北里安园甲9号	**市场部电话**	010-64989009
邮　编	100101	**编辑部电话**	010-64989421
传　真	010-64891796	**网　址**	http://www.esph.com.cn
经　销	各地新华书店		
制　作	宗沅雅轩		
印　刷	保定市中画美凯印刷有限公司		
开　本	169毫米×239毫米　16开		
印　张	15.5	**版　次**	2012年4月第1版
字　数	188千	**印　次**	2013年3月第2次印刷